Helbing Lichtenhahn Verlag (Hrsg.)

COVID-19

Helbing Lichtenhahn Verlag (Hrsg.)

COVID-19

Ein Panorama der Rechtsfragen zur Corona-Krise

Helbing Lichtenhahn Verlag

Zitiervorschlag: AUTOR/IN, in: COVID-19, §… Rz…

Bibliographische Information der Deutschen Nationalbibliothek

Die Deutsche Nationalbibliothek verzeichnet diese Publikation in der Deutschen Nationalbibliographie; detaillierte bibliographische Daten sind im Internet unter http://dnb.dnb.de abrufbar.

ISBN 978-3-7190-4376-6

www.helbing.ch

Vorwort

Martin Dumermuth

Das richtige Buch zur richtigen Zeit

Die «Corona-Zeit» stellt auch das Recht vor grosse Herausforderungen. So wie die Epidemie sich auf die gesamte Gesellschaft ausgewirkt hat, sind auch praktisch alle Rechtsgebiete mit neuen Fragen konfrontiert, die heute grösstenteils noch nicht abschliessend beantwortet sind. Dass sich bei einer solchen Konstellation die juristische Publizistik besonders dynamisch entwickelt, ist nicht überraschend. In kurzer Zeit entstand ein intensiver rechtlicher Diskurs, der in Sondernummern verschiedener Fachzeitschriften zum Ausdruck kommt. Er findet nun in seiner ganzen Breite im vorliegenden Band «COVID-19: Ein Panorama der Rechtsfragen zur Corona-Krise» einen ersten Höhepunkt. Behandelt werden nicht nur epidemierechtliche Themen oder die Frage, welche Zuständigkeiten dem Bundesrat in ausserordentlichen Lagen zukommen. Die Beiträge betrachten mit weit geöffneter Optik die verschiedenen Berührungspunkte zwischen dem Recht und den Entwicklungen im Zusammenhang mit COVID-19.

Das Buch erscheint zur richtigen Zeit. Wichtige Erfahrungen liegen vor und eine erste kritische Diskussion ist im Gang. Die Texte nehmen sie auf und führen sie weiter. Die nun vorliegende Auslegeordnung wird eine wichtige Grundlage sein für eine vertiefte Analyse der Geschehnisse und eine allfällige Weiterentwicklung des Rechtsrahmens.

Dem Verlag Helbing Lichtenhahn gebührt grosser Dank für die Initiative und die Leistung, kompetente Autorinnen und Autoren zusammengebracht, sie motiviert und das Werk zu einem guten Ende geführt zu haben. All dies geschah in ausserordentlich kurzer Zeit.

Schweiz hat Erfahrungen mit Epidemien und Notverordnungen

Wenig Zeit blieb auch dem Bundesrat, als er im März erste Verordnungen zur Bekämpfung des Virus erliess. Dabei konnte er durchaus an Erfahrungen in der Epidemiebekämpfung anknüpfen. Schon die Verfassung von 1848 erteilte den Bundesbehörden die Befugnis, «bei gemeingefährlichen Seuchen gesundheitspolizeiliche Verfügungen zu erlassen.» Die Zuständigkeit wurde 1874 ausgeweitet und ermächtigte den Bund, «zur Bekämpfung übertragbarer oder stark verbreiteter oder bösartiger Krankheiten von Menschen und Tieren gesetzliche Bestimmungen zu treffen».[1] Diese Bestimmung fand praktisch unverändert Eingang in die neue Verfassung und bildet heute die verfassungsmässige Grundlage für die Bekämpfung von Epidemien durch den Bund.[2]

1 Art. 69 BV 1874.

2 Siehe dazu etwa BSK BV-Thomas Gächter/Stephanie Renold-Burch, Art. 118 BV.

In den letzten zwanzig Jahren hat die Schweiz mehrmals Erfahrungen mit neuen Erregern[3] gesammelt[4] und dabei kamen teilweise relativ einschneidende Massnahmen zur Anwendung.[5] So erliess der Bundesrat etwa am 1.4.2003 zur Senkung des Übertragungsrisikos des Schweren Akuten Respiratorischen Syndroms (SARS) die sogenannte SARS-Verordnung.[6] Gestützt darauf verfügte das Bundesamt für Gesundheit (BAG), dass die unmittelbar bevorstehende Uhrenmesse Baselworld keine Personen beschäftigen dürfe, die sich in der kritischen Zeit in den Ländern China, Hongkong, Singapur oder Vietnam befunden hatten.[7]

Aufgrund dieser Erfahrungen und seiner Überzeugung, dass die gesteigerte internationale Mobilität die Ausbreitung von übertragbaren Krankheiten beschleunigt, legte der Bundesrat dem Parlament ein revidiertes Epidemiengesetz (EpG) vor.[8] Das Gesetz wurde durch das Volk in der Referendumsabstimmung vom 22.9.2013 mit einer Mehrheit von 60% angenommen. Der Abstimmungskampf drehte sich allerdings nicht um die Frage, ob die Behörden im Notfall etwa Versammlungen verbieten oder Betriebe schliessen dürfen, sondern im Zentrum stand der sogenannte «Impfzwang». Das Gesetz ist seit dem 1.1.2016 in Kraft[9] und stärkt u.a. die Führungsrolle des Bundes.

Auch der Erlass von verfassungsunmittelbaren Notverordnungen ist nicht neu. Der Bundesrat hat in der Vergangenheit Art. 185 Abs. 3 BV wiederholt in Anspruch genommen und hat dabei – oft zugleich gestützt auf Art. 184 Abs. 3 BV[10] – auch Verordnungen erlassen.[11] Art. 185 Abs. 3 BV diente etwa dazu, die Gruppierung «Al Quaïda»[12] zu bekämpfen oder die Aktenvernichtung im Fall Tinner[13] zu rechtfertigen. Ferner stützte sich der Bundesrat in zwei Fällen im Zusammenhang mit der UBS u.a. auf Art. 185 Abs. 3 BV. Zunächst ging es um die Rekapitalisierung der Bank[14] im Rahmen der Fi-

3 Siehe die Übersicht in Botschaft des Bundesrates zur Revision des Epidemiengesetzes vom 3.12.2010, BBl 2011 319 f.

4 Siehe auch NZZ, 20.5.2020, «Die Schweiz hat nicht alle Lehren gezogen».

5 Siehe etwa die Beispiele bei Andreas Kley, «Ausserordentliche Situationen verlangen nach ausserordentlichen Lösungen.» – Ein staatsrechtliches Lehrstück zu Art. 7 EpG und Art. 185 Abs. 3 BV, ZBl 2020, S. 271, FN 24.

6 AS 2003 785.

7 Siehe dazu BGE 131 II 670 ff.

8 Botschaft des Bundesrates zur Revision des Epidemiengesetzes vom 3.12.2010, BBl 2011 329 f.

9 SR 818.101.

10 Art. 184 Abs. 3 BV ermächtigt den Bundesrat, Verordnungen und Verfügungen zu erlassen, wenn es für die Wahrung der Interessen des Landes in den Beziehungen zum Ausland erforderlich ist. In diesem Zusammenhang wird auch etwa von «Interessenwahrungsverordnungen» gesprochen.

11 Siehe die Übersicht bei Urs Saxer, St. Galler Kommentar zu Art. 185 BV, 3. Aufl., Zürich 2014, Rz 107 ff.; David Rechsteiner, Recht in besonderen und ausserordentlichen Lagen. Unter besonderer Berücksichtigung des Rechts bei Katastrophen, Zürich 2016, Rz 499 ff.

12 Ralph Trümpler, Notrecht. Eine Taxonomie der Manifestationen und eine Analyse des intrakonstitutionellen Notrechts de lege lata und de lege ferenda, Zürich 2012, Rz 450.

13 Markus Schott/Daniela Kühne, An den Grenzen des Rechtsstaats: exekutive Notverordnungs- und Notverfügungsrechte in der Kritik, ZBl 2010, S. 423 ff.

14 Andreas Kley, Die UBS-Rettung im historischen Kontext des Notrechts, ZSR 130, 2011, I, S. 123 ff.

nanzkrise im Jahre 2008. Kurze Zeit später diente die Verfassungsnorm dazu, die Herausgabe von UBS-Kundendaten durch die FINMA an die USA zu legitimieren.[15]

COVID-19 sprengte alle bisherigen Erfahrungen

Die vorliegende abgedeckte Themenbreite zeigt, dass es sich bei den Ereignissen um die COVID-19-Epidemie – auch im historischen Vergleich – um eine Ausnahmesituation handelt. Zu diesem Ergebnis gelangt man auch, wenn man die COVID-19-Massnahmen in Vergleich setzt zu den Vorkehrungen, die bisher in Anwendung des EpG oder von Art. 185 Abs. 3 BV getroffen wurden.

Auf das EpG oder Art. 185 Abs. 3 BV gestützte Interventionen hatten in der Regel einen relativ engen Fokus und konzentrierten sich auf bestimmte Bereiche: Es ging um die Rettung einer Bank oder um den Kampf gegen eine bedrohliche terroristische Organisation. Die Vorkehrungen wurden im öffentlichen Interesse getroffen, erzeugten aber keine erheblichen «Kollateralschäden» zu Lasten von Wirtschaft oder Gesellschaft.

Grundlegend anders präsentiert sich die Lage im Zusammenhang mit COVID-19. Am 28.2.2020 stufte der Bundesrat die Situation in der Schweiz als besondere Lage im Sinne von Art. 6 EpG ein und am 16.3. rief er gar die ausserordentliche Lage nach Art. 7 EpG aus. In sehr raschem Rhythmus erliess er Verordnungen mit zunehmenden Einschränkungen, welche direkt oder indirekt alle Bereiche der Gesellschaft betrafen. Verboten wurden in der COVID-19-Verordnung 2[16] alle öffentlichen oder privaten Veranstaltungen, später alle Ansammlungen von mehr als fünf Personen. Darüber hinaus mussten alle öffentlich zugänglichen Einrichtungen für das Publikum schliessen. Dazu gehörten auch Einkaufsläden und Märkte, Restaurationsbetriebe sowie Unterhaltungs- und Freizeitbetriebe. Ausnahmen waren einzig für Einrichtungen und Veranstaltungen vorgesehen, welche elementare Leistungen erbrachten und Güter des täglichen Bedarfs bereitstellten. Verboten wurde ferner der Präsenzunterricht in den Schulen. Nicht von den Schliessungen betroffen waren dagegen Industrie und Gewerbe, die öffentliche Verwaltung sowie Dienstleistungsbetriebe, welche nicht für das Publikum geöffnet waren. Dass über die ganze Zeit der massiven Eingriffe etwa 70% der Wirtschaft weiterhin funktionierte, wird oft übersehen, wenn von «Lockdown» die Rede ist. Im Vergleich zu anderen Staaten gingen die Eingriffe in der Schweiz somit weniger weit.

Diese drastischen Vorkehrungen hatten zur Folge, dass für viele Menschen und Unternehmen die wirtschaftliche Lebensgrundlage bedroht war. Die Lage unterschied sich von den früheren Erfahrungen zunächst dadurch, dass Wirtschaft und Gesellschaft nicht nur durch die Epidemie selbst, sondern auch durch die Massnahmen gegen das Virus stark beeinträchtigt wurden. Es brauchte deshalb ein wirtschaftliches Auffangnetz, um diese negativen Nebenwirkungen zu beseitigen oder doch erträglich zu halten.[17]

---

15 Dazu BGE 137 II 431 ff.

16 SR 818.101.24.

17 NZZ, 2.4.2020: «Der Bund lässt Milliarden regnen».

Hinzu kam, dass das Parlament am 15.3.2020 seine Frühlingssession wegen der Epidemie abbrach und bis zur ausserordentlichen Session Anfang Mai nicht mehr in der Lage war, als Gesetzgeber zu fungieren.[18] Dies führte dazu, dass der Bundesrat während fast zwei Monaten allein für die Bekämpfung der Epidemie und die Milderung der negativen Begleiterscheinungen sorgen und die benötigten Rechtsgrundlagen selbst schaffen musste. Seit dem zweiten Weltkrieg hatte es keine solche Konstellation mehr gegeben.

Ausstieg und Aufarbeitung

Glücklicherweise verwirklichten sich die für die Schweiz entworfenen Worst-Case-Szenarien nicht, die vor allem unter dem Eindruck der dramatischen Entwicklungen in Italien und im Kanton Tessin[19] skizziert worden waren. Viele der ursprünglich beschlossenen strengen Regeln der COVID-19-Verordnung 2 sind heute nicht mehr in Kraft. Die Grenzen sind wieder offen und das Leben auf Strassen und Plätzen hat sich stark normalisiert. Ob diese Beruhigung von Dauer ist, bleibt offen. Nach wie vor leben wir in hoher Ungewissheit über die weitere Entwicklung von COVID-19.

Aus rechtlicher und politischer Sicht steht noch viel Arbeit bevor. Ob sich Instrumente, Strukturen und Prozesse zur Bewältigung von ausserordentlichen Lagen bewähren, zeigt sich erst, wenn ein solcher Fall auch eintritt. Jede real auftretende ausserordentliche Lage ist deshalb immer auch eine – glücklicherweise seltene – Chance für eine aussagekräftige Evaluation. Anpassungen sind in verschiedene Richtungen hin denkbar. Spontan wird man den Blick vorab auf die Voraussetzungen richten, die für den Erlass von Notverordnungen erfüllt sein müssen (Art. 7 EpG bzw. Art. 185 Abs. 3 BV). Tatsächlich sind die entsprechenden Umschreibungen relativ offen formuliert und die Versuchung ist gross, hier nach Konkretisierungen zu suchen. Zugleich stellt sich aber die Frage, ob das Kriterium «ausserordentlich» nicht gerade dadurch charakterisiert ist, dass es sich einer handfesten Konkretisierung entzieht. Es wäre wohl möglich, aufgrund der in den letzten Monaten gemachten Erfahrungen präzisere Vorgaben zu entwickeln. Jede Krise ist aber anders und mit Überraschungen verbunden. Orientieren wir uns bei den Korrekturen zu eng an den letzten Monaten, nehmen wir uns unter Umständen die Reaktionsfähigkeit für künftige anders gelagerte Problemlagen. Der Begriff der «ausserordentlichen Lage» ist eher als Platzhalter zu verstehen für das nur schwer Vorstellbare und rechtlich nicht Definierbare.

Bei seiner letzten kritischen Evaluation des Instrumentariums für ausserordentliche Lagen hat das Parlament die Voraussetzungen für den Erlass von Notverordnungen unverändert gelassen und sich bei der Korrektur auf Anpassungen im prozeduralen Bereich beschränkt.[20] Hierauf wird sich die Diskussion sinnvollerweise konzentrieren. So

18 Siehe auch ANDREA CARONI/STEFAN G. SCHMID, Notstand im Bundeshaus. Die Rolle der Bundesversammlung in der (Corona-)Krise, AJP 2020, S. 710 ff.

19 NZZ, 4.4.2020: «Der Tessiner Corona-Peak steht bevor».

20 Bericht der SPK-N zur Pa. Iv. Wahrung von Demokratie, Rechtsstaat und Handlungsfähigkeit in ausserordentlichen Lagen, BBl 2010 1563 ff.

lohnen sich sicher Überlegungen, wie das Parlament auch in Krisen funktionsfähig bleiben und wie ein sinnvoller Einbezug des Parlaments in einem Regime von Notverordnungen gewährleistet werden kann.[21] Auch Fragen einer institutionalisierten Berichterstattungspflicht[22] des Bundesrates oder eines verbesserten Rechtsschutzes[23] sollten gestellt werden. Die vertiefte Diskussion läuft erst an. Alle Beteiligten werden dankbar sein, dass sie dabei auf «COVID-19: Ein Panorama der Rechtsfragen zur Corona-Krise» zurückgreifen können.

21 René Rhinow, NZZ, 12.5.2020, Das Parlament bei Notrecht rascher einbinden.

22 Siehe etwa Markus Müller/Christoph Jenni, Notrecht ... abermals zur polizeilichen Generalklausel, Sicherheit & Recht 2010, S. 106 f.

23 Siehe etwa David Rechsteiner, Recht in besonderen und ausserordentlichen Lagen. Unter besonderer Berücksichtigung des Rechts bei Katastrophen, Zürich 2016, Rz 917 ff.

Danksagung

Die Idee, einen Sammelband herauszugeben, der einen Überblick über die rechtlichen Fragen und Probleme im Zusammenhang mit der COVID-19-Pandemie gibt, entstand bereits zu Beginn des Lockdowns im März 2020, als sich abzeichnete, dass die Gesundheitskrise auch schwerwiegende wirtschaftliche und rechtliche Folgen nach sich ziehen würde. Unzählige Beiträge, Newsletter und andere juristische Informationsblätter wurden bereits veröffentlicht und füllen weiterhin die Postfächer von Anwälten und Unternehmen. Wir waren daher zunächst nicht sicher, ob wir in der Autorenschaft «Mitstreiter» für ein kurzfristiges Buchprojekt finden würden – zumal viele Praktiker mit Beratungsanfragen ausgelastet waren. Allerdings waren wir überzeugt – und sind es mehr denn je –, dass ein Buch, das einen Schritt zurücktritt, um die gegenwärtige Lage und die Notmassnahmen des Bundesrates aus der Perspektive verschiedener Fachrichtungen näher zu beleuchten, dieser historischen Situation angemessen sein würde.

Zu unserer Freude stiess die Idee bei nahezu allen angefragten Fachleuten auf Begeisterung und es gelang schnell, ein hochkompetentes Autorenteam zusammenzubringen und den inhaltlichen Rahmen abzustecken. So machten sich schliesslich 57 Expertinnen und Experten in äusserst kurzer Zeit an die Ausarbeitung der vorliegenden 27 Beiträge, die fast alle Rechtsgebiete abdecken. Allen Autorinnen und Autoren möchten wir sehr herzlich dafür danken, dass sie diese Herausforderung angenommen und den Band in Rekordzeit ermöglicht haben.

Unser besonderer Dank gilt Herrn Martin Dumermuth, Direktor des Bundesamtes für Justiz, der seit Beginn der Pandemie an vorderster juristischer Front steht und dennoch die Zeit für ein höchst instruktives Vorwort gefunden hat. Ebenso danken wir unserer juristischen Lektorin Elisabeth Tribaldos, die das Projekt mit souveräner Hand und ausserordentlichem Engagement begleitet hat.

Wir sind überzeugt, dass der vorliegende Band sein Versprechen an Sie, liebe Leserinnen und Leser, einlösen wird: möglichst konkrete und verwertbare Antworten auf die rechtlichen Fragen zu geben, die sich aus der COVID-19-Krise ergeben haben. Viele dieser Probleme werden weiter bestehen bleiben, auch nachdem die zurzeit geltenden Beschränkungen gelockert oder aufgehoben wurden. Nicht zuletzt deshalb hoffen wir, dass dieses Buch über die aktuelle Situation hinaus eine hilfreiche Grundlage für rechtliche Überlegungen und Lösungen bieten wird – auch im Sinne einer Vorbereitung auf mögliche zukünftige Krisen.

Basel, im Juni 2020

Helbing Lichtenhahn Verlag

Mirko Meurer   Jérôme Voumard

Autorinnen und Autoren

Florian Angstmann
M.A. HSG in Law, Rechtsanwalt bei VISCHER AG in Zürich
§ 7 Sport

Alfred Blesi
Dr. rer. publ. et lic. iur., Fachanwalt SAV Arbeitsrecht, dipl. Sozialversicherungsexperte, Rechtsanwalt und Partner bei Blesi & Papa
§ 2 Arbeitsrecht

Lukas Bopp
Dr. iur., LL.M., Advokat und Partner bei Kellerhals Carrad
§ 17 Insolvenzrechtliche Massnahmen zur Bewältigung der Coronakrise

Benjamin F. Brägger
Dr. iur., Direktor des Schweizerischen Instituts für Strafvollstreckungs- und Strafvollzugswissenschaften (SISW)
§ 27 Auswirkungen der COVID-19-Pandemie auf den Freiheitsentzug in der Deutschschweiz

Livio Bundi
Dr. iur., CAS MedLaw, Rechtsanwalt bei Bratschi AG
§ 25 Weitere Bereiche des öffentlichen Rechts (VI. Die präventive Phase bei der Pandemiebewältigung)

Benedict F. Christ
Dr. iur., LL.M., Rechtsanwalt und Partner bei VISCHER AG
§ 18 Hilfsmassnahmen für Unternehmen

Gianmarco Coluccia
MLaw, Jurist bei VISCHER AG in Basel
§ 7 Sport

Sandra De Vito Bieri
lic. iur., LL.M., Rechtsanwältin und Partnerin bei Bratschi AG
§ 16 Schiedsgerichtbarkeit und Wirtschaftsmediation

Hans-Jakob Diem
lic. iur., LL.M., Rechtsanwalt und Partner bei Lenz & Staehelin
§ 11 Gesellschaftsrecht

Simone Ehrsam
MLaw, Rechtsanwältin bei Lenz & Staehelin
§ 11 Gesellschaftsrecht

Natalja Ezzaini
BLaw (UZH), MLaw (UZH), Steuerberaterin bei Tax Partner AG, Zürich
§ 21 Steuerrechtliche Sofortmassnahmen aufgrund der COVID-19-Pandemie

Thomas Fingerhuth
lic. iur., Rechtsanwalt und Fachanwalt SAV Strafrecht bei Meier Fleisch Häberli Jucker Rechtsanwälte
§ 26 Straf- und Strafprozessrecht

Corina Fuhrer
Dr. iur., Substitutin bei Bratschi AG
§ 25 Weitere Bereiche des öffentlichen Rechts (II. Bildungsrecht)

Dario Galli
MLaw, Rechtsanwalt und Associate bei Walder Wyss AG

§ 1 Anpassung privatrechtlicher Verträge infolge von COVID-19

Andrea Haefeli
lic. iur., LL.M., Rechtsanwältin und Konsulentin bei Walder Wyss AG

§ 1 Anpassung privatrechtlicher Verträge infolge von COVID-19

Isabelle Häner
Prof. Dr. iur., Rechtsanwältin und Partnerin bei Bratschi AG

§ 25 Weitere Bereiche des öffentlichen Rechts (IV. Subventionen und V. Verfahrensfragen)

Lukas Henny
MLaw, Jurist bei VISCHER AG in Basel

§ 7 Sport

René Hirsiger
Dr. iur., Fachanwalt SAV Arbeitsrecht, Sozialversicherungsfachmann mit eidg. Fachausweis, Rechtsanwalt und Partner bei Blesi & Papa

§ 2 Arbeitsrecht

Christian Horni
Master of Arts HSG in Law & Economics, Rechtsanwalt und Steuerberater bei Tax Partner AG, Zürich

§ 21 Steuerrechtliche Sofortmassnahmen aufgrund der COVID-19-Pandemie

Moritz Jäggy
lic. iur., LL.M., Advokat und Leiter Sportrechtsteam bei VISCHER AG in Basel

§ 7 Sport

Ramona Keist
MLaw, Substitutin bei Bratschi AG

§ 25 Weitere Bereiche des öffentlichen Rechts (III. Öffentliches Personalrecht)

Rebekka Magdalena Keller
Dr. iur., LL.M., Rechtsanwältin und Associate bei VISCHER AG

§ 18 Hilfsmassnahmen für Unternehmen

Ueli Kieser
Prof. Dr. iur., Rechtsanwalt und Partner bei KSPartner, Zürich

§ 23 Soziale Sicherheit

Jonas Kipfer-Berger
Dr. iur., Rechtsanwalt bei STUDER Anwälte und Notare

§ 10 Gemeinnützige Stiftungen und Vereine

Barbara Klett
LL.M., Fachanwältin SAV Haftpflicht- und Versicherungsrecht, Partner, Eversheds Sutherland AG, Zürich

§ 5 Transportrecht

§ 6 Reiserecht

Kathrin Lanz Kneissler
lic. iur., LL.M., Rechtsanwältin und Counsel bei Bratschi AG

§ 25 Weitere Bereiche des öffentlichen Rechts (V. Verfahrensfragen)

Mario Marti
Dr. iur., Rechtsanwalt und Partner bei Kellerhals Carrard

§ 4 Bau- und Werkvertragsrecht

René Matteotti
Prof. Dr. iur., M.A., LL.M., ordentlicher Professor für Schweizerisches, Europäisches und Internationales Steuerrecht, Universität Zürich, Rechtsanwalt und Of Counsel bei Tax Partner AG, Zürich

§ 21 Steuerrechtliche Sofortmassnahmen aufgrund der COVID-19-Pandemie

Nicole Maurer
MLaw, Rechtsanwältin bei Kellerhals Carrard

§ 4 Bau- und Werkvertragsrecht

Barbara Meier
MLaw, Rechtsanwältin bei VISCHER AG

§ 22 Gesundheitsrecht

Dominique Müller
MLaw, Rechtsanwältin, Eversheds Sutherland AG, Zürich

§ 6 Reiserecht

Jürg P. Müller
Dr. iur., Rechtsanwalt, Partner bei Rohrer Müller Partner AG

§ 3 Der «Lockdown» als Herausforderung für die Vertragsparteien bei der Miete und Pacht von Wohn- und Geschäftsräumen – eine Auslegeordnung

Stefan Müller
MLaw, LL.M., Rechtsanwalt und Urkundsperson des Kantons Zug, Wenger & Vieli AG

§ 20 Migrations- und Asylrecht

Anna Murphy
MLaw, Rechtsanwältin und Partnerin bei Bratschi AG

§ 14 Familienrecht

Markus Näf
MLaw, Rechtsanwalt, Eversheds Sutherland AG, Zürich

§ 12 Datenschutzrecht und IT-Recht

Marco Neeser
Dr. iur., Rechtsanwalt, IP-INTELLIGENCE

§ 8 Kultur

Christian Oetiker
Dr. iur., LL.M., Advokat und Partner bei VISCHER AG

§ 15 Prozessführung und Verfahrensrecht

Thomas Pietruszak
lic. iur., Fachanwalt SAV Arbeitsrecht, Rechtsanwalt und Partner bei Blesi & Papa

§ 2 Arbeitsrecht

Rita Pikó
Dr. iur., LL.M., Rechtsanwältin und Partnerin bei Pikó Uhl Rechtsanwälte AG

§ 13 Compliance

Andrea F. G. Raschèr
Dr. iur., MAS ZHAW, Berater und Coach, Raschèr Consulting Zürich
Lehrbeauftragter an der Universität Bern

§ 8 Kultur

Martin Rauber
Dr. iur., Rechtsanwalt, Eversheds Sutherland AG, Zürich

§ 24 Wettbewerbsrecht und öffentliches Beschaffungswesen

Silvia Renninger
lic. iur., LL.M., Rechtsanwältin bei Bratschi AG

§ 16 Schiedsgerichtbarkeit und Wirtschaftsmediation

Sebastian Rieger
MLaw, Advokat, DUFOUR Advokatur und proFonds, Dachverband gemeinnütziger Stiftungen der Schweiz
§ 10 Gemeinnützige Stiftungen und Vereine

Eveline Roos
MLaw, LL.M., Rechtsanwältin und Fachanwältin SAV Strafrecht bei Gressly Rechtsanwälte
§ 26 Straf- und Strafprozessrecht

Theresa Ruppel
MLaw, Doktorandin bei Prof. Dr. Andreas Furrer und Junior Legal Counsel bei DHL Express (Schweiz) AG
§ 5 Transportrecht

Fatou Lalla Sidibe
MLaw, Rechtsanwältin bei Bratschi AG
§ 25 Weitere Bereiche des öffentlichen Rechts (III. Öffentliches Personalrecht)

Aleksandra Simic
MLaw, Substitutin bei VISCHER AG
§ 18 Hilfsmassnahmen für Unternehmen

Daniel Staehelin
Prof. Dr. iur., Advokat, Notar und Partner bei Kellerhals Carrard
§ 17 Insolvenzrechtliche Massnahmen zur Bewältigung der Coronakrise

Sabine Taxer
MLaw, Rechtsanwältin, Wenger & Vieli AG
§ 20 Migrations- und Asylrecht

Ralph Trümpler
Dr. iur., Rechtsanwalt bei Poledna RC AG (Zürich) und Lehrbeauftragter für Verwaltungsrecht an der Kalaidos Law School
§ 19 Problemstellungen und Lehren aus der Corona-Krise aus staats- und verwaltungsrechtlicher Sicht

Laurenz Uhl
Dr. iur., LL.M., Rechtsanwalt und Partner bei Pikó Uhl Rechtsanwälte AG
§ 13 Compliance

Kai-Peter Uhlig
RA Dr. iur. HSG, Rechtsanwalt und Partner bei Werder Viganò AG
§ 8 Kultur

Felix Uhlmann
Prof. Dr. iur., LL.M., Advokat, Lehrstuhl für Staats- und Verwaltungsrecht sowie Rechtsetzungslehre an der Universität Zürich, Konsulent bei Wenger Plattner
§ 19 Problemstellungen und Lehren aus der Corona-Krise aus staats- und verwaltungsrechtlicher Sicht

Michel Verde
Dr. iur., Rechtsanwalt, Eversheds Sutherland AG, Zürich
§ 12 Datenschutzrecht und IT-Recht

Markus Vischer
Dr. iur, LL.M., Rechtsanwalt und Partner bei Walder Wyss AG
§ 1 Anpassung privatrechtlicher Verträge infolge von COVID-19

Jürg Waldmeier
Fürsprecher/Rechtsanwalt, WALDMEIER legal Zürich und Brugg
§ 9 Ausgewählte Aspekte im Privatversicherungsrecht

Patrice Martin Zumsteg
Dr. iur., Rechtsanwalt bei Bratschi AG
§ 25 Weitere Bereiche des öffentlichen Rechts (I. Versammlungsfreiheit und persönliche Freiheit)

Inhaltsverzeichnis

Abkürzungsverzeichnis

a.A.	anderer Ansicht; am Anfang
a.a.O.	am angeführten Ort
a.E.	am Ende
a.F.	alte Folge
a.M.	anderer Meinung
a.o.	ausserordentlich
a§	frühere Fassung der betreffenden Bestimmung
AAB	Allgemeine Anstellungsbedingungen
aArt.	frühere Fassung der betreffenden Bestimmung
AB N	Amtliches Bulletin der Bundesversammlung, Nationalrat (bis 1962: Sten.Bull.)
AB S	Amtliches Bulletin der Bundesversammlung, Ständerat (bis 1962: Sten.Bull.)
AB SPEDLOG-SWISS	Allgemeine Bedingungen SPEDLOGSWISS
Abk.	Abkommen; Abkürzung
abl.	ablehnend
ABl.	Amtsblatt (CH und EU)
Abs.	Absatz
Abschn.	Abschnitt
Abt.	Abteilung
ABVH	Allgemeine Bedingungen für die Versicherung von Verkehrshaftungen
ABVT	Allgemeine Bedingungen für die Versicherung von Gütertransporten
abw.	abweichend
AcP	Archiv für die civilistische Praxis (Tübingen)
AEUV	Konsolidierte Fassungen des Vertrags über die Europäische Union und des Vertrags über die Arbeitsweise der Europäischen Union (2012/C 326/01)
AGB	Allgemeine Geschäftsbedingungen
AGS	Amtliche Gesetzessammlung (des Kantons Graubünden)
ähnl.	ähnlich

AIG	Bundesgesetz vom 16. Dezember 2005 über die Ausländerinnen und Ausländer und über die Integration (*Ausländer- und Integrationsgesetz*; SR 142.20)
AISUF	Arbeiten aus dem Juristischen Seminar Freiburg, Freiburg (Schweiz)
AJP	Aktuelle Juristische Praxis (St. Gallen)
al.	alinea (= Absatz)
allg.	allgemein
Alt.	Alternative(n)
Änd.	Änderung(en)
Anh.	Anhang
Anm.	Anmerkung(en)
AppGer	Appellationsgericht (gefolgt von der amtlichen Abkürzung des Kantons [Bsp.: AppGer BS])
ArG	Bundesgesetz über die Arbeit in Industrie, Gewerbe und Handel vom 13. März 1964 (*Arbeitsgesetz*; SR 822.11)
ArGV 3	Verordnung 3 zum Arbeitsgesetz vom 18. August 1993 (SR 822.113)
Art.	Artikel
ARV	Zeitschrift für Arbeitsrecht und Arbeitslosenversicherung
AS	Amtliche Sammlung der Bundesgesetze und Verordnungen (Eidgenössische Gesetzessammlung)
AS	Amtliche Sammlung der Bundesgesetze und Verordnungen (Eidgenössische Gesetzessammlung)
ASR	Abhandlungen zum schweizerischen Recht (Bern)
ASTAG	Schweizerischer Nutzfahrzeugverband
AT	Allgemeiner Teil
Aufl.	Auflage
Ausg.	Ausgabe
AVB	Allgemeine Versicherungsbedingungen
AVIG	Bundesgesetz über die obligatorische Arbeitslosenversicherung und die Insolvenzentschädigung vom 25. Juni 1982 (*Arbeitslosenversicherungsgesetz*; SR 837.0)
BA	Bundesamt
BAG	Bundesamt für Gesundheit
BAK	Bundesamt für Kultur
BB	Bundesratsbeschluss
BBl	Bundesblatt

BBVers	Beschluss der Bundesversammlung
Bd.	Band
Bde.	Bände
BDSG	Bundesdatenschutzgesetz vom 30. Juni 2017 (BGBI. I S. 2097), das durch Artikel 12 des Gesetzes vom 20. November 2019 (BGBI. I S. 1626) geändert worden ist
BE	Kanton Bern
bearb.	bearbeitet (von ...)
Bem.	Bemerkung(en)
betr.	betreffend
bez.	bezüglich
BfS	Bundesamt für Statistik
BG	Bundesgesetz
BGBM	Bundesgesetz über den Binnenmarkt (*Binnenmarktgesetz*, SR 943.02)
BGE	Entscheidungen des Schweizerischen Bundesgerichtes, Amtliche Sammlung (Lausanne)
BGer	Schweizerisches Bundesgericht
BGG	Bundesgesetz über das Bundesgericht vom 17. Juni 2005 (*Bundesgerichtsgesetz*; SR 173.110)
BGH	Bundesgerichtshof Deutschland
BGS	Bereinigte Gesetzessammlung (gefolgt von der amtlichen Abkürzung des Kantons [Bsp.: BGS ZG])
bGS	bereinigte Gesetzessammlung (Appenzell Ausserrhoden)
BJ	Bundesamt für Justiz
BJM	Basler Juristische Mitteilungen (Basel)
BK	Berner Kommentar (Bern) (vgl. Literaturverzeichnis)
BLV	Base législative vaudoise
BöB	Bundesgesetz über das öffentliche Beschaffungswesen vom 16. Dezember 1994 (SR 172.056.1)
BPG	Bundespersonalgesetz vom 24. März 2000 (SR 172.220.1)
BPV	Bundespersonalverordnung vom 3. Juli 2001 (SR 172.220.111.3)
BR	Bundesrat; Baurecht
BRB	Bundesratsbeschluss
BRK	Eidgenössische Rekurskommission für das öffentliche Beschaffungswesen bzw. Bezeichnung von Entscheiden der BRK in deutscher Sprache

BRV	Verordnung des Bundesrates
BS	Bereinigte Sammlung der Bundesgesetze und Verordnungen 1848–1947; Kanton Basel-Stadt
BSG	Bernische Systematische Gesetzessammlung
BSK	Basler Kommentar (Basel) (vgl. Literaturverzeichnis)
Bsp.	Beispiel(e)
bspw.	beispielsweise
Bst.	Buchstabe(n)
BSV	Verordnung über die Schifffahrt auf schweizerischen Gewässern vom 8. November 1978 (*Binnenschifffahrtsverordnung*; SR 747.201.1)
BT	Besonderer Teil
BV	Bundesverfassung der Schweizerischen Eidgenossenschaft vom 18. April 1999 (SR 101)
BVers	Bundesversammlung
BVGE	Entscheide des Schweizerischen Bundesverwaltungsgerichts (amtliche Sammlung)
BVGer	Bundesverwaltungsgericht
BVR	Bernische Verwaltungsrechtsprechung
BWIS	Bundesgesetz über Massnahmen zur Wahrung der inneren Sicherheit vom 21.3.1997 (SR 120)
BWL	Bundesamt für wirtschaftliche Landesversorgung
bzw.	beziehungsweise
c.i.c.	culpa in contrahendo
ca.	circa
CD	Compact Disc
CEO	Chief Executive Officer (Geschäftsführer)
CESL	Vorschlag für eine Verordnung des europäischen Parlaments und des Rates über ein Gemeinsames Europäisches Kaufrecht vom 11. Oktober 2011 (Proposal for a Regulation of the European Parliament and of the Council on a Common European Sales Law), ‹https://eur-lex.europa.eu/legal-content/EN/TXT/?uri=CELEX%3A52011PC0635› (22.6.2020)
CHF	Schweizer Franken
CIM	Einheitliche Rechtsvorschriften für den Vertrag über die internationale Eisenbahnbeförderung von Gütern (Anhang B zu COTIF)
CISG	Übereinkommen der Vereinten Nationen über Verträge über den internationalen Warenkauf vom 11. April 1980 (SR 0.221.211.1)

CIV	Einheitliche Rechtsvorschriften für den Vertrag über die internationale Eisenbahnbeförderung von Personen (Anhang A zu COTIF)
CJ GE	Cour de Justice Genève
CLNI	Strassburger Übereinkommen über die Beschränkung der Haftung in der Binnenschifffahrt vom 4. November 1988 (SR 0.747.206)
CMNI	Übereinkommen über den Vertrag über die Güterbeförderung in der Binnenschifffahrt vom 22. Juni 2001 (SR 0.221.222.32)
CMR	Übereinkommen über den Beförderungsvertrag im internationalen Strassengüterverkehr vom 19. Mai 1956 (SR 0.741.611)
corr.	Corrigendum
COTIF	Übereinkommen über den internationalen Eisenbahnverkehr in der Fassung des Änderungsprotokolls vom 3. Juni 1999 (SR 0.742.403.12)
COVID-19	coronavirus disease 2019
COVID-19-Solidaritätsbürgschaftsverordnung	Verordnung zur Gewährung von Krediten und Solidarbürgschaften in Folge des Coronavirus vom 25. März 2020 (SR 951.261)
COVID-19-Verordnung 1	Verordnung über Massnahmen zur Bekämpfung des Coronavirus (COVID-19) vom 28. Februar 2020 (SR 818.101.24)
COVID-19-Verordnung 2	Verordnung 2 über Massnahmen zur Bekämpfung des Coronavirus vom 13. März 2020 (SR 818.101.24)
COVID-19-Verordnung 3	Verordnung 3 über Massnahmen zur Bekämpfung des Coronavirus (Covid-19) (Covid-19-Verordnung 3) vom 19. Juni 2020 (SR 818.101.24)
COVID-19-Verordnung besondere Lage	Verordnung über Massnahmen in der besonderen Lage zur Bekämpfung der Covid-19-Epidemie vom 19. Juni 2020 (SR 818.101.26)
COVID-19-Verordnung Miete und Pacht	Verordnung über die Abfederung der Auswirkungen des Coronavirus im Miet- und Pachtwesen vom 27. März 2020 (SR.221.213.4)
CPersV/NW	Vollzugsverordnung des Kantons Nidwalden über befristete personalrechtliche Massnahmen zur Bewältigung der Auswirkungen des Coronavirus vom 31. März 2020 (GDB 165.118)
CR CO	Commentaire romand Code des obligations
d.h.	das heisst
DCFR	Draft Common Frame of Reference, ‹https://www.trans-lex.org/400725/_/outline-edition-/› (22.6.2020)
Dep.	Departement

ders.	derselbe (Autor)
dgl.	dergleichen
dies.	dieselbe (Autorin), dieselben (Autoren)
Diss.	Dissertation
dRSK	digitaler Rechtsprechungskommentar
DSG	Bundesgesetz über den Datenschutz vom 19. Juni 1992 (SR 235.1)
DS-GVO	Verordnung (EU) 2016/679 des Europäischen Parlaments und des Rates vom 27. April 2016 zum Schutz natürlicher Personen bei der Verarbeitung personenbezogener Daten, zum freien Datenverkehr und zur Aufhebung der Richtlinie 95/46/EG *(Datenschutz-Grundverordnung)*
dt.	deutsch(e)
E	Entwurf
E.	Erwägung(en)
E-DSG	Entwurf Bundesgesetz über den Datenschutz, BBl 2017, S. 7206 ff.
ebd.	Ebenda
EBG	Eisenbahngesetz vom 20. Dezember 1957 (SR 742.101)
ECN	European Competition Network
Ed.	Edition
EDI	Eidgenössisches Departement des Innern
EDK	Schweizerische Konferenz der kantonalen Erziehungsdirektoren
EDÖB	Eidgenössischer Datenschutz- und Öffentlichkeitsbeauftragter
EDPB	European Data Protection Board
EDSK	Eidgenössische Datenschutzkommission (bis 30. Juni 2006)
EG VO	Verordnung der europäischen Gemeinschaft
EG	Europäische Gemeinschaft
EGMR	Europäischer Gerichtshof für Menschenrecht
eidg.	eidgenössisch(e)
Einl.	Einleitung
EJPD	Eidgenössisches Justiz- und Polizeidepartement
EKP	Eidgenössische Kommission für Pandemievorbereitung und -bewältigung
EMRK	Konvention zum Schutze der Menschenrechte und Grundfreiheiten vom 4. November 1950 (*Europäische Menschenrechtskonvention*; SR 0.101)
EpG	Bundesgesetz über die Bekämpfung übertragbarer Krankheiten des Menschen vom 28. September 2012 (*Epidemiengesetz*; SR 818.101)

EpV	Verordnung über die Bekämpfung übertragbarer Krankheiten des Menschen (*Epidemienverordnung*; SR 818.101.1)
Erl.	Erläuterung(en)
erw.	erwähnt
ESchK	Eidgenössische Schiedskommission
et al.	et alii (= und andere)
etc.	et cetera (= usw.)
EU	Europäische Union
EuGH	Europäischer Gerichtshof
evtl.	eventuell
EWG	Europäische Wirtschaftsgemeinschaft
ExpB	Expertenbericht
ExpK	Expertenkommission
Extraits	Extraits des principaux arrets rendus par les diverses sections du tribunal cantonal de l'Etat de Fribourg
f.	und folgende (Seite, Note usw.)
ff.	und fortfolgende (Seiten, Noten usw.)
FFHB	Frachtführer Haftungsbestimmungen der ASTAG
FG	Festgabe
FiG	Bundesgesetz über Filmproduktion und Filmkultur vom 14. Dezember 2001 (*Filmgesetz*; SR 443.1)
FINMAG	Bundesgesetz über die Eidgenössische Finanzmarktaufsicht (*Finanzmarktaufsichtsgesetz*; SR 956.1)
FN	Fussnote(n)
frz.	französisch
FS	Festschrift, Festgabe
FZA	Abkommen zwischen der Schweizerischen Eidgenossenschaft einerseits und der Europäischen Gemeinschaft und ihren Mitgliedstaaten andererseits über die Freizügigkeit vom 21. Juni 1999 (SR 0.142.112.681)
FZR	Freiburger Zeitschrift für Rechtsprechung (Freiburg i.Ue.)
G	Gesetz
GAV	Gesamtarbeitsvertrag
GCC	General Conditions of Carriage
GDPR	General Data Protection Regulation (siehe *DS-GVO*)
gem.	gemäss

Ger	Gericht
GesKR	Zeitschrift für Gesellschafts- und Kapitalmarktrecht
ggf.	gegebenenfalls
GL	Geschäftsleitung
gl.A.	gleicher Ansicht
gl.M.	gleicher Meinung
GmbH	Gesellschaft mit beschränkter Haftung
GPA 1994	Government Procurement Agreement, Übereinkommen über das öffentliche Beschaffungswesen vom 15. April 1994, für die Schweiz in Kraft getreten am 1. Januar 1996 (SR 0.632.231.422)
GPA 2012	Protokoll zur Änderung des Übereinkommens über das öffentliche Beschaffungswesen, abgeschlossen in Genf am 30. März 2012, BBl 2017 2175
GPK	Geschäftsprüfungskommission
GR	Kanton Graubünden
GS	Gesetzessammlung (gefolgt von der amtlichen Abkürzung des Kantons [Bsp.: GS AI])
GüTG	Bundesgesetz über den Gütertransport durch Bahn- und Schifffahrtsunternehmen vom 25. September 2015 (*Gütertransportgesetz*; SR 742.41)
GVP	St. Gallische Gerichts- und Verwaltungspraxis (St. Gallen)
h.A.	herrschende Ansicht
h.L.	herrschende Lehre
h.M.	herrschende Meinung
Haager Protokoll	Protokoll zur Änderung des Abkommens zur Vereinheitlichung von Regeln über die Beförderung im internationalen Luftverkehr, unterzeichnet in Warschau am 12. Oktober 1929 vom 28. September 1955 (SR 0.748.410.1)
Haager Übereinkommen	Internationales Übereinkommen zur einheitlichen Feststellung einzelner Regeln über die Konnossemente vom 26. August 1924 (SR 0.747.354.11)
Haager-Visby Regeln	Protokoll zur Änderung des am 25. August 1924 in Brüssel unterzeichneten Internationalen Übereinkommens zur Vereinheitlichung einzelner Regeln über Konnossemente vom 23. Februar 1968 (SR 0.747.354.111)
Habil.	Habilitationsschrift
HAVE	Haftung und Versicherung (Zürich)

HGer	Handelsgericht
HRRS	Höchstrichterliche Rechtsprechung zum Strafrecht (Hamburg)
Hrsg.	Herausgeber/in
hrsg.	herausgegeben
Hs.	Halbsatz
i.A.	im Allgemeinen
i.c.	in casu
i.d.R.	in der Regel
i.d.S.	in diesem Sinne
i.e.	id est (= das ist, das heisst)
i.E.	im Ergebnis
i.e.S.	im engeren Sinne
i.f.	in fine
i.S.	im Sinne/in Sachen
i.S.v.	im Sinne von
i.V.m.	in Verbindung mit
i.w.S.	im weiteren Sinne
IATA	International Air Transport Association
IBA	International Bar Association
ICC	International Chamber of Commerce
id.	idem (= derselbe, dasselbe)
IFF	Institut für Föderalismus (der Universität Freiburg)
inkl.	inklusive
InöB	Interkantonales Organ für das öffentliche Beschaffungswesen
insb.	insbesondere
int.	international
IPBPR	Internationaler Pakt über bürgerliche und politische Rechte vom 16. Dezember 1966 (SR 0.103.2)
IPR	Internationales Privatrecht
IPRG	Bundesgesetz über das internationale Privatrecht vom 18. Dezember 1987 (SR 291)
it.	italienisch
IVöB	Interkantonale Vereinbarung über das öffentliche Beschaffungswesen vom 25. November 1994, revidiert am 15. März 2001
Jber.	Jahresbericht

JdT	Journal des Tribunaux (Lausanne)
JVA	Justizvollzugsanstalt
JVO	Verordnung über Massnahmen in der Justiz und im Verfahrensrecht im Zusammenhang mit dem Coronavirus vom 16.4.2020 (Stand am 20.4.2020), (*COVID-19-Verordnung Justiz und Verfahrensrecht*; SR 272.81)
kant.	kantonal
Kap.	Kapitel
KFG	Bundesgesetz über die Kulturförderung vom 11. Dezember 2009 (*Kulturförderungsgesetz*; SR 442.1)
KG	Bundesgesetz über Kartelle und andere Wettbewerbsbeschränkungen vom 6. Oktober 1995 (*Kartellgesetz*; SR 251)
KGE	Kantonsgerichtsentscheid (gefolgt von der amtlichen Abkürzung des Kantons [Bsp.: KGE GR])
KGer	Kantonsgericht (gefolgt von der amtlichen Abkürzung des Kantons [Bsp.: KGer GR])
KKJPD	Konferenz der kantonalen Justiz- und Polizeidirektorinnen und -direktoren
KMU	kleine und mittlere Unternehmen
KoKJ	Koordinationskonferenz Justizvollzug der KKJPD
Komm.	Kommentar; Kommentierung
Konk.	Konkordat
krit.	kritisch
KS	Kreisschreiben
Kt.	Kanton
KUKO	Kurzkommentar
KV	Kantonsverfassung
KV ZH	Verfassung des Kantons Zürich vom 27.2.2005 (LS 101)
LFG	Bundesgesetz über die Luftfahrt vom 21. Dezember 1948 (*Luftfahrtgesetz*; SR 748.0)
LGVE	Luzerner Gerichts- und Verwaltungsentscheide (Luzern)
lit.	litera (= Buchstabe)
LS	Loseblattsammlung
LTrV	Verordnung über den Lufttransport vom 17. August 2005 (SR 748.411)
LugÜ	Übereinkommen über die gerichtliche Zuständigkeit und die Anerkennung und Vollstreckung von Entscheidungen in Zivil- und

	Handelssachen vom 30. Oktober 2007 (*Lugano-Übereinkommen*; SR 0.275.12)
m.a.W.	mit anderen Worten
m.Bsp.	mit Beispiel(en)
m.E.	meines Erachtens
m.H.	mit Hinweis(en)
m.Nw.	mit Nachweis(en)
m.V.	mit Verweis(en)
m.w.Bsp.	mit weiteren Beispielen
m.w.H.	mit weiteren Hinweisen
m.w.N.	mit weiteren Nachweisen
m.w.V.	mit weiteren Verweisen
MB	Merkblatt
MK	Münchner Kommentar
MRA	MietRecht Aktuell
mp	mietrechtspraxis (Zürich)
MÜ	Übereinkommen zur Vereinheitlichung bestimmter Vorschriften über die Beförderung im internationalen Luftverkehr vom 28. Mai 1999 (*Montrealer Übereinkommen*; SR 0.748.411)
N	Note(n); Randnote(n)
Nachl.	Nachlieferung
NF	Neue Folge/Rivista Novità fiscali (Manno)
NG	Nidwaldner Gesetzessammlung
NGO	Non-governmental organization
NJW	Neue Juristische Wochenschrift (München)
NR	Nationalrat
Nr.	Nummer
Nw.	Nachweis(e)
NWI-CH	Strafvollzugskonkordat der Nordwest- und Innerschweizer Kantone
NZZ	Neue Zürcher Zeitung (Zürich)
NZZaS	Neue Zürcher Zeitung am Sonntag
o.ä./o.Ä.	oder ähnlich(e), oder Ähnliches
ÖBV/BE	Verordnung über das öffentliche Beschaffungswesen des Kantons Bern (BSG 731.21)
öff.	öffentlich

OFK	Orell Füssli Kommentar (Zürich) (vgl. Literaturverzeichnis)
OGE	Obergerichtsentscheid (gefolgt von der amtlichen Abkürzung des Kantons [Bsp.: OGE ZH])
OGer	Obergericht (gefolgt von der amtlichen Abkürzung des Kantons [Bsp.: OGer ZH])
OR	Bundesgesetz betreffend die Ergänzung des Schweizerischen Zivilgesetzbuches vom 30. März 1911 (Fünfter Teil: *Obligationenrecht*; SR 220)
Org.	Organisation
Org-VöB	Verordnung über die Organisation des öffentlichen Beschaffungswesens der Bundesverwaltung vom 24. Oktober 2012 (SR 172.056.15)
OS	Offizielle Sammlung der seit dem 10. März 1931 erlassenen Gesetze, Beschlüsse und Verordnungen des Eidgenössischen Standes Zürich
OSK	Ostschweizer Strafvollzugskonkordat
p.	page
p.a.	per annum – pro Jahr
para.	Paragraph
ParlG	Bundesgesetz über die Bundesversammlung vom 13. Dezember 2002 (*Parlamentsgesetz*; SR 171.10)
PauRG	Bundesgesetz über Pauschalreisen vom 18. Juni 1993 (SR 944.3)
PBG	Bundesgesetz über die Personenbeförderung vom 20. März 2009 (*Personenbeförderungsgesetz*; SR 745.1)
PECL	Principles of European Contract Law, ‹https://www.trans-lex.org/400200/_/pecl/› (22.6.2020)
PG BE	Personalgesetz des Kantons Bern vom 16. September 2004 (BSG 153.01)
PG SG	Personalgesetz des Kantons St. Gallen vom 25. Januar 2011 (sGS 143.1)
PG ZH	Personalgesetz des Kantons Zürich vom 27. September 1998 (LS 177.10)
PICC	Principles on International Commercial Contracts
PK	Parlamentarische Kommission; Pensionskasse
PKG	Die Praxis des Kantonsgerichtes von Graubünden (Chur)
plädoyer	Das Magazin für Recht und Politik (Zürich)
ppa.	per procura
Pra	Die Praxis des Bundesgerichts (Basel)
Prot.	Protokoll

Protokoll von Vilnius	Übereinkommen über den internationalen Eisenbahnverkehr in der Fassung des Änderungsprotokolls vom 3. Juni 1999 (siehe auch *COTIF*; SR 0.742.403.12)
PüG	Preisüberwachungsgesetz vom 20. Dezember 1985 (SR 942.20)
PUK	Parlamentarische Untersuchungskommission
PV BE	Personalverordnung des Kantons Bern vom 18. Mai 2005 (BSG 153.011.1)
PV SG	Personalverordnung des Kantons St. Gallen vom 13. Dezember 2011 (sGS 143.11)
RA	Rechtsanwalt
RabelsZ	Zeitschrift für ausländisches und internationales Privatrecht (Tübingen)
RandT	Randtitel
RDAF	Revue de droit Administratif et de droit Fiscal (Lausanne)
REC	Empfehlungen des Ministerkomitees des Europarates
recht	Zeitschrift für juristische Ausbildung und Praxis (Bern)
Regl.	Reglement
RegR	Regierungsrat
Rek.	Rekurs
Rep	Repertorio di Giurisprudenza Patria (Bellinzona)
resp.	respektive
rev.	revidiert
revBöB	Bundesgesetz über das öffentliche Beschaffungswesen (BöB) vom 21. Juni 2019
revIVöB	Interkantonale Vereinbarung über das öffentliche Beschaffungswesen vom 15. November 2019
RJJ	Revue jurassienne de jurisprudence (Porrentruy)
RJN	Recueil de jurisprudence neuchâteloise (Neuchâtel)
RK	Kommission für Rechtsfragen (Bern); auch: Rekurskommission
RL	Richtlinie(n)
RMP/GE	Règlement sur la passation des marchés publics des Kantons Genf (L 6 05.01)
Rn	Randnummer
Rom-I-VO	Verordnung (EG) Nr. 593/2008 des Europäischen Parlaments und des Rates vom 17. Juni 2008 über das auf vertragliche Schuldverhältnisse anzuwendende Recht

RPW	Recht und Politik des Wettbewerbs (Bern)
RS	Revisionsstelle; Rundschreiben; auch: Recueil systématique
Rspr.	Rechtsprechung
RVJ	Revue valaisanne de jurisprudence (Sion)
RVOG	Regierungs- und Verwaltungsorganisationsgesetz vom 21. März 1997 (SR 172.010)
Rz	Randziffer(n)
S&R	Sicherheit & Recht
S.	Seite(n)
s.	siehe
s.a.	siehe auch
SAG	Schweizerische Aktiengesellschaft (Zürich; seit 1990: SZW)
SAGW	Schweizerische Akademie der Geistes- und Sozialwissenschaften
SARS	severe acute respiratory syndrome
SARS-CoV-2	severe acute respiratory syndrome coronavirus 2
SAV	Schweizerischer Anwaltsverband; Schweizerischer Anlagefonds-verband; Der Schweizer Anwalt (ab 1998: Anwaltsrevue)
SB	Spezialbroschüre
SBB	Schweizerische Bundesbahnen
SBFI	Staatssekretariat für Bildung, Forschung und Innovation
Schengener Grenzkodex	Verordnung (EU) 2016/399 des Europäischen Parlaments und des Rates vom 9. März 2016 über einen Gemeinschaftskodex für das Überschreiten der Grenzen durch Personen (ABl. L 77 v. 23. März 2016, S. 1)
SchKG	Bundesgesetz über Schuldbetreibung und Konkurs vom 11. April 1889 (SR 281.1)
SchlBest	Schlussbestimmungen
SchlT	Schlusstitel
SD	Sonderdruck
SE	Societas Europaea, Europäische Aktiengesellschaft
SECO	Staatssekretariat für Wirtschaft
Seeschifffahrts-verordnung	Seeschifffahrtsverordnung vom 20. November 1956 (SR 747.301)
SG	Kanton St. Gallen
SG	Systematische Gesetzessammlung (Kanton Basel-Stadt)
SGF	Systematische Gesetzessammlung (Kanton Freiburg)

SGGVP	St. Gallische Gerichts- und Verwaltungspraxis (St. Gallen)
SGK	St. Galler Kommentar (Zürich/St. Gallen) (vgl. Literaturverzeichnis)
SGS	Systematische Gesetzessammlung (gefolgt von der amtlichen Abkürzung des Kantons [Bsp.: SGS BL])
SHAB	Schweizerisches Handelsamtsblatt
SHK	Stämpflis Handkommentar (Bern) (vgl. Literaturverzeichnis)
sic!	Zeitschrift für Immaterialgüter-, Informations- und Wettbewerbsrecht (Bern)
SJ	La semaine judiciaire (Genf)
SJK	Schweizerische Juristische Kartothek (Genf)
SJV	Schweizerischer Juristenverein
SJZ	Schweizerische Juristen-Zeitung (Zürich)
SKJV	Schweizerischen Kompetenzzentrums für Justizvollzug
Slg.	Sammlung
SNB	Schweizerische Nationalbank
SOG	Solothurnische Gerichtspraxis (Solothurn)
sog.	sogenannt
Sp.	Spalte
SPEDLOG-SWISS	Verband schweizerischer Speditions- und Logistikunternehmen
spez.	speziell
SPR	Schweizerisches Privatrecht (Basel)
SR	Systematische Sammlung des Bundesrechts; Ständerat
SRG	Schweizerische Radio- und Fernsehgesellschaft
SSED	Systematische Sammlung der Erlasse und Dokumente der Strafvollzugskonkordats der Nordwest- und Innerschweizer Kantone, einsehbar unter ‹www.konkordate.ch/konkordatliche-erlasse› (29.5.2020)
SSFV	Schweizer Syndikat Film und Video
SSG	Bundesgesetz über die Seeschifffahrt unter der Schweizer Flagge vom 23. September 1953 (*Seeschifffahrtsgesetz*; SR 747.30)
Sten.Bull.	Amtliches stenographisches Bulletin der Bundesversammlung (bis und mit 1962; danach: AB N bzw. AB S)
StGB	Schweizerisches Strafgesetzbuch vom 21. Dezember 1937 (SR 311.0)
StPO	Strafprozessordnung vom 5. Oktober 2007 (SR 312.0)
StR	Ständerat
str.	streitig

SubmD/AG	Submissionsdekret des Kantons Aargau (SAR 150.910)
SubmV/ZH	Submissionsverordnung des Kantons Zürich (LS 720.11)
SUG	Bundesgesetz über Finanzhilfen und Abgeltungen vom 5. Oktober 1990 (*Subventionsgesetz*; SR 616.1)
SVG	Strassenverkehrsgesetz vom 19. Dezember 1958 (SR 741.01)
SVV	Schweizerischer Versicherungsverband
SZR	Sonderziehungsrecht
SZR/kg	Sonderziehungsrecht pro Kilogramm
SZW	Schweizerische Zeitschrift für Wirtschafts- und Finanzmarktrecht
TC	Tribunal cantonal (gefolgt von der amtlichen Abkürzung des Kantons [Bsp.: TC VD])
TK	Treuhandkammer
TransportR	«Transportrecht» (Hamburg)
u.Ä.	und Ähnliche(s)
u.a.	und andere(s); unter anderem (anderen)
u.a.m.	und andere(s) mehr
u.dgl.m.	und dergleichen mehr
u.E.	unseres Erachtens
u.U.	unter Umständen
u.W.	unseres Wissens
ÜBest	Übergangsbestimmung(en)
UK	Unterkommission; Untersuchungskommission
UPICC	Unidroit Principles of International Commercial Contracts von 2016, ‹https://www.unidroit.org/instruments/commercial-contracts/unidroit-principles-2016› (22.6.2020)
UNO-Pakt II	Internationaler Pakt über bürgerliche und politische Rechte vom 16. Dezember 1966 (SR 0.103.2)
unv.	unveröffentlicht
URG	Bundesgesetz über das Urheberrecht und verwandte Schutzrechte vom 9. Oktober 1992 (*Urheberrechtsgesetz*; SR 231.1)
usw.	und so weiter
UVG	Bundesgesetz über die Unfallversicherung vom 20. März 1981 (*Unfallversicherungsgesetz*; SR 832.20)
UWG	Bundesgesetz gegen den unlauteren Wettbewerb vom 19. Dezember 1986 (SR 241)
V	Verordnung

v.	vom
v.a.	vor allem
VBPV	Verordnung des EFD zur Bundespersonalverordnung vom 6. Dezember 2001 (SR 172.220.111.31)
VD	Kanton Waadt
VE	Vorentwurf
Verf.	Verfasser
Verz.	Verzeichnis
V Fristenstillstand eidg. Volksbegehren	Verordnung des Bundesrats über den Fristenstillstand bei eidgenössischen Volksbegehren (SR 161.16)
VGer	Verwaltungsgericht
VGG	Bundesgesetz über das Bundesverwaltungsgericht vom 17. Juni 2005 (*Verwaltungsgerichtsgesetz*; SR 173.32)
vgl.	vergleiche
VöB	Verordnung über das öffentliche Beschaffungswesen vom 11. Dezember 1995 (SR 172.056.11)
vol.	volume (= Band)
Vorbem.	Vorbemerkung(en)
VPB	Verwaltungspraxis der Bundesbehörden (Bern)
VR	Verwaltungsrat
VRG ZH	Verwaltungsrechtspflegegesetz des Kantons Zürich vom 24.5.1959 (LS 175.2)
VS	Kanton Wallis
vs.	versus (= gegen)
VUV	Verordnung über die Verhütung von Unfällen und Berufskrankheiten vom 19. Dezember 1983 (SR 832.30)
VV	Vollziehungsverordnung
VVG	Bundesgesetz über den Versicherungsvertrag vom 2. April 1908 (*Versicherungsvertragsgesetz*; SR 221.229.1)
VVO ZH	Vollzugsverordnung zum Personalgesetz des Kantons Zürich vom 19. Mai 1999 (LS 177.111)
VwVG	Bundesgesetz über das Verwaltungsverfahren vom 20. Dezember 1968 (*Verwaltungsverfahrensgesetz*; SR 172.021)
Warschauer Abkommen	Abkommen zur Vereinheitlichung von Regeln über die Beförderung im internationalen Luftverkehr vom 12. Oktober 1929 (SR 0.748.410)

WBF	Eidgenössisches Departement für Wirtschaft, Bildung und Forschung
Weko	Wettbewerbskommission
WHO	World Health Organization
WL	Wegleitung
WuR	Wirtschaft und Recht (Zürich)
z.B.	zum Beispiel
z.T.	zum Teil
ZBJV	Zeitschrift des Bernischen Juristenvereins (Bern)
ZBl	Schweizerisches Zentralblatt für Staats- und Verwaltungsrecht (Zürich)
ZGB	Schweizerisches Zivilgesetzbuch vom 10. Dezember 1907 (SR 210)
ZGGVP	Gerichts- und Verwaltungsentscheide des Kantons Zug (Zug)
ZGRG	Zeitschrift für Gesetzgebung und Rechtsprechung in Graubünden (Chur)
ZH	Kanton Zürich
Ziff.	Ziffer
zit.	zitiert
ZivGer	Zivilgericht
ZK	Zürcher Kommentar (Zürich) (vgl. Literaturverzeichnis)
ZPO	Schweizerische Zivilprozessordnung vom 19. Dezember 2008 (*Zivilprozessordnung*; SR 272)
ZPR	Zivilprozessrecht
ZR	Blätter für Zürcherische Rechtsprechung (Zürich)
ZSR	Zeitschrift für Schweizerisches Recht (Basel)
ZStöR	Zürcher Studien zum öffentlichen Recht
ZStP	Zürcher Studien zum Privatrecht (Zürich); Zürcher Steuerpraxis (Zürich)
Zusatzabkommen von Guadalajara	Zusatzabkommen zum Warschauer Abkommen zur Vereinheitlichung von Regeln über die von einem anderen als dem vertraglichen Luftfrachtführer ausgeführte Beförderung im internationalen Luftverkehr vom 18. September 1961 (SR 0.748.410.2)
zust.	zustimmend
ZWR	Zeitschrift für Walliser Rechtsprechung (Sion)
zzt.	zurzeit

§ 1 Anpassung privatrechtlicher Verträge infolge von COVID-19

Andrea Haefeli/Dario Galli/Markus Vischer

Inhaltsverzeichnis

Literaturverzeichnis

Aepli Viktor, in: Gauch Peter (Hrsg.), Kommentar zum Schweizerischen Zivilgesetzbuch, Obligationenrecht, Kommentar zur 1. und 2. Abteilung (Art. 1–529 OR), Teilbd. V 1h, Das Erlöschen der Obligationen, Erste Lieferung, Art. 114–126 OR, 3. Aufl., Zürich 1991 (zit. ZK-Aepli); Baumann Max, in: Gauch Peter/Schmid Jörg (Hrsg.), Kommentar zum Schweizerischen Zivilgesetzbuch, Schweizerisches Zivilgesetzbuch, Einleitung, 1. Teilbd., Art. 1–17 ZGB, 3. Aufl., Zürich 1998 (zit. ZK-Baumann); Bernard Frédéric, La répartition des compétences entre la Confédération et les cantons en situation de pandémie, ZSR Sondernummer 2020, S. 55 ff.; Biaggini Giovanni, «Notrecht» in Zeiten des Coronavirus – Eine Kritik der jüngsten Praxis des Bundesrats zu Art. 185 Abs. 3 BV, ZBl 2020, S. 239 ff. (zit. ZBl 2020 [Notrecht]); ders., Der coronavirusbedingte Fristenstillstand bei eidgenössischen Volksbegehren – eine Fallstudie zur Tragfähigkeit von Art. 185 Abs. 3 BV, ZBl 2020, S. 277 ff. (zit. ZBl 2020 [Fristenstillstand]); ders., Orell Füssli Kommentar (OFK), Bundesverfassung der Schweizerischen Eidgenossenschaft (BV), 2. Aufl., Zürich 2017 (zit. OFK-Biaggini); Bischoff Jacques, Vertragsrisiko und clausula rebus sic stantibus: Risikozuordnung in Verträgen bei veränderten Verhältnissen, Diss. Zürich 1983 = ZStP Bd. 28, Zürich 1983; Böckli Peter, OR-Rechnungslegung, 2. Aufl., Zürich/Basel/Genf 2019; Bohnet François, Bail à loyer pour locaux commerciaux et Ordonnance 2 COVID-19, Gutachten vom 8.4.2020, ‹https://www.hev-schweiz.ch/fileadmin/sektionen/hev-schweiz/PDFs_Dateien/Medienmitteilungen/2020_Medienmitteilungen/covid-19/Gutachten_von_Prof._Dr._F._Bohnet.pdf› (22.6.2020); Brändli Beat, Ökonomische Analyse (Law and Economics) des Schweizer Vertragsrechts in a nutshell, AJP 2020, S. 502 ff.; Brönimann Christian, Gute Aussichten, die Situation unter Kontrolle zu bringen, Sonntagszeitung vom 14.6.2020, S. 15 und 17; Brunner Arthur, COVID-19-Verordnung: Umstrittene Auslegung, NZZ vom 27.3.2020, S. 8; Brunner Christoph, in: Brunner Christoph/Galli Dario/Vischer Markus, Die Rechtsprechung des Bundesgerichts zum Kaufvertragsrecht im Jahr 2018, Jusletter vom 11.11.2019; Brunner Florian/Wilhelm Martin/Uhlmann Felix, Das Coronavirus und die Grenzen des Notrechts, Überlegungen zu einer ausserordentlichen ausserordentlichen Lage, AJP 2020, S. 685 ff.; Bühler Theodor, Die clausula rebus sic stantibus als Mittel der Zukunftsbewältigung, in: Habscheid Walter J./Hoffmann-Nowotny Hans-Joachim/Lindner Willy/Meier-Hayoz Arthur (Hrsg.), Freiheit und Zwang: Rechtliche, wirtschaftliche und gesellschaftliche Aspekte, Festschrift zum 60. Geburtstag von Professor Dr. iur. Dr. phil. Hans Giger, Bern 1989, S. 35 ff.; Burkhardt Martin, Vertragsanpassung bei veränderten Umständen in der Praxis des schweizerischen Privatrechts – Vertragsgestaltung, Schiedsgerichtsbarkeit und Praxis des Bundesgerichts, Diss. St. Gallen 1996 = SSPHW Bd. 47, Bern 1997; Burrichter Annika/Vischer Moritz, Der Vergehenstatbestand nach Art. 10*f* Abs. 1 COVID-19-Verordnung 2, forumpoenale 2020 (Vorabdruck), S. 300 ff.; Caroni Andrea/Schmid Stefan G., Notstand im Bundeshaus, Die Rolle der Bundesversammlung in der (Corona-)Krise, AJP 2020, S. 710 ff.; Christoph Müller, in: Aebi-Müller Regina E./Müller Christoph (Hrsg.), Berner Kommentar, Kommentar zum schweizerischen Privatrecht, Schweizerisches Zivilgesetzbuch, Das Obligationenrecht, Allgemeine Bestimmungen, Art. 1–118 OR mit allgemeiner Einleitung in das Schweizerische Obligationenrecht, Bern 2018 (zit. BK-Müller); Cottier Thomas/Müller Jörg Paul, Die Grundrechte gelten auch in der Krise, NZZ vom 22.4.2020, S. 8; Drolshammer Jens, Risk and Response –

Responses to Risks, Zur Notwendigkeit eines strategischen Umgangs im Recht mit Catastrophic Risks in Grenzbereichen technologischer und wissenschaftlicher Entwicklungen, ZSR Sondernummer 2020, S. 197 ff.; DUNAND JEAN-PHILIPPE/WYLER RÉMY, Quelques implications du coronavirus en droit suisse du travail, Newsletter DroitDuTravail.ch vom 9.4.2020, ‹https://publications-droit.ch/files/uploads/quelques-implications-du-coronavirus-au-9-avril-2020.pdf› (22.6.2020); ENZ BENJAMIN V., Risikozuordnung in Verträgen und die COVID-19 Situation: Teil 1, Jusletter vom 18.5.2020; FELLMANN WALTER, Entschädigung für die Folgen der Bekämpfung des Coronavirus, Jusletter vom 15.6.2020; GALLI DARIO/KÜNDIG MICHAEL/VISCHER MARKUS, «Schiedsgutachterklauseln» in M&A-Verträgen, GesKR 2018, S. 424 ff.; GAUCH PETER/SCHLUEP WALTER R./EMMENEGGER SUSAN, Schweizerisches Obligationenrecht, Allgemeiner Teil, Bd. II, 10. Aufl., Zürich/Basel/Genf 2014; GAUCH PETER/SCHLUEP WALTER R./SCHMID JÖRG, Schweizerisches Obligationenrecht, Allgemeiner Teil, Bd. I, 10. Aufl., Zürich/Basel/Genf 2014; GEISER THOMAS, Arbeitsrechtliche Regelungen im Zusammenhang mit dem Coronavirus, AJP 2020, S. 545 ff.; GEISER THOMAS/MÜLLER ROLAND/PÄRLI KURT, Klärung arbeitsrechtlicher Fragen im Zusammenhang mit dem Coronavirus, Jusletter vom 23.3.2020; GERNY DANIEL, Krisensteuerung fast ohne Panne – gewöhnen wir uns an Notrecht?, NZZ vom 4.6.2020 (zit. NZZ 4.6.2020); DERS., Notrechts-Exzess wird staatspolitisches Problem, NZZ vom 24.4.2020, S. 12 (zit. NZZ 24.4.2020); DERS., Das Notrecht stösst rasch an Grenzen, NZZ vom 31.3.2020, S. 10 (zit. NZZ 31.3.2020); GIGER HANS, Grundsätzliches zum richterlichen Eingriff in den Vertrag, ZBJV 1969, S. 309 ff.; HAEFELI ANDREA/GALLI DARIO/VISCHER MARKUS, Coronavirus SARS-CoV-2: Klärung mietrechtlicher Fragen, Jusletter vom 14.4.2020; HAUSHEER HEINZ/AEBI-MÜLLER REGINA E., in: Hausheer Heinz/Walter Hans Peter (Hrsg.), Berner Kommentar, Kommentar zum schweizerischen Privatrecht, Schweizerisches Zivilgesetzbuch, Einleitung und Personenrecht, Bd. I: Einleitung und Personenrecht, 1. Abt.: Einleitung, Art. 1–19 ZGB, Bern 2012 (zit. BK-HAUSHEER/AEBI-MÜLLER); HÖFLER STEFAN, Notrecht als Krisenkommunikation? Redaktionelle Fallgruben in der COVID-19-Verordnung 2, AJP 2020, S. 702 ff.; HONSELL HEINRICH, Willenstheorie oder Erklärungstheorie?, in: Forstmoser Peter/Honsell Heinrich/Wiegand Wolfgang (Hrsg.), Richterliche Rechtsfortbildung in Theorie und Praxis, Methodenlehre und Privatrecht, Zivilprozess- und Wettbewerbsrecht, Festschrift für Hans Peter Walter, Bern 2005, S. 335 ff.; HORN NORBERT, Neues von der Neuverhandlungspflicht, Jusletter vom 11.5.2020; HUGUENIN CLAIRE, Obligationenrecht, Allgemeiner und Besonderer Teil, 3. Aufl., Zürich/Basel/Genf 2019; HULLIGER URBAN, in: Müller-Chen Markus/Huguenin Claire (Hrsg.), Handkommentar zum Schweizer Privatrecht, Vertragsverhältnisse Teil 1: Innominatkontrakte, Kauf, Tausch, Schenkung, Miete, Leihe, 3. Aufl., Zürich/Basel/Genf 2016 (zit. CHK-HULLIGER); IYNEDJIAN MARC, COVID-19 – Ordre de fermeture des magasins et restaurants, Impact sur l'obligation de payer le loyer, Gutachten vom 28.3.2020, ‹https://www.hev-schweiz.ch/fileadmin/sektionen/hev-schweiz/PDFs_Dateien/Medienmitteilungen/2020_Medienmitteilungen/Comme-avis-droit_.pdf› (22.6.2020); KÄLIN OLIVER, Unmöglichkeit der Leistung nach Art. 119 OR und clausula rebus sic stantibus, recht 2004, S. 246 ff; KETTIGER DANIEL, Gerichtsverhandlungen, Anhörungen und Einvernahmen mittels Videokonferenz, Kritische Anmerkungen zur COVID-19-Verordnung Justiz und Verfahrensrecht, Jusletter vom 4.5.2020; KINZER DANIEL/SCHNYDER SIBYLLE/DÄHNE CASSANDRE, Covid 19-Verordnung Miete und Pacht: Die Nachfrist bei Zahlungsrückständen – Praktische Anwendung und Fragen des Übergangsrechts, MRA 2020, S. 19 ff.; KLEY ANDREAS, Der Bundesrat hat die geltende Rechts- und Verfassungsordnung verlassen, Interview vom 14.6.2020 von Kley Andreas durch Kaiser Thomas, ‹https://www.zeitpunkt.ch/der-bundesrat-hat-die-geltende-rechts-und-verfassungsordnung-verlassen› (22.6.2020) (zit. Interview); DERS., «Ausserordentliche Situationen verlangen nach ausserordentlichen Lösungen.» – Ein staatsrechtliches Lehrstück zu Art. 7 EpG und Art. 185 Abs. 3 BV, ZBl 2020, S. 268 ff. (zit. ZBl 2020); DERS., Pandemie und exekutive Selbstermächtigung, NZZ vom 18.5.2020, S. 8 (zit. NZZ 18.5.2020); DERS., Notrecht und Demokratie – Was darf der Bundesrat?, NZZ vom 7.4.2020, S. 7 (zit. NZZ 7.4.2020); KOLLER ALFRED, in: Widmer Lüchinger Corinne/Oser David (Hrsg.), Basler Kommentar, Obligationenrecht I, Art. 1–529 OR, 7. Aufl., Basel 2020 (zit. BSK OR I-Koller); Koller Alfred, Schweizerisches Obligationenrecht Allgemeiner Teil, 4. Aufl., Bern 2017 (zit. OR AT); Koller Thomas, Corona-Krise und Mietrecht – Rechtsöffnungsrichter in der Verantwortung, Jusletter vom 4.5.2020; Kramer Ernst A., Juristische Methodenlehre, 6. Aufl., Bern 2019 (zit. Methodenlehre); ders., Neues zur clausula rebus sic stantibus, SJZ 2014, S. 273 ff. (zit. SJZ 2014); ders., in: Meier-Hayoz Arthur (Hrsg.), Berner Kommentar, Kommentar zum schweizerischen Privatrecht, Zivilgesetzbuch, Das Obligationenrecht, Band VI, 1. Abt., Allgemeine Bestimmungen, 1. Teilbd., Allgemeine Einleitung in das schweizerische Obligationenrecht und Kommentar zu Art. 1–18 OR, Bern 1986 (zit. BK-Kramer); Künzli Jörg, in: Waldmann Bernhard/Belser Eva Maria/Epiney Astrid (Hrsg.), Basler Kommentar, Bundesverfassung, Basel 2015 (zit. BSK BV-Künzli); Lachat David/Brutschin Sarah, Die Mieten in Zeiten des Coronavirus, mp 2020, S. 99 ff.; Leu Daniel, Vertragstreue in Zeiten des Wandels – Die clausula rebus sic stantibus und das Kriterium der Vorhersehbarkeit, in: Vertrauen – Vertrag – Verantwortung, Festschrift für Hans Caspar von der Crone zum 50. Geburtstag, Zürich/Basel/Genf 2007, S. 107 ff.; Mäder Lukas, Die Schweiz hat nicht alle Lehren gezogen, NZZ vom 20.5.2020, S. 13 (zit. NZZ 20.5.2020); ders., Das Risiko einer Pandemie war bekannt, NZZ vom 7.5.2020, S. 13 (zit. NZZ 7.5.2020); Merz Hans, in: Becker Hermann (Hrsg.), Berner Kommentar, Schweizerisches Zivilgesetzbuch, Einleitung, Art. 1–110 ZGB, Bern 1962 (zit. BK-Merz); Neuhaus Christina, Wir Schönwetterdemokraten, NZZ vom 9.5.2020, S. 27 ff.; Niggli Marcel Alexander, Bundesrat darf keine Strafen erlassen, NZZ vom 16.4.2020, S. 7; Peduzzi Roberto, Die Auswirkungen der Notmassnahmen in der Coronakrise auf Geschäftsmietverträge, MRA 2020, S. 3 ff.; Pichonnaz Pascal, Un droit contractuel extraordinaire ou comment régler les problèmes contractuels en temps de pandémie, ZSR Sondernummer 2020, S. 137 ff.; Pietruszak Thomas, Lockdown und Lohnfortzahlung, Jusletter vom 14.4.2020; Rampini Corrado, Die nachträgliche Leistungserschwerung, Diss. St. Gallen 2001; Rechsteiner David, Notrecht und mehr, ex ante 2019, S. 38 ff. (zit. ex ante 2019); ders., Polizeiliche Generalklausel und Notverordnungsrecht des Bundesrates, Gemeinsamkeiten und Unterschiede, S&R 2016, S. 143 ff. (zit. S&R 2016); Reichle Sebastian/Stehle Bernhard, Coronavirus und Geschäftsraummiete, Jusletter vom 18.5.2020; Salmina Edy, Le disposizioni penali previste dall'Ordinanza federale sulle fideiussioni solidali Covid-19, NF 2020, S. 103 ff.; Schroeter Ulrich G., in: Widmer Lüchinger Corinne/Oser David (Hrsg.), Basler Kommentar, Obligationenrecht I, Art. 1–529 OR, 7. Aufl., Basel 2020 (zit. BSK OR I-Schroeter); Schwenzer Ingeborg, in: Schlechtriem Peter/Schwenzer Ingeborg/Schroeter Ulrich G. (Hrsg.), Kommentar zum UN-Kaufrecht (CISG), 7. Aufl., München 2019 (zit. UN-Kaufrecht-Kommentar-Schwenzer); dies., Schweizerisches Obligationenrecht Allgemeiner Teil, 7. Aufl., Bern 2016 (zit. OR AT); Schwenzer Ingeborg/Fountoulakis Christiana, in: Widmer Lüchinger Corinne/Oser David (Hrsg.), Basler Kommentar, Obligationenrecht I, Art. 1–529 OR, 7. Aufl., Basel 2020 (zit. BSK OR I-Schwenzer/Fountoulakis); Stehle Bernhard, Vom wirklichen Willen der Parteien, recht 2014, S. 257 ff.; Stöckli Andreas, Regierung und Parlament in Pandemiezeiten, ZSR Sondernummer 2020, S. 9 ff.; Stöckli Hubert, Wegen Seuche geschlossen, BR/DC 2020, S. 50; Sulzer Stefan, Clausula rebus sic stantibus und der gestörte Vertragszweck, Zugleich Bemerkungen zu BGE 127 III (2001) 300 ff., AJP 2003, S. 987 ff.; Tercier Pierre, La «clausula rebus sic stantibus» en droit suisse des obligations, JdT 1979 I, S. 194 ff.; Thilo Emile, Clausula rebus sic stantibus, JdT 1937 I, S. 66 ff.; Tschannen Pierre, Staatsrecht der Schweizerischen Eidgenossenschaft, 4. Aufl., Bern 2016; Uhlig Andreas, Die Corona-Krise ist ein «White Swan», NZZ vom 27.4.2020, S. 18; Vischer Markus, Der Aktionärbindungsvertrag als Instrument der Nachfolgeplanung (bei Aktiengesellschaften), successio 2020, S. 4 ff. (zit. successio 2020); ders., Entscheidbesprechungen, Privatrecht, Schuldrecht – allgemein, Obligationenrecht – Besonderer Teil, Innominatkontrakte – allgemein, Alleinvertriebsvertrag, BGer 4A_241/2017: Alleinvertriebsvertrag, AJP 2019, S. 130 ff. (zit. AJP 2019); ders., Entscheidbesprechungen, Privatrecht, Schuldrecht – allgemein,

Obligationenrecht – Besonderer Teil – allgemein, Auftragsrecht, BGer 4A_129/2017: Anwendbarkeit von Art. 404 OR auf den gemischten Vertrag mit auftragsähnlichem Charakter, AJP 2018, S. 1151 ff. (zit. AJP 2018 [gemischter Vertrag]); DERS., Entscheidbesprechungen, Privatrecht, Schuldrecht – allgemein, Obligationenrecht – Besonderer Teil – allgemein, Miete, Pacht, BGer 4A_451/2017: Die «besondere Vereinbarung» bezüglich Nebenkosten, AJP 2018, S. 765 ff. (zit. AJP 2018 [Nebenkostenabrechnung]); Der Aktionärbindungsvertrag: Einfache Gesellschaft oder Innominatvertrag?, SZW 2017, S. 425 ff. (zit. SZW 2017); DERS., Entscheidbesprechungen, Obligationenrecht – Allgemeiner Teil – allgemein, Entstehung, BGer 4A_45/2017: Aktionärbindungsvertrag: Übermässige Bindung, Qualifikation, AJP 2017, S. 1129 (zit. AJP 2017); DERS., Der Mangelbegriff im Kauf-, Miet- und Werkvertragsrecht, recht 2015, S. 1 ff. (zit. recht 2015); DERS., Zur generell-abstrakten AGB-Kontrolle nach UWG, AJP 2014, S. 964 ff. (zit. AJP 2014); VISCHER MARKUS/GALLI DARIO, Entscheidbesprechungen, Obligationenrecht – Allgemeiner Teil – allgemein, Entstehung, BGer 4A_286/2018: Täuschung und Irrtum über die Bebaubarkeit eines Grundstücks, AJP 2019, S. 1067 ff. (zit. AJP 2019); DIES., Teilungültigkeit eines mit Willensmängeln behafteten Geschäftsübertragungsvertrags. Besprechung des Urteils 4A_62/2017 des schweizerischen Bundesgerichts vom 22. November 2017, GesKR 2018, S. 222 ff. (zit. GesKR 2018); VOGEL STEFAN, Die «clausula rebus sic stantibus» als Mittel zur Vertragsanpassung und Aufhebung von verwaltungsrechtlichen Verträgen, ZBl 2008, S. 298 ff.; WÄLTI SEBASTIAN, HR-Praxis zur COVID-19-VO 2: Sinnwidrige Resultate, Anpassung war erforderlich (Update), Update vom 4.4.2020, ‹https://www.wickipartners.ch/news/handelsregisterpraxis-covid-19-vo2› (22.6.2020); WIEGAND WOLFGANG, in: Widmer Lüchinger Corinne/Oser David (Hrsg.), Basler Kommentar, Obligationenrecht I, Art. 1–529 OR, 7. Aufl., Basel 2020 (zit. BSK OR I-WIEGAND); DERS., Clausula rebus sic stantibus – Bemerkungen zu den Voraussetzungen ihrer Anwendung, in: Forstmoser Peter/Honsell Heinrich/Wiegand Wolfgang (Hrsg.), Richterliche Rechtsfortbildung in Theorie und Praxis, Methodenlehre und Privatrecht, Zivilprozess- und Wettbewerbsrecht, Festschrift für Hans Peter Walter, Bern 2005, S. 443 ff. (zit. FS Walter); WILDHABER ISABELLE, Das Arbeitsrecht in Pandemiezeiten, ZSR Sondernummer 2020, S. 157 ff.; WYSS DAMIAN, Sicherheit und Notrecht, Jusletter vom 25.5.2020; ZINDEL GAUDENZ G./SCHOTT BERTRAND G., in: Widmer Lüchinger Corinne/Oser David (Hrsg.), Basler Kommentar, Obligationenrecht I, Art. 1–529 OR, 7. Aufl., Basel 2020 (zit. BSK OR I-ZINDEL/SCHOTT); ZOLLINGER SARAH/GALLI DARIO/VISCHER MARKUS, Verbindliche versus unverbindliche Verhandlungsklauseln, dRSK vom 22.8.2019; ZÜND ANDREAS/ERRASS CHRISTOPH, Pandemie – Justiz – Menschenrechte, ZSR Sondernummer 2020, S. 69 ff.

Materialienverzeichnis

Botschaft vom 3. Dezember 2010 zur Revision des Bundesgesetzes über die Bekämpfung übertragbarer Krankheiten des Menschen (Epidemiegesetz, EpG), BBl 2010 311 (zit. Botschaft EpG); Bundesamt für Gesundheit, Erläuterungen zur Verordnung 3 vom 19. Juni 2020 über Massnahmen zur Bekämpfung des Coronavirus (COVID-19-Verordnung 3; SR 818.101.24), Version vom 20. Juni 2020 (gültig ab 22. Juni 2020), ‹https://www.bag.admin.ch/bag/de/home/krankheiten/ausbrueche-epidemien-pandemien/aktuelle-ausbrueche-epidemien/novel-cov/massnahmen-des-bundes.html›(22.6.2020) (zit. BAG, Erläuterungen v. 20.6.2020); Bundesamt für Gesundheit, Erläuterungen zur Verordnung 2 vom 13. März 2020 über Massnahmen zur Bekämpfung des Coronavirus (COVID-19-Verordnung 2), Fassung vom 16. April 2020 (Stand 22. April 2020, 17:00 Uhr/Gültig bis 26. April 2020), ‹https://www.bag.admin.ch/bag/de/home/krankheiten/ausbrueche-epidemien-pandemien/aktuelle-ausbrueche-epidemien/novel-cov/massnahmen-des-bundes.html› (Zip-Datei 11a) (22.6.2020) (zit. BAG, Erläuterungen v. 16.4.2020); Bundesamt für Gesundheit, Erläuterungen zur Verordnung 2 vom 13. März 2020 über Massnahmen zur Bekämpfung des Coronavirus (COVID-19-Verordnung 2), Fassung vom 25. März 2020 (Stand 28. März 2020, .0:00 Uhr), ‹https://www.bag.admin.ch/bag/de/home/krankheiten/ausbrue

che-epidemien-pandemien/aktuelle-ausbrueche-epidemien/novel-cov/massnahmen-des-bundes.html› (Zip-Datei 7a) (22.6.2020) (zit. BAG, Erläuterungen v. 25.3.2020); Bundesamt für Gesundheit, Influenza-Pandemieplan Schweiz, 5. Aufl., 2018, ‹https://www.bag.admin.ch/bag/de/home/das-bag/publikationen/broschueren/publikationen-uebertragbare-krankheiten/pandemieplan-2018.html› (22.6.2020) (zit. BAG, Influenza Pandemieplan); Bundesamt für Justiz, Bundesgesetz über die gesetzlichen Grundlagen für Verordnungen des Bundesrates zur Bewältigung der Covid-19-Epidemie (Covid-19-Gesetz), Erläuternder Bericht vom 19. Juni 2020, ‹https://www.newsd.admin.ch/newsd/message/attachments/61823.pdf› (22.6.2020) (zit. BJ, Erläuternder Bericht); Bundesamt für Justiz, Erläuterungen vom 16. April 2020 zur Verordnung über Massnahmen in der Justiz und im Verfahrensrecht im Zusammenhang mit dem Coronavirus (COVID-19-Verordnung Justiz und Verfahrensrecht), ‹https://www.ejpd.admin.ch/dam/data/bj/aktuell/news/2020/2020-04-16/erlaeuterungen-covid19-justiz-d.pdf› (22.6.2020) (zit. BJ, Erläuterungen v. 16.4.2020); Bundesrat, Notrechtliche Massnahmen des Bundesrates zur Bewältigung der Coronakrise – Fragen und Antworten vom 3. Juni 2020, ‹https://www.admin.ch/gov/de/start.html› (22.6.2020) (zit. BR, Q&A); Bundesrat, Bericht des Bundesrates vom 27. Mai 2020 über die Ausübung seiner Notrechtskompetenzen und die Umsetzung überwiesener Kommissionsmotionen seit Beginn der Coronakrise, ‹https://www.bk.admin.ch/bk/de/home/dokumentation/gesetzgebung/bericht notverordnungen.html› (22.6.2020) (zit. BR, Bericht v. 27.5.2020); Entwurf eines Bundesgesetzes über die gesetzlichen Grundlagen für Verordnungen des Bundesrates zur Bewältigung der Covid-19-Epidemie (Covid-19-Gesetz), ‹https://www.admin.ch/gov/de/start/dokumentation/medienmitteilungen.msg-id-79516.html› (22.6.2020) (zit. E-COVID-19-Gesetz).

I. COVID-19-Pandemie

1 Das neue Coronavirus (SARS-CoV-2) und die dadurch hervorgerufene Infektionskrankheit oder, in der Terminologie des EpG, die dadurch hervorgerufene übertragbare Krankheit[1] COVID-19[2] sind heute in aller Munde. Die ersten Fälle von COVID-19 wurden im Dezember 2019 in Wuhan, China, entdeckt, wobei der genaue Ursprung zurzeit noch unklar ist.[3] Von Wuhan aus verbreitete sich das Virus und COVID-19 auf der ganzen Welt.[4] Am 11.3.2020 erklärte die WHO die Infektionskrankheit zur Pandemie,[5] während sie vorher noch als Epidemie eingestuft wurde. Von einer **Epidemie** spricht man, wenn eine Infektionskrankheit stark gehäuft, aber örtlich und zeitlich noch begrenzt auftritt.[6] Bei einer **Pandemie** handelt es sich dagegen um die Ausbreitung einer Infektionskrankheit in vielen Ländern bzw. Kontinenten.[7]

1 Siehe Art. 3 lit. a EpG.

2 Zu den Begriffen z.B. ‹https://www.who.int/emergencies/diseases/novel-coronavirus-2019/question-and-answers-hub/q-a-detail/q-a-coronaviruses› (22.6.2020); zur Gross- oder Kleinschreibung des Begriffs COVID-19/Covid-19: BJ, Erläuternder Bericht, S. 3, Anm. 1; BR, Bericht v. 27.5.2020, S. 4.

3 ‹https://www.who.int/emergencies/diseases/novel-coronavirus-2019/question-and-answers-hub/q-a-detail/q-a-coronaviruses› (22.6.2020).

4 ‹https://www.who.int/emergencies/diseases/novel-coronavirus-2019› (22.6.2020).

5 ‹https://www.who.int/dg/speeches/detail/who-director-general-s-opening-remarks-at-the-media-briefing-on-covid-19---11-march-2020› (22.6.2020); ‹https://www.who.int/docs/default-source/coronaviruse/situation-reports/20200311-sitrep-51-covid-19.pdf?sfvrsn=1ba62e57_10› (22.6.2020).

6 ‹https://www.bag.admin.ch/bag/de/home/krankheiten/ausbrueche-epidemien-pandemien.html› (22.6.2020).

7 ‹https://www.bag.admin.ch/bag/de/home/krankheiten/ausbrueche-epidemien-pandemien.html› (22.6.2020); s.a. ZÜND/ERRASS, ZSR Sondernummer 2020, S. 71.

Parallel zur Ausbreitung des Virus und von COVID-19 erklärte der Bundesrat am 28.2.2020 das Vorliegen einer besonderen Lage nach Art. 6 EpG[8] und am 16.3.2020 das Vorliegen einer ausserordentlichen Lage nach Art. 7 EpG,[9] notabene nur wenige Stunden nach dem durch die Bundesversammlung verordneten «überhasteten»[10] Abbruch der laufenden Session.[11] Am 27.5.2020 verkündete das BAG, dass der Bundesrat entschieden habe, die ausserordentliche Lage nach Art. 7 EpG per 19.6.2020 zu beenden.[12] Effektiv beendet wurde die ausserordentliche Lage am 22.6.2020, als die COVID-19-Verordnung 2 durch die COVID-19-Verordnung besondere Lage und die COVID-19-Verordnung 3 ersetzt wurde, die sich entsprechend nicht auf Art. 7 EpG stützen, sondern auf Art. 6 Abs. 2 lit. a und b EpG bzw. Art. 185 Abs. 3 BV.[13] 2

II. COVID-19-Recht

1. Schweizerisches COVID-19-Recht

Die Staaten dieser Welt versuchten bzw. versuchen nach wie vor, der COVID-19-Pandemie mit verschiedenen Massnahmen zu begegnen. Viele dieser Massnahmen wurden bzw. werden mittels generell-abstrakter Normen angeordnet, die man insgesamt als **«Corona-Recht»**[14] oder **«COVID-19-Recht»** bezeichnen mag. 3

Auch die Schweiz schuf COVID-19-Recht,[15] erstmals gestützt auf die erklärte besondere Lage mittels der COVID-19-Verordnung 1 des Bundesrates vom 28.2.2020. Diese stützte sich auf Art. 6 Abs. 2 lit. b EpG.[16] Seither wird in der Schweiz mittels einer auch in Pandemiezeiten gut funktionierenden Rechtsetzungsmaschinerie[17] in hohem Rhythmus[18] und entgegen der Redewendung «Not kennt kein Gebot»[19] weiteres COVID-19- 4

8 ‹https://www.bag.admin.ch/bag/de/home/das-bag/aktuell/medienmitteilungen.msg-id-78289.html› (22.6.2020).

9 ‹https://www.bag.admin.ch/bag/de/home/das-bag/aktuell/medienmitteilungen.msg-id-78454.html› (22.6.2020); s.a. BAG, Erläuterungen v. 16.4.2020, S. 1, Anm. 2, mit der Einstufung von COVID-19 durch das BAG als Pandemie.

10 Kley, NZZ 18.5.2020, S. 8.

11 Medienmitteilung der Verwaltungsdelegation v. 15.3.2020, 19 Uhr, ‹https://www.parlament.ch/press-releases/Pages/mm-vd-2020-03-15.aspx› (22.6.2020); siehe dazu auch Caroni/Schmid, AJP 2020, S. 710 f.

12 Medienmitteilung des BAG v. 27.5.2020, ‹https://www.admin.ch/gov/de/start/dokumentation/medienmitteilungen.msg-id-79268.html› (22.6.2020).

13 Ingress COVID-19-Verordnung besondere Lage und Ingress COVID-19-Verordnung 3; zum Hintergrund der Aufteilung auf zwei Verordnungen siehe BJ, Erläuternder Bericht, S. 6.

14 Haefeli/Galli/Vischer, Jusletter 14.4.2020, Rz 1.

15 Für einen Überblick: BJ, Erläuternder Bericht, S. 3 f.; BR, Bericht v. 27.5.2020, S. 1 ff.

16 Ingress COVID-19-Verordnung 1.

17 Gerny, NZZ 4.6.2020, S. 13.

18 So auch BAG, Erläuterungen v. 20.6.2020, S. 1, bezüglich COVID-19-Verordnung 2.

19 Biaggini, ZBl 2020 (Notrecht), S. 247.

Recht geschaffen,[20] v.a. mittels der vielfach[21] geänderten bundesrätlichen COVID-19-Verordnung 2,[22] welche die COVID-19-Verordnung 1 ersetzt.[23] Die COVID-Verordnung 2 wurde ihrerseits am 22.6.2020 durch die COVID-19-Verordnung besondere Lage und die COVID-19-Verordnung 3 ersetzt. Die hohe Kadenz und die die Schweiz überrollende und alle Lebensbereiche erfassende Welle von COVID-19-Erlassen[24] erklärt sich neben dem schweizerischen Hang zum Perfektionismus durch die sich stetig verändernde Lage, aber auch dadurch, dass **Primärmassnahmen** gegen die COVID-19-Pandemie **Sekundärmassnahmen** gegen die Folgen der Primärmassnahmen und diese wiederum weitere Massnahmen bedingen.[25] Die COVID-19-Verordnung 2 stützte sich beim Ersterlass am 13.3.2020, also kurioserweise noch vor dem Ausrufen der ausserordentlichen Lage gemäss EpG am 16.3.2020,[26] auf Art. 184 Abs. 3 BV, Art. 185 Abs. 3 BV, Art. 6 Abs. 2 lit. b EpG, Art. 41 Abs. 1 EpG und Art. 77 Abs. 3 EpG.[27] Am 16.3.2020, also nach nur drei Tagen, wurde dies ohne wirkliche Begründung geändert[28] und die COVID-19-Verordnung 2 neu auf Art. 7 EpG gestützt.[29] Am 18.3.2020 wurde die COVID-19-Verordnung 2 infolge der neu eingeführten Einreisebeschränkungen für freizügigkeitsberechtigte Personen neu neben Art. 7 EpG auch auf Anhang I Art. 5 FZA und auf Art. 28 Schengener Grenzkodex[30] und am 12.6.2020 infolge des weitgehenden Wegfalls der Einreisebeschränkungen für freizügigkeitsberechtigte Personen neu wiederum nur noch auf Art. 7 EpG gestützt.[31] Gemäss Botschaft EpG[32] ist Art. 7 EpG nur deklaratorischer Natur und wiederholt auf Gesetzesstufe lediglich die bestehenden ver-

20 Biaggini, ZBl 2020 (Notrecht), S. 244 ff.; Burrichter/Vischer, forumpoenale 2020, S. 300 und 303; Haefeli/Galli/Vischer, Jusletter 14.4.2020, Rz 2.

21 Stand 26.5.2020: 27mal (BR, Q&A).

22 COVID-19-Verordnung 2 in ihrer Fassung v. 15.6.2020; s.a. Brunner/Wilhelm/Uhlmann, AJP 2020, S. 686, mit der Qualifizierung der COVID-19-Verordnung 2 als «Herzstück» des bundesrätlichen COVID-19-Rechts.

23 Art. 11 COVID-19-Verordnung 2 in ihrer Fassung v. 28.5.2020; zur Entwicklung der COVID-19-Verordnung 2 über die Zeit: BR, Bericht v. 27.5.2020, S. 6 ff.

24 Gerny, NZZ 4.6.2020, S. 13.

25 Siehe zur Unterscheidung von Primär- und Sekundärmassnahmen des COVID-19-Rechts, z.B. BJ, Erläuternder Bericht, S. 4 f.; BR, Bericht v. 27.5.2020, S. 4; BJ, Erläuterungen v. 16.4.2020, S. 3; s.a. Biaggini, ZBl 2020 (Notrecht), S. 253 f.; Brunner/Wilhelm/Uhlmann, AJP 2020, S. 694.

26 Brunner/Wilhelm/Uhlmann, AJP 2020, S. 693.

27 Ingress COVID-19-Verordnung 2 in ihrer Fassung v. 13.3.2020; Biaggini, ZBl 2020 (Notrecht), S. 244.

28 Biaggini, ZBl 2020 (Notrecht), S. 244; siehe immerhin (Wyss, Jusletter 25.5.2020, Rz 3) die in FN 9 erwähnte Medienmitteilung, der zu entnehmen ist, dass der Bundesrat der Auffassung war, dass Art. 7 EpG ihm (mindestens in Bezug auf verfassungsrechtliche Kompetenzaufteilung zwischen Bund und Kantonen) mehr Kompetenzen verleiht als die bisher angerufenen Normen; siehe nun auch zur nachgeschobenen Begründung BR, Bericht v. 27.5.2020, S. 4.

29 Ingress COVID-19-Verordnung 2 in ihrer Fassung v. 17.3.2020; s.a. AS 2020 783.

30 Biaggini, ZBl 2020 (Notrecht), S. 244 f.

31 Ingress COVID-19-Verordnung 2 in ihrer Fassung v. 19.3.2020, s.a. AS 2020 841, und Ingress COVID-19-Verordnung 2 in ihrer Fassung vom 15.6.2020, s.a. AS 2020 2099.

32 Botschaft EpG, S. 334, 337, 363 und 365 f., bezüglich Art. 185 Abs. 3 BV.

fassungsmässigen Kompetenzen des Bundesrates gemäss Art. 184 Abs. 3 BV und Art. 185 Abs. 3 BV.[33] Daran sollte festgehalten werden, wobei diese Aussage natürlich nicht nur vom mittlerweile kontroversen Verständnis von Art. 7 EpG[34], sondern auch vom umstrittenen Verständnis von Art. 185 Abs. 3 BV abhängt.[35] Die Frage der Natur von Art. 7 EpG ist von eminenter Bedeutung, gerade auch, was den Rechtsschutz in Bezug auf die Verfassungsmässigkeit des bundesrätlichen COVID-19-Rechts betrifft.[36] Entsprechend Art. 184 Abs. 3 BV und Art. 185 Abs. 3 BV (bzw. Art. 36 Abs. 3 BV)[37] wurde die COVID-19-Verordnung 2 – bis auf gewisse Artikel auf insgesamt sechs Monate, d.h. bis 13.9.2020, befristet.[38] Die gleiche Befristung weist – bis auf gewisse Artikel – auch die auf Art. 185 Abs. 3 BV abgestützte COVID-19-Verordnung 3 auf.[39]

Bereits die COVID-19-Verordnung 1 enthielt mit einem noch begrenzten Veran- 5
staltungsverbot eine erste Lockdown- (oder Shutdown)-Massnahme.[40] Das **Lockdown-Regime** wurde mit der zeitweilig ca. 40 Seiten umfassenden COVID-19-Verordnung 2 sukzessive ausgeweitet und beinhaltete zeitweilig neben einem umfassenden Veranstaltungsverbot viele weitere Verbote, aber auch Gebote[41], u.a. Einreise- und Ausreiserestriktionen, Ausfuhrkontrollen für Schutzausrüstungen, Regulierungen der Versorgung mit wichtigen medizinischen Gütern, Massnahmen gegenüber der Bevölkerung, Organisationen und Institutionen – wie z.B. Schliessungen von Schulen, Läden, Restaurants sowie von Unterhalts- und Freizeitbetrieben – Einschränkungen von Versammlungen von Gesellschaften, Restriktionen in Bezug auf Menschenansammlungen, Regulierungen der Gesundheitsversorgung und Einschränkungen in Bezug auf besonders gefährdete Personen. Vielen dieser Lockdown-Massnahmen wurde mit Strafbestimmungen erhöhte Nachachtung verschafft.[42] Seit dem 27.4.2020 wurde das Lockdown-Regime schrittweise gelockert.[43]

---

33 Im BR, Bericht v. 27.5.2020, S. 4, wird die Frage offengelassen.

34 Z.B. Wyss, Jusletter 25.5.2020, Rz 9; Kley, ZBl 2020, S. 270 ff.; Biaggini, ZBl 2020 (Notrecht), S. 260 ff.; Stöckli, ZSR Sondernummer 2020, S. 18 ff.; Zünd/Errass, ZSR Sondernummer 2020, S. 88 f.; Brunner/Wilhelm/Uhlmann, AJP 2020, S. 693 f.; Burrichter/Vischer, forumpoenale 2020, S. 302; Geiser/Müller/Pärli, Jusletter 23.3.2020, Rz 11; s.a. FN 28 zur Auffassung des Bundesrates.

35 Siehe Rz 10 ff.

36 Brunner/Wilhelm/Uhlmann, AJP 2020, S. 694; siehe betreffend Rechtsschutz auch die Hinweise in FN 6262.

37 Biaggini, ZBl 2020 (Notrecht), S. 265, Anm. 119.

38 Art. 12 Abs. 3 COVID-19-Verordnung 2 in ihrer Fassung v. 15.6.2020; zum Hintergrund der Befristung auf sechs Monate siehe Art. 7*d* Abs. 2 lit. a RVOG, wonach eine auf Art. 185 Abs. 3 BV gestützte bundesrätliche Verordnung nach sechs Monaten ausser Kraft tritt, wenn der Bundesrat bis dahin der Bundesversammlung keinen bestimmt gearteten Entwurf unterbreitet hat; s.a. Wyss, Jusletter 25.5.2020, Rz 28 f., wonach auch eine auf Art. 7 EpG gestützte Verordnung zu befristen ist.

39 Art. 29 COVID-19-Verordnung 3.

40 Wobei sich weder der Begriff «Lockdown» noch der Begriff «Shutdown» klar definieren bzw. sich diese Begriffe überhaupt klar auseinanderhalten lassen.

41 Fellmann, Jusletter 15.6.2020, Rz 18.

42 Siehe Art. 10f COVID-19-Verordnung 2 in ihrer Fassung v. 15.6.2020.

43 Siehe z.B. Änderungen v. 29.4.2020 der COVID-19-Verordnung 2 betreffend Transitionsschritt 2: Schulen und Einkaufsläden sowie Sportbereich (AS 2020 1401), v. 8.5.2020 betreffend Transitionsschritt 2:

6 Neben der COVID-19-Verordnung 2, der COVID-19 Verordnung besondere Lage und der COVID-19-Verordnung 3 existiert bzw. existierte zahlreiches weiteres schweizerisches COVID-19-Recht des Bundesrates, das teilweise weitere Restriktionen enthielt bzw. enthält, wie z.B. die Einschränkung gemäss Art. 2 der gestützt auf Art. 185 Abs. 3 BV am 28.3.2020 in Kraft und am 31.5.2020 ausser Kraft getretenen COVID-19-Verordnung Miete und Pacht vom 27.3.2020[44] mit einer Fristverlängerung bei gewissen Zahlungsrückständen der Mieterin oder des Mieters.[45]

7 Der Bundesrat plant, sein COVID-19-Recht in ein dringliches und befristetes Bundesgesetz überführen zu lassen.[46]

8 Wie die Schweiz schufen die meisten Staaten der Welt COVID-19-Recht, das teilweise ähnliche oder sogar noch weitergehende Einschränkungen als das schweizerische COVID-19-Recht enthält.

9 Es wird angenommen, dass diese Einschränkungen (und weniger die COVID-19-Pandemie an sich) trotz gegenwärtig weltweit und in der Schweiz vorgenommener Lockerungen eine weltweite Rezession und auch eine Rezession in der Schweiz bewirken, wobei die Prognosen der Natur der Sache nach variieren.[47]

2. Rechtmässigkeit des schweizerischen COVID-19-Rechts?

10 Wie gezeigt stützen bzw. stützten sich die COVID-19-Verordnung 2 und die COVID-19-Verordnung 3 (und vielfach[48] das weitere bundesrätliche COVID-19-Recht) direkt oder indirekt (d.h. via Art. 7 EpG) u.a. auf **Art. 185 Abs. 3 BV.**[49] Gestützt auf Art. 185 Abs. 3

Restaurationsbetriebe (AS 2020 1499), v. 8.5.2020 betreffend Lockerungen bei der Ausfuhrkontrolle (AS 2020 1501), v. 8.5.2020 betreffend Transitionsschritt 2: Lockerungen im Migrationsbereich (AS 2020 1505), v. 27.5.2020 betreffend Transitionsschritt 3: Weitere Lockerungen (AS 2020 1815); siehe bezüglich Beendigung der ausserordentlichen Lage Rz 2.

44 Siehe auch Kinzer/Schnyder/Dähne, MRA 1/2020, S. 22 ff., zur Verfassungsmässigkeit der COVID-19-Verordnung Miete und Pacht und zu weiteren Fragen, die diese Verordnung aufwirft.

45 Art. 2 COVID-19-Verordnung Miete und Pacht; s.a. zur Wirkung der COVID-19-Verordnung Miete und Pacht über den 31.5.2020 hinaus: BR, Bericht v. 27.5.2020, S. 21.

46 E-COVID-19-Gesetz; BJ, Erläuternder Bericht, auch S. 6 f. mit dem Hinweis auf weitere geplante Gesetze, namentlich ein Gesetz zur Ablösung der COVID-19-Solidarbürgschaftsverordnung; BR, Bericht v. 27.5.2020, S. 5; Medienmitteilung des Bundesrates v. 29.4.2020, ‹https://www.admin.ch/gov/de/start/dokumentation/medienmitteilungen.msg-id-78929.html› (22.6.2020).

47 Zur letzten Konjunkturprognose des SECO, siehe ‹https://www.seco.admin.ch/seco/de/home/wirtschaftslage---wirtschaftspolitik/Wirtschaftslage/konjunkturprognosen.html› (22.6.2020); zum dazugehörigen Zitat von Boris Zürcher, SECO, v. 24.4.2020, 15.00 Uhr: «Wir haben uns grausam verschätzt», ‹https://www.tagesanzeiger.ch/gibt-es-neuigkeiten-zur-lockdown-lockerung-963679987319› (22.6.2020).

48 Stand 27.5.2020: 19 auf Art. 185 Abs. 3 BV bzw. das EpG gestützte COVID-19-Verordnungen des Bundesrates gegenüber 20 auf andere Normen gestützte COVID-19-Verordnungen des Bundesrates (BR, Q&A).

49 Siehe auch BR, Bericht v. 27.5.2020, S. 4; Biaggini, ZBl 2020 (Notrecht), S. 247 f.; zur Problematik der anderen in der COVID-19-Verordnung 2 angegebenen Grundlagen: Brunner/Wilhelm/Uhlmann, AJP 2020, S. 692 f.

BV (und Art. 184 Abs. 3 BV) kann der Bundesrat Verordnungen und Verfügungen erlassen, um eingetretenen oder unmittelbar drohenden schweren Störungen der öffentlichen Ordnung oder der inneren oder äusseren Sicherheit zu begegnen, wobei die Verordnung befristet sein muss.

Anwendungsvoraussetzungen und Anwendungsschranken von gestützt auf Art. 185 Abs. 3 Satz 1 BV (und Art. 184 Abs. 3 Satz 1 BV) vom Bundesrat erlassenen Verordnungen und Verfügungen sind (i) das Vorliegen einer eingetretenen oder unmittelbar drohenden schweren Störungen der öffentlichen Ordnung oder der inneren oder äusseren Sicherheit, (ii) das Vorliegen von sachlicher Dringlichkeit (d.h. einer schweren Störung), (iii) das Vorliegen von zeitlicher Dringlichkeit (d.h. einer eingetretenen oder unmittelbar drohenden Störung) und (iv) die Wahrung des Grundsatzes der Subsidiarität.[50] Zudem ist der Bundesrat verpflichtet, solche von ihm erlassenen Verordnungen zu befristen (Art. 184 Abs. 3 Satz 2 BV und Art. 185 Abs. 3 Satz 2 BV).[51] 11

Gemäss Rechtsprechung und h.L. ist der Bundesrat bei den gestützt auf Art. 185 Abs. 3 BV (und Art. 184 Abs. 3 BV) erlassenen Verordnungen und Verfügungen an die Verfassung gebunden.[52] Bezüglich Grundrechtseingriffen gilt Art. 36 BV,[53] wobei die gestützt auf Art. 185 Abs. 3 BV (und Art. 184 Abs. 3 BV) bzw. Art. 7 EpG erlassene Verordnung bei gegebenen Voraussetzungen i.S.v. Art. 36 Abs. 1 Satz 3 BV als genügende gesetzliche Grundlage gilt.[54] 12

Umstrittener ist die Bindung des Bundesrates an die bestehenden Gesetze. Nach der einen Polmeinung besteht eine Bindung an die bestehenden Gesetze,[55] während nach der anderen Polmeinung der Bundesrat *praeter* und sogar *contra legem* agieren darf.[56] 13

Ob man im Zusammenhang mit den gestützt auf Art. 185 Abs. 3 BV (und Art. 184 Abs. 3 BV) erlassenen Verordnungen oder Verfügungen von **Notrecht** sprechen kann, ist umstritten, weil der Begriff in der BV selbst nicht verwendet wird. Gewisse Autoren reservieren den Begriff für das extrakonstitutionelle Notrecht,[57] während andere unter den Begriff «Notrecht» auch die Verordnungen und Verfügungen gemäss Art. 185 14

50 Z.B. Tschannen, § 46 Rz 25; s.a. BR, Bericht v. 27.5.2020, S. 4.

51 Z.B. Tschannen, § 46 Rz 27; s.a. BR, Bericht v. 27.5.2020, S. 4.

52 Biaggini, ZBl 2020 (Notrecht), S. 242; Stöckli, ZSR Sondernummer 2020, S. 24; Rechsteiner, S&R 2016, S. 152, m.w.N.; OFK-Biaggini, Art. 185 BV N 10c, der bezüglich bundesstaatlicher Ordnung für eine Ausnahme von der Verfassungsbindung plädiert (dies **abl.** Rechsteiner, S&R 2016, S. 152).

53 Z.B. OFK-Biaggini, Art. 185 BV N 10d; s.a. Burrichter/Vischer, forumpoenale 2020, S. 303; Cottier/Müller, NZZ 22.4.2020, S. 8.

54 Z.B. BVGer v. 4.5.2020, C-1828/2020, E. 2.1; Biaggini, ZBl 2020 (Notrecht), S. 242; OFK-Biaggini, Art. 36 BV N 16 und Art. 185 BV N 10d.

55 Biaggini, ZBl 2020 (Notrecht), S. 242; OFK-Biaggini, Art. 185 BV N 10c.

56 Wyss, Jusletter 25.5.2020, Rz 25; Stöckli, ZSR Sondernummer 2020, S. 24 f.; BSK BV-Künzli, Art. 185 N 40 und 42, Art. 184 N 41.

57 OFK-Biaggini, Art. 185 BV N 9; zum extrakonstitutionellen Notrecht z.B. Wyss, Jusletter 25.5.2020, Rz 14; Stöckli, ZSR Sondernummer 2020, S. 44 f.

Abs. 3 BV (und Art. 184 Abs. 3 BV) subsumieren und diese demzufolge als Notverordnungen und Notverfügungen bezeichnen,[58] obwohl auch diese Begriffe nicht in der BV gebraucht werden. Gegenwärtig hat sich im Zusammenhang mit dem bundesrätlichen COVID-19-Recht der Begriff «Notrecht» bzw. «Notverordnung» etabliert,[59] zumal der Bund selbst im Zusammenhang mit dem bundesrätlichen COVID-19-Recht von Notrecht und Notverordnungen spricht.[60]

Ob sich die COVID-19-Verordnung 2 und das übrige schweizerische COVID-19-Recht in allen Teilen an die genannten Anwendungsvoraussetzungen und Anwendungsschranken hielten bzw. halten, wurde, wie auch der Bundesrat festhielt,[61] zunehmend kritisch beurteilt und werden schlussendlich die Gerichte entscheiden müssen.[62] Keine Rolle spielt dabei, dass die Bundesversammlung den Bundesrat in der Sondersession Anfang Mai 2020 bezüglich des bundesrätlichen COVID-19-Rechts politisch deckte.[63] Heikel ist v.a. die Legiferierung *contra constitutionem* und *contra legem* (z.B. durch Änderungen des OR oder des SchKG),[64] insbesondere was die bundesstaatliche Ordnung (Kompetenzaufteilung zwischen Bund und Kantonen) betrifft.[65] Kritisch sind zudem die massiven Grundrechtseingriffe und deren Rechtfertigungen gemäss Art. 36 BV.[66] In Bezug auf die Voraussetzung in Art. 36 Abs. 2 BV, wonach Grundrechtseinschränkungen durch ein öffentliches Interesse oder durch den Schutz von Grundrechten Dritter gerechtfertigt sein müssen, bestehen grundsätzliche Bedenken, ob der Bundesrat das Ausmass der Gefährdung durch die COVID-19-Pandemie richtig eingeschätzt hat. Ebensolche grundsätzliche Bedenken bestehen bezüglich der Voraussetzung von Art. 36 Abs. 3 BV, also der Verhältnismässigkeit der bundesrätlichen Mass-

58 Z.B. BVGer v. 4.5.2020, C-1828/2020, E. 2.3; Brunner/Wilhelm/Uhlmann, AJP 2020, S. 685 ff.; zu noch umfassenderen möglichen Begriffen des Notrechts: Caroni/Schmid, AJP 2020, S. 713; Rechsteiner, ex ante 2019, S. 39.

59 Biaggini, ZBl 2020 (Notrecht), S. 240; siehe z.B. Höfler, AJP 2020, S. 702; Kettiger, Jusletter 4.5.2020, Ingress; Geiser, AJP 2020, S. 545; Kley, NZZ 7.4.2020, S. 7.

60 Siehe z.B. BJ, Erläuterungen v. 16.4.2020, S. 2 ff.; s.a. Botschaft EpG, S. 334, 337 und 365.

61 BJ, Erläuternder Bericht, S. 5.

62 Stöckli, ZSR Sondernummer 2020, S. 12; zur kontrovers beantworteten Frage der Möglichkeit der konkreten (akzessorischen oder inzidenten) Normenkontrolle von Art. 185 Abs. 3 BV-Verordnungen, z.B. BVGer v. 19.5.2020, C-2128/2020; v. 4.5.2020, C-1828/2020, E. 2.3; Biaggini, ZBl 2020 (Notrecht), S. 242; Rechsteiner, S&R 2016, S. 151 und 154; OFK-Biaggini, Art. 185 BV N 12 und Art. 190 BV N 11; BSK BV-Künzli, Art. 184 N 51; s.a. BVGer v. 4.5.2020, C-1828/2020, E. 2.5, zur allfällig bestehenden Möglichkeit der Anfechtung des COVID-19-Rechts als Allgemeinverfügung; zur klar nicht zulässigen abstrakten Normenkontrolle der COVID-19-Verordnung 2: BGer v. 15.4.2020, 2C_280/2020, E. 2; BVGer v. 19.5.2020, C-2128/2020; v. 6.5.2020, C-2237/2020; BVGer v. 4.5.2020, C-1828/2020, E. 2.3; BVGer v. 25.3.2020, C-1624/2020.

63 Kley, NZZ 18.5.2020, S. 8.

64 Kley, Interview; Kley, ZBl 2020, S. 275; Biaggini, ZBl 2020 (Notrecht), S. 254 ff.; Caroni/Schmid, AJP 2020, S. 713 ff.; Brunner/Wilhelm/Uhlmann, AJP 2020, S. 695 ff.

65 Wyss, Jusletter 25.5.2020, Rz 23, insb. auch Anm. 96; Bernard, ZSR Sondernummer 2020, S. 55 ff.

66 Biaggini, ZBl 2020 (Notrecht), S. 253.

nahmen insgesamt[67] und im Einzelfall.[68] Kritisch sind weiter die teilweise rückwirkende Inkraftsetzung des COVID-19-Rechts[69] und die Befristungspraxis.[70] Heikel sind überdies die im COVID-19-Recht enthaltenen Sekundärmassnahmen zur Linderung der Folgen der Primärmassnahmen[71], zumal diese enorme Kosten für den Steuerzahler verursachen,[72] und das im COVID-19-Recht enthaltene Strafrecht.[73]

Selbstverständlich werden die Gerichte bei ihrer Beurteilung berücksichtigen müssen, dass es sich beim Notrecht um «Not-Recht» handelt, also um unter grösstem Zeitdruck geschaffenes **Behelfsrecht**,[74] was teilweise in der Qualität dieses Rechts erkennbar ist.[75] Es glänzt verschiedentlich durch eine ausgeprägte Detailversessenheit, bei welcher der Überblick zeitweise etwas verloren ging.[76] 16

Jedenfalls problematisch ist die teilweise im COVID-19-Recht enthaltene **Delegation von Rechtsetzungsbefugnissen an Amtsstellen und Dritte**,[77] die im Bereich von 17

67 Zur Diskussion der Verhältnismässigkeit des bundesrätlichen Corona-19-Rechts z.B. «Demokratie in der Krise», NZZ 9.5.2020, S. 12 f.; Neuhaus, NZZ 9.5.2020, S. 27 ff.; zur Qualifikation des bundesrätlichen COVID-19-Rechts als Notrechtsexzess: Gerny, NZZ 24.4.2020, S. 12.

68 Burrichter/Vischer, forumpoenale 2020, S. 303, mit einem Beispiel; für eine Einzelfallbetrachtung im Allgemeinen: Brunner/Wilhelm/Uhlmann, AJP 2020, S. 698 f. und 701.

69 Biaggini, ZBl 2020 (Notrecht), S. 249 f.

70 Biaggini, ZBl 2020 (Notrecht), S. 250 ff.

71 Wyss, Jusletter 25.5.2020, Rz 15 ff.; Biaggini, ZBl 2020 (Notrecht), S. 256 f. («Von der Polizei- zur Wohlfahrtsstaats-Generalklausel?»); Caroni/Schmid, AJP 2020, S. 713 ff.; Stöckli, ZSR Sondernummer 2020, S. 21; Brunner/Wilhelm/Uhlmann, AJP 2020, S. 694 f.; s.a. VGer ZH v. 28.5.2020 betreffend Aufhebung des Regierungsratsbeschlusses vom 22.4.2020 zum Neuerlass einer Verordnung über die Ausfallentschädigung zugunsten von Kindertagesstätten und Tagesfamilienorganisationen zur Verminderung der wirtschaftlichen Auswirkungen der Corona-Pandemie (sogenannte KITA-Notverordnung) mit der Begründung, dass sich die Notverordnungskompetenz des Regierungsrats auf den Schutz der klassischen Polizeigüter beschränke, womit, auf Art. 185 Abs. 3 BV angewandt, Art. 185 Abs. 3 BV eine Polizei- und keine «Wohlfahrtsstaats-Generalklausel» (Biaggini, ZBl 2020 [Notrecht], S. 256) wäre und die Verordnung von Sekundärmassnahmen nicht erlauben würde.

72 Zu einem ersten Paket von «Corona-Krediten» in der Höhe von rund CHF 57 Milliarden ‹https://www.parlament.ch/de/services/news/Seiten/2020/20200505122858924194158159041_bsd099.aspx› (22.6.2020).

73 Stöckli, ZSR Sondernummer 2020, S. 25 f.; Burrichter/Vischer, forumpoenale 2020, S. 300 ff.; Salmina, NF 2020, S. 104; Niggli, NZZ 16.4.2020, S. 7.

74 Gerny, NZZ 31.3.2020, S. 10; s.a. Höfler, AJP 2020, S. 702 ff.

75 Biaggini, ZBl 2020 (Notrecht), S. 247; siehe z.B. die in Bezug auf ihr Verhältnis zumindest schwer verständlichen Art. 6 Abs. 2 (Verbot von Veranstaltungen mit über 300 Personen) und Art. 7*c* Abs. 1 (Verbot von Menschenansammlungen von mehr als 30 Personen im öffentlichen Raum) der COVID-19-Verordnung 2 in ihrer Fassung v. 15.6.2020; s.a. die Berichtigung vom 27.5.2020 der COVID-19-Verordnung 2 (AS 2020 1835); s.a. BAG, Erläuterungen v. 16.4.2020, S. 1: «Am 1. April 2020 wurde die Verordnung zudem in systematischer und terminologischer Hinsicht überprüft und überarbeitet. So enthält die Verordnung u.a. eine adaptierte Struktur (Einfügung der Ebene ‹Kapitel›), auch wurden einzelne Bestimmungen neu gruppiert.».

76 Biaggini, ZBl 2020 (Fristenstillstand), S. 286, bezüglich der Verordnung Fristenstillstand eidg. Volksbegehren.

77 Burrichter/Vischer, forumpoenale 2020, S. 303; siehe z.B. Art. 6d COVID-19-Verordnung 2 in ihrer Fassung v. 15.6.2020 bezüglich Schutzkonzepte.

Art. 185 Abs. 3 BV (und Art. 184 Abs. 3 BV) grundsätzlich unzulässig ist.[78] In diesem Zusammenhang ist auch die vom Bundesrat mindestens tolerierte Rechtsetzung gewisser Amtsstellen mittels «FAQ und Websitepublikationen»[79] zu erwähnen. Als Beispiel[80] erwähnen kann man das Verbot der privaten Prostitution, welches das BAG am 25.3.2020 aussprach,[81] bevor Art. 6 Abs. 2 lit. c COVID-19-Verordnung 2 auf den 27.4.2020 durch den Bundesrat entsprechend geändert wurde.[82] Ein solches Vorgehen lässt sich nicht als authentische Interpretation rechtfertigen.[83]

18 Die Frage der Rechtmässigkeit des schweizerischen COVID-19-Rechts spielt eine Rolle im Rahmen der gerichtlichen Vertragsanpassung, v.a. in Bezug auf die Fragen der Veränderung der Verhältnisse, der Voraussehbarkeit und der Vermeidbarkeit.[84]

III. Verträge und die COVID-19-Pandemie bzw. das COVID-19-Recht

19 Betroffen von der COVID-19-Pandemie und vom COVID-19-Recht sind oft noch nicht vollständig erfüllte Verträge, v.a. solche langfristiger und zukunftsbezogener Natur.[85] Denn durch die COVID-19-Pandemie und durch das COVID-19-Recht können sich die (faktischen und rechtlichen) Verhältnisse, in denen die Verträge geschlossen wurden, ändern.[86] Es stellt sich alsdann die Frage, ob und wie diese Verträge, v.a. solche langfristiger und zukunftsbezogener Natur, an die neuen Verhältnisse angepasst werden können und ob diese trotz der veränderten Verhältnisse noch so erfüllt werden müssen, wie dies ursprünglich vereinbart wurde.[87] Diese Vertragsanpassung ist das Thema der (im schweizerischen Recht ungeschriebenen)[88] ***clausula rebus sic stantibus*** (nachfolgend: clausula),[89] wobei das Thema auch unter anderen Stichworten wie höhere Gewalt, *Force Majeure, Hardship, Hell or High Water* etc. abgehandelt wird.[90] Letztlich geht es bei der clausula

78 BGE 137 II 431 E. 3.2.1; OFK-Biaggini, Art. 185 BV N 10; Rechsteiner, S&R 2016, S. 150.

79 Wälti, HR-Praxis zur COVID-19-Verordnung 2.

80 Siehe auch Burrichter/Vischer, forumpoenale 2020, S. 304.

81 BAG, Erläuterungen v. 16.4.2020, S. 7, mit Hinweis auf Art. 6 Abs. 2 lit. e COVID-19-Verordnung 2 in ihrer Fassung v. 26.3.2020.

82 COVID-19-Verordnung 2 in ihrer Fassung v. 27.4.2020.

83 So aber Brunner, NZZ 27.3.2020, S. 8.

84 Siehe Rz 45 und Rz 49 f.

85 Z.B. Enz, Jusletter 18.5.2020, Rz 6 f.

86 Pichonnaz, ZSR Sondernummer 2020, S. 139.

87 BGer v. 18.7.2006, 2A.432/2005, E. 3.5; BK-Müller, Art. 18 OR N 558; s.a. BK-Hausheer/Aebi-Müller, Art. 2 ZGB N 225, und BK-Merz, Art. 2 ZGB N 224, wonach die clausula üblicher-, aber nicht zwingenderweise bei langfristigen Verträgen ein Thema ist.

88 Z.B. BK-Merz, Art. 2 ZGB N 190.

89 Z.B. BGE 135 III 1 E. 2.4; BGer v. 18.7.2006, 2A.432/2005, E. 3.5; v. 24.5.2006, 4C.61/2006, E. 3.3; BGE 59 II 372 E. 2; Enz, Jusletter 18.5.2020, Rz 3; Pichonnaz, ZSR Sondernummer 2020, S. 138; BK-Müller, Art. 18 OR N 565; s.a. Leu, S. 113 f.; ZK-Baumann, Art. 2 ZGB N 445, und BK-Merz, Art. 2 ZGB N 186, zum geschichtlichen Hintergrund der clausula.

90 Horn, Jusletter 11.5.2020, Rz 2.

darum, zu entscheiden, welche Vertragspartei das Risiko der Veränderung der Verhältnisse trägt, also um die Frage der **Risikoallokation** zwischen den Parteien.[91] Diese Frage kann im Voraus durch die Parteien selbst in ihrem Vertrag beantwortet sein.[92] Wenn dies nicht der Fall ist, so hat das Gericht die Frage zu beantworten und über die gerichtliche Vertragsanpassung zu entscheiden.[93]

Die Anwendung der clausula ausserhalb der vertraglichen (Anpassungs-)Regeln kol- 20
lidiert mit dem **Prinzip der Vertragstreue**,[94] also dem Prinzip *pacta sunt servanda.*[95] Dieses Prinzip hat Ordre-public-Charakter[96] und ist damit von herausragender Bedeutung. Verträge sind damit im Grundsatz entsprechend ihrem Wesen als Bündel verbindlicher Regeln so zu erfüllen, wie sie abgeschlossen wurden.[97] Jede Partei trägt deshalb im Einklang mit der Parömie *«casus sentit dominus»*[98] grundsätzlich die Risiken, die sich für sie aus der vertraglich versprochenen Leistung ergeben[99] und die ihr gemäss Vertrag alloziert wurden.[100] Die Anwendung der clausula ausserhalb der vertraglichen (Anpassungs-)Regeln muss deshalb die Ausnahme bleiben,[101] was auch bei langfristigen Verträgen gilt, ist doch die Absicherung gegen Veränderungen meist ein wichtiges Motiv ihres Abschlusses.[102] Der Grundsatz von Regel und Ausnahme wird auch im *Soft Law* festgehalten,[103] z.B. in Art. 89 CESL, Art. 6.2.1–6.2.3 UPICC, Art. 6:111 PECL und Art. III 1:110 DCFR.

91 BGE 127 III 300 E. 6a; Enz, Jusletter 18.5.2020, Rz 3; BK-Müller, Art. 18 OR N 560; Kramer, SJZ 2014, S. 276.

92 BGE 127 III 300 E. 6a; BK-Müller, Art. 18 OR N 561.

93 BGE 127 III 300 E. 6a; BK-Müller, Art. 18 OR N 561.

94 BGE 127 III 300 E. 6a.

95 Z.B. BGE 142 III 442 E. 3.1.4; 135 III 1 E. 2.4; BGer v. 18.7.2006, 2A.432/2005, E. 3.5; BGE 60 II 205 E. 1; BK-Müller, Art. 18 OR N 563; Gauch/Schluep/Schmid, Rz 1290.

96 Z.B. BGer v. 13.11.2019, 4A_294/2019, E. 5.1; BGE 120 II 155 E. 6a; s.a. BGer v. 6.3.2009, 2C_698/2008, E. 3 zur «universellen» Geltung der clausula.

97 BGE 127 III 300 E. 5b/aa.

98 ZK-Baumann, Art. 2 ZGB N 453.

99 BGE 107 II 343 E. 2; 104 II 314 E. a.

100 Siehe auch Leu, S. 111, zur Funktion des Vertrags als Mittel der Risikoallokation.

101 BGer v. 2.12.2019, 4A_263/2019, E. 2.3 a.E.; BGE 122 III 97 E. 3a; z.B. Enz, Jusletter 18.5.2020, Rz 3.

102 BK-Merz, Art. 2 ZGB N 188; s.a. ZK-Baumann, Art. 2 ZGB N 448.

103 BK-Müller, Art. 18 OR N 564.

IV. Vertragliche Anpassungsregeln

1. Im Allgemeinen

21 Im Rahmen der Vertragsfreiheit (Art. 19 Abs. 1 OR) können die Parteien die Rechtslage bei veränderten Verhältnissen von vornherein im Vertrag regeln.[104] Solche Regeln können die Form von positiven oder negativen vertraglichen Anpassungsregeln annehmen,[105] wobei die Qualifikation als positive oder negative Anpassungsregel eine Frage der Perspektive ist, weshalb der Übergang zwischen positiven und negativen Anpassungsregeln fliessend ist.

2. Positive vertragliche Anpassungsregeln

22 Positive Anpassungsregeln sind vertragliche Bestimmungen, die für bestimmte geänderte Verhältnisse die Anpassung des Vertrags an diese geänderten Verhältnisse positiv anordnen.[106] Solche Anpassungsregeln sind oft in Anpassungstatbestand und Anpassungsfolge gegliedert,[107] wobei der Anpassungstatbestand oft den Charakter einer Bedingung im Rechtssinn[108] hat.[109] Um weiterhelfen zu können, müssen die Anpassungsregeln entsprechend der verallgemeinerungsfähigen Regel von Art. 184 Abs. 3 OR[110] bestimmt oder bestimmbar[111] und auch sonst vollständig sein. Sind sie es nicht, kommt es zur gerichtlichen Vertragsanpassung.[112]

23 Positive Anpassungsregeln haben v.a. in internationalen Handelsverträgen oft die Form von **Höhere-Gewalt-Klauseln**, z.B. *Force-Majeure*-Klauseln[113], *Hardship*-Klauseln[114], *Special-Risks*-Klauseln[115] oder *Frustrations*-Klauseln[116].[117] Sie sind oft den Klauseln im *Hard*- oder *Soft-Law*-Bereich nachempfunden wie z.B. Art. 79 CISG, Art. 89 CESL, Art. 6.2.1–6.2.3 UPICC, Art. 6:111 PECL oder Art. III 1:110 DCFR.[118]

---

104 BK-Müller, Art. 18 OR N 575; Burkhardt, S. 22 ff. und S. 292 f., auch zu den Grenzen vertraglicher Regelungen.

105 BK-Müller, Art. 18 OR N 575; Bischoff, S. 95 ff.

106 BGE 135 III 1 E. 2.5; BK-Müller, Art. 18 OR N 576; siehe als Beispiel auch Art. 59 SIA-Norm 118 (2013).

107 BK-Müller, Art. 18 OR N 577 ff. und 581 ff.

108 Art. 151–157 OR.

109 BK-Müller, Art. 18 OR N 577; Bischoff, S. 108.

110 Z.B. BSK OR I-Koller, Art. 184 N 44; Galli/Kündig/Vischer, GesKR 2018, S. 428.

111 BGE 135 III 1 E. 2.5; BK-Müller, Art. 18 OR N 589.

112 BK-Müller, Art. 18 OR N 580, 582, 583 und 635 ff.; zur gerichtlichen Vertragsanpassung Rz 34 ff.

113 Höhere-Gewalt-Klauseln.

114 Härtefall-Klauseln.

115 Sonderrisiko-Klauseln.

116 Frustrations-Klauseln.

117 Bühler, S. 41 f.

118 Zur Qualifizierung von UPICC, PECL und DCFR als *Soft Law* z.B. BK-Müller, Einleitung in das OR N 59 f.

Beispiele von *Force-Majeure-* und *Hardship-*Klauseln sind die **ICC Force Majeure Clauses 2020**[119] und die **ICC Hardship Clause 2020**[120], die selbstverständlich nur gelten, wenn sie in einen konkreten Vertrag übernommen wurden. 24

Ein Sonderfall einer positiven Anpassungsregel ist die **Neuaushandlungsklausel.**[121] Ihre Verletzung kann zu einer Schadenersatz- oder sogar zu einer Realleistungsklage 25

119 Long form und short form; short form der *Force-Majeure-*Klausel: «‹Force Majeure› means the occurrence of an event or circumstance that prevents or impedes a party from performing one or more of its contractual obligations under the contract, if and to the extent that that party proves: [a] that such impediment is beyond its reasonable control; and [b] that it could not reasonably have been foreseen at the time of the conclusion of the contract; and [c] that the effects of the impediment could not reasonably have been avoided or overcome by the affected party. 2. In the absence of proof to the contrary, the following events affecting a party shall be presumed to fulfil conditions (a) and (b) under paragraph 1 of this Clause: (i) war (whether declared or not), hostilities, invasion, act of foreign enemies, extensive military mobilisation; (ii) civil war, riot, rebellion and revolution, military or usurped power, insurrection, act of terrorism, sabotage or piracy; (iii) currency and trade restriction, embargo, sanction; (iv) act of authority whether lawful or unlawful, compliance with any law or governmental order, expropriation, seizure of works, requisition, nationalisation; (v) plague, epidemic, natural disaster or extreme natural event; (vi) explosion, fire, destruction of equipment, prolonged break-down of transport, telecommunication, information system or energy; (vii) general labour disturbance such as boycott, strike and lock-out, go-slow, occupation of factories and premises. 3. A party successfully invoking this Clause is relieved from its duty to perform its obligations under the contract and from any liability in damages or from any other contractual remedy for breach of contract, from the time at which the impediment causes inability to perform, provided that the notice thereof is given without delay. If notice thereof is not given without delay, the relief is effective from the time at which notice thereof reaches the other party. Where the effect of the impediment or event invoked is temporary, the above consequences shall apply only as long as the impediment invoked impedes performance by the affected party. Where the duration of the impediment invoked has the effect of substantially depriving the contracting parties of what they were reasonably entitled to expect under the contract, either party has the right to terminate the contract by notification within a reasonable period to the other party. Unless otherwise agreed, the parties expressly agree that the contract may be terminated by either party if the duration of the impediment exceeds 120 days.», ‹https://iccwbo.org/content/uploads/sites/3/2020/03/icc-forcemajeure-hardship-clauses-march2020.pdf› (22.6.2020).

120 Variante mit paragraph 3A: «1. A party to a contract is bound to perform its contractual duties even if events have rendered performance more onerous than could reasonably have been anticipated at the time of the conclusion of the contract. 2. Notwithstanding paragraph 1 of this Clause, where a party to a contract proves that: a) the continued performance of its contractual duties has become excessively onerous due to an event beyond its reasonable control which it could not reasonably have been expected to have taken into account at the time of the conclusion of the contract; and that b) it could not reasonably have avoided or overcome the event or its consequences, the parties are bound, within a reasonable time of the invocation of this Clause, to negotiate alternative contractual terms which reasonably allow to overcome the consequences of the event. 3A. Where paragraph 2 of this Clause applies, but where the parties have been unable to agree alternative contractual terms as provided in that paragraph, the party invoking this Clause is entitled to terminate the contract, but cannot request adaptation by the judge or arbitrator without the agreement of the other party.», ‹https://iccwbo.org/content/uploads/sites/3/2020/03/icc-forcemajeure-hardship-clauses-march2020.pdf› (22.6.2020).

121 BK-Müller, Art. 18 OR N 583; Burkhardt, S. 161 ff.; s.a. BGE 99 II 290 für ein Anwendungsbeispiel; s.a. Vischer, successio 1/2020, S. 16, und Vischer, SZW 2017, S. 434, betreffend Aktionärbindungsverträge.

führen.[122] Handelt es sich um eine unverbindliche Neuaushandlungsklausel und scheitert die Neuaushandlung, kommt es (neben möglichen Schadenersatzfolgen) zur gerichtlichen Vertragsanpassung.[123]

3. Negative vertragliche Anpassungsregeln

26 Negative Anpassungsregeln sind vertragliche Bestimmungen, die für bestimmte geänderte Verhältnisse die Anpassung des Vertrags ausschliessen.[124] Auch negative Anpassungsregeln müssen bestimmt oder bestimmbar sein, um weiterhelfen zu können.[125] Sie müssen auch sonst vollständig sein. Sind sie es nicht, kommt es wiederum zur gerichtlichen Vertragsanpassung.[126]

4. Gültigkeitsschranken

27 Als Vertragsklauseln unterliegen die vertraglichen Anpassungsregeln den allgemeinen Gültigkeitsschranken von Art. 19 OR und Art. 20 OR und damit insbesondere auch von Art. 2 ZGB und Art. 27 ZGB.[127]

28 Befinden sich die vertraglichen Anpassungsklauseln in AGB, sind die üblichen AGB-Kontrollmechanismen anwendbar.[128]

5. Bestand und Inhalt einer vertraglichen Anpassungsregel

29 Ob eine vertragliche Anpassungsregel vorliegt und welchen Inhalt sie hat, entscheidet sich nach den üblichen Konsens- und Vertragsauslegungsregeln. Dabei ist zu beachten, dass sich **Konsens- und Inhaltsermittlung rein logisch nicht scharf voneinander abgrenzen lassen**, weil sich die Frage des Bestands und des Inhalts rein logisch nicht trennen lassen. Mit anderen Worten besteht ein Vertrag nur mit einem bestimmten Inhalt und es gibt entsprechend keinen Vertrag ohne Vertragsinhalt und keinen Vertragsinhalt ohne Vertrag.[129] Das Bundesgericht geht in Bezug auf den Konsens bzw. die Vertragsauslegung subjektiv-objektiv vor. Danach geht es primär um die Feststellung eines tatsächlichen (natürlichen) Konsenses bzw. um eine subjektive (empirische) Auslegung nach dem wirklichen Willen der Parteien (Rekonstruktion des Parteiwillens). Ist dieser tatsächliche Konsens bzw. wirkliche Wille nicht feststellbar, geht es subsidiär um die «Feststellung» eines nor-

122 Zollinger/Galli/Vischer, dRSK 22.8.2029, Rz 9 ff.

123 BK-Müller, Art. 18 OR N 583.

124 BGer v. 25.3.2010, 5A_39/2010, E. 3.3; BK-Müller, Art. 18 OR N 585; siehe als Beispiel auch Art. 61 SIA-Norm 118 (2013); zum Widerspruch zwischen Art. 59 SIA-Norm (2013) und Art. 61 SIA-Norm 118 (2013): Stöckli, BR/DC 2/2020, S. 50.

125 BK-Müller, Art. 18 OR N 589.

126 Siehe dazu Rz 34 ff.

127 BGer v. 25.3.2010, 5A_39/2010, E. 3.3, und BGE 122 III 97 E. 3a, bezüglich einer negativen vertraglichen Anpassungsklausel; BK-Müller, Art. 18 OR N 588 ff.; s.a. Rz 31 zur möglichen Innen- und Aussensicht auf Art. 2 ZGB und Art. 27 ZGB.

128 BK-Müller, Art. 18 OR N 592; für einen Anwendungsfall BGE 135 III 1; zu den AGB-Kontrollmechanismen im Allgemeinen z.B. Vischer, AJP 2014, S. 964 ff.

129 Vischer, AJP 2014, S. 967 f., auch zum sog. reinen Auslegungsstreit.

mativen (rechtlichen) Konsenses bzw. um eine objektive Auslegung nach dem Vertrauensprinzip (Konstruktion des Parteiwillens). Massgebend ist der hypothetische Parteiwille, d.h. der Parteiwille, den die Parteien unter den gegebenen Umständen als vernünftig und redlich handelnde Personen nach Treu und Glauben gehabt hätten.[130] Dieses subjektiv-objektive Vorgehen des Bundesgerichts überzeugt nicht. Vielmehr sollte **ausschliesslich objektiv** vorgegangen werden, weil sich der wirkliche Parteiwille empirisch nicht feststellen lässt, sondern nur seine Äusserungsformen, weshalb es immer (nur, aber immerhin) um eine (normative) Rekonstruktion des Parteiwillens geht.[131]

Die zu beurteilenden Willenserklärungen können ausdrücklich oder konkludent und 30
insbesondere auch stillschweigend sein.[132] Entsprechend können die Anpassungsklauseln ausdrücklich oder konkludent und damit auch stillschweigend vereinbart sein.[133] Eine stillschweigend vereinbarte Anpassungsklausel ist allerdings nicht leichthin anzunehmen.[134] Am ehesten können stillschweigend vereinbarte negative Anpassungsregeln bei Spekulations- und aleatorischen Geschäften sowie bei Sicherungsgeschäften in Bezug auf die Vermögenslage des Schuldners angenommen werden.[135] Insbesondere darf nicht

---

130 Z.B. Vischer, recht 2015, S. 2; siehe z.B. BGer v. 26.2.2020, 4A_614/2019, E. 3.1, mit dem diesbezüglichen, gegenwärtig vom Bundesgericht verwendeten Textbaustein: «Für das Zustandekommen und die Auslegung einer Vereinbarung ist zunächst massgebend, was die Parteien tatsächlich übereinstimmend gewollt haben. Die empirische oder subjektive hat gegenüber der normativen oder objektivierten Vertragsauslegung den Vorrang (BGE 138 III 659 E. 4.2.1 S. 666; 137 III 145 E. 3.2.1 S. 148; 130 III 554 E. 3.1 S. 557). Erst wenn der übereinstimmende wirkliche Wille der Parteien unbewiesen bleibt, sind die Erklärungen der Parteien aufgrund des Vertrauensprinzips so auszulegen, wie sie nach ihrem Wortlaut und Zusammenhang sowie den gesamten Umständen verstanden werden durften und mussten. Dabei ist vom Wortlaut der Erklärungen auszugehen, welche jedoch nicht isoliert, sondern aus ihrem konkreten Sinngefüge heraus zu beurteilen sind (BGE 138 III 659 E. 4.2.1 S. 666; 123 III 165 E. 3a S. 168). Ein objektivierter und damit rechtlicher Konsens bedeutet nicht zwingend, dass die sich äussernde Partei tatsächlich den inneren Willen hatte, sich zu binden; es reicht, wenn die andere Partei aufgrund des objektiv verstandenen Sinns der Erklärung oder des Verhaltens nach Treu und Glauben annehmen konnte, die sich äussernde Partei habe einen Rechtsbindungswillen (BGE 144 III 93 E. 5.2.3 S. 99; 143 III 157 E. 1.2.2 S. 159). Das Bundesgericht überprüft diese objektivierte Auslegung von Willenserklärungen als Rechtsfrage, wobei es an Feststellungen des kantonalen Gerichts über die äusseren Umstände sowie das Wissen und Wollen der Beteiligten grundsätzlich (vgl. E. 2.2 hiervor) gebunden ist (Art. 105 Abs. 1 BGG; BGE 144 III 93 E. 5.2.3 S. 99).».

131 Galli/Kündig/Vischer, GesKR 2018, S. 430, Anm. 75; Vischer, AJP 2018 (gemischter Vertrag), S. 1154, Anm. 22; Vischer, AJP 2018 (Nebenkostenabrechnung), S. 766 f.; Vischer/Galli, GesKR 2018, S. 227 f.; Vischer, recht 2015, S. 2, Anm. 12; Stehle, recht 2014, S. 257 ff.; Honsell, S. 335 ff.; bezüglich Auslegung: BK-Müller, Art. 18 OR N 70 ff. mit ausführlicher Begründung; wie Müller z.B. BSK OR I-Wiegand, Art. 18 N 14 f.; Brunner, Jusletter 11.11.2019, Rz 42, 55 und 86 f.

132 Z.B. Vischer, recht 2015, S. 2.

133 BK-Müller, Art. 18 OR N 594 f., s.a. N 601; siehe generell zum fliessenden Übergang von Vertragsauslegung, -ergänzung und -lückenfüllung Rz 35, womit auch der Übergang von vertraglicher zu gerichtlicher Vertragsanpassungsregel fliessend ist.

134 BK-Müller, Art. 18 OR N 596; siehe für ein Beispiel BGer v. 30.3.2004, 4C.49/2004, E. 2.2.

135 BK-Müller, Art. 18 OR N 599 f., s.a. N 598 mit einem Beispiel einer stillschweigend vereinbarten negativen Anpassungsklausel.

angenommen werden, jeder Vertrag werde unter der Bedingung abgeschlossen, dass sich die Verhältnisse nicht verändern.[136] Umgekehrt darf aus dem Fehlen einer positiven vertraglichen Anpassungsklausel nicht in jedem Fall im Umkehrschluss geschlossen werden, die Parteien hätten stillschweigend eine negative Anpassungsklausel vereinbart.[137] Dagegen kann aus einer positiven Anpassungsregel im Umkehrschluss manchmal geschlossen werden, dass andere Veränderungen der Verhältnisse als die in der positiven Anpassungsregel angesprochenen Veränderungen zu keiner Anpassung führen sollen.[138] In diesem Sinne ist jede positive Anpassungsregel zu einem gewissen Teil auch eine negative Anpassungsregel und umgekehrt.

31 Ein für die Konsens- bzw. Inhaltsermittlung oft gebrauchtes Mittel ist die **Verkehrsübung** (Verkehrsauffassung, Verkehrsanschauung, Verkehrssitte, Handelsbrauch, Geschäftsbrauch, *Usages*, Usanzen etc.).[139] Insbesondere im internationalen Handelsverkehr können deshalb z.B. die Umschreibungen von *Force Majeure* oder *Hardship* im *Hard-* und *Soft-Law*-Bereich oder in den ICC Force Majeure Clauses 2020 oder der ICC Hardship Clause 2020 bei der Auslegung von entsprechenden vertraglichen Klauseln herangezogen werden, wenn die konkrete vertragliche Umschreibung von *Force Majeure* oder *Hardship* in diesen Klauseln strittig ist.

6. Vertragliche Anpassungsklauseln und die COVID-19-Pandemie bzw. das COVID-19-Recht

32 Die **ICC** ist der Auffassung, dass die COVID-19-Pandemie bzw. das COVID-19-Recht ein «*Unforeseen Event*» ist, weshalb ihre ICC Force Majeure Clauses 2020 oder ICC Hardship Clause 2020 den betroffenen Parteien helfen würden.[140] Dem ist grundsätzlich zuzustimmen, soweit vor dem Ausbruch der COVID-19-Pandemie und dem COVID-19-Recht abgeschlossene Verträge betroffen sind. Denn soweit es um die ICC *Force Majeure Clauses* 2020 geht, hat die COVID-19-Pandemie durchaus das Potential, «*the occurrence of an event or circumstance*» zu sein, «*that prevents or impedes a party from performing one or more of its contractual obligations under the contract*», und der betroffenen Partei den Nachweis zu erlauben, dass «*[a] that such impediment is beyond its reasonable control; and [b] that it could not reasonably have been foreseen at the time of the conclusion of the contract; and [c] that the effects of the impediment could not reasonably have been avoided or overcome by the affected party.*» Soweit es um die ICC Hardship Clause 2020 geht, hat die COVID-19-Pandemie das Potential, der betroffenen Partei den Nachweis zu erlauben, dass «*a) the continued performance of its contractual duties has become excessively onerous due to an event beyond its reasonable control which it could not reasonably have been expected to have taken into account at the time of the conclusion of*

136 BK-Müller, Art. 18 OR N 596.
137 BK-Müller, Art. 18 OR N 597.
138 Siehe auch Rz 63.
139 BSK OR I-Wiegand, Art. 18 N 31; BK-Müller, Art. 18 OR N 155 ff.
140 ‹https://iccwbo.org/publication/icc-force-majeure-and-hardship-clauses/› (22.6.2020).

the contract; and that b) it could not reasonably have avoided or overcome the event or its consequences.» Auf die einzelnen Voraussetzungen, insbesondere auf die Voraussetzung der Unvorhersehbarkeit der COVID-19-Pandemie und des COVID-19-Rechts, wird zurückzukommen sein.[141]

Jedenfalls muss bei jedem konkreten Vertrag eruiert werden, ob die COVID-19-Pandemie bzw. das COVID-19-Recht von einer vertraglichen Anpassungsregel erfasst ist oder nicht und wenn ja, welche vertragliche Anpassung vorzunehmen ist. 33

V. Gerichtliche Anpassungsregeln

1. Anwendungsbereich

Enthält der Vertrag[142] keine (oder keine vollständigen) positiven oder negativen vertraglichen Anpassungsregeln[143], so liegt eine Anpassungslücke vor.[144] Diese Vertragslücke ist bei veränderten Verhältnissen durch das Gericht zu schliessen, wobei die dogmatische Grundlage der gerichtlichen Vertragslückenfüllung umstritten ist.[145] Der gerichtliche Eingriff ist damit grundsätzlich subsidiär, d.h., er kann im Grunde nur stattfinden, wenn der Vertrag die Frage nicht selbst regelt.[146] 34

2. Dogmatische Grundlage der gerichtlichen Vertragslückenfüllung und damit der clausula bei fehlenden (oder unvollständigen) vertraglichen Anpassungsregeln

Umstritten ist, wie die Vertragslückenfüllung bei fehlenden oder unvollständigen vertraglichen Anpassungsregeln zu erfolgen hat.[147] Aufgrund der Tatsache, dass sich rein logisch Vertragsauslegung und Vertragsergänzung und damit auch Vertragsergänzung und Vertragslückenfüllung nicht klar abgrenzen lassen und die Übergänge fliessend sind,[148] ist die Vertragslückenfüllung wie die Vertragsauslegung und -ergänzung nach der bundesgerichtlichen Rechtsprechung subjektiv-objektiv bzw. nach der hier vertretenen Auffassung objektiv vorzunehmen. Die Vertragslückenfüllung ist damit gemäss der bundesgerichtlichen Rechtsprechung nach dem wirklichen Willen und, wenn dieser nicht 35

141 Siehe Rz 43 ff.

142 Zur Anwendung der clausula auf verwaltungsrechtliche Verträge, z.B. Vogel, ZBl 2008, S. 298 ff.

143 Siehe Rz 22 und 26.

144 BK-Müller, Art. 18 OR N 605.

145 Siehe Rz 35 ff.

146 ZK-Baumann, Art. 2 ZGB N 454; BK-Hausheer/Aebi-Müller, Art. 2 ZGB N 229, Leu, S. 116 f., Rampini, Rz 120 und 122, und Tercier, JdT 1979 I, S. 197, alle Autoren aber nach der hier vertretenen Ansicht zu Unrecht auch bezüglich dispositiver gesetzlicher Anpassungsregeln.

147 Z.B. BK-Müller, Art. 18 OR N 645 ff.

148 Z.B. BSK OR I-Wiegand, Art. 18 N 58 f.; Huguenin, Rz 301 f. und 319; Vischer/Galli, GesKR 2018, S. 227; Vischer, SZW 2017, S. 432; Vischer, recht 2015, S. 2; BK-Kramer, Art. 18 OR N 226; Giger, ZBJV 1969, S. 315; BK-Merz, Art. 2 ZGB N 137; siehe schon Rz 34.

feststellbar ist, bzw. nach der hier vertretenen Auffassung ausschliesslich nach dem hypothetischen Vertragswillen vorzunehmen.[149]

36 Die dogmatische Grundlage für die gerichtliche Vertragsanpassung und damit die Anwendung der clausula bei fehlenden (oder unvollständigen) vertraglichen Anpassungsregeln ist gemäss h.L.[150] denn auch die gerichtliche Vertragslückenfüllung aufgrund des **hypothetischen Parteiwillens.**[151]

37 Sie erfolgt damit gleich wie die Füllung einer Vertragslücke infolge einer Teilnichtigkeit oder einer Teilungültigkeit bei Willensmängeln (Art. 20 Abs. 2 OR).[152]

38 Diese dogmatische Basierung der gerichtlichen Vertragsanpassung und damit der clausula auf dem hypothetischen Parteiwillen schliesst nicht aus, die gerichtliche Vertragsanpassung und die clausula nicht auch – oder sogar nur – auf Art. 2 ZGB, Art. 27 ZGB oder andere Fundamentalnormen und dazu passendes dispositives Recht zu stützen. Die Nähe der gerichtlichen Vertragsanpassung gestützt auf das Vertrauensprinzip nach dem hypothetischen Vertragswillen und z.B. Art. 2 ZGB ist offensichtlich, weshalb es müssig ist, krampfhaft **dogmatische Abgrenzungsversuche in Bezug auf die Basierung der clausula** zu unternehmen.[153] Vielmehr ist in Bezug auf die gerichtliche Vertragsanpassung ein Methodenpluralismus zuzulassen.[154] Im Resultat erstaunt es deshalb nicht, dass das Bundesgericht die gerichtliche Vertragsanpassung manchmal auf die Vertragslückenfüllung und manchmal auf Art. 2 ZGB (und andere Fundamentalnormen) stützt.[155] Die unterschiedliche Vorgehensweise hängt auch damit zusammen, dass man durchaus in gerechtfertigter Weise eine Innen- oder Aussensicht auf Fundamentalnormen wie Art. 2 ZGB und Art. 27 ZGB haben kann. Im ersten Fall formen sie bereits den Inhalt des Vertrags, während sie im zweiten Fall den zulässigen Inhalt des Vertrags einschränken.[156]

39 So kann man die von der Rechtsprechung entwickelte Regel der Auflösungsmöglichkeit eines Dauerschuldverhältnisses aus wichtigem Grund[157] aus einer Vertrags-

149 Siehe Rz 29.

150 BK-Hausheer/Aebi-Müller, Art. 2 ZGB N 226; Leu, S. 115 f.

151 Enz, Jusletter 18.5.2020, Rz 25; BK-Müller, Art. 18 OR N 645; Gauch/Schluep/Schmid, Rz 1293 ff.; Leu, S. 123 f.

152 Z.B. Vischer/Galli, GesKR 2018, S. 227 f.; Vischer, AJP 2017, S. 1132 f.; s.a. BGE 107 II 144 E. 3 mit der Ablehnung der direkten Anwendbarkeit von Art. 20 Abs. 2 OR auf die gerichtliche Vertragsanpassung.

153 Siehe auch Rz 43.

154 BK-Hausheer/Aebi-Müller, Art. 2 ZGB N 226: «Die dogmatische Zuordnung der clausula rebus sic stantibus ist umstritten, aber letztlich meist ohne praktische Bedeutung»; s.a. Rz 41.

155 BK-Müller, Art. 18 OR N 649 und 653 f.; Gauch/Schluep/Schmid, Rz 1293 ff.; *Vertragslückenfüllung*: z.B. BGE 127 III 300 E. 6a; 111 II 260 E. 2a; 107 II 144 E. 3; 59 II 372 E. 2; 48 II 249 E. 1; *Art. 2 ZGB*: z.B. BGE 138 V 366 E. 5.1; BGer v. 18.7.2006, 2A.432/2005, E. 3.5; v. 24.5.2006, 4C.61/2006, E. 2 und 3.3; BGE 122 III 97 E. 3a; 107 II 343 E. 2; 100 II 345 E. 2b; s.a. BGer v. 25.3.2010, 5A_39/2010, E. 3.3 und BGE 122 III 97 E. 3a, bezüglich Art. 27 ZGB; s.a. BGE 127 III 300 E. 5b, wo die dogmatische Grundlage der clausula bewusst offengelassen wurde; ähnlich BGE 47 II 440 E. 1.

156 Zu dieser Innen- und Aussensicht z.B. Vischer, AJP 2019, S. 132.

157 Z.B. BGE 135 III 1 E. 2.4, auch zur Ableitung der Regel aus der clausula; BGE 128 III 428 E. 3, s.a.E. 3c zu den (angeblichen) Unterschieden zur clausula.

lückenfüllung, aber auch als Ableitung aus Art. 2 ZGB[158] oder Art. 27 ZGB[159] gewinnen.[160]

3. Resultat der gerichtlichen Vertragslückenfüllung

Das Resultat der gerichtlichen Vertragslückenfüllung ist eine vom Gericht für den konkreten Vertrag geschaffene **gerichtliche Anpassungsregel**, deren Anwendung auf den konkreten Vertrag zu einer durch das Gericht vorzunehmenden Vertragsanpassung führt. Anders formuliert lässt sich auch sagen, das Resultat der gerichtlichen Vertragslückenfüllung sei die durch das Gericht vorzunehmende Vertragsanpassung,[161] wobei das richterliche Werkzeug, die gerichtliche Anpassungsregel, den Vorgang rationalisiert und erlaubt, bei vertraglichen und gesetzlichen Anpassungsregeln Anleihen zu machen. 40

Je weniger Individualität der konkrete Vertrag aufweist, d.h. je typischer er ist, je typisierender muss das Gericht bei der Schaffung der gerichtlichen Anpassungsregel vorgehen[162] und je eher rechtfertigt sich die Anwendung der einschlägigen gesetzlichen Anpassungsregeln des **dispositiven Gesetzesrechts.**[163] Je mehr das Gericht dabei eigenes Recht schafft, umso mehr nähert sich sein Vorgehen dem von Art. 1 Abs. 2 ZGB und Art. 4 ZGB[164] geforderten Vorgehen *modo legislatoris* an.[165] Zu diesem gerichtlichen Vorgehen *modo legislatoris* gelangt man auch, wenn man die Basis der Vertragslückenfüllung nicht in der Vertragsergänzung, sondern in Art. 2 ZGB, Art. 27 ZGB oder anderen Fundamentalnormen sieht und diesfalls die Vertragslückenfüllung bei fehlendem dispositivem Recht gleichzeitig Gesetzeslückenfüllung ist.[166] 41

So lässt sich die von der Rechtsprechung entwickelte Regel der **Auflösungsmöglichkeit** eines Dauerschuldverhältnisses **aus wichtigem Grund** als typisierende Regel verstehen, die *modo legislatoris* im Rahmen der Vertragslückenfüllung oder als Ableitung aus Art. 2 ZGB oder Art. 27 ZGB gewonnen wurde.[167] Falls diese Auflösungsmöglichkeit aus 42

158 Z.B. BGE 113 II 209 = 1988 Nr. 105 E. 4; 100 II 345 E. 2b.

159 Z.B. BGE 128 III 428 E. 3c.

160 Vischer, AJP 2019, S. 131 f.; s.a. BGE 143 III 480 E. 4.2, 129 III 209 E. 2.2 und 128 III 428 E. 3c, mit nach der hier vertretenen Auffassung nicht belastbaren Abgrenzungen in Bezug auf die clausula, die Kündigung aus wichtigem Grund, Art. 2 ZGB und Art. 27 ZGB; s.a. BK-Hausheer/Aebi-Müller, Art. 2 ZGB N 227 f., mit einem Beispiel zur Innen- und Aussensicht auf Art. 27 ZGB; s.a. Rz 42.

161 So wohl BK-Müller, Art. 18 OR N 633 ff.

162 BSK OR I-Wiegand, Art. 18 N 67 f., mit der Unterscheidung einer subjektiven und objektiven Methode, BK-Müller, Art. 18 OR N 700 ff. mit der Unterscheidung einer individuell-konkreten und einer generell-abstrakten Methode, und Gauch/Schluep/Schmid, Rz 1261, mit der Unterscheidung einer unmittelbaren und einer mittelbaren Methode, wobei die Methoden allerdings nur Pole sind und oft ineinander übergehen (so zu Recht BSK OR I-Wiegand, Art. 18 N 69).

163 Siehe dazu Rz 56 ff.

164 Zum Verhältnis von Art. 1 Abs. 2 ZGB und Art. 4 ZGB, z.B. Vischer, AJP 2019, S. 133.

165 Im Resultat gl.M. Enz, Jusletter 18.5.2020, Rz 25; Brändli, AJP 2020, S. 512.

166 Zum Vorgehen *modo legislatoris* bei gesetzlichen Generalklauseln wie Art. 2 ZGB oder Art. 27 ZGB: Vischer, AJP 2019, S. 133; s.a. Vischer, AJP 2017, S. 1132 f., zur Herleitung der Anpassungsregel bei einem Vertrag mit übermässiger Bindung aus Art. 20 Abs. 2 OR oder direkt aus Art. 27 ZGB.

167 Siehe Rz 39.

Art. 2 ZGB oder Art. 27 ZGB abgeleitet wird, handelt es sich um eine positive gesetzliche allgemeine Anpassungsregel.[168]

4. Typisierte gerichtliche Anpassungsklauseln und die COVID-19-Pandemie bzw. das COVID-19-Recht

a) Zum Anpassungstatbestand im Allgemeinen

43 Im Sinne einer Typisierung hat die Rechtsprechung bezüglich des Anpassungstatbestandes der gerichtlichen Anpassungsregel (clausula) folgende (kumulative) **Voraussetzungen** entwickelt: (i) Es liegt eine Veränderung der Verhältnisse nach Vertragsabschluss vor, (ii) die Veränderung ist unvorhersehbar und unvermeidbar, (iii) die Veränderung führt zu einer gravierende Störung des vertraglichen Gleichgewichts und (iv) es liegt keine vorbehaltslose Vertragserfüllung vor.[169] Massgebend bleiben aber stets der konkrete Vertrag und die konkreten Umstände, sodass das Gericht nach dem massgebenden Vertrauensgrundsatz[170] eine Anpassung auch vornehmen kann, wenn nicht sämtliche Voraussetzungen erfüllt sind,[171] es also z.B. an der Voraussetzung der gravierenden Störung des vertraglichen Gleichgewichts fehlt. Oft tut das Gericht dies unter einem anderen Titel als der clausula, z.B. unter dem Titel des wichtigen Grunds, der Unmöglichkeit oder des Grundlagenirrtums über einen zukünftigen Sachverhalt.[172] Dies ändert aber nichts daran, dass ein clausula-Fall vorliegt,[173] auch wenn die Rechtsprechung und Lehre sich oft krampfhaft um eine, nach der hier vertretenen Auffassung zum vornherein zum Scheitern verurteilte, Abgrenzung dieser Institute untereinander und zur clausula bemühen.[174] Das Gericht kann zudem von einer Anpassung absehen, selbst wenn sämtliche Voraussetzungen der clausula erfüllt sind.[175]

b) Veränderung der Verhältnisse

44 Eine Veränderung der Verhältnisse liegt vor, wenn die **(zukünftigen) Verhältnisse bei der Vertragsanwendung sich von jenen bei Vertragsabschluss unterscheiden.**[176] Ana-

168 So BK-Müller, Art. 18 OR N 617; s.a. Rz 60.

169 BGE 135 III 1 E. 2.4 f.; BGer v. 18.7.2006, 2A.432/2005, E. 3.5; v. 28.11.2005, 4C.150/2005, E. 5.2 (nicht publiziert in BGE 132 II 166); BGE 127 III 300 E. 5b/aa; Reichle/Stehle, Jusletter 18.5.2020, Rz 50 ff.; Enz, Jusletter 18.5.2020, Rz 8 ff.; BK-Müller, Art. 18 OR N 658; BK-Hausheer/Aebi-Müller, Art. 2 ZGB N 239 ff.; Leu, S. 117 ff.; Kälin, recht 2004, S. 251 ff.; Bischoff, S. 183 ff.; s.a. ZK-Baumann, Art. 2 ZGB N 455 ff.

170 Siehe Rz 29, 35 und 38.

171 Im Resultat gl.M. Bischoff, S. 220 f.

172 Siehe zur bundesgerichtlichen Praxis der Vertragsanpassung, die sich auf verschiedene Rechtsgrundlagen stützt, Burkhardt, S. 197 ff.

173 Siehe Rz 39, 42 und 60, bezüglich wichtigen Grunds; Rz 60 und 65 ff., bezüglich Unmöglichkeit; Rz 62 und 73 f., bezüglich Grundlagenirrtums.

174 Siehe auch FN 160.

175 BK-Müller, Art. 18 OR N 659.

176 BK-Müller, Art. 18 OR N 664.

log Art. 373 Abs. 2 OR liegt auch eine Veränderung der Verhältnisse vor, wenn sich die Verhältnisse, die von den Parteien bei Vertragsabschluss als sicher angenommen wurden, gegenüber den (zukünftigen) Verhältnissen verändern. Erforderlich ist somit, dass Verhältnisse nicht eintreten, die von den Parteien als sicher angenommen wurden, bzw. Verhältnisse eintreten, die von den Parteien als sicher ausgeschlossen wurden, was bei blossen Hoffnungen, übertriebenen Erwartungen oder gar Spekulationen nicht zutrifft.[177] Ob analog Art. 373 Abs. 2 OR[178] auch eine Veränderung der Verhältnisse vorliegt, wenn sich die Verhältnisse im Zeitpunkt des Vertragsabschlusses anders präsentieren, als sich dies die betroffene Partei vorstellte, ist umstritten.[179] Keine Voraussetzung ist, dass die Ereignisse, die der Veränderung zugrunde liegen, ausserordentlicher Natur, ja sogar eigentliche Sozialkatastrophen sind.[180] Die Veränderung der Verhältnisse kann faktisch oder rechtlich sein.[181]

Die **Voraussetzung der Veränderung der Verhältnisse dürfte in Bezug auf die COVID-19-Pandemie und das COVID-19-Recht im Regelfall erfüllt sein**, soweit vor dem Ausbruch der COVID-19-Pandemie bzw. dem Erlass von COVID-19-Recht abgeschlossene Verträge betroffen sind. Die Voraussetzung dürfte selbst dann erfüllt sein, wenn sich schlussendlich herausstellen sollte, dass das COVID-19-Recht mindestens zum Teil nicht rechtmässig ist.[182] Zu betonen ist allerdings, dass nicht nur die Primärmassnahmen des COVID-19-Rechts in die Betrachtung einfliessen müssen, sondern auch die Sekundärmassnahmen und überhaupt die Verhältnisse insgesamt. Bei einem Mietvertrag sind somit insbesondere auch die Möglichkeiten des Mieters gemäss Art. 2 COVID-19-Verordnung Miete und Pacht,[183] gemäss dem vom Parlament ins Auge gefassten und allenfalls zustande kommenden Gesetz betreffend Erlass von Geschäftsmieten,[184] gemäss der COVID-19-Solidarbürgschaftsverordnung[185] oder gemäss Art. 63 EpG oder anderen Staatshaftungsgrundlagen[186] in die Betrachtung miteinzubeziehen.[187] 45

177 BK-Müller, Art. 18 OR N 676; s.a. Gauch/Schluep/Schmid, N 1302, zur Gleichstellung der Veränderung der Verhältnisse und der (unerwarteten) Nichtveränderungen der Verhältnisse; s.a. Rz 46 und Rz 73.

178 Z.B. BSK OR I-Zindel/Schott, Art. 373 N 17.

179 **Abl.** z.B. BGer v. 18.7.2006, 2A.432/2005, E. 3.5; BK-Müller, Art. 18 OR N 631.

180 BK-Müller, Art. 18 OR N 667; **a.M.** BGer v. 30.3.2004, 4C.49/2004, E. 2.2; BGE 122 III 97 E. 3a. Siehe auch Giger, ZBJV 1969, S. 331 «Die Kriegs- und Krisenjahre hatten nun aber unvorhergesehene Situationen heraufbeschworen. Man fand die Lösung in der Anrufung der Clausula rebus sic stantibus, einem Anwendungsfall des Grundsatzes von Treu und Glauben.».

181 Z.B. BGE 127 III 300 E. 5b/aa, und BGer v. 30.10.2002, 4C.246/2002, E. 3.5 (nicht publiziert in BGE 129 III 209), bezüglich Änderung der Rechtslage.

182 Siehe dazu Rz 10 ff.

183 Siehe Rz 6.

184 Siehe SDA-Meldung v. 8.6.2020: Räte finden einen Kompromiss für Erlass Geschäftsmieten, ‹https://www.parlament.ch/de/services/news/Seiten/2020/20200608195741580194158159041_bsd167.aspx› (22.6.2020).

185 Siehe zu dieser Verordnung BR, Bericht v. 27.5.2020, S. 19 f.

186 Dazu Fellmann, Jusletter 15.6.2020, Rz 27 ff., 51 ff. und 60 ff.

187 Vgl. Bohnet, S. 31.

c) *Unvorhersehbarkeit*

46 An der Voraussetzung der Unvorhersehbarkeit fehlt es, wenn die betroffene Partei die Veränderung der Verhältnisse tatsächlich vorhersah oder hätte vorhersehen müssen.[188] Bei der Prüfung, ob die betroffene Partei die Veränderung hätte vorhersehen müssen, ist zu fragen, ob sie nach dem **gewöhnlichen Lauf der Dinge mit der Veränderung vernünftigerweise hätte rechnen müssen.** Damit ist entscheidend, ob die Wahrscheinlichkeit der Veränderung so gross war, dass für eine vernünftige Person anstelle der Vertragspartei Grund bestand, beim Entscheid über den Vertragsabschluss und/oder die Vertragsausgestaltung darauf Rücksicht zu nehmen.[189] An die Voraussetzungen der Unvorhersehbarkeit dürfen nicht allzu strenge Anforderungen gestellt werden,[190] was dazu führt, dass bei einer **Wahrscheinlichkeit der Veränderung von unter 10%** i.d.R. nicht verlangt werden darf, dass eine vernünftige Partei beim Vertragsabschluss und/oder der Vertragsausgestaltung darauf Rücksicht nimmt. Das so verstandene Kriterium der Unvorhersehbarkeit liegt auch dann vor, wenn die Veränderung der Verhältnisse analog Art. 373 Abs. 2 OR in der Veränderung gegenüber den Verhältnissen liegt, die von den Parteien bei Vertragsabschluss als sicher angenommen wurden.[191] Als sichere zukünftige Verhältnisse gelten i.d.R. Verhältnisse, die eine Eintretenswahrscheinlichkeit von 90% oder mehr haben.[192]

47 Die **COVID-19-Pandemie war**, v.a. in Anbetracht der SARS-Pandemie in den Jahren 2002/2003[193] und der H1N1 (Schweinegrippe)-Pandemie in den Jahren 2009/2010,[194] **theoretisch bzw. an sich vorhersehbar.**[195] Deshalb wurden im Jahre 2012 auch das EpG geschaffen und von der öffentlichen Hand allenthalben Pandemiepläne verabschiedet.[196] Trotzdem traf die COVID-19-Pandemie und v.a. deren Fol-

188 BK-Müller, Art. 18 OR N 668.

189 BK-Müller, Art. 18 OR N 672 unter Hinweis auf BGer v. 22.11.2010, 4A_375/2010, E. 3.1.

190 BK-Müller, Art. 18 OR N 674; Leu, S. 119; siehe für eine Übersicht zum Meinungsstand in der Judikatur und Lehre z.B. Rampini, Rz 285.

191 Enz, Jusletter 18.5.2020, Rz 14; **a.M.** BK-Müller, Art. 18 OR N 676.

192 So bezüglich Grundlagenirrtums über sichere zukünftige Verhältnisse: Vischer/Galli, AJP 2019, S. 1071.

193 ‹https://de.wikipedia.org/wiki/SARS-Pandemie_2002/2003› (22.6.2020).

194 ‹https://de.wikipedia.org/wiki/Pandemie_H1N1_2009/10› (22.6.2020).

195 So Enz, Jusletter 18.5.2020, Rz 15 und 37; Uhlig, NZZ 27.4.2020, S. 18; s.a. zur sog. «Disease X», welche die WHO im Jahre 2018 schuf: ‹http://origin.who.int/blueprint/priority-diseases/en/› (22.6.2020) «Disease X represents the knowledge that a serious international epidemic could be caused by a pathogen currently unknown to cause human disease, and so the R&D Blueprint explicitly seeks to enable cross-cutting R&D preparedness that is also relevant for an unknown ‹Disease X› as far as possible.»; **a.M.** wohl Drolshammer, ZSR Sondernummer 2020, S. 203 ff.

196 BAG, Influenza-Pandemieplan, insb. auch S. 7 mit der Prognose der infolge einer Pandemie «zu erwartenden Schadenssumme im tiefen zweistelligen Milliardenbereich»; siehe zum rechtlichen Charakter dieses Pandemieplans Zünd/Errass, ZSR Sondernummer 2020, S. 73; zum Pandemievorsorgeplan des Kantons Zürich ‹https://gd.zh.ch/dam/gesundheitsdirektion/direktion/themen/bevoelkerung/gesund_bleiben/pandemie/pandemieplan_kanton_zuerich.pdf.spooler.download.1486474024524.pdf/p

gen[197] die Schweiz (d.h. die Behörden, aber auch die Unternehmen, die Privatpersonen etc.) relativ unvorbereitet.[198] Vor allem aber trafen das COVID-19-Recht und dessen Folgen die Schweiz unerwartet,[199] war doch ein ähnliches Recht während der SARS- und der H1N1-Pandemien nicht implementiert worden und bis zum Auftreten der COVID-19-Pandemie nur am Rande in Betracht gezogen worden.[200] Das zeigt, dass allenthalben zwar die theoretische Möglichkeit einer Pandemie und entsprechenden Rechts in Betracht gezogen wurde, die **Eintretenswahrscheinlichkeit einer Pandemie und entsprechenden Rechts und deren Folgen aber als sehr gering und damit wohl als unter 10% liegend** eingestuft wurde. Dazu kam wie angetönt, dass man die Wirksamkeit der Vorbereitung auf eine Pandemie überschätzte. Es kann deshalb i.d.R. nicht gesagt werden, dass die Eintretenswahrscheinlichkeit einer Pandemie und entsprechenden Rechts und deren Folgen so gross war, dass eine vernünftige Partei beim Vertragsabschluss und/oder bei der Vertragsausgestaltung darauf hätte Rücksicht nehmen müssen.[201]

Diese Einschätzung der Eintretenswahrscheinlichkeit einer Pandemie und deren Fol- 48
gen findet sich in vielen **unternehmensinternen Risikoeinschätzungen** wieder, zu deren Vornahme die Unternehmen verpflichtet sind[202] und die je nach Grösse des Unternehmens und je nach Rechnungslegungsstandard auch in die Rechnungslegung und in die Revisionsarbeiten einfliessen.[203]

Die **Voraussetzung der Unvorhersehbarkeit dürfte deshalb in Bezug auf die** 49
COVID-19-Pandemie und v.a. in Bezug auf das COVID-19-Recht i.d.R. erfüllt sein,[204] soweit vor dem Ausbruch der COVID-19-Pandemie und dem COVID-19-Recht

andemieplan_kanton_zuerich.pdf› (22.6.2020); Pandemieplan der Stadt Bern ‹https://www.bern.ch/mediencenter/medienmitteilungen/aktuell_ptk/2007-10-pandemie› (22.6.2020).

197 Siehe auch BGE 127 III 300 E. 5b/aa: «Dabei ist die Voraussehbarkeit auch dann zu verneinen, wenn eine Verhältnisänderung wie etwa die Änderung der gesetzlichen Grundlagen als solche zwar vorhersehbar war, nicht aber deren Art, Umfang und Auswirkungen auf den Vertrag [...]»; bestätigt in BGer v. 30.10.2002, 4C.246/2002, E. 3.5 (nicht publiziert in BGE 129 III 209), und BGer v. 30.3.2004, 4C.49/2004, E. 2.2.; gl.M. im Allgemeinen z.B. Enz, Jusletter 18.5.2020, Rz 13; BK-Hausheer/Aebi-Müller, Art. 2 ZGB N 243; Leu, S. 119.

198 Brönnimann, Sonntagszeitung 14.6.2020, S. 15 und 17; Mäder, NZZ 7.5.2020, S. 13; s.a. Mäder, NZZ 20.5.2020, S. 13.

199 Gl.M. Enz, Jusletter 18.5.2020, Rz 15 und 37.

200 Siehe BAG, Influenza-Pandemieplan, in dem neben möglichen Veranstaltungsverboten und Schulschliessungen (siehe S. 6, 16, 18, 22, 33, 43 ff., 81, 88, 90, 102 und 118) auch die mögliche Schliessung von öffentlichen und privaten Unternehmen (S. 45) vorgesehen wurde.

201 Gl.M. Koller, Jusletter 4.5.2020, Rz 2; Pietruszak, Jusletter 14.4.2020, Rz 16; implizit auch Haefeli/Galli/Vischer, Jusletter 14.4.2020, Rz 35; **a.M.** Geiser/Müller/Pärli, Jusletter 23.3.2020, Rz 92, nach welchen die COVID-19-Pandemie vorhersehbar war.

202 Z.B. Böckli, Rz 1005 ff.

203 Siehe Art. 728*a* Abs. 1 Ziff. 3 und Abs. 2 OR; Art. 961*c* Abs. 2 Ziff. 2 OR.

204 Siehe auch BK-Müller, Art. 18 OR N 674, wonach Ereignisse höherer Gewalt und Sozialkatastrophen i.d.R. nicht vorhersehbar sind.

abgeschlossene Verträge betroffen sind.[205] Daran dürfte sich selbst dann nichts ändern, wenn sich schlussendlich herausstellen sollte, dass das COVID-19-Recht mindestens zum Teil nicht rechtmässig ist.[206]

d) Unvermeidbarkeit

50 Die Voraussetzung der Unvermeidbarkeit ist erfüllt, wenn die Veränderung der Verhältnisse ausserhalb des Einflussbereichs der betroffenen Partei liegt, also von ihr weder verursacht noch verschuldet noch beeinflussbar ist.[207] Auch diese Voraussetzung dürfte in Bezug auf die COVID-19-Pandemie und das COVID-19-Recht erfüllt sein. Eine theoretisch mögliche Infragestellung der Rechtmässigkeit des COVID-19-Rechts dürfte unter dem Titel der Unvermeidbarkeit nicht schädlich sein.

e) Gravierende Störung des vertraglichen Gleichgewichts

51 Die **gravierende Störung des vertraglichen Gleichgewichts** liegt vor, wenn das Äquivalenzverhältnis zwischen Leistung und Gegenleistung durch die Veränderung der Verhältnisse «gravierend»[208] gestört ist.[209] Analog den Regeln über die Teilunmöglichkeit[210] kann eine solche Störung bei Dauerverträgen wie Mietverträgen auch in Bezug auf einzelne periodische Leistungspflichten vorliegen.[211] Nicht notwendig ist, dass die Erfüllung des Vertrags für die betroffene Partei ruinös ist[212] oder eine wucherische Ausbeutung des Missverhältnisses i.S.v. Art. 21 OR durch die begünstigte Partei vorliegt.[213] Eine Äquivalenzstörung kann auch bei Verträgen vorliegen, die keine Austauschverträge sind.[214] Es muss sich auch nicht unbedingt um eine wirtschaftliche Äquivalenzstörung handeln, gegebenenfalls genügt auch eine Störung in den persönlichen Beziehungen.[215]

52 Aufgrund des Ausmasses der Folgen der COVID-19-Pandemie und des COVID-19-Rechts ist **gut vorstellbar, dass es in Einzelfällen zu gravierenden Störungen des Vertragsgleichgewichts gekommen ist**.

205 Enz, Jusletter 18.5.2020, Rz 15 und 37, der als relevanten Stichtag den 31.12.2019 fixiert.

206 Siehe dazu Rz 10 ff.

207 BK-Müller, Art. 18 OR N 679.

208 BGE 138 V 366 E. 5.1; 135 III 1 E. 2.4; s.a. 135 III 1 E. 2.4: «grundlegend»; 127 III 300 E. 5c: «erheblich»; 68 II 169 E. 2: «gross, auffällig oder übermässig».

209 BK-Müller, Art. 18 OR N 682 und 686.

210 Siehe dazu FN 277.

211 **A.M.** Iynedjian, S. 6.

212 BGE 59 II 372 E. 3; BK-Müller, Art. 18 OR N 690; **a.M.** noch BGE 50 II 256 E. 3a (s.a. Thilo, JdT 1937 I, S. 76).

213 BK-Müller, Art. 18 OR N 691; BK-Merz, Art. 2 ZGB N 235; **a.M.** BGE 138 V 366 E. 5.1; BGer v. 30.3.2004, 4C.49/2004, E. 2.2; BGE 122 III 97 E. 3a; 107 II 343 E. 2; 59 II 372 E. 3.

214 BK-Müller, Art. 18 OR N 694.

215 BK-Müller, Art. 18 OR N 695.

f) *Schlussfolgerung in Bezug auf die COVID-19-Pandemie bzw. das COVID-19-Recht*

Insgesamt kann gefolgert werden, dass der Anpassungstatbestand durch die COVID-19-Pandemie und das COVID-19-Recht durchaus gegeben sein kann. Massgebend bleiben aber wie ausgeführt der konkrete Vertrag und die konkreten Umstände.[216] 53

g) *Zur Anpassungsfolge im Einzelnen*

In Bezug auf die Anpassungsfolge der gerichtlichen Anpassungsregel neigen Rechtsprechung und Lehre bei gegebenem Anpassungstatbestand vielfach zu einer **Anpassung der Vertragsdauer**, oft durch sofortige Auflösung des Vertrags oder Gewährung einer sofortigen Auflösungsmöglichkeit.[217] Denkbar sind jedoch auch **inhaltliche Anpassungen an die veränderten Verhältnisse.**[218] Ob eine gerichtliche Anpassungsregel auch eine Neuaushandlungsklausel sein kann,[219] ist umstritten.[220] 54

Keiner Anpassungsfolge kommt Priorität zu. Vielmehr ist die Vertragslückenfüllung methodisch korrekt entsprechend den geschilderten Regeln vorzunehmen.[221] Das bedeutet, dass es sich bei der von der Rechtsprechung bei Dauerschuldverhältnissen eingeräumten Möglichkeit der Kündigung nicht automatisch um eine Kündigung mit sofortiger Wirkung handeln muss. Vielmehr ist auch eine Kündigung unter Einhaltung einer bestimmten Kündigungsfrist denkbar.[222] Möglich sind auch Teilkündigungen und modifizierte Teilkündigungen von Dauerschuldverhältnissen, z.B. von Mietverträgen.[223] Ebenfalls denkbar ist (über die modifizierte Teilkündigung oder direkt) eine inhaltliche Anpassung, z.B. bei einem Mietvertrag durch eine temporäre Reduktion des Mietzinses, wenn eine solche Reduktion vom hypothetischen Vertragswillen getragen ist.[224] Bei Mietverträgen ist eine solche inhaltliche Anpassung nicht leichthin anzunehmen, da die Parteien die Möglichkeit gehabt hätten, ganz oder teilweise eine Umsatzmiete oder Ähnliches zu vereinbaren. Diese Möglichkeit der inhaltlichen Anpassung sollte im Sinne des 55

216 Gl.M. Reichle/Stehle, Jusletter 18.5.2020, Rz 65; Koller, Jusletter 4.5.2020, Rz 2; siehe z.B. im Bereich des Mietrechts BGE 59 II 372 E. 4, in welchem Fall das Bundesgericht der Auffassung war, die Auswirkungen der Weltwirtschaftskrise der frühen dreissiger-Jahre auf den Mietvertrag berechtige den Mieter nicht zur Anrufung der clausula; siehe demgegenüber BGE 60 II 205 E. 4, in welchem Fall das Bundesgericht die gegenteilige Auffassung vertrat und die vorzeitige Auflösung des Mietvertrags aus wichtigem Grund zuliess.

217 BK-Hausheer/Aebi-Müller, Art. 2 ZGB N 24; BK-Merz, Art. 2 ZGB N 248 ff.

218 Z.B. BGE 127 III 300 E. 6b; 122 III 97 E. 3a; 59 II 372 E. 2; 48 II 249 E. 1; BK-Müller, Art. 18 OR N 716; Gauch/Schluep/Schmid, Rz 1291; BK-Hausheer/Aebi-Müller, Art. 2 ZGB N 249; Tercier, JdT 1979 I, S. 210.

219 Dazu Rz 25.

220 BK-Müller, Art. 18 OR N 643 f.; Wiegand, FS Walter, S. 455 f.; s.a. Pichonnaz, ZSR Sondernummer 2020, S. 144 ff.

221 BK-Müller, Art. 18 OR N 721; **a.M.** die in FN 217 zitierten Autoren.

222 Vischer, AJP 2019, S. 132.

223 Vgl. Haefeli/Galli/Vischer, Jusletter 14.4.2020, Rz 34.

224 Gl.M. Lachat/Brutschin, mp 2020, S. 131 f.; BGer v. 30.3.2004, 4C.49/2004, E. 2.2, in Bezug auf einen Aktienkaufvertrag ohne variablen Kaufpreis.

Grundsatzes des *favor negotii* oder *favor contractus*[225] in der Praxis öfters in Betracht gezogen werden.

5. Rolle des dispositiven Rechts und der Verkehrsübung

a) Im Allgemeinen

56 Wie ausgeführt ist die **Vertragslückenfüllung** bei fehlenden oder unvollständigen vertraglichen Anpassungsregeln **primär aufgrund des hypothetischen Vertragswillens** vorzunehmen.[226] Sie erfolgt damit nicht in erster Linie aufgrund des dispositiven Rechts, was sich aus der Vertragsfreiheit und der Funktion des dispositiven Rechts sowie aus Art. 2 Abs. 2 OR ergibt.[227] Bei dieser Betrachtungsweise dient das **dispositive Recht als Leitlinie**,[228] allerdings nur, wenn es den hypothetischen Vertragswillen angemessen wiedergibt.[229] Das dispositive Recht gilt dann qua hypothetischen Vertragswillen und nicht – wie das zwingende Recht – entgegen dem und unabhängig vom hypothetischen Parteiwillen.[230] Die Anwendung des dispositiven Rechts ist umso gerechtfertigter, je weniger Individualität der konkrete Vertrag aufweist, also je typischer er ist, da der Gesetzgeber die dispositiven Regeln als generell abstrakte Musterlösungen für den Parteiwillen geschaffen hat.[231]

57 Wie bereits ausgeführt lässt sich aber auch ein anderer Ansatz verfolgen, nämlich derjenige der Vertragslückenfüllung primär aufgrund des dispositiven Rechts.[232]

58 Die gleiche Funktion wie das dispositive Recht hat die **Verkehrsübung.**[233]

59 Die gesetzlichen Anpassungsregeln lassen sich wie die vertraglichen Anpassungsregeln in positive und negative Anpassungsregeln unterteilen,[234] ob sie nun zwingenden oder dispositiven Charakter haben.

b) Positive gesetzliche Anpassungsregeln

60 Die positiven gesetzlichen Anpassungsregeln sind i.d.R. wie die positiven vertraglichen Anpassungsregeln[235] in Anpassungstatbestand und Anpassungsfolge gegliedert.[236] Bei-

225 Dazu z.B. Gauch/Schluep/Schmid, Rz 693, Anm. 241, und Rz 704.

226 Siehe Rz 35.

227 Z.B. Brändli, AJP 2020, S. 512; Huguenin, Rz 314 f.; Vischer, SZW 2017, S. 432.

228 Huguenin, Rz 311; s.a. Vischer, SZW 2017, S. 432: «Inspirationsquelle».

229 Huguenin, Rz 311; s.a. Gauch/Schluep/Schmid, Rz 1255.

230 Huguenin, Rz 314.

231 Brändli, AJP 2020, S. 512; Huguenin, Rz 311; Bischoff, S. 64 f.; **a.M.** BK-Müller, Art. 18 OR N 605 ff. und 623, siehe aber auch N 641 f.; siehe schon Rz 41.

232 Siehe Rz 38 f. und Rz 41; zur Kontroverse des Verhältnisses von hypothetischem Vertragswillen und dispositivem Recht im Allgemeinen, z.B. BSK OR I-Wiegand, Art. 18 N 70 ff.; Huguenin, Rz 312 ff.; BK-Kramer, Art. 18 OR N 230 ff.; jeweils auch mit Hinweisen auf die schwankende Bundesgerichtspraxis.

233 BK-Müller, Art. 18 OR N 707; zur Verkehrsübung siehe schon Rz 31.

234 BK-Müller, Art. 18 OR N 606.

235 Siehe Rz 22 ff.

236 BK-Müller, Art. 18 OR N 609 ff.

spiele für solche Anpassungstatbestände sind die **nachträgliche Zahlungsunfähigkeit oder der Konkurs** (z.B. in Art. 83 OR, Art. 226h OR, Art. 297a OR, Art. 316 Abs. 1 OR, Art. 337a OR, Art. 405 OR oder Art. 418s Abs. 1 OR), die **nachträgliche Vertragsunmöglichkeit** (in Art. 119 OR),[237] der **Tod** einer Vertragspartei (z.B. in Art. 266i OR, Art. 297b OR, Art. 379 OR, Art. 392 OR, Art. 405 OR, Art. 418s Abs. 1 OR, Art. 515 Abs. 2 OR oder Art. 528 OR) oder die **wesentliche Verschlechterung der Vermögenslage** der Hauptschuldnerin (in Art. 510 OR).[238] Ein weiteres Beispiel ist die **ausserordentliche oder unvorhergesehene Veränderung der Verhältnisse** (z.B. in Art. 250 Abs. 1 Ziff. 2 OR, Art. 373 Abs. 2 OR, Art. 476 Abs. 1 OR, Art. 736 ZGB, Art. 30 Abs. 1 VVG oder Art. 13 LPG)[239] oder der **wichtige Grund** bei Dauerschuldverhältnissen (z.B. in Art. 266g Abs. 1 OR, Art. 297 Abs. 1 OR oder Art. 337 Abs. 2 OR, wobei diese Regeln durch die Rechtsprechung verallgemeinert wurden, sodass sie für alle Dauerschuldverhältnisse gelten).[240]

Als Anpassungsfolge sehen diese Bestimmungen[241] oft die **Auflösung des Vertrags** *ex nunc* (z.B. Art. 266g OR) oder *ex tunc* (Art. 83 Abs. 2 OR) vor.[242] Die Auflösung kann dabei ohne weiteres Zutun einer Vertragspartei eintreten (z.B. Art. 250 Abs. 2 OR) oder die Ausübung eines Gestaltungsrechts durch eine Vertragspartei voraussetzen (z.B. Art. 250 Abs. 2 OR oder Art. 405 OR).[243] Die Ausübung des Gestaltungsrechts kann den Vertrag mit sofortiger Wirkung auflösen (z.B. Art. 337 Abs. 1 OR[244]) oder erst nach einer bestimmten Frist (z.B. Art. 266g Abs. 1 OR, Art. 266i OR oder Art. 297 Abs. 1 OR).[245] 61

237 Siehe auch Rz 65 ff.

238 BK-Müller, Art. 18 OR N 609, der aber in N 610 f. die Regeln zur nachträglichen Zahlungsunfähigkeit und zur nachträglichen Leistungsunmöglichkeit dann aber doch nicht zu den gesetzlichen Vertragsanpassungsregeln zählen will; gl.M. wie Müller bezüglich nachträglicher Unmöglichkeit z.B. BSK OR I-Wiegand, Art. 119 N 6; Bischoff, S. 122: «Notwendigkeit einer scharfen Grenzziehung»; **a.M.** als Müller, Wiegand und Bischoff, und damit der hier vertretenen Meinung folgend, Kälin, recht 2004, S. 256, betreffend Leistungsunmöglichkeit, und wohl auch Schwenzer, OR AT, Rz 35.03, sowie Bühler, S. 45 ff., beide betreffend nachträgliche Zahlungs- und Leistungsunmöglichkeit.

239 BK-Müller, Art. 18 OR N 612 ff.; BGE 104 II 314 E. a: «Art. 373 Abs. 2 OR enthält einen gesetzlich geregelten Fall der clausula rebus sic stantibus […]»; ebenso z.B. Enz, Jusletter 18.5.2020, Rz 12.

240 BK-Müller, Art. 18 OR N 615 ff.; ZK-Baumann, Art. 2 ZGB N 481 ff., insb. N 482: «Konkretisierungen der clausula»; BGE 129 III 380 E. 2.2 «Die ausserordentliche Vertragsauflösung nach Art. 337 OR konkretisiert damit die clausula rebus sic stantibus […]»; zur abzulehnenden Meinung, wonach Art. 266g OR keinen Raum für die Anwendung der clausula lässt, z.B. Peduzzi, MRA 1/2020, S. 13 f.; CHK-Hulliger, Art. 266g OR N 2; zu Recht denn auch **a.M.** Lachat/Brutschin, mp 2020, S. 128 ff.; Bohnet, S. 23 ff. und 31, und wohl auch BGE 59 II 372 E. 2, und 48 II 249 E. 1; 129 III 380 E. 2.2: «Die ausserordentliche Vertragsauflösung nach Art. 337 OR konkretisiert damit die clausula rebus sic stantibus […]».

241 Siehe Rz 60.

242 BK-Müller, Art. 18 OR N 620.

243 BK-Müller, Art. 18 OR N 620.

244 Siehe aber BGer v. 10.12.2019, 4A_395/2018, mit einem Beispiel, in dem das Bundesgericht eine gestützt auf Art. 337 OR nicht per sofort, sondern per Ende des Folgemonats ausgesprochene Kündigung eines Arbeitsvertrags aus wichtigem Grund schützte (vgl. E. 4.2).

245 BK-Müller, Art. 18 OR N 620.

Manchmal ist die Vertragsauflösung mit einem **Schadenersatzanspruch** verbunden (z.B. Art. 266g OR oder Art. 297 OR), manchmal nicht (z.B. Art. 266i oder Art. 297b OR).[246] Zuweilen ist die Anpassungsfolge nicht die Vertragsauflösung, sondern die **Vertragsverlängerung** (z.B. Art. 272–272d OR oder Art. 300 OR) oder eine **inhaltliche Anpassung** (z.B. Art. 10–13 LPG).[247] Einige positive gesetzliche Anpassungsregeln sehen eine Kombination von Vertragsauflösung und inhaltlicher Anpassung vor (z.B. Art. 83 OR mit primärem Recht auf Anpassung und subsidiärem Recht auf Auflösung; Art. 373 Abs. 2 OR, Art. 392 Abs. 1 und 2 OR oder Art. 527 Abs. 1 und 3 OR mit richterlichem Wahlrecht zwischen Anpassung und Auflösung).[248]

62 Zu den positiven gesetzlichen Anpassungsregeln sind auch die Regeln über den **Grundlagenirrtum** (Art. 24 Abs. 1 Ziff. 4 OR) zu zählen, soweit zukünftige Sachverhalte betroffen sind.[249]

c) *Negative gesetzliche Anpassungsregeln*

63 Die negativen gesetzlichen Anpassungsregeln schliessen eine Anpassung für bestimmte geänderte Verhältnisse aus (z.B. Art. 264 OR, Art. 293 OR, Art. 324 OR[250] oder Art. 486 Abs. 1 OR).[251] Auch Art. 185 OR gehört zu diesen Anpassungsregeln.[252] Zum Teil kann aus einer positiven gesetzlichen Anpassungsregel im Umkehrschluss geschlossen werden, dass andere Veränderungen der Verhältnisse als die in der positiven gesetzlichen Anpassungsregel angesprochenen Veränderungen zu keiner Anpassung führen sollen.[253]

d) *Leitlinienfunktion des dispositiven Rechts*

64 Den gesetzlichen Anpassungsregeln ist entsprechend ihrer Leitlinienfunktion[254] zu entnehmen, dass die Anpassungsfolge der gerichtlichen Anpassungsregel vielfach in einer Anpassung der Vertragsdauer besteht, oft durch sofortige Auflösung des Vertrags oder Gewährung einer sofortigen Auflösungsmöglichkeit. Möglich ist aber auch die Auflösung oder Gewährung einer Auflösungsmöglichkeit unter Einhaltung einer bestimm-

246 BK-Müller, Art. 18 OR N 620.

247 BK-Müller, Art. 18 OR N 621.

248 BK-Müller, Art. 18 OR N 621.

249 Bühler, S. 45 f., und BK-Merz, Art. 2 ZGB N 194, die allerdings die Anwendung von Art. 24 Abs. 1 Ziff. 4 OR auf zukünftige Sachverhalte ablehnen; s.a. Rz 73; s.a. Tercier, JdT 1979 I, S. 199, der die Anwendung von Art. 24 Abs. 1 Ziff. 4 OR auf zukünftige Sachverhalte ebenfalls ablehnt.

250 Zur umstrittenen Tragweite dieser Regel: Wildhaber, ZSR Sondernummer 2020, S. 167 ff.; Pietruszak, Jusletter 14.4.2020, Rz 10 und 13 ff.; Dunand/Wyler, Newsletter DroitDuTravail.ch 9.4.2020, S. 3 ff.; Geiser/Müller/Pärli, Jusletter 23.3.2020, Rz 22, 40 und 92; s.a. Rz 68.

251 BK-Müller, Art. 18 OR N 622; siehe aber auch Rz 21, wonach negative und positive Anpassungsregeln ineinander übergehen, weshalb die Qualifikation als negative Anpassungsregel manchmal etwas gesucht erscheint.

252 **A.M.** BK-Müller, Art. 18 OR N 622; s.a. Rz 65.

253 BK-Müller, Art. 18 OR N 623, mit einem Beispiel in Bezug auf Art. 83 OR; s.a. Rz 30 bezüglich vertraglicher Anpassungsregeln.

254 Siehe Rz 56.

ten Frist.[255] Ebenfalls möglich sind inhaltliche Anpassungen.[256] Das zeigt, dass die gerichtliche und gesetzliche Vertragslückenfüllung oft identisch ist.[257]

e) Zur positiven gesetzlichen Anpassungsregel von Art. 119 OR im Besonderen

Art. 119 OR enthält wie ausgeführt eine **positive gesetzliche Anpassungsregel**, die dis- 65
positiven Charakter hat (Art. 119 Abs. 3 OR). Art. 119 OR kommt damit nur zum Zug, wenn die Parteien keine abweichende vertragliche Anpassungsregel vereinbart haben. Art. 119 OR (und jede Art. 119 OR aufgrund von Art. 119 Abs. 3 OR vorgehende gesetzliche Anpassungsregel wie z.B. die gesetzliche Anpassungsregel in Art. 185 OR)[258] kommt zudem nur zum Zuge, wenn sie qua hypothetischen Vertragswillen Geltung beanspruchen kann.[259]

Art. 119 OR regelt in Bezug auf den Anpassungstatbestand den Fall der nachträg- 66
lichen, vom Schuldner nicht zu verantwortenden Unmöglichkeit.[260]

Der **Begriff der Unmöglichkeit ist ein relativer**, was im Kontext der clausula nicht 67
erstaunt. So wird z.B. Unmöglichkeit der Leistung des Vermieters angenommen, wenn das vermietete Haus abbrennt, obwohl auch denkbar wäre, dass der Vermieter dem Mieter ein anderes Haus als Ersatz zur Verfügung zu stellen hätte.[261] Der Begriff der Unmöglichkeit erfasst sowohl die tatsächliche wie auch die rechtliche Unmöglichkeit,[262] womit z.B. die durch das COVID-19-Recht angeordneten (gänzlichen oder teilweisen) Betriebsschliessungen eine Unmöglichkeit i.S.v. Art. 119 OR bewirken können.

Art. 119 OR erfasst die nachträgliche, nicht aber die anfängliche Unmöglichkeit.[263] 68
Zudem erfasst sie nur die vom Schuldner nicht zu verantwortende (nachträgliche) Unmöglichkeit, was nicht der Fall ist, wenn der Schuldner die Unmöglichkeit selber herbeiführt, z.B. durch die freiwillige Schliessung eines Mietlokals vor einer möglichen polizeilichen Schliessung infolge der Verletzung von Polizeivorschriften.[264] Ebenso ist dies nicht der Fall, wenn der Schuldner die Unmöglichkeit voraussieht bzw. voraussehen kann.[265] **Vorhersehbar für den Schuldner sind die Risiken, die seinem Risikobereich üblicher-**

255 Siehe z.B. Art. 266g Abs. 1 OR; s.a. BGer v. 10.12.2019, 4A_395/2018, mit einem Beispiel, in dem das Bundesgericht eine gestützt auf Art. 337 OR nicht per sofort, sondern per Ende des Folgemonats ausgesprochene Kündigung eines Arbeitsvertrags aus wichtigem Grund schützte (vgl. E. 4.2).

256 Siehe z.B. Art. 83 Abs. 1 OR und Art. 373 Abs. 2 OR.

257 Siehe Rz 38 f., Rz 41, Rz 56 f. und Rz 73.

258 Siehe Rz 63.

259 Siehe Rz 56, aber auch Rz 57.

260 Gauch/Schluep/Emmenegger, Rz 2532 und 2534 f.

261 ZK-Aepli, Art. 119 OR N 42.

262 BGer v. 12.11.2003, 4C.344/2002, E. 4.2; Gauch/Schluep/Emmenegger, Rz 2560; s.a. BGE 68 II 169 E. 2, bezüglich im Zweiten Weltkrieg erlassenen Notrechts.

263 Gauch/Schluep/Emmenegger, Rz 2532.

264 BGE 116 II 512.

265 BGE 111 II 352 E. 2a; Gauch/Schluep/Emmenegger, Rz 2535; Kälin, recht 2004, S. 252; siehe Rz 46 ff. zur Vorhersehbarkeit der COVID-19-Pandemie und des COVID-19-Rechts.

weise zuzuordnen sind.[266] Das Beschaffungsrisiko liegt deshalb grundsätzlich beim Beschaffer, also beim Kaufvertrag i.d.R. beim Verkäufer.[267] Umgekehrt liegt das Verwendungsrisiko i.d.R. beim Verwender, also beim Kaufvertrag grundsätzlich beim Käufer,[268] z.B. bei der Käuferin eines Brautkleids, wenn die Hochzeit infolge des COVID-19-Rechts nicht mehr durchführbar ist.[269] Ebenso liegt das Betriebsrisiko grundsätzlich beim Betriebsinhaber. Beim Mietvertrag liegt das Betriebsrisiko in Bezug auf den Betrieb des Mieters, der z.B. von einer (teilweisen) Betriebsschliessung durch das COVID-19-Recht betroffen ist, grundsätzlich beim Mieter.[270] Beim Arbeitsvertrag liegt es in Bezug auf den Betrieb des Arbeitgebers, der z.B. von einer teilweisen Betriebsschliessung infolge des COVID-19-Rechts betroffen ist, grundsätzlich beim Arbeitgeber.[271] Nicht voraussehbar für den Schuldner sind dagegen aussergewöhnliche Risiken, worunter die COVID-19-Pandemie und das COVID-19-Recht durchaus fallen können.[272]

69 Ob Art. 119 OR auch die subjektive Unmöglichkeit und insbesondere auch die Fälle der **Unzumutbarkeit und der Unerschwinglichkeit der Sachleistung** umfasst, ist umstritten.[273] Umstritten, wenn auch deutlich weniger, ist zudem die Frage, ob Unzumutbarkeit und Unerschwinglichkeit auch in Bezug auf die Geldleistung vorliegen können, m.a.W. ob auch hier der Grundsatz gilt, dass man Geld schlichtweg zu haben hat.[274] Die Fragen können hier offenbleiben. Denn selbst wenn man diese Fälle nicht unter Art. 119 OR subsumiert, wäre zu prüfen, ob nicht trotzdem ein clausula-Fall vorliegt und eine gerichtliche Anpassungsregel zu schaffen wäre, bevor die Sache nach Art. 97 ff. OR (inkl. Art. 102 ff. OR) abgehandelt wird.

266 Vgl. BSK OR I-Wiegand, Art. 119 N 8.

267 BGE 36 II 392 E. 2; 27 II 211 E. 5; BSK OR I-Schroeter, Art. 71 N 28, betreffend Gattungsware; s.a. bezüglich CISG z.B. BGer v. 12.6.2006, 4C.92/2006, E. 1.4; UN-Kaufrecht-Kommentar-Schwenzer, Art. 79 CISG N 26 f.; BK-Müller, Art. 18 OR N 563.

268 BGer v. 13.10.2006, 4C.335/2005, E. 3.2; BK-Müller, Art. 18 OR N 563 und 689.

269 Siehe Rz 72 zu diesem Schulbeispiel und der Verwendungsunmöglichkeit.

270 Z.B. Peduzzi, MRA 1/2020, S. 7; Haefeli/Galli/Vischer, Jusletter 14.4.2020, Rz 18 und 29 ff.; Iynedjian, S. 4; s.a. BGE 116 II 512 E. 2, bezüglich polizeilicher Auflagen.

271 Pietruszak, Jusletter 14.4.2020, Rz 23; s.a. BGE 129 III 380 E. 2.2, bezüglich schlechten Geschäftsgangs.

272 Siehe Rz 46 ff.; gl.M. betreffend Arbeitsvertrag: Wildhaber, ZSR Sondernummer 2020, S. 168 f.; Pietruszak, Jusletter 14.4.2020, Rz 16 ff.; Dunand/Wyler, Newsletter DroitDuTravail.ch 9.4.2020, S. 3 f.; **a.M.** betreffend Arbeitsvertrag Geiser/Müller/Pärli, Jusletter 23.3.2020, Rz 22, 40 und 92, welche die COVID-19-Pandemie als vorhersehbar qualifizieren.

273 BGer v. 12.11.2003, 4C.344/2002, E. 4.2, und Gauch/Schluep/Emmenegger, Rz 2573 ff., bezüglich subjektiver Unmöglichkeit im Allgemeinen; BK-Müller, Art. 18 OR N 611, und ZK-Aepli, Art. 119 OR N 43 bezüglich Unzumutbarkeit; Gauch/Schluep/Emmenegger, Rz 2565, bezüglich Unerschwinglichkeit m.H. auf das Schulbeispiel der Bergung eines zu liefernden Rings auf dem Meeresgrund; s.a. Gauch/Schluep/Emmenegger, Rz 2562, zum Fall der Gefährdung übergeordneter Rechtsgüter des Schuldners.

274 Z.B. Huguenin, Rz 915; s.a. BGer v. 12.11.2003, 4C.344/2002, E. 4.2, und (den in FN 286 kurz kommentierten) BGE 57 II 532.

Bezüglich Anpassungsfolge statuiert Art. 119 Abs. 1 OR, dass der Schuldner von seiner Leistungspflicht befreit wird, womit der Gläubiger die **Leistungsgefahr** trägt.[275] Bei zweiseitigen Verträgen wird nach Art. 119 Abs. 2 OR auch die Gegenpartei von ihrer Leistungspflicht befreit, womit der Schuldner die **Gegenleistungsgefahr (Preisgefahr)** trägt.[276] Die in Art. 119 OR vorgesehene Anpassungsfolge gilt nur, wenn sie vom hypothetischen Vertragswillen gedeckt ist. Ist sie dies nicht, sind aufgrund der Ausführungen zur Vertragslückenfüllung andere gerichtliche Anpassungsregeln bzw. Anpassungsfolgen denkbar, z.B. bei einer blossen Teilunmöglichkeit eine Teilleistung des Schuldners und Teilzahlung des Gläubigers[277] oder bei einer vorübergehenden Unmöglichkeit eine Späterleistung bzw. -zahlung.[278] 70

Grundsätzlich ist die Unmöglichkeit vom **Zweckfortfall** und von der **Zweckerreichung** zu unterscheiden. Ein Zweckfortfall bzw. eine Zweckerreichung liegt vor, wenn der Schuldner seine Leistung an sich noch erbringen kann, der Gläubiger sie aber nicht mehr entgegennehmen kann, sie also ihren Zweck nicht mehr erreicht.[279] Die h.L. und das Bundesgericht subsumieren diesen Fall unter Art. 119 OR, während eine Minderheitsmeinung Art. 378 Abs. 1 OR, eine *lex specialis* zu Art. 119 OR,[280] analog bzw. als allgemein gültiges Prinzip[281] anwenden will.[282] Die Frage kann letztlich offenbleiben. Denn es geht nicht um die Ableitung von Regeln aus Begriffen im Sinne der Begriffsjurisprudenz,[283] sondern darum zu entscheiden, ob und wie im konkreten Fall die clausula anzuwenden ist, ob man nun Art. 119 OR direkt, analog oder sonst eine Regel anwendet. 71

Grundsätzlich kein Zweckfortfall ist die **Verwendungsunmöglichkeit**, bei welcher der Schuldner seine Leistung noch erbringen und der Gläubiger sie auch noch entgegen- 72

275 Gauch/Schluep/Emmenegger, Rz 2542.

276 Gauch/Schluep/Emmenegger, Rz 2542.

277 Siehe zur analogen Anwendung von Art. 119 OR auf die Fälle der Teilunmöglichkeit im Allgemeinen Gauch/Schluep/Emmenegger, Rz 2604 ff., und in Bezug auf Dauerschuldverhältnisse wie Mietverträge Haefeli/Galli/Vischer, Jusletter 14.4.2020, Rz 17 f.

278 Zur vorübergehenden Unmöglichkeit im Allgemeinen: Gauch/Schluep/Emmenegger, Rz 2563 f.; s.a. BGer v. 12.11.2003, 4C.344/2002, E. 4.2, wo das Bundesgericht die Anwendung von Art. 119 OR infolge der Einstufung der Unmöglichkeit als bloss vorübergehend verneinte, aber keine andere Anpassungsregel in Betracht zog; s.a. Reichle/Stehle, Jusletter 18.5.2020, Rz 49, zur Anpassungsmöglichkeit auch bei einer vorübergehenden Unmöglichkeit.

279 Z.B. Haefeli/Galli/Vischer, Jusletter 14.4.2020, Rz 19; Koller, OR AT, Rz 53.14 ff., mit dem Schulbeispiel des gerufenen Bergungsschleppers, der das Schiff infolge Auseinanderbrechens oder Sinkens nicht mehr bergen kann (Zweckfortfall), und dem umstrittenen Beispiel des Krönungsfalls; Gauch/Schluep/Emmenegger, Rz 2561, mit den Schulbeispielen des gerufenen Arztes, der den Patienten infolge Genesung nicht mehr behandeln kann (Zweckerreichung), und des gerufenen Malers, der das Haus infolge Brands nicht mehr streichen kann (Zweckfortfall); Sulzer, AJP 2003, S. 991, mit weiteren Beispielen.

280 BSK OR I-Zindel/Schott, Art. 378 N 8.

281 Sulzer, AJP 2003, S. 993 f.

282 Z.B. Haefeli/Galli/Vischer, Jusletter 14.4.2020, Rz 20; Gauch/Schluep/Emmenegger, Rz 2561.

283 Galli/Kündig/Vischer, GesKR 2018, S. 426.

nehmen kann.[284] Die Abgrenzung zum Zweckfortfall fällt nicht leicht.[285] Es erstaunt deshalb nicht, dass das Bundesgericht in diesen Fällen mal so, mal anders entscheidet.[286] Die Abgrenzung ist aber letztlich wiederum nicht entscheidend.[287] Vielmehr ist erneut wichtig, ob der entsprechende clausula-Fall mit einer gerichtlichen Anpassungsregel zu lösen ist oder nicht, was die Lehre und Rechtsprechung beim Zweckfortfall i.d.R. bejahen (und Art. 119 OR direkt oder analog oder Art. 378 Abs. 1 OR anwenden) und bei der Verwendungsunmöglichkeit i.d.R. verneinen.

f) Zur positiven gesetzlichen Anpassungsregel des Grundlagenirrtums in Bezug auf zukünftige Sachverhalte im Besonderen

73 Art. 24 Abs. 1 Ziff. 4 OR enthält wie ausgeführt eine positive gesetzliche Anpassungsregel, die dispositiven Charakter hat.[288] Nach ständiger, aber umstrittener[289] bundesgerichtlicher Rechtsprechung fällt auch ein **Irrtum über einen künftigen Sachverhalt** unter Art. 24 Abs. 1 Ziff. 4 OR, wenn sich der Irrtum auf zukünftige Tatsachen bezieht, deren Eintritt die Parteien bei Vertragsabschluss objektiv als sicher ansahen bzw. sie (sicher) ausschlossen, was bei blossen Hoffnungen, übertriebenen Erwartungen oder gar Spekulationen nicht zutrifft.[290] Das eröffnet eine Berufung auf Art. 24 Abs. 1 Ziff. 4 OR, wenn die Verhältnisse sich gegenüber den bei Vertragsabschluss von den Parteien als sicher angenommenen bzw. (sicher) ausgeschlossenen zukünftigen Tatsachen ändern, womit die Bezüge zur clausula offensichtlich sind.[291] Das führt zum Schluss, dass Art. 24 Abs. 1 Ziff. 4 OR qua hypothetischen Vertragswillen angewandt werden kann, aber nicht muss. Entsprechend kann auch eine andere gerichtliche Vertragsanpassungsregel greifen.[292] Zu einer solchen Vertragsanpassungsregel führt allerdings auch die

---

284 Z.B. Haefeli/Galli/Vischer, Jusletter 14.4.2020, Rz 21.

285 Z.B. Reichle/Stehle, Jusletter 18.5.2020, Rz 21 ff.; Haefeli/Galli/Vischer, Jusletter 14.4.2020, Rz 21 ff.; Koller, OR AT, Rz 53.14 ff., mit dem Schulbeispiel der vor der Hochzeit sitzengelassenen Braut, die das noch zu liefernde Brautkleid zwar entgegennehmen, aber nicht mehr zum vorgesehenen Zweck verwenden kann, und dem umstrittenen Beispiel des Krönungsfalls.

286 BGer v. 13.10.2006, 4C.335/2005, E. 3.2, und BGE 62 II 42 E. 1: Verwendungsunmöglichkeit (infolge einer Rechtsänderung); BGE 57 II 532: Zweckfortfall (infolge einer Rechtsänderung), wobei der bundesgerichtlichen Begründung jedoch auch entnommen werden könnte, dass das Bundesgericht entgegen dem Grundsatz, wonach man Geld haben muss, auf Unzumutbarkeit der Geldleistung schloss, in welchem Fall es aber nicht Art. 119 OR, sondern die clausula hätte anwenden müssen.

287 Wie gerade BGE 57 II 532 zeigt.

288 So BSK OR I-Schwenzer/Fountoulakis, Art. 24 N 33.

289 Siehe schon FN 249, mit dem Hinweis auf Bühler, S. 45 f., und BK-Merz, Art. 2 ZGB N 194.

290 Z.B. BGer v. 13.10.2006, 4C.335/2005, E. 3.1; BGE 109 II 105 E. 4b/aa; Vischer/Galli, AJP 2019, S. 1071, auch mit der Meinung, dass ein Eintritt als sicher gilt, wenn eine Eintretenswahrscheinlichkeit von 90% und mehr besteht (siehe schon Rz 46); BK-Müller, Art. 18 OR N 625 m.w.H.

291 BK-Merz, Art. 2 ZGB N 194; siehe Rz 44, wonach eine Veränderung der Verhältnisse auch dann vorliegt, wenn die Verhältnisse sich gegenüber den zukünftigen Verhältnissen verändern, die von den Parteien bei Vertragsabschluss als sicher angenommen bzw. (sicher) ausgeschlossen wurden.

292 Siehe Rz 43.

direkte Anwendung von Art. 24 Abs. 1 Ziff. 2 OR,[293] weil anerkannt ist, dass Art. 20 Abs. 2 OR auf die Teilungültigkeit eines Vertrags infolge eines Grundlagenirrtums analog anwendbar ist.[294] Das zeigt ein weiteres Mal, dass eine Vertrags- und Gesetzeslückenfüllung oft zum gleichen Resultat führen.[295]

Noch grösser ist die Konvergenz von Art. 24 Abs. 1 Ziff. 2 OR und der clausula, wenn man die Auffassung vertritt, eine für die clausula relevante Veränderung der Verhältnisse liege auch vor, wenn sich die Verhältnisse im Zeitpunkt des Vertragsabschlusses anders präsentierten, als sich dies die betroffene Partei vorstellte.[296] 74

VI. Fazit

Die clausula in all ihren beschriebenen Formen entzieht sich als Generalklausel einer exakten Definition. Damit haben Juristen manchmal Mühe, lieben sie doch klare Definitionen, Klassifizierungen und Abgrenzungen. Es gilt aber in Bezug auf die clausula nicht in eine **Begriffsjurisprudenz** zu verfallen, die aus blossen Begriffen wie wichtiger Grund, Unmöglichkeit, Zweckfortfall, Verwendungsunmöglichkeit, Grundlagenirrtum etc. Rechtsfolgen ableitet. Vielmehr ist die clausula zu akzeptieren, wie sie ist, nämlich als ein Chamäleon mit vielen Facetten und Seiten, die sich nur über das Verständnis von Fundamentalnormen wie Art. 2 ZGB erschliessen. Entsprechend kommt die clausula entgegen einer weitverbreiteten Auffassung nicht nur in der klassischen Form vor, wenn alle typisierten Anwendungsvoraussetzungen der clausula, nämlich die der Veränderung der Verhältnisse, der Unvorhersehbarkeit der Veränderung, der Unvermeidbarkeit der Veränderung, der gravierenden Störung des vertraglichen Gleichgewichts und der nicht vorbehaltslosen Vertragserfüllung gegeben sind. Vielmehr ist sie gegebenenfalls auch anwendbar, wenn einzelne dieser Voraussetzungen nicht erfüllt sind. Zudem tritt sie auch in anderen Formen als der klassischen Form auf, z.B. in der Form der Kündigung aus wichtigem Grund, der Unmöglichkeit oder des Grundlagenirrtums in Bezug auf zukünftige Sachverhalte. Entsprechend ist ihre dogmatische Basierung nicht entscheidend. 75

Wie bei allen Generalklauseln ist bei der Anwendung der clausula durch die Gerichte **grosse Zurückhaltung** geboten, weil – wie Hans Merz im Jahre 1962 warnte – Generalklauseln das Potential haben, «das ganze geformte Recht zu untergraben und aufzulösen» und die Privatautonomie durch «reine Billigkeitsentscheidungen im Sinne des gerade Angemessenen oder des sozial-ethisch Wünschbaren» auszuhöhlen.[297] 76

293 BK-Müller, Art. 18 OR N 627; Gauch/Schluep/Schmid, Rz 804 f.

294 Siehe schon Rz 37.

295 Siehe Rz 38 f., Rz 41, Rz 56 f. und Rz 64; s.a. Wiegand, FS Walter, S. 447 ff., insb. S. 452 f., mit der Schlussfolgerung, dass bei gewissen «theoretischen» Sachverhalten eine Berufung sowohl auf die clausula als auch auf Grundlagenirrtum möglich ist; gl.M. wie Wiegand: Sulzer, AJP 2003, S. 989; **a.M.** Enz, Jusletter 18.5.2020, Rz 17, nach welchem die Regeln über den Grundlagenirrtum den Anwendungsbereich der clausula verkleinern.

296 Siehe Rz 44.

297 BK-Merz, Art. 2 ZGB N 31 f.

77 Entsprechend sind **Typisierungen** der clausula wichtig, also die Bildung von Maximen und Regeln, Leitsätzen und Untersätzen, die sich auf typische Tatbestände beziehen.[298] Dabei kann sich das Gericht am dispositiven (und zwingenden) Gesetzesrecht orientieren, das viele positive und negative Anpassungsregeln enthält. Es kann sich aber auch an die Verkehrsübung halten, wie sie in diversen *Soft-Law*-Bestimmungen zum Ausdruck kommt.

78 Aufgrund all ihrer Facetten und Seiten ist die flexible clausula ein hervorragendes, ja das Instrument, um den Auswirkungen der COVID-19-Pandemie und des COVID-19-Rechts auf Verträge Herr zu werden. Sie ist ein **mächtiges**, aber auch **gefährliches Werkzeug** in der Hand der Gerichte. Ihre Anwendung muss deshalb die Ausnahme bleiben und darf nicht in einer unkontrollierten Billigkeitsjurisprudenz enden.

79 Wolfgang Wiegand schrieb schon im Jahre 2005, dass die clausula im internationalen Schiedsrecht und demzufolge in den internationalen juristischen Zeitschriften **Hochkonjunktur** habe.[299] Sicher ist, dass die clausula während und im Nachgang der COVID-19-Pandemie und des COVID-19-Rechts eine Hochkonjunktur erleben wird.[300] Es bleibt zu hoffen, dass die Gerichte dabei die Möglichkeiten, aber auch die Gefahren der clausula erkennen, sich in der gebotenen ***Judicial Restraint*** üben[301] und nicht ohne gute Gründe weiteres, diesfalls richterliches COVID-19-Recht schaffen.

298 BK-Merz, Art. 2 ZGB N 33.

299 Wiegand, FS Walter, S. 443; **a.M.** ZK-Baumann, Art. 2 ZGB N 447 m.w.N.

300 Zur Hochkonjunktur im Publikationsbereich Lachat/Brutschin, mp 2020, S. 103, welche allein im Mietbereich 19 Rechtsgutachten und Beträge zum Thema «Coronavirus und Miete» gezählt haben wollen, in welchem Fall ihr Beitrag der 20. Beitrag gewesen wäre.

301 Zum Gebot des *Judicial Restraint* im Allgemeinen, z.B. Kramer, Methodenlehre, S. 337.

§ 2 Arbeitsrecht

Alfred Blesi/René Hirsiger/Thomas Pietruszak

Inhaltsverzeichnis

Literaturverzeichnis

Birkhäuser Nicolas/Hadorn Marcel, BYOD – Bring Your Own Device, SJZ 109/2013, S. 201 ff.; Blesi Alfred, in: Blesi Alfred/Pietruszak Thomas/Wildhaber Isabelle (Hrsg.), Kurzkommentar zum Arbeitsgesetz, Basel 2018; Carcargni Roesler Romina, Homeoffice, ArbR 2014, S. 71 ff.; Cerottini Eric, Le droit aux vacances, Lausanne 2001; Domenig Pascal, Homeoffice-Arbeit als besondere Erscheinungsform im Einzelarbeitsverhältnis, Bern 2016; Dunand Jean-Philippe/Wyler Rémy, Quelques implications du coronavirus en droit suisse du travail, in: Newsletter DroitDuTravail.ch, 9.4.2020 (zit. Newsletter 1); dies., Coronavirus et droit suisse du travail: quelques questions en période de confinement, in: Newsletter DroitDuTravail.ch, 28.5.2020 (zit. Newsletter 2); Geiser Thomas, Arbeitsrechtliche Regelungen im Zusammenhang mit dem Coronavirus, AJP 2020, S. 545 ff. (zit. AJP 2020); Geiser Thomas, Arbeitsrechtliche Fragen bei Umweltkatastrophen, ZBJV 2006, S. 147 ff. (zit. ZBJV 2006); Geiser Thomas/Müller Roland/Pärli Kurt, Klärung arbeitsrechtlicher Fragen im Zusammenhang mit dem Coronavirus, Jusletter 23.3.2020; Gross Balz, in: Honsell (Hrsg.), Kurzkommentar zum Obligationenrecht, Basel 2014; Hirsiger René, Die Zielvereinbarung im Einzelarbeitsverhältnis, Bern 2011; Kamber Marco, Entscheidbesprechung Bundesverwaltungsgericht, Abteilung I, Urteil A-5819/2016 vom 22. November 2017, AJP 2018, S. 530 ff.; Kieser Ueli, COVID-19-Erlasse und das Sozialversicherungsrecht, AJP 2020, S. 552 ff.; Leimgruber Stefan, in: Widmer Lüchinger Corinne/Oser David (Hrsg.), Basler Kommentar zum Schweizerischen Privatrecht, Obligationenrecht I, 7. Aufl., Basel 2020 (zit. BSK OR I-Leimgruber); Lienhart Astrid, Von neuen Viren und neuen Personengruppen, Eine Kontemplation über den Sperrfristenschutz von besonders gefährdeten Arbeitnehmern, Jusletter 4.5.2020; Nötzli Harry, in: Blesi Alfred/Pietruszak Thomas/Wildhaber Isabelle (Hrsg.), Kurzkommentar zum Arbeitsgesetz, Basel 2018; Pärli Kurt, Besonders gefährdete Arbeitnehmer/innen – Erläuterungen und Kommentar zur Änderung von Art. 10b/c COVID-19-Verordnung 2, Jusletter 20.4.2020; Pietruszak Thomas, Lockdown und Lohnfortzahlung, Jusletter 14.4.2020; Portmann Wolfgang/Rudolph Roger, in: Lüchinger Widmer Corinne/Oser David (Hrsg.), Basler Kommentar zum Schweizerischen Privatrecht, Obligationenrecht I, 7. Aufl., Basel 2020;

PORTMANN WOLFGANG/WILDHABER ISABELLE, Schweizerisches Arbeitsrecht, 4. Aufl., Zürich/St. Gallen 2020; REHBINDER MANFRED/STÖCKLI JEAN-FRITZ, Berner Kommentar zum schweizerischen Privatrecht, Obligationenrecht, Bd. VI, 2. Abt., 2. Teilbd. 1 Abschnitt: Einleitung und Kommentar zu den Art. 319–330b OR, Bern 2010; REHBINDER MANFRED/STÖCKLI JEAN-FRITZ, Berner Kommentar zum schweizerischen Privatrecht, Obligationenrecht, Bd. VI, 2. Abt., 2. Teilbd. 1 Abschnitt: Einleitung und Kommentar zu den Art. 331–355 und Art. 361–362 OR, Bern 2014; SCHRANER MARIUS, Zürcher Kommentar, Band V/1e: Die Erfüllung der Obligationen, Art. 68–96 OR, 3. Aufl., Zürich 2000; STAEHELIN ADRIAN, Zürcher Kommentar zum schweizerischen Zivilrecht, Obligationenrecht, Teilband V 2c, Der Arbeitsvertrag, Art. 319–355 und Art. 361–362 OR, 4. Aufl., Zürich/Basel/Genf 2014; STREIFF ULLIN/VON KAENEL ADRIAN/RUDOLPH ROGER, Arbeitsvertrag, Praxiskommentar zu Art. 319–362 OR, 7. Aufl., Zürich/Basel/Genf 2012; SUTER-SIEBER IRÈNE, Lohn und Kurzarbeitsentschädigung während Kurzarbeit, Jusletter 18.5.2020; TSCHANNEN EMANUEL GEORG, Das Corona-Massnahmenpaket des Bundesrats – Eine Würdigung aus arbeitsrechtlicher Perspektive, Jusletter 18.5.2020; WEBER ROLF H., Berner Kommentar, Band VI/1/4: Die Erfüllung der Obligation, Art. 68–96 OR, 2. Aufl., Bern 2005; WIEGAND WOLFGANG, in: Lüchinger Widmer Corinne/Oser David (Hrsg.), Basler Kommentar zum Schweizerischen Privatrecht, Obligationenrecht I, 7. Aufl., Basel, 2020; WILDHABER ISABELLE, Das Arbeitsrecht in Pandemiezeiten, ZSR Sondernummer 2020, S. 157 ff.; WYLER RÉMY/HEINZER BORIS, Droit du travail, 4. Aufl., Bern 2019.

I. Einleitung

Die Coronakrise hat mannigfaltige Auswirkungen auf das Arbeitsverhältnis zwischen Arbeitnehmer und Arbeitgeber. Die Notstandsregelungen des Bundesrats, insbesondere die COVID-19-Verordnung 2, enthalten indessen nur wenige Bestimmungen, welche die gegenseitigen Rechte und Pflichten der Arbeitsvertragsparteien unmittelbar regeln. Die gesetzlichen Vorschriften des Individualarbeitsrechts finden daher auch während der Dauer des COVID-19-Notregimes uneingeschränkte Anwendung. Wie nachfolgend aufgezeigt wird, bietet das bestehende gesetzliche Instrumentarium im Arbeitsvertragsrecht geeignete Lösungen für die durch die Coronakrise verursachten neuen Fragestellungen. 1

II. Lohnfortzahlung

Die Coronakrise an sich und die vom Bundesrat verordneten Massnahmen führten zu zahlreichen **Arbeitsausfällen.** Arbeitsausfall bedeutet, dass der Arbeitnehmer seine Arbeitsleistung nicht oder nur eingeschränkt erbringen kann. Dabei sind grundsätzlich drei Konstellationen zu unterscheiden: 2

(i) Der Arbeitgeber nimmt die vom Arbeitnehmer angebotene Arbeitsleistung nicht an, wie namentlich aufgrund einer behördlich angeordneten Schliessung oder Einschränkung des Betriebs oder infolge fehlender Nachfrage.

(ii) Der Arbeitnehmer ist an der Arbeit verhindert, beispielsweise aufgrund von Erkrankung, Quarantäne, besonderer Gefährdung, Kinderbetreuung, einem Unterbruch der Verkehrswege oder behördlicher Anordnung.

(iii) Die Konstellationen 1 und 2 treten gleichzeitig auf (beispielsweise erkrankt ein Arbeitnehmer in einem behördlich geschlossenen Betrieb).

Aus arbeitsrechtlicher Sicht stellt sich die Frage, in welchen dieser Fälle ein Lohnfortzahlungsanspruch gegenüber dem Arbeitgeber besteht und wie dieser gegebenenfalls mit Versicherungsleistungen koordiniert ist.

1. Der Grundsatz «ohne Arbeit kein Lohn» und seine Ausnahmen

3 Der Arbeitsvertrag ist ein synallagmatischer Schuldvertrag, bei dem Arbeit und Lohn in einem Austauschverhältnis stehen. Den Arbeitnehmer trifft dabei eine Vorleistungspflicht (s. Art. 323 Abs. 4 OR). Für nicht geleistete Arbeit hat der Arbeitnehmer daher grundsätzlich keinen Lohnanspruch (**Grundsatz «ohne Arbeit kein Lohn»**).

4 Vom Grundsatz «ohne Arbeit kein Lohn» sieht das Gesetz zwei wichtige **Ausnahmen** vor, die einen Lohnanspruch trotz fehlender Arbeitsleistung vorsehen:

- Wenn der Arbeitnehmer die Arbeitsleistung nicht erbringen kann, weil sich der Arbeitgeber in Annahmeverzug befindet (Art. 324 OR).
- Wenn der Arbeitnehmer aus Gründen, die in seiner Person liegen, ohne sein Verschulden an der Arbeitsleistung verhindert ist (Art. 324a OR).

5 Daneben gibt es weitere Vorschriften, die diesen Grundsatz ebenfalls durchbrechen, wie beispielsweise Art. 35 Abs. 3 ArG (Gesundheitsschutz bei Mutterschaft) und Art. 110 Abs. 3 BV (bezahlter Bundesfeiertag).

6 Zu erwähnen ist in diesem Kontext auch der Anspruch auf ausserordentliche Freizeit zur Besorgung dringender persönlicher Angelegenheiten (Art. 329 Abs. 3 OR). Diese Bestimmung sieht zwar keinen Lohnanspruch während der ausserordentlichen Freizeit vor, ein solcher kann sich jedoch aus einer Vereinbarung oder der Üblichkeit ergeben.[1]

7 Eine weitere Ausnahmebestimmung hat schliesslich der Bundesrat mit Art. 10c Abs. 7 der COVID-19-Verordnung 2 zum Schutze besonders gefährdeter Arbeitnehmer geschaffen (dazu Rz 36 ff.).

8 Greift keine dieser Ausnahmen, so gilt der Grundsatz «ohne Arbeit kein Lohn». Das ist namentlich der Fall

- wenn der Arbeitnehmer selbstverschuldet an der Arbeit verhindert ist;
- wenn der Arbeitnehmer unverschuldet an der Arbeit verhindert ist aus Gründen, die nicht in seiner Person liegen und nicht der Risikosphäre des Arbeitgebers zuzuordnen sind (Art. 119 Abs. 2 OR); oder
- wenn der Arbeitgeber die Arbeitsleistung nicht annimmt, ohne dass er sich damit in Annahmeverzug befindet.

9 Im Lichte dieser Grundsätze ist zu prüfen, wann bei Corona-bedingten Arbeitsausfällen ein Lohnfortzahlungsanspruch gegenüber dem Arbeitgeber besteht.

1 BGer v. 3.1.2006, 4C.298/2005, E. 5.2.2; STREIFF/VON KAENEL/RUDOLPH, Art. 329 N 12.

2. Behördlich angeordnete Betriebsschliessungen und -einschränkungen

Die generellen Betriebsschliessungen und -einschränkungen gemäss der COVID-19-Verordnung 2 führten verbreitet zu Arbeitsausfällen. Es stellt sich die Frage, ob für diese Arbeitsausfälle nach **Art. 324 Abs. 1 OR** der Lohn geschuldet ist. Art. 324 OR verpflichtet den Arbeitgeber zur Lohnfortzahlung, wenn die Arbeit infolge seines Verschuldens nicht geleistet werden kann oder wenn er aus anderen Gründen mit der Annahme der Arbeitsleistung in Verzug gerät. 10

Ein Teil des Schrifttums bejaht in den fraglichen Fällen eine Lohnfortzahlungspflicht gemäss Art. 324 OR. Als Begründung wird ausgeführt, dass die Folgen einer Pandemie zum Betriebsrisiko gehörten, weil es sich bei der Corona-Epidemie um eine vorhersehbare Entwicklung handle und die Betriebe gestützt auf das Epidemiengesetz verpflichtet seien, sich auf Epidemien vorzubereiten.[2] Diese Argumentation überzeugt nicht.[3] 11

Der Tatbestand von Art. 324 Abs. 1 OR verlangt das Vorliegen des **Gläubigerverzugs nach Art. 91 OR**.[4] Die beiden Tatbestandsalternativen in Art. 324 Abs. 1 OR («wenn die Arbeit infolge seines Verschuldens nicht geleistet werden kann oder wenn er aus anderen Gründen mit der Annahme der Arbeitsleistung in Verzug gerät») sollen lediglich zum Ausdruck bringen, dass es auf das Verschulden des Arbeitgebers nicht ankommt.[5] Für eine Lohnfortzahlungspflicht nach Art. 324 OR muss somit der Tatbestand von Art. 91 OR erfüllt sein. 12

Nach Art. 91 OR kommt der Arbeitgeber als Gläubiger der Arbeitsleistung in Verzug, wenn er 13

- ungerechtfertigt die vom Arbeitnehmer gehörig angebotene Arbeitsleistung nicht annimmt (z.B. durch Zutrittsverweigerung, Nicht- oder Unterbeschäftigung) oder
- die ihm obliegenden Vorbereitungs- und Mitwirkungshandlungen nicht vornimmt (z.B. indem er Arbeitsgeräte und Material nicht bereitstellt oder die erforderlichen Massnahmen zum Schutz von Leben und Gesundheit des Arbeitnehmers nicht trifft), sodass der Arbeitnehmer die angebotene Arbeitsleistung nicht oder nicht in zumutbarer Weise erbringen kann.

Annahmeverweigerung bzw. das Unterlassen von Vorbereitungs- und Mitwirkungshandlungen führt nach Art. 91 OR somit nicht per se zum Annahmeverzug des Arbeitgebers, sondern nur wenn es **nicht gerechtfertigt** ist. An einer Rechtfertigung fehlt es, wenn kein objektiver, d.h. jedermann treffender Grund gegeben ist.[6] Ein objektiver Grund, der den Gläubigerverzug ausschliesst, wurde beispielsweise bejaht, als der Gläubiger wegen Kriegswirren und kriegswirtschaftlicher Massnahmen gewisse Vorberei- 14

2 Geiser/Müller/Pärli, Jusletter 23.3.2020, Rz 22, 40 und 92.

3 Dazu einlässlich Pietruszak, Jusletter 14.4.2020, Rz 16 ff.

4 Siehe BBl 1967 II 330; 1909 III 747.

5 Was auch für Art. 91 OR gilt, BK-Weber, Art. 91 OR N 155 m.w.N.

6 ZK-Schraner, Art. 91 OR N 128; BSK OR I-Leimgruber, Art. 91 N 13; BK-Weber, Art. 91 OR N 155 ff.

tungshandlungen nicht treffen konnte.[7] Ferner durfte ein Gläubiger die angebotene Leistung zurückweisen, da sie an seinem Wohnort zu erfüllen war und dort ein Einfuhrverbot bestand.[8] Ein objektiver Grund wird auch bejaht, wenn sich der Gläubiger mit der Annahme der Leistung unzumutbaren rechtlichen Risiken aussetzen würde.[9] Keine Rechtfertigung im Sinne von Art. 91 OR sind demgegenüber persönliche Gründe aufseiten des Gläubigers.[10]

15 Im arbeitsrechtlichen Kontext ist im Zusammenhang mit dem Annahmeverzug des Arbeitgebers häufig vom **Betriebsrisiko** die Rede. Unbestrittenermassen gilt der Grundsatz, dass der Arbeitgeber das Betriebsrisiko zu tragen hat.[11] Der Begriff des Betriebsrisikos ist indessen gesetzlich nicht definiert und wird in Lehre und Rechtsprechung uneinheitlich umschrieben und abgegrenzt.[12] In der Regel sind damit Umstände gemeint, die in die Risikosphäre des Arbeitgebers und nicht des Arbeitnehmers fallen und – diese Präzisierung geht zuweilen unter[13] – die keine objektiven Gründe im Sinne von Art. 91 OR sind. Ob ein Umstand in das Betriebsrisiko des Arbeitgebers fällt, muss jeweils im Einzelfall bestimmt werden. Insbesondere ist danach zu fragen, ob es sich – in der Terminologie des Art. 91 OR – um einen persönlichen Grund auf Seiten des Arbeitgebers oder um einen objektiven Grund handelt. Ersterer fällt in das Betriebsrisiko des Arbeitgebers, letzterer nicht.

16 Die vom Bundesrat in der COVID-19-Verordnung 2 verfügten Betriebsschliessungen und -einschränkungen sind als **objektive Gründe im Sinne von Art. 91 OR** zu qualifizieren. Sie trafen jedermann (zumindest innerhalb derselben Branche) und sind vergleichbar mit den vorstehend erwähnten Umständen, bei denen ein objektiver Grund bejaht wird. Insbesondere hätte sich ein Arbeitgeber unzumutbaren rechtlichen Risiken ausgesetzt, wenn er seinen Betrieb in Verletzung der COVID-19-Verordnung 2 aufrechterhalten hätte.

17 Arbeitgeber, die aufgrund der COVID-19-Verordnung 2 ihren Betrieb einstellen oder einschränken mussten, befinden sich gegenüber den betroffenen Arbeitnehmern somit nicht im Annahmeverzug. Folglich ist der Tatbestand von Art. 324 Abs. 1 OR nicht erfüllt und keine Lohnfortzahlung geschuldet.[14] Anders wäre es demgegenüber bei Arbeitgebern, die von den Massnahmen nach der COVID-19-Verordnung 2 nur mittelbar betroffen sind, beispielsweise aufgrund von Lieferverzögerungen oder ausbleibender Kundschaft. Solche Gründe stellen keinen objektiven Grund im Sinne von Art. 91 OR

7 ZK-Schraner, Art. 91 OR N 128; BSK OR I-Leimgruber, Art. 91 N 15; BK-Weber, Art. 91 OR N 160; je m.w.N.

8 BGE 44 II 407 E. 1.

9 BSK OR I-Leimgruber, Art. 91 N 13; KUKO OR-Gross, Art. 91 N 13.

10 BSK OR I-Leimgruber, Art. 91 N 13.

11 BGE 124 III 346 E. 2.a.

12 Dazu eingehend Hirsiger, Rz 264 ff.

13 Z.B. bei Geiser, AJP 2020, S. 551.

14 Im Ergebnis gl.M. Dunand/Wyler, Newsletter 1, S. 4; Suter-Sieber, Jusletter 18.5.2020, Rz 7 ff.; **a.M.** Geiser/Müller/Pärli, Jusletter 23.3.2020, Rz 22, 40 und 92; Geiser, AJP 2020, S. 551.

dar, auch wenn sie mehrere Arbeitgeber in vergleichbarer Weise treffen, und gehören damit zum Betriebsrisiko.[15]

Angemerkt sei, dass die Bedeutung von Art. 324 OR nicht im Tatbestand liegt (da die Bestimmung wie gesagt auf Art. 91 OR zurückgreift), sondern in der **Rechtsfolge**. Während Art. 95 OR dem Schuldner im Falle des Gläubigerverzugs lediglich das Recht einräumt, nach den Bestimmungen über den Verzug vom Vertrag zurückzutreten, gewährt Art. 324 OR dem Arbeitnehmer für die ganze Dauer des Annahmeverzugs einen Lohnanspruch, wie wenn die Arbeitsleistung erbracht worden wäre. Der Arbeitnehmer ist nicht verpflichtet, die ausgefallene Arbeit nachzuleisten, muss sich auf den Lohn aber anrechnen lassen, was er wegen der Verhinderung an der Arbeitsleistung erspart oder durch anderweitige Arbeit verdient oder zu verdienen absichtlich unterlassen hat (Art. 324 Abs. 2 OR). Art. 324 OR ist mit anderen Worten nicht im Tatbestand eine lex specialis zu den allgemeinen Bestimmungen (Art. 91 OR), sondern nur in der Rechtsfolge (zu Art. 95 OR). 18

Der Umstand, dass für die hier diskutierten Arbeitsausfälle kein Lohnanspruch gegenüber dem Arbeitgeber besteht, wird dadurch relativiert, dass die betroffenen Arbeitgeber **Kurzarbeit** anmelden können. Die Arbeitnehmer erhalten dadurch 80% des ausgefallenen Lohnes (bis zum versicherten Höchstlohn von CHF 12 350 pro Monat) von der Arbeitslosenkasse ersetzt. Da der Arbeitgeber trotz entfallener Lohnzahlungspflicht an seine übrigen Pflichten gegenüber dem Arbeitnehmer, insbesondere die Fürsorgepflicht, weiterhin uneingeschränkt gebunden bleibt, ist er verpflichtet, für die betroffenen Arbeitnehmer nach Möglichkeit Kurzarbeitsentschädigung einzufordern. Unterlässt er dies, wird er den Arbeitnehmern im Umfang der entgangenen Kurzarbeitsentschädigung schadenersatzpflichtig.[16] 19

3. Arbeitsverhinderungen auf Seiten des Arbeitnehmers

Ist der Arbeitnehmer verhindert, eine arbeitgeberseitig an sich mögliche Arbeitsleistung zu erbringen, sind drei Fallgruppen zu unterscheiden: 20

(i) Der Arbeitnehmer bleibt **schuldhaft** der Arbeit fern: In diesem Fall gilt der Grundsatz «ohne Arbeit kein Lohn» und den Arbeitnehmer treffen unter Umständen die Verzugsfolgen nach Art. 102 ff. OR.

(ii) Dem Arbeitnehmer ist die Arbeitsleistung **unverschuldet aus Gründen, die in seiner Person liegen** (beispielsweise wegen Krankheit, Unfall, Erfüllung gesetzlicher Pflichten, Ausübung eines öffentlichen Amtes und Schwangerschaft), unmöglich oder unzumutbar: Aufgrund des fehlenden Verschuldens ist der Arbeitnehmer nach Art. 119 Abs. 1 OR von seiner Arbeitspflicht befreit. Nach Art. 119 Abs. 2 OR verliert der Arbeitnehmer im Gegenzug grundsätzlich den Lohnanspruch. Allerdings sieht Art. 324a OR davon zum Schutze des Arbeitnehmers eine Ausnahme

15 A.M. Suter-Sieber, Jusletter 18.5.2020, S. 8 f.

16 Art. 97 Abs. 1 OR; Dunand/Wyler, Newsletter 1, S. 5 f.

vor, indem der Arbeitgeber für eine beschränkte Dauer verpflichtet wird, gleichwohl den auf die Verhinderung entfallenden Lohn fortzuzahlen, sofern das Arbeitsverhältnis mehr als drei Monate gedauert hat oder für mehr als drei Monate eingegangen ist.

(iii) Der Arbeitnehmer ist unverschuldet aus **objektiven, überpersönlichen Gründen** an der Arbeit verhindert: Diesfalls ist der Arbeitnehmer ebenfalls nach Art. 119 Abs. 1 OR von seiner Arbeitspflicht befreit, und er verliert nach Art. 119 Abs. 2 OR den Lohnanspruch. Es gilt mit anderen Worten der Grundsatz «ohne Arbeit kein Lohn» uneingeschränkt.

Im Lichte dieser Grundsätze sind die folgenden Fälle arbeitnehmerseitiger Arbeitsverhinderungen, die in der Coronakrise typischerweise anzutreffen sind, zu beurteilen:

a) Erkrankung, Quarantäne, Selbstisolation

21 Eine mögliche oder festgestellte Infektion mit dem Coronavirus wie auch eine Erkrankung an COVID-19 ist hinsichtlich der Lohnfortzahlung nur relevant, soweit der Arbeitnehmer dadurch **an der Arbeitsleistung verhindert** ist. Dies hängt zum einen davon ab, ob der Arbeitnehmer die angestammte Arbeitsverpflichtung nur im Betrieb erledigen kann oder ob Homeoffice möglich und zumutbar ist (dazu Rz 58 ff.). Zum andern hängt es im Falle einer Erkrankung von der Schwere der Symptome ab.

22 Kann die Arbeit **nur im Betrieb** geleistet werden, führen eine durch einen Arzt angeordnete Quarantäne (weil der Arbeitnehmer engen Kontakt zu einer an COVID-19 erkrankten Person hatte) und erst recht eine Erkrankung an COVID-19 zwangsläufig zu einer Arbeitsverhinderung. Diese fällt unter die eingangs erwähnte Fallgruppe 2, d.h. unter den gegebenen Voraussetzungen zu einem Lohnfortzahlungsanspruch gemäss Art. 324a OR.

23 Im Falle der **ärztlich angeordneten Quarantäne** gewährt die COVID-19-Verordnung Erwerbsausfall dem Arbeitnehmer einen Versicherungsschutz in Höhe von maximal 10 Taggeldern pro Quarantänefall (Art. 3 Abs. 5). Das Taggeld beträgt 80 Prozent des durchschnittlichen Erwerbseinkommens, das vor Beginn der Quarantäne erzielt wurde, maximal aber CHF 196 pro Tag (Art. 5 Abs. 1 und 3). Es handelt sich dabei (wie generell beim EOG) um eine **obligatorische Versicherung im Sinne von Art. 324b OR**. Der Umstand, dass Art. 2 Abs. 4 die Taggelder als subsidiär zu Leistungen anderer Versicherungen und Lohnfortzahlungen des Arbeitgebers erklärt, ändert daran nichts, da im Falle einer Lohnfortzahlung durch den Arbeitgeber dieser den Taggeldanspruch geltend machen kann (s. die Erläuterungen des BSV zu Art. 7; dies entspricht der allgemeinen Regelung von Art. 19 Abs. 2 ATSG). Der Versicherungsschutz gemäss der COVID-19-Verordnung Erwerbsausfall begrenzt die Lohnfortzahlungspflicht des Arbeitgebers: Sofern die Taggelder 80% des Lohns erreichen, ist der Arbeitgeber von der Lohnfortzahlungspflicht befreit (Art. 324b Abs. 1 OR). Liegen die Taggelder darunter, hat der Arbeitgeber diese unter den Voraussetzungen von Art. 324a Abs. 1 OR auf 80% des Lohns zu ergänzen (Art. 324b Abs. 2 OR).

Fraglich ist, ob auch bei einer **Selbstisolation** ein Lohnfortzahlungsanspruch nach Art. 324a besteht. Nach den Empfehlungen des BAG soll man sich bei Krankheitssymptomen, die auf das Coronavirus hindeuten, selbst wenn diese leicht sind (und damit möglicherweise keine Arbeitsunfähigkeit begründen), unverzüglich zu Hause isolieren, um keine anderen Personen mit dem Coronavirus anzustecken.[17] Kann die Arbeit nicht im Homeoffice geleistet werden, stellt sich die Frage, wie sich die Befolgung dieser Anweisung des BAG zur Arbeits- und Lohnzahlungspflicht verhält. Unseres Erachtens darf der Arbeitnehmer für sich beanspruchen, sich sozial verantwortungsvoll zu verhalten und die Anweisung des BAG zu befolgen. Die Arbeitsleistung im Betrieb ist dem Arbeitnehmer unter diesen Umständen nicht zumutbar, weshalb unseres Erachtens auch in diesem Fall ein **Lohnfortzahlungsanspruch nach Art. 324a OR** besteht.[18] 24

Soweit die **Arbeit im Homeoffice** geleistet werden kann und dem Arbeitnehmer zumutbar ist und soweit es allfällige Krankheitssymptome zulassen, besteht für den Arbeitnehmer unter Quarantäne, in Selbstisolation oder bei einer Erkrankung mit COVID-19 eine Arbeitspflicht. Lohnfortzahlung ist dann lediglich nach Massgabe der Arbeitsunfähigkeit geschuldet. 25

b) *Arbeitsverhinderung wegen Kinderbetreuung*

Sind Arbeitnehmerinnen und Arbeitnehmer an der Arbeit verhindert, weil sie infolge der Schliessung von Schulen oder anderen Einrichtungen ihre Kinder betreuen müssen, stellt sich ebenfalls die Frage, ob ein Lohnfortzahlungsanspruch nach Art. 324a OR besteht. 26

Müssen Arbeitnehmerinnen und Arbeitnehmer ihr **erkranktes Kind** pflegen, so hat ihnen der Arbeitgeber gegen Vorlage eines ärztlichen Zeugnisses die zur Betreuung erforderliche Zeit im Umfang von bis zu drei Tagen freizugeben (Art. 36 Abs. 3 ArG). Nach Lehre und Rechtsprechung besteht während dieser Zeit ein **Lohnfortzahlungsanspruch gemäss Art. 324a OR.**[19] Begründet wird dieser Lohnfortzahlungsanspruch damit, die Verhinderung zwecks Betreuung des kranken Kindes sei nicht weniger zwingend als die eigene Erkrankung des Arbeitnehmers und erfolge in der Regel auch aufgrund einer gesetzlichen Pflicht (Art. 276 und 302 Abs. 2 ZGB). 27

Es stellt sich nun aber die Frage, ob auch dann eine Lohnfortzahlungspflicht besteht, wenn die Arbeitnehmerinnen und Arbeitnehmer ein **gesundes Kind** betreuen müssen, weil alternative Betreuungsmöglichkeiten (wie z.B. Krippen, Schulen, Kindergärten etc.) entfallen. Das Arbeitsgericht Zürich verneinte dies, als es um die Betreuung eines gesunden Kindes ging, die notwendig wurde, weil die Kinderkrippe wegen Seuchengefahr (Schweinegrippe) vorübergehend geschlossen wurde. Nach Ansicht des Arbeits- 28

17 Siehe BAG, COVID-19: Anweisungen zur Isolation.

18 **A.M.** Geiser/Müller/Pärli, Jusletter 23.3.2020, Rz 37, wonach ein Fall von Art. 324 vorliegen soll, was jedoch abzulehnen ist; ebenso **a.M.** Geiser, AJP 2020, wonach bei freiwilliger Quarantäne (d.h. Selbstisolation) kein Lohnfortzahlungsanspruch besteht.

19 Streiff/von Kaenel/Rudolph, Art. 324a/b N 20 m.w.N.

gerichts lagen die Gründe für die Arbeitsverhinderung nicht in den persönlichen Verhältnissen der Arbeitnehmerin, sondern stellten ein **objektives (allgemeines) Leistungshindernis** dar, weil nicht nur die klagende Arbeitnehmerin von der Schliessung der Kinderkrippe betroffen war, sondern gleichermassen alle berufstätigen Eltern, deren Kinder in der fraglichen Krippe betreut wurden.[20]

29 Dieser Entscheid des Arbeitsgerichts Zürich ist sachlich richtig. Die Schliessung einer Krippe ist kein «in der Person des Arbeitnehmers» liegender Grund, sondern ein objektives, überpersönliches Ereignis, das unter die Fallgruppe 3 (s. Rz 20) fällt und keine Lohnfortzahlungspflicht nach Art. 324a OR auslöst.

30 Geiser/Müller/Pärli erachten diese Unterscheidung, ob der Verhinderungsgrund in der persönlichen Sphäre des Arbeitnehmers liegt oder ob ein objektives Ereignis vorliegt, jedoch für nicht massgebend. Entscheidend sei, dass es sich bei der Betreuung des eigenen Kindes um eine **gesetzliche Pflicht** handle (Art. 276 und 302 Abs. 2 ZGB) und der Arbeitnehmer somit in Erfüllung einer gesetzlichen Pflicht an der Arbeit verhindert sei.[21] Mit dieser Argumentation löst das objektive Ereignis gleichsam eine subjektive Pflicht aus, die dann ein Verhinderungsgrund im Sinne von Art. 324a Abs. 1 OR sein soll.

31 Fraglich ist, ob die Pflicht zur Betreuung des eigenen Kindes nach Art. 276 und Art. 302 Abs. 2 ZGB eine gesetzliche Pflicht im Sinne von Art. 324a OR ist. Wie Pietruszak einlässlich dargelegt hat, fallen nur gesetzliche Pflichten, die der Arbeitnehmer **zwingend in eigener Person erfüllen muss**, unter Art. 324a Abs. 1 OR.[22] Während dies für die Betreuung des eigenen Kindes, wenn es krank ist, zumindest in den ersten Tagen zutreffen mag, ist die Betreuung eines gesunden Kindes grundsätzlich delegierbar und die Kinderbetreuung infolge der Schliessung von Schulen oder anderen Einrichtungen somit keine gesetzliche Pflicht, die der Arbeitnehmer zwingend in eigener Person erfüllen muss. Es besteht somit kein Lohnfortzahlungsanspruch nach Art. 324a OR. Gegebenenfalls können betroffene Arbeitnehmerinnen und Arbeitnehmer für die Betreuung **ausserordentliche Freizeit** zur Besorgung dringender persönlicher Angelegenheiten im Sinne von Art. 329 Abs. 3 OR in Anspruch nehmen. Diese Freizeit ist indessen nur bezahlt, soweit es üblich ist.

c) Arbeitsverhinderung wegen Ausfall öffentlicher Verkehrsmittel

32 Es liegt in der Verantwortung des Arbeitnehmers, rechtzeitig an den Arbeitsplatz zu gelangen und das dafür geeignete Verkehrsmittel zu wählen. Ist der Arbeitnehmer an der Arbeitsleistung verhindert, weil er infolge Ausfalls öffentlicher Verkehrsmittel nicht oder nicht rechtzeitig am Arbeitsplatz erscheinen kann, handelt es sich um einen **objektiven, überpersönlichen Verhinderungsgrund** gemäss der in Rz 20 beschriebenen Fall-

20 Entscheide des Arbeitsgerichts Zürich 2010 Nr. 7 = JAR 2011, 628 f.

21 Geiser/Müller/Pärli, Jusletter 23.3.2020, Rz 52.

22 Pietruszak, Jusletter 14.4.2020, Rz 34 ff.

gruppe 3.[23] Für den daraus resultierenden Arbeitsausfall hat der Arbeitnehmer daher keinen Lohnanspruch.

Dem Arbeitgeber steht es selbstverständlich frei, die **Arbeitszeiten** an allfällig geänderte Fahrpläne anzupassen oder dem Arbeitnehmer Homeoffice zu erlauben, wenn der Arbeitsweg unterbrochen ist. Entgegen GEISER/MÜLLER/PÄRLI[24] ist der Arbeitgeber dazu jedoch nicht verpflichtet. Ein Lohnanspruch für entsprechende Ausfallzeiten lässt sich daher auch nicht aus Art. 324 OR herleiten. Anders verhält es sich, wenn es zur Reduktion des Ansteckungsrisikos darum geht, Stosszeiten im öffentlichen Verkehr zu vermeiden. Hierzu muss der Arbeitgeber aufgrund seiner Pflicht, die Gesundheit des Arbeitnehmers zu schützen (Art. 328 OR), Hand bieten, soweit nicht überwiegende betriebliche Interessen entgegenstehen. 33

d) *Arbeitsverhinderung besonders gefährdeter Personen*

Der Bundesrat hat in der COVID-19-Verordnung 2 Sondervorschriften für besonders gefährdete Personen erlassen (Art. 10b und 10c). Sie bezwecken, diese Personen vor Infektionen zu schützen, weil nach den bisherigen Erkenntnissen das Risiko erhöht ist, dass COVID-19 bei ihnen einen schweren oder gar tödlichen Verlauf nehmen kann. Als besonders gefährdete Personen gelten Personen ab 65 Jahren und Personen, die insbesondere folgende Erkrankungen aufweisen: Bluthochdruck, Diabetes, Herz-Kreislauf-Erkrankungen, chronische Atemwegserkrankungen, Erkrankungen und Therapien, die das Immunsystem schwächen, Krebs (s. Art. 10b Abs. 2 sowie Anhang 6 COVID-19-Verordnung 2). 34

Die entsprechenden Regelungen in der COVID-19-Verordnung 2 wurden mehrfach geändert und dabei verfeinert.[25] In der seit 17.4.2020 geltenden Fassung sieht Art. 10c bezüglich der Beschäftigung besonders gefährdeter Arbeitnehmer folgende **Kaskade** vor: 35

- Der Arbeitgeber soll besonders gefährdeten Arbeitnehmern primär ermöglichen, ihre Arbeit im **Homeoffice** zu leisten. Hierzu hat er die geeigneten organisatorischen und technischen Massnahmen zu treffen (Abs. 1).
- Ist Homeoffice für die angestammte Arbeit nicht möglich, so hat der Arbeitgeber dem betroffenen Arbeitnehmer bei gleicher Entlöhnung eine **gleichwertige Ersatzarbeit** zuzuweisen, die von zu Hause aus erledigt werden kann. Er trifft hierzu wiederum die geeigneten organisatorischen und technischen Massnahmen (Abs. 2).
- Ist aus betrieblichen Gründen die Präsenz des besonders gefährdeten Arbeitnehmers vor Ort ganz oder teilweise unabdingbar, so darf er in seiner **angestammten Tätigkeit vor Ort** beschäftigt werden, wenn entweder der Arbeitsplatz so ausgestaltet ist, dass jeder enge Kontakt mit anderen Personen ausgeschlossen ist, namentlich indem ein Einzelraum oder ein klar abgegrenzter Arbeitsbereich unter Berücksichtigung des

23 GEISER, ZBJV 2006, 174, 176; BSK OR I-PORTMANN/RUDOLPH, Art. 324a N 3.
24 Jusletter 23.3.2020, Rz 48.
25 Dazu im Einzelnen PÄRLI, Jusletter 20.4.2020, Rz 5 ff., und DUNAND/WYLER, Newsletter 2, S. 8 ff.

Mindestabstandes von 2 Metern zur Verfügung gestellt wird, oder, wenn ein enger Kontakt nicht jederzeit vermieden werden kann, angemessene Schutzmassnahmen nach dem STOP-Prinzip ergriffen werden (Substitution, technische Massnahmen, organisatorische Massnahmen, persönliche Schutzausrüstung) (Abs. 3).

- Ist es nicht möglich, die betroffenen Arbeitnehmerinnen und Arbeitnehmer nach den Absätzen 1–3 zu beschäftigen, so weist ihnen der Arbeitgeber in Abweichung vom Arbeitsvertrag bei gleicher Entlöhnung eine **gleichwertige Ersatzarbeit vor Ort** zu, bei der die Vorgaben nach Absatz 3 erfüllt sind (Abs. 4).
- Der betroffene Arbeitnehmer kann die Übernahme einer ihm zugewiesenen Arbeit **ablehnen**, wenn der Arbeitgeber die Voraussetzungen nach den Absätzen 1–4 nicht erfüllt oder wenn er die Gefahr einer Ansteckung mit dem Coronavirus trotz der vom Arbeitgeber getroffenen Massnahmen nach den Absätzen 3 und 4 aus besonderen Gründen als zu hoch für sich erachtet. Der Arbeitgeber kann ein ärztliches Attest verlangen (Abs. 6).
- Ist es nicht möglich, die betroffenen Arbeitnehmer nach den Absätzen 1–4 zu beschäftigen, oder lehnen diese die zugewiesene Arbeit im Sinne von Absatz 6 ab, so stellt der Arbeitgeber sie **unter Lohnfortzahlung frei** (Abs. 7).

36 Mit Bezug auf die Lohnfortzahlung ist vor allem **Absatz 7** von Bedeutung. Im Schrifttum ist hier von einer Lohnfortzahlungspflicht sui generis die Rede (WILDHABER, ZSR 2020, S. 172; DUNAND/WYLER, Newsletter 2, S. 14). Nach der hier vertretenen Ansicht lässt sich die Bestimmung indessen ohne Weiteres in das bestehende Lohnfortzahlungsregime einordnen:

37 Die Absätze 1–4 statuieren besondere Massnahmen, die der Arbeitgeber zum Schutz der Gesundheit von besonders gefährdeten Arbeitnehmern zu treffen hat. Kann er diese Massnahmen nicht treffen, liegt ein Fall des **Arbeitgeberverzugs nach Art. 324 OR** vor. Die für die erste Tatbestandsalternative angeordnete Lohnfortzahlung ist daher ein Anwendungsfall von Art. 324 OR, wobei die Kaskadenregelung davon ausgeht, dass im Betrieb, in dem der besonders gefährdete Arbeitnehmer beschäftigt ist, überhaupt gearbeitet werden kann. Handelt es sich um einen nach der COVID-19-Verordnung 2 geschlossenen oder eingeschränkten Betrieb, bei dem der Arbeitgeber die Annahme der Arbeit nach Art. 91 OR berechtigterweise verweigern darf (s. Rz 17), so gilt dies nach der hier vertretenen Auffassung auch gegenüber besonders gefährdeten Personen. Mit anderen Worten geht die berechtigte Annahmeverweigerung nach Art. 91 OR der Lohnfortzahlungspflicht nach Art. 10c Abs. 7 COVID-19-Verordnung 2 vor.

38 Nach der zweiten Tatbestandsalternative hat der Arbeitgeber den besonders gefährdeten Arbeitnehmer unter Lohnfortzahlung freizustellen, weil der Arbeitnehmer die Gefahr einer Ansteckung mit dem Coronavirus trotz der vom Arbeitgeber getroffenen Massnahmen nach den Absätzen 3 und 4 aus besonderen Gründen als zu hoch für sich erachtet, was auf Verlangen des Arbeitgebers durch ein ärztliches Attest zu bescheinigen ist. Die Ursache für den Arbeitsausfall liegt hier nicht beim Arbeitgeber, sondern in der Person des Arbeitnehmers. Diese Tatbestandsalternative fällt somit unter die **zeitlich be-**

schränkte Lohnfortzahlungspflicht nach Art. 324a OR. Worin die besonderen Gründe bestehen können, aus denen der Arbeitnehmer die Arbeit verweigern kann, lässt der Verordnungstext offen. Aus dem Umstand, dass der Arbeitgeber dazu ein ärztliches Attest verlangen kann, muss aber geschlossen werden, dass es sich um medizinisch feststellbare Gründe handeln muss und nicht bloss um Ängstlichkeit.[26] Aus dem Wortlaut von Abs. 6 («für sich»; «per sé stessi») ergibt sich ausserdem, dass keine Lohnfortzahlung nach Abs. 7 geschuldet ist, wenn der Arbeitnehmer das Ansteckungsrisiko nicht für sich selbst als zu hoch erachtet, sondern für eine andere besonders gefährdete Person in seinem persönlichen Umfeld.

4. Zusammentreffen von arbeitgeberseitigen und arbeitnehmerseitigen Arbeitsverhinderungen

In zahlreichen Konstellationen kann die Arbeit sowohl aus betrieblichen als auch aus in der Person des Arbeitnehmers liegenden Gründen nicht geleistet werden. So zum Beispiel wenn ein Arbeitnehmer in einem gemäss der COVID-19-Verordnung 2 geschlossenen Betrieb erkrankt. Es stellt sich diesfalls die Frage, in welchem Verhältnis die Lohnfortzahlungspflicht des Arbeitsgebers nach Art. 324a OR zu den Art. 91 bzw. 324 OR steht. 39

Der Arbeitgeberverzug nach Art. 91 bzw. 324 OR setzt voraus, dass der Arbeitnehmer seine Arbeitsleistung gehörig anbietet (s. Art. 91 OR). Ist der Arbeitnehmer (aus in seiner Person liegenden oder aus objektiven, überpersönlichen Gründen) an der Arbeit verhindert, kann er seine Arbeitsleistung nicht gehörig anbieten. Ein Arbeitgeberverzug und folglich eine Lohnzahlungspflicht nach Art. 324 OR ist diesfalls ausgeschlossen. 40

Im umgekehrten Fall der behördlichen Betriebsschliessung, während der kein Lohnanspruch gemäss Art. 324 OR besteht (s. Rz 17), ist auch ein Lohnfortzahlungsanspruch nach Art. 324a OR ausgeschlossen. Denn Art. 324a OR will dem Arbeitnehmer nur den Lohn gewähren, den dieser erhalten hätte, wenn er nicht aus in seiner Person liegenden Gründen an der Arbeit verhindert gewesen wäre («den darauf entfallenden Lohn», sog. Lebensstandardprinzip), nicht jedoch eine lohnmässige Besserstellung. 41

III. Ferien

1. Grundsätzliches

Der Ferienanspruch des Arbeitnehmers ist doppelter Natur: Dem Arbeitnehmer wird das Recht auf zusammenhängende Freizeit von mehreren Tagen zwecks körperlicher und geistiger **Erholung** und der Selbstverwirklichung eingeräumt. Während dieser Zeit behält er den **Anspruch auf Lohn**, was ihm wirtschaftlich erst ermöglicht, sich dem Erholungszweck zu widmen.[27] 42

---

26 **A.M.** Pärli, Jusletter 20.4.2020, Rz 23.

27 Streiff/von Kaenel/Rudolph, Art. 329a N 2; BK-Rehbinder/Stöckli, Art. 329a OR N 1; BGE 131 III 451, 454, E. 2.2.

43 Sofern nichts anderes vereinbart oder üblich ist, bestimmt der Arbeitgeber den **Zeitpunkt der Ferien** und nimmt dabei auf die Wünsche des Arbeitnehmers soweit Rücksicht, als dies mit den im Zweifelsfall überwiegenden Betriebsinteressen vereinbar ist (Art. 329c Abs. 2 OR). Vereinbarte bzw. bereits genehmigte Ferien dürfen nur infolge schwerwiegender Gründe, namentlich bei unvorhergesehenem betrieblichen Bedürfnis verschoben werden.[28]

44 Als weitere Folge der Rücksichtnahme auf den Arbeitnehmer hat dieser Anrecht auf eine **frühzeitige Zuteilung** der Ferien. Als Faustregel hat sich durchgesetzt, dass der Arbeitgeber die Ferien des Arbeitnehmers drei Monate im Voraus anordnen muss, um diesem genügend Planungszeit zuzugestehen und sicherzustellen, dass Feriendestinationen vom Arbeitnehmer noch rechtzeitig gebucht werden können.[29] Ordnet der Arbeitgeber Ferien kurzfristiger an, darf der Arbeitnehmer den Ferienbezug verweigern, muss dies jedoch unverzüglich kundtun und seine Arbeitsleistung anbieten, ansonsten von seinem Einverständnis auszugehen ist.[30] Zu kurzfristig angeordnete Ferien, denen der Arbeitnehmer widersprochen hat, gelten als nicht bezogen, d.h., der Arbeitnehmer kann die Ferien nachbeziehen und erhält während der angeordneten Ferien den Lohn gestützt auf Art. 324 OR.[31]

45 Der Bezug von Ferien kann verunmöglicht sein, wenn der Zustand des Arbeitnehmers – namentlich durch Krankheit oder Unfall – der Erholung entgegensteht.[32] Man spricht diesbezüglich von der **Ferienunfähigkeit** des Arbeitnehmers.

2. (Kurzfristige) Anordnung von Ferien infolge der Coronakrise

46 Durch die Massnahmen des Bundesrates zur Eindämmung des Coronavirus konnten diverse Arbeitgeber ihre Arbeitnehmer gar nicht mehr oder nicht mehr voll beschäftigen. Viele Arbeitgeber sahen sich unter diesen Umständen veranlasst, ihre Mitarbeiter in die Ferien zu schicken. Dabei stellen sich jedoch diverse Fragen:

47 Nicht höchstrichterlich geklärt ist die Frage, ob Ferien infolge wirtschaftlicher Umstände mit einer kürzeren als der üblichen Ankündigungsfrist oder sogar **kurzfristig** angeordnet werden dürfen.[33] Die notwendige Ankündigungsfrist ist nach Art. 329c Abs. 2 OR unter Abwägung der Interessen zu beantworten. Aufseiten des Arbeitgebers wiegen die Interessen an einer kurzfristigen Ferienanordnung umso schwerer, je einschneidender die wirtschaftlichen Umstände auf seinen Betrieb und die Arbeitsplätze wirken und je dringlicher die Gründe auftreten. Das Arbeitgeberinteresse wiegt weniger schwer, wenn sich der Arbeitgeber die (Mit-)Verantwortung an den wirtschaftlichen Umständen vorwerfen lassen muss, was bei Betriebsschliessungen und signifikanten Umsatzrück-

28 Streiff/von Kaenel/Rudolph, Art. 329c N 7.
29 Streiff/von Kaenel/Rudolph, Art. 329c N 7.
30 Streiff/von Kaenel/Rudolph, Art. 329c N 7.
31 BK-Rehbinder/Stöckli, Art. 329c OR N 10.
32 Streiff/von Kaenel/Rudolph, Art. 329a N 6.
33 Vgl. Streiff/von Kaenel/Rudolph; ZK-Staehelin, Art. 329c OR N 9; BK-Rehbinder/Stöckli, Art. 329c OR N 11; Cerottini, S. 227 f.

gängen durch die Coronakrise aber praktisch ausgeschlossen scheint. Umgekehrt kann bei einer kurzfristigen Anordnung der Ferienzweck für den Arbeitnehmer unter Umständen nicht im üblichen Ausmass erfüllt werden, weil ihm die gewünschte Zeit für die Ferienplanung fehlt. Dies hängt auch davon ab, wie lange die angeordneten Ferien sein sollen. Sodann muss auf Seiten des Arbeitnehmers berücksichtigt werden, ob dieser im weiteren Verlauf des (Ferien-)Jahres schon Ferien geplant hat, die den angeordneten Ferien nun entgegenstehen würden, oder ob familiäre Umstände (erwerbstätige Partnerin, schulpflichtige Kinder) einer Ferienanordnung entgegenstehen. Als Ausfluss seiner gesteigerten Treuepflicht in wirtschaftlichen Krisensituationen wiegen die Interessen des Arbeitnehmers indessen grundsätzlich weniger schwer als in normalen Zeiten.

Ob Ferien, die der Arbeitgeber mit einer kürzeren als der dreimonatigen Ankündi- 48
gungsfrist anordnet, eine körperliche und geistige Erholung und die Selbstverwirklichung des Arbeitnehmers erlauben, ist **im Einzelfall abzuwägen**. Eine kategorische Aussage, mit welcher Ankündigungsfrist der Arbeitgeber Ferien während der Coronakrise anordnen darf, lässt sich somit nicht machen. Je nach konkreter Interessenlage scheint es u.E. vertretbar, Ferien mit einer kürzeren Frist (etwa wenige Wochen) anzuordnen. Die Ferienanordnung durch den Arbeitgeber darf im Ergebnis jedenfalls nicht dazu führen, dass er sich den Folgen von Art. 324 OR entzieht.

Ebenfalls nicht geklärt ist die Frage, ob der Arbeitgeber einen Arbeitnehmer auch 49
dann in die Ferien schicken darf, wenn der Arbeitnehmer noch **keinen ausreichenden Ferienanspruch** hat.[34] Da der Arbeitgeber – vorbehältlich einer anderen Abrede oder Übung – grundsätzlich über den Zeitpunkt der Ferien bestimmen darf, sollten angeordnete Ferien über den bereits verdienten Ferienanspruch hinaus u.E. zulässig sein,[35] müssen aber auf ein angemessenes Mass begrenzt sein. Differenziert zu beurteilen ist die sich anschliessend stellende Frage, ob ein Arbeitnehmer den **Ferienlohn zurückbezahlen** muss, wenn das Arbeitsverhältnis endet, bevor er sich den schon bezogenen Ferienanspruch verdient hat. Durch die angeordneten Ferien stellt der Arbeitgeber dem Arbeitnehmer in Aussicht, ihn solange weiter zu beschäftigen, bis sich dieser den Ferienanspruch verdient hat. Vereitelt er dies durch eine «vorzeitige» Kündigung, steht ihm kein Anspruch auf Rückerstattung des Ferienlohns zu, ausgenommen bei einer Kündigung aus wichtigem Grund.[36] Kündigt der Arbeitnehmer, muss er – vorbehältlich einer anderslautenden Abrede – den zu viel bezogenen Ferienlohn bei angeordnetem Ferienbezug nicht zurückzahlen, da eine solche Rückzahlungspflicht mit der Kündigungsfreiheit nicht zu vereinbaren wäre.

Noch kaum diskutiert wurde bislang, ob auch andere als in der Person des Arbeit- 50
nehmers liegende Gründe (im Zusammenhang mit der Corona-Pandemie also etwa ge-

34 Bejahend BK-Rehbinder/Stöckli, Art. 329c OR N 8; BSK OR I-Portmann/Rudolph, Art. 329c N 10; differenzierend Cerottini, S. 235; **abl.** ZK-Staehelin, Art. 329c OR N 8 und wohl auch Streiff/von Kaenel/Rudolph, Art. 329a N 9 und Art. 329c N 9.

35 So auch BK-Rehbinder/Stöckli, Art. 329c OR N 8.

36 Streiff/von Kaenel/Rudolph, Art. 329a N 9.

schlossene Grenzen und Lockdown) eine **Ferienunfähigkeit** bewirken können. Diese Frage muss allgemein mit Blick auf den Erholungszweck von Ferien beantwortet werden: Vereiteln diese Umstände die Erholung des Arbeitnehmers während der arbeitsfreien Zeit, ist ein Ferienbezug nicht möglich, wobei die konkreten Umstände des Einzelfalls massgebend sind. Dem ist anzufügen, dass sich durch die bundesrätlichen Massnahmen kurzzeitig eine «neue Normalität» eingestellt hat, die das öffentliche, soziale und gesellschaftliche Leben grundlegend umgestaltet hat. Die Menschen verbringen ihre freie Zeit gezwungenermassen eingeschränkter als vor der Verbreitung des Coronavirus. Dies hat auch Ausfluss auf die Feriengestaltung und damit die Frage der Ferienunfähigkeit. Geschlossene Grenzen oder allgemeine Massnahmen wie ein Lockdown sind deshalb Umstände, die den Ferienbezug im Einzelfall verunmöglichen können, diesem aber nicht per se entgegenstehen.[37] Der Arbeitnehmer hat dabei den Beweis zu erbringen, dass er ferienunfähig ist,[38] und dem Arbeitgeber unverzüglich eine entsprechende Mitteilung zu machen, ansonsten die Ferien als bezogen gelten.

3. Verschiebung geplanter Ferien

51 Haben die Parteien den Zeitpunkt des Ferienbezugs festgelegt, kann dieser nur unter besonderen Umständen oder im Einvernehmen der Parteien verschoben werden. Vorliegend relevant ist zum einen das Interesse des Arbeitgebers, nach Ausbruch der Corona-Pandemie den operativen Betrieb an die geänderte Situation anzupassen. Zum anderen kann der Arbeitnehmer ein Interesse an einer Verschiebung seiner Ferien haben, etwa weil eine geplante Reise nicht durchgeführt wird. So oder anders notwendig ist eine **umgehende Mitteilung** der gewünschten Verschiebung, ansonsten die andere Partei in ihrem Vertrauen auf den Bezug zum geplanten Zeitpunkt geschützt ist.

52 Welche Umstände einem Arbeitgeber erlauben, die Ferien eines Arbeitnehmers zu verschieben, wurde bislang kaum generell diskutiert. Auch hier muss man sich an der allgemeinen Interessenabwägung (s. Rz 43) orientieren, wobei seitens des Arbeitnehmers dem Umstand der Planungssicherheit durch bereits geplante Ferien ein eigenes Gewicht zukommt. Wiegen die betrieblichen Interessen des Arbeitgebers schwer, muss es ihm möglich sein, bereits geplante Ferien eines Arbeitnehmers auch kurzfristig zu verschieben.[39] Der Arbeitgeber ist jedoch gehalten, anderweitige Massnahmen zu prüfen, damit geplante Ferien soweit möglich bezogen werden können. Massgebend sind auch die konkreten Ferienpläne des Arbeitnehmers; fallen diese wegen der Coronakrise dahin, wiegt sein Interesse am tatsächlichen Ferienbezug weniger schwer. Entstehen dem Arbeitnehmer durch ein Verschieben der Ferien Kosten, ist der Arbeitgeber dafür ersatzpflichtig (Art. 327a OR).

37 **A.M.** DUNAND/WYLER, Newsletter 2, S. 22, die den Ferienbezug während den ersten Wochen des Lockdowns als grundsätzlich unmöglich erachten.

38 Vgl. STREIFF/VON KAENEL/RUDOLPH, Art. 329a N 6.

39 DUNAND/WYLER, Newsletter 2, S. 23; BK-REHBINDER/STÖCKLI, Art. 329c OR N 12.

Umgekehrt kann auch der Arbeitnehmer die Ferien verschieben wollen, etwa weil die ursprüngliche Ferienplanung durch die Coronakrise verunmöglicht oder nach hinten verschoben wurde. Sofern keine überwiegenden betrieblichen Interessen entgegenstehen, muss der Arbeitnehmer unter diesen Umständen seine Ferien auf einen späteren Termin verschieben oder mangels konkretem Ersatztermin einstweilen zurückgeben können. Als betriebliche Interessen gelten dabei auch der Abbau eines überdurchschnittlichen Ferienguthabens eines Arbeitnehmers, ein allgemein grosser Ferienbestand sowie die Verfügbarkeit des Arbeitnehmers in der Zeit, wenn die Massnahmen zur Eindämmung des Coronavirus gelockert werden oder die Wirtschaft wieder anzieht.[40] 53

4. Verhältnis von Ferien und Kurzarbeit

Das Verhältnis zwischen (geplanten) Ferien und Kurzarbeit ist differenziert zu betrachten, ebenso die Frage nach dem Ferienlohn des Arbeitnehmers während Kurzarbeit. 54

Beträgt der Arbeitsausfall während der Kurzarbeit weniger als 100 Prozent, d.h. muss der Arbeitnehmer **trotz Kurzarbeit** einen Teil seiner **Arbeit verrichten**, und bezieht dieser während der Kurzarbeit Ferien, werden ihm für das Arbeitsrestpensum die Ferientage abgebucht und erhält er für diese Tage den vollen Ferienlohn. Beispiel: Arbeitet ein Vollzeitangestellter infolge der Coronakrise 60 Prozent, erhält er für den Arbeitsausfall von 40 Prozent Kurzarbeitsentschädigung. Will er eine Woche Ferien beziehen, muss er 3 Ferientage (= 60 Prozent) hergeben, erhält für diese Ferientage aber auch den vollen Ferienlohn. Für die restlichen 2 «Ferientage» (effektiv ist es anrechenbarer Arbeitsausfall) erhält er Kurzarbeitsentschädigung, ohne dass sein Ferienkonto belastet wird. 55

Bezieht der Arbeitgeber für einen Arbeitnehmer Kurzarbeitsentschädigung und beträgt der (voraussehbare) **Arbeitsausfall 100 Prozent**, hat ein Arbeitnehmer in der Regel kein Interesse an einem Ferienbezug. Er erhält 80 Prozent seines Lohns, belastet aber sein Ferienkonto nicht. Ob der Arbeitnehmer bereits geplante Ferien zurückgeben kann, wenn während der Zeit des Ferienbezugs Kurzarbeit anfällt, ist anhand einer Interessenabwägung zu entscheiden (s. Rz 51 ff.). Sprechen nicht betriebliche Interessen (namentlich der Abbau von Ferienguthaben insbesondere bei einer länger dauernden Kurzarbeit) gegen ein Verschieben der Ferien, ist dem Arbeitnehmer zu ermöglichen, die Ferien zurückzugeben und während dieser Zeit Kurzarbeitsentschädigung zu erhalten. Überwiegen die betrieblichen Interessen oder bezieht der Arbeitnehmer auf eigenen Wunsch die geplanten Ferien trotz Kurzarbeit, erhält er während des Ferienbezugs den vollen Lohn und der Arbeitgeber kann für diese Ferientage keine Kurzarbeitsentschädigung geltend machen. 56

Art. 329b OR erlaubt dem Arbeitgeber die **Kürzung der Ferien**, wenn der Arbeitnehmer durch eigenes Verschulden (Abs. 1) oder aus unverschuldeten, in seiner Person liegenden Gründen (Abs. 2) länger an der Arbeit verhindert ist. Da Kurzarbeit weder vom Arbeitnehmer verschuldet noch in seiner Person begründet liegt, ist unbestritten, 57

40 Gl.M. Dunand/Wyler, Newsletter 2, S. 23 f.

dass der Arbeitgeber den Ferienanspruch des Arbeitnehmers bei Kurzarbeit nicht kürzen darf.

IV. Homeoffice

58 Homeoffice als griffiges Instrument zur Verhinderung der weiteren Ausbreitung des Coronavirus ist derzeit in aller Munde. Nicht nur werden dadurch am Arbeitsplatz Kontakte unterbunden, sondern auch beim täglichen Pendeln oder beim Mittagessen in Restaurants oder Kantinen. Das BAG empfahl den Arbeitgebern bereits früh, ihren Arbeitnehmern Homeoffice zu ermöglichen. Am 16.3.2020 ordnete der Bundesrat dann Homeoffice für besonders gefährdeten Personen an (Art. 10c COVID-19-Verordnung 2, Stand 17.3.2020). Diese Verordnungsbestimmung wurde in der Folge verschiedentlich präzisiert bzw. teilweise gelockert, bis sie per 22.6.2020 aufgehoben wurde.

59 In arbeitsrechtlicher Hinsicht wirft Homeoffice verschiedene ungeklärte Fragen auf, die nachfolgend beantwortet werden. Es zeigt sich dabei, dass eine (schriftliche) Vereinbarung von Homeoffice und den daraus folgenden Konsequenzen sehr zu empfehlen ist.

1. Homeoffice auf Anordnung des Arbeitgebers

a) Grundsätzliches

60 Bei Ausbruch der Coronakrise dürfte nur bei wenigen Arbeitnehmern eine **Vereinbarung** bestanden haben, die den Anspruch auf Homeoffice regelte, und noch weniger Arbeitgeber dürften sich vorgängig das Recht ausbedungen haben, Arbeitnehmer (ausschliesslich) ins Homeoffice zu schicken. Es stellt sich deshalb die Frage, ob ein Arbeitgeber Homeoffice auch gegen den Willen eines Arbeitnehmers anordnen kann.

61 Der Arbeitgeber darf dem Arbeitnehmer im Rahmen des Weisungsrechts (Art. 321d OR) den Arbeitsplatz zuweisen. **Schranke des Weisungsrechts** ist die vertragliche Abrede zwischen den Parteien. Haben die Parteien im Arbeitsvertrag den Ort der Arbeitserbringung, üblicherweise im Betrieb des Arbeitgebers, vereinbart, darf der Arbeitgeber dem Arbeitnehmer grundsätzlich keinen anderen Arbeitsort und somit auch nicht Homeoffice zuweisen. Selbst wenn kein Arbeitsort vereinbart wurde, geht das Weisungsrecht des Arbeitgebers nicht derart weit, dass er den Arbeitnehmer verpflichten könnte, seine privaten Räumlichkeiten für Geschäftszwecke zu nutzen.[41] Es ist indessen unbestritten, dass unter **besonderen Umständen** von diesen Grundsätzen abgewichen werden darf.[42]

b) Angeordnetes Homeoffice während der Coronakrise

62 Als sehr wirksame Massnahme zur Eindämmung des Coronavirus sollte unbestritten sein, dass ein Arbeitgeber in Ausübung seines Weisungsrechts seine Arbeitnehmer ins Homeoffice schicken darf, sofern und soweit eine bestimmte Tätigkeit für die Erledi-

41 Ausführlich Domenig, Rz 181 ff.

42 Dunand/Wyler, Newsletter 1, S. 27.

gung von zu Hause geeignet ist. Dies muss angesichts der ausserordentlichen Umstände durch die Ausbreitung des Coronavirus selbst dann gelten, wenn arbeitsvertraglich als Arbeitsort der Betrieb des Arbeitgebers vereinbart wurde.[43] Ob durch die Anordnung des Arbeitgebers eine Vertragsänderung zustande kam,[44] ist namentlich auch mit Blick auf die unklare Laufzeit der Vertragsänderung fraglich. Vielmehr ist die Anordnung von Homeoffice u.E. als **Weisung des Arbeitgebers** zu verstehen und der Arbeitnehmer infolge seiner Treuepflicht gehalten, der Anordnung Folge zu leisten.[45] Folglich darf der Arbeitgeber einen Arbeitnehmer – vorbehältlich eines Anspruchs auf Homeoffice (s. Rz 67 f.) – jederzeit auch einseitig wieder in den Betrieb zurückholen.

Gleichwohl ist es erforderlich, dass das angeordnete Homeoffice für den Arbeitnehmer im Einzelfall **zumutbar** ist. Stehen etwa die Platzverhältnisse oder eine besondere Familiensituation einer vertragsgemässen Arbeitsleistung zu Hause entgegen, so ist es dem Arbeitnehmer nicht zuzumuten, seine Arbeit in seinen privaten Räumlichkeiten zu leisten.[46] Zu berücksichtigen ist dabei auch die zeitliche Dauer der Anordnung von Homeoffice. Da es sich bei angeordnetem Homeoffice während der Coronakrise um eine temporäre Massnahme handelt, kann deren Befolgung vom Arbeitnehmer eher erwartet werden. Sodann ist der Arbeitnehmer im Rahmen seiner Treuepflicht gehalten, verhältnismässige Vorkehrungen zu treffen, um die Arbeit im Homeoffice zu ermöglichen. 63

Viele Arbeitnehmer kämpften infolge der geschlossenen Schulen zusätzlich mit der Herausforderung von Home Schooling. Unter diesen Umständen stellte sich nicht nur die Frage der Zumutbarkeit von Homeoffice an sich, sondern auch, ob der Arbeitnehmer eine **vertrags- und gesetzeskonforme Arbeitsleistung** zu erbringen imstande war. Leitlinie muss dabei die Treuepflicht des Arbeitnehmers (Art. 321a Abs. 1 OR) sein, die ihre Grenze in den eigenen überwiegenden Interessen des Arbeitnehmers findet. Eine gewisse zeitliche Flexibilität, insbesondere die Arbeitsleistung auch ausserhalb der vereinbarten oder ansonsten üblichen Arbeitszeiten zu erbringen, durfte vom Arbeitnehmer während dieser Zeit erwartet werden, sofern ihm dies im Einzelfall zumutbar war. 64

2. Anspruch des Arbeitnehmers auf Homeoffice?

a) Grundsätzliches

Ob ein Arbeitnehmer gegen den Willen des Arbeitgebers einen Anspruch auf Homeoffice hat, ist noch nicht abschliessend geklärt. Das Bundesverwaltungsgericht hielt im Zusammenhang mit einer personalrechtlichen Streitigkeit lapidar fest: «[D]ie Gewährung von Homeoffice [liegt] somit im Ermessen des Arbeitgebers. Ein Anspruch des Arbeitnehmers besteht nicht.»[47]. Diese Ansicht ist sowohl für das öffentlich-rechtliche wie 65

43 Geiser, AJP 2020, S. 549; Dunand/Wyler, Newsletter 1, S. 27.

44 So Pärli/Geiser/Müller, Jusletter 23.3.2020, Rz 53.

45 Gl.M. wohl Domenig, Rz 219.

46 Domenig, Rz 211.

47 BVGer v. 22.11.2017, A-5819/2016, E. 3.4.6.1.

auch das privatrechtliche Anstellungsverhältnis zu kategorisch. Der Arbeitgeber ist verpflichtet, **alle Massnahmen zum Schutze der Gesundheit** der Arbeitnehmer zu treffen, die nach der Erfahrung notwendig, nach dem Stand der Technik anwendbar und den Verhältnissen des Betriebes angemessen sind (Art. 6 ArG, Art. 328 Abs. 2 OR). Der Arbeitgeber ist verpflichtet, alle Massnahmen zu treffen, die nötig sind, um den Gesundheitsschutz zu wahren und zu verbessern und die physische und psychische Gesundheit der Arbeitnehmer zu gewährleisten (Art. 2 Abs. 1 ArGV 3). Das heisst, Arbeitsplätze und -abläufe sind so zu gestalten, dass es keine beeinträchtigenden Auswirkungen auf einen Arbeitnehmer gibt, etwa durch die Gestaltung der Arbeitsumgebung, des Arbeitsplatzumfelds oder der Organisation im Allgemeinen. Die Schutzmassnahmen müssen jedenfalls verhältnismässig sein.[48]

66 Sofern ein Arbeitnehmer also geltend machen kann, dass Homeoffice eine Schutzmassnahme im Sinne von Art. 6 ArG und Art. 328 OR darstellt, mit welcher eine Gesundheitsgefährdung vermieden werden kann, muss der Arbeitgeber dem Arbeitnehmer die Möglichkeit zu Homeoffice einräumen, vorausgesetzt, diese Massnahme ist verhältnismässig. Die **Verhältnismässigkeit** beurteilt sich zum einen danach, ob der Arbeitgeber dem Arbeitnehmer einen Arbeitsplatz im Betrieb zur Verfügung stellt, der den grundsätzlichen Anforderungen an den Gesundheitsschutz genügt. Zum anderen sind die negativen Auswirkungen von Homeoffice insbesondere auf die Arbeitsorganisation zu würdigen.[49] Fällt diese Interessenabwägung zugunsten der Gesundheit des Arbeitnehmers aus, hat dieser einen Anspruch auf Homeoffice.[50]

b) Anspruch auf Homeoffice während der Coronakrise

67 Homeoffice stellt eine wirksame Gesundheitsschutzmassnahme gegen eine Ansteckung durch das Coronavirus dar. Wenn der Arbeitgeber im Betrieb die erforderlichen Schutzmassnahmen gegen das Coronavirus ganz grundsätzlich nicht umsetzt, kann ein Arbeitnehmer also **Homeoffice verlangen**[51] oder die Arbeit grundsätzlich verweigern (Art. 324 OR). Da das Coronavirus für alle Arbeitnehmer eine Gesundheitsgefährdung darstellt, die mittels Homeoffice reduziert werden kann, kann ein Arbeitnehmer ferner selbst dann, wenn er an seinem Arbeitsplatz im Betrieb vor einer Ansteckung entsprechend den Empfehlungen des BAG geschützt ist, Homeoffice beanspruchen, sofern die für den Arbeitgeber negativen Auswirkungen von Homeoffice im Einzelfall nicht überwiegen. Verweigert ein Arbeitgeber einem Arbeitnehmer den Wunsch nach Homeoffice, muss er dafür überwiegende Interessen dartun, ansonsten er in Annahmeverzug gerät (Art. 324 OR). Der Arbeitnehmer kann diesfalls die Arbeitsleistung verweigern, der Arbeitgeber bleibt zur Lohnzahlung verpflichtet.[52] Sofern überwiegende Interessen des

48 KUKO ArG-Nötzli, Art. 6 N 31 ff.

49 Zum Ganzen Kamber, AJP 2018, S. 537 f.; weiterführend Domenig, Rz 509 ff., 699 ff., 834 ff.

50 Zurückhaltend Kamber, AJP 2018, S. 537 f.; **a.M.** Carcagni Roesler, ArbR 2014, S. 86.

51 Geiser, AJP 2020, S. 549.

52 Gl.M. Geiser, AJP 2020, S. 549.

Arbeitgebers einem umfassenden Homeoffice entgegenstehen, könnte eine verhältnismässige Massnahme aus teilweisem Homeoffice und teilweisem Arbeiten im Betrieb bestehen.

Mit Bezug auf das Homeoffice für die **besonders gefährdeten Arbeitnehmer** hat der Bundesrat die Arbeitgeber verpflichtet, die geeigneten organisatorischen und technischen Massnahmen zu treffen, um einem besonders gefährdeten Arbeitnehmer im Homeoffice die Erledigung seiner angestammten oder subsidiär eine gleichwertige Ersatzarbeit zu ermöglichen (Art. 10c Abs. 1 und 2 COVID-19-Verordnung 2). Der Bundesrat hat damit im Ergebnis die allgemeine Interessenabwägung konkretisiert und dabei den Interessen des besonders gefährdeten Arbeitnehmers (und mithin auch der Gesundheitsversorgung) überragendes Gewicht beigemessen. 68

3. Spezifische rechtliche Rahmenbedingungen für die Arbeit im Homeoffice

Viele Arbeitgeber verfügten im Zeitpunkt des Ausbruchs der Coronakrise nicht über allgemeine Weisungen oder gar individualrechtliche Abreden zu Homeoffice und mussten Homeoffice quasi ad hoc anordnen. Mit fortschreitender Dauer von Homeoffice sollten die Arbeitgeber verbindliche Rahmenbedingungen implementieren und dabei namentlich an folgende Themenbereiche denken: 69

a) *Tragung der Kosten für Arbeitsgeräte und Material*

Sofern nichts anderes verabredet oder üblich ist, hat der Arbeitgeber den Arbeitnehmer mit den Geräten und dem Material auszurüsten, die dieser zur Arbeit benötigt, oder den Arbeitnehmer angemessen zu entschädigen, wenn dieser selbst Geräte oder Material zur Verfügung stellt (Art. 327 OR). 70

Die Obliegenheit des Arbeitgebers, dem Arbeitnehmer die Arbeitsgeräte und das Material zur Verfügung zu stellen, gilt uneingeschränkt auch für Homeoffice. Das übliche Büromaterial (Papier, Schreibwaren) sollte in der Regel kaum Anlass zu Diskussionen geben, da der Arbeitnehmer dieses vom Büro nach Hause mitnehmen kann, sofern er dies nicht selber zur Verfügung stellen will. Schwieriger ist dies bei der **IT-Infrastruktur** (Computer, Drucker, Smartphone) und der **Arbeitsplatzeinrichtung** (Pult, Stuhl, Beleuchtung). Bei letzterer ist davon auszugehen, dass ein Arbeitnehmer – zumindest kurzfristig – seine private Einrichtung zur Verfügung stellt, während bei der IT-Infrastruktur der Arbeitgeber dem Arbeitnehmer häufig bereits grundsätzlich ein Notebook o.ä. und ein Smartphone überlässt. Es stellt sich somit zwangsläufig die Frage, ob der Arbeitnehmer eine angemessene Entschädigung geltend machen kann, weil er Geräte und/oder Material zur Verfügung stellt (Art. 327 Abs. 2 OR). 71

Das Gesetz erlaubt den Parteien, mittels **Abrede** eine Entschädigung wegzubedingen, diese in den Grundlohn zu inkludieren oder eine pauschale Entschädigung zu vereinbaren. 72

Sofern nichts vereinbart wurde, ist eine Entschädigung u.E. **infolge Übung ausgeschlossen**, wenn der Arbeitnehmer bereits in der Vergangenheit gelegentlich oder re- 73 gelmässig im Homeoffice arbeitete und für die geschäftliche Nutzung des privaten Arbeitsplatzes keine Entschädigung geltend machte. Der Arbeitgeber durfte darauf vertrauen, dass dies auch während der Coronakrise nicht anders sei.

74 Anders sieht dies aus, wenn der Arbeitnehmer vor der Coronakrise nie Homeoffice machte. In diesem Fall kann keine anderslautende individuelle Übung angenommen werden, weshalb der Arbeitnehmer grundsätzlich einen Anspruch auf eine **angemessene Entschädigung** hat. Besteht im Betrieb des Arbeitgebers aber die Übung, dass der Arbeitgeber bei Homeoffice keine Entschädigung zahlt, und weiss der Arbeitnehmer von dieser Übung, muss er seinen Anspruch unverzüglich anmelden, ansonsten davon auszugehen ist, dass er die betriebliche Übung auch auf sich anwenden will. Wie hoch eine Entschädigung ausfallen muss, damit sie angemessen ist, entscheidet sich nach den Marktverhältnissen[53] und sollte einerseits die Wiederbeschaffung innerhalb einer üblichen Betriebsdauer und andererseits die anteilsmässige Geschäfts- und Privatnutzung berücksichtigen.[54]

b) Auslagenersatz, insbesondere die Übernahme von Kosten für die Nutzung der privaten Räume

75 Der Arbeitnehmer hat Anspruch darauf, dass ihm der Arbeitgeber alle durch die Ausführung der Arbeit notwendig entstehenden Auslagen ersetzt (Art. 327a Abs. 1 OR). Anders als der Ersatz der Kosten für Geräte und Material (Art. 327 OR) ist der Auslagenersatz zwingend geschuldet (Art. 327a Abs. 3 OR). Eine Abgeltung durch eine Spesenpauschale ist möglich, wenn die durchschnittlichen, effektiven Auslagen tatsächlich gedeckt werden (Art. 327a Abs. 2 OR).

76 Ein Auslagenersatz ist nur dann geschuldet, wenn die Auslagen für die Arbeitsleistung «**notwendig**» sind. Daraus wird für Homeoffice geschlossen, dass ein Arbeitnehmer nur dann einen Auslagenersatz verlangen kann, wenn ihm der Arbeitgeber keinen Arbeitsplatz im Betrieb zur Verfügung stellt.[55] Diese kategorische Auffassung greift u.E. zu kurz. Denn die Frage, welche Auslagen notwendig sind, beurteilt sich nach der übertragenen Arbeit, der beruflichen Stellung und nach der Übung.[56] So wird beispielsweise bei der geschäftlichen Nutzung eines privat angeschafften Halbtaxabonnements überzeugend argumentiert, dies gehöre zur Grundausstattung eines grossen Teils der arbeitstätigen Bevölkerung, womit für Geschäftsreisen nur die Auslagen für ein Halbtax-Ticket als notwendig gelten.[57] Dieser Grundgedanke muss auch bei der Frage, welche Auslagen für Homeoffice notwendig im Sinne von Art. 327a Abs. 1 OR sind, ausschlaggebend sein. Nutzt ein Arbeitnehmer beispielsweise einen bestehenden, privat finanzierten In-

53 BK-Rehbinder/Stöckli, Art. 327 OR N 5.

54 Birkhäuser/Hadorn, SJZ 109/2013, S. 202.

55 Carcagni Roesler, ArbR 2014, S. 89 f.; Domenig, Rz 755; vgl. auch BGer v. 23.4.2019, 4A_533/2018, E. 6.2.

56 ZK-Staehelin, Art. 327a OR N 2; BK-Rehbinder/Stöckli, Art. 327a OR N 3.

57 Streiff/von Kaenel/Rudolph, Art. 327a N 2.

ternetanschluss auch für geschäftliche Zwecke, würde eine Kostenbeteiligung des Arbeitgebers zu weit gehen. Fallen für Homeoffice indessen Kosten an, weil der Arbeitnehmer spezifische Bedingungen für die Erbringungen der Arbeitsleistung gewährleisten muss, die in der üblichen Grundausstattung nicht enthalten sind (z.B. besonders schnelle Internetleitung, überdurchschnittliche Auslandstelefonie), muss der Arbeitgeber diese Kosten auch dann ersetzen, wenn er dem Arbeitnehmer eine Arbeitsplatz im Betrieb zur Verfügung stellt. Ob das Homeoffice vom Arbeitgeber angeordnet oder vom Arbeitnehmer gewünscht wurde, spielt für den notwendigen Auslagenersatz keine Rolle.

Somit ist ein Auslagenersatz immer dann geschuldet, wenn (i) der Arbeitgeber dem Arbeitnehmer gar keinen Arbeitsplatz im Betrieb zur Verfügung stellt oder (ii) der Arbeitnehmer für die Verrichtung der Arbeit im Homeoffice Auslagen tätigen muss, welche die für seine berufliche Stellung übliche Grundausstattung übersteigen. 77

Fallen notwendige Auslagen an, hat der Arbeitgeber entweder die effektiven Kosten zu ersetzen. Zulässig ist aber auch die Pauschalierung der Auslagen, sofern dies schriftlich vereinbart wurde und die Pauschale mindestens alle notwendigen Auslagen deckt. Die schriftliche Verweisung auf Reglemente des Arbeitgebers oder eines Arbeitgeberverbandes genügt dem Erfordernis der Schriftform, wenn diese im Arbeitsvertrag zum integrierenden Bestandteil erklärt und dem Arbeitnehmer übergeben werden.[58] 78

c) *Einhaltung der Gesundheitsschutzbestimmungen*

Es ist unbestritten, dass sich allein durch die Verlagerung des Arbeitsortes vom Betrieb ins Homeoffice keine Ausnahme von der Anwendbarkeit des **Arbeitsgesetzes** ergibt und somit die arbeitsschutzrechtlichen Bestimmungen **uneingeschränkt anwendbar** bleiben.[59] Dies stellt die Arbeitsvertragsparteien regelmässig vor zusätzliche Herausforderungen. 79

Die Verrichtung von Arbeit im Homeoffice kann **spezifische Gesundheitsrisiken** hervorrufen oder allgemeine Gesundheitsrisiken akzentuieren, insbesondere wenn während einer längeren Zeit und ausschliesslich im Homeoffice gearbeitet wird. Beispielsweise droht einem Arbeitnehmer im Homeoffice eine soziale Isolation von seinen Arbeitskollegen oder eine fehlende Erholung infolge der Vermischung zwischen Beruf und Privatsphäre und der ständigen Erreichbarkeit im Homeoffice.[60] Oftmals steht dem Arbeitnehmer im Homeoffice der ergonomische Arbeitsplatz, wie er ihn im Büro normalerweise vorfindet, nicht zur Verfügung, was zu physischen Beschwerden führen kann. 80

Der Arbeitgeber ist auch bei Homeoffice verpflichtet, die erforderlichen und angemessenen **Schutzmassnahmen** zu treffen (Art. 6 ArG, Art. 328 Abs. 2 OR), weshalb unter Umständen besondere Schutzmassnahmen für die Arbeit im Homeoffice ergriffen werden müssen. Ob solche notwendig sind, muss im Einzelfall beurteilt werden, wes- 81

58 Streiff/von Kaenel/Rudolph, Art. 327a N 3.
59 Domenig, Rz 831; Carcagni Roesler, ArbR 2014, S. 85.
60 Domenig, Rz 851 ff.

halb der Arbeitgeber einen Anspruch (und auch eine Pflicht) hat, die Arbeitsbedingungen eines Arbeitnehmers im Homeoffice zu kontrollieren.[61]

82 Unabhängig vom Arbeitsort bleiben die **Arbeits- und Ruhezeitvorschriften** des ArG anwendbar. Namentlich beträgt auch im Homeoffice die maximale wöchentliche Arbeitszeit für Büropersonal 45 Stunden (Art. 9 Abs. 1 lit. a ArG) und muss die tägliche Ruhezeit mindestens elf aufeinanderfolgende Stunden betragen (Art. 15a Abs. 1 ArG). Nacht- und Sonntagsarbeit ist auch im Homeoffice grundsätzlich verboten (Art. 16 und 18 ArG).

83 Sodann gilt auch im Homeoffice grundsätzlich die Pflicht zur **Arbeitszeiterfassung**. Ist die Pflicht zur Erfassung nicht bereits grundsätzlich auf den Arbeitnehmer übertragen, ist bei Arbeit im Homeoffice davon auszugehen, dass eine solche Übertragung vereinbart wird.[62] Verantwortlich für die Einhaltung der Arbeitszeit bleibt gleichwohl der Arbeitgeber.

d) Datensicherheit

84 Die gesetzliche (und allenfalls vertragliche) **Geheimhaltungspflicht** des Arbeitnehmers und die Grundsätze des **Datenschutzgesetzes** gelten bei der Arbeit im Homeoffice uneingeschränkt. Der Arbeitnehmer muss deshalb gewährleisten, dass vertrauliche Geschäftsdaten und geschützte Personendaten vor dem Zugriff Dritter (namentlich Familienmitgliedern) geschützt sind. Zu denken ist insbesondere an die Nutzung eines privaten Computers zu Geschäftszwecken oder an die Einsicht von Familienmitgliedern auf den Bildschirm. Sodann muss der Arbeitnehmer sicherstellen, dass Geschäftsdaten nicht verloren gehen oder missbraucht werden.

85 Der Arbeitgeber tut gut daran, die Arbeitnehmer (regelmässig) auf ihre Pflichten hinzuweisen und so für eine **Sensibilisierung** zu sorgen. Gegebenenfalls hat er spezifische **Weisungen** zu erlassen und technische **Vorkehrungen** zu treffen, namentlich sollte er Arbeitnehmern die IT-Infrastruktur mit den erforderlichen Sicherheitsmassnahmen (Passwort- und Virenschutz, Firewall) zur Verfügung stellen (vgl. auch § 13 Rz 8 ff.).

V. Kündigung und Kündigungsschutz

86 Im Kontext der Coronakrise und ihrer wirtschaftlichen Folgen stellen sich zahlreiche Fragen bei der Kündigung von Arbeitsverträgen. Diese sollen nachfolgend untersucht werden.

1. Kündigung vor Stellenantritt

87 Die Coronakrise ist schnell und unvorhergesehen eingetreten. Manche Arbeitgeber mussten ihren Betrieb im Verlauf des Monats März 2020 innert weniger Wochen einstellen oder stark einschränken. Zu diesem Zeitpunkt waren zahlreiche Arbeitsverträge bereits abgeschlossen, die Arbeitnehmer hatten ihre Stelle indessen noch nicht angetre-

61 Domenig, Rz 876.

62 Domenig, Rz 986; KUKO ArG-Blesi, Art. 46 N 22.

ten. Auch das andauernde, durch die Coronakrise verursachte schwierige wirtschaftliche Umfeld kann dazu führen, dass die Anstellung eines Arbeitnehmers kurzfristig, d.h. vor Stellenantritt, rückgängig gemacht werden soll. Die grosse wirtschaftliche Unsicherheit kann aber auch den Arbeitnehmer dazu bringen, seine neue Stelle schon vor Stellenantritt wieder zu kündigen, nämlich wenn er aus Not ein wenig passendes Arbeitsverhältnis eingehen will, vor Antritt dieser Stelle aber eine andere, seinen Fähigkeiten und Erfahrungen besser entsprechende Stelle findet und die erste Stelle deshalb vor Stellenantritt kündigt.

Nach bestehendem Recht kann ein Arbeitsvertrag von beiden Vertragsparteien schon 88
vor dem vereinbarten Stellenantritt des Arbeitnehmers gekündigt werden. Es gelten die für den Anstellungsbeginn vereinbarte Kündigungsfrist und der Kündigungstermin.[63] Kontrovers diskutiert wird, ob die Kündigungsfrist mit Erhalt der Kündigung zu laufen beginnt[64] oder ob sie erst im Zeitpunkt des geplanten Stellenantritts beginnt.[65]

Folgt man der ersten, überzeugenden Lehrmeinung, kann die Kündigungsfrist schon 89
vor dem vereinbarten Stellenantritt ablaufen. Nach der anderen, zwar häufiger vertretenen aber weniger praxisnahen Lehrmeinung muss der Arbeitnehmer seine Arbeit anbieten, um den Arbeitgeber ab dem Zeitpunkt des vereinbarten Stellenantritts in Annahmeverzug zu setzen. Die Lohnzahlungspflicht richtet sich in diesem Fall nach denselben Regeln, die für die übrigen Arbeitnehmer dieses Betriebs gelten. Musste der Arbeitgeber als Folge der Coronakrise seinen Betrieb einstellen oder einschränken und entfällt aus diesem Grund die Lohnzahlungspflicht (s. Rz 10 ff.), so gilt dies auch für vor Stellenantritt gekündigte Arbeitnehmer.

2. Probezeit

Sinn und Zweck der Probezeit bestehen darin, dass sich die Vertragsparteien zu Beginn 90
des Arbeitsverhältnisses kennenlernen, um abschätzen zu können, ob sie die gegenseitigen Erwartungen erfüllen.[66] Dabei soll eine Auflösung der Vertragsbindung einfacher und schneller möglich sein als nach Ablauf der Probezeit.

a) Beginn der Probezeit

Der Kennenlernprozess setzt grundsätzlich voraus, dass der Arbeitnehmer am vor- 91
gesehenen Arbeitsort Arbeit leistet. Die Probezeit nach Art. 335b Abs. 1 OR beginnt daher am Tag des Stellenantritts, wobei der **tatsächliche** und **nicht der vereinbarte Stellenantritt** massgebend ist.[67] Das Bundesgericht und die von ihm zitierten Lehrmeinun-

63 Dunand/Wyler, Newsletter 1, S. 34; BSK OR I-Portmann/Rudolph, Art. 335 N 23.

64 So Streiff/von Kaenel/Rudolph, Art. 335b N 11.

65 Dunand/Wyler, Newsletter 1, S. 34; BSK OR I-Portmann/Rudolph, Art. 335 N 23; BK-Rehbinder/Stöckli, Art. 335 OR N 15.

66 BGE 134 III 108, 111 E. 7.1.1.

67 BGE 144 III 152, 153 E. 4.4.1.

gen stützen sich dabei auf den früheren Wortlaut der betreffenden Gesetzesbestimmung, die den Beginn der Probezeit ausdrücklich am Tag des Stellenantritts anknüpfte.

92 Nach Lehre und Rechtsprechung unterbricht ein Annahmeverzug den Lauf der Probezeit nicht.[68] Demzufolge kann es sein, dass die Probezeit zu laufen beginnt, ohne dass der Arbeitnehmer die Stelle tatsächlich angetreten hat. Ist der Arbeitgeber während der Coronakrise infolge allgemeiner behördlicher Anordnung verpflichtet, seinen Betrieb zu schliessen, liegt dagegen kein Annahmeverzug vor (s. Rz 17), sodass der Beginn der Probezeit nach Art. 335b OR aufgeschoben wird.

93 Falls der Arbeitnehmer in seiner Probezeit infolge der Coronakrise seine Arbeit ganz oder teilweise nicht am vorgesehenen Arbeitsplatz, sondern im Homeoffice (s. Rz 58 ff.) leistet, bleibt der Kennenlernprozess in eingeschränkter Form möglich, weshalb die Probezeit normal läuft. Auch andere Arbeitsformen, bei denen der Kennenlernprozess eingeschränkt ist, wie Teilzeit oder Abrufarbeit, führen nicht zu einer Verlängerung der Probezeit.[69]

b) *Dauer der Probezeit*

94 Als Probezeit gilt der erste Monat eines Arbeitsverhältnisses (Art. 335b Abs. 1 OR). Die Dauer der Probezeit kann durch schriftliche Abrede auf **höchstens drei Monate** verlängert werden (Art. 335b Abs. 2 OR)

95 Es spricht nichts dagegen, dass die Parteien die Probezeit nachträglich, auch noch nach erfolgtem Stellenantritt verlängern. Die Gesamtdauer einer so verlängerten Probezeit darf indessen drei Monate nicht überschreiten.[70] Bei jeder Verlängerung der Probezeit muss das Schriftformerfordernis beachtet werden (Art. 335b Abs. 2 OR).

c) *Stillstand der Probezeit*

96 Solange der Arbeitnehmer wegen Krankheit, Unfall oder Erfüllung einer nicht freiwillig übernommenen gesetzlichen Pflicht an der Arbeitsleistung verhindert ist, steht die Probezeit still (Art. 335b Abs. 3 OR). Die Aufzählung der Gründe, die nach Art. 335b Abs. 3 OR zu einem Stillstand der Probezeit führen, ist grundsätzlich abschliessend.[71] Ein durch die Coronakrise bedingter Betriebsunterbruch führt also in der Regel nicht zu einem Stillstand der Probezeit, da ein so bedingter Arbeitsunterbruch nicht in Art. 335b Abs. 3 OR aufgezählt ist.

97 Art. 335b Abs. 3 OR ist indessen eine **dispositive Bestimmung**, d.h., die Parteien dürfen vereinbaren, dass weitere Arbeitsverhinderungsgründe zu einem Stillstand der Probezeit führen.[72] Nach h.L. sind einer solchen Vereinbarung indessen insofern Grenzen gesetzt, als die **zwingende Höchstdauer der Probezeit** von drei Monaten (Art. 335b

68 Streiff/von Kaenel/Rudolph, Art. 335b N 3.
69 Portmann/Wildhaber, N 678.
70 BSK OR I-Portmann/Rudolph, Art. 335b N 4; Streiff/von Kaenel/Rudolph, Art. 335b N 3.
71 BGE 136 III 562 E. 3.
72 Streiff/von Kaenel/Rudolph, Art. 335b N 13, 15.

Abs. 2 OR) nicht überschritten werden darf.[73] Ebenso soll das Schriftformerfordernis gelten.[74]

Die Parteien dürfen also vereinbaren, sei es bei Abschluss des Arbeitsvertrags oder danach mittels zusätzlicher Vereinbarung, dass auch ein durch die Coronakrise bedingter Betriebsunterbruch zu einem Stillstand der Probezeit führen kann. Auch dürfen die Parteien beispielsweise vereinbaren, dass die Probezeit während der Dauer von Homeoffice stehen bleibt. Allerdings darf nach h.L. und BGE 136 III 562, 564 E. 3 ein so vereinbarter Stillstand, im Gegensatz zu den in Art. 335b Abs. 3 genannten Fällen, nicht dazu führen, dass die Probezeit die Dauer von drei Monaten überschreitet. 98

Im Kontext eines durch die Coronakrise bedingten Betriebsunterbruchs erscheint diese Einschränkung kaum sachgerecht, da Sinn und Zweck der Probezeit im Falle eines Betriebsunterbruchs nicht erfüllt werden können. Es ist sicher richtig, dass die Fälle, in denen die Maximaldauer der Probezeit überschritten werden kann, grundsätzlich auf die Absätze 2 und 3 von Art. 335b OR beschränkt bleiben und nicht der Parteidisposition überlassen werden. Bei einem auf eine Pandemie zurückzuführenden Betriebsunterbruch ist indessen kein sachlicher Grund für eine Differenzierung gegenüber den vom Gesetzgeber in Art. 335b Abs. 3 OR vorgesehenen Fällen ersichtlich, bei denen die Probezeit auch über die Gesamtdauer von drei Monaten hinaus stillstehen kann. 99

Um die Unwägbarkeiten der unsicheren Rechtslage zu vermeiden, könnte ein Arbeitgeber in Erwägung ziehen, Arbeitnehmer, die sich bei Beginn des Betriebsunterbruchs in Probezeit befinden, zu kündigen und den Arbeitsvertrag nach Ende des Betriebsunterbruchs neu zu beginnen. In diesem Fall könnte bei Wiederbeginn des Arbeitsvertrags eine zweite Probezeit vereinbart werden, die indessen zusammen mit der bereits absolvierten Probezeit die Maximaldauer von drei Monaten nicht überschreiten darf.[75] 100

3. Sachlicher Kündigungsschutz

a) Kündigungsfreiheit und Kündigungsschutz

Die Coronakrise stellt viele Arbeitgeber vor grosse wirtschaftliche Schwierigkeiten. Der wirtschaftliche Einbruch fiel in manchen Branchen derart heftig aus, dass sich schon in den ersten Monaten nach Ausbruch der Krise zeigte, dass nicht nur die Gesuche um Ausrichtung von Kurzarbeitsentschädigung in die Höhe schnellten, sondern auch die Anzahl der Entlassungen sprunghaft anstieg. 101

Auch während der Coronakrise gilt der **Grundsatz der Kündigungsfreiheit**, nach dem beide Vertragsparteien berechtigt sind, den Arbeitsvertrag aus beliebigen Gründen zu kündigen.[76] Der Grundsatz der Kündigungsfreiheit wird u.a. durch den sachlichen Kündigungsschutz eingeschränkt. Der Gesetzgeber hat in Art. 336 OR einen Katalog verpönter Kündigungsgründe definiert, die zur Missbräuchlichkeit einer Kündigung füh- 102

73 BSK OR I-Portmann/Rudolph, Art. 335b N 8; BK-Rehbinder/Stöckli, Art. 335b OR N 5.

74 Streiff/von Kaenel/Rudolph, Art. 335b N 13.

75 Streiff/von Kaenel/Rudolph, Art. 335b N 13.

76 Dunand/Wyler, Newsletter 1, S. 29.

ren. Nach der Rechtsprechung ist der Katalog in Art. 336 OR nicht abschliessend, sondern konkretisiert das Rechtsmissbrauchsverbot von Art. 2 Abs. 2 ZGB.[77] Daher fallen auch andere, das Rechtsmissbrauchsverbot verletzende Fälle unter Art. 336 OR, die eine mit den in Art. 336 OR genannten vergleichbare Schwere aufweisen.[78]

103 Ein grosser Teil der als Folge der Coronakrise ausgesprochenen Kündigungen ist auf wirtschaftliche Gründe zurückzuführen. Auch andere Gründe können indessen Ursache einer Kündigung sein, wie nachfolgend gezeigt wird.

b) *Kündigung aus wirtschaftlichen Gründen*

104 Kündigt der Arbeitgeber einen Arbeitsvertrag aus wirtschaftlichen Gründen, ist eine solche Kündigung grundsätzlich nicht missbräuchlich.[79] Nach der Rechtsprechung des Bundesgerichts darf ein Arbeitgeber zu Optimierungsmassnahmen greifen und damit Entlassungen aussprechen, ohne dass er einen schlechten Geschäftsgang abwarten müsste. Ansonsten würde dem Arbeitgeber verunmöglicht, durch frühzeitige Massnahmen eine schlechte Geschäftslage zu vermeiden. Ebenso darf der Arbeitgeber die Lohnkosten dort einsparen, wo es sich betriebswirtschaftlich als besonders sinnvoll erweist.[80]

105 Sofern eine Kündigung also aus wirtschaftlichen Gründen ausgesprochen werden muss, die als Folge der Coronakrise auftreten, ist diese grundsätzlich rechtmässig und nicht missbräuchlich.[81]

c) *Anpassung von Anstellungsbedingungen durch Änderungskündigung*

106 Dem Entscheid, einen Arbeitnehmer zu entlassen, geht oft die Prüfung voraus, ob die Entlassung durch eine Anpassung der Anstellungsbedingungen vermieden werden könnte. In der Praxis erfolgt ein grosser Teil solcher Vertragsanpassungen einvernehmlich, d.h., indem der Arbeitnehmer (oder gegebenenfalls eine Gruppe von Arbeitnehmern) die Offerte für eine Weiterführung zu neuen Anstellungsbedingungen annimmt. Bei wirtschaftlichen Schwierigkeiten des Arbeitgebers sind die neuen Anstellungsbedingungen für den Arbeitnehmer zwangsläufig weniger vorteilhaft oder bezwecken beispielsweise die Reduktion des Arbeitspensums.

107 Lehnt ein Arbeitnehmer die vorgeschlagene Anpassung der Anstellungsbedingungen ab und kündigt der Arbeitgeber den Arbeitsvertrag in der Folge, liegt eine Änderungskündigung vor. Dasselbe gilt, wenn der Arbeitgeber den bestehenden Arbeitsvertrag kündigt und dem Arbeitnehmer einen neuen Arbeitsvertrag mit angepassten Anstellungsbedingungen offeriert.[82] Zur Zulässigkeit einer Änderungskündigung liegt eine

77 BGE 134 III 108 E. 7.1.

78 BGE 136 III 515 E 2.3.

79 BGer v. 2.4.2008, 4A_72/2008, E. 4.

80 BGE 133 III 512 E. 6.2 f.

81 Dunand/Wyler, Newsletter 1, S. 30.

82 Dazu ausführlich Streiff/von Kaenel/Rudolph, Art. 335 N 3.

reichhaltige Rechtsprechung vor. Eine Änderungskündigung ist grundsätzlich zulässig.[83] Die Änderungskündigung gilt aber als missbräuchlich, wenn sie vom Arbeitgeber als Druckmittel verwendet wird und wenn mit ihr eine unbillige Verschlechterung der Lohn- und Arbeitsbedingungen durchgesetzt werden soll, für die weder marktbedingte noch betriebliche Gründe bestehen.[84]

Schlägt der Arbeitgeber die Vertragsanpassung wegen ernsthafter wirtschaftlicher Schwierigkeiten vor, seien diese betriebsbedingt oder marktbedingt, ist eine Änderungskündigung indessen nicht missbräuchlich. Auch eine Aufgabenneuzuteilung als Folge einer Unternehmensumstrukturierung führt nicht zur Missbräuchlichkeit einer Änderungskündigung.[85] Als missbräuchlich gelten dagegen Änderungskündigungen, die ausgesprochen werden, nachdem sich der Arbeitnehmer geweigert hat, eine rückwirkende Vertragsänderung mit weniger Arbeitsstunden und Lohnreduktion zu akzeptieren.[86] 108

Es ist Sache des Arbeitgebers, im Prozess rechtsgenügend darzulegen, dass er eine Änderungskündigung wegen ernsthafter wirtschaftlicher Schwierigkeiten oder infolge einer Umstrukturierung aussprechen musste. Dass die Gerichte in diesem Zusammenhang zuweilen extensiv prüfen, ob der Arbeitgeber zureichende betriebs- oder marktbedingte Gründe vorweisen kann, wird zu Recht kritisiert.[87] Es ist grundsätzlich nicht Sache des Gerichts, die Angemessenheit unternehmerischer Entscheide zu prüfen.[88] 109

Es bleibt zu hoffen, dass die Gerichte Änderungskündigungen, die infolge der Coronakrise ausgesprochen werden, in dieser Hinsicht mit Augenmass prüfen werden. So geht es zu weit, eine Kündigung als missbräuchlich zu taxieren, wenn es dem Arbeitgeber «aus wirtschaftlichen Gründen zuzumuten wäre, das Arbeitsverhältnis weiterzuführen».[89] Diese Auffassung verkennt, dass der Arbeitgeber nach der Rechtsprechung des Bundesgerichts mit dem Aussprechen einer Entlassung nicht einen schlechten Geschäftsgang abwarten muss, sondern sogar gehalten ist, mit frühzeitigen Massnahmen eine schlechte Geschäftslage zu vermeiden.[90] Was für eine Entlassung gilt, muss erst recht für eine Vertragsanpassung durch Änderungskündigung gelten. 110

d) *Kündigung im Zusammenhang mit der Kurzarbeit*

Der Arbeitgeber darf eine Kündigung aus wirtschaftlichen Gründen, vorbehältlich der Beachtung des zeitlichen Kündigungsschutzes (s. Rz 128 ff.), jederzeit aussprechen. Der Arbeitgeber ist in seiner Entscheidung, ob er für seinen Betrieb ganz oder teilweise Kurzarbeit einführen oder seinen Betrieb (u.a.) mit Kündigungen aus wirtschaftlichen Grün- 111

83 BSK OR I-Portmann/Rudolph, Art. 335 N 9.

84 BGer v. 20.3.2019, 4A_166/2018, E. 3.2; BSK OR I-Portmann/Rudolph, Art. 336 N 30b mit zahlreichen Rechtsprechungshinweisen.

85 BGer v. 3.6.2013, 4A_748/2012, E. 2.3.

86 JAR 2018, OGer ZH, 28.4.2017, S. 655.

87 BSK OR I-Portmann/Rudolph, Art. 336 N 30b.

88 Streiff/von Kaenel/Rudolph, Art. 336 N 4.

89 So Geiser/Müller/Pärli, Jusletter 23.3.2020, Rz 79.

90 BGE 133 III 512 E. 6.3.

den (sofern vorliegend, s. Rz 104 f.) restrukturieren will, grundsätzlich frei. Entschliesst er sich für die zweite Option, sind solche Kündigungen nicht missbräuchlich.[91] Dasselbe gilt für eine **Kündigung während der Kurzarbeit**: Bezieht der Arbeitgeber im Zeitpunkt einer Kündigung für den betreffenden Arbeitnehmer Kurzarbeitsentschädigung, verliert er während der Kündigungsfrist den Anspruch auf Kurzarbeitsentschädigung.

112 Der Arbeitnehmer erteilte die Zustimmung zur Kurzarbeit (und damit zu einer Reduktion seines Arbeitsentgelts) in der Regel in der Hoffnung, dass mit der Kurzarbeit seine Entlassung vermieden werden kann. Kündigt der Arbeitgeber seinen Arbeitsvertrag dennoch, wird der Arbeitnehmer in dieser Erwartung enttäuscht und kann den **vollen Lohn (nach-)fordern**.[92] Zu präzisieren ist, dass sich diese Konsequenz auf Kündigungen aus wirtschaftlichen Gründen beschränken muss. Bei einer leistungs- oder verhaltensbedingten Kündigung ist der Arbeitnehmer trotz späterer Kündigung auf seiner Zustimmung zur Kurzarbeit zu behaften.[93] Denkbar ist auch, dass sich der Arbeitgeber in einer derart schlechten wirtschaftlichen Lage befindet, dass er die Löhne im Rahmen einer einvernehmlichen Anpassung oder mittels Änderungskündigung unabhängig von der Bezugsdauer für Kurzarbeitsentschädigung für den ganzen Betrieb oder einzelne Abteilungen um 20% reduzieren muss (s. Rz 106 ff.). Auch in diesem Fall könnten Arbeitnehmer, die dennoch entlassen werden, die Differenz zum früheren Lohn nicht mehr nachfordern.

113 Die Einführung von Kurzarbeit setzt die Zustimmung des betroffenen Arbeitnehmers voraus, da sich der Arbeitnehmer damit einverstanden erklären muss, während der Bezugsdauer der Kurzarbeitsentschädigung eine Lohneinbusse hinzunehmen. Dies gilt sowohl in arbeitsvertraglicher[94] als auch in sozialversicherungsrechtlicher Hinsicht.

114 Es steht dem Arbeitnehmer selbstredend frei, sein **Einverständnis zur Kurzarbeit zu verweigern**. Lehnt der Arbeitnehmer die Kurzarbeit ab und kündigt der Arbeitgeber deswegen den Arbeitsvertrag, so ist diese Kündigung nicht missbräuchlich.[95] Zwar ist der Arbeitnehmer zur Verweigerung des Einverständnisses als Ausfluss der (negativen) Vertragsfreiheit berechtigt, und es kann von ihm auch nicht erwartet werden, dass er einer Verschlechterung seiner Anstellungsbedingungen zustimmt. Jedoch gewichtet das Bundesgericht die Ursache der Kündigung, nämlich eine schwierige finanzielle Lage des Unternehmens, welche die Bezahlung der vereinbarten Löhne gefährdete, richtigerweise stärker.[96]

91 Dunand/Wyler, Newsletter 1, S. 30.

92 Streiff/von Kaenel/Rudolph, Art. 324 N 7; BK-Rehbinder/Stöckli, Art. 324 OR N 9.

93 Suter-Sieber, Jusletter 18.5.2020, Rz 37.

94 Streiff/von Kaenel/Rudolph, Art. 324 N 7.

95 Dunand/Wyler, Newsletter 1, S. 30.

96 BGer v. 23.2.2012, 4A_555/2011, E. 2.3.3.

e) *Kündigung, weil der Arbeitnehmer an der Arbeitsleistung verhindert ist*

Im Zusammenhang mit der Coronakrise stellt sich die Frage, ob eine Kündigung im Sinne von Art. 336 OR missbräuchlich ist, wenn sie ausgesprochen wird, weil der Arbeitnehmer an der Arbeitsleistung verhindert ist. Zu denken ist an Arbeitsverhinderungen, weil der Arbeitnehmer an COVID-19 erkrankt ist. Eine Arbeitsverhinderung kann aber auch eintreten, wenn der Arbeitnehmer bloss mit COVID-19 infiziert ist, ohne deswegen arbeitsunfähig zu sein, oder wenn er als besonders gefährdete Person im Sinne von Art. 10c der COVID-19-Verordnung 2 keine Arbeit leisten muss. Schliesslich kann der Arbeitnehmer auch an der Arbeitsleistung verhindert sein, weil er Kinderbetreuungsaufgaben wahrnehmen muss. 115

Eine Krankheit gilt grundsätzlich als «Eigenschaft, die der anderen Partei kraft ihrer Persönlichkeit zusteht» im Sinne von Art. 336 Abs. 1 lit. a (erster Satzteil) OR, sodass eine Kündigung aus diesem Grund missbräuchlich wäre. Der Gesetzgeber schränkt diesen Tatbestand indessen auf die Fälle ein, in denen eine solche Eigenschaft keinen Zusammenhang mit dem Arbeitsverhältnis hat und die Zusammenarbeit im Betrieb nicht wesentlich beeinträchtigt (Art. 336 Abs. 1 lit. a [zweiter Satzteil] OR). Zur Frage, wie eine Krankheit im Lichte von Art. 336 Abs. 1 lit. a OR zu beurteilen ist, gibt es eine reichhaltige Praxis. Allgemein ist anerkannt, dass die **nach Ablauf einer Sperrfrist** gemäss Art. 336c Abs. 1 lit. b OR wegen einer Krankheit ausgesprochene Kündigung nicht missbräuchlich ist, sofern die Arbeitsunfähigkeit nicht auf eine Pflichtverletzung des Arbeitgebers zurückzuführen ist.[97] 116

Diese Praxis kann ohne Weiteres auf eine Erkrankung mit COVID-19 angewendet werden. Die Mehrheit solcher Erkrankungen dauern nach heutigem Kenntnisstand bei Personen im Erwerbsalter eher mehrere Wochen als mehrere Monate, sodass betroffene Arbeitnehmer in aller Regel nach Art. 336c Abs. 1 lit. b OR gegen eine Kündigung geschützt sind. 117

Nicht anders zu beurteilen ist in diesem Kontext eine Arbeitsverhinderung, weil der Arbeitnehmer eine **besonders gefährdete Person** im Sinne von Art. 10c der COVID-19-Verordnung 2 ist. Diese Personen dürfen nach Art. 10c Abs. 6 f. COVID-19-Verordnung 2 die Übernahme einer ihnen zugewiesenen Arbeit unter bestimmten Voraussetzungen ablehnen mit der Folge, dass sie vom Arbeitgeber unter Lohnfortzahlung freigestellt werden müssen. Eine Kündigung wegen dem blossen Umstand, dass sich ein Arbeitnehmer auf diesen Arbeitsverhinderungsgrund beruft, wäre missbräuchlich.[98] Genauso wie eine Krankheit steht auch eine durch die Eigenschaft als besonders gefährdete Person hervorgerufene Arbeitsverhinderung aber in einem Zusammenhang mit dem 118

97 BSK OR I-Portmann/Rudolph, Art. 336 N 6; Wyler/Heinzer, S. 789; Streiff/von Kaenel/Rudolph, Art. 336 N 5; BK-Rehbinder/Stöckli, Art. 336 OR N 16; ZK-Staehelin, Art. 336 OR N 17.

98 Dunand/Wyler, Newsletter 2, S. 16; Pärli, Jusletter 20.4.2020, Rz 35; es handelt sich um eine Rachekündigung, vgl. Rz 123 f.

Arbeitsverhältnis (Art. 336 Abs. 1 lit. a OR), da sie diese an der Erfüllung der Arbeitsleistung hindert. Dauert eine Arbeitsverhinderung aus diesem Grund länger an, ist daher eine Kündigung nicht mehr missbräuchlich.

119 Auch nicht missbräuchlich kann eine Kündigung sein, wenn ein Arbeitnehmer die Arbeitsleistung nicht erbringt, obwohl der Arbeitgeber die geeigneten organisatorischen und technischen Massnahmen nach Art. 10c Abs. 3 COVID-19-Verordnung 2 getroffen hat und Arbeit von zu Hause aus nicht möglich ist oder wenn der Arbeitnehmer in einer solchen Situation ohne triftigen Grund auch die Arbeit im Homeoffice verweigert. Die blosse Angst, bei der Arbeit oder gegebenenfalls auf dem Arbeitsweg mit dem Corona-Virus angesteckt zu werden, ist bei einem gesunden Arbeitnehmer kein legitimer Grund, keine Arbeitsleistung zu erbringen. Eine in der Folge ausgesprochene Kündigung wäre nicht missbräuchlich.[99]

120 Kündigungen, die wegen **latenter Krankheiten ohne Beeinträchtigung der Arbeitsfähigkeit** ausgesprochen werden, gelten in der Regel als missbräuchlich, es sei denn, dass trotz zumutbaren Schutzvorkehrungen des Arbeitgebers eine **Ansteckungsgefahr** für andere Arbeitnehmer besteht.[100] Dies trifft grundsätzlich auch auf Arbeitnehmer zu, die zwar nicht arbeitsunfähig, aber mit COVID-19 infiziert sind. Sie müssen zum Schutz der übrigen Arbeitnehmer unverzüglich den Arbeitsplatz verlassen. Zu Beginn der Coronakrise wurden Betriebe, in denen Ansteckungen vorkamen, auf behördliche Anordnung ganz geschlossen, sodass auch gesunde, arbeitsfähige Arbeitnehmer ihre Arbeit entweder im Homeoffice leisten, oder, falls dies nicht möglich war, an der Arbeitsleistung verhindert waren. Zu beachten ist, dass eine COVID-19-Infektion nach heutigem Kenntnisstand in der Regel «nur» wenige Wochen dauert. Der betroffene Arbeitnehmer ist also voraussichtlich nicht dauerhaft, sondern nur vorübergehend ansteckend, sodass eine COVID-19-Infektion im Gegensatz zu Krankheiten mit permanenter Ansteckungsgefahr kein Grund für eine Kündigung sein darf.

121 Ähnlich ist eine Kündigung zu beurteilen, die ausgesprochen wird, weil der Arbeitnehmer wegen **Kinderbetreuung** an der Arbeitsleistung verhindert ist. Die Wahrnehmung von Betreuungsaufgaben ist im Katalog der Missbrauchstatbestände nach Art. 336 OR nicht vorgesehen.[101] Der Unrechtsgehalt einer solchen Kündigung wäre im Einzelfall anhand der Kasuistik zu den nicht im Katalog von Art. 336 OR definierten Missbrauchsfällen zu prüfen, die äusserst reichhaltig ist.[102] Zu beachten ist dabei zum Einen, dass die Betreuung des eigenen Kindes eine elterliche Pflicht ist. Andererseits hindert die Wahrnehmung dieser Pflicht den Arbeitnehmer an der Erfüllung seiner Arbeitsleistung. Sachgerecht ist, den sachlichen Kündigungsschutz auch in diesem Fall in einer ersten, kurzen Phase der Arbeitsverhinderung anzuwenden.

99 Dunand/Wyler, Newsletter 1, S. 31.

100 BK-Rehbinder/Stöckli, Art. 336 OR N 15; ZK-Staehelin, Art. 336 OR N 17.

101 Geiser, AJP 2020, S. 549.

102 Streiff/von Kaenel/Rudolph, Art. 336 N 5.

Sind **wirtschaftliche Gründe** die Ursache für eine Kündigung, besteht kein sachlicher Kündigungsschutz für Arbeitnehmer, die an ihrer Arbeitsleistung verhindert sind.[103] Das Bundesgericht anerkennt, dass ein Arbeitgeber die effizientesten und sozialverträglichsten Massnahmen ergreifen können muss, auch wenn diese unter Umständen besonders geschützte Arbeitnehmer betreffen.[104] Im vom Bundesgericht beurteilten Fall war ein Arbeitnehmervertreter betroffen. Gleiches muss für an der Arbeitsleistung verhinderte Arbeitnehmer gelten, zumal für diese der zeitliche Kündigungsschutz nach Art. 336c OR auch bei einem Stellenabbau aus wirtschaftlichen Gründen gilt. Muss ein Arbeitgeber aus wirtschaftlichen Gründen mehrere Stellen gleichzeitig abbauen, darf er nach betriebsorganisatorischen Kriterien entscheiden, welche Arbeitnehmer vom Stellenabbau betroffen sind.[105] 122

f) *Rachekündigung*

Missbräuchlich ist eine Kündigung, die ausgesprochen wird, weil die andere Partei nach Treu und Glauben Ansprüche aus dem Arbeitsverhältnis geltend macht (Art. 336 Abs. 1 lit. d OR). Der Missbrauchstatbestand der Rachekündigung kommt im Kontext der Coronakrise beispielsweise dann zum Zug, wenn der Arbeitnehmer vom Arbeitgeber zu Recht angemessene Hygiene- oder Schutzmassnahmen verlangt und deswegen entlassen wird.[106] Ebenso ist eine Kündigung missbräuchlich, wenn ein besonders gefährdeter Arbeitnehmer die Erledigung einer Arbeit ablehnt, weil der Arbeitgeber die geeigneten organisatorischen und technischen Massnahmen nach Art. 10c Abs. 2 und 3 COVID-19-Verordnung 2 nicht getroffen hat.[107] 123

Keine Rachekündigungen sind dagegen Änderungskündigungen, solange solche nicht als Druckmittel verwendet werden, unbillige Verschlechterungen der Lohn- und Arbeitsbedingungen durchzusetzen, für die weder marktbedingte noch betriebliche Gründe bestehen (s. Rz 106 ff.) 124

g) *Kündigung älterer Arbeitnehmer*

Im Kontext der Coronakrise interessiert schliesslich die Frage, ob ältere Arbeitnehmer im Falle von Entlassungen einen besonderen Schutz gegen eine Kündigung geniessen. Das Bundesgericht hat einen solchen in den letzten Jahren für ältere Arbeitnehmer mit einer grösseren Anzahl von Dienstjahren mehrfach bejaht. Aufgrund einer **erweiterten Fürsorgepflicht** verpflichtete das Bundesgericht Arbeitgeber, den Arbeitnehmer rechtzeitig über die beabsichtigte Kündigung zu informieren, ihn vorher anzuhören sowie nach Möglichkeiten zu suchen, die Kündigung zu vermeiden.[108] Sprach der Arbeitgeber 125

103 Dunand/Wyler, Newsletter 2, S. 18.

104 BGE 133 III 512 E. 6.2.

105 Dunand/Wyler, Newsletter 2, S. 18.

106 Geiser/Müller/Pärli, Jusletter 23.3.2020, Rz 79; Tschannen, Jusletter 14.4.2020, Rz 29.

107 Dunand/Wyler, Newsletter 2, S. 16.

108 BSK OR I-Portmann/Rudolph, Art. 336 N 24.

in einem solchen Fall eine Kündigung aus, ohne diese Massnahmen einzuhalten, wurde die Kündigung, als missbräuchlich qualifiziert.[109]

126 Die vom Bundesgericht entwickelten Grundsätze sind gewiss auch während der Coronakrise zu berücksichtigen.[110] Es ist indessen zu beachten, dass die Rechtsprechung zum Schutz älterer Arbeitnehmer für Einzelkündigungen entwickelt wurde, die einen leistungs- und/oder verhaltensbedingten Hintergrund hatten. Dementsprechend zielen die vom Bundesgericht dem Arbeitgeber auferlegten Pflichten darauf ab, Konfliktsituationen am Arbeitsplatz zu beheben oder Arbeitnehmer mit Verhaltens- und/oder Leistungsmängeln zu betreuen oder für sie nach Möglichkeit ein alternatives Arbeitsumfeld zu suchen. Die bundesgerichtlichen Erwägungen passen dagegen grundsätzlich nicht auf eine wirtschaftlich bedingte Kündigung. Bei wirtschaftlich bedingten Kündigungen sind in der Regel zahlreiche Arbeitnehmer gleichzeitig betroffen, sodass es beispielsweise kaum möglich wäre, alle Betroffenen vorgängig anzuhören. Im Falle einer grösseren Zahl von Entlassungen ist die Mitwirkung der Arbeitnehmer oder ihrer Vertreter zudem über die Bestimmungen zur Massenentlassung (Art. 335d ff. OR) und zum Sozialplan (Art. 335h ff. OR) sichergestellt.

127 Muss der Arbeitgeber also aus wirtschaftlichen Gründen Stellen abbauen, können Arbeitnehmer keinen besonderen Schutz wegen ihres Alters beanspruchen. Das Bundesgericht hielt fest, ein Arbeitgeber müsse die effizientesten und sozialverträglichsten Massnahmen ergreifen können, auch wenn diese unter Umständen besonders geschützte Arbeitnehmer (in casu: Arbeitnehmervertreter) betreffen.[111] Der Arbeitgeber darf Optimierungsmassnahmen treffen, ohne einen schlechten Geschäftsgang abwarten zu müssen, und er darf Lohnkosten dort einsparen, wo es sich betriebswirtschaftlich als besonders sinnvoll erweist, auch wenn ein besonders geschützter Arbeitnehmer betroffen sein sollte.[112]

4. Zeitlicher Kündigungsschutz

a) Grundsatz

128 Der zeitliche Kündigungsschutz nach Art. 336c Abs. 1 lit. b OR schützt den Arbeitnehmer, der nach Ablauf der Probezeit ohne eigenes Verschulden durch Krankheit ganz oder teilweise an der Arbeitsleistung verhindert ist, während einer beschränkten Zeit vor einer Kündigung durch den Arbeitgeber oder führt zur zeitlich befristeten Unterbrechung einer bereits laufenden Kündigungsfrist.

129 Der zeitliche Kündigungsschutz bezweckt, das Arbeitsverhältnis während einer gewissen Zeit aufrecht zu erhalten, weil der Arbeitnehmer wegen seiner Arbeitsverhinderung und deren oft ungewissen Dauer auf den Zeitpunkt der ursprünglichen Vertragsbeendigung kaum eine neue Stelle finden kann.[113]

109 BGer v. 12.11.2014, 4A_384/2014, E. 4.2; BGE 132 III 115, 122, E. 5.4.

110 Dunand/Wyler, Newsletter 1, S. 31.

111 BGE 133 III 512, 514, E. 6.2.

112 BGE 133 III 512, 515, E. 6.3.

113 BGE 128 II 212, 217, E. 2c.; ZK-Staehelin, Art. 336c OR N 15.

130 Die **gesetzliche Aufzählung** der Schutztatbestände nach Art. 336c Abs. 1 OR ist **abschliessend**.[114]

131 An COVID-19 erkrankte Arbeitnehmer sind nach Art. 336c Abs. 1 lit. b OR gegen Kündigungen zweifellos geschützt.[115]

132 Mit Bezug auf die Coronakrise wird die Frage diskutiert, ob der zeitliche Kündigungsschutz auch auf Arbeitnehmer anwendbar sein soll, die nicht krankheitsbedingt arbeitsunfähig sind, weil sie etwa mit COVID-19 bloss infiziert sind, sich vorübergehend in Quarantäne begeben mussten, als besonders gefährdete Arbeitnehmer im Sinne von Art. 10c der COVID-19-Verordnung 2 gelten, oder an der Arbeitsleistung verhindert sind, weil sie Kinderbetreuungsaufgaben wahrnehmen müssen.

b) Kündigungsschutz bei Quarantäne?

133 Der Sperrfristenschutz nach Art. 336c Abs. 1 lit. b OR verlangt eine unverschuldete krankheitsbedingte Arbeitsverhinderung. Muss sich der Arbeitnehmer in Quarantäne begeben, ohne selber Krankheitssymptome zu haben, liegt allenfalls eine Arbeitsverhinderung vor, die jedoch nicht auf Krankheit beruht, sondern auf behördlicher Anordnung. Der Tatbestand der krankheitsbedingten Arbeitsunfähigkeit im Sinne von Art. 336c Abs. 1 lit. b OR ist dadurch nicht erfüllt.[116]

c) Kündigungsschutz für besonders gefährdete Arbeitnehmer?

134 Ob für besonders gefährdete Arbeitnehmer der Sperrfristenschutz nach Art. 336c Abs. 1 lit. b OR gilt, ist umstritten.[117] Besonders gefährdete Arbeitnehmer sind grundsätzlich nicht an der Arbeitsleistung verhindert, weshalb grundsätzlich kein Sperrfristenschutz besteht. Eine Ausnahme davon besteht, wenn der besonders gefährdete Arbeitnehmer von seinem Ablehnungsrecht nach Art. 10c Abs. 6 COVID-19-Verordnung 2 gestützt auf ein ärztliches Attest Gebrauch macht. Diesfalls muss differenziert werden, ob sich die besonderen Gründe für eine zu hohe Gefahr einer Ansteckung mit dem Coronavirus nur auf das bestehende Arbeitsverhältnis beziehen oder letztlich eine generelle Arbeitsverhinderung bewirken. Im ersten Fall ist nach den üblichen Regeln bezüglich einer arbeitsplatzbezogenen Arbeitsunfähigkeit[118] ein Sperrfristenschutz zu verneinen, im zweiten Fall ist er zu bejahen.

114 BSK OR I-Portmann/Rudolph, Art. 336c N 9; Dunand/Wyler, Newsletter 1, S. 32; BK-Rehbinder/Stöckli, Art. 336c OR N 11; Streiff/von Kaenel/Rudolph, Art. 336c N 5; ZK-Staehelin, Art. 336c OR N 15.

115 Dunand/Wyler, Newsletter 1, S. 32; Geiser, AJP 2020, S. 548.

116 So im Ergebnis auch Dunand/Wyler, Newsletter 1, S. 32; **a.M.** Geiser/Müller/Pärli, Jusletter 23.3.2020, Rz 72.

117 Verneinend Dunand/Wyler, Newsletter 1, S. 32; Lienhart, Jusletter 4.5.2020, Rz 12 f.; bejahend Geiser, AJP, S. 548; Geiser/Müller/Pärli, Jusletter 23.3.2020, Rz 72.

118 Streiff/von Kaenel/Rudolph, Art. 336c N 8 m.w.N.

d) Kündigungsschutz bei anderen COVID-19-bedingten Verhinderungsgründen?

135 Von Art. 336c Abs. 1 lit. b OR geschützt ist nur eine krankheitsbedingte Arbeitsverhinderung des Arbeitnehmers selber. Nicht ausgelöst wird eine Sperrfrist somit durch **Krankheit einer anderen Person**, die der Arbeitnehmer pflegen muss (z.B. wenn der Arbeitnehmer ein Kind zwecks späterer Adoption in Pflege nimmt oder wegen Erkrankung naher Angehöriger an der Arbeitsleistung verhindert ist[119]). Die Chancen des Arbeitnehmers, eine neue Anstellung zu finden, werden dadurch nicht verringert.[120] Eine krankheitsbedingte Arbeitsverhinderung des Arbeitnehmers liegt somit auch nicht vor, wenn der Arbeitnehmer wegen Betreuung der eigenen Kinder an der Arbeitsleistung verhindert ist.[121]

136 Art. 336c OR bietet auch keinen Kündigungsschutz, wenn der Arbeitgeber Kündigungen ausspricht, weil sein Betrieb aufgrund behördlicher Anordnungen vorübergehend geschlossen wurde und restrukturiert werden muss[122] oder weil der Arbeitgeber im Annahmeverzug die Arbeitsleistung seiner Arbeitnehmer nicht mehr annehmen kann[123], es sei denn, der betroffene Arbeitnehmer erfülle einen Tatbestand nach Art. 336c Abs. 1 OR.

5. Ausserordentliche Kündigung aus wichtigen Gründen

a) Fristlose Kündigung nach Art. 337 OR

137 Die Frage, ob wichtige Gründe für die fristlose Auflösung eines Arbeitsvertrags nach Art. 337 OR vorliegen, ist typischerweise **einzelfallbezogen** und dürfte im Kontext der Coronakrise wenig spezifischen Diskussionsbedarf erzeugen. Die Frage einer fristlosen Kündigung kann sich beispielsweise stellen, wenn ein Arbeitnehmer dem Arbeitgeber oder einem Arzt vortäuscht, ein besonders gefährdeter Arbeitnehmer im Sinne von Art. 10c der COVID-19-Verordnung 2 zu sein, und sich nach Abs. 7 dieser Bestimmung zu Unrecht unter Lohnfortzahlung freistellen lässt. Zahlreiche andere Treuwidrigkeiten ähnlicher Art sind in diesem Zusammenhang denkbar. Keinen wichtigen Grund für eine fristlose Kündigung stellt dagegen die Verweigerung des Einverständnisses mit der Einführung von Kurzarbeit dar.[124]

138 Der Arbeitnehmer darf seinerseits eine fristlose Kündigung erwägen, falls der Arbeitgeber, ohne die erforderlichen Sicherheitsvorkehren zu treffen, von ihm Arbeit verlangt, die ihn einem übermässigen Gesundheitsrisiko aussetzen würde. Auch können völlig unzumutbare Arbeitsbedingungen im Betrieb Grund für eine fristlose Arbeitnehmerkündigung sein, sofern sie vom Arbeitgeber trotz entsprechender Hinweise seitens des

---

119 ZK-Staehelin, Art. 336c OR N 15.

120 Streiff/von Kaenel/Rudolph, Art. 336c N 8.

121 Geiser, AJP 2020, S. 549.

122 Geiser/Müller/Pärli, Jusletter 23.3.2020, Rz 76.

123 Geiser, AJP 2020, S. 551.

124 Dunand/Wyler, Newsletter 1, S. 30.

Arbeitnehmers nicht verbessert werden. Aus der Sicht des Arbeitnehmers ist eine blosse Arbeitsverweigerung indessen oft ratsamer als eine fristlose Kündigung.[125]

Ein Anwendungsfall einer fristlosen Arbeitnehmerkündigung, der im Kontext der Coronakrise möglicherweise öfters vorkommen wird, ist die fristlose Arbeitnehmerkündigung wegen Lohngefährdung nach Art. 337a OR. 139

b) Ausserordentliche Kündigung aus objektiven Gründen (clausula rebus sic stantibus)

Fraglich ist, ob eine untragbare wirtschaftliche Belastung aufgrund der geschuldeten Löhne auch den Arbeitgeber in Ausnahmefällen zu einer ausserordentlichen Kündigung berechtigen könnte. In gewissen Branchen der Wirtschaft wie beispielsweise im Sport, in der Kultur oder im privaten Unterrichtswesen sind auf längere Zeit befristete Verträge verbreitet. Gerade Betriebe im Bereich Sport und Kultur sind aufgrund von Veranstaltungsverboten mit ungewisser Dauer besonders hart von der Coronakrise betroffen. Zwar hat der Bundesrat derzeit und für die Dauer der ausserordentlichen Lage die maximale Bezugsdauer von Kurzarbeitsentschädigung bei einem Arbeitsausfall von 85% aufgehoben. Dennoch ist denkbar, dass bestimmte Betriebe den Anspruch auf Kurzarbeitsentschädigung verlieren werden, obwohl sie weiterhin keine Einnahmen erzielen können und Lohnzahlungsverpflichtungen aus länger andauernden befristeten Arbeitsverträgen haben. 140

Hier kann eine Situation vorliegen, bei der im Sinne der clausula rebus sic stantibus eine Vertragsanpassung geprüft werden muss. Eine solche kommt dann in Betracht, wenn durch eine Veränderung der Verhältnisse die Erfüllung des Vertrags, so wie er geschlossen wurde, zumindest für eine Partei nicht mehr zumutbar erscheint. Dies tritt in der Regel wegen einer **gravierenden Störung des Verhältnisses von Leistung und Gegenleistung** (Äquivalenzstörung) ein, wobei sich die Verhältnisse erst nach Vertragsabschluss verändert haben dürfen und die Entwicklung unvorhersehbar gewesen sein muss.[126] 141

Das Bundesgericht hat in BGE 129 III 380 E. 2.2 bestätigt, dass die ausserordentliche Vertragsauflösung nach **Art. 337 OR** die **clausula rebus sic stantibus konkretisiert**. So können nicht nur das Verhalten der anderen Vertragspartei, sondern auch objektive Gründe eine fristlose Kündigung rechtfertigen. Das Bundesgericht weist darauf hin, dass Art. 337 Abs. 2 OR den wichtigen Grund umschreibt, ohne eine Vertragsverletzung oder gar ein Verschulden einer Partei vorauszusetzen. Daher können ausnahmsweise auch von den Parteien nicht zu verantwortende und nicht erwartete Ereignisse oder Umstände eine ausserordentliche Vertragsbeendigung rechtfertigen, wenn sie die wesentlichen Grundlagen der vertraglichen Bindung derart erschüttern, dass eine Fortsetzung der vertraglichen Beziehung subjektiv und objektiv als nicht zumutbar erscheint. Objektiver Grund für eine fristlose Entlassung könne deshalb ein Ereignis sein, mit dem die Parteien bei Vertragsbegründung weder rechnen konnten noch rechnen muss- 142

125 Streiff/von Kaenel/Rudolph, Art. 337 N 10.
126 BSK OR I-Wiegand, Art. 18 N 95.

ten.[127] Allerdings sei nur mit grosser Zurückhaltung vom Vorliegen solcher objektiven Gründe auszugehen. Es ist vorstellbar, dass diese Voraussetzungen nach Ausbruch der Coronakrise beispielsweise für eine ausserordentliche Auflösung eines auf lange Dauer befristeten Arbeitsvertrags in Einzelfällen vorliegen können.

127 BGE 127 III 300 E. 5b.

§ 3 Der «Lockdown» als Herausforderung für die Vertragsparteien bei der Miete und Pacht von Wohn- und Geschäftsräumen – eine Auslegeordnung

Jürg P. Müller*

Inhaltsverzeichnis

* Danken möchte ich für die Durchsicht des Manuskriptes meinen Bürokollegen RA'in lic. iur Stephanie Merkli und Dr. Beat Rohrer und für den formalen Teil im speziellen meiner Assistentin, Frau Barbara Marty.

Literaturverzeichnis

Aepli Viktor, Zürcher Kommentar zum schweizerischen Zivilgesetzbuch, Obligationenrecht, Teilband 5, Das Erlöschen der Obligationen (1. Lieferung Art. 114–126), 1991 (zit. ZK-Aepli); Basler Kommentar zum Obligationenrecht I, 7. Aufl., 2020 (zit. BSK OR I-Autor/in); Basler Kommentar zum Zivilgesetzbuch II, 6. Aufl., 2019 (zit. BSK ZGB II-Autor/in); Berner Kommentar zum schweizerischen Privatrecht, Obligationenrecht (zit. BK-Autor/in); Bohnet François, Gutachten vom 8.4.2020, Druck geplant in Cahiers du bail 2020; Brutschin Sarah/Rubli Xavier/Stastny Pierre, Bezahlung des Mietzinses für Geschäftsräume während der Covid-19-Epidemie, Rechtsgutachten im Auftrag des Mieterinnen- und Mieterverbandes Schweiz (MV-asloca-ASI), Originalfassung franz.; übersetzt ins Deutsche von den Autoren, abrufbar unter: ‹https://www.mieterverband.ch/dam/jcr:b8564082-a549–450b-8683–5a67d39375b7/mv_Gutachten_Covid19_20200327.pdf› (23.6.2020); Commentaire Pratique, droit du bail à loyer et à ferme, 2. Aufl., Basel 2017 (zit. CPra Bail-Autor/in); Dal Molin-Kränzlin Alexandra, Die Zufallshaftung im Schuldnerverzug, in ZBJV 155/2019, S. 402 ff.; Gauch Peter/Aepli Viktor/Stöckli Hubert, Präjudizienbuch OR, Die Rechtsprechung des Bundesgerichts [1875–2015], 9. Aufl., Zürich 2016 (zit. Präjudizienbuch OR [Bearbeiter/in]); Gauch Peter/Schluep Walter R., Obligationenrecht Allgemeiner Teil, Band I und II, 10. Aufl., Zürich 2014; Giger Hans, Berner Kommentar zum schweizerischen Privatrecht, Die Miete, Art. 253–273c OR; Haefeli Andrea/Galli Dario/Vischer Markus, Corona-Virus-Sars-Cov-2: Klärung mietrechtlicher Fragen, in: Jusletter vom 14.4.2020; Jürg P. Müller (Hrsg.), Handbücher für die Anwaltspraxis (HAP), Wohn- und Geschäftsraummiete, Basel 2016 (zit. HAP Immobiliarmietrecht-Autor/in); Markus Müller-Chen/Claire Huguenin (Hrsg.), Handkommentar zum Schweizer Privatrecht, Vertragsverhältnisse Teil 1, 3. Aufl., Zürich 2016 (zit. CHK-Autor/in); Higi Peter, Gutachterliche Stellungnahme zur Frage der Herabsetzung des Mietzinses wegen Mängeln des Geschäftsraums im Zusammenhang mit der «Corona-Pandemie», Zürich, 26.3.2020 (zit. Gutachterliche Stellungnahme), abrufbar unter: ‹https://www.hev-schweiz.ch/info/faqs-corona-und-eigentum/› (23.6.2020); ders., Welche Fragen Covid-19 im Mietrecht aufwirft und die Lösungsansätze», recht aktuell vom 1.4.2020 (zit. Lösungsansätze), ‹https://www.sjz.ch/de/themen/recht-aktuell/welche-fragen-covid-19-im-miet

recht-aufwirft-und-die-losungsansatze› (23.6.2020); Ders., Zürcher Kommentar zum schweizerischen Zivilgesetzbuch, Obligationenrecht, die Miete, zweite Lieferung Art. 266–268b OR, Higi, Zürich 1995 (zit. ZK-Higi); Higi Peter/Bühlmann Anton/Wildisen Christoph, Zürcher Kommentar zum schweizerischen Zivilgesetzbuch, Obligationenrecht, Vorbemerkungen zum 8. Titel (Art. 253–273c OR, Art. 253–265 OR), Die Miete, 5. Aufl., Zürich 2019 (zit. ZK-Higi); Jungo Alexandra, Zürcher Kommentar zum Zivilgesetzbuch, Art 8, 3. Aufl., Zürich 2018 (zit. ZK-Jungo); Iynedjian Marc, Covid-19 – Ordre de fermeture des magasins et restaurants impact sur l'obligation de payer le loyer, Stellungnahmen vom 28.3.2020 und 5.4.2020, abrufbar unter ‹https://www.hev-schweiz.ch/info/faqs-corona-und-eigentum/› (23.6.2020); Kinzer Daniel/Schnyder Sibylle/Dähne Cassandre, Covid 19-Verordnung Miete und Pacht: Die Nachfrist bei Zahlungsrückständen – Praktische Anwendung und Fragen des Übergangsrechts, in: MRA 1/20, S. 19 ff. (zit. Kinzer et al., MRA 1/20, S. 19 ff.); Kramer Ernst A., Neues zur clausula rebus sic stantibus, in: SJZ 110 (2014), Nr. 11, S. 273 f. (zit. SJZ 2014); Lachat David, Avis de droit de Me Marc Iynedjian, dat. 1.4.2020, ‹https://www.asloca.ch/wp-content/uploads/2020/04/Commentaire-Lachat-sur-avis-de-droit-Iynedjian-de-la-FRI_compressed.pdf (23.6.2020); Lachat et al., Mietrecht für die Praxis, 9. Aufl., Zürich 2016 (zit. Mietrecht für die Praxis/Autor/in); Lachat/Brutschin, die Mieten in Zeiten des Coronavirus, mp 2020, S. 99 ff. (zit. mp 2020); Peduzzi Roberto, Die Auswirkungen der Notmassnahmen in der Coronakrise auf Geschäftsmietverträge, in: MRA 1/20, S. 3 ff.; Reichle Sebastian/Stehle Bernhard, Coronavirus und Geschäftsraummiete, Jusletter vom 18.5.2020; Saviaux Nicola, RSBP Legal, Etude d'avocats, Lausanne, Avis de Droit (Covid-19 – paiement du loyer), datiert 26.4.2020, Cahiers du bail 2/20, S. 60 ff.; Schweizerischer Verband der Immobilienwirtschaft (Hrsg.), Das schweizerische Mietrecht, Kommentar, 4. Aufl., Zürich 2018 (zit. SVIT-Kommentar/Bearbeiter/in); Züst Martin, Die Mängelrechte des Mieters von Wohn- und Geschäftsräumen, Bern 1992.

Materialienverzeichnis

Botschaft zur Revision des Miet- und Pachtrechts vom 17.3.1985 (zit. Botschaft); Erläuterungen des Bundesamtes für Gesundheit [BAG] zur COVID-19-Verordnung 2, S. 1 f., Fassung vom 22.4.2020, Stand: 27.4.2020, kurz: «Erläuternder Bericht», abrufbar unter ‹https://www.bag.admin.ch/bag/de/home/krankheiten/ausbrueche-epidemien-pandemien/aktuelle-ausbrueche-epidemien/novel-cov/massnahmen-des-bundes.html› (29.5.2020); Information des BAG vom Juli 2013 zum EpG, abrufbar via ‹https://www.bag.admin.ch/dam/bag/de/dokumente/mt/epidemiengesetz/factsheet-epg-lep.pdf.download.pdf/Factsheet%20EpG_d.pdf› (24.6.2020).

I. Einleitung (Einschränkung des Themas/Überblick)

1 Die Pandemie des Coronavirus hat den Bundesrat zum Erlass von notrechtlichen Bestimmungen veranlasst, die sich in gravierender Art und Weise auf die Nutzung von gewerblichen Flächen durch deren Eigentümer, Mieter oder Pächter ausgewirkt haben. Auch die Pachtverhältnisse sind davon betroffen, wenngleich – soweit heute erkennbar – anzahlmässig in weit weniger starkem Mass.

2 Im Vordergrund stehen bei der Bearbeitung des Themas die zahlreichen öffentlich zugänglichen Geschäftsbetriebe, die ihre Türen ab dem 17.3.2020 für das Publikum mindestens bis zum 26.4.2020 geschlossen halten mussten (**«Schliessungszwang»** beziehungsweise **«Öffnungsverbot»**). Viele Mieter und Pächter, aber auch die Eigentümer, die in den eigenen Räumen ein Gewerbe betreiben, konnten ihre gemieteten beziehungsweise gepachteten Objekte entweder gar nicht mehr oder nur eingeschränkt nut-

zen, was zu erheblichen Umsatzeinbussen und Einnahmenausfällen führte und in Zukunft weiterhin zu solchen führen kann.

Es fragt sich unter anderem, ob solche Mieter und Pächter Anspruch auf eine Miet- beziehungsweise Pachtzinsreduktion oder gar Anspruch auf vollständigen Erlass des geschuldeten Entgelts haben und ob sie vom Vermieter/Verpächter für die erlittenen Umsatz- und Gewinneinbussen Ersatz verlangen können. 3

Auch Fragen über eine richterliche Vertragsanpassung infolge veränderter Verhältnisse, das Erlöschen von Forderungen infolge unverschuldeter Unmöglichkeit sowie die Möglichkeit zur ausserordentlichen Kündigung stehen im Raum. Auf diese und weitere Fragen soll der Beitrag wenn möglich Antworten liefern, wobei die nachfolgenden Ausführungen keinen Anspruch auf Vollständigkeit und ebenso wenig auf eine abschliessende rechtsdogmatische Durchdringung sämtlicher sich stellender Rechtsfragen erheben. 4

Dem Titel des Werkes entsprechend, soll der Beitrag ein «**Panorama**» der sich stellenden Rechtsfragen im Bereich des Miet-, Pacht- und Immobilienrechts und wenn möglich Antworten dazu liefern. Der Autor nimmt sich die Freiheit heraus, einzelne Aspekte etwas vertiefter, andere etwas weniger intensiv zu bearbeiten. 5

II. Abgrenzungen

1. Miete, Pacht und Immobilienrecht

Die Abgrenzung von Miet- und Pachtverhältnissen kann bisweilen Schwierigkeiten bieten.[1] Sie ist für die Beurteilung der nachfolgend aufgeworfenen Problemstellungen aber von untergeordneter Bedeutung: Art. 288 OR erklärt Art. 258 OR und Art. 259a bis Art. 259i OR als sinngemäss anwendbar. Somit haben die nachfolgenden Ausführungen, die zu den Mietverhältnissen gemacht werden, sinngemäss auch für Pachtverhältnisse (z.B. Pacht von Land zum Betrieb eines Freizeitparks oder eines Golfplatzes etc.) Gültigkeit; sie sind jedoch nicht auf die landwirtschaftliche Pacht anwendbar. 6

Die Ausführungen haben ferner keine Gültigkeit für Nutzungsrechte aus anderen Bereichen des Immobilienrechts wie etwa Rechte aus Dienstbarkeitsverträgen (z.B. Baurecht) und anderen Nutzungsverträgen, die nicht gegen Entgelt erfolgen (insbesondere die Gebrauchsleihe gemäss Art. 305 f. OR). Der vorliegende Beitrag befasst sich somit einzig mit Rechtsverhältnissen zur Miete und Pacht. 7

2. Mietverhältnisse über Immobilien im Besonderen

Die Ausführungen im Abschnitt IV. (Mietzinsherabsetzung), V. (Schadenersatz), VI. (Zeitlicher Verzug bei der Übergabe des Mietobjektes), VII. (Kündigung) und VIII. (Mieterstreckung) sind grundsätzlich auf alle Mietverhältnisse gemäss Art. 253 ff. OR anwendbar; also nicht beschränkt auf Wohn- und Geschäftsräume, auch wenn diese bei der Bearbeitung der Problemstellungen im Vordergrund stehen. Die Ausführungen 8

1 Dazu SVIT-Kommentar/Rohrer, Vorbemerkungen zu Art. 253–273c OR N 27 ff.

haben aber im Grundsatz auch Gültigkeit für unbewegliche Sachen und Fahrnisbauten (Art. 266b OR), möblierte Zimmer und Abstell-/Einstellplätze (Art. 266e OR) sowie für reine Lagerflächen.

3. Bewegliche Sachen

9 Auch die Miete von beweglichen Sachen stand nicht im Fokus der Bearbeitung der nachfolgend diskutierten Problemstellungen, wenngleich weite Teile davon auch auf Mietverhältnisse über bewegliche Sachen anwendbar sind.

10 In der Tat könnte sich etwa die Frage der Mangelhaftigkeit des Mietobjektes auch bei einem gemieteten Camper stellen, den ein Mieter Ende Februar 2020 für eine Rundreise durch Europa im März und April 2020 gemietet hat und mit dem die Reise nun wegen der Schliessung der Grenzen nicht planmässig durchgeführt werden kann. Schuldet der Mieter des Campers nun den vollen, nur einen Teil des Mietzinses oder kann er sich gar gänzlich von der Mietzinszahlungspflicht befreien?

4. Mietverhältnisse mit Auslandbezug

11 Die nachfolgenden Ausführungen haben auch Gültigkeit für Mietverhältnisse, welche als Mieter eine juristische Person mit ausländischem Geschäftssitz haben, da diesbezüglich die Gerichte am Ort der gelegenen Sache zuständig sind (Art. 33 ZPO) und – vorbehältlich anderweitiger vertraglicher Absprachen – schweizerisches Recht anwendbar ist.

5. Wohnungsmietverhältnisse

12 Wohnungsmietverhältnisse sind vom Schliessungszwang beziehungsweise Öffnungsverbot nicht direkt betroffen, weshalb auf sie hernach nicht speziell eingegangen wird. Soweit Mieter von Wohnungen durch Einkommensausfälle aufgrund von notrechtlichen Massnahmen (Kurzarbeit, Umsatz- und Gewinneinbussen bei Selbständigerwerbenden etc.) den Mietzins für ihre Wohnung nicht mehr (rechtzeitig) bezahlen konnten, profitieren sie von längeren Zahlungsfristen (dazu unten Rz 32 ff.). Hingegen können sie sich von ihrer Leistungspflicht nicht befreien unter Hinweis auf fehlende finanzielle Mittel, da Geldmangel gemäss einhelliger Lehre und Rechtsprechung bloss eine subjektive Unmöglichkeit begründen kann, die nicht zu einer Befreiung von der Mietzinszahlungspflicht (Art. 119 OR) führt.[2]

III. Notrechtliche Bestimmungen mit Bezug zum Miet- und Pachtrecht

1. Art. 7 EpG als Delegationsnorm für notrechtliche Massnahmen des Bundesrates

13 Das Epidemiengesetz von 1970 wurde einer Totalrevision unterzogen und am 28.9.2012 (mit Inkrafttreten am 1.1.2016) verabschiedet. Den Grund für die Revision bildete das veränderte Marktumfeld (erhöhte Mobilität, Urbanisierung/Verdichtung, klimatische Veränderungen etc.), in welchem sich das Risiko von auftretenden Infektionskrank-

2 BGer v. 12.11.2003, 4C.344/2002, E. 4.2.

heiten erhöht und auch zu einer erhöhten Gefährdung der Gesundheit führt. Hauptziel der Gesetzesrevision war der verbesserte Schutz der öffentlichen Gesundheit und der Schutz der Gesundheit jedes Einzelnen vor übertragbaren Krankheiten und deren Auswirkungen.[3]

Art. 7 EpG dient als Delegationsnorm für die COVID-19-Verordnung 2 vom 13.3.2020 (dazu Rz 15). Gemäss Art. 7 EpG kann der Bundesrat für das ganze Land oder für einzelne Landesteile die notwendigen Massnahmen anordnen, wenn es eine «ausserordentliche Lage» erfordert. Art. 7 EpG ist deklaratorischer Natur und wiederholt auf Gesetzesstufe die verfassungsmässige Kompetenz des Bundesrats gemäss Art. 185 Abs. 3 BV.[4] Die Verfassungsnorm verschafft dem Bundesrat die Kompetenz, Verordnungen und Verfügungen zu erlassen, um eingetretenen oder unmittelbar drohenden schweren Störungen der öffentlichen Ordnung oder der inneren oder äusseren Sicherheit zu begegnen. Solche Verordnungen sind zu befristen. 14

2. Die COVID-19-Verordnung 2

Nach dem Zweckartikel (Art. 1) ordnet die Verordnung Massnahmen gegenüber der Bevölkerung, Organisationen und Institutionen sowie den Kantonen an zur Verminderung des Übertragungsrisikos und zur Bekämpfung des Coronavirus (COVID-19). 15

Für die Bearbeitung des vorliegenden Beitrags stehen die Bestimmungen des 3. Kapitels («Massnahmen gegenüber der Bevölkerung, Organisationen und Institutionen») im Vordergrund. Den dort verankerten Massnahmen zur Verminderung des Übertragungsrisikos liegt die Überlegung zugrunde, dass je näher und länger Personen beieinander sind, desto höher die Wahrscheinlichkeit einer Ansteckung und damit einer Übertragung ist. Die nachfolgenden Hinweise auf einzelne Bestimmungen der COVID-19-Verordnung 2 beziehen sich auf die Fassung vom 29.4.2020 (AS 2020 1401), die im Zeitpunkt der Bearbeitung der entsprechenden Fragen aktuell beziehungsweise in Kraft war. Bei Redaktionsschluss des vorliegenden Beitrages war die Fassung vom 27.5.2020 (AS 2020 1815) in Kraft, in welcher die Lockerungsschritte des Bundesrates (dazu Rz 31) bereits abgebildet sind. 16

Es geht bei den behördlichen Anordnungen also primär um die Vermeidung von Personenansammlungen und die Einhaltung von Distanz von Personen zueinander sowie von Hygienevorschriften.[5] Vom Schliessungszwang beziehungsweise Öffnungsver- 17

3 Vgl. die Information des Bundesamtes für Gesundheit [BAG] vom Juli 2013 zum neuen Epidemiengesetz, Ziff. 1 und 2, abrufbar via ‹https://www.bag.admin.ch/dam/bag/de/dokumente/mt/epidemiengesetz/factsheet-epg-lep.pdf.download.pdf/Factsheet%20EpG_d.pdf› (24.6.2020).

4 Information des BAG vom Juli 2013 zum EpG, S. 2, a.a.O. abrufbar via ‹https://www.bag.admin.ch/dam/bag/de/dokumente/mt/epidemiengesetz/factsheet-epg-lep.pdf.download.pdf/Factsheet%20EpG_d.pdf› (24.6.2020).

5 Erläuterungen des Bundesamtes für Gesundheit [BAG] zur COVID-19-Verordnung 2, S. 1 f., Fassung vom 22.4.2020, Stand: 27.4.2020, kurz: «Erläuternder Bericht», abrufbar unter ‹https://www.bag.admin.ch/bag/de/home/krankheiten/ausbrueche-epidemien-pandemien/aktuelle-ausbrueche-epidemien/novel-cov/massnahmen-des-bundes.html› (24.6.2020).

bot betroffen waren somit öffentlich zugängliche Einrichtungen und Betriebe, bei denen erfahrungsgemäss viele Menschen zusammenkommen. Nicht im Vordergrund standen mit anderen Worten deren Dienstleistungen an sich. Das ist auch der Grund, weshalb nach den Vorstellungen des Bundesrates Restaurantbetriebe auch Take-Away-Dienstleistungen mit Abholungsmöglichkeit anbieten durften.[6]

a) Regelungskompetenz (Art. 1a)

18 Gemäss Art. 1a behalten die Kantone ihre Zuständigkeiten, soweit die COVID-19-Verordnung 2 nichts anderes bestimmt. Konkret bedeutet dies: Hat der Bundesrat eine Regelung getroffen, hat dies zur Folge, dass die Kantone keine Bestimmungen erlassen dürfen, die der Bundesverordnung widersprechen. Sofern der Bund in der Verordnung einen Bereich regelt, ist die Regelung abschliessend und die Kantone haben in diesen Bereichen keinen Handlungsspielraum mehr.[7]

19 Hat der Bundesrat dagegen zu einem Sachverhalt keine (explizite) Regelung getroffen, ist zu prüfen, ob dies in der Absicht erfolgte, den Kantonen eine Regelungsbefugnis einzuräumen. Fehlt es an dieser Absicht, ist von einem qualifizierten Schweigen des Bundesrates auszugehen. Das bedeutet, dass der betreffende Bereich in der ausserordentlichen Lage auch von den Kantonen nicht geregelt werden darf. Es fehlt hier an der Regelungsbefugnis der Kantone.[8]

20 Ist strittig, ob dem Kanton in einem Bereich, in welchem der Bundesrat keine Regelung getroffen hat, eine Regelungsbefugnis zukommt oder nicht, ist die Kompetenz des Kantons durch die üblichen Auslegungsregeln zu bestimmen.[9]

21 Der Bundesrat hat bis zum Redaktionsschluss des vorliegenden Beitrags auf eine Regelung über die Mietzinszahlungspflicht der vom Schliessungszwang beziehungsweise Öffnungsverbot betroffenen Betriebe verzichtet; auch das Parlament hat in seiner Sondersession von anfangs Mai 2020 diesbezüglich nichts geregelt. Den Kantonen ist es daher verwehrt, selber eine Regelung dazu zu erlassen. Das ist auch der Grund, weshalb bis heute einzelne Kantone (soweit aus der Presse bekannt z.B. Genf und Basel-Stadt) Lösungen zwar angeboten haben, aber auf rein freiwilliger Basis. Ein Zwang zur Unterstellung unter diese Regelung besteht weder für den Vermieter noch den Mieter.

b) «Veranstaltungen und Betriebe» im Sinne von Art. 6

22 Soweit die in Art. 6 COVID-19-Verordnung 2 aufgeführten Veranstaltungen und Betriebe zu Auslegungsschwierigkeiten führen, bietet der Erläuternde Bericht, S. 16 ff., mit zahlreichen Beispielen und Detailangaben, eine wichtige Auslegungshilfe.

6 Erläuternder Bericht, S. 20.
7 Erläuternder Bericht, S. 2.
8 Erläuternder Bericht, S. 3.
9 Erläuternder Bericht, S. 3.

aa) Veranstaltungsverbot gemäss Art. 6 Abs. 1

Dieses Verbot steht hier nicht im Vordergrund, wenn von der Ausnahme abgesehen wird, dass ein Veranstalter einen Raum oder eine Fläche zur Durchführung «seiner» Veranstaltung gemietet hat. 23

bb) Betriebe mit Schliessungszwang beziehungsweise Öffnungsverbot gemäss Art. 6 Abs. 2

Gemäss Wortlaut der COVID-19-Verordnung 2 sind beziehungsweise waren öffentlich zugängliche Einrichtungen für das Publikum geschlossen, namentlich die in lit. a–f in der Fassung vom 17.4.2020 aufgeführten. Die Begriffe «Einrichtungen und Betriebe» werden in der Verordnung synonym verwendet. Auf eine wörtliche Wiedergabe wird an dieser Stelle verzichtet, weil der Verordnungstext vom Bundesrat mehrfach überarbeitet wurde, vor allem auch mit Blick auf die verschiedenen Lockerungen, die er mittels sogenannter Transitionsschritte geregelt hat (dazu Rz 31). 24

Der Tatbestand von Art. 6 Abs. 2 COVID-19-Verordnung 2 umfasst zwei Elemente: Zum einen sind gemäss Wortlaut **«öffentlich zugängliche Einrichtungen»** erfasst, bei denen der Bundesrat Betriebe aller Art im Auge hatte. Zum anderen sind die Einrichtungen/Betriebe «nur» (aber immerhin) insoweit betroffen, als sie öffentlich zugänglich sind (**«für das Publikum geschlossen»**). Das bedeutet nach dem Verständnis des Bundesrates, dass etwa im Bereich der Gastronomie die Türen des Restaurantbetriebes nicht verschlossen bleiben mussten und niemandem Zutritt gewährt werden durfte, sondern nur, dass Gäste im Restaurant, das heisst vor Ort, nicht bedient werden durften. Es ist beziehungsweise war zum Beispiel den Restaurantbetreibern folglich erlaubt, Speisen vor Ort abzugeben, sodass sie – quasi als Imbiss-Betriebe, die vom Verbot nicht betroffen waren (Art. 6 Abs. 3 lit. b [Fassung vom 17.4.2020]) – ihre Speisen und Getränke weiterhin anbieten durften. Von dieser Möglichkeit machten einige Gastrobetriebe auch Gebrauch. Die Verwendung des Begriffs des **«Schliessungszwangs»** beziehungsweise **«Öffnungsverbots»** scheint den Tatbestand von Art. 6 Abs. 2 COVID-19-Verordnung 2 am Treffendsten zu umschreiben, wenngleich auch diese Begriffe nach dem Gesagten zu relativieren sind. 25

Die in Art. 6 Abs. 2 [Fassung vom 17.4.2020] «namentlich» erwähnten Betriebe sind nicht abschliessend aufgeführt.[10] 26

cc) Ausnahmen vom Öffnungsverbot (Art. 6 Abs. 3)

Konzeptionell sind beziehungsweise waren die in Art. 6 Abs. 3 aufgeführten Betriebe, welche vom Öffnungsverbot gemäss Abs. 2 ausgenommen waren, **abschliessend** aufgezählt.[11] Zu den Ausnahmen gehörten vor allem Einrichtungen (und Veranstaltungen), die zur Hauptsache der Deckung des täglichen Bedarfs der Bevölkerung dienen und 27

10 Erläuternder Bericht, S. 17, 19.

11 Erläuternder Bericht, S. 19.

– unter den in Abs. 4 aufgeführten Voraussetzungen – zugänglich sein durften; die Voraussetzungen bezogen sich auf die Empfehlungen des Bundesamtes für Gesundheit (BAG) betreffend Hygiene und soziale Distanz und das Verbot von Menschenansammlungen. Vom Öffnungsverbot befreit waren somit Lebensmittelläden, Apotheken, Drogerien und Läden für medizinische Hilfsmittel, Poststellen, Banken etc. Auch Gesundheitseinrichtungen wie Spitäler, Kliniken und Arztpraxen etc. waren vom Verbot befreit. Diese Befreiung galt aber nicht absolut. Den Gesundheitseinrichtungen gemäss Art. 6 Abs. 3 lit. m war es verboten, nicht dringend angezeigte medizinische Untersuchungen, Behandlungen und Therapien (Eingriffe) durchzuführen; behandelt werden durften nur «Notfälle». Was dringlich war, wurde in Art. 10 Abs. 3 näher umschrieben. Es versteht sich von selbst, dass das, was als «Notfall» oder «Notbehandlung» zu qualifizieren ist, bisweilen zu Abgrenzungsschwierigkeiten führen kann. Dieser Aspekt steht hier allerdings nicht im Vordergrund. Zu untersuchen ist aber, wie sich diese teilweise Einschränkung im Betrieb einer Arztpraxis und dergleichen allenfalls auf die Pflicht zur Bezahlung des Mietzinses auswirken kann (dazu Rz 39 ff.).

c) Ausnahmen zu Art. 5 und 6 mit Regelungskompetenz der Kantone (Art. 7)

28 Art. 7 enthält Ausnahmen von den Verboten nach den Art. 5 und 6, welche die Kantone unter den näher aufgeführten Bedingungen (überwiegendes öffentliches Interesse und Vorlegen eines Schutzkonzepts) bewilligen können. Art. 7 ist Ausfluss des Verhältnismässigkeitsgebots[12] und bezieht sich vor allem auf Einrichtungen im Bereich der Versorgung und der Bildung. Unklar ist, wie sich dieses Recht der Kantone zur Regelungskompetenz gemäss Art. 1 bis Art. 1b verhält (s.a. Rz 18 ff.).

d) Inkrafttreten und Geltungsdauer (Art. 12)

29 Die COVID-19-Verordnung 2 trat am 13.3.2020, 15.30 Uhr, in Kraft (ausgenommen Art. 5 mit einem besonderen Datum des Inkrafttretens).

30 Die Verordnung gilt – wiederum von einer Ausnahme abgesehen (Art. 12, Abs. 4) – für die Dauer von 6 Monaten ab Inkrafttreten. Sie hat damit längstens Gültigkeit bis 13.9.2020.

e) Transitionsschritte zu COVID-19-Verordnung 2

31 Die vom Bundesrat verabschiedeten, landläufig als «Lockerungen» bezeichneten schrittweisen Aufhebungen der Öffnungsverbote wurden in sogenannten Transitionsschritten vollzogen. Bei Redaktionsschluss waren folgende Transititionsschritte in Kraft:

- Schritt 1 per 27.4.2020: Coiffeursalons, Bau- und Gartenmärkte etc. (AS 2020 1249);
- Schritt 2 per 11.5.2020: Einkaufsläden, Sportbereich und Schulen (AS 2020 1401);
- Schritt 3 per 27.5.2020: Weitere Lockerungen (AS 2020 1815).

12 Erläuternder Bericht, S. 25.

3. Die COVID-19-Verordnung Miete und Pacht[13]

a) *Inhaltsübersicht und Geltungsdauer*

Die Verordnung regelt Massnahmen im Bereich des Aus- und Einzuges (Art. 1) und erhöhte – in Abweichung von Art. 266e OR – die Kündigungsfrist für möblierte Zimmer und Einstellplätze auf 30 Tage (Art. 3). 32

Im Zentrum der Verordnung steht die Fristverlängerung bei Zahlungsrückständen des Mieters und Pächters (Art. 2 und 4). 33

Die Verordnung trat am 28.3.2020 in Kraft und hatte Gültigkeit bis 31.5.2020 (Art. 5).[14] 34

b) *Fristverlängerungen bei Zahlungsrückständen des Mieters (Art. 2) und Pächters (Art. 4)*

Für Miet- und Pachtzinse (einschliesslich Nebenkosten), die zwischen dem 13.3.2020 und dem 31.5.2020 fällig werden, muss dem Mieter in Abweichung von Art. 257d OR eine Zahlungsfrist von mindestens 90 (anstatt 30) Tagen angesetzt werden. Beim Pachtverhältnis wurde die entsprechende Mahnfrist von 60 auf 120 Tage erhöht (Art. 282 Abs. 1 OR). Anspruch auf eine Erhöhung der Zahlungsfrist hat aber nur derjenige Mieter oder Pächter, welcher «aufgrund der Massnahmen des Bundesrates zur Bekämpfung des Coronavirus mit der Bezahlung von Mietzinsen oder Nebenkosten» in Verzug geraten ist.[15] Der Bundesrat hatte mit dieser Einschränkung primär Mieter und Pächter im Auge, welche vom Schliessungszwang beziehungsweise Öffnungsverbot gemäss Art. 6 COVID-19-Verordnung 2 betroffen waren. Allerdings kann sich jeder Mieter und Pächter darauf berufen. Die Norm ist daher auch anwendbar auf Wohnungsmieter und Geschäftsmieter, welche vom Öffnungsverbot nicht betroffen waren. 35

Da die Ursache für den Zahlungsverzug nur in den seltensten Fällen klar nachweisbar ist, hat sich der vorsichtige Vermieter beziehungsweise Verpächter bei der Fristansetzung mit Kündigungsandrohung der längeren Frist bedienen. Andernfalls läuft er Gefahr, dass seine Zahlungsverzugskündigung wegen der zu kurz angesetzten Mahnfrist für unwirksam erklärt wird. In diesem Fall fehlt es an einer gesetzlichen Voraussetzung für die ausserordentliche Kündigung, was nach bundesgerichtlicher Rechtsprechung zur Unwirksamkeit der Kündigung führt.[16] Allfällige Unsicherheiten bei der Wahl der kurzen (30/60 Tage) oder verlängerten Mahnfrist (90/120 Tage) können sich auch in einem allfälligen Ausweisungsverfahren ungünstig auf den Ausweisungsanspruch des Vermieters auswirken, wenn mit Bezug auf die Ursachen des Zahlungsverzugs beziehungsweise 36

13 Vom 27.3.2020 (SR 221.213.4).

14 Zur Frage der Rechtmässigkeit der Verordnung im Sinne, ob der Bundesrat zum Erlass kompetent beziehungsweise zuständig war, ausführlich: Kinzer et al.; MRA 1/20, S. 24 ff.

15 Siehe dazu ausführlich: Kinzer et al., MRA 1/20, S. 19 ff.

16 BGE 121 III 156 = MRA 4/95, S. 201.

in Zusammenhang mit den vom Bundesrat angeordneten Einschränkungen für den raschen Rechtsschutz kein klares Recht besteht (Art. 257 ZPO).

37 Legte der Vermieter seinem Mahnschreiben die gesetzlich verankerte kurze (30-tägige) Frist zugrunde und wird die gestützt darauf ausgesprochene ausserordentliche Kündigung (Art. 257d Abs. 2 OR) vom Mieter angefochten mit der Begründung, es sei ihm zu Unrecht die kurze Mahnfrist angesetzt worden, stellt sich die Frage nach der **Beweislast** für diesen Einwand. Der Vermieter hat die Einhaltung der gesetzlichen Voraussetzungen für die Zahlungsverzugskündigung nach Art. 257d Abs. 1 OR zu behaupten und zu beweisen; sie stellen die rechtsbegründenden Tatsachen dar (Art. 8 ZGB). Da sich der Mieter auf einen Umstand beruft (Zahlungsverzug als Folge der Massnahmen nach COVID-19-Verordnung 2) und daraus ein Recht auf eine längere Zahlungsfrist ableitet, macht er eine rechtshindernde Tatsache geltend.[17] Für solche ist der Mieter gestützt auf Art. 8 ZGB beweispflichtig.[18] Der Einwand ist als Tatsachenbehauptung vom Mieter ausdrücklich zu erheben. Im Bestreitungsfall ist darüber Beweis zu führen; der Mieter hat zu behaupten und mit geeigneten Beweismitteln zu belegen, dass der Grund für den Zahlungsverzug ein finanzieller Engpass ist beziehungsweise war, der direkte Folge der Massnahmen gemäss COVID-19-Verordnung 2 war (zu verneinen wäre dies wohl zum Beispiel, wenn sich der Mieter bei Ausbruch der Krise in Untersuchungshaft befand). Verzichtet der Mieter auf die Anfechtung der Kündigung und gelangt der Vermieter in der Folge an den Ausweisungsrichter, kann der Einwand des Mieters auch im Ausweisungsverfahren noch erhoben werden, da die ausserordentliche Kündigung infolge Zahlungsverzugs nur wirksam ist, wenn sie gestützt auf ein mit korrekter Frist versehenen Mahnschreiben im Sinne von Art. 257d OR (allenfalls in Verbindung mit Art. 2 COVID-19-Verordnung Miete und Pacht) ausgesprochen wurde. Andernfalls fehlt ihr eine gesetzliche Voraussetzung, was zur Unwirksamkeit führt.[19]

4. Die COVID-19-Verordnung Justiz- und Verfahrensrecht[20]

38 Die Verordnung enthält für Verhandlungen in Zivilverfahren verschiedene Präventionsmassnahmen zum Schutz der Verfahrensbeteiligten. Vorgesehen sind statt der Durchführung von mündlichen Verhandlungen der Einsatz von Videokonferenzen (Art. 2). Des Weiteren enthält die Verordnung Regeln für die Zustellung von Mitteilungen, Verfügungen und Entscheiden der Betreibungs- und Konkursbehörden (Art. 7). Die Verordnung trat am 20.4.2020 in Kraft und hat Gültigkeit bis zum 30.9.2020. Im Übrigen wird auf den Beitrag im Prozessführungs- und Verfahrensrecht in dieser Publikation verwiesen.

17 Zum Begriff: ZK-Jungo, Art. 8 ZGB N 192.

18 Ebenso Kinzer et al., MRA 1/20, S. 30 mit Verweisen.

19 Dazu SVIT-Kommentar/Müller, Vorbemerkungen zu Art. 266–266o N 56.

20 Vom 16.4.2020 (SR 272.18).

IV. Anspruch des Mieters auf Mietzinsherabsetzung oder Mietzinserlass

1. Einleitende Bemerkungen

Nach dem sogenannten «Lockdown» waren innert kürzester Zeit eine Vielzahl von als Rechtsgutachten, gutachterliche Stellungnahmen oder auch bloss als persönliche Meinungsäusserungen bezeichnete Publikationen im Internet verfügbar. Bei den Beiträgen stand – verständlicherweise – die Beurteilung des Anspruchs auf Mietzinsreduktion der Gewerberaummieter im Vordergrund,[21] welche vom behördlich angeordneten Schliessungszwang beziehungsweise vom Öffnungsverbot (Rz 25) betroffen waren und damit im Zusammenhang stehende Fragen (Begriff des mietrechtlichen Mangels, ausserordentliche Kündigungsmöglichkeit, Vertragsanpassung durch den Richter [sogenannte Clausula rebus sic stantibus] etc.). Dabei haben sich – wen wundert es – im Wesentlichen zwei Lager herausgebildet: Gutachten und Stellungnahmen von Anwälten und Juristen, die – teilweise beauftragt von Branchen- und Interessenverbänden – den Mietzinsherabsetzungsanspruch vollständig bejaht oder verneint haben (dazu näheres in Rz 54 ff.). 39

Die dabei vertretenen Thesen sollen nachfolgend einer kritischen Würdigung unterzogen werden. Dies – soweit verfügbar – unter Beizug der bundesgerichtlichen Rechtsprechung insbesondere zum Begriff des mietrechtlichen Mangels und der Rechtsfigur der «Clausula rebus sic stantibus», die als korrektiv zu einer – je nach Sichtweise – als «ungerecht» empfundenen Störung des Leistungsgleichgewichts innerhalb der Vertragsbeziehung herangezogen werden kann. 40

2. Der mietrechtliche Mangel

a) *Begriff*

aa) Gesetzliche Grundlagen: Art. 256, 258 und 259a lit. a OR

Das Gesetz verpflichtet den Vermieter in Art. 253 OR i.V.m. Art. 256 OR, dem Mieter das Mietobjekt in einem zum vorausgesetzten Gebrauch tauglichen Zustand zu übergeben und in demselben zu erhalten. Das Gesetz enthält keine Definition des mietrechtlichen Mangelbegriffs. In Nachachtung zu den allgemeinen Regeln des Vertragsrechtes ist von einem Mangel stets dann auszugehen, wenn der Sache eine zugesicherte Eigenschaft fehlt oder wenn der Sache eine (oder mehrere) Eigenschaften fehlen, die für die Nutzung zum bestimmungsgemässen Gebrauch erforderlich sind und insoweit vom Mieter nach Treu und Glauben auch erwartet werden dürfen.[22] 41

Bei den Mängelarten wird unterschieden zwischen Sachmängeln und Rechtsmängeln.[23] In Art. 259a Abs. 1 OR ist sodann von der «Störung im vertragsgemässen Ge- 42

21 Siehe dazu auch Lachat/Brutschin, mp 2020, S. 104 f.

22 Statt vieler:; ZK-Higi, Art. 258 N 27; HAP Immobiliarmietrecht-Rohrer, Rz 5.1, 5.2 und 5.4; BSK OR I-Weber, Art. 258 N 1; Mietrecht für die Praxis, Roy, S. 200; BGE 135 III 345 E. 3.2 = MRA 4/09, S. 130 ff.

23 Dazu ZK-Higi, Art. 258 N 31 und N 33; HAP Immobiliarmietrecht-Rohrer, Rz 5.19.

brauch» die Rede, welche – neben dem Mangel an der Mietsache – den Mieter berechtigt, die in Art. 259a Abs. 1 lit. a–d OR aufgeführten Mängelrechte auszuüben. Des Weiteren wird zwischen schweren, mittleren und leichten Mängeln unterschieden.[24] Je nach Schwere des Mangels und dem Zeitpunkt, in dem sie vorliegen, stehen dem Mieter unterschiedliche Mängelrechte zu (Art. 258, 259b OR etc.).

bb) Die «Störung im vertragsgemässen Gebrauch»

43 Gemäss einem namhaften Teil der Lehre ist die «Störung im vertragsgemässen Gebrauch» begrifflich vom körperlichen Mangel (Sachmangel) nicht zu unterscheiden.[25] Gemäss TSCHUDI hat Art. 259a OR keine selbständige Bedeutung; die Störung bildet seines Erachtens «keine besondere Kategorie» des Mangels.[26]

44 In der Botschaft zur Revision des Miet- und Pachtrechts vom 27.3.1985 ist davon die Rede, dass der Mieter auch nach revidiertem Recht (mit Inkrafttreten am 1.6.1990) vor Störungen geschützt sein soll, die ihn im Gebrauch der Sache beeinträchtigen, weil der Vermieter in solchen Fällen den Vertrag nicht oder schlecht erfülle.[27] Die Störung des Mieters im Gebrauch der Sache – so die Botschaft – ist einem Mangel gleichstellt.[28]

cc) Bundesgerichtliche Rechtsprechung zum Mangelbegriff

45 Nach der Rechtsprechung des Bundesgerichts ist von einem Mangel des Mietobjektes dann auszugehen, wenn ihm eine Eigenschaft fehlt, auf die der Mieter unter Hinweis auf den vorausgesetzten Gebrauch berechtigterweise zählen durfte.[29] Soweit ersichtlich, hat sich das Bundesgericht mit dem Begriff der Störung im vertragsgemässen Gebrauch bis heute nicht explizit auseinandergesetzt; eine Abgrenzung zum körperlichen Mangel (Sachmangel) kann der bundesgerichtlichen Rechtsprechung nicht entnommen werden.

46 Der Begriff des Mangels ist relativ. Seine Existenz hängt von den Umständen des Einzelfalls ab; massgebend sind dabei namentlich die Lage des Objektes, das Alter und die Beschaffenheit des Mietobjektes sowie die Höhe des dafür geschuldeten Mietzinses.[30]

47 Im Urteil 4A_244/2009 vom 7.9.2009[31] hatte sich das Bundesgericht mit einer erhöhten Lärmbelastung eines Mieters zu befassen: Auf der Bahnlinie zwischen Coppet und Genf wurde eine dritte Spur in Betrieb genommen, was zu 40 zusätzlichen Zügen pro Tag führte; die Erhöhung der damit verbundenen Lärmbelastung stellte gemäss den Erwägungen der Vorinstanz (chambre d'Appel en matière de baux et loyer du canton de

24 ZK-HIGI, Art. 258 N 38 ff.

25 BSK OR I-WEBER, Art. 259a N 3; ZK-HIGI, Art. 258 N 34; HAP Immobiliarmietrecht-ROHRER, Rz 5.1 und 5.18; REICHLE/STEHLE, Jusletter 18.5.2020, Rz 38.

26 In: SVIT-Kommentar/TSCHUDI, Vorbemerkungen zu Art. 258–259i OR N 57.

27 S. 1424.

28 S. 1434.

29 BGer v. 28.6.2013, 4A_58/2012; BGE 135 III 345 E. 3.2 = MRA 4/09, S. 130 ff. m.V. auf BGer v. 28.10.2003, 4C.97/2003.

30 BGer v. 28.6.2013, 4A_582/2012, E. 3.2 mit Verweisen auf Literatur.

31 = BGE 135 III 345, ins Deutsche übersetzt in MRA 4/09, S. 130 ff.

Genève) einen Mangel dar, der während der Mietdauer auftrat und für den der Vermieter einzustehen hatte («... lequel défaut engageait la responsabilité du bailleur.»). Von einer Störung im Gebrauch war nicht die Rede; bei der Zunahme einer Immission, welche das tolerierbare Mass übersteigt, ging das Bundesgericht mit den Vorinstanzen von einem mietrechtlichen Mangel aus.[32]

Auch das Urteil 4A_582/2012 vom 28.6.2013, E. 3.2[33] gibt keinen Aufschluss bei der Abgrenzung des körperlichen Mangels (Sachmangels) von der «Störung im Gebrauch»: Der Mieter verlangte hier eine Mietzinsreduktion (im Urteil des Bundesgerichts offen gelassen), da er für den Betrieb eines Kindergartens ab dem Zeitpunkt einer anderweitigen Nutzung einer Gewerbefläche im Erdgeschoss derselben Liegenschaft nicht mehr über eine vorübergehende Parkierungsmöglichkeit zu Gunsten von Eltern verfügen konnte, die ihre Kinder brachten und abholten, und die er – allerdings ohne entsprechende vertragliche Vereinbarung – in den vergangenen Jahren nutzte. In diesem Entscheid ist vom «Zustand» des Mietobjektes («L'état de la chose diverge de ce qu'il devrait être ...») und der Beschaffenheit der Mietsache die Rede: «La chose ne présente pas une qualité que le bailleur avait promise, ou sur laquelle le locataire pouvait légitimement compter en se référant à l'état approprié à l'usage convenu.», nicht jedoch von einer Störung im Gebrauch. 48

dd) Resultat

Aus den vorerwähnten Analysen zu Lehre und Rechtsprechung und unter Berücksichtigung der Botschaft ergibt sich, dass die Störung im vertragsgemässen Gebrauch vom mietrechtlichen Mangel nicht zu unterscheiden ist und damit auch **keinen selbständigen Tatbestand** gemäss Art. 259a Abs. 1 lit. a OR erfasst, obwohl der Wortlaut der Bestimmung diesen Schluss nahelegt. Die Störung ist als Präzisierung dessen, was unter dem Begriff des Mangels, welcher die Rechte gemäss Art. 259a Abs. 2 OR auslöst, zu verstehen. 49

ee) Zur Frage der Zurechenbarkeit eines mietrechtlichen «Mangels»

Nachfolgend soll der Frage nachgegangen werden, ob gemäss geltender Lehre und Praxis der Mieter auch dann einen Anspruch auf Mietzinsreduktion hat, wenn der Vermieter die Störung beziehungsweise den Mangel nicht zu vertreten hat. 50

Es entspricht einer verbreiteten Auffassung in der Lehre, dass jede «Schlechtleistung», welche sich störend auf die Nutzung des Mietobjektes auswirkt, dem Mieter einen Anspruch auf eine Mietzinsreduktion verschaffen soll.[34] «Wenn der Vermieter nicht richtig leistet, braucht auch der Mieter keine volle Leistung zu erbringen.»[35] 51

32 E. 3.2; siehe zum Entscheid als solchem auch die kritischen Bemerkungen von Futterlieb in MRA 4/09, S. 133 ff.

33 = MRA 4/13, S. 11 ff.

34 BK-Giger, Art. 259d OR N 10.

35 SVIT-Kommentar/Tschudi, Art. 259d OR N 5.

WEBER knüpft den Reduktionsanspruch an einen objektiven Minderwert der Sache. Es geht gemäss WEBER daher um den Ausgleich des durch den Mangel beziehungsweise die Störung entstandenen Ungleichgewichts: «Der Mieter soll nicht den vereinbarten Mietzins zahlen müssen, solange er dafür nicht die volle Gegenleistung erhält.». Nicht erforderlich ist, dass die Störung auf einen dem Vermieter zurechenbaren Eingriff zurückzuführen ist.[36]

52 Nach der Rechtsprechung des Bundesgerichts bezweckt der Reduktionsanspruch des Mieters gemäss Art. 259d OR, das durch einen Mangel am Mietobjekt entstandene Ungleichgewicht zwischen Leistung und Gegenleistung durch eine entsprechende Reduktion des Mietzinses wieder ins Lot zu bringen.[37] Und es entspricht mittlerweile ständiger Praxis, dass Immissionen von einer benachbarten Baustelle oder bewirkt durch Bahnlärm als mietrechtlicher Mangel zu betrachten sind, welche eine Mietzinsreduktion rechtfertigen.[38] Bezogen auf die bauimmissionsbedingten Störungen oder solche, die ihre Ursache im Bahn- oder Fluglärm[39] haben, steht dem Mieter gegenüber seinem Vermieter der Anspruch auf Mietzinsreduktion also grundsätzlich auch dann zu, wenn der Vermieter nicht der Störer ist. Weder die Ursache der Störung noch die Möglichkeit der Beseitigung durch den Vermieter spielen bei der Zurechenbarkeit des Mangels zu seinen Lasten eine Rolle.

53 Der Herabsetzungsanspruch knüpft also ungeachtet der Ursache(n) und auch ohne Berücksichtigung der Frage, ob der Vermieter in der Lage ist, die eine Störung des Leistungsgleichgewichts auslösende Erscheinung zu beseitigen, einzig an einem **objektiven Vergleich der Nutzbarkeit des Mietobjektes mit oder ohne den störenden Einfluss** an.[40]

b) Behördlich angeordnetes Öffnungsverbot des Geschäftsbetriebes als mietrechtlicher Mangel beziehungsweise als Störung im vertragsgemässen Gebrauch?

aa) Eine Auslegeordnung

54 Es wurden in den vergangenen Wochen verschiedene Ad-hoc-Stellungnahmen und Aufsätze zur Frage verfasst, ob der Mieter, dessen Betrieb vom Schliessungszwang beziehungsweise Öffnungsverbot betroffen ist, sich erfolgreich auf einen mietrechtlichen Mangel berufen kann:

36 BSK OR I-WEBER, Art. 259d N 1.

37 BGE 142 III 557 E. 8.3.4 m.V.

38 BGer v. 2.12.2004, 4C.377/2004, E. 2.1 m.V.; BGer v. 7.9.2009, 4A_244/2009, E. 3.1 = mp 1/10, S. 28 ff; BSK OR I-WEBER, Art. 259d N 1; krit. dazu BK-GIGER, Art. 259d OR N 16, der zu Recht darauf hinweist, dass ein Mieter mit Umbauarbeiten auf einem Nachbargrundstück grundsätzlich zu rechnen und die damit verbundenen gewöhnlichen Immissionen hinzunehmen hat.

39 Dazu die Entscheide des BG Bülach v. 24.9.2001 (MRA 2002, S. 20 ff.) und 25.3.2003 (MRA 2003, S. 55 ff.).

40 BGE 130 III 504 E. 6.5, wo das Bundesgericht beim Herabsetzungsanspruch des Mieters und dem Minderungsrecht im Kaufvertrags- und Werkvertragsrecht Parallelen sieht.

Higi stellt sich auf den Standpunkt, das Geschäft, welches der Mieter in dem ihm zum Gebrauch überlassenen Räumlichkeiten betreibe, sei nicht Bestandteil des Mietvertrages, sondern bestehe unabhängig von diesem als Teil der Rechtssphäre des Mieters. Er verneint damit das Vorliegen eines Mangels an der Mietsache.[41] Durch die behördlichen Verbote sei der Betrieb des Geschäftes gestört. Ein Aspekt dieser Störung sei, dass er von der Mietsache nicht den Gebrauch machen könne, den er wolle. Im Gebrauch selber sei der Mieter aber nicht gestört. Nicht die fehlerhafte Leistung des Vermieters sei dafür Ursache, sondern die Unmöglichkeit des Mieters, seinem Geschäft wie gewollt nachzugehen. Die Unmöglichkeit sei eine subjektive, weil in der Art des Geschäfts des Mieters begründet. Zudem sei der Gebrauch bloss eingeschränkt. Nutzungen, die vom Verbot nicht betroffen sind, seien nach wie vor möglich. Zu beachten sei, dass kein Vermieter die Möglichkeit habe, die durch die behördlichen Verbote bewirkte Störung des Betriebes des Mieters zu beseitigen. Insoweit liege auch eine objektive und zugleich unverschuldete Unmöglichkeit im Sinne von Art. 119 OR vor. Der Vermieter habe die Störung des Betriebes nicht zu vertreten.[42] In einem Blog auf der Webseite der Schweizerischen Juristenzeitung (SJZ) erwähnte Higi, die Ursache für die beeinträchtigte oder verunmöglichte Nutzung eines Mietobjektes liege an der behördlichen Massnahme, die sich gegen die Art des Gewerbes beziehungsweise des Geschäftes richte, das der Mieter führt. Das Geschäft sei aber nicht Teil des mietvertraglichen Leistungsversprechens des Vermieters. Das Gleichgewicht der mietvertraglichen Leistungspflichten sei daher nicht gestört und müsse auch nicht ausgeglichen werden.[43] 55

In die ähnliche Richtung zielt **Bohnet**, welcher die Auffassung vertritt, der Betrieb des Mieters sei von der Anordnung gemäss Art. 6 COVID-19-Verordnung 2 betroffen, nicht jedoch die Mietsache als solche. Der Betrieb sei verboten, nicht die Bereitstellung der Räumlichkeiten. Es fehle daher am Mangel am Mietobjekt («defaut de la chose louée»).[44] 56

Die Autoren **Haefeli/Galli/Vischer** verneinen einen Mangel am Mietobjekt, weil die (vereinbarte) Sollbeschaffenheit regelmässig nur objektbezogene und nicht betriebsbezogene Eigenschaften betreffe; dazu passe auch, dass Adressat des Öffnungsverbotes (die Autoren sprechen von «Schliessungsanordnung») der Mieter (und nicht der Vermieter) sei.[45] 57

Ebenso argumentieren die Autoren **Reichle/Stehle** unter Verweis auf die Rechtsprechung des deutschen Bundesgerichtshof (BGH), es sei zwischen «objekt- und betriebsbezogenen Umständen» zu unterscheiden; namentlich zwischen solchen, die sich auf die Lage, Beschaffenheit oder den Zustand des Mietobjektes beziehen.[46] Gesetzgebe- 58

41 Higi, Gutachterliche Stellungnahme, Ziff. 3.

42 Higi, Gutachterliche Stellungnahme, Ziff. 4.

43 Higi, Lösungsansätze, Ziff. 2.3.

44 Bohnet, Gutachten, Ziff. II/A/1., S. 6.

45 Haefeli et al., Jusletter 14.5.2020, Ziffer 2.4, Rz 28–30.

46 Reichle/Stehle, Jusletter 18.5.2020, S. 12/13 m.V. auf Urteil des BGH XII ZR 189/09 vom 13.7.2011, NZM 2011, 727.

rische Massnahmen – so der BGH – könnten nur dann zu einem Mangel am Mietobjekt führen, falls die dadurch bewirkte Gebrauchsbeschränkung unmittelbar mit der konkreten Beschaffenheit, dem Zustand oder der Lage des Pachtobjektes in Zusammenhang stehe. Gesetzgeberische Massnahmen, die den geschäftlichen Erfolg beeinträchtigen, fallen gemäss BGH in den «Risikobereich» des Pächters. Konkret ging es um die Auswirkungen des sogenannten Nichtraucherschutzgesetzes.

59 **Peduzzi** spricht sich dafür aus, der Vermieter erfülle seine Obligation nur (aber immer) dann, wenn das Mietobjekt so beschaffen ist, dass die beabsichtigte gewerbliche Tätigkeit darin ausgeübt werden kann.[47] Zudem verlangt er, dass zwischen dem störenden Ereignis und dem Mietobjekt eine direkte Relation bestehe. Eine «externe» Einwirkung («cause etrangère»), die keinen Bezug zum Mietobjekt habe, sei keine Leistungsstörung.[48]

60 In seinem Avis de droit verneint auch **N. Saviaux** das Vorliegen eines mietrechtlichen Mangels, da durch das verordnete Öffnungsverbot nicht eine Eigenschaft/Qualität («qualité») am Mietobjekt beeinträchtigt gewesen sei, welche versprochen wurde oder mit welcher der Mieter nach Treu und Glauben habe rechnen dürfen.[49] Die Pandemie als Ursache für die Schliessung stehe in keinem Zusammenhang mit der gemieteten Sache; der Mensch, nicht das Mietobjekt sei von den Massnahmen des Bundesrates betroffen.[50] Hätte der Bundesrat statt eines Öffnungsverbotes eine generelle Ausgangssperre für alle Menschen verfügt (analog den Behörden in Wuhan/China, ausgenommen für jene, die für die Aufrechterhaltung der öffentlichen Ordnung und die Versorgung der Menschen mit den unerlässlichen Mitteln [Medizin, Lebensmittel etc.] zuständig sind), wäre niemand auf die Idee gekommen zu behaupten, das Mietobjekt weise einen Mangel auf, weil in diesem Fall der Mieter des nicht von den Ausnahmen betroffenen Betriebes seinen Laden nicht einmal hätte betreten dürfen[51]; dasselbe gälte bei einem Atom- oder Chemie-Unfall mit verseuchter Luft, die die Leute dazu zwingen würde, zu Hause zu bleiben und aufgrund dessen die Betriebe geschlossen blieben.[52]

61 **M. Iynedjian** weist darauf hin, dass der Mieter nur dann von seiner Mietzinszahlungspflicht befreit werden könne, wenn der Vermieter seinen eigenen Pflichten aus dem Mietvertrag nicht nachkomme oder wenn sich der Mieter auf aussergewöhnliche Umstände berufen könne, welche die Erfüllung des Vertrages durch den Mieter (gemeint die Bezahlung des Mietzinses) unzumutbar machen. Die verordneten Schliessungen stellten keine Pflichtverletzungen des Vermieters dar und letzterer habe auch nicht dafür einzustehen, dass öffentlich-rechtliche Regelungen, die während der Mietdauer erlassen werden, die gewerbliche Tätigkeit des Mieters behindern; andernfalls würden

47 Peduzzi, MRA 1/20, S.7.
48 Peduzzi, a.a.O., S. 8.
49 Saviaux, Avis de Droit, Ziff. 3.
50 Saviaux, Avis de Droit, Ziff. 5.
51 Saviaux, Avis de Droit, Ziff. 6.
52 Saviaux, Avis de Droit, Ziff. 7.

– entgegen dem Vertrauensprinzip – wesentliche unternehmerische Risiken unrechtmässig auf den Eigentümer/Vermieter übertragen.[53]

Brutschin et al. bejahen einen Mangel am Mietobjekt, da sich die Bestimmung von Art. 6 COVID-19-Verordnung 2 als öffentlich-rechtliche Vorschrift nicht ausschliesslich an die Mieter richten, sondern zum Schutz der gesamten Bevölkerung gestützt auf Art. 40 des Epidemiengesetzes erlassen worden seien. Solange das Verbot bestehe, dürften die Vermieter das Objekt nicht für eine Nutzung im Sinne der vorerwähnten Bestimmung zur Verfügung stellen.[54] 62

Lachat weist darauf hin, dass ein mietrechtlicher Mangel auch aus öffentlich-rechtlichen Vorschriften resultieren könne, zu denen die COVID-19-Verordnung 2 gehöre.[55] Da Art. 259d OR als klassische Kausalhaftung ausgestaltet sei[56], trage der Vermieter die Folgen aus dem behördlich angeordneten Öffnungsverbot[57]. Es sei gerecht, dass der Vermieter das Risiko des Mietzinsausfalls (oder zumindest jenes über eine erhebliche Reduktion) trage, während der Mieter seine wirtschaftlichen Verluste («pertes commerciales») zu tragen habe.[58] 63

bb) Würdigung

Wie sind die Argumente zur Bejahung oder Verneinung des mietrechtlichen Mangels als Folge des behördlich angeordneten Schliessungszwangs beziehungsweise Öffnungsverbotes gemäss vorstehendem Abschnitt zu würdigen? 64

Vorab ist klarzustellen, dass das behördlich angeordnete Öffnungsverbot vom **freiwilligen Nutzungsverzicht** zu unterscheiden ist. Verzichtet mithin ein Betriebsinhaber freiwillig auf die Nutzung seines Mietobjektes, etwa, weil er aufgrund rückläufiger Gäste- oder Besucherzahlen den Betrieb nicht mehr profitabel führen kann, stellt dies nie eine Störung im Gebrauch des Mietobjektes dar. Der Vermieter erfüllt seine Leistungspflicht zur Überlassung des Mietobjektes im gebrauchstauglichen Zustand (Art. 256 OR) uneingeschränkt. Unter dem Vorbehalt einer vertraglich vereinbarten Gebrauchspflicht ist es dem Mieter freigestellt, ob er das gemietete Objekt im vollen Umfang, nur teilweise oder gar nicht nutzt. 65

Ist das Mietobjekt als Geschäftsraum vermietet, **ohne** nähere Bezeichnung des zulässigen **Verwendungszwecks (Gebrauchszwecks)**, stellt das angeordnete Öffnungsverbot für die in Art. 6 COVID-19-Verordnung 2 umschriebenen Betriebe in der Regel ebenfalls keinen mietrechtlichen Mangel dar: Dem Mieter ist der Gebrauch des Mietobjektes als Geschäftsraum im vertraglich vereinbarten Rahmen möglich. Der Vermieter erfüllt seine Pflicht, das Mietobjekt zum Gebrauch als Geschäftsraum zur Verfügung zu halten. 66

53 Iynedjian, Stellungnahme vom 28.3.2020.
54 Brutschin et al., Rechtsgutachten, Ziff. 1.4.
55 Lachat, Avis de droit, Ziff. 6.
56 Vgl. Ziff. 2.
57 Vgl. Ziff. 8.
58 Lachat, Avis de droit, Ziff. 10.

Es fehlt an einer ausdrücklich vereinbarten Zusicherung über eine bestimmte Nutzung. Davon ausgenommen sind Fälle, in denen im Mietvertrag zwar kein Verwendungszweck ausdrücklich definiert wurde, die Parteien aber beim Vertragsabschluss einen solchen stillschweigend vereinbarten.[59]

67 Die Frage des **«Adressaten»** der Bestimmung von Art. 6 Abs. 2 COVID-19-Verordnung 2 hilft bei der Analyse nicht weiter. Wohl ist zutreffend, dass das Verbot der Öffnung für das Publikum primär vom Inhaber des Betriebes zu beachten ist; er hat es in der Hand, dafür zu sorgen, dass sein Betrieb **für das Publikum** nicht zugänglich ist. Mit dem Begriff «Publikum» hatte der Bundesrat eine bestimmte Anzahl von Personen im Auge; es geht darum, «Menschenansammlungen» in diesen Betrieben zu vermeiden, wobei der Begriff selbstredend relativ zu verstehen ist: Wurden anfänglich Menschenansammlungen über 1000 Personen verboten, reduzierte sich diese Zahl später auf 100 und letztlich gar auf 5 Personen, die sich im öffentlichen Raum treffen. Mithin war es jeder Person verboten, einen öffentlich zugänglichen Betrieb zu betreten, in welchem bereits 5 Personen anwesend waren; diese 5 Personen stellen gleichzeitig das «Publikum» dar. Adressat der Bestimmung ist mithin nicht bloss der Betriebsinhaber selber, sondern auch das «Publikum», welches sich an das Verbot zu halten hat. In der Tat ging es bei Art. 6 Abs. 2 COVID-19-Verordnung 2 denn auch darum, bezüglich öffentlich zugänglicher Einrichtungen und Betriebe zweierlei zu verhindern: Zum einen soll sich keine Mobilität entwickeln für «Güter», die zur Deckung des alltäglichen Lebensbedarfs nicht zwingend notwendig sind» und zum andern will Art. 6 Abs. 2 COVID-19-Verordnung 2 die Gefahr minimieren, dass in diesen Betrieben, bei denen erfahrungsgemäss zahlreiche Leute zusammentreffen, die Empfehlungen des BAG (Hygiene und soziale Distanz) nicht eingehalten werden können.

68 Fraglich erscheint, ob und inwiefern Einschränkungen in der Nutzung eines Mietobjektes, die – wie die COVID-19-Verordnung 2 – im Rahmen von **öffentlich-rechtlichen Vorschriften** erfolgen, als Mangel am Mietobjekt oder Störung im Gebrauch des Mietobjektes zu qualifizieren sind, die zu einem Anspruch auf Mietzinsreduktion führen.[60] Bis zur Inkraftsetzung des bundesrätlichen Notrechts Mitte März 2020, welches sich auf das Geschäfts- und Privatleben in einem Ausmass auswirkte, wie es kaum von jemandem für möglich gehalten wurde, galt es als selbstverständlich, dass die (vertragsgemässe) Nutzung des Mietobjektes von vornherein nur im Rahmen des geltenden (öffentlichen) Rechts, namentlich unter Beachtung der einschlägigen Polizeivorschriften, ausgeübt werden kann und darf. Änderung von Ladenöffnungszeiten und Verkaufsverbote an Sonn- und Feiertagen als Teil solcher Vorschriften wirken sich erfahrungsgemäss ebenso störend auf den Geschäftsbetrieb des Mieters aus und haben Einfluss auf die Höhe von Umsätzen und Einnahmen. Auch beim im Jahr 2010 in der Schweiz eingeführten Rauchverbot zum Schutz von Passivrauchen, welches seither für alle geschlos-

59 Siehe dazu auch BGer v. 28.6.2013, 4A_582/2012, E. 3.2, in welchem erwogen wurde, der Gebrauch eines Mietobjektes («l'usage») könne auch stillschweigend vereinbart werden.

60 Ebenso PEDUZZI, MRA 1/20, S. 8.

senen Räume gilt, wurde befürchtet, dass sich das Verbot insbesondere auf die Umsätze in Gastbetrieben negativ auswirkt.[61] Oder die Reduktion des im Strassenverkehr maximal zulässigen Prozentsatzes für die Blutalkoholkonzentration löste da und dort Ängste der Gastwirte auf wegbrechende Umsätze aus;[62] und dem Vernehmen nach sanken in den Gastbetrieben auch die Umsätze für alkoholische Getränke. Forderungen nach Mietzinsreduktionen blieben – soweit bekannt – damals weitestgehend aus. Das spricht dafür, dass auch aus Sicht der Mieter die Änderungen von öffentlich-rechtlichen Vorschriften, die sich auf die Umsätze eines Betriebes auswirken können, keinen mietrechtlichen Mangel oder eine Störung im Gebrauch begründen. Dabei kann es für die Beurteilung der Mangelhaftigkeit des Mietobjektes nicht darauf ankommen, in welchem Grad sich solche öffentlich-rechtlichen Vorschriften einschränkend auf die Nutzung des Betriebes (und nicht des Mietobjektes) auswirken.[63] Nach hier vertretener Auffassung kann es keine Rolle spielen, dass das Öffnungsverbot nicht im üblichen demokratisch legitimierten Gesetzgebungsverfahren vom Parlament, sondern als notwendige Massnahme vom Bundesrat in einer «ausserordentlichen Lage» gestützt auf Art. 7 EpG erlassen wurde.

Es geht beim Schliessungszwang beziehungsweise Öffnungsverbot gemäss Art. 6 COVID-19-Verordnung 2 nicht um eine «**Betriebsbewilligung**», die dem Mieter (vorübergehend) entzogen wurde. Es stehen nicht die persönlichen Voraussetzungen des Betreibers (z.B. zur Erlangung eines Gastgewerbepatentes [gemäss § 14 Gastgewerbegesetz des Kantons Zürich vom 1. Dezember 1996, AS 935.11]) zur Diskussion oder die technischen Anforderungen, die an den Betrieb des Mietobjektes in feuer- oder gesundheitspolizeilicher Hinsicht gestellt werden. 69

Nicht weiter hilft in diesem Kontext auch BGE 62 II 42 ff.[64] In diesem Entscheid wurde dem Detailhändler «Migros» durch einen behördlichen Akt des «Grand Conseil Vaudoise» die Nutzung seines Ladenlokals zum vorgesehenen Zweck untersagt. Das Bundesgericht sah darin – in Übereinstimmung mit den kantonalen Instanzen – keinen Mangel am Mietobjekt (was aber auch nicht Thema war) und es erachtete auch die Voraussetzungen für die Befreiung von der Mietzinszahlungspflicht nach Art. 119 OR als nicht gegeben. 70

Keine Rolle bei der Beurteilung der aufgeworfenen Frage dürfen sodann **sozialpolitische Überlegungen** spielen: Die wirtschaftlichen Kräfteverhältnisse in einem Mietvertrag können sehr unterschiedlich sein: So können wirtschaftlich potente Mieter, egal aus welcher Branche (Bekleidung, Einrichtung/Möbel, Detailhandel, IT, Versicherungen und Banken etc.), privaten Eigentümern/Vermietern gegenüberstehen, welche die Lie- 71

61 Siehe dazu Bundesgesetz zum Schutz vor Passivrauchen vom 3.10.2008 (SR 818.31).

62 Verordnung der Bundesversammlung über die Alkoholgrenzwerte im Strassenverkehr vom 15.6.2012 (SR 741.13).

63 Siehe dazu auch CPra Bail-Aubert, Art. 258 N 58; Bohnet, Gutachten, Ziff. II/A/2 + 3, S. 4/5; BK-Giger, Vorbemerkungen zu Art. 258–259i N 37, der von einem Rechtsmangel spricht, wenn das öffentliche Recht den Gebrauch der Sache reglementiert; Bohnet, Gutachten, Ziff. II/A/2 + 3, S. 4/5.

64 Urteil vom 25.2.1936.

genschaft als einzigen Vermögenswert besitzen und für die Erfüllung ihres Zinsendienstes gegenüber ihren Kreditgebern auf die Mietzinseinnahmen – manchmal gar existenziell – angewiesen sind. Diese Überlegungen dürfen einzig bei Fragestellungen eine Rolle spielen, in denen die Missbrauchsbestimmungen (Kündigungsschutz, missbräuchlicher Mietzins etc.) anwendbar sind.[65]

72 Kritisch zu hinterfragen ist vorliegend auch, ob die Rechtsprechung des Bundesgerichts zur Mangelhaftigkeit des Mietobjektes als Folge von **bauimmissionsbedingten Störungen** in der Nachbarschaft herangezogen werden kann: GIGER lehnt die geltende Praxis, wonach der Vermieter eine Herabsetzung des Mietzinses auch dann gewähren muss, wenn ihn an der Störung beziehungsweise dessen Ursache kein Verschulden trifft, aus grundsätzlichen Überlegungen ab.[66] Bisweilen wird auch versucht, die erwähnte Praxis (Bauimmission als mängelrelevante Störung im Gebrauch) im Sinne einer Abgrenzung gegenüber der hier zu beurteilenden Problematik (Öffnungsverbot als Störung im vertragsgemässen Gebrauch) damit zu rechtfertigen, dass die bauimmissionsbedingte Störung einen engen räumlichen Bezug zum Mietobjekt aufweise, was bei dem verordneten Schliessungszwang nicht der Fall sei. Will man aber mit dieser Ansicht im Sinne einer **objektiven Betrachtungsweise** alleine auf die störungsfrei gedachte Nutzung des Mietobjektes (im Sinne eines «Mietgenusses») abstellen, kann die Frage des räumlichen Bezugs der Störung zum Mietobjekt keine Rolle spielen.

73 Immerhin darf nicht übersehen werden, dass die wegen Bauimmissionen gewährten Mietzinsreduktionen an die Überlegung anknüpfen, der Vermieter schulde dem Mieter stillschweigend ein **gewisses Mass an Immissionsfreiheit.**[67] Demgegenüber kann nicht – quasi in Analogie dazu – angenommen werden, der Vermieter sichere dem Mieter mit der Gebrauchsüberlassung des Mietobjektes stillschweigend einen minimalen unternehmerischen Erfolg zu, der darin besteht, dass der Mieter mit dem im Mietobjekt betriebenen Geschäft permanent und ohne Einschränkungen Umsätze erzielen kann und dies gar noch in einer bestimmten Mindesthöhe.[68] Umgekehrt könnte der Vermieter aus dem Umstand, dass der Mieter wegen besonderer, ausserordentlicher Ereignisse wie Volksfeste, Weihnachtsmarkt an einem angrenzenden Platz etc. vorübergehend überdurchschnittliche Umsätze erzielt, auch keinen Anspruch auf einen höheren Mietzins ableiten; jedenfalls dann nicht, wenn der Mietzins unabhängig vom erzielten beziehungsweise erzielbaren Umsatz vereinbart worden ist.[69]

---

65 In diese Richtung zielend wohl auch BGE 141 III 101 E. 2.5, wo das Bundesgericht im Zusammenhang mit der Auslegung einer Gesetzesbestimmung festhielt, es sei dabei «die sachlich richtige Entscheidung im normativen Gefüge, ausgerichtet auf ein befriedigendes Ergebnis der ratio regis» anzustreben.

66 BK-GIGER, Art. 259d N 18.

67 SVIT-Kommentar/TSCHUDI, Art. 256 OR N 36 ff. und Vorbemerkungen zu Art. 258–259i OR N 53.

68 So aber LACHAT, Avis de droit, Ziff. 12.

69 Siehe dazu auch KGer SG v. 7.2.1958, in: SJZ 1960, Nr. 30, S. 89 f., gemäss welchem eine Zusicherung darin erblickt werden kann, wenn der Vermieter erklärt, dass mit den Geschäftsräumlichkeiten eine Kundschaft und damit ein Umsatz von einem bestimmten Umfang verbunden sei; werde der Umsatz nicht erreicht, sei der Mieter im vertragsgemässen Gebrauch gestört, was zu einer Herabsetzung des

Zutreffend ist wohl auch, dass das Führen des Betriebs im zum Gebrauch überlassenen Objekt nicht zum **Leistungsversprechen** des Vermieters gehört, da das Mietobjekt hierfür nur tauglich sein muss. Das gilt namentlich dann, wenn für die Beurteilung der Mangelhaftigkeit des Mietobjektes einzig auf die Nichterfüllung oder «Schlechtleistung» einer vertraglichen Pflicht des Vermieters abgestellt wird (Fehlen einer zugesicherten oder für den bestimmungsgemässen Gebrauch erforderlichen Sacheigenschaft), unabhängig davon, ob der Mieter in der Nutzung konkret beeinträchtigt ist.[70] Folgte man der These, wonach ein Mangel stets dann bejaht werden muss, wenn der Mieter keinen «ungeschmälerten Genuss seines Gebrauchsrechts» hat, der vertraglich definiert ist,[71] kann ein solcher Genuss auch ohne Verletzung eines Leistungsversprechens des Vermieters fehlen (z.B. bei bauimmissionsbedingten Störungen aus der Nachbarschaft, die vom Vermieter nicht verhindert werden können). 74

Weder für die eine noch für die andere These spricht, dass gewisse Versicherer Schutz gegen die finanziellen Folgen von Schliessungen oder Quarantänen von Betrieben oder Betriebsstellen gewähren (sogenannte «Epidemie-Versicherung»). Die Möglichkeit zum Abschluss einer solchen Versicherung kann kein Indiz für eine «Risiko»-Verteilung zulasten des Mieters sein, weil sie als Versicherungslösung einer wirtschaftlichen Idee entspringt und nicht Teil der Haftungsregeln des schweizerischen Rechtssystem ist. 75

cc) Eigene Meinung

Im Kern geht es um die Frage, ob eine in Form eines Noterlasses getroffene Anordnung, welche die öffentliche Gesundheit zum Ziel hat und dabei die kommerzielle Nutzung eines Mietobjektes vorübergehend ganz oder teilweise verunmöglicht, einen mietrechtlichen Mangel beziehungsweise eine Störung im vertragsgemässen Gebrauch im Sinne von Art. 259a Abs. 1 OR darstellen kann. Klar ist, dass die Betriebe, welche vom Öffnungsverbot betroffen waren (Ist-Zustand), in der Nutzung ihres Mietobjektes im Vergleich zum «Normalzustand» (= Soll-Zustand) objektiv beeinträchtigt waren. Und unstrittig dürfte sein, dass diese Umstände ausserordentlich, nicht vorhersehbar und unvermeidbar waren. Es fragt sich nun, ob solche Umstände, wenn sie sich störend auf die Nutzung des Mietobjektes auswirken, vom Tatbestand des mietrechtlichen Mangels im Sinne von Art. 259a Abs. 1 OR erfasst sind, was zur Folge hätte, dass solche ausserordentlichen Umstände ausschliesslich der sogenannten «Risikosphäre» des Vermieters zuzuordnen wären.[72] 76

Mietzinses führe und bei gegebenem Verschulden des Vermieters auch die Bezahlung von Schadenersatz zur Folge haben könne.

70 So OGer ZH v. 14.4.2020, NG190024-O, E. 3.2.1.

71 So BSK OR I-Weber, Art. 258 N 1.

72 Zum Aspekt der Risikoverteilung bei der Füllung von Vertragslücken s. Kramer in: SJZ 2014, S. 273 ff., S. 276 f.; s. zum Ganzen auch Dal Molin-Kränzlin, S. 402 ff., welche unter Hinweis auf das Prinzip «Casum sentit Dominus» zu Recht darauf hinweist, dass die Haftung für den Zufall nur dann dem Schuldner der Leistung (vorliegend dem Vermieter/Verpächter) zugeordnet werden kann, wenn dafür

77 Qualifizierte man die mietrechtliche Mängelhaftung des Vermieters gemäss Art. 259a Abs. 1 OR – in Anlehnung an das Haftpflichtrecht – als reine Kausalhaftung, könnte sich der Vermieter dem Herabsetzungsanspruch des Mieters wohl nicht erfolgreich widersetzen.[73] Das würde der Sache aber nicht gerecht: Das Vertragsrecht ist durch die Verschuldenshaftung geprägt. Verantwortlich wird ein Vertragspartner nur dann, wenn ihn an der Schlechterfüllung ein Verschulden trifft.[74]

78 Vor diesem Hintergrund darf das bis heute viel zitierte «Äquivalenzprinzip» bezogen auf die gegenseitigen Leistungen von Vermieter (Gebrauchsüberlassung) und Mieter (Bezahlung des Entgelts) die rechtliche Würdigung nicht dominieren. Ebenso darf der Vermieter gestützt auf die Haftung für mietrechtliche Mängel nicht zusätzlich die Verantwortung für ausserordentliche Umstände tragen müssen, deren Ursache nicht auf sein Verhalten zurückzuführen war und deren Verhinderung, Milderung oder Beseitigung auch nicht in seinem Einflussbereich stand.

79 Nach hier vertretener Auffassung kann die sachgerechte Lösung daher einzig in einer allfälligen Anpassung des Mietvertrages nach der sogenannten **Clausula rebus sic stantibus liegen**.[75]

c) Indirekt vom Öffnungsverbot betroffene Betriebe

80 Es handelt sich dabei um Betriebe, die vom Öffnungsverbot gemäss Art. 6 COVID-19-Verordnung 2 indirekt betroffen sind, als Folge davon aber Umsatzeinbussen in Kauf nehmen mussten (und in Zukunft allenfalls weiterhin müssen), weil sie mit solchen Betrieben beziehungsweise Betrieben des jeweiligen Wirtschaftszweiges in einem mehr oder weniger engen wirtschaftlichen Austauschverhältnis stehen. Darunter fallen zum Beispiel Unternehmen, die Dienstleistungen im Bereich Gastronomie, Medizin, Event etc. erbringen. Dazu gehören aber auch Betriebe, die vom Personenverkehr im In- und aus dem Ausland abhängig sind, wie etwa die Hotellerie, die besonders unter den eingeschränkten Einreisemöglichkeiten in die Schweiz (Art. 3 COVID-19-Verordnung 2) leidet.

81 Diese Mietobjekte weisen ebenfalls keinen mietrechtlichen Mangel auf und ebenso wenig ist der Mieter im vertragsgemässen Gebrauch der Sache im Sinne von Art. 259a Abs. 1 OR gestört, weil diese Mieter das Mietobjekt jederzeit im Rahmen der vertraglichen Abmachungen uneingeschränkt nutzen konnten. Es fehlte solchen Mietobjekten weder an einer zugesicherten Eigenschaft noch an einer Sacheigenschaft, welche der Mieter mit Hinweis auf den vorausgesetzten Gebrauch nach Treu und Glauben erwarten durfte (Rz 41 ff.).

---

ein Zurechnungsgrund in Form eines Gesetzes oder einer vertraglichen Regelung angeführt werden kann; ob insbesondere Art. 259a Abs. 1 OR als eine solche Zuordnungsnorm zu Gunsten des Mieters dienen könnte, ist nach hier vertretener Auffassung zu verneinen.

73 Siehe zum Begriff der Kausalhaftung: BSK OR I-Kessler, Art. 41 N 1.

74 Statt vieler: BSK OR I-Wiegand, Art. 97 OR N 1 und N 42; bezogen auf den Herabsetzungsanspruch des Mieters auch BK-Giger, Art. 259d OR N 18.

75 Dazu unten Rz 104; **a.M.** Peduzzi, MRA 1/20, S. 13 f.

3. Herabsetzungsanspruch nach Art. 259d OR

a) *Voraussetzungen im Allgemeinen*

Wird die Tauglichkeit der Sache zum vorausgesetzten Gebrauch beeinträchtigt oder vermindert, so kann der Mieter vom Vermieter verlangen, dass er den Mietzins vom Zeitpunkt, in dem er vom Mangel erfahren hat, bis zu Behebung des Mangels entsprechend herabsetzt (Art. 259d OR). Vorausgesetzt ist was folgt: 82

- Nachträglicher Mangel (beziehungsweise Störung im vertragsgemässen Gebrauch), der nicht vom Mieter zu vertreten ist und damit eine Abweichung vom vertraglich Vereinbarten darstellt;
- Kenntnisnahme des Vermieters vom Mangel.

Nicht jede Vertragsabweichung verschafft dem Mieter Anspruch auf eine Mietzinsreduktion. Gemäss Rechtsprechung des Bundesgerichts setzt der Anspruch auf Mietzinsreduktion mindestens das Vorhandensein eines mittleren Mangels voraus oder allenfalls eines leichten Mangels, der über einen sehr langen Zeitraum besteht.[76] 83

Art. 259d OR sowie Art. 259a OR sind relativ zwingender Natur, was bedeutet, dass sie zum Nachteil des Mieters nicht abgeändert werden können.[77] Daher sind sogenannte Force-Majeure-Klauseln, die vorsehen, dass die Folgen einer Pandemie als höhere Gewalt vom Mieter zu tragen sind, ungültig. 84

b) *Störung im vertragsgemässen Gebrauch als Grund für die Herabsetzung im Besonderen*

aa) Vorbemerkung

Art. 259d OR spricht nur von der Beeinträchtigung der Gebrauchstauglichkeit, jedoch – im Gegensatz zu Art. 259a lit. a OR – nicht von der «Störung im vertragsgemässen Gebrauch». Es dürfte sich dabei nicht um eine gewollte Unterscheidung von Art. 259d OR gegenüber Art. 259a Abs. 1 OR handeln, sodass Störungen im vertragsgemässen Gebrauch grundsätzlich auch unter den Tatbestand von Art. 259d OR fallen (z.B. Bauimmissionen aus der Nachbarschaft, Flug-, Bahn- und Strassenlärm). 85

bb) Ergebnis

Aus der vorstehenden Analyse zum Mangelbegriff (Rz 41 ff.) ergibt sich, dass allfällige Ansprüche des Mieters auf Mietzinsreduktion aufgrund der verordneten Betriebsschliessungen und Öffnungsverboten nach hier vertretener Auffassung nicht nach Massgabe von Art. 259d OR zu beurteilen sind, weil der behördlich angeordnete Schliessungszwang den Tatbestand des mietrechtlichen Mangels im Sinne von Art. 259a Abs. 1 OR nicht erfüllt (Rz 76 f.). Dennoch soll hernach der Vollständigkeit halber auf die wei- 86

76 BGer v. 28.10.2003, 4C.97/2003 = MRA 2004, S. 69 ff.; BGE 135 III 345, in MRA 2009, S. 130 ff.

77 SVIT-Kommentar/Tschudi, Art. 259d OR N 1; ZK-Higi, Art. 259a N 6 und Art. 259d OR N 4.

teren Voraussetzungen gemäss Art. 259d OR in diesem Kontext kurz eingegangen werden für den Fall, dass dennoch ein Mangel bejaht werden sollte.

c) Kenntnisnahme des Vermieters vom Mangel

87 Gemäss ausdrücklicher Gesetzesvorschrift muss der Vermieter Kenntnis haben vom mietrechtlichen Mangel. Gleichgültig ist grundsätzlich, auf welchem Weg er davon Kenntnis erhalten hat. Nicht zwingend vorausgesetzt ist daher eine Mängelmeldung des Mieters.[78]

88 Bezogen auf die vom Bundesrat angeordneten Schliessungen und Öffnungsverbote kann von der Kenntnisnahme des Vermieters ausgegangen werden, da behördliche Erlasse als dem Rechtsadressaten bekannt zu gelten haben. Der Schliessungszwang beziehungsweise das Öffnungsverbot stellt demnach eine offenkundige, gerichtsnotorische und damit bekannte Tatsache dar; darüber wäre im Streitfall auch nicht Beweis zu führen (Art. 151 ZPO). Eine besondere Rüge wäre jedoch in jenen Fällen erforderlich, in denen Inhalt und Umfang des Schliessungszwangs beziehungsweise des Öffnungsverbotes nicht eindeutig waren; so im Besonderen bei Mietverträgen über Geschäftsräume, in denen kein besonderer oder exakter Verwendungszweck vereinbart wurde oder bei denen die Nutzung in beschränktem Rahmen dennoch zugelassen war (z.B. bei Arztpraxen, Rz 27) und somit die Zulässigkeit der Nutzung im Lichte von Art. 6 COVID-19-Verordnung 2 nicht von vornherein klar war. Dies ist auch Ausfluss der Meldepflicht des Mieters im Sinne von Art. 257g OR, wonach der Mieter dem Vermieter alle Mängel zu melden hat, die er nicht selber zu beseitigen hat.

d) Umfang des Herabsetzungsanspruchs

aa) In zeitlicher Hinsicht

89 Unterschieden wird bei der Herabsetzung des Mietzinses nach Art. 259d OR in zeitlicher und in sachlicher Hinsicht. In zeitlicher Hinsicht wäre die Herabsetzung ab dem Zeitpunkt des Schliessungszwangs beziehungsweise Öffnungsverbots geschuldet. Mit deren Aufhebung fiel der Grund für eine allfällige Herabsetzung des Mietzinses nach Art. 259d OR dahin, weil spätestens ab jenem Zeitpunkt die Nutzung des Mietobjektes ohne Einschränkung zur Verfügung stand. Nicht unter den Tatbestand von Art. 259d OR könnte die Forderung des Mieters subsumiert werden, dass sich die Umsätze auch nach der Wiedereröffnung bloss schleppend entwickeln. Dies gilt jedenfalls solange, als der Betrieb des Mieters trotz weiterhin zu beachtender Massnahmen des massgebenden Schutzkonzepts (insbesondere das Social Distancing) keinen Einschränkungen unterliegt, welche mindestens den Grad eines mittleren Mangels aufweisen müssten. Denn wie ausgeführt, wäre ein mittlerer Mangel Voraussetzung dafür, dass ein Anspruch auf Mietzinsreduktion überhaupt entstehen kann (Rz 83). Ein solcher könnte allenfalls bei einer anzahl-

78 Botschaft, S. 1434.

mässig beschränkten Zulassung von Gästen und Kunden (mithin des «Publikums») in einem Gastrobetrieb als Folge der minimalen Abstandsvorschriften gegeben sein.

bb) In sachlicher Hinsicht

Gemäss Gesetzeswortlaut und Zweck von Art. 259d OR ist das als Folge der Mangelhaftigkeit des Mietobjektes entstandene Ungleichgewicht zwischen der Leistungspflicht des Vermieters (Gebrauchsüberlassung des Mietobjektes) und dem Entgelt des Mieters (Mietzins) auszugleichen. Der Umfang der Mietzinsreduktion entspricht dabei der Wertdifferenz des mängelfreien (Soll-Zustandes) gegenüber dem mängelbehafteten Zustand (Ist-Zustandes) des Mietobjektes. Das Bundesgericht zieht bei der Bemessung der Mietzinsreduktion Parallelen zum Minderungsrecht im Kauf- und Werkvertragsrecht. Auch das Minderungsrecht diene dazu, ein neues Gleichgewicht zwischen den Leistungen herzustellen.[79] 90

Vor diesem Hintergrund wären für die Beurteilung einer allfälligen Mietzinsreduktion auch die bloss möglichen Teilnutzungen im Mietobjekt zu beurteilen. Massgebend wäre dabei – auch im Lichte der Schadenminderungsobliegenheit (Art. 44 OR) – das, was an Teilnutzungen im Mietobjekt möglich war beziehungsweise gewesen wäre und nicht bloss jene, von denen der Mieter tatsächlich Gebrauch machte. 91

Können die Teilnutzungen nicht abschliessend definiert und beurteilt werden, wäre für die Bemessung der Mietzinsreduktion nach Massgabe der bundesgerichtlichen Rechtsprechung auf die konkreten Umstände des einzelnen Falles abzustellen. Der Richter hat dabei ein weites Ermessen.[80] 92

4. Untergang der Leistungspflichten nach Art. 119 OR?

a) Gesetzliche Grundlage (Normanalyse)

Soweit durch Umstände, die der Schuldner nicht zu verantworten hat, seine Leistung unmöglich geworden ist, gilt die Forderung als erloschen. Bei zweiseitigen Verträgen haftet der hiernach freigewordene Schuldner für die bereits empfangene Gegenleistung aus ungerechtfertigter Bereicherung und er verliert die noch nicht erfüllte Gegenforderung (Art. 119 Abs. 1 und 2 OR). 93

Der Tatbestand gemäss Art. 119 Abs. 1 OR umfasst Folgendes: (i) Die vertragliche Leistung wird **nachträglich objektiv unmöglich**, wobei der Untergang der Leistung vom Schuldner nicht zu verantworten ist und damit unverschuldet erfolgt.[81] Der Grund für das Unmöglichwerden der Leistung kann in tatsächlichen oder rechtlichen Umständen liegen. Rechtliche Umstände liegen dann vor, wenn die Unmöglichkeit auf einen Rechtsakt (z.B. Ausfuhrverbot, Enteignung, Gesetzesänderung) zurückzuführen ist.[82] 94

79 BGE 130 III 504 E. 6.5 = MRA 4/04, S. 149 ff. m.V. auf BGE 116 II 305 etc.

80 Art. 4 ZGB; BGE 130 III 504 E. 4.1 = MRA 4/04, S. 149 ff.

81 ZK-Aepli, Art. 119 N 9 und N 30 ff.

82 ZK-Aepli, Art. 119 N 45 m.V.a. BGE 111 II 354.

95 Weitere Voraussetzung (ii) ist, dass die Unmöglichkeit auf **Dauer** besteht: Wie AEPLI zutreffend ausführt, gilt im Grundsatz das Prinzip: «Einmal unmöglich, immer unmöglich» oder aber die Dauer beziehungsweise das Ende der Unmöglichkeit ist nicht absehbar.[83] Ist bei Dauerschuldverhältnissen die Unmöglichkeit der charakteristischen Leistung bloss eine vorübergehende, so gilt sie als dauernde beziehungsweise definitive, wenn feststeht, dass sie bis zum Vertragsende nicht wegfällt.[84]

b) Fälle von Unmöglichkeit nach Art. 119 OR mit Bezug zum Mietrecht in der Praxis

96 Im BGE 57 II 532 (vom 10.11.1931) ging es um eine Mieterin, welche Geschäftsräume zum Betrieb einer Zahnarztpraxis mietete. Im Zeitpunkt des Vertragsabschlusses war sie Inhaberin eines von der zahnärztlichen Schule in Zürich ausgestellten Fähigkeitszeugnisses. Kurz nach Vertragsabschluss erliess die Landsgemeinde Glarus ein Gesetz, wonach die gewerbsmässige Ausübung der zahnärztlichen Praxis nur noch solchen Personen gestattet werden soll, die das eidgenössische Diplom für Zahnärzte erworben haben. Das Bundesgericht hielt dafür, dass die Mieterin mit der entsprechenden Gesetzesänderung bei Vertragsabschluss nicht rechnen musste, weshalb es ihr ohne Verschulden verunmöglicht wurde, das Mietobjekt zum vorausgesetzten Gebrauch zu nutzen. Sie wurde von der Bezahlung des Mietzinses gestützt auf Art. 119 OR befreit.[85]

97 Im BGE 62 II 42 ff. (vom 25.2.1936) hatte das Bundesgericht im Fall «Migros» Folgendes zu entscheiden: Die Migros eröffnete in Lausanne im Juli 1933 Gewerbeflächen zur Nutzung als Lager und Büro. Im November 1933 verbot der «Grand Conseil Vaudoise» Migros die Eröffnung des Betriebes auf waadtländischem Grund, womit ihr die Betriebsbewilligung verweigert wurde. Migros berief sich – analog der Zahnärztin in BGE 57 II 532 – auf die Unmöglichkeit der Vertragserfüllung und kündigte den Vertrag zum Vertragsablauf («à dénoncé le bail pour son échéance au 24 juillet 1934»). Das Bundesgericht lehnte die Anwendung von Art. 119 OR ab und verneinte daher die nachträgliche Leistungsunmöglichkeit von Migros. Das Bundesgericht wies darauf hin, dass Migros das Objekt als reine Geschäftsräume («bail pur et simple de locaux»), ohne näher bezeichnete Nutzung («sans précision d'un usage spéciale», S. 44) gemietet habe. Das Bundesgericht liess offen, ob sich die Klägerin (Migros) allenfalls auf Art. 269a aOR hätte berufen und gestützt darauf den Vertrag «aus wichtigen Gründen» hätte kündigen können; darauf habe sich die Migros nicht berufen.[86] Auch die Anwendung der «Clausula rebus sic stantibus» zog das Bundesgericht in Betracht, verneinte deren Anwendbarkeit aber, weil sich die Mietdauer bloss auf ein Jahr erstreckte (E. 2). Gemäss Bundes-

83 ZK-AEPLI, Art. 119 N 44.

84 ZK-AEPLI, Art. 119 N 123 m.V.; BGer v. 12.11.2003, 4C.344/2002, E. 4.2 in fine.

85 Siehe auch HAEFELI et al., Ziff. 2.3.1, die hier vom sogenannten «Zweckfortfall» als Grund für das Erlöschen der Mietzinszahlungspflicht sprechen.

86 BGE 62 II 42 E. 1.

gericht hatte Migros daher den Mietzins vertragsgemäss zu bezahlen.[87] Nicht geprüft wurde vom Bundesgericht im vorerwähnten Fall, ob das Mietobjekt mangelhaft sei. Indes wies es zurecht daraufhin, dass der Mieter das Mietobjekt bei Berufung auf Art. 119 OR sofort verlassen müsste, da es unzulässig sei, den Nutzen aus dem Mietvertrag behalten zu wollen und gleichzeitig sich von der Zahlungspflicht befreien zu lassen (E. 1, am Schluss).

Im BGE 116 II 512 hat das Bundesgericht einem Mieter, welcher seinen Betrieb (Spielsalon) selber geschlossen hatte, um behördlichen Anordnungen zu entgehen, die Berufung auf die Unmöglichkeit verwehrt und den Mieter damit auch nicht von der Bezahlung des Mietzinses entbunden. 98

Bejaht wurde die Unmöglichkeit der Leistungserbringung demgegenüber bei einem Mieter, der sich das Recht einräumen liess, Geldspielautomaten in einem Restaurant aufzustellen. Der Restaurantbetreiber liess sich das Entgelt für die Beanspruchung der entsprechenden Fläche in seinem Restaurant durch eine Erfolgsbeteiligung (Provision) in Abhängigkeit zur Höhe der Einnahmen aus dem Spielautomat versprechen. Nach Erlass eines entsprechenden Gesetzes durfte mit dem entsprechenden Geldspielautomaten nicht mehr gespielt werden. Infolge nachträglicher objektiver Unmöglichkeit fielen beide Leistungspflichten dahin. Die Erfolgsbeteiligung war nur geschuldet während der Zeit, als der Automat betrieben werden durfte.[88] 99

c) *Würdigung*

Mit der Anordnung des Öffnungsverbotes im Sinne von Art. 6 COVID-19-Verordnung 2 wurde die Hauptleistungspflicht des Vermieters nicht unmöglich. Dem Mieter wurde die Nutzung des Mietobjektes nicht verboten. Bei Mietverträgen, in welchen die Parteien einen Verwendungszweck (Büro, Verkaufsladen, Arztpraxis, Kosmetikstudio etc.) vereinbart hatten, war die Nutzung des Mietobjektes zwar vorübergehend – während des «Lockdowns» – ganz oder teilweise eingeschränkt; nämlich insoweit, als die Zugänglichkeit für das Publikum ausgeschlossen war (Rz 25). Von wohl wenigen Ausnahmen abgesehen, konnten die Mietobjekte – abgesehen vom Zutrittsverbot des Publikums – aber weiterhin genutzt werden. Möglich war so etwa die Nutzung von integrierten Lagerräumen und Büroflächen; beim Restaurant waren die Nutzung der Küche und des Lagers sowie eines allenfalls integrierten Büros etc. uneingeschränkt möglich. 100

Keine Einschränkung in der Nutzung erlitten Mieter, die für ihre Mietobjekte im Mietvertrag keinen Verwendungszweck definierten; mithin solche, in denen dem Mieter das Objekt zur Nutzung als «Geschäftsraum» überlassen wurde. Es stand dem Mieter aufgrund der vertraglichen Absprache frei, wie er die Flächen nutzte und es stand beziehungsweise steht ihm während der gesamten Vertragsdauer auch frei, seine Nutzung 101

87 Siehe dazu auch Haefeli et al., Ziff. 2.3, S. 7, die bei der Migros von einer «Verwendungsunmöglichkeit» sprechen, welche nicht zu einer Befreiung von der Mietzinszahlungspflicht führe.

88 OGer AG (AGVE 1983, S. 20) in: SJZ 81 (1985), S. 181.

in den Schranken der getroffenen Absprachen (und in Beachtung des Gesetzes) zu ändern.[89]

102 Denkbar sind Fälle, in denen die Nutzung vorübergehend vollständig unmöglich wurde, mithin auch keine Teilnutzungen möglich waren (z.B. die Vermietung von Marktstandplätzen, die an bestimmten Tagen in der Woche jeweils für einige Stunden aufgebaut und hernach wieder demontiert werden). Die Anwendbarkeit der Regeln über die Unmöglichkeit gemäss Art. 119 OR scheitert hier allerdings an der fehlenden Dauerhaftigkeit der Unmöglichkeit.

103 Im Sinne eines **Fazits** Folgendes: Die Anordnungen des Bundesrates gemäss COVID-19-Verordnung 2 waren nur für eine bestimmte Dauer und damit vorübergehend in Kraft. Der Tatbestand der Unmöglichkeit wäre höchstens auf solche Verträge anwendbar, die befristet für die Monate März und April 2020 abgeschlossen wurden. In diesen Fällen endigte die Unmöglichkeit der Vertragserfüllung noch vor der Aufhebung der behördlich angeordneten Öffnungsverbote.

5. Clausula rebus sic stantibus

a) Begriff und rechtsdogmatische Einordnung

104 Unter dem Stichwort «Clausula rebus sic stantibus» (nachfolgend: «Clausula») versteht die Praxis die Anpassung des Mietvertrages an veränderte Verhältnisse.[90] Sie ist bis heute gesetzlich nicht fixiert. Im Zuge der Revisionsbestrebungen des schweizerischen Obligationenrechts wurde in Art. 19 des Entwurfs zu einem «Obligationenrecht 2020» immerhin ein Formulierungsvorschlag vorgenommen: «Haben sich die Umstände nach Vertragsabschluss zulasten einer Partei in unvorhersehbarer Weise derart verändert, dass ihr nach Treu und Glauben die Erfüllung der Verpflichtung nicht mehr zumutbar ist, kann das Gericht den Vertrag anpassen oder aufheben.»[91] Nach herrschender Lehre ist die Clausula Ausfluss aus dem Verbot des Rechtsmissbrauchs.[92] Eine neuere Lehre vertritt demgegenüber die Auffassung, die Anpassung des Vertrages an veränderte Verhältnisse sei ein Problem der Vertragslücke und Vertragsergänzung.[93]

105 Zum Verhältnis der Clausula rebus sic stantibus und der Berufung auf Grundlagenirrtum vergleiche Kramer, a.a.O., S. 279.

b) Voraussetzung der Anwendbarkeit der Clausula

106 (i) Die Anpassung des Vertrages an veränderte Verhältnisse stellt einen Eingriff in das Fundamentalprinzip des schweizerischen Vertragsrechts dar, demgemäss Verträge so zu halten sind, wie sie abgeschlossen worden sind («pacta sunt servanda»). Das Bundes-

89 So auch BGE 62 II 42 E. 1, S. 44 unten.

90 Siehe dazu auch § 1 Rz 19 ff.

91 Siehe den Nachweis bei Kramer, Neues zur Clausula rebus sic stantibus, in: SJZ 110 (2014), Nr. 11, S. 273 ff., S. 276.

92 Art. 2 Abs. 2 ZGB; BGE 97 II 390 E. 6.

93 Kramer, a.a.O., S. 276 m.V.

gericht dazu wörtlich: «Grundsätzlich hat jede Partei die Risiken zu tragen, die sich für sie aus der versprochenen Leistung ergeben; sie hat selbst bei langfristigen Verträgen mit folgenschweren Verpflichtungen keinen Anspruch darauf, dass die Erfüllung sich für sie zu einem guten Geschäft gestalte und der Vertrag aufgehoben oder angepasst werde, wenn die Verhältnisse sich während der Vertragsdauer zu ihrem Nachteil ändern und nicht mehr den Erwartungen entsprechen».[94] Deshalb ist primär vorausgesetzt, dass die veränderten Verhältnisse eine **«gravierende Äquivalenzstörung»** zur Folge haben.[95] Oder anders ausgedrückt: Das Beharren auf der vertraglichen Leistung würde trotz der veränderten Verhältnisse geradezu als «wucherische Ausbeutung des Missverhältnisses» und damit einen offenbaren Rechtsmissbrauch darstellen.[96]

(ii) Gefordert ist zusätzlich, dass die Veränderungen **weder voraussehbar noch vermeidbar** waren.[97] Von der fehlenden Voraussehbarkeit ist nicht leichthin auszugehen. Gemäss Rechtsprechung des Bundesgerichts müssen die Parteien bei langfristigen Verträgen damit rechnen, dass sich die zur Zeit des Vertragsabschlusses bestehenden Verhältnisse später ändern. Namentlich Änderungen der Gesetzeslage gelten grundsätzlich nicht als unvorhersehbar. Die Voraussehbarkeit ist allerdings dann zu verneinen, wenn die Änderung der gesetzlichen Grundlagen zwar vorhersehbar war, nicht aber deren Art, Umfang und Auswirkungen auf den Vertrag.[98] 107

(iii) Weiter ist gefordert, dass die betroffene Partei die Änderung der Verhältnisse **nicht selber verursacht** hat.[99] 108

(iv) Zudem verlangt das Bundesgericht, dass die veränderten Verhältnisse nach Vertragsabschluss eingetreten sind und **beide Parteien** von den **veränderten äusseren Umständen gleichermassen betroffen** sind. Das Missverhältnis der Leistungen entsteht daher erst später.[100] 109

c) Rechtsfolgen bei gegebenen Voraussetzungen der Clausula

Bei der Beurteilung der Rechtsfolgen ist zunächst zu prüfen, ob die Parteien eine **vertragliche Anpassungsregel** vorgesehen haben. Solche sind grundsätzlich in den Schranken der Rechtsordnung möglich und zulässig.[101] Bezogen auf die COVID-19-Verordnung 2 bedingten Anpassungen des Mietvertrages ist folglich im Einzelnen zu prüfen, ob die vertraglich vorgesehene Anpassungsregel nicht gegen die zwingenden mietrechtlichen Bestimmungen von Art. 256, 258, 259a und 259d OR verstösst. Unzulässig wären vor diesem Hintergrund vertragliche Absprachen, gemäss welchen der Mieter die Folgen von Extremereignissen wie die im Raum stehende Coronavirus-Pandemie 110

94 BGE 104 II 314/315 E. a.
95 BGE 127 III 300 E. 5b.
96 BGE 122 III 97 E. 3a m.V.
97 BGE 135 III 1 E. 2.4.
98 BGE 127 III 300 E. 5b.
99 BGE 47 II 440 ff., 460; Präjudizienbuch OR (Stehle), Art. 18 N 65.
100 BGE 128 II 428/432 E. 3.
101 Gauch/Schluep, OR AT, Band 1, Rz 1284.

selber zu tragen hätte und wonach insbesondere Ansprüche auf Mietzinsreduktion und Schadenersatz etc. von vornherein ausgeschlossen wären.

111 In zweiter Linie sind **gesetzliche Anpassungsregeln** heranzuziehen.[102] Als solche drängt sich im Mietrecht die Kündigung aus wichtigem Grund im Sinne von Art. 266g OR auf (dazu Näheres in Rz 130). Ferner sieht das landwirtschaftliche Pachtgesetz (LPG) in Art. 13 Folgendes vor: «Ist der gewöhnliche Ertrag wegen eines ausserordentlichen Unglücksfalles oder Naturereignisses vorübergehend beträchtlich zurückgegangen, so kann der Pächter verlangen, dass der Pachtzins für bestimmte Zeit angemessen herabgesetzt wird.» Als weiteres Beispiel für eine gesetzliche Anpassungsregel darf – wenn auch nicht bezogen auf das Mietrecht – Art. 374 Abs. 2 OR (Preisanpassung im Werkvertrag als Folge von «ausserordentlichen Umständen») erwähnt werden.

112 Fehlen eine vertragliche und/oder gesetzliche Anpassungsregel, ist nach dem **hypothetischen Parteiwillen** zu fragen. Also danach, «... *was die Parteien nach dem Grundsatz von Treu und Glauben vereinbart haben würden, wenn sie den eingetretenen Verlauf der Dinge in Betracht gezogen hätten.*», und zwar als vernünftig und korrekt (redlich) handelnde Parteien.[103] Das bedeutet, dass sich die Gerichte bei der Ermittlung dieses Parteiwillens «am Denken und Handeln vernünftiger und redlicher Vertragspartner sowie am Wesen und Zweck des konkret in Frage stehenden Vertrages zu orientieren haben».[104]

d) *Rechtsprechung des Bundesgerichts*

113 In einem der seltenen Fälle mit Bezug zum Miet- beziehungsweise Pachtrecht und veränderten Verhältnissen im hier massgebenden Sinne hatte das Bundesgericht im Jahr 1922[105] über die Leistungspflicht eines Pächters zu befinden, der auf den Schiffen des Vierwaldstättersees einen Restaurationsbetrieb führte. Der Kriegsausbruch hatte zur Folge, dass die Personenfrequenz in zwei Dreijahresperioden (1910–13 und 1914–17), die miteinander verglichen wurden, um rund 44% zurückging, während die Fahrleistung der Dampfschiffe sich gleichzeitig um rund 31% reduzierte. Dies führte zu einer Umsatzeinbusse beim Pächter von rund 52%. Nach Ansicht des Bundesgerichts hatten sich die Verhältnisse für den Pächter derart geändert, dass es sich für ihn um eine vom wirtschaftlichen Gesichtspunkt aus ganz andere beziehungsweise um eine Leistung handelte, die ihm nach Treu und Glauben im Verkehr nicht mehr zugemutet werden konnte (E. 1). Mittels «Expertise» wurde eine «vom Pächter nicht zu vertretende Leistungserschwerung» von rund 42% ermittelt. In diesem Umfang reduzierten die Erst- und Zweitinstanz den Mietzins entsprechend, was vom Bundesgericht als bundesrechtskonform taxiert wurde. Dem erwähnten Entscheid lässt sich allerdings nicht entnehmen, dass diese Lösung dem hypothetischen Parteiwillen entsprochen hätte.

102 Gauch/Schluep, OR AT, Band 1, Rz 1286.

103 BGE 127 III 300/307 E. 6.a.

104 Kramer, SJZ 2014, S. 277 mit kritischen Bemerkungen dazu in Fussnote 28 und weiteren Verweisen.

105 BGE 48 II 249.

Einige Jahre später bejahte das Bundesgericht die Anwendbarkeit der Clausula rebus sic stantibus auf einen Mietvertrag im Grundsatz ausdrücklich;[106] im konkreten Fall eines Restaurantmieters, der die Räumlichkeiten im damals neu zu erstellenden Börsengebäude in Zürich im Mai 1929 für 15 Jahre fest gemietet hatte und nur gerade 6 Monate nach Mietantritt im Juni 1931 auf dem Rechtsweg eine Reduktion des Mietzinses zur Anpassung an veränderte Verhältnisse verlangte, verneinte das Bundesgericht eine Vertragsanpassung gestützt auf die Clausula rebus sic stantibus. 114

Aus dem Umstand, dass in der jüngeren höchstrichterlichen Rechtsprechung – soweit ersichtlich – keine Entscheide ergangen sind, kann weder für noch gegen die Anwendbarkeit der Clausula etwas abgeleitet werden.[107] Vielmehr ist dies dem Umstand zuzuschreiben, dass sich seit den Kriegsjahren des vergangenen Jahrhunderts (1914 bis 1918 und 1939 bis 1945) kaum vergleichbare Ereignisse zugetragen haben. Die mittel- und langfristigen Folgen der sogenannten Corona-Krise auf die Wirtschaft sind aktuell noch kaum absehbar; dennoch dürfte die Krise ein vergleichbares Schadenpotenzial wie ein kriegerisches Ereignis aufweisen und damit zumindest in bestimmten Wirtschaftszweigen zu Umwälzungen führen, die gravierende Äquivalenzstörungen zur Folge haben könnten. 115

e) *Würdigung bezogen auf Mietverhältnisse über Geschäfte, Betriebe und Einrichtungen mit behördlich angeordnetem Schliessungszwang beziehungsweise Öffnungsverbot*

Davon ausgehend, dass Geschäftsmietverträge in den seltensten Fällen gültige Klauseln darüber enthalten dürften, wer – Mieter oder Vermieter oder beide – die Folgen des eingetretenen Extremereignisses zu tragen hat, steht nach hier vertretener Auffassung der richterliche Eingriff in das Vertragsverhältnis im Zentrum. Liegt eine schwere Äquivalenzstörung (Rz 106) als Folge des behördlich angeordneten Schliessungszwangs beziehungsweise Öffnungsverbotes vor, ist die Clausula das richtige Instrument, um für die Parteien in dieser ausserordentlichen Situation eine unter allen Aspekten sachgerechte Lösung zu treffen.[108] 116

Der zwingende Charakter von Art. 266g OR spricht nicht gegen die alternative Anwendbarkeit der Clausula neben der Kündigung aus wichtigem Grund, denn die Vor- 117

106 BGE 59 II 372 E. 2 und 4.

107 **Anders** Peduzzi, MRA 1/20, S. 14.

108 Für die Anwendbarkeit der Clausula rebus sic stantibus sprechen sich aus: BK-Giger, Art. 257 N 37; Reichle/Stehle, Jusletter 18.5.2020, Ziff. 3.5.2, S. 18; Lachat, Avis de droit, Ziff. 16; Brutschin et al., Rechtsgutachten, Ziff. 4; zustimmend auch Haefeli et al., Ziff. 2.5; gegen die Anwendbarkeit sprechen sich aus: ZK-Higi, Art. 266g OR N 26, der die Anwendbarkeit der Clausula wegen des zwingenden Charakters von Art. 266g OR verneint; CHK-Hulliger/Heinrich, Art. 266 OR N 2; Peduzzi, MRA 1/20, S. 14; Saviaux, Avis de droit, Ziffer 15; offengelassen von Bohnet, Gutachten, Ziff. D/5; unklar: BSK OR I-Weber, Art. 266g N 1, der die Kündigung nach Art. 266g OR als «Umsetzung» der Clausula bezeichnet; unklar auch Iynedjian, Stellungnahme vom 28.3.2020, S. 6/7, welcher aber erwähnt, dass bei der Schliessung eines Betriebes von ca. einem Monat die erforderliche Äquivalenzstörung in jedem Fall nicht gegeben sei.

aussetzungen für die Anwendbarkeit der beiden Rechtsbehelfe unterscheiden sich voneinander in einem wesentlichen Punkt: Gemäss bundesgerichtlicher Rechtsprechung steht bei der Kündigung aus wichtigem Grund der Schutz der Persönlichkeit im Sinne von Art. 27 ZGB im Vordergrund; die betreffende Partei soll sich von der Vertragsbindung befreien können, weil eine Fortführung des Vertrages eine unzumutbare Einschränkung ihrer Persönlichkeitsrechte bedeuten würde. Im Gegensatz dazu, wo die veränderten Verhältnisse also nur beim Kündigenden eingetreten sein müssen, ist für die Anwendbarkeit der Clausula vorausgesetzt, dass beide Parteien von den veränderten Verhältnissen betroffen sind.[109]

118 Die von der Lehre und Rechtsprechung entwickelten Voraussetzungen (Rz 106), bei denen die Clausula zur Anwendung gelangen soll, sind – vorbehältlich der gravierenden Äquivalenzstörung, die in jedem Einzelfall separat zu prüfen ist – mit dem eingetretenen Extremereignis von COVID-19 geradezu mustergültig erfüllt. Es wird bei einer gerichtlichen Auseinandersetzung im konkreten Fall unter Würdigung der konkreten Umstände zu prüfen sein, wie sich die Folgen des behördlichen angeordneten Öffnungsverbotes auf das Leistungs(un)gleichgewicht des Mietvertrages auswirken, wobei die Höhe des Mietzinses im Vergleich zum erzielbaren Umsatz im Vordergrund stehen wird. Zu beachten ist, dass es die Parteien aber primär selber in der Hand haben, eine sachgerechte Lösung zur Überwindung des eingetretenen Missverhältnisses der vertraglich geschuldeten Leistungen zu finden. Erst wenn sie dabei scheitern, kommt der Richter zum Zug, der diese Lösung unter Würdigung sämtlicher Umstände und in der Absicht, den Rechtsfrieden unter den Parteien wiederherzustellen, herbeiführen soll.

119 Als Lösungsansätze kommen dabei in Frage: die Auflösung, die Verkürzung, die Verlängerung und die inhaltliche Anpassung des Mietvertrags.[110] Um die sachgerechte Lösung zu treffen, hat sich der Richter – wie erwähnt – zu fragen, wie die Parteien im Zeitpunkt des Vertragsabschlusses die Konsequenzen geregelt hätten, wenn sie damals an das Ereignis der Coronavirus-Pandemie und die daraus entstandenen Folgen (vorübergehendes Öffnungsverbot, Ein- und Ausreisebeschränkung, Massnahmen über die Hygiene und Social Distancing etc.) gedacht hätten. Dabei dürften – nebst weiteren – folgende Überlegungen eine Rolle spielen:

- **Interessenlage** beider Parteien am Vertragsabschluss: Handelte es sich um einen sehr begehrten Standort, wäre die Mietpartei wohl eher bereit gewesen, die Folgen und damit das Risiko einer vorübergehenden Schliessung oder eingeschränkten Nutzung ihres Betriebes als Folge eines Extremereignisses einzugehen; umgekehrt wäre die Sachlage, falls der Vermieter beim Vertragsabschluss froh war, für sein Objekt einen (geeigneten) Mieter zu finden.

109 BGE 128 III 428 E. 3c.

110 Gauch/Schluep, OR AT, Rz 1291 m.V.; differenziert ZK-Higi, Art. 266g OR N 20 ff. und N 25,26, gemäss dem für den Richter bei der Anwendung der Clausula die Vertragsauflösung ausgeschlossen ist, da Art. 266g OR als zwingend ausgestaltete Norm keinen weiteren Raum lasse für anderweitige inhaltliche Vertragsanpassungen.

- **Risikofähigkeit und Risikobereitschaft**: Welche der beiden Parteien wäre eher in der Lage, willens und bereit gewesen, das Risiko des nun eingetretenen Extremereignisses beziehungsweise dessen Folgen zu tragen?
- **Finanzkraft des Mieters**: Diese spielt bei der Ermittlung des hypothetischen Parteiwillens eine nicht unerhebliche Rolle: Ein Mieter, der absehbar nicht in der Lage wäre, das finanzielle Risiko eines vorübergehenden Öffnungsverbotes zu tragen, wäre als vernünftig und redlich handelnde Partei und damit bei sorgfältiger Geschäftsführung diese Pflicht – vorbehältlich der Möglichkeit der Abdeckung über die Versicherung – nicht eingegangen. Umgekehrt spricht eine hohe wirtschaftliche Leistungsfähigkeit eines Mieters beim Vertragsabschluss dafür, das Risiko eines vorübergehenden Umsatzeinbruchs aus eigener Kraft tragen zu können und dazu auch bereit gewesen zu sein.
- **Wirtschaftliche Verhältnisse des Vermieters**: Auch diese spielen in diesem Kontext eine Rolle. Der Vermieter, welcher auf die Mietzinseinnahmen zur Bestreitung seines Lebensunterhaltes angewiesen ist, hätte sich bei Vertragsabschluss hinsichtlich Auswahl des Mieters, Höhe des Mietzinses und Dauer des Vertrages etc. eventuell anders verhalten, wenn er das Risiko des nun eingetretenen Extremereignisses bedacht hätte.
- **Möglichkeit der Versicherung**: Der Aspekt der Möglichkeit, ein solches Risiko zu versichern, wäre für den Fall, dass die Parteien das Risiko bedacht hätten, wohl ebenfalls zur Sprache gekommen. Nicht zulässig ist nach hier vertretener Auffassung allerdings der Umkehrschluss, der Mieter hätte das Risiko übernommen, weil er die Möglichkeit gehabt hätte, dieses im Rahmen einer Epidemien-Versicherung zu decken (s.a. Rz 75).

Da damit zu rechnen ist, dass die Ermittlung des hypothetischen Parteiwillens alleine in der Regel kaum zu einem unter allen Aspekten befriedigenden Ergebnis führt, sind für den Entscheid über die angemessene Lösung bei Anwendung der Clausula auf Miet-/Pachtverträge in der Corona-Krise auch folgende Umstände in Betracht zu ziehen: 120

- **Umfang und Konditionen von Hilfeleistungen**, welche dem Mieter (oder allenfalls dem Vermieter) von Seiten der öffentlichen Hand zur Überwindung der Krise bereitgestellt und von diesen in Anspruch genommen wurden, insbesondere in Form von Darlehen und Direktzahlungen. Auch ist zu berücksichtigen, ob und falls ja, in welchem Rahmen dem Mieter im Verlaufe der Zeit das ihm gewährte Darlehen erlassen wurde beziehungsweise wird (z.B. wiederum auf dem Weg eines bundesrätlichen oder parlamentarischen notrechtlichen Erlasses).
- Umgekehrt müsste auch berücksichtigt werden, falls der Vermieter von einem Entgegenkommen seines Kreditgebers profitieren kann. In der Tat könnte man sich fragen, ob der Vermieter, der sich als Folge eines allfälligen notrechtlichen Erlasses (durch Bundesrat oder Parlament) für eine bestimmte Phase mit einem reduzierten Mietzins begnügen muss, nicht seinerseits einen Teilerlass des Hypothekarzinses beanspruchen könnte. Wenngleich solches – soweit ersichtlich – bislang nicht disku-

tiert worden ist, wäre dies im Lichte der oft thematisierten Solidarität und Opfersymmetrie eine denkbare Entlastung, die bei der Beurteilung der sachgerechten Lösung zu Gunsten des Vermieters zu berücksichtigen wäre.

- Massgebend muss sodann auch der von KRAMER angesprochene Aspekt des **Veränderungsrisikos** sein, den die Vertragsparteien namentlich in einem Dauerschuldverhältnis zu tragen haben.[111] Zu Recht weist KRAMER darauf hin, dass die Verteilung dieses Risikos nicht zwingend hälftig und somit paritätisch auf den Schultern beider Parteien lastet. So hat im Grundsatz jede Partei die Risiken zu tragen, die sich für sie aus der versprochenen Leistung ergeben; vor allem bei langfristig abgeschlossenen Verträgen bietet die Dauer der vertraglichen Bindung sowohl Chancen als auch Risiken und es dürfte häufig auch so sein, dass sich das Geschäft des Mieters im Verlaufe der Vertragsdauer unterschiedlich und vor allem nicht gleichmässig entwickelt. Trat das Öffnungsverbot bei einem Geschäftsraummieter erst gegen Ende einer mehrjährigen Vertragsdauer ein, dürfte sich ein richterlicher Eingriff zur Korrektur der eingetretenen oder erst drohenden Äquivalenzstörung kaum rechtfertigen; vor allem dann, wenn der Mieter auf einen erfolgreichen Geschäftsgang zurückblicken kann.
- Auch die (positiven oder negativen) **Erfolgsaussichten des Betriebes in den Monaten nach Aufhebung des Öffnungsverbotes** sind – zumindest hilfsweise – zu berücksichtigen: Gelingt es dem Mieter, die erzielten Umsätze vor Eintritt der Coronavirus-Krise zu erreichen oder gar zu übertreffen? Sind allfällige nachträgliche Mehrerträge als Kompensation heranzuziehen (Stichwort: Aufgestautes Ausgabeverhalten des Konsumenten, welches sich in einer späteren Phase durch einen höheren Konsum beim Umsatz überproportional niederschlägt). Und sogleich stellt sich hier die Anschlussfrage nach der Dauer des Beobachtungszeitraumes in der Zukunft.[112]
- Von Bedeutung sind ferner auch die Massnahmen, welche der krisenbetroffene Mieter zur Abfederung seiner Umsatzeinbussen selber ergriffen hat beziehungsweise hätte ergreifen können und in Nachachtung der Prinzipien der Schadensminderungsobliegenheit auch hätte ergreifen müssen (Art. 99 Abs. 3 i.V.m. Art. 44 OR).

6. Rückforderung von bereits bezahlten Mietzinsen?

121 Bezüglich jener Mieter, welche den März-Mietzins 2020 pränumerando und damit bereits vor Anordnung des Öffnungsverbotes für das Publikum bezahlt haben, stellt sich die Frage, ob diese den bereits bezahlten Mietzins zurückfordern können. Sollte sich erweisen, dass dem Mieter ein Anspruch auf Mietzinsreduktion oder gar ein gänzlicher Er-

111 Dazu KRAMER, SJZ 2014, S. 274 f.

112 Vgl. dazu auch BGE 47 II 441 E. 4, worin das Bundesgericht erwogen hat, dass bei Verträgen, die auf lange Dauer abgeschlossen sind, Ergebnisse von guten und schlechten Jahren «ineinander zu rechnen» sind (konkret bezogen auf einen Stromlieferungsvertrag mit im Voraus vereinbarten Strompreisen, die aus Sicht der Stromlieferantin im Verlaufe der Jahre und als Folge des Krieges mit den damit verbundenen wirtschaftlichen Umwälzungen nicht beziehungsweise kaum mehr kostendeckend waren).

lass zusteht, ist eine Rückforderung möglich. Das Bundesgericht hat den Rückforderungsanspruch des Mieters, der sich wegen eines Mangels am Mietobjekt später als zu hoch erwies, als **vertraglichen Anspruch** qualifiziert.[113] Diese Regeln sind auch anwendbar auf einen Anspruch des Mieters gestützt auf die mittels richterlicher Vertragsanpassung zugesprochene Mietzinsreduktion.

Solche Ansprüche verjähren innert 5 Jahren.[114] 122

V. Anspruch auf Schadenersatz

Da der Eintritt der Coronavirus-Pandemie und deren Folgen vom Vermieter/Verpächter 123 nicht verschuldet sind, fehlt es an einer unerlässlichen Haftungsvoraussetzung aus Vertrag (Art. 97 OR). Der Vermieter/Verpächter wird sich durch Exkulpation von der Haftung befreien können. Er haftet folglich nicht für einen beim Mieter aufgrund der Massnahmen gemäss COVID-19-Verordnung 2 eingetretenen Schaden.

Ein Verschulden des Vermieters könnte – wenn überhaupt – höchstens dann aktuell 124 werden, wenn in einer Gewerbeliegenschaft ein Infektionsfall registriert wird, die Behörden gestützt auf Art. 40 Abs. 1 lit. c EpG ein Zutrittsverbot verfügen und dieser Infektionsfall nachweisbar auf Unterlassungen des Vermieters zurückzuführen ist, die das behördlich angeordnete Zutrittsverbot begünstigt haben. Die Unterlassung könnte sich dabei insbesondere auf ungenügenden Unterhalt und Reinigung in der Liegenschaft beziehen.

VI. Zeitlicher Verzug bei der Übergabe des Mietobjektes als direkte Folge der Coronavirus-Pandemie

1. Problemstellung

Zu beleuchten ist kurz, wie sich die Rechtslage präsentiert, falls der Vermieter das Miet- 125 objekt nicht im vereinbarten Zeitpunkt übergeben kann, weil sich deren Fertigstellung als Folge von Leistungsstörungen der Unternehmer, die auf die Coronavirus-Pandemie zurückzuführen sind, verzögert hat. Die Ausführungen haben gleichsam Gültigkeit für die verzögerte Übergabe bei einem Erstbezug wie bei einem Wiederbezug des Mietobjektes nach umfassender Sanierung.

2. Rechtslage nach Art. 258 OR

Übergibt der Vermieter die Sache nicht zum vereinbarten Zeitpunkt oder mit Mängeln, 126 welche die Tauglichkeit zum vorausgesetzten Gebrauch ausschliessen oder erheblich beeinträchtigen, so kann der Mieter nach den Art. 107 bis Art. 109 OR über die Nichterfüllung von Verträgen vorgehen (Art. 258 Abs. 1 OR). Übernimmt der Mieter die Sache jedoch trotz derartiger Mängel und beharrt er auf gehöriger Erfüllung des Vertrages, so

113 BGE 130 III 504 E. 6.5 = MRA 4/04, S. 149 ff.

114 Art. 128 Ziff. 1 OR; BGE 130 III 504 E. 6.5 = MRA 4/04, S. 149 ff.

kann er gemäss Art. 258 Abs. 2 OR nur diejenigen Ansprüche geltend machen, die ihm auch bei Entstehung von Mängeln während der Mietdauer zustünden (Art. 259a bis Art. 259i OR).

127 Kann der Vermieter das Mietobjekt nicht rechtzeitig auf den Übergabetermin im vertragsgemässen Zustand übergeben und sind die fehlenden Eigenschaften als **schwerer Mangel** zu qualifizieren, befindet sich der Vermieter in Verzug. Dem Vermieter ist diesfalls eine **angemessene Frist zur nachträglichen Erfüllung** (Übergabe des Mietobjektes) anzusetzen. Nur dann kann der Mieter die ihm nach Art. 107 Abs. 2 OR zustehenden Wahlrechte ausüben.[115] Die Nachfrist ist dabei so zu bemessen, dass es dem Vermieter möglich ist, innerhalb der angesetzten Frist vertragskonform zu erfüllen. Die Bemessung dieser Frist kann für den Mieter mitunter schwierig sein, da er – wenn überhaupt – nur schwer abschätzen kann, wie lange der Vermieter für die Behebung der Mängel beziehungsweise die Fertigstellung des Mietobjektes benötigt. Hier haben die allgemeinen Regeln der Nachfristansetzung im Sinne von Art. 107 Abs. 1 OR Gültigkeit. Ist der Mieter der Auffassung, die angesetzte Nachfrist sei zu kurz, hat er dagegen zu remonstrieren.[116] Leistet der Vermieter nicht innerhalb der angemessenen Nachfrist, stehen dem Mieter die Wahlrechte gemäss Art. 107 Abs. 2 OR zur Verfügung (Beharren auf vertragskonformer Erfüllung oder Verzicht auf die Erfüllung des Mietvertrages und dabei (i) entweder die Erklärung abgeben, er verlange Ersatz des aus der Nichterfüllung entstandenen Schadens [positives Vertragsinteresse] oder (ii) er trete vom Vertrag zurück [Art. 109 Abs. 1 OR] und verlange Ersatz aus dem Dahinfallen des Vertrages [Art. 109 Abs. 2 OR, negatives Vertragsinteresse]).

128 Die Frage ist allenfalls, wie lange sich der Mieter bis zur vertragsgemässen Erfüllung gedulden muss. Bei der Frage der Angemessenheit der Nachfrist sind nicht bloss die Interessen des Vermieters, sondern auch jene des Mieters angemessen zu berücksichtigen. Letzterem wäre beispielsweise nicht zuzumuten, übermässig lange auf die Fertigstellung beziehungsweise Übergabe des Mietobjektes im vereinbarten Zustand warten zu müssen, bis er seine Wahlrechte ausüben und allenfalls vom Vertrag zurücktreten und ein anderes Mietobjekt mieten kann. Als Richtschnur hat das Bundesgericht Folgendes festgehalten: Die Angemessenheit der Frist bemesse sich «nicht allgemein, sondern hängt von den Umständen des einzelnen Falles, namentlich von der Art der Leistung und dem Interesse des Gläubigers an der baldigen Erfüllung ab. Je grösser dieses Interesse und je leichter die Leistung zu erbringen ist, umso kürzer darf die Frist bemessen sein, und umgekehrt.».[117]

129 Ist das Mietobjekt am vereinbarten Zeitpunkt mit **mittleren oder leichten** Mängeln behaftet, kommt Art. 258 Abs. 3 OR zum Zug. Der Mieter ist verpflichtet, das Mietobjekt zu übernehmen. Ihm stehen die Rechte nach Art. 259a bis Art. 259i OR zur Verfügung (im Wesentlichen Anspruch auf Mängelbeseitigung, Mietzinsherabsetzung und Schadenersatz).

115 ZK-Higi, Art. 258 N 61.

116 BSK OR 1-Wiegand, Art. 107 N 9–10 m.V. auf teilweise abweichende Lehrmeinungen dazu.

117 BGE 103 II 102 E. 1b.

VII. Kündigung

1. Gesetzliche Grundlage und Kündigungsvoraussetzungen im Allgemeinen

Von Interesse ist vorliegend nur die ausserordentliche Kündigung aus wichtigem Grund 130 (Art. 266g OR). Wichtige Gründe sind gemäss Wortlaut von Art. 266g OR dann gegeben, wenn sie die Vertragserfüllung für die kündigende Partei unzumutbar machen (Art. 266g Abs. 1 OR). Vorausgesetzt ist somit ein Dreifaches:

- (i) Umstände, die zur Unzumutbarkeit führen, sind bei Vertragsabschluss weder bekannt noch voraussehbar;
- (ii) Die kündigende Partei darf kein Verschulden treffen (gilt sowohl für die Vermieter- als auch die Mieterkündigung);
- (iii) Die Umstände machen die Erfüllung des Mietvertrages für die kündigende Partei bis zum ordentlichen Beendigungstermin bei objektiver Betrachtung unzumutbar; sie müssen gemäss Bundesgericht von ausserordentlicher Schwere sein (d'une gravité exceptionnelle) und sie müssen für den Kündigenden auch subjektiv unzumutbar sein. Bei zu langem Zuwarten mit der Kündigung riskiert der Kündigende, dass die Unzumutbarkeit (subjektiv) verneint wird.[118]

Der urteilenden Behörde steht bei der Würdigung der Kündigungsvoraussetzungen ein 131 weites **Ermessen** zu.[119] Zu berücksichtigen sind im Rahmen dieses Ermessens: (i) Der Grundsatz der Verbindlichkeit von Verträgen, (ii) die Rechtssicherheit sowie (iii) die Interessen der Gegenpartei.[120]

In BGE 46 II 173[121] bejahte das Bundesgericht den wichtigen Grund bei einem Mie- 132 ter, der 4 Jahre nach Mietbeginn bei einem 10-jährigen Mietvertrag wegen der kriegerischen Ereignisse nicht mehr in der Lage war, den Mietzins zu bezahlen.

In BGE 60 II 205[122] hatte sich das Bundesgericht mit der Kündigung eines Restau- 133 rantpächters zu beschäftigen: Dieser schätzte die konjunkturelle Entwicklung fehlerhaft ein, was zur Folge hatte, dass der vereinbarte Pachtzins für den Pächter zu einer «unerträglichen Last wurde» (E. 4). Dabei ging das Bundesgericht gestützt auf eine unbestrittene Expertise davon aus, dass der vereinbarte Pachtzins bereits zu Beginn des Pachtverhältnisses «untragbar» war und «in kürzester Zeit zum Ruin des Pächters» führen musste. Gemäss Feststellungen zum Sachverhalt ging der Umsatz im dritten Jahr (1933) gegenüber dem ersten Jahr (1931) um 46% zurück. Dabei ging das Bundesgericht nach den tatsächlichen Feststellungen davon aus, dass Ursache für den Umsatzrückgang nicht eine blosse «Konjunkturschwankung» gewesen sei, weil für den Pächter auch keine Aus-

118 BGer v. 17.4.2012, 4A_142/2012, E. 3.1 m.w.V. = MRA 4/12, S. 237 ff.

119 Grundlegend dazu: BGE 128 III 428 E. 3 bezogen auf einen Darlehensvertrag und den Begriff des wichtigen Grundes für die Auflösung von Dauerschuldverträgen.

120 SVIT-Kommentar/Müller, Art. 266g N 17.

121 Urteil vom 16.3.1920.

122 Urteil vom 29.5.1934.

sicht bestanden habe, zufolge zukünftiger günstiger Entwicklung des Geschäftsverlaufs die in zwei schlechten Jahren erlittenen Verluste decken zu können (E. 4, S. 215).

134 Die Partei, welche sich auf wichtige Gründe im Sinne von Art. 266g OR beruft, ist für deren Vorliegen behauptungs- und **beweispflichtig** (Art. 8 ZGB). Insbesondere hat die kündigende Partei die Umstände im Einzelnen darzulegen und im Bestreitungsfall auch zu beweisen, welche zur Unzumutbarkeit der Vertragserfüllung führen sollen.[123]

135 Liegen die wichtigen Gründe, auf die sich die kündigende Partei beruft, nicht vor oder sind sie nicht beweisbar, führt dies zur **Unwirksamkeit** der Kündigung.[124]

136 Bei der **Ausübung des Kündigungsrechts** ist Folgendes bedeutsam: Es ist nach hier vertretener Auffassung lediglich die Auflösung des ganzen Mietverhältnisses möglich. Teilkündigungen analog einer modifizierten Teilnichtigkeit im Sinne von Art. 20 Abs. 2 OR sind abzulehnen, da Gestaltungsrechte nur bezogen auf das gesamte Mietverhältnis und nicht bezogen auf Teile davon ausgeübt werden können.[125] So ist es einem Mieter, der beispielsweise zwei Geschosse gemietet hat, verwehrt, den Vertrag lediglich bezogen auf ein Geschoss zu kündigen. Hinwieder ist es ihm freigestellt, einen Teil seiner Flächen – unter dem Vorbehalt der Zustimmung des Vermieters (Art. 262 OR) – unterzuvermieten.

2. Art. 266g OR im Kontext der Corona-Pandemie

137 Wie oben ausgeführt, können bloss vorübergehende Umstände ohne voraussehbar dauerhafte Beeinträchtigung in der Nutzung des Mietobjektes in der Regel keinen wichtigen Grund im Sinne von Art. 266g OR darstellen. Das gilt speziell dann, wenn Aussicht darauf besteht, die schlechten Ergebnisse während des **«Lockdowns»** bis zum Vertragsende ganz oder zumindest teilweise zu kompensieren. Nachfolgend soll anhand von zwei unterschiedlichen Konstellationen untersucht werden, unter welchen Voraussetzungen das Öffnungsverbot im Sinne von Art. 6 Abs. 2 COVID-19-Verordnung 2 einen wichtigen Grund im Sinne von Art. 266g OR darstellen kann, welcher die Erfüllung des Mietvertrages – entweder für den Mieter oder den Vermieter – unzumutbar macht. Vor Redaktionsschluss dieses Beitrages stand fest, dass ein (kleinerer) Teil der Betriebe wie Bau- und Gartenfachmärkte (einschliesslich Gärtnereien und Blumenläden), Betriebe mit personenbezogenen Dienstleistungen mit Körperkontakt (wie z.B. Coiffeure, Massagen, Kosmetik etc.) ihre Türen für das Publikum ab 27.4.2020 und der grosse Teil ab 11.5.2020 (Verkaufsläden, Restaurants etc.) wieder öffnen durfte. Es stellen sich vor diesem Hintergrund die Fragen:

138 (i) wie Kündigungen zu beurteilen sind, die von einem Mieter zwischen der Bekanntgabe des «Lockdowns» (16.3.2020, siehe Art. 6 Abs. 2 COVID-19-Verordnung 2) bis zur Bekanntgabe der Aufhebung des Öffnungsverbotes für seinen Betrieb am 16.4.2020 (siehe Transitionsschritt 1 mit der Änderung der COVID-19-Verordnung 2 vom 16.4.2020) beziehungsweise am 29.4.2020 (siehe Transitionsschritt 2 mit der Än-

123 Statt vieler: BSK OR I-Weber, Art. 266g N 5.

124 BGE 135 III 441 E. 3.1; 121 III 156 E. 1c/aa; CHK-Hulliger/Heinrich, Art. 266g N 7.

125 Offengelassen bei Haefeli et al., Jusletter, S. 9, Ziff. 2.5.

derung der COVID-19-Verordnung 2 vom 29.4.2020) ausserordentlich – unter Berufung auf Art. 266g OR – gekündigt worden sind;

(ii) ob ein Mieter (oder allenfalls auch ein Vermieter) sich auch heute noch, nach 139
Bekanntgabe der Aufhebung des Öffnungsverbotes erfolgreich auf das ausserordentliche Kündigungsrecht berufen kann.

a) *Kündigung nach Bekanntgabe des «Lockdowns» bis zur Bekanntgabe der Aufhebung des Öffnungsverbotes*

Umstände, die in dieser Konstellation massgebend sind für die Beurteilung der Unzu- 140
mutbarkeit, sind im Wesentlichen:

- Die voraussichtliche Dauer der Schliessung im Zeitpunkt der Kündigung ist ungewiss;
- Es ist für den Mieter bereits bei Bekanntgabe des «Lockdowns» absehbar, dass die Folgen der Schliessung beziehungsweise des Öffnungsverbotes für ihn beziehungsweise seinen Betrieb in wirtschaftlicher Hinsicht gravierend sind;
- Kündigungen von Angestellten, die in einer von der Krise besonders betroffenen Branche arbeiten und die aus Angst um den Verlust des Arbeitsplatzes von sich aus eine andere Arbeitsstelle suchen, führen zu einer erheblichen Schwächung des Betriebes.

Eine Kündigung aus wichtigem Grund, die von einem Mieter ausgesprochen wurde, be- 141
vor der Bundesrat (BR) die Lockerung oder vollständige Aufhebung des Öffnungsverbotes bekanntgab, kann nur dann Aussicht auf Erfolg haben, falls der Mieter nachweisen kann, dass bereits die kurz nach Bekanntgabe des Öffnungsverbotes eingetretenen Veränderungen in seinem Betrieb zu derart gravierenden Umwälzungen geführt haben oder noch führen werden, dass mit einer Normalisierung in absehbarer Zeit nach Treu und Glauben nicht gerechnet werden kann. Es sind hier primär Betriebe in Branchen angesprochen, die von den Auswirkungen der Pandemie in besonderem Mass betroffen sind (Hotellerie, Gastronomie, Unterhaltung). Der kündigende Mieter hat also nachzuweisen, dass für ihn bei objektiver Betrachtung bereits in jenem Zeitpunkt absehbar war, dass sein Betrieb keine Chancen auf wirtschaftliche Erholung hat.

b) *Kündigung im Zeitpunkt nach erfolgter Bekanntgabe der Lockerung über das Öffnungsverbot*

Knüpft man bei dieser Konstellation an die Rechtsprechung des Bundesgerichts aus dem 142
Jahr 1934 (s. Rz 133 mit BGE 60 II 205) an, muss der kündigende Mieter behaupten und nachweisen können, dass für ihn im Zeitpunkt der Kündigung keine Aussicht bestanden habe, dass er die erlittenen Verluste während der Phase des Öffnungsverbotes zufolge künftiger günstiger Entwicklung des Geschäftsverlaufs ganz oder teilweise kompensieren kann. Oder pointierter ausgedrückt: Trotz Lockerung der erwähnten Verbote wäre bei Weiterführung des Mietvertrages der drohende Ruin nicht abzuwenden. Was das genau

bedeutet, ist im Einzelfall unter Würdigung sämtlicher Umstände zu prüfen. Anspruchsvoll dürfte dies zu beurteilen sein bei Mietparteien, die in Konzernstrukturen organisiert sind, deren einzelne Gesellschaften mit unterschiedlichen Zukunftsperspektiven rechnen beziehungsweise rechnen müssen. Hier stellt sich die Frage, ob für die Beurteilung der Erfolgsaussichten eines Geschäftsbetriebes einzig auf diesen beziehungsweise die entsprechende Gesellschaft, mit welcher der Mietvertrag abgeschlossen worden ist, abgestellt werden muss oder ob – analog dem gesellschaftsrechtlichen Durchgriff – allenfalls auf die konsolidierten Aussichten und Prognosen der Gruppe, welcher die Gesellschaft angehört, zurückgegriffen werden kann.[126] Dies gilt selbstredend nicht bloss für schweizerische Konzerngesellschaften, sondern auch für internationale Konzerne mit länderübergreifenden Strukturen. Sollen mit anderen Worten bei Ländergesellschaften mit Sitz in der Schweiz die Ertragsprognosen von Konzerngesellschaften mit Sitz in anderen Ländern auch eine Rolle spielen?

143 Keine Rolle für die Beurteilung des wichtigen Grundes spielen in der Regel Umstände, die lediglich vorübergehender Natur sind.

144 Zu berücksichtigen für die Beurteilung des wichtigen Grundes sind auch **Ad-hoc-Bemühungen des Mieters**, sich an die veränderten Verhältnisse anzupassen. Das heisst, ob, und wenn ja, welche Vorkehrungen hat der Mieter mit einem Gewerbebetrieb getroffen, die bei objektiver Betrachtung möglich und zumutbar waren, um wegbrechende Umsätze ganz oder teilweise aufzufangen. Solche Massnahmen und Vorkehrungen können vom Mieter nach Treu und Glauben verlangt werden. Folglich wäre auch die Berufung auf die Unzumutbarkeit unstatthaft, falls sich herausstellt, dass der Mieter das Ereignis der Coronavirus-Pandemie für die längst erwünschte vorzeitige Vertragsauflösung auszunützen versucht. Als Massnahmen im Vordergrund stehen hier insbesondere der Aufbau oder die Optimierung des Online-Verkaufs oder die Online-Beratung. Wo dies – wie zum Beispiel bei Fitness-Centern – nicht möglich war bzw ist, drängt sich die Frage nach Online-Ersatzprogrammen auf, die allenfalls gegen Entgelt angeboten werden können.

c) Fristen und Termine

145 Zwingend zu beachten ist die 6-monatige Kündigungsfrist gemäss Art. 266g OR. Möglich ist die Kündigung auf einen «beliebigen Zeitpunkt», was bedeutet, dass die Kündigung nicht zwingend auf ein Monatsende auszusprechen ist.[127]

3. Kündigung des Vermieters

146 Der Vollständigkeit halber sei hier erwähnt, dass sich bei gegebenen Voraussetzungen auch Vermieter auf die ausserordentliche Kündigungsmöglichkeit von Art. 266g OR berufen können.

126 Zum Tatbestand des gesellschaftsrechtlichen Durchgriffs siehe BGer v. 25.8.2009, 4A_160/2009, E. 4.3.1; BGE 132 III 489 E. 3.2; 128 II 329 E. 2.4; 121 III 319 E. 5a/aa.

127 Mietrecht für die Praxis/Spirig, S. 736; Bohnet, Gutachten, Ziff. C/3.

4. Regelung der vermögensrechtlichen Folgen bei gültiger Kündigung

Gemäss Art. 266g Abs. 2 OR bestimmt der Richter die vermögensrechtlichen Folgen der vorzeitigen Kündigung unter Würdigung aller Umstände. Zu ersetzen ist grundsätzlich der Erfüllungsschaden.[128] Dieser ist in Anwendung von Art. 99 i.V.m. Art. 33 und 44 OR zu bemessen.[129] Zu beachten sind dabei unter anderem die **finanziellen Verhältnisse** beider Parteien: Der Umstand, dass die geschädigte Partei wohlhabend ist und die schädigende Partei in bescheidenen finanziellen Verhältnissen lebt, spricht gegen eine Billigkeitshaftung. Das gilt nach Bundesgericht insbesondere dann, wenn die Gefahr besteht, dass der Mieter (als «Schädiger») durch die Ersatzpflicht in eine Notlage geraten könnte.[130] 147

Mit zu berücksichtigen ist auch ein allfälliges **Selbstverschulden** der geschädigten Partei, bei einer Kündigung des Mieters mithin jenes des Vermieters. Ein solches könnte etwa darin erblickt werden, dass der Vermieter seinerseits seine Pflichten aus dem Mietverhältnis bis zum Kündigungszeitpunkt verletzte, was den Geschäftsgang des Mieters negativ beeinflusste. Umgekehrt sind – wie erwähnt – auch die beide Parteien treffende Obliegenheit zur Schadenminderung zu berücksichtigen.[131] 148

Denkbar und in der Regel zumutbar wären allenfalls die kurzfristige **Zwischen-Vermietung** zur Linderung der Mietzinsausfälle des Vermieters oder eine andere geeignete Zwischennutzung. 149

Siehe im Übrigen auch BGE 46 II 173,[132] worin das Bundesgericht festhielt, ein Mieter, der aus wichtigem Grund kündigt, darf nicht schlechter gestellt sein durch die richterlich bestimmten Vermögensfolgen, als wenn er den Vertrag verletzt hätte (E. 2, S. 173). 150

5. Pflicht zur Anfechtung der (Mieter-)Kündigung?

Sollte der Vermieter die Auffassung vertreten, die Kündigung seines Mieters gestützt auf Art. 266 OR sei nicht rechtens, stellt sich die Frage der Anfechtung. 151

Grundsätzlich zeitigt eine Kündigung, bei welcher die wichtigen Gründe im Sinne von Art. 266g OR verneint werden, keine Wirkung. Solche Kündigungen sind unwirksam und vergleichbar mit einer nichtigen Kündigung.[133] 152

Will der Vermieter indes Verstösse gegen Treu und Glauben geltend machen (Art. 271 Abs. 1 OR), können diese lediglich im Kündigungsschutzverfahren vorgebracht werden.[134] 153

128 ZK-Higi, Art. 266g N 80.

129 Grundlegend BGE 122 III 262 E. 2a.

130 BGE 122 III 262 E. 2a/aa.

131 Siehe zum Ganzen auch SVIT-Kommentar/Müller, Art. 266g N 43 ff.

132 Vom 16.3.1920.

133 BGE 121 III 156 = MRA 4/95, S. 201; zum Ganzen auch SVIT-Kommentar/Futterlieb, Art. 271 N 16.

134 BGer v. 27.4.2004, 4C.34.2004, E. 3 = MRA 3/04, S. 87 ff., wobei dieser Entscheid noch unter dem Geltungsbereich von Art. 274g aOR gefällt wurde. In jenem Verfahren hatte sich der Ausweisungsrichter vorfrageweise auch mit der Gültigkeit der Kündigung zu befassen, bevor er über den Räumungs-

154 Zur Schaffung klarer Verhältnisse ist es auch statthaft, die Feststellung der Unwirksamkeit einer ausserordentlichen Kündigung (Art. 266g OR) durch das Gericht zu verlangen.[135] Ein solches Rechtsbegehren des Vermieters könnte etwa wie folgt lauten: *«Es sei feststellen, dass die Kündigung des Mieters vom … unwirksam, eventualiter ungültig ist.»* Zu beachten ist bei der Anfechtung der Kündigung die 30-tägige Frist gemäss Art. 273 Abs. 1 OR.

VIII. Mieterstreckung

155 Der Mieter kann die Erstreckung eines befristeten oder unbefristeten Mietverhältnisses verlangen, wenn die Beendigung der Miete für ihn oder seine Familie eine Härte zur Folge hätte, die durch die Interessen des Vermieters nicht zu rechtfertigen wäre (Art. 272 Abs. 1 OR). Als Härtegründe können alle Umstände in Betracht fallen, die es dem Mieter verunmöglichen oder zumindest erschweren, auf den Ablauf des Mietverhältnisses ein geeignetes und unter Würdigung aller Umstände für ihn zumutbares Ersatzobjekt zu finden.[136] Massgebend sind die Verhältnisse im Zeitpunkt des Erstreckungsentscheides.[137]

156 Denkbar ist, dass sich die Pandemie auf die Einkommenssituation und damit auch die wirtschaftlichen Verhältnisse des Wohnungsmieters ungünstig ausgewirkt hat, was erstreckungsrechtlich von Bedeutung sein kann (Art. 272 Abs. 2 lit. c OR).

157 Nicht als Härtegrund angeführt werden kann die Pandemie als solche, etwa insoweit, als der Mieter geltend macht, er sei deswegen in der Suche nach einem geeigneten Ersatzobjekt eingeschränkt gewesen: Suchbemühungen werden heute ebenso wie vor dem Ausbruch der Pandemie üblicherweise mit Hilfe der einschlägigen Online-Plattformen (Homegate, Comparis etc.) vorgenommen, was jederzeit möglich war beziehungsweise weiterhin ist. Auch die Besichtigung von Wohnungen (und Geschäftsräumen) war und ist unter Beachtung der Regeln der Hygiene und des Distanzhaltens ohne Einschränkung durchführbar. Selbst in der Phase des «Lockdowns» war dies möglich und zulässig, nachdem der Bundesrat in jener Phase das Zügeln ausdrücklich für zulässig erklärt hatte (Art. 1 COVID-19-Verordnung Miete und Pacht).

---

anspruch entschied (sogenannte Kompetenzattraktion; SVIT-Kommentar/Futterlieb, Art. 271 N 16 und N 19 m.V.).

135 BGE 142 III 278 ff. E. 4.1; 142 III 402 E. 2.5.4; BSK OR 1-Weber, Art. 273 N 6.

136 BGE 142 III 336 E. 5.3.1.; BGer v. 19.2.2018, 4A_368/2017, E. 7.1; OGer ZH v. 29.11.2018, NG180005-O, E. 2; BSK OR I-Weber, Art. 272 N 3; HAP Immobiliarmietrecht-Ruf, Rz 4.24.

137 OGer BE v. 10.9.2019, ZK 19 139, E. 14.1 m.V.

IX. Einzelfragen

1. Sind Vereinbarungen über Ansprüche auf Mietzinsreduktion im Zusammenhang mit dem «Lockdown» trotz allfälligem parlamentarischem Erlass rechtsbeständig?

Während der Sondersession der eidgenössischen Räte anfangs Mai 2020 wurden verschiedene Lösungsansätze diskutiert für eine gesetzliche Regelung, welche den gänzlichen oder teilweisen Erlass des Mietzinses von Geschäftsraummietern zum Gegenstand hatten.[138] National- und Ständerat konnten sich in der Sondersession anfangs Mai nicht zu einer Lösung durchringen. Sie einigten sich aber in der ordentlichen Session anfangs Juni 2020 über eine Motion, die verlangt, dass bei Gewerbemietverhältnissen mit einem monatlichen Mietzins bis CHF 15 000, die vom Öffnungsverbot direkt betroffen waren, ein Anspruch auf Mietzinserlass von 60% besteht. Der Bundesrat ist nun verpflichtet, ein entsprechendes Gesetz auszuarbeiten.[139] Es stellt sich hier die Frage, ob die geplante Regelung allfällige Vereinbarungen, die mittlerweile zwischen Mietern und Vermietern abgeschlossen wurden, zur Makulatur machen. 158

Parteien können über gegenseitige Ansprüche in einer bestehenden Vertragsbeziehung in den Schranken des Gesetzes jederzeit eine gültige Regelung treffen (Art. 19 OR). Solche vertraglichen Absprachen haben auch dann Gültigkeit, falls sie nachträglich – infolge einer Gesetzesänderung oder eines neuen Gesetzes – rechtswidrig werden, das heisst gegen geltendes Recht verstossen. Das ergibt sich aus der Regel der Nichtrückwirkung gemäss Art. 1 SchlT ZGB (kurz: Rückwirkungsverbot). Eine Ausnahme vom Rückwirkungsverbot wäre bloss dann gegeben, wenn der vom Parlament verabschiedete Erlass als Norm bezeichnet werden könnte, die «um der öffentlichen Ordnung und Sittlichkeit willen» aufgestellt wurde.[140] Bei der öffentlichen Ordnung und Sittlichkeit geht es um die öffentlichen Interessen, die mit dem Erlass verfolgt werden;[141] angesprochen ist damit der sogenannte «ordre public», der die Rückwirkung einer neu erlassenen Norm rechtfertigt, was stets nach einer Wertung verlangt.[142] 159

Was genau das Ziel ist, das mit der angestrebten gesetzgeberischen Lösung über einen (teilweisen) Mietzinserlass verfolgt wird, ist nicht zweifelsfrei erkennbar; insbesondere, ob es darum geht, den vom «Lockdown» betroffenen Geschäftsraummieter vor dem wirtschaftlichen Ruin zu bewahren (wirtschaftspolitisches Motiv) oder ob mit der avisierten gesetzlichen Lösung die Vermeidung einer (unerwünschten) Prozessflut und damit die Schonung des Justizapparates, insbesondere der Gerichte im Vordergrund steht, oder gar beides? Unter dem Aspekt der Rechtssicherheit dürfte einem allfälligen Gesetz über einen (teilweisen) Mietzinserlass keine ordre-public-Funktion zukommen, sodass Vereinbarun- 160

138 Siehe dazu eine Auslegeordnung in: NZZ vom 6.5.2020, S. 17, und vom 7.5.2020, S. 17.

139 Quelle: NZZ vom 9.6.2020, S.17.

140 Art. 2 Abs. 1 SchlT ZGB; dazu auch BGE 100 II 105 E. 1b und c; zum Ganzen auch BSK OR I-Meise/Huguenin, Art. 19/20 OR, N 16.

141 BSK ZGB II-Vischer, Art. 2 SchlT ZGB N 3.

142 BGE 128 III 305 E. 2.b.

gen zwischen Mieter/Vermieter und Pächter/Verpächter, die vor Inkrafttreten eines allfälligen parlamentarischen Erlasses abgeschlossen wurden, gültig bleiben. Es darf davon ausgegangen werden, dass die in der Regel geschäftserfahrenen Parteien, welche sich über einen Anspruch auf Mietzinsreduktion einigen konnten, selber am besten entscheiden können, welche Lösung für sie sachgerecht ist. Insoweit würde bei einem Gesetz, welches zwingend auch auf Mietverhältnisse anwendbar wäre, in welchem sich die Parteien bereits auf eine Lösung einigen konnten, auch der Rechtsfriede unnötigerweise aufs Spiel gesetzt.

2. Grundlagenirrtum

161 Es wurde auch die Frage aufgeworfen, ob sich Mieter oder Pächter von Geschäftsräumen, die vom Schliessungszwang beziehungsweise Öffnungsverbot betroffen waren, unter Berufung auf die Irrtumsregeln von ihrer vertraglichen Verpflichtung lösen oder gestützt darauf allenfalls eine Reduktion des Miet- beziehungsweise Pachtzinses verlangen können. Als Anspruchsgrundlage steht Art. 24 Abs. 1 Ziff. 4 OR zur Disposition. Gemäss dieser Bestimmung kann sich eine Partei auf Irrtum berufen, wenn dieser einen bestimmten Sachverhalt betraf, der von ihr nach Treu und Glauben im Geschäftsverkehr als eine notwendige Grundlage des Vertrages betrachtet wurde.[143] Konkret geht es um die Frage, ob sich der Mieter/Pächter über die künftige Verwendbarkeit des Mietobjektes zum beabsichtigten Zweck irrte.

162 Unterstellt man, dass sich eine Vertragspartei auch über ein zukünftiges (und nicht bloss über ein gegenwärtiges oder zurückliegendes) Ereignis irren kann[144] (wohl eher bejahend das Bundesgericht)[145], müsste sich der Mieter/Pächter bei Vertragsabschluss konkrete Vorstellungen darüber gemacht haben, dass (i) während der Vertragsdauer kein Ereignis eintritt, wie es die COVID-19-Pandemie war beziehungsweise ist und – wenn trotzdem – (ii) über dessen mögliche Folgen, nämlich, dass dieses Ereignis mit derart weitreichenden Eingriffen in das Nutzungsrecht am Mietobjekt und damit in deren Verwendbarkeit verbunden sein könnte, wie es Geschäftsraummieter mit dem angeordneten Öffnungsverbot ab dem 17.3.2020 zu tolerieren hatten, einschliesslich der damit verbundenen Umsatzeinbussen. Solche Gedanken dürfte sich beim Vertragsabschluss kaum ein Mieter/Pächter gemacht haben, sodass die erfolgreiche Berufung auf Grundlagenirrtum bereits aus diesem Grund scheitert. Zudem scheint die bei Anwendbarkeit der Irrtumsregeln übliche Rechtsfolge, dass der Vertrag für den Irrenden unverbindlich wird (Art. 23 OR), auch nicht das anvisierte Ziel der meisten Mieter/Pächter zu sein. Stattdessen wird es – bei gegebenen Voraussetzungen – eher möglich sein, die von beiden Seiten (Mieter/Pächter und Vermieter/Verpächter) angestrebte sachgerechte Lösung – wenn nötig – mit der Clausula rebus sic stantibus (s. Rz 104) herbeizuführen.

143 Statt vieler: Gauch/Schluep, OR AT, Rz 775 ff.

144 Zur Kontroverse siehe Gauch/Schluep, OR AT, Rz 795 mit zahlreichen Verweisen; Kramer, SJZ 2014, S. 279.

145 BGE 118 II 297.

§ 4 Bau- und Werkvertragsrecht

Mario Marti/Nicole Maurer

Inhaltsverzeichnis

Literaturverzeichnis

Gauch Peter, Der Werkvertrag, 6. Aufl., Zürich 2019; Gauch Peter/Stöckli Hubert (Hrsg.), Kommentar zur SIA-Norm 118, 2. Aufl., Zürich 2017; Stöckli Hubert/Siegenthaler Thomas (Hrsg.), Die Planerverträge, 2. Auflage, Zürich 2019; Stöckli Hubert/Middendorf Patrick/Andres Roger, SIA-Klauseln für Planerverträge, Zürich 2020; Spiess Hans Rudolf/Huser Marie-Theres, Handkommentar zur Norm-SIA 118, Bern 2014; Schumacher Rainer/König Roger, Die Vergütung im Bauwerkvertrag, 2. Aufl., Zürich 2017; Widmer Lüchinger Corinne/Oser David (Hrsg.), Basler Kommentar (BSK) OR I, 7. Aufl., Basel 2020.

Materialienverzeichnis

Faktenblatt KBOB COVID-19 Bauausführung in ausserordentlicher Lage gemäss COVID-19-Verordnung 2 vom 13.3.2020: Praxishinweise zu den Ansprüchen aus der SIA-Norm 119 (2013); Empfehlungen der KBOB COVID-19 Handlungsspielraum zur Milderung der Auswirkungen auf die schweizerische Volkswirtschaft aus Sicht des öffentlichen Beschaffungswesens, 17.3.2020; Empfehlungen des BAG COVID-19: Informationen und Empfehlungen für die Arbeitswelt, 13.3.2020; Merkblatt des SECO Merkblatt für Arbeitgeber Gesundheitsschutz am Arbeitsplatz. CORONAVIRUS (COVID-19), 16.4.2020; Checkliste des SECO Prävention von COVID-19 – Checkliste für Baustellen, 4. Mai 2020; Präzisierungen der SUVA Präzisierung der Suva zur Checkliste für den Bau – Erarbeitet zusammen mit dem BAG und dem SECO, 11.5.2020; Frage-Antwort Katalog SBB Frage – Antwort – Katalog zum Runter- und Hochfahren gewisser Baustellen der SBB Infrastruktur aufgrund COVID-19, 27.4.2020.

I. Grundlagen

1. Bauverträge und ihre Praxis

a) *Werkvertrag*

1 Der klassische Vertrag über die Errichtung eines Bauwerks ist ein Werkvertrag im Sinne der Art. 363 ff. OR:[1] «Durch den Werkvertrag verpflichtet sich der Unternehmer zur Herstellung eines Werkes und der Besteller zur Leistung einer Vergütung» (Art. 363 OR). Geschuldet ist vom Unternehmer ein Erfolg in Form eines mangelfreien Werkes; im Baubereich handelt es sich beim Werk in der Regel um ein unbewegliches Werk (Bauwerk), z.B. ein Gebäude-Rohbau, eine Tunnelröhre, ein Mauerwerk oder ein Lifteinbau. Der Unternehmer haftet dem Besteller verschuldensunabhängig für die Mangelfreiheit des Werkes. Treten Mängel auf, stehen dem Besteller verschiedene Gewährleistungsrechte zu (Art. 368 OR). Die Höhe der Vergütung des Werkes kann zum Voraus genau bestimmt werden (feste Übernahme, Art. 373 OR) oder nach dem Wert der Arbeit festgesetzt werden (Art. 374 OR).

2 In der Schweizer Baupraxis hat sich in Bezug auf Bauwerkverträge die Übernahme der SIA-Norm 118 eingebürgert. Es handelt sich hierbei um eine vom Schweizerischen Ingenieur- und Architektenverein (SIA) herausgegebene, paritätisch erarbeitete Vertragsgrundlage, welche von den Parteien eines Bauwerkvertrages als Vertragsbestandteil übernommen werden kann. Notwendig ist freilich diese vertragliche Übernahme; die SIA-Norm 118 entfaltet ansonsten keine vertragliche Wirkung. Die SIA-Norm 118 enthält Abweichungen und Präzisierungen zum gesetzlichen Werkvertragsrecht.[2]

b) *Planervertrag*

3 Nebst den ausführenden Gewerben (Unternehmer) sind verschiedene Planungsunternehmen im Bauprozess involviert, zum Beispiel Raumplaner, Architekten, Landschaftsarchitekten, Geologen, Bauingenieure oder Gebäudetechnikingenieure und Elektroplaner. Diese Unternehmen erbringen Planungsdienstleistungen zugunsten des Auftraggebers, die – nebst allgemeinen Beratungsdienstleistungen – in der Regel Projektierungsarbeiten (Erstellen von Plänen, Berechnungen, Verzeichnissen, Modellen etc.) und Bauleitungsaufgaben (Koordination, Aufsicht, Kontrolle etc.) umfassen. Die rechtliche Qualifikation derartiger Planerverträge ist abhängig vom jeweiligen Leistungsinhalt: Beratungs-, Koordinations- und Aufsichtsleistungen (insb. Bauleitung) sind typischerweise auftragsrechtlicher Natur. Projektierungsarbeiten (Erstellen von Plänen, Kostenverzeichnissen u.ä.) unterstehen hingegen den Regeln des Werkvertragsrechts.[3] Anwendbar sind somit die Bestimmungen der Art. 363 ff. OR über das Werkvertragsrecht sowie der Art. 394 ff. OR über

1 Gauch, Der Werkvertrag, Rz 6 f.

2 Gauch, Kommentar zur SIA-Norm 118, Einleitung, Rz 2 ff.

3 Gauch/Middendorf, Die Planerverträge, Von den Planerverträgen, von ihrer Qualifikation und dem SIA-Normenwerk für Planerleistungen, Rz 1.29 ff.

das Auftragsrecht. Hinsichtlich des Werkvertragsrechts kann auf das oben zum Bauwerkvertrag Gesagte (Rz 1) verwiesen werden. Im Auftragsrecht schuldet der Beauftragte dem Auftraggeber die sorgfältige Erbringung der versprochenen Leistung. Ein Handlungserfolg ist nicht geschuldet, Massstab für die Vertragserfüllung ist die Sorgfaltspflicht (Art. 398 Abs. 1 OR). Verletzt der Beauftragte seine Sorgfaltspflicht, haftet er dem Auftraggeber – verschuldensabhängig – für den diesem dadurch entstandenen Schaden (Art. 398 Abs. 2 OR). Der Auftraggeber schuldet dem Beauftragten für seine Leistung eine Vergütung in der verabredeten oder «üblichen» Höhe (Art. 394 Abs. 3 OR). Verträge mit Architekten, Ingenieuren und anderen Planern umfassen oftmals eine Vielzahl von verschiedenen Leistungen. Entsprechend handelt es sich oftmals um gemischte Verträge, die Elemente des Werkvertrags- und Auftragsrechts umfassen. In Bezug auf die Haftung kommt es dabei zu einer Spaltung der Rechtsfolge, je nach Ursache der haftungsauslösenden Vertragsstörung.[4]

4 Für Planerverträge sind in der Schweizer Baupraxis verschiedene Musterverträge gebräuchlich, namentlich der SIA 1001/1 Planer-/Bauleitungsvertrag[5] sowie der KBOB Planervertrag[6]. Ersterer basiert auf den SIA Leistungs- und Honorarordnungen (SIA LHO), die für die verschiedenen Fachdisziplinen die Leistungsinhalte für die verschiedenen Projektphasen sowie in Art. 1 Allgemeine Vertragsbedingungen definieren.[7] Letztere bestehen aus einer Vertragsurkunde und beigefügten Allgemeinen Vertragsbedingungen.

c) *Internationale Bauverträge*

5 In internationalen Verhältnissen, namentlich wenn Auftraggeber und Leistungserbringer (Unternehmer/Planer) nicht im gleichen Land ansässig sind, stellt sich die Frage nach dem anwendbaren nationalen Recht. Diese Frage wird in der Praxis oftmals in den Hintergrund gedrängt, indem internationale Vertragsvorlagen zur Anwendung gelangen, die versuchen, möglichst umfassende vertragliche Regelungen aufzustellen. Das wohl bekannteste Set an entsprechenden Musterverträgen stammt von der FIDIC, welche mit ihrem Suite of Contracts verschiedene Vertragsmodelle zur Verfügung stellt.[8]

4 Gauch/Middendorf, Die Planerverträge, Die Haftung für die Planung, Rz 9.19 ff.

5 Abrufbar unter ‹www.sia.ch/de/dienstleistungen/sia-norm/vertraege/› (24.6.2020).

6 Abrufbar unter ‹www.kbob.admin.ch/kbob/de/home/publikationen/dienstleistungen-planer/der-kbob-planervertrag.html› (24.6.2020).

7 Stöckli/Middendorf/Andres, SIA-Klauseln für Planerverträge, Rz 2 f.

8 Vgl. ‹www.fidic.org› (24.6.2020). Zu den FIDIC Contracts vgl. z.B. Axel-Volkmar Jaeger/Götz-Sebastian Hök, FIDIC – A Guide for Practitioners, Berlin/Heidelberg 2010 sowie aus Schweizer Sicht Sam Moss/Tino Schneider/Jean-Rodolphe Fiechter, The Application of Swiss Law to FIDIC Contracts, in: Donald Charrett (ed.), The International Application of FIDIC Contracts: A Practical Guide, Informa Law, London, 2019.

2. Störungen durch COVID-19

a) *Hygienevorschriften*

Durch die COVID-19-Pandemie können verschieden Störungen in Bauverträgen auftreten. An erster Stelle ist an die neuen, zusätzlichen Hygienevorschriften zu denken. In der Schweiz erliess der Bundesrat per Notrecht entsprechende Vorschriften (vgl. Rz 9 ff.), welche es an den betrieblichen Arbeitsplätzen einzuhalten gilt. Zum einen sind davon die klassischen Arbeitsplätze in Büros und Werkhöfen erfasst, zum anderen die Arbeitsplätze auf den jeweiligen Baustellen. Die Hygienevorschriften erfordern zum einen zusätzliche Geräte und Einrichtungen (z.B. zusätzliche mobile Toiletten oder Baracken auf Baustellen, sanitäre Anlagen und Desinfektionsstellen etc.), zum anderen bedingen sie eine Umorganisation von Arbeitsabläufen (Reduktion der Anzahl Mitarbeiter pro Team, grössere Abstände zwischen Arbeitsteams etc.). Die erhöhten Schutzvorschriften können unterschiedliche Konsequenzen nach sich ziehen: Es können Zusatzkosten anfallen, die Effizienz und damit die Produktivität kann vermindert werden, zusätzliches Personal kann erforderlich werden und eine zeitliche Verzögerung kann eintreten. 6

b) *Personal- und Lieferengpässe*

Die COVID-19-Pandemie kann zu Personalengpässen führen: Solche können Folge von krankheitsbedingten Abwesenheiten sein oder dadurch verursacht werden, dass Mitarbeitende der Arbeit fernbleiben, weil sie entweder zu einer Risikopersonengruppe zählen, denen ein Verbleib am Wohnort nahegelegt wird, oder weil sie infolge von Betreuungspflichten von der Arbeit ferngehalten werden. Fallen Mitarbeitende aus, kann dies wiederum zu Verzögerungen in der Leistungserbringung führen. 7

Lieferengpässe treten auf, wenn auf der Baustelle benötigte Materialien oder Geräte von Lieferanten nicht rechtzeitig geliefert werden, weil diese ihrerseits aufgrund der Pandemie ihre Leistungserbringung nicht ordnungsgemäss sicherstellen können. 8

3. Behördliche Anordnungen betreffend COVID-19

a) *Verordnung 2 über Massnahmen zur Bekämpfung des Coronavirus (COVID-19)*

Im Rahmen der Bekämpfung der COVID-19-Pandemie erliess der Bundesrat am 13. März 2020 die COVID-19-Verordnung 2; diese Verordnung wurde in der Folge mehrfach geändert und ergänzt. Unter dem Titel «Präventionsmassnahmen auf Baustellen und in der Industrie» trifft Art. 7d der Verordnung Massnahmen für die Bauwirtschaft. Er lautet wie folgt: 9

> [1] Die Arbeitgeber im Bauhaupt- und -nebengewerbe und in der Industrie sind verpflichtet, die Empfehlungen des BAG betreffend Hygiene und soziale Distanz einzuhalten. Hierzu sind namentlich die Anzahl der anwesenden Personen auf Baustellen oder in Betrieben entsprechend zu limitieren, die Baustellen- und Betriebsorganisation anzupassen und die Nutzung namentlich von Pausenräumen und Kantinen in geeigneter Weise zu beschränken.

[2] In Anwendung der Gesundheitsschutzbestimmungen von Artikel 6 des Arbeitsgesetzes vom 13. März 1964 obliegt der Vollzug von Absatz 1 den Vollzugsbehörden des Arbeitsgesetzes und des Bundesgesetzes vom 20. März 1981 über die Unfallversicherung.

[3] Die zuständigen kantonalen Behörden können einzelne Betriebe oder Baustellen schliessen, falls die Pflichten nach Absatz 1 nicht eingehalten werden.

10 Eine generelle Anordnung, Baustellen zu schliessen, enthält Art. 7d COVID-19-Verordnung 2 demnach nicht. Absatz 3 der Bestimmung gibt aber immerhin den kantonalen Behörden die Möglichkeit, Baustellen zu schliessen, wenn die Schutzvorschriften des Absatz 1 nicht eingehalten werden. Basierend auf dieser Konzeption – Schutzvorschriften bei gleichzeitiger grundsätzlicher Offenhaltung der Baustellen – sind während der ganzen Dauer des Lockdowns die meisten Baustellen in der Schweiz weiterhin in Betrieb geblieben.

b) *Empfehlungen des Bundesamtes für Gesundheit BAG*

11 Das Bundesamt für Gesundheit BAG hat «Empfehlungen für Arbeitswelt und Schulen» veröffentlicht («Empfehlungen des BAG»).[9] Das Dokument enthält direkt an die Arbeitgeber adressierte Empfehlungen. Diese Empfehlungen umfassen auch Hinweise «über persönliche und arbeitsplatzbezogene Schutzmassnahmen» und halten fest, dass diese an die Verordnungen des Bundesrates und an die Empfehlungen des BAG anzupassen sind.

c) *Merkblatt für Arbeitgeber und Checkliste für Baustellen des SECO*

12 Das Staatssekretariat für Wirtschaft SECO hat zum einen ein «Merkblatt für Arbeitgeber Gesundheitsschutz am Arbeitsplatz – CORONAVIRUS (COVID-19)» («Merkblatt des SECO») publiziert.[10] Das Merkblatt verweist auf Art. 6 Arbeitsgesetz, welcher die Arbeitgeber verpflichtet, jede Gesundheitsbeeinträchtigung ihrer Mitarbeitenden zu vermeiden. Das Merkblatt macht Ausführungen zum Arbeiten im Kontext der COVID-19-Pandemie und nennt insbesondere die notwendigen Schutzmassnahmen. Diese umfassen insbesondere das Abstandhalten von 2 Metern an allen Orten, an denen gearbeitet wird, sowie in Pausen- und Ruheräumen, Kantinen u.ä. sowie Hygienevorschriften (Möglichkeit, die Hände regelmässig zu waschen, Desinfektion von Arbeitsflächen u.ä.).

13 Zum anderen hat das SECO basierend auf Art. 7d COVID-19-Verordnung 2 eine «Checkliste für Baustellen – Prävention von COVID-19» publiziert («Checkliste des SECO»).[11] Die Checkliste stellt Ja-/Nein-Fragen und schreibt Massnahmen vor, welche

9 Abrufbar unter ‹www.bag.admin.ch/bag/de/home/krankheiten/ausbrueche-epidemien-pandemien/aktuelle-ausbrueche-epidemien/novel-cov/empfehlungen-fuer-die-arbeitswelt.html› (24.6.2020).

10 Abrufbar unter ‹www.seco.admin.ch/seco/de/home/Publikationen_Dienstleistungen/Publikationen_und_Formulare/Arbeit/Arbeitsbedingungen/Merkblatter_und_Checklisten/merkblatt_arbeitgeber_covid19.html› (24.6.2020).

11 Abrufbar unter ‹www.seco.admin.ch/seco/de/home/Publikationen_Dienstleistungen/Publikationen_und_Formulare/Arbeit/Arbeitsbedingungen/Merkblatter_und_Checklisten/checkliste_baustellen_covid19.html› (24.6.2020).

bei der Verneinung einer aufgeworfenen Frage zu ergreifen sind. Die Themen betreffen die Einhaltung des geforderten 2m-Abstandes (z.B. während Gruppentransporten oder Pausen), die Bereitstellung genügender Parkplätze für Privatautos, die sanitären Anlagen (regelmässiges Händewaschen) und ihre Reinigung sowie den Umgang mit kranken Mitarbeitenden. Die SUVA ihrerseits hat hierzu «Präzisierung der Suva zur Checkliste für den Bau» erarbeitet mit weiterführenden Hinweisen und Konkretisierungen.[12]

d) Kantonale Anordnungen

Die Kantone Genf[13] und Tessin[14] erliessen für ihr jeweiliges Territorium kantonale Anordnungen über die Schliessung von Baustellen. Sie verfolgten damit ein anderes Modell als der Bund in Art. 7d COVID-19-Verordnung 2: Baustellen wurde umfassend, unabhängig von der Frage, ob Schutzvorschriften eingehalten werden können oder nicht, geschlossen. Der Kanton Waadt ging weniger weit, verfügte aber immerhin – im Lichte des Art. 7d Abs. 3 COVID-19-Verordnung 2 –, dass Baustellen einzustellen seien, wenn die vom Bund vorgegebenen Schutzmassnahmen nicht eingehalten werden können.[15] 14

4. Publikationen und Empfehlungen

a) Publikationen

Verschiedene Autoren beschäftigten sich mit der Frage nach den juristischen Implikationen von COVID-19-spezifischen Störungen in Bauprojekten und auf Baustellen.[16] Verbände der Bauwirtschaft publizierten ihrerseits Stellungnahmen und Empfehlungen zuhanden ihrer Mitglieder sowie der Öffentlichkeit, so namentlich der Schweizerische Baumeisterverband (SBV)[17], die Schweizerische Vereinigung Beratender Ingenieurunternehmungen (usic)[18] sowie der Schweizerische Ingenieur- und Architektenverein (SIA)[19]. 15

12 Abrufbar unter ‹www.suva.ch/de-CH/material/Factsheets/corona-bau› (24.6.2020).

13 Arrêté concernant les chantiers sur le territoire de la République et canton de Genève (18.3.2020).

14 Dekret des Tessiner Regierungsrates Nr. 1570 vom 20.3.2020.

15 Arrêté du 18 mars 2020 d'application de l'ordonnance fédérale 2 sur les mesures destinées à lutter contre le coronavirus (COVID-19) et sur les mesures de protection de la population et de soutien aux entreprises face à la propagation du coronavirus COVID-19.

16 Z.B. Thomas Risch, Wie sich das Corona-Virus für Bauunternehmer rechtlich auswirkt, Baublatt (Online-Fassung vom 24.3.2020: ‹www.baublatt.ch/corona-virus/corona-virus-rechtliche-auswirkungen-fuer-bauunternehmer› (24.6.2020). Aus Deutschland: Lukas Weiser, Das Coronavirus und seine Auswirkungen auf den Bauablauf, NZBau 4/2020, S. 203 ff.

17 Vgl. die Unterlagen auf ‹www.baumeister.ch/de/news/3569-moegliche-auswirkungen-des-corona-virus-auf-das-arbeitsverhaeltnis-3569› (24.6.2020).

18 Vgl. die Unterlagen auf ‹www.usic.ch/de/leistungen/corona› (24.6.2020).

19 Vgl. die Unterlagen auf ‹www.sia.ch/de/coronavirus/informationen/› (24.6.2020).

b) KBOB

16 Die Koordinationskonferenz der Bau- und Liegenschaftsorgane der öffentlichen Bauherren KBOB publizierte am 27.3.2020 Empfehlungen «COVID-19 Handlungsspielraum zur Milderung der Auswirkungen auf die schweizerische Volkswirtschaft aus Sicht des öffentlichen Beschaffungswesens»[20]. Die Empfehlungen schlagen Massnahmen bei laufenden Verträgen (z.B. ununterbrochene Weiterführung der Vertragserfüllung, rasche Begleichung offener Forderungen, Zulassung elektronischer Rechnungsstellung, Sicherstellung der behördlichen Mitwirkung trotz Homeoffice-Arbeit etc.), auf Baustellen (Umsetzung der behördlichen Vorgaben) sowie in Bezug auf Beschaffungsverfahren (Weiterführung laufender Verfahren, allenfalls Fristerstreckungen, Ausschöpfen von Schwellenwerten etc.) vor.

17 Am 5.5.2020 veröffentlichte die KBOB zudem ein Faktenblatt «COVID-19 Bauausführung in ausserordentlicher Lage gemäss COVID-19-Verordnung 2 vom 13. März 2020: Praxishinweise zu den Ansprüchen aus der SIA-Norm 118 [2013]»[21]. Das Faktenblatt stellt die notrechtlichen Rechtsgrundlagen dar, diskutiert die Umsetzung der Präventionsmassnahmen und macht insbesondere Ausführungen zu den rechtlichen Implikationen von Baustellenschliessungen, dauerhaft eingestellten Bauarbeiten sowie den Folgen «besonderer Verhältnisse bzw. übermässiger Erschwernisse».

c) SBB

18 Als einziger namhafter öffentlicher Bauherr in der Schweiz hat die SBB Infrastruktur einen wichtigen Teil ihrer laufenden Baustellen systematisch geschlossen. Der entsprechende Beschluss erfolgte per 20.3.2020 und wurde mit der Notwendigkeit, die Sicherheit des Bahnverkehrs zu wahren und den Grundauftrag der SBB zu gewährleisten, begründet.[22] Die SBB Infrastruktur zog diesen Beschluss am 8.4.2020 zurück und nahm die betroffenen Baustellen wieder in Betrieb. Die SBB Infrastruktur bemühte sich in der Folge, zusammen mit wichtigen Verbänden der Bauwirtschaft, ein gemeinsames Verständnis für den Umgang mit Mehrforderungen der Bau- und Planungsunternehmen infolge der Baustellenschliessungen zu finden. Diese Gespräche führten zu je einer Vereinbarung zwischen der SBB Infrastruktur und den Verbänden des Bauhauptgewerbes (Schweizerischer Baumeisterverband SBV, infra suisse, Vereinigung Schweizerischer Gleisbauunternehmer VSG, Vereinigung Schweizerischer Bahntechnik-Unternehmen VSBTU)[23] sowie dem massgebenden Verband der Planungsbranche

20 Abrufbar unter ‹www.kbob.admin.ch/kbob/de/home/themen-und-trends/coronavirus.html› (24.6.2020).

21 Abrufbar unter ‹www.kbob.admin.ch/kbob/de/home/themen-und-trends/coronavirus.html› (24.6.2020).

22 Vgl. Frage A.1. im Dokument «Frage-Antwort-Katalog zu dem Runter- und Hochfahren gewisser Baustellen der SBB Infrastruktur aufgrund COVID-19», abrufbar auf der Dokumentationsseite der SBB Infrastruktur unter ‹https://company.sbb.ch/de/sbb-als-geschaeftspartner/supply-chain-management/fuer-lieferanten/covid-dokumente.html› (24.6.2020).

23 Vgl. die Medienmitteilung unter ‹www.baumeister.ch/de/news/3729-bauhauptgewerbe-und-sbb-verein baren-pragmatische-loesungen-fuer-corona-mehrkosten› (24.6.2020).

(usic)[24]. Ziel der SBB Infrastruktur und der beteiligten Verbände war, eine Basis zu legen für pragmatische, faire und rasch realisierbare Vergleichslösungen über Mehrkostenforderungen infolge der COVID-19-bedingten Baustellenschliessungen.[25]

d) FIDIC

Nebst einer Vielzahl weiterer nützlicher Informationen veröffentlichte die FIDIC im 19 April 2020 ein «COVID-19 Guidance Memorandum To Users Of FIDIC Standard Forms Of Works Contract»[26]. Dieses Dokument diskutiert verschiedene Klauseln der Standard FIDIC Verträge im Lichte der durch die Pandemie verursachten Disruptionen. Die FIDIC appelliert an eine objektive Beurteilung der sich stellenden Fragen und empfiehlt spezifische, «fit-for-purpose» Massnahmen und einen «open-minded approach» zur Lösungsfindung.

II. Verantwortlichkeiten in Bezug auf die Einhaltung von Hygienevorschriften auf Baustellen

1. Pflichten der Arbeitgeber

Art. 328 OR auferlegt dem Arbeitgeber Schutzpflichten hinsichtlich der Persönlichkeit 20 seiner Arbeitnehmenden. Gemäss Absatz 2 dieser Bestimmung ist der Arbeitgeber verpflichtet, zum «Schutz von Leben, Gesundheit und persönlicher Integrität» der Arbeitnehmenden die notwendigen Schutzmassnahmen zu treffen. Eine analoge Bestimmung findet sich in Art. 6 Abs. 1 Arbeitsgesetz. Dieser Grundsatz gilt ohne weiteres auch für Unternehmen, die Arbeitnehmende auf Baustellen beschäftigen. Sie haben somit sicherzustellen, dass für ihre Mitarbeitenden adäquate Sicherheitsvorkehren auf der Baustelle getroffen werden. Die Verordnung über die Sicherheit und den Gesundheitsschutz der Arbeitnehmerinnen und Arbeitnehmer bei Bauarbeiten (Bauarbeitenverordnung, BauAV)[27] konkretisiert die Schutzmassnahmen, die für Arbeitnehmer bei Bauarbeiten zu treffen sind (z.B. Helmtragepflicht, Absturzsicherungen etc.).[28] Bei den Präventionsmassnahmen gemäss Art. 7d COVID-19-Verordnung 2 handelt es sich ohne weiteres um Schutzvorkehren, welche der Arbeitgeber im Rahmen seiner Fürsorgepflicht gegenüber seinen Mitarbeitenden einzuhalten hat. Damit gilt der Grundsatz, dass jeder Arbeitgeber, der auf einer Baustelle Personal beschäftigt, für die Sicherheit seiner Mitarbeitenden verantwortlich ist inkl. der COVID-19-bezogenen Schutzvorschriften.

24 Vgl. die Medienmitteilung vom 20.5.2020 unter ‹www.usic.ch/de/medien/medienmitteilungen› (24.6.2020).

25 Eine Zusammenfassung der getroffenen Vereinbarungen findet sich unter ‹www.usic.ch/de/Verband/Politik/Empfehlungen/20-05-20-Nachtrage-SBB-Infrastruktur-d.pdf› (24.6.2020).

26 Abrufbar unter ‹https://fidic.org/COVID-19› (24.6.2020).

27 SR 832.311.14.1.

28 Vgl. zur Arbeitssicherheit im Baubereich umfassend ROGER ANDRES, Die Normen der Arbeitssicherheit, Zürich/Basel/Genf 2016.

21 Auf einer Baustelle arbeiten typischerweise Mitarbeitende mehrerer Arbeitgeber. In diesen Fällen, wenn also mehrere beteiligte Unternehmen auf einer Baustelle Arbeiten ausführen, haben sich die Arbeitgeber gegenseitig und ihre jeweiligen Arbeitnehmenden über die Gefahren auf der Baustelle und die Massnahmen zu deren Behebung zu informieren. Es besteht mithin – auf der Basis von Art. 9 der Verordnung über die Unfallverhütung (VUV)[29] – eine gegenseitige Koordinationspflicht der beteiligten Unternehmen. Aus dieser Koordinationspflicht kann eine gewisse Obliegenheit abgeleitet werden, auch für die Arbeitssicherheit von Mitarbeitenden anderer Arbeitgeber besorgt zu sein.[30]

2. Rolle der Bauleitung und des Bauherrn

22 Beschäftigt ein Planungsbüro Bauleiter auf einer Baustelle, ist es selbstverständlich als Arbeitgeber für deren Arbeitssicherheit verantwortlich. Gleiches gilt für den Bauherrn in Bezug auf seine Mitarbeitenden. Nebst den oben unter Rz 20 f. genannten gesetzlichen Grundlagen finden sich auch Grundlagen in den einschlägigen Musterverträgen: Die Allgemeinen Vertragsbedingungen KBOB für Planerleistungen verlangen vom Beauftragte, die «massgebenden Schutzvorschriften» einzuhalten (Ziff. 10.1). Art. 1.2.51 der SIA LHO nimmt Bezug auf Art. 104 SIA-Norm 118 und verpflichtet den Beauftragten «bei der Erbringung seiner vertraglichen Leistung […] die Sicherheit der am Bauwerk Beschäftigten» zu gewährleisten, «indem er als Arbeitgeber die einschlägigen Sicherheitsvorschriften (insbesondere VUV und BauAV) einhält und mit den Arbeitgebern anderer Betriebe, deren Arbeitnehmer auf der Baustelle tätig sind, die erforderlichen Absprachen trifft».[31] Der Bauleitung kommt damit eine Koordinationsfunktion zu: Stellt sie fest, dass Arbeitnehmende anderer auf der Baustelle tätiger Betriebe (z.B. Unternehmer) die Schutzvorgaben nicht einhalten, weisen sie diese Betriebe darauf hin und verlangen die Einhaltung der Empfehlungen. Wenn bei einer Arbeit die Schutzvorgaben auch unter Verwendung von Schutzausrüstungen und anderer Massnahmen objektiv nicht eingehalten werden können, liegt es in der Verantwortung des Arbeitgebers der betroffenen Arbeitnehmenden, dies gegenüber seinem Vertragspartner (Bauherrn/Auftraggeber) anzuzeigen (vgl. Art. 25 SIA-Norm 118 und Art. 365 Abs. 3 OR). Die entsprechenden Arbeiten können diesfalls nicht ausgeführt werden.[32]

III. Erschwernisse im Bauablauf

1. Ausgangslage

23 Der Bundesrat hat keine generelle Schliessung der Baustellen verfügt. Allerdings sind die Präventionsmassnahmen auf Baustellen gemäss Art. 7d der COVID-19-Verordnung 2 einzuhalten (s. Rz 9). Ist es **objektiv möglich**, die Empfehlungen des BAG und die

29 SR 832.30.

30 Faktenblatt KBOB Ziff. 3.1 mit einem Hinweis auf (BGer 6B_516/2009 vom 3.11.2009, E. 3.4.2.1).

31 STÖCKLI/MIDDENDORF/ANDRES, SIA-Klauseln in Planerverträgen, Rz 168 ff.

32 Faktenblatt KBOB Ziff. 3.2.

Checkliste des SECO (vgl. Rz 11 f.) einzuhalten, kann die Baustelle weiter betrieben werden. Unter Einhaltung der Empfehlungen des BAG und der Checkliste des SECO kann es jedoch zu Erschwernissen im Bauablauf kommen.

2. Ansprüche des Unternehmers

a) *Fristerstreckung und Beschleunigungsmassnahmen*

Gemäss Art. 95 Abs. 1 SIA-Norm 118 hat der Unternehmer alle erforderlichen Massnahmen zur Einhaltung der vertraglichen Fristen zu treffen. Abs. 2 der Bestimmung verpflichtet den Unternehmer zur Einhaltung der vertraglichen Fristen **Beschleunigungsmassnahmen** zu treffen, wenn ansonsten die Fristen «ohne zusätzliche Vorkehren nicht eingehalten werden können». Zeigt es sich, dass der Unternehmer aufgrund von Verzögerungen durch die Einhaltung der Empfehlungen des BAG und der Checkliste des SECO vertragliche Fristen «ohne zusätzliche Vorkehren» nicht einhalten kann, so ist der Unternehmer gemäss Art. 95 Abs. 2 SIA-Norm 118 verpflichtet, Beschleunigungsmassnahmen zu ergreifen. 24

Gemäss Art. 95 Abs. 2 SIA-Norm 118 trägt der Unternehmer die Mehrkosten. Diese Bestimmung wird allerdings durch Abs. 3 wie folgt ergänzt: «Werden indessen zusätzliche Vorkehren zur Einhaltung der Fristen ohne Verschulden des Unternehmers erforderlich, so trifft er sie nur mit Einwilligung der Bauleitung. In diesem Falle trägt der Bauherr die nachgewiesenen Mehrkosten». Werden Beschleunigungsmassnahmen **ohne Verschulden des Unternehmers** erforderlich, muss der Unternehmer die Beschleunigungsmassnahmen nur ergreifen, wenn die Bauleitung zustimmt und der Bauherr die dafür nachgewiesenen Mehrkosten übernimmt. Die plötzliche und für die Parteien unvorhersehbare Pflicht des Unternehmers, die Empfehlungen des BAG und die Checkliste des SECO einzuhalten und auf der Baustelle umzusetzen, ist nicht vom Unternehmer verschuldet. Die sich daraus objektiv ergebenden Verzögerungen sind daher auch **nicht verschuldet**. Vom Unternehmer verschuldet wären allerdings Verzögerungen, die sich aus den Umständen ergeben, wenn er die objektiv möglichen Massnahmen zur Umsetzung der Empfehlungen des BAG und der Checkliste des SECO nicht ergreift oder wenn die zuständige kantonale Behörde die Baustelle schliesst, da die Empfehlungen des BAG und die Checkliste des SECO durch den Unternehmer nicht eingehalten wurden. Führt also die Einhaltung der Empfehlungen des BAG und der Checkliste des SECO zu Verzögerungen, so sind Beschleunigungsmassnahmen durch den Unternehmer nur zu ergreifen, wenn der Bauherr diese anordnet und die diesbezüglichen Kosten dafür bezahlt (Art. 95 Abs. 3 SIA-Norm 118). Die Massnahmen zur Einhaltung der Empfehlungen des BAG und der Checkliste des SECO an sich sind keine Beschleunigungsmassnahmen, die vom Bauherrn separat zu vergüten wären. 25

Der Bauherr kann Beschleunigungsmassnahmen verweigern. In diesem Fall ist der Unternehmer nicht zur Vornahme der Beschleunigungsmassnahmen verpflichtet (Art. 95 Abs. 3 SIA-Norm 118), er verfügt allerdings über einen Anspruch auf eine angemessene Erstreckung der vertraglichen Fristen (Art. 96 Abs. 1 SIA-Norm 118). 26

27 Ist es dem Unternehmer aufgrund der COVID-19-Pandemie und/oder den entsprechenden behördlichen Massnahmen nicht möglich, die vertraglichen Fristen einzuhalten, verfügt er nach Art. 96 Abs. 1 SIA-Norm 118 über einen Anspruch auf eine angemessene **Fristerstreckung**. Art. 96 Abs. 1 SIA-Norm 118 gewährt dem Unternehmer einen Anspruch auf Fristerstreckung, sofern sich die Ausführungen des Werks ohne sein Verschulden verzögert und er die zusätzlichen Vorkehren getroffen hat, zu denen er nach Art. 95 SIA-Norm 118 verpflichtet war. Art. 96 Abs. 1 SIA-Norm 118 nennt für die Ursachen der Verzögerung, die nicht vom Unternehmer verschuldet sind, namentlich Natureinflüsse, Störung des Arbeitsfriedens, Lieferstörungen, Säumnis des Nebenunternehmers, behördliche Massnahmen. Es ist daher an folgende Konstellationen zu denken, die zu einer unverschuldeten Verzögerung durch den Unternehmer führen können:

– An erster Stelle stehen die behördlichen Massnahmen. Hierbei ist zum einen an die Pflicht, die Empfehlungen des BAG und die Checkliste des SECO einzuhalten, zu denken. Weitere Beispiele sind die Baustellenschliessung durch den Bauherrn (s. Rz 57 ff.) oder durch die kantonale Behörde (s. Rz 78 ff.).
– Schliesslich können auch weitere behördliche Massnahmen wie die Schliessung von Grenzen zu unverschuldeten Verzögerungen führen. Vor Augen zu führen hat man sich den ausländischen Unternehmer, der infolge Grenzschliessungen nicht mehr in die Schweiz reisen kann und faktisch seiner Werkserstellung auf der Baustelle nicht mehr nachkommen kann.
– Lieferstörungen aufgrund der COVID-19-Pandemie: Dies kann sich einerseits aus Lieferverzögerungen eines Lieferanten des Unternehmers ergeben, anderseits kann es sein, dass der Unternehmer selbst seine benötigten Werkteile in seinem Betrieb nicht mehr herstellen kann. Die zweite Variante trifft zwar bei inländischen Unternehmern nicht zu, kann allerdings bei ausländischen Unternehmern eintreffen. In vielen europäischen Ländern wurden die Industriebetriebe behördlich geschlossen. In diesen Fällen war es den ausländischen Unternehmern nicht mehr möglich, die für die schweizerischen Baustelle benötigten Werkteile herzustellen.
– Säumnis des Nebenunternehmers: Die bisherigen Beispiele können auch einen Nebenunternehmer treffen. Ist der Unternehmer auf die Arbeiten des Nebenunternehmers angewiesen und verzögern sich diese, so ist die daraus resultierende Verzögerung der Werkausführung des Unternehmers nicht verschuldet.

28 Es obliegt indes dem Bauherrn zu entscheiden, ob er zur Einhaltung der ursprünglich vereinbarten Termine Beschleunigungsmassnahmen anordnen will (und die Kosten dafür bezahlt) oder ob er dem Unternehmer eine angemessene Fristerstreckung gewährt. In der Regel ist die Dauer der Fristerstreckung angemessen, wenn sie mindestens die Dauer des erlittenen Verzuges beträgt. Es kommt jedoch auch hier immer auf den Einzelfall an: Zu denken ist beispielsweise an die Baustellenschliessung. Dem Unternehmer ist bei dieser Variante nicht nur eine Fristerstreckung während der Dauer der Baustellenschliessung zu gewähren, sondern ihm ist ebenfalls genügend Zeit einzuräumen, seinen

Betrieb wieder hochzufahren und alle nötigen Vorkehrungen zu treffen, um seine Arbeit auf der Baustelle wieder aufnehmen zu können.

Eine allfällige Konventionalstrafe ist nicht geschuldet, soweit der Unternehmer Anspruch auf eine Fristerstreckung hat (Art. 98 SIA-Norm 118). 29

b) Mehrvergütung

Grundsätzlich gilt, dass bei «festen Preisen» (d.h. bei Einheitspreisen, Globalpreisen oder Pauschalen) der vereinbarte Preis auch dann gilt, wenn die Bauleistungen durch besondere Verhältnisse erschwert werden, die ohne Verschulden des Bauherrn erst nach Vertragsschluss eintreten oder zutage treten (Art. 58 Abs. 1 SIA-Norm 118). Vorbehalten bleiben jedoch die Sonderfälle gemäss Art. 59–61 SIA-Norm 118 (vgl. Art. 58 Abs. 1 SIA-Norm 118). 30

Vorliegend von Bedeutung ist Art. 59 SIA-Norm 118, wonach der Unternehmer über einen Anspruch auf zusätzliche Vergütung verfügt, «falls ausserordentliche Umstände, welche nicht vorausgesehen werden konnten oder welche nach den von beiden Vertragsparteien angenommenen Voraussetzungen ausgeschlossen waren, die Fertigstellung hindern oder übermässig erschweren». 31

Art. 59 SIA-Norm 118 ist eine dem Art. 373 Abs. 2 OR nachgebildete Regelung, was es erlaubt, sich bei der Auslegung der Normbestimmung an Art. 373 Abs. 2 OR zu orientieren.[33] 32

Um einen Anspruch auf zusätzliche Vergütung begründen zu können, müssen gemäss Art. 59 Abs. 1 SIA-Norm 118 folgende Voraussetzungen erfüllt sein: 33

- Ausserordentliche Umstände, welche nicht vorausgesehen werden konnten oder
- ausserordentliche Umstände, welche nach den von beiden Vertragsparteien angenommenen Voraussetzungen ausgeschlossen waren,
- wobei diese ausserordentlichen Umstände die Fertigstellung hindern oder
- übermässig erschweren.

aa) Ausserordentliche Umstände

«Ausserordentlich» im Sinne des Art. 59 Abs. 1 SIA-Norm 118 (und Art. 373 Abs. 2 OR) sind Umstände (Sachverhalte oder Verhältnisse), die «nicht vorausgesehen werden konnten» oder die «nach den von beiden Vertragsparteien angenommenen Voraussetzungen ausgeschlossen» waren. Somit ist jeder Umstand, der «unvorhersehbar» oder nach den beidseitigen «angenommenen Voraussetzungen» ausgeschlossen war, immer auch «ausserordentlich» im Sinne des Art. 59 Abs. 1 SIA-Norm 118. Eine darüber hinausgehende «Ausserordentlichkeit» ist nicht verlangt.[34] 34

33 Gauch/Stöckli, Kommentar zur SIA-Norm 118, Art. 59 Rz 1.5.

34 Gauch/Stöckli, Kommentar zur SIA-Norm 118, Art. 59 Rz 5.2.

35 Der Art. 59 Abs. 1 SIA-Norm 118 führt bereits Beispiele von «ausserordentlichen Umständen» auf. Es handelt sich hierbei um: Wassereinbrüche, Erdbeben, Sturm, Gasaustritte, hohe unterirdische Temperatur, Radioaktivität, einschneidende behördliche Massnahmen, Störung des Arbeitsfriedens. In Einklang mit GAUCH gelten somit in aller Regel die Ereignisse der höheren Gewalt als unvorhersehbar. Jedoch sollen sich unvorhersehbare Ereignisse nicht auf solche höherer Gewalt beschränken: «Überhaupt sind alle Umstände voraussehbar, deren Eintritt vom Standpunkt des Unternehmers aus (...) so wahrscheinlich ist, dass für den vernünftigen Unternehmer ein Grund besteht, beim Entscheid über den Abschluss dieses Vertrages oder dessen inhaltliche Ausgestaltung darauf Rücksicht zu nehmen.»[35]

36 Umstände, «welche nach den von beiden Vertragsparteien angenommenen Voraussetzungen ausgeschlossen waren», sind dann ausserordentlich, wenn beide Parteien bei Vertragsabschluss mit deren Vorliegen oder späterem Eintreten nicht rechneten.[36]

37 Weitere theoretische Ausführungen und Beispiele zur Frage, wann «ausserordentliche Umstände» vorliegen, finden sich bei GAUCH[37]. Vorliegend soll jedoch die Frage geklärt werden, ob es sich im konkreten Fall der «COVID-19-Pandemie» und ihrer Folgen um «ausserordentliche Umstände» handelt. Mit Blick auf die in Art. 59 Abs. 1 SIA-Norm 118 genannten Beispiele sowie die Faustregel, wonach Ereignisse höherer Gewalt als «ausserordentliche Umstände» zu qualifizieren sind, kann eine Pandemie (d.h. die weltweite Ausbreitung einer Infektionskrankheit) einen solchen «ausserordentlichen Umstand» darstellen. Eine Pandemie stellt aber nicht per se einen Umstand dar, der zu einem Anspruch auf Mehrvergütung führen kann. Es kommt darauf an, dass die «ausserordentlichen Umstände» (hier die COVID-19-Pandemie) «die Fertigstellung hindern oder übermässig erschweren» (was z.B. bei der SARS-Pandemie von 2002/03 in der Schweiz nicht der Fall war). Auch die COVID-19-Pandemie hat sich (im März, April und Mai 2020) nicht dahingehend ausgewirkt, dass z.B. Mitarbeiter von Bauunternehmungen in grosser Zahl krankheitshalber ausgefallen sind oder die Lieferketten für lange Zeit unterbrochen wurden.

38 Zum heutigen Zeitpunkt kann beobachtet werden, dass sich auf die Bauunternehmungen weniger die COVID-19-Pandemie als solche ausgewirkt hat, als vielmehr die vom Bundesrat erlassenen COVID-19-Verordnung 2, wonach die Unternehmer gemäss Art. 7d als Arbeitgeber verpflichtet sind, die Empfehlungen des BAG betreffend Hygiene und soziale Distanz (vgl. Empfehlungen des BAG und die Checkliste des SECO) einzuhalten. Es stellt sich damit vorliegend die eigentliche Frage, ob diese behördlichen Massnahmen «einschneidende behördliche Massnahmen» im Sinne von Art. 59 Abs. 1 SIA-Norm 118 darstellen. Das Bundesgericht hat dereinst in Zusammenhang mit langfristigen Verträgen[38]

35 GAUCH, Der Werkvertrag, Rz 1080.

36 GAUCH, Der Werkvertrag, Rz 1094.

37 GAUCH, Der Werkvertrag, Rz 1074 ff.

38 Bei einem Werkvertrag handelt es sich zwar nicht um einen Dauervertrag, jedoch kann es sich die Dauer eines Werkvertrags über einen langen Zeitraum hinziehen. Zu denken ist beispielsweise an langjährige Baustellen.

festgehalten, «Änderungen der Gesetzeslage gelten grundsätzlich nicht als unvorhersehbar».[39] In Übereinstimmung mit Gauch[40] sind die Autoren der Meinung, dass dieser Satz des Bundesgerichts nicht absolut gelten kann, da die Frage der Unvorhersehbarkeit auch diesbezüglich nach den konkreten Umständen des Einzelfalls zu beurteilen ist. Die im Notrecht erlassenen Beschränkungen und Massnahmen haben seit dem 2. Weltkrieg kein Präjudiz und konnten nicht vorausgesehen und vom Unternehmer in der Offertgestaltung berücksichtigt werden. Demnach ist u.E. auch einzelfallbezogen zu beurteilen, ob sich die Einhaltung der Empfehlungen des BAG und der Checkliste des SECO auf der konkreten Baustelle als einschneidend erweist: Insbesondere in Bezug auf die in den Empfehlungen des BAG und der Checkliste des SECO vorgegebenen Mindestabstände kommt es sehr auf die Platzverhältnisse auf den Baustellen und auf die Art der zu erbringenden Leistungen an. Es wird Baustellen geben, wo die Empfehlungen des BAG und die Checkliste des SECO ohne wesentlichen Mehraufwand umgesetzt werden konnten (beispielsweise im Hochbau), während es bei anderen Baustellen schwierig ist, die Vorgaben einzuhalten (beispielsweise bei Tunnelbaustellen).

bb) Hinderung oder übermässige Erschwernis

Die «ausserordentlichen Umstände» müssen so beschaffen sein, dass sie die «Fertigstellung hindern oder übermässig erschweren» (Art. 59 Abs. 1 SIA-Norm 118 und Art. 373 Abs. 2 OR). «Das trifft dann zu, wenn sie die Ausführungskosten des Werks in einem solchen Umfang erhöhen, dass zwischen der Gesamtleistung des Unternehmers und der vertraglichen Vergütung ein offenes Missverhältnis zulasten des Unternehmers entsteht. Das Missverhältnis muss so «krass» (vgl. BGE 104 II 314/317 E. b) sein, dass es für den Unternehmer nach Treu und Glauben nicht zumutbar ist, das Werk zum vertraglich vereinbarten Festpreis (Einheits-, Global- oder Pauschalpreis) auszuführen».[41] Massgebend ist demnach das Missverhältnis zwischen der Gesamtleistung und der Gesamtvergütung: «Solange die durch ausserordentliche Umstände bewirkten Mehrkosten einer zu einem Festpreis übernommenen Einzelleistung (allein oder zusammen mit entsprechenden Mehrkosten einer anderen Einzelleistung) nicht zu einem offenbaren Missverhältnis zwischen der Gesamtleistung und der Gesamtvergütung führen, sind sie unter dem Gesichtspunkt des Art. 59 unerheblich.»[42] 39

Ob diese Voraussetzung erfüllt ist, ist wiederum einzelfallbezogen zu beurteilen. Massgebend ist das (Miss-)Verhältnis zwischen der Gesamtleistung des Unternehmers und der gesamten vertraglichen Vergütung. Ein Fall des Art. 59 Abs. 1 SIA-Norm 118 bzw. Art. 373 Abs. 2 OR liegt vor, wo die durch die Empfehlungen des BAG und die Checkliste des SECO und/oder die vorübergehende Einstellung der Arbeiten bewirkten Mehraufwendungen des Unternehmers so massiv sind, dass die Leistung für den Unter- 40

39 BGE 127 III 305.

40 Gauch, Der Werkvertrag, Rz 1081.

41 Gauch/Stöckli, Kommentar zur SIA-Norm 118, Art. 59 Rz 5.4.

42 Gauch/Stöckli, Kommentar zur SIA-Norm 118, Art. 59 Rz 5.5.

nehmer (wirtschaftlich) unzumutbar wird.[43] Ob ein derartiges Missverhältnis im konkreten Einzelfall vorliegt, bildet Gegenstand einer Ermessensfrage, die nicht auf Grund einer bestimmten (etwa mathematischen) Formel entschieden werden kann.[44]

41 Wie bereits bei der Beurteilung, ob «ausserordentliche Umstände» vorliegen, wird es auch bei der Frage, ob ein Missverhältnis der Gesamtleistung und der Gesamtvergütung des Unternehmers vorliegt, auf die aus der Umsetzung der Empfehlungen des BAG und der Checkliste des SECO resultierenden Mehraufwendungen ankommen. Bei Baustellen, bei welchen die Umsetzung der Empfehlungen des BAG und der Checkliste des SECO eher schwierig (oder sogar nicht möglich) ist, wird es eher zu einem wesentlichen Mehraufwand beim Unternehmer kommen, der für ihn wirtschaftlich unzumutbar ist. Des Weiteren wird die Dauer der Baustelle bzw. die Dauer der Leistungserbringung des Unternehmers von Bedeutung sein: Bei einer Baustelle, die über mehrere Jahre ohne «COVID-19-bedingte» Erschwernisse betrieben werden konnte und deren Abschluss nun noch für relativ kurze Zeit von solchen Erschwernissen betroffen ist, wird kaum ein Missverhältnis zwischen der Gesamtleistung des Unternehmers und der Gesamtvergütung bestehen. Anders bei Werkverträgen, deren gesamte Leistung nun überwiegend «COVID-19-erschwert» erbracht werden muss: Hier könnte schon eher ein Missverhältnis zur Gesamtvergütung bestehen.

42 Zu den Mehraufwendungen, die infolge der Umsetzung der Empfehlungen des BAG und der Checkliste des SECO eintreten können, sind mit Verweis auf das Merkblatt «Kostenfolgen für Massnahmen infolge Corona» des Schweizerischen Baumeisterverbands vom 6.4.2020[45] folgende zu zählen:

- Baustellenbetrieb: Änderung der Bauablaufplanung (s. hierzu jedoch auch Rz 48) und suboptimale Leistungserbringung (z.B. tiefere Leistungswerte, höherer Koordinationsaufwand, kleinere Etappe, Kleinmengenzuschläge, höhere Transportkosten durch kleinere Mengen etc.); Zusatzaufwand für Aufsicht und Führung in Bezug auf Instruktion, Kontrolle und Sicherstellung der Hygienemassnahmen; Kurzunterbrüche der Arbeit zur Sicherstellung der Hygienemassnahmen (Händedesinfektion, ggf. Wechsel von Schutzmasken); Leistungsverlust bei Arbeiten, welcher durch die Einhaltung der Hygienemassnahmen verursacht wird (gestaffelter Personaleinsatz z.B. beim Umkleiden, Essen etc. zur Einhaltung des Mindestabstandes); Leistungsverlust infolge Lieferverzögerungen (Materialien und Dienstleistungen) inkl. Umdisponieren von Personal und Arbeiten.
- Personaltransport: Kosten für zusätzliche Fahrzeuge, Spesenvergütung nach LMV (CHF/Km 0.60) bei Einsatz von Privatfahrzeugen.
- Baustelleneinrichtung: Zusätzliche Baucontainer (für Umkleiden, Essen, Büro) zur Sicherstellung des Mindestabstandes (Kosten für An-/Abtransport, Montage, De-

43 GAUCH, Der Werkvertrag, Rz 1058.

44 GAUCH, Der Werkvertrag, Rz 1058 mit Hinweisen.

45 Abrufbar unter ‹www.baumeister.ch/de/news/3569-moegliche-auswirkungen-des-corona-virus-auf-das-arbeitsverhaeltnis-3569› (24.6.2020).

montage und Vorhalten); Zusätzliche WC-Anlagen und/oder Handwascheinrichtungen zur Einhaltung der Hygienevorschriften (Kosten dito Baucontainer); Beschilderungen, Absperrungen, Abkleben von gesperrten Sitz- oder Stehzonen; Bereitstellung von Desinfektionsmitteln, Handschuhen, Schutzmasken etc.; zusätzliche Parkplätze für Fahrzeuge; längeres Vorhalten der Baustelleneinrichtung infolge von Bauablaufstörungen, die durch die Corona-Massnahmen verursacht wurden.

cc) Mehrvergütung

Über die Höhe der Mehrvergütung sollen sich die Vertragsparteien von Fall zu Fall verständigen, wobei höchstens die nachgewiesenen tatsächlichen Mehraufwendungen zu vergüten sind (Art. 59 Abs. 2 SIA-Norm 118). Für den Fall, dass sich die Parteien nicht einigen, verweist Art. 59 Abs. 2 SIA-Norm 118 auf den Gerichtsweg (wobei der Unternehmer zu klagen hat) und auf Art. 373 Abs. 2 OR. 43

Das Bundesgericht äusserte sich zur Höhe des Anspruchs nach Art. 373 Abs. 2 OR wie folgt (BGE 104 II 314 S. 317): «(…) Die Mehrkosten sind beim Vergleich mit der vereinbarten Vergütung ohne Gewinn einzusetzen, denn Art. 373 Abs. 2 OR gibt dem Unternehmer keinen Anspruch darauf, dass die Erfüllung des Vertrages zu einem verlustfreien Geschäft, das Missverhältnis also ganz ausgeglichen werde (BGE 50 II 167, BGE 47 II 457). Der Ausgleich hat sich vielmehr auf ein Mass zu beschränken, das zwar nicht von der Leistungsfähigkeit des Unternehmers abhängig gemacht werden darf, aber die Werkausführung als objektiv zumutbar erscheinen lässt (…).» 44

Es sind somit nicht sämtliche Mehrkosten auf den Bauherrn zu überwälzen. Vielmehr soll durch die Preisanpassung lediglich die unzumutbare Leistung des Unternehmers zu einer (objektiv) zumutbaren werden.[46] 45

Zu erwähnen gilt es noch die Kostenminderungspflicht des Unternehmers. Diese kommt insbesondere im Falle einer Einstellung einer Baustelle zum Tragen (s. Rz 57 ff.). Der Unternehmer hat alle erforderlichen Massnahmen zur Kostenminderung zu ergreifen. Somit ist er verpflichtet, von den Mitteln im Rahmen des vom Bundesrat erlassenen «Massnahmenpakets zur Abfederung der wirtschaftlichen Folgen» Gebrauch zu machen (z.B. Anmeldung von Kurzarbeit) und diese an seine Mehraufwendungen anzurechnen. 46

Wenn die Anwendung der SIA-Norm 118 nicht vereinbart ist, kommt ein Mehrvergütungsanspruch des Unternehmers gestützt auf Art. 373 Abs. 2 OR in Betracht. 47

c) Bestellungsänderung

Die auf den Baustellen geforderte Einhaltung der Empfehlungen des BAG und der Checkliste des SECO kann auch zu Bestellungsänderungen führen. So stellen Umstellungen im Bauablauf meist eine Bestellungsänderung dar: Der Bauherr kann Leistungen, zu denen der Unternehmer durch den Werkvertrag verpflichtet ist, «auf eine andere Art 48

46 Zindel/Schott, BSK OR I, Art. 373 N 28 mit Hinweisen auf die h.L. und auch **a.M.**

als vereinbart» ausführen lassen. Eine Bestellungsänderung liegt demnach auch vor, wenn der Bauherr eine Vertragsleistung zwar nicht inhaltlich abändert, den Unternehmer aber anweist, die Leistung unter veränderten Rahmenbedingungen oder Voraussetzungen auszuführen.[47]

49 Die Termin- und Kostenfolgen bestimmen sich in diesem Fall nach der Bestellungsänderung (Art. 84 ff. SIA-Norm 118) bzw. den davon abweichenden vertraglichen Bestimmungen.

3. Ansprüche des Planers

a) *Fristerstreckung*

50 Der Planer hat für seine Projektierungs- und Bauleitungsaufgaben in der Regel vertraglich definierte Fristen einzuhalten. In der Ausführungsphase orientieren sich solche Fristen üblicherweise am Bauprogramm und werden in einem spezifischen Planlieferungsprogramm hinsichtlich der Leistungserbringung des Planers konkretisiert. Kommt es wegen Einhaltung der Empfehlungen des BAG und der Checkliste des SECO durch den Unternehmer zu Verzögerungen im Bauablauf oder treten solche Verzögerungen durch ausbleibende oder verzögerte Entscheidungen des Auftraggebers auf, kann die Einhaltung dieser Fristen durch den Planer gefährdet sein. Ist es dem Planer aufgrund solcher, nicht von ihm verschuldeter Umstände nicht möglich, die vertraglichen Fristen einzuhalten, verfügt er über einen Anspruch auf eine angemessene **Fristerstreckung.**[48] In der Regel ist die Dauer der Fristerstreckung angemessen, wenn sie mindestens die Dauer des erlittenen Verzuges beträgt.

b) *Mehrvergütung*

51 Verzögerungen im Bauablauf wegen Einhaltung der Empfehlungen des BAG und der Checkliste des SECO durch den Unternehmer können beim Planer insbesondere in der Bauleitung zu Mehraufwand führen, namentlich wenn sich die Bauzeit verlängert und dadurch der Umfang der Bauleitungstätigkeit (Anzahl Sitzungen, Anzahl Kontrollgänge etc.) erweitert wird. Hierbei handelt es sich nicht um neue, bisher nicht im Planervertrag definierte Leistungen (vgl. hierzu Rz 56), sondern der Arbeitsanfall innerhalb einer vertraglich definierten Leistung (z.B. Bauleitung) nimmt gegenüber dem zum Zeitpunkt des Vertragsschlusses – aufgrund der damaligen Kenntnisse des Projektes – angenommenen Ausmass zu. In diesem Zusammenhang stellt sich die Frage nach der Vergütung eines solchen Mehraufwandes.

52 Haben die Parteien im Planervertrag eine Vergütung nach dem effektiven Aufwand vereinbart, besteht hinsichtlich der Abrechnung wenig Konfliktpotential, denn die zusätzlich nötigen Aufwendungen können nach effektivem Aufwand abgerechnet werden

47 Egli, Kommentar zur SIA-Norm 118, Art 84 Rz 6.5; **a.M.** Spiess/Huser, Handkommentar zur Norm-SIA 118, Art. 84 N 8.

48 Gauch, Werkvertrag, Rz 682 ff.

und werden somit entsprechend honoriert. Selbstverständlich trifft den Planer die Pflicht zur effizienten Arbeitsweise, er darf mithin nur den effektiv gebotenen Aufwand betreiben und verrechnen.[49] Zu beachten ist, dass allfällige vertraglich definierte Honorar-Kostendächer unter Umständen den neuen Gegebenheiten angepasst werden müssen, wobei dies im Rahmen einer Vertragsänderung (Nachtrag) zu erfolgen hat.

Haben die Parteien hingegen ein Pauschalhonorar vereinbart, erfolgt keine Abrech- 53
nung nach effektivem Aufwand. Ein Mehr- oder Minderaufwand in einer vertraglich vereinbarten Leistungskategorie geht a priori zu Lasten des Beauftragten. Auch hier wird der Planer aber unter den folgenden Voraussetzungen einen Mehrvergütungsanspruch geltend machen können:

aa) Veränderung des Leistungsinhalts

Die Vergütung ist anzupassen, wenn sich nach Vertragsschluss der vertraglich verein- 54
barte **Leistungsinhalt verändert**. Eine solche Änderung des Leistungsinhalts liegt nicht nur vor, wenn der Planer andere oder zusätzliche Leistungen zu erbringen hat, sondern auch, wenn er die vereinbarten Leistungen *unter veränderten Ausführungsvoraussetzungen* erbringen muss.[50]

bb) Veränderte Verhältnisse

Eine Anpassung der Vergütung kann sich aufdrängen **bei später eintretenden ver-** 55
ändernden Verhältnissen. Im Werkvertragsrecht kann sich die Honoraranpassung aus Art. 373 Abs. 2 OR ergeben («ausserordentliche Umstände, die nicht vorausgesehen werden konnten»)[51], im Auftragsrecht nach Treu und Glauben.[52] Dabei gilt in beiden Fällen folgendes:

- Zwischen der Leistung und dem dafür vereinbarten Honorar muss ein *offenbares, krasses Missverhältnis* bestehen. Das Missverhältnis muss «gross, auffällig, übermässig» sein, sodass die Leistung für den vorgesehen Preis für den Beauftragten/Unternehmer unzumutbar («unerschwinglich») ist.[53] Bei der Beurteilung des Missverhältnisses darf der Unternehmergewinn nicht als Teil der erhöhten Erstellungskosten berücksichtigt werden.
- Bei den kostenteuernden Umständen muss es sich um *ausserordentliche Umstände* handeln, die von den Parteien nicht vorausgesehen werden konnten resp. die nach den von den Parteien angenommenen Voraussetzungen ausgeschlossen waren.[54] Es darf davon ausgegangen werden, dass ein Gericht die COVID-19 Pandemie sowie

49 Egli/Stöckli, Planerverträge, Planerhonorar, Rz 8.32.
50 Egli/Stöckli, Planerverträge, Planerhonorar, Rz 8.169.
51 Gauch, Werkvertrag, Rz 1046 ff.
52 Egli/Stöckli, Planerverträge, Planerhonorar, Rz 8.166.
53 Gauch, Werkvertrag, Rz 1058.
54 Gauch, Werkvertrag, Rz 1074 ff.

die deswegen erlassenen behördlichen Massnahmen als derartige Umstände qualifizieren würde (vgl. dazu auch Rz 37 f.).

- Zu beachten ist, dass unter dem Titel von Art. 373 Abs. 2 OR nicht sämtliche Mehrkosten geltend gemacht werden können, die durch die ausserordentlichen Umstände entstehen. Vielmehr bezweckt die Preiserhöhung lediglich den Ausgleich des Missverhältnisses, d.h., die unzumutbare Leistung des Beauftragten/Unternehmers soll zumutbar gemacht werden.[55]

c) Zusatzleistungen

56 Zusatzleistungen liegen vor, wenn der Auftraggeber infolge der durch die Pandemie verursachten Umstände beim Planer Leistungen bestellt, die nicht Gegenstand des Leistungskatalogs des bisherigen Planervertrages bildeten. Es kann sich dabei zum Beispiel um zusätzliche planerisch-konzeptionelle Arbeiten handeln (z.B. Erstellen eines Schutzkonzepts für die Baustelle) oder um neue Kontroll- und Aufsichtsaufgaben (z.B. Kontrolle der COVID-19-spezifischen Schutzmassnahmen). Solche Zusatzleistungen sind im Rahmen eines Nachtrages zum bestehenden Planervertrag oder in einem neuen, separaten Dienstleistungsvertrag einvernehmlich zu regeln.

IV. Folgen von Baustellenschliessungen

1. Baustellenschliessung durch den Bauherrn

a) Freiwillige Schliessung

57 Von einer freiwilligen Baustellenschliessung durch den Bauherrn ist die Rede, wenn der Bauherr die Baustellenschliessung anordnet, obwohl es **objektiv möglich** wäre, die Empfehlungen des BAG und die Checkliste des SECO einzuhalten und der Unternehmer bereit und in der Lage ist, diese einzuhalten. In diesem Fall gerät der Bauherr in **Annahmeverzug.**

58 Gemäss Art. 94 Abs. 1 SIA-Norm 118 hat der Bauherr dem Unternehmer die Ausführungsunterlagen und die erforderlichen Grundstücke und Rechte so frühzeitig zur Verfügung zu stellen, dass der Unternehmer die vertraglichen Fristen einhalten kann. Dabei hat der Bauherr den Fortschritt der Arbeiten und die vom Unternehmer benötigte Vorbereitungszeit zu berücksichtigen (Art. 94 Abs. 1 SIA-Norm 118).

59 Indem der Bauherr die Baustelle schliesst, obwohl es objektiv möglich wäre, die Empfehlungen des BAG und die Checkliste des SECO einzuhalten und der Unternehmer auch bereit und in der Lage ist, diese einzuhalten, verletzt der Bauherr seine Obliegenheit, dem Unternehmer die für die Ausführung «erforderlichen Grundstücke und Rechte» zur Verfügung zu stellen (Art. 94 Abs. 1 SIA-Norm 118). Es liegt somit eine **Verletzung der Mitwirkungsobliegenheit** des Bauherrn vor. Bei ungerechtfertigter Unterlassung oder Verzögerung seiner Mitwirkungsobliegenheit gerät der Bauherr (bei ge-

55 GAUCH, Werkvertrag, Rz 1115.

gebenen Voraussetzungen) in Annahmeverzug (Art. 91 ff. OR).[56] Der Annahmeverzug setzt kein Verschulden des Bauherrn voraus. Vorausgesetzt ist jedoch, dass die Leistung des Unternehmers (objektiv) möglich und erfüllbar ist, dass sie ordnungsgemäss angeboten wird (Art. 91 OR) und beim Unternehmer tatsächlich Leistungsbereitschaft und -fähigkeit besteht.[57] Der Bauherr gerät somit nur in Annahmeverzug, wenn der Unternehmer seine Leistung gehörig anbietet, d.h., der Unternehmer muss in der Lage sein, die Empfehlungen des BAG und die Checkliste des SECO auf der Baustelle einzuhalten. Ist dies nicht der Fall, liegt keine freiwillige Baustellenschliessung des Bauherrn vor, sondern eine notwendige (s. Rz 64 ff.). Die Beweislast dafür, dass ein gehöriges Angebot der Leistung des Unternehmers nicht möglich ist, liegt beim Bauherrn, der die Schliessung angeordnet hat.

Bei Verletzung der Mitwirkungsobliegenheit des Bauherrn (die «erforderlichen Grundstücke und Rechte» werden nicht zur Verfügung gestellt) hat der Unternehmer das Recht auf eine angemessene **Fristerstreckung** (Art. 94 Abs. 2 SIA-Norm 118). Stimmt der Bauherr einer angemessenen Fristerstreckung nicht zu oder verletzt nachhaltig seine Mitwirkungsobliegenheit, so kann der Unternehmer **den Vertrag** nach den Vorschriften über den Gläubigerverzug (Art. 95 OR) **auflösen** (Art. 94 Abs. 2 SIA-Norm 118). Zudem verfügt der Unternehmer über einen **Mehrvergütungsanspruch**. «Der Anspruch auf Mehrvergütung zufolge Säumnis des Bauherrn ist in Art. 94 Abs. 2 SIA-Norm 118 nicht geregelt und ergibt sich aus allgemeinen Grundsätzen, somit aus der gesetzlichen Ordnung».[58] Ein Verschulden des Bauherrn ist nicht nur für den Annahmeverzug, sondern auch für den Mehrvergütungsanspruch nicht vorausgesetzt.[59] 60

Zur Bemessung des Mehrvergütungsanspruchs finden sich uneinheitliche Lehrmeinungen[60] sowie Rechtsprechung.[61] Zusammenfassend kann festgehalten werden, dass die Meinungen von einer Beschränkung des Mehrvergütungsanspruchs auf effektiv eingetretene Selbstkosten ohne Zuschläge über eine Aufwandsentschädigung nach Art. 374 OR gemäss dem Grundsatz «cost plus fee» bis zu einem Anspruch auf Mehrvergütung anhand der zwischen den Parteien getroffenen Preisabrede reichen. Einig sind sich jedoch Lehre und Rechtsprechung, dass den Unternehmer eine Kostenminderungsobliegenheit trifft. Der Unternehmer hat sich daher anrechnen zu lassen, was er durch zumutbare Massnahmen im Rahmen des «Massnahmenpakets zur Abfederung der wirt- 61

56 Gauch, Der Werkvertrag, Rz 1325.

57 Gauch, Der Werkvertrag, Rz 1327.

58 Schumacher/König, Die Vergütung im Bauwerkvertrag, Rz 350.

59 Urteil HGr ZH [HG120 098] vom 4.8.2015, E. 3.1.3.2; Gauch, Der Werkvertrag, Rz 1338.

60 Zu den einzelnen Lehrmeinungen siehe: Gauch, Der Werkvertrag, Rz 1337; Bernd Hauck/Tobias Rebmann, Auswirkungen von Bauablaufstörungen auf den werkvertragliche Vergütungsanspruch, AJP 2018, S. 424, 435; Alfred Koller, Schweizerisches Werkvertragsrecht, St. Gallen 2015, Rz 476; Pascal Rey, Mitwirkung und Mitwirkungsversäumnis des Bauherrn, Zürich 2019, Rz 1219; Roland Hürlimann, Ansprüche des Unternehmers aus Bauablaufstörungen des Bauherrn, in: Tercier et al. [Hrsg.], Gauchs Welt, Zürich 2004, S. 834 f.

61 Zur Rechtsprechung siehe: Urteil HGer ZH v. 4.8.2015, HG120 098, E. 3.5.1.3.

schaftlichen Folgen» anderweitig bezahlt erhält oder mit zumutbarem Aufwand erhalten könnte. Im Vordergrund stehen dabei insbesondere Kurzarbeitsentschädigungen.

62 Unabhängig von Art. 94 SIA-Norm 118 verfügt der Unternehmer über einen Anspruch auf Fristerstreckung gestützt auf Art. 96 SIA-Norm 118: Bei einer freiwilligen Baustellenschliessung durch den Bauherrn handelt es sich bei der daraus resultierenden Verzögerung der Werksausführung um eine vom Unternehmer unverschuldete Verzögerung (s. hierzu Rz 60).

63 Ferner steht dem Unternehmer gemäss Art. 97 Abs. 1 SIA-Norm 118 ein **Schadenersatzanspruch** zu, sofern die freiwillige Baustellenschliessung durch den Bauherrn zu einer Fristüberschreitung führt. Vorausgesetzt ist damit, wie erwähnt, u.a. eine Fristüberschreitung: Art. 97 Abs. 1 SIA-Norm 118 kann nur zur Anwendung gelangen, wenn aufgrund der freiwilligen Baustellenschliessung durch den Bauherrn eine vertragliche Frist überschritten wird. Des Weiteren bildet – im Gegensatz zum verschuldensunabhängigen Anspruch auf Mehrvergütung infolge Annahmeverzugs – das Verschulden des Bauherrn eine Anspruchsvoraussetzung. Dem Bauherrn steht in Anlehnung an das vertragliche Schadenersatzrecht der Exkulpationsbeweis offen. So kann der Bauherr z.B. beweisen, dass die Fristüberschreitung durch ausserordentliche Umstände, die er nicht zu vertreten hat, oder durch ein ihm nicht anrechenbares Drittverschulden verursacht wurde.[62] Unseres Erachtens wird ein solcher Exkulpationsbeweis durch den Bauherrn im Falle einer freiwilligen Baustellenschliessung eher schwierig, da die Einhaltung der Empfehlungen des BAG und der Checkliste des SECO objektiv möglich wäre und der Unternehmer auch bereit und in der Lage ist, diese einzuhalten.

b) Notwendige Schliessung

64 In zwei Fällen kann von einer notwendigen Baustellenschliessung durch den Bauherrn ausgegangen werden:

- Der Bauherr ordnet die Baustellenschliessung an, weil es **objektiv nicht möglich** ist, die Empfehlungen des BAG und die Checkliste des SECO einzuhalten.
- Der Bauherr ordnet die Baustellenschliessung an, weil der Unternehmer die Empfehlungen des BAG und die Checkliste des SECO nicht einhält, obwohl dies objektiv möglich wäre.

65 Im ersten Fall gilt folgendes: Der Bauherr ist nicht in der Lage, die Leistungen des Unternehmers anzunehmen. Der Unternehmer ist aber auch nicht in der Lage, seine Leistung gehörig anzubieten. Der Bauherr gerät daher nicht in Annahmeverzug. Es könnte sich die Frage stellen, ob eine objektive Leistungsunmöglichkeit im Sinne von Art. 119 OR vorliegt. Diesfalls müsste es sich um eine dauernde Leistungsunmöglichkeit handeln. Bloss vorübergehende Leistungshindernisse, deren Wegfall sich im Zeitpunkt ihres Eintritts absehen lässt, fallen nicht darunter.[63] Die nun durch den Bundesrat verfügten

---

62 Spiess/Huser, Handkommentar zur Norm SIA 118, Art 97 N 16.

63 Gauch, Der Werkvertrag, Rz 719; BGer v. 12.11.2003, 4C.344/2002, E. 4.2.

Lockerungen des Lockdowns lassen darauf schliessen, dass die Lockerungen auch zeitnah die Baustellen betreffen werden und es somit zu Anpassungen der Empfehlungen des BAG und der Checkliste des SECO bzw. allenfalls sogar zu deren Aufhebung kommt. Es ist damit davon auszugehen, dass nach einiger Zeit (fast) alle Baustellen wieder geöffnet werden können. Aus heutiger Sicht ist daher nicht von einer dauernden Leistungsunmöglichkeit auszugehen.

Während der Dauer der vorübergehenden Unmöglichkeit hat der Unternehmer einen Anspruch auf eine angemessene Fristerstreckung gemäss Art. 96 SIA-Norm 118 (s. Rz 25 ff.) und allenfalls einen Mehrvergütungs- bzw. Rücktrittsanspruch gemäss Art. 59 SIA-Norm 118 (s. Rz 51 ff. bzw. 76). 66

Wenn die SIA-Norm 118 nicht vereinbart wurde, kann der Bauherr nach den Verzugsregeln vom Vertrag zurücktreten. Ein Schadenersatzanspruch besteht aufgrund des fehlenden Verschuldens des Unternehmers nicht (Art. 103 Abs. 2 OR). 67

Im zweiten Fall gilt folgendes: Gemäss Art. 103 SIA-Norm 118 ist der Unternehmer vertraglich verpflichtet, «die gesetzlich vorgeschriebenen und die erfahrungsgemäss gebotenen Vorkehren» zum Schutze von Personen und deren Gesundheit zu treffen. Da es sich bei den Empfehlungen des BAG und der Checkliste des SECO um gesetzliche Vorschriften handelt, ist der Unternehmer gegenüber dem Bauherrn auch vertraglich verpflichtet, die Empfehlungen des BAG und der Checkliste des SECO einzuhalten. Eine Verletzung dieser vertraglichen Pflicht durch den Unternehmer berechtigt den Bauherrn, die Annahme der damit widerrechtlich angebotenen Leistung des Unternehmers zu verweigern (Art. 91 OR) und daher die Baustelle zu schliessen, bis der Unternehmer bereit und in der Lage ist, «die gesetzlich vorgeschriebenen und die erfahrungsgemäss gebotenen Vorkehren» (die Empfehlungen des BAG und die Checkliste des SECO) einzuhalten. Der Bauherr kommt nicht in Annahmeverzug, bis der Unternehmer ihm seine Leistung nicht gehörig, d.h. unter Einhaltung der gesetzlich vorgeschriebenen Vorkehren (Empfehlungen des BAG und Checkliste des SECO), anbietet. Dies hat zur Folge, dass dem Unternehmer keine Ansprüche aus Annahmeverzug des Bauherrn zustehen (da kein Annahmeverzug vorliegt). Vielmehr haftet der Unternehmer gegenüber dem Bauherrn aus Verletzung seiner vertraglichen Pflichten für den hieraus dem Bauherrn entstandenen Schaden. 68

2. Baustellenschliessung durch den Unternehmer

a) *Freiwillige Schliessung*

Wenn ein Unternehmer die Baustelle schliesst, obwohl es **objektiv möglich** wäre, die Baustelle unter Einhaltung der Empfehlungen des BAG und der Checkliste des SECO zu betreiben, ist von einer freiwilligen Baustellenschliessung durch den Unternehmer auszugehen. Dieser Fall führt nicht per se zu einer haftungsbegründenden Vertragsverletzung durch den Unternehmer. Der Unternehmer ist weder gesetzlich noch gemäss SIA-Norm 118 verpflichtet, dauernd auf der Baustelle seiner Werksausführung nachzukommen. Solange die Einhaltung vertraglicher Fristen und Termine dadurch nicht ge- 69 fährdet ist, steht es dem Unternehmer (mangels anderweitiger vertraglicher Abreden) grundsätzlich frei, seine Arbeiten zu unterbrechen.

70 Führt die Unterbrechung der Arbeiten jedoch dazu, dass eine «rechtzeitige Vollendung nicht mehr vorauszusehen ist», kann der Bauherr nach Art. 366 Abs. 1 OR das **Rücktrittsrecht** ausüben. Ein Verschulden des Unternehmers setzt das Rücktrittsrecht nicht voraus. Der wirksame Rücktritt des Bauherrn verpflichtet den Unternehmer indessen nur bei einem Verschulden zum «Ersatz des aus dem Dahinfallen des Vertrages erwachsenden Schadens» (Art. 109 Abs. 2 OR).[64]

71 Die Unterbrechung der Arbeiten kann zudem zu einem **Schadenersatzanspruch** des Bauherrn gegenüber dem Unternehmer führen. Dies sofern die Unterbrechung der Arbeiten zu einer vom Unternehmer verschuldeten Fristüberschreitung führt (Art. 97 SIA-Norm 118). Der Unternehmer kann also den Exkulpationsbeweis antreten. Sofern die SIA-Norm 118 Anwendung findet, führt ein fehlendes Verschulden seitens des Unternehmers dazu, dass die vertraglichen Fristen gemäss Art. 96 SIA-Norm 118 angemessen erstreckt werden können (s. zum fehlenden Verschulden Rz 27). Damit gerät der Unternehmer nicht in Verzug, sodass sich die Frage nach einer Haftung für Verzugsschäden gar nicht stellt. Wenn die SIA-Norm 118 nicht vereinbart ist, gerät der Unternehmer zwar auch dann in Verzug, wenn er hinsichtlich des Verzugs den Exkulpationsbeweis erbringen kann, aber er haftet nach Art. 103 Abs. 2 OR nicht für den Verzugsschaden.

72 Im Falle einer Baustellenschliessung durch den Unternehmer und, dass dieser ein fehlendes Verschulden im Sinne von Art. 96 SIA-Norm 118 nachweisen kann (sodass ein Anspruch auf Fristerstreckung besteht), kann zudem allenfalls ein Anspruch des Unternehmers nach Art. 59 SIA-Norm 118 oder Art. 373 Abs. 2 OR vorliegen.

b) *Notwendige Schliessung*

73 Von einer notwendigen Baustellenschliessung durch den Unternehmer ist hingegen auszugehen, wenn der Unternehmer eine Baustelle schliesst, weil es ihm **objektiv nicht möglich** ist, die Baustelle unter Einhaltung der Empfehlungen des BAG und der Checkliste des SECO zu betreiben.

74 In diesem Fall wird der Unternehmer Anspruch auf eine angemessene **Fristerstreckung** verlangen können, da die Verzögerung der Werksausführungen nicht vom Unternehmer verschuldet ist (Art. 96 Abs. 1 SIA-Norm 118).

75 Damit gerät der Unternehmer nicht in Verzug, sodass sich die Frage nach einer Haftung für Verzugsschäden gar nicht stellt. Wenn die SIA-Norm 118 nicht vereinbart ist, gerät der Unternehmer zwar auch dann in Verzug, wenn er hinsichtlich des Verzugs den Exkulpationsbeweis erbringen kann, aber er haftet nach Art. 103 Abs. 2 OR nicht für den Verzugsschaden.

76 Zudem kann allenfalls ein Anspruch des Unternehmers auf **Mehrvergütung** nach Art. 59 SIA-Norm 118 oder Art. 373 Abs. 2 OR vorliegen.

64 Gauch, Der Werkvertrag, Rz 675.

3. Baustellenschliessung durch den Kanton

a) *Kantonal verordnete Schliessung aller Baustellen*

Einzelne Kantone haben die Baustellenschliessung aller Baustellen im gesamten Kantonsgebiet angeordnet (vgl. Rz 14). In diesem Fall kann nicht danach unterschieden werden, ob dem Bauherrn oder dem Unternehmer der Betrieb der Baustelle bzw. die Werksausführung auf der Baustelle verboten wurde. Diese Baustellenschliessungen kann daher keiner Risikospähre einer Partei zugeordnet werden bzw. fällt diese Anordnung damit in die Risikospähre beider Parteien. Dies hat zur Folge, dass der Bauherr die Leistung des Unternehmers nicht annehmen und der Unternehmer die Leistung nicht anbieten kann. Gegenseitige finanzielle Ansprüche sind mangels eines pflichtwidrigen oder «obliegenheitswidrigen» Verhaltens ausgeschlossen. Sofern die Voraussetzungen dafür erfüllt sind, könnte ein Anspruch gemäss Art. 59 SIA-Norm 118 bzw. Art. 373 Abs. 2 OR bestehen. 77

b) *Kantonal verordnete Schliessung infolge Nichteinhaltung der Empfehlungen des BAG und der Checkliste des SECO*

Gemäss Art. 7d Abs. 3 COVID-19-Verordnung 2 kann die zuständige kantonale Behörde einzelne Baustellen schliessen, wenn die Empfehlungen des BAG und die Checkliste des SECO auf der entsprechenden Baustelle nicht eingehalten werden (vgl. Rz 10). 78

Eine solche Schliessung wird die kantonale Behörde anordnen, wenn der Unternehmer die Empfehlungen des BAG und die Checkliste des SECO nicht einhält, obwohl die Einhaltung objektiv möglich wäre. Stellt die kantonale Behörde fest, dass die Empfehlungen des BAG und die Checkliste des SECO auf einer Baustelle nicht eingehalten werden, liegt damit eine Pflichtverletzung des Unternehmers gemäss Art. 103 SIA-Norm 118 vor (zu Art. 103 SIA-Norm 118, s. Rz 66 f.). Bei einer solchen Schliessung der Baustelle durch die kantonale Behörde wird der Unternehmer gegenüber dem Bauherrn für die dem Bauherrn dadurch entstehenden Schäden haftbar. Dem Unternehmer steht allerdings auch hier der Exkulpationsbeweis offen (Art. 97 OR). 79

c) *Kantonal verordnete Schliessung einzelner Baustellen trotz Einhaltung der Empfehlungen des BAG und der Checkliste des SECO*

Eine kantonal verordnete Schliessung einer Baustelle trotz Einhaltung der Empfehlungen des BAG und der Checkliste des SECO wäre gemäss Art. 7d der COVID-19-Verordnung 2 widerrechtlich. Für die dadurch bewirkten Schäden ist allenfalls eine Staatshaftung in Betracht zu ziehen. 80

Im Verhältnis zwischen Bauherrn und Unternehmer gilt indes folgendes: Grundsätzlich ist der Bauherr nicht in der Lage, die Leistungen des Unternehmers anzunehmen. Der Unternehmer wiederum ist nicht in der Lage, seine Leistung gehörig anzubieten (Art. 91 OR), da (angeblich) der Unternehmer die Empfehlungen des BAG und die Checkliste des SECO nicht eingehalten hat. Zeigt sich, dass der Unternehmer die Empfehlungen 81 des BAG und die Checkliste des SECO tatsächlich nicht eingehalten hat, liegt eine Pflichtverletzung des Unternehmers gemäss Art. 103 SIA-Norm 118 vor. Der Unternehmer wird gegenüber dem Bauherrn für die dem Bauherrn dadurch entstehenden Schäden haftbar.

82 Gelingt dem Unternehmer allerdings der Beweis (im Zivilprozess), dass er die Empfehlungen des BAG und der Checkliste des SECO sehr wohl eingehalten hat und dass die kantonal verordnete Schliessung zu Unrecht erfolgte, liegt keine Pflichtverletzung des Unternehmers gemäss Art. 103 SIA-Norm 118 vor. Der Unternehmer ist daher gegenüber dem Bauherrn nicht haftbar. Vielmehr steht dem Unternehmer diesfalls eine angemessene Fristerstreckung nach Art. 96 SIA-Norm 118 zu und allenfalls ein Anspruch auf Mehrvergütung gemäss Art. 59 SIA-Norm 118 bzw. Art. 373 Abs. 2 OR. Ebenfalls in Betracht fällt ein Mehrvergütungsanspruch infolge Annahmeverzug durch den Bauherrn, da dieser Anspruch kein Verschulden des Bauherrn voraussetzt. Wenn die SIA-Norm 118 nicht vereinbart wurde, kann der Besteller nach den Verzugsregeln vorgehen. Ein Anspruch auf Ersatz des Verzugsschadens bestünde indessen nicht (Exkulpation nach Art. 103 Abs. 2 OR).

4. Folgen für die Bauleitung

83 Die Baustellenschliessung trifft auch die Bauleitung; auch sie kann ihre Leistung ganz oder zumindest teilweise nicht mehr erbringen. Dies betrifft insbesondere die Leistungen, die während des Bauvorgangs auf der Baustelle zu erbringen sind, namentlich also Kontroll-, Koordinations-, Messarbeiten und ähnliches. Andere Arbeiten der Bauleitung sind möglicherweise auch während der Baustellenschliessung noch möglich, so allgemeine Büroarbeiten (Verfassen von Protokollen und Berichten, organisatorische Vorkehren etc.). Auch trifft den Beauftragten eine Schadensminderungspflicht, d.h., die betroffenen Mitarbeitenden sind soweit möglich anderweitig einzusetzen. Erleidet der Beauftragte wegen einer Baustellenschliessung trotzdem einen Schaden, stellt sich die Frage, ob er sich hierfür mit einer Mehrvergütungsforderung schadlos halten kann. Liegt ein Annahmeverzug des Auftraggebers vor, ist ein Mehrvergütungsanspruch im Sinne des oben Beschriebenen (s. Rz 57 ff.) denkbar. Zu berücksichtigen sind in diesem Fall spezifische vertragliche Vereinbarungen zwischen den Parteien: Art. 14.1 der *Allgemeinen Vertragsbedingungen KBOB für Planerleistungen* hält fest: «Durch den Auftraggeber angeordnete Arbeitsunterbrüche geben dem Beauftragten keinen Anspruch auf zusätzliche Entschädigung bis zur Wiederaufnahme der Arbeiten». Nach dieser Klausel entfällt ein Mehrvergütungsanspruch des Bauleiters bei einer Baustellenschliessung, unabhängig vom Grund oder Verschulden daran. Eine Zusatzvergütung ist nach Art. 14.2 der Allgemeinen Vertragsbedingungen aber dann geschuldet, wenn «bei Wiederaufnahme der Arbeiten eine Überarbeitung bestehender Grundlagen oder […] in anderer Weise Mehraufwendungen notwendig» werden. Diese Entschädigung richtet sich nach dem effektiven Aufwand resp. Wert der entsprechenden Arbeit. Art. 1.7.41 *SIA LHO* ist für den Planer grosszügiger: Danach hat der Beauftragte «bei nicht vorausgesehenem oder in seiner Länge ungewissem Unterbruch oder bei erheblicher Verzögerung der Auftragserledigung» einen Anspruch auf den Ersatz des ihm erwachsenen Schadens, sofern der Auftraggeber den Unterbruch oder die Verzögerung verschuldet hat. Im Falle einer freiwilligen Baustellenschliessung durch den Bauherrn im

Gefolge der COVID-19-Pandemie ist diese Bestimmung somit einschlägig. Gedeckt ist grundsätzlich das positive Interesse.[65]

V. Streitbeilegung

Die durch COVID-19 verursachten Erschwernisse rund um das Bauen haben das Potential, verschiedene kontroverse Rechtsstreitigkeiten auszulösen. Im Raum stehen namentlich Mehrkostenforderungen von Unternehmen und Planern infolge von Baustellenschliessungen oder erschwerten Bauabläufen. Solche Streitigkeiten können potentiell gewichtig sein und treten angesichts der Dimension der Pandemie in grosser Zahl auf. Für gewisse Akteure können bestehende Unsicherheiten eine existentielle Bedrohung darstellen, wenn dadurch die für das Überleben notwendige Liquidität gefährdet wird. Grössere Bauherren mit verschiedenen, parallel laufenden Bauprojekten sind an mehreren Fronten gefordert und benötigen beachtliche Ressourcen zum Management der diversen Streitigkeiten. Erschwerend kommt hinzu, dass sich teilweise Rechtsfragen stellen, zu welchen wenig Gerichtspraxis besteht. Entsprechend unsicher sind die Chancen- und Risikoeinschätzungen. Bis zu spezifischen Streitfragen höchstrichterliche Urteile vorliegen, werden mehrere Jahre ins Land ziehen. 84

Vor diesem Hintergrund ist das Bedürfnis nach einer raschen und pragmatischen Streiterledigung offenkundig. Die Parteien werden deshalb ein Interesse haben, aussergerichtliche Streiterledigungsmethoden anzuwenden, seien dies direkte Verhandlungen, Mediationsverfahren oder ein Schlichtungsverfahren unter Zuhilfenahme einer fachkundigen Drittperson, wie es in Ziff. 12 des SIA 1001/1 Planer-/Bauleitungsvertrages vorgeschlagen wird.[66] 85

Gute Dienste bei der Streiterledigung können die Auslegeordnung des Faktenblatts KBOB (vgl. Rz 16 f.) sowie die Vereinbarungen der SBB Infrastruktur mit diversen Verbänden der Bauwirtschaft (vgl. Rz 18) bieten. 86

---

65 Stöckli/Middendorf/Andres, SIA-Klauseln für Planerverträge, Rz 479 sowie Rz 493.

66 Dazu Walter Maffioletti/Mario Marti, Factsheet usic/SIA «Corona und Streiterledigung: Schlichtung als Erfolgsschlüssel», Mai 2020, abrufbar unter: ‹www.usic.ch/de/leistungen/corona› (24.6.2020).

§ 5 Transportieren während der COVID-19-Pandemie – rechtliche Analyse der Herausforderungen

Barbara Klett/Theresa Ruppel

Inhaltsverzeichnis

Literaturverzeichnis

Brunner Raphael, Allgemeine Geschäftsbedingungen, Anwendbares Recht und Gerichtsstand in: Klett Barbara/Furrer Andreas (Hrsg.), Schaden im Warentransport, Vertragsgestaltung – Versicherung – Schadenersatz, Zürich 2016, S. 311 ff.; Erbe Stephan, Vertragliche Steuerung des Haftungsrisikos bei Transportverträgen, in: Klett Barbara/Furrer Andreas (Hrsg.), Schaden im Warentransport, Vertragsgestaltung – Versicherung – Schadenersatz, Zürich 2016, S. 51 ff.; Erbe Stephan/Schlienger Philipp, Der Multimodal-Vertrag im schweizerischen Recht, TranspR 11–12/05, S. 421 ff.; Favre Schnyder Raphaëlle, Haftung im Seefrachtrecht und in der Binnenschifffahrt, in: Klett Barbara/Furrer Andreas (Hrsg.), Schaden im Warentransport, Vertragsgestaltung – Versicherung – Schadenersatz, Zürich 2016, S. 191 ff.; Fischer Willi/Luterbacher Thierry (Hrsg.), Haftpflichtkommentar, Kommentar zu den schweizerischen Haftpflichtbestimmungen, Zürich/St. Gallen 2016 (zit. Autor, Haftpflichtkommentar); Furrer Andreas, Schweizerisches Fracht-, Speditions- und Lagerrecht, Bern 2016 (zit. Frachtrecht); ders., Länderbericht Schweiz, in: Thume Karl-Heinz (Hrsg.), Kommentar CMR Übereinkommen über den Beförderungsvertrag im internationalen Strassengüterverkehr, 3. Aufl., Nürnberg 2013 (zit. Kommentar CMR); Furrer Andreas/Körner Alexandra, Die Obhutshaftung des Frachtführers im internationalen Gütertransport, in: Schmid Jörg (Hrsg.), Hommage für Peter Gauch, LBR Zürich 2016, S. 107 ff.; Furrer Andreas/Juana Vasella, «Transportkollisionsrecht» – Zur Rolle des IPR bei der grenzüberschreitenden Beförderung von Gütern, in: Grolimund Pascal et al. (Hrsg.), Festschrift für Anton K. Schnyder, Zürich/Basel/Genf 2018, S. 103 ff.; Furrer Barbara, Vertragliche Steuerung des Haftungsrisikos bei Logistikverträgen, in: Klett Barbara/Furrer Andreas (Hrsg.), Schaden im Warentransport, Vertragsgestaltung – Versicherung – Schadenersatz, Zürich 2016, S. 19 ff. (zit. Vertragliche Steuerung); dies., Der Logistikvertrag im schweizerischen Recht, Kolt Schriftenreihe Logistik- und Transportrecht, Bern 2018 (zit. Logistikvertrag); Haas Peter, Frachtführer – Haftungsordnung und Haftung für Dritte in: Klett Barbara/Furrer Andreas (Hrsg.), Schaden im Warentransport, Vertragsgestaltung – Versicherung – Schadenersatz, Zürich 2016, S. 211 ff.; Hochstrasser Michael, Der Beförderungsvertrag, Zürich/Basel/Genf 2015; Hochstrasser Michael/Maritz Daniel, Haftung im Luftfrachtrecht, in: Klett Barbara/Furrer Andreas (Hrsg.), Schaden im Warentransport, Vertragsgestaltung – Versicherung – Schadenersatz, Zürich 2016, S. 170 ff.; Honsell Heinrich (Hrsg.), Kurzkommentar, OR, Obligationenrecht, Basel 2014 (zit. KUKO OR-Autor); Honsell Heinrich/Vogt Nedim Peter/Schnyder Anton/Grolimund Pascal, Basler Kommentar zum Versicherungsvertragsgesetz inkl. Nachführungsband, Basel/Genf/München 2012 (zit. BSK VVG-Autor); Klett Barbara., Die Haftung im internationalen Strassenverkehr nach CMR in Strassenverkehr, Circulation Routière 1/2017, S. 20 ff. (zit. CMR); dies., Haftung im Strassengüterverkehr, in: Klett Barbara/Furrer Andreas (Hrsg.), Schaden im Warentransport, Vertragsgestaltung – Versicherung – Schadenersatz, Zürich 2016, S. 112 ff. (zit. Haftung Strassengüterverkehr); DIES., Bahnunfall – Eisenbahnhaftpflicht, in: Weber Stephan/Münch Peter (Hrsg.), Handbücher für die Anwaltspraxis (HAP), Haftung und Versicherung, 2. Aufl., Basel 2015, S. 703 ff. (zit. HAP Haftung und Versicherung); KOLLER ALFRED, AGB-Recht. Eine Übersicht im Lichte der neusten Entwicklungen, in Gesetzgebung, Rechtsprechung und Lehre, AJP 3/2016, S. 279 ff.; KOLLER INGO, Transportrecht, Kommentar zu Spedition, Gütertransport und Lagergeschäft, München 2013 (zit. Transportrecht); KÖRNER ALEXANDRA/FURRER ANDREAS/BENZ CHRISTIAN, Warentransportversicherung, Kolt Schriftenreihe Logistik- und Transportrecht, Bern 2016; MONTANARO GIOVANNA, Die Haftung des Spediteurs für Schäden an Gütern, Diss. Zürich 2001; MÜLLER PASCAL, Deckung im Bereich der Transport- und Warensicherung, in: Klett Barbara/Furrer Andreas (Hrsg.), Schaden im Warentransport, Vertragsgestaltung – Versicherung – Schadenersatz, Zürich 2016, S. 261 ff.; MÜLLER-ROSTIN WOLF, Fluggannullierung wegen Sperrung des Luftraums, TranspR 4/11, S. 129 ff.; OFTINGER KARL/STARK EMIL W., Schweizerisches Haftpflichtrecht, Erster Band: Allgemeiner Teil, Zürich 1995; POLIC FOGLAR VESNA, Haftung für Verspätungsschäden bei Gütertransporten, Kolt Schriftenreihe Logistik- und Transportrecht, Bern 2016; REUSCHLE FABIAN, Kommentar Montreal Übereinkommen, Übereinkommen zur Vereinheitlichung bestimmter Vorschriften über die Beförderung im internationalen Luftverkehr, Berlin 2011 (zit. Komm MÜ-REUSCHLE); THUME KARL-HEINZ (Hrsg.), Kommentar CMR, Übereinkommen über den Beförderungsvertrag im internationalen Strassengüterverkehr, 3. Aufl., Nürnberg 2013 (zit. Komm CMR-AUTOR); VON ZIEGLER ALEXANDER, Haftungsgrundlagen im internationalen Seefahrtsrecht, Zürich 2002; WIDMER LÜCHINGER CORINNE/OSER DAVID (Hrsg.), Basler Kommentar Obligationenrecht I, Art. 1–529 OR, inkl. Kommentar zum Bundesgesetz über Pauschalreisen, Basel 2020 (zit. BSK OR I-AUTOR); ZUELLIG THOMAS, Der CT (Combined Transport)-Vertrag im schweizerischen Recht, Diss. Zürich 1983.

I. Einleitung

Die unerwarteten Umstände aufgrund des Coronavirus haben aufgezeigt, wie wichtig, gar systemrelevant der Güterverkehr ist. Obwohl (bisher[1]) keine ausschliesslich den Transport- und Logistiksektor betreffenden einschränkenden Massnahmen verhängt worden sind, leidet der Güterverkehr indirekt durch nationale und internationale behördliche Massnahmen der COVID-19-Pandemie. Diese Massnahmen stellen die Transport- und Logistikbranche operativ, aber auch rechtlich vor grosse Herausforderungen: 1

Luftfracht: In der Luftfracht wirkten sich die chinesischen Massnahmen und die restriktiven Einreisebestimmungen seit Mitte Januar 2020 von Beginn an spürbar negativ aus. Gebuchte Kapazitäten in den Flugzeugen verfielen, da keine zu transportierenden Waren von den chinesischen Produktionsstandorten verfügbar waren; importierte Güter mussten zwischengelagert werden. Bald darauf sagten Fluggesellschaften erste Flüge von und nach China ab. Dies hat vorderhand den Personenverkehr betroffen, welcher jedoch für den Transport von Gütern im Bauchraum nicht unbedeutend ist. Aufgrund der weiteren Verbreitung und daraus resultierenden Einschränkungen in diversen Regionen dieser Welt, ist der Personenverkehr fast vollständig zum Erliegen gekommen. Folglich kann derzeit ein Teil der Luftfracht nicht transportiert werden, muss zwischen- 2

1 Stand 23.5.2020.

gelagert werden, oder kann nur für deutlich höhere Preise transportiert werden.[2] Die Fluggesellschaft Swiss sowie weitere Anbieter haben reine Frachttransporte mit Passagierflugzeugen vorgenommen.[3] Andere Flughäfen stellen ihren Betrieb gänzlich ein.

3 **Seefracht**: Die chinesische Staatsreederei konnte in den ersten vier Wochen seit der Abschottung diverser Städte in China rund 70 Containerschiffe nicht auslaufen lassen.[4] Grund dafür waren die fehlenden Arbeiter an den Häfen, die von den Neujahrsferien nicht an ihre Arbeitsplätze zurückkehren konnten. Auch Lastwagenchauffeure, welche den Nachlauf der ankommenden Güter von den Häfen übernommen hätten, waren nicht verfügbar. Nach der Rückkehr der Arbeiter war und ist es nicht sofort möglich die Containerschiffe auslaufen zu lassen, da die Ware von den Produktionsstandorten fehlte, welche mehrere Wochen kaum produzieren konnten. Ankommende Containerschiffe konnten nicht ausladen, da die Lagerfläche bereits überfüllt war. Dies hatte und hat zur Folge, dass es zu Verspätungen kam und Schäden an Waren entstanden sind, da sie verdorben sind oder dass es gar zu Lieferengpässen an den Bestimmungsorten gekommen ist. Die Lage stabilisiert sich derzeit in China. Zeitlich versetzt kommt und kam es in anderen Teilen der Welt zu ähnlichen Herausforderungen in der Lieferkette. Eine vollständige Wiederherstellung der vorherigen Situation wird noch auf sich warten lassen.

4 **Eisenbahn- und Strassenfracht**: Auch der Strassen- und Eisenbahntransport waren und sind von den Abschottungen und Grenzschliessungen aufgrund des Coronavirus betroffen. Auch wenn vielerorts lediglich der grenzüberschreitende Personenverkehr verboten wurde, hatte und hat dies indirekte Auswirkungen insbesondere auf die Strassenfracht, da man sich an den Grenzübergängen auf lange Wartezeiten einstellen musste und noch muss. Vielerorts wurde daraufhin für dringliche Güter an den Grenzen sog. «Green lanes» eingerichtet oder Ruhezeitbeschränkungen und Wochenendfahrverbote wurden aufgehoben. Der Schienengüterverkehr gelangte zu immer grösserer Beliebtheit, da er einen geringen Personalaufwand und weniger Probleme an den Grenzen aufgrund eines Lokführerwechsels hat. Dennoch musste die Kapazität zur Beförderung von Gütern auf Schienen erst hochgefahren werden und das Schienennetz auf die neuen Linien eingestellt werden, bevor die Güter transportiert werden durften.

5 Trotz der vielen Herausforderungen, die das Coronavirus im Güterverkehr mit sich gebracht hat, ist zu beobachten, dass viele Frachtführer und Spediteure rasch die Suche nach Lösungen angetreten haben, um die Güter für den Absender zufriedenstellend und den Umständen entsprechend zeitig zu transportieren. Es wurden neue Routen gefahren, um Grenzschliessungen zu umgehen, neue Transportmittel gewählt und deren Pro-

2 Genaue Zahlen sind diesbezüglich nicht bekannt, jedoch geht man von 40% der Luftfracht aus, die seit ca. Mitte März nicht mehr transportiert werden kann.

3 ‹https://blog.swiss.com/de/2020/05/cargo-in-der-kabine/› (22.6.2020).

4 ‹https://www.welt.de/wirtschaft/article 206157027/Reedereien-und-Schifffahrt-Coronavirus-haelt-Schiffe-in-chinesischen-Haefen-fest.html› (22.6.2020); ‹https://www.handelszeitung.ch/unternehmen/zug-nach-china-schweizer-firma-trumpft-der-corona-krise-auf› (22.6.2020).

zesse optimiert sowie Lagermöglichkeiten für Ware gefunden. Darüber hinaus wurden Transportbewilligungen für umgebaute Personenflugzeuge eingeholt und personelle sowie materielle Ressourcen aufgestockt. Und nicht zuletzt ist die fortdauernde Bewältigung der Herausforderung dieser Krise auch den Kurierfahrern, Lokführern und Kapitänen, die Engagement und Ausdauer bei der Erbringung ihrer Dienstleistung erwiesen haben und weiterhin erweisen, zu verdanken.

II. Rechtsquellen im Transport- und Logistikrecht

Da das Transport- und Logistikrecht trotz seiner Bedeutung weniger populär und geläu- 6
fig ist, folgt in diesem Abschnitt ein kurzer Überblick über die zahlreichen transportspezifischen Rechtsquellen.[5] Es werden jedoch nur die für die Schweiz wichtigsten Rechtsgrundlagen behandelt. In den nachstehenden Ausführungen gilt dem erlassspezifischen Anwendungsbereich und der Haftung besondere Aufmerksamkeit.[6] Vorab ist allgemein anzumerken, dass im Transportrecht grundsätzlich eine Obhutshaftung vorgesehen ist.[7] Der Haftungszeitraum des Frachtführers ist erst eröffnet, wenn der Frachtführer die Obhut[8] über das Frachtgut inne hat, und ist beendet, wenn der Frachtführer das Gut beim Empfänger abliefert.[9] Befindet sich das Frachtgut noch nicht in der Obhut des Frachtführers und kann der Frachtführer den Transport nicht erbringen, liegt eine Nichtleistung vor.[10]

Ebenfalls kommt eine Haftung für Verspätungsschäden auch nur dann in Frage, 7
wenn überhaupt eine Verspätung vorliegt.[11] Gemäss Müller-Rostin wird nur dann eine Verspätung vorliegen, «wenn die vertragliche Vereinbarung der Parteien über eine Ablieferung nicht eingehalten worden ist.» Haben sich die Parteien jedoch vorgängig nicht über einen Ablieferungszeitpunkt geeinigt, so liegt erst dann eine haftungsrelevante Verspätung vor, wenn der Frachtführer die Zeitspanne überschreitet, die einem sorgfältigen Luftfrachtführer zugemutet werden kann.[12]

5 Erbe, S. 51.

6 Die Rechtsnatur der Haftung ist in den transportspezifischen Rechtsgrundlagen ähnlich ausgestaltet. Allerdings ist die Rechtsnatur der Haftung umstritten. Das Bundesgericht (BGE 103 II 59 ff.) geht von einer gemilderten Kausalhaftung aus, während andere von einer Verschuldenshaftung ausgehen; vgl. hierfür Hochstrasser, Rz 905 m.w.N.

7 Hochstrasser, Rz 904.

8 Dies ist der Fall, wenn sich die Ware im Einwirkungs- und Verantwortungsbereich des Frachtführers befindet und er sie vor Schäden bewahren kann; vgl. Hochstrasser; Rz 898; Montanaro, S. 46 m.w.N.

9 Furrer Andreas, Frachtrecht, Rz 836.

10 Die Nichtleistung wird an dieser Stelle nicht behandelt. Es ist auf § 1 zu verweisen.

11 Der Terminus der Verspätung wird in den transportrechtlichen Erlassen nicht definiert; vgl. Müller-Rostin, TranspR 4/11, S. 132.

12 Vgl. Müller-Rostin, TranspR 4/11, S. 132; Man könnte somit bereits hier argumentieren, dass ein sorgfältiger Frachtführer aufgrund der COVID-19-Umstände nicht früher hätte liefern können und daher schon gar keine Verspätung eingetreten ist.

8 Zu beachten ist weiterhin, dass die transportspezifischen Erlasse eigene Prüf-, Rüge- und Verjährungsfristen vorsehen. Dem Transportrecht ist zudem eigen, dass der vertragliche Frachtführer auf sog. Unterfrachtführer (ausführende Frachtführer) zurückgreift. In den meisten transportrechtlichen Erlassen ist daher eine explizite Regelung zu finden, dass die Handlungen des ausführenden Frachtführers dem vertraglichen Frachtführer zugerechnet werden.[13]

1. Luftfracht

9 Im Luftfrachtrecht[14] ist das Übereinkommen zur Vereinheitlichung gewisser Vorschriften über die Beförderung im internationalen Luftverkehr (Montrealer Übereinkommen, MÜ) bei internationalen Luftfrachttransporten einschlägig. Es wurden ein Grossteil der Bestimmungen des MÜ in der Schweizerische Lufttransportverordnung (LTrV) durch Verweisung oder wortwörtlich übernommen.[15] Die LTrV kommt bei nationalen Gütertransporten zur Anwendung oder wenn das MÜ oder ein anderer Staatsvertrag[16] nicht einschlägig sind (Art. 1 und 2 LTrV). Letzteres ist aufgrund der verbreiteten Ratifikation des MÜ jedoch selten, dennoch sollte vor der Anwendung des MÜ im Einzelfall der Anwendungsbereich geprüft werden.[17] Subsidiär kommt das OR zur Anwendung.[18]

10 Die Haftung des Frachtführers für die Güter wird in Art. 18 MÜ geregelt. Es wird eine Obhutshaftung[19] für *«Zerstörung, Verlust oder Beschädigung von Gütern»* statuiert. Hingegen wird bei der Haftung für Schäden, die aus einer Verspätung resultieren, ein Verschulden vorausgesetzt (Art. 19 Abs. 3 MÜ), wobei das Verschulden vermutet wird.[20] In Art. 22 MÜ wird eine für das Transportrecht typische Haftungshöchstgrenze von 22 SZR/Kg für die Zerstörung, den Verlust, die Beschädigung, oder die Verspätung der Ware vorgeschrieben. Die Haftungsregeln der LTrV gleichen denjenigen des MÜ.[21] Das MÜ ist zwingend ausgestaltet und Abweichungen von den zuvor genannten Haftungsregeln sind grundsätzlich nichtig.[22]

13 Vgl. Furrer Andreas, Frachtrecht, Rz 142 ff., 848 ff.; Hochstrasser, Rz 1260 ff.

14 Ausführlich zum Luftfrachtrecht Hochstrasser/Maritz, S. 171.

15 Hochstrasser, Rz 83 ff., 93 ff.

16 Warschauer Abkommen von 1929, das Haager Protokoll von 1955, das Zusatzabkommen von Guadalajara von 1961 sowie die vier Montrealer Zusatzprotokolle von 1975.

17 Über 130 Staaten sind Vertragsstaaten des MÜ, darunter Staaten wie Deutschland, die USA, China und Russland.

18 Art. 79 Luftfahrtgesetz; SR 748.0; vgl. Erbe, S. 57; Montanaro, S. 20 ff.; vgl. ausführlich zum Kollisionsrecht Rz 38 ff.

19 Zur Obhutshaftung s. Rz 6.

20 Vgl. Erbe, S. 57 f.

21 Vgl. Hochstrasser/Maritz, S. 175 f.

22 Vgl. Art. 26, 47 und 49 MÜ.

2. Seefracht

Das Unterscheidungskriterium für die Wahl der Rechtsgrundlage beim Transport via Wasser ist das Gewässer. Für die Hochseeschifffahrt kommt das Schifffahrtsgesetz (SSG)[23] zur Anwendung, während für die Binnenschifffahrt das Übereinkommen über den Vertrag über die Güterbeförderung in der Binnenschifffahrt (CMNI) sowie das Binnenschifffahrtsgesetz (BSG) i.V.m. Eisenbahngesetz (EBG) und Gütertransportgesetz (GüTG) einschlägig ist. Vorliegend wird nur auf das SSG eingegangen.[24] 11

Im SSG wurde das Internationale Übereinkommen zur einheitlichen Feststellung einzelner Regeln über die Konnossemente (Haager Übereinkommen) und das Protokoll zur Änderung des Internationalen Übereinkommens zur Vereinheitlichung einzelner Regeln über Konnossemente (Haager-Visby Regeln) übernommen, bei welchen die Schweiz ein Vertragsstaat ist. Subsidiär ist auf das OR zurückzugreifen.[25] Relevant für den Frachtvertrag sind die Art. 101–117 SSG.[26] 12

Gemäss SSG unterliegt der Frachtführer einer gemilderten Kausalhaftung für den Verlust, gänzlichen oder teilweisen Untergang, oder die Beschädigung des Gutes sowie für eine Verspätung (Art. 103 Abs. 1 SSG).[27] Der Frachtführer haftet unter dem SSG i.V.m. der Seeschifffahrtsverordnung nur für einen Höchstbetrag von 666.67 SZR pro Stück oder 2 SZR pro Kilogramm. Ausgenommen von dieser Limitierung sind Schäden durch grobe Fahrlässigkeit oder Vorsatz (Art. 105a SSG). Auch im SSG sind die Haftungsbestimmungen zwingend, allerdings nur dann, wenn ein Konnossement[28] ausgestellt worden ist.[29] 13

3. Bahnfracht

Der internationale Schienenverkehr wird meist[30] durch Anhang B «Einheitliche Rechtsvorschriften für den Vertrag über die internationale Eisenbahnbeförderung von Gütern» (CIM) des Übereinkommens über den internationalen Eisenbahnverkehr (COTIF) nach dem Protokoll von Vilnius[31] geregelt. Für nationale Eisenbahntransporte oder internationale Transporte, die nicht in den Anwendungsbereich der CIM fallen, kommt das 14

23 SR 747.30; ausführlich zum Transport via Hochseeschiff Favre Schnyder, S. 191 ff. und Von Ziegler, passim.

24 M.w.H. zur nationalen und internationalen Binnenschifffahrt Hochstrasser, Rz 117 ff.

25 Erbe, S. 60; vgl. ausführlich zum Kollisionsrecht Rz 38 ff.

26 BGE 127 III 123, 124 f., E. 2.c; Hochstrasser, Rz 112 m.w.H.

27 Favre Schnyder, S. 194 f.

28 «Das Konnossement ist eine Urkunde, in welcher der Seefrachtführer anerkennt, bestimmte Güter an Bord eines Seeschiffes empfangen zu haben, und sich gleichzeitig verpflichtet, diese Güter an den vereinbarten Bestimmungsort zu befördern und daselbst dem berechtigten Inhaber der Urkunde auszuliefern.» (Art. 112 SSG).

29 Vgl. Art. 117 Abs. 1 SSG; Hochstrasser, Rz 1168.

30 Die meisten europäischen Staaten haben das COTIF unterzeichnet. Zum geographischen Anwendungsbereich des COTIF und dessen Anhängen ‹https://www.cit-rail.org› (22.6.2020).

31 Weitere Hinweise zur Entstehung Hochstrasser, Rz 59; Klett, HAP Haftung und Versicherung, Rz 15.144 ff.

GüTG zur Anwendung, welches in Art. 10 Abs. 3 GüTG die CIM wiederum als anwendbar erklärt. Sofern die CIM oder das GüTG eine Sachlage nicht regeln, ist subsidiär auf das OR zurückzugreifen.[32]

15 Die CIM sehen ebenfalls eine Obhutshaftung[33] des Frachtführers für Verlust, Beschädigung und Verspätung vor.[34] Auch die CIM limitieren den Umfang der Haftung für den Verlust und die Beschädigung auf 17 SZR pro Kilo (Art. 30 und 32 CIM) und für Verspätungen auf das Vierfache der Fracht.[35] Diese Limitierungen kommen jedoch nicht zur Anwendung, wenn der Frachtführer vorsätzlich handelt oder leichtfertig und im Bewusstsein um die Wahrscheinlichkeit eines Schadeneintritts (Art. 36 CIM).[36] Die CIM ist zwingender Natur gemäss Art. 5 CIM, jedoch besteht die Möglichkeit, die Haftung des Frachtführers zu erweitern (Art. 5 § 3 CIM).[37]

4. Strassenfracht

16 Auf den nationalen Strassengüterverkehr kommen die Bestimmungen des OR über den Frachtvertrag zur Anwendung, die im nächsten Abschnitt genauer betrachtet werden. Im Folgenden wird daher die Rechtsgrundlage für den internationalen Strassenverkehr, das Übereinkommen über den Beförderungsvertrag im internationalen Strassenverkehr (CMR), näher beleuchtet. Subsidiär kommt das OR zur Anwendung.[38]

17 Auch dem CMR liegt die Obhutshaftung (Art. 17 CMR) zugrunde. Der Frachtführer haftet für gänzlichen oder teilweisen Verlust sowie für Beschädigung.[39] Für eine Verspätung haftet der Frachtführer, wenn die vereinbarte Frist oder Laufzeit, die vernünftigerweise zu erwarten ist, überschritten wird.[40] Gemäss Art. 23 CMR ist die Haftung des Frachtführers für Verlust und Beschädigung limitiert auf 8,33 SZR pro Kilogramm. Bei Verspätungen bildet die Höhe der Fracht die Grenze des Schadenersatzes. In Art. 41 werden die Bestimmungen der CMR als zwingendes Recht statuiert.[41]

5. Frachtvertrag nach OR

18 Der Frachtvertrag nach dem schweizerischen Obligationenrecht kommt vor allem für den nationalen Strassentransport und wie zuvor beschrieben, subsidiär für die anderen Transportmodalitäten zur Anwendung.[42]

---

32 Hochstrasser, Rz 74; Erbe, S. 55 f.; vgl. ausführlich zum Kollisionsrecht Rz 38 ff.

33 Vgl. zur Obhutshaftung Rz 6.

34 Erbe, S. 56; Klett, HAP Haftung und Versicherung, Rz 15.161 ff.

35 Art. 33 CIM; die Fracht ist der terminus technicus für das Entgelt des Transports.

36 Weitere Ausführungen hierzu bei Erbe, S. 57.

37 Erbe, S. 63.

38 Vgl. Klett, Haftung Strassengüterverkehr, S. 120; vgl. ausführlich zum Kollisionsrecht Rz 38 ff.

39 Klett, Haftung Strassengüterverkehr, S. 121 f.; Klett, CMR, S. 20 ff.

40 Erbe, S. 54 f.

41 Klett, Haftung Strassengüterverkehr, S. 118 f.; Klett, CMR, S. 21.

42 Die Legaldefinition des Frachtvertrags in Art. 440 Abs. 1 OR lautet wie folgt: «Frachtführer ist, wer gegen Vergütung (Frachtlohn) den Transport von Sachen auszuführen übernimmt.».

Der Frachtführer haftet für eine Verletzung einer vertraglichen Pflicht.[43] Bei diesen Pflichten kann es sich um solche handeln, die sich direkt aus dem Frachtrecht ergeben oder aus der allgemeinen Sorgfalts- und Treuepflicht, die sich aus dem zugrundeliegenden Auftragsrecht ergeben kann (Art. 440 Abs. 2 OR). Bei den Pflichten stehen insbesondere Aufklärungs-, Informations- und Interessenswahrungspflichten im Vordergrund.[44] Von dieser Haftung zu unterscheiden, ist die Haftung gemäss Art. 447 und 448 OR für Verlust, Beschädigung, Verspätung und (teilweisen) Untergang von Gütern. Dabei handelt es sich um eine Kausalhaftung, die durch die Möglichkeit der Entlastung gemildert ist.[45] Auch im OR ist die Haftung limitiert. Abweichend von den bisherigen Rechtsgrundlagen, handelt es sich nicht um eine Kilohaftung, sondern um eine betragsmässige Haftung.[46] Der Frachtführer hat im Falle des Verlusts oder Untergangs den vollen Wert der Güter zu ersetzen. Bei Verspätungen, Beschädigungen und teilweisem Untergang der Güter haftet der Frachtführer bis maximal zum Wert der Güter. Eine Änderung der Haftung ist lediglich in Bezug auf die Höhe der Haftung (vgl. Art. 447 Abs. 3 OR), nicht jedoch für die Haftungsvoraussetzungen und die Entlastungsgründe möglich.[47] 19

6. Spediteur

Die vertragliche Verpflichtung des Spediteurs ist die Organisation des Transportes und nicht dessen Durchführung.[48] Gemäss Art. 439 OR untersteht der Spediteur dem Recht des Kommissionärs für die Organisation und haftet für die gehörige Sorgfalt. In Bezug auf den Transport der Güter durch die ausführenden Frachtführer[49] untersteht der Spediteur den Bestimmungen des Frachtvertrages.[50] 20

Spediteure verwenden in der Schweiz regelmässig die Allgemeinen Bedingungen der SPEDLOGSWISS, des Verbands schweizerischer Speditions- und Logistikunternehmen.[51] Diese sind anwendbar auf die Tätigkeit der Spediteure (Vermittlung der Frachtführer etc.), Frachtführer, Lagerhalter, Reedereiagenten und für sonstige Tätigkeiten von Spediteuren (Zollabfertigung, Logistikgeschäfte usw.).[52] 21

Die Haftung des Spediteurs als Vermittler der Transportgeschäfte gestaltet sich wie folgt: Für den Beizug der Unterbeauftragten haftet der Spediteur nur für deren sorgfältige Auswahl und Instruktion. Die Haftung in den AB SPEDLOGSWISS für Verlust oder 22

43 Haas, S. 217.

44 Vgl. Haas, S. 217 f.

45 BGE 103 II 59, 61 f., E. 1a; 102 II 256, 260 f., E. 2a; umstritten in der Lehre s. hierfür Klett, Haftung Strassengüterverkehr, S. 113 m.w.H.; Furrer Andreas, Frachtrecht, Rz 858.

46 Erbe, S. 53.

47 M.w.H. Haas, S. 229 f.

48 Es handelt sich im Gegensatz zum Frachtvertrag um einen Rechtshandlungs- und keinen Tathandlungsauftrag; vgl. hierfür Haas, S. 215 f.

49 Vgl. zu den ausführenden Frachtführern Klett, Haftung Strassengüterverkehr, S. 113 f.

50 Haas, S. 215 f.

51 ‹https://www.spedlogswiss.com/media/81B7B697-155D-5880-038E108588E8A719/AB%20SPEDLOGSWISS%20(2005)%20deutsch%20v155830742.pdf› (22.6.2020).

52 Art. 2 AB SPEDLOGSWISS.

Beschädigung der Güter durch die Organisation ist auf 8,33 SZR pro Kilogramm und für die Verspätung auf die Höhe der Fracht begrenzt. Eine Besonderheit der AB SPEDLOGSWISS ist, dass eine Haftungshöchstgrenze pro Ereignis auf 20 000 SZR festgesetzt wird.[53] Sofern ein ausführender Frachtführer während seiner Obhut über die Güter einen Schaden verursacht, ist der Spediteur verpflichtet, die Forderung seines Auftraggebers beim verantwortlichen Frachtführer geltend zu machen.[54]

23 Dieser ausführende Frachtführer haftet nach Art. 23 AB SPEDLOGSWISS auf der gesamten Transportstrecke.[55] Die Haftung des Frachtführers für Verlust und Schäden ist nach Art. 25 «*gemäss den für die Teilstrecke, auf welcher der Schaden entstanden ist, geltenden, respektive gemäss allfälligen, sich aus dem Transportdokument selbst ergebenden Haftungsbestimmungen begrenzt*». Sofern der Anwendungsbereich einer Konvention nicht eröffnet ist oder ein nationaler Transport vorliegt, haftet der Frachtführer mit 8,33 SZR pro Kilogramm. Ausgenommen davon ist der Eisenbahntransport. Für Verspätungen haftet der Frachtführer bis maximal zur Höhe der Fracht. Auch hier ist die Haftung auf 20 000 SZR pro Schadensereignis begrenzt. Von diesen Bestimmungen kann vertraglich abgewichen werden.[56]

7. Multimodaler Transport

24 Die aus historischen Gründen entstandenen unimodalen Transportkonventionen und -gesetze stellen die häufig multimodale Transportpraxis vor eine Herausforderung.[57] Nur wenige Konventionen und Gesetze enthalten eine Regelung, welche rechtliche(n) Grundlage(n) zur Anwendung gelangen, wenn der Transport durch mehrere Transportmittel ausgeführt wird.[58] Seit dem Aufkommen des multimodalen Transports haben sich insbesondere die Netzwerk- und Einheitstheorie durchgesetzt. Die Einheitstheorie besagt, dass diejenige Konvention zur Anwendung gelangt, die der Transportmodalität zugrunde liegt, mit welcher der grösste Teil der Stecke zurückgelegt wurde. Die Netzwerktheorie erklärt dasjenige Recht für anwendbar, welches auf der Teilstrecke der jeweiligen Modalität anwendbar wäre, auf welcher der Schaden entstanden ist.[59] In der Schweiz – anders als in Deutschland und den Niederlanden – gibt es keine ausdrückliche gesetzliche Regelung. Auch die Lehre ist sich diesbezüglich nicht einig und ein entsprechender höchstrichterlicher Entscheid liegt nicht vor. Letztlich gehen ERBE/SCHLIENGER davon aus, dass – sofern schweizerisches Recht zur Anwendung gelangt – das allgemeine Frachtrecht im OR zur Anwendung gelangt.[60]

53 Art. 22 AB SPEDLOGSWISS.

54 Art. 21 AB SPEDLOGSWISS.

55 Art. 23 und 24 AB SPEDLOGSWISS.

56 Art. 1 AB SPEDLOGSWISS.

57 Vgl. KLETT, Haftung Strassengüterverkehr, S. 112; ERBE/SCHLIENGER, S. 421.

58 ERBE/SCHLIENGER, S. 423 ff.

59 ERBE/SCHLIENGER, S. 425 f.

60 ERBE/SCHLIENGER, S. 427.

Auch Schweizer Multimodalfrachtführer verwenden häufig die AB SPEDLOGSWISS Hierfür wird auf die vorherigen Ausführungen verwiesen. 25

8. Logistik

Unter den Begriff Logistik fallen einfache Transport- oder einfache Lagerleistungen wie auch komplexe Logistiklösungen. Rechtlich werden die traditionellen Kernleistungen regelmässig unter den Nominatverträgen eingeordnet. Namentlich sind Verträge über einmalige Transportleistungen regelmässig als reine Frachtverträge gemäss Art. 440 ff. OR zu qualifizieren, Verträge über die Organisation eines Transports als Speditionsverträge gemäss Art. 439 OR und Verträge über die Aufbewahrung bzw. Lagerung regelmässig als eine Art des Hinterlegungsvertrags gemäss Art. 472 ff. OR. Die rechtliche Einordnung dieser Verträge muss immer im Einzelfall und sehr sorgfältig vorgenommen werden[61], bei internationalen Elementen sind die Transportkonventionen zu berücksichtigen. In der Schweiz stehen für den Transport- und Logistikbereich zwei Branchen-AGB im Vordergrund. Dies sind einerseits die AB SPEDLOGSWISS Lager des Verbands schweizerischer Speditions- und Logistikunternehmen und andererseits die ASTAG FFHB des Schweizerischen Nutzfahrzeugverband ASTAG.[62] Aufgrund der Komplexität der Materie wird in diesem Beitrag – unter Verweis auf die Fachliteratur – nicht auf die Auswirkungen von COVID-19 in der Logistik eingegangen. 26

III. Umgang mit Allgemeinen Geschäftsbedingungen (AGB)

1. Einleitung

Neben den gesetzlichen Rechtsquellen sind Allgemeine Geschäftsbedingungen in der Transport- und Logistikbranche weit verbreitet. Branchenverbände schlagen ihren Mitgliedern AGB vor, beispielsweise die Allgemeinen Bestimmungen für Transporte innerhalb der Schweiz, Frachtführer Haftungsbestimmungen (FFHB/ASTAG) oder die bereits zuvor erwähnten Allgemeinen Bedingungen der SPEDLOGSWISS vom Verband der schweizerischer Speditions- und Logistikunternehmen. 27

Die AGB enthalten je nach Vertrag Regelungen zu verschiedenen Themen wie Beschreibung des Auftrages, Annahme der Frachtgüter, Überprüfung der (übernommenen/eingelagerten) Güter, Modalitäten der Ein- und Ausladung, Übertragung der Verfügungsberechtigung, Tarif-Zuschläge, Zahlungsbedingungen, Versicherung und Haftung, anwendbares Recht und Gerichtsstand. Im Zusammenhang mit Transportschäden dürften insbesondere Klauseln betreffend Haftungsfreizeichnung und/oder Haftungsbeschränkung von Bedeutung sein. Bei der Haftungsregelung werden in den AGB regel- 28

61 Dazu Furrer Barbara, Vertragliche Steuerung, S. 20 ff. insb. 30 ff.; Furrer Barbara, Logistikvertrag, S. 43 ff. und ausführlich zu Logistikverträgen S. 191 ff.

62 Dazu Rz 27 ff. und Furrer Barbara, Vertragliche Steuerung, S. 38 ff.; Furrer Barbara, Logistikvertrag, S. 181 f.

mässig die **Haftungsbefreiung** und darunter der Tatbestand der höheren Gewalt normiert.[63]

2. AGB-Kontrolle

29 Rechtsprechung und Lehre in der Schweiz beurteilen die Zulässigkeit von AGB anhand der Bestimmungen des Obligationenrechts. In Anwendung der einschlägigen vertragsrechtlichen Grundsätze umfasst die AGB-Kontrolle die **Konsenskontrolle**, die **Auslegungskontrolle** und die **Gültigkeitskontrolle.**[64] Die lauterkeitsrechtliche Inhaltskontrolle auf der Grundlage von Art. 8 UWG steht nur Konsumenten zur Verfügung und kann nur dann angerufen werden, wenn es sich beim Auftraggeber um eine natürliche Person handelt, welche beispielweise im Rahmen eines Wohnortwechsels Hausrat und andere private Gegenstände transportieren lässt.[65]

30 Im Umgang mit AGB stellt sich regelmässig die Frage, ob und gegebenenfalls unter welchen Voraussetzungen Allgemeine Geschäftsbedingungen **vom Vertragskonsens erfasst** werden und als übernommen bzw. gültig vereinbart gelten. Grundsätzlich liegt Konsens vor, wenn der Auftraggeber vom Frachtdokument mit den AGB vor Vertragsschluss Kenntnis nehmen konnte oder wenn der Frachtführer in der Korrespondenz im Hinblick auf den Vertragsabschluss auf die entsprechenden AGB verweist und diese für den Auftraggeber erhältlich oder einsehbar sind. Konsens wird auch angenommen, wenn zwischen denselben Parteien bereits verschiedene Frachtverträge mit jeweils denselben auf der Rückseite der Frachtdokumente abgedruckten AGB geschlossen und ausgeführt wurden.[66] Die AGB von Frachtführern und Spediteuren befinden sich regelmässig auf der Rückseite der von diesen ausgestellten bzw. unterzeichneten Frachtdokumenten. Frachtdokumente werden in der Regel erst ausgestellt bzw. vom Frachtführer unterzeichnet, nachdem der Absender (bzw. Ablader, Befrachter oder Verlader) das Transportgut dem Frachtführer übergeben hat (dazu Art. 113 Abs. 1 SSG; § 3 Haager-Visby Regeln; Art. 7 MÜ). Es ist daher im Einzelfall zu prüfen, ob sie vom Vertragskonsens erfasst sind.

31 Die Geltung vorformulierter AGB wird durch die **Ungewöhnlichkeitsregel** eingeschränkt, sofern eine sogenannte Globalübernahme vorliegt. Dies ist in der Regel der Fall, wenn die AGB auf der Rückseite eines Frachtdokumentes abgedruckt sind. Ungewöhnliche Klauseln sind Klauseln, mit denen die zustimmende Partei nicht rechnen musste. Von der global erklärten Zustimmung zu allgemeinen Vertragsbedingungen sind alle ungewöhnlichen Klauseln ausgenommen, auf deren Vorhandensein die andere Vertragspartei nicht gesondert aufmerksam gemacht worden ist.[67]

63 Siehe z.B. Haftungsausschluss für höhere Gewalt in Ziff. 4.3 Frachtführer Haftungsbestimmungen (FFHB/ASTAG) oder Art. 20 AB SPEDLOGSWISS (2005).

64 Dazu Koller, AJP 3/2016, S. 279 ff., mit Hinweisen auf Lehre und Rechtsprechung.

65 Dazu Hochstrasser, N 392.

66 Brunner, S. 313.

67 Brunner, S. 315.

AGB sind weiter individuell auszulegen, falls Inhalt und Tragweite unklar sind. Die Auslegung erfolgt dabei in Anwendung der Unklarheitsregel (in dubio contra stipulatorem).[68] Mehrdeutige Formulierungen sind im Zweifel so auszulegen, wie sie die Partei, welcher die AGB vorgelegt werden, verstehen durfte. Im Resultat ist im Zweifel also diejenige Bedeutung vorzuziehen, die für den Verfasser der AGB ungünstiger ist.[69] 32

Selbst wenn die AGB Vertragsbestandteil geworden sind, können einzelne in AGB enthaltene Klauseln allenfalls aus inhaltlichen Gründen unwirksam sein (sog. Inhaltskontrolle). Die internationalen Transportübereinkommen enthalten zahlreiche zwingend anwendbare materielle Normen.[70] Sind solche Transportübereinkommen anwendbar, so sind Klauseln in AGB, welche dem im anwendbaren Transportübereinkommen enthaltenen zwingenden materiellen Recht widersprechen, nichtig (Art. 20 Abs. 1 OR). 33

Eine Haftungsausschlussklausel der höheren Gewalt, mit welcher die Folgen ausserordentlicher Ereignisse ausgeschlossen werden sollen, kann als klar und unzweideutig eingestuft werden. Sie ist weder subjektiv, noch objektiv ungewöhnlich. Auch im Rahmen der Auslegungskontrolle erscheint der Inhalt des Ausschlusses klar und nicht mehrdeutig. 34

3. AGB-Kontrolle bei den Versicherungsbedingungen

In Zusammenhang mit Haftung und Haftungsfolgen sowie Deckungsfragen sind die Versicherungsbedingungen relevant, die grösstenteils in AVB enthalten sind. Diese unterstehen ebenfalls der «AGB-Kontrolle». Bei den Versicherungsbedingungen ist Art. 33 Versicherungsgesetz (VVG) massgebend. Danach sind Ausschlüsse nur gültig, wenn sie «in bestimmter, unzweideutiger Fassung» erfolgen. Im Versicherungsrecht hat die Unklarheit von Klauseln, welche bestimmte Gefahren von der Deckung ausschliessen, eine besondere Bedeutung, weil sie nach Art. 33 VVG[71] zur Ungültigkeit des Ausschlusses führt.[72] Zweifel an der Bestimmtheit oder Eindeutigkeit eines Versicherungsausschlusses gehen zu Lasten des Versicherers.[73] Zu den Deckungsausschlüssen in der Transportversicherung nachfolgend Rz 73 ff. 35

68 BGE 124 III 155, 158 f. E. 1b; BGer v. 12.7.2005, 5C.271/2004, E. 2.

69 Körner/Furrer/Benz, S. 26 f.

70 Art. 26, 47, 49 MÜ; Art. 117 SSG; Art. 41 CMR, Art. 5 CIM.

71 Wortlaut des Art. 33 VVG: «Umfang der Gefahr. Soweit dieses Gesetz nicht anders bestimmt, haftet der Versicherer für alle Ereignisse, welche die Merkmale der Gefahr, gegen deren Folgen Versicherung genommen wurde, an sich tragen, es sei denn, dass der Vertrag einzelne Ereignisse in bestimmter, unzweideutiger Fassung von der Versicherung ausschliesst.».

72 BGE 115 II 264, 268 f., E. 5a; differenzierte Meinung BSK VVG-Fuhrer, Art. 33 N 248, wonach eine mehrdeutige Ausschlussklausel, die zwei Auslegungen zulasse, so gelte, wie sie der Versicherungsnehmer verstanden habe.

73 BSK VVG-Fuhrer, Art. 33 N 3.

IV. Gerichtsstand und anwendbares Recht

1. Zusammenwirken zwischen Konventionen und nationalem Recht

36 Das internationale Transportrecht zeichnet sich durch eine Vielfalt von Rechtsquellen, internationalen Staatsverträgen, europäischen Rechtsakten, nationalen Gesetzen und Verordnungen, anerkannten privaten Regelwerken und allgemeinen Geschäftsbedingungen aus. Die Konventionen sehen zudem meistens vor, dass deren Normierungen zwingend anzuwenden sind; abweichende nationale Gesetzesbestimmungen oder vertragliche Parteivereinbarungen bleiben daher nichtig (s. Art. 41 CMR, Art. 41 § 1 CIM, Art. 117 SSG, Art. 26 MÜ). Die rechtliche Beurteilung länderübergreifender Multimodal-Verträge ist daher eine Herausforderung (s. Rz 24 f.).[74]

37 Die Konventionen enthalten keine umfassende, abschliessende Regelung, sondern sie sind bewusst lückenhaft konzipiert worden und beschränken sich auf die Regelung einzelner Fragen. Es bestehen grundsätzlich vier Konstellationen von Zusammenwirken zwischen Konventionen und nationalem Recht:

- Die transportrechtliche Konvention verweist ausdrücklich auf das anwendbare nationale Recht. Die CMR verweist beispielsweise explizit auf das Landesrecht, etwa in Art. 5 Abs. 1 und Art. 16 Abs. 5 und 39 CMR, wobei die Anwendung des nationalen Rechts nicht dazu führen darf, dass die zwingenden Bestimmungen der Konvention unterlaufen werden (z.B. Art. 5 CIM und Art. 41 CMR), wäre doch dadurch das Ziel der einheitlichen Rechtsanwendung in den Vertragsstaaten in Frage gestellt.[75]
- Soweit die Konvention im Hinblick auf konkrete Probleme überhaupt keine oder keine abschliessende Regelung enthält, ist das nach den Grundsätzen des internationalen Privatrechts des angerufenen Gerichts massgebende, nationale Recht ergänzend heranzuziehen. So werden beispielsweise im Zusammenhang mit dem Ausschluss der Haftungsbegrenzung in Art. 29 CMR die Begriffe «Schaden» oder «Verschulden» nicht definiert. Es liegt eine bewusste Lücke vor, die die Definition des Schadenbegriffs und des Verschuldensbegriffs dem jeweils ergänzend anwendbaren nationalen internationalen Privatrecht (IPRG) überlässt.[76]
- Die Rechtsfrage liegt ausserhalb des örtlichen, zeitlichen und/oder sachlichen Anwendungsbereichs der transportrechtlichen Konvention. Das Landesrecht findet beispielsweise gemäss Art. 8 § 2 COTIF ausdrücklich Anwendung, wenn das COTIF keine einschlägige Bestimmung enthält. Dies ist im ausservertraglichen Bereich der Fall, welcher nicht im CIM oder im CMR geregelt ist.

---

74 Zu Beurteilung Multimodaler-Verträge s. FURRER/VASELLA, S. 116 ff.

75 BGE 132 III 626, 635, E. 4.1; 127 III 365, 370, E. 3a; dazu KLETT, Haftung Strassengüterverkehr, S. 120; KLETT, CMR, S. 23.

76 Dazu KLETT, Haftung Strassengüterverkehr, S. 119 f.; KLETT, CMR, S. 23.

- Die multimodale Abgrenzung zwischen zwei transportrechtlichen Konventionen kann nicht aus den anwendbaren Konventionen selbst abgeleitet werden und diese Rechtsfrage ist anhand des nationalen Rechts zu entscheiden.[77]

2. Kollisionsnormen

Das Zusammenwirken und die gegenseitige Abgrenzung der internationalen und nationalen Normen bedarf eines sog. Kollisionsrechts. Das Kollisionsrecht zeigt auf, nach welchem Recht diese Abgrenzung vorzunehmen ist. Gerade im Bereich des Transportrechts greifen zahlreiche spezielle Sonderanknüpfungsklauseln, die sich aus den Rechtsfolgen der grenzüberschreitenden Beförderungsverträge und den Wechselwirkungen der entsprechenden Regelungen auf internationaler und nationaler Ebene ergeben. Soweit die jeweilige Konvention keine entsprechenden Kollisionsregeln enthält (wie beispielweise Art. 28 Abs. 1 oder Art. 29 CMR[78]), entscheidet der Richter über die Frage des anwendbaren Rechts nach dem internationalen Privatrecht des am Ort des angerufenen Gerichts geltenden Rechtes (lex fori). Der Schweizer Richter entscheidet somit nach dem Bundesgesetz über das Internationale Privatrecht (IPRG, SR 291).[79] 38

Nach Art. 116 Abs. 1 IPRG untersteht ein Vertrag dem von den Parteien gewählten Recht. Fehlt eine entsprechende Rechtswahl, kommt nach Art. 117 IPRG das dem Sachverhalt am nächsten stehende Recht zur Anwendung, das sich bei Dienstleistungsverträgen nach dem Sitz derjenigen Partei bestimmt, die die charakteristische Leistung erbringt (Art. 117 Abs. 2 IPRG). 39

Bei einem Gütertransportvertrag erbringt der Frachtführer, bei einem Speditionsvertrag der Spediteur diese charakteristische Leistung, sodass sich das anwendbare Recht nach dem Sitz des Frachtführers bzw. Spediteurs richtet.[80] Sind die dem Gütertransport zugrundeliegenden Beförderungspapiere als Warenpapiere ausgestaltet, wie es insbesondere bei Waren- und Ladescheinen oder bei Konnossementen der Fall ist, gelten die in Art. 106 IPRG statuierten besonderen Regeln. Die kollisionsrechtliche Prüfung eines internationalen multimodalen Warentransports ist komplex und hat in drei Schritten zu erfolgen.[81] 40

Die Europäischen Union (EU) bietet mit der Verordnung (EG) Nr. 593/2008 des Europäischen Parlaments und des Rates über das auf vertragliche Schuldverhältnisse anzuwendende Recht vom 17. Juni 2008 (Rom I-VO) ein einheitliches (europäisches) Kollisionsrecht unter anderem für vertragliche Schuldverhältnisse. Das gemeinschaftsrechtliche Vertragsrecht ist dispositiver Natur (Art. 3 Rom I-VO) und kommt grundsätzlich nur 41

---

77 Zur Beurteilung Multimodaler-Verträge s. FURRER/VASELLA, S. 116 ff.

78 Zur Frage, ob es sich beim Verweis auf die lex fori um eine Gesamtnormverweisung (das tatsächlich anwendbare Recht bestimmt sich anhand des Kollisionsrechts der lex fori) oder um eine Sachnormverweisung (lex fori unmittelbar anwendbar) handelt, s. FURRER/VASELLA, S. 126 f.

79 Näheres zum Kollisionsrecht s. FURRER ANDREAS, Kommentar CMR, S. 1149 ff. KLETT, CMR, S. 23.

80 FURRER/VASELLA, S. 112; BRUNNER, 328 f.

81 Siehe Prüfschema FURRER/VASELLA, S. 129; BRUNNER, S. 318.

dann in Betracht, wenn keine anderen völkerrechtlichen Regelungen greifen (Art. 25 Abs. 1 Rom I-VO).[82]

3. Gerichtsstand

42 Bei rein nationalen Sachverhalten sind regelmässig die verfahrensrechtlichen Normen der Zivilprozessordnung (ZPO) massgebend. Die ZPO bezeichnet einen allgemeinen Gerichtsstand am Wohnsitz oder Sitz des Beklagten, welcher immer dann gilt, wenn kein anderer (besonderer) Gerichtsstand zur Anwendung kommt (Art. 10 ZPO). Die meisten Gerichtsstände sind dispositiver Natur, d.h., es steht in der Disposition der Parteien, schriftlich einen anderen als den in der ZPO vorgesehenen Gerichtsstand für den Entscheid über ihre Streitsache als zuständig zu erklären (sog. Prorogation). Besondere Gerichtsstände ergeben sich aus der ZPO beispielweise im Bereich von Verträgen mit Konsumenten (Art. 32 ZPO).

43 Zu beachten sind auch die besonderen Zuständigkeiten für Vertragsklagen, die sich aus internationalen Übereinkommen ergeben. Die Konventionen enthalten teilweise einzelne Bestimmungen zu den Gerichtsständen. Beispielweise finden sich Gerichtsstandregelungen für Forderungen im Eisenbahn- und Strassengüterverkehr im CIM[83] und CMR[84] und für Forderungen gegen den Luftfrachtführer auch im MÜ[85].[86]

44 Sind keine Transportübereinkommen anwendbar, so bestimmt sich der Gerichtsstand nach den Bestimmungen des LugÜ (vgl. Art. 2 LugÜ) bzw. des IPRG (vgl. Art. 1 IPRG).[87] Gemäss Art. 2 LugÜ können Klagen am Wohnsitz bzw. Sitz des Beklagten eingereicht werden oder gemäss Art. 5 LugÜ am Erfüllungsort. Sofern ein Konsumentenvertrag vorliegt, kann der Konsument gemäss Art. 16 LugÜ seine Klage wahlweise am Wohnsitz bzw. Sitz der Gegenpartei, oder an seinem eigenen Wohnsitz einreichen. Richtet sich der Gerichtsstand nach IPRG, sind für Klagen aus Verträgen gemäss Art. 112 IPRG die Gerichte am Wohnsitz bzw. am Sitz der Niederlassung oder subsidiär am Ort des gewöhnlichen Aufenthaltes des Beklagten zuständig. Alternativ kann am Erfüllungsort geklagt werden (Art. 113 IPRG). Der Erfüllungsort bestimmt sich nach aktueller Rechtsprechung nach der lex fori. Leistungen eines Dienstleistungserbringers, so auch eines Frachtführers, sind an dem Ort zu erfüllen, wo der Schuldner zur Zeit ihrer Entstehung seinen Wohnsitz hat (Art. 74 Abs. 2 Ziff. 3 OR). In Bezug auf Klagen gegen den

82 Dazu Furrer/Vasella, S. 113.

83 Siehe Art. 46 § 1 CIM (Parteivereinbarung bezüglich eines der Gerichte der Mitgliedstaaten oder Klage am Beklagtenwohnsitz, Aufenthalt, (Haupt-/Zweig-) Niederlassung oder Geschäftsstelle, welche den Beförderungsvertrag geschlossen hat oder Übernahme- oder Ablieferungsort). Die Gerichtsstandregelung in Art. 31 Abs. 1 CMR entspricht der Regelung in Art. 46 CIM.

84 Siehe Art. 31 Abs. 1 CMR, die inhaltlich der Regelung in Art. 46 CIM entspricht.

85 Siehe Art. 33 MÜ (Sitz des Frachtführers, am Ort, seiner Hauptniederlassung, am Ort der Geschäftsstelle, mit welcher der Frachtvertrag geschlossen worden ist, oder am vertraglich vereinbarten Empfangsort, vorausgesetzt der Ort, auf welchen die Wahl fällt, ist in einem Vertragsstaat des MÜ).

86 Keine Bestimmungen sind im Hague-Visby Übereinkommen für Seefrachtverträge enthalten.

87 Näheres dazu Brunner, S. 335 f.

Frachtführer aus Transportschäden kommen Art. 112 und Art. 113 IPRG folglich zum gleichen Resultat, nämlich zu einem Gerichtsstand am Wohnsitz bzw. Sitz des Frachtführers.

V. Haftungsbefreiungs- und Unterbrechungsgründe

Nachdem nun die vertraglichen und gesetzlichen Grundlagen des Transportvertrags erörtert wurden, soll vorliegend diskutiert werden, ob die Schäden durch Verlust, Beschädigung oder Verspätung – wie einleitend beschrieben – dem Frachtführer zuzurechnen sind, soweit sie auf Umständen, die durch das Coronavirus verursacht worden sind, beruhen.[88] Zu prüfen ist, ob die durch das Coronavirus verursachten Umstände unter einen der transportspezifischen Haftungsbefreiungsgründe in den Konventionen oder AGB fallen. Ein transportspezifischer Haftungsbefreiungsgrund liegt beispielsweise vor, wenn der Absender die Ware nicht richtig verpackt oder fehlerhafte Informationen und Dokumente zum Gut liefert.[89] Ferner könnte neben den transportspezifischen Haftungsbefreiungsgründen auch die Möglichkeit bestehen nachzuweisen, dass eine die Kausalkette durchbrechende weitere Ursache vorliegt. Dies bedeutet, dass ein Haftpflichtiger dann nicht für den Schaden haftet, wenn eine weitere, intensivere Schadensursache hinzutritt, die in der Lage ist, die Kausalkette zwischen der primären Ursache und dem Schaden zu durchbrechen.[90] Die hinzutretende Ursache muss hierbei einen «derart hohen Wirkungsgrad» aufweisen, «dass die vom Schädiger gesetzte Ursache nach wertender Betrachtungsweise als rechtlich nicht mehr beachtlich erscheint».[91] Bei dieser Möglichkeit handelt es sich um allgemeine Haftungsbefreiungsgründe wie die höhere Gewalt, grobes Selbst-, oder Drittverschulden.[92] Es ist jedoch umstritten, ob ein Durchbrechungsgrund der Kausalkette wie die höhere Gewalt auch in den transportrechtlichen Erlassen zur Anwendung gelangt.[93] Zum einen liesse sich argumentieren, dass die adäquate Kausalität[94] zwischen der vom Frachtführer gesetzten Ursache und dem Schaden eine grundlegende Voraussetzung für die Haftung ist. Tritt also eine intensivere Ursache hinzu, wäre der Schaden dem Frachtführer nicht mehr zurechenbar und dieser nicht mehr haftbar. Zum anderen kann jedoch argumentiert werden, dass der 45

88 Hochstrasser, Rz 971.

89 Eine detaillierte Übersicht über die einzelnen Haftungsbefreiungsgründe kann den Ausführungen von Hochstrasser, Rz 983 entnommen werden; vgl. auch Furrer Andreas, Frachtrecht, Rz 893 ff.

90 BSK OR I-Kessler, Art. 41 N 15 ff. und 20.

91 BGE 130 III 182, 187 ff., E. 5.4; BGer v. 20.2.2014, 4A_385/2013, E. 5; v. 9.4.2010, 6B_86/2010, E. 2.3.

92 Hochstrasser, Rz 976.

93 Oftinger/Stark, Haftpflichtrecht, Rz 148 geht davon aus, dass bei der Anwendung der Adäquanztheorie die höhere Gewalt als Entlastungsgrund auch dann zur Geltung gelangt, wenn das Gesetz den Grund nicht explizit nennt. Zustimmend wohl auch Hochstrasser, Rz 976; Zuellig, S. 175; ablehnend wohl Komm MÜ-Reuschle, Art. 19 Rz 2; Haas, S. 229 m.w.V.; Von Ziegler, Rz 380 ff. spricht bei Haag Visby von einem «numerus clausus».

94 Welche in der Regel auch in den internationalen Konventionen nach dem anwendbaren lex fori zu beurteilen wäre. Vgl. Montanaro, S. 47.

Frachtführer bereits durch die transportspezifischen Haftungsbefreiungsgründe[95] und die Haftungslimitierung privilegiert ist. Ein weiterer Haftungsbefreiungsgrund würde den Frachtführer gegenüber dem Absender gegebenenfalls ungerechtfertigt bevorzugen.

VI. COVID-19 als Haftungsbefreiungs- oder Unterbrechungsgrund?

46 Inwiefern die vorliegend durch das Coronavirus verursachten Umstände den Frachtführer von seiner Haftung zu befreien vermögen, wird im nächsten Abschnitt konkret geprüft, indem die relevanten transportspezifischen Haftungsbefreiungsgründe analysiert werden.[96] Ebenfalls werden die COVID-19-Umstände unter den Tatbestand der höheren Gewalt nach schweizerischem Recht subsumiert für den Fall, dass die höhere Gewalt auch als allgemeiner Haftungsbefreiungsgrund durch die Durchbrechung der Kausalkette Geltung erlangen könnte oder dass der transportrechtliche Erlass die höhere Gewalt als Haftungsbefreiungsgrund vorsieht und keine eigene Definition bereit hält.[97]

1. Bundesgericht

47 Das Bundesgericht definiert die höhere Gewalt (franz. Force Majeure) als ein **unvorhersehbares, aussergewöhnliches Ereignis, das mit dem Betrieb des Haftpflichtigen nicht zusammenhängt, sondern mit unabwendbarer Gewalt von aussen hereinbricht.**[98] Hierzu zählen Naturereignisse wie Überschwemmungen und Vulkanausbrüche sowie kriegerische Massnahmen und Streiks, aber auch aussergewöhnlich schwere Lawinen oder Gewitter.[99]

48 Um als Haftungsbefreiungsgrund qualifiziert zu werden, muss die COVID-19-Pandemie die drei Voraussetzungen der **Unvorhersehbarkeit, Aussergewöhnlichkeit und des Ereignisses von Aussen, welches nicht vermeidbar war**, erfüllen. Die Voraussetzung der **Aussergewöhnlichkeit** dürfte vorliegend unbestritten sein. Die Auswirkung der COVID-19-Pandemie auf die Menschen, Umwelt, Wirtschaft und Gesellschaft sind bisher noch nicht bekannt gewesen. Zudem ist die COVID-19-Pandemie **ohne das Zutun menschlichen Verhaltens** entstanden und steht **nicht mit dem Betrieb des Haftpflichtigen im Zusammenhang**. Allerdings stellt sich die Frage, ob das Ereignis der Pandemie auch tatsächlich der Grund für die entstandenen und entstehenden Schäden war und ist. Letztlich sind es die getroffenen behördlichen Massnahmen, welche die Auswirkungen auf die Transportbranche haben und hatten. Jedoch sollten die behördlichen Massnahmen mit der Pandemie gleichzusetzen sein, da diese nur zur Eindämmung der

95 Welche beispielsweise auch zu einer Beweislastumkehr führen kann; vgl. Hochstrasser, Rz 972.

96 Mit Bezug auf die nachfolgenden Ausführungen ist die folgende Randbemerkung vorzunehmen: Aufgrund der Tatsache, dass es sich bei einem Grossteil der Rechtsgrundlagen um internationale Konventionen handelt, ist die Rechtsprechung zu den generalklauselartig formulierten Haftungsausschlussgründen vielfältig und kann sich von Nation zu Nation unterscheiden (vgl. Komm CMR-Thume, Art. 17 N 97).

97 Art. 104 Abs. 2 SSG.

98 BGE 111 II 429, 433 f., E. 1b; 102 Ib 257, 261 ff., E. 5; BGer v. 23.8.2010, 4A_169/2010, E. 3.2.

99 BGE 90 II 9, 11, E. 1 ff.; BGE 80 II 216, 220 f., E. 2a.

Pandemie getroffen wurden und keinem weiteren Zweck dienen. Eindeutig ist auch in diesem Fall, dass ein Frachtführer keinen Einfluss auf die behördlichen Massnahmen hatte.

Einzig die **Unvorhersehbarkeit** könnte bei der COVID-19-Pandemie diskutabel sein. Der schweizerische Pandemieplan, der zuletzt 2018 aktualisiert worden ist, geht aufgrund der Globalisierung und der wachsenden Weltbevölkerung von einem Ausbruch einer Pandemie aus. Die genauen Umstände wie Schweregrad, Ort und Ausbreitungsgeschwindigkeit können jedoch nicht vorausgesehen werden.[100] Der Pandemieplan, der sich im Übrigen vorwiegend an Behörden und verantwortliche Akteure richtet, ist somit zu unspezifisch, als dass die Bürger und ein Frachtführer mit den konkret vorliegenden Umständen der COVID-19-Pandemie hätten rechnen müssen. Insbesondere in Europa ging man davon aus, dass eine rasche Verbreitung des Virus auf dem eigenen Kontinent und die Einführung ähnlich strikter Massnahmen wie in China nicht möglich sei.[101] Die Vorhersehbarkeit einer Pandemie mit derartigen Auswirkungen war somit nicht gegeben. 49

Zusammenfassend stellen die **COVID-19-Pandemie** und die daraus resultierenden Massnahmen unseres Erachtens **einen Fall von höherer Gewalt** gemäss der bundesgerichtlichen Rechtsprechung dar. 50

Vorliegend ist jedoch zu berücksichtigen, dass die Berufung auf die höhere Gewalt nur eingeschränkt möglich ist. **Sie ist sowohl im Umfang als auch zeitlich zu begrenzen**. Ein Frachtführer wird sich nur dann auf die höhere Gewalt der COVID-19-Pandemie berufen können, wenn der Schaden auch tatsächlich aufgrund der Pandemie oder den behördlichen Massnahmen entstanden ist. Dies ist beispielsweise der Fall bei quarantänebedingten Anlegeverboten von Containerschiffen, behördlichen Flughafenschliessungen oder Abriegelung von ganzen Städten, die einen Transport verunmöglichen. Zu diskutieren sind jedoch Umstände, in denen die Schäden **nur indirekt** durch das Force-Majeure-Event entstanden sind. Eine pauschale Beantwortung, welche indirekten Auswirkungen der Pandemie als höhere Gewalt zu qualifizieren sind, ist vorliegend nicht möglich, sondern muss im Einzelfall betrachtet werden. Dabei wird insbesondere die Intensität der COVID-19-Umstände auf den Frachtführer zu evaluieren sein. 51

In **zeitlicher Hinsicht** wird eine Berufung auf die höhere Gewalt nur dann möglich sein, wenn der Frachtführer zum Zeitpunkt des Vertragsschlusses noch keine (genaue) Kenntnisse der konkreten Auswirkungen auf den Güterverkehr durch die Pandemie hatte. Im anderen Fall riskiert er, haftbar gemacht zu werden. Ein besonderer Umstand liegt jedoch vor, wenn der Frachtführer seine Transporttätigkeit unter einem Rahmenvertrag erbringt. In solchen Fällen ist zu prüfen, wann es einem sorgfältigen Frachtfüh- 52

100 ‹https://www.bag.admin.ch/bag/de/home/das-bag/publikationen/broschueren/publikationen-uebertragbare-krankheiten/pandemieplan-2018.html› (22.6.2020).

101 Beispielsweise aufgrund der Annahme, dass bessere Hygienebedingungen, eine vorbereitete Gesundheitsinfrastruktur und geringere Ballungszentren vorhanden seien und die Einschränkungen von Grundrechten nur äusserst selten und mit viel Vorsicht (im Gegensatz zu China) vorgenommen werden.

rer möglich ist, auf die aussergewöhnlichen Umstände zu reagieren, um die Schäden zu vermeiden.[102] Die Anforderung an den Frachtführer zur Vermeidung der Schäden richten sich nach der jeweiligen Rechtsgrundlage.[103] Vorbehalten bleiben Änderungen oder die Kündigung von Frachtverträgen aufgrund sich verändernder Umstände, die zu einem schweren Missverhältnis der Interessen der Parteien führen.[104]

2. Luftfracht

Art. 18 MÜ

2 Der Luftfrachtführer haftet jedoch nicht, wenn und soweit er nachweist, dass die Zerstörung, der Verlust oder die Beschädigung der Güter durch einen oder mehrere der folgenden Umstände verursacht wurde:

a) die Eigenart der Güter oder ein ihnen innewohnender Mangel;
b) mangelhafte Verpackung der Güter durch eine andere Person als den Luftfrachtführer oder seine Leute;
c) eine Kriegshandlung oder ein bewaffneter Konflikt;
d) **hoheitliches Handeln** in Verbindung mit der Einfuhr, Ausfuhr oder Durchfuhr der Güter.

Art. 19 MÜ

Der Luftfrachtführer hat den Schaden zu ersetzen, der durch Verspätung bei der Luftbeförderung von Reisenden, Reisegepäck oder Gütern entsteht. Er haftet jedoch nicht für den Verspätungsschaden, wenn er nachweist, dass er und seine Leute **alle zumutbaren Massnahmen zur Vermeidung des Schadens getroffen haben oder dass es ihm oder ihnen nicht möglich war, solche Massnahmen zu ergreifen.**

53 Das MÜ und die LTrV stimmen bezüglich der Formulierung der Haftungsbefreiungsgründe fast wortwörtlich überein, weshalb die beiden Rechtsgrundlagen gemeinsam behandelt werden.[105] Die Haftungsbefreiungsgründe für die Substanzschäden und diejenigen für die Verspätungsschäden werden getrennt aufgeführt (vgl. Art. 18 Abs. 2 und 19 MÜ). Weder in Art. 18 Abs. 2 MÜ noch in Art. 19 MÜ wird der Haftungsbefreiungsgrund der höheren Gewalt ausdrücklich erwähnt. Zu prüfen ist daher, ob sich die COVID-19-Pandemie unter einen der anderen Haftungsbefreiungsgründe in Art. 18 Abs. 2 MÜ oder Art. 19 MÜ subsumieren lässt.

54 **Substanzschäden**: Die COVID-19-Pandemie und die daraus resultierenden behördlichen Massnahmen könnten unter Art. 18 Abs. 2 lit. d MÜ fallen. Gemäss lit. d kann sich der Frachtführer von der Haftung befreien, wenn der Substanzschaden aufgrund ***hoheitlichen Handelns** in Verbindung mit der Einfuhr, Ausfuhr oder Durchfuhr der Güter* entsteht. Damit sind insbesondere Embargos, eine Beschlagnahme und sonstige Hand-

102 Sollte der Vertragspartner jedoch aufgrund von COVID-19 an der Erbringung der vertraglichen Leistung verhindert sein, ist auf § 1 zu verweisen.

103 Vgl. hierfür Rz 53 ff.

104 «Nach Art. 2 Abs. 2 ZGB hat der Richter einen Vertrag dann zu ändern oder aufzuheben, wenn durch nachträgliche, nicht voraussehbare Umstände ein derart offenbares Missverhältnis zwischen Leistung und Gegenleistung eingetreten ist, dass das Beharren einer Partei auf ihrem Anspruch als missbräuchlich erscheint.», BGE 101 II 17; 97 II 398.

105 Vgl. Art. 19 Abs. 2, 20 MÜ mit Art. 9 und 10 LTrV.

lungen der Zollabfertigung gemeint.[106] Vorausgesetzt wird bei diesem Haftungsbefreiungsgrund, dass das hoheitliche Handeln nicht durch den Frachtführer verschuldet ist. Gemäss MÜLLER-ROSTIN soll dieser Haftungsbefreiungsgrund den Frachtführer davor schützen, aufgrund von Umständen, **welche er nicht beeinflussen kann**, haftbar gemacht zu werden.[107] Folglich könnte man aufbauend auf dieser Begründung argumentieren, dass die hoheitlichen Anordnungen durch die Behörden im Falle der COVID-19-Pandemie unter lit. d fallen, sofern der Frachtführer diese nicht verschuldet hat.[108] Für den Nachweis des fehlenden Verschuldens könnte derjenige Massstab herangezogen werden, der nachfolgend für die Haftungsbefreiung bei Verspätungsschäden verwendet wird. Andernfalls wird der Frachtführer für Substanzschäden aufkommen müssen.

Verspätungsschaden: Im Falle einer Verspätung haftet der Frachtführer nicht, wenn 55
er nachweisen kann, dass er *alle zumutbaren Massnahmen zur Vermeidung des Schadens getroffen hat oder dass es ihm nicht möglich war, solche Massnahmen zu ergreifen*. Welche Massnahmen als zumutbar betrachtet werden können, muss aus der **Sicht eines sorgfältigen, gewissenhaften und vernünftig handelnden Unternehmers** betrachtet werden.[109] Rein wirtschaftliche Motive sind bei der Bewertung der Zumutbarkeit subsidiär zu beachten.[110] Für Verspätungen, deren Ursache vorhersehbar war, sodass sie hätten vermieden werden können, lässt sich somit kein Entlastungsbeweis führen.[111]

Von besonderer Brisanz im Luftverkehr wird die Bewertung der «Groundings» der 56
Fluggesellschaften sein und inwiefern diese auf Umständen oder behördlichen Massnahmen beruhen, die nicht vom Frachtführer hätten vermieden werden können. Letztlich gilt die Fluggesellschaft als ausführender Frachtführer und die Entscheidung, Flüge für den Lufttransport zu streichen, könnte dem Frachtführer zugerechnet werden. Allerdings muss auch an diese Stelle im Einzelfall betrachtet werden, welche Massnahmen dem einzelnen Frachtführer sowie den ausführenden Frachtführern zur Vermeidung der «Groundings» tatsächlich zugemutet werden können. Auch wenn vorliegend vor allem wirtschaftliche Gründe für die Streichung der Gütertransportflüge im Vordergrund stehen, sollte dies pauschal nicht zur Vermeidbarkeit führen.

3. Seefracht

Art. 103 SSG

[1] Der Seefrachtführer haftet in der Zeit von der Annahme bis zur Auslieferung für Verlust, gänzlichen oder teilweisen Untergang oder Beschädigung der Güter sowie eine Verspätung in der Auslieferung, **sofern er nicht nachweist, dass der Schaden auf eine Ursache zurückzuführen ist, wofür weder den Seefrachtführer**, noch den Kapitän, die Schiffsbesatzung oder weitere Personen im Dienste des Seeschif-

106 Vgl. Komm MÜ-REUSCHLE, Art. 18 N 73.
107 MÜLLER-ROSTIN, TranspR 4/11, S. 133.
108 Vgl. MÜLLER-ROSTIN, TranspR 4/11, S. 133 f. für Substanzschäden aufgrund einer Luftraumsperrung.
109 Komm MÜ-REUSCHLE, Art. 19 N; BAUMANN/VON ZIEGLER, Haftpflichtrechtkommentar, Art. 19 MÜ N 10.
110 BAUMANN/VON ZIEGLER, Haftpflichtkommentar, Art. 19 MÜ N 10.
111 Komm MÜ-REUSCHLE, Art. 19 MÜ N 36.

fes oder Personen, derer sich der Seefrachtführer bei der Durchführung der Beförderung bedient, **ein Verschulden trifft.**

Art. 104 SSG

[2] Der Seefrachtführer haftet nicht für Verlust, Untergang oder Beschädigung der Güter oder Verspätung, wenn er nachweist, dass diese Folgen auf eine der nachfolgenden Ursachen zurückzuführen sind:

a. **höhere Gewalt**, Zufall, Gefahren oder Unfälle der See oder anderer schiffbarer Gewässer;

b. kriegerische Ereignisse, Aufruhr und Unruhen;

c. **behördliche Massnahmen**, wie gerichtliche Beschlagnahme, Quarantäne oder andere Einschränkungen;

(...)

57 In der Seefracht listet Art. 104 SSG die Entlastungsgründe des Seefrachtführers auf, welche die entsprechende Regelung in den Haager-Visby Regeln wiedergibt. Einzig die sog. q-Klausel wird abweichend von den Haager-Visby Regeln im Grundtatbestand von Art. 103 Abs. 1 SSG erwähnt.[112] Unter dem SSG könnten mehrere Haftungsbefreiungsgründe zu Tragen kommen. Der Frachtführer könnte sich gemäss Art. 103 SSG von der Haftung befreien, wenn er nachweisen kann, dass er unter den gegebenen Umständen der COVID-19-Pandemie die **gehörige Sorgfalt** nach Art. 102 Abs. 2 SSG erbracht hat.[113] Die Anforderungen an die Sorgfaltspflicht entsprechen denjenigen in Art. 447 OR.[114] Er könnte zudem nachweisen, dass der Schaden aufgrund der **höheren Gewalt** entstanden ist. Hierfür wird an dieser Stelle auf die Ausführungen unter Rz 47 ff. verwiesen. Zuletzt werden in lit. c auch **behördliche Massnahmen wie gerichtliche Beschlagnahme, Quarantäne oder andere Einschränkungen** als Haftungsbefreiungsgründe aufgelistet, auf welche sich der Frachtführer nur dann berufen kann, wenn er diese nicht verschuldet hat.[115] Folglich hat der Frachtführer unter dem SSG verschiedene Haftungsbefreiungsmöglichkeiten, die jedoch jeweils unterschiedliche Anforderungen an die Haftungsbefreiung stellen. Es ist im Einzelfall zu bewerten, ob die Umstände, welche durch die Pandemie hervorgerufen wurden, unter einen dieser Gründe fallen. Ein Schaden aufgrund eines Anlegeverbots wegen Quarantänevorschriften (lit. c) oder wegen Hafenschliessungen (lit. a) oder fehlender Hafenmitarbeiter (Art. 103) sollte aufgrund der oben erwähnten Möglichkeiten als Haftungsbefreiungsgrund für den Frachtführer gelten.

4. Bahnfracht

58 Die Bestimmung zu den Haftungsbefreiungsgründen in Art. 23 § 2 CIM stimmt mit derjenigen Regelung in Art. 17 Abs. 2 CMR überein. KOLLER verweist daher bei der Interpretation der Haftungsbefreiungsgründe auf Art. 17 Abs. 2 CMR.[116] Für die Subsumtion

112 BAUMANN/VON ZIEGLER, Haftpflichtkommentar, Art. 104 SSG N 1; VON ZIEGLER, Rz 595.

113 BAUMANN/VON ZIEGLER, Haftpflichtkommentar, Art. 103 SSG N 19.

114 VON ZIEGLER, Rz 310.

115 VON ZIEGLER, Rz 485 ff.

116 KOLLER, Transportrecht, Art. 23 CIM N 3.

der COVID-19-Pandemie unter einen Haftungsausschlussgrund in Art. 23 § 2 CIM wird daher auf die Ausführungen bei Art. 17 CMR verwiesen.

5. Strassenfracht

Art. 17 Abs. 2 CMR
Der Frachtführer ist von dieser Haftung befreit, wenn der Verlust, die Beschädigung oder die Überschreitung der Lieferfrist durch ein Verschulden des Verfügungsberechtigten, durch eine nicht vom Frachtführer verschuldete Weisung des Verfügungsberechtigten, durch besondere Mängel des Gutes oder durch **Umstände** verursacht worden ist, **die der Frachtführer nicht vermeiden und deren Folgen er nicht abwenden konnte.**

59 Unter der CMR könnte die COVID-19-Pandemie unter den Haftungsbefreiungsgrund der **«Umstände, die der Frachtführer nicht vermeiden und deren Folgen er nicht abwenden konnte»** fallen. Nach herrschender Auffassung geht der zuvor erwähnte Haftungsbefreiungsgrund weiter als der Begriff der höheren Gewalt.[117] Allerdings liegen nach Lehre und Rechtsprechung unabwendbare Umstände erst dann vor, wenn sie auch ein besonders gewissenhafter Frachtführer bei Anwendung der **äussersten ihm zumutbaren Sorgfalt** nicht hätte vermeiden können. Der deutsche Bundesgerichtshof stellt dabei höhere Anforderungen an den Frachtführer als die «verkehrserforderliche Sorgfalt».[118] Ob der Frachtführer aufgrund der COVID-19-Umstände von der Haftung befreit werden kann, lässt sich somit nicht pauschal beantworten, sondern ist im Einzelfall zu betrachten.

60 Bei der Beurteilung, ob der Frachtführer die äusserste Sorgfalt angewendet hat, sind verschiedene Parameter zu berücksichtigen, wie sie nachfolgend unter Rz 62 aufgelistet werden. Es ist beispielsweise zu prüfen, welche Möglichkeiten in welchem Zeitraum der Frachtführer hat, um Routen neu zu planen oder um lange Staus an den Grenzübergängen zu umfahren. Zusätzlich relevant ist, wie schnell beispielsweise auch neue Chauffeure/Lokführer eingestellt oder neue Transportmittel und Transportkapazitäten organisiert werden können. Es sind somit die gesamten Umstände zu würdigen und zu bewerten, um zu beurteilen, ob der Frachtführer die geforderte Sorgfalt aufgebracht hat.

6. Frachtrecht

Art. 447 OR
Wenn ein Frachtgut verloren oder zugrunde gegangen ist, so hat der Frachtführer den vollen Wert zu ersetzen, sofern er nicht beweist, dass der Verlust oder Untergang durch die natürliche Beschaffenheit des Gutes oder durch ein Verschulden oder eine Anweisung des Absenders oder des Empfängers verursacht sei oder auf **Umständen** beruhe, **die** durch die Sorgfalt eines ordentlichen Frachtführers **nicht abgewendet werden konnten.**

117 KOLLER, Transportrecht, Art. 17 CMR N 96; KLETT, CMR, S. 25.

118 Komm CMR-THUME, Art. 17 N 96 und 98 ff. mit Beispielen; vgl. für die Schweiz: VON ZIEGLER/GROSZ, Haftpflichtkommentar, Art. 3/17/18/19/23/24/25/26/29 CMR N 22.

61 Die Haftungsbefreiungsgründe im schweizerischen Frachtrecht sind in Art. 447 OR aufgeführt. Für die (teilweise) Beschädigung und die Verspätung verweist Art. 448 OR auf die Haftungsbefreiungsgründe von Art. 447 OR.[119] Damit sich der Frachtführer gemäss Art. 447 und 448 OR entlasten kann, hat er die **Sorgfalt eines ordentlichen Frachtführers** zur Vermeidung des Schadens aufzuwenden. Es handelt sich dabei um ein über die übliche Sorgfalt eines Beauftragten nach Art. 398 Abs. 2 OR i.V.m. Art. 440 Abs. 2 OR hinausgehendes Mass an Sorgfalt.[120] In objektiver Hinsicht wird diejenige Sorgfalt erwartet, die von einem gewissenhaften und ausreichend sachkundigen Frachtführer erwartet werden kann. Zur Bewertung der objektiven Sorgfalt kann der Brauch und die Usanz der Transportbranche beigezogen werden.[121] Ebenfalls sind die ausdrücklich vereinbarten Qualitätsanforderungen sowie die gerechtfertigten Erwartungen des Absenders in subjektiver Hinsicht einzuhalten.[122] Wird ein Frachtführer aufgrund seiner Fachkenntnisse beigezogen, sind höhere Anforderungen an die Sorgfalt des Frachtführers zu stellen.[123]

62 Die Parameter zu Bestimmung, ob der Frachtführer aufgrund der COVID-19-Pandemie die nötige Sorgfalt angewendet hat, sind beispielsweise:

Objektiv	**Subjektiv**
– Usanz/Brauch	– Personelle Ressourcen
– Transportmittel	– Ressourcen an Transportmitteln
– Bewilligungen	– Finanzielle Ressourcen
– Zollbeschränkungen/ behördliche Beschränkungen	– Know-How und Erfahrung – Entgelt
– Route	– Informationspflicht
– Güter	– Befolgung von Weisungen
– Verkehrssituation (stauanfällige Routen, Rushhours, Flug-/Fahrpläne)	

7. Spediteur und Multimodaler Transport

63 Der Spediteur haftet für den Verlust, die Beschädigung oder die Verspätung von Gütern, wenn diese durch seine ausführenden Frachtführer verursacht wurden. Er stellt dabei eine Art «Transportschadensgarant» dar und macht die Schäden für seinen Vertragspartner bei den Frachtführern geltend.[124] Dementsprechend ist auf die vorherigen Ausführungen zu den Haftungsbefreiungsgründen gemäss den transportspezifischen Rechts-

119 «Unter den gleichen Voraussetzungen und Vorbehalten wie beim Verlust des Gutes […]».

120 VON ZIEGLER/GROSZ, Haftpflichtkommentar, Art. 447 OR N 18; Vgl. auch HOCHSTRASSER, Rz 542, der von der «Sorgfalt, die ein gewissenhafter Beförderer in der gleichen Situation anwenden würde» ausgeht.

121 HOCHSTRASSER, Rz 542; BGE 115 II 62, 64 f., E. 3.a.

122 FURRER ANDREAS, Frachtrecht, Rz 946; BGE 93 II 345, 350 ff., E. 4; vgl. auch KUKO OR-BENZ, Art. 447 N 11.

123 Vgl. BGE 127 III 357, 395 f., E 1c.

124 Vgl. KLETT, Haftung Strassengüterverkehr, S. 113 m.w.V.

grundlagen zu verweisen. Realisiert sich hingegen ein Risiko aus der Rolle des Spediteurs, haftet dieser gemäss den kommisionsrechtlichen Haftungsregeln und subsidiär gemäss Auftragsrecht.[125]

Aufgrund der Rechtsunsicherheit, ob im Falle eines Multimodaltransports in der Schweiz der Frachtführer nach der Netzwerktheorie oder der Einheitstheorie haftet, muss an dieser Stelle neben dem Hinweis auf die Ausführungen zu den Haftungsbefreiungsgründen in den einzelnen modalitätenspezifischen Rechtsgrundlagen auch die Möglichkeit der Haftungsbefreiung gemäss Frachtrecht des Obligationenrechts beachtet werden.[126] Vergleiche hierfür die Ausführungen zuvor (Rz 24 ff.). 64

Wie bereits erwähnt, verwenden sowohl Spediteure als auch (Multimodal-)Frachtführer in der Schweiz häufig die AB SPEDLOGSWISS. Die AB SPEDLOGSWISS enthalten ebenfalls Haftungsbefreiungsgründe. Zum einen transportspezifische Haftungsbefreiungsgründe und zum anderen wird in Art. 20 der Haftungsbefreiungsgrund der höheren Gewalt statuiert und lautet wie folgt: 65

Art. 20

Höhere Gewalt

Der Spediteur ist von jeder Haftung befreit, wenn ein Schaden durch Umstände entstanden ist, die weder der Spediteur noch seine Unterbeauftragten vermeiden und/oder deren Folgen sie nicht abwenden konnten.

Welcher Massstab bei der Vermeidung der Umstände vom Frachtführer angewendet werden soll, wird in den AB SPEDLOGSWISS nicht konkretisiert. Da Art. 18 der AB SPEDLOGSWISS besagt, dass der Spediteur für die sorgfältige Ausführung des Auftrages haftet, ist somit dem Spediteur als auch dem ausführenden Frachtführer der Aufwand eines sorgfältigen Frachtführers zur Vermeidung des Schadens zuzumuten. Dies entspricht der Sorgfaltspflicht nach Art. 398 Abs. 2 OR, wobei ein geringerer Sorgfaltsmassstab anwendbar ist als im Frachtrecht oder in internationalen Konventionen.. Allerdings lässt sich auch die Meinung vertreten, dass der gleiche Sorgfaltsmassstab wie in Art. 447 OR anzuwenden ist. Da bei einer Vertragsauslegung – und sofern der tatsächliche Wille der Parteien nicht festgestellt werden konnte – auf das dispositive Recht zurückzugreifen wäre, was in diesem Fall das Frachtrecht wäre.[127] 66

8. International Chamber of Commerce (ICC)

Neben der Verwendung Allgemeiner Geschäftsbedingungen besteht auch die Möglichkeit, einzelne Normen in Verträge aufzunehmen. Hiervon wird regelmässig Gebrauch gemacht, wenn es um sog. Force-Majeure-Klauseln in Verträgen geht. Ausgehend von der Tatsache, dass Nationen ein Event der Force Majeure unterschiedlich definieren, hat die International Chamber of Commerce (ICC) daher eine Klausel entworfen, die eine 67

125 Furrer Andreas, Frachtrecht, Rz 842.

126 Erbe/Schlienger, S. 427.

127 Furrer Andreas, Frachtrecht, Rz 37.

Einigung der Vertragsparteien auf einen international akzeptablen Text erreichen soll.[128] Es handelt sich bei der Longform der Force-Majeure-Klausel um eine detaillierte Klausel, die neben der Definition der Force Majeure (Generalklausel) eine Auflistung vermuteter Force-Majeure-Umstände aufzählt. Es folgen die Verpflichtung zur Benachrichtigung des Absenders, die Folgen des Anrufens des Force-Majeure-Events und das Vorgehen im Falle eines vorübergehenden Force-Majeure-Events, die Pflicht den Schaden zu mindern und ein Kündigungsrecht, sofern das Force-Majeure-Event über einen längeren Zeitraum anhält.

68 Die Pandemie und Epidemie wird in der aktuellen Version der ICC-Klausel bereits erwähnt, weshalb der Vertragspartner, der sich auf die Force Majeure beruft, beweistechnisch von der Vermutung des Vorliegens der Force Majeure profitieren (Ziff. 3 lit. e) und sich somit von der Haftung befreien kann. Der Absender hat, sofern er mit der Anrufung nicht einverstanden ist, dem Frachtführer nachzuweisen, dass dieser mit angemessenen Massnahmen *(«could not reasonably have been avoided»)* die Auswirkungen hätte vermeiden können. Von Vorteil bei dieser Klausel ist ebenfalls, dass bereits eine Regelung für anhaltende Force-Majeure-Events getroffen worden ist und eine Berufung nur so lange möglich ist, wie das Event tatsächlich die Leistungserbringung beeinflusst (Ziff. 6).

VII. Nebenpflichten

69 Neben der Hauptpflicht der Beförderung treffen den Frachtführer verschiedene Nebenpflichten, die sich aus der Treuepflicht des Frachtführers gegenüber dem Absender ergeben.[129] Im Zusammenhang mit den durch die COVID-19-Pandemie verursachten Umständen ist insbesondere die Informationspflicht des Frachtführers hervorzuheben. Diese besagt, dass der Frachtführer den Absender über den Verlauf des Transportes informieren muss. Teilweise sind spezielle Informationspflichten in den transportrechtlichen Erlassen explizit verankert.[130] Die Informationen haben dabei so ausgestaltet und detailliert zu sein, dass der Absender darauf basierend sein Weisungsrecht ausüben kann.[131] Insofern der Absender Gebrauch von seinem Weisungsrecht macht und der Frachtführer diesem entsprechend Folge leistet, kann dies zur Befreiung von der Haftung führen. Allfällige dadurch entstehende Mehrkosten sind durch den Absender zu ersetzen.[132]

128 ‹https://iccwbo.org/content/uploads/sites/3/2020/03/icc-forcemajeure-hardship-clauses-march2020.pdf› (22.6.2020).

129 Hochstrasser, Rz 547 ff.

130 Vgl. beispielsweise Art. 14 CMR, Hochstrasser, Rz 547 ff.

131 Hochstrasser, Rz 547 ff.

132 Hochstrasser, Rz 560 ff.

VIII. Rechtsfolgen

Die Rechtsfolgen bei der (nicht) erfolgreichen Berufung auf die höhere Gewalt sind vielfältig, insbesondere sind gesetzliche Rechtsfolgen und vertraglich mögliche Rechtsfolgen zu unterscheiden. 70

Gesetzliche Rechtsfolgen: Sobald der Frachtführer die Ware übernommen hat, haftet der Frachtführer für eine Schlechtleistung (d.h. für einen Substanz- oder Verspätungsschaden) gemäss den gesetzlichen Bestimmungen. Gelingt dem Frachtführer jedoch der Beweis, dass ein Haftungsbefreiungsgrund oder eine Unterbrechung der Kausalkette vorliegen, wird er von der Haftung befreit. Gelingt ihm dieser Beweis nicht, haftet der Frachtführer für den Schaden. Ein Rücktrittsrecht vom Vertrag oder eine Befreiung von der Leistung kommt gemäss Gesetz nur in Fällen einer Unmöglichkeit in Frage.[133] 71

Vertragliche Rechtsfolgen: Die vertraglichen Rechtsfolgen beim Vorliegen eines Force-Majeure-Events können sehr unterschiedlich sein. Zum einen gibt es, wie bei der Force-Majeure-Klausel der ICC, die Möglichkeit, dass der Frachtführer von der Haftung befreit ist, die in diesem Zeitraum entsteht, und des Weiteren der Frachtführer von der Erfüllung seiner Pflichten für den Zeitraum des Events entbunden ist. Dies gilt sodann auch teilweise für die Befreiung von Konventionalstrafen in Fällen der Nichteinhaltung von Key Performance Indexes. Neben der Befreiung von den Pflichten und der Haftung kann dem Vertragspartner, der sich nicht auf das Force-Majeure-Event beruft, zudem ein Kündigungsrecht zugestanden werden. Dieses Kündigungsrecht wird in der Regel erst nach einer gewissen Dauer des anhaltenden Force-Majeure-Events gewährt. 72

IX. Versicherungsdeckung

1. Einleitung

Wenn ein Schaden droht oder eine Forderung gestellt wird, stellt sich die Frage der Versicherungsdeckung. Unter den Begriff **Transportversicherung** fallen eine Reihe von Versicherungsdeckungen in der Branche. Nachfolgende Ausführungen basieren auf den vom Schweizerischen Versicherungsverband (SVV)[134] herausgegebenen Musterbedingungen (sog. ABVT). Ebenfalls abrufbar sind Klauseln, die mittels Deckungserweiterungen und -einschränkungen erlauben, auf die spezifischen Risiken einzugehen.[135] Es handelt sich um unverbindliche Musterbedingungen. In der Praxis werden die Standardbedingungen insbesondere im Bereich von KMUs eingesetzt, während bei grösseren Unternehmungen und bei speziellen Frachtgütern durchaus angepasste individuelle Bedingungen vereinbart werden. 73

133 In den transportrechtlichen Rechtsgrundlagen ist regelmässig nur die Schlechtleistung, nicht jedoch die Nichtleistung/Unmöglichkeit geregelt. Aus diesem Grund ist in diesen Fällen auf das allgemeine Vertragsrecht zu verweisen (Art. 119 OR, Art. 97 OR).

134 Abrufbar unter: ‹https://www.svv.ch/de/musterbedingungen-fuer-die-transportversicherung› (22.6.2020).

135 Zu Entstehung, Umfang und Verhältnis der AGB zum VVG s. Körner/Furrer/Benz, S. 21 ff.

74 Die Versicherungsdeckungen unterteilen sich in die **Sachversicherung oder Warentransportversicherung**, bei welcher die transportierten Güter selbst (Waren, Wertsachen, Reisegepäck) versichert werden, und die **Vermögensversicherung**, bei welcher die Frachtführer- und Spediteur-Haftpflicht (Haftung für Schäden an den transportierten Gütern) gegenüber Dritten versichert wird.

75 In der Transportversicherung werden regelmässig alle Transportmöglichkeiten eingeschlossen (Bahn, Fluss und Meerschiff, Lastwagen, Flugzeug usw.).[136]

76 Epidemien-/Hygieneversicherungen, welche teilweise in Sachversicherungen, All-Risk-Versicherungen oder Betriebsausfallversicherungen eingeschlossen sind, werden in diesem Beitrag nicht behandelt. Es wird auf § 9 verwiesen.

2. Warentransportversicherung

77 Bei der Warentransportversicherung handelt es sich um eine **Sachversicherung**, bei welcher Güter aller Art gegen Risiken versichert werden, welchen diese während der versicherten Reise ausgesetzt sind. Sie deckt die Gefahren, denen Güter während des Transportes und der Zwischenhalte ausgesetzt sind, und schützt die mit dem Transport verbundenen wirtschaftlichen Interessen des Versicherungsnehmers bzw. des Inhabers der Ware.

78 Wie in der klassischen Sachversicherung muss auch in der Transportversicherung als deckungsauslösender Sachverhalt ein **Sachschaden** (Verlust und Beschädigung) an Frachtgut als unmittelbare Folge eines der in den Bedingungen aufgezählten Ereignisse (sogenannte ***qualifizierte Ereignisse*** wie Schiffbruch, Absturz von Flugzeugen, Zusammenstoss, Vulkanausbruch oder Überschwemmung [eingeschränkte Versicherung Art. 2 und ABVT 2006]) oder – gestützt auf eine besondere Vereinbarung – ungeachtet der Ursache (**All Risk**; Art. 4 ABVT 2006) vorliegen. Die eingeschlossenen Kosten wie Havarie-Grosse-Beiträge und bestimmte Mehrkosten (Art. 5 ABVT 2006) sind in den Bedingungen aufgelistet.[137] **Verspätungsschäden** (sog. reine Vermögensschäden, die entstehen, weil beispielsweise die verspätet gelieferte Winterkollektion nicht mehr verkauft werden kann), sind in der Regel nicht gedeckt (Art. 6 lit. a ABVT 2006). Möglich ist die Vereinbarung einer erweiterten Deckung für die Folgen von Verzögerungen der Beförderung.[138]

79 In der eingeschränkten Versicherung trifft den Versicherten die **Beweislast** für den Eintritt eines der aufgeführten Risiken und dessen Schadenursächlichkeit. Bei der All-Risk-Versicherung hat der Anspruchsberechtigte nur zu beweisen, dass während des Transportes ein Verlust oder eine Beschädigung eingetreten ist. Der Versicherer ist in Bezug auf einen Deckungsausschluss beweislastpflichtig.

136 Dazu Müller, S. 261 ff.

137 Zum Umfang der AGB-Warentransportversicherung Müller, S. 265 ff.; Körner/Furrer/Benz, S. 84 ff.

138 Polic Foglar, Rz 1139.

Eine Pandemie und die darauf zurückzuführenden Beschränkungen und Massnahmen stellen kein qualifiziertes Ereignis dar, für welches bei der eingeschränkten Versicherung Versicherungsdeckung besteht. Sachschäden am Frachtgut, welche infolge der **COVID-19-Pandemie** aufgetreten sind, sind von der eingeschränkten Warentransportversicherung nicht gedeckt. Sie sind nur bei der umfassenden All-Risk-Versicherung versichert. 80

Bei der All-Risk-Versicherung sind die **Ausschlussklauseln** kritisch zu prüfen: Der Deckungsausschluss muss dabei bestimmt und unzweideutig sein (Art. 1 ABVT 2006 und Art. 33 VVG).[139] Zweifel an der Bestimmtheit oder Eindeutigkeit eines Ausschlusses gehen zu Lasten des Versicherers.[140] 81

Ein **direkter Sachschaden** durch die COVID-19-Pandemie ist nach aktuellem Kenntnisstand auszuschliessen. Bei statischen Gütern wie Maschinen wird wohl die Fracht in der Substanz trotz ungeplantem Stillstand nicht beeinträchtigt. Der Lockdown und die Grenzschliessungen beeinträchtigen ebenso wenig die Substanz von verderblichen Gütern. Denkbar sind aber indirekte Substanzschäden bedingt durch das ungeplante verlängerte Verweilen der Güter auf den Transportwegen oder aber in den Lagern. Der Schaden ist also eine indirekte Folge des Stillstandes der Ware. 82

Bei **verderblichen Gütern** greifen Ausschlusstatbestände wie die im Art. 6 lit. b. ABVT 2006 (Vorgänge, die in der Natur der Güter liegen, wie Selbstverderb, Erhitzung, Selbstentzündung, Schwund, Abgang, gewöhnliche Leckage). Zweckmässig ist der Abschluss einer erweiterten Versicherungsdeckung bei empfindlichen Waren, wie beispielsweise Schokolade, Blumen, Gemüsen oder pharmazeutischen Produkten.[141] 83

Gemäss Art. 6 lit. e ABVT 2006 sind aufgrund einer Auflistung von Risiken nebst Krieg, kriegsähnlichen Ereignissen und Terrorismus u.a. die Folgen von Beschlagnahme, Wegnahme oder Zurückhaltung durch eine Regierung, Behörde oder Macht – wenn nichts anderes vereinbart wurde – nicht versichert. Ob der Lockdown und die Grenzschliessungen unter **Zurückhaltung von Waren** durch eine Regierung, Behörde oder Macht subsumiert werden kann, ist im Einzelfall zu prüfen. In der Praxis fallen unter diesen Ausschluss eher zollrechtliche Sachverhalte oder Zurückhaltungen bedingt durch fehlende oder unvollständige Waren-Deklarationen. Die Zurückhaltung bezieht sich dabei auf die Waren selbst und nicht auf dem Umstand, dass die Waren aus Gründen, die nicht im konkreten Warentransport liegen, nicht weiterbefördert werden können. 84

Bei (vorübergehenden) Ausfuhrbeschränkungen für bestimmte Güter (z.B. Medizinalgüter)[142] ist eine behördliche Zurückhaltung zu bejahen und eine Versicherungs- 85

139 Siehe Rz 35.

140 Siehe Rz 35; BSK VVG-Fuhrer, Art. 33 N 3 ff.

141 Die sog. Temperaturklausel in Abänderung des Ausschlusses «Temperatureinflüsse» in Art. 6 lit. b ABVT 2006 erstreckt sich auf die Deckung für den Verderb der Güter als Folge des vollständigen Aussetzens der Kühl- oder Thermoanlage.

142 Z.B. durch die EU angeordnet, s. Durchführungsverordnung (EU) 2020/568 der Kommission vom 23. April 2020 über die Einführung der Verpflichtung zur Vorlage einer Ausfuhrgenehmigung bei der Ausfuhr bestimmter Produkte.

deckung daher ausgeschlossen. Bezieht sich die behördliche Zurückhaltung nicht auf die Ware selber, sondern auf andere Umstände, die dazu führen, dass die Ware nicht weiter transportiert werden kann, dürfte der Ausschluss nicht greifen. Dies betrifft Fälle, in denen Waren in Folge eines Lockdowns, behördlich angeordneten Arbeitsbeschränkungen oder Grenzschliessungen nicht transportiert werden können. Da mehrdeutige Wendungen in vorformulierten Versicherungsbedingungen zu Lasten des Versicherers gehen (Art. 33 VVG), dürfte das Risiko eines indirekten Substanzschadens somit gestützt auf die Standardversicherungsbedingungen bei der All-Risk-Versicherung Deckung geniessen.

3. Transporthaftpflichtversicherung

a) Haftpflichtdeckung Frachtführer

86 Die Versicherung gilt für Frachtführer, die Güter auf der Strasse oder im kombinierten Verkehr (Strasse/Schiene/Fähre) befördern, und zwar nach den Bestimmungen über den Frachtvertrag des schweizerischen Obligationenrechts, nach ausländischem Frachtvertragsrecht oder nach dem CMR (Art. 1 ABVH Frachtführer 2008). Der Versicherungsschutz umfasst die gesetzliche Haftpflicht des Versicherungsnehmers als Frachtführer für Verlust oder Beschädigung des Frachtguts sowie die Überschreitung der Lieferfrist (Art. 2.1 ABVH Frachtführer 2008). Die **Haftung für Verspätungsschäden** ist demnach im gesetzlichen Rahmen versichert. Dabei sind die jeweils anwendbaren Normen zu berücksichtigen: Nach nationalem Recht (nach Art. 448 OR) bis zum Warenwert und bei internationalen Transporten nach den jeweiligen Konventionen, beispielweise nach CMR bis zur Höhe der Fracht (Art. 23 CMR).[143] Nach Art. 33 § 1 CIM ist die Entschädigung bei Überschreitung der Lieferfrist auf das Vierfache des Betrages der Fracht beschränkt.

87 Wird vertraglich die gesetzliche Regelung abgeändert, gilt der Versicherungsschutz auch für eine vertraglich vereinbarte Haftung, sofern diese enger ist als die gesetzliche oder aber die Erweiterung gegen Entrichtung einer Mehrprämie aufgrund einer besonderen Vereinbarung in die Versicherung eingeschlossen wird (Art. 5 ABVH Frachtführer 2008).

b) Haftpflichtdeckung Spediteure

88 Nach der ABVH Spediteure 2008 ist die Haftpflicht des Versicherungsnehmers gegenüber seinem Auftraggeber für Sach- und Vermögensschäden aufgrund der Allgemeinen Bedingungen der SPEDLOGSWISS (AB SPEDLOGSWISS) – neuste Ausgabe – bzw. – falls diese durch einen richterlichen Beschluss ausser Kraft gesetzt werden – gemäss den einschlägigen Bestimmungen des Schweizerischen Obligationenrechts versichert. Der Versicherungsschutz gilt ausschliesslich für die Tätigkeiten des Spediteurs, die, gemäss der Aufzählung in den AB SPEDLOGSWISS, im Versicherungsvertrag aufgeführt sind

143 Darunter ist das für den gesamten Transport vereinbarte Entgelt an den Frachtführer gemeint. Bei Verspätungen werden im Gegensatz zum Verlust bzw. Teilverlust auch Schäden, die als Folge der Lieferfristüberschreitung eingetreten sind, ersetzt wie etwa der dem Versender entgangene Gewinn bei der Weiterveräusserung des Transportguts oder die angefallene Konventionalstrafe. Dazu Klett, Haftung Strassengüterverkehr, S. 128; Klett, CMR, S. 26; Komm CMR-Thume, Art. 23 N. 43 ff.

(Art. 2.1, ABVH Spediteure 2008). Eine weitergehende Haftung ist mit entsprechender Vereinbarung versicherbar (Art. 2.2 und 2.3 ABVH Spediteure 2008).[144]

c) Ausschlüsse in der Haftpflichtversicherung

In der AGB Frachtführerhaftpflicht und Spediteurhaftpflicht sind aufgrund einer Auflistung von Risiken u.a. die Folgen von Beschlagnahme, Wegnahme oder Zurückhaltung durch eine Regierung, Behörde oder Macht nicht versichert (Art. 4.1 ABVH Frachtführer 2008, Art. 4.1 ABVH Spediteure 2008). 89

Ob der von der Behörde verhängte Lockdown und die angeordnete Grenzschliessung als «Zurückhaltung durch eine Regierung, Behörde oder Macht» subsumiert werden kann, ist fraglich. Wie bereits ausgeführt, dürfte der verwendete Begriff der Zurückhaltung durch eine Regierung, Behörde oder Macht nach dem gewöhnlichen Sprachgebrauch, der Verkehrssitte in der Transportbranche und nach Treu und Glauben auf Tatbestände hindeuten, bei welchen die Fracht aufgrund von Eigenschaften oder fehlenden Deklarationen oder Bewilligungen oder aus zolltechnischen Gründen zurückgehalten wird. Gemäss Art. 33 VVG gehen Zweifel an der Bestimmtheit oder Eindeutigkeit eines Ausschlusses zu Lasten des Versicherers.[145] Aufgrund der obenstehenden Ausführung wird davon ausgegangen, dass eine gesetzliche Haftung des Frachtführers oder des Spediteurs zu verneinen ist (s. Rz 59 f., 61 und 63 ff.), sodass bereits gestützt auf Art. 2 ABVH Frachtführer 2008 und Art. 2 ABVH Spediteure 2008 die Versicherungsdeckung bei Vorliegen von höherer Gewalt bzw. von Umständen, die der Frachtführer nicht abwenden konnte, regelmässig fehlen wird. 90

4. Schadenbewältigung und Praxiserfahrungen

Die weltweiten Lockdowns und Grenzschliessungen aufgrund der Corona-Pandemie blockieren Warentransporte und beeinträchtigen die Lieferketten auch von Schweizer Klein- und mittelgrossen Unternehmen. Bei der Durchsicht von AVB fällt auf, dass die Verfasser der Bedingungen Schadenszenarien und Risiken von Epidemien und Pandemien nicht im Fokus hatten. Schadenauslösend bei der Situation von COVID-19 sind die globalen Abschottungen und Grenzschliessungen aufgrund des Coronavirus. Die Ware ist zwar transportfähig und die Transportvehikel fahrtüchtig, die Fracht kann aber überwiegend aufgrund von rechtlichen Restriktionen, die nicht im Zusammenhang mit der Ware oder mit dem Beförderer stehen, nicht befördert werden. Die Bewältigung einer solchen Ausgangslage ist komplex. Aufgrund der guten Organisation, der Professionalität und der Flexibilität der Branche konnten – basierend auf den aktuellen Beobachtungen – die Schadenszenarien eingegrenzt werden. Auch die Versicherungsbranche ist nicht untätig geblieben und hat proaktiv für Lösungen Hand geboten. Die Zusammenarbeit zwischen Versicherten und Versicherungen spielt eine wichtige Rolle. Besondere Beachtung ist den vertraglichen und gesetzlichen Obliegenheiten und Neben- 91

144 Dazu Polic Foglar, S. 252 ff, 257 ff.

145 BSK VVG-Fuhrer, Art. 33 N 3 ff.

pflichten des Versicherungsnehmers (Anzeigepflicht, Schadenminderungspflicht, Mitwirkungspflicht) und den Versicherungsleistungen für die Schadenfeststellung durch einen Havariekommissär, zur Deckung der Schadenverhütungskosten und zur Abwehr unbegründeter Ansprüche zu schenken.

92 Nach dem Eintritt eines Schadens hat der Versicherungsnehmer bestimmte **Obliegenheiten**, die in den AGB beschrieben und gesetzlich verankert sind (Art. 38 und 39 VVG). Wird eine Obliegenheit verletzt, ist der Versicherer berechtigt, seine Leistungen zu kürzen, oder er ist von jeder Leistungspflicht befreit. Der Versicherungsnehmer muss das Schadenereignis resp. die Schadenersatzansprüche dem Versicherer unverzüglich anzeigen. Er ist verpflichtet, den Versicherer bei der Ermittlung des Sachverhaltes und der Ablehnung unberechtigter Ansprüche zu unterstützen und muss auch für die Schadenminderung sorgen. Ohne Zustimmung des Versicherers ist der Versicherungsnehmer regelmässig nicht berechtigt, Haftpflichtansprüche ganz oder teilweise anzuerkennen, bindende Zahlungen zu leisten oder Schadenersatz von Dritten anzunehmen.

93 Soweit ein versicherter Schaden vorliegt oder unmittelbar droht, übernimmt der Versicherer die Kosten der Intervention durch die Beauftragten des Versicherers, zur Verhütung oder Minderung des Schadens, für die Abwehr unberechtigter Ansprüche, die im Rahmen der gewährten Versicherung gegen den Versicherungsnehmer erhoben werden, für die behördlich angeordnete Bergung und/oder Vernichtung oder Beseitigung des beschädigten Guts, sofern nicht ein anderer Versicherer leisten muss (so Art. 3.1 ABVH Frachtführer 2008, Art. 3 ABVH Spediteure 2008).

94 Soweit ersichtlich bieten die meisten Versicherungsgesellschaften in der Coronakrise individuelle Lösungen bzw. Unterstützung, beispielweise mit der Zurverfügungstellung von Havarie-Experten. Die meisten international tätigen Transportversicherer verfügen über ein weltweites Netzwerk an regionalen Havarie-Kommissären, die bei Schadensfällen im Ausland Unterstützung leisten.

95 Die aktuelle Ausgangslage ist aussergewöhnlich und einmalig. Die vorhandenen Versicherungen und die angebotenen Produkte sind für die Bewältigung solcher Szenarien nicht geeignet. Aufgrund der Aussergewöhnlichkeit der Situation stellt sich die Frage, ob ein solches Risiko überhaupt versicherbar ist und ob für die bessere Risikostreuung und einen besseren Risikoausgleich unter den Privatversicherern ein Pool wie der Elementarschaden-Pool (ES-Pool)[146] gebildet werden soll.

146 Der ES-Pool ist ein freiwilliger Zusammenschluss privater Versicherungen zum besseren Risikoausgleich bei Elementarschäden. Er ist ein weltweit einzigartiges Solidaritätswerk zugunsten der von Elementargefahren wie Überschwemmungen, Lawinen etc. besonders bedrohten Bevölkerung beispielsweise in den Bergkantonen. Er wurde 1936 gegründet; s. dazu ‹https://www.svv.ch/de/der-svv/organisation/partner/tragbare-praemie-fuer-alle-dank-dem-elementarschaden-pool› (22.6.2020).

X. Conclusio

Zusammenfassend lässt sich für die Analyse der rechtlichen Herausforderungen aufgrund der Umstände des Coronavirus im Transportrecht folgendes Prüfungsschema für den Umgang mit Schäden zugrunde legen: 96

1. **Identifizierung des Transportvertrages** 97

   Gemäss den Kapiteln II–IV in diesem Beitrag sind als Ausgangspunkt die anwendbaren Bestimmungen des Transportvertrages zu identifizieren. Dies bedeutet, dass die vertraglichen Regelungen und der allfällige gültige Beizug von Allgemeinen Geschäftsbedingungen zu prüfen sind. Dabei sind die zwingenden Bestimmungen der transportspezifischen Erlasse zu beachten.

2. **Liegt eine Schlechtleistung oder Nichtleistung vor (besteht bereits die Obhut)**? 98

   Nachfolgend ist zu prüfen, ob eine Schlecht- oder Nichtleistung vorliegt. Befindet sich die Fracht bereits in der Obhut des Frachtführers ist bei dem Schaden von einer Schlechtleistung auszugehen. Zu Abgrenzung und Rechtsfolgen bei Schlechterfüllung/Nichterfüllung s. Kap. VIII. Rechtsfolgen.

3. **Prüfung der Haftungsvoraussetzungen** 99

   Ist ein Schaden entstanden und wurde dieser adäquat kausal durch den Frachtführer/Spediteur verursacht?

4. **Liegen ein Haftungsbefreiungsgrund oder höhere Gewalt vor**? 100

   Sofern die Haftungsvoraussetzungen vorliegen, besteht die Möglichkeit, dass der Frachtführer sich, aufgrund der Umstände verursacht durch das Coronavirus, von der Haftung befreien kann, da er nur dann haften sollte, wenn ihm der Schaden auch zuzurechnen ist. Die transportrechtlichen Erlasse statuieren die in den Kapitel V. und VI. beschriebenen voneinander abweichenden Haftungsbefreiungsgründe. Grundsätzlich ist jedoch festzuhalten, dass die transportspezifischen Haftungsbefreiungsgründe wohl eher zu einer Haftungsbefreiung des Frachtführers führen als die höhere Gewalt, welche eine ausserordentliche Intensität voraussetzt.

5. **Sind die Nebenpflichten eingehalten**? 101

   Von besonderer Bedeutung – neben der Aufwendung der geforderten Sorgfalt – sind aufgrund der Umstände durch das Coronavirus die Informationspflichten an den Absender wie in Kapitel VII beschrieben. Die Information an den Absender kann zum einen relevant für die Bewertung der Vermeidbarkeit/Aufwendung der nötigen Sorgfalt sein und zum anderen besteht dadurch die Möglichkeit für den Frachtführer durch die Einholung von Weisungen sich von der Haftung zu befreien und Mehrkosten auf den Absender abzuwälzen.[147]

147 Ggfs. ist auch Art. 15 AB SPEDLOGSWISS einschlägig.

102 **6. Besteht eine Versicherungsdeckung?**

Zu prüfen sind der Deckungsumfang und das Vorliegen von Ausschlusstatbeständen sowie der zeitliche und örtliche Geltungsbereich. Besteht eine Versicherungsdeckung, hat der Versicherungsnehmer die vertraglichen Obliegenheiten zu erfüllen, insbesondere sofort Meldung über den Schaden zu erstatten.

§ 6 Die Auswirkungen von COVID-19 im Reiserecht

Barbara Klett/Dominique Müller*

Inhaltsverzeichnis

* Die Autorinnen danken MLaw Christina Werren für die tatkräftige Unterstützung bei der Ausarbeitung des vorliegenden Beitrags.

Literaturverzeichnis

AMSTUTZ MARC/ROBERTO VITO/TRÜEB HANS RUDOLF (Hrsg.), Handkommentar zum Schweizer Privatrecht, Wirtschaftsrechtliche Nebenerlasse: FusG, UWG, PauRG und KKG, 3. Aufl., Zürich/Basel/Genf 2016 (zit. HK PauRG-AUTOR/IN); DEDUAL ALESSIA, Airbnb und Mietrecht, AJP 2018, S. 1507 ff.; FRANKHAUSER BEATRICE, Wenn einer eine Reise tut ..., Ein vertiefter Blick in die Annullationskostenversicherung, HAVE 2/2016, S. 252 ff.; FURRER ANDREAS/SCHNYDER ANTON K. (Hrsg.), Handkommentar zum Schweizer Privatrecht, Obligationenrecht – Allgemeine Bestimmungen, 3. Aufl., Zürich 2016 (zit. HK OR-AUTOR/IN); GAUCH PETER, Der Werkvertrag, 5. Aufl., Freiburg 2011; HAUSHEER HEINZ, Berner Kommentar Band/Nr. VI/1/5, Obligationenrecht, Allgemeine Bestimmungen, Die Folgen der Nichterfüllung, Art. 97–109 OR, Bern 2000 (zit. BK OR-AUTOR/IN); HONSELL HEINRICH (Hrsg.), Kurzkommentar Obligationenrecht, Art. 1–1186 OR, Basel 2014 (zit. KUKO OR-AUTOR/IN); HONSELL HEINRICH/VOGT NEDIM PETER/WATTER ROLF (Hrsg.), Basler Kommentar, Wertpapierrecht. Art. 965–1186 OR, Bucheffektengesetz, Haager Wertpapierübereinkommen, Art. 108a–108d IPRG, Basel 2012 (zit. BSK Wertpapierrecht-AUTOR/IN); HUGUENIN CLAIRE, Obligationenrecht, Allgemeiner und Besonderer Teil, 3. Aufl., Zürich 2019; KÄLIN OLIVER, Entlastung und Exkulpation nach Art. 97 Abs. 1 OR, AJP 2007, S. 1339 ff.; KLETT BARBARA, § 15 Bahnunfall – Eisenbahnhaftpflicht, in: Weber Stephan/Münch Peter (Hrsg.), Handbücher für die Anwaltspraxis (HAP), Haftung und Versicherung, Basel 2015, S. 705 ff. (zit. KLETT, HAP Haftung und Versicherung); KLETT BARBARA/VERDE MICHEL, Haftung nach Pauschalreisegesetz, HAVE 2/2016, S. 263 ff.; KLETT BARBARA/MÜLLER DOMINIQUE, Haftung im öffentlichen Personenverkehr, in: Klett Barbara/Baumeler Urs/Daphinoff Eva (Hrsg.), Der öffentliche Personenverkehr – Haftung und Sicherheitsfragen, Bern 2018, S. 1 ff.; KOLLER ALFRED, AGB-Recht, AJP 3/2016, S. 279 ff.; KREPPER PETER, Handbuch Tourismusrecht, 2. Aufl., Zürich 2014; MARCHAND SYLVAIN, De l'helvético-compatibilité de la loi fédérale du 18 juin 1993 sur les voyages à forfait, AJP 1994, S. 721 ff.; MÜLLER ROLAND, § 16 Flugunfall – Luftfahrthaftpflicht, in: Weber Stephan/Münch Peter (Hrsg.), Handbücher für die Anwaltspraxis (HAP), Haftung und Versicherung, Basel 2015, S. 763 ff.; OETIKER CHRISTIAN/WEIBEL THOMAS (Hrsg.), Basler Kommentar, Lugano-Übereinkommmen (LugÜ), 2. Aufl., Basel 2016 (zit. BSK LugÜ-AUTOR/IN); ROBERTO VITO, BGE 145 III 409: Rechtsnatur der Haftung des Reiseveranstalters nach Pauschalreisegesetz und Beweislast; Art. 14 f. PauRG, AJP 2020, S. 517 ff.; DERS., Ersatzpflicht für verdorbenen Feriengenuss, HAVE, 2/2016, S. 276 ff.; SPÜHLER KARL/TENCHIO LUCA/INFANGER DOMINIK (Hrsg.), Basler Kommentar, Schweizerische Zivilprozessordnung (ZPO), 3. Aufl., Basel 2017 (zit. BSK ZPO-AUTOR/IN); STAUDER BERND/FAVRE-BULLE XAVIER (Hrsg.), Commentaire Romand, Droit de la consommation, Commentaire (LVF, LCC, art. 40a à 40f CO), Basel 2004 (zit. CR LVF-AUTOR/IN); TERCIER PIERRE/AMSTUTZ MARC/TRIGO TRINDADE RITA (Hrsg.), Code des obligations II – Commentaire romand, Art. 530–1186 CO, art. 20–33 LB, avec des introductions à la LFus, à l'ORAb, à la LTI et à la loi sur la mise en oeuvre des recommandations du GAFI, 2. Aufl., Basel 2017 (zit. CR CO II-AUTOR/IN); WIDMER LÜCHINGER CORINNE/OSER DAVID (Hrsg.), Basler Kommentar Obligationenrecht I, Art. 1–529 OR, inkl. Kommentar zum Bundesgesetz über Pauschalreisen, 7. Aufl. Basel 2020 (zit. BSK OR I-Autor/in; zum PauRG zit. BSK OR I, PauRG-Autor/in); Wiede Andreas, Reiserecht, Schweizer Handbuch zu den Verträgen über Reiseleistungen, Zürich 2014; Wolf Stephan/Fountoulakis Christiana/Geiser Thomas (Hrsg.), Basler Kommentar, Zivilgesetzbuch I, Art. 1–456 ZGB, 6. Aufl., Basel 2019 (zit. BSK ZGB I-Autor/in).

Materialienverzeichnis

Botschaft I über die Anpassung des Bundesrechts an das EWR-Recht vom 27.5.1992 («Eurolex»), BBl 1992 V 1, 1 ff.; Botschaft über das Folgeprogramm nach der Ablehnung des EWR-Abkommens vom 24.2.1993 («Swisslex»), BBl 1993 I 805 ff.

I. Einleitung

Die am 12.3.2020 durch die WHO ausgerufene COVID-19-Pandemie hat weite Teile der Welt in eine grosse Krise gestürzt und den internationalen und teilweise auch nationalen Reiseverkehr weitgehend stillgelegt. Die Grenzen wurden geschlossen, die Fluggesellschaften haben ihre Flüge ganz oder zu einem überwiegenden Teil eingestellt und auch die internationalen Zugverbindungen wurden vorübergehend gestrichen. 1

Die COVID-19-Pandemie hat daher sehr grosse Auswirkungen auf die Reisebranche und den Tourismus wie auch auf den geschäftlichen Reiseverkehr. Viele Reisen mussten von den Veranstaltern und Dienstleistungserbringern abgesagt werden oder wurden durch die Reisenden nicht angetreten. Das Reiserecht gehört daher zu denjenigen Rechtsgebieten, die seit dem Ausbruch der COVID-19-Pandemie im Mittelpunkt der Aufmerksamkeit stehen. Wird eine Reise durch den Veranstalter abgesagt oder kann ein Vertragspartner die vereinbarte Leistung aufgrund der staatlich angeordneten COVID-19-Massnahmen nicht erbringen, stellt sich die Frage nach der Rechtsfolge. Der vorliegende Beitrag befasst sich mit den Folgen des Ausbleibens von vertraglich geschuldeten Leistungen, wenn das Ausbleiben auf COVID-19 zurückzuführen ist. Dabei ist zwischen den Individual- und den Pauschalreisen zu unterscheiden. 2

II. Höhere Gewalt

Im Schweizer Recht gilt der Grundsatz «**pacta sunt servanda**», wonach Verträge einzuhalten sind. Das Risiko einer Veränderung der Verhältnisse ist grundsätzlich von derjenigen Partei zu tragen, die von den negativen Folgen betroffen ist. Dieser Grundsatz gilt jedoch nicht absolut. Höhere Gewalt, oder eine unvorhersehbare Änderung der Verhältnisse können ihn durchbrechen.[1] 3

Die höhere Gewalt ist in Bezug auf das vertragliche (und ausservertragliche) Schadenersatzrecht von Bedeutung und spielt insbesondere sowohl im Zusammenhang mit Individualreise- als auch Pauschalreiseverträgen eine Rolle. Eine Haftung setzt stets den Nachweis eines **adäquaten Kausalzusammenhangs** zwischen dem vertragswidrigen Verhalten und dem Schaden voraus. Die Adäquanz wird dann verneint, wenn eine an- 4

1 Krepper, S. 172; KUKO OR-Wiegand/Hurni, Art. 18 N 67; BSK ZGB I-Honsell, Art. 2 N 19.

dere (adäquate) Ursache hinzutritt, die einen derart hohen Wirkungsgrad aufweist, dass die andere Ursache nach wertender Betrachtungsweise rechtlich nicht mehr beachtlich erscheint.[2] Die höhere Gewalt kann eine solche hinzutretende Ursache darstellen.

1. Definition

5 Die höhere Gewalt (auch Force Majeure) wird in zahlreichen schweizerischen Gesetzen verwendet, jedoch nicht definiert.[3] Das **Bundesgericht** definiert die höhere Gewalt als ein unvorhergesehenes, unvorhersehbares, aussergewöhnliches Ereignis, das mit unabwendbarer Gewalt von aussen hereinbricht.[4] In der Rechtsprechung und Literatur werden darunter in erster Linie nicht voraussehbare, nicht beeinflussbare Ereignisse der Natur wie Erdbeben, Lawinen, Gewitter, Tsunamis oder Vulkanausbrüche (z.B. mit Behinderung des Flugverkehrs) genannt.[5] Ferner werden auch behördliche Anordnungen darunter subsumiert wie etwa Massnahmen zum Schutz der Gesundheit als Folge von Epidemien bzw. Pandemien, einer völlig ausser Kontrolle geratenen Naturkatastrophe, oder bewaffneter Konflikte.[6]

2. Vertragliche Regelung

6 Im Rahmen der im Schweizer Privatrecht geltenden **Vertragsfreiheit** kann der gesetzliche Anwendungsbereich von höherer Gewalt durch die involvierten Parteien vertraglich ausgeweitet oder eingeschränkt werden. Solche von den Vertragsparteien gewählte Klauseln gehen den subsidiären gesetzlichen Regelungen nach Art. 97 ff. OR oder Art. 119 OR grundsätzlich vor (dazu s. Rz 40 ff.; § 1).

7 Gerade in der Reisebranche enthalten Einzelverträge oder die (gültig übernommenen) AGB[7] regelmässig eine Force-Majeure-Klausel, wonach z.B. Pandemien, behördliche Restriktionen oder andere unerwartete Vorkommnisse als höhere Gewalt qualifiziert – oder auch gerade nicht qualifiziert werden. **Vertragliche Force-Majeure-Klauseln** enthalten in der Regel auch Bestimmungen über die Rechtsfolgen (Kündigung, Schadenersatzpflicht oder Nachfristen) einer Spät- oder Nichterfüllung aufgrund des eingetretenen Ereignisses. Die Bedeutung und der Inhalt solcher Vertragsklauseln ist durch Auslegung im Kontext der gesamten Vertragsbeziehung zu ermitteln.

---

2 BGE 130 III 182, 188, E. 5.4; 116 II 519, 524 E. 4b; BGer v. 20.2.2014, 4A_385/2013, E. 5.

3 Beispielweise Art. 15 PauRG; Art. 40c EBG; Art. 59 SVG, Art. 104 SSG.

4 BGE 111 II 429, 433 f., E. Ib; 102 Ib 257, 261, E. 5; BGer v. 23.8.2010, 4A_169/2010, E. 3.2.

5 Krepper, S. 116; Wiede, Rz 1000; BSK Wertpapierrecht-Bauer, Art. 1051 N 2; BSK OR I-Kessler, Art. 41 N 21; BSK OR I, PauRG-Roberto, Art. 11 N 4; CR CO II-Eigenmann, Art. 1051 N 2; Kälin, AJP 2007, S. 1342; BGE 80 II 216, 220 f., E. 2a; 49 II 254, 263 ff., E. 3.

6 Wiede, Rz 1001; BSK Wertpapierrecht-Bauer, Art. 1051 N 2; BSK OR I, PauRG-Roberto, Art. 11 N 4; KUKO OR-Kikinis, Art. 1051 N 2; Kälin, AJP 2007, S. 1342.

7 Zu den AGB bei Individualreisen s. Rz 34 ff., bei Pauschalreisen s. Rz 60 f.

3. COVID-19 als höhere Gewalt

Ob die COVID-19-Pandemie bzw. eine Pandemie an sich einen Fall von «höherer Gewalt» darstellt, ist primär aufgrund der vertraglichen Grundlagen zu prüfen. Fehlt eine **vertragliche Regelung**, kommen die allgemeinen, durch das **Bundesgericht** formulierten Voraussetzungen zur Anwendung. 8

Es dürfte unbestritten sein, dass es sich bei der COVID-19-Pandemie um ein aussergewöhnliches Ereignis handelt, welches mit unabwendbarer Gewalt von aussen hereinbrach. Die **Voraussehbarkeit** ist im Lichte der konkreten Umstände zu würdigen. Da in der Schweiz bereits 1995 Empfehlungen für den Pandemiefall erarbeitet und seither im sog. Pandemieplan[8] festgehalten und regelmässig aktualisiert werden, stellt sich die Frage, ob die Pandemie allenfalls voraussehbar war. Der Pandemieplan geht aufgrund der wachsenden Weltbevölkerung und der steigenden Mobilität von einem Ausbruch einer Pandemie aus und hat diesen demnach grundsätzlich vorausgesehen, ohne dass Ort und Zeitpunkt sowie ihre Merkmale (Ausbreitungsgeschwindigkeit und Schweregrad) prognostizierbar waren.[9] Dieser Pandemieplan richtet sich aber in erster Linie an die verantwortlichen Behörden auf der Stufe von Bund und Kantonen und formuliert Grundlagen für Einsatz- und Notfallpläne. Unseres Erachtens reicht ein solcher Plan, welcher Pandemien als mögliche zukünftige Bedrohung erachtet und den Umgang damit regelt, nicht aus, um den konkreten Ausbruch der COVID-19-Pandemie als voraussehbar zu qualifizieren. Der Begriff der Voraussehbarkeit würde ansonsten zu stark ausgedehnt werden und es gäbe praktisch keine Ereignisse mehr, welche nicht als voraussehbar qualifiziert werden müssten. In Bezug auf die COVID-19-Pandemie ist namentlich von Bedeutung, dass der Ausbruch der Pandemie weder für die Bürger und Reisenden noch für die Reiseveranstalter voraussehbar war. Insbesondere war das weltweite Ausmass der COVID-19-Pandemie aussergewöhnlich und keinesfalls absehbar.[10] 9

Die COVID-19-Pandemie ist daher unseres Erachtens als unvorhersehbares, aussergewöhnliches Ereignis, welches mit unabwendbarer Gewalt von aussen hereinbrach zu qualifizieren. Sowohl die Pandemie an sich wie auch die gestützt darauf getroffenen behördlichen Massnahmen sind daher unter den Begriff der höheren Gewalt zu subsumieren. 10

Dabei ist die Berufung auf höhere Gewalt **zeitlich** aber **nicht unbeschränkt** möglich. Bei Verträgen, die nach Kenntnis des Ausnahmezustandes – folglich nach Beginn der COVID-19-Pandemie – geschlossen wurden, kann den Schuldner, der aufgrund der 11

8 BAG, Influenza-Pandemieplan Schweiz, Strategien und Massnahmen zur Vorbereitung auf eine Influenza-Pandemie, abrufbar unter: ‹https://www.bag.admin.ch/bag/de/home/das-bag/publikationen/broschueren/publikationen-uebertragbare-krankheiten/pandemieplan-2018.html› (22.6.2020).

9 BAG, Influenza-Pandemieplan Schweiz, Strategien und Massnahmen zur Vorbereitung auf eine Influenza-Pandemie, 5. Aufl. 2018, S. 6.

10 Im Ergebnis gleich Fellmann Walter, Gutachten Deckungsausschlüsse Pandemie zu Handen der Stiftung Ombudsman der Privatversicherung und der SUVA, abrufbar unter: ‹http://www.ombudsman-assurance.ch/typo3/fileadmin/Files/Gutachten_Deckungsausschluesse_Pandemie.pdf› (22.5.2020).

Massnahmen des Bundes seiner Leistungspflicht nicht mehr nachkommen kann, eine Schadenersatzpflicht treffen. Aufgrund der jetzigen Bekanntheit der Pandemie kann eine Leistungsunmöglichkeit, die auf COVID-19 zurückzuführen ist, möglicherweise als selbstverschuldet gelten. Wie die Rechtslage im konkreten Fall aussieht, hängt von den Umständen des Einzelfalles ab.

III. Abgrenzung Individualreise und Pauschalreise

12 Im schweizerischen Recht ist der **Reisevertrag** gesetzlich nicht gesondert geregelt. Somit ist jeder Vertrag einzeln zu betrachten und zu qualifizieren. Je nach der gebuchten Leistung kann zwischen dem Individualreisevertrag und dem Pauschalreisevertrag unterschieden werden.

13 Beim **Individualreisevertrag** werden die einzelnen Reiseleistungen individuell gebucht und beispielsweise Verträge für Transport, Hotel, Ferienwohnung, Airbnb, Mietauto oder auch Guide abgeschlossen (dazu Rz 18 ff.).

14 Ein **Pauschalreisevertrag** liegt bei einem Arrangement von mind. zwei Reisedienstleistungen vor. Er unterliegt dem Bundesgesetz über Pauschalreisen vom 18.6.1993 (SR 944.3; dazu Rz 52 ff.).

15 In Bezug auf die Folgen einer Absage oder Annullation einer Reise aufgrund der COVID-19-Pandemie stellen sich bei den verschiedenen Verträgen die Fragen der Beendigung des Vertrags, Rückabwicklung, insb. Rückerstattung bereits erbrachter Leistungen (Anzahlungen), Umbuchungen wie auch die Frage nach der Entschädigung durch eine Versicherung. Dabei ist hinsichtlich COVID-19 insbesondere die Annullationsversicherung von Bedeutung. Die sich stellenden Fragen werden im Folgenden sowohl für Individualreiseverträge als auch für Pauschalreiseverträge gestützt auf die einschlägigen gesetzlichen Grundlagen separat aufgezeigt.

IV. Individualreise

16 Reisebuchungen erfolgen auf der Grundlage von Verträgen. Sofern das Pauschalreisegesetz nicht anwendbar ist (dazu Rz 52 ff.), schliesst der Reisende mit jedem Leistungserbringer einzeln einen Vertrag ab. Auf diese Verträge sind grundsätzlich der Allgemeine Teil des Obligationenrechts, je nach Vertragsqualifikation auch der Besondere Teil des Obligationenrechts sowie schweizerische Spezialgesetze anwendbar (dazu im Einzelnen sogleich Rz 18 ff.).

17 Bei Verträgen im internationalen Verhältnis sind auch die internationalen transportrechtlichen Übereinkommen und Konventionen zu beachten (s. z.B. Rz 20 ff.). Ob der Kunde seine bereits an ausländische Dienstleister erbrachten Anzahlungen zurückverlangen kann, ist im Einzelfall unter Berücksichtigung des betroffenen Staates und des anwendbaren Rechts zu prüfen. Einige Staaten (z.B. Italien) haben zum Schutz ihrer eigenen Tourismusbranche bereits Gesetze erlassen, die es den Dienstleistern erlauben, Gutscheine für die Verschiebung der Reise auszustellen anstatt Rückzahlungen für be-

reits erfolgte Zahlungen zu leisten.[11] Die europäische Kommission[12] hat am 13.5.2020 eine Empfehlung abgegeben, wonach die Mitgliedstaaten die Gutscheine für Passagiere und Reisende als Alternative zur Rückerstattung von Zahlungen für annullierte Beförderungsdienstleistungen sowie Pauschalreisen attraktiver gestalten sollten. In jedem Fall sollen die Kunden aber auch einen Anspruch auf Gelderstattung haben. Die europäische Kommission hat in Erwägung gezogen, gegen Staaten, die «Zwangsgutscheine» in diesen Bereichen eingeführt haben, ein Vertragsverletzungsverfahren einzuleiten.[13] In der Schweiz wurde eine Spezialregelung betreffend Erstattung per Gutschein verworfen.[14]

1. Rechtliche Qualifikation der Einzelverträge

Wird eine Reise individuell geplant und gebucht, schliesst der Reisende mit verschiedenen Reisedienstleistern getrennte Verträge ab. Regelmässig werden Verträge für den Transport, die Unterkunft oder auch für die Reisebegleitung abgeschlossen. Die Qualifikation und das anwendbare Recht sind immer im Einzelfall unter Berücksichtigung des konkreten Vertrages und der einschlägigen spezialgesetzlichen Grundlagen zu prüfen und können nicht einheitlich beurteilt werden. 18

a) Transport

Der Personentransport ist ein wesentlicher Bestandteil jeder Reise. Unterschieden wird zwischen dem Individualverkehr, bei welchem der Transport unentgeltlich oder mit privaten Verkehrsmitteln erfolgt, und dem öffentlichen (konzessionierten) Verkehr, bei welchem die Beförderung durch Dritte gegen Entgelt durchgeführt wird.[15] Der Transport kann zu Land, in der Luft oder zur See erfolgen. Grundsätzlich untersteht im schweizerischen Recht der jeweilige Personenbeförderungsvertrag dem **Auftragsrecht** nach Art. 394 ff. OR, sofern keine spezialrechtliche Bestimmung vorhanden ist.[16] Der Frachtvertrag ist nur auf den Waren-, und nicht auf den Personentransport anwendbar (Art. 440 Abs. 1 OR).[17] 19

Für den **öffentlichen (konzessionierten) Verkehr zu Land** bestehen eine Vielzahl an internationalen, eidgenössischen sowie kantonalen Bestimmungen, die sich einerseits auf das Verhältnis zwischen dem Transportunternehmen und der Aufsicht und anderer- 20

11 Italien bspw. Gesetz Nr. 27 vom 24.4.2020 (Gesetz zur Umwandlung des Gesetzesdekrets Cura Italia Nr. 18 vom 17.3.2020, in Kraft seit dem 30.4.2020).

12 Europäische Kommission, Paket «Tourismus und Verkehr» vom 13.5.2020, unter: ‹https://ec.europa.eu/commission/presscorner/detail/de/qanda_20_870› (22.6.2020).

13 SPIEGEL 13.5.2020, Brüssel droht wegen Reisegutscheinen mit Verfahren gegen mehrere EU-Staaten, abrufbar unter: ‹https://www.spiegel.de/wirtschaft/service/reise-gutscheine-eu-kommission-droht-mit-verfahren-gegen-mehrere-staaten-a-c1cca30c-68cf-4799-affd-57611787d157› (22.6.2020).

14 SRF vom 24.4.2020, Soll man mit dem Reisebüro kulant sein?, abrufbar unter ‹https://www.srf.ch/news/schweiz/annullierte-reisen-soll-man-mit-dem-reisebuero-kulant-sein› (22.6.2020).

15 Wiede, Rz 73.

16 BSK OR I-Oser/Weber, Art. 394 N 30.

17 Siehe zum Frachtvertrag ausführlich § 5.

seits auf das Verhältnis zwischen Transportunternehmen und Privatperson auswirken.[18] Am wichtigsten ist dabei das Bundesgesetz über die Personenbeförderung (Personenbeförderungsgesetz, PBG, SR 745.1).[19] Auf internationaler Ebene sind insb. das Übereinkommen über den internationalen Eisenbahnverkehr vom 9.5.1980 **(COTIF)**[20] mit seinen Anhängen[21], die EU-Verordnungen betreffend die Rechte und Pflichten von Fahrgästen im Eisenbahnverkehr[22] 23.10.2007)[23] sowie im Kraftomnibusverkehr[24] zu beachten.

21 Die **Personenbeförderung in der Luft** basiert ebenso auf einem Auftrag, der durch zwingende nationale bzw. internationale Bestimmungen sowie die Allgemeinen Beförderungsbedingungen («General Conditions of Carriage, GCC») der Fluggesellschaften ergänzt wird.[25]

22 In der Schweiz sind insb. das Luftfahrtgesetz (LFG, SR 748.0) sowie die gestützt darauf erlassene Lufttransportverordnung (LTrV, SR 748.411) von Relevanz. International regelt das Übereinkommen zur Vereinheitlichung bestimmter Vorschriften über die Beförderung im internationalen Luftverkehr (Montreal-Übereinkommen, MÜ) den Schutz der Fluggäste. Daneben gibt es diverse EU-Verordnungen, wobei insb. die **EU-Fluggastverordnung**[26]) erwähnenswert ist. Bei der Beförderung von Passagieren gewährt die Verordnung (EG) Nr. 261/2004 Fluggästen Ausgleichs- und Unterstützungsansprüche (sog. Passenger Rights), wenn sie von Nichtbeförderung, Annullierung oder grosser Verspätung betroffen sind. Im Falle der Nichtbeförderung hat der Fluggast (unabhängig von der Ursache) Anspruch auf Rückerstattung des Tickets oder auf ein anderes Transportmittel zum Zielort (Art. 4, 5 i.V.m. Art. 8 EG VO 261/2004), auf Essen und Getränke, Unterkunft und Transfer zum Hotel, sofern nötig, und Kosten für die notwendige Telekom-

18 Wiede, Rz 77.

19 Das PBG definiert in Art. 1 Abs. 2 PBG ein Personenbeförderungsmonopol des Bundes (Art. 82 und 87 BV), das ein planmässiges und gewerbsmässiges Beförderungssystem umfasst. Beim Personentransportvertrag handelt es sich um einen zivilrechtlichen Vertrag mit öffentlich-rechtlichen Auflagen und Bedingungen (Art. 19 ff. PBG), der durch AGB ergänzt wird (Art. 22 PBG). Das PBG umfasst unter anderem eine Transport-, Fahrplan-, Betriebs- und Tarifpflicht (Art. 12–15 PBG) sowie die Haftung (Art. 21 PBG), s. dazu ausführlich § 5 Rz 45 ff.

20 Dazu ausführlich: Klett, HAP Haftung und Versicherung, Rz 15.144; Die internationalen Regelungen des COTIF finden Anwendung, sobald die Fahrkarte grenzüberschreitend ausgestellt ist und gehen den Haftungsregeln nach nationalem Recht vor. Bei der internationalen Personenbeförderung treten daher die Bestimmungen nach CIV an die Stelle der Vertragshaftung des PBG; s.a. Klett/Müller, Rz 263 ff.; Zur Haftung des Beförderers bei Ausfall, Verspätung und Anschlussversäumnis s. Art. 32 CIV, wonach eine Haftungsbefreiung bei Umständen vorgesehen ist, «die der Beförderer trotz Anwendung der nach Lage des Falles gebotenen Sorgfalt nicht vermeiden und deren Folgen er nicht abwenden konnte».

21 U.a. CIV für den Personenverkehr.

22 Verordnung (EG) Nr. 1371/2007 vom 23.10.2007.

23 Klett, HAP Haftung und Versicherung, Rz 15.175 ff.

24 Verordnung (EG) Nr. 181/2011 vom 16.2.2011.

25 Wiede, Rz 169.

26 Verordnung (EG) Nr. 261/2004 über Ausgleichs- und Unterstützungsleistungen für Fluggäste im Fall der Nichtbeförderung und bei Annullierung oder grosser Verspätung von Flügen.

munikation (Art. 9 EG VO 261/2004).[27] Die Europäische Kommission hat im Zusammenhang mit der COVID-19-Pandemie Auslegungsleitlinien zu den EU-Verordnungen über Passagierrechte (u.a. auch zu den Passagierrechten im Flugverkehr) veröffentlicht, die auch Aussagen zur Bewertung der aktuellen Ereignisse mit Bezug auf den Anspruch auf Ausgleichszahlung enthalten.[28] Sie bestätigen u.a den Anspruch auf Erstattung (Rückzahlung) oder anderweitige Beförderung bei einer Annullierung des Fluges.[29]

Bei einer reinen **Inlandbeförderung zur See** gelten neben den Bestimmungen des PBG jene des Bundesgesetzes über die Binnenschifffahrt (BSG) und die Binnenschifffahrtsverordnung (BSV). Hinsichtlich der Schifffahrt auf Rhein und Mosel ist das Strassburger Übereinkommen über die Beschränkung der Haftung in der Binnenschifffahrt (CLNI) zu beachten. Bei der **internationalen Personenbeförderung zur See** sind vor allem das Athener Übereinkommen (AÜ, SR 0.747.356.1), das Londoner Zusatzprotokoll zum Athener Übereinkommen vom 1.11.2002, das Brüsseler Übereinkommen sowie das Brüsseler Seerechtsabkommen zu erwähnen. 23

b) Hotel

Der **Beherbergungsvertrag** in einem Hotel ist ein aus diversen Einzelleistungen bestehender Innominatkontrakt, wobei keine Einzelleistung derart dominiert, dass dessen Bestimmungen auf den gesamten Vertrag anwendbar wären.[30] Die Gewährung der Schlafgelegenheit enthält Elemente eines befristeten **Mietvertrags** nach Art. 253 ff. OR.[31] Dienstleistungen wie der Zimmerservice oder die Reinigung sind **auftragsrechtlicher** Natur (Art. 394 ff. OR).[32] Daneben beinhaltet der Vertrag die Aufbewahrung von Wertsachen (**Hinterlegungsvertrag**, Art. 472 ff. OR), eine Schutzpflicht für die Sachen des Gastes (Art. 487 ff.) sowie je nachdem auch den Verkauf von Essen und Trinken (**Kaufvertrag**, Art. 184 ff. OR).[33] 24

Der Beherbergungsvertrag ist vom **Gastaufnahmevertrag** abzugrenzen. Dieser enthält als wesentliches Element nebst der Unterkunftsgewährung auch die Bewirtung des Gastes gegen Entgelt.[34] 25

Davon getrennt zu behandeln sind diverse Zusatzverträge, die nicht unmittelbar Teil des Beherbergungs- oder Gastaufnahmevertrages sind, sondern zusätzlich (oftmals nach Vertragsabschluss) vereinbart und separat vergütet werden.[35] 26

27 Dazu Müller, Rz 16.75 ff.

28 Siehe Mitteilung der Kommission, Bekanntmachung der Kommission Auslegungsleitlinien zu den EU-Verordnungen über Passagierrechte vor dem Hintergrund der sich entwickelnden Situation im Zusammenhang mit COVID-19 (2020/C 89 I/01).

29 Ziff. 3.2 der Mitteilung der Kommission 2020/C 89 I/01.

30 Wiede, Rz 412, 415 f.

31 Wiede, Rz 416.

32 Wiede, Rz 413.

33 Wiede, Rz 413.

34 Wiede, Rz 414.

35 Wiede, Rz 420.

c) *Ferienwohnungen, Airbnb*

27 Bei der Bereitstellung und Inanspruchnahme von **Ferienwohnungen** kommt grundsätzlich das Mietrecht zur Anwendung,[36] wobei die Schutzbestimmungen für die Miete von Wohn- und Geschäftsräumen nach Art. 253a OR nicht anwendbar sind. Wohnräume, ob Wohnungen, Zimmer, oder ganze Häuser, die Urlaubszwecken dienen, gelten als Ferienwohnungen.

28 Bei **Airbnb** stellt die Gastgeberin dem Gast ihren eigenen Wohnraum befristet und entgeltlich zur Verfügung. Daneben können weitere Leistungen angeboten werden wie z.B. die Reinigung der Wohnung, der Zugang zu Lebensmitteln und Getränken, oder die Empfehlung von Restaurants sowie Sehenswürdigkeiten, die auftrags- oder kaufrechtlicher Natur sind, jedoch oft nur eine untergeordnete Rolle spielen.[37] Nach der herrschenden Lehre liegt somit grundsätzlich je nach Vorliegen von Nebenleistungen ein typischer oder atypischer **Miet- bzw. Untermietvertrag** vor.[38] Falls die Nebenleistungen derart dominieren, kann der Vertrag im Einzelfall auch als Gastaufnahmevertrag qualifiziert werden.[39]

d) *Mietauto*

29 Der Vertrag zur Benützung eines Mietautos richtet sich nach dem **Mietrecht**, da eine bewegliche Sache für eine begrenzte Zeit gegen Entgelt zum Gebrauch überlassen wird.[40] Im schweizerischen OR ist die Miete beweglicher Sachen nur dem Grundsatze nach geregelt. Somit sind die Allgemeinen Mietbedingungen (AGB) des Vermieters besonders wichtig, worin beispielsweise die Risikozuteilung, Zusatzversicherungen und Zusatzleistungen geregelt werden.[41]

30 In diese Vertragskategorie fällt nebst der Miete von Personenfahrzeugen auch die Miete von **Wohnmobilen** und (verschiebbaren) **Wohnwagen**.[42] Bei **unbeweglichen Wohnwagen** wird je nach Vorliegen von Zusatzleistungen wie z.B. Reinigung, Catering oder Mitbenutzung der Campinginfrastruktur von einem Beherbergungs-, Gastaufnahme- oder Mietvertrag über möblierte Ferienwohnungen ausgegangen.[43]

e) *Guide/Reisebegleitung*

31 Der Vertrag mit dem Reisebegleiter bzw. -leiter ist als **einfacher Auftrag** (Art. 394 ff. OR) zu qualifizieren. Der Reisebegleiter bzw. -leiter handelt als Hilfsperson des Exkur-

36 Wiede, Rz 474.
37 Jud/Steiger, Rz 11 und 13.
38 Dedual, AJP 2018, S. 1508; Jud/Steiger, Rz 13 und 19.
39 Dedual, AJP 2018, S. 1510 f.
40 Wiede, Rz 483.
41 Wiede, Rz 483.
42 Wiede, Rz 483 ff.
43 Wiede, Rz 486.

sionsorganisators, sofern er von diesem eingesetzt wurde.[44] Die Organisation und Begleitung von Unternehmungen kultureller, touristischer, oder sportlicher Natur kann unter das Pauschalreiserecht fallen (dazu Rz 52 ff.).

2. Nichterfüllung und nicht gehörige Erfüllung von Verträgen

Durch die aufgrund der Covid-19-Pandemie angeordneten **behördlichen Massnahmen** 32
und deren Auswirkungen konnten zahlreiche Reisedienstleistungen nicht erbracht werden. Namentlich beinhalten die COVID-19-Verordnungen des Bundesrates über die Massnahmen zur Bekämpfung des Coronavirus (COVID-19) behördliche Massnahmen und Verbote, wie die Massnahmen zur Einschränkung beim Grenzverkehr (Art. 2 ff. COVID-19-Verordnung 2) oder die Schliessung von Restaurationsbetrieben (Art. 6 Abs. 2 lit. b COVID-19-Verordnung 2, aufgehoben per 11.5.2020). Die Erbringung von Reiseleistungen war aufgrund der behördlichen Anordnungen/Verbote, aber auch aufgrund der durch die COVID-19-Pandemie verursachten Umstände, wie die fast vollständige Einstellung des Flugverkehrs, nicht mehr möglich.

Kann eine vertragliche Verbindlichkeit aufgrund der COVID-19-Pandemie nicht 33
oder nicht gehörig erfüllt werden, stellt sich die Frage, ob der Schuldner überhaupt noch erfüllen muss und die Erfüllung zu einem späteren Zeitpunkt noch möglich ist, oder ob eine dauerhafte Unmöglichkeit vorliegt und eine Rückabwicklung durchgeführt werden muss. Zur Beurteilung der rechtlichen Folgen und Auswirkungen dieser behördlichen Massnahmen sind sowohl die vertraglichen Vereinbarungen der Parteien zu prüfen als auch die allgemeinen gesetzlichen Grundlagen.

a) Vertragliche Grundlagen, insbesondere AGB

Eine Vielzahl von Verträgen zwischen Reisedienstleistern und Kunden werden durch 34
vorformulierte **Allgemeine Geschäftsbedingungen (AGB)** – auch teilweise als **Allgemeine Vertragsbedingungen (AVB)** bezeichnet – begleitet. Im Zusammenhang mit der Annullation bzw. dem Rücktritt aufgrund der COVID-19-Pandemie dürften insbesondere die Klausen in Bezug auf die Definition von höherer Gewalt und die Regelungen zur Nichterfüllung von Bedeutung sein und sind im konkreten Einzelfall zu prüfen.

AGB gelten nur unter der Voraussetzung, dass sie vom Vertragskonsens erfasst sind 35
und bedürfen der **vertraglichen Übernahme** im Einzelfall (sog. Einbeziehungsvereinbarung, Übernahmevertrag). Der Übernahmevertrag unterliegt den allgemeinen Abschlussregeln von Art. 1 ff. OR. Ob AGB vom Konsens erfasst sind (**Konsenskontrolle**), bestimmt sich somit primär danach, ob sich ein übereinstimmender tatsächlicher Parteiwille feststellen lässt, subsidiär nach dem Vertrauensprinzip. Daneben ist die **Unklarheitsregel** als Teil der Auslegungskontrolle von Bedeutung, wonach unklar formulierte Klauseln im Zweifelsfall zu Lasten des Verwenders ausgelegt werden.[45]

---

44 WIEDE, Rz 488.
45 Dazu ausführlich KOLLER, AJP 2016, S. 280 ff.

36 Üblicherweise wird zwischen Voll- und Globalübernahme unterschieden. Bei der **Vollübernahme** erklärt jemand sein Einverständnis mit den AGB, nachdem er sie gelesen und zur Kenntnis genommen hat. Geschieht die Einverständniserklärung ohne vorgängige inhaltliche Kenntnisnahme, liegt eine **Globalübernahme** vor. Im Falle einer Globalübernahme sind ungewöhnliche Klauseln, mit deren Vorhandensein die andere Vertragspartei nicht rechnen musste, vom Konsens nicht erfasst (**Ungewöhnlichkeitsregel**).

37 Bei der lauterkeitsrechtlichen **Inhaltskontrolle** wird geprüft, ob die AGB aus inhaltlichen Gründen unwirksam sind. Eine solche Inhaltskontrolle ist explizit in Art. 8 UWG zum Konsumentenschutz vorgesehen, wonach eine unlautere Handlung bei Verwendung von AGB, die ein erhebliches und ungerechtfertigtes Missverhältnis vorsehen, vorliegt.[46] Da Reiseverträge regelmässig Konsumentenverträge darstellen, kommt der Inhaltskontrolle in diesem Bereich Bedeutung zu.

38 Auf die Besonderheiten hinsichtlich der AGB im Rahmen des Pauschalreisegesetzes wird in Rz 60 f. näher eingegangen.

39 Kann ein **Reisevertrag aufgrund** der Auswirkungen der **COVID-19-Pandemie nicht oder nicht gehörig erfüllt werden**, ist zunächst zu prüfen, was die Parteien im Vertrag bzw. den gültig übernommenen AGB und AVB geregelt haben, beispielsweise ob eine Pandemie als höhere Gewalt vorgesehen ist und welche Folgen die Nichterfüllung des Vertrages mit sich bringen soll. Solche Regelungen zur höheren Gewalt und den Folgen der Nichterfüllung sind grundsätzlich weder ungewöhnlich, noch vor dem Hintergrund der Inhaltskontrolle zu beanstanden. Es gelten in erster Linie diese vereinbarten Folgen der Nichterfüllung bzw. nicht gehörigen Erfüllung, welche oft auch als **Annullierungsbedingungen** bezeichnet werden. Dies kann eine Rückabwicklung mit vollständiger oder nur teilweiser Rückzahlung der bereits erbrachten Geldleistungen des Reisenden sein. Allenfalls ist auch Schadenersatz oder eine Übernahme einer Buchungsgebühr durch den Reisenden vorgesehen.

b) Gesetzliche Grundlagen

40 Die gesetzlichen Nichterfüllungsregeln (Art. 97 ff. OR)[47] sind überwiegend dispositiver Natur und daher gegenüber anderslautenden vertraglichen Abreden **subsidiär**. Zwingend sind einzig die Restriktionen mit Bezug auf die Haftungsbeschränkungen (Art. 100 OR, Ausschluss einer zum Voraus verabredeten Haftungsbefreiung bei Absicht und grober Fahrlässigkeit, unter gewissen Voraussetzungen auch bei leichtem Verschulden).[48]

41 Kann eine **vertragliche Verbindlichkeit nicht** oder **nicht gehörig erfüllt** werden, hat der Schuldner gemäss Art. 97 Abs. 1 OR für den daraus entstandenen Schaden Ersatz zu leisten, sofern er nicht beweist, dass ihm kein Verschulden zur Last gelegt werden kann. Art. 97 OR setzt demnach einen Schaden, eine Vertragsverletzung, einen Kausalzusam-

46 Koller, AJP 2016, S. 287 ff.

47 Siehe zum Ganzen auch § 1.

48 BK OR I-Weber, Vorbemerkungen zu Art. 97–109 N 14; Art. 100 N 61.

menhang zwischen der Vertragsverletzung (Nichterfüllung) und dem Schaden sowie ein Verschulden (welches vermutet wird) voraus.[49] Eine **Exkulpation** ist durch den Nachweis denkbar, dass ein Zufall, Force Majeure oder ein dem Schuldner nicht zurechenbares Drittverschulden die Nicht- oder nicht gehörige Erfüllung bewirkt haben.[50] Dieser Nachweis ist im Zusammenhang mit der COVID-19-Pandemie denkbar, muss jedoch im konkreten Einzelfall geprüft werden.

Bei **dauerhafter Unmöglichkeit** einer Leistung gilt – sofern die Parteien nicht anderes vereinbart haben – Art. 119 OR, wonach ein Schuldner seine Leistung nicht erbringen muss, wenn sie ohne sein Verschulden unmöglich geworden ist. Eine dauernde Unmöglichkeit liegt vor, wenn sie nicht in absehbarer Zukunft behebbar scheint. Diese kann sowohl rechtlicher (z.B. behördliches Verbot gewisser Tätigkeiten)[51] als auch tatsächlicher Natur sein.[52] Die Folge der nachträglichen unverschuldeten Unmöglichkeit ist der Untergang der Forderung. Bei zweiseitigen Verträgen haftet der freigewordene Schuldner für die bereits empfangene Gegenleistung aus ungerechtfertigter Bereicherung und verliert die noch nicht erfüllte Gegenforderung (Art. 119 Abs. 2 OR). Der Vertrag wird rückabgewickelt.[53] Eine Pflicht zur Schadenersatzleistung besteht nicht. Ausgenommen vom Verlust der Gegenforderung sind jene Fälle, in denen die Gefahr nach Gesetz oder Vertrag vor der Erfüllung auf den Gläubiger übergeht (Art. 119 Abs. 3 OR). 42

Die behördlichen Massnahmen des Bundesrates gestützt auf die COVID-19-Verordnung 2 führten auch im Reiserecht zu einer rechtlichen Unmöglichkeit der Leistungserbringung. Diese **rechtliche (nachträgliche unverschuldete) Unmöglichkeit** ist gemäss der Rechtsprechung des Bundesgerichts durch Art. 119 OR geregelt. Ist etwas nach der COVID-19-Verordnung 2 (z.B. Grenzüberschreitung) verboten und die Leistungserbringung daher unmöglich, wird der Schuldner von der Erfüllung seiner Leistung nach Art. 119 Abs. 1 OR befreit, d.h., er hat die bereits empfangene Gegenleistung, z.B. eine Anzahlung der Reise, aus ungerechtfertigter Bereicherung (Art. 62 ff. OR) zurückzuerstatten und verliert die noch nicht erfüllte Gegenleistung (Art. 119 Abs. 2 OR). 43

Anders verhält es sich aber, wenn der Reisende die gebuchte und durch den Veranstalter durchgeführte Reise aus eigenem Antrieb, beispielsweise aus Angst vor einer COVID-19-Ansteckung, nicht antreten will und die Reise annulliert. Der **Grund der Annullation** liegt **in der Person des Reisenden** und ist damit von ihm zu verantworten. Der Reisende hat gemäss Art. 97 Abs. 1 OR für den entstandenen Schaden Ersatz zu leisten, sofern er nicht beweist, dass ihm kein Verschulden zur Last gelegt werden kann. Ob der Exkulpationsbeweis aufgrund der COVID-19-Pandemie erbracht werden kann, ist im konkreten Einzelfall zu prüfen. 44

49 BSK OR I-Wiegand, Art. 97 N 5 ff.

50 BSK OR I-Wiegand, Art. 97 N 42.

51 BGE 116 II 512, 514, E. 2; 111 II 352, 354, E. 2.a.

52 BGE 107 II 144, 147, E. 2; Huguenin, Rz 815a.

53 Ausführlich zur Rückabwicklung nach vertraglichen Grundsätzen gemäss H.L. s. HK OR-Killias/Wiget, Art. 119 N 19; BSK OR I-Wiegand, Art. 119 N 4.

c) *Verjährung der Ansprüche*

45 Für die Schadenersatzforderung nach Art. 97 OR gelten die gleichen **Verjährungsfristen** wie für die ursprüngliche Obligation.[54] Bei der vertraglichen Verjährung gilt die ordentliche Verjährungsfrist nach Art. 127 OR, wonach alle Forderungen nach 10 Jahren verjähren, sofern spezialgesetzlich nichts anderes bestimmt wurde.[55] In Art. 128 OR ist eine kürzere Verjährungsfrist von 5 Jahren für periodische Leistungen, bspw. bei Geschäften mit Lebensmitteln, sowie für Forderungen aus bestimmten Rechtsgeschäften vorgesehen.

46 Im Reiserecht sind bei Individualreisen insbesondere auftragsrechtliche sowie mietvertragliche Leistungen von Bedeutung. Im Auftragsrecht gilt grundsätzlich die ordentliche Verjährungsfrist von 10 Jahren nach Art. 127 OR, im Mietrecht die 5-jährige Verjährungsfrist nach Art. 128 OR. Bei gemischten sowie Innominatverträgen wird in der Lehre aus Rechtssicherheitsgründen die Ansicht vertreten, dass für derartige Verträge grundsätzlich die ordentliche Verjährungsfrist von 10 Jahren nach Art. 127 OR gilt.[56] Falls nebst dem Hauptvertrag andere Elemente nur als Nebenabrede zu qualifizieren sind, dann gelten die Verjährungsregeln des Hauptvertrags.[57]

3. Vertragsanpassungen

47 Bei Leistungsstörungen stellt sich die Frage der Vertragsanpassung. Grundsätzlich gilt, dass gültig zustande gekommene Verträge so zu erfüllen sind, wie sie vereinbart wurden («pacta sunt servanda»),[58] soweit die Parteien nicht einvernehmlich eine neue Vertragsregelung treffen. Eine Vertragsanpassung ohne Übereinkunft der Parteien kann jedoch immer dann vorgenommen werden, wenn eine gesetzliche Bestimmung dies vorsieht (z.B. Art. 373 Abs. 2 OR im Werkvertragsrecht) oder die Voraussetzungen der «clausula rebus sic stantibus» erfüllt sind.

48 Gestützt auf den im römischen Recht entwickelten Grundsatz **«clausula rebus sic stantibus»** soll ein Vertrag nicht gelten, wenn sich die Umstände wesentlich ändern. Der Richter kann bei Vorliegen von besonderen Umständen daher vom Grundsatz «pacta sunt servanda» abweichen und einen Vertrag nach richterlichem Ermessen auch gemäss dem hypothetischen Willen einer Partei anpassen.[59] In Betracht gezogen wird eine Vertragsanpassung insbesondere dann, wenn die Vertragserfüllung aufgrund einer Veränderung der Verhältnisse für mindestens eine Partei **nicht mehr zumutbar erscheint**.[60] Vorausgesetzt werden kumulativ eine grundlegende Veränderung der Ver-

54 BK OR-Becker, Art. 97 N 4.

55 Im Transportrecht gelten beispielsweise besondere Verjährungsbestimmungen. Nach dem PBG laufen Ansprüche gegen das Unternehmen nach einem Jahr ab (Art. 48 Abs. 1 PBG).

56 BSK OR I-Däppen, Art. 127 N 5a.

57 BSK OR I-Däppen, Art. 127 N 5a.

58 BGE 120 II 155, 166, E. 6a.

59 BGE 135 III 1, 9, E. 2.4; 127 III 300, 307, E. 6a.

60 BSK OR I-Wiegand, Art. 18 N 95.

hältnisse seit Vertragsabschluss[61] und eine gravierende Äquivalenzstörung, d.h. ein grobes Missverhältnis zwischen Leistung und Gegenleistung aufgrund der Veränderungen.[62] Ferner dürfen die Veränderungen weder vorhersehbar noch vermeidbar gewesen sein[63] und es darf kein widersprüchliches Parteiverhalten vorliegen (z.B. durch vorbehaltlose Vertragserfüllung).[64] In der Praxis werden hohe Anforderungen an die Voraussetzungen gestellt und der Grundsatz wird somit nur zurückhaltend angewendet.[65]

Es ist im Einzelfall zu prüfen, ob aufgrund des unerwarteten Ausmasses der COVID-19-Pandemie bei Schuldverhältnissen eine Vertragsanpassung gestützt auf die «clausula rebus sic stantibus» in Frage kommt, weil weder vertragliche noch gesetzliche Anpassungsregeln bestehen. Eine Anpassung durch den Richter ist nur bei Fällen möglich, in denen die Veränderung der Umstände erst nach Vertragsschluss stattgefunden hat. Rechnen die Parteien bereits bei Vertragsabschluss mit künftigen Ereignissen, können entsprechende Anpassungen vertraglich vorgesehen werden. 49

Die Parteien können beispielsweise bei Vertragsschluss ausdrücklich oder stillschweigend eine **vertragliche Anpassungsregel** vorsehen.[66] Unterschieden wird dabei zwischen der positiven Anpassungsregel, die eine Anpassung an die veränderten Verhältnisse anordnet, sowie der negativen Anpassungsregel, die eine solche Anpassung ausschliesst.[67] Damit diese gültig ist, ist in der Regel das erwartete Ereignis sowie der Umfang der Anpassung vertraglich zu bestimmen, da ein Vertragsschluss die Bestimmbarkeit des Leistungsinhalts sowie -umfangs erfordert.[68] 50

Neben oder in Verbindung mit vertraglichen Anpassungsregeln kann durch die Parteien auch eine **Verpflichtung zur Neuverhandlung** vertraglich vorgesehen werden.[69] Diese (Neu-)Verhandlungsklauseln bezwecken die Aufnahme von Verhandlungen durch die Parteien und können entweder im Sinne einer Generalklausel oder detailliert ausformuliert sein. Falls die Verhandlungen scheitern, können darin eine Pflichtverletzung einer Partei sowie eine richterliche Änderungsbefugnis gesehen werden.[70] 51

61 BSK OR I-Wiegand, Art. 18 N 99.
62 BSK OR I-Wiegand, Art. 18 N 104; BGE 135 III 1, 10, E. 2.4; 127 III 300, 305, E. 5b.
63 BGE 127 III 300 304 ff., E. 5b mit Hinweisen.
64 Huguenin, Rz 332; BGE 127 III 300, 305, E. 5b.
65 Huguenin, Rz 327.
66 BGE 135 III 1, 10, E. 2.5.
67 BSK OR I-Wiegand, Art. 18 N 108 ff.; BGE 99 II 290, 295, E. 6b; BGer v. 25.3.2010, 5A_39/2010, E. 3.3.
68 BGE 135 III 1, 10, E. 2.5.
69 BSK OR I-Wiegand, Art. 18 N 121.
70 BSK OR I-Wiegand, Art. 18 N 121.

V. Pauschalreise

1. Pauschalreisegesetz

52 Das Pauschalreisegesetz (Bundesgesetz über Pauschalreisen vom 18.6.1993, PauRG, SR 944.3) gehört zur **Konsumentenschutzgesetzgebung** und hat im Wesentlichen den Schutz des Reisenden zum Ziel. Es wurde im Rahmen des «Swisslex-Programms» in Umsetzung der Richtlinie Nr. 90/314 des EWG Rates vom 13. Juni 1990 über Pauschalreisen auf den 1.7.1994 in Kraft gesetzt und enthält autonom nachvollzogenes europäisches Recht.[71] Es ist daher im Zweifelsfall europarechtskonform auszulegen.[72] Insbesondere ist die Rechtsprechung des EuGHs bei Pauschalreisen faktisch präjudiziell.

2. Anwendungsbereich

53 Das PauRG definiert in Art. 1 PauRG die Pauschalreise als im **Voraus festgelegte Verbindung von mindestens zwei Reiseleistungen**, wenn die Verbindung zu einem **Gesamtpreis** angeboten wird, wobei die Reise länger als 24 Stunden dauern oder **eine Übernachtung** beinhalten muss. Als Reiseleistungen kommen Beförderung, Unterbringung oder andere touristische Dienstleistungen[73], die nicht Nebenleistungen von Beförderung oder Unterbringung sind und einen beträchtlichen Teil der Gesamtleistung ausmachen, in Frage.

54 Obschon das Angebot der Reise gemäss Gesetzesdefinition zu einem **Gesamtpreis** angeboten werden muss, kommt das Pauschalreisegesetz gemäss Art. 1 Abs. 2 PauRG auch dann zur Anwendung, wenn sämtliche Leistungen getrennt berechnet werden. Dies ist insbesondere bei sogenannten «Baukastenreisen» der Fall, bei welchen die Konsumenten aus einer Vielzahl von in einem Katalog aufgeführten Reiseleistungen die gewünschte Kombination auf eigenen Wunsch zusammenstellen können.[74]

55 **Nicht in den Anwendungsbereich** des Gesetzes fallen Geschäftsreisen, Kongresse, Seminare, oder Betriebsausflüge. Auch ein Transport in einem Eisenbahnschlafwagen stellt für sich alleine noch keine Pauschalreise dar.[75] **Kreuzfahrten** sind hingegen als Pauschalreisen zu qualifizieren, da diese neben der Verpflegung normalerweise auch ein Unterhaltungsprogramm umfassen und überdies aufgrund des Erholungszwecks den klassischen Pauschalreisen nahestehen.[76]

---

71 BBl 1992 V 1, S. 14; BBl 1993 I 805 ff., S. 887; MARCHAND, AJP 1994, S. 721 f.; zum Hintergrund und Zielsetzungen des PauRG s. ausführlich WIEDE, Rz 508 ff.

72 BGE 130 III 182, 190, E. 5.5.1.

73 Beispielsweise (private) Sprachkurse als Zusatzleistung zur Unterbringung (Sprachferien/-aufenthalt), s. dazu WIEDE, Rz 589.

74 BSK OR I, PauRG-ROBERTO, Art. 1 N 7 und 10.

75 BGE 139 III 217, 219, E. 2.1.2.

76 BGE 139 III 217, 220, E. 2.1.3.

3. Vertragsparteien

Vertragsparteien des Pauschalreisevertrages sind der Veranstalter – d.h. der Organisator – der Pauschalreise einerseits und der Reisende andererseits, der im PauRG als Konsument bezeichnet wird (Art. 2 Abs. 3 PauRG). Der Veranstalter ist derjenige, der dem Konsumenten verspricht, die Pauschalreise in eigener Verantwortung zu erbringen. Das Pauschalreisegesetz setzt für die Qualifikation als Veranstalter im Sinne von Art. 2 Abs. 1 PauRG voraus, dass die betreffende Person nicht nur gelegentlich Pauschalreisen organisiert. Diese Voraussetzung wird von der herrschenden Lehre so verstanden, dass die betreffende Person gewerbsmässig Pauschalreisen organisieren muss, d.h. regelmässig und mit dem Zweck der Gewinnerzielung.[77] 56

Nicht Partei eines Pauschalreisevertrages ist der **Pauschalreisevermittler** im Sinne von Art. 2 Abs. 2 PauRG, der die vom Veranstalter organisierten Pauschalreisen in dessen Namen (als direkter Stellvertreter) und auf dessen Rechnung anbietet resp. vermittelt.[78] Der Vermittler erbringt keine eigenen Reiseleistungen. Zwischen ihm und dem Konsumenten besteht ein sog. **Reisevermittlungsvertrag**, der nicht dem Pauschalreisegesetz, sondern dem OR untersteht und als Auftrag[79] oder (wenn ohne Beratung bloss die Buchung vorgenommen wurde) als Mäklervertrag[80] zu qualifizieren ist.[81] Ob eine Pauschalreiseveranstaltung oder lediglich eine Pauschalreisevermittlung vorliegt, ist nach vertrauenstheoretischen Aspekten zu beurteilen, wobei massgebend ist, wen der Konsument aufgrund der gesamten Umstände des Einzelfalls (wie z.B. Gestaltung eines Katalogs, Werbeauftritten, Allgemeinen Geschäftsbedingungen) als seinen Vertragspartner für die Pauschalreise betrachten durfte und musste.[82] 57

Kein blosser Vermittler, sondern sog. **Quasiveranstalter** ist hingegen, wer ein von einem Reiseveranstalter angebotenes Produkt nicht lediglich vermittelt, sondern mit anderen Produkten oder mit eigenen Dienstleistungen kombiniert und zu einem (höheren) Pauschalpreis anbietet – in diesem Fall liegt ein Pauschalreisevertrag vor, auf den das Pauschalreisegesetz Anwendung findet.[83] 58

4. Informationen der Konsumenten

Das PauRG umschreibt **vorvertragliche Informationspflichten** des Veranstalters und enthält Regelungen in Bezug auf die Vertragsbedingungen, die oft in AGB geregelt sind (Art. 4 Abs. 1 und 2 PauRG), und in Bezug auf die Information über Einreisevorschriften für das Urlaubsland (Art. 4 Abs. 3 und 4 PauRG). 59

---

77 BSK OR I, PauRG-Roberto, Art. 2 N 6; Wiede, Rz 661.
78 BGer v. 29.6.2004, 4C.125/2004, E. 2.1.
79 BGE 115 II 474, 477, E. 2a.
80 BGE 139 III 217, 223, E. 2.3.
81 BSK OR I-Roberto, Art. 2 PRG N 8; Wiede, Rz 673.
82 BGer v. 29.6.2004, 4C.125/2004, E. 2.1.
83 Wiede, Rz 678 ff.

60 Gemäss Art. 4 Abs. 1 PauRG werden Vertragsbedingungen, insbesondere auch **AGB**, nur bei schriftlicher Mitteilung vor Vertragsschluss Bestandteil des Pauschalreisevertrages.[84] In der Regel erfolgt dies durch vollständigen Abdruck im Prospekt bzw. bei online-Reservationen durch die Möglichkeit der Einsichtnahme auf der Homepage.[85] Ein blosser Verweis auf die AGB genügt hingegen nicht, ebenso wenig der Abdruck der AGB in der nachfolgenden Reisebestätigung.[86] Ausnahmsweise können die AGB dem Reisenden aber nach Art. 4 Abs. 2 PauRG auch in einer anderen geeigneten Form vermittelt werden vorausgesetzt, dass sie von dem Konsumenten vor Vertragsschluss schriftlich bestätigt werden.[87]

61 Neben den AGB ist der Veranstalter verpflichtet, den Konsumenten bereits vor der Buchung über **Einreisevorschriften**, namentlich Pass- und Visumserfordernisse sowie über gesundheitspolizeiliche Formalitäten (wie erforderliche Schutzimpfungen) zu informieren (Art. 4 Abs. 3 und 4 PauRG). Sodann hat er dem Konsumenten gemäss Art. 5 PauRG rechtzeitig vor Beginn der Reise die Informationen zu Uhrzeiten und Orten von Zwischenstationen und Anschlussverbindungen, Plätzen, Angaben zur örtlichen Reisevertretung etc. mitzuteilen (Art. 5 PauRG), wobei das Gesetz die Informationspflichten nicht abschliessend aufzählt. Die Veranstalter kommen dieser Pflicht regelmässig durch eine Reisebestätigung nach.[88]

62 Es ist fraglich, ob der Veranstalter im Rahmen seiner allgemeinen **vertraglichen Nebenpflichten** den Konsumenten auch über Umstände zu informieren hat, die das Gelingen der Reise verunmöglichen könnten oder den Reisenden möglicherweise gefährden (beispielsweise Information über Naturkatastrophen, politische Unruhen, Krankheiten wie Malaria). Wenn der Veranstalter Kenntnis von unmittelbar drohenden und erheblichen Risiken im Reiseland hat bzw. bei gebotener Sorgfalt haben sollte, die über das allgemeine Lebensrisiko hinausgehen, muss er den Konsumenten entsprechend aufklären.[89] Hinsichtlich allgemein bekannter Gefahren besteht jedoch keine Informationspflicht.[90]

63 **Verletzt** der Veranstalter seine Informationspflichten, kann der Konsument den Vertrag auflösen, ohne dem Veranstalter gegenüber schadenersatzpflichtig zu werden.[91]

84 Wiede, Rz 804 ff.

85 BSK OR I-Roberto, Art. 4 PRG N 2.

86 BSK OR I-Roberto, Art. 4 PRG N 3.

87 Wiede, Rz 807; **a.M.** BSK OR I-Roberto, Art. 4 PRG N 3, der eine schriftliche Bestätigung nach Vertragsschluss genügen lässt.

88 BSK OR I-Roberto, Art. 5 PRG N 2.

89 Wiede, Rz 821.

90 BSK OR I-Roberto, Art. 5 PRG N 2; aktuelle Reisehinweise werden durch das EDA veröffentlicht und sind allgemein zugänglich.

91 BSK OR I-Roberto, Art. 4 PRG N 7.

5. Wesentliche Vertragsänderungen

Reisen werden oft lange Zeit vor der Durchführung geplant und zusammengestellt, daher lassen sich Änderungen, die auf unvorhergesehene oder nicht abwendbare Umstände zurückzuführen sind, nicht ausschliessen. Diesem Aspekt tragen Art. 8–10 PauRG Rechnung. 64

Als **wesentliche Vertragsänderung** gilt gemäss der Gesetzesdefinition jede erhebliche Änderung eines wesentlichen Vertragspunktes, welche der Veranstalter vor dem Abreisetermin vornimmt (Art. 8 Abs. 1 PauRG). Diese muss auf Umständen beruhen, welche unvorhersehbar und nicht abwendbar waren.[92] In welchen Fällen eine Änderung erheblich ist, ist nach den Umständen des **Einzelfalles** zu beurteilen. Jedenfalls dürfen der Reisezweck und der Reisecharakter nicht verändert werden.[93] Wesentlich sind beispielsweise Änderungen der Reisedaten (nicht bloss geringfügige Verschiebungen der Ab- und Rückflugzeiten), der Reiseroute bei Rundreisen, der Bestimmungsorte, der Lage, Kategorie und Ausstattung der Unterkunft, der Art des Transportmittels und der Buchungsklasse.[94] Preisänderungen, die nur unter den Voraussetzungen von Art. 7 PauRG zulässig sind, sind dann wesentlich, wenn sie mehr als 10% betragen (Art. 8 Abs. 2 PauRG). 65

War die Änderung für den Veranstalter bei Vertragsschluss **vorhersehbar** oder hätte die Änderung vermieden werden können, kann sich der Veranstalter nicht auf das Änderungsrecht berufen.[95] Ansonsten würde der Grundsatz des Vertragsrechts «pacta sunt servanda» verletzt (dazu Rz 47 ff.). 66

Wesentliche Vertragsänderungen hat der Veranstalter dem Konsumenten **unverzüglich mitzuteilen** und allfällige Auswirkungen auf den Preis anzugeben (Art. 9 PauRG). Der Konsument hat dann die Möglichkeit, die Vertragsänderung anzunehmen oder ohne Entschädigung vom Vertrag zurückzutreten (Art. 10 PauRG). Die **Rücktrittserklärung** muss innert angemessener Frist erfolgen. Bei einem Rücktritt hat der Konsument die Wahl zwischen einer Ersatzreise und einer Rückerstattung aller bereits geleisteten Zahlungen.[96] Darüber hinaus hat der Konsument (sowohl bei Reiseänderung als auch im Falle eines Rücktritts) Anspruch auf Schadenersatz (Art. 10 Abs. 4 i.V.m. Art. 14/15 PauRG). 67

Die **COVID-19-Pandemie** hat zu unzähligen **Reisebeschränkungen/Einreiseverboten** geführt, sodass sowohl internationale Flug- als auch Zugverbindungen weitgehend eingestellt werden mussten. Die bereits gebuchte Pauschalreise ist daher allenfalls nicht mehr zum vereinbarten Zeitpunkt durchführbar. Da die Reisedaten ein wichtiger Bestandteil des Reisevertrages sind, stellt eine Verschiebung der Reise eine wesentliche Vertragsänderung i.S.v. Art. 8 PauRG dar. Diese ist nur zulässig, wenn **beide Parteien ein-** 68

92 BSK OR I-Roberto, Art. 8 PRG N 2.
93 BSK OR I-Roberto, Art. 8 PRG N 1.
94 Wiede, Rz 855.
95 BSK OR I-Roberto, Art. 8 PRG N 2.
96 BSK OR I-Roberto, Art. 10 PRG N 1; Wiede, Rz 882.

verstanden sind. Ist der Konsument mit einer Verschiebung der Pauschalreise nicht einverstanden, kann er vom Vertrag zurücktreten. Der Veranstalter hat ihm die bereits geleisteten Zahlungen zurückzuerstatten (Art. 10 PauRG).

69 Möglicherweise kann der Veranstalter dem Konsumenten kein neues Datum anbieten, weil der gebuchte Inhalt der Reise gar nicht mehr besteht und diese Leistung deshalb nicht mehr erfüllt werden kann. Dies ist z.B. bei Reisen zum Zweck des Besuches einer bestimmten kulturellen oder sportlichen Veranstaltung der Fall. Wurde diese aufgrund der COVID-19-Pandemie abgesagt, ist eine Reiseverschiebung nicht möglich. In diesem Fall ist der Veranstalter zur Annullierung der Reise gezwungen, welche in Art. 11 PauRG geregelt ist und sogleich dargelegt wird.

6. Annullierung der Pauschalreise

70 Wird die Reise **durch den Veranstalter** aus einem nicht vom Konsumenten zu vertretenden Umstand **annulliert**, so hat der Konsument nach den Regeln des Pauschalreisegesetzes die Wahl, sich die von ihm bezahlten Beträge zurückerstatten zu lassen und Schadenersatz zu fordern, oder sich bei einem entsprechenden Angebot des Reiseveranstalters für die Teilnahme an einer anderen Pauschalreise zu entscheiden (Art. 11. Abs. 1 i.V.m. Art. 10. Abs. 3 PauRG). Ist die Annullierung mangels Erreichen der Mindestteilnehmerzahl erfolgt (Art. 11 Abs. 2 lit. a PauRG) oder auf **höhere Gewalt** zurückzuführen (Art. 11 Abs. 2 lit. b und auch Art. 15 Abs. 1 lit. c PauRG), entfällt der Anspruch des Konsumenten auf Schadenersatz, nicht aber auf die **Rückerstattung** bereits bezahlter Beträge. Der Vorbehalt in Art. 11 Abs. 2 lit. b PauRG betreffend höhere Gewalt ist insofern redundant, als der Ausschluss auch aus Art. 15 Abs. 1 lit. c hervorgeht.

71 Bei einer Annullation aufgrund höherer Gewalt steht dem Veranstalter **kein Kostenersatz** für entstandene Aufwendungen gegenüber dem Reisenden zu. Entsprechende Vorbehalte in den Verträgen oder AGB sind nichtig.[97]

72 Wird die Pauschalreise hingegen aus einem **Anlass** annulliert, **für welchen der Konsument einzustehen hat**, sind die Bestimmungen von Art. 10 und 11 PauRG nicht anwendbar.[98] Der Anspruch des Konsumenten bleibt auf bereicherungsrechtliche Ansprüche (Art. 62 ff. OR) beschränkt, d.h., der Veranstalter muss nur so viel erstatten, wie ihm nach Abzug aller Auslagen und Kosten tatsächlich verbleibt.[99] Ist die Annullierung auf schuldhaftes Verhalten des Konsumenten zurückzuführen, so ist von einer **Vertragsverletzung** des Konsumenten auszugehen mit der Folge, dass der Veranstalter Anspruch auf das positive Vertragsinteresse, also auf den gesamten Reisepreis einschliesslich der Gewinnmarge, hat.[100]

73 Muss der Veranstalter aufgrund der **COVID-19-Pandemie**, die einen Anwendungsfall der höheren Gewalt darstellt (dazu Rz 3 ff.), eine Pauschalreise annullieren, kann

97 HK-Zeiter/Schlumpf, Art. 10 PauRG N 9.

98 Wiede, Rz 885.

99 Wiede, Rz 885.

100 Wiede, Rz 885.

sich der Konsument die von ihm bezahlten Beträge zurückerstatten lassen, Schadenersatz ist bei Vorliegen von höherer Gewalt nicht geschuldet (Art. 11 Abs. 2 PauRG).

Nicht im PauRG geregelt ist die **Annullierung** der Reise **durch den Konsumenten.** 74
Typische Anwendungsbeispiele sind persönliche Verhinderungsgründe wie Krankheit, Unfall oder Tod. Im Reiserecht wird die Annullierung durch den Konsumenten regelmässig vertraglich geregelt. Üblicherweise kommen zur vereinfachten Berechnung pauschalisierte Stornokosten zur Anwendung, welche sich in den **AGB** der Veranstalter finden und sich entsprechend dem Zeitpunkt der Annullierung vor Reisebeginn gestaffelt bis zum vollen Reisepreis erhöhen.[101]

Fehlt eine Parteiabrede bzw. eine Regelung in den AGB, kommen die dispositiven 75
Regeln des **allgemeinen Vertragsrechts** – in analoger Rechtsanwendung die Bestimmungen über den Werkvertrag (Art. 377 und 378 OR) – zur Anwendung. Der Konsument kann gemäss Art. 377 OR jederzeit vom Vertrag zurücktreten, solange die Pauschalreise («das Werk») noch nicht vollendet ist. Der Konsument schuldet dem Veranstalter dabei aber die Vergütung der bereits geleisteten Arbeit sowie die volle Schadloshaltung. Dazu gehört auch der entgangene Gewinn, die der Veranstalter bei Durchführung der Pauschalreise erzielt hätte.[102] Wenn die Annullierung durch den Konsumenten auf Ursachen zurückzuführen ist, die als «ein beim Besteller eingetretener **Zufall**» zur Unmöglichkeit der Vollendung des Werks (also des Antritts oder der Durchführung der Reise) führen, schuldet der Konsument nur die Vergütung für die geleistete Arbeit und die im Preise nicht inbegriffenen Auslagen (Art. 378 Abs. 1 OR). Der entgangene Gewinn ist dem Veranstalter in diesem Fall nicht geschuldet.

Annulliert ein Konsument seine z.B. für den Sommer oder Herbst gebuchte Pau- 76
schalreise von sich aus zu einem Zeitpunkt, in dem die objektive Durchführbarkeit aufgrund der COVID-19-Pandemie bzw. deren Entwicklung noch nicht beurteilt werden kann, hat er dafür die vertraglich vereinbarten oder gesetzlich geschuldeten Kosten zu tragen. Allenfalls übernimmt eine abgeschlossene **Reiseversicherung** diese Kosten (s. dazu Rz 109 ff.).

7. Nichterfüllung und nicht gehörige Erfüllung

Art. 12 bis Art. 16 PauRG regeln die Ansprüche des Konsumenten gegenüber dem Ver- 77
anstalter auf Gewährleistung und Schadenersatz bei Nichterfüllung und nicht gehöriger Erfüllung. Art. 12 und 13 PauRG regeln die Grundlagen für die verschuldensunabhängigen Gewährleistungsansprüche des Konsumenten bei Mängeln der Pauschalreise (**Mängelschaden**) und Art. 14 bis Art. 16 PauRG regeln die Voraussetzungen und den Umfang der Haftung des Veranstalters für Schadenersatz (**Mängelfolgeschaden**).[103]

101 BSK OR I-Roberto, Art. 11 PRG N 2; Wiede, Rz 889.

102 Wiede, Rz 887.

103 Wiede, Rz 894.

a) Mängelschaden bei Nichterfüllung

78 Ein **Reisemangel** liegt grundsätzlich immer dann vor, wenn unter Würdigung der gesamten Umstände und mit Blick auf die Pauschalreise als Gesamtpaket eine ungünstige Abweichung des Ist-Zustandes von dem Soll-Zustand besteht, d.h., sich die erbrachten Leistungen nicht mit dem Vertragsinhalt decken.[104] Der Mangel kann im Fehlen einer zugesicherten oder vorausgesetzten Eigenschaft liegen.[105] Ist nur eine Teilleistung mangelhaft, muss dieser Mangel schwer genug sein bzw. eine bestimmte Erheblichkeit aufweisen, damit die Pauschalreise in ihrer Gesamtheit als mangelhaft erscheint.[106]

79 Art. 12 PauRG beschreibt die **Obliegenheit des Konsumenten**, einen Mangel der Pauschalreise dem Veranstalter baldmöglichst zur Kenntnis zu bringen, damit dieser Abhilfe schaffen oder Ersatzmassnahmen ermöglichen kann.

80 Art. 13 PauRG regelt die **Nichterbringung** und **mangelhafte Erbringung** eines erheblichen Teils der vereinbarten Leistungen **während der Reise** und räumt dem Konsumenten verschiedene Rechte ein, die kein Verschulden seitens des Veranstalters voraussetzen. Es handelt sich um **Gewährleistungsansprüche.**[107] Unter Art. 13 PauRG fallen beispielsweise das Fehlen von vorausgesetzten Eigenschaften, Mängel an der Unterkunft oder den Verpflegungsleistungen, Mängel bei der Beförderung oder bei touristischen Reiseleistungen wie einer ungenügenden Tauchgelegenheit trotz ausdrücklicher Zusage oder Anpreisung.[108]

81 Der Veranstalter hat nicht nur für mangelhafte Reiseleistungen einzustehen, die auf seinem Fehlverhalten oder jenem seiner Mitarbeiter bzw. Leistungserbringer beruhen, sondern auch für die Beeinträchtigungen der Reise von aussen, d.h. Umständen, die keine der Vertragsparteien beherrschen kann.[109] In der Lehre sind die **Grenzen der Gewährleistungspflicht** umstritten. Ein Teil der Lehre verneint eine Gewährleistung des Konsumenten bei **höherer Gewalt** und Störungen, die der Risikosphäre des Konsumenten zuzurechnen sind (sog. allg. Lebensrisiko wie z.B. Unfall und Krankheit).[110] Ein anderer Teil der Lehre vertritt die Ansicht, dass der Veranstalter gegenüber dem Konsumenten auch bei höherer Gewalt für sämtliche Mängelschäden (Minderung bzw. Erstattung des Reisepreises) sowie aufgrund von Art. 13 Abs. 3 PauRG auch für die (zusätzlichen Mehr-)Kosten des Rücktransportes kausal haftet.[111] Die kausale Haftung für höhere Gewalt wird von WIEDE mit der analogen Anwendung der werkvertraglichen Regelung von Art. 376 Abs. 1 OR begründet. Im Werkvertrag könne der Werkunternehmer bei Untergang des Werkes durch Zufall vor dessen Beendigung weder

104 BSK OR I-ROBERTO, Art. 13 PRG N 3 f.; WIEDE, Rz 925.

105 Zur Unterscheidung ausführlich s. BSK OR I-ROBERTO, Art. 13 PRG N 4 f.; WIEDE, Rz 929 ff.

106 WIEDE, Rz 927.

107 BSK OR I-ROBERTO, Art. 13 PRG N 2 f.

108 Siehe dazu ausführlich WIEDE, Rz 936 ff.

109 BSK OR I-ROBERTO, Art. 13 PRG N 3.

110 BSK OR I-ROBERTO, Art. 13 PRG N 3.

111 WIEDE, Rz 999 ff., insb. Rz 1011; CR LVF-STAUDER, Art. 13 N 4; MARCHAND, AJP 1994, S. 734.

Werklohn, noch Auslagenersatz fordern (Art. 376 Abs. 1 OR). Dasselbe habe auch bei der Pauschalreise, bei welcher ebenfalls ein Erfolg geschuldet sei, zu gelten.[112] STAUDER verweist zur Begründung auf Art. 11 Abs. 1 PauRG, wonach der Veranstalter bei Annullation vor der Abreise aus einem nicht vom Konsumenten zu vertretenden Umstand ebenfalls für die Folgen der Nichterfüllung einzustehen habe und dem Konsumenten daher auch bei höherer Gewalt ein Anspruch auf Rückerstattung zustehe.[113] Gestützt auf diese Lehrmeinungen bestätigte das Kantonsgericht VD in einem Urteil vom 16.2.2016, bei welchem die gebuchte Heliski-Expedition aufgrund einer behördlich angeordneten Flugbeschränkung nicht stattfinden konnte, eine Gewährleistungspflicht des Veranstalters und verpflichtete ihn zur Erstattung der Leistungen, die der Konsument an den Veranstalter bezahlt hatte, jedoch nicht geniessen konnte.[114] Das Bundesgericht hat sich, soweit ersichtlich, zu den Grenzen der Gewährleistungspflicht noch nicht geäussert.

Dem Konsumenten wird bei Nichterbringung/mangelhafter Erbringung der Reise- 82
leistungen in erster Linie das Recht gewährt, vom Veranstalter **Ersatzmassnahmen** bzw. eine Behebung des Mangels zu verlangen (Art. 13 Abs. 1 lit. a PauRG). Bleibt der Veranstalter untätig oder weigert er sich Abhilfe zu schaffen, ist der Konsument zur **Selbsthilfe** berechtigt.[115] Als Folge der zulässigen Selbsthilfe hat der Konsument Anspruch auf den Ersatz der erforderlichen Auslagen und Aufwendungen, wobei in der Lehre umstritten ist, ob es sich um einen Anspruch für Mängelfolgeschaden gemäss Art. 14 f. PauRG handelt oder um einen verschuldensunabhängigen Anspruch nach Art. 13 PauRG.[116] Schafft der Veranstalter keine Abhilfe oder sind die Ersatzmassnahmen nicht zumutbar, kann der Konsument die **Rückbeförderung** verlangen und Ersatz für den entstandenen Schaden fordern (Art. 13 Abs. 2 PauRG).

Zusätzlich kann der Konsument eine **Minderung** des Reisepreises verlangen, wenn 83
der Wert der erbrachten Reisedienstleistung tiefer ist als jener der vorgesehenen Leistung (Art. 13 Abs. 1 lit. b PauRG).[117] Dabei ist der Berechnung nicht der Preis des betroffenen Leistungsteiles, sondern der Gesamtpreis zugrunde zu legen, d.h. bei Verkürzung der

112 WIEDE, Rz 1009 ff.

113 CR LVF-STAUDER, Art. 13 N 4.

114 KGer VD v. 16.2.2016, HC/2016/68 (Entscheid Nr. 103), E. 5.3 ff.; im Ergebnis ähnlich auch der Entscheid des obersten österreichischen Gerichtshofs v. 25.4.2019, 5 Ob 194/18t bezüglich dem Abbruch einer Mount Everest-Besteigung aufgrund eines behördlichen Verbotes nach dem Erdbeben vom 25.4.2015; abgedruckt in: CaS causa sport, 3/2019, Abbruch einer Mount Everest-Besteigung: Leistungsstörung und Rückabwicklung, S. 321 ff.

115 Die Selbsthilfe wird im PauRG nicht genannt, sondern stützt sich auf den allgemeinen Grundtatbestand von Art. 98 Abs. 1 und 3 OR.

116 BSK OR I-ROBERTO, Art. 13 PRG N 4 f., der den Aufwendungsersatz unter Art. 14 f. subsumiert; **a.M.** WIEDE, Rz 958 ff., insb. 967 ff. m.w.H., der den Anspruch als selbständigen, verschuldensunabhängigen Anspruch qualifiziert.

117 Von der Minderung abzugrenzen ist der Schadenersatz im eigentlichen Sinne, welcher umfassend in den Art. 14–16 PauRG geregelt ist, s. dazu Rz 85 ff.

Reisedauer aufgrund verspäteter Abreise mindert sich der Reisepreis nicht nur um die ausgefallenen Unterkunfts- und Verpflegungsleistungen, sondern entsprechend der Verkürzung der Reisedauer.[118] Die Minderung hat sich daran zu orientieren, inwieweit der mit der Reise erkennbar verfolgte Zweck (z.B. Erholung, Erlebnis oder Information/Lernen) beeinträchtigt worden ist.[119] Von einem Teil der Lehre wird die Ansicht vertreten, dass der **Herabsetzungsbetrag**, in analoger Anwendung der werkvertraglichen Regelung (Art. 368 Abs. 2 OR), der proportionalen Kürzung des Pauschalpreises um das Mass des Minderwerts der Reise entspricht.[120] Die Frage der Berechnung nach werkvertraglichen Regelungen wurde von der bundesgerichtlichen Rechtsprechung – soweit ersichtlich – noch nicht ausdrücklich beantwortet. Das Bundesgericht wendete jedoch jüngst im Zusammenhang mit der Durchführung einer Transportleistung im Rahmen einer Pauschalreise das Auftragsrecht an und bestätigte die analoge Anwendung des Werkvertragsrechts nicht.[121] Die generelle analoge Anwendung der werkvertragsrechtlichen Grundlagen ist daher fraglich.

84 Eine Nichterbringung eines erheblichen Teils der vereinbarten Leistungen ist im Zusammenhang mit der **COVID-19-Pandemie** beispielsweise denkbar, wenn eine begonnene Reise aufgrund der COVID-19-Pandemie bzw. aufgrund von damit zusammenhängenden behördlich angeordneten Schliessungen von Hotels und Einstellung des Flugverkehrs, abgebrochen werden muss. Ferner ist eine Nichterbringung oder mangelhafte Erbringung auch denkbar, wenn ein Hotel oder ein Kreuzfahrtschiff unter Quarantäne gestellt und sämtliche Veranstaltungen und Aktivitäten eingestellt und die Bewegungsfreiheit der Reisenden eingeschränkt wird. Die Frage, ob der Veranstalter gegenüber den Konsumenten für den aus höherer Gewalt entstandenen Mängelschaden einzustehen hat, wurde höchstrichterlich bisher noch nicht beantwortet (s. Rz 81). Es muss daher offenbleiben, ob ein Gericht in einem solchen Fall eine Haftung des Reiseveranstalters bejahen würde.

b) Mängelfolgeschaden bei Nichterfüllung

85 Die **Haftung für die gehörige Erfüllung** ist in den Art. 14–16 PauRG normiert. Dabei bildet Art. 14 PauRG die Haftungsnorm, während Art. 15 PauRG sich mit den Ausnahmen von der Haftung befasst und Art. 16 PauRG die Frage der Haftungsbegrenzung regelt.

86 Der Reiseveranstalter haftet gemäss Art. 14 PauRG **kausal**, sofern die Haftung nicht aufgrund einer der in Art. 15 PauRG genannten Ausnahmen entfällt.[122] Zu den **Entlastungsgründen** gehören zunächst einmal Versäumnisse des Konsumenten (Selbstver-

118 BSK OR I-Roberto, Art. 13 PRG N 6; Wiede, Rz 974.

119 BSK OR I-Roberto, Art. 13 PRG N 7; KGer VD v. 16.2.2016, HC/2016/68 (Entscheid Nr. 103), E. 6.1.

120 Zur Berechnung ausführlich Wiede, Rz 974 ff.; zur Regelung im Werkvertrag vgl. BGE 116 II 305, 313 ff., E. 4a und Gauch, Rz 1612 ff.; **a.M.** BSK OR I-Roberto, Art. 13 PRG N 7.

121 BGE 145 III 409, 413 ff., E. 5.5 und 5.8.2; kritisch dazu Roberto, AJP 2020, S. 520 f.

122 BGE 130 III 182, 185, E. 4; BGer v. 22.1.2014, 4A_420/2013, E. 5.1; Wiede, Rz 1020 ff.; Klett/Verde, HAVE 2/2016, S. 264; **a.M.** BSK OR I-Roberto, Art. 14/15 PRG N 4; Marchand, AJP 1994, S. 735 f.

schulden, Art. 15 Abs. 1 lit. a PauRG) wie das Vergessen des Reisepasses oder eine Erkrankung vor Abreise. Weitere Ursachen, für die der Pauschalreiseveranstalter nicht einstehen muss, sind unvorhersehbare oder nicht abwendbare Versäumnisse Dritter, die an der Erbringung der vertraglichen Leistung nicht beteiligt sind (Art. 15 Abs. 1 lit. b PauRG), und die **höhere Gewalt** oder ein Ereignis, «welches der Veranstalter, der Vermittler oder der Dienstleistungsträger trotz aller gebotenen Sorgfalt nicht vorhersehen oder abwenden konnte» (Art. 15 Abs. 1 lit. c PauRG). Dieses Ereignis muss im Unterschied zur höheren Gewalt weder «von aussen hereinbrechen» noch (völlig) aussergewöhnlich sein, sondern darf schlicht für den Veranstalter bzw. seine Hilfspersonen nicht vorhersehbar oder dann nicht abwendbar gewesen sein.[123] Unter solche Ereignisse fallen auch ein Streik oder eine behördliche Anordnung, sofern diese bei pflichtgemässer Aufmerksamkeit nicht vorhersehbar und auch ihre Folgen für die Erbringung der vereinbarten Reiseleistungen nicht abwendbar waren.[124]

Die **Beweislast für** das Vorliegen einer der in Art. 15 Abs. 1 PauRG genannten Ausnahmen von der Haftung liegt beim Veranstalter.[125] 87

Der Reiseveranstalter kann unabhängige Dritte für die Erbringung der Pauschalreise einsetzen (sog. **Erfüllungsgehilfen**, z.B. Fluggesellschaft, Hotel, andere Reiseveranstalter, Sportveranstalter, sonstige Anbieter vor Ort). Gemäss Art. 14. Abs. 1 PauRG haftet der Pauschalreiseveranstalter für solche vom ihm eingesetzten Dienstleistungsträger, wie wenn er deren Reisedienstleistungen selber erbringen würde. Solche Dienstleistungserbringer sind daher als Hilfspersonen im Sinne von Art. 101 OR zu qualifizieren. Eine vertragserfüllende Drittperson ist immer dann als Hilfsperson zu qualifizieren, wenn der Reiseveranstalter sie mit Wissen und Willen für die Erfüllung seiner vertraglichen Schuld, also die Reiseleistungen, herangezogen hat. Selbst spezialisierte Unterakkordanten gelten grundsätzlich als Hilfspersonen (Erfüllungsgehilfen) im Sinne von Art. 101 OR. Es kommt somit für die Haftung des Pauschalreiseveranstalters nach Art. 14 ff. PauRG nicht darauf an, ob er die Reisedienstleistungen selber erbringt oder durch andere (spezialisierte) Reisedienstleister erbringen lässt.[126] 88

Das Bundesgericht präzisierte kürzlich in einem Urteil vom 29.8.2019[127] den **Umfang der Haftung** des Veranstalters von Pauschalreisen (Art. 14, 15 und 16 PauRG). Grundsätzlich haftet der Pauschalreiseveranstalter gegenüber dem Reisenden für den Schaden, den ein von ihm zur Erbringung der Leistung beigezogener Dienstleistungsträger verursacht hat. Der Reisende hat jedoch zu beweisen, dass der Reiseveranstalter und/ oder der Dienstleistungsträger eine vertragliche Pflicht verletzt haben.[128] Im vom Bundesgericht zu beurteilenden konkreten Fall, bei dem der Transfer von einem indischen 89

123 BSK OR I-Roberto, Art. 14/15 PRG N 6; Wiede, Rz 1122.

124 Klett/Verde, HAVE 2/2016, S. 266; Wiede, Rz 1093 ff. und 1122.

125 Wiede, Rz 1099 ff.

126 Klett/Verde, HAVE 2/2016, S. 265 f.

127 BGE 145 II 409.

128 BGE 145 III 409, 410 ff., E. 5 ff.

Flughafen zum Hotel des Reisenden Gegenstand der Beurteilung bildete, wurde dieser Beweis nicht erbracht.[129]

90 Der Haftung nach Art. 14 PauRG liegt der klassische **Schadensbegriff** zugrunde, wonach der Schaden aus einer unfreiwilligen Vermögensminderung in einer Verminderung der Aktiven, einer Vermehrung der Passiven oder einem entgangenen Gewinn besteht.[130] Ein entgangener bzw. verdorbener Feriengenuss stellt nach der herrschenden Lehre und bundesgerichtlichen Rechtsprechung keinen Schaden dar.[131]

91 Als **lex specialis** verdrängt die Haftung nach Art. 14 PauRG die allgemeine vertragliche Haftung von Art. 97 ff. OR. Hingegen besteht Anspruchskonkurrenz zwischen der Haftung nach Pauschalreisegesetz und der Deliktshaftung nach Art. 41 ff. OR, sodass der geschädigte Konsument die Wahl hat, ob er seine Schadenersatzforderungen gestützt auf eine vertragsrechtliche oder eine deliktsrechtliche Basis geltend machen möchte.[132]

92 Schäden im Zusammenhang mit der **COVID-19-Pandemie** stellen eine Form höherer Gewalt dar, welche der Veranstalter, der Vermittler oder der Dienstleistungsträger nicht vorhersehen oder abwenden konnte. Eine Haftung für die gehörige Erfüllung (Mängelfolgeschaden) nach Art. 14 PauRG fällt daher aufgrund des Ausschlussgrundes der höheren Gewalt (Art. 15 PauRG) ausser Betracht.

c) Beschränkung und Wegbedingung der Haftung

93 Art. 16 PauRG regelt die **Haftungsbeschränkung**. Eine vertragliche Haftungsbeschränkung für Personenschäden ist gemäss Art. 16 Abs. 1 PauRG nicht zulässig. Art. 16 Abs. 2 PauRG lässt aber eine vertragliche Begrenzung der Haftung für Sachschäden und für reine Vermögensschäden auf das doppelte des Preises der Pauschalreise zu, sofern es sich nicht um grobfahrlässig oder vorsätzlich zugefügte Schäden handelt. Nach herrschender Lehre gilt eine derartige Haftungsbegrenzung jedoch nur für die Haftung nach dem Pauschalreisegesetz, nicht aber bei der Geltendmachung der Deliktshaftung nach Art. 41 ff. OR.[133]

94 Neben Art. 16 PauRG enthält Art. 14 Abs. 3 PauRG einen ausdrücklichen Vorbehalt von Beschränkungen des Schadenersatzes aufgrund Schlecht- oder Nichterfüllung, die in **internationalen Übereinkommen** vorgesehen sind. Es geht um die summenmässige Begrenzung von vertraglichen Ansprüchen auf Schadenersatz durch gesetzliche Bestimmungen.[134] Als bedeutsame Übereinkommen sind zu erwähnen:

---

129 BGE 145 III 409, 410 ff. E. 5 ff.; kritisch dazu Roberto, AJP 2020, S. 520 f., welcher die Ansicht vertritt, dass nicht der Reisende nachweisen müsse, dass im fernen Ausland eine für die Reiseleistung verantwortliche Person ihre Sorgfaltspflichten verletzt hat, sondern der Reiseveranstalter nachzuweisen hat, dass der Reisemangel nicht durch eine Sorgfaltspflichtverletzung verursacht wurde (S. 521).

130 Klett/Verde, HAVE 2/2016, S. 265; BSK OR I-Kessler, Art. 41 N 3 ff.

131 BSK OR I-Roberto, Art. 14/15 PRG N 11; BSK OR I-Kessler, Art. 41 N 4; ausführlich dazu Wiede, Rz 1163 ff.; Roberto, HAVE, S. 276 ff.; BGE 115 II 474, 481 f., E. 3a.

132 Klett/Verde, HAVE 2/2016, S. 264.

133 Wiede, Rz 1055; BSK OR I-Roberto, Art. 16 PRG N 3.

134 Wiede, Rz 1124.

- Montrealer Übereinkommen vom 28. Mai 1999 zur Vereinheitlichung bestimmter Vorschriften über die Beförderung im internationalen Luftverkehr (SR 0.748.411.)
- Berner Übereinkommen vom 9. Mai 1980 über den internationalen Eisenbahnverkehr (COTIF 1980; SR 0.742.403.1) in der Fassung des Änderungsprotokolls von Vilnius vom 3. Juni 1999 (COTIF; SR 0.742.403.12), mit den Anhängen A (CIV) und B (CIM);
- Athener Übereinkommen vom 13. Dezember 1974 über die Beförderung von Reisenden und ihrem Gepäck auf See (SR 0.747.356.1).
- Verordnung (EG) Nr. 261/2004 des Europäischen Parlaments und des Rates vom 11. Februar 2004 über eine gemeinsame Regelung für Ausgleichs- und Unterstützungsleistungen für Fluggäste im Fall der Nichtbeförderung und bei Annullierung oder grosser Verspätung von Flügen (von der Schweiz übernommen im Rahmen des Abkommens vom 21. Juni 1999 zwischen der Schweizerischen Eidgenossenschaft und der Europäischen Gemeinschaft über den Luftverkehr; SR 0.748.127.192.68).[135]

Die in solchen internationalen Übereinkommen vorgesehenen Haftungsbeschränkungen gelten von Gesetzes wegen; demgegenüber haben Haftungsbestimmungen, die in den IATA[136]-Bedingungen enthalten sind, bloss den Charakter von Allgemeinen Geschäftsbedingungen.[137]

Ob eine Haftungsbeschränkung für die aus der **COVID-19-Pandemie** entstandenen 95
Schäden zum Tragen kommt, ist im konkreten Einzelfall aufgrund des zwischen den Parteien vereinbarten Vertrages sowie den internationalen Übereinkommen zu prüfen.

8. Verjährung

Das Pauschalreisegesetz enthält keine Regelung über die Verjährung der Ansprüche aus 96
dem Pauschalreisevertrag. Ein Teil der Lehre vertritt den Standpunkt, dass aufgrund einer nahen Verwandtschaft mit dem Werkvertragsrecht in analoger Anwendung von Art. 371 Abs. 1 OR eine zweijährige Verjährungsfrist gelten soll.[138] In Anbetracht des Umstandes, dass Art. 127 OR eine zehnjährige Verjährungsfrist für sämtliche Forderungen vorsieht, sofern das Bundeszivilrecht nicht etwas anderes bestimmt, ist nach der hier vertretenen Ansicht die **zehnjährige Frist** von Art. 127 OR für die Verjährung von Schadenersatzansprüche nach Art. 14 f. PauRG heranzuziehen.[139]

135 Klett/Verde, HAVE 2/2016, S. 267; BSK OR I-Roberto, Art. 14/15 PRG N 13; **a.M.** Wiede, Rz 1129.

136 International Air Transport Association.

137 BSK OR I-Roberto, Art. 14/15 PRG N 13.

138 BSK OR I-Roberto, Art. 12 PRG N 15, und BSK OR I-Roberto, Art. 14/15 PRG N 14.

139 So auch Wiede, Rz 1152 m.w.H.; Klett/Verde, HAVE 2/2016, S. 267.

VI. Alternative Lösungen aus der Praxis

97 Neben den gesetzlichen oder vertraglichen Regelungen bieten viele Leistungserbringer ihren Kunden aufgrund der COVID-19-Pandemie alternative Lösungen und **Kulanzleistungen** an. Einige dieser Alternativen werden im Folgenden aufgezeigt:

98 Im Bereich des **Lufttransportes** offeriert die gesamte Lufthansa Group (SWISS, Lufthansa etc.)[140] in Abweichung von den Vertragsbedingungen Spezialregeln zur Umbuchung sowie Annullation, wenn der Passagier aufgrund des Ausbruchs der COVID-19-Pandemie nicht mehr reisen will (oder darf). So können Flüge flexibel und ohne zusätzliche Gebühren umgebucht werden. Wird die Reise jedoch vom Beförderer annulliert, schuldet dieser gemäss der EU-Fluggastverordnung (Verordnung (EG) Nr. 261/2004 über Ausgleichs- und Unterstützungsleistungen für Fluggäste im Fall der Nichtbeförderung und bei Annullierung oder grosser Verspätung von Flügen) eine Rückerstattung oder muss eine anderweitige Beförderung offerieren (dazu Rz 22). Bietet die Fluggesellschaft dem Reisenden hingegen einen Gutschein an, so kann der Reisende dieses Angebot ausschlagen und sich für eine Erstattung entscheiden. Die Lufthansa Group bietet gemäss Medienmitteilung vom 17.6.2020 all ihren Passagieren auf allen europäischen Strecken eine grundsätzliche Rückfluggarantie an, die unabhängig vom gebuchten Tarif gilt. Die Passagiere werden mit den Airlines der Lufthansa Group nach Deutschland, Österreich oder in die Schweiz – notfalls per Sonderflug – zurückgebracht. Daneben wird je nach Tarif auch kostenlos ein «Rundum-Sorglos Paket» sowie eine «Bring me Home Now» Option angeboten.[141]

99 Aufgrund der Pandemie und den Empfehlungen des Bundes, Zuhause zu bleiben, haben viele Kunden den **öffentlichen Verkehr** nicht mehr benutzt, obwohl sie ein Abonnement dafür hatten. Die **SBB** entschädigt deswegen GA-Besitzer sowie weitere Abonnement-Inhaber. GA-Besitzer erhalten automatisch eine einmalige Gutschrift von 15 Tagen, sofern das Abo während der gesamten ausserordentlichen Lage ununterbrochen gültig war.[142]

100 Auch die **Reiseveranstalter** zeigen sich kulant und kundenfreundlich. DER Touristik Suisse (Kuoni, Helvetic Tours und weitere)[143] bietet bei bereits bezahlten Beträgen für

---

140 SWISS, Häufige Fragen: Umbuchung und Annullierung, unter: ‹https://www.swiss.com/ch/DE/verschiedenes/faq-rebooking-coronavirus› (22.6.2020); Lufthansa, Erweiterte Umbuchungs- und Gutscheinmöglichkeiten, unter: ‹https://www.lufthansa.com/at/de/erweiterte-umbuchungsmoeglichkeiten› (22.6.2020).

141 Dazu s. ‹https://newsroom.lufthansagroup.com/german/newsroom/all/lufthansa-group-gew-hrleistet-kunden-sichere-r-ckreise/s/d4355c75-c2a3-4896-82a3-799def3bb754› (22.6.2020); ‹https://swiss.newsmarket.com/english/press-releases/coronavirus-updates/s/b052a033–220d-4389–8c4c-a36b95c5650f› (22.6.2020).

142 SBB, Entschädigung aufgrund der Corona-Pandemie, unter: ‹https://www.sbb.ch/de/abos-billette/abonnemente/entschaedigung-corona-pandemie.html› (22.6.2020); SBB, Entschädigung fürs GA aufgrund der Corona-Pandemie, unter: ‹https://www.sbb.ch/de/abos-billette/abonnemente/entschaedigung-corona-pandemie/privatkunden-ga.html› (22.6.2020).

143 DER Touristik Suisse, Aktuelle Informationen zum Corona-Virus, unter: ‹https://www.dertouristik.ch/media/aktuelle-informationen› (22.6.2020).

Pauschalreisen oder Einzelleistungen die Auswahl zwischen einer kostenlosen Umbuchung, einer Rückerstattung mittels Gutschein oder auch der Rückzahlung des einbezahlten Betrags. Bei gebuchten Flügen oder Unterkünften aus einem fremden Sortiment übernimmt sie die Vermittlerrolle.

Die **Autovermietungen** kommen Kunden entgegen. Avis verzichtet für Buchungen, 101 die vor dem 1. September 2020 beginnen, auf die Stornierungsgebühren.[144] Hertz Corporation bietet eine kostenlose Stornierung oder Umbuchung für von Reisebeschränkungen betroffene Reservationen. Darüber hinaus werden keine Gebühren erhoben, wenn das Fahrzeug nicht am geplanten Ort oder früher oder später zurückgebracht wird.[145]

Obwohl wenn kein direktes Verbot für **Hotels** während der ausserordentlichen Lage 102 in der Schweiz erlassen wurde, haben einerseits Hotels die Türen geschlossen und andererseits wollten Kunden nicht mehr im Hotel übernachten. Die Accor-Gruppe[146] ermöglicht deswegen Gästen mit flexiblen Konditionen eine kostenlose Stornierung, oder Änderung der Reservation und Gästen ohne flexible Konditionen eine kostenlose Umbuchung oder die Ausstellung eines Gutscheines.

VII. Gerichtsstand/anwendbares Recht

Da im Reiserecht regelmässig **Allgemeine Geschäftsbedingungen/Vertragsbedingungen** 103 vereinbart werden, werden der Gerichtsstand sowie das anwendbare Recht häufig durch diese oder den Vertrag selber geregelt. Diese kommen zur Anwendung, sofern sie gültig vereinbart wurden und nicht gegen zwingende gesetzliche Gerichtsstände verstossen.

Falls es sich um einen rein **schweizerischen Sachverhalt** handelt, richtet sich die 104 Frage des anwendbaren Gerichtsstandes nach der Schweizerischen Zivilprozessordnung (ZPO) und das anwendbare Recht ist das Schweizer Recht. Bei den Reiseverträgen handelt es sich im Rahmen des privaten Bedarfs um **Konsumentenverträge** i.S.v. **Art. 32 ZPO**, wonach für Klagen der Konsumenten das Gericht am Sitz einer der Parteien zuständig ist.[147] Auf diesen Gerichtsstand kann der Konsument weder zum Voraus noch durch Einlassung verzichten (Art. 35 Abs. 2 ZPO).

Liegt **kein Konsumentenvertrag** vor, richtet sich der Gerichtsstand nach **Art. 31** 105 **ZPO**, wonach für Klagen aus Vertrag das Gericht am Wohnsitz oder Sitz der beklagten Partei, oder an dem Ort zuständig ist, an dem die charakteristische Leistung zu erbringen ist. Beim Reiseveranstaltungsvertrag gilt als charakteristische Leistung die Leistung des Veranstalters.[148]

---

144 Avis, Kundeninformation bezüglich des Coronavirus, unter: ‹https://www.avis.ch/avis-coronavirus-advice› (22.6.2020).

145 Hertz Corporation, Informationen zum Coronavirus (COVID-19), unter: ‹https://www.hertz.de/rentacar/misc/index.jsp?targetPage=coronavirus_travel_safety_tips.xml› (22.6.2020).

146 Accor-Gruppe, Reiseinformationen zu COVID-19, Stand: 16.6.2020, unter: ‹https://all.accor.com/event/information.de.shtml› (22.6.2020).

147 BSK ZPO-Job, Art. 32 N 7.

148 BSK ZPO-Job, Art. 31 N 16.

106 Häufig stellen Reisen **grenzüberschreitende Sachverhalte** dar, bei denen sich der Gerichtsstand und das anwendbare Recht gestützt auf das Lugano-Übereinkommen (LugÜ) und das Internationale Privatrecht (IPRG) ergeben.[149] Im Anwendungsbereich des **LugÜ** sehen Art. 15 ff. LugÜ bei Pauschalreisen vor, dass sich der Konsument, sofern die Tätigkeit des Veranstalters etc. auf den Wohnsitzstaat des Konsumenten ausgerichtet ist (Art. 15 Ziff. 1 lit. c LugÜ), zwischen dem Wohnsitz bzw. Sitz der Gegenpartei und seinem Wohnsitz entscheiden kann (Art. 16 Ziff. 1 LugÜ). Der Veranstalter dagegen kann den Konsumenten nur an seinem Wohnsitz einklagen (Art. 16 Ziff. 2 LugÜ). Vom gesetzlichen Konsumentengerichtsstand kann durch parteiliche Abrede nur unter den Voraussetzungen von Art. 17 LugÜ abgewichen werden. Sofern kein Konsumentenvertrag im Sinne des LugÜ vorliegt, gelten die Gerichtsstände nach Art. 2 LugÜ (Wohnsitz bzw. Sitz der beklagten Partei) sowie Art. 5 Abs. 1 LugÜ (Erfüllungsort).

107 Ist das LugÜ nicht einschlägig, ist das Vorhandensein weiterer staatsvertraglicher Abkommen zu prüfen bzw. beim Fehlen solcher das **IPRG** anzuwenden. Nach Art. 114 IPRG sind für Klagen des Konsumenten aus Vertrag an seinem Wohnsitz (oder gewöhnlichen Aufenthalt) oder am Sitz (oder gewöhnlichen Aufenthalt) des Anbieters einzureichen (Art. 114 Abs. 1 IPRG). Der Konsument kann vorgängig nicht auf den Gerichtsstand an seinem Wohnsitz oder an seinem gewöhnlichen Aufenthalt verzichten (Art. 114 Abs. 2 IPRG). Liegt kein Konsumentenvertrag vor, ist eine Klage am Wohnsitz des Beklagten (Art. 112 IPRG) oder am Erfüllungsort (Art. 113 IPRG) möglich.

108 Das anwendbare Recht richtet sich bei Konsumentenverträgen im internationalen Verhältnis nach Art. 120 IPRG, wonach bei Vorliegen der Voraussetzungen nach Abs. 1 lit. a–c zwingend das Recht am gewöhnlichen Aufenthalt des Konsumenten zur Anwendung kommt.[150] Eine Rechtswahl ist ausgeschlossen (Art. 120 Abs. 2 IPRG).

VIII. Reiseversicherung

109 Die meisten Reiseversicherer bieten umfassende **Gesamtlösungen**, darunter den Schutz gegen die finanziellen Folgen wichtiger Reiserisiken betreffend Reisegepäck (Beraubung, Diebstahl, Beschädigung oder Verlust während der Beförderung durch Dritte, verspätete Auslieferung), Nottransporte, Unfall und Krankheit im Ausland sowie die Annullationskostenversicherung an. In den Versicherungspolicen wird definiert, in welchem Umfang die Schadensereignisse (vertraglich vereinbarte Leistungen des Versicherers) versichert sind und welche Prämie der Versicherte dafür bezahlen muss.[151] Oftmals wird dabei auf die Allgemeinen Versicherungsbedingungen (AVB) verwiesen.

110 Der **Abschluss** einer Versicherung wird dem Reisenden selbst überlassen.[152] Nur im Pauschalreiserecht besteht die Verpflichtung, auf einen möglichen Abschluss hinzuweisen (Art. 5 lit. e PauRG). Wird die Reise per Kreditkarte bezahlt, entsteht dadurch mög-

149 Dazu ausführlich Wiede, Rz 1337 ff.

150 Dazu ausführlich Wiede, Rz 1340 ff.

151 Krepper, S. 189.

152 Wiede, Rz 189.

licherweise eine Versicherungsdeckung. Ob die Voraussetzungen gegeben sind, lässt sich den Allgemeinen Versicherungsbedingungen des Kartenanbieters entnehmen.

Ein Versicherungsprodukt, das von sehr vielen Veranstaltern, Reisevermittlern und 111
Leistungsträgern angeboten wird, ist die **Annullationskostenversicherung** bzw. Rücktrittskostenversicherung.[153]

Der **Umfang der Annullationskostenversicherung** bestimmt sich wie bei allen Ver- 112
sicherungen nach den versicherten Gefahren und den versicherten Leistungen, welche in der Versicherungspolice sowie den Allgemeinen Versicherungsbedingungen umschrieben sind. Die versicherten Gefahren umfassen oftmals Nichtantritt, Abbruch, oder Unterbruch einer Reise aufgrund von Krankheit der versicherten Person oder des Reisebegleiters, die Verhinderung wegen Ausfall des öffentlichen Verkehrsmittels, wegen Streik, oder Unruhen oder wegen Diebstahl des Reisepasses.[154] Andere Annullationskostenversicherungen nennen als Gründe auch die Verhinderung durch Quarantäne, Epidemie, Erdbeben, vulkanische Eruptionen oder andere Elementarereignisse, wenn Gefahr für das Leben der versicherten Person besteht oder von offizieller schweizerischer Stelle von der Reisedurchführung abgeraten wird.[155]

Von einer **Epidemie** spricht man, wenn eine Infektionskrankheit örtlich und zeitlich 113
begrenzt stark vermehrt auftritt. Bei einer **Pandemie** handelt es sich hingegeben um die globale Ausbreitung einer Infektionskrankheit in vielen verschiedenen Ländern und Kontinenten. COVID-19 wurde durch die WHO am 11.3.2020 als Pandemie eingestuft. Die Pandemie wird in den AVB bei der versicherten Gefahr regelmässig nicht ausdrücklich erwähnt. Fehlt eine ausdrückliche Versicherungsdeckung oder besteht ein Deckungsausschluss, ist die Frage hinsichtlich der Versicherungsdeckung unproblematisch. Wird jedoch nur die «Epidemie» und nicht die «Pandemie» erwähnt,[156] stellt sich die Frage, ob auch eine Pandemie von der Versicherungsdeckung erfasst wird. Dies ist grundsätzlich zu bejahen, da es sich beim Begriff der Epidemie um einen Oberbegriff handelt und die Pandemie nur einen Anwendungsfall davon darstellt.[157]

Die AVB unterscheiden regelmässig die Sachverhalte der Annullation vor Antritt der 114
Reise, bei verspätetem Antritt der Reise, bei Unterbruch der Reise und bei vorzeitigem Abbruch der Reise. Vor Antritt der Reise werden in der Regel die effektiv angefallenen **Annullationskosten** entschädigt, bei einem Unterbruch werden die nicht bezogenen Leistungen zurückerstattet und bei einem vorzeitigen Abbruch besteht häufig die Wahl

153 Wiede, Rz 1479.

154 Frankhauser, HAVE 2/2016, S. 253; z.B. s. AVB Reiseschutzpaket Classic der Allianz, II.A.Ziff. 3 ff. und AVB Intertours, Reiseversicherung der Axa, B. Annullierungskosten-Versicherung, B1 Ziff. 1 f.; beide enthalten keinen Hinweis auf Pandemien, Epidemien oder Ähnliches.

155 Frankhauser, HAVE 2/2016, S. 253; Eine Deckung für Epidemien sehen z.B. die AVB Reiseversicherung der Mobiliar, Annullationskosten A1, Ziff. 1.4 vor.

156 So z.B. in den AVB Reiseversicherung der Mobiliar, Annullationskosten A1, Ziff. 1.4.

157 Dazu ausführlich Fellmann Walter, Gutachten Deckungsausschlüsse Pandemie zu Handen der Stiftung Ombudsman der Privatversicherung und der SUVA, abrufbar unter: ‹http://www.ombudsman-assurance.ch/typo3/fileadmin/Files/Gutachten_Deckungsausschluesse_Pandemie.pdf› (22.6.2020).

zwischen dem Ersatz der nicht bezogenen Leistungen und einer Ersatzreise.[158] Versichert sind die effektiv angefallenen, vertraglich geschuldeten Annullationskosten. Obergrenze bilden dabei die effektiven Reisekosten (z.B. Flug, Hotel bzw. Gesamtpreis Pauschalreise) sowie die vereinbarte Versicherungssumme.[159]

115 Den Versicherungsnehmer treffen Obliegenheiten wie die **Melde- und Mitwirkungspflicht**. Für die Beurteilung der Versicherungsdeckung ist die Mitwirkung der versicherten Person notwendig. Dabei wird regelmässig in den AVB bei einer schuldhaften Verletzung, z.B. durch bewusst unvollständige oder falsche Sachverhaltsangaben, das Recht vorbehalten, Leistungen abzulehnen oder zu kürzen.

116 Die Leistungen durch die Annullationskostenversicherungen sind nur **subsidiär**, d.h. wenn die versicherte Person bereits durch einen anderen Leistungserbringer (z.B. Airline, Reiseveranstalter nach Vertrag oder PauRG) teilweise oder gänzlich schadlos gehalten wurde, erbringt diese Versicherung nur noch Leistungen für gegebenenfalls verbliebene Kosten.[160] Auf keinen Fall darf der Versicherte durch den Schadensfall bereichert oder überentschädigt sein.[161] Wie bereits erwähnt werden die Leistungen in der Höhe ferner durch die vereinbarte Versicherungssumme und die effektiven Reisebuchungskosten beschränkt.

IX. Zahlungsaufschub für Reisebüros

117 Aufgrund der COVID-19-Pandemie können Reisende ihre geplanten Reisen aufgrund fehlender Flüge, Grenzschliessungen sowie allgemeinen Reiseverboten nicht antreten. Haben die Reisenden nach Vertrag oder Gesetz den Anspruch auf Rückzahlung der bereits bezahlten Kosten, werden sie diese beantragen. Die Reisebüros werden daher mit einer **hohen Anzahl von Rückerstattungsforderungen** von nicht erbrachten Leistungen konfrontiert. Gleichzeitig haben Reisebüros ihrerseits bei den eigentlichen Leistungserbringern (Hotels, Fluggesellschaften etc.) offene Forderungen und warten ebenfalls auf die Rückzahlung der Beträge aufgrund der nicht erbrachten Leistungen. Den Reisebüros drohen daher ausgeprägte Liquiditätsengpässe.

118 Um den Reisebüros bei diesen Liquiditätsengpässen entgegen zu kommen und eine Konkurswelle zu vermeiden, hat der Bundesrat auf den **21.5.2020** den **befristeten Rechtsstillstand für Reisebüros in Kraft** gesetzt.[162] Davon erfasst werden alle **Rückzahlungsforderungen von Kunden** für bereits bezahlte Beträge aus annullierten Reisen, welche aufgrund der COVID-19-Pandemie nicht durchgeführt werden konnten. Reisebüros können aufgrund des Rechtsstillstandes für Rückzahlungen nach einer Reiseannullation **bis zum 30.9.2020** nicht betrieben werden. Die Forderungen bleiben bestehen

158 Frankhauser, HAVE 2/2016, S. 255.

159 Wiede, Rz 1479.

160 Frankhauser, HAVE 2/2016, S. 253.

161 Frankhauser, HAVE 2/2016, S. 253.

162 Verordnung über den Rechtsstillstand nach Artikel 62 des Bundesgesetzes über Schuldbetreibung und Konkurs für die Reisebranche vom 20.5.2020 (SR 281.243).

und sollen von den Reisebüros, soweit möglich, erfüllt werden. Andere Forderungen wie z.B. aus Miete oder Arbeitsverträgen sind vom Rechtsstillstand nicht betroffen.

X. Fazit

Die COVID-19-Pandemie hat sich massiv auf die Reisebranche und den Tourismus ausgewirkt. Von den Folgen sind sowohl die Individual- als auch die Pauschalreiseverträge betroffen. Zur Klärung der Rechte der betroffenen Reiseveranstalter und Reisenden sind in einem ersten Schritt jeweils die konkreten Einzelverträge inkl. AGB/AVB zu prüfen. Darin kann die Pandemie als höhere Gewalt (oder eben nicht) definiert sein und es können Regelungen für die Folgen der Nichterfüllung des Vertrages enthalten sein. Haben die Parteien keine vertraglichen Abreden getroffen, sind die gesetzlichen Regelungen (Art. 97 ff. OR oder Art. 11 ff. PauRG) anzuwenden. 119

Die behördlichen Massnahmen des Bundesrates führen im Reiserecht zu einer rechtlichen Unmöglichkeit der Leistungserbringung. Diese führt bei **Individualreiseverträgen** nach Art. 119 OR dazu, dass bei einer Annullierung durch den Veranstalter dieser die bereits bezahlten Beträge zurückerstatten muss. Geht die Annullation vom Reisenden aus, hat dieser dem Veranstalter für den daraus entstandenen Schaden Ersatz zu leisten, sofern er nicht beweisen kann, dass ihn keinerlei Verschulden trifft (Art. 97 OR). Dieser Exkulpationsbeweis ist aufgrund der COVID-19-Pandemie möglich. In der Praxis zeigen sich die Dienstleistungserbringer jedoch in der momentanen Pandemie-Situation entgegenkommend und bieten dem Reisenden kostenfreie Umbuchungen, Stornierungen sowie Rückzahlung der Beträge an. 120

Hat der Reisende eine **Pauschalreise** gebucht, welche durch den Veranstalter aufgrund der COVID-19-Pandemie annulliert wird, kann sich der Reisende die von ihm bezahlten Beträge zurückerstatten lassen (Art. 11 PauRG). Die Annullierung durch den Konsumenten ist im PauRG nicht geregelt. Regelmässig steht in den AGB des Veranstalters, dass die bezahlten Beträge abzüglich pauschalisierter Stornokosten (bis zum vollen Reisepreis) zurückerstattet werden. Auch hier werden in der Praxis Kulanzlösungen, wie kostenfreie Umbuchungen oder Verschiebungen, angeboten. 121

Erleidet der Reisende aufgrund der COVID-19-Pandemie einen Schaden, der vom Reiseveranstalter nicht gedeckt ist, wird dieser möglicherweise durch eine **Annullationskostenversicherung** getragen. Ob eine Deckung für Folgen von Pandemien besteht, ist im Einzelfall gestützt auf die einschlägigen AVB zu prüfen. 122

§ 7 Sport

Moritz Jäggy/Florian Angstmann/Gianmarco Coluccia/Lukas Henny

Inhaltsverzeichnis

Literaturverzeichnis

Albrecht Kathrin, Prämien im Berufsfussball, in: Wolfgang Portmann/Jean-Fritz Stöckli (Hrsg.), SSA – Schriften zum schweizerischen Arbeitsrecht Band/Nr. 80, 2016, S. 5 ff.; Brühwiler Jörg, Einzelarbeitsvertrag, Kommentar zu den Art. 319–343 OR, Basel 2014; Derungs Vitus, Causa Salatic – Der Beschäftigungsanspruch des Berufsfussballers, ArbR 2014/2015, S. 17 ff.; Gloor Werner, Commentaire de l'ATF 137 III 303, in: ARV 2012, S. 25 ff.; Haas Ulrich, CaS 2008, Die Rechtsprechung des CAS zur Vertragsstabilität im Verhältnis zwischen Fussballspielern und Klubs, S. 235 ff.; Heizmann Reto/Loacker Leander, UWG-Kommentar, Bundesgesetz gegen den unlauteren Wettbewerb, Zürich/St. Gallen 2018 (zit. Bearbeiter, UWG-Komm.); Hausherr Heinz/Aebi-Müller Regina E., Das Personenrecht des Schweizerischen Zivilgesetzbuches, 4. Aufl., Bern 2006; Heini Anton/Portmann Wolfgang, Das schweizerische Vereinsrecht, 3. Aufl., Basel 2005; Kleiner Jan, Der Spielervertrag zwischen einem Berufsfussballer und seinem Club und dessen vorzeitige Beendigung, in: Jan Kleiner/Margareta Baddeley/Oliver Arter (Hrsg.), Sportrecht, Band I, Bern 2013; Marbach Eugen/Ducrey Patrik/Wild Gregor, Immaterialgüter und Wettbewerbsrecht, 4. Aufl., Bern 2017; Meier-Hayoz Arthur/Forstmoser Peter/Sethe Rolf, Schweizerisches Gesellschaftsrecht, 12. Aufl., Bern 2018; Müller Barbara/Oertli Reinhard, Stämpflis Handkommentar, Urheberrechtsgesetz (URG), 2. Aufl., Bern 2012 (zit. Bearbeiter, Stämpflis Handkommentar URG); Müller-Chen markus/Girsberger Daniel/Droese Lorenz, Obligationenrecht, Besonderer Teil, Zürich 2017; Richtsfeld Stefan, CaS 2014, Pflichtverletzungen und Leistungsstörungen bei Sportsponsoringverträgen, S. 143 ff.; Riemer Hans Michael, Neuerungen im Vereinsrecht: Mitgliederbeiträge und Haftung von Vereinsmitgliedern, CaS 2005, 52 f. Rudolph Roger/Wiesli Caroline, Fristlose Kündigung und Beschäftigungsanspruch eines Profi Fussballers, in: Jusletter 22. August 2011, Rz 12 ff.; Streiff Ullin/von Kaenel Adrian/Rudolph Roger, Arbeitsvertrag, Praxiskommentar zu Art. 319–362 OR, 7. Aufl., Zürich 2012; Wenger Sarah/Kaiser Martin, (Arbeits-)rechtliche Aspekte des Berufssports – unter besonderer Berücksichtigung des Fussballsports, in: Eva-Maria Bäni/Angela Obrist (Hrsg.), Festschrift zur Emeritierung von Jean-Fritz Stöckli, Zürich/St. Gallen 2014.

I. Einleitung

Am 28.2.2020 entschied der Bundesrat, Veranstaltungen von mehr als 1000 Personen zu verbieten. In der COVID-19-Verordnung 2 vom 13.3.2020 ging der Bundesrat sogar noch einen Schritt weiter mit seinen Notrechtsmassnahmen und untersagte gemäss Art. 6 der COVID-19-Verordnung 2 grundsätzlich alle physisch stattfindenden Sportveranstaltungen. Gerade der Sportbereich wurde von den COVID-19-Massnahmen besonders hart getroffen, lebt dieser doch in grossem Masse von Veranstaltungen. 1

Es ist eine Eigenart des Sportrechts, dass die meisten Rechtsfragen sich im Schnittgebiet zu anderen Rechtsgebieten bewegen. So ist für eine Vielzahl von Fragestellungen das allgemeine Vertragsrecht zu beachten. Die Herausforderung dieses Beitrags liegt somit gerade darin, auf spezifische Fragen möglichst breit abgestützte Antworten zu bieten, ohne sich dabei zu wiederholen oder andere Themengebiete vorweg zu behandeln. 2

Weiter muss darauf hingewiesen werden, dass im Bereich Sportrecht und COVID-19 die vielen Unbekannten eine abschliessende Beantwortung von Fragen erschweren. Gewisse Entscheide – beispielsweise über die Weiterführung des Spielbetriebs der Swiss Football League – werden erst kurz vor der Abgabe dieses Beitrags entschieden und die konkreten Folgen sind deshalb noch nicht gänzlich absehbar. 3

II. Auswirkungen auf den Meisterschaftsbetrieb

COVID-19 hatte drastische Auswirkungen auf den Meisterschaftsbetrieb im organisierten Sport. Es gibt weltweit nur ganz wenige Meisterschaften, die während der COVID Pandemie weder unterbrochen oder schlimmer noch, ganz abgebrochen wurden. Welche Kompetenzen ein nationaler Verband im Hinblick auf den Unter- oder Abbruch einer Meisterschaft hat und was ein Verband aus rechtlicher Sicht beachten muss, soll nachfolgend exemplarisch am Beispiel des Schweizerischen Fussballverbandes (SFV) aufgezeigt werden. 4

1. Statutarische Grundlage

Die Sportverbände in der Schweiz sind in der Regel als Vereine im Sinne von Art. 60 ZGB organisiert.[1] Die Kompetenzen der einzelnen Organe werden in den Vereinsstatuten und allenfalls den dazugehörigen Ausführungsbestimmungen oder Reglementen der jeweiligen Sportverbände festgelegt. Die Statuten des SFV sehen vor, dass der Zentralvorstand *«allein über alle in diesen Statuten nicht vorgesehen Fälle und bei Fällen höherer Gewalt»*[2] entscheidet. Mit der Einstufung der COVID-19-Pandemie als ausserordentliche Lage[3] durch den Bundesrat und dem damit einhergehenden Verbot von sämtlichen 5

1 Vgl. Schweizerischer Fussballverband, Swiss Ice Hockey Federation und Swiss-Ski Schweizerischer Ski Verband.

2 Art. 96 der Statuten des Schweizerischen Fussballverbandes.

3 Art. 7 EpG.

Veranstaltungen und sportlichen Aktivitäten, lag diskussionslos sowohl ein in den Statuten des SFV nicht vorgesehener Fall, wie auch ein Fall höherer Gewalt vor. Demzufolge ist der Zentralvorstand des SFV ermächtigt, Entscheidungen im Rahmen der COVID-19-Pandemie für den Fussball in der gesamten Schweiz und auf allen Ligastufen zu fällen. Art. 96 der Statuten des SFV sehen keine weiteren Voraussetzungen vor, die der Zentralvorstand bei seiner Entscheidfindung im Fall höherer Gewalt beachten müsste. Insofern ist der Zentralvorstand nach den allgemeinen Rechtsgrundsätzen gehalten, nach Treu und Glauben eine verhältnismässige Entscheidung im Gesamtinteresse des Schweizerischen Fussballs zu treffen.

2. Entscheid über den Abbruch der Meisterschafts- und Cupwettbewerbe

6 Am 30.4.2020 hat der Zentralvorstand des SFV entschieden,[4] alle Meisterschafts- und Cupwettbewerbe der Saison 2019/2020 komplett abzubrechen und nicht zu werten. Ausgenommen davon waren die beiden höchsten Spielklassen sowie der Schweizer Cup. Aufgrund seiner umfassenden Entscheidungskompetenz in Fällen höherer Gewalt kann der Zentralvorstand für die professionellen Ligen abweichende Entscheidungen treffen, sofern ein solcher Entscheid verhältnismässig ist und auf sachlichen Gründen beruht. Der Bundesrat hat am 29.4.2020 bekannt gegeben, dass Sportarten mit engem Körperkontakt, so wie Fussballspiele, frühestens ab dem 8.6.2020 möglich sind. Unter diesen Vorzeichen rechtfertigte sich bei den obersten beiden Spielklassen, als Ligen mit übermässig professionellem Spielbetrieb, eine Sonderbehandlung durch den Zentralvorstand. Der Entscheid über den Spielbetrieb der obersten beiden Spielklassen wurde vom SFV an die Swiss Football League (SFL) delegiert.

7 Am 29.5.2020 hat die ausserordentliche Mitgliederversammlung der SFL entschieden, dass die Meisterschaft der Super League und der Challenge League ab dem 19.6.2020 fortzusetzen.

8 Im Gegensatz dazu hat die Swiss Ice Hockey Federation, bzw. die ausserordentliche Ligaversammlung der National League und der Swiss League bereits am 12.3.2020 entschieden, alle Eishockeywettbewerbe aller Ligastufen in der Schweiz abzubrechen und so auch der Tatsache Rechnung getragen, dass viele Eisbahnen bereits frühzeitig ihr Eis wegen des Lockdowns abgetaut haben.[5]

3. Folgen des Abbruchs der Meisterschaft- und Cupwettbewerbe in den unteren Ligen

9 Basierend auf dem Wettspielreglement[6] werden die Wettbewerbe 2019/2020 nicht gewertet. Somit gibt es keine Meister bzw. Cupsieger sowie keine Auf- und keine Absteiger in der Saison 2019/2020. Die verhängten Strafen und Bussen sowie die noch offenen

4 ‹https://www.football.ch/desktopdefault.aspx/tabid-3813/11153_read-247316/› (25.6.2020).

5 ‹https://www.sihf.ch/de/national-league/news/#/article/2020-03-12/saemtliche-schweizer-eishockey-meisterschaften-sind-abgesagt› (25.6.2020).

6 ‹https://org.football.ch/Dokumente/Wettspielreglement-und-Spielregeln.aspx› (25.6.2020).

Suspensionen bleiben jedoch bestehen.[7] Spiel- und Funktionssperren für eine bestimmte Anzahl Spiele werden auf den nächsten offiziellen Wettbewerb derselben Kategorie übertragen. Spiel- und Funktionssperren auf Zeit bleiben bestehen und laufen wie ursprünglich verhängt weiter, womit unter Umständen eine Sperre abläuft bevor der Meisterschaftsbetrieb wieder aufgenommen werden kann.

Der Abbruch der Meisterschaft bedeutet somit nicht, dass die Saison annulliert ist, 10
denn die Spiele haben stattgefunden, Löhne wurden bezahlt, gelbe und rote Karten verteilt und Bussen eingezogen. Der Abbruch der Meisterschaft bedeutet auch keine «Rückabwicklung», sondern einzig, dass diejenigen Sportentscheide, die erst am Ende einer vollständigen Saison gefällt werden, wie der Gewinn der Meisterschaft, der Auf- oder Abstieg, nicht getroffen werden können.[8] Sobald eine neue Saison gestartet werden kann, werden die Mannschaften dies in der jeweiligen Spielklasse tun, in der sie die Saison 2019/2020 bestritten haben.

4. Anfechtung des Entscheides

Dass nicht alle Vereine mit dem Entscheid über den Abbruch der Meisterschaft einver- 11
standen sind, liegt auf der Hand. Lag eine Mannschaft bei Abbruch der Meisterschaft an erster Stelle und strebte den Aufstieg an, bedeutete der Abbruch der Meisterschaft (und damit der verpasste Aufstieg) je nach Liga durchaus einen beträchtlichen finanziellen Schaden. In der Regel kann ein Vereinsmitglied den Entscheid des Vorstands anfechten.[9] Die Regularien des SFV sehen jedoch keine Anfechtungsmöglichkeit innerhalb des Verbandes für Entscheide des Zentralvorstandes bei höherer Gewalt vor.

Für alle zivilrechtlichen Streitigkeiten in Verbandsangelegenheiten innerhalb des SFV 12
ist unter Ausschluss der ordentlichen Gerichte ausschliesslich der CAS zuständig, sofern eine Streitsache nicht in die Zuständigkeit eines Organs oder einer sonstigen Behörde des SFV fällt.[10]

Da verbandsintern keine Anfechtung möglich ist, muss damit gerechnet werden, 13
dass gewisse Vereine beim CAS eine Berufung gegen den Entscheid des Zentralvorstandes einreichen werden. Sowohl die Yverdon Sport SA als auch die FC Rapperswil-Jona 1928 AG haben den Entscheid des Zentralvorstandes dem CAS zur Beurteilung vorgelegt. Mit Entscheid vom 12.6.2020 hat das CAS die Berufung von Yverdon und Rapperswil abgewiesen und den Entscheid des Zentralvorstandes über den Abbruch der Meisterschaft in der Promotion League gestützt.[11]

7 ‹https://www.football.ch/desktopdefault.aspx/tabid-3813/11153_read-247316/› (25.6.2020).
8 ‹https://www.football.ch/desktopdefault.aspx/tabid-3813/11153_read-247316/› (25.6.2020).
9 Art. 75 ZGB.
10 Art. 92 der Statuten des Schweizerischen Fussballverbandes.
11 ‹https://www.tas-cas.org/fileadmin/user_upload/Communication_aux_medias_du_TAS_7065_7066.pdf› (25.6.2020).

III. Regulatorische Fragen im Fussball

14 Die Fussballmeisterschaften wurden in fast jedem Land der Welt unterbrochen.[12]. Bereits am 18.3.2020 hat die FIFA die COVID-19-Krise als höhere Gewalt im Sinne von Art. 27 des FIFA-Reglements bezüglich Status und Transfer von Spielern erklärt.[13] Gewisse Ligen gingen mittlerweile so weit und haben die Saison 2019/2020 ganz abgebrochen.[14] Die meisten Mitgliederverbände der FIFA möchten ihre Meisterschaften jedoch nach wie vor zu Ende spielen. Die entsprechenden Entscheide wurden kurz vor Abgabetermin getroffen. Normalerweise geben die Mitgliederverbände der FIFA die Dauer ihrer Saisons im Transferabgleichungssystem der FIFA als vom 1.7. bis 30.6. laufend ein. Bei der Weiterführung des Meisterschaftsbetriebes über den 30.6.2020 hinaus stellen sich einige rechtliche Fragen. Mit dem FIFA Circular no 1417[15] informierte die FIFA die Mitgliederverbände über regulatorische Fragen im Zusammenhang mit der Verlängerung der Saison 2019/2020 über den 30.6.2020 hinaus.[16]

1. COVID-19: Fussballregulatorische Probleme

15 Im Circular no 1417 informiert die FIFA über folgende Punkte betreffend die Weiterführung der Saison 2019/2020 über den 30.6.2020 hinaus: Behandlung (i) von Verträgen, die am Ende der Spielzeit 2019/2020 ablaufen; (ii) von bereits abgeschlossenen Verträgen, die am Anfang der nächsten Spielzeit beginnen sollen; (iii) von Verträgen, die aufgrund von COVID-19 nicht von den Parteien wie ursprünglich beabsichtigt erfüllt werden können, und (iv) ein angemessener Zeitpunkt für das Transferfenster.[17] Mit diesen Massnahmen sollen Mannschaften mit ihren bestehenden Kadern die Saison 2019/2020 zu Ende spielen können, womit die Integrität des jeweiligen Wettbewerbes bewahrt wird.

2. Spielerverträge

16 Ein Spielervertrag dauert normalerweise bis zum Ende einer regulären Spielzeit, maximal aber für fünf Jahre.[18] Diesem Grundsatz folgend schlägt die FIFA vor, dass ein Vertrag, der am ursprünglichen Enddatum der Saison 2019/2020, also am 30.6.2020, hätte enden sollen, bis zum effektiven Enddatum der Saison einer jeweiligen Landesmeisterschaft 2019/2020 verlängert wird.[19] Das Startdatum eines Vertrages, der am ursprüng-

12 Unterbruch u.a. in England, Spanien, Schweiz, Italien, Deutschland und Frankreich.

13 ‹https://www.fifa.com/who-we-are/news/bureau-of-the-fifa-council-decisions-concerning-impact-of-covid-19› (25.6.2020).

14 Abbruch u.a. in Holland, Belgien und Frankreich.

15 FIFA Circular no 1417, ‹https://de.fifa.com/who-we-are/official-documents//› (25.6.2020).

16 COVID-19: Fussballregulatorische Probleme, ‹https://de.fifa.com/who-we-are/official-documents//› (25.6.2020).

17 COVID-19: Fussballregulatorische Probleme, ‹https://de.fifa.com/who-we-are/official-documents//› (25.6.2020).

18 Art. 18 Abs. 2 FIFA-Reglement bezüglich Status und Transfer von Spielern.

19 COVID-19: Fussballregulatorische Probleme, ‹https://de.fifa.com/who-we-are/official-documents//› (25.6.2020).

lichen Startdatum der neuen Saison 2020/2021[20] hätte starten sollen, soll auf das effektive neue Startdatum der Saison 2020/2021 verschoben werden.[21]

Die FIFA anerkennt, dass Arbeitsverträge den Vorgaben des jeweiligen nationalen Rechts sowie der Vertragsfreiheit unterstehen. Ein verbindliches Eingreifen in den einzelnen Arbeitsvertrag ist der FIFA nicht möglich. Eine Vertragsanpassung unterliegt ausschliesslich der Autonomie der beiden Parteien und allfällig anwendbarem zwingendem nationalem Recht. Die FIFA erwartet jedoch, dass ihre Empfehlungen weltweit umgesetzt werden. 17

3. Transferfenster

Normalerweise müssen Landesverbände bis 12 Monate im Voraus ihre beiden Registrierungsperioden (Transferfenster) in das Transferabgleichungssystem der FIFA eingeben.[22] In Ausnahmesituationen können die Verbände die Daten ihrer Transferfenster bis zu deren Beginn anpassen oder ändern.[23] Die FIFA erachtet die aktuelle COVID-19-Pandemie als Ausnahmesituation und hat deswegen bereits mitgeteilt, dass sie allen Anträgen auf Verlängerung der aktuellen Saison sowie allen Anträgen zur Verschiebung der Registrierungsperioden stattgeben wird. Wir gehen davon aus, dass die FIFA den Start des Transferfensters vor dem Ende der laufenden (verlängerten) Saison nicht zulassen würde, da die Integrität des Wettbewerbs gewahrt werden soll. Eine unterschiedliche Regelung in den einzelnen Ländern würde zu grosser Verwirrung führen. 18

4. Auswirkungen der Verlängerung der Saison über den 30.6.2020 hinaus

Die Auswirkungen einer Verlängerung der Saison über den 30.6.2020 hinaus können vielfältig sein. Neben den Spielerverträgen und Transfervereinbarungen kann eine Verlängerung der Saison u.a. auch Auswirkungen auf Leihspieler, Verlängerungsoptionen und die Verträge der Spieler mit ihren Agenten haben. 19

Ein Spielertransfer berührt drei unabhängige Parteien, den aktuellen Klub, den neuen Klub und den Spieler. Dabei können entgegenstehende Interessen der Parteien dazu führen, dass die eine oder andere Partei die FIFA-Empfehlungen eben gerade nicht umsetzen und am ursprünglich geplanten Vertragswerk festhalten möchte. 20

Es ist theoretisch möglich, dass ein Spieler per 1.7.2020 einen Arbeitsvertrag mit einem neuen Verein abschliesst und bereits zu diesem wechseln möchte, obwohl aufgrund der Verschiebungen die aktuelle Saison 2019/2020 noch nicht abgeschlossen ist. Wir gehen jedoch davon aus, dass es unwahrscheinlich ist, dass dieser Spieler trotz Vertragsbeginn am 1.7.2020 für den neuen Verein registriert werden kann, sollte die laufende Saison bis zu diesem Zeitpunkt noch nicht abgeschlossen sein. Aus arbeitsrecht- 21

20 Unter normalen Umständen wäre dies der 1. Juli 2020 gewesen.

21 COVID-19: Fussballregulatorische Probleme, ‹https://de.fifa.com/who-we-are/official-documents//› (25.6.2020).

22 Art. 6 Abs. 2 FIFA-Reglement bezüglich Status und Transfer von Spielern.

23 Anhang 3 Art. 5.1 Abs. 1 FIFA-Reglement bezüglich Status und Transfer von Spielern.

licher Sicht stellen sich dazu einige Fragen, wenn ein Spieler zwar einen gültigen Arbeitsvertrag hat, aber bei seinem neuen Verein aufgrund der Verschiebung der Registrierungsperiode noch nicht eingesetzt werden darf. Wenn beispielsweise ein Spieler aus Frankreich einen Arbeitsvertrag mit einem Verein aus England per 1.7.2020 abgeschlossen hat, hat dieser Spieler ein grosses Interesse daran, seine Tätigkeit für den neuen Verein am 1.7.2020 zu beginnen. Sein ursprünglicher Verein aus Frankreich wird seinen Arbeitsvertrag bestimmt nicht verlängern, da die Meisterschaft in Frankreich abgebrochen wurde. Sein neuer Verein in England will den Spieler aber per 1.7.2020 noch nicht bezahlen, da er ihn noch nicht registrieren und damit auch nicht einsetzen kann. Auf der anderen Seite werden Vereine gezwungen, auslaufende Verträge mit (allenfalls sehr teuren) Spielern zu verlängern, um die laufende Saison überhaupt fertig spielen zu können.

22 Die SFL hat erklärt, dass keine neuen Spieler während der laufenden, bis am 2. August 2020 verlängerten, Saison registriert und eingesetzt werden können, ausser diesen Spielern wurde aus Gründen, die mit der COVID-19-Pandemie zusammenhängen, gekündigt. Der FC Sion hat fünf Spielern gekündigt, die nicht bereit waren eine Lohnreduktion in Kauf zu nehmen. Diese fünf Spieler könnten nun von anderen Vereinen in der Schweiz unter Vertrag genommen, registriert und eingesetzt werden.

23 Christian Constantin, Präsident des FC Sion, sieht in der Verlängerung der Saison 2019/2020 über den 30.6.2020 hinaus eine Verletzung des Wettbewerbsrechts und der Chancengleichheit. Die Wettbewerbskommission (WEKO) erkennt in der Wiederaufnahme der Spiele jedoch kein missbräuchliches Verhalten der SFL und hat entschieden, dem Gesuch des FC Sion, die Wiederaufnahme der Super League zu verbieten und eine kartellrechtliche Untersuchung einzuleiten, nicht zu entsprechen.[24]

24 In der Vergangenheit hat zumindest die FIFA in Fällen, in denen FIFA-Regularien nicht mit dem nationalen Recht übereinstimmten, regelmässig den FIFA-Regularien Vorrang vor nationalem Recht eingeräumt. So hat die FIFA in ständiger Rechtsprechung mehrfach betont, dass das Hauptziel der FIFA-Regularien darin bestehe, ein einheitliches Regelwerk zu schaffen, dem weltweit alle Akteure der Fussballgemeinschaft unterliegen und auf das sie sich verlassen können.[25] Dieses Ziel wäre nicht zu erreichen, wenn die FIFA bei jedem Streitfall, mit dem sie befasst wird, das nationale Recht einer bestimmten Partei anwenden würde. Es bleibt insofern abzuwarten, ob die FIFA ihren eigenen Empfehlungen und Grundsätzen folgt, oder ob sie davon abweichen wird und entsprechende Streitigkeiten nach dem jeweiligen Landesrecht beurteilt.

24 ‹https://www.weko.admin.ch/weko/de/home/aktuell/medieninformationen/nsb-news.msg-id-79412.html› (25.6.2020).

25 de Weger Frans/Al Arne, COVID-19: a legal perspective on FIFA's guiding principles for national football associations, ‹https://www.lawinsport.com/topics/sports/football/item/covid-19-a-legal-perspective-on-fifa-s-guiding-principles-for-national-football-associations› (25.6.2020).

IV. Court of Arbitration for Sport (CAS) – Notfallrichtlinien

Die COVID-19-Pandemie hat sich auch auf den CAS ausgewirkt. Am 16. März 2020 wurden für die Verfahren vor dem Sportschiedsgericht Notfallrichtlinien erlassen. Artikel R31 der Verfahrensregeln (Code of Sports-related Arbitration) wurde angepasst, um die Zustellung von Dokumenten in Papierform zu vermeiden. 25

So müssen der Schlichtungsantrag, die Beschwerdebegründung und alle anderen schriftlichen Eingaben zwar immer noch gedruckt oder auf digitalem Datenträger gespeichert, von den Parteien per Kurierdienst bei der Geschäftsstelle des CAS in so vielen Exemplaren eingereicht werden, wie es andere Parteien und Schiedsrichter gibt. Wenn die Unterlagen jedoch im Voraus per Fax oder per E-Mail an die offizielle E-Mail-Adresse des CAS übermittelt werden, ist die Einreichung nach Erhalt des Faxes oder der E-Mail bei der Geschäftsstelle des Gerichtshofs des CAS gültig, vorausgesetzt, dass die schriftliche Einreichung und ihre Kopien samt Exemplar für das CAS ebenfalls per Kurierdienst eingereicht oder innerhalb des ersten darauffolgenden Werktags der entsprechenden Frist, wie oben erwähnt, auf das E-Filing-Portal des CAS hochgeladen werden. Die anderen Absätze von Artikel R31 bleiben weiterhin in ihrer ursprünglichen Fassung anwendbar. Insbesondere ist zu beachten, dass die Exponate ausschliesslich per E-Mail verschickt oder auf das CAS E-Filing-Portal hochgeladen werden können. 26

Die COVID-19-Pandemie hat in einigen Ländern die normalen täglichen Aktivitäten stark eingeschränkt, darunter so simple Aufgaben wie den Gang zur Post. Um möglichen Verzögerungen Rechnung tragen zu können, wurde Artikel R32 der Verfahrensregeln (Code of Sports-related Arbitration) angepasst. Auf begründeten Antrag und nach Rücksprache mit der (den) anderen Partei(en) kann deswegen neu entweder der Präsident des Gremiums oder, falls er noch nicht ernannt wurde, der Präsident der betreffenden Abteilung die in diesen Verfahrensregeln vorgesehenen Fristen mit Ausnahme der Frist für die Einreichung der Beschwerdebegründung verlängern, wenn die Umstände dies rechtfertigen und vorausgesetzt, dass die ursprüngliche Frist nicht bereits abgelaufen ist. Mit Ausnahme der Frist für die Einreichung der Beschwerdebegründung kann jeder Antrag auf eine erste Fristverlängerung von maximal zwei Wochen vom CAS-Generalsekretär ohne Rücksprache mit der/den anderen Partei(en) entschieden werden. Die Parteien können auch vereinbaren, das Verfahren bis zu einem bestimmten Datum auszusetzen. Dann würde das CAS-Gerichtsbüro mit einem Schreiben eine solche Aussetzung bestätigen. Die anderen Absätze von Artikel R32 bleiben weiterhin in ihrer ursprünglichen Fassung anwendbar. 27

Die Anhörungen durch das CAS in COVID-19-Zeiten finden momentan virtuell per Video statt. Schon die bisher geltenden Bestimmungen haben sogenannte Online-Anhörungen zugelassen.[26] Aufgrund der Dringlichkeitsrichtlinien vom 16.3.2020 werden Online-Anhörungen jedoch immer alltäglicher. 28

26 Art. R44.2 (für das ordentliche Verfahren) und Art. R57 für das Beschwerdeverfahren (Code of Sports-related Arbitration).

29 Ein Vorteil der virtuellen Anhörungen ist der Kostenfaktor, welcher beim Schiedsverfahren zwar ohnehin tiefer ist als bei staatlichen Verfahren. Dennoch ermöglicht die vermehrte Durchführung von Online-Anhörungen die Reduktion von Reise- und Unterbringungskosten für die Schiedsrichter als auch für den Antragsteller.

30 Eine Verhandlung per Video führt jedoch auch dazu, dass die allgemeine Interaktion mit dem Richtergremium oder den Zeugen nur eingeschränkt möglich ist. Eine Herausforderung kann bspw. das Kreuzverhör sein, welches durch die zusätzliche Distanz weniger effektiv sein kann.

V. Arbeitsrecht im Sport

1. Prämien

31 Durch das behördliche Verbot können keine Sportveranstaltungen und insb. keine Meisterschaftsspiele durchgeführt werden. Aber haben die Sportler dennoch Anrecht auf die vieldiskutierten «Prämien»?

32 Der Begriff der Prämie taucht weder im Obligationenrecht noch im Arbeitsgesetz resp. den dazugehörigen Verordnungen auf.[27] Während der Begriff der Prämien im Zusammenhang mit Arbeitsverhältnissen nicht in den einschlägigen Gesetzesbestimmungen zu finden ist, tritt er im Fussball an verschiedenen Orten in Erscheinung.[28]

33 Ohne gewertete Meisterschaft können Mannschaften nicht auf- oder absteigen. Ob trotzdem Prämien ausbezahlt werden müssen, ist eine Frage der Vertragsauslegung. Gerade im Fussballbereich und anderen professionellen Ligasportbetrieben haben Prämien ihre Grundlage im Arbeitsvertrag, der zwischen Spieler und Verein abgeschlossen wird.[29] Die Prämie wird dort normalerweise als zusätzliche Vergütungen für besondere Leistungen vereinbart. Der SFV definiert Prämien als *den Grundlohn ergänzende Leistungen* resp. als *Zusatzleistungen zum Grundlohn.*[30] Punkteprämien fallen nur an, wenn effektiv gespielt und die Punkte auch erzielt wurden. Dadurch, dass gewisse Sportverbände ihre Meisterschaften ganz abgesagt haben und die Meisterschaft nicht gewertet wird, fragt sich, ob die bis anhin erzielten Punkteprämien ausbezahlt werden müssen. Das gleiche Problem stellt sich in Bezug auf die Aufstiegs- oder Nicht-Abstiegsprämie. Verschiedene Vereine im Leistungssport zahlen ihren Sportlern Prämien, wenn die Mannschaft Ende

27 Albrecht, S. 14.

28 Bspw. Art. 4 Standard Arbeitsvertrag für Nichtamateure SFV, ‹https://org.football.ch/portaldata/28/Resources/dokumente/de/04_nichtamateure_und_vermittler/4.2.1_Standard_Arbeitsvertrag_fuer_Nichtamateure.pdf› (29.5.2020).

29 Zum Ganzen Albrecht, S. 5 ff.

30 Art. 19 der Allgemeine Vertragsbedingungen (AVB) zum Arbeitsvertrag für Nichtamateur-Spieler der Klubs des Schweizerischen Fussballverbandes: Der Klub überweist dem Spieler monatlich den Grundlohn, dessen Höhe im Art. 4 Ziff. 1 des Arbeitsvertrages aufgeführt ist. Der Klub kann dem Spieler zusätzlich ergänzende Leistungen entrichten (vgl. Art. 4 Ziff. 2 Arbeitsvertrag), ‹https://org.football.ch/portaldata/28/Resources/dokumente/de/04_nichtamateure_und_vermittler/4.2.2_Allgemeine_Vertragsbedingungen_zum_Standard-Arbeitsvertrag.pdf› (28.5.2020).

Saison in die nächsthöhere Liga auf- oder nicht in die nächsttiefere Liga absteigt.[31] Prämien werden also regelmässig für eine besondere sportliche Leistung resp. einen sportlichen Erfolg oder zu einem bestimmten Anlass ausbezahlt.[32]

Da es sich bei der Prämie um eine ergänzende Vergütung handelt, muss eruiert werden, ob das auslösende Ereignis (bspw. Tabellenplatz, Qualifikation für die europäischen Wettbewerbe, Tore oder Punkte) erreicht wurde. Ein Verein zahlt die Prämien aus, um einen zusätzlichen Anreiz zu generieren. Mehr Punkte bedeutet einen besseren Tabellenplatz und gleichzeitig Prämien für das erreichte Ziel. Wird nun eine Meisterschaft nicht gewertet, so wurden zwar die Tore geschossen und die Punkte erzielt, jedoch nützt dies dem Verein wenig. Bei den Meisterschaften, welche nun definitiv abgebrochen wurden, gab es keine Wertung der Tabelle. Es gibt somit weder Auf- noch Absteiger. Das Ereignis Ligaerhalt ist somit zwar erreicht, dies jedoch nicht wegen der sportlichen Leistungen, sondern wegen dem Wegfall der Bewertungsgrundlage. Die Ligaerhaltsprämie stellt eine leistungsbezogene Vergütung dar. Da nun nicht die sportliche Leistung zum Erreichen des vertraglichen Ziels geführt hat, sondern der Abbruch der Meisterschaft, besteht auch kein Anspruch auf die Entrichtung einer Ligaerhaltsprämie. 34

Anders zu werten sind sogenannte Tor- oder Punkteprämien. Tore und Punkte wurden erzielt, somit wurde die anspruchsbegründende Handlung trotz Meisterschaftsabbruchs erreicht. Der Sportler hat in diesen Fällen sein vertragliches Ziel durch eigene Leistung erreicht und somit Anrecht auf eine allfällige Tor- oder Punkteprämie entsprechend der vertraglichen Vereinbarung. 35

2. Kurzarbeitsentschädigung

a) *COVID-19-Verordnung*

Viele Sportvereine schliessen mit ihren Sportlern befristete Arbeitsverträge. Diese sind gemäss dem Arbeitslosenversicherungsgesetz nicht von der Kurzarbeit abgedeckt.[33] Mit der Verordnung über Massnahmen im Bereich der Arbeitslosenversicherung im Zusammenhang mit dem Coronavirus (COVID-19) vom 20. März 2020 und deren Änderung am 25. März 2020 sowie der Anpassung der Arbeitslosenversicherungsverordnung (AVIV) hat der Bundesrat eine Ausweitung sowie Vereinfachung der Kurzarbeit erlassen. Ausnahmsweise können nun auch Personen, welche befristet oder auf Abruf arbeiten, neu für die Kurzarbeit angemeldet werden.[34] 36

31 Albrecht, S. 21.

32 Albrecht, S. 27.

33 Art. 33 Abs. 1 lit. e AVIG.

34 Art. 4 COVID-19-Verordnung Arbeitslosenversicherung.

b) Beschäftigungsanspruch bei Berufssportlern – Was, wenn der Verein den Trainingsbetrieb wegen des Verlustes der Kurzarbeitsentschädigung nicht wieder aufnimmt?

37 Seit dem 11.5.2020 ist es erlaubt, unter Einhaltung der im abgenommenen Schutzkonzept beschriebenen Sicherheitsmassnahmen den Trainingsbetrieb für Profisportler wieder aufzunehmen.[35]

38 Das Staatssekretariat für Wirtschaft (SECO) liess jedoch verlauten, dass diejenigen Sportvereine, welche für die Zeit des Lockdowns Kurzarbeit für ihre Sportler angemeldet haben, ab dem Moment eines geregelten Trainingsstarts keine Kurzarbeit mehr geltend machen können.[36] Verschiedene Vereine der SFL teilten daraufhin mit, sie würden den Trainingsbetrieb nach hinten verschieben.[37] Mit dem Entscheid über die Fortsetzung der Meisterschaft fällt nun der Anspruch auf Kurzarbeitsentschädigung nach Ansicht des SECO ganz weg.

39 Nach Arbeitsvertragsrecht gilt, dass der Arbeitgeber aufgrund seines Weisungsrechts (Art. 321d OR) seinen Arbeitnehmer von der Arbeitsleistung freistellen kann. Der Arbeitgeber schuldet dem Angestellten während der Freistellung den Lohn, wie wenn dieser arbeiten würde (vgl. Art. 324 OR). Einen Anspruch auf Beschäftigung hat der Arbeitnehmer nach gängiger Ansicht jedoch nicht ohne Weiteres.

40 Ein Beschäftigungsanspruch kann vertraglich vereinbart werden. Auch kann sich aus dem Persönlichkeitsrecht des Arbeitnehmers, welches der Arbeitgeber aufgrund seiner Fürsorgepflicht (Art. 328 OR) zu wahren hat, ergeben, dass ihn dieser effektiv und auf angemessene Weise zu beschäftigen verpflichtet ist. Vorausgesetzt wird dabei, dass die Beschäftigung für den Erhalt der Berufsfähigkeit des Angestellten erforderlich ist, was nur für wenige Berufe bejaht wird. Anerkannt ist, dass es gewisse Berufsgruppen gibt, bei denen die fehlende Möglichkeit der Ausübung der beruflichen Tätigkeit durch den Arbeitnehmer eine Beeinträchtigung der beruflichen Fertigkeit und dadurch eine Gefährdung des wirtschaftlichen Fortkommens bedeuten kann.[38] In solchen Fällen wird ein Anspruch auf tatsächliche Beschäftigung bejaht, solange dem nicht gewichtige Interessen des Arbeitgebers, wie insbesondere Betriebsstörung oder Gefähr-

35 Medienmitteilung, Coronavirus: Bundesrat lockert weitere Massnahmen ab dem 11. Mai 2020, https://www.admin.ch/gov/de/start/dokumentation/medienmitteilungen.msg-id-78948.html (29.5.2020); weitergehende Lockerungen hat der Bundesrat am 27.5.2020 beschlossen, so u.a. ist der Trainingsbetrieb für alle Sportarten ab dem 6.6.2020 ohne Einschränkung der Gruppengrösse wieder erlaubt. Dies gilt auch für Sportaktivitäten, in denen es zu engem Körperkontakt kommt. In diesen Sportarten müssen die Trainings aber in beständigen Teams stattfinden und Präsenzlisten geführt werden, vgl. dazu Medienmitteilung BASPO, 27.5.2020, ‹https://www.baspo.admin.ch/content/baspo-internet/de/home.detail.news.html/baspo-internet/2020/Bundesrat-beschliesst-weitgehende-Lockerungen-per-6-Juni.html› (29.5.2020).

36 Medienmitteilung SFL, 7.5.2020, ‹https://www.sfl.ch/news/news/artikel/entscheid-ueber-weiterfuehrung-der-meisterschaften-am-29-mai-2020/› (29.5.2020).

37 St. Gallen und GC – und wer sonst noch?. Bazonline, 11.5.2020, ‹https://www.bazonline.ch/st-gallen-und-gc-und-sonst-938537643660› (29.5.2020).

38 Rudolph/Wiesli, Rz 12 ff.

dung des Betriebsfriedens, entgegenstehen.[39] Gemäss Rechtsprechung des Bundesgerichts besteht für alle Berufssportler ein grundsätzliches Beschäftigungsgebot,[40] welches gemäss einem Teil der Lehre jedoch nicht absolut gilt und im Einzelfall relativiert werden muss[41].

Der Umfang des Beschäftigungsanspruchs bezieht sich bei Mannschaftssportarten in erster Linie auf den Trainingsbetrieb, und, in gewissem Masse, auch auf den Einsatz in Wettkämpfen. Eine Verletzung des Beschäftigungsanspruchs besteht somit immer dann, wenn der Klub einen Spieler vom Trainingsbetrieb ausschliesst.[42] 41

Eine schwerwiegende Verletzung des Beschäftigungsanspruchs rechtfertigt eine fristlose Kündigung von Seiten des Sportlers. So bspw. wenn ein Fussballspieler auf unbestimmte Zeit von einer Profimannschaft in der höchsten Liga ausgeschlossen wird und nur noch mit der U21-Mannschaft trainieren darf.[43] 42

Gerechtfertigt war in Zusammenhang mit dem Beschäftigungsanspruch auch eine sofortige Kündigung eines Profi-Radfahrers, der entgegen einer vertraglichen Zusicherung seines Arbeitgebers betreffend Renneinsatz nicht mehr an den Rennen teilnehmen konnte.[44] 43

Wenn nun ein Verein den Trainingsbetrieb nicht wieder aufnimmt, weil ansonsten keine Kurzarbeitsentschädigung ausbezahlt wird,[45] könnte der Arbeitgeber den Beschäftigungsanspruch des Sportlers verletzen. Es müssen im konkreten Fall die Interessen der Spieler und die der Sportvereine gegeneinander abgewogen werden. Müsste der Verein durch den Trainingsstart die Löhne wieder selbst bezahlen aber generiert mangels durchgeführter Sportveranstaltungen keine Einnahmen, könnte das für einige Sportvereine ein grosse finanzielle Belastungsprobe darstellen. Andererseits können Sportvereine auf Hilfsmassnahmen von Bund und Kantone zurückgreifen.[46] Sollte sich ein Verein in der Bredouille befinden, über die Wiederaufnahme des Trainingsbetriebs bei gleichzeitigem Verlust der Kurzarbeit befinden zu müssen, könnten die COVID-19-Finanzhilfen eine mögliche Abfederung der Einbussen erlauben. 44

---

39 Wenger Sarah/Kaiser, S. 771 f.; Derungs, ArbR 2014/2015, S. 17 ff.

40 Vgl. dazu eingehend BGE 137 III 303.

41 Gloor, ARV 2012, S. 27 f.; Kleiner, S. 146 ff.; Wenger/Kaiser, S. 771 f.

42 Haas, CaS 2008, S. 241.

43 BGE 137 III 303, 304 E. 2; Rudolph/Wiesli, Rz 6 ff.; Kleiner, S. 146 ff.

44 BGer v. 15.4.2011, 4A_84/2011 und 4A_94/2011; Streiff/von Kaenel/Rudolph, Art. 377 N 9; Wenger/Kaiser, S. 773.

45 Kein Geld für Fussballer, die nur trainieren – Weshalb der Entscheid des Bundesrats empörend ist und Klubs in den Ruin treibt, Luzerner Zeitung, 7.5.2020, ‹https://www.luzernerzeitung.ch/sport/kein-geld-fuer-fussballer-die-nur-trainieren-weshalb-der-entscheid-des-bundesrats-empoerend-ist-und-klubs-in-den-ruin-treibt-ld.1218785› (29.5.2020).

46 Vgl. dazu Rz 54 ff.

VI. Steuerrecht im Sport

1. Verzichten

45 Grundsätzlich gilt ein Einkommen als realisiert und damit steuerbar, wenn der Steuerpflichtige einen festen Rechtsanspruch erworben hat, über welchen er verfügen kann. Es kommt also typischerweise nicht auf den Zeitpunkt der Erfüllung an.[47] Bei einem Arbeitsverhältnis entsteht die Lohnforderung fortlaufend mit der Erbringung der Arbeitsleistung. Fällig wird diese Forderung im Normalfall Ende Monat. Der Lohnanspruch ist damit spätestens am Monatsende gesichert und gilt damit steuerlich als realisiert.[48]

46 Für Sportler, die auf einen Teil ihres Lohns verzichten, bedeutet das, dass sie das Risiko eingehen, trotz des Verzichts den vollen Lohn versteuern zu müssen, weil sie eigentlich Anspruch darauf hatten. Auch die Sozialabgaben werden auf der Basis des ganzen Lohnes berechnet.

47 Ausnahmsweise wird ein Einkommen nicht schon beim Bestehen eines Rechtsanspruchs steuerbar, sondern erst bei der Erfüllung des Anspruchs. Davon wird immer dann ausgegangen, wenn die Erfüllung als besonders unsicher erscheint.[49] Ist der Arbeitgeber eines Sportlers wegen der COVID-19-Pandemie in finanzieller Schieflage und kann deswegen die Löhne nicht mehr (rechtzeitig) bezahlen, spricht dies durchaus dafür, dass der Lohn erst bei der Auszahlung steuerbar wird.[50] Dieses Argument dürfte aber dem Sportler dann nichts nützen, wenn das Geld, auf das er verzichtet, an andere Personen ausbezahlt wird. In diesem Fall ist ersichtlich, dass der Arbeitgeber über die nötigen Mittel verfügt.

48 Aufgrund des Vorstehenden ist es deswegen sinnvoll, vorgängig zum Lohnverzicht eine Anpassung oder Ergänzung zum Arbeitsvertrag vorzunehmen und den Lohn für eine gewisse Zeit zu reduzieren, anstatt auf vereinbarten Lohn zu verzichten. Das Ergebnis ist auf Seiten des Arbeitgebers dasselbe, aber für den Sportler mit deutlich weniger Steuerfolgen verbunden.

2. Wem kommt der Verzicht zugute?

49 Neben den Fragen des Verzichts ist es steuerrechtlich relevant, wem mit dem Verzicht geholfen werden soll. Es gibt drei mögliche Szenarien:

a) *Verzicht zugunsten des Klubs*

50 Wenn die Sportler zugunsten des Klubs auf ihr Einkommen verzichten, um diesem in finanziellen Nöten zu helfen, könnten die Sportler in der Tat argumentieren, dass es un-

47 Reich/Weidmann, Art. 16 DBG N 34; BGE 73 I 135 E. 1.

48 VGer ZH v. 13.12.2006, SB.2006.00026.

49 Reich/Weidmann, Art. 16 DBG N 35; BGer v. 9.11.2013, 2C_941/2012, E. 2.5 m.w.H.

50 Vgl. FAQ zum Lohnausweis ESTV, Allg. 6, ‹https://www.estv.admin.ch/dam/estv/de/dokumente/bundessteuer/formulare/lohnausweis/605-040-18-1-FAQ.pdf.download.pdf/NLA-FAQ_2018_de.pdf› (22.6.2020).

klar war, ob sie überhaupt eine Lohnzahlung erhalten, weshalb ihnen der Betrag, auf den sie verzichtet haben, nicht als Lohn zuzurechnen sei und damit auf dem «Verzichtsbetrag» keine Steuern geschuldet sind.

b) Verzicht zugunsten anderer Mitarbeitenden

Denkbar ist auch, dass ein Sportler auf seinen Lohn verzichtet, um damit Personen zu unterstützen, die wenig verdienen oder deren Einkommen wegen der COVID-19-Pandemie ganz weggefallen ist. Für den Sportler stellt sich die gleiche Frage wie oben. Zusätzlich kann der Verzicht zugunsten anderer Mitarbeitenden jedoch auch als Schenkung gesehen werden, welche der Schenkungssteuer unterliegt. Allenfalls könnten die Steuerverwaltungen und die AHV-Behörden argumentieren, es handle sich hier nicht um eine Schenkung, sondern um Lohn, da das Geld im Falle eines Verzichts für Dritte normalerweise nur an Personen fliesst, die beim gleichen Klub angestellt sind. Diesfalls fällt keine Schenkungssteuer an, vielmehr hat der Empfänger die Summe als Einkommen zu versteuern und sind darauf Sozialversicherungsbeiträge zu entrichten. 51

c) Verzicht zugunsten von gemeinnützigen Organisationen

Eine weitere Möglichkeit ist, dass die Sportler ihr Einkommen einer gemeinnützigen Organisation spenden, welche sich für geringverdienende Erwerbstätige einsetzt. Diese Lösung ist aus Sicht der Sportler die einfachste, denn wenn sie die Summe als Lohn versteuern müssen, können sie den Betrag anschliessend als Spende wieder vom steuerbaren Einkommen abziehen. Die Höhe der abzugsfähigen Spenden ist beim Bund und in allen Kantonen ausser im Kanton Basel-Landschaft allerdings begrenzt.[51] 52

3. Die richtige Ausgestaltung hilft

Um zu verhindern, dass der gutgemeinte Lohnverzicht von negativen Steuerfolgen begleitet wird, ist bei dessen Ausgestaltung bedacht vorzugehen. Im schlimmsten Fall wird der Lohn beim verzichtenden Sportler als Einkommen steuerbar, obwohl der Betrag diesem nie zufliesst. Eine vorgängige Beratung und Beurteilung der Situation ist deswegen von zentraler Bedeutung. 53

VII. Hilfsmassnahmen für den Bereich Sport

1. Abfederungsmassnahmen

Am 20.3.2020 erliess der Bundesrat die *Verordnung über Begleitmassnahmen im Sportbereich zur Abfederung der Folgen von Massnahmen des Bundes zur Bekämpfung des Coronavirus (COVID-19-Verordnung Sport)*.[52] In einem ersten Schritt wurden für den Sportbereich Finanzhilfen im Umfang von CHF 100 Millionen bereitgestellt. Davon sind 54

51 ‹https://www.secourshumanitaire.ch/sites/default/files/steuerabzug_d.pdf› (22.6.2020).
52 SR 415.021.

CHF 50 Millionen für den professionellen Sport und CHF 50 Millionen für den Breitensport vorgesehen. Die Finanzhilfe richtete sich an Sportorganisationen, welchen aufgrund der COVID-19-Massnahmen die Zahlungsunfähigkeit droht. Im Bereich des Spitzensports werden gem. Art. 3 COVID-19-Verordnung Sport zinslose Darlehen gesprochen, welche innerhalb von fünf (in Härtefällen sieben) Jahren zurückerstattet werden müssen. Die Beträge für den Breitensport müssen gem. Art. 4 COVID-19-Verordnung Sport nicht zurückbezahlt werden. Gemäss Art. 6 der COVID-19-Verordnung Sport bemisst sich die Höhe der Finanzhilfe an der Höhe einer allfälligen Liquiditätslücke von bis zu zwei Monaten. Die Gewährung einer Finanzhilfe ist an eine Reihe von Voraussetzungen geknüpft. Die wichtigsten sind[53]:

- Entweder im Breitensport: Organisation als Verein;
- Oder im Profisport: Unterhalten eines Teams in den beiden obersten Profi-Ligen von Fussball oder Eishockey oder Durchführung von Wettkämpfen für den überwiegend professionellen Leistungssport; sowie
- Drohende Zahlungsunfähigkeit steht in direktem Zusammenhang mit den COVID-Massnahmen des Bundes; und
- Zumutbare Selbsthilfemassnahmen wurden ausgeschöpft. D.h. sofern möglich Anmeldung Kurzarbeit, vorderhand keine Begleichung von direkten Bundessteuern und Mehrwertsteuern, wenn möglich Bezug von Darlehen gem. der Verordnung vom 25.3.2020 zur Gewährung von Krediten und Solidarbürgschaften in Folge von COVID-19.

55 Keine finanzielle Unterstützung erhalten Unternehmen, wie zum Beispiel Golfplätze, Fitnesscenter oder Reitställe. Ebenso wenig können Selbständigerwerbende davon profitieren. Sie alle werden an die allgemeinen Hilfsmassnahmen wie Überbrückungskredite und Kurzarbeit verwiesen.

56 Neben dem geschnürten Hilfspaket hat der Bund in seiner Verordnung auch verfügt, dass alle Personen, die sich bereits zu J+S-Kursen angemeldet haben, ihre Anerkennung automatisch bis Ende 2021 verlängert erhalten. Dies ermöglicht gerade im Breitensport vielen Vereinen die Gewissheit, dass sie zumindest in näherer Zukunft für ihre Leiter bei abgehaltenen Kursen dennoch die oft sehr wichtigen Gelder aus dem J+S-Topf erhalten werden.

2. Stabilisierungspaket

57 Am 13.5.2020 legte der Bundesrat die finanziellen Eckwerte und die Massnahmenbereiche für ein Stabilisierungspaket zu Gunsten des Schweizer Sports fest. Die rechtlichen Grundlagen für Darlehen an Profiligen wurden am 20.5.2020 geschaffen. Das Stabilisie-

53 Siehe für vollständige Liste Breitensport: ‹https://www.baspo.admin.ch/de/aktuell/covid-19-sport/covid-19-finanzhilfen-sport/unterstuetzung-vereine-breitensport.html› (22.6.2020). Profisport: ‹https://www.baspo.admin.ch/de/aktuell/covid-19-sport/covid-19-finanzhilfen-sport/unterstuetzung-professionelle-sportorganisationen.html› (22.6.2020).

rungspaket wurde nicht im Notrecht erlassen. Stattdessen passte der Bundesrat die *Verordnung über die Förderung von Sport und Bewegung* an. Für Unterstützung des Breitensports und des übrigen Profisports braucht es keine Verordnungsanpassung. Diese laufen über die bereits rechtlich verankerten Verbandsbeiträge.[54]

Zur Überbrückung von Liquiditätsproblemen stellt der Bundesrat folgende Beträge zur Verfügung: 58

- CHF 175 Millionen Darlehen für die Profiligen des Schweizerischen Fussballverbands;
- CHF 175 Millionen Darlehen für die Profiligen Swiss Ice Hockey Federation;
- CHF 50 Millionen à-Fonds-perdu-Beiträge für Organisationen des Breiten- und Leistungssports für das Jahr 2020;
- CHF 100 Millionen à-Fonds-perdu-Beiträge für Organisationen des Breiten- und Leistungssports für das Jahr 2021; und
- Sonderbeiträge für Organisatoren von Jugend und Sport Aktivitäten.

Gemäss Art. 41a Verordnung über die Förderung von Sport und Bewegung werden die Darlehen an die Profiligen durch Verträge zwischen dem BASPO und den Verbänden gewährt. Die Verbände können die Darlehen an einzelne Klubs weiterleiten. Es gelten dabei folgende Bedingungen: 59

- Die Klubs haften gegenüber dem Bund solidarisch mit den Vereinen;
- Mittel im Umfang von jährlich mindestens 30 Prozent aus der Vermarktung von Medienübertragungsrechten und jährlich mindestens 25 Prozent aus Erlösen von Spielertransfers müssen zur Rückzahlung des Darlehens verwendet werden;
- Bis zur Rückzahlung dürfen keine Dividenden ausgeschüttet und keine vorzeitige Rückzahlung von bestehenden Darlehen vorgenommen werden;
- Keine Erhöhung des durchschnittlichen Einkommens aller am Ligabetrieb teilnehmenden Spieler bis zur Rückzahlung. Im Falle einer Rückzahlung nach mehr als drei Jahren: Reduktion des durchschnittlichen Einkommens aller am Ligabetrieb teilnehmenden Spieler um 20 Prozent; und
- Weiterführung der Nachwuchsförderung im gleichen Umfang wie vor der COVID-19-Pandemie.

Über die benötigten Nachtragskredite für das Hilfspaket wird das Parlament befinden. Dies wird voraussichtlich in der Sommersession 2020 (Beträge für das Jahr 2020) und in der parlamentarischen Beratung des Budgets 2021 (Beträge für das Jahr 2021) geschehen. 60

3. Unterstützung durch Kantone

Neben dem Bund bieten auch viele Kantone Hilfestellungen für den Sport. Ganz im Sinne des Föderalismus unterscheiden sich diese Massnahmen sehr stark voneinander. 61

54 ‹https://www.admin.ch/gov/de/start/dokumentation/medienmitteilungen.msg-id-79191.html› (22.6.2020).

Swiss Olympic hat die verschiedenen Massnahmen in einer Liste zusammengetragen und ermöglicht so einen umfassenden Überblick über die kantonalen Unterstützungsmassnahmen.[55] Im Kanton Basel-Stadt werden beispielsweise bis zum 11. Oktober 2020 keine Gebühren für die Benutzung von Sportanlagen durch Vereine, inklusive aller Schwimmbäder und Eishallen, auf dem Kantonsgebiet verlangt.

VIII. Der Sponsoringvertrag

62 Der professionelle Sport ist heute ohne entsprechendes Sportsponsoring nicht mehr denkbar. Sponsoringverträge mit Sportvereinen und Profisportlern stellen für diese eine elementare Einnahmequelle dar, deren Wegfall fatale Auswirkungen auf den regulären Sportbetrieb hätte. Wir erläutern, wie sich die COVID-19-Pandemie auf laufende Sportsponsorings auswirkt.

1. Leistungspflichten und Rechtsnatur

63 Grundsätzlich ist zwischen dem Sponsoring eines einzelnen Profisportlers (individuelles Sponsoring), eines Sportvereins (institutionelles Sponsoring) oder von spezifischen Veranstaltungen (Eventsponsoring) zu unterscheiden.[56] Je nach Art des Sponsorings wird ein Einzelner, ein ganzer Verein oder ein Event in einer sportlichen Betätigung oder eine Veranstaltung gefördert, indem Geld-, Sach-, oder Dienstleistungen zur Verfügung gestellt werden und im Gegenzug der Gesponserte sich öffentlich zu einer Marke oder einem Firmennamen bekennt oder Werbeflächen zur Verfügung stellt.[57] Die Leistungen des Sponsornehmers sind somit nicht nur auf die sportliche Tätigkeit beschränkt, sondern beinhalten auch ein bestimmtes Auftreten und Verhalten gegenüber der Öffentlichkeit. Beim Eventsponsoring kommt zudem die Pflicht des Sponsornehmers hinzu, projektbezogene Anlässe zugunsten des Sponsors zu organisieren und spezifische kommunikative Massnahmen zu realisieren.[58] Da die positive Werbewirkung des individuellen und institutionellen Sponsorings üblicherweise erst nach einer gewissen Dauer erzielt werden kann, sind diese Arten von Sponsoringverträgen regelmässig als Dauerschuldverhältnisse ausgestaltet, wohingegen beim Eventsponsoring durchaus nur eine spezifische Veranstaltung einmalig gesponsert werden kann und somit ein einzelner Leistungsaustausch stattfindet.[59]

64 Der Sponsoringvertrag ist gesetzlich nicht geregelt, sondern zählt zu den Innominatkontrakten. Aufgrund der Tatsache, dass die Leistungspflichten je nach Ausgestaltung

55 ‹https://www.swissolympic.ch/dam/jcr:474e1cb3-b2e0–426a-8fc6–2bb28c64f4cc/%C3%9Cbersicht%20Finanzhilfen%20alle%20Kantone_aper%C3%A7u%20des%20aides%20financi%C3%A8res%20dans%20tous%20les%20cantons%2020200612.pdf› (22.6.2020).

56 NETZLE, Handkomm. Privatrecht, Vorb. Art. 184 ff. OR N 8.

57 RICHTSFELD, CaS 2014, S. 144; der Profisportler trägt beispielsweise Werbung auf seiner Kleidung oder benutzt bestimmte Sportgeräte des Sponsors.

58 BSK OR I-AMSTUTZ/MORIN, Einl. vor Art. 184 ff. N 390.

59 NETZLE, Handkomm. Privatrecht, Vorb. Art. 184 ff. OR N 16.

des Sponsoringvertrages verschiedenen Vertragstypen zugeordnet werden können, namentlich dem Auftrags-, Werk-, Miet- und Arbeitsvertragsrecht, wird dieser häufig als gemischter Vertrag qualifiziert.[60] Im Einzelfall ist selbst zu prüfen, ob zwischen den Parteien ein Gesellschaftsverhältnis besteht, sofern die Erreichung eines gemeinsamen Zwecks mit gemeinsamen Mitteln das Austauschverhältnis überwiegen.[61]

2. Leistungsstörung und Teilleistung

Aufgrund fehlender gesetzlicher Regelung des Sponsoringvertrages kommen bei Leistungsstörungen die allgemeinen Regeln des OR zur Anwendung, soweit nicht auf einzelne Vertragsbestandteile Spezialregelungen der entsprechenden Nominatverträge analog anwendbar sind.[62] 65

So gilt der Grundsatz, dass die Leistungspflichten beider Parteien erlöschen, sofern die Gegenleistung des Sponsoringnehmers durch Umstände, die er nicht zu verantworten hat, nach dem Vertragsschluss unmöglich wird.[63] Beim individuellen und institutionellen Sponsoring wurde durch das vom Bundesrat ausgesprochene Veranstaltungsverbot bei vielen gesponserten Sportlern und Sportvereinen die Erbringung ihrer Leistung verunmöglicht, namentlich die aktive und passive Bewerbung des Sponsors bei Sportveranstaltungen. Aufgrund den zuvor erläuterten differenzierten Leistungspflichten des Sponsornehmers bleibt der nicht unmöglich gewordene Teil seiner Leistungen weiterhin geschuldet, wofür er auch zumindest einen Teil der Gegenleistung verlangen kann, wobei im Einzelfall zu prüfen ist, ob die Vertragserfüllung sogar vollständig möglich bleibt.[64] Gerade bei den sehr auf Social Media aktiven Individualsportlern kann argumentiert werden, dass sie zumindest in gewissem Masse ihren Promoting-Leistungen gegenüber der Öffentlichkeit nachgekommen sind, und somit doch noch einen teilweisen Vergütungsanspruch haben. 66

Zu beachten ist, dass die gesetzliche Regelung zur Unmöglichkeit der Leistung dispositiver Natur ist und von den Parteien vertraglich abgeändert werden kann.[65] Insbesondere beim Eventsponsoring sind Regelungen im Hinblick auf den Veranstaltungsausfall essentieller Bestandteil des entsprechenden Sponsoringvertrages.[66] Üblicherweise dürfte darin vorgesehen sein, dass bei einer unverschuldeten Absage des Events die Leistungspflichten beider Parteien erlöschen. Bei denjenigen Veranstaltungen, die um ein Jahr verschoben worden sind, werden die Parteien wohl gemeinsam eine vertragliche Ergänzung vornehmen müssen, um die Art und den Umfang der Weitergeltung des Sponsoringvertrages zu definieren. 67

60 BSK OR I-Amstutz/Morin, Einl. vor Art. 184 ff. N 385; Engel, S. 86 u. 88.
61 Müller-Chen/Girsberger/Droese, S. 395.
62 BSK OR I-Amstutz/Morin, Einl. vor Art. 184 ff. N 392.
63 Art. 199 Abs. 1 u. 2 OR.
64 So vermarkten sich Sportler heutzutage vor allem über soziale Medien wie Instagram und Facebook, über welche weiterhin Werbebotschaften für Sponsoren verbreitet werden konnten.
65 BSK OR I-Wiegand, Art. 119 OR N 19.
66 Richtsfeld, CaS 2014, S. 146.

68 Ist der Sponsoringvertrag als Dauerschuldverhältnis konzipiert, kann dieser aus wichtigen Gründen – sofern der Vertrag für eine Partei aufgrund von unvorhersehbaren, veränderten Umständen unzumutbar geworden ist – mit sofortiger Wirkung gekündigt werden.[67] Sofern noch keine Unmöglichkeit vorliegt, könnte zumindest die stark verminderte Werbewirksamkeit des Sponsorings einen ausserordentlichen Kündigungsgrund darstellen, wobei für die Beurteilung der Unzumutbarkeit die spezifischen Leistungspflichten massgeblich sind. Oftmals werden ausserordentliche Kündigungsrechte des Sponsors zudem bereits vorab detailliert im Sponsoringvertrag geregelt.[68]

3. Rettung des Sponsoringvertrages mittels clausula rebus sic stantibus?

69 Im Vertragsrecht gilt grundsätzlich *pacta sunt servanda*, weshalb einmal geschlossene Verträge von den Parteien einzuhalten sind und prinzipiell nicht einseitig abgeändert werden können. Ausnahme bildet die *clausula rebus sic stantibus*, wonach der Richter einen Vertrag nach eigenem Ermessen anpassen kann, sofern sich die Verhältnisse seit dem Vertragsabschluss in unvorhergesehener und unvermeidbarer Weise grundlegend verändert haben, eine gravierende Äquivalenzstörung im Austauschverhältnis entstanden ist und kein widersprüchliches Parteiverhalten vorliegt.[69] Eine solche Ausnahme ist nicht leichtfertig anzunehmen und wird in der Praxis nur sehr selten gewährt. Ob die COVID-19-Pandemie bzw. deren Auswirkungen einen Anwendungsfall der *clausula* darstellen, ist grundsätzlich denkbar, muss jedoch im Einzelfall beurteilt werden und würde dann auch weitere Vertragsverhältnisse wie den Sponsoringvertrag betreffen.

70 Vor dem Gang zum Richter oder einer einseitigen Kündigung des Sponsoringvertrages ist in jedem Fall empfehlenswert, dass sich die Parteien bezüglich einer einvernehmlichen Anpassung des Sponsoringvertrages beraten und insbesondere alternative Werbemöglichkeiten erörtern, welche die Erfüllung des Vertragszwecks trotz der COVID-19-Pandemie ermöglichen.[70]

IX. Vereinsrecht

1. Mitgliederbeitrag

71 Aufgrund der COVID-19-Massnahmen können keine Vereinsaktivitäten mehr ausgeübt werden. Dies trifft viele Sportvereine hart. Haben die Mitglieder deswegen jedoch einen Anspruch auf Rückerstattung ihres Mitgliederbeitrags?

72 Art. 71 ZGB legt fest, dass Beiträge von den Mitgliedern verlangt werden können, sofern die Statuten dies vorsehen. Besteht keine anderslautende, auf sachlichen Gründen

---

67 BGE 138 III 304, 319 E. 7.

68 Netzle, Handkomm. Privatrecht, Vorb. Art. 184 ff. N 65, wobei typische wichtige Gründe bspw. in der Verletzung der Treue- und Loyalitätsverpflichtungen liegen und Veranstaltungsverbote aufgrund einer Pandemie (zumindest bisher) wohl kaum geregelt wurden.

69 BGE 135 III 1 E. 2.4.

70 So sind einige Sportvereine und Profisportler auf E-Sport ausgewichen, welcher zumindest eine gewisse Aufrechterhaltung der Werbewirkung ermöglicht.

beruhende Regelung (z.B. nach Mitgliederkategorien), schulden die Mitglieder den Mitgliederbeitrag zu gleichen Teilen.[71] Unter Beiträgen i.S.v. Art. 71 ZGB sind ausschliesslich periodisch zu entrichtende Geldleistungen zu verstehen, die objektiv bestimmbar sein müssen.[72] Andere Arten von Beitragsleistungen, welche die Mitglieder erbringen müssen, wie bspw. Eintrittsleistungen oder Verpflichtungen zur Übernahme von Anteilscheinen, bedürfen zu ihrer Wirksamkeit einer ausdrücklichen Nennung. Es genügt, wenn die Beitragspflicht dem Grundsatz nach in den Statuten vorgesehen ist, die Höhe des Beitrags kann jedoch dem zuständigen Vereinsorgan delegiert werden.[73] Es liegt zwischen dem Verein und den Vereinsmitgliedern ein vereinsrechtliches und kein vertragsrechtliches Verhältnis vor. Die Mitgliederbeiträge sind eine Pflicht, die kraft Statuten zu erfüllen ist.[74]

Es könnte im konkreten Fall jedoch auch für eine analoge vertragsrechtliche An- 73
schauung argumentiert werden. So stellt der Mitgliederbeitrag bei einem Sportverein oft nicht nur die Gegenleistung für die Mitgliedschaft (und die daraus resultierenden Mitgliedschaftsrechte) dar.[75] Der Sinn eines Sportvereins besteht ja gerade im Anbieten einer bestimmten sportlichen Tätigkeit. Die an einer bestimmten Sportart Interessierten treten somit einem Verein bei, in welchem sie diese Sportart ausüben können. Bei Sportvereinen besteht somit ein minimales vertragliches Austauschverhältnis zwischen dem Verein als Leistungserbringer und dem Vereinsmitglied als Leistungsempfänger. Demnach können auch hier die Institute der Unmöglichkeit (Art. 119 OR) und der Vertragsanpassung *(clausula rebus sic stantibus)* eine analoge Anwendung finden.[76]

Der Sinn und Zweck der Mitgliederbeiträge besteht in erster Linie darin, die Vereins- 74
kosten zu decken und somit der Erfüllung des Vereinszwecks, dem Anbieten einer bestimmten sportlichen Tätigkeit, zu dienen. Die Ausübung der fraglichen Sportart ist regelmässig der Hauptteil des Vereinszwecks. Aufgrund des in der COVID-19-Verordnung erlassenen Verbots von Vereinsaktivitäten können viele Sportvereine ihr Angebot nicht weiterführen und haben grundsätzlich dadurch auch weniger Ausgaben. Eine mögliche pragmatische Lösung könnte sein, dass der Vorstand für die Zeit in der die Ausübung der Sportart nicht möglich war und es dadurch zu Minderausgaben beim Verein kam einen Betrag festlegt, welcher den Mitgliedern entweder zurückbezahlt oder auf das neue Vereinsjahr gutgeschrieben wird. Schliesslich darf aber nicht ausser Acht gelassen werden, dass das finanzielle Wohl eines Vereins auch im Interesse der einzelnen Mitglieder ist und sich ein Verzicht, eine Gutschreibung oder ein Rückzahlen in näherer Zukunft je nach Weiterentwicklung durchaus negativ auf die Vereinsfinanzen auswirken kann. Auch gerade deswegen hat Swiss Olympic die Kampagne #BleibimVerein ins Le-

---

71 Hausheer/Aebi-Müller, Das Personenrecht des Schweizerischen Zivilgesetzbuches, 4. Aufl., Bern 2006, Rz 18.47; Niggli, Handkomm. Privatrecht, Art. 71 ZGB N 1.

72 Heini/Portmann, Rz 312.

73 Riemer, CaS 2005, S. 52; Riemer, Stämpfli Handkomm. Privatrecht, Art. 71 und Art. 75a ZGB N 1.

74 BSK ZGB I-Scherrer/Brägger, Art. 71 N 4.

75 Bspw. das Stimmrecht, BSK ZGB I-Scherrer/Brägger, Art. 67 N 1.

76 Vgl. § 1 N 21 ff.

ben gerufen, um die Leute daran zu erinnern, dass es gerade in der aktuellen Situation wichtig ist, seinem Sportverein treu zu bleiben und auch den Mitgliederbeitrag zu zahlen, selbst wenn nur beschränkte Leistungen von Vereinsseite erfolgen.[77]

X. Exkurs: E-Sport als Alternative zum klassischen Sport

75 Um trotz Social Distancing und Veranstaltungsverboten sportliche Wettkämpfe durchführen zu können, sind während der COVID-19-Pandemie verschiedene Profisportler und -vereine auf E-Sport[78] umgestiegen, woraus sich verschiedene rechtliche Fragestellungen ergeben, die nachfolgend dargestellt werden.

1. Korrekter Umgang mit dem immaterialgüterrechtlichen Schutz von Videospielen

76 Plant ein Profisportler oder -verein seine Tätigkeit in den virtuellen Bereich zu verlagern, muss vor der Vermarktung analysiert werden, ob Urheber- oder Markenrechte am Videospiel bestehen. Um einen urheberrechtlichen Schutz beanspruchen zu können, muss ein Werk als geistige Schöpfung qualifiziert werden und einen individuellen Charakter besitzen.[79] Videospiele werden in ihrer Eigenschaft als Computerprogramme, die explizit als eigene Kategorie vom Gesetz aufgeführt werden, vom urheberrechtlichen Schutz erfasst.[80]

77 Mit dem Start des Videospiels räumt der Rechteinhaber dem privaten Spieler eine Lizenz zur beschränkten Nutzung des Videospiels ein.[81] Für die kommerzielle Nutzung im Rahmen einer Turnierveranstaltung des Vereins oder beim Streaming durch den Profisportler muss jedoch eine separate Lizenzvereinbarung mit dem Rechteinhaber abgeschlossen werden.[82]

78 Bei Verletzung dieser urheberrechtlichen Bestimmungen droht einem gewerbsmässigen Veranstalter eine Freiheitsstrafe von bis zu fünf Jahren. Durch die Urheberrechtsverletzung erzielte Gewinne, Schadenersatz und Genugtuung können vom Rechteinhaber gemäss den allgemeinen Bestimmungen des Obligationenrechts auf dem Zivilweg eingefordert werden.[83]

77 ‹https://www.swissolympic.ch/ueber-swiss-olympic/news-medien/Fokus-Coronavirus.html?tabId=0b512895–6ffc-4e5e-be90–8b36a7d74ab2› (29.5.2020).

78 E-Sport – oder elektronischer Sport – ist der sportliche Wettkampf zwischen Menschen mit Hilfe von Computerspielen.

79 Marbach/Ducrey/Wild, Rz 242–246.

80 Art. 2 Abs. 3 URG.

81 Diese Lizenz wird üblicherweise als allgemeine Nutzungsbedingungen bezeichnet und enthält insbesondere die Einschränkung, dass eine kommerzielle Nutzung ausgeschlossen wird.

82 Für das Streaming auf den gängigen Plattformen haben gewisse Rechteinhaber besondere allgemeine Richtlinien erlassen, welche eine kommerzielle Nutzung unter bestimmten Rahmenbedingungen erlaubt.

83 Art. 62 Abs. 2 URG; beachte: Müller, Stämpflis Handkommentar URG, Art. 19 URG N 51, welche darlegt, dass die Gewinnherausgabe nur im Falle der Bösgläubigkeit nach den Regeln der Geschäftsführung

2. Beschränkung der Werbung

Entscheidet sich ein Sportverein oder Profisportler eine Aktivität als E-Sport selbst zu streamen, müssen die werberechtlichen Vorschriften beachtet werden, die ihren Grundsatz im Bundesgesetz gegen den unlauteren Wettbewerb finden, wobei insbesondere die Grundsätze der Schweizerischen Lauterkeitskommission (SLK) beachtet werden müssen.[84] Besonders geregelt ist die Werbung für Alkohol, Tabakwaren, Heilmittel, Konsumkredite, Finanzdienstleistungen und Geldspiele.[85] 79

Zentral ist dabei die Einhaltung der Werbetrennung, durch welche Werbung als solche für den Konsumenten klar ersichtlich sein muss und nicht etwa der Anschein erweckt werden darf, dass positive Aussagen bezüglich bestimmter Produkte oder Dienstleistungen allein vom unabhängigen Werturteil des Streamers abhängen (Verbot der Schleichwerbung).[86] Aufgrund der Tatsache, dass eine Finanzierung von Streamern üblicherweise durch Sponsoring – insbesondere durch Bereitstellung von Hardware – erfolgt, besteht jedoch beim Zuschauer gegebenenfalls eine gewisse Erwartungshaltung, dass er bis zu einem gewissen Grad mit versteckten Werbebotschaften konfrontiert wird.[87] 80

Bei einem Verstoss gegen die werberechtlichen Vorschriften drohen ausser einer Reputationsschädigung durch die Publikation eines negativen Entscheides der SLK und den zivilrechtlichen Klagemöglichkeiten je nach Umständen im Einzelfall auch strafrechtliche Konsequenzen.[88] Aufgrund der internationalen Ausrichtung eines gestreamten Events müssen auch ausländische Werbevorschriften beachtet werden, die teilweise sogar schärfere Sanktionen bei Verstössen vorsehen können.[89] 81

3. Veranstaltung eines Turniers mit Preisgeldern

Üblicherweise wird der Gewinn eines E-Sport-Turniers mit einem Preisgeld honoriert, weshalb die Bestimmungen des Bundesgesetzes über die Geldspiele (BGS) zur Anwen- 82

ohne Auftrag (Art. 423 OR) erfolgt und im Falle der Gutgläubigkeit die Bestimmungen zur ungerechtfertigten Bereicherung (Art. 62 ff. OR) zu beachten sind.

84 Art. 2 UWG; Grundsätze der SLK abrufbar unter ‹www.faire-werbung.ch› (25.6.2020).

85 Art. 42b Alkoholgesetz; Art. 17 ff. Tabakverordnung; Art. 1 ff. Verordnung über die Arzneimittelwerbung; Art. 3 lit. k–n UWG; Art. 68 ff. FIDLEG; Art. 74 BGS.

86 Ansonsten läge ein Fall von unerlaubter «Schleichwerbung» vor; vgl. Ferrari Hofer, UWG-Komm., Art. 2 UWG N 66; Grundsatz Nr. B.15 der SLK.

87 Ferrari Hofer, UWG-Komm., Art. 2 UWG N 67; so dürfte die reine Nutzung eines Controllers einer bestimmten Marke, trotzdem dieser kostenlos zur Verfügung gestellt wurde, noch keine verbotene Schleichwerbung darstellen.

88 Vgl. Art. 24 UWG; zuletzt wurde in diesem Kontext von der SLK in den Verfahren Nr. 154/19, 157/19 und 159/19 die ungenügende Deklaration von Werbung durch Influencer in Instagram Posts behandelt, wobei die Beschwerde jeweils vorerst abgewiesen wurde (die Stiftung für Konsumentenschutz hat Rekurs erhoben).

89 Vgl. bspw. Deutschland: Verstöße gegen Vorgaben zur Werberegulierung stellen eine Ordnungswidrigkeit dar, welche mit einem Höchstbetrag von bis zu EUR 500 000 geahndet werden kann (§ 49 Abs. 2 RStV).

dung gelangen können. Aufgrund der bisher fehlenden Anerkennung von E-Sport als Sport im eigentlichen Sinne findet die Ausnahmebestimmung für Sportwettkämpfe in Art. 1 Abs. 2 lit. c BGS keine Anwendung.[90]

83 Da Geschicklichkeit für den Gewinn eines Wettkampfes im E-Sport zentral ist, erscheint die Anwendbarkeit der Ausnahmebestimmung für Geschicklichkeitsspiele gemäss Art. 1 Abs. 2 lit. b BGS grundsätzlich möglich.[91] Die Verordnung über Geldspiele (VGS) konkretisiert den Begriff Geschicklichkeitsspiele als Geldspiele, bei welchen (i) geschickte Spieler einen höheren Gewinn erzielen, (ii) beim Blindspiel nur mit einer geringen Wahrscheinlichkeit ein Gewinn erzielt werden kann, (iii) mehrere Optionen zur Beeinflussung des Spielverlaufs bestehen und (iv) erfolgreiches Spielen Fertigkeiten von einer gewissen Komplexität erfordern.[92] Begründet wird diese Ausnahme in der Botschaft mit der sozialen Ungefährlichkeit solcher Spielformen, da in erster Linie die Geschicklichkeit des Spielers und nicht etwa der Zufall über den Gewinn entscheidet.[93] Geschicklichkeitsspiele sind deswegen nur dann bewilligungspflichtig, wenn sie interkantonal, automatisiert oder online durchgeführt werden.[94]

84 Der Bewilligungspflicht kann der Sportverein nicht durch die Ausrichtung eines Sachpreises entgehen, da auch dieser als geldwerter Gewinn vom BGS erfasst wird.[95] Zu beachten ist auch, dass Wettmöglichkeiten auf den Ausgang des E-Sport-Turniers in jedem Fall den Bestimmungen des BGS und somit der Bewilligungspflicht unterliegen.[96]

85 Zur Beurteilung der Bewilligungspflicht kann der Sportverein sein umfassendes Veranstaltungskonzept gegenüber der Interkantonalen Lotterie- und Wettkommission (Comlot) als zuständiger Bewilligungs- und Aufsichtsbehörde vorlegen.[97]

4. Weisungsrecht des Arbeitgebers zum E-Sport

86 Der Sportverein als Arbeitgeber kann den von ihm angestellten Profisportlern Weisungen erteilen, welche von diesen nach allgemeinen arbeitsrechtlichen Prinzipien grundsätzlich befolgt werden müssen.[98] Die Grenzen des Weisungsrechts liegen im Persönlichkeitsrecht gemäss Art. 27 ZGB, in der Fürsorgepflicht des Arbeitgebers gemäss Art. 328 OR und im arbeitsvertraglich vereinbarten Kompetenzbereich.

87 Zur Persönlichkeit des Arbeitgebers gehört insbesondere dessen geistige Integrität sowie die Achtung der persönlichen und beruflichen Ehre.[99] Ob allenfalls die mangeln-

90 Vgl. E-Sport – Bericht und Haltung des BASPO, ‹https://www.baspo.admin.ch/content/news/de/baspo-internet/2019/e-sport-eine-spielkultur-keine-sportart/_jcr_content/newsPar/downloadlist/downloadItems/80_1553778968013.download/E-Sport_Bericht_und_Haltung_BASPO_de.pdf› (25.6.2020).

91 Art. 3 lit. d BGS.

92 Art. 2 lit. a–d VGS.

93 BBl 2015 8433, wobei als Beispiel eines Geschicklichkeitsspiels das Jassen aufgeführt wird.

94 Art. 1 Abs. 2 lit. b BGS und Art. 3 lit. b BGS.

95 Art. 3 lit. a BGS; BBl 2015 8435.

96 Vgl. zur Sportwette, BBl 2015 8434.

97 ‹www.comlot.ch/en/faq/esports› (25.6.2020).

98 Art. 321d OR.

99 Brühwiler, Komm.-Einzelarbeitsvertrag, S. 219.

den Fähigkeiten eines Profisportlers im E-Sport ähnliche Erfolge zu erzielen wie im real von ihm ausgeübten Sport, seine Ehre verletzen, kann nicht allgemein ausgeschlossen werden, wobei grundsätzlich der Marketingeffekt seiner Teilnahme überwiegen sollte und somit seine Fans die Leistung wohl nicht allzu kritisch beurteilen dürften.

Der Arbeitsvertrag eines Profisportlers dürfte üblicherweise keine Tätigkeit im E-Sport beinhalten. Die COVID-19-Pandemie führt bei vielen Profisportlern dazu, dass ihre übliche Tätigkeit unmöglich geworden ist und sie oder ihr Sportverein somit keine Mehreinnahmen generieren können.[100] Sofern die vorübergehende Tätigkeit des Profisportlers im E-Sport daher als betrieblich notwendig zu betrachten ist, könnte eine dementsprechende Weisung prinzipiell als zulässig erachtet werden.[101] Dies insbesondere auch unter dem Aspekt, dass der Profisportler eine Treuepflicht gegenüber seinem Arbeitgeber besitzt und dessen Interessen in guten Treuen zu wahren hat.[102] Befolgt ein Profisportler freiwillig eine ausserhalb des Weisungsrechts liegende Weisung, darf daraus nicht leichthin auf eine konkludente Zustimmung zu einer entsprechenden Vertragsänderung geschlossen werden, soweit dadurch seine Stellung als Arbeitnehmer verschlechtert wird.[103] Eine rechtswidrige Weisung an den Arbeitnehmer muss dieser nicht befolgen, wobei eine darauf beruhende fristlose oder ordentliche Kündigung als ungerechtfertigt bzw. missbräuchlich bezeichnet würde.[104] Ob ein Profisportler angewiesen werden kann, seine Tätigkeit digital fortzuführen und an einer E-Sport Veranstaltung teilzunehmen, erscheint unter Berücksichtigung der vorgehenden Ausführungen fraglich und kann nur durch Auslegung des spezifischen Arbeitsvertrages beurteilt werden. 88

5. Gründung eines E-Sport-Teams

Sofern ein bestehender Sportverein ein E-Sport-Team zu seinem Vereinsportfolio hinzufügen möchte, kann er dies ohne Weiteres tun, sofern der Zweck des Vereins diese zusätzliche Tätigkeit erlaubt.[105] Plant demgegenüber ein Sportler selbst die Gründung eines E-Sport-Teams, muss er sich je nachdem die Frage stellen, welches rechtliche Konstrukt er dafür wählt. Üblicherweise wird es sich zwischen der einfachen Gesellschaft, einem Verein oder einer Kapitalgesellschaft (AG/GmbH) entscheiden. 89

Die Gründung einer einfachen Gesellschaft ist formlos, sogar konkludent möglich und dürfte für einmalige Zusammenkünfte oder lockere, nicht kommerzielle gemein- 90

100 Vgl. Rz 1.

101 BK-Rehbinder/Stöckli, Art. 321d OR N 47; die betriebliche Notwendigkeit könnte sich beispielsweise durch die Vereinbarung mit einem Sponsoren ergeben, auf dessen Einnahmen der Sportverein angewiesen ist.

102 Art. 321a OR; vgl. Streiff/von Kaenel/Rudolph, Art. 329d OR N 3, welche im Falle einer arbeitsplatzbezogenen Arbeitsunfähigkeit und der damit verbundenen Unmöglichkeit der eigentlichen Arbeitsleistung, die Zuweisung anderer zumutbarer Arbeiten als zulässig erachten.

103 Vgl. zum Erfordernis der betrieblichen Notwendigkeit von Weisungen JAR 1990, S. 356 ff.

104 Streiff/von Kaenel/Rudolph, Art. 329d OR N 2; BGE 132 III 115 E. 5.2.

105 Der Zweckartikel bestimmt die Ziele und Aufgaben des Vereins. Plant dieser sich aufgrund veränderter Verhältnisse neu auszurichten, muss der Zweckartikel überprüft und allenfalls angepasst werden.

same Tätigkeit im E-Sport geeignet sein.[106] Sobald das E-Sport-Team sich jedoch kommerziell betätigt, einfache Wechsel in der Teamaufstellung möglich sein und die Haftung der einzelnen Mitglieder reduziert werden sollen, zeigt die einfache Gesellschaft einige Schwächen.[107] Zwar ist es möglich, die gesetzlichen Bestimmungen weitestgehend durch einen Gesellschaftervertrag zu optimieren, wobei den Parteien in einem solchen Fall üblicherweise eher zu einer der beiden nachfolgenden Alternativen geraten wird. Dies insbesondere, da die persönliche externe Haftung der Gesellschafter für Verbindlichkeiten der einfachen Gesellschaft nicht wirksam von diesen wegbedungen werden kann.[108]

91 Die Gründung eines Vereins ist dann möglich, wenn mit dem E-Sport-Team ein nichtwirtschaftlicher Zweck verfolgt werden soll.[109] So dürfte der Vereinszweck nicht primär in der Verschaffung ökonomischer, geldwerter Vorteile für die Mitglieder bestehen.[110] Erlaubt ist jedoch ein untergeordneter wirtschaftlicher Nebenzweck, der zur Erreichung des ideellen Vereinszwecks dient.[111] Betreibt der Verein ein nach kaufmännischer Art geführtes Unternehmen, muss er sich in das Handelsregister eintragen.[112] Die Vorteile eines Vereins liegen insbesondere in der einfachen Gründung, für welche kein festgelegtes Grundkapital erforderlich ist, sowie in den gesetzlich bereits ausformulierten Strukturen, die unter anderem Mehrheitsbeschlüsse, Aufnahme und Ausschluss von Mitgliedern, sowie ausschliessliche Haftung des Vereinsvermögens ermöglichen.[113]

92 Soll das E-Sport-Team auf professioneller Ebene als kaufmännisches Unternehmen langfristig einen wirtschaftlichen Zweck verfolgen, empfiehlt sich die Gründung einer Kapitalgesellschaft (AG/GmbH). Im Gegenzug für die Beschränkung der externen Haftung auf das Gesellschaftsvermögen muss ein Mindestkapital von den Gesellschaftern eingezahlt werden.[114] Die aufwändigere Gründung und Besetzung der verschiedenen Organe wird mit einer gesetzlich detailliert geregelten Struktur belohnt, welche die Führung eines professionellen Unternehmens ermöglicht.

93 Die Wahl der passenden Rechtsform bestimmt sich nach den Umständen und Zielen der E-Sportler im Einzelfall, wobei gemäss den vorhergehenden Ausführungen ins-

106 Vgl. BSK OR II-Handschin, Art. 530 N 2.

107 Bspw. Notwendigkeit einstimmiger Gesellschaftsbeschlüsse (Art. 534 OR), Geschäftsführungsbefugnis aller Gesellschafter (Art. 535 OR), Konkurrenzverbot (Art. 356 OR), Beendigung durch Kündigung eines Gesellschafters (Art. 545 Abs. 1 Ziff. 6).

108 Art. 544 Abs. 3 OR; gemäss BSK OR II-Pestalozzi/Vogt, Art. 544 N 21, kann allenfalls die Solidarhaftung der Gesellschafter beschränkt werden, indem diese mittels einer expliziten Vereinbarung zwischen Gläubiger und Gesellschafter ausgeschlossen wird.

109 Art. 60 Abs. 1 OR; bspw. Geselligkeit oder Förderung des E-Sports im Allgemeinen.

110 BSK ZGB I-Scherrer/Brägger, Art. 60 N 5.

111 Meier-Hayoz/Forstmoser/Sethe, S. 758; vgl. insbesondere zum Zweck von Sportvereinen: BSK ZGB I-Scherrer/Brägger, Art. 60 N 13–14a.

112 Art. 61 Abs. 2 Ziff. 1 ZGB, Art. 934 OR und Art. 91 HregV; die Eintragung besitzt jedoch bloss deklaratorische Wirkung, BGE 100 III 19 E. 2.

113 Art. 67 ZGB (Mehrheitsbeschlüsse); Art. 70 ZGB (Mitgliedschaft); Art. 75a ZGB (Haftung).

114 Art. 621 OR (Mindestkapital AG CHF 100 000); Art. 773 OR (Mindestkapital GmbH CHF 20 000); Art. 620 Abs. 2 OR u. Art. 794 OR (Haftung).

besondere der Zweck, die geplante Zeitdauer und das wirtschaftliche Risiko entscheidende Parameter darstellen.

XI. Fazit

Der vorstehende Beitrag zeigt exemplarisch auf, wie breit der Bereich Sportrecht ist und 94
wie viele Rechtsgebiete berührt werden. Gerade die COVID-19-Pandemie macht auch deutlich, wie wichtig der Sport als soziale Komponente ist. Für gewisse Leute ist der Sport Arbeitgeber – sei dies bei Profisportlern, professionellen Trainern oder professionellen Klubs – bei anderen ist er eine wichtige Form der Freizeitgestaltung.

Die aufgezeigten Problemfelder im Bereich von Spielerverträgen und Sponsoringver- 95
trägen zeigen, wie wichtig das Finden einer einvernehmlichen Lösung sein kann. Aus dem Blick ins Steuerrecht wird die Bedeutung einer guten vorgängigen Beratung ersichtlich, denn natürlich will niemand in gutem Willen auf Lohn verzichten und dann dafür mit dem normalen Steuerbetrag «abgestraft» zu werden. Schliesslich ist aber auch der Sport in der Krise kreativ geworden, wie die Entwicklungen im Bereich E-Sport zeigen. Welche Änderungen der Sport als solches und die vielen damit zusammenhängenden Teilbereiche durch die COVID-19-Pandemie noch erfahren wird, kann jetzt noch nicht abschliessend festgestellt werden. Klar ist, auch das Sportrecht befindet sich momentan im Wandel, basiert einerseits auf langjährigen anerkannten Rechtsgrundsätzen und andererseits auf Elementen der notrechtlichen Verordnungen und Empfehlungen der FIFA.

§ 8 Kultur

Andrea F. G. Raschèr/Kai-Peter Uhlig/Marco Neeser

Inhaltsverzeichnis

Literaturverzeichnis

Biessmann Peer/Möllmann Sebastian/Scheuermann Andreas, Künstler-, Produzenten- und Bandübernahmeverträge, in: Rolf Moser/Andreas Scheuermann/Florian Drücke, Handbuch der Musikwirtschaft, 7. Aufl., München 2018, § 60 (zit. Biessmann/Möllmann/Scheuermann, Verträge); BK-Bearbeiter/in, in: Heinz Hausheer/Hans Peter Walter (Hrsg.), Berner Kommentar zum Schweizerischen Privatrecht, unterschiedliche Aufl., die Nachweise beziehen sich auf die aktuelle Aufl., Bern ab 1910; Braun Alexander, Pandemien und die Risikoverteilung, NZZ v. 11.5.2020, S. 7 (zit. Braun, NZZ v. 11.5.2020); Brunner Florian/Wilhelm Martin/Uhlmann Felix, Das Coronavirus und die Grenzen des Notrechts, AJP 2020, S. 685 ff. (zit. Brunner/Wilhelm/Uhlmann, AJP 2020); BSK OR I-Bearbeiter/in, in: Corinne Widmer Lüchinger/David Oser (Hrsg.), Basler Kommentar, Obligationenrecht I, 7. Aufl., Basel 2019; Caroni Andrea/Schmid Stefan D., Notstand im Bundeshaus – Die Rolle der Bundesversammlung in der (Corona-)Krise, AJP 2020, S. 710 ff. (zit. Caroni/Schmid, AJP 2020); Cottier Thomas/Müller Jörg Paul, Die Grundrechte gelten auch in der Krise, NZZ v. 22.4.2020, S. 8 (zit. Cottier/Müller, NZZ v. 22.4.2020); Frei Marco/Wildhagen Christian, Erwacht endlich aus der Schockstarre!, NZZ v. 2.5.2020, S. 29 (zit. Frei/Wildhagen, NZZ v. 2.5.2020); Geiser Thomas, Arbeitsrechtliche Regelungen im Zusammenhang mit dem Coronavirus, AJP 2020, S. 545 ff. (zit. Geiser, AJP 2020); Geiser Thomas/Müller Roland/Pärli Kurt, Klärung arbeitsrechtlicher Fragen im Zusammenhang mit dem Coronavirus, in: Jusletter 23.3.2020 (zit. Geiser/Müller/Pärli, Jusletter 23.3.2020); Govoni Carlo/Stebler Andreas, Die Bundesaufsicht über die kollektive Verwertung von Urheberrechten, in: Roland von Büren/Lucas M. David, Schweizerisches Immaterialgüter- und Wettbewerbsrecht, Bd. II/1, Urheberrecht und verwandte Schutzrechte, 3. Aufl., Rz 1231 ff., Basel 2014 (zit. Govoni/Stebler, Bundesaufsicht); Grolimund Pascal/Voss Ulrike, Kunstversicherung, in: Peter Mosimann Peter/Andrea F. G. Raschèr/Marc-André Renold (Hrsg.), Kultur Kunst Recht, 2. Aufl., Basel 2020 [im Erscheinen], Kap. 8 § 5 (zit. Grolimund/Voss, Kunstversicherung); Halter Kathrin, Wir wollen keine Show, Lobbyarbeit ist viel wichtiger, Gespräch mit Ciné-suisse-Präsident Matthias Aebischer, Cinebulletin Nr. 518, Juni 2020, 6 f.; dies., Wenn alles stillsteht, S. 10 f. (zitiert: Halter, Cinebulletin Juni 2020); Hotz Stefan, Warum sich die Organisatoren vieler Open Airs mit einer Absage schwertun, NZZ 18.4.2020 (online; zit. Hotz, NZZ v. 18.4.2020); Läubli Martina/Teuwsen Peer/Forster Elisa, Stillstand! Welcher Stillstand? NZZaS v. 10.5.2020, S. 44 f. (zit. Läubli/Teuwsen/Forster, NZZaS v. 10.5.2020); Michow Jens, Veranstaltungs- und Künstlervermittlungsverträge, in: Rolf Moser/Andreas Scheuermann/Florian Drücke, Handbuch der Musikwirtschaft, 7. Aufl., München 2018, § 66 (zit. Michow, Verträge); Mönnich Ulrike/Heiss Helmut/William Oliver D., Versicherungsschutz in der Corona-Krise, hier: Deckung unter Betriebsschliessungsversicherungen und Schadensaggregation in der Rückversicherung, ZSR Sondernummer Pandemie und Recht (2020), S. 119 ff. (zit. ZSR Sondernummer 2020); Mosimann Peter, Der Werk- und Wirkbereich im Theaterschaffen, in: Peter Mosimann/Andrea F. G. Raschèr/Marc-André Renold (Hrsg.), Kultur Kunst Recht, 2. Aufl., Basel 2020 [im Erscheinen], Kap. 10 (zit. Mosimann, Theater); Neeser Marco, Der Künstlervertrag in der Musikindustrie, Zürich 2011 (zit. Neeser, Künstlervertrag); Pichonnaz Pascal, Un droit contractuel extraordinaire ou comment régler les problèmes contractuels en temps de pandémie, ZSR Sondernummer Pandemie und Recht (2020), S. 137 ff. (zit. ZSR Sondernummer 2020); Poledna Tomas/Trümpler Ralph/Werder Gregori, Entschädigung von Gesundheitseinrichtungen zu Zeiten der Epidemie und Pandemie, ZSR Sondernummer Pandemie und Recht (2020), S. 103 ff. (zit. ZSR Sondernummer 2020); Raschèr Andrea F. G., Kultur, in: Peter Mosimann/Andrea F. G. Raschèr/Marc-André Renold (Hrsg.), Kultur Kunst Recht, 2. Aufl., Basel 2020 [im Erscheinen], Kap. 1 § 1 (zit. Raschèr, Kultur); Raschèr Andrea F. G./Lohri Andrea/Maget Antoinette, Nationale Kulturpolitik, in: Peter Mosimann/Andrea F. G. Raschèr/Marc-André Renold (Hrsg.), Kultur Kunst Recht, 2. Aufl., Basel 2020 [im Erscheinen], Kap. 3 (zit. Raschèr/Lohri/Maget, Kulturpolitik); Renold Marc-André, Die Leihe und die Hinterlegung, in: Peter Mosimann/Andrea F. G. Raschèr/Marc-André Renold (Hrsg.), Kultur Kunst Recht, 2. Aufl., Basel 2020 [im Erscheinen], Kap. 8 § 5 (zit. Renold, Leihe); Robertson Derek, Together in Electric Streams: Inside the Business of Livestreaming, IQ Magazine v. 30.4.2020, S. 26 ff. (zit. Robertson, IQ Magazine v. 30.4.2020); Sarasin David, Zürich entscheidet: Techno ist schützenswert, Tages-Anzeiger v. 24.4.2020, S. 20 (zit. Sarasin, Tages-Anzeiger v. 24.4.2020); Schild Miriam, Passende Zuzüger auf Knopfdruck, Schweizerische Musikzeitung 12/2005, S. 38; Seufert Wolfgang, Die verschiedenen Segmente der Musikwirtschaft, in: Rolf Moser/Andreas Scheuermann/Florian Drücke, Handbuch der Musikwirtschaft, 7. Aufl., München 2018, § 2 (zit. Seufert, Segmente); Sing Nathan, How virtual reality is changing the live music experience, CNN Business 27.2.2020, (zit. Sing, CNN Business 27.2.2020); Sordet Pascaline, Die Nachfinanzierung darf nicht zukünftige Projekte verhindern, Cinebulletin Nr. 518, Juni 2020, 8 f.; dies, Braucht es einen Sonderstatus für Kulturschaffende?, S. 12 f. (zit. Sordet, Cinebulletin Juni 2020); Stallknecht Michael, Wir wollen das Beste wieder haben, NZZ v. 18.5.2020, S. 24 (zit. Stallknecht, NZZ v. 18.5.2020); Streiff Ullin/von Kaenel Adrian/Rudolph Roger, Arbeitsvertrag, Praxiskommentar zu Art. 319–362 OR, 7. Aufl., Zürich 2012; Sturzenegger Martin, Krisentreffen zur Rettung des Hallenstadions, Tages-Anzeiger v. 4.5.2020, S. 13 (zit. Sturzenegger, Tages-Anzeiger v. 4.5.2020); Uhlig Kai-Peter, Der Koproduktionsvertrag der Filmherstellung, Baden-Baden 2007 (zit. Uhlig, Koproduktion); Uhlig Kai-Peter, Der Werk- und Wirkbereich im Film, in: Peter Mosimann/Andrea F. G. Raschèr/Marc-André Renold (Hrsg.), Kultur Kunst Recht, 2. Aufl., Basel 2020 [im Erscheinen], Kap. 12 §§ 2–4 (zit. Uhlig, Film); Unternährer Roland, Kinofilmverwertung in der Schweiz, Zürich 2003 (zit. Unternährer, Kinofilm); Uhlmann Felix/Raschèr Andrea F. G./Scheifele Eva/Wilhelm Martin, Kulturförderung, in: Peter Mosimann/Andrea F. G. Raschèr/Marc-André Renold (Hrsg.), Kultur Kunst Recht, 2. Aufl., Basel 2020 [im Erscheinen], Kap. 4 (zit. Uhlmann/Raschèr/Scheifele/Wilhelm, Kulturförderung); Wedl Johanna,

Ein Auf-, aber kein Durchatmen, NZZ v. 25.4.2020, S. 15 (zit. Wedl, NZZ v. 25.4.2020); Wegener Poto, Der Werk- und Wirkbereich in der Produktion von Popmusik, in: Peter Mosimann/Andrea F. G. Raschèr/Marc-André Renold (Hrsg.), Kultur Kunst Recht, 2. Aufl., Basel 2020 [im Erscheinen], Kap. 11 (zit. Wegener, Popmusik); Wegener Poto, musik & recht – Schweizer Handbuch für Musikschaffende, Starnberg und München 2003 (zit. Wegener, musik & recht); Wildhaber Isabelle, Das Arbeitsrecht in Pandemiezeiten, ZSR Sondernummer Pandemie und Recht (2020), S. 157 ff. (zit. ZSR Sondernummer 2020); Wildhagen Christian, «... und noch mehr in schlechten Zeiten» – Interview mit Christoph Franz, NZZ v. 20.5.2020, S. 27 (zit. Wildhagen, NZZ v. 11.5.2020).

Materialienverzeichnis

Allgemeine Anstellungsbedingungen für freie technische und künstlerische MitarbeiterInnen der Film- und Audiovisionsproduktion, Wochenengagement 2020 (zit. AAB Wochenengagement); Allgemeine Grundsätze zur Ausrichtung von Finanzhilfen [an] Kulturvereine im Laienbereich nach Artikel 10 der Verordnung über die Abfederung der wirtschaftlichen Auswirkungen des Coronavirus (COVID-19) im Kultursektor (COVID-Verordnung Kultur), Bundesamt für Kultur, 2.4.2020 (zit. Allgemeine Grundsätze Kulturvereine im Laienbereich); Erläuternder Bericht v. 19.6.2020 zum Entwurf für ein Bundesgesetz über die gesetzlichen Grundlagen für Verordnungen des Bundesrates zur Bewältigung der Covid-19-Epidemie (Covid-19-Gesetz; zit. Erläuternder Bericht Covid-19-Gesetz); Erläuterungen zur Verordnung über die Abfederung der wirtschaftlichen Auswirkungen des Coronavirus (COVID-19) im Kultursektor (COVID-Verordnung Kultur), Bundesamt für Kultur, Fassungen vom 2.4.2020 und 13.5.2020 (zit. Erläuterungen COVID-Verordnung Kultur [2.4.2020, 13.5.2020]); Gesuch um Finanzhilfen für Kulturvereine im Laienbereich im Kultursektor (gemäss Art. 10 COVID-Verordnung Kultur), Bundesamt für Kultur (zit. Gesuch Finanzhilfen Laien COVID-Verordnung Kultur); Kreisschreiben über die Entschädigung bei Massnahmen zur Bekämpfung des Coronavirus – Corona-Erwerbsersatz, 17.3.2020 (318.713 d KS CE) (zit. KS CE); Musterleihvertrag der Schweizerischen Vereinigung der Kunstsammler, Fassung 2008 (zit. Musterleihvertrag); Rahmenvertrag-Leihverkehr des Verbands Museen der Schweiz über die temporäre Ausleihe von Sammlungsobjekten, Fassung 2012 (zit. Rahmenvertrag-Leihverkehr); Richtlinien zur Verordnung über die Abfederung der wirtschaftlichen Auswirkungen des Coronavirus (COVID-19) im Kultursektor (COVID-Verordnung Kultur), Bundesamt für Kultur, 2.4.2020 (zit. Richtlinien COVID-Verordnung Kultur); Vereinbarung zwischen den Produzentenverbänden und dem Berufsverband der professionellen Filmschaffenden (SSFV), Neufassung v. 10.6.2020 (zit. Vereinbarung Produzentenverbände und SSFV); Vergabereglement Corona-Soforthilfe, Suisseculture Sociale, 2.4.2020 (zit. Vergabereglement Corona-Soforthilfe).

I. Einleitung

1 Am Abend des 28.2.2020 war im Kultur- und Kongresszentrum (KKL) Luzern eine Grossveranstaltung geplant, die Swiss Music Awards – eine Show, an der alljährlich die erfolgreichsten Musikerinnen und Musiker in der Schweiz ausgezeichnet werden. In den Tagen zuvor kristallisierte sich heraus, was niemand für möglich gehalten hätte: Die Durchführung der Veranstaltung war gefährdet, weil am 25.2.2020 der erste Fall einer COVID-19-Erkrankung in der Schweiz gemeldet wurde.[1] Am Morgen des 28.2.2020 traf sich der Bundesrat zu einer ausserordentlichen Sitzung, anlässlich derer

1 Vgl. die Medienmitteilung des BAG v. 25.2.2020, ‹https://www.bag.admin.ch/bag/de/home/das-bag/aktuell/medienmitteilungen.msg-id-78233.html› (23.6.2020).

die Situation in der Schweiz als «besondere Lage» gemäss Art. 6 EpG eingestuft wurde: Es wurden mit sofortiger Wirkung alle Grossveranstaltungen mit mehr als 1000 Personen verboten.[2]

Auch wenn das Verbot zunächst bis 15.3.2020 befristet war, ahnte die Branche rasch, dass die Ereignisse noch von weit grösserer Tragweite sein sollten. Und bei den darstellenden Künstlerinnen und Künstlern sowie Veranstaltern von Aufführungen jeder Art setzte das Bangen ein: Jeder Musikerin und jedem Musiker in der Schweiz wurde bewusst, dass die Selbstverständlichkeit, das eigene Schaffen in der Öffentlichkeit zu präsentieren, plötzlich in Frage gestellt war. 2

Sämtliche öffentlichen und privaten Veranstaltungen waren ab 17.3.2020 verboten (Art. 6 Abs. 1 COVID-19-Verordnung 2[3]), desgleichen Ansammlungen jeglichen Zwecks von mehr als fünf Personen im öffentlichen Raum (Art. 7c Abs. 1). Unterhaltungs- und Freizeitbetriebe wie Museen, Bibliotheken, Kinos, Konzerthäuser und Theater (Art. 6 Abs. 2 lit. d), sowie Restaurants und Bars (Art. 6 Abs. 2 lit. b und c) blieben für das Publikum geschlossen.[4] Für Aktivitäten, die erlaubt blieben, mussten Schutzkonzepte und Präventionsmassnahmen erarbeitet sowie umgesetzt werden (Art. 6a, 7 lit. b und 7d), und besonders gefährdete Personen waren speziell zu schützen (Art. 10c). Archive, Bibliotheken und Museen sowie Restaurants und Bars durften unter diesen Auflagen ab 11.5.2020 wieder öffnen (Art. 6 Abs. 3 lit. b^{bis} und e[5]), Kinos, Konzerthäuser und Theater ab 6.6.2020 (Art. 6 Abs. 3[6]). Nach der Aufhebung der ausserordentlichen Lage i.S.v. Art. 7 EpG am 19.6.2020[7] waren ab dem 22.6.2020 auch wieder mittelgrosse Veranstaltungen mit über 300 und bis zu 1000 Personen erlaubt, während Grossveranstaltungen mit über 1000 Personen vorerst bis 31.8.2020 verboten blieben (Art. 6 Abs. 1 Covid-19-Verordnung besondere Lage[8]). 3

Die globale Ausbreitung des Virus SARS-CoV-2 sowie die Massnahmen zu seiner Eindämmung haben das private und öffentliche Leben nachhaltig verändert. Der Kultursektor wurde unverhofft mit voller Wucht in Mitleidenschaft gezogen: Den Kulturunternehmen und den Kulturschaffenden entstanden durch Schliessungen, Veranstaltungsverbote sowie Einschränkungen beim Grenzübertritt (Art. 3 COVID-19-Verordnung 2) grosse Schäden materieller wie auch immaterieller Art. Unternehmen 4

2 Vgl. zur Chronologie der Ereignisse Caroni/Schmid, AJP 2020, S. 712, die Medienmitteilung des Bundesrats v. 28.2.2020, ‹https://www.admin.ch/gov/de/start/dokumentation/medienmitteilungen.msg-id-78289.html› (23.6.2020) sowie die am 13. März 2020 aufgehobene Verordnung über Massnahmen zur Bekämpfung des Coronavirus (COVID-19) vom 28. Februar 2020 (SR 818.101.24; AS 2020 572).

3 Verordnung 2 über Massnahmen zur Bekämpfung des Coronavirus (COVID-19) v. 13.3.2020 (COVID-19-Verordnung 2; SR 818.101.24).

4 Vgl. AS 2020 783 ff., 784.

5 In der Fassung v. 29.4.2020, AS 2020 1401.

6 In der Fassung v. 27.5.2020, AS 2020 1815.

7 Vgl. die Medienmitteilung des Bundesrats v. 19.6.2020, ‹https://www.admin.ch/gov/de/start/dokumentation/medienmitteilungen.msg-id-79522.html› (23.6.2020).

8 Verordnung über Massnahmen in der besonderen Lage zur Bekämpfung der Covid-19-Epidemie v. 19.6.2020 (Covid-19-Verordnung besondere Lage; SR 818.101.26; AS 2020 2213).

mussten ihre Tätigkeit entweder teilweise oder ganz einstellen, was dazu führte, dass ihre Einnahmen wegbrachen und Kulturschaffende oft ohne Arbeit und mitunter ohne soziale Absicherung dastanden. Auch Einzelfall-Quarantänen (Art. 35 EpG) konnten Orchester- oder Theaterproben sowie Filmaufnahmen und Ähnliches lahmlegen.

5 Im Kultursektor sind Kulturschaffende entweder angestellt oder selbständigerwerbend – überwiegend aber sind sie teilselbständigerwerbend bzw. über Kleinstpensen zusätzlich punktuell und oft nur befristet angestellt. Vor allem Selbständigerwerbende haben keinen Anspruch auf Arbeitslosen-, Kurzarbeits- oder Insolvenzentschädigung.[9]

6 Die folgenden Ausführungen fokussieren auf Fragestellungen, die für den Kultursektor relevant sind. Für darüberhinausgehende grundlegende Fragen zu anderen Rechtsgebieten – wie beispielsweise Verfassungs-, Arbeits-, Vertrags- oder Versicherungsrecht – sei auf die entsprechenden Kapitel in diesem Buch verwiesen.

7 Im ersten Abschnitt werden die Massnahmen von Bund und Kantonen behandelt, im zweiten die Vertragsverhältnisse und anschliessend beispielhaft die Bereiche Performing Arts, Film und Museen.

II. Massnahmen von Bund und Kantonen

1. Ausgangslage

8 Der Bundesrat beschloss am 20.3.2020 ein umfassendes Massnahmenpaket, um die sozialen und wirtschaftlichen Folgen der Ausbreitung des Coronavirus und insbesondere auch der Massnahmen zu seiner Eindämmung abzufedern. Es handelte sich dabei um befristetes Notrecht.[10]

9 Das Bundesamt für Kultur (BAK) als kulturpolitische Fachbehörde des Bundes war sich der Dringlichkeit der Lage bewusst und reagierte rasch: Es konsultierte die Kantone und die Verbände der Kulturschaffenden und legte die Grundlagen für die bundesrätliche *COVID-Verordnung Kultur.*[11] Diese Verordnung ergänzte die gesamtwirtschaftlichen Massnahmen[12] zur Abfederung der wirtschaftlichen und sozialen Folgen der Corona-Krise und war spezifisch auf die Bedürfnisse des Kultursektors ausgerichtet.

9 Vgl. Geiser/Müller/Pärli, Jusletter 23.3.2020, S. 5.

10 Vgl. Ingress und Art. 12 Abs. 2 COVID-Verordnung Kultur; zu Grundlagen und Zulässigkeit der COVID-Verordnungen allgemein auch Brunner/Wilhelm/Uhlmann, AJP 2020, S. 691 ff.; § 19 Rz 4 ff., 31 ff.

11 Verordnung über die Abfederung der wirtschaftlichen Auswirkungen des Coronavirus (COVID-19) im Kultursektor vom 20. März 2020 (COVID-Verordnung Kultur; SR 442.15).

12 Dazu gehörten insbesondere die Gewährung von Solidarbürgschaften, vgl. die Verordnung zur Gewährung von Krediten und Solidarbürgschaften in Folge des Coronavirus vom 25.3.2020 (COVID-19-Solidarbürgschaftsverordnung; SR 951.261), die erleichterte Gewährung von Kurzarbeitsentschädigungen, vgl. die Verordnung über Massnahmen im Bereich der Arbeitslosenversicherung im Zusammenhang mit dem Coronavirus (COVID-19) v. 20.3.2020 (COVID-19-Verordnung Arbeitslosenversicherung; SR 837.033), sowie die Fristverlängerung bei Zahlungsrückständen von Mietern, vgl. die Verordnung über die Abfederung der Auswirkungen des Coronavirus im Miet- und Pachtwesen vom 27.3.2020 (COVID-19-Verordnung Miete und Pacht; SR 221.213.4).

Zum Kultursektor zählten die darstellenden Künste, Design, Film, visuelle Kunst, Literatur, Musik und Museen (Art. 2 lit. a).[13]

a) Rechtliche Grundlagen

10 Die spezifischen Massnahmen des Bundes zur Unterstützung des Kultursektors stützten sich auf Art. 185 Abs. 3 BV sowie – bis zur Änderung der Verordnung vom 21.5.2020 – Art. 46 KFG (Ausführungsbestimmungen). Dies ist insofern bemerkenswert, als im Ingress der meisten anderen COVID-Verordnungen ausschliesslich Art. 185 Abs. 3 BV angegeben wurde.[14]

11 Die Massnahmen dienten dazu, eine nachhaltige Schädigung der Schweizer Kulturlandschaft zu verhindern und zum Erhalt der kulturellen Vielfalt beizutragen (Art. 1 Abs. 1 COVID-Verordnung Kultur). Die Grundlagen für diese Zielsetzung finden sich sowohl in Art. 3 lit. a KFG über die Stärkung der kulturellen Vielfalt, als auch in Art. 3 lit. c KFG über die Schaffung günstiger Rahmenbedingungen für Kulturschaffende sowie für kulturelle Institutionen und Organisationen. Die im Folgenden hauptsächlich relevante COVID-Verordnung Kultur hatte nach Art. 12 Abs. 3 zunächst eine Geltungsdauer von zwei Monaten.[15] Per 21.5.2020 hob der Bundesrat gewisse Bestimmungen der Verordnung auf, verlängerte ihre Geltung aber bis zum 20.9.2020.[16]

12 Am 19.6.2020 hat der Bundesrat die Vernehmlassung zum Entwurf eines Bundesgesetzes über die gesetzlichen Grundlagen für Verordnungen des Bundesrates zur Bewältigung der Covid-19-Epidemie (Covid-19-Gesetz) eröffnet.[17] Mit Bezug auf die Kultur stützt sich der Erlassentwurf auf Art. 69 Abs. 2 BV. Der Entwurf bildet die gesetzliche Grundlage für die Fortführung der Massnahmen der COVID-Verordnung Kultur über den 20.9.2020 hinaus. Begründet wird dies mit den schwerwiegenden Auswirkungen der Covid-19-Epidemie auf den Kultursektor, da die durch die Covid-19-Epidemie ausgelösten wirtschaftlichen Schwierigkeiten über den 20.9.2020 hinausgehen werden: Der Kultursektor hat einen sehr hohen Wertschöpfungsverlust von bis zu 100 Prozent erlitten und eine Erholung wird auch nach den Lockerungsmassnahmen sehr lange dauern. Ziel des geplanten Gesetzes ist die Abfederung der gravierenden Auswirkungen der Pandemie auf die Schweizer Kulturlandschaft.[18] Gemäss Art. 7 Abs. 1 E-Covid-19-Gesetz kann der Bundesrat Kulturunternehmen und Kulturschaffende mit Finanzhilfen unterstützen und er regelt die Fördervoraussetzungen, die Beitragsbemessung sowie das Verfahren und bestimmt die Durchführungsstellen (Abs. 2); die Massnahmen und Mecha-

13 Zu den einzelnen Kulturbereichen und -sparten im Detail vgl. *Erläuterungen COVID-Verordnung Kultur (2.4.2020, 13.4.2020)*, Art. 2.

14 Vgl. Brunner/Wilhelm/Uhlmann, AJP 2020, S. 692.

15 AS 2020 855.

16 AS 2020 1583.

17 Vgl. zur Eröffnung der Vernehmlassung zum Covid-19-Gesetz die Medienmitteilung des Bundesrats v. 19.6.2020 mit Links zum Gesetzesentwurf sowie dem Erläuternden Bericht, ‹https://www.admin.ch/gov/de/start/dokumentation/medienmitteilungen.msg-id-79516.html› (23.6.2020).

18 Vgl. *Erläuternder Bericht Covid-19-Gesetz*, S. 23 f.

nismen entsprechen jenen der COVID-Verordnung Kultur. Die Kantone beteiligen sich zur Hälfte an den Ausfallentschädigungen (Abs. 3). Da die folgende Abhandlung gerade auch mit Blick auf die Aufarbeitung der Krise in den kommenden Monaten und Jahren aufzeigen soll, inwieweit Handlungsbedarf für die Zukunft besteht, ist es geboten, die Ausführungen in der Vergangenheitsform zu formulieren, wohlwissend, dass im Zeitpunkt des Erscheinens dieses Beitrages die Gültigkeit noch andauert.

b) Subsidiarität

13 Die COVID-Verordnung Kultur war im doppelten Sinn subsidiär: Sie griff nur da, wo die allgemeinen Unterstützungsmassnahmen des Bundes nicht angewendet werden konnten, und sie ergänzte die Massnahmen der Kantone, Städte und Gemeinden.

14 Gemäss Art. 1 Abs. 3 COVID-Verordnung Kultur kamen Massnahmen im Kultursektor subsidiär zu den übrigen Massnahmen des Bundes zur Bekämpfung der wirtschaftlichen Folgen des Coronavirus zur Anwendung.[19]

15 Ausserdem verwies die Verordnung auf die kulturpolitischen Aktivitäten und Massnahmen von Kantonen, Städten und Gemeinden, zu denen die kulturpolitischen Aktivitäten des Bundes nach Art. 4 KFG subsidiär sind (Art. 1 Abs. 3).

c) Vollzug

16 Um die COVID-Verordnung Kultur zu präzisieren und den Vollzug der Massnahmen durch die Kantone zu gewährleisten, erliess das BAK gestützt auf Art. 11 Abs. 2 der Verordnung sowie Art. 22 SuG die *Richtlinien COVID-Verordnung Kultur.*[20]

17 Neben den Kantonen waren für den Vollzug bestimmter Massnahmen, wie die Soforthilfen für Kulturschaffende (Art. 6) oder die Finanzhilfen für Laienvereine (Art. 10), meistens gesamtschweizerisch tätige Verbände zuständig. Die gegenseitigen Rechte und Pflichten wurden durch Leistungsvereinbarungen zwischen dem Bund bzw. den Verbänden geregelt.

2. Unterstützungsmassnahmen des Bundes

18 Die COVID-Verordnung Kultur sah als Unterstützungsmassnahmen für Kulturschaffende, Kulturunternehmen sowie Kulturvereine im Laienbereich Soforthilfen (Nothilfen), Ausfallentschädigungen und spezifische Unterstützungsleistungen für Kulturvereine im Laienbereich (Art. 3 Abs. 1) vor.[21]

19 Vgl. *Erläuterungen COVID-Verordnung Kultur (2.4.2020, 13.5.2020)*, Art. 1.

20 Vgl. *Richtlinien COVID-Verordnung Kultur*, Ziff. 1.

21 Zum aktuellen Stand der Massnahmen vgl. die Chronologie der Massnahmen des BAK, ‹www.bak.admin.ch/bak/de/home/themen/covid19/massnahmen-covid19/chronologie-massnahmen-kultursektor.html› (23.6.2020).

a) Kulturschaffende

Kulturschaffende waren besonders hart von der Krise betroffen. Nicht nur, weil sie nicht auftreten konnten, sondern auch, weil ihre meist überlebenswichtigen (Neben-)Beschäftigungen, wie beispielsweise in der Gastronomie oder im Bildungswesen, wegbrachen. 19

Die COVID-Verordnung Kultur war für Kulturschaffende ein wichtiges Auffangnetz in Zeiten der Krise, vor allem, wenn die gesamtwirtschaftlichen Massnahmen nicht griffen. Als Kulturschaffende galten Selbständigerwerbende, die hauptberuflich im Kultursektor tätig waren und ihren Wohnsitz in der Schweiz hatten (Art. 2 lit. d COVID-Verordnung Kultur). Im Gegensatz zu anderen Massnahmen gab es bei Kulturschaffenden keine Altersgrenze: Auch wer über 65 Jahre alt war, hatte Anspruch auf Soforthilfe und Ausfallentschädigung, wenn die übrigen Kriterien erfüllt waren. 20

aa) Soforthilfen (Nothilfen)

Falls Kulturschaffende wegen der staatlichen Massnahmen nicht mehr in der Lage waren, ihre unmittelbaren Lebenshaltungskosten selber zu decken, konnten sie beim Verein *Suisseculture Sociale* nicht rückzahlbare Nothilfen beantragen (Art. 6 Abs. 1 i.V.m. Art. 7 Abs. 1 COVID-Verordnung Kultur).[22] Zu den unmittelbaren Lebenshaltungskosten wurden beispielsweise Mieten, Versicherungen oder Essen gezählt. 21

Die Obergrenze der Nothilfen lag bei 196 Franken pro Tag (Art. 6 Abs. 3 COVID-Verordnung Kultur). Falls Selbständigerwerbende wegen eines Veranstaltungsverbots bereits eine Entschädigung gemäss COVID-19-Verordnung Erwerbsausfall[23] erhalten haben, wurde dieser Betrag an die Nothilfe angerechnet (Art. 6 Abs. 4 COVID-Verordnung Kultur).[24] 22

Der Bund stellte Suisseculture Sociale die notwendigen Finanzmittel für die Soforthilfen vollumfänglich zur Verfügung und entschädigte Suisseculture Sociale für den Aufwand für die Ausrichtung der Soforthilfen (Art. 7 Abs. 3 und 4 COVID-Verordnung Kultur).[25] 23

Mittels Leistungsvereinbarung zwischen Suisseculture Sociale, Pro Helvetia und BAK vom 2.4.2020 wurde ein treuhänderisch geführter Fonds für Nothilfe eingerichtet (vgl. Ziff. 1 Vergabereglement). Gemäss Ziff. 5 Vergabereglement stand der Fonds für Nothilfe 24

22 Das Portal zum Einreichen der Gesuche war erreichbar unter ‹https://nothilfe.suisseculturesociale.ch› (23.6.2020).

23 Verordnung über Massnahmen bei Erwerbsausfall im Zusammenhang mit dem Coronavirus (COVID-19) v. 20.3.2020 (COVID-19-Verordnung Erwerbsausfall; SR 830.31)

24 Zu praktischen Fragen im Zusammenhang mit Veranstaltungsverboten, vgl. KS CE 1008, 1037 ff. Zu den Anspruchsberechtigten zählten neben Kulturschaffenden wie beispielsweise Musikerinnen und Musiker, Kleinkünstlerinnen und Autoren auch Lieferantinnen, Messebauer, Licht- und Tontechnikerinnen sowie Zeltbauer, die wegen der Absage von Veranstaltungen Dienstleistungen und Aufträge für und an der Veranstaltung nicht erbringen konnten (KS CE 1038 f.). Zu Abfederung von Härtefällen für Fälle, in denen Betriebe zwar nicht schliessen mussten, aber durch die staatlichen Massnahmen dennoch einen direkten oder indirekten Erwerbsausfall erlitten haben vgl. KS CE 1041.2.

25 Zu den Modalitäten der Ausrichtung der Soforthilfe vgl. *Vergabereglement Soforthilfe Suisseculture Sociale.*

gemäss Art. 2 und 6 COVID-Verordnung Kultur natürlichen Personen offen, die als Selbständigerwerbende hauptberuflich im Kultursektor tätig waren und ihren Wohnsitz in der Schweiz hatten.

25 Suisseculture Sociale entschied über die Gesuche (Art. 7 Abs. 2 COVID-Verordnung Kultur). Gegen ihre Entscheide war kein Rechtsmittel gegeben, weil kein Rechtsanspruch bestand (Art. 11 Abs. 3 i.V.m. Art. 3 Abs. 2; vgl. zum Rechtswegausschluss Rz 61 ff.). Der Verein Suisseculture Sociale ist ein Organ des Dachverbands Suisseculture, der die meisten Berufsverbände Kulturschaffender unter seinem Dach vereint.

bb) Ausfallentschädigungen

26 Die Soforthilfen sicherten das Überleben von Kulturschaffenden. Falls aber Kulturschaffende wegen der staatlichen Massnahmen finanzielle Schäden erlitten, weil Veranstaltungen und Projekte abgesagt oder verschoben wurden oder Betriebe schliessen mussten, konnten sie an ihrem Wohnsitz Finanzhilfen beantragen (Art. 8 Abs. 1 i.V.m. Art. 9 Abs. 2 COVID-Verordnung Kultur).

27 Diese sog. Ausfallentschädigungen waren in ihrer Deckung auf 80 Prozent begrenzt, wobei entgangener Gewinn nicht abgegolten wurde und allfällige Beiträge aus der Soforthilfe (Nothilfe) an die Ausfallentschädigung angerechnet wurden (Art. 8 Abs. 2 bis 4). Technisch handelte es sich hierbei weniger um eine «Entschädigung» als eher um eine «Schadensminderung».

28 Für die Umsetzung der Massnahmen waren die Kantone zuständig und entschieden auch über die Gesuche (Art. 9 Abs. 3). Die Kantone legten die Kriterien für die Unterstützung fest und waren für deren Finanzierung zuständig, wobei der Bund sich zu 50 Prozent an den von den Kantonen zugesagten Ausfallentschädigungen beteiligte.

b) Kulturunternehmen

29 Für Kulturunternehmen gab es neben den gesamtwirtschaftlichen Massnahmen ebenfalls Soforthilfen (Nothilfen) oder Ausfallentschädigungen.

30 Die Soforthilfen für Kulturunternehmen liefen am 20.5.2020 aus: Art. 4 und 5 COVID-Verordnung Kultur wurden mit Änderung vom 13.5.2020 per 21.5.2020 aufgehoben.[26]

31 Als Kulturunternehmen galten juristische Personen, die im Kultursektor tätig sind (Art. 1 lit. c COVID-Verordnung Kultur). Im Gegensatz zu den Massnahmen zugunsten der Kulturschaffenden waren jene zugunsten von Kulturunternehmen unterschiedlich ausgestaltet je nachdem, ob ein Kulturunternehmen gewinnorientiert war oder nicht. Soforthilfen konnten ausschliesslich nichtgewinnorientierte Kulturunternehmen erhalten. Bei den Ausfallentschädigungen war die Gewinnorientierung unerheblich.

26 AS 2020 1583.

aa) Soforthilfen (Nothilfen)

32 Falls nichtgewinnorientierte Kulturunternehmen wegen der staatlichen Massnahmen in ihrer Existenz gefährdet waren, konnten sie beim Kanton, in dem sie ihren Sitz haben, zur Sicherung ihrer Liquidität *rückzahlbare zinslose Darlehen* beantragen (Art. 4 Abs. 1 und 2 sowie Art. 5 Abs. 1 und 2 COVID-Verordnung Kultur[27]). Die Darlehen waren auf maximal 30 Prozent der Erträge der letzten revidierten Jahresrechnung begrenzt; falls das Unternehmen bereits Subventionen der öffentlichen Hand bezog, wurden diese abgezogen (Art. 4 Abs. 3 f.).

33 Die Kantone entschieden über die Gesuche (Art. 5 Abs. 3). Der Bund finanzierte den Kantonen die Soforthilfen zu 100 Prozent (Art. 5 Abs. 4).

bb) Ausfallentschädigungen

34 Falls Kulturunternehmen wegen der staatlichen Massnahmen finanzielle Schäden erlitten, weil Veranstaltungen und Projekte abgesagt oder verschoben wurden oder Betriebe schliessen mussten, konnten sie eine sog. Ausfallentschädigung beantragen, in Form einer Finanzhilfe am Sitz des Unternehmens (Art. 8 Abs. 1 i.V.m. Art. 9 Abs. 2 COVID-Verordnung Kultur).

35 Die Ausfallentschädigung deckte maximal 80 Prozent der finanziellen Schäden (Art. 8 Abs. 3 COVID-Verordnung Kultur).

36 Im Gegensatz zur Soforthilfe, bei der gemäss Art. 4 Abs. 2 COVID-Verordnung Kultur[28] gewinnorientierte Unternehmen ausgeschlossen waren, konnten bei der Ausfallentschädigung auch gewinnorientierte Kulturunternehmen sowie gewinnorientierte Kulturvereine im Laienbereich eine Ausfallentschädigung beantragen. Letztere nur, falls sie nicht gleichzeitig eine Ausfallentschädigung nach Art. 10 beantragt hatten.[29]

37 Über Gesuche entschieden die Kantone (Art. 9 Abs. 3 COVID-Verordnung Kultur). Der Bund beteiligte sich zu 50 Prozent an den von den Kantonen zugesagten Ausfallentschädigungen (Art. 9 Abs. 4).

38 Die Ausfallentschädigung für Kulturunternehmen war eine Möglichkeit für «freischaffende» Arbeitnehmende – wie beispielsweise die *Zuzüger*[30] in einem Orchester, die sich meist auf Abruf fragil und prekär von Projekt zu Projekt hangeln, ohne als Selbständigerwerbende anerkannt zu sein – sich finanziell teilweise abzusichern. Falls ihre Arbeitgebenden für sie als Kulturunternehmen eine Ausfallentschädigung geltend machten, erhielten sie immerhin 80 Prozent des entgangenen Verdienstes.

---

27 In der Fassung v. 21.3.2020, AS 2020 855.
28 In der Fassung v. 21.3.2020, AS 2020 855.
29 Vgl. *Richtlinien COVID-Verordnung Kultur*, Ziff. 4.1 (zu Art. 8 und 9).
30 Vgl. Schild, Schweizerische Musikzeitung 12/2005.

c) *Kulturvereine im Laienbereich*

39 Auch Kulturvereine im Laienbereich wurden von der Krise hart getroffen. Zu diesen zählten Vereine von nicht professionell tätigen Kulturschaffenden in den Bereichen Musik und Theater, wie beispielsweise Laientheater, Laienchöre oder Trachtengruppen (Art. 2 lit. e COVID-Verordnung Kultur).[31] In der Schweiz gibt es schätzungsweise 1500 Chöre, die allesamt pausieren mussten.

40 Kulturvereine im Laienbereich konnten bei den vom EDI bestimmten Kulturverbänden Finanzhilfen bis zu einer Höhe von CHF 10 000 pro Kulturverein beantragen, falls sie finanzielle Schäden erlitten, weil Veranstaltungen abgesagt oder verschoben werden mussten (Art. 10 Abs. 1 bis 3 COVID-Verordnung Kultur). Bei den Kulturverbänden handelt es sich dabei um die grossen Schweizer Dachverbände für Blasmusik, Chor und Volkstheater.[32] Im Gegensatz zu den Ausfallentschädigungen für Kulturunternehmen nach Art. 8 f., die durch die jeweiligen Kantone am Sitz des Unternehmens abgewickelt wurden, waren für Kulturvereine im Laienbereich privatrechtlich organisierte (Dach-) Verbände zuständig (Art. 10 Abs. 2 COVID-Verordnung Kultur). Ein Verein musste nicht Mitglied eines dieser Verbände sein, um einen Antrag stellen zu können.

41 Diese Massnahmen waren subsidiär zu jenen von Privatversicherungen, Kantonen oder Gemeinden und deckten auch finanzielle Schäden bei Veranstaltungen im Ausland.[33]

42 Der Bund stellte den Verbänden die nötigen Finanzmittel für die Entschädigungen zu 100 Prozent zur Verfügung und erstattete ihren Aufwand für die Ausrichtung der Soforthilfen (Art. 10 Abs. 4 und 5).

43 Die Unterstützung für Kulturvereine im Laienbereich spiegelt ihre zunehmende Bedeutung in der Kulturpolitik des Bundes. Solche Vereine sind wichtige Organisationen, die der Bevölkerung den Zugang zur Kultur ermöglichen und so die kulturelle Teilhabe stärken.[34]

d) *Film*

44 Die COVID-Verordnung Kultur bezog den Film ausdrücklich ein (Art. 2 lit. a). Anders als Art. 46 KFG fand die Ausführungskompetenz des Bundesrats nach Art. 34 FiG keine Erwähnung – obwohl das FiG insoweit Vorrang hat (Art 2 Abs. 1 lit. f KFG). Da die Unternehmen der Filmbranche überwiegend gewinnorientiert arbeiten, kamen Liquiditätsdarlehen nach Art. 4 COVID-Verordnung Kultur[35] für sie nicht in Betracht. Ausfallentschädigungen nach Art. 8 gab es nur in den Fällen, in denen die Absage oder die Ver-

31 *Allgemeine Grundsätze Kulturvereine im Laienbereich*, Ziff. 2.

32 Zu den einzelnen Verbänden und der Koordination mit spartenspezifischen Verbänden vgl. *Allgemeine Grundsätze Kulturvereine im Laienbereich*, Ziff. 7; ‹www.bak.admin.ch/bak/de/home/themen/covid19/massnahmen-covid19/bereiche-musik-theater.html› (23.6.2020).

33 Vgl. *Allgemeine Grundsätze Kulturvereine im Laienbereich*, Ziff. 3 und 4.

34 Vgl. Uhlmann/Raschèr/Scheifele/Wilhelm, Kulturförderung, Rz 125, 180 ff., 196 ff., 204.

35 In der Fassung v. 21.3.2020, AS 2020 855.

schiebung kausal auf staatliche Pandemie-Massnahmen zurückging. Bei abgebrochenen Dreharbeiten (vgl. Rz 85, 125) dürfte dies meist der Fall gewesen, konnte aber auch zweifelhaft sein.[36] Wenig sachgerecht war zudem für den Film die Verwaltung der Massnahmen durch die Kantone (Art. 5 und 9). Anders als in der Kulturförderung generell (Art. 69 BV) ist für die Förderung des Films der Bund nicht nur subsidiär, sondern primär zuständig (Art. 71 BV).[37] Während einzelne Kantone, teils im Verbund miteinander und mit Gemeinden, eigene Stellen der Filmförderung haben (Zürcher Filmstiftung, Basler und Berner Filmförderung, die Kantone der Romandie Cinéforom),[38] die den zuständigen Kultur-Fachstellen zur Hand gehen und die gewisse laufende Projekte selbst kannten, war dies in anderen Kantonen nicht vorauszusetzen.[39] Die Koordination durch den Verein Suisseculture (vgl. Rz 21 ff.)[40] erfasste die Ausfallentschädigungen nicht. Regelmässiger Ansprechpartner für das Filmschaffen der ganzen Schweiz ist die Sektion Film im BAK, der eine leitende Rolle in den Unterstützungsmassnahmen für den Filmbereich durchaus hätte zukommen sollen.

e) *Finanzierung*

Für die Finanzierung der Massnahmen zur Bewältigung der Coronavirus-Pandemie hatte der Bundesrat insgesamt Kredite von rund mehr als 57 Milliarden Franken beantragt. Die eidgenössischen Räte genehmigten diese dringlichen Verpflichtungen nachträglich und stockten sie um 105 Millionen Franken auf.[41] 45

Für den Kultursektor hatten National- und Ständerat den Kredit von 280 Millionen Franken anlässlich der ausserordentlichen Session vom Mai 2020 bewilligt: 100 Millionen Franken als Soforthilfe für nicht gewinnorientierte Kulturunternehmen und 25 Millionen für Kulturschaffende. Weitere 145 Millionen Franken sollten für Ausfallentschädigungen sowie 10 Millionen Franken für Musik- und Theatervereine im Laienbereich eingesetzt werden.[42] 46

Da sämtliche Grossveranstaltungen mit mehr als 1000 Personen bis vorerst 31.8.2020 verboten waren und zahlreiche Kulturinstitutionen bis 5.6.2020 geschlos- 47

---

36 Vgl. Halter, Cinebulletin Juni 2020, S. 7; Sordet, Cinebulletin Juni 2020, S. 8

37 Uhlig, Film, S. 121 ff., m.w.N.

38 Vgl. Uhlig, Film, S. 158 ff. In der Romandie wurden Gesuche um Ausfallentschädigung aus der Filmbranche vorab Cinéforom vorgelegt, bevor sie von den Kantonen zu bearbeiten waren; vgl. Sordet, Cinebulletin Juni 2020, S. 8.

39 Vgl. Halter, Cinebulletin Juni 2020, S. 6.

40 Vgl. Halter, Cinebulletin Juni 2020, S. 6.

41 Nachrichtenagentur SDA, Die Sitzungen in Kürze – Ausserord. Session, 04. –07. Mai 2020, ‹https://www.parlament.ch/de/ratsbetrieb/sessionen/sda-ausserordentliche-session-2020› (23.6.2020); vgl. auch Caroni/Schmid, AJP 2020, S. 716.

42 Vgl. die Medienmitteilung des Parlaments v. 4.5.2020, ‹www.parlament.ch/de/services/news/Seiten/2020/20200504225012254194158159041_bsd211.aspx› (23.6.2020). Zum prognostizierten Mittelbedarf von zusätzlichen 280 Millionen Franken nach dem 20.9.2020 vgl. *Erläuternder Bericht Covid-19-Gesetz*, S. 30.

sen blieben, hatte der Bundesrat beschlossen, die finanzielle Unterstützung des Kultursektors bis zum 20.9.2020 zu verlängern.[43] Aufgrund der Auswertung der eingegangenen Gesuche hat der Bundesrat beschlossen, die Mittel, die bis zum 20.3.2020 für die Finanzierung der zinslosen Darlehen für Kulturunternehmen vorgesehen waren, teilweise den Ausfallentschädigungen zuzuweisen. Insgesamt sollten 50 Millionen Franken auf den Kredit für die Ausfallentschädigung für Kulturunternehmen und Kulturschaffende übertragen werden.[44]

3. Unterstützungsmassnahmen der Kantone

a) Allgemein

48 Im Gegensatz zum üblichen Vorgehen in der Kulturpolitik, bei welchem die Kantone die Hoheit haben, ging der Bundesrat mit seinem Notrechtserlass voran: Die Kantone stellten kurz nach Inkrafttreten der COVID-Verordnung Kultur ihrerseits die kantonalen Strukturen auf und sprachen die entsprechenden Kredite.[45]

b) Koordination und Harmonisierung

49 Um die einheitliche Umsetzung der COVID-Verordnung Kultur in allen Kantonen sicherzustellen, hatte die Konferenz der kantonalen Kulturbeauftragten (KBK) eine Delegation aus drei Mitgliedern gebildet. Diese Delegation stand in engem Kontakt zum BAK und zur Eidgenössischen Finanzkontrolle mit dem Ziel, die Massnahmen unter den Kantonen und mit dem Bund zu koordinieren.

50 Durch die enge Zusammenarbeit konnten konkrete Fragen rasch geklärt und die Auslegung der einzelnen Bestimmungen unkompliziert harmonisiert werden. Dies ermöglichte es, eine konsolidierte Praxis und eine effizientere Zusammenarbeit zwischen Kantonen und Bund zu begründen, wie dies beispielsweise bei der Überarbeitung der Erläuterungen der *Erläuterungen COVID-Verordnung Kultur* der Fall war. Ganz im Sinne des «nationalen Kulturdialogs» mit dem Ziel einer engeren Zusammenarbeit zwischen den verschiedenen Staatsebenen (vgl. Art. 5 KFG).[46]

---

43 Art. 12 Abs. 3 COVID-Verordnung Kultur (Fassung v. 13.5.2020, AS 2020 1583); vgl. die Medienmitteilung des Bundesrats v. 13.5.2020 ‹https://www.admin.ch/gov/de/start/dokumentation/medienmitteilungen.msg-id-79103.html› (23.6.2020).

44 Zum finanziellen Stand der Gesuche vgl. die Chronologie der Massnahmen des BAK, ‹www.bak.admin.ch/bak/de/home/themen/covid19/massnahmen-covid19/chronologie-massnahmen-kultursektor.html› (23.6.2020).

45 Zu den kantonalen Anlaufstellen vgl. die entsprechende Liste des BAK, ‹www.bak.admin.ch/bak/de/home/themen/covid19/kantonale-anlaufstellen.html› (23.6.2020).

46 Vgl. zum nationalen Kulturdialog UHLMANN/RASCHÈR/SCHEIFELE/WILHELM, Kulturförderung, Rz 226.

c) *Ermessensspielraum*

Die Kantone haben für die Umsetzung der COVID-Verordnung Kultur einen grossen Ermessensspielraum.[47] Ein Beispiel für dessen Nutzung und das Setzen eigener kultureller Schwerpunkte war die finanzielle Unterstützung von Musikbars und -clubs im Kanton Zürich (vgl. Rz 100 f.).[48] 51

Als Anknüpfung für diese Massnahmen diente dem Kanton die Aufnahme der *Zürcher Technokultur* in die Liste der lebendigen Traditionen in der Schweiz[49] als Teil der sogenannten *urban traditions*[50] und im Sinne der UNESCO-Konvention zur Bewahrung des immateriellen Kulturerbes[51].[52] 52

d) *Finanzierung*

Bis Ende Mai 2020 stellten die Kantone jeweils in ihrem Zuständigkeitsbereich insgesamt rund 150 Millionen Franken bereit. Das ergab mit den 145 Millionen Franken, die sie vom Bund erhalten hatten, rund 300 Millionen Franken für die Massnahmen zugunsten der Kultur. 53

Gleich wie den Kantonen Ermessensspielraum bei der inhaltlichen Umsetzung der COVID-Verordnung Kultur zukam, verfügten sie über Entscheidungsfreiheit bei der Finanzierung der Unterstützungsleistungen, soweit diese von ihnen zu finanzieren waren. Einige Beispiele mögen dies verdeutlichen. 54

Während in *Bern* der Regierungsrat ermächtigt wurde, abschliessend und mit separatem Beschluss einen Rahmenkredit zur Finanzierung des kantonalen Teils der Ausfallentschädigungen zu bewilligen,[53] stellte *Nidwalden* hierfür einen Beitrag aus dem gemäss seinem Kulturförderungsgesetz bestehenden Kulturfonds zur Verfügung, wobei die Hälfte dieses Beitrags aus dem Lotteriefonds an den Kulturfonds übertragen wurde.[54] 55

Zug legte fest, dass die Finanzierung des Kantonsanteils aus dem Lotteriefonds erfolgte.[55] Eine weitere Verordnung dieses Kantons sah vor, den Lotteriefonds und den 56

---

47 Vgl. *Richtlinien COVID-Verordnung Kultur*, Ziff. 6.1.

48 Vgl. auch *Erläuterungen COVID-Verordnung Kultur (13.5.2020)*, Art. 2.

49 Siehe ‹www.lebendige-traditionen.ch/tradition/de/home/traditionen/zuercher-technokultur.html› (13.5.2020)

50 Vgl. zu den lebendigen Traditionen im urbanen Raum das SAGW-Bulletin 3/2014, ‹https://sagw.ch/fileadmin/redaktion_sagw/dokumente/Publikationen/Bulletin/SAGW_3_14_web.pdf› (23.6.2020).

51 Übereinkommen zur Bewahrung des Kulturerbes vom 17. Oktober 2003 (SR 0.440.6).

52 Vgl. Sarasin, Tages-Anzeiger v. 24.4.2020; Wedl, NZZ v. 25.4.2020. Vgl. zum Ganzen auch Raschèr/Lohri/Maget, Kulturpolitik, Rz 111 ff. und 179.

53 Art. 7 der Verordnung über die Unterstützungsmassnahmen zur Abfederung der wirtschaftlichen Auswirkungen des Coronavirus (COVID-19) im Kultursektor (CKKV) vom 8. April 2020 (BSG 101.5).

54 § 3 der Verordnung über die Abfederung der wirtschaftlichen Auswirkungen des Coronavirus im Kultursektor des Kantons Nidwalden (Kulturnotverordnung) vom 17. April 2020 (NG 321.12).

55 § 6 der Verordnung zur Umsetzung der Verordnung über die Abfederung der wirtschaftlichen Auswirkungen des Coronavirus (COVID-19) im Kultursektor (COVID-Verordnung Kultur) vom 16. April 2020 (BGS 612.15).

Sportfonds zu äufnen, «um subsidiär und in Ergänzung zu den ordentlichen Massnahmen des Bundes und des Kantons wohltätige, gemeinnützige Organisationen aus dem Kultur-, Sozial-, Sport-, Bildungs- und weiteren Bereichen finanziell zu unterstützen, sollten diese bedrohliche finanzielle Einbussen infolge der Auswirkungen des Coronavirus erleiden».[56] Grundlage für die Speisung der Fonds dienten Überschüsse aus der Bewirtschaftung des Fondsvermögens ab 2009.

57 Die *Waadt* und *Freiburg* errichteten zum Zweck der Unterstützungsmassnahmen gemäss COVID-Verordnung Kultur neue Fonds. Die *Waadt* bildete den «Fonds cantonal d'aide d'urgence et d'indemnisation des pertes financières pour l'annulation ou le report de manifestations ou de projets culturels»; der Fonds wurde durch den dem Kanton seitens des Bundes aufgrund der Leistungsvereinbarung überwiesenen Beitrag sowie den vom Kanton zu leistenden Beitragsanteil geäufnet.[57] *Freiburg* schuf zwei neue Fonds; einerseits einen Fonds zur Finanzierung der den Kulturunternehmen gewährten Soforthilfen gemäss dem per 21.5.2020 aufgehobenen Art. 5 COVID-Verordnung Kultur und anderseits einen Fonds für die Ausfallentschädigungen, der je zu 50 Prozent vom Bund und vom Kanton gespiesen wurde.[58]

58 *Basel-Stadt*[59] legte fest, dass – soweit die COVID-Verordnung Kultur eine ergänzende Finanzierung durch den Kanton vorsieht – diese gestützt auf das Gesetz betreffend den Fonds zur Bekämpfung der Arbeitslosigkeit erfolgt, wobei die ergänzende Finanzierung über diesen Fonds betraglich begrenzt wurde.

4. Unterstützungsmassnahmen der Gemeinden

59 Die Gemeinden konnten sich an den Unterstützungsmassnahmen beteiligen, mussten dies aber nicht. Neben allgemeinen Unterstützungs- und Überbrückungsmassnahmen mit dem Ziel, den kurzfristigen Erhalt der Liquidität von selbständig Erwerbstätigen oder Unternehmen zu sichern, unterstützen einige Städte Kulturschaffende oder Kulturunternehmen mit unterschiedlichen Massnahmen, meist mit dem Ziel, die Liquidität zu sichern.

60 Wie zahlreiche andere Städte forderte beispielsweise die Stadt Bern keine bereits ausbezahlten Beiträge zurück, auch nicht bei abgesagten Veranstaltungen, und zahlte gesprochene und noch nicht ausbezahlte Beiträge aus.[60] Die Stadt Winterthur suchte mit

56 §§ 1 bis 3 der Verordnung zur Äufnung des Lotteriefonds und des Sportfonds in Folge des Coronavirus (COVID-19-Lotterie- und Sportfondsverordnung) vom 7. April 2020 (BGS 612.14).

57 Art. 2 et 3 de l'Arrêté sur la création d'un fonds d'aide d'urgence et d'indemnisation des pertes financières pour l'annulation ou le report de manifestations ou de projets culturels dans le cadre de la mise en œuvre de l'Ordonnance COVID dans le secteur de la culture du 8 avril 2020 (BLV 446.11.080420.1).

58 Art. 8 der Ausführungsverordnung der Bundesverordnung über die Abfederung der wirtschaftlichen Auswirkungen des Coronavirus (COVID-19) im Kultursektor vom 14. April 2020 (SGF 821.40.32).

59 § 2 der Verordnung zur Ausrichtung von Unterstützungsleistungen im Kultursektor zur Abfederung der wirtschaftlichen Auswirkungen des Coronavirus (COVID-19-Verordnung Unterstützung Kultursektor) vom 8. April 2020 (SG 835.202).

60 Vgl. die entsprechenden Angaben auf der Website von Kultur Stadt Bern, ‹www.bern.ch/themen/kultur/corona/projektbeitraege› (23.6.2020).

Kulturbetrieben, die in städtischen Liegenschaften eingemietet waren, nach passenden Lösungen und finanzierte eine Rechtsberatung für Kulturakteurinnen und Kulturakteure.[61]

5. Spezialfragen

a) *Rechtsweg*

Der Rechtsweg gegen Entscheide von Bund und Kantonen in Vollzug der COVID-Verordnung Kultur war ausgeschlossen (Art. 11 Abs. 3).[62] Ebenso gab es gegen die Entscheide von *Suisseculture Sociale* (Art. 7)[63] wie auch gegen Entscheide der Verbände im Laienbereich (Art. 10)[64] keine Rechtsmittel. 61

Im Sinne der Rechtsweggarantie müssen Tat- und Rechtsfragen von Verwaltungsentscheiden überprüft werden können, wohingegen es nicht zwingend notwendig ist, dass auch die Angemessenheit einer Massnahme überprüft werden kann (ausgenommen bei Willkür). Die massgeblichen Kulturförderungserlasse des Bundes schliessen die Rüge der Unangemessenheit im Beschwerdeverfahren ausdrücklich aus (Art. 26 Abs. 2 KFG; Art. 32 Abs. 3 FiG). Dies trägt dem Umstand Rechnung, dass Beitragsvergaben und Preisverleihungen in der Kulturförderung überwiegend Ermessensentscheide sind, die oft von unabhängigen Fachkommissionen getroffen werden. Nichtsdestotrotz müssen sie aber nachvollziehbar sein und kurz begründet werden.[65] 62

Auch wenn gemäss Art. 3 Abs. 2 COVID-Verordnung Kultur kein Rechtsanspruch auf Leistungen bestand, kommt ein solch absoluter Ausschluss des Rechtswegs einem Verstoss gegen die Rechtsweggarantie nach Art. 29a BV gleich.[66] Genauso problematisch ist der Ausschluss des Rechtswegs beim privatrechtlichen Verein *Suisseculture Sociale* oder den Dachverbänden im Laienbereich, weil diese eine staatliche Aufgabe erfüllen und damit an die Grundrechte, d.h. auch an die Verfahrensgrundrechte, gebunden sind (Art. 35 Abs. 2 i.V.m. Art. 29 ff. BV).[67] 63

b) *Umgang mit Finanzhilfen*

Mit Bezug auf den Umgang mit bereits gesprochenen Finanzhilfen ging der Bundesrat «davon aus, dass alle Staatsebenen die Subventionen weiterbezahlen, auch wenn nicht alle Subventionsempfänger im Einzelfall ihre Leistungen aufgrund der aktuellen Situa- 64

---

61 Vgl. die entsprechende Übersicht der Stadt Winterthur, ‹https://stadt.winterthur.ch/themen/leben-in-winterthur/kultur/infopoint-corona› (23.6.2020).

62 Vgl. auch *Richtlinien COVID-Verordnung Kultur*, Ziff. 6.5.

63 Vgl. *Vergabereglement Soforthilfe Suisseculture Sociale*, Ziff. 3.

64 Vgl. *Allgemeine Grundsätze Kulturvereine im Laienbereich*, Ziff. 12.

65 Vgl. zum Ganzen vertieft Uhlmann/Raschèr/Scheifele/Wilhelm, Kulturförderung, Rz 91 ff., m.w.N.

66 Vgl. ausführlich Brunner/Wilhelm/Uhlmann, AJP 2020, S. 696 FN 111 und S. 699.

67 Vgl. Uhlmann/Raschèr/Scheifele/Wilhelm, Kulturförderung, Rz 238 und 241.

tion nicht oder nicht vollumfänglich erbringen können»[68] Dies im Sinne von Art. 28 Abs. 3 SuG sowie dem Vertrauensprinzip gemäss Art. 9 BV, weil die Förderung des öffentlichen Interesses «Kultur» wegen der Pandemie nicht mehr oder nur eingeschränkt möglich ist.[69]

65 Die meisten Kantone und Städte verhielten sich in diesem Sinne. Bemerkenswert ist, dass auch Swissfoundations, als wichtigster Verband gemeinnütziger Förderstiftungen in der Schweiz, seinen Mitgliedern eine ähnliche Empfehlung abgab.[70]

66 So wurden beispielsweise bereits zugesagte Förderbeiträge auch bei Absage oder Verschiebung der Veranstaltung oder Aktivität ausbezahlt, oder es wurde auf eine Rückzahlung verzichtet. Auch wurden Fristen verlängert, projektgebundene Förderungen angepasst oder eine Zweckbindung aufgehoben.

c) Sonderopfer?

67 Es stellt sich die Frage, ob Kulturschaffende und Kulturunternehmen einen unmittelbar auf die BV gestützten Anspruch auf eine Entschädigung haben, weil sie durch die Massnahmen zur Eindämmung der Ausbreitung des Coronavirus Verluste hinnehmen mussten, die nicht mehr kompensiert werden konnten, und sie deshalb ein Sonderopfer erbracht haben.[71]

68 Die allfällige Abgeltung eines Sonderopfers leitet sich nach der Rechtsprechung aus der verfassungsrechtlich gewährleisteten Eigentumsgarantie ab. Im Wesentlichen liegt ein Sonderopfer dann vor, wenn eine einzige Eigentümerin oder ein einziger Eigentümer von einer Massnahme oder Anordnung derart betroffen ist, dass ihr oder sein Opfer gegenüber der Allgemeinheit als unzumutbar erscheint und es mit der Rechtsgleichheit unvereinbar wäre, wenn keine Entschädigung geleistet würde.[72]

69 Faktisch waren vorliegend aber nicht einzelne wenige Personen wegen der Massnahmen betroffen, sondern eine grosse Zahl. Bereits deshalb kann ein Anspruch aufgrund einer Sonderopfer-Stellung der Betroffenen kaum in Frage kommen. Umstritten ist zudem die in diesem Kontext relevante Frage, ob auch Ertragsausfälle überhaupt unter den Schutzbereich der Eigentumsgarantie fallen.[73] Schliesslich wurden im Gegensatz zu Gesundheitseinrichtungen[74], die keine Entschädigung erhalten haben, für den Kulturbereich mit der COVID-Verordnung Kultur spezifische Regelungen geschaffen, um die negativen wirtschaftlichen Folgen der staatlichen Massnahmen abzufedern. Angesichts

68 Vgl. *Erläuterungen COVID-Verordnung Kultur (2.4.2020)*, zu Art. 4 und 5 in fine.

69 Vgl. § 25 Rz 94 ff., 98 ff.

70 Vgl. die entsprechende Empfehlung von Swissfoundations, ‹https://www.swissfoundations.ch/wp-content/uploads/2020/03/Empfehlung_Stiftungsengagement-in-Zeiten-der-Corona-Krise.pdf› (23.6.2020).

71 Vgl. Cottier/Müller, NZZ v. 22.4.2020.

72 Vgl. zur bundesgerichtlichen Rechtsprechung insb. BGE 131 II 728, 730 E. 2; 125 II 431, 433 E. 3a; 110 Ib 29, 32 E. 4; BGer v. 15.10.2019, 1C_275/2018, E. 2.1.

73 Vgl. Poledna/Trümpler/Werder, ZSR Sondernummer 2020, S. 113 f. und dort insb. FN 49.

74 Vgl. mit Fokus auf Gesundheitseinrichtungen Poledna/Trümpler/Werder, ZSR Sondernummer 2020, S. 113 ff.

der Tatsache, dass damit eine Rechtsgrundlage für geldwerte Leistungen im Kulturbereich vorhanden war, erscheint die Frage obsolet, ob unmittelbar aufgrund der Eigentumsgarantie Entschädigungen an Kulturschaffende und Kulturunternehmen hätten ausgerichtet werden können.

III. Vertragsverhältnisse im Kulturbereich

Die Projekte, Produktionen, Konzerte, Aufführungen, Veranstaltungen, Ausstellungen 70
des Kulturschaffens waren von der Pandemie umfassend betroffen. Die Realität der Pandemie und das in kürzester Zeit geschaffene neue Recht spielten im Einzelfall zusammen und wirkten sich unterschiedlich aus. Die behördlichen Massnahmen, die Veranstaltungs- und Betriebsverbote und Schliessungen, das Versammlungsverbot, die Schutzvorkehrungen, aber auch die Einschränkungen der Handlungsfreiheit Einzelner wie Quarantäne oder Reisebeschränkungen (vgl. Rz 3 f.) verhinderten oder erschwerten und verteuerten kulturelles Schaffen. Jeder Akteur im Kulturbetrieb findet sich in einem Netz von Leistungs- und Rechtsbeziehungen, in denen sich dadurch entscheidende Parameter änderten.

Zugleich trafen Pandemie-Massnahmen und Vorsichtsregeln die ganze Gesellschaft. 71
Auch dies wirkte sich auf das Kulturschaffen aus. Das Publikum blieb aus, Verkehrsverbindungen waren gestrichen, Arbeits- und Veranstaltungsorte unzugänglich. Benötigte Vertragsleistungen fielen aus oder verzögerten sich; oder sie wurden angeboten und berechnet, konnten aber nicht mehr verwendet werden.

Organisatorische und unternehmerische Entscheide mussten sich vor allem auch 72
von Vorsicht leiten lassen: Die in Eile erlassenen und angepassten Rechtsvorschriften brachten Unsicherheit über das (nicht) Erlaubte mit sich. Fürsorgepflichten, Gesundheits- und Haftungsrisiken waren abzuwägen. In manchen Fällen war dem mit Umstellungen und Anpassungen der Arbeiten zu begegnen; in anderen mochte der Mehraufwand unvertretbar sein. Oft blieb nichts anderes übrig, als Vorhaben, auch wenn sie rechtlich erlaubt geblieben wären, zu verschieben oder abzusagen. Dies hatte einschneidende – vor allem finanzielle – Folgen für die Kulturunternehmen und die Kulturschaffenden und beliess sie in Ungewissheit über die Zukunft ihrer Projekte und Investitionen.

Dem gegenüber standen die zusätzlichen *Unterstützungsmassnahmen* von Bund, 73
Kantonen und Sozialversicherungen, wie die Überbrückungskredite, die Ausfallentschädigungen und die Kurzarbeitsentschädigung.[75] Mit der Ausweitung auf befristete Arbeitsverhältnisse kam letztere auch Filmschaffenden zugute (vgl. Rz 142). In gewissen Fällen dürften Schäden auch durch Versicherungsleistungen ausgeglichen worden sein; aber viele Policen decken Pandemie-Risiken nicht.[76]

75 Vgl. § 18 und § 23.

76 Vgl. Braun, NZZ v. 11.5.2020; kritischer Mönnich/Heiss/William, ZSR Sondernummer 2020, S. 127 f.; vgl. zur Frage der Pandemiedeckung ausführlich § 9.

74 Störungen wie Abhilfemassnahmen wirkten sich somit auf Abläufe, Planungen, Leistungs- und Rechtsbeziehungen des Kulturschaffens aus; und dies in *privatrechtlicher Hinsicht* hauptsächlich in den *Vertragsbeziehungen*. Hier entscheiden sich Kosten und Einkünfte, Machbarkeit oder Scheitern, Wohl oder Schaden aller einzelnen Akteure.[77] Diese realen Störungen bewirkten im Rechtssinn *Leistungsstörungen* in den einzelnen Vertragsbeziehungen, wie Leistungsausfälle oder -mängel, Verzögerungen oder Zweckverfehlungen.[78]

75 Verträge sind grundsätzlich einzuhalten *(pacta sunt servanda)*. Im Einzelnen gelten die vertraglichen Abreden, wie etwa spezielle Kündigungsgründe oder Rücktrittsrechte, aufschiebende oder auflösende Bedingungen, Haftungsbeschränkungs- und Freizeichnungsklauseln oder Kostenteilung. Damit weisen die Parteien die Störungsrisiken untereinander zu. Schliesslich gelten neben den gewöhnlichen Rechten und Pflichten einer Vertragspartei die Leistungsstörungs-Regimes des Obligationenrechts.[79]

76 Ein Bild der Konsequenzen von Pandemie-Störungen für einzelne Akteure des Kulturschaffens wäre also nach einer Analyse der Pflichten, der Kausalitäten und vertraglichen Folgen zu zeichnen – was in der Eile und der Unübersichtlichkeit der Situation kaum vollständig zu machen ist.[80]

77 Unter so schwerwiegenden *äusseren* Störungen, wie sie die Pandemie mit sich bringt, kann aber auch das vertragliche Fundament selber aus den Fugen geraten, das heisst, die *Äquivalenz* im vertraglichen Leistungstausch gestört sein.[81] Insbesondere betrifft dies die Risikozuweisung, die das Gesetz oder – mit mehr oder weniger Bedacht – die Parteien selbst ihrem Vertrag zugrunde gelegt haben. Dann gerät die Durchsetzbarkeit der vertraglichen Ansprüche und Rechtsbehelfe an die Grenzen von Treu und Glauben (Art. 2 ZGB). Hier fliessen die *Zumutbarkeit*, übergeordnete Gerechtigkeits- und Ausgleichs-Erwägungen ein. Der Vertrag bedarf der Anpassung (*clausula rebus sic stantibus*; beim Werkvertrag Art. 373 Abs. 2 OR)[82] oder kann ausserplanmässig beendet werden *(Kündigung aus wichtigem Grund)*.[83] Hierüber zu entscheiden haben die Gerichte; und dies mit einem grossen Ermessen.

78 In der akuten Krise aber schaffen Rechtsbehelfe, die gerichtlich durchgesetzt werden müssten, kaum nützliche Abhilfe. Schon gar nicht sind Rechtsbehelfe mit unscharfen Voraussetzungen (Sorgfaltspflichten, Kausalitäten, Vorhersehbarkeit) oder im Richterermessen (Treu und Glauben, Zumutbarkeit) behilflich, deren Ausgang kaum zu prognostizieren ist. Eine Klärung könnte vor Gerichten gesucht werden und würde letztlich

77 Vgl. Pichonnaz, ZSR Sondernummer 2020, S. 139 f.
78 Vgl. zum Ganzen eingehend § 1.
79 Vgl. § 1 Rz 20.
80 Vgl. Pichonnaz, ZSR Sondernummer 2020, S. 138.
81 Vgl. Pichonnaz, ZSR Sondernummer 2020, S. 140; BSK OR I-Wiegand, Art. 18 N 95, 98, 104 ff.
82 Vgl. zum Ganzen Pichonnaz, ZSR Sondernummer 2020, S. 138 und 141 ff.; § 1 Rz 19; BSK OR I-Wiegand, Art. 18 N 95 ff.; BK-Merz, Art. 2 ZGB N 188 ff., allerdings kritisch zur Vertragsanpassung, N 212, 215 und 256 f.
83 BSK OR I-Wiegand, Art. 18 N 9 und 115.

auch gefunden – aber nach langer Zeit, unter hohem Aufwand und Kosten und selten zur Zufriedenheit der Streitparteien. Manche Grundsatzfrage mag im Nachhinein auf dem Rechtsweg zu klären sein, und klares Unrecht gilt es auch im Ausnahmefall zu berichtigen.[84] Aber für die Bewältigung der Krise verspricht der Rechtsweg oft keine Lösung: Er verschafft weder Liquidität noch Einkommen, bringt kein Kulturprojekt voran, räumt Unsicherheiten nicht oder zu spät aus und belastet die Parteien weiter mit Aufwand und Unwägbarkeit.

In vielen Verträgen, auch im Kulturbetrieb, finden sich Bestimmungen, die für aus- 79
sergewöhnliche Situationen eine greifbare Notlösung bieten sollen, nämlich Rücktritts- oder Kündigungsrechte oder *Klauseln über «höhere Gewalt»*, die eine Anpassung des Vertrags vorgeben[85] oder einer oder beiden Vertragsparteien einen Ausweg verschaffen sollen, meist, indem sie sie von Pflichten und Haftung entlasten. Das ist vor allem dort der Fall, wo grössere Investitionen oder Veranstaltungen von Störungen betroffen sein können. Es sind denn auch solche Klauseln, auf welche die Akteure in der Krise ihr Augenmerk richten.[86]

Diese Klauseln können verschiedene Folgen eröffnen: Zum einen können die Par- 80
teien von Verzugsfolgen entlastet werden, indem für die Dauer der Störung Fristen und Termine ausgesetzt sind (Verschulden allenfalls vorbehalten) und Verschiebungen und Neuplanung im Rahmen des bestehenden Vertrags zulässig bleiben. Sodann kann eine Übernahme gewisser Mehrkosten im Störungsfall vorgesehen (oder ausgeschlossen) sein. Schliesslich kann den Parteien offenstehen, vom Vertrag zurückzutreten (oder ihn zu kündigen), wenn die Durchführbarkeit an den Umständen (bzw. unverhältnismässigen Kosten) scheitert.

Für die Tragweite der Abrede kommt es darauf an, was *im Moment des Vertrags-* 81
schlusses als vernünftigerweise vorhersehbar zu gelten hatte. Ein Gebot von Treu und Glauben ist dann aber, sich wechselseitig umgehend auf neu erkannte Risiken und Gefahren *hinzuweisen*; insbesondere, wenn diese mit neuen Vorgaben oder Instruktionen für die Vertragserfüllung einhergehen. Einer Auftragnehmerin oder Werkunternehmerin sollte es erlaubt sein, sich durch *«Abmahnung»* von möglichen Risiken solcher Nachträge und Weisungen zu entlasten (und allenfalls schadlos gehalten zu werden). Treu und Glauben gebieten nicht zuletzt eine grundsätzliche Bereitschaft der Parteien, solchen Risiken durch willkürfreie, konstruktive Lösungssuche und Neuverhandlung, ggf. auch weitgehende Projekt- und Vertragsanpassung, im Dialog zu begegnen.[87]

In der Krise erweisen sich diese Bestimmungen mitunter als «Schönwetter»- 82
Klauseln: Für den Notfall bestimmt, aber kaum klar und präzis genug, um diesen ohne weitere Ungewissheiten zu bewältigen.[88] Es ist kaum sinnvoll, in einem Vertrag alle

84 Vgl. hierzu § 1 Rz 40 ff.
85 Vgl. BSK OR I-Wiegand, Art. 18 N 108 ff.; BK-Merz, Art. 2 ZGB N 202 und 254; § 1 Rz 22 ff.
86 Vgl. Pichonnaz, ZSR Sondernummer 2020, S. 140.
87 Grundlegend Pichonnaz, ZSR Sondernummer 2020, S. 143 ff.; BSK OR I-Wiegand, Art. 18 N 120 ff.
88 Vgl. Pichonnaz, ZSR Sondernummer 2020, S. 140; BSK OR I-Zindel/Pulver/Schott, Art. 373 N 16 ff.

denkbaren Krisen und Notfälle vorwegzunehmen und dafür passende Regelungen aushandeln zu wollen. Es mag schon viel bedeuten, überhaupt ein vertragliches Notventil zu öffnen, das Anlass bietet, einen vernünftigen Ausgleich, eine Korrektur der gestörten Äquivalenz dann zu suchen, wenn die Krise da und die Störung absehbar ist.

83 An der Auslegung und Konkretisierung der Notfall-Klauseln[89] (und zwar vorab durch die Parteien selbst, ohne den Gang zum Richter) führt dann kein Weg vorbei: Was bedeutet «höhere Gewalt» in den Verträgen des Kulturbetriebs? Grundlegend wird man darunter ein von aussen auf das Vertragsverhältnis einwirkendes Ereignis, eine Störung zu verstehen haben, die hinreichend schwer in den Vertrag eingreift, um eine Korrektur zu rechtfertigen, die nach der Lebenserfahrung nicht vorhersehbar (und damit nicht dem Risiko- und Vorsorge-Bereich der betroffenen Partei zugehörig) und nach den Umständen nicht vernünftigerweise und mit zumutbaren Mitteln beeinflussbar, zu verhüten oder abzuwenden ist (also durch diese Partei selber auszuräumen wäre).[90]

84 Beispielhafte Klausel-Aufzählungen stecken den Kreis der gemeinten Störungen ab und erleichtern die Einordnung im Anwendungsfall, ggf. per Analogie.[91] Neben den allgemein üblichen Naturkatastrophen, Kriegen und Unruhen finden sich hier oft auch staatliche Eingriffe – solcher Art, wie sie nun Realität wurden.

85 Aber welche Ansprüche müssen an die Voraussicht und die Vorsorge einer Partei (zugunsten der andern) gestellt werden? Wäre nicht eine Pandemie mit schweren Störungen für Filmproduktionen, Konzerte und Veranstaltungen spätestens seit SARS prinzipiell voraussehbar gewesen?[92] Heisst dies, dass auch mit den konkreten, störenden Auswirkungen auf das Filmprojekt, das Engagement, den Lizenzvertrag gerechnet werden musste? Genauer gesagt, dass eine Partei zu ihrer Risikoentlastung von der andern erwarten und verlangen durfte, damit zu rechnen? Stellt ein behördliches Betriebsverbot einen Eingriff im Sinn «höherer Gewalt» dar, während der Abbruch an sich erlaubter Proben oder Dreharbeiten aus Sicherheitsgründen (d.h. aus Risiko- und Fürsorge-Erwägungen) in die alleinige betriebliche Sphäre der Veranstalter oder Produzentin fallen würde? Eine Lehre aus der Pandemie ist es, dass nicht nur äussere Hindernisse, sondern auch *eigenmächtige Entscheide* aus begründeten Sicherheitsbedenken den Griff zum Notventil erlauben müssen.

86 Auch Störungen, die unter gewöhnlichen Umständen durch sorgfältige Planung zu beheben wären, können im Pandemiefall zu unüberwindbaren Hindernissen werden, etwa Einschränkungen des Reiseverkehrs (rechtliche, wie Einreiseverbote; aber auch tatsächliche, wie der weitgehend eingestellte Flugverkehr), der Ausfall Mitwirkender (durch Epidemie-Erkrankung oder Quarantäne) oder die Nicht-Erhältlichkeit benötigter Waren und Dienstleistungen (wegen Einbruchs der Lieferketten).

89 Vgl dazu § 1 Rz 29.
90 Vgl. Pichonnaz, ZSR Sondernummer 2020, S. 142; § 1 Rz 43 ff.
91 Vgl. Pichonnaz, ZSR Sondernummer 2020, S. 140; vgl. die Beispiels-Klausel bei § 1 Rz 24.
92 Vgl. dazu § 1 Rz 32, 47 ff., 53.

87 Unvorhersehbare Faktoren sind ebenso die Hilfsangebote der öffentlichen Hand und der Sozialwerke. Sie können Belastungen durch «höhere Gewalt» bereits abfedern: Es wäre dann nicht gerechtfertigt, zusätzlich vertragliche Entlastung auf Kosten der anderen Partei zu schaffen, die womöglich nicht von einer vergleichbaren Unterstützung profitieren kann.

88 Solche Fragen sind nicht generell, sondern nur in Bezug auf die konkreten Parteien, Projekte, Pflichten und Leistungen zu beantworten.[93] Die Antworten sind kaum je einfach streitig «feststellbar», sondern müssen *einvernehmlich* gefunden werden. Die Vertragsverhältnisse werden an einem gewissen Punkt imperfekt, und Lösungen sind dann nur über einen neu gewonnenen Konsens erreichbar. Tatsächlich können die Akteure oft auf gar keine oder nur unzulängliche «Höhere-Gewalt»-Klauseln zugreifen. Meist bleibt ihnen keine Wahl als die, einen Krisen-Ausgleich nach den erwähnten Überlegungen im Konsens mit ihren Partnern anzustreben.[94]

IV. Rechtsfragen bei den darstellenden Künsten

1. Allgemein

89 Mit dem Begriff Darstellende Künste (Performing Arts) wird eine Kunstgattung bezeichnet, die sich dadurch auszeichnet, dass Werke im Sinne des Urheberrechts dargeboten werden. Diese Darbietungen, insbesondere Musik, Tanz oder Theater, sind flüchtig. Ein Werkgenuss setzt also voraus, dass das Publikum der Darbietung beiwohnt. Gerade dies wird durch die Massnahmen in Zusammenhang mit der Bekämpfung von COVID-19 verunmöglicht.

90 Die Erläuterungen COVID-Verordnung Kultur präzisieren ihren Anwendungsbereich wie folgt:[95]

- «Erfasst sind Darstellende Künste im engeren Sinne und deren Vermittlung (Theater, Oper, Ballett, zirzensische Künste, klassische und zeitgenössische Konzerthäuser und -lokale, Orchester, Musiker, DJ, Sänger, Chöre, Tänzer, Schauspieler, Strassenkünstler, Theaterensembles und Tanzcompanies), die Erbringung von Dienstleistungen für Darstellende Künste und Musik (inkl. Musikagenten, Tourmanager etc.) sowie der Betrieb von Kultureinrichtungen im Bereich der Darstellenden Künste und der Musik (inkl. Clubs für aktuelle Musik, sofern sie über eine künstlerische Programmgestaltung verfügen) sowie Tonstudios;
- nicht erfasst sind das Verlegen von bespielten Tonträgern und Musikalien, die Herstellung von Musikinstrumenten, der Handel mit Musikinstrumenten, Musiklabels, kommerzielle Anbieter von Kulturagenten, Ticket-Services, Seminarräumen etc. sowie Discotheken, Dancings, Night Clubs.»

---

93 Vgl. § 1 Rz 53.

94 Vgl. Pichonnaz, ZSR Sondernummer 2020, S. 146.

95 Zu den einzelnen Kulturbereichen und -sparten im Detail vgl. Erläuterungen COVID-Verordnung Kultur (2.4.2020 und 13.5.2020), Art. 2.

91 Wenn im Folgenden die praktischen und rechtlichen Auswirkungen der Krise auf die Kulturschaffenden und Kulturunternehmen im Bereich Performing Arts beleuchtet werden, so liegt der Fokus auf der Sparte Musik jeden Genres, die Ausführungen gelten aber ebenso für die Bühnenkünste wie Sprechtheater, Oper, Tanz und weitere Aufführungsarten.

2. Kulturschaffende

92 Performing Artists sind durch das Verbot von öffentlichen Auftritten im Kern ihres Schaffens getroffen. Die öffentliche Aufführung von Werken der Musik, des Tanzes und des Schauspiels stellt für die meisten Kulturschaffenden der darstellenden Künste die zentrale Einkommensquelle dar. Vor allem im Bereich des Schauspiels und des Tanzes gibt es faktisch keine weiteren substanziellen Vergütungsströme, die dem Performing Artist zukommen, ausser eine Person ist derart populär, dass sie durch Werbe- und Sponsoring-Verträge Einnahmen generieren kann.

93 Bei den Musikern und Musikerinnen sind weitere, ihnen zufliessende Vergütungen denkbar: Erträge aus der Veröffentlichung von Tonaufnahmen auf Tonträgern und, heutzutage relevanter, der Vertrieb auf digitalen Kanälen, insbesondere durch Streaming. Es würde den Rahmen dieser Ausführungen sprengen, tiefer darauf einzugehen.[96] Festzuhalten ist aber, dass in der Praxis fast doppelt so hohe Einnahmen durch Live-Konzerte erzielt werden als durch den Vertrieb von Tonaufnahmen.[97]

94 Im Ergebnis führten die COVID-19-Erlasse also dazu, dass den darstellenden Künstlern ein Berufsverbot auferlegt wurde. Grosskonzerte mit über 1000 Besuchern blieben bis vorerst 31.8.2020 ausdrücklich untersagt, kleinere Konzerte konnten bis 5.6.2020 gar nicht und danach aufgrund der erforderlichen Schutzmassnahmen zumindest nicht in gewohntem Umfang stattfinden (vgl. Rz 3). So legt Ziff. 2 *Schutzkonzept für das Gastgewerbe unter COVID-19* fest,[98] dass in den Gastronomiebetrieben Unterhaltungsangebote wie insbesondere Musik nicht zugelassen sind.

95 Die aktuelle Krise legt nun schonungslos offen, dass gerade selbständigerwerbende Kulturschaffende sozialversicherungsrechtlich schlecht geschützt sind. Zwar gewährt die Corona-Nothilfe auch Selbständigerwerbenden eine Entschädigung. Die Entschädigung für der Erwerbsausfall beträgt 80 Prozent des Einkommens, pro Tag jedoch maximal CHF 196.[99] Da Selbständigerwerbende all ihre Aufwendungen selber zu decken haben, ist dieser Höchstbetrag tief angesetzt und reicht kaum, die Lebenshaltungskosten zu decken.

---

96 Zum Ganzen: NEESER, Künstlervertrag, m.w.N., sowie WEGENER, Popmusik, Rz 94 ff., sowie BIESSMANN/MÖLLMANN/SCHEUERMANN, Verträge, Rz 1 ff.

97 Vgl. SEUFERT, Segmente, Rz 23.

98 Vgl. die Übersicht über die vorhandenen Schutzkonzepte von Gastrosuisse, ‹https://www.gastrosuisse.ch/de/angebot/branchenwissen/informationen-covid-19/branchen-schutzkonzept-unter-covid-19› (23.6.2020).

99 Zu den Details vgl. KS CE 1060.

Ebenfalls zu erwähnen sind die zahlreichen Helferinnen und Helfer, ohne die kulturelle Veranstaltungen nicht durchgeführt werden können: Technikerinnen im Bereich Licht und Ton, Bühnenbildner, Ausstatterinnen, Kostümbildner, Make-up-Artists, Stage Hands und zahlreiche mehr. Sie alle sind wichtig im Gefüge der Leistungserbringer in Zusammenhang mit Kulturveranstaltungen und sind von der Krise existentiell betroffen, weil sie als faktisch freischaffende Arbeitnehmende mit meist kurzen Anstellungen nicht über den Status als Selbständigerwerbende verfügen. Sie kommen nur dann in den Genuss von Unterstützung, wenn ihre Arbeitgebenden für sie eine Ausfallentschädigung geltend machen. 96

3. Kulturunternehmen

a) Veranstalter

Unmittelbar betroffen vom behördlich angeordneten Lockdown sind die Veranstalter. 97
Seit 17.3.2020 waren sämtliche öffentlichen Veranstaltungen untersagt. Dies hatte zur Folge, dass in der Schweiz rund 500 Musikclubs, 400 Bühnen und Dutzende von Konzertsälen für klassische Musik geschlossen waren. Hinzu kamen hunderte Musik-, Theater- und Opernfestivals sowie Freiluftfestspiele.[100]

Zwar können Veranstalter Kurzarbeit beantragen, sie haben Anspruch auf die Liqui- 98
ditätshilfen in Form von zinslosen Bankkrediten und eine Ausfallentschädigung bei Absage oder Verschiebung von Veranstaltungen bis maximal 80 Prozent des Schadens sowie Zahlungsaufschub bei Sozialversicherungsbeiträgen und Steuern. Doch herrschte bis zur Medienmitteilung des Bundesrats vom 29.4.2020 eine sehr grosse Planungsunsicherheit, die dazu führte, dass zahlreiche Veranstalter lange davon absahen, die Events des Sommers 2020 abzusagen.[101]

Hinzu kamen auch versicherungsrechtliche Überlegungen. Diese Umstände stellten 99
die Veranstalter vor grosse Probleme: Die Programmation und weitere Vorbereitungsarbeiten für ein Open-Air-Festival von gewisser Grösse nehmen rund ein Jahr in Anspruch. Gerade Opernfestspiele zeichnen sich durch sehr aufwändig gestaltete, auf den Ort passgenaue Bühnenbilder auf, in denen sehr viel Arbeitsleistung steckt. Monate vor dem Anlass beginnen weitere organisatorische und logistische Arbeiten, und Open Airs in der Grössenordnung des Gurtenfestivals in Bern, des Paléo Festivals in Nyon oder der St. Galler Festspiele benötigen rund zwei Monate für den Aufbau vor Ort – bei Opernaufführungen kommen noch rund ein Monat Proben hinzu. Die Veranstalter stehen dabei in mannigfaltigen Vertragsbeziehungen nicht nur zu den Künstlerinnen oder Agenten, sondern auch zu Sound- und Lichttechnikern, Equipment-Vermietern, Gastronomie-Anbietern und zahlreichen mehr. Heute sind Festivals neben kulturellen Veranstaltungen meist auch eigentliche «Event- und Vergnügungsparks». Falls ein Veranstalter von sich aus ein Festival absagt, ohne dass eine entsprechende behördliche

100 Vgl. Läubli/Teuwsen, NZZaS v. 11.5.2020.
101 Hotz, NZZ v. 18.4.2020.

Anordnung vorliegt, geht er das Risiko ein, dass er seinen Vertragspartnern gegenüber in der Haftung steht, insbesondere auch für Künstlergagen, welche heute bei bekannteren Künstlern nicht selten Hunderttausende von Franken ausmachen.

100 Die Umsetzung der Unterstützungsmassnahmen gemäss COVID-Verordnung Kultur zugunsten von Kulturunternehmen oblag den Kantonen, wobei sie unterschiedliche Schwerpunkte setzen können (vgl. Rz 51 f.). Dies führte im Kanton Zürich insbesondere auch dazu, dass die Techno-Kultur von der Fachstelle Kultur nach Konsultation von Betroffenen und Fachpersonen grundsätzlich berücksichtigt wurde und entsprechende Clubs finanzielle Ansprüche stellen durften.[102] Begründet wurde dies im Einklang mit dem Kulturleitbild der Stadt, weil sich Zürich auch auf internationaler Ebene als eine der Hochburgen der elektronischen Musik etabliert hat. In diesem Kontext stellten sich Abgrenzungsfragen: Wann gilt ein Auftritt als «live», und wann spielt ein DJ lediglich eine Playlist ab? In der Praxis sind die Übergänge fliessend, gerade bei Techno und elektronischer Musik im Allgemeinen, die nicht nur DJ-mässig «abgespielt», sondern live aufgeführt wird: Ein Teil des Publikums ist musikbegeistert und bezahlt Eintritt, um den Live-Act bewusst zu geniessen, während ein anderer Teil zur Musik tanzen möchte und sich wenig darum kümmert, wer auf der Bühne steht.[103]

101 In der Diskussion, ob bzw. ab wann wieder kulturelle Aufführungen ohne oder mit gewissen Einschränkungen stattfinden können, wurde ein bedeutender Aspekt oft übersehen: Entscheiden, ob ein Anlass durchgeführt wird oder nicht, kann letztlich nicht alleine die Politik oder der Veranstalter: Vielmehr werden sich die Künstlerinnen und Künstler genau damit auseinandersetzen, wie gross die Risiken sind, eine Tournee zu lancieren und auch durchzuführen. Gerade im internationalen Konzertwesen ist die Planung von möglichst vielen Auftritten in zahlreichen Ländern, in möglichst kurzer Zeit, um Kosten einzusparen, ein komplexes Unterfangen. Solange die Unsicherheit darüber fortbesteht, ob die geplanten Auftritte dann auch wirklich durchgeführt werden können und ob die Einreise in ein bestimmtes Land überhaupt möglich ist, werden sich viele Künstlerinnen und Künstler hüten, auf Tour zu gehen. Zu nachteilig wären die finanziellen Folgen und die weiteren organisatorischen Aufwendungen, müsste eine Konzertreise erneut verschoben werden.

102 In Anbetracht dieser Umstände hatten und haben die Veranstalter mit sehr hohen Umsatzeinbussen zu rechnen, und dies voraussichtlich bis weit in das Jahr 2021 hinein. So geht auch die Betreiberin des Hallenstadions Zürich in ihrem Worst-Case-Szenario davon aus, dass erst im Sommer 2021 zum Normalbetrieb zurückgekehrt werden kann, was zu einem Ausfall von 80 Prozent des Jahresbudgets führen kann.[104] Darüber hinaus

102 Vgl. Sarasin, Tages-Anzeiger v. 24.4.2020; vgl. weiter die Prioritätenordnung der Fachstelle Kultur im Kanton Zürich, ‹https://kultur.zh.ch/internet/justiz_inneres/kultur/de/kulturpolitik/corona_2020.html› (23.6.2020).

103 Vgl. auch die *Erläuterungen COVID-Verordnung Kultur (13.5.2020)*, wonach «Clubs für aktuelle Musik, sofern sie über eine künstlerische Programmgestaltung verfügen» vom Anwendungsbereich der Verordnung erfasst werden, nicht aber «Discotheken, Dancings, Night Clubs».

104 Sturzenegger, Tages-Anzeiger v. 4.5.2020.

existieren noch weit düsterere Prognosen, die davon ausgehen, dass – wenn überhaupt – nicht vor Ende 2021 wieder Normalität einkehren wird.

Schliesslich verbleibt eine weitere, entscheidende Unsicherheit: Hat das Publikum überhaupt Lust, unter starken Einschränkungen verschiedenster Art, und vielleicht auch unter Eingehung von Gesundheitsrisiken, Live-Performances beizuwohnen? Gerade im Bereich der klassischen Musik oder der Oper, deren Publikum überwiegend zur Risikogruppe gehört, ist das ein nicht zu unterschätzender Faktor. 103

b) SUISA

Die SUISA zieht als Verwertungsgesellschaft die den Urhebern und Verlegern zustehenden Vergütungen von den Werknutzern ein, um diese den Rechteinhabern zukommen zu lassen.[105] Bei Konzerten zieht sie diese bei den Veranstaltern ein. Infolge Absage der Live-Veranstaltungen fiel ein substanzieller Teil der für das Jahr 2020 von der SUISA budgetierten Einnahmen weg. 104

Darüber hinaus gibt es aber auch weitere Bereiche, die betroffen waren, weil weniger Musik öffentlich gespielt wurde, wie beispielsweise zur Hintergrundunterhaltung in der Gastronomie. Tiefere Einnahmen bei der SUISA bedeutet auch tiefere Urheberrechtseinnahmen auf Seiten der Kulturschaffenden. 105

c) Verlage

Verlage waren von der COVID-Verordnung Kultur nicht erfasst. Dieser Entscheid ist fragwürdig, waren doch die Verlage ebenfalls von einem Einnahmenausfall betroffen.[106] 106

Bei den Musikverlagen sanken wegen des Wegfalls einer grossen Anzahl von Live-Veranstaltungen die über die SUISA abgerechneten Einnahmen für die Aufführungsrechte, welche einen wesentlichen Anteil der Gesamteinnahmen eines Verlags ausmachen.[107] 107

d) Booking-Agenten und Künstler-Managements

Ebenfalls schwer vom Veranstaltungsverbot getroffen waren Agenturen, welche die Künstler im Bereich Booking und Management vertreten. Sie erbringen ihre Dienstleistungen in der Regel gegen eine Beteiligung an den Konzertgagen (Booking-Agenten) oder gegen eine Beteiligung generell an den Einnahmen der Künstler und Künstlerinnen, die sie vertreten. 108

Ein Wegfall der Einnahmen auf Künstlerseite führt direkt zu einem Einnahmenausfall bei den Agenturen. Immerhin sind die wirtschaftlichen Massnahmen für den Kultur- 109

105 Vgl. GOVONI/STEBLER, Bundesaufsicht, Rz 1231 ff.

106 Vgl. Newsletter Schweizer Buchhandel 20/2020, ‹www.sbvv.ch/newsletter/17/Schweizer%20Buchhandel/Newsletter› (23.6.2020).

107 Vgl. den Musterverlagsvertrag SUISA, ‹https://www.suisa.ch/de/services/download-center.html› (23.6.2020).

sektor gemäss COVID-Verordnung Kultur nicht nur auf die darstellenden Künstler im engeren Sinne beschränkt, sondern umfassen auch deren Vermittlung.

4. Vertragliche Grundlagen

110 Im vorangehenden Abschnitt wurde aufgezeigt, welche Parteien in erster Linie an der Durchführung von Veranstaltungen der Darstellenden Künste beteiligt sind. In der Folge werden deren vertraglichen Beziehungen kurz dargelegt.

a) Verhältnis Künstler – Künstlermanagement

111 Eine grosse Zahl von Kunstschaffenden im Bereich der Darstellenden Künste lassen ihre Interessen von Managements vertreten. Das Management koordiniert und fördert die Karriere der Kulturschaffenden im künstlerischen und wirtschaftlichen Bereich.[108] In der Praxis ist der Manager meist prozentual an den aus der künstlerischen Tätigkeit resultierenden Einnahmen beteiligt, wobei sich bei den Performing Arts eine Beteiligung in Höhe von 20 Prozent der Einnahmen als mehr oder weniger branchenüblich durchgesetzt hat. Diese Beteiligung greift insbesondere auch bei den Konzertgagen als eine der wesentlichen Einnahmen des Performing Artists und damit auch des Managements.

112 Vom Wegfall der Gagen sind auch die Künstlermanagements betroffen, da sich das Gesamteinkommen eines Künstler-Managements aus verschiedenen Zahlungsströmen zusammensetzt: Neben seiner Beteiligung an Konzertgagen verdient ein Manager auch an der Verwertung von Tonträgern, Online-Monetarisierungen und Sponsoring-Verträgen mit.

b) Verhältnis Künstler – Booking-Agent

113 Weil die Auftrittsmöglichkeiten beschränkt sind, wird für das Vermitteln von Auftritten oft zusätzlich eine Booking-Agentur beigezogen. Ein durchsetzungsfähiger Agent mit guten Kontakten zu Veranstaltern ist somit sehr wertvoll, schafft er es doch auch, für seine Künstlerinnen bei den Veranstaltern optimale Gagen auszuhandeln. Die Booking-Fee beträgt in der Praxis meist 15 Prozent der Künstlergage.

114 Durch das Verbot der Durchführung von öffentlichen Auftritten entfielen den Booking-Agenten sämtliche Einnahmen. Dass die COVID-19-Hilfsmassnahmen für den Kultursektor insbesondere auch für das Vermitteln von Auftrittsmöglichkeiten galten, war also essenziell für diese Berufsgattung, die eine wichtige Funktion im Gefüge der Kulturwirtschaft einnimmt.

c) Verhältnis Künstler – Veranstalter (Promoter)

115 Die Kulturschaffenden schliessen – meist unter Zwischenschaltung eines Managers und/oder von Booking-Agenten – mit dem Veranstalter (Promoter) eines Konzerts einen

108 Ausführlich zum Management- und Bookingvertrag: Wegener, musik & recht, S. 481 ff., sowie ders., Popmusik, Rz 111 ff.

Engagement-Vertrag oder einen Gastspielvertrag ab.[109] Darin werden die Rechte und Pflichten beider Parteien definiert, so insbesondere Anlass, Vertragsgegenstand, Zeitplan, Werbung, Unterkunft und Gage. Je nach Verhandlungsmacht wird dieser vom Veranstalter oder vom Künstler vorgelegt. Was den Inhalt eines solchen Engagement-Vertrags betrifft, so interessieren an dieser Stelle in erster Linie die Fragen in Zusammenhang mit der Absage der Veranstaltung.

Die damit verbundene rechtliche Problematik war ein wichtiger Grund, warum viele 116
Veranstalter lange zuwarteten, bis sie einen Anlass absagten. Die Verträge enthalten in der Regel Bestimmungen, die regeln, was geschieht, wenn ein Konzert nicht durchgeführt wird, weil der Künstler nicht auftreten kann, oder der Veranstalter den Anlass aus Gründen, die er zu vertreten hat, absagt – oder eben, weil das Konzert aufgrund anderer Umstände nicht durchgeführt werden kann.

Denkbar ist, dass der Fall einer Pandemie explizit im Vertrag aufgeführt ist, die Pra- 117
xis zeigt jedoch, dass das bisher oft nicht der Fall war, weil die Möglichkeit einer Pandemie mit derart weitreichenden Konsequenzen kaum im Bewusstsein der Öffentlichkeit verankert war.

d) Verhältnis Veranstalter – Besucher (Ticketing)

Abschliessend soll noch das Rechtsverhältnis zwischen Veranstalter sowie Besucherin- 118
nen und Besuchern beleuchtet werden. Die Tickets werden üblicherweise nicht direkt vom Veranstalter verkauft, sondern über Ticketing-Agenturen wie beispielsweise Ticketcorner. Es ist rechtlich unbestritten, dass bei einer behördlich angeordneten Absage einer Veranstaltung ein Anspruch des Publikums auf Rückerstattung des Ticketpreises besteht. Oft bieten Veranstalter alternativ auch ein Ticket für eine Ersatzvorstellung an. Das mag bei einzelfallbezogenen Absagen von Künstlern infolge Krankheit sinnvoll sein, nicht aber bei einer Pandemie, deren Ende kaum absehbar ist. Fraglich ist, ob die Veranstalter einen Teil des Ticketpreises als gewisse Abgeltung eigener Aufwände zurückbehalten dürfen, wie es nicht selten praktiziert wird.[110] Nicht zulässig dürfte sein, in den Allgemeinen Geschäftsbedingungen vorzubehalten, dass eine Rückerstattung des Ticketpreises ausgeschlossen ist.[111]

In zahlreichen europäischen Ländern wird seit April 2020 über eine «Gutschein- 119
Lösung» diskutiert, ähnlich wie in der Luftfahrt. Auf freiwilliger Ebene erscheint dies als eine zielführende Lösung: Der Konsument erhält vom Veranstalter einen Gutschein, der ihn während eines bestimmten, grosszügig bemessenen Zeitraums zum Besuch einer gleichwertigen Veranstaltung berechtigt. Dadurch wird die Liquidität des Veranstalters

109 Vgl. zur Rechtsstellung des Veranstalters umfassend MOSIMANN, Theater, Rz 116 ff., und zum Ganzen MICHOW, Verträge.

110 Vgl. die Praxis-Empfehlung der Swiss Music Promoters Association (SMPA) v. 23.4.2020, ‹http://www.smpa.ch/data/File/dokumente/tickethandling_smpa_empfehlung_de.pdf› (23.6.2020).

111 In diesem Sinne auch die Rechtsprechung des Europäischen Gerichtshofs (EuGH v. 26.9.2013, C509/11).

verbessert. Würde dieses Modell auf breiter Ebene umgesetzt, so könnten auf diese Weise in der Tat Konkurse abgewendet werden. Aus Sicht des Konsumentenschutzes ist aber die Verpflichtung, einen Gutschein akzeptieren zu müssen, anstatt das Geld zurückerstattet zu bekommen, nicht akzeptabel. Letztlich geht es um eine Abwägung der Interessen einer ganzen Branche und damit auch der Allgemeinheit gegenüber den Einzelinteressen des Konsumenten, die auf europäischer Ebene zu unterschiedlichen Ergebnissen führt: Bereits umgesetzt wurde die Gutschein-Lösung beispielsweise in Italien, Belgien und Frankreich, während die Niederlande und Portugal sich dagegen ausgesprochen haben.[112] In Deutschland beschlossen Bundestag und Bundesrat am 15.5.2020 eine differenzierte Lösung, gemäss derer Ticketkäufer vorübergehend auch Gutscheine akzeptieren müssen, falls die Tickets vor dem 8.3.2020 gekauft wurden.[113]

V. Rechtsfragen im Filmschaffen

1. Betroffene und Auswirkungen

120 Filmschaffen, Filmkultur und Filmwirtschaft sind nicht nur ein deutlich sichtbares Segment des Kulturbetriebs. Sie sind auch eine seiner wirtschaftlichen Säulen, bemessen an Unternehmen, Umsätzen und Arbeitsplätzen. Wie andere Kulturbereiche sind sie von den Auswirkungen der Pandemie in unterschiedlicher Weise betroffen.

121 Offensichtlich ist das bei Publikumsbetrieben und -veranstaltungen: *Festivalorganisationen* mussten und müssen ganze Jahresausgaben absagen (Locarno), auf Online-Präsentation verlagern (Nyon) oder in eine ungewisse Zukunft hinein planen (Zürich). So verlieren auch Produzentinnen und Verleiher für einen Teil des Filmjahrgangs eine wertvolle Promotions-Plattform.[114] *Kinos* sind unter den Unterhaltungs- und Freizeitbetrieben, die nach Art. 6 Abs. 2 lit. d COVID-19-Verordnung 2 über Monate geschlossen wurden und die Ticketeinnahmen verlieren. Letztere entgehen auch den *Verleihern*[115], die an den Einnahmen beteiligt sind. Diese haben vergeblich in die Vermarktung investiert, stehen vor Ausfällen und Verwerfungen ihrer meist langfristigen, aber fein abgestimmten Start-Planung, und müssen gewärtigen, Investitionen in Filmrechte (Minimumgarantien) nicht amortisieren zu können.[116] Dies betrifft dann auch die *Produzentinnen*, für die die Kinoumsätze im heimischen Markt oft die wichtigste Einnahmenquelle zur Amortisierung der Produktionskosten sind. Ob, mit welchen Zahlen und wie nachhaltig der offenbar grosse Zuspruch zu Abruf- (Video-on-Demand-) Diensten[117] in den Wochen des teilweisen Lockdowns hierfür einen Ausgleich schaffen kann, bleibt abzuwarten.

---

112 Eine Übersicht zur Rechtslage in verschiedenen europäischen Ländern: ‹https://www.evz.de/einkaufen-internet/abgesagte-events-durch-coronavirus.html› (22.5.2020).

113 Vgl. «Bundesrat Kompakt» v. 15.5.2020, ‹www.bundesrat.de/DE/plenum/bundesrat-kompakt/20/989/73.html› (23.6.2020).

114 Uhlig, Film, Rz 272.

115 Zu diesen vgl. allgemein Uhlig, Film, Rz 231 ff.

116 Uhlig, Film, Rz 232.

117 Uhlig, Film, Rz 232 und 246 ff.

122 Die Filmproduktion in der Schweiz war hingegen von direkten Veranstaltungs- und Betriebsverboten kaum betroffen. Das *Filmschaffen* findet ohne Öffentlichkeit statt. Dreharbeiten waren keine «Veranstaltung» im Sinn von Art. 6 Abs. 1 COVID-19-Verordnung 2. Das Versammlungsverbot für mehr als 5 Personen im öffentlichen Raum (Art. 7c Abs. 1) konnte aber auch gewisse Dreharbeiten erfassen. So gab es auch einzelne Verbote und Wegweisungen.

123 Produktionsarbeiten waren betroffen durch rechtliche und reale Einschränkungen, nicht zuletzt durch Unsicherheiten über die Tragweite der behördlichen Massnahmen und Haftungsrisiken. Filmproduktion ist ein kollektiver, hochgradig arbeitsteiliger und zugleich sehr kostenintensiver Vorgang mit vielen Beteiligten und mannigfaltigen Leistungs- und Vertragsbeziehungen. Sie konzentriert sich auf Projekte, die langfristig auf eine präzise Organisation, Zeitplan, Drehorte und personelle Besetzung hin geplant und mit eng begrenzten Mitteln finanziert wird. Präventionsmassnahmen und der Schutz besonders gefährdeter Personen können Produktionsabläufe hindern (z.B. im Fall der Arbeit der Maskenbildner, von Rollen für betagte Darstellerinnen, von Filmszenen mit körperlicher Nähe, von grösseren Personengruppen usw.), oder Zeitpläne und Kosten über das Verfügbare hinaus ausweiten.[118]

124 Schon einzelne Störungen können eine Planung oder ganze Projekte zunichtemachen und enorme Mehrkosten nach sich ziehen. Jeder einzelne Drehtag einer Spielfilmproduktion kann eine fünfstellige Summe kosten. Filmproduktionen finden oft grenzüberschreitend statt; sie hängen von Drehorten oder einzelnen Personen (Regisseurin, Hauptdarsteller) ab. Sind diese durch Reisebeschränkungen, Quarantäne- oder Schutzmassnahmen verhindert oder unzugänglich, blockiert das eine ganze Produktion. Kommen noch Anforderungen an Jahreszeiten oder Mitwirkende mit weit voraus geplanten Engagements hinzu, kann das Zeitfenster für eine Produktion gar unwiederbringlich verlorengehen.[119]

125 Entscheidungen in grosser Eile – weiterdrehen, aussetzen (und wie lange) oder abbrechen – mussten die momentane Rechtsunsicherheit, unbekannte Gesundheitsrisiken, mögliche Haftungsfolgen und die Kosten berücksichtigen. Manche Fälle waren mit Umstellungen und Anpassungen der Arbeiten zu bewältigen; in anderen mochten der Mehraufwand oder die Risiken, oder beides, unvertretbar sein. Oft blieb nichts anderes übrig, als Dreharbeiten kurzfristig zu verschieben, abzubrechen oder abzusagen.[120] Teils fielen Auftragsproduktionen für Werbefilme oder Fernsehsendungen einer Absage der Auftraggeber zum Opfer – all dies mit der Folge finanzieller Einbussen der Produzentinnen.

126 Davon waren die Filmschaffenden, vor allem Schauspieler und Filmtechniker, betroffen, deren Erwerbsgrundlage die kurzfristigen Engagements für die Projekte bilden. Bei der Regie muss ein festes Honorar meist die gesamte Produktion bis zur Fertigstellung, auch unter Verzögerungen, abdecken. Hinzu kommt das künstlerische Interesse an

118 Vgl. Halter, Cinebulletin Juni 2020, S. 10 f.

119 Vgl. Halter, Cinebulletin Juni 2020, S. 10 f.

120 Vgl. Läubli/Teuwsen/Forster, NZZaS v. 10.5.2020; Halter, Cinebulletin Juni 2020, S. 10 f.

der Realisierung der Filmprojekte. Weniger betroffen ist die Arbeit der Autorinnen und Produzentinnen an der Stoff- und Drehbuchentwicklung neuer Projekte.

127 Weitgehend intakt blieben auch die Tätigkeit und Mittel der Filmförderung, mithin ein Grossteil der Filmfinanzierung in der Schweiz, auf die indessen ein hoher Mehrbedarf zukommen dürfte, unter anderem, indem sie zur Finanzierung ausfallbedingter Mehrkosten beitragen. Die Filmförderer (BAK, SRG und die Regionalförderer Cinéforom, Zürcher Filmstiftung, Bern und beider Basel) haben grundsätzlich eine Nachfinanzierung im Umfang der zwanzig Prozent Mehrkosten, die nicht von den Ausfallentschädigungen nach Art. 8 COVID-Verordnung Kultur gedeckt waren, aus den laufenden Filmkrediten in Aussicht gestellt. Diese dürfte demnach zu Lasten künftiger Projekte gehen.[121]

2. Anpassungsstrategien

a) *Höhere-Gewalt-Klauseln und Nachverhandlung*

128 In der arbeitsteiligen Organisation der Filmproduktion und den mehrgliedrigen Filmverwertungs-Ketten spiegeln sich solche Störungen in erster Linie in den Vertragsbeziehungen wider.

129 *Klauseln über «höhere Gewalt»* finden sich in vielen Verträgen der Filmbranche (vgl. Rz 79);[122] besonders in *Werkverträgen* (wo schon das Gesetz richterliche Anpassung oder Auflösung vorsieht, Art. 373 Abs. 2 OR) etwa für Bild- und Tonbearbeitung oder ganze Auftragsproduktionen; aber auch in Koproduktions- oder Verleih- und Lizenzverträgen.

130 Im Werkvertrag übernimmt die Werkunternehmerin das Risiko der Fertigstellung des Werks in bestimmter Zeit und zum festen Werklohn, auch das Risiko der (Mehr-) Kosten (Art. 373 Abs. 1 OR).[123] Dem steht das Risiko des Bestellers gegenüber, aus der verspäteten oder Nicht-Lieferung einen Nachteil zu erleiden oder dann mit dem Werk nichts mehr anfangen zu können. Diese Verteilung kann im Krisenfall ausser Verhältnis geraten; Filmproduzentinnen sind keine Versicherer. «Höhere-Gewalt»-Klauseln sind denn auch vor allem bei Lieferverpflichtungen gegen grosse Beträge gebräuchlich. Neben *Fristerstreckungen* geht es häufig um *Mehrkosten*; sei es, dass diese von der Auftraggeberin übernommen oder von der Auftragnehmerin ausgeschlossen wurden. Letztlich gilt oft ein *Rücktrittsrecht*, wo die Durchführbarkeit im Planrahmen an den Umständen (auch unverhältnismässigen Kosten) scheitert. Vielfach belässt der Vertrag dann der Unternehmerin den Werklohn für die bereits ausgeführten Arbeiten und Aufwand; ggf. samt Marge und Overhead. Dahinter steht die Erwägung, dass es die Bestellerin ist, die Sinn und Zweck des Werks bestimmt und verantwortet; die Unternehmerin nur die Ausführung – das kann sich auch ganz anders verhalten.

121 Vgl. Sordet, Cinebulletin Juni 2020, S. 8 f.

122 Vgl. § 1 Rz 22 f.

123 Vgl. BSK OR I-Zindel/Pulver/Schott, Art. 373 N 6 und 12.

Wann ein Umstand «höhere Gewalt» darstellt, was als vorhersehbar und abwendbar gilt,[124] wird sich auch an den spezifischen Risiken der Filmproduktion aus der Perspektive eines sorgfältigen und erfahrenen Produzenten zu messen haben, nicht zuletzt daraus, welche Risiken zu vertretbaren Konditionen versichert werden können. Bezogen auf die Wirklichkeit der Pandemie und ihrer konkreten Auswirkungen bleibt dies aber oft ungelöst. 131

In der komplexen, kosten- und zeitsensitiven Filmproduktion zeigt sich besonders, dass die Analyse der Probleme der Haftung und Risikoverteilung sowie von Anpassungsklauseln und der Rechtsstreit darüber kaum eine taugliche Lösung bieten. Dies ist eine Erfahrung des Filmschaffens, das aus den genannten Gründen besonders krisenanfällig ist. Speziell Dreharbeiten sind anfällig auf z.B. unerwartete Witterungsbedingungen, Störungen im Flugverkehr oder den Ausfall von Mitwirkenden. Teils werden Risiken durch gesteigerte Vorsichtsmassnahmen (Risikosportverbote, ärztliche Checks) oder Flexibilisierung in den Verträgen (verschiebbare Termine) eingegrenzt; teils ist Versicherungsschutz erhältlich. Jegliche mögliche, auch schwere Störung schon in der Projektplanung zu berücksichtigen, würde die Produktionen unvertretbar verteuern. Mit nachträglichem Krisenmanagement sind Produzentinnen und ihre Partner also durchaus vertraut. Meist bleibt nur die Wahl, einen Krisen-Ausgleich im Konsens mit den Partnern anzustreben.[125] 132

In Koproduktionen ist es ohnehin vorab an den vertraglich (oder im Recht der einfachen Gesellschaft, Art. 534 f. OR[126]) vorgegebenen Entscheidungswegen, das Projekt ggf. mit Anpassungen und Umplanungen weiterzuführen, oder es notfalls mit kleinstmöglichem Schaden zu unterbrechen. Auch die Verteilung der Risiken (v.a. der Mehrkosten) folgt hier eher den vertraglichen Absprachen und genau definierten Finanzierungen, als Art. 531 ff. OR. Treu und Glauben gebieten eine grundsätzliche Bereitschaft der Parteien, solchen Risiken durch willkürfreie, konstruktive Lösungssuche und Neuverhandlung, ggf. auch weitgehende Projekt- und Vertragsanpassung, im Dialog zu begegnen.[127] Dies vor dem Hintergrund des drohenden Totalverlusts, wenn die Produktion im vereinbarten Rahmen nicht (mehr) realisierbar ist (Art. 545 Abs. 1 Ziff. 1 OR).[128] 133

Da viele Filmproduktionen zu sehr grossen Teilen aus Mitteln Dritter – öffentlicher Filmförderung, Fernsehsender, Stiftungen – finanziert sind, hängt die Bewältigung der Krise auch von deren Möglichkeiten und Willen ab, das Projekt mit zusätzlichen Mitteln zur Deckung von Mehraufwand zu unterstützen, allenfalls auch durch eine Flexibilisierung von Fristen und Auflagen etwa bezüglich Drehorten und Personal. 134

Nicht zuletzt müssen auch weiterhin Projekte vorangetrieben und neue Verträge verhandelt werden, während eine gesellschaftliche Normalität noch längst nicht wiederher- 135

124 Vgl. § 1 Rz 31 f., 43 ff., 53.

125 Vgl. Pichonnaz, ZSR Sondernummer 2020, S. 144.

126 Uhlig, Film, Rz 206 ff.; ders., Koproduktion, Rz 19 ff. und 85 ff.

127 Grundlegend Pichonnaz, ZSR Sondernummer 2020, S. 143 ff.; Uhlig, Koproduktion, Rz 215 f. und 516 ff.

128 Uhlig, Koproduktion, Rz 514 ff. und 524 ff.

gestellt oder auch nur absehbar ist. Das wird den Parteien eine erhöhte Flexibilität in der Durchführung der Vorhaben abverlangen, die auch schon mit Anpassungsvorbehalten, Informations- und Verhandlungspflichten, im Vertrag festgehalten werden kann und sollte.

b) Absage oder Verschiebung im Filmprojekt-Arbeitsvertrag

136 *Flexibilität* ist im Filmschaffen auch bei der Gestaltung von *Arbeitsverhältnissen* verlangt; dies keineswegs nur in der Pandemie-Krise, sondern schon im Normalbetrieb. Die Produzentin muss die Drehzeiten und die Arbeitseinsätze der Mitwirkenden planen, oft umdisponieren oder auch verlängern können;[129] dies bei weitgehend befristeten Engagements, die prinzipiell festgelegte Zeiträume vorsehen.

137 Hat die Produzentin in diesem vereinbarten Zeitraum keinen Bedarf an der Arbeitsleistung – weil sie z.B. Dreharbeiten abbrechen musste – gerät sie in Annahmeverzug: Der Arbeitslohn ist weiter geschuldet (Art. 324 OR).[130] Die nicht erbrachte Arbeit muss nicht nachgeholt werden. Werden die Dreharbeiten später wiederaufgenommen, müssten die Mitwirkenden (oder andere) neu engagiert und erneut entlöhnt werden. Solche Mehrkosten sind in Filmprojekten, die budgetgenau und mit geringen Überschreitungsreserven aus Drittmitteln finanziert sind, kaum tragbar.[131] Andererseits ist kein Lohn geschuldet, wenn die Mitwirkenden ihrerseits an der Arbeit gehindert sind.[132] Bei Arbeitsverhältnissen unter drei Monaten Dauer ist auch die Lohnfortzahlung nach Art. 324a OR nicht geschuldet. Dies kostet die Mitwirkenden das Arbeitseinkommen, auf das sie existenziell angewiesen sind, ohne Gewähr eines erneuten Engagements bei der Wiederaufnahme der Dreharbeiten. Beide Folgen befriedigen umso weniger, als es in der Pandemie blanker Zufall ist, ob die Zusammenarbeit an Mitwirkenden scheitert (weil sie nicht einreisen können, unter Quarantäne stehen,[133] erkranken oder die Risiken am Set scheuen) oder an der Produzentin (weil die Dreharbeiten wegen Verboten,[134] gesperrter Drehorte, ausfallender Mitwirkenden oder unvertretbarer Risiken abgesagt werden).

129 Zum Ganzen Uhlig, Engagement, S. 461 ff.

130 Vgl. Geiser, AJP 2020, S. 546; Uhlig, Engagement, S. 472; § 2 Rz 4, 12; Wildhaber, ZSR Sondernummer 2020, S. 167 f.

131 Vgl. Sordet, Cinebulletin Juni 2020, S. 8.

132 Geiser, AJP 2020, S. 546; § 2 Rz 3, 8.

133 Geiser, AJP 2020, S. 547, und Geiser/Müller/Pärli, Jusletter v. 23.3.2020, Rz 18, sehen hier einen Fall der Lohnzahlungspflicht im Annahmeverzug: Heimarbeit sei rechtlich stets möglich; ob sie zugewiesen werden kann, liege im Betriebsrisiko der Arbeitgeberin. Nach hier vertretener Auffassung müsste die Art der vereinbarten Arbeit einbezogen werden: Eine Filmschauspielerin, die das Haus hüten muss, kann *ihre* Arbeit nicht erbringen; nur auf diese, nicht irgendwelche (Heim-)Arbeit, ist ihr Vertrag gerichtet (vgl. § 2 Rz 21 f.). Der Bundesrat wiederum unterstellt eine soziale Lohnfortzahlungspflicht nach Art. 324a OR, vgl. Geiser, AJP 2020, S. 547; gleich auch Wildhaber, ZSR Sondernummer 2020, S. 164; § 2 Rz 23.

134 Geiser/Müller/Pärli, Jusletter v. 23.3.2020, Rz 22, 40 und 92, und Geiser, AJP 2020, S. 550 f., ordnen auch Betriebsschliessungen dem Betriebsrisiko der Arbeitgeberin und damit dem Annahmeverzug zu, weil diese sich auf Pandemien vorbereiten müsse bzw. schlicht nicht in der Lage sei, die Arbeitsleistung entgegenzunehmen; **a.A.** Wildhaber, ZSR Sondernummer 2020, S. 168 f.; § 2 Rz 14 m.w.N.

Die Filmbranche hat seit jeher – im Einvernehmen von Arbeitgeber- und Arbeitnehmervertretungen – versucht, die gesetzlichen Spielräume sachgerecht auszunutzen, um den Planungsbedarf der Produzentin und den Erwerb der Mitwirkenden in Einklang zu bringen. Solche Spielräume bieten sich etwa in aufschiebenden Bedingungen für den Arbeitsbeginn, der Zweckbefristung, in gewissem Mass in Überstunden, und im Prinzip der Arbeit auf Abruf, welches es erlaubt, ohne die Folgen des Annahmeverzugs Arbeitsleistung in Anspruch zu nehmen oder auch nicht; letzteres gegen eine Entschädigung der Bereitschaftszeit.[135] 138

Entsprechende Flexibilisierungen finden sich etwa in den *Allgemeinen Anstellungsbedingungen Wochenengagement*[136] der Filmbranche, einem Rahmenvertrag zwischen Produzentenverbänden und dem SSFV, dem Berufsverband der FilmtechnikerInnen und SchauspielerInnen (d.h. kollektiven Arbeitgeber- und Arbeitnehmervertretungen). Die *AAB Wochenengagement* sind von den beteiligten Verbänden als verbindlich anerkannt und enthalten verschiedene Bestimmungen über den Inhalt der einzelnen Arbeitsverhältnisse. Sie sind gesamtarbeitsvertragliche Regelungen nach Art. 356 Abs. 1 OR. 139

Die *AAB Wochenengagement* sehen unter anderem vor: 140

- Das Recht der Produzentin, bei «Produktionsabbruch oder Nichtzustandekommen der Produktion» auf weitere Arbeitsleistungen zu verzichten, gegen eine pauschale Abfindung von 25 Prozent des vereinbarten Gesamthonorars nebst dem Lohn für bereits geleistete Arbeit (nicht über die Honorarsumme hinaus; Ziff. 8.1.).
- Den Anspruch auf Lohnfortzahlung bei «unvorhergesehenem Produktionsunterbruch» (Ziff. 9.1; vgl. Art. 324 OR). Damit liegt der Unterbruch grundsätzlich bis an das Ende des vorgesehenen Anstellungszeitraums im Betriebsrisiko der Produzentin. Umgekehrt sind die Mitarbeitenden verpflichtet, sich für einen erstreckten Produktionszeitraum vorbehältlich anderweitiger Verpflichtungen zur Verfügung zu halten.
- Schliesslich die Suspendierung im Fall eines «Unterbruchs wegen höherer Gewalt» und das *Weiterlaufen des Vertrags ab der Wiederaufnahme der Produktionsarbeiten* (ohne besondere Abmachung, aber vorbehältlich anderweitiger Verpflichtungen des Mitarbeiters). Hier ist ein Unterbruch gemeint, der *nicht* in das Betriebsrisiko der Produzentin fällt und auch keinen Annahmeverzug auslöst.[137] Art. 324 OR steht zudem nicht entgegen, soweit die Suspendierung der Arbeit bereits im Arbeitsvertrag vereinbart ist.[138]

---

135 Vgl. Uhlig, Engagement, S. 466 ff.

136 AAB Wochenengagement, ‹https://www.ssfv.ch/de/arbeiten-im-film/allgemeine-anstellungsbedingungen-aab%E2%80%BA› (23.6.2020).

137 Im Sinn eines Falls vorübergehender Unmöglichkeit, mit Verweis auf Art. 119 Abs. 2 OR, Wildhaber, ZSR Sondernummer 2020, S. 169.

138 Vgl. BSK OR I-Portmann, Art. 324 N 16, einschränkend Streiff/von Kaenel/Rudolph, Art. 324 N 14, die solche Abreden als Einzelfall-Vergleich zum Arbeitsplatzerhalt, nicht aber generell im Voraus zulassen.

141 Diese Bestimmungen gelten nur unter Mitgliedern der Unterzeichnerverbände der *AAB Wochenengagement* und nur für befristete Engagements «im Wochenlohn», in der Regel für Spiel- und Dokumentarfilme. In anderen Fällen bleibt es beim individuellen Vertrag, der freilich die AAB-Bestimmungen, soweit sie keiner GAV-Grundlage bedürfen, einbeziehen konnte.

142 Wie andere «Höhere-Gewalt»-Klauseln lässt auch dieses Regelwerk die Produzentin und ihre Equipe im pandemiebedingten Drehabbruch eher ratlos zurück. Immerhin haben die Parteien der *AAB Wochenengagement* das Gebot der Stunde, *einvernehmlich* (und *kollektiv*[139]) Abhilfe zu schaffen, rasch erkannt: Eine (Zusatz-)Vereinbarung klärt, dass es als Fall besagter Ziff. 9.4 *AAB Wochenengagement* gilt, wenn eine Filmproduktion, namentlich ein Filmdreh, nachweislich aufgrund direkter oder indirekter Folgen der Corona-Epidemie unterbrochen werden muss:[140] Das Arbeitsverhältnis ist sistiert und die beiderseitigen vertraglichen Rechte und Pflichten sind ausgesetzt; der Arbeitnehmer hat bei Wiederaufnahme der Produktion Anspruch auf Weiterbeschäftigung zu den vereinbarten Bedingungen und unter Geltung des bereits aufgelaufenen Arbeitszeit- und Überstundensaldos. Die Engagements bleiben – zwar mit einer Verschiebung auf ungewisse Zeit – erhalten, was für die Filmschaffenden immerhin ein gewisses Einkommen sichert. Der anfänglichen Unklarheit, ob unter diesen Umständen Kurzarbeit für die Filmschaffenden zu beantragen war[141] oder ob diese Arbeitslosenentschädigung beziehen sollen (wie es im Filmschaffen zwischen den Engagements, ausreichende Beitragszeiten vorausgesetzt, gängige Praxis ist[142]), sind die Verbände später begegnet: Die Produzentinnen verpflichten sich, vorrangig zur Arbeitslosenversicherung die Arbeitsverhältnisse zur Kurzarbeit anzumelden, wo immer rechtlich möglich und tatsächlich verhältnismässig.[143] Für den definitiven Abbruch der Produktion verweist die Vereinbarung auf Ziff. 8 der geltenden AAB Wochenengagement, wonach anstelle des Lohns für die restlichen, fortfallenden Arbeiten eine Abfindung geschuldet ist (vgl. Rz 140).[144]

143 Diesem kollektiven Lösungsansatz ist Respekt und Wohlwollen geschuldet, auch wenn er nicht ganz einfach in das Arbeitsrecht der Art. 321 ff. OR einzuordnen ist. So mag sich im Einzelfall die Frage stellen, wie weit die Abreden auf Dreharbeiten zurückwirken, die bereits zuvor abgebrochen wurden.[145] Tatsächliche Eingriffe in die bestehen-

139 Vgl. Pichonnaz, ZSR Sondernummer 2020, S. 150 ff.

140 *Vereinbarung Produzentenverbände und SSFV*, Ziff. 2; vgl. die entsprechende Übersicht des SSFV, ‹www.ssfv.ch/de/arbeiten-im-film/coronavirus-covid-19› (23.6.2020).

141 Die Voraussetzung für Kurzarbeitsentschädigung nach Art. 31 Abs. 1 lit. d AVIG, wonach der Arbeitsausfall voraussichtlich nur vorübergehend sein darf und zu erwarten sein muss, dass die Arbeitsplätze erhalten bleiben können, wäre prinzipiell erfüllt gewesen; vgl. im Übrigen Art. 4 COVID-19-Verordnung Arbeitslosenversicherung, wonach für die Dauer dieser Verordnung auch der Arbeitsausfall befristet Angestellter anrechenbar war.

142 Vgl. Sordet, Cinebulletin Juni 2020, S. 12.

143 *Vereinbarung Produzentenverbände und SSFV*, Ziff. 2, 1. Lemma.

144 Vgl. dazu Uhlig, Engagement, S. 478.

145 Die erste COVID-19-Verordnung des Bundesrats (gestützt auf das Epidemiengesetz) datierte auf den 28.2.2020. Sie verbot lediglich Veranstaltungen über 1000 Personen; für kleinere Veranstaltungen waren

den Arbeitsverhältnisse, im Sinn einer Rückwirkung normativer GAV-Bestimmungen, dürfen das Vertrauensprinzip nicht verletzen und müssen bereits erworbene, individuelle Rechte der Vertragsparteien wahren.[146] Soweit aber nur die geltende AAB-Klausel konkretisiert wird, kann dies alle Fälle erfassen, in denen diese AAB herrschen, auch wenn die Auslegung solcher Vertragsklauseln letztlich den Gerichten obliegt. Eine Stundung etwa von Entschädigungsansprüchen erworbener Überstunden-Guthaben wäre wohl nur mit dem Einverständnis der einzelnen Mitwirkenden zulässig. Meist wären diese Entschädigungen gemäss AAB ohnehin erst mit dem Ende des Arbeitsverhältnisses abzurechnen und auszuzahlen (die AAB Wochenengagement sehen die Kompensation von Überstunden und Überzeit über die ganze Vertragszeit vor; Ziff. 16.6 f.).[147] Fällig werden solche Forderungen mit dem Ende des Arbeitsverhältnisses (Art. 339 OR).

Ebenfalls nur auf der Grundlage der AAB-Zusatzvereinbarung im Sinn eines GAV 144
(und nicht über ein Dienstjahr hinaus) wäre die Verkürzung der Kündigungsfrist auf einen Tag möglich gewesen, die die Zusatzvereinbarung in der ursprünglichen Version für neue Arbeitsverträge in Filmproduktionen am 25.3.2020 für künftige Unterbrüche aufgrund der Epidemie vorsah (Art. 335c Abs. 2 OR).[148]

c) *Auftragsrechtliche Engagements*

Oft sind Engagements in Filmproduktionen, bei einem hohen Mass an Flexibilität und 145
Selbständigkeit im Zeiteinsatz und in der Ausführung der Aufgaben, eher als Auftragsverhältnisse zu beurteilen. Der Auftrag ist zwingend jederzeit kündbar (Art. 404 Abs. 1 OR). Er sichert den Filmschaffenden also kein dauerhaftes Einkommen, wenn nicht im Einzelfall ein gemischtes Vertragsverhältnis mit einer beständigeren Komponente vorliegt, wie etwa einer Werkleistung.[149] Auch mag es auf die konkrete Vergütungsabrede (z.B. eine Pauschalvergütung oder ein zugesichertes Zeitbudget) ankommen, in welchem Masse mit dem Auftrag auch die Vergütung dahinfällt. Je nachdem kann eine prompte Beendigung von Auftrag und Vergütung zur Unzeit erfolgen und damit eine Entschädigungspflicht nach sich ziehen (Art. 404 Abs. 2 OR). Auch wo der Abbruch einer Produktion als solcher sachlich gerechtfertigt sein mag, kann dies für das konkrete Auftragsverhältnis gesondert zu beurteilen sein. Dabei kann es eine Rolle spielen, ob beispielsweise die Auftragstätigkeit schlechterdings unmöglich (Location Scouting in gesperrtem Gebiet) oder gegenstandslos geworden ist (Ausstattung für ein angebrochenes Set) oder ob bloss der Bedarf an der Leistung ungewiss geworden ist (Talent Scouting für eine verschobene Produktion) oder Ressourcen zu sparen sind.

---

die Risiken abzuwägen. Die zweite Verordnung mit einschneidenderen Massnahmen, die sodann laufend verschärft wurden, datierte auf den 13.3.2020.

146 BSK OR I-Portmann, Art. 357 N 14.

147 *Vereinbarung Produzentenverbände und SSFV*, Ziff. 2, 3. und 4. Lemma.

148 Vgl. Vereinbarung v. 25.3.2020, Ziff. 2, ‹www.ssfv.ch/de/arbeiten-im-film/coronavirus-covid-19› (23.6.2020).

149 Vgl. BSK OR I-Oser/Weber, Art. 404 N 9, m.w.N.

146 Die AAB-Zusatzvereinbarung sieht vor, dass künftig für die Dauer der Epidemie auch im Auftrag Beschäftigte bei Abbruch ihrer Arbeiten eine Vergütung für 7 Tage zugesichert erhalten.[150] Der Bereich gesamtarbeitsvertraglicher Bestimmungen oder auch der AAB ist hier klarerweise verlassen. Damit fragt sich, wie die Vereinbarung auf solche individuellen Auftragsverhältnisse einwirken kann. Denkbar wäre eine Vereinbarung zugunsten Dritter (seitens des SSFV für seine Mitglieder). Nicht möglich ist eine Vereinbarung zulasten Dritter, mit der die beteiligten Produzentenverbände ihre Mitglieder verpflichtend binden würden. Letztlich wird es erforderlich sein, dass die Verbände mit Verweis auf die beidseitigen Kompromisse in der kollektiven Vereinbarung ihre Mitglieder anhalten, diese zu befolgen. Hier wie bei den Arbeitsverhältnissen hat die Krise deutlich gemacht, dass die Einordnung der relativ freien, kurzfristigen Engagements der Filmbranche in die Vertragstypen des Obligationenrechts, wie auch in die Kategorien der (Un-)Selbständigkeit und die soziale Absicherung der Filmberufe, in vielem zu unbefriedigenden Ergebnissen führt. Überlegungen, für solche häufig wechselnden und befristeten Engagements zu sachgerechteren vertrags- und sozialversicherungsrechtlichen Lösungen zu finden, haben sich in dieser Situation akzentuiert.[151]

d) Eindämmung der Störungen – Branchenlösungen

147 Störungen und Schäden wegen der Epidemie hängen auch davon ab, welche Handlungsspielräume sie und die Notrechtsvorschriften noch belassen und wie diese ausgenutzt werden können. Während Kinos geschlossen und Festivals verboten waren, galt das für Produktionstätigkeiten nicht. Die Wochen des Lockdowns boten auch in der Filmbranche ein Experimentierfeld für alternative Lösungen,[152] Problembewältigung und allenfalls auch Zukunftsmodelle.

148 Für das einzelne Unternehmen erwiesen sich die rechtlichen und realen Unsicherheiten als gross, oft zu gross, um an Produktionen festzuhalten. Branchenverbände hingegen konnten an Schutzkonzepten arbeiten, welche die rechtlichen Vorgaben befolgten. Sie konnten mit Behörden in den Dialog treten, die geltenden Vorschriften und die realen Risiken analysieren, und ihren Mitgliedern damit Handleitungen bieten, die gewisse Arbeiten ermöglichten. Solche Konzepte gibt es mittlerweile etwa für Dreharbeiten sowie für Theater, Konzerte und Veranstaltungen, wo sich abseits des Publikums ähnliche Probleme stellen (Proben, Kostüm- und Maskenbildnerei, Catering etc.).[153] Sie dürften, in weiter entwickelter Form, auf lange Sicht ein Instrument auch des Filmschaffens bleiben.

150 *Vereinbarung Produzentenverbände und SSFV*, Ziff. 4.

151 Vgl. Sordet, Cinebulletin Juni 2020, S. 12 f.

152 Z.B. Initiativen wie den Autorenfilm-Ideenwettbewerb «Collection Lockdown by Swiss Filmmakers», aus dem 33 Kurzfilme hervorgegangen sind, ‹https://medien.srf.ch/-/-collection-lockdown-by-swiss-filmmakers-› (23.6.2020).

153 Vgl. hierzu die Zusammenstellung für den Film unter ‹www.ssfv.ch/de/arbeiten-im-film/coronavirus-covid-19› (23.6.2020).

149 Solche Branchenkonzepte wirken auch auf die einzelnen Rechtsbeziehungen der Unternehmen und Filmschaffenden. Sie werden, wenn sie sachlich gut begründet sind, von Behörden und Gerichten als «State of the art» den Rechtsbeziehungen zugrundezulegen sein. Die Möglichkeit, Verträge anzupassen oder ausserplanmässig zu beenden, dürfte sich auch danach beurteilen, ob bestehende Konzepte eine Fortsetzung der Tätigkeit erlaubt hätten. In anderen Fällen werden gerade gestützt darauf Projekt- und Vertragsanpassungen durchzusetzen sein unter Inkaufnahme z.B. anderer Film-Schauplätze und eines angepassten Budgets, wo etwa Dreharbeiten kurzerhand in die Büroräume der Produzentin verlegt und in Schichtarbeit organisiert werden mussten. Auftraggeber und Filmfinanziers werden sich höhere Kosten aus der Einhaltung eines Branchen-Schutzkonzepts entgegenhalten lassen müssen.

e) *Auswertungs-/Lizenzverträge*

150 Die Filmauswertung vollzieht sich mittels urheberrechtlicher Lizenzverträge. Dies sind *Verträge sui generis*, für die die Praxis, je nach Ausgestaltung, Analogien zum Kaufrecht («Rechtskauf») oder Pachtrecht (befristete Rechtseinräumung, Lizenz, gegen laufende Zahlungen) wagt.[154]

151 Die Vergütungen sind oft umsatzabhängig.[155] Das bedeutet, dass sich auch beim Umsatzausfall das Risiko zwischen den Parteien nicht verschiebt, da er beide betrifft. Der Lizenznehmer, dem die Einnahmen fehlen, muss nicht auch noch zahlen. Etwas anderes ist, dass er Investitionen in die Vermarktung der Filme vornimmt und teilweise dazu auch vertraglich verpflichtet ist.[156]

152 Die Frage nach der Gebrauchstauglichkeit eines Films, wenn dieser wegen einer Epidemie nicht öffentlich vorgeführt werden kann, führt nicht zu sinnvollen Lösungen. Es ist nicht ein Mangel des Films, für die öffentliche Vorführung bestimmt zu sein. Ob eine Vorführung möglich ist, liegt im Betriebsrisiko des Kinos und Verleihers. Allerdings kann es geboten sein (wo es sich nicht schon aus den Verträgen ergibt), vereinbarte Startdaten, Laufzeiten und auch Investitionspflichten des Lizenznehmers[157] an die geänderten Umstände anzupassen.

153 Für Überbrückungs-Aktivitäten, die den betroffenen Verleihern und Kinos wenigstens ein Geschäft erlauben, braucht es zudem urheber-/lizenzrechtliche Lösungen. Oft enthalten Verträge über Vorführrechte auch das Recht, Filme im *Streaming* anzubieten – worauf auch einige Festivals ausweichen. Abruf-Anbieter lancierten Sonderangebote, um Kinos und Filmschaffende zu unterstützen. Ist aber das Recht zum Zugänglichmachen auf Abruf (Art. 10 Abs. 2 lit. c, Art. 33 Abs. 2 lit. a, Art. 36 lit. b URG) nicht im Lizenzvertrag enthalten, muss es für solche Angebote erst erworben werden. Auch hier können Nachverhandlungen, Vertragsanpassungen und allenfalls kollektive Lösungen

154 Vgl. Uhlig, Film, Rz 236 ff.; Unternährer, Kinofilm, S. 52 und 55.
155 Vgl. Uhlig, Film, Rz 239, 241 und 255; Unternährer, Kinofilm, S. 75 ff.
156 Vgl. Uhlig Film, Rz 231 ff. und 238.
157 Vgl. Uhlig, Film, Rz 236 und 238.

temporäre Spielräume öffnen. So können seit 1.4.2020 die Verwertungsgesellschaften in weiten Anwendungsgebieten «erweiterte Kollektivlizenzen» erteilen, sofern dies die normale Verwertung nicht beeinträchtigt und betroffene Rechtsinhaber nicht von ihrem Recht zum Opting-out Gebrauch machen (Art. 43a URG).

154 Unkonventionelle Lösungen werden schliesslich den Finanziers, besonders der öffentlichen Filmförderung, abzuverlangen sein. Deren Mittel fliessen in aller Regel streng zweckgebunden in Projekte und Leistungsvereinbarungen, werden nun aber in verändertem Umfeld benötigt (vgl. Rz 171).[158] So hat das abgesagte 73. Festival Locarno 2020 verkündet, ein Preisgeld für Filmprojekte auszuschreiben, die wegen der Pandemie auf Eis gelegt werden mussten.

VI. Museen

155 Werden Museen und ähnliche Ausstellungsorte geschlossen, so betrifft sie dies wie andere Unternehmen und Institutionen auch: Einnahmenausfall muss betrieblich verkraftet, gegebenenfalls durch Instrumente wie Kurzarbeit und Liquiditätsdarlehen, allenfalls mit Mitteln nach der COVID-19-Verordnung Kultur oder von der (ggf. öffentlichen) Trägerschaft und Unterstützung ausgeglichen werden. Miet- und andere Betriebskosten sind nach Möglichkeit zu reduzieren.

156 Vor besondere Probleme stellt dies den *Betrieb bei Wechselausstellungen*: Wechselausstellungen sind temporär, oft für wenige Wochen eingerichtet, aber mit hohem Aufwand und langem Vorlauf an Vorbereitungen, Verhandlungen, Leihvereinbarungen, Transport- und Versicherungsarrangements. Dieser Aufwand wird mit der Schliessung obsolet, die verlorene Zeit ist wegen der Befristung nicht ohne weiteres nachholbar, die Vertragsbeziehungen vor allem mit den Leihgebern sind gestört. Anders als bei Film und Performing Arts, stehen im Zentrum des Museums- und Ausstellungsbetriebs *Kunstwerke als Objekte*, die sich nun in geschlossenen Ausstellungen, in Lagern, blockierten Transportwegen und obsoleten Planungen wiederfinden.

157 Auch hier können die Auswirkungen auf die *Vertragsbeziehungen* davon abhängen, ob und wie lange die Schliessung angeordnet, oder aus Risiko-Erwägungen selbst beschlossen wurde. Im letzteren Fall ist zu prüfen, ob die Gründe so schwerwiegend sind, dass gleichwohl eine *Äquivalenzstörung* der Verträge zu berücksichtigen ist, oder dies allein in die Betriebssphäre des Museums fällt – sodass es bei den Vertragspflichten bleibt *(pacta sunt servanda)*.

158 *Ausstellungs-Leihverträge* fallen unter die *Gebrauchsleihe* (Art. 305 OR) falls sie unentgeltlich sind – oder bei Entgelt unter die *Miete* (Art. 253 OR).[159] Solche Verträge sind regelmässig auf die Verwendung für die bestimmte Ausstellung, am Ort und in der Zeit wie vorgesehen, beschränkt.[160] *Verlängerungen* bedürfen der Zustimmung des Leih-

158 Vgl. zu den Subventionen § 25 Rz 94 ff.

159 Vgl. zum Ganzen RENOLD, Leihe, Rz 93 f. und 98 ff.

160 Vgl. *Musterleihvertrag* der Schweizerischen Vereinigung der Kunstsammler, Ziff. 1; *Rahmenvertrag-Leihverkehr* des Verbands Museen der Schweiz, Ziff. 2.

gebers.[161] Sie erwiesen sich in der Krise offenbar tatsächlich als verhandelbar: So ist es der Fondation Beyeler in Riehen gelungen, ihre Edward-Hopper-Ausstellung um zwei Monate zu verlängern, sodass sie nach der Wiedereröffnung im Mai – unter erheblichen Sicherheitsauflagen – wieder besucht werden konnte. Dabei mögen die Transport-Defizite in der Pandemie-Krise, Sicherheitserwägungen und die allseits, auch bei Leihgebern, ungewisse Planung in die nähere Zukunft eine Rolle gespielt haben. Allein die Transport-Arrangements können komplex sein. Auch wenn der Transport durch den Leihnehmer zu organisieren ist, kann der Leihgeber ein Wahlrecht bezüglich des Transportunternehmens haben oder Auflagen wie die Wahl des (direkten) Transportwegs oder den Ausschluss von Zwischenlagern, Sammeltransporten etc. machen. Der Abwicklung können dann Grenzschliessungen und Einschränkungen der grenzüberschreitenden Bewegungsfreiheit sowie Flugverbote entgegenstehen. Müssen die Objekte im Einvernehmen mit dem Leihgeber vor Ort bleiben, bis der Transport wieder möglich ist, kann auch (stillschweigend) eine Verwahrung (sog. Hinterlegung, Art. 472 ff. OR) die Leihe abgelöst haben.[162]

Die Objekte sind fristgerecht *zurückzugeben* (Art. 309 Abs. 1 bzw. Art. 267 i.V.m. 79 159
OR).[163] Ist dies wegen der Pandemie nicht – zumal unter Einhaltung der Sicherungs- und Sorgfaltspflichten – rechtzeitig möglich, wird auch insoweit eine Enthaftung des Leihnehmers und Rückgabeschuldners in Betracht kommen (vgl. Rz 77, 79).[164] Deren Reichweite ist ungewiss, etwa hinsichtlich der Gefahrtragung für das überfällige Objekt (Art. 306 Abs. 3 OR) und dessen Versicherungsschutz.

Ein vorzeitiges *Rückforderungsrecht* steht dem Leihgeber bei der Gebrauchsleihe 160
(nur) bei vertragswidrigem Gebrauch zu (Art. 309 Abs. 2 OR). Häufig wird dieses noch vertraglich konkretisiert oder ausgeweitet, u.a. für den Fall einer Gefährdung des Objekts. Die angeordnete oder gebotene Schliessung der Ausstellung wird kaum als vertragswidriger Gebrauch zu beurteilen sein. Für eine Rückforderung ist daher, ohne zusätzliches Risiko, regelmässig kein Raum.

Fraglich ist hingegen, ob der Leihgeber das Objekt *verfrüht zurückgeben kann* und der 161
Leihgeber es zurücknehmen muss, wenn die geschlossene Ausstellung geräumt wird: Bei Gebrauchsleihe kann der Leihnehmer gestützt auf Art. 81 Abs. 1 OR vorzeitig zurückliefern,[165] sofern nichts anderes (ggf. stillschweigend) vereinbart ist und seine Verpflichtungen bzw. Transportarrangements eingehalten werden können. Ist eine Leihgebühr als reine Aufwandsentschädigung geschuldet, kann eine Anpassung an den realen Aufwand geboten sein. Enthält diese ein eigentliches *Entgelt*, so liegt ein Mietvertrag vor (Art. 257 OR). Hier gilt von Gesetzes wegen eine dreitägige Kündigungsfrist (Art. 266f OR[166]), die aber meist durch die vertragliche Fristbestimmung abbedungen sein wird.

161 Vgl. aber § 1 Rz 61.
162 Vgl. dazu Renold, Leihe, Rz 95 und 105 ff.
163 Vgl. BSK OR I-Weber, Art. 267 N 2.
164 Vgl. BSK OR I-Weber, Art. 267 N 2a.
165 Vgl. BSK OR I-Maurenbrecher/Schärer, Art. 309 N 1b, m.w.N.
166 Vgl. § 3 Rz 138.

Vorzeitige Rückgabe ist dann möglich, befreit aber nicht von der Vergütungspflicht (Art. 264 Abs. 2 OR). Zwingend ist das (beiderseitige) Recht zur *Kündigung aus wichtigen Gründen* mit der gesetzlichen Frist (Art. 266g OR), mit der sich die Parteien von ihren Vertragspflichten – auch der Mietzinspflicht – befreien können, unter Vorbehalt eines Ausgleichs im richterlichen Ermessen (Abs. 2). Dieses wiederum müsste die ausserordentliche Situation berücksichtigen. Sofern sich aus der konkreten Situation des Mieters eine ausserordentliche Kündigung rechtfertigt,[167] ist wegen der kurzen Frist eine Mietzinsreduktion kaum relevant. Anders, wenn das Objekt trotz der Schliessung nicht zurückgegeben werden kann oder soll: Seine Zweckbestimmung als Exponat einer öffentlichen Ausstellung ist gewiss kein Mangel, der eine Reduktion rechtfertigen würde (Art. 259a und 259d OR). Eine Anpassung wäre allenfalls nach dem Grundsatz der *clausula rebus cis stantibus* denkbar (vgl. Rz 77).[168]

162 Der Verbleib der Werke über die geplante Dauer hinaus wird auch Anpassungen des *Versicherungsschutzes* erfordern, der regelmässig – wie alle mit der Leihe verbundenen Kosten – vom Leihnehmer zu tragen ist.[169] Falls die Deckung befristet ist, ist sie zu erstrecken, um den Schutz nicht zu verlieren. Allenfalls ist auch die veränderte Risikosituation durch die Schliessung dem Versicherer anzuzeigen und zu berücksichtigen.

163 *Sponsoring-Vereinbarungen* sehen Kommunikationsleistungen als Gegenleistung für die Sponsoren-Beiträge vor: Der Sponsor möchte im Zusammenhang mit dem kulturellen Anlass öffentlich in Erscheinung treten. Weitere Leistungen, wie Einladungen an oder Spezialanlässe mit Mitarbeitern und Kunden des Sponsors, kommen hinzu. Ist die Ausstellung oder das Museum geschlossen, können diese Leistungen nicht mehr erbracht werden, oder sie verlieren zum grossen Teil ihre Öffentlichkeitswirkung. Das ist eine Nicht- bzw. Schlechtleistung, die nach dem Inhalt des jeweiligen Vertrags zu behandeln ist (vgl. Rz 76), und allenfalls eine Anpassung des Vertrags nahelegt (Rz 77, 81), wie beispielsweise eine Verschiebung oder eine anderweitige Kommunikation. Eher mäzenatisch gestimmte Sponsoren werden ihren Institutionen die Unterstützung ohnehin gerade in der Krise nicht entziehen wollen – auch das schafft Öffentlichkeit.[170]

164 Wo Museen auf *«virtuelle Rundgänge»* im Internet ausweichen möchten, benötigen sie für die Wiedergabe der Kunstwerke im Bewegtbild oder Bild (*Zugänglichmachen auf Abruf*, Art. 10 Abs. 2 lit. c URG) die Einwilligung des Rechtsinhabers. Teils sind solche Einwilligungen im Leihvertrag bereits enthalten – teils nicht oder nur ungenügend (Verwendungsrechte etwa für Videos, Film-/Fernsehaufnahmen oder digitale Bildaufnahmen enthalten dieses Abrufrecht nicht ohne weiteres). Auch ist der Leihgeber nicht im-

167 Dazu BSK OR I-Weber, Art. 266g N 5; auch gravierende Änderungen in den wirtschaftlichen Verhältnissen.

168 Vgl. § 1 Rz 19.

169 Vgl. zum Ganzen Grolimund/Voss, Kunstversicherung; Ziff. 5 *Musterleihvertrag* der Schweizerischen Vereinigung der Kunstsammler und Ziff. 2.3.1 *Rahmenvertrag-Leihverkehr* des Verbands Museen der Schweiz über die temporäre Ausleihe von Sammlungsobjekten.

170 Vgl. Interview mit Christoph Franz mit Bezug auf das Lucerne Festival, Wildhagen, NZZ v. 11.5.2020.

mer auch Rechtsinhaber, sowenig wie das Museum selbst an seinen eigenen Beständen, sofern nicht die Rechte zweifelsfrei vom Künstler als Urheber (mit) erworben wurden: Denn beim Erwerb eines Kunstwerks verbleiben die urheberrechtlichen Verwendungsrechte im Zweifel beim Urheber (Art. 16 Abs. 3 URG).[171]

Auch bei Museen und Ausstellung müssen folglich die sich stellenden Fragen immer mit Bezug auf den konkreten Einzelfall beantwortet werden. Sie sollten *einvernehmlich* gefunden werden, um möglichst reibungslose Übergänge zu ermöglichen und vertrauensvolle Beziehungen zu vertiefen. 165

VII. Ausblick

Für eine abschliessende Würdigung der Situation ist es zu früh. Ein Ausblick und erste Folgerungen seien jedoch gewagt. Wahrscheinlich ist, dass grosse Teile der Kultur längerfristig von dieser Krise geprägt werden. Vor allem jener Teil, der auf die körperliche Anwesenheit des Publikums oder von Teilnehmenden angewiesen ist, weil der (gemeinsame) Raum gerade die Grundlage für ihr Dasein schafft. 166

Das Verhalten des Publikums bei solchen oftmals ritualisierten kollektiven Ereignissen lässt sich nicht voraussagen. Es wird sich voraussichtlich im Spannungsfeld von Interesse und Vorsicht sowie von Neugier und Angst abspielen. Bestimmt werden die Einnahmen überwiegend dort zurückgehen, wo die Abstandsregeln einzuhalten sind und manche Betriebe noch eine wirtschaftliche Balance finden müssen. 167

1. Kulturpolitik

Die Diskussionen im Zusammenhang mit der Umsetzung der Massnahmen der COVID-Verordnung Kultur haben bestimmte Tendenzen in der Kulturförderung verdeutlicht, die fokussierter angegangen werden sollten. Im Folgenden seien einige von ihnen ohne Anspruch auf Vollständigkeit skizziert. 168

Ein erster Bereich sind die Begrifflichkeiten bzw. die Frage, wer als Kulturschaffende oder Kulturunternehmen berücksichtigt wird – sprich, wer in den Genuss staatlicher Leistungen kommen kann. Gerade die Diskussion der Aufnahme der Musikbars und -clubs im Kanton Zürich hat gezeigt, wie dynamisch der Kulturbegriff ist. Er ist in der kulturpolitischen Diskussion um die Förderung immer wieder aufs Neue auszuhandeln, wobei die Krise Angebote und Bereiche aufgezeigt hat, die in einer künftigen kulturpolitischen Diskussion einbezogen werden sollten, weil sonst im (Kultur-)Leben etwas fehlen würde.[172] 169

Im Bereich der sozialen Sicherheit hat sich gezeigt, wie fragil die Situation mancher Kulturschaffender ist, vor allem, wenn sie als (Teil-)Selbständigerwerbende gelten oder nur partiell angestellt sind: Der künftige Fokus wird im Fördersystem weiter zu fassen 170

171 Vgl. zum gleichen Problem in der Filmauswertung Rz 153.

172 Vgl. Raschèr, Kultur, Rz 20 f., 30 ff. und 38 ff.; Uhlmann/Raschèr/Scheifele/Wilhelm, Kulturförderung, Rz 2 ff., 52 ff. und 248.

sein und nicht nur Fragen der Altersvorsorge oder der Invalidität betreffen müssen.[173] Die Krise führt klar vor Augen, wie ungenügend die soziale Absicherung für Selbstständigerwerbende gerade im Kulturbereich ist, vor allem, wenn sie in bescheidenen wirtschaftlichen Verhältnissen leben. Ohne in Klischees zu verfallen: Kulturschaffen war zwar immer auch ein Stück weit Selbstausbeutung. Das darf aber nicht heissen, dass wegen der gegenwärtigen Entwicklung ein neues Prekariat legitimiert wird. Im Gegenteil sollte die Krise ein Anlass sein, grundlegende Verbesserungen für prekäre Tätigkeitsverhältnisse und insbesondere den Kultursektor in die Wege zu leiten.

171 Ein weiterer zentraler Punkt für den Kultursektor ist der Umgang des Staates mit Subventionen, falls Subventionsempfänger im Einzelfall ihre Leistungen aufgrund einer nicht durch sie verschuldete Situation nicht, nicht vollumfänglich oder nicht im Rahmen der strengen Zweckbindung einer Projektförderung oder Leistungsvereinbarung erbringen können. Kulturförderer müssen imstande sein, rasch und flexibel auf die Bedürfnisse ihrer Begünstigten reagieren zu können, zumal in ausserordentlichen Situationen. Diesen sollte es erlaubt sein, solche Mittel für akut nötige oder förderliche Zwecke, angepasste Projekte und dergleichen zu verwenden. Allenfalls wären dafür geeignete gesetzliche Grundlagen zu schaffen.

172 Die Bewältigung der Krise hat gezeigt, wie wichtig die Zusammenarbeit zwischen Kantonen und Bund ist. Der nationale Kulturdialog sollte intensiviert werden und auch die Aufgabenteilung zwischen Bund und Kantonen auf künftige Herausforderungen überdacht werden.

173 Auch im Bereich der Zusammenarbeit zwischen öffentlicher Hand und Privaten sollte es zu Erweiterungen kommen. Die Umsetzung der Massnahmen zur Nothilfe für Kulturschaffende oder die Unterstützung von Kulturvereinen im Laienbereich wurden an Kulturverbände delegiert. Das ist rechtlich anspruchsvoll, weil auch Private bei der Erfüllung öffentlicher Aufgaben die Grundrechte beachten müssen.[174] Eine solche Delegation ist inhaltlich sinnvoll, weil diese Kulturverbände nicht nur einen sehr guten Überblick über die Lage der Kulturunternehmenden und der Kulturschaffenden aus der Nähe haben, sondern auch ihr bestehendes Netzwerk rasch aktivieren können. Auch leisten die Kulturverbände wertvolle Übersetzungsarbeit zwischen Behörden und dem Kultursektor. Es wäre deshalb in Zukunft wichtig, dass diese Verbände nicht nur angehört werden, sondern dass sie vermehrt gleichberechtigt und partnerschaftlich die konkreten Lösungsansätze und die praktische Umsetzung von Anfang an mitgestalten dürfen.

174 An den Schnittstellen zwischen Kultur- und Filmförderung wäre ein koordiniertes Vorgehen bereits innerhalb des BAK wünschenswert gewesen, damit Kantone und Städte sowie Verbände auch im Bereich des Films einen verlässlichen Partner haben, um rasch, koordiniert und zielführend reagieren zu können. Es liegt auf der Hand, dass das BAK seine gesetzliche Rolle in der Umsetzung der Filmpolitik des Bundes auch in aussergewöhnlichen Lagen wahrnehmen muss. Der Bund verfügt hier über eine breite Kompe-

173 Vgl. Uhlmann/Raschèr/Scheifele/Wilhelm, Kulturförderung, Rz 247.

174 Vgl. Uhlmann/Raschèr/Scheifele/Wilhelm, Kulturförderung, Rz 241.

tenz, seine Unterstützungsmassnahmen zu steuern. Mit den profilierten Filmförderungsinstitutionen gewisser Kantone kann und muss dies koordiniert werden, während andere Kantone in der Sektion Film einen kompetenten Ansprechpartner haben sollten, wenn sie Massnahmen für das Filmschaffen umzusetzen haben. Die Verbände der Filmbranche frühzeitig in die Planung von Massnahmen einzubeziehen, muss sich von selbst verstehen. Auch ihr Ansprechpartner ist das BAK.

Schliesslich gibt es Bereiche, die zwischen die Maschen fallen. Der schulische Bereich 175
bleibt von den Unterstützungsmassnahmen ausgeschlossen: Musikunterricht, Tanzschulen und andere kulturelle Bildungsangebote gelten in dieser Betrachtung nicht als Kulturunternehmen.[175] Falls Musiklehrkräfte in einem Ensemble oder solistisch auftreten, können sie über die jeweiligen Konzertveranstalter eine Ausfallentschädigung beantragen. Der Rest geht leer aus. Auch an der Schnittstelle zwischen musikalischer oder sonstiger Bildung und Kulturförderung besteht noch kulturpolitischer Handlungsbedarf. Nicht zuletzt auch wegen des verfassungsrechtlichen Auftrags zur Förderung der musikalischen Bildung in Art. 67a BV.[176]

Auch wenn am 19.6.2020 die Vernehmlassung zum Covid-19-Gesetz eröffnet 176
wurde, müssen diese kulturpolitischen Fragen auf Bundesebene gesetzgeberisch – ausserhalb von Notrecht oder eines befristeten Gesetzes – angegangen werden. Kulturbezogene Themen sollten im Rahmen der sog. «Kulturbotschaft» vertieft behandelt werden: Das Parlament legt dabei im Sinne von Art. 27 KFG jeweils für einen Zeitraum von vier Jahren die Schwerpunkte der Kulturförderung des Bundes fest und spricht die zu deren Umsetzung erforderlichen Zahlungsrahmen und Verpflichtungskredite.[177] Es ist geplant, dass das Parlament die Diskussionen in der zweiten Jahreshälfte 2020 aufnimmt. An kulturpolitischen Themen wird es nicht mangeln.

2. Vertragswesen

In den Monaten seit Beginn der Krise herrschte in weiten Kreisen eine grosse Rechts- 177
unsicherheit bezüglich Folgen der behördlich angeordneten Massnahmen auf Vertragsverhältnisse: Im Bereich der Performing Arts Fragen rund um die Absage von Aufführungen aller Art, Fragen bezüglich Rückerstattung von Gagen, Rückabwicklung von Verträgen mit Zulieferern, Fragen in Zusammenhang mit dem Ticketing. In der Film- und sonstigen Kulturproduktion waren die Vertragsbeziehungen an unvorhersehbare Einschränkungen, Verschiebungen und Verteuerungen anzupassen. Diese Umstände, der daraus resultierende Diskurs und die gewonnenen Erkenntnisse werden wahrscheinlich dazu führen, dass der sorgfältigen Vertragsredaktion in Zukunft noch mehr Aufmerksamkeit geschenkt wird.

175 Vgl. *Erläuterungen COVID-Verordnung Kultur (13.4.2020)*, Art. 2: «Insgesamt ausgeschlossen [...] ist der Bildungsbereich in allen Disziplinen».

176 Vgl. zum Ganzen Uhlmann/Raschèr/Scheifele/Wilhelm, Kulturförderung, Rz 222 ff.

177 Vgl. im Einzelnen Uhlmann/Raschèr/Scheifele/Wilhelm, Kulturförderung, Rz 36 ff.

178 Beim Umgang mit abgesagten Veranstaltungen erscheint im Zusammenhang mit den Tickets die Gutschein-Lösung als praktikabler Weg in einer Zeit, in der fast jede Person Einschränkungen auf sich nehmen muss, und in der die Solidarität eines jeden gefordert ist.

179 In der Krisensituation ist deutlich zutage getreten, welche zentrale Rolle Berufs- und Branchenverbände im kulturellen Leben der Schweiz spielen können: Kollektive Vereinbarungen konnten Probleme lösen, die einzelvertraglich nicht zu bewältigen gewesen wären. Branchenkonzepte für alle möglichen Bereiche können Orientierung bieten und Aktivitäten wieder ermöglichen, deren Risiken einzelne Unternehmen kaum überschauen können. Mit der Rückkehr zu einer gewissen Normalität werden zweifellos individuelle Vereinbarungen und Lösungen wieder in den Vordergrund treten; aber die Fähigkeit solcher Verbände, auch ohne staatliche Detail-Regulierung einen Rechtsrahmen für kulturelles Schaffen zu bieten, könnte nachhaltig verankert bleiben.

180 Nicht nur in der Veranstaltungsbranche, sondern auch in zahlreichen anderen Branchen wie beispielsweise in der Gastronomie war umstritten, ob auch das Risiko der Pandemie versichert war oder nicht.[178] Gemäss Branchenkennern sind rund die Hälfte der Gastronomie-Betriebe und Veranstalter während einer Dauer von drei Monaten für den betrieblichen Ausfall aufgrund einer Pandemie gedeckt. Gewisse Versicherungsunternehmen zeigten sich bei der Auslegung ihrer Allgemeinen Geschäftsbedingungen kulant, andere wiederum beriefen sich darauf, dass eine Pandemie eben etwas anderes als eine Epidemie sei und darum nicht vom Versicherungsschutz erfasst wäre.[179] Die meisten Versicherungsunternehmen arbeiten bereits daran, ihre Vertragsbedingungen zu revidieren. Die einen werden dies tun, um Unklarheiten zu beseitigen, nicht wenige aber werden die Klauseln weiter zu ihren eigenen Gunsten optimieren, um bei zukünftig auftauchenden Pandemien abgesichert zu sein.

3. Tendenzen

181 Zu einer Verbesserung der Situation der Performing Artists, der Konzertveranstalter, Filmverleiher und Kinobetreiber kann langfristig nur ein Wegfall der Beschränkungen beitragen. Bis dahin sollte alles unternommen werden, die Massnahmen so zu gestalten, damit zumindest ein eingeschränkter Live-Betrieb wieder möglich wird. In der Praxis ist Kreativität bei der Entwicklung von Konzepten gefragt, die eine Durchführung von Musik-, Tanz- und Bühnenanlässen und Filmvorführungen unter Einhaltung der gebotenen Abstandsvorschriften sowohl in Bezug auf die Künstler auf der Bühne als auch in Bezug auf das Publikum ermöglichen. Bei grösseren Orchestern oder Chören gestaltet sich dies schwierig, und auch bei kleineren Formationen und Bands, die eine Bühne nicht vollständig ausfüllen, stellen sich zahlreiche Fragen: Wie viel Platz braucht es für jeden Kulturschaffenden? Wieviel für jede Besucherin? Wie ist das Publikum vor und nach der

178 Mönnich/Heiss/William, ZSR Sondernummer 2020, S. 119 ff.

179 Vgl. die Erfahrungen des «Hellfest»-Festivals mit ihrer Versicherung, ‹https://www.guitarpart.fr/hellfest-2020-annulation-communique› (23.6.2020).

Veranstaltung zu führen? Wie umgeht man ein Gedränge an den Garderoben, Bars, Toiletten? Und schliesslich: Können kulturelle Veranstaltungen unter solchen Einschränkungen überhaupt ohne finanzielle Verluste durchgeführt werden?[180]

Bereits kurz nach Verkündung des Lockdowns wurden Initiativen verstärkt, dem Pu- 182
blikum die Möglichkeit zu eröffnen, mittels *Streaming* von Aufführungen in den Genuss von Live-Darbietungen zu gelangen.[181] Hierzu werden einerseits etablierte Kanäle[182], andererseits auch Applikationen genutzt, die für geschäftliche Zwecke entwickelt wurden, wie beispielsweise das Videokonferenztool «Zoom». Auch wenn solche Verbreitungswege immerhin ermöglichen, dass ein Künstler die Verbindung zu seinem Publikum aufrechterhalten kann, so dürften die damit gegebenenfalls generierten Einnahmen in den meisten Fällen in keinem Verhältnis zu entfallenen Auftrittsgagen stehen. Konflikte mit den ausschliesslichen Urheberrechten an Online-Nutzungen werden zu lösen sein. Wo bestehende Auswertungsmedien nicht beeinträchtigt werden, könnte sich ein Anwendungsgebiet für die erweiterten Kollektivlizenzen nach dem gerade in Kraft getretenen Art. 43a URG erweisen.

In Zukunft könnte eine virtuelle Teilnahme an einem Live-Event weit darüber hinaus 183
gehen, als eine Veranstaltung bloss auf einem Monitor zu schauen und über Lautsprecher zu hören. Der technische Fortschritt geht gerade im Bereich *Virtual Reality* rasant voran.[183] Es ist nicht ausgeschlossen, dass sich Performing Artists mit ihrem Publikum im virtuellen Raum treffen und die Grenzen zwischen «echt» und «virtuell» dereinst – zumindest was die subjektive Wahrnehmung betrifft – aufgehoben werden.

Schliesslich werden weder Streaming noch Virtual Reality das gemeinsame Erleben 184
in einem ausseralltäglichen Raum ersetzen: «Erst die Unausweichlichkeit auf Zeit verleiht einem Ritual Gewicht, indem sie das Heraustreten aus dem Alltag überhaupt ermöglicht.»[184]

180 Vgl. Frei/Wildhagen, NZZ v. 2.5.2020.

181 Robertson, IQ Magazine v. 30.4.2020.

182 Vgl. die Plattform YourStage.Live, ‹https://www.yourstage.live› (23.6.2020), oder die Cross-border Collaboration for European Classical Music, ‹http://www.europeanheritageawards.eu/winners/cross-border-collaboration-european-classical-music› (23.6.2020).

183 Vgl. Sing, CNN Business 27.2.2020.

184 Stallknecht, NZZ v. 18.5.2020.

§ 9 Ausgewählte Aspekte im Privatversicherungsrecht

Jürg Waldmeier

Inhaltsverzeichnis

Literaturverzeichnis

Baudenbacher Carl, Braucht die Schweiz ein AGB-Gesetz?, ZBJV 123/1987, S. 512 ff.; Brulhart Vincent, Droit des assurances privées, Bern 2008; Brunner Alexander, Die Kontrolle Allgemeiner Geschäftsbedingungen in der aktuellen schweizerischen Lehre und Praxis, ZSR 118/1999 I, S. 328 ff.; Erb Heinz, Grundzüge des Versicherungswesens, Bern 1986; Fellmann Walter, Gutachten zu Handen des Ombudsmanns der Privatversicherungen und der Suva, vom 23.4.2020 publiziert unter ‹https://www.ombudsman-assurance.ch› (5.6.2020); Fuhrer Stephan, in: Honsell Heinrich/Vogt Nedim Peter/Schnyder Anton K./Grolimund Pascal (Hrsg.), Basler Kommentar Versicherungsvertragsgesetz, BSK VVG, Basel 2001 (zit. BSK VVG-Fuhrer); ders., in: Honsell Heinrich/Vogt Nedim Peter/

Schnyder Anton K./Grolimund Pascal (Hrsg.), BSK VVG Nachführungsband, Basel 2012 (zit. BSK VVG Nchf.Bd.-Fuhrer); ders., Schweizerisches Privatversicherungsrecht, Zürich/Basel/Genf 2011 (zit. Privatversicherungsrecht); Fuhrer Stephan/Weber Stephan (Hrsg.), Allgemeine Versicherungsbedingungen, Zürich/Basel/Genf 2011; Gerathewohl Klaus (Hrsg.), Rückversicherung – Grundlagen und Praxis, Bd. I und II, Karlsruhe 1976; Grolimund Pascal, AGB in Unternehmerverträgen, in: Brunner Alexander/Schnyder Anton K./Eisner-Kiefer Andrea (Hrsg.), Allgemeine Geschäftsbedingungen nach neuem Schweizer Recht, Zürich 2014, S. 227 ff.; Guhl Theo (et al.), Das Schweizerische Obligationenrecht, 9. Aufl., Zürich/Basel/Genf 2000; Jung Peter, Die systematische Stellung der offenen AGB-Inhaltskontrolle im UWG: vertrags- und wettbewerbsrechtliche Folgeprobleme, in: Brunner Alexander/Schnyder Anton K./Eisner-Kiefer Andrea (Hrsg.), Allgemeine Geschäftsbedingungen nach neuem Schweizer Recht, Zürich 2014, S. 129 ff.; Heiss Helmut, Der Vorentwurf einer Gesamtrevision des Bundesgesetzes über den Versicherungsvertrag im Lichte der europäischen Entwicklungen, HAVE 2007, S. 235 ff.; Huguenin Claire, OR AT, 3. Aufl., Zürich/Basel/Genf 2008 (zit. OR AT); dies., Obligationenrecht – Allgemeiner und Besonderer Teil, 3. Aufl., Zürich/Basel/Genf 2019 (zit. OR AT/BT); dies., Allgemeine Geschäftsbedingungen in der Schweiz im Lichte der neuen EU-Richtlinie über missbräuchliche Klauseln in Verbraucherverträgen, recht 13/1995, S. 87 f.; Koller Thomas, Einmal mehr: Das Bundesgericht und seine verdeckte AGB-Inhaltskontrolle, AJP 2008, S. 943 ff.; Kramer Ernst, in: Ernst A. Kramer (Hrsg.), Kommentar zu Art. 19–22 OR, 3. Aufl., Bern 1991 und 3. Aufl., Bern 1986 (zit. BK-Kramer); Kramer Ernst/Probst Thomas/Perrig Roman, Schweizerisches Recht der Allgemeinen Geschäftsbedingungen, Bern 2016; Schöbi Felix, Projekte des Gesetzgebers zum AGB-Recht, in: Fuhrer Stephan/Weber Stephan (Hrsg.), Allgemeine Versicherungsbedingungen, Zürich/Basel/Genf 2011, 51 ff.; Müller Christoph, BK OR; Schranz Peter, Technische Versicherungen, Bern 1986; Schwenzer Ingeborg, Schweizerisches Obligationenrecht – Allgemeiner Teil, 4. Aufl., Bern 2006; Suter Hans Rudolf, Sachversicherung, Bern 1982; Stauder Bernd (Hrsg.), Die Bedeutung der AGB-Richtlinie der Europäischen Union für Schweizer Unternehmen, Zürich 1996; Waldmeier Jürg (Hrsg.), Versicherungsaufsicht, Zürich/Basel/Genf 2007 (zit. Autor/in, in Waldmeier); Weber Rolf H., Allgemeine Geschäftsbedingungen der Banken – zum Problem einer Grenzziehung, SAG 1984, 152; Wiegand Wolfgang, in: Honsell Heinrich/Vogt Nedim Peter/Wiegand Wolfgang (Hrsg.), Basler Kommentar Obligationenrecht I, BSK OR I, Basel 2015.

Materialverzeichnis

Erläuternder Bericht der Expertenkommission zum Vorentwurf der Gesamtrevision des Bundesgesetzes über den Versicherungsvertrag 2006; Botschaft zur Revision des Bundesgesetzes über die Bekämpfung übertragbarer Krankheiten des Menschen (Epidemiengesetz), BBl 2010 311; Bundesgesetz über die Bekämpfung übertragbarer Krankheiten des Menschen (Epidemiengesetz), SR 818.101; Erläuternder Bericht zur Vernehmlassungsvorlage Änderung des Versicherungsaufsichtsgesetzes (VAG) vom 14.11.2018; Verordnung über Massnahmen zur Bekämpfung des Coronavirus (COVID-19) (COVID-19-Verordnung) vom 28.2.2020, SR 818.101.24[2]; Verordnung 2 über Massnahmen zur Bekämpfung des Coronavirus (COVID-19) (COVID-19-Verordnung 2) vom 13.3.2020[1]; Verordnung über die Meldung von Beobachtungen übertragbarer Krankheiten des Menschen, SR 818.101.126; Erläuterungen zur Verordnung 2 vom 13.3.2020 über Massnahmen zur Bekämpfung des Coronavirus (COVID-19-Verordnung 2).[2]

1 SR 818.101.24.
2 ‹https://www.bag.admin.ch›, Stand 18.3.2020 (22.6.2020).

I. Einführung

Hand auf's Herz: Hätten Sie, ohne lange überlegen zu müssen, anfangs 2020 den Unterschied zwischen einer Epidemie und einer Pandemie erklären können? Jedenfalls hätte manch einer damit seine liebe Mühe gehabt und wäre dazu wohl kaum in der Lage gewesen. Dies dürfte sich aber mittlerweile nachhaltig geändert haben. 1

Was heute als Allgemeinwissen angesehen werden darf: Als Pandemie wird eine Krankheit bezeichnet, die von Mensch zu Mensch übertragen wird und die sich bereits auf mehreren Kontinenten ausgebreitet hat. Im Unterschied dazu tritt eine Epidemie räumlich begrenzt auf.[3] 2

Warum eigentlich Coronaviren? Der Begriff kommt aus dem Lateinischen, in der Fachsprache wird von coronaviridae gesprochen. Dabei steht corona für Krone bzw. Kranz, was sich aus der bildlichen Wiedergabe ergibt: Hüllproteine sind quasi wie «Spikes» kronenförmig um den Kern angeordnet. Viridis seinerseits bedeutet grün, jung oder auch frisch. 3

Bedingt durch die Berichterstattung in den Medien und die beinahe im Akkord abgehaltenen «points de presse» in Bern dürfte unser Wissens- und Erkenntnisstand in diesen Fragen eine exponentielle Entwicklung durchlaufen haben, zumindest in der interessierten Öffentlichkeit. 4

In rechtlicher Hinsicht wäre da noch ergänzend anzumerken, dass wir es mit einem Regulierungsbedarf zu tun bekommen haben, der seinesgleichen sucht. Plötzlich standen wir vor Fragestellungen, die eine sofortige Antwort erheischt haben. Da war dann der Bundesrat zur Stelle, der in enger Beratung durch die Verwaltung «guidance» erteilt hat. Manchmal war diese einleuchtend und gut nachvollziehbar, ein andermal hat diese aber auch zu Stirnrunzeln bis hin zu Kopfschütteln geführt. 5

Besonders hervorzuheben ist da das vom Bundesrat erlassene Recht. Die COVID-19-Verordnung 2 ist bisweilen im Wochenrhythmus (oder in noch kürzeren Zeitabständen!) ergänzt und/oder abgeändert worden. Bei der letzten Überarbeitung des vorliegenden Beitrags, d.h. am 20.6.2020, ist die Verordnung COVID-19 und die Nachfolgeverordnung namens COVID-19-Verordnung 2 insgesamt 26 Mal (!) ergänzt bzw. abgeändert worden. Und per Stand 22.6.2020 sind wir bereits bei der COVID-19-Verordnung 3 angelangt! 6

Begleitend zu dieser Verordnung haben das Bundesamt für Gesundheit (BAG) und weitere Bundesämter auf ihren Webseiten zusätzliche Informationen und Erläuterungen aufgeschaltet, in denen fortlaufend zu spezifischen Fragen wie z.B. den aktuell empfohlenen Hygiene- und Verhaltensregeln, den vom Bundesrat zwischenzeitlich beschlossenen Lockerungsmassnahmen, den aktuell geltenden Einreisebestimmungen u.a.m. berichtet worden ist. 7

3 Vgl. das Glossar im Anhang zur Botschaft zur Revision des Bundesgesetzes über die Bekämpfung übertragbarer Krankheiten des Menschen (BBl 2010 311, S. 452 ff.).

8 Da hat «Bundesbern» ein Tempo an den Tag gelegt, dass auch einem gestandenen Juristen geradezu schwindlig geworden ist! Gesetzes- bzw. Verordnungsänderungen in dieser Kadenz ist er sich schlicht nicht gewöhnt. «Notrecht eben», wird ihm ein (ausgewachsener) Politiker zur Begründung schulterzuckend zur Antwort geben.

9 Der Ausdruck COVID-19 steht übrigens für coronarvirus disease 2019 und ist gleichzusetzen mit dem landläufig verwendeten Begriff Corona.

10 Die Wissenschaft hat dem Virus, das die Atemwegserkrankung auslöst, das Kürzel SARS-CoV-2 verpasst. Der Begriff kommt aus dem Englischen und steht für severe acute respiratory syndrome coronavirus. Nach vorläufiger Erkenntnis wird das Virus hauptsächlich durch Tröpfchen übertragen. Die Zahl 19 bezieht sich auf das Jahr der Entdeckung, und mit der Zahl 2 soll dieses neuartige Virus von SARS-CoV unterschieden werden. Letzteres verursacht ebenfalls schwere Atemwegserkrankungen, unterscheidet sich aber von SARS-CoV-2 epidemiologisch und biologisch wie auch bezüglich der klinischen Symptome.

11 Die WHO, sprich deren Generaldirektor, hat zu Beginn des Monats März 2020 COVID-19 zur Pandemie erklärt. Was hat das für eine Bedeutung, wird sich mancher und manche wohl gefragt haben? Damit hat die WHO festgehalten, dass sich das Virus SARS-CoV-2 mittlerweile über Kontinente hinweg ausgebreitet hat. Sprich: Die Epidemie, die Ende 2019 in China ausgebrochen ist, hat sich zur Pandemie entwickelt, das Virus ist zu Beginn des Jahres 2020 mittlerweile auch auf anderen Kontinenten aufgetaucht.

12 Zur Klassierung, auf die nachfolgend noch näher einzugehen sein wird, sei hier vorab folgendes festgehalten: Ursprünglich hat die WHO Pandemien in insgesamt acht Phasen eingeteilt, beginnend bei «phase 1» bis «phase 6» und daran anschliessender «post peak period» und «post pandemic period».

13 Ende 2007 hat dann die WHO damit begonnen, ihre Pandemie-Richtlinie zu überarbeiten und dabei auch eine Neueinteilung der Pandemiephasen vorgenommen. Die Klassierung lautet neu nun «interpandemic phase», «alert phase», «pandemic phase», «transition phase» und wieder zurück zur «interpandemic phase».[4]

14 Das Robert Koch Institut (RKI) schreibt dazu, diese Neudefinierung der Phasen sei von der WHO bereits vor Beginn der Pandemie – gemeint ist die pandemische Influenza im Jahre 2009, die sog. Schweinegrippe – vorgenommen worden,[5] begonnen habe die Überarbeitung bereits Ende 2007. Der Entwurf sei dann in die Vernehmlassung geschickt und anschliessend in der Publikation «WHO guidance on pandemic influenza preparedness and response»[6] im April 2009 öffentlich gemacht worden.

4 Der Bericht Pandemic Influenza Risk Management – a guide to inform and harmonize national and international pandemic preparedness and response», Ausgabe Mai 2017 ist auf der Webseite der WHO abrufbar: ‹https://www.who.int› (22.6.2020).

5 ‹https://www.rki.de› (22.6.2020).

6 Zur Fundstelle s. FN 4.

Dies wird vom RKI deshalb betont, weil man der Weltgesundheitsorganisation vorgeworfen hat, sie habe die Pandemiephasen geändert, damit sie eine Pandemie habe ausrufen können. Das sei aber nicht zutreffend, so das RKI.[7] 15

Die Atemwegserkrankung ist erstmals in Wuhan/China aufgetreten. Es wird gemutmasst, dass ein Markt als primärer Infektionsort Ausgangspunkt gewesen ist. Die Krankheit hat sich in Windeseile ausgebreitet, und das rund um den ganzen Globus. Bald einmal ist dieses COVID-19 auch in Europa aufgetreten: Anfänglich in Norditalien, hier vor allem in der Region rund um Bergamo, dann aber auch in Ischgl's Partymeile, wo angeblich ein Barkeeper viele Skitouristen infiziert hat, die dieses Virus dann – nichts ahnend – in ihr Heimatland eingeschleust haben. 16

Als sich der Ernst der Lage überall abzuzeichnen begonnen hat, haben die Regierungen der einzelnen Länder versucht, das Virus mit Grenzschliessungen noch fernzuhalten. In der Folge ist das öffentliche Leben vollständig eingebrochen, ganze Volkswirtschaften sind zum Stillstand gekommen und Lieferketten, auf die wir heutzutage (mit all dem grenzüberschreitenden Verkehr) angewiesen sind, sind eingebrochen. Eine Mangellage hat sich einzustellen begonnen, zumindest im Bereich der für diese Krise versorgungsrelevanten Medizinalgüter. 17

Dies hat Bremsspuren hinterlassen, deren ökonomisches Ausmass sich heute noch nicht abschätzen lässt. Die öffentliche Hand hat sich mit noch nie dagewesenen Notmassnahmen gegen diesen «Tsunami» zu stemmen versucht – so gut es eben ging, ist man geneigt hinzuzufügen. Unter anderem sind Stützungsmassnahmen und Hilfspakete in bisher unbekannten Grössenordnungen gesprochen worden, und das innert Rekordzeit, auch wenn das Warten auf den Entscheid manchmal unerträglich lang zu dauern schien. Vielerorts ist auch die Sterblichkeit angestiegen, und die Gesundheitssysteme sind zum Teil bis an die Grenzen der Belastbarkeit (und bisweilen auch darüber hinaus) gefordert worden. 18

Nebst den drängendsten Fragen, wie ein drohender Kollaps zu verhindern ist, sind bald einmal auch Fragen aufgekommen, ob der Staat mit finanzieller Unterstützung das Gröbste aufzufangen bereit ist. Und Direktbetroffene haben sich nach dem ersten Schrecken zu fragen begonnen, ob sie gegen so ein Risiko irgendwo Vorsorge getroffen haben könnten. 19

Von diesem Moment an hat es dann nicht mehr lange gedauert, bis erste Verlautbarungen in den Zeitungen zu lesen gewesen sind, wie sich dieser und wie sich jener Versicherer zu den in seinem Bestand sich befindenden Policen und den darin versicherten Risiken stellt. 20

Dieser Beitrag hat zum Ziel, auf die drängendsten Fragen, die sich aus der Optik des Privatversicherungsrechts stellen, näher einzugehen. Es wird aber nicht möglich sein, diese in abschliessender Art zu beantworten. Dazu ist es noch zu früh. Insbesondere 21

7 Siehe Dokument «Antworten auf häufig gestellte Fragen zur Influenzapandemie 2009» des RKI, Stand 10.1.2017. Zur Fundstelle s. FN 5.

werden sich auch die Gerichte zu den hier aufgeworfenen Fragen zu äussern haben werden. Diese haben bekanntlich «das letzte Wort».

22 Das Bemühen beim Verfassen dieses Beitrages ist es gewesen, erste Antworten zu geben, aber auch heute noch nicht angesprochene Fragen zu stellen und das weitere Umfeld auszuleuchten, in dem diese Fragen zu diskutieren sind. Dies in der Absicht, ein vertieftes Verständnis für die Materie des Privatversicherungsrechts zu schaffen, und daraus im besten Fall Schlüsse ziehen zu können, die zu Verbesserungen und möglicherweise auch zu Verhaltensänderungen führen. Diese Aussage gilt für das Privatversicherungsrecht, aber auch darüber hinaus – diese Pandemie gibt uns dazu Anlass, denn sie hat es wahrlich in sich: Unser ganzes Dasein ist in noch nie erlebtem Ausmass im Mark getroffen worden, mit heute noch nicht absehbaren Folgen.

II. Zur Gesetzeslage in der Schweiz

23 Das Bundesgesetz vom 18.12.1970 betreffend die Bekämpfung übertragbarer Krankheiten des Menschen (Epidemiengesetz, EpG) ist wegen der weltweiten Entwicklung auf dem Gebiet der übertragbaren Krankheiten einerseits und den seither in der Forschung hinzugewonnenen Erkenntnissen andererseits sozusagen «in die Jahre gekommen».

24 Diese Einsicht hat sich in den 1990er-Jahren einzustellen begonnen, ein Revisionsbedarf ist zunehmend bejaht worden.[8] Die im damals geltenden Recht festgestellten Lücken wurden in einer Totalrevision behoben und der erkannte Handlungsbedarf wahrgenommen. Die daraus als notwendig erachteten Ergänzungen sind ins totalrevidierte Gesetz eingebaut worden. Nach durchgeführter Vernehmlassung hat das Parlament den überarbeiteten Gesetzeserlass verabschiedet, sodass der Bundesrat das Gesetz am 1.1.2016 in Kraft hat setzen können.

25 Zu den wesentlichen Neuerungen, die das neue Epidemiengesetz mit sich gebracht hat, ist in erster Linie eine klarer geregelte Aufgabenzuteilung zwischen Bund und Kantonen zu nennen. Dies wurde in der Absicht vorgenommen, dass sich inskünftig Kompetenzkonflikte vermeiden lassen. Man hat das mit Einführung eines dreistufigen Modells umgesetzt («normale, alltägliche Situation», «besondere Lage» gemäss Art. 6 EpG und «ausserordentliche Lage» gemäss Art. 7 EpG). In den neu nun klar definierten Lagezuständen werden die Kompetenzen des Bundes und jene der Kantone geregelt. Zudem sind auch die Massnahmen zur Gefahrenabwehr und zur Risikoeindämmung, die in einer drohenden Krisenlage zur Erhaltung der Volksgesundheit erforderlich sind, einer Regelung zugeführt worden, die rechtsstaatlichen Grundsätzen genügt.

26 Wie wir alle am eigenen Leib erfahren haben, hat der Bundesrat innert kürzester Zeit Zwangsmassnahmen angeordnet, die für Private wie auch für die Wirtschaft ein einschneidendes Ausmass angenommen haben. Dieses Handeln wird berechtigterweise einer Nachbeurteilung zu unterziehen sein. Das haben die Politiker auch zu fordern begonnen, nachdem sie den ersten Schock überstanden haben.

8 BBl 2010 311, S. 327 ff.

Nachdem der Bundesrat von seiner Kompetenz zum Erlassen von Notrecht Gebrauch gemacht hat, hat er am 28.2.2020 die Verordnung über Massnahmen zu Bekämpfung des Coronavirus (COVID-V) ein erstes Mal zu Notrecht gegriffen, das er in der Folge mehrmals ergänzt hat (siehe vorstehende Rz 6 und ausführlich § 19). 27

Da dieses Notrecht – der gegebenen zeitlichen Dringlichkeit gehorchend – oftmals unvollständig, zum Teil sogar missverständlich (wenn nicht zum Teil sich gar widersprechend, manchmal aber auch schlicht erklärungsbedürftig) geblieben ist, hat sich der Bund bzw. die Bundesverwaltung veranlasst gesehen, Unklarheiten «auszudeutschen». Weisungen und Handlungsanleitungen wurden erlassen. Diese sind von zahlreichen Mitteilungen, die über's Internet, Radio und Fernsehen sowie über die Presse verbreitet worden sind, öffentlich zugänglich gemacht und auch kommunikativ intensiv begleitet worden.[9] 28

Beinahe zu Kultstatus ist die Kommunikationskampagne des BAG aufgestiegen: In grossformatigen Plakaten und auf bei jedem Ladeneingang ausgehängten Flyern ist uns mit schnell eingängig gewordenen Piktogrammen bisher wenig Vertrautes oder gar Unbekanntes zugänglich gemacht worden. Die speziell für diese Kampagne entworfenen Bildsymbole für die vom BAG empfohlenen Hygiene- und Verhaltensregeln sind in diesem Zusammenhang ganz speziell zu erwähnen. Nicht unerwähnt bleiben dürfen natürlich auch die Auftritte des «Mister Corona» und des «Mister Hyschiene» im Radio und am Fernsehen. 29

III. Die Erstversicherungen und deren Nichtlebengeschäft

1. Einleitende Bemerkungen

Aus der Sicht des zu Versichernden sei einleitend die Frage zu stellen erlaubt, warum überhaupt ein Bedürfnis besteht, dass er sich gegen ein Risiko bzw. gegen eine Gefahr versichern will. Aus der Sicht des Versicherers lautet die gleiche Frage dann, warum dieser bereit ist, eine drohende Gefahr bzw. ein bestehendes Risiko zu versichern. 30

Die Antwort dazu könnte etwa lauten, dass – aus Sicht des zu Versichernden betrachtet – die Gefahr bzw. das Risiko als so gewichtig erscheint, dass er sich nicht in der Lage sieht, die finanziellen Folgen eines sich einstellenden Risikos bzw. bei Verwirklichung der Gefahr tragen zu können. Zu diesem Ergebnis mag er «aus einem Bauchgefühl heraus» gekommen sein. Vielleicht hat er sich zu dieser Frage aber auch seine Gedanken gemacht und ein mögliches Schadenszenario «durchgerechnet». Dabei ist er dann möglicherweise zur Erkenntnis gekommen, dass er dieses Risiko selber zu tragen nicht in der Lage ist. 31

9 Vgl. beispielsweise die Vorgaben für den Gesundheitsschutz am Arbeitsplatz sowie die Empfehlungen für den Erlass von Schutzkonzepten. Nicht unerwähnt bleiben dürfen die Hilfestellungen für die Geltendmachung von Überbrückungskrediten, die das Staatssekretariat für Wirtschaft SECO auf seiner Webseite ‹https://www.seco.admin.ch› (22.6.2020) aufgeschaltet hat, oder die vom Staatssekretariat für Migration SEM über das Internet kommunizierten Weisungen zu den jeweils geltenden Einreisebeschränkungen, siehe ‹https://www.sem.admin.ch› (22.6.2020).

Weshalb er sich dann entschlossen hat, Vorsorge zu treffen, eine Versicherung abzuschliessen und das Risiko damit zu überwälzen.

32 Das Gleiche, nun aber aus der Sicht des Versicherers formuliert, bedeutet, dass sich dieser bereit erklärt, gegen ein Entgelt («Prämie») das Risiko bzw. die Gefahr finanziell und regulierungstechnisch[10] zu übernehmen («Versicherungspolice ausstellen, Schaden beurteilen und bei Deckung und ausgewiesenem Schaden diesen begleichen»).

33 Dies wiederum bedeutet, dass sich der Versicherer vorgängig zum Abschluss des Versicherungsvertrages mit der Frage auseinander gesetzt haben muss, ob er (i) das Risiko bzw. die Gefahr überhaupt als versicherbar einschätzt[11], d.h., ob sich genügend Versicherte finden lassen, die ein in Bezug auf die Bedingungen und auf die Prämie ausgestaltetes Produkt überhaupt zu kaufen bereit sind und (ii) ob sich mit den dadurch erzielten Prämieneinnahmen das versicherte Risiko bzw. die versicherte Gefahr (über das ganze Portefeuille betrachtet[12]) finanzieren lässt.[13]

34 Bei dieser hier sehr vereinfacht umschriebenen Versicherungsmechanik ist aber zugleich auch darauf hinzuweisen, dass das Versicherungsgeschäft nicht nur den «einfachen Versicherungsvertrag» (sprich das «Massengeschäft», worunter beispielsweise eine Motorfahrzeughaftpflichtversicherung oder eine Hausratversicherung fällt) betrifft. Es kann sich durchaus auch um eine komplexe, für den konkreten Einzelfall ausgehandelte, auf die Bedürfnisse des Kunden massgeschneiderte Versicherungslösung handeln.[14]

35 Das Gleiche ist gemeint, nur in etwas anderen Worten ausgedrückt und mit etwas anderer Abgrenzung, wenn das Privatkunden- vom Firmenkundengeschäft unterschieden wird.

---

10 Entweder in der Form der «Abwehr von unberechtigten Ansprüchen» gegenüber dem Anspruchsteller oder dann im Leistungsfall durch Bezahlung des ausgewiesenen Schadens.

11 Sprich: Ist die zu versichernde Gefahr «für mich als Versicherer» finanziell und logistisch (administrativ, aber auch betreffend Know-how) zu bewältigen? Man beachte dazu beispielsweise die in der Überschrift eines am 2.8.2009 in der NZZ erschienenen Artikels enthaltene Aussage «Mobiliar schliesst in ihrer Reiseversicherung das Risiko Pandemie in Zukunft aus». Zu dieser Pressenachricht sei der Hinweis angebracht, dass sie wegen der im Nachgang zur Vogelgrippe (H5N1) im Jahre 2005 und dann mit der Schweinegrippe (H1N1) im Jahre 2009 gemachten Erfahrungen ergangen ist.

12 Diese Fragestellung zerfällt in zwei Unterfragen: (i) Lassen sich die Leistungen im Schadenfall im Umfang der wahrscheinlich eintretenden Schadenfälle bezahlen? Und: (ii) Sind diese Schadenzahlungen auch «über die Zeit» (eine Frage der Abwicklung, sprich der zu erwartenden Gesamtaufwendungen «über die Zeit») für den Versicherer finanziell zu bewältigen?

13 Dies ist eine Frage, die die Versicherungswirtschaft beispielsweise in Sachen Erdbebendeckung seit Jahrzehnten umtreibt. Diese Frage hat die «Versicherungswirtschaft Schweiz» für das Risiko «Erdbebendeckung, insbesondere für die beiden risikoträchtigen Regionen Stadt Basel und Kanton Wallis» (immer wieder, ist man geneigt anzufügen) mit nein beantworten müssen.

14 Beispielshaft sei hier ein Unternehmen skizziert, das in verschiedenen Ländern Produktionsbetriebe stehen hat und das seine Produkte weltweit vertreibt. Versicherungstechnisch bedeutet das, dass das Unternehmen erstens an den einzelnen Produktionsstandorten Versicherungsbedarf hat. Zweitens besteht dieser aber auch überall dort, wo das Unternehmen seine Produkte auf den Markt bringt und damit infolge von Gewährleistungsansprüchen und/oder Produktehaftungsansprüchen ein Risiko laufen kann.

Im Zusammenhang mit dem Privatkundengeschäft wird – insbesondere aus Konsumentenschutzkreisen – das Argument vorgebracht, es bestehe ein Wissens- und ein Verhandlungsmachtgefälle, was plakativ auch mit dem Bild «Kampf Davids gegen Goliath» wiedergegeben werden könnte. 36

Diese Sicht scheint nun doch etwas gar einfach (um nicht zu sagen einseitig) formuliert zu sein. Vielleicht wäre eine Umschreibung besser, die lauten würde, dass es im Massengeschäft nach dem Motto «take it or leave it» geht und im Unternehmenskundengeschäft, wie es vorstehend umschrieben worden ist, die Verhandlungen dann eher «auf Augenhöhe» ablaufen. Dies vor allem, wenn man das auf beiden Seiten vorhandene verhandlungstechnische Know-how anschaut. 37

2. Das zu versichernde Risiko bzw. die zu versichernde Gefahr

Im Zentrum der Überlegungen steht beim Abschliessen einer Versicherung immer die Frage nach der zu versichernden Gefahr. Darunter wird ein Ereignis verstanden, dessen Eintritt ungewiss ist. Die gesetzliche Überlegung dazu lässt sich aus Art. 9 VVG ableiten: «Der Versicherungsvertrag ist nichtig, wenn im Zeitpunkt des Abschlusses der Versicherung die Gefahr bereits eingetreten ist». 38

Was als versicherte Gefahr gilt, kann auch auf die Kurzformel «ein zukünftiges, ungewisses Ereignis» gebracht werden. Eine etwas längere, komplizierter gewählte Formulierung könnte etwa lauten: «Die versicherte Gefahr oder das versicherte Risiko bezieht sich auf die Möglichkeit des Eintritts eines schädigenden Ereignisses.»[15] 39

Die (synonym) verwendeten Begriffe «versichertes Ereignis», «versichertes Risiko» und «versicherte Gefahr» bedeuten im Einzelnen folgendes: (i) Das Ereignis muss in der Zukunft liegen, es darf bei Vertragsschluss noch nicht bereits eingetreten sein; (ii) Es muss vom Zufall abhängen, dass sich das Ereignis verwirklicht (aleatorischer Aspekt); (iii) Das Ereignis muss sich auf ein Interesse richten, das es zu versichern gilt (Versicherung einer Person, einer Sache oder eines Vermögensinteresses); Und letztlich: (iv) Es muss ein real existierendes Interesse vorliegen, das es zu versichern gilt und das zu versichern moralisch auch zulässig ist. Vergleiche zu diesem Thema BRULHART. Es lohnt sich, die dort gemachten Ausführungen nachzulesen und zu studieren![16] 40

IV. Diverse in den Versicherungsverträgen verwendete Deckungsbausteine

Interessant ist es, der Herkunft der heutigen Epidemie- bzw. der Pandemiedeckung nachzugehen. Ursprünglich hatte man diesen Deckungsbaustein eher im Kontext eines lokal beschränkten Problems gesehen. Dies wohl aus Unwissenheit über die Möglichkeiten und Gefahren, die von einer Epidemie ausgehen können. Häufig sind dann in diesem Zusammenhang Erreger genannt worden, die in einem Betrieb eben auftreten 41

15 So bereits ERB, S. 33 ff.
16 BRULHART, Rz 421 ff.

könnten wie z.B. Salmonellen oder Legionellen. Diese etwas verkürzte Betrachtungsweise hat dann das auf einen einzelnen Betrieb beschränkte Risiko im Auge gehabt, beispielsweise die Verköstigung einer mit Salmonellen durchsetzten Eierspeise oder von rohem Fleisch in einem Restaurant. Ein Risiko, das auf den Gastwirt zurückfällt, weil er verderblich gewordene Ware aufgetischt hat.

42 Wie wir heute wissen ist das ein viel zu einfaches Verständnis des Problems! Dem einen oder andern unter uns dürfte aus seiner Jugendzeit vielleicht noch das Bild von abgesperrten Bauernhöfen im Kopf herumgeistern, wie es in den 1960er-Jahren anlässlich der Maul- und Klauenseuche zu sehen gewesen ist. Und die sog. «Spanische Grippe», die Ende des ersten Weltkrieges gewütet hat, dürfte zumindest als Begriff doch noch bekannt sein. Das sind nur zwei Beispiele dessen, was für ein verheerendes Ausmass solche Krankheitserreger haben können. Diese sind aber weit weg von unserem kollektiven Erinnerungsvermögen, zumindest sind sie bis vor kurzem weit weg gewesen.

43 Tauchen wir ein in die einzelnen Deckungsbestimmungen und gehen wir an dieser Stelle auf den Begriff der Erstrisikoversicherung näher ein: Es macht einen grossen Unterschied, ob eine Versicherungsdeckung «auf Erstes Risiko»[17] oder mit einer bestimmten Versicherungssumme («Leistung von Fr. xyz bei Ertragsausfall») ausgestellt worden ist.

44 Ein Beispiel dazu: Bei einem Restaurationsbetrieb ist die Ermittlung der Entschädigung basierend auf einem Promillesatz des Jahresumsatzes des vorangegangenen Geschäftsjahres mit erheblichem Aufwand verbunden. Diese Abklärungen sind aber zwingend vorzunehmen, wenn eine vertraglich vereinbarte Versicherungssumme versichert worden ist. Sind hingegen der Ertragsausfall, die Lohnkosten und die Warenschäden auf «Erstes Risiko» versichert worden, so ist es für den Versicherer um ein Vielfaches einfacher, unbürokratisch und schnell eine Schadenzahlung zu leisten. Damit eine Zahlung ausgelöst werden kann, genügt es bei einer Versicherung auf «Erstes Risiko», wenn der Leistungsfall gegeben ist und der Eintritt eines Schadens (vorliegend bspw. die Betriebsschliessung infolge Verhinderung der weiteren Ausbreitung des Coronavirus) feststeht. Ersteres ist bei der versicherten Gefahr der Epidemie vorliegend ganz offensichtlich der Fall und ein Ertragsausfall ist bei einer zwangsweisen Schliessung des Betriebs einfach nachzuweisen. In diesem Kontext kann der Versicherer ein auf «Erstes Risiko» versichertes Ereignis im Schadenfall rasch zahlen, ohne dass er grosse Abklärungen zum tatsächlich eingetretenen Schaden machen müsste. Er wird sich bei der Bemessung der Schadenzahlung darauf beschränken, etwas unterhalb der mutmasslichen Schadenhöhe eine Akontozahlung zu leisten. Das sieht bei einer (wie auch immer im Vertrag umschriebenen) umsatzabhängigen Versicherungssumme im Schadenfall ganz anders aus: Hier ist nebst dem Ausmass des tatsächlich eingetretenen Schadens zusätzlich noch zu prüfen, ob eine Unterversicherung vorliegt. Das macht erstens umfangreiche Abklärungen und zweitens dann noch die Berechnung der konkreten Unterversicherung erfor-

17 Vergütung des Schadens bis zur Höhe der versicherten Summe, das heisst ohne Rücksicht auf das Verhältnis zwischen Versicherungssumme und Ersatzwert, vgl. SUTER, S. 69.

derlich.[18] Dass diese umsatzbasierte Versicherungssumme erst nach aufwändigen Abklärungen ausbezahlt werden kann, liegt in der Natur der versicherungsvertraglichen Vereinbarung.

Die Unterschiede zwischen einer Versicherung «auf erstes Risiko» und einer in welcher Form auch immer umsatzabhängig ausgestalteten Versicherung sind offensichtlich. Es sind in aller Regel auch grosse Leistungsunterschiede, die da zu bezahlen sind: Während eine Erstrisiko-Deckung betragsmässig in der Regel eher eine tiefe Versicherungssumme kennt, stossen die auf den Jahresumsatz, auf den Betriebsertrag oder auf den Nettogewinn im Schadenfall geschuldeten Leistungen in ganz andere Dimensionen vor.[19,20] 45

Nochmals: Der Leistungsfall bei einer behördlich angeordneten Schliessung des Restaurationsbetriebes infolge einer Epidemie dürfte kaum grosse Diskussionen verursachen, hingegen macht die Ermittlung des durch die Versicherung bei einer umsatzabhängig zu zahlenden Versicherungsleistung sowohl zeit- wie auch ressourcenmässig aufwändige Abklärungen erforderlich. Denn diese sind anhand der Geschäftsbücher vorzunehmen und das erfordert vertiefte buchhalterische Kenntnisse und eben: Viel Zeit! 46

Zeit ist in einer solchen Situation, wie sie Corona hervorgerufen hat, ein knappes Gut. Das hat der geneigte Leser auch den zahlreichen Stellungnahmen von betroffenen Betriebsinhabern entnehmen können, seien es nun Coiffeure, Gastronomen oder Besitzer eines Ladenbetriebes gewesen, deren Stimmen zu hören gewesen sind. Deren Aussagen hat man entnehmen können, dass ihnen in Anbetracht der hohen laufenden Verpflichtungen innert kurzer Zeit die Geldmittel fehlen und ihnen «die Puste auszugehen» droht. 47

Ein entscheidender Unterschied zwischen einer Erstrisikoversicherung und einer umsatz-, einer ertrags- oder einer gewinnabhängigen Versicherung ist ganz salopp gesagt folgender: Auch wenn dem versicherten Betrieb nach umfassender Prüfung eine Zahlung aus der Betriebsunterbrechung winkt, so kann er schon lange «tot» sein, bevor die Höhe der Leistung hat ermittelt werden können und diese zur Auszahlung fällig geworden ist. Natürlich kann – und wird sich! – der Versicherer mit Akontozahlungen zu helfen wissen, er wird aber kaum bereit sein, unter diesem Titel mehr Geld vorzuschiessen, als er nach seiner Grobschätzung letztendlich zu zahlen verpflichtet sein wird. 48

Da ist die Schadenabwicklung bei einer Versicherung «auf Erstes Risiko» um einiges einfacher und unbürokratischer, was auch dem Versicherten helfen kann. Ganz nach 49

18 Einfache Beispiele dazu finden sich bei Suter, S. 222.

19 Erb, S. 92.

20 Generell gilt bei einer Betriebsunterbrechungsversicherung, sei diese nun auf «Erstes Risiko» ausgestellt oder umsatzabhängig ausgestaltet, dass die finanziellen Folgen bald einmal ein beträchtliches Ausmass annehmen können. Unter der Überschrift «Auch Versicherungsaktien sind nicht immun» ist in der NZZ zu lesen gewesen, dass sowohl die Mobiliar wie auch die Bâloise im Corona-Jahr 2020 mit dreistelligen Millionenbeträgen kalkulieren (NZZ 6. 5. 2020, S. 21).

dem Motto: «Schnell bezahlt ist doppelt bezahlt», so ein geflügeltes Wort eines ehemaligen Leiters des Schadendienstes eines grossen Schweizer Versicherers.

50 Erschwerend kommt noch folgendes Element dazu: In Betriebsunterbruchversicherungen ist der Schaden dynamischer Natur. Damit soll zum Ausdruck gebracht werden, dass sich der Schaden über die Zeit verändert, da das finanzielle Ergebnis in einem Geschäftsjahr zwangsläufig Schwankungen unterworfen ist.

51 Damit der Versicherer das von ihm gezeichnete Risiko «besser beurteilbar» (sprich: «kalkulierbarer») machen kann, beschränkt er sein Risiko durch Vereinbarung einer sog. Haftzeit. Dann steht im Vertrag bspw. der Vermerk «Haftzeit 12 Monate». Das bedeutet, dass der Versicherer für 12 Monate vom Eintritt des Schadenereignisses an gerechnet im Risiko steht. Für den Versicherten hingegen heisst das wiederum, dass er für seinen Betrieb nach Ablauf dieser 12 Monate keinen Anspruch auf Leistung mehr hat.

52 Die vereinbarte Haftzeit ist faktisch insofern von grosser Bedeutung, als sichergestellt sein muss, dass der versicherte Betrieb nach Ablauf der Haftzeit wieder voll im Betrieb ist und er – nach hoffentlich glücklich überstandenem Schadenfall – seinen Betrieb wieder hochfahren und von den dadurch generierten Einnahmen wieder leben kann.[21]

53 Gerade bei einer Vielzahl von Schadenfällen, die eine Pandemie verursachen kann, und je nach Umfang des versicherten Portefeuilles können die Leistungen im Schadenfall mit gerade dieser Deckung schnell einmal «ins ganz grosse Tuch» gehen! Das wird dann auch für den oder für die Rückversicherer von Relevanz, bei denen der Erstversicherer einen Teil seines Portefeuilles in Rückversicherung gegeben hat (siehe dazu Rz 116 ff.).

54 Interessant im Zusammenhang mit COVID-19 ist die Frage, ob auch bei einem zweiten Ereignis Versicherungsschutz gewährt wird oder ob es im Versicherungsvertrag allenfalls eine sog. Wiederauffüllungsklausel (auch «reinstallment clause» genant) gibt. Diese Fragen sind anhand der versicherungsvertraglich gewählten Formulierung zu klären. Unter der Wiederauffüllungsklausel wird verstanden, dass ein zweites Ereignis versichert ist oder versichert werden kann, eine Frage, die bei den Terroranschlägen vom 11.9.2001 auf die Twin Towers in New York zu entscheiden gewesen ist. Das kann wie soeben beschrieben prämienfrei oder gegen eine zweite Jahresprämie vereinbart worden sein, allenfalls schweigt sich der Versicherungsvertrag zu dieser Frage aber auch aus. Sollte eine Wiederauffüllung gegen eine zweite Jahresprämie vereinbart worden sein, so muss sich der Versicherte vor Eintritt des zweiten Ereignisses zum Wiederauffüllen der Deckung entschieden haben.

55 Und das führt uns zur vorliegend noch viel interessanteren Frage, was unter den üblichen Versicherungsverträgen gilt, wenn es zu einer vielerorts angesprochenen zweiten Welle kommt. Handelt es sich dann, wie eben angesprochen, um ein zweites Ereignis oder besteht die Deckung fort, bis die Versicherungssumme ausgeschöpft ist? Auch dies ist eine Frage, die durch Auslegung des konkreten Vertragstextes zu beurteilen sein wird.

---

21 Suter, S. 205.

Machen wir es noch einen Zacken anspruchsvoller: Was ist bei einer Police, die über eine «difference in conditions»- und eine damit häufig einhergehende «difference in limits»-Deckung verfügt? Solche Verträge kommen gerne im grenzüberschreitenden Industriegeschäft vor. 56

Im uns vorliegend beschäftigenden Thema ist insbesondere die «difference in conditions»-Deckung von Bedeutung. Darunter wird verstanden, dass eine mehrere Länder übergreifende Versicherungspolice (auch «umbrella» oder Master-Vertrag genannt) die diversen lokalen Policen ergänzt. Die Ergänzung des lokalen Basisvertrages durch den Master-Vertrag erfolgt so, dass Deckung aus dem Mastervertrag gewährt wird, falls die lokale Police für eine bestimmte Gefahr keine Deckung enthält. Auf diese Weise kommt der Versicherungsnehmer bis zur Höhe der Versicherungssumme des Master-Vertrages bei einem in der lokalen Police nicht versicherten Ereignisses in den Genuss des Versicherungsschutzes. 57

Im Markt sind zudem insbesondere bei Grossrisiken Deckungen vereinbart worden, die von den hier diskutierten abweichen, damit die Spezialbedürfnisse der Unternehmen abgedeckt werden können. 58

Dem Vernehmen nach existieren solche Speziallösungen auch im Bereich von Grossveranstaltungen. Dies erklärt das Zuwarten der Veranstalter und den Verweis auf Verhandlungen mit dem Versicherer, bis sie ihren Anlass abgesagt haben. Sie haben nämlich deshalb mit ihrem Entscheid zugewartet, bis die zuständige Behörde die Durchführung verboten hat. Dies in der Absicht, den Versicherungsschutz nicht zu verlieren, den sie für die Absicherung des Risikos bei Unmöglichkeit der Durchführung eingekauft haben. Dieses Versicherungsschutzes wären sie verlustig gegangen, hätten sie von sich aus (sprich freiwillig, ohne dass sie dazu von der Behörde gezwungen worden wären) die Veranstaltung abgesagt. 59

Allein schon diese Beispiele von möglichen Versicherungsdeckungen gibt einen Geschmack davon, wie vielfältig die Fragen sein können, die sich im Zusammenhang mit COVID-19 stellen. 60

Auf weitere Fragen, die heute bereits diskutiert werden, wird weiter hinten unter dem vom Ombudsmann für Privatversicherungen und der Suva in Auftrag gegebene Gutachten näher einzugehen sein. 61

Übrigens: Eine interessante Zusammenstellung der im Schweizer Markt verwendeten Allgemeinen Versicherungsbedingungen findet sich auf der Webseite von FUHRER.[22] Ein Besuch dieser Webseite sei jedem Leser empfohlen, der sich näher mit Versicherungsfragen generell oder ganz spezifisch mit Deckungsfragen beschäftigt. 62

22 ‹https://www.stephan-fuhrer.ch› (22.6.2020).

V. Zur AGB- bzw. zur AVB-Kontrolle, mit einer kurzen Vorbemerkung zur Vertragsauslegung

63 Was die Auslegung von Verträgen angeht, so findet sich die gesetzliche Grundlage dazu in Art. 18 Abs. 1 OR.[23] Zusätzlich geben Art. 19 Abs. 2 OR[24] und Art. 8 UWG[25] die Richtung dessen vor, was als unzulässiger Inhalt eines Vertrages anzusehen ist.

64 Ein Vertrag ist nach dem übereinstimmenden wirklichen Willen auszulegen. Damit wird nach dem von den Vertragsparteien tatsächlich Gewollten gefragt, was auch als sog. «tatsächlicher Konsens» bezeichnet wird. Ergibt sich daraus, dass kein solcher Konsens zustande gekommen ist, ist es trotzdem noch möglich, dass eine vertragliche Bindungswirkung vorliegt. Das ist dann der Fall, wenn ein sog. «normativer Konsens» (auch «rechtlicher Konsens» genannt) besteht, also wenn die eine Partei die Erklärung der anderen Partei falsch verstanden hat, sie aber nach dem Vertrauensprinzip in diesem fehlerhaften Verständnis Schutz verdient.[26]

65 Was nun die Allgemeinen Geschäftsbedingungen angeht, so werden diese nach den vorstehend beschriebenen Grundsätzen und den dazu vom Bundesgericht entwickelten Regeln ausgelegt. Wiegand weist in diesem Zusammenhang aber auch auf die SIA-Normen hin, bei denen das Bundesgericht davon abweichend vorgeht und diese wie Normen behandelt. Womit sich das Bundesgericht Wiegand zufolge der deutschen Konzeption anzunähern scheint. Diese folgt dem Grundsatz der einheitlichen Auslegung, d.h., es wird keine Rücksicht auf den Einzelfall genommen und auch die Vorstellung der Parteien wird nicht in die Beurteilung einbezogen («Auslegung nach dem eindeutigen Wortlaut»).[27]

66 Bereits diese von Wiegand aufgezeigte Unsicherheit macht eines deutlich: Bei einseitig vorformulierten (d.h. ohne dass die den AGB's unterworfene Vertragspartei diese hätte mitgestalten können) Bedingungen, die in einem Vertrag mittels einer sog. Globalübernahme[28] zum Vertragsinhalt erklärt worden sind, besteht Auslegungsbedarf. Dieser wird vom Bundesgericht in Erfüllung des ihm zugewiesenen Auftrags wahrgenommen, wenn der Gesetzgeber nicht von sich aus aktiv wird und eine gesetzliche Regelung schafft. Der Bedarf an einer gesetzlichen Normierung einer AGB-Kontrolle, wie sie von

23 Grundlage der Auslegung bildet der Wortlaut. Es ist nach dem übereinstimmenden wirklichen Willen der Parteien zu fragen. Eine unrichtige Bezeichnung oder eine falsche Ausdrucksweise ist nicht zu beachten, auch eine von den Parteien aus Irrtum oder in der Absicht verwendete Formulierung nicht, mit der die wahre Beschaffenheit des Vertrages zu verbergen versucht wird.

24 Spezifische Vereinbarungen sind dann zulässig, wenn diese (u.a.) nicht gegen die guten Sitten verstossen.

25 Unter dem Marginale «Verwendung missbräuchlicher Geschäftsbedingungen» lautet der Gesetzestext: «Unlauter handelt insbesondere, wer allgemeine Geschäftsbedingungen verwendet, die in Treu und Glauben verletzender Weise zum Nachteil der Konsumentinnen und Konsumenten ein erhebliches und ungerechtfertigtes Missverhältnis zwischen den vertraglichen Rechten und den vertraglichen Pflichten vorsehen».

26 Siehe zum Ganzen BSK OR I (2015)-Wiegand, Art. 18 N 7 f.

27 BSK OR I (2015)-Wiegand, Art. 18 N 55.

28 Zum Begriff s. bspw. Fuhrer, Privatversicherungsrecht, Rz 8.27.

der Lehre seit einigen Jahren gefordert wird,[29] scheint heute nun wirklich ausgewiesen zu sein.

Nun zu einer kurzen Übersicht der nach dem heutigen Stand der Lehre und der Rechtsprechung anzuwendenden Grundsätze bei der Überprüfung von vorformulierten Geschäftsbedingungen: Die Allgemeinen Versicherungsbedingungen (AVB) unterliegen – wie alle vorformulierten Allgemeinen Geschäftsbedingungen (AGB) – einer Normenkontrolle. Dies wie soeben dargelegt aus der Überlegung heraus, dass der Verfasser diese Bedingungen formuliert hat, ohne dass der Adressat in diesen Prozess einbezogen worden wäre. 67

Der Grund für dieses einseitige Vorgehen liegt darin, dass auch der Vertrieb von Versicherungsverträgen ein Massengeschäft ist. Für einen Versicherer lässt sich dieses nur dann effizient betreiben, wenn er sich beim Abschluss eines Versicherungsvertrages auf vorformulierte Bedingungen berufen kann, da er – so ein landläufig gehörtes Argument – ein standardisiertes Produkt verkauft. 68

Wie wir alle wissen und auch am eigenen Leib erfahren haben: In diesen Situationen gibt es – zwangsläufig, ist man geneigt anzumerken – ein (Wissens- und/oder ein Macht-) Gefälle zwischen Anbieter und Konsument. Das gilt nicht nur in Versicherungsverträgen, sondern überall dort, wo vorformulierte Bedingungen zum Vertragsinhalt werden. Dann geht es einfach nach der Losung «take it or leave it». 69

Das Bundesgericht hält dazu in BGE 135 III 1 E. 2.2 fest, die Lehre fordere seit geraumer Zeit, dass die Möglichkeit einzuräumen ist, dass global in den Vertrag integrierte vorformulierte allgemeine Geschäftsbedingungen inhaltlich umfassend überprüft werden können und ihnen die Geltung zu versagen ist, wenn sie zu Lasten der anderen Vertragspartei gehen oder wenn sie unangemessen und geschäftsfremd sind. Dies mit der Begründung, Risiken und Lasten würden auf diese Weise unbillig verteilt. 70

In der Vergangenheit sind schon mehrere Versuche unternommen worden, die Frage der Überprüfung von AGB's einer gesetzlichen Regelung zuzuführen. Bis heute ist diesen Bemühungen aber kein Erfolg beschieden gewesen.[30] 71

So wird diese Kontrolle gestützt auf die wenigen, allgemein gehaltenen gesetzlichen Vorschriften und den dazu von der Rechtsprechung entwickelten Grundsätzen vorgenommen. 72

Die Lehre fordert seit Jahren eine offene Inhaltskontrolle.[31] Zur gesetzlichen Normierung einer AGB-Kontrolle hat sich der Gesetzgeber aber wie bereits erwähnt bis 73

---

29 Siehe dazu die verschiedenen Stimmen aus der Lehre, die diese Forderung gestellt haben, nachfolgend in FN 31.

30 So Schöbi, S. 53 ff. Dessen Tagungsbeitrag gibt einen umfassenden Überblick zu den vergangenen Projektvorhaben des Gesetzgebers zum AGB-Recht. Vgl. auch die im Tagungsbeitrag vom Autor in FN 12 zitierten Urteile des Bundesgerichts, die zu dieser Frage ergangen sind. – In diesem Zusammenhang spannend zu lesen ist auch der erläuternde Bericht der Expertenkommission zum Vorentwurf der Gesamtrevision des Bundesgesetzes über den Versicherungsvertrag 2006 ‹https://stephan-fuhrer.ch›, auffindbar über den Pfad Versicherungsrecht/Materialien/Gescheiterte Totalrevision (24.6.2020).

31 Schwenzer, Rz 45.12 f. und 46.07; BSK OR I (2007)-Bucher, Art. 1 N 63 f.; Guhl et al., § 13 Rz 53 f.; BK OR (1991)-Kramer, Art. 19 N 291 ff. und BK OR (1986)-Kramer, Art. 1 N 208; Gauch/Schluep/

heute nicht entschieden. Es scheint hingegen, dass sich das Bundesgericht diesem in der Lehre geäusserten Anliegen annähert. Jedenfalls hat es sich mit dieser Frage bereits in einigen Entscheiden zumindest einlässlich auseinandergesetzt.[32] So ein Vorgehen des höchsten Gerichts deutet in aller Regel darauf hin, dass sich das Bundesgericht mit einer Änderung seiner bisherigen Rechtsprechungspraxis befasst. Es käme deshalb wenig überraschend, wenn es in dieser Frage bei einem geeigneten Sachverhalt einen nächsten Schritt machen würde.

74 Nach der heute gültigen höchstrichterlichen Rechtsprechung in Sachen richterliche Überprüfung von vorformulierten AGB erfolgt diese – der Lehre folgend[33] – in der Abfolge (i) Konsenskontrolle, (ii) Auslegungskontrolle, (iii) Gültigkeitskontrolle und schliesslich (iv) einer lauterkeitsrechtlichen Inhaltskontrolle. Dieses Vorgehen wird in der Lehre auch als sog. verdeckte Inhaltskontrolle[34] bezeichnet. Darauf wird vorliegend nicht näher eingegangen, es wird dazu auf Fuhrer[35] und auf Fellmann[36] verwiesen.

VI. COVID-19 ruft nach einer intensiven Auseinandersetzung mit den im Markt gebräuchlichen Deckungsbausteinen

1. Gutachten, die im Zusammenhang mit COVID-19 und mit Blick auf bestehende AVB's erstellt worden sind

75 Einem aufmerksamen Zeitungsleser dürften die Medienmitteilungen von Versicherungsgesellschaften kaum entgangen sein, worin berichtet worden ist, wie sie Versicherungsverträge handhaben, die einen deckungsmässigen Bezug zu der sich heute präsentierenden Gesundheitslage haben. Zudem wird das Coronavirus jene Personen, die sich beruflich mit rechtlichen Fragen befassen, zur Zeit stark beschäftigen. Da überrascht es wohl kaum, dass bereits erste Gutachten vorliegen, die näher auf konkrete Fragen eingehen.

76 In Anlehnung an die in letzter Zeit «von Bern» immer wieder gehörte Aufforderung «Hände waschen, Hände waschen, Hände waschen!» kann ohne weiteres auch «Gutachten, Gutachten, überall nur Gutachten!» gerufen werden. Davon gibt es bereits mehrere, die sich mit diesem Thema in der einen oder anderen Fragestellung auseinandersetzen.

Schmid, Rz 1148 ff.; Huguenin, OR AT, Rz 431; dies., recht 13/1995, S. 87 f.; BSK VVG-Fuhrer, Art. 33 N 229 ff.; BSK VVG Nachf.Bd., Art. 33 N 210; ders., AVB, 36; Brunner, ZSR 118/1999 I, S. 328 ff.; Heiss, HAVE 2007, S. 243, je mit zahlreichen Hinweisen; Gauch, recht 24/2006, S. 83 f.; Weber, SAG 1984, S. 152 und 155 ff. m.w.H. in FN 62; Baudenbacher, ZBJV 123/1987, S. 512 ff.; Koller, AJP 2008, S. 943 ff. m.w.H.

32 BGE 135 III 1; 135 III 225; 138 III 411; BGer v. 15.7.2014, 4A_475/2013.

33 Huguenin, OR AT/BT, Rz 609 ff.; BK-Müller, Art. 1 OR N 299 ff.; Kramer/Probst/Perrig, Rz 101; Schwenzer, Rz 44.04 ff.

34 Ausführlich BSK VVG-Fuhrer, Art. 33 N 229 ff. und BSK VVG Nachf.Bd., Art. 33 N 210.

35 Fuhrer, Privatversicherungsrecht, S. 202 ff.

36 Fellmann, nachfolgend in FN 43 (m.w.H.).

Zu erwähnen wäre da etwa das im Auftrag von GastroSuisse von INDEMNIS erstellte[37], dann aber auch jenes des Ombudsmannes (Autor: WALTER FELLMANN).[38]

Dem Vernehmen nach soll es aber noch weitere Gutachten geben: So beispielsweise 77 eines von FUHRER. Dann wären aber auch noch jene zu erwähnen, die von Versicherungsgesellschaften in Auftrag gegeben worden sind. Diese sollen für interne Bedürfnisse erstellt worden sein, sind aber selbstredend nicht öffentlich zugänglich – zumindest weiss der Schreibende nichts davon.

2. Zum Gutachten, das der Ombudsmann der Privatversicherungen und der Suva in Auftrag gegeben hat

Vorweg wird der Hinweis angebracht, dass die folgenden Ausführungen den Versiche- 78 rungsbedingungen folgen, wie sie im Gutachten FELLMANN zitiert werden. Diese Bedingungen und auch die vom Gutachter angestellten Überlegungen werden vorliegend in geraffter Form wiedergegeben.

FELLMANN versteht den Begriff der Epidemie als Oberbegriff, der Pandemiefall ist 79 seiner Meinung zufolge ein Anwendungsfall der Epidemie.[39] Der Gutachter begründet dies damit, dass eine Pandemie immer aus einer Epidemie heraus entsteht.[40]

Begrifflich ist zu erwähnen, dass eine Pandemie (im Gegensatz zu einer Epidemie) 80 nicht mehr nur lokal begrenzt in Erscheinung tritt. Eine Pandemie ist per definitionem länder- und kontinentübergreifend.[41] Diese Einschätzung trifft ohne jeden Zweifel zu, sie wird auch gestützt von den einleitend zu COVID-19 gemachten Ausführungen (siehe Rz 1 ff.). Das BAG hält auf seiner Webseite dazu folgendes fest: Von einer Epidemie wird gesprochen, wenn eine Infektionskrankheit stark gehäuft, örtlich und zeitlich aber nur begrenzt auftritt. Bei einer Pandemie hingegen hat sich die Krankheit in vielen Ländern bzw. über Kontinente hinweg ausgebreitet (‹www.bag.admin.ch› [21.6.2020]; vgl. dazu auch das Glossar am Ende der Botschaft zur Revision des Bundesgesetzes über die Bekämpfung übertragbarer Krankheiten des Menschen (Epidemiengesetz), BBl 2010 311).

Bereits diese im Gutachten FELLMANN vorgenommene Auseinandersetzung mit den 81 in Versicherungsverträgen verwendeten Begriffen der Epidemie und der Pandemie legt eines ganz klar offen: Bei der Ausgestaltung der einzelnen vorformulierten Deckungsbausteine ist den Unterschieden zwischen einer Pandemie und einer Epidemie zu wenig Rechnung getragen worden. Auch der möglichen Entwicklung einer Viruserkrankung nicht, die zuerst nur lokal in Erscheinung tritt, sich aber auch zu einer weltweit festzustellenden Krankheit ausbreiten kann. Zugegeben, es ist im Nachhinein nun wirklich einfach, das so lapidar festzustellen. Leider ist es aber Fakt, wie sich in den im Markt

---

37 INDEMNIS (Autoren: ANOUCK ZEHNTNER und ERICH ZÜBLIN), publiziert unter ‹https://www.gastrosuisse.ch› (22.6.2020).

38 Publiziert unter ‹https://www.ombudsmann-assurance.ch› (22.6.2020).

39 FELLMANN, Gutachten (Fundstelle siehe unter FN 38), Rz 13 f.

40 FELLMANN, Gutachten (Fundstelle siehe unter FN 38), Rz 14 lit. a.

41 So beispielsweise das Robert Koch-Institut: «Was ist eine Pandemie?», in: Antworten auf häufig gestellte Fragen zur Influenzapandemie 2009. Zur Fundstelle siehe FN 5.

verwendeten AVB's teilweise nachlesen lässt, die im Zuge der mit COVID-19 gemachten Erfahrungen mit Bestimmtheit einer Überprüfung unterzogen werden. Dieser Umstand zeigt aber auch in geradezu exemplarischer Art auf, wie anspruchsvoll der Underwriting-Prozess, sprich das präzise Formulieren jedes einzelnen Deckungsbausteines, sein kann. Von der durch den Aktuar vorzunehmenden Einpreisung[42] des Produkts ganz zu schweigen (weiteres dazu in unter Rz 116 ff.).

82 Nun aber zu den einzelnen, im Gutachten FELLMANN nach den vorstehend umschriebenen Grundsätzen beurteilten Deckungsbestimmungen:

83 In Reiseversicherungspolicen finden sich in aller Regel Deckungsbausteine, die bei einem ungewollten, erzwungenen Reiseunterbruch oder bei einem Reiseabbruch Deckung gewähren. Versicherungsschutz besteht nach dem Vertrag ferner auch dann, wenn die Reise gar nicht angetreten werden kann.

84 Eine mögliche Deckungsumschreibung könnte in diesem Fall etwa wie folgt lauten: «Die Versicherung gewährt Versicherungsschutz, wenn die versicherte Person die gebuchte Reiseleistung wegen einer Quarantäne oder infolge einer Epidemie nicht antreten kann, sofern diese Unmöglichkeit nach Abschluss der Versicherung bzw. Buchung der Reiseleistung eingetreten ist. Versichert ist auch der Fall, dass eine Reise nicht angetreten werden kann infolge von Elementarereignissen an der Reisedestination, wenn diese das Leben und das Eigentum der versicherten Person konkret gefährden.»

85 Was nun, wenn die Deckung mit der Begründung abgelehnt wird, es sei nur der Epidemiefall, nicht aber der Pandemiefall gedeckt? Der Gutachter ruft in Erinnerung, dass seiner Meinung nach die Influenza-Epidemie der Oberbegriff und die Influenza-Pandemie ein Anwendungsfall dazu sei. Unterschiede gäbe es lediglich beim geografischen Ausmass einer solchen Infektionskrankheit. Der Gutachter erachtet eine Deckungsablehnung mit dieser Begründung als nicht haltbar und verweist zur Begründung auf Art. 33 VVG.[43]

86 «Nicht versichert sind Epidemien und Pandemien» ist in den Augen des Gutachters hingegen ein zulässiger Deckungsausschluss. Diese Klausel sei klar (Ergebnis der Auslegungskontrolle), sie sei weder subjektiv noch objektiv ungewöhnlich und im Rahmen der normativen Auslegung sei sie auch keineswegs mehrdeutig (Ergebnis der Auslegungskontrolle). Auch einer lauterkeitsrechtlichen Überprüfung nach Art. 8 UWG halte sie stand.[44]

87 Eine längere Klausel lautet wie folgt: «Bei der Beurteilung, ob eine Reise in ein Land wegen einer Epidemie zumutbar ist oder nicht, sind grundsätzlich die geltenden Empfehlungen der schweizerischen Behörden massgebend. Es sind dies in erster Linie das

42 Darunter wird der Prozess verstanden, der dazu führt, ob ein Risiko (i) für den Versicherer versicherbar bzw. tragbar ist (was aus Sicht des am Abschluss eines Versicherungsvertrages Interessierten betrachtet als Frage lautet: «Bin ich bereit, für dieses Risiko abc die Prämie xyz zu bezahlen?») und falls ja (ii) zu welchem Preis (unter dieser Fragestellung gibt der Aktuar Antwort zur Schadenseintrittswahrscheinlichkeit und zur durchschnittlichen Schadenhöhe – Stichwort «Gauss'sche Kurve»).

43 FELLMANN (Fundstelle siehe unter FN 38), Rz 43 f.

44 FELLMANN (Fundstelle siehe unter FN 38), Rz 42.

Eidgenössische Departement für auswärtige Angelegenheiten EDA sowie das Bundesamt für Gesundheit BAG». Die dem Gutachter gestellte Frage, ob dieser Deckungsausschluss nur greift, wenn es eine entsprechende behördliche Empfehlung gibt, beantwortet er eher abwägend: Die Prüfung im Rahmen der Konsenskontrolle führe zum Ergebnis, dass von einem Versicherten erwartet werden dürfe, dass er sich an behördliche Weisungen hält. Und der Versicherer dürfe nach dem Vertrauensprinzip davon ausgehen, dass der Versicherte mit dieser Bedingung einverstanden ist, auch wenn sie in einer Globalübernahme Vertragsbestandteil geworden ist.

Die Auslegungskontrolle ihrerseits rufe nach der Frage, was die Parteien tatsächlich 88 haben vereinbaren wollen. Wenn dies nicht festgestellt werden könne, so sei zu prüfen, was nach dem Vertrauensprinzip als sachgerecht und angemessen anzusehen ist. Dabei ist die Empfehlung einer Behörde lediglich ein Beispiel, wie diese Beurteilung vorgenommen werden kann. Sie dürfe aber nicht dahingehend verstanden werden, dass dies nicht auch auf anderem Weg möglich ist. Das belege die Klausel «... wenn das Leben der versicherten Person gefährdet ist oder von offizieller schweizerischer Stelle (Eidgenössisches Departement für Auswärtige Angelegenheiten EDA oder Bundesamt für Gesundheit BAG) von der Durchführung der Reise abgeraten wird.» Diese Formulierung bringe unzweideutig zum Ausdruck, dass die Objektivierbarkeit der Motive, die den Versicherten zu seinem Reiseentscheid geführt haben, auch auf andere Art möglich ist.[45]

In Betriebsunterbruchversicherungen finden sich viele, zum Teil ganz unterschied- 89 lich formulierte Deckungsbestimmungen. Beispielsweise gibt es im Markt ein folgendermassen formulierter Deckungsausschluss: «Versichert sind Schäden infolge von Massnahmen (u.a. Schliessung oder Quarantäne von Betrieben oder Betriebsteilen, Einschränkung der betrieblichen Tätigkeit, Neuanschaffung von infizierten Einrichtungen, Tätigkeitsverbot von im Betrieb tätigen Personen, Verbot von Festanlässen), die eine zuständige schweizerische oder liechtensteinische Behörde aufgrund gesetzlicher Bestimmungen verfügt hat, damit die Verbreitung von übertragbaren Krankheiten verhindert werden kann. Nicht versichert sind hingegen eine Epidemie (Schäden infolge von Influenza-Viren und Prionkrankheiten wie Scrapie, Rinderwahnsinn, Creutzfeldt-Jakob usw.) sowie die Folgen von Krankheitserregern, für welche national oder international die WHO-Pandemiestufen 5 oder 6 gelten.»

Weiter vorne im Gutachten wird darauf hingewiesen, dass die Formulierung «Pande- 90 mien, die national oder international von der WHO der Stufe 5 oder 6 zugewiesen worden sind» keinen Sinn ergibt. Auch sei diese Umschreibung in Berücksichtigung der Gesetzeslage in der Schweiz rechtlich von keiner Relevanz: Das Epidemiengesetz verwende weder den Begriff der Epidemie noch jenen der Pandemie. Es fänden sich lediglich der Begriff der besonderen und jener der ausserordentlichen Lage (Art. 6 f. EpG).

Hingegen wäre es durchaus zulässig, eine Gefahr nur in einem beschränkten Umfang 91 versichern zu wollen.[46]

45 Fellmann (Fundstelle siehe unter FN 38), Rz 48.
46 Fellmann (Fundstelle siehe unter FN 38), Rz 50 lit. f.

92 Eine Prüfung des Ausschlusses «Nicht versichert sind Schäden infolge von Influenza-Viren, für welche national oder international die WHO-Pandemiestufen 5 oder 6 gelten» sei unter dem Aspekt der Konsenskontrolle insofern ungewöhnlich, als der Bekanntgabe einer Pandemie durch die WHO in der Schweiz keine eigenständige Bedeutung zukomme.

93 Dazu kommen noch weitere Überlegungen, die anzustellen seien: Der Versicherer könne nach dem Vertrauensprinzip nicht davon ausgehen, dass der Versicherungsnehmer mit einem solchen Ausschluss einverstanden sei. Zudem müsse der Versicherte auch nicht davon ausgehen, dass der Versicherungsschutz nur deshalb entfalle, weil eine «nur» lokal vorkommende Influenza-Infektion zu einer Pandemie angewachsen ist.[47, 48]

94 Als Variante dazu sei hingegen ein Deckungsausschluss denkbar, der die klare Aussage enthalte, dass die Deckung des Risikos Epidemie dann ausgeschlossen ist, wenn die Ursache dieses Krankheitsbildes auf eine Infektion zurückzuführen ist, die (i) im Ausland entstanden ist und (ii) sich in derart vielen Ländern bzw. Kontinenten ausgebreitet hat, dass sie gemäss Definition der WHO als Pandemie anzusehen ist.

95 Im Rahmen der Auslegungskontrolle regt der Gutachter zu prüfen an, was der Sinn einer derart formulierten Klausel ist. Erstens stelle das Epidemiegesetz keinen Bezug zu den (heute nicht mehr geltenden) Pandemiestufen her, und zweitens lasse sich den Versicherungsbedingungen nicht entnehmen, ob dieser Ausschluss bei Ausbruch einer Epidemie in der Schweiz oder durch Importieren dieses Erregers aus dem Ausland in die Schweiz gelte. Er erachtet die Klausel deshalb als ungültig, weil sie nicht in bestimmter, unzweideutiger Fassung formuliert sei.[49]

96 Wenn der Deckungsausschluss nur für Grippe, nicht aber für Pandemie/Epidemie formuliert worden ist («Ausgeschlossen von der Versicherung sind Schäden als Folge einer Grippe»), so kann mit dieser Vertragsbedingung auch ein durch die Infektionskrankheit verursachter Betriebsunterbruch ausgeschlossen werden. Unter dem Blickwinkel der Konsenskontrolle erachtet der Gutachter diese Klausel nicht als ungewöhnlich.[50]

97 Die Auslegungskontrolle lege auch die Frage nahe, ob mit dem Begriff «Grippe» auch die COVID-19-Krankheit gemeint sei. Eine dazu befragte Fachperson habe dem Gutachter gegenüber die Meinung vertreten, COVID-19 verursache ähnliche Symptome wie eine Grippe, sie sei aber eine andere Krankheit als eine Influenza-Erkrankung.

98 Dieses Verständnis werde auch in der Botschaft zum Epidemiengesetz zum Ausdruck gebracht, wo die Lungenkrankheit SARS von Grippeviren unterschieden wird.[51] Wenn

47 FELLMANN (Fundstelle siehe unter FN 38), Rz 51 lit. a/bb.

48 Ein dynamischer Ausschluss, wonach wegen der finanziellen Tragbarkeit die Folgen einer Epidemie noch versichert sind, nicht aber jene einer Pandemie, wäre vom Versicherer transparent zu kommunizieren, da mit solch einem Ausschluss nicht zu rechnen ist; FELLMANN (Fundstelle siehe unter FN 38), Rz 51 a/cc, mit Verweis auf Rz 14 lit. c.

49 FELLMANN (Fundstelle siehe unter FN 38, Rz 51 lit. b.

50 FELLMANN (Fundstelle siehe unter FN 38), Rz 53 lit. a.

51 Botschaft des Bundesrates zur Revision des Bundesgesetzes über die Bekämpfung übertragbarer Krankheiten des Menschen vom 3.12.2010, BBl 2011, S. 319.

in Fachkreisen einem Wort eine spezifische Bedeutung zukomme, so gehe dieses Verständnis dem allgemeinen Sprachverständnis vor, so der Gutachter.[52]

Es sei auch kaum so, dass sich ein Versicherter Gedanken darüber mache, was eine Grippe genau genommen sei. Es dürfe aber angenommen werden, dass er darunter die jährlich wiederkehrende saisonale Grippe verstanden hätte, hätte er sich dazu überhaupt Gedanken gemacht. 99

Neben der allgemeinen Lebenserfahrung könne sich übrigens auch aus Hilfsmitteln wie beispielsweise einem Lexikon weitere Hinweise ergeben, wie ein Begriff zu verstehen sei. 100

Da die Epidemie begrifflich der Oberbegriff zur Pandemie ist, bedeutet dies für den Gutachter, dass eine Epidemieversicherung auch die Folgen einer Pandemie abdeckt. Eine «lokale Pandemie» ergebe begrifflich keinen Sinn.[53] Somit umfasse eine Deckung, unter der finanzielle Verluste bei Ausbruch einer Epidemie versichert sind, auch solche, die wegen einer Pandemie anfallen.[54] 101

Eine Deckung für Infektionen im versicherten Betrieb wird vorwiegend für Restaurationsbetriebe ausgestellt. Dem Gutachter ist auch die Frage gestellt worden, ob der sinngemäss wiedergegebene Deckungsausschluss «Keine Deckung bei Schäden, wenn der Erreger ausserhalb des versicherten Betriebs festgestellt worden ist» zulässig sei. Der Gutachter gibt auf diese Frage zu bedenken, dieser Klausel lasse sich nicht entnehmen, dass die Deckung auf den Fall beschränkt ist, dass die Infektion im versicherten Betrieb ausgebrochen ist. Wenn dann die Police zudem als Epidemieversicherung verkauft werde, so suggeriere dies nicht eine auf den versicherten Betrieb beschränkte Infektionskrankheit. Eine Versicherung gegen das Risiko einer Epidemie lasse darauf schliessen, dass mit dieser Deckung mehr versichert werde als ein örtlich begrenztes Risiko.[55] Dies gebiete sowohl die Konsens- wie auch die Auslegungskontrolle.[56] 102

Zum Spezialfall des Ertragsausfalls eines Veranstalters im Falle einer Pandemie («Die Deckung ist dann gegeben, wenn eine dazu zuständige schweizerische oder liechtensteinische Behörde Erreger übertragbarer Krankheiten festgestellt hat und kraft öffentlichrechtlicher Bestimmungen Massnahmen anordnet»): Der Versicherer kann sich auf den Standpunkt stellen, der Vertragsausfall sei grundsätzlich gedeckt, der Versicherte habe nachzuweisen, dass der Ertragsausfall vor dem 11.3.2020[57] und als Folge einer behördlichen Anordnung eingetreten ist. Diese Deckungseinschränkung ist für den Gutachter klar, sie genüge auch den Anforderungen des Art. 33 VVG.[58] 103

52 Fellmann (Fundstelle siehe unter FN 38), Rz 53 lit. b/ee m.w.H.
53 Fellmann (Fundstelle siehe unter FN 38), Rz 55 lit. b.
54 Fellmann (Fundstelle siehe unter FN 38), Rz 55 lit. a.
55 Fellmann (Fundstelle siehe unter FN 38), Rz 59 b/aa.
56 Fellmann (Fundstelle siehe unter FN 38), Rz 55 b/bb.
57 D.h. dem Datum, an dem die WHO die Verbreitung des Coronavirus als Pandemie bezeichnet hat. Vgl. Lagebericht «cornarvirus disease 2019 (COVID-19) situation report – 51» der WHO vom 11.3.2020, ‹www.who.int› (22.6.2020).
58 Fellmann (Fundstelle siehe unter FN 38), Rz 61 lit. a.

104 Der Ombudsmann hat dem Gutachter noch weitere Klauseln zur Beurteilung vorgelegt.[59] Auf diese wird hier aber nicht näher eingegangen. Interessierte seien auf das auf der Webseite des Ombudsmannes publizierte Gutachten verwiesen.

105 Wie zu hören ist, laufen Bemühungen, noch offene Fragen auf gütlichem Weg zu bereinigen. Das wird aber nicht in allen Fällen gelingen. Wie gemunkelt wird, sollen in diesen Angelegenheiten gerichtlich auch schon Verfahren anhängig gemacht worden sein. Es ist nicht auszuschliessen, dass sich auch unser höchstes Gericht über solche Streitfragen wird beugen müssen.

VII. Entschädigungsmöglichkeit des Bundes

106 Das Epidemiengesetz regelt in Kapitel 8 in den Artikeln 63 ff. verschiedene Entschädigungsfolgen, die aus der Bekämpfung von übertragbaren Krankheiten resultieren können.

107 Vorweg wäre da die Entschädigung bei Schäden aufgrund behördlicher Massnahmen zu erwähnen (Art. 63 EpG).

108 Den ersten, durch die Presse verbreiteten Informationen zufolge werden solche Entschädigungen aber nur in jenen Fällen ausgerichtet, in denen eine die Existenz beeinträchtigende finanzielle Einbusse nachgewiesen werden kann. Die aus Billigkeitsgründen auszuzahlende mögliche Entschädigungsleistung kann gemäss Botschaftstext dann in Betracht gezogen werden, wenn ein von einer Massnahme Betroffener in eine wirtschaftliche oder soziale Notlage geraten würde.[60] Dies ist ein Nachweis, der nur sehr schwer zu erbringen sein dürfte.

109 Offen, da im Gesetz nicht näher umschrieben und damit zu Diskussionen Anlass gebend, ist der Kreis der Anspruchsberechtigten: Der Gesetzestext spricht von «Personen, die aufgrund behördlicher Massnahmen Schäden erleiden» und verweist auf die Art. 33 bis 38 EpG sowie auf Art. 41 Abs. 3 EpG. Diese Verweise helfen aber nicht weiter, wenn man nach einer näheren Umschreibung der anspruchsberechtigten Personen sucht.

110 Auch die Materialien, insbesondere die Botschaft, geben zum anspruchsberechtigten Personenkreis nicht viel her. In der Botschaft wird ausgeführt, dass nur widerrechtlich zugefügte Schäden zu ersetzen seien, nicht aber solche, die durch rechtmässiges staatliches Handeln zugefügt werden.[61] So eine Aussage ist insofern überflüssig, als sie doch allgemeinem Rechtsverständnis entspricht.

111 Dem «Vernehmen nach», so in die Sache eingeweihte Kreise, wird «in Bern» die Meinung vertreten, es handle sich dabei (d.h., dass der Kreis der anspruchsberechtigten Per-

59 Z.B. Deckung nur von meldepflichtigen Krankheiten oder aber das Erfordernis einer behördlichen Verfügung; aber auch die Beschränkung der Deckung auf Infektionen, die vom versicherten Betrieb ausgehen.

60 BBl 2010 311, S. 341 f.; vgl. dazu auch die Ausführungen zu Art. 63 EpG, BBl 2010 311, S. 410.

61 Botschaft 2010 311. S. 410.

sonen nicht näher geregelt wird) um ein qualifiziertes Schweigen des Gesetzgebers. Das wird aber in der Lehre bereits bestritten.[62]

Bei diesen Entschädigungen, die bei Schäden wegen behördlich angeordneter Massnahmen ausgerichtet werden können, handelt es sich um subsidiäre Leistungen. Art. 63 EpG hält einschränkend fest, dass eine Entschädigung nur dann vorgenommen wird, wenn der Schaden nicht anderweitig versichert ist. 112

Was eine allfällige Entschädigung an private Veranstalter oder an Unternehmen angeht, die von Verboten, Schliessungen oder anderen Einschränkungen betroffen sind, hält die Botschaft explizit fest, diese könnten beim Staat Schadenersatz verlangen, sofern die Voraussetzungen der Staatshaftung erfüllt sind.[63] Auch dabei handelt es sich aber um hohe Hürden, die zu nehmen sind, bis der Staat in der Pflicht steht und eine Ersatzzahlung auszurichten hat. 113

Schadenersatz- und Genugtuungsansprüche für Schäden, die aus behördlich angeordneter oder behördlich empfohlener Impfung entstehen, werden im Abschnitt «Entschädigung und Genugtuung bei Schäden aus Impffolgen» in Art. 64 bis Art. 69 EpG gesetzlich geregelt. 114

Auch der bei einem Hersteller eines Heilmittels anfallende Schaden wird gesetzlich geregelt, siehe dazu Art. 70 EpG («Entschädigung des Schadens einer Herstellerin»). Der Botschaft lässt sich dazu folgendes entnehmen: «Der Bund kann eine Abgabe bzw. Verwendungen des Heilmittels vorsehen, die das Haftungsrisiko der Hersteller unter Umständen erhöhen. So liegt es etwa im Interesse der öffentlichen Gesundheit bzw. des Bundes, einen Impfstoff im Pandemiefall möglichst rasch abgeben zu können. In einer solchen Situation ist es denkbar, dass noch kein heilmittelrechtliches Zulassungsverfahren zur Überprüfung der Sicherheit, der Wirksamkeit und der Qualität eines Heilmittels abgeschlossen werden konnte und deshalb eine befristete Bewilligung für die Abgabe und für den Vertrieb nach Artikel 9 Absatz 4 HMG anzustreben wäre. Darüber hinaus ist es möglich, dass der Bund unter dem Eindruck eines verheerenden Krankheitsausbruchs die Verwendung eines Impfstoffs auch an Bevölkerungsgruppen empfiehlt, ohne dass eine Zulassung für eine entsprechende Indikation vorliegt. In beiden Fällen ist die Verwendung des Impfstoffes nur im untergeordneten Interesse des Herstellers, setzt diesen aber einem erhöhten Haftungsrisiko aus. Aufgrund dieser Situation bestehen auch auf internationaler Ebene Vorschriften, wonach etwa die Verwendung von Arzneimitteln ausserhalb der genehmigten Indikationen oder die Verwendung nicht genehmigter Arzneimittel nicht der zivil- und verwaltungsrechtlichen Haftung unterliegen, wenn diese Verwendung von den Behörden als Reaktion auf bestimmte Krankheitserreger u.a. empfohlen oder verlangt wird».[64] 115

62 Fellmann, Video-Podcast vom 20.5.2020 des Europa Instituts der Universität Zürich; siehe ‹https://www.eiz.uzh.ch› (22.6.2020).

63 BBl 2010 311, S. 410.

64 BBl 2010 311, S. 415.

VIII. Weitere Player im Versicherungsmarkt Schweiz

1. Rückversicherer

116 Rückversicherer sind die Versicherer der Erstversicherer, so der rudimentäre Versuch, das komplexe Geschäft eines Rückversicherers zu erklären.

117 Der Rückversicherer unterstützt den Erstversicherer beispielsweise darin, dass er vom Erstversicherer einen vertraglich definierten Anteil seines Portefeuilles (bspw. das Portefeuille «Motorfahrzeugversicherungspolicen des Erstversicherers xy») «in Rückversicherung nimmt». Es würde an dieser Stelle zu weit führen, auf diese Mechanik näher einzugehen. Dem geneigten Leser sei die dazu verfügbare Standardliteratur zur Lektüre empfohlen, so z.B. das Werk von GERATHEWOHL.[65]

118 Der Mehrwert, den ein Rückversicherer in das Thema «Pandemie und den damit verbundenen finanziellen Folgen bei Versicherung dieses Risikos» einbringen kann, ist gross. Sie fragen weshalb?

119 Weil der Rückversicherer mit einem geballten Know-how zu dieser Fragestellung aufwarten kann. Ist es doch sein ureigenes Geschäft, sich vertieft mit den komplexen Fragen auseinander zu setzen, ob ein bestimmtes Risiko überhaupt versichert werden kann (Frage der Versicherbarkeit eines Risikos, siehe dazu Rz 33 und Rz 138 sowie FN 42).

120 Weiter kommt dazu, dass ein Rückversicherer nicht nur den lokalen Markt Schweiz im Auge hat, sondern mit einem weltweiten Blick unterwegs ist. Damit hat er Kenntnis von andernorts allenfalls bereits gemachten ersten Erkenntnissen, die er dem Erstversicherer zur Verfügung stellen kann.

121 Dadurch wird ein Erkenntnis- und ein Wissenstransfer vom Rückversicherer zum Erstversicherer (nota bene aber auch vom Erstversicherer zum Rückversicherer) möglich, vorausgesetzt, dies wird von den beiden Seiten gelebt. Das ist der Fall, denn sowohl der Erstversicherer wie auch der Rückversicherer haben ein grosses Interesse, diese Diskussionen zu pflegen und voneinander zu profitieren. Das gilt auch – und insbesondere – zur Weiterentwicklung des auf beiden Seiten vorhandenen Know-how's.

122 Warum diese Ausführungen, werden Sie sich fragen. Weil insbesondere ein Erstversicherer, der u.U. nur einen kleinen Policenbestand und dazu noch in einem spezifischen Deckungsthema (bspw. im Bereich der Epidemie- bzw. der Pandemiedeckung) haben kann, auf dieses epidemiologische/virologische Fachwissen einerseits und auf das unter den Experten der internationalen vernetzten Fachwelt vorhandene Know-how andererseits dringend angewiesen ist, wenn er das Geschäft sorgfältig betreiben will.

123 Eine weitere, nicht unwesentliche Randbemerkung: Eines der zentralen Grundprinzipien des Versicherungsgeschäfts besteht darin, das berühmte «Gesetz der grossen Zahl» zu beachten. Darunter wird verstanden, dass sich ein Risiko nur dann in vertretbarer Weise «einpreisen» lässt, wenn (vereinfacht gesagt) der verantwortliche Aktuar eine fundierte Aussage zur Preisgestaltung eines Versicherungsprodukts (sprich: Zur

65 Siehe dazu eingehend GERATHEWOHL, Bd. I, S. 143 ff.

Prämie des einzelnen Versicherungsvertrages) machen kann. Dazu ist er erst dann in der Lage, wenn er über eine Zahlenreihe verfügt, die – statistisch gesprochen – belastbar ist.[66] Das setzt u.a. voraus, dass er Zugriff auf Erfahrungswerte (sprich: Kenntnis von früheren Schadenfällen, d.h. von vergangenen versicherten Ereignissen, und hier insbesondere von den in der Police ausgestellten Versicherungssummen und den unter dem Vertrag erbrachten Schadenzahlungen) hat. Denn es ist ja der verantwortliche Aktuar, der eine Empfehlung abgeben muss, ob sich «ein Versicherungsprodukt rechnet» und falls ja, bei bzw. ab welchem Preis es sich rechnet. Dazu kann wie gesagt der Rückversicherer Wesentliches beitragen.

Es ist durchaus auch denkbar, dass solche Zahlenreihen zu einem bestimmten Deckungsbaustein bei einem grösseren Erstversicherer vorhanden sind, nämlich dann, wenn sein Portefeuille genügend gross ist und dieses eine verlässliche Basis für die Erstellung einer belastbaren Zahlenreihe abgibt. Ebenfalls denkbar ist, dass Erstversicherer die bei ihnen vorhandenen Zahlenreihen mit anderen Erstversicherern zum Zwecke der gesellschaftsintern vorzunehmenden Prämienberechnung austauschen. Wenn dieser Zahlentransfer vorgenommen wird, ist aber peinlich genau darauf zu achten, dass mit dem Datenaustausch nicht auch Absprachen zu den konkreten Prämien gemacht werden. Wird diesem Gebot nicht nachgelebt, so würde dies unweigerlich wettbewerbsrechtliche Probleme nach sich ziehen. 124

2. FINMA

Primäre Aufgabe der die (Erst- und Rück-) Versicherer beaufsichtigenden Finanzmarktaufsicht FINMA ist der Schutz der Gläubiger, der Anleger, der Versicherten sowie der Schutz der Funktionsfähigkeit der Finanzmärkte (Art. 4 FINMAG; SR 956.1), aber auch die Sicherstellung der finanziellen Ausstattung der von ihr zu überwachenden Unternehmen (vgl. bspw. Art. 46 ff. VAG; SR 961.01). Das ist eine umfassend zu verstehende Aufgabe, die sich in diverse Einzelthemen aufgliedern lässt. Aufgabe des obersten Managements eines Versicherers ist es, dem gerecht zu werden und all das zu einem «grossen Ganzen» zusammenzuführen. Das Gesamtbild, das das Management aus den Einzelthemen dann zu erstellen hat, fliesst letztlich in die Berichterstattung an die FINMA ein, die das Unternehmen jeweils Ende Jahr abzuliefern hat (Art. 25 f. VAG). 125

Zu diesen soeben erwähnten Einzelthemen gehören insbesondere das Risikomanagement des Versicherers (Art. 22 VAG) und die dem verantwortlichen Aktuar gesetzlich zugewiesenen Aufgaben (vgl. Art. 23 f. VAG). Sie sind in diesem Zusammenhang von grosser Bedeutung. 126

Wie bereits erwähnt sind die Versicherer verpflichtet, der Aufsichtsbehörde jährlich Bericht zu erstatten (Art. 25 f. VAG). Zudem muss ein «wirksames internes Kontrollsystem» vorhanden sein, das die gesamte Geschäftstätigkeit umfasst. Das Unternehmen hat auch eine von der Geschäftsführung unabhängige interne Revisionsstelle zu bestellen (Art. 27 VAG). 127

66 Siehe dazu Locher/Ofner, in: Waldmeier, Der verantwortliche Aktuar, S. 171 ff.

128 Zu all dem hat der Versicherer eine für diese Beaufsichtigung zertifizierte externe Prüfgesellschaft zu beauftragen.[67] Deren Aufgabe ist es, die Jahresrechnung (und gegebenenfalls die Konzernrechnung) zu prüfen (Art. 28 VAG). Die externe Prüfgesellschaft unterliegt einer gesetzlich verankerten Meldepflicht an die FINMA, wenn sie bei ihren Prüfungshandlungen auf spezifische, im Gesetz erwähnte Geschäftsvorfälle stossen sollte (Art. 30 VAG).

129 Diese Aufzählung zeigt, dass die Aufsichtsbehörde im Pandemiefall eine Rolle spielen kann. Die FINMA müsste aktiv werden, sollte sie feststellen, dass eine der im Gesetz geregelten Vorgaben geritzt sein könnte.[68]

130 Der Aufsichtsbehörde steht auch das Recht zu, von den Versicherern – vorausgesetzt, dazu besteht begründeter Anlass – in kürzeren Zeitabständen als lediglich nur einmal am Jahresende, Bericht zu verlangen, so es die Zeiten erheischen (vgl. dazu bspw. Art. 51 und Art. 53a AVO).[69]

IX. Handlungsbedarf? Handlungsbedarf!

131 Gerne möchte der Schreibende in dieses Thema mit dem Spruch «questions to be answered and lessons to be learned» einleiten: Die im Zusammenhang mit COVID-19 durchlebten Erfahrungen lassen wohl den Einen oder die Andere mit Fragen zurück. Jeder und jede von uns dürfte im Verlauf dieser «besonderen» und speziell in dieser «ausserordentlichen Lage» gewisse Entscheide, die in normalen Zeiten keineswegs als selbstverständlich angesehen werden können, in diesem Kontext als logisch, als der Situation angemessen und als folgerichtig angeschaut haben. So auch aus dem Blickwinkel des Privatversicherungsrechts betrachtet. Nichtsdestotrotz ist nicht zu leugnen, dass sich an gewissen Stellen Handlungsbedarf abzeichnet. Sie fragen wo?

132 Der Bedarf an Gutachten, den diese Pandemie zu Deckungs- und zu Auslegungsfragen im Zusammenhang mit vertraglichen Bestimmungen in Versicherungsverträgen hervorgebracht hat, zeigt deutlich auf, wie sehr der Underwriting-Prozess eine «Gratwanderung» ist – und immer eine «Gratwanderung» bleiben wird.

133 Und trotzdem: Die durch COVID-19 im Rahmen von Versicherungsverträgen aufgeworfenen Fragen zeigen in einer beispiellosen Weise auf, dass der Underwriting-Prozess keine einmalige Aufgabe, sondern eine Daueraufgabe ist. Dieser ist fortlaufend Beachtung zu schenken, denn «die Welt dreht sich, sie steht nicht still». So auch in Bezug auf Versicherungsfragen.

134 Unsorgfältige Formulierungen oder sogar Bestimmungen, die durch die aufgelaufene Entwicklung überholt sind und keine Gültigkeit mehr haben, sich aber nach wie vor in den Vertragsbedingungen finden werden, werden schnell einmal heikel, wenn es um de-

67 Prüfung nach Art. 24 FINMAG.

68 Zur ganzen Thematik siehe die zu den einzelnen Themenbereichen bei Waldmeier publizierten Beiträge der jeweiligen Autoren.

69 Aufsichtsverordnung (SR 961.011).

ren Auslegung geht. Es wird eine Scheinwirklichkeit geschaffen, die eine Scheinzuverlässigkeit vorgaukelt, die sich bei näherer Betrachtung aber als Fata Morgana erweist.

Von einem Versicherer ist kürzlich zu lesen gewesen, dass er zukünftig (in der Reiseversicherung) keine Pandemierisiken mehr zeichnen wird. Zur Begründung wird in der Presseberichterstattung der Versicherer dahingehend zitiert, dass dieses Risiko wegen den mit der Vogelgrippe 2005 gemachten Erfahrungen ausgeschlossen wird. Wenn sich der gleiche Versicherer heute mit Schadenfällen befassen muss, in denen Leistungen wegen einer (weiterhin bestehenden) Pandemiedeckung diskutiert werden müssen, so wirft das ein Licht entweder auf den betriebsinternen Underwriting-Prozess, auf das Konkurrenzverhalten im Markt oder gleich auf beides. Jedenfalls bleibt die Frage im Raum zurück, weshalb man sich denn erst heute zu diesem Risikoausschluss entscheidet, wenn man kommuniziert, dass das Pandemierisiko wegen den im Zusammenhang mit der Vogelgrippe H5N1 im Jahre 2005 gemachten Erfahrungen ausgeschlossen werden soll (nota bene: in den AVB's Ausgabe 04.2012 sowie in der Fassung 10.2014 ist in der Annullationskostenversicherung das Pandemierisiko noch unter den versicherten Gefahren aufgeführt – zu den Fundstellen dieser AVB's siehe FUHRER's Webseite, zitiert in FN 22). 135

Ein Versicherungsunternehmen wird gerne auch als das «Haus der 1000 Berufe» bezeichnet. Dies deshalb, weil dort so viele Disziplinen aufeinandertreffen, die sich letztlich zu einem Produkt (sprich Versicherungsangebot) finden müssen, das «wasserdicht» ist. Und zwar für alle: Für den Versicherer als Anbieter, für dessen Aktionär als am unternehmerischen Erfolg Beteiligter, und last but not least auch für den Versicherten, der Versicherungsschutz einkaufen will. Weil er in seiner Risikoabwägung sich für's Überwälzen des Risikos entschieden hat und sich darauf verlässt, im Bedarfsfall auf diesen Schutz zurückgreifen zu können. Diese Aufzählung liesse sich ohne Mühe um einige weitere «stakeholders» erweitern. 136

In diesem Zusammenspiel nimmt der Aktuar in der Versicherungswelt eine ganz zentrale Rolle ein: Er ist es, der ermittelt, ob sich ein Versicherungsprodukt in finanzieller Sicht rechnet oder nicht. Das ist eine Frage, die beispielsweise im Rahmen der Erdbebendeckung die interessierten Kreise seit Jahrzehnten umtreibt. 137

Wenn dann der Aktuar zur Antwort kommt, ja, ein derart ausgestaltetes Versicherungsprodukt lässt sich zu einem realistischen Preis anbieten (sprich: Im Markt wird das Produkt als echtes Versicherungsbedürfnis aufgenommen, das zudem mit einem Preisschild versehen ist, das als vernünftig angesehen wird), dann kann von einem «versicherbaren Risiko» gesprochen werden. In Bezug auf eine Deckung des Risikos «Epidemie/Pandemie» wird die Frage zu stellen sein, ob das gezeichnete Risiko bei COVID-19 diesen Anforderungen genügt. Erste Mitteilungen von Versicherungsgesellschaften lassen darauf schliessen, dass sie das Risiko Epidemie bzw. Pandemie ab sofort nicht mehr als versicherbar einschätzen und dieses inskünftig von der Deckung ausschliessen wollen. Oder sollte besser geschrieben werden, dass die Versicherer den bisher schon in ihren AVB's enthaltenen Deckungsaussschluss noch besser formulieren wollen?! 138

«Es sollte, es dürfte nicht sein, dass ...» könnte man diesen Abschnitt einzuleiten geneigt sein, wenn man an all die im Versicherungsbereich mit COVID-19 losgetretenen 139

Diskussionen rund um die Deckungsbestimmungen denkt. Oder anders gesagt: Wäre eine gesetzlich normierte AGB-Kontrolle nicht *die* goldene Brücke, mit der sich solche Probleme lösen liessen? Wohl kaum, aber warum nicht Hand bieten für eine gesetzliche Normierung der Frage, wie die Überprüfung von vorformulierten Vertragsbedingungen einer rechtlich allgemeinverträglich ausgestalteten Lösung zugeführt werden kann? Das wäre zumindest der elegantere Weg als abzuwarten, was ansonsten droht: Dass das Bundesgericht seine Rechtsprechung fortentwickelt. Denn der Aufruf ans Bundesparlament, der kurz zusammengefasst lauten könnte «Beendet diese unsägliche Leidensgeschichte, die sich nun bereits über Jahrzehnte hinzieht»[70], der kommt wieder, da gibt es keine Zweifel. Eine auf dem gesetzgeberischen Weg gefundene Lösung hätte den Vorteil, dass Regeln für eine ausbalanciertere Entscheidfindung vorhanden wären, wenn es gilt, strittige AVB's bzw. AGB's zu beurteilen. Jedenfalls wäre so ein Vorgehen viel besser, als wenn (wie im Zusammenhang mit COVID-19 der Fall) unter grossem Zeitdruck versucht wird, Entscheide herbeizuzwingen. Was der Fall ist, wenn Versicherer ihre Versicherungsnehmer mit einem zeitlich befristeten Vergleichsangebot konfrontieren und auf diesem Weg die Angelegenheit zu erledigen versuchen. Denn so ein Vorgehen hinterlässt Scherben. Und diese wachsen zu einem Scherbenhaufen an, wenn ein Gericht bemüht wird und dieses «über die Köpfe der Parteien hinweg» entscheiden muss.

140 Bei distanzierter und nüchterner Betrachtung ist es doch nicht nachvollziehbar, dass diese wiederholt gestarteten Bemühungen des Bundesgesetzgebers im Parlament gebodigt worden sind. Es läge letztlich im Interesse aller, die sich mit dieser Frage befassen, dass hier eine gute Lösung auf dem Gesetzgebungsweg gefunden werden kann. Letztlich geht es doch nur – aber immerhin – darum, ob sich der Gesetzgeber zu einer vernünftigen Lösung durchringen kann, d.h., ob ein «guteidgenössischer Konsens» gefunden werden kann. Oder ob sich letztlich dann nicht doch das Bundesgericht zur Weiterentwicklung seiner Rechtsprechung entschliesst. Ein Vorgehen, das aus rechtsstaatlicher Sicht ein suboptimaler Weg wäre und vom Bundesgericht in nachvollziehbarer Weise zu Recht nur sehr zurückhaltend angewendet wird.

70 Siehe z.B. die dazu im Parlament eingereichten Vorstösse: Parlamentarische Initiative «Allgemeine Geschäftsbedingungen und missbräuchliche Klauseln» (02.461, eingereicht von NR Sommaruga); Motion «Überprüfung von allgemeinen Geschäftsbedingungen» (03.3422, Unterzeichner: NR Cina, NR Glasson, NR Gutzwiller und NR Seiler) sowie Parlamentarische Initiative «Gegen missbräuchliche Klauseln im Kleingedruckten» (06.489, eingereicht von SR Sommaruga – Mitunterzeichner: SR Bonhôte, SRin Brunner, SR Büttiker, SR David, SR Jenny, SR Leuenberger, SRin Ory und SR Schiesser).

§ 10 Gemeinnützige Stiftungen und Vereine

Sebastian Rieger/Jonas Kipfer-Berger

Inhaltsverzeichnis

Literaturverzeichnis

Abt Daniel/Weibel Thomas (Hrsg.), Praxiskommentar Erbrecht – Nachlassplanung, Nachlassabwicklung, Willensvollstreckung, Prozessführung, Internationales Privatrecht, Steuerrecht, 3. Auflage, Basel 2015 (zit. Bearbeiter/in, PraxKomm Erbrecht); Aebersold Thomas/Leimer Rahel, in: Kren Kostkiewicz Jolanta/Wolf Stephan/Amstutz Marc/Fankhauser Roland (Hrsg.) Kommentar ZGB, 3. Aufl., Zürich 2016 (zit. OFK-Aebersold/Leimer); Baumann Max, ZK Schweizerisches Zivilgesetzbuch I, Art. 1–7 ZGB: Einleitung, 3. Aufl., Zürich 1998, Art. 2 ZGB N 461 (zit. ZK-Baumann); Baumann-Lorant Roman, Der Stiftungsrat, Diss., Zürich, 2009 (Baumann-Lorant, Stiftungsrat); ders., Das Rechnungslegungsrecht aus der Sicht von Stiftungen, Revolution oder Evolution?, Der Schweizer Treuhänder, 10/2014, S. 883 ff. (zit. Baumann-Lorant, Rechnungslegungsrecht); Breitschmid Peter, Vorweggenommene Erbfolge und Teilung – Probleme um Herabsetzung und Ausgleichung, in: Breitschmid Peter/Druey Jean Nicolas (Hrsg.), Praktische Probleme der Erbteilung, Bern/Stuttgart/Wien 1997, S. 49 ff. (zit. Breitschmid, Erbfolge und Teilung); ders., in: Geiser Thomas/Wolf Stephan (Hrsg.), Basler Kommentar zum ZGB II, 7. Aufl., Basel 2019 (zit. BSK ZGB I-Breitschmid); Brunner Alexander/Boller Felix H., in: Staehelin Daniel/Bauer Thomas (Hrsg.), Basler Kommentar zum Bundesgesetz über Schuldbetreibung und Konkurs II (Art. 159–352 SchKG), 2. Aufl., Basel 2016 (BSK SchKG II-Brunner/Boller); Druey Jean Nicolas, Grundriss des Erbrechts, 5. Auflage, Bern 2002 (zit. Druey); Eberle Reto/Buchmann René, in: Kostkiewicz Jolanta Kren/Wolf Stephan/Amstutz Marc/Fankhauser Roland (Hrsg.) Kommentar OR, 3. Aufl., Zürich 2016 (zit. OFK-Eberle/Buchmann); Escher Arnold, Kommentar zum Schweizerischen Zivilgesetzbuch, III. Band, Einleitung, Das Erbrecht, Erste Abteilung: Die Erben, Art. 457–536 ZGB, 3. Aufl., Zürich 1959 (zit. ZK-Escher); Egger August, Kommentar zum schweizerischen Zivilgesetzbuch, Band I – Einleitung, Art. 1–89 ZGB, Personenrecht, 2. Aufl., Zürich 1930 (zit. ZK-Egger); Eisenring Martin, in: Breitschmid Peter/Jungo Alexandra (Hrsg.), Handkommentar zum Schweizer Privatrecht, Personen- und Familienrecht – Partnerschaftsgesetz, 3. Aufl., Zürich 2016 (CHK-Eisenring); Eitel Paul, Die Stiftung als Instrument zur Perpetuierung der Aktiengesellschaft, in: Breitschmid Peter/Portmann Wolfgang/Rey Heinz/Zobl Dieter (Hrsg.), Grundfragen der juristischen Person, Festschrift für Hans Michael Riemer, Bern 2007, S. 79 ff. (zit. Eitel, FS Riemer); Enz Benjamin V., Risikozuordnung in Verträgen und die COVID-19 Situation: Teil 1, Jusletter 18.5.2020; Fellmann Walter/Müller Karin, in: Hausheer Heinz/Walter Hans Peter (Hrsg.), Berner Kommentar, Die einfache Gesellschaft,

Art. 530–544 OR, Die einzelnen Vertragsverhältnisse, Bern, 2006 (zit. BK-Fellmann/Müller); Grüninger Harold in: Geiser Thomas/Fountoulakis Christiana (Hrsg.), Basler Kommentar zum ZGB I, 6. Aufl., Basel 2018 (zit. BSK ZGB I-Grüninger); ders., Die Unternehmensstiftung in der Schweiz: Zulässigkeit, Eignung, Besteuerung, Basel/Frankfurt a.M. 1984 (zit. Grüninger, Unternehmensstiftung); Gutzwiller Max, Einleitung und Personenrecht, Schweizerisches Privatrecht (SPR), Band II, Basel 1967; Hrubesch-Millauer Stephanie, Der Erbvertrag: Bindung und Sicherung des (letzten) Willens des Erblassers, Habil. Zürich/St. Gallen 2008; Huguenin Claire, Obligationenrecht – Allgemeiner und Besonderer Teil, 3. Aufl., Zürich 2019; Jakob Dominique in: Büchler Andrea/Jakob Dominique (Hrsg.), Kurzkommentar ZGB, 2. Aufl., Basel 2018 (zit. KUKO ZGB- Jakob); ders., Der Schutz des Stifterwillens, in: Jakob Dominique/von Orelli Lukas (Hrsg.), Der Stifterwille: Ein Phänomen zwischen Vergangenheit, Gegenwart und Ewigkeit, Bern 2014, S. 61 ff. (zit. Jakob, Schutz des Stifterwillens); ders, Schutz der Stiftung. Die Stiftung und ihre Rechtsverhältnisse im Widerstreit der Interessen, Tübingen 2006 (zit. Schutz der Stiftung); ders., Ein Stiftungsbegriff für die Schweiz, ZSR 2013 II, S. 185 ff. (Stiftungsbegriff); Jentsch Valentin, Die Stiftung als Rechtsinstitut zwischen Fortentwicklung und Respektierung des Stifterwillens, I, SJZ 116/2020, S. 79 ff.; Kipfer-Berger Jonas, Das Spannungsfeld zwischen dem Pflichtteilsrecht und dem Generationenwechsel in Familienunternehmen, Betrachtungen de lege lata und de lege ferenda, Diss. Basel 2018 (zit. Unternehmensnachfolge); ders., Die wesentliche Zweckänderung bei Stiftungen nach schweizerischem Recht, in: Weitemeyer Birgit/Hüttemann Rainer/Rawert Peter/Schmidt Karsten, Non Profit Law Yearbook 2017, Hamburg 2017, S. 207 ff. (zit. Zweckänderung); Kramer Ernst A., Neues zur clausula rebus sic stantibus, Berner Kommentar, Allgemeine Einleitung in das schweizerische Obligationenrecht und Kommentar zu Art. 1–18 OR, Bern 1986, S. 273–287 (zit. BK-Kramer); ders, Berner Kommentar, Art. 1–18 OR. Allgemeine Bestimmungen mit allgemeiner Einleitung in das Schweizerische Obligationenrecht, Bern 2019 (zit. BK-Kramer); ders., Neues zur clausula rebus sic stantibus, SJZ 110 (2014), S. 274 ff. (zit. SJZ); Kummer Max, Die Eignung der AG für die Erhaltung der Familienunternehmung, in: Die Erhaltung der Unternehmung im Erbgang, BTJP 1972, Bern 1972, S. 109 ff. (zit. Unternehmung); ders., Die Unternehmung diesseits und jenseits der Mauer, in: ZBJV 113/1977, S. 485 ff. (zit. ZBJV); Lipp Lorenz, in: Roberto Vito/Trüeb Hans Rudolf (Hrsg.), Handkommentar zum Schweizer Privatrecht, GmbH, Genossenschaft, Handelsregister und Wertpapiere (Art. 772–1186 OR) inkl. Bucheffektengesetz, 3. Aufl., Zürich, 2016 (zit. CHK-Lipp); Meier-Hayoz Arthur/Forstmoser Peter, Schweizerisches Gesellschaftsrecht, 11. Aufl., Bern 2012; Niggli Christina, in: Breitschmid Peter/Jungo Alexandra (Hrsg.), Handkommentar zum Schweizer Privatrecht, Personen- und Familienrecht – Partnerschaftsgesetz, 3. Aufl., Zürich 2016 (zit. CHK-Niggli); Peduzzi Roberto, Die Auswirkungen der Notmassnahmen in der Coronakrise auf Geschäftsmietverträge, L'impact des mesures d'urgence dans la crise du Coronavirus sur les contrats de bail commercial, MRA 1/20, S. 3 ff.; Pezzoli Pietro, Steuerliche Abzugsfähigkeit von Zuwendungen für natürliche Personen bei der Einkommenssteuer (DBG und StHG), StR 67/2012, S. 780 ff.; Rieder, Dominik, Gesellschaftsrechtlicher Blick auf die COVID-19-Kreditverordnung, Jusletter 6.4.2020; Riemer, Hans-Michael, Berner Kommentar, Die Stiftungen, Systematischer Teil und Kommentar zu Art. 80–89bis ZGB, Schweizerisches Zivilgesetzbuch, Einleitung und Personenrecht, Die juristischen Personen, 3. Aufl., Bern 1981 (zit. BK-Riemer); ders., Handkommentar, Vereins- und Stiftungsrecht (Art. 60–89bis ZGB) mit den Allgemeinen Bestimmungen zu den juristischen Personen (Art. 52–59 ZGB), Bern 2012 (zit. SHK-Riemer); Scherrer Urs, in: Kren Kostkiewicz Jolanta/Wolf Stephan/Amstutz Marc/Fankhauser Roland (Hrsg.), Kommentar ZGB, 3. Aufl., Zürich 2016 (zit. OFK-Scherrer); Scherrer Urs/Brägger Rafael, in: Geiser Thomas/Fountoulakis Christiana (Hrsg.), Basler Kommentar zum ZGB I, 6. Aufl., Basel 2018 (zit. BSK ZGB I- Scherrer/Brägger); Schmid Roger, Die Unternehmensstiftung, Diss. Zürich 1997; Sprecher Thomas, die Rolle des Beraters – oder: wie kommt der Stifterwille in das Stiftungsgeschäft?, in: Jakob Dominique/von Orelli Lukas, Der

Stifterwille: ein Phänomen zwischen Vergangenheit, Gegenwart und Ewigkeit (zit. Stifterwille); DERS., Zweckänderung, Fusion, Aufhebung – Möglichkeiten von Stiftungen in Zeiten der Krise, SJZ 108/2012, S. 425 ff. (zit. Zweckänderung); DERS., Die Verbrauchsstiftung und andere Möglichkeiten der Stiftungsgestaltung, Jusletter 31.5.2010 (zit. Verbrauchsstiftung); DERS., Die Revision des schweizerischen Stiftungsrechts, Zürich 2006 (zit. Revision); DERS., Schweizerisches und internationales Zwangsvollstreckungsrecht, in: Riemer Hans Michael et al. (Hrsg.), Festschrift für Karl Spühler, Zürich 2005, S. 367 –396 (zit. Zwangsvollstreckung); RIEMER HANS MICHAEL, Rechtsprobleme der Unternehmensstiftung, ZBJV 1980, Band 116, S. 489 ff. (zit. ZBJV 1980); SPÜHLER KARL, Probleme von Sportvereinen in überschuldetem Zustand, Insolvenz und Wirtschaftsrecht 3/2002, S. 85 ff.; TALBOT PHILIP, Kommentar zum Bundesgesetz über Schuldbetreibung und Konkurs SchKG, 4. Aufl., Zürich 2017; UHL MATTHIAS, Wirtschaftsrecht, Die Überführung eines Stiftungszweckbetriebs in eine «Zweckholding» – Stiftungs-, fusions- und gemeinnützigkeitsrechtliche Aspekte, in: Loacker Leander D./Zellweger-Gutknecht Corinne (Hrsg.), Differenzierung als Legitimationsfrage, Zürich 2012, S. 359 ff.; VOLLMAR ALEXANDER, in: Staehelin Daniel/Bauer Thomas (Hrsg.), Basler Kommentar zum Bundesgesetz über Schuldbetreibung und Konkurs II (Art. 159–352 SchKG), 2. Aufl., Basel 2016 (zit. BSK SchKG-VOLLMAR); VON ORELLI LUKAS, Zur Auslegung des Stifterwillens, in: Jakob Dominique/von Orelli Lukas (Hrsg.), Der Stifterwille: Ein Phänomen zwischen Vergangenheit, Gegenwart und Ewigkeit, Bern 2014, S. 125 ff.; VON SCHNURBEIN GEORG/KIPFER-BERGER JONAS, Die Zweckänderung bei Stiftungen nach Art. 86a ZGB, successio 2/17, S. 180 ff.; WIEGAND WOLFGANG, in: Widmer-Lüchinger Corinne/Oser David (Hrsg.), Basler Kommentar zum Obligationenrecht I, 7. Aufl., Basel 2019 (zit. BSK OR I-WIEGAND); WÜRMLI MARTIN, Das gemeinnützige Unternehmen, AJP 2010, S 901 ff.; ZÖBELI DANIEL/ SCHMITZ DANIELA, Rechnungslegung für Nonprofit-Organisationen, Ein praktischer Kommentar zum neuen Swiss GAAP FER 21, 3. Aufl., Zürich 2017.

Materialienverzeichnis

Botschaft zur Umsetzung der 2012 revidierten Empfehlungen der Groupe d'action financière (GAFI) vom 13.12.2013 (BBl 2014 605); Botschaft zur Änderung des Obligationenrechts (Revisionspflicht im Gesellschaftsrecht) sowie zum Bundesgesetz über die Zulassung und Beaufsichtigung der Revisorinnen und Revisoren vom 23.6.2004 (BBl 2004 3969); Der Schweizer Stiftungsreport 2020, CEPS Forschung und Praxis, Band 21; Erläuterungen der Eidgenössischen Finanzverwaltung (EFV) zur Verordnung zur Gewährung von Krediten und Solidarbürgschaften in Folge des Coronavirus (COVID-19-Solidarbürgschaftsverordnung) vom 25.3.2020; Erläuterungen vom 18.5.2020 der Eidgenössischen Finanzverwaltung (EFV) zur COVID-19-Verordnung Insolvenzrecht vom 16.4.2020; Erläuterungen vom 18.5.2020 des Bundesamts für Justiz (BJ) zur COVID-19-Verordnung Insolvenzrecht vom 16.4.2020; Kreisschreiben über die Beiträge an Organisationen der privaten Behindertenhilfe (KSBOB) Gültig ab 1.1.2020, gültig für die Betriebsjahre 2020–2023; Kreisschreiben (KS) Nr. 12 der Eidgenössischen Steuerverwaltung vom 8.7.1994, Steuerbefreiung juristischer Personen, die öffentliche oder gemeinnützige Zwecke (Art. 56 Bst. g DBG) oder Kultuszwecke (Art. 56 Bst. h DBG) verfolgen; Abzugsfähigkeit von Zuwendungen (Art. 33 Abs. 1 Bst. i und Art. 59 Bst. c DBG); Parlamentarische Initiative Revision des Stiftungsrechtes, Bericht der Kommission für Wirtschaft und Abgaben des Ständerates vom 23.10.2003 (BBl 2003 8153); Praxishinweis der Schweizerischen Steuerkonferenz (SSK), Steuerbefreiung juristischer Personen, die öffentliche Zwecke oder Kultuszwecke verfolgen, vom 18.1.2008; St. Galler Steuerbuch, StB 80 Nr. 2, vom 1.7.2011.

I. Einleitung

Die «Coronakrise» hat bereits nach wenigen Wochen tiefgreifende Veränderungen fast sämtlicher Aspekte des gesellschaftlichen Lebens bewirkt, und es zeichnet sich ab, dass die noch zu erwartenden Folgen für Wirtschaft, Kultur und Gesellschaft dramatisch sein werden. Auch für NPO, NGO, Hilfswerke, Gesundheitsligen, Bürgerinitiativen, kulturelle, soziale, politische, Forschungs-, Selbsthilfe- und andere Organisationen, die ausserhalb von Staat und Marktwirtschaft tätig sind, wird die aktuelle Lage mit teilweise tiefgreifenden Veränderungen einhergehen. Aufgrund der zu erwartenden weltweiten Rezession ist ein wesentlicher Rückgang des Spendenvolumens zu erwarten, Veranstaltungsverbote und andere notwendige, gleichsam drastische Einschränkungen erschweren Tätigkeiten insbesondere im Bereich Bildung und Kultur. Gemeinnützige Institutionen übernehmen gleichzeitig viele soziale Dienstleistungen etwa in der Altenpflege, Kinderbetreuung oder psychologischen Beratung für Familien und Jugendliche, wobei gerade in der heutigen Zeit diese Leistungen von grosser Wichtigkeit sind. Gemäss Medienmitteilung der GI beider Basel hat eine Umfrage ergeben, dass über 90% der Befragten ihre Dienstleistungen und Angebote bedarfsorientiert den COVID-19-Umständen angepasst haben. Über 60% der befragten gemeinnützigen Organisationen spüren jedoch bereits jetzt negative finanzielle Auswirkungen.[1] 1

Die nachfolgende Abhandlung beleuchtet spezifische Fragestellungen, die den dritten Sektor betreffen. Dabei werden einerseits zivilrechtliche, andererseits notrechtliche Aspekte betrachtet und analysiert. 2

II. Eigenheiten der Rechtsfiguren Stiftung und Verein

Aus rechtlicher Perspektive zeichnen sich Organisationen des dritten Sektors im Wesentlichen dadurch aus, dass sie überwiegend als Stiftungen oder Vereine organisiert sind und zudem wegen der Verfolgung gemeinnütziger Zwecke gemäss Art. 56 lit. g DBG in den Genuss steuerrechtlicher Privilegien kommen.[2] 3

Die Stiftung gemäss Art. 80 ff. ZGB ist eine Anstalt des privaten Rechts.[3] Die Stiftung stellt ein verselbständigtes bzw. personifiziertes, also mit Rechtspersönlichkeit ausgestattetes, einem besonderen Zweck gewidmetes Vermögen dar.[4] Herzstück der Stiftung und das ihre Identität prägende Merkmal ist der Stiftungszweck.[5] Dieser ist statutarisch definiert und nur unter engen Voraussetzungen abänderbar.[6] Dabei sind auch wirtschaft- 4

1 ‹https://www.gi-basel.ch/wp-content/uploads/2020/05/Medienmitteilung_Corona_Gemeinnützige__220520/› (20.6.2020).

2 BSK ZGB I-Grüninger, Art. 80–89a N 1 und Art. 80 N 2; BK-Riemer, Systematischer Teil N 12 ff.; s.a. Baumann-Lorant, Stiftungsrat, S. 7; Gutzwiller, SPR II, S. 576; Jakob, Stiftungsbegriff, S. 271.

3 BK-Riemer, Systematischer Teil N 13 f.; KUKO ZGB-Jakob, Vor. Art. 80–89a N 2; CHK-Eisenring, Art. 80 ZGB N 3; BSK ZGB I-Grüninger, Art. 80 N 1.

4 ZK-Egger, 80 ZGB N 6; CHK-Eisenring, Art. 80 ZGB N 3; Baumann-Lorant, Stiftungsrat, S. 1.

5 KUKO ZGB-Jakob, Art. 80 N 2.

6 Art. 86 ff. ZGB; Baumann-Lorant, Stiftungsrat, S. 3; vgl. Rz 31.

liche Stiftungszwecke zulässig.[7] Betreibt die Stiftung für ihren Zweck ein nach kaufmännischer Art geführtes Gewerbe, so sind die Regelungen über die Rechnungslegung bei Aktiengesellschaften entsprechend anwendbar.[8]

5 Als typische Rechtsfigur des Dritten Sektors verfolgen Stiftungen i.d.R. einen gemeinnützigen Zweck i.S.v. Art. 56 lit. g DBG und sind daher von der Steuerpflicht befreit.[9] In diesem Fall darf eine solche Stiftung auch keinen oder einen nur sehr untergeordneten wirtschaftlichen und damit auch keinen Erwerbs- oder Selbsthilfezweck verfolgen.[10] Jedoch führt nicht jede Erwerbstätigkeit einer gemeinnützigen Stiftung zur Verweigerung der Steuerbefreiung. Wo eine Erwerbstätigkeit besteht, darf sie allerdings nicht den eigentlichen Zweck der Organisation bilden. Sie darf höchstens ein Mittel zum Zweck sein und auch nicht die einzige wirtschaftliche Grundlage der juristischen Person darstellen. Unter Umständen ist eine wirtschaftliche Betätigung sogar unumgängliche Voraussetzung zur Erreichung des im Allgemeininteresse liegenden Zwecks.[11] Ein Gewinn darf nach einhelliger Praxis[12] jedoch nicht erwirtschaftet werden. Die Steuerbefreiung wegen Gemeinnützigkeit wird bereits dann verweigert, wenn durch den Zweckbetrieb ein Gewinn erzielt wird und dieser vollständig der gemeinnützigen Organisation zukommt.[13]

6 Der nach Schweizer Recht gegründete Verein ist per definitionem eine körperschaftliche Personenverbindung, die einen nichtwirtschaftlichen Zweck verfolgt.[14] Vom zivilrechtlich definierten nichtwirtschaftlichen, idealen ist der steuerrechtliche gemeinnützige Zweck zu unterscheiden. So ist der Verein neben seiner traditionellen Rolle als die Rechtsfigur für sozial-freizeitliche Tätigkeit im Personenverband, die in der Regel nicht wegen gemeinnütziger Zwecksetzung steuerbefreit ist, auch ein typisches, in der Praxis

7 Vgl. dazu BGE 127 III 337 E. 2; 127 III 337 ff., ausführlicher in BGer v. 18.5.2001, 5C.9/2001; BSK ZGB I-Grüninger, Art. 80 N 17 ff.; ablehnend Riemer, ZBJV 1980, S. 501 ff. und 506 ff., BK-Riemer, Systematischer Teil N 399 ff.; krit. auch Eitel, FS Riemer, S. 96 f., siehe mit weiteren Hinweisen zum Lehrstreit auch Schmid, Unternehmensstiftung, S. 91 ff.

8 Art. 83a Abs. 2 ZGB.

9 Ebenso Art. 23 Abs. 1 lit. f StHG.

10 Art. 23 Abs. 1 lit. f StHG, Art. 56 lit. g DBG, vgl. zum Ganzen Kreisschreiben (KS) Nr. 12 der Eidgenössischen Steuerverwaltung vom 8.7.1994.

11 Kreisschreiben (KS) Nr. 12 der Eidgenössischen Steuerverwaltung vom 8.7.1994, II/Ziff. 3b; Uhl, S. 376.

12 Praxishinweis der Schweizerischen Steuerkonferenz (SSK), Steuerbefreiung juristischer Personen, die öffentliche Zwecke oder Kultuszwecke verfolgen, vom 18.1.2008.

13 Zurecht kritisch: Würmli, S. 903 f., der wohl richtigerweise ausführt, dass es ja gerade Sinn und Zweck einer Steuerbefreiung sei, eine Bevorzugung zu erreichen. Die Argumentation der Steuerbehörden verkenne so den Umstand, dass es ja gerade Sinn und Zweck ist, der gemeinnützigen Unternehmung einen möglichst hohen Gewinn zu ermöglichen, sodass dieser dann wieder im Sinne des gemeinnützigen Stiftungszweckes verwendet werden könne.

14 Art. 60 Abs. 1 ZGB; gemäss Riemer geht aber die inhaltliche Voraussetzung «nicht wirtschaftliche» Aufgabe (gleichbedeutend: «nicht wirtschaftlicher Zweck» i.S.v. Art. 52 Abs. 2 ZGB) weit über eine blosse Gründungsvoraussetzung hinaus. Vielmehr sei sie das zentrale Begriffselement des Vereins: Im Unterschied zu den anderen Körperschaften des Bundesprivatrechts (OR) darf ein Verein nur ideale Zwecke verfolgen, SHK-Riemer, Art. 60 ZGB N 2.

weit verbreitetes Vehikel für karitativ-gemeinnützige Tätigkeiten.[15] Zwar kann der Verein zwecks Mittelbeschaffung und zur Finanzierung seiner idealen Zweckverfolgung am Wirtschaftsleben teilnehmen[16], ein kaufmännisches Unternehmen kann dabei aber nur als untergeordneter wirtschaftlicher Nebenzweck betrieben werden und erfordert einen entsprechenden Handelsregistereintrag.[17] Gleich verhält es sich mit den Anforderungen an die fehlende bzw. untergeordnete Erwerbstätigkeit im Zusammenhang mit der Steuerbefreiung wegen Gemeinnützigkeit. Wie bei einer Stiftung wird die Steuerbefreiung gemäss Art. 23 Abs. 1 lit. f StHG und Art. 56 lit. g DBG nur dann gewährt, wenn die Tätigkeit im Allgemeininteresse liegt, der Destinatärskreis offen ist und keine Erwerbs- oder Selbsthilfezwecke verfolgt werden.[18]

Aus den vorgenannten organisations- und steuerrechtlichen Besonderheiten gemeinnütziger Organisationen erwachsen zahlreiche Sonderfragen im Rahmen der Bewältigung der sich aus der vorliegenden Krisensituation ergebenden Probleme.[19] Zum einen hat der Bundesrat mit dem Erlass der COVID-19-Verordnungen die Rahmenbedingungen für die Beanspruchung finanzieller Staatshilfen festgelegt, wobei die Voraussetzungen für die Geltendmachung von Solidarbürgschaftskrediten offensichtlich auf marktwirtschaftlich orientierte Unternehmen, nicht aber auf gemeinnützige Organisationen ausgelegt sind. Daraus ergeben sich zahlreiche Sonderfragen wie bspw. die Bemessung des Umsatzerlöses gemeinnütziger Organisationen, welcher wiederum als Berechnungsgrundlage für die Höhe allfällige Solidarbürgschaftskredite dient.[20] Auch folgen aus dem Wesen der Stiftung als personifiziertes Zweckvermögen zahlreiche Fragestellungen nach der Zweckverwirklichung in Sondersituationen, die durch die Coronakrise nun besonders aktuell werden. Der vorliegende Beitrag behandelt nur Fragestellungen im Zusammenhang mit der aktuellen Krise, die sich für steuerbefreite gemeinnützige Stiftungen und Vereine im Sinne der obigen Ausführungen ergeben.[21] Nicht Gegenstand der nachfolgenden Erläuterungen sind demgegenüber sämtliche Fragen, die sich zurzeit für nicht i.S.v. Art. 23 Abs. 1 lit. f StHG und Art. 56 lit. g DBG steuerbefreite Organisationen des Dritten Sektors wie Selbsthilfeorganisationen (Genossenschaften, Sportvereine und andere Interessengemeinschaften) sowie für gemeinnützige Organisationen im steuerrechtlichen Sinne, die nicht als Stiftung oder Verein organisiert sind, stellen. Zudem werden Spezialitäten des kantonalen Rechts nicht näher beleuchtet. 7

15 KUKO ZGB-Jakob, Vor Art. 60–79 N 3.

16 BGE 135 IV 102 E 2.3.3 f; 106 IV 150 E. 3.

17 Art. 60 Abs. 2 ZGB; Art. 91 HRegV; CHK-Niggli, Art. 60 N 9 m.w.H.

18 KS Nr. 12 der Eidgenössischen Steuerverwaltung vom 8.7.1994.

19 Vgl. hierzu auch das Interview mit Sebastian Rieger, in: Die Stiftung Schweiz 1/2020, S. 20 f.

20 Siehe dazu ausführlich Rz 42.

21 Siehe dazu ausführlich unten Ziff. III/1 ff. und Ziff. IV/1 ff.

III. Die Verwirklichung des Stifterwillens in Krisenzeiten

1. Problemstellung

8 Die Stiftung ist als personifiziertes Zweckvermögen mit einem grundsätzlich unabänderlichen Zweck ein vergleichsweise starres rechtliches Gebilde.[22] Diese Starrheit stellt Stiftungen in Zeiten, in welchen sich deren Umfeld schnell und drastisch verändert, vor besondere Herausforderungen.

9 Mit dem Errichtungsakt manifestiert und verewigt der Stifter seinen Willen, indem er einen Teil seines Vermögens aussondert und unwiderruflich einem bestimmten Zweck widmet.[23] Die Stiftungsorgane haben im Gegensatz zu anderen juristischen Personen ausschliesslich die Aufgabe, den Stifterwillen zu vollziehen, ohne diesen in irgendeiner Weise zu modifizieren oder abzuändern.[24] Die Stiftung gehört sich selbst und hat demnach keinen als oberstes Organ konstituierten, den Willen der Organisation bildenden und diesen überwachenden Eigentümer, in dessen Interesse der Vollzug des Stifterwillens wäre.[25] Der Willensbildungsprozess ist im Gegensatz zu sämtlichen anderen Organisationsformen dem tatsächlichen Wirken der Organisation zeitlich vorgelagert und findet seinen Abschluss grundsätzlich im Errichtungsakt – sozusagen bei der Geburt der Stiftung.[26] Die Aufsichts- und Kontrollaufgabe über den einmal gebildeten und anschliessend beim Errichtungsakt manifestierten Willen, die bei Kapital- und Personengesellschaften sowie Vereinen der General-, Gesellschafter- bzw. Mitgliederversammlung zukommt, übernimmt bei der Stiftung in Ermangelung eines von der Stiftung unterschiedlichen Eigentümers des Zweckvermögens die staatliche Aufsichtsbehörde, welche den den Stiftungszweck vollziehenden Stiftungsrat in seiner Tätigkeit überwacht.[27]

10 Voranschreitende Veränderungen des ökonomischen, rechtlichen und gesellschaftlichen Umfeldes der Stiftung können bewirken, dass der bisher gewohnte Vollzug des Stifterwillens temporär oder endgültig nicht mehr nach gewohnter Praxis oder überhaupt nicht mehr möglich ist. Dem Stiftungsrat sowie der Aufsichtsbehörde obliegt es in diesem Fall, den Stiftungszweck in Übereinstimmung mit dem Stifterwillen den neuen Gegebenheiten entsprechend zu vollziehen.

---

22 JAKOB, Stifterwillen, S. 67; GRÜNINGER, Unternehmensstiftung, S. 79 ff.; KUMMER, Die Unternehmung, S. 481; MEIER-HAYOZ/FORSTMOSER, § 23 Rz 15; vgl. auch BAUMANN LORANT, Stiftungsrat, S. 10; KIPFER-BERGER, Unternehmensnachfolge, Rz 270 ff.

23 Siehe ausführlich zum Stiftungsbegriff BK-RIEMER, Systematischer Teil N 12 ff.; s.a. BAUMANN LORANT, Stiftungsrat, S. 1 ff.; ZK-EGGER, Art. 80 ZGB N 1; BSK ZGB I-GRÜNINGER, Art. 80 N 1; GUTZWILLER, SPR II, S. 574 ff.; JAKOB, Stiftungsbegriff, S. 250 ff.

24 BSK ZGB I-GRÜNINGER, Art. 83 N 10; CHK-EISENRING, Art. 83 N 6.

25 MEIER-HAYOZ/FORSTMOSER, § 23 Rz 15; s.a. BSK ZGB I-GRÜNINGER, Vor Art. 80–89bis N 28; DERS., Unternehmensstiftung, S. 78 f.; KUMMER, ZBJV 1977, S. 481; EITEL, FS Riemer, S. 93 f.

26 Dieser Grundsatz wurde mit der Einführung des Art. 86a ZGB teilweise aufgeweicht, der es dem Stifter unter Umständen erlaubt, einen nach dem Errichtungszeitpunkt gebildeten Willen in den Stiftungszweck einfliessen zu lassen, siehe dazu eingehend Rz 40.

27 GRÜNINGER, Unternehmensstiftung, S. 77 f.

In neuerer Zeit wird von namhaften Autoren vermehrt vorgebracht, dass auch das starre Rechtsinstitut der Stiftung nicht vom zeitlichen Wandel verschont bleibe und deshalb das Wirken der Stiftung diesem Umstand entsprechend stetig fortzuentwickeln sei.[28] Dieses dynamische Stiftungsverständnis ist u.E. sowohl im Rahmen der Auslegung der Stiftungsurkunde als auch der Umsetzung von notwendigen Zweckänderungen, die gleichsam eine gewisse Änderung des Stifterwillens mit sich bringen, zu Grunde zu legen. Andernfalls droht die Stiftung über die Zeit hinweg an ihrer Starrheit zu ersticken.[29] Die Bedeutung dieser Erkenntnis akzentuiert sich in den aktuellen Krisenzeiten, in welchen das Spannungsfeld zwischen dem Trennungs- und Erstarrungsprinzip[30] und dem aktuell stark beschleunigten zeitlichen Wandel der Stiftungsumwelt in besonderem Masse zum Tragen kommt. Dabei stellt sich im Zuge der Anpassung des Wirkens einer Stiftung aber gleichwohl unweigerlich die Frage nach dem rechtlich zulässigen Rahmen, in welchem sich das Handeln des Stiftungsrates zu bewegen hat. Dabei ist als erster Schritt der Inhalt des Stiftungszwecks durch Auslegung zu ermitteln. In einem zweiten Schritt müssen, sofern die Zweckverwirklichung künftig dauerhaft oder vorübergehend nicht mehr erreicht werden kann, nächste Handlungsschritte wie eine Urkundenänderung sowie die Kontaktaufnahme mit der Aufsichtsbehörde und der Steuerverwaltung geprüft werden.[31] 11

Zur Veranschaulichung sei den nachfolgenden Ausführungen folgendes fiktives Beispiel einer Stiftung vorangestellt: 12

Die Stiftung «VITAGE – Wohlbefinden im Alter» hat folgenden Zweck: «Die Stiftung bezweckt, in ihrem Tätigkeitsgebiet auf internationaler Ebene das gesundheitliche Wohl sowie die körperliche und geistige Fitness der Menschen im hohen Alter zu erhalten. Zu diesem Zwecke fördert die Stiftung insbesondere Projekte, Veranstaltungen und Initiativen, mit denen die körperliche und geistige Aktivität von älteren Personen durch Gruppensport, Wettbewerbe und ähnliche Aktivitäten gefördert wird.» Die Stiftung kann aufgrund der aktuellen mit den Schutzmassnahmen wie Abstandsregeln und Versammlungsverboten einhergehenden Einschränkungen eine Vielzahl der bisher geförderten Projekte wie Gruppenturnen und Sportwettbewerbe für Betagte nicht mehr fördern. Gleichzeitig sind hochbetagte Personen von COVID-19 sowohl durch die Krankheit selbst als auch durch die Nebenfolgen im täglichen Leben besonders stark betroffen. Der Stiftungsrat überlegt sich nun, ob der Stiftungszweck ihm erlaubt, palliativmedizinische Massnahmen und Sterbebegleitung für an COVID-19 erkrankte Hochbetagte und ausserdem Essenslieferungen mit gesunder Kost für ältere Menschen zu finanzieren. 13

28 Jakob, Schutz des Stifterwillens, S. 67; ders., Schutz der Stiftung, S. 204 ff.; von Orelli, Stifterwille, S. 147 f.

29 So auch Jakob, Schutz des Stifterwillens, S. 67; ders., Schutz der Stiftung, S. 204 ff.; von Orelli, Stifterwille, S. 147 f.

30 Siehe zu diesem Begriffspaar eingehend: Jakob, Stiftungsbegriff, S. 253 ff.

31 Jakob, Schutz des Stifterwillens, S. 67.

2. Methodik der Auslegung des Stiftungszwecks

a) *Der Wortlaut als Ausgangspunkt*

14 Gemäss bundesgerichtlicher Rechtsprechung ist für die Auslegung von Stiftungsurkunden, wie auch bei Testamenten, ausschliesslich das Willensprinzip massgebend.[32] Nicht anwendbar ist dagegen die für Willensäusserungen bei Verkehrsgeschäften anzuwendende Vertrauenstheorie.[33] Oberste Richtschnur bei der späteren Auslegung der Stiftungsurkunde ist demnach immer der tatsächliche und ursprüngliche Stifterwille im Zeitpunkt der Stiftungserrichtung.[34]

15 Selbsterklärend ist der Startpunkt jeder Auslegung der Wortlaut – schliesslich bedient sich der Stifter für die Verewigung seines Willens über das Schicksal des ausgesonderten Vermögens des Mediums des geschriebenen Wortes.[35] Ein klarer Wortlaut lässt demnach – unter Vorbehalt der irrtumsbehafteten Willensäusserung – den eindeutigen Schluss auf den Stifterwillen zu und ist deshalb massgebend.[36] In Übereinstimmung mit der sogenannten Klarheitsregel des Bundesgerichts dürfen in diesem Fall keine weiteren Elemente zur Auslegung der Stiftungsurkunde herangezogen werden.[37] Meist lassen deskriptive Textelemente jedoch semantische Spielräume offen, sodass bereits die Ermittlung des Wort- bzw. Normsinns in sprachlich-grammatikalischer Hinsicht oft Schwierigkeiten bereitet bzw. der Wortlaut mehreren Auslegungsmöglichkeiten zugänglich ist.[38]

16 Hätte der Stifter im oben genannten Beispiel der Stiftung «VITAGE – Wohlbefinden im Alter» dahingehend formuliert, dass die Durchführung von Grossveranstaltungen im Bereich Seniorensport gefördert werden soll, so bestünde aufgrund des klaren Wortlautes kaum Raum für die weitere Auslegung. Die Förderung palliativmedizinischer Massnahmen oder Essenslieferungen wären bereits durch den klaren Wortlaut ausgeschlossen, weshalb lediglich geprüft werden könnte, ob die Voraussetzungen für eine wesentliche Zweckänderung vorlägen.[39] In sehr vielen Fällen, wie auch im Ausgangsbeispiel, ist der Stiftungszweck jedoch weiter formuliert. Die Frage, ob eine bestimmte

32 BGE 93 II 439 E. 2 m.V. auf BGE 83 II 435 f., in dem das BGer folgendes ausführt: «*Der Text allein verkörpert den rechtsgültigen letzten Willen des Erblassers. Wenn der Text des Testamentes, für sich betrachtet und aus sich selbst erklärt, klar ist, so hat es bei dieser Aussage zu bleiben; dann geht es nicht an, aus Elementen und Umständen, die im Testamente keinen Niederschlag gefunden haben, Rechtsfolgerungen zu ziehen und auf diese Weise etwas in dasselbe hineinzuinterpretieren, was nicht darinsteht. Was der Erblasser allenfalls mit Bezug auf seinen Nachlass gedacht, gewünscht und sich vorgestellt hat, ist rechtlich nur insoweit relevant, als es im formbedürftigen Testament formgültig zum Ausdruck gelangt ist.*»; siehe auch BGE 108 II 393, 396 E. 6c; BVGer v. 30.1.2008, A-1396/2006, E. 2.4; s.a. BK-Riemer, Systematischer Teil N 77.

33 BGE 93 II 439 E. 2; BK-Riemer, Systematischer Teil N 77.

34 Vgl. BK-Riemer, Systematischer Teil N 77; Jakob, Schutz des Stifterwillens, S. 66.

35 Vgl. Kramer, S. 59; BGer v. 3.7.2018, 8C_655/2017, E. 4.1.

36 BGE 93 II 439 E. 2; 108 II 393 E. 6c.

37 Vgl. BGE 121 III 118 E. 4; 131 III 106 E. 1.1; m.w.V. von Orelli, Stifterwille, S. 132.

38 Siehe dazu eingehend Kramer, S. 62 ff.

39 Siehe dazu eingehend Rz 33.

Tätigkeit z.B. «die körperliche und geistige Gesundheit» fördert und ab welchem Alter eine Person zur «Gruppe der älteren Personen» zählt, dürfte sich bereits auf sprachlich-grammatikalischer Ebene kaum eindeutig beantworten lassen. Mit palliativmedizinischen Massnahmen wird tödlich Erkrankten eine angepasste optimale Lebensqualität bis zum Tode gewährleistet.[40] Sie schliesst medizinische Behandlungen, pflegerische Interventionen sowie psychologische, soziale, spirituelle Unterstützung mit ein. Die Förderung dieser Massnahmen scheint demnach durchaus mit dem Zweck der Stiftung der Förderung «des Erhalts der körperlichen und geistigen Fitness» im weiteren Sinne im Einklang zu stehen. Allerdings legt der weitere Wortlaut des Stiftungszwecks nahe, dass der Stifter die körperliche und geistige Fitness möglicherweise in erster Linie oder sogar ausschliesslich durch körperliche oder geistige Aktivität im engeren Sinne wie z.B. durch Sport erhalten möchte. Auf dem Wege einer sprachlich-grammatikalischen Auslegung kann im vorliegenden Fall demnach kein eindeutiges Ergebnis erzielt werden.

b) Die Ermittlung des historischen Stifterwillens

Ist eine Bestimmung in der Stiftungsurkunde auf sprachlich-grammatikalischer Ebene 17
unklar oder enthält der Wortlaut eindeutig eine Lücke, so ist es nach bundesgerichtlicher Rechtsprechung und h.L. erforderlich bzw. zulässig, den ursprünglichen bzw. historischen Stifterwillen durch Heranziehen von ausserhalb der Urkunde liegenden Umständen zu ermitteln.[41] Allerdings ist dabei die vom Bundesgericht vertretene Andeutungstheorie zu beachten, wonach in der Stiftungsurkunde mindestens einen Anhaltspunkt für den auf diese Weise ermittelten Willen des Stifters vorzuliegen hat.[42]

Die Ermittlung des tatsächlichen ursprünglichen Stifterwillens wird selbstredend da- 18
durch erschwert, dass der der Errichtung vorgelagerte Willensbildungsprozess, der meist mit einer diffusen, wenig konkretisierten Idee seinen Anfang nimmt, sich nach Gesprächen mit Beratern und Fachspezialisten materialisiert und schliesslich durch den formbedürftigen Errichtungsakt rechtsverbindlich wird, durchaus komplex und schwer rekonstruierbar ist.[43] Zusätzliche Hürden können sich bei der Ermittlung des historischen Stifterwillens dadurch ergeben, dass eine Mehrzahl von Stiftern gemeinsam oder eine juristische Person als Stifter auftritt.[44] Bei Erbstiftungen hat der Stifter teilweise nur sehr rudimentäre Vorgaben im Rahmen eines Testaments hinterlassen und konnte die Stiftung zu Lebzeiten in ihrem Wirken nicht mitprägen, was Rückschlüsse auf den histo-

40 Nationale Leitlinien Palliative Care 2010 Bundesamt für Gesundheit (BAG) und Schweizerische Konferenz der kantonalen Gesundheitsdirektorinnen und -direktoren (GDK).

41 Vgl. BGE 121 III 118 E. 4; 131 III 106 E. 1.1; vgl. auch BVGer v. 17.3.2017, A-4092/2016; s.a. BK-Riemer, Systematischer Teil N 77; Jakob, Schutz des Stifterwillens, S. 66; von Orelli, Stifterwille, S. 133.

42 BGE 47 II 23 E. 3; 108 II 393 E. 6b; vgl. in neuerer Zeit BGer v. 20.12.2019, 5A_208/2019; m.w.V. von Orelli, Stifterwille, S. 132, der darauf hinweist, dass das Bundesgericht die Andeutungsregel bei der Auslegung von Testamenten in jüngster Zeit nicht mehr strikt anzuwenden scheint.

43 Siehe dazu eingehend Sprecher, Stifterwille, S. 177 ff.

44 Vgl. von Orelli, Stifterwille, S. 134; Sprecher, Stifterwille, S. 178 ff.

rischen Stifterwillen nach Erfahrung der Autorenschaft in der Praxis oftmals zusätzlich erschwert.

19 Zur Eruierung des ursprünglichen, historischen Stifterwillens können und müssen deshalb mannigfaltige Umstände miteinbezogen werden. Die Entstehungsgeschichte der Stiftung bzw. der Stiftungsurkunde unter Hinzuziehen weiterer hilfreicher Dokumente aus der Entstehungszeit der Stiftung wie Tagebücher, Entwürfe, Briefe, Notizen, Sitzungsprotokolle können wichtige Anhaltspunkte liefern. Auch die bis zum Tod des Stifters gelebte Praxis einer Stiftung, deren Rat dieser zu Lebzeiten angehörte, kann ein Indiz für den wirklichen Willen des Stifters sein.[45] Die Praxis zeigt sogar, dass bei lebzeitig errichteten Stiftungen, deren Wirken über längere Zeit noch durch aktive Organtätigkeit des Stifters geprägt wurde, die Ermittlung des historischen Stifterwillens merklich erleichtert werden kann. Allerdings ist das Verhalten des Stifters nach dem Errichtungszeitpunkt nur insoweit beachtlich, als es auf den ursprünglichen Stifterwillen schliessen lässt, weshalb ein späterer Sinneswandel unbeachtlich bleiben muss.[46] Gleichwohl kann auch das Ergebnis einer späteren Befragung des Stifters als Auslegungshilfe herangezogen werden, wobei in diesem Fall besonders darauf zu achten ist, dass nicht ein gewandelter Wille vorliegt und der ursprüngliche Wille durch Auslegung verfälscht wird.[47]

20 Im Ausgangsbeispiel der Stiftung «VITAGE – Wohlbefinden im Alter» wäre durch Beizug der vorerwähnten Umstände ausserhalb der Stiftungsurkunde primär zu eruieren, ob der Stifter in erster Linie die Gesundheitsförderung durch Sport und andere Aktivitäten erreichen wollte oder ob diese lediglich als zu präferierende Mittel zur Erreichung des übergeordneten Ziels der Gesundheitsförderung im hohen Alter und damit exemplarisch und nicht abschliessend zu verstehen sind. Denkbar wäre bspw., dass es sich beim Stifter um einen Sportwissenschaftler handelte, der es als seine Lebensaufgabe sah, die Gesundheit im Alter durch körperliche Aktivität zu fördern. Fachpublikationen, Vorträge und andere Dokumente wie Notizen, E-Mails oder Briefe könnten Aufschluss über eine derartige Haltung geben. Auch die bisher gelebte Stiftungspraxis wäre in dieser Hinsicht bei einer zu Lebzeiten errichteten Stiftung zur Ermittlung des subjektiv-historischen Stifterwillens von grosser Bedeutung. Der Wortlaut des Stiftungszwecks legt jedoch eher nahe, dass der Stifter das Wohlbefinden von hochbetagten Personen allgemein fördern wollte. Diese These liesse sich insbesondere stützen, wenn der Stifter sich in irgendeiner Form in diese Richtung geäussert oder die Stiftung noch zu seinen Lebzeiten bereits Projekte gefördert hätte, die nicht dem Bereich Bewegung und Sport zuzuordnen waren. Jedenfalls wäre es je nach Ergebnis der Auslegung auf Basis der Ermittlungsergebnisse im vorliegenden Fall sowohl möglich, dass die Förderung von palliativmedizinischen Massnahmen sowie Essensauslieferung vom Stiftungszweck gedeckt ist oder aber dass dies klarerweise nicht dem historischen Stifterwillen entspricht und damit

45 BGE v. 6.4.1960 in ZSGV 62 [1961] 217 E. 5a; BVGer v. 22.3.2018, B 2016/105, E. 10.3.

46 Von Orelli, Stifterwille, S. 133 f.; BK-Riemer, Art. 85/86 ZGB N 32.

47 BK-Riemer, Systematischer Teil N 82

eine Förderung derartiger Tätigkeiten durch blosse Auslegung als unzulässige Abänderung des Stiftungszwecks zu werten wäre.

c) *Kein Abweichen der Auslegungsregeln in Krisenzeiten*

Die Ermittlung des tatsächlichen historischen Stifterwillens bezüglich vollkommen un- 21
vorhergesehener Veränderungen des Stiftungsumfeldes dürfte kaum je möglich sein. Es ist nicht vorstellbar, dass der Willensbildungsprozess, der sich schliesslich in der Stiftungsurkunde und dem dort verankerten Stiftungszweck niedergeschlagen hat, künftige, kaum vorhersehbare globale Krisen und deren Folgen umfasst. Sofern keine Willensbildung des Stifters über einen bestimmten Themenkreis stattgefunden hat, ist es naturgemäss nicht möglich, einen entsprechenden Willen im Nachhinein zu ermitteln. In der Praxis dürften sich allerdings Stiftungsräte aktuell hin und wieder die Frage stellen, ob eine Abweichung vom ursprünglichen Stifterwillen zu Gunsten eines mutmasslichen hypothetischen Stifterwillens zulässig ist. Diese Frage dürfte insbesondere dann aufkommen, wenn durch die aktuelle Ausnahmesituation die bisherige Zweckverfolgung vorübergehend nicht mehr möglich ist und man versucht ist anzunehmen, dass eine gewisse Tätigkeit wohl auch vom hypothetischen Stifterwillen mitgetragen worden wäre, hätte er die COVID-19-Krise vorausgesehen. Dies in Erwägung zu ziehen, wäre aber nur dann zulässig, wenn der Stifterwille diesbezüglich eine echte Lücke enthielte.[48] In Anbetracht dessen, dass der Stifter mit dem Stiftungsgeschäft seinen Willen bewusst für die Ewigkeit unabänderlich perpetuiert,[49] muss grundsätzlich davon ausgegangen werden, dass der Stifter das Eintreten unvorhergesehener Ereignisse als möglich vorausgesehen und in Kauf genommen hat. Diesfalls ist, gerade weil der Stifter ein unabänderliches Geschäft für die Ewigkeit abschliesst, eher von einem qualifizierten Schweigen auszugehen, wenn die Stiftungsurkunde keine Anhaltspunkte über das Verhalten in Krisenzeiten gibt. Sollten im Zuge der Auslegung Zweifel aufkommen, ob ein qualifiziertes Schweigen vorliegt oder allenfalls eine Lücke in den Statuten besteht, ist es in der Praxis zu empfehlen, den Kontakt mit der Aufsichtsbehörde zu suchen und dieser mögliche weitere Schritte zur Prüfung zu unterbreiten. Es ist unbedingt zu beachten, dass die Abänderung des Stifterwillens auf dem Weg der Auslegung in jedem Fall untersagt ist.[50] In Krisenzeiten ist für die Auslegung deshalb wohl der tatsächliche subjektiv-historische und nicht der hypothetische Stifterwillen massgebend. In Krisenzeiten kann dies durchaus zum unbefriedigenden Ergebnis führen, dass eine Tätigkeit als vom Stiftungszweck nicht gedeckt zu qualifizieren ist, auch wenn sich der Stiftungsrat einig ist, dass der Stifter die in Frage stehende Tätigkeit unter den veränderten Umständen unterstützt hätte. Allenfalls denkbar ist aber, der Stiftung auf dem Wege einer wesentlichen Zweckände-

48 Vgl. von Orelli, Stifterwille, S. 135 f.

49 BK-Riemer, Systematischer Teil N 12 ff.; s.a. Baumann Lorant, Stiftungsrat, S. 1 ff.; ZK-Egger, Art. 80 ZGB N 1; BSK ZGB I-Grüninger, Art. 80 N 1; Gutzwiller, SPR II, S. 574 ff.; Jakob, Stiftungsbegriff, S. 250 ff.

50 BK-Riemer, Systematischer Teil, N 93; von Orelli, Stifterwille, S. 137.

rung in Abweichung vom ursprünglichen Stifterwillen einen Richtungswechsel zu geben, wenn eine Krisensituation zu einer derart drastischen Veränderung des Stiftungsumfeldes geführt hat, dass der ursprüngliche Stifterwille bedeutungslos geworden ist, worauf noch zurückzukommen ist.[51]

3. Anwendungsbereich der clausula rebus sic stantibus?

a) Vollzug des Stiftungszwecks

22 Teilweise ist auch durch eine Auslegung nach der subjektiv-historischen Methode unklar, wie der Stiftungszweck auszulegen ist. Dies ist in besonderem Masse dann der Fall, wenn sich das Stiftungsumfeld in unvorhersehbarer Weise drastisch verändert hat und deshalb auch durch Auslegung nicht ermittelt werden kann, wie der Stiftungszweck unter den neuen Bedingungen vollzogen werden soll. In diesen Fällen ist allenfalls von einer Lücke in der Zweckformulierung auszugehen.[52] Bei Eintritt von unvorhergesehen Ereignissen liegt stets der Gedanke der Heranziehung der «clausula rebus sic stantibus» nahe,[53] die allerdings im Rahmen des direkten Vollzugs des Stifterwillens aus verschiedenen Gründen, wenn überhaupt, nur in äusserst engem Rahmen Anwendung finden kann. Die Rechtsfigur der «clausula rebus sic stantibus» will alle Konstellationen erfassen, bei denen sich aufgrund veränderter Verhältnisse ein nicht vorhersehbares Risiko verwirklicht hat und sich eine Korrektur ungerechter Risikoallokation aufdrängt.[54] Für den Anwendungsbereich und die Anwendbarkeit der clausula rebus sic stantibus im Zusammenhang mit der COVID-19-Krise ist vollumfänglich auf die Ausführungen von HAEFELI/GALLI/VISCHER, § 1 zu verweisen.[55]

23 Gemäss bundesgerichtlicher Rechtsprechung gründet die clausula rebus sic stantibus im Rechtsmissbrauchverbot gemäss Art. 2 Abs. 2 ZGB.[56] Das Pochen auf die Erfüllung des Vertrages sei rechtsmissbräuchlich, da dem Schuldner unter diesen Voraussetzungen nach Treu und Glauben nicht zumutbar sei, den Vertrag vereinbarungsgetreu einzuhalten.[57] In der neueren Literatur wird die Rechtsfigur demgegenüber als ein Problem der Vertragslücke und Vertragsergänzung verstanden.[58] Insbesondere letztere Auffassung legt die Frage nahe, ob auch einseitige, lückenhafte Rechtsgeschäfte wie die Stiftungserrichtung durch Anwendung dieser Rechtsfigur ergänzt werden können. Die Anwendung der clausula rebus sic stantibus ist bei einseitigen, formbedürftigen Rechtsgeschäf-

51 Siehe dazu Rz 33.
52 Vgl. VON ORELLI, Stifterwille, S. 135 f.
53 Vgl. ENZ, Rz 1 ff.; PEDUZZI, S. 3 ff.
54 ENZ, Rz 1; Eingehend BK-KRAMER, Art. 18 N 322 ff.; DERS, SJZ 2014, S. 274 ff.; BSK OR I-WIEGAND, Art. 18 N 95; ZK-BAUMANN, Art. 2 N 461.
55 § 1 Rz 35 ff.; vgl. auch ENZ, Rz 1 ff.; PEDUZZI, S. 3 ff.
56 BGer v. 20.3.2009, 4A_595/2008, E. 6; m.w.H. KRAMER, SJZ 2014, S. 275.
57 In der Lehre finden sich unterschiedliche dogmatische Herleitungen der Rechtsfigur; vgl. dazu m.w.H. KRAMER, SJZ 2014, S. 274 ff.
58 M.w.H. KRAMER, SJZ 2014, S. 276 ff.

ten wie Testamenten und Stiftungserrichtungen in der Literatur soweit ersichtlich kaum behandelt worden und wurde auch vom Bundesgericht bisher nicht entschieden.[59]

Aufgrund der Natur der Stiftung als einseitigem Rechtsgeschäft, mit welchem Vermögenswerte mit einer bestimmten Zweckwidmung aus einer Vermögensmasse ausgesondert und anschliessend mit einer Rechtspersönlichkeit ausgestattet werden, fehlt es bereits an einer Gegenleistung, deren Äquivalenz mit der Vermögenswidmung gestört werden könnte.[60] Im Gegensatz zu Testamenten und Erbverträgen fehlt es abgesehen von der Stiftung selbst bei gemeinnützigen Stiftungen zudem an einem von vornherein konkret benannten begünstigten Empfänger, der in seiner allenfalls begründeten Erwartung irgendwie enttäuscht werden könnte. Gegen die Anwendung der clausula rebus sic stantibus auf Stiftungsurkunden spricht ausserdem das stark aleatorische Moment, welches dem Stiftungsgeschäft inhärent ist:[61] Mit dem Errichtungsakt perpetuiert der Stifter seinen Willen grundsätzlich für die Ewigkeit.[62] Der Stifter geht damit bereits mit der Wahl der Rechtsform Stiftung bewusst das Risiko ein, dass sich irgendwann in der Zukunft das Stiftungsumfeld drastisch ändern wird.[63] Zudem enthält das Gesetz mit Art. 85 und 86 ZGB, wenn man so will, bereits eine Art gesetzlich verankerter Form der clausula rebus sic stantibus,[64] welche es der Aufsichtsbehörde sowie dem Stiftungsrat erlaubt, im Falle einer drastischen, unvorhergesehenen Wandlung des Stiftungsumfelds Änderungen in der Organisation oder der Zwecksetzung der Stiftung vorzunehmen. Es fehlt demnach regelmässig eine Grundvoraussetzung für die Anwendung der clausula rebus sic stantibus: Diese kann nur dann Anwendung finden, wenn das Gesetz für den konkreten Fall keine Lösung vorsieht.[65] Die Prinzipien der clausula rebus sic stantibus können ausserhalb von Art. 85 und 86 ZGB demnach u.E. weder direkt noch indirekt Anwendung auf die Auslegung von Stiftungsurkunden durch die den Stifterwillen vollziehenden Organe der Stiftung, also den Stiftungsrat oder die Aufsichtsbehörde, finden. Es ist nach dem Gesagten auch nicht ersichtlich, in welchen Fällen ein derartiges Bedürfnis vorhanden sein könnte. 24

Angenommen die Stiftung «VITAGE – Wohlbefinden im Alter» hätte in Abweichung vom Ausgangsbeispiel ausschliesslich den Zweck, jährlich selbst eine grosse Sportveranstaltung für Senioren über 80 Jahre durchzuführen. Unter der Prämisse, dass die Durch- 25

59 Mehrheitlich wird die Anwendung der clausula auf letztwillige Verfügungen im Grundsatz bejaht, siehe Grundmann, PraxKomm Erbrecht, Art. 495 ZGB N 4; Druey, § 12 Rz 14 ff.; Breitschmid, Erbfolge und Teilung, S. 65 f.; BSK ZGB I-Breitschmid, Vor Art. 494 ff. N 21; **a.M.** Hrubesch-Millauer, Erbvertrag, Rz 850 ff.

60 Dies gilt auch für andere einseitige Rechtsgeschäfte sowie grundsätzlich auch für Erbverträge; vgl. dazu m.w.H. Hrubesch-Millauer, Erbvertrag, Rz 858 ff.

61 In Bezug auf Erbverträge Hrubesch-Millauer, Erbvertrag, Rz 866.

62 Siehe dazu oben Rz 8; BK-Riemer, Systematischer Teil N 12 ff.; s.a. Baumann Lorant, Stiftungsrat, S. 1 ff.; ZK-Egger, Art. 80 N 1; BSK ZGB I-Grüninger, Art. 80 N 1; Gutzwiller, SPR II, S. 574 ff.; Jakob, Stiftungsbegriff, S. 250 ff.

63 In Bezug auf Erbverträge ähnlich Hrubesch-Millauer, Erbvertrag, Rz 867.

64 Jentsch, S. 80.

65 Vgl. dazu Hrubesch-Millauer, Erbvertrag, Rz 853.

führung dieser Veranstaltung auch mit entsprechenden Schutzkonzepten für die nächsten Jahre nicht mehr möglich sein wird, kann die Stiftung auf absehbare Zeit ihren Zweck nicht mehr erfüllen. Für die Anwendung der clausula rebus sic stantibus besteht in diesem Fall kein Raum, da das dem Stiftungsgeschäft innewohnende aleatorische Moment per se gegen die Anwendung dieser Rechtsfigur spricht. Zudem sieht das Gesetz mit Art. 85 und 86 ZGB grundsätzlich die Möglichkeit vor, auf eine solche Situation mit einer Urkunden- oder Organisationsänderung zu reagieren.

b) Vertragsverhältnisse mit Dritten

26 Näher zu prüfen ist die Anwendung der Prinzipien der clausula rebus sic stantibus jedenfalls dort, wo der Stiftungszweck zum Inhalt eines Vertrages zwischen der Stiftung und Dritten geworden ist. Dies ist regelmässig im Verhältnis der Stiftung zu ihren Destinatären sowie Partnerorganisationen der Fall, wobei nicht durch das Stiftungsgeschäft im Zeitpunkt der Errichtung, sondern durch den späteren Vertragsschluss der Stiftungszweck ganz oder teilweise zum Inhalt eines zweiseitigen Rechtsgeschäfts erhoben wird.[66] Derartige Rechtsverhältnisse sind nach dem Vertrauensprinzip auszulegen, obwohl das Vertragsverhältnis ursprünglich im Grunde genommen auf das einseitige, formbedürftige, streng nach dem Willensprinzip auszulegende Errichtungsgeschäft zurückgeht.[67] Es liegt deshalb nahe, auch die Anwendung der clausula rebus sic stantibus auf Verträge zwischen der Stiftung und Dritten zuzulassen. Nun findet aber die Regel der clausula rebus sic stantibus nicht auf alle nach dem Vertrauensprinzip auszulegenden Verträge Anwendung. HRUBESCH-MILLAUER plädiert mit Verweis auf das jedem Erbvertrag innewohnenden aleatorische Moment sowie die stets fehlende Äquivalenz zwischen Leistung und Gegenleistung dafür, die Rechtsfigur der clausula rebus sic stantibus generell nicht auf Erbverträge anzuwenden.[68] Vertragsverhältnisse, die gemeinnützige Stiftungen mit Dritten eingehen, sind jedoch in der Regel nicht durch dieses aleatorische Moment geprägt. Entsprechend kommen bei Vertragsverhältnissen zwischen Stiftungen und Dritten auch dann die allgemeinen Vertragsregelungen zur Anwendung, wenn die Intention für den Vertragsschluss auf dem Stiftungszweck beruht und dieser damit auch Basis für den Vertrag bildet. Es ist daher nicht einzusehen, weshalb das Vertragsverhältnis zwischen Dritten und der Stiftung anders behandelt werden sollte als jeder gewöhnliche Vertrag zwischen zwei privaten Rechtssubjekten.[69] Sofern die Voraussetzungen der clausula rebus sic stantibus im Einzelfall als erfüllt zu betrachten sind, spricht u.E. daher nichts dagegen, diese auch auf Vertragsverhältnisse anzuwenden, welche eine gemeinnützige Stiftung mit Dritten eingeht. Demnach kann es für den Fall, dass der Stiftungszweck teilweise zum Vertragsinhalt erhoben wird, zu einer Art Reflexwirkung des einzelnen Vertragsverhältnisses auf die Umsetzung des Stiftungszwecks kommen, da der Stiftungs-

66 BK-RIEMER, Systematischer Teil N 82.

67 BK-RIEMER, Systematischer Teil N 82.

68 HRUBESCH-MILLAUER, Erbvertrag, Rz 866 ff.

69 Ähnlich BK-RIEMER, Systematischer Teil N 82.

rat allenfalls Verträge einhalten oder Auflösen muss, obwohl dies dem Stiftungszweck widerspricht. Dieses Problem haben die Stiftungsorgane jedoch im Innenverhältnis zu lösen und die entsprechenden Folgen müssen allenfalls durch die Mitglieder der Organe getragen werden.[70]

Angenommen die Stiftung «VITAGE – Wohlbefinden im Alter» hätte in Abweichung 27
vom Ausgangsbeispiel den Zweck, ausschliesslich Sportveranstaltungen mit mindestens 50 Teilnehmern und über 1000 Zuschauern für Betagte zu finanzieren, und die Stiftung sei bereits Kooperationsverträge mit Dritten zur Durchführung der olympischen Spiele für Senioren eingegangen. Die olympischen Spiele für Senioren hatten ursprünglich mit einer bestätigten Teilnehmerzahl von 112 Athleten und ca. 2000 weitgehend ausverkauften Zuschauerplätzen die Anforderungen der Stiftung VITAGE erfüllt. Unter Einhaltung strenger Schutzkonzepte erwägt das Organisationskomitee die zuschauerlose Durchführung der Spiele. Die Stiftung VITAGE stellt sich nun auf den Standpunkt, dass gemäss Stiftungszweck die Bedingung einer Mindestzuschauerzahl von 1000 Personen nicht mehr gewährleistet sei, weshalb an den Verträgen nicht festgehalten werden könne. Das Organisationskomitee meint dagegen, nicht mehr an die vertragliche Anforderung einer Mindestzuschauerzahl gebunden zu sein, weil die COVID-19-Krise vollkommen unvorhersehbar gewesen sei und deshalb auf das Kriterium der Zuschauerzahl zu verzichten sei. Ohne näher darauf einzugehen, ob in einem derartigen Fall die Anwendung der clausula rebus sic stantibus als geboten erscheint, könnte deren Anwendung jedenfalls nicht mit dem Argument abgelehnt werden, dass der zum Vertragsinhalt erhobene Stiftungszweck die Förderung von Veranstaltungen ohne Zuschauer verbiete und die Anwendung der clausula rebus sic stantibus auf den abgeschlossenen Vertrag deshalb keine Anwendung finde. Dies würde allenfalls dazu führen, dass die Stiftung VITAGE im Einzelfall einen Vertrag erfüllen müsste, der im Grunde dem Wortlaut des Stiftungszwecks zuwiderläuft.

4. Stifterwille und Erbstiftung

Nicht nur bei bereits aktiven Stiftungen ist die Frage nach der Verwirklichung des Stif- 28
terwillens von Relevanz. Auch bei Erbstiftungen kann sich die Realität krisenbedingt derart ändern, dass sich die Frage nach der Umsetzung des Stifterwillens in der Zeit kurz nach dem Ableben des Stifters stellt.

Gemäss Art. 493 Abs. 1 ZGB kann der Erblasser im Umfang des verfügbaren Teils 29
seines Nachlasses durch letztwillige Verfügung eine Stiftung errichten, wobei ihm sämtliche Verfügungsformen offenstehen.[71] Sofern der Stifter einer testamentarisch verfügten Errichtung einer Erbstiftung noch lebt und die Stiftung infolgedessen noch nicht errich-

70 Schadenersatzpflicht gegenüber Stiftung und aufsichtsrechtliche Massnahmen der Aufsichtsbehörde, die auf Grund von Art. 84 Abs. 2 ZGB gegenüber der Stiftung ebenfalls ausschliesslich für die Durchsetzung des subjektiven Stifterwillens zu sorgen hat, so BK-Riemer, Systematischer Teil N 82.

71 Siehe zu den verschiedenen Arten der Errichtung m.w.V. Zeiter, Praxkomm Erbrecht, Art. 493 ZGB N 8 ff.

tet wurde, kann der Stifter diese Verfügung nach den allgemeinen erbrechtlichen Regeln widerrufen, ohne dass sich dabei COVID-19-spezifische Probleme stellen würden.[72] In vorliegendem Zusammenhang stellt sich jedoch insbesondere die Frage, ob krisenbedingt eine durch Testament verfügte Stiftungserrichtung *nach dem Tod des Stifters* aufgrund der nachträglichen Veränderung der Sachlage für ungültig erklärt werden kann bzw. muss.

30 Solange der Stifter einer künftigen Erbstiftung noch lebt, kann er die letztwillig verfügte Stiftung grundsätzlich nach den allgemeinen erbrechtlichen Regeln gemäss Art. 509 ZGB widerrufen.[73] Sollte der Stifter jedoch vor Eintritt der Pandemie urteilsunfähig geworden sein, anschliessend versterben und deshalb keine Gelegenheit zum gültigen Widerruf mehr haben, so kann sich die Frage stellen, ob die letztwillige Verfügung hinsichtlich der Stiftungserrichtung mit einem Willensmangel behaftet ist. Im Unterschied zur Anfechtung eines Vertrages aufgrund eines Motivirrtums ist bei testamentarischen Verfügungen nicht nur der Grundlagenirrtum, sondern jeder Motiv- oder Erklärungsirrtum wesentlich.[74] In Zusammenhang mit der COVID-19-Krise sind potentiell Fälle betroffen, in welchen der Erblasser der testamentarischen Stiftungserrichtung einen Sachverhalt zugrunde gelegt und dessen Eintritt für sehr wahrscheinlich gehalten hat, der aufgrund der veränderten Sachlage nun nicht eingetroffen ist bzw. nicht eintreffen wird. Diese in der Praxis wohl doch eher seltenen Fälle dürften oftmals ähnlich gelagert sein wie jene, in denen grundsätzlich auch eine wesentliche Zweckänderung in Betracht käme, weil ebenfalls ein Auseinanderklaffen zwischen dem testamentarisch niedergelegten Stiftungszweck und der durch COVID-19 unvorhergesehen veränderten Realität zur Entfremdung vom ursprünglich Gewollten führt. Eine testamentarisch verfügte, irrtumsbehaftete Stiftungserrichtung muss demnach mit der Ungültigkeitsklage gemäss Art. 519 Abs. 2 ZGB angefochten werden, wobei jedermann mit einem Interesse an der Ungültigkeit der Verfügung grundsätzlich aktivlegitimiert ist.[75] Somit stellt sich in einer derartigen Konstellation vor der Auslegung des letztwillig verfügten Stiftungszwecks im oben erläuterten Sinne stets vorgängig die Frage nach der erbrechtlichen Gültigkeit der Stiftungserrichtung. Die Ungültigkeit einer testamentarischen Verfügung ist nur anzunehmen, wenn die klagende Partei darlegen kann, dass der Erblasser die Aufhebung der letztwilligen Verfügung ihrem unveränderten Bestand vorgezogen hätte.[76] Dieser präsumtive Erblasserwille ist bei Stiftungserrichtungen aus dem nachfolgenden Grund wohl nur mit grosser Zurückhaltung anzunehmen: Der Stifter bzw. der Erblasser dürfte die Errichtung in Kenntnis der gesetzlichen Möglichkeit der Zweckänderung gemäss Art. 86 ZGB in seinem Testament niedergelegt haben. Es muss deshalb grundsätz-

72 ZK-Escher, Art. 493 N 9; Zeiter, Praxkomm Erbrecht, Art. 493 ZGB N 8 ff.

73 Zeiter, Praxkomm Erbrecht, Art. 493 ZGB N 8 ff.; siehe zum Widerruf von letztwilligen Verfügungen gemäss Art. 509 ZGB Lenz, PraxKomm Erbrecht, Art. 509 ff.; BSK ZGB II-Breitschmid, Art. 509–511 N 1 ff.

74 M.w.H. Zeiter, Praxkomm Erbrecht, Art. 469 N 4; BGer v. 27.2.2014, 5A_795/2013, E. 7.2.

75 Eingehend Abt, PraxKomm Erbrecht, Art. 519 N 56 ff.

76 M.w.H. Zeiter, Praxkomm Erbrecht, Art. 469 N 4; BGer v. 27.2.2014, 5A_795/2013, E. 7.2.

lich davon ausgegangen werden, der Erblasser habe trotz verändertem Zweck die Errichtung der Stiftung mit dem nicht mehr seinem Willen entsprechenden Zweck im Wissen gewollt, dass der Stiftungsrat bei der Aufsichtsbehörde eine entsprechende Zweckänderung beantragen werde, sodass seinem ursprünglichen Willen durch Errichtung der Erbstiftung Rechnung getragen werden kann. Eine Ungültigkeitsklage mit der Begründung eines durch COVID-19 bedingten Irrtums über künftige Gegebenheiten dürfte nach dem Gesagten nur äusserst selten erfolgsversprechend sein, um eine testamentarisch verfügte Stiftungserrichtung für ungültig erklären zu lassen.[77] Hinzu kommt, dass sich im Zweck von Erbstiftungen oftmals ein über lange Zeit gefestigter Wille niederschlägt, weshalb ein Irrtum über die Errichtung selbst mit grosser Zurückhaltung anzunehmen ist.

IV. Urkundenänderung

1. Einleitung Problemstellung

Kommt der aus dem Ausgangsbeispiel bekannte Stiftungsrat der Stiftung «VITAGE – Wohlbefinden im Alter» zum Schluss, dass weder der Wortlaut der Stiftungsurkunde noch der historische Stifterwille es erlauben, palliativmedizinische Massnahmen und Sterbebegleitung für an COVID-19 erkrankte Hochbetagte zu unterstützen sowie Essenslieferung mit gesunder Kost für ältere Menschen zu finanzieren, verbleibt – um nicht, wenn auch nur vorübergehend, zu stagnieren – der Weg über die Urkundenänderung. 31

Während es körperschaftliche juristische Personen selbst in der Hand haben, Zweck und Organisation ihrer Institution laufend den jeweiligen Zeitverhältnissen bzw. ihren eigenen, gewandelten Bedürfnissen anzupassen[78], verewigt der Stifter seinen Willen mit dem Errichtungsakt. Es war daher nötig, dass der Gesetzgeber die Möglichkeit vorsah, veraltete oder sonst abänderungsbedürftige Stiftung den neuen Bedürfnissen anzupassen und zumindest der Aufsichtsbehörde[79] – im Sinne einer gesetzlich besonders statuierten clausula rebus sic stantibus –[80] das Recht einräumte, Stiftungszweck oder -organisation den veränderten Verhältnissen anzupassen.[81] Zielsetzung dieser Regelung ist es, einen Interessenkonflikt zu lösen: Auf der einen Seite steht das Interesse des Stifters an der Respektierung und Perpetuierung seines Willens; auf der andern Seite steht das Interesse an aktiven und zeitgemässen Stiftungen.[82] 32

77 Die Stiftung ist in einem Ungültigkeitsprozess stets partei- und prozessfähig und kann sich dementsprechend mit den vorgenannten Argumenten gegen entsprechende Kläger wehren, welche die Ungültigkeit der Stiftungserrichtung behaupten; vgl. ZK-Escher, Art. 493 N 9; Zeiter, Praxkomm Erbrecht, Art. 493 ZGB N 8 ff.

78 BK-Riemer, Art. 85/86 N 2.

79 Vgl. zur Rechtsstellung des Stiftungsrats im Änderungsverfahren Baumann-Lorant, Stiftungsrat, S. 325 ff.

80 Siehe dazu Rz 22.

81 BK-Riemer, Art. 85/86 N 2 m.w.H.

82 BK-Riemer, Art. 85/86 N 3.

2. Urkundenänderung gemäss Art. 86 und 86b ZGB

33 Trotz der bereits dargelegten Starrheit einer Stiftung kann eine Umwandlung zwingend erforderlich sein, wenn der ursprünglichen Intentionen des Stifters entsprochen werden soll, deren Erfüllung infolge veränderter Umstände jedoch nicht ohne weiteres möglich ist.[83] Das Gesetz sieht entsprechend vor, dass die zuständige Bundes- oder Kantonsbehörde auf Antrag der Aufsichtsbehörde oder des obersten Stiftungsorgans den Zweck der Stiftung ändert, wenn deren ursprünglicher Zweck eine ganz andere Bedeutung oder Wirkung erhalten hat, sodass die Stiftung dem Willen des Stifters offenbar entfremdet ist.[84] In Anbetracht des Trennungs- und Erstarrungsprinzips und der damit einhergehenden Festigkeit des Stiftungszwecks werden hohe Anforderung an eine Urkundenänderung i.S.v. Art. 86 ZGB gestellt.[85] Vorausgesetzt wird objektiv eine Veränderung in der Bedeutung und Wirkung der Stiftung. In subjektiver Hinsicht bedarf es einer Entfremdung vom ursprünglichen Stifterwillen und zwar dergestalt, dass sich der Wille des Stifters, der in der Stiftungsurkunde seinen Ausdruck erlangte, nicht mehr vernünftig erfüllt werden kann.[86] In Praxis und Literatur wird im allgemeinen die Ansicht vertreten, der neue Stiftungszweck müsse dem bisherigen möglichst ähnlich sein.[87] Gemäss Riemer[88] ergibt sich dies auch aus Art. 57 Abs. 2 ZGB. Da bereits bei der Aufhebung der Stiftung das Vermögen möglichst dem bisherigen Zweck entsprechend zu verwenden ist, muss dies erst recht bei einem Eingriff gelten, der gerade die Aufhebung vermeiden und den Weiterbestand der betreffenden Stiftung, unter Wahrung ihrer Identität, sichern soll.

34 Fraglich ist, ob das objektive Kriterium der Veränderung in Bedeutung und Wirkung des Zwecks dauerhaft sein muss, um eine Urkundenänderung zu rechtfertigen. Denn gerade bei so einschneidenden Veränderungen wie jenen infolge der Corona-Pandemie, bei welchen jedoch davon auszugehen ist, dass sie vorübergehend sind, stellt sich auch die Frage einer befristeten Urkundenänderung. Besteht die ernsthafte Möglichkeit, dass während einer gewissen Zeit nicht verfolgbare oder in Anspruch genommene Zwecke in absehbarer Zeit wieder aktuell werden, so kann eine Änderung des Stiftungszwecks auch befristet erfolgen. Die Möglichkeit einer dauerhaften Änderung des Stiftungszwecks muss die Möglichkeit einer befristeten stets mitumfassen.[89] Demnach können Stiftungen prüfen, ob eine (vorübergehende) Urkundenänderung die Folgen der Corona-Pandemie abfangen kann und die gesetzlichen Voraussetzungen dafür erfüllt sind. Eine Aufweichung der gesetzlichen Anforderungen an eine wesentliche, dauerhafte Urkun-

83 CHK-Eisenring, Art. 86 N 1.
84 Art. 86 Abs. 1 ZGB.
85 KUKO ZGB-Jakob, Art. 86 N 1, Art. 80 N 2 f.; BSK ZGB I-Grüninger, Art. 85/86 N 1.
86 KUKO ZGB-Jakob, Art. 86 N 2; ders., ZSR 2013/II, S. 285 ff., S. 288; BSK ZGB I-Grüninger, Art. 85/86 N 7; BK-Riemer, Art. 85/86 N 6 ff.
87 BK-Riemer, Art. 85/86 N 11; KUKO ZGB-Jakob, Art. 86 N 3; BSK ZGB I-Grüninger, Art. 85/86 N 8.
88 BK-Riemer, Art. 85/86 N 11.
89 BK-Riemer, Art. 85/86 N 12.

denänderung i.S.v. Art. 86 ZGB aufgrund der ausserordentlichen Lage infolge der Corona-Pandemie ist u.E. ist nicht vertretbar. Eine entsprechende Praxis der zuständigen Aufsichtsbehörde fusste wohl auf keiner genügenden gesetzlichen Grundlage. Immerhin wäre zu prüfen, ob eine befristete Urkundenänderung ein gangbarer Weg wäre. Die Anforderungen an eine solche sind u.E. naturgemäss tiefer anzusetzen als die Anforderungen an eine dauerhafte Entfernung vom ursprünglichen Zweck der Stiftung und damit auch dem Stifterwillen.

Im Falle der Stiftung VITAGE wäre eine Urkundenänderung gemäss Art. 86 ZGB nur dann denkbar, wenn der Zweck vorübergehend gar nicht mehr erfüllt werden könnte und durch die Veränderung des Stiftungsumfelds eine eindeutige Entfremdung des ursprünglich im Stiftungszweck Gewollten durch dessen völlig veränderte Bedeutung zum Ausdruck gebracht würde. Sofern die Auslegung des Stifterwillens ergäbe, dass dieser die Gesundheit von betagten Menschen durch die Förderung von Grossveranstaltungen im Seniorensport bezwecken wollte, nun aber im Zuge der Pandemie gerade die Durchführung derartiger Veranstaltungen für ältere Menschen als stark gesundheitsgefährdend beurteilt werden muss, so wäre der Standpunkt vertretbar, dass der ursprüngliche Wille des Stifters nicht mehr im Stiftungszweck zum Ausdruck gebracht wird. Mindestens eine temporäre Zweckänderung gemäss Art. 86 ZGB wäre zu prüfen, wobei beispielsweise die Förderung von individuellem Sporttraining für Betagte in Betracht zu ziehen wäre. 35

Von der wesentlichen Urkundenänderung ist die unwesentliche Änderung der Stiftungsurkunde zu unterscheiden. Die Aufsichtsbehörde kann nach Anhörung des obersten Stiftungsorgans unwesentliche Änderungen der Stiftungsurkunde vornehmen, sofern dies aus triftigen Gründen als geboten erscheint und keine Rechte Dritter beeinträchtigt.[90] Infolge des fehlenden Selbstbestimmungsrechts muss der Stiftungsrat auch bei einer unwesentlichen Urkundenänderung an die Aufsichtsbehörde gelangen.[91] Die Grenzen zwischen einer wesentlichen und einer unwesentlichen Urkundenänderung sind fliessend.[92] Von unwesentlichen Umständen ist auszugehen, wenn das Wesen der Stiftung durch die beantragte Änderung nicht verändert wird und keine nach dem mutmasslichen Willen des Stifters als unabänderlich zu wertende Bestimmung betroffen ist.[93] Im Hinblick auf den Stifterwillen, der insbesondere Ausdruck im Stiftungszweck findet, werden Urkundenänderungen, die eben nicht in diesen und damit nicht in das Wesen der Stiftung eingreifen, nach den Erfahrungen der Autorenschaft eher genehmigt. Dies ist bei einer allfälligen Urkundenänderung aufgrund der Corona-Pandemie zu berücksichtigen. 36

90 Art. 86b ZGB; diese mit Revision vom 8.10.2004 (in Kraft seit 1.1.2006) kodifizierten Voraussetzungen für eine unwesentliche Urkundenänderung wurden in der Praxis etabliert. Waren die Voraussetzungen erfüllt, konnte bereits vor der Gesetzesrevision eine Urkundenänderung bei der Aufsichtsbehörde beantragt werden, vgl. hierzu BGE 103 Ib 165 E. 2.

91 KUKO ZGB-Jakob, Art. 86b N 2; SHK-Riemer, Art. 86b N 4; BSK ZGB I-Grüninger, Art. 86b N 1.

92 KUKO ZGB-Jakob, Art. 86b N 3; BSK ZGB I-Grüninger, Art. 86b N 3.

93 BGE 103 Ib 161 E. 2; BSK ZGB I-Grüninger, Art. 86b N 3; KUKO ZGB-Jakob, Art. 86b N 3.

3. Wandel einer Kapitalerhaltungs- in eine Verbrauchsstiftung im Speziellen

37 Die Stiftung hat kein Selbstauflösungsrecht.[94] Aus diesem Umstand ergibt sich auch das Gebot der Substanzerhaltung. Demnach ist der Stiftungsrat grundsätzlich angehalten, das Vermögen der Stiftung zu erhalten, sofern die Stiftungsurkunde im Zusammenhang mit der Vermögensverwendung nicht etwas anderes sagt.[95] Diesem Grundsatz steht die in jüngerer Zeit immer häufiger auftretende Verbrauchsstiftung entgegen.[96] Bei einer solchen sehen die Statuten vor, dass neben den Erträgen auch das Stiftungsvermögen für die Zweckerfüllung verwendet wird. Die Verbrauchsstiftung ist kein gesetzlicher, sondern ein von der Praxis geschaffener Stiftungstypus.[97] Eine Verbrauchsstiftung kann dadurch entstehen, dass der Stifter dem Stiftungsrat die Möglichkeit mittels Kann-Vorschrift in der Stiftungsurkunde überlässt, selbst zu entscheiden, ob er das Stiftungsvermögen erhält oder aber verbraucht. Auch denkbar ist, dass der Verzehr statutarisch durch den Stifter vorgeschrieben wird.[98] Eine Verbrauchsstiftung ist – trotz der möglichen zeitlichen Beschränkung ihrer Existenz – von der Stiftung auf Zeit zu unterscheiden. Die zweitgenannte ist von vorneherein nur auf eine bestimmte Dauer angelegt, unabhängig von ihrer Vermögensentwicklung. Nach Ablauf des statutarisch verankerten Zeitraums ist die Stiftung zu liquidieren und das Restvermögen ist entsprechend dem Zweck zu verwenden.[99]

38 In Zeiten tieferer Erträge oder Zinsen stehen der Stiftung i.d.R. deutlich weniger Erträge zur Zweckerfüllung zur Verfügung. Damit entsteht ein Dilemma für den Stiftungsrat. Denn räumt die Stiftungsurkunde dem obersten Organ keine Möglichkeit ein, auf das Stiftungsvermögen zurückzugreifen, so muss dieses entweder den im Wortlaut der Urkunde perpetuierten und massgeblichen Stifterwillen missachten oder die Unterstützungsleistungen entgegen der Stiftungsintention herunterfahren.[100] Entsprechend kollidieren in solchen Konstellationen zwei Prinzipien unauflöslich miteinander: Dem Gebot zur Substanzerhaltung steht ein Gebot zur Stiftungsrealisierung entgegen.[101] Umstritten ist, ob eine Stiftungsurkunde, die keinen Vermögenserhalt explizit vorschreibt, gleichzeitig den Stiftungsrat jedoch auch nicht zum Verzerr desselben berechtigt, dem Gebot der Substanzerhaltung entsprechend den Erhalt des Vermögens vorschreibt.

94 BGE 115 II 415 E. 3a; KUKO ZGB-Jakob, Art. 88 N 1; OFK-Aebersold/Leimer Art. 88 N 1; vgl. hierzu Rz 49.

95 von Orelli, Stifterwille, S. 139 f.

96 Jakob, Stiftungsbegriff, S. 282.

97 Sprecher, Verbrauchsstiftung, Rz 8 ff. m.w.H.

98 Dabei kann es statutarisch dem Stiftungsrat überlassen werden, wie der Verbrauch erfolgen soll, oder er können feste Ausschüttungsraten vorgesehen werden. Wenn der Verbrauch des Stiftungsvermögens lediglich als Option vorgesehen ist, kann eine Stiftung auch erst im Laufe ihres Bestehens zur Verbrauchsstiftung werden, vgl. zum Sprecher, Verbrauchsstiftung, Rz 9.

99 Sprecher, Die Verbrauchsstiftung und andere Möglichkeiten der Stiftungsgestaltung, in: Jusletter 31.5.2010, Rz 20.

100 BSK ZGB I-Grüninger, Art. 80 N 3.

101 von Orelli, Stifterwille, S. 140.

JAKOB[102] tendiert in solchen Fällen dazu, von einer dauerhaften Vermögenswidmung und damit von einer Kapitalerhaltungsstiftung auszugehen. Auch VON ORELLI[103] geht davon aus, dass bei einem nicht erschöpfenden Stiftungszweck und ohne ausdrückliche Einwilligung eines Stifters nicht davon auszugehen sei, dass das Kapital heute zu Lasten zukünftiger Wirkung aufgezehrt werden dürfe. Dahingegen führt GRÜNINGER[104] aus, dass die Zweckerfüllung der Stiftung oberste Priorität hat, weshalb dem Stiftungsrat zuzugestehen sei, das Vermögen für die Zweckerfüllung im Rahmen seines Ermessens zu verwenden. Dieser Ansicht ist zu folgen. Auch gemäss bundesgerichtlicher Rechtsprechung muss dem Stiftungszweck dauernd Nachachtung verschafft werden.[105] Des Weiteren schreibt das steuerrechtliche Gemeinnützigkeitsrecht vor, dass die Stiftungsmittel auch tatsächlich zur Zweckerfüllung eingesetzt werden müssen. Eine Thesaurierung ist verpönt.[106] Eine solche und die damit einhergehende Nichtverwendung der Stiftungsmittel für die Erfüllung des Zwecks schliesst die Qualifikation als gemeinnützige Stiftung aus.[107] Auch vor diesem Hintergrund muss für eine gemeinnützige Stiftung die Zweckerfüllung oberste Priorität haben.

In Zeiten tiefer Erträge oder Zinsen, wie in den letzten Jahren[108] und besonders in 39
Krisenzeiten wie während und nach einer Pandemie, wächst das Bedürfnis der Stiftung, das Stiftungsvermögen und nicht bloss dessen Erträge für die Zweckerfüllung einsetzen zu können. Aus diesem Grund kann die Wandlung einer Kapitalerhaltungs- in eine Verbrauchsstiftung die schwerwiegenden Folgen eines Ertragseinbruchs infolge der Corona-Pandemie erheblich abschwächen und das Überleben der Stiftung sichern. Nach der Erfahrung der Autorenschaft verfolgen die Aufsichtsbehörden diesbezüglich eine liberale Praxis und lassen solche Umwandlungen in Form einer Organisationsänderung oder unwesentlichen Urkundenänderung i.d.R. zu. Im Hinblick auf die strittigen Lehrmeinungen, ob ein Vermögensverzehr zulässig ist, wenn die Stiftungsurkunde sich hierüber ausschweigt, ist es nach hier vertretener Auffassung wenig ratsam über die Auslegung der Stiftungsurkunde und des historischen Stifterwillens eine faktische «Umwandlung

102 JAKOB, Stiftungsbegriff, S. 285.

103 VON ORELLI, Stifterwille, S. 141.

104 BSK ZGB I-GRÜNINGER, Art. 80 N 3.

105 BGE 124 III 97 E. 2a; so auch JAKOB, Stiftungsbegriff, S. 285, der aus dem Gebot der Substanzerhaltung kein Verbot ableitet, in das Vermögen einzugreifen, wenn eine Zweckerreichung ohne Eingriff unmöglich erscheint oder es sich hierbei um eine vorübergehende Erscheinung handelt; BAUMANN-LORANT, Stiftungsrat, S. 257.

106 SPRECHER, Verbrauchsstiftung, Rz 18.

107 KGer BL v. 9.1.2019, 810 18 211, E. 6.3; vgl. auch PIETRO PEZZOLI, S. 786, wonach ein fliessender Übergang besteht zwischen angemessener Rücklagenbildung und unzulässiger Thesaurierung. Eine solche gefährde das Privileg der Gemeinnützigkeit. Denn im Gegensatz zu einem Unternehmen, wo eine Reservebildung erwünscht sei, habe eine gemeinnützige juristische Person die ihr zur Verfügung stehenden Mittel tatsächlich einzusetzen und nicht unverhältnismässig zu horten.

108 BSK ZGB I-GRÜNINGER, Art. 80 N 3a.

in eine Verbrauchsstiftung» vorzunehmen. In diesem Fall setzen sich die Stiftungsräte wohl einem Haftungsrisiko aus.[109]

4. Änderungsvorbehalt gemäss Art. 86a ZGB

40 Die zuständige Bundes- oder Kantonsbehörde ändert den Zweck einer Stiftung auf Antrag des Stifters oder auf Grund von dessen Verfügung von Todes wegen, wenn in der Stiftungsurkunde eine Zweckänderung vorbehalten worden ist.[110] Art. 86a ZGB regelt in Abgrenzung zu Art. 86 ZGB gerade nicht die Fälle, in welchen sich der Zweck aufgrund der Veränderung der Umstände vom ursprünglichen Stifterwillen entfremdet hat und eine Zweckverfolgung der Stiftung deswegen obsolet geworden ist oder sonstige triftige Gründe für eine Urkundenänderung bestehen.[111] Die Möglichkeit einer Änderung des Stiftungszwecks muss sich der Stifter bei Errichtung in der Stiftungsurkunde vorbehalten.[112] Indessen muss der Stifter in der Urkunde weder den Inhalt noch die Richtung der Zweckänderung bestimmen. Die Zweckänderung erfolgt auf Antrag des Stifters.[113] Dabei bewirkt erst die Verfügung der Behörde die Zweckänderung, der Antrag selber hat keine rechtsändernde Wirkung, weshalb der Änderungsantrag bis dahin widerrufbar ist.[114] Sind mehrere Stifter vorhanden, muss der Antrag nach Art. 86a Abs. 4 ZGB zwingend von allen Stiftern gemeinsam gestellt werden.[115] Der erstmalige Zweckänderungsantrag kann frühestens nach zehn Jahren seit der Errichtung der Stiftung gestellt werden, wobei stets auf den Handelsregistereintrag abzustellen ist. Dies gilt auch für den Eintrag der ersten Änderung. Demnach ist bei einer erneuten Zweckänderung nach zehn Jahren auf den Eintrag der damaligen Änderung als fristauslösender Moment abzustellen.[116] Die Zehnjahresfrist bezweckt insbesondere die Gewährleistung einer gewissen Beständigkeit des Stiftungszwecks und der damit einhergehenden Rechtssicherheit für sämtliche Stakeholder der Stiftung.[117] Kürzere Fristen oder das Absehen davon wären für die Stiftungen und sämtliche mit der Stiftung ver-

109 Art. 55 Abs. 3 ZGB.

110 Art. 86a Abs. 1 ZGB.

111 Von Schnurbein/Kipfer-Berger, S. 180; Sprecher, Zweckänderung, S. 427; BK-Riemer, Art. 85/86 N 6 ff.

112 CHK-Eisenring, Art. 86a N 2.

113 Art. 86a Abs. 1 ZGB; dieses Recht ist höchstpersönlich, unvererblich und unübertragbar und erlischt daher mit dem Tod des Stifters, Art. 86a Abs. 3 ZGB, vgl. auch von Schnurbein/Kipfer-Berger, S. 181, m.w.H.; da lediglich der Antrag zu Lebzeiten eingereicht werden muss, ist das Erleben der tatsächlichen Zweckänderung durch Verfügung der zuständigen Behörde nicht vorausgesetzt, vgl. Sprecher, Revision, Rz 213.

114 BSK ZGB I–Grüninger, Art. 86a N 6.

115 Es gilt das Einstimmigkeitsprinzip, weshalb eine Zweckänderung gestützt auf Art. 86a ZGB nicht mehr beantragt werden kann, wenn einer der Stifter verstorben ist und einer Zweckänderung nicht mit Verfügung von Todes wegen zugestimmt hat.

116 Parlamentarische Initiative Revision des Stiftungsrechtes, Bericht der Kommission für Wirtschaft und Abgaben des Ständerates vom 23. 10. 2001 (BBl 2003 8153, 8169).

117 So Kipfer-Berger, Zweckänderung, S. 215 ff.; von Schnurbein/Kipfer-Berger, S. 188 f.

bundenen Dritter deshalb auch kaum praktikabel und würden das anstaltliche Wesen der Stiftung weiter untergraben.[118] Im Übrigen sind Zweckänderungen nach Art. 86 und 86b ZGB für die Auslösung der Zehnjahresfrist nicht massgebend, schliessen eine Änderung gestützt auf Art. 86a ZGB aber auch nicht aus.[119] Falls die Stiftung von einer anderen juristischen Person errichtet wurde, erlischt das Recht zur Antragsstellung nach spätestens 20 Jahren seit der Errichtung der Stiftung.[120] Somit kann ein solcher Stifter den Zweck höchstens zweimal verändern. Damit wird die Umgehung des Kriteriums der Höchstpersönlichkeit durch das Dazwischenschalten einer juristischen Person bei der Stiftungserrichtung verhindert.[121] Der geänderte Zweck muss bei einer gemeinnützigen Stiftung ebenfalls gemeinnützig oder öffentlich sein[122], damit wird der Missbrauch steuerlicher Privilegien und die Privatisierung von zu gemeinnützigen Zwecken gewidmeten Zuwendungen oder Spenden verhindert.[123] Der Behörde steht kein Ermessen zu. Damit findet keine Überprüfung der Zweckmässigkeit der Änderung statt, weshalb ein Recht auf Zweckänderung besteht.[124]

Ist statutarisch ein solcher Änderungsvorbehalt vorhanden, so ist es denkbar, dass 41
eine Stiftung im Hinblick auf eine ausserordentliche Lage – wie die Corona-Pandemie – eine Änderung des Zwecks vornimmt, um so die eigene Existenz zu sichern, wobei dann auch eine Zweckänderung nach Art. 86 bzw. Art. 86a ZGB zu prüfen wäre. Des Weiteren wäre auch vorstellbar, dass eine mit Änderungsvorbehalt ausgestattete Stiftung Corona-Projekte unterstützen oder die längerfristigen Folgen der Corona-Pandemie auffangen will und dies eben nicht vom bisherigen Zweck abgedeckt ist. In diesem Fall ist jedoch eingehend zu prüfen, ob eine dauerhafte Zweckänderung im Hinblick auf die – hoffentlich – temporär beschränkte Dauer der Corona-Pandemie sinnvoll ist.

118 So Kipfer-Berger, Zweckänderung, S. 215 ff.; von Schnurbein/Kipfer-Berger, S. 188 f.; **a.A.** Jakob, ZSR 2013 II, S. 290, der von einer starren Frist absehen will und stattdessen eine Interessenabwägung im Einzelfall favorisieren würde.

119 SHK-Riemer, Art. 86a N 4.

120 Art. 86a Abs. 3 ZGB.

121 Von Schnurbein/Kipfer-Berger, S. 182.

122 Art. 86a Abs. 2 ZGB.

123 KUKO ZGB-Jakob, Art. 86a N 7.

124 SHK-Riemer, Art. 86a N 2; vgl. zur missverständlichen Gesetzesmarginalie von Schnurbein/Kipfer-Berger, S. 181.

V. Finanzielle Unterstützung für gemeinnützige Stiftungen und Vereine im Zeitalter von Corona

1. Die Verordnung zur Gewährung von Krediten und Solidarbürgschaften in Folge des Coronavirus (COVID-19-Solidarbürgschaftsverordnung) vom 25. März 2020 und besondere Aspekte für gemeinnützige Stiftungen und Vereine

a) Die Regelung in der COVID-19-Solidarbürgschaftsverordnung

42 Gemäss Art. 3 der COVID-19 Solidarbürgschaftsverordnung gewährt eine Bürgschaftsorganisation formlos eine einmalige Solidarbürgschaft für Bankkredite in der Höhe von bis zu CHF 500 000, zuzüglich eines Jahreszinses[125], wenn Einzelunternehmen, Personengesellschaften oder juristische Personen[126] mit Sitz in der Schweiz (Gesuchsteller oder Gesuchstellerin) erklären, dass sie vor dem 1.3.2020 gegründet worden sind, sich im Zeitpunkt der Einreichung des Gesuchs nicht in einem Konkurs- oder Nachlassverfahren oder in Liquidation befinden, aufgrund der COVID-19-Pandemie namentlich hinsichtlich ihres Umsatzes wirtschaftlich erheblich beeinträchtigt sind und zum Zeitpunkt der Gesuchseinreichung nicht bereits Liquiditätssicherungen gestützt auf die notrechtlichen Regelungen in den Bereichen Sport oder Kultur erhalten haben. Diese Kredite sind zu 100% verbürgt.

43 Bei der Gewährung einer Solidarbürgschaft bis zu CHF 20 Millionen muss die Gesuchstellerin oder der Gesuchsteller neben den genannten Voraussetzungen über eine Unternehmens-Identifikationsnummer (UID-Nummer)[127] verfügen.[128] Solidarbürgschaften nach diesem Artikel sind betragsmässig begrenzt auf 85% des von der Bank gewährten Kredits.

44 Die Bemessung der Solidarbürgschaft darf dabei höchstens 10% des Umsatzerlöses im Jahr 2019 betragen.[129] Bei einer Aufnahme der Geschäftstätigkeit auf den 1.1.2020 oder später oder bei einem in Folge der Gründung im Jahr 2019 überlangen Geschäftsjahr gilt als Umsatzerlös das Dreifache der Nettolohnsumme für ein Geschäftsjahr, mindestens aber CHF 100 000 und höchstens CHF 500 000 (Art. 7 Abs. 2 COVID-19 Solidarbürgschaftsverordnung).

---

125 Der Zinssatz für Kredite mit Solidarbürgschaften mit erleichterten Voraussetzungen (Art. 3 COVID-19-Solidarbürgschaftsverordnung) beträgt gemäss Art. 13 Abs. 3 lit. a COVID-19-Solidarbürgschaftsverordnung 0.00%. Der Kreditbetrag gesichert durch eine Solidarbürgschaft gemäss Art. 4 COVID-19-Solidarbürgschaftsverordnung beträgt bei Kontokorrentlimiten 0,5% pro Jahr und bei Vorschüssen mit fester Laufzeit 0,5% pro Jahr (Art. 13 Abs. 3 lit. b COVID-19-Solidarbürgschaftsverordnung).

126 Gemeint sind hier sämtliche juristischen Personen i.S.v. Art. 52 ff. ZGB, wozu eben auch Stiftungen und Vereine zählen, vgl. hierzu Rz 46.

127 UID-Nummer im Sinne des Bundesgesetzes über die Unternehmens-Identifikationsnummer (UIDG) vom 18.6.2010 (SR 431.03), vgl. Rz 58.

128 Art. 4 COVID-19-Solidarbürgschaftsverordnung.

129 Art. 7 Abs. 1 COVID-19-Solidarbürgschaftsverordnung.

Nachfolgend werden die einzelnen Voraussetzungen für eine Kreditgewährung aus stiftungs- und vereinsrechtlicher Perspektive analysiert und die jeweiligen Besonderheiten beleuchtet. 45

b) Anspruchsberechtigte

Als Anspruchsberechtigte kommen Einzelunternehmungen, Personengesellschaften oder juristische Personen mit Sitz in der Schweiz in Frage. Da vor dem Erlass der COVID-19-Solidarbürgschaftsverordnung lediglich von der Anspruchsberechtigung von Schweizer KMU die Rede war, sah sich proFonds, Dachverband gemeinnütziger Stiftungen der Schweiz, veranlasst, einen offenen Brief an die Bundesräte Maurer und Parmelin datiert vom 25.3.2020 zu verfassen, in welchem um Klarstellung betreffend die Anspruchsberechtigung von Stiftungen und NPO ersucht wurde.[130] Mit Schreiben vom 9.4.2020 stellte der Bundesrat in seinem Antwortschreiben klar, dass auch Stiftungen und Vereine anspruchsberechtigt sein können, sofern sie die Voraussetzungen erfüllen und einen Umsatz i.S.v. Art. 7 COVID-19-Solidarbürgschaftsverordnung erzielen.[131] 46

c) Gründung vor dem 1.3.2020

Gemäss Art. 52 Abs. 1 und 2 ZGB sind alle privatrechtlichen Stiftungen verpflichtet, sich im Handelsregister eintragen zu lassen (sog. Eintragungsbedürftigkeit).[132] Seit dem 1.1.2016 gilt die Eintragungspflicht auch für kirchliche Stiftungen und Familienstiftungen i.S.v. Art. 87 ZGB.[133] Die Stiftung entsteht gemäss Art. 81 Abs. 2 ZGB durch konstitutiven Eintrag ins Handelsregister, ohne dass es hierzu einer staatlichen Genehmigung bedürfte.[134] Dem Register- oder Normativsystem entsprechend[135] erlangen Stiftungen ihre Rechtspersönlichkeit grundsätzlich erst mit Eintragung in das Handelsregister. Die Eintragungen ins Tagesregister werden mit der Genehmigung durch das Eidgenössischen Handelsregisteramt (EHRA) rückwirkend auf den Zeitpunkt der Eintragung in das Tagesregister rechtswirksam.[136] Damit ist der Zeitpunkt der Eintragung ins Tagesregister ausschlaggebend, diese muss vor dem 1.3.2020 erfolgt sein. Eine gesetzliche Re- 47

---

130 Abrufbar unter ‹ww.profonds.org› (25.6.2020).

131 Ebenfalls abrufbar unter ‹www.profonds.org› (25.6.2020).

132 BK-Riemer, Art. 81 N 89; BSK ZGB I-Grüninger, Art. 81 N 14.

133 Art. 52 Abs. 2 ZGB und BBl 2014 605; die Nichteintragung bis zum 31.12.2020 führt – entgegen dem bundesrätlichen Vorschlag – jedoch nicht zum Verlust der Rechtspersönlichkeit, vgl. Art. 6b Abs. 2bis SchlT ZGB.

134 BGE 120 II 374 E. 4a; 70 I 209 E. 2; BK-Riemer, Art. 81 N 98.

135 Vgl. hierzu KUKO ZGB-Jakob, Vor. Art. 80–89a N 3, Art. 80 N 19; das schweizerische Stiftungsrecht, abgesehen von den Familien- und kirchlichen Stiftungen, ist vom System der Normativbestimmungen bzw. des Registerzwanges geprägt. Dies bedeutet einerseits, dass vor der Eintragung der Stiftung ins Handelsregister geprüft wird, ob die gesetzlichen Voraussetzungen der Stiftungserrichtung erfüllt sind, und andererseits, dass bejahendenfalls die Stiftung einen Rechtsanspruch auf Eintragung hat, BK-Riemer, Art. 81 N 98.

136 Art. 34 HRegV.

gelung der Übernahme von vor der Eintragung eingegangenen Verpflichtungen, wie dies Art. 645 OR für die AG und Art. 779a OR für die GmbH vorsehen, kennt das Stiftungsrecht nicht.[137] Gemäss bundesgerichtlicher Rechtsprechung ist eine Stiftung, die in gehöriger Form errichtet wurde und zur Erlangung der Rechtspersönlichkeit nur noch der Eintragung ins Handelsregister bedarf, nicht schlechthin inexistent. Vielmehr ist sie in diesem Stadium unter der Bedingung, dass sie eingetragen wird, rechtsfähig, ähnlich wie ein Kind vor der Geburt *(nasciturus)* nach Art. 31 Abs. 2 ZGB.[138] Unter dem Vorbehalt der effektiven Eintragung ist einer Stiftung die Rechtsfähigkeit und damit die Partei- und Prozessfähigkeit schon vor ihrer Eintragung zuzuerkennen.[139] Stellt man auf den Wortlaut des Verordnungstexts ab und nimmt die Gründung und damit den effektiven Handelsregistereintrag als massgeblichen Zeitpunkt, so wäre auch eine sich im Stadium eines *nasciturus* befindliche Stiftung nicht anspruchsberechtigt. Stellt man dahingegen auf den Zeitpunkt der (bedingten) Rechtsfähigkeit ab, so wäre eine Stiftung (unter Vorbehalt) der Handelsregistereintragung auch vor ihrer Eintragung in das Handelsregister als anspruchsberechtigt zu qualifizieren. Weder die Solidarbürgschaftsverordnung noch die dazugehörenden Erläuterungen geben hierzu Aufschluss. Gemäss den Erläuterungen der EFV wird auf die effektive Geschäftstätigkeit abgestellt, wobei der Begriff der Geschäftstätigkeit im Hinblick auf die wegen Gemeinnützigkeit gewährten Steuerbefreiung für gemeinnützige Stiftungen an sich unpassend ist. Die Geschäftstätigkeit muss vor dem 1.3.2020 aufgenommen worden sein.[140] Dies lässt den Schluss zu, dass auf den effektiven Handelsregistereintrag als relevanter Gründungszeitpunkt abgestellt wird. Bei einem Kredit gemäss Art. 4 COVID-19-Solidarbürgschaftsverordnung (CHF 500 000 bis 20 000 000) benötigt die gesuchstellende Stiftung ohnehin eine UID-Nummer. Diese erhält sie erst mit Eintragung ins Handelsregister.

48 Vereine müssen sich nicht per se ins Handelsregister eintragen lassen.[141] Selbst wenn eine gesetzliche Eintragungspflicht besteht[142], weil ein kaufmännisches Gewerbe betrie-

137 BK-Riemer, Art. 81 N 105 und Art. 80 N 11 ff.

138 BGE 99 II 246 E. 9g; so auch BSK ZGB I-Grüninger, Art. 81 N 15.

139 BGE 103 Ib 6 E. 1; OGer ZH v. 24.4.2014, LB130067, E. III/3; **a.M.** BK-Riemer, Art. 81 N 77, wonach sich eine bedingte Rechtsfähigkeit bei Stiftungserrichtung unter Lebenden erübrige, weil dem Wesen des Stiftungsgeschäfts unter Lebenden, welches stets ein nichtempfangsbedürftiges, einseitiges Verpflichtungsgeschäft ist, entsprechend eine Verpflichtung zugunsten einer rechtlich nichtexistierenden Person möglich sei. Die bedingte Rechtsfähigkeit sei nur auf Stiftungserrichtungen von Todes wegen anwendbar.

140 Erläuterungen der Eidgenössischen Finanzverwaltung (EFV) zur Verordnung zur Gewährung von Krediten und Solidarbürgschaften in Folge des Coronavirus (COVID-19-Solidarbürgschaftsverordnung) vom 25.3.2020, S. 6.

141 Dies ergibt sich bereits aus dem Wortlaut von Art. 61 Abs. 1 ZGB, wonach der Verein selbst befugt ist, nach Annahme der Statuten und der Bestellung des Vorstands, eine Eintragung vornehmen zu lassen, so auch KUKO ZGB-Jakob, Art. 61 N 1.

142 Besteht eine Pflicht zur Eintragung, so besteht auch eine Buchführungspflicht gemäss Art. 957 ff. OR, vgl. Art. 69a ZGB; BSK ZGB I-Scherrer/Brägger, Art. 61 N 4.

ben wird oder eine Revisionspflicht besteht[143], wobei eine rechtsgeschäftliche, also auf Stauten oder Vereinsbeschluss beruhende Revisionspflicht keine Eintragungspflicht begründet[144], hat der Eintrag für den Verein keine Konstitutivwirkung.[145] Sie ist damit nicht ein Mittel zum Erwerb der Existenz bzw. Rechtspersönlichkeit. Vielmehr wird diese bei der Erfüllung der Voraussetzungen gemäss Art. 61 Abs. 1 ZGB und dem Abschluss des Gründungsvorgangs erworben.[146] Mit der durch Statutenannahme und Vorstandswahlen abgeschlossenen Vereinsgründung wird aus der einfachen Gesellschaft i.S.v. Art. 530 ff. OR, welche die sich zum Verein zusammenschliessenden Personen zunächst bilden, ein Verein i.S.v. Art. 60 ff. ZGB.[147] Die zuvor bestehende einfache Gesellschaft hat keine Rechtspersönlichkeit und tritt im Rechtsverkehr nicht als Trägerin von Rechten und Pflichten auf. Es fehlt ihr bereits an der Rechtsfähigkeit.[148] Entsprechend kann die vor Vereinsgründung bestehende Personenmehrheit als solche keine Rechtshandlungen vornehmen und rechtswirksam ein Gesuch um Kreditgewährung gestützt auf die Solidarbürgschaftsverordnung stellen. Es fehlt bereits an der Voraussetzung gemäss Art. 3 Abs. 1 COVID-19-Solidarbürgschaftsverordnung, wonach nur Einzelunternehmen, Personengesellschaften oder juristische Personen einen Kredit beantragen können. Damit ist für die Bestimmung des vorliegend relevanten Gründungszeitpunkts gemäss Art. 3 Abs. 1 lit. a COVID-19-Solidarbürgschaftsverordnung auf die Erfüllung der Voraussetzungen von Art. 61 Abs. 1 und dem Abschluss des Gründungsvorgangs abzustellen.

d) *Kein Konkurs- oder Nachlassverfahren und nicht in Liquidation*

aa) Konkurs

Die Stiftung untersteht der Konkursbetreibung und der Wechselbetreibung.[149] Die Kon- 49
kurseröffnung wird durch das Gericht ausgesprochen.[150] Das Stiftungsrecht sieht im Falle einer begründetem Besorgnis (und damit vor der richterlichen Konkurseröffnung), dass eine Überschuldung besteht oder Verbindlichkeiten längerfristig nicht mehr erfüllt werden können, diverse Pflichten des obersten Stiftungsorgans, i.d.R. des Stiftungsrats, vor. Das oberste Stiftungsorgan hat in einem solchen Fall auf Grundlage der Veräusserungswerte eine Zwischenbilanz zu erstellen und diese der Revisionsstelle zur Prüfung vorzulegen. Wird eine Überschuldung festgestellt, so muss die Stiftung an

143 Art. 61 Abs. 2 ZGB.

144 SHK-Riemer, Art. 61 N 7.

145 Art. 52 Abs. 2 ZGB; KUKO ZGB-Jakob, Art. 61 N 1, Art. 52 N 3; CHK-Niggli, Art. 61 N 1; OFK-Scherrer, Art. 61 N 1.

146 BK-Riemer, Art. 61 N 2.

147 Art. 62 ZGB; BK-Riemer, Art. 60 N 25; KUKO ZGB-Jakob, Art. 60 N 6.

148 BGer v. 3.9.2015, 6B_1198/2014, E. 2.3.2; BK-Fellmann/Müller, Art. 530 N 14 und 22; SHK-Riemer, Art. 62 N 7.

149 Art. 39 Abs. 1 Ziff. 12 SchKG.

150 Art. 171 SchKG.

die Aufsichtsbehörde gelangen.[151] Das Gesetz sagt nichts zum Inhalt der zu ergreifenden Massnahmen. Aufsichtsrechtlich kommen nur zivilrechtliche Massnahmen in Betracht.[152] Die Zuständigkeit der Aufsichtsbehörde für Massnahmen findet nach einer allfälligen Konkurseröffnung ein Ende. Beantragt der Stiftungsrat auf Weisung der Aufsichtsbehörde vollstreckungsrechtliche Massnahmen[153], so endet der Ermessensspielraum der andernfalls von der Aufsichtsbehörde einzusetzenden Liquidationsorgane und es ist nach den strengen Regeln des Vollstreckungsrechts vorzugehen.[154] Die Stiftung kann auch eine Insolvenzerklärung nach Art. 191 SchKG abgegeben und damit ihren Konkurs selbst herbeiführen. Dies entspricht eigentlich einem Anwendungsfall von Art. 88 Abs. 1 ZGB, wonach die Aufsichtsbehörde auf Antrag eine Aufhebung verfügt.[155] Hierzu bedarf es eines nicht öffentlich zu beurkundender Auflösungsbeschlusses des obersten Stiftungsorgans zufolge Insolvenz und die Genehmigung der zuständigen Aufsichtsbehörde.[156] Ein über die Stiftung eröffneter Konkurs führt jedoch nicht zwingend zu deren Auflösung und Liquidation. Entsprechend ist die Konkurseröffnung als Negativvoraussetzung für die Kreditgewährung von der Liquidation zu unterscheiden. Denn besteht nach der Befriedigung aller Gläubiger unter Einschluss der Konkursverfahrenskosten ein Aktivenüberschuss, so ist für die Verwaltung dieses Restvermögens nicht mehr die Konkursverwaltung zuständig, deren Aufgabe sich in der Befriedung der Gläubiger und Sicherstellung der Konkurskosten erschöpft hat. Vielmehr ist das Konkursverfahren ohne Löschung der Stiftung zu beenden und der Stiftungsrat und die Aufsichtsbehörden sind wieder in die Verantwortung für die Stiftung zu setzen.[157] Erfolgt keine Löschung der Stiftung, so ist diese nach Beendigung des Konkursverfahrens infolge ihrer Weiterexistenz zum Kreditantrag berechtigt. Ein Konkurs kann aber einen – neben den gesetzlich explizit genannten[158] – Auflösungsgrund darstellen.[159] In diesem Fall kommt es zur Liquidation, weshalb kein COVID-19-Kredit ausgerichtet werden kann.

50 Beim Verein ist zu differenzieren. Der Handelsregistereintrag hat zur Folge, dass der Verein der Konkursbetreibung und der Wechselbetreibung unterliegt.[160] Der gesetzliche Auflösungsgrund «Zahlungsunfähigkeit» gemäss Art. 77 ZGB tritt in diesen Fällen also

151 Art. 84a ZGB; vgl. auch BGer v. 2.4.2019, 6B_893/2018, E. 2.2.3, worin festgehalten wird, dass der Stiftungsrat die Zwangsvollstreckungsmassnahmen nicht selbst einleiten darf, sondern hierzu die Aufsichtsbehörde auffordern muss; so auch BSK ZGB-Grüninger, Art. 84a N 6; Roman Baumann Lorant, Stiftungsrat, S. 321.

152 Als mögliche Massnahmen kommen die Einschränkung des Stiftungszwecks, eine Reduktion der Verwaltungskosten oder ein qualifizierter Rangrücktritt in Frage, vgl. hierzu BSK ZGB I-Grüninger, Art. 84a N 5 ff.; Baumann-Lorant, Stiftungsrat, S. 320.

153 Art. 84a Abs. 4 ZGB.

154 Sprecher, Zwangsvollstreckung, S. 385.

155 Sprecher, Zwangsvollstreckung, S. 385.

156 BSK SchKG II-Brunner/Boller, Art. 191 N 13g; Talbot, Komm. SchKG, Art. 191 N 20.

157 Sprecher, Zwangsvollstreckung, S. 381.

158 Art. 88 Abs. 1 ZGB.

159 BBl 2003 8153, 8167; Sprecher, Zwangsvollstreckung, S. 384.

160 Art. 39 Abs. 1 Ziff. 11 SchKG; OFK-Scherrer, Art. 61 ZGB N 2.

bei Konkurseröffnung ein.[161] Die nicht im Handelsregister eingetragenen Vereine unterliegen keiner Konkursbetreibung.[162] Gesetzliche Auflösungsgründe sind hier die Konkurseröffnung ohne vorgängige Betreibung auf Gläubigerantrag[163] oder in Folge eines statutenkonformen Vereinsbeschlusses auf eigenes Begehren (Art. 76 ZGB).[164] Der Auflösungsbeschluss der Vereinsversammlung hat ausdrücklich zufolge Insolvenz zu erfolgen und bedarf nicht der öffentlichen Beurkundung.[165] Sind die Voraussetzungen für den gesetzlichen Auflösungsgrund der Zahlungsunfähigkeit eingetreten, sei dies aufgrund einer Konkurseröffnung, einer Insolvenzerklärung oder infolge eines Vereinsbeschlusses, so kann keine Genehmigung eines Kreditantrags erfolgen.

bb) Nachlassverfahren

Des Weiteren darf kein Nachlassverfahren eröffnet sein. Zielsetzung des Nachlassverfahrens[166] und der privaten Schuldenbereinigung[167] ist die Vermeidung einer Zwangsvollstreckung und die Sanierung der wirtschaftlichen Existenz der Schuldnerin oder des Schuldners. Neben dem Konkurs steht Stiftungen auch ein Nachlassverfahren offen.[168] Ein Verein, der nicht im Handelsregister eingetragen ist, kann die Durchführung einer privaten Schuldenbereinigung gemäss Art. 333 SchKG beantragen.[169] Unabhängig davon, ob der Verein im Handelsregister eingetragen ist, hat er – wie jede juristische Person, die auf Konkurs oder Pfändung betrieben werden kann – die Möglichkeit, ein Nachlassverfahren nach Art. 293 ff. SchKG zu beantragen.[170] Hat der sich um einen Kredit bewerbende Vereine oder die Kreditantrag stellende Stiftung ein Nachlassverfahren beantragt, so ist der Kredit gestützt auf die COVID-19-Solidarbürgschaftsverordnung zu verwehren.[171] 51

cc) Liquidation

Entsprechend dem Stiftungsbegriff und der anstaltsmässigen Perpetuierung des Stifterwillens besteht kein Selbstbestimmungsrecht der Stiftung über ihre Stiftungsurkunde[172] und über ihre eigene Existenz, d.h., es besteht kein Selbstaufhebungsrecht[173] weder 52

161 Art. 171, 175, 189, 190, 191 SchKG; SHK-Riemer, Art. 75a–79 N 8.
162 CHK-Niggli, Art. 77 N 5.
163 Art. 190 und 191 SchKG.
164 Insolvenzerklärung gemäss Art. 191 SchKG, vgl. CHK-Niggli, Art. 77 N 5; KUKO ZGB-Jakob, Art. 77 N 4; BSK ZGB I-Heini/Scherer, Art. 77 N 9; Talbot, Komm. SchKG, Art. 191 N 19.
165 Talbot, Komm. SchKG, Art. 191 N 19.
166 Art. 293 ff. SchKG.
167 Art. 333 ff. ZGB.
168 Sprecher, Zwangsvollstreckung, S. 383.
169 Spühler, S. 85.
170 BSK SchKG-Vollmar, Art. 293 N 15.
171 Zur Frage von COVID-19-Krediten als Sanierungsmassnahmen, vgl. Rieder, Rz 39 ff.
172 Art. 86 ff. ZGB; vgl. hiervor Rz 8 ff.
173 BGE 115 II 415 E. 3a; KUKO ZGB-Jakob, Art. 88 N 1; OFK-Aebersold/Leimer, Art. 88 N 1.

durch Entäusserung ihres Vermögens[174] noch durch prozessuale Erklärungen wie etwa einen gerichtlichen Vergleich[175]. Systemkonform kann die Aufhebung und Liquidation nur durch die zuständige Behörde angeordnet werden.[176] Es ist weder möglich, dass der Stifter sich die Auflösung statutarisch seiner freien Entscheidung vorbehält noch dass er sie der Entscheidungsgewalt eines Stiftungsorgans unterstellt.[177]

53 Eine Aufhebung der Stiftung erfolgt bei Unmöglichkeit der Zweckerfüllung, die auch nicht durch eine Urkundenänderung behoben werden kann[178], oder einem nachträglich widerrechtlich oder unsittlich gewordenen Zweck.[179] In Ermangelung von stiftungsrechtlich spezifischen Liquidationsvorschriften kommen die allgemeinen Bestimmungen zu Anwendung.[180] Als negative Voraussetzung für die Kreditgewährung[181] darf also keine rechtskräftige Verfügung der zuständigen Behörde i.S.v. Art. 88 ZGB vorliegen, die auf Aufhebung der Stiftung lautet und das Liquidationsverfahren zur Folge hat. Des Weiteren darf auch keine statutarisch vorgesehene Resolutivbedingung bzw. Befristung eingetreten sein, welche die Aufhebung der Stiftung bewirkt.

54 Im Gegensatz zur stiftungsrechtlichen Verwehrung der selbstbestimmten Auflösung ist bei den körperschaftlich geprägten juristischen Personen wie dem Verein die Selbstbestimmtheit über die eigene Existenz und damit auch über die eigene Auflösung und Liquidation vorgesehen.[182] Das Gesetz sieht drei Auflösungsarten vor: durch Vereinsbeschluss (Art. 76 ZGB), von Gesetzes wegen bei Zahlungsunfähigkeit oder Unmöglichkeit der Vorstandsbestellung (Art. 77 ZGB) und durch richterliches Urteil (Art. 78 ZGB). Der den Verein auflösenden Beschluss muss formgültig zustande gekommen sein und darf statutarisch an besondere Voraussetzungen, wie von Art. 67 Abs. 2 ZGB abweichende Mehrheiten oder besonderen Quoren, geknüpft werden.[183] Statutarisch ausgeschlossen werden darf die Auflösung durch Vereinsbeschluss als ultimativer Ausdruck

174 BGE 120 Ib 474 E. 9e.

175 BGE 71 I 454, 460.

176 Art. 88 ZGB; SHK-Riemer, Art. 88 N. 1; der behördlichen Aufhebungsverfügung kommt damit konstitutive Wirkung zu, vgl. hierzu OFK-Aebersold/Leimer Art. 88 N 4; zur Frage, wer zur Antragsstellung oder zur Klage auf Aufhebung berechtigt ist, vgl. Art. 89 ZGB.

177 KUKO ZGB-Jakob, Art. 88 N 1; dieser Grundsatz steht der Möglichkeit einer statutarisch verankerten faktischen Resolutivbedingung i.S.v. Art. 154 OR bzw. Befristung der Existenz der Stiftung nicht entgegen. Auch der allmähliche Verzehr des Stiftungsvermögens und die Konzipierung als Verbrauchsstiftung (im Gegensatz zur Kapitalerhalts- oder Ewigkeitsstiftung) sind dem Stifterwillen zugänglich. Daneben sind dem Grundsatz der Stifterfreiheit entsprechend auch ausdrückliche Aufhebungsgründe in der Stiftungsurkunde zulässig, vgl. hierzu SHK-Riemer, Art. 88 N 11 und 16 f.

178 Entsprechend gilt Art. 88 ZGB subsidiär zu Art. 86 ff. und kommt lediglich als *ultima ratio* in Betracht, vgl. KUKO ZGB-Jakob, Art. 88 N 3.

179 Art. 88 Abs. 1 Ziff. 1 und 2 ZGB; OFK-Aebersold/Leimer, Art. 88 N 5.

180 Art. 57 f. ZGB, in denen über das Genossenschaftsrecht (Art. 913 Abs. 1 OR) auf die aktienrechtlichen Bestimmungen (Art. 739 ff. OR) verwiesen wird, vgl. KUKO ZGB-Jakob, Art. 88 N 5.

181 Art. 3 Abs. 1 lit. b COVID-19-Solidarbürgschaftsverordnung.

182 Art. 76 ZGB.

183 BK-Riemer, Art. 76–79 N 9; Talbot, Komm. SchKG, Art. 191 N 19.

der Vereinsautonomie hingegen nicht.[184] Die Auflösung erfolgt von Gesetzes wegen, wenn der Verein zahlungsunfähig ist. Dies ist dann gegeben, wenn zweifelsfrei feststeht, dass fällige Verbindlichkeiten nicht mehr getilgt werden können.[185] Auch die Unmöglichkeit der statutengemässen Bestellung des Vorstands führt ex lege zur Auflösung.[186] Des Weiteren erfolgt die Auflösung durch das Gericht auf Klage der zuständigen Behörde oder eines Beteiligten, wenn der Zweck des Vereins widerrechtlich oder unsittlich ist.[187] Mit der Auflösung des Vereins geht nicht ipso iure das Ende des Vereins einher. Vielmehr tritt der Verein in die Liquidationsphase ein. Mit Eintritt in diese Phase, die auch durch den Namenszusatz «in Liquidation» gekennzeichnet wird, ändert sich der Vereinszweck und beschränkt sich auf die Durchführung der Liquidation.[188] Mangels vereinsrechtlich spezifischer Liquidationsbestimmungen richtet sich die Liquidation nach den allgemeinen Bestimmungen.[189] Tritt einer dieser Auflösungsgründe ein, so hat der betroffene Verein gemäss Art. 3 Abs. 1 lit. b COVID-19-Solidarbürgschaftsverordnung keinen Anspruch auf Kreditgewährung.

e) *Wirtschaftliche Beeinträchtigung infolge der Corona-Pandemie*

Gemäss den bundesrätlichen Erläuterungen zur Solidarbürgschaftsverordnung muss der 55
Gesuchsteller oder die Gesuchstellerin nachweisen, dass er resp. sie von der COVID-19-Pandemie wirtschaftlich erheblich beeinträchtigt ist.[190] Als Beispiel werden Umsatzeinbussen genannt. Damit bedarf es einem nachweisbaren Kausalzusammenhang zwischen der wirtschaftlichen Schieflage und der Corona-Pandemie.[191] Ein natürlicher Kausalzusammenhang liegt vor, wenn das schädigende Verhalten (also vorliegend die Pandemie) eine notwendige Bedingung bildet (conditio sine qua non), das heisst nicht weggedacht werden könnte, ohne dass auch der eingetretene Erfolg (also die wirtschaftliche Beeinträchtigung) entfiele.[192] Sodann ist der Kausalzusammenhang adäquat, wenn das

184 BSK ZGB I-Heini/Scherer, Art. 76 N 7; KUKO ZGB-Jakob, Art. 76 N 2.

185 KUKO ZGB-Jakob, Art. 77 N 2.

186 CHK-Niggli, Art. 77 ZGB N 7; KUKO ZGB-Jakob, Art. 77 N 5.

187 Art. 78 ZGB; zur Handlungspflicht der Behörden vgl. BGE 112 II 1 E. 5. Die Aktivlegitimation des Beteiligten ergibt sich aus einem schützenswerten Interesse an der Auflösung, wobei dieses Kriterium so auszulegen ist, dass die Abgrenzung zur Popularbeschwerde gewahrt bleibt, vgl. hierzu KUKO ZGB-Jakob, Art. 78 N 3.

188 Art. 58 i.V.m. Art. 913 Abs. 1, Art. 739 Abs. 1 OR, wobei bei Vereinen und Stiftungen die Praxis in einfachen Fällen Vereinfachungen gegenüber den aktienrechtlichen Vorschriften zulässt; vgl. zum Ganzen BK-Riemer, Art. 58 N 10 m.w.H.

189 Art. 57 f. ZGB.

190 Erläuterungen der Eidgenössischen Finanzverwaltung (EFV) zur Verordnung zur Gewährung von Krediten und Solidarbürgschaften in Folge des Coronavirus [COVID-19-Solidarbürgschaftsverordnung] vom 25.3.2020, S. 6.

191 Art. 3 Abs. 1 lit. c COVID-19-Solidarbürgschaftsverordnung.

192 Conditio sine qua non-Formel, vgl. BGer v.21.1.2009, 4A_458/2008, E. 2.1; BGE 132 III 715 E. 2.2; 128 III 180 E. 2d = Pra 2002 Nr. 173; Huguenin, Obligationenrecht – Allgemeiner und Besonderer Teil, 3. Aufl., 2019, Rz 120, Rz 1915 und Rz 1918 f.

betreffende Ereignis nach dem gewöhnlichen Lauf der Dinge und der allgemeinen Lebenserfahrung an sich geeignet ist, einen Erfolg von der Art des eingetretenen herbeizuführen, der Eintritt des Erfolgs also durch das Ereignis als allgemein begünstigt erscheint (Adäquanzformel).[193]

56 In der Regel werden neben gemeinnützigen Vereine vor allem spendenfinanzierte operativ tätige Stiftungen wirtschaftlich von der Pandemie betroffen sein.[194] Doch auch eigenfinanzierte Stiftungen und Vereine können aufgrund eines Einbruchs des Finanzertrags betroffen sein.[195] Auch erscheint die Erbringung des verordnungsrechtlich geforderten Nachweises des Kausalzusammenhangs zwischen dem Einbruch von Spendeneinnahmen und sonstigen Einnahmequellen, wie Mitgliederbeiträgen, und der Corona-Pandemie nicht immer einfach. In der Regel werden Personen, die keine Spenden tätigen, dies nicht begründen. Dies gilt auch für Grossspender. Aus diesem Grund ist u.E. ein Vergleich zwischen der Höhe der Spendeneinnahme zum Zeitpunkt des Kreditantrags mit der Höhe der vorjährigen Spendeneinnahme zu diesem Zeitpunkt ein genügender Nachweis einer allfälligen krisenbedingten wirtschaftlichen Beeinträchtigung i.S.v. Art. 3 Abs. 1 lit. d COVID-19-Solidarbürgschaftsverordnung. Zumal eine Pandemie nach dem gewöhnlichen Lauf der Dinge und der allgemeinen Lebenserfahrung an sich geeignet ist, die wirtschaftliche Leistungsfähigkeit einzelner Spender und damit auch deren Spendenbereitschaft erheblich zu beeinträchtigen. Des Weiteren ist u.E. von einer genügend notwendigen Bedingung im Sinne der Conditio-sine-qua-non-Formel auszugehen, wenn nachweisbar ist, dass die Spendeneinnahmen im Jahr 2019 (eventuell auch noch im Jahr 2018 als Referenzgrösse) höher waren als im Jahr der Corona-Pandemie.

f) Subsidiarität der Solidarbürgschaften

57 Die mit einer Solidarbürgschaft abgesicherten Bankkredite sind subsidiär zu anderen Liquiditätssicherungen, weshalb der Gesuchsteller oder die Gesuchstellerin zu erklären hat, dass er resp. sie zu zum Zeitpunkt der Gesuchseinreichung nicht bereits Liquiditätssicherungen gestützt auf die notrechtlichen Regelungen in den Bereichen Sport oder Kultur erhalten hat.[196]

g) UID-Nummer

58 Eine Bürgschaftsorganisation kann Solidarbürgschaften für Bankkredite in der Höhe von insgesamt bis zu CHF 20 Millionen gewähren, wenn der Gesuchsteller oder die Ge-

193 Satt vieler BGE 129 V 177 E. 3.2; Huguenin, Obligationenrecht – Allgemeiner und Besonderer Teil, 3. Aufl., 2019, Rz 1918 ff.

194 Medienmitteilung GI-Beider Basel: Die Gemeinnützigen beider Basel in der Corona-Krise vom 22.5.2020, abrufbar unter: ‹www.gi-basel.ch›, wonach 50% der Befragten erhebliche Ertragslücken verzeichnen und auf Unterstützung angewiesen sind.

195 Vgl. zum Begriff des Umsatzerlöses eingehend Rz 59.

196 Art. 3 Abs. 1 lit. d COVID-19 Solidarbürgschaftsverordnung.

suchstellerin die Erklärungen nach Art. 3 Abs. 1 lit. a–d abgibt und über eine Unternehmens-Identifikationsnummer (UID-Nummer) verfügt. Als UID-Einheiten gelten die im Handelsregister eingetragenen Rechtsträger und Vereine und Stiftungen ohne Mehrwertsteuerpflicht und Handelsregistereintrag, die AHV-Beiträge abrechnen.[197]

h) *Umsatzerlös als Berechnungsgrundlage*

Gemäss Art. 7 Abs. 1 COVID-19-Solidarbürgschaftsverordnung beträgt der insgesamt verbürgte Betrag gemäss den Artikeln 3 und 4 höchstens 10% des Umsatzerlöses des Gesuchstellers oder der Gesuchstellerin im Jahr 2019. Liegt der definitive Jahresabschluss 2019 nicht vor, so ist die provisorische Fassung massgebend oder, wenn auch diese fehlt, der Umsatzerlös des Jahres 2018. Ausschlaggebende Berechnungsgrösse für den Kredit ist demnach der letzt- oder vorletztjährige Umsatzerlös. Die Solidarbürgschaftsverordnung stellt dabei auf den obligationenrechtlichen Begriff des Umsatzerlöses ab.[198] Der Umsatzerlös umfasst neben dem Nettoerlös aus Lieferungen und Leistungen den betriebsfremden Ertrag, den Finanzertrag und gegebenenfalls den ausserordentlichen, einmaligen oder periodenfremden Ertrag.[199] 59

Gemäss Art. 83a ZGB sind alle Stiftungen zur Buchführung verpflichtet, auch jene, die kein kaufmännisches Gewerbe betreiben.[200] Für die Erstellung der Jahresrechnung finden die Bestimmungen über die kaufmännische Buchführung und Rechnungslegung gemäss Art. 957 ff. OR sinngemäss Anwendung.[201] Die generelle Buchführungspflicht dient der Absicherung der Zweckerfüllung von Stiftungen.[202] 60

Ist ein Verein nicht von Gesetzes wegen[203] eintragungspflichtig oder beruht dessen Eintragungspflicht einzig auf seinen Statuten oder anderen rechtsgeschäftlichen Vorschriften (rechtsgeschäftliche Eintragungspflicht), so hat der Vorstand Buch über die Vermögenslage zu führen.[204] Die Statuten können aber auch einen solchen Verein einer 61

---

197 Art. 3 Abs. 1 lit. c Ziff. 1 und 9 UIDG.

198 U.a. in Art. 727 Abs. 1 Ziff. 2 lit. b und Art. 957 Abs. 1 Ziff. 1 OR, vgl. hierzu auch Erläuterungen der Eidgenössischen Finanzverwaltung (EFV) zur Verordnung zur Gewährung von Krediten und Solidarbürgschaften in Folge des Coronavirus [COVID-19-Solidarbürgschaftsverordnung] vom 25.3.2020, S. 12.

199 OFK-Eberle/Buchmann, Art. 957 N 2 m.w.H.

200 BSK ZGB I-Grüninger, Art. 83a N 2.

201 CHK-Eisenring, Art. 83a N 1.

202 Botschaft zur Änderung des Obligationenrechts (Revisionspflicht im Gesellschaftsrecht) sowie zum Bundesgesetz über die Zulassung und Beaufsichtigung der Revisorinnen und Revisoren vom 23.6.2004 (BBl 2004 3969, S. 4052).

203 Art. 61 Abs. 2 ZGB.

204 Art. 69a Satz 1 ZGB; SHK-Riemer, Art. 69a N 8 f.; ders. führt hierzu aus: «*Die Buchführungspflicht gemäss Satz 1 beinhaltet eine einfache Wiedergabe der Geldflüsse (Einnahmen und Ausgaben) und der Vermögensbestände (Aktiven und Passiven), wobei allerdings gemäss den Gesetzesmaterialien bezüglich «Kleinvereinen» selbst eine «Milchbuch-Rechnung» genügen soll, also eine blosse Gegenüberstellung von Einnahmen und Ausgaben» (diese wird bezüglich der liquiden Mittel auch die «Vermögenslage» des Vereins erkennen lassen, nicht aber im Falle sonstiger Aktiven)*, vgl. SHK-Riemer, Art. 69a N 9.

Buchführungspflicht nach Art. 957 ff. OR unterwerfen. Bei Vereinen, die nach Art. 61 Abs. 2 Ziff. 1 oder Ziff. 2 ZGB eintragungspflichtig sind, richtet sich die Buchführungspflicht nach Art. 957 ff. OR.[205]

62 Die Jahresrechnung umfasst die Bilanz und die Betriebsrechnung (Erfolgsrechnung).[206] Die NPO-Erfolgsrechnung wird als Betriebsrechnung bezeichnet, was zum Ausdruck bringt, dass die einzelnen Erfolgspositionen im Vordergrund stehen. Dabei sind die NPO-spezifischen Ertragspositionen «Beiträge aus öffentlicher Hand» und «Erhaltene Zuwendungen» separat auszuweisen.[207] Gemäss dem Gesamtkosten- und Umsatzkostenverfahren nach Swiss GAAP FER 21 setzt sich der Betriebsertrag aus den erhaltenen Zuwendungen, den Beiträgen der öffentlichen Hand (Subventionen), Erlöse aus Lieferung und Leistungen und anderen betrieblichen Erträgen zusammen. Die separaten Zuwendungen umfassen Spenden, Legate und Einlagen und zwar zweckgebundene und freie.[208] Erlöse aus Lieferungen und Leistungen setzen sich aus den Verkaufserlösen der selbsthergestellten Produkte und Handelswaren sowie aus den erbrachten Dienstleistungen, wie Tagungen, Schulungen oder Kurse, zusammen.[209] Der Begriff Umsatzerlös umfasst inhaltlich die in Art. 959b OR für die Darstellung der Erfolgsrechnung genannten Nettoerlöse aus Lieferungen und Leistungen, aber auch andere betriebliche und betriebsfremde Erträge, wie Finanzerträge (Zins- und Dividendenerträge oder Kursgewinne auf Wertschriften), Liegenschaftserträge und Erträge aus nicht betriebsnotwendigem Vermögen.[210] Damit sind auch Spenden, Legate und Beiträge der öffentlichen Hand sowie Finanzerträge, was vor allem für selbstfinanzierte Stiftungen von Bedeutung sein wird, vom Umsatzerlös miterfasst (Teil des Betriebsertrags) und sind zur Berechnung des Kredits gemäss Solidarbürgschaftsverordnung heranzuziehen. Brechen infolge der Corona-Pandemie nachweislich Spendeneinnahmen, Legate, Nettoerlöse oder Finanzerträge weg, so sind diese als Bestandteil des Umsatzerlöses für die Höhe des Kredits zu berücksichtigen.

63 Rechnungslegungspflichtige Stiftungen, die ein oder mehrere rechnungslegungspflichtige Unternehmen kontrollieren, müssen eine für die Gesamtheit der kontrollierten Unternehmen konsolidierte Jahresrechnung bzw. eine Konzernrechnung erstellen.[211] Es stellt sich also die Frage, ob diese für die Berechnung massgeblich sein soll. Die Musterkreditverträge zu den COVID-19-Krediten in den Anhängen 2 und 4 zur COVID-19-Solidarbürgschaftsverordnung nennen ausdrücklich den Einzelabschluss (und nicht den konsolidierten Abschluss nach Art. 963 OR) als massgeblich. Insofern spricht sich RIEDER[212] dafür aus, dass es richtig sei, auf den Einzelabschluss abzustellen, auch wenn dies dazu führen

205 SHK-RIEMER, Art. 69a N 10.

206 Vgl. Art. 959 ff. OR.

207 ZÖBELI/SCHMITZ, S. 109.; BAUMANN-LORANT, Rechnungslegungsrecht, S. 886.

208 ZÖBELI/SCHMITZ, S. 112.

209 ZÖBELI/SCHMITZ, S. 123, m.w.H.

210 CHK-LIPP, Art. 957 N 10.

211 Art. 963 Abs. 1 OR, wobei gemäss Art. 963 Abs. 4 eine Delegation an eine Tochtergesellschaft besteht, vgl. hierzu BAUMANN-LORANT, Rechnungslegungsrecht, S. 888.

212 RIEDER, Rz 24 f.

kann, dass in einer Holdingstruktur die einzelnen Tochtergesellschaften einen COVID-19-Kredit beantragen können. Dies wird vorliegend wohl auch für die Konzernrechnung einer Stiftung gelten.

2. Verordnung über die Abfederung der wirtschaftlichen Auswirkungen des Coronavirus (COVID-19) im Kultursektor (COVID-Verordnung Kultur) vom 20. März 2020

Im Jahr 2020 wiesen 23% der gemeinnützigen Stiftungen einen Stiftungszweck im Be- 64
reich Kultur und Freizeit auf.[213] Damit sind zahlreiche Stiftungen, aber auch Kulturvereine von den Massnahmen im Kulturbereich erheblich betroffen.

Die COVID-Verordnung Kultur sieht unterschiedliche Massnahmen zur Abfederung 65
der wirtschaftlichen Auswirkungen des Coronavirus im Kultursektor[214] vor.

a) *Soforthilfen für Kulturunternehmen*

Kulturunternehmen erhalten auf Gesuch rückzahlbare zinslose Darlehen[215] zur Sicher- 66
stellung ihrer Liquidität, sofern diese durch staatliche Massnahmen zur Bekämpfung des Coronavirus gefährdet ist.[216] Als Kulturunternehmen gelten alle juristische Personen, die im Kultursektor tätig sind; ausgenommen sind staatliche Verwaltungseinheiten und öffentlich-rechtliche Personen.[217] Anspruchsberechtigt sind Kulturunternehmen, die nicht gewinnorientiert sind.[218] In Ermangelung einer Gewinnstrebigkeit können Stiftungen und Vereine, die wegen Gemeinnützigkeit steuerbefreit sind, ein entsprechendes Gesuch einreichen.[219] Diesem wird stattgegeben, wenn nachgewiesen wird, dass die Liquidität des betroffenen Kulturunternehmens aufgrund staatlicher Massnahmen gefährdet ist.[220]

Das als Soforthilfe ausgestaltete Darlehen beläuft sich auf höchstens 30% der Erträge 67
des Kulturunternehmens gemäss der letzten revidierten Jahresrechnung. Als Berechnungsgrundlage für die Darlehenssumme dienen vorliegend die Erträge der letzten revidierten Jahresrechnung.[221] Damit werden die Darlehen nicht wie die Kredite gemäss So-

213 Der Schweizer Stiftungsreport 2020, CEPS Forschung und Praxis, Band 21, S. 9.

214 Vgl. zur Definition «Kultursektor» im Sinne der notrechtlichen Regelungen die Erläuterungen zur Verordnung über die Abfederung der wirtschaftlichen Auswirkungen des Coronavirus (COVID-19) im Kultursektor – COVID-Verordnung Kultur vom 2.4.2020.

215 Art. 312 ff. OR.

216 Art. 4 Abs. 1 COVID-Verordnung Kultur.

217 Legaldefinition in Art. 2 lit. c COVID-Verordnung Kultur.

218 Art. 4 Abs. 2 COVID-Verordnung Kultur.

219 KS Nr. 12 der Eidgenössischen Steuerverwaltung vom 8.7.1994.

220 Hierbei kommen insbesondere Massnahmen nach der Verordnung 2 über Massnahmen zur Bekämpfung des Coronavirus (COVID-19-Verordnung 2) vom 13.3.2020 in Betracht.

221 Art. 4 Abs. 3 COVID-Verordnung Kultur, wobei Subventionen nicht zum Ertrag zu zählen sind (Art. 4 Abs. 3 COVID-Verordnung Kultur). Ob hier bei Holding-Strukturen auf den Einzelabschluss oder den konsolidierten Abschluss nach Art. 963 OR abzustellen ist, sagt die COVID-Verordnung Kultur nicht.

lidarbürgschaftverordnung nach dem Umsatzerlös, sondern nach dem vorjährigen Ertrag berechnet.

b) Ausfallentschädigungen

68 Stiftungen und Vereine, die als Kulturunternehmen im Sinne der COVID-Verordnung Kultur gelten, erhalten auf Gesuch Finanzhilfen[222] für den namentlich mit der Absage oder Verschiebung von Veranstaltungen und Projekten oder mit Betriebsschliessungen verbundenen finanziellen Schaden, sofern dieser durch staatliche Massnahmen zur Bekämpfung des Coronavirus (COVID-19) verursacht wurde.[223] Die Ausfallentschädigung deckt höchstens 80% des finanziellen Schadens, wobei allfällige Soforthilfen an das Kulturunternehmen an Ausfallentschädigungen angerechnet werden und ein entgangener Gewinn nicht abgegolten wird. In Ermangelung einer Gewinnstrebigkeit von gemeinnützigen Stiftungen und NPO bleibt diese Einschränkung für die vorliegend zu untersuchenden Organisationen jedoch folgenlos.

c) Kulturvereine im Laienbereich

69 Kulturvereine im Laienbereich erhalten auf Gesuch Finanzhilfen für den mit der Absage oder Verschiebung von Veranstaltungen verbundenen finanziellen Schaden. Die Entschädigung beträgt maximal CHF 10 000 pro Kulturverein im Laienbereich, abhängig von der Zahl der vertretenen Aktiven.[224] Anspruchsberechtigt sind damit Vereine i.S.v. Art. 60 ff. ZGB. Die Höhe der Entschädigung ist abhängig von der Anzahl Vereinsmitglieder. Bei einem grösseren Einnahmeeinbruch stehen auch den Kulturvereinen im Laienbereich die Möglichkeiten nach Art. 8 Abs. 1 COVID-Verordnung Kultur zur Verfügung.[225]

d) Befristung

70 Die COVID-19-Verordnung Kultur trat am 21.3.2020 in Kraft und galt für die Dauer von zwei Monaten ab Inkrafttreten, weswegen sie zum Zeitpunkt dieser Publikation bereits nicht mehr in Kraft ist.[226]

222 Finanzhilfen sind gemäss Art. 3 Abs. 1 des Bundesgesetzes über Finanzhilfen und Abgeltungen (Subventionsgesetz, SuG, SR 616.1) geldwerte Vorteile, die Empfängern ausserhalb der Bundesverwaltung gewährt werden, um die Erfüllung einer vom Empfänger gewählten Aufgabe zu fördern oder zu erhalten. Geldwerte Vorteile sind insbesondere nichtrückzahlbare Geldleistungen, Vorzugsbedingungen bei Darlehen, Bürgschaften sowie unentgeltliche oder verbilligte Dienst- und Sachleistungen.

223 Art. 8 Abs. 1 COVID-Verordnung Kultur.

224 Art. 10 COVID-Verordnung Kultur.

225 Erläuterungen zur Verordnung über die Abfederung der wirtschaftlichen Auswirkungen des Coronavirus (COVID-19) im Kultursektor – COVID-Verordnung Kultur vom 2.4.2020, S. 4.

226 Art. 12 COVID-Verordnung Kultur.

3. Verordnung über Begleitmassnahmen im Sportbereich zur Abfederung der Folgen von Massnahmen des Bundes zur Bekämpfung des Coronavirus (COVID-19-Verordnung Sport) vom 20.3.2020

Sportvereine sind infolge ihres ideellen, jedoch nicht gemeinnützigen Zwecks i.d.R. nicht steuerbefreit.[227] Anders verhält es sich mit Stiftungen und Vereinen, die bspw. im Behindertensport aktiv sind. Diese sind gemäss Art. 3 COVID-19-Verordnung Sport jedoch nicht anspruchsberechtigt. Aus diesen Grund sind diese Stiftungen und Vereine auf allfällige Kredite gemäss Solidarbürgschaftsverordnung angewiesen. 71

VI. Weitere notrechtliche Anordnungen

1. Verordnung über insolvenzrechtliche Massnahmen zur Bewältigung der Coronakrise (COVID-19-Verordnung Insolvenzrecht) vom 16.4.2020

Der Bundesrat hat neben diversen anderen Massnahmen gewisse insolvenzrechtliche Erleichterungen für Unternehmen mit der COVID-19-Verordnung Insolvenzrecht beschlossen. Die Verordnung trat am Montag, 20.4.2020, in Kraft und gilt für sechs Monate. Sie umfasst im Wesentlichen drei zentrale Erleichterungen, mit welchen COVID-19-bedingte Konkurse verhindert werden sollen. Erstens sieht die Verordnung eine befristete Entbindung von der Pflicht zur Überschuldungsanzeige vor. Zweitens verfügte der Bundesrat die Einführung einer befristeten COVID-19-Stundung und drittens gelten gewisse Anpassungen im Nachlassvertragsrecht.[228] 72

Rechtsformspezifisch stellen sich für Stiftungen primär Fragen im Zusammenhang mit Art. 1 der COVID-19-Insolvenzverordnung. Dieser sieht Lockerungen der Pflichten des Verwaltungsrats der AG gemäss Art. 725 OR vor, die gemäss Art. 2 der Verordnung sinngemäss auch für Stiftungen gelten. Gemäss Art. 1 Abs. 1 der Verordnung kann der Verwaltungsrat in Abweichung von Art. 725 Abs. 2 OR auf die Benachrichtigung des Gerichts verzichten, wenn die Gesellschaft am 31.12.2019 nicht überschuldet war und wenn Aussicht besteht, dass die Überschuldung bis am 31.12.2020 behoben werden kann.[229] In Abweichung von Art. 725 Abs. 2 OR kann die Prüfung der Zwischenbilanz in diesem Fall ebenfalls unterbleiben. 73

Wie bereits ausgeführt hat der Stiftungsrat im Falle begründeter Besorgnis einer Überschuldung oder dem Verdacht, dass Verbindlichkeiten längerfristig nicht mehr erfüllt werden können, der Revisionsstelle eine Zwischenbilanz vorzulegen, welche diese der Aufsichtsbehörde zu unterbreiten hat, wenn sie feststellt, dass die Stiftung überschuldet ist oder ihre Verbindlichkeiten längerfristig nicht erfüllen kann.[230] Die Aufsichtsbehörde hat sodann gemäss Art. 84a Abs. 4 ZGB die Pflicht, unter Umständen den Konkursrichter zu informieren. Da Befreiung der Prüfungspflicht gemäss der COVID-19- 74

227 St. Galler Steuerbuch, StB 80 Nr. 2, vom 1.7.2011, S. 5.

228 Siehe ausführlich zum Regelungsbereich der COVID-19-Verordnung Insolvenzrecht § 17 Rz 5 ff.

229 Siehe dazu ausführlich § 17 Rz 8 ff.

230 Siehe dazu Rz 49.

Insolvenzverordnung auch für den Stiftungsrat gilt,[231] stellt sich die Frage, wie der Stiftungsrat weiter zu verfahren hat, wenn er von der Prüfungspflicht der Zwischenbilanz befreit ist und eine Mitteilung an die Revisionsstelle obsolet wird. Gemäss Art. 84a Abs. 1 ZGB hat der Stiftungsrat die Zwischenbilanz direkt der Aufsichtsbehörde zu unterbreiten, wenn die Stiftung keine Revisionsstelle hat. Die Entbindung der Prüfungspflicht der Zwischenbilanz gemäss Art. 1 Abs. 3 COVID-19-Insolvenzverordnung führt zu einer vergleichbaren Sachlage wie bei generellem Fehlen der Revisionsstelle, weshalb u.E. in diesem Fall in analoger Anwendung von Art. 84a Abs. 1 ZGB die Zwischenbilanz der Aufsichtsbehörde *zwingend* vorzulegen ist. Letztere hat sodann zu prüfen, ob eine Meldung an den Konkursrichter zu erfolgen hat, oder allenfalls den Stiftungsrat anzuhalten, zivilrechtliche Sanierungsmassnahmen einzuleiten. Mit anderen Worten entbindet die COVID-19-Verordnung Insolvenz in keinem Fall von der Pflicht, die Zwischenbilanz der Aufsichtsbehörde vorzulegen. Die Prüfung von Bilanzen nicht revisionspflichtiger Stiftungen fällt ohnehin in den Kompetenzbereich der Aufsichtsbehörde, was für eine Meldungspflicht des Stiftungsrates nach Erstellung der Zwischenbilanz und einer diesbezüglichen Prüfungspflicht der Aufsichtsbehörde spricht. Zudem ist Sinn und Zweck der COVID-19-Insolvenzverordnung neben der Verhinderung einer Konkurswelle auch die Entlastung der Revisionsstellen, was eine Prüfungspflicht durch die Aufsichtsbehörde ebenfalls nahelegt.[232] In diesem Zusammenhang ist überdies anzumerken, dass die Beantragung bzw. Beanspruchung von Solidarbürgschaftskrediten[233] unter Umständen eine zivilrechtliche Sanierungsmassnahme gemäss Art. 84a Abs. 3 ZGB darstellen kann.[234] In diesem Fall muss der Stiftungsrat deshalb u.E. vor Beantragung eines zu Sanierungsmassnahmen dienenden Solidarbürgschaftskredites zwingend Rücksprache mit der zuständigen Aufsichtsbehörde nehmen.

231 So explizit die Erläuterungen vom 18.5.2020 des Bundesamts für Justiz (BJ) zur COVID-19-Verordnung Insolvenzrecht vom 16.4.2020, S. 3.

232 Erläuterungen vom 18.5.2020 des Bundesamts für Justiz (BJ) zur COVID-19-Verordnung Insolvenzrecht vom 16.4.2020, S. 2 f.

233 Siehe dazu oben Rz 42.

234 Siehe dazu Rieder, Rz 39 ff.

§ 11 Gesellschaftsrecht

Hans-Jakob Diem/Simone Ehrsam*

Inhaltsverzeichnis

* Die Autoren danken MLaw Luca Kenel für die tatkräftige Unterstützung in der Ausarbeitung des vorliegenden Beitrags.

Literaturverzeichnis

BAHAR RASHID, Le capital social: à quand la révolution? – Questions choisies autour des révisions des règles sur le capital, in: ZSR 2009, S. 253 ff.; BÖCKLI PETER, Neue OR-Rechnungslegung, 2. Aufl., Zürich/Basel/Genf 2019 (zit. BÖCKLI, Rechnungslegung); DERS., Schweizer Aktienrecht, mit Fusionsgesetz, Börsengesellschaftsrecht, Konzernrecht, Corporate Governance, Recht der Revisionsstelle und der Abschlussprüfung in neuer Fassung, 4. Aufl., Zürich/Basel/Genf 2009 (zit. BÖCKLI, Aktienrecht); BÜHLER CHRISTOPH B., Art. 716a OR, in: Lukas Handschin (Hrsg.), Zürcher Kommentar zum Aktienrecht, Generalversammlung und Verwaltungsrat, Mängel in der Organisation, Art. 698–726 und 731b OR, Zürich 2018 (zit. ZK-BÜHLER, Art. 716a OR); DUBS DIETER, Die institutionelle Stimmrechtsvertretung in der Aktienrechtsrevision – Heikle Anwendungsfragen zur vorgeschlagenen Ausschliesslichkeit der unabhängigen Stimmrechtsvertretung, in: Rolf Watter (Hrsg.), Die ‹grosse› Schweizer Aktienrechtsrevision, Zürich/St. Gallen 2010; FORSTMOSER PETER/MEIER-HAYOZ ARTHUR/NOBEL PETER, Schweizerisches Aktienrecht, Bern 1996; FORSTMOSER PETER/ZINDEL GAUDENZ/MEYER BAHAR VALERIE, Zulässigkeit der Interimsdividende im schweizerischen Recht, SJZ 105/2009, S. 205 ff.; GLANZMANN LUKAS, Ausgewählte Fragen im Zusammenhang mit Dividendenausschüttungen, in: Peter V. Kunz/Oliver Arter/Florian S. Jörg (Hrsg.), Entwicklungen im Gesellschaftsrecht XII, Bern 2017; HANDSCHIN LUKAS, Rechnungslegung im Gesellschaftsrecht, 2. Aufl., Basel 2016; HÄUSERMANN DANIEL M., Gestaltungsfreiheit im Recht der Publikumsgesellschaften, Zürich/St. Gallen 2015; HORBER FELIX/FRICK DAVID, Coronavirus und Generalversammlungen: Notfallplanung für die GV, NZZ Nr. 54 vom 5. März 2020, S. 10; KÄGI URS, Kapitalerhaltung als Ausschüttungsschranke, Grundlagen, Regelung und Zukunft im Aktienrecht, Diss., Freiburg 2012; MEIER-HAYOZ ARTHUR/FORSTMOSER PETER/SETHE ROLF, Schweizerisches Gesellschaftsrecht, mit neuem Firmen- und künftigem Handelsregisterrecht und unter Einbezug der Aktienrechtsreform, 12. Aufl., Bern 2018; MÜLLER ROLAND/LIPP LORENZ/PLÜSS ADRIAN, Der Verwaltungsrat, Ein Handbuch für Theorie und Praxis, 4. Aufl., Zürich/Basel/Genf 2014; PROJER KASPAR, Die Übermittlung des Aktionärswillens durch die unabhängige Stimmrechtsvertretung, Zürich 2017; RUDIN BETTINA, § 52 Rechte des Aktionärs, in: Willi Fischer/Helke Drenckhan/Michael Gwelessiani/Fabiana Theus Simoni (Hrsg.), Handbuch Schweizer Aktienrecht, Basel 2014; RUSTERHOLZ LEO/HELD LUKAS, Ausgewählte Aspekte zur Business Judgment Rule im Licht aktueller Rechtsprechung, GesKR 2016, S. 186 ff.; SCHENKER URS, Corona-Krise – Teilsuspendierung von Art. 725 OR (Konkursanmeldungspflicht), COVID-19-Stundung und weitere Massnahmen zur Vermeidung von Konkursen, abrufbar unter ‹www.walderwyss.com/user_assets/publications/Teilsuspendierung-von-Art.-725-OR-und-Covid-19-Stundung.pdf› (24.6.2020); TANNER BRIGITTE, Art. 698 OR, in: LUKAS Handschin (Hrsg.), Zürcher Kommentar zum Aktienrecht, Generalversammlung und Verwaltungsrat, Mängel in der Organisation, Art. 698–726 und 731b OR, Zürich 2018 (zit. ZK-TANNER, Art. 698 OR); VON DER CRONE HANS CASPAR/GROB THOMAS, Die virtuelle Generalversammlung, SZW 2018, S. 5 ff.

Materialienverzeichnis

Entwurf zum Obligationenrecht (Aktienrecht), BBl 2017 683 ff. (zit. E-OR); FAQ Coronavirus und Generalversammlungen des Bundesamtes für Justiz vom 4. Mai 2020 (zit. FAQ Coronavirus und Generalversammlungen).

I. Einleitung

1 Der vorliegende Beitrag befasst sich mit den Auswirkungen der COVID-19-Verordnungen (COVID-19-Verordnung 2 und die diese Verordnung ersetzende COVID-19-Verordnung 3) auf die Einberufung und Durchführung von Generalversammlungen. Vor dem Hintergrund, dass die Unvorhersehbarkeit der COVID-19-Krise bei vielen Gesellschaften das Bedürfnis geweckt hat, ihre Dividendenpolitik anzupassen oder die Modalitäten der Dividendenzahlung flexibler zu gestalten, wird im Weiteren darauf eingegangen, wie der unabhängige Stimmrechtsvertreter im Falle einer Änderung des Dividendenantrags die Stimmrechte auszuüben hat und ob und in welchem Umfang die Kompetenz zum Dividendenbeschluss von der Generalversammlung an den Verwaltungsrat delegiert werden kann. Schliesslich werden die während der Geltungsdauer der COVID-19-Verordnung Insolvenzrecht modifizierten Handlungspflichten des Verwaltungsrates im Falle einer Überschuldung betrachtet.

II. Generalversammlung

1. Vorübergehendes Verbot von Generalversammlungen im klassischen Stil

2 Der Bundesrat hat am 13. März 2020 die COVID-19-Verordnung 2 erlassen und darin öffentliche oder private Veranstaltungen, bei welchen sich gleichzeitig 100 oder mehr Personen aufhalten, verboten.[1] Während Generalversammlungen kleinerer, privat gehaltener Gesellschaften von diesem Verbot kaum tangiert waren, galt es für Publikumsgesellschaften sicherzustellen, dass nicht mehr als 100 Personen an der Generalversammlung teilnehmen. Zu diesem Zweck planten die Publikumsgesellschaften, die Aktionäre mittels Schreiben aufzufordern, an der Generalversammlung nicht persönlich teilzunehmen. Diese Aufforderung sollte mit dem Hinweis verbunden werden, dass sich der Verwaltungsrat vorbehält, Aktionäre nicht zuzulassen, falls sich bereits 100 Personen im Versammlungsraum befinden. Um die persönliche Teilnahme unattraktiv zu machen, kündigten die meisten betroffenen Gesellschaften ferner an, auf die übliche Verköstigung und das Verteilen von Geschenken gänzlich zu verzichten. Während es zweifelsohne zulässig ist, die Teilnahme an der Generalversammlung im Vergleich zu den Vorjahren unattraktiver auszugestalten, kann offen bleiben, ob die Nichtzulassung eines Aktionärs zur Generalversammlung unter den gegebenen Umständen mit dem Recht auf physische Teilnahme zu vereinbaren gewesen wäre.[2] Bereits am 16. März 2020 hat der Bundesrat die Situation in der Schweiz nämlich als «ausserordentliche Lage» gemäss Epidemiengesetz eingestuft, die Massnahmen zum Schutz der Bevölkerung weiter verschärft und ein vollständiges Verbot von öffentlichen und pri-

1 COVID-19-Verordnung 2 in der ursprünglichen Fassung vom 13.3.2020, Art. 6 Abs. 1.

2 Nach Müller/Lipp/Plüss, S. 486, sind statutarische Bestimmungen, welche das Teilnahmerecht beschränken, nichtig; Forstmoser/Meier-Hayoz/Nobel, § 39 Rz 110 qualifizieren das Recht auf Teilnahme als *unverzichtbares* Recht der Aktionäre; für Böckli, Aktienrecht, § 12 Rz 170 *steht fest*, dass Aktionäre immer ein Recht auf Teilnahme haben.

vaten Veranstaltungen erlassen.[3] Als Veranstaltung galten auch Generalversammlungen, an welchen die Aktionäre physisch teilnehmen. Entsprechend waren Generalversammlungen mit physisch präsenten Aktionären ab dem 17. März 2020 untersagt, bzw. durften nur mit Bewilligung der zuständigen kantonalen Behörde durchgeführt werden. Unter das Verbot fielen alle Gesellschaften mit mehr als einem Aktionär.[4] Um Generalversammlungen dennoch zu ermöglichen, wurde dem Verwaltungsrat die Kompetenz eingeräumt, anzuordnen, dass die Aktionäre ihre Rechte ausschliesslich auf schriftlichem Weg bzw. in elektronischer Form oder durch einen vom Veranstalter bezeichneten unabhängigen Stimmrechtsvertreter ausüben konnten.[5] Ausserdem war es dem Vorsitzenden, dem Protokollführer, dem Stimmenzähler, dem unabhängigen Stimmrechtsvertreter, der Revisionsstelle und gegebenenfalls dem Notar gestattet, physisch an der Generalversammlung teilzunehmen.[6]

3 Das Versammlungsverbot wurde mit Wirkung auf den 6.6.2020 gelockert. Ab diesem Datum konnten Veranstaltungen mit bis zu 300 Personen wieder stattfinden, wenn ein entsprechendes Schutzkonzept erstellt wurde.[7] Seit dem 22.6.2020 sind Veranstaltungen mit bis zu 1000 Teilnehmern wieder möglich.[8] Gestützt auf die COVID-19-Verordnung 3 können Gesellschaften allerdings weiterhin auf eine physische Versammlung verzichten und anordnen, dass die Aktionäre ihre Rechte ausschliesslich auf schriftlichem Weg bzw. in elektronischer Form oder durch einen vom Veranstalter bezeichneten unabhängigen Stimmrechtsvertreter ausüben können. Die entsprechende Anordnung kann bis zum 31.8.2020 getroffen werden.[9]

2. Einberufung und Durchführung einer COVID-19-Generalversammlung

a) Einberufung

4 Für Gesellschaften, welche die Generalversammlung während der Geltungsdauer des Versammlungsverbots gemäss COVID-19-Verordnung 2 einberiefen oder gestützt auf die COVID-19-Verordnung 3 auf eine physische Versammlung verzichten, galten bzw. gelten die gesetzlichen Vorschriften, insb. auch die Einberufungsfrist von 20 Tagen weiterhin. Diese 20-Tage-Frist wird im geltenden Aktienrecht als Verwirkungsfrist verstanden. Hat der Verwaltungsrat die Einladung bereits versandt, kann er keine materiellen Änderungen mehr vornehmen.[10] Von diesem Grundsatz weichen die COVID-19-Verordnungen ab. Hatte der Verwaltungsrat die Generalversammlung im Zeitpunkt des Erlasses der COVID-19-Verordnung 2 bereits einberufen und entschied er sich, die Ver-

3 COVID-19-Verordnung 2 (Stand 17.3.2020), Art. 6 Abs. 1.
4 FAQ Coronavirus und Generalversammlungen, Nr. 5.
5 COVID-19-Verordnung 2 (Stand 17.3.2020), Art. 6b.
6 FAQ Coronavirus und Generalversammlungen, Nr. 3.
7 COVID-19-Verordnung 2 (Stand 6.6.2020), Art. 6 Abs. 2 und Abs. 3.
8 COVID-19-Verordnung besondere Lage (Stand 19.6.2020), Art. 6 Abs. 1.
9 COVID-19-Verordnung 3 (Stand 19.6.2020), Art. 27 i.V.m. Art. 29 Abs. 3.
10 Böckli, Aktienrecht, § 12 Rz 114 f.

sammlung unter Ausschluss der Aktionäre durchzuführen, war eine erneute formelle Einladung nicht erforderlich. Der Verwaltungsrat musste in diesem Fall die neuen Anordnungen über die Modalitäten der Stimmrechtsausübung den Teilnehmern lediglich bis vier Tage vor der Generalversammlung schriftlich mitteilen oder elektronisch veröffentlichen.[11] Die Verordnung führte allerdings nicht näher aus, was unter *«schriftlicher Mitteilung»* zu verstehen war. Vor dem Hintergrund, dass eine rein elektronische Veröffentlichung möglich (und mit Blick auf die Ad-hoc-Publizitätspflicht auch erforderlich) war, war es statthaft, nur diejenigen Aktionäre, welche sich bereits für die Generalversammlung angemeldet hatten, mittels persönlicher Schreiben zu informieren, und für die übrigen Aktionäre auf der Website der Gesellschaft eine entsprechende Information aufzuschalten.

Zunächst bestanden Zweifel darüber, ob der Verwaltungsrat den in der Einladung bestimmten Ort der Generalversammlung ohne Mitteilung an die Aktionäre ändern konnte oder ob in diesem Fall eine erneute formelle Einladung notwendig war. Die Frage war für zahlreiche Publikumsgesellschaften von praktischer Bedeutung, da aus Kostenüberlegungen ein Interesse daran bestand, die Versammlung in den eigenen Räumlichkeiten anstatt z.B. in einer gemieteten Messehalle durchzuführen. Während der Verwaltungsrat unter normalen Umständen weder den Versammlungsort noch den Beginn einer bereits formell eingeladenen Generalversammlung ändern kann,[12] sind Aktionäre von Gesellschaften, welche keine physische Generalversammlung durchführen, von einer kurzfristigen Änderung des Versammlungsortes nicht betroffen. Entsprechend wird es allgemein als zulässig erachtet, den Ort der Generalversammlung kurzfristig und ohne Mitteilung an die Aktionäre zu ändern. 5

b) *Durchführung einer COVID-19-Generalversammlung*

Gemäss geltendem Aktienrecht ist eine virtuelle Generalversammlung, d.h. eine Generalversammlung ohne physische Teilnahmemöglichkeit der Aktionäre, nicht zulässig. Dies soll sich erst mit der Aktienrechtsrevision ändern. Gemäss dem Entwurf des neuen Aktienrechts kann eine Generalversammlung mit elektronischen Mitteln ohne Tagungsort durchgeführt werden, wenn die Statuten dies vorsehen und wenn der Verwaltungsrat in der Einberufung einen unabhängigen Stimmrechtsvertreter bezeichnet.[13] 6

Durch das in der COVID-19-Verordnung 2 enthaltene Verbot von Versammlungen und um den Gesellschaften die Durchführung einer Generalversammlung während der «ausserordentlichen Lage» gemäss Epidemiengesetz überhaupt zu ermöglichen, sah sich der Bundesrat gezwungen, eine Form der virtuellen Generalversammlung bereits vor 7

11 COVID-19-Verordnung 2, Art. 6b Abs. 2 (Stand 17.3.2020) bzw. Art. 6f Abs. 2 (Stand 6.6.2020); COVID-19-Verordnung 3 (Stand 19.6.2020), Art. 27 Abs. 2.

12 Böckli, Aktienrecht, § 12 Rz 115.

13 Art. 701d Abs. 1 E-OR; für eine Übersicht über die in der Aktienrechtsrevision vorgesehenen Bestimmungen zur virtuellen Generalversammlung siehe von der Crone/Grob, S. 5 ff.

dem Inkrafttreten des neuen Aktienrechts zu ermöglichen.[14] Die Möglichkeit, die Generalversammlung in einer Form der virtuellen Generalversammlung durchzuführen, besteht nach der Lockerung des Versammlungsverbots gestützt auf die COVID-19-Verordnung 3 weiterhin.[15] Der Verwaltungsrat kann anordnen, dass die Aktionäre ihre Rechte ausschliesslich auf schriftlichem Weg, in elektronischer Form oder durch einen unabhängigen Stimmrechtsvertreter ausüben können. Dadurch wird die Durchführung einer Generalversammlungen per Video- oder Telefonkonferenz möglich. Wie auch im Entwurf der Aktienrechtsrevision[16] wird aber vorausgesetzt, dass jeder Teilnehmende identifiziert werden kann, die Voten der anderen Teilnehmenden hört und sich selber äussern und seine Stimmrechte ausüben kann. Es ist somit erforderlich, dass sich alle Teilnehmenden gleichzeitig in einem virtuellen Raum zusammenfinden, weshalb ein reiner E-Mail-Verkehr zu den Beschlüssen nicht zulässig ist. Entsprechend ist auch keine Stimmabgabe per E-Mail möglich, da nur eine qualifizierte elektronische Signatur dem «schriftlichen Weg»[17] gleichgestellt wird.[18] Für eine virtuelle Generalversammlung gestützt auf die COVID-19-Verordnung 3 ist es zudem weiterhin notwendig, einen Tagungsort zu bezeichnen. Weitere Anforderungen an die konkrete Ausgestaltung der virtuellen Generalversammlung enthält die COVID-19-Verordnung 3 nicht. Die Organisation liegt entsprechend in der Kompetenz und der Verantwortung des Verwaltungsrates.[19]

8 Ordnete eine Gesellschaft an, dass Aktionäre ihre Rechte ausschliesslich durch den unabhängigen Stimmrechtsvertreter ausüben konnten, sind nicht nur das Stimmrecht, sondern auch das Antrags-, Auskunfts- und Fragerecht betroffen.[20] Wollten Aktionäre von diesen Rechten Gebrauch machen, müssen sie ihre Anträge oder Fragen vorgängig dem unabhängigen Stimmrechtsvertreter zukommen lassen. Gestützt auf den Wortlaut der COVID-19-Verordnung 3[21] ist der unabhängige Stimmrechtsvertreter verpflichtet, die Anträge und Fragen an der Generalversammlung zu stellen oder zu Protokoll zu geben. Diese Pflicht gilt unabhängig davon, ob der unabhängige Stimmrechtsvertreter vom Verwaltungsrat entsprechend instruiert wurde oder nicht. Die Gesellschaft kann die Fragen entweder im Protokoll oder nach der Generalversammlung in schriftlicher Form beantworten. Unzulässig wäre es nach der hier vertretenen Auffassung gewesen, Aktionären in der Einladung zu untersagen, Fragen zu stellen. Eine Pflicht, die Aktio-

14 COVID-19-Verordnung 2, Art. 6b Abs. 1 lit. a (Stand 17.3.2020) bzw. Art. 6f Abs. 1 lit. a (Stand 6.6.2020).

15 COVID-19-Verordnung 3 (Stand 19.6.2020), Art. 27.

16 Art. 701e E-OR.

17 COVID-19-Verordnung 3 (Stand 19.6.2020), Art. 27 Abs. 1; so auch schon COVID-19-Verordnung 2, Art. 6b Abs. 1 lit. a (Stand 17.3.2020) bzw. Art. 6f Abs. 1 lit. a (Stand 6.6.2020).

18 FAQ Coronavirus und Generalversammlungen, Nr. 11.

19 Diesbezüglich unterscheidet sich die COVID-19-Verordnung 3 nicht vom Entwurf der Aktienrechtsrevision, siehe Art. 701e E-OR.

20 FAQ Coronavirus und Generalversammlungen, Nr. 16.

21 COVID-19-Verordnung 3 (Stand 19.6.2020), Art. 27 Abs. 1 sieht vor, dass die Aktionäre «ihre Rechte» (und nicht bloss das Stimmrecht) ausüben können.

näre auf die Möglichkeit hinzuweisen, dass sie Fragen oder Anträge stellen können, besteht hingegen nicht.

Die technischen Hürden, welche vor der Durchführung einer virtuellen Generalversammlung zu überwinden waren, haben sich in der Praxis als (zu) hoch erwiesen. Dementsprechend haben – soweit ersichtlich – alle kotierten Gesellschaften, welche die Generalversammlung bereits durchgeführt haben, in der Einladung vorgesehen, dass Stimmrechte ausschliesslich durch den unabhängigen Stimmrechtsvertreter ausgeübt werden können. Immerhin haben einige Gesellschaften die Generalversammlung live im Internet übertragen. Wie eine Analyse der hundert grössten Gesellschaften aus dem Swiss Performance Index (SPI) gezeigt hat, hatte das Versammlungsverbot allerdings keine Auswirkung auf die Stimmbeteiligung der Aktionäre. Diese ist trotz Versammlungsverbot konstant geblieben.[22] 9

3. Verschiebung der Generalversammlung

a) *Kompetenz des Verwaltungsrates*

Das Verbot, Generalversammlungen mit physisch präsenten Aktionären durchzuführen, führte dazu, dass Gesellschaften ihre Generalversammlung entweder verschieben[23] oder ohne physische Teilnahmemöglichkeit der Aktionäre durchführen mussten.[24] 10

Der Verwaltungsrat hat die Leitungsfunktion in Bezug auf die Generalversammlung,[25] weshalb der Entscheid über die Einberufung oder eine Verschiebung beim Verwaltungsrat liegt. Möchte der Verwaltungsrat eine bereits einberufene Generalversammlung verschieben, muss er sie auf den offiziellen Publikationskanälen annullieren.[26] Wurde die Generalversammlung noch nicht formell einberufen, sind die Aktionäre in geeigneter Form über die Verschiebung zu informieren. 11

b) *Verschiebung als Notfallszenario?*

Während der Dauer des Versammlungsverbotes gem. COVID-19 Verordnung 2 stellte sich die Frage, ob der Verwaltungsrat die Generalversammlung nur bei Vorliegen von wichtigen Gründen in die zweite Jahreshälfte verschieben kann. Die vom Bundesamt für Justiz publizierten Frequently Asked Questions legen nahe, dass eine Verschiebung selbst unter Geltung des Versammlungsverbots nur dann statthaft war, wenn sich die Gesellschaft trotz der Dispens vom physischen Versammlungserfordernis ausser Stande sah, 12

22 Siehe dazu FuW v. 19.6.2020 «Gut besuchte Geister-Generalversammlungen», abrufbar unter ‹https://www.fuw.ch/article/gut-besuchte-geister-generalversammlungen/› (24.6.2020).

23 So z.B. Clariant AG; siehe die Medienmitteilung der Clariant AG vom 18.3.2020, abrufbar unter ‹www.clariant.com/de/Corporate/News/2020/03/Clariant-to-postpone-Annual-General-Meeting-planned-for-March-30–2020› (24.6.2020).

24 So z.B. Sika AG; siehe die Medienmitteilung der Sika AG vom 26.3.2020, abrufbar unter ‹www.sika.com/en/media/media-releases/2020/general-meeting-2020.html› (24.6.2020).

25 Böckli, Aktienrecht, § 12 Rz 116; Müller/Lipp/Plüss, S. 481.

26 Horber/Frick, S. 10.

die Generalversammlung durchzuführen.[27] Horber/Frick gehen ebenfalls davon aus, dass die Verschiebung der Generalversammlung insbesondere wegen der damit verbundenen Verzögerung der Dividendenzahlung ein absolutes Notfallszenario darstellen sollte.[28] Diese Auffassung ist – soweit lediglich eine Verschiebung in die zweite Jahreshälfte im Raum steht – abzulehnen. U.E. war es dem Verwaltungsrat unter den gegebenen Umständen unbenommen, eine Interessenabwägung vorzunehmen und namentlich das Interesse der Aktionäre, an der Generalversammlung physisch teilnehmen zu können, höher zu gewichten als das Interesse an einer zeitgerechten Durchführung. Nicht statthaft wäre es demgegenüber, die Versammlung über Monate hinweg oder sogar in das nächste Kalenderjahr zu verschieben, sofern keine wichtigen Gründe vorliegen. Die verschobene ordentliche Generalversammlung 2020 muss nun, nach der weitgehenden Lockerung des Versammlungsverbots, zeitnah im zweiten Halbjahr stattfinden. Dies selbst dann, wenn das Versammlungsverbot und die Dispens vom physischen Versammlungserfordernis wider Erwarten wieder eingeführt werden sollten. Gegebenenfalls müsste die Versammlung dann ohne physisch anwesende Aktionäre durchgeführt werden.

c) *Unzulässigkeit der Verschiebung gestützt auf Art. 699 Abs. 2 OR?*

13 Hinsichtlich einer Verschiebung ist auf Art. 699 Abs. 2 OR hinzuweisen, wonach die ordentliche Generalversammlung innert sechs Monaten seit Abschluss des Geschäftsjahres stattzufinden hat. Obwohl das Bundesgericht diese Frist als relativ zwingend erklärt hat und Statutenbestimmungen, die eine längere Frist vorsehen, unzulässig sind,[29] wird die Frist von der h.L. lediglich als eine Ordnungsvorschrift qualifiziert.[30] Im Falle eines Überschreitens der Frist wird weder die Generalversammlung ungültig, noch werden die gefassten Beschlüsse anfechtbar. Auch verlangt die h.L. nicht, dass wichtige Gründe vorliegen, welche eine Nichteinhaltung der Frist rechtfertigen.[31] Entsprechend stand während dem Versammlungsverbot gem. COVID-19-Verordnung 2 auch Art. 699 Abs. 2 OR einer Verschiebung der Generalversammlung in die zweite Jahreshälfte nicht entgegen.

d) *Einberufungspflicht der Revisionsstelle*

14 Die Frage stellt sich, ob die Revisionsstelle von Gesellschaften, welche die Durchführung der Generalversammlung aufgrund des Versammlungsverbots gemäss der COVID-19-Verordnung 2 bis auf Weiteres verschoben haben, verpflichtet war, die Generalversammlung einzuberufen. Gemäss Art. 699 Abs. 1 OR kann die Generalversammlung *«nötigen-*

27 FAQ Coronavirus und Generalversammlungen, Nr. 19.

28 Horber/Frick, S. 10.

29 BGE 107 II 246 E. 1.

30 Böckli, Aktienrecht, § 12 Rz 46; Forstmoser/Meier-Hayoz/Nobel, § 23 Rz 44; BSK OR II-Dubs/Truffer, Art. 699 N 22; ZK-Tanner, Art. 699 OR N 22.

31 Forstmoser/Meier-Hayoz/Nobel, § 23 Rz 3 und Rz 44; ZK-Tanner, Art. 699 OR N 22.

falls» von der Revisionsstelle einberufen werden. Das Bundesgericht leitet daraus eine Pflicht zur Einberufung der Generalversammlung durch die Revisionsstelle ab, wenn der Verwaltungsrat die Einberufung verschleppt.[32]

Wollte der Verwaltungsrat den Aktionären die persönliche Teilnahme an der Generalversammlung ermöglichen und verzichtete er deshalb darauf, die Versammlung bis zum 30. Juni 2020 durchzuführen, lag zweifelsohne noch keine Verschleppung vor. Dementsprechend war die Revisionsstelle in diesen Fällen nicht verpflichtet, die Generalversammlung einzuberufen. Nach der weitgehenden Lockerung des Versammlungsverbots sollte eine weitere Verschiebung ein absolutes Notfallszenario darstellen.[33] Unterlässt der Verwaltungsrat nun die zeitnahe Einberufung, wird die Revisionsstelle ernsthaft erwägen müssen, die Generalversammlung anstelle des Verwaltungsrates einzuberufen. 15

III. Dividendenausschüttungen

Die sich abzeichnende, dramatische Verschlechterung der wirtschaftlichen Situation zwang viele Gesellschaften dazu, Massnahmen zur Sicherung der Liquidität zu ergreifen und ihre Dividendenpolitik zu überdenken. Neben Liquiditätsproblemen konnten auch staatliche Aufforderungen, auf die Ausschüttung von Dividenden zu verzichten oder diese zumindest zu reduzieren, einen Einfluss auf die Dividendenpolitik haben.[34] Entsprechend prüften viele Gesellschaften, auf die Auszahlung einer bereits angekündigten Dividende gänzlich zu verzichten oder den Auszahlungsbetrag zu reduzieren. Daraus haben sich Fragen hinsichtlich des Dividendenbeschlusses, der Anpassung des Dividendenantrags durch den Verwaltungsrat und der Delegationsmöglichkeit an den Verwaltungsrat ergeben. 16

1. Anpassung des Dividendenantrags

Der Verwaltungsrat ist nach der h.L. berechtigt, Anträge zu Traktanden ohne Weiteres zu ändern.[35] Nach der hier vertretenen Auffassung ist der Verwaltungsrat zur Änderung des Dividendenantrags unter Umständen verpflichtet, wenn sich die Gesellschaft in einer prekären finanziellen Situation befindet. Vor dem Hintergrund des Versammlungsverbots waren Anpassungen der Anträge des Verwaltungsrates allerdings heikel. Durch das Verbot, physisch an der Generalversammlung teilzunehmen, wurde es den Aktionären verunmöglicht, ihre Stimmrechte in Kenntnis der neuen Anträge auszuüben. Da eine Stimmabgabe ausschliesslich mittels Weisung an den unabhängigen Stimmrechtsvertreter möglich war, stellte sich namentlich die Frage, nach welchen Weisungen der unabhängige Stimmrechtsvertreter die Stimmen abzugeben hat, wenn der Verwaltungsrat den Dividendenantrag kurzfristig ändert. 17

32 BGE 93 II 22 E. 5; BGE 86 II 171 E. 1c.

33 Siehe Rz 12.

34 Siehe dazu die Beispiele unter Rz 31 ff.

35 BSK OR II-Dubs/Truffer, Art. 700 N 11d, 18; ZK-Tanner, Art. 700 OR N 61 ff.

18 Der unabhängige Stimmrechtsvertreter ist verpflichtet, die ihm von den Aktionären übertragenen Stimmrechte weisungsgemäss auszuüben.[36] Sein Verhalten richtet sich dabei nach der Hierarchisierung der Weisungen untereinander. Konkrete Weisungen gehen allgemeinen Weisungen vor. Wird ein Antrag nach Versand der Generalversammlungseinladung modifiziert, ist für die Frage, ob der unabhängige Stimmrechtsvertreter die Stimmrechte nach den konkreten oder den allgemeinen Weisungen auszuüben hat, entscheidend, ob es sich noch immer um einen bereits angekündigten oder um einen neuen Antrag handelt. Dafür ist wiederum ausschlaggebend, ob die Modifikation wesentlich oder unwesentlich ist.[37]

19 Die Beurteilung, ob ein bereits angekündigter oder ein neuer Antrag vorliegt, ist gemäss h.L. alleine durch den unabhängigen Stimmrechtsvertreter vorzunehmen.[38] Zu den Abgrenzungskriterien gibt es nur wenige, verallgemeinernde Stimmen in der Literatur. Einigkeit besteht immerhin darüber, dass die Beurteilung in Anwendung des Grundsatzes von Treu und Glauben zu erfolgen hat.[39] GERICKE hält allgemein fest, dass keine konkrete Weisung mehr vorliege, wenn ein Antrag des Verwaltungsrates von diesem während der Generalversammlung inhaltlich in einem wesentlichen Punkt abgeändert werde.[40] NIKITINE führt aus, dass bei rein sprachlichen Anpassungen bzw. «kleinen, inhaltlichen Präzisierungen im Antrag», die aus Sicht eines durchschnittlichen Aktionärs vernünftigerweise keinen Einfluss auf sein Stimmverhalten haben, von einer unwesentlichen Modifikation auszugehen sei.[41] Gemäss PROJER muss ein in der Einladung aufgeführter Antrag wesentlich abgeändert werden, damit er nicht mehr als angekündigter Antrag gilt.[42] Während «kleinere redaktionelle Änderungen eines Antrags» (wie orthografische Korrekturen, subsidiäre Erläuterungen oder Berichtigungen)[43] nicht wesentlich seien, präsentiere sich die Situation anders, wenn relevante Bestandteile des Antrags in inhaltlicher Hinsicht modifiziert werden. Die Wesentlichkeit einer Antragsänderung sei demnach immer zu bejahen, wenn «für den abgeänderten Antrag dem Meinungshorizont des Urhebers oder Adressaten des Antrags zufolge eine separate Willensbildung notwendig ist bzw. wäre», was im Einzelfall eine Abwägung zwischen dem Aktionärsinteresse auf Neubildung des Willens und dem Grundsatz der unverfälschten Kundgabe des (bereits geäusserten) Willens erforderlich macht.[44] Als Beispiel einer wesentlichen Modifikation nennt er die Erhöhung oder Verringerung des traktandierten Gesamtbetrages der Vergütung für den Verwaltungsrat.

36 Art. 9 Abs. 1 VegüV.
37 BSK VegüV-NIKITINE, Art. 9 N 18.
38 Statt vieler PROJER, Rz 404
39 BSK VegüV-NIKITINE, Art. 9 N 18.
40 GERICKE, Praxiskommentar VegüV, Art. 10 N 27.
41 BSK VegüV-NIKITINE, Art. 9 N 18.
42 PROJER, Rz 401.
43 PROJER, Rz 402.
44 PROJER, Rz 402.

Nach der hier vertretenen Ansicht steht dem unabhängigen Stimmrechtsvertreter mangels klarer Abgrenzungskriterien für die Beurteilung, ob ein angekündigter oder nicht angekündigter Antrag vorliegt, ein Ermessensspielraum zu.[45] Folgt man der differenzierten Meinung von PROJER, erfordert die Beurteilung der Wesentlichkeit eine Interessenabwägung.[46] Der unabhängige Stimmrechtsvertreter muss demnach ausgehend von der Pflicht zur unverfälschten Willenskundgabe danach fragen, ob der Aktionär hinsichtlich des geänderten Antrags die gleiche oder eine abweichende Weisung erteilt hätte. Dafür hat sich der unabhängige Stimmrechtsvertreter in die Position eines durchschnittlichen Aktionärs zu versetzen.[47] 20

Eine Änderung des Dividendenantrags muss nach der hier vertretenen Ansicht grundsätzlich immer als wesentliche Änderung des Antrags und daher als neuer Antrag betrachtet werden. Die konkrete Weisung des Aktionärs ist vom unabhängigen Stimmrechtsvertreter somit nicht mehr zu beachten. Die Stimmabgabe hat sich vielmehr nach der allgemeinen Weisung oder, falls eine allgemeine Weisung fehlt, nach einer allfälligen Auffangweisung zu richten. 21

Allerdings gelten die vom unabhängigen Stimmrechtsvertreter abgegebenen Stimmen, selbst wenn weisungswidrig abgegeben, gemäss h.L. und Rechtsprechung als gültig abgegebene Stimmen.[48] Die Folge der Nichteinhaltung von Art. 9 f. VegüV durch den unabhängigen Stimmrechtsvertreter kann jedoch zur Anfechtbarkeit der entsprechenden Beschlüsse führen. Weil der Mangel das Beschlussverfahren und nicht den Beschlussinhalt betrifft, ist die Anfechtung nur unter der Einschränkung möglich, dass die Verletzung für das Beschlussergebnis kausal war.[49] Ferner stehen einem Aktionär gegenüber der Gesellschaft bzw. ihren Organen und nach umstrittener Auffassung auch gegenüber dem unabhängigen Stimmrechtsvertreter unter Umständen Schadenersatzansprüche zu.[50] 22

2. Delegationsmöglichkeiten an den Verwaltungsrat

Die Unsicherheiten über den weiteren Verlauf der Pandemie und deren Einfluss auf die wirtschaftliche Entwicklung liessen bei vielen Gesellschaften das Bedürfnis nach Flexibilisierung der Dividendenbeschluss- und Dividendenauszahlungsmodalitäten entstehen. Könnte die Beschlussfassung über die Ausschüttung an den Verwaltungsrat delegiert werden, wäre es dem Verwaltungsrat möglich, auf den weiteren Verlauf der COVID-19-Krise zu reagieren und die Dividendenausschüttung von diesem Verlauf abhängig zu machen. Es stellt sich deshalb die Frage, ob und in welchem Umfang die Beschlussfas- 23

45 Dies ist freilich umstritten; befürwortend BSK VegüV-NIKITINE, Art. 9 N 18, und PROJER, Rz 413; **abl.** DUBS, S. 192.

46 Siehe Rz 19.

47 BSK VegüV-NIKITINE, Art. 9 N 18; vgl. zum Ganzen PROJER, Rz 412 f.

48 BGE 128 III 142 E. 3b; BÖCKLI, Aktienrecht, § 12 Rz 258.

49 Statt vieler GERICKE, Praxiskommentar VegüV, Art. 10 N 44.

50 GERICKE, Praxiskommentar VegüV, Art. 10 N 16; PROJER, Rz 540.

sung über eine Dividendenausschüttung von der Generalversammlung an den Verwaltungsrat delegiert werden kann.

a) Delegation der Beschlusskompetenz

24 Gestützt auf Art. 698 Abs. 2 Ziff. 4 OR geht die h.L. davon aus, dass die Beschlussfassung über die Ausschüttung einer Dividende in die unübertragbaren Kompetenzen der Generalversammlung fällt und ein Ausschüttungsbeschluss des Verwaltungsrates nichtig ist.[51]

25 Kägi vertritt dagegen die Ansicht, dem Verwaltungsrat komme (in begrenztem Umfang) das Recht zu, Dividenden auszuschütten. Nach Kägi verfüge die Generalversammlung nämlich lediglich über eine «Erstverfügungskompetenz» über den Bilanzgewinn, nicht aber über eine in jeder Hinsicht umfassende und ausschliessliche Kompetenz zur Verwendung des Eigenkapitals.[52] Begründet wird diese Auffassung damit, dass nur dieses Verständnis mit der ebenfalls vom Gesetz vorgesehenen Kompetenz des Verwaltungsrates zur Verwendung von Eigenkapital zum Erwerb eigener Aktien vereinbar sei.[53] Aus dem Verständnis von Art. 698 Abs. 2 Ziff. 4 OR als «Erstverfügungskompetenz» folgert er, dass «verwaltungsrätliche Dividenden» aus dem Bilanzgewinn vor dem Gewinnverwendungsbeschluss unzulässig sind, solche aus dem Gewinnvortrag, den freien Reserven und ähnlichen Reserveposten dagegen zulässig seien, wenn eine entsprechende Ermächtigung vorliegt und die Dividende während des auf den Bilanzstichtag folgenden Geschäftsjahrs beschlossen wird.[54]

26 Die fehlende Möglichkeit der Generalversammlung, den Verwaltungsrat zu ermächtigen, Dividenden auszuschütten, wird von Häusermann im Zusammenhang mit Zwischendividenden[55] kritisiert. Er argumentiert, ein Delegationsverbot sei zum Schutz der Gläubiger weder geeignet noch erforderlich, verursache aber insb. bei Publikumsgesellschaften erhebliche Kosten, da so die Ausschüttung einer Zwischendividende die Einberufung einer ausserordentlichen Generalversammlung nötig mache.[56] Aus diesen Gründen fordert Häusermann, dass der Gesetzgeber in Zukunft eine Delegationsmöglichkeit in Bezug auf die Ausschüttung von Zwischendividenden vorsehen sollte.[57] Auch Bahar fordert zumindest *de lege ferenda* eine Delegationsmöglichkeit.[58]

27 In Übereinstimmung mit der h.L. ist die Zulässigkeit der Delegation des Dividendenbeschlusses an den Verwaltungsrat sowohl für ordentliche Dividenden als auch für Zwischendividenden abzulehnen. Zwar trifft zu, dass dem Verwaltungsrat im Rahmen

51 Forstmoser/Meier-Hayoz/Nobel, § 22 Rz 41, § 40 N 75; Böckli, Aktienrecht, § 12 Rz 519; Glanzmann, S. 106.

52 Kägi, § 5 Rz 41.

53 Kägi, § 5 Rz 41.

54 Kägi, § 5 Rz 42.

55 Für eine Übersicht über die Zulässigkeit von Zwischendividenden siehe Forstmoser/Zindel/Meyer Bahar, S. 207.

56 Häusermann, S. 267 f.

57 Häusermann, S. 268.

58 Bahar, S. 271.

des Erwerbs eigener Aktien die Kompetenz zukommt, ohne Zustimmung der Generalversammlung über Eigenkapital der Gesellschaft zu verfügen. Der Erwerb eigener Aktien und eine Dividendenausschüttung lassen sich jedoch nur bedingt miteinander vergleichen. So führt eine Dividendenausschüttung zu einem irreversiblen Mittelabfluss bei der Gesellschaft, während die Gesellschaft beim Erwerb von eigenen Aktien faktisch Vermögenswerte erwirbt, auch wenn die eigenen Aktien nicht aktiviert werden dürfen.[59] Abzulehnen ist auch die Möglichkeit, die Delegation im Rahmen eines von der Generalversammlung beschlossenen Maximalbetrags zuzulassen und den Verwaltungsrat zu ermächtigen (aber nicht zu verpflichten), Dividenden bis zum genehmigten Maximalbetrag auszuschütten. Auch bei einer solch eingeschränkten Delegation würde letztlich nämlich wiederum der Verwaltungsrat darüber bestimmen, ob und in welcher Höhe eine Dividende ausgeschüttet wird.

b) *Delegation der Auszahlungsmodalitäten*

Wird im Gewinnverteilungsbeschluss der Generalversammlung kein bestimmtes Datum für die Auszahlung und somit für die Fälligkeit der Dividende festgelegt, wird die Dividende sofort fällig.[60] Fraglich ist, ob die Festlegung des Fälligkeitsdatums der Dividende an den Verwaltungsrat delegiert werden kann. In der Lehre wird die Frage überwiegend bejaht.[61] Gemäss Böckli soll es auch möglich sein, von den Aktionären den Maximalbetrag für die Jahresdividende bewilligen zu lassen und den Verwaltungsrat zu ermächtigen, dass er daraus nach seinem Ermessen Teilbeträge zahlbar stellt.[62] Auch das Bundesverwaltungsgericht hat in einem steuerrechtlichen Entscheid festgehalten, dass die Kompetenz zur Festlegung des Fälligkeitsdatums an den Verwaltungsrat delegiert werden kann. Um eine faktische Delegation des Beschlusses darüber, ob überhaupt eine Dividende ausgeschüttet wird, an den Verwaltungsrat zu verhindern, bejaht das Bundesverwaltungsgericht diese Möglichkeit aber nicht uneingeschränkt und hält fest, dass eine Delegation nur statthaft sei, wenn der Delegationsbeschluss einen spätest möglichen Zeitpunkt für die Dividendenausschüttung vorsieht.[63] 28

Insbesondere bei Gruppengesellschaften entspricht es einem praktischen Bedürfnis, dem Verwaltungsrat für die Auszahlung der Dividende Flexibilität zu gewähren und die Möglichkeit einzuräumen, den Auszahlungszeitpunkt mit der Liquiditätsplanung der Gesellschaft abzustimmen. U.E. sollte eine solche Delegation der Kompetenz, den Fälligkeitstermin der Dividende festzulegen, zulässig sein. Es gilt allerdings zu vermeiden, dass dadurch dem Verwaltungsrat letztlich wiederum die Kompetenz eingeräumt wird, zu bestimmen, ob überhaupt eine Dividende ausbezahlt wird. Der Auffassung des Bundesverwaltungsgerichts, wonach im Delegationsbeschluss ein spätest möglicher 29

59 Art. 959a Abs. 2 Ziff. 3 lit. e OR.

60 BGer v. 4.2.2014, 2C_730/2013, E. 2.4; Forstmoser/Meier-Hayoz/Nobel, § 40 Rz 62.

61 Rudin, Rz 52.167.

62 Böckli, Aktienrecht, § 12 Rz 519; Glanzmann, S. 109.

63 BVGer v. 7.6.2018, A-3737/2017, E. 3.5.1.

Zeitpunkt für die Dividendenausschüttung vorgesehen werden muss, ist daher zuzustimmen.

30 Fraglich ist, ob der Verwaltungsrat auch ohne Ermächtigung die Fälligkeit aufschieben kann. GLANZMANN[64] vertritt die Ansicht, dass der Verwaltungsrat immer dann berechtigt ist, die Fälligkeit aufzuschieben, wenn dies durch «die Natur des Rechtsverhältnisses» geboten ist. Zuzustimmen ist GLANZMANN, dass ein Fälligkeitsaufschub auch ohne entsprechende Delegation zulässig sein muss, wenn seit dem Dividendenbeschluss Ereignisse eingetreten sind, die wesentliche negative Auswirkungen auf das Eigenkapital der Gesellschaft haben und eine Auszahlung den Verwaltungsrat möglichen Verantwortlichkeitsansprüchen aussetzen würde. Eine weitergehende Freiheit des Verwaltungsrats ist dagegen abzulehnen.

3. Anpassungen der Dividendenanträge in der Praxis

31 Als Folge der COVID-19-Krise und auf Druck der FINMA haben die UBS Group AG und die Credit Suisse Group AG ihre ursprünglich angekündigten Dividendenanträge abgeändert und eine geänderte Version der Einladung publiziert. Die Abänderung des Dividendenantrags hat dabei nicht die Höhe der Dividende betroffen. Diese ist in beiden Fällen unverändert geblieben. Beide Grossbanken haben in der revidierten Einladung jedoch vorgesehen, dass die Dividende nicht wie üblich in einer Tranche, sondern neu in zwei Tranchen ausgerichtet werden soll.[65] Ein gleiches Vorgehen wählte auch die Julius Bär Gruppe AG.[66]

32 Zur Umsetzung dieser zweiteiligen Dividende wurde jeweils die Hälfte des Dividendenbetrags unmittelbar nach der ordentlichen Generalversammlung an die Aktionäre ausgeschüttet. Die zweite, nicht ausgeschüttete Hälfte wird einer speziellen Dividendenreserve zugewiesen. Die Ausschüttung der zweiten Hälfte steht dabei unter der Bedingung, dass eine ausserordentliche Generalversammlung die Ausschüttung beschliesst. Lehnt die ausserordentliche Generalversammlung die Ausschüttung der zweiten Tranche ab, werden die gebildeten Dividendenreserven auf das Folgejahr vorgetragen.

33 Im Einklang mit der hier vertretenen Auffassung haben die Grossbanken den Entscheid, ob und in welchem Umfang die zweite Tranche ausbezahlt wird, nicht an den Verwaltungsrat delegiert, sondern von der Zustimmung einer ausserordentlichen Generalversammlung abhängig gemacht. In Abweichung der hier vertretenen Auffassung sind aber sowohl die UBS als auch die Credit Suisse davon ausgegangen, dass Weisungen an den unabhängigen Stimmrechtsvertreter, welche zum ursprünglichen Dividendenantrag abgegeben wurden, weiterhin gültig bleiben. Beide Grossbanken haben die Aktio-

64 GLANZMANN, S. 109.

65 Siehe dazu FuW v. 9.4.2020 «UBS und CS halbieren Dividende», abrufbar unter: ‹www.fuw.ch/article/ubs-passt-ausschuettung-an/› (24.6.2020).

66 Siehe dazu die Einladung zur Generalversammlung der Julius Bär AG, abrufbar unter: ‹www.juliusbaer.com/index.php?eID=dumpFile&t=f&f=68121&token=dc159308169c76d9976a457975f2c330725069f9› (24.6.2020).

näre in der revidierten Einladung jedoch explizit auf die Möglichkeit, die Weisungen anzupassen, hingewiesen und die revidierte Einladung frühzeitig[67] publiziert.

IV. Verwaltungsrat

Um die wirtschaftlichen Folgen der COVID19-Krise abzufedern und resultierende Konkurse möglichst zu vermeiden, hat der Bundesrat die Möglichkeit besonderer Überbrückungskredite geschaffen und die COVID-19-Verordnung Insolvenzrecht[68] erlassen. Diese sieht vorübergehende Anpassungen der Pflicht zur Überschuldungsanzeige und eine besondere Form der Stundung vor. Nachfolgend werden die Pflichten des Verwaltungsrates im Zusammenhang mit der finanziellen Oberleitung der Gesellschaft und die vorübergehenden Ausnahmen von der Pflicht zur Überschuldungsanzeige angesprochen. Für die Anpassungen des Nachlassverfahrens wird auf den Beitrag von Lukas Bopp und Daniel Staehelin zu den Fragen im Bereich SchKG und Restrukturierungen verwiesen. 34

1. Finanzielle Oberleitung

Die unübertragbaren Aufgaben des Verwaltungsrates sind in Art. 716a Abs. 1 OR geregelt. In Bezug auf die finanzielle Oberleitung sehen Art. 716a Abs. 1 Ziff. 3 und 7 OR vor, dass dem Verwaltungsrat die Pflicht obliegt, für eine angemessene Finanzkontrolle zu sorgen. 35

Hinsichtlich der finanziellen Oberleitung steht in finanziellen Krisen die Überwachung der Liquidität im Zentrum. Unabhängig von der besonderen Lage durch COVID-19 ist sich die Lehre einig, dass sich die Pflicht zur Liquiditätsplanung direkt aus der Pflicht zur Finanzkontrolle ableiten lässt. Die Rechnungslegung beruht auf der Annahme der Fortführung des Unternehmens.[69] Gemäss Art. 958 Abs. 2 OR entfällt die Annahme der Fortführung, wenn die Einstellung der Tätigkeit oder Teilen davon in den folgenden zwölf Monaten beabsichtigt oder als voraussichtlich nicht abwendbar erscheint. Der Verwaltungsrat muss deshalb mit der Gewissheit handeln, dass für die kommenden zwölf Monate jeweils genügend Liquidität für die Fortführung des Unternehmens zur Verfügung stehen wird. Obwohl das geltende Recht keine ausdrückliche Pflicht zur Erstellung eines Liquidationsplanes vorsieht, kann aus der Pflicht, die Fortführungsfähigkeit in den kommenden zwölf Monaten einzuschätzen, eine Pflicht zur Erstellung eines Liquiditätsplanes abgeleitet werden.[70] Der Inhalt dieser Planung hängt stark von der finanziellen Lage der Gesellschaft ab. Die Präzision und die Zeitnähe dieser 36

67 Bei der UBS lagen 19 Kalendertage zwischen der Publikation der revidierten Einladung und dem Datum der Generalversammlung, bei der Credit Suisse betrug der Abstand 20 Kalendertage.

68 Verordnung über insolvenzrechtliche Massnahmen zur Bewältigung der Coronakrise vom 16. April 2020, abrufbar unter ‹www.ejpd.admin.ch/dam/data/bj/aktuell/news/2020/2020-04-16/vo-covid19-insolvenz-d.pdf› (24.6.2020).

69 Art. 958a Abs. 1 OR; Böckli, Rechnungslegung, Rz 123; ausführlich Handschin, Rz 304 ff.

70 Handschin, Rz 465; ZK-Bühler, Art. 716a OR N 79; Böckli, Aktienrecht, § 13 Rz 353.

Planung können der Höhe des Eigenkapitals und der Liquiditätsreserven angepasst werden. Sind das Eigenkapital und die Liquiditätsreserven hoch, kann es demnach ausreichen, das Thema Liquidität innerhalb des Verwaltungsrates periodisch zu besprechen. Umgekehrt begründet ein tiefes Eigenkapital oder ein absehbarer Liquiditätsengpass die Pflicht, einen detaillierten und zeitnahen Liquiditätsplan zu erstellen.[71]

37 Die erheblichen negativen wirtschaftlichen Auswirkungen der COVID-19-Restriktionen auf das wirtschaftliche Umfeld können die Fortführungsfähigkeit der betroffenen Unternehmen in Frage stellen, weshalb die aktuelle Lage den Verwaltungsrat in die Pflicht versetzt, eine besonders zeitnahe und präzise Liquiditätsplanung zu betreiben und auch den Sitzungsrhythmus zu erhöhen. Wird dabei ein drohender Liquiditätsengpass festgestellt, ist die Beantragung eines Überbrückungskredites zu prüfen.

2. Aussetzen der Pflicht zur Überschuldungsanzeige

38 Gestützt auf Art. 725 OR ist der Verwaltungsrat grundsätzlich verpflichtet, das Gericht zu benachrichtigen, wenn eine geprüfte Zwischenbilanz zeigt, dass die Forderungen der Gesellschaftsgläubiger weder zu Fortführungs- noch zu Veräusserungswerten gedeckt sind. Die Anzeige kann ausnahmsweise unterbleiben, wenn Gläubiger im Umfang der Unterdeckung einen Rangrücktritt erklären oder falls begründete Aussicht auf finanzielle Sanierung der Gesellschaft innert angemessener, kurzer Frist (grundsätzlich 4–6 Wochen) besteht. Eine verspätete Benachrichtigung des Gerichts kann als Konkursverschleppung qualifiziert werden und zu persönlichen Haftungen der Organe führen.

39 Die Pflichten des Verwaltungsrates bei qualifiziertem Kapitalverlust gemäss Art. 725 Abs. 1 OR bleiben auch unter der COVID-19-Verordnung Insolvenzrecht unverändert. Auch besteht weiterhin eine Verpflichtung des Verwaltungsrates, bei begründeter Besorgnis einer Überschuldung eine Zwischenbilanz zu Fortführungs- und zu Veräusserungswerten zu erstellen. Dabei müssen jedoch Kredite bis CHF 500 000, welche gemäss der COVID-19-Kredit-Verordnung gewährt werden, nicht als Fremdkapital berücksichtigt werden.[72] Ausserdem kann auf eine Prüfung der Zwischenbilanz verzichtet werden.[73]

40 Wesentlichere Neuerungen bringt die COVID-19-Verordnung Insolvenzrecht hingegen in Bezug auf die Pflichten des Verwaltungsrates gemäss Art. 725 Abs. 2 OR. In Abweichung von Art. 725 Abs. 2 OR kann im Falle einer Überschuldung auf eine Benachrichtigung des Richters verzichtet werden, wenn die Gesellschaft (i) am 31. Dezember 2019 noch nicht überschuldet war und (ii) die Aussicht besteht, dass die danach eingetretene Überschuldung bis zum 31. Dezember 2020 behoben werden kann.[74] Die Erleichterungen gelten vorerst bis zum 20. Oktober 2020.

71 Handschin, Rz 470.

72 COVID-19-Solidarbürgschaftsverordnung, Art. 24.

73 COVID-19-Verordnung Insolvenzrecht, Art. 1 Abs. 3.

74 COVID-19-Verordnung Insolvenzrecht, Art. 1 Abs. 1.

a) *Keine Überschuldung per 31. Dezember 2019*

Um aufwändige Unternehmensanalysen bzw. Feststellungen zum Kausalzusammenhang zwischen der COVID-19-Krise und dem negativen Bilanzbild zu vermeiden,[75] ist für die Frage, ob eine Gesellschaft von den Erleichterungen gemäss der COVID-19-Verordnung Insolvenzrecht profitieren kann, entscheidend, ob per 31. Dezember 2019 eine Überschuldung vorlag. Die Feststellung, ob eine Überschuldung vorlag, erfolgt allein gestützt auf die Bilanz per 31. Dezember 2019. Entscheidend ist dabei, ob die Gesellschaft per 31. Dezember 2019 überschuldet war und nicht die Frage, ob der Verwaltungsrat per 31. Dezember 2019 verpflichtet war, das Gericht zu benachrichtigen. Gesellschaften, welche per 31. Dezember 2019 als überschuldet galten und das Gericht nur deshalb nicht benachrichtigen mussten, weil sie über Rangrücktritte von Gläubigern verfügten, kommen entsprechend nicht in den Genuss der Erleichterungen. Der Bundesrat begründete diese Regelung damit, dass Rangrücktritte keine echten Sanierungsmassnahmen seien und dass nur solche Gesellschaften von der Sonderregelung profitieren sollten, die aufgrund der COVID-19-Krise in eine Überschuldungssituation geraten sind. Gesellschaften, deren Fortführungsfähigkeit über Rangrücktritte sichergestellt ist (was häufig der Fall ist bei Start-Up-Unternehmungen), kommen demnach nicht in den Genuss der in der COVID-19-Verordnung Insolvenzrecht vorgesehen Erleichterungen. Sollte sich die finanzielle Situation solcher Unternehmen durch die COVID-19-Krise weiter verschlechtert haben, besteht nur die Möglichkeit, weitere Gläubiger im Rang zurücktreten zu lassen oder neues Eigenkapital in die Gesellschaft einzuschiessen. 41

b) *Positive Prognose per 31. Dezember 2020*

Als zweite, kumulative Voraussetzung wird eine positive Prognose für den weiteren Verlauf des Jahres 2020 verlangt. Konkret muss die Aussicht darauf bestehen, dass die festgestellte Überschuldung bis zum 31. Dezember 2020 behoben werden kann. Dazu muss sich der Verwaltungsrat ein möglichst umfassendes Bild der wirtschaftlichen Lage der Gesellschaft machen und daraus eine positive Prognose ableiten. Fraglich ist, welche Anforderungen an die Aussicht auf Beseitigung der Überschuldung zu stellen sind. Eine positive Prognose dürfte immer dann möglich sein, wenn sich Aktionäre bereits verbindlich zu einem Kapitalzuschuss verpflichtet haben oder sich neue Investoren bereits verbindlich verpflichtet haben, Aktien zu zeichnen.[76] Anders als im Entwurf für die öffentliche Konsultation verlangt die COVID-19-Verordnung Insolvenzrecht nicht mehr, dass die Aussicht begründet ist. SCHENKER leitet daraus ab, dass an die Aussicht auf Beseitigung der Überschuldung keine übermässig hohen Anforderungen gestellt werden können und auf eine Konkursanmeldung verzichtet werden kann, wenn der Verwaltungsrat der Überzeugung ist, dass die Überschuldung 42

75 Erläuterungen zur COVID-19-Verordnung Insolvenzrecht vom 18. Mai 2020, S. 2.
76 Gl.M. SCHENKER, S. 5 f.

mit einer Wahrscheinlichkeit von über 50% beseitigt werden kann.[77] Dieser Auffassung ist zuzustimmen.

43 Verzichtet der Verwaltungsrat gestützt auf die Ausnahmeregelung von Art. 1 Abs. 1 COVID-19-Verordnung Insolvenzrecht auf die Überschuldungsanzeige, muss der diesbezügliche Entscheid schriftlich festgehalten und mit einer Begründung versehen werden. Naheliegend ist die Dokumentation in einem Verwaltungsratsprotokoll, dem eine Zwischenbilanz zu Fortführungs- und zu Veräusserungswerten sowie Dokumente zur Finanz- und Liquiditätsplanung als Belege für die positive Prognose beigelegt werden. Fasst der Verwaltungsrat einen solchen Beschluss, entbindet dies auch die Revisionsstelle von ihren Anzeigepflichten gem. Art. 728c bzw. Art. 729c OR.[78]

c) *Beurteilung der Voraussetzungen durch den Verwaltungsrat*

44 Die Kompetenz zu beurteilen, ob die Gesellschaft am 31. Dezember 2019 überschuldet war und ob eine positive Prognose für den weiteren Verlauf vorliegt, liegt beim Verwaltungsrat. Die finanzielle Situation der Gesellschaft per 31. Dezember 2019 ergibt sich direkt aus der Jahresrechnung. Entsprechend kommt dem Verwaltungsrat bei der Beurteilung der finanziellen Situation der Gesellschaft per 31. Dezember 2019 kein Ermessensspielraum zu.[79]

45 Die Beurteilung, ob Aussicht auf Sanierung besteht, liegt hingegen im Ermessen des Verwaltungsrates. Eine gerichtliche Überprüfung dieses Ermessensentscheids sollte u.E. nur im Rahmen der *«Business Judgment Rule»* erfolgen.[80] Konkret bedeutet dies, dass Gerichte lediglich zu prüfen haben, ob die vom Verwaltungsrat gestützt auf eine einwandfreie und angemessene Informationsbasis getroffene Prognose *vertretbar* war. Kommt ein Gericht zum Schluss, dass die Prognose aus damaliger Sicht und in Abwägung aller Kriterien, insbesondere von Chancen und Risiken, als richtig erscheint, sollte der Entscheid nicht als fehlerhaft betrachtet werden, auch wenn er sich nachträglich als falsch herausstellen sollte.[81]

d) *Handlungspflichten des Verwaltungsrates*

46 Wie aufgezeigt, bringt die COVID-19-Verordnung Insolvenzrecht aus Sicht des Verwaltungsrates gewisse Erleichterungen. Vollumfänglich bestehen bleiben hingegen die Verpflichtungen gemäss Art. 725 OR für Verwaltungsräte von Gesellschaften, welche bereits vor der COVID-19-Krise in eine Überschuldung geraten sind. Für Verwaltungsräte von Gesellschaften, welche erst durch die COVID-19-Krise in finanzielle Schieflage geraten sind, besteht weiterhin die Pflicht, bei Vorliegen einer Unterbilanz eine Generalversammlung einzuberufen und ihr Sanierungsmassnahmen zu beantragen. Bei begründe-

77 SCHENKER, S. 6.

78 COVID-19-Verordnung Insolvenzrecht, Art. 1 Abs. 4.

79 Gl.M. SCHENKER, S. 6.

80 Gl.M. SCHENKER, S. 6 f.; zur Business Judgment Rule siehe RUSTERHOLZ/HELD, S. 186 ff.

81 BGer, v. 28.8.2013, 4A_97/2013, E. 5.3, und BGer v. 8.4.2014, 4A_4/2014, E. 7.3.

ter Besorgnis einer Überschuldung besteht zudem weiterhin die Pflicht, eine Zwischenbilanz zu Fortführungs- und Liquidationswerten zu erstellen, welche jedoch nicht durch einen Revisor geprüft werden muss.

V. Zusammenfassung

Die COVID-19-Krise hat die Gesellschaften sowohl im Tagesgeschäft als auch im Zusammenhang mit der Durchführung der ordentlichen Generalversammlung, Dividendenausschüttungen und der Liquiditätsplanung vor unerwartete Herausforderungen gestellt. 47

Das mit der COVID-19-Verordnung 2 vorübergehend eingeführte Versammlungsverbot wurde in der Mitte der Generalversammlungssaison erlassen und hat alle Publikumsgesellschaften und privaten Gesellschaften mit mehr als einem Aktionär betroffen. Um Gesellschaften die Durchführung einer Generalversammlung trotzdem zu ermöglichen und zu verhindern, dass Generalversammlungen in die zweite Jahreshälfte verschoben werden müssen, wurde das Recht der Aktionäre auf physische Teilnahme vorübergehend eingeschränkt und den Gesellschaften mit Erlass der COVID-19-Verordnung 2 ermöglicht, Aktionäre von der Teilnahme an der Generalversammlung gänzlich auszuschliessen oder die Generalversammlung als virtuelle Generalversammlung durchzuführen. Auch nach der Lockerung des Versammlungsverbots bleibt es für Gesellschaften möglich, bis zum 31.8.2020 anzuordnen, dass Aktionäre nicht physisch an der Generalversammlung teilnehmen können. Sowohl die virtuelle Generalversammlung als auch die Generalversammlung ohne physische Teilnehmer sind dem geltenden Aktienrecht als Form der Generalversammlung fremd und entsprechen nicht dem klassischen Verständnis der Aktionärsdemokratie. Obwohl die Zulässigkeit der virtuellen Generalversammlung nun schon seit längerem Gegenstand der Aktienrechtsrevision ist, hat sich in der Praxis nun gezeigt, dass die meisten Gesellschaften noch nicht über die technischen Mittel für die Durchführung einer virtuellen Generalversammlung verfügen. Entsprechend haben sich – soweit ersichtlich – sämtliche Publikumsgesellschaften, welche die Generalversammlung bereits durchgeführt haben, dazu entschieden, die Generalversammlung unter Ausschluss der Aktionäre durchzuführen. Ein Ausschluss der Aktionäre von der Generalversammlung hat unmittelbar zur Folge, dass Aktionäre nicht mehr die Möglichkeit haben, auf kurzfristig geänderte Anträge (wie beispielsweise einen vom Verwaltungsrat abgeänderten Dividendenantrag) des Verwaltungsrates zu reagieren. Nach der hier vertretenen Auffassung bleiben bereits abgegebene Weisungen für einen geänderten Antrag nur insoweit gültig, als die Änderungen aus Sicht eines durchschnittlichen Aktionärs vernünftigerweise keinen Einfluss auf sein Stimmverhalten haben. In allen anderen Fällen ist der unabhängige Stimmrechtsvertreter verpflichtet, die Stimmrechte gestützt auf die allgemeine Weisung oder gestützt auf eine allfällige Auffangweisung auszuüben. 48

Auch in Sachen Liquiditätsplanung hat die COVID-19-Krise den Verwaltungsrat vor neue Herausforderungen gestellt. Dabei konnte bei den Gesellschaften vermehrt ein Be- 49 dürfnis nach Flexibilisierung der Dividendenauszahlungsmöglichkeiten beobachtet werden. Eine Delegation des Dividendenbeschlusses an den Verwaltungsrat ist nach der hier vertretenen Auffassung nicht statthaft. Zulässig ist es hingegen, den Handlungsspielraum des Verwaltungsrats etwas zu erweitern, indem ihm die Möglichkeit eingeräumt wird, den Fälligkeitstermin der Dividende festzulegen. Da der Entscheid, ob eine Dividende effektiv ausgeschüttet wird, nach der hier vertretenen Ansicht nicht an den Verwaltungsrat delegiert werden kann, muss die Generalversammlung allerdings festlegen, bis wann die Dividende spätestens zur Auszahlung fällig wird.

50 Die fehlende Liquidität und die Ertragsausfälle haben dazu geführt, dass viele Gesellschaften aufgrund der COVID-19-Krise in eine finanzielle Schieflage geraten sind. Um Konkurse von Gesellschaften, welche vor der COVID-19-Krise finanziell gesund waren, zu vermeiden, hat der Bundesrat mit Erlass der COVID-19-Verordnung Insolvenzrecht den Verwaltungsrat unter gewissen Voraussetzungen von der Pflicht zur Überschuldungsanzeige befreit. Die Beurteilung, ob die Erleichterungen in Anspruch genommen werden können, liegt dabei im Ermessen des Verwaltungsrates. Um den Unvorhersehbarkeiten der COVID-19-Krise Rechnung zu tragen, sollte der Entscheid des Verwaltungsrates nach der hier vertretenen Auffassung von Gerichten lediglich unter der Business Judgment Rule beurteilt werden. Das bedeutet, dass sich der Verwaltungsrat auch im Falle eines Entscheids, welcher sich im Nachhinein als falsch erweist, keinen Haftungsrisiken aussetzt, sofern seine Einschätzung der Situation als vertretbar beurteilt werden kann und auf einer einwandfreien und angemessenen Informationsbasis beruht.

§ 12 Datenschutz und IT-Recht

Markus Näf/Michel Verde

Inhaltsverzeichnis

Literaturverzeichnis

ABEGG LUKAS/KNECHT RAFFAEL, Contact Tracing App, Kann eine mögliche Nutzungspflicht Freiheiten schaffen?, in: Jusletter Coronavirus-Blog vom 24. April 2020; AEBI-MÜLLER REGINA, Personenbezogene Informationen im System des zivilrechtlichen Persönlichkeitsschutzes, Habil. Bern 2005; BELSER EVA MARIA/NOUREDDINE HUSSEIN, in: Eva Maria Belser/Astrid Epiney/Bernhard Waldmann (Hrsg.), Datenschutzrecht, Bern 2011; BLECHTA GABOR-PAUL/MAURER-LAMBROU URS (Hrsg.), Basler Kommentar, Datenschutzgesetz, Öffentlichkeitsgesetz, 3. Aufl., Basel 2014 (zit. BSK DSG-BEARBEITER/IN); BRÜCKNER CHRISTIAN, Das Personenrecht des ZGB, Zürich 2000; ENNÖCKL DANIEL, in: Sydow (Hrsg.), Europäische Datenschutzgrundverordnung, Nomos Handkommentar, Baden-Baden 2017; EPINEY ASTRID, in: Eva Maria Belser/Astrid Epiney/Bernhard Waldmann (Hrsg.), Datenschutzrecht, Bern 2011; ERNST STEFAN, in: Boris Paal/Daniel Pauly (Hrsg.), Datenschutz-Grundverordnung, München 2017; GABEL DETLEV/LUTZ HOLGER, in: Jürgen Taeger/Detlev Gabel (Hrsg.), Kommentar DS-GVO – BDSG, 3. Aufl., Frankfurt a.M. 2019; HARTUNG JÜRGEN, in: Jürgen Kühling Jürgen/Benedikt Buchner (Hrsg.), Datenschutz-Grundverordnung, Kommentar, München 2017; HAUSHEER HEINZ/AEBI-MÜLLER REGINA, Das Personenrecht des Schweizerischen Zivilgesetzbuches, 4. Aufl., Bern 2016; HEINI ANTON/FURRER ANDREAS, in: Zürcher Kommentar zum IPRG, Band I, Art. 1–108, 3. Aufl., Zürich 2018 (zit. ZK-HEINI/FURRER); HERZOG-ZWITTER IRIS, Organisations-, Überwachungs- und Hygienefehler, in: Hardy Landolt/Iris Herzog-Zwitter (Hrsg.), Arzthaftungsrecht, Zürich/St. Gallen 2014; HORNUNG GERRIT, in: Spiros Simitis/Gerrit Hornung/Indra Spiecker (Hrsg.), NomosKommentar, Datenschutzrecht, DS-GVO mit BDSG, Baden-Baden 2019; HUBMANN HEINRICH, Grundsätze der Interessenabwägung, AcP 155 (1956), S. 85 ff.; HUG JULIA/PÄRLI KURT, Arbeitsrechtliche Fragen bei Präsentismus (Arbeit trotz Krankheit), ARV 2012, S. 1 ff.; KLAR MANUEL, in: Jürgen Kühling/Benedikt Buchner (Hrsg.), Datenschutz-Grundverordnung, Kommentar, München 2017; PAPA ROBERTA/PIETRUSZAK THOMAS, Datenschutz im Personalwesen, in: Nicolas Passadelis/David Rosenthal/Hanspeter Thür (Hrsg.), Handbücher für die Anwaltspraxis, Datenschutzrecht, Basel 2015; PETER JAMES THOMAS, Das Datenschutzgesetz im Privatbereich, Diss. Zürich 1994; PETRI THOMAS, in: Spiros Simitis/Gerrit Hornung/Indra Spiecker (Hrsg.) NomosKommentar, Datenschutzrecht, DS-GVO mit BDSG, Baden-Baden 2019; REHBINDER MANFRED/STÖCKLI JEAN-FRITZ, Berner Kommentar, Kommentar zum schweizerischen Privatrecht, Band VI, Obligationenrecht, 2. Abteilung, Die einzelnen Vertragsverhältnisse, 2. Teilband, Der Arbeitsvertrag, Art. 319–362 OR, 1. Abschnitt, Einleitung und Kommentar zu den Art. 319–330b OR, Bern 2010 (zit. BK-REHBINDER/STÖCKLI); ROSENTHAL DAVID/JÖHRI YVONNE, Handkommentar zum Datenschutzgesetz, Zürich 2008 (zit. BEARBEITER/IN, Handkommentar DSG); SCHMIDT BERND, in: Jürgen Taeger/Detlev Gabel (Hrsg.), Kommentar DS-GVO – BDSG, 3. Aufl., Frankfurt a.M. 2019; STAEHELIN ADRIAN, Kommentar zum schweizerischen Zivilrecht, Obligationenrecht, Teilband V 2c, Der Arbeitsvertrag, Art. 319–330a OR, 4. Aufl., Zürich 2006 (zit. ZK-STAEHELIN); STREIFF ULLIN/VON KAENEL ADRIAN/RUDOLPH ROGER, Arbeitsvertrag, Praxiskommentar zu Art. 319–362 OR, 7. Aufl., Zürich 2012; VERDE MICHEL, Straftatbestände als Schutznormen im Sinne des Haftpflichtrechts, Diss. Luzern 2014; WIDMER LÜCHINGER CORINNE/OSER DAVID (Hrsg.), Basler Kommentar, Obligationenrecht I, Art. 1–529 OR, 7. Aufl., Basel 2020 (zit. BSK OR I-BEARBEITER/IN); WYLER RÉMY/HEINZER BORIS, Droit du travail, 3. Aufl., Bern 2014; ZERDICK THOMAS, in: Eugen Ehmannn/Martin Selmayr (Hrsg.), Datenschutz-Grundverordnung, Beck'sche Kurz-Kommentare, München 2017.

Materialienverzeichnis

Botschaft vom 20. Mai 2020 zu einer dringlichen Änderung des Epidemiengesetzes im Zusammenhang mit dem Coronavirus (Proximity-Tracing-System), BBl 2020 4461 (zit. BBl 2020 4461); Botschaft zum Bundesgesetz über die Totalrevision des Bundesgesetzes über den Datenschutz und die Änderung weiterer Erlasse zum Datenschutz vom 15. September 2017, BBl 2017 6941 (zit. BBl 2017 6941); Botschaft zur Revision des Bundesgesetzes über die Bekämpfung übertragbarer Krankheiten des Menschen (Epidemiengesetz, EpG) vom 3. Dezember 2010, BBl 2011 311 (zit. BBl 2011 311); Botschaft zur Änderung des Bundesgesetzes über den Datenschutz (DSG) und zum Bundesbeschluss betreffend den Beitritt der Schweiz zum Zusatzprotokoll vom 8. November 2001 zum Übereinkommen zum Schutz des Menschen bei der automatischen Verarbeitung personenbezogener Daten bezüglich Aufsichtsbehörden und grenzüberschreitende Datenübermittlung vom 19. Februar 2003, BBl 2003 2101 (zit. BBl 2003 2101); Botschaft zum Bundesgesetz über den Datenschutz (DSG) vom 23. März 1988, BBl 1988 II 413 (zit. BBl 1988 II 413); Eidgenössischer Datenschutz- und Öffentlichkeitsbeauftragter, Stellungnahme nach Art. 17a DSG zum Pilotversuch mit dem Swiss Proximity Tracing System (SPTS) vom 11. Mai 2020; Eidgenössischer Datenschutz- und Öffentlichkeitsbeauftragter, Leitfaden für die Bearbeitung von Personendaten im Arbeitsbereich, Bearbeitung durch private Personen, Stand Oktober 2014 (zit. EDÖB, Leitfaden); EPFL – Ecole polytechnique fédérale de Lausanne, Data Protection Impact Assessment Report Decentralised Privacy-Preserving Proximity Tracing vom 1. Mai 2020; Europäischer Datenschutzausschuss (EDSA), Leitlinien 04/2020 für die Verwendung von Standortdaten und Tools zur Kontaktnachverfolgung im Zusammenhang mit dem Ausbruch von COVID-19, Angenommen am 21. April 2020 (zit. EDSA, Leitlinien 04/2020); Europäischer Datenschutzausschuss (EDSA), Leitlinien 3/2020 für die Verarbeitung von Gesundheitsdaten für wissenschaftliche Forschungszwecke im Zusammenhang mit dem COVID-19-Ausbruch, Angenommen am 21. April 2020 (zit. EDSA, Leitlinien 3/2020); European Data Protection Board, Guidlines 3/2018 on the territorial scope of the GDPR (Article 3), Version 2, 12. November 2019 (zit. EDPB, Guidlines 3/2018); Staatspolitische Kommission Ständerat, Motion 20.3168, Gesetzliche Grundlagen zur Einführung der Corona-Warn-App (Corona-Proximity-Tracing-App) vom 30. April 2020 (Annahme SR am 4.5.2020); Staatspolitische Kommission Nationalrat, Motion 20.3144, Gesetzliche Grundlagen zur Einführung der Corona-Warn-App (Corona-Proximity-Tracing-App) vom 22. April 2020 (Annahme NR am 5.5.2020).

I. Einleitung

Greift eine Epidemie oder Pandemie um sich, wie die Coronavirus-Pandemie im ersten Halbjahr 2020, stehen Unternehmen vor grossen Herausforderungen, um ihren Betrieb so gut wie möglich aufrecht zu erhalten. Einen zentralen Aspekt bildet dabei das Ansteckungsrisiko für Mitarbeiter, Kunden, Gäste, Patienten, Lieferanten und wer sonst noch in Zusammenhang mit dem Geschäftsbetrieb in den Räumlichkeiten des Unternehmens verkehrt oder auch ausserhalb davon in persönlichem Kontakt mit Mitarbeitern steht. Ein solches Ansteckungsrisiko kann unter Umständen sogar zu einer vorübergehenden (Teil-)Schliessung führen, wie sie zum Beispiel in Art. 6 Abs. 2 COVID-19-VO 2 angeordnet wurde. In einer derartigen Situation haben Unternehmen das Bedürfnis, zu verhindern, dass ansteckende Personen die Räumlichkeiten des Unternehmens betreten und dadurch die Mitarbeiter, Kunden oder andere anwesende Mitmenschen infizieren. Die Betriebsräumlichkeiten sollen im Idealfall sozusagen eine virenfreie Zone bilden. Die hierzu in der Praxis angedachten Massnahmen sind vielfältig und reichen von datenschutzrechtlich belanglosen Vorkehrungen, wie der Beschränkung der Anzahl in einem Raum gleichzeitig anwesender Personen und der Aufforderung, Hygienemasken zu tragen, bis hin zu Massnahmen, die aus datenschutzrechtlicher Sicht nicht ohne Weiteres als unproblematisch eingestuft werden können, wie der 1

Befragung von Personen nach Krankheitssymptomen oder Ansteckungsrisiken, dem Messen der Körpertemperatur vor dem Betreten bestimmter Räumlichkeiten oder der Durchführung von Tests. Auch besteht mitunter das Bedürfnis, nachverfolgen zu können, mit wem eine ansteckende Person in Kontakt stand, um die betroffenen Personen über das Ansteckungsrisiko informieren zu können und – soweit es sich um Mitarbeiter handelt – sie gegebenenfalls aufzufordern, eine Zeit lang von zu Hause aus zu arbeiten. Der Grund für das Bedürfnis, im Unternehmen solcherlei Vorkehrungen einzuführen, ist zum einen in gesetzlichen Verpflichtungen zum Schutz der Gesundheit zu finden.[1] Zum anderen kann die Motivation zur Ergreifung von Schutzmassnahmen darin liegen, Vertrauen bei Mitarbeitern, Kunden, Gästen etc. darin schaffen zu wollen, dass das Unternehmen alles tut, um in seinen Betriebsräumlichkeiten deren Gesundheit zu schützen. Hierzu können gut sichtbare Massnahmen wie das Tragen von Hygienemasken, Bereitstellen von Desinfektionsmittel-Spendern oder Körpertemperatur-Messgeräte am Eingang besonders förderlich sein.

2 Der Datenschutz steht bei der Auswahl und Implementierung solcher Schutzmassnahmen wohl nicht an erster Stelle. Dennoch gilt es, die datenschutzrechtlichen Leitplanken zu beachten, zumal das Datenschutzgesetz auch im Falle einer Pandemie Geltung beansprucht. Dabei ist zu bedenken, dass der Begriff «Personendaten» im Datenschutzgesetz sehr weit gefasst ist: Gemäss Art. 3 lit. a DSG stellen «*alle Angaben, die sich auf eine bestimmte oder bestimmbare Person beziehen*», Personendaten dar. Dazu gehören alle Informationen, die mit einer bestimmten oder bestimmbaren Person in Verbindung gebracht werden können, wobei die Bestimmbarkeit vorliegt, sobald die betreffende Person unter Beizug von Hilfsmitteln oder weiteren Informationen identifiziert werden kann.[2] Es kann sich dabei um objektive Angaben zur Person handeln (d.h. Tatsachen wie z.B. der Name oder die Körpertemperatur einer Person) oder um subjektive Angaben (d.h. Werturteile wie bspw. die Einschätzung, jemand wirke gesundheitlich angeschlagen).[3] Nicht minder umfassend ist der Begriff der Bearbeitung von Personendaten. Das Datenschutzgesetz versteht darunter gemäss Art. 3 lit. e DSG schlicht und einfach jeden Umgang mit Personendaten, wie zum Beispiel das Beschaffen, Verwenden, Ändern, Speichern, Weitergeben oder Vernichten. Selbst eine simple Handlung wie das Messen der Körpertemperatur stellt eine Bearbeitung von Personendaten dar. Dazu ist es nicht erforderlich, dass ein Mensch von den betroffenen Personendaten Kenntnis nimmt.[4] Dementsprechend liegt selbst dann eine datenschutzrechtlich relevante Bearbeitung von Personendaten vor, wenn zum Beispiel am Eingang eines Einkaufszentrums ein automatischer Temperaturscanner steht, der anhand eines Ampelsystems an-

1 Siehe dazu hinten Rz 7 ff.

2 BGer v. 26.2.2018, 4A_365/2017, E. 5; BSK DSG-Blechta, Art. 3 N 7 und 10 f.; Belser/Noureddine, § 7 Rz 39 f. Eine bloss theoretisch bestehende Bestimmbarkeit, die mit derart grossem Aufwand verbunden ist, dass nach allgemeiner Lebenserfahrung nicht damit gerechnet werden muss, dass jener Aufwand betrieben wird, genügt hingegen nicht (BGer v. 26.2.2018, 4A_365/2017, E. 5).

3 Vgl. BGE 125 II 473, 475 E. 4b; Belser/Noureddine, § 7 Rz 37.

4 Rosenthal, Handkommentar DSG, Art. 3 DSG N 67.

zeigt, ob die Körpertemperatur einer daran vorbeigehenden Person über oder unter einem vordefinierten Grenzwert liegt, ohne dabei Details wie die genaue Körpertemperatur anzuzeigen oder zu speichern.

Bei der Eindämmung der Pandemie gilt die Rückverfolgung von Ansteckungswegen 3
und die Identifikation von sämtlichen Kontaktpersonen als eine der wichtigsten epidemiologischen Massnahmen. Diese Kontaktverfolgung (Contact Tracing) erfordert die Bearbeitung von besonders schützenswerten Personendaten[5] und die Erfassung und Speicherung von Kontaktdaten mit oder ohne Wissen der betroffenen Personen. Die Bearbeitung von Daten zur Betreuung oder Behandlung und allenfalls auch zur Überwachung infizierter Personen erfordert eine genügende Rechtsgrundlage.[6] Über den Umfang der bestehenden oder fehlenden Rechtsgrundlagen für diese Datenbearbeitungen bestehen unterschiedliche Ansichten.

In diesem Beitrag wird in einem ersten Schritt die datenschutzrechtliche Ausgangs- 4
lage mit Blick auf die Coronavirus-Situation dargestellt. Anschliessend werden einzelne Schutzmassnahmen aus der Perspektive des Datenschutzrechts erörtert, wobei der Schwerpunkt bei Massnahmen gegenüber Mitarbeitern liegt. Obschon sich die Ausführungen auf die Coronavirus-Situation beziehen, gelten sie sinngemäss auch in Bezug auf andere Pandemien. Der vierte Teil dieses Beitrages befasst sich mit dem Thema Contact Tracing.

II. Datenschutzrechtliche Ausgangslage

1. Gesundheitsdaten als besonders schützenswerte Personendaten

Personendaten, die sich auf den Gesundheitszustand oder auf die Intimsphäre[7] einer 5
Person beziehen, klassifiziert Art. 3 lit. c Ziff. 2 DSG als besonders schützenswerte Personendaten. Im vorliegenden Kontext steht die Bearbeitung von Informationen über den Gesundheitszustand im Vordergrund. Zu dieser Kategorie zählen Personendaten, die einen medizinischen Befund im weiteren Sinne darstellen, wie namentlich Informationen über Krankheiten.[8] Informationen darüber, welche Körpertemperatur eine Person aufweist, ob bei ihr eine akute COVID-19-Infektion vorliegt oder Symptome einer solchen bestehen, oder ob eine Person sich in der Vergangenheit mit dem Coronavirus infiziert hatte, stellen somit Gesundheitsdaten im Sinne von Art. 3 lit. c Ziff. 2 DSG dar.[9]

---

5 Zu diesem Begriff siehe Rz 5.

6 Vgl. Rz 6 und 16.

7 Informationen über den Gesundheitszustand einer Person gehören in der Regel zur Intimsphäre (vgl. etwa Hausheer/Aebi-Müller, § 12 Rz 119).

8 Vgl. BBl 1988 II 413, S. 446; BGer v. 17.10.2001, 4C.192/2001, E. 2b/aa; BSK DSG-Blechta, Art. 3 N 33.

9 Derartige Personendaten gelten jeher – und nicht etwa erst seit Inkrafttreten des Datenschutzgesetzes – als besonders sensibel und infolgedessen besonders schützenswert (vgl. BBl 1988 II 413, S. 421; BGE 119 II 222, 225 E. 2b/aa; 118 IV 41, 46 E. 4a). Sensibel sind solche Informationen vor allem in Hinblick auf die soziale Geltung und dem beruflichen Fortkommen einer Person (vgl. BBl 1988 II 413, S. 421).

Abhängig von der (relativen) Unbekanntheit sowie vom Geheimhaltungswillen[10] der betroffenen Person sind Informationen zu ihrem Gesundheitszustand ihrer Intimsphäre zuzurechnen – soweit also die Informationen über den Gesundheitszustand einer Person äusserlich nicht gut wahrnehmbar sind (zum Beispiel der Umstand, dass jemand einen Gipsverband am Arm trägt oder verschnupft ist), von der betreffenden Person geheim gehalten werden möchten und auch nicht ausnahmsweise allgemein bekannt sind, gehören jene Personendaten zugleich der Intimsphäre an,[11] was zu einer gesteigerten Schützwürdigkeit führen kann.

6 Der erweiterte Schutz der besonders schützenswerten Personendaten manifestiert sich in mehreren Sonderbestimmungen im Datenschutzrecht. Erwähnt seien an dieser Stelle das Erfordernis, dass die Einwilligung in die Bearbeitung derartiger Personendaten ausdrücklich erfolgen muss (Art. 4 Abs. 5 Satz 2 DSG),[12] die Pflicht, eine Datensammlung anzumelden, wenn regelmässig besonders schützenswerte Personendaten bearbeitet werden (Art. 11a Abs. 3 lit. a DSG), das Verbot, solche Personendaten ohne Rechtfertigungsgrund an Dritte bekanntzugeben (Art. 12 Abs. 2 lit. c DSG), die erweiterten Informationspflichten gemäss Art. 14 DSG,[13] die erhöhten Anforderungen, welche Art. 17 Abs. 2 DSG an die Rechtsgrundlage für die Bearbeitung derartiger Personendaten durch Bundesorgane stellt, sowie die strafbewehrte berufliche Schweigepflicht in Bezug auf geheime, besonders schützenswerte Personendaten (Art. 35 DSG).

2. Schutzpflichten eines Unternehmens

7 Der Grund, dass sich Unternehmen veranlasst sehen, Schutzvorkehrungen gegen eine Ansteckung zu treffen, die mitunter auch die Bearbeitung von Personendaten beinhalten, liegt wie erwähnt[14] unter anderem an den rechtlichen Rahmenbedingungen, die das Unternehmen zu beachten hat:

8 Auf der einen Seite bestehen allgemeine Rechtspflichten, die Vorkehrungen zum Schutz der Gesundheit erforderlich machen können. Mit Blick auf den Schutz der Gesundheit von Mitarbeitern ist allem voran Art. 328 Abs. 2 OR zu erwähnen, wonach der Arbeitgeber zum Schutz der Gesundheit der Arbeitnehmer diejenigen Massnahmen zu treffen hat, «*die nach der Erfahrung notwendig, die nach dem Stand der Technik anwendbar und den Verhältnissen des Betriebes [...] angemessen*» und mit Blick auf das einzelne Arbeitsverhältnis und die Natur der Arbeitsleistung billigerweise zumutbar sind.[15] Dazu gehört auch die Pflicht der Arbeitgeberin, die Gesundheit des einzelnen Arbeitnehmers vor Beeinträchtigungen durch Dritte wie Mitarbeiter, Kunden, Patienten, Gästen, Lieferanten etc. zu schützen, wozu

10 D.h. dem Willen, die Information mit niemandem oder nur mit wenigen ausgewählten Personen zu teilen.

11 Vgl. Aebi-Müller, Rz 551 f.; Brückner, Rz 483; Hausheer/Aebi-Müller, § 12 Rz 119.

12 Siehe zur Einwilligung hinten Rz 35.

13 Siehe zur Informationspflicht hinten Kapitel II.4.b.

14 Vorne Rz 1.

15 Sofern das Arbeitsverhältnis dem Arbeitsgesetz untersteht, ergibt sich diese Pflicht zudem auch aus den öffentlich-rechtlichen Bestimmungen Art. 6 Abs. 1 ArG sowie Art. 2 Abs. 1 ArGV 3.

auch der Schutz vor einer Ansteckung durch erkrankte Arbeitskollegen oder anderen Personen, mit denen der Arbeitnehmer im Rahmen seiner Arbeitstätigkeit in direktem Kontakt steht, zählt.[16] Wie sich bereits aus dem Gesetzeswortlaut ergibt, ist nicht jede erdenkliche Schutzmassnahme erforderlich, die umsetzbar wäre, sondern nur solche, die auch zumutbar und verhältnismässig sind. Unter anderem ist dabei zu berücksichtigen, welche Vorsicht von den Arbeitnehmern selbst erwartet werden darf und welche Massnahmen verkehrsüblich sind.[17] Sofern Schutzmassnahmen in die Persönlichkeitsrechte der Mitarbeiter eingreifen, muss auch diesbezüglich die Verhältnismässigkeit gewahrt werden. In Bezug auf das Datenschutzrecht entbindet die Gesundheitsschutzpflicht die Arbeitgeberin daher nicht von einer Prüfung der Verhältnismässigkeit.[18]

In Bezug auf Kunden und anderen Drittpersonen, die sich in den Betriebsräumlichkeiten aufhalten, besteht keine vergleichbare Gesetzesbestimmung, die dem Unternehmen eine Pflicht zum Schutz von deren Gesundheit auferlegt. Indes können im Einzelfall durchaus Haftungsrisiken für das Unternehmen bestehen, wenn es keine Massnahmen trifft, um solche Drittpersonen vor einer Ansteckung durch Mitarbeiter zu schützen, die mit einer ansteckenden Krankheit wie COVID-19 infiziert sind. Ein solches Haftungsrisiko besteht allem voran für Gesundheitseinrichtungen wie Arztpraxen und Krankenhäuser, wo ausreichende Hygienestandards eingehalten werden müssen, um eine Übertragung von Krankheiten vom behandelnden Personal auf Patienten zu verhindern.[19] Aber auch in anderen Betrieben, in denen es zu einem (in räumlicher Hinsicht) engen Kontakt mit Mitarbeitern kommt, ist eine Haftung des Unternehmens denkbar, wenn es den Betrieb unzureichend organisiert oder die Mitarbeiter nicht ausreichend instruiert, um Ansteckungen zu vermeiden. 9

Diese allgemeinen Rechtsgrundlagen, aus denen sich im Einzelfall eine Pflicht zum Implementieren von Gesundheitsschutzvorkehrungen ergeben kann, enthalten allerdings keine Datenschutzbestimmungen und sehen auch keine bestimmten Datenbearbeitungsformen vor. 10

Auf der anderen Seite können je nach epidemiologischer Lage vorübergehend spezialgesetzliche Pflichten bestehen, Schutzvorkehrungen zu treffen: Soweit es die epidemiologische Situation erfordert, können die kantonalen Behörden gestützt auf Art. 40 Abs. 2 lit. b EpG gegenüber Unternehmen Massnahmen anordnen, um die Verbreitung von übertragbaren Krankheiten zu verhindern. Bei einer epidemiologischen Notlage kann überdies der Bund gestützt auf Art. 6 EpG nach Anhörung der Kantone ebenfalls derartige Massnahmen anordnen.[20] Im Falle einer ausserordentlichen Lage wie der COVID-19-Pandemie im ersten Halbjahr 2020 oder der spanischen Grippe von 1918 11

---

16 Vgl. BSK OR I-Portmann/Rudolph, Art. 328 N 7; Hug/Pärli, S. 8; ZK-Staehelin, Art. 328 OR N 4.

17 ZK-Staehelin, Art. 328 OR N 20 und 22.

18 Siehe zur Verhältnismässigkeit hinten Kapitel II.4.c sowie Kapitel III.2. ff.

19 Vgl. dazu etwa Herzog-Zwitter, Rz 1223–1229; vgl. auch bspw. BGH v. 20.3.2007, VI ZR 158/06, E. 10–12 (Arzthaftung infolge Infektion eines Patienten durch Keimübertragung von Arztgehilfin).

20 Vgl. BBl 2011 311, S. 363 f.

ist der Bundesrat gemäss Art. 7 EpG ermächtigt, die notwendigen Massnahmen anzuordnen. In Bezug auf das Coronavirus hat der Bundesrat von dieser Kompetenz Gebrauch gemacht und gestützt auf dieser Rechtsgrundlage die COVID-19-VO 2 erlassen, die konkrete Vorgaben zum Gesundheitsschutz enthält.[21]

12 Das Epidemiengesetz enthält allerdings keine Bestimmungen, welche die Bearbeitung von Personendaten durch private Unternehmen zumindest punktuell regeln würden, abgesehen von den im vorliegenden Kontext nicht relevanten Meldepflichten nach Art. 12 EpG für Ärzte, Spitäler und andere private oder öffentliche Institutionen des Gesundheitswesens sowie für Laboratorien, Schiffsführer und Piloten. Einzig für die Bearbeitung von Personendaten durch die für den Vollzug des Epidemiengesetzes zuständigen Stellen des Bundes (allem voran das BAG) und der Kantone sowie durch die mit einzelnen Aufgaben betrauten öffentlichen und privaten Institutionen bestehen in den Art. 58 bis Art. 62 EpG punktuelle Datenschutzbestimmungen, die in den Art. 88 ff. EpV konkretisiert werden. Damit hat der Gesetzgeber die für die Bearbeitung von Personendaten durch Organe des Bundes (oder durch kantonale Organe) erforderliche gesetzliche Grundlage geschaffen[22] – den privaten Unternehmen, die Schutzmassnahmen der eingangs beschriebenen Art einführen möchten, hilft dies freilich nicht weiter. Möglich ist aber, dass die vom Bundesrat gestützt auf Art. 6 oder 7 EpG oder von kantonalen Behörden auf Grundlage von Art. 40 EpG erlassenen Verordnungen zur Bekämpfung besonderer epidemiologischer Situationen ausdrücklich die Bearbeitung von gewissen Personendaten vorsehen oder zumindest einzelne datenschutzrechtliche Vorgaben enthalten. Die COVID-19-VO 2 enthält in Bezug auf Gesundheitsschutzmassnahmen von Unternehmen indes keine Vorgaben zum Datenschutz oder zu bestimmten Formen einer Personendatenbearbeitung. Eine Ausnahme bilden lediglich Art. 10c Abs. 6 Satz 2 und Abs. 8 Satz 2 COVID-19-VO 2 in Bezug auf das Recht des Arbeitgebers, von besonders gefährdeten Arbeitnehmern ein ärztliches Attest zu verlangen. Stattdessen enthält die COVID-19-VO 2 für einzelne Rechtssubjekte die Vorgabe, Schutzkonzepte auszuarbeiten und umzusetzen, mit denen das Risiko einer Übertragung des Coronavirus sowohl für das Personal wie auch für die Kunden, Besucher, Schüler etc. minimiert werden kann.[23] Die COVID-19-VO 2 setzt damit Zielvorgaben fest, nicht aber konkrete Massnahmen, die bestimmte Personendatenbearbeitungsvorgänge explizit beinhalten oder zumindest implizit voraussetzen würden. Anders verhält es sich einzig in Bezug auf die am 22.6.2020 in Kraft getretene Covid-19-Verordnung besondere Lage, die in Art. 4 Abs. 2 lit. b die Erhebung von Kontaktdaten vorsieht, wenn in einem öffentlich zugänglichen Betrieb oder Einrichtung oder an einer Veranstaltung weder ausreichend Abstand noch Schutzmassnahmen möglich sind.[24]

21 Siehe dazu Rz 12 hiernach.

22 Vgl. BBl 2011 311, S. 407.

23 Siehe Art. 5 Abs. 2, Art. 5a Abs. 2 Satz 2, Art. 6 Abs. 3, 3bis und 5, Art. 6a sowie Art. 7 COVID-19-VO 2. Diese Vorgaben sind in Art. 4 der Covid-19-Verordnung besondere Lage übernommen worden.

24 Siehe dazu auch Rz 56 und 61.

Allgemeine Schutz- und Sorgfaltspflichten, wie die nach Art. 328 Abs. 2 OR bestehende Pflicht, die Gesundheit der Mitarbeiter zu schützen, oder die unter der COVID-19-VO 2 bestehende besondere Schutzpflicht gegenüber Mitarbeitern, Kunden und anderen Personen bilden keine gesetzliche Grundlage für eine Datenbearbeitung durch Private, selbst wenn für deren Einhaltung die Bearbeitung von Personendaten erforderlich ist.[25] Eine Ausnahme davon ist immerhin dann denkbar, wenn es nicht möglich ist, eine solche Pflicht ohne die betreffende Personendatenbearbeitung einzuhalten. 13

Weder die vorne genannten allgemeinen Rechtspflichten, noch das EpG, noch die COVID-19-VO 2 enthalten somit gesetzliche Grundlagen für die Bearbeitung von Personendaten durch Private in Zusammenhang mit den hier interessierenden Schutzmassnahmen, die dem Datenschutzgesetz als lex specialis vorgehen würden oder vom Unternehmen zumindest als Rechtfertigungsgrund im Sinne von Art. 13 Abs. 1 DSG angerufen werden könnten, um eine gegen die Grundsätze des Datenschutzgesetzes verstossende Personendatenbearbeitung zu rechtfertigen.[26] Lediglich in Bezug auf die Erhebung von Kontaktdaten besteht mit der Covid-19-Verordnung besondere Lage eine spezialgesetzliche Rechtsgrundlage. 14

Die Rechtslage kann immerhin in denjenigen Fällen anders sein, wo die COVID-19-VO 2 ein Unternehmen ausdrücklich dazu verpflichtet, die Empfehlungen des BAG betreffend Hygiene und sozialer Distanz einzuhalten, so wie es namentlich Art. 7d Abs. 1 COVID-19-VO 2 für Arbeitgeber im Bauhaupt- und -nebengewerbe und in der Industrie statuiert. Für jene Unternehmen stellen die Empfehlungen des BAG verbindliche Vorgaben dar, die unseres Erachtens aufgrund des Verweises in der COVID-19-VO 2 eine Rechtsgrundlage für die Bearbeitung von Personendaten bilden können.[27] Allerdings enthalten die Vorgaben des BAG betreffend Hygiene und sozialer Distanz zum gegenwärtigen Zeitpunkt soweit ersichtlich keine Massnahmen, die ein Bearbeiten von Personendaten erfordern würde.[28] Des Weiteren können die gesundheits- und arbeitsrechtlichen Vorgaben des BAG bezüglich des Inhaltes solcher Schutzkonzepte aufgrund der Delegationsnorm von Art. 6a Abs. 2 COVID-19-VO 2 als gesetzliche Grundlage betrachtet werden, ebenso wie die im Anhang der am 22. Juni 2020 in Kraft getretenen Covid-19-Verordnung besondere Lage enthaltenen Vorgaben für die Schutzkonzepte. Jene Vorgaben wie auch das Musterschutzkonzept des BAG[29] sehen allerdings keine Bearbeitung von Personendaten vor.[30] Einzig die Vorgabe im Musterschutzkonzept, den 15

---

25 BSK DSG-Rampini, Art. 13 N 16; vgl. Rosenthal, Handkommentar DSG, Art. 13 DSG N 27.

26 Vorbehalten bleiben die Ausnahmefälle, bei denen das Epidemiengesetz eine Datenbearbeitung durch Private ausdrücklich vorsieht, so namentlich in Bezug auf die Meldepflichten gemäss Art. 12 EpG, die in den Art. 4 ff. EpV konkretisiert werden.

27 Auch in Art. 3 der Covid-19-Verordnung besondere Lage könnte eine solche Rechtsgrundlage gesehen werden, die sich allerdings sehr allgemein an *«jede Person»* richtet.

28 ‹https://www.bag.admin.ch/bag/de/home/krankheiten/ausbrueche-epidemien-pandemien/aktuelle-ausbrueche-epidemien/novel-cov/so-schuetzen-wir-uns.html#847126359› (24.6.2020).

29 Muster-Schutzkonzept des BAG für Betriebe unter COVID-19, Version vom 11.5.2020.

30 Eine Ausnahme bilden die gesondert geregelten Vorgaben zum Erfassen von Kontaktdaten.

Aufenthalt von Mitarbeitern im Betrieb zu verhindern, die COVID-19-Krankheitssymptome aufweisen oder engen Kontakt zu Personen hatten, die an COVID-19 erkrankt sind, kann eine Bearbeitung von Personendaten erfordern, bildet jedoch ebenfalls keine gesetzliche Grundlage im Sinne von Art. 13 Abs. 1 DSG, um eine persönlichkeitsverletzende Datenbearbeitung zu rechtfertigen.

3. Spezialgesetzliche Ermächtigung zur Datenbearbeitung für Bundesorgane

16 Bundesorgane dürfen Personendaten nur bearbeiten, wenn eine gesetzliche Grundlage besteht (Art. 17 Abs. 1 DSG). Für die Bearbeitung besonders schützenswerter Personendaten oder von Persönlichkeitsprofilen wird grundsätzlich eine formelle gesetzliche Grundlage verlangt (Art. 17 Abs. 2 DSG). Die Bekanntgabe von Personendaten an Dritte ist ebenfalls an das Vorliegen einer Rechtsgrundlage geknüpft, dies unter Vorbehalt der in Art. 19 Abs. 1 DSG vorgesehenen Ausnahmen. Personendaten dürfen nur durch ein Abrufverfahren zugänglich gemacht werden, wenn dies ausdrücklich vorgesehen ist (Art. 19 Abs. 3 DSG). Die Anforderungen sind noch strenger für besonders schützenswerte Personendaten und für Persönlichkeitsprofile, welche nur durch ein Abrufverfahren zugänglich gemacht werden dürfen, wenn ein formelles Gesetz es ausdrücklich vorsieht (Art. 19 Abs. 3 DSG).

17 Für die Bearbeitung der Personendaten im Rahmen der COVID-19-Pandemie besteht eine ausführliche gesetzliche Grundlage in Art. 58 ff. EpG. Es bestehen umfassende Rechtsgrundlagen für die Bearbeitung von Personendaten, die Bekanntgabe von Personendaten an Dritte sowie auch die Übermittlung von Personendaten ins Ausland und an ausländische Behörden. Zusätzlich ist der Betrieb von Informationssystemen geregelt. Zur Datenbearbeitung ermächtigt sind das BAG, die zuständigen Behörden der Kantone und die nach dem EpG beauftragten öffentlichen und privaten Institutionen. Der zulässige Zweck der Datenbearbeitung umfasst die krankheitsspezifischen Informationen um Rückschlüsse auf die Infektionsquelle und auf das Gefahrenpotenzial vorzunehmen sowie personenidentifizierende Angaben wie der vollständige Name, das Geburtsdatum und die Wohnadresse der Betroffenen, damit epidemiologisch notwendige Rückschlüsse und Nachforschungen getätigt werden können.[31]

18 Nach Art. 48 Abs. 2 EpG sind die Behörden für die Einhaltung der Datenschutzvorschriften verantwortlich. Dieser Verweis wird in der Botschaft nicht weiter erläutert, kann aber nur so verstanden werden, dass die allgemeinen Grundsätze des Datenschutzgesetzes auf diese Datenbearbeitungen anwendbar sind. Hingegen kann darunter nicht verstanden werden, dass die besonderen Bestimmungen des DSG dem EpG vorgehen würden. Es ist eher umgekehrt: Das EpG geht vor. Das geht auch aus dem Verweis auf die kantonalen Datenschutzgesetze hervor, welches die Anwendung der kantonalen Datenschutzgesetze für die kantonalen Datenbearbeiter nur soweit anwendbar erklärt, als

31 BBl 2011 311, S. 406.

die Bestimmungen im EpG keine oder nur in Teilbereichen eine Regelung für die Datenbearbeitung enthalten.[32]

Zur Krankheitsüberwachung und -kontrolle kann eine Bekanntgabe von Personendaten an Dritte notwendig sein. Das DSG verlangt für die regelmässige Bekanntgabe von Personendaten durch Bundesbehörden eine gesetzliche Grundlage. Diese besteht in Art. 59 EpG. Der Umfang der Personen- und Gesundheitsdaten, welche bekannt gegeben werden dürfen, ist exemplarisch in Art. 59 EpG aufgezählt: Dazu gehören Name, Vorname, Adresse, Geburtsdatum, berufliche Tätigkeit (lit. a), Angaben über Reisewege, Aufenthaltsorte und Kontakte mit Personen, Tieren und Gegenständen (lit. b), Ergebnisse von medizinischen Untersuchungen (lit. c), Ergebnisse von epidemiologischen Abklärungen (lit. d), Angaben über die Zugehörigkeit zu einer bestimmten Risikogruppe (lit. e) sowie Angaben zu Massnahmen zur Verhütung und Bekämpfung einer übertragbaren Krankheit (lit. f).[33] 19

In Art. 49 ff. EpV sind zudem die zulässigen Datenerhebungen im Rahmen der Bekämpfung von übertragbaren Krankheiten im internationalen Personenverkehr geregelt. Dies umfasst die Erhebung von Personendaten, Kontakten und Reiserouten mittels Fragebogen oder Befragungen. Die Unternehmen sind für die Datenerhebung zur Mitwirkung verpflichtet. 20

Als Fazit kann festgestellt werden: 21

- Für die Bearbeitung und Weitergabe von besonders schützenswerten Personendaten durch Bundesorgane in Bezug auf die COVID-19-Pandemie besteht im EpG eine genügende Rechtsgrundlage;
- Eine Einwilligung der betroffenen Personen ist dazu nicht erforderlich;
- Die allgemeinen Datenschutzgrundsätze sind durch die Bundesbehörden einzuhalten. Dies sind insbesondere die Informationspflicht, die Transparenzpflicht sowie Datensparsamkeit und Verhältnismässigkeit. Ebenfalls sind die Auskunftsrechte anwendbar;
- Bei der Bearbeitung von besonders schützenswerten Personendaten in Bezug auf COVID-19 durch Private (insbesondere Unternehmen) ist eine Interessenabwägung zwischen den Persönlichkeitsrechten der betroffenen Person und dem öffentlichen Gesundheitsinteresse vorzunehmen. Diese Abwägung dürfte während der Dauer der besonderen Lage gemäss Art. 6 EpG oder der ausserordentlichen Lage gemäss Art. 7 EpG in der Regel klar zugunsten der öffentlichen Gesundheitsinteressen ausfallen.

32 BBl 2011 311, S. 406.
33 BBl 2011 311, S. 407.

4. Grundsätze der Datenbearbeitung

a) *Überblick*

22 Mangels spezialgesetzlicher Datenschutzregelungen[34] gelten für Unternehmen auch bei der Bearbeitung von Personendaten in Zusammenhang mit Schutzmassnahmen zur Verhinderung des Risikos einer Ansteckung mit einer Krankheit wie dem Coronavirus die allgemeinen Grundsätze des Datenschutzgesetzes.[35] Insbesondere dürfen die Personendaten nur rechtmässig (Art. 4 Abs. 1 DSG) und unter Wahrung von Treu und Glauben (Art. 4 Abs. 2 DSG), der Verhältnismässigkeit (Art. 4 Abs. 2 DSG), der Richtigkeit der Personendaten (Art. 5 Abs. 1 DSG) sowie der Datensicherheit (Art. 7 Abs. 1 DSG) bearbeitet werden. Besonders relevant sind im vorliegenden Kontext auch der Grundsatz der Zweckbindung der Datenbearbeitung (Art. 4 Abs. 3 DSG) sowie der Erkennbarkeit (Art. 4 Abs. 4 DSG). Bei einer Missachtung dieser Grundsätze gilt aufgrund von Art. 12 Abs. 2 lit. a DSG die unwiderlegbare gesetzliche Vermutung, dass eine Persönlichkeitsverletzung im Sinne von Art. 12 Abs. 1 DSG resp. Art. 28 Abs. 1 ZGB begangen worden ist.[36] Weiter ist es grundsätzlich nicht gestattet, Personendaten gegen den ausdrücklichen Willen einer Person zu bearbeiten (Art. 12 Abs. 2 lit. b DSG) oder besonders schützenswerte Personendaten (oder Persönlichkeitsprofile) an Dritte bekanntzugeben (Art. 12 Abs. 2 lit. c DSG), es sei denn, es liegt ein Rechtfertigungsgrund vor. Im Falle einer grenzüberschreitenden Bekanntgabe der Personendaten sind zudem die Leitplanken von Art. 6 DSG zu beachten. In Bezug auf diese Grundsätze der Datenbearbeitung kann auf die allgemeine Datenschutzliteratur verwiesen werden. Im Folgenden wird einzig auf die Erkennbarkeit und Verhältnismässigkeit sowie auf mögliche Rechtfertigungsgründe näher eingegangen.

b) *Erkennbarkeit*

23 Art. 4 Abs. 4 DSG, der den Grundsatz der Transparenz der Datenbearbeitung konkretisiert, verlangt, dass für die betroffene Person erkennbar ist, welche ihrer Personendaten wann und wie beschafft werden und zu welchem Zweck die Bearbeitung ihrer Personendaten erfolgt. Darüber hinaus unterliegt der Inhaber einer Datensammlung in Bezug auf die Beschaffung von besonders schützenswerten Personendaten der erweiterten Informationspflicht nach Art. 14 DSG, wenn er die Personendaten zwecks Aufnahme in die Datensammlung beschafft.[37] Jene Pflicht umfasst nicht nur die Information über die Beschaffung und deren Zweck, sondern auch über die Identität des Inhabers der Datensammlung sowie über die Kategorie der Datenempfänger, sofern

34 Vgl. vorne Rz 7 ff.

35 So auch EDÖB, Mitteilung vom 17.3.2020, Datenschutzrechtlicher Rahmen bei der Eindämmung des Coronavirus.

36 Vgl. Belser/Noureddine, § 8 Rz 69; BSK DSG-Rampini, Art. 12 N 6; Rosenthal, Handkommentar DSG, Art. 12 DSG N 14 (die beiden letztgenannten Autoren gehen indes von einer gesetzlichen Fiktion aus).

37 BSK DSG-Rampini/Fuchs, Art. 14 N 4.

eine Datenübermittlung an Dritte vorgesehen ist. In der Praxis wird dies vor allem dann erforderlich sein, wenn das Unternehmen in Zusammenhang mit Schutzmassnahmen Personendaten seiner Mitarbeiter erhebt, die eine gewisse Zeit lang aufbewahrt werden.

Die Aufzählung in Art. 4 Abs. 4 DSG ist nicht abschliessend; gegebenenfalls müssen auch weitere Aspekte der Datenbearbeitung erkennbar sein, wie etwa eine mögliche Bekanntgabe der Personendaten an Dritte oder die Konsequenzen für den Fall, dass die betroffene Person die Datenbeschaffung oder -bearbeitung ablehnt, sodass die betroffene Person in der Lage ist zu entscheiden, ob sie sich der Datenbeschaffung und weiteren Bearbeitung widersetzt oder andere ihr nach dem Datenschutzgesetz zustehende Rechte geltend macht.[38] Das Ausmass an Informationen, die der betroffenen Person zu vermitteln sind, sowie die Art und Weise, wie dies geschehen sollte, hängt einerseits davon ab, wie einschneidend der durch die Personendatenbearbeitung bewirkte Eingriff in die Persönlichkeitsrechte der betroffenen Person ist, und andererseits davon, wie gut sich die Erkennbarkeit aus den konkreten Umständen ergibt.[39] 24

Im hier interessierenden Kontext wird die Erkennbarkeit der Datenbeschaffung dann unproblematisch sein, wenn die Personendaten direkt bei der betroffenen Person anhand einer Befragung oder einer Temperaturmessung erhoben werden oder wenn die betroffene Person sie von sich aus mitteilt (z.B. wenn der Arbeitnehmer seinem Vorgesetzten mitteilt, er müsse zu Hause bleiben, weil er an COVID-19 erkrankt sei). Auch der Zweck der Datenbearbeitung wird in solchen Fällen vielfach gut aus den Umständen heraus erkennbar sein, sodass keine aktive Information erforderlich ist. Demgegenüber trifft das Unternehmen eine aktive Informationspflicht, wenn die Beschaffung der Personendaten oder deren Zweck nicht ohne Weiteres erkennbar ist. Dies ist zum Beispiel der Fall beim Einsatz einer an der Decke montierten Überwachungskamera mit Körpertemperaturscanner, mit welcher der Eingangsbereich eines öffentlich zugänglichen Gebäudes auf Personen mit erhöhter Körpertemperatur hin überwacht wird. In derartigen Fällen, wo die Datenerhebung an bestimmten Kontrollpunkten erfolgt, kann die Information über die Datenbeschaffung wie auch über den Zweck der Bearbeitung beispielweise mittels Hinweistafeln erfolgen – eine blosse Ankündigung auf der Homepage wäre hingegen unzureichend, da nicht davon ausgegangen werden kann, dass jede Person, die am Kontrollpunkt vorbeigeht, die Homepage besucht hat und auf diesem Weg Kenntnis über die Ankündigung erlangen konnte. 25

c) *Verhältnismässigkeit*

Die Bearbeitung von Personendaten muss gemäss Art. 4 Abs. 2 DSG verhältnismässig sein. Während das Verhältnismässigkeitsprinzip im Staats- und Verwaltungsrecht als 26

38 Vgl. BBl 2003 2101, S. 2125; ROSENTHAL, Handkommentar DSG, Art. 4 DSG N 56 f.; ferner EPINEY, § 9 N 38. Im Rahmen der Revision des Datenschutzgesetzes ist vorgesehen, in Art. 17 E-DSG eine im Vergleich zum geltenden Recht erweiterte Informationspflicht einzuführen.

39 Vgl. BBl 2003 2101, S. 2125 f.; BSK DSG-MAURER-LAMBROU/STEINER, Art. 4 N 16c.

Leitlinie für das gesamte staatliche Handeln in der Bundesverfassung verankert ist,[40] bildet dieses Prinzip im Privatrecht keine allgemeine Handlungsmaxime. Im Datenschutzrecht gilt das Verhältnismässigkeitsprinzip indes auch für die Bearbeitung von Personendaten durch Private.[41, 42]

27 Das Verhältnismässigkeitsprinzip betrifft die Zweck-Mittel-Relation der Personendatenbearbeitung in Bezug auf einen bestimmten Zweck, dem die Bearbeitung dienen soll.[43] Werden mehrere Zwecke verfolgt, muss die Verhältnismässigkeit in Bezug auf jeden einzelnen Zweck separat geprüft werden.[44] Um die von Art. 4 Abs. 2 DSG geforderte Verhältnismässigkeit der Datenbearbeitung beurteilen zu können, muss daher zunächst der mit ihr verfolgte Zweck feststehen. Dabei muss es sich um einen rechtmässigen Zweck handeln; die Bearbeitung von Personendaten zu einem rechtlich unzulässigen Zweck kann von vornherein nicht verhältnismässig sein.[45]

28 Das Verhältnismässigkeitsprinzip ist in Bezug auf jede Form und Stufe der Bearbeitung von Personendaten zu beachten, d.h. sowohl hinsichtlich der Beschaffung der Personendaten als auch für den weiteren Umgang mit ihnen, einschliesslich der Dauer, während welcher die Personendaten aufbewahrt werden.[46] Mitentscheidend ist dabei unter anderem die Art und Menge der bearbeiteten Personendaten sowie die Art und Weise und die Häufigkeit, mit der sie beschafft werden.[47] Im hier interessierenden Kontext bedeutet dies, dass die Verhältnismässigkeit nicht nur in Bezug auf die Erhebung der Personendaten zu beurteilen ist, sondern namentlich auch in Bezug auf den Personenkreis, welcher Zugang zu den Personendaten erhalten soll oder dem einzelne Informationen bekanntgegeben werden, die Voraussetzungen, unter denen dies geschieht, sowie die Dauer, während welcher die Personendaten aufbewahrt[48] werden. Es ist nur begrenzt möglich, allgemeingültige Aussagen über die Verhältnismässigkeit einzelner Personendatenbearbeitungsvorgänge in Zusammenhang mit Massnahmen zum Schutz gegen eine COVID-19-Infektion zu machen; eine einzelfallbezogene Beurteilung bleibt unerlässlich.

40 Einerseits als Grundlage für die materielle Rechtmässigkeit staatlichen Handelns in Art. 5 Abs. 2 BV, andererseits als Voraussetzung für eine materiell rechtmässige Einschränkung von Grundrechten in Art. 36 Abs. 3 BV.

41 BBl 1988 II 413, S. 450; Epiney, § 9 Rz 26; Peter, S. 132 f.; Rosenthal, Handkommentar DSG, Art. 4 DSG N 19; vgl. BGE 142 III 263, 268 E. 2.2.1.

42 Diese Normierung des Verhältnismässigkeitsprinzips für privatrechtliches Handeln bildet eine Besonderheit des Datenschutzrechts (vgl. BSK DSG-Maurer-Lambrou/Steiner, Art. 4 N 10).

43 Epiney, § 9 Rz 24; Rosenthal, Handkommentar DSG, Art. 4 DSG N 25.

44 Rosenthal, Handkommentar DSG, Art. 4 DSG N 25.

45 Epiney, § 9 Rz 26.

46 Vgl. BGer v. 25.8.2016, 2C_171/2016, E. 4.1; BSK DSG-Maurer-Lambrou/Steiner, Art. 4 N 11–11a; Epiney, § 9 Rz 27.

47 Vgl. Rosenthal, Handkommentar DSG, Art. 4 DSG N 26.

48 Art. 5 Abs. 4 E-DSG sieht ausdrücklich vor, dass für den Zweck der Datenbearbeitung nicht mehr erforderliche Personendaten vernichtet oder anonymisiert werden müssen.

Konkret stellt das Verhältnismässigkeitsprinzip drei Anforderungen an die Bearbeitung von Personendaten: 29

- Erstens muss Datenbearbeitung zwecktauglich sein, d.h., sie muss geeignet sein, den mit ihr angestrebten Zweck zu erreichen.[49] Mit Blick auf die Bearbeitung von Personendaten in Zusammenhang mit Massnahmen zum Schutz gegen eine COVID-19-Infektion bedeutet dies, dass die Erhebung von Personendaten, die von vornherein untauglich sind, zur Reduktion des Infektionsrisikos beizutragen, unverhältnismässig ist.
- Zweitens muss die Datenbearbeitung notwendig sein, um den Zweck zu erreichen.[50] Die fragliche Bearbeitung von Personendaten muss der geringstmögliche Eingriff in die informationelle Selbstbestimmung einer Person sein, d.h. die Personendaten dürfen nur soweit bearbeitet werden, wie dies objektiv notwendig ist, um den angestrebten Zweck zu erreichen.[51] Hierbei stellt sich die Frage, ob der angestrebte Zweck auch ohne die Erhebung der fraglichen Personendaten oder ohne bestimmte Bearbeitungsschritte erreicht werden kann. Kann der Schutz vor einer COVID-19-Infektion auch mit einer weniger weit reichenden Bearbeitung von Personendaten oder sogar ganz ohne Personendatenbearbeitung erreicht werden, fehlt es an der Erforderlichkeit. Soweit die Erhebung und die weitere Bearbeitung der Personendaten an sich notwendig sind, muss unter diesem Teilaspekt des Verhältnismässigkeitsprinzips geprüft werden, für wie lange die Personendaten benötigt werden, um den angestrebten Zweck zu erreichen. Personendaten dürfen grundsätzlich nur so lange wie nötig aufbewahrt werden.[52]
- Drittens muss die Personendatenbearbeitung im engeren Sinne verhältnismässig sein, d.h. es muss ein vernünftiges Verhältnis bestehen zwischen dem mit ihr verfolgten Zweck einerseits und der mit der Datenbearbeitung verbundenen Beeinträchtigung der Persönlichkeit andererseits.[53] Gegenstand der Verhältnismässigkeit im engeren Sinne ist der Schutz der Persönlichkeit der betroffenen Person.[54] Die Verhältnismässigkeit ist nicht danach zu beurteilen, ob die betroffene Person die Bearbeitung ihrer Personendaten subjektiv als leichten oder schwerwiegenden Eingriff in ihre Persönlichkeit empfindet, sondern daran zu messen, wie schwer der Eingriff in die

49 Statt vieler BBl 1988 II 413, S. 450; BGer v. 25.8.2016, 2C_171/2016, E. 4.1; BSK DSG-Maurer-Lambrou/Steiner, Art. 4 N 9.

50 Statt vieler BBl 1988 II 413, S. 450; BVGE 2009/44, E. 3.1; Rosenthal, Handkommentar DSG, Art. 4 DSG N 19.

51 Vgl. etwa BBl 2017 6941, S. 7024; BGer v. 25.8.2016, 2C_171/2016, E. 4.1; BVGE 2009/44, E. 3.1; BSK DSG-Maurer-Lambrou/Steiner, Art. 4 N 9; Epiney, § 9 Rz 27.

52 Epiney, § 9 Rz 27; Peter, S. 133 f.

53 Vgl. etwa BBl 1988 II 413, S. 450; BGer v. 25.8.2016, 2C_171/2016, E. 4.1; BSK DSG-Maurer-Lambrou/Steiner, Art. 4 N 9; Epiney, § 9 Rz 27; Peter, S. 134.

54 Rosenthal, Handkommentar DSG, Art. 13 DSG N 16; vgl. BBl 2017 6941, S. 7024; BBl 1988 II 413, S. 450.

Persönlichkeit nach objektiver Betrachtung wiegt.[55] Dabei ist so gut es geht den persönlichen Umständen der betroffenen Person Rechnung zu tragen, wobei man es in der Praxis oftmals nicht vermeiden kann, hierzu eine repräsentative Massfigur beizuziehen.[56]

30 Eine unter dem Gesichtspunkt der Zweck-Mittel-Relation an sich unverhältnismässige Personendatenbearbeitung kann aufgrund eines überwiegenden privaten oder öffentlichen Interesses dennoch rechtmässig sein. Bei der Datenbearbeitung durch Private findet die allseitige Abwägung der betroffenen Interessen im Rahmen der Prüfung der Rechtfertigung gemäss Art. 13 Abs. 1 DSG statt.[57] Die Frage, welches Interesse überwiegt, ist eine Rechtsfrage, die im Streitfall das Gericht im Rahmen seines Ermessens nach Art. 4 ZGB zu beurteilen hat.[58] Bei der Prüfung, ob ein überwiegendes Interesse an der konkreten Datenbearbeitung besteht, müssen in einem ersten Schritt die tatsächlich auf dem Spiel stehenden Interessen auf Seiten des Datenbearbeiters sowie die konkreten Vertraulichkeitsinteressen auf Seiten der betroffenen Person ermittelt werden.[59] Der Datenbearbeiter kann dabei jedes Interesse von allgemein anerkanntem Wert als Rechtfertigungsgrund in die Waagschale legen, sei es ein öffentliches Interesse, sei es ein privates Interesse des Datenbearbeiters oder einer Drittperson oder sogar der betroffenen Person selbst.[60] Soweit von einem Unternehmen öffentliche Interessen vorgetragen werden, um die Datenbearbeitung zu rechtfertigen, ist indes zu bedenken, dass Private in der Regel nicht mit der Verfolgung von öffentlichen Interessen betraut sind.[61] So kann sich zum Beispiel ein Unternehmen nicht allein auf ein öffentliches Interesse an der Erforschung von COVID-19-Krankheitsverläufen berufen, um bei seinen Angestellten Personendaten über eine COVID-19-Ansteckung sowie Details über deren Verlauf zu sammeln und an ein Forschungsinstitut weiterzugeben. Ein öffentliches Interesse kann aber zu den mit der Datenbearbeitung verfolgten privaten Interessen hinzukommen und ihnen mehr Gewicht verleihen.[62] In einem zweiten Schritt ist zu prüfen, ob die Interessen auf Seiten des Datenbearbeiters schützenswert

55 Rosenthal, Handkommentar DSG, Art. 4 DSG N 22.

56 Vgl. Rosenthal, Handkommentar DSG, Art. 4 DSG N 23, der eine Orientierung anhand einer geeigneten Personenkategorie vorschlägt.

57 Vgl. BGE 138 II 346, 362 f. E. 9.2 f.; Rosenthal, Handkommentar DSG, Art. 4 DSG N 28 und Art. 13 DSG N 16. Im Staats- und Verwaltungsrecht findet die Abwägung der öffentlichen Interessen und der betroffenen privaten Interessen hingegen einzig im Rahmen der Prüfung der Verhältnismässigkeit im engeren Sinne statt (vgl. Epiney, § 9 Rz 24).

58 Vgl. BGE 142 III 263, 268 E. 2.2.1.

59 Vgl. anstelle vieler BGE 138 II 346, 364 E. 10.3; BVGer v. 18.4.2017, A-4232/2015, E. 5.4.2.1; Rosenthal, Handkommentar DSG, Art. 13 DSG N 9.

60 BGE 142 III 263, 268 E. 2.2.1; 138 II 346, 364 E. 10.3; BVGer v. 18.4.2017, A-4232/2015, E. 5.4.2.1; BSK DSG-Rampini, Art. 13 N 21 f. und 47; Rosenthal, Handkommentar DSG, Art. 13 DSG N 7.

61 Vgl. Epiney, § 9 Rz 26; Peter, FN 672. Es ist vielmehr Sache des Gesetzgebers festzulegen, ob und in welcher Form Private (einzig) im öffentlichen Interesse Datenbearbeitungen vornehmen sollen (zum Beispiel in Form von Meldepflichten). In diesen Fällen steht dem privaten Datenbearbeiter eine gesetzliche Grundlage im Sinne von Art. 13 Abs. 1 DSG zur Verfügung.

62 Vgl. BSK DSG-Rampini, Art. 13 N 47; vgl. ferner BGE 138 II 346, 366 f. E. 10.6.1.

sind.[63] In einem dritten Schritt sind die sich gegenüberstehenden Interessen miteinander zu vergleichen und zu gewichten, um eine wertende Abwägung vorzunehmen.[64] Je stärker und je wahrscheinlicher die durch die Datenbearbeitung drohende Beeinträchtigung der Vertraulichkeitsinteressen des Datensubjekts ist, desto schwerer fallen sie ins Gewicht, während es bezüglich den vom Datenbearbeiter in die Waagschale gelegten Interessen auf die Folgen einer Unterlassung der Datenbearbeitung ankommt.[65]

31 Bei der Interessenabwägung können Rechtsnormen miteinbezogen werden und sozusagen als Gewichtssteine eingesetzt werden, die sich mit dem Schutz der betroffenen Personendaten, mit dem Zweck, dem die Datenbearbeitung dienen soll, oder mit einzelnen Datenbearbeitungshandlungen befassen[66], soweit sich daraus Wertungen des Gesetzgebers in Bezug auf die Schutzwürdigkeit oder dem Rang bzw. Gewicht einzelner Interessen entnehmen lassen.[67,68] Im hier interessierenden Kontext ist einerseits Art. 3 lit. c Ziff. 2 DSG zu erwähnen, aus welchem folgt, dass dem Schutz von gesundheitsbezogenen Personendaten ein hoher Stellenwert beigemessen wird.[69] Andererseits ist die COVID-19-VO 2 relevant: Aus der dort verankerten Pflicht, Schutzkonzepte zu erarbeiten und umzusetzen, um das Infektionsrisiko für Mitarbeiter, Kunden, Besucher etc. zu minimieren (u.a. Art. 6a COVID-19-VO 2), lässt sich ableiten, dass der Schutz der genannten Personengruppen vor einer COVID-19-Infektion ein hoher Stellenwert zukommt; dies zumindest solange die ausserordentliche Lage andauert resp. die vorgenannten Vorschriften in Kraft sind. Indes ist es mit dieser Feststellung nicht getan: Vielmehr ist es angezeigt, die Empfehlungen und Vorgaben des BAG sowie des SECO zu den Schutzkonzepten und zu den allgemeinen Schutzmassnahmen in Unternehmen zu beachten. Einerseits verweist die COVID-19-VO 2 explizit darauf (z.B. in Art. 6a Abs. 2) bzw. erklärt die Empfehlungen des BAG für Arbeitgeber im Bauhaupt- und -nebengewerbe und in der Industrie sogar für

63 Rosenthal, Handkommentar DSG, Art. 13 DSG N 10. Auch rein wirtschaftliche Interessen können schützenswert sein (BGE 138 II 346, 365 E. 10.3). Das Vertraulichkeitsinteresse des Datensubjekts ist per se schützenswert (BSK DSG-Rampini, Art. 13 N 23; vgl. BVGer v. 18.4.2017, A-4232/2015, E. 5.4.2.1).

64 Vgl. BVGer v. 18.4.2017, A-4232/2015, E. 5.4.2.1; Aebi-Müller, Rz 243; BSK DSG-Rampini, Art. 13 N 24. Ausführlich zur Interessenabwägung Aebi-Müller, Rz 261 ff.; Rosenthal, Handkommentar DSG, Art. 13 DSG N 11–16.

65 Vgl. Aebi-Müller, Rz 268; BSK DSG-Rampini, Art. 13 N 23; Hubmann, S. 110–115; Rosenthal, Handkommentar DSG, Art. 13 DSG N 12.

66 Dabei geht es *nicht* um datenschutzrechtliche Bestimmungen, die gewisse Personendatenbearbeitungen vorsehen oder verbieten.

67 Vgl. ferner Hubmann, S. 97–102. So folgt zum Beispiel aus Art. 179 ff. StGB, dass die Privat- und Geheimsphäre vor den dort mit Strafe bedrohten Verhaltensweisen besonders hohen Schutz geniessen soll, was bei einer Interessenabwägung zu berücksichtigen ist (Verde, Rz 666). Mit Art. 13 Abs. 2 DSG hat der Gesetzgeber im Datenschutzgesetz gleich selbst derartige «Gewichtssteine» eingefügt (BBl 1988 II 413, S. 460).

68 Zudem sind Empfehlungen, die der EDÖB gestützt auf Art. 29 Abs. 1 lit. a und Abs. 3 DSG erlässt, als Hinweis auf ein bestimmtes öffentliches Interesse bei einer Abwägung zu berücksichtigen (BGE 138 II 346, 363 E. 10.1; 136 II 508, 523 E. 6.3.2).

69 Dazu vorne Rz 5 f.

verbindlich (Art. 7d Abs. 1),[70] andererseits können sie auch ohne derartigen Verweis zumindest als Auslegungshilfe in Bezug auf die erforderlichen Schutzmassnahmen beigezogen werden. Diesbezüglich ist zu konstatieren, dass dort in erster Linie das Einhalten der sozialen Distanz sowie die Händehygiene und die Reinigung von Oberflächen und Arbeitsutensilien vorgesehen wird; an zweiter Stelle steht die Verwendung persönlicher Schutzausrüstung wie Hygienemasken.[71] Des Weiteren sollen Unternehmen keine erkrankten Mitarbeiter am Arbeitsplatz arbeiten lassen. Vorkehrungen wie den Einsatz von Gesundheitsfragebögen oder Temperaturkontrollen gehören demgegenüber nicht zu den behördlicherseits empfohlenen Massnahmen, selbst wenn es um Dienstleistungen mit Körperkontakt geht. Derartige Massnahmen wurden von den Behörden offensichtlich nicht ernsthaft in Betracht gezogen, was man dahingehend interpretieren kann, dass solcherlei Massnahmen als zu weit gehend erachtet wurden.

5. Rechtfertigungsgründe

32 In Fällen einer grundsätzlich rechtswidrigen Datenbearbeitung besteht die Möglichkeit, sich auf einen der in Art. 13 Abs. 1 DSG aufgeführten Rechtfertigungsgründe zu berufen. Es sind dies ein überwiegendes privates oder öffentliches Interesse,[72] eine gesetzliche Grundlage oder die Einwilligung des Datensubjekts. Allerdings ist das Bundesgericht im Urteil BGE 136 II 508 im Rahmen der Auslegung von Art. 12 Abs. 2 lit. a DSG zum Schluss gelangt, dass eine Rechtfertigung eines Verstosses gegen die in Art. 4, Art. 5 Abs. 1 und Art. 7 Abs. 1 DSG statuierten Grundsätze der Datenbearbeitung nur mit grosser Zurückhaltung bejaht werden kann.[73]

33 Im hier interessierenden Kontext der Personendatenbearbeitung in Zusammenhang mit Schutzmassnahmen gegen die Verbreitung des Coronavirus stehen das überwiegende Interesse sowie die Einwilligung als Rechtfertigungsgründe im Vordergrund, während gesetzliche Grundlagen für die Rechtfertigung wie erläutert[74] kaum praktische Relevanz haben.

34 Hinsichtlich des Vorgehens bei der Prüfung, ob ein überwiegendes Interesse vorliegt, kann auf die Ausführungen zur Verhältnismässigkeit der Datenbearbeitung verwiesen werden.[75] Als Rechtfertigungsgrund ist ein überwiegendes Interesse indes nicht nur mit

70 Die am 22.6.2020 in Kraft getretene Covid-19-Verordnung besondere Lage erklärt in Art. 3 die Empfehlungen des BAG zu Hygiene und Verhalten in der Covid-19-Epidemie neu als für jede Person beachtlich.

71 Siehe hierzu und zum Folgenden etwa Muster-Schutzkonzepte für Betriebe unter COVID-19: Allgemeine Erläuterungen, Version vom 11.5.2020; Standard-Schutzkonzept für Betriebe mit personenbezogenen Dienstleistungen mit Körperkontakt unter COVID-19, Version vom 11.5.2020. Gleich verhält es sich mit der 22.6.2020 in Kraft getretenen Covid-19-Verordnung besondere Lage.

72 Bezüglich dem Rechtfertigungsgrund des überwiegenden Interesses sollte beachtet werden, dass das Bundesgericht bei Art. 28 Abs. 2 ZGB in Abweichung vom Gesetzeswortlaut bisweilen bereits ein mindestens gleichwertiges Interesse für eine Rechtfertigung genügen lässt (siehe bspw. BGer v. 5.2.2020, 5A_546/2019, E. 4.4).

73 BGE 136 II 508, 520 f. E. 5.2.4; ebenso BVGer v. 18.4.2017, A-4232/2015, E. 5.4.2.1.

74 Siehe vorne Rz 14.

75 Siehe vorne Rz 26 ff., insb. Rz 30 f.

Blick auf die Verhältnismässigkeit der Datenbearbeitung bedeutsam, sondern in Bezug auf jeden Aspekt, der dazu führt, dass die Datenbearbeitung persönlichkeitsverletzend ist.

Bei der Einwilligung ist erforderlich, dass sie freiwillig und auf Basis einer angemessenen Information erfolgt, damit sie gültig ist (Art. 4 Abs. 5 Satz 1 DSG). Die betroffene Person muss zumindest in den Grundzügen über die Art der Personendaten sowie den Zweck und den Umfang der Bearbeitung sowie über die Folgen einer Verweigerung der Einwilligung informiert sein, damit sie die Konsequenzen ihres Entscheids, die Einwilligung zu erteilen oder zu verweigern, abschätzen kann.[76] Die Freiwilligkeit setzt voraus, dass eine Verweigerung der Zustimmung keine nachteiligen Folgen für die betroffene Person hat, die keinen Bezug zum Zweck der Einwilligung aufweisen oder in Bezug zum Zweck unverhältnismässig sind.[77] Die Freiwilligkeit einer Einwilligung wird unter anderem verneint, wenn die Erbringung einer Leistung davon abhängig gemacht wird, dass nicht notwendige Angaben gemacht werden oder dass die Zustimmung zu einer unverhältnismässigen Personendatenbearbeitung erteilt wird.[78] Daher wird die Zulässigkeit einer Einwilligung in eine unverhältnismässige Datenbearbeitung verneint, ausser jene Datenbearbeitung erfolgt subjektiv im Interesse der betroffenen Person.[79] Sofern die Einwilligung die Bearbeitung von besonders schützenswerten Personendaten oder Persönlichkeitsprofilen betrifft, muss sie überdies ausdrücklich erfolgen (Art. 4 Abs. 5 Satz 2 DSG). Nach überwiegender Auffassung soll eine Einwilligung durch konkludentes Verhalten in die Bearbeitung von besonders schützenswerten Personendaten (oder Persönlichkeitsprofilen) daher nicht möglich sein.[80] 35

6. Besondere Schranke von Art. 328b OR

Im Bereich des Arbeitsrechts werden die allgemeinen Bestimmungen des Datenschutzgesetzes durch Sonderbestimmungen punktuell ergänzt. Im vorliegenden Zusammenhang ist namentlich Art. 328b OR relevant. Diese Begrenzungsnorm gestattet es der Arbeitgeberin nur soweit Personendaten über einen Arbeitnehmer zu bearbeiten, als diese die Eignung des Arbeitnehmers für das Arbeitsverhältnis betreffen oder zur Durchführung des Arbeitsvertrages erforderlich sind. Damit konkretisiert Art. 328b OR in Bezug auf die Bearbeitung von Personendaten die in Art. 328 Abs. 1 OR statuierte all- 36

76 Vgl. etwa BBl 2003 2101, S. 2127; BVGer v. 18.4.2017, A-4232/2015, E. 5.4.1; BSK DSG-Rampini, Art. 13 N 4.

77 BBl 2003 2101, S. 2127.

78 Siehe EDSK Urteil v. 21.11.1996, VPB 62.42B, E. V.1.b; BSK DSG-Rampini, Art. 13 N 8, m.w.V.; Peter, S. 134 f.; Rosenthal, Handkommentar DSG, Art. 4 DSG N 95–98, der darauf hinweist, dass es in diesem Zusammenhang um eine fehlende Verhältnismässigkeit im engeren Sinne geht.

79 Siehe Peter, S. 135; Rosenthal, Handkommentar DSG, Art. 4 DSG N 95.

80 Siehe BBl 2003 2101, S. 2127; BSK DSG-Maurer-Lambrou/Steiner, Art. 4 N 16h; Epiney, § 9 Rz 19, m.w.V. Überzeugender ist die Auffassung von Rosenthal (Handkommentar DSG, Art. 4 DSG N 83), wonach der Inhalt der Willenserklärung ausdrücklich sein muss, nicht aber deren Art und Weise. In der Botschaft zur Revision des Datenschutzgesetzes wird ebenfalls davon ausgegangen, dass eine ausdrückliche Einwilligung durch konkludentes Verhalten möglich ist (siehe BBl 2017 6941, S. 7028).

gemeine Pflicht der Arbeitgeberin, die Persönlichkeit des Arbeitnehmers zu schützen und sämtliche Eingriffe in seine Persönlichkeit zu unterlassen, die nicht gerechtfertigt sind, namentlich aufgrund ihrer Notwendigkeit zur Durchführung des Arbeitsvertrages.[81] Mit dieser Beschränkung der zulässigen Bearbeitung von Personendaten konkretisiert Art. 328b OR das Verhältnismässigkeitsprinzip von Art. 4 Abs. 2 DSG.[82, 83] Bei der Prüfung der Verhältnismässigkeit der Bearbeitung von Mitarbeiter-Personendaten in Zusammenhang mit Schutzmassnahmen ist somit die besondere Schranke von Art. 328b OR zu beachten.

37 Vor dem Hintergrund von Art. 328b OR erachtet die Lehre es als grundsätzlich zulässig, Daten über den Gesundheitszustand eines Arbeitnehmers zu bearbeiten, um andere Mitarbeiter sowie Drittpersonen vor ansteckenden Krankheiten zu schützen, sofern aufgrund der Arbeitstätigkeit ein erhöhtes Ansteckungsrisiko besteht.[84] Auch wird die Zulässigkeit der Bearbeitung von Daten über den Gesundheitszustand eines Arbeitnehmers bejaht, sofern sie die aktuelle oder absehbare zukünftige Arbeitsfähigkeit des Arbeitnehmers betreffen.[85] Nicht als zulässig erachtet wird demgegenüber die Bearbeitung von Diagnosen und anderen Daten über den Gesundheitszustand eines Arbeitnehmers, soweit kein direkter Arbeitsplatzbezug besteht oder die Bearbeitung über die Feststellung der Eignung des Arbeitnehmers für die Arbeitstätigkeit hinausgeht.[86] Diesem Recht der Arbeitgeberin, derartige Personendaten zu bearbeiten, steht als Teilaspekt der Treuepflicht (Art. 321a Abs. 1 OR) die Pflicht des Arbeitnehmers gegenüber, die Arbeitgeberin über Krankheiten zu informieren, die seine Arbeitsfähigkeit beeinträchtigen können oder eine Ansteckungsgefahr für Dritte wie Mitarbeiter, Kunden oder Patienten beinhalten, denen gegenüber die Arbeitgeberin eine Schutzpflicht hat.[87] Von diesen Leitlinien geht auch das Bundesgericht aus: Nach dessen Rechtsprechung hat die Arbeitgeberin nur, aber immerhin dann Anrecht darauf, vom Arbeitnehmer über bei ihm aufgetretene Krankheiten informiert zu werden, wenn dies zum Schutz der Gesundheit von anderen Personen oder des Arbeitnehmers selbst erforderlich ist.[88]

---

81 Vgl. BSK OR I-Portmann/Rudolph, Art. 328 N 4.

82 BBl 1988 II 413, S. 488; BK-Rehbinder/Stöckli, Art. 328b OR N 4; Rosenthal, Handkommentar DSG, Art. 328b OR N 1 und 8. Zum Verhältnismässigkeitsprinzip siehe vorne Rz 26 ff.

83 Diese Einschränkung gilt indes nur für die Bearbeitung von Personendaten über den Arbeitnehmer in Zusammenhang mit dem Arbeitsvertragsverhältnis, nicht aber für die Bearbeitung von Daten zur Person des Arbeitnehmers in Zusammenhang mit einer anderen Rechtsbeziehung zwischen ihm und der Arbeitgeberin (gl.M. Rosenthal, Handkommentar DSG, Art. 328b OR N 22).

84 Siehe Rosenthal, Handkommentar DSG, Art. 328b OR N 36; Streiff/von Kaenel/Rudolph, Art. 328b OR N 10; ferner BSK-Portmann/Rudolph, Art. 328b OR N 41.

85 So Streiff/von Kaenel/Rudolph, Art. 328b OR N 9 und 10; vgl. BK-Rehbinder/Stöckli, Art. 328b OR N 6.

86 Siehe Rosenthal, Handkommentar DSG, Art. 328b OR N 36; Streiff/von Kaenel/Rudolph, Art. 328b OR N 10; zudem EDÖB, Leitfaden, S. 10.

87 Vgl. Hug/Pärli, S. 11; Streiff/von Kaenel/Rudolph, Art. 328b OR N 11.

88 BGer v. 17.10.2001, 4C.192/2001, E. 2b/aa.

Ob eine die Schranken von Art. 328b OR überschreitende Personendatenbearbeitung im Einzelfall gestützt auf einen Rechtfertigungsgrund gemäss Art. 13 Abs. 1 DSG ausnahmsweise erlaubt sein kann, ist in der Lehre umstritten.[89] Fest steht aber mit Blick auf die Rechtsprechung,[90] dass eine Rechtfertigung nur mit grosser Zurückhaltung bejaht werden kann. Auch scheidet nach hier vertretener Ansicht eine Einwilligung des Arbeitnehmers in eine gegen Art. 328b OR verstossende Bearbeitung seiner Personendaten von vornherein als Rechtfertigungsgrund aus, sofern die Datenbearbeitung nicht ausnahmsweise zu Gunsten des Arbeitnehmers erfolgt (zum Beispiel damit er über die Arbeitgeberin in den Genuss eines vergünstigten Mobiltelefon-Abonnements für den Privatgebrauch kommen kann), da Art. 328b OR gemäss Art. 362 OR zu den relativ zwingenden Bestimmungen gehört, von denen nicht zu Ungunsten des Arbeitnehmers abgewichen werden darf.[91] Im vorliegend diskutierten Kontext vermag eine Einwilligung der Arbeitnehmer daher keine Bearbeitung von Personendaten unter Missachtung der vorne skizzierten Grundsätze zu rechtfertigen. In Frage kämen höchstens eine gesetzliche Grundlage oder ein überwiegendes privates oder öffentliches Interesse. 38

7. Anwendbarkeit der DS-GVO?

Mit Blick auf die im Vergleich zum Schweizer Datenschutzrecht umfangreicheren Pflichten – erwähnt sei beispielshalber die Informationspflicht nach Art. 13 DS-GVO – sowie den schärferen Sanktionsandrohungen, stellt sich für Unternehmen in der Schweiz bei der Bearbeitung von Personendaten in Zusammenhang mit den vorliegend diskutierten Schutzmassnahmen die Frage, ob allenfalls die DS-GVO anwendbar ist, wenn die Datenbearbeitung Mitarbeiter oder andere Personen betrifft, die ihren Wohnsitz oder gewöhnlichen Aufenthalt in einem EU-Mitgliedsstaat haben. Der räumliche Anwendungsbereich der DS-GVO ist in deren Art. 3 definiert. Art. 3 Abs. 1 DS-GVO geht vom Niederlassungsprinzip aus[92] und sieht vor, dass die DS-GVO auf die Personendatenbearbeitung Anwendung findet, die im Rahmen der Tätigkeit eines Verantwortlichen[93] oder eines Auftragsverarbeiters[94] in der Europäischen Union erfolgt, selbst 39

89 Verneinend etwa: Streiff/von Kaenel/Rudolph, Art. 328b OR N 3. Bejahend bspw.: Papa/Pietruszak, § 17 Rz 8; Rosenthal, Handkommentar DSG, Art. 328b OR N 12. Zurückhaltend bejahend: BSK OR I-Portmann/Rudolph, Art. 328b N 24 ff.

90 BGE 136 II 508, 520 f. E. 5.2.4; BVGer v. 18.4.2017, A-4232/2015, E. 5.4.2.1.

91 Ebenso etwa BSK OR I-Portmann/Rudolph, Art. 328b N 26; BK-Rehbinder/Stöckli, Art. 328b OR N 12; **a.M.** Papa/Pietruszak, § 17 Rz 8.

92 Ennöckl, Art. 3 DS-GVO N 4.

93 Als Verantwortlicher im Sinne der DS-GVO gilt jene natürliche oder juristische Person, Behörde, Einrichtung oder andere Stelle, die alleine oder gemeinsam mit anderen über die Zwecke und die Mittel der Datenbearbeitung entscheidet (Art. 4 Ziff. 7 DS-GVO).

94 Als Auftragsverarbeiter im Sinne der DS-GVO gilt jene natürliche oder juristische Person, Behörde, Einrichtung oder andere Stelle, die Personendaten im Auftrag eines Verantwortlichen bearbeitet (Art. 4 Ziff. 8 DS-GVO).

wenn die eigentliche Bearbeitung[95] ausserhalb der Union stattfindet. Demgegenüber liegt dem Abs. 2 von Art. 3 DS-GVO das Marktortprinzip zugrunde.[96] Nach jenem Absatz ist die DS-GVO auf die Verarbeitung von Personendaten[97] durch nicht in der Europäischen Union niedergelassene Verantwortliche oder Auftragsverarbeiter anwendbar, sofern es erstens um Personendaten von Leuten geht, die sich in der Union befinden, und zweitens die Datenverarbeitung in Zusammenhang steht mit dem Angebot von Waren oder Dienstleistungen an die betroffene Person oder mit der Beobachtung des Verhaltens der betroffenen Person in der Union. Art. 3 Abs. 3 DS-GVO dehnt den räumlichen Anwendungsbereich auf Orte aus, die völkerrechtlich dem Recht eines EU-Mitgliedstaates unterliegen. Dieser räumliche Geltungsbereich der DS-GVO kann nicht durch eine Rechtswahl umgangen werden.[98] Auch wird der in Art. 3 DS-GVO definierte räumliche Anwendungsbereich nicht durch Art. 139 Abs. 3 IPRG erweitert. Dies liegt im Umstand begründet, dass ein nach Massgabe des IPRG anwendbares ausländisches Recht seinen Geltungsbereich in räumlicher wie auch in sachlicher, persönlicher und zeitlicher Hinsicht selber bestimmt.[99]

40 In Bezug auf die Beschaffung und weitere Bearbeitung von Personendaten in Zusammenhang mit den hier interessierenden Schutzmassnahmen steht Abs. 1 von Art. 3 DS-GVO im Vordergrund. Demgegenüber ist Abs. 2 im hier interessierenden Kontext kaum von Bedeutung: Einerseits steht eine solche Bearbeitung von Personendaten unseres Erachtens nicht mit dem Angebot von Waren oder Dienstleistungen an Personen in der Europäischen Union in Zusammenhang, selbst wenn die Personen aufgrund eines Angebots in die Schweiz gereist sind, sondern stellt eine davon getrennte, anderen Zwecken dienende und nicht grenzüberschreitende, sondern vor Ort erfolgende Datenbearbeitung dar, die nicht mehr in den Anwendungsbereich von Art. 3 Abs. 2 lit. a DS-GVO fällt.[100] Andererseits geht es beim Anknüpfungskriterium der Verhaltensbeobachtung im Prinzip um Fälle, bei denen die Internetaktivitäten von Personen in der Union beobachtet werden, sodass gestützt darauf ihre Internetaktivitäten nachvollzogen werden können oder ein Profil über bestimmte Aspekte der betroffenen Person erstellt werden kann.[101]

41 Nach dem hier interessierenden Art. 3 Abs. 1 DS-GVO unterliegt diejenige Personendatenbearbeitung dem räumlichen Anwendungsbereich der DS-GVO, die im Rahmen der Tätigkeit einer Niederlassung eines Verantwortlichen oder eines Auftragsverarbeiters in der Europäischen Union erfolgt. Nicht entscheidend ist, wo auf der Welt die Daten-

95 In der Terminologie der DS-GVO wird das Wort «verarbeiten» statt des in der Schweiz üblichen Ausdrucks «bearbeiten» verwendet.

96 Vgl. Schmidt, Art. 3 DS-GVO N 2; Zerdick, Art. 3 DS-GVO N 2.

97 Die DS-GVO verwendet den Ausdruck «personenbezogene Daten» statt wie das DSG das Wort «Personendaten».

98 Klar, Art. 3 DS-GVO N 105 f.

99 Vgl. ZK-Heini/Furrer, Art. 13 IPRG N 29.

100 Vgl. EDPB, Guidlines 3/2018, S. 15 f.

101 Vgl. Erw. 24 DS-GVO; Klar, Art. 3 DS-GVO N 94–98.

bearbeitung tatsächlich stattfindet.[102] Somit kommt es nicht darauf an, ob sich die für die Datenbearbeitung eingesetzte IT-Infrastruktur innerhalb des Territoriums der Europäischen Union befindet.[103] Auch muss die Datenbearbeitung nicht von der Niederlassung selbst ausgeführt werden, sondern es genügt – zumindest nach bisheriger Rechtsprechung des EuGH –, dass die Niederlassung mit der Datenbearbeitung wirtschaftlich verknüpft ist.[104] Ebenso wenig kommt es darauf an, wo sich das Datensubjekt befindet und welche Staatsangehörigkeit es hat.[105] Den Begriff der Niederlassung definiert die DS-GVO nicht. Den Erwägungen zur DS-GVO und der darauf Bezug nehmenden Lehre zufolge liegt eine Niederlassung im Sinne von Art. 3 Abs. 1 DS-GVO vor, wenn eine feste Einrichtung in der Union besteht, in welcher tatsächlich eine Tätigkeit ausgeübt wird.[106] Die Rechtsform jener Einrichtung spielt keine Rolle.[107] Wenn sich das Unternehmen, dem die Niederlassung angehört, ausserhalb der Europäischen Union befindet, gilt die DS-GVO nur für die Datenbearbeitung für bzw. durch die Niederlassung.[108] Der Lehre zufolge ist erforderlich, dass im Rahmen der Einrichtung ein Zusammenspiel von Sachmitteln und menschlichen Handlungen besteht, weshalb beispielsweise rein technische Einrichtungen, wie ein von der Ferne aus bedienter Server, oder rechtliche Stützpunkte wie Briefkastenfirmen keine Niederlassung begründen sollten.[109]

Wenn also ein Unternehmen in der Schweiz in Zusammenhang mit Schutzmassnahmen Personendaten auf einem in der EU gelegenen Server speichert, sie jedoch ausschliesslich von der Schweiz aus bearbeitet, so liegt dies ausserhalb des räumlichen Anwendungsbereichs der DS-GVO. Auch wird der räumliche Anwendungsbereich der DS-GVO nicht durch den Umstand eröffnet, dass das Unternehmen Grenzgänger beschäftigt; die Bearbeitung derer Personendaten unterliegt gleich wie diejenige von Mitarbeitern mit Wohnsitz in der Schweiz dem hiesigen Datenschutzrecht. Anders verhielte es sich aber zum Beispiel, wenn sich die Personalabteilung des Unternehmens in einem EU-Mitgliedsstaat befinden würde und Personendaten über Mitarbeiter in Zusammenhang mit dem Coronavirus bearbeiten würde. Eine derartige Konstellation kann na- 42

102 Erw. 22 DS-GVO.

103 Schmidt, Art. 3 DS-GVO N 7.

104 Siehe EuGH v. 13.5.2014, C-131/12 (Google Spain), Rn 52–56; vgl. EDPB, Guidlines 3/2018, S. 7 f.; Hornung, Art. 3 DS-GVO N 28–31, m.w.H.; Zerdick, Art. 3 DS-GVO N 9 f.

105 Ennöckl, Art. 3 DS-GVO N 6; Klar, Art. 3 DS-GVO N 36; vgl. Erw. 14 DS-GVO.

106 Erw. 22 DS-GVO; Ennöckl, Art. 3 DS-GVO N 7; Hornung, Art. 3 DS-GVO N 22; Klar, Art. 3 DS-GVO N 41 f.; Zerdick, Art. 3 DS-GVO N 8.

107 Erw. 22 DS-GVO. In der Lehre wird zum Teil auch der statutarische Sitz eines Unternehmens unter dem Begriff der Niederlassung subsumiert, sofern in Zusammenhang mit der Tätigkeit am Sitz eine Datenbearbeitung erfolgt (siehe Ernst, Art. 3 DS-GVO N 3; Schmidt, Art. 3 DS-GVO N 9; **a.M.** Hornung, Art. 3 DS-GVO N 18).

108 Ernst, Art. 3 DS-GVO N 9.

109 Siehe etwa Ennöckl, Art. 3 DS-GVO N 7, m.w.V.; Hornung, Art. 3 DS-GVO N 23, der bzgl. Servern danach differenziert, ob der Server durch den Verantwortlichen bzw. Auftragsbearbeiter eigenständig betrieben und vor Ort gewartet wird oder ob nur ein Fernzugriff erfolgt; Klar, Art. 3 DS-GVO N 46, m.w.V.; Schmidt, Art. 3 DS-GVO N 11; Zerdick, Art. 3 DS-GVO N 8.

mentlich bei multinationalen Konzernen auftreten, die gewisse Funktionen des Personalwesens zentralisiert haben. In solchen Fällen kann die Datenbearbeitung nicht nur aufgrund von Art. 3 Abs. 1 der DS-GVO unterliegen, sondern es ist auch denkbar, dass eine Auftragsdatenbearbeitung im Sinne von Art. 28 DS-GVO vorliegt.[110] Hat nur der Auftragsdatenbearbeiter, nicht aber der Verantwortliche eine Niederlassung in der Europäischen Union, so unterliegt nur der Erstgenannte der DS-GVO, ausser es besteht eine Anknüpfung nach Art. 3 Abs. 2 DS-GVO.[111] Wenn innerhalb eines Konzerns eine in einem EU-Mitgliedsstaat ansässige Personalabteilung für mehrere Länder zuständig ist und ihr für das Personalwesen der Schweizer Konzerngesellschaft rechtlich oder faktisch eine weitgehende Entscheidungskompetenz zukommt (im hier interessierenden Kontext vor allem in Bezug auf die Erhebung und Bearbeitung von Personendaten in Zusammenhang mit potenziellen Coronavirus-Infektionen), ist es auch möglich, dass kein Auftragsdatenbearbeitungsverhältnis im Sinne von Art. 28 DS-GVO mehr vorliegt, sondern dass die juristische Person, in welcher die zentrale Personalabteilung angesiedelt ist, neben der Schweizer Gesellschaft als Verantwortliche im Sinne von Art. 4 Ziff. 7 DS-GVO zu qualifizieren ist und eine gemeinsame Verantwortung im Sinne von Art. 26 DS-GVO vorliegt.[112]

III. Blick auf einzelne Massnahmen in Unternehmen

1. Datenschutzrechtlich relevante Schutzmassnahmen und deren Zweck

43 Wie vorne erläutert,[113] ist ein Unternehmen gesetzlich verpflichtet, seine Mitarbeiter davor zu schützen, dass sie sich im Unternehmen mit einer Krankheit anstecken, wobei der Umfang der Schutzpflichten von den konkreten Umständen abhängt. Auch gegenüber Kunden etc. können wie erwähnt[114] derartige Schutzpflichten bestehen. Zweck der Schutzvorkehrungen ist es also zu verhindern, dass Mitarbeiter, von denen eine COVID-19-Ansteckungsgefahr ausgeht, sich am Arbeitsplatz aufhalten und dort Arbeitskollegen sowie Kunden, Gäste, Patienten oder andere Personen, die in geschäftlichen Kontakt mit dem Mitarbeiter treten, einem Ansteckungsrisiko aussetzen. In Zusammenhang mit dem Coronavirus genügt es für ein Unternehmen in der Regel nicht, ausreichende Hygienemassnahmen und Schutzausrüstungen wie Hygienemasken und Plexiglas-Trennscheiben einzuführen sowie ausreichende soziale Distanz zu gewährleisten, indem die Anzahl in einem Raum anwesender Personen begrenzt wird, sondern es hat auch die Vorgabe des Bundes zu beachten, keine Mitarbeiter mit Symptomen einer COVID-19-Erkrankung oder die in engem Kontakt zu COVID-19-Erkrank-

110 Vgl. statt vieler GABEL/LUTZ, Art. 28 DS-GVO N 19 und 25.

111 EDPB, Guidlines 3/2018, S. 10–12; HORNUNG, Art. 3 DS-GVO N 33; KLAR, Art. 3 DS-GVO N 38, m.w.V.; SCHMIDT, Art. 3 DS-GVO N 13 ff., m.V. auf **a.M.**

112 Vgl. GABEL/LUTZ, Art. 28 DS-GVO N 25; HARTUNG, Art. 26 DS-GVO N 18 sowie Art. 28 DS-GVO N 24–30 und 44–48; PETRI, Art. 28 DS-GVO N 24.

113 Siehe vorne Rz 8.

114 Siehe vorne Rz 9.

ten standen, im Betrieb arbeiten zu lassen.[115] Darüber hinaus kann es für ein Unternehmen wichtig sein, zu wissen, ob sich ein Arbeitnehmer mit COVID-19 infiziert hat, da der Arbeitgeber in einem solchen Fall verpflichtet sein kann, so schnell wie möglich Massnahmen zum Schutz anderer Mitarbeiter zu treffen und sie nötigenfalls über die Ansteckungsgefahr zu orientieren. Gegebenenfalls müssen auch Drittpersonen, wie zum Beispiel Kunden, die mit dem betreffenden Arbeitnehmer in Kontakt standen, orientiert werden. Steht der Verdacht im Raum, dass sich Mitarbeiter mit dem Coronavirus angesteckt haben, kann die Arbeitgeberin zudem das Bedürfnis haben, zu wissen, ob tatsächlich eine COVID-19-Infektion vorliegt oder ob von den Mitarbeitern keine Ansteckungsgefahr ausgeht und sie somit weiter im Betrieb arbeiten können. Bei diesem letztgenannten Anliegen steht freilich nicht mehr der Schutz der Gesundheit anderer Personen im Vordergrund, sondern die betriebswirtschaftlichen Interessen des Unternehmens. Umgekehrt muss ein Unternehmen auch Vorkehrungen treffen, um seine Mitarbeiter davor zu schützen, von Kunden etc. angesteckt zu werden.

Im Wesentlichen stehen somit folgende Arten von Massnahmen zur Diskussion, 44
nämlich die Kontrolle, ob Mitarbeiter, Kunden, Gäste etc. Symptome einer COVID-19-Erkrankung aufweisen, die Kontrolle, ob eine dieser Personen in engem Kontakt mit jemandem gestanden hat, der an COVID-19 erkrankt ist, sowie die Kontrolle, ob ein Mitarbeiter mit COVID-19 infiziert ist. Als weitere Massnahme kann es für ein Unternehmen relevant sein, zu wissen, ob sich ein Mitarbeiter in einer Region mit vielen COVID-19-Fallzahlen aufgehalten hat. Die erste und dritte Massnahme gehen mit einer Bearbeitung von Personendaten über den Gesundheitszustand einher und stellen somit eine Bearbeitung von besonders schützenswerten Personendaten dar.[116] Anders verhält es sich bei der zweitgenannten Massnahme, sofern dabei keine Details über jene Kontakte erhoben werden, welche der Intimsphäre des Mitarbeiters angehören können, sowie der viertgenannten Massnahme. Dessen ungeachtet ist bei allen diesen Massnahmen in einem ersten Schritt zu prüfen, ob die Beschaffung der damit verbundenen Personendaten verhältnismässig ist. In einem zweiten Schritt stellt sich die Frage, welche über die Beschaffung hinausgehende Bearbeitung der Personendaten noch verhältnismässig ist und wie lange eine Aufbewahrung unter dem Aspekt der Verhältnismässigkeit vertretbar ist.

2. Verhältnismässigkeit der Beschaffung der Personendaten bei Mitarbeitern

a) *Information über (potenzielle) Erkrankung an COVID-19*

Eine Pflicht der Mitarbeiter zur aktiven Information der Arbeitgeberin über den Um- 45
stand, dass sie an COVID-19 erkrankt sind oder zumindest Symptome einer solchen Erkrankung aufweisen, ist unter dem Blickwickel der Verhältnismässigkeit der Personendatenbeschaffung unproblematisch. Eine solche Informationspflicht besteht wie

115 Siehe namentlich das Muster-Schutzkonzept des BAG für Betriebe unter COVID-19, Version vom 11.5.2020.

116 Dazu vorne Rz 5 f.

erwähnt[117] aufgrund der Treuepflicht des Arbeitnehmers nach Art. 321a Abs. 1 OR. Nicht erforderlich – und somit auch nicht mehr verhältnismässig – sind in der Regel hingegen genaue Angaben über die Symptome, die beim Arbeitnehmer aufgetreten sind.

46 Analoges gilt auch in Bezug auf den Anspruch der Arbeitgeberin, vom Arbeitnehmer darüber informiert zu werden, ob er in Kontakt stand mit einer Person, die an COVID-19 erkrankt ist oder zumindest Symptome dieser Krankheit aufweist. Dabei ist zu beachten, dass nicht jeder noch so geringfügige Kontakt mit einer solchen Person für eine Übertragung des Coronavirus ausreicht. Ab welcher Nähe und Dauer ein Kontakt ausreichend intensiv ist, um eine Ansteckung zu ermöglichen und somit überhaupt Gegenstand einer Meldung sein zu können, ist eine medizinische Frage. Weiter endet das Recht des Arbeitgebers, über derartige Kontakte informiert zu werden, dort, wo der Kontakt so lange zurückliegt, dass nicht mehr von einer Ansteckungsgefahr ausgegangen werden muss. Diesbezüglich ist zu beachten, dass das BAG von einer Inkubationszeit des Coronavirus von bis zu 14 Tagen ausgeht.[118] Auch wird es normalerweise nicht verhältnismässig sein, Details über die Person zu erheben, mit welcher der direkte Kontakt stattgefunden hat, sowie über die Umstände des Kontakts, da damit Informationen über das Privatleben des Mitarbeiters erhoben würden, die mit Blick auf den Schutzzweck dieser Informationspflicht nicht erforderlich sind.

b) Kontrollen und Befragungen durch die Arbeitgeberin hinsichtlich Krankheitssymptome

47 Obschon eine Kontrolle, ob ein Mitarbeiter Symptome einer COVID-19-Erkrankung aufweist, auf den ersten Blick harmlos und daher datenschutzrechtlich unproblematisch zu sein scheint, ist deren Verhältnismässigkeit nicht in jedem Fall gegeben und muss unter Berücksichtigung der Umstände des Einzelfalls geprüft werden.

48 Zunächst stellt sich die Frage, inwiefern eine derartige Kontrolle überhaupt notwendig ist. Grundsätzlich kann (und muss) das Unternehmen ihre Mitarbeiter anweisen, zu Hause zu bleiben bzw. nach Hause zu gehen, wenn sie Symptome einer COVID-19-Erkrankung aufweisen oder wissen, dass sie mit COVID-19 infiziert sind und eine Ansteckungsgefahr besteht. Das Fernhalten von kranken Mitarbeitern vom Arbeitsplatz ist somit in erster Linie über das Weisungsrecht der Arbeitgeberin (Art. 321d OR) sicherzustellen. Bei einer Prüfung von Mitarbeitern auf COVID-19-Symptome hin geht es daher genau genommen um die Kontrolle, ob die Mitarbeiter die Weisung einhalten. Obschon eine Bearbeitung von Personendaten zur Kontrolle der Einhaltung von Weisungen an sich durchaus zulässig sein kann,[119] folgt daraus nicht, dass eine derartige Kontrolle ohne weiteres verhältnismässig ist. Die Situation ist vergleichbar mit Drogen- oder Alkoholtests gegenüber Arbeitnehmern: Auch derartige Tests sind – insbesondere wenn sie

117 Vorne Rz 37.

118 ‹https://www.bag.admin.ch/bag/de/home/krankheiten/ausbrueche-epidemien-pandemien/aktuelle-ausbrueche-epidemien/novel-cov/information-fuer-die-aerzteschaft/umgang-mit-erkrankten.html#557407653› (24.6.2020).

119 Vgl. Streiff/von Kaenel/Rudolph, Art. 328b OR N 6.

stichprobeweise ohne konkreten Verdacht erfolgen – nur soweit zulässig, als es die Sicherheit der Mitarbeiter und anderer Personen tatsächlich erfordert.[120] Im vorliegend erörterten Kontext ist hierfür erstens die Wichtigkeit massgebend, dass sich die Mitarbeiter an die Weisung halten, vom Arbeitsplatz fernzubleiben, wenn sie Symptome einer COVID-19-Erkrankung aufweisen. Dies hängt wiederum vom Ansteckungsrisiko für andere Personen ab, das mit einer Missachtung der Weisung einherginge. Je intensiver der Kontakt des Mitarbeiters mit anderen Personen im Rahmen seiner Arbeitstätigkeit in quantitativer und qualitativer Hinsicht ist und je weniger das Ansteckungsrisiko durch den Einsatz von Hygienemassnahmen, technischen Schutzmassnahmen und persönlicher Schutzausrüstung beseitigt werden kann, desto eher kann die Verhältnismässigkeit bejaht werden. Während es beispielsweise bei Mitarbeitern einer Arztpraxis oder eines Altersheims von sehr hoher Bedeutung sein kann, dass sie nicht zur Arbeit erscheinen, wenn sie ansteckend sind, trifft dies zum Beispiel bei einem Lokführer, der den ganzen Tag alleine im Führerstand verbringt, nicht zu. Zweitens ist massgebend, wie hoch die allgemeine Ansteckungswahrscheinlichkeit in der Region, in der sich die Mitarbeiter aufhalten, aufgrund der epidemiologischen Lage ist. Auf dem Höhepunkt einer Epidemie bzw. Pandemie mit einer hohen Anzahl erkrankter Personen und Neuerkrankungen ist die Wahrscheinlichkeit, dass sich ein Mitarbeiter mit dem Virus infiziert hat, höher und somit eine strenge Kontrolle der Einhaltung der Weisungen eher angezeigt, als gegen deren Ende, wenn nur noch wenige Personen ansteckend sind. Gibt es kaum noch Krankheitsfälle, relativiert sich die Wichtigkeit und damit auch die Verhältnismässigkeit solcher Kontrollen. Drittens ist zu berücksichtigen, ob es sich um Mitarbeiter handelt, bei denen von einer ausreichenden Selbstdisziplin ausgegangen werden kann, was die Einhaltung derartiger Weisungen betrifft, sowie ob Anhaltspunkte dafür bestehen, dass Mitarbeiter sich nicht an die Weisungen halten.

Weiter hängt die Verhältnismässigkeit solcher Kontrollen davon ab, in welcher 49
Form sie durchgeführt werden: So wiegt der Eingriff in die Persönlichkeit des Arbeitnehmers weniger schwer, wenn es bei einer mündlichen Ja- oder Nein-Antwort auf die Frage bleibt, ob er Krankheitssymptome aufweist, als wenn das Vorliegen einzelner möglicher Krankheitssymptome abgefragt wird und seine Antworten schriftlich festgehalten und aufbewahrt sowie womöglich weiteren Personen zugänglich gemacht werden. Gleiches gilt in Bezug auf die (kontaktlose) Messung der Körpertemperatur, wobei es hier auch einen Unterschied macht, ob nur die Information erhoben wird, ob die Körpertemperatur über oder unter einem vordefinierten Schwellenwert liegt, oder ob die genaue Körpertemperatur erfasst wird. Grundsätzlich genügt es für die Arbeitgeberin zu wissen, ob die Körpertemperatur einen bestimmten Schwellenwert überschritten hat oder ob andere Symptome einer Ansteckung mit COVID-19 vorliegen, ohne dass genauere Angaben hierüber erforderlich sind. Von vornherein nicht verhältnismässig ist die Kontrolle, ob Mitarbeiter Symptome aufweisen, die nicht zu den typischen Krank-

120 Vgl. dazu etwa Wyler/Heinzer, S. 332–336.

heitsymptomen des Coronavirus gehören, da es dabei an der Zwecktauglichkeit der Datenbearbeitung fehlt.

50 Die Verhältnismässigkeit derartiger Kontrollmassnahmen hängt schliesslich auch von deren Häufigkeit ab. Der Eingriff in die Persönlichkeit eines Mitarbeiters wiegt schwerer, wenn er sich täglich oder sogar mehrmals täglich einer Kontrolle unterziehen muss, als wenn nur sporadisch Kontrollen stattfinden. Dies einerseits weil der Mitarbeiter dabei häufiger Einblick in seine gesundheitliche Verfassung gewähren muss; andererseits weil dadurch die Fülle an Informationen über seinen Gesundheitszustand, die erhoben werden, grösser ist.

c) Information über die Reisetätigkeit

51 Ein Anspruch, darüber informiert zu werden, wohin ein Mitarbeiter in seiner Freizeit reist oder seinen Urlaub verbringt, hat die Arbeitgeberin in der Regel nicht. Wenn aber in bestimmten Regionen die Wahrscheinlichkeit einer Infektion mit einem ansteckendem Virus wie COVID-19 besonders hoch ist oder nur in bestimmten Regionen besteht, kann ein Unternehmen ein hinreichendes Interesse daran haben, zu wissen ob sich Mitarbeiter in solchen Regionen aufgehalten haben, um Schutzvorkehrungen zu treffen wie beispielsweise eine Isolation der betroffenen Mitarbeiter oder eine Kontrolle auf Erkrankungsanzeichnen.[121] Angesichts des normalerweise geringfügigen Eingriffs in die Privatsphäre des Mitarbeiters, den eine Beschaffung solcher Personendaten mit sich bringt, wird die Verhältnismässigkeit regelmässig bejaht werden können. Indes stellt sich Frage, welcher Detailsgrad an Informationen über Aufenthaltsort und -dauer erforderlich ist. Meist genügt die Angabe, dass sich ein Mitarbeiter in einer Region mit besonders hoher Ansteckungsgefahr während einer gewissen Mindestdauer aufgehalten hat und wie lange dies zurückliegt. Der genaue Ort wie auch die genaue Aufenthaltsdauer sind nicht erforderlich.[122]

d) Sonderthema Aufforderung, sich Testen zu lassen

52 Besteht bei einem Arbeitnehmer der Verdacht, dass er sich mit COVID-19 infiziert hat, kann seitens der Arbeitgeberin das Bedürfnis bestehen, Gewissheit darüber zu haben, ob der Verdacht zutrifft. Dies nicht nur vor dem Hintergrund der allenfalls nötigen Orientierung von Personen, die mit dem betreffenden Arbeitnehmer in Kontakt standen, sondern auch um zu wissen, ob sich andere Mitarbeiter gegebenenfalls in Quarantäne begeben müssen, was unter Umständen erhebliche Auswirkungen auf den Betrieb haben kann. Aus datenschutzrechtlicher Sicht ist vor dem Hintergrund des vorne[123] erwähnten Anspruchs der Arbeitgeberin, darüber informiert zu werden, wenn ein Arbeitnehmer an einer ansteckenden Krankheit leidet, die sich auf den Be-

121 Vgl. bez. Letzterem vorne Rz 47 ff.

122 Vgl. Landesdatenschutzbeauftragter Rheinland-Pfalz, Beschäftigtendatenschutz in Zeiten des Corona-Virus, ‹www.datenschutz.rlp.de/de/themenfelder-themen/beschaeftigtendatenschutz-corona› (24.6.2020).

123 Rz 37.

trieb auswirkt, unproblematisch, sofern die von der Arbeitgeberin beschaffte Information darauf beschränkt ist, ob das Testresultat positiv oder negativ ausgefallen ist. Die Arbeitgeberin ist daher im Prinzip berechtigt, den betreffenden Mitarbeiter aufzufordern, sich auf eine COVID-19-Infektion untersuchen zu lassen sowie mitzuteilen, ob das Testresultat positiv oder negativ ausgefallen ist. Dies gilt jedenfalls aus Sicht des Datenschutzes. Ob auch der mit einem solchen Test verbundene Eingriff in die körperliche Integrität[124] rechtmässig ist, bildet eine separate Frage. Falls die Gefahr einer Stigmatisierung von Mitarbeitern besteht, könnte das Unternehmen einen Vertrauensarzt beiziehen, der eine Filterfunktion bei der Umsetzung dieser Massnahme wahrnimmt.

Mit dem steigenden Angebot von Antikörpertests, mit denen festgestellt werden soll, 53
ob sich jemand mit COVID-19 infiziert hatte und infolgedessen Antikörper gebildet hat, können Unternehmen daran interessiert sein, ihre Mitarbeiter einem solchen Test zu unterziehen. Zweck eines solchen Tests ist nicht ein Ansteckungsrisiko für andere Personen zu erkennen, sondern ob die Mitarbeiter immun sind und daher wieder ohne Schutzvorkehrungen arbeiten können. Selbst unter der Annahme, dass ein solcher Test verlässliche Aussagen über die Immunität der getesteten Person zulässt, dürfte die Verhältnismässigkeit einer Erhebung solcher Personendaten von Mitarbeitern nach hier vertretener Ansicht kaum bejaht werden können: Ein Informationsanspruch über den Gesundheitszustand besteht – soweit es nicht um den Schutz von anderen Personen geht – grundsätzlich nur dann, wenn die gesundheitliche Situation den Arbeitnehmer daran hindert, die vertragsgemässe Arbeitsleistung ordnungsgemäss zu erbringen, wie zum Beispiel eine Putzfrau in einem Hotel, die an einer Hausstaubmilbenallergie leidet, oder der Chirurg, der zittrige Hände hat.[125] Ein Interesse der Arbeitgeberin an möglichst wenig gesundheitsbedingten Absenzen genügt nach hier vertretener Auffassung hingegen nicht.[126] Die Arbeitgeberin hat grundsätzlich keinen Anspruch auf eine besondere Immunität der Arbeitnehmer, die es zu überprüfen gilt. Vielmehr liegt es umgekehrt an den einzelnen Mitarbeitern, die Arbeitgeberin über einen besonderen Schutzbedarf zu informieren.[127] Eine Ausnahme hiervon dürfte nur in seltenen Fällen zu bejahen sein.[128] Überdies ist zu beachten, dass ein von der Arbeitgeberin durchgeführter Test einen Ein-

---

124 Vgl. Aebi-Müller, Rz 83.

125 Vgl. BGer v. 3.9.2012, 8C_417/2011, E. 4.4; BGE 132 II 161, 166 f. E. 4.2; Streiff/von Kaenel/Rudolph, Art. 328b OR N 11.

126 Vgl. BGer v. 17.10.2001, 4C.192/2001, E. 2b/aa (das Interesse der Arbeitgeberin, möglichst früh von potenziell bevorstehenden krankheitsbedingten Absenzen zu erfahren, begründe kein Recht, über Krankheiten informiert zu werden); Streiff/von Kaenel/Rudolph, Art. 328 OR N 15b (in Zusammenhang mit der Frage nach einem Impfzwang).

127 Vgl. in Zusammenhang mit dem Coronavirus Art. 10c Abs. 8 COVID-19-VO 2.

128 Unter besonderen Umständen können – mit den erforderlichen Schutzmassnahmen – Personen indes verpflichtet werden, trotz Ansteckung oder Ansteckungsrisiko zu arbeiten, wenn zum Beispiel eine Versorgung der Bevölkerung nicht auf eine andere Weise sichergestellt werden kann, vgl. z.B. Art. 21 Bevölkerungsschutzgesetz Appenzell Ausserrhoden vom 13.9.2004 (BGS AR 511.1).

griff in die körperliche Integrität des Arbeitnehmers darstellen kann, der einer Rechtfertigung bedarf.[129]

3. Verhältnismässigkeit der Beschaffung von Personendaten bei Kunden etc.

54 In Bezug auf Drittpersonen wie Kunden, Gäste, Patienten etc. steht die Kontrolle und Befragung in Bezug auf Krankheitssymptome im Vordergrund. Anders als bei Mitarbeitern steht dem Unternehmen gegenüber solchen Personen kein Weisungsrecht zur Verfügung.[130] Hinzu kommt, dass die Begrenzungsnorm von Art. 328b OR[131] hier nicht zur Anwendung gelangt. Im Lichte dieser Umstände kann die Verhältnismässigkeit der mit einer solchen Schutzmassnahme verbundenen Datenbearbeitung zwar eher bejaht werden, als gegenüber Mitarbeitern. Allerdings kommt es auch hier auf die Umstände des Einzelfalls an: Derartige Kontrollmassnahmen sind grundsätzlich nur dann verhältnismässig, wenn andere Schutzmassnahmen wie Abstand halten, Tragen von Hygienemasken, Trennwände etc. nicht genügen, um die Mitarbeiter sowie andere Personen in den Räumlichkeiten des Unternehmens angemessen zu schützen. Dies kann namentlich dann der Fall sein, wenn die Mitarbeiter keine ausreichende Distanz wahren können, wie zum Beispiel eine Ärztin, eine Physiotherapeutin oder ein Coiffeur. Auch wenn sich die Kunden oder Gäste über längere Zeit im gleichen Raum aufhalten, ohne ausreichend Abstand voneinander halten zu können, wie zum Beispiel an Bord eines Flugzeugs oder Reisebusses, kann die Verhältnismässigkeit gegeben sein. Wie in Bezug auf die Arbeitnehmer[132] hängt auch hier die Verhältnismässigkeit weiter davon ab, wie hoch die Ansteckungswahrscheinlichkeit aufgrund der gegenwärtigen epidemiologischen Situation ist: Je weniger das Virus verbreitet ist, desto weniger sind derartige Kontrollmassnahmen erforderlich und geeignet.

55 Vor diesem Hintergrund wäre es zum Beispiel verhältnismässig, wenn eine Zahnarztpraxis Patienten darüber befragt, ob sie Krankheitssymptome aufweisen oder sogar ob sie in den vergangenen zwei Wochen mit einer Person in Kontakt standen, die an COVID-19 erkrankt ist. Demgegenüber wäre beispielsweise eine systematische Kontrolle der Körpertemperatur aller Personen im Eingangsbereich eines Einkaufsladens in der Regel nicht verhältnismässig. Einerseits wird es meistens an der Erforderlichkeit fehlen; andererseits wäre die Geeignetheit dieser Massnahme zum Schutz vor dem Coronavirus fraglich, zumal erstens bei weitem nicht alle ansteckenden Personen Fieber haben und zweitens Fieber ein Symptom zahlreicher anderer Leiden sein kann.

56 Als weitere Massnahme gegen die Verbreitung des Coronavirus kommt die Registrierung der Kontaktdaten von Kunden, Gästen etc. im Betracht, um sie benachrichtigen zu können, falls sie in den Räumlichkeiten des Unternehmens einem Infektionsrisiko aus-

129 Vgl. BGE 128 II 259, 268, E. 3.2.

130 Immerhin könnten Unternehmen gestützt auf ihr Hausrecht Personen mit Krankheitssymptomen den Einlass verweigern.

131 Dazu vorne Rz 36 ff.

132 Siehe Rz 48.

gesetzt waren, sollte sich herausstellen, dass von einem Mitarbeiter eine Ansteckungsgefahr ausgegangen ist.[133] Da dabei im Normalfall keine besonders schützenswerten Personendaten erfasst werden, kann die Verhältnismässigkeit dieser Massnahme in der Regel bejaht werden. Dies gilt indes nur dann, wenn die Erfassung von Kontaktdaten zu diesem Zweck auf freiwilliger Basis erfolgt, da diese Massnahme nicht dem Schutz von Mitarbeitern oder anderen Personen dient, sondern der betroffenen Person selbst.[134] Seit dem 22.6.2020 sieht die Covid-19-Verordnung besondere Lage in Art. 4 Abs. 2 lit. b explizit vor, dass Betreiber von öffentlich zugänglichen Einrichtungen und Betrieben sowie Organisatoren von Veranstaltungen die Erhebung von Kontaktdaten der anwesenden Personen vorsehen müssen, wenn kein genügender Abstand eingehalten noch Schutzmassnahmen ergriffen werden können. Die Details dazu sind in Art. 5 sowie im Anhang der Covid-19-Verordnung besondere Lage geregelt.

4. Verhältnismässigkeit der weiteren Bearbeitung

Verhältnismässig muss nicht nur die Erhebung der Personendaten sein, sondern auch 57 der weitere Umgang mit ihnen. In Bezug auf die im Rahmen einer Überprüfung von Mitarbeitern auf das Vorliegen von COVID-19-Symptomen hin, ist es normalerweise ausreichend, das Kontrollergebnis nur dann aufzuzeichnen, wenn Symptome festgestellt worden sind und der Mitarbeiter infolgedessen zu Hause bleiben muss. Dabei genügt es grundsätzlich, nur diese Umstände festzuhalten, ohne weitere Details, wie die Art der Symptome oder die genaue Körpertemperatur. Gleiches gilt in Bezug auf andere Personen, bei denen eine derartige Kontrolle vorgenommen wird,[135] sofern eine Speicherung bzw. Aufbewahrung dieser Informationen überhaupt erforderlich ist. Letzteres wird nur dann der Fall sein, wenn aufgrund des Kontrollergebnisses vertragliche Leistungen nicht oder nur mit Verzug erbracht werden können.

Die Information, dass sich ein Arbeitnehmer mit COVID-19 infiziert hat oder zu- 58 mindest Symptome einer COVID-19-Erkrankung aufweist, darf nur mit denjenigen Personen geteilt werden, die diese Information zwingend benötigen. Eine Weiterverbreitung von Informationen über den Gesundheitszustand eines Mitarbeiters an Personen, die diese Information nicht benötigen, stellt eine unverhältnismässige Personendatenbearbeitung dar, die nach Art. 12 Abs. 2 lit. a DSG zur Vermutung einer widerrechtlichen Persönlichkeitsverletzung führt.[136] Zugang zu diesen Informationen bedürfen typischerweise die HR-Verantwortlichen und die Vorgesetzten des Arbeitnehmers, die einerseits

---

133 Vgl. das Schutzkonzept für das Gastgewerbe unter COVID-19, Version vom 7.5.2020.

134 In diesem Sinne auch der EDÖB, Mitteilung vom 19.5.2020, Corona-Schutzkonzepte. Das Schutzkonzept für das Gastgewerbe unter COVID-19 (Version vom 7.5.2020) sieht denn auch nur eine freiwillige Mitteilung der Kontaktdaten vor.

135 Dazu Rz 54.

136 Dazu auch Rz 22. Unabhängig von dieser datenschutzrechtlichen Folge stellt die Verbreitung von Informationen über den Gesundheitszustand eines Mitarbeiters an Empfänger, für die diese Informationen nicht bestimmt sind, eine Verletzung der Privat- oder Intimsphäre des betroffenen Mitarbeiters im Sinne von Art. 28 Abs. 1 ZGB dar (vgl. HAUSHEER/AEBI-MÜLLER, § 12 Rz 120).

die Coronavirus-bedingte Absenz des Arbeitnehmers verwalten müssen und andererseits gegebenenfalls Schutzvorkehrungen im Betrieb in die Wege leiten müssen, wie zum Beispiel die Desinfektion des Arbeitsplatzes oder die Information von Mitarbeitern, Kunden und anderen Personen, die direkten Kontakt mit dem betreffenden Arbeitnehmer hatten. Hingegen wird beispielsweise die Weitergabe von nicht-anonymisierten Informationen über COVID-19-Ansteckungen an andere Konzerngesellschaften zwecks Ressourcenplanung oder Erstellung konzerninterner Statistiken normalerweise nicht notwendig sein.

59 In Bezug auf die Orientierung von Arbeitskollegen und anderen Personen, die in Kontakt mit dem betroffenen Mitarbeiter standen, genügt in der Regel die blosse Mitteilung, dass sie einem Ansteckungsrisiko ausgesetzt waren; die Offenlegung des Namens des (mutmasslich) infizierten Mitarbeiters wird für gewöhnlich nicht erforderlich sein. In diesem Zusammenhang ist zu beachten, dass es sich dabei um eine Weitergabe von besonders schützenswerten Personendaten an Dritte handelt, sofern sie nicht unter Wahrung der Anonymität des betroffenen Arbeitnehmers erfolgt. Eine solche Weitergabe bedarf gemäss Art. 12 Abs. 2 lit. c DSG eines Rechtfertigungsgrundes im Sinne von Art. 13 DSG. Gleiches gilt übrigens in Bezug auf eine Weitergabe von Personendaten über den Gesundheitszustand von Mitarbeitern an andere Konzerngesellschaften, wenn die Weitergabe (auch) für deren eigene Zwecke erfolgt.[137]

60 Die Information über eine vermutete oder bestätigte COVID-19-Ansteckung bzw. über das Auftreten von COVID-19-Krankheitssymptomen darf nur so lange aufbewahrt werden, wie dies für den Schutz der Gesundheit der Mitarbeiter sowie von Drittpersonen, die in Kontakt mit dem Mitarbeiter standen, notwendig ist. Dies ist sicher so lange der Fall, wie es dauern kann, bis nach einer Ansteckung die ersten Symptome auftauchen, nach Angaben des BAG[138] also bis zu 14 Tage. Inwieweit darüber hinaus eine Aufbewahrung dieser Personendaten noch als verhältnismässig betrachtet werden kann, hängt von den Umständen des Einzellfalls ab. Der Eidgenössische Datenschutz- und Öffentlichkeitsbeauftragte geht davon aus, dass die Daten nach Wegfall der pandemischen Bedrohung zu vernichten sind.[139] Soweit die Angaben für die Bearbeitung der Absenzen des betreffenden Mitarbeiters benötigt werden, gelten die gleichen Aufbewahrungsfristen wie bei Angaben zu sonstigen krankheitsbedingten Abwesenheiten.

61 Wenn Kontaktdaten von Kunden, Gästen etc. erfasst werden, um sie benachrichtigen zu können, falls sie einem Infektionsrisiko ausgesetzt waren,[140] so dürfen diese Personendaten nur zu diesem Zweck verwendet werden, nicht aber zum Beispiel für Mar-

---

137 Vgl. Rosenthal, Handkommentar DSG, Art. 9 DSG N 16 und Art. 12 DSG N 45.

138 ‹https://www.bag.admin.ch/bag/de/home/krankheiten/ausbrueche-epidemien-pandemien/aktuelle-ausbrueche-epidemien/novel-cov/information-fuer-die-aerzteschaft/umgang-mit-erkrankten.html#557407653› (24.6.2020).

139 EDÖB, Mitteilung vom 17.3.2020, Datenschutzrechtlicher Rahmen bei der Eindämmung des Coronavirus. Art. 58 Abs. 3 EpG (das auf Unternehmen im vorliegenden Zusammenhang nota bene nicht anwendbar ist) geht nebenbei bemerkt von einer maximalen Aufbewahrungsfrist von 10 Jahren aus.

140 Siehe dazu Rz 56.

ketingzwecke.[141] Zudem sind diese Personendaten zu löschen, sobald der betreffende Aufenthalt in den Räumlichkeiten des Unternehmens so lange zurück liegt, dass die Notwendigkeit einer Information nicht mehr in Betracht kommt.[142]

5. Information über die Beschaffung und Bearbeitung der Personendaten

Wie vorne erläutert, gebietet es der Grundsatz der Transparenz der Datenbearbeitung, 62
dass die Bearbeitung ihrer Personendaten für die betroffenen Personen erkennbar ist.[143] Die betroffene Person muss in der Lage sein, zu entscheiden, ob sie sich mit der Datenbeschaffung und weiteren Bearbeitung abfindet oder ob sie sich ihr widersetzen sowie allfällige ihr zustehende Rechte geltend machen möchte. Auch wenn dies im Einzelfall über die von Art. 4 Abs. 4 DSG sowie – sofern anwendbar – Art. 14 DSG gestellten Anforderungen hinausgehen mag, empfiehlt es sich im Sinne einer Best Practice, die betroffenen Personen klar verständlich und gut wahrnehmbar darüber zu informieren, welche Personendaten in Zusammenhang mit Schutzvorkehrungen gegen die Verbreitung des Coronavirus erhoben werden, warum und in welcher Form dies geschieht, wer alles Zugang zu diesen Personendaten hat oder unter gewissen Umständen erhalten wird und für wie lange beabsichtigt ist, die Personendaten aufzubewahren. Auch empfiehlt es sich, über mögliche Konsequenzen zu informieren, die eintreten können, falls die Personendaten nicht erhoben werden können oder wenn bestimmte Feststellungen gemacht werden (beispielsweise, dass der Einlass verweigert wird, wenn jemand Fieber hat).

In Bereichen mit Publikumsverkehr kann diese Information zum Beispiel anhand 63
von Hinweisschildern erfolgen. Weiter können beispielsweise Kunden, Gäste, Patienten, Lieferanten etc., mit denen das Unternehmen regelmässig in Kontakt steht, auch schon im Vorfeld über die Schutzmassnahmen und die damit verbundene Bearbeitung von Personendaten informiert werden. Bei Mitarbeitern empfiehlt es sich aus Beweisgründen, die Information schriftlich vorzunehmen, zum Beispiel via E-Mail, per Brief oder – sofern davon ausgegangen werden darf, dass es gelesen wird – mittels Aushang. Eine solche Information an die Mitarbeiter lässt sich gut mit ausführlichen Angaben zum Schutzkonzept im Unternehmen sowie zur Handhabung von COVID-19-bedingten Absenzen kombinieren.

IV. Contact Tracing

Als wichtige epidemiologische Massnahme zur Eindämmung einer Pandemie gilt die 64
Rückverfolgung der Kontakte einer infizierten Person und die Identifikation und Isolation der betroffenen Kontaktpersonen während einer möglichen Inkubationszeit sowie die Identifikation der Quelle.

141 So seit dem 22.6.2020 auch Art. 5 Abs. 3 Covid-19-Verordnung besondere Lage.

142 Das Schutzkonzept für das Gastgewerbe unter COVID-19 (Version vom 7.5.2020) sieht eine Vernichtung der Kontaktdaten nach 14 Tagen vor; ebenso Art. 5 Abs. 3 Covid-19-Verordnung besondere Lage.

143 Siehe vorne Rz 23 ff.

65 Dabei stehen drei Massnahmen im Vordergrund:

i) die Kontaktverfolgung durch Befragung der betroffenen Personen sowie die Beratung dieser Personen im Rahmen eines Contact Tracing Centers (CTC);

ii) die Ermittlung von Kontakten mit infizierten Personen mittels Contact Tracing über Mobile Apps;

iii) die Identifikation und Überwachung von betroffenen Personen mittels technischer Hilfsmittel wie Geolokalisierung, Kreditkartenauswertungen, Nummernschild oder Videoüberwachung mittels Gesichtserkennung.

Allen Massnahmen ist gemeinsam, dass Personendaten ohne Einwilligung der betroffenen Person bearbeitet und weitergegeben werden.

66 Bei der Eindämmung der Pandemie gilt die Rückverfolgung von Ansteckungswegen für die Identifikation von sämtlichen Kontaktpersonen als eine der wichtigsten epidemiologischen Massnahmen. Diese Kontaktverfolgung (Contact Tracing) erfordert die Bearbeitung von besonders schützenswerten Personendaten (Art. 3 lit. c DSG) und die Erfassung und Speicherung von Kontaktdaten mit und ohne das Wissen der betroffenen Personen. Die Bearbeitung von Daten zur Betreuung oder Behandlung und allenfalls auch zur Überwachung infizierter Personen erfordern eine genügende Rechtsgrundlage (Art. 17 Abs. 2 DSG). Über den Umfang der bestehenden oder fehlenden Rechtsgrundlagen für diese Datenbearbeitungen bestehen unterschiedliche Ansichten.

1. Contact Tracing Center (CTC)

67 Diese Kontaktverfolgung ist gemäss Art. 15 EpG den Kantonen zum Vollzug zugewiesen. Der Bund kann sie dabei unterstützen. In den meisten Kantonen ist diese Aufgabe durch den kantonsärztlichen Dienst umzusetzen. Die Meldungen erfolgen durch die zuweisenden Spitäler, Ärzte oder Labore an das CTC heute häufig per E-Mail, Telefon oder Telefax und sind damit aufwändig und fehleranfällig. Für die Befragung und die Kontaktnahme wird mit Erfahrungswerten von jeweils mindestens 10 Kontakten einer infizierten Person ausgegangen. Dies erfordert pro infizierte Person einen Arbeitstag pro Person. Für die Dokumentation und Verwaltung der Kontakte und Krankengeschichte und insbesondere auch zur Vermeidung von Doppelerfassungen, empfiehlt es sich dazu eine spezialisierte Software einzusetzen. Dabei erfolgt ein Datenaustausch mit den behandelnden Stellen, der betroffenen Person und weiteren Amtsstellen.

68 Diese Datenerhebung und -bearbeitung ist nach Art. 15 EpG i.V.m. Art. 58 und Art. 59 EpG zulässig. Diese Datenbearbeitung benötigt keine Einwilligung der betroffenen Person.

69 Beim Einsatz von Softwarelösungen sind die spezifischen Bestimmungen für die Bearbeitung von besonders schützenswerten Personendaten zu beachten. Insbesondere dürfen diese nicht in eine Cloud im Ausland ausgelagert werden oder es darf nicht über unverschlüsselte E-Mails oder Apps von ausländischen Anbietern kommuniziert werden.

2. Corona-Proximity-Tracing-App (PT-App)

70 Die Schweiz prüft zur Eindämmung der Virusausbreitung den Einsatz einer Smartphone-App für die Rückverfolgung von Kontakten zwischen Personen. Dabei werden mittels einer App mittels Bluetooth-Funktechnik die Kontakte zwischen Personen erhoben, die länger als 15 Minuten näher als 1,5 Meter waren. Diese Parameter gelten als Indikatoren für eine Ansteckung. Wird nun später eine Person positiv auf das Coronavirus getestet, können sämtliche identifizierten Kontakte während der Inkubationszeit benachrichtigt werden. Mit dieser Information können die Personen sich in Selbstquarantäne begeben oder einen Test machen.

71 Contact Tracing liefert damit einen Hinweis auf eine mögliche Übertragung des Virus, sagt aber nichts über eine tatsächliche Ansteckung aus. Mittels der PT-App kann lediglich die Kontaktrückverfolgung und rasche Identifikation von Personen automatisiert werden.

a) *Technische Lösung*

72 Es bestehen zwei technische Lösungsansätze, einen zentralisierten Ansatz von europäischen Wissenschaftlern **«PEPP-PT»** *(Pan-European Privacy-Preserving-Proximity Tracing)* und ein dezentrales Modell **«DP-3T»** *(Decentralized Pirvacy-Preserving Proximity Tracing)*. Im Wesentlichen geht es darum, ob bei einem relevanten Kontakt die Tracing-Daten auf einem zentralen Server gespeichert werden sollen oder dezentral auf den Smartphones der einzelnen Nutzer verteilt gespeichert werden sollen. Da jedoch Google und Apple nur das DP-3T Modell unterstützen, wird sich wohl nur dieses durchsetzen.

73 Beim DP-3T Modell werden die Kontakte zum jeweils anderen Smartphone mittels Zeitstempel und einer verschlüsselten Identifikationsnummer auf dem Gerät gespeichert. Wird nun eine Person positiv getestet, wird dies in der App erfasst. Es wird nun eine verschlüsselte Identifikationsnummer auf dem zentralen Server bereitgestellt. Die App stellt nun durch Abfrage fest, dass dieser «positive» Schlüssel auf ihrem Gerät als relevanter Kontakt vermerkt ist und zeigt dies auf dem Gerät an. Der zentrale Betreiber des App Servers hat damit keine Kenntnis, wer Kontakt hatte und wer positiv getestet wurde.

74 Um einen Missbrauch zu verhindern, erhält die positiv getestete Person einen Code vom Labor. Nur mit diesem kann eine Warnmeldung ausgelöst werden.

75 Für die Schweiz wird eine staatliche App vorbereitet. Diese soll durch das BIT betrieben werden und das Bundesamt für Statistik ist der Verantwortliche für die Datenbearbeitung als Data Trust Center. Bei dieser Lösung würden nur der behandelnde Arzt und das bestehende kantonale Contact-Tracing-Center die Identität der positiv getesteten Person kennen.

76 Offen ist noch die Vernetzung der schweizerischen App mit den PT-Apps von anderen Ländern, insbesondere der Nachbarn.

b) *Datenschutzrechtliche Zulässigkeit*

77 Das Contact Tracing als erforderliche Massnahme ergibt sich aus Art. 33 und 34 EPG. Damit ist nach Art. 58 EPG auch die Datenerhebung zulässig.

78 Soweit mit der PT-App nur anonymisierte Daten bearbeitet werden, wäre dies zudem datenschutzrechtlich völlig unproblematisch. Da aber einerseits Funktionalitäten von Apps zentral mittels Updates einfach geändert werden können und andererseits für die Verbindung zum zentralen App Server auch die Gerätenummer und die IP-Adresse übermittelt werden könnte, ist wohl eher von einer Pseudonymisierung zu sprechen. Daher sollte der Betrieb einer solchen App nur unter staatlicher Kontrolle erfolgen. Daher sind die Bestimmungen des Datenschutzgesetzes zu beachten.

79 Es müssen dazu die allgemeinen Bearbeitungsgrundsätze nach Art. 4 ff. DSG eingehalten werden, also die Zweckbindung, die Verhältnismässigkeit und die Transparenz.[144] Soweit neben der Kontaktrückverfolgung die Daten auch noch für statistische oder andere epidemiologische Zwecke verwendet werden, ist dies transparent zu machen.

80 Damit sind die notwendige Rechtsgrundlage vorhanden als auch die Vorgaben des DSG erfüllt.

c) *Politische Debatte*

81 Aus Sicht der vom Bundesrat einberufenen Nationalen COVID-19 Science Taskforce sind für einen effektiven Mehrwert der PT-App für die Eindämmung der Virusausbreitung eine sehr hohe Akzeptanz und Verbreitung in der Bevölkerung notwendig. Aus Sicht des Eidgenössischen Datenschutz- und Öffentlichkeitsbeauftragten (EDÖB), der nationalen Ethikkommission NEK und des Bundesamts für Justiz (BJ) müssen beim Einsatz der PT-App folgende Grundprinzipien garantiert sein:[145]

- Freiwilligkeit auf allen Ebenen;
- weitestgehender Verzicht auf die Bearbeitung von personenidentifizierenden Daten;
- guter Missbrauchsschutz durch technische und organisatorische Massnahmen;
- zeitliche Beschränkung des Einsatzes auf die Dauer der Krise;
- zeitliche Beschränkung der Datenspeicherung auf das jeweils notwendige Mass. Kontaktdaten lediglich so lange, wie die betroffene Person nach epidemiologischen Erkenntnissen von einer Ansteckung betroffen sein könnte, die weiteren Daten höchstens für die Dauer der Krise.

82 Dabei stellt jedoch die Freiwilligkeit die Zweckmässigkeit der Massnahme in Frage, da für eine Wirksamkeit mindestens 60% der Bevölkerung die PT-App verwenden sollten. Obwohl eine gesetzliche Grundlage für ein Obligatorium in Art. 33 EpG vorhanden ist

144 Dazu auch vorne Rz 22 ff.

145 Stellungnahme EDÖB v. 11.5.2020.

und die zugrundeliegende Datenbearbeitung in Art. 92 EpV fast wörtlich erwähnt wird, wird von den verschiedenen Stellen die Anforderung der Freiwilligkeit postuliert. Dies scheint zweckfremd und dürfte eigentlich kein Erfordernis sein.[146] Vielmehr könnte aufgrund der rechtlichen Grundlagen eine Pflicht zur Anwendung der PT-App umgesetzt werden.

Es war geplant die PT-App im Mai mit Beschluss durch den Bundesrat vom 8.5.2020 83
in Betrieb zu nehmen. Die Notwendigkeit einer Notverordnung wurde durch den Bundesrat verneint. Je eine Motion der Staatspolitischen Kommission des Nationalrats und des Ständerats haben den Bundesrat aufgefordert die notwendigen gesetzlichen Grundlagen zur Einführung der PT-App dem Parlament vorzulegen. Weiter wurde gefordert, dass die Anwendung der App freiwillig sein muss. Obwohl der Bundesrat betont hat, dass eine genügende gesetzliche Grundlage besteht und Ablehnung der Motionen beantragt hat, wurden diese durch beide Räte gutgeheissen. Damit muss der Bundesrat in der Sommersession 2020 eine entsprechende Verordnung vorlegen. Dies obwohl eigentlich alle Anliegen der beiden Motionen bereits bei der Umsetzung erfüllt waren. Dadurch geht nur wertvolle Zeit verloren.

Als Sofortmassnahme hat der Bundesrat am 13. Mai 2020 eine Verordnung für einen 84
Pilotbetrieb der PT-App nach Art. 17a DSG verabschiedet.[147] Die Abstützung auf Art. 17a als Rechtsgrundlage erlaubt die Datenbearbeitung während einer Frist von längstens fünf Jahren in der Form eines Pilotbetriebs, dies obwohl bereits eine genügende Rechtsgrundlage vorhanden war. Das Projekt wird damit umgesetzt, hat jedoch nicht sofort die gewünschte Wirkung und das Parlament kann in der Sommersession die Verordnung dazu praktisch nur noch genehmigen oder ablehnen.[148]

Am 20.6.2020 hat das Parlament die geforderte gesetzliche Grundlage für die Proxi- 84a
mity Tracing App mittels einer dringlichen Änderung des Epidemiegesetzes verabschiedet. Dazu wurde mit einem neuen Art. 60a die Rechtsgrundlage für das System geschaffen. Zusätzlich wurde mit Art. 62a und mit Art. 80 Abs. 1 lit. f die Grundlage für die Vernetzung des Systems mit ausländischen Systemen geschaffen, da damit eine Datenübermittlung ins Ausland verbunden sein kann. Bei den Strafbestimmungen wurde in Art. 83 Abs. 1 lit. n eine Art Diskriminierungsverbot aufgenommen. Dieses betont die Freiwilligkeit der Verwendung der Tracing App gemäss Art. 60a Abs. 3, indem einer Person, welche die Tracing App nicht verwendet, eine Leistung oder ein Zutritt nicht verweigert werden darf. Die Strafbestimmungen sehen dafür eine Busse vor. Das Gesetz trat am 20.6.2020 in Kraft und ist befristet bis 30.6.2022 befristet.[149] Des Weiteren hat der Bundesrat die Verordnung mit den Detailregelungen des Proximity-Tracing-Systems

146 Siehe dazu weitergehend Abegg/Knecht.

147 Verordnung über den Pilotversuch mit dem «Swiss Proximity-Tracing-System» zur Benachrichtigung von Personen, die potenziell dem Coronavirus (COVID-19) ausgesetzt waren (COVID-19-Verordnung Pilotversuch Proximity-Tracing) vom 13. Mai 2020.

148 Das Ergebnis der Räte lag bis zur Drucklegung des Buches noch nicht vor.

149 BBl 2020 4461.

am 25.6.2020 in Kraft gesetzt und die Verordnung für den Pilotversuch aufgehoben.[150] Damit besteht eine genügende Rechtsgrundlage für das Tracing System.

3. Technische Überwachungsmassnahmen

85 Grundsätzlich bestehen neben der Befragung der infizierten Person oder der PT-App auch weitere technische Möglichkeiten zur Ermittlung und Rückverfolgung von Kontakten. Im Vordergrund stehen dabei die Auswertung von Standortdaten von Mobiltelefonen, Kreditkartendaten, Nummernschilderfassungen oder auch Gesichtserkennung von Überwachungskameras. Es ist das gesamte Spektrum von technischen Überwachungsmassnahmen, die sonst eher im polizeilichen Ermittlungsbereich eingesetzt werden und in jedem Einzelfall eine richterliche Ermächtigung erfordern. Diesen allen ist gemeinsam, dass Sie einen massiven Eingriff in die Grundrechte der betroffenen Personen bedeuten und auch anfällig für Missbrauch sind. Diese Überwachungsmassnahmen könnten zudem auch zur Durchsetzung von Quarantänevorschriften eingesetzt werden. Diese Massnahmen werden trotz diesen Vorbehalten in einzelnen Ländern zur Kontaktrückverfolgung eingesetzt.

a) Rechtliche Zulässigkeit von weiteren Überwachungsmassnahmen

86 Der eigentliche Unterschied zur Befragung der betroffenen Person liegt an der Nichterkennbarkeit der Überwachungsmassnahmen. Das Verschweigen von Kontakten, resp. die Entziehung der angeordneten medizinischen Überwachung oder die Missachtung der Quarantäne wird gemäss Art. 83 EpG als Übertretung bestraft.

87 Soweit eine Infektionskette bestehen würde, wäre die Massnahme wohl zu rechtfertigen, soweit jedoch keine besteht, scheint sie unverhältnismässig. Die Zulässigkeit darf aber nicht vom Ergebnis abhängig gemacht werden. Wenn eine Rückverfolgung jedoch mit anderen Mitteln nicht mehr möglich wäre, könnte der Bundesrat gestützt auf Art. 7 EpG in der ausserordentlichen Lage auch diese Massnahmen anordnen. In diesem Fall wären bei der Interessenabwägung die Gesundheitsinteressen der Bevölkerung den Persönlichkeitsrechten der betroffenen Personen vorzuziehen. Dies aber nur als ultima ratio, wenn keine milderen Mittel mehr möglich wären.

b) Fazit

88 Die bestehenden rechtlichen Grundlagen erlauben den Behörden eine weitgehende Bearbeitung von Personendaten zum Zwecke der Eindämmung der Pandemie. Dabei ist jedoch die Verhältnismässigkeit der Massnahmen zu berücksichtigen. Bei einer Abwägung zwischen den Interessen der öffentlichen Gesundheit gegenüber dem Schutz der Privatsphäre dürfte regelmässig das öffentliche Interesse vorgehen. Zumindest soweit eine besondere oder ausserordentliche Lage besteht.

150 Verordnung über das Proximity-Tracing-System für das Coronavirus Sars-CoV-2 (VPTS) vom 24. Juni 2020.

§ 13 Die COVID-19-Pandemie als Stresstest für Compliance

Rita Pikó/Laurenz Uhl

Inhaltsverzeichnis

Literaturverzeichnis

Lengauer Daniel, Compliance, Zürich/Basel/Genf 2019; Lengauer Daniel/Ruckstuhl Lea, Compliance, Zürich/Basel/Genf 2017; Wind Christian, Leitfaden Compliance, Bern 2018.

I. Compliance als Priorität bei der Krisenbewältigung[1]

Die COVID-19-Pandemie ist ein Stresstest für Compliance[2]. Die Krise erschütterte 1
Märkte, Wirtschaft, Unternehmen, ihre Mitarbeitenden sowie Gesellschaften. In einer

1 Alle im Beitrag zitierten Internet-Fundstellen wurden zuletzt am 25.6.2020 abgerufen.

2 Der Begriff Compliance ist gesetzlich nicht normiert. Die von der Swiss Holdings/economiesuisse 2014 publizierten «Grundzüge eines wirksamen Compliance-Managements» definieren Compliance wie folgt: «Compliance bedeutet im betriebswirtschaftlichen Verständnis die Einhaltung von Gesetzen, Standards und internen Verhaltensregeln.», SwissHoldings/economiesuisse, Grundzüge eines wirksamen Compliance-Managements, S. 4; Andere definieren Compliance als: «(...) das Einhalten von unternehmensexternen Vorgaben (Gesetze, Selbstregulierung, Branchenstandards) sowie unternehmensinternen Vorgaben (interne Reglemente und interne Weisungen)», Lengauer, S. 7; Lengauer/Ruckstuhl, Rz 1; oder

solch umfassenden Krise ist Corporate Compliance entsprechend gefordert. Die durch COVID-19 ausgelösten Disruptionen fordern Geschäftsleitung und Mitarbeitende gleichermassen heraus, die Organisation in der neuen Wirklichkeit aufrecht zu erhalten. Compliance muss bei der Krisenbewältigung – auch wenn dies aufgrund des fundamentalen Drucks nicht so scheint – vom ersten Moment an eine wesentliche Rolle spielen. Für Compliance bedeutet dies, dass zu den bereits bestehenden Compliance-Aufgaben neue Herausforderungen in der Krise hinzukommen, die unter hohem zeitlichen und betrieblichen Druck zu meistern sind. Zudem gilt es, sich der in Krisenzeiten typischerweise auftretenden Tendenz, Ressourcen abzubauen und Budgets zu kürzen, für den Bereich Compliance zu widersetzen. Wie nachfolgend aufgezeigt wird, hat die Krise auch Compliance in eine neue Wirklichkeit katapultiert.

II. Verantwortlichkeit für Compliance in der Krise

2 Es sei hier kurz daran erinnert, dass die Verantwortung für Compliance im Unternehmen letztlich bei der Unternehmensführung, z.B. im Falle der Aktiengesellschaft beim Verwaltungsrat, liegt. Dieser hat gemäss Art. 716a Abs. 1 Ziffer 5 OR die Oberaufsicht über die mit der Geschäftsführung beauftragten Personen, «namentlich im Hinblick auf die Befolgung der Gesetze, Statuten, Reglemente und Weisungen». Der Unternehmensführung obliegt es, die laufende Überprüfung der Geschäftstätigkeit und der internen Organisation auf die Einhaltung von Gesetzen und interner Verhaltensrichtlinien sowie das zeitnahe und konsequente Schliessen erkannter Lücken sicherzustellen.[3] Die Geschäftsleitung trägt ebenfalls Verantwortung für Compliance: sie ist für die operative Umsetzung der erforderlichen Compliance-Massnahmen zuständig.[4] Für die Erfüllung dieser Aufgaben kann die Geschäftsleitung die Unterstützung der Compliance-Funktion, also eines Compliance Teams bzw. eines Compliance Officers (nachfolgend zusammengefasst unter dem Begriff «Compliance Officer»), in Anspruch nehmen.[5] Die Aufgaben und Verantwortlichkeiten eines Compliance Officers variieren von Unternehmen zu

als «Einhaltung von Gesetzen und Regularien (externe Compliance) sowie von Statuten, Richtlinien, Weisungen, Verträgen und freiwillig unterstellten Normen, wie z.B. UN Global Compact, PACI oder ISO (interne Compliance) der Organisation selber. Compliance im umfassenden Sinne geht darüber hinaus und berücksichtigt auch Ethik, Integrität und soziale Verantwortung»; Wind, Rz 2. Gemäss FINMA Rundschreiben 2017/1 «Corporate Governance – Banken», 2008/21 «Operationelle Risiken – Banken» und 2010/1 «Vergütungssysteme» bedeutet Compliance «die Einhaltung von gesetzlichen, regulatorischen und internen Vorschriften sowie die Beachtung von marktüblichen Standards und Standesregeln; ‹https://www.finma.ch/de/~/media/finma/dokumente/dokumentencenter/myfinma/rundschreiben/finma-rs-2017-01-20200101.pdf?la=de›.

3 SwissHoldings/economiesuisse, S. 16.

4 SwissHoldings/economiesuisse, S. 10. Dazu zählt u.a. die Implementierung, Organisation und Überwachung eines Compliance-Management-Systems (soweit von der Unternehmensführung beschlossen), Aufbau eines Compliance Teams oder Compliance Officers, Durchführung des Compliance-Risikomanagements und Compliance-Berichterstattung an das Aufsichtsorgan; Lengauer/Ruckstuhl, Rz 91.

5 SwissHoldings/economiesuisse, S. 10.

Unternehmen. Typische Aufgaben eines Compliance Officers umfassen dabei die Unterstützung bei der Implementierung, Dokumentation und Weiterentwickeln des Compliance-Management-Systems (CMS), die Beratung der Geschäfts- bzw. Unternehmensleitung in allen compliance-relevanten Fragen, die Überwachen des Einhaltens von Compliance, das Organisieren und gegebenenfalls die Durchführung von Schulungen der Mitarbeitenden und als Ansprechperson für Compliance-Verstösse und erste Kontaktperson für externe Dritte (wie Aufsicht, Behörden, Revisionsstelle etc.) zu fungieren[6] sowie interne Untersuchungen durchzuführen.

Diese allgemeine Verteilung von Aufgaben und Verantwortung gilt auch in einer Krise. 3
Insbesondere bleibt die Verantwortlichkeit für Compliance bei der Unternehmensführung und der Geschäftsleitung. In einer umfassenden Krise, wie der COVID-19-Pandemie, erhält die Unterstützungsfunktion des Compliance Officers allerdings eine besondere Bedeutung. Vor allem dem Compliance Officer wird es in einer solchen Situation zufallen, die mit der akuten Bewältigung der Krise absorbierte Unternehmensführung und Geschäftsleitung auf die Bedeutung des Einhaltens von Compliance und eine krisenbedinge Justierung hinzuweisen. Dazu zählt u.E. insbesondere, dass der Compliance Officer Sorge trägt, dass die pandemiespezifischen staatlichen Anordnungen befolgt werden sowie bestehende Compliance-Risiken kontrolliert und neue Compliance-Risiken identifiziert werden. Ausserdem wird der Compliance Officer eine erhöhte Compliance-Aktivität planen und die Durchführung von Compliance-Tätigkeiten auf die veränderten Umstände einstellen müssen. Schliesslich gilt es auch, Lösungen für die Verfolgung von Fehlverhalten in einem Umfeld mit Reise- und Kontaktbeschränkungen zu finden. Damit der Compliance Officer diesen Aufgaben gerecht werden kann, ist es u.E. zwingend erforderlich, dass der Compliance Officer ständiges Mitglied der unternehmerischen Task Force zur Krisenbewältigung ist.

III. Krisenspezifische Aspekte von Compliance

1. Verstärkte Compliance-Kommunikation

In der Hochphase einer Krise wie der COVID-19-Pandemie ist der Fokus vieler Unter- 4
nehmen auf Überleben bzw. Bewältigung der disruptiven Kräfte ausgerichtet. Da liegt es nahe zu vermeintlich einfachen, temporär angedachten, Lösungen zu greifen. Das Einhalten etablierter Compliance-Prozesse und -vorgaben droht aufgrund der Schwere der Störung und der Dringlichkeit neuer Wege in den Hintergrund zu treten. Compliance darf aber nicht nur bei Schönwetterlage des Marktes und Geschäftsumfelds zur Anwendung kommen. Im Gegenteil: gerade in Krisenzeiten sind die Compliance-Prozesse einzuhalten. Nur so kann verhindert werden, dass dem durch die Krise verursachten Schaden am Unternehmen ein weiterer, das Unternehmen gegebenenfalls in seiner Existenz bedrohender Schaden durch gefährliches Fehlverhalten folgt. Dabei sind diejenigen Organisationen im Vorteil, die in regulären Zeiten Compliance als Bestandteil des jewei-

6 Lengauer/Ruckstuhl, Rz 868.

ligen Geschäfts wirksam integriert und entsprechendes Vertrauen zwischen dem Geschäftsbereich und der Compliance-Funktion aufgebaut haben. Damit sind die Voraussetzungen geschaffen, dass das Verständnis für Compliance auch in der Krise bestehen bleibt und eine Bewältigung der Krise ohne nachhaltige Regelverletzungen gefördert wird.

5 In der Krise fällt insbesondere dem Compliance Officer die Aufgabe zu, die Geschäftsleitung und Führungskräfte an die gelebte Compliance zu erinnern und diese zu motivieren, Compliance gerade in der Krise bewusst demonstrativ vorzuleben. Der Compliance Officer sollte die Unternehmensleitung einladen, alle Mitarbeitenden an die Wesentlichkeit von Compliance-gemässem Verhalten zu erinnern. Der in regulären Zeiten bereits wichtige «tone from the top»[7] wird in Krisenzeiten essentiell für das Einhalten und die Durchsetzung von Compliance. Solche Kommunikation kann z.B. im Rahmen von virtuellen «Townhall Meetings», einem CEO-Blog oder im Rahmen von spezifischen Nachrichten zur Krisenbewältigung erfolgen. Ausserdem kann sie bei virtuellen Team Meetings mit Führungskräften wie Abteilungsleitern erneuert werden. Mitarbeitende und Führungskräfte sollten in solcher Kommunikation explizit darauf hingewiesen werden, dass Ausnahmen von etablierten Verfahrenswegen auch in der Krise nur durch Einhalten des dazu vorgegebenen Prozesses rechtmässig erlangt werden können. Zu verdeutlichen ist ausserdem, dass die Krise keine Rechtfertigung für Fehlverhalten darstellt und solches Fehlverhalten entsprechend verfolgt und sanktioniert wird.[8]

2. Einhalten der COVID-19-Regelungen

6 Der Bundesrat hat im Rahmen der COVID-19-Pandemie von Mitte März 2020 bis Mitte Juni 2020 rund 100 (Not-)Verordnungen, Verfügungen und Beschlüsse erlassen, geändert oder wieder zurückgenommen.[9] Dazu zählt zentral die gestützt auf Art. 7 EpG[10] initial am 28.2.2020 erlassene, sowie am 13.3.2020 ersetzte, insbesondere am 27.5.2020 geänderte und am 19.6.2020 aufgehobene und ersetzte COVID-19-Verordnung.[11] Die COVID-19-Verordnungen betreffen sowohl Privatpersonen wie auch Unternehmen und stellen bestimmte Verstösse unter Strafe.[12] Art. 6a COVID-19-Verordnung 2 ver-

7 LENGAUER/RUCKSTUHL, Rz 837; WIND, Rz 68 ff. und Rz 74 ff.

8 Die Sanktionierung von Fehlverhalten ist ein wichtiger Bestandteil von Compliance; LENGAUER/RUCKSTUHL, Rz 358, 1017 ff.

9 ‹https://www.admin.ch/opc/search/?source_lang=de&language[]=de&product[]=fg&product[]=oc&product[]=cc& product[]=ba&product[]=jcd&date_range_min=&date_range_max=&d_compilation=both&d_is_in_force=yes&text=Covid&source_lang=de&lang=de›. Nachfolgend wird lediglich auf die COVID-19-Verordnung eingegangen.

10 SR 818.101.

11 AS 2020 573 (Erlass der ersten Verordnung); AS 2020 773 (Aufhebung der ersten Verordnung durch Erlass der COVID-19-Verordnung 2), Stand 14.5.2020; AS 2020 1815 (Änderung der COVID-19-Verordnung 2), Stand 27.5.2020; AS 2020 2195 (Aufhebung der COVID-19-Verordnung 2 durch Erlass der COVID-19-Verordnung 3), Stand 19.6.2020; AS 2020 2213 (Erlass der COVID-19-Verordnung besondere Lage), Stand 19.6.2020.

12 Siehe Art. 10f COVID-19-Verordnung 2; Art. 13 COVID-19-Verordnung besondere Lage.

langte beispielsweise das Implementieren von Schutzmassnahmen für öffentlich zugängliche Einrichtungen und Betriebe. Diese mussten auf den Vorgaben des BAG beruhen. Branchen- und Berufsverbände sollten nach Möglichkeit Grobkonzepte für ihre Branche bzw. Bereiche entwickeln.[13] Nach Aufheben der COVID-19-Verordnung 2 hat diese Pflicht zu Schutzmassnahmen, zusammen mit der Pflicht zur Erhebung von Kontaktdaten in bestimmten Umständen, Eingang in die COVID-19-Verordnung besondere Lage gefunden.[14] Art. 10c COVID-19-Verordnung 2 regelte ausserdem Pflichten von Arbeitgebern betreffend den Schutz der Gesundheit von besonders gefährdeten Arbeitnehmenden. Art. 10 der COVID-19-Verordnung besondere Lage regelt nun, dass Arbeitgeber Massnahmen treffen müssen, damit Arbeitnehmende die Empfehlungen des BAG betreffend Hygiene und Abstand einhalten können.

Hier sind Compliance-Verantwortliche, vor allem der Compliance Officer, gefordert, 7
im ersten Schritt gemeinsam mit den Rechts- oder Fachabteilungen aus der Flut von Vorgaben herauszufiltern, welche der Vorschriften auf welchen Bereich des Unternehmens Anwendung finden und welche Massnahmen zu ergreifen sind. Anschliessend gilt es sicherzustellen, dass diese Vorschriften umgesetzt, das Verhalten und die Prozesse angepasst und das Einhalten überwacht wird. Zudem müssen die laufenden und kurzfristig in Kraft tretenden Änderungen dieser Bestimmungen beobachtet und die Anpassung der internen Prozesse an solche Veränderungen gewährleistet werden. Hier sind eine enge Koordination und ein ständiger Austausch mit den für den jeweiligen Bereich verantwortlichen Personen wesentlich. Verantwortungsvolle Unternehmen erwarten im Rahmen ihrer Corporate Compliance auch von ihren Dienstleistern, dass sich diese an staatliche Regularien und gegebenenfalls vom Auftraggeber definierte Compliance-Vorgaben halten. Dies gilt selbstverständlich auch in Krisenzeiten und in Bezug auf die staatlich angeordneten bzw. empfohlenen Schutzmassnahmen für Mitarbeitende. So hat bspw. Novartis im April 2020 eine COVID-19 spezifische «Good Practice Guidance for Third Parties» veröffentlicht, die sich an die Lieferkette richtet.[15]

a) Beispiel Homeoffice

Anhand des «verordneten» von-zu-Hause-aus-Arbeitens *(Homeoffice)* soll nachfolgend 8
beispielhaft aufgezeigt werden, welche compliancespezifischen Aspekte die Implementierung solcher Massnahmen berühren kann.[16] Das Arbeiten aus dem Homeoffice war

13 Auch der Schweizerische Anwaltsverband stellt seinen Mitgliedern ein entsprechendes Grobkonzept zur Verfügung, ‹https://www.sav-fsa.ch/de/home.html›.

14 Art. 4 ff.; AS 2020 2213, 2214.

15 Novartis, COVID-19 Good Practice Guidance for Third Parties, Version 1, April 2020, ‹https://www.novartis.com/sites/www.novartis.com/files/novartis-covid-19-good-practice-guidance-for-third-parties.pdf›.

16 Natürlich stellen sich noch viele andere Fragen und Themen im Bereich der Implementierung der verordneten Schutzmassnahmen, wie beispielsweise, ob der Arbeitgeber seine Mitarbeitenden explizit nach dem Auftreten von COVID-19 Symptomen fragen oder medizinische Untersuchungsmassnahmen (wie Fiebermessen) zwingend vornehmen darf. Siehe dazu § 12 Rz 45, 47 ff.

in der Phase der strengsten Kontaktbeschränkungen für viele Unternehmen die einzige Möglichkeit, den Betrieb aufrecht zu erhalten, und für Mitarbeitende der einzige Weg, ihre Arbeitsleistung zu erbringen. Viele Mitarbeitende waren dadurch besonders gefordert und belastet, da sie einerseits einen neuen Arbeitsplatz zu Hause einrichten und zum Laufen bringen[17] und andererseits gleichzeitig ihr soziales Umfeld neu organisieren[18] mussten; und dies alles auf engstem Raum und innert kürzester Zeit. In dieser Drucksituation steigt erfahrungsgemäss das Risiko von Fehlverhalten, z.B. durch Abkürzen oder vollständiges Ignorieren von etablierten Prozessen. Ausserdem kann auch ein hinzukommender existenzieller Druck auf Mitarbeitende das Risiko von Compliance-Fehlverhalten erhöhen.[19]

9 Für Unternehmen, die Homeoffice für ihre Mitarbeitenden bereits eingeführt haben, gestaltet sich die firmenweite Einführung von Arbeiten im Homeoffice aus Compliance-Sicht gegebenenfalls einfacher, da z.B. Verhaltensregularien bereits erstellt und Abläufe geklärt sind. Allerdings ist wohl kein Unternehmen darauf eingestellt gewesen, das ausschliessliche Arbeiten im Homeoffice praktisch flächendeckend für alle Mitarbeitende für einen längeren Zeitraum einzurichten. Zumindest deutet die Eurostat Erhebung für das Jahr 2019 nicht darauf hin: in der Schweiz haben durchschnittlich 3,9% der Arbeitnehmenden Arbeit im Homeoffice erledigt, in der EU waren es durchschnittlich 5,3%.[20] Hinzu kommt, dass die Thematik den Unternehmen aller Voraussicht nach auch mit der Lockerung bzw. dem Aufheben von Kontaktbeschränkungen erhalten bleibt. Unternehmen werden sich zukünftig auf ein hybrides Arbeitsplatz-System einstellen und eine funktionierende Homeoffice-Lösung für praktisch sämtliche Mitarbeitende finden müssen. So bestimmt beispielsweise die COVID-19-Verordnung besondere Lage in Art. 10, dass Arbeitgeber – wenn der vom BAG empfohlene Abstand nicht eingehalten werden kann – es ihren Mitarbeitenden unter anderem ermöglichen müssen, ihre Arbeitsverpflichtungen von zu Hause aus zu erfüllen. Mitarbeitende werden sich voraussichtlich auch zukünftig zu Hause in Quarantäne begeben müssen, wenn sich diese mit dem COVID-19-Erreger angesteckt haben. Gleiches dürfte gelten, wenn sie in Kontakt mit an COVID-19 erkrankten Personen gekommen sind, was bei Reduzierung oder Erlass der Reisebeschränkungen wahrscheinlicher wird.

10 Zu den zentralen Compliance-Themen bzgl. Homeoffice zählen Cyber-Security (Sicherstellung von IT-Sicherheit), Schutz personenbezogener Daten und Vertraulichkeit bzgl. nicht öffentlicher Informationen über das Unternehmen. Das Compliance-Risiko

17 So musste gegebenenfalls ein Set von mobilen Arbeitsgeräten (Laptop, Bildschirm, Drucker, Scanner, Telefon, Bürostuhl, etc.) besorgt und eingerichtet werden. Die verschiedenen benötigten Software bzw. Apps (insbesondere für Videokonferenzen) mussten installiert und deren Handhabung verstanden werden etc.

18 Arbeitstätige Eltern waren z.B. gefordert, den Schulbetrieb von zu Hause für ihre schulpflichtigen Kinder zu organisieren; Arbeitnehmende mussten die Versorgung von besonders gefährdeten Familienmitgliedern sicherstellen.

19 Siehe dazu Ziffer III.4.

20 ‹https://ec.europa.eu/eurostat/web/products-eurostat-news/-/DDN-20180620–1›.

in Bezug auf Cyber-Security umfasst u.a. die Frage nach der Sicherheit vor unberechtigtem physischem und virtuellem Zugriff auf Unternehmensdaten durch die Nutzung von mobilen Geräten von zu Hause aus. Für den Schutz vor physischem Zugriff ist elementar, dass die Geräte (einschliesslich Festplatte und extern anschliessbarer Geräte wie Speichermedien) und die darauf gespeicherten Daten durch dem technischen Stand entsprechende Passwörter gesichert bzw. verschlüsselt sind. Für den Schutz vor virtuellen Angriffen ist sicherzustellen, dass die Geräte über einen aktuellen Virenschutz und eine gegenwärtige Firewall verfügen. Mitarbeitende sind vor der erhöhten Gefahr von Cyber-Angriffen (wie sogenannte phishing[21] Emails oder dem CEO-Fraud[22]) zu warnen. Schliesslich ist auch das Thema einer sicheren Internetverbindung zu thematisieren, wenn von zu Hause aus auf das Firmennetzwerk zugegriffen wird.[23] Verbunden damit ist die Frage, ob Mitarbeitende für ihre Arbeit von zu Hause aus unternehmensseitig überlassene oder private Geräte einsetzen sollen. Für unternehmensseitig überlassene Geräte spricht, dass diese vom Unternehmen auf IT-Sicherheit eingerichtet und überprüft werden können. Auch kann der Arbeitgeber hier festlegen, wie und wozu der Mitarbeitende diese Geräte einsetzen darf und wozu nicht. So kann er beispielsweise die private Nutzung des Geräts ausschliessen oder einschränken. Für den zumindest teilweisen Einsatz von privaten Geräten spricht, dass das Unternehmen damit hohe Anschaffungs- und laufende Kosten spart. Allerdings lässt sich die private Nutzung der privaten Geräte unternehmensseitig nicht verbieten.[24] Auch wird es schwerfallen, sicherzustellen, dass die notwendigen Sicherheitsmassnahmen wie Virenschutz, Firewall etc. tatsächlich installiert und à jour gehalten werden. Beim Einsatz von privaten Geräten ist grundsätzlich von einem erhöhten Compliance-Risiko auszugehen, da ausserdem z.B. über privat besuchte Internetseiten, privat heruntergeladene Apps oder private Email-Accounts das Risiko von Cyberlecks steigt.[25]

---

21 Melde- und Analysestelle Informationssicherung MELANI mit Hinweisen auf weitere Cyberkriminalität in Bezug auf COVID-19; ‹https://www.melani.admin.ch/melani/de/home/themen/covid-19.html›.

22 Siehe die Warnung der Melde- und Analysestelle Informationssicherung MELANI; ‹https://www.melani.admin.ch/melani/de/home/themen/CEO-Fraud.html›.

23 So sollte von zu Hause aus ausschliesslich entweder über Kabel oder ein passwortgeschütztes WLAN auf das Firmennetzwerk zugegriffen werden.

24 Weiter lässt sich die Nutzung des privaten Computers durch Dritte nicht verhindern. Dass jeder Mitarbeitende dabei jeweils ein eigenes Userprofil betreibt, zu dem nur er oder sie den Zugang kennt, ist schwierig um- bzw. durchzusetzen. Unter bestimmten Voraussetzungen wird auch die Kostenersparnis dieser Lösung dadurch in Frage gestellt, dass Arbeitgeber Kosten für die Arbeit aus dem Homeoffice übernehmen müssen; siehe BGer v. 23.4.2019, 4A_533/2018, E. 6 in Bezug auf Entschädigung für privat zur Verfügung gestellten Arbeitsplatz. Siehe dazu auch § 2 Rz 70 ff.

25 Weiter stellt sich u.a die Thematik der Speicherung unternehmensbezogener Dokumente auf dem privaten Gerät. Damit riskiert das Unternehmen, unternehmensbezogene Daten zu verlieren, nebst dem gesteigerten Risiko eines unberechtigten Zugriffs Dritter. Eine Speicherung auf dem privaten Gerät sollte nur in zwingenden Ausnahmefällen und nur temporär erfolgen und nach Hochladen in das Unternehmenssystem vollständig vom privaten Gerät gelöscht werden.

11 Massnahmen zur Gewährleistung von Datenschutz und Vertraulichkeit im Homeoffice umfassen auch die Organisation des Arbeitsplatzes zu Hause. Hier ist darauf hinzuwirken, dass dieser möglichst so eingerichtet wird, dass Arbeitnehmende ungestört und ohne Einsicht auf Unterlagen und Bildschirm durch Dritte arbeiten können. Zudem sind Regeln für den vertraulichen Umgang mit physischen Unterlagen und das Führen von berufsbezogenen Telefonaten im Homeoffice zu treffen.[26] Und schliesslich stellt sich für Compliance-Verantwortliche die Frage nach der Überwachung des Einhaltens der Regeln für die Nutzung mobiler Geräte von zu Hause aus. Der Einsatz von auf dem Markt verfügbarer Überwachungssoftware ist kritisch zu prüfen. So hat das Bundesgericht in BGE 139 II 7 entschieden, dass die im konkreten Fall eingesetzte Spyware eine unzulässige Verhaltensüberwachung darstellt, die unverhältnismässig ist, da sie zum Erreichen des beabsichtigten Zwecks (Durchsetzen der arbeitsvertraglichen Pflichten) nicht erforderlich war.

12 Aus Risikosicht müssen sich Compliance-Verantwortliche bewusst machen, dass sich allein durch virtuell abgehaltene Besprechungen aus dem Homeoffice kein substantielles Vertrauen zwischen Mitarbeitenden und Geschäftsabteilungen herstellen oder aufrecht erhalten lässt. Vielmehr besteht das Risiko, dass sich Mitarbeitende durch andauerndes ausschliessliches Arbeiten im Homeoffice geschäftlich isolieren und auch dadurch anfälliger für Compliance-Fehlverhalten werden.

b) Beispiel der virtuell geführten Konferenz

13 Compliance-Verantwortliche und die im Unternehmen mit Datenschutz beauftragte Person sind zudem gefordert, die Vertraulichkeit und den Datenschutz beim Einsatz virtuell geführter Konferenzen sicherzustellen.[27] Wie der rasante Anstieg der Nutzung von Anbietern von virtuellen Besprechungen innert kürzester Zeit zeigt, wurden in der Krise viele der typischerweise physisch abgehaltenen Besprechungen in den virtuellen Raum verlegt.[28] Hier gilt es, die Möglichkeiten der Digitalisierung von Besprechungen richtig zu nutzen und insbesondere die Sicherheit und Vertraulichkeit – vor allem bei hochsensitiven Unternehmensaspekten – zu wahren. Gerade wegen der Möglichkeiten der Digitalisierung ist ein Vernachlässigen dieser Aspekte nicht zu rechtfertigen. Insbeson-

26 Dazu zählen Aspekte wie die «clean desk policy», d.h. bei Verlassen des (Schreib-)Tisches sämtliche beruflichen Unterlagen wegzuschliessen, das fachgerechte Zwischenzulagern und Entsorgen von physischen Dokumenten sowie, Telefonate möglichst nur mit Kopfhörern zu führen sind, falls unbeteiligte Dritte zuhören könnten.

27 Aber auch die Verfügbarkeit und Qualität des Dienstes kann in Zeiten, in denen ein Grossteil der geschäftlichen wie privaten Welt auf die virtuelle Kommunikation angewiesen ist, ein zu beachtender Aspekt sein.

28 So meldet Cisco für seine virtuelles Konferenzsystem Webex ein Wachstum von rund 700%; ‹https://www.nzz.ch/technologie/dank-videokonferenzen-zum-milliardaer-der-rasante-aufstieg-von-zoom-gruender-eric-yuan-ld.1548332›. Die Anzahl Nutzer des Videokonferenz-App Anbieters ZOOM stieg von 10 Millionen auf 200 Millionen Nutzer pro Tag ‹https://www.handelszeitung.ch/unternehmen/videokonferenz-app-zoom-boomt-aber-wie-steht-es-um-den-datenschutz›.

dere bei hoch sensitiven Besprechungen ist sicherzustellen, dass weder der Anbieter noch Dritte Kenntnis davon erhalten, wer mit wem welche Besprechungen zu welchem Thema abhält. Durch das plötzliche Auftreten der COVID-19-Pandemie und der darauf erlassenen, äussert restriktiven staatlichen Massnahmen überrascht, sind wohl die meisten Organisationen auf Videokonferenz-Dienste von kommerziellen Anbietern ausgewichen. Aus Compliance-Sicht sollte im Vorfeld der Nutzung solcher Dienste geprüft werden, ob diese Dienste vor dem Zugriff Dritter (einschliesslich dem Zugriff durch den Anbieter selbst) ausreichenden Schutz bieten.[29] Wie bestimmte Fälle im Zuge der COVID-19-Pandemie gezeigt haben, ist dies nicht immer gewährleistet.[30] Diese Überlegungen gelten auch in Bezug auf den Austausch bzw. die Visualisierung von unternehmensinternen Unterlagen über solche Systeme. Insbesondere bei hoch sensiblen Unterlagen (z.B. unveröffentlichten Geschäftszahlen, Unterlagen über kompetitive Angebote oder Dokumente aus oder über Sitzungen des Verwaltungsrats bzw. der Geschäftsleitung) muss die Vertraulichkeit sichergestellt sein. Gegebenenfalls sind kommerzielle Apps in dieser Beziehung nur eingeschränkt oder gar nicht nutzbar. Deutlich wird dies auch bei der Frage der Durchführung der gesetzlich bzw. statutarisch vorgesehenen Sitzungen der Unternehmensführung. Es stellt sich hier grundsätzlich die Frage, ob kommerzielle Videokonferenz-Dienste sich für solch hochsensible Besprechungen eignen oder ob Unternehmen besser auf spezifisch für solche Gremien entwickelte Lösungen (sog. Board-Room-Lösungen) zurückgreifen sollten, die die notwendige Sicherheit und Vertraulichkeit garantieren und z.B. das Kopieren, Weiterleiten oder Ausdrucken verunmöglichen.[31]

Zusammenfassend gilt, dass es den Compliance-Verantwortlichen obliegt, Vorschrif- 14
ten für das Arbeiten aus dem Homeoffice zu etablieren, zu kommunizieren und nachzuhalten, die die Cyber-Security, den Datenschutz und die Vertraulichkeit sicherstellen. Dies gilt insbesondere, wenn Mitarbeitende personenbezogene Daten bzw. Daten über Geschäftsgeheimnisse behandeln, und erfährt nochmals eine Verschärfung im Fall von

29 Hier stellen sich Fragen bzgl. Programmierung nach dem aktuellen Stand der Technik, Verschlüsselung der Übermittlung, kontinuierlicher Verbesserung etc.

30 Plage Corinne, Zuerst der Hochflug, nun der tiefe Fall: Immer mehr Unternehmen verbannen Zoom aus ihrem Arbeitsalltag, NZZ vom 9.4.2020, 05.00 Uhr, ‹https://www.nzz.ch/technologie/zoom-die-video-software-hat-sicherheitsluecken-ld.1550903›. Zu prüfen ist in diesem Zusammenhang vor allem der Umgang mit bzw. die Ausgestaltung des Schutzes der Nutzerdaten. Dazu zählen nicht nur die Daten über die jeweiligen Nutzer der Dienste, sondern auch die Daten der abgehaltenen Besprechung. Insbesondere ist zu prüfen, ob der Anbieter Aufzeichnungen der Besprechung (video bzw. audio) und andere Daten speichert bzw. auswertet. Es ist auch dafür zu sorgen, dass die Sicherheits- bzw. Vertraulichkeitsoptionen des genutzten Dienstes richtig ausgewählt sind. Eine Rolle bei der Beurteilung des zu nutzenden Dienstes kann auch spielen, in welchem Land diese Daten gespeichert werden und welche Datenschutzgesetzgebung dabei Anwendung findet, da die jeweiligen nationalen Regelungen erhebliche Unterschiede bzgl. Schutz der personenbezogenen Daten aufweisen können.

31 So gelten z.B. für börsenkotierte Unternehmen die Bestimmungen zu ad hoc-Veröffentlichungen (einschliesslich der Sanktionierung deren Nichtbeachtung) unabhängig davon, ob Krisenzeiten vorherrschen oder nicht.

börsennotierten Gesellschaften mit Blick auf kursrelevante bzw. ad-hoc-pflichtige Informationen.

3. Risikoanalysen

15 Ein wesentlicher Aspekt von Corporate Compliance und Grundlage für jedes CMS ist die regelmässige Beurteilung von Compliance-Risiken.[32] Solche Risiken sind in einem ersten Schritt zu identifizieren und anschliessend zu bewerten.[33] Dabei sind auch Drittparteien, die mit dem Unternehmen in Verbindung stehen, in die Analyse einzubeziehen. So legen verschiedene internationale Regelwerke zur Korruptionsbekämpfung fest, dass zur Corporate Compliance auch eine sorgfältige Auswahl von Beauftragten, Lieferanten und anderen Geschäftspartnern gehört.[34] Die jeweilige Risikobeurteilung wird anhand von Risikofaktoren vorgenommen und insbesondere anhand der Eintrittswahrscheinlichkeit und der Art und Schwere der Konsequenzen des Compliance-Verstosses bewertet.[35]

16 Die COVID-19-Krise führt – zumindest temporär, und für manche Unternehmen vermutlich auch langfristig – zu radikalen Veränderungen des relevanten Marktplatzes sowie der Art und Weise der Geschäftstätigkeit und hat damit entsprechend gravierenden Einfluss auf bestehende interne Prozesse. Damit besteht die Gefahr, dass festgelegte Indikatoren oder Annahmen zur Risikoüberwachung und in der Vergangenheit vorgenommene Risikobeurteilungen nicht mehr zutreffen. Compliance-Verantwortliche sind entsprechend gefordert, sicherzustellen, dass bestehende Risikobeurteilungen überprüft werden.[36] Gleichzeitig sind Geschäftsprozesse, die aufgrund der Krise neu geschaffen werden müssen, auf entsprechende Risiken zu überprüfen. Zu diesen Themen können beispielsweise gehören: Schaffen eines neuen Absatzmarktes (z.B. online statt stationär), Austausch bestehender gegen neue Lieferanten von vorproduzierten Gütern oder Rohstoffen (z.B. lokale gegen globale Lieferanten) oder Aufnahme von Lieferanten aus für das Unternehmen bisher unbekannten Sektoren (z.B. Güter des Gesundheitsschutzes wie Gesichtsmasken, Desinfektionsmittel und sonstige Vorsorgemittel).

32 Lengauer/Ruckstuhl, Rz 820; Wind, Rz 110.

33 Lengauer/Ruckstuhl, Rz 822; Wind, Rz 115.

34 UK Bribery Act 2010, Guidance about procedures which relevant commercial organisations can put into place to prevent persons associated with them from bribing, Principle 4 (Due Diligence); FCPA- A Resource Guide to the US. Foreign Corrupt Practices Act, S. 60 ff.

35 Zu den Risikofaktoren zählen Aspekte wie Prozesse, menschliches Verhalten, Defizite in der Organisation (interne Risikofaktoren) und Orte der Geschäftstätigkeit, Sitzland des Geschäftspartners, rechtliche Vorgaben (externe Risikofaktoren); siehe Lengauer,/Ruckstuhl Rz 829 und Rz 833; Wind, Rz 115 und Rz 121.

36 Z.B. können bestimmte Unternehmen (wie im Health Care Sektor) temporär oder langfristig plötzlich eine marktbeherrschende Stellung erlangen. Dies ist zu monitoren und Geschäftsbeziehungen sind entsprechend unter wettbewerbsrechtlichen Aspekten zu prüfen.

4. Erhöhtes Risiko von Betrug und Korruption

Die Disruption der Märkte und das Auseinanderbrechen von Lieferketten erhöht erfahrungsgemäss das Risiko für Betrug und Korruption.[37] Diese Risiken können in unternehmensinterne und -externe eingeteilt werden und in verschiedenen Kategorien auftreten. Unternehmensexterner Betrug meint dabei betrügerische Handlungen durch Dritte wie völlig Fremde ohne Beziehung zum Unternehmen aber auch Lieferanten, Kunden, Vermittler, staatliche Behörden und andere, mit dem Unternehmen in einer Beziehung stehende Personen. 17

Das Risiko von unternehmensinternem Betrug, d.h. Betrug durch eigene Mitarbeitende, tendiert in Krisenzeiten dazu anzusteigen,[38] insbesondere da diese direkt oder indirekt von Einkommensverlusten betroffen sein können. Direkt betroffen sind diese z.B. dann, wenn ein wesentlicher Teil ihrer Entlohnung leistungs- oder erfolgsabhängig ist und die Krise dies negativ beeinflusst. Mitarbeitende können des Weiteren von Einkommensverlusten betroffen sein, weil Familienmitglieder aufgrund der Krise entlassen oder in Kurzarbeit geschickt werden und so ein Einkommen in der Familie oder Partnerschaft wegbricht. Mitarbeitende können versuchen, diesen erheblichen finanziellen Druck durch nicht regelkonforme Massnahmen zu kompensieren. So können sie selber für Korruption (wie Bestechungsgelder oder Kick-Backs) empfänglich werden, versuchen, sich durch Bestechung von Dritten ein Geschäft zu sichern oder über die Abrechnung von ungerechtfertigten Spesen den finanziellen Verlust teilweise zu kompensieren. Hinzu kommt gegebenenfalls der Druck, innert kürzester Zeit und ohne Zugang zu den üblichen Überprüfungsmöglichkeiten Entscheidungen treffen zu müssen. Weitere Faktoren für das gestiegene Risiko sind, dass sich in einer Krise wie der COVID-19-Pandemie mehr Möglichkeiten für Betrug und Korruption bieten und Unternehmen den Fokus auf die Krisenbewältigung unter Vernachlässigung der Kontrolle ihrer Mitarbeitenden konzentrieren. Unternehmen ohne funktionierendes CMS sind diesem Risiko besonders ausgesetzt. Gegenmassnahmen sind z.B. das häufigere Auffordern zum Einhalten der Compliance und das Erhöhen von Überprüfungen durch Stichproben. 18

Wie real diese Bedrohung ist, zeigt folgender Fall: Betrüger haben insgesamt ca. EUR 8 Mio. von zwei Unternehmen in der COVID-19-Krise kassiert, indem sie für die Lieferung von Atemschutzmasken einen entsprechenden Vorschuss verlangten, ohne dann die Ware je auszuliefern.[39] Dieses Beispiel zeigt die Herausforderung von Unter- 19

37 Dorries Bruce, Coronavirus Pandemic is a perfect storm for fraud, ACFE Insights, 10.4.2020, ‹https://www.acfeinsights.com/acfe-insights/coronavirus-pandemic-is-a-perfect-storm-for-fraud›.

38 Dorries Bruce, Coronavirus Pandemic is a perfect storm for fraud, ACFE Insights, 10.4.2020, ‹https://www.acfeinsights.com/acfe-insights/coronavirus-pandemic-is-a-perfect-storm-for-fraud›; ACFE, Report to the Nations, 2020 Global Study on Occupational Fraud and Abuse, S. 52, wonach finanzielle Schwierigkeiten die zweithäufigste Ursache für betrügerisches Fehlverhalten darstellen.

39 ‹https://www.europol.europa.eu/newsroom/news/corona-crimes-multi-million-face-mask-scam-foiled-police-across-europe›; ‹https://www.europol.europa.eu/newsroom/news/corona-crimes-suspect-behind-%E2%82%AC6-million-face-masks-and-hand-sanitisers-scam-arrested-thanks-to-internatio

nehmen, kurzfristig Lieferanten für Waren aus einem Bereich zu finden, mit dem diese möglicherweise bisher keinen Kontakt hatten. Das gleiche Risiko besteht in Bezug auf den krisenbedingten Unterbruch von bisher bestehenden Lieferketten z.B. für Rohstoffe oder vorproduzierte Güter. Aufgrund von Reise- und anderen Einschränkungen, aber auch der Dringlichkeit, Ersatz zu besorgen, ist oft nur eine eingeschränkte Überprüfung von neuen Geschäftspartnern möglich. Compliance-Verantwortliche sind gefordert, auf dem Einhalten der etablierten Geschäftspartner-Due-Diligence zu bestehen. Allerdings sind Einschränkungen, zumindest in der Zeit der strengen Kontaktbeschränkungen, zu vergegenwärtigen, da öffentliche Stellen nicht mehr oder nur mit grosser zeitlicher Verzögerung erreicht werden können, eigene lokale Mitarbeitende ausfallen oder ebenfalls eingeschränkt sind und Drittinformanten mit gleichen Themen zu kämpfen haben. Entsprechend kann sich eine solche Geschäftspartnerüberprüfung – zumindest für einen bestimmten Zeitraum – auf im Internet zugängliche Informationen beschränken. Umso wichtiger ist es, die nicht durchgeführten Aspekte der Geschäftspartner-Due-Diligence so bald als möglich nachzuholen. In der Vertragsdokumentation sollte dieser Umstand entsprechend berücksichtigt werden und bspw. ein Recht zur kurzfristigen Vertragsbeendigung beinhalten, wenn sich in der nachgeholten Überprüfung herausstellen sollte, dass der neue Lieferant nicht die festgelegten Erwartungen des Unternehmens erfüllt.

20 Gerade bei neuen Lieferanten aus dem Ausland werden Unternehmen auch auf die Vermittlung durch spezialisierte Dritte (Agenten) angewiesen sein, weil sie z.B. keine eigene Vertretung vor Ort haben. Dies stellt bekanntermassen eine besondere Gefahrenquelle für Korruption dar.[40] Auch für die Beauftragung eines solchen Vermittlers gilt das oben zur Überprüfung gesagte. Eine besonders kritische Prüfung sollte dann vorgenommen werden, wenn der Vermittler einen staatlichen oder staatlich kontrollierten Lieferanten beschaffen soll. Das Korruptionsrisiko kann zukünftig wachsen, wenn Staaten Rohstoffe oder Produkte, die diese für die Versorgung der eigenen Bevölkerung für wichtig erachten, unter staatliche Kontrolle bringen. Wichtig ist dabei, sich daran zu erinnern, dass die Bestechung ausländischer Amtsträger (Art. 322^{septies} StGB) wie Privater (Art. 322^{octies} StGB) eine Straftat darstellt. Unter den Voraussetzungen des Art. 102 Abs. 2 StGB kann das betroffene Schweizer Unternehmen zur Verantwortung gezogen und mit einer Busse belegt werden.

21 Auch bei bestehenden Kunden kann die Krise zu einem erhöhten Risiko führen: so können Kunden aufgrund der akuten Krise und des Zusammenbruchs ihres Marktes in Zahlungsschwierigkeiten geraten. Kunden können die Krise aber auch nutzen, um entgegen bestehender Vereinbarungen Vergünstigungen, längere Zahlungsfristen oder an-

nal-police-cooperation›. Eine Übersicht über spezifische COVID-19 betrügerischen Aktivitäten durch Dritte findet sich im Bericht «Pandemic profiteering – how criminals exploit the COVID-19 crisis» von Europol vom 27.3.2020 ‹https://www.europol.europa.eu/sites/default/files/documents/pandemic_profi teering-how_criminals_exploit_the_covid-19_crisis.pdf›.

40 Lengauer/Ruckstuhl, Rz 389, wonach davon auszugehen ist, dass in ca. 90% aller Korruptionsfälle Mittelspersonen involviert sind.

dere Vorteile zu verlangen – ohne dass diese Kunden tatsächlich unter Druck stehen. Hier gilt es, die tatsächlichen Fakten zu ermitteln und soweit wie möglich die bestehenden Vereinbarungen durchzusetzen. Zudem empfiehlt es sich, eine im Unternehmen abgestimmte Vorgehensweise festzulegen für Fälle, in denen sich Kunden tatsächlich in einer Notsituation befinden. Zu prüfen ist dabei, in welchen Fällen und auf welche Art das Unternehmen solchen Kunden entgegenkommen kann, ohne ein erhöhtes Risiko einzugehen.

Hinweisgeber (Whistleblower) leisten einen wertvollen Beitrag bei der Früherkennung von Fehlverhalten wie Betrug und Korruption. In einer Krise stehen Hinweisgeber allerdings unter speziellem Druck. Ihre Hinweise auf Fehlverhalten werden im Zweifel in einer solchen Zeit erst Recht als unerwünscht wahrgenommen – wie der zum Beginn der Krise prominent gewordene Fall von Brett E. Crozier, ehemaliger Captain des US-Flugzeugträgers «USS Theodore Roosevelt», zeigt.[41] Dabei stellen die Meldungen von Hinweisgebern die wichtigste Form für Unternehmen dar, Fehlverhalten früh aufzudecken und zu unterbinden und damit einen noch grösseren Schaden zu verhindern.[42] Unternehmen haben folglich ein Interesse – auch oder besonders in der Krise –, dass Hinweisgeber weiterhin Meldungen machen, wenn sie auf nicht regelkonformes Verhalten stossen. Während in der Schweiz nach Scheitern der entsprechenden Gesetzesvorlage im Parlament kein gesetzlicher Schutz für Hinweisgeber besteht[43], ist in der EU mit der Richtlinie 2019/1937(EU) (EU Whistleblower Richtlinie)[44] eine vereinheitlichte Regelung zum Schutz von Whistleblowern geschaffen worden, die bis zum 17.12.2021 in nationales Gesetz umzusetzen ist. Compliance-Verantwortliche können die Geschäftsleitung und Unternehmensführung dabei unterstützen, Hinweisgeber zu bestärken, dass das Unternehmen sie bei rechtmässigen Hinweisen entsprechend schützen und unterstützen wird. 22

41 Nachdem sich ein Teil seiner Mannschaft mit dem COVID-19 Virus infiziert hatte, bat Captain Crozier seine Vorgesetzen darum, den grössten Teil der Mannschaft von Bord lassen zu dürfen, um die Infektionskette zu unterbrechen. Als dies abgelehnt wurde und sich die Infektion weiter ausbreitete, schickte Captain Crozier eine mehrseitige Aktennotiz an über 20 Personen in der US-Kriegsmarine und im Pentagon, die letztlich in der Presse landete. Daraufhin wurde Captain Crozier des Kommandos enthoben; Winkler Peter, Das Drama auf dem Flugzeugträger «Roosevelt» bewegt Amerika, NZZ 7.4.2020, 01.57 Uhr, ‹https://www.nzz.ch/international/usa-das-drama-auf-dem-flugzeugtraeger-roosevelt-ld.1550548›. In der Folge trat der kommissarische Vorsteher der US Navy, Thomas Modly, zurück. Er hatte Captain Crozier des Kommandos enthoben und vor seiner Mannschaft als «dumm» bezeichnet; NZZ 8.4.2020, 07.03 Uhr, ‹https://www.nzz.ch/international/nach-kontroverse-um-entlassenen-kapitaen-der-amtierende-chef-der-us-navy-tritt-zurueck-ld.1550886›.

42 ACFE, Report to the Nations, 2020 Global Study on Occupational Fraud and Abuse, S. 19, wonach die Aufdeckung von Betrug zu 43% auf Hinweisgeber zurückgeht und damit mit Abstand vor der zweiteffektivsten Massnahme, dem Internal Audit mit 15%, liegt. Mitarbeitende sind mit 50% dabei die mit Abstand wichtigsten Hinweisgeber.

43 Siehe dazu Pikó Rita, Schweizer Gesetzesnovelle zum Schutz von Whistleblowern, CB 7/2019, S. 235 ff; Pikó Rita, Swiss Legal Status on the Protection of Whistleblowers, CEJ 6/2020, p. 32 et seq.

44 Richtlinie (EU) 2019/1937 des Europäischen Parlaments und des Rates vom 23. Oktober 2019 zum Schutz von Personen, die Verstöße gegen das Unionsrecht melden, ABl. L 305 vom 26.11.2019, S. 17.

5. Planung für erhöhte Compliance Aktivitäten

23 Zur – zumindest temporären – neuen Wirklichkeit gehört auch, dass die Aktivitäten der Compliance-Verantwortlichen in und nach der Krise zunehmen. Dies muss beim Allokieren von (Compliance-)Mitarbeitenden und den entsprechenden Aufgaben berücksichtig und geplant werden. Die zu erwartende Zunahme von Korruptions- und Betrugsfällen bedingt, dass ausreichend Kapazitäten für eine erhöhte Wachsamkeit sowie die Reaktion auf entsprechende Hinweise bereitstehen. Gerade in Krisenzeiten ist eine schnelle Reaktion, gegebenenfalls verbunden mit Sofortmassnahmen, zum Unterbinden laufender Korruption bzw. eines Betrugs wichtig, ebenso wie die daran anschliessende interne Untersuchung zur Aufklärung des Vorfalls.[45] In die Planung ist auch einzubeziehen, dass Krisen wie die COVID-19-Pandemie nicht nur zu neuen Betrugsfällen führen können, sondern dass in solchen Zeiten auch mit einer erhöhten Aufdeckung von bereits laufenden betrügerischen Massnahmen zu rechnen ist. Denn die bisherigen vom Betrüger getroffenen Verschleierungsmassnahmen können ebenfalls von der Krise erfasst worden und nicht mehr wirksam sein.[46] Es gilt sich somit auch auf eine erhöhte Anzahl an internen Untersuchungen vorzubereiten.

24 Erhöhte Compliance-Aktivitäten sind auch aufgrund erhöhter Nachfrage nach Ausnahmen von bestehenden Compliance-Prozessen und -Genehmigungsabläufen zu erwarten. Denn in Krisenzeiten muss es schnell gehen und aufgrund der pandemiebedingten Einschränkungen sind gegebenenfalls nicht alle im betreffenden Prozess vorgesehenen Kontrollschritte durchführbar. Wichtig ist hier, einheitliche Kriterien für die Gewährung von Ausnahmen festzulegen und strikt einzuhalten. Ausnahmen sind grundsätzlich nur auf Basis von fundierter Begründung und einer angemessenen Risikoabwägung zu gewähren. Gegebenenfalls ist eine Überprüfung für einen späteren Zeitpunkt festzulegen. Zudem sollten Anfragen nach Ausnahmen und deren Genehmigung bzw. Ablehnung schriftlich dokumentiert werden, damit bei späteren internen oder externen Überprüfungen (z.B. durch Aufsichtsbehörden) die jeweilige Entscheidung entsprechend nachvollziehbar ist. Schliesslich gilt es, die in der akuten Krisenreaktion aufgeschobenen wiederkehrenden Compliance-Tätigkeiten (z.B. turnusgemässe interne Audits und Compliance-Checks) bzw. die beschränkungsbedingt aufgeschobenen Überprüfungsmassnahmen zu planen.

6. Vorgehen und Hilfsmittel zur Bewältigung der erhöhten Anforderungen an Compliance

25 Vorausgeschickt sei, dass Organisationen mit einem fest implementierten, wirksamen und wertebasierten CMS grundsätzlich gut aufgestellt sind und über das Rüstzeug verfügen, um eine Krise wie die COVID-19-Pandemie aus Compliance-Sicht zu bewältigen.

45 Siehe zu Aspekten der internen Untersuchung in Krisenzeiten nachfolgend Ziffer IV.

46 Dorries Bruce, Coronavirus Pandemic is a perfect storm for fraud, ACFE Insights, 10.4.2020, ‹https://www.acfeinsights.com/acfe-insights/coronavirus-pandemic-is-a-perfect-storm-for-fraud›.

Darüber hinaus stehen den Compliance-Verantwortlichen verschiedene Hilfsmittel und Vorgehensweisen für die Bewältigung der erhöhten Anforderungen zur Verfügung.

Die steigenden Compliance-Aktivitäten in der Krise erfordern, dass Compliance-Verantwortliche klare Prioritäten in ihren Aufgaben setzen, um sich auf die dringend erforderlichen Massnahmen in der Krise konzentrieren zu können. Dies kann auch erfordern, Prioritäten für vor der Krise gefasste Aufgaben herabzusetzen. Am besten werden dazu möglichst allgemein gültige Kriterien erarbeitet, auf die im Einzelfall zurückgegriffen werden kann. Die Prioritäten können sich dabei einerseits auf die Zeit während der Krise und andererseits auf die Zeit nach der Krise beziehen. Dazu zählt auch, eine Strategie für die Bewältigung der Aufgaben nach der Krise zu etablieren. 26

Compliance-Verantwortliche stehen besonders in der Hochphase einer Krise wie der COVID-19-Pandemie unter dem Druck, schnelle, praktikable und einfache Lösungen für neu auftretende Compliance-Themen zu finden. Gegebenenfalls ist es dafür nötig, in einem ersten Schritt vorläufige Regelungen zu treffen, die es bei Abflauen der Krise zu überprüfen und gegebenenfalls zu schärfen gilt. Überlegt formulierte und gelebte Unternehmenswerte bieten den Compliance-Verantwortlichen dabei eine wertvolle Stütze, wenn sie unter starkem Zeitdruck für bislang unbekannte Sachverhalte eine Beurteilung bzgl. des korrekten Vorgehens abgeben müssen. 27

Der kontinuierliche Austausch der Compliance-Verantwortlichen – auch bzw. gerade in der Krise – mit den einzelnen Unternehmensbereichen erlaubt es, Risiken früh zu erkennen und entsprechende Massnahmen einzuleiten. Ausserdem erhöht sich dadurch die Sichtbarkeit von Compliance im Unternehmen und macht deutlich, dass die Krise kein Grund zur Vernachlässigung von Compliance ist. Mitarbeitenden wird dadurch auch der Kontakt zu den Compliance-Verantwortlichen vereinfacht. Dies erlaubt zudem, die besonderen Herausforderungen der einzelnen Bereiche und Mitarbeitenden (z.B. neue Arbeitsformen und -abläufe oder Einschränkungen durch die Arbeit aus dem Homeoffice) zu verstehen und in Lösungen einzubauen. Hier zahlt sich gute Vorarbeit in der Kontaktpflege und dem Vertrauensaufbau durch die Compliance-Verantwortlichen vor der Krise besonders aus. 28

Compliance-Verantwortliche können sich die voranschreitende Digitalisierung von Prozessen zu Nutze machen. So sind heute oft bedeutend mehr Akten, Daten und anderen Informationen digital und ortsunabhängig abrufbar. Dies erlaubt es, trotz Reise- und Kontaktbeschränkungen wichtige Compliance-Funktionen auszuführen. Voraussetzung dazu ist, dass Compliance-Verantwortliche sich bewusst sind oder werden, welche Akten, Daten und anderen Informationen digital verfügbar sind und welche nicht. Natürlich ist auch dafür zu sorgen, dass Compliance-Verantwortliche entsprechenden Zugang zu diesen digitalisierten Daten erhalten. Die Krisenzeit bietet zudem die Gelegenheit, festzustellen, welche Daten und Informationen idealerweise zukünftig ebenfalls digitalisiert sind, damit sie effizient genutzt werden können. 29

Prävention spielt dabei in der Krise eine wichtige Rolle, um finanziellen wie Reputationsschaden vom Unternehmen abzuwenden und kostspielige und ressourcen-intensive interne Untersuchungen zu vermeiden. Prävention kann insbesondere durch ausdrück- 30 lichen Hinweis auf die Erwartung der Geschäfts -bzw. Unternehmensführung erfolgen, dass Gesetze und Regeln auch in Zeiten der Krise einzuhalten sind. Unternehmen mit internen Hinweisgebersystemen (Whistleblower Systeme) können ihre Mitarbeitenden auf diese nochmals explizit hinweisen und zur Nutzung im berechtigten Fall auffordern. Nebst der aktiven Kommunikation gehört auch das Fortführen von Compliance-Schulungen zur Prävention. Die Krise sollte nicht als Grund gesehen werden, auf Compliance-Schulungen generell zu verzichten. Bei identifizierten krisenbedingten Risiken für das Unternehmen ist vielmehr über entsprechend krisenspezifische Schulungen nachzudenken. In jedem Fall sollten neu eingestellte Mitarbeitende in die Unternehmenscompliance eingeführt werden. Hier gilt es intelligente Lösungen zu finden. So sind z.B. Präsenzschulungen den Reise- und Kontaktrestriktionen anzupassen bzw. ganz auf virtuelle Schulung *(e-learning)* umzustellen. Zu Bedenken ist in diesem Kontext auch, dass gerade der Verzicht oder das Verschieben von Schulungen ein fatales Signal an die Belegschaft zum Umgang mit Compliance bedeuten kann, vor allem wenn dies mit fehlender aktiver Bestärkung des Einhaltens von Compliance durch die Geschäftsleitung[47] gepaart ist.

31 Besonders in Krisenzeiten ist es wichtig, getroffene Compliance-Massnahmen ausreichend zu dokumentieren. Dazu zählen z.B. das Festlegen der oben erwähnten Prioritäten sowie die Begründung für die getroffene Auswahl, die durchgeführten Compliance-Massnahmen, die gewährten Ausnahmen von festgelegten Compliance-Prozessen sowie die durchgeführten Schulungen einschliesslich der Namen der Teilnehmenden. Dies ist wichtig, um spätere interne oder externe Nachfragen bzw. Überprüfungen (z.B. von Aufsichtsbehörden) effizient beantworten zu können. Auch unterstützt dies eine einfache Nachverfolgung und ein effizientes Monitoren von getroffenen Compliance-Massnahmen. Und letztlich dient dies im Nachgang zur Krise der Evaluierung und dem Erarbeiten von Verbesserungen im Sinne der Remediation.

IV. Interne Untersuchungen in Zeiten der Krise

32 Die Durchführung von internen Untersuchungen von gemeldeten oder identifizierten Compliance-Verstössen ist stark von der Krise betroffen. Insbesondere Reise- und Kontaktbeschränkungen wirken auf die Art und Weise aber auch auf die Effizienz von internen Untersuchungen ein. Compliance-Verantwortliche stehen dabei insbesondere vor folgenden Herausforderungen: Nur eingeschränkt oder temporär gar nicht möglich sind (1) die Prüfung von physischen Unterlagen vor Ort, (2) Durchsuchungen vor Ort, (3) der Zugriff und die Durchsuchung von elektronischen Geräten von Mitarbeitenden (wie Mobiltelefone, Laptops, PCs, Tablets etc.)[48], (4) die Durchführung von forensischer Datenprüfung mittels digitaler Technik (e-Forensic) und (5) die Durchführung von Be-

47 Siehe dazu Rz 1 ff.

48 Zumindest besteht hier das Risiko, dass Mitarbeitende vor der Durchsuchung gewarnt werden und versuchen, die Geräte zu manipulieren.

fragungen von Hinweisgebern, betroffenen Personen und Zeugen bzw. beschuldigten Personen.

Für Compliance-Verantwortliche bietet es sich bei Eingang eines Hinweises auf Fehlverhalten an, in einem ersten Schritt zu prüfen, welche üblichen Massnahmen der internen Untersuchung eingeschränkt sind. Im nächsten Schritt gilt es zu beurteilen, ob die interne Untersuchung mit den geltenden Einschränkungen effizient zum Ziel geführt werden kann oder ob gegebenenfalls eine Verschiebung der wesentlichen Untersuchungsmassnahmen auf eine Zeit mit geringeren Einschränkungen möglich und angebracht ist. Hilfreich sind in diesem Fall einheitliche Kriterien für die Priorität von internen Untersuchungen festzulegen. Dazu können zählen: Schwere des gemeldeten Verstosses[49], Stellung bzw. Funktion der in das gemeldete Fehlverhalten involvierten Personen bzw. Verstösse mit dem Risiko von erheblich nachteiligen Gerichtsprozessen oder erheblich nachteiligen regulatorischen Massnahmen. Die Untersuchung von Fehlverhalten von geringerem Ausmass oder mit geringerem Schadensrisiko ist bei eingeschränkten Untersuchungsmöglichkeiten potentiell zurückzustellen. In jedem Fall sind aber Sofortmassnahmen zu prüfen zum Unterbinden von andauerndem Fehlverhalten und dem Verhindern von zukünftigen Compliance-Verstössen. 33

Bestimmte Untersuchungshandlungen lassen sich aber trotz Reise- und Kontaktbeschränkungen durchführen: so kann beispielsweise eine Prüfung von Unterlagen und Daten auch im Homeoffice stattfinden, wenn diese digitalisiert sind und die verantwortliche Person entsprechenden Zugriff hat. Physische Akten können zudem in das Homeoffice übersandt werden, vorausgesetzt, die Vertraulichkeit kann sowohl bei der Zusammenstellung, der Übersendung als auch der Aufbewahrung im Homeoffice gewährleistet werden. 34

Ob Befragung von Hinweisgebern, Zeugen, Beschuldigten und anderen Personen durchgeführt werden können bzw. sollen, bedarf der sorgfältigen Abwägung. Reise- und Kontaktbeschränkungen verhindern oder erschweren massiv die Durchführung von Befragungen vor Ort. Die Durchführung von virtuell geführten Interviews, das heisst Interviews mittels Videotechnik, bringen einige Herausforderungen mit sich. In den allermeisten Fällen wird für eine solche Befragung kein unternehmensinternes Videokonferenzsystem zur Verfügung stehen.[50] Folglich muss für die Befragung ein von kommerziellen Anbietern zur Verfügung gestelltes System genutzt werden[51]. Vor Nutzung solcher Systeme sind Aspekte der IT-Sicherheit, des Datenschutzes und der Vertraulichkeit zu prüfen.[52] 35

Ebenso wichtig ist die Vertraulichkeit der Befragung selbst. Hier gilt es Risiken von zwei Seiten zu begegnen: einerseits ist es bei der virtuellen Befragung schwierig bis un- 36

49 Z.B. kann es einen Unterschied für die Beurteilung machen, ob das gemeldete Fehlverhalten gegen Gesetz oder gegen interne Richtlinien verstösst.

50 Oder dieses System ist nicht nutzbar, weil diese Technik nur stationär im Büro zur Verfügung steht.

51 Z.B. Skype, MS Teams, Zoom, Webex etc.

52 Für mehr Details dazu siehe Rz 4 ff.

möglich sicherzustellen, dass die befragte Person keine Aufnahme der Befragung macht. Zwar zeigen bestimmte Videokonferenzsysteme den Teilnehmern an, wenn eine teilnehmende Person das Gespräch aufnimmt. Allerdings lässt sich kaum verhindern, dass die befragte Person ohne Wissen der interviewführenden Person auf anderem Wege die Befragung aufzeichnet. Zudem lässt sich kaum mit Sicherheit feststellen, ob nicht eine oder mehrere weitere Personen sich im Raum mit der befragten Person befinden und das Gespräch mitverfolgen. Aspekte der Vertraulichkeit sind auch auf Anbieterseite zu prüfen.[53] Ein weiterer kritischer Aspekt ist in diesem Zusammenhang das Teilen von Dokumenten über das Videokonferenzsystem, insbesondere wenn es sich um vertrauliche Dokumente handelt. Während diese bei der physischen Befragung vorgelegt und wieder mitgenommen werden können, ohne dem Befragten eine Kopie auszuhändigen, muss bei der virtuellen Teilung des Dokuments über das Videokonferenzsystem geklärt sein, ob das Dokument im System gespeichert wird und so der befragten Person (bzw. dem Anbieter) nach Abschluss der Befragung zur Verfügung steht. Weiter besteht das Risiko, dass die befragte Person durch einen «screen shot» oder auf anderem Wege das Dokument kopiert. Schliesslich sind in diesem Zusammenhang v.a. bei grenzüberschreitenden Videokonferenzen datenschutzrechtliche Aspekte zu klären.

37 Nicht zu unterschätzen sind die technischen Voraussetzungen und die Anforderungen an technische Kenntnisse der befragten Personen. So muss die befragte Person für die erfolgreiche Durchführung einer virtuellen Befragung über ein elektronisches Gerät verfügen, über welches ein solches Interview geführt werden kann. Auf diesem Gerät muss die entsprechende Applikation installiert sein. Ausserdem benötigt die befragte Person an ihrem Standort eine ausreichende Netzkapazität bzw. -abdeckung, damit die für das Funktionieren der Applikation notwendige Datenmenge übertragen werden kann. Schliesslich muss die befragte Person auch in der Lage sein, die Applikation zu bedienen. Alle diese Aspekte stellen praktische, von den interviewführenden Personen einzukalkulierende Herausforderungen dar. Hier ist es aus Erfahrung hilfreich, den zu befragenden Personen im Vorfeld eine Anleitung für das Einrichten und die Bedienung der Applikation zukommen zu lassen und gegebenenfalls die Funktionalität zu testen. Die Effizienz einer virtuellen Befragung kann auch durch zuvor übersandte Tipps zum Verhalten während der Befragung gesteigert werden.[54]

38 Ein wesentliches Kriterium bei der Abwägung, ob virtuell geführte Interviews durchgeführt oder verschoben werden sollen, sind die Aspekte der non-verbalen Kommunikation. Befragungen vor Ort erlauben, durch non-verbale Kommunikation, Körpersprache und Verhalten eine vertrauensvolle und emphatische Atmosphäre herzustellen. Dies ist bei der Befragung von Hinweisgebern (insbesondere, wenn sie in das Fehlverhalten in-

53 Siehe dazu Rz 4 ff.

54 Dies kann z.B. enthalten: Hinweis auf Pünktlichkeit, vorgängiger Test der Funktionalität (stabile Verbindung, ausreichende Stromversorgung des Geräts, Aktivierung von Kamera und Mikrophon), Sicherstellen einer ungestörten und vertraulichen Umgebung während der Dauer der Befragung (keine öffentlichen Räume, keine weiteren Personen anwesend), Nutzung von Kopfhörern, etc.

volviert sind) und beschuldigten Personen wesentlich. Diese non-verbale Kommunikation geht bei einer virtuellen Befragung praktisch vollständig verloren. Denn die befragte Person sieht nur einen reduzierten Bildausschnitt ihres Gegenübers. Zudem limitieren eine beschränkte Bild- und Tonqualität das Erkennen von solchen non-verbalen Aspekten. Gesten, Mimik, aber auch Variation in der Tonalität sind häufig nicht oder nicht richtig wahrnehmbar. Dieser Mangel an non-verbaler Kommunikation betrifft auch die interviewführende Person in der Beurteilung der in der Befragung gemachten Aussagen. Compliance-Verantwortliche müssen sich letztlich bewusst sein, dass die virtuelle Befragung nur einen unzulänglichen Ersatz einer Befragung vor Ort darstellt. Die Autoren haben aus ihrer Praxis auch den Eindruck gewonnen, dass es befragten Personen leichter fällt, einen unpersönlichen Bildschirm zu belügen, als eine physisch anwesende Person. Besonders herausfordernd wird es, wenn sich die befragte Person durch eine Vertrauensperson[55] oder anwaltlich zur Befragung begleiten lassen will und sich diese Person nicht im gleichen Raum wie die befragte Person befindet. Technisch sind Konferenzen unzweifelhaft auch zwischen mehr als zwei Personen realisierbar. Allerdings stellen solche Konstellationen den Nutzen, die Effizienz und die Vertraulichkeit von Befragungen besonders in Frage.

Die Atmosphäre einer Befragung spielt in der Untersuchung von Diskriminierungs- 39
fällen (einschliesslich Fälle sexueller Belästigungen) eine wesentliche Rolle für die Effizienz und den Erfolg – v.a. im Hinblick auf die Befragung von Opfer bzw. beschuldigter Person.[56] Es fällt bereits schwer, über Intimitäten bzw. Höchstpersönliches in physischen Treffen zu berichten. Um so schwerer fällt es üblicherweise, in einem unpersönlichen virtuellen Raum sich anderen Personen anzuvertrauen. Somit ist bei der internen Untersuchung von Diskriminierungsfällen besonders sorgfältig zu prüfen, ob Befragungen tatsächlich virtuell durchgeführt werden sollten oder nicht besser und effizienter auf die Zeit verschoben werden, in der Befragungen vor Ort wieder möglich sind. Dies bedeutet natürlich nicht – wie auch in allen anderen Fällen, in denen Untersuchungsmassnahmen aufgeschoben werden –, dass gar nichts getan werden kann oder muss. Vielmehr sind gerade in Fällen, in denen ein Aufschub sinnvoller erscheint, Sofort- bzw. flankierende Massnahmen zu prüfen, um andauerndes oder zukünftiges Fehlverhalten zu verhindern, um Beweise für die spätere interne Untersuchung zu sichern oder um – in Diskriminierungsfällen – das Opfer zu schützen.

V. Fazit

Die aufgezeigten Aspekte machen eines deutlich: Compliance muss auch bei der Krisen- 40
bewältigung Priorität zugemessen werden. Compliance-Verantwortliche sollten deshalb von Beginn an Mitglied der Task Force zur Bewältigung der Krise sein. Auch in der Unternehmenskommunikation zur Krise sollte Compliance regelmässiges Thema sein, um

55 Dies erhält v.a. in Fällen von (sexueller) Diskriminierung Relevanz.

56 Pikó Rita/Uhl Laurenz, Compliance in Zeiten von #MeeToo, BB 21/2020, S. 1204 ff.

dadurch die Relevanz und Ernsthaftigkeit von Compliance in der Krisenbewältigung zu verdeutlichen. Compliance-Verantwortliche sind gefordert, bestehende Risikobewertungen zu überprüfen und für neue Risiken schnelle und angemessene Compliance-Lösungen zu finden. Diese müssen gegebenenfalls temporärer Natur sein und sollten sobald als möglich überprüft und angepasst werden. Bei der Bewältigung der krisenbedingt gestiegenen Compliance-Aktivitäten hilft eine klare Priorisierung und ein stetiger Austausch mit den Fachbereichen. Wichtig ist für spätere interne oder externe Überprüfungen, die getroffenen Compliance-Massnahmen und -Entscheidungen ausreichend zu dokumentieren. Ob Compliance-Verantwortliche interne Untersuchungen von Fehlverhalten in der Krise durchführen können oder sollten, hängt u.a. von den zum gegebenen Zeitpunkt vorherrschenden Einschränkungen und dem mit dem Fehlverhalten verbundenen Risiko für das Unternehmen ab. Auch die Nachteile von virtuell geführten Befragungen im Rahmen von internen Untersuchungen sind in die Entscheidung über die Durchführung bzw. das Aufschieben mit einzubeziehen. In jedem Fall sind Sofortmassnahmen zu prüfen.

§ 14 Abänderung Unterhalt

Anna Murphy

Inhaltsverzeichnis

Literaturverzeichnis

Aeschlimann, Sabine, Art. 286 ZGB, in: Schwenzer, Ingeborg/Fankhauser, Roland, Fam Kommentar Scheidung, Bern 2017, S. 1019 ff. (zit. FamKomm Scheidung/Aeschlimann); Bühler, Walter/Spühler, Karl, aArt. 153, in: Meier-Hayoz Arthur (Hrsg.), Berner Kommentar, Band II, Das Familienrecht, Bern 1980, S. 1 ff.; Fankhauser Roland, Art. 179 ZGB, in: Büchler Andrea, Jakob Dominique (Hrsg.), Kurzkommentar ZGB, Basel 2018; Fountoulakis, Christina/Breitschmid, Peter, Art. 286 ZGB, in: Geiser Thomas/Fountoulakis Christina (Hrsg.), Basler Kommentar, Zivilgesetzbuch I, Art. 1–456 ZGB, Basel 2018 (zit. BSK ZGB I-Fountoulakis); Gehri, Myriam, Art. 59 ZPO, in: Spühler Karl/Tenchio Luca/Infanger Dominik (Hrsg.), Basler Kommentar, Schweizerische Zivilprozessordnung, Basel 2017 (zit. BSK ZPO-Gehri); Göksu Tarkan, Bemerkungen zu BGer vom 22. Mai 2007, 5A_52/2007, in: AJP 09/2007 S. 1169 ff.; Gloor, Urs/Spycher, Annette, Art. 129 ZGB, in: Geiser Thomas/Fountoulakis Christina (Hrsg.), Basler Kommentar, Zivilgesetzbuch I, Art. 1–456 ZGB, Basel 2018 (zit. BSK ZGB I-Gloor/Spycher); Honsell, Heinrich, Art. 2 ZGB, in: Geiser Thomas/Fountoulakis Christina (Hrsg.), Basler Kommentar, Zivilgesetzbuch I, Art. 1–456 ZGB, Basel 2018 (zit. BSK ZGB I-Honsell); Isenring, Bernhard/Kessler, Martin, Art. 179 ZGB, in: Geiser Thomas/Fountoulakis Christina (Hrsg.), Basler Kommentar, Zivilgesetzbuch I, Art. 1–456 ZGB, Basel 2018 (zit. BSK ZGB I-Isenring/Kessler); Schwenzer, Ingeborg/Büchler, Andrea, Art. 129 ZGB, in: Schwenzer, Ingeborg/Fankhauser, Roland, Fam Kommentar Scheidung, Bern 2017, S. 332 ff. (zit. FamKomm Scheidung/Schwenzer, Büchler); Spycher, Annette/Hausheer Heinz, Kapitel 9: Erlöschen und Abänderung von Unterhaltsbeiträgen, in: Handbuch des Unterhaltsrechts, Bern 2010, S. 587 ff.; Summermatter, Daniel, Zur Abänderung von Kinderalimenten, FamPra 1/2012, S. 38 ff.

Materialienverzeichnis

Botschaft über die Änderung des Schweizerischen Zivilgesetzbuches (Personenstand, Eheschliessung, Scheidung, Kindesrecht, Verwandtenunterstützungspflicht, Heimstätten, Vormundschaft und Ehevermittlung) vom 15. November 1995, BBl 1996 1 ff.; Botschaft zu einer Änderung des Schweizerischen Zivilgesetzbuches (Kindesunterhalt) vom 29.11.2013, BBl 2014 529 ff.

I. Einleitung

1 Die Pandemie und der damit verbundene wirtschaftliche Abschwung haben bereits zu einer erheblichen Zunahme der Arbeitslosigkeit und der Kurzarbeit geführt. Die Einkommen der Betroffenen sind gesunken. Das hat im Familienrecht grossflächig zu Zahlungsproblemen im Zusammenhang mit bereits bestehenden Unterhaltsverpflichtungen geführt. Die Situation dürfte sich weiter zuspitzen. Im Zuge des sich anbahnenden wirtschaftlichen Abschwungs wird es nicht einfach, eine neue Stelle auf dem alten Lohnniveau zu finden. Es stellt sich plötzlich in erheblichem Umfang die Frage nach der Abänderbarkeit der bestehenden Unterhaltsverpflichtungen.

2 Die Bestimmungen zur Abänderung bestehender Unterhaltsverpflichtungen sind im ZGB weit verstreut und danach geordnet, ob Ehegatten- oder Kindesunterhalt betroffen ist und ob ein im Eheschutz- (bzw. Massnahmen-) oder im Scheidungsverfahren ergangenes Urteil abgeändert werden soll. Im Vergleich zu früher hat der Gesetzgeber versucht, die Bestimmungen einigermassen zu konsolidieren (vgl. z.B. aArt. 137 ZGB). Für die Abänderung eines Scheidungsurteils gilt für den Ehegattenunterhalt Art. 129 Abs. 1 ZGB, für den Kindesunterhalt verweist Art. 134 Abs. 2 ZGB auf Art. 286 Abs. 2 ZGB. Für die Abänderung eines Eheschutzurteils vor der Scheidung in einem weiteren Eheschutzverfahren verweist Art. 179 Abs. 1 ZGB auf die nämlichen Bestimmungen. Für die Abänderung eines Eheschutzurteils oder eines Massnahmenurteils im Massnahmenverfahren nach Rechtshängigkeit der Scheidung verweist Art. 276 Abs. 1 ZPO auf Art. 179 Abs. 1 ZGB und damit wiederum auf die vorerwähnten Bestimmungen. Die Voraussetzungen für die Abänderung des Ehegattenunterhalts statuiert demnach Art. 129 Abs. 1 ZGB, jene für den Kindesunterhalt Art. 286 Abs. 2 ZGB.

II. Einvernehmliche Abänderung

3 Insbesondere in der Konstellation der ungewissen beruflichen Zukunft des Unterhaltsschuldners oder gegebenenfalls auch des Unterhaltsgläubigers empfiehlt sich für beide Seiten ein einvernehmliches Vorgehen. Die Parteien können so ungewissen Schwankungen in der Zukunft am besten begegnen. Der Unterhalt lässt sich nach dem Einvernehmen der Parteien zeitnah herabsetzen und wieder heraufsetzen. Die Konstanten des Unterhaltsrechts, das jeweilige Einkommen und der jeweilige Lebensbedarf, sind im Leben zum Teil grossen Schwankungen unterworfen, denen sich praktisch nicht Jahrzehnte vorher ein für alle Mal begegnen lässt. Weitere Kinder werden geboren, es kommt zu beruflichen Veränderungen oder Krankheit und Invalidität. Ein Zivilgerichtsverfahren ist darauf ausgelegt, eine Streitigkeit mit Urteil abschliessend beizulegen und so definitiven

Rechtsfrieden zu schaffen (BSK ZPO-GEHRI, Art. 59 N 18). Das ist in dieser Konstellation wenig zielführend. Ein neuer Prozess ist zudem für das gesamte Familiengefüge in der Regel sehr belastend. Allerdings führen auch Unterhaltsregelungen, die nicht angemessen sind oder nicht als angemessen empfunden werden, über Monate und Jahre zu grossen Zermürbungen in der Familie. Dem subjektiven Empfinden lässt sich diesbezüglich kaum beikommen, hingegen ist eine Unterhaltsregelung zu korrigieren, die auch objektiv betrachtet nicht mehr angemessen ist. Von einer einvernehmlichen Anpassung profitiert auf der einen Seite der Unterhaltsschuldner, weil z.B. zeitnah auf berufliche Veränderungen, etwa eine Arbeitslosigkeit, reagiert werden kann. Aber auch der Unterhaltsgläubiger hat ein Interesse an einer einvernehmlichen Regelung. Nach der Herabsetzung des Unterhalts im Abänderungsverfahren kommt nämlich bei erneuter Verbesserung der Verhältnisse eine Heraufsetzung grundsätzlich nicht mehr in Betracht (BSK ZGB I-GLOOR/SPYCHER, Art. 129 N 7a; FamKomm Scheidung/SCHWENZER, BÜCHLER, Art. 129 N 11 m.w.H.). Dagegen lässt sich einvernehmlich ein Wiedererhöhungsvorbehalt machen oder beispielsweise Abstufungen vornehmen.

Im Idealfall passen die Betroffenen die Unterhaltsregelung deshalb sporadisch aussergerichtlich an. Das ist bei den Ehegattenunterhaltsbeiträgen in einfacher Schriftlichkeit möglich (Art. 284 Abs. 2 ZPO). Zu beachten ist dabei, dass eine solche Regelung keinen definitiven Rechtsöffnungstitel mehr darstellt wie etwa das Scheidungsurteil. Die Vereinbarung ist deshalb so zu formulieren, dass sie im Sinne von Art. 82 Abs. 1 SchKG als provisorischer Rechtsöffnungstitel verwendet werden kann. Es ist darauf zu achten, dass aus der Vereinbarung der vorbehaltlose und bedingungslose Wille des Unterhaltsschuldners hervorgeht, dem Unterhaltsgläubiger eine bestimmte oder leicht bestimmbare Geldsumme zu zahlen (BGE 136 III 624 E. 4.2.2). Die einvernehmliche Abänderung von Kindesunterhalt bedarf der Genehmigung durch die KESB (Art. 284 Abs. 2 ZPO i.V.m. Art. 134 Abs. 3 ZGB). Das Verfahren ist üblicherweise rasch und unkompliziert, wenn sich die Eltern einig sind. Oftmals vereinbaren die Eltern die Abänderung des Kindesunterhalts trotzdem nur unter sich und verzichten auf eine Genehmigung. Wird anschliessend trotzdem versucht, den alten Betrag zu vollstrecken, ist ein Rechtsmissbrauch nach Art. 2 Abs. 2 ZGB zu prüfen. Zu beachten ist beim Kindesunterhalt, dass oftmals bereits vor der Abänderung Zahlungsschwierigkeiten bestehen. Ist der Kindesunterhalt bevorschusst worden, tritt das Gemeinwesen mit Legalzession in das Verhältnis ein (Art. 289 Abs. 2 ZGB), weshalb der Unterhalt nicht mehr zwischen den Eltern einvernehmlich abgeändert werden kann. Im Gegenteil ist das Gemeinwesen nach dem Bundesgericht auch passivlegitimiert (BGE 143 III 177 E. 6.3.6). 4

III. Ehegattenunterhalt

1. Abänderungsgrund

Periodisch zu zahlende Unterhaltsbeiträge stellen nichts anderes als ein Dauerschuldverhältnis dar. Auch die im Obligationenrecht begründeten Dauerschuldverhältnisse lassen sich ändern oder aufheben, wenn durch nachträgliche, nicht voraussehbare Umstände 5 ein derart offenbares Missverhältnis zwischen Leistung und Gegenleistung eingetreten ist, dass das Beharren einer Partei auf ihrem Anspruch als missbräuchlich erscheint (clausula rebus sic stantibus, Art. 2 Abs. 2 ZGB, BSK ZGB I-Honsell, Art. 2 N 19). Im Gegensatz zu den Dauerschuldverhältnissen des Obligationenrechts ist die Abänderbarkeit beim Unterhalt gesetzlich erweitert. Bereits eine **erhebliche, dauerhafte** und **unvorhergesehene** Veränderung der wirtschaftlichen Verhältnisse (vgl. Art. 129 Abs. 1; Art. 179 Abs. 1 ZGB; BSK ZGB I-Gloor/Spycher, Art. 129 N 1) gilt in Bezug auf den Ehegattenunterhalt grundsätzlich als Abänderungsgrund. Im Zusammenhang mit der pandemiebedingten Arbeitslosigkeit sind die ersten zwei Kriterien relevant, insbesondere die Dauerhaftigkeit.

6 Von diesem Grundsatz gibt es zudem diverse Ausnahmen. Beim nachehelichen Ehegattenunterhalt ist dies insbesondere ein allfällig vereinbarter Ausschluss der Abänderbarkeit gemäss Art. 127 ZGB oder die Zahlung mit Kapitalabfindung, sofern nichts anderes vereinbart ist (vgl. BSK ZGB I-Gloor/Spycher, Art. 129 N 3). Im Eheschutz- und Massnahmenverfahren ist eine Abänderung auch dann möglich, wenn eine vertiefte Abklärung ergibt, dass ein Entscheid auf unzutreffenden Voraussetzungen beruhte (BGer v. 22.12.2017, 5A_948/2016; BSK ZGB I-Isenring/Kessler, Art. 179 N 4 m.w.H.). Das ist der Verfahrensart geschuldet, dem Summarverfahren (Art. 271 lit. a und Art. 276 Abs. 1 ZPO) mit der dort anwendbaren Beweismittelbeschränkung (Art. 254 ZPO). Die Eheschutzmassnahmen erwachsen nur in beschränkte materielle Rechtskraft (**a.A.** Göksu, AJP 2007, S. 1171 f.). Der Richter kann zwar nicht ohne weiteres auf sie zurückkommen. Eine wesentliche Veränderung der Verhältnisse rechtfertigt aber die Anpassung («Grundsatz der Abänderbarkeit», BSK ZGB I-Isenring/Kessler, Art. 179 N 1). Zu beachten ist ferner, dass die Abänderung einer vergleichsweise geschlossenen Lösung unter Umständen erschwert ist. Nämlich dann, wenn eine Anpassung an veränderte Verhältnisse bezüglich Tatsachen erfolgen soll, die vergleichsweise definiert worden sind, um eine bestimmte Sachlage zu bewältigen (sog. caput controversum; BGE 142 III 518 E. 2.6.1). Selbstverständlich ist eine vom Schuldner in Schädigungsabsicht selber herbeigeführte Verschlechterung der Verhältnisse nicht massgebend. Das gilt selbst dann, wenn diese nicht wieder rückgängig gemacht werden kann (BGE 143 III 233 E. 3.4).

2. Erheblichkeit

7 Zunächst muss die fragliche Veränderung der wirtschaftlichen Verhältnisse erheblich sein, also wesentlich. Bei 50% Kurzarbeit sinkt der Lohn (Erwerbsersatz) um mindestens 10%, bei Arbeitslosigkeit um mindestens 20% (Art. 22 Abs. 1 und Art. 34 Abs. 1 AVIG). Mindestens, weil der Erwerbsersatz gegen oben hin begrenzt ist. Viele selbständige Unternehmer und angestellte Teilhaber einer Kapitalgesellschaft erhalten nur einen Bruchteil des üblichen Gehalts. Es stellt sich deshalb die Frage, ab welcher Grenze der Lohnausfall als erheblich zu betrachten ist. In der Regel ist ein Ausfall von 10 bis 20% wesentlich. Im Bereich des Existenzminimums ist bereits eine Änderung von rund 10–15% wesentlich. Dagegen sind in sehr guten Verhältnissen rund 15–20% gefordert (BSK ZGB I-Gloor/Spycher, Art. 129 N 7a). Zum Teil wird eine Lohneinbusse von

5% jedenfalls für den Kindesunterhalt bereits als wesentlich angesehen (SUMMERMATTER, FamPra 1/2012, S. 55). Das kann am Existenzminimum durchaus der Fall sein. In der Praxis bedarf es aber auch einer gewissen Sicherheit, um einen solchen Prozess einzuleiten. Bei diesen Zahlen ist man im Bereich der unentgeltlichen Rechtspflege. Hier besteht die Gefahr der Aussichtslosigkeit (Art. 117 lit. b ZPO). Auf der anderen Seite wurden im Einzelfall auch schon 20–30% verlangt (SPYCHER/HAUSHEER, Handbuch des Unterhaltsrechts, S. 655 Rz 09.128). Klar ist, dass die Grenze umso tiefer ist, je näher man sich am Existenzminimum bewegt. Bei einem Nettoeinkommen von CHF 3500 ist etwa eine Lohnkürzung von CHF 350 grundsätzlich erheblich, bei einem Nettoeinkommen von CHF 15 000 ist eine Lohnkürzung um CHF 1500 nicht erheblich. In jedem Fall ist insbesondere auf den Überschuss über das Existenzminimum zu achten. Das gilt auch in sehr guten Verhältnissen. Beispielsweise kann auch in sehr guten Verhältnissen bei Unterhaltspflichten für verschiedene Familien oder verschiedene Kinder der Überschuss über das Existenzminimum sehr klein sein, in welchem Fall die Erheblichkeit selbstverständlich schneller zu bejahen ist. Es ist deshalb im Sinne einer Gesamtbetrachtung der Einzelfall zu prüfen und es kann nicht stur auf Prozentzahlen abgestellt werden.

Von den Zahlen her ist eine Arbeitslosigkeit nach Arbeitslosenversicherungsgesetz 8
grundsätzlich immer erheblich. Der Erwerbsersatz beträgt maximal 80% des versicherten Einkommens (Art. 22 Abs. 1 und Art. 34 Abs. 1 AVIG). Mit anderen Worten beträgt der Lohnausfall mindestens 20%. Das mag in sehr guten Verhältnissen im Einzelfall nicht ausreichen. Da aber der Tagessatz gegen oben hin begrenzt ist, ist der Lohnausfall wegen Arbeitslosigkeit auch in solchen Verhältnissen erheblich. Bei der Kurzarbeit ist auf den Umfang der Lohneinbusse zu achten und allenfalls auf den verfügbaren Schnitt abzustellen, wenn sich die Zahlen monatlich verändern. Beim selbständigen Unternehmer ist auf den Umfang des Ausfalls abzustellen und bei Schwankungen ebenfalls der verfügbare Schnitt heranzuziehen. Erheblich ist aber auch nur ein Lohnausfall von einer gewissen Dauer.

3. Dauerhaftigkeit

Im Zusammenhang mit der Coronavirus-Pandemie ist insbesondere die Kurzarbeit aber 9
auch die Arbeitslosigkeit auf praktisch beispiellose Fallzahlen gestiegen. Viele Schuldner können die Unterhaltsleistungen nicht mehr zahlen. Im Gleichschritt zu dieser Entwicklung hat sich die Wirtschaft verlangsamt. Es ist mit einem wirtschaftlichen Abschwung zu rechnen, dessen Umfang und Dauer noch nicht abschätzbar ist. Es ist aber möglich, dass es während längerer Zeit schwierig wird, eine neue Stelle zu finden. Es stellt sich nun die Frage, ab welcher Zeitspanne eine unverschuldete Arbeitslosigkeit als dauerhafte Veränderung der wirtschaftlichen Verhältnisse zu einer Abänderung des ehelichen oder nachehelichen Ehegattenunterhalts berechtigt.

Nach der Rechtsprechung ist die Grenze für die dauernde Veränderung der Verhält- 10
nisse bei vier Monaten Arbeitslosigkeit anzusetzen. Diversen Entscheiden des Bundesgerichts lässt sich entnehmen, dass eine Arbeitslosigkeit von mehr als vier Monaten als

dauerhaft zu gelten habe und zwar sowohl für ein im Scheidungsverfahren wie auch für ein im Massnahmenverfahren ergangenes Urteil (BGer v. 8.11.2017, 5A_857/2016, E. 5.2; BGer v. 22.3.2016, 5A_972/2015, E. 5.2; BGer v. 1.4.2015, 5A_138/2015, E. 4.1.1; BGer v. 29.10.2010, 5A_352/2010, E. 4.3). Die Rechtsprechung geht auf das Urteil des BGer v. 9.3.2005, 5P.445/2004, E. 2.3.3 zurück, wo das Bundesgericht diese Zeitspanne als Regel mit einem einzigen Beleg (ZR 96/1997, Nr. 35, E. II.2b, S. 73) der «kantonalen Praxis» entnommen hat. Die Rechtsprechung stützt sich auf Bestimmungen im Arbeitslosenversicherungsgesetz (AVIG; Bundesgesetz über die obligatorische Arbeitslosenversicherung und die Insolvenzentschädigung, SR 837.0) und in der Arbeitslosenversicherungsverordnung (AVIV; Verordnung über die obligatorische Arbeitslosenversicherung und die Insolvenzentschädigung, SR 837.02). Zudem unterscheidet das Bundesgericht zwischen den Fallkonstellationen dauerhaft und von bestimmter Dauer, also unbefristet und befristet (BSK ZGB I-Gloor/Spycher, Art. 129 N 8 m.w.H.). Das mag für die eine Seite sachlich richtig erscheinen. Es kann nicht sein, dass eine unverschuldete und erhebliche Veränderung der Verhältnisse nur von einer Seite allein getragen werden muss.

11 Beim Kriterium der Dauerhaftigkeit ist nach ehelichem Unterhalt (Art. 163 ZGB) und nachehelichem Unterhalt (Art. 125 ZGB) zu unterscheiden. Mit Blick auf die üblicherweise lange Dauer beim **nachehelichen Unterhalt** erscheint eine Arbeitslosigkeit rein vom Wortlaut her grundsätzlich nicht als dauerhaft. Die Bezugsdauer ist nämlich immer auf wenige Monate befristet (Art. 27 AVIG). Auch die Kurzarbeit ist befristet (Art. 35 Abs. 1 AVIG). Erst auf die zeitlich befristete Arbeitslosigkeit folgt die dauerhafte Veränderung. Nach der Arbeitslosigkeit wird die Person entweder ausgesteuert oder sie findet wieder eine Stelle auf tieferem, gleichem oder höherem Lohnniveau. Das ist im Zeitpunkt der Arbeitslosigkeit selber in aller Regel schwer abzuschätzen. Es ist in dieser zeitlich befristeten Situation der Arbeitslosigkeit nicht möglich, das veränderte und nun dauerhaft massgebende Einkommen auf viele Jahre hinaus zu bestimmen oder auch nur abzuschätzen (vgl. etwa BGer v. 9.3.2005, 5P.445/2004, E. 2.2 ff.). Die Kurzarbeit ist u.U. von Monat zu Monat erheblichen Schwankungen unterworfen. Es erscheint nicht richtig, wenn in dieser vorübergehenden Situation der Unterhalt neu berechnet wird und sich später für den Unterhaltsgläubiger nicht mehr wieder heraufsetzen lässt (BSK ZGB I-Gloor/Spycher, Art. 129 N 7a). Sinn und Zweck des Kriteriums der Dauerhaftigkeit ist es, dass vorübergehende Schwankungen keinen Anlass zu neuem Rechtsstreit geben (BK-Bühler/Spühler, aArt. 153 N 53). Nach dem Willen des Gesetzgebers soll eine Arbeitslosigkeit beim nachehelichen Unterhalt keinen Abänderungsgrund darstellen. Das lässt sich ausdrücklich der Botschaft über die Änderung des Schweizerischen Zivilgesetzbuches (Personenstand, Eheschliessung, Scheidung, Kindesrecht, Verwandtenunterstützungspflicht, Heimstätten, Vormundschaft und Ehevermittlung) vom 15.11.1995 zu Art. 129 ZGB entnehmen. Danach soll «namentlich» das Risiko einer unvorhergesehenen Arbeitslosigkeit nicht einfach dem geschiedenen Ehegatten aufgebürdet werden, sondern sei durch die Sozialversicherungen abzudecken (BBl 1996 I, S. 121 oben). Das Bundesgericht hat sich in der oben erwähnten Rechtsprechung mit diesen Umständen und insbesondere mit den Materialien gar nicht auseinandergesetzt. Man wollte im Einzelfall sachlich richtig ent-

scheiden. Allerdings ist das im Ergebnis nicht mit dem Wortlaut und dem Normsinn von Art. 129 Abs. 1 ZGB vereinbar. Es widerspricht dem ausdrücklichen Willen des Gesetzgebers jedenfalls zum nachehelichen Unterhalt. Die Rechtsprechung ist deshalb nichts anderes als eine unzulässige Gesetzeskorrektur, was mit dem Legalitätsprinzip unvereinbar ist (Art. 190 BV).

Davon sind zwei Ausnahmen denkbar: 12

- Zunächst ist an die üblicherweise kurzen nachehelichen Überbrückungsrenten zu denken. Das Kriterium der Dauerhaftigkeit ist immer ins Verhältnis zu einer konkreten Zeitspanne zu setzen. Ist beispielsweise noch während vier Monaten eine Überbrückungsrente geschuldet, kann sich eine Arbeitslosigkeit je nach Branche und gesamtwirtschaftlicher Situation auf diese konkrete Zeitspanne betrachtet bereits vom Wortlaut her als dauerhaft erweisen. Die gesamtwirtschaftliche Situation ist in der Prognose zu berücksichtigen. Aktuell sieht diese je nach Branche sehr schlecht aus, was einbezogen werden muss.
- Sodann ist eine Ausnahme beim Eingriff ins Existenzminimum des Pflichtigen in Mangellagen angezeigt. Die Sozialversicherungen haben dieses Risiko nur ungenügend abgedeckt, zumal von der Arbeitslosenkasse höchstens 80% des Lohnes ausbezahlt werden (Art. 22 Abs. 1, Art. 34 Abs. 1 AVIG). Das kann im Bereich des Existenzminimums zu empfindlichen Eingriffen führen. Einkommenseinbussen im Bereich von 20% gelten als wesentliche Einbussen. Das Problem akzentuiert sich, wenn der Unterhaltsberechtigte zwischenzeitlich etwas mehr verdient, im Scheidungsurteil aber keine den gebührenden Unterhalt deckende Rente vereinbart werden konnte (Art. 129 Abs. 1 zweiter Satz ZGB). So ist es möglich, dass der Unterhaltsberechtigte möglicherweise sogar deutlich über dem Existenzminimum lebt, während auf der anderen Seite ins Existenzminimum eingegriffen wird. Das ist ein empfindlicher Eingriff, speziell bei unverschuldeter Arbeitslosigkeit in wirtschaftlich unsicheren Zeiten. Das Bundesgericht schützt seit 1995 das Existenzminimum des Unterhaltsschuldners, in welches nicht eingegriffen werden darf (vgl. BGE 121 I 97 E. 2 und 3). Eine Unterdeckung der Familie ist einseitig vom Unterhaltsgläubiger zu tragen, bei welchem üblicherweise die Kinder aufwachsen. Das wurde in der Lehre immer heftig kritisiert. Trotzdem lehnte es der Gesetzgeber 1998 ab, eine Mankoteilung einzuführen (vgl. BBl 2014 529, S. 544). Mit BGE 135 III 66 erwog das Bundesgericht die verschiedenen kritischen Lehrmeinungen dazu und spielte den Ball an den Gesetzgeber zurück, der gegebenenfalls unter Anpassung der betroffenen Gesetze bzw. Rechtsgebiete eine adäquate und kohärente Lösung für die anerkanntermassen unbefriedigende Situation zu schaffen habe (BGE 135 III 66 E. 10). Nachdem verschiedene Vorstösse dazu gescheitert sind, hat sich der Gesetzgeber nach langer Diskussion im Zuge der ursprünglich zur Einführung der Mankoteilung gedachten Gesetzesrevision des Unterhaltsrechts klar gegen die Einführung der Mankoteilung ausgesprochen (vgl. BBl 2014 529, S. 547). Man kann davon halten was man will: Das Existenzminimum des Schuldners wird nach der Rechtsprechung nun auch vom Gesetzgeber

geschützt. Dahingehend erscheint es widersprüchlich, wenn bei einer unverschuldeten Arbeitslosigkeit trotz Eingriff ins Existenzminimum keine Abänderung des nachehelichen Unterhalts möglich sein soll. Es ist deshalb davon auszugehen, dass der Gesetzgeber hier zeitlich später in der Botschaft zu einer Änderung des Schweizerischen Zivilgesetzbuches [Kindesunterhalt] vom 29.11.2013 eine Präzision zur Botschaft über die Änderung des Schweizerischen Zivilgesetzbuches vom 15.11.1995 vorgenommen hat. Entsprechend muss eine Abänderung des nachehelichen Unterhalts bei erheblicher Veränderung der Verhältnisse und daraus resultierendem Eingriff ins Existenzminimum möglich sein. In Bezug auf die Dauerhaftigkeit erscheint eine Karenzfrist von wenigen Monaten als sachgerecht. Diesbezüglich sind die konkreten Umstände des Einzelfalls zu berücksichtigen. Für die Zukunft sind je nach Prognose Abstufungen vorzunehmen.

13 Beim im Eheschutz- oder Massnahmenverfahren gesprochenen **ehelichen Unterhalt** nach Art. 163 ZGB ist die Situation eine andere. Gestützt auf Art. 179 Abs. 1 ZGB ist Art. 129 Abs. 1 sinngemäss anzuwenden. Vorsorgliche Massnahmen erwachsen nicht in volle materielle Rechtskraft (**a.A.** GÖKSU, AJP 2007, S.1171 f.). Es gilt deshalb hier im Gegensatz zum nachehelichen Unterhalt der Grundsatz der Abänderbarkeit (BSK ZGB I-ISENRING/KESSLER, Art. 179 N 1). Das ist zu berücksichtigen. Entsprechend sind an die Erheblichkeit und Dauerhaftigkeit der Veränderung im Eheschutz weniger strenge Massstäbe anzusetzen als bei der Abänderung von Scheidungsfolgen (KUKO ZGB-FANKHAUSER, Art. 179 N 4 m.w.H.). In diesen Verfahren gesprochener Unterhalt ist in aller Regel bis zur Rechtskraft des Scheidungsurteils geschuldet und hat damit eine zeitlich eng beschränkte Gültigkeit. Es handelt sich um eine vorsorgliche Massnahme, die gerade nicht auf Dauer ausgelegt ist. Der Zeithorizont beschränkt sich auf zwei Jahre (Art. 114 ZGB) zuzüglich der Prozessdauer. In einem Abänderungsverfahren ist man hier in aller Regel bereits weit fortgeschritten. Soll der eheliche Unterhalt im Massnahmenverfahren nach Art. 276 ZPO abgeändert werden, ist die Scheidung bereits rechtshängig. Entsprechend ist das Kriterium der Dauerhaftigkeit hier mit Blick auf den per se schon beschränkten Zeithorizont zu betrachten. Wird eine Person arbeitslos und ist es infolge der gesamtwirtschaftlichen Situation sehr wahrscheinlich, dass dieser Zustand bis weit ins Scheidungsverfahren anhält, so ist diese Arbeitslosigkeit mit Blick auf diesen Zeithorizont dauerhaft. Für eine so kurze Zeitspanne lässt sich auch eine viel bessere Prognose hinsichtlich des für die weitere Trennungszeit zu erwartenden Einkommens machen. Genau diese Prognose ist langfristig im Zeitpunkt der Erwerbslosigkeit schwierig. Hier muss dieses Einkommen aber nur für die nächsten Monate bestimmt werden, weshalb in der Regel auf den Erwerbsersatz abgestellt werden kann. In der Scheidung kann sodann je nach Entwicklung eine Korrektur vorgenommen werden, weil in der Scheidung der Unterhalt sowieso neu berechnet wird. Eine abstrakte Messlatte scheint nicht angezeigt, sondern es ist der konkrete Einzelfall zu berücksichtigen. Hinsichtlich des Kriteriums der Dauerhaftigkeit ist auch in den Eheschutz- und anderen Massnahmenverfahren nach Art. 276 ZPO die im konkreten Fall zu erwartende Dauer der erheb-

lichen Veränderung mit dem Zeithorizont der Unterhaltspflicht in diesem Einzelfall zu vergleichen und muss sich in diesem Verhältnis als dauerhaft erweisen.

IV. Kindesunterhalt

Auch zur Abänderung von Kindesunterhalt ist eine erhebliche Veränderung der Verhältnisse erforderlich (Art. 286 Abs. 2 ZGB), d.h. eine Veränderung von gewissem Umfang und gewisser Dauer, die nicht vorhersehbar war (SUMMERMATTER, FamPra.ch 1/2012, S. 54 m.w.H.; BSK ZGB I-FOUNTOULAKIS/BREITSCHMID, Art. 286 N 10 ff.; FamKomm Scheidung/AESCHLIMANN, Art 286 N 5). Insgesamt sind die Voraussetzungen zur Abänderung des Kindesunterhalts der Natur der Sache entsprechend im Gegensatz zu jenen zur Abänderung des Ehegattenunterhalts herabgesetzt. Nach dem Bundesgericht ist insbesondere die Vorhersehbarkeit nicht entscheidend (BGE 141 III 376 E. 3.3.1 m.w.H.). Zu berücksichtigen ist etwa auch, ob ein Umstand im ursprünglichen Urteil tatsächlich berücksichtigt wurde (BGE 131 III 189 E. 2.7.4). Das Kriterium der Dauerhaftigkeit ist im Gegensatz zur Erheblichkeit hier ausdrücklich nicht im Gesetzestext enthalten. Trotzdem wird das Kriterium seit jeher richtigerweise von der Rechtsprechung im Sinne eines Teilaspekts der Erheblichkeit als Kriterium beigezogen (statt vielen BGer v. 31. 1. 2020, 5A_230/2019, E. 6.1). Der Unterhaltsberechnung werden die Verhältnisse zugrunde gelegt, wie sie voraussichtlich längere Zeit gelten. Das gleiche muss auch für die Abänderung der Unterhaltsbeiträge gelten. Allerdings hat beim Kindesunterhalt schon der Gesetzgeber darauf hingewiesen, dass dies unbefriedigend sein kann (BBl 119 1, S. 161 f.). Entsprechend hat der von dieser Seite zur Dauerhaftigkeit der Arbeitslosigkeit gemachte Vorbehalt (vgl. oben) hier keine Gültigkeit. Selbst vorübergehende ausserordentliche Bedürfnisse des Kindes oder sogar einmalige ausserordentliche Kosten können über Art. 286 Abs. 3 ZGB Berücksichtigung finden. Insofern ist zugunsten des Kindes Art. 286 Abs. 3 ZGB anwendbar, wenn die Dauerhaftigkeit gemäss Abs. 2 der nämlichen Bestimmung fehlt. Auf der anderen Seite kann die Messlatte für die Dauerhaftigkeit der Veränderung unter Art. 286 Abs. 2 ZGB auch nicht hoch angesetzt werden. Eine Arbeitslosigkeit von vier Monaten oder sogar von drei Monaten Dauer (SUMMERMATTER, FamPra.ch 1/2012, S. 62) erscheint dahingehend als erheblich. 14

V. Verfahren

Für die Abänderung des Ehegattenunterhalts ist das Gericht zuständig (Art. 284 Abs. 3 i.V.m. Art. 290 ff. und Art. 198 lit. c ZPO). Die im Eheschutz- oder Massnahmenverfahren gesprochenen Unterhaltsbeiträge gelten grundsätzlich nur bis zur Rechtskraft des Scheidungsurteils. Sie können nur für die Zukunft ab Rechtskraft des Abänderungsurteils abgeändert werden (BSK ZGB I-ISENRING/KESSLER, Art. 179 N 8). Nachdem sich ein Gericht bereits einmal damit befasst hat, soll der Unterhaltsgläubiger wissen, womit für die laufenden Lebenshaltungskosten zu rechnen ist. Bei Scheidung kann dagegen bereits mit Wirkung ab Datum der Rechtshängigkeit der Klage abgeändert wer- 15 den. Ab Einleitung des Verfahrens muss sich der Gläubiger im Prinzip auf eine Herabsetzung einstellen und gegebenenfalls etwas zurücklegen (BSK ZGB I-Gloor/Spycher, Art. 129 N 24; BGE 117 II 368 f.; BGer v. 27.2.2013, 5A_760/2012, E. 6).

16 Beim Kindesunterhalt hängt der Rechtsweg vom Zivilstand der Eltern ab. Sind diese geschieden, ist direkt am Gericht zu klagen (Art. 284 Abs. 3 i.V.m. Art. 290 ff. und Art. 198 lit. c ZPO). Bei unverheirateten Eltern ist im Streitfall ein Schlichtungsgesuch einzureichen. Es sei denn, ein Elternteil sei zuvor an die Kindesschutzbehörde gelangt (Art. 198 lit. b^{bis} ZPO). Nach Lehre und Rechtsprechung kann beim Kindesunterhalt die Abänderung zugunsten des Kindes rückwirkend bis ein Jahr vor Klageeinreichung bzw. frühestens ab Eintritt der Veränderung berücksichtigt werden. Zulasten des Kindes ist die Abänderung frühestens ab Rechtshängigkeit möglich (Art. 279 Abs. 1, FamKomm Scheidung/Aeschlimann Art. 286 N 17 m.w.H.; **a.A.** Spycher/Hausheer, Handbuch des Unterhaltsrechts, S. 619 f. Rz 09.62).

§ 15 Prozessführung und Verfahrensrecht

Christian Oetiker

Inhaltsverzeichnis

Literaturverzeichnis

Brändli Beat, Kommunikation im Recht, Einsatz von Informations- und Kommunikationstechnologie im schweizerischen Zivilprozess, in: Haunreiter (Hrsg.), Kommunikation in Wirtschaft, Recht und Gesellschaft, Bern 2010, S. 239–260 (zit. Informations- und Kommunikationstechnologie); ders., Prozessökonomie im schweizerischen Recht, Grundlagen, bundesgerichtliche Rechtsprechung und Auswirkungen im schweizerischen Zivilprozess, Bern 2013 (zit. Prozessökonomie); Bundesamt für Justiz, Erläuterungen zur Verordnung über Massnahmen in der Justiz und im Verfahrensrecht im Zusammenhang mit dem Coronavirus (COVID-19-Verordnung Justiz und Verfahrensrecht) vom 16.4.2020 (zit. JVO-Erläuterungen); Gehri Myriam A., in: Karl Spühler/Luca Tenchio/Dominik Infanger (Hrsg.), Basler Kommentar, Schweizerische Zivilprozessordnung (ZPO), 3. Aufl., Basel 2017 (zit. BSK ZPO-Gehri); Gschwend Julia, in: Karl Spühler/Luca Tenchio/Dominik Infanger (Hrsg.), Basler Kommentar, Schweizerische Zivilprozessordnung (ZPO), 3. Aufl., Basel 2017 (zit. BSK ZPO-Gschwend); Guidon Patrick, Covid-19: Entwicklung und Einschätzung der Massnahmen im Justizbereich, Anwaltsrevue 2020, S. 199; Guyan Peter, in: Karl Spühler/Luca Tenchio/Dominik Infanger (Hrsg.), Basler Kommentar, Schweizerische Zivilprozessordnung (ZPO), 3. Aufl., Basel 2017 (zit BSK ZPO-Guyan); Hasenböhler Franz, in: Thomas Sutter-Somm/Franz Hasenböhler/Christoph Leuenberger (Hrsg.), Kommentar zur Schweizerischen Zivilprozessordnung (ZPO), 3. Aufl., Zürich/Basel/Genf 2016; Huber Lukas, in: Alexander Brunner/Dominik Gasser/Ivo Schwander (Hrsg.), ZPO Schweizerische Zivilprozessordnung, Kommentar, 2. Aufl., Zürich/St. Gallen 2016; Huwiler Simon/Weber Jonas, Corona-Pandemie: Dringliche strafprozessuale Fragen in Haftfällen, in: Jusletter 18. Mai 2020; Kettiger Daniel, Gerichtsverhandlungen, Anhörungen und Einvernahmen mittels Videokonferenz, Kritische Anmerkungen zur COVID-19-Verordnung Justiz und Verfahrensrecht, in: Jusletter 4. Mai 2020; Killias Laurent, in: Heinz Hausheer/Hans Peter Walter (Hrsg.), Berner Kommentar, ZPO, Band I: Art. 1–149 ZPO, Band II: Art. 150–352 ZPO und Art. 400–406 ZPO, Schweizerische Zivilprozessordnung, Bern 2012; Kriech Markus, in: Alexander Brunner/Dominik Gasser/Ivo Schwander (Hrsg.), ZPO Schweizerische Zivilprozessordnung, Kommentar, 2. Aufl., Zürich/St. Gallen 2016; Lenzin Andrea, Covid-19: Justiz im Notstand (?), Anwaltsrevue 2020, S. 202; Leuenberger Christoph, in: Thomas Sutter-Somm/Franz Hasenböhler/Christoph Leuenberger (Hrsg.), Kommentar zur Schweizerischen Zivilprozessordnung (ZPO), 3. Aufl., Zürich/Basel/Genf 2016; Müller Heinrich Andreas, in: Alexander Brunner/Dominik Gasser/Ivo Schwander (Hrsg.), ZPO Schweizerische Zivilprozessordnung, Kommentar, 2. Aufl., Zürich/St. Gallen 2016; Naegeli Georg/Mayhall Nadine, in: Paul Oberhammer/Tanja Domej/Ulrich Haas (Hrsg.), Kurzkommentar Schweizerische Zivilprozessordnung, 2. Aufl., Basel 2014; Pahud Eric, in: Alexander Brunner/Dominik Gasser/Ivo Schwander (Hrsg.), ZPO Schweizerische Zivilprozessordnung, Kommentar, 2. Aufl., Zürich/St. Gallen 2016; Rüetschi Sven, in: Heinz Hausheer/Hans Peter Walter (Hrsg.), Berner Kommentar, ZPO, Band I: Art. 1–149 ZPO, Band II: Art. 150–352 ZPO und Art. 400–406 ZPO, Schweizerische Zivilprozessordnung, Bern 2012; Schwander Ivo, Bundesgericht, I. zivilrechtliche Abteilung, Urteil vom 16. April 2019, BGer 4A_587/2018, ZZZ 2019, S. 261 ff.; Staehelin Daniel, in: Thomas Sutter-Somm/Franz Hasenböhler/Christoph Leuenberger (Hrsg.), Kommentar zur Schweizerischen Zivilprozessordnung (ZPO), 3. Aufl., Zürich/Basel/Genf 2016; Steck Daniel/Brunner Norbert, in: Karl Spühler/Luca Tenchio/Dominik Infanger, Basler Kommentar, Schweizerische Zivilprozessordnung (ZPO), 3. Aufl., Basel, 2017 (zit. BSK ZPO-Steck/Brunner); Weibel Thomas/Walz Claudia, in: Thomas Sutter-Somm/Franz Hasenböhler/Christoph Leuenberger (Hrsg.), Kommentar zur Schweizerischen Zivilprozessordnung (ZPO), 3. Aufl., Zürich/Basel/Genf 2016; WILLISEGGER DANIEL, in: Karl Spühler/Luca Tenchio/Dominik Infanger, Basler Kommentar, Schweizerische Zivilprozessordnung (ZPO), 3. Aufl., Basel 2017 (zit. BSK ZPO-WILLISEGGER).

Materialienverzeichnis

Botschaft zur Änderung der Schweizerischen Zivilprozessordnung (Verbesserung der Praxistauglichkeit und der Rechtsdurchsetzung) vom 26.2.2020, BBl 2020 2697 ff. (zit. Botschaft ZPO-Revision); Verordnung über den Stillstand der Fristen in Zivil- und Verwaltungsverfahren zur Aufrechterhaltung der Justiz im Zusammenhang mit dem Coronavirus (COVID-19) vom 20.3.2020, SR 173.110.4, AS 2020 849; Verordnung über die elektronische Übermittlung im Rahmen von Zivil- und Strafprozessen sowie von Schuldbetreibungs- und Konkursverfahren (VeÜ-ZSSV) vom 18.6.2010, SR 272.1; Verordnung über Massnahmen in der Justiz und im Verfahrensrecht im Zusammenhang mit dem Coronavirus (COVID-19-Verordnung Justiz und Verfahrensrecht) vom 16.4.2020 (Stand am 20.4.2020), SR 272.81; Verordnung über Massnahmen zur Bekämpfung des Coronavirus (COVID-19) vom 28.2.2020, SR 818.101.24, AS 2020 573 (aufgehoben); Verordnung 2 über Massnahmen zur Bekämpfung des Coronavirus (COVID-19) (COVID-19-Verordnung 2) vom 13.3.2020, SR 818.101.24.

I. Einleitung

Der vorliegende Beitrag widmet sich der Prozessführung und dem Verfahrensrecht. Dabei gilt das Hauptaugenmerk den Zivilverfahren. Es wird dargestellt, welche Auswirkungen die allgemeinen Massnahmen zum Schutz vor COVID-19 und die spezifisch im Bereich des Verfahrensrechts erlassenen Massnahmen gezeitigt haben (und teilweise weiterhin zeitigen). Gewisse Aspekte werden dabei vertieft betrachtet und auch aus juristischer Sicht analysiert. Insgesamt steht jedoch eine praktische und praxisrelevante Betrachtung der bisherigen Erfahrungen aus der Corona-Krise im Vordergrund. Dazu kann an verschiedenen Stellen auf praktische Erfahrungen aus der Schiedsgerichtsbarkeit zurückgegriffen werden. 1

Eine vertiefte Auseinandersetzung erfolgt mit der Verordnung über Massnahmen in der Justiz und im Verfahrensrecht im Zusammenhang mit dem Coronavirus (COVID-19-Verordnung Justiz und Verfahrensrecht) vom 16.4.2020 («JVO»). Einerseits werden die gemäss der JVO geltenden Massnahmen behandelt. Andererseits wird das Augenmerk in der Hoffnung, dass die Massnahmen aufgrund der sich verbessernden Gesamtlage nicht über den 30.9.2020 hinaus verlängert werden müssen, darauf gerichtet, ob die bisher ergriffenen Massnahmen funktionieren und was wir daraus für die Zukunft lernen können. Daraus ergeben sich punktuell Vorschläge für eine Fortentwicklung der ZPO. 2

II. Der Lockdown der Schweizer Justiz – Wie kam es dazu?

Ende Februar 2020 hatte das Coronavirus auch die Schweiz erreicht. Der Bundesrat erliess am 28.2.2020 eine erste Verordnung über Massnahmen zur Bekämpfung des Coronavirus (COVID-19) mit Geltung bis zum 15.3.2020. Als Folge des darin verfügten Verbots öffentlicher oder privater Veranstaltungen, bei denen sich gleichzeitig mehr als 3

1000 Personen aufhalten (Art. 2), untersagte etwa die Basler Regierung die Basler Fasnacht (2.–4.3.2020).

4 Nachdem sich die Zahl der Infektionen in der Schweiz trotz dieser ersten Massnahmen laufend erhöhte, erliess der Bundesrat am 13.3.2020 die Verordnung 2 über Massnahmen zur Bekämpfung des Coronavirus (COVID-19) (COVID-19-Verordnung 2). Diese repräsentiert den Beginn des eigentlichen Lockdowns in der Schweiz. Die COVID-19-Verordnung 2 wurde seither laufend angepasst, zeitweise täglich. Mit Wirkung ab dem 16.3.2020 verbot der Bundesrat Präsenzveranstaltungen in Schulen, Hochschulen und übrigen Ausbildungsstätten (Art. 5 Abs. 1 COVID-19-Verordnung 2, Stand 16.3.2020). Zudem wurden in diesem Zeitpunkt Veranstaltungen mit mehr als 100 Personen untersagt (Art. 6 Abs. 1 COVID-19-Verordnung 2, Stand 16.3.2020). Veranstaltungen mit weniger als 100 Personen durften nur noch unter Einhaltung der Hygieneregeln durchgeführt werden, wobei die Notwendigkeit der Anpassung der räumlichen Verhältnisse ausdrücklich erwähnt wurde (Art. 6 Abs. 2 COVID-19-Verordnung 2, Stand 16.3.2020).

5 Am selben Tag begannen die Gerichte, auf die erweiterten allgemeinen Verbote zu reagieren. So teilten die Zürcher Gerichte am 16.3.2020 mit, dass Verhandlungen vorerst bis zum 26.4.2020 ausgesetzt würden. Weitere Gerichte taten dasselbe. Z.B. ordneten die Gerichte der Kantone Basel-Stadt und Basel-Landschaft an, dass der Parteiverhandlungsbetrieb bis mindestens 30.4.2020 eingestellt werde. Urteilsberatungen fanden in dieser Zeit nur noch in reduziertem Umfang statt. Die Gerichtsgebäude wurden für Parteien und Publikum geschlossen.

6 Am 19.3.2020 teilte das Bundesgericht mit, dass es den Betrieb vorerst mit einem reduzierten Mitarbeiterstab auf prioritäre Aufgaben ausrichtete. Für die vom Bundesgericht in seinen laufenden Verfahren angesetzten Fristen beschloss das Gericht einen Stillstand vom 19.3.2020 zunächst bis zum 19.4.2020. Die gesetzlichen Fristen waren davon nicht betroffen, da die Gerichte diese nicht erstrecken können.

7 Bereits einen Tag später reagierte der Bundesrat mit der Verordnung über den Stillstand der Fristen in Zivil- und Verwaltungsverfahren zur Aufrechterhaltung der Justiz im Zusammenhang mit dem Coronavirus (COVID-19) vom 20.3.2020. Darin verordnete er einen Fristenstillstand, der nun auch die gesetzlichen Fristen umfasste. Für jene gesetzlichen oder von den Behörden oder Gerichten angeordneten Fristen, die nach dem anwendbaren Verfahrensrecht des Bundes oder der Kantone über die Ostertage stillstehen, setzte der Bundesrat den Fristenstillstand bereits am 21.3.2020 in Kraft und verlängerte diesen bis zum 19.4.2020. Die Wirkungen des Fristenstillstands richteten sich weiterhin nach dem anwendbaren Verfahrensrecht.

8 Damit war der Gerichtsbetrieb – jedenfalls im Bereich der ordentlichen Zivil- und Verwaltungsverfahren – im Wesentlichen eingestellt. Parteiverhandlungen fanden keine statt, Urteilsberatungen nur in beschränktem Umfang. Die laufenden Fristen standen still.

9 Ein funktionierendes, nicht stillstehendes Justizsystem ist systemrelevant.[1] Am 16.4.2020 entschied der Bundesrat ein erstes Mal, die allgemeinen Massnahmen zum

1 Bundesamt für Justiz, JVO-Erläuterungen, S. 2; Kettiger, Rz 2; Lenzin, 202 f.; Guidon, 200 f.

Schutz vor COVID-19 schrittweise zu lockern, und zwar ab dem 27.4.2020. Im gleichen Zeitpunkt beschloss der Bundesrat, den damals noch geltenden Fristenstillstand in Zivil- und Verwaltungsverfahren nicht weiter zu verlängern. Stattdessen erliess er die JVO.

Mit Einschränkungen nahmen in der Folge die Gerichte den Verhandlungsbetrieb langsam wieder auf, etwa die Zürcher Gerichte am 27.4.2020, die basel-städtischen Gerichte am 4.5.2020 – unter strikter Einhaltung der Hygiene-Massnahmen gemäss den BAG-Vorgaben und somit mit wesentlichen Einschränkungen. 10

Inzwischen hat der Bundesrat weitere wesentliche Lockerungen der allgemeinen Massnahmen zum Schutz vor COVID-19 vorgenommen. Dies bedeutet, dass die Gerichte ihren Betrieb wieder in einer Art aufgenommen haben, der dem Normalbetrieb zumindest nahekommt. 11

III. Zivilverfahren

1. Die COVID-19-Verordnung Justiz und Verfahrensrecht («JVO»)

Im Rahmen der JVO traf der Bundesrat für die Zeit der Corona-Krise punktuelle Anpassungen am geltenden Recht, welche die Funktionsfähigkeit der Justiz nach dem 19.4.2020 gewährleisten beziehungsweise verbessern sollen. Die JVO ist vorerst bis zum 30.9.2020 in Kraft. Gemäss JVO gilt für sämtliche Gerichte und anderen Behörden und damit in allen Zivil-, Straf- und Verwaltungsverfahren, dass laufende Verfahren nach Massgabe des anwendbaren Verfahrensrechts weitergeführt und insbesondere auch Verhandlungen und Einvernahmen durchgeführt werden sollen.[2] Dabei sind bei allen Verfahrenshandlungen die Empfehlungen des Bundesamtes für Gesundheit betreffend Hygiene und soziale Distanz einzuhalten (Art. 1 JVO). Zudem regelt die Verordnung für Zivilverfahren, in denen Verhandlungen nicht durchgeführt werden können, den Einsatz von Video- und Telefonkonferenz-Lösungen sowie den ausnahmsweisen Verzicht auf eine Verhandlung (Art. 2 bis 6 JVO). Mit diesen Regelungen befasst sich dieses Kapitel. 12

2. Fristen

Die laufenden Fristen waren angesichts des Mitte März 2020 verordneten Lockdowns für die Parteien, Anwälte und Gerichte neben den angesetzten Verhandlungen das dringendste Problem. Die Gerichte und der Bundesrat gingen das Problem schnell an (Rz 7). Mittlerweile hat sich dieses entschärft. Dennoch lohnt sich eine kurze Analyse, was passierte, was funktionierte und was man für die Zukunft lernen kann. 13

Die allgemeinen COVID-19-Massnahmen und das damit verbundene Homeoffice stellte (auch) die Funktionsfähigkeit von Anwaltskanzleien auf die Probe.[3] Vielen gelang es, die volle Funktionsfähigkeit relativ schnell wiederherzustellen oder sogar aufrecht zu 14

2 Medienmitteilung des Bundesrates «Bundesrat lockert schrittweise Massnahmen zum Schutz vor dem neuen Coronavirus» vom 16.4.2020.

3 Lenzin, S. 203; Guidon, S. 199.

erhalten. Das galt insbesondere für jene Kanzleien, die einen grossen Teil der Korrespondenz und Kommunikation elektronisch erledigen, ihre Akten soweit zulässig elektronisch führen und den Mitarbeitern von ausserhalb des Büros Zugriff auf ihre Systeme gewähren. Andere Kanzleien sahen sich mit grossen Einschränkungen konfrontiert[4], etwa jene, bei denen der persönliche Kontakt zu Klienten häufig und wichtig ist.

15 Die Einschränkungen als Folge der COVID-19-Massnahmen führten schon bald zur Einsicht, dass viele Anwälte laufende Fristen nicht oder nicht mit der notwendigen Sorgfalt würden wahren können. Nach der persönlichen Erfahrung führten die COVID-19-Massnahmen jedenfalls in den ersten Wochen auch bei technisch gut gerüsteten Anwälten zu einem Effizienzverlust von ca. 25%. Es bestand also eine objektive Notwendigkeit, allgemein etwas zu unternehmen.

16 Ein erstes Problem ergab sich daraus, dass die Gerichte zwar die gerichtlichen – im Sinne von vom Gericht angesetzten – Fristen, nicht aber die gesetzlichen Fristen verlängern können (siehe z.B. Art. 144 ZPO). Die Gerichte konnten dem Problem folglich nicht alleine Herr werden. Auf die Möglichkeit der Notfrist (z.B. Art. 148 ZPO) wollten die Parteien verständlicherweise nicht vertrauen. Aufgrund dessen erliess der Bundesrat am 20. März 2020 die Verordnung über den Stillstand der Fristen in Zivil- und Verwaltungsverfahren zur Aufrechterhaltung der Justiz im Zusammenhang mit dem Coronavirus (COVID-19). Dabei ordnete er einzig eine Verlängerung des ohnehin geltenden Fristenstillstands über Ostern bis zum 19.4.2020 an (Art. 145 Abs. 1 lit. a ZPO; Rz 7).[5] Dies bewirkte, dass jene Fristen, die auf einen Tag während des Fristenstillstands fielen, erst am 20.4.2020 abliefen.[6]

17 Das Problem an dieser vermeintlich bestechend einfachen Lösung: Das Schlichtungsverfahren und insbesondere die Summarverfahren wurden nicht erfasst, da sie keinen Fristenstillstand kennen (Art. 145 Abs. 2 ZPO). Zwar gab es sicherlich Summarverfahren, die keinen Aufschub duldeten. Umgekehrt dürften gerade die in der Regel kurzen Fristen in Summarverfahren verschiedentlich zu Problemen geführt haben. Immerhin ist anzumerken, dass die ZPO im Bereich der Summarverfahren keine gesetzlichen Fristen vorsieht, sodass die Gerichte im Einzelfall reagieren und Fristerstreckungen gewähren konnten. Dass das Schlichtungsverfahren vom Fristenstillstand wegen COVID-19 ausgenommen wurde, erscheint ebenfalls nicht zwingend, zumal die Verfahrenseinleitung ja auch bei Anwendbarkeit des Fristenstillstands möglich gewesen wäre. Insgesamt wäre ein allgemeiner Fristenstillstand mit der Kompetenz der Gerichte, im Einzelfall soweit notwendig dennoch Fristen ansetzen zu können, sachgerechter gewesen.

18 Als hinderlich erwiesen hat sich das Verbot, gesetzliche Fristen zu verlängern (Art. 144 Abs. 1 ZPO). Es machte die Verordnung eines zusätzlichen Fristenstillstands erst notwendig. Auch im Normalzustand sind die unabänderlichen gesetzlichen Fristen

4 Lenzin, S. 203.

5 Lenzin, S. 204; Guidon, S. 200.

6 BGer v. 5.5.2020, 5D_79/2020, E. 3.

in der Praxis teilweise unangemessen. So beträgt die Berufungsfrist fix 30 Tage, unabhängig von der Komplexität des Verfahrensgegenstands und vom Umfang des Prozessstoffs. Diese fixen Fristen können bei grösseren Fällen dazu führen, dass die Berufungsschrift (mit entsprechenden Kostenfolgen) bereits ganz oder zu guten Teilen geschrieben ist (und sein muss), wenn der Klient sich entscheidet, ob er überhaupt Berufung einlegen will. Es wäre deshalb angezeigt, im Rahmen einer nächsten ZPO-Revision den Gerichten die Kompetenz zu geben, auch bei gesetzlichen Fristen (einschliesslich der Rechtsmittelfristen) von Amtes wegen längere Fristen anzusetzen oder, wenn dies sachgerecht erscheint, bei Vorliegen ausserordentlicher Gründe gesetzliche Fristen auf Antrag zu verlängern. Die Effizienz unseres Rechtssystems würde darunter nicht leiden.

3. Eingaben

a) In Papierform

Die Corona-Krise hat gezeigt, dass es in der Praxis letztlich unmöglich ist, Eingaben in Papierform im Homeoffice auszufertigen und von dort aus einzureichen. Dies gilt insbesondere für längere Eingaben und solche mit vielen Beilagen. Vielleicht klappt es im Einzelfall. Sicher aber nicht als Standard. 19

In der Kanzlei des Autors waren während der ganzen Zeit im Prozessteam mindestens ein Anwalt und zwei Assistenten physisch im Büro anwesend. Sie nahmen die Post entgegen und verteilten diese in gescannter Form elektronisch. Zudem fertigten sie Eingaben und Korrespondenz für das ganze Team aus. Der anwesende Anwalt unterzeichnete in Vertretung. Dieses Konzept funktionierte recht gut. Allerdings gilt es zu beachten, dass es im Unterschied zur Schweiz in zahlreichen anderen Ländern schlicht verboten war, aus dem Haus zu gehen. Eine physische Präsenz im Büro wäre also nicht möglich gewesen. 20

b) Elektronisch

Die Zeiten, in der wir unsere Eingaben «in Stein gemeisselt» bei den Gerichten einreichen, sollten definitiv vorbei sein. Die Schweiz muss in diesem Bereich dringend einen Schritt vorwärts machen – nicht auf dem Papier, sondern mit einem praxistauglichen Ansatz. Die offensichtliche Alternative ist der elektronische Rechtsverkehr. 21

Leider muss man konstatieren, dass die Schweiz bei den elektronischen Gerichtseingaben die Entwicklung verpasst hat. Im April 2020, also während des Höhepunkts der COVID-19-Krise in der Schweiz, hat der Autor in einem Schiedsverfahren drei relativ umfangreiche Eingaben samt schriftlichen Zeugenaussagen und Rechtsgutachten problemlos elektronisch eingereicht. In einem Verfahren vor den staatlichen Gerichten hätten solche Eingaben in der gleichen Zeit eine grosse – wenn nicht sogar unüberwindbare – Hürde dargestellt. 22

Die ZPO sieht den elektronischen Rechtsverkehr ja bereits vor. Alleine wird dieser in der Praxis kaum benutzt. Es stellt sich deshalb die Frage, warum der elektronische 23

Rechtsverkehr in der Schweiz trotz vorhandener Regelung nicht funktioniert. Es gibt mehrere Gründe dafür.

24 Der Hauptgrund liegt nach Ansicht des Autors darin, dass der Gesetzgeber die Regeln für die Einreichung von Eingaben in Papierform einfach auf «elektronisch» übersetzt hat:[7]

- Eingaben in Papierform müssen (im Original) unterzeichnet sein, elektronische Eingaben benötigen eine qualifizierte elektronische Signatur (Art. 130 ZPO). Dabei erfasst das Erfordernis der elektronischen Signatur die ganze Sendung, die übermittelt wird, also auch die Beilagen.[8] Das Erfordernis geht mithin weiter als bei Eingaben in Papierform, bei denen die Beilagen nicht unterzeichnet werden müssen.
- Die Übermittlung erfolgt bei Eingaben in Papierform per Brief oder Paket, bei elektronischen Eingaben mittels sicherem E-Mailsystem[9] (Art. 4 VeÜ-ZSSV).
- Bei Eingaben in Papierform ist die Frist mit der Übergabe an das Gericht oder die Schweizer Post eingehalten, bei elektronischen Eingaben mit Erhalt der (elektronischen) Quittung (sozusagen der «Poststempel»; Art. 143 ZPO). Dabei gilt bei elektronischen Eingaben im Unterschied zu den Eingaben in Papierform nicht etwa das Expeditionsprinzip (Art. 143 Abs. 1 ZPO), sondern erschwerend das Empfangsprinzip (Art. 143 Abs. 2 ZPO).[10] Dies führt dazu, dass das Risiko der korrekten und zeitgerechten Übermittlung der Partei auferlegt wird (Rz 31).

25 Bereits diese drei Punkte zeigen die Schwächen des Systems auf:

- Ist es wirklich notwendig, dass eine Rechtsschrift im Original unterzeichnet oder mit einer elektronischen Signatur versehen wird? Reicht es nicht aus, wenn sich der Autor hinreichend identifiziert? In Schiedsverfahren ist die Übersendung einer PDF-Version einer Eingabe mit Unterschrift (letztlich eine Kopie) völlig ausreichend. Im Normalfall wären auch nicht unterzeichnete Eingaben genügend. In 99,99% aller Fälle werden keine relevanten Zweifel betreffend Autorenschaft einer Eingabe bestehen.
- Muss eine elektronische Eingabe wirklich per sicherem E-Mail gesendet werden, oder wäre es nicht einfacher, entweder eine Plattform zur Verfügung zu stellen, auf welche die Rechtsschriften und die Beilagen in einen geschützten Bereich hochgeladen werden können, oder die Übermittlung per einfacher E-Mail zu erlauben? Systeme mit Plattformen, auf welche Eingaben hochzuladen sind, existieren bereits (z.B. in Österreich). In der Schiedsgerichtsbarkeit werden sie immer mehr zum Standard. Dort funktioniert auch die Übermittlung per einfaches E-Mail bestens.

7 Siehe zur Regelung: Brändli, Prozessökonomie, Rz 408 ff.; ders., Informations- und Kommunikationstechnologie, S. 245 ff.

8 Brändli, Informations- und Kommunikationstechnologie, S. 251; ders., Prozessökonomie, Rz 421.

9 Brändli, Informations- und Kommunikationstechnologie, S. 247; ders., Prozessökonomie, Rz 414.

10 Brändli, Informations- und Kommunikationstechnologie, S. 246; ders., Prozessökonomie, Rz 411.

- Ist es wirklich erforderlich, die erfolgreiche Übermittlung der elektronischen Eingabe innert Frist und zusätzlich einen elektronischen «Poststempel» zu verlangen? Würde es nicht ausreichen, ein System aufzusetzen, bei dem die Parteien das Übermittlungsrisiko nicht zu tragen haben?

Österreich bezeichnet sich selbst wohl zu Recht als weltweit führend beim elektronischen Rechtsverkehr.[11] Es fragt sich, warum die Schweiz hier mühsam ein eigenes System für Gerichtseingaben entwickelt, anstatt bei unseren Nachbarn ein seit Jahren funktionierendes System einzukaufen. 26

Wenn man – in gut schweizerischer Tradition – lieber ein eigenes System entwickeln möchte, sollte man sich auf das Wesentliche konzentrieren. Letztlich basiert das Schweizer System einzig auf der Vorgabe, dass eine Eingabe innert Frist fertiggestellt werden muss, danach nicht mehr verändert werden kann und die zeitgerechte Übermittlung an das Gericht gewährleistet ist. Dies wird dadurch sichergestellt, dass man die Eingabe der Schweizer Post übergeben muss. Es genügt, wenn man eine Eingabe um 23.59 Uhr mit einer Bestätigung von Zeugen in einen Briefkasten der Schweizer Post wirft. Die Schweizer Post gewährleistet, dass die Eingabe dann innert nützlicher Frist beim Gericht ankommt. Dabei ist nicht relevant, wie lange die Übermittlung dauert. Insbesondere müssen Eingaben in Papierform nicht innert Frist beim Gericht eintreffen. Bei grösseren Eingaben ist es sogar regelmässig so, dass diese mehrere Tage unterwegs sind, weil Pakete am Nachmittag nur noch per B-Post aufgegeben werden können. 27

Wenn es aber einzig darauf ankommt, dass die Eingabe innert Frist fertiggestellt ist, nicht aber, wann sie beim Gericht ankommt, so wäre eine relativ einfache Software ausreichend, mit der Eingaben und die dazugehörigen Beilagen mit Datumsstempel so verschlüsselt werden können, dass sie nicht mehr veränderbar sind. Mit dieser Verschlüsselung wäre die Frist gewahrt. Danach könnte die elektronische Übermittlung zeitnah, aber ohne Zeitdruck – sozusagen mittels B-Post – erfolgen. Wichtig wäre, dass das Gericht den Eingang bestätigt. Diese Bestätigung braucht aber ebenfalls nicht innert Frist zu erfolgen. So könnte der Anwalt die verschlüsselte Eingabe ohne Fristendruck übermitteln. Das Gericht könnte den Eingang entweder am gleichen oder am nächsten Arbeitstag bestätigen. Bei einer nicht erfolgreichen Übermittlung – was in der Praxis ja manchmal vorkommt – könnten die verschlüsselten Daten einfach erneut übermittelt werden. Eine Änderung der innert Frist verschlüsselten Eingabe wäre ja nicht mehr möglich. 28

Ein solches System wäre auch mit einer Plattform, auf welche die Eingaben hochgeladen werden müssen, kombinierbar. Wegen der Datenmengenbeschränkung bei E-Mails wäre ein solches System sogar zu bevorzugen. Die Verschlüsselung müsste innert Frist erfolgen. Das Hochladen müsste zeitnah danach geschehen, aber nicht notwendigerweise vor Fristablauf. Die Bestätigung würde nach erfolgreichem Hochladen erfolgen, wäre für die Fristwahrung aber ebenfalls nicht notwendig. 29

---

11 Brändli, Prozessökonomie, Rz 405 f.; ders., Informations- und Kommunikationstechnologie, S. 243.

30 Als noch viel einfachere Alternative, die keinerlei technische Massnahmen voraussetzt, könnten Eingaben mittels einfacher E-Mail übermittelt werden, gleich wie dies bei Schiedsgerichten geschieht. Die Einreichung müsste innert Frist erfolgen, wobei der Zeitpunkt der Versendung massgeblich wäre. Das Gericht würde am nächsten Arbeitstag den Eingang mittels E-Mail bestätigen.

31 Aus dem Gesagten folgt: es wäre nicht so schwierig. Entscheidend ist, dass der verfolgte Ansatz praxistauglich ist und den Nutzern des elektronischen Rechtsverkehrs nicht zusätzliche Risiken aufbürdet. Letzteres ist bei der heutigen Lösung wegen des Empfangsprinzips gemäss Art. 143 Abs. 2 ZPO der Fall. In diesem Sinn wäre es auch notwendig, dass die Gerichte nicht unnötig formalistisch sind, sondern bei Problemen etwas Flexibilität und Nachsicht zeigen. Letztlich ist nicht entscheidrelevant, ob eine Eingabe um 23.30 Uhr oder am nächsten Tag um 00.30 Uhr übermittelt wird. Niemand wird sie in dieser Zeit lesen (wollen). Das Appellationsgericht Basel-Stadt hat diesen Ansatz in einem Entscheid zu einer elektronischen Eingabe leider nicht beherzigt und der Sache – jedenfalls in der Region Basel – letztlich einen Bärendienst erwiesen:[12]

> «Die Bestätigung der Zustellplattform des Zivilgerichts erfolgte am 25.10.2014 um 00.01 Uhr und 11 Sekunden [...] und somit nach Ablauf der peremptorischen Frist. Zudem ist als Datum des Empfangs bei der Zustellplattform des Zivilgerichts der 25.10.2014 um 00.01 und 10 Sekunden angegeben, auch dies ein Zeitpunkt nach dem Fristablauf. Das Dispatch Date, angegeben mit 24.10.2014 um 23.59 Uhr und 52 Sekunden, ist als Versanddatum nicht entscheidend. Die Rechtsschrift wurde somit verspätet eingereicht. Dass es sich bei der Verspätung nur um wenige Minuten bzw. Sekunden handelt, spielt keine Rolle. Sinn und Zweck der Fristen ist gerade, im Sinne der Rechtssicherheit eine klare und eindeutige Grenzlinie für die zeitliche Zulässigkeit von Eingaben zu ziehen. Für ein Ermessen ist an dieser Stelle kein Platz. Der instruierende Zivilgerichtspräsident hat daher die Duplik und Widerklagereplik im Einklang mit Art. 143 Abs. 2 ZPO als verspätet aus dem Recht gewiesen und den Schriftenwechsel geschlossen. Die Beschwerde ist daher abzuweisen.»

32 Die Corona-Krise hat vor Augen geführt, dass sich die Schweiz im Bereich des elektronischen Rechtsverkehrs bewegen und diesen endlich in praxistauglicher Form einführen muss. Das Zielführendste wäre wohl, wenn die Verantwortlichen, nachdem die Grenzen wieder offen sind, eine Reise nach Österreich unternehmen würden.

4. Verhandlungen

a) Sinn und Zweck von Verhandlungen

33 Gemäss ZPO dient die Hauptverhandlung den ersten Parteivorträgen samt Replik und Duplik (Art. 228 ZPO) einschliesslich dem Vorbringen allfälliger Noven, soweit solche unter den Voraussetzungen von Art. 229 ZPO zulässig sind, der Beweisabnahme (Art. 231 ZPO) – hauptsächlich der Befragung von Zeugen sowie allfälliger Gutachter – und den Schlussvorträgen (Art. 232 ZPO), d.h. den eigentlichen Plädoyers samt der Stellungnahme zum Beweisergebnis. Verhandlungen dienen auch dazu, die Öffentlichkeit des Verfahrens sicherzustellen. Aus Art. 6 EMRK ergibt sich dementsprechend das Recht

12 AppGer BS v. 6.2.2015, BJM 2015 272, 274 E. 2.1.

auf eine öffentliche Verhandlung, wenn eine Partei eine solche klar und unmissverständlich verlangt[13], ausser der Antrag erscheint als schikanös oder lässt auf eine Verzögerungstaktik schliessen, sodass er dem Grundsatz der Einfachheit und Raschheit des Verfahrens zuwiderläuft oder sogar rechtsmissbräuchlich ist.[14]

Neben diesem prozessualen Zweck erfüllt die Hauptverhandlung auch eine eher psychologische Funktion. Das Recht der Parteien auf *«your day in court»*. Auch in zivilrechtlichen Verfahren darf die menschliche Komponente nicht unterschätzt werden. Das Gericht besteht aus Menschen. Wer vor Gericht steht, will in der Regel wissen, wer über seinen Fall urteilt. Die Justiz braucht ein Gesicht. Dieses Gesicht erhält die Justiz bei Verhandlungen. 34

Dem Gericht wiederum gibt die Hauptverhandlung die Gelegenheit, einen persönlichen Eindruck der Parteien zu erhalten. Vor Gericht erscheinen letztlich immer Menschen. Dies gilt auch dann, wenn es sich bei den Parteien um grosse Unternehmen handelt. Auch deren Sache wird immer von Menschen vertreten. Zur Klarstellung: Die Gerichte sollen und dürfen selbstredend nicht aufgrund ihres persönlichen Eindrucks der Parteien urteilen, sondern müssen Recht sprechen. Wenn man die Parteien persönlich kennenlernt, lassen sich aber manche Dinge, die das Gericht aus den Akten weiss, besser einordnen. Dies bestätigt die Erfahrung des Autors aus seiner Tätigkeit als Schiedsrichter: Zwar trifft es zu, dass Verhandlungen oft nicht matchentscheidend sind. Das Gericht würde in den meisten Fällen auch ohne Verhandlung zum gleichen Resultat kommen. Aber Verhandlungen sind trotzdem nützlich und helfen dem Gericht, oder bestärken es darin, den richtigen Entscheid zu treffen. 35

b) *Kritik an der Zurückhaltung gewisser Gerichte, Verhandlungen durchzuführen*

aa) Ausgangslage

In Abweichung zum vorstehend Gesagten hat sich bei gewissen Gerichten in den letzten Jahren eine grosse Zurückhaltung gegenüber der Durchführung von Verhandlungen herausgebildet. So hatte z.B. das Bezirksgericht Zürich in einem Fall einen konkludenten Verzicht der Parteien auf die mündlichen Schlussvorträge angenommen, da diese während der über ein Jahr dauernden Untätigkeit des Gerichts nichts mehr von sich hören liessen.[15] 36

Weiter kann als Beispiel das Zürcher Handelsgericht genannt werden, das die Parteien regelmässig von sich aus auffordert, auf die Hauptverhandlung zu verzichten. Grundsätzlich ist es zulässig, dass das Gericht einen solchen Verzicht anregt.[16] Es ist jedoch fraglich, ob dies wirklich sinnvoll ist. 37

13 BGer v. 20.2.2020, 8C_722/2019, E. 2.1.

14 BGer v. 20.2.2020, 8C_722/2019, E. 2.2.

15 BGer v. 16.4.2019, 4A_587/2018, Ziff. B.c des Sachverhalts; OGer ZH v. 1.10.2018, NP180020, E. 3.5.

16 BGer v. 2.2.2016, 4A_479/2015, E. 5.2; Leuenberger, Art. 233 N 1a; Pahud, Art. 233 N 9.

bb) Anspruch auf Durchführung der Hauptverhandlung

38 Als Grundsatz gilt, dass die Parteien Anspruch auf Durchführung einer mündlichen Hauptverhandlung haben, soweit sie nicht auf die gesamte Hauptverhandlung oder auf einen Teilabschnitt – Parteivorträge, Beweisabnahme oder Schlussvorträge – verzichten.[17] Das Bundesgericht hat in einem Entscheid aus dem Jahr 2016 festgehalten, dass das Gericht *nicht von sich aus* von einer Hauptverhandlung absehen kann.[18] Voraussetzung für ein korrektes Urteil ist unter anderem, dass das vom Gesetz vorgeschriebene Verfahren ordnungsgemäss durchgeführt worden ist. Es ist deshalb unzulässig, einen Sachentscheid ohne Durchführung einer Hauptverhandlung zu fällen, ohne dass die Parteien im Sinn von Art. 233 ZPO auf eine solche verzichtet hätten.[19]

39 Dennoch liegt es – jedenfalls im ordentlichen Verfahren – in der Hand der Gerichte, den Gehalt der Hauptverhandlung soweit zu reduzieren, dass tatsächlich Zweifel am Sinn einer Durchführung entstehen. Von den drei Teilen der Hauptverhandlung ist die Bedeutung der ersten Parteivorträge in Verfahren mit einem doppelten Schriftenwechsel limitiert, zumal Noven nur noch sehr eingeschränkt vorgebracht werden können. Alleine wegen der ersten Parteivorträge eine Verhandlung durchzuführen, erscheint deshalb tatsächlich oft nicht sinnvoll.

40 Der zweite Teil der Hauptverhandlung umfasst die Beweisabnahme. Diese ist beschränkt. Die Dokumentenbeweise sind bei den Akten und müssen nicht mehr speziell abgenommen werden. Allfällige Urkundeneditionen werden ebenfalls vor der Hauptverhandlung erledigt. Augenscheine werden oft separat und nicht als Teil der eigentlichen Hauptverhandlung durchgeführt. Im Vordergrund steht folglich die Befragung von Zeugen, Parteien und Gutachtern. Ob anlässlich der Hauptverhandlung eine Beweisabnahme stattfindet, hat das Gericht in den eigenen Händen. Es entscheidet über diese Frage. Schweizer Gerichte verzichten oft auf die Einvernahme von Zeugen, Parteien und Gutachtern. Dies führt dazu, dass in diesen Fällen keine Beweisabnahme stattfindet.

41 Bleiben die Schlussvorträge als dritter Teil der Hauptverhandlung. Auch hier hat das Gericht, zumindest nach einem Teil der vertretenen Meinungen, die Feder in der Hand.

cc) Der Verzicht auf die Schlussvorträge

42 Gemäss Art. 232 Abs. 1 ZPO können die Parteien in den Schlussvorträgen zum Beweisergebnis und zur Sache Stellung nehmen. In der Rechtsprechung wird teilweise vertreten, dass ein Recht auf die Durchführung von Schlussvorträgen nur bestehe, wenn eine Beweisabnahme stattgefunden hat. So hat das Obergericht des Kantons Zürich in einem neueren Entscheid festgehalten, Schlussvorträge im Sinne von Art. 232 ZPO setzten voraus, dass es zu einer Beweisabnahme gekommen sei.[20] Dabei stecke die Beweisver-

17 BGer v. 2.2.2016, 4A_479/2015, E. 5.2.

18 BGE 140 III 450 E. 3.2; BGer v. 2.2.2016, 4A_479/2015, E. 5.2; Pahud, Art. 233 N 9; Killias, Art. 233 N 7; Naegeli/Mayhall, Art. 233 N 7; Leuenberger, Art. 233 N 1a.

19 BGE 140 III 450 E. 3.2; Kriech, Art. 236 N 8; Killias, Art. 236 N 1.

20 OGer ZH v. 11.8.2016, NE160001, E. 3.3.2.3.

fügung, die sowohl den Beweisgegenstand als auch die Beweismittel festlege, die Thematik der Schlussvorträge der Parteien gemäss Art. 232 ZPO ab, jedenfalls soweit die Parteien darin «*zum Beweisergebnis*» Stellung zu nehmen hätten.[21] Die gerichtliche Beweiswürdigung könne nicht Gegenstand der Schlussvorträge der Parteien gemäss Art. 232 ZPO sein, da sie erst mit dem Urteil feststehe.[22]

Andernorts führte ebenfalls das Obergericht des Kantons Zürich aus: «*Wo keine relevanten Beweisabnahmen durchzuführen sind, braucht es auch keine Schlussvorträge gemäss Art. 232 ZPO.*»[23] Das Bundesgericht hielt in dieser Sache auf Beschwerde hin fest, im Regelfall habe ein Verzicht des Gerichts auf die Schlussvorträge ohne entsprechende ausdrückliche Erklärung der Parteien gemäss Art. 232 Abs. 2 ZPO zur Aufhebung des Entscheides zu führen, stelle ein solcher Verzicht doch eine Verletzung des rechtlichen Gehörs dar, die nur ausnahmsweise heilbar sei.[24] Im konkreten Fall schützte das Bundesgericht dennoch die Position des Obergerichts des Kantons Zürich.[25] 43

Das Bundesgericht führte in einem weiteren Entscheid aus dem Jahr 2016 aus, der Anspruch auf Durchführung der Schlussvorträge gemäss Art. 232 Abs. 1 ZPO könne im konkreten Fall nicht verletzt sein, da zuvor keine Beweisabnahme stattgefunden habe und daher kein Beweisergebnis vorliege, zu dem die Parteien hätten Stellung nehmen können.[26] 44

Wenn man der Ansicht folgt, wonach ein Recht der Parteien auf Schlussvorträge nur dann besteht, wenn eine Beweisabnahme im Rahmen der Hauptverhandlung stattfindet, haben es die Gerichte in der Hand, die Schlussvorträge auch ohne Zustimmung der Parteien entfallen zu lassen. Die Diskussion verlagert sich dann nämlich auf die Frage, ob ein Beweisverfahren stattzufinden hat. Wie bereits dargelegt, entscheiden dies die Gerichte (Rz 40). 45

Wann aber kann auf das Beweisverfahren verzichtet werden? Gemäss dem Obergericht des Kantons Zürich hat ein Beweisverfahren grundsätzlich stattzufinden, wenn rechtserhebliche streitige Tatsachen vorliegen und die beweisbelastete Partei form- und fristgerecht Beweismittel angeboten hat. Jede Partei hat das Recht, dass das Gericht die von ihr angebotenen tauglichen Beweismittel abnimmt (Art. 150 Abs. 1 und Art. 152 Abs. 1 ZPO).[27] Dabei gilt, dass das Gericht alle prozesskonform beantragten Beweismittel zu berücksichtigen hat, sofern nicht aufgrund späterer Ausführungen der Parteien von ihrem Verzicht auf die Abnahme bestimmter Beweismittel auszugehen ist.[28] 46

Auch hier ist nun jedoch gemäss Rechtsprechung zu differenzieren. So liegen gemäss dem Obergericht des Kantons Zürich keine strittigen Tatsachen vor, wenn sich die Par- 47

21 OGer ZH v. 11.8.2016, NE160001, E. 3.3.2.1; OGer ZH, 17.6.2016, ZR 2016 193, E. 3.5.
22 OGer ZH v. 11.8.2016, NE160001, E. 3.2.2.2.
23 OGer ZH v. 1.10.2018, NP180020, E. 3.5.
24 BGer v. 16.4.2019, 4A_587/2018, E. 2.2.
25 BGer v. 16.4.2019, 4A_587/2018, E. 2.2. Zu Recht kritisch: SCHWANDER, S. 262.
26 BGer v. 15.12.2016, 4A_311/2016, E. 7.2.1.
27 OGer ZH v. 30.8.2016, NP160009, E. 3.3; OGer ZH v. 17.6.2016, ZR 2016 193, E. 3.5.
28 BGer v. 6.7.2015, 4A_145/2015, E. 5.4.2.

teien im Prozess auf Urkunden berufen, deren Inhalt unbestritten ist.[29] Obwohl die Formulierung nicht ganz klar ist, muss davon ausgegangen werden, dass der Inhalt von Urkunden nicht strittig ist, wenn nicht der Wortlaut einer in einem Dokument enthaltenen Erklärung, sondern nur ihre Bedeutung zwischen den Parteien umstritten ist. Dies hat zur Folge, dass es in der Regel keine Beweisabnahme im Sinne von Art. 231 ZPO darstellt, wenn das Gericht bei seinem Entscheid auf die von den Parteien eingereichten Urkunden abstellt.

48 Von den weiteren Beweismitteln stehen der Zeugen- und der Gutachtensbeweis im Vordergrund (Rz 40). Hier kommt zum Tragen, dass es den Gerichten erlaubt ist, aufgrund einer antizipierten Beweiswürdigung auf die Abnahme von Beweisen zu verzichten. Nach Ansicht des Zürcher Obergerichts entscheidet das Gericht über diese Frage erst im Endentscheid. In einem kürzlich ergangenen Entscheid[30] führte es aus, die antizipierte Beweiswürdigung erfolge wie jede andere Beweiswürdigung ohne Befolgung bestimmter Beweisregeln nach freier richterlicher Überzeugung. Sie sei – jedenfalls beim Kollegialgericht – das Ergebnis der Urteilsberatung gemäss der Beurteilung der Gerichtsmehrheit (Art. 236 Abs. 2 ZPO) und den Parteien erst nach abgeschlossenem Beweisverfahren mit dem Endentscheid offenzulegen.[31] Weil nach der Lesart des Zürcher Obergerichts die Schlussvorträge entfallen, wenn gar keine Beweise abgenommen werden (Rz 42 f.), haben die Parteien keine Möglichkeit, zu einem vom Gericht ins Auge gefassten Verzicht auf eine Beweisabnahme Stellung zu nehmen. Im ersten Parteivortrag wissen sie davon ja noch nichts. Anderes gilt nur dann, wenn das Gericht den Parteien vor der Hauptverhandlung (und somit vor den ersten Parteivorträgen) die Beweisverfügung oder zumindest einen Entwurf davon zukommen lässt (wie dies etwa das Handelsgericht Bern tut).

49 Insgesamt führt dies dazu, dass die Gerichte, wenn sie in ihrem Urteil nur auf unumstrittene Urkunden abstellen, keine Zeugen anhören und keine Gutachten anordnen, keine Beweisabnahme im Sinne von Art. 251 ZPO vornehmen und die Schlussvorträge als Folge davon auch ohne Zustimmung der Parteien entfallen. Nach der hier vertretenen Ansicht greift diese Position zu kurz. Die Stellungnahme zum Beweisergebnis, die Gegenstand der Schlussvorträge ist, setzt voraus, dass das Beweisergebnis bekannt ist. Mit anderen Worten: Man kann zum Beweisergebnis nur dann Stellung nehmen, wenn man weiss, ob noch weitere Beweise abgenommen werden oder nicht. Mithin kann die Stellungnahme zum Beweisergebnis in zeitlicher Hinsicht eigentlich nicht erfolgen, bevor das Gericht darüber entschieden hat, ob es weitere Beweise abnimmt.

50 Aus Sicht des Parteivertreters macht es überdies einen grossen Unterschied, ob im Zeitpunkt seines Vortrags der Entscheid über Beweisanträge noch aussteht oder bereits

29 OGer ZH v. 17.6.2016, ZR 2016 193, E. 3.5; OGer ZH v. 11.8.2016, NE160001, E. 3.3.2.1; OGer ZH v. 24.10.2016, NP160003, E. 3.2.

30 OGer ZH v. 11.8.2016, NE160001, E. 3.2.2.2.

31 OGer ZH v. 11.8.2016, NE160001, E. 3.2.2.2, mit Verweis auf Hasenböhler, Art. 157 N 4 und 7 ff.; BSK ZPO-Guyan, Art. 157 ZPO N 1. Siehe auch: OGer ZH v. 17.6.2016, LB160009, E. 3.5.

gefällt und bekannt gegeben wurde. Wenn etwa ein Gutachtensantrag noch offen ist, wird man im ersten Parteivortrag formulieren: *«Wie das beantragte Gutachten zeigen wird, beträgt der Schaden X»*. Wenn das Gericht jedoch entscheidet, kein Gutachten einzuholen, wird man sich auf andere Beweise stützen und etwa formulieren: *«Wie sich aus den Beilagen X–Y ergibt, beträgt der Schaden X»*. Zudem wird man – wenn ein beantragtes Gutachten nicht abgenommen wird – versuchen, die Sache rechtlich so einzuordnen, dass die betreffende Frage nicht (mehr) zentral ist. Das mag aus Sicht des Gerichts unnötig erscheinen. Aus Sicht der Parteien kann es aber sehr wichtig sein.[32]

Überdies sind die Schlussvorträge ja gar nicht auf die Stellungnahme zum Beweis- 51
ergebnis beschränkt. Das Obergericht des Kantons Zürich selbst macht im zitierten Entscheid (Rz 42) die Einschränkung, dass seine Position *«jedenfalls»* gelte, soweit das Beweisergebnis zu würdigen sei.[33] Dies lässt ausser Acht, dass die Parteien in den Schlussvorträgen auch zur Sache Stellung nehmen können. Zudem setzt die Stellungnahme zum Beweisergebnis nach richtiger Ansicht nicht voraus, dass eine Beweisabnahme gemäss Art. 231 ZPO stattfindet, sondern, dass das definitive Beweisergebnis bekannt ist.

Aufgrund des Gesagten folgt nach der hier vertretenen Ansicht, dass die Gerichte 52
einer Partei den Schlussvortrag nur dann verweigern dürfen, wenn sie auf die Durchführung der Hauptverhandlung insgesamt oder den Schlussvortrag verzichtet hat. Alleine der Umstand, dass keine Beweisabnahme gemäss Art. 231 ZPO erfolgt, ist kein ausreichender Grund. Alleine dass sich das Gericht nicht vorstellen kann, was eine Partei überhaupt noch sagen soll, rechtfertigt es nicht, keine Verhandlung durchzuführen.

dd) Schlussfolgerung

Insgesamt ergibt sich, dass die Gerichte, soweit kein eindeutiger Verzicht der Parteien 53
vorliegt, die Hauptverhandlung einschliesslich der Schlussvorträge durchführen müssen und sollen. Auch wenn es dem Gericht – mit seinem Wissen über die Beurteilung der Angelegenheit – als Leerlauf erscheinen mag, müssen die Richter das aushalten. Es hat eben jedermann das Recht auf *«your day in court»*.

c) «Gut vorbereitet ist halb gewonnen»

Der Nutzen einer Hauptverhandlung kann mit einer guten Vorbereitung massgeblich 54
gesteigert werden. Dies bestätigen die Erfahrungen aus der Schiedsgerichtsbarkeit. Dort ist es üblich, dass Inhalt und Ablauf der Hauptverhandlung zwischen dem Schiedsgericht und den Parteien abgesprochen werden. Es wird geregelt, ob die Parteien ein Eröffnungsplädoyer (Opening Statements) halten, welche Zeugen und Experten in welcher Reihenfolge befragt werden, wieviel Zeit für die Befragung zur Verfügung steht und ob die Parteien die Schlussplädoyers mündlich (Closing Statements) halten oder ob

32 Ähnlich: SCHWANDER, S. 262

33 OGer ZH v. 11.8.2016, NE160001, E. 3.3.2.1.

diese schriftlich erfolgen (Post-Hearing Briefs). Daraus resultiert einerseits ein Zeitplan für die Hauptverhandlung. Das Schiedsgericht und die Parteien wissen, was wann (ungefähr) passiert. Andererseits ist so sichergestellt, dass die Parteien sich gehörig vorbereiten können und umgekehrt keine Vorbereitungen treffen, die unnötig sind.

55 Im Zivilprozess ist der Ablauf der Hauptverhandlung wie gesehen in groben Zügen vorgegeben (erste Parteivorträge, Beweisabnahme, Schlussvorträge). Aber auch hier wäre es sinnvoll, den Ablauf zwischen dem Gericht und den Parteien abzusprechen. Das richtige Instrument für eine solche Planung wäre eine Instruktionsverhandlung (Art. 226 ZPO). In der Schiedsgerichtsbarkeit nimmt jeweils der ganze Spruchkörper an einer solchen Planungsverhandlung teil, wobei diese meist per Telefon- oder Videokonferenz stattfindet. Es ist nicht einsichtig, warum solche Planungsverhandlungen bei staatlichen Gerichten nicht auch möglich sein sollen. Dies gilt umso mehr, wenn solche Instruktionsverhandlungen per Video- oder Telefonkonferenz stattfinden würden (Rz 87). Als Alternative bietet sich an, dass nur der Instruktionsrichter an der Instruktionsverhandlung teilnimmt, was ohne weiteres zulässig ist (Art. 124 Abs. 2 ZPO).[34]

56 Dass dieses Konzept auch vor staatlichen Gerichten funktioniert, beweist eine Erfahrung des Autors in einem Verfahren vor dem Zivilkreisgericht Basel-Landschaft Ost kurz vor dem Lockdown. Zu planen war eine Hauptverhandlung mit umfangreichen Zeugenbefragungen in drei verschiedenen Sprachen. Die Instruktionsverhandlung fand physisch in Anwesenheit der Anwälte und von Parteivertretern statt. Im Vorfeld der Instruktionsverhandlung hatten sich die Parteien zu ihrer Verfügbarkeit für die Hauptverhandlung an bestimmten Daten äussern müssen. Die Instruktionsverhandlung begann damit, dass die beklagte Partei in Rücksichtnahme auf ihre Zeugen, die aus den USA anreisen mussten, Daten vorschlug, für welche das Gericht die Verfügbarkeit nicht abgefragt hatte. Weil fast alle relevanten Personen präsent waren, stellte dies kein Problem dar und die Verfügbarkeit aller Beteiligten konnte während der Instruktionsverhandlung schnell und einfach geklärt werden. Nur ein Parteivertreter, der an der Hauptverhandlung zu befragen war und dafür aus dem Ausland anreisen musste, war an der Instruktionsverhandlung nicht anwesend. Seine Verfügbarkeit konnte noch während der Instruktionsverhandlung per SMS geklärt werden.

57 Die Parteien und das Gericht verständigten sich auch darauf, dass die Zeugenbefragung je nach Verfügbarkeit der Richter durch den gesamten Spruchkörper oder nur durch die Instruktionsrichterin durchgeführt werden sollte. So war das Datum der Zeugenbefragung im Handumdrehen fixiert, ohne dass Rückfragen bei den übrigen Richtern des Spruchkörpers notwendig waren. In der Diskussion wurden sich das Gericht und die Parteien zudem schnell einig, dass sich die Zeugenbefragung über drei Tage erstrecken sollte und die Zeugen nach Sprache gruppiert werden sollten (ein Tag Englisch, ein Tag Italienisch, ein Tag Deutsch). Die Verfügbarkeit der Zeugen und Parteivertreter sowie der Übersetzer gab dabei die Abfolge der Befragung vor. Man einigte sich ohne Umstände darauf, dass entgegen der üblichen Reihenfolge zuerst zwei Zeugen der Be-

34 Pahud, Art. 226 N 3; Leuenberger, Art. 226 N 19; BSK ZPO-Willisegger, Art. 226 N 1.

klagten, dann zwei Parteivertreter der Klägerinnen und schliesslich nochmals je ein Zeuge bzw. Parteivertreter beider Parteien befragt würden. Schliesslich wurde entschieden, dass die Schlussvorträge mündlich gehalten würden, aber nicht unmittelbar nach den Zeugenbefragungen, sondern mit ca. einem Monat Abstand.[35]

Schliesslich kündigte die Instruktionsrichterin an, dass sie die Fragen an die Zeugen und Parteivertreter schriftlich vorbereiten und den Parteien und den Dolmetschern vorab zukommen lassen würde. So konnten letztere die Übersetzung der Fragen schon vorbereiten.[36] Die Parteivertreter konnten sich im Wissen darum, welche Themen das Gericht bei der Befragung abdecken würde, auf die Formulierung von Ergänzungsfragen konzentrieren. 58

Diese Vorbereitung im Rahmen einer Instruktionsverhandlung war sehr effizient. Was an einem halben Nachmittag geregelt wurde, hätte mittels Verfügungen und Eingaben mehrere Monate in Anspruch genommen. Die so vorbereitete Zeugen- und Parteibefragung verlief im Grossen und Ganzen nach Plan und konnte innerhalb des abgesteckten Zeitrahmens abgeschlossen werden. 59

Insgesamt unterstreicht diese Erfahrung, dass Instruktionsverhandlungen zur Planung von Hauptverhandlungen öfters eingesetzt werden sollten. Es bedarf etwas Flexibilität seitens des Gerichts. Die Parteivertreter müssen sich trotz des Streits in der Sache – der betreffende Fall ist in verschiedener Hinsicht äusserst umstritten – in guten Treuen auf dieses Vorgehen einlassen. Dass im betreffenden Fall beide Parteivertreter auch in der Schiedsgerichtsbarkeit aktiv sind und sich solche Absprachen zum Vorgehen gewohnt sind, half dabei ganz offensichtlich. 60

d) Warum sind (bzw. waren) physische Verhandlungen nicht mehr möglich?

Gemäss den vorstehenden Ausführungen erfüllt die Gerichtsverhandlung eine wichtige Funktion. Auf die Durchführung sollte nur mit dem Einverständnis beider Parteien verzichtet werden. Während der Corona-Krise schlossen die Gerichte jedoch den Parteibetrieb (Rz 5). Es ist deshalb kurz auf die Frage einzugehen, warum physische Verhandlungen zeitweise nicht mehr möglich waren. 61

Gemäss den JVO-Erläuterungen des Bundesamtes für Justiz fallen «*[b]ehördliche oder gerichtliche Einvernahmen oder Verhandlungen […] weder unter das Veranstaltungs- noch das Versammlungsverbot gemäss COVID-19-Verordnung 2*».[37] Die Durchführung von Gerichtsverhandlungen war somit nicht verboten. Allerdings konnten während des Fristenstillstands (Rz 16) aufgrund von Art. 146 Abs. 2 ZPO keine Verhandlungen stattfinden, soweit die Parteien damit nicht einverstanden waren. 62

35 Der Termin musste schliesslich wegen COVID-19 verschoben werden (Rz 109).

36 Selbstredend gab es bei der Befragung Abweichungen von den vorbereiteten Fragen und Zusatzfragen seitens des Gerichts, aber es war dennoch sehr hilfreich, dass die Dolmetscher die Fragen bereits übersetzt hatten.

37 Bundesamt für Justiz, JVO-Erläuterungen, S. 4; KETTIGER, Rz 3.

63 Art. 1 JVO verpflichtet die Gerichte nun dazu, die BAG-Empfehlungen zu beachten. Gerichte und Behörden müssen bei der Durchführung von Verfahrenshandlungen mit Teilnahme von Parteien, Zeuginnen und Zeugen oder Dritten, wie Verhandlungen und Einvernahmen, die angesichts der Empfehlungen des Bundesamtes für Gesundheit angezeigten Massnahmen betreffend Hygiene und soziale Distanz einhalten. Allerdings ist gar nicht so klar, welche diese sind. Gemäss dem Bundesamt für Justiz ist bei Gerichtsverhandlungen *«die Anzahl der anwesenden Personen […] auf das Minimum zu reduzieren beziehungsweise zu limitieren, und Menschenansammlungen sind zu verhindern»*.[38] Im Gegensatz zum (nicht anwendbaren) Versammlungsverbot gilt z.B. nach den Empfehlungen (Stand 18.6.2020) bloss: *«Meiden Sie Gruppen von Menschen.»* Über die Grösse der Gruppe wird nichts gesagt.[39]

64 Aus dem Gesagten folgt, dass Gerichtsverhandlungen unter Einhaltung der Hygienemassnahmen nicht verboten sind.[40] Dennoch hatten viele Gerichte bis Ende April den Parteienbetrieb eingestellt und haben auch seither erst langsam damit begonnen, wieder Verhandlungen durchzuführen.

5. Verhandlungen per Videokonferenz

a) Zulässigkeit von Verhandlungen per Videokonferenz

aa) Im Allgemeinen

65 Wie gesehen kommt der Möglichkeit, Verhandlungen per Videokonferenz durchzuführen, zur Wahrung des Anspruchs der Parteien auf Durchführung einer Verhandlung grosse Bedeutung zu. Die Durchführung von Verhandlungen per Videokonferenz ist unter der ZPO grundsätzlich zulässig.[41] Die JVO regelt dementsprechend nicht die Zulässigkeit an sich, sondern die Bedingungen, unter denen *«der Einsatz von Videokonferenz-Lösungen in Zivilverfahren ausnahmsweise vom Gericht eingesetzt und auch angeordnet werden kann»*.[42]

66 Art. 2 Abs. 1 JVO sieht vor, dass Verhandlungen in Abweichung von Art. 54 ZPO mittels Videokonferenz durchgeführt werden können, wenn die Parteien damit einverstanden sind oder wichtige Gründe vorliegen, insbesondere Dringlichkeit. Dies führt vorab zur Frage, ob Art. 54 ZPO einer Durchführung mittels Videokonferenz überhaupt entgegensteht. In dieser Bestimmung geht es einzig um die Öffentlichkeit des Verfahrens. In Bezug auf die Durchführung von Verhandlungen bestimmt Art. 54 Abs. 1 ZPO bloss, dass Verhandlungen und eine allfällige mündliche Eröffnung des Urteils öffentlich sind. Was bedeutet dies in der Praxis? Letztlich nur, dass Gerichtsverhandlungen für Publikum zugänglich sind. Die Nachfrage ist jedoch, gerade in Zivilverfahren, sehr über-

38 Bundesamt für Justiz, JVO-Erläuterungen, S. 4.

39 Siehe dazu Art. 7c der COVID-19-Verordnung 2 (Stand 18.6.2020).

40 Bundesamt für Justiz, JVO-Erläuterungen, S. 4.

41 Bundesamt für Justiz, JVO-Erläuterungen, S. 4; Kettiger, Rz 8.

42 Bundesamt für Justiz, JVO-Erläuterungen, S. 4.

schaubar. Mittels geeigneter Massnahmen ist es wohl machbar, dass interessierte Unbeteiligte an einer Gerichtsverhandlung per Videokonferenz teilnehmen können. So werden etwa bei Strafprozessen bei grossem Publikumsinteresse Verhandlungen in andere Räume übertragen. Dementsprechend sollte es auch möglich sein, Verhandlungen, die per Videokonferenz stattfinden, einem interessierten Publikum zugänglich zu machen. Es ist deshalb davon auszugehen, dass Art. 54 ZPO der Durchführung von Verhandlungen mittels Videokonferenz nicht entgegenstehen würde.[43]

Art. 2 Abs. 1 JVO ist ausdrücklich so formuliert, dass Abweichungen von Art. 54 ZPO unter den dort genannten Voraussetzungen zulässig sind. Wenn die Öffentlichkeit der Verhandlung bei einer Durchführung mittels Videokonferenz gewahrt ist, liegt gar keine Abweichung von Art. 54 ZPO vor. Dies führt zum Schluss, dass die Voraussetzungen gemäss Art. 2 Abs. 1 JVO – Einverständnis der Parteien oder wichtige Gründe – nur dann überhaupt anwendbar sind, wenn die Öffentlichkeit der Verhandlung nicht gegeben ist. Allerdings ist das Resultat, wonach nicht öffentliche Verhandlungen bei Einverständnis der Parteien möglich sind, nicht in Übereinstimmung mit Art. 54 ZPO. Träger des Öffentlichkeitsanspruches sind nämlich nicht nur die Verfahrensbeteiligten, sondern auch die Medien und das öffentliche Publikum.[44] Art. 2 Abs. 3 JVO hält denn auch fest, dass in Abweichung von Art. 54 ZPO bei Videokonferenzen die Öffentlichkeit ausgeschlossen werden kann, mit Ausnahme der akkreditierten Medienschaffenden, wobei berechtigten Personen der Zugang auf Gesuch hin gewährt wird. 67

Gemäss Art. 2 Abs. 2 JVO können Einvernahmen von Zeugen und die Erstattung von Gutachten durch sachverständige Personen in Abweichung von den Art. 171, 174, 176 und 187 ZPO mittels Videokonferenz durchgeführt werden. Damit nimmt der Bundesrat einen Vorschlag auf, der Teil der laufenden ZPO-Revision ist.[45] Darin schlägt der Bundesrat die Schaffung eines neuen Art. 170a ZPO vor, der die Einvernahme von Zeugen mittels Videokonferenz vorsieht.[46] Eine analoge Regelung ist für die Erstattung von Gutachten vorgesehen.[47] Eine solche Regelung erscheint sinnvoll. Allerdings schreibt keine der in Art. 2 Abs. 2 JVO genannten Bestimmungen die physische Anwesenheit von Zeugen (Art. 171, 174 und 176 ZPO) und der sachverständigen Personen (Art. 187 ZPO) vor. Für Zeugen ergibt sich ein solches Erfordernis auch nicht aus Art. 176 ZPO, der die Unterzeichnung des Protokolls durch den Zeugen verlangt.[48] Bei einer Aufzeichnung auf Video entfällt dieses Erfordernis nämlich (Art. 176 Abs. 3 ZPO).[49] Nach richtiger Ansicht kann die Einvernahme von Zeugen mittels Videokonferenz nicht mit einer 68

43 Kettiger, Rz 13.
44 Gehri, Art. 54 N 2.
45 Botschaft ZPO-Revision, BBl 2020 2697.
46 Botschaft ZPO-Revision, BBl 2020 2697, 2750.
47 Botschaft ZPO-Revision, BBl 2020 2697, 2752.
48 So aber: BSK ZPO-Guyan, Art. 171 N 1.
49 Im Rahmen der laufenden ZPO-Revision schlägt der Bundesrat die Streichung dieser Bestimmung und eine Neuregelung in Art. 176a ZPO vor; Botschaft ZPO-Revision, BBl 2020 2697, 2751.

solchen per Telefonkonferenz – eine solche wird von den meisten Autoren[50] und vom Bundesgericht in einem Entscheid aus dem Jahr 1966[51] als unzulässig erachtet – gleichgesetzt werden.[52] Die ZPO schliesst die Einvernahme von Zeugen mittels Videokonferenz nicht aus.[53] Vielmehr ist eine solche zulässig, solange Parteien und Gericht einen unmittelbaren Eindruck von den Zeugen erhalten, die Identifikation der Beteiligten gesichert ist und die Mitwirkungsrechte der Parteien gewahrt bleiben.[54] Dies steht auch im Einklang damit, dass Zeugeneinvernahmen per Videokonferenz im internationalen Verhältnis nach dem Haager Übereinkommen vom 18.3.1970 über die Beweisaufnahme im Ausland in Zivil- oder Handelssachen (SR 0.274.132) zulässig sind.[55]

69 Auch das persönliche Erscheinen der Parteien schreibt die ZPO ausser im Schlichtungsverfahren (Art. 204 ZPO) und in einigen besonderen Verfahren (Rz 72) nicht allgemein vor.[56] Nach der hier vertretenen Ansicht ist die physische Anwesenheit oder Vertretung der Parteien kein Gültigkeitserfordernis im Zivilprozess. Art. 147 Abs. 2 ZPO hält ausdrücklich fest, dass das Verfahren bei Säumnis – zu der auch das Nichterscheinen an einem Termin gehört (Art. 147 Abs. 1 ZPO) – ohne die versäumte Handlung weitergeführt wird. Bei Säumnis einer Partei bei der Hauptverhandlung berücksichtigt das Gericht die Eingaben, die nach Massgabe dieses Gesetzes eingereicht worden sind, und kann seinem Entscheid die Akten sowie die Vorbringen der anwesenden Partei zu Grunde legen (Art. 234 Abs. 1 ZPO). Nur bei Säumnis beider Parteien wird das Verfahren als gegenstandslos abgeschrieben (Art. 234 Abs. 2 ZPO).

70 Aus dem Gesagten folgt, dass weder die Vorschriften zur Zeugeneinvernahme noch jene über die Erstattung von Gutachten der Durchführung von Verhandlungen per Videokonferenz entgegenstehen. Art. 2 Abs. 2 JVO erweist sich somit einerseits als unnötig. Andererseits wird es auch nach dem 30. September 2020, wenn die JVO ausläuft, zulässig sein, Zeugen per Videokonferenz einzuvernehmen.

71 In Abweichung davon hat das Obergericht Zürich in einem Entscheid aus dem Jahr 2017 (Ehescheidung) lapidar und ohne weitere Begründung festgehalten: «*Die Durchführung einer Verhandlung per Videokonferenz ist eine Verhandlungsart, die im Gesetz nicht vorgesehen ist, und die Einzelrichterin hat zu Recht die Durchführung einer Verhandlung per Videokonferenz als nicht möglich taxiert. Weiterungen erübrigen sich.*»[57] Dieser Entscheid verdient so keine Zustimmung.

50 Rüetschi, Art. 171 N 1; Weibel/Walz, Art. 171 N 6.

51 BGE 92 I 259 E. 3c.

52 Müller, Art. 171 N 30.

53 Müller, Art. 171 N 30; Weibel/Walz, Art. 171 N 12; Kettiger, Rz 22.

54 Müller, Art. 171 N 30; Weibel/Walz, Art. 171 N 12.

55 Müller, Art. 171 N 32; Weibel/Walz, Art. 171 N 12.

56 Brändli, Informations- und Kommunikationstechnologie, S. 255; ders., Prozessökonomie, Rz 430.

57 OGer ZH v. 7.8.2017, LC170004, E. 4.2.

bb) In besonderen Verfahren

Abweichend von der dargestellten Rechtslage schreibt die ZPO bei den besonderen eherechtlichen Verfahren (Art. 271 ff. ZPO) teilweise das persönliche Erscheinen der Parteien (Art. 273 Abs. 2 ZPO für Angelegenheit des summarischen Verfahrens; Art. 278 ZPO für das Scheidungsverfahren[58]) oder eine persönliche Anhörung der Parteien (Art. 287 für die Scheidung auf gemeinsames Begehren) vor. Gleiches gilt für Verfahren zu Kinderbelangen in familienrechtlichen Angelegenheiten (Art. 295 ff. ZPO), in denen allgemein die persönliche Anhörung der Eltern (Art. 297 ZPO) und des Kindes (Art. 298 ZPO) vorgeschrieben ist. Art. 3 JVO bestimmt, dass in Abweichung von den Art. 273, 287, 297 und 298 ZPO persönliche Anhörungen in eherechtlichen Verfahren (und *recte* Verfahren zu Kinderbelangen in familienrechtlichen Angelegenheiten) mittels Video- oder Telefonkonferenz durchgeführt werden können, wenn die Parteien damit einverstanden sind und keine wichtigen Gründe dagegensprechen. Bei Dringlichkeit kann ausnahmsweise vom Einverständnis der Parteien abgesehen werden. Bei dieser Regelung handelt es sich um eine echte Abweichung vom geltenden Recht. Umso mehr erstaunt es, dass der Bundesrat gerade in diesem Bereich neben Verhandlungen per Videokonferenz auch solche per Telefonkonferenz zulässt, obwohl die Zeugeneinvernahme per Telefonkonferenz allgemein als nicht zulässig erachtet wird (Rz 69).[59] Das Bundesamt für Justiz schliesst in seinen Erläuterungen die Befragung von Kindern per Video- oder Telefonkonferenz aus[60], obwohl sich Art. 298 ZPO, der in Art. 3 JVO erwähnt ist, ausdrücklich mit der Befragung von Kindern befasst. Eine solche Einschränkung gilt also wohl nicht. Immerhin ist dem Bundesamt für Justiz zuzustimmen, dass bei Kindern eine Befragung, wenn immer möglich persönlich stattfinden sollte. 72

Analoges gilt für die Verfahren des Kindes- und Erwachsenenschutzes, in denen ebenfalls die persönliche Anhörung des Kindes (Art. 314a Abs. 1 ZGB) bzw. der betroffenen Person (Art. 447 ZGB und Art. 450e ZGB[61]) vorgesehen ist. Die Erleichterung liegt hier einerseits darin, dass persönliche Anhörungen durch ein einzelnes Mitglied oder eine Delegation der Kindes- oder Erwachsenenschutzbehörde oder der gerichtlichen Beschwerdeinstanz erfolgen können. Andererseits sind auch hier Anhörungen und Verhandlungen mittels Video- oder Telefonkonferenz zulässig. 73

b) Modalitäten gemäss JVO

Art. 4 JVO hält drei Grundsätze für den Einsatz von Video- und Telefonkonferenzen im Rahmen von Zivilprozessen fest. Es handelt sich um absolute Minimalvorschriften, sodass der Gestaltungsspielraum der Gerichte (zu Recht) gross bleibt. Obwohl die JVO dies nicht ausdrücklich sagt, haben die Parteien das Recht, die Durchführung einer Ver- 74

58 Diese Bestimmung wird in Art. 3 JVO nicht erwähnt.

59 Kritisch: Kettiger, Rz 34.

60 Bundesamt für Justiz, JVO-Erläuterungen, S. 5.

61 Siehe dazu: OGer ZH v. 29.4.2020, PA200015, E. 3.

handlung per Videokonferenz zu beantragen.[62] Wenn sie dies gemeinsam tun, sollte dieser Antrag Gewicht haben, auch wenn die Kontrolle über das Verfahren beim Gericht bleibt (Art. 124 Abs. 1 ZPO).

75 Art. 4 lit. a JVO hält fest, dass die Übertragung von Ton und gegebenenfalls Bild zwischen sämtlichen beteiligten Personen zeitgleich erfolgen muss. Alle gängigen Video- und Telefonkonferenzsysteme erfüllen diese Anforderungen ohne weiteres. Nicht zulässig wäre mithin eine Einvernahme mittels Video- oder Sprachnachrichten. Auf diese Idee müsste man aber auch zuerst kommen.

76 Gemäss Art. 4 lit. b JVO muss bei der Einvernahme von Zeugen und der Erstattung von Gutachten durch sachverständige Personen (Art. 2 Abs. 2 JVO) und bei Anhörungen in eherechtlichen Verfahren und Verfahren zu Kinderbelangen in familienrechtlichen Angelegenheiten (Art. 3 JVO) eine Aufzeichnung von Ton und gegebenenfalls Bild erfolgen und zu den Akten genommen werden. Damit ist auch den Protokollierungsvorschriften gemäss Art. 176 Abs. 3 ZPO genüge getan. Allerdings steht die Vorschrift bei der Anhörung von Kindern im Widerspruch zu Art. 298 Abs. 2 ZPO, wonach nur die für den Entscheid wesentlichen Ergebnisse zu protokollieren sind. Diese Regelung verdient den Vorrang.

77 Schliesslich verlangt Art. 4 lit. c JVO, dass der Datenschutz und die Datensicherheit gewährleistet sind. Gemäss dem Bundesamt für Justiz bedeutet dies insbesondere, dass die Übertragung *«end-to-end»* verschlüsselt erfolgen und die benutzten Server in der Schweiz oder in der Europäischen Union sein müssen. Zudem müssen eine unerwünschte Datenweitergabe an Dritte sowie unerwünschte Zugriffe, Teilnahmen oder Aufzeichnungen verhindert werden.[63] Die Parteien und Teilnehmer an einer Video- oder Telefonkonferenz müssen angemessen informiert werden.[64] Der Datenschutzbeauftragte des Kantons Zürich hat eine Liste verfügbarer Produkte mit einer datenschutzrechtlichen Kurzbeurteilung zusammengestellt.[65]

c) *Das Richtergremium bei Verhandlungen per Videokonferenz*

78 Anlässlich von Verhandlungen findet stets auch eine Kommunikation innerhalb des Spruchkörpers statt, sei es ein kurzes Nicken, eine kurze (für die Parteien nicht hörbare) Rückfrage unter den Richtern, oder sogar eine kurze Beratung über prozessuale Aspekte unter Ausschluss der Parteien. Im Rahmen einer Verhandlung per Videokonferenz ist diese Kommunikation innerhalb des Spruchkörpers erschwert, wenn die Mitglieder des Gerichts und der Gerichtsschreiber von verschiedenen Orten aus an der Videokonferenz teilnehmen. Aus diesem Grund sollte bei Verhandlungen per Videokonferenz immer ge-

62 KETTIGER, Rz 15.

63 Siehe dazu: KETTIGER, Rz 45 ff.

64 Bundesamt für Justiz, JVO-Erläuterungen, S. 6.

65 ‹https://dsb.zh.ch/internet/datenschutzbeauftragter/de/themen/digitale-zusammenarbeit.html› (18.6.2020).

prüft werden, ob der Spruchkörper dennoch zusammentreten kann. Dies wird in vielen Fällen unter Einhaltung der zurzeit geltenden Hygiene-Massnahmen möglich sein.

Es wird aber auch Situationen geben, in denen der Spruchkörper nicht oder nicht *in* 79
corpore zusammentreten kann, etwa, weil ein Mitglied einer Risikogruppe angehört. In diesem Fall sollte sich der Spruchkörper vorbereiten, während der Verhandlung parallele Kommunikationskanäle zu nutzen, etwa mittels E-Mail-Nachrichten untereinander. Dieser Kanal eignet sich nur für kurze Hinweise und Anmerkungen.

Ebenso sollte der Spruchkörper vorsehen, dass eine separate Videokonferenz für all- 80
fällige Beratungen unter Ausschluss der Parteien zur Verfügung steht. Gewisse Videokonferenzprogramme bieten solche *«Break-out Rooms»* an. Allerdings ist es auch möglich, dass der Spruchkörper einfach eine zweite Videokonferenz aufsetzt und bei Bedarf die Hauptvideokonferenz verlässt und sich in die separate Videokonferenz einwählt. Die persönliche Erfahrung des Autors in Schiedsverhandlungen mittels Videokonferenz zeigt, dass der Bedarf für parallele Kommunikation oder sogar eine geheime Beratung während der Verhandlung bei guter Vorbereitung oft sehr beschränkt ist.

Dem Gericht fällt auch die Aufgabe zu, die Verhandlung zu protokollieren. Dies gilt 81
für die Verhandlung allgemein (Art. 235 ZPO) und die Beweisabnahme im Besonderen (Art. 176 ZPO). Die meisten Videokonferenzprogramme bieten eine Aufnahmefunktion. Die Aufnahmen lassen sich lokal auf einem Gerät des Gerichts speichern. Unter Umständen ist es sinnvoll, dass ein Computer, der nur der Aufnahme dient, separat in die Videokonferenz eingewählt wird. Weil die Aufnahmen Bild und Ton umfassen, ist es sinnvoll, die Aufnahmen regelmässig zu unterbrechen, sodass die einzelnen Dateien nicht allzu gross werden.

d) Partei und Parteianwalt bei Verhandlungen per Videokonferenz

Bei Verhandlungen vor Gericht besteht die Möglichkeit, dass die Parteien mit ihren An- 82
wälten und, soweit mehrere Anwälte involviert sind, die Anwälte unter sich kommunizieren. Diese Kommunikationsmöglichkeit kann während einer Verhandlung bedeutsam sein, etwa wenn ein neuer Punkt aufkommt. Bei Verhandlungen unter Einhaltung der zurzeit geltenden Hygiene-Massnahmen kann diese informelle Kommunikation schwierig werden, insbesondere, weil die Abstandsvorschriften kaum eingehalten werden können. Hier werden die Gerichte den Parteien und Parteivertretern allenfalls Auszeiten gewähren müssen.

Diese Probleme bestehen nicht, wenn die Parteien und ihre Anwälte bei einer Ver- 83
handlung per Videokonferenz gemeinsam in einem Raum sind.[66] Dann ist es nämlich einfach möglich, interne Diskussionen zu führen, indem man das Mikrofon auf stumm schaltet. Die Erfahrung zeigt, dass das in der Praxis sehr gut funktioniert.

Wenn sich die Partei und ihre (allenfalls mehreren) Anwälte von verschiedenen Or- 84
ten aus in eine Verhandlung per Videokonferenz einwählen, bestehen dieselben Mög-

66 Ablehnend: KETTIGER, Rz 27.

lichkeiten der parallelen Kommunikation wie beim Spruchkörper (Rz 78). Weil es die Parteien nicht in der Hand haben, die Verhandlung zu unterbrechen, ist die Möglichkeit zur parallelen Kommunikation hier noch wichtiger.

e) *Ausblick*

85 Mit dem Lockdown wurden Video- und Telefonkonferenzen zur alltäglichen Notwendigkeit auch in Bereichen, in denen sie zuvor nicht eingesetzt wurden. Unsere Fähigkeiten, Videokonferenzen aufzusetzen, zu bedienen und sinnvoll zu nutzen, haben sich sprunghaft verbessert. Dies gilt auch für jene Personen, die sich bisher dieser Entwicklung verschlossen hatten. Festzustellen ist auch eine vermehrte Bereitschaft, bei Videokonferenzen mit Bild zu kommunizieren, während vor der Krise die Videokonferenzprogramme von vielen als Telefonersatz verwendet wurden.

86 Eine Videokonferenz ersetzt ein persönliches Treffen nicht vollauf. Sie bietet aber doch wesentliche Vorteile gegenüber einem blossen Telefonat. Dies gilt insbesondere bei mehr als zwei Teilnehmern, weil die Zuordnung von Äusserungen viel leichter fällt. Auch die Möglichkeit, Dokumente auf dem Bildschirm aller Teilnehmer zu präsentieren, ist ein wesentlicher Vorteil zur rein akustischen Verständigung. Im Vergleich zu persönlichen Treffen ist natürlich auch der Umstand hervorzuheben, dass die Reisezeit entfällt. Bei internationalen Konstellationen kann dies ein entscheidender Faktor sein. Aber auch bei lokalen Fällen kann es – etwa bei der Terminfindung – einen Unterschied machen, ob der Bruttozeitbedarf für eine Verhandlung bei vier (mit Reisezeit) oder nur bei zwei Stunden (per Videokonferenz) liegt.

87 Einerseits eignen sich Verhandlungen per Videokonferenz für Hauptverhandlungen mit Parteivorträgen und Zeugen- und Expertenbefragungen oder für Instruktionsverhandlungen zum Zwecke der Beweisabnahme. Die persönlichen Erfahrungen des Autors aus der Schiedsgerichtsbarkeit bestätigen dies. Im Vergleich zu Verhandlungen mit persönlicher Anwesenheit sind ein paar Punkte zu beachten. Weil nicht alle Teilnehmer vor Ort sein (und bleiben) müssen, ist es nicht notwendig, alles in einen Termin zu pressen. Vielmehr besteht die Möglichkeit, die verschiedenen Schritte über mehrere Tage zu verteilen. Viele Teilnehmer beurteilen Verhandlungen per Videokonferenz als anstrengender im Vergleich zu Verhandlungen mit persönlicher Anwesenheit. Das spricht zusätzlich dafür, kürzere Blöcke und längere Verhandlungspausen vorzusehen. Dies ist auch weniger problematisch, weil die Teilnehmer die Pausen anderweitig produktiv einsetzen können, weil sie nicht am Gericht auf die Fortsetzung der Verhandlung warten müssen. In internationalen Konstellationen wird oft auch die Zeitverschiebung dazu führen, dass pro Verhandlungstag nur ein relativ kurzes Zeitfenster zur Verfügung steht. Es spricht nichts dagegen, insgesamt mehr, aber dafür kürzere Verhandlungstage einzuplanen. Wenn die Teilnehmer nicht vor Ort sein müssen, ist es auch möglich, mal einen Tag auszulassen, etwa, weil ein Teilnehmer einen anderen Termin wahrnehmen muss. Die Nachteile generieren also auch neue Opportunitäten. Ohnehin geeignet erscheinen Videokonferenzen für Verhandlungen von kürzerer Dauer. Dies gilt insbesondere dann,

wenn das Verhältnis zwischen Reisezeit und Verhandlungsdauer ungünstig ist. Dabei sind nicht nur die Reisezeiten der Anwälte (die oft nicht sehr lang sein werden), sondern auch der Parteien selbst zu berücksichtigen.

Andererseits erscheinen Verhandlungen per Videokonferenz geradezu prädestiniert für Instruktionsverhandlungen mit Organisationscharakter. Diese dauern in der Regel wesentlich kürzer als Hauptverhandlungen. Weil es nur um organisatorische Fragen geht, erscheinen die Nachteile im Vergleich zu einer Verhandlung mit persönlicher Anwesenheit kaum relevant. In einfachen Fällen kommen hier sogar Telefonkonferenzen in Frage. Insgesamt wird der Einsatz von Videokonferenzen die Planung und Durchführung solcher kurzen Verhandlungen wesentlich erleichtern und damit hoffentlich auch befördern. Wie dargestellt (Rz 54 ff.) ist es oft viel einfacher, im Austausch organisatorisch sinnvolle Lösungen einvernehmlich zu beschliessen. 88

Insgesamt führt dies nach der hier vertretenen Ansicht zum Schluss, dass wir die Verhandlung per Videokonferenz definitiv in unser zivilprozessuales Repertoire aufnehmen sollten. Für einfache Verhandlungen reichen unter Umständen auch Telefonkonferenzen. Dies geht einher mit der Aufforderung, vom Instrument der Verhandlung öfter Gebrauch zu machen. Wenn die Hürde der Reisezeit entfällt, wird es einfacher werden, öfter Verhandlungen durchzuführen. Das vorstehend geschilderte Beispiel (Rz 56) zeigt eindrücklich, wie die direkte Kommunikation manche Dinge massgeblich erleichtern kann. 89

6. Verzicht auf Verhandlungen auf Anordnung des Gerichts

Neben Vorgaben für die Durchführung physischer Verhandlungen (Rz 62) und der Möglichkeit, Verhandlungen per Video- oder Telefonkonferenz durchzuführen (Rz 65 ff.), versieht die JVO die Gerichte mit der Kompetenz, ohne Zustimmung der Parteien auf die Durchführung einer Verhandlung zu verzichten. 90

Art. 5 JVO sieht vor, dass das Gericht auf die Durchführung einer Verhandlung verzichten und das Verfahren schriftlich durchführen kann, wenn die Durchführung einer Verhandlung auch mit Einsatz von Video- oder Telefonkonferenzen nicht möglich oder unzumutbar ist, Dringlichkeit besteht und keine wichtigen Gründe dagegensprechen. Wie gesehen, ist der Verzicht auf eine Verhandlung (oder einen Teil davon) gemäss Rechtsprechung nur mit Zustimmung der Parteien möglich. Art. 5 JVO bedeutet deshalb eine signifikante Ausweitung der Kompetenzen der Gerichte. Angesichts der teilweise feststellbaren Zurückhaltung der Gerichte gegenüber der Durchführung von Verhandlungen ist zu postulieren, dass von dieser Kompetenz nur zurückhaltend Gebrauch gemacht wird und die Voraussetzungen strikt gehandhabt werden. 91

Art. 5 JVO erfasst die folgenden Verhandlungen und Teile von Verhandlungen: 92

- Art. 228 ZPO: Die ersten Parteivorträge anlässlich der Hauptverhandlung im ordentlichen Verfahren.
- Art. 232 ZPO: Die Schlussvorträge anlässlich der Hauptverhandlung im ordentlichen Verfahren.

- Art. 233 ZPO: Die gesamte Hauptverhandlung im ordentlichen Verfahren (Möglichkeit des Verzichts).
- Art. 245 ZPO: Die Verhandlung im vereinfachten Verfahren.
- Art. 273 ZPO: Die Verhandlung im summarischen eherechtlichen Verfahren.

93 Aufgrund dieser Regelung kann das Gericht nach den Voraussetzungen von Art. 5 JVO in den betroffenen Verfahrensarten (ordentliches, vereinfachtes und summarisches Verfahren) auf die gesamte Verhandlung (Art. 233, 245 und 273 ZPO) oder auf Teile davon (Art. 228 und 232 ZPO) verzichten. Nicht erfasst von Art. 5 JVO sind Schlichtungsverhandlungen (Art. 203 ZPO), die Verhandlungen im Ehescheidungsverfahren mit persönlichem Erscheinen der Parteien (Art. 278 und 291 ZPO; Rz 72) sowie jene Verhandlungen, die ohnehin nur optional sind, nämlich die Instruktionsverhandlungen (Art. 226 ZPO) und die Verhandlungen im Summarverfahren (Art. 256 ZPO), bei superprovisorischen Massnahmen (Art. 265 Abs. 2 ZPO) und im Berufungsverfahren (Art. 316 Abs. 1 ZPO). Ein Verzicht auf die Beweisabnahme (Art. 231 ZPO) gestützt auf Art. 5 JVO ist nur möglich, wenn auf die Hauptverhandlung insgesamt verzichtet wird. Allerdings hat es das Gericht ohnehin in der Hand, auf eine Beweisabnahme anlässlich der Hauptverhandlung zu verzichten (Rz 40).

94 Gemäss Art. 5 JVO ist die erste Voraussetzung, dass die Durchführung einer Verhandlung unmöglich oder unzumutbar ist. Unmöglich im Sinne dieser Bestimmung ist die Durchführung einer Videokonferenz letztlich nur dann, wenn die Voraussetzungen von Art. 2 JVO (bzw. Art. 3 und 6 JVO) nicht eingehalten werden können.

95 Im ordentlichen Verfahren (Art. 2 JVO) setzt die Durchführung einer Verhandlung mittels Videokonferenz neben den technischen Voraussetzungen, die erfüllt sein müssen (Rz 74 ff.), das Einverständnis der Parteien oder das Vorliegen wichtiger Gründe (Rz 66) voraus (Art. 2 Abs. 1 JVO). Dies führt dazu, dass – soweit keine wichtigen Gründe gegeben sind – die Gerichte zwar in eigener Kompetenz und ohne Zustimmung der Parteien auf die Verhandlung verzichten können, allerdings nur dann, wenn die Parteien ihrerseits einer Durchführung mittels Videokonferenz nicht zustimmen. Letztlich haben es die Parteien damit weiterhin in der Hand, die Durchführung einer Verhandlung sicherzustellen. Anders als unter der ZPO, wonach *alle* Parteien auf die Durchführung einer Verhandlung verzichten müssen (siehe z.B. Art. 233 ZPO), kann eine Verhandlung per Videokonferenz bereits dann nicht stattfinden, wenn *eine* Partei nicht einverstanden ist. Damit verfügt jede Partei über ein Vetorecht. Es wäre zu erwägen, auch unter Art. 2 Abs. 1 JVO das Zustimmungserfordernis umzukehren, sodass eine Verhandlung per Videokonferenz nur dann verunmöglicht wird, wenn *alle* Parteien sich gemeinsam dagegen aussprechen.

96 Nicht zumutbar dürfte eine Verhandlung per Videokonferenz nur in seltenen Fällen sein. Das Bundesamt für Justiz führt wie gesehen die Beteiligung von Laien, die gerichtliche Fragepflicht und die Wahrung der Öffentlichkeit gemäss Art. 6 Ziff. 1 EMRK[67]

67 Aus der EMRK lässt sich weder ein Anspruch auf Videoübertragungen noch ein Verbot von Videoübertragungen aus Gerichtssälen ableiten: Kettiger, Rz 30.

an.[68] In der Tat dürfte die Zumutbarkeit bei anwaltlich vertretenen Parteien in der Regel gegeben sein.

Des Weiteren setzt der gerichtlich angeordnete Verzicht auf eine Verhandlung gemäss Art. 5 JVO Dringlichkeit voraus. Es stellt sich die Frage, welche Bedeutung dem Dringlichkeitserfordernis als eigenständige Voraussetzung neben Unmöglichkeit bzw. Unzumutbarkeit zukommen soll. Wenn man sich den normalen Verlauf von Gerichtsverfahren im ordentlichen (und wohl auch im vereinfachten) Verfahren vor der Krise ansieht, dürfte eine absolute Dringlichkeit nur in ganz wenigen Ausnahmefällen gegeben sein. Eine solche könnte allenfalls bei Summarverfahren vorliegen (insbesondere bei gerichtlichen Verboten und vorsorglichen Massnahmen). Allerdings gibt es in diesem Bereich ohnehin keinen Anspruch auf Durchführung einer Verhandlung.[69] Erforderlich ist daneben wohl eine Art relativer Dringlichkeit. Diese ist dann nicht gegeben, wenn bei angemessenem Zuwarten die Durchführung einer physischen Verhandlung möglich wird. Letzteres dürfte etwa dann der Fall sein, wenn relevante Lockerungen der COVID-19-Massnahmen bereits angekündigt oder absehbar sind, wie dies etwa Ende Mai der Fall war. 97

Schliesslich verlangt Art. 5 JVO, dass keine wichtigen Gründe gegen den Verzicht auf die Verhandlung sprechen. Hier dürfte insbesondere die Wahrung des rechtlichen Gehörs von Bedeutung sein. Mithin muss ein Gericht, das in eigener Kompetenz auf eine Verhandlung verzichten will, prüfen, ob die Parteien ihr rechtliches Gehör auch ohne Verhandlung genügend wahrnehmen konnten. Wenn sich beide Parteien zweimal uneingeschränkt zur Sache äussern konnten und keine Beweisabnahme erfolgt, dürfte diese Voraussetzung nach der bundesgerichtlichen Rechtsprechung wohl gegeben sein (siehe dazu kritisch: Rz 42 ff.). 98

Zu beachten ist, dass die JVO nichts dazu sagt, unter welchen Voraussetzungen eine Verhandlung mittels Telefonkonferenz durchgeführt werden kann. Das Bundesamt für Justiz führt dazu aus, Telefonkonferenzen kämen nur beschränkt für eherechtliche Verfahren sowie im Kindes- und Erwachsenenschutz in Betracht.[70] Nach der hier vertretenen Ansicht kommen Telefonkonferenzen grundsätzlich auch für andere einfachere Verhandlungen in Frage (Rz 89). Dies gilt etwa für Instruktionsverhandlungen (die allerdings von der JVO nicht betroffen sind; Rz 93) und für andere Verhandlungen mit überschaubarem Inhalt (z.B. nur Parteivorträge ohne Zeugeneinvernahmen). Die Möglichkeit der Durchführung von Verhandlungen per Telefonkonferenz ist einerseits von Bedeutung, weil der Verzicht auf eine Verhandlung nur dann zulässig ist, wenn auch die Durchführung per Telefonkonferenz nicht möglich oder unzumutbar ist. Andererseits ist bemerkenswert, dass der Verzicht auf eine Verhandlung nur dann zulässig ist, wenn auch keine Telefonkonferenz möglich ist, weil eine Telefonkonferenz der weit weniger gute Ersatz für eine echte Verhandlung ist. In der heutigen Zeit dürfte die Durchführung 99

68 Bundesamt für Justiz, JVO-Erläuterungen, S. 6.

69 Bundesamt für Justiz, JVO-Erläuterungen, S. 6.

70 Bundesamt für Justiz, JVO-Erläuterungen, S. 5.

einer Telefonkonferenz, auch mit zahlreichen Teilnehmern, kaum je *unmöglich* sein. Als entscheidendes Kriterium verbleibt somit die Frage der Zumutbarkeit. Das Bundesamt für Justiz nennt hier die Beteiligung von Laien und die gerichtliche Fragepflicht.[71] Weitere Gründen können die Anzahl Teilnehmer, die Notwendigkeit, Dokumente vorzulegen, und die Wahrung der Öffentlichkeit gemäss Art. 6 Ziff. 1 EMRK[72] sein. Dem Öffentlichkeitserfordernis kann damit Rechnung getragen, dass sich Dritte auf Voranmeldung hin ebenfalls einwählen können, soweit eine Verhandlung öffentlich ist.

7. Urteile

a) Urteilsberatung

100 Die ZPO regelt die Form und Durchführung der Entscheidberatung nicht.[73] Letztlich sind alle Formen zulässig, die den Gerichtsmitgliedern ausreichend Gelegenheit geben, ihre Auffassung zu äussern.[74] Ob und inwieweit Endentscheide auch auf dem Zirkulationsweg gefällt werden dürfen, entscheidet sich nach kantonalem Recht.[75] Im Kanton Zürich bestimmt z.B. § 134 GOG-ZH, dass die Urteilsberatungen gemäss Art. 54 Abs. 2 ZPO nicht öffentlich sind. Das Gericht entscheidet grundsätzlich auf dem Zirkularweg (§ 134 Abs. 3 GOG-ZH). Es berät seine Entscheide nur dann mündlich, wenn ein Mitglied des Gerichts oder die Gerichtsschreiberin oder der Gerichtsschreiber es verlangt oder keine Einstimmigkeit besteht (§ 134 Abs. 2 GOG-ZH).

101 Nach diesen Regeln steht einer Urteilsberatung per Video- oder sogar Telefonkonferenz nichts im Wege, sofern nach den kantonalen Vorschriften nicht ohnehin auf dem Zirkularweg entschieden wird.

b) Eröffnung

102 Gemäss Art. 239 ZPO können die erstinstanzlichen Gerichte ihre Entscheide mit oder ohne Begründung und schriftlich oder mündlich eröffnen. Eine Einschränkung gilt bei Entscheiden, die ans Bundesgericht weitergezogen werden können. Entscheide der einzigen kantonalen Instanzen gemäss Art. 5 ff. ZPO müssen in Anwendung von Art. 112 Abs. 1 BGG schriftlich eröffnet werden.[76] Gleiches gilt für Entscheide der Rechtsmittelinstanzen (Art. 318 Abs. 2 und Art. 327 Abs. 5 ZPO).

103 Die Durchführung von Verhandlungen per Videokonferenz führt aufgrund dieser Regelung nicht zu spezifischen Fragestellungen. Einzig die Möglichkeit der erstinstanzlichen Gerichte zur Eröffnung des Entscheides in der Hauptverhandlung durch Übergabe des schriftlichen Dispositivs an die Parteien mit kurzer mündlicher Begründung

71 Bundesamt für Justiz, JVO-Erläuterungen, S. 6.

72 Bundesamt für Justiz, JVO-Erläuterungen, S. 6.

73 BSK ZPO-Steck/Brunner, Art. 236 N 40; Staehelin, Art. 236 N 16.

74 Staehelin, Art. 236 N 16.

75 BSK ZPO-Steck/Brunner, Art. 236 N 40.

76 Staehelin, Art. 239 N 38.

(Art. 239 Abs. 1 lit. a ZPO) entfällt, soweit man eine Übermittlung des Dispositivs mittels E-Mail während der Verhandlung nicht als ausreichend erachtet.

c) *Zustellung*

Die Zustellung von Urteilen und anderen gerichtlichen Urkunden ist in Art. 136 bis 141 ZPO geregelt. Die Form der Zustellung bestimmt sich dabei vorab nach Art. 138 ZPO. Diese Bestimmungen sollen sicherstellen, dass gerichtliche Urkunden stets zugestellt werden können, so dass Verfahren unter Beachtung der Verfahrensrechte der beteiligten Personen ordnungsgemäss durchgeführt und abgeschlossen werden können.[77] Es geht somit nicht um den Schutz der Vertraulichkeit des Inhalts (so sind Gerichtsurteile ohnehin öffentlich; Art. 54 Abs. 1 ZPO). Vielmehr soll die tatsächliche Zustellung von Gerichtsurkunden und deren Nachweis ermöglicht und, wenn dies nicht klappt, Möglichkeiten der Ersatzzustellung vorgesehen werden. Ist eine Partei vertreten, so erfolgt die Zustellung an die Vertretung (Art. 137 ZPO). 104

In Zeiten des Homeoffice ist eine förmliche Zustellung mittels Einschreiben an die Büroadressen oft nicht die bevorzugte Zustellungsart. Nützlicher wäre eine elektronische Zustellung. Art. 139 ZPO, der die elektronische Zustellung regelt, scheint hier Abhilfe zu schaffen. Allerdings leidet auch diese Bestimmung – wie sämtliche Regelungen des elektronischen Rechtsverkehres in der Schweiz (Rz 21 ff.) – an einer nicht praxistauglichen Schwerfälligkeit. So setzt Art. 139 Abs. 1 ZPO das Einverständnis der betroffenen Person sowie eine elektronische Signatur voraus. Zudem muss die Zustellung über eine anerkannte Zustellungsplattform erfolgen (Art. 139 Abs. 2 ZPO i.V.m. Art. 2 VeÜ-ZSSV).[78] 105

In Schiedsverfahren behilft man sich mit einer beeindruckend simplen Alternative. Wenn immer das Schiedsgericht eine Verfügung versendet, bittet es die Empfänger (jeweils einen Parteivertreter), den Empfang mittels E-Mail zu bestätigen. Dieses bestechend einfache System funktioniert in der Praxis bestens. Und wenn eine Bestätigung einmal – auch nach Nachfrage – ausbleibt, kann immer noch der Weg einer Zustellung mittels Kuriers oder Einschreiben gewählt werden. 106

Nach der hier vertretenen Ansicht stünde der Anwendung dieser einfachen Methode unter der ZPO nichts im Wege, insbesondere wenn die Verfahrensbeteiligten dem zustimmen. Die tatsächliche Zustellung und deren Nachweis wären gewährleistet. 107

Bleibt noch die Vorschrift, wonach ein Urteil unterzeichnet sein muss (Art. 238 lit. h ZPO), wobei das Fehlen der Unterschrift die Nichtigkeit des Urteils zur Folge haben kann.[79] Selbstredend müsste auch ein per E-Mail übermitteltes Urteil unterzeichnet sein, entweder von Hand (wobei per E-Mail dann nur eine Kopie übermittelt würde) oder elektronisch. Bei von Hand unterzeichneten Urteilen könnte die Zustellung des 108

77 Huber, Art. 138 N 1; BSK ZPO-Gschwend, Art. 138 N 1.

78 BSK ZPO-Gschwend, Art. 139 N 2; Brändli, Informations- und Kommunikationstechnologie, S. 257; ders., Prozessökonomie, Rz 414.

79 BSK ZPO-Steck/Brunner, Art. 238 N 38.

Originals im Nachhinein an die von den Empfängern angegebenen Adressen erfolgen, sofern keine Dringlichkeit besteht auch einige Zeit später (wenn auch die Gerichte im Homeoffice arbeiten).

109 Im vorstehend geschilderten Fall (Rz 56) war es nach der eigentlich effizienten Planung so, dass der für die Schlussvorträge vorgesehene Termin mitten in der Corona-Krise und während der Schliessung der Gerichte lag. Die Verhandlung musste verschoben werden. Das Gericht und die Parteivertreter kommunizierten zu diesem Zweck einfach und effizient per E-Mail (wobei die Originale der Eingaben und Verfügungen jeweils per Post noch zugestellt wurden). Niemand hat sich daran gestört.

IV. Strafverfahren

110 Im Strafverfahren kommt dem Beschleunigungsgebot gemäss Art. 5 StPO besondere Bedeutung zu, insbesondere dann, wenn sich die beschuldigte Person in Untersuchungshaft befindet.[80] So galt der vom Bundesrat verordnete Fristenstillstand in Zivil- und Verwaltungsverfahren (Rz 16) nicht für Strafverfahren.

111 Gemäss Art. 1 JVO gilt auch in Strafverfahren für alle Verfahrenshandlungen, dass die Empfehlungen des Bundesamtes für Gesundheit betreffend Hygiene und soziale Distanz einzuhalten sind.[81] Die JVO verzichtet auf besondere Regelungen im Strafverfahrensrecht.[82] Gemäss Art. 144 StPO können die Staatsanwaltschaft und die Gerichte im Strafverfahren bereits nach geltendem Recht Einvernahmen mittels Videokonferenz durchführen. Ein Grund mehr, warum solche Einvernahmen auch in Zivilverfahren zulässig sein sollten.

112 Wie das Bundesamt für Justiz in den JVO-Erläuterungen ausführt, enthält die Strafprozessordnung keine Regelung, welche die Durchführung ganzer Verhandlungen via Videokonferenz vorsehen würde.[83] Aufgrund der sich stellenden Fragen erachtete es der Bundesrat letztlich als unangemessen, diese Möglichkeit mittels Notrechts einzuführen.[84]

113 Dieser Ansatz ist im Grundsatz verständlich, vermag aber nicht in allen Situationen zu befriedigen. So ist etwa der FIFA-Prozess vor dem Bundesstrafgericht (allerdings nicht nur) wegen der Corona-Krise definitiv geplatzt.[85] Nach der hier vertretenen Ansicht besteht durchaus ein Unterschied zwischen Verfahren, bei denen sich die verschiedenen Verfahrensbeteiligten (Gericht, Anklage, Verteidigung) jeweils in einem eigenen Raum befinden und mittels Videokonferenz verbunden sind, und einer Verhandlung, bei der sich jeder Teilnehmer einzeln in die Videokonferenz einwählt. Die erste Alternative würde wohl auch in Strafverfahren funktionieren.

80 Huwiler/Weber, Rz 1.

81 Zur Umsetzung am Beispiel des Kantons Bern, siehe: Huwiler/Weber, Rz 9 ff.

82 Huwiler/Weber, Rz 7.

83 Bundesamt für Justiz, JVO-Erläuterungen, S. 3.

84 Bundesamt für Justiz, JVO-Erläuterungen, S. 3.

85 Alder Kathrin, Ein veritabler Justizskandal – und keiner schaut hin, NZZ v. 24.4.2020.

V. Verwaltungsverfahren

Die Verordnung über den Stillstand der Fristen in Zivil- und Verwaltungsverfahren zur Aufrechterhaltung der Justiz im Zusammenhang mit dem Coronavirus (COVID-19) vom 20.3.2020 erfasste auch Verwaltungsverfahren, soweit nach dem anwendbaren Verfahrensrecht des Bundes oder des Kantons gesetzliche oder von den Behörden oder Gerichten angeordnete Fristen über die Ostertage stillstehen. Die erfassten Fristen standen bis zum 19.4.2020 still. In der Folge wurde der Fristenstillstand nicht verlängert. 114

Die vom Bundesrat beschlossene Ausdehnung des Fristenstillstands vermochte in manchen Kantonen im Bereich der Verwaltungsjustiz keine Wirkung zu erzielen, da das kantonale Recht im Bereich des Verwaltungsverfahrens- und des Verwaltungsgerichtsverfahrensrechts keinen Fristenstillstand kennt. Dies ist etwa in Basel-Stadt der Fall (§ 21 Abs. 2 VRPG-BS). In Ergänzung der Verordnung des Bundesrates hat der Regierungsrat des Kantons Basel-Stadt deshalb am 24.3.2020 ebenfalls einen notrechtlich begründeten Fristenstillstand in den kantonalen Verwaltungsverfahren aufgrund der ausserordentlichen Situation im Zusammenhang mit dem Coronavirus (COVID-19) angeordnet. 115

Die JVO enthält keine Regelung zum Verwaltungsverfahren. Wie das Bundesamt für Justiz in den JVO-Erläuterungen ausführt, ist der Einsatz von Video- und Telefonkonferenz-Lösungen im Verwaltungsverfahren des Bundes mit gewissen Einschränkungen schon heute möglich.[86] In kantonalen Verwaltungsverfahren sind die Kantone für die Regelung des Einsatzes von Video- und Telefonkonferenz-Lösungen zuständig.[87] 116

VI. Was nehmen wir mit für die Zukunft?

Aus den vorstehenden Ausführungen und den dargestellten Erfahrungen in der Corona-Krise lassen sich die folgenden Schlussfolgerungen für die Zukunft ziehen: 117

- Die gesetzliche Regelung der Fristen mit der Aufteilung in nicht erstreckbare gesetzliche und erstreckbare richterliche Fristen ist zu überdenken. Den Gerichten sollte die Kompetenz eingeräumt werden, auch die gesetzlichen Fristen zu erstrecken.
- Die Schweiz muss im Bereich des elektronischen Rechtsverkehrs endlich einen Schritt vorwärts machen und ein praxistaugliches System einführen. Dabei ist auf das Empfangsprinzip, das dem Schweizer Prozessrecht ansonsten fremd ist, zu verzichten.
- Der Anspruch der Parteien auf die Durchführung der Hauptverhandlung ist zu wahren. Verhandlungen erfüllen einen wichtigen Zweck, auch wenn sie aus der Perspektive des Gerichts keinen entscheidenden Einfluss auf den Ausgang der Angelegenheit haben. Den Anspruch der Parteien auf «*your day in court*» gilt es zu respektieren.

86 Bundesamt für Justiz, JVO-Erläuterungen, S. 2.
87 Bundesamt für Justiz, JVO-Erläuterungen, S. 3.

- Instruktionsverhandlungen sollten vermehrt genutzt werden, um die Hauptverhandlungen gezielt vorzubereiten. Eine solche Vorbereitung erhöht den Nutzen von Hauptverhandlungen.
- Videokonferenzen sind ein taugliches und sinnvolles Mittel, um Verhandlungen durchzuführen. Dies gilt für Hauptverhandlungen samt Beweisabnahme, im besonderen Masse aber auch für Instruktionsverhandlungen. Die Möglichkeit, per Videokonferenz zu verhandeln, wird die Ansetzung von Verhandlungen erleichtern, weil der Zeitbedarf (samt Reisezeit) merklich sinkt. Bei einfachen Verhandlungen sind auch Telefonkonferenzen eine taugliche Alternative.
- Die Gerichte sollten nicht die Kompetenz haben, selbst auf die Durchführung einer Hauptverhandlung zu verzichten, auch nicht auf Umwegen, indem sie auf eine Beweisabnahme in der Hauptverhandlung verzichten.
- Die Regelungen zur Beratung und Eröffnung von Urteilen benötigen keine Anpassungen, da bereits jetzt ein Zusammenkommen nicht erforderlich ist. Für die Zustellung von Urteilen sollte im Rahmen des elektronischen Rechtsverkehrs eine einfache Möglichkeit geschaffen werden.

118 Die Corona-Krise ist aus gesundheitlicher und wirtschaftlicher Sicht eine grosse Herausforderung, und es ist zu hoffen, dass die ergriffenen Massnahmen die Folgen auf ein möglichst akzeptables Mass reduzieren können. Für die Justiz führte der Lockdown zu einem Stresstest, den sie nur teilweise bestanden hat. Für die Schweiz hat sich im Besonderen gezeigt, dass der elektronische Rechtsverkehr rasch praxistauglich und die Möglichkeiten moderner Kommunikationstechnologie nutzbar gemacht werden müssen.

§ 16 Schiedsgerichtsbarkeit und Wirtschaftsmediation

Sandra De Vito Bieri/Silvia Renninger

Inhaltsverzeichnis

Literaturverzeichnis

Girsberger Daniel/Peter James T., Aussergerichtliche Konfliktlösung/Kommunikation – Konfliktmanagement – Verhandlung – Mediation – Schiedsgerichtsbarkeit, Zürich 2019; Kaufmann-Kohler Gabrielle, Online Dispute Resolution and its Significance for International Commercial Arbitration, in: Global Reflections on International Law, Commerce and Dispute Resolution, Liber Amicorum in honour of Robert Briner, ICC Publishing, Publication 693, November 2005, ‹https://lk-k.com/wp-content/uploads/Online-Dispute-Resolution-and-Its-Significance-for-International-Commercial-Arbitration.pdf› (23.6.2020); Benton Gary L., How Will the Coronavirus Impact International Arbitration?, in: Kluwer Arbitration Blog, 13.3.2020, ‹http://arbitrationblog.kluwerarbitration.com/2020/03/13/how-will-the-coronavirus-impact-international-arbitration/› (23.6.2020); Klepac Lovro, The Availability of a Hardship Defense under the UN Convention on Contracts for the International Sale of Goods (CISG), 7.4.2017, ‹http://www.etd.ceu.hu/2017/klepac_lovro.pdf› (26.5.2020); Göksu Tarkan, Schiedsgerichtsbarkeit, Zürich/St. Gallen 2014.

Materialienverzeichnis

Europäische Kommission, Bericht der Kommission an das Europäische Parlament, den Rat und den Europäischen Wirtschafts- und Sozialausschuss über die Anwendung der Richtlinie 2013/11/EU des Europäischen Parlaments und des Rates über die alternative Beilegung verbraucherrechtlicher Streitigkeiten und der Verordnung (EU) Nr. 524/2013 des Europäischen Parlaments und des Rates über die Online-Beilegung verbraucherrechtlicher Streitigkeiten, 25.9.2019 (zit. Europäische Kommission, Bericht).

I. Einleitung

1 Zweifelsohne haben der Ausbruch der COVID-19-Pandemie und die damit verbundenen beträchtlichen Einschränkungen auch vor der Schiedsgerichtsbarkeit und Wirtschaftsmediation nicht Halt gemacht. Die Branche hat jedoch sehr schnell auf die Pandemie reagiert und auf die sich stetig verändernden staatlichen Massnahmen auf internationaler Ebene ihre Empfehlungen angepasst.

2 Während die Wirtschaft derzeit gegen die Folgen der vergangenen und noch bestehenden Einschränkungen durch die COVID-19-Pandemie kämpft, zeichnet sich eine Zunahme der Zahl künftiger Streitigkeiten ab. Auch hierfür sind die Schiedsgerichtsbarkeit und Wirtschaftsmediation infolge ihrer stetigen Bestrebungen zur Effizienzsteigerung bestens gewappnet, weshalb selbst bei einem Anstieg der Streitigkeiten mit keiner Überlastung der privaten Streitbeilegungsmechanismen mittels Schiedsgerichten

und Mediatoren zu rechnen ist. Im Gegenteil: private Streitbeilegungsmechanismen werden einen wichtigen Beitrag dazu leisten, die Rechtssicherheit auch weiterhin zu garantieren.

II. Schiedsgerichtsbarkeit und Wirtschaftsmediation

Sowohl die Schiedsgerichtsbarkeit wie auch die Wirtschaftsmediation gehören im Gegensatz zur staatlichen Gerichtsbarkeit zu den privaten Streitbeilegungsmechanismen. Sie unterscheiden sich jedoch wesentlich, sodass hier einleitend auf die Unterschiede eingegangen wird. So handelt es sich bei der **Schiedsgerichtsbarkeit** um eine auf Vereinbarung beruhende Streiterledigungsmethode, in welcher von den Parteien gewählte Privatpersonen in einem kontradiktorischen Verfahren anstelle eines staatlichen Gerichtes eine verbindliche, einem Urteil eines staatlichen Gerichtes gleichwertige Entscheidung fällen. Schiedsverfahren können im Allgemeinen schneller abgewickelt werden als Verfahren vor staatlichen Gerichten. Schiedsrichter sind unabhängige, auf Streiterledigung spezialisierte Praktiker. Im Gegensatz zu Urteilen staatlicher Gerichte sind Schiedssprüche vertraulich und können gestützt auf das Übereinkommen über die Anerkennung und Vollstreckung ausländischer Schiedssprüche (New York Übereinkommen)[1] in den meisten Ländern dieser Welt vollstreckt werden.[2] 3

Auch die **Wirtschaftsmediation** verkörpert einige dieser Vorteile. Sie definiert sich als eine Methode der Streitbeilegung, bei der die Parteien mit der Hilfe einer neutralen Drittperson, des Mediators, nach einer einvernehmlichen Lösung ihres wirtschaftlich motivierten Streitfalls suchen, um bestehende Konflikte zu bereinigen und/oder zukünftige Konflikte zu vermeiden. Der Mediator fördert den Austausch von Informationen und Standpunkten zwischen den Parteien und ermutigt sie, nach Lösungen zu suchen, die ihren Bedürfnissen und Interessen entsprechen. Ausser auf entsprechendes Ersuchen der Parteien hin teilt der Mediator seine eigene Meinung aber nicht mit (wie dies ein Sachverständiger tun würde) und macht auch keine Lösungsvorschläge (wie dies ein Schlichter tun würde).[3] Auch wird kein kontradiktorisches Verfahren geführt, bei welchem die Parteien quasi in einem Streitgespräch ihre Position plädieren und beweisen. 4

Im Gegensatz zur Schiedsgerichtsbarkeit erfordert die Wirtschaftsmediation die Einigung der Parteien, damit der Streit beigelegt werden kann, da der Mediator, im Gegensatz zum Schiedsgericht, keinen vollstreckbaren Entscheid fällen kann. Damit ist die Mediation insbesondere für jene Parteien besonders geeignet, welche gemeinsam eine 5

1 Übereinkommen über die Anerkennung und Vollstreckung ausländischer Schiedssprüche vom 10.6.1958 (NYÜ; SR 0.277.12).

2 Vgl. zu den weiteren Vorzügen der Schiedsgerichtsbarkeit: Swiss Chambers' Arbitration Institution (SCAI), Infoblatt zur Internationalen Schweizerischen Schiedsordnung und der Schweizerischen Mediationsordnung für Wirtschaftskonflikte, ‹https://www.swissarbitration.org/files/436/Flyers/SCAI_flyer_deutsch_A5_18-07-2016_web.pdf› (23.6.2020).

3 Swiss Chambers' Arbitration Institution (SCAI), Schweizerische Mediationsordnung, April 2007 (revidiert 2019), Einführung, ‹https://www.swissarbitration.org/files/838/mediation_2019_webversion_german.pdf› (23.6.2020).

einvernehmliche Konfliktlösung anstreben und hierzu die Unterstützung einer neutralen Person benötigen. Führt die Mediation zu einer solchen Einigung, können die Parteien zumindest nach Schweizer Recht gemäss Art. 217 ZPO die Genehmigung der getroffenen Vereinbarung beantragen, was die Wirkung eines rechtskräftigen Entscheides entfaltet. Bei erfolgreicher Durchführung können Mediationsverfahren noch wesentlich schneller und kostengünstiger als Schiedsverfahren durchgeführt werden. Möglich ist natürlich auch eine Kombination von Mediation und Schiedsgerichtsbarkeit.

III. Schiedsgerichts- und Mediationsinstitutionen, Schiedsgerichte, Mediatoren und Anwälte trotz Pandemie funktionsfähig

6 Der Ausbruch der COVID-19-Pandemie und die dadurch hervorgerufenen staatlichen Restriktionen machten die Notwendigkeit eines flexiblen und vor allem stärker digitalisierten Streitbeilegungsverfahrens deutlich. Die Schiedsgerichtsbarkeit und die Wirtschaftsmediation gehörten bereits vor der Pandemie zu den flexibelsten Formen der Streitbeilegung. So können sie beispielsweise gänzlich papierlos und ohne persönlichen Kontakt erfolgen. Dank der vorhandenen Erfahrung der Schieds- und Mediationsinstitutionen im Bereich der Online-Tools, konnten sie sodann schnell auf die neue Situation reagieren und blieben durchgehend funktionsfähig, während staatliche Schlichtungsbehörden und Gerichte ihren Betrieb zeitweise stark einschränken mussten.

7 Unabhängig der durch die Pandemie hervorgerufenen Restriktionen wurden und werden Schieds- und Mediationsverfahren daher weiterhin zügig geführt. So haben beinahe sämtliche Schieds- und Mediationsinstitutionen bereits bestehende oder neu eingeführte technologiegestützte Verfahren implementiert, welche es ermöglichen, dass neue Fälle online eingereicht und bestehende Fälle online verwaltet werden können, dass die Parteien und Gerichte miteinander online kommunizieren können und dass gegebenenfalls mündliche Verhandlungen bzw. mündliche Anhörungen per Audiokonferenz, Videokonferenz oder ähnlichen digitalen Kommunikationsmitteln (**virtuelle Anhörungen**) durchgeführt werden können.

8 Für die Schiedsrichter, Mediatoren und Anwälte der Parteien war und ist die Nutzung derartiger Online-Tools ebenfalls keine Neuheit. So erforderte die Internationalität der Schiedsgerichtsbarkeit und Wirtschaftsmediation sowie die Forderung der Parteien nach Kosteneffizienz bereits früher den regen Gebrauch digitaler Technologien zur Überbrückung der oft immensen Distanzen zwischen den in einem Verfahren involvierten Parteien. Folglich waren viele der in der internationalen Schieds- und Wirtschaftsmediationsbranche tätigen Spezialisten bereits vor dem Ausbruch der COVID-19-Pandemie mit derartigen Technologien bestens vertraut, weshalb deren vermehrte Nutzung infolge der Pandemie und selbst das Arbeiten von zu Hause aus sie vor keine Herausforderungen stellte.

9 Nahezu alle wichtigen Schiedsgerichts- und Mediationsinstitutionen sind weiterhin funktionsfähig. Diese Institutionen haben Fernarbeits- und/oder Split-Team-Vereinbarungen eingeführt und sind während der regulären Geschäftszeiten erreichbar. Auf-

grund der COVID-19-Pandemie haben sie jedoch Vorsichtsmassnahmen ergriffen, darunter die Förderung von Gesundheitsschutzmassnahmen in ihren Büros, die Anregung zur Verschiebung von Anhörungen und den Rat an die Parteien, nicht persönlich bzw. physisch an den Anhörungen teilzunehmen. Die meisten Institutionen haben denn auch ihre Einrichtungen für persönliche Treffen und Anhörungen geschlossen. Um ihren Nutzern jedoch zu versichern, dass sie trotz der COVID-19-Pandemie ihre Arbeit fortsetzen, veröffentlichten diverse Schieds- und Mediationsinstitutionen ähnlich lautende **Medienmitteilungen**, worin sie auch über die ersten Neuerungen aufgrund der Pandemie informierten und Empfehlungen zum Umgang mit den Folgen der Pandemie gaben. Beispiele hierfür sind:

- Dringlichkeitsmeldung vom 17. März 2020 des Internationalen Schiedsgerichtshofs der Internationalen Handelskammer (ICC), der eigens eine Reaktionsgruppe COVID-19 eingerichtet hat.[4] In dieser wird klargestellt, dass alle Büros des Sekretariats des ICC-Gerichtshofs und des Zentrums für alternative Streitbeilegung der ICC (ICC ADR-Zentrum) funktionsfähig bleiben. Es wird sodann dringlich empfohlen, dass die gesamte Kommunikation mit dem Sekretariat des ICC-Gerichts und des ICC ADR-Zentrums über E-Mail abgewickelt wird und auch Anträge nunmehr per E-Mail eingereicht werden.
- Laufend aktualisierte Mitteilung des «AAA-ICDR® COVID-19 Resource Center»[5], wonach zwar bis mindestens 1. September 2020 keine Anhörungen in den AAA-ICDR-Einrichtungen mehr stattfinden, die Amerikanische Schiedsgerichtsbarkeitsvereinigung (American Arbitration Association; AAA) und das Internationale Zentrums für Streitbeilegung (ICDR) jedoch ihren ununterbrochenen Dienst unter Wahrung der Geschäftskontinuität und Sicherheit nach wie vor anbieten.
- Aktualisierte Mitteilung vom 19. März 2020 des Internationalen Zentrums zur Beilegung von Investitionsstreitigkeiten (ICSID).[6] Darin ermutigt ICSID Parteien und Schiedsgerichte, die rein elektronische Einreichung von Schriftsätzen einzuführen.
- Mitteilung vom 19. März 2020 der Swiss Chambers' Arbitration Institution (SCAI) betreffend ihres anhaltenden Engagements zur Unterstützung ihrer Nutzer.[7] Die SCAI informiert in ihrer Mitteilung, dass sie auch beim Arbeiten von zu Hause aus weiterhin einsatzbereit ist und den Benutzern, Anwälten, Schiedsrichtern und Mediatoren per E-Mail, Skype- oder WhatsApp zur Verfügung stehe. Dokumente sollen

4 International Chamber of Commerce, Covid-19: Urgent Communication to DRS Community, 17.3.2020, ‹https://iccwbo.org/media-wall/news-speeches/covid-19-urgent-communication-to-drs-users-arbitrators-and-other-neutrals/› (23.6.2020).

5 AAA-ICDR® COVID-19 Resource Center, ‹https://go.adr.org/covid19.html› (23.6.2020).

6 International Centre for Investment Disputes, Message Regarding COVID-19 (Update), 19.3.2020, ‹https://icsid.worldbank.org/en/Pages/News.aspx?CID=361› (23.6.2020).

7 Swiss Chambers' Arbitration Institution (SCAI), Important Information, 19.3.2020, ‹https://www.swissarbitration.org/› (23.6.2020).

der SCAI jedoch nicht mehr nur per Post oder Kurier gesandt werden, sondern zusätzlich auch per E-Mail.

– Aktualisierte Mitteilung vom 18. März 2020 des Londoner Internationalen Schiedsgerichtshofes (LCIA)[8], wonach Anträge über das Online-Anmeldesystem der LCIA eingereicht werden sollen und auch sämtliche Kommunikation per E-Mail erfolgen soll.
– Aktualisierte Mitteilung vom 26. März 2020 des Internationalen Schiedsgerichtszentrums Hongkong (HKIAC) zu den virtuellen Anhörungsdiensten und den Vorsichtsmassnahmen im HKIAC als Reaktion auf COVID-19.[9]

10 Als erste ihrer Art haben einige führende Schiedsinstitutionen sodann auch eine **gemeinsame Erklärung zu COVID-19** veröffentlicht.[10] Die Erklärung anerkennt die gegenwärtigen herausfordernden Zeiten, unterstreicht die Unterstützung der Institutionen für Parteien und Schiedsgerichte und ermutigt diese, mit den durch die COVID-19-Pandemie hervorgerufenen Herausforderungen auf eine konstruktive Art und Weise umzugehen, welche die Auswirkungen etwaiger Hindernisse auf den Schiedsgerichtsprozess so weit wie möglich mindert. Zuletzt blickt die Erklärung auch in die Zukunft: Indem die Schiedsinstitutionen es gemeinsam ermöglichen, dass internationale Schiedsverfahren in einem volatilen Wirtschaftsklima ein gewisses Mass an Sicherheit bieten, wollen sie gemeinsam zu einer Welt beitragen, die besser auf die Herausforderungen der Post-Corona-Krise vorbereitet ist.

IV. Verfahrenstechnische Auswirkungen der Pandemie

1. Nutzung neuer Technologien

a) *Einleitung*

aa) Ruf nach einer Verlagerung von der realen Offline-Welt in die digitale Online-Welt

11 Internationale Schiedsgerichtsbarkeit und Wirtschaftsmediation ist für Anwälte, Zeugen und Schiedsrichter oft gleichbedeutend mit internationalen Reisen. Mit der durch die COVID-19-Pandemie hervorgerufenen neuen Realität der Reisebeschränkungen, der Versammlungsverbote und der Arbeit von zu Hause aus sind traditionelle, physische mündliche Verhandlungen, insbesondere von Personen aus verschiedenen Nationen, möglicherweise nicht durchführbar, zumindest nicht kurzfristig und vielleicht auch über einen längeren Zeitraum nicht mehr.

8 London Court of International Arbitration, LCIA Services Update: COVID-19, 18.3.2020, ‹https://www.lcia.org/lcia-services-update-covid-19.aspx› (23.6.2020).

9 Hong Kong International Arbitration Centre, Precautionary Measures at HKIAC in Response to COVID-19, 26.3.2020, ‹https://www.hkiac.org/our-services/Facilities› (23.6.2020).

10 ICC et al., Arbitration and COVID-19, ‹https://iccwbo.org/content/uploads/sites/3/2020/04/covid19-joint-statement.pdf› (23.6.2020).

Zweifellos müssen derzeit und wohl auch inskünftig derartige Anhörungen online oder zumindest mit einigen der Teilnehmer aus der Ferne durchgeführt werden. Der Virus wird auch die Art und Weise beeinflussen, wie Beweise erstellt, gesammelt und übermittelt werden. Der Abschluss von Verträgen und deren Versendung per Post oder Kurierdienst in Papierform dürfte eingeschränkt werden, da die Welt sich stärker auf digitale Signaturen und Datenübertragungen wird verlassen müssen, um die Verbreitung von COVID-19 möglichst zu vermeiden. Im Gegenzug dürften die Parteien auch die Dokumentensuche, -prüfung und -edition im Rahmen eines Schieds- oder Mediationsverfahrens vermehrt auf digitalem Wege durchführen wollen. 12

Bei dieser Ausgangslage werden auch Schiedsgerichte und Mediatoren digitale Eingaben und Beweise und überhaupt die digitale Dokumentenübermittlung noch stärker als bisher bevorzugen. Entsprechend dürfte wohl auch die bisherige Beweiseingabe in Papierform (im Englischen: hard-copy evidentiary bundle) auf der Strecke bleiben, da Schiedsrichter und Mediatoren, die weiter auf Papierausdrucken bestehen, denjenigen weichen dürften, die bereit und in der Lage sind, digital zu arbeiten.[11] Damit hat die Pandemie dazu beigetragen, den bereits bestehenden Trend zum rein digitalen Verfahren zu beschleunigen. Insbesondere Schiedsrichter und Mediatoren, die sich früher noch zierten, Eingaben nur auf digitalem Weg zu erhalten, werden hier schnell umdenken müssen bzw. mussten es bereits. 13

bb) Schiedsgerichtsbarkeit und Wirtschaftsmediation aufgrund bisheriger Bestrebungen zur Förderung von Online-Tools in bester Ausgangslage

Tatsächlich ist die internationale Schiedsgerichtsbarkeit und auch die Wirtschaftsmediation seit geraumer Zeit ein Pionier der Online-Streitbeilegung (**OS**). Bereits 2005 berichtete Gabrielle Kaufmann-Kohler in ihrem Artikel zum Thema «Online Dispute Resolution and its Significance for International Commercial Arbitration», dass sich die OS von einer technischen Spielerei zu einem wichtigen Phänomen der Streitbeilegung entwickelt hat, da jedes Jahr fast eine Million Streitfälle online gelöst werden.[12] OS ist jedoch nicht dasselbe wie virtuelle Anhörungen, weshalb an dieser Stelle zunächst einige Begriffe definiert werden. 14

Der Einsatz von Technologie zur Durchführung von Anhörungen aus der Ferne (sog. virtuelle Anhörungen) soll die Menschen miteinander verbinden und bietet die Möglichkeit, die reale Welt, den Offline-Raum, der ihnen aus irgendeinem Grund (z.B. Reiseschwierigkeiten, Krankheit) möglicherweise nicht zur Verfügung steht, durch einen Online-Raum zu ersetzen. Das Verfahren wird jedoch nicht online durchgeführt. Die OS (im Englischen: Online Dispute Resolution oder ODR) besteht demgegenüber darin, Informations- und Kommunikationstechnologien zu nutzen, um ausschliesslich oder hauptsächlich online zu verhandeln, zu vermitteln, Verfahren durchzuführen und Streitigkeiten beizulegen, indem entsprechende Online-Plattformen genutzt werden. Die 15

11 Gl.A. Benton, S. 4.

12 Kaufmann-Kohler, S. 437.

Nutzung solcher Plattformen für virtuelle Anhörungen erfüllt den Zweck der OS nicht, es sei denn, andere Teile des Verfahrens werden ebenfalls online über eine spezielle Plattform abgewickelt.

16 Zahlreiche frühen Projekte der internationalen Schiedsgerichtsbarkeit und Wirtschaftsmediation im Bereich der Informationstechnologie (IT) hat die **ICC** ins Leben gerufen, so z.B. die Entwicklung eines webbasierten Systems zur Durchführung und Verwaltung von Schiedsverfahren (NetCase-Plattform) und die Einrichtung eines Online-Clearinghouse-Systems für geringfügige Forderungen. Seit dem Jahr 2000 ist die ICC in Sachen Online-Tools denn auch an vorderster Front dabei. Der Internationale Schiedsgerichtshofs der ICC (ICC Schiedsgerichtshof) und das ICC ADR-Zentrum veröffentlichten zum Thema IT auch diverse nützliche Berichte und Leitlinien, unter anderem:

- Bericht vom März 2018 über Techniken zur Kontrolle von Zeit und Kosten in der Schiedsgerichtsbarkeit[13], wobei die erste Edition dieses Berichts bereits im August 2007 publiziert wurde;
- Bericht vom Oktober 2017 zur Informationstechnologie in der internationalen Schiedsgerichtsbarkeit[14], wobei es sich auch hierbei um eine Aktualisierung handelt;
- Merkblatt vom 1. Januar 2019 für die Parteien und das Schiedsgericht über die Durchführung des Schiedsverfahrens nach der ICC-Schiedsordnung[15]; und
- Leitlinien in Anhang IV der ICC-Schiedsordnung.[16]

17 Mehrere **Schiedsinstitutionen** folgten dem Beispiel der ICC, z.B. die AAA. Unter dem Titel «Streitbeilegung leicht gemacht» ermöglicht die AAA nicht nur die schnelle Einreichung eines Falles, sondern auch den Zugriff und die Verwaltung eines Falles über das AAA WebFile®. Um die Kommunikation zu vereinfachen, verwaltet auch das Schiedsgerichtsinstitut der Stockholmer Handelskammer (Arbitration Institute of the Stockholm Chamber of Commerce; SSC) seit September 2019 alle neuen SSC-Schiedsverfahren auf der SCC-Plattform, einer sicheren digitalen Plattform für die Kommunikation und den

13 ICC Commission on Arbitration and ADR, ICC Commission Report – Controlling Time and Costs in Arbitration, March 2018, ‹https://iccwbo.org/content/uploads/sites/3/2018/03/icc-arbitration-commission-report-on-techniques-for-controlling-time-and-costs-in-arbitration-english-version.pdf› (23.6.2020).

14 ICC Commission on Arbitration and ADR, ICC Commission Report – Information Technology in International Arbitration, October 2017, ‹https://iccwbo.org/content/uploads/sites/3/2017/03/icc-information-technology-in-international-arbitration-icc-arbitration-adr-commission.pdf› (23.6.2020).

15 ICC International Court of Arbitration and International Centre for ADR, Merkblatt für die Parteien und das Schiedsgericht über die Durchführung des Schiedsverfahrens nach der ICC-Schiedsordnung, 1.1.2019, ‹https://cms.iccwbo.org/content/uploads/sites/3/2017/03/icc-note-to-parties-and-arbitral-tribunals-on-the-conduct-of-arbitration-german.pdf› (23.6.2020).

16 ICC Internationaler Schiedsgerichtshof und Internationales ADR-Zentrum, Schiedsgerichtsordnung (gültig ab 1.3.2017) und Mediations-Regeln (gültig ab 1.1.2014), ‹https://iccwbo.org/content/uploads/sites/3/2017/02/ICC-2017-Arbitration-and-2014-Mediation-Rules-german-version.pdf› (23.6.2020).

Austausch von Dateien zwischen der SCC, den Parteien und dem Schiedsgericht. Zuletzt wurde mit Unterstützung des Internationalen Zentrums für Streitbeilegung in Seoul (Seoul International Dispute Resolution Centre; SIDRC) kurz vor Beginn des COVID-19-Ausbruchs im März 2020 das «Seoul Protocol on Video Conferencing in International Arbitration» (Seoul-Protokoll) als bewährte Praxisrichtlinien für die Durchführung von Videokonferenzen in internationalen Schiedsverfahren veröffentlicht.[17]

Auch mehrere **Länder** und die **Europäische Union (EU)** folgen diesem Beispiel. In Frankreich z.B. ist das «Loi de Programmation de Justice 208–2022» (LPJ) am 1. Januar 2020 in Kraft getreten. Die LPJ erlaubt unter anderem ausdrücklich die Möglichkeit, Online-Schiedsgerichtsbarkeits- und Mediationsdienste anzubieten. Ein weiterer französischer Erlass (nº 2019–1089), der am 27. Oktober 2019 veröffentlicht wurde und in Kürze in Kraft treten wird, sieht eine Zertifizierung von Online-Schiedsgerichtsplattformen vor, soweit die im Erlass für den Erhalt der Zertifizierung festgelegten Modalitäten erfüllt werden. Die EU stellt sodann die Europäische Plattform für OS (EU-OS-Plattform) bereit, um den Online-Einkauf durch den Zugang zu Streitbeilegungsinstrumenten von guter Qualität sicher und fairer zu gestalten.[18] Wer in der EU, Norwegen, Island oder Liechtenstein lebt, kann die EU-OS-Plattform nutzen, um nach der besten Lösung für sein Verbraucherproblem zu suchen, um entweder direkt mit dem Unternehmen über eine Lösung seines Problems zu sprechen oder um eine Streitbeilegungsstelle zu vereinbaren, die seinen Fall bearbeiten soll. 18

cc) COVID-19-Pandemie als Wendepunkt

Trotz all dieser Bestrebungen kam der von der Europäischen Kommission am 25. September 2019 herausgegebene Bericht[19] zum Schluss, dass der OS-Rahmen nicht ausreichend genutzt werde und noch nicht sein volles Potenzial erreicht habe. Auch wenn viele Schiedsgerichts- und Mediationspraktiker längst begonnen haben, die Möglichkeiten der Technologie zu nutzen, sind andere eher zurückhaltend. Dieser Zurückhaltung hat der Ausbruch der COVID-19-Pandemie nun ein Ende gesetzt. 19

Wie vorangehend ausgeführt, haben beinahe sämtliche Schieds- und Mediationsinstitutionen umgehend bereits bestehende oder neu eingeführte technologieunterstützte Verfahren implementiert, um trotz der durch die COVID-19-Pandemie hervorgerufenen Einschränkungen funktionsfähig zu bleiben. Als private Streitbeilegungsinstitutionen ist ihnen eine Reaktion auf sich verändernde Umstände denn auch sehr viel schneller und unbürokratischer möglich als den staatlichen Institutionen, zumal die Gestaltung des Verfahrens in der Kompetenz der Parteien (und des Schiedsgerichts bzw. der Mediatoren unter Mitwirkung der Parteien) liegt. Im Übrigen haben die Schiedsgerichtsbarkeit und 20

17 Kim et al., Seoul Protocol on Video Conferencing in International Arbitration, March 2020, ‹https://globalarbitrationreview.com/digital_assets/9eb818a3-7fff-4faa-aad3-3e4799a39291/Seoul-Protocol-on-Video-Conference-in-International-Arbitration-(1).pdf› (23.5.2020).

18 ‹https://ec.europa.eu/consumers/odr/main/?event=main.home2.show› (23.6.2020).

19 Europäische Kommission, Bericht, S. 10.

Wirtschaftsmediation gegenüber der staatlichen Gerichtsbarkeit den Vorteil, dass ihre **Verhandlungen nicht öffentlich** sind. Entsprechend steht der Durchführung ihrer Verhandlungen als virtuelle Anhörungen nicht das Öffentlichkeitsprinzip entgegen.

21 Um den Anschluss bei möglicherweise länger andauernden Einschränkungen des herkömmlichen Verfahrensbetriebs aufgrund der COVID-19-Pandemie nicht zu verpassen, müssen nun aber noch jene Praktiker der Schiedsgerichtsbarkeit und Wirtschaftsmediation in die Presche springen und ihre Zurückhaltung abschütteln, welche den mittlerweile tagein und tagaus genutzten Technologien bisher eher skeptisch gegenüberstanden. Entsprechend gehen wir davon aus, dass der Ausbruch der COVID-19-Pandemie trotz der vielen negativen Folgen für die Gesundheit der Menschen und für die Wirtschaft sehr wohl der Wendepunkt sein wird, welcher den vergangenen Bestrebungen zur Förderung von Online-Tools in der Schiedsgerichtsbarkeit und Wirtschaftsmediation vollends zum Durchbruch verhilft.

b) *Möglichkeit eines papier- und kontaktlosen Verfahrens*

aa) Parteiautonomie in der Schiedsgerichtsbarkeit und Wirtschaftsmediation

22 Sowohl bei der Schiedsgerichtsbarkeit wie auch bei der Wirtschaftsmediation handelt es sich – wie bereits ausgeführt – im Gegensatz zur staatlichen Gerichtsbarkeit um private alternative Streitbeilegungsformen, welche durch staatliche Bestimmungen nur dem Grundsatz nach geregelt werden und ansonsten von der **Autonomie der Parteien** geprägt sind. Die staatlichen Bestimmungen sehen in der Regel denn auch vor, dass die Parteien das Verfahren entweder selbst oder durch Verweis auf eine bestehende schiedsgerichtliche Verfahrensordnung wie z.B. die von SCAI erlassene Internationale Schweizerische Schiedsordnung (Swiss Rules) regeln oder dass sie das Verfahren einem Verfahrensrecht ihrer Wahl unterstellen können. Haben die Parteien das Verfahren nicht geregelt, so wird dieses vom Schiedsgericht festgelegt. Im Schweizerischen Recht ist dies in Bezug auf die Binnenschiedsgerichtsbarkeit in Art. 373 ZPO festgeschrieben und hinsichtlich der internationalen Schiedsgerichtsbarkeit in Art. 182 IPRG.

23 Gleiches gilt in Bezug auf die Wirtschaftsmediation. So sieht in der Schweiz Art. 213 Abs. 1 ZPO vor, dass auf Antrag sämtlicher Parteien eine Mediation an die Stelle des Schlichtungsverfahrens tritt, wobei Organisation und Durchführung der Mediation gemäss Art. 215 ZPO Sache der Parteien ist. Entsprechend können auch hier die Parteien das Verfahren entweder selbst oder durch Verweis auf eine bestehende Mediationsordnung, wie z.B. die von SCAI erlassene Schweizerische Mediationsordnung regeln oder das Verfahren einem Verfahrensrecht ihrer Wahl unterstellen. Haben die Parteien das Verfahren nicht geregelt, so wird dieses vom Mediator häufig in Absprache mit den Parteien festgelegt.

bb) Papierloses Verfahren (E-Filings)

24 Regeln die Parteien das Verfahren selbst, können sie vorsehen, sämtliche verfahrensrelevante Unterlagen dem Schiedsgericht bzw. dem Mediator und den Parteien papierlos

ausschliesslich mittels digitaler Datenübermittlung (E-Filings) zukommen zu lassen unter Verzicht auf die postalische Zustellung. Verweisen die Parteien z.B. auf die Swiss Rules, so schreibt Art. 15 Abs. 1 der Swiss Rules lediglich den Grundsatz der Gewährleistung der Gleichbehandlung der Parteien und des rechtlichen Gehörs vor, überlässt die Regelung des Verfahrens aber ansonsten dem Schiedsgericht. Auch der Mediator ist nach Art. 11 Abs. 1 der Schweizerischen Mediationsordnung in Ermangelung einer Parteivereinbarung für die Führung des Verfahrens zuständig. Das Schiedsgericht und der Mediator werden die Verfahrensregeln in der Regel im Rahmen einer ersten Telefon- oder Videokonferenz zu organisatorischen Fragen (im Englischen: Organisational Conference) mit den Parteien gemeinsam besprechen und in einer ersten Verfahrensverfügung (im Englischen: Procedural Order no. 1) festlegen (explizit in Art. 11 Abs. 2 der Schweizerischen Mediationsordnung enthalten).

Entsprechend können Verfahren gemäss den Swiss Rules und der Schweizerischen Mediationsordnung dem Grundsatz nach papierlos, d.h. nur auf Basis von E-Filings geführt werden. Die Swiss Rules ermöglichen dies, indem sie in Art. 2 Abs. 1 der Swiss Rules vorsehen, dass sämtliche Mitteilungen unter den Swiss Rules als zugestellt gelten, wenn sie an der Post- oder elektronischen Adresse des Adressaten eingegangen sind. Auch die Schweizerische Mediationsordnung sieht in Art. 3 vor, dass sich die Parteien und das Sekretariat darauf einigen können, nebst der Einleitungsanzeige auch alle weiteren Dokumente per E-Mail oder mittels eines anderen angemessenen elektronischen Mittels einzureichen. Gemäss seiner Mitteilung vom 19. März 2020[20], verlangt SCAI infolge des Ausbruchs der COVID-19-Pandemie denn nun auch, dass die Kommunikation mit ihr wenn möglich per E-Mail erfolge und Gesuche um dringlichen Rechtsschutz, Einleitungsanzeigen und Antworten sowie Mediationsgesuche nicht mehr nur per Post oder Kurier gesandt werden, sondern auch per E-Mail. 25

Auch Verfahren, welche auf Basis der Schieds- und Mediationsordnung der SSC geführt werden, ermöglichen ein papierloses Verfahren (Art. 5 Abs. 2 SCC-Schiedsordnung).[21] So werden seit September 2019 alle neuen SSC-Verfahren auf der SCC-Plattform verwaltet und die Verfahren über diese geführt. Mit Mitteilung vom 23. April 2020 gab die SCC bekannt, dass sie in einer gemeinsamen Initiative mit Thomson Reuters die SCC-Plattform aufgrund der herausfordernden Zeiten für Ad-hoc-Schiedsverfahren anbiete, und zwar kostenlos für alle Ad-hoc-Schiedsverfahren, die während des COVID-19-Ausbruchs eingeleitet wurden.[22] Auch Verfahren vor dem Internationalen Schiedsgerichtshof der ICC können papierlos geführt werden, wozu der Schiedsgerichtshof in seiner Dringlichkeitsmeldung vom 17. März 2020 infolge der COVID-19-Pande- 26

20 Swiss Chambers' Arbitration Institution, Important Information, 19.3.2020, ‹https://www.swissarbitration.org/› (23.6.2020).

21 Arbitration Institute of the Stockholm Chamber of Commerce, 2017 Schiedsgerichtsordnung, ‹https://sccinstitute.com/media/1407448/arbitrationrules__german_2020.pdf› (23.6.2020).

22 Arbitration Institute of the Stockholm Chamber of Commerce, Covid-19: Information and guidance in SCC arbitrations, ‹https://sccinstitute.com/scc-platform/ad-hoc-platform/› (23.6.2020).

mie denn auch rät.[23] So sieht Art. 3 Abs. 2 der ICC-Schiedsordnung vor, dass Zustellungen und Mitteilungen gegen Empfangsbescheinigung, durch eingeschriebenen Brief, Kurierdienst, E-Mail oder jede andere Form der Telekommunikation, bei der ein Sendebericht erstellt wird, erfolgen können.

cc) Kontaktlose Verfahren (virtuelle Anhörungen)

27 Insbesondere virtuelle Anhörungen sind im Zusammenhang mit der COVID-19-Pandemie ins Zentrum der Diskussion gerückt. Das Navigieren durch die Alternativen zu physischen mündlichen Anhörungen erfordert Kreativität und Zusammenarbeit, und es bleibt abzuwarten, ob und wie Schieds- und Mediationsinstitutionen oder Schiedsgerichte und Mediatoren Druck ausüben oder die Parteien zur Teilnahme an zu Beginn der Verfahren noch nicht geplanten virtuellen Anhörungen zwingen können. Ausgehend davon aber, dass es im Interesse der Parteien ist, ein Schiedsverfahren zeiteffizient durchzuführen und dieses keinen (meist kostspieligen) Zeitverzögerungen auszusetzen, werden die Parteien einer virtuellen Anhörung wenn immer möglich zustimmen. Entscheidend sind dabei die Sicherheit der für die virtuelle Anhörung gewählten Applikationen und IT-Systeme sowie die Einfachheit ihrer Installation und Anwendung. Wir gehen davon aus, dass sich in den nächsten Monaten einige der heute genutzten Videokonferenz-Applikationen durchsetzen werden, andere werden wieder verschwinden. Damit wird in der Schiedsgerichtsbarkeit ein neuer Standard gesetzt, welcher für die nächste Dekade federführend sein wird. Schon jetzt zeichnet sich ab, dass in der ersten verfahrensleitenden Verfügung eines Schiedsgerichtes und Mediators auf diese Applikationen und deren Einsatz verwiesen wird. Eine Übersicht über die heute bereits existierenden und angebotenen Applikationen findet sich auf Wikipedia: ‹https://en.wikipedia.org/wiki/Comparison_of_web_conferencing_software›. Auf diese Zusammenstellung verweist auch der ICC Leitfaden zu möglichen Massnahmen zur Minderung der Auswirkungen der COVID-19-Pandemie **(ICC Leitfaden)**.[24]

28 Die **Schiedsgerichtsordnungen** einiger wichtiger Schiedsinstitutionen erlauben den Parteien bereits heute eine flexible Gestaltung der Anhörung. So erlaubt z.B. Art. 19 Abs. 2 der LCIA Rules[25], dass eine Verhandlung per Video- oder Telefonkonferenz oder persönlich (oder einer Kombination aller drei Möglichkeiten) stattfinden kann. Art. 23 Abs. 5 der ICDR-Schiedsgerichtsordnung erlaubt die Vernehmung von

23 International Chamber of Commerce, Covid-19: Urgent Communication to DRS Community, 17.3.2020, ‹https://iccwbo.org/media-wall/news-speeches/covid-19-urgent-communication-to-drs-users-arbitrators-and-other-neutrals/› (23.6.2020).

24 International Court of Arbitration and International Centre for ADR, ICC Guidance Note on Possible Measures Aimed at Mitigating the Effects of the COVID-19 Pandemic, 9.4.2020, ‹https://iccwbo.org/content/uploads/sites/3/2020/04/guidance-note-possible-measures-mitigating-effects-covid-19-english.pdf› (23.6.2020).

25 London Court of International Arbitration, LICIA Arbitration Rules, 1.10.2014, ‹https://www.lcia.org/Dispute_Resolution_Services/lcia-arbitration-rules-2014.aspx#Article%2014› (23.6.2020).

Zeugen durch Mittel, die keine physische Anwesenheit erfordern.[26] Auch die Schiedsgerichtsordnung der Kommission der Vereinten Nationen für internationales Handelsrecht (UNCITRAL-Schiedsgerichtsordnung) enthält eine beinahe identische Bestimmung.[27] Desgleichen kann nach Art. 25 Abs. 4 der Swiss Rules das Schiedsgericht anordnen, dass Zeugen und Sachverständige unter Verwendung von Mitteln der Telekommunikation gehört werden, die keine Anwesenheit an der physischen mündlichen Verhandlung bedingen (einschliesslich Videokonferenz). Obgleich diese Möglichkeit einer Gestaltung der Anhörung dem Schiedsgericht vorbehalten ist, steht es den Parteien aufgrund des Grundsatzes der Parteiautonomie natürlich frei, gemeinsam ganz auf eine physische mündliche Anhörung zu verzichten und an deren Stelle ausschliesslich eine virtuelle Anhörung durchzuführen.

Zur Bekämpfung der Folgen der COVID-19-Pandemie sind zusätzlich zu diesen bereits bestehenden Möglichkeiten viele Institutionen aktiv geworden, um virtuelle Anhörungen weiter zu fördern. So haben einige führende **Schiedsinstitutionen** in der bereits erwähnten gemeinsamen Erklärung zu COVID-19[28] die Parteien und Schiedsgerichte dazu ermutigt, mit den durch die COVID-19-Pandemie hervorgerufenen Herausforderungen auf eine konstruktive Art und Weise umzugehen, welche die Auswirkungen etwaiger Hindernisse auf den Schiedsgerichtsprozess so weit wie möglich mindert. Diese Ermutigung dürfte insbesondere auf die Durchführung virtueller Anhörungen gerichtet sein, um Verzögerungen der Verfahren möglichst zu verhindern. Auch die SSC hat in ihrer Mitteilung vom 27. März 2020 Schiedsgerichten und Parteien empfohlen, den Einsatz von Audio- und Videotechnologien im weiteren Verlauf des Verfahrens zu prüfen.[29] ICSID ging noch einen Schritt weiter und veröffentlichte am 24. März 2020 einen Leitfaden für Online-Anhörungen beim ICSID.[30] Weitere hilfreiche Anleitungen wurden vom Internationalen Rat für OS (ICODR) mit den Richtlinien für Video-Schiedsgerichtsbarkeit und Video-Mediation[31] sowie der Delos-Checkliste zur Durchführung 29

26 International Centre for Dispute Resolution, International Dispute Resolution Procedures (Including Mediation and Arbitration Rules), 1.6.2014, ‹https://www.icdr.org/sites/default/files/document_repository/ICDR_Rules.pdf› (23.6.2020).

27 United Nations Commission on International Trade Law, UNICITRAL Arbitration Rules (2014), ‹https://uncitral.un.org/sites/uncitral.un.org/files/media-documents/uncitral/en/uncitral-arbitration-rules-2013-e.pdf› (23.6.2020).

28 ICC et al., Arbitration and COVID-19, ‹https://iccwbo.org/content/uploads/sites/3/2020/04/covid19-joint-statement.pdf› (23.6.2020).

29 Arbitration Institute of the Stockholm Chamber of Commerce, Covid-19: Information and guidance in SCC arbitrations, 27.3.2020, ‹https://sccinstitute.com/about-the-scc/news/2020/covid-19-information-and-guidance-in-scc-arbitrations/› (23.6.2020).

30 International Centre for Investment Disputes, A Brief Guide to Online Hearings at ICSID, 24 March 2020, ‹https://icsid.worldbank.org/en/Pages/News.aspx?CID=362› (23.6.2020).

31 International Council for Online Dispute Resolution (ICODR), Video Arbitration Guidelines and Video Mediation Guidelines, 6.4.2020, ‹https://icodr.org/guides/videoarb.pdf› and ‹https://icodr.org/guides/videomed.pdf› (23.6.2020).

von Schieds- und Schlichtungsanhörungen in Zeiten von COVID-19 von Delos Dispute Resolution[32] zur Verfügung gestellt.

30 Wie bereits vorgehend ausgeführt, wurde im März 2020 mit Unterstützung des SIDRC das **Seoul-Protokoll** als bewährte Praxisrichtlinien (Best-Practice-Richtlinien) für die Durchführung von Videokonferenzen in internationalen Schiedsverfahren veröffentlicht.[33] Diese Richtlinien befassen sich mit Fragen wie dem Veranstaltungsort von Videokonferenzen, technischen Anforderungen, Aufzeichnungen, Testanforderungen und vorbereitenden Vorkehrungen. Insbesondere schreibt das Seoul-Protokoll fest, dass der Antrag auf eine Videokonferenzanhörung mindestens 72 Stunden vor der Anhörung gestellt werden muss. Das Seoul-Protokoll ist neu und als solches noch nicht getestet, dennoch werden die darin enthaltenen Richtlinien angesichts der gegenwärtigen Krise auf den Prüfstand gestellt. Es versteht sich von selbst, dass auch hier die endgültige Entscheidung darüber, wie und ob eine virtuelle Anhörung anstelle einer physischen mündlichen Verhandlung stattfindet, beim Schiedsgericht und den Parteien liegt. Daher sollten sich die Parteien so bald wie möglich mit dieser Frage befassen. Ein Schiedsgericht wird auch in dieser Frage, wie generell in verfahrensrechtlichen Fragen, die Parteien anhören, weshalb es sich empfiehlt, sich frühzeitig eine Meinung darüber zu bilden.

31 Am umfassendsten in dieser Reihe ist jedoch sicherlich der vom Internationalen Schiedsgerichtshof der ICC am 9. April 2020 veröffentlichte **ICC Leitfaden**. Der ICC Leitfaden ruft zunächst die allgemeinen Verfahrensinstrumente in Erinnerung, welche den Parteien, Anwälten und Gerichten zur Verfügung stehen, um die durch die COVID-19-Pandemie verursachten Verzögerungen zu mindern, nämlich die bekannten Massnahmen zur Steigerung der Effizienz und die Kommunikation in elektronischer Form. Zu den Massnahmen für ein effektives Verfahrensmanagement, an die der ICC Leitfaden erinnert, gehören insbesondere die Möglichkeit:

- über bestimmte Ansprüche oder Einreden umgehend zu verfügen;
- strittige Fragen schrittweise durch Teilschiedssprüche zu lösen;
- zu ermitteln, ob gewisse Fragen nur auf der Grundlage von Dokumenten (d.h. ganz ohne Anhörung) entschieden werden können;
- der Einsetzung vermehrter Konferenzen, um die relevantesten Fragen zu beurteilen und zu erwägen, sich auf die effizientesten Mittel zu ihrer Lösung zu konzentrieren;
- Fragen zu ermitteln, die ohne Zeugen- und/oder Sachverständigenbeweise gelöst werden können;
- Audio- oder Videokonferenzen für Anhörungen zu nutzen; und

32 Delos Dispute Resolution, Hearings in times of Covid-19, Version 2 – 20.3.2020, ‹https://delosdr.org/index.php/2020/03/12/checklist-on-holding-hearings-in-times-of-covid-19/› (23.6.2020).

33 Kim et al., Seoul Protocol on Video Conferencing in International Arbitration, March 2020, ‹https://globalarbitrationreview.com/digital_assets/9eb818a3-7fff-4faa-aad3-3e4799a39291/Seoul-Protocol-on-Video-Conference-in-International-Arbitration-(1).pdf› (23.6.2020).

– zu prüfen, ob die Parteien sich bereit erklären würden, sich den Bestimmungen der ICC-Eilregeln anzuschliessen (ICC Expedited Rules Provisions).

Obwohl der ICC Leitfaden keine neuen Techniken auflistet, welche nicht bereits in der letzten Dekade mit dem Ziel einer Effizienzsteigerung im Schiedsverfahren besprochen und vielerorts implementiert wurden, bildet er eine gute neue Grundlage, um diese Massnahmen dem breiten Publikum bekannt zu machen und hängige wie auch neu eingeleitete Schiedsverfahren in gewohnter Qualität durchzuführen. 32

Der zweite praktische Aspekt des ICC Leitfadens ist die Unterstützung von Schiedsrichtern und Parteien bei Themen, die sie bei der **Organisation einer virtuellen Anhörung** berücksichtigen müssen. Der ICC Leitfaden erinnert die Schiedsgerichte zunächst daran, alle Umstände zu berücksichtigen, einschliesslich der durch die COVID-19-Pandemie verursachten Umstände, die Art und Dauer der Anhörung, die Komplexität des Falles und die Anzahl der Teilnehmer, die Notwendigkeit, unverzüglich mit einem Verfahren fortzufahren, die Frage, ob eine Verschiebung der Anhörung ungerechtfertigte oder übermässige Verzögerungen zur Folge hätte, und die Notwendigkeit, dass sich die Parteien angemessen auf die Anhörung vorbereiten. Sollte ein Treffen an einem einzigen physischen Ort notwendig sein (d.h. eine mündliche Verhandlung *in personam*), sollten sich die Parteien und die Schiedsrichter bemühen, das Treffen so zu verlegen, dass die Verzögerungen so gering wie möglich gehalten werden, und sollten die geeigneten sanitären Massnahmen erörtern, um die Sicherheit aller Teilnehmer zu gewährleisten. 33

Wenn beschlossen wird, mit einer virtuellen Anhörung fortzufahren, sollten Schiedsrichter und Parteien gemäss dem ICC Leitfaden die Besonderheiten des Vorgehens diskutieren und genauestens planen. Wenn ein Schiedsgericht beschliesst, ohne Einverständnis der Parteien oder über den Einwand der Parteien hinweg eine virtuelle Anhörung durchzuführen, sollte es alle relevanten Umstände sorgfältig prüfen: Es sollte beurteilen, ob ein künftiger Schiedsspruch rechtlich durchsetzbar ist, und Gründe für diese Entscheidung angeben. Nach Rücksprache mit den Parteien können die Schiedsrichter ihre weitreichenden verfahrensrechtlichen Befugnisse gemäss Art. 22 Abs. 2 der ICC-Schiedsgerichtsordnung berücksichtigen, um *«diejenigen verfahrensrechtlichen Massnahmen zu ergreifen, die [das Gericht] für angemessen hält, vorausgesetzt, sie stehen nicht im Widerspruch zu einer Vereinbarung der Parteien»*. Das Gericht *«hat den Sachverhalt mit allen geeigneten Mitteln so rasch wie möglich zu ermitteln»* (Art. 25 Abs. 1 ICC-Schiedsgerichtsordnung) und *«hört die Parteien auf Antrag einer von ihnen gemeinsam persönlich an»* (Art. 25 Abs. 2 ICC-Schiedsgerichtsordnung). 34

Im ICC Leitfaden wird ferner darauf hingewiesen, dass Art. 25 Abs. 2 der ICC-Schiedsgerichtsordnung so strukturiert sei, dass er regele, ob das Gericht die Streitigkeit nur auf der Grundlage schriftlicher Eingaben und Unterlagen entscheiden könne oder ob es auch eine mündliche physische Anhörung geben müsse. Der Artikel schliesse aber nicht aus, dass eine Anhörung *«persönlich»* mit virtuellen Mitteln stattfinde, wenn die Umstände dies rechtfertigen. Die französische Fassung von Art. 25 Abs. 2 der ICC-Schiedsgerichtsordnung widerspiegle diese Bedeutung, indem sie Folgendes vorsieht: 35

«Après examen des écritures des parties et de toutes pièces pièces versées par elles aux débats, le tribunal arbitral entend contradictoirement les parties si l'une d'elles en fait la demande; à défaut, il peut décider d'office de leur audition.» Der Leitfaden des ICC-Sekretariats für das ICC-Schiedsverfahren weise gemäss dem ICC Leitfaden sodann darauf hin, dass die Auslegung von Art. 25 Abs. 2 der ICC-Schiedsgerichtsordnung, d.h. die Frage, ob eine Anhörung von Angesicht zu Angesicht erforderlich ist, oder ob der Einsatz von Video- oder Telekonferenzen ausreiche, von den Umständen des Einzelfalles abhänge. Darüber hinaus seien virtuelle Anhörungen nach und nach anerkannt worden, unter anderem in Art. 24 Abs. 4 der ICC-Schiedsgerichtsordnung in Bezug auf Fallmanagementkonferenzen, in Art. 3 Abs. 5 von Anhang VI der ICC-Schiedsgerichtsordnung in Bezug auf das beschleunigte Schiedsverfahren und in Paragraph 77 des ICC Leitfadens in Bezug auf dispositive Fragen. Damit geht der ICC Leitfaden in Bezug auf Verfahren nach der ICC-Schiedsordnung zusammenfassend von der grundsätzlichen Zulässigkeit virtueller Anhörungen aus.

36 Um sicherzustellen, dass die Parteien gleichbehandelt werden und Gelegenheit erhalten, ihren Fall auch während einer bloss virtuellen Anhörung vorzutragen, sieht der ICC Leitfaden vor, dass das Gericht mehrere Fragen prüfen sollte, wie z.B.:

- die verschiedenen Zeitzonen bei der Festlegung der Verhandlungstermine;
- die Logistik des Standorts der Teilnehmer;
- den Einsatz von Echtzeitabschriften und Dolmetschern;
- die Identifizierung aller Teilnehmer;
- den Einsatz von Requisiten und elektronischen Verhandlungsdossiers (im Englischen: electronic hearing bundles).

37 Darüber hinaus müssen sich Parteien und Schiedsrichter über die Auswahl der Plattformen für Videokonferenzen und den Austausch von Dokumenten einigen.

38 Schliesslich enthält der ICC Leitfaden eine **Checkliste für ein Protokoll einer virtuellen Anhörung** (Anhang I) und einen **Entwurf eines sog. Cyber-Protokolls und einer Verfahrensordnung für die Organisation einer virtuellen Anhörung** (Anhang II), welche für Praktiker von grösstem Nutzen sein dürften. Zusätzlich zu den Themen, die bei der Organisation einer virtuellen Anhörung zu berücksichtigen sind (inkl. das in der Checkliste enthaltene Ziel der Anhörung und die Logistik), behandelt die Checkliste und die Verfahrensordnung Themen in vier Abschnitten, die sich auf folgende Bereiche beziehen:

- technische Fragen, Spezifikationen, Anforderungen und Hilfspersonal;
- Vertraulichkeit, Datenschutz und Sicherheit;
- Online-Etikette und Überlegungen zu einem ordnungsgemässen Verfahren; und
- Präsentation von Beweismitteln sowie Befragung von Zeugen und Experten.

39 Zusammenfassend gibt der ICC Leitfaden wertvolle Hinweise, wie sich virtuelle Anhörungen als Instrumente von zeit- und kosteneffizienten Schiedsverfahren erweisen kön-

nen. Dabei bietet der ICC Leitfaden hilfreiche Instrumente, um die sich bergenden Risiken virtueller Anhörungen, auf welche im Folgenden näher eingegangen wird, zu mindern und sicherzustellen, dass das Verfahren dennoch fair und unter Wahrung der Integrität des Schiedsverfahrens geführt werden kann.

c) *Grenzen*

aa) Abwägung

Inmitten der Unsicherheit, die durch die COVID-19-Pandemie verursacht wird, müssen die Parteien, die an laufenden Schlichtungsverfahren und Verfahren der Wirtschaftsmediation beteiligt sind oder die Einleitung solcher Verfahren erwägen, die Auswirkungen der COVID-19-Pandemie auf solche Verfahren bedenken, insbesondere, ob und wie die neuen Technologien ein wirksames Mittel darstellen können, um ihre Verfahren während der Pandemie voranzubringen. 40

Angesichts der weltweiten Reiseverbote sind persönliche Anhörungen praktisch unmöglich geworden. Ob diese in naher Zukunft wieder möglich werden, ist noch offen. Doch selbst wenn, gehen wir davon aus, dass sich viele Parteien und auch Schiedsgerichte und Mediatoren Gedanken darüber machen werden, ob die Reisetätigkeit nicht weiter zugunsten von virtuellen Anhörungen eingeschränkt werden sollte: wenn nicht aus gesundheitlichen, so doch sicherlich aus Effizienz- und Kostengründen. Einige Verzögerungen mögen unvermeidlich sein, aber viele Aspekte von Schiedsverfahren und Verfahren der Wirtschaftsmediation können infolge der durch die Schieds- und Mediationsinstitutionen getroffenen Massnahmen und angebotenen Möglichkeiten der digitalen Kommunikation weitergeführt werden. Die Hauptfrage dürfte daher sein, ob es angebracht ist, bestimmte Anhörungen aus der Ferne abzuhalten. So können virtuelle Anhörungen Fragen der Fairness und des ordnungsgemässen Verfahrens aufwerfen, sodass die Umstände jedes einzelnen Falles sorgfältig geprüft werden müssen. 41

Im Einzelnen sind zwar die mit virtuellen Anhörungen verbundenen Kosten relativ gering, vor allem wenn man die Einsparungen durch die Vermeidung von Reisekosten in Betracht zieht, virtuelle Anhörungen sind aber dennoch nicht unter allen Umständen angemessen. Insbesondere die folgenden Faktoren können gegen virtuelle Anhörungen sprechen: 42

- logistische und technische Themen, wie z.B.:
  - verschiedene Zeitzonen und das dadurch allenfalls hervorgerufene Ungleichgewicht, wenn einige Parteien gezwungen werden, zu unsozialen Zeiten an der virtuellen Anhörung teilzunehmen. Man stelle sich z.B. vor, der eine einzuvernehmende Zeugin wohne in Asien, die eine Partei in der Schweiz und eine Schiedsrichterin in den USA. Hier eine für alle akzeptable Lösung zu finden, wird sehr schwierig;
  - die Gewährleistung, dass alle Teilnehmer Zugang zu einem Internet von ausreichender Qualität haben. Eine schnelle, zuverlässige und sichere Internetverbindung für jeden Teilnehmer ist eine Notwendigkeit. Während dies in vielen Teilen

der Welt normalerweise als selbstverständlich vorausgesetzt wird, ist die Leistungsfähigkeit des Internets während der COVID-19-Pandemie nicht garantiert, da die Telekommunikationsnetze immer stärker belastet werden;

  - die Bereitstellung der richtigen Technologie und Funktionen, die den spezifischen Bedürfnissen der Anhörung entsprechen;
  - unabhängiger Beobachter: Im Idealfall sollte am Standort jedes Zeugen ein unabhängiger Beobachter anwesend sein, um sicherzustellen, dass der Zeuge ordnungsgemäss vereidigt wird (wo dies notwendig ist) und dass er mit der Technologie vertraut ist. Dies könnte aus welchen Gründen auch immer nicht möglich sein, auch wenn ein Zeuge isoliert oder unter Quarantäne gestellt werden muss; sowie
  - Überlegungen zur Cybersicherheit und zum Datenschutz;
- Beeinträchtigung der Fähigkeit des Gerichts oder der Anwälte, die Glaubwürdigkeit von Zeugen in virtuellen Zeugenaussagen zu beurteilen und sicherzustellen, dass diese während der Einvernahme nicht durch Dritte beeinflusst oder gar gesteuert werden. Auch sind Zeugen eher entspannt, wenn sie per Videolink aussagen. Wenn die Aussage eines Zeugen umstritten ist, könnte der Kreuzverhörer ungerechtfertigterweise benachteiligt werden, da er den Zeugen nicht leibhaftig sehen und von ihm nicht leibhaftig gesehen werden kann. Dies gilt sowohl für die eigenen Zeugen einer Partei als auch für die Zeugen des Gegners;
- eingeschränkte Möglichkeit einer Partei, ihren Rechtsbeistand in Echtzeit zu konsultieren;
- mögliche technologische Fehler und dadurch verursachte Verzögerungen und Unterbrechungen; und
- Hördauer, zumal es bei einer Videokonferenz schwieriger ist den Fokus aufrechtzuerhalten als bei einem persönlichen Treffen.

43 Diese allenfalls gegen eine virtuelle Anhörung sprechenden Faktoren sind den zwei weiteren Optionen gegenüberzustellen, nämlich (1) dem gänzlichen Verzicht auf eine Anhörung und die Durchführung eines ausschliesslich schriftlichen Verfahrens oder (2) der Verschiebung der physischen persönlichen Anhörung. Ersteres ist möglicherweise nicht für alle strittigen Fragen geeignet, z.B. wenn es um die Glaubwürdigkeit eines Zeugen geht und die Gegenseite mangels Anhörung keine Gelegenheit hat, diesen ins Kreuzverhör zu nehmen. Das Schiedsgericht müsste diesfalls die bloss schriftlichen Zeugenaussagen dieses Zeugen mit höchster Zurückhaltung beurteilen. Auch die zweite Option hat ihre Tücken. So könnte sie zu einer überlangen Verzögerung des Verfahrens führen, zumal derzeit noch nicht bekannt ist, wann persönliche physische Anhörungen wieder problemlos durchgeführt werden können. Auch angesichts der Tatsache, dass viele Parteien aufgrund der Auswirkungen der COVID-19-Pandemie auf andere Bereiche ihrer Geschäftstätigkeit mit Unsicherheiten hinsichtlich ihres Cashflows konfrontiert sind, könnte dies keine attraktive Option sein.

Letztendlich hängt die Entscheidung, ob eine virtuelle Anhörung durchgeführt wird, von den Präferenzen und Anliegen der Parteien ab, deren Ansichten vom Schiedsgericht und den Mediatoren berücksichtigt werden sollten. Die Grenze liegt klar da, wo die Ansichten und die entsprechenden Forderungen einer Partei lediglich dazu dienen sollen, das Verfahren ungebührlich zu verzögern. Hier öffnet die COVID-19-Pandemie Tür und Tor zu sogenannten «ambush tactics», welche durch das Schiedsgericht bzw. den Mediator nicht toleriert werden dürfen. 44

bb) Belange der Cybersicherheit und des Datenschutzes

Berichte über die Anfälligkeit von für Videokonferenzen genutzten Online-Kommunikationsplattformen wie z.B. Zoom auf Cyberangriffe unterstreichen die Bedeutung geeigneter Cybersicherheitsmassnahmen bei der Organisation und Durchführung von virtuellen Anhörungen. Das Risiko eines Cyberangriffs ist besonders relevant bei der Durchführung eines Schieds- oder Wirtschaftsmediationsverfahrens, handelt es sich dabei doch um private und weitgehend vertrauliche Prozesse, welche in der Regel den Austausch kommerziell sensibler Daten beinhalten. 45

Schon vor dem Ausbruch der COVID-19-Pandemie standen daher Cybersicherheit und Datenschutzmassnahmen bei der Durchführung eines Schieds- und Wirtschaftsmediationsverfahrens im Fokus der Teilnehmer. Publikationen wie die Cyber-Sicherheitsrichtlinien der präsidialen Task Force der internationalen Anwaltsvereinigung für Cybersicherheit von 2018[34], das Protokoll über Cybersicherheit in internationalen Schiedsverfahren des Internationalen Rats für Handelsschiedsgerichtsbarkeit, der NYC Anwaltsvereinigung und des Internationalen Instituts für Konfliktprävention und Konfliktlösung[35] und die Roadmap zum Datenschutz in der internationalen Schiedsgerichtsbarkeit[36] des Internationalen Rats für Handelsschiedsgerichtsbarkeit und der internationalen Anwaltsvereinigung, deren Konsultationsentwurf bis zum 30. Juni 2020 zur öffentlichen Stellungnahme bereit liegt, unterstreichen die Bedeutung der Umsetzung geeigneter Cybersicherheits- und Datenschutzmassnahmen im Zusammenhang mit der Beilegung von Streitigkeiten durch Schiedsgerichtsbarkeit und Wirtschaftsmediation. 46

Im Gefolge der COVID-19-Pandemie besteht ein hohes Risiko der übereilten Einführung von Online-Tools, ohne ordnungsgemäss zu prüfen, ob sie den spezifischen Bedenken hinsichtlich der Cybersicherheit und des Datenschutzes in internationalen 47

34 Presidential Task Force on the International Bar Association on Cyber Security, Cyber Security Guidelines, October 2018, ‹https://www.ibanet.org/LPRU/cybersecurity-guidelines.aspx› (23.6.2020).

35 International Council for Commercial Arbitration/New York City Bar Association/International Institute for Conflict Prevention & Resolution, Protocol on Cybersecurity in International Arbitration (2020 Edition), ‹http://documents.nycbar.org/files/ICCA-NYC-Bar-CPR-Cybersecurity-Protocol-for-International-Arbitration-Electronic-Version.pdf› (23.6.2020).

36 International Council for Commercial Arbitration and International Bar Association, Roadmap to Data Protection in International Arbitration – Public Consultation Draft, February 2020, ‹https://www.arbitration-icca.org/media/14/18191123957287/roadmap_28.02.20.pdf› (23.6.2020).

Schiedsverfahren und in der Wirtschaftsmediation gerecht werden. So sieht der ICC Leitfaden denn auch vor, dass jede virtuelle Anhörung eine Konsultation zwischen dem Schiedsgericht und den Parteien mit dem Ziel erfordert, Massnahmen umzusetzen, die ausreichen, um alle anwendbaren Datenschutzbestimmungen einzuhalten und die Privatsphäre und Vertraulichkeit der elektronischen Kommunikation innerhalb des Schiedsverfahrens und jeder Plattform für elektronische Dokumente zu schützen (sog. **Cyber-Protokoll**). Anhang I des ICC Leitfadens verlangt ausdrücklich eine Konsultation zwischen dem Schiedsgericht und den Parteien über die Mindestanforderungen an die Verschlüsselung, um die Integrität und Sicherheit der virtuellen Verhandlung vor Hacking, unerlaubtem Zugriff usw. zu schützen, und Anhang II des ICC Leitfadens enthält eine Reihe von vorgeschlagenen Klauseln für ein Cyber-Protokoll.

48 Eine der Massnahmen zur Gewährleistung des Datenschutzes ist der Abschluss von **Datenschutzvereinbarungen** mit Drittanbietern. Dass solche Vereinbarungen abgeschlossen werden sollten, zeigt auch das Beispiel des Zürcher Handelsgerichts. Aufgrund von Datenschutzbedenken bei der Durchführung von virtuellen Anhörungen via Zoom hat das Zürcher Handelsgericht einen Global Data Processing Addendum mit Zoom Video Communications, Inc. abgeschlossen (einschliesslich der Mindestanforderungen an die Sicherheitskontrolle von Zoom in Anhang B). Damit folgte das Zürcher Handelsgericht der Empfehlung des Datenschutzbeauftragten des Kantons Zürich, der verschiedene Dienstleistungen und Produkte (z.B. Zoom, Office 365/Teams) summarisch hinsichtlich Datenschutz und Sicherheit für den Einsatz während der COVID-19-Pandemie beurteilt hat.[37]

49 Explizit ohne irgendwelche Zusicherungen oder Garantien in Bezug auf Drittanbieter von Dienstleistungen zu geben, enthält auch der ICC Leitfaden den bereits erwähnten Link zu einem Wikipedia-Vergleich von Webkonferenz-Software und listet einige von ihnen sowie Plattformen zum Austausch von Dokumenten auf, die für elektronische Dossiers verfügbar sind. Die Schiedsgerichte sollen gemäss Anweisung des ICC Leitfadens mit den Parteien sicherstellen, dass jede verwendete Plattform lizenziert und auf maximale Sicherheitseinstellungen eingestellt ist. Gemäss ICC Leitfaden hat die ICC den Zugang zu Microsoft Teams, Vidyocloud und Skype for Business als Videokonferenz-Plattformoptionen lizenziert, aber Zoom, BlueJeans und GoToMeeting wurden ebenfalls bereits verwendet. Im Allgemeinen besagt der ICC Leitfaden, dass angepasste oder lizenzierte, gebührenpflichtige Videokonferenz- und Dokumentenaustauschplattformen einen grösseren Schutz bieten können als frei nutzbare, öffentliche Plattformen. Dies ist sicher zutreffend. Auch hier gilt, dass die zu verwendende Plattform zwischen den Parteien und dem Schiedsgericht bzw. den Mediatoren angesprochen werden sollte und sich alle Akteure, im Wissen um die möglichen Risiken, über deren Einsatz äussern und damit einverstanden erklären sollten. Wir erwarten und empfehlen, dass bei Schieds- und Mediationsverfahren, welche während oder nach der

37 ‹https://dsb.zh.ch/internet/datenschutzbeauftragter/de/themen/digitale-zusammenarbeit.html› (23.6. 2020).

COVID-19-Pandemie eingeleitet werden, solche Aspekte in der ersten verfahrensleitenden Verfügung festgehalten werden.

Zusammenfassend können und sollten die verfügbaren Technologien genutzt werden, jedoch dürfen dabei die Risiken einer solchen digitalisierten Streitbeilegung nicht ignoriert werden. Entsprechend sollte unserer Ansicht nach die Umsetzung geeigneter Cybersicherheits- und Datenschutzmassnahmen gebührend berücksichtigt werden. Dazu gehören nicht nur technische Massnahmen, sondern auch der Abschluss von Cyber-Protokollen und von Datenschutzvereinbarungen zwischen den Beteiligten und Drittanbietern. 50

d) Umsetzung in der Praxis

Der Entscheid, ob eine persönliche physische Anhörung verschoben oder als virtuelle Anhörung per Videokonferenztechnologie durchgeführt werden soll, erfordert eine Kosten-Nutzen-Analyse verschiedener Faktoren, darunter die Frage, ob die Teilnehmer zum Anhörungsort überhaupt reisen können, ob die Teilnehmer am Anhörungsort zugelassen werden und ob die Teilnehmer ein erhöhtes Risiko haben, bei einer Ansteckung mit dem Virus eine schwere Form von COVID-19 zu entwickeln. 51

Unabhängig davon, ob die Grenzen noch geschlossen sind und persönliche physische Anhörungen bereits deshalb nicht stattfinden können oder eine eingeschränkte Reisetätigkeit in naher Zukunft wieder möglich wird, wird die aufgezeigte Kosten-Nutzen-Analyse in der Praxis vermehrt zur Verschiebung von Anhörungen führen, insbesondere von über mehrere Tage geplanten Beweisverhandlungen. Eintägige Anhörungen werden demgegenüber vermehrt mittels Videokonferenz als virtuelle Anhörungen durchgeführt werden. Hier scheint die COVID-19-Pandemie tatsächlich als Wendepunkt zu dienen, welcher den vergangenen Bestrebungen zur Förderung von Online-Tools in der Schiedsgerichtsbarkeit und Wirtschaftsmediation zum Durchbruch verhilft. 52

Es zeigt sich aber bereits jetzt, dass Parteien und Schiedsgerichte wie Mediatoren an der physischen Präsenz aller Teilnehmer – insbesondere bei bereits hängigen Verfahren – festhalten. So werden Verhandlungen im nächsten Jahr, d.h. im Jahr 2021, bereits wieder als persönliche physische Verhandlungen geplant. Es bleibt nichtsdestotrotz zu hoffen, dass sich die nun gewonnene Familiarität mit den neuen Technologien auf lange Sicht zumindest hinsichtlich kürzerer Verhandlungen durchsetzt und diese auch in Zukunft als virtuelle Anhörung durchgeführt werden, sollten im Rahmen der jeweils erforderlichen Einzelfallabwägung keine zwingenden Faktoren dagegen sprechen. 53

2. Möglichkeit, Fristerstreckungen zu beantragen

Wie bereits aufgezeigt sind Schiedsverfahren und Verfahren der Wirtschaftsmediation grundsätzlich flexibler als staatliche Verfahren. Insbesondere bei bereits laufenden Fristen, ist eine Anpassung an die Gegebenheiten einfacher möglich. Im Zuge der COVID-19-Pandemie kann es zu Verzögerungen und Störungen im Verfahrensablauf aufgrund von eingeschränkter Verfügbarkeit von Parteien, Parteivertretern, Zeugen und 54

Schiedsrichtern kommen, unter anderem aufgrund von Reisebeschränkungen, Quarantäne, Krankheit oder Kinderbetreuung. An diese Gegebenheiten müssen laufende Verfahren angepasst werden können. Es gibt jedoch keinen Anspruch auf eine Fristerstreckung.

55 Auch die jetzige Pandemie dürfte jedoch nicht als Blankopass fungieren, beliebig Fristerstreckungen zu beantragen. Ein Gesuch um Fristerstreckung muss nach wie vor gut begründet sein. Ob eine Fristerstreckung zu gewähren ist, bleibt eine Frage des Einzelfalls. Bestehen ausreichend Gründe für eine Fristerstreckung, sollten aber insbesondere auch die Parteien sich untereinander kulant bzw. kollegial verhalten und gegebenenfalls einer Fristerstreckung zustimmen. Im Ergebnis, ist es das Schiedsgericht bzw. sind es die Mediatoren, welche über eine Fristerstreckung entscheiden. Dabei haben sie insbesondere den bereits erwähnten, allfälligen «ambush tactics» Einhalt zu gebieten.

3. Möglichkeit, verschiedene Schiedsverfahren zu wählen und diese zu gestalten

a) Ordentliches Verfahren, beschleunigtes Verfahren

aa) Einleitung

56 Das Schiedsverfahrensrecht bestimmt sich primär nach den (zwingenden) Verfahrensgarantien der *lex arbitri* (Recht am Ort des Sitzes des Schiedsgerichts), für Schiedsgerichte mit Sitz in der Schweiz also nach dem 3. Teil der ZPO (für Binnenschiedsgerichte) oder nach dem 12. Kapitel des IPRG (für internationale Schiedsgerichte). Sekundär und zur Hauptsache bestimmt sich das Schiedsverfahrensrecht jedoch durch die von den Parteien bestimmten Regeln und, wenn solche fehlen bzw. wo Lücken bestehen, nach der dispositiven Verfahrensordnung der *lex arbitri*, sofern sie die sich stellende Verfahrensfrage überhaupt beantwortet. Enthält sie keine Regel, so ist das Verfahren nach Massgabe von Art. 373 Abs. 2 ZPO bzw. Art. 182 Abs. 2 IPRG durch das Schiedsgericht unter Mitwirkung der Parteien festzulegen.

57 Regeln die Parteien das Schiedsverfahren gemäss Art. 373 Abs. 1 lit. b ZPO bzw. Art. 182 Abs. 1 IPRG durch Verweis auf eine schiedsgerichtliche Verfahrensordnung wie beispielsweise die Swiss Rules, dann können sie je nach Schiedsordnung grundsätzlich zwischen einem ordentlichen und einem beschleunigten Verfahren wählen.

bb) Ordentliches Verfahren

58 Die Swiss Rules beispielsweise regeln das ordentliche Verfahren insbesondere in ihrem dritten Abschnitt über das Schiedsverfahren (Art. 15 bis 30 Swiss Rules). Die namentlich durch die Parteiautonomie bedingten Vorzüge der Schiedsgerichtsbarkeit, insbesondere die nun im Rahmen der COVID-19-Pandemie bedeutsame Möglichkeit eines papier- und kontaktlosen Verfahrens, wurden bereits an anderer Stelle behandelt (Rz 3, 20, 22 ff.). Wie gesehen, ermöglichen auch andere Schiedsordnungen ein entsprechendes Verfahren (Rz 26, 28 ff.).

cc) Beschleunigtes Verfahren

Die Swiss Rules und andere Schiedsordnungen, so z.B. Art. 30 der ICC-Schiedsordnung und die eigens zu diesem Zweck erlassene Schiedsgerichtsordnung für Beschleunigte Schiedsverfahren der SCC[38]; ermöglichen neben dem ordentlichen Verfahren ein beschleunigtes Verfahren. Die Parteien können sich entweder vor oder nach dem Entstehen eines Streitfalls auf solche Regeln für beschleunigte Verfahren einigen. Sie tun dies vorzugsweise im Voraus, da die Ansichten der Parteien über den Grad der Schnelligkeit des Schiedsverfahrens nach dem Entstehen eines Streitfalls oft erheblich voneinander abweichen. 59

Wenn die Parteien es so vereinbaren und auch grundsätzlich wenn der Streitwert CHF 1 Mio. nicht übersteigt, soll das Schiedsverfahren nach Art. 42 Abs. 1 der Swiss Rules in einem beschleunigten Verfahren gemäss den Regeln des ordentlichen Verfahrens mit den in Art. 42 Abs. 1 lit. a–e der Swiss Rules aufgeführten Änderungen durchgeführt werden. Gemäss den Swiss Rules zeichnet sich ein beschleunigtes Verfahren insbesondere durch folgende Besonderheiten gegenüber dem ordentlichen Schiedsverfahren aus: 60

- grundsätzlich Entscheid durch einen Einzelschiedsrichter;
- kein doppelter Schriftenwechsel (Replik/Duplik), Widerklage und Widerklageantwort sind aber zugelassen;
- Möglichkeit der Beweisbeschränkung: nur Urkundenbeweis und keine mündliche Verhandlung;
- nur eine mündliche Verhandlung;
- Schiedsspruch ist innert 6 Monaten seit Zustellung der Akten zu fällen; und
- summarische Begründung des Schiedsspruchs oder vollständiger Verzicht der Parteien auf eine Begründung.

Beschleunigte Schiedsverfahren gemäss den Swiss Rules bewirken folglich einen schnelleren Erlass eines Schiedsspruchs und zeichnen sich dadurch aus, dass der Rechtstreit durch einen Einzelschiedsrichter entschieden wird und auf eine mündliche Verhandlung verzichtet werden kann. Zudem kann das Schiedsgericht z.B. unter der ICC-Schiedsordnung auch die Länge und den Inhalt von Eingaben reduzieren. Daraus ergibt sich, dass beschleunigte Schiedsverfahren noch wesentlich schneller und kostengünstiger als ordentliche Schiedsverfahren durchgeführt werden können. 61

Beschleunigte Schiedsverfahren können folglich gerade auch in Zeiten der COVID-19-Pandemie von Vorteil sein. Streitigkeiten, die ihren Ursprung in der Pandemie haben, dürften zum Teil weniger komplex bzw. technisch sein. Parteien, die aufgrund der Pandemie, in Streitigkeiten geraten, haben eher Interesse ihre Geschäftsbeziehungen aufrecht zu erhalten und diese nicht durch langwierige Gerichts- oder 62

38 Arbitration Institute of the Stockholm Chamber of Commerce, 2017 Schiedsgerichtsordnung für Beschleunigte Schiedsverfahren, ‹https://sccinstitute.com/media/223512/expedited-rules-german.pdf› (23.6.2020).

Schiedsverfahren zu belasten. Dem kann durch die Wahl eines beschleunigten Schiedsverfahrens abgeholfen werden. Darüber hinaus ist die Notwendigkeit der physischen Präsenz von Zeugen, Parteien und Schiedsrichtern limitiert. Nicht nur offene Konfrontationen, sondern auch notwendige Reisen können so vermieden und der Streit innerhalb eines halben Jahres bereinigt werden. Hierzu bietet sich auch die Wirtschaftsmediation an, welche, entgegen einem Schiedsverfahren, keine Konfrontation der Parteien vorsieht, sondern nach Darlegung der Fakten mittels Diskurses eine Lösung herbeigeführt wird.

b) Entscheid nach Billigkeit (ex aequo et bono)

63 Das Schiedsgericht trifft seinen Entscheid auf der Grundlage des in der Sache anwendbaren (materiellen) Rechts, das nicht mit dem Schiedsverfahrensrecht zu verwechseln ist. Wie die Mehrheit der Verfahrensregeln kann aber auch das materielle Recht grundsätzlich von den Parteien gewählt werden (vgl. Art. 187 Abs. 1 IPRG). Wenn die Parteien selber kein anwendbares Recht wählen, entscheidet das Schiedsgericht im internationalen Schiedsverfahren nach dem Recht, das am engsten mit der Streitsache zusammenhängt, in der Binnenschiedsgerichtsbarkeit hingegen nach den Kollisionsregeln, welche das staatliche Gericht in einem solchen Fall anwenden würde.

64 Die Parteien geniessen aber auch bei der Wahl des materiellen Rechts eine äusserst grosse Freiheit und können einen Entscheid «nach Billigkeit» («ex aequo et bono») vereinbaren. Bei diesem Entscheid soll das Schiedsgericht eine gerechte und angemessene Lösung für die Streitigkeit finden, ohne sich an Gesetzesbestimmungen halten zu müssen. Eine Schranke bildet in dieser Hinsicht jedoch der Ordre Public. Dies macht die Anfechtung eines Billigkeitsentscheids schwierig. Verzichten die Parteien zusätzlich auf eine Begründung des Entscheids, wird die Anfechtung praktisch ausgeschlossen, die Vollstreckbarkeit dagegen erleichtert. Die Vereinbarung, nach Billigkeit zu entscheiden, vermindert folglich die juristische Komplexität einer Streitigkeit und damit den Aufwand des Schiedsgerichts. Sie wird aber – wegen der mangelnden Voraussehbarkeit des Resultats – nicht (mehr) besonders oft getroffen.[39]

65 Abhängig von den prinzipiell geltenden Regelungen zur höheren Gewalt und zu wirtschaftlichen Härtefällen gemäss dem in der Sache anwendbaren (materiellen) Recht bzw. deren allfälligem Fehlen oder Lückenhaftigkeit, empfiehlt sich somit gerade bei Streitigkeiten im Zusammenhang mit der COVID-19-Pandemie die Überlegung der Parteien, das Schiedsgericht zu einem Entscheid nach Billigkeit zu bestimmen bzw. zumindest zu ermächtigen.[40] So dürfte das jeweilige materielle Recht für diverse rechtliche

39 GIRSBERGER/PETER, Rz 907.

40 Vgl. GÖKSU, Rz 1726, wonach sich letztlich nach dem Willen der Parteien beurteilt, ob das Schiedsgericht nach Billigkeit entscheiden muss oder im Sinne der Methodenwahlfreiheit dies darf, ob also die Ermächtigung obligatorisch oder fakultativ ist. Im Zweifel sei seiner Ansicht nach aber davon auszugehen, dass die Ermächtigung verpflichtend ist, das Schiedsgericht also nach Billigkeit entscheiden muss.

Fragen im Zusammenhang mit der durch die COVID-19-Pandemie hervorgerufenen ausserordentlichen Situation keine bzw. noch keine detaillierte Regelung vorsehen, weshalb die Parteien mit einer Billigkeitsentscheidung der von ihnen aufgrund ihrer Branchenkenntnis gewählten Schiedsrichter allenfalls besser bedient sind. Das Risiko der mangelnden Voraussehbarkeit einer solchen Entscheidung ist aber selbstverständlich nicht zu unterschätzen, weshalb eine entsprechende (obligatorische oder fakultative) Ermächtigung des Schiedsgerichts gründlich überlegt sein will.

c) Grenzen

Die zwingenden schiedsverfahrensrechtlichen Bestimmungen der *lex arbitri* stellen **Verfahrensgarantien** dar, die aufgrund ihrer Bedeutung für ein faires Verfahren und ein gerechtes Urteil weder den Parteien noch dem Schiedsgericht zur Disposition freistehen. Art. 373 Abs. 4 ZPO bzw. 182 Abs. 3 IPRG erwähnen für die Schiedsgerichtsbarkeit in der Schweiz ausdrücklich als zwingende Verfahrensgarantien die Gleichbehandlung der Parteien, ihr Anspruch auf rechtliches Gehör sowie die Durchführung eines kontradiktorischen Verfahrens. 66

Sodann ergeben sich aus den möglichen **Beschwerdegründen der *lex arbitri*** zur Anfechtung eines Schiedsspruchs Verfahrensvorschriften, welche vom Schiedsgericht zu beachten sind, soll der Schiedsspruch ein allfälliges späteres Rechtsmittelverfahren überstehen. Dazu gehören insbesondere die Dispositionsmaxime, welche durch Entscheidungen *ultra petita* verletzt wird, oder das Rechtsverweigerungsverbot, welches durch Entscheidungen *infra petita* verletzt wird (Art. 393 lit. c ZPO bzw. Art. 190 Abs. 2 lit. c IPRG). Auch das Verbot der willkürlichen Tatsachenfeststellung bei der Binnenschiedsgerichtsbarkeit (Art. 393 lit. e ZPO) sowie die Beachtung des verfahrensrechtlichen Ordre Public bei der internationalen Schiedsgerichtsbarkeit (Art. 190 Abs. 2 lit. e IPRG) zählen dazu. 67

Bei der internationalen Schiedsgerichtsbarkeit sind sodann die **Verweigerungsgründe des NYÜ** zu beachten, welche einer Anerkennung im Ausland im Wege stehen könnten, so z.B. die Pflicht, dass die Parteien über das Schiedsverfahren in Kenntnis zu setzen sind und die Möglichkeit haben müssen, ihre Angriffs- und Verteidigungsmittel geltend zu machen (Art. V Ziff. 1 lit. b NYÜ), dass das Schiedsverfahren der Vereinbarung der Parteien oder dem Recht des Landes, in dem das Schiedsverfahren stattfand, entspricht (Art. V Ziff. 1 lit. d NYÜ), und dass der verfahrensrechtliche Ordre Public nicht verletzt wird (Art. V Ziff. 2 lit. b NYÜ).[41] 68

All diese Bestimmungen stellen somit Mindestanforderungen an das Schiedsverfahren und setzen auch der Parteiautonomie Grenzen, welche selbst zu Zeiten der COVID-19-Pandemie zu beachten sind. 69

41 Siehe im Detail Göksu, Rz 1283–1311.

d) *Dringlicher Rechtsschutz (Emergency Arbitration)*

70 Einstweiliger Rechtsschutz kann auch in Zeiten der COVID-19-Pandemie durch die Benennung eines Emergency Arbitrators erlangt werden. Dieses Institut ermöglicht es den Parteien vor Konstituierung des Schiedsgerichts Rechtsschutz zu erlangen. Zwar können Entscheidungen des Emergency Arbitrators mangels Hoheitsgewalt nicht direkt vollstreckt werden und bleibt die Durchsetzung der angeordneten Massnahmen Sache des staatlichen Gerichts (Art. 374 Abs. 2 ZPO; Art. 183 Abs. 2 IPRG), derartige Entscheidungen werden aber erfahrungsgemäss von den Parteien freiwillig befolgt und können im besten Fall zu einem frühen Vergleich führen. Aufgrund der derzeitigen Einschränkung des Gerichtsbetriebs erscheint die Erlangung vorläufigen Rechtschutzes durch die Anrufung eines Emergency Arbitrators nicht nur möglich, sondern auch angezeigt, wenn das zu Grunde liegende Vertragswerk eine Schiedsklausel enthält.

71 Das Schiedsgericht ist nach Art. 374 ZPO und Art. 183 IPRG befugt, vorsorgliche Massnahmen, einschliesslich solcher für die Sicherung von Beweisen zu erlassen. Wurden die Swiss Rules vereinbart, und sofern die Parteien nichts anderes vereinbart haben, kann eine Partei, welche vor der Bestellung des Schiedsgerichts dringlicher Massnahmen nach Art. 26 der Swiss Rules (d.h. vorläufige oder sichernde Massnahmen) bedarf, beim Sekretariat ein Begehren um dringlichen Rechtsschutz nach Art. 43 der Swiss Rules einreichen. Die vom SCAI Gerichtshof als Dringlichkeitsschiedsgericht eingesetzte Einzelperson führt das Verfahren nach seinem freien Ermessen unter Berücksichtigung der dem Verfahren eigenen Dringlichkeit. Seine Entscheidung ist innerhalb von 15 Tagen seit Erhalt der Akten zu erlassen und hat die Wirkungen einer Entscheidung nach Art. 26 der Swiss Rules. Auch weitere Schiedsordnungen, so z.B. die ICC-Schiedsordnung (Art. 28) und die UNCITRAL-Schiedsgerichtsordnung (Art. 26), enthalten Regelungen zu vorsorglichen und sichernden Massnahmen.

V. Schiedsgerichtsbarkeit als Methode der Wahl aufgrund der aktuellen Herausforderungen

1. Einleitung

72 Die COVID-19-Pandemie hat gezeigt, dass Streitbeilegungsmechanismen flexibel sein müssen, um auf die sich stetig verändernden staatlichen Massnahmen angemessen reagieren und ihre Funktionsfähigkeit aufrechterhalten zu können. Der Schiedsgerichtsbarkeit ist dies deutlich besser gelungen als der staatlichen Gerichtsbarkeit. Wie aufgezeigt konnte die Branche aufgrund ihrer Flexibilität schnell auf die Pandemie reagieren und funktionsfähig bleiben, wohingegen die staatliche Gerichtsbarkeit den Betrieb zeitweise stark einschränken musste und immer noch muss. Selbst wenn diese Einschränkungen nun langsam gelockert werden und der ordentliche Geschäftsbetrieb mit den gebotenen Schutzmassnahmen wieder aufgenommen werden kann, ist mit Überlastungen und aufgrund des «Back Locks» mit längeren Wartezeiten und Verfahrensdauern zu rechnen.

Vor diesem Hintergrund dürfte sich für Parteien eines Streits die Frage stellen, ob selbst bei grundsätzlicher Zuständigkeit staatlicher Gerichte ein Schiedsverfahren nicht einem staatlichen Verfahren aufgrund seiner Flexibilität auch in Anbetracht derzeit noch ungewisser Auswirkungen der COVID-19-Pandemie auf die Streitbeilegung vorzuziehen ist. Diese Frage kann nicht allgemein beantwortet werden, sondern ist im Rahmen einer Einzelfallabwägung durch die Parteien und deren Rechtsvertreter zu beurteilen. Für die Wahl der Schiedsgerichtsbarkeit spricht dabei nebst der Aufrechterhaltung ihrer Funktionsfähigkeit und schnellen Reaktionsfähigkeit sicherlich auch die Möglichkeit, verschiedene Schiedsverfahren zu wählen und diese dahingehend zu gestalten, dass auch auf weitere mögliche Auswirkungen der COVID-19-Pandemie angemessen reagiert werden kann. 73

2. Verweisung eines Streites an ein Schiedsgericht bei grundsätzlicher Zuständigkeit staatlicher Gerichte

Die Parteien eines Vertrags sind grundsätzlich frei, durch gemeinsame Übereinkunft für allenfalls aus oder im Zusammenhang mit dem Vertrag bereits bestehende oder künftige Streitigkeiten verbindlich und unter Ausschluss der staatlichen Gerichtsbarkeit ein Schiedsgericht zu bestellen, soweit das massgebende Rechtsverhältnis schiedsfähig ist. Dies gilt aufgrund der Parteiautonomie auch, wenn der Vertrag eine Gerichtsstandsklausel zugunsten staatlicher Gerichte enthalten sollte. Mittels gemeinsamer Übereinkunft, d.h. mittels Schiedsvereinbarung, können die Parteien eine entsprechende Klausel zu Gunsten der Schiedsgerichtsbarkeit abändern. 74

Ob eine gültige Schiedsvereinbarung getroffen wurde, richtet sich für nationale Verhältnisse nach Art. 357 und 358 ZPO, für internationale Verhältnisse gilt Art. 178 IPRG. Die Schiedsvereinbarung hat nach den genannten Bestimmungen grundsätzlich schriftlich oder mittels Nachweises der Schriftlichkeit zu erfolgen. Sodann sind allfällige im Vertrag möglicherweise enthaltene, weitergehende Formvorschriften für die Abänderung des bestehenden Vertrags zu beachten. 75

3. Verweisung eines an einem staatlichen Gericht hängigen Streites an ein Schiedsgericht

Grundsätzlich bestehen weder in der Schweizerischen Zivilprozessordnung noch im Bundesgesetz über das Internationale Privatrecht Bestimmungen, welche eine derartige «Verweisung» ausschliessen würden. Es ist allerdings zu beachten, dass das Fehlen einer Schiedsvereinbarung eine negative Prozessvoraussetzung für das staatliche Gericht darstellt. Da die vom Gericht von Amtes wegen zu prüfenden Prozessvoraussetzungen jedoch erst im Urteilszeitpunkt vorliegen müssen, sollte es den Parteien selbst während hängigem staatlichem Verfahren bis kurz vor Urteilsfällung möglich sein, für schiedsfähige Rechtsverhältnisse die Schiedsgerichtsbarkeit zu vereinbaren. Das staatliche Gericht müsste diesfalls mangels Vorliegens einer negativen Prozessvoraussetzung einen Nichteintretensentscheid fällen und die Parteien könnten die Streitsache neu beim vereinbarten Schiedsgericht einbringen. Selbstverständlich sind die Vor- und Nachteile 76 eines solchen Vorgehens je nach Verfahrensstand im staatlichen Verfahren sorgfältig abzuwägen.

VI. Höhere Gewalt und Härtefälle im Schiedsverfahren

1. Umgang mit höherer Gewalt in der Vergangenheit (kontinentales Recht gegenüber Common-Law-Ansatz)

77 Ausgangspunkt eines jeden Schiedsgerichts ist das von den Parteien gewählte Recht. Bestehen hier jedoch Unklarheiten, greifen Schiedsgerichte mitunter auf allgemeine Rechtsprinzipien *(lex mercatoria)* zurück.

78 Die Schiedspraxis setzt unter Anwendung allgemeiner Rechtsprinzipien für das Vorliegen von höherer Gewalt bzw. *force majeure* voraus, dass die Erfüllung der geschuldeten Leistung unmöglich oder äusserst erschwert wurde und das Hindernis nicht von den Parteien selbst verursacht worden ist. Das Hindernis darf nicht rechtzeitig vorhersehbar gewesen sein und nicht mit zumutbaren Mitteln beseitigt werden können.

79 Das Vorliegen von *force majeure* haben Schiedsgerichte in der Vergangenheit aber nicht zwingend als ein die Leistungspflicht beendendes Ereignis angesehen, sondern eher als Unterbrechung. Es herrscht die Tendenz, unvorhergesehene Kosten auf beide Parteien zu verteilen und/oder auf eine Anpassung des Vertrages hinzuwirken. Von den Parteien selbst wird erwartet, dass sie über laufende Verträge bei *force majeure* neu verhandeln.

2. Höhere Gewalt und Härtefälle nach CISG, den UNIDROIT-Prinzipien und den ICC-Klauseln

80 Die Folgen der COVID-19-Pandemie sind ein Ereignis **höherer Gewalt** im Sinne von Art. 79 des Übereinkommens der Vereinten Nationen über Verträge über den internationalen Warenkauf vom 11. April 1980 (CISG).[42] Es handelt sich um Umstände, die ausserhalb des Einflussbereichs einer Partei liegen. Ausserdem konnte von der sich auf höhere Gewalt berufenden Partei vernünftigerweise nicht erwartet werden, den Hinderungsgrund bei Vertragsabschluss in Betracht zu ziehen oder den Hinderungsgrund oder seine Folgen zu vermeiden oder zu überwinden. Dieser Begriff umfasst insbesondere Hinderungsgründe aufgrund staatlicher Eingriffe, einschliesslich solcher, die sich aus gesetzlichen Vorschriften ergeben, sowie Hinderungsgründe aufgrund von Pandemien. Die ICC Musterklauseln für höhere Gewalt[43] sowie die UNIDROIT-Prinzipien (Art. 7.1.7)[44] kommen hinsichtlich der höheren Gewalt zum gleichen Ergebnis.

42 Übereinkommen der Vereinten Nationen über Verträge über den internationalen Warenkauf vom 11.4.1980 (CISG; SR 0.221.211.1).

43 International Chamber of Commerce, ICC Force Majeure and Hardship Clauses, March 2020, ‹https://www.iccgermany.de/fileadmin/user_upload/Content/Handelsrecht-_und_praxis/icc-forcemajeure-hardship-clauses-march2020.pdf› (23.6.2020).

44 International Institute for the Unification of Private Law (UNIDROIT), UNIDROIT Grundregeln der Internationalen Handelsverträge 2016, ‹https://www.unidroit.org/unidroit-principles-2016/unidroit-principles-2016-overview/german-black-letter› (23.6.2020).

Anders als höhere Gewalt, bei der es um die Frage der Verantwortlichkeit für die Nichterfüllung geht, ist das Ergebnis veränderter Umstände auf die Vertragserfüllung ein Problem der Vertragsbindung. Ein **(wirtschaftlicher) Härtefall** (sog. Hardship) besteht in einer wesentlichen Änderung der Umstände, welche ausserhalb der Kontrolle der nicht erfüllenden Partei liegt, welche die Erfüllung des Vertrags für diese Partei übermässig belastend oder schwierig macht, und welche zum Zeitpunkt des Vertragsabschlusses nicht hätte berücksichtigt und deren Folgen nicht hätten vermieden werden können. Darüber, ob derartige Härtefälle überhaupt und somit auch als Folge der COVID-19-Pandemie unter Art. 79 CISG subsumiert werden können, herrscht Uneinigkeit. 81

Die schiedsgerichtliche und gerichtliche Praxis sowie die Lehre vertreten unterschiedliche Ansätze hinsichtlich der Frage, ob auch eine Situation veränderter (wirtschaftlicher) Umstände in den Anwendungsbereich von Art. 79 CISG fällt. Die Ansätze reichen vom impliziten Ausschluss der Härtefälle aus dem Anwendungsbereich des CISG bis zu dem vom CISG-Beirat und der jüngsten Rechtsprechung vertretenen Ansatz, wonach Härtefälle ausdrücklich in Art. 79 CISG behandelt werden und unter bestimmten Voraussetzungen als ein von der benachteiligten Partei nicht zu vertretender Hinderungsgrund angesehen werden können.[45] Somit ist nicht ausgeschlossen, dass die Folgen der COVID-19-Pandemie bei gegebenen Voraussetzungen selbst dann unter Art. 79 CISG subsumiert werden können, wenn sie «nur» als (wirtschaftliche) Härtefälle qualifizieren. 82

Im Gegensatz zum CISG enthalten die zuvor erwähnten Klauseln der ICC für höhere Gewalt und Härtefälle aus dem Jahre 2003 (und ihre im März 2020 aktualisierte Fassung)[46] eine Musterklausel für Härtefälle, welche Parteien in ihre Verträge übernehmen können. Auch die UNIDROIT-Prinzipien regeln Fälle veränderter Umstände (Hardship) explizit (Art. 6.2.1–6.2.3).[47] Danach liegen veränderte Umstände vor, wenn der Eintritt von Ereignissen das Gleichgewicht des Vertrages grundlegend ändert, sei es, weil sich die Kosten der Leistung einer Partei erhöht haben oder weil der Wert der Leistung, die eine Partei erhält, sich vermindert hat, und (a) diese Ereignisse nach Vertragsabschluss eintreten oder der benachteiligten Partei bekannt werden, (b) diese Ereignisse vernünftigerweise durch die benachteiligte Partei zum Zeitpunkt des Vertragsabschlusses nicht hatten berücksichtigt werden können, (c) diese Ereignisse ausserhalb des Einflussbereichs der benachteiligten Partei liegen, und (d) das Risiko des Eintritts dieser Ereignisse durch die benachteiligte Partei nicht übernommen worden war. Sowohl nach den UNITROIT-Prinzipien wie auch gemäss der ähnlich lautenden ICC Musterklausel für 83

45 Klepac, S. 7 und 16 f.

46 International Chamber of Commerce, ICC Force Majeure and Hardship Clauses, March 2020, ‹https://www.iccgermany.de/fileadmin/user_upload/Content/Handelsrecht-_und_praxis/icc-forcemajeure-hardship-clauses-march2020.pdf› (23.6.2020).

47 International Institute for the Unification of Private Law (UNIDROIT), UNIDROIT Grundregeln der Internationalen Handelsverträge 2016, ‹https://www.unidroit.org/unidroit-principles-2016/unidroit-principles-2016-overview/german-black-letter› (23.6.2020).

Härtefälle dürften somit die Folgen der COVID-19-Pandemie je nach ihrer Ausprägung als Härtefälle qualifizieren.

84 Die Folgen einer Leistungsstörung infolge der Pandemie reichen von der Befreiung von der vertraglichen Verpflichtung bis zu deren Verschiebung (siehe z.B. Art. 79 Abs. 1 und 3 CISG; Art. 7.1.7 Abs. 1 und Abs. 2 UNIDROIT-Prinzipien). Wenn die Erfüllung im Falle höherer Gewalt schlicht und einfach unmöglich geworden ist (aufgrund der Art der Leistung), kann der Vertrag ohne Entschädigung gekündigt werden, so z.B. gemäss Ziff. 8 der ICC Musterklausel für höhere Gewalt in ihrer langen Form. In anderen Fällen ist die Erfüllung nicht unmöglich, sondern verzögert, und die Folgen hängen von der Dauer und den Folgen der Pandemie ab (z.B. gemäss Ziff. 6 der ICC Musterklausel für höhere Gewalt in ihrer langen Form).

85 Die Folgen veränderter (wirtschaftlicher) Umstände richten sich z.B. nach Art. 6.2.3 der UNIDROIT-Prinzipien. Danach ist die benachteiligte Partei zwar berechtigt, Nachverhandlungen zu verlangen, nicht jedoch, die Leistung zurückzuhalten. Können die Parteien keine Einigung erzielen, kann das Gericht angerufen werden, welches den Vertrag anpassen oder aufheben kann. Auch gemäss der ICC Musterklausel für Härtefälle kann im Falle des Scheiterns einer Einigung das Gericht angerufen werden, welches den Vertrag anpassen oder aufheben kann. Nach der Musterklausel hat jedoch auch die Partei, welche sich auf den Härtefall beruft, das Recht, den Vertrag im Falle des Scheiterns einer Einigung zu beenden. Diesfalls kann sie jedoch ohne Zustimmung der Gegenpartei nicht mehr das Gericht um Vertragsanpassung anrufen.

86 Soweit auf das Schiedsverfahren materielles Schweizer Recht anwendbar ist, können in einigen extremen Fällen wirtschaftliche Umstände (z.B. Unterbrechung der Lieferketten) die wirtschaftlichen Parameter von Transaktionen derart verändern, dass der Grundsatz von Treu und Glauben nach Schweizer Recht die Anpassung oder Kündigung des Vertrags basierend auf dem allgemeinen Grundsatz *clausula rebus sic stantibus* oder der Kündigung von Dauerschuldverhältnissen aus wichtigem Grund rechtfertigen kann (siehe hierzu im Detail § 1 Rz 35 ff.).

§ 17 Insolvenzrechtliche Massnahmen zur Bewältigung der Coronakrise

Daniel Staehelin/Lukas Bopp

Inhaltsverzeichnis

Literaturverzeichnis

AMONN KURT/WALTHER FRIDOLIN, Grundriss des Schuldbetreibungs- und Konkursrechts, 9. Aufl., Bern 2013; BÖCKLI PETER, Schweizerisches Aktienrecht, 4. Aufl., Zürich 2009; HONSELL HEINRICHT/ VOGT NEDIM PETER/WATTER ROLF (Hrsg.), Basler Kommentar, Obligationenrecht II, 5. Aufl. Basel 2010; HUNKELER DANIEL (Hrsg.), Kurzkommentar, Bundesgesetz über Schuldbetreibung und Konkurs, 2. Aufl., Basel 2014; STAEHELIN ADRIAN/STAEHELIN DANIEL/BAUER THOMAS (Hrsg.), Basler Kommentar, Bundesgesetz über Schuldbetreibung und Konkurs, 2. Aufl., Basel 2010; STAEHELIN ADRIAN/STAEHELIN DANIEL/GROLIMUND PASCAL, Zivilprozessrecht, 3. Aufl., Zürich 2019.

Materialienverzeichnis

Bundesamt für Justiz, COVID-19-Verordnung Insolvenzrecht, Erläuterungen zu den einzelnen Bestimmungen (Erläuterungen BJ); LORANDI FRANCO, Gutachten für das Bundesamt für Justiz zu spezifischen Fragen des Insolvenzrechts, Zürich 2020.

I. Einleitung

1 Nachdem der Bundesrat bereits am 28. Februar 2020 aufgrund der Ausbreitung des SARS-CoV-2-Virus Grossveranstaltungen wie etwa die Basler Fasnacht untersagte, stufte er am 16. März 2020 die Situation als ausserordentliche Lage im Sinne des Epidemiengesetzes ein.[1] Der Bundesrat verbot Treffen von mehr als fünf Personen im öffentlichen Raum, verordnete die Schliessung von Grenzen, Schulen und gewisser Betriebe. Ähnliche und teilweise sogar noch weitergehende Massnahmen, wie etwa eine generelle Ausgangssperre, wurden in anderen Ländern Europas sowie dem Rest der Welt verhängt. Wichtige Absatz- und Zulieferungsmärkte brachen von heute auf morgen zusammen und das öffentliche Leben kam praktisch zu einem Stillstand. Kongresse, Messen, kulturelle und sportliche Veranstaltungen wurden abgesagt, Geschäftsreisen storniert. Die Umsätze vieler Unternehmen sanken praktisch auf null, während Fixkosten wie Mieten, Löhne etc. weiterliefen.

1 Bundesgesetz über die Bekämpfung übertragbarer Krankheiten des Menschen (Epidemiengesetz, EpG) vom 28. September 2012, SR 818.101.

Gemäss der Studie der Konjunkturforschungsstelle der ETH (KOF) ist, nicht ganz unerwartet, für das Jahr 2020 mit einer tiefen Rezession zu rechnen.[2] Der Schaden der das COVID-19-Virus für die Wirtschaft in der Schweiz verursachen wird, wird von Fachleuten auf über 100 Milliarden Franken geschätzt. Kaum ein Unternehmen hat oder wird die Folgen der gegen die Verbreitung des COVID-19-Virus ergriffenen Massnahmen daher nicht zu spüren bekommen, gewisse mit drastischen Konsequenzen. Die starken Umsatzeinbussen führen bei Unternehmen, die nicht über genügend Reserven verfügen, unmittelbar zu Liquiditätsproblemen und mittelbar zu einer möglichen Überschuldung. 2

In einem ersten Schritt hat der Bundesrat daher verschiedene Massnahmen erlassen, welche die wirtschaftlichen Folgen für die Unternehmen lindern und den dringendsten unternehmerischen Bedürfnissen rasch nachkommen sollen. Zur Überbrückung von Liquiditätsengpässen stellte der Bund nach Massgabe der Verordnung zur Gewährung von Krediten und Solidarbürgschaften in Folge des Coronavirus (COVID-19-Solidarbürgschaftsverordnung) umfangreiche Notkredite zur Verfügung.[3] Weiter wurde die Bewilligung für Kurzarbeit ausgebaut und stark vereinfacht. Sodann hatte der Bundesrat bereits mit Wirkung auf den 19. März 2020 von der gemäss Art. 62 SchKG vorgesehenen Möglichkeit, im Falle einer Epidemie oder eines Landesunglücks den Rechtsstillstand anzuordnen, Gebrauch gemacht. Unmittelbar an diesen Rechtsstillstand folgten die gesetzlichen Betreibungsferien gemäss Art. 56 SchKG. Für die Zeit vom 19. März 2020 bis zum 19. April 2020 konnten Schuldner in der Schweiz somit nicht betrieben werden. Ebenfalls gestützt auf Art. 62 SchKG hat der Bundesrat am 20. Mai 2020 gegenüber Reiseveranstalter oder -vermittler gemäss Art. 2 des Bundesgesetzes vom 18. Juni 1993 über Pauschalreisen für Forderungen von Kunden, die aus der Nichterbringung einer Reiseleistung rühren, bis zum 30. September 2020 einen Rechtsstillstand verordnet.[4] 3

Diese in erster Linie liquiditätsentlastenden Massnahmen hat der Bundesrat am 16. April 2020 mit der Verordnung über insolvenzrechtliche Massnahmen zur Bewältigung der Coronakrise (COVID-19-Verordnung Insolvenzrecht)[5] ergänzt und flankiert. Die COVID-19-VInsr[6] trat unmittelbar nach Ablauf der Betreibungsferien am 20. April 2020 in Kraft und gilt gemäss Art. 23 Abs. 2 COVID-19-VInsr für eine Dauer von sechs Monaten, d.h. bis zum 20. Oktober 2020. 4

2 Vgl. KOF Konjunkturprognose, Mai 2020 vom 15. Mai 2020, abrufbar unter ‹https://kof.ethz.ch/prognosen-indikatoren.html› (28.5.2020).

3 Verordnung zur Gewährung von Krediten und Solidarbürgschaften in Folge des Coronavirus (COVID-19-Solidarbürgschaftsverordnung) vom 25. März 2020, SR 951.261.

4 Vgl. Verordnung über den Rechtsstillstand nach Artikel 62 des Bundesgesetzes über Schuldbetreibung und Konkurs für die Reisebranche vom 20. Mai 2020, SR 281.243.

5 Verordnung über insolvenzrechtliche Massnahmen zur Bewältigung der Coronakrise (COVID-19-Verordnung Insolvenzrecht) vom16. April 2020, SR 281.241, nachfolgend COVID-19-VInsr.

6 Aus Gründen der einfacheren Lesbarkeit wurde die geschlechtsneutrale Formulierung der COVID-19-VInsr nicht übernommen. Es sind im nachfolgenden immer beide Geschlechter umfasst.

5 Die COVID-19-VInsr entbindet den Verwaltungsrat zunächst unter gewissen Voraussetzungen von seiner Verpflichtung nach Art. 725 Abs. 2 OR, bei Überschuldung der Gesellschaft die Bilanz beim Gericht zu deponieren. Weiter gewährt die COVID-19-VInsr gewisse vorübergehende Erleichterungen im Zusammenhang mit dem Nachlassverfahren gemäss SchKG. Schliesslich führt die COVID-19-VInsr die Möglichkeit einer befristeten, unbürokratischen Stundung für kleinere und mittlere Unternehmen ein (COVID-19-Stundung).

6 Die neuen Regelungen bezwecken, Unternehmen, die vor der Pandemie grundsätzlich wirtschaftlich waren, jedoch durch die Folgen von COVID-19 in finanzielle Schieflage geraten sind, entweder die erforderliche Atempause zu verschaffen, um ihre Bilanzsituation wieder zu korrigieren (COVID-19-Stundung), oder sich in einem vereinfachten Nachlassverfahren zu sanieren. Ist die Überschuldung voraussichtlich nur vorübergehend, kann auf die Einleitung eines behördlich überwachten Insolvenzverfahrens ganz verzichtet werden.

7 Die neuen Regelungen der COVID-19-VInsr schaffen für die Leitungsorgane von schweizerischen Unternehmen neue Rechte und Pflichten und ermöglichen neue Sanierungsmöglichkeiten, die im Folgenden dargestellt werden.

II. Pflichten der Leitungsorgane nach Art. 725 OR im Kontext der COVID-19-Verordnung Insolvenzrecht

1. Einleitung

8 Art. 725 OR dient dem Schutz der Gläubiger, der Aktionäre und der Allgemeinheit.[7] Er will verhindern, dass eine Gesellschaft ohne eigene Mittel weiter am Geschäftsverkehr teilnimmt, weitere Verbindlichkeiten eingeht und ihre Geschäftstätigkeit auf Risiko der Gläubiger fortsetzt. Die Beachtung von Art. 725 OR gehört zu den elementarsten, nicht delegierbaren Pflichten des Verwaltungsrates gemäss Art. 716a Ziff. 6 OR. Eine Verletzung der Pflichten nach Art. 725 OR stellt einen schwerwiegenden Gesetzesverstoss dar, der die verantwortlichen Organe gegenüber den Aktionären und Gläubigern gemäss Art. 754 OR für den entstandenen Schaden grundsätzlich haftbar werden lässt.

9 Art. 725 OR gibt dem Verwaltungsrat unterschiedliche Handlungspflichten auf, je nachdem ob der Tatbestand des hälftigen Kapitalverlustes nach Art. 725 Abs. 1 OR oder der Überschuldung nach Art. 725 Abs. 2 OR vorliegt, wobei es sich bei beiden Konstellationen letztlich um gleiche Sachverhalte mit unterschiedlicher Intensität handelt.[8] Art. 725 OR ist eine gesellschaftsrechtliche Verkehrsampel, die von Gelb bei Kapitalverlust auf Rot bei Überschuldung schaltet.

10 In der Praxis und gerade bei KMUs mit einem niedrigen Aktienkapital ist der Weg vom hälftigen Kapitalverlust zur Überschuldung kurz und in Krisensituationen wie der vorliegenden, wo Einnahmen unvermittelt wegbrechen, vielfach nur eine Frage von

7 Vgl. BGE 121 III 425 E. 3; ZK-Bürgi, Art. 725 OR N 1; BSK OR II-Wüstinger, Art. 725 N 1.

8 BSK OR II-Wüstinger, Art. 725 N 1.

wenigen Tagen. Art. 1 der COVID-19-VInsr mildert daher die Handlungspflichten nach Art. 725 Abs. 2 OR, wenn die Ampel eigentlich auf Rot ist und dem Gericht die Überschuldung angezeigt werden müsste. Soweit Art. 1 der COVID-19-VInsr die Handlungspflichten des Verwaltungsrates nach Art. 725 OR nicht abändert oder sistiert, bleiben diese unverändert bestehen.[9] Der Verwaltungsrat hat daher bei Vorliegen des hälftigen Kapitalverlustes grundsätzlich weiterhin eine Generalversammlung einzuberufen und ihr Sanierungsmassnahmen vorzuschlagen bzw. einzuleiten. Ebenfalls besteht weiterhin die Verpflichtung, bei begründeter Besorgnis einer Überschuldung, eine Zwischenbilanz zu Fortführungs- und Liquidationswerten zu erstellen.

2. Sanierungspflichten nach Art. 725 Abs. 1 OR

Sanierungspflichten nach Art. 725 Abs. 1 OR werden ausgelöst, wenn die letzte Jahresbilanz zeigt, dass die Hälfte des Aktienkapitals und der gesetzlichen Reserven nicht mehr gedeckt ist. Massgebend für die Feststellung des Kapitalverlustes ist gemäss dem Wortlaut von Art. 725 Abs. 1 OR die letzte Jahresbilanz, im vorliegenden Kontext von COVID-19 also grundsätzlich der Jahresabschluss 2019.[10] Ereignisse zwischen dem Bilanzstichtag und der Abgabe des Revisionsberichtes bzw. der Bekanntgabe des Abschlusses sind dabei jedoch mit zu berücksichtigen.[11] Da bei vielen Gesellschaften Ende Februar 2020, als die ersten Corona-Fälle in der Schweiz auftraten, der Abschluss 2019 noch nicht vorgelegen haben dürfte, sind die Auswirkungen von COVID-19 bei der Beurteilung der Handlungspflichten nach Art. 725 Abs. 1 OR also mit zu berücksichtigen. Aber auch bei Gesellschaften mit einem «fast close», bei denen der Abschluss schon vor dem Ausbruch der Pandemie vorlag, sind deren Auswirkungen auf das Bilanzbild zu berücksichtigen, da der Verwaltungsrat ohnehin die Verpflichtung hat, die finanzielle Lage der Gesellschaft dauernd zu überwachen.[12] Geben die Auswirkungen der Pandemie demnach die Veranlassung, anzunehmen, dass ein Kapitalverlust vorliegen könnte, ist eine Zwischenbilanz aufzustellen und es darf nicht bis zum nächsten Jahresabschluss zugewartet werden. 11

Die Sanierungsversammlung ist unverzüglich einzuberufen. Für die Einberufung gelten die Formvorschriften von Art. 700 OR, bei Universalversammlungen diejenigen von Art. 701 OR. Die vom Verwaltungsrat vorgeschlagenen Sanierungsmassnahmen sind gehörig zu traktandieren. 12

Die Sanierung nach Art. 725 Abs. 1 OR ist eine privatrechtliche Sanierung ohne jegliche behördliche Mitwirkung und ohne gesetzliche Mitwirkungsrechte von Gläubigern, aber auch ohne die Möglichkeit diese zu Konzessionen zu zwingen.[13] Gleichwohl ist das Verhandeln mit Gläubigern eines der wichtigsten Instrumente, welches vielfach 13

9 Erläuterungen BJ, S. 1.

10 Dies gilt für die Vielzahl der Gesellschaften, die ihr Finanzjahr per 31.12. abschliessen.

11 Vgl. Böckli, Schweizerisches Aktienrecht, § 13 Rz 718; BSK OR II-Wüstinger, Art. 725 N 21.

12 BSK OR II-Wüstinger, Art. 725 N 21.

13 BSK OR II-Wüstinger, Art. 725 N 9e.

ausreichend sein wird, einen coronabedingten hälftigen Bilanzverlust zu beseitigen. Zu denken ist an Rangrücktritte von der Gesellschaft nahestehenden Gläubigern oder von Forderungsverzichten von Vermietern und Lieferanten. Allenfalls genügt für die Beseitigung des Bilanzverlustes auch bereits ein Kredit nach Art. 3 der COVID-19-Bürgschaftsverordnung, denn gemäss Art. 24 der COVID-19-Bürgschaftsverordnung müssen Kredite bis CHF 500 000.00 für die Berechnung der Deckung von Kapital und Reserven nach Art. 725 OR bis zum 31. März 2022 nicht als Fremdkapital berücksichtigt werden. Dieser Darlehensbetrag kann demnach aufgenommen werden, ohne dass er die Passivseite der Bilanz belastet. Daneben steht natürlich auch in der jetzigen COVID-19-Situation das bekannte Arsenal an Sanierungsmöglichkeiten wie Kapitalschnitten, Kapitalerhöhungen, Zuschüssen, Aktivenverkäufen, Debt-equity-swaps etc. zur Verfügung.

14 Hilfreich ist in der jetzigen COVID-19-Situation sicherlich, dass die Eruierung der Ursachen für die Unterdeckung des Aktienkapitals keiner aufwändigen betriebswirtschaftlichen und rechtlichen Analyse bedarf. Viel schwieriger wird dagegen die Evaluierung sein, welche Auswirkungen die COVID-19-Pandemie auf die kurz- und langfristige Zukunft eines Unternehmens haben wird und wie sich dies gegebenenfalls sogar auf die überjährige Fortführungsfähigkeit des Unternehmens auswirken wird. Diese bedarf unter Umständen auch der Beizug externer Spezialisten.

3. Pflichten bei Überschuldung nach Art. 725 Abs. 2 OR im Kontext von COVID-19

a) Allgemeines

15 Gemäss Art. 725 Abs. 2 OR muss, wenn begründete Besorgnis einer Überschuldung besteht, grundsätzlich eine Zwischenbilanz erstellt und diese von einem zugelassenen Revisor geprüft werden. Zeigt die Zwischenbilanz sodann, dass die Forderungen der Gesellschaftsgläubiger weder zu Fortführungs- noch zu Veräusserungswerten gedeckt sind, die Gesellschaft mithin überschuldet ist, muss das Gericht benachrichtigt werden. Eine Überschuldung liegt vor, wenn das Fremdkapital die Aktiven übersteigt, wobei das Aktien- oder Partizipationskapital, die Reserven und ein allfälliger Gewinnvortrag als Eigenkapital gelten und für die Feststellung der Überschuldung nicht zu den Gläubigerforderungen zu rechnen sind.

16 Ergibt sich aus der Zwischenbilanz, dass die Gesellschaft überschuldet ist, hat der Verwaltungsrat dem Gericht die Überschuldung anzuzeigen und entweder die Eröffnung des Konkurses oder eines Nachlassverfahrens zu beantragen. Von dieser Anzeigepflicht darf der Verwaltungsrat nur absehen, wenn die Überschuldung mittels Rangrücktritten beseitigt werden kann und zu erwarten ist, dass mit dieser Massnahme eine erneute Überschuldung für die nächsten zwölf Monate verhindert werden kann. Die Anzeige an das Gericht durch den Verwaltungsrat hat grundsätzlich unverzüglich zu erfolgen, auch wenn das Gesetz selber keine Frist nennt. Bestehen Aussichten auf Sanierung oder ist der Verwaltungsrat mit Gläubigern bezüglich Rangrücktritten in Verhandlung, wird in der Praxis ein Zuwarten mit der Überschuldungsanzeige von 4 bis 6 Wochen als

zulässig erachtet. Unterlässt der Verwaltungsrat die Anzeige, trifft bei offensichtlicher Überschuldung die Revisionsstelle eine Pflicht zur Ersatzvornahme.[14]

Art. 1 der COVID-19-VInsr relativiert und modifiziert diese nach Art. 725 Abs. 2 OR bestehenden Pflichten von Verwaltungsrat und Revisionsstelle. So darf der Verwaltungsrat von der Anzeige der Überschuldung absehen, wenn die Gesellschaft am 31. Dezember 2019 nicht überschuldet war und wenn Aussicht besteht, dass die Überschuldung bis zum 31. Dezember 2020 behoben werden kann. Entsprechendes gilt grundsätzlich auch für die Revisionsstelle. Der Entscheid des Verwaltungsrates, warum von der Anzeige abgesehen werden kann, ist schriftlich zu begründen und zu dokumentieren. Nach wie vor ist aber bei begründeter Besorgnis eine Zwischenbilanz aufzustellen. Die Prüfung der Zwischenbilanz durch einen zugelassenen Revisor kann aber gemäss Art. 1 Abs. 2 COVID-19-VInsr unterbleiben. 17

Zweck der Regelung ist es, Unternehmen, die vor der Pandemie wirtschaftlich gearbeitet haben und nur aufgrund der Auswirkungen der Pandemie in wirtschaftliche Schwierigkeiten geraten sind, von einer unnötigen Pflicht zur Überschuldungsanzeige zu entlasten. 18

b) *Zwischenbilanz bei begründeter Besorgnis einer Überschuldung*

Die Verpflichtung des Verwaltungsrates, bei begründeter Besorgnis der Überschuldung eine Zwischenbilanz zu Fortführungs- und Liquidationswerten zu erstellen, wird durch die COVID-19-VInsr nicht berührt. Diese Pflicht besteht unverändert fort. 19

Die als Auslöser für eine begründete Besorgnis der Überschuldung genannten Faktoren, wie cash-drain, Liquiditätsschwierigkeiten, nicht gegebene Fortführungsfähigkeit, hoher Abschreibungs- oder Rückstellungsbedarf[15] akzentuieren sich natürlich bei einem Jahrhundert-Ereignis wie der Corona-Pandemie bei einer Vielzahl von Gesellschaften. An kaum einer Branche geht die Pandemie ohne erhebliche finanzielle Auswirkungen vorbei. Die «begründete Besorgnis» im Sinne von Art. 725 Abs. 2 OR stellt sich im Kontext der COVID-19-Pandemie rasch ein, insbesondere bei Gesellschaften, die eine dünne Eigenkapitaldecke haben oder etwa im letzten Jahr Verlust gemacht haben. Entsprechendes gilt für Gesellschaften, die von Geschäftsschliessungen unmittelbar betroffen waren, deren Absatzmärkte weggebrochen sind oder die aus anderen Gründen die Produktion einstellen mussten oder müssen. Bei all diesen Gesellschaften wird der Verwaltungsrat relativ einfach feststellen, dass sich die Gesellschaft in einer Krise befindet und er daher gut daran tut, unverzüglich eine Zwischenbilanz zu erstellen. 20

c) *Sistierung der Anzeigepflichten trotz Überschuldung bei wirtschaftlichen Unternehmen*

Zeigt diese Zwischenbilanz nun, dass die Gesellschaft zu Fortführungs- und Liquidationswerten überschuldet ist, dispensiert Art. 1 Abs. 1 COVID-19-VInsr den Verwal- 21

14 Vgl. Art. 728c Abs. 3 OR und Art. 729c OR.

15 Vgl. BSK OR II-Wüstinger, Art. 725 N 33.

tungsrat von der Pflicht, dem Gericht die Überschuldung anzuzeigen, sofern die Gesellschaft erstens am 31. Dezember 2020 nicht überschuldet war und zweitens die Überschuldung bis am 31. Dezember 2020 wieder behoben werden kann. Diese Voraussetzungen müssen kumulativ erfüllt sein.

22 Die erste Voraussetzung beinhaltet eine rein retrospektive Betrachtung: Die Gesellschaft darf am 31. Dezember 2019 nicht überschuldet gewesen sein. Gemäss den Erläuterungen zur COVID-19-VInsr wollte man damit verhindern, dass überfällige Sanierungsmassnahmen weiter verschleppt und sich der Schaden für die Gläubiger bei solchen Gesellschaften noch vergrössert. Der 31. Dezember 2019 wurde gewählt, weil dieses Datum bei vielen Gesellschaften dem letzten Bilanzstichtag entspricht und sich die erste Voraussetzung nach Art. 1 Abs. 1 COVID-19-Verordnung bei den meisten Gesellschaften relativ einfach eruieren lässt.[16] Da ein Rangrücktritt die Überschuldung nicht beseitigt, sondern nur von der Verpflichtung zur Benachrichtigung des Richters dispensiert, gelten auch solche Gesellschaften als im Sinne von Art. 1 Abs. 1 COVID-19-VInsr überschuldet, bei denen am 31. Dezember 2019 wegen Rangrücktritten keine Verpflichtung zur Anzeige nach Art. 725 Abs. 2 OR bestand. Entsprechendes muss wohl auch für Gesellschaften gelten, die ihr Bilanzbild nach dem 31. Dezember 2019 rückwirkend verändert haben. Denn auch bei diesen Gesellschaften werden Feststellungen zum Kausalzusammenhang zwischen Pandemie und negativem Bilanzbild nur mit aufwändigen Unternehmensanalysen zu bewerkstelligen sein.[17] Unklar ist, in welcher Form die Jahresrechnung 2019 vorliegen muss, um den Verwaltungsrat von seiner Anzeigepflicht zu dispensieren. Muss bereits eine gegebenenfalls revidierte und von der Generalsversammlung abgenommene Jahresrechnung 2019 vorliegen, um den Verwaltungsrat von seiner Anzeigepflicht zu dispensieren oder genügt eine provisorische Jahresrechnung? Die Erstellung der Jahresrechnung liegt im Verantwortungsbereich des Verwaltungsrates. Er hat im Rahmen der Vorbereitung der ordentlichen GV die Bilanz samt Anhang sowie die Erfolgsrechnung zu erstellen bzw. deren Erstellung sicherzustellen und sofern vorhanden, der Revisionsstelle zur Prüfung vorzulegen. Da die Entscheidung, ob aufgrund der von ihm erstellten Jahresrechnung eine Überschuldung vorliegt oder nicht, in der Verantwortung des Verwaltungsrates liegt, kann auch auf die von ihm erstellte Jahresrechnung abgestellt werden, auch wenn diese evtl. noch nicht revidiert und nicht von der GV abgenommen ist.

23 Als zweite Voraussetzung nennt Art. 1 Abs. 1 COVID-19-VInsr die Aussicht auf Behebung der Überschuldung bis am 31. Dezember 2020. Dieses Kriterium beinhaltet eine Prognose für die Zukunft und damit immer auch eine gewisse Unsicherheit. Verlangt werden muss vom Verwaltungsrat, dass er sich auf der Grundlage möglichst umfassender Informationen ein Bild von der wirtschaftlichen Lage der Gesellschaft und deren Zukunftsperspektiven macht. Dies erfordert gegebenenfalls eine umfassende Marktanalyse zu der gegebenenfalls Spezialisten beizuziehen sind. Auf Basis dieser Informationen hat der Verwaltungsrat im Sinne der Business Judgment Rule dann zu entscheiden, ob

16 Erläuterungen BJ, S. 2.
17 Erläuterungen BJ, S. 2.

Aussicht besteht, dass die Überschuldung Ende 2020 beseitigt ist. Diese Aussicht muss – anders als noch im Entwurf für die öffentliche Konsultation – zwar nicht mehr begründet sein, vage Hoffnungen genügen dafür aber nicht. Vielmehr muss bei objektiver Betrachtung eine realistische Chance bestehen, dass die Überschuldung zum geforderten Zeitpunkt beseitigt werden kann.

Besteht bei einer realistischen Einschätzung des Verwaltungsrates keine Aussicht, 24 dass die Überschuldung beseitigt werden kann, muss er seinen Anzeigepflichten grundsätzlich nachkommen. Neben der Beantragung von Konkurs oder Nachlassstundung kann der Verwaltungsrat nun neu auch eine COVID-19-Stundung beantragen. Keine Anzeigepflicht besteht sodann natürlich immer auch dann, wenn die Überschuldung durch Rangrücktritte kompensiert werden kann.

Da es sich bei Art. 1 Abs. 1 COVID-19-VInsr um eine «Kann-Vorschrift» handelt, ist 25 es dem Verwaltungsrat unbenommen, auch wenn die Voraussetzungen für eine Sistierung an sich erfüllt wären, gleichwohl eine Überschuldungsanzeige zu machen.

d) *Dokumentationspflicht des Verwaltungsrates*

Damit die Grundlagen, auf welchen der Verwaltungsrat entschieden hat, dass die vorlie- 26 gende Überschuldung per Ende 2020 behoben werden kann, im Nachhinein überprüfbar ist, verlangt Art. 1 Abs. 2 COVID-19-Verordnung Insolvenzrecht, dass der Verwaltungsrat seinen Entscheid, keine Überschuldungsanzeige zu machen, schriftlich festhält und dokumentiert. Dies geschieht vorzugsweise in Form eines Verwaltungsratsprotokolls, welches auch die Entscheidgrundlagen anführt. Als solche kommen neben der Jahresrechnung 2019, der Zwischenbilanz und der Liquiditätsplanung, Marktanalysen Dritter, Forecast etc. in Frage.

e) *Verzicht auf Prüfung der Zwischenbilanz und keine Pflicht der Revisionsstelle zur Anzeige nach Art. 728c Abs. 3 und 729c OR*

Wie bereits erwähnt muss der Verwaltungsrat die Zwischenbilanz nicht durch einen Re- 27 visor prüfen lassen. Gemäss den Erläuterungen zur COVID-19-Verordnung besteht die Befürchtung, dass viele KMU-Gesellschaften aufgrund der aktuellen Ausnahmesituation von einer Überschuldung bedroht sind und daher eine Zwischenbilanz zu erstellen haben. Müsste diese nun auch noch von einem Revisor geprüft werden, dürfte eine grosse Nachfrage nach Revisionsdienstleistungen entstehen, die gar nicht gedeckt werden könnte. Es handelt sich hier aber um eine Kann-Vorschrift. Hat der Verwaltungsrat Zweifel, wie er einzelne Bewertungen vorzunehmen hat oder er Aufwertungen nach Art. 670 OR machen kann, schadet es sicher nicht, wenn sich ein Verwaltungsrat durch eine revidierte Zwischenbilanz absichert.

Art. 1 Abs. 4 COVID-19-VInsr stellt die Revisionsstelle bezüglich der Verpflichtung, 28 dem Gericht eine Überschuldung anzuzeigen, dem Verwaltungsrat gleich. Bei der Verpflichtung der Revisionsstelle nach Art. 728c Abs. 3 OR und Art. 729c OR dem Gericht bei offensichtlicher Überschuldung Anzeige zu machen, handelt es sich um subsidiäre

Handlungspflichten, welche die Revisionsstelle treffen, wenn der Verwaltungsrat untätig bleibt. Ist der Verwaltungsrat vorliegend nach Art. 1 Abs. 1 COVID-19-VInsr nicht zur Anzeige verpflichtet, kann eine solche Verpflichtung konsequenterweise auch nicht der Revisionsstelle aufgegeben werden. Der Wortlaut der Bestimmung macht aber klar, dass die Revisionsstelle weiter zur Ersatzvornahme schreiten muss, wenn der Verwaltungsrat zu Unrecht auf die Anzeige verzichtet, weil die Voraussetzungen nach Art. 1 Abs. 1 COVID-19-VInsr nicht gegeben sind.

f) Andere Rechtsformen

29 Die Erleichterungen von Art. 1 COVID-19-VInsr gilt nicht für Aktiengesellschaften, sondern für alle Rechtsformen, die einer gesetzlichen Anzeigepflicht bei Kapitalverlust und bei Überschuldung unterstehen, also GmbH (Art. 820 OR), Genossenschaft (Art. 903 OR) und Stiftung (Art. 84a ZGB). Finanzdienstleister sind dagegen ausdrücklich von der Aussetzung der Pflichten ausgenommen.[18]

III. Insolvenzrechtliche Sanierungsmassnahmen

1. Einleitung

30 Das schweizerische Sanierungsverfahren nach SchKG, das Nachlassverfahren, ist ein gesetzlich normiertes und gerichtlich überwachtes Verfahren. Es ist zum einen ein kollektives Schuldenbereinigungsverfahren, welches darauf abzielt die Verbindlichkeiten des Schuldners nach dem Prinzip der Gläubigergleichbehandlung zu bereinigen und gleichzeitig den Schuldner als Rechtssubjekt oder zumindest ein von ihm geführtes Unternehmen als wirtschaftliche Einheit ganz oder teilweise zu erhalten und fortzuführen. Die Fortführung erfolgt entweder durch den bisherigen Rechtsträger oder durch einen Neuen, der das Unternehmen als Ganzes erwirbt. Die Gläubiger werden aus zukünftigen Erträgen bzw. dem vom Dritten bezahlten Kaufpreis befriedigt. Zum anderen kann das Nachlassverfahren auch dazu benutzt werden, die Aktiven des Schuldners schonender als in einem Konkurs zu liquidieren.

31 Unter dem Gesichtspunkt der Maximierung der Haftungsmasse ist die Sanierung dem Konkurs dann vorzuziehen, wenn der Ertragswert des Unternehmens – der Fortführungswert – höher ist als der Liquidationswert. Ist das der Fall, sollte in der Insolvenz eines Unternehmens dessen konkursrechtliche Zerschlagung vermieden und dessen Erhalt in einem Nachlassverfahren ermöglicht werden.

32 Das schweizerische Nachlassverfahren nach SchKG gliedert sich grob in zwei Teile: Zunächst wird dem Schuldner in einer ersten Phase die provisorische (und später die definitive) Nachlassstundung gewährt. Der Schuldner erhält eine Atempause, in der die ungesicherten Gläubiger an der weiteren Rechtsverfolgung ihrer Ansprüche und die dinglich gesicherten Gläubiger an der Verwertung ihrer Sicherheiten gehindert wer-

18 Erläuterungen BJ, S. 3.

den.[19] Um einen Gleichlauf von Verfügung und Haftung herzustellen, wird dem Unternehmen die Verfügungsbefugnis über die Vermögenswerte beschränkt und die Geschäftsführung wird gegebenenfalls durch einen gerichtlich eingesetzten Sachwalter überwacht. Das Unternehmen kann aber fortgeführt und eine Stilllegung des Betriebs verhindert werden.

In dieser ersten Phase können die Sanierungsaussichten vertieft abgeklärt und vorbereitet werden. Die provisorische Stundungsphase dauert zunächst 4 Monate und kann danach, wenn Aussicht auf Sanierung besteht, jeweils vom Gericht um weitere sechs Monate bis maximal 24 Monate verlängert werden. 33

Die eigentliche Schuldenbereinigung erfolgt dann in der zweiten Phase mit dem Abschluss des Nachlassvertrages. Das Schweizerische Recht kennt dabei den sogenannten ordentlichen Nachlassvertrag und den Liquidationsvergleich. Beim ordentlichen Nachlassvertrag wird weiter zwischen Stundungs- und Dividendenvergleich unterschieden. Beim Stundungsvergleich werden die Forderungen der Gläubiger einfach gestundet und der Schuldner erhält längere Zahlungsfristen, um seine Verbindlichkeiten zu regeln. Beim Dividendenvergleich verzichten die Gläubiger auf einen Teil ihrer Forderungen. Im Gegenzug erhalten sie eine sogenannte Nachlassdividende, meist in Form von Geld, möglich sind aber auch Anteile am Unternehmen oder an der Auffanggesellschaft.[20] Mit der Erfüllung des Nachlassvertrages ist der Schuldner saniert und er kann ohne die alten Verbindlichkeiten seine Geschäftstätigkeit fortsetzten. 34

Beim Liquidationsvergleich tritt der Schuldner seinen Gläubigern das Verfügungsrecht über alle seine Aktiven oder einen Teil davon ab. Die Gläubiger bzw. ein von ihnen gewählter Liquidator verwertet dann die Aktiven ausserhalb des Konkurses und verteilt den Erlös an die Gläubiger. Möglich ist aber auch, dass die Aktien an einen Dritten übertragen werden und der von diesem bezahlte Kaufpreis dann unter den Gläubigern verteilt wird. 35

Jede Form des Nachlassvertrages braucht für sein Zustandekommen die Zustimmung einer qualifizierten Mehrheit der Gläubiger sowie der gerichtlichen Genehmigung, welche an gewisse Mindestvoraussetzungen geknüpft sind.[21] Dafür bindet er auch Gläubiger, die dem Vertrag nicht zugestimmt haben oder die ihre Forderungen gar nicht angemeldet haben. 36

Das schweizerische Nachlassverfahren wurde auf den 1.1.2014 modernisiert und es hat sich in der Praxis etabliert. Allerdings führt das Nachlassverfahren im Vergleich zum Konkurs noch immer ein Schattendasein. Wurden 2018 fast 14 000 Konkursverfahren eröffnet, wurden schätzungsweise nur ca. 90 bis 170 Nachlassverfahren durch- 37

19 Vgl. Art. 297 SchKG.

20 Vgl. Art. 314 Abs. 1bis SchKG.

21 Vgl. Art. 306 SchKG: Angebot muss im richtigen Verhältnis zu den Möglichkeiten des Schuldners stehen; angemeldete privilegierte sowie mit Zustimmung des Sachwalters eingegangene Verbindlichkeiten müssen hinlänglich sichergestellt sein; Anteilsinhaber müssen (bei Fortbestand des Schuldners) einen angemessenen Sanierungsbeitrag leisten.

geführt.[22] Der Hauptgrund für diese relativ geringe Anzahl von Nachlassverfahren ist, dass sie Kosten- und Liquiditätsintensiv sind. Über beides verfügt ein Unternehmen in der Krise in der Regel nicht (mehr). Das Nachlassverfahren eignet sich daher in der Regel für grössere Unternehmen, die trotz Krise über die erforderlichen Ressourcen verfügen, um das Nachlassverfahren rechtzeitig einzuleiten.

38 Um dieser Problematik zu begegnen, hat die COVID-19-Verordnung nun einerseits gewisse Erleichterungen im Nachlassverfahren geschaffen. Andererseits wurde mit der COVID-19-Stundung ein gesetzliches Regime zur Verfügung gestellt, welches nicht so kostenintensiv ist und einfach und risikolos eingeleitet werden kann.

2. COVID-19-Stundung

a) Allgemeines

39 Mit der COVID-19-Stundung wurde anstelle der Bestimmungen über die Notstundung (Art. 337 bis 349 SchKG), welche anlässlich der letzten Revision des Sanierungsrechts vom 21. Juni 2013[23] nicht angepasst wurden, ein neues vereinfachtes Stundungsverfahren für KMUs auf dem Wege des Notrechts eingeführt. Im Unterschied zur normalen Nachlassstundung wird üblicherweise kein Sachwalter eingesetzt und die COVID-19-Stundung endet nach Ablauf der Frist ohne weiteres. Im Gegensatz zum allgemeinen Rechtsstillstand (Art. 63 SchKG), der für alle Schuldner galt, muss die COVID-19-Stundung vom Schuldner beantragt und vom Gericht bewilligt werden. Die Bewilligung hat ähnliche, aber nicht so weit gehende Wirkungen wie eine normale Nachlassstundung. Die COVID-19-Stundung bezweckt eine kurze, zeitlich befristete Stundung. Sie endet ohne weiteres mit Ablauf der Frist und ohne dass der Abschluss eines Nachlassverfahrens oder eine Sanierung nachgewiesen werden muss. Das Verfahren ist einfacher als bei der normalen Nachlassstundung.

b) Berechtigte Rechtseinheiten

40 Die COVID-19-Stundung steht Schuldnerinnen und Schuldnern in der Rechtsform einer Einzelunternehmung (Art. 945 OR), einer Personengesellschaft (Kollektivgesellschaft, Art. 552 ff. OR; Kommanditgesellschaft, Art. 594 ff. OR; Kommanditgesellschaft für kollektive Kapitalanlagen, Art. 98 KAG) oder einer juristischen Person (Aktiengesellschaft, Art. 620 ff. OR; Kommanditaktiengesellschaft, Art. 764 ff. OR; Gesellschaft mit beschränkter Haftung, Art. 772 ff. OR; Genossenschaft, Art. 828 ff. OR; Verein, Art. 60 ff. ZGB; Stiftungen, Art. 80 ff. ZGB; Investmentgesellschaft mit variablem Kapital, Art. 36 KAG) zur Verfügung (Art. 6 Abs. 1 COVID-19-VInsr). Nicht erforderlich ist, dass der Schuldner im Handelsregister eingetragen ist oder über eine Unternehmens-Identifikationsnummer (UID) verfügt.[24] Die COVID-19-Stundung steht somit auch Einzelunter-

22 Vgl. Gutachten Lorandi, Rz 31.
23 AS 2013 4111.
24 Erläuterungen BJ, S. 5.

nehmungen und Vereinen zur Verfügung, die nicht im Handelsregister eingetragen sind und daher gemäss Art. 39 SchKG nicht konkursfähig sind.[25]

Hingegen können Privatpersonen, die grundsätzlich der Betreibung auf Pfändung unterliegen (Art. 42 Abs. 1 SchKG), keine COVID-19-Stundung beantragen.[26] Ihnen steht jedoch die normale Nachlassstundung offen (Art. 293 SchKG). Einzelunternehmungen unterscheiden sich von den Privatpersonen nicht zwingend durch den Handelsregistereintrag, denn Einzelunternehmungen, die einen Jahresumsatz von weniger als CHF 100 000.00 haben, unterliegen nicht der Eintragungspflicht (Art. 36 Abs. 1 HRV). Nicht im Handelsregister eingetragene natürliche Personen werden zu Einzelunternehmen, wenn sie eine selbständige, auf dauernden Erwerb gerichtete wirtschaftliche Tätigkeit (vgl. Art. 2 lit. b HRegV) ausüben[27] und damit den (vereinfachten) Buchführungspflichten unterliegen (Art. 957 Abs. 2 Ziff. 1 OR). Diese können die COVID-19-Stundung beantragen.[28] 41

Ausgeschlossen sind die konkursfähigen Mitglieder einer Kollektivgesellschaft (Art. 39 Abs. 1 Ziff. 2 SchKG), die unbeschränkt haftenden Mitglieder einer Kommanditgesellschaft (Art. 39 Abs. 1 Ziff. 3 SchKG) und die Mitglieder der Verwaltung einer Kommanditgesellschaft(Art. 39 Abs. 1 Ziff. 4 SchKG), obwohl diese konkursfähig sind. 42

Die COVID-19-Stundung steht nur kleinen und mittleren Unternehmungen (KMU) offen. Ausgeschlossen sind Publikumsgesellschaften im Sinne von Art. 727 Abs. 1 Ziff. 1 OR (Art. 6 Abs. 2 lit. a COVID-19-VInsr). Dies sind Gesellschaften, die Beteiligungspapiere (Art. 2 lit. i FinfraG) an einer Börse kotiert haben oder Anleihensobligationen ausstehend haben oder mindestens 20% der Aktiven oder des Umsatzes zur Konzernrechnung einer Gesellschaft mit kotierten Beteiligungspapieren oder ausstehenden Anleihensobligationen beitragen. Des Weiteren ist die COVID-19-Stundung Gesellschaften verwehrt, die im Jahr 2019 zwei der Grössen von Art. 727 Abs. 1 Ziff. 2 OR überschritten haben (Art. 6 Abs. 2 lit. b COVID-19-VInsr). Diese Grössen sind eine Bilanzsumme von CHF 20 Mio., Umsatzerlös von CHF 40 Mio. und 250 Vollzeitstellen im Jahresdurchschnitt. Im Wesentlichen sind dies die Gesellschaften, die eine ordentliche Revision durchführen lassen müssen, mit Ausnahme derjenigen Gesellschaften, die bloss deswegen eine ordentliche Revision durchführen lassen müssen, weil sie zur Erstellung einer Konzernrechnung verpflichtet sind (Art. 727 Abs. 1 Ziff. 1, Ziff. 3 OR). Publikumsgesellschaften und Unternehmen von grösserem Umfange sind auf das Nachlassverfahren verwiesen.[29] 43

25 Anders noch das Gutachten Lorandi, Rz 85, der die COVID-19-Stundung jedem Schuldner zugänglich machen wollte, welcher der Betreibung auf Konkurs unterliegt.

26 Erläuterungen BJ, S. 5.

27 BSK OR II-Eckert, Art. 934 N 6; BK-Siffert, Art. 945 OR N 13.

28 Erläuterungen BJ, S. 5.

29 Lorandi, Gutachten, Rz 86.

c) *Voraussetzungen*

44 Die COVID-19-Stundung kann nur beantragen, wer am 31. Dezember 2019 nicht überschuldet war, oder wenn Rangrücktritte im Sinne von Art. 725 Abs. 2 OR im vollen Umfang der Überschuldung vorliegen (Art. 6 Abs. 1 COVID-19-VInsr). Gesellschaften, die gemäss dem Status vom 31. Dezember 2019 aufgrund von Rangrücktritten den Richter nicht benachrichtigen müssten, können sich zwar nicht auf den Aufschub der Anzeigepflicht gemäss Art. 1 Abs. 1 COVID-19-VInsr berufen, jedoch können sie eine COVID-19-Stundung beantragen. Die Beantragung der COVID-19-Stundung gilt als Erfüllung der gesetzlichen Anzeigepflichten, die den Organen bei Überschuldung obliegen (Art. 8 COVID-19-VInsr).

45 Natürliche Personen und Personengesellschaften haben keine Anzeigepflichten bei Überschuldung. Soweit sie jedoch am 31. Dezember 2019 überschuldet waren, können sie gemäss dem klaren Wortlaut von Art. 6 keine COVID-19-Stundung beantragen, denn die COVID-19-Stundung soll nur denjenigen zu Gute kommen, welche aufgrund der Pandemie in wirtschaftliche Schwierigkeiten gekommen sind.[30]

d) *Das Gesuch um Stundung*

46 Das Gesuch muss an das Nachlassgericht gestellt werden. Örtlich zuständig ist das Gericht am Sitz oder Wohnsitz des Schuldners. Es gilt das summarische Verfahren (Art. 251 lit. a ZPO). Das Gesuch muss schriftlich und begründet eingereicht werden, in einfachen und dringlichen Fällen kann es mündlich (nicht aber telefonisch) beim Gericht zu Protokoll gegeben werden (Art. 252 Abs. 2 ZPO).[31]

47 Gemäss Art. 6 Abs. 3 COVID-19-VInsr hat der Schuldner seine Vermögenslage glaubhaft darzutun und so gut wie möglich zu belegen. Grundsätzlich muss auch im summarischen Verfahren der volle Beweis erbracht werden.[32] Nur dort, wo das Gesetz oder seine Auslegung anordnet, ein Anspruch oder eine Einwendung sei bloss glaubhaft zu machen, sind die Anforderungen an das Beweismass reduziert.[33] Art. 6 Abs. 3 COVID-19-VInsr ist nun eine derartige Ausnahme. Dies gilt auch für den Umstand, dass er am 31. Dezember 2019 nicht überschuldet war. Dieser Beweis kann mit einer provisorischen Bilanz und Erfolgsrechnung für das Jahr 2019 erbracht werden.[34] Sie muss weder revidiert sein,[35] noch muss sie von der Generalversammlung genehmigt worden sein. Verfügt der Schuldner (noch) nicht über diese Unterlagen, kann er seine Vermögenslage auch durch anderweitige Unterlagen darlegen.[36]

---

30 Lorandi, Gutachten, Rz 86.

31 D. Staehelin, in: Staehelin/Staehelin/Grolimund, Zivilprozessrecht, 3. Aufl., § 21 Rz 41. BGE 144 III 100, 108 E. 6; 140 III 610, 613 E. 4.3.1; 138 III 166, 73.

32 BGE 144 III 100, 108 E. 6; 140 III 610, 613 E. 4.3.1; 138 III 166, 73.

33 D. Staehelin, in: Staehelin/Staehelin/Grolimund, Zivilprozessrecht, 3. Aufl., § 21 Rz 45.

34 Erläuterungen BJ, S. 5.

35 Erläuterungen BJ, S. 5.

36 Erläuterungen BJ, S. 5.

Aus der aktuellen Vermögenslage, die der Schuldner glaubhaft dazutun hat (Art. 6 Abs. 3 COVID-19-VInsr), muss sich ergeben, dass er sich nun in einer finanziell angespannten Lage befindet und eine Stundung benötigt. Weiteres muss nicht nachgewiesen werden. So spielt es keine Rolle, ob der Schuldner bei Einreichung des Gesuchs überschuldet oder zahlungsunfähig ist. Auch muss der Schuldner keinen Sanierungsplan vorlegen oder dartun, dass Aussicht auf Sanierung besteht. Nachdem bei der gewöhnlichen Nachlassstundung das Erfordernis des Sanierungsplans aufgehoben wurde (Art. 3 Abs. 1 COVID-19-VInsr) und nicht mehr geprüft wird, ob Aussicht auf Sanierung besteht (Art. 3 Abs. 2 COVID-19-VInsr), gilt dies a maiore minus auch für die COVID-19-Stundung. 48

e) Kostenvorschuss

Nach Eingang des Gesuchs kann das Gericht einen Kostenvorschuss verlangen (Art. 98 ZPO). Es kann auch darauf verzichten.[37] 49

Es gelten die allgemeinen Bestimmungen und die Art. 54 und 55 der Gebührenverordnung zum SchKG (Art. 20 COVID-19-VInsr). Die Gebühr für Entscheide des Nachlassgerichts beträgt 200 bis 2500 Franken und kann in besonderen Fällen bis auf 5000 Franken erhöht werden. Bei der COVID-19-Stundung ist eher an die untere Grenze zu gehen. Es kann auch ein Vorschuss für das Honorar des Sachwalters verlangt werden.[38] 50

Soweit der Schuldner eine natürliche Person oder eine Personengesellschaft ist,[39] kann er unter den Voraussetzungen von Art. 117 ZPO ein Gesuch um unentgeltliche Rechtspflege stellen. 51

f) Die Bewilligung der Stundung

Es gilt die beschränkte Untersuchungsmaxime (Art. 255 lit. a ZPO). Das Gericht hat den Sachverhalt nur von Amtes wegen festzustellen und muss ihn nicht erforschen. 52

Die COVID-19-Stundung soll einfacher sein als die normale Nachlassstundung. Dort bewilligt das Gericht nach Eingang des Gesuchs unverzüglich eine provisorische Nachlassstundung (Art. 293a Abs. 1 SchKG), ohne dass die Gläubiger angehört werden müssen. Dasselbe muss für die Erteilung der COVID-19-Stundung gelten. Das Gericht entscheidet üblicherweise aufgrund der Akten. Es kann schriftlich vom Schuldner zusätzliche Unterlagen verlangen (Art. 56 ZPO) oder den Schuldner auf kurzen Termin hin zu einer Verhandlung vorladen. 53

Die COVID-19-Stundung wird zunächst für höchstens drei Monate bewilligt (Art. 6 Abs. 1 COVID-19-VInsr). Die Dauer der Stundung sollte im Gesuch enthalten sein (vgl. den Wortlaut von Art. 6 Abs. 1 COVID-19-VInsr). Ist sie nicht im Gesuch enthalten, 54

---

37 D. Staehelin, in: Staehelin/Staehelin/Grolimund, Zivilprozessrecht, 3. Aufl., § 16 Rz 21.

38 BSK SchKG EB-Bauer, Art. 293a N 10.

39 D. Staehelin, in: Staehelin/Staehelin/Grolimund, Zivilprozessrecht, 3. Aufl., § 16 Rz 52.

kann das Gericht annehmen, das Gesuch enthalte stillschweigend einen Antrag auf eine Stundung von drei Monaten.

55 Das Gericht hat im Dispositiv seines Entscheids folgendes festzulegen:

- Die Gewährung oder die Abweisung der Stundung.
- Der genaue Beginn der Stundung, vorzugsweise mit der Uhrzeit.
- Die Dauer der Stundung.
- Falls ein Sachwalter eingesetzt wird, dessen Namen und eventuell dessen Befugnisse.
- Die Anordnung, in welchen Blättern die Stundung publiziert wird.
- Die Anweisung an den Schuldner, sämtliche bekannten Gläubigerinnen und Gläubiger über die Bewilligung der Stundung schriftlich oder per E-Mail zu informieren (Art. 10 Abs. 2 COVID-19-VInsr).
- Die Festlegung der Gerichtskosten.
- Die Anordnung, wem der Entscheid mitzuteilen ist.

g) *Dauer der Verordnung und der Stundung*

56 Die Geltungsdauer der COVID-19-Verordnung beträgt sechs Monate ab Inkrafttreten und endet somit am 20. Oktober 2020. Solange kann ein Gericht die COVID-19-Stundung anordnen. Analog Art. 22 COVID-19-VInsr sollte es auch noch auf Gesuche eintreten, die vor Ablauf der Geltungsdauer der Verordnung eingereicht wurden, selbst wenn der Entscheid erst danach gefällt wird, da der Schuldner keinen Einfluss darauf hat, wie rasch die Gerichte entscheiden.

57 Sodann stellt sich die Frage, ob die COVID-19-Stundung, die bis zum 20. Oktober 2020 angeordnet wurde, über dieses Datum hinaus dauern kann. Nach der hier vertretenen Auffassung sollte dies möglich sein, solange das Gesuch während der Geltungsdauer der Verordnung gestellt wurde, kann die Stundung darüber hinaus wirken.

58 Die Stundung kann vom Gericht auf Gesuch des Schuldners einmalig um höchstens drei weitere Monate verlängert werden (Art. 7 Abs. 1 COVID-19-VInsr). Das Gesuch sollte somit vor Ablauf der Stundung gestellt werden. Ein Gesuch nach Ablauf der Stundung ist u.E. dennoch möglich. Das Gericht hat dann zu entscheiden, ob die neue Stundung ex nunc erfolgt, oder rückwirkend auf den Zeitpunkt der Beendigung der alten Stundung. Ob weitere Verlängerungen möglich sein werden, wird bei einer allfälligen Überführung der vorliegenden Verordnung in das Gesetzesrecht zu entscheiden sein.[40]

h) *Widerruf der Stundung*

59 Hat der Schuldner gegenüber dem Nachlassgericht falsche Angaben gemacht, so kann dieses die Stundung jederzeit von Amtes wegen widerrufen (Art. 7 Abs. 2 COVID-19-VInsr). Voraussetzung hierfür ist, dass das Nachlassgericht davon Kenntnis erhält, dass

40 Erläuterungen BJ, S. 5.

ihm falsche Angaben gemacht worden sind. Es muss nicht dauernd den Schuldner überwachen. Möglich ist jedoch, dass ein Gläubiger das Gericht darauf hinweist, dass falsche Angaben gemacht wurden.

i) *Sachwalter*

Im Gegensatz zur Nachlassstundung (Art. 293b Abs. 1 und Art. 295 SchKG) wird im Regelfall kein Sachwalter bestellt (Art. 9 Abs. 1 Satz 1 COVID-19-VInsr). Damit soll der administrative Aufwand und die Kosten für alle Beteiligten gering gehalten werden.[41] Nur in besonderen Fällen, etwa bei grösseren Unternehmen oder bei komplizierten Verhältnissen, kann das Gericht auf Gesuch des Schuldners, eines Gläubigers oder von Amtes wegen einen Sachwalter einsetzten (Art. 9 Abs. 1 Satz 2 COVID-19-VInsr). 60

Die Einsetzung kann unabhängig vom Verfahrensstand erfolgen, so kann z.B. ein Gläubiger nachdem er durch die Publikation von einer Stundung erfahren hat, ein Gesuch um Einsetzung eines Sachwalters stellen. Der Schuldner ist hierzu anzuhören. 61

Die Befugnisse des Sachwalters entsprechen denjenigen der normalen Nachlassstundung. Er überwacht den Schuldner, kann diesem Weisungen erteilen, er erstattet Meldungen an das Nachlassgericht, wenn der Schuldner die Bestimmungen dieser Verordnung verletzt und unterstützt ihn darin, die notwendigen Massnahmen zu ergreifen und Einigung mit seinen Gläubigern zu erzielen (Art. 9 Abs. 2 COVID-19-VInsr). 62

Das Nachlassgericht kann anordnen, dass gewisse Handlungen rechtsgültig nur unter der Mitwirkung des Sachwalters vorgenommen werden können oder den Sachwalter ermächtigen, die Geschäftsführung anstelle des Schuldners zu übernehmen (Art. 13 Abs. 2 COVID-19-VInsr). 63

Ist ein Sachwalter eingesetzt und werden während der Stundung mit seiner Zustimmung Verbindlichkeiten eingegangen, so verpflichten diese in einem späteren Konkurs oder einem Nachlassvertrag mit Vermögensabtretung die Masse. Gleiches gilt für die Gegenforderung aus einem Dauerschuldverhältnis, soweit der Schuldner mit Zustimmung des Sachwalters daraus Leistungen in Anspruch genommen hat (Art. 16 COVID-19-VInsr entspricht Art. 310 Abs. 2 SchKG). Möchte der Schuldner durch Begründung von Masseschulden neuen Gläubigern (z.B. für einen Bankkredit) ein weitergehendes Privileg in Form einer Masseforderung gewähren, so hat er die Einsetzung eines Sachwalters zu beantragen. 64

Für den Sachwalter gelten die Art. 5 SchKG betr. Haftung, Art. 8 SchKG betr. Protokollführung, Art. 11 SchKG betr. verbotene Rechtsgeschäfte und Art. 14 Abs. 2 SchKG betr. Disziplinaraufsicht sinngemäss.[42] Gegen die Anordnungen des Sachwalters kann gemäss Art. 17 bis 19 SchKG Beschwerde geführt werden.[43] 65

41 Erläuterungen BJ, S. 6.

42 Erläuterungen BJ, S. 6.

43 Erläuterungen BJ, S. 6.

j) Bekanntmachung der Stundung

66 Anders als bei der normalen provisorischen Nachlassstundung (Art. 293c Abs. 2 SchKG) und anders als in der Konsultation vorgeschlagen, muss die COVID-19-Stundung immer veröffentlicht werden, eine stille Stundung gibt es nicht. Möchte der Schuldner eine stille Stundung, so kann er den Weg der provisorischen Nachlassstundung beschreiten.

k) Wirkung der Stundung auf die Rechte der Gläubiger

67 Der Stundung unterliegen nur diejenigen Forderungen, die vor deren Bewilligung entstanden sind (Art. 11 Abs. 1 COVID-19-VInsr). Massgebend ist somit der Zeitpunkt, auf den der Stundungsentscheid seine Wirkungen entfaltet (vgl. Art. 310 Abs. 1 SchKG).[44] Soweit dieser Zeitpunkt nicht im Entscheid selbst festgelegt wird, ist der Zeitpunkt der Fällung des Entscheides massgebend und nicht derjenige der Eröffnung an den Schuldner oder der Publikation.

68 Es stellt keine anfechtbare Handlung im Sinne von Art. 285 ff. SchKG dar, wenn der Schuldner neue, nicht der COVID-19-Stundung unterliegende Verbindlichkeiten bezahlt, während er der COVID-19-Stundung unterliegende Schulden nicht bezahlt.[45] Hingegen können Zahlungen gemäss Art. 288 SchKG dann angefochten werden, wenn sich der Schuldner weiterhin in einer finanziell angespannten Lage befindet und einzelne neue, nicht der Stundung unterliegende Forderungen bezahlt, andere aber nicht und danach über ihn der Konkurs eröffnet oder ein Pfändungsverlustschein ausgestellt wird.

69 Wie bei der normalen Nachlassstundung[46] darf der Schuldner die Forderungen, welche der Stundung unterliegen, nicht bezahlen. Tut er dies dennoch, so kann das Nachlassgericht von Amtes wegen den Konkurs eröffnen (Art. 11 Abs. 3 COVID-19-VInsr). Diese Drohung soll den Schuldner davon abhalten, dennoch zu bezahlen und er soll damit einen klaren Verweigerungsgrund gegenüber seinen Gläubigern erhalten.[47]

70 Für Forderungen, die von der Stundung erfasst sind, kann während der Stundung eine Betreibung weder eingeleitet, noch fortgesetzt werden. Ausgenommen ist die Betreibung auf Pfandverwertung für grundpfandgesicherte Forderungen; die Verwertung des Grundpfandes bleibt dagegen ausgeschlossen (Art. 12 Abs. 1 COVID-19-VInsr, entspricht Art. 297 Abs. 1 SchKG). Für gepfändete Vermögenswerte gilt Art. 199 Abs. 2 SchKG sinngemäss (Art. 12 Abs. 2 COVID-19-VInsr, entspricht Art. 297 Abs. 2 SchKG). Für Forderungen, welche der Stundung unterliegen, sind der Arrest und andere Sicherungsmassnahmen ausgeschlossen (Art. 12 Abs. 3 COVID-19-VInsr, entspricht Art. 297 Abs. 3 SchKG). Verjährungs- und Verwirkungsfristen stehen für Forderungen, die der

44 BSK SchKG-Vollmar, Art. 297 N 3; KUKO SchKG-Hunkeler, Art. 297 N 4.

45 Erläuterungen BJ, S. 6.

46 Erläuterungen BJ, S. 7.

47 Erläuterungen BJ, S. 7.

Stundung unterliegen, still (Art. 12 Abs. 5 COVID-19-VInsr, entspricht Art. 297 Abs. 6 SchKG). Für die Verrechnung gelten die Art. 213 und 214 SchKG. An die Stelle der Konkurseröffnung tritt die Bewilligung der Stundung (Art. 12 Abs. 6 COVID-19-VInsr, entspricht Art. 297 Abs. 8 SchKG).

Im Gegensatz zur Nachlassstundung werden Zivilprozesse und Verwaltungsverfahren über Forderungen, die der Stundung unterliegen nicht sistiert (vgl. Art. 297 Abs. 5 SchKG) und der Zinsenlauf hört gegenüber dem Schuldner nicht auf (Art. 297 Abs. 5 SchKG).[48]

Auch wenn ein Sachwalter bestellt wurde, können Realforderungen nicht in Geldforderungen umgewandelt werden (vgl. Art. 297 Abs. 9 SchKG) und es können keine Dauerschuldverhältnisse ausserordentlich beendigt werden (vgl. Art. 297a SchKG). 71

l) *Sistierung von Globalzessionen*

Wurde vor der Bewilligung der Stundung die Abtretung einer künftigen Forderung vereinbart und entsteht die Forderung erst nach der Bewilligung der Stundung, so entfaltet diese Abtretung keine Wirkung (Art. 12 Abs. 4 COVID-19-VInsr, entspricht Art. 297 Abs. 4 SchKG). Diese in der Konsultation teilweise heftig kritisierte Bestimmung wurde beibehalten, denn sie ist für die ernsthafte Sanierung eines Schuldners unverzichtbar. Solange es ihm nicht möglich ist, die eingehenden Mittel für die Sanierung einzusetzen, wird eine Sanierung in vielen Fällen gar nicht möglich sein[49]. Die Ungültigkeit betrifft somit alle Forderungen, deren Abtretung vor der Bewilligung der Stundung vereinbart wurde, die aber während der Stundung entstanden sind. Es handelt sich hier meist um sogenannte Globalzessionen, wo der Schuldner all seine Debitorenforderungen an eine Bank zwecks Sicherung abtritt. Die Abtretung wird ungültig, womit der Schuldner nunmehr vom Drittschuldner wiederum Zahlung an sich selbst verlangen kann. Der Drittschuldner wird nicht gültig befreit, wenn er weiterhin an den Zessionaren zahlt, wenn ihm die Aufhebung der Zession durch die Stundung angezeigt wurde, oder er sonstwie davon Kenntnis erhielt (Art. 167 OR analog). 72

Es stellt sich die Frage, ob bereits die Publikation der COVID-19-Stundung den guten Glauben des Drittschuldners zerstört und er nicht mehr an den Zessionaren leisten kann. Unserer Ansicht nach kann in den Zeiten der Pandemie nicht von allen Drittschuldnern verlangt werden, dass sie sich täglich auf dem Laufenden halten, ob sich ihr Gläubiger in eine COVID-19-Stundung begeben hat, es ist vielmehr dem COVID-19-Stundungsschuldner zuzumuten, hierüber nicht nur seine Gläubiger (Art. 10 Abs. 1 COVID-19-VInsr), sondern auch seine Drittschuldner, von denen er nun wiederum Zahlung erwartet, entsprechend zu informieren. 73

Die Globalzession tritt wieder in Kraft, wenn die Forderung erst nach Ablauf der Stundung entstanden ist. Dann muss der Drittschuldner wieder an den Zessionaren zahlen. Die COVID-19-Stundung bezweckt den Schuldner nur während einer gewissen Zeit 74

48 Erläuterungen BJ, S. 7.

49 Erläuterungen BJ, S. 7.

zu schützen und nicht darüber hinaus Sicherungsrechte, die er seinen Gläubigern gewährt hat, für ungültig zu erklären. Soweit die Forderung indes während der Stundung entstanden ist, steht sie weiterhin dem Schuldner zu, auch wenn sie vom Drittschuldner während der Stundung nicht bezahlt wurde.

m) Nicht der Stundung unterliegende Forderungen

75 Nicht der Stundung unterliegen Forderungen, die zwar vor der Bewilligung der Stundung entstanden sind, jedoch Forderungen der ersten Klasse gemäss Art. 219 SchKG sind (Art. 11 Abs. 2 COVID-19-VInsr). Dies sind Forderungen von Arbeitnehmern aus dem Arbeitsverhältnis, die nicht früher als sechs Monate vor der Konkurseröffnung entstanden oder fällig geworden sind, höchstens jedoch im Betrag von CHF 148 000. Die Forderungen von Verwaltungsräten und Direktoren sind indes nicht privilegiert. Sodann gehören zur ersten Klasse unter anderem die familienrechtlichen Unterhalts- und Unterstützungsansprüche, die in den letzten sechs Monaten vor der Bewilligung der Stundung entstanden sind.

76 Für Forderungen, die nach Art. 11 Abs. 2 COVID-19-VInsr nicht der Stundung unterliegen, ist auch bei Schuldnern, die gemäss Art. 39 SchKG konkursfähig sind, nur die Betreibung auf Pfändung oder Pfandverwertung möglich (Art. 12 Abs. 7 COVID-19-VInsr). Endet die Stundung, nachdem die Pfändungsankündigung (Art. 90 SchKG) zugestellt wurde, so bleibt es bei der Betreibung auf Pfändung, andernfalls wird die Betreibung wieder auf Konkurs fortgesetzt.

77 Die Forderungen, die nach der Bewilligung der Stundung entstanden sind, werden ebenfalls nicht gestundet.[50] Der Schuldner kann seinen Geschäftsbetrieb fortführen und die Lieferanten, die nach der Stundung mit dem Schuldner kontrahieren, wissen, dass ihre Forderungen bezahlt werden dürfen und dass sie Betreibungen einleiten können. Unterliegt der Schuldner gemäss Art. 39 SchKG der Betreibung auf Konkurs, so sind die entsprechenden Betreibungen auch während der Stundung auf Konkurs fortzusetzen. Die ausnahmsweise Betreibung auf Pfändung gilt gemäss dem klaren Wortlaut von Art. 12 Abs. 7 COVID-19-VInsr nur für die Forderungen der ersten Klasse, die vor der Stundung entstanden sind. Anders verhält es sich in der normalen Nachlassstundung, wo Masseschulden nur auf dem Weg der Pfändung betrieben werden können.[51] Die COVID-19-Stundung ist jedoch im Gegensatz zur normalen Nachlassstundung eine beschränkte Stundung, die nur einen Teil der Passiven des Schuldners umfasst. Droht während der COVID-19-Stundung ein Konkurs wegen der Betreibung für eine Forderung, die nach Bewilligung der Stundung entstanden ist, so kann der Schuldner immer noch ein Gesuch um normale (provisorische) Nachlassstundung stellen (Art. 15 COVID-19-VInsr).

50 Erläuterungen BJ, S. 6.

51 BGE 126 III 294, 297 E. 1b; BSK SchKG-Hardmeier, Art. 310 N 19.

n) Wirkung der Stundung auf die Verfügungsbefugnis des Schuldners

Weil in der COVID-19-Stundung in der Regel kein Sachwalter eingesetzt wird, wird der Schuldner nicht überwacht.[52] Der Schuldner darf aber während der Stundung keine Rechtshandlungen vornehmen, durch die berechtigte Interessen der Gläubiger beeinträchtigt oder einzelne Gläubiger zum Nachteil anderer begünstigt werden. Entsprechende Verstösse bewirken eine umfassende betreibungsrechtliche Ungültigkeit.[53] Die Gläubigerbevorzugung allein ist nicht strafbar.[54] Diese Formulierung entspricht Art. 344 SchKG betr. die Notstundung. 78

Ohne Ermächtigung des Nachlassgerichts können während der COVID-19-Stundung nicht mehr in rechtsgültiger Weise Teile des Anlagevermögens veräussert oder belastet oder Pfänder gestellt werden. Diese Regelung entspricht Art. 298 Abs. 2 SchKG, dort sind aber auch noch Bürgschaften und unentgeltliche Verfügung bewilligungspflichtig. Hat das Nachlassgericht die Ermächtigung erteilt, ist die Rechtshandlung nicht mehr gemäss Art. 285 ff. SchKG anfechtbar (Art. 13 Abs. 3 2. Satz COVID-19-VInsr, entspricht Art. 285 Abs. 3 SchKG). Vorbehalten bleiben die Rechte gutgläubiger Dritter (Art. 13 Abs. 4 COVID-19-VInsr, entspricht Art. 298 Abs. 3 SchKG). 79

Handelt der Schuldner dieser Bestimmung oder den Weisungen eines Sachwalters zuwider, so kann das Nachlassgericht ihm die Verfügungsbefugnis über sein Vermögen entziehen oder von Amtes wegen den Konkurs eröffnen. Es kann den Konkurs auch von Amtes wegen eröffnen, wenn dies zur Erhaltung des schuldnerischen Vermögens erforderlich ist (Art. 13 Abs. 5 COVID-19-VInsr, entspricht Art. 298 Abs. 3 und Art. 296b lit. a und c SchKG). Gemäss den Erläuterungen BJ[55] soll im Falle eines Antrages zur Veräusserung oder Belastung von Nachlassvermögen das Gericht entweder selber entscheiden oder für eine zeitlich begrenzte Frist einen Sachwalter bestellen können, der die entsprechenden Abklärungen vornimmt und dem Gericht anschliessend Antrag stellt. Angesichts der relativ kurzen Dauer der Stundung erscheint es fraglich, ob letzterer Weg sinnvoll ist. 80

o) Rechtsmittel

Der Schuldner und die Gläubiger können den Entscheid des Nachlassgerichts mit Beschwerde nach der Zivilprozessordnung (ZPO) anfechten (Art. 14 Abs. 1 COVID-19-VInsr). Dies betrifft alle Entscheide des Nachlassgerichts im Rahmen einer COVID-19-Stundung (vgl. auch Art. 309 lit. b Ziff. 7 ZPO). Der Beschwerde gegen die Bewilligung oder die Verlängerung der Stundung kann keine aufschiebende Wirkung erteilt werden (Art. 14 Abs. 2 COVID-19-VInsr). Die Bestimmung entspricht der Regelung für die definitive Nachlassstundung (Art. 295c SchKG) und nicht derjenigen bei der provisori- 81

52 Erläuterungen BJ, S. 9.

53 Amonn/Walther, Grundriss des Schuldbetreibungs- und Konkursrechts, 9. Aufl., § 54 Rz 42; BSK SchKG-Vollmar, Art. 298 N 14; KUKO SchKG-Hunkeler, Art. 298 N 28.

54 BGE 117 IV 23; BGer v. 17.9.2007, 9C_111/2007, E. 3.3.

55 Erläuterungen BJ, S. 7.

schen (Art. 293d SchKG),[56] obwohl die COVID-19-Stundung eher der provisorischen Nachlassstundung entspricht (vgl. Rz 53).

p) Ende der Stundung

82 Die COVID-19-Stundung endet mit Ablauf ihrer Dauer eo ipso, ohne dass dem Nachlassgericht diesbezüglich noch irgendwelche Funktion zukommt, mit Ausnahme einer Verlängerung gemäss Art. 7 Abs. 1 COVID-19-VInsr. Einzig, wenn ausnahmsweise ein Sachwalter bestellt wurde, hat das Gericht noch dessen Honorar festzusetzen (Art. 55 Abs. 1 GebV SchKG).[57]

q) Gesuch um provisorische Nachlassstundung

83 Der Schuldner kann jederzeit, d.h. während der gesamten Dauer der COVID-19-Stundung, ein Gesuch um provisorische Nachlassstundung stellen. Die maximale Dauer der provisorischen Nachlassstundung (vier Monate gemäss Art. 293a Abs. 2 SchKG) wird dabei um die Hälfte der bereits abgelaufenen Dauer der COVID-19-Stundung verkürzt (Art. 15 COVID-19-VInsr). Es stellt sich die Frage, ob diese Verkürzung auch zur Anwendung gelangt, wenn das Gesuch um provisorische Nachlassstundung erst nach Ablauf der COVID-19-Stundung gestellt wird und falls dies der Fall ist, für wie lange diese Beschränkung gilt. Die Gesamtdauer der Stundung während einer Krise soll beschränkt werden. Es sei daher vorgeschlagen, die Kürzung anzuwenden, wenn das Gesuch um provisorische Nachlassstundung innerhalb eines Jahres nach Ablauf der COVID-19-Stundung gestellt wird.

r) Wirkungen der COVID-19-Stundung auf gewisse Fristen

84 In Ergänzung von Art. 219 Abs. 5 SchKG wird in einem nachfolgenden Konkurs bei den in der ersten und zweiten Klasse gesetzten Fristen die Dauer einer vorausgegangenen COVID-19-Stundung ebenfalls nicht mitberechnet (Art. 17 COVID-19-VInsr) und in Ergänzung von Art. 288a Ziff. 1 SchKG wird bei den Fristen der Art. 286 bis 288 SchKG die Dauer einer vorausgegangenen COVID-19-Stundung ebenfalls nicht mitberechnet (Art. 18 COVID-19-VInsr).

s) Wirkung auf die Insolvenzentschädigung

85 Gemäss Art. 58 Arbeitslosenversicherungsgesetz (AVIG) vom 25.6.1982 (SR 837.0) in der Fassung vom 19.3.2010 gelten die Bestimmungen über die Insolvenzentschädigung auch bei einer Nachlassstundung oder einem richterlichen Konkursaufschub. Diese sollen nun auch bei der COVID-19-Stundung zur Anwendung gelangen (Art. 19 COVID-19-VInsr). Gedeckt werden einerseits die Lohnforderungen für die letzten vier

56 Erläuterungen BJ, S. 8.

57 BSK SchKG-Hardmeier, Art. 306 N 9d.

Monate vor der Bewilligung der COVID-19-Stundung (Art. 52 Abs. 1 AVIG).[58] Aus der Botschaft zur Revision des AVIG aus dem Jahre 2008, wonach bei der Nachlassstundung diejenigen unterstützt werden sollten, die durch ihre Weiterarbeit den Fortbestand des Arbeitsplatzes zu sichern versuchten, lässt sich ableiten, dass auch für die Zeit nach der Bewilligung der Nachlassstundung Insolvenzentschädigung gefordert werden kann, zusammen mit den Ansprüchen für die Zeit vor der Nachlassstundung aber maximal für vier Monate.[59] Dies muss nun auch für die COVID-19-Stundung gelten.

Der Anspruch muss innert 60 Tagen seit Publikation der COVID-19-Stundung bei der öffentlichen Kasse am Sitz des Arbeitgebers geltend gemacht werden (Art. 53 AVIG)[60]. Unklar ist die Berechnung dieser Frist für die erst nach der Bewilligung der Stundung entstehenden Lohnforderungen, u.E. sollte sie mit der Fälligkeit des nichtbezahlten Lohnes beginnen. Aus Art. 19 COVID-19-VInsr ergibt sich somit, dass Insolvenzentschädigung geltend gemacht werden kann, obwohl weder Lohnforderungen, die vor der Bewilligung der COVID-19-Stundung entstanden sind, noch Lohnforderungen, die während der COVID-19-Stundung entstanden sind, unter die Stundung fallen (vgl. Rz 75). 86

3. Erleichterungen im Bereich des Nachlassverfahrens

a) *Einleitung*

Wie soeben gesehen, steht die COVID-19-Stundung nicht allen Rechtseinheiten offen. 87
Geraten solche Unternehmen aufgrund der Pandemie in finanzielle Schieflage und sind sie nicht von den Anzeigepflichten nach Art. 725 Abs. 2 OR befreit, müssen die Organe ihren Anzeigepflichten nachkommen. Dazu können sie ein Konkurs- oder ein Nachlassverfahren einleiten. Daneben kann ein Nachlassverfahren auch für alle diejenigen Unternehmen angezeigt sein, bei denen sich bereits bei der Einleitung abzeichnet, dass eine blosse Stundung nicht ausreicht, um ihre finanziellen Schwierigkeiten zu bereinigen und sie daher auf den Abschluss eines sämtliche Gläubiger bindenden Nachlassvertrages angewiesen sind. Ebenfalls erforderlich ist ein ordentliches Nachlassverfahren, wenn damit Wirkungen herbeigeführt werden sollen, welche die COVID-19-Stundung nicht kennt.[61] Insbesondere also, wenn Forderungen der ersten Klasse gestundet, Dauerschuldverhältnisse aufgelöst oder gerichtliche Prozesse sistiert werden sollen. In all diesen Fällen ist ein Unternehmen auf die ordentliche Nachlassstundung angewiesen.

b) *Gesuch um Stundung*

Das Nachlassverfahren wird üblicherweise gemäss Art. 293a SchKG durch ein Gesuch des Schuldners eingeleitet. Dem Gesuch muss eine aktuelle Bilanz, eine Erfolgsrechnung 88

58 BSK SchKG-Stöckli/Gächter, Art. 52 AVIG N 11.
59 BBl 2008 7756.
60 Vgl. BGE 131 V 454; BSK SchKG-Stöckli/Gächter, Art. 53 AVIG N 2.
61 Erläuterungen BJ, S. 3.

und eine Liquiditätsplanung oder andere Unterlagen beigegeben werden, aus denen die aktuelle und künftige Vermögens-, Ertrags- oder Einkommenslage ersichtlich ist. Zusätzlich muss der provisorische Sanierungsplan beiliegen, in dem rudimentär die Art und Weise der angestrebten Sanierung aufgezeigt wird.

89 Nach Art. 3 COVID-19-VInsr wird auf das Erfordernis der Beilage des Sanierungsplans nun ganz verzichtet. Mit dem provisorischen Sanierungsplan zeigt der Schuldner normalerweise auf, ob und auf welche Weise er eine Nachlassdividende auszubezahlen beabsichtigt oder ob ein Verkauf des Unternehmens angestrebt wird. Diese Informationen erlauben es dem Gericht, zumindest summarisch zu überprüfen, ob das Zustandekommen eines Nachlassvertrages zumindest nicht offensichtlich aussichtslos erscheint. Ist dies nämlich der Fall, muss das Gericht von Amtes wegen den Konkurs eröffnen.

90 Art. 3 Abs. 2 COVID-19-VInsr stellt nun klar, dass diese Prüfung durch das Gericht während der Geltungsdauer der Verordnung nicht mehr vorzunehmen ist. Die fehlende Aussicht auf Sanierung ist somit nicht mehr zu prüfen. Damit soll eine Entlastung der Nachlassgerichte erreicht werden.[62] Die Sanierungsfähigkeit soll während der Dauer der Stundung vom etwaig eingesetzten Sachwalter, oder wenn kein Sachwalter eingesetzt wurde, vom Unternehmen selber überprüft werden. Ergibt sich dabei, dass keine Aussicht auf Sanierung besteht, ist diese dem Gericht mitzuteilen, damit dieses nach Art. 293b Abs. 1 SchKG den Konkurs eröffnen kann.[63] Diese Mitteilung hat in der Regel vom Sachwalter oder dem Verwaltungsrat auszugehen, kann aber auch durch Gläubiger erfolgen.

91 Die übrigen Voraussetzungen für die Eröffnung eines Nachlassverfahrens bleiben dagegen gleich. Auch wenn das Gesetz an sich für die Einleitung eines Nachlassverfahrens keinen besonderen Insolvenzgrund verlangt und der Schuldner nicht nachweisen muss, dass er überschuldet ist, sollte aus den Unterlagen zumindest ersichtlich sein, dass dem Schuldner die Insolvenz droht. Wird das Verfahren dagegen nur eingeleitet, um unliebsame langfristige Verbindlichkeiten unter dem Deckmantel der Nachlassstundung neu zu verhandeln, ist dem Gesuch nicht statt zu geben.

92 Ebenso ist nur in begründeten Fällen von der Einsetzung eines Sachwalters abzusehen.[64] Dies gilt umso mehr, als während der Geltungsdauer der COVID-19-VInsr fehlende Sanierungsaussichten nicht vom Gericht, sondern vom Sachwalter abzuklären sind. Von der Einsetzung eines Sachwalters sollte daher nur abgesehen werden, wenn sichergestellt ist, dass der Schuldner durch Sanierungsexperten begleitet wird, die Gewähr für einen rechtmässigen Verlauf der Stundung bieten.

62 Lorandi, Gutachten, Rz 108.
63 Erläuterungen BJ, S. 4.
64 Vgl. Art. 293b SchKG.

c) *Bewilligung und Dauer der Stundung*

Die Stundung ist nach Einreichung des Gesuches nach wie vor durch das Gericht unverzüglich zu bewilligen, d.h. innert einiger weniger Tage. Der Entscheid ergeht im Summarverfahren, es gilt der Untersuchungsgrundsatz. 93

Nach Art. 4 der COVID-19-VO darf die Dauer der provisorischen Stundung in Abweichung von Art. 293a Abs. 2 SchKG nicht nur vier, sondern sechs Monate betragen. Der Bundesrat wollte damit die Sanierungschancen während der Stundungsdauer erhöhen und die Dauer auf die COVID-19-Stundung angleichen.[65] 94

d) *Kosten und Entscheid*

Die Kosten der provisorischen Stundung und die Kosten des provisorischen Sachwalters sind Verfahrenskosten und gehen zu Lasten des Schuldners. Sie sind in der Regel vorzuschiessen oder sicher zu stellen. 95

Die Höhe der Gerichtskosten bestimmt sich nach Art. 54 GebV SchKG.[66] Diejenigen des Sachwalters nach Art. 55 GebV SChKG. Gerade letztere belaufen sich je nach Grösse des Unternehmens und Komplexität rasch auf mehre CHF 10 000.00. 96

Die Bewilligung der provisorischen Stundung und die Einsetzung des provisorischen Sachwalters sind nach Art. 293d SchKG nicht anfechtbar. 97

e) *Suspendierung von Art. 296b lit. a + b SchKG bis 31. Mai 2020*

Gemäss Art. 296b SchKG wird der Konkurs von Amtes wegen eröffnet, wenn dies zum Erhalt des schuldnerischen Vermögens erforderlich ist, offensichtlich keine Aussicht auf Sanierung oder Bestätigung eines Nachlassvertrages (mehr) besteht oder der Schuldner Weisungen des Sachwalters zuwiderhandelt. Es handelt sich hier um Tatbestände bei denen der Fortsetzung der Nachlassstundung nicht mehr gerechtfertigt ist und daher der Konkurs zu eröffnen ist. Der Entscheid fällt in die Zuständigkeit des Nachlassgerichts und dieses hat grundsätzlich von Amtes wegen zu entscheiden, d.h. es ist weder ein formeller Antrag des Schuldners, des Sachwalters oder eines Gläubigers erforderlich. 98

Artikel 5 COVID-19-VInsr hat nun den sofortigen Konkurseröffnungsgrund von Art. 296b lit. a + b SchKG nur bis zum 31. Mai 2020 suspendiert. Es bestand die Befürchtung, dass in vielen Fällen umgehend nach Eröffnung des Nachlassverfahren doch noch der Konkurs zu eröffnen wäre, da unter den gegenwärtigen Voraussetzungen (kein Umsatz wegen behördlichen Schliessungen) zu erwarten sei, dass sich die Vermögenslage auch während der Stundungsphase (zunächst) noch verschlechtert.[67] Der Bundesrat wollte daher den Unternehmen bis zum 31. Mai 2020 eine Karenzfrist einräumen, in denen sie Zeit erhalten, die Sanierung vorzubereiten, ohne gleich die Konkurseröffnung 99

65 Erläuterungen BJ, S. 4.

66 Der Rahmen beträgt CHF 200 bis CHF 2500, CHF 5000 in besonderen Fällen.

67 Erläuterungen BJ, S. 4.

befürchten zu müssen.[68] Die Regelung gilt jedoch nur für Unternehmen die per 31. Dezember 2019 nicht überschuldet waren, oder bei denen mindestens Rangrücktritte in Höhe der Überschuldung vorliegen, sodass von einer Benachrichtigung des Richters abgesehen werden konnte. Dies verhindert, dass Unternehmen, die schon vor der Pandemie finanzielle Schwierigkeiten hatten, von der Karenzfrist profitieren können.

100 Nach Ablauf der Karenzfrist gilt Art. 296b SchKG wieder normal. Damit können auch die Folgen abgemildert werden, dass das Gericht nach Art. 3 COVID-19-VInsr die Sanierungsaussichten nicht prüfen darf und Art. 293a SchKG nicht anwendbar ist. In Extremfällen wird das Gericht die Stundung zwar bewilligen müssen, danach aber dann den Konkurs doch noch eröffnen können, um weiter Verluste von Gläubigern zu verhindern.

IV. Schlussfolgerungen und Ausblick

101 Die Corona-Pandemie ist ein Jahrhundertereignis, welches gravierende wirtschaftliche Folgen auslöst. Es ist daher richtig, dass Massnahmen getroffen wurden, die verhindern sollen, dass die von der Krise betroffenen Unternehmen in Konkurs gehen und so Produktionsmittel in grossem Umfang vernichtet werden und auch Gläubiger in Mitleidenschaft gezogen werden, da die konkursmässig zu liquidierenden Aktiven in diesem Umfeld kaum einen Wert haben. Durch die Vermeidung von Konkursen können zudem Arbeitsplätze erhalten und Arbeitslosigkeit vermieden werden.

102 Die vorübergehende Suspendierung der Pflicht zur Überschuldungsanzeige nach Art. 725 Abs. 2 OR unter den in der COVID-19-VInsr verlangten Voraussetzungen ist sinnvoll und gibt den Leitungsorganen von grundsätzlich wirtschaftlichen Unternehmen die erforderliche Zeit, angemessen auf die Corona-bedingte Krise zu reagieren und erforderliche Massnahmen einzuleiten, ohne sich der Gefahr ausgesetzt zu sehen, den Konkurs zu verschleppen.

103 Die COVID-19-Stundung ersetzt in sinnvoller Weise die veraltete Notstundung des SchkG und schafft ein einfach zugängliches befristetes Notregime.

104 Die punktuellen Änderungen im Nachlassverfahren erleichtern KMUs den Zugang zum Nachlassverfahren und durch den Wegfall der Dokumentationspflicht mittels provisorischem Sanierungsplan wird das Verfahren weniger kostenintensiv.

68 Erläuterungen BJ, S. 4.

§ 18 Hilfsmassnahmen für Unternehmen

Benedict F. Christ/Rebekka Magdalena Keller/Aleksandra Simic

Inhaltsverzeichnis

Literaturverzeichnis

ACKERMANN JÜRG-BEAT/ZEHNDER STEPHANIE, in: Jürg-Beat Ackermann (Hrsg.), Kommentar kriminelles Vermögen – Kriminelle Organisation – Band II, Zürich 2018 (zit. ACKERMANN/ZEHNDER, Kommentar kriminelles Vermögen); BIAGGINI GIOVANNI, «Notrecht» in Zeiten des Coronavirus – Eine Kritik der jüngsten Praxis des Bundesrats zu Art. 185 Abs. 3 BV, ZBl 121/2020, S. 239 ff.; BOOG MARKUS, in: Marcel Alexander Niggli/Hans Wiprächtiger (Hrsg.), Basler Kommentar, Strafrecht, 4. Aufl., Basel 2018 (zit. BSK StGB-BOOG); DONATSCH ANDREAS, in: Andreas Donatsch (Hrsg.), Orell Füssli Kommentar (OFK), StGB/JStG Kommentar, mit weiteren Erlassen und Kommentar zu den Strafbestimmungen des SVG, BetmG und AuG/AIG, 20. Aufl., Zürich 2018 (zit. OFK StGB-DONATSCH); FREY HANS, in: Martin Zweifel/Michael Beusch (Hrsg.), Kommentar zum Schweizerischen Steuerrecht, Bundesgesetz über die direkte Bundessteuer (DBG), 3. Aufl., Basel 2017 (zit. DBG-FREY); FRITSCH DANIELA, COVID-19: Massnahmenpaket zur Abfederung der wirtschaftlichen Folgen, 27.3.2020, ‹https://pestalozzilaw.com/de/aktuell/legal-insights/covid-19-massnahmenpaket-zur-abfederung-der-wirtschaftlichen-folgen/› (18.6.2020); GEIGER FELIX, in: Martin Zweifel/Michael Beusch/Pierre-Marie Glauser/Philip Robinson (Hrsg.), Kommentar zum Schweizerischen Steuerrecht, Bundesgesetz über die Mehrwertsteuer (MWSTG), Basel 2015 (zit. MWSTG-GEIGER); GRIEDER STEFAN/DÖRIG ADRIAN/ESSEBIER JANA/JENNY-TSERING SERAINA, «Hilfe naht!» – Wichtige Fragen und Antworten zur COVID-19-Überbrückungshilfe des Bundes vom 27. März 2020, ‹http://blog.vischer.com/de/hilfe-naht-die-covid-19-ueberbrueckungshilfe-des-bundes› (18.6.2020; zit. GRIEDER et al.); HUGUENIN CLAIRE/REITZE CHRISTOPHE, in: Thomas Geiser/Christiana Fountoulakis (Hrsg.), Basler Kommentar, Zivilgesetzbuch I, 6. Aufl., Basel 2018 (zit. BSK ZGB I-HUGUENIN/REITZE); KÜNZLI JÖRG, in: Bernhard Waldmann/Eva Maria Belser/Astrid Epiney (Hrsg.), Basler Kommentar, Bundesverfassung, Basel 2015 (zit. BSK BV-KÜNZLI); LOCHER PETER, Kommentar zum Bundesgesetz über die direkte Bundessteuer, III. Teil, Basel 2015; MAEDER STEFAN/NIGGLI MARCEL ALEXANDER, in: Marcel Alexander Niggli/Hans Wiprächtiger (Hrsg.), Basler Kommentar, Strafrecht, 4. Aufl., Basel 2018 (zit. BSK StGB-MAEDER/NIGGLI); MÄRKLI BENJAMIN/GUT MORITZ, Missbrauch von Krediten nach COVID-19-Solidarbürgschaftsverordnung, AJP 6/2020, S. 722 ff.; MUSLIU NAGIHAN, Die Umsetzung eidgenössischer Volksinitiativen, Zürich 2019; NIGGLI MARCEL ALEXANDER, Corona-Krise: Warum der Bundesrat keine Strafen erlassen darf, NZZ vom 16. April 2020, S. 7; NIGGLI MARCEL ALEXANDER/RIEDO CHRISTOF, in: Marcel Alexander Niggli/Hans Wiprächtiger (Hrsg.), Basler Kommentar, Strafrecht, 4. Aufl., Basel 2018 (zit. BSK StGB-NIGGLI/RIEDO); POPP PETER/BERKEMEIER ANNE, in: Marcel Alexander Niggli/Hans Wiprächtiger (Hrsg.), Basler Kommentar, Strafrecht, 4. Aufl., Basel 2018 (zit. BSK StGB-POPP/BERKEMEIER); RIEDER DOMINIK, Gesellschaftsrechtlicher Blick auf die COVID-19-Kreditverordnung, Jusletter 6. April 2020; SCHENKER URS/CHERNAYA VIKTORIYA, Kredite mit Bundesgarantie zur Erhaltung der Liquidität schweizerischer Unternehmen in der Corona-Krise, 2. Aufl., 16. April 2020, ‹https://www.walderwyss.com/user_assets/publications/Covid-19-Kredite-mit-Bundesgarantie-2-Aufl.pdf› (18.6.2020); STRATENWERTH GÜNTER/WOHLERS WOLFGANG, in: Günter Stratenwerth/Wolfgang Wohlers (Hrsg.), Handkommentar Schweizerisches Strafgesetzbuch, 3. Aufl., Bern 2013 (zit. Handkomm. StGB-STRATENWERTH/WOHLERS); TRECHSEL STEFAN/CRAMERI DEAN, in: Stefan Trechsel/Mark Pieth (Hrsg.), Schweizerisches Strafgesetzbuch, Praxiskommentar, 3. Aufl., Zürich/St. Gallen 2018 (zit. PK StGB-TRECHSEL/CRAMERI); WYSS DAMIAN, Sicherheit und Notrecht, Ein Überblick über die Anwendung des Epidemiengesetzes und das konstitutionelle Notrecht des Bundesrats in der COVID-19-Krise und im Allgemeinen, Jusletter vom 25.5.2020.

Materialienverzeichnis

Erläuterungen zur Verordnung zur Gewährung von Krediten und Solidarbürgschaften in Folge des Coronavirus (COVID-19-Solidarbürgschaftsverordnung), Bern 14.4.2020 (zit. Erläuterungen); Kanton

Aargau, Merkblatt «Kantonale Wirtschaftsmassnahmen», Massnahmenpaket des Kantons Aargau zur Abfederung der wirtschaftlichen Auswirkungen der COVID-19-Pandemie, Information an die Unternehmen vom 20. April 2020 (Stand 11.5.2020), ‹https://www.ag.ch/media/kanton_aargau/themen_1/coronavirus_1/unternehmen_1/Merkblatt_Kantonale_Wirtschaftsmassnahmen.pdf› (18.6.2020); Kanton Bern, Amt für Wirtschaft, Merkblatt «Sofortiger finanzieller Beitrag» vom 20. März 2020, ‹https://www.berninvest.be.ch/berninvest/de/index/unternehmen/unternehmen.assetref/dam/documents/VOL/berninvest/Corona/Sofortiger_finanzieller_Beitrag_DE.pdf› (18.6.2020); Kanton Zürich, Finanzdirektion, Verfügung vom 30. März 2020 betreffend Kreditausfallgarantie gemäss RRB Nr. 262/2020 vom 18. März 2020, Ziff. I (Massnahmen des Kantons Zürich zur Abfederung der wirtschaftlichen Belastungen aufgrund der Anordnungen zur Eindämmung des Coronavirus [COVID-19]; Notstandsmassnahmen gemäss Art. 72 der Kantonsverfassung), ‹https://www.zh.ch/internet/de/aktuell/news/medienmitteilungen/2020/finanzdirektion-garantiert-zwoelf-banken-kredite-ueber-500-mio-franken/_jcr_content/contentPar/downloadlist/downloaditems/verf_gung_der_finanz.spooler.download.1585637473446.pdf/200330+Verf%C3%BCgung+Kreditausfallgarantie.pdf› (18.6.2020); Medienmitteilung Bundesamt für Kultur, COVID-Unterstützung für den Kultursektor: Gesuche können eingereicht werden, Bern 6.4.2020, ‹https://www.bak.admin.ch/bak/de/home/aktuelles/nsb-news.msg-id-78696.html› (18.6.2020; zit. Medienmitteilung BAK); Medienmitteilung Bundesrat, Coronavirus: Bundesrat bestätigt bisherige Strategie und prüft gezielte Ausweitung der Unterstützungsleistungen, Bern 1.4.2020, ‹https://www.admin.ch/gov/de/start/dokumentation/medienmitteilungen.msg-id-78648.html› (18.6.2020; zit. Medienmitteilung Bundesrat, Unterstützungsleistungen); Medienmitteilung Bundesrat, Coronavirus: Bundesrat konkretisiert Unterstützung für Luftfahrtunternehmen, Bern 29.4.2020, ‹https://www.admin.ch/gov/de/start/dokumentation/medienmitteilungen.msg-id-78944.html› (18.6.2020); zit. Medienmitteilung Bundesrat, Luftfahrtunternehmen); Medienmitteilung Bundesrat, Coronavirus: Bundesrat lockert weitere Massnahmen ab dem 11. Mai 2020, Bern 29.4.2020, ‹https://www.admin.ch/gov/de/start/dokumentation/medienmitteilungen/bundesrat.msg-id-78948.html› (18.6.2020; zit. Medienmitteilung Bundesrat, weitere Massnahmen); Medienmitteilung Bundesrat, COVID-19: Liquiditätshilfen für Start-ups sind operativ, Bern 4.5.2020, ‹https://www.admin.ch/gov/de/start/dokumentation/medienmitteilungen.msg-id-79006.html› (18.6.2020; zit. Medienmitteilung Bundesrat, Liquiditätshilfen für Startups); Medienmitteilung Bundesrat, COVID-19 Kredite: Konzept zur Missbrauchsbekämpfung verabschiedet, Bern 15.5.2020, ‹https://www.admin.ch/gov/de/start/dokumentation/medienmitteilungen.msg-id-79133.html› (18.6.2020; zit. Medienmitteilung Bundesrat, Konzept zur Missbrauchsbekämpfung); Medienmitteilung Eidgenössisches Finanzdepartement, Bundesrat erhöht Bürgschaftsvolumen für Liquiditätshilfe auf 40 Milliarden, Bern 3.4.2020, ‹https://www.efd.admin.ch/efd/de/home/dokumentation/nsb-news_list.msg-id-78684.html› (18.6.2020; zit. Medienmitteilung EFD); SDA-Meldung, Das entschied das Parlament an der ausserordentlichen Session, Bern 6.5.2020, ‹https://www.parlament.ch/de/services/news/Seiten/2020/20200506170513166194158159041_bsd182.aspx› (18.6.2020; zit. SDA-Meldung); Staatssekretariat für Wirtschaft SECO, Missbrauchsbekämpfung: Prüfkonzept, COVID-19 Solidarbürgschaften, Bern 25.5.2020, ‹https://covid19.easygov.swiss/wp-content/uploads/2020/05/836390884-Pr%C3%BCfkonzept_COVID-Kredite-25.05.2020.pdf› (18.6.2020; zit. SECO, Missbrauchsbekämpfung).

I. Grundlagen

1. Hintergrund

1 Im Zuge der Bekämpfung der COVID-19-Pandemie hat der Bundesrat ab dem 28.2.2020 zunehmend **schärfere Beschränkungen der Wirtschaftsfreiheit** verfügt, die am 17.3.2020 in der Schliessung fast aller Retail-Geschäfte kulminierten. Die meisten

dieser Geschäfte konnten erst ab dem 11.5.2020 mit Einschränkungen wieder öffnen, grössere Veranstaltungen bleiben mindestens bis 31.8.2020 untersagt.[1] Diese Corona-Massnahmen werden 2020 in der Schweiz zu einer schweren Rezession führen.

2 Um die negativen Folgen der Corona-Massnahmen für die Wirtschaft **zu mildern** hat der Bundesrat am 25.3.2020 die Verordnung zur Gewährung von Krediten und Solidarbürgschaften in Folge des Coronavirus[2] erlassen, damit die Wirtschaft schnell Kredite erhält. Diese COVID-19-Kredite haben das Ziel, insbesondere kleineren und mittleren Unternehmen (KMU) rasch und unbürokratisch Zugang zu Bankkrediten und damit zu Liquidität zu geben. Die KMU sollen weiterhin ihre Fixkosten trotz Einnahmeausfällen aufgrund der Corona-Massnahmen finanzieren können. Im Rahmen dieses Programms können die Banken die Wirtschaft mit von den Bürgschaftsorganisationen verbürgten Krediten über insgesamt CHF 40 Milliarden versorgen, die letztlich vom Bund garantiert sind.[3] Zudem gibt es Hilfsmassnahmen u.a. in den Bereichen Sport und Kultur sowie besondere Hilfen für Start-ups. Weitere Hilfsmassnahmen haben in der Folge auch die Kantone und Gemeinden beschlossen.

3 Wirtschaftlich am bedeutendsten sind bei weitem die **COVID-19-Kredite**. Darum werden wir vor allem auf ihre Vergabe (Rz 11 ff.), ihre Bedingungen (Rz 25 ff.), ihre Abwicklung (Rz 34 ff.) und deren Missbrauch (Rz 40 ff.) eingehen. Die weiteren Hilfsmassnahmen werden in Rz 58 ff. angesprochen, bevor wir mit einem Fazit schliessen (Rz 68 f.).

2. System der COVID-19-Kredite

4 Das System der COVID-19-Kredite lehnt sich an das bestehende **Bürgschaftswesen** des Bundes für KMU an.[4] Im Rahmen des bestehenden Bürgschaftswesens vergeben Banken kommerzielle Kredite an KMU-Kreditnehmer, die durch eine solidarische Bürgschaft (gemäss Art. 496 OR) einer anerkannten Bürgschaftsorganisation abgesichert sind. Bei einem Kreditausfall deckt der Bund gegenüber der Bürgschaftsorganisation 65% des Ausfalls. Es gibt vier Bürgschaftsorganisationen (BG Mitte, BG OST-SÜD, Bürgschaftsgenossenschaft SAFFA, Cautionnement romand).

5 Im grossen **Unterschied** zum gewöhnlichen Bürgschaftswesen deckt der Bund bei den COVID-19-Krediten gegenüber den Bürgschaftsorganisationen 100% von deren Ausfall. Weiter sind die Verträge und Abläufe bei den COVID-19-Krediten viel stärker standardisiert und vereinfacht.

1 Vgl. Verordnung 2 über Massnahmen zur Bekämpfung des Coronavirus (COVID-19), SR 818.101.24; Medienmitteilung Bundesrat, weitere Massnahmen.

2 SR 951.261; Solidarbürgschaftsverordnung.

3 Medienmitteilung EFD; SDA-Meldung.

4 Vgl. das Bundesgesetz vom 6.10.2006 über die Finanzhilfen an Bürgschaftsorganisationen für KMU (SR 951.25) und die dazugehörige Verordnung vom 12.6.2015 über die Finanzhilfen an Bürgschaftsorganisationen für KMU (951.251).

Es gibt zwei **Arten** von COVID-19-Krediten: 6

- den einfachen und vollkommen standardisierten **COVID-19-Basis-Kredit** von maximal CHF 500 000 und automatischer 100% Bürgschaft der Bürgschaftsorganisationen sowie
- den **COVID-19-Kredit-Plus** von (abgesehen von Härtefällen) maximal CHF 20 Millionen (einschliesslich eines maximalen COVID-19-Basis-Kredits) und 85% Bürgschaft der Bürgschaftsorganisationen, der grundsätzlich in einem gewöhnlichen Kreditverfahren vergeben wird.

Die **Bürgschaftsorganisationen** haben mit dem Bund je einen öffentlich-rechtlichen Vertrag gemäss den Vorgaben von Art. 16 Abs. 1 Solidarbürgschaftsverordnung abgeschlossen. Darin übernimmt der Bund die Haftung für sämtliche Ausfälle der Bürgschaftsorganisation und regelt die Aufgaben der Bürgschaftsorganisation bei der Verwaltung und Abwicklung der Bürgschaften.[5] 7

3. Verfassungsmässigkeit der Solidarbürgschaftsverordnung

Der Bundesrat hat die Solidarbürgschaftsverordnung gestützt auf die **Notrechtskompetenz** in Art. 185 Abs. 3 BV erlassen,[6] die es dem Bundesrat erlaubt, unmittelbar Verordnungen und Verfügungen zu erlassen, um eingetretenen oder unmittelbar drohenden schweren Störungen der öffentlichen Ordnung oder der inneren oder äusseren Sicherheit zu begegnen. Notrecht dient dem Schutz von Leib und Leben, Eigentum oder Freiheit, aber nicht weiterer Polizeigüter. Sozial- oder wirtschaftspolitisch motivierte Massnahmen können darum nicht im Notrecht erlassen werden.[7] 8

Die **Voraussetzungen** für eine Notstandsverordnung **fehlen** bei der Solidarbürgschaftsverordnung. Weder die COVID-19-Pandemie selber, geschweige denn die durch hoheitliche Massnahmen verstärkte Wirtschaftskrise, sind eine unmittelbare Bedrohung der öffentlichen Ordnung oder der inneren oder äusseren Sicherheit der Schweiz. 9

Immerhin sind auch bei **Verfassungswidrigkeit** der Solidarbürgschaftsverordnung die **Folgen** überschaubar. Unter dem Regime der Verordnung haben die Kreditnehmer mit den Banken bzw. die Banken mit den Bürgschaftsorganisationen privatrechtliche Verträge abgeschlossen, die unabhängig von der Nichtigkeit der Solidarbürgschaftsverordnung gültig sind. Auch Bund und Bürgschaftsorganisationen haben separate öffentlich-rechtliche Vereinbarungen. Überdies hat das Parlament die für die Hilfsmassnahmen benötigten Mittel in einem Umfang von CHF 40 Milliarden am 6.5.2020 bewilligt.[8] Damit betrifft die Verfassungswidrigkeit nur einzelne direkt anwendbare Be- 10

5 Art. 16 Abs. 1 Solidarbürgschaftsverordnung.

6 Ingress der Solidarbürgschaftsverordnung.

7 Vgl. Biaggini, ZBl 121/2020, S. 242 und 262; vgl. BSK BV-Künzli, Art. 185 N 36; **a.M.** § 19 Rz 32 f.; Wyss, Jusletter 25.5.2020, Rz 16 ff.

8 SDA-Meldung.

stimmungen, wie z.B. die Haftungsbestimmung[9] oder die Strafbestimmung.[10] Trotz der fehlenden Verfassungsgrundlage kann die Solidarbürgschaftsverordnung somit als Leitfaden für den Umgang mit den COVID-19-Krediten dienen.

II. Vergabe der COVID-19-Kredite

1. Voraussetzungen

11 Jedes **KMU** mit Sitz in der Schweiz, sei es als Einzelunternehmen, Personengesellschaft oder juristische Person organisiert, kann grundsätzlich zwischen Ende März und dem 31.7.2020 ein Gesuch für einen COVID-19-Kredit stellen.[11] Auch Unternehmen, die zu einer Gruppe von Unternehmen gehören, die unter gemeinsamer Kontrolle stehen, können je einzeln einen COVID-19-Kredit beantragen. Keinen Anspruch auf einen COVID-19-Kredit hat ein Unternehmen jedoch, wenn dessen Umsatz oder der Umsatz der Unternehmensgruppe, zu der es gehört, 2019 CHF 500 Millionen überstieg. Denn die Solidarbürgschaft ist für KMU-Kredite gedacht.[12] Darum ist auch für die Ermittlung der Umsatzobergrenze der konsolidierte Umsatzerlös der gesamten Unternehmensgruppe massgeblich, zu welcher das gesuchstellende Unternehmen gehört. Andernfalls könnten willkürlich auch Grossunternehmen die für KMU gedachten Hilfen beanspruchen, wenn sie zufälligerweise als Holdinggesellschaft mit einzelnen kleineren Tochtergesellschaften strukturiert sind.

12 **Voraussetzungen** für die Kreditgewährung sind eine Gründung des Unternehmens vor dem 1.3.2020, kein Konkurs-, Nachlass- oder Liquidationsverfahren, eine erhebliche Beeinträchtigung aufgrund der COVID-19-Pandemie und kein Bezug von Hilfen in den Bereichen Kultur oder Sport sowie ein zweckkonformes Liquiditätsbedürfnis. Im Einzelnen:

- Das Unternehmen muss **vor dem 1.3.2020**, d.h. vor dem Übergreifen der COVID-19-Pandemie auf die Schweiz, **gegründet** worden sein.[13] Abgestellt wird auf das Datum des Tagebucheintrages im Handelsregister. Bei Unternehmen, für die kein Handelsregistereintrag vorausgesetzt wird, ist der Zeitpunkt der Geschäftsaufnahme massgeblich. Dieser Zeitpunkt kann z.B. durch das Abschlussdatum von Verträgen belegt werden, die auf den Start eines Unternehmens hindeuten, wie z.B. Arbeits- und Mietverträge oder Kundenverträge. Bestehen Zweifel bezüglich der rechtzeitigen Gründung, dürfte es auch am COVID-19-bedingten Umsatzrückgang mangeln und die Kreditvoraussetzungen wären somit ohnehin nicht gegeben.[14]

9 Vgl. Rz 46.

10 Vgl. Rz 48 f.

11 Art. 3 Abs. 1 Solidarbürgschaftsverordnung; bei COVID-19-Krediten-Plus muss das Unternehmen zudem über eine Unternehmens-Identifikationsnummer (UID-Nummer) verfügen, Art. 4 Abs. 1 lit. a Ziff. 2 Solidarbürgschaftsverordnung.

12 Erläuterungen, S. 9.

13 Art. 3 Abs. 1 lit. a Solidarbürgschaftsverordnung; Erläuterungen, S. 3.

14 **A.M.** Rieder, Jusletter 6.4.2020, S. 5.

- Das Unternehmen darf sich bei Einreichung des Gesuchs **nicht** in einem **Konkurs- oder Nachlassverfahren oder in Liquidation** befinden.[15] Diese Voraussetzung ist auch dann nicht erfüllt, wenn bei Einreichung des Gesuchs Anträge auf ein solches Verfahren oder entsprechende Beschlüsse schon gefasst sind oder absehbar ist, dass ein solches Verfahren trotz Gewährung des COVID-19-Kredits unvermeidbar wird.
- Das Unternehmen muss aufgrund der COVID-19-Pandemie namentlich hinsichtlich seines Umsatzes **wirtschaftlich erheblich beeinträchtigt** sein. Die wirtschaftliche Beeinträchtigung muss durch die COVID-19-Pandemie bedingt sein. Dabei kann die COVID-19-Pandemie direkter oder indirekter Auslöser sein. Insbesondere ist nicht erforderlich, dass das gesuchstellende Unternehmen unmittelbar von Corona-Massnahmen betroffen ist. Es reicht ein Umsatzrückgang, der ohne die COVID-19-Pandemie nicht eingetreten wäre. Die wirtschaftliche Beeinträchtigung äussert sich insbesondere in einem Umsatzrückgang. Was ein erheblicher Umsatzrückgang ist, lässt die Verordnung offen. Im Mehrjahresvergleich der betroffenen Monate muss der Rückgang auf jeden Fall deutlich höher sein als die sonstigen Schwankungen zwischen den Jahren für die gleichen Monate.
- Das Unternehmen darf zum Zeitpunkt der Gesuchseinreichung **nicht** bereits **andere Liquiditätssicherungen** gestützt auf die notrechtlichen Regelungen in den Bereichen Sport oder Kultur erhalten haben.[16]
- Das Unternehmen muss ein **zweckkonformes Liquiditätsbedürfnis** haben.[17] Zweck eines COVID-19-Kredits ist ausschliesslich, Liquiditätsengpässe aus dem operativen Geschäft zu überbrücken.[18] Beabsichtigt das Unternehmen die Kreditmittel anderweitig zu verwenden, z.B. für Mittelabflüsse, die Verwendungsbeschränkungen unterliegen,[19] so sind die Voraussetzungen für einen COVID-19-Kredit nicht gegeben. Missbräuchlich wäre auch ein Gesuch, wenn das Unternehmen kurz vor Gesuchstellung Mittelabflüsse, die Verwendungsbeschränkungen unterliegen, zugelassen und dadurch das Liquiditätsbedürfnis geschaffen oder vergrössert hätte.

2. Kredithöhe

Die Kredithöhe richtet sich zunächst nach dem **zweckkonformen Liquiditätsbedürfnis** 13
des gesuchstellenden Unternehmens.[20] Dieses darf keinen höheren Kredit beantragen, als es nötig hat, um in seinem operativen Geschäft einen Corona-bedingten Liquiditätsengpass zu überbrücken. Daneben sind die Kredite sowohl absolut, als auch relativ in der Höhe begrenzt.

15 Art. 3 Abs. 1 lit. b Solidarbürgschaftsverordnung.
16 Art. 3 Abs. 1 lit. c, Art. 3 Abs. 1 lit. d Solidarbürgschaftsverordnung; vgl. Rz 60 und § 7 Rz 54 ff.; vgl. § 8.
17 Art. 6 Abs. 1 Solidaritätsbürgschaftsverordnung.
18 Vgl. Rz 30.
19 Vgl. Rz 31.
20 Art. 6 Abs. 1 Solidaritätsbürgschaftsverordnung; vgl. Rz 12.

14 Die COVID-19-Kredite sind in ihrer **Höhe absolut** begrenzt auf CHF 500 000 je COVID-19-Basis-Kredit und (abgesehen von Härtefällen) auf zusätzliche CHF 19.5 Millionen je COVID-19-Kredit-Plus. Der Bezug eines COVID-19-Basis-Kredits ist Voraussetzung für den Bezug eines COVID-19-Kredits-Plus.[21] COVID-19-Basis-Kredite können je nur einmal bezogen werden, auch wenn der maximal zulässige Kreditbetrag nicht ausgeschöpft wurde. Hingegen können bis zum Höchstbetrag mehrere COVID-19-Kredite-Plus bei der gleichen Bank oder bei unterschiedlichen Banken beantragt werden.[22]

15 Innerhalb der absoluten Limiten gemäss der Solidarbürgschaftsverordnung richtet sich die maximale **relative Höhe** eines COVID-19-Kredits nach dem Umsatz des Unternehmens im Jahr 2019. Ein COVID-19-Kredit darf maximal 10% dieses Umsatzes betragen.[23] Liegt der definitive Jahresabschluss 2019 nicht vor, so ist die provisorische Fassung massgebend. Fehlt auch diese, wird auf den Umsatzerlös des Jahres 2018 abgestellt.[24] Hat ein Unternehmen keinen Jahresabschluss 2019, weil es erst nach Anfang 2019 gegründet wurde, so wird ersatzweise auf die dreifache Nettolohnsumme als Referenz für den relevanten Umsatz abgestellt, mindestens aber CHF 100 000 und höchstens CHF 500 000.[25]

16 Ausnahmsweise dürfen die Bürgschaftsorganisationen bei Vorliegen einer **erheblichen Härte** die Höhe der Solidarbürgschaft auf über CHF 20 Millionen erhöhen. Auch bei Härtefällen gelten die Grenze von 10% des Umsatzerlöses und die KMU-Grenze von CHF 500 Millionen.[26] Ein COVID-19-Kredit kann daher maximal CHF 50 Millionen betragen.[27] Jede Erhöhung über CHF 20 Millionen muss vom Eidgenössischen Departement für Wirtschaft, Bildung und Forschung (WBF) im Einvernehmen mit dem EFD genehmigt werden.[28] Der Begriff der erheblichen Härte lehnt sich an Art. 166 des Bundesgesetzes vom 14. 12. 1990 über die direkte Bundessteuer[29] und an Art. 90 des Bundesgesetzes vom 12. 6. 2009 über die Mehrwertsteuer[30] an.[31] Diese Bestimmungen erlauben aus Billigkeitsgründen bei besonderen Umständen, wie ernsthaften finanziellen Schwierigkeiten, Zahlungserleichterungen zu gewähren.[32] Im Corona-Kontext liegt ein Härtefall vor, wenn das Unternehmen ohne Erhöhung der Kreditlimite insolvent würde. Um dies zu belegen, hat das gesuchstellende Unternehmen dem Kreditantrag eine detaillierte Finanzplanung beizulegen, aus der auch ersichtlich ist, welche Massnahmen das Unter-

21 SECO, Missbrauchsbekämpfung, S. 13; Fritsch.
22 SECO, Missbrauchsbekämpfung, S. 5 ff. und 15.
23 Art. 7 Abs. 1 Solidarbürgschaftsverordnung.
24 Art. 7 Abs. 1 Solidarbürgschaftsverordnung.
25 Art. 7 Abs. 2 Solidarbürgschaftsverordnung; zu den besonderen Umständen für Start-ups vgl. Rz 61 ff.
26 Art. 6 Abs. 2 lit. a Solidarbürgschaftsverordnung.
27 SECO, Missbrauchsbekämpfung, S. 9.
28 Art. 4 Abs. 2 lit. b Solidarbürgschaftsverordnung.
29 SR 642.11, DBG.
30 SR 641.20, MWSTG.
31 Erläuterungen, S. 14; vgl. Rieder, Jusletter 6. 4. 2020, S. 4; Schenker/Chernaya, S. 11.
32 MWSTG-Geiger, Art. 9 N 6; DBG-Frey, Art. 166 N 3; Locher, Art. 166 DBG N 11.

nehmen bereits ergriffen hat, um den Liquiditätsbedarf zu senken. Weiter ist aufzuzeigen, dass alle weiteren Quellen zur Liquiditätsbeschaffung erschöpft sind.[33]

Für die **Berechnung des Umsatzerlöses** wird auf den Einzelabschluss des betreffenden gesuchstellenden Unternehmens abgestellt.[34] Mit Umsatzerlös ist der in den Art. 727 Abs. 1 Ziff. 2 lit. b und Art. 957 Abs. 1 Ziff. 1 OR verwendete Begriff gemeint.[35] Auch bei Unternehmensgruppen erfolgt die Kreditvergabe jeweils separat an die einzelnen Unternehmen der Gruppe und es wird jeweils auf den Einzelabschluss abgestellt. Entsprechend sind auch die Musterkreditverträge zu den COVID-19-Krediten in den Anhängen 2 und 4 der Solidarbürgschaftsverordnung ausgestaltet, in denen die Kreditnehmer zusichern müssen, alle Angaben zum Umsatzerlös des Unternehmens basierten auf dem Einzelabschluss. Der konsolidierte Konzernabschluss ist insofern relevant, als dass Unternehmen, die zu einer Unternehmensgruppe mit mehr als CHF 500 Millionen Umsatzerlös gehören, keine COVID-19-Kredite beziehen dürfen.[36] 17

3. Kreditprüfung, Kreditvereinbarung und Auszahlung

Um einen **COVID-19-Basis-Kredit** zu erlangen, hat das gesuchstellende Unternehmen das einseitige Formular gemäss Anhang 2 Solidarbürgschaftsverordnung auszufüllen und bei einer Bank einzureichen, mit der es eine Kundenbeziehung hat.[37] Dieses Formular dient gleichzeitig als Kreditgesuch und nach Genehmigung durch die Bank als Kreditvertrag. Die Bank prüft das Gesuch einzig auf Vollständigkeit und formelle Korrektheit. Eine weitergehende Kreditprüfung gibt es bei den COVID-19-Basis-Krediten nicht. Insbesondere prüft die Bank auch nicht, ob die Voraussetzungen gemäss Solidarbürgschaftsverordnung gegeben sind, sondern verlässt sich dabei auf die Selbstdeklaration des Kreditnehmers. Ist das Gesuch vollständig und formal korrekt ausgefüllt, zahlt die Bank den Kredit umgehend aus. Gleichzeitig wird der Kredit automatisch verbürgt.[38] Die Bank hat allerdings keine Pflicht, einen Kredit zu gewähren.[39] 18

COVID-19-Kredite-Plus vergeben die Banken grundsätzlich im normalen Kreditverfahren. Insbesondere haben sie für diese Kredite eine branchenübliche Kreditprüfung durchzuführen.[40] Diese Kreditprüfung dient nicht nur zur Absicherung der Bank, sondern vor allem auch zum Schutz der Bürgschaftsorganisation vor Krediten mit zu hohem Ausfallrisiko. Beim COVID-19-Kredit-Plus kann die Bank darum (im Gegensatz zum COVID-19-Basis-Kredit) die Vergabe eines Kredits aufgrund mangelnder Kreditwürdigkeit ablehnen.[41] Ein COVID-19-Kredit-Plus wird wie ein normaler Kredit (typi- 19

33 Vgl. SECO, Missbrauchsbekämpfung, S. 13 f.
34 Rieder, Jusletter 6.4.2020, S. 7; Schenker/Chernaya, S. 11.
35 Erläuterungen, S. 11.
36 Vgl. Rz 11.
37 Erläuterungen, S. 4; Schenker/Chernaya, S. 7.
38 Vgl. Erläuterungen, S. 4.
39 Erläuterungen, S. 3.
40 Art. 4 Abs. 1 lit. b Solidarbürgschaftsverordnung.
41 Schenker/Chernaya, S. 10.

scherweise gestützt auf die Standardvorlagen der kreditgebenden Bank) dokumentiert und von Bank und Kreditnehmer unterzeichnet. Beim COVID-19-Kredit-Plus erfolgt die Auszahlung erst, nachdem die Bürgschaftsorganisation den Kredit verbürgt hat.[42]

20 Die Bank darf den **Kreditvertrag** für einen COVID-19-Kredit-Plus zwar im Rahmen des Marktüblichen grundsätzlich frei gestalten. Unzulässig ist aber, darin Bestimmungen aufzunehmen, die dem Sinn und Zweck der COVID-19-Kredite widersprechen, welche die Position der Bürgschaftsorganisationen bzw. des Bundes stark verschlechtern oder die ein ernsthaftes Moral Hazard für die Bank schaffen. Verstösst eine Kreditbestimmung aus einem dieser Gründe gegen die guten Sitten, ist sie nichtig und damit unbeachtlich. Zum Beispiel sollte die Rückführung der COVID-19-Kredite nicht erschwert werden, etwa indem Vorfälligkeitsentschädigungen verlangt werden. Eine solche Regelung würde dem Interesse des Bundes zuwiderlaufen, die COVID-19-Kredite möglichst rasch zurückzuführen und damit sein Risiko abzubauen, für Ausfälle eintreten zu müssen. Offensichtlich unzulässig scheint etwa eine Regelung, bei der eine Bank den unverbürgten Betrag des Kredits zu ihrer Sicherheit einfach sperrt und nicht an den Kreditnehmer auszahlt. Für diesen Betrag würde faktisch gar kein Kredit eingeräumt, aber trotzdem Zinsen bezogen. Dies würde den Grundprinzipien der COVID-19-Kredite zuwiderlaufen, weil dem Kreditnehmer entweder die benötigte Liquidität (die Voraussetzung für die Kreditvergabe ist) vorenthalten wird oder der Kreditnehmer genötigt wird, zweckwidrig einen zu hohen Kredit zu beziehen. Weiter wird die Bürgschaftsorganisation getäuscht, indem diese dazu bewegt wird, anstatt der von der Solidarbürgschaftsverordnung vorgesehenen Bürgschaft über 85% der Kreditsumme faktisch eine Deckung von 100% zu geben.

4. Verbürgung

21 Kernelement der COVID-19-Kredite ist die **solidarische Bürgschaft** der Bürgschaftsorganisationen zur Absicherung der kreditgebenden Banken. Die Bürgschaftsorganisationen haben ihrerseits eine Ausfallgarantie des Bundes.[43] Die COVID-19-Basis-Kredite werden zu 100% zuzüglich eines Jahreszinses verbürgt.[44] Die Bürgschaftsorganisationen übernehmen also gegenüber den Banken bei einem Ausfall des Kreditnehmers das volle Risiko. Die COVID-19-Kredite-Plus werden zu 85% zuzüglich eines Jahreszinses verbürgt;[45] für die restlichen 15% trägt die kreditgebende Bank das Ausfallrisiko.[46] Die Bürgschaften sind solidarische Bürgschaften im Sinne von Art. 496 OR.

22 Um die rasche und unbürokratische Kreditvergabe zu erleichtern, hat die Solidarbürgschaftsverordnung das **Verfahren** zur Verbürgung stark standardisiert:

42 Vgl. Rz 22; Erläuterungen, S. 5.
43 Art. 8 lit. a Solidarbürgschaftsverordnung.
44 Art. 3 Solidarbürgschaftsverordnung.
45 Art. 4 Abs. 5 Solidarbürgschaftsverordnung.
46 Erläuterungen, S. 2 ff.

- Zur Verbürgung der **COVID-19-Basis-Kredite** muss jede teilnehmende Bank vor Beginn der Kreditvergabe die Rahmenbedingungen gemäss Anhang 1 Solidarbürgschaftsverordnung akzeptieren und dem SECO einreichen.[47] Damit kommt der Rahmenbürgschaftsvertrag zwischen der Bank und den vier dafür gemeinsam auftretenden Bürgschaftsorganisationen zustande. Die jeweilige Bürgschaftsverpflichtung entsteht in der Folge automatisch, sobald die Bank einen COVID-19-Basis-Kredit vergibt.[48] Jeder vergebene COVID-19-Basis-Kredit muss in der Folge den Bürgschaftsorganisationen über deren Zentralstelle gemeldet werden. Für Kredite, die bis spätestens 14.8.2020 nicht gemeldet worden sind, fällt die Bürgschaft ex tunc dahin.[49]
- Bei **COVID-19-Krediten-Plus** reicht die Bank für jeden Kredit ein individuelles Gesuch bei der Zentralstelle der Bürgschaftsorganisationen ein. Das Gesuch wird von der Zentralstelle und der zuständigen Bürgschaftsorganisation geprüft.[50] Bei Genehmigung wird zwar für jeden Kreditvertrag ein individueller Bürgschaftsvertrag zwischen der Bank und der Bürgschaftsorganisation abgeschlossen. Allerdings ist dafür zur Vereinfachung der Abläufe die Standardvorlage gemäss Anhang 3 Solidarbürgschaftsverordnung unverändert zu übernehmen.

Dem Kreditnehmer entstehen aus der Bürgschaft keine **Kosten**, weil der Bund den Bürg- 23
schaftsorganisationen die Ausfälle zu 100% kompensiert[51] und auch die Verwaltungskosten übernimmt. Diese umfassen die Gesuchsprüfungs-, Überwachungs- und Abwicklungskosten ebenso wie die Kosten für den Beizug Dritter.[52]

Als Ausnahme vom Kreditverbot darf auch die **PostFinance AG** COVID-19-Basis- 24
Kredite (nicht aber COVID-19-Kredite-Plus) im Rahmen bestehender Kundenbeziehungen vergeben.[53] Damit soll auch den offenbar fast 70% der KMU, die über keine Bankbeziehung verfügen und den Zahlungsverkehr über die PostFinance AG abwickeln, ermöglicht werden, rasch einen COVID-19-Basis-Kredit zu beziehen.[54]

III. Kreditbedingungen

1. Laufzeit und Beendigung

Die **Laufzeit** der COVID-19-Kredite beträgt grundsätzlich maximal fünf Jahre.[55] Gegen- 25
über den normalen KMU-Krediten ist die Laufzeit bis zur Amortisation halbiert, weil

47 Art. 3 Abs. 2 Solidarbürgschaftsverordnung.
48 Art. 3 Abs. 3 Solidarbürgschaftsverordnung; Erläuterungen, S. 4.
49 Art. 11 Abs. 1 Solidarbürgschaftsverordnung; Anhang 1, Ziff. 1.1 Solidarbürgschaftsverordnung.
50 Art. 4 Abs. 1 lit. a und lit. b Solidarbürgschaftsverordnung; vgl. SECO, Missbrauchsbekämpfung, S. 8.
51 Art. 8 lit. a Solidarbürgschaftsverordnung; Erläuterungen, S. 12; Schenker/Chernaya, S. 8.
52 Art. 9 Abs. 1 und Abs. 2 Solidarbürgschaftsverordnung.
53 Art. 19 Abs. 2 Solidarbürgschaftsverordnung.
54 Erläuterungen, S. 2 f.
55 Art. 13 Abs. 1 Solidarbürgschaftsverordnung.

die COVID-19-Kredite einzig der kurzfristigen Sicherung der Liquiditätsbedürfnisse der KMU infolge der COVID-19-Pandemie dienen.[56]

26 Die Laufzeit des COVID-19-Kredits kann einmal um zwei Jahre auf maximal sieben Jahre **verlängert** werden, wenn die vollständige Rückzahlung des Kredites nach Ablauf der Fünfjahresfrist eine «**erhebliche Härte**» für den Kreditnehmer ist.[57] Die Solidarbürgschaftsverordnung verwendet den Begriff der «erheblichen Härte» auch im Zusammenhang mit der ausnahmsweisen Erhöhung der Kreditlimite über CHF 20 Millionen.[58] Eine erhebliche Härte liegt vor, wenn ohne Aussetzung der Rückzahlung eine Insolvenz des Kreditnehmers droht. Weil es sich um eine Ausnahme aus Billigkeitsgründen handelt, sollte die Verlängerung nur soweit erforderlich eingeräumt werden. Darum sollte, in dem Umfang, wie sie für den Kreditnehmer tragbar ist, die Rückzahlung erfolgen und die Verlängerung gegebenenfalls nur für einen reduzierten Kreditbetrag gewährt werden. Die kreditgebende Bank darf die Verlängerung der Kreditlaufzeit nur mit Zustimmung der Bürgschaftsorganisation bewilligen. Dieses Zustimmungserfordernis gewährleistet eine einheitliche Anwendung der Verlängerungsregeln.

27 Bezüglich **vorzeitiger Rückzahlung und Kündigung** gilt Folgendes:

- Einen **COVID-19-Basis-Kredit** kann der Kreditnehmer jederzeit mit sofortiger Wirkung kündigen und zurückzahlen, während die Bank nur aus «regulatorischen oder rechtlichen» Gründen kündigen kann.[59] Damit sind wichtige Gründe gemeint, die es der Bank unzumutbar machen, den Kredit weiterzuführen, wie z.B. wenn der Kreditnehmer Normen zur Bekämpfung der Geldwäscherei oder Terrorfinanzierung verletzt, die Zusicherungen des Kreditnehmers bezüglich des Kreditbezugs[60] falsch waren oder der Kreditnehmer sich nicht an die Verwendungs- und Verfügungsbeschränkungen hält.[61] Bei einer Kündigung der Kreditvereinbarung werden sämtliche zum Zeitpunkt der Kündigung unter der Kreditvereinbarung ausstehenden Beträge unmittelbar zur Zahlung fällig.
- Bei **COVID-19-Krediten-Plus** richtet sich die Kündigung und vorzeitige Beendigung grundsätzlich nach den Abmachungen im Kreditvertrag.[62] Eine vorzeitige Rückzahlung und Beendigung eines COVID-19-Kredits-Plus muss aber jederzeit ohne Nachteil für den Kreditnehmer zulässig sein.[63]

56 Erläuterungen, S. 14.
57 Art. 13 Abs. 2 Solidarbürgschaftsverordnung.
58 Vgl. Rz 16.
59 Anhang 2, Ziff. 8 Solidarbürgschaftsverordnung.
60 Vgl. Rz 12.
61 Vgl. Rz 31 ff.
62 Vgl. Rieder, Jusletter 6.4.2020, S. 6.
63 Vgl. Rz 20.

2. Verzinsung

Art. 13 Solidarbürgschaftsverordnung regelt die **Verzinsung** der COVID-19-Kredite. Die Zinsen sind keine Festzinsen, sondern variable Zinsen.[64] Sie werden jeweils jährlich vom EFD per 21.3 an die Marktverhältnisse angepasst. Dabei dürfen die Zinsen auf keinen Fall unter den Anfangszins gemäss Solidarbürgschaftsverordnung sinken. Der Anfangszinssatz beträgt für COVID-19-Basis-Kredite 0,0% und für COVID-19-Kredite-Plus 0,5% pro Jahr. Beim COVID-19-Kredit-Plus gilt der Zinssatz gemäss Solidarbürgschaftsverordnung nicht für die gesamte Kreditsumme, sondern nur für den durch die Solidarbürgschaft besicherten Kreditbetrag. Für den Rest richtet sich der Zins nach der kreditvertraglichen Vereinbarung der Parteien. 28

Das EFD berücksichtigt bei der **Zinsanpassung** insbesondere die Zinsentwicklungen an den Märkten sowie die Refinanzierungskosten der teilnehmenden Banken.[65] Es hört ausserdem die teilnehmenden Banken an,[66] nicht aber die Kreditnehmer. 29

3. Zweck sowie Verwendungs- und Verfügungsbeschränkungen

Die COVID-19-Kredite dürfen nur für den vorgesehenen **Zweck** verwendet werden. Zweck der COVID-19-Kredite ist, KMU in der Schweiz zu unterstützen, die aufgrund der hoheitlichen Corona-Massnahmen im Zuge der Corona-Pandemie in akute Liquiditätsengpässe geraten sind. Darum darf ein Unternehmen nur einen COVID-19-Kredit beziehen, wenn es erhebliche Umsatzeinbussen erlitten hat.[67] Sodann darf der Kredit nur verwendet werden, um Finanzbedürfnisse aus dem operativen Geschäft zu decken, das heisst, die Liquiditätsengpässe zu überbrücken, die aufgrund der Mindereinnahmen im Zuge der Corona-Krise eingetreten sind.[68] Gedacht sind die COVID-19-Kredite insbesondere zur Zahlung von laufend anfallenden Miet- oder Sachkosten, von Löhnen oder von Verpflichtungen aus Lieferungen und Leistungen Dritter.[69] 30

Damit die COVID-19-Kredite ihren Zweck erreichen, unterliegen die Kreditmittel **Verwendungsbeschränkungen**. Unzulässig ist grundsätzlich jede Verwendung für nicht-operative Zwecke des Kreditnehmers. So schreibt die Solidarbürgschaftsverordnung in Art. 6 Abs. 2 ausdrücklich vor, der zu verbürgende Kredit dürfe nicht für neue Investitionen ins Anlagevermögen verwendet werden. Darum darf ein COVID-19-Kredit z.B. nicht für eine Expansion des Unternehmens verwendet werden. Vorbehalten sind immerhin laufende Ersatzinvestitionen. Weiterhin zulässig sind auch Investitionen ins Anlagevermögen des Kreditnehmers, sofern die dafür verwendeten Mittel anderweitig aufgebracht werden und nicht aus einem COVID-19-Kredit stammen.[70] Unzulässig sind auch (vor- 31

64 Rieder, Jusletter 6.4.2020, S. 5 f.
65 Erläuterungen, S. 14.
66 Art. 13 Abs. 4 Solidarbürgschaftsverordnung.
67 Vgl. Rz 12.
68 Vgl. Art. 6 Abs. 1 Solidarbürgschaftsverordnung; Erläuterungen, S. 9.
69 Vgl. Grieder et al.
70 Vgl. Schenker/Chernaya, S. 12; Rieder, Jusletter 6.4.2020, S. 9.

behältlich der Bezahlungen von bezogenen Leistungen zu Marktbedingungen) Zahlungen an mit dem Kreditnehmer verbundene Gesellschaften im Ausland.[71] Selbstverständlich ebenfalls unzulässig ist die Verwendung der Kreditmittel für Mittelabflüsse, die während der ganzen Laufzeit des COVID-19-Kredits gemäss Art. 6 Abs. 3 Solidarbürgschaftsverordnung *per se* verboten sind.

32 Während der ganzen Laufzeit eines COVID-19-Kredits unterliegt der Kreditnehmer **Verfügungsbeschränkungen**. Mittelabflüsse aus dem Unternehmen, die nicht der Zahlung zu operativen Zwecken oder zur Begleichung vorbestehender Verpflichtungen dienen, sind unzulässig.[72] Dieses Verbot dient dazu, die Rückführung der Kredite nicht zu gefährden, bzw. zu beschleunigen. Es soll der Abfluss von Mitteln verhindert werden, die zur Amortisation der COVID-19-Kredite verwendet werden könnten und gleichzeitig den Kreditnehmern ein Anreiz gesetzt werden, zunächst die COVID-19-Kredite zurückzuzahlen. Wie zulässige von unzulässigen Mittelabflüssen abzugrenzen sind bzw. welche Ausnahmen zulässig sind, ist aufgrund der kasuistischen Aufzählung mit eher restriktiven Formulierungen in Art. 6 Abs. 3 Solidarbürgschaftsverordnung und den diesen ebenso kasuistisch aufweichenden Erläuterungen oft ziemlich unklar. Immerhin Folgendes scheint klar:

- **Ausschüttungen** an die Eigner des Kreditnehmers wie die Zahlung von Dividenden und Tantiemen oder die Rückerstattung von Kapitaleinlagen sind unzulässig. Miterfasst sind dabei jegliche Geschäfte, die einen Mittelabfluss an die Eigner oder ihnen nahestehende Personen zur Folge haben (wie z.B. auch Leistungen, die nicht zu Marktbedingungen erbracht werden).
- Die **Gewährung** von neuen **Darlehen** ist auf jeden Fall heikel und meistens unzulässig.
- Die **Rückführung** von **Darlehen** ist heikel. Die vertragsgemässe Bedienung von bestehenden Darlehen bleibt zulässig; unzulässig ist dagegen die vorzeitige Amortisation von Darlehen.
- **Gruppeninterne** Finanzierungen sind kritisch. Inbesondere die Teilnahme an Cash-Pooling Arrangements ist praktisch nicht möglich. Aus bestehenden Cash-Pooling Arrangements hat der Kreditnehmer auszutreten.

33 Die Verfügungsbeschränkungen von Art. 6 Abs. 3 Solidarbürgschaftsverordnung sind in verkürzter Form Teil der **Kreditvereinbarung** für COVID-19-Basis-Kredite.[73] Bei den COVID-19-Krediten-Plus sind die Banken gehalten, entsprechende Restriktionen in den Kreditvertrag aufzunehmen.

71 Art. 6 Abs. 3 lit. d Solidarbürgschaftsverordnung.

72 Vgl. Art. 6 Abs. 3 Solidarbürgschaftsverordnung.

73 Anhang 2 Solidarbürgschaftsverordnung.

IV. Abwicklung von Zahlungsausfällen

1. Bank

Zum **Zahlungsausfall** kommt es, wenn ein Kreditnehmer Zahlungen unter seinem COVID-19-Kredit bei Fälligkeit trotz Mahnung und Nachfrist nicht an die Bank leistet, zahlungsunfähig wird oder in ein Konkurs- oder Nachlassverfahren gerät. Erfolgt bei Fälligkeit keine Zahlung, muss die Bank den Kreditnehmer einmalig mahnen und ihm eine Nachfrist zur Zahlung von einem Monat beim COVID-19-Kredit-Plus bzw. zwei Monaten beim COVID-19-Basis-Kredit ansetzen.[74] Spätestens bei Ablauf der (allenfalls einmalig um zwei Jahre verlängerten) Laufzeit von fünf Jahren[75] ist der gesamte Kredit zur Rückzahlung fällig. Vorzeitig gesamthaft zur Rückzahlung fällig werden kann ein COVID-19-Kredit, wenn Zinszahlungen oder beim (COVID-19-Kredit-Plus) allfällige Amortisationen nicht vertragsgemäss geleistet werden und die Bank den Kredit in der Folge vorzeitig beendet und gesamthaft zur Rückzahlung fällig stellt.[76] 34

Bei einem Zahlungsausfall kann die Bank für den verbürgten Betrag direkt die **solidarische Bürgschaft** der Bürgschaftsorganisation in Anspruch nehmen.[77] Beim COVID-19-Basis-Kredit sind 100% verbürgt, beim COVID-19-Kredit-Plus 85%, jeweils zuzüglich eines Jahreszinses; allfällige darüberhinausgehende Zahlungsausfälle sind nicht gesichert.[78] Zur Ziehung der Bürgschaft muss die Bank selber keine weiteren Vollstreckungsmassnahmen ergreifen.[79] Insbesondere ist sowohl in der Rahmenvereinbarung (bezüglich COVID-19-Basis-Kredit) als auch im Musterbürgschaftsvertrag (bezüglich COVID-19-Kredit-Plus) die Pflicht der Bank wegbedungen, zunächst Faustpfand- oder Forderungspfandrechte zu verwerten.[80] Typischerweise dürfte die Bürgschaft vor allem bei Totalausfällen des Kreditnehmers (allenfalls nach einer vorzeitigen Fälligstellung) gezogen werden. Nicht ausgeschlossen ist aber eine tranchenweise Ziehung. 35

Beim COVID-19-Kredit-Plus hat die Bank die Bürgschaftsorganisation zu **informieren**, wenn Zahlungen unter dem Kredit länger als sechs Monate ausstehend sind oder der Kreditnehmer in ein Konkurs- oder Nachlassverfahren gerät.[81] Auch hat sie, wenn der Kreditnehmer in ein Konkurs- oder Nachlassverfahren gerät, ihre Forderungen anzumelden und alle weiteren zumutbaren Massnahmen zu treffen, um ihre Rechte (und mittelbar die Rechte der Bürgschaftsorganisation) zu wahren.[82] 36

74 Anhang 3, Ziff. 3.1; Anhang 1, Ziff. 2.1 Solidarbürgschaftsverordnung.
75 Vgl. Rz 25 f.
76 Vgl. Rz 27.
77 Art. 496 OR.
78 Vgl. Rz 21.
79 Art. 496 OR; Anhang 1, Ziff. 2.2; Anhang 3, Ziff. 3.2 Solidarbürgschaftsverordnung.
80 Anhang 1, Ziff. 2.2; Anhang 3, Ziff. 3.2 Solidarbürgschaftsverordnung; vgl. Art. 496 Abs. 2 OR.
81 Art. 505 OR; Anhang 3, Ziff. 4.2 und 4.3 Solidarbürgschaftsverordnung.
82 Anhang 3, Ziff. 4.3 Solidarbürgschaftsverordnung.

2. Bürgschaftsorganisation

37 Die Bürgschaftsorganisation **kompensiert die Bank** für ihren Verlust spätestens innerhalb von drei Monaten seit Mitteilung des Zahlungsausfalls.[83] Während dieser Zeit bis zur Auszahlung verzinst die Bürgschaftsorganisation den ausstehenden Kreditbetrag ohne Anrechnung an den verbürgten Höchstbetrag. Die Kompensation für den Ausfall ist auf den gemäss den Vorgaben der Solidarbürgschaftsverordnung im Bürgschaftsvertrag zwischen Bank und Bürgschaftsorganisation festgesetzten Höchstbetrag begrenzt.[84] Hiervon abzuziehen sind allfällige vom Kreditnehmer schon geleistete Amortisationen.[85]

38 Die Bürgschaftsorganisation hat ein volles **Regressrecht** gegenüber dem Kreditnehmer. Mit Auszahlung an die Bank tritt die Bürgschaftsorganisation im Umfang der geleisteten Kompensation automatisch in die Rechte der Bank ein.[86] Die Bank muss der Bürgschaftsorganisation alle Unterlagen und Informationen zukommen lassen, welche diese benötigt, um ihre Rechte gegenüber dem Kreditnehmer durchzusetzen.[87] Die Bürgschaftsorganisation hat grundsätzlich alle geeigneten Massnahmen zu treffen, um die Regressforderungen wieder einzubringen und ihren Schaden (bzw. jenen des Bundes) soweit als möglich zu minimieren.[88] Wie und mit welchem Aufwand die Bürgschaftsorganisation diese Regressforderungen effektiv durchzusetzen hat, ergibt sich im Einzelnen aus dem öffentlich-rechtlichen Vertrag zwischen Bund und Bürgschaftsorganisation.[89]

39 Die Bürgschaftsorganisation ihrerseits wird für ihre **Ausfälle** vollumfänglich vom Bund gedeckt.[90] Wenn die Bürgschaftsorganisation Ausfälle wieder einbringen kann, sind entsprechend die wiedereingebrachten Mittel (unter Abzug der Verfolgungskosten) an den Bund weiterzureichen.[91] Im Einzelnen richtet sich die Abwicklung nach dem jeweiligen Vertrag zwischen Bund und Bürgschaftsorganisation.

V. Missbrauch

1. Missbrauchsbekämpfung

40 Im Vergleich zu gewöhnlichen Krediten sind die Banken, Bürgschaftsorganisationen und insbesondere der Bund (der letztlich abgesehen vom 15%-Anteil der Banken bei COVID-19-Krediten-Plus das Ausfallrisiko trägt) bei COVID-19-Krediten einem erhöhten **Missbrauchsrisiko** ausgesetzt. Das Risiko ist aus mehreren Gründen erhöht. Die

83 Anhang 1, Ziff. 1.2; Anhang 3, Ziff. 3.1 Solidarbürgschaftsverordnung.
84 Vgl. Rz 21 ff.
85 Vgl. Anhang 1, Ziff. 2.1; Anhang 3, Ziff. 2.1 Solidarbürgschaftsverordnung.
86 Art. 507 OR; Anhang 1, Ziff. 5; Anhang 3, Ziff. 7.1 Solidarbürgschaftsverordnung.
87 Anhang 1, Ziff. 5; Anhang 3 Ziff. 7.1 Solidarbürgschaftsverordnung.
88 Erläuterungen, S. 14 f.
89 Vgl. Art. 16 Abs. 2 lit. f Solidarbürgschaftsverordnung.
90 Art. 8 und 17 Solidarbürgschaftsverordnung; Erläuterungen, S. 15.
91 Art. 15 Abs. 2 Solidarbürgschaftsverordnung; Erläuterungen, S. 15.

Voraussetzungen für die Kreditvergabe werden nicht überprüft und Banken und Bürgschaftsorganisationen verlassen sich bei der Kreditvergabe auf die Selbstdeklaration des gesuchstellenden Unternehmens. Weiter werden die Kreditanträge sehr schnell abgewickelt.[92] Beim COVID-19-Basis-Kredit fällt überdies die weitere sonst übliche Kreditüberprüfung weg. Schliesslich senkt die weitgehende Garantie des Bundes den Anreiz für eine sorgfältige Prüfung der Kreditgesuche und eine Kontrolle der Kreditverwendung ebenso wie für eine Weiterverfolgung von auffälligen oder verdächtigen Gesuchen.

Typische **Fälle** von Missbrauch sind insbesondere der Bezug von Krediten trotz fehlender Voraussetzungen (wie z.B. fehlende erhebliche Umsatzeinbusse aufgrund der Corona-Massnahmen,[93] die Verwendung der Kredite für andere als operative Zwecke[94] oder die Verletzung der Verfügungsbeschränkungen, namentlich Mittelabflüsse ausserhalb des operativen Geschäfts[95]). 41

Zu einem **Schaden** führt ein Missbrauch insbesondere bei einem Ausfall des Kredits.[96] Zudem müssen der Bund (und die Banken auf dem ungesicherten 15%-Teil der COVID-19-Kredite-Plus) im Hinblick auf mögliche Ausfälle Rücklagen bilden. Durch missbräuchlich bezogene COVID-19-Kredite steigen die Kosten dafür. 42

Die Missbrauchsbekämpfung stützt sich auf folgende **Elemente**: 43

– Zur Aufdeckung und Bekämpfung von Missbräuchen hat das SECO im Auftrag des Bundesrats ein **Prüfkonzept** zur Missbrauchsbekämpfung entwickelt.[97] Das Konzept definiert die Prüfabläufe und weist den involvierten Stellen konkrete Prüfaufgaben zu. Involviert in die Prüfungen sind neben den kreditgebenden Banken und den Bürgschaftsorganisationen und deren Zentralstelle, das Eidgenössische Departement für Wirtschaft, Bildung und Forschung (WBF) mit dem SECO und die Eidgenössische Finanzkontrolle (EFK). Die Banken und Bürgschaftsorganisationen bzw. deren Zentralstelle können in der Regel nur die formale Richtigkeit der Kreditgesuche prüfen, weil sie sich bezüglich der Voraussetzungen (ausser wenn besondere Anhaltspunkte vorliegen) auf die Selbstdeklaration verlassen müssen. Immerhin kann die Zentralstelle, bei der alle Kreditgesuche zusammenlaufen, Mehrfachgesuche aufdecken. Die EFK dagegen führt systematische Prüfungen durch, die es erlauben, auch materiell missbräuchliche Kredite aufzudecken. Mit Hilfe von *big data* werden systematische Datenanalysen durchgeführt. Die EFK wird bei ihrer Prüfung die Angaben der Kreditnehmer mit einer Vielzahl von beim Bund vorhandenen Daten abgleichen, wie etwa mit Mehrwertsteuerdaten, um die Kreditvoraussetzung der erheblichen Umsatzeinbusse zu validieren[98] oder mit Verrechnungssteuerdaten, um allfällige un-

92 Vgl. Rz 18 ff.
93 Vgl. Rz 12.
94 Vgl. Rz 30 f.
95 Vgl. Rz 32.
96 Vgl. Rz 44.
97 SECO, Missbrauchsbekämpfung, S. 4; Medienmitteilung Bundesrat, Konzept zur Missbrauchsbekämpfung.
98 Vgl. Rz 12.

zulässige Ausschüttungen aufzudecken.[99] Treten bei dieser Prüfung Auffälligkeiten auf oder kommt es zu einem Zahlungsausfall bei einem Kreditnehmer, werden die Bürgschaftsorganisationen Detailprüfungen durchführen.[100] Damit diese umfassenden Datenauswertungen zulässig sind, haben alle Kreditnehmer in ihren Kreditvereinbarungen mit der Bank auf ihre Geheimhaltungsrechte, insbesondere auf das Bankkunden-, Steuer- und Amtsgeheimnis umfassend verzichtet.[101]

– Liegt ein Missbrauch vor und kommt es zu einem Zahlungsausfall, hat die Bank bzw. nach Abtretung der Regressansprüche die Bürgschaftsorganisation **Schadenersatzansprüche** gegenüber den Organen des Kreditnehmers und anderen Personen, die den Schaden verursacht haben.[102]
– Neben solchen zivilrechtlichen Folgen kann ein Missbrauch auch **strafrechtliche Konsequenzen** haben. In Frage kommen insbesondere Betrug[103], Veruntreuung[104] und Urkundenfälschung.[105]

2. Schadenersatzansprüche

44 Ein Missbrauch des verbürgten Teils der COVID-19-Kredite kann zu Schadenersatzansprüchen der Bürgschaftsorganisationen führen. Voraussetzung hierfür ist unter anderem das Vorliegen eines **Schadens**. Bei einem Ausfall wird (nach Abtretung der Regressforderungen durch die Bank) zunächst die Bürgschaftsorganisation die ausstehende Forderung mit allen Mitteln beim Kreditnehmer einzutreiben versuchen.[106] Ein eigentlicher Schaden entsteht der Bürgschaftsorganisation erst nach dem endgültigen Ausfall eines Kredits, wenn die Forderung beim Kreditnehmer endgültig uneinbringlich ist. Vorher besteht immer noch die direkte Forderung gegenüber dem Kreditnehmer.[107] Der Schaden umfasst den trotz Vollstreckungsbemühungen nicht einbringlichen Teil des Kreditbetrags, sowie die Kosten der Vollstreckungsbemühungen. Der Schaden entsteht nicht bei der Bank, weil ihr Ausfall von der Bürgschaftsorganisation gedeckt worden ist und sie ihre Rechte an die Bürgschaftsorganisation abgetreten hat; aber auch nicht unmittelbar beim Bund, weil dieser zwar der Bürgschaftsorganisation eine Ersatzleistung zahlt, aber nicht in die Gläubigerrechte eintritt.

45 Als **Schadenersatzpflichtiger** im Falle eines Missbrauchs eines COVID-19-Kredits kommt in Betracht, wer widerrechtlich und adäquat kausal den Schaden (mit-)verschuldet hat (Art. 41 OR). Das sind primär die Organe des Kreditnehmers, die

99 Vgl. Rz 32.
100 SECO, Missbrauchsbekämpfung, S. 17.
101 Art. 12 Solidarbürgschaftsverordnung.
102 Vgl. Rz 44 ff.
103 Vgl. Rz 50 ff.
104 Vgl. Rz 56 f.
105 Vgl. Rz 55.
106 Vgl. Rz 38.
107 Vgl. Märkli/Gut, AJP 6/2020, S. 728.

aus Art. 55 ZGB persönlich haften können,[108] aber auch allfällige Anstifter oder Gehilfen (Art. 50 OR). Gleich wie Organe haften auch de facto Organe. Das sind natürliche, aber auch juristische Personen, die faktisch Leitungsfunktionen wahrnehmen und den Organen vorbehaltene Entscheide treffen oder die eigentliche Geschäftsführung besorgen und so die Willensbildung der Gesellschaft massgeblich beeinflussen.[109] Damit kann grundsätzlich jede Person in Anspruch genommen werden, die im Hinblick auf den Missbrauch aktiv auf den Kreditnehmer eingewirkt hat. Das könnten z.B. Aktionäre oder andere Gruppengesellschaften sein, die einen Mittelabfluss orchestriert haben. Es könnte aber auch der Mitarbeiter einer Bank sein, der den Kreditnehmer angestiftet hat, voraussetzungswidrig einen COVID-19-Kredit zu beziehen.

Als **Vermögensschutznorm** für die bei einer Schadenersatzforderung vorausgesetzte Widerrechtlichkeit in Frage kommen vor allem Art. 146 StGB (Betrug[110]), Art. 251 StGB (Urkundenfälschung[111]) und Art. 138 StGB (Veruntreuung[112]). Sind die strafrechtlichen Voraussetzungen gegeben, besteht auch ein zivilrechtlicher Schadenersatzanspruch. Eine strafrechtliche Verurteilung ist dafür nicht erforderlich; das Zivilgericht kann die Voraussetzungen unabhängig prüfen. Eher ungeeignet als Haftungsgrundlage ist Art. 18a Solidarbürgschaftsverordnung, weil die Verfassungsmässigkeit der Solidarbürgschaftsverordnung fraglich ist und damit auch die Anwendbarkeit von Art. 18a Solidarbürgschaftsverordnung.[113] Überdies würde Art. 18a Solidarbürgschaftsverordnung nach seinem Wortlaut nur die zweckwidrige Verwendung[114] abdecken und darum bei einem Bezugsmissbrauch oder einer Verletzung der Verfügungsbeschränkungen keinen Schutz bieten. Wegen der fraglichen Verfassungsmässigkeit der Solidarbürgschaftsverordnung können auch Art. 3 und Art. 6 der Solidarbürgschaftsverordnung nicht als Vermögensschutznormen herangezogen werden. 46

3. Strafrechtliche Konsequenzen

Der missbräuchliche Bezug von COVID-19-Krediten oder deren missbräuchliche Verwendung ebenso wie eine Verletzung der Verfügungsbeschränkungen kann strafrechtliche Konsequenzen haben. Unmittelbar in Frage kommen insbesondere Betrug[115], Veruntreuung[116] und Urkundenfälschung.[117] Weitere Tatbestände wie Geldwäscherei 47

108 Vgl. BGE 106 II 257, 259 E. 1.
109 BGE 114 V 213, 218 E. 4e; vgl. BSK ZGB I-Huguenin/Reitze, Art. 54/55 N 13.
110 Vgl. Rz 50 ff.
111 Vgl. Rz 55.
112 Vgl. Rz 56 f.
113 Vgl. Rz 8 ff.
114 Vgl. Rz 31.
115 Vgl. Rz 50 ff.
116 Vgl. Rz 56 f.
117 Vgl. Rz 55.

können mittelbar gegeben sein.[118] Keine geeignete Grundlage für die Missbrauchsverfolgung ist hingegen Art. 23 Solidarbürgschaftsverordnung.[119]

a) Art. 23 Solidarbürgschaftsverordnung

48 Der **Wortlaut** von Art. 23 Solidarbürgschaftsverordnung sieht eine Busse von bis zu CHF 100 000 vor bei vorsätzlicher Erwirkung eines COVID-19-Kredits unter falschen Angaben oder der Verwendung der Kreditmittel für unzulässige Verfügungen. Nicht erfasst ist die Verletzung der übrigen Verwendungsbeschränkungen[120] oder die anderweitige Verletzung der Verfügungsbeschränkungen.[121]

49 Aufgrund folgender Gesichtspunkte ist Art. 23 Solidarbürgschaftsverordnung allerdings **keine geeignete Grundlage** für eine Strafverfolgung und Verurteilung. Im Einzelnen:

- Nach dem **Legalitätsprinzip** gemäss Art. 5 BV, Art. 7 EMRK und Art. 1 StGB darf eine Strafe oder eine Massnahme nur wegen einer Tat verhängt werden, die ein Gesetz im formellen Sinn ausdrücklich unter Strafe stellt.[122] Immerhin hat das Bundesgericht eine Regelung auf Verordnungsstufe mit dem Legalitätsprinzip für vereinbar erklärt, wenn sich diese im Rahmen von Verfassung und Gesetz hält und lediglich eine Busse vorsieht.[123] Bei der Solidarbürgschaftsverordnung ist allerdings fraglich, ob diese eine genügende verfassungsmässige Grundlage hat.[124] Darum ist die Strafbestimmung von Art. 23 Solidarbürgschaftsverordnung wegen Verletzung des Legalitätsprinzips ungültig.
- Selbst wenn sich die Solidarbürgschaftsverordnung als solche auf **Notrecht** stützen liesse, wäre fraglich, ob mittels Notrechts auch Strafbestimmungen erlassen werden dürfen. Strafen dienen nicht der unmittelbaren Gefahrenabwehr, sondern der nachträglichen Aufarbeitung von Unrecht. Strafbestimmungen sind also von der Notrechtskompetenz nicht erfasst.[125]
- Auch wenn die Strafbestimmung grundsätzlich zulässig sein sollte, sprengt die in der Solidarbürgschaftsverordnung vorgesehene **Höhe der Busse** den Rahmen des Gesetzes. Gemäss Art. 106 Abs. 1 StGB beträgt die Maximalhöhe einer Busse CHF 10 000, sofern es das Gesetz nicht anders bestimmt. In der Solidarbürgschaftsverordnung wird dieser Rahmen ohne Grundlage in einem Gesetz um das Zehnfache überschritten. Auch aus diesem Grund ist die Gültigkeit der Strafbestimmung fraglich.

118 Vgl. Ackermann/Zehnder, Kommentar kriminelles Vermögen, N 815 f.
119 Vgl. Rz 49.
120 Vgl. Rz 31.
121 Vgl. Rz 32.
122 Vgl. OFK StGB-Donatsch, Art. 1 N 19; vgl. BSK StGB-Popp/Berkemeier, Art. 1 N 28.
123 BGE 124 IV 23, 25 E. 1.
124 Vgl. Rz 8 ff.; vgl. auch § 26 Rz 53.
125 Vgl. Niggli, NZZ v. 16.4.2020, S. 7; **a.M.** Musliu, S. 251 f.; BSK StGB-Popp/Berkemeier, Art. 1 N 28 m.w.H.; **a.M.** Trümpler/Uhlmann, § 19 Rz 9 ff.

- Ungeachtet der fraglichen Grundlagen, erscheint die Strafbestimmung auch als zu **unbestimmt**. Das Legalitätsprinzip verlangt neben der gesetzlichen Grundlage auch eine klare Umschreibung der pönalisierten Verhaltensweise.[126] Es fragt sich, ob die wesentlichen Voraussetzungen des Missbrauchs in der Solidarbürgschaftsverordnung genügend bestimmt sind. Insbesondere ist bei den Voraussetzungen für COVID-19-Kredite unklar, was unter dem Begriff einer erheblichen Umsatzeinbusse zu verstehen ist.[127] Ausserdem lassen die Umschreibungen der Verfügungsbeschränkungen in Art. 6 Abs. 3 Solidarbürgschaftsverordnung einen breiten Auslegungsspielraum zu.[128]

b) Betrug

Der **Straftatbestand** des Betrugs (Art. 146 StGB) kann erfüllt sein, wenn ein Kreditnehmer einen COVID-19-Kredit trotz fehlender Voraussetzungen bezieht oder bei Bezug die Absicht hat, die Verwendungs- oder Verfügungsbeschränkungen nicht einzuhalten. Ein Betrug setzt beim Täter eine Bereicherungsabsicht und eine arglistige Täuschung voraus. Ist dies gegeben, liegt ein vollendeter Betrugsversuch vor. Vollendet ist der Betrug, wenn die Täuschung beim Opfer zu einem Irrtum, einer Vermögensverfügung und einer Schädigung führt.[129] 50

Kritisches Tatbestandselement für eine Strafverfolgung von Missbräuchen im Zusammenhang mit COVID-19-Krediten ist die **arglistige Täuschung**. Eine einfache Lüge reicht normalerweise nicht aus.[130] Vielmehr muss die Lüge qualifiziert sein, indem der Täter ein ganzes Lügengebäude errichtet oder sich hinterhältiger Machenschaften bedient.[131] Eine einfache Lüge gilt gemäss Bundesgericht unter anderem dann als arglistig, wenn der Täter aufgrund besonderer Umstände damit rechnet, dass das Opfer von einer Überprüfung absehen wird.[132] Beim COVID-19-Basis-Kredit erfolgt die Kreditvergabe allein gestützt auf die Selbstdeklaration des gesuchstellenden Unternehmens ohne Prüfung der Voraussetzungen oder der Verwendungsabsicht. Aufgrund der standardisierten und kurzfristigen Kreditvergabe, kann ein Täter damit rechnen, dass keine Überprüfung stattfinden wird.[133] Damit dürfte eine vorsätzlich falsche Angabe im Kreditantrag ohne weiteres eine arglistige Täuschung sein. Auch beim COVID-19-Kredit-Plus erfolgt primär eine Selbstdeklaration bezüglich Voraussetzungen und Verwendung des Kredites. Immerhin macht aber die Bank eine Kreditprüfung und muss dabei auch die Selbstdeklaration plausibilisieren. Dies kann die Anforderungen an die arglistige Täuschung je nach Fall erhöhen. 51

---

126 Vgl. BSK StGB-Popp/Berkemeier, Art. 1 N 45 ff.

127 Vgl. Rz 12.

128 Erläuterungen, S. 9 ff.; vgl. Rz 32.

129 Vgl. Handkomm. StGB-Stratenwerth/Wohlers, Art. 146 N 16.

130 BSK StGB-Maeder/Niggli, Art. 146 N 109.

131 BGE 142 IV 153, 154 f. E. 2.2.2.

132 BGE 122 IV 246, 248 E. 3a.

133 Vgl. Schenker/Chernaya, S. 17.

52 Als **Täter** kommen primär der Kreditnehmer bzw. seine ausführenden Organe in Betracht, die missbräuchlich einen COVID-19-Kredit erwirken. Es sind aber auch andere Konstellationen denkbar. Täter oder Mittäter könnte etwa ein Aktionär sein, der eine Kreditaufnahme und anschliessende Mittelverwendung zu seinen Gunsten erwirkt. Auch ein Bankmitarbeiter könnte Täter oder Mittäter sein, wenn er trotz Hinweisen auf Missbrauch den Kredit bewilligt und der Bank die Bürgschaft geben lässt, oder wenn er einem Kreditnehmer einen Kredit aufnötigt, obwohl er annehmen muss, dass die Voraussetzungen fehlen. Mittäter kann jeder sein, der als Anstifter (Art. 24 StGB) oder Gehilfe mit dem Täter zusammenwirkt (Art. 25 StGB).

53 Bezieht sich der Missbrauch auf die Verletzung der Verwendungs- oder Verfügungsbeschränkungen, ist ein Betrug nur gegeben, wenn der **Vorsatz** der unzulässigen Verwendung oder Verfügung schon bei Abgabe des Kreditantrags bestand. Fehlte dieser Vorsatz zu diesem Zeitpunkt gänzlich und hat der Täter den Entschluss zur Verletzung erst später gefasst *(dolus subsequens)*, liegt keine arglistige Täuschung vor. Ob eine solche Absicht bestand, allenfalls auch eventualvorsätzlich, muss von Fall zu Fall aufgrund der Umstände geprüft und bewiesen werden.

54 Solange der Kredit nicht ausfällt, ist kein Schaden eingetreten und damit der Betrug noch nicht vollendet. Allerdings ist der **Betrugsversuch** schon nach erfolgter arglistiger Täuschung vollendet und der Täter für den versuchten Betrug strafbar.[134]

c) *Urkundenfälschung*

55 Der **Straftatbestand** der Urkundenfälschung nach Art. 251 StGB kann erfüllt sein, wenn ein Kreditnehmer in seinem Kreditantrag vorsätzlich Erklärungen abgibt, die nicht stimmen bzw. unwahr sind. Kritisch bei diesem Tatbestand ist vor allem die Frage, ob ein missbräuchlicher Kreditantrag eine Falschbeurkundung ist. Als Urkunde gelten gemäss Art. 110 Abs. 4 StGB Schriften, die bestimmt und geeignet sind, eine Tatsache von rechtlicher Bedeutung zu beweisen. Im Kreditantrag gibt das gesuchstellende Unternehmen im Sinne der Selbstdeklaration rechtlich verbindliche Erklärungen ab. Wird der Kredit gewährt, wird der Antrag beim COVID-19-Basis-Kredit automatisch zum Kreditvertrag. Dieser Kreditvertrag wird sodann an die Zentralstelle der Bürgschaftsorganisationen weitergeleitet und ist dort die Grundlage der Bürgschaftsgewährung. Der Kreditantrag ist also das zentrale Dokument für die Abwicklung der COVID-19-Basis-Kredite und erfüllt gleich mehrere rechtliche Zwecke. Der Kreditantrag ist somit eine echte Urkunde.[135] Macht das gesuchstellende Unternehmen in dieser Urkunde falsche Angaben, ist das eine Falschbeurkundung.[136] Für die übrigen Tatbestandselemente der Urkundenfälschung (Täuschungsabsicht und Handeln in Schädigungs- oder Vorteilsabsicht[137]) gelten die Überlegungen zum Betrug *mutatis mutandis*.

134 Vgl. Märkli/Gut, AJP 6/2020, S. 728.

135 Vgl. Märkli/Gut, AJP 6/2020, S. 729; **a.M.** Erläuterungen, S. 18.

136 Vgl. Märkli/Gut, AJP 6/2020, S. 729.

137 Vgl. BSK StGB-Boog, Art. 251 N 181 ff.

d) *Veruntreuung*

Bei einer zweckwidrigen Verwendung eines COVID-19-Kredits oder Verletzungen der Verfügungsbeschränkungen könnte der **Straftatbestand** der Veruntreuung (Art. 138 Ziff. 1 Abs. 2 StGB) erfüllt sein. Bei Vermögenswerten ist eine Veruntreuung gegeben, wenn ein anvertrauter Vermögenswert vom Täter unrechtmässig zu seinem oder eines anderen Nutzen (das heisst, zu seiner oder eines anderen Bereicherung) verwendet wird.[138] 56

Grundsätzlich darf ein Darlehensnehmer ein Darlehen zu seinem Nutzen verwenden. 57
Darum kommt eine unrechtmässige Nutzung bei einem Darlehen nur in Frage, wenn der Darlehensnehmer eine **Werterhaltungspflicht** hat. Eine Werterhaltungspflicht gilt gemäss der vom Bundesgericht anhand der missbräuchlichen Verwendung eines Baukredits entwickelten Rechtsprechung insbesondere als gegeben, wenn der Darlehensvertrag bestimmte Regeln zur Verwendung des Kredits vorsieht und die Verwendungsregeln der Sicherheit des Darlehensgebers, bzw. der Verringerung von dessen Verlustrisiko dient.[139] Die Lehre verlangt darüber hinaus zum Teil ein gemeinsames Interesse an der Zweckwahrung.[140] Vollendet ist die Verletzung der Werterhaltungspflicht, wenn es zu einem Schaden kommt, das heisst bei einem Kreditausfall. Bei **COVID-19-Krediten** hat der Kreditnehmer eine Werterhaltungspflicht. Die COVID-19-Kredite haben eine klare Zweckbindung, die durch vertragliche Verwendungs- und Verfügungsbeschränkungen abgesichert sind.[141] Mit diesen Verwendungs- und Verfügungsbeschränkungen soll der Abfluss von Mitteln verhindert werden, die zur Amortisation der COVID-19-Kredite verwendet werden könnten,[142] bzw. sichergestellt werden, dass der Kreditnehmer über die Mittel zur Rückzahlung des Kredits verfügen wird. Die Verwendungs- und Verfügungsbeschränkungen dienen somit der wirtschaftlichen Sicherheit bzw. der Begrenzung des Verlustrisikos der Bank als Darlehensgeberin bzw. der Bürgschaftsorganisationen und des Bundes. Auch das (wohl nicht erforderliche) gemeinsame Interesse an den Verwendungs- und Verfügungsbeschränkungen wäre gegeben. Alle Parteien wollen eine drohende Corona-bedingte Insolvenz vermeiden, die sich nur durch einen besicherten COVID-19-Kredit abwenden lässt. Zur Absicherung von Zweck und Rückzahlung sind die Verwendungs- und Verfügungsbeschränkungen eine *conditio sine qua non* für die Gewährung der Bürgschaft und liegen damit im Interesse aller Parteien. Damit kann die Verletzung der Verwendungs- und Verfügungsbeschränkungen bei einem Ausfall eines COVID-19-Kredits je nach den Umständen als Veruntreuung strafbar sein.

138 BSK StGB-Niggli/Riedo, Art. 138 N 74 und 110.
139 BGE 124 IV 9, 12 E. 1d; BSK StGB-Niggli/Riedo, Art. 138 N 34 und 72 f.
140 Vgl. PK StGB-Trechsel/Crameri, Art. 138 N 14; **a.M.** BSK StGB-Niggli/Riedo, Art. 138 N 74.
141 Vgl. Rz 30 ff.
142 Vgl. Rz 32.

VI. Weitere Hilfsmassnahmen

1. Überblick

58 Neben den Liquiditätshilfen für KMU in Form der COVID-19-Kredite gibt es weitere spezifische Hilfsmassnahmen des Bundes, zum einen für einzelne Branchen[143], zum anderen für Start-ups.[144] Neben dem Bund haben auch zahlreiche Kantone und Gemeinden Hilfspakete insbesondere für kleine KMU zur Verfügung gestellt.[145]

59 Das **Verhältnis** der Hilfsmassnahmen untereinander ist zum Teil unübersichtlich. Die Vergabe von COVID-19-Krediten ist bei gegebenen Voraussetzungen unabhängig davon, ob auch kantonale Hilfen bezogen werden. Unter den verschiedenen Hilfsmassnahmen des Bundes haben die branchenspezifischen Hilfsmassnahmen Vorrang vor den COVID-19-Krediten, während die Start-up-Hilfe subsidiär zu den COVID-19-Krediten gedacht ist, wenn deren Voraussetzungen nicht gegeben sind. Die Start-up-Hilfe ist ein gemeinsames Programm von Bund und Kantonen, das in einem koordinierten Verfahren bezogen wird. Kantonale Hilfen oder solche der Gemeinden sind unterschiedlich ausgestaltet. Oft sind sie subsidiär und ergänzend zu den COVID-19-Krediten und anderen Hilfsmassnahmen gedacht; gewisse Hilfsmassnahmen schliessen sich gegenseitig auch aus. Die Vielzahl von Hilfsmassnahmen erleichtern den Missbrauch. Dies insbesondere, weil sich die Voraussetzungen oft überlappen, aber die Hilfen von unterschiedlichen Stellen vergeben werden. Auch erfolgen die Hilfen vielfach aufgrund von Selbstdeklarationen ohne oder ohne eingehende Prüfung der Voraussetzungen. Wer aufgrund arglistiger Täuschung der Vergabestelle oder aufgrund Falschbeurkundung Hilfen bezieht, macht sich strafbar.[146]

2. Branchenspezifische Hilfen des Bundes

60 Der Bund hat diverse branchenspezifische Hilfsprogramme geschaffen:

- Für **Sportorganisationen** hat der Bundesrat Hilfsmassnahmen in der Höhe von CHF 500 Millionen beschlossen. Dieses Hilfspaket sieht Darlehen für Profiligen in Fussball und Eishockey, à-fonds-perdu-Beiträge für den Breiten- und übrigen Leistungssport, sowie die Auszahlung von Subventionen für Jugendförderung J+S vor.[147]
- Für den Bereich **Kultur** hat der Bund Hilfen im Umfang von CHF 280 Millionen zur Verfügung gestellt.[148] Die finanziellen Hilfen können bei den Kantonen bzw. dem

143 Vgl. Rz 60.

144 Vgl. Rz 61 ff.

145 Vgl. Rz 66 f.

146 Vgl. Rz 50 f. und Rz 55.

147 Verordnung über Begleitmassnahmen im Sportbereich zur Abfederung der Folgen von Massnahmen des Bundes zur Bekämpfung des Coronavirus (SR 415.021, COVID-19-Verordnung Sport); ‹https://www.seco.admin.ch/seco/de/home/Arbeit/neues_coronavirus/sportbereich.html› (18.6.2020); vgl. zum Ganzen § 7 Rz 54 ff.

148 Verordnung vom 20.3.2020 über die Abfederung der wirtschaftlichen Auswirkungen des Coronavirus (COVID-19) im Kultursektor (SR 442.15, COVID-Verordnung Kultur).

Verein Suisseculture Sociale und den Laienkulturverbänden beantragt werden.[149] Die Hilfsmassnahmen umfassen Soforthilfen für Kulturschaffende, Ausfallsentschädigungen für Kulturunternehmen und für Kulturschaffende sowie die Unterstützung von Kulturvereinen im Laienbereich.[150]

– Im Rahmen der **Regionalpolitik** hat der Bund als Folge der Coronavirus-Pandemie Darlehen in der Höhe von rund CHF 530 Millionen für Investitionsprojekte gewährt; davon rund 60% im Tourismusbereich. Auch verzichtet der Bundesrat auf die Rückzahlung des Restbestandes des Ende 2019 ausgelaufenen Zusatzdarlehens an die Schweizerische Gesellschaft für Hotelkredit SGH.[151]
– Besonders hart haben die Folgen der Corona-Krise die für die internationale Anbindung der Schweiz volkswirtschaftlich wichtige **Luftfahrt** getroffen. Darum unterstützt der Bund die Fluggesellschaften Swiss und Edelweiss zur Überbrückung von Liquiditätsengpässen mit Garantien von bis zu CHF 1.275 Milliarden. Weitere Hilfen können auch an für den Flughafenbetrieb kritische Unternehmen ausgerichtet werden. Insgesamt stehen für den Bereich Luftfahrt Mittel in der Höhe von CHF 1.875 Milliarden zur Verfügung.[152]

3. Hilfsmassnahmen für Start-ups

Für sehr junge Unternehmen, d.h. **Start-ups**, ist es schwierig, einen COVID-19-Kredit 61
zu beantragen, weil gemäss Solidarbürgschaftsverordnung bei der Kreditvergabe auf den Umsatzerlös (bzw. bei neuen Unternehmen auf das Lohnvolumen) abgestellt wird.[153] Start-ups haben jedoch meist noch keinen Umsatz erzielt und zahlen, wenn überhaupt, nur geringe Löhne.[154] Darum hat der Bund unter der Federführung des SECO in Absprache mit den interessierten Kantonen und Kreisen sowie den Bürgschaftsorganisationen im Rahmen der bestehenden Fördermittel des Bundes mit Ergänzung durch neue kantonale Mittel ein koordiniertes System zur Unterstützung von Start-ups aufgestellt, um diese von Corona-Massnahmen-bedingten Insolvenzen zu bewahren.[155]

Basis des Fördersystems für Start-ups ist das normale Bürgschaftswesen des Bun- 62
des[156] mit 65% Deckung des Bundes für die Bürgschaft. Den vom Bund nicht gedeckten Teil von 35% übernehmen bei Corona-Krediten für Start-ups der teilnehmende Kanton oder vom Kanton vermittelte Dritte.[157] Damit hat die kreditgebende Bank eine Ausfall-

149 Medienmitteilung BAK.
150 Art. 3 COVID-Verordnung Kultur; vgl. zum Ganzen § 8.
151 ‹https://www.seco.admin.ch/seco/de/home/Standortfoerderung/Tourismuspolitik/coronavirus.html› (18.6.2020).
152 Medienmitteilung Bundesrat, Luftfahrtunternehmen; SDA-Meldung.
153 Vgl. Rz 15.
154 Vgl. Schenker/Chernaya, S. 6.
155 Vgl. Medienmitteilung Bundesrat, Unterstützungsleistungen.
156 Vgl. Rz 4.
157 Medienmitteilung Bundesrat, Liquiditätshilfen für Startups.

deckung von 100%. Auf Bundesebene gibt es nebst dem bestehenden Bundesgesetz vom 6.10.2006 über die Finanzhilfen an Bürgschaftsorganisationen für KMU und der zugehörigen Verordnung keine zusätzlichen Rechtsgrundlagen, während die Kantone für ihren Teil jeweils neue Grundlagen geschaffen haben (z.B. im Kanton Basel-Stadt die Verordnung vom 19.5.2020 betreffend Gewährung von Start-up-Bürgschaften infolge COVID-19-Pandemie). Jeder Kanton entscheidet selber, ob er an der Förderung teilnehmen möchte. Per 15.6.2020 nehmen 21 Kantone am Programm teil.[158]

63 Für die **Bürgschaftsanträge** hat das SECO eine zentrale online-Plattform eingerichtet, über die zwischen dem 7.5.2020 und dem 31.8.2020 Gesuche eingereicht werden können.[159] Für die Prüfung der Bürgschaftsanträge sind die Kantone, bzw. die von diesen eingesetzten Stellen zuständig. Diese Stellen können bei Bedarf auf ein Expertengremium zurückgreifen, das von Innosuisse (Schweizerische Agentur für Innovationsförderung) koordiniert wird.[160]

64 Vor der **Vergabe** unterziehen die Kantone die Bürgschaftsanträge einer einlässlichen und detaillierten Prüfung. Entsprechend müssen die gesuchstellenden Start-ups umfangreiche Dokumente (laufende Kosten, Jahresabschlussrechnungen, Businesspläne etc.) einreichen. Der Businessplan muss u.a. den Tätigkeitsbereich, die Entwicklungsphase, sowie die Beschreibung der Geschäftsidee und des Geschäftsmodells enthalten.[161] Ist die Prüfung erfolgreich, gibt der Kanton seine Garantie ab und leitet den Bürgschaftsantrag an die zuständige Bürgschaftsorganisation weiter. Diese prüft den Antrag gegen und bewilligt gegebenenfalls die Bürgschaft. Mit der Bürgschaft kann das Start-up sodann bei einer Bank seiner Wahl einen verbürgten Kredit beantragen. Die Bank führt ihre übliche Kreditprüfung durch und vergibt den solidarisch verbürgten Kredit.[162] Anders als bei den COVID-19-Krediten erfolgt bei den Start-up-Krediten eine eingehende Prüfung der Voraussetzungen, bevor eine Bürgschaft gesprochen wird. Darum ist das Missbrauchspotenzial tiefer als bei den COVID-19-Krediten.

65 Die verbürgten Kredite müssen so rasch als möglich, längstens aber innerhalb von zehn Jahren, **amortisiert** werden. Bei Schwierigkeiten mit der Amortisation, kann die Frist auf höchstens 15 Jahre erstreckt werden.[163]

4. Hilfsmassnahmen von Kantonen und Gemeinden

66 **Zahlreiche** Kantone und Gemeinden haben eigene Massnahmenprogramme vorgesehen. Typischerweise sind die ausgerichteten Hilfen tiefer als ein COVID-19-Kredit und viele Hilfsmassnahmen richten sich primär an Klein- oder Mikrounternehmen. Begünstigte müssen einen direkten Bezug zum Kanton oder der Gemeinde haben. Meist sind die Hilfsmassnahmen subsidiär oder ergänzend zu den Hilfsmassnahmen des Bun-

158 ‹https://covid19.easygov.swiss/kantone/› (18.6.2020).

159 ‹https://covid19.easygov.swiss/fuer-startups› (18.6.2020).

160 Medienmitteilung Bundesrat, Liquiditätshilfen für Startups.

161 ‹https://www.easygov.swiss/easygov/#/de/landing/covid-startup› (18.6.2020).

162 Medienmitteilung Bundesrat, Liquiditätshilfen für Startups.

163 Art. 6 Verordnung vom 12.6.2015 über die Finanzhilfen an Bürgschaftsorganisationen für KMU.

des ausgestaltet und sollen Unternehmen unterstützen, für welche die Hilfsmassnahmen des Bundes unzureichend sind. Entsprechend ist bei vielen Hilfsmassnahmen zunächst ein Antrag auf einen COVID-19-Kredit zu stellen.

Die **Ausgestaltung** der Hilfsmassnahmen variiert von Programm zu Programm. 67
Grob lassen sie sich in Kreditkonzepte mit Ausfallgarantien und Konzepte mit à-fonds-perdu Zahlungen einteilen:

– Einige Kantone haben **Kreditausfallgarantien** für Corona-Kredite geschaffen (z.B. Kanton Zürich, Kanton Aargau). Konzeptionell funktionieren die Kreditausfallgarantien ähnlich wie das System der COVID-19-Kredite-Plus. Die Corona-Kredite werden ebenfalls von den Banken als kommerzielle Kredite vergeben und zu einem grossen Teil vom Kanton garantiert. Der Kanton Zürich hat beispielsweise zugunsten der Zürcher Kantonalbank (ZKB) und weiterer Banken im Kanton Zürich eine Kreditausfallgarantie im Umfang von CHF 425 Millionen abgegeben. Die Garantie umfasst 85% der Kreditsumme. Begünstigte Unternehmen sind KMU von bis zu ca. 250 Mitarbeitenden mit Hauptsteuerdomizil im Kanton Zürich.[164] Die Hilfe ist subsidiär zu den Hilfen des Bundes. Die Hilfe richtet sich darum an Unternehmen, welche die Voraussetzungen unter der Solidarbürgschaftsverordnung des Bundes nicht oder nur teilweise erfüllen oder denen die Liquiditätshilfe unter einer Hilfsmassnahme des Bundes für die Überbrückung ihrer aktuellen Notlage nicht ausreicht. Insbesondere sollen auch Start-ups von der kantonalen Kreditausfallgarantie profitieren können.[165] Der Gesamtbetrag des kantonalen Corona-Kredits darf unter Anrechnung allfälliger COVID-19-Kredite die Gesamtsumme von CHF 20 Millionen nicht übersteigen. Wie bei den COVID-19-Krediten werden die Voraussetzungen nicht geprüft, sondern die Kredite aufgrund der Selbstdeklaration des gesuchstellenden Unternehmens gewährt.[166] Entsprechend gelten die Überlegungen zu möglichen Missbräuchen und deren Bekämpfung[167] *mutatis mutandis* auch für die Corona-Kredite des Kantons Zürich.
– Es gibt zahlreiche Programme, die als Hilfe **à-fonds-perdu Zahlungen** vorsehen. Der Kanton Aargau hat zum Beispiel ein solches Programm (nebst einer kantonalen Kreditausfallgarantie für Corona-Kredite und einem hybriden Sonderprogramm für Härtefälle). Die kantonalen à-fonds-perdu Zahlungen sind subsidiär zu den Hilfen des Bundes. Selbständigerwerbende und Mikrounternehmen im Kanton Aargau können bei akutem Corona-Massnahmen-bedingten Finanzbedarf nichtrückzahlbare Sofortzahlungen à-fonds-perdu bis maximal CHF 10 000 beziehen.[168] Ein ähn-

164 Verfügung der Finanzdirektion des Kantons Zürich vom 30.3.2020 betreffend Kreditausfallgarantie gemäss RRB Nr. 262/2020 vom 18.3.2020, Ziff. I, S. 1 f.

165 ‹https://vd.zh.ch/internet/volkswirtschaftsdirektion/de/themen/vd-corona/kmu.html› (18.6.2020).

166 Verfügung der Finanzdirektion des Kantons Zürich vom 30.3.2020 betreffend Kreditausfallgarantie gemäss RRB Nr. 262/2020 vom 18.3.2020, Ziff. I, S. 3 f.

167 Vgl. Rz 40 ff.

168 Vgl. Sonderverordnung 2 zur Abfederung der wirtschaftlichen Auswirkungen der COVID-19-Pandemie (SR 961.212, SonderV 20-2); Merkblatt «Kantonale Wirtschaftsmassnahmen» des Kantons Aargau vom 20.4.2020.

liches System hat die Gemeinde Thun mit Corona-Solidaritätsbeitragen zwischen CHF 5000 und CHF 50 000 für lokale Corona-geschädigte Unternehmen, die nicht zurückbezahlt werden müssen. Als Beispiel für ein à-fonds-perdu Programm in einem Fokusbereich richtet der Kanton Bern gezielt Förderbeiträge für Forschung und Entwicklung aus. Im Rahmen dieses Programms übernimmt die Standortförderung bei COVID-19-Massnahmen-bedingtem Umsatzrückgang während dreier Monate 80% der Gehälter von bis zu fünf Mitarbeitern. Der Gesamtbetrag der Beihilfe beträgt CHF 30 000 pro Arbeitsplatz oder CHF 150 000 pro Unternehmen.[169]

VII. Ausblick

68 Im Zuge der Corona-Massnahmen bedingten Wirtschaftskrise war die rasche Unterstützung der KMU mit frischer Liquidität wohl unerlässlich. Die Umsetzung der Hilfsmassnahmen im Rahmen der Solidarbürgschaftsverordnung hat allerdings Schwächen, die bei einem hoffentlich nicht so bald wieder eintretenden ähnlich gelagerten Fall ausgemerzt werden sollten. Folgendes wäre zu bedenken:

- Die Massnahmen sollten eine verfassungsmässige Grundlage haben und rechtsstaatlich korrekt erlassen werden.
- Die unkomplizierten Soforthilfen sollten zur Verringerung des Missbrauchsrisikos kleiner im Umfang sein und in Tranchen gestaffelt vergeben werden.
- Die Selbstdeklaration der Voraussetzungen sollte auf die Soforthilfen beschränkt sein. Bei grösseren Hilfen sollten die Banken eine klare Pflicht haben, beim Kreditbezug die Voraussetzungen zu prüfen und während der Laufzeit die Einhaltung der Verwendungs- und Verfügungsbeschränkungen zu überwachen.
- Es sollten Anreize zur schnelleren Rückzahlung gesetzt werden.
- Die Verwendungs- und Verfügungsbeschränkungen sollten klarer umschrieben werden.

69 In welchem Umfang es zu Ausfällen kommen wird, ist heute noch völlig offen. Auch wieviel Missbrauch und welche Arten von Missbrauch mit den COVID-19-Krediten tatsächlich betrieben werden, lässt sich heute noch nicht abschätzen. Entsprechend wird sich ein abschliessendes Fazit erst in einigen Jahren ziehen lassen.

169 Merkblatt «Sofortiger finanzieller Beitrag» des Kantons Bern vom 20.3.2020.

§ 19 Problemstellungen und Lehren aus der Corona-Krise aus staats- und verwaltungsrechtlicher Sicht

Ralph Trümpler/Felix Uhlmann*

Inhaltsverzeichnis

Literaturverzeichnis

ABEGG LUKAS/KNECHT RAFFAEL, Contact Tracing App. Kann eine mögliche Nutzungspflicht Freiheiten schaffen?, in: Jusletter Coronavirus-Blog 24.4.2020; AUER ANDREAS/MALINVERNI GIORGIO/HOTTELIER MICHEL, Droit constitutionnel suisse, Bd. 1, Bern 2013; BELSER EVA MARIA/STÖCKLI ANDREAS/WALDMANN BERNHARD, Der schweizerische Föderalismus funktioniert auch im Krisen-

* Herrn MLaw Martin Wilhelm danken wir bestens für die wertvolle Arbeit an Fussnoten und Formalien.

modus, in: Sonderausgabe Newsletter IFF 2/2020; BERGAMIN FLORIAN/MAZIDI SIMON, Kompetenzabgrenzung zwischen Bund und Kantonen bei der Bekämpfung von Epidemien: Erste Einschätzungen unter besonderer Berücksichtigung der COVID-19-Verordnungen, in: Sonderausgabe Newsletter IFF 2/2020; BERNARD FRÉDÉRIC, État de droit et situations extraordinaires, in: Oliver Diggelmann/Maya Hertig Randall/Benjamin Schindler, Verfassungsrecht der Schweiz, Bd. 2, Zürich 2020, S. 75 ff. (zit. État); DERS., La répartition des compétences entre la Confédération et les cantons en situation de pandémie, ZSR Sondernummer Pandemie und Recht (2020), S. 55 ff. (zit. ZSR Sondernummer 2020); BIAGGINI GIOVANNI, BV Kommentar, Bundesverfassung der Schweizerischen Eidgenossenschaft, 2. Aufl., Zürich 2017 (zit. Komm. BV); DERS., Komm. zu Art. 42 und Art. 43a, in: Bernhard Waldmann/Eva Maria Belser/Astrid Epiney (Hrsg.), Basler Kommentar zur Bundesverfassung, Basel 2015 (zit. BSK BV-BIAGGINI); DERS., «Notrecht» in Zeiten des Coronavirus – Eine Kritik der jüngsten Praxis des Bundesrats zu Art. 185 Abs. 3 BV, ZBl 5/2020, S. 239 ff.; DERS., Der coronavirusbedingte Fristenstillstand bei eidgenössischen Volksbegehren – eine Fallstudie zur Tragfähigkeit von Art. 185 Abs. 3 BV, ZBl 5/2020, S. 277 ff.; BINDER ANDREAS/HOFSTETTER DAVID/BILAND JANINA/BOLLMANN CLAUDIA, Der Anwendungsbereich von Art. 6a COVID-19-Verordnung 2, in: Jusletter 6. April 2020; BRUNNER FLORIAN/WILHELM MARTIN/UHLMANN FELIX, Das Coronavirus und die Grenzen des Notrechts, Überlegungen zu einer ausserordentlichen ausserordentlichen Lage, AJP 6/2020, S. 685 ff.; CARONI ANDREA/SCHMID STEFAN G., Notstand im Bundeshaus, Die Rolle der Bundesversammlung in der (Corona)-Krise, AJP 6/2020, S. 710 ff.; DEMKO DANIELA, Keine Strafe ohne Gesetz – Das Gesetzlichkeitsprinzip des Art. 7 EMRK in der Rechtsprechung des EGMR, HRRS 1/2004, S. 19 ff.; GÄCHTER THOMAS, Demokratie und Dringlichkeit, Gedanken zu Geschichte und Anwendung des Dringlichkeitsrechts der schweizerischen Bundesverfassung, in: Isabelle Häner (Hrsg.), Nachdenken über den demokratischen Staat und seine Geschichte, Beiträge für Alfred Kölz, Zürich 2003, S. 75 ff.; GÄCHTER THOMAS/LÓPEZ SARA, Entwurf zu einer Totalrevision des Epidemiengesetzes, Sicherheit & Recht 2/2011, S. 118 ff.; HÄFELIN ULRICH/MÜLLER GEORG/UHLMANN FELIX, Allgemeines Verwaltungsrecht, 8. Aufl., Zürich/St. Gallen 2020 [im Erscheinen]; HÖFLER STEFAN, Notrecht als Krisenkommunikation?, Redaktionelle Fallgruben in der COVID-19-Verordnung 2, AJP 6/2020, S. 702 ff.; KIENER REGINA, Bundesrätliches «Notrecht» und Unabhängigkeit der Justiz, in: Markus Rüssli/Julia Hänni/Reto Häggi Furrer (Hrsg.), Staats- und Verwaltungsrecht auf vier Ebenen, Festschrift für Tobias Jaag, Zürich/Basel/Genf 2012, S. 459 ff.; KLEY ANDREAS, «Ausserordentliche Situationen verlangen nach ausserordentlichen Lösungen.» – Ein staatsrechtliches Lehrstück zu Art. 7 EpG und Art. 185 Abs. 3 BV, ZBl 5/2020, S. 268 ff.; KRAMER-MCINNIS GEORG, Der «Gesetzgeber der Welt» – Jeremy Benthams Grundlegung des klassischen Utilitarismus, Diss. Zürich 2007, Zürich/St. Gallen 2008; KÜNZLI JÖRG, Komm. zu Art. 184 und Art. 185, in: Bernhard Waldmann/Eva Maria Belser/Astrid Epiney (Hrsg.), Basler Kommentar zur Bundesverfassung, Basel 2015 (zit. BSK BV-KÜNZLI); MADER LUZIUS, Aushöhlung des Budgetrechts in Krisenzeiten? Die Fälle Swissair und UBS, in: Schweizerische Vereinigung für Verwaltungsorganisationsrecht (Hrsg.), Verwaltungsorganisationsrecht – Staatshaftungsrecht – öffentliches Dienstrecht, Jahrbuch 2009, Bern 2010, S. 107 ff.; MERKER MICHAEL/CONRADIN PHILIP, Komm. zu Art. 173, in: Bernhard Waldmann/Eva Maria Belser/Astrid Epiney (Hrsg.), Basler Kommentar zur Bundesverfassung, Basel 2015 (zit. BSK BV-MERKER/CONRADIN); MÜLLER GEORG/UHLMANN FELIX, Elemente einer Rechtssetzungslehre, 3. Aufl., Zürich/Basel/Genf 2013; MÜLLER MARKUS/JENNI CHRISTOPH, Die polizeiliche Generalklausel, Ein Institut mit Reformbedarf, Sicherheit & Recht 1/2008, S. 4 ff.; POLEDNA TOMAS/TRÜMPLER RALPH/WERDER GREGORI, Entschädigung von Gesundheitseinrichtungen zu Zeiten der Epidemie und Pandemie, ZSR Sondernummer Pandemie und Recht (2020), S. 103 ff.; RECHSTEINER DAVID, Polizeiliche Generalklausel und Notverordnungsrecht des Bundesrates, Sicherheit & Recht 3/2016, S. 143 ff. (zit. Generalklausel); DERS., Recht in besonderen und ausserordentlichen Lagen, Unter besonderer Berücksichtigung des Rechts bei Katastrophen, Diss.

St. Gallen 2016, Zürich/St. Gallen 2016 (zit. Besondere Lagen); Richli Paul/Zielniewicz Agata, Ausgewählte rechtliche Probleme in Bezug auf die Beratungsgegenstände der a.o. Session in der Woche vom 4. Mai 2020, Zentrum für die Unterstützung parlamentarischer Aufsicht in der Schweiz (ZUPAS); Saxer Urs, Komm. zu Art. 173 und Art. 185 BV, in: Bernhard Ehrenzeller/Benjamin Schindler/Rainer J. Schweizer/Klaus A. Vallender (Hrsg.), Die schweizerische Bundesverfassung, St. Galler Kommentar, 3. Aufl. 2014 (zit. SGK BV-Saxer); Schott Markus/Kühne Daniela, An den Grenzen des Rechtsstaats: exekutive Notverordnungs- und Notverfügungsrechte in der Kritik, ZBl 8/2010, S. 409 ff.; Stöckli Andreas, Regierung und Parlament in Pandemiezeiten, ZSR Sondernummer Pandemie und Recht (2020), S. 9 ff.; Trümpler Ralph, Notrecht, Eine Taxonomie der Manifestationen und eine Analyse des intrakonstitutionellen Notrechts de lege lata und de lege ferenda, Diss. Zürich 2011, Zürich 2012 (zit. Notrecht); ders., Das Bundesgesetz über die Wahrung von Demokratie, Rechtsstaat und Handlungsfähigkeit in ausserordentlichen Lagen – Palliation mit klingendem Namen, SJZ 108 (2012), S. 309 ff.; Tschannen Pierre, Staatsrecht der Schweizerischen Eidgenossenschaft, 4. Aufl., Bern 2016 (zit. Staatsrecht); ders., Verwaltung durch Private: Ordnungskonzepte in der Schweiz, in: Claudia Fuchs/Franz Merli/Magdalena Pöschl/Richard Sturn/Ewald Wiederin/Andreas W. Wimmer (Hrsg.), Staatliche Aufgaben, private Akteure, Bd. 2, Wien/Zürich/St. Gallen/Heidelberg 2017, S. 167 ff. (zit. Verwaltung); Uhlmann Felix, Rechtsetzung im Mehrebenensystem, in: Felix Uhlmann/Stefan Höfler (Hrsg.), Rechtsetzung im Mehrebenensystem: Gemeinden, Kantone, Bund, EU, 18. Jahrestagung des Zentrums für Rechtsetzungslehre, Zürich 2020, S. 121 ff. [im Erscheinen]; Wilhelm Martin/Uhlmann Felix, Herausforderungen für Parlamente in der Corona-Krise – Versuch eines Überblicks, Parlament/Parlement/Parlamento 2/2020, S. 4 ff.; Wyss Damian, Sicherheit und Notrecht, Ein Überblick über die Anwendung des Epidemiengesetzes und das konstitutionelle Notrecht des Bundesrats in der COVID-19-Krise und im Allgemeinen, in: Jusletter 25. Mai 2020; Zellenberg Ulrich E., Die Inpflichtnahme, in: Claudia Fuchs/Franz Merli/Magdalena Pöschl/Richard Sturn/Ewald Wiederin/Andreas W. Wimmer (Hrsg.), Staatliche Aufgaben, private Akteure, Bd. 2, Wien/Zürich/St. Gallen/Heidelberg 2017, S. 129 ff.; Zünd Andreas/Errass Christoph, Die polizeiliche Generalklausel in der Schweiz, ZBJV 147 (2011), S. 261 ff. (zit. Generalklausel); dies., Pandemie – Justiz – Menschenrechte, ZSR Sondernummer Pandemie und Recht (2020), S. 69 ff. (zit. ZSR Sondernummer 2020).

I. Intrakonstitutionelles Notrecht als Panopticon des Verfassungsstaates

Der Bundesrat sah sich zur Bekämpfung der Ausbreitung und der Folgen des Virus SARS-CoV-2 gestützt auf seine intrakonstitutionelle Notrechtskompetenz gezwungen, am 13.3.2020 die COVID-19-Verordnung 2 zu erlassen.[1] Mit diesem ersten Notrechtserlass wurden unter anderem Verpflichtungen für Gesundheitseinrichtungen zur Aufrechthaltung der Kapazitäten in der Gesundheitsversorgung, Einschränkungen beim Grenzverkehr und konkrete Massnahmen vor allem gegenüber der Bevölkerung festgelegt. Die Bestimmungen dieser Verordnung wurden danach sukzessiv aus- und umgebaut. Vordergründiges Ziel der Regelungen blieb aber, die Verbreitung der zum Erlass- 1

1 Die COVID-19-Verordnung 2 stützte sich gemäss Ingress in den ersten Versionen auf Art. 184 Abs. 3 und Art. 185 Abs. 3 BV (vgl. AS 2020 773). In späteren Versionen (vgl. etwa AS 2020 783) wurde indessen nur noch Art. 7 EpG angerufen. Korrekterweise wäre neben Art. 7 EpG stets als Notrechtsgrundlage Art. 185 Abs. 3 BV anzuführen gewesen, worauf Art. 7 EpG letztlich inhaltlich verweist, dazu hinten Rz 4 ff.; ebenso Brunner/Wilhelm/Uhlmann, AJP 6/2020, S. 693 f. Wo nicht anders angegeben, beziehen sich die Ausführungen zur COVID-19-Verordnung 2 in diesem Beitrag auf deren Stand am 14.5.2020.

zeitpunkt in Europa grassierenden Viruserkrankung COVID-19 zu stoppen. Damit zielte die Notrechtsverordnung wie bereits erste gesetzlich vorgesehene Massnahmen[2] auf den Schutz der öffentlichen Gesundheit im Allgemeinen[3] und auf den Schutz besonders gefährdeter Personen im Konkreten[4] ab. Vorrangig schien, dass weitere Ansteckungen vermieden und die Kapazitäten zur Bewältigung der Pandemie aufrechterhalten bleiben sollten, insbesondere mit Blick auf die Versorgung der Bevölkerung mit Pflege- und Heilmitteln.[5]

2 Im Nachgang zu diesem ersten Notrechtsakt erliess der Bundesrat gestützt auf Art. 185 Abs. 3 BV weiteres intrakonstitutionelles Notrecht, das aber auf die nicht primär gesundheitlichen Aspekte der Krise abzielte. Der Bundesrat fokussierte nicht mehr nur auf die epidemiologische Gefahr, sondern zunehmend auf die Folgen seiner notrechtlichen Anordnungen und seines Krisenmanagements. Mit anderen Worten führte der Bundesrat nach dem 13.3.2020 die Gesellschaft mit dem Erlass weiterer Notrechtsverordnungen durch die Krise, in denen er die Bewältigung bestehender oder vielleicht auch nur entstehender Notstände im Bereich des öffentlichen und privaten Zusammenlebens regelte. Entsprechend kam es, dass der Bundesrat mit Notrecht wirtschaftliche Massnahmen etwa zugunsten des Kulturbereichs, des Sports oder der Landwirtschaft erliess und bei Miet- und Pachtverhältnissen eingriff, um Zahlungsverzugskündigungen einzudämmen.[6] Ferner wurden verlängerte Fristen bei Gerichtsferien und spezielle

2 Der COVID-19-Verordnung 2 ging eine Verordnung 1 voraus (vgl. AS 2020 573), die sich noch auf die inhaltlichen Vorgaben des EpG abstützen konnte, indem sie die dort vorgesehenen Massnahmen zur besonderen Lage umsetzte, dazu hinten Rz 5 f.; als weiteres Beispiel von Massnahmen, die ihre Grundlage im ordentlichen Recht finden, können die Verordnung über die Beschränkung der Abgabe von Arzneimitteln vom 18.3.2020 (SR 531.215.33; AS 2020 877) sowie die Verordnung über die ausserordentliche finanzielle Unterstützung der Deklassierung von Wein mit kontrollierter Ursprungsbezeichnung zu Tafelwein im Zusammenhang mit dem Coronavirus (COVID-19-Verordnung Deklassierung von Wein; SR 916.141; AS 2020 1785) angeführt werden; vgl. ferner auch Massnahmen in der geänderten Verordnung über die Infrastruktur der Luftfahrt (VIL) vom 23.11.1994 (SR 748.131.1; AS 2020 1331) im Hinblick auf Erleichterungen bei Repatriierungsflügen, die zur Bewältigung der COVID-19-Pandemie und ihrer Folgen notwendig wurden (Art. 39d Abs. 2bis VIL) sowie Änderungen in der Verordnung über Diplome, Ausbildung, Weiterbildung und Berufsausübung in den universitären Medizinalberufen vom 27.6.2007 (Medizinalberufeverordnung, MedBV; SR 811.12.0), der Verordnung über die eidgenössischen Prüfungen der universitären Medizinalberufe vom 26.11.2008 (Prüfungsverordnung MedBG; SR 811.113.3) und der Verordnung über das Register der universitären Medizinalberufe vom 5.4.2017 (Registerverordnung MedBG; SR 822.227.3) durch die Verordnung über die Massnahmen betreffend die eidgenössische Prüfung in Humanmedizin 2020 angesichts der Pandemie des Coronavirus vom 27.5.2020 (COVID-19-Verordnung eidgenössische Prüfung in Humanmedizin; AS 2020 1811).

3 Vgl. namentlich die Kapitel 2–4 der COVID-19 Verordnung 2.

4 Vgl. namentlich Kapitel 5 bzw. Art. 10b und Art. 10c der COVID-19 Verordnung 2.

5 Vgl. Art. 1 Abs. 2 lit. d COVID-19 Verordnung 2.

6 Vgl. Verordnung über die Abfederung der wirtschaftlichen Auswirkungen des Coronavirus (COVID-19) im Kultursektor vom 20.3.2020 (COVID-Verordnung Kultur; SR 442.15; AS 2020 855); Verordnung über Begleitmassnahmen im Sportbereich zur Abfederung der Folgen von Massnahmen des Bundes zur Bekämpfung des Coronavirus vom 20.3.2020 (COVID-19-Verordnung Sport; SR 415.021; AS 2020 851); Verordnung über Massnahmen zur Abfederung der wirtschaftlichen Auswirkungen des Coronavirus im

Massnahmen in der Justiz und im Verfahrensrecht angeordnet, um den Rechtsschutz in der Krise (besser) gewährleisten zu können respektive um die Justiz (besser) aufrechtzuerhalten.[7] Der Bundesrat schien gewillt zu sein, den wirtschaftlichen und gesellschaftlichen Folgen seiner ersten notrechtlichen Intervention mit weiterem Notrechtsgebrauch in erstaunlicher Bandbreite entgegenzutreten.[8] Zuletzt wollte gar die Frage einer per Notrecht notenbefreiten Matura bzw. Berufsmatura diskutiert und beantwortet werden.[9] Man manövrierte sich damit in eine «ausserordentlich ausserordentliche

---

Landwirtschaftsbereich vom 1.4.2020 (COVID-19-Verordnung Landwirtschaft; AS 2020 1141); Verordnung über die Abfederung der Auswirkungen des Coronavirus im Miet- und Pachtwesen vom 27.3.2020 (COVID-19-Verordnung Miete und Pacht; SR 221.213.4; AS 2020 1099).

7 Vgl. Verordnung über den Stillstand der Fristen in Zivil- und Verwaltungsverfahren zur Aufrechterhaltung der Justiz im Zusammenhang mit dem Coronavirus (COVID-19) vom 20.3.2020 (SR 173.110.4; AS 2020 849) sowie die Verordnung über Massnahmen in der Justiz und im Verfahrensrecht im Zusammenhang mit dem Coronavirus vom 16.4.2020 (COVID-19-Verordnung Justiz und Verfahrensrecht; SR 272.81; AS 2020 1229).

8 Vgl. hierzu u.a. Verordnung über die Verwendung von Arbeitgeberbeitragsreserven für die Vergütung der Arbeitnehmerbeiträge an die berufliche Vorsorge im Zusammenhang mit dem Coronavirus vom 25.3.2020 (COVID-19-Verordnung berufliche Vorsorge; SR 831.471; AS 2020 1073); Verordnung über Massnahmen im Bereich der Arbeitslosenversicherung im Zusammenhang mit dem Coronavirus (COVID-19) vom 20.3.2020 (COVID-19-Verordnung Arbeitslosenversicherung; SR 837.033; AS 2020 877); Verordnung über Massnahmen im Zusammenhang mit dem Coronavirus (COVID-19) zur Kurzarbeitsentschädigung und zur Abrechnung Sozialversicherungsbeiträge vom 20.3.2020 (AS 2020 875); Verordnung über Massnahmen im Bereich der Stellenmeldepflicht im Zusammenhang mit dem Coronavirus vom 25.3.2020 (COVID-19-Verordnung Stellenmeldepflicht; SR 823.115; AS 2020 1071); Verordnung zur Gewährung von Krediten und Solidarbürgschaften in Folge des Coronavirus vom 25.3.2020 (COVID-19-Solidarbürgschaftsverordnung; SR 951.261; AS 2020 1077); Verordnung über Massnahmen bei Erwerbsausfall im Zusammenhang mit dem Coronavirus (COVID-19) vom 20.3.2020 (COVID-19-Verordnung Erwerbsausfall; SR 830.31; AS 2020 871); Verordnung über Massnahmen im Asylbereich im Zusammenhang mit dem Coronavirus vom 1.4.2020 (COVID-19-Verordnung Asyl; SR 142.318; AS 2020 1125); Verordnung über insolvenzrechtliche Massnahmen zur Bewältigung der Coronakrise vom 16.4.2020 (COVID-19-Verordnung Insolvenzrecht; SR 281.242; AS 2020 1233); Verordnung über die Durchführung der Qualifikationsverfahren der beruflichen Grundbildung 2020 im Zusammenhang mit dem Coronavirus vom 16.4.2020 (COVID-19-Verordnung Qualifikationsverfahren berufliche Grundbildung; SR 412.101.243; AS 2020 1241); Verordnung über die Entschädigung von Angehörigen der Armee im Assistenzdiensteinsatz zur Bewältigung der Coronapandemie vom 22. April 2020 (COVID-19-Verordnung Entschädigung Angehörige der Armee; SR 834.15; AS 2020 1337); Verordnung über die Abfederung der wirtschaftlichen Auswirkungen der Massnahmen zur Bekämpfung des Coronavirus (Covid-19) auf die institutionelle familienergänzende Kinderbetreuung vom 20.5.2020 (Covid-19-Verordnung familienergänzende Kinderbetreuung; SR 862.1; AS 2020 1753); Verordnung über Übergangsmassnahmen zugunsten der elektronischen Medien im Zusammenhang mit dem Coronavirus vom 20.5.2020 (Covid-19-Verordnung elektronische Medien; SR 784.402; AS 2020 1769).

9 Vgl. zu den schliesslich erlassenen Regelungen Verordnung über die Durchführung der kantonalen gymnasialen Maturitätsprüfungen 2020 angesichts der Pandemie des Coronavirus vom 29.4.2020 (COVID-19-Verordnung gymnasiale Maturitätsprüfungen; SR 413.16; AS 2020 1399); die Verordnung über die Durchführung der kantonalen Prüfungen 2020 der eidgenössischen Berufsmaturität und die Promotion angesichts der Pandemie des Coronavirus vom 29.4.2020 (COVID-19-Verordnung kantonale Berufsmaturitätsprüfungen; SR 412.103.2; AS 2020 1395); Verordnung über die Durchführung der schweize-

Lage»[10], mit der auch die Besorgnis um Rechtsstaat und Demokratie wuchs. Auch wenn der Bundesrat danach in Etappen und grundsätzlich umsichtig reagiert haben mochte und er zu Entwicklungen in Pressekonferenzen Auskunft gab sowie partiell Entscheidungen oder Spielräume den Kantonen überliess, wurde faktisch auf allen Gebieten des gesellschaftlichen Lebens notrechtlich interveniert. Der Bundesrat beförderte sich unweigerlich in das Zentrum der Macht, gerade weil sich auch das Bundesparlament unter erschwerten Bedingungen erst ab dem 4.5.2020 zu einer ausserordentlichen Session ausserhalb des Bundeshauses einfinden konnte. Zwischenzeitlich war es am Bundesrat, die als notwendig empfundene erhöhte Reaktionsfähigkeit zu gewährleisten. Die im schweizerischen Verfassungsstaat ungewohnte Machtfülle einer einzelnen Behörde war zu spüren. Wie in einem *Panopticon* versetzte sich der Bundesrat in die Rolle des Wächters, sodass er mit seinen Anordnungen in alle Richtungen zielen konnte.

Das Panopticon bezeichnet ursprünglich ein von Jeremy Bentham entwickeltes architektonisches Konzept insbesondere zum Bau von Gefängnissen, das eine gleichzeitige Überwachung von vielen Menschen durch einen einzelnen Überwacher ermöglichen sollte. Der im Zentrum eines Rundbaus aus Glas und Stahl agierende Wächter hatte theoretisch die Möglichkeit zur umfassenden Kontrolle über die Insassen, profitierte aber mehr von der erweckten Illusion totaler Kontrolle. Da jedes Panopticon frei zugänglich war, stand der Wächter seinerseits unter permanenter Aufsicht der Öffentlichkeit.[11]

3 Nachfolgend soll nun in ausgewählten staats- und verwaltungsrechtlichen Themengebieten die Auseinandersetzung mit dem Panopticon der aktuellen Krise geführt werden. Dies kann als Kritik zwar der Staats- und Verwaltungsrechtsrechtslehre an den erlassenen Notrechtsmassnahmen gelten, ist letztlich aber niemals deckungsgleich mit dem öffentlichen Diskurs über den Notrechtsgebrauch des Bundesrates als solchem. Auch wenn die Spannungsfelder zwischen Notrecht und Demokratie, Föderalismus, Gesetzgebung etc. für Juristen teilweise offen zu Tage treten mögen und nachstehend kommentiert sind, darf nie der dem Notrecht inhärente Unterschied zwischen Legalität, Legitimität und Machthandeln vergessen werden, bei welchem der Jurist nicht alleine über

rischen Maturitätsprüfung 2020 angesichts der Pandemie des Coronavirus vom 13.5.2020 (COVID-19-Verordnung schweizerische Maturitätsprüfung; SR 413.17; AS 2020 1581); Verordnung des SBFI über die Durchführung der eidgenössischen Berufsmaturitätsprüfung 2020 angesichts der Pandemie des Coronavirus vom 3.6.2020 (Covid-19-Verordnung eidgenössische Berufsmaturitätsprüfung; SR 412.103.12; AS 2020 1885).

10 Vgl. den Untertitel des Beitrages von Brunner/Wilhelm/Uhlmann, AJP 6/2020, und dort auch S. 691 f.

11 Vgl. Kramer-McInnis, S. 237 ff. und S. 242 ff. zu den hier als Allegorie zum bundesrätlichen Notrechtshandeln dargestellten Aspekten des Panopticons. Die Charakteristik der «Illusion totaler Kontrolle» wurde in der Corona-Krise vor allem in der Phase der ersten Lockerung des Notrechtsregimes sichtbar. Nachdem am 15.5.2020 die Grenzübergänge u.a. zu Deutschland für Partner- und Verwandtenbesuche wieder geöffnet wurden, indessen der Grenzübertritt zum Zwecke des Einkaufstourismus nach wie verboten war, antwortete der Direktor der Eidg. Zollverwaltung, Christian Bock, an der Pressekonferenz vom 15.5.2020 auf die Frage, wie das kontrolliert werden solle, wie folgt: «Bleiben sie einfach in der Unsicherheit, dass wir sicherlich dort sein werden».

Expertise verfügt und urteilen darf.[12] Vor diesem Hintergrund sind die nachfolgenden Ausführungen immer nur ein Teil der Kritik oder des Lobes und sind die Problemstellungen und Lehren aus der Corona-Krise stets (und nur) aus Sicht des Staats- und Verwaltungsrechts behandelt.

II. Problemstellungen der Corona-Krise aus staats- und verwaltungsrechtlicher Sicht

1. Notrecht und Gesetzgebung

a) *Sinn und Zweck von Art. 7 EpG*

Intrakonstitutionelles Notrecht besteht zunächst nach Art. 184 Abs. 3 und Art. 185 Abs. 3 BV in Form eines exekutiven Notverordnungs- und Notverfügungsrechts.[13] Der Bundesrat soll damit in einem Notstandsfall den Schutz bedrohter gewichtiger öffentlicher Interessen sicherstellen können und zwar zum einen im Hinblick auf die Wahrung der Interessen der Schweiz gegenüber dem Ausland und zum anderen, um eingetretenen oder unmittelbar drohenden schweren Störungen der öffentlichen Ordnung oder der inneren oder äusseren Sicherheit zu begegnen. In letzterem Fall stellt sich intrakonstitutionelles Notrecht als spezifische Polizeigeneralklausel dar, die konkurrierend und parallel zu einer parlamentarischen Notverordnungs- und Notbeschlussfassungskompetenz besteht.[14] Der Epidemie- und Pandemiefall kann als nationaler Notstand die Anwendungskriterien von Art. 185 Abs. 3 BV und Art. 173 Abs. 1 lit. b und c BV erfüllen, weil das moderne Sicherheitsverständnis auf die nationale öffentliche Sicherheit abzielt – dazu gehören heute auch der Gesundheitsschutz und die Existenzsicherheit des Menschen in Zeiten der Epidemie oder Pandemie.[15] Beim Notrechtshandeln ist es das Postulat der Effizienz und der Effektivität, welches in einem Anwendungsfall eine Relativierung des Legalitätsprinzips erforderlich macht und einen rechtlichen Wirkungsradius zulässt, der in der Normallage oder auch in einer besonderen Lage nicht bestehen darf. Es kann hierbei auch von einer eigentümlichen Wirkung bzw. suspendierenden Kraft von Notrecht gesprochen werden, welche auf Normen, Rechtsprinzipien oder gar ganze Teile der regulären Rechtsordnung wirkt.[16] Dies war auch in der 4

---

12 Hierzu ausführlich TRÜMPLER, Notrecht, S. 64 ff.

13 TRÜMPLER, Notrecht, S. 110; vgl. auch BSK BV-KÜNZLI, Art. 185 N 1; RECHSTEINER, Besondere Lagen, S. 12 f.

14 Vgl. die Notverordnungskompetenz des Parlaments nach Art. 173 Abs. 1 lit. a bzw. b i.V.m. lit. c BV, die als ein faktisches Modifikations- und Annullationsrecht der Bundesversammlung gegenüber notrechtlichen Anordnungen des Bundesrates nach Art. 185 Abs. 3 BV angesehen wird; vgl. TRÜMPLER, Notrecht, S. 180 m.w.H.; SGK BV-SAXER, Art. 173 N 7 und Art. 185 N 52; BSK BV-MERKER/CONRADIN, Art. 173 N 62; BSK BV-KÜNZLI, Art. 185 N 27.

15 Vgl. TRÜMPLER, Notrecht, S. 131, 133 und 171; POLEDNA/TRÜMPLER/WERDER, ZSR Sondernummer 2020, S. 104 f.

16 TRÜMPLER, Notrecht, S. 111 und auch S. 48 ff.

Corona-Krise unzweifelhaft zu erkennen, da zahlreiche Massnahmen vom notrechtlich handelnden Bundesrat bewusst *contra legem* und teilweise gar *contra constitutionem* erlassen wurden, ansonsten er ganz darauf hätte verzichten müssen.[17]

5 Vom notrechtlichen Handeln eines Notrechtsberechtigten gilt es das gesetzmässige Handeln nach Ermächtigungsnormen zu unterscheiden. Auch hierfür hält die Corona-Krise ein Beispiel bereit: Bevor der Bundesrat am 13.3.2020 notrechtlich intervenierte, erliess er gestützt auf Art. 6 Abs. 2 lit. b EpG die erste Verordnung über Massnahmen zur Bekämpfung des Coronavirus. Die «besondere Lage» erlaubte es dem Bundesrat, anstelle der Kantone «Massnahmen gegenüber der Bevölkerung» zu erlassen (Art. 6 Abs. 2 lit. b EpG). Materiell hat er dann weiterhin die Vorgaben des Gesetzes zu beachten (Art. 40 EpG).[18] Alsbald reichte dies nach Meinung des Bundesrates nicht mehr aus, als die Ausbreitung der COVID-19-Erkrankung zur Pandemie erklärt wurde und sich das für Notstände typische Problem der Unvorhersehbarkeit[19] ergab. Hier kann und will das EpG keine materiellen Lösungen bereithalten.

6 Da das Epidemiengesetz einer sicherheitspolitischen Terminologie folgt, nimmt es auch auf die grösstmögliche Gefahrenlage Bezug. Bei dieser sog. *ausserordentlichen Lage* bleibt aber der Wunsch nach materiellen Regelungen Vater des Gedankens. Auch wenn einst bei Art. 10 Abs. 1 des alten Epidemiengesetzes vom 18.12.1970[20] noch von einer (verunglückten) Ermächtigungsnorm ausgegangen werden musste, weist die praktisch gleichlautende Bestimmung des heutigen Art. 7 EpG – insbesondere aufgrund ihrer historischen Auslegung – keinen eigenständigen materiellen Gehalt mehr auf – was allerdings umstritten ist.[21] Die Botschaft zum revidierten EpG bezeichnet die Bestimmung ausdrücklich als «deklaratorischer Natur», attestiert ihr eine Kongruenz zum «Notverordnungsrecht des Bundesrates gemäss Artikel 185 Absatz 3 Bundesverfassung (BV)» und bezieht sich ferner auf den Kontext der heute geltenden Regelungen gemäss Art. 7d RVOG, womit die Überführung von bundesrätlichem Notverordnungsrecht in parlamentarisches Recht angesprochen ist.[22] Wollte man dennoch den Art. 7 EpG als eine «spezifische gesetzliche (notrechtsähnliche) Ermächtigungs-

---

17 Vgl. hierzu die Analyse der Massnahmen contra legem und contra constitutionem während der Corona-Krise bei Brunner/Wilhelm/Uhlmann, AJP 6/2020, S. 695 ff.

18 Sachlogisch ging der notrechtlichen Verordnung 2 über Massnahmen zur Bekämpfung des Coronavirus eine Verordnung 1 voraus (vgl. AS 2020 573), die gestützt auf die entsprechende Ermächtigungsnorm des EpG nur einen ein- und abgrenzbaren rechtlichen Wirkungsradius haben konnte; vgl. hierzu auch Trümpler, Notrecht, S. 28.

19 Vgl. hierzu Trümpler, Notrecht, S. 111.

20 AS 1974 1071.

21 Gl.M. Brunner/Wilhelm/Uhlmann, AJP 6/2020, S. 693 f.; Poledna/Trümpler/Werder, ZSR Sondernummer 2020, 106; **a.M.** Kley, ZBl 5/2020, S. 273; Zünd/Errass, ZSR Sondernummer 2020, S. 88 f.; Wyss, Rz 9; zumindest kritisch Biaggini, Notrecht, ZBl 5/2020, S. 264 f.

22 Botschaft des Bundesrates zur Revision des Bundesgesetzes über die Bekämpfung übertragbarer Krankheiten des Menschen (Epidemiengesetz, EpG) vom 3.12.2010, BBl 2011 311, S. 334, 363 (Tabelle) und 365 f.

norm» sehen, welche allerdings «als gesetzlicher Anwendungsfall von Art. 185 Abs. 3 BV zu betrachten» sei,[23] so fragt sich zum einen, ob es besonders klug ist, eine Verfassungsbestimmung auf Gesetzesstufe auf diese Weise zu «verdoppeln»[24] – dies auch im Hinblick auf die Unsicherheiten nicht nur in Bezug auf Art. 7d RVOG, sondern auch betreffend Art. 190 BV. Zum anderen gilt es dann anzumerken, dass Ermächtigungsnormen auf spezifische Fälle bzw. Situationen ausgerichtet sind. Sie stecken den Handlungsspielraum der rechtsanwendenden Behörde – trotz relativ offener Formulierung – sachlich mehr oder weniger präzise ab und kommen dergestalt etwa als spezielles, auf spezifische Situationen ausgerichtetes Polizeirecht daher, welches allgemeines Polizeirecht zur Gefahrenabwehr (und allenfalls auch die dort statuierte polizeiliche Generalklausel) konkretisiert.[25] Dies ist und war aber bei Art. 10 Abs. 1 des alten EpG und Art. 7 des neuen EpG nie der Fall gewesen; die Normierungen sind offen und besitzen keinen ein- und abgrenzbaren rechtlichen Wirkungsradius – ausser man wollte hier bereits die Ziele und den Rahmen des Geltungsbereichs des EpG genügen lassen.[26] Für die Annahme einer eigenständig anwendbaren Ermächtigungsnorm bedürfte es u.E. einer spezielleren, eben auf spezifische Situationen ausgerichteten Normierung für ausserordentliche Lagen. Insofern durfte im Kontext von Art. 10 Abs. 1 des alten EpG auch von einer «verunglückten» Ermächtigungsnorm ausgegangen werden, die mit ihrer vagen Formulierung und dem Strapazieren des Begriffes der ausserordentlichen Lage zu Recht kritisiert wurde[27] und mit der auch das Bundesgericht seine Mühe zu haben schien.[28]

Wie bei der COVID-19-Verordnung 2 geschehen, kann der Bundesrat bei Vorliegen 7
eines nationalen Notstands die Regelungen des EpG übersteuern. Als sicherheitspolitisches Signal kann zwar Art. 7 EpG angerufen werden – hierin liegt heute wohl auch der vordergründige Sinn und Zweck der Norm –, doch stellt Art. 185 Abs. 3 BV unvermeidlich die materiell anzuwendende Kompetenzbestimmung dar. Folgerichtig wäre Art. 185 Abs. 3 BV als (eigentliche) Grundlage im Ingress der COVID-19-Verordnung 2 anzuführen gewesen und gilt es den Mechanismus von Art. 7d RVOG auch auf diese Notrechts-

23 Vgl. Stöckli, ZSR Sondernummer 2020, S. 20 ff.

24 Allgemein zur Wiederholung von Bestimmungen auf unterer Normstufe Müller/Uhlmann, Rz 308 ff.

25 Vgl. hierzu BGE 137 I 31, 45 f. E. 6.3, und Trümpler, Notrecht, S. 28 und dort FN 127; da Ermächtigungsnormen anders als Notrechtserlasse vollumfänglich dem Legalitätsprinzip entsprechen müssen, werden etwaige Handlungsinstrumente häufig *en détail* normiert, vgl. hierzu wiederum Trümpler, Notrecht, S. 111.

26 Vgl. Stöckli, ZSR Sondernummer 2020, S. 20; Biaggini, ZBl 5/2020, S. 263.

27 Vgl. Gächter/López, Sicherheit & Recht 2/2011, S. 119.

28 Im Umgang mit Art. 10 Abs. 1 des alten EpG bekundete das Bundesgericht deshalb Mühe, weil es dieser Norm keine klaren Konturen verleihen konnte, vgl. BGE 131 II 670, 676 ff., E. 3.1 («eine Kompetenznorm, welche letztlich die polizeiliche Generalklausel konkretisiert») und E. 3.3 («An welche inhaltlichen Schranken der Bundesrat beim Erlass von Massnahmen nach Art. 10 EpG gebunden ist und wieweit er entsprechende Kompetenzen an nachgeordnete Stellen übertragen darf [...], kann nicht abstrakt, d.h. losgelöst von einer bestimmten Bedrohungssituation, festgelegt werden»).

verordnung und allenfalls weitere unter Anrufung von Art. 7 EpG erlassene Notrechtsverordnungen anzuwenden.[29]

b) *Nulla poena sine lege und Strafnormen in einer Notrechtsverordnung*

8 «Keine Strafe ohne Gesetz» gehört als völkerrechtlicher Grundsatz zu den sog. notstandsfesten Garantien. Dazu zählen jene Menschenrechte, bei denen ein gemeinschaftlicher Konsens darüber besteht, dass sie selbst in Notstandssituationen ihre Geltung behalten müssen und insofern eine absolute Schranke darstellen.[30] Neben dem Grundsatz *nulla poena sine lege* von Art. 7 EMRK zählen etwa auch die Verbote des Genozids, der Sklaverei, des Folterns und der Rassendiskriminierung (inkl. *Non-refoulement*-Gebot) dazu, die als individualrechtliche Grundfesten des Menschseins umfassende Befolgung verlangen.[31] Nun aber zwang die Corona-Pandemiesituation den Bundesrat dazu, mit spezifischen notrechtlichen Massnahmen Bundesgesetze in Teilen und selbst die Bundesverfassung in Aspekten zu derogieren.[32] Zahlreiche Grundrechte wurden durch die COVID-19-Verordnung 2 – und damit ohne ordentlichgesetzliche Grundlage – eingeschränkt. Zur Sicherung des neuen Regimes und der Durchsetzung der notrechtlich verordneten «Stillhalteverpflichtungen» der Bevölkerung wurden strafrechtliche Sanktionen in der Notrechtsverordnung erlassen – auch diese hatten keine ordentlichgesetzliche Grundlage, weil sie weder im StGB abgebildet noch im Nebenstrafrecht (etwa Art. 82 f. EpG) vorgesehen sind. Nach der COVID-19-Verordnung 2 wurde notrechtlich mit Freiheitsstrafe bis zu drei Jahren oder Geldstrafe bedroht, wer sich vorsätzlich nicht

29 Vgl. Brunner/Wilhelm/Uhlmann, AJP 6/2020, S. 694; Poledna/Trümpler/Werder, ZSR Sondernummer 2020, S. 105 f. und FN 5 und 10; Stöckli, ZSR Sondernummer 2020, S. 22 und 25 sowie FN 98; **a.M.** Zünd/Errass, ZSR Sondernummer 2020, S. 88 f.; **a.M.** allenfalls auch Richli/Zielniewicz, I./Ziff. 1, diese aber ohne konkrete Begründung; **a.M.** auch Biaggini, Notrecht, ZBl 5/2020, S. 264, allerdings ohne eigentliche Beachtung der historischen Auslegung der Norm und mit der Begründung, weil das Schadenpotenzial der «epidemiologischen Generalklausel (Art. 7 EpG) – aufgrund des begrenzten Anwendungsbereichs (Art. 1 und Art. 2 EpG) – einigermassen überschaubar und domestizierbar» sei. Im gleichen Beitrag (auf S. 263) wird aber auch Art. 7 EpG als Grundlage für gesetzesderogierendes Verordnungsrecht gedeutet (bzw. wird dies «nicht von vorneherein ausgeschlossen», wenn es «im Rahmen von Gegenstand (Art. 1) und Zweck (Art. 2) des Epidemiengesetzes und unter Wahrung von Art. 36 BV» bleibt). Wiederum zuvor (auf S. 260 ff.) wird im Beitrag die Frage aufgeworfen, ob nicht doch alle die getroffenen Sekundärmassnahmen mit weitreichenden gesellschaftlichen und wirtschaftlichen Auswirkungen auf Art. 7 EpG abgestützt werden könnten. Wäre dem so, wäre das nachfolgende Hauptargument eines «begrenzten Anwendungsbereichs» von Art. 7 EpG bzw. einer Anwendung, die «einigermassen überschaubar und domestizierbar» sei, kaum mehr haltbar.

30 Vgl. Art. 7 Abs. 1 i.V.m. Art. 15 Abs. 2 EMRK und Art. 4 Abs. 2 i.V.m. Art. 15 Abs. 1 UNO-Pakt II; vgl. Trümpler, Notrecht, S. 198 ff.

31 Vgl. Trümpler, Notrecht, S. 198 ff., m.w.H.

32 Vgl. die Beispiele bei Brunner/Wilhelm/Uhlmann, AJP 6/2020, S. 696; in den Notrechtsverordnungen wurden Massnahmen, die Bundesgesetze derogieren, meist mit der Wendung «in Abweichung von ...» umschrieben.

an das Verbot hielt, öffentliche oder private Veranstaltungen durchzuführen.[33] Notrechtlich wurde ferner mit Busse respektive Ordnungsbusse bestraft, wer das Verbot von Menschenansammlungen, des Einkaufstourismus oder der Ausführung von Schutzausrüstung und medizinischen Gütern missachtete oder Einschränkungen im Bereich des grenzüberschreitenden Personen- und Warenverkehrs nicht einhielt.[34]

Dass die Sanktionen keine genügende Grundlage im ordentlichen Gesetzesrecht finden, spricht einerseits und einmal mehr dafür, dass sich die COVID-19-Verordnung 2 nicht einzig auf die Gesetzesbestimmung von Art. 7 EpG abstützen kann, sondern hier zumindest gleichzeitig auch intrakonstitutionelles Notrecht (Art. 185 Abs. 3 BV) angerufen werden muss.[35] Andererseits wirft diese Konstellation die Frage auf, ob ein Notrechtshandelnder überhaupt berechtigt ist, Strafbestimmungen in einer Notrechtsverordnung zu erlassen. 9

Dies scheint auf den ersten Blick aus faktischen Gründen unumgänglich, weil es allfällig nur mit Straftatbeständen gelingen mag, neue und vor allem einschneidende polizeiliche Vorschriften in einer Krisensituation in genügendem Masse durchzusetzen. Allenfalls ist gerade die strafrechtliche Absicherung entscheidend, um das Ziel des Notrechtshandeln erreichen zu können. Was nützt es Vorschriften aufzustellen, um eingetretenen oder unmittelbar drohenden schweren Störungen der öffentlichen Ordnung oder der inneren oder äusseren Sicherheit zu begegnen, wenn dann die Regelverletzungen gar nicht geahndet werden können? Ferner ist bei Notverordnungen nach Art. 185 Abs. 3 BV wesensgemäss, dass das Legalitätsprinzip derogiert wird, was gegebenenfalls auch auf das aus dem Verhältnismässigkeitsprinzip abgeleitete Störerprinzip zutrifft.[36] 10

Aufgrund des eingangs geschilderten Spannungsverhältnisses zur notstandsfesten Garantie nach Art. 7 EMRK greift eine solche Sichtweise zunächst aber zu kurz. Denn offensichtlich beissen sich die mit intrakonstitutionellem Notrecht erlassenen Strafbestimmungen mit dem Grundsatz «Keine Strafe ohne Gesetz», weil bei Ersteren von einer zulässigen und unumgänglichen Derogation des Legalitätsprinzips ausgegangen werden muss und bei Letzterem gerade umgekehrt eine Abweichung vom Legalitätsprinzip nicht möglich erscheint. Auflösen kann man diesen Konflikt allenfalls wie folgt: Einerseits kann danach gefragt werden, was der völkerrechtliche Grundsatz nach der EGMR-Rechtsprechung im Einzelnen verlangt, weil der Europäische Gerichtshof in der Vergangenheit durchaus für Differenzierungen beim Gesetzesbegriff offen war.[37] Die Be- 11

33 Art. 6 Abs. 1 i.V.m. 10f Abs. 1 COVID-19-Verordnung 2.

34 Art. 3a, Art. 4b Abs. 1 und 4 sowie Art. 7c Abs. 1 i.V.m. Art. 10f Abs. 2 f. COVID-19-Verordnung 2.

35 «Art. 7 EpG hingegen dürfte wohl nicht genügen, um in einer Verordnung (über Art. 82 und Art. 83 EpG hinausgehende) Strafen anzuordnen, da er dem Bestimmtheitsgebot des strafrechtlichen Legalitätsprinzips nicht genügend Rechnung trägt, er keine Abweichung von Art. 1 StGB ermöglicht und die Straftatbestände des EpG in Art. 82 und Art. 83 EpG abschliessend umschrieben sind», so Stöckli, ZSR Sondernummer 2020, S. 25 und dort FN 98.

36 Vgl. den Hinweis bei Trümpler, Notrecht, S. 47.

37 Vgl. Stöckli, ZSR Sondernummer 2020, S. 26, mit dem Hinweis, dass der EGMR auch schon ungeschriebenes Recht hat genügen lassen. Ausführlicher Demko, HRRS 1/2004, S. 20, u.a. mit Hinweisen

rufung auf die polizeiliche Generalklausel wird vom EGMR – auf jeden Fall ausserhalb eines strafrechtlichen Kontexts – grundsätzlich akzeptiert und überprüft.[38] Andererseits erscheint es möglich, dass notrechtliche Strafnormen in engem Konnex mit konkreten notrechtlichen Massnahmen stehen, weil sie (nur) diese absichern und mit einem ausreichenden Grad von Zugänglichkeit und Vorhersehbarkeit für Adressaten statuiert sind. In jenen Fällen, welche die rechtsstaatlichen Erfordernisse sowohl beim Erlass der notrechtlichen Massnahme als auch bei der ihr zugehörigen notrechtlichen Sanktion einhalten – sich also beides insbesondere als verhältnismässig und im öffentlichen Interesse liegend erweist – und darüber hinaus die von Art. 7 EMRK vorausgesetzten qualitativen Erfordernisse der Zugänglichkeit und der Vorhersehbarkeit der Sanktion beachtet bleiben, können u.E. auch strafrechtliche Sanktionen mit genügendem Konnex zu (verhältnismässigen und im öffentlichen Interesse liegenden) notrechtlichen Massnahmen als zulässig erachtet werden.[39]

12 Zu bedenken ist auch, dass nicht jede Sanktion eine eigentliche Strafe darstellt[40] – auch wenn vorliegend in der COVID-19-Verordnung 2 die Sanktionen teilweise repressiven Charakter haben. Soweit strafähnliche Sanktionen zur Durchsetzung genügen, sind diese einer eigentlichen Strafe vorzuziehen. Bei der Durchsetzung sollten nach Möglichkeit exekutorische, nicht repressive Sanktionen vorgesehen werden, weil das Legalitätsprinzip bei ersteren in der Regel besser gewahrt wird bzw. die Anforderungen an das Legalitätsprinzip niedriger sind.[41]

c) Gesetzliche Grundlagen des digitalen epidemiologischen Contact-Tracings mit privaten Smartphones

13 In den ersten beiden Tagen der ausserordentlichen Session des Bundesparlaments Anfang Mai 2020 verabschiedeten National- und Ständerat gleichlautende Motionen ihrer Staatspolitischen Kommissionen[42], welche den Bundesrat dazu verpflichteten, eine ge-

---

auf die Rechtsprechung, wonach Art. 7 EMRK mit seinem Gesetzesbegriff sowohl geschriebenes als auch ungeschriebenes Recht erfasst, aber die «qualitativen Erfordernisse» der Zugänglichkeit und der Vorhersehbarkeit zu beachten seien.

38 Vgl. Zünd/Errass, ZBJV 147 (2011), S. 286; EGMR v. 8.10.2009, *Gsell gegen die Schweiz*, 12675/05, Rz 53 und 61.

39 Vgl. auch Stöckli, ZSR Sondernummer 2020, S. 25. Mit Blick auf strafrechtliche Sanktionen, die sich auf Art. 185 Abs. 3 BV stützen, wenig konkret, aber nicht ausschliessend Zünd/Errass, ZSR Sondernummer 2020, S. 89.

40 Vgl. hierzu Häfelin/Müller/Uhlmann, Rz 1464c.

41 Vgl. hierzu Häfelin/Müller/Uhlmann, Rz 1453.

42 Staatspolitische Kommission NR, Motion 20.3144 vom 22.4.2020 «Gesetzliche Grundlagen zur Einführung der Corona-Warn-App (Corona-Proximity-Tracing-App)», vom NR angenommen am 5.5.2020, AB N 2020 518, und Staatspolitische Kommission SR, Motion 20.3168 vom 30.4.2020 «Gesetzliche Grundlagen zur Einführung der Corona-Warn-App (Corona-Proximity-Tracing-App)», vom SR angenommen am 4.5.2020, AB S 2020 218.

setzliche Grundlage für den Einsatz einer sog. Contact-Tracing-App[43] auszuarbeiten. Neben den inhaltlichen Vorgaben, dass mit einer entsprechenden App des Bundes keine personenbezogenen Daten zentral gespeichert werden dürfen und deren Benutzung freiwillig sein muss, ist in erster Linie der Umstand interessant, dass das Parlament offenbar die zur Verfügung stehenden gesetzlichen Grundlagen für ein solches digitales epidemiologisches Contact-Tracing mit privaten Smartphones als ungenügend erachtete. Dies mag im ersten Moment mit Blick auf die zahlreichen bestehenden gesetzlichen Grundlagen im EpG wie etwa Art. 33 EpG (Identifizierung und Benachrichtigung von Personen)[44], Art. 31 Abs. 2 EpG (Zuständigkeit des Bundes bei der Identifizierung und Benachrichtigung von Personen)[45], Art. 40 EpG (Massnahmen gegenüber der Bevölkerung und bestimmten Personengruppen), Art. 58 EpG i.V.m. Art. 17 DSG (Bearbeitung von Personendaten)[46] und Art. 60 EpG (Informationssystem)[47] erstaunen. Doch wachsen auf den zweiten Blick tatsächlich die Bedenken. Die genannten gesetzlichen Grundlagen wären allenfalls bereits deshalb für einen zwangsweisen Einsatz einer konkret entwickelten Contact-Tracing-App in einer ausserordentlichen Lage ungenügend gewesen, weil die entsprechenden Bestimmungen höchstens vom Zustand einer besonderen Lage ausgehen (vgl. Art. 6 Abs. 2 lit. a und b EpG) und hierbei das Gesetz den Einsatz von privaten Smartphones oder anderen persönlichen Gegenständen von infizierten oder nicht infizierten Personen nicht anspricht.[48] Dass ein digitales epidemiologisches Contact-Tracing in den Normen des EpG nicht abgebildet scheint, ergibt sich auch aus der Botschaft zum revidierten EpG. Dort wird lediglich von der Möglichkeit des Bundes ausgegangen, die Kantone mit «technischen Empfehlungen oder Beratungen»[49] zu unter-

---

43 Eine Contact-Tracing-App soll im Wesentlichen Annäherungen zwischen Smartphones registrieren, Kontaktnachverfolgungen ermöglichen und Personen warnen, die mit Infizierten in näherem Kontakt standen. Ziel ist es, dass Infektionsketten durchbrochen werden.

44 Eine Person, die krank, krankheitsverdächtig, angesteckt oder ansteckungsverdächtig ist oder Krankheitserreger ausscheidet, kann identifiziert und benachrichtigt werden.

45 Nach dieser Bestimmung können Bundesbehörden bei gegenüber einzelnen Personen angeordneten Massnahmen die «Kantone bei der Identifizierung und Benachrichtigung von Personen» unterstützen, insb. hinsichtlich Reisenden im internationalen Verkehr.

46 Die Bestimmung ermöglicht Datenbearbeitungen, die im Kontext der Identifizierung von kranken, krankheitsverdächtigen, angesteckten, ansteckungsverdächtigen und Krankheitserreger ausscheidenden Personen im Hinblick auf Massnahmen zum Schutz der öffentlichen Gesundheit, insb. zur Erkennung, Überwachung und Bekämpfung übertragbarer Krankheiten, erforderlich sind, und regelt u.a. die Höchstaufbewahrungsdauer.

47 Nach dieser Bestimmung ist der Betrieb eines behördlichen Informationssystems erlaubt, in das Daten über Personen aufgenommen werden, die krank, krankheitsverdächtig, angesteckt oder ansteckungsverdächtig sind oder Krankheitserreger.

48 Hier wohl im Hinblick auf die Aussage «gesetzliche Grundlage für Obligatorium ist vorhanden» zu wenig differenzierend Abegg/Knecht, Rz 19 ff., insb. Rz 21 f.

49 Botschaft des Bundesrates zur Revision des Bundesgesetzes über die Bekämpfung übertragbarer Krankheiten des Menschen (Epidemiengesetz, EpG) vom 3. 12. 2010, BBl 2011 311, S. 386.

stützen und wird Contact-Tracing in einem herkömmlichen, in den Abläufen nicht digital gesteuerten Sinne verstanden.[50]

14 Vor diesem Hintergrund ist es durchaus verständlich und ratsam, dass spezifische gesetzliche Grundlagen für eine korrekte Umsetzung eines digitalen COVID-19-Contact-Tracings mit privaten Smartphones geschaffen wurden. Allerdings: Der Bundesrat hätte bei zeitlicher und sachlicher Dringlichkeit eine entsprechende Grundlage auch schon vor Erlass eines dringlichen Bundesgesetzes schaffen können, wenn er Art. 185 Abs. 3 BV angerufen hätte.[51] Der Wille der Bundesversammlung alleine, selbst mit Dringlichkeitsrecht zu handeln, blockiert den Bundesrat nicht, seinerseits seine Notrechtsbefugnisse auszuüben. Es erscheint allerdings richtig, dass der Bundesrat es vermieden hat, eine Contact-Tracing-App auf eine Art und Weise einzuführen, die vollendete Tatsachen geschaffen hätte. Die Bundesversammlung hat im Rahmen der Beratung den Entwurf des Bundesrates[52] in einer durchaus wichtigen Frage nachjustiert: Personen, die über die App auf eine mögliche Virusexposition hingewiesen werden, können sich kostenlos testen lassen (Art. 60a Abs. 4 EpG).[53]

2. Notrecht und Gewaltenteilung

a) Versammlungs- und Tagungsrecht der Parlamente

15 Krisenzeiten sind Zeiten der Exekutive. Dass aber der Legislative auch eine wichtige Funktion zukommt, hat die derzeitige Lage deutlich gemacht. Gerade wenn eine Krise länger dauert, ist für deren Bewältigung ein Zusammenspiel zwischen Exekutive und Legislative notwendig.[54]

50 Die Botschaft zur Revision des EpG, BBl 2011 311, S. 388, beschreibt den Ablauf des Contact-Tracings gemäss EpG wie folgt: «Der Ausgangsfall [...] wird durch den behandelnden Arzt oder die behandelnde Ärztin aufgrund einer ärztlichen Meldung im Rahmen der Meldepflicht [...] dem kantonsärztlichen Dienst gemeldet. Die Kantonsärztin oder der Kantonsarzt bzw. eine von ihm beauftragte Stelle erstellt mittels Befragung der betroffenen Person anhand eines Kontaktformulars eine Liste der Kontakte (Kontaktliste). In der Regel ergibt sich diese Liste aus den Kontakten, an die sich die betroffene Person erinnert. In besonderen Situationen erhält das Kantonsarztamt mögliche Kontakte auch vom BAG (z.B. Passagierliste im Flugverkehr).»

51 Die Verordnung vom 13.5.2020 über den Pilotversuch mit dem «Swiss Proximity-Tracing-System» zur Benachrichtigung von Personen, die potenziell dem Coronavirus (COVID-19) ausgesetzt waren (COVID-19-Verordnung Pilotversuch Proximity-Tracing; SR 818.101.25; AS 2020 1589), stützte der Bundesrat neben einzelnen Bestimmungen des DSG und des Bundesstatistikgesetzes (BStatG) vom 9.10.1992 (SR 431.01) auf seine Kompetenz zum Erlass von Ausführungsbestimmungen nach Art. 78 Abs. 1 EpG.

52 Änderung des Epidemiengesetzes, Entwurf vom 26.5.2020, BBl 2020 4481; vgl. auch die Botschaft vom 26.5.2020, BBl 2020 4461.

53 Die dringliche Änderung des Epidemiengesetzes wurde am 19.6.2020 in den Schlussabstimmungen von National- und Ständerat angenommen und musste anschliessend vom Bundesrat bis spätestens per 1.7.2020 in Kraft gesetzt werden. Neu eingefügt wurden Art. 60a, Art. 62a, Art. 80 Abs. 1 lit. f und Art. 83 Abs. 1 lit. n EpG.

54 Brunner/Wilhelm/Uhlmann, AJP 6/2020, insb. S. 699 ff.; Wilhelm/Uhlmann, Parlament/Parlement/Parlamento 2/2020, S. 4 ff.; Stöckli, ZSR Sondernummer 2020, S. 33 ff., 50 ff.; Caroni/Schmid, AJP 6/2020, S. 712 ff.

Wichtig ist zunächst die Erkenntnis, dass Parlamente die Verantwortung für ihre Versammlungen selbst übernehmen müssen. Die Exekutive kann das Parlament nicht aus gesundheitspolizeilichen Gründen «ausschalten» – es wäre mit dem Grundsatz der Gewaltenteilung unvereinbar, wenn ein Organ über die Funktionsweise des anderen entschiede.[55] Das gilt ausgeprägt für das Verhältnis von Exekutive und Legislative, da letzterer Genehmigungs- und Kontrollrechte zukommen.[56] Die gleichen Überlegungen gelten zwischen Exekutive und Judikative.[57] 16

Für die Bundesversammlung war dies unbestritten. Im Kanton Zürich kam es jedoch zu kurzzeitiger Unsicherheit, weil die zuständige Gesundheitsdirektion dem Kantonsrat die nötige Ausnahmebewilligung nach Art. 7 COVID-19-Verordnung 2 zunächst nicht erteilen wollte – und später das Bundesamt für Justiz für eine gewisse Verwirrung sorgte, da es die Sitzung des Kantonsrates als in jedem Fall verbotene Menschenansammlung qualifizierte.[58] Unter Zeitdruck passieren Fehler, und eine böse Absicht wird keiner der beteiligten Behörden unterstellt. Die Episode zeigt aber, dass Bedeutung und Funktion der Parlamente zu Beginn der Krise tendenziell unterschätzt wurden. 17

Diese Erkenntnis gilt übrigens auch für die Bundesversammlung selbst, welche ihre laufende Session abbrach. Man mag dies aus dem Blickwinkel des Zeitdruckes und der Vorbildfunktion der obersten Behörde im Bund verstehen; rechtlich korrekt war dieser von den Büros der Räte bzw. der Koordinationskommission getroffene Entscheid u.E. indes nicht. Da das anwendbare Organisationsrecht den Büros – deren Leitungsfunktion nach Art. 35 Abs. 1 ParlG zumindest weitestgehend organisatorischer Natur ist – keine entsprechende Kompetenz zuweist, kommen für einen derart wichtigen Entscheid de lege lata grundsätzlich nur die Räte selber in Frage.[59] Dasselbe gilt u.E. für das zwischenzeitliche Verbot von Kommissionssitzungen. Den Büros mit ihrer nur eingeschränkten Leitungsfunktion kann gegenüber den Kommissionen als von der Verfassung vorgesehenen und mit einem Selbstbefassungsrecht ausgestatteten Organen keine solche Kompetenz zukommen.[60] 18

Für die Parlamente stellte sich die schwierige Frage, ob sie anstelle von Versammlungen zu Telefon- oder Videokonferenzen greifen durften. Die einschlägigen Rechtsnormen auf Gesetzes- und zum Teil auf Verfassungsstufe liessen dies meist nicht zu, sodass in der Regel auf Versammlungen in grossen Räumlichkeiten ausgewichen wurde.[61] Rechtlich ist 19

---

55 Vgl. Wilhelm/Uhlmann, Parlament/Parlement/Parlamento 2/2020, S. 7 f.; Stöckli, S. 40; Caroni/Schmid, AJP 6/2020, S. 717.

56 Vgl. Wilhelm/Uhlmann, Parlament/Parlement/Parlamento 2/2020, S. 5 ff.

57 Vgl. Wilhelm/Uhlmann, Parlament/Parlement/Parlamento 2/2020, S. 8.

58 Vgl. Stefan Hotz, Die Sitzung des Kantonsparlaments ist nun doch zulässig, NZZ vom 27.3.2020, S. 14.

59 Vgl. Wilhelm/Uhlmann, Parlament/Parlement/Parlamento 2/2020, S. 9 f.; **a.M.** Caroni/Schmid, AJP 6/2020, S. 719.

60 Vgl. Wilhelm/Uhlmann, Parlament/Parlement/Parlamento 2/2020, S. 10, und Caroni/Schmid, AJP 6/2020, S. 718, je m.w.H.

61 Vgl. Wilhelm/Uhlmann, Parlament/Parlement/Parlamento 2/2020, S. 11 f.; Caroni/Schmid, AJP 6/2020, S. 719 f. Binder/Hofstetter/Biland/Bollmann, Rz 37 ff., plädierten für eine Anwendung

dies die sicherste Variante, soweit das massgebende Quorum erreicht werden konnte. Unbefriedigend ist aber, dass die Verordnungen des Bundesrates besonders gefährdeten Personen nahe legten, das Haus nicht zu verlassen – mit dem Ergebnis, dass entweder die Parlamente «schlechte Vorbilder» oder in einer Weise zusammengesetzt waren, die mit Art. 8 Abs. 2 BV in einem Spannungsverhältnis stand (Alter, Gesundheit).[62] Es liegt nahe, dass die Parlamente in dieser Frage ihre Erlasse nachbessern werden.[63]

b) *Pflichten der Exekutive und Legislative*

20 Die Verordnungen des Bundesrates haben in erheblichem Umfang Gesetzesrecht und zum Teil auch Verfassungsrecht derogiert. Ob ein solcher Gebrauch von Notrecht statthaft ist, wird unterschiedlich beurteilt.[64]

21 Ungeachtet dessen braucht es eine Legitimierung der Massnahmen des Bundesrates durch das Parlament. Als äusserste Grenze verlangt Art. 7d Abs. 2 lit. a RVOG, dass dem Parlament innert sechs Monaten der Entwurf für ein Gesetz vorgelegt wird, wenn der Bundesrat an einer Verordnung festhalten will. Unseres Erachtens sollte gesetzesderogierendes Notrecht aber so rasch als möglich dem Parlament vorgelegt und von diesem behandelt werden.[65] Erst das Parlament kann – gegebenenfalls auf dem Weg der dringlichen Gesetzgebung nach Art. 165 BV – rechtsbeständig Gesetze ändern. Dem Parlament gesteht die Verfassung auch zu, dringliches Gesetzesrecht ohne Verfassungsgrundlage zu erlassen (Art. 165 Abs. 3 BV). Es braucht das durch das Parlament geschaffene «Holz» als tragfähiges Fundament für ein länger dauerndes Notregime.[66]

---

von Art. 6a COVID-19-Verordnung 2 auch auf Versammlungen der Legislativen aller staatlichen Ebenen. Aus den in Rz 16 dargelegten Gründen erfasst die Bestimmung u.E. Parlamentssitzungen jedoch nicht.

62 Vgl. Wilhelm/Uhlmann, Parlament/Parlement/Parlamento 2/2020, S. 8.

63 Vgl. Wilhelm/Uhlmann, Parlament/Parlement/Parlamento 2/2020, S. 13; Stöckli, ZSR Sondernummer 2020, S. 51; Caroni/Schmid, AJP 6/2020, S. 721.

64 Für die Zulässigkeit von intrakonstitutionellem Notrechtsmassnahmen *contra legem*, soweit diese aufgrund einer umfassenden Interessenabwägung als gerechtfertigt erscheinen, SGK BV-Saxer, Art. 185 N 103 f.; Brunner/Wilhelm/Uhlmann, AJP 6/2020, S. 697; die Zulässigkeit bejahend auch Stöckli, ZSR Sondernummer 2020, S. 24 f., 47; BSK BV-Künzli, Art. 185 N 42 und Art. 184 N 41; Tschannen, Staatsrecht, S. 611; Mader, S. 109 f.; grundsätzlich bejahend, aber differenzierend Trümpler, Notrecht, S. 190 ff.; **a.M.** Biaggini, Notrecht, ZBl 5/2020, S. 242, 255; Kley, ZBl 5/2020, S. 273, 275; Biaggini, Komm. BV, Art. 185 N 10; Auer/Malinverni/Hottelier, Rz 1629; Schott/Kühne, ZBl 8/2010, S. 416; Gächter, S. 96; Kiener, S. 465. Notrechtsmassnahmen *contra constitutionem* sind nach der h.L. zulässig, soweit sie aus Eingriffen in die bundesstaatliche Kompetenzordnung bestehen, vgl. BSK BV-Saxer, Art. 185 N 98; Trümpler, Notrecht, S. 188 f.; Biaggini, Komm. BV, Art. 185 N 10c.

65 Diese Forderung ergibt sich aus der für den Erlass von Notrecht erforderlichen Voraussetzung der zeitlichen Dringlichkeit: Sobald eine Bestimmung durch die Bundesversammlung erlassen werden kann, entfällt die zeitliche Dringlichkeit und damit die Zulässigkeit der entsprechenden bundesrätlichen Notverordnung, vgl. dazu ausführlich Brunner/Wilhelm/Uhlmann, AJP 6/2020, S. 689 ff., 699 f.; s.a. Gächter, S. 96.

66 Vgl. für das Bild der «Verholzung» Brunner/Wilhelm/Uhlmann, AJP 6/2020, S. 699 f. Der Bundesrat schickte am 19.6.2020 den Entwurf für ein Bundesgesetz über die gesetzlichen Grundlagen für Verordnungen des Bundesrates zur Bewältigung der Covid-19-Epidemie (Covid-19-Gesetz) in die Ver-

Der Bundesrat hat die Maximalfrist von sechs Monaten nach Art. 7d Abs. 2 lit. a RVOG zu Recht nicht ausgeschöpft.[67] Seine Notverordnungskompetenz steht ihm weiterhin zu, doch ist er gehalten, diese nach Möglichkeit so auszuüben, dass nicht vollendete Tatsachen geschaffen werden – so wie es oben für die Contact-Tracing-App vertreten wurde. Das Parlament muss seinerseits akzeptieren, dass es nicht alle Massnahmen des Bundesrates korrigieren darf, die dieser im Lichte der ausserordentlichen Dringlichkeit fällen musste.[68] Da Art. 7d RVOG den Erlass einer parlamentarischen Notrechtsverordnung (Art. 173 Abs. 1 lit. a–c BV) verfahrensrechtlich nicht effizienter und schneller als das Dringlichkeitsrecht (Art. 165 BV) ausgestaltet,[69] bedarf es bis zum Erlass des Gesetzesrechts eines rücksichtsvollen Zusammenspiels der beiden Staatsgewalten. In der Corona-Krise wurde dies glücklicherweise – bisher – gelebt.[70] Für die Zukunft ist es aber wünschenswert, dies vorzuschreiben und neue oder angepasste Regelungen im RVOG zu erlassen. Namentlich könnte verfahrensrechtlich eine Phase der parlamentarischen Begleitung des bundesrätlichen Notrechtshandelns durch die Ratsbüros oder durch eine neu geschaffene Delegation für ausserordentliche Lagen vorgesehen sein, wobei es dann selbstredend zu verhindern gälte, dass sich die Verantwortlichkeiten vermischen.[71] Sodann könnte eine Rechenschaftspflicht für Notrechts- 22

---

nehmlassung. Im Erläuternden Bericht vom 19.6.2020 wurde festgehalten, dass die verfassungsrechtliche Voraussetzung der zeitlichen Dringlichkeit Mitte Juni 2020 nur noch in Ausnahmefällen erfüllt war, weil sich das Parlament zum damaligen Zeitpunkt handlungsfähig und auch zu dringlichem Handeln bereit zeigte (S. 5). Gleichzeitig stellte sich der Bundesrat aber auch auf den Standpunkt, dass eine volle Ausschöpfung der Frist von sechs Monaten nach Art. 7d Abs. 2 lit. a RVOG nach wie vor möglich sein soll (FN 4). Dieser latente Widerspruch erscheint uns nicht haltbar, da sich die Entscheidung, eine notrechtliche Massnahme aufzuheben oder in Kraft zu lassen, in erster Linie an den Anwendungskriterien von Art. 185 Abs. 3 BV und nicht an formalen Fristen orientiert, vgl. dazu Trümpler, Notrecht, S. 177 ff.

67 Vgl. vorne FN 66. Im Erläuternden Bericht führt der Bundesrat aus, dass es ihm bei fristgerechter Verabschiedung eines Entwurfs i.S.v. Art. 7d Abs. 2 lit. a RVOG unbenommen sei, die Geltungsdauer der betroffenen Verordnungen zu verlängern, sie inhaltlich zu ändern oder einzelne Teile vorzeitig ausser Kraft zu setzen.

68 Dafür sprechen die Postulate der Rechtssicherheit, der Kohärenz der Notrechtsmassnahmen und die Handlungsfähigkeit des Bundesrats; Stöckli, ZSR Sondernummer 2020, S. 50; ähnlich Brunner/Wilhelm/Uhlmann, AJP 6/2020, S. 700 f.

69 Vgl. Trümpler, Notrecht, S. 297 f.; zur eingehenden kritischen Würdigung von Art. 7d RVOG, vgl. Trümpler, SJZ 108 (2012), S. 312 ff. und Trümpler, Notrecht, S. 293 ff.

70 Vgl. etwa die Erklärung von Bundespräsidentin Simonetta Sommaruga im Ständerat am 4.5.2020, worin diese namens des Bundesrates zusagte, Motionen in Bezug auf die Corona-Notverordnungen umgehend zu beantworten und die Kommissionspräsidenten vor Erlass neuer wichtiger Notrechtsbestimmungen zu konsultieren oder zumindest zu informieren, AB S 2020 177, vgl. dazu auch Caroni/Schmid, AJP 6/2020, 719.

71 Vgl. dazu und zu weiteren Verbesserungsvorschlägen schon Trümpler, SJZ 108 (2012), S. 312 ff. Anlässlich der jüngsten Krise scheint hier eine Diskussion in Gang zu kommen, vgl. René Rhinow, Das Parlament bei Notrecht rascher einbinden, NZZ vom 12.5.2020, S. 8; Caroni/Schmid, AJP 6/2020, S. 716, 721; Stöckli, ZSR Sondernummer 2020, S. 49.

handelnde statuiert werden, die über die heute ungenügende Informationspflicht nach Art. 7e RVOG beim Erlass von Notverfügungen hinausgehen müsste.[72]

23 Im Zusammenhang mit der Rechenschaft und Legitimierung notrechtlicher Massnahmen bleibt zu erwähnen, dass auch im internationalen Kontext entsprechende Pflichten entstehen können, zumindest wenn die Intensität eines «öffentlichen Notstands, der das Leben der Nation bedroht», erreicht wird. So sehen EMRK und UNO-Pakt II gewisse Mitteilungs- bzw. Deklarationspflichten für die Vertragsstaaten vor.[73] Im Falle von (extrakonstitutionellem) Staatsnotrecht wird diese Form der Rechenschaft und Legitimierung stets erforderlich sein. Auch Fälle von (intrakonstitutionellem) Notrechtshandeln können aber u.E. den Mechanismus von Art. 15 EMRK und Art. 4 UNO-Pakt II auslösen, weil eine hohe Intensität und Breite von Menschenrechtseinschränkungen auch gestützt auf und als Folge von solchen notrechtlichen Massnahmen auftreten können.[74] Gerade ein Epidemie- bzw. Pandemiefall kann schnell zu einem öffentlichen Notstand werden, der eine Nation in Gesundheit und Gesundheitssystemen, in der Wirtschaft und im gesellschaftlichen Zusammenleben zerstören kann – mit entsprechenden Folgen gemäss Art. 15 Abs. 1 EMRK und Art. 4 Abs. 1 UNO-Pakt II.

c) *Möglichkeiten der Judikative*

24 Im Falle von bundesrechtlichen Notverordnungen dürfen die Gerichte und insbesondere das Bundesgericht nicht auf allfällige Begehren zur abstrakten Normenkontrolle eintreten; eine solche ist nach der Konzeption der Justizgesetzgebung ausgeschlossen und entsprechende Beschwerden erweisen sich als offensichtlich unzulässig.[75] Möglich erscheint nur, dass das Bundesgericht eine bundesrätliche Verordnung vorfrageweise im Rahmen einer inzidenten Normenkontrolle auf ihre Gesetz- und Verfassungsmässigkeit hin überprüft. Eine abstrakte Kontrolle der Verfassungsmässigkeit lehnte das Bundesgericht folgerichtig auch bei der COVID-19-Verordnung 2 ab.[76] Anders kann sich die Si-

72 Vgl. hier wiederum Trümpler, SJZ 108 (2012), S. 315, m.w.H.; Stöckli, ZSR Sondernummer 2020, S. 49. In der Corona-Krise erachtete sich der Bundesrat in einem gewissen Umfang als rechenschaftspflichtig. Bundespräsidentin Simonetta Sommaruga erklärte am 4.5.2020 im Ständerat: «Der Bundesrat wird ferner dem Parlament in den Sessionen über die Notrechtskompetenzen Bericht erstatten. Wir planen, dem Parlament bis spätestens am 11. September 2020 eine Botschaft zur Überprüfung der Notverordnungen zu unterbreiten, wo dies noch notwendig erscheint. Der Weg aus der Krise erfordert Umsicht, Rücksicht und Beharrlichkeit. Sie werden überlegt handeln und im Interesse der Bevölkerung abwägen. Sie werden auch Entscheide des Bundesrates hinterfragen. Das ist nicht nur Ihr Recht, sondern das ist auch Ihre Pflicht. Der Bundesrat stellt sich dieser Überprüfung, auch er will die richtigen Schlüsse aus dieser Krise ziehen» (AB S 2020 177).

73 Vgl. Art. 15 Abs. 3 EMRK und Art. 4 Abs. 3 UNO-Pakt II.

74 Zünd/Errass, ZSR Sondernummer 2020, S. 89, sehen wohl nur den Staatsnotstand, dem mit extrakonstitutionellem Notrecht begegnet wird, als Anwendungsfall.

75 Nach Art. 189 Abs. 4 BV können Akte der Bundesversammlung und des Bundesrates beim Bundesgericht nicht angefochten werden; gemäss Art. 82 lit. b BGG, beurteilt das Bundesgericht Beschwerden lediglich gegen kantonale Erlasse.

76 BGer v. 15.4.2020, 2C_280/2020.

tuation bei kantonalen Notrechtsverordnungen präsentieren. Im Kanton Zürich sind regierungsrätliche Notverordnungen nach § 41 i.V.m. § 19 Abs. 1 lit. d und Abs. 2 lit. a VRG ZH anfechtbar. Eine Verordnung des Regierungsrats über ein Ausfallentschädigung zugunsten von Kindertagesstätten[77] hob das Verwaltungsgericht des Kantons Zürich auf Beschwerde hin auf.[78]

25 Die Möglichkeiten der akzessorischen Normenkontrolle durch Anfechtung von Anwendungsakten einer Notrechtsverordnung sind möglicherweise ebenfalls durch die Justizgesetzgebung beschränkt. Entscheide auf dem Gebiet der inneren oder äusseren Sicherheit des Landes, der Neutralität, des diplomatischen Schutzes und der übrigen auswärtigen Angelegenheiten werden weder vom Bundesverwaltungsgericht noch vom Bundesgericht überprüft.[79] Insofern legislatorisches Notrechtshandeln des Bundesrates (auch) als Regierungsakt (im Sinne von *«actes de gouvernement»*) anzusehen ist, wird von einer Annahme einer starken politischen Natur und eines grossen Ermessens zugunsten der exekutiven Gewalt auszugehen sein, bei welcher sich die Judikative zurückhalten wird. Diese Einschränkung gilt aber dort nicht, wo ein völkerrechtlicher Anspruch auf gerichtliche Beurteilung besteht. Solche individualrechtlichen Ansprüche ergeben sich vornehmlich aus Art. 6 Abs. 1 EMRK, womit auch notrechtliche Anwendungsakte der gerichtlichen Kontrolle offenstehen, wenn sie Streitigkeiten über zivilrechtliche Ansprüche und Verpflichtungen *(«civil rights»)* oder kriminal- bzw. verwaltungsstrafrechtliche Anklagen *(«criminal charges»)* betreffen.[80] Dies ergibt sich schon aus dem Wortlaut von Art. 32 Abs. 1 lit. a VGG und Art. 83 lit. a BGG. Weiter kann die Einschränkung keine Geltung erheben, soweit es um wirtschaftliche Massnahmen des Bundes geht, die als Folge der Krise erlassen wurden. Die Einschränkungen nach Art. 32 Abs. 1 lit. a VGG und Art. 83 lit. a BGG sind eng bzw. im Sinne von Art. 29a BV auszulegen. Weiter ist nicht einzusehen, weshalb *kantonale* Gerichte nicht prüfen sollten, weshalb *kantonale* Behörden die Notrechtsverordnungen des Bundesrates richtig angewendet haben. Art. 32 Abs. 1 lit. a VGG und Art. 83 lit. a BGG statuieren kein Verbot der vorfrageweisen Überprüfung der Verordnungen des Bundesrates durch kantonale Gerichte. Der Bundesrat hat den Vollzug delegiert, sodass die Frage des Rechtsschutzes nach kantonalem Recht zu beurteilen ist. Das Bundesgericht hat bei der SARS-Epidemie, der rechtlich eine Vorgängerbestimmung von Art. 7 EpG zugrunde lag, keinen Vorbehalt betreffend Rechtsschutz angebracht.[81] Aus diesen Gründen ist akzessorischer Rechtsschutz aus unserer Sicht grundsätzlich gegeben und durchaus geboten.[82] Ausnahmen bestehen am ehesten dort, wo der Bundesrat selbst die Verordnung vollzieht, etwa

77 Verordnung über die Ausfallentschädigung zugunsten von Kindertagesstätten und Tagesfamilienorganisationen zur Verminderung der wirtschaftlichen Auswirkungen der Corona-Pandemie vom 22. April 2020.

78 VGer ZH v. 28.5.2020, AN. 2020.00004; vgl. dazu auch hinten FN 108.

79 Vgl. Art. 32 Abs. 1 lit. a VGG und Art. 83 lit. a BGG.

80 Vgl. hierzu Rechsteiner, Besondere Lagen, S. 358 ff.

81 Vgl. BGE 131 II 670.

82 Gleich auch Bernard, État, Rz 36.

bei Ausnahmen von Kantonen in besonderen Gefährdungslagen (Art. 7e COVID-19-Verordnung 2).

3. Notrecht und Föderalismus

a) *Umsetzungsbedarf*

26 Wie alle Rechtsnormen beinhalten auch die Bestimmungen des bundesrätlichen Notrechts Unklarheiten und werfen Fragen auf. Dies ist nicht zuletzt deswegen der Fall, weil die Verordnungen unter enormen Zeitdruck erlassen werden mussten, was der Qualität verständlicherweise abträglich war.[83] So war beispielsweise zunächst unklar, ob die Bergbahnen sofort schliessen mussten oder nicht.[84] Unsicherheiten bestanden auch bei den Gesundheitseinrichtungen, die notrechtlich dazu angehalten waren, auf «nicht dringliche Eingriffe» zu verzichten.[85] Auch in der föderalen Zuständigkeit bestanden Unklarheiten, so etwa bei der Frage, ob Uri eine notrechtliche Ausgangssperre für Senioren erlassen durfte.[86] Das Verhältnis von Bund und Kantonen soll nachfolgend im Vordergrund stehen.

b) *Notwendigkeit von Zuständigkeits- und Vollzugsregeln*

27 Neben der Kompetenzverschiebung von der Legislative zur Exekutive lässt sich in der Krise ebenso beobachten, dass sich die Kompetenzen von den dezentralen Einheiten (Kantone) zum Zentrum (Bund) verschieben. Das lässt sich fast exemplarisch am Epidemiengesetz zeigen, das je nach Schwere der Krise dem Bund immer mehr Befugnisse einräumt.[87] Unter Art. 7 EpG bzw. Art. 185 Abs. 3 BV liegt die Zuständigkeit fast vollständig beim Bund.

28 Dabei sollte aber nicht vergessen werden, dass auch aufgrund von Polizeigeneralklauseln im kantonalen Verfassungsrecht kantonale Instrumente des intrakonstitutionellen Notrechts bestehen.[88] Wenn im Epidemie- bzw. Pandemiefall ein nationaler Notstand vorliegt, sind damit auch kantonale Notstände (höchst-)wahrscheinlich und können sich Kantonsregierungen gegebenenfalls zum Erlass von eigenen notrechtlichen Massnahmen veranlasst sehen. Dies geschieht allerdings rechtmässig nur dort, wo der kantonale Notrechtsgebrauch nach den Anwendungskriterien der kantonalrechtlichen

83 Vgl. Höfler, S. 703 ff.

84 Vgl. hierzu etwa die Medienberichterstattung des Schweizer Fernsehens vom 14.3.2020, «Erklärungen für Chaos in Skigebieten», abrufbar unter: ‹https://www.srf.ch/news/schweiz/coronavirus-stoppt-ski spass-erklaerungen-fuer-chaos-in-skigebieten› (19.6.2020).

85 Vgl. Art. 10a Abs. 2 und 3 COVID-19-Verordnung 2 (in der Fassung gültig bis zum 27.4.2020 [AS 2020 863]).

86 Vgl. Urner Zeitung vom 23.3.2020, «Ausgangssperre ist aufgehoben», S. 17.

87 Vgl. dazu Bernard, ZSR Sondernummer 2020, S. 57; ferner Belser/Stöckli/Waldmann, passim; Zünd/Errass, ZSR Sondernummer 2020, S. 83 f.

88 Bspw. nach Art. 91 der Verfassung des Kantons Bern vom 6.6.1993 (BSG 101.1) oder Art. 72 KV ZH; vgl. auch Bernard, État, Rz 46 ff.

Polizeigeneralklauseln gültig ist und die Kantonsregierungen in ihrem Kompetenzbereich im eigenen Notrechtsgebrauch nicht durch jenen des Bundes beschnitten sind. Diese Kompetenzen sind vom Bundesrat in sinngemässer Anwendung des Subsidiaritätsgedankens zu wahren.[89]

Wie im ordentlichen Recht bedeutet eine weitgehende Zuständigkeit des Bundes 29
nicht, dass die Kantone keine Regelungszuständigkeiten mehr hätten. Sie können zunächst die gleiche Frage unter einem anderen Regelungsgesichtspunkt angehen,[90] – was im Lichte der gemeinsam bekämpften Pandemie nur eine untergeordnete Rolle spielen dürfte. Wichtig ist hingegen, einen zwingenden Standard für alle oder blosse Mindestvorschriften festzulegen, von denen die Kantone abweichen können.[91] Diese klassische Frage wurde zu Beginn offensichtlich übersehen. Die erste Version der COVID-19-Verordnung 2 vom 13.3.2020 enthielt nämlich noch keine koordinierenden Bestimmungen; solche wurden erst sukzessive eingeführt.[92] Der Bund musste die COVID-19-Verordnung 2 zudem mit Blick auf den erstarkenden Föderalismus mit «kantonalen Krisenfenstern»[93] nachbessern[94] – wobei man fairerweise sagen muss, dass die in erster Linie zu Gunsten des Kantons Tessin erfolgte Änderung wohl eher staatspolitisch als rechtlich motiviert war. Teilweise überliess es der notrechtlich handelnde Bundesrat auch implizit den Kantonen, dort notrechtliche Regelungen zu treffen, wo sie es in ihren eigenen kantonale Hoheitsbereichen für angezeigt hielt. Dies war zum Beispiel zunächst bei der finanziellen Unterstützung von Kindertagesstätten und Tagesfamilienorganisationen der Fall,[95] wobei der Bund den Kantonen später doch noch die Gewährung von Ausfallentschädigungen zugunsten dieser Institutionen vorschrieb.[96] Stark umstritten waren Fragen bei der Wiederinbetriebnahme der Schulen und der Durchführung von Maturitätsprüfungen, was dann auch als unterschiedliche kantonale Handhabung der

89 Vgl. weitergehend Belser/Stöckli/Waldmann, S. 5.

90 Vgl. Uhlmann, S. 124 f.

91 Vgl. Uhlmann, S. 129 f.

92 Vgl. AS 2020 773 und dann die Änderungen in AS 2020 783 und AS 2020 1131, welche am 16.3.2020 Art. 1a (Zuständigkeit der Kantone) und am 2.4.2020 Art. 1b (Vollzug) in die COVID-19-Verordnung 2 einfügten.

93 Belser/Stöckli/Waldmann, S. 7.

94 Der am 27.3.2020 erlassene Art. 7e der COVID-19-Verordnung 2 (AS 2020 1101) sieht vor, dass der Bundesrat Kantonen in besonderen Gefährdungslagen weitergehende Massnahmen auf Gesuch hin bewilligen kann.

95 Vgl. als Beispiel hier die notrechtliche Verordnung des Regierungsrates des Kantons Zürich über die Ausfallentschädigung zugunsten von Kindertagesstätten und Tagesfamilienorganisationen zur Verminderung der wirtschaftlichen Auswirkungen der Corona-Pandemie, RRB NR. 401/2020 und RRB Nr. 402/2020; zur Aufhebung der Verordnung durch das Verwaltungsgericht des Kantons Zürich vgl. vorne Rz 24 und hinten FN 108.

96 Art. 4 Abs. 1 Verordnung über die Abfederung der wirtschaftlichen Auswirkungen der Massnahmen zur Bekämpfung des Coronavirus (COVID-19) auf die institutionelle familienergänzende Kinderbetreuung vom 20.5.2020 (COVID-19-Verordnung familienergänzende Kinderbetreuung; SR 862.1; AS 2020 1753).

Krisensituation empfunden wurde und zu Irritationen führte.[97] Diese wurde so vom Bundesrat aber offensichtlich bewusst in Kauf genommen.[98] Daran zeigt sich auch ein Dilemma in politischer Sicht: Föderale Fragen erhalten rasch eine Aufladung. Der Spielraum der Kantone kann «massgeschneiderte Lösungen» erlauben – oder zu einem «Flickenteppich» führen. Eine Bundeslösung kann (willkommene) Einheitlichkeit schaffen – oder eine Zwangsjacke bilden.

4. Notrecht in Anwendung von Polizeigeneralklauseln

a) Zu den Anwendungskriterien von Polizeigeneralklauseln im Allgemeinen

30 Das Instrument der polizeilichen Generalklausel zeichnet sich durch einen offenen Anwendungsbereich bzw. ein hohes Abstraktionsniveau aus und bildet genuin im Bereich des Polizeigüterschutzes eine positivrechtliche Notrechtsgrundlage.[99] Mit Blick auf die zulässigen öffentlichen Interessen ist in der Lehre zuweilen von einer «ausschliesslich polizeilichen Motivation» die Rede, wobei dann jeweils gleichzeitig auf die schwierige Abgrenzung gegenüber anderen öffentlichen Interessen hingewiesen werden muss. Abgesehen von den eindeutigen Fällen der klassischen polizeilichen Gefahrenabwehr sind bei der Anrufung der Polizeigeneralklausel die Motive von staatlichen Anordnungen oft mehrschichtig und damit auch nie wertungsfrei.[100] Unbestritten sind jedenfalls die Anwendungskriterien der Schwere der Störung oder Gefahr und der Dringlichkeit der Situation, die im Moment der Anrufung der Polizeigeneralklausel vorliegen müssen.[101] Das einstige (eigenständige) Kriterium des echten, unvorhersehbaren Notfalls wurde nach Kritik aus der Lehre[102] vom Bundesgericht als nicht mehr sachgerecht angesehen – zumindest, wenn Schutzpflichten des Staates eine Anwendung der Polizeigeneralklausel gebieten.[103] Für die nachfolgenden Überlegungen gilt es dies vorzumerken: Das Untätigsein des Gesetzgebers kann mit staatlichen Schutzpflichten in ein Spannungsverhältnis treten, was einem möglichen Opfer dann aber nicht zum Nachteil gereichen darf.

---

97 Vgl. z.B. Larissa Rhyn/Erich Aschwanden, Beim Schutz der Schüler droht ein Flickenteppich, NZZ vom 30.4.2020, S. 13.

98 Zumindest wurden keine einheitlichen Entscheidungen getroffen in der COVID-19-Verordnung gymnasiale Maturitätsprüfungen und der COVID-19-Verordnung kantonale Berufsmaturitätsprüfungen; vgl. dazu auch vorne Rz 2.

99 Trümpler, Notrecht, S. 35.

100 Vgl. zum Ganzen Häfelin/Müller/Uhlmann, Rz 2590 f.

101 Vgl. Häfelin/Müller/Uhlmann, Rz 2581 f.; Zünd/Errass, ZBJV 147 (2011), S. 291 f.

102 Vgl. etwa Müller/Jenni, Sicherheit & Recht 1/2008, S. 15 ff.

103 BGE 137 II 431, 445, E. 3.3.2; BGer v. 30.11.2009, 2C_166/2009, E. 2.3.2.1; vgl. Häfelin/Müller/Uhlmann, Rz 2583 f.; Trümpler, Notrecht, S. 20 ff., m.w.H.; Zünd/Errass, ZBJV 147 (2011), S. 280 f.; Rechsteiner, Generalklausel, Sicherheit & Recht 3/2016, S. 146.

b) *Polizeigeneralklauseln und wirtschaftliche und soziale Massnahmen*

Stehen die per Notrecht erlassenen wirtschaftlichen und sozialen Massnahmen im Fokus, ist zunächst die Chronologie zu beachten: Am 12.3.2020 bezeichnete die Weltgesundheitsorganisation (WHO) die seit Ende 2019 grassierende Lungenkrankheit COVID-19 erstmals als Pandemie.[104] Darauf reagierte der Bundesrat am 13.3.2020 mit Erlass einer ersten Notrechtsverordnung und einzelnen Anpassungen im Landesversorgungsrecht; die Erlasse zielten unmittelbar auf die epidemiologischen Folgen der Pandemie ab.[105] Einige Tage später schon rief der Bundesrat erneut Notrecht an. Gestützt auf Art. 185 Abs. 3 BV versuchte er ab dem 20.3.2020 die sozialen und wirtschaftlichen Folgen der Krise einzudämmen, wobei er offensichtlich spezifische Gefahren sah, denen er Herr werden wollte.[106] Für die sozialen und wirtschaftlichen Folgen der Corona-Krise war primär nicht die Viruskrankheit als solche, sondern der zu ihrer Bekämpfung notrechtlich verordnete Stillstand der Wirtschaft ursächlich, der nun neue Notstände im Bereich des öffentlichen und privaten Zusammenlebens zu entfachen drohte. Unbestreitbar scheint, dass ein Konnex zwischen den ersten und zweiten notrechtlichen Schritten besteht, insofern passen auch die hier verwendeten Begriffe von «Primärmassnahmen» und «Sekundärmassnahmen».[107] Zu konstatieren ist nun aber, dass die «Primärmassnahmen» im Hinblick auf die damit verordneten Grundrechtseinschränkungen und die «Sekundärmassnahmen» im Hinblick auf die sozial- und wirtschaftspolitischen Eingriffe beispiellos waren – jedenfalls hat es solches seit dem Vollmachtenregime des Zweiten Weltkrieges in der Schweiz nicht mehr gegeben. Eingangs war deshalb auch die Rede von einem Panopticon (Rz 2). 31

Vor diesem Hintergrund gilt es nun jene Stimmen zu beurteilen, die ganz allgemein sozial- und wirtschaftspolitische Anliegen nicht als zulässige Schutzgüter von Art. 185 Abs. 3 BV betrachten wollen,[108] und jene Meinungen zu reflektieren, die in der aktuellen 32

104 Medienmitteilung der WHO vom 12.3.2020, «WHO erklärt COVID-19-Ausbruch zur Pandemie», abrufbar unter ‹http://www.euro.who.int/de/health-topics/health-emergencies/coronavirus-covid-19/news/news/2020/3/who-announces-covid-19-outbreak-a-pandemic› (19.6.2020).

105 Vgl. zu den ersten Versionen der COVID-19-Verordnung 2 AS 2020 773 (13.3.2020), AS 2020 783 (16.3.2020) und AS 2020 841 (18.3.2020) und die im Landesversorgungsrecht erlassene Verordnung über die Beschränkung der Abgabe von Arzneimitteln vom 18.3.2020 (SR 531.215.33; AS 2020 833).

106 Zu den ersten diesbezüglich am 20.3.2020 erlassenen Notrechtsverordnungen zählten die COVID-Verordnung Kultur, die COVID-19-Verordnung Sport, die Verordnung über den Stillstand der Fristen in Zivil- und Verwaltungsverfahren zur Aufrechterhaltung der Justiz im Zusammenhang mit dem Coronavirus (COVID-19), die COVID-19-Verordnung Arbeitslosenversicherung, die COVID-19-Verordnung Arbeitslosenversicherung und die COVID-19-Verordnung Erwerbsausfall.

107 Brunner/Wilhelm/Uhlmann, AJP 6/2020, S. 694. Im Erläuternden Bericht zum Entwurf des Covid-19-Gesetzes (vgl. vorne FN 66) hat der Bundesrat die Unterscheidung zwischen «Primärmassnahmen» und «Sekundärmassnahmen» übernommen (S. 5).

108 Beispielsweise Biaggini, Notrecht, ZBl 5/2020, S. 262; vgl. auch BSK BV-Künzli, Art. 185 N 36. Ähnlich hat das Verwaltungsgericht des Kantons Zürich erwogen, die – allerdings enger formulierte – Grundlage für die Notrechtskompetenz des Zürcher Regierungsrates in § 72 KV ZH vermittle diesem keine Kompetenz, «allein zum Schutz vor einem sozialen oder wirtschaftlichen Notstand ohne gesetz-

Krise die notrechtlich erlassenen angeblichen wirtschaftspolitischen Regelungen auf «rechtlich sehr dünnem Eis»[109] stehen sehen. Nach diesen Meinungen schien man ausserhalb der Legalität und nach dem Motto «better to be safe than sorry» zu verfahren.[110] Unseres Erachtens trifft eine solche Sichtweise indessen nicht zu. Auch wenn man nämlich mit Blick auf die beschriebenen klassischen Anwendungskriterien wohl die Anwendung von herkömmlichen Polizeigeneralklauseln auch auf soziale und wirtschaftliche Massnahmen sicherlich kritisieren, aber aufgrund der sich selbst dort stellenden Wertungsfragen nicht gänzlich ausschliessen kann, darf man dieselbe Kritik nicht ohne Weiteres auf die zu beurteilende Polizeigeneralklausel von Art. 185 Abs. 3 BV übertragen. Diese Notrechtsbestimmung hat zunächst im Hinblick auf die dort angesprochene «öffentliche Ordnung» und die «innere Sicherheit» der Schweiz einen Anwendungsbereich, der über den reinen Polizeigüterschutz hinausgeht, insbesondere weil heute von einem modernen Sicherheitsverständnis auszugehen ist, das auf eine nationale und vor allem vielschichtige öffentliche Sicherheit abzielt.[111] Es ist sodann durchaus sachlogisch, dass gerade aus einem gesundheitlichen Notstand auch soziale oder wirtschaftliche Notstände erwachsen können.

33 Ferner gilt es zu beachten, dass belastende notrechtliche Massnahmen des Staates bei der Bekämpfung einer Pandemie durch begünstigende wirtschaftliche oder soziale Massnahmen ausgeglichen werden müssen, zumindest wenn die Belastungen einen Herd für neue Notstände im Sinne von Art. 185 Abs. 3 BV bilden oder aus eben diesen Belastungen staatliche Schutzpflichten erwachsen,[112] die sich als so dringlich erweisen, dass sie kein Hindernis zur Anrufung selbst einer herkömmlichen Polizeigeneralklausel darstellen würden.

5. Notrecht und direkte Demokratie

a) *«Lockdown» der direkten Demokratie*

34 Der Bundesrat hat früh schon in der Krise die Volksabstimmung vom 17.5.2020 auf den Herbst verschoben. In einer Notrechtsverordnung betreffend den Fristenstillstand bei eidgenössischen Volksbegehren vom 20.3.2020[113] hat der Bundesrat sodann weitreichende Eingriffe im Bereich der politischen Rechte vorgenommen. Ein Fristenstillstand

liche Grundlage eine Verordnung zu erlassen». Das Verwaltungsgericht stützte sich dabei vor allem auf die Entstehungsgeschichte der Norm ab (VGer ZH v. 28.5.2020, AN. 2020.00004, E. 4.2); vgl. dazu auch vorne Rz 24.

109 Richli/Zielniewicz, I./Ziff. 1.

110 Ausser man wollte den Ansatz vertreten, dass für sämtliche (verfassungs- und) gesetzesderogierenden Primär- und Sekundärmassnahmen Art. 7 EpG als Grundlage in Frage kommt, vgl. Biaggini, Notrecht, ZBl 5/2020, S. 264; die Kritik dazu vorne Rz 6.

111 Trümpler, Notrecht, S. 127 ff.; SGK BV-Saxer, Art. 185 N 78 f.; Brunner/Wilhelm/Uhlmann, AJP 6/2020, S. 694 f., m.w.H.; Poledna/Trümpler/Werder, ZSR Sondernummer 2020, S. 105 f.; Wyss, Rz 19 f., der von einer «staatspolitisch-menschenrechtlichen Dimension» der Sicherheit spricht.

112 Vgl. Brunner/Wilhelm/Uhlmann, AJP 6/2020, S. 695.

113 Verordnung über den Fristenstillstand bei eidgenössischen Volksbegehren (SR 161.16; AS 2020 847).

wurde angeordnet bei den Sammelfristen bei Volksinitiativen (Art. 1 Abs. 1 lit. a) und Referenden (Art. 1 Abs. 2), den behördlichen Behandlungsfristen bei Volksinitiativen (Art. 1 Abs. 1 lit. b) sowie bei der Frist für die Durchführung der Volksabstimmung über Volksinitiativen (Art. 1 Abs. 1 lit. c). Gemäss den gleichentags veröffentlichten Erläuterungen der Bundeskanzlei sollten die Einschränkungen den Möglichkeiten zur Unterschriftensammlung Rechnung tragen, ohne dass es zu einer Verlängerung der Sammelfrist kommt.[114] Schliesslich waren politische Meinungsäusserungen in der Öffentlichkeit kaum mehr möglich, weil Menschenansammlung über fünf Personen verboten wurden.[115]

b) Beurteilung

Wie sind die Einschränkungen zu werten? Ähnlich wie bei der Rolle des Parlaments fällt auf, dass sich kritische Stimmen erst recht spät und zaghaft zu Wort meldeten, zunächst im Übrigen vor allem von Splittergruppen vom rechten und linken Rand. Wenn etwa gefordert wurde, Fussballspiele und politische Veranstaltungen müssten gleich behandelt werden, so mag man dies als Ausdruck einer Fussballbegeisterung sehen – oder auch als grundlegendes Missverständnis über den Wert politischer Meinungsäusserung. Damit soll nicht gesagt werden, die entsprechenden Einschränkungen seien nicht gerechtfertigt gewesen. Auffällig ist nur, dass in den ganzen Diskussionen über die Lockerung der Massnahmen die politischen Rechte eine auffällig schwache Lobby hatten. Das mag auch damit zusammenhängen, dass den politischen Rechten ein eigentlicher Branchenverband fehlte, der ein «Schutzkonzept» hätte vorlegen können. Öffentliche Kundgebungen bleiben für die Veranstalter unberechenbarer als andere Anlässe. Trotzdem ist klar, dass politische Kundgebungen nicht schlechter, sondern besser als andere Veranstaltungen gestellt werden müssen. Wenn es nach Art. 7 i.V.m. Art. 5 f. COVID-19-Verordnung 2 kantonale Ausnahmebewilligungen für Veranstaltungen gibt, kann es bei korrekter verfassungskonformer Auslegung nicht sein, dass Demonstrationen als «Menschenansammlungen» i.S.v. Art. 7c COVID-19-Verordnung 2 ausnahmslos verboten sein sollen. 35

Schwieriger zu beurteilen sind die Eingriffe des Bundesrates in die Fristen bei den politischen Rechten.[116] Formal stellt sich die Frage der Zulässigkeit einer verfassungsändernden Bundesratsverordnung.[117] In der Sache ist nachvollziehbar, dass der Bundesrat den Initiantinnen und Initianten entgegenkommen wollte. Kritischer zu beurteilen ist der Fristenstillstand für die Behandlung.[118] 36

114 Erläuterungen der Bundeskanzlei zur Verordnung über den Fristenstillstand bei eidgenössischen Volksbegehren vom 20.3.2020, abrufbar unter ‹https://www.bk.admin.ch/bk/de/home/politische-rechte/volksinitiativen.html› (19.6.2020).

115 Nach Art. 7c Abs. 1 COVID-19-Verordnung 2.

116 Dazu ausführlich BIAGGINI, Fristenstillstand, S. 277 ff.

117 Verneinend WYSS, Rz 23.

118 Vgl. BIAGGINI, Fristenstillstand, S. 282 f.

6. Notrecht und Inanspruchnahme Privater

a) *Notrechtliche Entschädigungsansprüche von Gesundheitseinrichtungen, die zur Bewältigung der Pandemie beitragen mussten*

37 Wie eingangs dargestellt und im Verlaufe des Beitrages rechtlich gewürdigt, war der Bundesrat gewillt, den wirtschaftlichen und gesellschaftlichen Folgen seiner notrechtlichen Intervention in erstaunlicher Bandbreite und mit unglaublichem Einsatz an finanziellen Mitteln entgegenzutreten. Kaum gewillt war er hingegen, jene zu entschädigen, die ihm mit eigenen, privaten Mitteln helfen mussten, den Schutz der Gesundheit der Bevölkerung zu garantieren[119] und die Aufrechterhaltung der stationären Gesundheitsversorgung zu gewährleisten.[120] Bis zu den ersten Lockerungen im Bereich der Gesundheitsversorgung am 27.4.2020[121] galt nach Art. 10a Abs. 1–3 COVID-19-Verordnung 2 ein System, das öffentliche wie private Gesundheitseinrichtungen in die Erstellung der Bereitschaft zur besonderen medizinischen Behandlung und Versorgung der Bevölkerung einband. Dabei wurden Vorhalteleistungen auf Vorrat abgerufen. Ergänzend wurde mit Art. 4d ff. COVID-19-Verordnung 2 ein System errichtet, das mit Blick auf Material, Personal und Gerätschaften Requisitionen ermöglichte. Diese konnten neben bereits von Kantonen verfügte Requisitionen treten und zusätzliche Kosten verursachen.[122] Angesichts dieser ausserordentlichen «Inanspruchnahme» von Privaten erstaunt es, dass hier nicht an kompensatorische Entschädigungssysteme gedacht wurde. Adäquate kompensatorische Leistungen des Staates für betroffene Gesundheitseinrichtungen wurden weder vom notrechtlich handelnden Bundesrat noch vom danach tagenden Bundesparlament vorgesehen. Dies ist insofern bedenklich, als der Bund damit vorlebte, dass zur Bewältigung von Pandemien vermeintlich entschädigungslos auf private Ressourcen zurückgegriffen werden darf und sich der Staat damit die eigene «Vorratshaltung» sparen kann.[123] Inso-

119 Bei BSK BV-Biaggini, Art. 42 N 38, als eine der Aufgaben des Bundes aufgelistet.

120 Das stellt eine Aufgabe der Kantone dar, obschon der Bundesrat mit Art. 10a COVID-19-Verordnung 2 die Kantone dazu ermächtigt hat u.a. in die Kapazitäten auch von privaten Spitälern und Kliniken einzugreifen. Einzelne Kantone haben spezialgesetzliche Grundlagen für ein solches Vorgehen erlassen, vgl. im Kanton Zürich etwa die Regelung der Dienst- und Betriebspflichten in § 54d Abs. 2 des Gesundheitsgesetzes des Kantons Zürich (GesG; LS 810.1) sowie die umsetzende Verfügung der Gesundheitsdirektion des Kantons Zürich «Anordnungen und Empfehlungen an Spitälern betreffend Corona-Virus» vom 17.3.2020.

121 Vgl. AS 2020 1333 gegenüber der COVID-19-Verordnung 2 in der Fassung gültig bis zum 27.4.2020.

122 Requisitionen für Gesundheitseinrichtungen der Kantone werden durch den Bund vorfinanziert und diesen dann verrechnet. Falls das zuständige Eidgenössische Departement des Innern aber direkt bei Unternehmen requirieren würde, richtet der Bund eine Entschädigung zum Einkaufspreis aus, vgl. Art. 4i Abs. 1–3, Art. 4k Abs. 2 und Art. 4j Abs. 2 COVID-19-Verordnung 2.

123 Vgl. zum Ganzen die Analyse bei Poledna/Trümpler/Werder, ZSR Sondernummer 2020, S. 107 ff. und S. 110 ff. Auch der Entwurf des Covid-19-Gesetzes des Bundes, für welches am 19.6.2020 die Vernehmlassung eröffnet wurde und welches die Grundlage dafür schaffen soll, dass der Bundesrat die bereits in verfassungsunmittelbaren Verordnungen beschlossenen Massnahmen fortführen kann, enthält keinerlei Regelung betreffend Entschädigung an Spitäler oder Gesundheitseinrichtungen – mit Art. 2 Abs. 4 des Entwurfs des Covid-19-Gesetzes wird die Verantwortung auf die Kantone abgeschoben.

fern erstaunt es nicht, dass bis anhin auch nur wenige Kantone Ansätze von Entschädigungssystemen entwickelt haben und dass diejenigen, die es gibt, inadäquat sind bzw. lückenhaft und zufällig wirken.[124] Der Bund hat neben der Entschädigung von Requisitionen (zum Einstandspreis)[125] nur gerade in einem Fall Kompensationsleistungen bei abgerufenen «Vorhalteleistungen» vorgesehen, wobei die entsprechende Regelung weder Gesundheitseinrichtungen noch Private betrifft: Notrechtlich hielt der Bundesrat in den Assistenzdienst eingetretene Angehörige der Armee schadlos.[126]

b) *Aus dem Verfassungsrecht abgeleitete Entschädigungsansprüche?*

Im Gegensatz zu Deutschland kennt das schweizerische Verwaltungsrecht keine Dogmatik zur Inpflichtnahme, Indienstnahme und privatnützigen Inanspruchnahme Privater. Eine solche kann vorliegend nicht entwickelt werden, doch erscheinen erste Überlegungen zur Inanspruchnahme von privaten Gesundheitseinrichtungen zur Schonung von staatlichen Kapazitäten und Ressourcen angezeigt. Entsprechende zulasten Privater angeordnete Tätigkeitsverbote[127] stellen konkret abgerufene Vorhalteleistungen dar, für welche die für Entschädigungen in Frage kommenden verfassungsrechtlichen Anspruchsgrundlagen keine befriedigenden Antworten bereithalten. Gemeint sind damit die Konzeptionen des Sonderopfers bei materieller Enteignung gemäss Art. 26 BV einerseits und die Pflicht nach Art. 8 BV zu einer möglichst rechtsgleichen Behandlung bei der Anwendung von Entschädigungssystemen andererseits. Beide Grundlagen setzen für die Durchsetzbarkeit eines Ausgleichsanspruchs eine geradezu ins Auge springende Rechtsungleichheit voraus.[128] Dies wird im Übrigen auch der Grund dafür sein, dass die Figur des Sonderopfers bis heute kaum praktische Wirkung zeigt. Stillhaltegebote von 38

124 Vgl. POLEDNA/TRÜMPLER/WERDER, ZSR Sondernummer 2020, S. 111 oben und S. 112. In den Kantonen Bern und Graubünden wurden gestützt auf eigene exekutive Notrechtskompetenzen Ertragsentschädigungen für auf der Spitalliste geführte Spitäler vorgesehen. Hier wurden also Einnahmeausfälle sowohl im stationären wie ambulanten Bereich ausgeglichen, wohingegen alle weiteren Gesundheitseinrichtungen aussen vor blieben; vgl. dazu die Bündner Verordnung zur Auszahlung von gemeinwirtschaftlichen Leistungen an öffentliche Spitäler und zur Übernahme von Einnahmeausfällen bei Spitälern als Massnahme zur Bewältigung der COVID-19-Pandemie vom 14.4.2020 (AGS 2020-017), die Berner Verordnung über Massnahmen zur Bewältigung der Coronavirus-Krise im Gesundheitswesen (CKGV) vom 26.3.2020 (BSG 101.3) und das vom Regierungsrat des Kantons Zürich beschlossene Massnahmenpaket zur Unterstützung der Spitäler bei der Bewältigung der finanziellen Folgen der Corona-Pandemie (RRB Nr. 572/2020 und Nr. 573/2020.

125 Vgl. Art. 4i Abs. 1–3, Art. 4k Abs. 2 und Art. 4j Abs. 2 COVID-19-Verordnung 2.

126 Armeeangehörige, die zum Assistenzdienst beordert wurden, werden mit 100 Prozent des durchschnittlichen vordienstlichen Erwerbseinkommens entschädigt, vgl. Verordnung über die Entschädigung von Angehörigen der Armee im Assistenzdiensteinsatz zur Bewältigung der Coronapandemie vom 22.4.2020 (COVID-19-Verordnung Entschädigung Angehörige der Armee; SR 834.15; AS 2020 1337 und AS 2020 2103).

127 Vgl. Art. 10a Abs. 2 und 3 COVID-19-Verordnung 2 (in der Fassung gültig bis zum 27.4.2020 [AS 2020 863]) betreffend das Verbot von nicht dringlichen Eingriffen.

128 Die Rechtsprechung hat sich dies bei der Sonderopfertheorie indes nur selten eingestanden, vgl. aber immerhin BGE 110 Ib 29 E. 4.

Gesundheitseinrichtungen, wie sie zur Schonung von staatlichen Kapazitäten in der Corona-Krise branchenweit verordnet wurden, erfüllen das Kriterium eines unzumutbaren Sonderopfers eines Einzelnen nicht.[129]

39 Wenn Anspruchsgrundlagen nach Art. 26 BV und Art. 8 BV nicht greifen, bleibt noch der Rückgriff auf Grundsätze zu prüfen. Hier gibt es immerhin zwei Ansatzpunkte: Einerseits könnte sich aus dem Verfassungsgrundsatz von Treu und Glauben nach Art. 5 Abs. 3 BV ein Anspruch auf kompensatorische Leistungen oder zumindest auf Erlass einer entsprechenden gesetzlichen Regelung ableiten lassen.[130] Andererseits spricht die zu Recht als diffus und nicht justiziabel in der Lehre kritisierte Bestimmung[131] von Art. 43a BV mit ihren «Grundsätzen für die Zuweisung und Erfüllung staatlicher Aufgaben» zumindest einen Aspekt an, der einschlägig erscheint. Mag die Bestimmung noch so programmatisch, nicht justiziabel und teilweise systematisch falsch beim Verhältnis von Bund und Kantonen eingeordnet sein, so geht sie im Grundsatz richtig davon aus, dass jedes Gemeinwesen (d.h. Bund, Kantone und wohl gar die Gemeinden) dort die Kosten tragen soll, wo ihm ein Nutzen einer staatlichen Leistung anfällt. Hier besteht eine Kohärenz zum Grundsatz von Treu und Glauben: Es ist nichts falsch an der Annahme, dass ein Gemeinwesen dazu verpflichtet ist, den bei seinen staatlichen Leistungen angefallenen Nutzen abzugelten – sei es nun gegenüber einem anderen Gemeinwesen (wie dies in Art. 43a Abs. 2 BV angesprochen ist) oder auch gegenüber einem in Anspruch genommenen Privaten.

40 Übertragen nun auf die Problemstellung bei abgerufenen Vorhalteleistungen kann gesagt werden, dass dort, wo ein Schutz der öffentlichen Gesundheit und der Gesundheitsversorgung gewährleistender Staat zur Bewältigung einer Pandemie auf private Ressourcen zurückgreift (und dadurch selbstredend eigene «Vorratshaltung» spart), eine Abgeltungspflicht auf jeden Fall ernstlich zu prüfen ist (weil bei den staatlichen Leistungen offensichtlich ein Nutzen anfällt).[132]

41 Ähnliche Überlegungen spiegeln sich auch im *Subventionsgesetz* des Bundes wieder.[133] Abgeltungen werden dort definiert als «Leistungen an Empfänger ausserhalb der Bundesverwaltung zur Milderung oder zum Ausgleich von finanziellen Lasten, die sich ergeben aus der Erfüllung von [...] bundesrechtlich vorgeschriebenen Aufgaben [oder] öffentlichrechtlichen Aufgaben, die dem Empfänger vom Bund übertragen worden sind» (Art. 3 Abs. 2 SuG). Entscheidend ist vorliegend, dass die Vermögenseinbusse der betroffenen Privaten nicht durch ein Unterlassen eintritt, sondern durch die (positive) Pflicht, im Notfall zur Verfügung zu stehen. Geschaffen wird eine Art «Pflichtlager» abrufbarer Leistungen. Ob dafür eine Entschädigung zwangsweise durchgesetzt werden kann, muss sicher als offen, aber auch nicht als chancenlos angesehen werden. Aus un-

129 Dazu POLEDNA/TRÜMPLER/WERDER, ZSR Sondernummer 2020, S. 113 f., und § 8 Rz 67 ff., je mit weiteren Überlegungen.

130 Vgl. POLEDNA/TRÜMPLER/WERDER, ZSR Sondernummer 2020, S. 114.

131 Vgl. die Ausführungen etwa bei BSK BV-BIAGGINI, Art. 43a N 1 ff., insb. N 26 ff.

132 So POLEDNA/TRÜMPLER/WERDER, ZSR Sondernummer 2020, S. 114.

133 Bundesgesetz über Finanzhilfen und Abgeltungen vom 5. Oktober 1990 (SuG; SR 616.1).

serer Sicht sprechen gute Gründe für eine angemessene – nicht zwingend umfassende – Entschädigung.

III. Lehren aus der Corona-Krise aus staats- und verwaltungsrechtlicher Sicht – ein Fazit

Die besondere Schwierigkeit von Notrecht liegt darin, dass das geltende Recht einen Fall 42
regeln soll, den man, wenn er eintritt, gerade nicht vorhergesehen hat. Interessant ist bei der Corona-Krise, dass das Szenario eigentlich nicht gänzlich unerwartet war. An Hinweisen auf das Risiko fehlte es nicht. Es ist aber offensichtlich, dass die Rechtsordnung für diesen Fall nur ungenügend vorbereitet war. Dieser Vorwurf trifft Behörden, Politik und Rechtslehre gleichermassen. An der letztlich lapidaren Feststellung von Art. 7 EpG, dass in diesem Fall dann eben der Bundesrat zu handeln habe, wurde nur wenig Anstoss genommen.

Für eigentliche Lehren aus der Krise ist es zu früh, aber es lohnt sich, über erste The- 43
sen nachzudenken. Sicher ist aus unserer Sicht, dass das Recht noch stärker als sonst den *worst case* vor Augen haben sollte. Dieser *worst case* sollte jetzt nicht einseitig unter dem Eindruck einer medizinischen Bedrohung angegangen werden. Terrorismus, kriegerische Ereignisse, Naturkatastrophen etc. können andere Herausforderungen mit sich bringen. Notrecht muss auch hier mit dem Schlimmsten rechnen.

Klar vor Augen wurde geführt, dass es in einer länger dauernden Krise Exekutive und 44
Legislative gleichermassen braucht. Hier haben sich insbesondere die Regelungen für den Parlamentsbetrieb als unzureichend erwiesen. Auch das Zusammenspiel zwischen Bundesrat und Bundesversammlung wird zu verbessern sein (vgl. oben Rz 15 ff.). Viele Fragen sind hier nicht geklärt. Weniger offensichtlich, aber ebenfalls prüfenswert, sind die institutionellen Abläufe im föderalen Verhältnis (vgl. oben Rz 26 ff.).

Sachlich wird zu überlegen sein, ob nicht gewisse *krisentypische Grundrechtseingriffe* 45
ex ante diskutiert werden sollten – im Wissen, dass eine solche Diskussion schwierig ist. Aber bei gewissen Fragestellungen, etwa der Contact-Tracing-App, steht man unter dem Eindruck, die Diskussion beginne unnötigerweise im Punkt Null. Wenn der Gesetzgeber im Voraus Weichenstellungen trifft, muss das Verhältnis gesetzlicher Regelung zu den verfassungsrechtlichen Grundlagen sorgfältig durchdacht werden. Dass Art. 7 EpG heute nochmals ohne jede Diskussion verabschiedet würde, darf man bezweifeln – zum Glück. Prüfenswert wäre heute eine Revision von Art. 7 EpG mit dem Resultat entweder einer (echten) Ermächtigungsnorm, die auf spezifische Fälle bzw. Situationen einer ausserordentlichen Lage ausgerichtet ist, oder ihrer Abschaffung.

Zu fragen ist auch, ob das Staats- und Verwaltungsrecht hinreichend Antworten auf 46
die Frage gibt, wer in einer Krise welche Lasten zu tragen hat. Dabei wird nicht verkannt, dass es letztlich die Politik ist, welche entscheiden muss, welche Gruppe welche Härten zu tragen hat und wem wie geholfen wird. Das verwaltungsrechtliche Instrumentarium ist aber grundsätzlich geeignet, die Grundidee einer Art *Verteilungsgerechtigkeit* in der Krise fassbarer und operabel zu machen. Es kann Zufälligkeiten in der staatlichen Unter-

stützung, aber auch bei den Belastungen und der Inanspruchnahme Privater, entgegenwirken und letztlich darf es daran erinnern, dass auch in der Krise jene Gemeinwesen nach dem Grundsatz von Treu und Glauben dort Kosten tragen sollten, wo ihnen ein Nutzen einer staatlichen Leistung anfällt.

47 Schliesslich wird es auch Aufgabe des Rechts sein, die *Vorbereitung der nächsten Krise* zu regeln. Der erste Eindruck besteht hier, dass es vor allem Vollzugsmängel sind, die es zu beheben gilt. Ein vertiefter Blick auf diese Fragen könnte aber auch Verbesserungspotential für die Rechtsetzung zu Tage fördern. Letztlich müssen aber auf allen Ebenen und in allen Bereichen Lehren gezogen werden, denn: «Wenn Notstände überhaupt einen Sinn haben können, dann diesen, dass sie uns lehren, zu handeln, zu denken und für die Zukunft vorzukehren».[134]

134 TRÜMPLER, Notrecht, S. 314.

§ 20 Rechtliche Beurteilung der COVID-19-Massnahmen im Migrations- und Asylrecht

Stefan Müller/Sabine Taxer

Inhaltsverzeichnis

Literaturverzeichnis

BIAGGINI GIOVANNI, «Notrecht» in Zeiten des Coronavirus – Eine Kritik der jüngsten Praxis des Bundesrats zu Art. 185 Abs. 3 BV, ZBl 121/2020, S. 239 ff.; BURRI NINA/PRIULI VALERIO, Landesverweisung und Freizügigkeitsabkommen, AJP 07/2017, S. 886 ff.; GUTSCHKER THOMAS, Die EU macht die Außengrenzen dicht, Frankfurter Allgemeine vom 16.3.2020, ‹https://www.faz.net/aktuell/gesellschaft/gesundheit/coronavirus/coronavirus-einreisesperren-in-eu-laender-sind-nicht-zweckmaessig-16681935.html› (24.6.2020); HÄNNI JULIA, Das Visum: Rechtsnatur und Rechtsformen, in Achermann Alberto/Cesla Amarelle/Caroni Martina/Epiney Astrid/Künzli Jörg/Uebersax Peter (Hrsg.), Jahrbuch für Migrationsrecht 2016/2017, Bern 2017, S. 117 ff.; MATEUS ANA L. P./OTETE HARMONY E./BECK CHARLES R./DOLANC GAYLE P./NGUYEN-VAN-TAM JONATHAN S., Effectiveness of travel restrictions in the rapid containment of human influenza: a systematic review, Bulletin World Health Organization 2014, S. 868–880, ‹https://www.who.int/bulletin/volumes/92/12/14–135590.pdf› (24.6.2020); SPESCHA MARC/ZÜND ANDREAS/BOLZLI PETER/HRUSCHKA CONSTANTIN/DE WECK FANNY, Migrationsrecht Kommentar, 5. Aufl., Zürich 2019 (zit. Spescha/BEARBEITER); TANQUEREL THIERRY, *Note relative aux mesure prises dans le domaine de l'asile en raison du coronarus*, einsehbar in: Juristische Stellungnahme zu Massnahmen im Asylbereich, ‹https://beobachtungsstelle.ch/news/covid-19-juristische-stellungnahme-zu-massnahmen-im-asylbereich/› (24.6.2020); Vuilleumier Marie, Generelle Aufhebung des Asylverfahrens steht derzeit nicht zur Debatte, 24.3.2020, Swissinfo, ‹https://www.swissinfo.ch/ger/politique-migrat_generelle-aufhebung-des-asylverfahrens-steht-derzeit-nicht-zur-debatte/45638962?linkType=guid&utm_source=multiple&utm_campaign=swi-rss&utm_medium=rss&utm_content=o› (24.6.2020).

Materialienverzeichnis

Anhang des Durchführungsbeschlusses der Kommission zur Änderung des Beschlusses K(2010) 1620 endgültig hinsichtlich der Ersetzung des Handbuchs für die Bearbeitung von Visumanträgen und die Änderung von bereits erteilten Visa (Visakodex-Handbuch I), C(2020) 395 final, Europäische Kommission (zit. Visakodex-Handbuch I); Erläuterungen des Bundesamtes für Gesundheit BAG zur Verordnung 2 vom 13.3.2020 über Massnahmen zur Bekämpfung des Coronavirus (COVID-19-Verordnung 2), Version vom 16.3.2020 (zit. Erläuterungen COVID-19-Verordnung 2 [13.3.2020]); Erläuterungen des Bundesamtes für Gesundheit BAG zur Verordnung 2 vom 13.3.2020 über Massnahmen zur Bekämpfung des Coronavirus (COVID-19-Verordnung 2), Version vom 15.5.2020 (zit. Erläuterungen COVID-19-Verordnung 2 [15.5.2020]); Erläuterungen des Eidgenössischen Justiz- und Polizeidepartements EJPD zur Verordnung über Massnahmen im Asylbereich im Zusammenhang mit dem Coronavirus (COVID-19-Verordnung Asyl) (zit. Erläuterungen COVID-19-Verordnung Asyl); Europäische Kommission, *Member States' notifications of the temporary reintroduction of border control at internal borders pursuant to Article 25 and 28 et seq. of the Schengen Borders Code* (aktualisiert: 29.5.2020), ‹https://ec.europa.eu/home-affairs/sites/homeaffairs/files/what-we-do/policies/borders-and-visas/schengen/reintroduction-border-control/docs/ms_notifications_-_reintroduction_of_border_control_en.pdf› (24.6.2020; zit. EU-Kommission, Übersicht der Grenzschliessungen); Medienkonferenz des Eidgenössischen Justiz- und Polizeidepartements EJPD vom 13.3.2020 von Bundesrätin Keller-Sutter, Coronavirus: Bundesrätin Keller-Sutter zu den Massnahmen an der Grenze (zit. Medienkonferenz EJPD, 13.3.2020); Medienmitteilung des Bundesrates vom 1.4.2020, Regeln für Asylverfahren werden vorübergehend angepasst (zit. Medienmitteilung Bundesrat, 1.4.2020); Medienmitteilung des Eidgenössischen Justiz- und Polizeidepartements EJPD vom 16.3.2020, Coronavirus: Bundesrat weitet Massnahmen an der Grenze aus (zit. Medienmitteilung EJPD, 16.3.2020); Medienmitteilung des Eidgenössischen Justiz- und Polizeidepartements EJPD vom 25.3.2020, Coronavirus: Schweiz hat Grenzkontrollen auf alle Schengen-Staaten ausgedehnt (zit. Medienmitteilung EJPD, 25.3.2020); Medienmitteilung der Eidgenössischen Zollverwaltung EZV vom 11.3.2020, Kanalisierung des Grenzverkehrs im Tessin auf grössere Grenzübergänge (zit. Medienmitteilung EZV, 11.3.2020); Medienmitteilung der Eidgenössischen Zollverwaltung EZV vom 16.3.2020, Kanalisierung des Grenzverkehrs wird auf die ganze Schweiz ausgeweitet, (zit. Medienmitteilung EZV, 16.3.2020); Medienmitteilung des Staatssekretariats für Migration SEM vom 12.5.2020, Asylstatistik April 2020 (zit. Medienmitteilung SEM, 12.5.2020); Medienmitteilung des Staatssekretariats für Migration SEM vom 15.5.2020, Coronavirus: Lockerungen im Grenzverkehr zwischen Österreich, Deutschland und der Schweiz (zit. Medienmitteilung SEM, 15.5.2020); Rundschreiben des Staatssekretariats für Migration SEM zur Umsetzung der Verordnung 2 über Massnahmen zur Bekämpfung des Coronavirus (COVID-19) bei der Bearbeitung von Bewilligungsgesuchen und Meldungen nach dem Freizügigkeitsabkommen vom 24.3.2020 (zit. Rundschreiben SEM); Weisung des Staatssekretariats für Migration SEM zur Umsetzung der Verordnung 2 über Massnahmen zur Bekämpfung des Coronavirus (COVID-19-Verordnung 2) sowie zum Vorgehen bezüglich Ein-/Ausreise in/aus der Schweiz vom 16.5.2020 (zit. Weisung SEM).

I. Migrationsrecht

1 Aufgrund ihrer zentralen Lage in Europa, ihrer wirtschaftlichen und politischen Stabilität sowie ihres Reichtums war die Schweiz schon immer einer bedeutenden Einwanderung von Ausländern ausgesetzt, sowohl aus wirtschaftlichen als auch aus humanitären Gründen. Obwohl es im Zusammenhang mit der Einwanderung immer Spannungen gab, hat die Schweiz im Allgemeinen von dieser Einwanderung profitiert, was wesentlich zu ihrem wirtschaftlichen Wachstum und ihrer Vielfalt beigetragen hat. Gemäss den Angaben des Bundesamtes für Statistik BFS umfasste die ständige ausländische Wohnbevölkerung im Jahr 2018 2 143 300 Einwohner, wovon 1 415 900 Einwohner aus EU/EFTA-Staaten stammen.[1] Bei einer ständigen Wohnbevölkerung von 8 544 527 Einwohnern im Jahr 2018 belief sich der Anteil der Ausländerinnen und Ausländer auf insgesamt 25.08%.[2]

2 Im Zuge der COVID-19-Pandemie sah sich die Schweiz gezwungen, die ständige Wohnbevölkerung vor der Ausbreitung des Coronavirus zu schützen und einschneidende Massnahmen zu beschliessen. So hat der Bundesrat am 28.2.2020 zunächst gestützt auf Art. 184 Abs. 3[3] sowie Art. 185 Abs. 3[4] BV[5] sowie, nach der Erklärung der besonderen Lage,[6] ebenfalls gestützt auf Art. 6 Abs. 2 lit. b[7] sowie Art. 41 Abs. 1[8] EpG[9] die erste Verordnung über Massnahmen zur Bekämpfung des Coronavirus (COVID-19)[10] erlassen. Nach der Erklärung der ausserordentlichen Lage gemäss Art. 7 EpG[11] berief sich der Bundesrat mit dem Erlass der Verordnung 2 über Massnahmen zur Bekämp-

1 Bundesamt für Statistik, Ausländische Bevölkerung, Bern 2019, ‹https://www.bfs.admin.ch/bfs/de/home/statistiken/bevoelkerung/migration-integration/auslaendische-bevoelkerung.html› (24.6.2020).

2 Bundesamt für Statistik, Bevölkerung, Bern 2019 ‹https://www.bfs.admin.ch/bfs/de/home/statistiken/bevoelkerung.html› (24.6.2020).

3 «Wenn die Wahrung der Interessen des Landes es erfordert, kann der Bundesrat Verordnungen und Verfügungen erlassen. Verordnungen sind zu befristen» (Art. 184 Abs. 3 BV).

4 «[Der Bundesrat] kann, unmittelbar gestützt auf diesen Artikel, Verordnungen und Verfügungen erlassen, um eingetretenen oder unmittelbar drohenden schweren Störungen der öffentlichen Ordnung oder der inneren oder äusseren Sicherheit zu begegnen. Solche Verordnungen sind zu befristen» (Art. 185 Abs. 3 BV).

5 Bundesverfassung (BV), SR 101.

6 Der Bundesrat hat am 28.2.2020 die besondere Lage gemäss Art. 6 Abs. 1 lit. a Ziff. 1 EpG (SR 818.101) erklärt und gestützt auf Art. 6 Abs. 2 lit. b EpG Massnahmen angeordnet.

7 «Der Bundesrat kann nach Anhörung der Kantone […] Massnahmen gegenüber der Bevölkerung [anordnen]» (Art. 6 Abs. 2 lit. b EpG).

8 «Der Bundesrat erlässt Vorschriften über den internationalen Personenverkehr, die verhindern, dass übertragbare Krankheiten sich grenzüberschreitend ausbreiten» (Art. 41 Abs. EpG).

9 Bundesgesetzes über die Bekämpfung übertragbarer Krankheiten des Menschen (Epidemiengesetz, EpG), SR 818.101.

10 Verordnung über Massnahmen zur Bekämpfung des Coronavirus (COVID-19), SR 818.101.24, AS 2020 573.

11 «Wenn es eine ausserordentliche Lage erfordert, kann der Bundesrat für das ganze Land oder für einzelne Landesteile die notwendigen Massnahmen anordnen» (Art. 7 EpG).

fung des Coronavirus (COVID-19-Verordnung 2) vom 13.3.2020[12] in der Folge nur noch auf die Rechtsgrundlage nach Art. 7 EpG für den Erlass der Massnahmen. Mit den COVID-19-Verordnungen (und ihren Anpassungen) hat der Bundesrat einschneidende Massnahmen ergriffen, um die Ausbreitung des Coronavirus zu verlangsamen, die Schweizer Bevölkerung, insbesondere besonders gefährdete Personen, zu schützen und ein funktionierendes Gesundheitssystem sicherzustellen. Im Rahmen dieser Massnahmen hat der Bundesrat unter anderem beschlossen, Grenzkontrollen an den Landesgrenzen einzuführen[13], die Einreise von Personen aus Risikoländern und -regionen[14] im Grundsatz zu verweigern[15], den grenzüberschreitenden Personenverkehr einzuschränken[16] sowie die Ausstellung von Schengen-Visa[17] sowie von nationalen Visa und Einreiseerlaubnissen an Personen aus Risikoländern oder -regionen temporär einzustellen[18].

Die rasante Ausbreitung des Coronavirus führte dazu, dass der Bundesrat gestützt 3
auf nationale Gesetzgebung, insbesondere zunächst gestützt auf die Bundesverfassung und danach gestützt auf das Epidemiengesetz, Massnahmen ergreifen musste, welche auch einen erheblichen Einfluss auf durch die Schweiz abgeschlossene internationale Abkommen – insbesondere das Abkommen zwischen der Schweizerischen Eidgenossenschaft, der Europäischen Union und der Europäischen Gemeinschaft über die Assoziierung dieses Staates bei der Umsetzung, Anwendung und Entwicklung des Schengen-Besitzstands (Schengen-Assoziierungsabkommen)[19] und das Abkommen zwischen der Schweizerischen Eidgenossenschaft einerseits und der Europäischen Gemeinschaft und ihren Mitgliedstaaten andererseits über die Freizügigkeit (Freizügigkeitsabkommen)[20] – und die darin enthaltenen Rechte und Pflichten der Schweiz gegenüber den jeweiligen Vertragsparteien haben.

12 Verordnung 2 über Massnahmen zur Bekämpfung des Coronavirus (COVID-19) (COVID-19-Verordnung 2), SR 818.101.24, AS 2020 783.

13 Vgl. Art. 3 COVID-19-Verordnung 2.

14 Gemäss Art. 2 Abs. 2 der COVID-19-Verordnung 2 sind «Risikoländer oder -regionen [...] namentlich Länder und Regionen, die über eine gemeinsame Grenze mit der Schweiz verfügen und deren Behörden ausserordentliche Massnahmen zur Verhütung und Bekämpfung der COVID-19-Pandemie angeordnet haben. Die Liste der Risikoländer oder -regionen wird im Anhang [der] Verordnung veröffentlicht.».

15 Art. 3 Abs. 1 COVID-19-Verordnung 2.

16 Art. 4 COVID-19-Verordnung 2. Gemäss Art. 41 Abs. 1 EpG erlässt der Bundesrat «Vorschriften über den internationalen Personenverkehr, die verhindern, dass übertragbare Krankheiten sich grenzüberschreitend ausbreiten».

17 Als Schengen-Visa werden Visa bezeichnet, welche gemäss dem Visakodex für Kurzaufenthalte von maximal 90 Tagen in einem Zeitraum von 180 Tagen ausgestellt werden.

18 Art. 4a COVID-19-Verordnung 2.

19 Abkommen zwischen der Schweizerischen Eidgenossenschaft, der Europäischen Union und der Europäischen Gemeinschaft über die Assoziierung dieses Staates bei der Umsetzung, Anwendung und Entwicklung des Schengen-Besitzstands (Schengen-Assoziierungsabkommen), SR 0.362.31.

20 Abkommen zwischen der Schweizerischen Eidgenossenschaft einerseits und der Europäischen Gemeinschaft und ihren Mitgliedstaaten andererseits über die Freizügigkeit (Freizügigkeitsabkommen), SR 0.142.112.681.

II. Internationale Abkommen

1. Schengen-Assoziierungsabkommen

4 Am 26.10.2004 hat die Schweiz das Schengen-Assoziierungsabkommen abgeschlossen, welches in der Folge am 17.12.2004 von der Bundesversammlung und mit Volksabstimmung vom 5.6.2005 vom Schweizer Volk genehmigt wurde. Das Schengen-Assoziierungsabkommen trat formell am 1.3.2008 in Kraft. Mit dem Schengen-Assoziierungsabkommen hat sich die Schweiz u.a. mit dem Schengener Grenzkodex[21] und mit dem Visakodex[22] assoziiert und sich zur Umsetzung und Anwendung der Bestimmungen zum Schengen-Besitzstand und zum Verfahren der Visaerteilung verpflichtet.[23]

a) Schengener Grenzkodex

5 Mit dem Schengener Grenzkodex wurde ein einheitlicher rechtlicher Rahmen in Europa geschaffen, welcher Regeln zur Ein- und Ausreise sowie zum Aufenthalt im Schengen-Raum aufstellt. Der Schengen-Raum umfasst zum heutigen Zeitpunkt insgesamt 26 europäische Staaten (davon 22 EU-Mitgliedstaaten): Belgien, Dänemark, Deutschland, Estland, Finnland, Frankreich, Griechenland, Italien, Lettland, Litauen, Luxemburg, Malta, die Niederlande, Österreich, Polen, Portugal, Schweden, die Slowakei, Slowenien, Spanien, die Tschechische Republik, Ungarn sowie die assoziierten Staaten Island, Liechtenstein, Norwegen und die Schweiz.[24] Obwohl Bulgarien, Irland, Kroatien, Rumänien, und Zypern EU-Mitgliedstaaten sind, gehören diese Staaten nicht – oder noch nicht – dem Schengen-Raum an. Das Vereinigte Königreich war ebenfalls schon vor dem Austritt aus der EU nicht Teil des Schengen-Raums.[25]

6 Der Schengener Grenzkodex ermöglicht unter anderem einen freien Reiseverkehr innerhalb des Schengen-Raums durch Abschaffung der Grenzkontrollen an Binnengrenzen.[26] Als Binnengrenzen sind sämtliche gemeinsamen Landesgrenzen der Mitgliedstaaten, die Flughäfen der Mitgliedstaaten für Binnenflüge sowie See-, Flussschifffahrts- und Binnenseehäfen der Mitgliedstaaten für regelmässige interne Fährverbindungen zu qualifizieren.[27] Sämtliche Flüge von dem oder in das Hoheitsgebiet eines Mitgliedstaates,

21 Verordnung (EU) 2016/399 des Europäischen Parlaments und des Rates vom 9.3.2016 über einen Gemeinschaftskodex für das Überschreiten der Grenze durch Personen (Schengener Grenzkodex), ABl. L 77 vom 23.3.2016, S. 1; zuletzt geändert durch Verordnung (EU) 2017/458, ABl. L 74 vom 18.3.2017, S. 1.

22 Verordnung (EG) Nr. 810/2009 des Europäischen Parlaments und des Rates vom 13.7.2009 über einen Visakodex der Gemeinschaft (Visakodex), ABl. L243 vom 15.9.2009, S. 1; zuletzt geändert durch Verordnung (EU) 2019/1155, ABl. L 188 vom 12.7.2019, S.25.

23 Art. 1 und Art. 2 Schengen-Assoziierungsabkommen.

24 Broschüre der Europäischen Kommission – Europa ohne Grenzen: Der Schengenraum, S. 1, ‹https://ec.europa.eu/home-affairs/sites/homeaffairs/files/e-library/docs/schengen_brochure/schengen_brochure_dr3111126_de.pdf›, (24.6.2020).

25 Broschüre der Europäischen Kommission – Europa ohne Grenzen: Der Schengenraum, a.a.O.

26 Art. 1 Schengener Grenzkodex.

27 Art. 2 Ziff. 1 Schengener Grenzkodex.

ohne Landung im Hoheitsgebiet eines Drittstaates, gelten als Binnenflüge im Sinne des Schengener Grenzkodex.[28]

Sämtliche Landesgrenzen der Schweiz sowie die Flughäfen der Schweiz für sämtliche Flüge von dem und in das Hoheitsgebiet eines Mitgliedstaates, ohne Landung im Hoheitsgebiet eines Drittstaates, gelten damit als Binnengrenzen im Sinne von Art. 2 Ziff. 1 des Schengener Grenzkodex. Mangels Grenzkontrollen dürfen die Binnengrenzen unabhängig von der Staatsangehörigkeit der betreffenden Personen an jeder Stelle ohne Personenkontrollen überschritten werden, wenn die relevanten Einreisevoraussetzungen erfüllt sind.[29] 7

b) Visakodex

Mit dem Visakodex wurde ein einheitliches Regelwerk eingeführt, welches das Visumverfahren für Drittstaatsangehörige, die in den Schengen-Raum kurzzeitig einreisen und sich dort aufhalten möchten, regelt. Mit dem Visakodex wurde ein «gemeinsamer Bestand» an Rechtsvorschriften aufgestellt, um durch «die weitere Harmonisierung der innerstaatlichen Rechtsvorschriften und der Bearbeitungsgepflogenheiten [...] legale Reisen [zu erleichtern] und die illegale Einwanderung [zu bekämpfen]».[30] Gemäss Art. 1 (1) der Verordnung (EG) Nr. 810/2009 werden «die Verfahren und Voraussetzungen für die Erteilung von Visa für die Durchreise durch das Hoheitsgebiet der Mitgliedstaaten oder für geplante Aufenthalte in diesem Gebiet von höchstens drei Monaten je Sechsmonatszeitraum festgelegt». 8

Die Bestimmungen des Visakodex gelten für Drittstaatsangehörige, welche sich nicht auf Freizügigkeitsrechte berufen können und für die Einreise in den Schengen-Raum für eine Dauer von maximal 90 Tagen in einem Zeitraum von 180 Tagen ein Visum benötigen.[31] 9

2. Abkommen über die Personenfreizügigkeit

Die Personenfreizügigkeit stützt sich auf zwei internationale Abkommen – das Übereinkommen zur Errichtung der Europäischen Freihandelsassoziation (EFTA)[32] sowie das Abkommen zwischen der Schweizerischen Eidgenossenschaft einerseits und der Europäischen Gemeinschaft und ihren Mitgliedstaaten andererseits über die Freizügigkeit[33] – welche die Schweiz abgeschlossen hat. Während das EFTA-Übereinkommen am 4.1.1960 zusammen mit Island, Norwegen und dem Fürstentum Liechtenstein abgeschlossen wurde, wurde das Freizügigkeitsabkommen mit der EU und ihren Mitgliedstaaten am 21.6.1999 unterzeichnet. Das Freizügigkeitsabkommen gilt im heutigen Zeit- 10

28 Art. 2 Ziff. 3 Schengener Grenzkodex.
29 Art. 22 Schengener Grenzkodex; Spescha/Priuli, Art. 7 AIG N 3.
30 Erwägung (3) Visakodex.
31 Art. 1 (2) Visakodex.
32 EFTA-Übereinkommen, SR 0.632.31.
33 Freizügigkeitsabkommen (FZA), SR 0.142.112.681.

punkt für Belgien, Bulgarien, die Tschechische Republik, Dänemark, Deutschland, Estland, Griechenland, Spanien, Frankreich, Irland, Kroatien, Italien, Zypern, Lettland, Litauen, Luxemburg, Ungarn, Malta, die Niederlande, Österreich, Polen, Portugal, Rumänien, Slowenien, die Slowakei, Finnland, Schweden und das Vereinigte Königreich.[34]

a) EFTA-Abkommen

11 Gemäss Art. 20 des EFTA-Übereinkommen (Art. 3 Anhang K) haben die Staatsangehörigen eines Vertragsstaates grundsätzlich unter den festgelegten Bedingungen ein Recht auf Einreise in das Hoheitsgebiet der anderen Vertragsstaaten. Ein Einreisevisum oder ein gleichwertiger Nachweis darf bei Staatsangehörigen der anderen Vertragsparteien daher nicht verlangt werden, ausser im Fall von Familienangehörigen und entsandten Arbeitnehmern, die nicht die Staatsangehörigkeit einer Vertragspartei besitzen.[35] In diesem Fall verpflichtet sich die Vertragspartei diesen Personen alle Erleichterungen für die Beschaffung der gegebenenfalls benötigten Visa zu gewähren.[36]

b) Freizügigkeitsabkommen

12 Gemäss Art. 1 in Anhang I zum Freizügigkeitsabkommen gestatten die Vertragsparteien den Staatsangehörigen der anderen Vertragsparteien, deren Familienangehörigen und den entsandten Arbeitnehmern die Einreise in ihr Hoheitsgebiet gegen Vorlage eines gültigen Personalausweises oder Reisepasses. Genauso wie bei den EFTA-Staatsangehörigen dürfen weder ein Einreisevisum noch ein gleichwertiger Nachweis bei Staatsangehörigen der anderen Vertragsparteien verlangt werden.[37] Es gelten die gleichen Einschränkungen wie bei EFTA-Staatsangehörigen.[38]

III. Massnahmen im Migrationsrecht

13 Im Anwendungsbereich des Migrationsrechts hat der Bundesrat Massnahmen ergriffen, welche zum Ziel hatten, den grenzüberschreitenden Personenverkehr sowie die Einreise von ausländischen Staatsangehörigen einzuschränken, um eine weitere rasante Ausbreitung des Coronavirus zu verhindern. So beschloss der Bundesrat mit der COVID-19-Verordnung 2 vom 13.3.2020, die Einreise von Personen aus Risikoländern und -regionen im Grundsatz zu verweigern[39] sowie und in der Folge Grenzkontrollen an den Lan-

34 Fassung gemäss Art. 2 lit. a des Prot. vom 4.3.2016 (Aufnahme der Republik Kroatien infolge ihres Beitritts zur EU), von der BVers genehmigt am 17.6.2016 und in Kraft seit 1.1.2017 (AS 2016 5251 5233; BBl 2016 2223).

35 Art 1. Abs. 1 Anlage 1 zu Anhang K des EFTA-Übereinkommens.

36 A.a.O.

37 Art 1 (1) Anhang I FZA.

38 Vgl. Art. 1 (1) Anhang I FZA.

39 Art. 3 Abs. 1 COVID-19-Verordnung 2.

desgrenzen wieder einzuführen[40]. Mit Anpassung der COVID-19-Verordnung 2 vom 19.3.2020 wurde zudem die Ausstellung von Schengen-Visa sowie von nationalen Visa und Einreiseerlaubnissen an Personen aus Risikoländern oder -regionen temporär eingestellt[41] und der grenzüberschreitende Personenverkehr eingeschränkt[42].

Als Risikostaaten oder Risikoregionen hat der Bundesrat allgemein jene Staaten oder Regionen umschrieben, «in denen ausserordentliche Massnahmen zur Verhütung und Bekämpfung der COVID-19-Pandemie erlassen wurden».[43] Gemäss Art. 2 Abs. 2 der COVID-19-Verordnung 2 sind «Risikoländer oder -regionen [...] namentlich Länder und Regionen, die über eine gemeinsame Grenze mit der Schweiz verfügen und deren Behörden ausserordentliche Massnahmen zur Verhütung und Bekämpfung der COVID-19-Pandemie angeordnet haben. Die Liste der Risikoländer oder -regionen wird im Anhang [der] Verordnung veröffentlicht.» Das Eidgenössische Departement des Innern (EDI) ist für die Führung dieser Liste zuständig und führt sie laufend nach Rücksprache mit dem Eidgenössischen Departement für auswärtige Angelegenheiten (EDA) nach.[44] 14

Mit Erlass der COVID-19-Verordnung 2 am 13.3.2020 wurde initial lediglich Italien als Risikoland qualifiziert.[45] Mit Anpassung der COVID-19-Verordnung 2 am 17.3.2020 wurden ferner Deutschland, Frankreich und Österreich als Risikoländer im Sinne von Art. 2 Abs. 2 der COVID-19-Verordnung 2 eingestuft.[46] Mit erneuter Anpassung der COVID-19-Verordnung 2 vom 19.3.2020 wurden schliesslich Spanien und alle Staaten ausserhalb der EU/EFTA als Risikoländer eingestuft und der Luftverkehr mit Deutschland, Frankreich, Italien und Österreich eingeschränkt.[47] Zuletzt wurden mit Anpassung der COVID-19-Verordnung 2 vom 25.3.2020 sämtliche Staaten ausserhalb des Schengen-Raums (inkl. Luftverkehr) und alle Schengen-Staaten (ausser dem Fürstentum Liechtenstein; inkl. Luftverkehr) sowie alle anderen Staaten (inkl. Luftverkehr) als Risikoländer eingestuft.[48] 15

Seit dem 25.3.2020 gelten demnach die im Migrationsrecht erlassenen Massnahmen im Zusammenhang mit Personen aus Risikoländern und -regionen für sämtliche ausländischen Staatsangehörigen mit der Ausnahme der Staatsangehörigen des Fürstentums Liechtenstein, wobei ab dem 16.5.2020 wiederum gewisse Erleichterungen eingeführt wurden. Mit Anpassung der COVID-19-Verordnung 2 vom 15.6.2020 wurden 16

40 Vgl. Art. 3 COVID-19-Verordnung 2.
41 Art. 4a COVID-19-Verordnung 2.
42 Art. 4 COVID-19-Verordnung 2. Gemäss Art. 41 Abs. 1 EpG erlässt der Bundesrat «Vorschriften über den internationalen Personenverkehr, die verhindern, dass übertragbare Krankheiten sich grenzüberschreitend ausbreiten».
43 Erläuterungen COVID-19-Verordnung 2 (16.3.2020), S. 4.
44 Art. 2 Abs. 2 COVID-19-Verordnung 2.
45 Anhang 1 zu Art. 2 Abs. 2 COVID-19-Verordnung 2, SR 818.101.24 (Stand 13.3.2020).
46 Anhang 1 zu Art. 2 Abs. 2 COVID-19-Verordnung 2, SR 818.101.24 (Stand 17.3.2020).
47 Anhang 1 zu Art. 2 Abs. 2 COVID-19-Verordnung 2, SR 818.101.24 (Stand 19.3.2020).
48 Anhang 1 zu Art. 2 Abs. 2 COVID-19-Verordnung 2, SR 818.101.24 (Stand 25.3.2020).

schliesslich nur noch alle Staaten ausserhalb des Schengen-Raums als Risikoländer und -regionen qualifiziert.[49]

1. Wiedereinführung von Grenzkontrollen

17 Mit der schrittweisen Einführung der durch den Bundesrat beschlossenen Einreisebeschränkungen ab dem 13.3.2020 folgte wiederum die Wiedereinführung von Grenzkontrollen an den Schweizer Landesgrenzen und damit zusammenhängend eine temporäre Suspendierung der Rechte und Pflichten der Schweiz unter dem Schengen-Assoziierungsabkommen.

18 Gemäss Art. 7 Abs. 1 des AIG sowie Art. 1 Abs. 2 VEV richtet sich die Ein- und Ausreise nach dem Schengen-Assoziierungsabkommen, insbesondere nach den Bestimmungen des Schengener Grenzkodex. Damit kann der Bundesrat lediglich die nach den Bestimmungen des Schengener Grenzkodex zulässigen Personenkontrollen an den Grenzen regeln und im Grundsatz an den Schengener Binnengrenzen keine Personenkontrollen durchführen.[50]

a) Verfahren bei der Wiedereinführung von Grenzkontrollen

19 In der Situation der Gefährdung der öffentlichen Ordnung und der inneren Sicherheit aufgrund aussergewöhnlicher Umstände kann ein Mitgliedstaat gestützt auf die Bestimmungen des Schengener Grenzkodex an den Binnengrenzen vorübergehend wieder Grenzkontrollen einführen.[51] Die Gefährdung der öffentlichen Ordnung bezieht sich in der Regel auf die Gefährdung fundamentaler gesellschaftlicher Interessen,[52] während sich der Begriff der öffentlichen Sicherheit auf Situationen bezieht, welche die innere oder äussere Sicherheit eines Mitgliedstaates betreffen, z.B. aufgrund der gestörten Bereitstellung wesentlicher öffentlicher Dienstleistungen.[53] Ein möglicher Kollaps des Gesundheitssystem durch die Ausbreitung des Coronavirus in einem Mitgliedstaat kann nach geltender Rechtsprechung des Europäischen Gerichtshofs als «Beeinträchtigung des Funktionierens der Einrichtungen des Staates und seiner wichtigen öffentlichen

49 Anhang 1 zu Art. 2 Abs. 2 COVID-19-Verordnung 2, SR 818.101.24 (Stand 15.6.2020).

50 Art. 1 Abs. 1 und Art. 22 Schengener Grenzkodex; Spescha/Priuli, Art. 7 AIG N 1.

51 Art. 25 ff. Schengener Grenzkodex; vgl. Spescha/Priuli, Art. 7 AIG N 3 m.w.H.

52 Gemäss Entscheid C-304/14 des Europäischen Gerichtshofs vom 13.9.2016, CS, setzt der Begriff «öffentliche Ordnung» jedenfalls voraus, «dass ausser der Störung der sozialen Ordnung, die jeder Gesetzesverstoß darstellt, eine tatsächliche, gegenwärtige und erhebliche Gefahr vorliegt, die ein Grundinteresse der Gesellschaft berührt» (Ziff. 38).

53 Gemäss Entscheid C-304/14 des Europäischen Gerichtshofs vom 13.9.2016, CS, bezieht sich der Begriff der Gefährdung der «öffentliche Sicherheit» auf die Gefährdung sowohl der inneren als auch die äusseren Sicherheit eines Mitgliedstaats, «so dass die Beeinträchtigung des Funktionierens der Einrichtungen des Staates und seiner wichtigen öffentlichen Dienste sowie das Überleben der Bevölkerung ebenso wie die Gefahr einer erheblichen Störung der auswärtigen Beziehungen oder des friedlichen Zusammenlebens der Völker oder eine Beeinträchtigung der militärischen Interessen die öffentliche Sicherheit berühren können» (Ziff. 39).

Dienste» und damit als eine Gefährdung der öffentlichen Ordnung eingestuft werden.[54] Da die Massnahmen der Schweiz auch dazu dienen sollten, die Kapazitäten des Schweizer Gesundheitssystems aufrecht zu erhalten und bei fehlenden Massnahmen aufgrund der raschen Ausbreitung des Coronavirus ein Kollaps des Gesundheitssystems antizipiert werden musste, kann die COVID-19-Pandemie durchaus als ein aussergewöhnlicher Umstand, welcher die öffentliche Ordnung gefährdet, qualifiziert werden, wonach die Wiedereinführung der Grenzkontrollen im Grundsatz – unter Beachtung weiterer Voraussetzungen – gemäss Art. 25 ff. Schengener Grenzkodex zulässig wäre.

Der Schengener Grenzkodex unterscheidet bei der Wiedereinführung systematischer 20
Grenzkontrollen u.a. zwischen angekündigten Massnahmen bei voraussehbaren Gefährdungen (Art. 25 Schengener Grenzkodex) und sofortigen Massnahmen bei akuten Gefährdungen (Art. 28 Schengener Grenzkodex).[55] Art. 25 und Art. 28 Schengener Grenzkodex sind komplementärer Natur und unterscheiden sich wesentlich in Bezug auf das Verfahren zur Wiedereinführung von Grenzkontrollen. Grundsätzlich bedeutet die Wiedereinführung von Grenzkontrollen an Binnengrenzen, dass der grenzüberschreitende Personenverkehr mittels Schliessung kleinerer Grenzübergänge nur an wenigen zugelassenen offiziellen Grenzübergängen stattfindet, sodass eine effektive Durchführung der Grenzkontrollen an den Binnengrenzen sichergestellt werden kann (Kanalisierung des grenzüberschreitenden Personenverkehrs).

aa) Angekündigte Massnahmen bei voraussehbaren Gefährdungen

Gemäss dem allgemeinen Rahmen für die Wiedereinführung der Grenzkontrollen an 21
Binnengrenzen muss die Wiedereinführung auf höchstens 30 Tage befristet sein, ausser die vorhersehbare Dauer der ernsthaften Bedrohung überschreitet den Zeitraum von 30 Tagen; diesfalls dürfen Grenzkontrollen an Binnengrenzen für die vorhersehbare Dauer der ernsthaften Bedrohung eingeführt werden.[56] Die Wiedereinführung der Grenzkontrollen an Binnengrenzen unterliegt dem Prinzip der Verhältnismässigkeit, d.h., Grenzkontrollen an Binnengrenzen dürfen nur als *ultima ratio*, d.h. als letztmögliche Massnahme, zum Schutze der öffentlichen Ordnung und der inneren Sicherheit eingeführt werden.[57] Folglich muss vor der Wiedereinführung der Grenzkontrollen an Binnengrenzen eine Evaluation vorgenommen werden, «inwieweit mit einer derartigen Massnahme der Bedrohung der öffentlichen Ordnung oder der inneren Sicherheit voraussichtlich angemessen begegnet werden kann und ob die Verhältnismässigkeit zwischen der Massnahme und der Bedrohung gewahrt ist».[58] Beschliesst ein Mitgliedstaat nach Prüfung

54 Vgl. Entscheid C-304/14 des Europäischen Gerichtshofs vom 13.9.2016, CS, Ziff. 39.

55 Spescha/Priuli, Art. 7 AIG N 2.

56 Art. 25 Abs. 2 Schengener Grenzkodex.

57 «[…] Die vorübergehende Wiedereinführung von Kontrollen an den Binnengrenzen darf in Umfang und Dauer nicht über das Mass hinausgehen, das zur Bewältigung der ernsthaften Bedrohung unbedingt erforderlich ist» (Art. 25 Abs. 1 Schengener Grenzkodex)

58 Art. 26 Schengener Grenzkodex.

der Verhältnismässigkeit die Wiedereinführung der Grenzkontrollen an Binnengrenzen, so sind die anderen Mitgliedstaaten, die Europäische Kommission sowie das Europäische Parlament und der Rat spätestens vier Wochen vor der geplanten Wiedereinführung oder innerhalb einer kürzeren Frist, wenn die Umstände, welche zur Wiedereinführung von Kontrollen an Binnengrenzen führen, weniger als vier Wochen vor der geplanten Wiedereinführung bekannt werden, zu informieren.[59]

22 Hält die ernsthafte Bedrohung der öffentlichen Ordnung und inneren Sicherheit weiterhin an, so kann der Mitgliedstaat in der Folge die Grenzkontrollen an Binnengrenzen um weitere Zeiträume von 30 Tagen, jedoch grundsätzlich nur bis zu einer Maximaldauer von sechs Monaten unter Beachtung des Prinzips der Verhältnismässigkeit und Berücksichtigung der neuen Umstände verlängern.[60]

bb) Sofortige Massnahmen bei akuten Gefährdungen

23 Sollten die Grenzkontrollen an Binnengrenzen nicht aufgrund einer voraussehbaren Gefährdung eingeführt werden, sondern sieht sich ein Mitgliedstaat in einer Ausnahmesituation aufgrund einer ernsthaften Bedrohung der öffentlichen Ordnung und der inneren Sicherheit nach Prüfung der Verhältnismässigkeit gezwungen, sofort zu handeln, so kann ein Mitgliedstaat Grenzkontrollen an Binnengrenzen für einen Zeitraum von maximal zehn Tagen ohne vorgängige Information der Europäischen Kommission und der anderen Mitgliedstaaten sofort wieder einführen.[61] Die anderen Mitgliedstaaten und die Europäische Kommission sind jedoch umgehend über die Wiedereinführung der Grenzkontrollen an den Binnengrenzen nach den allgemeinen Regeln gemäss Art. 27 Abs. 1 Schengener Grenzkodex zu informieren.[62]

24 Wenn die ernsthafte Bedrohung der öffentlichen Ordnung und der inneren Sicherheit über den Zeitraum von zehn Tagen andauert, so kann der Mitgliedstaat beschliessen, unter Beachtung des Prinzips der Verhältnismässigkeit und Berücksichtigung der neuen Umstände die Grenzkontrollen an Binnengrenzen für verlängerbare Zeiträume von höchstens 20 Tagen, jedoch für eine Gesamtdauer von maximal zwei Monaten, zu verlängern.[63]

cc) Zuständigkeit in der Schweiz

25 Unter Anwendung des Prinzips der Verhältnismässigkeit hat der Schengener Grenzkodex der Schweiz damit einen gewissen Spielraum eingeräumt, um in einer besonderen Lage wie der COVID-19-Pandemie die Einreise in ihr Hoheitsgebiet zu kontrollieren, zu steuern oder zu beschränken.[64]

59 Art. 27 Abs. 1 und 2 Schengener Grenzkodex.
60 Art. 25 Abs. 3 und 4 Schengener Grenzkodex.
61 Art. 28 Abs. 1 Schengener Grenzkodex.
62 Art. 28 Abs. 2 Schengener Grenzkodex.
63 Art. 28 Abs. 3 und 4 Schengener Grenzkodex.
64 Medienmitteilung EJPD, 16.3.2020.

Gestützt auf Art. 30 Abs. 1 f. VEV ist der Bundesrat für die vorübergehende Wiedereinführung von Grenzkontrollen nach Art. 25 Schengener Grenzkodex (angekündigte Massnahmen bei voraussehbaren Gefährdungen) und das Eidgenössische Justiz- und Polizeidepartement EJPD für Anordnungen in dringenden Fällen nach Art. 28 Schengener Grenzkodex (sofortige Massnahmen bei akuten Gefährdungen) zuständig.[65] 26

b) *Würdigung*

Aufgrund der rasanten Ausbreitung des Coronavirus in Norditalien und der damit zusammenhängenden erheblichen Gefährdung der öffentlichen Sicherheit und der öffentlichen Gesundheit der Schweiz, insbesondere des Kantons Tessin, hat der Bundesrat in Zusammenarbeit mit dem Eidgenössischen Justiz- und Polizeidepartement EJPD ab dem 13.3.2020 bis zum 23.3.2020[66] gestützt auf Art. 28 Abs. 1 Schengener Grenzkodex (sofortige Massnahmen bei akuten Gefährdungen) an den Landesgrenzen zu Italien für zehn Tage wieder Grenzkontrollen eingeführt.[67] 27

Im Zeitpunkt der Einführung der vorübergehenden Grenzkontrollen an den Landesgrenzen zu Italien befand sich Italien in einem exponentiellen Wachstum der Infektionszahlen mit dem Infektionsherd in Norditalien nahe der Schweizer Grenze. Zudem waren die Zahlen der Neuinfektionen pro Tag in der Schweiz im Vergleich zu anfangs März ebenfalls um ein Vielfaches gestiegen, wobei auch ein erheblicher Zuwachs der Fälle im Kanton Tessin registriert wurde.[68] Diese Entwicklung kann durchaus als «ernsthafte Bedrohung der öffentlichen Ordnung oder der inneren Sicherheit»[69], insbesondere der öffentlichen Gesundheit, im Sinne von Art. 25 ff. Schengener Grenzkodex qualifiziert werden. Im Zusammenhang mit der Verhältnismässigkeit stellt sich jedoch die Frage, ob die Wiedereinführung der Grenzkontrollen ein zweckmässiges Mittel darstellte, um die weitere Ausbreitung des Coronavirus zu verhindern bzw. zu verlangsamen. Da sich im Zeitpunkt der Einführung der vorübergehenden Grenzkontrollen, der angeordneten Grenzschliessungen und der damit verbundenen Kanalisierung des grenzüberschreitenden Personenverkehrs das Coronavirus bereits in der Schweiz wesentlich ausgebreitet hatte, konnten die Massnahmen nicht geeignet sein, die Ausbreitung des Coronavirus in der 28

65 Vgl. Spescha/Priuli, Art. 7 AIG N 3.

66 EU-Kommission, Übersicht der Grenzschliessungen, Nr. 126, S. 7.

67 Ist aufgrund einer ernsthaften Bedrohung der öffentlichen Ordnung oder der inneren Sicherheit in einem Mitgliedstaat sofortiges Handeln erforderlich, so kann der betreffende Mitgliedstaat in Ausnahmefällen für einen begrenzten Zeitraum von höchstens zehn Tagen sofort wieder Kontrollen an den Binnengrenzen einführen (Art. 28 Abs. 1 Schengener Grenzkodex).

68 Am 13.3.2020 wurden dem Bundesamt für Gesundheit BAG insgesamt 429 Neuinfektionen pro Tag gemeldet verglichen zu 11 Neuinfektionen am 1.3.2020. Im Kanton Tessin wurden am 13.3.2020 61 Neuinfektionen pro Tag gemeldet, wobei es am 1.3.2020 lediglich eine Neuinfektion war, ‹https://covid-19-schweiz.bagapps.ch/de-1.html› (24.6.2020).

69 Gemäss Art. 28 Abs. 1 Schengener Grenzkodex ist die sofortige Wiedereinführung von Grenzkontrollen an Binnengrenzen nur bei einer ernsthaften Bedrohung der öffentlichen Ordnung oder der inneren Sicherheit unter Beachtung des Prinzips der Verhältnismässigkeit zulässig.

Schweiz zu verhindern, sondern lediglich dazu beitragen, dass neue Personen mit Krankheitssymptomen aufgrund der Wiedereinführung der Grenzkontrollen nicht in die Schweiz einreisen konnten. Zudem muss hinterfragt werden, ob diese Massnahmen tatsächlich zweckmässig waren, um die Ausbreitung des Coronavirus zu verzögern und dazu beizutragen, das Schweizer Gesundheitssystem nicht zu überlasten und damit die «Beeinträchtigung des Funktionierens der Einrichtungen des Staates und seiner wichtigen öffentlichen Dienste» zu verhindern.[70]

29 Der Sprecher der Präsidentin der Europäischen Kommission Ursula van der Leyen hatte zu Beginn der Ausbreitung des Coronavirus in Europa ausdrücklich festgehalten, dass bereits in allen Mitgliedstaaten Fälle des Coronavirus registriert wurden und damit die «Schliessung von Grenzen nicht notwendigerweise ein zweckmässiges Mittel [sei]»[71], um sicherzustellen, dass die Verbreitung des Coronavirus in der EU eingedämmt werden kann. Trotz wiederholter Bestätigung dieser Haltung räumte die Europäische Kommission am 16.3.2020 in ihrer Kommunikation jedoch selbst ein, dass Grenzkontrollen im Prinzip als Teil des nationalen Instrumentariums zur Bekämpfung von Epidemien eingesetzt werden könnten.[72] Am 15.4.2020 hat die Europäische Kommission schliesslich einen Fahrplan für die Aufhebung der Massnahmen zur Eindämmung des Coronavirus veröffentlicht, in welchem die Europäische Kommission ebenfalls die von den Mitgliedstaaten beschlossenen Beschränkungen, so unter anderem die Wiedereinführung der Grenzkontrollen, als notwendig eingestuft hat, «um die Ausbreitung der Epidemie zu verzögern und den Druck auf die Gesundheitssysteme zu verringern («Abflachung der Kurve»)».[73] Gemäss Fahrplan der Europäischen Kommission sollen die «derzeitigen Reisebeschränkungen und Grenzkontrollen [...] aufgehoben werden, sobald die epidemiologische Lage in den Grenzregionen hinlänglich vergleichbar ist und die Regeln für die soziale Distanzierung weithin verantwortungsbewusst befolgt werden».[74] Damit erachtet es die Europäische Kommission im Umkehrschluss als zulässig, Reisebeschränkungen und Grenzkontrollen zur Bekämpfung der COVID-19-Pandemie einzuführen, wenn die epidemiologische Lage in den Grenzregionen nicht mit der epidemiologischen Lage im betreffenden Mitgliedstaat zu vergleichen ist.

30 Im Zeitpunkt der vorübergehenden Einführung der Grenzkontrollen an den Landesgrenzen zu Italien konnte die epidemiologische Lage in Italien nicht mit dieser in der Schweiz verglichen werden. Während in der Schweiz die Fallzahlen zwar stetig stiegen,

---

70 Vgl. Entscheid C-304/14 des Europäischen Gerichtshofs vom 13.9.2016, CS, Ziff. 39 m.w.H.

71 Gutschker, Abs. 4.

72 Kommunikation COM(2020) 1753 final der Europäischen Kommission vom 16.3.2020 über «*Guidelines for border management measures to protect health and ensure the availability of goods and essential services*», Ziff. 18.

73 Gemeinsamer europäischer Fahrplan für die Aufhebung der Maßnahmen zur Eindämmung von COVID-19 vom 15.4.2020, Ziff. 2, S. 3.

74 Gemeinsamer europäischer Fahrplan für die Aufhebung der Maßnahmen zur Eindämmung von COVID-19 vom 15.4.2020, Ziff. 4, S. 14.

war das Gesundheitssystem in Italien angesichts der hohen Zahl der Neuinfektionen bereits überlastet. Italien befand sich in diesem Zeitpunkt in Bezug auf die COVID-19-Pandemie in einer weitaus prekäreren Situation als die Schweiz. Zusammenfassend kann folglich in Anlehnung an die Einschätzung der Europäischen Kommission zu vorübergehenden Grenzschliessungen festgehalten werden, dass die Wiedereinführung der Grenzkontrollen an den Landesgrenzen zu Italien zum Schutz der öffentlichen Ordnung und der inneren Sicherheit als verhältnismässig zu betrachten und daher mit den Bestimmungen des Schengener Grenzkodex, insbesondere Art. 28 Abs. 1 Schengener Grenzkodex, als vereinbar zu qualifizieren sind.

Als Reaktion auf die Wiedereinführung der Grenzkontrollen durch Österreich und Deutschland an deren Landesgrenzen zur Schweiz aufgrund der hohen Inzidenz in der Schweiz hat auch die Schweiz ab dem 16. 3. 2020 bis zum 26. 3. 2020[75] für zehn Tage gestützt auf Art. 28 Abs. 1 Schengener Grenzkodex die Grenzkontrollen an den Landesgrenzen zu Deutschland, Frankreich und Österreich wieder eingeführt. Die Wiedereinführung der Grenzkontrollen durch Deutschland erfolgte gleichzeitig mit Grenzschliessungen gegenüber Österreich, Frankreich, Dänemark und Luxembourg.[76] Österreich hat die Landesgrenzen zur Schweiz und zum Fürstentum Liechtenstein aus epidemiologischen Überlegungen[77] geschlossen, da die Schweiz zu diesem Zeitpunkt über eine wesentlich höhere Inzidenz verfügte als Österreich.[78] Die Grenzkontrollen an den Landesgrenzen zu Frankreich wurden durch die Schweiz aufgrund der epidemiologischen Entwicklung in Frankreich mit den täglich ansteigenden Zahlen von Neuinfektionen insbesondere im Elsass und aufgrund der hohen Zahlen von Neuinfektionen in den Westschweizer Kantonen Genf und Waadt eingeführt.[79] Aufgrund der epidemiologischen Lage in den Kantonen Genf und Waadt sowie im Elsass[80] ist die Wiedereinführung der Grenzkontrollen gegenüber Frankreich aus denselben Überlegungen wie bei Italien als verhältnis- und zweckmässig zu betrachten. Aufgrund der epidemiologischen Lage in Deutschland und Österreich ist es jedoch fraglich, ob von diesen Nachbarstaaten eine erhebliche Gefährdung der öffentlichen Ordnung zu erwarten gewesen wäre. In Österreich war zu diesem Zeitpunkt zwar das Bundesland Tirol das am stärksten betrof- 31

75 EU-Kommission, Übersicht der Grenzschliessungen, Nr. 134, S. 6.

76 EU-Kommission, Übersicht der Grenzschliessungen, Nr. 130, S. 6.

77 Das Bundesministerium Europäische und internationale Angelegenheiten hat für die Schweiz vor einem hohen Sicherheitsrisiko (Sicherheitsstufe 4) im Zusammenhang mit der Ausbreitung des Coronavirus (COVID-19) und damit einhergehenden massiven Einschränkungen im Reiseverkehr gewarnt, ‹https://www.bmeia.gv.at/reise-aufenthalt/reiseinformation/land/schweiz/› (24.5.2020); angepasst mit Wiedereinführung der Personenfreizügigkeit am 15.6.2020.

78 EU-Kommission, Übersicht der Grenzschliessungen, Nr. 127, S. 7.

79 In den Kantonen Genf und Waadt lagen die Zahlen der Neuinfektionen pro Tag am 16.3.2020 bei 124 Neuinfektionen (Genf) und 237 Neuinfektionen (Waadt). Von 1056 Neuinfektionen pro Tag am 16.3.2020 34.2% der Neuinfektionen auf die Kantone Genf und Waadt.

80 Die französische Region Elsass war einer der ersten Infektionsherde in Frankreich. Aufgrund des rasanten Anstiegs der Fälle im Elsass konnte in die epidemiologische Lage im grenznahen Gebiet Frankreichs nicht mehr mit der Lage in der Schweiz verglichen werden.

fene Bundesland[81], jedoch ordnete das Bundesland Tirol am 18.3.2020 und damit nur zwei Tage nach Wiedereinführung der Grenzkontrollen gegenüber Österreich eine Selbstisolation an, mit welcher die Bewegungsfreiheit der Tiroler Bevölkerung erheblich eingeschränkt wurde.[82] Damit kann zumindest ab diesem Zeitpunkt hinterfragt werden, ob die Aufrechterhaltung der Grenzkontrollen zu Österreich noch zweck- und verhältnismässig war. In Deutschland gehörte das Bundesland Baden-Württemberg zu den am stärksten betroffenen Bundesländern (mit knapp 1000 Neuinfektionen pro Tag), jedoch war die Inzidenz im Bundesland Baden-Württemberg tiefer als in der Schweiz.[83] Die Wiedereinführung von Grenzkontrollen lediglich gestützt auf den Umstand, dass Deutschland und Österreich Grenzkontrollen aufgrund der epidemiologischen Lage in der Schweiz eingeführt haben, wäre schliesslich keine hinreichende Grundlage, um der Schweiz die Wiedereinführung der Grenzkontrollen an den Landesgrenzen zu Deutschland und Österreich zu erlauben (kein Recht auf Reziprozität).

32 Aufgrund der weiteren Ausbreitung des Coronavirus in Europa und insbesondere in Spanien wurden gemäss Art. 28 Abs. 1 Schengener Grenzkodex für zehn Tage ab dem 18.3.2020 bis zum 28.3.2020[84] Grenzkontrollen im Luftverkehr mit Spanien, Italien, Frankreich, Deutschland und Österreich eingeführt. Zu diesem Zeitpunkt verschlechterte sich die epidemiologische Lage in allen Nachbarstaaten der Schweiz, insbesondere jedoch in Spanien, dessen Zahlen der Neuinfektionen über 4000 Neuinfektionen pro Tag anstiegen.[85] Da sich die Ausbreitung des Coronavirus in Regionen mit höheren Bevölkerungsdichten und insbesondere in Städten konzentrierte, welche mittels Flugverkehr mit der Schweiz verbunden sind, ist die Einführung der Grenzkontrollen und die Kanalisierung des Flugverkehrs sowohl als verhältnis- als auch als zweckmässig einzustufen. Im Zusammenhang mit der Wiedereinführung der Grenzkontrollen zu Deutschland und Österreich sei auf die vorstehenden Ausführungen verwiesen.

33 Aufgrund der weiteren Ausbreitung des Coronavirus in Europa und weltweit hat der Bundesrat in der Folge die bereits eingeführten Grenzkontrollen zwischen dem 23.3.2020 und dem 28.3.2020 gestützt auf Art. 28 Abs. 3 Schengener Grenzkodex[86] um

81 Das Bundesland Tirol grenzt nicht an die Schweiz, sondern ist durch das Bundesland Vorarlberg von der Schweiz abgegrenzt.

82 Wiener Zeitung, Selbstisolation: Tirol stellt alle Gemeinden unter Quarantäne, 18.3.2020, ‹https://www.wienerzeitung.at/nachrichten/politik/oesterreich/2054931-Coronavirus-Tirol-stellt-jetzt-alle-Gemeinden-unter-Quarantaene.html› (24.6.2020).

83 Robert Koch-Institut, COVID-19 Dashboard, ‹https://experience.arcgis.com/experience/478220a4c454480e823b17327b2bf1d4› (24.6.2020).

84 EU-Kommission, Übersicht der Grenzschliessungen, Nr. 138, S. 6.

85 Johns Hopkins University & Medicine, Coronavirus Resource Center, COVID-19 Dashboard by the Center for Systems Science and Engineering (CSSE) and Johns Hopkins University (JHU), ‹https://coronavirus.jhu.edu/map.html› (29.5.2020).

86 Dauert die ernsthafte Bedrohung der öffentlichen Ordnung oder der inneren Sicherheit über den in Absatz 1 dieses Artikels genannten Zeitraum an, so kann der Mitgliedstaat beschließen, die Kontrollen an den Binnengrenzen für verlängerbare Zeiträume von höchstens 20 Tagen zu verlängern. Der betreffende Mitgliedstaat berücksichtigt die in Artikel 26 genannten Kriterien, einschließlich einer aktualisier-

zwanzig Tage verlängert.[87] So wurden die Grenzkontrollen an den Landesgrenzen zu Italien bis zum 12.4.2020, die Grenzkontrollen an den Landesgrenzen zu Frankreich, Deutschland und Österreich bis zum 15.4.2020 und die Grenzkontrollen im Luftverkehr mit Spanien, Italien, Frankreich, Deutschland und Österreich bis zum 17.4.2020 verlängert.[88]

In diesem Zeitraum befand sich Westeuropa in fester Hand des Coronavirus mit rasant ansteigenden Infektionszahlen in sämtlichen Nachbarländern der Schweiz. Die Schweiz hatte ebenfalls die höchste Zahl der Neuinfektionen der COVID-19-Pandemie an einem Tag am 27.3.2020.[89] Eine Aufhebung der Grenzkontrollen an den Landesgrenzen sowie im Luftverkehr wäre zu diesem Zeitpunkt dem Zweck der vom Bundesrat erlassenen Massnahmen, insbesondere der Verhinderung und Eindämmung der Verbreitung des Coronavirus und der Sicherstellung der Kapazitäten des Schweizer Gesundheitssystems zur Bewältigung der Epidemie[90], zuwidergelaufen. In Bezug auf die Grenzkontrollen an den Landesgrenzen zu Deutschland und Österreich sei an dieser Stelle auf die vorangehenden Ausführungen verwiesen. Damit war die Verlängerung der Grenzkontrollen mit Blick auf die allgemeine epidemiologische Lage in Zentraleuropa unter Berücksichtigung der neuen Umstände grundsätzlich notwendig, um die öffentliche Sicherheit und die öffentliche Gesundheit der Schweiz zu schützen und ist daher als verhältnismässig zu qualifizieren. 34

Gleichzeitig wurden ab dem 25.3.2020 bis zum 4.4.2020 Grenzkontrollen im Luftverkehr mit allen Ländern (ausser dem Fürstentum Liechtenstein) für zehn Tage gemäss Art. 28 Abs. 1 Schengener Grenzkodex eingeführt und nachfolgend für weitere zwanzig Tage bis zum 24.4.2020 verlängert.[91] Mit Blick auf die allgemeine epidemiologische Entwicklung ausserhalb Europas, insbesondere der Vereinigten Staaten von Amerika und Südamerika, ist auch diese Massnahme unter Berücksichtigung der Gesamtumstände im In- und Ausland als verhältnismässig einzustufen. Inwiefern die Verlängerung der Grenzkontrollen ab dem 4.4.2020 zweckmässig war, wenn viele der von der COVID-19-Pandemie betroffenen Staaten, insbesondere auch die an stärksten betroffenen Staaten Italien und Spanien, erhebliche Bewegungsbeschränkungen gegenüber deren Bevölkerung eingeführt hatten, ist jedoch an dieser Stelle kritisch zu hinterfragen. Aufgrund der erheblichen Bewegungsbeschränkungen war es den meisten ausländischen 35

ten Bewertung der Notwendigkeit und Verhältnismäßigkeit der Maßnahme, sowie etwaiger neue Umstände (Art. 28 Abs. 3 des Schengener Grenzkodex).

87 Dauert eine ernsthafte Bedrohung der öffentlichen Ordnung oder der inneren Sicherheit über den Zeitraum von zehn Tagen hinaus an, so können die Kontrollen an den Binnengrenzen um höchstens zwanzig Tagen verlängert werden. Bei der Beurteilung der Verlängerung muss die Notwendigkeit und Verhältnismässigkeit der Massnahme aufgrund der neuen Umstände neu beurteilt werden.

88 EU-Kommission, Übersicht der Grenzschliessungen, Nr. 145, S. 5.

89 Johns Hopkins University & Medicine, Coronavirus Resource Center, COVID-19 Dashboard by the Center for Systems Science and Engineering (CSSE) and Johns Hopkins University (JHU), ‹https://coronavirus.jhu.edu/map.html› (29.5.2020).

90 Art. 1 Abs. 2 COVID-19-Verordnung 2.

91 EU-Kommission, Übersicht der Grenzschliessungen, Nr. 157, S. 5.

Staatsangehörigen überhaupt nicht möglich, ihr Haus oder ihre Wohnung zu verlassen oder gar über die Grenze in die Schweiz einzureisen. Gleichzeitig konnte zu diesem Zeitpunkt durch die Schweiz aufgrund der allgemeinen Lage nicht beurteilt werden, welche Auswirkungen eine Öffnung der Grenzen haben könnte, weshalb in einer solchen Ausnahmesituation das Prinzip der Verhältnis- und Zweckmässigkeit nicht in seiner strengsten Form angewendet werden sollte. Zudem war die Schweiz mit Blick auf Europa in der Entscheidung der Verlängerung bzw. Neu-Einführung von Grenzkontrollen nicht alleine, da fast sämtliche europäischen Staaten Grenzkontrollen wiedereingeführt bzw. verlängert haben. Demnach kann die Entscheidung des Bundesrates zu diesem Zeitpunkt als nachvollziehbar und folglich auch als verhältnismässig eingestuft werden.

36 Mit Ablauf der Verlängerung der Wiedereinführung der Grenzkontrollen an den Landesgrenzen zu Italien am 12.4.2020 hat der Bundesrat die Grenzkontrollen für alle Binnengrenzen (Landesgrenzen und Luftverkehr, ausser den Grenzen zum Fürstentum Liechtenstein) um zwanzig Tage bis zum 2.5.2020 und damit innerhalb der Kompetenz nach Art. 28 Abs. 4 Schengener Grenzkodex verlängert.[92] Schliesslich hat der Bundesrat gestützt auf Art. 25 Abs. 1 Schengener Grenzkodex[93] angekündigt, sämtliche Grenzkontrollen an Binnengrenzen (Landesgrenzen und Grenzen für Luftverkehr) vom 2.5.2020 bis zum 8.6.2020 zu verlängern. Gemäss Art. 25 Abs. 1 Schengener Grenzkodex darf ein Mitgliedstaat die Grenzkontrollen dann für mehr als 30 Tage einführen, wenn die «vorhersehbare Dauer der ernsthaften Bedrohung [...] den Zeitraum von 30 Tagen überschreitet». Die Dauer der ernsthaften Bedrohung, welche von der COVID-19-Pandemie ausging, konnte zu diesem Zeitpunkt nicht abgeschätzt werden, weshalb die Verlängerung der Grenzkontrollen bis zum 8.6.2020 mit Art. 25 Abs. 1 Schengener Grenzkodex vereinbar war. Schliesslich wurden die Grenzkontrollen an sämtlichen Binnengrenzen (Landesgrenzen und Grenzen für Luftverkehr) letztmalig bis zum 15.6.2020 verlängert.[94]

37 Zusammenfassend kann gefolgert werden, dass die ersten Wiedereinführungen der Grenzkontrollen an Binnengrenzen (und die Verlängerungen dieser Massnahmen) allenfalls mit der Ausnahme der Wiedereinführung der Grenzkontrollen an den Landesgrenzen zu Deutschland und Österreich durchaus verhältnismässig waren, um die öffentliche Ordnung der Schweiz zu schützen, und im Rahmen der Kompetenzen, wel-

92 Gemäss Art. 28 Abs. 4 Schengener Grenzkodex darf der Gesamtzeitraum, innerhalb dessen Kontrollen an den Binnengrenzen wiedereingeführt werden, ausgehend vom ursprünglichen Zeitraum höchstens zwei Monate betragen.

93 Ist im Raum ohne Kontrollen an den Binnengrenzen die öffentliche Ordnung oder die innere Sicherheit in einem Mitgliedstaat ernsthaft bedroht, so ist diesem Mitgliedstaat unter außergewöhnlichen Umständen die Wiedereinführung von Kontrollen an allen oder bestimmten Abschnitten seiner Binnengrenzen für einen begrenzten Zeitraum von höchstens 30 Tagen oder für die vorhersehbare Dauer der ernsthaften Bedrohung, wenn ihre Dauer den Zeitraum von 30 Tagen überschreitet, gestattet. Die vorübergehende Wiedereinführung von Kontrollen an den Binnengrenzen darf in Umfang und Dauer nicht über das Mass hinausgehen, das zur Bewältigung der ernsthaften Bedrohung unbedingt erforderlich ist (Art. 25 Abs. 1 Schengener Grenzkodex).

94 EU-Kommission, Übersicht Grenzschliessungen, Nr. 211, S. 1.

che den Mitgliedstaaten vom Schengener Grenzkodex gewährt werden, zulässig erlassen wurden.

Mit der Verlängerung der Grenzkontrollen an Binnengrenzen bis zum 8.6.2020, welche wiederum bis zum 15.6.2020 (vorerst letztmalig) verlängert wurde, stellt sich die Frage, ob diese Massnahmen noch als verhältnis- und zweckmässig zu betrachten ist, wenn viele Mitgliedstaaten im Innenverhältnis bereits erhebliche Bewegungsbeschränkungen erlassen haben, um die weitere Ausbreitung des Coronavirus einzudämmen. Mit den Bewegungsbeschränkungen im Inland wird automatisch auch der grenzüberschreitende Personenverkehr reduziert. Darüber hinaus hat die Weltgesundheitsorganisation (WHO) in wissenschaftlichen Studien zu früheren Pandemien die Schlussfolgerung gezogen, dass Grenzschliessungen und die Einschränkung des Luftverkehrs zwar zu Verzögerungen in der Ausbreitung einer Pandemie von zwischen drei Wochen und vier Monaten führen, die Pandemie aber nicht aufhalten können. Gemäss diesen Studien führen Grenzschliessungen und die Einstellung des Luftverkehrs lediglich zu einer dreiprozentigen Reduktion von neuen Fällen.[95] Eines der erklärten Ziele des Bundesrates war die «Abflachung der Kurve», um sicherzustellen, dass das Schweizer Gesundheitssystem stets über ausreichende Kapazitäten verfügt. Da im Zeitpunkt der Ergreifung der Massnahmen – insbesondere der Wiedereinführung von Grenzkontrollen an Binnengrenzen und der Einreisebeschränkungen – das Coronavirus die Schweiz bereits erreicht und sich in mehreren Kantonen ausgebreitet hatte, konnte das Ziel nie die Verhinderung, sondern lediglich die Verlangsamung der Ausbreitung des Coronavirus sein. Mit den einschneidenden Massnahmen im Zusammenhang mit der Bewegungsfreiheit der Bevölkerung, welche die meisten europäischen Staaten ergriffen haben, um die Ausbreitung des Coronavirus zu verlangsamen, und mit Blick auf die sinkenden Zahlen von Neuinfektionen kann durchaus in Frage gestellt werden, ob die Aufrechterhaltung der Grenzkontrollen an Binnengrenzen nach Massgabe von Art. 25 ff. Schengener Grenzkodex aufgrund der fehlenden Verhältnismässigkeit noch zu rechtfertigen sind, zumal die Fälle der Neuinfektionen in Europa in dieser Zeit in allen Staaten erheblich rückläufig waren und sämtliche europäischen Staaten Lockerungen der eingeführten Massnahmen geprüft haben. Sollten die Massnahmen als nicht verhältnismässig eingestuft werden, so hätte die Verlängerung der Grenzkontrollen an Binnengrenzen die staatsvertraglichen Verpflichtungen der Schweiz verletzt. Schliesslich müsste aufgrund des Gleichbehandlungsgrundsatzes der Bürger aller Mitgliedstaaten die Mitgliedstaaten veranlassen, auf die Lockerungen im Inland auch Lockerungen im Zusammenhang mit Einreisebeschränkungen und Grenzkontrollen an Binnengrenzen zu veranlassen. 38

Die Schweiz ist dieser Pflicht insofern nachgekommen, dass ab dem 16.5.2020 die gegenseitige Einreise an den Landesgrenzen zwischen der Schweiz, Deutschland und Österreich wieder für Personen erlaubt wurde, welche ihre Lebenspartnerinnen und Lebenspartner oder ihre Verwandten besuchen oder an wichtigen Familienanlässen teilnehmen wollen. Ebenfalls wurde diese Lockerung für Besitzer von selbst genutzten 39

95 Mateus/Otete/Beck/Dolanc/Nguyen-Van-Tam, S. 872.

Liegenschaften (Zweitwohnung) und Schrebergärten, für Landwirtschafts-, Jagd- und Forstflächen sowie für Personen, welche Tiere versorgen, beschlossen.[96] Schliesslich wurde zwischen den drei Staaten vereinbart, kleinere geschlossene Grenzübergänge wieder kontinuierlich zu eröffnen.[97] Schliesslich haben die Schweiz, Deutschland und Frankreich im Falle einer positiven pandemischen Entwicklung abgesprochen, sämtliche Reisebeschränkungen zwischen der Schweiz, Deutschland, Österreich und Frankreich am 15.6.2020 aufzuheben.[98] Von dieser Absprache war Italien vorerst ausgenommen. Seit dem 15.6.2020 gilt innerhalb des Schengen-Raums wieder die vollumfängliche Personenfreizügigkeit.

2. Kanalisierung des grenzüberschreitenden Personenverkehrs

40 Gemäss Art. 41 Abs. 1 EpG kann der Bundesrat «Vorschriften über den internationalen Personenverkehr [erlassen], die verhindern, dass übertragbare Krankheiten sich grenzüberschreitend ausbreiten». Mit der befristeten Wiedereinführung der Grenzkontrollen an den Landesgrenzen zu Italien ab dem 13.3.2020 wurde der Grenzverkehr zunächst im Tessin auf grössere Grenzübergänge kanalisiert.[99] Mit Anpassung der COVID-19-Verordnung 2 vom 19.3.2020 wurden Einschränkungen des grenzüberschreitenden Personenverkehrs für Deutschland, Frankreich, Italien, Österreich und Spanien erlassen, wonach der Luftverkehr aus diesen Ländern an den Landesflughäfen Zürich-Kloten, Genf-Cointrin und Basel-Mulhouse kanalisiert wurde.[100] Am 25.3.2020 wurde der gesamte Luftverkehr zur Passagierbeförderung aus dem Ausland an den Landesflughäfen Zürich-Kloten, Genf-Cointrin und Basel-Mulhouse kanalisiert.[101]

41 Zudem wurde der Grenzverkehr an den Landesgrenzen mit Einführung der vorübergehenden Grenzkontrollen in der ganzen Schweiz kanalisiert, um die Kontrollen gezielt an den grösseren Grenzübergängen durchzuführen. In der Folge wurden sukzessive 130 kleinere Grenzübergänge für den Personen-, nicht jedoch für den Warenverkehr, geschlossen und der Grenzverkehr auf die grösseren Grenzübergänge kanalisiert.[102] Auch die grenzüberschreitende Anlandung auf stehenden und fliessenden Gewässern sowie das internationale Anlanden an sämtlichen Häfen wurden für die Dauer der Massnahmen zur Bekämpfung des Coronavirus untersagt.[103]

42 Die erfolgten Schliessungen der kleineren Grenzübergänge und die damit verbundene Kanalisierung des grenzüberschreitenden Personenverkehrs sind im Zusammen-

96 Medienmitteilung SEM, 15.5.2020, Einleitung.

97 Medienmitteilung SEM, 15.5.2020, Abs. 4.

98 Medienmitteilung SEM, 15.5.2020, Abs. 5.

99 Medienmitteilung EZV, 11.3.2020, Einleitung.

100 Anhang 2 zu Art. 4 Abs. 3 COVID-19-Verordnung 2 (Stand 19.3.2020).

101 Anhang 2 zu Art. 4 Abs. 3 COVID-19-Verordnung 2 (Stand 25.3.2020).

102 Medienmitteilung EZV, 16.3.2020, Abs. 2.

103 Eidgenössische Zollverwaltung, Informationen zum Schiffsverkehr, ‹https://www.ezv.admin.ch/ezv/de/home/teaser-startseite/brennpunkt-teaser/coronavirus/liste-geoeffnete-grenzuebergaenge.html› (22.5.2020); angepasst mit Wiedereinführung der Personenfreizügigkeit am 15.6.2020.

hang mit der Wiedereinführung der Grenzkontrollen an Binnengrenzen rechtlich zu beurteilen. Grenzkontrollen können unter den gegebenen Umständen nur effizient vorgenommen werden, wenn der grenzüberschreitende Personenverkehr über die grösseren Grenzgänge kanalisiert wird. Zugleich sind die Schliessungen der kleineren Grenzübergänge aus rechtlicher Sicht zu prüfen.

Die Schliessung von Grenzen ist weder mit dem Schengener Grenzkodex noch mit dem Freizügigkeitsabkommen oder EFTA-Abkommen vereinbar, da eine Grenzschliessung zugleich auch die Freizügigkeitsrechte – das Recht auf Einreise – einschränkt bzw. aufhebt. Folglich wären vollständige Grenzschliessungen nicht zulässig. Bei der Kanalisierung des Grenzverkehrs geht es jedoch nicht um die vollständige, sondern nur um die teilweise Schliessung von Grenzübergängen, um eine effiziente Durchführung der vorübergehend wiedereingeführten Grenzkontrollen sicherstellen zu können. Da die vorübergehende Einführung der Grenzkontrollen mit dem Schengener Grenzkodex vereinbar ist, muss auch die Kanalisierung des Grenzverkehrs zulässig sein, da ohne Kanalisierung des Grenzverkehrs die Grenzkontrollen nicht korrekt und effizient durchgeführt werden können. Bei der Kanalisierung muss der Mitgliedstaat jedoch darauf achten, den Grenzverkehr nicht unverhältnismässig zu behindern. 43

Zusammenfassend ist eine Kanalisierung des grenzüberschreitenden Personenverkehrs im Rahmen der Wiedereinführung der Grenzkontrollen nicht nur sinnvoll, sondern notwendig. Zudem handelt es sich nicht um eine vollständige Schliessung der Grenzen, welche als unzulässig zu beurteilen wäre. Der grenzüberschreitende Personenverkehr wird nicht gänzlich verhindert, sondern kanalisiert, weshalb die Vornahme dieser Massnahme im Rahmen der vorübergehenden Wiedereinführung der Grenzkontrollen als rechtlich zulässig zu qualifizieren ist. 44

3. Einführung von Einreisebeschränkungen für Personen aus Risikoländern und -regionen/Einstellung der Visa-Ausstellung

Mit der Einführung der Einreisebeschränkungen durch den Bundesrat ab dem 13.3.2020 wurden die Grenzkontrollbehörden verpflichtet, allen ausländischen Personen, die aus einem Risikoland oder aus einer Risikoregion kommend in die Schweiz einreisen wollen und nicht über einen Aufenthaltstitel[104], eine Zusicherung der Aufenthaltsbewilligung oder eine Meldebestätigung verfügen, die Einreise in die Schweiz zu verweigern.[105] Die Ausnahmen zur allgemeinen Einreisebeschränkung wurden vom Bundesrat seither gemäss den verschiedenen COVID-19-Verordnungen 2 laufend den aktuellen Verhältnissen angepasst. 45

104 Als Aufenthaltstitel gelten die Grenzgängerbewilligung (G-Ausweis), die Kurzaufenthaltsbewilligung (L-Ausweis), die Aufenthaltsbewilligung (B-Ausweis), die Niederlassungsbewilligung (C-Ausweis, einschliesslich Ci-Ausweis) sowie die vom EDA ausgestellten Legitimationskarten. Ebenfalls vom Einreiseverbot ausgenommen sind ausländische Personen, welchen von einer Schweizer Vertretung ein C-Visum oder ein D-Visum ausgestellt wurde (vgl. Erläuterungen COVID-19-Verordnung 2 [Stand 16.3.2020], S. 3).

105 Vgl. Art. 3 Abs. 1 lit. b und c COVID-19-Verordnung 2 (Stand 13.3.2020).

46 Die erlassenen Einreisebeschränkungen haben nicht nur Drittstaatsangehörige, sondern auch EU/EFTA-Staatsangehörige betroffen, welche sich normalerweise auf die Personenfreizügigkeit gestützt auf das Freizügigkeitsabkommen berufen konnten. So wurden von den Einreisebeschränkungen Einreisen von Ausländerinnen und Ausländern als Dienstleistungsempfangende, Touristen, Besuchende, Teilnehmende an Veranstaltungen, zur Stellensuche (EU/EFTA), zur Einreichung eines Gesuchs um Erteilung einer Aufenthaltsbewilligung (EU/EFTA) sowie zur grenzüberschreitenden Dienstleistungserbringung, welche bisher nicht meldepflichtig war (EU/EFTA), erfasst.[106]

47 Mit der Anpassung der COVID-19-Verordnung 2 vom 19.3.2020 wurde schliesslich die Erteilung von Schengen-Visa, von nationalen Visa und Ermächtigungen zur Visa-Ausstellung an Personen aus Risikoländern oder -regionen im Grundsatz eingestellt. Ausgenommen von dieser Einstellung waren Gesuche von Personen, welche sich in einer Situation der äussersten Notwendigkeit befinden oder als Spezialistinnen oder Spezialisten im Zusammenhang mit dem Gesundheitsbereich von grosser Bedeutung sind.[107] Die grundsätzliche Einstellung der Visa-Ausstellung gemäss Art. 4a COVID-19-Verordnung 2 wurde bis zum 15.6.2020 beschlossen.[108] In der Folge wurde grundsätzlich die Bearbeitung sämtlicher Bewilligungsgesuche sistiert.[109]

48 Nach Schweizer Recht haben ausländische Staatsangehörige weder ein Recht auf Einreise noch einen allgemeinen Anspruch auf Erteilung eines Visums.[110] Ein Recht auf Einreise und Visumserteilung kann sich indessen aus völkerrechtlichen Verpflichtungen ergeben.[111] Mangels völkerrechtlicher Verpflichtung handelt es sich um einen autonomen Entscheid der Schweiz, die Einreise zu erlauben oder ein Visum zu erteilen.[112]

a) *Rechtsgrundlage für die Einreise und Visumserteilung von Drittstaatsangehörigen*

49 Für die Einreise in die Schweiz benötigen Drittstaatsangehörige abhängig von ihrer Staatsangehörigkeit ein Einreisevisum. Dabei wird grundsätzlich zwischen kurzfristigem Aufenthalt und längerfristigem Aufenthalt unterschieden. Die Einreise zu einem Aufenthalt von maximal 90 Tagen innerhalb eines Zeitraums von 180 Tagen im Schengen-Raum wird als kurzfristiger Aufenthalt qualifiziert.[113] Als längerfristiger Aufenthalt qualifiziert ein Aufenthalt von mehr als 90 Tagen innerhalb des Zeitraums von 180 Tagen im Schengen-Raum.[114]

---

106 Gesuche im überwiegenden öffentlichen Interesse konnten von den kantonalen Behörden weiterhin genehmigt werden (Rundschreiben SEM, S.4). Vgl. Weisung SEM, Ziff. 1.3.

107 Art. 4a COVID-19-Verordnung 2.

108 Erläuterungen COVID-19-Verordnung 2 (15.5.2020), S. 9 f.

109 Rundschreiben SEM, S. 5.

110 Hänni. S. 123; Spescha/Priuli, Art. 6 AIG N 2.

111 Die Schweiz ist solche völkerrechtlichen Verpflichtungen insbesondere im Zusammenhang mit dem EFTA-Übereinkommen und dem Freizügigkeitsabkommen eingegangen.

112 M.w.H. BGE 135 II 1 E. 1.1.

113 Art. 2 lit. a VEV.

114 Art. 2 lit. b VEV.

Gemäss Art. 2 Abs. 4 AIG und gemäss Art. 1 Abs. 2 VEV gelten die Bestimmungen über das Visumverfahren nur, sofern die Schengen-Assoziierungsabkommen keine abweichenden Bestimmungen enthalten. Demnach richten sich die Einreisevoraussetzungen und die Ausstellung von Einreisevisa primär nach den Vorschriften des Schengener Grenzkodex und des Visakodex und subsidiär nach den Vorschriften des Ausländer- und Integrationsgesetzes und der Verordnung über die Einreise und Visumerteilung.[115] Die Schweiz kann somit die Visumpflicht für Staatsangehörige aus Drittstaaten in eigener Kompetenz weder aufheben noch einführen.[116] Während der Visakodex lediglich Schengen-Visa, d.h. Visa für kurzfristige Aufenthalte von maximal 90 Tagen in einem Zeitraum von 180 Tagen,[117] erfasst, werden Visa für Langzeitaufenthalte über 90 Tage sowie Arbeitsbewilligungen vom Visakodex nicht erfasst und richten sich nach der nationalen Gesetzgebung.[118] 50

aa) Kurzfristige Aufenthalte

Die Einreisevoraussetzungen und das Verfahren zur Ausstellung von Einreisevisa für kurzfristige Aufenthalte, d.h. Aufenthalte von maximal 90 Tagen in einem Zeitraum von 180 Tagen, richten sich nach dem Schengener Grenzkodex und dem Visakodex.[119] 51

Während die allgemeinen Einreisevoraussetzungen in Art. 6 Schengener Grenzkodex[120] festgehalten sind, werden gewisse Voraussetzungen durch Art. 21 Visakodex konkretisiert. Gemäss Art. 21 Abs. 1 muss u.a. geprüft werden, ob die Einreise der Staatsangehörigen aus Drittstaaten eine Gefahr für die Sicherheit der Mitgliedstaaten darstellt.[121] Die Ausstellung eines Einreisevisums kann zudem verweigert werden, wenn die Einreisevoraussetzungen nicht erfüllt sind.[122] Die Erteilung eines Schengen-Visums setzt folglich voraus, dass die Staatsangehörigen aus Drittstaaten die Einreisevorausset- 52

115 Spescha/Priuli, Art. 6 AIG N 3.

116 Spescha/Spescha/Priuli, Art. 2 AIG N 5.

117 Art. 1 (1) Schengener Grenzkodex.

118 Spescha/Spescha/Priuli, Art. 2 AIG N 5.

119 Gemäss Art. 3 Abs. 1 VEV richten sich die Einreisevoraussetzungen für kurzfristige Aufenthalte nach Art. 6 des Schengener Grenzkodex. Gemäss Art. 12 Abs. 1 VEV richten sich die Verfahren und die Voraussetzungen für die Erteilung von Visa für kurzfristige Aufenthalte nach den Bestimmungen von Titel III (Art. 4–36) des Visakodex. Diese Bestimmungen werden durch die Artikel 13–19 VEV ergänzt.

120 Gemäss Bestimmungen des Schengener Grenzkodex muss der oder die Drittstaatsangehörige für die Einreise im Besitz eines gültigen Reisedokuments sein, das mindestens noch drei Monate nach der geplanten Ausreise gültig ist und innerhalb der letzten zehn Jahre vor der Einreise ausgestellt wurde (Art. 6 Abs. 1 lit. a). Ausserdem muss der oder die Drittstaatsangehörige im Falle einer Visumspflicht für die Einreise in den Schengen-Raum im Besitz eines gültigen Visums sein (Art. 6 Abs. 1 lit. b). Zudem muss er oder sie den Zweck und die Umstände des beabsichtigten Aufenthalts belegen können und über ausreichende finanzielle Mittel für den Lebensunterhalt während des Aufenthalts sowie für die Ausreise verfügen (Art. 6 Abs. 1 lit. c). Schliesslich darf kein Einreiseverweigerungsgrund vorliegen (Art. 6 Abs. 1 lit. d) und der oder die Drittstaatsangehörige darf keine Gefahr für die öffentliche Ordnung, innere Sicherheit, öffentliche Gesundheit oder die internationalen Beziehungen darstellen (Art. 6 Abs. 1 lit. e).

121 Hänni, S. 126.

122 Art. 32 (1) Visakodex.

zungen erfüllen und kein Verweigerungsgrund vorliegt.[123] Mitgliedstaaten haben für die Prüfung der Einreisevoraussetzungen und für die Auslegung der Verweigerungsgründe einen weiten Ermessenspielraum.[124]

53 Staatsangehörige von Drittstaaten gemäss Anhang I der Verordnung (EU) 2018/1806[125] benötigen für die Einreise in das Gebiet der Mitgliedstaaten (und damit auch die Schweiz) für Aufenthalte in diesem Gebiet von höchstens 90 Tagen in einem Zeitraum von 180 Tagen ein Visum.[126] Die Schweiz hat die Liste der Drittländer in Anhang I der Verordnung (EU) 2018/1806 gemäss Art. 8 Abs. 1 VEV übernommen. Im Anhang II der Verordnung (EU) 2018/1806 sind die Drittstaaten aufgelistet, welche für Aufenthalte in einem Gebiet eines Mitgliedstaates (und damit auch der Schweiz) für Aufenthalte in diesem Gebiet von höchstens 90 Tagen in eine Zeitraum vom 180 Tagen von der Visumspflicht befreit sind.[127] Die Schweiz hat die Liste der Drittländer in Anhang II der Verordnung (EU) 2018/1806 gemäss Art. 8 Abs. 3 VEV ebenfalls übernommen.

bb) Längerfristige Aufenthalte

54 Die Einreisevoraussetzungen und die Visa-Modalitäten für längerfristige Aufenthalte richten sich nach nationalem Recht und im Wesentlichen nach den Bestimmungen in Art. 5 ff. AIG sowie Art. 4 Abs. 1 VEV, wonach zusätzliche Voraussetzungen für den Aufenthalt erfüllt sein müssen.[128] Für längerfristige Aufenthalte müssen Staatsangehörige aus Drittstaaten daher entweder eine arbeitsrechtliche Bewilligung oder eine Bewilligung für einen längeren Aufenthalt ohne Erwerbstätigkeit beantragen.[129] Schliesslich sind Staatsangehörige von gewissen Staaten gemäss Art. 9 Abs. 2 VEV von der Visumpflicht für längerfristige Aufenthalte befreit.[130]

123 Art. 21 und Art. 32 (1) Visakodex; Hänni, S. 126.

124 Hänni, a.a.O.

125 Verordnung (EU) 2018/1806 des Europäischen Parlaments und des Rates vom 14.11.2018 zur Aufstellung der Liste der Drittländer, deren Staatsangehörige beim Überschreiten der Aussengrenzen im Besitz eines Visums sein müssen, sowie der Liste der Drittländer, deren Staatsangehörige von dieser Visumpflicht befreit sind, Fassung gemäss ABl. L 303 vom 28.11.2018, S. 1.

126 Art. 3 (1) der Verordnung (EU) 2018/1806.

127 Art. 4 (1) der Verordnung (EU) 2018/1806.

128 Für einen Aufenthalt von mehr als 90 Tagen muss der oder die Drittstaatsangehörige über ein nationales Visum verfügen (Art. 4 Abs. 1 lit. a VEV) und die ausländerrechtlichen Zulassungsvoraussetzungen für den beabsichtigten Aufenthaltszweck erfüllen (Art. 4 Abs. 1 lit. b VEV); vgl. Zudem Art. 10 Abs. 2 AIG für Aufenthalte ohne Erwerbstätigkeit und Art. 11 Abs. 1 AIG für Aufenthalte mit Erwerbstätigkeit.

129 Hänni, S. 130.

130 Gemäss Art. 9 Abs. 2 VEV sind Staatsangehörige von Andorra, Brunei Darussalam, Japan, Malaysia, Monaco, Neuseeland, San Marino, Singapur und Vatikanstadt von der Visumspflicht für längerfristige Aufenthalte befreit.

b) *Rechtsgrundlage für die Einreise und Visumserteilung von EU/EFTA-Staatsangehörigen*

Grundsätzlich können EU/EFTA-Staatsangehörige aus dem Freizügigkeitsabkommen bzw. dem EFTA-Übereinkommen einen Rechtsanspruch auf Einreise und Aufenthalt in der Schweiz ableiten.[131] Gemäss bundesgerichtlicher Rechtsprechung haben EU/EFTA-Staatsangehörige zudem aus dem in den Abkommen festgesetzten Einreise- und Aufenthaltsrecht grundsätzlich unter Beachtung von Art. 5 Anhang I des Freizügigkeitsabkommens Anspruch auf ein bewilligungsfreies Aufenthaltsrecht von drei Monaten und brauchen für den erwerbslosen Aufenthalt in der Schweiz lediglich einen gültigen Ausweis.[132] 55

Ein Einreisevisum oder ein gleichwertiger Nachweis darf bei Staatsangehörigen der anderen Vertragsparteien des EFTA-Übereinkommens und des Freizügigkeitsabkommens nicht verlangt werden, ausser im Fall von Familienangehörigen und entsandten Arbeitnehmern, die nicht die Staatsangehörigkeit einer Vertragspartei besitzen.[133] 56

c) *Einstellung der Visa-Ausstellung im Rahmen der COVID-19-Pandemie*

Aufgrund der Auffassung des Bundesrates, dass alle nicht zwingend notwendigen Reisen eingestellt werden müssen, um die Ausbreitung des Coronavirus zu bremsen, wurde gestützt auf Art. 4a der COVID-19-Verordnung 2 die Erteilung von Visa für kurzfristige Aufenthalte, für längerfristige Aufenthalte sowie von Ermächtigungen zur Visa-Ausstellung an ausländische Personen aus Risikoländern und -regionen bis zum 15.6.2020 im Grundsatz eingestellt.[134] Auf Visaanträge insbesondere für Kurzaufenthalte (Besuchszwecke/Tourismus) sollte gemäss dem Entscheid des Bundesrats nicht mehr eingetreten werden.[135] 57

Auch wenn das Schweizer Recht keinen Rechtsanspruch auf Einreise und Erteilung eines Visums kennt[136], ist die Schweiz gestützt auf völkerrechtlicher Verpflichtungen – insbesondere gestützt auf den Schengener Grenzkodex, den Visakodex für Drittstaatsangehörige und gestützt auf das Freizügigkeitsabkommen sowie dem EFTA-Übereinkommen für EU/EFTA-Staatsangehörige – zur Gewährung der Einreise und Erteilung eines Visums grundsätzlich verpflichtet, ausser es liegen Umstände vor, welche der Schweiz die rechtliche Möglichkeit geben, ein Visum zu verweigern.[137] 58

---

131 Art 1. Abs. 1 Anlage 1 zu Anhang K des EFTA-Übereinkommens für EFTA-Staatsangehörige sowie Art 1 (1) Anhang I FZA für EU-Staatsangehörige.

132 Spescha/Spescha, Art. 1 Anhang I FZA N 1.

133 Art 1. Abs. 1 Anlage 1 zu Anhang K des EFTA-Übereinkommens; Art 1 (1) Anhang I FZA; Art. 5 Abs. 1 und 2 der Richtlinie 2004/38/EG, ABl. L158 vom 30.4.2004, S.77.

134 Erläuterungen COVID-19-Verordnung 2 (15.5.2020), S. 9 f.

135 Weisung SEM, Ziff. 2.1.1.

136 Die Bestimmung ist als eine Kann-Vorschrift ausgestaltet: «Ein Visum kann Ausländerinnen und Ausländern erteilt werden, wenn sie die Einreisevoraussetzungen nach Artikel 2 erfüllen» (Art. 12 Abs. 1 VEV); BVGer v. 11.3.2014, C-4524/2012, E. 4.1.1 ff.

137 BGE 135 II 1 E. 1.1.; Hänni, S. 123; Spescha/Priuli, Art. 6 AIG N 2 m.w.H.

aa) Einstellung der Visa-Erteilung für längerfristige Aufenthalte und Einreiseerlaubnisse an Drittstaatsangehörige/Einreiseverbot

59 Ausländerinnen und Ausländer dürfen gemäss Art. 5 Abs. 1 lit. d AIG «keine Gefahr für die öffentliche Sicherheit und Ordnung sowie die internationalen Beziehungen der Schweiz darstellen». Zudem besteht auch bei Erfüllung der Einreisevoraussetzungen kein Rechtsanspruch auf Einreise und Erteilung eines Visums.[138]

60 Demnach erscheint es aus rechtlicher Sicht als unproblematisch, die Ausstellung von nationalen Visa für längerfristige Aufenthalte und die Ausstellung von Einreiseerlaubnissen an Drittstaatsangehörige einzustellen. In der Folge darf die Schweiz Drittstaatsangehörigen, welchen ein nationales Visum für längerfristige Aufenthalte oder eine Einreiseerlaubnis ausgestellt würde, auch die Einreise in die Schweiz verweigern.

bb) Einstellung der Erteilung von Schengen-Visa an Drittstaatsangehörige/Einreiseverbot

61 Der Schengener Grenzkodex und Visakodex gewähren im Zusammenhang mit einem Visum für kurzfristige Aufenthalte von Drittstaatsangehörigen grundsätzlich ein Recht auf Ausstellung eines Visums, wenn die Einreisevoraussetzungen erfüllt sind und keine Verweigerungsgründe vorliegen.[139] Im Umkehrschluss kann die Schweiz auch bei fehlender Erfüllung der Einreisevoraussetzungen nach Art. 6 des Schengener Grenzkodex oder bei Vorliegen eines Verweigerungsgrund nach Art. 32 Visakodex die Ausstellung eines Visums verweigern.

62 Drittstaatsangehörige dürfen jedoch nur in einen Schengen-Staat einreisen, wenn sie durch die Einreise «keine Gefahr für die öffentliche Ordnung, die innere Sicherheit, die öffentliche Gesundheit oder die internationalen Beziehungen eines Mitgliedstaats darstellen [...]».[140] Diese Einreisevoraussetzung wird in Art. 32 (1) lit. a vi) Visakodex nochmals konkretisiert. Als Gefahr für die öffentliche Gesundheit gelten u.a. «Krankheiten mit epidemischen Potenzial [...] und sonstige übertragbare, durch Infektionserreger oder Parasiten verursachte Krankheiten, sofern gegen diese Krankheiten Massnahmen zum Schutz der Staatsangehörigen der Mitgliedstaaten getroffen werden»[141], welche nach dem Beschluss Nr. 1082/2013/EU[142] beurteilt werden. Der Beschluss Nr. 1082/2013/EU definiert als «übertragbare Krankheit» eine «Infektionskrankheit, die durch einen ansteckenden Erreger ausgelöst wird, der von Mensch zu Mensch durch

138 Hänni, a.a.O.; Spescha/Priuli, a.a.O.

139 Art. 21 und Art. 32 (1) Visakodex; Hänni, S. 126.

140 Art. 6 (1) lit. e) Schengener Grenzkodex.

141 Anhang des Durchführungsbeschlusses der Kommission zur Änderung des Beschlusses K(2010) 1620 endgültig hinsichtlich der Ersetzung des Handbuchs für die Bearbeitung von Visumanträgen und die Änderung von bereits erteilten Visa (Visakodex-Handbuch I), C(2020) 395 final, Ziff. 6.7.

142 Beschluss Nr. 1082/2013/EU des Europäischen Parlaments und des Rates vom 22. 10. 2013 zu schwerwiegenden grenzüberschreitenden Gesundheitsgefahren und zur Aufhebung der Entscheidung Nr. 2119/98/EG, ABl. L293 vom 5. 11. 2013, S.1.

direkten Kontakt mit einer infizierten Person oder indirekt […] durch Austausch von mit dem ansteckenden Erreger kontaminierten Flüssigkeit übertragen werden kann».[143] Sind nicht alle Einreisevoraussetzungen gemäss Art. 6 des Schengener Grenzkodex erfüllt, kann die Einreise in das Hoheitsgebiet eines Schengen-Staates verweigert werden.

Das zentrale Regelungsthema der COVID-19-Verordnung 2 ist der Schutz der öffentlichen Gesundheit.[144] Ferner handelt es sich beim Coronavirus um eine «übertragbare Krankheit mit epidemischen Potenzial» gemäss Definition im Beschluss Nr. 1082/2013/EU, welche «durch Austausch von mit dem ansteckenden Erreger kontaminierten Flüssigkeit übertragen werden kann» (sog. Tröpfchen-Infektion).[145] Die durch den Bundesrat ergriffenen Massnahmen dienen ferner zum einen der Bekämpfung des Coronavirus, der Verhinderung des Übertragungsrisikos sowie zum anderen der Sicherstellung der Kapazitäten zur Bewältigung der Epidemie.[146] Da bei fehlenden Massnahmen aufgrund der raschen Ausbreitung des Coronavirus allenfalls ein Kollaps des Gesundheitssystems antizipiert werden musste, kann die COVID-19-Pandemie ebenfalls durchaus als ein aussergewöhnlicher Umstand, welcher die öffentliche Ordnung gefährdet, qualifiziert werden. 63

Gestützt auf Art. 6 (1) lit. e Schengener Grenzkodex und Art. 32 (1) lit. a vi) Visakodex kann die Erteilung eines Visums und die Einreise in die Schweiz verweigert werden, wenn die Einreise der ausländischen Staatsangehörigen die öffentliche Ordnung oder die öffentliche Gesundheit der Schweiz gefährdet. Die Einreise von ausländischen Staatsangehörigen führt das inhärente Risiko mit sich, dass eine allfällige weitere Ausbreitung des Coronavirus nur erschwert verhindert werden kann. Zusammen mit der Anordnung des Lockdown in der Schweiz und der Einschränkung der Bewegungsfreiheit der Schweizer Bevölkerung erscheint es als sinnvoll und gestützt auf die Bestimmungen des Schengener Grenzkodex und Visakodex als rechtlich zulässig, die Ausstellung von Schengen-Visa einzustellen und die Einreise von Drittstaatsangehörigen aufgrund der Gefährdung der öffentlichen Sicherheit und der öffentlichen Gesundheit zu verweigern. 64

cc) Einreiseverbot für EU/EFTA-Staatsangehörige

Das Eidgenössische Justiz- und Polizeidepartement EJPD hat in der Medienmitteilung vom 25.3.2020 festgehalten, dass die assoziierten Staaten, so unter anderem die Schweiz, gemäss den Freizügigkeitsabkommen berechtigt sind, die Personenfreizügigkeit aus Gründen der öffentlichen Ordnung, Sicherheit und Gesundheit einzuschränken.[147] Ferner hat das Eidgenössische Justiz- und Polizeidepartement EJPD festgehalten, dass man 65

143 Art. 3 lit. b des Beschlusses Nr. 1082/2013/EU.

144 Gemäss Art. 118 Abs. 1 i.V.m. Art. 118 Abs. lit. b BV erlässt der Bund Vorschriften über die Bekämpfung übertragbarer, stark verbreiteter oder bösartiger Krankheiten von Menschen und Tieren zum Schutz der Gesundheit.

145 Art. 3 lit. b des Beschlusses Nr. 1082/2013/EU.

146 Biaggini, ZBl 121/2020, S. 239.

147 Medienmitteilung EJPD, 25.3.2020, Abs. 5.

mit der Ausweitung der Einreisebeschränkungen auf alle EU/EFTA-Mitgliedstaaten dem Prinzip der Gleichbehandlung Rechnung trägt.[148]

66 Wie bereits vorstehend festgehalten ist das zentrale Regelungsthema der COVID-19-Verordnung 2 der Schutz der öffentlichen Gesundheit.[149] Die ergriffenen Massnahmen dienen zum einen der Bekämpfung des Coronavirus und der Verhinderung des Übertragungsrisikos sowie zum anderen der Sicherstellung der Kapazitäten des Schweizer Gesundheitssystems zur Bewältigung der COVID-19-Pandemie.[150] Das Bundesgericht und der Europäische Gerichtshof haben in der Praxis zu Art. 5 Anhang I des Freizügigkeitsabkommens festgehalten, dass die Freizügigkeitsrechte nur eingeschränkt werden können, wenn das der Einschränkung zugrunde liegende persönliche Verhalten der betreffenden EU/EFTA-Staatsangehörigen eine gegenwärtige und hinreichend schwere Gefährdung der öffentlichen Sicherheit, Ordnung oder Gesundheit darstellt.[151] Zudem müssen die öffentlichen Interessen an der Einschränkung der Freizügigkeitsrechte gegenüber den individuellen Interessen der betreffenden EU/EFTA-Staatsangehörigen überwiegen.[152] Art. 5 Anhang I FZA ist dabei eng auszulegen und Einschränkungen müssen in jedem Fall völkerrechtskonform sein. Damit sollen sich Einschränkungen der Freizügigkeitsrechte nicht auf das allgemeine Risiko der öffentlichen Gesundheit bzw. der öffentlichen Sicherheit beziehen.[153]

67 Die im Zusammenhang mit der Ausbreitung des Coronavirus ergriffenen Massnahmen beziehen sich jedoch grundsätzlich auf das allgemeine Risiko der öffentlichen Gesundheit bzw. der öffentlichen Sicherheit, womit gemäss Art. 27 (2) der Richtlinie 2004/38/EG ein Einreiseverbot von EU-Staatsangehörigen unzulässig wäre. Gemäss Art. 29 (1) der Richtlinie 2004/38/EG gelten als «Krankheiten, die eine die Freizügigkeit beschränkende Massnahme rechtfertigen, […] ausschliesslich die Krankheiten mit epidemischem Potenzial im Sinne der einschlägigen Rechtsinstrumente der Weltgesundheitsorganisation und sonstige übertragbare, durch Infektionserreger oder Parasiten verursachte Krankheiten, sofern gegen diese Krankheiten Massnahmen zum Schutz der Staatsangehörigen des Aufnahmemitgliedstaats getroffen werden».

68 Aufgrund der Qualifikation der Weltgesundheitsorganisation (WHO) des Coronavirus als Pandemie kann das Coronavirus unter den Anwendungsbereich von Art. 29 (1) der Richtlinie 2004/38/EG subsumiert werden.[154] Demnach eröffnete die Qualifika-

148 Medienmitteilung EJPD, 25.3.2020, a.a.O.

149 Gemäss Art. 118 Abs. 1 i.V.m. Art. 118 Abs. lit. b BV erlässt der Bund Vorschriften über die Bekämpfung übertragbarer, stark verbreiteter oder bösartiger Krankheiten von Menschen und Tieren zum Schutz der Gesundheit.

150 Biaggini, ZBl 121/2020, S. 239.

151 Burri/Priuli, AJP 07/2017, S. 889.

152 Burri/Priuli, a.a.O.

153 *«Justifications that are isolated from the particulars of the case or that rely on considerations of general prevention shall not be accepted»* (Art. 27 Ziff. 2 der Richtlinie 2004/38/EG).

154 *WHO Director-General's opening remarks at the media briefing on COVID-19 – 11 March 2020*, ‹https://www.who.int/dg/speeches/detail/who-director-general-s-opening-remarks-at-the-media-briefing-on-covid-19---11-march-2020› (24.6.2020).

tion des Coronavirus als Pandemie den Mitgliedstaaten die Möglichkeit, sich bei der Einführung von Einreiseverboten auf Art. 29 (1) der Richtlinie 2004/38/EG zu beziehen, um die Beschränkung der Freizügigkeitsrechte zu begründen. In Abweichung der Befristung von Grenzkontrollen nach dem Schengener Grenzkodex sieht die Richtlinie 2004/38/EG keine Befristung für die Einschränkungen aus Gründen der öffentlichen Gesundheit vor.

Es stellt sich jedoch die Frage, ob es zulässig ist, sämtlichen EU/EFTA-Staatsangehö- 69
rigen aufgrund des allgemeinen Risikos der Gefährdung der öffentlichen Gesundheit bzw. der öffentlichen Sicherheit die Einreise in die Schweiz zu verweigern. Unter Beachtung des Grundsatzes der Gleichbehandlung hat die Schweiz die Einreise für sämtliche EU/EFTA-Staatsangehöriger eingeschränkt. Es handelt sich bei der COVID-19-Pandemie zwar um eine allgemeine Gefährdung, jedoch bezieht sich die Einschränkung der Freizügigkeitsrechte nicht auf dieses allgemeine Risiko, sondern auf das konkrete Risiko, welches jeder einzelne EU/EFTA-Staatsangehörige bei der Einreise in die Schweiz darstellt. Demnach beruht die Einschränkung der Freizügigkeitsrechte auf dem Umstand, dass die individuelle Einreise des betreffenden EU/EFTA-Staatsangehörigen ein Risiko für die öffentliche Gesundheit darstellt. Sein persönliches Verhalten – die versuchte Einreise in die Schweiz – stellt ein Risiko für die öffentliche Gesundheit dar, weshalb es in einer Ausnahmesituation wie vorliegend als zulässig zu beurteilen ist, die Einreise des betreffenden EU/EFTA-Staatsangehörigen zu beschränken.

Gestützt auf die vorangehenden Ausführungen und den Regelungshintergrund der 70
COVID-19-Verordnung 2 konnte die Schweiz zusammenfassend gestützt auf Art. 5 Anhang I zum Freizügigkeitsabkommen und gestützt auf Art. 5 Anhang I zum EFTA-Übereinkommen die Gefährdung der öffentlichen Gesundheit anrufen, um die im jeweiligen Abkommen festgehaltenen Rechte und Pflichten temporär zu suspendieren und die Einreise der EU/EFTA-Staatsangehörigen in die Schweiz vorübergehend einzuschränken.

4. Verletzung migrationsrechtlicher Vorschriften durch ausländische Staatsangehörige

a) *Schengen Overstay*

Ausländische Staatsangehörige dürfen sich unabhängig davon, ob der Aufenthalt im 71
Schengen-Raum einer Visumpflicht unterliegt, kurzfristig während maximal 90 Tagen innerhalb eines Zeitraums von 180 Tagen im Schengen-Raum aufhalten.[155] Wenn die ausländischen Staatsangehörigen die Dauer des kurzfristigen Aufenthaltes von 90 Tagen innerhalb eines Zeitraums von 180 Tagen überschreiten, liegt ein sog. «Schengen Overstay» vor.

Die von sämtlichen Staaten im Zusammenhang mit der Ausbreitung des Corona- 72
virus erlassenen Reisebeschränkungen, die Annullation von Flügen durch Fluggesellschaften und die sukzessive Einstellung des Flugverkehrs haben dazu geführt, dass u.a.

155 Art. 5 Abs. 1 Schengener Grenzkodex.

visumspflichtige ausländische Staatsangehörige an Flughäfen gestrandet waren, ohne über ein Schengen-Visum zu verfügen, oder ausländische Staatsangehörige unabhängig von der Visumspflicht nicht mehr rechtzeitig den Schengen-Raum verlassen konnten. Solche ausländische Staatsangehörige haben im Grundsatz die Bestimmungen des Schengener Grenzkodex verletzt.

73 Können ausländische Staatsangehörige, welche sich bereits im Schengen-Raum befinden, aufgrund höherer Gewalt oder aus humanitären oder schwerwiegenden persönlichen Gründen den Schengen-Raum vor Ablauf der Gültigkeitsdauer des Visums nicht verlassen, so müssen die ausländischen Staatsangehörigen die Verlängerung des Visums in dem Schengen-Staat beantragen, in welchem sie sich zum Zeitpunkt der Beantragung der Visumsverlängerung befinden.[156] Als Beispiel für höhere Gewalt wird die kurzfristige Änderung des Flugplans durch die Fluggesellschaft und als Beispiel für humanitäre Gründe die plötzliche Erkrankung des Visumsinhabers, welche zu einer Reiseunfähigkeit des Visumsinhabers führt, qualifiziert.[157]

74 Gemäss Weisung des Staatssekretariats für Migration können sich ausländische Staatsangehörige in diesem Fall mangels anderer Rückkehrwege bis zur Normalisierung des Flugverkehrs sanktionsfrei im Schengen-Raum aufhalten.[158] Den ausländischen Staatsangehörigen wird empfohlen, sich bei den zuständigen kantonalen Migrationsämtern des jeweiligen Aufenthaltskantons zu melden und die Verlängerung des Visums zu beantragen.[159] Die kantonalen Migrationsbehörden können den ausländischen Staatsangehörigen das Visum entsprechend verlängern.

75 Sollten ausländische Staatsangehörige die schengenrechtliche Maximaldauer von 90 Tagen in einem Zeitraum von 180 Tagen bereits ausgeschöpft haben, ist grundsätzlich eine Verlängerung des Schengen-Visums nach den Bestimmungen des Schengener Grenzkodex und Visakodex nicht mehr zulässig. Die Migrationsämter können in diesem Fall entweder eine Wegweisungsverfügung mit angemessener Fristsetzung zur Ausreise oder auch ein nationales Visum nach Massgabe der nationalen Gesetzgebung erlassen. Sollte eine Ausreisefrist im Rahmen einer Wegweisungsverfügung angesetzt werden, kann die Ausreisefrist bei Bedarf aufgrund der besonderen Umstände durch die zuständigen Migrationsämter verlängert werden.[160]

76 Bei ausländischen Staatsangehörigen, welche aufgrund der aktuellen Corona-Krise und aufgrund der Einstellung des Flugverkehrs erst nach Ablauf der Gültigkeit des Schengen-Visums bzw. nach Überschreiten der Maximaldauer von 90 Tagen in einem Zeitraum von 180 Tagen verlassen können («Schengen Overstay»), sehen die Schweizer Grenzkontrollbehörden von entsprechenden Sanktionen ab.[161]

---

156 Art. 33 (1) und (4) Visakodex-Handbuch I, Teil V, Ziff. 1.

157 Visakodex-Handbuch I, a.a.O.

158 Weisung SEM, Ziff. 3.1.

159 Vgl. Art. 11 der Verordnung über Zulassung, Aufenthalt und Erwerbstätigkeit (VZAE), SR 142.201.

160 Weisung SEM, Ziff. 3.1.

161 Weisung SEM, Ziff. 1.7 und 3.1.

b) *Personen, welche am Flughafen gestrandet sind*

Ausländischen Staatsangehörigen, welche aufgrund von Annullationen von Flügen den Transitbereich des Flughafens verlassen müssen, um zu einem späteren Zeitpunkt den Weiterflug anzutreten, oder Personen, welche mangels Flugverbindungen gezwungen sind, die Schweiz über die Landesgrenzen zu verlassen, ist grundsätzlich ein zeitlich limitiertes Schengen-Visum an der Grenze auszustellen.[162] Eine zeitlich limitiertes Schengen-Visum kann nur erteilt werden, wenn gegen die ausländischen Staatsangehörigen keine Einreisesperre vorliegt und die Wiederausreise als gesichert eingestuft werden kann. Die Gültigkeit des Schengen-Visums ist auf 15 Tage zu beschränken.[163] 77

c) *Prozeduraler Aufenthalt*

Ausländischen Staatsangehörigen, welche sich bereits im Hoheitsgebiet der Schweiz befinden, jedoch über kein nationales Visum oder keine Aufenthalts- und Arbeitsbewilligung verfügen, welche während der COVID-19-Pandemie verlängert werden müssen, ist ein prozeduraler Aufenthalt zu gewähren. 78

Gemäss Rundschreiben des Staatssekretariats für Migration SEM vom 24.3.2020[164] sind Gesuche von Personen, welche sich physisch im Hoheitsgebiet der Schweiz befinden[165], im normalen Verfahren zu prüfen.[166] 79

Gemäss Art. 17 Abs. 2 AIG kann die zuständige kantonale Behörde den Aufenthalt von ausländischen Staatsangehörigen in der Schweiz während des Verfahrens gestatten, wenn die Zulassungsvoraussetzungen offensichtlich erfüllt sind.[167] Einzige Voraussetzung für die Gewährung des prozeduralen Aufenthalts ist, dass die Zulassungsvoraussetzungen offensichtlich erfüllt sind; m.a.W. muss die Gutheissung des Bewilligungsgesuches absehbar sein. Dies ist nach h.L. bereits dann der Fall, wenn die Chancen, dass die Bewilligung erteilt wird, bedeutend höher einzustufen sind als jene ihrer Verweigerung.[168] Die Zulassungsvoraussetzungen müssen als offensichtlich erfüllt gelten, wenn bei summarischer Würdigung die Erfolgsaussichten des Bewilligungsentscheides (summarische Hauptsachenprognose) deutlich überwiegen.[169] Obwohl Art. 17 Abs. 2 AIG als «Kann-Bestimmung» formuliert ist, muss bei Vorliegen dieser Voraussetzung ein prozeduraler Aufenthalt bewilligt werden, d.h., es besteht ein Rechtsanspruch auf Erteilung des prozeduralen Aufenthalts. 80

162 Weisung SEM, Ziff. 1.5.6.

163 Weisung SEM, a.a.O.

164 Stand: 8.5.2020.

165 Dies ist u.a. bei Personen der Fall, welche vor dem Erlass der weitreichenden Einreisebeschränkungen in die Schweiz eingereist sind und sich zum Zeitpunkt der Einreichung des Gesuchs noch immer im Hoheitsgebiet der Schweiz befinden.

166 Rundschreiben SEM, S. 3.

167 Spescha/Spescha, Art. 17 AIG N 6.

168 BGE 139 I 37 E. 4.1.

169 BGer v. 23.5.2013, 2C_76/2013, E. 2.1.2.

81 Bis zum rechtskräftigen Entscheid über die Frage, ob die Zulassungsvoraussetzungen erfüllt sind, besteht somit während des Bewilligungsverfahrens ein Schwebezustand, während welchem ausländische Staatsangehörige in der Schweiz aufenthaltsberechtigt sind und der Aufenthalt nicht illegal sein kann.

82 Zusammenfassend muss das zuständige Migrationsamt den ausländischen Staatsangehörigen für die Dauer des Bewilligungsverfahrens auch nach Ablauf der vorbestehenden Bewilligung einen prozeduralen Aufenthalt bewilligen, wenn die Zulassungsvoraussetzungen gemäss vorstehender Ausführung als offensichtlich erfüllt gelten.

IV. Asylrecht

83 Die aktuelle COVID-19-Pandemie und die damit verbundenen Massnahmen zur Bekämpfung des Coronavirus wirken sich auch auf das Asylrecht in der Schweiz aus. So hat der Bundesrat an seiner Sitzung vom 1.4.2020 Massnahmen für den Schutz der Gesundheit aller am Asylverfahren beteiligten Akteure beschlossen.[170] Höchste Priorität hat in Zeiten der COVID-19-Pandemie der Schutz vor Ansteckungen mit dem Coronavirus. Nach Mitteilung des Bundesrates soll aber auch während der Pandemie sichergestellt werden, dass die Kernfunktionen des Asylsystems aufrechterhalten und die Asyl- sowie Wegweisungsverfahren weiterhin durchgeführt werden können. Eine Sistierung der Asyl- sowie Wegweisungsverfahren wurde dementsprechend vom Bundesrat nicht angeordnet.

84 Die neuen zusätzlichen Massnahmen während der COVID-19-Pandemie betreffen die Unterbringung der asylsuchenden Personen, die Asylverfahren und den Vollzug der Wegweisung.[171] Gestützt auf Art. 185 Abs. 3 BV[172] hat der Bundesrat die Verordnung über Massnahmen zur Bekämpfung des Coronavirus (COVID-19) im Asylbereich (COVID-19-Verordnung Asyl) erlassen.[173] Die neuen Regeln sind vorerst auf drei Monate und im Unterbringungsbereich auf vier Monate nach Inkrafttreten befristet.[174] Die COVID-19-Verordnung Asyl soll die Anordnung der notwendigen Schutzmassnahmen zur Sicherstellung der angemessenen Unterbringung von Asylsuchenden und der Durchführung von Asylverfahren während der COVID-19-Pandemie ermöglichen.[175]

170 Medienmitteilung Bundesrat, 1.4.2020, Einleitung.

171 Medienmitteilung Bundesrat 1.4.2020, a.a.O.

172 «[Der Bundesrat] kann, unmittelbar gestützt auf diesen Artikel, Verordnungen und Verfügungen erlassen, um eingetretenen oder unmittelbar drohenden schweren Störungen der öffentlichen Ordnung oder der inneren oder äusseren Sicherheit zu begegnen. Solche Verordnungen sind zu befristen» (Art. 185 Abs. 3 BV).

173 Verordnung über Massnahmen im Asylbereich im Zusammenhang mit dem Coronavirus (COVID-19-Verordnung Asyl), SR 142.318.

174 Art. 12 COVID-19-Verordnung Asyl.

175 Erläuterungen COVID-19-Verordnung Asyl, S. 2.

V. Rechtsgrundlagen im Asylrecht

1. Internationale Abkommen

Die Schweizer Asylpolitik orientiert sich im Allgemeinen an den Grundsätzen der Genfer Flüchtlingskonvention.[176] Dieses internationale Abkommen ist das Schlüsseldokument, welches den Status eines Flüchtlings definiert und die Rechte der Flüchtlinge sowie die rechtlichen Verpflichtungen der Vertragsstaaten bestimmt. Für Fragen der Schutzgewährung und des Asylverfahrens sind für die Schweiz weiter die Europäische Menschenrechtskonvention (EMRK)[177], die Antifolterkonvention der Vereinten Nationen[178], die Kinderrechtskonvention[179] sowie das Schengen/Dublin-Assoziierungsabkommen[180] verbindlich. Die seit dem 1.1.2014 geltende Dublin-III-Verordnung[181] ist weiter von besonderer Bedeutung. Die Dublin-III-Verordnung regelt unter anderem die Zuständigkeit der einzelnen Dublin-Staaten für die Prüfung eines Asylgesuchs. Da die Grenzkontrollen an den Innengrenzen des Schengen-Raums abgeschafft worden sind, drängte sich ein gemeinsames System auf, damit der zuständige Staat bestimmt werden kann, welcher ein Asylgesuch eines Flüchtlings prüfen muss. Das sogenannte Dublin-System basiert auf dem Grundsatz, dass innerhalb des Dublin-Raumes ein Asylgesuch nur einmal geprüft wird. Dadurch soll sichergestellt werden, dass ein Gesuch tatsächlich geprüft wird und Asylsuchende nicht ohne ein ordentliches Asylverfahren von einem Mitgliedstaat in einen anderen abgeschoben werden können. Das Dublin-System soll gleichzeitig aber auch verhindern, dass Asylsuchende nach einem negativen Entscheid über ihr Asylgesuch in andere Mitgliedstaaten weiterwandern und dort einen neuen Asylantrag stellen. 85

Die Standards im Bereich des Asylrechts der EU sind für die Schweiz von zentraler Bedeutung. Durch die Assoziierungsabkommen zu Schengen und Dublin hat sich die Schweiz verpflichtet, auch die fortlaufenden Änderungen in diesen Bereichen im Asylrecht umzusetzen. 86

176 Abkommen über die Rechtsstellung der Flüchtlinge, abgeschlossen in Genf am 28.7.1951, in Kraft getreten für die Schweiz am 21.4.1955, SR 0.142.30.

177 Konvention zum Schutze der Menschenrechte und Grundfreiheiten, abgeschlossen in Rom am 4.11.1950, in Kraft getreten für die Schweiz am 28.11.1974, SR 0.101.

178 Übereinkommen gegen Folter und andere grausame, unmenschliche oder erniedrigende Behandlung oder Strafe, abgeschlossen in New York am 10.12.1984, in Kraft getreten für die Schweiz am 26.6.1987, SR 0.105.

179 Übereinkommen über die Rechte des Kindes, abgeschlossen in New York am 20.11.1989, in Kraft getreten für die Schweiz am 26.3.1997, SR 0.107.

180 Schengen-Assoziierungsabkommen.

181 Verordnung (EU) Nr. 604/2013 des Europäischen Parlaments und des Rates vom 26.6.2013 zur Festlegung der Kriterien und Verfahren zur Bestimmung des Mitgliedstaats, der für die Prüfung eines von einem Drittstaatsangehörigen oder Staatenlosen in einem Mitgliedstaat gestellten Antrags auf internationalen Schutz zuständig ist.

2. Schweizerische Asylgesetzgebung

87 Die schweizerische Asylgesetzgebung umfasst unter anderem das Asylgesetz[182], die Asylverordnungen[183] sowie die Weisungen zum Asylgesetz[184]. In den Bereichen, die im Asylgesetz nicht geregelt sind, ist das Ausländer- und Integrationsgesetz sowie die entsprechenden Verordnungen und Weisungen für Personen massgebend, welche die Schweiz um Schutz ersucht haben. Im Asylbereich ist bei Ausschaffungen je nach Sachverhalt auch das Zwangsanwendungsgesetz[185] zusätzlich von Bedeutung.

88 Im März 2019 ist in der Schweiz das beschleunigte Asylverfahren in Kraft getreten.[186] Seit diesem Zeitpunkt werden die Verfahren beschleunigt durchgeführt und finden dezentralisiert in sechs Asylregionen statt.[187] Die Asylsuchenden erhalten in den neuen Verfahren zudem unentgeltliche Beratung und Rechtsvertretung.[188] Das Staatssekretariat für Migration SEM ist mit der Um- und Durchsetzung der Asylpolitik und des Asylrechts betraut, die Kantone ihrerseits sind für den Vollzug der Entscheidungen verantwortlich.

VI. Massnahmen während der COVID-19-Pandemie im Asylbereich

89 Am 1.4.2020 hat der Bundesrat mit Einführung der COVID-19-Verordnung Asyl u.a. Massnahmen für den Schutz der Gesundheit aller am Asylverfahren beteiligten Personen eingeführt.[189] Die zusätzlichen Massnahmen betreffen die Unterbringung, die Asylverfahren und den Wegweisungsvollzug. Durch diese Massnahmen will der Bundesrat sicherstellen, dass die Durchführung der Asylverfahren aufrechterhalten werden kann und ebenso Wegweisungen während der COVID-19-Pandemie durchgeführt werden können. Grund hierfür seien gemäss Medienmitteilung des Bundesrates, die völkerrechtlichen Verpflichtungen der Schweiz.[190] Menschen, welche während der COVID-19-Pandemie auf den Schutz der Schweiz angewiesen sind, sollen diesen auch in der aktuellen Situation rasch erhalten.[191] Im Umkehrschluss sollen aber Personen, welche keinen Anspruch auf diesen Schutz haben, die Schweiz nach einem ablehnenden Asylentscheid

---

182 Asylgesetz (AsylG), SR 142.31.

183 Asylverordnung 1 über Verfahrensfragen (Asylverordnung 1, AsylV 1), SR 142.311; Asylverordnung 2 über Finanzierungsfragen (Asylverordnung 2, AsylV 2), SR 142.312; Asylverordnung 3 über die Bearbeitung von Personendaten (Asylverordnung 3, AsylV 3), SR 142.314.

184 Staatssekretariat für Migration SEM, Weisungen und Kreisschreiben zum Asylgesetz, ‹https://www.sem.admin.ch/sem/de/home/publiservice/weisungen-kreisschreiben/asylgesetz.html› (25.6.2020).

185 Bundesgesetz über die Anwendung polizeilichen Zwangs und polizeilicher Massnahmen im Zuständigkeitsbereich des Bundes (Zwangsanwendungsgesetz, ZAG), SR 364.

186 Art. 62c AsylG.

187 Schweizer Flüchtlingshilfe, «Das Asylverfahren», ‹https://www.fluechtlingshilfe.ch/themen/asyl-in-der-schweiz/asylverfahren› (25.6.2020).

188 Art. 102 f. AsylG.

189 Medienmitteilung Bundesrat, 1.4.2020, Einleitung.

190 Medienmitteilung Bundesrat, 1.4.2020, Abs. 1.

191 Medienmitteilung Bundesrat, 1.4.2020, a.a.O.

auch während der COVID-19-Pandemie, sofern möglich, weiterhin verlassen. Der Bundesrat hat sich klar gegen eine Sistierung der Asylverfahren ausgesprochen, wie sie bspw. Deutschland eingeführt hat.[192] Eine Sistierung der Asylverfahren würde nach Ansicht des Bundesrates zu Kapazitätsproblemen in den Bundesasylzentren (BAZ) führen und die Einhaltung der vom Bundesamt für Gesundheit BAG empfohlenen Hygiene- und Verhaltensmassnahmen zur Bewältigung der Coronakrise in Frage stellen.[193]

Die Umsetzung der Massnahmen des Bundesrates bzw. des Bundesamtes für Ge- 90
sundheit BAG zur Eindämmung des Coronavirus, ist im Asylbereich mit grossen Herausforderungen verbunden. Das Staatssekretariat für Migration SEM hat bereits vor dem 1.4.2020 zahlreiche Massnahmen getroffen, um die Hygiene- und Verhaltensregeln des Bundesamtes für Gesundheit BAG umzusetzen. Unter anderem wurden die Unterbringungskapazitäten verdoppelt und die Befragungen in Asylverfahren für eine Dauer von sechs Tagen bis am 6.4.2020 sistiert, um während dieser Zeit weitere Anpassungen vornehmen zu können (wie bspw. die Verschiebung von Befragungen in grössere Räumlichkeiten).[194] Die zusätzlichen Massnahmen, welche der Bundesrat mit der COVID-19-Verordnung Asyl eingeführt hat, sollen den Schutz aller Personen im Asylwesen verstärken und sicherstellen, dass die Asylverfahren weiterhin rechtsstaatlich und fair durchgeführt werden können.[195]

1. Massnahmen im Asylverfahren

a) *Reduktion der teilnehmenden Personen in Befragungen in erstinstanzlichen Asylverfahren*

Das Staatssekretariat für Migration SEM ergreift alle notwendigen technischen und or- 91
ganisatorischen Massnahmen, damit die Rechtsschutz- und Hilfswerksorganisationen ihre Aufgaben bei Befragungen von Asylsuchenden auch während der COVID-19-Pandemie unter Beachtung der Hygiene- und Verhaltensvorschriften des Bundesamtes für Gesundheit BAG weiterhin erfüllen können. Als Befragungen gelten insbesondere die Erstbefragung, die Anhörung zu den Asylgründen, die Gewährung eines mündlichen, rechtlichen Gehörs oder die Durchführung eines Ausreisegesprächs.[196] Bereits frühzeitig erfolgt ist bspw. die Ausstattung der Befragungsräume mit Plexiglasscheiben.[197] Gemäss Art. 4 Abs. 1 COVID-19-Verordnung Asyl kann nun bei einer Befragung von Asylsuchenden die Anzahl der im gleichen Raum anwesenden Personen reduziert werden. Zudem können weitere Personen mittels technischer Hilfsmittel aus anderen Räumlichkeiten zur Befragung zugeschaltet werden.[198]

192 Medienmitteilung Bundesrat, 1.4.2020, a.a.O.
193 Medienmitteilung Bundesrat, 1.4.2020, a.a.O.
194 Erläuterungen COVID-19-Verordnung Asyl, S. 1.
195 Medienmitteilung Bundesrat, 1.4.2020, Abs. 2.
196 Erläuterungen COVID-19-Verordnung Asyl, S. 3.
197 Erläuterungen COVID-19-Verordnung Asyl, a.a.O.
198 Art. 4 Abs. 3 COVID-19-Verordnung Asyl.

92 Wenn immer möglich wird bei Befragungen zudem auf grössere oder andere, besser geeignete Räumlichkeiten ausgewichen. Wo diese Massnahme nicht möglich ist, muss die Anzahl der an Befragungen beteiligten Personen in einem Raum soweit beschränkt werden, dass die Einhaltung der Vorgaben des Bundesamtes für Gesundheit BAG (insbesondere Hygiene- und Distanzvorschriften) garantiert werden kann.[199] Dies kann u.a. damit erreicht werden, dass die an einer Befragung beteiligten Personen (z.B. Protokollführende, Dolmetscherinnen oder Dolmetscher oder die Rechtsvertretung) mittels technischer Hilfsmittel in anderen Räumlichkeiten an den Befragungen teilnehmen.[200] Ausgenommen von dieser Regelung sind die Asylsuchenden sowie die Befragerinnen und Befrager, da hier ein persönlicher Kontakt notwendig ist.[201] Das Staatssekretariat für Migration SEM stellt sicher, dass bei der Verwendung technischer Hilfsmittel die datenschutz- und verfassungsrechtlichen Vorgaben eingehalten werden.[202]

93 Auch die Teilnahme weiterer Personen an Befragungen im gleichen Raum (z.B. von Begleitpersonen oder eigenen Dolmetscherinnen und Dolmetschern) soll weiterhin möglich sein, solange die Vorgaben des Bundesamtes für Gesundheit BAG bezüglich der maximalen Anzahl von Personen eingehalten werden können.[203] Falls dies nicht möglich ist, sollen auch diese Begleitpersonen mittels technischer Hilfsmittel in anderen Räumlichkeiten an der Befragung teilnehmen können.[204]

b) Aussetzung der Anwesenheitspflicht der Rechtsvertretung

94 Gemäss Art. 6 Abs. 1 COVID-19-Verordnung Asyl kann die Befragung von Asylsuchenden ausnahmsweise auch dann durchgeführt werden, wenn die Rechtsvertretung in bestimmten Regionen pandemiebedingt nicht teilnehmen kann, namentlich, weil die Mitarbeitenden nicht mehr zur Verfügung stehen, weil diese beispielsweise nur noch im Homeoffice arbeiten. Die Befragung entfaltet in diesen Fällen auch ohne Anwesenheit der Rechtsvertretung ihre Rechtswirkung.[205] Diese Regelung gilt für das beschleunigte Verfahren, das Dublin-Verfahren, das erweiterte Verfahren sowie das Flughafenverfahren.[206]

95 Ebenfalls ist diese Regelung auf die altrechtlich vorgesehenen Hilfswerksvertreterinnen und -vertreter und auf die gewillkürten Rechtsvertretungen, die von Asylsuchenden direkt mandatiert worden sind, anwendbar.[207]

96 Die übrigen Rechte und Pflichten dieser Personen sowie der Rechtsvertretung bleiben weiterhin vollumfänglich bestehen. Auch für die übrigen Verfahrensschritte und

199 Art. 4 Abs. 1 COVID-19-Verordnung Asyl.
200 Art. 4 Abs. 3 COVID-19-Verordnung Asyl.
201 Art. 4 Abs. 2 COVID-19-Verordnung Asyl.
202 Erläuterungen COVID-19-Verordnung Asyl, S. 3.
203 Erläuterungen COVID-19-Verordnung Asyl, a.a.O.
204 Art. 5 COVID-19-Verordnung Asyl.
205 Art. 6 Abs. 1 COVID-19-Verordnung Asyl.
206 Erläuterungen COVID-19-Verordnung Asyl, S. 4.
207 Art. 6 Abs. 2 COVID-19-Verordnung Asyl.

Handlungen im Bereich Rechtsberatung und Rechtsvertretung gelten weiterhin die bisherigen Bestimmungen des AsylG.

c) Verlängerung der Verfahrens- sowie Beschwerdefristen

Gemäss Art. 8 COVID-19-Verordnung Asyl können neu die erstinstanzlichen Verfahrensfristen nach Art. 37 AsylG angemessen überschritten werden, wenn dies aufgrund der Umstände im Zusammenhang mit dem Coronavirus notwendig ist. Es handelt sich hierbei um Ordnungsfristen, welche gemäss geltendem Recht nur bei Vorliegen triftiger Gründe um einige Tage überschritten werden können.[208] Die erstinstanzlichen Behandlungsfristen des Staatssekretariats für Migration SEM können neu während der COVID-19-Pandemie über die geltende Regelung hinaus angemessen überschritten werden, wenn dies aufgrund der Umstände im Zusammenhang mit dem Coronavirus erforderlich ist.[209] Die Behandlungsfristen beim Staatssekretariat für Migration SEM und beim Bundesverwaltungsgericht BVGer verbleiben grundsätzlich unverändert.[210] 97

Als flankierende Massnahme zu den Anpassungen bei den Befragungen von asylsuchenden Personen und zur Sicherstellung fairer und rechtsstaatlich korrekter Verfahren soll die Beschwerdefrist im beschleunigten Verfahren für materielle Entscheide von bis anhin geltenden sieben Arbeitstagen auf 30 Tage erhöht werden.[211] Dies gilt unabhängig davon, ob die Rechtsvertretung an der Befragung teilnimmt oder nicht.[212] Damit soll nach Ansicht des Bundesrates der Rechtsschutz in jedem Fall gewährt bleiben.[213] Bei Nichteintretensentscheiden beträgt die Beschwerdefrist weiterhin fünf Arbeitstage.[214] Bei den übrigen Verfahren (z.B. erweitertes Verfahren, Dublin-Verfahren) verbleibt die Beschwerdefrist gemäss geltendem Recht.[215] 98

2. Wegweisungsvollzug

Aufgrund der pandemiebedingten Reiserestriktionen und der Schwierigkeiten im Luftverkehr besteht die Gefahr, dass vermehrt Wegweisungen im Asylbereich vorläufig nicht vollzogen werden können. Das führt zu einem Anpassungsbedarf bei der Bemessung der Ausreisefristen, da die Möglichkeit abgewiesener Asylsuchender, freiwillig auszureisen, eingeschränkt und der Wegweisungsvollzug nur erschwert möglich ist.[216] Die Ausreisefrist für die beschleunigten Verfahren soll anstelle der bis anhin geltenden sieben Tagen neu zwischen sieben und 30 Tagen betragen.[217] Für die erweiterten Verfahren verbleibt sie ge- 99

208 Vgl. Art. 37 und 109 AsylG.
209 Erläuterungen COVID-19-Verordnung Asyl, S. 4.
210 Erläuterungen COVID-19-Verordnung Asyl, a.a.O.
211 Art. 10 COVID-19-Verordnung Asyl.
212 Erläuterungen COVID-19-Verordnung Asyl, S. 5.
213 Erläuterungen COVID-19-Verordnung Asyl, a.a.O.
214 Art. 108 Abs. 3 AsylG.
215 Erläuterungen COVID-19-Verordnung Asyl, a.a.O.
216 Erläuterungen COVID-19-Verordnung Asyl, S. 4 f.
217 Art. 9 Abs. 1 COVID-19-Verordnung Asyl.

mäss aktueller Regelung zwischen sieben und 30 Tagen.[218] Für das Dublin-Verfahren soll gemäss Art. 9 Abs. 2 COVID-19-Verordnung Asyl die Ausreisefrist auf bis zu 30 Tage verlängert werden können. Vorbehalten bleiben die Bestimmungen des Dublin-Assoziierungsabkommens. Eine Verlängerung der Ausreisefristen nach Art. 45 AsylG ermöglicht es den betroffenen Personen wie auch den verantwortlichen Behörden des Vollzuges, in der momentan generell schwierigen Situation die Ausreise besser organisieren zu können.

100 Bei einer ausserordentlichen Lage, wie sie zur Zeit der COVID-19-Pandemie in der Schweiz besteht, gibt es zudem die Möglichkeit, die bereits verlängerten Ausreisefristen falls nötig zusätzlich zu erstrecken. Diese Verlängerungsmöglichkeit der Ausreisefrist soll neu auch für Dublin-Verfahren gelten.[219]

3. Unterbringung

101 Die Kantone sind in Zeiten der COVID-19-Pandemie gefordert, weil sie zusätzliche Personen unterbringen müssen, deren Wegweisungen aufgrund der COVID-19-Pandemie direkt ab einem Bundeszentrum nicht möglich sind. Dieser drohende Engpass an Unterbringungskapazitäten war offensichtlich auch eine der Befürchtungen des Bundesrates, welche die Sistierung der Asylverfahren verhinderte. Da die Hygiene- und Distanzvorschriften des Bundesamtes für Gesundheit BAG sowohl in den Bundeszentren als auch in den kantonalen Strukturen einzuhalten sind, sehen sich die Kantone gezwungen, vorübergehend zusätzliche Unterkünfte in Betrieb zu nehmen. Neu können gemäss Art. 2 und Art. 3 COVID-19-Verordnung Asyl militärische wie auch zivile Anlagen schneller und unkomplizierter für den Asylbereich umgenutzt werden.

102 Der Bund zeigt gemäss geltendem Recht, insbesondere Art. 24c Abs. 2 AsylG, dem Kanton und der Standortgemeinde die Nutzungsänderung einer militärischen Anlage oder Baute nach einer Konsultation spätestens 60 Tagen vor Inbetriebnahme der Unterkunft an. Diese Anzeigefrist wird neu auf fünf Tage verkürzt.[220] Zudem soll bei militärischen Anlagen vorgesehen werden, dass eine erneute, zeitlich befristete Nutzung auch ohne Unterbruch von zwei Jahren und ohne Einverständnis von Kanton und Standortgemeinde möglich ist.[221] Dabei sollen die Bedürfnisse des Departements für Verteidigung, Bevölkerungsschutz und Sport VBS Priorität haben.[222]

103 Temporäre Umnutzungen von zivilen Bauten oder Anlagen, die im Eigentum des Bundes sind oder die vom Bund gemietet werden, sind neu nach Art. 3 Abs. 1 lit. a COVID-19-Verordnung Asyl mit Einverständnis des Eigentümers im Bedarfsfall genehmigungsfrei möglich. Dabei haben die Bedürfnisse des Departements für Verteidigung, Bevölkerungsschutz und Sport VBS jedoch Priorität. Dasselbe soll auch für die temporäre Errichtung von Fahrnisbauten gelten, wenn damit zusätzliche Unterkunftsplätze

218 Art. 45 Abs. 2 AsylG.
219 Art. 9 Abs. 3 COVID-19-Verordnung Asyl.
220 Art. 2 Abs. 2 COVID-19-Verordnung Asyl.
221 Erläuterungen COVID-19-Verordnung Asyl, S. 5.
222 Art. 2 Abs. 1 COVID-19-Verordnung Asyl.

bereitgestellt werden können (auf dem Areal eines Zentrums des Bundes oder nach Konsultation der betroffenen Gemeinde an einem anderen geeigneten Standort).[223] Diese Objekte können bis zum 6.8.2020 genutzt werden.[224] Sie müssen nach Ablauf der Gültigkeit der COVID-19-Verordnung Asyl dem Plangenehmigungsverfahren unterstellt werden, wenn sie weiterhin gebraucht werden sollen.[225]

Mit diesen Massnahmen können notfalls während der COVID-19-Pandemie zusätz- 104
liche Unterbringungsplätze für Asylsuchende bereitgestellt werden und die Empfehlungen zum Schutz der Gesundheit aller Beteiligten lassen sich bei einem allfälligen Anstieg des Personenbestands in den Unterkünften verbessert einhalten.

4. Würdigung

Seit sich das Coronavirus in der Schweiz rasant ausgebreitet hat, sieht sich das Asylwesen 105
mit neuen Herausforderungen konfrontiert. Die Ansteckungsgefahr in Strukturen des Asylwesens ist im Vergleich zu anderen Bereichen hoch. In den oft unterirdisch gelegenen Asyl- und Notunterkünften leben Menschen, oft durchmischt von jung bis alt, auf sehr engem Raum zusammen. Ferner finden Befragungen in Asylverfahren gemeinsam mit mehreren Personen statt und der Zugang zu medizinischer Versorgung unterliegt bereits im Normalzustand gewissen Einschränkungen. Es ist daher begrüssenswert, dass der Bundesrat sich in seiner Verordnung vom 1.4.2020 explizit zu den Herausforderungen im Asylbereich geäussert und besondere Schutzvorkehrungen insbesondere für Anhörungssituationen getroffen hat, um Asylsuchende und alle anderen Verfahrensbeteiligten zu schützen. Aufgrund der weiteren Ausbreitung des Coronavirus in der Schweiz sind die vom Bundesrat getroffenen Massnahmen als geeignet zu qualifizieren, da so die Kontakte zwischen den beteiligten Personen im Asylverfahren minimiert werden können. Die angeordneten Hygiene- und Abstandsvorschriften des Bundesamtes für Gesundheit BAG reduzieren die Wahrscheinlichkeit einer Ansteckung mit dem Coronavirus um ein Vielfaches. Gerade im Asylbereich, wo viele verschiedene Personen auf engem Raum zusammentreffen und auch wohnen, war es daher notwendig, dass der Bundesrat Massnahmen zur Eindämmung der Ausbreitung des Coronavirus getroffen hat. Die Möglichkeit nun zusätzliche Standorte in Betrieb zu nehmen, ist eine zielführende Massnahme, um die Belegung der Asylstrukturen zum Schutz der Bewohnerinnen und Bewohner und des Betreuungspersonals auszudünnen. Da die Ausbreitung des Coronavirus in Asylzentren und -unterkünften mit hohem Personenbestand eine verheerende Auswirkung auf die Verbreitung der COVID-19-Pandemie hätte haben können, sind die mit der COVID-19-Verordnung Asyl eingeführten Massnahmen als verhältnis- sowie auch als zweckmässig einzustufen.

Die vom Bundesrat mit der COVID-19-Verordnung Asyl getroffenen Massnahmen 106
sind als grundsätzlich geeignet und wirksam anzusehen, die Ausbreitung des Virus wäh-

223 Vgl. Art. 3 Abs. 1 Bst. b COVID-19-Verordnung Asyl.
224 Erläuterungen COVID-19-Verordnung Asyl, S. 2.
225 Erläuterungen COVID-19-Verordnung Asyl, S. 2 f.

rend der COVID-19-Pandemie zu verlangsamen, Neuansteckungen zu verhindern und den Schutz aller beteiligten Personen im Asylverfahren zu erhöhen. Die Realisierung dieser Massnahmen insbesondere hinsichtlich der Hygiene- und Abstandsvorschriften des Bundesamtes für Gesundheit BAG lassen sich in der Praxis aber wahrscheinlich nur beschränkt oder nur unter enormen Anstrengungen umsetzen. Es ist nachvollziehbar, dass die Umsetzung dieser Massnahmen in den Kantonen mit Komplikationen verbunden ist und diese besonderen Umstände einen Einfluss auf den Ablauf von Asylverfahren haben. Dennoch müssen Asylverfahren auch während der COVID-19-Pandemie rechtsstaatlich korrekt und fair durchgeführt werden. Diese veränderten Umstände dürfen nicht zu Verletzungen von grundlegenden Rechten von Asylsuchenden führen und solche verfahrensverletzenden Zustände müssen unbedingt verhindert werden. In Asylverfahren werden höchste Güter wie das Recht auf Leben und die körperliche Unversehrtheit der Asylsuchenden berührt und daher müssen Eingriffe in diese Rechtsgüter auch während der erschwerten Situation in der COVID-19-Pandemie verhältnismässig sein.

VII. Praxisorientierte Fragen und Problemstellungen

107 Mit der COVID-19-Verordnung Asyl ist es dem Bundesrat gelungen, im Asylbereich wirksame Massnahmen einzuführen, damit das Coronavirus bekämpft werden kann. Die Anwendung der Massnahmen der COVID-19-Verordnung Asyl brachte in der Praxis jedoch auch Schwierigkeiten und Problemstellungen mit sich, welche nun nachstehend erläutert werden.

1. Keine Sistierung der Asylverfahren

a) Weiterführung der Asylverfahren

108 Gesetzliche Vertreter der Asylsuchenden sowie Migrationsrecht-Organisationen, darunter «Solidarités sans frontières», «Amnesty International», «Schweizerisches Flüchtlingshilfswerk (SFH)» und das «Centre social protestant», haben in der COVID-19-Pandemie ihren Aufruf an die Behörden gerichtet und eine Sistierung des Asylverfahrens während der Coronakrise gefordert.[226] Es wurde die Kritik geäussert, dass es fraglich sei, ob rechtsstaatliche Verfahren weiterhin in Pandemiezeiten möglich seien, wenn diverse Rechtsberatungsstellen ihren Betrieb reduzieren oder gar einstellen mussten und die Rechtsvertretenden daher den Befragungen fernbleiben.[227] Verschiedene europäische Staaten, u.a. Deutschland, Grossbritannien und Belgien, haben aus Gründen des Gesundheitsschutzes die Befragungen in Asylverfahren während der COVID-19-Pandemie ausgesetzt.[228]

---

226 Vuilleumier, Abs. 5.

227 Vuilleumier, Abs. 6.

228 Schweizerische Beobachtungsstelle für Asyl- und Ausländerrecht, Wo bleibt der Rechts- und Gesundheitsschutz? ‹https://beobachtungsstelle.ch/news/wo-bleibt-der-rechtstaatliche-und-gesundheitliche-schutz/› (25.6.2020).

Das Schweizerische Flüchtlingshilfswerk kritisierte öffentlich, dass die Gesundheitsvorschriften des Bundesamtes für Gesundheit BAG zur Bekämpfung der weiteren Ausbreitung des Coronavirus in den Asylbereichen nicht überall eingehalten wurden. So wurde kritisiert, dass die Befragungen länger als 15 Minuten dauern und oft auf engem Raum stattfinden.[229] Die Befragungen in Asylverfahren finden häufig in den dafür aufzusuchenden Aufnahmezentren statt, welche teilweise örtlich dezentral gelegen sind. Die Personen, welche an diesen Befragungen teilnehmen, reisen oft mit den öffentlichen Verkehrsmitteln an. Eine Ansteckungsgefahr mit dem Coronavirus besteht für diese Personen bereits mit der Anreise in den öffentlichen Verkehrsmitteln. Verständlicherweise haben viele Rechtsvertreter wie auch Behördenmitarbeiter die Arbeit ins Homeoffice verlegt. Dieses pandemiebedingte Fernbleiben von Rechtsvertretern, Dolmetschern und Mitarbeitern des Staatssekretariats für Migration SEM mache es nach Ansicht des Schweizerischen Flüchtlingshilfswerk unmöglich, Fristen und Verfahrensvorschriften einzuhalten.[230] 109

Das Staatssekretariat für Migration SEM hat bereits zu Beginn der COVID-19-Pandemie Massnahmen getroffen, um die Hygieneempfehlungen des Bundesamtes für Gesundheit BAG umzusetzen. Unter anderem wurden die Unterbringungskapazitäten verdoppelt und die Befragungen wurden bis am 6.4.2020 sistiert, um weitere Anpassungen in den Schutzvorkehrungen vornehmen zu können.[231] Diese Massnahmen verstärken laut Bundesrat den Schutz aller Personen im Asylwesen und stellen gleichzeitig sicher, dass die Asylverfahren weiterhin rechtsstaatlich und fair durchgeführt werden können. Eine längerfristige Sistierung der Asylverfahren lehnte der Bundesrat aber ab, weil dies innert kürzester Zeit zu erheblichen Unterbringungs-, Kapazitäts- und Vollzugsproblemen führen würde.[232] Der Bundesrat befürchtete wohl eine Überbelegung in den Unterbringungsmöglichkeiten im Asylbereich, welche zu Pandemiezeiten im schlimmsten Fall zu verheerenden Zuständen hätte führen können. Der Ablauf von Asylverfahren hätte mit solchen Umständen ernsthaft in Gefahr gebracht werden können. Die Ansicht des Bundesrates, dass eine Fortführung der Asylverfahren deshalb zentral sei, ist im Grundsatz nachvollziehbar. Die Erfahrung zeigte rasch, dass angesichts der sehr niedrigen Zahl an neuen Asylgesuchen während der COVID-19-Pandemie sich diese Befürchtung nicht bewahrheitet hatte.[233] 110

b) *Verfassungskonformität der Nichtsistierung der Asylverfahren?*

Der Bundesrat hat zwar im Rahmen der Massnahmen im Asylbereich während der COVID-19-Pandemie beschlossen, dass die Verteilung von Asylsuchenden auf die Kan- 111

229 Vuilleumier, Abs. 6
230 Vuilleumier, a.a.O.
231 Medienmitteilung Bundesrat, 1.4.2020, Abs. 2.
232 Erläuterungen COVID-19-Verordnung Asyl, S. 1.
233 Medienmitteilung Bundesrat, 1.4.2020, Abs. 5

tone verlangsamt werden soll.[234] Andere Faktoren führten aber in den Abläufen der Asyl- sowie Wegweisungsverfahren pandemiebedingt zu Verzögerungen. Beispielsweise gelten in vielen Ländern während der COVID-19-Pandemie Einreisebeschränkungen, welche die Rückführung von abgewiesenen Asylsuchenden verunmöglichen. Der Bundesrat befürchtete, dass eine solche gebremste Verteilung der Asylsuchenden mittelfristig auch zu einer Überbelegung kantonaler Strukturen führen könnte, weil sie zusätzliche Personen unterbringen müssten, deren Wegweisung aufgrund der COVID-19-Pandemie direkt ab einem Bundeszentrum nicht möglich war.[235] Es stellt sich daher die Frage, ob für die Dauer der COVID-19-Pandemie nicht auf Transfers von Asylsuchenden in die Kantone verzichtet werden sollte, weil sich der Bund möglicherweise in einer besseren Lage als die Kantone befindet, wenn es darum geht, zusätzliche Unterkünfte, etwa in militärischen Einrichtungen, bereit zu stellen.[236] Eine verhältnismässige Betrachtungsweise im Sinne einer Abwägung der vorliegenden Umstände wäre hier wünschenswert. Der Gesundheitsschutz aller beteiligten Personen im Asylverfahren ist als oberste Priorität zu behandeln.

112 Thierry Tanquerel, Honorarprofessor für Verfassungsrecht an der Universität Genf, hat für Solidarité sans Frontières (SOSF) ein Rechtsgutachten zur Frage verfasst, ob die vom Bundesrat während der COVID-19-Pandemie im Asylbereich angeordneten Massnahmen verfassungs- und rechtskonform sind.[237] Thierry Tanquerel hält fest, dass keine Verletzung der schweizerischen Bundesverfassung vorliege, wenn die Asylverfahren während der COVID-19-Pandemie nicht sistiert werden.[238] Dass der Bundesrat in der COVID-19-Pandemie zur Ergreifung solcher Massnahmen im Asylbereich berechtigt ist, wurde bereits eingehend erläutert. Vielmehr müsse man sich nach Thierry Tanquerel die Frage der Verfassungskonformität der Massnahmen im Einzelfall stellen. In Bezug auf die Nichtsistierung der Asylverfahren ist Thierry Tanquerel von der Argumentation des Bundesrats nicht überzeugt, als dieser in der Medienmitteilung vom 1.4.2020 verkündet hatte, dass die Asylverfahren fortgeführt werden, um die internationalen Verpflichtungen der Schweiz einzuhalten.[239] Für Thierry Tanquerel ist «nicht erkennbar, welche Verpflichtung die Schweiz verletzen könnte, wenn sie abgelehnte Asylsuchende einige Wochen oder Monate später ausschafft».[240]

234 Amnesty International, Asylverfahren sistieren, Pandemievorsorge in Asylzentren, Medienmitteilung vom 1.4.2020, Bern, ‹https://www.amnesty.ch/de/laender/europa-zentralasien/schweiz/dok/2020/asylverfahren-sistieren-pandemievorsorge-in-asylzentren-verstaerken› (25.6.2020).

235 Medienmitteilung Bundesrat, 1.4.2020, Abs. 5.

236 Amnesty International, Asylverfahren sistieren, Pandemievorsorge in Asylzentren, Medienmitteilung vom 1.4.2020, Bern, ‹https://www.amnesty.ch/de/laender/europa-zentralasien/schweiz/dok/2020/asylverfahren-sistieren-pandemievorsorge-in-asylzentren-verstaerken› (25.6.2020).

237 Tanquerel, S. 1 f.

238 Tanquerel, S. 6.

239 Tanquerel, S. 5.

240 Tanquerel, a.a.O.

Um der Verbreitung des Coronavirus möglichst Einhalt zu gebieten, wäre es zu begrüssen gewesen, auf Transfers zwischen den verschiedenen Asylunterkünften (ausser im Falle einer nachgewiesenen Ansteckung; diese Personen hätten umgehend isoliert werden müssen) wenn möglich zu verzichten. Dies hätte auch bedeutet, dass Transfers zwischen Bundesasylzentren und kantonalen Kollektivunterkünften wenn immer möglich hätten vermieden werden sollen. Dies wäre grundsätzlich eine wirksame sowie verhältnismässige Massnahme zur Bekämpfung des Coronavirus im Asylbereich gewesen. Die Kontakte der Asylsuchenden untereinander sollten auf das mindeste beschränkt werden und es ist unbedingt zu vermeiden, dass nicht sofort notwendige Transfers zwischen den Unterkünften, auch nicht von den Bundesasylzentren in die Unterkünfte der Kantone, stattfinden. Im Rahmen einer Interessenabwägung und Prüfung der Verhältnismässigkeit wäre ein solches Vorgehen durchaus denkbar gewesen. Das vorgebrachte Argument des Bundesrates, dass die Kapazitätsgrenze auf Bundesebene innert kürzester Zeit erreicht worden wäre, wenn die Asylverfahren sistiert und somit keine Überweisungen in die Kantone stattfinden würden, ist bei der aktuellen sehr niedrigen Anzahl an Asylgesuchen eher als fadenscheinig zu betrachten.[241] Denn aufgrund der Coronakrise kamen im April 2020 deutlich weniger Asylsuchende in die Schweiz und es wurden in diesem Monat nur 332 Asylgesuche eingereicht.[242] Dies entspricht einer Abnahme von 65,5 Prozent (minus 631 Gesuche) gegenüber dem Vormonat und von 70,3 Prozent (minus 786 Gesuche) gegenüber April 2019.[243] Auch wenn die Nichtsistierung der Asylverfahren und damit einhergehend die Nichtsistierung der Befragungen (sofern diese unter notwendigen Hygienemassnahmen des Bundesamtes für Gesundheit BAG durchgeführt werden) weder gegen das Gesetz noch die Verfassung verstösst, ist die Nichtsistierung der Asylverfahren aus gesundheitlicher, humanitärer und ethischer Sicht kritisch zu betrachten.[244] 113

2. Einreiseverweigerung

a) Asylsuchende an der Grenze werden zurückgewiesen

Aufgrund der Grenzschliessung gemäss Art. 3 der COVID-19-Verordnung 2 gilt während der COVID-19-Pandemie auch für Asylsuchende ein Einreiseverbot in die Schweiz. An der Schweizer Landesgrenze wird daher Schutzsuchenden die Einreise verweigert. Gemäss Bundesrat können Betroffene ihre Asylanträge in den Nachbarländern Italien, Deutschland, Frankreich oder Österreich stellen.[245] Der Bundesrat führt weiter aus, dass sich die Asylsuchenden innerhalb der Schengen-Binnengrenzen befinden und die Dublin-III-Verordnung ein solches Vorgehen ausdrücklich vorsehe.[246] Im Umkehr- 114

241 Medienmitteilung SEM, 12.5.2020, Einleitung.
242 Medienmitteilung SEM, 12.5.2020, Einleitung.
243 Medienmitteilung SEM, 12.5.2020, Einleitung.
244 Vgl. Tanquerel, S. 6.
245 Medienkonferenz EJPD, 13.3.2020, Abs. 7.
246 Medienmitteilung EJPD, 16.3.2020, a.a.O.

schluss bedeutet dies für die Zeit während der COVID-19-Pandemie, dass nur Asylsuchende, welche sich auf Schweizer Territorium befinden, weiterhin während der Coronakrise ein Asylgesuch stellen können. Dass die Anzahl der neuen Asylgesuche unter einem solchen Regime drastisch zurückgeht, ist selbsterklärend.[247]

115 Der Bundesrat beruft sich bei der Nichtannahme von Asylgesuchen an der Grenze auf Art. 20 Ziff. 4 der Dublin-III-Verordnung[248], wonach für die Prüfung eines Asylgesuches derjenige Staat zuständig sei, auf dessen Hoheitsgebiet sich eine Person befindet. Der Bundesrat begnügt sich hier mit dem Verweis auf Art. 20 Ziff. 4 Dublin-III-Verordnung, dass das Ersuchen um internationalen Schutz von Asylsuchenden auf Wunsch der betroffenen Person an die betreffende ausländische Behörde zur Prüfung übermittelt wird.[249] Die Nichtannahme von Asylgesuchen an der Landesgrenze stütze sich nach Ausführungen des Staatssekretariats für Migration SEM auf das Notrecht gemäss der Schweizerischen Bundesverfassung.[250] Dieses verfassungsrechtliche Notrecht erlaube diese Massnahmen und es können auch die nicht zwingenden völkerrechtlichen Bestimmungen ausgesetzt werden.[251] Das Staatssekretariat für Migration SEM hält aber hierzu weiter fest, dass diese Vorgehen nicht gegen zwingendes Völkerrecht verstosse, denn zwingende völkerrechtliche Bestimmungen wie das «Non-Refoulement-Prinzip»[252] seien weiterhin gültig und werden von der Schweiz eingehalten.[253]

247 Medienmitteilung SEM, 12.5.2020, Einleitung

248 «Stellt ein Antragsteller bei den zuständigen Behörden eines Mitgliedstaats einen Antrag auf internationalen Schutz, während er sich im Hoheitsgebiet eines anderen Mitgliedstaats aufhält, obliegt die Bestimmung des zuständigen Mitgliedstaats dem Mitgliedstaat, in dessen Hoheitsgebiet sich der Antragsteller aufhält. Dieser Mitgliedstaat wird unverzüglich von dem mit dem Antrag befassten Mitgliedstaat unterrichtet und gilt dann für die Zwecke dieser Verordnung als der Mitgliedstaat, bei dem der Antrag auf internationalen Schutz gestellt wurde» (Art. 20 Ziff. 4 der Dublin-III-Verordnung).

249 Erläuterungen COVID-19-Verordnung 2 (16.3.2020), S. 4.

250 Staatssekretariat für Migration SEM, Corona: Fragen und Antworten zu Einreise und Aufenthalt Schweiz, den Ausnahmen und Visa-Stopp des Staatssekretariates für Migration, ‹https://www.sem.admin.ch/sem/de/home/aktuell/aktuell/faq-einreiseverweigerung.html#Asylwesen› (25.6.2020).

251 Staatssekretariat für Migration SEM, a.a.O.

252 «(1) Ein Vertragsstaat darf eine Person nicht in einen anderen Staat ausweisen, abschieben oder an diesen ausliefern, wenn stichhaltige Gründe für die Annahme bestehen, dass sie dort Gefahr liefe, gefoltert zu werden. (2) Bei der Feststellung, ob solche Gründe vorliegen, berücksichtigen die zuständigen Behörden alle massgeblichen Erwägungen einschliesslich des Umstands, dass in dem betreffenden Staat eine ständige Praxis grober, offenkundiger oder massenhafter Verletzungen der Menschenrechte herrscht» (Art. 3 der Antifolterkonvention); «Verbot der Ausweisung und Zurückstellung: «Kein vertragsschliessender Staat darf einen Flüchtling in irgendeiner Form in das Gebiet eines Landes ausweisen oder zurückstellen, wo sein Leben oder seine Freiheit wegen seiner Rasse, Religion, Staatszugehörigkeit, seiner Zugehörigkeit zu einer bestimmten sozialen Gruppe oder seiner politischen Anschauungen gefährdet wäre» (Art. 33 Abs. 1 Genfer Flüchtlingskonvention); «Der Europäische Rat ist auf seiner Sondertagung vom 15. und 16.10.1999 in Tampere übereingekommen, auf ein GEAS hinzuwirken, das sich auf die uneingeschränkte und umfassende Anwendung des Genfer Abkommens vom 28.7.1951 über die Rechtsstellung der Flüchtlinge in der Fassung des New Yorker Protokolls vom 31.1.1967 (im Folgenden «Genfer Abkommen») stützt, damit der Grundsatz der Nichtzurückweisung gewahrt bleibt und niemand dorthin zurückgeschickt wird, wo er Verfolgung ausgesetzt ist. In dieser Hinsicht gelten

b) *Völkerrechtswidrigkeit des Einreiseverbotes?*

Jeder Mensch hat gemäss Art. 14 Abs. 1 der Allgemeinen Erklärung der Menschenrechte (AEMR)[254] ein Anrecht auf ein rechtsstaatliches und faires Asylverfahren. Dieser Grundsatz des Völkerrechts stellt auch der Bundesrat in Pandemiezeiten nicht in Frage, zumindest nicht direkt. Denn die Auswirkungen der Massnahmen, welche im Asylbereich während der COVID-19-Pandemie ergriffen werden, sind unter der Würdigung des geltenden Völkerrechts kritisch zu betrachten. Asylsuchende an der Grenze abzuweisen, ohne ihnen den Zugang zu einem Asylverfahren zu gewähren, verstösst nach Ansicht von Organisationen wie beispielsweise Humanrights oder das Schweizerische Flüchtlingshilfswerk gegen den völkerrechtlichen Grundsatz des Rechts auf ein faires Asylverfahren.[255] Auch in Zeiten von nationalem Notrecht gelten die völkerrechtlichen Vorgaben zum Schutz von Flüchtlingen. 116

Der Verweis des Bundesrates auf Art. 20 Ziff. 4 Dublin-III-Verordnung[256] ist zu hinterfragen. Die Schweiz wäre gemäss Art. 22 Ziff. 1 und 2 Dublin-III-Verordnung[257] dazu verpflichtet, in einem Verfahren abzuklären, welches Land für das entsprechende Asylverfahren eines Antrags von einem Asylsuchenden zuständig ist. In jedem Fall muss das mit dem Asylantrag anbegehrte Land den Antrag überprüfen um festzustellen, ob die Zurückweisung in ein anderes Land dem völkerrechtlichen «Non-Refoulement-Prinzip» widerspricht.[258] Gemäss dem Rückweisungsverbot darf niemand in ein Land zurückgeschickt werden, in welchem ihm unmenschliche Behandlung oder Folter dro- 117

---

unbeschadet der in dieser Verordnung festgelegten Zuständigkeitskriterien die Mitgliedstaaten, die alle den Grundsatz der Nichtzurückweisung achten, als sichere Staaten für Drittstaatsangehörige» (3. Erwägungsgrund der Dublin-III-Verordnung); «Niemand darf in einen Staat ausgeschafft werden, in dem ihm Folter oder eine andere Art grausamer und unmenschlicher Behandlung oder Bestrafung droht» (Art. 25 Abs. 3 BV).

253 Staatssekretariat für Migration SEM, Corona: Fragen und Antworten zu Einreise und Aufenthalt Schweiz, den Ausnahmen und Visa-Stopp des Staatssekretariates für Migration, ‹https://www.sem.admin.ch/sem/de/home/aktuell/aktuell/faq-einreiseverweigerung.html#Asylwesen› (25.6.2020).

254 Allgemeine Erklärung der Menschenrechte vom 10.12.1948 (A/RES/217, UN-Doc. 217/A-[III]).

255 Informationsplattform humanrights.ch, Das Asylwesen in der Corona-Pandemie – ein Krisenherd, Update vom 28.4.2020, ‹https://www.humanrights.ch/de/menschenrechte-schweiz/inneres/asyl/politik/asylwesen-coronavirus-menschenrechte› (25.6.2020).

256 «Stellt ein Antragsteller bei den zuständigen Behörden eines Mitgliedstaats einen Antrag auf internationalen Schutz, während er sich im Hoheitsgebiet eines anderen Mitgliedstaats aufhält, obliegt die Bestimmung des zuständigen Mitgliedstaats dem Mitgliedstaat, in dessen Hoheitsgebiet sich der Antragsteller aufhält. Dieser Mitgliedstaat wird unverzüglich von dem mit dem Antrag befassten Mitgliedstaat unterrichtet und gilt dann für die Zwecke dieser Verordnung als der Mitgliedstaat, bei dem der Antrag auf internationalen Schutz gestellt wurde» (Art. 20 Ziff. 4 der Dublin-III-Verordnung).

257 «Antwort auf ein Aufnahmegesuch: (1) Der ersuchte Mitgliedstaat nimmt die erforderlichen Überprüfungen vor und entscheidet über das Gesuch um Aufnahme eines Antragstellers innerhalb von zwei Monaten, nach Erhalt des Gesuchs. (2) In dem Verfahren zur Bestimmung des zuständigen Mitgliedstaats werden Beweismittel und Indizien verwendet» (Art. 22 Ziff. 1 und 2 der Dublin-III-Verordnung).

258 3. Erwägungsgrund sowie Art. 3 Abs. 2 2. Satz der Dublin-III-Verordnung.

hen.[259] Dieses Rückweisungsverbot ist Teil der zwingenden völkerrechtlichen Vorgaben und ist nebst der Bundesverfassung in der Antifolterkonvention sowie in der Genfer Flüchtlingskonvention verankert. Da die Flüchtlingseigenschaft deklaratorischer Natur ist, verletzt eine Abweisung ohne eine solche Prüfung das Non-Refoulement-Prinzip, weil eben erst nach einer Prüfung feststeht, ob eine Person die Flüchtlingseigenschaft erfüllt und ihr deshalb im konkreten Fall tatsächlich Refoulement droht.[260] Nach Aussage von Bundesrätin Keller-Sutter liege bei den Asylsuchenden keine absolute Notwendigkeit einer Einreise in die Schweiz während der COVID-19-Pandemie vor, weil es in Italien keine asylrelevante Gefährdung gebe.[261] Ob momentan das von der Coronakrise schwer betroffene Italien die eingehenden Asylgesuche rechtstaatlich korrekt und fair durchführen kann, wird hiermit bezweifelt. Es dürfte den Flüchtlingen momentan während der COVID-19-Pandemie praktisch unmöglich sein, einen Asylantrag in Italien zu stellen bzw. wird die Anhandnahme der Verfahren voraussichtlich durch die Ausnahmesituation in Italien erheblich verzögert sein. Weil die Überstellung in andere EU-Staaten aufgrund der Grenzschliessungen während der COVID-19-Pandemie nicht umsetzbar ist, sollte die Schweiz nach Ansicht von Humanrights Gesuche in Dublin-Verfahren durch Selbsteintritt behandeln.[262] Das Selbsteintrittsrecht (Art. 17 der Dublin-III-Verordnung)[263] gestattet es einem Staat, auf die Überstellung einer asylsuchenden Person

259 Verbot der Ausweisung und Zurückstellung: «Kein vertragsschliessender Staat darf einen Flüchtling in irgendeiner Form in das Gebiet eines Landes ausweisen oder zurückstellen, wo sein Leben oder seine Freiheit wegen seiner Rasse, Religion, Staatszugehörigkeit, seiner Zugehörigkeit zu einer bestimmten sozialen Gruppe oder seiner politischen Anschauungen gefährdet wäre» (Art. 33 Abs. 1 der Genfer Flüchtlingskonvention); «Der Europäische Rat ist auf seiner Sondertagung vom 15. und 16.10.1999 in Tampere übereingekommen, auf ein GEAS hinzuwirken, das sich auf die uneingeschränkte und umfassende Anwendung des Genfer Abkommens vom 28.7.1951 über die Rechtsstellung der Flüchtlinge in der Fassung des New Yorker Protokolls vom 31.1.1967 (im Folgenden «Genfer Abkommen») stützt, damit der Grundsatz der Nichtzurückweisung gewahrt bleibt und niemand dorthin zurückgeschickt wird, wo er Verfolgung ausgesetzt ist. In dieser Hinsicht gelten unbeschadet der in dieser Verordnung festgelegten Zuständigkeitskriterien die Mitgliedstaaten, die alle den Grundsatz der Nichtzurückweisung achten, als sichere Staaten für Drittstaatsangehörige» (3. Erwägungsgrund der Dublin-III-Verordnung); «Niemand darf in einen Staat ausgeschafft werden, in dem ihm Folter oder eine andere Art grausamer und unmenschlicher Behandlung oder Bestrafung droht» (Art. 25. Abs. 2 BV).

260 Schweizerische Flüchtlingshilfe, Zugang zu Asylverfahren an der Grenze muss gewährleistet sein, 31.3.2020, ‹https://www.fluechtlingshilfe.ch/publikationen/im-fokus/zugang-zu-asylverfahren-an-der-grenze-muss-gewaehrleistet-sein› (25.6.2020).

261 Medienkonferenz EJPD, 13.3.2020, Abs. 7.

262 Informationsplattform humanrights.ch, Das Asylwesen in der Corona-Pandemie – ein Krisenherd, Update vom 28.4.2020, ‹https://www.humanrights.ch/de/menschenrechte-schweiz/inneres/asyl/politik/asylwesen-coronavirus-menschenrechte› (25.6.2020).

263 «1) Abweichend von Artikel 3 Absatz 1 kann jeder Mitgliedstaat beschließen, einen bei ihm von einem Drittstaatsangehörigen oder Staatenlosen gestellten Antrag auf internationalen Schutz zu prüfen, auch wenn er nach den in dieser Verordnung festgelegten Kriterien nicht für die Prüfung zuständig ist. Der Mitgliedstaat, der gemäß diesem Absatz beschließt, einen Antrag auf internationalen Schutz zu prüfen, wird dadurch zum zuständigen Mitgliedstaat und übernimmt die mit dieser Zuständigkeit einhergehenden Verpflichtungen. Er unterrichtet gegebenenfalls über das elektronische Kommunikationsnetz

in den zuständigen Staat zu verzichten und das Asylgesuch selbst zu bearbeiten, insbesondere aus humanitären Gründen oder in Härtefällen. Es wäre als geboten angezeigt gewesen, die vorläufige Aufnahme von Flüchtlingen an der Schweizer Grenze zuzulassen, wenn die Wegweisung in ihre Heimat- oder Herkunftsländer längerfristig nicht möglich erscheint.

Die Schliessung der Schweizer Grenze darf keinesfalls dazu führen, dass Asylsuchenden eine wirksame Möglichkeit zur Beantragung von Asyl verweigert wird. Auch in Zeiten der COVID-19-Pandemie müssen völkerrechtliche Grundsätze wie das Recht auf Asyl und das Non-Refoulement-Prinzip respektiert werden. Asylsuchende an der Grenze abzuweisen ohne zumindest zu prüfen, ob eine Zurückweisung in ein anderes Land nicht gegen das Refoulement-Verbot verstösst, ist daher völkerrechtswidrig und verstösst gegen die Dublin-III-Verordnung. 118

3. Befragungen ohne Rechtsvertretung

a) *Rechtsvertretung muss bei Befragung nicht anwesend sein*

Wie bereits festgehalten müssen Asylsuchende sowie andere Beteiligte – Angestellte des Migrationsamts, HilfswerkvertreterInnen, RechtsvertreterInnen und medizinisches Fachpersonal – in vielen Fällen mit den öffentlichen Verkehrsmitteln anreisen, um an den Befragungen im Rahmen der Asylverfahren teilnehmen zu können. Dies obwohl das Bundesamt für Gesundheit BAG in Anbetracht der Hygiene- und Abstandsvorschriften explizit von dessen Gebrauch während der COVID-19-Pandemie zu Stosszeiten abgeraten hat. Das öffentliche Verkehrsangebot wurde aufgrund der ausserordentlichen Lage Ende März in der ganzen Schweiz reduziert. Diese Einschränkungen im öffentlichen Verkehr trafen die an den Befragungen teilnehmenden Personen und führten zu Schwierigkeiten, überhaupt zu den meist abgelegenen Asylzentren zu gelangen. Die von Angesicht zu Angesicht durchgeführten Befragungen führen aufgrund ihrer oft längeren Dauer von mehreren Stunden zu einem massiv erhöhten Ansteckungsrisiko für alle an der Befragung anwesenden Personen. Damit die Rechtsschutz- und Hilfswerksorganisationen ihre Aufgaben weiterhin während der COVID-19-Pandemie persönlich an den Befragungen erfüllen können, ergreift das Staatssekretariat für Migration SEM in erster Linie alle notwendigen technischen und organisatorischen Massnahmen, um die Anforderungen des Bundesamtes für Gesundheit BAG auch bei den Befragungen von Asylsuchenden vollumfänglich zu erfüllen.[264] 119

Der Bundesrat hat in Art. 6 Abs. 1 und Abs. 2 COVID-19-Verordnung Asyl aus diesem Grund veranlasst, dass Anhörungen und Befragungen pandemiebedingt ohne Rechtsvertretung, Hilfswerkvertretung und bevollmächtigte Personen stattfinden kön- 120

DubliNet, das gemäß Artikel 18 der Verordnung (EG) Nr. 1560/2003 eingerichtet worden ist, den zuvor zuständigen Mitgliedstaat, den Mitgliedstaat, der ein Verfahren zur Bestimmung des zuständigen Mitgliedstaats durchführt, oder den Mitgliedstaat, an den ein Aufnahme- oder Wiederaufnahmegesuch gerichtet wurde» (Art. 17 Dublin-III-Verordnung).

264 Erläuterungen COVID-19-Verordnung Asyl, S. 3.

nen. Demnach soll eine Befragung von Asylsuchenden in den Zentren des Bundes auch dann vom Staatssekretariat für Migration SEM durchgeführt werden können, wenn die Rechtsvertretung aufgrund der spezifischen Umstände in einer bestimmten Region in Zusammenhang mit dem Coronavirus nicht an der Befragung teilnehmen kann. Denn viele Rechtsschutzorganisationen haben ihr Angebot reduziert, arbeiten im Homeoffice, bieten nur noch telefonische Beratung an oder haben geschlossen.

121 Die Befragung entfaltet in diesen Fällen auch ohne Anwesenheit der Rechtsvertretung ihre Rechtswirkung.[265] Diese Regelung gilt für das beschleunigte Verfahren, das Dublin-Verfahren, das erweiterte Verfahren sowie für das Flughafenverfahren.[266] Letztlich liegt der Entscheid bei den Rechtsvertretungen, ob sie an einer Befragung teilnehmen und sich einer allfälligen Ansteckungsgefahr mit dem Coronavirus aussetzen möchten oder nicht.[267]

b) *Fehlender Rechtsschutz*

122 Mit dieser genannten Massnahme in Art. 6 COVID-19-Verordnung Asyl erhalten die Asylsuchenden nicht den Rechtsschutz, welcher ihnen zustehen müsste, und ein faires, rechtsstaatliches Verfahren ist nicht mehr gewährleistet. Der Bundesrat schiebt dadurch die Verantwortung zur Wahrung dieser Rechte an die Rechtsschutzorganisationen ab, welche sich zwischen den rechtlichen Ansprüchen der Flüchtenden und der Gesundheit ihrer Mitarbeitenden entscheiden müssen.[268]

123 Damit die Schweiz ihre völkerrechtlichen Verpflichtungen erfüllen und Asylsuchenden den nötigen Schutz gewähren kann, müssen aber die Asylverfahren weiterhin rechtsstaatlich korrekt durchgeführt werden. Die Verantwortung dafür liegt beim Bund. Das Schweizerische Flüchtlingshilfswerk hält daher dezidiert fest, dass es grundsätzlich keine Anhörungen ohne Rechtsvertretende oder – im Falle des altrechtlichen Verfahrens – ohne Hilfswerkvertretung (HWV) geben darf.[269] Eine Anhörung ohne Rechtsvertretung würde gemäss des Gutachtens von THIERRY TANQUEREL klar gegen die Bundesverfassung verstossen.[270] Die Massnahme, dass Befragungen ohne Rechtsvertretung oder Hilfswerksvertretung durchgeführt werden können, wenn ihre Teilnahme pandemiebedingt nicht möglich sei, stuft THIERRY TANQUEREL als «unverhältnismässige und damit verfassungswidrige Einschränkung der gesetzlichen und verfassungsmässigen

265 Art. 6 Abs. 1 COVID-19-Verordnung Asyl.

266 Erläuterungen COVID-19-Verordnung Asyl, S. 3 f.

267 Informationsplattform humanrights.ch, Das Asylwesen in der Corona-Pandemie – ein Krisenherd, Update vom 28.4.2020, ‹https://www.humanrights.ch/de/menschenrechte-schweiz/inneres/asyl/politik/asylwesen-coronavirus-menschenrechte› (25.6.2020).

268 A.a.O.

269 Schweizerische Flüchtlingshilfe, Covid-19 Anpassungen bei Asylverfahren: Rechtsschutz muss stets garantiert sein, 1.4.2020, ‹https://www.fluechtlingshilfe.ch/medienmitteilungen/covid-19-anpassungen-bei-asylverfahren-rechtsschutz-muss-stets-garantiert-sein› (25.6.2020).

270 TANQUEREL, S. 10.

Rechte der Asylsuchenden» ein.[271] Die Durchführung der Anhörung in zwei getrennten Räumen verstärkt laut THIERRY TANQUEREL «die Risiken von Missverständnissen und unzureichender Beratung».[272] Diese Mängel könnten in bestimmten Fällen mit Rekursen geltend gemacht werden. Die rechtsstaatlichen Errungenschaften der Verfahrensgarantien dürfen aber auch in einer Notsituation nicht preisgegeben werden. Hierbei mag auch die Verlängerung der Beschwerdefrist eine Abwesenheit des Rechtschutzes bei den wichtigen Anhörungen weder zu rechtfertigen noch zu ersetzen. Dies sind zwei völlig separat zu betrachtende Sachverhalte und das eine kann das andere nicht ersetzen. Eine verlängerte Beschwerdefrist vermag den Mangel in der nicht korrekt durchgeführten Befragung ohne gewünschten Rechtsvertreter nicht zu heilen. Insbesondere muss berücksichtigt werden, dass ein Asylsuchender während der COVID-19-Pandemie Schwierigkeiten haben wird, überhaupt eine Rechtsvertretung zu finden, welche eine Beschwerde führen wird. Denn gemäss Art. 102h Abs. 3 AsylG dauert die unentgeltliche Rechtsvertretung nur bis zur Rechtskraft des Entscheides im beschleunigten und im Dublin-Verfahren oder bis zum Entscheid über die Durchführung eines erweiterten Verfahrens. Die Erhebung einer Beschwerde eines Asylsuchenden wird somit nicht finanziell unterstützt. Ein Rechtsvertreter wird eine Beschwerde für einen Asylsuchenden i.d.R. nur führen, wenn entweder die Beschwerde grosse Aussicht auf Erfolg hat oder der Asylsuchende finanzielle Mittel nachweisen kann, was nur selten der Fall sein wird.

Aus grundrechtlicher Sicht in Anbetracht der Verfahrensgarantien ist dieser fehlende 124
Rechtsschutz äusserst heikel. Folglich erhalten damit die Asylsuchenden nicht den Rechtsschutz, welcher ihnen zuzugestehen wäre, und ein faires, rechtsstaatliches Verfahren ist demnach nicht gewährleistet. Der Asylsuchende hat einen von der Bedürftigkeit, den Erfolgsaussichten und der Notwendigkeit unabhängigen Anspruch auf unentgeltliche Beratung und Rechtsvertretung für das Verfahren in den Zentren des Bundes.[273] Eine Befragung ohne gewünschten Rechtsbeistand in Asylverfahren verletzt die Verfahrensgarantien. Die COVID-19-Pandemie sollte nicht dazu führen, dass Asylsuchende ihre grundlegenden Verfahrensrechte gerichtlich einklagen müssen.

4. Hygiene- und Distanzvorgaben des BAG in Asylzentren

a) Schwierige Verhältnisse in Asylunterkünften

Da die Hygienevorschriften des Bundesamtes für Gesundheit BAG sowohl in den Bun- 125
deszentren als auch in den kantonalen Strukturen während der COVID-19-Pandemie einzuhalten sind, sehen sich auch die Kantone gezwungen, vorübergehend zusätzliche Unterkünfte in Betrieb zu nehmen.[274] Mit Art. 2 und 3 COVID-19-Verordnung Asyl wurde für diese Massnahmen eine Grundlage geschaffen, welche es ermöglicht, vorüber-

271 TANQUEREL, a.a.O.
272 TANQUEREL, a.a.O.
273 Spescha/HRUSCHKA, Art. 102 f. AsylG N 1.
274 Medienmitteilung des Bundesrates, 1.4.2020, Abs. 5.

gehend neue Nutzungsräume für die Asylverfahren sowie die Unterkünfte zu schaffen. Neu wurden von den Kantonen auch Aufnahmezentren eingerichtet, um die Asylsuchenden besser verteilen zu können.[275]

126 Zahlreiche zivilgesellschaftliche Organisationen zeigten sich besorgt, dass die Verhaltensregeln und hygienischen Schutzmassnahmen des Bundesamtes für Gesundheit BAG zum Schutz der Gesundheit in Kollektivunterkünften nicht genügend umgesetzt werden können. Kollektivunterkünfte beherbergen oftmals hunderte Personen, darunter viele Familien mit Kindern. Auch in den meisten kantonalen und kommunalen Kollektivunterkünften herrschen enge Platzverhältnisse. Da in solchen Situationen die Distanzregeln des Bundesamtes für Gesundheit BAG nur schwierig einzuhalten sind, herrscht in den Asylunterkünften ein erhöhtes Ansteckungsrisiko. Die Umsetzung der Hygienevorschriften ist anspruchsvoll und verständlicherweise mit erhöhten Anstrengungen verbunden. Es ist aufgrund der Platzverhältnisse praktisch unmöglich, den Zweimeter-Abstand in den Schlaf- und Gemeinschaftsräumen einzuhalten und RisikopatientInnen werden meist nicht separat untergebracht.[276] Aus diesem Grund veranlasste der Bundesrat durch Inbetriebnahme neuer Unterkünfte die Kapazität in den Bundesasylzentren zu erhöhen, um die Asylsuchenden gemäss der Hygieneempfehlung des Bundesamtes für Gesundheit BAG zu schützen.[277] Obwohl der Ausbau der Unterkunftsmöglichkeiten grundsätzlich zu begrüssen ist, ergeben sich für die in den Asylunterkünften anwesenden Personen grosse gesundheitliche Risiken, da die Hygiene- und Distanzmassnahmen nicht überall vollständig umgesetzt werden können.

b) Gesundheitsrisiken in Asylunterkünften

127 Die der Amnesty International zugespielten Bilder und Berichte über bedenkliche hygienische Zustände in Asylunterkünften zeigen, dass die Anstrengungen, die Hygiene- und Distanzvorgaben des Bundesamtes für Gesundheit BAG umzusetzen, vielerorts verstärkt werden müssen.[278] Die Aufdeckung und Behebung von Missständen wird dabei durch vertragliche Schweigepflichten der Angestellten und die Verbote, in den Asylunterkünften zu fotografieren, erheblich erschwert. Dass die Asylunterkünfte vor grossen Herausforderungen stehen, bezweifelt in Zeiten der COVID-19-Pandemie niemand. In den neuen Bundesasylzentren stellen insbesondere die auf mehrere Schlafplätze (meist 10

275 Vuilleumier, Abs. 9.

276 Informationsplattform humanrights.ch, Das Asylwesen in der Corona-Pandemie – ein Krisenherd, Update vom 28.4.2020, ‹https://www.humanrights.ch/de/menschenrechte-schweiz/inneres/asyl/politik/asylwesen-coronavirus-menschenrechte› (25.6.2020).

277 Informationsplattform humanrights.ch, Das Asylwesen in der Corona-Pandemie – ein Krisenherd, Update vom 28.4.2020, ‹https://www.humanrights.ch/de/menschenrechte-schweiz/inneres/asyl/politik/asylwesen-coronavirus-menschenrechte› (25.6.2020).

278 Schweizerische Beobachtungsstelle für Asyl- und Ausländerrecht, Wo bleibt der Rechts- und Gesundheitsschutz? ‹https://beobachtungsstelle.ch/news/wo-bleibt-der-rechtstaatliche-und-gesundheitliche-schutz/› (25.6.2020).

oder 12 Plätze) ausgelegten und mit schmalen Stockbetten ausgestatteten Schlafräume denkbar schwierige Voraussetzungen für das «Social Distancing» dar.[279]

Die angestrebten Massnahmen, dass die Belegungsdichte in den Asylunterkünften 128
reduziert werden muss, ist fortzusetzen und beizubehalten. Die Hygiene- und Abstandsregeln sollen in den Schlaf- wie auch in den Gemeinschaftsräumen eingehalten werden. Das Personal der Asylunterkünfte hat diese Massnahmen den Asylsuchenden beizubringen und die Einhaltung dieser Massnahmen zu kontrollieren. Sollte der Platz für die Umsetzung der Hygiene- und Abstandsregeln nicht ausreichen, so müssen zusätzliche Unterkunftsmöglichkeiten gesucht und hinzugezogen werden. Wichtig ist zudem, dass Personengruppen in den Asylunterkünften getrennt werden. Beispielsweise müssen Personen mit Symptomen des Coronavirus und/oder mit positivem Corona-Testresultat strikt in Quarantäne gesetzt werden. Eine Ansteckung der übrigen Bewohner ist mit allen Mitteln zu verhindern. Weiter ist auch empfehlenswert, dass Angehörige von Risikogruppen getrennt von den anderen Asylsuchenden oder gar in einer separaten Unterkunft untergebracht werden. Dies dient dem Gesundheitsschutz sämtlicher am Asylverfahren beteiligten Personen.

279 Schweizerische Beobachtungsstelle für Asyl- und Ausländerrecht, Wo bleibt der Rechts- und Gesundheitsschutz? ‹https://beobachtungsstelle.ch/news/wo-bleibt-der-rechtstaatliche-und-gesundheitliche-schutz/› (25.6.2020).

§ 21 Steuerrechtliche Sofortmassnahmen aufgrund der COVID-19-Pandemie

René Matteotti/Natalja Ezzaini/Christian Horni

Inhaltsverzeichnis

Literaturverzeichnis

AUER CHRISTOPH/MÜLLER MARKUS/SCHINDLER BENJAMIN (Hrsg.), VwVG Kommentar, Bundesgesetz über das Verwaltungsverfahren, 2. Aufl., Zürich/St. Gallen 2019 (zit. BEARBEITER/IN, in: Auer/Müller/Schindler [Hrsg.]); BLUMENSTEIN ERNST/LOCHER PETER, System des schweizerischen Steuerrechts, 7. Aufl., Zürich 2016; BUNDESGERICHT, Mitteilung Fristenstillstand/Coronavirus vom 25. März 2020; BUNDESVERWALTUNGSGERICHT, Medienmitteilung, Gerichtsbetrieb während der Coronakrise vom 26. März 2020; DUSS FABIAN, Die Corona-Rückstellung im Abschluss 2019, StR 6/2020, S. 478 ff.; EXPERTSUISSE, Coronavirus – Implikationen für die Rechnungslegung nach OR, Update vom 20. März 2020 (zit. Coronavirus – Implikationen für die Rechnungslegung); EXPERTSUISSE, Übersicht – Kantonale Regelungen zu ausserordentlichen Rückstellungen in Steuerbilanzen per 31.12.2019 im Zusammenhang mit der Corona-Pandemie vom 30. April 2020 (zit. Kantonale Regelungen Rückstellungen); HONSELL HEINRICH/VOGT NEDIM PETER/WATTER ROLF (Hrsg.), Basler Kommentar, Obligationenrecht II, Art. 530–964 OR, Art. 1–6 SchlT AG, Art. 1–11 Übest GmbH, 5. Aufl., Basel 2016 (zit. BSK OR II-BEARBEITER/IN); INSTITUT DER WIRTSCHAFTSPRÜFER, Auswirkungen der Ausbreitung des Coronavirus auf die Rechnungslegung zum Stichtag 31.12.2019 und deren Prüfung vom 4. März 2019 (zit. Rechnungslegung); KLÖTI-WEBER MARIANNE/SIEGRIST DAVE/WEBER DIETER (Hrsg.), Kommentar zum Aargauer Steuergesetz, 4. Aufl., Muri-Bern 2015 (zit. BEARBEITER/IN, in: Klöti-Weber/Siegrist/Weber [Hrsg.]); LIMACHER FABIENNE, Leistungen bei Erwerbsausfall infolge Covid-19, StR 6/2020, S. 488 ff. (zit. StR 6/2020); LOCHER PETER, Kommentar zum Bundesgesetz über die direkte Bundessteuer, Art. 1–48, Teil I, 2. Aufl., Basel 2019 (zit. Kommentar DBG); OECD, Model Tax Convention on Income and on Capital: Condensed Version 2017 (zit. OECD-MK); OECD, Secretariat Analysis of Tax Treaties and the Impact of the Covid-19 Crisis vom 3. April 2020 (zit. Secretariat Analysis); OECD, Tax Administration Responses to COVID-19: Measures Taken to Support Taxpayers vom 21. April 2020 (zit. Measures Taken to Support Taxpayers); PFAFF DIETER/GLANZ STEPHAN/STENZ THOMAS/ZIHLER FLORIAN (Hrsg.), Rechnungslegung nach Obligationenrecht, Praxiskommentar mit Berücksichtigung steuerrechtlicher Vorschriften, 2. Aufl., Zürich 2019 (zit. PraxKomm OR-BEARBEITER/IN); REICH MARKUS, Steuerrecht, 3. Aufl., Zürich 2020; STOLL JÜRG, Die Rückstellung im Handels- und Steuerrecht, Diss. Zürich 1992; VITO ROBERTO/TRÜEB HANS RUDOLF (Hrsg.), CHK – Handkommentar zum Schweizer Privatrecht, Ergänzungsband: Revidiertes Rechnungslegungsrecht 2013, Zürich 2013 (zit. CHK OR-BEARBEITER/IN); WALDMANN BERNHARD/WEISSENBERGER PHILIPPE (Hrsg.), VwVG – Praxiskommentar, Verwaltungsverfahrensgesetz, 2. Aufl., Zürich 2016 (zit. BEARBEITER/IN, in: Waldmann/Weissenberger [Hrsg.]); ZWEIFEL MARTIN/BEUSCH MICHAEL (Hrsg.), Kommentar zum Schweizerischen Steuerrecht, Bundesgesetz über die direkte Bundessteuer (DBG), 3. Aufl., Basel 2017 (zit. BEARBEITER/IN, in: Zweifel/Beusch [Hrsg.]); ZWEIFEL MARTIN/BEUSCH MICHAEL (Hrsg.), Kommentar zum Schweizerischen Steuerrecht, Bundesgesetz über die Harmonisierung der direkten Steuern der Kantone und Gemeinden (StHG), 3. Aufl., Basel 2017 (zit. BEARBEITER/IN, in: Zweifel/Beusch [Hrsg.]); ZWEIFEL MARTIN/BEUSCH MICHAEL/BAUER-BALMELLI MAJA (Hrsg.), Kommentar zum Schweizerischen Steuerrecht, Bundesgesetz über die Stempelabgaben (StG), 2. Aufl., Basel 2019 (zit. BEARBEITER/IN, in: Zweifel/Beusch/Bauer-Balmelli [Hrsg.]); ZWEIFEL MARTIN/BEUSCH MICHAEL/MATTOETTI RENÉ (Hrsg.), Kommentar zum Schweizerischen Steuerrecht, Internationales Steuerrecht, Basel 2015 (zit. BEARBEITER/IN, in: Zweifel/Beusch/Matteotti [Hrsg.]); ZWEIFEL MARTIN/CASANOVA HUGO/BEUSCH MICHAEL/HUNZIKER SILVIA, Schweizerisches Steuerverfahrensrecht, Direkte Steuern, 2. Aufl., Zürich 2018.

Materialienverzeichnis

Botschaft zu Bundesgesetzen über die Harmonisierung der direkten Steuern der Kantone und Gemeinden sowie über die direkte Bundessteuer (Botschaft über die Steuerharmonisierung) vom 25. Mai 1983, BBl 1983 III 1 ff. (zit. BBl 1983 III 1, S.).

Verwaltungsanweisungen

ESTV, Rundschreiben, Steuerliche Behandlung von Leistungen gemäss der Verordnung über Massnahmen bei Erwerbsausfall im Zusammenhang mit dem Coronavirus vom 6. April 2020 (zit. RS ESTV, Steuerliche Behandlung von Leistungen bei Erwerbsausfall); ESTV, Rundschreiben, Zahlungserleichterungen bei der direkten Bundessteuer als Massnahme wegen des Coronavirus vom 24. März 2020 (zit. RS ESTV, Zahlungserleichterungen direkte Bundessteuer).

I. Einleitung

Mit dem Ausbruch der COVID-19-Pandemie wurde die globale Wirtschaft in starke Mitleidenschaft gezogen. Die eingetretene Gesundheits- und Wirtschaftskrise führte zu einer Drosselung des Waren- und Dienstleistungsangebots entlang der gesamten globalen Lieferketten sowie zu einer Änderung des Konsumverhaltens. Zahlreiche Unternehmen mussten ihre Betriebe schliessen oder erlitten Nachfrageeinbrüche. Bisher solvente selbständig Erwerbstätige und Unternehmer gerieten wegen der eingetretenen Umsatzeinbussen in Liquiditätsschwierigkeiten. Als Folge der Krise wurde auch der Arbeitsmarkt auf den Kopf gestellt. Dies geschah in verschiedener Hinsicht: Auf der einen Seite haben die Unternehmen in der Schweiz für rund einen Drittel der Erwerbstätigen Kurzarbeit beantragt.[1] Auf der anderen Seite sahen sich zahlreiche Unternehmen genötigt, wegen der empfohlenen Schutzmassnahmen ihre Mitarbeiter «remote» vom Homeoffice aus arbeiten zu lassen.[2] Aufgrund der weltweiten Grenzschliessungen konnten internationale Arbeitnehmer die Ausübung ihrer Erwerbstätigkeiten schliesslich häufig nicht im Staat des Tätigkeitsorts ausüben. Dies betraf nicht nur spezifisch Grenzgänger, sondern auch andere Arbeitnehmer, welche in ihrem Ansässigkeitsstaat oder einem Drittstaat festsassen.[3] 1

Der Bundesrat hat erkannt, dass Massnahmen zur Abfederung der wirtschaftlichen Folgen der COVID-19-Pandemie schnell und unkompliziert ergriffen werden müssen, damit sie optimal wirken. In Rekordzeit gleiste er am 25.3.2020 – u.a. gestützt auf die in Art. 185 Abs. 3 BV enthaltene Notverordnungskompetenz – ein umfassendes Massnahmenpaket in der Höhe von rund CHF 72 Milliarden zur Abfederung der wirtschaftlichen Folgen der COVID-19-Krise auf. Das Hauptziel der Sofortmassnahmen bestand darin, den Unternehmen, selbständig Erwerbstätigen und Arbeitnehmern möglichst zielgerecht liquide Mittel zur Verfügung zu stellen. Dies geschah vornehmlich mittels 2

1 Siehe hierzu: ‹https://www.nzz.ch/wirtschaft/die-corona-krise-trifft-den-arbeitsmarkt-mit-voller-wucht-ld.1555025› (24.6.2020).

2 Siehe hierzu: ‹https://www.bag.admin.ch/bag/de/home/krankheiten/ausbrueche-epidemien-pandemien/aktuelle-ausbrueche-epidemien/novel-cov/empfehlungen-fuer-die-arbeitswelt.html› (24.6.2020).

3 Siehe hierzu: ‹https://www.sem.admin.ch/sem/de/home/aktuell/aktuell/faq-einreiseverweigerung.html#Grenzschliessung%20und%20Ausnahmen› (24.6.2020).

vom Bund verbürgten COVID-19-Überbrückungskrediten, Start-up-Bürgschaftskrediten und Garantien für Luftfahrtunternehmen (rund CHF 41 Mia.), der Ausweitung und Vereinfachung der Kurzarbeit (inkl. einer Erweiterung der auf Kurzarbeitsentschädigung anspruchsberechtigten Personen), die zusätzliche Ausrichtung von Taggeldern an Selbständigerwerbstätige und Eltern, die ihre Erwerbsarbeit aufgrund von Schulschliessungen unterbrechen mussten, um ihre Kinder zu betreuen, sowie umfangreiche Finanzhilfen für Tourismus, Kultur und Sport (insgesamt rund CHF 31 Mia.). Das Steuerrecht stand bei den Sofortmassnahmen zu Recht nicht im Vordergrund: Die Steuern, welche nach dem in Art. 127 Abs. 2 BV verfassungsrechtlich verankerten Leistungsfähigkeitsprinzip erhoben werden, stellen einen automatischen Stabilisator dar: Wer infolge der Wirtschaftskrise keine oder tiefere Gewinne oder Einkünfte vereinnahmen wird, wird keine oder eben tiefere Gewinn- oder Einkommenssteuern bezahlen. Wer keine oder tiefere Umsätze tätigt, bezahlt keine oder tiefere Mehrwert- und – soweit anwendbar – Sonderverbrauchssteuern. Wer Verluste erwirtschaftet, kann diese nach geltendem Recht grundsätzlich während einer Periode von sieben Jahren vortragen. Im Falle von Sanierungen, die in den nächsten Jahren an Bedeutung gewinnen werden, sehen bereits die heute geltenden schweizerischen Steuergesetze verschiedene Massnahmen (u.a. unbeschränkter Verlustvortrag) vor. Finanzhilfen und Taggelder, die aufgrund der Sofortmassnahmen ausgerichtet werden, sind ebenfalls unter die bestehenden Steuergesetze zu subsumieren.[4] Auch die Fragen, inwieweit Mehr- und Minderkosten, die im Zusammenhang mit dem Homeoffice entstanden (Mehrkosten für Arbeitsplatz und Minderkosten für Fahrten zum Arbeitsplatz) sind, können anhand des geltenden Rechts beantwortet werden. Dabei ist freilich absehbar, dass sich zahlreiche neue Auslegungsfragen ergeben werden, die von den Gerichten entschieden werden müssen. Der vorliegende Beitrag zielt nicht darauf ab, zu analysieren, wie das bestehende Recht auf die zahlreichen künftigen Steuersachverhalte anzuwenden ist, auf welche die COVID-19-Pandemie eingewirkt haben. Vielmehr liegt der Fokus auf den Sofortmassnahmen, mit welchen der Bundesrat, die eidgenössischen und kantonalen Steuerbehörden, temporär in die bestehende Steuerrechtsordnung eingegriffen haben.

3 Diese lassen sich anhand des verfolgten Zwecks in drei Kategorien unterteilen:

- *Massnahmen zur Verbesserung der Liquidität*: Dazu gehört der temporäre Verzicht auf Verzugszinsen auf Bundes- und kantonaler Ebene sowie die Gewährung einer COVID-19-Rückstellung.
- Massnahmen, welche Steuerpflichtigen und ihren Beratern, *zusätzlich Zeit verschaffen*, um ihre aus dem Steuerrechtsverhältnis erwachsenden Pflichten und Rechte wahrzunehmen: Darunter fallen die automatische Erstreckung der Fristen für die Einreichung der Steuererklärung und der Fristenstillstand bei gewissen Veranlagungs- und Rechtsmittelverfahren. Es handelt sich dabei um *befristete administrative Erleichterungen im Veranlagungs- und Rechtsmittelverfahren.*

4 Siehe hierzu RS ESTV, Steuerliche Behandlung von Leistungen bei Erwerbsausfall.

- *Sondermassnahmen bei den internationalen Arbeitnehmern*: Der Homeoffice-Betrieb könnte je nach Auslegung der bestehenden Bestimmungen dazu führen, dass sich die steuerlichen Anknüpfungspunkte bei internationalen Arbeitnehmern während des Homeoffice-Betriebs ändern und ihre Einkünfte vorübergehend nach neuen Regeln besteuert werden. Mit vorübergehend geltenden Sonderregelungen soll sichergestellt werden, dass die COVID-19-Pandemie die steuerlichen Pflichten von internationalen Arbeitnehmern und ihren Arbeitgebern nicht vorübergehend ändert. Damit soll Rechtssicherheit geschaffen und zusätzlicher administrativer Aufwand auf Seiten der Steuerpflichtigen und der Steuerbehörden reduziert werden.

Die Auflistung dieser Themen verdeutlicht, dass Bundesrat, Kantonsregierungen und 4 Steuerbehörden nur punktuell in die bestehende Steuerrechtsordnung eingegriffen haben. Dies ist zu begrüssen: Die in Art. 127 Abs. 1 und 2 BV verfassungsrechtlich verankerten Besteuerungsprinzipien, worunter insbesondere auch das Legalitätsprinzip erwähnt wird, weisen dem Gesetzgeber die Aufgabe zu, die bestehende Steuerrechtsordnung zu ändern, falls er infolge der COVID-19-Pandemie einen Bedarf sieht. Die beschlossenen Massnahmen mit Zusatzausgaben von rund CHF 31 Mia. und Bürgschaften bzw. Garantien von rund CHF 41 Mia. allein auf Bundesebene werden ein riesiges Loch in die Staatskasse reissen. Ausländische Staaten werden ebenfalls mit drastischen Steuerausfällen konfrontiert sein. Es ist daher absehbar, dass der Steuerstandort Schweiz weiterhin trotz der per 1.1.2020 implementierten Steuerreform unter Druck bleiben wird. Es würde den Rahmen dieses Beitrags sprengen, Vorschläge zu unterbreiten, wie die eintretenden Mindereinnahmen gegenfinanziert werden sollen und ob punktuell über die bestehenden Steuerrechtsregelungen hinaus Steuererleichterungen für notleidende Unternehmen gewährt werden sollen. Soviel sei aber bereits an dieser Stelle gesagt: Der Gesetzgeber tut gut daran, auf steuerpolitische Schnellschüsse zu verzichten, die volkswirtschaftlichen Wirkungen allfälliger Gesetzesänderungen sorgfältig abzuwägen und den von der Verfassung abgesteckten Rahmen für die Besteuerung (insb. die Grundsätze der rechtsgleichen Besteuerung, die Gleichbehandlung der Gewerbegenossen und die Wirtschaftsfreiheit) zu respektieren. Gerade in Krisenzeiten ist es angebracht, sich bei anstehenden steuerpolitischen Debatten auf die verfassungsrechtlichen Grundwerte zu besinnen.

II. Steuerliche Sofortmassnahmen zur Verbesserung der Liquidität

1. Vorbemerkung

Auf Bundes- und Kantonsebene dienen drei Steuermassnahmen dazu, den Steuerpflich- 5 tigen einen Liquiditätspuffer zu verschaffen:

- befristeter Verzicht auf die Erhebung von Verzugszinsen auf eidgenössischer und kantonaler Ebene und automatische Erstreckung von Zahlungsfristen;
- Gewährung einer COVID-19-Rückstellung in einigen Kantonen bereits für die Steuerperiode 2019;

– Beschleunigung der Rückerstattung von Vorsteuerguthaben bei der Mehrwertsteuer auf Bundesebene.

6 Beim Verzicht auf die Erhebung von Verzugszinsen und der beschleunigten Rückerstattung von Vorsteuern bei der Mehrwertsteuer und der Verrechnungssteuer handelt es sich um Massnahmen, welche auch die OECD in ihren Empfehlungen vom 21.4.2020[5] propagiert. Die COVID-19-Rückstellung bezieht sich zwar auf die Bemessungsgrundlage, sie ist jedoch im Kontext zum Steuerbezugsverfahren zu würdigen. Im Folgenden werden der Verzugszinsverzicht sowie die COVID-19-Rückstellung einer eingehenderen Analyse unterzogen.

2. Befristeter Verzicht auf die Erhebung von Verzugszinsen und Erstreckung von Zahlungsfristen

a) *Bund*

7 In sämtlichen Steuergesetzen[6] des Bundes wird die Festsetzung der Höhe der Verzugszinsen dem Bundesrat delegiert. Die Verzugszinsen betragen 3% (direkte Bundessteuer) bis 4% (Mehrwertsteuer, Zölle, Mineralölsteuer und Schwerverkehrsabgabe). Mit Blick auf die derzeitigen Minuszinsen bei den Staatsanleihen gleichen sie nicht etwa einen Verspätungsschaden aus. Vielmehr weisen sie einen verfassungsrechtlich höchst zweifelhaften pönalen Charakter auf. Es handelt sich daher um einen Akt der Billigkeit, dass der Bund auf die Erhebung der Verzugszinsen verzichtet. Die Rechtsgrundlage hierfür stellt die am 21.3.2020 in Kraft gesetzte bundesrätliche Verordnung über den befristeten Verzicht auf Verzugszinsen bei verspäteter Zahlung von Steuern, Lenkungsabgaben und Zollabgaben sowie Verzicht auf die Darlehensrückerstattung durch die Schweizerische Gesellschaft für Hotelkredit dar.[7]

8 Art. 2 der Verzugszinsverzichtsverordnung besagt, dass vom 20.3.2020 bis 31.12.2020 bei verspäteter Zahlung der Mehrwertsteuer, der besonderen Verbrauchssteuern, der Lenkungsabgaben und der Zollabgaben kein Verzugszins geschuldet ist. Zu den besonderen Verbrauchssteuern zählen die Mineralöl-, die Bier-, die Alkohol-, die Tabak- und die Automobilsteuer. Unklar bleibt, was der Verordnungsgeber unter dem Begriff der Lenkungsabgabe versteht. Er dürfte die CO-2-Abgabe im Visier gehabt haben, welche in Art. 32 Abs. 4 CO-2-VO[8] für die Erhebung der Verzugszinsen auf die Verordnung des EFD vom 10.12.1992 über die Fälligkeit und Verzinsung der direkten Bundessteuer[9] verweist. Die Schwerverkehrsabgabe, auf welche die Verordnung aufgrund der in der Präambel zitierten Rechtsgrundlagen ebenfalls Anwendung findet, stellt freilich nicht etwa

5 OECD, Measures Taken to Support Taxpayers, S. 8.

6 Siehe hierzu Art. 108 MWSTG, Art. 74 Abs. 4 ZG, Art. 22 Abs. 3 MinöStG, Art. 164 Abs. 1 DBG, Art. 10 Abs. 1 SVAG, Art. 25 Abs. 5 BStG, Art. 78 AlkG, Art. 20 Abs. 4 TStG, Art. 17 Abs. 3 AStG.

7 SR 641.207.2.

8 SR 641.711.

9 SR 642.124.

eine Lenkungsabgabe[10], sondern eine Kausalabgabe mit Lenkungszweck dar.[11] Der Verzugszinsverzicht greift unabhängig davon, ob die Steuerforderung vor oder nach dem 20.3.2020 fällig wurde bzw. noch vor dem 31.12.2020 fällig wird.

Leicht anders ist der Verzugszinsverzicht bei der direkten Bundessteuer geregelt. 9
Nach dem Wortlaut von Art. 3 der Verzugszinsverzichtsverordnung ist bei verspäteter Zahlung der Bundessteuer, die in diesem Zeitraum fällig wurde bzw. wird, kein Verzugszins geschuldet. Anders als bei verspäteter Bezahlung der Mehrwertsteuer, der besonderen Verbrauchssteuern und der Lenkungsabgaben beschränkt der Verordnungswortlaut den Verzugszinsverzicht auf Steuerforderungen, die zwischen 1.3. und 31.12.2020 fällig werden. Gemäss Art. 1 der Verordnung des EFD über Fälligkeit und Verzinsung der direkten Bundessteuer[12] gilt als allgemeiner Fälligkeitstermin der 1.3. des auf das Steuerjahr folgenden Kalenderjahres. Auf diesen Termin ist gestützt auf Art. 162 Abs. 1 DBG eine definitive oder provisorische Rechnung zu erstellen. Besondere Fälligkeitstermine bestehen gemäss Art. 161 Abs. 3 DBG im Zusammenhang mit der Steuer auf Kapitalleistungen aus Vorsorge gemäss Art. 38 DBG und die Nachsteuer (Art 151 DBG). Diese werden mit der Zustellung der Veranlagungsverfügung fällig. In jedem Falle wird die Steuer ausserdem (1) am Tag, an dem der Steuerpflichtige, der das Land dauernd verlassen will, Anstalten zur Ausreise trifft, (2) mit der Anmeldung zur Löschung einer steuerpflichtigen juristischen Person im Handelsregister, (3) im Zeitpunkt, in dem der ausländische Steuerpflichtige seinen Geschäftsbetrieb oder seine Beteiligung an einem inländischen Geschäftsbetrieb, seine inländische Betriebsstätte, seinen inländischen Grundbesitz oder seine durch inländische Grundstücke gesicherten Forderungen aufgibt, (4) bei der Konkurseröffnung über den Steuerpflichtigen und (5) beim Tode des Steuerpflichtigen fällig (Art. 161 Abs. 4 DBG).

Die ESTV wendet Art. 3 der Verzugsverzichtsverordnung gemäss Rundschreiben 10
vom 24.3.2020[13] in Bezug auf die direkte Bundessteuer über den Wortlaut hinaus auch auf Steuerforderungen früherer Steuerperioden an, sofern jeweils die Fälligkeit der provisorischen oder definitiven Rechnung im Zeitraum vom 1.3.2020 bis zum 31.12.2020 liegt.

Folgendes Beispiel möge die Rechtsanwendung durch die ESTV illustrieren: Die 11
Steuerforderung für das Steuerjahr 2018 wurde am 1.3.2019 fällig. Gemäss Art. 162 Abs. 1 DBG wurde auf diesen Zeitpunkt eine provisorische Steuerrechnung zugestellt. Die definitive Rechnung erhält der Steuerpflichtige am 1.3.2020. In einem solchen Fall ist der Verzugszins von April 2019 bis Februar 2020 geschuldet. Aufgrund der definitiven Rechnung entfällt er indes ab März 2020.[14] Würde nun die definitive Rechnung erst im März 2021 zugestellt werden, wäre gemäss publizierter Praxis auf der nicht bezahlten

10 Siehe zum Begriff BLUMENSTEIN/LOCHER, S. 8; REICH, § 2 Rz 24.

11 Siehe hierzu BLUMENSTEIN/LOCHER, S. 9; REICH, § 2 Rz 15.

12 SR 642.124.

13 RS ESTV, Zahlungserleichterungen direkte Bundessteuer.

14 Siehe hierzu BAUMER, Beispiel 1, Folie 9 unter: ‹https://www.youtube.com/watch?v=c0xg21Othnk› (24.6.2020).

Steuerschuld vom 1.3.2020 bis 31.12.2020 ein Verzugszins geschuldet. Ein alleiniges Abstellen auf die Zustellung der definitiven Steuerrechnung lässt sich sachlich indes nicht rechtfertigen. Die von der ESTV angewandte extensive Auslegung von Art. 3 Verzichtsverordnung ist zwar zu begrüssen. Sie müsste jedoch aus Konsistenzgründen wie bei der Mehrwertsteuer, den Sonderverbrauchssteuern, Lenkungsabgaben und Zollabgaben für jegliche Steuerschulden gelten, welche zwischen 1.3.2020 bis 31.12.2020 fällig sind. In Bezug auf das oben erwähnte Beispiel würde dies bedeuten, dass unabhängig vom Zeitpunkt, in dem die definitive Steuerrechnung zugestellt wird, auf die Erhebung eines Verzugszinses vom 1.3.2020 bis 31.12.2020 verzichtet werden sollte.

12 Folgende Punkte sind ausserdem zu bemerken: Der befristete Verzugszinsverzicht gilt nicht für die Verrechnungssteuer und die Stempelabgaben. Für die Verrechnungssteuer lässt sich dies damit rechtfertigen, dass sie an der Quelle bestimmter Kapitalerträge erhoben wird. Die Liquidität beim Schuldner der steuerbaren Leistung ist daher grundsätzlich vorhanden. Dasselbe gilt bei der Stempelabgabe, bei welcher der Bundesrat offenbar ebenfalls keinen Anlass sah, auf die Erhebung eines Verzugszinses zu verzichten. Er liess sich dabei wohl vom Gedanken leiten, dass die Ausstattung von Gesellschaften mit steuerbarem Eigenkapital oder die Vornahme von steuerbaren Wertschriftentransaktionen durch Effektenhändler, das Bestehen von Liquidität voraussetzt, weswegen es grundsätzlich nicht gerechtfertigt erscheint, auf die Erhebung von Verzugszinsen zu verzichten. Im Zusammenhang mit Steuerrevisionen sind Unternehmen teilweise mit beträchtlichen Verrechnungssteuerforderungen auf geldwerten Leistungen oder Stempelabgaben konfrontiert, deren Bezahlung gerade in einer Wirtschaftskrise ihre Existenz gefährden könnte. In einem solchen Fall können die betroffenen steuerpflichtigen Gesellschaften trotz Fehlens einer expliziten gesetzlichen Grundlage gemäss Praxis ein Gesuch auf einen Zahlungsaufschub beantragen. Die Verzugszinsen fallen aber während des Zahlungsaufschubs dennoch an.

13 Der befristete Verzugszinsverzicht stellt keine allgemeine Stundung auf sämtliche von der Verzugsverzichtsverordnung erfassten Steuern dar. Die Steuerbehörden können die Steuern vielmehr auch während der Periode, während welcher kein Verzugszins geschuldet ist, in Rechnung stellen und bei Nichtbezahlung zwangsvollstrecken lassen. Der während der COVID-19-Pandemie erlassene Betreibungsstopp galt nur bis 4.4.2020, wobei direkt im Anschluss daran die gesetzlichen Betreibungsferien begannen, womit er bis am 19.4.2020 Wirkung entfaltete.[15] Die Steuerpflichtigen, welche infolge der COVID-19-Pandemie in Zahlungsschwierigkeiten geraten, müssen daher die zuständigen Bezugsbehörden ersuchen, die Zahlungsfrist zu erstrecken oder Ratenzahlungen zu bewilligen.[16] Eine Stundung setzt voraus, dass die Erfüllung der Zahlungspflichten für den Steuerpflichtigen mit einer erheblichen Härte verbunden ist. Neben der Steuer selber, können zumindest bei der direkten Bundessteuer auch Verzugszinsen und Bussen

15 Siehe hierzu ‹https://www.admin.ch/gov/de/start/dokumentation/medienmitteilungen/bundesrat.msg-id-78482.html› (24.6.2020); SR 281.241.

16 Siehe hierzu Art. 166 DBG, Art. 90 MWSTG etc.

wegen Übertretung gestundet werden.[17] In ihrem Rundschreiben an die kantonalen Verwaltungen für die direkte Bundessteuer empfiehlt die ESTV eine wohlwollende Behandlung entsprechender Gesuche. Gerät der Steuerpflichtige infolge der COVID-19-Pandemie in eine Notlage, können die Steuerbehörden die geschuldeten Steuerbeträge, Zinsen oder Bussen wegen einer Übertretung auf Gesuch hin gar ganz oder zumindest teilweise erlassen.[18] Bei der Verrechnungssteuer und Emissionsabgabe ist ein Erlass indes nur im Zusammenhang mit bestimmten Sanierungsmassnahmen (Art. 18 VStG und Art. 12 StG) möglich. Die Voraussetzungen für die Gewährung des Steuererlasses unterscheiden sich von Steuer zu Steuer. Es sei diesbezüglich auf die Speziallitertur verwiesen.[19]

Bei den Stundungsgesuchen muss Vorsicht gewaltet werden: Art. 55 Abs. 1 DBG, Art. 15 Abs. 1 lit. a VStG und Art. 15 Abs. 1 lit. e und f MWSTG enthalten Bestimmungen zur solidarischen Haftung der mit der Verwaltung und der Liquidation der steuerpflichtigen Gesellschaft betrauten Personen, wenn deren Steuerpflicht in der Schweiz infolge Auflösung oder Wegzug ins Ausland endet. Der Haftungsumfang wird in den einzelnen Gesetzen näher umschrieben. Die Haftung entfällt regelmässig nur, wenn der Haftende nachweisen kann, dass er alle nach den Umständen gebotene Sorgfalt zur Feststellung und Erfüllung der Steuerforderung angewendet hat.[20] 14

b) Kantone

Wie der Bund haben auch die meisten Kantone die Erhebung von Verzugszinsen befristet ausgesetzt bzw. heruntergesetzt. Die folgende Tabelle vermittelt eine Übersicht über die von den Kantonen gewählten Zeitperioden. 15

16

Kanton	Aussetzen Verzugszinsen
AG	1.3.–31.12.2020
AR	
AI	
BL	25.3.–31.12.2020
BS	
BE	Steuerjahr 2020
FR	
GE	24.3.–31.12.2020
GL	1.3.–31.12.2020
GR	1.1.–31.12.2020
JU	1.3.–31.8.2020

17 Bezüglich Verrechnungssteuer und Stempelabgaben siehe die Ausführungen unter Rz 12.

18 Siehe hierzu z.B. Art. 167 ff. DBG.

19 Siehe hierzu BLUMENSTEIN/LOCHER, S. 421 ff. m.w.H.

20 Siehe hierzu statt vieler BLUMENSTEIN/LOCHER, S. 97 m.w.H. auf die Judikatur.

Kanton	Aussetzen Verzugszinsen
LU	Kalenderjahr 2020
NE	Bis Ende Juni 2020
NW	1.4.–31.12.2020
OW	
SG	
SH	1.3.–31.12.2020
SZ	24.3.–31.12.2020
SO	1.3.–31.12.2020
TG	
TI	Kalenderjahr 2020
UR	
VD	1.3.–31.12.2020 für juristische Personen
VS	1.4.–31.12.2020
ZG	1.3.–31.12.2020
ZH*	1.5.–31.12.2020

* Der Kanton ZH hat kein Aussetzen der Verzugszinsen vorgesehen, sondern eine Senkung auf 0,25%.

Tabelle: Zeitperiode des Aussetzens der Verzugszinsen in den Kantonen

17 Nicht nur die Zeiträume, für welche der Verzicht auf die Erhebung von Verzugszinsen bzw. die Reduktion der Verzugszinshöhe gelten, sondern auch der sachliche Anwendungsbereich divergieren in den einzelnen Kantonen. Es würde den Rahmen dieses Beitrags sprengen, die Praxis und Besonderheiten jedes Kantons einzeln darzustellen. Die kantonale Vielfalt sei exemplarisch vielmehr anhand der Regelungen in den Kantonen Zürich, Bern und Luzern illustriert.

18 Im Kanton Zürich hat der Regierungsrat den Verzugszins für die Staats- und Gemeindesteuern vom 1.5. bis zum 31.12.2020 von 4,5% auf 0,25% gesenkt. Wie bei der direkten Bundessteuer stellt sich auch bei den Staats- und Gemeindesteuern die Frage, welche Steuerforderungen vom Verzugszinsverzicht profitieren. Diesbezüglich ist bei der direkten Staats- und Gemeindesteuer des Kantons Zürich folgender Unterschied zu den direkten Bundessteuern zu beachten: Die Verzugszinspflicht betreffen nur verspätete Zahlungen der definitiven Schlussrechnung.[21] Bei den provisorischen Rechnungen werden zu Lasten des Steuerpflichtigen ab dem in § 49 Verordnung zum Steuergesetz des Kantons Zürich[22] definierten Verfalltag lediglich Ausgleichszinsen erhoben. Mit seinem Beschluss vom 1.4.2020 passte der Regierungsrat die Höhe des Verzugszin-

21 Siehe hierzu Ziff. II des Beschlusses des Regierungsrates über die Festsetzung und Berechnung der Zinsen für Staats- und Gemeindesteuern vom 11.7.2007.

22 StV ZH, 631.11.

ses vorübergehend an diejenige der Ausgleichszinsen an, welcher seit 1.1.2020 ebenfalls 0,25% beträgt. Stellt man alleine auf den Wortlaut des Beschlusses ab, gilt der reduzierte Verzugszins für sämtliche Schlussrechnungen, welche im Zeitraum von 1.5. bis 31.12.2020 fällig sind und verspätet bezahlt werden. Ab 1.1.2021 gelangt wiederum der Verzugszinssatz von 4,5% zur Anwendung. Diese Lösung führt im Gegensatz zur oben dargestellten Bundeslösung zu einer konsistenten Behandlung aller fälligen Steuerrechnungen.

Wie der Tabelle oben entnommen werden kann, werden im Kanton Luzern bei den 19
Staats- und Gemeindesteuern für das Kalenderjahr 2020 keine Verzugszinsen verrechnet. Die Verzugszinsen betreffen im Kanton Luzern wie im Kanton Zürich verspätet eingegangene Zahlungen der definitiven Schlussrechnung. Im Zusammenhang mit provisorischen Rechnungen wird ein Ausgleichszins erhoben, welcher derzeit bei 0% liegt.[23] Im Kanton Luzern werden durch den Regierungsratsbeschluss alle fälligen Schlussrechnungen, welche im Jahr 2020 nicht rechtzeitig bezahlt wurden, während des gesamten Kalenderjahrs 2020 gleichmässig begünstigt.

Der Kanton Bern bestimmt in Art. 6 Abs. 2 der Verordnung über Sofortmassnahmen 20
zur Bewältigung der Coronavirus-Krise[24], dass für Forderungen des Jahres 2020 ein Verzugszins von 0% gilt. Die Regelung findet nicht nur auf sämtliche Abgabeforderungen, sondern auch auf andere Forderungen des Kantons Bern gegenüber Dritten Anwendung. Im Vergleich etwa zu den Regelungen bei der direkten Bundessteuer und der direkten Staats- und Gemeindesteuern der Kantone Zürich und Luzern ist die Berner Regelung insoweit restriktiver, als sie nur auf Forderungen des Steuerjahres 2020 zur Anwendung gelangt. Gemäss Mitteilung des Kantonalen Steueramts des Kantons Bern fallen die Ratenrechnungen des Steuerjahres 2020, welche während diesem laufenden Jahr verschickt werden, und die definitiven Schlussrechnungen 2020 darunter. Somit ist klar, dass der Verzugszinsverzicht im Kanton Bern keine steuerfremden Perioden treffen wird. Dafür hat der Kanton Bern in Art. 6 Abs. 2 lit. b der Verordnung über Sofortmassnahmen zur Bewältigung der Coronavirus-Krise vorgesehen, dass bei Vorauszahlungen neu ein Zins von 0,5% an die Steuerpflichtigen bezahlt wird.

Auch bei den Kantonen gilt, dass der Verzicht auf die Erhebung von Verzugszinsen 21
nicht automatisch mit einer Stundung der fälligen Steuerforderung einhergeht. Eine solche ist grundsätzlich zu beantragen, wobei verschiedene Kantone explizit hervorheben, dass Anträge grosszügig und rasch behandelt werden. Verschiedene Kantone gewähren aber eine automatische Erstreckung der Zahlungsfristen, die auf Antrag weiter erstreckt werden können. Der Kanton Bern sieht in Art. 6 Abs. 1 der Verordnung über Sofortmassnahmen zur Bewältigung der Coronavirus-Krise etwa vor, dass für Forderungen

23 Hierbei ist anzumerken, dass nicht alle Kantone das Ausgleichszinssystem kennen, wie z.B. der Kanton Bern. Die Kantone, welche dieses System aber kennen, erheben diese Zinsen auf den provisorischen Steuerrechnungen. Im Rahmen des Verzichts auf die Erhebung von Verzugszinsen, haben aber nicht alle Kantone auch die Ausgleichszinsen ausgesetzt. Hier ist also in Bezug auf die provisorischen Steuerrechnungen besondere Vorsicht geboten.

24 Verordnung über Sofortmassnahmen zur Bewältigung der Coronavirus-Krise (CKV) vom 20.3.2020.

des Kantons gegenüber Dritten für Steuern, Gebühren und Abgaben ein Fristenstillstand bis 30.6.2020 gilt. Schuldnerinnen und Schuldner dürfen für diese Forderungen bis zum 30.6.2020 weder gemahnt noch betrieben werden. Der Kanton Zug sieht eine Fristerstreckung der Zahlungsfristen für alle Steuerrechnungen bis zum 30.6.2020 vor. Dabei ist für diesen Zahlungsaufschub kein Gesuch notwendig. Der Kanton Glarus hat nach Art. 11 Abs. 2 COVID-19-Verordnung GL[25] die Zahlungsfristen für Rechnungen von Kanton, Gemeinden und dem Finanzhaushaltgesetz unterstellten juristischen Personen des öffentlichen Rechts generell automatisch um 120 Tage erstreckt. Vorbehalten bleiben aber die Zahlungsfristen für Bussen. Eine andere Lösung hat der Kanton Nidwalden in der Inkassonotverordnung[26] gewählt: Er unterscheidet in § 3 Inkassonotverordnung zwischen bereits fälligen Steuerforderungen, bei der eine Zahlungsfrist bis 30.6.2020 gewährt wird, und neuen Steuerforderungen, bei denen statt der normalen 30-Tages-Frist eine 90-tägige Zahlungsfrist gilt. Gemäss § 2 Inkassonotverordnung gilt dies für sämtliche kantonalen Gebühren gemäss Gebührengesetz sowie für die kantonalen Steuern und Steuerbussen gemäss kantonaler Steuergesetzgebung. Nicht anwendbar ist die Verordnung aber auf öffentliche Abgaben, für welche das Bundesrecht oder eine interkantonale Vereinbarung abweichende Zahlungsmodalitäten vorsieht, wie auch nicht auf öffentlichen Abgaben, für welche die kantonale Gesetzgebung mildere Zahlungsmodalitäten vorsieht (§ 2 Abs. 3 Ziff. 1 und 2 Inkassonotverordnung).

3. COVID-19-Rückstellungen im Abschluss 2019

a) Rückstellungen nach geltendem Rechnungslegungs- und Steuerrecht

22 Handelsrechtlich müssen gemäss Art. 960e Abs. 2 OR Rückstellungen gebildet werden, wenn vergangene Ereignisse einen Mittelabfluss in künftigen Geschäftsjahren erwarten lassen.[27] Die Bildung einer Rückstellung im engeren Sinn setzt folglich ein Ereignis in der Vergangenheit bzw. vor dem Bilanzstichtag voraus.[28] Ein Ereignis, welches erst nach dem Bilanzstichtag bekannt wird, aber ursächlich in das vergangene Geschäftsjahr fällt, kann noch als wertaufhellendes Ereignis im entsprechenden Abschluss berücksichtigt werden. Hat es sich hingegen nach dem Stichtag verwirklicht, ist es als wertbeeinflussende oder wertverändernde Tatsache erst im betroffenen laufenden Geschäftsjahr zu berücksichtigen[29] und gemäss Art. 959c Abs. 2 Ziff. 13 OR als wesentliches Ereignis nach dem Bilanzstichtag im Anhang zur Jahresrechnung des abgelaufenen Geschäftsjahrs offenzulegen. Es stellt sich vorliegend die Frage, ab welchem Zeit-

25 GS VIII A/61/3 – Verordnung über Massnahmen zur Bekämpfung des Coronavirus (COVID-19) und dessen Auswirkungen im Kanton Glarus vom 31.3.2020.

26 Verordnung über die Erleichterung der Zahlungsmodalitäten zur Milderung der Auswirkungen des Coronavirus vom 31.3.2020, 265.52.

27 BSK OR II-Neuhaus/Haag, Art. 960e N 13 f.; CHK OR-Lipp, Art. 960e N 12; PraxKomm OR-Stenz, Art. 960e N 13; BGer v. 15.11.2018, 2C_102/2018, E. 5.3; so auch IAS 37.10 und Swiss GAAP FER 23.1.

28 CHK OR-Lipp, Art. 960e N 18; PraxKomm OR-Stenz, Art. 960e N 16 ff.

29 Siehe hierzu BGer v. 15.11.2018, 2C_102/2018, E. 5.3.

punkt die COVID-19-Pandemie nach vernünftiger kaufmännischer Beurteilung einen künftigen Mittelabfluss erwarten liess. Wie das Institut der Wirtschaftsprüfung in Deutschland in seinem fachlichen Hinweis vom 4.3.2020 zutreffend festhielt, besteht die Besonderheit vorliegend darin, dass es sich bei der Ausbreitung der Pandemie um ein fortdauerndes und nicht um ein zeitpunktbezogenes Ereignis handelt.[30] Die ersten Fälle, welche bereits Anfang Dezember 2019 bekannt wurden, waren noch regional begrenzt. Erst die sprunghafte Ausbreitung der Infektionen ab Januar 2020, welcher zur Ausrufung einer gesundheitlichen Notlage von internationaler Tragweite am 29.1.2020 durch die WHO[31] führte, machten drastische staatliche Massnahmen mit den signifikanten wirtschaftlichen Auswirkungen notwendig. Es ist daher sachgerecht, das Auftreten der COVID-19-Pandemie als weltweite Gefahr wertbegründend einzustufen[32], womit die Bildung einer Rückstellung im Jahresabschluss 2019 unter dem Titel von Art. 960e Abs. 2 OR unzulässig ist.[33] Hingegen sind Rückstellungen im weiteren Sinne erlaubt. In Betracht fallen solche nach Art. 960e Abs. 3 Ziff. 4 OR, welche auf die Sicherung des dauernden Gedeihens des Unternehmens abzielen.[34] Diese Rückstellungen setzten nämlich kein Ereignis in der Vergangenheit voraus[35] und dürften handelsrechtlich akzeptiert werden. Sie führen zur Bildung stiller Reserven[36], welche handelsrechtlich mit künftigen Verlusten verrechnet werden können. Gemäss Art. 960e Abs. 3 OR besteht jedoch kein Zwang zur Bildung solcher Rückstellungen.

Es stellt sich nun die Frage, inwieweit Rückstellungen nach geltendem Steuerrecht 23
akzeptiert werden können. Die Steuerwirksamkeit von Rückstellungen setzt aufgrund des Massgeblichkeitsprinzips voraus, dass sie in der Handelsbilanz vorgenommen worden sind (Prinzip der Buchmässigkeit).[37] Dies gilt sowohl für die direkte Bundessteuer wie auch für die direkten Steuern der Kantone und Gemeinden. Auf Bundesebene werden gemäss Art. 27, 29, Art. 58 Abs. 1 lit. b und Art. 63 DBG Rückstellungen steuerrechtlich bloss anerkannt, wenn sie geschäftsmässig begründet sind. Rückstellungen, die

30 Siehe hierzu und zum Folgenden: Institut der Wirtschaftsprüfer, Rechnungslegung, S. 2.

31 Expertsuisse, Coronavirus – Implikationen für die Rechnungslegung, S. 1.

32 So das Institut der Wirtschaftsprüfer, Rechnungslegung, S. 2; Expertsuisse, Coronavirus – Implikationen für die Rechnungslegung, S. 2; Fabian Duss möchte hingegen auf die ersten Infektionsfälle und Warnungen im November 2019 abstellen (Duss, StR 6/2020, S. 479 f.). Die WHO rief im November 2019 jedoch noch keine Notlage von internationaler Tragweite aus. Es war damals noch unklar, ob der Ausbruch von COVID-19 in China ausser Kontrolle geraten wird. Ebenso war die Situation im Jahr 2019 weltweit nicht dermassen gravierend gewesen, dass massive staatliche Eingriffe in die Wirtschafts- und Bewegungsfreiheit, wie sie 2020 weltweit angeordnet wurden, notwendig gewesen waren, um die Ausbreitung der Pandemie zu hemmen.

33 Siehe hierzu insbesondere Expertsuisse, Coronavirus – Implikationen für die Rechnungslegung, S. 2. Die gegenteilige Auffassung von Duss, StR 6/2020, S. 479 f.

34 BSK OR II-Neuhaus/Inauen, Art. 960e N 24; CHK OR-Lipp, Art. 960a N 27; Expertsuisse, Coronavirus – Implikationen für die Rechnungslegung, S. 2 f.

35 PraxKomm OR-Stenz, Art. 960e N 47.

36 CHK OR-Lipp, Art. 960e N 37.

37 Reich/von Ah, in: Zweifel/Beusch (Hrsg.), Art. 10 StHG N 20.

geschäftsmässig nicht begründet sind, sind dem steuerbaren Gewinn zuzurechnen. Grundsätzlich können bloss handelsrechtlich vorgeschriebene, nicht jedoch handelsrechtlich nicht vorgeschriebene – aber zulässige – Rückstellungen steuerlich anerkannt werden.[38] Daraus folgt, dass die Ursache von Rückstellungen auch aus steuerlicher Sicht im jeweiligen Geschäftsjahr eingetreten sein muss.[39] Wie hiervor dargestellt, sind Rückstellungen aufgrund der COVID-19-Pandemie im Jahresabschluss 2019 handelsrechtlich gestützt auf Art. 960e Abs. 3 Ziff. 4 OR zulässig. Sie erweisen sich jedoch nicht als erforderlich im Sinne von Art. 960e Abs. 2 OR. Mithin sind sie aus steuerlicher Sicht gemäss geltendem Recht der direkten Bundessteuer als nicht geschäftsmässig begründeter Aufwand zu betrachten. Die ESTV hat die Kantone denn auch angewiesen, solche Rückstellungen bei der direkten Bundessteuer aufzurechnen und als Gewinn zu besteuern. Auch die Konferenz der kantonalen Finanzdirektorinnen und Finanzdirektoren (FDK) und die Schweizerische Steuerkonferenz (SSK) haben die Kantone angehalten, COVID-19-bedingte Rückstellungen nicht zu akzeptieren.[40]

24 Die Rechtslage in den Kantonen ist aufgrund des StHG grundsätzlich vergleichbar mit derjenigen auf der Stufe des Bundes. Auch Art. 10 Abs. 1 lit. b, Art. 24 Abs. 1 lit. a und Abs. 4 StHG setzen die geschäftsmässige Begründetheit von Rückstellungen voraus. Allerdings ist der Gesetzeswortlaut im StHG («unmittelbar drohende Verlustrisiken») etwas weiter als im DBG («unmittelbar drohende Verlustrisiken, *die im Geschäftsjahr bestehen*»). Anders als Art. 29 Abs. 2 und Art. 63 Abs. 3 DBG sehen die Bestimmungen im StHG auch nicht explizit vor, dass bisherige Rückstellungen dem steuerbaren Gewinn zuzurechnen sind, soweit sie nicht begründet sind. Die Botschaft zum StHG geht zudem von der Annahme aus, dass die Kantone – soweit angebracht – bestehende Unternehmen unter Berücksichtigung ihrer Bedürfnisse durch erhöhte Abschreibungen oder besondere Rückstellungen fördern können.[41] Diese Argumente sprechen dafür, dass sie bei der Gewährung von Rückstellungen einen grösseren Gestaltungsspielraum haben. Auch das bisherige Schrifttum geht davon aus, dass der Steuerharmonisierungsgesetzgeber die Kantone nicht auf einen Rückstellungsbegriff zurückbinden wollte, der lediglich das handelsrechtlich zwingend Gebotene zum Abzug zulässt.[42] In diesem Sinne ist zu konstatieren, dass auch auf kantonaler Ebene kein Anspruch auf die steuerliche Anerkennung von COVID-19-Rückstellungen besteht. Aufgrund des bestehenden Gestaltungsspielraums, welcher im StHG aber nicht klar umrissen wird, scheint es jedoch vertretbar, zu argumentieren, dass die Kantone solche unter Beachtung des Gebots der rechtsgleichen Besteuerung und des Verhältnismässigkeitsprinzips steuerlich anerkennen dürfen.

38 Reich/Züger/Betschart, in: Zweifel/Beusch (Hrsg.), Art. 29 DBG N 9.
39 Reich/Züger/Betschart, in: Zweifel/Beusch (Hrsg.), Art. 29 DBG N 10.
40 Expertsuisse, Kantonale Regelungen Rückstellungen.
41 BBl 1983 III 1, S. 110.
42 Reich/von Ah, in: Zweifel/Beusch (Hrsg.), Art. 10 StHG N 23; Stoll, S. 264

b) *Kantonale Sonderregelungen*

Aufgrund dieser Ausgangslage erstaunt es nicht, dass die meisten Kantone COVID-19-Rückstellungen nicht anerkennen. Einige Kantone haben sich der Auffassung des Bundes und der SSK explizit angeschlossen und entsprechende Hinweise publiziert (siehe nachfolgende Tabelle). Die Kantone Aargau, Thurgau, Wallis und Zug haben jedoch bekannt gegeben, dass sie Rückstellungen zufolge der COVID-19-Pandemie unter einschränkenden Bedingungen akzeptieren werden. 25

Daraus ergibt sich folgende Übersicht: 26

Kanton/Ebene	Zulässigkeit von Rückstellungen	Bemerkung
Bund	Nein	
AG[43]	Ja	Maximal 25% des steuerbaren Gewinns 2019, jedoch höchstens CHF 250 000. Erfolgswirksame Auflösung im Jahresabschluss 2020.
AR	Nein	
BE	Nein	
GR	Nein	
SG	Nein	
SZ	Nein	
TG[44]	Ja	Maximal 25% des ausgewiesenen Gewinns 2019, jedoch höchstens CHF 1 Mio. Zwingende Auflösung im Geschäftsjahr 2020 oder zweckentsprechende Verwendung.

43 Siehe § 9 Abs. 6 der Sonderverordnung 1 vom 1.1.2020 zur Begegnung von Störungen der öffentlichen Ordnung und Sicherheit sowie sozialen Notständen infolge des Coronavirus (SonderV 20-1; SAR 320.113); Weisung vom 6.4.2020 des Kantonalen Steueramtes des Kantons Aargau betreffend Rückstellungen im Jahresabschluss 2019 für Corona-Risiken. Die SonderV 20-1 wurde vom Regierungsrat des Kantons Aargau gestützt auf § 91 Abs. 4 der Verfassung des Kantons Aargau vom 25.6.1980 (KV AG; SAR 110.000) erlassen. Es handelt sich mithin um eine Notverordnung, um eingetretenen oder unmittelbar drohenden Störungen der öffentlichen Ordnung und Sicherheit sowie sozialen Notständen zu begegnen. Entsprechende Notverordnungen fallen spätestens zwei Jahre nach deren Inkrafttreten dahin. Gemäss § 19 Abs. 5 SonderV 20-1 gilt die Regelung betreffend die COVID-19-Rückstellungen – so wie die Weisung des Kantonalen Steueramtes – bis zum 31.12.2020.

44 Siehe Ziff. 3 des Regierungsratsbeschlusses Nr. 203 vom 3.4.2020 betreffend Coronavirus: Kantonale Massnahmen zur Abfederung der wirtschaftlichen Folgen; Ziff. 5 des Beschlusses des Grossen Rates des Kantons Thurgau vom 6.5.2020 betreffend Genehmigung der Notstandsmassnahmen im Zusammenhang mit COVID-19, inklusive COVID-Nachtragskredit. Der Regierungsratsbeschluss vom 3.4.2020 basiert auf § 44 der Verfassung des Kantons Thurgau (KV TG, Syst. Nr 110.000), wonach der Regierungsrat mit Notstandsmassnahmen bei grosser Not oder schwerer Störung der öffentlichen Ordnung und Sicherheit von Verfassung und Gesetz abweichen kann. Diesfalls hat er dem Grossen Rat unverzüglich Rechenschaft abzulegen. Gemäss § 44 Abs. 2 KV TG bleiben derartige Notstandsmassnahmen gültig, wenn der Grosse Rat diesen zustimmt. Sie bleiben längstens für ein Jahr gültig.

Kanton/Ebene	Zulässigkeit von Rückstellungen	Bemerkung
TI	Nein	
VD	Nein	
VS[45]	Ja	Maximal 50% des Nettogewinns 2019 vor Rückstellung und Steuern (bei jur. Personen), jedoch höchstens CHF 300 000. Höhere Rückstellungen in begründeten Fällen möglich. Zwingende Auflösung im Geschäftsjahr 2020.
ZG[46]	Ja	Maximal 50% des Gewinns 2019, jedoch höchstens CHF 500 000. Zwingende Auflösung der Rückstellung im Jahresabschluss 2020.
ZH	Nein	

Tabelle: Zulässigkeit von Rückstellungen in den Kantonen

27 Während der Kanton Aargau für die steuerliche Geltendmachung einer COVID-19-Rückstellung zwingend eine handelsrechtliche Verbuchung voraussetzt, sind die Kantone Thurgau, Wallis und Zug flexibler. Die Rückstellung kann in diesen Kantonen – wohl nicht zuletzt aus Gründen der Gleichbehandlung – auch nur in der Steuerbilanz vorgenommen werden, wenn eine Verbuchung in der Handelsbilanz nicht mehr möglich ist. Im Kanton Thurgau ist alsdann ausdrücklich vorgesehen, dass die COVID-19-Rückstellung auch noch geltend gemacht werden kann, wenn die Steuerveranlagung für die Steuerperiode 2019 bereits in Rechtskraft erwachsen ist.[47] Diesfalls gelten freilich die gesetzlichen Bestimmungen für die Revision.

c) *Das Verhältnis der kantonalen Sonderregelungen zum Steuerbezug*

28 Wie Jürg B. Altorfer anlässlich seines Referats am von Weblaw und der Universität Zürich durchgeführten Webinars vom 14.4.2020[48] zutreffend ausgeführt hat, hängt die Wirksamkeit einer COVID-19-Rückstellung im Jahresabschluss 2019 und damit deren Verhältnismässigkeit sehr stark vom Vorgehen ab, der beim Steuerbezug gewählt wird.

45 Weisung der kantonalen Steuerverwaltung vom 15.4.2020 betreffend Rückstellungen in Zusammenhang mit den Folgen der Coronavirus-Epidemie (COVID-19). Diese Weisung gilt für die Steuerperioden 2019 (Bildung) und 2020 (Auflösung). Die Weisung der kantonalen Steuerverwaltung stützt sich auf keine staatsrätliche Notverordnung oder dergleichen ab.

46 Praxisfestlegung der Steuerverwaltung des Kantons Zug in: Corona-Virus – Häufige Fragen und Antworten zum Thema Steuern, Stand 3.4.2020, S. 3. Wie im Kanton Wallis wurde auch im Kanton Zug betreffend COVID-19-Rückstellung keine Notverordnung erlassen.

47 Praxishinweis der Steuerverwaltung des Kantons Thurgau, abrufbar unter: ‹https://steuerverwaltung.tg.ch/hauptrubrik-2/gewinn-und-kapitalsteuern/geschaefsmaessig-begruendeter-aufwand/rueckstellungen-infolge-der-corona-pandemie-in-der-jahresrechnung-2019.html/10776› (24.6.2020).

48 Webinar abrufbar unter: ‹https://www.youtube.com/watch?v=c0xg21Othnk› (24.6.2020).

Bei Bezugssystemen, welche dem Pränumerandoprinzip folgen, erfolgt der provisorische Steuerbezug grundsätzlich auf den zuletzt bekannten Steuerfaktoren. Werden die Steuerfaktoren für das laufende Jahr mutmasslich tiefer ausfallen, besteht die Möglichkeit eine angepasste Steuerrechnung zu verlangen oder geringere Zahlungen zu leisten. Damit lassen sich die Steuerzahlungen für das laufende Jahr entsprechend reduzieren und die Liquidität erhöhen, wenn, wie dies bei vielen Unternehmen der Fall sein wird, ein Gewinneinbruch eingetreten ist. Folgt der Bezug hingegen dem Postnumerandoprinzip, würde sich eine Anpassung der Steuerfaktoren betreffend das laufende Jahr erst im folgenden Jahr auf die Liquidität auswirken, da die Steuer erst dann bezogen wird.

Vor diesem Hintergrund ist zu beachten, dass die Kantone Aargau, Thurgau und Wallis beim Bezug der Gewinn- und Kapitalsteuer dem Pränumerandoprinzip folgen, während einzig der Kanton Zug das Postnumerandoprinzip zur Anwendung bringt. Die Möglichkeit im Jahr 2019 eine Rückstellung zu bilden, hat im Kanton Zug zur Folge, dass die Steuerzahllast im Jahr 2020 tiefer ausfällt und die Liquidität entsprechend erhöht werden kann. Für das Steuerjahr 2020 erhöht sich infolge Auflösung der Rückstellung zwar die Bemessungsgrundlage, die betroffene Gesellschaft kann jedoch dafür vom tieferen Steuersatz profitieren, der per 1. Januar 2020 in Kraft gesetzt wurde.[49] 29

Für die dem Pränumerandoprinzip folgenden Kantone Aargau, Thurgau und Wallis wirkt sich die Rückstellung indes anders aus. Der provisorische Bezug der Gewinn- und Kapitalsteuer 2019 ist in diesen Jahren bereits erfolgt und die jeweiligen Steuerrechnungen dürften – theoretisch – beglichen sein. Ob ein Liquiditätseffekt eintritt, hängt nun von einer Reihe verschiedener Faktoren ab. Werden die bezahlten Steuern, welche auf der Grundlage der provisorischen Steuerrechnungen, bei denen die COVID-19-Rückstellungen noch nicht berücksichtigt wurden, nicht zurückerstattet, wird ein Teil der Steuerlast aus dem Jahr 2019 einfach auf das Jahr 2020 verschoben, ohne dass ein Liquiditätseffekt eintritt. In einer solchen Situation ist es zielführender, lediglich die Steuerperiode 2020 zu betrachten und den Bezug der provisorischen Steuern an die aktuelle Situation anzupassen und bei Bedarf einen Aufschub der Zahlung zu erwirken. Anders sieht jedoch die Situation aus, wenn der Steuersatz im Jahre 2019 signifikant höher ist – wie dies für die Kantone Thurgau und Wallis aber nicht für den Kanton Aargau der Fall ist[50] – und der jeweilige Kanton die bereits bezahlten Steuern aufgrund der geltend gemachten COVID-19-Rückstellungen zurückerstattet. Da der Kanton Aargau seinen 30

49 Gewinnsteuersätze pro Kantonshauptort (exkl. direkte Bundessteuer): Aargau: Gewinne bis CHF 250 000 – 7.89% (2019 und 2020), Gewinne ab CHF 250 000 – 11.69% (2019 und 2020); Thurgau: 9.27% (2019), 6.00% (2020); Wallis: Gewinne bis CHF 150 000 – 5.24% und Gewinne ab CHF 150 000 – 14.90% (2019), Gewinne bis CHF 250 000 mutmasslich 4.40% und Gewinne ab CHF 250 000 – 9.92% (2020; die 90-tägige Referendumsfrist wurde aufgrund der COVID-19-Pandemie suspendiert und deren erneuter Beginn auf den 1.6.2020 festgesetzt, womit die Frist zur Einreichung der Unterschriftenlisten bis Ende August 2020 läuft [vgl. Auszüge aus dem Protokoll der Sitzungen des Staatsrates des Kantons Wallis vom 25.3. und 22.4.2020]); Zug: Gewinne bis CHF 100 000 – 3.83% und Gewinne ab CHF 100 000 – 7.09% (2019), 4.43% (2020).

50 Siehe zu den Steuersätzen in den Jahren 2019 und 2020 hiervor FN 45.

Steuersatz auf das Jahr 2020 nicht reduziert hat, hängt die Wirksamkeit der COVID-19-Rückstellung hinsichtlich der Liquidität davon ab, dass ein allfälliges Steuerguthaben effektiv rückerstattet wird.

31 Praxisgemäss gewähren die genannten Kantone eine solche Rückerstattung, womit aus dem Zusammenspiel der Rückstellung und dem Steuerbezug auch bei Anwendung des Pränumerandoprinzips der gewünschte Liquiditätseffekt erzielt werden kann.[51] Zu beachten ist, dass die Rückerstattung jeweils im Einzelfall geprüft wird und eine Rückerstattung gegebenenfalls verweigert werden kann. Dies kann insbesondere dann der Fall sein, wenn die Befürchtung besteht, dass die betroffene Gesellschaft in absehbarer Zeit in Konkurs fallen wird. Diese Handhabung der Rückerstattungspraxis ist vergleichbar mit der Praxis betreffend den Erlass der Emissionsabgabe bei Sanierungen nach Art. 12 des Bundesgesetzes vom 27.6.2020 über die Stempelabgaben[52], da ein Erlass insbesondere den Weiterbestand der sanierten Gesellschaft voraussetzt.[53] Mithin sind Situationen denkbar, in welchen ein Unternehmen auf zusätzliche Liquidität angewiesen wäre, ihr aber aufgrund schlechter Prognosen eine Rückerstattung des Steuerguthabens verweigert wird. Ist dies wie im Kanton Aargau nicht der Fall, lässt sich ein positiver Liquiditätseffekt erzielen, wenn der Kanton die zu viel bezahlte Steuer sofort zurückbezahlt und einen Aufschub bei der Zahlung der provisorischen Steuerrechnung für das Steuerjahr 2020 gewährt.

III. Befristete administrative Erleichterungen im Veranlagungs- und Rechtsmittelverfahren

1. Vorbemerkung

32 Während des Lockdowns mussten sich die Steuerpflichtigen und ihre Berater neu organisieren. Homeoffice, Homeschooling und Zoom mögen hier als Stichwörter dienen, um den Arbeitsalltag während des Lockdowns zu skizzieren. Bundesrat und Steuerbehörden trafen daher Massnahmen, die zu befristeten administrativen Vereinfachungen des Veranlagungs- und Rechtsmittelverfahrens führten. Einerseits erliess der Bundesrat gestützt auf die in Art. 185 Abs. 3 BV enthaltene Notverordnungskompetenz einen allgemeinen Fristenstillstand für alle zivil- und verwaltungsrechtlichen Verfahren auf Bundes- und Kantonsebene, sofern in den entsprechenden Verfahren üblicherweise die Gerichtsferien gelten.[54] Auf der anderen Seite erstreckten zahlreiche Kantone die ordentliche Frist zur Einreichung der Steuererklärung 2019.

---

51 In Bezug auf den Kanton Thurgau ist darauf hinzuweisen, dass ab der Steuerperiode 2020 insbesondere der Bezug der Gewinn- und Kapitalsteuer nicht mehr den politischen Gemeinden, sondern der Kantonalen Steuerverwaltung obliegt (vgl. § 32 Abs. 2 der Verordnung vom 10. Oktober 1992 des Regierungsrates des Kantons Thurgau zum Gesetz über die Staats- und Gemeindesteuern [StV TG; Syst. Nr 640.11]).

52 SR 641.10.

53 Baumgartner, in: Zweifel/Beusch/Bauer-Balmelli (Hrsg.), Art. 12 StG N 39.

54 SR 173.110.4.

2. Fristenstillstand auf Bundesebene

Am 20.3.2020 verordnete der Bundesrat für Zivil- und Verwaltungsverfahren einen Fristenstillstand bis und mit 19.4.2020, soweit nach dem anwendbaren Verfahrensrecht des Bundes oder des Kantons gesetzlich oder von den Behörden oder Gerichten angeordnete Fristen über die Ostertage stillstehen (Art. 1 Abs. 1 COVID-19-Fristenstillstandsverordnung). Die Wirkungen dieses Fristenstillstands richteten sich dabei nach dem anwendbaren Verfahrensrecht (Abs. 2). Der Fristenstillstand galt auch für behördlich oder gerichtlich angeordnete Fristen mit einem bestimmten Enddatum zwischen dem Inkrafttreten der Notverordnung und dem 19.4.2020. 33

Da der Fristenstillstand zeitlich bis zum 19.4.2020 befristet war, dürfte er in der Praxis keine allzu grosse Bedeutung mehr haben. Denkbar sind freilich Fälle, in denen die Behörde die Auffassung vertritt, dass der Steuerpflichtige eine Frist infolge fehlerhafter Auslegung der Verordnung verpasst hat. Da davon auszugehen ist, dass es nur wenige solche Fälle geben dürfte, werden im Folgenden nur ein paar ausgewählte neuralgische Punkte der COVID-19-Fristenstillstandsverordnung analysiert. 34

Art. 1 Abs. 1 COVID-19-Fristenstillstandsverordnung äussert sich zum sachlichen und zeitlichen Anwendungsbereich dieses Fristenstillstands. In sachlicher Hinsicht verweist die Verordnung auf das jeweils anwendbare Verfahrensrecht des Bundes oder der Kantone. Der Fristenstillstand gelangte nur zur Anwendung, wenn nach dem anwendbaren Verfahrensrecht des Bundes oder des Kantons gesetzliche oder von den Behörden oder Gerichten angeordnete Fristen über die Ostertage stillstanden. War dies der Fall, richteten sich die Wirkungen nach dem jeweils anwendbaren Verfahrensrecht (Art. 1 Abs. 2 COVID-19-Fristenstillstandsverordnung). Sah das anwendbare Verfahrensrecht beispielsweise nur einen Fristenstillstand über die Ostertage für gerichtlich angeordnete und nach Tagen bestimmte Fristen vor, wurde der Fristenstillstand gestützt auf Art. 1 Abs. 2 COVID-19-Fristenstillstandsverordnung nur für diese und nicht etwa für gesetzliche oder behördlich angeordnete Fristen erstreckt. Die Wirkungen des Stillstands richteten sich jedoch nur nach dem anwendbaren Verfahrensrecht, soweit dieses von der COVID-19-Fristenstillstandsverordnung nicht überlagert wurde. Eine solche Überlagerung wurde in Art. 1 Abs. 3 COVID-19-Fristenstillstandsverordnung angeordnet. Diese Bestimmung sieht vor, dass der Stillstand auch für behördlich oder gerichtlich angeordnete Fristen mit einem bestimmten Enddatum zur Anwendung gelangt. In Bezug auf das oben erwähnte Beispiel bedeutet dies, dass der Fristenstillstand gestützt auf Art. 1 Abs. 3 COVID-19-Frsitenstillstandsverordnung auch bei gerichtlich angeordneten Fristen mit einem Enddatum zur Anwendung gelangte, obwohl sich der Fristenstillstand gemäss anwendbarem Verfahrensrecht nur auf gerichtlich angeordnete und nach Tagen bestimmte Fristen bezieht. Art. 1 Abs. 3 COVID-19-Fristenstillstandsverordnung geniesst damit Vorrang gegenüber Art. 1 Abs. 2 COVID-19-Fristenstillstandsverordnung. Bei einer gegenteiligen Auslegung hätte es Art. 1 Abs. 3 COVID-19-Fristenstillstandsverordnung gar nicht bedurft. 35

Was bedeutet die COVID-19-Fristenstillstandsverordnung nun für die Steuerverfahren auf der Stufe des Bundes? Die Erstreckung des Fristenstillstands galt in allen Steuer- 36 verfahren, auf welche das VwVG Anwendung fand. Art. 22a Abs. 1 lit. a VwVG i.V.m. Art. 37 VGG enthält nämlich einen Fristenstillstand für gesetzliche oder behördliche Fristen, die nach Tagen bestimmt sind, vom siebten Tag vor Ostern bis und mit siebten Tag nach Ostern. Aufgrund von Art. 1 Abs. 1 der COVID-19-Fristenstillstandsverordnung wurde dieser Fristenstillstand nun nicht nur auf den Zeitraum vom 21.3. bis 19.4.2020, sondern gestützt auf Art. 1 Abs. 3 auch auf behördlich oder gerichtlich angeordnete Fristen mit einem bestimmten Enddatum ausgedehnt.

37 In einem ersten Schritt ist also zu prüfen, auf welche Bundessteuerverfahren das VwVG Anwendung findet. Art. 81 MWSTG verweist explizit auf das VwVG, womit der COVID-19-Fristenstillstand bei Steuerverfahren im Bereich der Mehrwertsteuer grundsätzlich Anwendung fand. Das VStG und das StG enthalten zwar keinen Verweis auf das VwVG. Richten sich die Amtshandlungen der ESTV auf den Erlass einer Verfügung, wie dies der Fall ist, wenn Bestand oder Umfang der Steuerpflicht bestritten sind oder gesetzliche Pflichten unerfüllt bleiben (siehe hierzu Art. 38 StG und Art. 41 VStG), gelangt das VwVG jedoch zur Anwendung.[55] Dasselbe trifft auf das Einspracheverfahren vor der ESTV und das Beschwerdeverfahren vor Bundesverwaltungsgericht zu.

38 Zu beachten ist indes, dass insbesondere die Mehrwertsteuer, Stempelabgaben und Verrechnungssteuer im Selbstveranlagungsverfahren deklariert und entrichtet werden. Diese Selbstveranlagungsverfahren stellen keine Verwaltungsverfahren unter Mitwirkung der Steuerbehörde dar, auf welche das VwVG anwendbar ist.[56] Deklarations-, Melde- und Zahlungsfristen, welche im Rahmen solcher Selbstveranlagungsverfahren zu beachten sind, fielen demnach nicht unter den Fristenstillstand gemäss VwVG, weswegen auch die COVID-19-Fristenstillstandsverordnung darauf nicht Anwendung fand.

39 Nicht anwendbar ist das VwVG – unter Vorbehalt von Art. 1 Abs. 3 VwVG, der für die vorliegende Fragestellung aber nicht bedeutsam ist – auf die direkte Bundessteuer, da sie von kantonalen Behörden und nicht von Bundesverwaltungsbehörden im Sinne von Art. 1 VwVG veranlagt und bezogen werden.[57] Da das DBG selber keine Regelung zum Fristenstillstand enthält, ist das Bundesgericht in früheren Entscheiden zum – mit Blick auf das Postulat der Verfahrensharmonisierung unbefriedigenden – Schluss gekommen, dass allfällige kantonale Fristenstillstandsregelungen für die direkte Bundessteuer keine Geltung haben.[58] Im Rechtsmittelverfahren vor Bundesgericht greift hingegen der Fristenstillstand gemäss Art. 46 Abs. 1 BGG, weswegen der Fristenstillstand gemäss COVID-19-Fristenstillstandsverordnung auch bei Beschwerdeverfahren in Steuerangelegenheiten vor Bundesgericht zur Anwendung gelangte.[59] Keine Anwendung findet das VwVG ausserdem auf Amtshilfeverfahren sowie die Strafverfahren nach VStrR und StPO. Die auf diese Verfahren anwendbaren Verfahrensbestimmungen

55 Tschannen, in: Auer/Müller/Schindler (Hrsg.), Art. 2 VwVG N 9.

56 Tschannen, in: Auer/Müller/Schindler (Hrsg.), Art. 2 VwVG N 8.

57 Tschannen, in: Auer/Müller/Schindler (Hrsg.), Art. 2 VwVG N 7.

58 Siehe hierzu Zweifel/Casanova/Beusch/Hunziker, § 8 Rz 4 m.w.H. auf die Judikatur.

59 Bundesgericht, Fristenstillstand/Coronavirus, Ziff. 3.

kennen keinen Fristenstillstand, weswegen auch die COVID-19-Fristenstillstandsverordnung nicht greifen konnte. Zu beachten ist schliesslich, dass das VwVG nicht auf das Verfahren der Zollveranlagung anwendbar ist (Art. 3 Abs. e VwVG).[60] Dieses beginnt mit der Anmeldung der zollpflichtigen Waren und endet mit der Eröffnung der Veranlagungsverfügung.[61] Die Ausnahme betreffend Zollveranlagung ist auch bei den besonderen Verbrauchssteuern zu berücksichtigen, welche in Bezug auf das Veranlagungsverfahren auf die Zollgesetzgebung verweisen.[62]

Bei den kantonalen Veranlagungs- und Rechtsmittelverfahren besteht ein äusserst un- 40
einheitliches Bild. Es gibt Kantone welche Steuerverfahren explizit vom Anwendungsbereich der allgemeinen Verwaltungsverfahrensgesetze und damit vom Fristenstillstand ausnehmen. So kennen beispielsweise die Kantone Zürich und Schwyz keinen Fristenstillstand in Steuerverfahren (§ 129 StG ZH i.V.m. § 11 VRG ZH; § 138 StG SZ i.V.m. § 4 VRG SZ). Andere Kantone beschränken den Fristenstillstand auf die Rechtsmittelverfahren vor Gerichten, wie dies beispielsweise im Kanton Graubünden (Art. 124 Abs. 3 StG GR i.V.m. Art. 39 Abs. 1. VRG GR) und auch im Kanton Aargau (§ 186 StG AG i.Vm. § 28 Abs. 2 VRG AG)[63] der Fall ist. In diesen Kantonen besteht eine Divergenz zwischen den kantonalen Rechtsmittelverfahren betreffend die direkte Bundessteuer und denjenigen betreffend die kantonalen und kommunalen direkten Steuern. Die dadurch geschaffene Rechtsunsicherheit erhöht das Risiko, dass Steuerpflichtige in kantonalen Rechtsmittelverfahren, welche die direkte Bundessteuer betreffen, Fristen verpassen.

In Bezug auf die Wirkung des Fristenstillstands muss zwischen Fristen, welche nach 41
Tagen bestimmt werden, und solchen mit bestimmtem Enddatum unterschieden werden. Bei den nach Tagen bestimmten Fristen, auf welche der COVID-19-Fristenstillstand zur Anwendung gelangt, ruhte die während der Periode vom 21.3.2020 und 19.4.2020 begonnene oder geendete Frist. Sie wurde sodann am 20.4.2020 fortgesetzt.

Wie sieht es bei Fristen mit bestimmtem Enddatum aus? Diese werden vom VwVG 42
nicht erwähnt. Soweit sich das Verfahren, in welchem eine Frist mit Enddatum gesetzt wurde, nach VwVG richtete, gelangte der COVID-19-Fristenstillstand gestützt auf Art. 1 Abs. 3 COVID-19-Fristenstillstandsverordnung zur Anwendung. Bei den Fristen mit bestimmtem Enddatum, die in der Periode vom 31.3.2020 bis 19.4.2020 endeten, stellt sich die Frage, wie der COVID-19- Fristenstillstand wirkte. Mit Blick auf eine kohärente Rechtsanwendung wäre es vertretbar zu argumentieren, dass auch eine solche Frist während des Fristenstillstands ruht und am 20.4. ihre Fortsetzung findet. Das Bundesverwaltungsgericht stellt sich aber auf den Standpunkt, dass alle Fristen mit bestimmtem Enddatum, welche in die COVID-19-Fristenstillstandsperiode fielen, am 20.4.2020 endeten.[64] Auf Fristen mit bestimmtem Enddatum, die während der Fristen-

60 Mayhall, in: Waldmann/Weissenberger (Hrsg.), Art. 2 VwVG N 8.

61 Tschannen, in: Auer/Müller/Schindler (Hrsg.), Art. 3 VwVG N 13.

62 Siehe z.B. Art. 3 TStG, Art. 6 BStG, Art. 7 AStG, Art. 5 MinöStG.

63 Schade, in: Klöti-Weber/Siegrist/Weber (Hrsg.), Art. 186 StG AG N 13.

64 Bundesverwaltungsgericht, Gerichtsbetrieb während der Coronakrise.

stillstandsperiode angesetzt wurden und erst nach dem Fristenstillstand endeten, hatte die Verordnung keine Auswirkung.

3. Automatische Fristerstreckungen für Steuererklärungen auf kantonaler Ebene

43 In den meisten Kantonen wurden automatische Fristerstreckungen für die Einreichung der Steuererklärungen gewährt. Die Details können der folgenden Tabelle entnommen werden:

44

Kanton	Natürliche Personen	Juristische Personen	Anpassung Tarifkorrektur Quellensteuer	Andere Steuerarten
AG	uE: 30.6.2020 sE: 30.9.2020	30.9.2020		
AR	31.5.2020			
AI				
BL	uE: 30.6.2020 sE: 30.9.2020	30.9.2020	30.9.2020	
BS	31.5.2020			
BE	15.9.2020	15.9.2020		QSt (NOV): 15.9.2020 GGSt: 30.6.2020
FR	30.6.2020			
GE	31.5.2020	31.5.2020	31.5.2020	
GL	30.6.2020	30.6.2020		
GR	uE: 31.3.2020 sE: 30.9.2020			
JU	31.7.2020	31.7.2020		
LU*	uE: 31.5.2020 sE: 31.8.2020	Innerhalb 8 Mte. nach Geschäfts-abschlussdatum		
NE	30.6.2020			
NW	30.6.2020	30.9.2020		
OW				
SG	uE: 31.5.2020 sE: 31.5.2020			
SH	30.6.2020			
SZ	31.5.2020		31.5.2020	
SO	31.7.2020			
TG				

Kanton	Natürliche Personen	Juristische Personen	Anpassung Tarifkorrektur Quellensteuer	Andere Steuerarten
TI	30.6.2020	30.9.2020		Erbschafts- und Schenkungssteuer: 31.5.2020
UR	31.5.2020	31.7.2020	31.5.2020	
VD	30.6.2020			
VS	31.5.2020		31.5.2020	
ZG	30.6.2020	30.9.2020	30.6.2020	
ZH	31.5.2020			

* Die Frist für Selbständigerwerbende gilt auch für Unselbständigerwerbende mit Steuervertreter.

Tabelle: Automatische Fristerstreckung von Steuererklärungen in den Kantonen

IV. Sonderfragen im Zusammenhang mit internationalen Arbeitnehmern

1. Vorbemerkung

Der Ort, wo Geschäftsaktivitäten oder Erwerbstätigkeiten ausgeübt werden, stellt im nationalen und internationalen Steuerrecht regelmässig einen steuerlichen Anknüpfungspunkt dar. Bei den natürlichen Personen bestimmt etwa Art. 3 Abs. 3 lit. a DBG, dass eine natürliche Person in der Schweiz unbeschränkt steuerpflichtig wird, wenn sie sich hier während mindestens 30 Tagen aufhält und eine Erwerbstätigkeit ausübt (sog. qualifizierter steuerrechtlicher Aufenthalt). Eine natürliche Person ohne steuerrechtlichen Wohnsitz oder Aufenthalt in der Schweiz begründet eine beschränkte Steuerpflicht u.a., wenn sie in der Schweiz eine Betriebsstätte unterhält (Art. 4 Abs. 1 lit. b DBG) oder eine Erwerbstätigkeit ausübt (Art. 5 Abs. 1 lit. a DBG). Ausländische Arbeitnehmer mit steuerrechtlichem Wohnsitz oder Aufenthalt in der Schweiz (Art. 83 ff. DBG) sowie solche ohne steuerrechtlichen Wohnsitz oder Aufenthalt (Art. 91 DBG) unterliegen dabei dem Quellensteuerverfahren, was bedeutet, dass der inländische Arbeitgeber bei Fälligkeit der geschuldeten Leistungen die geschuldete Steuer zurückbehalten und die Steuern periodisch der zuständigen Steuerbehörde abliefern muss (Art. 88 Abs. 1 und Art. 100 Abs. 1 DBG). Bei den juristischen Personen gibt es vergleichbare steuerliche Anknüpfungspunkte. So unterliegt eine ausländische juristische Person bereits dann der unbeschränkten Steuerpflicht, wenn sich der Ort der tatsächlichen Leitung in der Schweiz befindet (Art. 50 DBG). Juristische Personen, die weder ihren Sitz noch die tatsächliche Verwaltung in der Schweiz haben, werden aufgrund wirtschaftlicher Zugehörigkeit in der Schweiz steuerpflichtig, wenn sie in der Schweiz eine Betriebsstätte unterhalten. 45

Die weitgehende Einschränkung des grenzüberschreitenden Reiseverkehrs sowie der Übergang zum Homeoffice führte während des Lockdowns dazu, dass internationale 46

Arbeitnehmer ihre Arbeit nicht mehr am gewöhnlichen Arbeitsplatz verrichten konnten. Vielmehr mussten sie aufs Homeoffice an ihrem Wohnort oder in einem anderen Staat ausweichen. Ebenso wurden manche unternehmerischen Tätigkeiten durch die im Ausland gestrandeten Mitarbeiter nicht mehr am Sitz der Gesellschaft durchgeführt, wo üblicherweise die Geschäftsführung und das Tagesgeschäft ausgeübt werden.

47 Das Sekretariat der OECD erkannte aufgrund dieser Ausgangslage relativ früh, dass die COVID-19-Pandemie zu einer Verschiebung der Besteuerungsanknüpfungspunkte führen könnte. Es publizierte daher am 3. April 2020 eine Analyse, in welcher es zutreffend ausführte, dass die örtliche Verschiebung von Erwerbsaktivitäten und unternehmerischen Tätigkeiten infolge der zeitlich begrenzten COVID-19-Pandemie nicht zu neuen Betriebsstätten führen könne, da eine solche stets einen gewissen Grad an Dauerhaftigkeit aufweisen muss.[65] Aus demselben Grund kann die COVID-19-Pandemie auch nicht eine Verschiebung des Orts der tatsächlichen Verwaltung einer Kapitalgesellschaft zur Folge haben.[66]

48 Im Zusammenhang mit dem steuerrechtlichen Aufenthalt von natürlichen Personen anerkennt die OECD aber, dass die Rechtslage aufgrund der Vielfalt der nationalen Regelungen zur subjektiven Steuerpflicht komplexer ist, wenn keine Doppelbesteuerungsabkommen zur Anwendung gelangen.[67] Aufgrund des dichten Doppelbesteuerungsabkommensnetzes der Schweiz dürfte der Lockdown während der COVID-19-Pandemie in der Regel keine Auswirkungen auf die Bestimmung des steuerrechtlichen Aufenthalts gehabt haben.

49 Für die Praxis weitaus relevanter sind indessen die internationalen Arbeitnehmer. Klar ist für das Sekretariat der OECD, dass das Einkommen, welches ein internationaler Arbeitnehmer empfängt, im Staat, wo die Arbeitstätigkeit ausgeübt wurde, besteuert werden kann, wenn das Unternehmen von der öffentlichen Hand Finanzhilfen für die Fortsetzung der Lohnfortzahlung (z.B. Kurzarbeitsentschädigungen) erhält.[68] Das Sekretariat leitet dies aus der Kommentierung zu Art. 15 Abs. 1 OECD-MA ab, wo in Bezug auf die Lohnfortzahlung während einer Freistellung festgehalten ist, dass das Erwerbseinkommen für diese Zeit aus dem Staat stammt, wo die Erwerbstätigkeit ohne Freistellung ausgeübt worden wäre.[69] Es gilt abzuwarten, ob sich die nationalen Gerichte dieser Auffassung der OECD vollständig anschliessen werden. In den Fällen, wo die Unternehmen keine Finanzhilfen für die Lohnfortzahlungen erhalten, anerkennt das Sekretariat der OECD, dass der vorübergehende Wechsel des Arbeitsortes insbesondere die Anwendung der Grenzgängerbestimmungen beeinflussen könnte.[70] Sollte der Staat, wo die Arbeitstätigkeit üblicherweise ausgeübt worden ist, wegen des Lockdowns sein Besteuerungsrecht verlieren, würde dies zu verschiedenen praktischen Schwierigkeiten auf der

65 Siehe hierzu OECD, Secretariat Analysis, Rz 8 ff.

66 Siehe hierzu OECD, Secretariat Analysis, Rz 14 ff.

67 Siehe hierzu OECD, Secretariat Analysis, Rz 28 ff.

68 Siehe hierzu OECD, Secretariat Analysis, Rz 21.

69 OECD, Secretariat Analysis, Rz 24; OECD-MK, Rz 2.6.

70 Siehe hierzu OECD, Secretariat Analysis, Rz 26 f.

Ebene des Arbeitnehmers und des Arbeitsgebers führen. Arbeitgeber hätten möglicherweise Quellensteuerverpflichtungen, die nicht mehr durch die Doppelbesteuerungsabkommen gedeckt wären. Diese Pflichten müssten entweder ausgesetzt werden oder es müsste eine Rückerstattung an den Arbeitnehmer erfolgen. Der Arbeitgeber hätte in seinem Ansässigkeitsstaat ebenfalls neue Steuerpflichten. Das Sekretariat schreibt hierzu: «Aussergewöhnliche Umstände rufen nach einem aussergewöhnlichen Grad an Koordination zwischen den Staaten, um den mit dem unfreiwilligen und zeitlich beschränkten Wechsel des Arbeitsortes verbundenen administrativen Aufwand für die Arbeitnehmer und Arbeitgeber zu mildern. Die OECD arbeitet mit den Staaten zusammen, um die ungeplanten steuerlichen Auswirkungen und potentiellen neuen Lasten, welche sich aufgrund der COVID-19-Krise ergeben, zu mildern.»[71]

Bis heute hat die OECD keine Lösungen zu den von ihr in ihrem Analysepapier iden- 50
tifizierten Problemen publiziert. Der Bund hat sich dem Thema jedoch angenommen und mit den Nachbarstaaten Frankreich, Deutschland und Italien zeitlich beschränkte Verständigungsvereinbarungen abgeschlossen. Auf kantonaler Ebene haben die Kantonalen Steuerverwaltungen der Kantone Zürich und Basel Anordnungen zur Quellenbesteuerung von Arbeitnehmenden mit Ansässigkeit im Ausland, die wegen der Coronakrise im Homeoffice arbeiten, gegeben. Die folgenden Ausführungen widmen sich schwerpunktmässig den Verständigungsvereinbarungen mit Frankreich, Deutschland und Italien sowie den besagten kantonalen Anordnungen.

2. Die befristete Verständigungsvereinbarung mit Frankreich vom 13.5.2020

Am 13.5.2020 trat rückwirkend die zwischen der Schweiz und Frankreich abgeschlos- 51
sene Verständigungsvereinbarung zur Anwendung von Art. 17 DBA Schweiz-Frankreich auf internationale Arbeitnehmer im Rahmen der Massnahmen zur Eindämmung der COVID-19-Pandemie in Kraft. Sie galt für den Zeitraum vom 14.3.2020 bis Ende Mai 2020 und kann stillschweigend um einen Monat verlängert werden.

Art. 17 Abs. 1 DBA Schweiz-Frankreich weist dem Ansässigkeitsstaat eines Arbeit- 52
nehmers das ausschliessliche Besteuerungsrecht über Gehälter, Löhne und ähnliche Vergütungen zu, es sei denn, dass die Arbeit in dem anderen Vertragsstaat ausgeübt wird. Wird die Arbeit dort ausgeübt, so können die dafür bezogenen Leistungen in dem anderen Staat besteuert werden. Es gilt das sog. Arbeitsortsprinzip.

In Bezug auf die Grenzgänger schloss der Bundesrat im Namen der Kantone Bern, 53
Solothurn, Basel-Stadt, Basel-Landschaft, Waadt, Wallis, Neuenburg und Jura am 11. April 1983 mit Frankreich die Vereinbarung betreffend die Besteuerung der Erwerbseinkünfte von Grenzgängern ab.[72] Nach dieser Vereinbarung erfolgt die Besteuerung der Löhne, Gehälter und ähnlicher Vergütungen, die von Grenzgängern bezogen werden, im Ansässigkeitsstaat (Art. 1 des Grenzgängerübereinkommens). Der Wohnsitzstaat des Grenzgängers hat dem anderen Staat indes eine Ausgleichszahlung von 4,5% des Ge-

71 Siehe hierzu OECD, Secretariat Analysis, Rz 27.
72 Art. 1 Grenzgängerbesteuerungsabkommen mit Frankreich (SR 649.810).

samtbetrags der jährlichen Bruttovergütungen zu leisten (Art. 2 des Grenzgängerübereinkommens). Grenzgänger bedeutet gemäss Art. 3 des Grenzgängerübereinkommens jede in einem Staat ansässige Person, die im anderen Staat eine bezahlte Tätigkeit bei einem in diesem anderen Staat ansässigen Arbeitgeber ausübt und die in der Regel jeden Tag in den Staat, in dem sie ansässig ist, zurückkehrt. Im Briefwechsel vom 21. und 24.2.2005 legten die beiden Vertragsstaaten Karenztage (sog. Nicht-Rückkehrtage) fest, an welchen das fehlende Hin- und Herpendeln mit Blick auf die Grenzgängereigenschaft unschädlich ist. Im Verhältnis zu Frankreich sind es 45 Tage, an denen keine Rückkehr an den Wohnort erforderlich ist.

54 Der Kanton Genf ist nicht Partei dieser Vereinbarung. Es gilt damit das in Art. 17 Abs. 1 DBA Schweiz-Frankreich verankerte Arbeitsortsprinzip (siehe oben Rz 51). Dies bedeutet, dass der Kanton Genf die Grenzgänger, welche in seinem Kanton erwerbstätig sind, besteuern darf. Allerdings hat Genf aufgrund einer separaten Vereinbarung vom 29. Januar 1973 eine Ausgleichszahlung von 3,5% auf der Bruttolohnsumme, die an in den Departementen Ain und Haute-Savoie ansässige Grenzgänger bezahlt werden, zu entrichten.

55 Mit Bezug auf die Grenzgängervereinbarung vom 11.4.1983 und die darauf gestützte Vereinbarung von 45 maximal zulässigen Nicht-Rückkehrtagen besteht nun bei einer Arbeitstätigkeit im Homeoffice während des Lockdowns das Problem, dass mangels Anreise an den üblichen Tätigkeitsort im anderen Staat die Rückkehr an den Wohnort wegfällt. Da die Gründe, welche zu einer Nichtrückkehr führen, grundsätzlich unerheblich sind, würden diese Tage als Nicht-Rückkehrtage qualifizieren, was zur Überschreitung der genannten Limiten und zum Wegfall der Grenzgängereigenschaft führen könnte. Dies würde bedeuten, dass die gesamte Entschädigung, welche für die Arbeit zu Hause im Homeoffice ausgerichtet wurde, ausschliesslich im Ansässigkeitsstaat steuerbar würde, ohne dass eine Ausgleichszahlung geschuldet wäre. Bei den übrigen Arbeitnehmern würde das ausschliessliche Besteuerungsrecht wegen fehlender physischer Präsenz im Staat, wo die Arbeit üblich verrichtet wird, ebenfalls auf den Ansässigkeitsstaat fallen. Dies hätte zur Folge, dass im Staat, wo die Arbeitstätigkeit üblicherweise ausgeübt wird, keine Quellensteuer erhoben werden könnte. Die beiden Vertragsstaaten sind nun in Ziff. 1 der COVID-19-Verständigungsvereinbarung Schweiz-Frankreich zum Schluss gekommen, dass die Tage, an denen die vom Grenzgängerübereinkommen 1983 erfassten Grenzgänger wegen der Massnahmen zur Eindämmung der COVID-19-Pandemie im Inland bleiben mussten, für die Zählung der maximalen 45 Nicht-Rückkehrtage nicht berücksichtigt werden sollten. Damit wird sichergestellt, dass die beiden Vertragsstaaten ihre Besteuerungsbefugnisse in Bezug auf die Grenzgänger auch während der COVID-19-Pandemie gleich wie vorher ausüben können. In Bezug auf die in der Schweiz tätigen und in Frankreich ansässigen Grenzgänger hätte Frankreich sein ausschliessliches Besteuerungsrecht auf jeden Fall auch ohne Abschluss der Verständigungsvereinbarung ausüben können. Es ist deswegen nicht zu erwarten, dass die Rechtmässigkeit dieser Vereinbarung gerichtlich überprüft werden wird. Mit dem Abschluss der Verständigungsvereinbarung wurde aber sichergestellt, dass Frankreich der Schweiz

auch für die während der Pandemie an in Frankreich ansässige Grenzgänger ausgerichteten Entschädigungen eine Ausgleichszahlung von 4,5% entrichten muss.

In Bezug auf die übrigen Arbeitnehmer arbeitet die Verständigungsvereinbarung mit 56
einer Tatsachenfiktion. So sieht Ziff. 2 der COVID-19 Verständigungsvereinbarung Schweiz-Frankreich die Regelung vor, dass ausnahmsweise und vorläufig für Personen, die nicht in den Genuss der Grenzgängerregelung kommen, akzeptiert wird, dass für die Anwendung von Art. 17 Abs. 1 DBA Schweiz-Frankreich die Tage, an denen aufgrund der COVID-19-Pandemie im Wohnsitzstaat zu Hause oder für Rechnung eines im anderen Vertragsstaat ansässigen Arbeitgebers gearbeitet wurde, als Arbeitstage in dem Staat gelten, in dem die Person ohne die COVID-19-Pandemie ihre Tätigkeit ausgeübt hätte.

Aus dieser Formulierung und dem Zweck dieser Bestimmung geht hervor, dass die 57
Fiktion nur für diejenigen Tage gelten soll, an welchem die Arbeit nicht am gewöhnlichen Arbeitsort, sondern im Homeoffice ausgeübt wurde. Wurde für gewisse Tage vertraglich ohnehin Telearbeit vereinbart, greift die Fiktion mithin nicht. Die Verständigungsvereinbarung hält diesbezüglich fest, dass zum Nachweis der zufolge der COVID-19-Massnahmen im Homeoffice verbrachten Arbeitstage eine Bescheinigung des Arbeitgebers vorgelegt werden müsse.

Die Vereinbarung mit Frankreich gewährt dem Arbeitnehmer ein Wahlrecht. Wenn 58
ein Arbeitnehmer die Besteuerung des auf die ausserordentlichen Homeoffice-Tage entfallenden Einkommens in seinem Wohnsitzstaat versteuern möchte, so hat er dies den Steuerbehörden des Wohnsitzstaates mitzuteilen. Das Wahlrecht verhindert, dass ein Arbeitnehmer im Staat, wo er üblicherweise seine Tätigkeit ausübt, erfolgreich die Rechtswidrigkeit der COVID-19-Verständigungsvereinbarung geltend macht, ohne anschliessend die davon betroffenen Erwerbseinkünfte im Wohnsitzstaat zu versteuern. Es unterbindet doppelte Nichtbesteuerungen.

In Bezug auf in Frankreich ansässige Arbeitnehmer wird also unterstellt, dass diese 59
auch während des Lockdowns, welcher während der COVID-19-Pandemie bestand, ihre Erwerbstätigkeit in der Schweiz ausgeübt haben. Dies hat zur Folge, dass die Schweiz auch für die während des Lockdowns entrichteten Entschädigungen abkommensrechtlich eine Quellensteuer erheben darf.[73] Der in Frankreich ansässige Steuerpflichtige darf jedoch für eine ausschliessliche Besteuerung im Ansässigkeitsstaat optieren. Tut er dies, fällt die Besteuerungsbefugnis der Schweiz weg. Aufgrund dieses Wahlrechts ist auch in Bezug auf die für Art. 17 Abs. 1 DBA Schweiz-Frankreich getroffene Regelung nicht zu erwarten, dass deren Rechtmässigkeit gerichtlich überprüft wird.

---

73 Zur Frage, ob die Schweiz für die Ausübung ihres abkommensrechtlich gewährten Besteuerungsrechts auch auch eine steuerrechtsbegründende Norm im Landesrecht aufweist, sei auf die Ausführungen unter Rz 78 verwiesen.

3. Die befristete Verständigungsvereinbarung mit Deutschland vom 11.6.2020

60 Am 12.6.2020 trat rückwirkend die Verständigungsvereinbarung zwischen der Schweiz und Deutschland in Kraft. Wie die Verständigungsvereinbarung mit Frankreich ist auch diejenige mit Deutschland zeitlich befristet und zwar für den Zeitraum vom 11.3.2020 bis zum 30.6.2020. Ihre Geltung verlängert sich jeweils vom Ende eines Kalendermonats zum Ende des nächsten Kalendermonats, sofern sie nicht von der zuständigen Behörde eines der Vertragsstaaten mindestens eine Woche vor Beginn des jeweils folgenden Kalendermonats durch schriftliche Erklärung an die zuständige Behörde des anderen Vertragsstaats gekündigt wird (Ziff. 4 Abs. 3 der Verständigungsvereinbarung Schweiz-Deutschland vom 11. Juni 2020 [COVID-19-Verständigungsvereinbarung Schweiz-Deutschland]).

61 Die COVID-19-Verständigungsvereinbarung Schweiz-Deutschland enthält Bestimmungen zu den Grenzgängern, den internationalen Arbeitnehmern, die nicht unter die Grenzgängerbestimmung fallen, sowie zur Qualifikation von Kurzarbeitsgeldern, Kurzarbeitsentschädigungen und anderen staatlichen Unterstützungsleistungen.

62 Wie das DBA Schweiz-Frankreich weist auch das DBA Schweiz-Deutschland dem Ansässigkeitsstaat eines Arbeitnehmers das ausschliessliche Besteuerungsrecht über Gehälter, Löhne und ähnliche Vergütungen zu, es sei denn, dass die Arbeit in dem anderen Vertragsstaat ausgeübt wird. Wird die Arbeit dort ausgeübt, so können die dafür bezogenen Leistungen in dem anderen Staat besteuert werden (Art. 15 Abs. 1 DBA Schweiz-Deutschland). Es gilt auch hier das sog. Arbeitsortsprinzip. Im Gegensatz zum DBA Schweiz-Frankreich enthält das DBA Schweiz-Deutschland in Art. 15a eine explizite Grenzgängerregelung. Ungeachtet des Arbeitsortsprinzips können Gehälter, Löhne und ähnliche Vergütungen, die ein Grenzgänger aus unselbständiger Erwerbstätigkeit bezieht, in seinem Ansässigkeitsstaat besteuert werden. Zum Ausgleich kann der Vertragsstaat, in dem die Arbeit ausgeübt wird, von diesen Vergütungen eine Steuer im Abzugsweg erheben. Diese ist jedoch auf 4.5 Prozent beschränkt (Art. 15a Abs. 1 DBA Schweiz-Deutschland). Grenzgänger im Sinne des DBA Schweiz-Deutschland ist jede in einem Vertragsstaat ansässige Person, die in dem anderen Vertragsstaat ihren Arbeitsort hat und von dort regelmässig an ihren Wohnsitz zurückkehrt. Kehrt diese Person nicht jeweils nach Arbeitsende an ihren Wohnsitz zurück, entfällt die Grenzgängereigenschaft nur dann, wenn die Person bei einer Beschäftigung während des gesamten Kalenderjahres an mehr als 60 Arbeitstagen auf Grund ihrer Arbeitsausübung nicht an ihren Wohnsitz zurückkehrt.

63 In Bezug auf die maximal zulässigen 60 Nicht-Rückkehrtage besteht nun auch im Verhältnis zu Deutschland das Problem, dass bei einer Arbeitstätigkeit im Homeoffice während des Lockdowns mangels Anreise an den üblichen Tätigkeitsort im anderen Staat die Rückkehr an den Wohnort wegfiel. Die im Home-Office verbrachten Arbeitstage würden bei einer wörtlichen Auslegung als Nicht-Rückkehrtage gelten. Bei manchen Grenzgängern hätte dies zur Folge, dass die Limite von 60 Tagen überschritten und die Grenzgängereigenschaft entfallen würde. Dies würde bedeuten, dass die gesamte

Entschädigung, welche während der Zeit, in dem der Grenzgänger zu Hause im Homeoffice arbeitete, ausgerichtet wurde, ausschliesslich im Ansässigkeitsstaat steuerbar würde, ohne dass eine Ausgleichszahlung geschuldet wäre. Bei den übrigen Arbeitnehmern würde das ausschliessliche Besteuerungsrecht wegen fehlender physischer Präsenz im Staat, wo die Arbeit üblicherweise verrichtet wird, gestützt auf Art. 15 Abs. 1 DBA Schweiz-Deutschland ebenfalls dem Ansässigkeitsstaat zufallen. Dies hätte zur Folge, dass im Staat, wo die Arbeitstätigkeit üblicherweise ausgeübt wird, keine Quellensteuer erhoben werden dürfte.

Wie die Verständigungsvereinbarung Schweiz-Frankreich basiert auch diejenige mit 64 Deutschland auf einer Tatsachenfiktion. Damit die COVID-19-Pandemie und der in diesem Zusammenhang angeordnete Lockdown bei den davon betroffenen Unternehmen und ihren Arbeitnehmern nicht zu neuen steuerlichen Anknüpfungspunkten und zu einer Verschiebung des Steuersubstrats führen, wird unterstellt, dass die Arbeitstätigkeit während des Lockdowns in derselben Art und Weise wie vor dem Lockdown ausgeübt wurde. Für diesen Zweck fingiert Ziff. 1 Abs. 1 der COVID-19-Verständigungsvereinbarung Schweiz-Deutschland eine arbeitstägliche Rückkehr der Grenzgänger an den Wohnsitz. Damit wird auch im Verhältnis zu Deutschland sichergestellt, dass die beiden Vertragsstaaten ihre Besteuerungsbefugnisse während der COVID-19-Pandemie gleich wie vorher ausüben können. In Bezug auf die in der Schweiz tätigen und in Deutschland ansässigen Grenzgänger könnte Deutschland sein Besteuerungsrecht auf jeden Fall auch ohne Abschluss der Verständigungsvereinbarung ausüben. Mit dem Abschluss der Verständigungsvereinbarung wurde aber sichergestellt, dass die Schweiz auch für die während der Pandemie an in Deutschland ansässige Grenzgänger ausgerichteten Entschädigungen eine Quellensteuer von 4,5% einbehalten darf, welche in Deutschland angerechnet wird. Mit Blick darauf ist nicht zu erwarten, dass die Rechtmässigkeit der in der COVID-19-Verständigungsvereinbarung enthaltenen Grenzgängerregelung in Deutschland oder in der Schweiz hinterfragt werden dürfte.

In Bezug auf die übrigen Arbeitnehmer hält Art. 2 Abs. 1 der COVID-19-Verstän- 65 digungsvereinbarung Schweiz-Deutschland fest, dass die Tage, für die Arbeitslohn bezogen wird und an denen die Arbeitskräfte nur aufgrund der Massnahmen zur Bekämpfung der COVID-19-Pandemie ihre Tätigkeit im Ansässigkeitsstaat ausüben oder unter Lohnfortzahlung keine Tätigkeit ausüben und in ihrem Ansässigkeitsstaat verbleiben, als in dem Vertragsstaat verbrachte Arbeitstage geltend gemacht werden können, in dem sich der Arbeitsort ohne die Massnahmen zur Bekämpfung der COVID-19-Pandemie befunden hätte. Dies bedeutet, dass die Schweiz unterstellen darf, dass die in Deutschland ansässigen Arbeitnehmer, die ihre Erwerbstätigkeit vor dem Lockdown in der Schweiz ausübten, ihre Erwerbstätigkeit auch während des Lockdowns physisch in der Schweiz fortsetzten, obwohl dies tatsächlich nicht der Fall war. Damit behält sie ihr Besteuerungsrecht, während Deutschland die in der Schweiz steuerbaren Erwerbseinkünfte von der deutschen Besteuerung ausnimmt (Art. 24 Abs. 1 Ziff. 1 lit. d DBA Schweiz-Deutschland). Da die Schweiz trotz der in der COVID-19-Verständigungsvereinbarung enthaltenen Besteuerungsbefugnis aufgrund einer fehlenden Besteuerungsgrundlage im internen Recht (siehe hierzu Rz 63) unter Umständen gar nicht besteuern kann, sieht Ziff. 1 Abs. 2 der COVID-19-Verständigungsvereinbarung Schweiz-Deutschland vor, dass die oben beschriebenen Steuerfolgen nur eintreten, soweit der Arbeitnehmer nachweist, dass der Arbeitslohn in der Schweiz auch tatsächlich besteuert wurde.

66 Hierfür sind die Anzahl der Arbeitstage, an denen die Arbeitnehmer ihre Erwerbstätigkeit im Ansässigkeitsstaat ausgeübt haben oder die Tage ohne Arbeitsausübung unter Lohnfortzahlung verbracht haben, unter Beibringung einer Bestätigung des Arbeitgebers nachzuweisen. Diese Bestätigung dient zur Vorlage an die Steuerbehörden und gilt als automatisches Einverständnis dafür, dass der Lohn in dem Vertragsstaat, in dem die Tätigkeit ohne die Massnahmen zur Bekämpfung der Covid-19-Pandemie ausgeübt worden wäre, tatsächlich besteuert wird. Damit soll eine konsistente Anwendung der COVID-19-Verständigungsvereinbarung in Deutschland und in der Schweiz sichergestellt und eine allfällige doppelte Nichtbesteuerung unterbunden werden. Zu beachten ist, dass die Regelung auf all diejenigen Arbeitnehmer nicht zur Anwendung gelangt, welche ihre Erwerbstätigkeit während des Lockdowns in einem Drittstaat – z.B. am Feriendomizil – ausübten.

67 Anders als die Verständigungsvereinbarung mit Frankreich regelt die COVID-19-Verständigungsvereinbarung Schweiz-Deutschland explizit die abkommensrechtliche Qualifikation von Kurzarbeitsgeldern, Kurzarbeitsentschädigungen und anderen staatlichen Unterstützungsleistungen. Diese gelten als Vergütungen für unselbständige Erwerbstätigkeit. Werden solche Entschädigungen von der Schweiz entrichtet, dürfen sie bei Anwendung der oben beschriebenen Tatsachenfiktion nur in der Schweiz besteuert werden. Deutschland behält sich indes das Besteuerungsrecht vor, wenn eine tatsächliche Besteuerung in der Schweiz unterbleibt oder eine bloss nach dem Abkommen begrenzte Besteuerung erfolgt, wie dies bei den Grenzgängern der Fall ist.

4. Die befristete Verständigungsvereinbarung mit Italien vom 19.6.2020

68 Am 20.6.2020 ist schliesslich die COVID-19-Verständigungsvereinbarung zwischen der Schweiz und Italien in Kraft getreten. Sie gilt für den Zeitraum vom 24.2.2020 bis einschliesslich 30.6.2020 und kann wie die COVID-19-Verständigungsvereinbarung mit Deutschland stillschweigend monatlich verlängert werden (Ziff. 3 COVID-19-Verständigungsvereinbarung Schweiz-Italien).

69 Im Verhältnis zu Italien gilt bei internationalen Arbeitnehmern ebenfalls das Arbeitsortsprinzip. In Bezug auf die Kantone Graubünden, Tessin und Wallis besteht zwischen der Schweiz und Italien eine spezifische Grenzgängervereinbarung.[74] Im Gegensatz zu den von der Schweiz mit Deutschland und Frankreich abgeschlossenen Grenzgängerregelungen gilt im Verhältnis zu Italien bei den Grenzgängern nicht etwa das Ansässigkeits-, sondern wie bei den übrigen internationalen Arbeitnehmern das Arbeitsortsprinzip (Art. 1 Grenzgängervereinbarung Schweiz-Italien). In Italien ist nach dem nach wie

74 SR 0.642.945.43.

vor geltenden Grenzgängerübereinkommen derzeit keine Besteuerung vorgesehen. Als Gegenleistung entrichten die betroffenen Kantone indes eine Ausgleichszahlung in der Höhe von 40% bzw. im Fall des Kantons Tessin in der Höhe von 38.8%. Die Grenzgängervereinbarung mit Italien enthält keine Definition des Begriffs «Grenzgängerinnen und Grenzgänger». Aufgrund dieser Ausgangslage bestand im Verhältnis zu Italien das Risiko, dass Italien infolge des Lockdowns sowohl für die Grenzgänger wie auch für die übrigen in Italien ansässigen internationalen Arbeitnehmer das ausschliessliche Besteuerungsrecht in Anspruch hätte nehmen können, welches zu Doppelbesteuerung hätte führen können. Die COVID-19-Verständigungsvereinbarung schafft diesbezüglich nun Rechtssicherheit. Sie basiert ebenfalls auf der bereits aus den Vereinbarungen mit Frankreich und Deutschland bekannten Tatsachenfiktion (Ziff. 1 COVID-19-Verständigungsvereinbarung Schweiz-Italien). Bei der Ausübung des Besteuerungsrechts wird so getan, als wären die Arbeitnehmer auch während des Lockdowns ihrer Erwerbstätigkeit in gewohnter Manier nachgegangen.

Für die Anwendung von Art. 15 Abs. 1 und 4 DBA Schweiz-Italien gelten Arbeitstage, 70
die infolge von Massnahmen zur Bekämpfung der Ausbreitung der Covid-19-Pandemie im Ansässigkeitsstaat verbracht wurden, als Arbeitstage in dem Staat, in dem die Person ohne diese Massnahmen gearbeitet hätte. Ziff. 2 legt fest, dass die Grenzgängereigenschaft nicht entfällt, wenn der Arbeitnehmer mehrere aufeinanderfolgende Tage im Arbeitsortsstaat, ohne regelmässige tägliche Rückkehr in den Wohnsitzstaat, verbracht hat. In Bezug auf die in Italien ansässigen Arbeitnehmer bedeutet dies, dass die Schweiz auch für die Zeit während des Lockdowns ihr Besteuerungsrecht behält, wenn die Erwerbstätigkeit üblicherweise in der Schweiz ausgeübt wurde. Bei den Arbeitnehmern, die nicht Grenzgänger sind, rechnet Italien die schweizerische Steuer an die italienische Steuer an, während bei den Grenzgängern die von der Grenzgängervereinbarung betroffenen Kantone an Italien nach wie vor eine Ausgleichszahlung entrichten müssen. In Bezug auf die Kurzarbeitsgelder, Kurzarbeitsentschädigungen und anderen staatlichen Unterstützungsleistungen sieht die COVID-19-Verständigungsvereinbarung mit Italien keine explizite Regelung vor.

5. Verhältnis zu den übrigen Nachbarstaaten

Im Verhältnis zu Liechtenstein und Österreich lagen bei Redaktionsschluss keine Ver- 71
ständigungsvereinbarungen vor.

Beim DBA Schweiz-Liechtenstein wurden die Homeoffice-Tage jedoch bereits vor 72
der COVID-19-Pandemie nicht als Nicht-Rückkehrstage betrachtet. In Bezug auf in Liechtenstein ansässige Arbeitnehmer, die nicht als Grenzgänger gelten, besteht das Risiko, dass das Besteuerungsrecht der Schweiz aufgrund des Arbeitsortsprinzips während der Zeit, während welcher die Erwerbstätigkeit im Homeoffice in Liechtenstein ausgeübt wurde, wegfällt.

Im Verhältnis zu Österreich besteht die Besonderheit, dass sich die Schweiz zu einer 73
Ausgleichszahlung von 12,5% der schweizerischen Steuereinnahmen aus der unselb-

ständigen Erwerbstätigkeit verpflichtet hat. Aufgrund dieser Ausgangslage ist davon auszugehen, dass die Schweiz an ihrem Besteuerungsrecht auch in Bezug auf die während des Lockdowns entrichteten Entschädigungen festhalten wird. Bei Fehlen einer Verständigungsvereinbarung könnte argumentiert werden, dass Österreich für die Entschädigungen, welche an in Österreich ansässige und während des Lockdowns im Home Office tätige Arbeitnehmer entrichtet wurden, das ausschliessliche Besteuerungsrecht in Anspruch nehmen kann. Konsequenterweise würde bei einer solchen Betrachtungsweise die Ausgleichszahlung entfallen.

6. Besteuerung von Corona-Erwebsersatz- und Kurzarbeitsentschädigungen

74 Eine weitere Frage, welche zu kontroversen Auffassungen führen dürfte, ist, wo die im Zusammenhang mit der COVID-19-Pandemie entrichteten Taggelder und Kurzarbeitsentschädigungen besteuert werden dürfen, wenn das Abkommen hierzu keine explizite Regelung enthält, wie das in der COVID-19-Verständigungsvereinbarung mit Deutschland der Fall ist. Anspruch auf Corona-Erwerbseratzentschädigung haben Eltern mit Kindern bis zum vollendeten 12. Lebensjahr, sofern die Erwerbstätigkeit unterbrochen werden musste bzw. muss, sowie Personen, die in Quarantäne sind und ihre Erwerbstätigkeit deswegen nicht ausüben konnten bzw. können (Art. 2 Abs. 1 lit. a Covid-19-Verordnung Erwerbsausfall).[75] Corona-Kurzarbeitsentschädigungen kommen demgegenüber Personen zugute, welche befristet, temporär oder in arbeitgeberähnlichen Anstellungen wegen eines durch die COVID-19-Pandemie eingetretenen Beschäftigungseinbruchs nur noch reduziert arbeiteten. Voraussetzung für den Anspruch auf Kurzarbeitsentschädigung ist stets, dass das Arbeitsverhältnis nicht gekündigt ist.

75 Die Schweiz stellt sich auf den Standpunkt, dass Kurzarbeitsentschädigungen und Corona-Taggelder Erwerbsersatzeinkünfte darstellen, welche als «ähnliche Vergütungen» im Sinne von Art. 15 Abs. 1 OECD-MA zu betrachten sind. Diese Auffassung ist zutreffend, da die Existenz eines Arbeitsverhältnisses mit dem schweizerischen Arbeitgeber Voraussetzung für den Anspruch auf besagte Leistungen ist.[76] Auch das Rundschreiben der ESTV betrachtet die Corona-Taggelder als Einkünfte nach Art. 15 Abs. 1 OECD-MA.[77] In Ziff. 3 (1) der COVID-19-Verständigungsvereinbarung Schweiz-Deutschland anerkennt Deutschland zudem, dass die in der Schweiz ausbezahlten Kurzarbeitsentschädigung und Taggelder für entfallene Arbeitsstunden Erwerbseinkommen aus unselbständiger Arbeit darstellen. Dabei ist es unbeachtlich, ob sie direkt oder über den Arbeitgeber erstattet werden. Im Zusammenhang mit Grenzgängern aus Deutschland bestimmt Ziff. 3.3. RS ESTV, Steuerliche Behandlung von Leistungen bei Erwerbsausfall, dass die AHV-Ausgleichskassen im Sinne einer Ausnahme den in Art. 1 Abs. 1 lit. d Quellensteuerverordnung[78] definierten Tarifcode D auch auf deutsche Grenzgänger

75 SR 830.31.

76 Helbing/Häni, in: Zweifel/Beusch/Matteotti (Hrsg.), Art. 21 OECD-MA N 39.

77 Siehe hierzu: RS ESTV, Steuerliche Behandlung von Leistungen bei Erwerbsausfall, Ziff. 3.3.

78 SR 642.118.2.

anwenden können, obwohl bei diesen gemäss Art. 1 Abs. 1 lit. k Quellensteuerverordnung normalerweise der Tarifcode O gilt, welcher aufgrund von Art. 15a Abs. 1 DBA Schweiz-Deutschland eine Beschränkung der Quellensteuer auf 4.5% vorsieht. Damit soll dem Anliegen des Bundesrates um rasche Unterstützung der von Lohnausfällen betroffenen Personen in pragmatischer Weise nachgekommen und der administrative Aufwand minimiert werden. Da aufgrund der Anwendung des Tarifcodes D gegenüber deutschen Grenzgängern zu viele Steuern erhoben werden, sind die kantonalen Steuerbehörden jedoch angehalten, die Rückerstattung möglichst rasch durchzuführen.[79] Mit diesem Vorgehen soll eine Verletzung von Art. 15a Abs. 1 DBA Schweiz-Deutschland möglichst abgewendet werden.[80]

Mit Blick auf die offenen Rechtsfragen, welche auch die OECD in ihrer Analyse anerkannt hat, wäre es der Rechtssicherheit sicherlich förderlich gewesen, wenn die Schweiz auch mit den anderen Nachbarstaaten eine der Verständigungsvereinbarung mit Deutschland nachempfundene Lösung hätte treffen können. Aber auch ohne Verständigungsvereinbarungen erweist sich die Qualifikation der Corona-Erwebsersatz- und Kurzarbeitsentschädigungen als Einkünfte aus unselbständiger Erwerbstätigkeit als sachgerecht, da sie im Zusammenhang mit einem bestehenden Arbeitsverhältnis bezahlt werden. 76

7. Massnahmen der Kantone Zürich und Basel-Stadt bei der Quellenbesteuerung von Arbeitnehmenden im Ausland, die wegen der Coronakrise im Homeoffice arbeiten

Das Kantonale Steueramt Zürich und die Steuerverwaltung des Kantons Basel-Stadt haben angeordnet, dass die Arbeitstage, welche im Ausland ansässige Arbeitnehmer aufgrund der COVID-19-Pandemie im Homeoffice verbracht haben, der schweizerischen Quellensteuer unterliegen.[81] Diese Regelung gilt in beiden Kantonen rückwirkend ab dem 24.2.2020 und längstens bis zum 31.12.2020. Sollte es wider Erwarten zu einer internationalen Doppelbesteuerung kommen bzw. die Homeoffice-Tage in einem der Nachbarstaaten besteuert werden, weist das Kantonale Steueramt Zürich ausdrücklich auf die Möglichkeit der Revision hin. Der Kanton Basel-Stadt verweist in seiner Anordnung auch explizit auf die am 13. Mai 2020 abgeschlossene Verständigungsvereinbarung mit Frankreich und schliesst daraus, dass demnach die bestehenden Steuerabkommen wie bisher gelten, solange die COVID-19-Ausnahmeregelungen in Kraft sind. So würden 77

79 RS ESTV, Steuerliche Behandlung von Leistungen bei Erwerbsausfall, Ziff. 3.3, Ziff. 4.2.

80 Siehe hierzu auch LIMACHER, StR 6/2020, S. 496.

81 Anordnungen des Kantonalen Steueramts Zürich vom 28. April 2020 und der Steuerverwaltung Basel-Stadt vom 18. Mai 2020 betreffend Quellenbesteuerung von Arbeitnehmenden mit Ansässigkeit im Ausland, die wegen der Coronakrise im Homeoffice arbeiten (Anordnung ZH bzw. Anordnung BS; jeweils abrufbar unter: ‹https://www.steueramt.zh.ch/internet/finanzdirektion/ksta/de/aktuell/mitteilungen/amtsmitteilungen_2020/home_offce_qst.html› und ‹https://www.steuerverwaltung.bs.ch/massnahmen-infolge-corona-pandemie.html›.

Grenzgänger, die von zu Hause arbeiten, weiterhin denselben Steuerregelungen unterliegen, wie wenn sie physisch an ihrem bisherigen Arbeitsort tätig wären.

78 Zu den beiden Anordnungen sind folgende zwei Bemerkungen anzubringen:

1. In Bezug auf die soeben wiedergegebene Feststellung des Kantons Basel-Stadt, dass die in der COVID-19-Verständigungsvereinbarung Schweiz-Frankreich enthaltene Fiktion auf alle Doppelbesteuerungsabkommen Anwendung finden sollte, sei auf die Ausführungen unter N 58 ff. verwiesen. Besteht mit einem Vertragsstaat keine COVID-19-Verständigungsvereinbarung, könnte vertretbar argumentiert werden, dass dieser Staat sein DBA mit der Schweiz eben gerade nicht zeitlich befristet mit einer Sachverhaltsfiktion für internationale Arbeitnehmer ergänzen will, weswegen diese nicht zu Anwendung gelangen kann.
2. Die Besteuerung ausländischer Arbeitnehmer gestützt auf Art. 5 lit. a DBG setzt voraus, dass die für die Entstehung des Leistungsanspruchs massgebende Tätigkeit physisch in der Schweiz ausgeübt wird.[82] Das Bundesgericht hat in Abkehr der noch unter dem BdBSt geltenden Rechtsprechung klargestellt, dass in Bezug auf Art. 5 Abs. 1 lit. a DBG eine physische Präsenz in der Schweiz erforderlich ist.[83] Die Anordnungen der Kantone Zürich und Basel-Stadt stehen somit im klaren Widerspruch zur bundesgerichtlichen Rechtsprechung. Daran ändert auch der Umstand nichts, dass der Kanton Zürich das Revisionsverfahren zulassen wird, falls es zu einer Doppelbesteuerung kommen sollte. Offensichtlich bauen sowohl der Kanton Zürich als auch der Kanton Basel-Stadt darauf, dass sich das Bundesgericht zu einer Praxispräzisierung bewegen lässt, nach welcher auf das Erfordernis der physischen Präsenz in der Schweiz verzichtet werden kann, wenn ansonsten eine doppelte Nichtbesteuerung eintritt. Eine solche Rechtsfortbildung *praeter legem* liesse sich methodologisch nur schwer begründen und ist u.E. abzulehnen. Der kürzlich ergangene Entscheid des Bundesgerichts vom 16.12.2019, 2C_151/2017 in Sachen Swiss International Air Lines AG könnte der behördlichen Auffassung jedoch Auftrieb geben. In Erwägung 3.5.2. dieses Urteils impliziert das Bundesgericht nämlich, dass das Risiko einer doppelten Nichtbesteuerung im internationalen Verhältnis bei der Auslegung der innerstaatlichen Besteuerungsnormen mitberücksichtigt werden kann.

82 Locher, Kommentar DBG, Art. 5 N 5.

83 BGE 137 II 246 E. 4 und 5; Locher, Kommentar DBG, Art. 5 N 6 mit zahlreichen Hinweisen auf weitere Rechtsprechung; Oesterhelt/Seiler, in: Zweifel/Beusch (Hrsg.), Art. 5 DBG N 13 f.; Reich, § 11 Rz 42; Dürr, in: Zweifel/Beusch/Matteotti (Hrsg.), Art. 15 OECD-MA N 6 f.

§ 22 Gesundheits- und Heilmittelrecht

Barbara Meier

Inhaltsverzeichnis

Literaturverzeichnis

Blechta Gabor P./Colatrella Philomena/Rüedi Huber/Staffelbach Daniel (Hrsg.), Basler Kommentar zum Krankenversicherungsgesetz und Krankenversicherungsaufsichtsgesetz (BSK KVG/KVAG), Basel 2019; Dupont Anne-Sylvie, La prise en charge des soins de santé en cas d'épidémie, Jusletter vom 22.6.2020; Ehrenzeller Bernhard/Schindler Benjamin/Schweizer Rainer J./Vallender Klaus A. (Hrsg.), St. Galler Kommentar zur schweizerischen Bundesverfassung, Zürich 2014 (zit. SGK BV-Autor/in); Erbsmehl Claudia/Nertz Salome, Vertrauensärztliche Untersuchungen im Zusammenhang mit der COVID-19-Pandemie, Jusletter vom 8.6.2020; Fellmann Walter, Entschädigung für die Folgen der Bekämpfung des Coronavirus, Jusletter vom 15.6.2020; Gächter Thomas/Rütsche Bernhard, Gesundheitsrecht, 4. Aufl,, Basel 2018; Kieser Ueli, COVID-19-Erlasse und das Sozialversicherungsrecht, AJP 2020, S. 552; Muresan Remus, Medizinprodukte und das Abkommen über Konformitätsbewertungen, Jusletter vom 4.5.2020; Peter Christian, Wie begrenzte Ressourcen zugeteilt werden sollen, Jusletter vom 14.4.2020; Poledna Thomas/Trümpler Ralph/Werder Gregori, Entschädigung von Gesundheitseinrichtungen zu Zeiten der Epidemie und Pandemie, in: Pandemie und Recht – Beitrag des Rechts zur Bewältigung einer globalen Krise, ZSR Sondernummer 2020, S. 103 ff.; Rechsteiner David, Recht in besonderen und ausserordentlichen Lagen unter besonderer Berücksichtigung des Rechts bei Katastrophen, Zürich 2016.

Materialienverzeichnis

Gesetzesmaterialien

Botschaft zur Revision des Bundesgesetzes über die Bekämpfung übertragbarer Krankheiten des Menschen (Epidemiengesetz, EpG), BBl 2011 311 ff. (zit. **EpG Botschaft**), ‹https://www.admin.ch/opc/de/federal-gazette/2011/311.pdf› (18.6.2020); Erläuterungen des BAG zur Verordnung 2 vom 13.3.2020 über Massnahmen zur Bekämpfung des Coronavirus (COVID-19-Verordnung 2) (in der jeweils anwendbaren Fassung, zit. **COVID-Erläuterungen**), ‹https://www.bag.admin.ch/bag/de/home/krankheiten/ausbrueche-epidemien-pandemien/aktuelle-ausbrueche-epidemien/novel-cov/massnahmen-des-bundes.html› (18.6.2020).

Merkblätter und Empfehlungen des BAG

Faktenblatt des BAG vom 28.2.2020 zur normalen, besonderen und ausserordentlichen Lage gem. EpG (zit. **BAG-Faktenblatt EpG Lagen**), ‹https://www.newsd.admin.ch/newsd/message/attachments/60477.pdf› (18.6.2020); Merkblatt des BAG zu Verdachts-, Bedrohungs- und Meldekriterien im Zusammenhang mit COVID-19 (Stand 11.5.2020, zit. **BAG-Merkblatt COVID-19 Meldekriterien**), ‹https://www.bag.admin.ch/dam/bag/de/dokumente/mt/msys/verdachts-meldekriterien-2019-n-cov.pdf.download.pdf/ADM_200421_Verdachts-%20und%20Meldekriterien%20COVID_d.pdf› (18.6.2020); Empfehlungen des BAG zur Anwendung von Schutzmaterial für im Pflegebereich tätige Organisationen und (Gesundheits-)Fachpersonen (Stand 23.4.2020) (zit. **BAG-Empfehlungen Schutzmaterial**) ‹https://www.bag.admin.ch/dam/bag/de/dokumente/mt/k-und-i/aktuelle-ausbrueche-pandemien/2019-nCoV/empfehlungen-schutzmaterial.pdf.download.pdf/Empfehlungen-Anwendung-Schutzmaterial.pdf› (18.6.2020); Faktenblatt des BAG vom 31.3.2020 (aktualisiert am 5.5.2020) betreffend Kostenübernahme für stationäre Behandlung im Rahmen der COVID-19-Pandemie (zit. **BAG-Faktenblatt stationär**) ‹https://www.bag.admin.ch/bag/de/home/krankheiten/ausbrueche-epidemien-pandemien/aktuelle-ausbrueche-epidemien/novel-cov/regelung-krankenversicherung.html› (18.6.2020); Merkblatt des BAG zu Impfungen während der COVID-19 Pandemie vom 6.4.2020 (zit. **BAG-Merkblatt Impfungen**) ‹https://www.bag.admin.ch/dam/bag/de/dokumente/mt/k-und-i/aktuelle-ausbrueche-pandemien/2019-nCoV/covid-19-impfungen.pdf.download.pdf/covid-19-impfungen-de.pdf› (18.6.2020); Merkblatt des BAG, der Eidgenössischen Kommission für Impffragen und der Swiss Society of Paediatrics zu routinemässigen Impfungen und Vorsorgeuntersuchungen bei Kindern vom 16.3.2020 (zit. **BAG-Merkblatt Impfungen und Vorsorgeuntersuchungen Kinder**) ‹https://www.bag.admin.ch/dam/bag/de/dokumente/mt/k-und-i/aktuelle-ausbrueche-pandemien/2019-nCoV/covid-19-impfung-vorsorgeuntersuchung.pdf.download.pdf/covid-19-impfung-vorsorgeuntersuchung-de.pdf› (18.6.2020); Faktenblatt des BAG vom 6.4.2020 (aktualisiert am 20.5.2020) bezüglich Empfehlungen zur Kostenübernahme für ambulante Leistungen auf räumliche Distanz während der COVID-19-Pandemie (zit. **BAG-Empfehlungen ambulant**) ‹https://www.bag.admin.ch/dam/bag/de/dokumente/cc/kom/covid-19-faktenblatt-kostenuebernahme-ambulant.pdf.download.pdf/covid-19-faktenblatt-kostenuebernahme-ambulant.pdf› (18.6.2020); BAG Antworten auf häufig gestellte Fragen zu den Anpassungen der Tarifstruktur TARMED per 1. Januar 2018 «Frequently Asked Questions» (FAQ), Version vom 5.7.2019 (zit. **BAG FAQ Tarmed**) ‹https://www.bag.admin.ch/dam/bag/de/dokumente/kuv-leistungen/tarifstruktur-tarmed/faq-anpassungen-tarmed-01-01-2018.pdf.download.pdf/FAQ%20TARMED.pdf› (18.6.2020); Schreiben des BAG an die Verbände der Krankenversicherer vom 26.3.2020 (zit. **BAG Schreiben Krankenversicherer**) ‹https://www.bag.admin.ch/dam/bag/de/dokumente/cc/kom/covid-19-verguetung-arzneimittel.pdf.download.pdf/Neues_Coronavirus-Verguetung_von_Arzneimitteln.pdf› (18.6.2020); Faktenblatt des BAG vom 13.3.2020 (aktualisiert per 15.5.2020) zur Regelung der Kostenübernahme der Analyse auf SARS-CoV-2 und der damit verbundenen medizinischen Leistungen (zit. **BAG-Faktenblatt COVID-19 Analyse**) ‹https://www.bag.admin.ch/dam/bag/de/dokumente/kuv-leistungen/leistun

gen-und-tarife/Analysenliste/faktenblatt-coronavirus-verguetunganalyse.pdf.download.pdf/Faktenblatt_Coronavirus%E2%80%93Kostenuebrnahme_der_Analyse_und_der_medizinschen_Leistungen.pdf› (18.6.2020).

Weitere Merkblätter und Empfehlungen

Hinweis der SwissDRG AG zur Leistungserfassung und Abrechnung bei COVID-19 Fällen (zit. **SwissDRG Hinweis zur Leistungserfassung COVID-19**) ‹https://www.swissdrg.org/application/files/5215/8616/8432/Abbildung_der_stationaeren_Faelle_bzw._Behandlungen_von_COVID-19.pdf› sowie ‹https://www.swissdrg.org/de/akutsomatik/swissdrg/hinweis-zur-leistungserfassung› (18.6.2020); Klarstellung der Swiss DRG AG zur Abbildung der Behandlungsfälle bei einer Infektion mit dem SARS-CoV-2 Erreger und der damit verbundenen Krankheit COVID-19 unter Anwendung der Intensivtherapie vom 3.4.2020 (zit. **Swiss DRG Klarstellung Intensivpflege**) ‹https://www.swissdrg.org/application/files/1015/8592/0490/Klarstellung_zur_Abbildung_der_Behandlungsfaelle_bei_einer_Infektion_mit_dem_SARS-CoV-2_Erreger.pdf› (18.6.2020); GDK-Empfehlungen zur Wirtschaftlichkeitsprüfung vom 27.6.2019 (zit. **GDK-Empfehlungen Wirtschaftlichkeitsprüfung**) ‹https://www.gdk-cds.ch/fileadmin/docs/public/gdk/themen/spitalfinanzierung/EM_Wirtschaftlichkeitspruefung_V5.0_20190627_def_d.pdf› (18.6.2020); Whitepaper des Vereins SpitalBenchmark und pwc zur Berechnung des finanziellen Schadens für Schweizer Spitäler und Kliniken infolge von COVID-19, Stand am 22.5.2020 (zit. **Whitepaper SpitalBenchmark/pwc**) ‹https://www.spitalbenchmark.ch/fileadmin/user_upload/COVID-19_Whitepaper_zur_Berechnung_des_finanziellen_Schadens_20200522.pdf› (18.6.2020); Swissmedic Tabelle für Out-of-Stock – COVID-19 – Bewilligungen zum befristeten Import und Vertrieb von Humanarzneimitteln (zit. **Out-of-Stock Tabelle**) ‹https://www.swissmedic.ch/swissmedic/de/home/news/coronavirus-covid-19/out-of-stock-covid-19.html› (18.6.2020); Gemeinsamen Empfehlungen der Kantonsapothekervereinigung und Swissmedic zum Off-Label-Use von Arzneimitteln, gültig ab 1.6.2016 (zit. **Empfehlungen OLU**) ‹https://www.kantonsapotheker.ch/fileadmin/docs/public/kav/2_Leitlinien___Positionspapiere/0007_anforderungen_an_den_off-label-use.pdf› (18.6.2020); Swissmedic Hinweis zum Off-Label-Use bei der Behandlung von COVID-19 vom 3.4.2020 (zit. **Hinweis OLU COVID-19**) ‹https://www.swissmedic.ch/swissmedic/de/home/news/coronavirus-covid-19/off-label-use.html› (18.6.2020); Informationen und Bewilligungen von Swissmedic für Mikrobiologische Laboratorien (zit. **Swissmedic Mikrobiologische Laboratorien**) ‹https://www.swissmedic.ch/swissmedic/de/home/humanarzneimittel/bewilligungen_zertifikate/mikrobiologische-laboratorien.html› (18.6.2020); SECO: Frequently Asked Questions zu Atemschutzmasken und anderen PSA (zit. **SECO FAQ PSA**) ‹https://www.seco.admin.ch/seco/de/home/Arbeit/Arbeitsbedingungen/Produktsicherheit/produktesicherheit_faq_covid19.html› (18.6.2020); Empfehlungen von Swissmedic und Swissethics für klinische Versuche mit Arzneimitteln im Rahmen der SARS-CoV-2 Pandemie (zit. **Joint Guidance Clinical Trials**) ‹https://www.swissmedic.ch/swissmedic/de/home/news/coronavirus-covid-19/klv-cov-2-pandemie-2.html› (18.6.2020); Swissethics Liste der bewilligten Clinical Trials im Zusammenhang mit COVID-19 in der Schweiz (zit. **approved Clinical Trials COVID-19**) ‹https://swissethics.ch/covid-19/approved-projects› (18.6.2020).

EU-Verordnungen

Verordnung (EU) 2017/745 des Europäischen Parlaments und des Rates vom 5.4.2017 über Medizinprodukte (zit. **MDR**)‹https://eur-lex.europa.eu/legal-content/DE/TXT/?uri=CELEX%3A32017R0745› (18.6.2020); Verordnung (EU) 2017/746 des Europäischen Parlaments und des Rates vom 5.4.2017 über In-vitro-Diagnostika (zit. **IVDR**) ‹https://eur-lex.europa.eu/legal-content/DE/TXT/?uri=uriserv:OJ.L_.2017.117.01.0176.01.DEU› (18.6.2020); Verordnung (EU) 2020/561 des Europäischen Parlaments und des Rates vom 23.4.2020 zur Änderung der MDR hinsichtlich des Geltungsbeginns (zit. **EU-Verordnung MDR Verschiebung**) ‹https://eur-lex.europa.eu/legal-content/

DE/TXT/?toc=OJ%3AL%3A2020%3A130%3ATOC&uri=uriserv%3AOJ.L_.2020.130.01.0018.01. DEU› (18.6.2020).

I. Einleitung

Das Gesundheitswesen spielt in der Bewältigung der aktuellen Coronapandemie eine zentrale Rolle. So sind es vorab die Akteure des Gesundheitswesens, welche durch den ausserordentlichen Einsatz medizinischer Leistungen und die Bereitstellung medizinischer Güter zur Bewältigung der Pandemie beitragen. Von diesen faktischen Herausforderungen abgesehen stellen sich angesichts der grossen Anzahl regulatorischer Massnahmen und pandemiebedingter Ausnahmebestimmungen aber auch in rechtlicher Hinsicht vielfältige Fragen und es gilt, die Übersicht über eine Vielzahl an (temporären) Sonderregelungen zu wahren. Über die wichtigsten pandemiebedingten Massnahmen für das Gesundheitswesen soll mit dem vorliegenden Beitrag ein Überblick verschafft werden. Dafür wird zunächst ein Blick auf das **Epidemienrecht** geworfen, welches die rechtlichen Rahmenbedingungen der Krisenbewältigung definiert. Im Anschluss werden die regulatorischen Anordnungen des **Gesundheitsrechts** dargestellt und die daraus resultierenden, insbesondere finanziellen Auswirkungen aufgezeigt. Im Bereich des **Heilmittelrechts** wird ein besonderes Augenmerk auf die vielfältigen pandemiebedingten Ausnahmebestimmungen im Zusammenhang mit Arzneimitteln und Medizinprodukten gelegt. Zuletzt soll ein Überblick über pandemiebedingte kantonale Massnahmen verschafft werden. 1

II. Coronavirus – epidemienrechtliche Aspekte

1. Bekämpfung übertragbarer Krankheiten

a) Zweck und Rechtsgrundlagen des Epidemienrechts

Viren, Bakterien und andere Krankheitserreger können beim Menschen (teils schwerwiegende) Infektionskrankheiten verursachen. Breiten sich diese in der Bevölkerung aus, können eine Vielzahl von Personen davon betroffen und der Schutz der öffentlichen Gesundheit (Polizeigut, Schutz der Bevölkerung vor Schädigungen der Gesundheit)[1] dadurch gefährdet sein. In den letzten Jahrzehnten hat sich das Umfeld, in dem Infektionskrankheiten auftreten und die öffentliche Gesundheit gefährden, verändert. Neue Lebens- und Umweltbedingungen (z.B. zunehmende Mobilität, Urbanisierung, Migration, klimatische Veränderungen) haben Ausmass und Geschwindigkeit der Weiterverbreitung von **übertragbaren Krankheiten** zunehmen lassen.[2] Zu den in der Schweiz überwachten Infektionskrankheiten gehören etwa Aids und andere sexuell übertragbare Krankheiten, verschiedene Formen von Hepatitis, Influenza, Meningo- und Pneumo- 2

1 Vgl. Gächter/Rütsche, Rz 82, Rz 678.
2 Vgl. EpG Botschaft, S. 312.

kokken, Masern, Mumps und Röteln, FSME, Typhus, Tuberkulose oder Salmonellen. Neu kommt nun die Infektion mit SARS-CoV-2 hinzu.

3 Die Prävention und Bekämpfung übertragbarer Krankheiten liegt im allgemeinen (öffentlichen) Interesse. Viele Infektionskrankheiten lassen sich nur mit einer flächendeckenden Strategie und einem einheitlichen Vorgehen präventiv vermeiden oder akut bekämpfen. Wenngleich die gesundheitsrechtlichen Kompetenzen in der Schweiz mehrheitlich bei den Kantonen liegen, hat der Verfassungsgeber sie für die Bekämpfung übertragbarer Krankheiten dem Bund zugeordnet.[3] Dieser hat mit dem Erlass des Epidemiengesetzes von dieser Kompetenz Gebrauch gemacht. Die alte Epidemiengesetzgebung aus dem Jahr 1970 wurde ab 2007 einer umfassenden Revision unterzogen. Das neue **Epidemiengesetz** (EpG)[4] wurde 2013 an der Urne angenommen und trat am 1.1.2016 in Kraft. Zu den weiteren epidemienrechtlichen Rechtsgrundlagen gehören insbesondere die Epidemienverordnung (EpV), die Verordnung über die Meldung von Beobachtungen übertragbarer Krankheiten des Menschen[5] und die Verordnung über mikrobiologische Laboratorien[6].

b) *Massnahmen des Epidemienrechts*

4 Das EpG sieht sowohl Massnahmen zur Prävention übertragbarer Krankheiten (z.B. Impfung) als auch zu deren akuten Bekämpfung vor. Hinzu kommen insbesondere Bestimmungen hinsichtlich der Informationsbeschaffung (z.B. Meldepflichten, epidemiologische Abklärungen) und zur Organisation (Kompetenzverteilung, Bewilligungen usw.).

5 Das Bundesamt für Gesundheit (BAG) betreibt in Zusammenarbeit mit den Kantonen und anderen Bundesbehörden Früherkennungs- und Überwachungssysteme.[7] Insbesondere Ärzte, Spitäler und andere Gesundheitseinrichtungen sind zur *Meldung* übertragbarer Krankheiten verpflichtet[8]. Die Meldungen erfolgen an die jeweiligen Kantonsärzte, welche sie wiederum an das BAG zur Koordination weiterleiten. Diese Informationsbeschaffung bildet mitunter eine notwendige Voraussetzung für Präventionsmassnahmen.

6 Zu den *Präventionsmassnahmen*[9] gehören insbesondere Massnahmen zur Kontrolle, Verminderung und Beseitigung von Risiken der Übertragung von Krankheiten, worunter etwa Vorschriften über Dekontaminierung, Desinfizierung und Sterilisierung, Informationspflichten und Verhaltensempfehlungen, aber auch *Impfungen* gehören[10].

3 Vgl. Art. 118 Abs. 2 lit. b BV, umfassende, nachträglich derogierende Gesetzgebungskompetenz; vgl. SGK BV-Poldena, Art. 118 N 7.

4 SR 818.101.

5 SR 818.101.126.

6 SR 818.101.32.

7 Vgl. Art. 11 EpG.

8 Vgl. Art. 12 ff. EpG, Art. 4 ff. EpV, Detailregelung in der Verordnung über die Meldung von Beobachtungen übertragbarer Krankheiten des Menschen.

9 Für weitere Ausführungen zu Vorbereitungsmassnahmen gem. EpG vgl. § 25 Rz 164 ff.

10 Vgl. Art. 19 ff. EpG, Art. 25 ff. EpV.

Massnahmen zur *akuten Bekämpfung* übertragbarer Krankheiten[11] können nur angeordnet werden, wenn sie erforderlich und zumutbar sind; es dürfen keine weniger einschneidenden Massnahmen zur Verfügung stehen und es muss eine ernsthafte Gefahr für die Gesundheit Dritter abgewendet werden. Zu diesen Massnahmen gehören etwa Überwachung, Quarantäne, Absonderung oder ärztliche Untersuchung, welche von den Kantonen oder dem Bund auch zwangsweise angeordnet werden können. 7

Unter dem neuen EpG wurde die Führungsrolle des Bundes nochmals gestärkt, die Aufgabenverteilung und die Zusammenarbeit mit den Kantonen wurde präzisiert. Zudem wurde ein **dreistufiges Modell** geschaffen, um die Kompetenzverteilung flexibel der jeweils aktuellen Lage anzupassen. Nebst der *normalen Lage* ist eine *besondere Lage* (Art. 6 EpG) und eine *ausserordentliche Lage* (Art. 7 EpG) vorgesehen, wobei mit jeder Lage die Kompetenzen des Bundes ausgeweitet werden.[12] Damit wird dem Bundesrat ein rasches und zielgerichtetes sowie fallspezifisches Eingreifen bei Störungen der öffentlichen Ordnung oder der inneren und äusseren Sicherheit ermöglicht. Die Voraussetzungen einer besonderen Lage werden im Gesetz normiert (vgl. Art. 6 Abs. 1 EpG), während für die ausserordentliche Lage keine Definition erfolgt (vgl. Art. 7 EpG). Eine ausserordentliche Lage dürfte dann vorliegen, wenn die Massnahmen der normalen und besonderen Lage für die Bewältigung einer Epidemie nicht ausreichend sind.[13] Die Voraussetzungen einer besonderen Lage sind etwa bei moderaten Influenzapandemien erfüllt, während die bundesrätliche Berufung auf die ausserordentliche Lage nach Art. 7 EpG nur für das Worst-Case-Szenario vorgesehen ist (wie etwa die Spanische Grippe von 1918)[14]. Während in der normalen Lage grundsätzlich die Kantone für die meisten Anordnungen zuständig sind, wird die Zuständigkeit in der besonderen und der ausserordentlichen Lage vermehrt an den Bund übertragen, welcher in diesen Fällen auch Massnahmen anordnen kann, die im EpG nicht vorgesehen sind.[15] 8

Im Februar 2020 hat der Bundesrat aufgrund der Entwicklungen im Zusammenhang mit dem neuen Coronavirus (SARS-CoV-2) die Voraussetzungen für eine besondere Lage gemäss Art. 6 Abs. 1 EpG als erfüllt erachtet. Am 16.3.2020 hat er die Situation (erstmals überhaupt) als ausserordentliche Lage im Sinne von Art. 7 EpG eingestuft. Mitunter gestützt auf Art. 7 EpG (welcher bloss deklaratorischer Natur ist und die verfassungsmässige Kompetenz des Bundesrates zur Notgesetzgebung nach Art. 185 Abs. 3 BV wiederholt) hat er entsprechende Massnahmen angeordnet und insbesondere die **COVID-19-Verordnung 2**[16] erlassen. 9

---

11 Art. 30 ff. EpG, Art. 49 EpV.

12 Für eine Übersicht vgl. auch BAG-Faktenblatt EpG Lagen.

13 Vgl. RECHSTEINER, Rz 885.

14 Vgl. EpG Botschaft, S. 363; BAG-Faktenblatt EpG Lagen.

15 RECHSTEINER, Rz 886.

16 SR 818.101.24.

c) *Überlegungen zu einem Coronavirus-Impfobligatorium*[17]

10 Im epidemienrechtlichen Kontext sind auch die Diskussionen um ein mögliches zukünftiges **Impfobligatorium**[18] – sobald ein entsprechender Impfstoff gegen das neue Coronavirus SARS-CoV-2 dereinst vorliegt – zu verorten. Art. 22 EpG sieht vor, dass die Kantone für gefährdete Bevölkerungsgruppen, besonders exponierte Personen oder für Personen, die bestimmte Tätigkeiten ausüben, ein solches erlassen können, sofern eine erhebliche Gefahr besteht. In besonderen und ausserordentlichen Lagen kommt dieselbe Kompetenz dem Bundesrat zu (Art. 6 Abs. 2 lit. d EpG). Eine Impfung stellt einen Eingriff in die persönliche Freiheit und die körperliche Integrität einer Person dar, weshalb ein entsprechendes Obligatorium nur nach Massgabe von Art. 36 BV (gesetzliche Grundlage, öffentliches Interesse, Verhältnismässigkeit) zulässig ist.

11 Ein Impfobligatorium ist aber nicht mit einem *Impfzwang* gleichzusetzen, bei welchem die Impfung zwangsweise und gegen den Willen der betroffenen Person vorgenommen wird. Das EpG selbst bietet jedenfalls keine gesetzliche Grundlage für eine zwangsweise Vornahme von Impfungen. Auch unter Art. 22 EpG ist es folglich jeder Person selbst überlassen, ob sie sich dereinst impfen lassen möchte oder nicht. Gegebenenfalls müssen Personen, die sich einem Impfobligatorium widersetzen, aber mit Einschränkungen wie beispielsweise Tätigkeits- und Berufsverboten oder Quarantäne- und Isolationsanweisungen rechnen.[19] Da bei einem Impfobligatorium demnach für diejenigen Personen, die sich nicht impfen lassen wollen, je nach Situation erhebliche Nachteile drohen, dürfte ein Impfobligatorium für diese wohl rein faktisch einem Impfzwang gleichzusetzen sein.

2. Coronavirus – epidemienrechtliche Massnahmen im Gesundheitsrecht

a) *Meldepflichten*

12 Um seine Koordinationsaufgabe wahrnehmen und die Massnahmen zur Epidemienbekämpfung erfolgreich planen zu können, ist der Bund auf Angaben über die aktuelle Lage in allen Landesteilen angewiesen. Mit Art. 10 COVID-19-Verordnung 2 (in Kraft seit 13.3.2020 mit Änderungen) wurden deshalb die Kantone verpflichtet, dem Koordinierten Sanitätsdienst (KSD) laufend **Meldung über die aktuelle Situation in der Gesundheitsversorgung** zu erstatten. Unter die zu meldenden Angaben fallen etwa Gesamtzahl und Auslastung von Spitalbetten, Intensivpflegeplätzen und Beatmungsgeräten sowie deren jeweilige Belegung durch COVID-19-Patienten. Ausserdem die Verfügbarkeit von Medizinal- und Pflegepersonal sowie die maximale Kapazität zur Aufnahme von (COVID-19 und anderen) Patienten. Die Kantone ihrerseits sind für diese Informa-

17 Zum Impfobligatorium vgl. auch § 25 Rz 57 ff.

18 Zu einer allfälligen Impfpflicht durch den Arbeitgeber vgl. Erbsmehl/Nertz, Jusletter vom 8.6.2020, Rz 38 ff.

19 Vgl. Gächter/Rütsche, Rz 824, vgl. auch die Massnahmen gegenüber einzelnen Personen nach Art. 30 ff. EpG.

tionen auf die Angaben aus den einzelnen Spitälern angewiesen; spezifische Meldepflichten können kantonalrechtlich angeordnet werden.[20]

Die allgemeinen Meldepflichten von Ärzten, Spitälern und Laboratorien[21] über ihre Beobachtungen zu übertragbaren Krankheiten hat das BAG für COVID-19 noch genauer präzisiert (vgl. BAG-Merkblatt COVID-19-Meldekriterien). Darin werden die klinischen Kriterien definiert, welche Anlass zu einem Test geben, und es wird konkretisiert, welche Institutionen welche Testresultate innert welcher Zeit an das Kantonsarztamt oder das BAG zu melden haben. 13

b) *Schutzmassnahmen*

Um die Ausbreitung einer Infektionskrankheit zu verhindern, sind insbesondere in Gesundheitseinrichtungen mit infektiösen Patienten entsprechende Schutzmassnahmen vorzukehren. Das BAG hat im Zusammenhang mit der Coronapandemie entsprechende Empfehlungen zur *Anwendung von Schutzmaterial* für im Pflegebereich tätige Organisationen und (Gesundheits-)Fachpersonen verfasst.[22] Die Empfehlungen beziehen sich insbesondere auf die (richtige) Verwendung von Schutzmasken, Handschuhen, Schürzen und Brillen. Zusätzlich sind die Empfehlungen von *Swissnoso*, dem nationalen Zentrum für Infektionsprävention zu beachten.[23] 14

3. Coronavirus – epidemienrechtliche Massnahmen im Heilmittelrecht

a) *Meldepflichten*

Die zur Verhütung und Bekämpfung des neuen Coronavirus SARS-CoV-2 dringend benötigten medizinischen Güter werden in Anhang 4 zur COVID-19-Verordnung 2 (in Kraft seit 4.4.2020) aufgelistet; es handelt sich sowohl um Arzneimittel als auch um Medizinprodukte und persönliche Schutzausrüstung. Um Versorgungsengpässe zu vermeiden, ist der **Bestand der medizinischen Güter** an den KSD zu melden (Art. 4e COVID-19-Verordnung 2, in Kraft seit 4.4.2020). Meldepflichtig sind die Kantone, welche ihrerseits wiederum auf die Angaben aus den Gesundheitseinrichtungen angewiesen sind. Für den Bestand spezifischer Arzneimittel (Ziff. 1 von Anhang 4) sind zudem auch die Spitäler und Arzneimittelhersteller zur Meldung verpflichtet; die Laboratorien und Hersteller sind zur Meldung des Bestandes von COVID-19 Tests verpflichtet. 15

b) *Beschaffung medizinischer Güter*[24]

Die Meldepflicht dient dazu, die fehlenden medizinischen Güter zu bestimmen. Die Kantone und die Gesundheitseinrichtungen sind grundsätzlich selbst für die **Sicherstellung** 16

20 Vgl. die kantonalen Bestimmungen in Rz 127.
21 Art. 12 EpG i.V.m. Art. 4 ff. EpV, vgl. Rz 5.
22 BAG-Empfehlungen Schutzmaterial.
23 Einsehbar unter ‹www.swissnoso.ch› (18.6.2020).
24 Zu beschaffungsrechtlichen Überlegungen gestützt vgl. auch § 24 Rz 101 ff.

ihrer Versorgung mit wichtigen medizinischen Gütern verpflichtet. Aufgrund der ausserordentlichen, dringlichen Situation kann die Beschaffung ausnahmsweise ungeachtet des Auftragswerts freihändig,[25] d.h. ohne Ausschreibungsverfahren erfolgen[26]. Die Armeeapotheke (für Medizinprodukte und Schutzausrüstung) und das BAG (für Arzneimittel) können die Beschaffung zusätzlich unterstützen, falls der Bedarf über die normalen Kanäle nicht gedeckt werden kann (Art. 4f COVID-19-Verordnung 2, in Kraft seit 4.4.2020). Um die ausserordentliche Nachfrage nach (rezeptpflichtigen) Medikamenten zu regulieren, hat der Bundesrat ausserdem die Verordnung über die Beschränkung der Abgabe von Arzneimitteln[27] erlassen und darin die Abgabe bestimmter Arzneimittel auf eine Packung pro Person beschränkt.[28]

17 Der Bund übernimmt die notwendigen *Koordinationsaufgaben* bei Knappheit an versorgungsrelevanten Gütern. Medizinische Güter, die knapp oder unzureichend vorhanden sind, werden vom KSD an die Kantone zugeteilt; die (knappen) COVID-19-Tests werden direkt vom Labor in Spiez zugeteilt. Der Bund liefert die von ihm beschafften Güter direkt an zentrale Anlieferstellen in den Kantonen und übernimmt die Vorfinanzierung der von ihm beschafften Güter. Können die wichtigen medizinischen Güter trotz aller Bemühungen nicht ausreichend beschafft werden, verfügen einzelne Gesundheitseinrichtungen aber noch über ausreichende Lagerbestände, so können sie vom Bund zur Herausgabe an die anderen Gesundheitseinrichtungen verpflichtet werden. Ebenso können die Hersteller von medizinischen Gütern zur Priorisierung oder Erhöhung der Produktion verpflichtet werden (vgl. Art. 4g ff. COVID-19-Verordnung 2, in Kraft seit 4.4.2020).[29]

III. Coronavirus – gesundheitsrechtliche Aspekte

1. Gesundheitspolizeiliche und weitere regulatorische Massnahmen

a) Bereitstellen von Kapazitäten

18 Zu Beginn der Pandemie trat die Befürchtung auf, die **Kapazitäten** der mit einem öffentlichen Leistungsauftrag ausgestatteten Gesundheitseinrichtungen, insb. der öffentlichen Spitäler, könnten für die zu erwartende Anzahl von COVID-19-Patienten nicht ausreichend sein[30]. Denn nur Listenspitäler, also Spitäler mit einem entsprechenden öffentlichen Leistungsauftrag, sind zur *Aufnahme und Behandlung von Patienten verpflich-*

---

25 Im Sinne von Art. 13 Abs. 1 lit. d der Verordnung über das öffentliche Beschaffungswesen, VöB, SR 172.056.11.

26 Vgl. auch COVID-19-Erläuterungen.

27 SR 531.215.33; in Kraft seit 18.3.2020.

28 Vgl. dazu auch § 25 Rz 171.

29 Vgl. zum Ganzen auch § 25 Rz 172.

30 Zu den Triagerichtlinien der SAMW im Falle unzureichender Kapazitäten vgl. PETER, Jusletter vom 14.4.2020.

tet (Art. 41a KVG[31]). Den Gesundheitseinrichtungen ohne öffentlichen Leistungsauftrag steht es hingegen grundsätzlich frei, ob und wie viele Patienten sie behandeln wollen.

Der Bundesrat hat den Kantonen deshalb mit Art. 10a Abs. 1 COVID-19-Verordnung 2 (in Kraft seit 17.3.2020 mit Änderungen) die Befugnis erteilt, auch die nicht auf einer kantonalen Spitalliste (Art. 39 KVG) aufgeführten Spitäler und Kliniken zu verpflichten, ihre Kapazitäten für die Aufnahme von Patienten (COVID-19-Patienten oder anderen) zur Verfügung zu stellen. Das BAG weist darauf hin, dass eine solche Verpflichtung vom Kanton schriftlich festzulegen sei, etwa durch Anpassung der Spitalliste, einen entsprechenden Regierungsratsbeschluss oder eine Verfügung. Es könnten aber nicht nur zusätzliche Leistungserbringer verpflichtet werden, sondern den Spitäler, welche bereits als Listenspitäler Leistungen zu Lasten der obligatorischen Krankenpflegeversicherung (OKP) abrechnen, könnten auch weitere Leistungsaufträge erteilt werden (Leistungs-Ausbau).[32] 19

Viele Kantone (vgl. die Übersicht über kantonale Massnahmen, unten Rz 127) haben von dieser Möglichkeit Gebrauch gemacht und auch private Spitäler und Kliniken verpflichtet, ihre Kapazitäten für den entsprechenden Notfall bereit zu stellen. Hinzu kommen die anderweitigen auf kantonalem Recht basierenden Verpflichtungen an die privaten Gesundheitseinrichtungen wie etwa die Bereitstellung von personellen Ressourcen und medizinischen Gütern. 20

Zur Umsetzung haben einige Kantone ihre **Spitallisten und Leistungsaufträge** *ad hoc* angepasst und sie (vorübergehend) um die verpflichteten privaten Einrichtungen ergänzt; oder aber die Erweiterung der Spitallisten erfolgte bloss faktisch, indem gegenüber den zusätzlichen Leistungserbringern die Kapazitätsbereitstellung und Behandlungspflicht angeordnet wurde. Dabei ist aber zu beachten, dass die Spitalplanung (Art. 39 Abs. 1 lit. d KVG), also der Entscheid darüber, welchen Leistungserbringern welche Leistungsaufträge erteilt werden, im gesetzlichen Regelfall das Ergebnis eines eingehenden Planungsprozesses darstellt, der insbesondere eine umfassende Bedarfs- und Angebotsanalyse erfordert.[33] Der mit der Aufnahme eines Spitals auf die Spitalliste verbundene Leistungsauftrag ist einerseits mit der oben (vgl. Rz 18) erwähnten *Aufnahmepflicht* (Art. 41a KVG, kantonale öffentliche Aufgabe der Gesundheitsversorgung) verbunden, berechtigt andererseits aber erst zur *Abrechnung von stationären Leistungen zulasten der OKP*.[34] Das reguläre Spitalplanungsverfahren kann bei den coronabedingten Anpassungen der Spitallisten und Leistungsaufträge offensichtlich nicht erfüllt werden.[35] Während sich das Spital im regulären Spitalplanungsverfahren üblicherweise um Erteilung des Leistungsauftrages und Aufnahme in die Spitalliste bewirbt und sich der Auf- 21

31 Bundesgesetz über die Krankenversicherung vom 18.3.1994, SR 832.10.

32 Vgl. BAG-Faktenblatt stationär.

33 Vgl. zum Thema der Spitalplanung: BSK-KVG/KVAG-Rütsche/Picecchi, Art. 39 KVG; zum Thema der Spitalplanung im Zusammenhang mit COVID-19 vgl. auch Dupont, Jusletter 22.6.2020, Rz 47 ff.

34 Sozialversicherungsrechtliche Zulassung, Art. 35 i.V.m. Art. 39 Abs. 1 lit. e KVG.

35 Was von den Kantonen u.a. unter Berufung auf notrechtliche Kompetenzen gerechtfertigt wird, vgl. die kantonalen Massnahmen, in Rz 127.

nahmepflicht von Patienten nach Art. 41a KVG demnach bewusst (und freiwillig) unterwirft, ist dies bei den Kapazitätsverpflichtungen infolge der Coronapandemie gerade nicht der Fall. Mit den pandemiebedingten Verpflichtungen werden die betroffenen Spitäler in ihren Grundrechten der *Wirtschaftsfreiheit* und *Eigentumsgarantie* tangiert, was gegebenenfalls die Frage nach entsprechenden staatlichen Entschädigungsansprüchen aufwirft.[36]

22 Wird es notwendig, dass die (Nicht-)Listenspitäler ihren ausserordentlichen Aufnahmepflichten nachkommen müssen, stellt sich zusätzlich die Frage, ob und wie sie ihre **Leistungen abrechnen** können. Das BAG sieht vor,[37] dass Spitäler, welche bereits zuvor auf den Spitallisten figurierten, nun aber zusätzliche Leistungsaufträge erhielten, ihre Leistungen gegenüber Krankenversicherungen und Kantonen zu den vereinbarten und genehmigten Tarifen abrechnen können. Die Mehrkosten der für das Spital neuen, allenfalls aufwändigeren Behandlungen ausserhalb seines üblichen Leistungsspektrums, werden, so das BAG, durch die höheren Kostengewichte intensivmedizinischer Behandlungen abgegolten.[38]

23 Für Spitäler, welche zwar Akutbehandlungen erbringen und mit SwissDRG (Tarifsystem für stationäre Leistungen) abrechnen resp. abrechnen können, die aber als bisherige Nicht-Listenspitäler über keinen genehmigten OKP-Tarif verfügen, soll gemäss BAG der kantonale Referenztarif für nichtuniversitäre Leistungserbringer zur Anwendung kommen.

24 Für Spitäler, welche bislang keine akutsomatischen Leistungen erbrachten und daher auch nicht nach SwissDRG abrechneten, wäre es zu aufwendig und zeitlich auch gar nicht realistisch, das SwissDRG-System zu implementieren. Das BAG sieht daher vor, dass der jeweilige Kanton für diese Leistungserbringer eine Tagespauschale (Berechnung nach einheitlicher Umrechnungsformel) als anwendbaren Tarif festlegt.[39]

25 Die bundesrechtlichen Corona-Massnahmen bezüglich Unterstützung der akutsomatischen Listenspitäler durch andere Leistungserbringer sind vorerst auf sechs Monate befristet,[40] weshalb auch die ausserordentlichen Leistungsaufträge und die Tarifverfügungen der Kantone mit einer entsprechenden Befristung zu versehen sind.

b) Betriebsschliessungen

26 Mit Art. 6 Abs. 2 COVID-19-Verordnung 2 (in Kraft vom 17.3.2020 bis zum 8.6.2020) hatte der Bundesrat per 17.3.2020 sämtliche öffentlich zugänglichen Einrichtungen für das Publikum geschlossen. Die meisten Gesundheitseinrichtungen gehören ebenfalls zu diesen öffentlich zugänglichen Einrichtungen. Allerdings hat der Bundesrat die **Gesund-**

36 Vgl. Poledna/Trümpler/Werder, ZSR Sondernummer 2020, S. 108 f.

37 Vgl. BAG-Faktenblatt stationär.

38 Zu den pandemiebedingten Mehrkosten vgl. aber Rz 39 ff.

39 Vgl. BAG-Faktenblatt stationär.

40 Vgl. Art. 12 Abs. 3 COVID-19 Verordnung 2, in Kraft seit 13.3.2020 mit Änderungen.

heitseinrichtungen von Beginn an explizit **von einer Betriebsschliessung ausgenommen.**[41]

27 Exemplarisch zählt die Verordnung Spitäler, Kliniken und Arztpraxen als Gesundheitseinrichtungen auf, welche von der Betriebsschliessung ausgenommen werden, stellt allerdings klar, dass es sich um eine nicht abschliessende Aufzählung handelt und damit auch sämtliche Praxen und Einrichtungen von Gesundheitsfachpersonen (inkl. Tierärzten) nach Bundesrecht und kantonalem Recht unter die Ausnahmeregelung fallen. Von der Betriebsschliessung ebenfalls ausgenommen wurden demnach beispielsweise ebenso Spitex-Dienste, Chiropraktoren, Psychologinnen, Psychotherapeuten, Pflegefachpersonen, Physio- und Ergotherapeuten, Hebammen, Ernährungsberater, Optometristen und Osteopathen; je nach Kanton: Akupunkteure, Augenoptiker, Dentalhygieniker, Heilpraktiker, Homöopathen, Podologen, TCM-Therapeuten, Logopäden und medizinische Masseure.[42]

28 Voraussetzung jeglicher *Aufrechterhaltung eines Dienstleistungsangebots* in Gesundheitseinrichtungen ist jedoch, dass die jeweils geltenden Empfehlungen des BAG betreffend Hygiene und soziale Distanz eingehalten und Menschenansammlungen vermieden werden.[43] Dabei geht es vor allem darum, überfüllte Wartezimmer oder unnötige Kontakte zwischen Arzt und Patient zu vermeiden. Wo die medizinische Behandlung eine Unterschreitung der Abstandsempfehlung erfordert, muss dies selbstredend zulässig sein; wobei die Empfehlungen zu den Hygienemassnahmen einzuhalten und soweit erforderlich auch geeignete Sicherheitsmassnahmen (z.B. Schutzausrüstung) zu ergreifen sind. Das BAG hat dafür entsprechende Empfehlungen über die Anwendung von Schutzmaterial für Pflege- und Gesundheitsfachpersonen herausgegeben.[44] Die Ende April mit Art. 6a COVID-19-Verordnung 2[45] eingeführte Verpflichtung zur Ausarbeitung und Einhaltung von Schutzkonzepten gilt sodann auch für Gesundheitseinrichtungen. Diese zusätzlichen Anforderungen zur Einhaltung der **Schutzmassnahmen** in den Gesundheitseinrichtungen dürften auch mit allerlei (Behandlungs-)Mehrkosten einhergehen.[46]

c) *Behandlungsverbote und -einschränkungen*

29 Von einer Betriebsschliessung wurden die Gesundheitseinrichtungen[47] zwar ausgenommen, ihnen wurde aber mit Art. 10a Abs. 2 COVID-19-Verordnung 2[48] ein teilweises **Be-**

41 Art. 6 Abs. 3 lit. m [seit 11.5.2020 lit. i] COVID-19 Verordnung 2, in Kraft vom 17.3.2020 bis zum 8.6.2020.

42 Vgl. COVID-Erläuterungen.

43 Art. 6 Abs. 4 COVID-19 Verordnung 2, in Kraft vom 17.3.2020 bis zum 11.5.2020.

44 Vgl. dazu Rz 14.

45 In Kraft seit 27.4.2020.

46 Vgl. Rz 39 ff.; für allfällige Auswirkungen der Betriebsschliessungen und Behandlungseinschränkungen auf die zu bezahlenden Mietzinsen der Gesundheitseinrichtungen vgl. § 3 Rz 27.

47 Zur Definition vgl. Rz 26 f.

48 In Kraft seit 17.3.2020, Fassung bis zum 26.4.2020.

handlungsverbot auferlegt. Denn ab dem 17.3.2020 bis zum 26.4.2020 waren die Gesundheitseinrichtungen verpflichtet, auf nicht dringend angezeigte medizinische Untersuchungen, Behandlungen und Therapien (Eingriffe) zu verzichten. Seit dem 27.4.2020 können die Kantone gegenüber ihren Spitälern und Kliniken im eigenen Ermessen entsprechende Einschränkungen anordnen.[49] Damit unterlagen die Gesundheitseinrichtungen zwar keiner Betriebsschliessung, aber das Leistungsangebot erfuhr wesentliche Einschränkungen (faktische statt rechtliche Betriebsschliessung).

30 Mit dem verordneten Behandlungsverbot für **nicht dringend angezeigte medizinische Eingriffe** wurden insbesondere zwei Ziele verfolgt: Erstens diente dies dazu, die Ansteckungsgefahr mit dem Coronavirus auch in Gesundheitseinrichtungen durch Vermeidung unnötiger Menschenansammlungen zu reduzieren. Zweitens sollten die für die Bewältigung der Pandemie allenfalls notwendigen Ressourcen (Personal, Infrastruktur, Heilmittel und Verbrauchsmaterial) freigehalten werden, um sie bei Bedarf entsprechend einsetzen zu können.

31 Eine abschliessende Definition der (nicht) dringend angezeigten Eingriffe fehlt. In Abs. 3 von Art. 10a COVID-19-Verordnung 2[50] umschrieb der Bundesrat in abstrakter Weise die Voraussetzungen nicht dringend angezeigter Eingriffe. Als solche sind gemäss lit. a Eingriffe zu erachten, die *ohne nennenswerte Nachteile* (insbesondere Verkürzung der Lebenserwartung, Risiko für bleibende Schäden, erhebliche Verschlechterung von Gesundheitszustand und Lebensqualität)[51] zu einem späteren Zeitpunkt durchgeführt werden können oder gemäss lit. b Eingriffe, die überwiegend ästhetischen Zwecken, der Steigerung der Leistungsfähigkeit und dem Wohlbefinden dienen. Dabei galt es aber auch zu vermeiden, dass die Nichtbehandlung in einem späteren Zeitpunkt eine Hospitalisierung nach sich ziehen würde, was dem Ziel der Ressourcenfreihaltung und dem Wirtschaftlichkeitsgebot (Art. 32 KVG) gerade zuwiderlaufen würde.

32 Das BAG zählte in seinen Erläuterungen zur COVID-19-Verordnung 2 exemplarisch die folgenden Eingriffe zu den dringend angezeigten: Tumorchirurgie, Gefäss-, Gelenks- und Rückenoperationen (deren ausbleiben zu bleibenden Schäden führen würde), irreponible oder inkarzerierte Hernien, nicht konservativ behandelbare Frakturen und Infektionszustände, Schwangerschaft und Geburt, akute Schmerzzustände, Präventionsleistungen bei Kindern und Jugendlichen, telemedizinische Dienstleistungen, Wiederherstellung der Funktionsfähigkeit von Medizinalpersonen, aus Gründen der Arbeitssicherheit gesetzlich vorgeschriebene Eingriffe.

33 Bezüglich *Impfungen* ist insbesondere zu beachten, dass das das BAG auch weiterhin empfahl, die im Schweizerischen Impfplan 2020 aufgeführten Impfungen wie geplant zu verabreichen, da Impfungen in diesem Sinne zu den dringlichen Eingriffen gemäss COVID-19-Verordnung zu zählen seien[52]. Darüber hinaus hat das BAG zusammen mit

49 Art. 10a Abs. 3 lit. b COVID-19 Verordnung 2, in Kraft seit 17.3.2020, Fassung seit dem 27.4.2020.

50 In Kraft seit dem 21.3.2020, in der Fassung bis zum 26.4.2020.

51 Vgl. COVID-Erläuterungen.

52 Vgl. BAG-Merkblatt Impfungen.

der Eidgenössischen Kommission für Impffragen und der Swiss Society of Paediatrics ausdrücklich festgehalten, dass die routinemässigen Impfungen und Vorsorgeuntersuchungen bei Kindern regulär und ohne Verzug durchgeführt werden sollten.[53]

Für viele (Erst-)Konsultationen gilt, dass im Vorfeld nicht abgeschätzt werden kann, 34 ob es sich um ein ernsthaftes gesundheitliches Problem handeln könnte oder nicht. Letztlich obliegt es dem Behandler, in Anbetracht der Umstände des Einzelfalles zu entscheiden, ob ein Eingriff im Sinne der Verordnung medizinisch notwendig und entsprechend dringlich ist oder nicht, wobei ihm im Rahmen einer fachmedizinisch begründbaren Analyse auch ein *Ermessensspielraum* zusteht. Die Einschätzung des Behandlers hat sich dabei am Patientenwohl zu orientieren und nach medizinischen Standards zu erfolgen. Dieses Ermessen wird dann in unzulässiger Weise überschritten, wenn sich die Dringlichkeit zum Zeitpunkt der Vornahme des Eingriffs aus medizinischer Sicht nicht begründen lässt.

2. Pandemiebedingte Auswirkungen auf den stationären Bereich

a) *Vergütung für stationäre COVID-19-Behandlungen*

Infektionen mit dem neuen Coronavirus SARS-CoV-2 und die Erkrankung an 35 COVID-19 waren noch bis Ende des letzten Jahres unbekannt, weshalb die Vergütung von Behandlungen in ihrem Zusammenhang in den bestehenden Tarifstrukturen bis anhin auch nicht geregelt wurde. Erfordert die Erkrankung eines Patienten eine akutstationäre Behandlung in einem Spital, so erfolgt die Vergütung über Fallpauschalen (im Jahr 2020 auf der Basis der SwissDRG Version 9.0). Um trotz des Abbildungsmangels in der Tarifstruktur eine schweizweit möglichst einheitliche Abbildung und Vergütung der COVID-19-Fälle zu erreichen, haben sowohl das BAG[54] als auch die SwissDRG AG[55] entsprechende Empfehlungen herausgegeben.

Demzufolge kann die **Komplexbehandlung von COVID-19 Patienten** mit dem 36 CHOP-Code 93.59.5 (Komplexbehandlung bei multiresistenten Erregern) kodiert werden, obschon es sich beim SARS-CoV-2 um keinen solchen multiresistenten Erreger handelt. Ein Zusatzentgelt für Sonderisolierstationen (ZE-2020-155) kann grundsätzlich nur abgerechnet werden, wenn entsprechende bauliche und betriebliche Voraussetzungen erfüllt sind, und es sich um die Behandlung bestimmter Erreger handelt; das SARS-CoV-2 ist nicht unter den abrechnungsberechtigten Erregern aufgeführt, weshalb gemäss Hinweis der SwissDRG für COVID-19-Patienten nach den aktuell geltenden Regeln kein *Zusatzentgelt für Sonderisolierstationen* abgerechnet werden kann.[56]

Um einer Überlastung der Intensivstationen vorzubeugen, haben diverse Spitäler zu 37 Beginn der Pandemie ihre intensivmedizinischen Kapazitäten ausgebaut und zusätzliche Räumlichkeiten (bspw. normale Spitalabteilungen) für die Intensivpflege ausgestattet.

53 Vgl. BAG-Merkblatt Impfungen und Vorsorgeuntersuchungen Kinder.

54 BAG-Faktenblatt stationär.

55 SwissDRG Hinweis zur Leistungserfassung COVID-19.

56 Vgl. SwissDRG Hinweis zur Leistungserfassung COVID-19.

Um eine **Intensivpflegebehandlung** kodieren und abrechnen zu können, muss diese grundsätzlich aber in zertifizierten Intensivpflegeräumlichkeiten vorgenommen werden. Auch dieses Problem hat die SwissDRG AG adressiert und in enger Abstimmung mit der Schweizerischen Gesellschaft für Intensivmedizin (SGI) die intensivmedizinische Behandlung von COVID-19-Patienten unter gewissen Voraussetzungen auch ausserhalb der Räume einer zertifizierten Intensivstation oder einer anerkannten Intermediate-Care-Station für abrechenbar erklärt.[57]

38 Stationäre COVID-19-Behandlungen sind OKP-pflichtige Leistungen. Gemäss BAG gilt dies unabhängig davon, ob sie in den üblichen Räumlichkeiten des Spitals selbst erbracht werden oder ob die Behandlung infolge des pandemiebedingten Kapazitätsausbaus in Containern/Zelten auf dem Spitalgelände oder sogar in Räumlichkeiten ausserhalb des Spitalgeländes (Hotels, Turnhallen) stattfindet.[58] Zu den einzelnen Abrechnungsmodalitäten im Zusammenhang mit der zusätzlichen Kapazitätsbeschaffung sei auf die obenstehenden Ausführungen (vgl. Rz 22 ff.), für die allfälligen Defizite infolge der Behandlung von COVID-19 Patienten auf die untenstehenden Ausführungen (vgl. Rz 43 f.) verwiesen.

b) Pandemiebedingte (Mehr-)Kosten

39 Zur Bewältigung der Corona-Krise sind auch im Gesundheitswesen entsprechende Mehrkosten zu erwarten. Eine erste Schätzung des Vereins SpitalBenchmark und pwc prognostiziert einen pandemiebedingten finanziellen Schaden alleine für Spitäler und Kliniken (andere Gesundheitseinrichtungen ausgenommen) in der Grössenordnung von CHF 1.7 bis 2.9 Mia. bis Ende 2020.[59] Die nachfolgenden Ausführungen sollen für den stationären Bereich aufzeigen, um welche Kategorien von **pandemiebedingten Mehrkosten** es sich dabei insbesondere handelt.

aa) Direkte Mehrkosten

40 Eine erste Kategorie beschlägt die anfallenden Mehrkosten für Massnahmen, die in **unmittelbarem Zusammenhang** mit der Bewältigung der Corona-Pandemie stehen. Zur Sicherstellung der Behandlung der COVID-19-Patienten wie auch zur Aufrechterhaltung der übrigen medizinischen Versorgung (insbesondere dringend angezeigte medizinische Eingriffe) unter Einhaltung der notwendigen Sicherheitsmassnahmen (vgl. Rz 28) waren und sind die Gesundheitseinrichtungen gezwungen, entsprechende allgemeine Vorbereitungen und Massnahmen zu treffen.

41 Für die Behandlung von Patienten (COVID-19 wie anderen) muss die entsprechende Ausrüstung vorhanden sein, welche teils zusätzlich beschafft werden musste (z.B. Schutzausrüstung, Desinfektionsmittel, Arzneimittel, Beatmungsgeräte usw.). Die Einhaltung der *hygienischen Sicherheitsmassnahmen* erforderte mancherorts auch techni-

57 Vgl. SwissDRG Klarstellung Intensivpflege.

58 Vgl. BAG-Faktenblatt stationär.

59 Vgl. Whitepaper SpitalBenchmark/pwc.

sche und bauliche Anpassungen der Infrastruktur. Zudem mussten Triagestellen geschaffen, Intensivstationen auf- und Bettenstationen umgerüstet werden. Für die zu erwartende Mehrarbeit auf den Intensivstationen musste fachlich qualifiziertes Personal rekrutiert oder mussten bestehende Mitarbeiter umgeschult werden. Die *Umstellung des Betriebs* ging zudem mit erhöhten Organisationskosten einher.

Die aus diesen Massnahmen entstehenden Mehrkosten mussten bereits getätigt werden und sind teilweise auch weiterhin in Kauf zu nehmen. Sie schlagen sich direkt, entweder als Sonderpositionen oder als Mehraufwand bei bereits bestehenden Positionen, in der Kostenrechnung der jeweiligen Gesundheitseinrichtung nieder. 42

bb) Behandlungsmehrkosten – insb. COVID-19-(Hoch-)Defizitfälle

Die stationäre Behandlung von COVID-19-Patienten wird wie erwähnt (vgl. Rz 35 ff.) mittels Leistungspauschalen abgegolten. Stationäre Behandlungen von COVID-19-Patienten werden in der für das Abrechnungsjahr geltenden SwissDRG Version 9.0 anerkanntermassen[60] nur unzureichend abgebildet. Ob die von SwissDRG ergriffenen Massnahmen[61] ausreichen werden, um die ungenügende Abbildungsthematik aufzufangen, ist derzeit noch ungewiss. Die durchschnittlichen **Kosten einer stationären COVID-19-Behandlung** können aufgrund der Neuartigkeit dieser Erkrankung derzeit noch nicht abgeschätzt werden. Erst eine nachgelagerte Kostenanalyse wird zeigen, ob die derzeit geltende *ad hoc* Regelung für die Behandlung von COVID-19-Patienten eine kostendeckende Vergütung gewährleistet oder ob sich die COVID-19-Behandlungen für die Leistungserbringer als *(Hoch-)Defizitfälle* erweisen werden. 43

Auch die **Behandlung von nicht an COVID-19-erkrankten Patienten** gestaltet sich derzeit oft *aufwändiger* als in normalen Zeiten. Sei es, dass die Behandlung erhöhte Sicherheitsmassnahmen oder zusätzliche, üblicherweise nicht notwendige Schutzausrüstung erfordert (vgl. Rz 28) oder die Behandlung unter diesen Umständen erschwert wird (weil z.B. eine Untersuchung mit Handschuhen und Schutzausrüstung schwieriger durchzuführen ist als ohne) und dadurch mehr Zeit in Anspruch nimmt, als dies üblicherweise der Fall wäre. Es handelt sich dabei um eine Unterkategorie der eingangs erwähnten direkten Mehrkosten (Rz 40 f.), die im stationären Tarifsystem mit seinen aktuell geltenden (unter Nicht-Corona-Bedingungen festgelegten) Fallpauschalen nicht abgebildet und entsprechend durch die aktuell geltenden Tarife nicht abgegolten werden. Die jeweiligen Fälle werden vor, während und nach der COVID-19-Pandemie mit derselben Fallpauschale entschädigt, wenngleich sie unterschiedlich aufwändig und damit für den Leistungserbringer unterschiedlich teuer waren. 44

60 Vgl. BAG-Faktenblatt stationär.

61 Hinweise zur Leistungserfassung, vgl. Rz 36 f.

cc) Vorhalteleistungen

45 Zwar waren vom 17.3.2020 bis 26.4.2020 sämtliche nicht dringenden medizinischen Eingriffe untersagt (vgl. Rz 29), die *medizinische Grund- und Notfallversorgung* für dringende medizinische Eingriffe war aber jederzeit aufrechtzuerhalten. Zusätzlich musste ein plötzlicher und starker Anstieg der COVID-19-Patienten von den Gesundheitseinrichtungen gegebenenfalls aufgefangen werden können, was die jederzeitige Abrufbarkeit von Personal und Einrichtung verlangte. Ausserdem war auch die Versorgung für medizinisch nicht dringliche Eingriffe nach Aufhebung der Einschränkungen resp. mit Beginn der Lockerungen umgehend wieder zu gewährleisten. Die Ressourcen, also Personal und Infrastruktur (Betten, Operationssäle, Behandlungszimmer, Maschinen und Werkzeuge usw.), für die Aufnahme möglicher COVID-19-Patienten sowie für die Wiederaufnahme des «üblichen» Leistungsspektrums mussten von den Gesundheitseinrichtungen trotz mangelnder Auslastung während (und nach) dem Behandlungsverbot weiterhin *bereitgehalten* werden.

46 Diese Kosten für Ressourcen, die mit Blick auf einen möglichen Anstieg der Krankheitsfälle und die Wiederaufnahme des Normalbetriebs verfügbar sein oder verfügbar bleiben mussten, also Personal und Infrastruktur, die zwar für den künftigen Einsatz bereitstehen müssen, derzeit aber nicht ausgelastet werden, stellen **Vorhalteleistungen** dar. Vorhalteleistungen schlagen sich ebenfalls direkt in den Kostenrechnungen der Gesundheitseinrichtungen nieder. Kosten für Vorhalteleistungen und pandemiebedingte direkte Mehrkosten (vgl. Rz 40 ff.) können sich teilweise auch überschneiden (wenn die Zusatzkosten für Ressourcen anfallen, die in der Folge lediglich vorgehalten aber tatsächlich nicht in Anspruch genommen werden).

dd) Ertragsausfälle

47 Aufgrund des Behandlungsverbots für nicht dringende medizinische Eingriffe (vgl. Rz 29) entstehen den Gesundheitseinrichtungen nicht nur pandemiebedingte Mehrkosten, vielmehr sind damit auch **Ertragsausfälle** aufgrund eines akuten Einbruchs der Inanspruchnahme ihrer Leistungen verbunden. Die Ausfälle betreffen sowohl die OKP-Pflichtleistungen (KVG) als auch die Erträge von anderen Sozialversicherungen, von Zusatzversicherungen zur sozialen Krankenversicherung und von Selbstzahlern. Unklar ist, wann sich das Leistungsvolumen wieder auf dem vorherigen Stand einpendeln wird. Wie lange es dauert, bis die Bevölkerung medizinische Leistungen wieder im vorherigen Umfang in Anspruch nehmen kann und wird, ist derzeit nicht abzuschätzen. Entsprechende Ertragsausfälle sind daher auch in kurz- und mittelfristiger Zukunft zu erwarten.

48 In ihrer Eigenschaft als Ertragsausfälle schlagen sich diese nicht in der Kostenrechnung der Gesundheitseinrichtungen nieder. Den fehlenden Einträgen auf der Ertragsseite stehen jedoch weiterhin die üblichen Fixkosten sowie andere Kosten (wie auch die oben beschriebenen pandemiebedingten direkten Mehrkosten und die Vorhalteleistungen) gegenüber, welche dadurch unter Umständen nicht mehr ausreichend gedeckt werden können.

c) *Kostenträger und Kostenallokation*

Die Kosten des schweizerischen Gesundheitswesens werden durch eine Mehrzahl unterschiedlicher Akteure getragen. Den grössten Kostenanteil übernehmen die OKP und der Staat, aber auch die Patienten selbst bzw. deren Zusatzversicherungen und die Leistungserbringer beteiligen sich an den Kosten. Nachstehend werden diese Kostenträger aufgezeigt und es wird untersucht, ob und in welchem Umfang sie eine potentielle Kostenbeteiligung an den pandemiebedingten Mehrkosten trifft. 49

aa) Obligatorische Krankenpflegeversicherung (OKP)

Die **OKP** ist der wichtigste Kostenträger, wenn es um die Vergütung für die Behandlung von Krankheiten[62] geht. Im Bereich der stationären Leistungen teilen sich die Krankenversicherer die Kosten zusammen mit den Kantonen, die gemäss Art. 49a KVG zumindest 55% der Kosten zu tragen haben. 50

Soweit die im Zusammenhang mit der Bekämpfung der Corona-Pandemie stehenden Mehrkosten als OKP-relevante Kosten zu qualifizieren sind, ist dieser Kostenschlüssel für stationäre Leistungen auch auf diese Mehrkosten anzuwenden und die Kosten daher von OKP und Kantonen gemeinsam zu tragen. Was nun die Frage nach der Qualifikation einzelner Kategorien von pandemiebedingten Mehrkosten als Kosten für OKP-pflichtige Leistungen betrifft, so sind die folgenden Aspekte zu beachten: 51

Direkte Mehrkosten (s. Rz 40 ff.) wie auch Behandlungsmehrkosten (s. Rz 43 f.) stellen insbesondere dann **Kosten für OKP-pflichtige Leistungen** dar, wenn sie direkt der Behandlung von Patienten dienen oder für dieselben (indirekt) die Aufrechterhaltung eines sicheren Spitalbetriebs bezwecken. Bei den Behandlungsmehrkosten dürfte dies in aller Regel der Fall sein, da die Leistungserbringung (nach wie vor) in direktem Zusammenhang mit der Patientenbehandlung steht, infolge der Pandemiesituation aber ungenügend abgegolten wird. Mehrkosten, welche entstehen, um für die Patienten (COVID-19-Patienten oder andere) und das Spitalpersonal weiterhin ein sicheres Umfeld zu gewährleisten, dienen ebenfalls (indirekt) der OKP-Leistungserbringung (bzw. stellen eine *Vorbedingung für die sichere Erstellung OKP-pflichtiger Leistungen* dar) und gehören daher zu den OKP-pflichtigen Kosten einer jeden Behandlung. Zu diesen Mehrkosten zählen etwa die erhöhten Ausgaben für Spitalhygiene-Massnahmen oder Sicherheitsvorkehrungen, welche zumindest unter den normalen Umständen bereits unstrittig als OKP-pflichtige Kosten anerkannt sind. Ob die direkten Mehrkosten sowie die Behandlungsmehrkosten von der OKP als Kostenträger zu übernehmen sind, hängt mithin davon ob, welchem Zweck sie dienen. Für ihre Qualifikation als OKP-Pflichtleistungen ist es hingegen grundsätzlich nicht relevant, ob sie direkt oder indirekt (durch eine staatliche Anordnung wie etwa die bundesrechtlichen Hygiene- und Sicherheitsvorschriften oder die kantonalen *ad hoc* Leistungsaufträge) verursacht wer- 52

62 Zum Krankheitsbegriff vgl. Art. 3 des Bundesgesetzes über den Allgemeinen Teil des Sozialversicherungsrechts vom 6.10.2000, ATSG, SR 830.1; BSK-KVG/KVAG-Blechta/Roos, Art. 1a KVG N 20 ff.

den; so werden auch die «normalen» Spitalleistungen staatlich bestellt (Leistungsaufträge) und deren Kosten werden zu einem gewissen Grade durch gesundheitspolizeiliche Anordnungen (z.B. Hygiene und Sicherheit) verursacht, was aber ihrer OKP-Pflichtigkeit keinen Abbruch tut.

53 Was sodann die Kosten für die *Vorhaltung nicht in Anspruch genommener Personal- und Infrastrukturressourcen* (vgl. Rz 45 f.) betrifft, so sind diese grundsätzlich dann durch die OKP zu vergüten, wenn sie im Hinblick auf und als Voraussetzung für eine OKP-pflichtige Leistung anfallen. Hierzu sei zunächst auf die Rechtsprechung des Bundesverwaltungsgerichts im Zusammenhang mit *Vorhalteleistungen* bei Notfall- und Rettungsdiensten hingewiesen. Um medizinische Notfälle versorgen zu können, muss ein Spital seine Organisation auf dringende Fälle ausrichten. Dazu benötigt es erhöhte Flexibilität und Verfügbarkeit, dauernd freie Aufnahmekapazitäten, einen Pikettdienst und zusätzliche Personalaufwände. Die Mehrkosten die dadurch entstehen, gelten als OKP-Pflichtleistungen.[63] Ebenso ist im Rettungswesen davon auszugehen, dass entsprechende Vorhalteleistungen OKP-pflichtig sind.[64] Auch in Bezug auf andere, versorgungsnotwendige Vorhalteleistungen (so insbesondere Vorhalteleistungen bei Kapazitäten mit Unterauslastung zur bedarfsgerechten Sicherstellung des Zugangs von Patient/innen zur Behandlung[65]) ist grundsätzlich von OKP-pflichtigen Leistungen auszugehen.[66] Soweit demnach die pandemiebedingten Mehrkosten **zur Erfüllung des Leistungsauftrages notwendig** sind, sie also im Hinblick auf die Patientenbehandlung oder zum Betrieb einer sicheren, bedarfsgerechten Gesundheitsversorgung vorgehalten werden müssen, ist ihre OKP-Pflichtigkeit zu bejahen. Die entsprechenden Kosten stellen tarifrelevante Kosten dar, die im Rahmen der betriebswirtschaftlichen Bemessung in den Tarifen zu berücksichtigen und im Bereich der stationären Leistungen über die Fallpauschalen nach Art. 49 KVG abzugelten sind (Vollkostenprinzip).

bb) Staat (Bund und Kantone)

54 Soweit nicht OKP-pflichtige Mehrkosten im Raum stehen, tritt als Kostenträger vorab der Staat, also der Bund und die Kantone, in den Fokus.

55 Da die **Sicherstellung der Gesundheitsversorgung** eine Aufgabe der Kantone ist, tritt der Bund unter normalen Umständen kaum als Kostenträger auf. Soweit Massnahmen des Bundes gestützt auf das EpG zur Diskussion stehen, enthält dieses für eine Abgeltung pandemiebedingter Mehrkosten in Spitälern keine explizite Grundlage. In der aktuellen Situation wird eine Kostentragungspflicht des Bundes (und der Kantone) aber etwa unter staatshaftungsrechtlichen Gesichtspunkten diskutiert. Dabei handelt es sich

63 Vgl. BVGE 2016/36 E. 21.

64 Vgl. BVGE 2017 V/4 E. 10.7.

65 Gem. Art. 58b Abs. 4 lit. b der Verordnung über die Krankenversicherung vom 27.6.1995, KVV, SR 832.102.

66 Vgl. GDK-Empfehlungen Wirtschaftlichkeitsprüfung, S. 8.

jedoch nicht um ein spezifisch gesundheitsrechtliches, sondern eher um ein staatshaftungs- und notrechtliches Thema.[67]

Die Kantone hingegen übernehmen in vielfacher Hinsicht Finanzierungsaufgaben im Gesundheitswesen. Wie bereits oben (vgl. Rz 3) ausgeführt, ist die Sicherstellung der Gesundheitsversorgung eine *öffentliche Aufgabe der Kantone.* Soweit gesundheitsbezogene Leistungen zur Diskussion stehen, die nicht von der OKP zu vergüten sind, tritt der Kanton daher oftmals als Besteller und Finanzierer in Erscheinung. Zu denken ist hierbei vorab an Leistungen im allgemeinen öffentlichen Interesse, die der Kanton mittels Leistungsaufträgen und -vereinbarungen den Leistungserbringern überbindet. Die Kosten solcher **gemeinwirtschaftlicher Leistungen (GWL)** sind bei der Ermittlung der OKP-Tarife auszuscheiden und dürfen nicht in die OKP-Tarife einfliessen (Art. 49 Abs. 3). 56

Zu beachten ist, dass eine Leistung nicht bereits deshalb als GWL zu qualifizieren ist, weil sie nebst dem OKP-pflichtigen Zweck (Krankheitsbehandlung) auch noch einen öffentlichen Nutzen generiert.[68] Erfüllt eine Leistung hingegen *ausschliesslich einen öffentlichen Nutzen*, liegt sie also im Interesse der öffentlichen Aufgabenerfüllung und nicht mehr im Individualinteresse des Patienten, so liegt eine GWL vor. Um auf die oben (vgl. Rz 53) zitierte Rechtsprechung des Bundesverwaltungsgerichts bei Vorhalteleistungen zurückzukommen, sind diejenigen Kosten der – grundsätzlich OKP-pflichtigen – Notfall-Vorhalteleistungen als GWL zu qualifizieren und bei der OKP-Tarifermittlung auszuscheiden, welche zum Beispiel als Folge der Aufrechterhaltung einer zu kleinen oder einer schlecht ausgelasteten (Notfall- oder) Rettungsstation entstehen.[69] 57

Was nun die pandemiebedingten Mehrkosten der Spitäler betrifft, so wurde oben (vgl. Rz 50 ff.) bereits dargelegt, dass diese im Grundsatz insoweit als OKP-relevant zu qualifizieren sind, als sie direkt der Behandlung von Patienten dienen oder im Hinblick auf ihre Behandlung und zum Betrieb einer sicheren, bedarfsgerechten Gesundheitsversorgung vorgehalten werden müssen. Die Kosten der Leistungen, die darüber hinaus gehen – also nicht mehr der Erbringung OKP-pflichtiger Leistungen dienen oder dafür vorgehalten werden –, kommen als GWL in Frage, soweit sie einem öffentlichen Nutzen dienen. Die Abgrenzung zwischen OKP-relevanten Mehrkosten im oben erwähnten Sinne und Kosten für GWL dürfte sich im Einzelfall gleichwohl schwierig gestalten. 58

Eine Qualifikation als GWL zieht jedoch noch keine unmittelbare Erstattungspflicht durch die Kantone nach sich. Wie oben (vgl. Rz 56) ausgeführt, werden die öffentlichen Aufgaben des Staates mittels Leistungsaufträgen und -vereinbarungen den Leistungserbringern überbunden. Die bestehenden Leistungsvereinbarungen zwischen Kanton und Spital dürften die pandemiebedingten Mehrkosten nur ungenügend abbilden, weshalb für eine verbindliche Rückerstattungspflicht dieser Leistungen durch die Kantone 59

67 Vgl. dazu Poledna/Trümpler/Werder, ZSR Sondernummer 2020, S. 110 ff.; Fellmann, Jusletter 15.6.2020.

68 Vgl. BSK KVG/KVAG-Waldner/Egli, Art. 49 KVG N 115 m.w.H.

69 Vgl. BVGE 2017 V/4 E. 10.7.

zusätzliche Leistungsvereinbarungen notwendig sein dürften. Bei Kosten, die nicht als GWL zu qualifizieren sind, aber aus einem staatlichen Eingriff in die Wirtschaftsfreiheit und Eigentumsgarantie resultieren, stellen sich unter Umständen gesonderte Entschädigungsansprüche (vgl. auch Rz 21).

cc) Patient/Zusatzversicherung

60 Kosten, die weder von der OKP noch vom Staat übernommen werden, sind gegebenenfalls vom Patienten selbst, respektive, falls er über eine solche verfügt, von seiner Zusatzversicherung zur sozialen Krankenversicherung zu übernehmen. Hierbei handelt es sich mehrheitlich um Wahleingriffe, die ästhetischen Zwecken, der Steigerung der Leistungsfähigkeit oder dem Wohlbefinden dienen. Ausserdem beteiligen sich die Patienten im Rahmen von **Selbstbehalt und Franchise** an den Kosten der OKP. Von den pandemiebedingten Mehrkosten dürften Patienten in der Regel mit Ausnahme von Selbstbehalt und Franchise nicht direkt betroffen sein, es sei denn Teile ihrer Behandlung würden sich als nicht OKP-pflichtig erweisen.

dd) Leistungserbringer

61 Die Leistungserbringer treten im Finanzierungssystem der Gesundheitskosten als *primäre Kostenträger* auf. Die Kosten, welche für die Erbringung der Leistungen notwendig sind, fallen zunächst bei ihnen an. Qualifizieren sich diese Kosten für die Rückerstattung durch einen der anderen Kostenträger, so können sie diesem überbunden werden. Kosten, welche keinem anderen Kostenträger zugewiesen werden können, verbleiben faktisch beim Leistungserbringer und sind von diesem zu finanzieren.

62 Was die pandemiebedingten Mehrkosten betrifft, so dürften sich die direkten Mehrkosten (s. Rz 40 ff.), die Behandlungsmehrkosten (s. Rz 43 f.) und die Vorhalteleistungen (s. Rz 45 f.) in der Regel entweder als OKP-pflichtig (vgl. Rz 50 ff.) oder als staatlich zu finanzierende GWL (vgl. Rz 54 ff.) erweisen. Die Leistungserbringer gehen hier in eine **Vorleistung**, können die entsprechenden Kosten aber auf den jeweils zuständigen Kostenträger überwälzen. Auf die Ertragsausfälle (Rz 47 f.) dürfte dies hingegen nicht zwingend zutreffen. Soweit die Ertragsausfälle nicht aufgrund ihrer OKP-Pflichtigkeit tarifrelevant abzugelten sind, fehlt es – von einigen Ausnahmen abgesehen[70] – an einer klaren gesetzlichen Grundlage für die Finanzierung von Ertragsausfällen. Soweit die pandemiebedingten Ertragsausfälle keinem anderen Kostenträger überbunden werden können, verbleiben sie letztlich beim Leistungserbringer.

70 Vgl. für kantonale Anordnungen Rz 127, insbesondere in den Kantonen BE, GR und ZH wurden bereits Sonderregelungen erlassen.

d) *Problematik des aktuellen OKP-Finanzierungssystems*

aa) Auswirkung der Kosten auf das Tarifsystem

Im Bereich der OKP-Leistungserbringung üben die Kosten des Leistungserbringers einen relevanten Einfluss auf die dafür zu entrichtende Entschädigung aus. Die **Tarife** sind so festzulegen, dass eine qualitativ hochstehende und zweckmässige gesundheitliche Versorgung zu möglichst günstigen Kosten verwirklicht werden kann (vgl. Art. 43 Abs. 6 KVG). Die Tarife müssen von den Tarifpartnern (Leistungserbringer und Versicherer) oder gegebenenfalls von der Festsetzungsbehörde betriebswirtschaftlich bemessen werden (Art. 43 Abs. 4 KVG), was unter anderem bedeutet, dass sie bei effizienter Leistungserbringung kostendeckend ausgestaltet sein müssen. Die Höhe der Kosten eines Leistungserbringers (respektive der Gesamtheit der Leistungserbringer, aufgrund der mittels Benchmarkings zu ermittelnden Tarife) haben aufgrund des *Kostendeckungsprinzips* daher direkten Einfluss auf die Vergütung der OKP-pflichtigen Leistungen. 63

bb) Zeitverschobenes Finanzierungssystem

Wie dargelegt lassen sich wesentliche Teile der pandemiebedingten Mehrkosten, die im stationären Spitalbereich anfallen, als OKP-relevante Kosten qualifizieren (vgl. Rz 50 ff.), die über das Tarifsystem abzugelten sind. Allerdings ergeben sich aufgrund der Funktionsweise des Fallpauschalensystems (Art. 49 KVG) unter den besonderen Gegebenheiten der aktuellen Pandemie Schwierigkeiten im Hinblick auf eine sachgerechte Abgeltung. 64

Wie bereits erwähnt (vgl. Rz 61 f.) gehen die Leistungserbringer derzeit unabhängig davon, wer letztlich als Kostenträger auftritt, in *Vorleistung*. Dies ist der Struktur des Finanzierungssystems geschuldet. Praxis- und Rechtsprechungsgemäss basieren die Tarife des Jahres «x» auf den Kostendaten des Jahres **«x–2»**;[71] die **Tarife des Jahres 2020** wurden folglich auf der Grundlage der Kosten- und Leistungsdaten des Jahres 2018 vereinbart. Tatsächlich entstehen den Leistungserbringern im Jahr 2020 jedoch wie gesehen Mehrkosten, welche in den Kostendaten 2018 noch gar nicht enthalten sein und sich daher auch nicht im Tarif 2020 niederschlagen konnten. Im Jahr 2020 wird ausserdem aller Voraussicht nach nicht dasselbe Leistungsvolumen erbracht werden können wie in den Vorjahren.[72] Dies wird bei den Leistungserbringern im Jahr 2020 zu höheren Kosten bei gleichzeitig weniger Erträgen führen. Die Gesundheitseinrichtungen werden folglich Verluste verzeichnen. 65

Für die **Tarife des Jahres 2022** werden dann die Kosten- und Leistungsdaten des Jahres 2020 («x–2») zugrunde zu legen sein, welche die pandemiebedingten (Mehr-)Kosten zu verzeichnen haben. Ausserdem ist damit zu rechnen, dass die durchgeführten Be- 66

71 Vgl. BVGE 2014/3 E. 3.5.

72 Behandlungsverbot und zu erwartende Zurückhaltung bezüglich aufschiebbarer Eingriffe, vgl. Rz 29 ff., Rz 47.

handlungen 2020 im Durchschnitt aufwändiger und anspruchsvoller waren.[73] Zusammen mit dem Rückgang des Leistungsvolumens an sich dürfte dies aller Voraussicht nach zu höheren (schweregradbereinigten) Behandlungskosten pro Fall führen. Im System der stationären Leistungsfinanzierung wird zwar nicht auf die individuellen Kosten des einzelnen Spitals abgestellt, sondern auf die Kosten des durchschnittlichen, effizienten Spitals (Art. 49 Abs. 1 KVG). Verzeichnet aber die gesamte Spitallandschaft im Jahr 2020 höhere (benchmarking-relevante) Betriebskosten – und davon ist auszugehen –, so resultieren für das Jahr 2022 entsprechend hohe Tarife. Da sich die Kosten und das Leistungsvolumen im Jahr 2022 (hoffentlich) wieder normalisiert haben werden, resultieren den Leistungserbringern durch die vergleichsweise hohen Tarife entsprechende Gewinne.

67 Dieser Finanzierungsmechanismus der OKP führt letzlich dazu, dass die Spitäler für die OKP-pflichtigen Mehrkosten des Jahres 2020 periodenverschoben erst im Jahr 2022 entschädigt werden. Zumindest in der Theorie vermag das Tarifsystem daher die durch die Coronapandemie verursachten Kostenschwankungen sowie Verluste und Gewinne wieder auszugleichen. Während dieses System für den Normalfall mit vergleichsweise weniger ausgeprägten Kostenschwankungen relativ gut funktionieren mag, kann seine Sachgerechtigkeit für den Ausnahmefall bei Ereignissen wie der Coronapandemie berechtigterweise in Frage gestellt werden. Systeminhärent wären die Leistungserbringer verpflichtet, die pandemiebedingten Mehrkosten während zweier Jahre vorzufinanzieren. Für solch ausserordentliche Situationen wie den Pandemiefall scheint das übliche Finanzierungssystem daher wenig geeignet, die geforderte qualitativ hochstehende und zweckmässige gesundheitliche Versorgung zu möglichst günstigen Kosten (vgl. Art. 43 Abs. 6 KVG) zu verwirklichen.

cc) Pandemiebedingt erschwerter Kostenvergleich

68 Ein weiteres Problem, dass sich aus der Struktur des bestehenden Finanzierungssystems ergibt, ist folgendes: Der spitalindividuelle Tarif wird nicht nach dessen spitalindividuellen Kosten bestimmt, sondern «orientiert sich an der Entschädigung jener Spitäler, welche die tarifierte obligatorisch versicherte Leistung in der notwendigen Qualität effizient und günstig erbringen» (Art. 49 Abs. 1 Satz 4 KVG). Ein Vergleich zwischen den verschiedenen Leistungserbringern und eine Orientierung am **Benchmarkspital** ist jedoch nur dann möglich, wenn für alle Spitäler auch die gleichen Voraussetzungen und Rahmenbedingungen für die Leistungserbringung herrschen. Von den Massnahmen und Auswirkungen im Zusammenhang mit der Coronapandemie dürften die verschiedenen Spitäler aber in sehr unterschiedlichem Ausmass respektive auf sehr unterschiedliche Weise betroffen sein. Dadurch wird die **Vergleichbarkeit der Kosten und Leistungen** im Jahr 2020 stark eingeschränkt oder gar verunmöglicht. Werden die Kosten dessen ungeachtet wie gewohnt miteinander verglichen, so werden diejenigen Spitäler das beste Kosten-Leistungsverhältnis ausweisen, welche am wenigsten von den pandemiebeding-

73 Vgl. auch die Ausführungen bei den Behandlungsmehrkosten in Rz 43.

ten (Mehr-)Kosten betroffen sind. Dies führt zu einer Nivellierung nach unten und der Tarif für Spitäler, welche stark von den pandemiebedingten (Mehr-)Kosten betroffen sind, müsste sich dann ebenfalls an diesen tieferen Kosten ausrichten. Eine Differenzierung vorzunehmen und einen Ausgleich für die unterschiedliche Betroffenheit zu schaffen, erscheint schwierig. Eine korrekte Tarifierung würde im Einzelfall jedenfalls viel Abklärungsarbeit bedingen, um gravierenden Fehlallokationen vorzubeugen.

Die Tarifpartner und der Gesetzgeber sind gefordert diesen Problematiken des OKP-Finanzierungssystems angemessen Rechnung zu tragen und – soweit es sachgerecht erscheint – gegebenenfalls **alternative Finanzierungsmodalitäten** zu vereinbaren respektive anzuordnen. 69

e) Schlussfolgerung und möglicher Lösungsansatz

Die pandemiebedingten Mehrkosten des stationären Gesundheitsbereichs können im geltenden Finanzierungssystem grundsätzlich den einzelnen Kostenträgern zugewiesen werden, wenngleich dies mit einigen Problempunkten einhergeht. Eine ganz andere Frage dürfte hingegen sein, ob dieses für den *Normalfall* konzipierte Finanzierungssystem auch im Falle der *ausserordentlichen Pandemiesituation* eine sachgerechte Kostenallokation erlaubt, was wohl eher zu verneinen ist. 70

Die geltende Rechtsordnung etwa klammert eine staatliche Ersatzpflicht im Pandemiefall mehrheitlich aus.[74] Ausserdem mag die, im Normalfall adäquate, Kostenallokation für den Pandemie-Sonderfall nicht mehr angemessen erscheinen. Und umso fragwürdiger erscheint es sodann, wenn gerade die Leistungserbringer, welche zur Überwindung dieses gesundheitlichen Notstandes Ausserordentliches beigetragen haben, die Vorfinanzierung der pandemiebedingten Mehrkosten übernehmen müssen. 71

Ein möglicher Lösungsansatz könnte etwa sein, die pandemiebedingten Mehrkosten ***ad separatum*** zu verweisen und gestützt auf eine (noch zu schaffende) gesetzliche Grundlage den einzelnen Kostenträgern angemessen zuzuweisen. Wie diese Zuweisung vorzunehmen ist, wird *de lege ferenda* zu bestimmen sein. Bis zur Klärung einer angemessenen Kostenzuweisung sollte, soweit erforderlich, die Liquidität der Leistungserbringer (als Vorfinanzierer der pandemiebedingten Mehrkosten) vorsorglich sichergestellt werden. 72

Anstatt die Tarife des Jahres 2022 anhand der relativ untauglichen Kostendaten 2020 (vgl. Rz 68) zu bestimmen, könnte sodann ausnahmsweise auf die Kosten des Jahres «*x-1*», also des Jahres 2021 (sofern sich die Pandemiesituation 2021 wieder beruhigen wird) abgestellt werden, was vom Bundesverwaltungsgericht im Falle besonderer Umstände ohnehin bereits anerkannt wird.[75] 73

74 Vgl. Poledna/Trümpler/Werder, ZSR Sondernummer 2020, S. 115 f. sowie oben Rz 54; vgl. auch § 19 Rz 37.

75 Vgl. BVGE 2014/3 E. 3.5.1 m.H. auf BVGE 2012/18 E. 6.2.2.

3. Pandemiebedingte Auswirkungen auf den ambulanten Bereich

a) *Ambulante Behandlung auf Distanz*

74 Aufgrund des Behandlungsverbots waren vom 17.3.2020 bis zum 26.4.2020 sämtliche nicht dringend angezeigten medizinischen Untersuchungen, Behandlungen und Therapien (Eingriffe) untersagt (vgl. Rz 29 ff.). Dringend angezeigte medizinische Untersuchungen im Sinne der Verordnung konnten (und sollten) aber weiterhin durchgeführt werden. Jedoch bestand aufgrund der geltenden Verhaltensvorschriften (Abstands- und Hygienevorschriften) das vermehrte Bedürfnis, **ambulante Behandlungen auf räumliche Distanz**, d.h. ohne physische Anwesenheit vor Ort, durchführen zu können.

75 Das für ambulante Behandlungen anwendbare Tarifsystem **Tarmed** sieht bislang nur vereinzelt Behandlungsmöglichkeiten auf räumliche Distanz vor, wobei die Abrechnungsmöglichkeiten zusätzlich limitiert werden (d.h., die Abrechnungen für Behandlungen auf räumliche Distanz können nicht im gleichen [zeitlichen] Ausmass oder Umfang abgerechnet werden wie Behandlungen mit physischer Anwesenheit). Die Tarmed Tarifversion 1.09 sieht eine telefonische Konsultation derzeit nur für ambulant tätige Ärzte, Fachärzte für Psychiatrie und in der delegierten Psychotherapie vor. Für die anderen ambulant tätigen Leistungserbringer sieht der Tarmed keine Abrechnungsmöglichkeit für telefonische Konsultation vor (vgl. Tarmed Tarifversion 1.09).

76 Das BAG hat in Abstimmung mit den Krankenversichererverbänden sowie der Medizinaltarifkommission UVG/MTK Empfehlungen für die Vereinfachung der ambulanten Behandlung auf Distanz während der Coronapandemie verfasst[76] und darin eine *Erweiterung der Abrechnungsmöglichkeiten* vorgesehen sowie bestehende Limitationen gelockert. So empfiehlt das BAG während der Geltungsdauer der COVID-19-Verordnung 2, dass Fachärzte für Psychiatrie- und Psychotherapie telefonische Konsultationen ebenso lange erbringen dürfen wie Konsultationen in der Praxis (90 resp. 75 Minuten statt 20 Minuten). Ebenso soll die Behandlungszeit für delegierte Psychotherapie von 240 auf 360 Minuten pro 6 Monate erhöht werden. Ausserdem soll die Abrechnung von Konsultationen auf räumliche Distanz einstweilen in beschränktem Umfang auch bei anderen Leistungserbringern (z.B. Psychologen und Psychotherapeuten in der Spitalpsychiatrie, Hebammen, Physio- und Ergotherapeuten, Ernährungsberatern und Logopäden) akzeptiert werden.

77 Als Behandlungen auf räumliche Distanz erwähnt der Tarmed derzeit einzig die *telefonische Konsultation* ausdrücklich ohne aber zu definieren, was darunter zu verstehen ist. Zumindest für die Zeit der Coronapandemie ist davon auszugehen, dass damit sowohl Konsultationen per Telefon als auch solche per Video abgerechnet werden können, zumal das BAG für einige Leistungserbringer wie etwa Physiotherapeuten ausdrücklich nur die Abrechnung von *Video-*, nicht aber von telefonischen Konsultationen empfiehlt.[77] Bezüglich der Möglichkeit einer Behandlung auf räumliche Distanz per *E-Mail*

76 Vgl. BAG-Empfehlungen ambulant.

77 Vgl. BAG-Empfehlungen ambulant, S. 5.

weisen die Empfehlungen des BAG noch Widersprüche auf: während ein E-Mail-Austausch für die Zeit der Coronapandemie nicht als Leistung auf räumliche Distanz anerkannt wird,[78] wurde dieser vom BAG noch im Juli 2019 unter die telefonischen Konsultationen subsumiert.[79] In jedem Fall ist eine einheitliche Praxis der Abrechnung ambulanter Behandlungen auf Distanz seitens aller Tarifpartner wünschenswert. Unabhängig vom Kommunikationskanal hat der Leistungserbringer zudem darum besorgt zu sein, die Daten seines Patienten auch im digitalen Umfeld ausreichend zu schützen.

b) Finanzierungsaspekte im ambulanten Bereich

Der ambulante Leistungsbereich muss sich zwar nicht direkt mit der stationären Be- 78
handlung von COVID-19-Patienten auseinandersetzen, dennoch wirken sich die pandemiebedingten Umstände auch dort auf die Kosten- und Ertragssituation aus. Im ambulanten Bereich sind infolge der Pandemie und den damit zusammenhängenden Anordnungen[80] ebenfalls entsprechende Mehrkosten, Vorhalteleistungen und Ertragsausfälle zu verzeichnen. Die diesbezüglichen Überlegungen für den stationären Bereich (vgl. Rz 39 ff.) gelten im Grundsatze analog auch für den ambulanten Bereich, weshalb darauf verwiesen sei. Ebenso wie im stationären dürfte sich dabei auch im ambulanten Bereich die Frage stellen, ob das reguläre Finanzierungssystem in der Lage ist, die pandemiebedingte Kostensituation adäquat und sachgerecht auszugleichen, oder ob sich ebenfalls eine finanzielle Sonderregelung für den Fall der Pandemiesituation aufdrängt. Im Falle eines entsprechenden Arbeits- und Erwerbsausfalls bei Gesundheitsfachpersonen ist zudem zu prüfen, ob ein Anspruch auf Entschädigungen in sozialversicherungsrechtlicher Hinsicht besteht.[81]

4. Coronavirus – arbeitsrechtliche Aspekte im Gesundheitswesen

a) Ausserkraftsetzung der Arbeits- und Ruhezeiten in Spitälern

Ein pandemiebedingter starker Anstieg spitalpflegebedürftiger Patienten fordert entspre- 79
chend auch vermehrt personelle Ressourcen, um diese Pflege gewährleisten zu können. Um bei einem erhöhten Arbeitsbedarf einen Konflikt mit den arbeitsschutzrechtlichen Bestimmungen zu vermeiden, wurden mit Art. 10a Abs. 5 COVID-19-Verordnung 2 (in Kraft vom 17.3.2020 bis zum 30.5.2020) die **Arbeits- und Ruhezeiten für Spitalabteilungen** mit Coronapatienten vorübergehend ausser Kraft gesetzt. Dadurch sollten die nötigen personellen Ressourcen schnell und flexibel bereitgestellt werden können.

Der Schutz der Gesundheit der Spitalmitarbeiter ist aber stets zu gewährleisten, wes- 80
halb diesen, soweit es die pandemiebedingte Situation zuliess, ausreichend individuelle Ruhezeiten zu gewähren waren. Selbstredend ist der erhöhte Arbeitseinsatz den betroffe-

78 Vgl. BAG-Empfehlungen ambulant, S. 2.

79 Vgl. BAG FAQ Tarmed, S. 5.

80 Z.B. Behandlungsverbot vgl. Rz 29 ff.

81 Vgl. Rz 84 zu Kurzarbeit und Erwerbsersatz sowie § 23 insb. Rz 28 ff. und Rz 53 ff.

nen Mitarbeitern entsprechend *anzurechnen*; die geleistete Mehrarbeit muss entweder zeitlich kompensiert oder finanziell entschädigt werden und ist nicht unentgeltlich zu leisten.[82]

b) Beschäftigung besonders gefährdeter Personen im Gesundheitswesen

81 **Besonders gefährdeten Personen** wurde grundsätzlich empfohlen, zu Hause zu bleiben, und die Arbeitgeber wurden verpflichtet, die Gesundheit ihrer besonders gefährdeten Arbeitnehmer zu schützen.[83] Als besonders gefährdet gelten Personen mit einer *Vorerkrankung* (insbesondere Bluthochdruck, Diabetes, Herz-Kreislauf-Erkrankungen, chronische Atemwegserkrankungen, Erkrankungen und Therapien, die das Immunsystem schwächen, Krebs) sowie Personen *ab 65 Jahren*.[84]

82 Auch im Gesundheitswesen sind Personen mit Vorerkrankungen und Personen ab 65 Jahren als Arbeitnehmende beschäftigt. Jahrelanges Spezialwissen und der andauernde Fachkräftemangel im Gesundheitswesen führen ausserdem dazu, dass Fachpersonen häufig auch nach Erreichung des Pensionsalters weiterhin in ihrem Beruf tätig bleiben. Zudem galt es im Hinblick auf die Pandemiebewältigung im Gesundheitswesen möglichst viele personelle Ressourcen zu mobilisieren, was auch die Reaktivierung von erst kürzlich pensionierten Personen bedeutete.

83 Auch die Arbeitgeber des Gesundheitswesens sind zum Schutz der Gesundheit ihrer Arbeitnehmer verpflichtet. Im Sinne einer Kaskadenordnung sieht die COVID-19-Verordnung 2 vor, dass besonders gefährdete Arbeitnehmer ihre Arbeit grundsätzlich von zuhause aus erledigen sollen. Ist dies nicht möglich, weil die Tätigkeit vor Ort erbracht werden muss, so hat der Arbeitgeber entsprechende Schutzvorkehrungen zu treffen. Wo es trotz entsprechender Arbeitsdisposition nicht möglich ist, den besonders gefährdeten Arbeitnehmern eine Arbeit zu Hause oder mit Einhaltung der Abstandsvorschriften zuzuweisen – wie dies bei der Arbeit am Patienten in der Regel der Fall ist –, müssen besondere **Schutzvorkehrungen** getroffen werden. Gerade im Gesundheitswesen spielt daher die Ausstattung der besonders gefährdeten Arbeitnehmer mit persönlicher Schutzausrüstung eine zentrale Rolle. Unter Einhaltung der genannten Massnahmen ist eine Rekrutierung und Beschäftigung besonders gefährdeter Personen auch im Gesundheitswesen grundsätzlich möglich.

c) Kurzarbeit und Erwerbsersatz im Gesundheitswesen[85]

84 Während die personellen Ressourcen im Hinblick auf die Behandlung von COVID-19-Patienten in den zuständigen Spitalabteilungen aufgestockt werden mussten, führte das

---

82 Vgl. zum Ganzen auch § 25 Rz 55 f.

83 Zum Schutz besonders gefährdeter Personen vgl. auch § 25 Rz 64 f.

84 Vgl. Art. 10b und 10c sowie Anhang 6 zur COVID-19 Verordnung 2 mit Änderungen in Kraft seit 17.3.2020.

85 Zu den sozialversicherungsrechtlichen Ansprüchen aufgrund der Coronapandemie vgl. auch § 23 (insb. Rz 28 ff. und Rz 53 ff.) sowie Kieser, AJP 2020, S. 552, S. 556 ff.

angeordnete Behandlungsverbot (vgl. Rz 29 ff.) andernorts im Gesundheitswesen zu (teils massivem) *Arbeitsausfall.* Paradoxerweise konnten von dieser Situation zur gleichen Zeit sogar zwei verschiedene Abteilungen desselben Spitals betroffen sein. Bei entsprechendem Arbeitsausfall stellt sich daher auch für Gesundheitseinrichtungen die Frage nach der **Ausrichtung von Kurzarbeitsentschädigung.**[86]

Unstrittig ist die Auftragslage bei den Gesundheitseinrichtungen spätestens seit dem 85
17.3.2020 infolge des Behandlungsverbotes eingebrochen oder gar ausgeblieben. Und auch für die Zeit nach dessen Lockerung ist unklar, wann sich das Leistungsvolumen wieder normalisieren wird. Bei den privaten Gesundheitseinrichtungen dürfte in diesen Fällen der Anspruch auf Kurzarbeitsentschädigung (bei Erfüllung der weiteren Voraussetzungen) soweit ersichtlich, kaum Anlass zu Diskussionen geben. Anders sieht dies in Bezug auf staatlich geführte oder staatlich (mit-)finanzierte Gesundheitseinrichtungen aus.

Das Staatssekretariat für Wirtschaft (SECO) kommunizierte in diesem Zusammen- 86
hang, dass der Zweck der KAE darin bestehe, Arbeitslosigkeit zu verhindern und Arbeitsplätze zu erhalten. Negative wirtschaftliche Entwicklungen würden bei **öffentlich-rechtlichen Einrichtungen** nicht zu einem unmittelbaren Stellenabbau führen, da diese keine eigentlichen Betriebsrisiken tragen würden, weshalb die Voraussetzungen für einen Anspruch auf KAE in der Regel nicht erfüllt seien.[87] Mit Blick auf diese Ausführungen sind in Bezug auf öffentlich-rechtliche Gesundheitseinrichtungen jedoch folgende ergänzenden Überlegungen anzustellen:

Mit der im Jahr 2012 eingeführten neuen Spitalfinanzierung hat der Gesetzgeber pri- 87
vate wie öffentlich-rechtliche Gesundheitseinrichtungen dem **Wirtschaftlichkeitsgebot** verpflichtet. Denn die Tarife für die Leistungsvergütung sind betriebswirtschaftlich zu bemessen (Art. 42 Abs. 4 Satz 2 KVG) und die Spitaltarife haben sich an einer effizienten und günstigen Leistungserbringung (Art. 49 Abs. 1 KVG) zu orientieren. Die Leistungsaufträge und Tarife der OKP sehen keine Entschädigung für nicht erbrachte Leistungen vor. Im Gegenteil ist die neue Spitalfinanzierung auf Effizienz getrimmt und Spitäler mit unwirtschaftlicher Leistungsbilanz müssen sich im benchmarking-basierten Tarifbildungssystem mit Tarifen begnügen, die auf den meist tieferen Kosten effizienter Spitäler basieren. Selbst eine allfällige Staatsgarantie entbindet das Spital nicht zwingend von der Pflicht einer effizienten Betriebsführung und räumt dem Schutz von Arbeitsplätzen auch nicht zwingend Vorrang gegenüber dem wirtschaftlichen Wohlergehen des öffentlichen Unternehmens ein. Vor diesem Hintergrund ist auch bei Anträgen öffentlich-rechtlicher Gesundheitseinrichtungen auf Ausrichtung von KAE die Gefahr eines unmittelbar drohenden Stellenabbaus im Einzelfall zu prüfen und nicht unbesehen zu negieren.[88]

Sind die Anspruchsvoraussetzungen für KAE in (privaten oder öffentlich-recht- 88
lichen) Gesundheitseinrichtungen erfüllt, gilt es ein besonderes Augenmerk darauf zu

86 KAE, Art. 31 ff. des Bundesgesetzes über die obligatorische Arbeitslosenversicherung und die Insolvenzentschädigung vom 25.6.1982, AVIG, SR 837.0.

87 Vgl. auch AVIG-Praxis KAE vom Januar 2020, Ziff. D36+D37.

88 Vgl. zum Thema der KAE bei öffentlich-rechtlichen Unternehmen auch § 25 Rz 80.

haben, dass der Anspruch auf KAE unter gewissen Umständen auch nur für einzelne, unausgelastete Betriebsteile geltend gemacht werden kann und dass während der Dauer der KAE auf eine detaillierte Erfassung der Arbeitszeit zu achten ist.[89] Zudem wurde der anspruchsberechtigte Personenkreis im Rahmen der pandemiebedingten Massnahmen ausgeweitet, weshalb etwa auch Temporär-Angestellte oder Personen in einem Lehrverhältnis sowie Arbeitnehmer in *arbeitgeberähnlicher Stellung* gegebenenfalls einen Anspruch auf KAE geltend machen können.[90]

89 **Selbständigerwerbende** haben keinen Anspruch auf Kurzarbeitsentschädigung, was auch mit den pandemiebedingten Massnahmen nicht geändert wird. Dafür sehen die bundesrätlichen Massnahmen im Zusammenhang mit dem Coronavirus eine ausserordentliche *Erwerbsersatzentschädigung* für Selbständigerwerbende vor. Wenngleich Selbständigerwerbende im Gesundheitssektor von einer Betriebsschliessung ausgenommen wurden (vgl. Rz 26 f), so dürften sie aufgrund des Behandlungsverbots (vgl. Rz 29 ff.) in der Regel einen Erwerbsausfall erlitten haben, der sie gegebenenfalls zu einer Erwerbsersatzentschädigung berechtigt. Indirekt von den pandemiebedingten Massnahmen Betroffenen steht eine Entschädigung in Härtefällen (wenn das jährliche AHV-pflichtige Einkommen zwischen CHF 10 000 und CHF 90 000 liegt) zu.[91]

IV. Coronavirus – heilmittelrechtliche Aspekte

1. Pandemiebedingte Auswirkungen im Arzneimittelbereich

a) Ausnahmen von der Zulassungspflicht für Arzneimittel

90 Zur Sicherstellung *qualitativ hochstehender, sicherer und wirksamer Arzneimittel* bedürfen diese bei ihrem erstmaligen Inverkehrbringen grundsätzlich einer **Zulassung (Polizeierlaubnis) von Swissmedic** (Art. 9 Abs. 1 und Art. 10 Abs. 1 lit. a HMG[92]). Um in der medizinischen Praxis gesammelte Erfahrungen und vielversprechende Therapieoptionen den Patienten in der Schweiz möglichst rasch verfügbar zu machen,[93] sieht der Bundesrat in Art. 4l COVID-19-Verordnung 2[94] während der Coronapandemie Ausnahmen von dieser Zulassungspflicht für Arzneimittel vor.

91 Arzneimittel mit bestimmten, in Anhang 5[95] definierten Wirkstoffen, welche für die Behandlung von COVID-19-Patienten verwendet werden, sollen bereits während des Zulassungsverfahrens (d.h. noch vor dem Zulassungsentscheid, aber erst nach Einrei-

89 Vgl. die allgemeinen Ausführungen des SECO zur KAE.

90 Vgl. dazu die Verordnung über Massnahmen im Bereich der Arbeitslosenversicherung im Zusammenhang mit dem Coronavirus (COVID-19) vom 20.3.2020, SR 837.033.

91 vgl. Verordnung über Massnahmen bei Erwerbsausfall im Zusammenhang mit dem Coronavirus (COVID-19) vom 20.3.2020, SR 830.31.

92 Bundesgesetzes über Arzneimittel und Medizinprodukte vom 15.12.2000, Heilmittelgesetz, SR 812.21.

93 Vgl. COVID-Erläuterungen.

94 In Kraft seit 4.4.2020.

95 In Kraft seit 4.4.2020.

chung eines Zulassungsgesuchs) in Verkehr gebracht werden können. Ziel dieser Ausnahmeregelung ist es, die Behandlung von COVID-19 ohne Verzögerung und uneingeschränkt mit den verfügbaren Mitteln und nach den neusten Erkenntnissen zu ermöglichen, ohne dabei auf die etablierten Regelungen zum Schutz der öffentlichen Gesundheit gänzlich zu verzichten.[96] Dasselbe gilt für die (ebenfalls bewilligungspflichtige) Änderung bereits zugelassener Arzneimittel mit bestimmten, in Anhang 4[97] definierten Wirkstoffen. Im Einzelfall kann Swissmedic bei den Zulassungs- und Änderungsverfahren dieser Arzneimittel von den geltenden heilmittelrechtlichen Vorgaben abweichen.

b) Ausnahmen für die Ein- und Ausfuhr von Arzneimittel

Die Einfuhr nicht zugelassener zulassungspflichtiger Arzneimittel in die Schweiz ist grundsätzlich untersagt (Art. 20 Abs. 1 HMG *e contrario*), wobei für die Einfuhr durch Einzelpersonen zum Eigengebrauch (Art. 48 AMBV[98]) und durch Fachpersonen in kleinen Mengen (Art. 49 AMBV) Ausnahmen vorgesehen sind. Art. 4m COVID-19-Verordnung 2[99] sieht im Rahmen der Pandemiesituation noch weitere Lockerungen der Einfuhrregelung für nicht zugelassene Arzneimittel vor. 92

Ebenso wie Arzneimittel mit bestimmten Wirkstoffen (Anhang 5) bereits ohne Zulassung für die Behandlung von COVID-19-Patienten verwendet werden dürfen (vgl. 90 f.), sind Spitalapotheker während der Coronapandemie auch befugt, solche Arzneimittel (grundsätzlich in unbeschränkter Menge und unabhängig vom Herkunftsland) in die Schweiz einzuführen. Faktisch wird dieser Arzneimitteleinkauf in Grossmengen durch Dritte getätigt, insbesondere durch die Armeeapotheke. 93

Ist ein Arzneimittel in der Schweiz temporär nicht verfügbar, so kann Swissmedic gemäss Art. 9b HMG ausnahmsweise eine zeitlich und mengenmässig begrenzte Einfuhr bewilligen (sog. **Out-of-Stock-Bewilligung**). Um auch während der Coronapandemie die Versorgung mit wichtigen medizinischen Gütern sicherzustellen, wurden mit der COVID-19-Verordnung 2 die Voraussetzungen für solche Out-of-Stock-Bewilligungen gelockert. Swissmedic kann demnach die Einfuhr identischer Arzneimittel zeitlich begrenzt bewilligen, wenn kein im Wesentlichen gleiches Arzneimittel in der Schweiz zugelassen und verfügbar ist,[100] ohne dass das Arzneimittel bereits in einem anderen Land mit vergleichbarer Arzneimittelkontrolle zugelassen sein müsste oder die Einfuhr mengenmässig begrenzt wäre. Eine Liste der aktuellen Out-of-Stock-Bewilligungen im Zusammenhang mit COVID-19 kann auf der Homepage von Swissmedic eingesehen werden.[101] Der Vertrieb erfolgt jeweils exklusiv an Spitäler. 94

96 Vgl. COVID-Erläuterungen.
97 In Kraft seit 4.4.2020.
98 Verordnung über die Bewilligungen im Arzneimittelbereich vom 14.11.2018, SR 812.212.1.
99 In Kraft seit 4.4.2020.
100 Vgl. Art. 4m Abs. 3 COVID-19-Verordnung 2, in Kraft seit 4.4.2020.
101 Vgl. Out-of-Stock-Tabelle.

95 Nebst den Vereinfachungen bei der Einfuhr von Arzneimitteln ist zur Sicherung der Versorgungslage in der Schweiz die Ausfuhr bestimmter wichtiger Arzneimittel für bewilligungspflichtig erklärt worden.[102] Die einer Bewilligungspflicht unterworfenen Arzneimittelwirkstoffe sind in Anhang 3[103] aufgelistet. Da sich die Versorgungslage in der Schweiz im Laufe der Zeit verbesserte, konnte der Umfang der **Ausfuhrbewilligungspflicht** (Anpassung von Anhang 3) per 11.5.2020 bereits wieder reduziert werden; ausfuhrbewilligungspflichtig blieben weiterhin nur die besonders knappen und stark nachgefragten Arzneimittelwirkstoffe.[104]

96 Als zusätzliche Massnahme zur Verbesserung der Versorgungslage hat der Bundesrat ausserdem die Zölle auf Einfuhren von wichtigen medizinischen Gütern ausgesetzt, damit diese möglichst einfach und kostengünstig eingeführt werden können.[105]

c) Off-Label-Use (OLU)

97 Damit ein Arzneimittel von der OKP vergütet wird, muss es den allgemeinen Anforderungen an eine wirksame, zweckmässige und wirtschaftliche Leistungserbringung (Art. 32 i.V.m. Art. 25 Abs. 2 lit. b KVG) genügen. Wird ein (zugelassenes) Arzneimittel innerhalb seiner Fachinformation verwendet, so wird dies vermutet. Wird ein nicht zugelassenes Arzneimittel verwendet oder liegt die Verwendung ausserhalb der Indikation oder Anwendungsempfehlung (Dosierung) gemäss Fachinformation, so liegt ein **Off-Label-Use (OLU)** vor.[106] Ein OLU ist bei ambulanten Behandlungen[107] nur dann OKP-pflichtig, wenn die Voraussetzungen von Art. 71a bis Art. 71d KVV erfüllt sind. Demnach muss der OLU eine unerlässliche Voraussetzung für die Durchführung einer anderen OKP-pflichtigen Leistung sein (Art. 1a Abs. 1 lit. a KVV) oder er lässt einen grossen therapeutischen Nutzen erwarten, bei einer ansonsten schweren oder tödlich verlaufenden Erkrankung ohne therapeutische Alternativen (Art. 71a Abs. 1 lit. b KVV). Des Weiteren muss der OLU vorgängig durch den Vertrauensarzt der jeweiligen Krankenversicherung mittels Kostengutsprache genehmigt werden (Art. 71d KVV). Ebenfalls zu beachten sind die gemeinsamen Empfehlungen der Kantonsapothekervereinigung und Swissmedic zum OLU von Arzneimitteln.[108]

98 OLU ist häufig bei seltenen Krankheiten anzutreffen, wo sich die Erforschung und Zulassung gesonderter Arzneimittel aufgrund der geringen Anzahl betroffener Patienten oftmals nicht lohnt. Ebenso muss in der Pädiatrie häufig ein OLU vorgenommen werden, weil die entsprechenden (einzig verfügbaren) Arzneimittel nur für Erwachsene

102 Art. 4b COVID-19-Verordnung 2, ursprünglich Art. 10d, in Kraft seit 26.3.2020.

103 In Kraft seit dem 26.3.2020 mit Änderungen.

104 Für weitere Angaben zur Ausfuhrbewilligungspflicht vgl. Rz 115 ff.

105 Vgl. Verordnung über die vorübergehende Aussetzung von Zollansätzen für medizinische Güter vom 8.4.2020, SR 632.103.1.

106 Vgl. zum Ganzen: BSK KVG/KVAG-Olah, Art. 25 KVG N 82 ff.; BSK KVG/KVAG-Wildli, Art. 52/52a N 114 ff.

107 Vgl. BGE 144 V 333 E. 10.3.

108 Vgl. Empfehlungen OLU.

konzipiert und zugelassen sind. Ein OLU ist aber auch und insbesondere bei *neuen Krankheiten* anzutreffen, wenn noch kein entsprechendes Arzneimittel dafür entwickelt werden konnte. Dies ist aufgrund seiner raschen Entwicklung gerade auch bei der Erkrankung mit COVID-19 der Fall.

Zum Schutz gegen das SARS-CoV-2-Virus existiert noch kein Impfstoff und für die Behandlung von COVID-19 besteht derzeit auch noch kein zugelassenes Arzneimittel. COVID-19-Patienten sind daher darauf angewiesen, dass andere Arzneimittel ausserhalb ihrer Fachindikation für die Therapie eingesetzt werden können. Die Verantwortung für den OLU liegt beim behandelnden Arzt, welcher stets die nötigen Sorgfaltspflichten zu wahren und gewissenhaft im Rahmen der Standesrichtlinien zu handeln hat. Diese Entscheidung für den OLU wird vorerst auf den ersten Erfahrungen in der COVID-19-Behandlung im In- und Ausland gefällt werden müssen, wobei der Patient über den OLU, seine Risiken und Nebenwirkungen aufzuklären ist und er diesem zuzustimmen hat.[109] 99

Gewisse Arzneimittel (auch solche zur Behandlung von Nicht-COVID-19-Patienten) sind aufgrund der Coronapandemie derzeit nicht im gewohnten Umfang verfügbar (vgl. Rz 92 ff.). Zudem können die Limitationen einzelner Arzneimittel während der Pandemie nicht immer oder nur erschwert eingehalten werden, weil beispielsweise Behandlungen in nicht dringenden Fällen untersagt wurden (vgl. Rz 29 ff.) oder der Patient zur Risikogruppe gehört. So können beispielweise die für eine Kostengutsprache erforderlichen Messungen nicht immer rechtzeitig durchgeführt werden oder aufgrund der aktuellen Umstände kann die Verabreichung einer höheren Arzneimitteldosis in dafür grösseren Zeitabständen sinnvoll sein.[110] Diese Umstände führen dazu, dass ein OLU auch bei nicht an COVID-19 erkrankten Patienten vermehrt notwendig und sinnvoll sein kann. Das BAG ersuchte die Krankenversicherer daher, bei Prüfung der Anträge um OLU der aktuellen Situation Rechnung zu tragen und pragmatisch sowie mit der notwendigen Kulanz zu entscheiden. 100

2. Pandemiebedingte Auswirkungen im Medizinproduktebereich

a) Inverkehrbringen von Medizinprodukten ohne Konformitätsprüfung

Die Anforderungen an Qualität, Sicherheit und Wirksamkeit werden bei Medizinprodukten nicht wie bei Arzneimitteln durch eine staatliche Bewilligung sichergestellt, sondern anhand einer Prüfung auf ihre Übereinstimmung mit den anwendbaren technischen Normen. Wer ein Medizinprodukt in Verkehr bringen will, hat durch eine staatlich akkreditierte Stelle ein **Konformitätsprüfverfahren** durchführen zu lassen, welche eine Konformitätsbescheinigung *(«CE-Markierung»)* ausstellt; in einigen Fällen (bei Medizinprodukten mit geringem Risiko) kann diese Konformitätsbescheinigung durch den Hersteller selbst ausgestellt werden. Mit der EU und den EFTA-Staaten ver- 101

109 Vgl. Hinweis OLU COVID-19.

110 Vgl. BAG Schreiben Krankenversicherer.

fügt die Schweiz über Abkommen, welche die gegenseitige Anerkennung der jeweiligen Konformitätsbewertungen gewährleisten. Gemäss Art. 22a MepV[111] können daher Produkte, die die europäischen Anforderungen (MDR und IVDR, vgl. dazu Rz 110 ff.) erfüllen, und folglich über eine europäische CE-Kennzeichnung verfügen, in der Schweiz in Verkehr gebracht werden.

102 Aufgrund der weltweit hohen Nachfrage von Medizinprodukten ist die Lieferkapazität von konformen Medizinprodukten derzeit eingeschränkt. Die Ausnahmeregelung in Art. 4n COVID-19-Verordnung 2[112] ermöglicht daher, Medizinprodukte, welche (noch) nicht über die erforderliche Konformitätsbewertung (keine CE-Markierung) in der Schweiz oder einem anerkannten Drittstaat (z.B. EU) verfügen, dennoch in die Schweiz einzuführen. Damit soll die Versorgung mit Medizinprodukten zur Erkennung des Coronavirus SARS-CoV-2 (COVID-19 In-Vitro Diagnostika Tests, vgl. Rz 108) sowie zur Behandlung der COVID-19-Erkrankten (z.B. Beatmungsgeräte, chirurgische Masken) unterstützt werden.

103 Um ein Medizinprodukt auch ohne CE-Markierung einführen zu dürfen, bedarf es jedoch einer **Ausnahmebewilligung von Swissmedic**. Als Kriterien für die Bewilligung des Gesuchs berücksichtigt Swissmedic, ob die grundlegenden Anforderungen (Wirksamkeit und Leistung) erfüllt sind und ob für das betreffende Medizinprodukt in der Schweiz überhaupt ein Notfallbedarf besteht. Auch weil Wirksamkeit und Leistung aufgrund der vorhandenen Datenlage in den meisten Fällen von Swissmedic nur grob werden eingeschätzt werden können, spielt insbesondere das Kriterium des ausgewiesenen Bedarfs eine zentrale Rolle bei der Prüfung der Bewilligungsvoraussetzungen. Das Gesuch kann sowohl von Herstellern als auch von Händlern, Importeuren oder Gesundheitseinrichtungen, welche das Produkt benötigen, gestellt werden. Auch Institutionen wie Bund und Kanton oder Vereine und Verbände können entsprechende Importbewilligungsgesuche stellen. Einzige Voraussetzung ist, dass der Gesuchsteller seinen Sitz in der Schweiz hat, um Haftbarkeit und Produkteüberwachung sicherzustellen.[113]

104 Da eine Ausnahmebewilligung in gewissen Fällen weder erforderlich noch sachgerecht erscheint und da die Ressourcen von Swissmedic nicht mit einer Flut von Ausnahmebewilligungsgesuchen lahmgelegt werden sollen, erlaubt Art. 4n Abs. 3bis COVID-19-Verordnung 2[114] eine Einfuhr von nichtkonformen Gesichtsmasken selbst ohne Ausnahmebewilligung, vorausgesetzt diese Masken werden nicht im medizinischen Bereich verwendet und ihre Funktionsfähigkeit wurde von einem Schweizer Prüflabor bestätigt.

105 Wichtig zu beachten ist, dass die Pflichten der MepV, insbesondere zur Produktebeobachtung auch im Rahmen der Ausnahmeregelungen der COVID-19-Verordnung 2 weiterhin ihre Gültigkeit behalten und gewährleistet werden müssen.

111 Medizinprodukteverordnung vom 17.10.2001, SR 812.213.

112 In Kraft seit 4.4.2020.

113 Vgl. COVID-Erläuterungen.

114 In Kraft seit 4.4.2020.

b) COVID-19-Testung

Laboratorien, die mikrobiologische Untersuchungen zur Erkennung übertragbarer Krankheiten durchführen, benötigen eine Bewilligung der zuständigen Bundesbehörde (Art. 16 Abs. 1 EpG). In der Verordnung über mikrobiologische Laboratorien sind die Ausführungsbestimmungen geregelt; die zuständige Bewilligungsbehörde ist Swissmedic. 106

Die **COVID-19-Testung**, d.h. die Testung auf das neue Coronavirus SARS-CoV-2 respektive eine durchgemachte Infektion mit SARS-CoV-2 (Antikörpertest), fällt unter die bewilligungspflichtigen mikrobiologischen Untersuchungen und setzt eine entsprechende *Laborbewilligung* voraus. Eine Ausnahme von dieser Bewilligungspflicht wurde bislang nicht angeordnet, wenngleich eine Ausweitung der Testmöglichkeiten in der Bevölkerung oft diskutiert wurde. Aufgrund der ausserordentlichen Lage ist Swissmedic nach eigenen Angaben jedoch bemüht, auf entsprechendes Gesuch hin innerhalb der geltenden rechtlichen Bestimmungen angepasste Lösungen für COVID-19-Testungen zu ermöglichen. Weitere Informationen zu den rechtlichen Rahmenbedingungen und Anforderungen an mikrobiologische Laboratorien sowie eine Liste der Laboratorien mit Betriebsbewilligung ist bei Swissmedic einsehbar.[115] 107

Bei den Tests auf SARS-CoV-2 und den Antikörpertests handelt es sich um *Medizinprodukte für die In-vitro-Diagnostik* gem. Art. 1 Abs. 1 lit. c Ziff. 1 und Abs. 3 lit. a MepV, welche grundsätzlich nur nach entsprechender Konformitätsbewertung (CE-Markierung) in der Schweiz in Verkehr gebracht werden dürfen (Art. 8 Abs. 1, Art. 10 Abs. 1 und Art 22a MepV). Die Konformitätsbewertung kann jedoch durch den Hersteller selbst vorgenommen werden; es braucht keine Konformitätsbewertungsstelle beigezogen zu werden (vgl. Ziff. 3 lit. b^{bis} Anhang 3 MepV). 108

Die Tests werden aufgrund der ausserordentlichen Situation von der Ausnahmebestimmung in Art. 4n COVID-19-Verordnung 2[116] erfasst und können daher erleichtert in die Schweiz eingeführt werden (vgl. Rz 102). Das Inverkehrbringen von COVID-19-Tests ist aber (unabhängig der Ausnahmebestimmung) bei Swissmedic meldepflichtig (Art. 6 MepV). Eine Abgabe der COVID-19-Tests an das Publikum ist weiterhin verboten, Swissmedic könnte jedoch Ausnahmen vorsehen (vgl. Art. 17 Abs. 3 MepV). Zur Regelung der Kostenübernahme der COVID-19-Testungen und der damit verbundenen medizinischen Leistungen hat das BAG eine entsprechende Empfehlung verfasst.[117] 109

c) Verschiebung des neuen Medizinprodukterechts

Die Schweiz ist im Bereich der Medizinprodukteregulierung eng an das europäische System angeschlossen. Im Rahmen der ersten «bilateralen Verträge» schlossen die Schweiz 110

115 Auf ‹www.swissmedic.ch› unter Humanarzneimittel – Bewilligungen – Mikrobiologische Laboratorien (18.6.2020).

116 In Kraft seit 4.4.2020.

117 Vgl. BAG-Faktenblatt COVID-19-Analyse; zum Thema der Kostenübernahme der COVID-19-Tests vgl. auch Dupont, Jusletter 22.6.2020, Rz 33 ff.

und die Europäische Gemeinschaft ein Abkommen über die gegenseitige Anerkennung von Konformitätsbewertungen[118], um für gewisse Produktsektoren den Handel zwischen der Schweiz und der EU zu erleichtern. Das 4. Kapitel des (Anhangs zum) MRA befasst sich mit der gegenseitigen Anerkennung im Bereich der Medizinprodukte. Dank dem MRA können in der Schweiz hergestellte und für konform befundene Medizinprodukte in Europa vertrieben werden (und umgekehrt).

111 Nun hat die EU im April 2017 ihre Regulierung im Bereich der Medizinprodukte revidiert und die beiden zentralen Verordnungen in diesem Bereich überarbeitet: die Verordnung über Medizinprodukte (**MDR**) und die Verordnung über In-Vitro-Diagnostika (**IVDR**). Da das MRA noch auf die alte MDR und IVDR Bezug nimmt, muss eine entsprechende Anpassung (Aufnahme der neuen Verordnungen ins 4. Kapitel) vorgenommen werden, um die gegenseitige Anerkennung der Konformitätsbewertungen im Medizinproduktebereich weiterhin zu gewährleisten.

112 Eine solche Aktualisierung des MRA konnte aufgrund politischer Differenzen zwischen der Schweiz und der EU bislang nicht erfolgen. Die Zeit, um eine Lösung zu finden, wurde zuletzt immer knapper, da der Geltungsbeginn für die relevanten Bestimmungen der MDR und IVDR ursprünglich für den 26.5.2020 angesetzt war. Ab diesem Datum wären die Konformitätsbewertungen der Schweiz und der EU nicht mehr gegenseitig anerkannt worden und die Schweiz hätte mit Bezug auf den für sie sehr wichtigen europäischen Medizinproduktemarkt als Drittstaat gegolten. Die Schweizer Medizinproduktehersteller wären dann ab dem 26.5.2020 gezwungen gewesen, diverse erhöhte Anforderungen für den europäischen Marktzugang zu erfüllen.

113 Als Folge der Corona-Pandemie hat die EU am 23.4.2020 aber entschieden (vgl. EU-Verordnung MDR Verschiebung), die Frist zur Umsetzung der MDR um ein Jahr und damit auf den 26.5.2021 zu verschieben. Die IVDR ist von der Verschiebung nicht betroffen. Das Problem für die schweizerische Medizintechnikbranche wird mit der Verschiebung der Umsetzungsfrist der MDR zwar nicht gelöst, aber sie erhält nochmals mehr Zeit, um sich auf alle Eventualitäten vorzubereiten; d.h. auch auf den Fall, dass sie ab dem 26.5.2021 in der EU als Drittstaatanbieter gelten würde.

114 Die gegenseitige Anerkennung von Konformitätsbewertungen hat eine Einbindung der Schweiz in den europäischen Binnenmarkt zur Folge. Die jeweilige Regulierung in der Schweiz und in der EU muss daher eine gewisse Gleichwertigkeit (Äquivalenz) gewährleisten. Die europäische Regulierung wird deshalb im Schweizerischen Recht jeweils analog nachvollzogen. Der neue Inhalt der MDR und IVDR wie etwa die Erhöhung der Patientensicherheit und der Transparenz im Medizinproduktebereich sollte daher mit einer entsprechenden Änderung in die nationale Gesetzgebung Eingang finden. Die Revision des Medizinprodukterechts ging mit einer Anpassung des HMG, des HFG[119], der MepV und der Schaffung einer neuen Verordnung über klinische Versuche mit Medizinprodukten (KlinV-Mep) einher. Um die Äquivalenz mit dem EU-Recht

118 Mutual Recognition Agreement, MRA, SR 0.946.526.81.

119 Bundesgesetzes über die Forschung am Menschen vom 30.9.2011, SR 810.30.

auch weiterhin aufrecht zu erhalten, verschiebt sich das Inkrafttreten des revidierten Schweizerischen Medizinprodukterechts ebenfalls um ein Jahr auf den 26.5.2021.

3. Pandemiebedingte Auswirkungen für Persönliche Schutzausrüstung (PSA)

a) Bewilligungspflichtige Ausfuhr

Seit dem 26.3.2020 kann medizinische Schutzausrüstung nur mit einer entsprechenden Bewilligung ausgeführt werden.[120] Welche Schutzausrüstung davon betroffen ist, regelt die Verordnung eigens mit einer Auflistung in deren Anhang 3.[121] Betroffen sind insbesondere Schutzbrillen und Visiere, Gesichtsschutzschilder, Mund-Nasen-Schutzausrüstung, Schutzkleidung und Handschuhe. 115

Aufgrund der raschen Ausbreitung des Coronavirus haben Nachfrage und Bedarf an Schutzausrüstung nicht nur in der Schweiz, sondern weltweit drastisch zugenommen, was zu einer Mangelsituation in vielen Ländern geführt hat. Schutzausrüstung in ausreichender Anzahl und Qualität ist zur Bekämpfung der Krankheitsausbreitung und Behandlung der betroffenen Patienten jedoch unabdingbar. Aufgrund der aufgetretenen Mangelsituation hat der Bundesrat folglich die in Art. 4b COVID-19-Verordnung 2 statuierte **Bewilligungspflicht zur Ausfuhr von Schutzausrüstung** erlassen. Von der Bewilligungspflicht nicht erfasst werden die Einfuhr, Durchfuhr und Vermittlung von Schutzausrüstung.[122] 116

Die EU hat ebenfalls eine solche Anordnung betreffend Ausfuhr von Schutzausrüstung erlassen (Verordnung 2020/402 der EU vom 14. März 2020) und ihrerseits Lieferungen in die Schweiz von der Bewilligungspflicht ausgenommen (Änderung vom 19. März 2020). Bei der Auflistung der betroffenen Güter in Anhang 3 zur COVID-19-Verordnung 2 orientierte sich der Bundesrat denn auch am entsprechenden Anhang I der europäischen Verordnung. 117

Abs. 2 des Art. 4b COVID-19-Verordnung 2 sieht mehrere Ausnahmen von der Bewilligungspflicht vor, so insbesondere (lit. a) dass die Ausfuhr in EU/EFTA-Staaten bewilligungsfrei möglich bleibt (solange die betroffenen Länder Reziprozität gewährleisten, vgl. dazu auch die Ausnahme in der europäischen Verordnung mit Bezug auf die Schweiz). Ebenfalls keine Bewilligung benötigt die Ausfuhr bei Hilfseinsätzen (lit. b), für den Eigenbedarf (lit. c), für die Erste-Hilfe-Ausrüstung in Transportmitteln (lit. d) und für Schweizer Institutionen im Ausland (lit. e). 118

Zuständig für die Ausstellung der Ausfuhrbewilligungen ist das SECO. Ausfuhranträge sind über das elektronische Ausfuhrkontrollsystem ELIC[123] einzureichen.[124] 119

120 Art. 4b COVID-19-Verordnung 2, ursprünglich Art. 10d, in Kraft seit 26.3.2020.

121 In Kraft seit dem 26.3.2020, aufgrund der Verbesserung der Versorgungslage per 11.5.2020 angepasst.

122 Vgl. COVID-Erläuterungen.

123 ‹www.elic.admin.ch› (18.6.2020).

124 Vgl. Art. 4c COVID-19-Verordnung 2, ursprünglich Art. 10e, in Kraft seit 26.3.2020; vgl. auch § 25 Rz 149.

b) *Ausnahmeregelung für das Inverkehrbringen*

120 Ebenso wie bei den Medizinprodukten ist auch für PSA keine staatliche Bewilligung für das Inverkehrbringen erforderlich, jedoch müssen die Produkte den Anforderungen der PSAV[125] entsprechen und auf ihre Konformität mit den jeweils anwendbaren technischen Normen überprüft worden sein. Wie bei den Medizinprodukten sind aufgrund der weltweiten Nachfrage auch die Kapazitäten bei konformen PSA eingeschränkt. Um den Gesundheitsfachpersonen in der Schweiz möglichst schnell eine ausreichende Versorgung mit PSA zu ermöglichen, erlaubt Art. 4o COVID-19-Verordnung 2[126] daher in bestimmten Fällen das Inverkehrbringen von PSA, welche (noch) kein Konformitätsbewertungsverfahren durchlaufen haben.

121 Von dieser Ausnahmeregelung können jedoch nur die in Anhang 4 der COVID-19-Verordnung 2 aufgeführten PSA profitieren. In jedem Fall muss aber der Hersteller oder Importeur sicherstellen, dass ein angemessenes Schutzniveau entsprechend der PSAV gewährleistet ist. Die Anträge um Ausnahmebewilligung sind an das SECO zu richten, welches diese an die zuständigen Kontrollorgane weiterleitet.[127]

4. Pandemiebedingte Besonderheiten bei klinischen Versuchen

122 **Klinische Versuche mit Heilmitteln** müssen vor ihrer Durchführung von Swissmedic sowie der zuständigen Ethikkommission bewilligt werden (Art. 54 HMG). Nebst dem HMG sind insbesondere die Vorschriften des HFG und die Verordnung über klinische Versuche in der Humanforschung[128] zu beachten.

123 Im Zusammenhang mit dem neuen Coronavirus SARS-CoV-2 und der COVID-19-Erkrankung besteht ein erhöhtes Interesse an entsprechenden Forschungsprojekten. Bereits im März 2020 haben Swissmedic und Swissethics deshalb gemeinsame Empfehlungen[129] für die Handhabung von klinischen Versuchen mit Arzneimitteln während der COVID-19-Pandemie herausgegeben. Die darin enthaltenen Spezialregelungen gelten nicht nur für klinische Versuche im Zusammenhang mit COVID-19, sondern ebenso für die zahlreichen laufenden Forschungsprojekte im Zusammenhang mit anderen Erkrankungen.

124 Die **Joint Guidance** für klinische Versuche während der COVID-19-Pandemie sieht etwa vor:

- dass Anträge für klinische Versuche im Zusammenhang mit COVID-19 von Swissmedic und Swissethics prioritär behandelt werden;
- dass in allen laufenden Studien eine Risikobewertung vorzunehmen ist, die sich mit dem Schutz der Studie und insbesondere den Studienteilnehmern befasst und gegebenenfalls Anpassungen vorgenommen werden;

125 Verordnung über die Sicherheit von persönlichen Schutzausrüstungen vom 25.10.2017, SR 930.115.

126 In Kraft seit 4.4.2020.

127 Für weitere Konkretisierungen zu den Ausnahmebedingungen vgl. SECO FAQ PSA.

128 KlinV, SR 810.305.

129 Vgl. Joint Guidance Clinical Trials.

- dass das Studienmedikament gegebenenfalls direkt zum Studienteilnehmer nach Hause geliefert werden kann, wobei eine Mitteilung an Swissmedic und die zuständige Ethikkommission erforderlich ist;
- dass Studienmedikamente beim Studienteilnehmer zu Hause verabreicht werden können, wobei die Zustimmung der zuständigen Ethikkommission erforderlich ist;
- dass die Überwachungstätigkeit im Rahmen der Studie nach entsprechender Risikoevaluation reduziert werden kann, wobei eine Mitteilung an die zuständige Ethikkommission erforderlich ist;
- dass Studienteilnehmer, ausgenommen es dient ihrer Sicherheit, den Studienort nicht wechseln sollen; findet ein Wechsel (study visit) statt, muss dies der zuständigen Ethikkommission mitgeteilt werden;
- dass Visiten von Studienteilnehmer nicht zwingend vor Ort, sondern auch via Telefon oder Video durchgeführt werden können, wobei die Zustimmung der zuständigen Ethikkommission erforderlich ist, die aber nicht bereits vorab vorliegen muss;
- dass notwendige Untersuchungen gegebenenfalls auch ausserhalb des Studienortes (z.B. durch den Hausarzt) durchgeführt werden können, falls der Studienteilnehmer den Studienort nicht sicher (social distancing) erreichen kann, wobei eine Mitteilung an die zuständige Ethikkommission erforderlich ist;
- dass während der COVID-19-Pandemie ausgenommen die Aufnahme von Patienten mit lebensbedrohenden Krankheiten keine neuen Studienteilnehmer rekrutiert werden, wobei die Einwilligung (Informed Consent Procedure) wie gewohnt einzuholen ist. Für Änderungen in einem laufenden klinischen Versuch muss ebenfalls eine Einwilligung des Patienten eingeholt werden. Die Zustimmung der zuständigen Ethikkommission ist erforderlich;
- dass Änderungen protokolliert werden müssen; dass Meldungen und Berichterstattungen (an die zuständige Ethikkommission oder Swissmedic) wie gewohnt erfolgen müssen; dass die Unterbrechung oder definitive Aufgabe einer Studie an Swissmedic und die zuständige Ethikkommission gemeldet werden muss; dass die Studienteilnehmer für allfällige Zusatzausgaben entschädigt werden müssen;
- dass Gesuche für klinische Versuche derzeit elektronisch sowie mehrere Gesuche gebündelt eingereicht werden können.

Das Bestreben gute Rahmenbedingungen für klinische Versuche im Zusammenhang mit 125
der Forschung rund um COVID-19 zu schaffen, zeigt sich beispielsweise in der von Swissmedic Mitte April 2020 überaus schnell (innert vier Tagen) erfolgten Bewilligung einer Therapiestudie mit Blutplasma von Personen, welche eine Infektion mit SARS-CoV-2 erfolgreich überstanden haben (sog. Rekonvaleszentenplasma). Derzeit wurden bereits *über 100 klinische Studien* im Zusammenhang mit COVID-19 genehmigt und weitere befinden sich noch in der Genehmigungsphase.[130]

130 Vgl. approved Clinical Trials COVID-19.

V. Coronavirus – Hinweis auf kantonale Regelungen

126 Nebst den vom Bund angeordneten Massnahmen bedarf es mancherorts weiterer **kantonalrechtlicher Regelungen** oder Vollzugsanordnungen. Zudem bleiben den Kantonen ihre originären Kompetenzen erhalten, soweit sie durch den Bund nicht übersteuert werden. So unterlag etwa die Besuchsregelung in Gesundheitseinrichtungen weiterhin kantonalem Recht und es oblag den Kantonen ausreichend Kapazitäten für die Behandlung von COVID-19-Patienten zu schaffen (vgl. Rz 18 ff.). Hinzu kommen weitere punktuelle Anordnung im Zusammenhang mit der Coronapandemie bis hin zur Regelung von Finanzierungsfragen.

127 Die nachstehende Tabelle soll einen (nicht abschliessenden) Überblick über kantonale Anordnungen im Zusammenhang mit der Coronapandemie mit Relevanz für das Gesundheitswesen geben (Stand am 25.5.2020):

Kanton	Massnahme	Zu finden unter
AG	Sonderverordnung 1 zur Begegnung von Störungen der öffentlichen Ordnung und Sicherheit sowie sozialen Notständen infolge des Coronavirus (SonderV 20-1) vom 1.4.2020 (SAR 320.113)	‹https://gesetzessammlungen.ag.ch/frontend/versions/2830› (18.6.2020)
	Anordnung des Gesundheits- und Sozialdepartements vom 20.3.2020 (aktualisiert am 11.5.2020) gegenüber den Spitälern zur Sicherstellung von ausreichenden stationären Kapazitäten für die Behandlung von COVID-19 Patientinnen und Patienten sowie für weitere medizinisch dringend angezeigte Untersuchungen und Behandlungen	‹https://www.ag.ch/media/kanton_aargau/themen_1/coronavirus_1/merkblaetter/20200511_Anordung_DGS_Spitaeler.pdf› (18.6.2020)
AI	Standeskommissionsbeschluss betreffend die Massnahmen zur Bekämpfung der Corona-Pandemie (StKB COVID-19) vom 14.4.2020 (GS 120.001)	‹https://ai.clex.ch/frontend/versions/1793› (18.6.2020)
	Weisungen des Gesundheits- und Sozialdepartements Appenzell Innerrhoden ab 14.3.2020 bezüglich Besuchsverbot für Spital, Klinik, Alters- und Pflegeheime sowie die Einrichtung für Menschen mit Behinderung	‹https://www.ai.ch/themen/gesundheit-alter-und-soziales/gesundheitsfoerderung-und-praevention/uebertragbare-krankheiten/coronavirus/heime› (18.6.2020)
AR	Verordnung über COVID-19-Massnahmen: Sicherstellung der Gesundheitsversorgung vom 17.3.2020 (GS 113.1)	‹http://www.bgs.ar.ch/app/de/texts_of_law/113.1› (18.6.2020)
BE	Verordnung über Massnahmen zur Bewältigung der Coronavirus-Krise im Gesundheitswesen (CKGV) vom 26.3.2020 (BSG 101.3)	‹https://www.belex.sites.be.ch/frontend/versions/1844› (18.6.2020)

Kanton	Massnahme	Zu finden unter
BE	Verordnung über Sofortmassnahmen zur Bewältigung der Coronavirus-Krise (CKV) vom 20.3.2020 (BSG 101.2)	‹https://www.belex.sites.be.ch/frontend/versions/1837› (18.6.2020)
	Mitteilung der GSI an die Spitäler und Kliniken im Kanton Bern vom 19.3.2020 – Coronavirus: Schaffung von Behandlungskapazitäten in Spitälern und Kliniken – neue Massnahmen von Bund und Kanton	‹https://www.gef.be.ch/gef/de/index/direktion/organisation/spa/coronavirus.assetref/dam/documents/GEF/SPA/de/Coronavirus/19.03.2020_Brief%20PAS%20an%20alle%20Spit%C3%A4ler_d.pdf› (18.6.2020)
	Mitteilung der GSI an die Spitäler und Kliniken im Kanton Bern vom 31.3.2020 – Coronavirus: Gruppierung und Aufgaben derAkutspitäler und Rehakliniken – Weisung des Kantons	‹https://www.gef.be.ch/gef/de/index/direktion/organisation/spa/coronavirus.assetref/dam/documents/GEF/SPA/de/Coronavirus/31.03.2020_Brief%20PAS%20an%20alle%20Spit%C3%A4ler_d.pdf› (18.6.2020)
BS	RRB vom 7.4.2020 betreffend Verschiebung des Inkrafttretens Spitalliste	‹https://www.gesetzessammlung.bs.ch/app/de/change_documents/855› (18.6.2020)
GE	Conseil d'État – Arrêté relatif au remboursement des prestations effectuées par les institutions de santé réquisitionnées dans le cadre des mesures liées à l'épidémie de coronavirus COVID-19 du 9.4.2020	‹https://www.ge.ch/document/arrete-relatif-au-remboursement-prestations-effectuees-institutions-sante-requisitionnees-cadre-mesures-liees-epidemie-coronavirus-covid-19› (18.6.2020)
GL	Verordnung über Massnahmen zur Bekämpfung des Coronavirus (COVID-19) und dessen Auswirkungen im Kanton Glarus (COVID-19-Verordnung GL) vom 31.3.2020 (GS VIII A/61/3)	‹http://gesetze.gl.ch/app/de/texts_of_law/VIII%20A%2F61%2F3/versions/2166› (18.6.2020)
GR	RRB Nr. 244 vom 31.3.2020: Coronavirus (COVID-19) Anpassung der Spitalliste Akutsomatik des Kantons Graubünden: Betrieb von Nebenstandorten für die Behandlung von Coronavirus-Fällen	‹https://www.kantonsamtsblatt.gr.ch/ekab/00.045.542/pdf/› (18.6.2020)
	Verordnung zur Auszahlung von gemeinwirtschaftlichen Leistungen an öffentliche Spitäler und zur Übernahme von Einnahmeausfällen bei Spitälern als Massnahme zur Bewältigung der COVID-19-Pandemie vom 16.4.2020 (AGS 2020-017)	‹https://www.gr-lex.gr.ch/app/de/change_documents/12212› (18.6.2020)
	Regierungsratsbeschluss (eKAB-Nr. 00.045.013) – Coronavirus (COVID-19): Bezeichnung der ausserordentlichen Lage vom 13.3.2020 (AGS 2020-008)	‹https://www.gr-lex.gr.ch/app/de/change_documents/12203› (18.6.2020)

Kanton	Massnahme	Zu finden unter
GR	Regierungsratsbeschluss (eKAB-Nr. 00.046.021) – Coronavirus (COVID-19): Anpassung der Massnahmen vom 23.4.2020 (AGS 2020-021)	‹https://www.gr-lex.gr.ch/app/de/change_documents/12216› (18.6.2020)
JU	Décisions du Gouvernement du 17.3.2020, 23.3.2020 et 23.4.2020: mesures supplémentaires d'urgence aptes à freiner drastiquement la propagation du coronavirus (COVID-19)	‹https://rsju.jura.ch/Htdocs/Files/v/38322.pdf/Journaux-Officiels/2020/journal_off_2020_12_web.pdf?download=1› ‹https://rsju.jura.ch/Htdocs/Files/v/38332.pdf/Journaux-Officiels/2020/journal_off_2020_16_web.pdf?download=1› (18.6.2020)
LU	Allgemeinverfügung des GSD vom 12.5.2020: COVID-19: Anordnung der Isolation von erkrankten Personen und der Quarantäne von Kontaktpersonen	‹https://gesundheit.lu.ch/-/media/Gesundheit/Dokumente/Humanmedizin/Coronavirus/20200512_Allgemeinverfuegung_Isolation_Quarantaene.pdf?la=de-CH› (18.6.2020)
	RRB Nr. 281 vom 17.3.2020 (verlängert bis 10.5.2020 mit RRB Nr. 415 vom 24.4.2020): Infektionskrankheiten. Massnahmen zur Verhinderung der Weiterverbreitung von COVID-19 (neues Coronavirus SARS-CoV-2)	‹https://gesundheit.lu.ch/-/media/Kanton/Dokumente/Download_Medien/Coronavirus/20200317_RRB_Nr_281.pdf?la=de-CH› (18.6.2020)
	RRB Nr. 276 vom 13.3.2020: Infektionskrankheiten. Massnahmen zur Verhinderung der Weiterverbreitung von COVID-19 (neues Coronavirus SARS-CoV-2)	‹https://gesundheit.lu.ch/-/media/Kanton/Dokumente/Regierung/Allgemein/20200313_RRB_276.pdf?la=de-CH› (18.6.2020)
	RRB vom 24.3.2020 betreffend Änderung der Spitalliste (publiziert im Amtsblatt vom 28.3.2020)	‹https://www.luzernerkantonsblatt.ch/Kantonsblatt/Archiv/pdf_2020/kb-20–13.pdf#pagemode=bookmarks&page=14› (18.6.2020)
NW	Bewilligung des Regierungsrates vom 8.4.2020 betreffend Kredit für zusätzliches Schutzmaterial (publiziert im Amtsblatt vom 16.4.2020)	‹https://www.nw.ch/_docn/210508/2020-04-16_Amtsblatt_Nr. 16.pdf› (18.6.2020)
OW	Regierungsratsbeschluss über den Erlass der Spitalliste. Nachtrag vom 30.3.2020 (OGS 2020, 008 – ABl 2020, 478)	‹http://gdb.ow.ch/frontend/change_documents/4309› (18.6.2020)
	Allgemeinverfügung des Regierungsrats vom 24.3.2020 zur Sicherstellung der medizinischen Versorgung der Bevölkerung im Rahmen der Bekämpfung des Coronavirus (COVID-19) in Kraft bis 12.5.2020 (publiziert im Amtsblatt vom 26.3.2020)	‹https://www.ow.ch/dl.php/de/5e87054a1ac98/13_26.Marz_-Seite441–475.pdf› (18.6.2020)

Kanton	Massnahme	Zu finden unter
OW	Medienmitteilung bezüglich Sicherstellung der Liquidität des KSOW	‹https://www.ow.ch/de/aktuelles/aktuellesinformationen/welcome.php?action=showinfo&info_id=65690&ls=0&sq=&kategorie_id=&date_from=&date_to=› (18.6.2020)
SG	Verordnung über Massnahmen zur Bekämpfung des Coronavirus im Bereich der stationären Gesundheitsversorgung vom 4.4.2020 (sGS 313.3)	‹https://www.gesetzessammlung.sg.ch/app/de/texts_of_law/313.3› (18.6.2020)
	Regierungsbeschluss über die Spitalliste Akutsomatik vom 20.6.2017 (mit Änderung vom 31.3.2020) (sGS 331.41)	‹https://www.gesetzessammlung.sg.ch/app/de/texts_of_law/331.41› (18.6.2020)
	Weisung des Gesundheitsdepartementes über Massnahmen zur Bekämpfung des Coronavirus: Besuchsverbot in Spitälern und Kliniken vom 14.3.2020 (mit Änderungen bis und mit 3.6.2020)	‹https://www.sg.ch/tools/informationen-coronavirus/informationen-gesundheitswesen/_jcr_content/Par/sgch_downloadlist_14_1093918002/DownloadListPar/sgch_download.ocFile/Weisung%20Besuchsverbot%20Spit%C3%A4ler%20und%20Kliniken,%203.%20-%2018.6.2020,%20Erlass%20vom%203.%20Juni%202020.pdf› (18.6.2020)
SH	Beschluss des Regierungsrates betreffend Verfügung über die kantonalen Gesundheitseinrichtungen – Coronavirus (COVID-19) vom 7.4.2020 (publiziert im Amtsblatt vom 14.4.2020)	‹https://sh.ch/CMS/get/file/812f91a8–5c78–4aab-85b0-d786f24b1224› (18.6.2020)
SO	Allgemeinverfügung des Gesundheitsamts vom 19.3.2020 (mit Ergänzungen bis zum 5.6.2020) betreffend Anordnungen an sämtliche Spitäler des Kantons Solothurn	‹https://corona.so.ch/fileadmin/internet/staatskanzlei/stk-komm/Dokumente/2020/Corona/Neue_Webseite/Kantonale_Gesetzgebung/Vfg_Anordnungen_an_saemtliche_Spitaeler_-neu_mit_Begruendung_200606.pdf ‹ (18.6.2020)
	Allgemeinverfügung des Gesundheitsamts vom 16.3.2020 (mit Ergänzungen bis 18.6.2020) betreffend Anordnungen und Empfehlungen an sämtliche Pflegeheime des Kantons Solothurn	‹https://corona.so.ch/fileadmin/inter net/staatskanzlei/stk-komm/Doku mente/2020/Corona/Neue_Webseite/Kantonale_Gesetzgebung/2_Anord nungen_und_Empfehlungen_an_Pfle geheime_gemaess_EpG_ohne_Begru endung_Ergaenzung_2_lang.pdf ‹ (18.6.2020)

Kanton	Massnahme	Zu finden unter
SO	Merkblatt des Gesundheitsamts bezüglich COVID-19 für die Ärzteschaft im Kanton Solothurn (Stand am 4.6.2020)	‹https://corona.so.ch/fileadmin/internet/staatskanzlei/stk-komm/Dokumente/2020/Corona/Neue_Webseite/Informationen_AErzteschaft/Merkblatt___Neues_Coronavirus_fuer_-die_AErzteschaft_im_Kanton_Solothurn__.pdf› (18.6.2020)
TG	Botschaft des Regierungsrates an den Grossen Rat betreffend Genehmigung der Notstandsmassnahmen im Zusammenhang mit COVID-19, inklusive COVID-Nachtragskredit vom 7.4.2020	‹https://www.tg.ch/public/upload/assets/94538/Botschaft_betreffend_Genehmigung_der_Notstandsmass nahmen_im_Zusammenhang_mit_COVID-19%2C_inklusive_COVID-Nachtragskredit.pdf› (18.6.2020)
TI	Direttiva sul divieto di accesso alle strutture Somatiche Acute e sulla gestione del personale curante sintomatico (9.3.2020)	‹https://www4.ti.ch/fileadmin/DSS/DSP/UMC/malattie_infettive/Coronavirus/Direttive/Direttiva_COVID_CEM.pdf› (18.6.2020)
VD	ARRÊTÉ d'application de l'ordonnance fédérale 2 sur les mesures destinées à lutter contre le coronavirus (COVID-19) et sur les mesures de protection de la population et de soutien aux entreprises face à la propagation du coronavirus (COVID-19) du 18.3.2020 (BLV 818.00.180320.1)	‹https://prestations.vd.ch/pub/blv-publication/actes/consolide/818.00.180320.1?key=1592400810049&id=e2e8f95b-662f-4320-a754–523d6c0c4c56› (18.6.2020)
	ARRÊTÉ relatif au relèvement du montant limite de l'avance de trésorerie que l'Etat de Vaud peut accorder en 2020 à la Centrale d'encaissement des établissements sanitaires vaudois (CEESV) dans le cadre de la lutte contre le coronavirus (COVID-19) du 25.3.2020 (BLV 600.00.250320.1)	‹https://prestations.vd.ch/pub/blv-publication/actes/consolide/600.00.250320.1?key=1592401823184&id=31dfb8c3-0048-40e8-9064-842cf2c5126e› (18.6.2020)
	ARRÊTÉ sur l'organisation du système de soins pendant la phase de lutte contre le coronavirus (COVID-19) du 1.4.2020 (BLV 800.00.010420.1)	‹https://prestations.vd.ch/pub/blv-publication/actes/consolide/800.00.010420.1?key=1592401035614&id=9b04c1-b1–3a39–4532-a58d-94a9673dd5b7› (18.6.2020)
	ARRÊTÉ sur l'organisation des régimes sociaux cantonaux, ainsi que l'adaptation des structures d'hébergement et d'accompagnement médico-social, pendant la phase de lutte contre la pandémie de coronavirus (COVID-19) du 17.4.2020 (BLV 850.00.170420.1)	‹https://prestations.vd.ch/pub/blv-pu blication/actes/consolide/850.00.170 420.1?key=1592401504148&i d=512764b0–3aec-411c-80e7–3f72 c161c441› (18.6.2020)

Kanton	Massnahme	Zu finden unter
VD	ARRÊTÉ relatif au dépistage épidémiologique dans le cadre des mesures liées à la lutte contre l'épidémie de coronavirus (COVID-19) du 20.5.2020 (BLV 818.00.200520.1)	‹https://prestations.vd.ch/pub/blv-publication/actes/consolide/818.00.200520.1?key=1592401283021&id=0cde3f3c-f7ac-46ed-8d50–63422e623073› (18.6.2020)
VS	Directive du département de la santé, des affaires sociales et de la culture sur le depistage epidemiologique COVID-19 du 22.4.2020	‹https://www.vs.ch/documents/6756452/0/DIRECTIVE+d%C3%A9pistage+COVID-19_2020.05.14_f.pdf/57ef6695-c0cf-15ff-7ce7-d7520d27b33b?t=1589981457593?t=1592398760675› (18.6.2020)
ZG	RRB Zuger Regierung betreffend Massnahmen zur Bekämpfung des Coronavirus (COVID-19): Ermächtigung zum Erlass eines Besuchsverbots in allen Spitälern und Alters- und Pflegeheimen des Kantons Zug (Amtsblattpublikation vom 16.3.2020)	‹https://www.zg.ch/behoerden/gesundheitsdirektion/amt-fuer-gesundheit/corona/rrb-massnahmen-zur-bekaempfung-des-coronavirus/amtsblattpublikation-vom-16-maerz-2020-im-internet-massnahmen-zur-bekaempfung-des-coronavirus.pdf/download› (18.6.2020)
	RRB Zuger Regierung betreffend Massnahmen zur Bekämpfung des Coronavirus (COVID-19): Ermächtigung zum Erlass eines Besuchsverbots in Spitälern, Alters- und Pflegeheimen sowie den sozialen Einrichtungen des Kantons Zug (Amtsblattpublikation vom 15.5.2020)	‹https://www.zg.ch/behoerden/gesundheitsdirektion/amt-fuer-gesundheit/corona/rrb-massnahmen-zur-bekaempfung-des-coronavirus/amtsblattpublikation-vom-14-mai-2020-besuchsverbot-coronavirus/download› (18.6.2020)
ZH	RRB Nr. 231 vom 11.3.2020 betreffend Gesundheitsdirektion (Bekämpfung neues Coronavirus, Massnahmen, Ausgabenbewilligung, Stellenplan Geschäftsfeld Medizin)	‹https://www.zh.ch/bin/ktzh/rrb/beschluss.pdf?rrbNr=231&name=RRB-2020–0231&year=2020&_charset_=UTF-8› (18.6.2020)
	Anordnung und Empfehlung der GD vom 17.3.2020 an die Spitäler betreffend Corona-Virus (5. Aktualisierung, gültig ab 30.5.2020)	‹https://gd.zh.ch/dam/gesundheitsdirektion/direktion/themen/gesundheitsberufe/aerztin_arzt/Coronavirus%202019-nCoV/spitaeler/coronavirus_-spitaeler_anordnungen.pdf.spooler.download.1590651247380.pdf/coronavirus_spitaeler_anordnungen.pdf› (18.6.2020)
	RRB Nr. 288 vom 25.3.2020 betreffend (Tarife für stationär erbrachte Leistungen der Zürcher Listenspitäler im tariflosen Zustand; vorsorgliche Massnahme)	‹https://www.zh.ch/bin/ktzh/rrb/beschluss.pdf?rrbNr=288&name=RRB-2020–0288&year=2020&_charset_=UTF-8› (18.6.2020)

Kanton	Massnahme	Zu finden unter
ZH	Anordnungen und Empfehlungen der GD gegenüber Heimen betreffend COVID-Patientinnen und -Patienten vom 20.3.2020 (6. Aktualisierung; gültig ab 8.6.2020)	‹https://gd.zh.ch/dam/gesundheitsdirektion/direktion/themen/gesundheitsberufe/aerztin_arzt/Coronavirus%202019-nCoV/alters-%20und%20pflegeheime/coronavirus_anordnungen_heime.pdf.spooler.download.1591116576066.pdf/coronavirus_anordnungen_heime.pdf› (18.6.2020)
	RRB Nr. 269 vom 18.3.2020 Gesundheitsgesetz (Änderung vom 29. Oktober 2018; Anpassung an das Epidemiengesetz; Inkraftsetzung)	‹https://www.zh.ch/bin/ktzh/rrb/beschluss.pdf?rrbNr=269&name=RRB-2020–0269&year=2020&_charset_=UTF-8› (18.6.2020)
	RRB Nr. 572 vom 3.6.2020 betreffend Massnahmenpaket zur Unterstützung der Spitäler bei der Bewältigung der finanziellen Folgen der Corona-Pandemie	‹https://www.zh.ch/bin/ktzh/rrb/beschluss.pdf?rrbNr=572&name=RRB-2020–0572&year=2020&_charset_=UTF-8› (18.6.2020)

VI. Schlussbemerkungen

128 Wie der vorliegende Beitrag darlegt, wurden im Bereich des Gesundheits- und Heilmittelrechts eine Vielzahl pandemiebedingter Ausnahmebestimmungen geschaffen. Dem Zweckgedanken des **Epidemienrechts** folgend waren diese Massnahmen am Ziel einer akuten Pandemiebewältigung ausgerichtet. Die gesundheitliche Versorgung sollte auch zur Krisenzeit sichergestellt sein. Um dies zu erreichen, wurden medizinische Leistungserbringer und heilmittelrechtliche Versorger in unterschiedlicher Weise in die Pflicht genommen. Im **gesundheitsrechtlichen Bereich** wurden Leistungserbringer im Rahmen der Kapazitätsbeschaffung zur Bereitstellung ihrer Ressourcen für die Pandemiebewältigung verpflichtet, während ihnen andererseits der weitgehende Verzicht auf ihre sonstige Tätigkeit angeordnet wurde. Im **heilmittelrechtlichen Bereich** wurde zudem die ausreichende Versorgung mit den notwendigen medizinischen Gütern gefordert und gefördert. Während die Massnahmen zur akuten Krisenbewältigung allem Anschein nach erfolgreich verliefen und im Gesundheits- und Heilmittelrecht gut umgesetzt werden konnten, stellen sich insbesondere für die aus der Krise resultierenden finanziellen Folgen für das Gesundheitswesen noch zahlreiche offene Fragen. Nach einer Regelung im Hinblick auf die kurz- oder langfristig resultierenden Folgen der Pandemie respektive der pandemiebedingten Anordnungen, sucht man derzeit noch vergeblich. Das Gesundheitswesen ist im Rahmen der COVID-19-Krise mit ungeahnten Herausforderungen konfrontiert, welche sich nicht nur während der akuten Phase, sondern auch danach stellen. Wo eine sachgerechte Lösung dieser Fragen gestützt auf die geltende Rechtsordnung nicht möglich ist, sind die Akteure des Gesundheitswesens

gefordert, gemeinsam mit dem Gesetzgeber angemessene Lösungen zu schaffen. Dies mit dem Zweck und dem Ziel auch inskünftig eine qualitativ hochstehende gesundheitliche Versorgung zu gewährleisten, die zur Bewältigung ebensolcher gesundheitlicher Krisen in der Lage ist.

§ 23 COVID-19-Erlasse und Sozialversicherungsrecht*

Ueli Kieser

Inhaltsverzeichnis

* Der vorliegende Beitrag geht aus von einem Beitrag des Autors zur Bedeutung der COVID-19-Verordnungen für das Sozialversicherungsrecht, der unter dem Titel «COVID-19-Erlasse und das Sozialversicherungsrecht» in AJP 2020, 552–561 erschienen ist. Dem DIKE-Verlag wird auch an dieser Stelle für die Möglichkeit, auf diesem Beitrag aufbauen zu können, gedankt.

Literaturverzeichnis

Berger Götz Elisabeth, Anspruch der Aktionärin/des Aktionärs einer AG auf Arbeitslosenentschädigung, SZS 2020, 101 ff.; Geiser Thomas/Müller Roland/Pärli Kurt, Klärung arbeitsrechtlicher Fragen im Zusammenhang mit dem Coronavirus, Jusletter vom 23.3.2020; Kieser Ueli, ATSG-Kommentar, 4. Aufl., Zürich 2020; ders., COVID-19-Erlasse und das Sozialversicherungsrecht, AJP 2020, 552–561; Pärli Kurt, Corona-Verordnungen des Bundesrates zur Arbeitslosenversicherung und zum Erwerbsausfall, Sozialversicherungsrechtliche Ansprüche auf notrechtlicher Grundlage, SZS 2020, 122–129.

Materialienverzeichnis

Kreisschreiben des Bundesamtes für Sozialversicherungen über die Entschädigung bei Massnahmen zur Bekämpfung des Coronavirus – Corona-Erwerbsersatz (KS CE; gültig ab 17.3.2020; zit. Kreisschreiben KS CE); vgl. ferner die Angaben im Abschnitt II.2.

I. Einordnung

1 Der Beitrag verfolgt ein doppeltes Ziel: Einerseits soll das heutige Gerüst der Regelungen beleuchtet werden.[1] Andererseits soll auf resultierende Auswirkungen eingegangen werden, wobei sowohl unmittelbare als auch mittelbare Auswirkungen erfasst werden. Dabei bleibt der Blick auf das Sozialversicherungsrecht beschränkt.

II. Übersicht über die (sozialversicherungsrechtlichen) COVID-19-Erlasse und dazugehörende Verwaltungsweisungen

1. Verordnungen

2 Ausgangspunkt bildet die bundesrätliche Verordnung 2[2] über Massnahmen zur Bekämpfung des Coronavirus (COVID-19) (COVID-19-Verordnung 2).[3] Für das Verständnis dieser Verordnung wichtig sind die «Erläuterungen [des Bundesamtes für Gesundheit] zur Verordnung 2 vom 13. März 2020 über Massnahmen zur Bekämpfung des Coronavirus (COVID-19-Verordnung 2), Fassung vom 15.5.2020».[4]

3 Diese allgemeine Verordnung wird für den Bereich des *Sozialversicherungsrechts* durch verschiedene Verordnungen ergänzt. Es geht um die folgenden bundesrätlichen Verordnungen:

- Verordnung über Massnahmen bei Erwerbsausfall im Zusammenhang mit dem Coronavirus (COVID-19) (COVID-19-Verordnung Erwerbsausfall)[5]
- Verordnung über Massnahmen im Bereich der Arbeitslosenversicherung im Zusammenhang mit dem Coronavirus (COVID-19) (COVID-19-Verordnung Arbeitslosenversicherung)[6] inkl. Änderung vom 25. März 2020[7]

1 Der Beitrag wurde am 31.5.2020 abgeschlossen und berücksichtigt die bis dahin zugänglichen Bestimmungen.

2 Diese Verordnung ersetzte die vorangehende Verordnung vom 28. Februar 2020 über Massnahmen zur Bekämpfung des Coronavirus (COVID-19).

3 Verordnung 2 vom 13. März 2020 über Massnahmen zur Bekämpfung des Coronavirus (COVID-19) (COVID-19-Verordnung 2; SR 818.101.24), Stand am 14.5.2020. Die Verordnung ist in der Folge verschiedentlich abgeändert worden, vgl. etwa Änderungen vom 20.3.2020, AS 2020 841, 863, 869.

4 Greifbar unter ‹https://www.bag.admin.ch/bag/de/home/krankheiten/ausbrueche-epidemien-pandemien/aktuelle-ausbrueche-epidemien/novel-cov/massnahmen-des-bundes.html#1310036670› (24.6..2020).

5 Verordnung vom 20. März 2020 über Massnahmen bei Erwerbsausfall im Zusammenhang mit dem Coronavirus (COVID-19) (*COVID-19-Verordnung Erwerbsausfall*; SR 830.31), Stand am 23.4.2020, AS 2020 871.

6 Verordnung vom 20. März 2020 über Massnahmen im Bereich der Arbeitslosenversicherung im Zusammenhang mit dem Coronavirus (COVID-19) (*COVID-19-Verordnung Arbeitslosenversicherung*; SR 837.033), Stand am 9.4.2020, AS 2020 877.

7 Dazu AS 2020 1075.

- Verordnung über Massnahmen im Zusammenhang mit dem Coronavirus (COVID-19) zur Kurzarbeitsentschädigung und zur Abrechnung der Sozialversicherungsbeiträge[8]
- Verordnung über die Verwendung von Arbeitgeberbeitragsreserven für die Vergütung der Arbeitnehmerbeiträge an die berufliche Vorsorge im Zusammenhang mit dem Coronavirus (COVID-19-Verordnung berufliche Vorsorge)[9]

4 Hinzuweisen ist ferner auf die folgenden Erlasse:

- Verordnung über die Abfederung der wirtschaftlichen Auswirkungen des Coronavirus (COVID-19) im Kultursektor (COVID-Verordnung Kultur)[10]
- Verordnung über den befristeten Verzicht auf Verzugszinsen bei verspäteter Zahlung von Steuern, Lenkungsabgaben und Zollabgaben sowie Verzicht auf die Darlehensrückerstattung durch die Schweizerische Gesellschaft für Hotelkredit[11]

5 Soweit erforderlich werden diese Verordnungen in eine gesetzliche Regelung überführt.[12]

2. Kreisschreiben und Verwaltungsweisungen

6 Gerade bei den nach intensiver Vorarbeit der Bundesverwaltung vom Bundesrat erlassenen COVID-19-Verordnungen kommt den Erläuterungen durch die Bundesverwaltung

8 Verordnung vom 20. März 2020 über Massnahmen im Zusammenhang mit dem Coronavirus (COVID-19) zur Kurzarbeitsentschädigung und zur Abrechnung der Sozialversicherungsbeiträge, AS 2020 875. Mit dieser Verordnung werden einzelne Artikel von bestehenden Verordnungen geändert.

9 Verordnung vom 25. März 2020 über die Verwendung von Arbeitgeberbeitragsreserven für die Vergütung der Arbeitnehmerbeiträge an die berufliche Vorsorge im Zusammenhang mit dem Coronavirus (COVID-19-Verordnung berufliche Vorsorge; SR 831.471), Stand am 26.3.2020, AS 2020 1073.

10 Verordnung vom 20. März 2020 über die Abfederung der wirtschaftlichen Auswirkungen des Coronavirus (COVID-19) im Kultursektor (COVID-Verordnung Kultur; SR 442.15), Stand am 21.3.2020, AS 2020 855.

11 Verordnung vom 20. März 2020 über den befristeten Verzicht auf Verzugszinsen bei verspäteter Zahlung von Steuern, Lenkungsabgaben und Zollabgaben sowie Verzicht auf die Darlehensrückerstattung durch die Schweizerische Gesellschaft für Hotelkredit (SR 641.207.2), Stand am 21.3.2020, AS 2020 861.

12 Dazu die Medienmitteilung vom 29.4.2020 (‹https://www.admin.ch/gov/de/start/dokumentation/medienmitteilungen.msg-id-78929.html› [24.6.2020]): «Der Bundesrat hat in seiner Sitzung vom 29. April 2020 die Eckwerte für die Überführung der Notverordnungen, die er zur Bekämpfung der Corona-Krise erlassen hat, in ein Bundesgesetz beschlossen. Er will im Juni ein Vernehmlassungsverfahren eröffnen und dem Parlament Anfang September die entsprechende Botschaft überweisen. Der Bundesrat hat am 16.3.2020 festgestellt, dass eine ausserordentliche Lage gemäss Artikel 7 des Epidemiengesetzes vorliegt. In der Folge hat er verschiedene befristete Verordnungen zur Bewältigung der Corona-Krise erlassen. Im Zentrum steht dabei die COVID-19-Verordnung 2, die sich auf das Epidemiengesetz stützt, sowie weitere Verordnungen, die der Bundesrat gestützt auf Artikel 185 Absatz 3 BV oder auf der Grundlage von Spezialgesetzen erlassen hat. Für die direkt auf die Bundesverfassung gestützten Notverordnungen muss nach spätestens sechs Monaten Geltungsdauer das Verfahren zu deren Überführung in einen Erlass des Parlaments eingeleitet sein. Verabschiedet der Bundesrat innert dieser Frist keine Botschaft, so treten die betreffenden Notverordnungen ausser Kraft und können nicht verlängert werden.».

hohes Gewicht zu. Es sind insbesondere die folgenden Kreisschreiben und Weisungen zu erwähnen:

- Zentral für das Verständnis der allgemeinen sozialversicherungsrechtlichen Leistungsgrundsätze der COVID-19-Verordnung Erwerbsausfall ist das *Kreisschreiben des Bundesamtes für Sozialversicherungen über die Entschädigung bei Massnahmen zur Bekämpfung des Coronavirus – Corona-Erwerbsersatz (KS CE)* (gültig ab 17.3.2020).[13] In diesem 20-seitigen Kreisschreiben finden sich bezogen auf die Leistungsansprüche wichtige konkretisierende Regelungen.
- Weisung des Bundesamtes für Sozialversicherungen über Massnahmen im Zusammenhang mit dem Coronavirus (COVID-19) im Bereich der AHV/IV/EO Beiträge, Organisation und Versicherungsunterstellung (gültig ab 30.3.2020; Stand: 29.4.2020).

III. Grundsätzliche Einordnung der sozialversicherungsrechtlichen COVID-19-Erlasse[14]

1. Abstellen auf bestehende sozialversicherungsrechtliche Systeme

Die Analyse der COVID-19-Regelungen mit sozialversicherungsrechtlichem Bezug zeigt unschwer, dass der Bundesrat auf die *bisherigen sozialversicherungsrechtlichen Systeme* abstellte und keine grundsätzlich neuen Wege einschlug. Dabei bezieht sich dies sowohl auf die Finanzierung (Verzugszinsen, Arbeitgeberbeitragsreserven in der beruflichen Vorsorge) als auch auf die Leistungsansprüche (Prinzip der Leistung bei Erwerbsausfall in Entsprechung zum EO-System, Kurzarbeitsentschädigung). Dies zeigt, dass die bisherigen sozialversicherungsrechtlichen Regelungen auch geeignet sind, unerwartete Entwicklungen mit grössten Auswirkungen jedenfalls kurzfristig aufzufangen. 7

Werden die einzelnen bundesrätlichen Massnahmen eingeordnet, zeigt sich, dass der Bundesrat sich insbesondere auf *sofort wirkende Massnahmen* ausrichtete, welche den Erhalt von Erwerbsmöglichkeiten sichern. Es steht damit offensichtlich die Arbeitslosenversicherung im Vordergrund. Dabei zeigt sich zudem, dass der Bundesrat einzelne Änderungen festlegte, um das sofortige Wirken der bisherigen Leistungen zu stärken (v.a. im Bereich der Kurzarbeitsentschädigung). 8

2. Änderungen bei Einzelelementen

Auffallend bei der Einordnung der bundesrätlichen Festlegungen ist das einzelfallbezogene *Abrücken von bisher eingehaltenen Grundsätzen und Festlegungen.* Dies betrifft im Bereich der Arbeitslosenversicherung insbesondere den Einbezug von arbeitgeberähnlichen Personen in das Leistungssystem dieses Sozialversicherungszweigs. Daneben hat der Bundesrat in koordinationsrechtlicher Hinsicht Regelungen festgelegt, welche von 9

13 Vgl. ‹https://sozialversicherungen.admin.ch/de/d/12721/download› Stand am 20.5.2020 (24.6.2020).

14 Vgl. dazu auch Geiser/Müller/Pärli, Jusletter 23.3.2020; Pärli, SZS 2020, 222–229.

den bisherigen Prinzipien abweichen. Diese Festlegungen können allenfalls andeuten, dass bei späteren Revisionen die entsprechende Regelung wiederum in Betracht gezogen werden könnte.

3. Weniger stark gewichtete Abgrenzung zwischen unselbständiger und selbständiger Erwerbstätigkeit

10 Der Bundesrat strebte mit dem Erlass der COVID-19-Verordnungen im Sozialversicherungsrecht an, die Erwerbstätigkeit insgesamt zu stützen. Die im bisherigen Sozialversicherungsrecht zentrale Abgrenzung zwischen der unselbständigen Erwerbstätigkeit und der selbständigen Erwerbstätigkeit wird damit zurückgedrängt. Für den Bundesrat stand fest, dass sowohl selbständig wie auch unselbständig Erwerbstätige abzusichern sind.

11 Damit ergab sich die Ausgangslage, dass im sozialversicherungsrechtlichen Leistungsrecht besondere Festlegungen erforderlich waren. Der Bundesrat hat zwar den Anspruch auf Leistungen der Arbeitslosenversicherung in verschiedener Hinsicht erleichtert; die Leistungen dieses Sozialversicherungszweigs stehen jedoch nur Unselbständigerwerbenden offen. Um den vom Bundesrat angestrebten Schutz der Selbständigerwerbenden gewährleisten zu können, musste deshalb ein anderer Weg eröffnet werden. Der Bundesrat schuf in der Erwerbsersatzordnung eine besondere Leistungskategorie, welche nur Selbständigerwerbenden offensteht; hier sind also die Unselbständigerwerbenden im Vergleich zu den Selbständigerwerbenden schlechter gestellt. Hinzutretend ist in der Erwerbsersatzordnung eine neue Anspruchskategorie geschaffen worden, welche sowohl unselbständig wie auch selbständig Erwerbenden Leistungen vermittelt. Insgesamt ergibt sich damit zwischen den beiden Kategorien von Erwerbstätigen ein ungefähres Gleichgewicht.

4. Prinzipielle Ausrichtung auf natürliche Personen

12 Im Sozialversicherungsrecht beziehen sich Leistungsansprüche regelmässig auf natürliche Personen. Juristische Personen (Unternehmen, Betriebe etc.) können keine Leistungsansprüche erheben. Indem die COVID-19-Erlasse auf den bestehenden Sozialversicherungssystemen aufbauen, bleibt es bei dieser Ausrichtung der Leistungsansprüche. Dies gilt beispielsweise auch für die Kurzarbeitsentschädigungen.[15]

5. Zwischenergebnis

13 Die nachfolgende Analyse wird sich vertieft mit einzelnen Aspekten der COVID-19-Regelungen befassen. Dabei mögen sich Mängel bzw. Korrekturvorschläge ergeben. Es ist bei dieser Ausgangslage indessen festzuhalten, dass es dem Bundesrat und der Bundesverwaltung gelungen ist, innert kürzester Zeit ein Regelwerk auszuarbeiten und zu verabschieden, welches in der Grundkonzeption *überzeugt, schlüssig ist und insgesamt das*

15 Dazu Art. 31 Abs. 1 AVIG: «Arbeitnehmer, deren normale Arbeitszeit verkürzt oder deren Arbeit ganz eingestellt ist, haben Anspruch auf Kurzarbeitsentschädigung, wenn ...»

Ziel des Erhalts der Erwerbstätigkeit erreicht. Auffallend sind dabei die starke Ausrichtung auf Leistungsansprüche und die weniger stark gewichtete Entlastung der Erwerbstätigkeit durch tiefere Beiträge. Ferner erhalten Selbständigerwerbende eigene Leistungsansprüche, was im bisherigen Sozialversicherungsrecht nicht entsprechend umgesetzt worden war.

IV. Finanzierung der Sozialversicherung

1. Fragestellung

In der Gesamtrechnung der schweizerischen Sozialversicherung werden 183,5 Milliarden Franken ausgewiesen.[16] Damit ist die Belastung durch die Finanzierung der einzelnen Sozialversicherungssysteme ein offensichtlich wesentlicher Faktor für die Weiterführung der Erwerbstätigkeit. 14

Die bisher vom Bundesrat festgelegten COVID-19-Regelungen befassen sich nur in *engen Grenzen mit der Finanzierung der Sozialversicherungssysteme.* Nachfolgend findet sich eine Zusammenstellung der interessierenden Regelungen, welche dabei auch erläutert und in weitere Zusammenhänge gestellt werden. 15

2. Verzugszinsen auf sozialversicherungsrechtlichen Beiträgen

Mit der vorgenannten Verordnung über den befristeten Verzicht auf Verzugszinsen bei verspäteter Zahlung von Steuern, Lenkungsabgaben und Zollabgaben sowie Verzicht auf die Darlehensrückerstattung durch die Schweizerische Gesellschaft für Hotelkredit legte der Bundesrat einen weitgehenden Verzicht auf die Erhebung von Verzugszinsen fest. Nach Art. 2 der Verordnung gilt ein vom 20.3. bis 31.12.2020 befristeter Verzicht auf Verzugszinsen bei verspäteter Zahlung von Steuern, Lenkungsabgaben und Zollabgaben. Der Grund für die verspätete Zahlung ist nach dem Wortlaut der Verordnungsbestimmungen irrelevant. Diese Verordnung erfasst den Verzugszins auf sozialversicherungsrechtlichen Prämien und Beiträgen nicht. Deshalb musste der Bundesrat – wollte er eine vergleichbare Regelung schaffen – eine eigenständige sozialversicherungsrechtliche Ordnung festlegen. Dies hat er in einem eng begrenzten Rahmen in Art. 41bis Abs. 1bis AHVV getan.[17] Diese Bestimmung lautet wie folgt: 16

> 1bis Auf Beiträgen, für die in direktem Zusammenhang mit der Verbreitung des Coronavirus (COVID-19) ein Zahlungsaufschub nach Artikel 34b gewährt wird, sind ab dem Zahlungsaufschub keine Verzugszinsen zu bezahlen.

Diese Bestimmung ist in den Bereichen IV, EO, FamZ und ALV analog anwendbar. Im übrigen Sozialversicherungsrecht (insbesondere in der beruflichen Vorsorge, der Kran- 17

16 Es handelt sich um die Angaben des Jahrs 2018; neuere Zahlen sind gegenwärtig noch nicht greifbar. Vgl. ‹https://www.bsv.admin.ch/bsv/de/home/sozialversicherungen/ueberblick/grsv.html› (24.6.2020).

17 Vgl. dazu Verordnung vom 20. März 2020 über Massnahmen im Zusammenhang mit dem Coronavirus (COVID-19) zur Kurzarbeitsentschädigung und zur Abrechnung der Sozialversicherungsbeiträge, AS 2020 875, Ziff. I.

kenversicherung und der Unfallversicherung) wird indessen nicht auf Art. 41bis AHVV Bezug genommen. Anders als bei den Steuern und den ihnen gleichgestellten Zahlungen entfällt ferner der Verzugszins nur, wenn der Zahlungsaufschub «in direktem Zusammenhang mit der Verbreitung des Coronavirus» und zudem im relativ engen Rahmen von Art. 34b AHVV gewährt wird. Damit hat der Bundesrat eine *sehr restriktive Ordnung* festgelegt. Die Zurückhaltung bei der Gewährung einer Erleichterung wird wesentlich damit zusammenhängen, dass der sozialversicherungsrechtliche Verzugszins in den Bereichen AHV/IV/EO/FamZ/ALV bei 5% liegt.[18] Es wäre indessen überzeugender gewesen, diesen (seit mehreren Jahren offensichtlich zu hohen) Verzugszins generell zu senken und damit eine Parallelität zum Steuerrecht herzustellen.[19]

3. Verwendung von Arbeitgeberbeitragsreserven

18 Arbeitgeberbeitragsreserven werden in der beruflichen Vorsorge aus Geldern gebildet, die eine Arbeitgeberin über ihre gesetzlichen, reglementarischen und vertraglichen Pflichten hinaus der Vorsorgeeinrichtung auf Anrechnung an ihre künftige Beitragspflicht bezahlt. Sie dienen dem Zweck der (künftigen) Beitragszahlung, und zwar insofern, als die Arbeitgeberin ihre Beiträge entweder aus eigenen Mitteln oder eben aus den vorgängig geäufneten Beitragsreserven bezahlt.[20] Arbeitgeberbeitragsreserven haben insbesondere eine steuerliche Bedeutung; nach Art. 81 Abs. 1 BVG gelten nämlich die Einlagen in die Arbeitgeberbeitragsreserven bei den direkten Steuern des Bundes, der Kantone und Gemeinden als Geschäftsaufwand. Beitragsreserven des Arbeitgebers sind zulässig bis zum Fünffachen der vom Arbeitgeber jährlich geschuldeten ordentlichen Beiträge.[21]

19 Mit der Verordnung über die Verwendung von Arbeitgeberbeitragsreserven für die Vergütung der Arbeitnehmerbeiträge an die berufliche Vorsorge im Zusammenhang mit dem Coronavirus (COVID-19-Verordnung berufliche Vorsorge) wird zugelassen, dass eine Arbeitgeberin auch die *Arbeitnehmerbeiträge* aus diesen Arbeitgeberbeitragsreserven bezahlt. Die Verordnung gilt nach ihrem Art. 2 ab 26.3.2020 für sechs Monate. Damit ergibt sich für eine Arbeitgeberin eine *steuerliche Erleichterung*. Diese kommt freilich nur solchen Arbeitgebenden zugute, welche zuvor Arbeitgeberbeitragsreserven geäufnet haben bzw. in der finanziellen Lage sind, entsprechende Reserven zu bilden. Für diese Kategorie von Arbeitgebenden liegt es aus steuerlicher Sicht jedenfalls nahe, von der vorübergehend bestehenden Möglichkeit Gebrauch zu machen. Dabei fällt ins Gewicht, dass die Arbeitgeberbeitragsreserve von den Arbeitgebenden auch zur Vergütung

18 Dazu Art. 42 Abs. 5 AHVV.

19 Vgl. dazu auch AHV/EL Mitteilungen Nr. 418 (Zinsabzug auf dem investierten Eigenkapital 2019), wonach der vom Einkommen abzuziehende Zins des im Betrieb investierten Eigenkapitals (Art. 18 Abs. 2 AHVV) von Selbständigerwerbenden für das Jahr 2019 0% (2018: 0,5%) beträgt.

20 Dazu BGer, 5A_130/2019, 11.12.2019, E. 4.1. Es handelt sich um ein scheidungsrechtliches Urteil, mit dem geklärt wird, welche Bedeutung Arbeitgeberreserven im Bereich der Scheidung erhalten.

21 So Art. 44a Abs. 3 BVV 2.

von Arbeitnehmerbeiträgen verwendet werden, die vor Inkrafttreten der Verordnung fällig und noch nicht beglichen wurden.[22]

4. Sozialversicherungsbeiträge auf Leistungen im Rahmen von COVID-19-Leistungen für Erwerbsausfall

a) Grundsatz

Wie nachfolgend zu zeigen ist, sehen die verschiedenen COVID-19-Verordnungen unterschiedliche Leistungen zugunsten verschiedener Personen vor. Offensichtlich stellt sich die Frage, wie auf den entsprechenden Leistungen allfällige Sozialversicherungsbeiträge (AHV-Beiträge etc.) zu bezahlen sind. 20

Art. 9 der Verordnung über Massnahmen bei Erwerbsausfall im Zusammenhang mit dem Coronavirus (COVID-19) (COVID-19-Verordnung Erwerbsausfall) befasst sich nach seinem Randtitel mit den Beiträgen an Sozialversicherungen und legt im Einzelnen das Folgende fest: 21

[1] Auf der Entschädigung werden Beiträge bezahlt:

a. an die Alters- und Hinterlassenenversicherung;

b. an die Invalidenversicherung;

c. an die Erwerbsersatzordnung;

d. gegebenenfalls an die Arbeitslosenversicherung.

Abs. 2 der Bestimmung ordnet die hälftige Aufteilung der Beiträge, und zwar in folgender Weise:

[2] Die Beiträge sind je zur Hälfte von den Leistungsberechtigten und vom Bund zu tragen.

Damit ist die Frage der sozialversicherungsrechtlichen Beitragszahlung in besonderer Weise geordnet worden. Es fallen unterschiedliche Aspekte ins Gewicht. 22

b) Prinzip der Beitragspflicht bei AHV, IV, EO und ALV

Zu beurteilen ist ein *Anspruch auf Erwerbsausfall.* Dies zeigt bereits der Titel der entsprechenden bundesrätlichen Verordnung.[23] Die Leistungen stehen nur (natürlichen) Personen zu, welche zuvor erwerbstätig waren, wobei sowohl unselbständig wie auch selbständig tätige Personen erfasst werden. Vorgesehen ist – wie nachfolgend zu zeigen sein wird – eine Entschädigung in Form eines Taggelds, welches 80% des durchschnittlichen Einkommens beträgt, das vor dem Erwerbsunterbruch erzielt wurde. Damit liegt klarerweise bei den Erwerbsausfallentschädigungen ein Erwerbseinkommen vor. Soweit also bei der Finanzierung der einzelnen Sozialversicherungszweige auf ein «Erwerbseinkommen» abgestellt wird, ist im Grundsatz davon auszugehen, dass die COVID-19-Erwerbs- 23

22 So ‹https://www.bsv.admin.ch/bsv/de/home/sozialversicherungen/bv/grundlagen-und-gesetze/bv-corona.html› (24.6.2020).

23 COVID-19-Verordnung Erwerbsausfall.

ausfallentschädigungen Teil des massgebenden Erwerbseinkommens bilden. Die Verordnung sieht Beiträge an die AHV, die IV, die EL sowie gegebenenfalls an die ALV vor. Keine Beiträge werden damit an die Vorsorgeeinrichtungen, an die Familienausgleichskassen und die Unfallversicherungen entrichtet. Die Regelung ist offensichtlich an Art. 19*a* EOG angelehnt, welcher analog ausgestaltet ist.

24 Tritt bei einer bezugsberechtigten Person *während des Bezugs* einer COVID-19-Erwerbsausfallentschädigung *ein versichertes Risiko* (Unfall, Invalidität, Tod) ein, beurteilt sich nach den jeweiligen Leistungsbestimmungen, wie die Leistung zu berechnen ist. In der obligatorischen beruflichen Vorsorge ist auf Art. 8 Abs. 3 BVG abzustellen, wonach der bisherige koordinierte Lohn mindestens solange Gültigkeit behält, als die Lohnfortzahlungspflicht des Arbeitgebers nach Art. 324a OR bestehen würde. In der weitergehenden beruflichen Vorsorge ist auf das Reglement bzw. den Anschlussvertrag abzustellen, wobei hier in der Regel eine analoge Lösung vorgesehen ist. Bei der Unfallversicherung fällt ins Gewicht, dass nach Art. 23 Abs. 1 und Art. 24 Abs. 1 UVV für bestimmte Sonderfälle auf denjenigen Lohn abgestellt wird, den die betreffende Person ohne Risikoeintritt erzielt hätte. Der Wortlaut dieser Bestimmungen erfasst die COVID-19-Erwerbsausfallentschädigungen nicht. Es wird bei den – zweifellos eintretenden – Leistungsfällen von einer systemwidrigen Lücke auszugehen sein und die COVID-19-Erwerbsausfallentschädigung analog den genannten Regelungen zu behandeln sein. Bei den Familienzulagen ergeben sich keine besonderen Fragen. Nach Art. 13 Abs. 3 FamZG hat nämlich bereits Anspruch auf Zulagen, wer auf einem jährlichen Erwerbseinkommen, das mindestens dem halben jährlichen Betrag der minimalen vollen Altersrente der AHV entspricht (= gegenwärtig CHF 7110), AHV-Beiträge entrichtet; zudem kann zumeist mehr als nur eine Person Anspruch auf die Familienzulagen erheben.[24]

c) *Prinzip der Beitragsteilung zwischen Bund und Leistungsberechtigten*

25 Art. 9 Abs. 2 COVID-19-Verordnung Erwerbsausfall legt fest, dass die Beiträge an AHV, IV, EO und gegebenenfalls ALV je zur Hälfte von den Leistungsberechtigten und vom Bund zu tragen sind. Diese Regelung entspricht Art. 19a Abs. 1bis EOG. Besondere Vollzugsschwierigkeiten sind nicht zu erwarten.[25] Damit gilt – wie bei den EO-Entschädigungen – eine *Besonderheit bei Selbständigerwerbenden*, welche bei den COVID-19-Entschädigungen nur die Hälfte der Sozialversicherungsbeiträge zu übernehmen haben.

V. Allgemeine leistungsrechtliche Fragen

26 Die bundesrätlichen COVID-19-Verordnungen regeln überwiegend Leistungsansprüche. Die vorstehend behandelten beitragsrechtlichen Themen sind zwar auch Bestandteil der Regelung, doch fallen sie finanziell weit weniger ins Gewicht. Der Bundesrat

24 Zur Konkurrenzregelung bei mehreren Ansprüchen vgl. Art. 7 FamZG.

25 Die Beiträge werden in völliger Entsprechung zum Vorgehen bei den EO-Entschädigungen geordnet; vgl. Kreisschreiben KS CE, Rz 1079.

ging also davon aus, dass insbesondere leistungsseitige Regelungen erforderlich sind, um Erwerbsausfälle zu vermeiden.

Die verschiedenen Ansprüche können in *zwei Hauptgruppen* eingeteilt werden. Zum einen geht es um eine *besondere Erwerbsausfallentschädigung*, welche in weitgehender Übereinstimmung mit dem System der EO-Entschädigungen ausgestaltet wurde. Dieser Entschädigungsanspruch richtet sich an alle Erwerbstätigen, wobei für Selbständigerwerbende eine zusätzliche Leistung vorgesehen ist. Zum anderen sind für die Unselbständigerwerbenden in der *Arbeitslosenversicherung* verschiedene weitreichende Änderungen vorgenommen worden. Diese beiden Hauptgruppen sind nachstehend getrennt zu betrachten und einzuordnen. Dabei beschränkt sich der Beitrag auf die Nennung der wichtigsten Grundsätze und konzentriert sich daneben auf die Erörterung von Auswirkungen der Regelungen. 27

VI. Erwerbsausfallentschädigungen durch die Erwerbsersatzordnung (EO)

1. Übersicht und allgemeine Einordnung

Die Erwerbsersatzordnung ist ein Sozialversicherungszweig, der Leistungsansprüche sowohl für Nichterwerbstätige wie auch für Erwerbstätige vorsieht. Insbesondere können hier – anders als in der Arbeitslosenversicherung – auch Selbständigerwerbende Leistungsansprüche erheben. Weil der Bundesrat anstrebte, einen breit angelegten finanziellen Schutz der Erwerbstätigen zu erreichen, lag es nahe, das System der Erwerbsersatzordnung für COVID-19-Ansprüche vorzusehen. Dabei zeigt die Regelung, dass Selbständigerwerbende besondere Leistungsansprüche erhalten, welche weitergehen als die Ansprüche der Unselbständigerwerbenden. Offensichtlich entschloss sich der Bundesrat zu diesem Vorgehen, um die Selbständigerwerbenden, welche keine Ansprüche gegenüber der Arbeitslosenversicherung erheben können, bei den Ansprüchen gegenüber der Erwerbsersatzordnung besser zu stellen. 28

Die Verordnung über Massnahmen bei Erwerbsausfall im Zusammenhang mit dem Coronavirus (COVID-19) *(COVID-19-Verordnung Erwerbsausfall)* sieht ein umfassendes System von Leistungsansprüchen für Erwerbstätige vor. Zum Verständnis und für die Anwendung der Verordnung ist das vorgenannte *Kreisschreiben* des Bundesamts für Sozialversicherungen über die Entschädigung bei Massnahmen zur Bekämpfung des Coronavirus – Corona-Erwerbsersatz (KS CE) (gültig ab 17.3.2020, Stand am 20.5.2020)[26] unerlässlich. 29

2. Anwendbarkeit der Bestimmungen des ATSG

Die *Bestimmungen des ATSG* sind für die COVID-19-Entschädigungen anwendbar.[27] Dies wirkt sich zunächst bezogen auf verfahrensrechtliche Aspekte aus: Art. 27 bis Art. 55 ATSG (Verwaltungsverfahren, Einspracheverfahren) kommen zur Anwendung, was etwa 30

26 Vgl. ‹https://sozialversicherungen.admin.ch/de/d/12721/download› (24.6.2020).

27 Vgl. Art. 1 COVID-19-Verordnung Erwerbsausfall.

bedeutet, dass die Sozialversicherungsträger über Ansprüche prinzipiell Verfügungen zu erlassen haben.[28] Wesentlich ist ferner, dass die besondere sozialversicherungsrechtliche Rückerstattungspflicht nach Art. 25 ATSG ebenso wie die weitgehende Wiedererwägungsmöglichkeit nach Art. 53 Abs. 2 ATSG zu beachten sind. Bei strittigen Fragen regeln Art. 56 bis Art. 61 ATSG das kantonale Gerichtsverfahren; es ist kostenlos.[29]

3. Art. 2 Abs. 1 bis Abs. 2 COVID-19-Verordnung Erwerbsausfall: Anspruchsvoraussetzungen für Erwerbstätige (Unselbständig- und Selbständigerwerbende)

31 Art. 2 COVID-19-Verordnung Erwerbsausfall trägt den Randtitel «Anspruchsberechtigte» und nennt in Abs. 1 einen weitest gefassten Kreis von Personen. Deshalb kommt der hinzutretenden Einschränkung von Abs. 1bis Bedeutung zu. Hier wird zunächst geklärt, dass nur erwerbstätige Personen Ansprüche erheben können.[30] Anspruchsberechtigt sind Erwerbstätige, wenn sie (bisher) obligatorisch Versicherte im Sinne des AHVG waren.[31] Zu diesen Personen gehören z.B. auch Arbeitnehmende ohne beitragspflichtige Arbeitgebende (sog. ANobAG) nach Art. 6 AHVG.

32 Diese Personen müssen aufgrund von behördlichen Massnahmen gemäss Art. 35 und Art. 40 des Epidemiengesetzes[32] im Zusammenhang mit der Coronaepidemie (COVID-19) die Erwerbstätigkeit unterbrechen; dabei ist eine Beschränkung auf zwei Ursachen zu beachten; Es geht um einen Unterbruch der Erwerbstätigkeit entweder infolge Ausfalls der Fremdbetreuung ihrer Kinder oder infolge Quarantäne.[33]

33 Fremdbetreuung der Kinder: Anspruchsberechtigt sind Eltern mit Kindern bis zum vollendeten 12. Altersjahr, die aufgrund von behördlichen Massnahmen nach der COVID-19-Verordnung 2 die Erwerbstätigkeit infolge Ausfalls der Fremdbetreuung ihrer Kinder unterbrechen müssen.[34] Einschränkend hält Art. 2 Abs. 2 COVID-19-Erwerbsausfall fest, dass für Eltern, die ihre Erwerbstätigkeit unterbrechen müssen, um sich um ihr Kind zu kümmern, während der Schulferien kein Anspruch besteht, es sei denn, das Kind hätte durch eine besonders gefährdete Person im Sinne der COVID-19-Verordnung 2 oder im Rahmen eines von der Schule organisierten Angebots betreut werden sollen. Auffallend ist hier der besondere Schutz von Eltern: über die Regelung des Epidemiengesetzes hinaus[35] werden «Eltern» erfasst, wobei ihnen beim Wegfall der Kinderbetreuung ein Anspruch zu-

28 Vgl. Art. 49 Abs. 1 ATSG.

29 Dazu Art. 61 lit. a ATSG; dazu – und zur Änderung der Kostenfreiheit ab (voraussichtlich) 1.1.2021 – Kieser, ATSG-Kommentar, Art. 61 N 61 ff., 204 ff.

30 Art. 2 Abs. 1bis lit. b COVID-19-Verordnung Erwerbsausfall; hier wird eine Erwerbstätigkeit verlangt.

31 So Art. 2 Abs. 1 lit. c COVID-19-Verordnung Erwerbsausfall.

32 Bundesgesetz vom 28. September 2012 über die Bekämpfung übertragbarer Krankheiten des Menschen (Epidemiengesetz, EpG; SR 818.101), Stand am 1.1.2017.

33 Dazu Art. 2 Abs. 1 COVID-19-Verordnung Erwerbsausfall.

34 So Kreisschreiben KS CE, Rz 1029. Zur Frage, wie es sich mit dem Anspruch bei Homeoffice verhält, vgl. Kreisschreiben KS CE, Rz 1029.2.

35 Hier sind keine besonderen Massnahmen für Eltern vorgesehen. Das Epidemiengesetz verwendet die Begriffe Eltern, Familie oder Angehörige nicht.

steht. Die interessierende Regelung bezieht sich also auf Kreise, die von einer Massnahme nach Art. 35 oder 40 EpG kausal betroffen sind; es geht um Eltern, wenn wegen einer solchen Massnahme die Kinder nicht betreut sind. Die Kausalität wird dahingehend umschrieben, dass der Anspruch besteht, wenn ein Elternteil wegen einer solchen Massnahme die Erwerbstätigkeit unterbrechen «muss». Andere Kausalitäten führen nicht zu einem Leistungsanspruch nach Art. 2 Abs. 1bis COVID-19-Verordnung Erwerbsausfall.[36]

Quarantäne: «Diese Entschädigung richtet sich an Personen, die nicht selber am Virus erkrankt sind, aber aufgrund von Kontakt mit einer positiv getesteten Person respektive einem Verdachtsfall in Quarantäne sind oder aber aus einem Risikogebiet zurück in die Schweiz eingereist sind und von den Behörden unter Quarantäne gestellt wurden.»[37] 34

4. Art. 2 Abs. 1 und Abs. 2 COVID-19-Verordnung Erwerbsausfall: Anspruchsvoraussetzungen für Erwerbstätige (Unselbständig- und Selbständigerwerbende)

a) Einordnung

Für Selbständigerwerbende sieht die COVID-19-Verordnung Erwerbsausfall weitere Tatbestände vor, welche zum Anspruch auf Erwerbsersatz führen. Diese erweiterte Umschreibung der Anspruchsberechtigung ist offensichtlich darauf zurückzuführen, dass Selbständigerwerbende gegenüber der Arbeitslosenversicherung keine Ansprüche stellen können. Für den Bundesrat stellt das Risiko, wegen der COVID-19-Auswirkungen nicht erwerbstätig sein zu können, damit kein Risiko dar, welches üblicherweise von Selbständigerwerbenden individuell zu tragen ist. 35

Besonderen Schutz erhalten Selbständigerwerbende mit tieferen Einkommen. Die Verknüpfung des Anspruchs mit dem tieferen Einkommen ist für Sozialversicherungsleistungen atypisch; regelmässig werden solche Leistungen nämlich unabhängig von einer allfälligen Bedürftigkeit gewährt. 36

b) Art. 2 Abs. 3 COVID-19-Verordnung Erwerbsausfall: Ansprüche wegen einer Massnahme nach Art. 6 Abs. 1 und Abs. 2 der COVID-19-Verordnung 2

Art. 6 Abs. 1 der COVID-19-Verordnung 2 hält fest, dass es verboten ist, «öffentliche oder private Veranstaltungen, einschliesslich Sportveranstaltungen und Vereinsaktivitäten durchzuführen.» In Art. 6 Abs. 2 COVID-19-Verordnung 2 wird festgelegt, dass öffentlich zugängliche Einrichtungen für das Publikum geschlossen sind. Davon sind offensichtlich viele Selbständigerwerbende betroffen. 37

Es stellt sich eine Kausalitätsfrage, welche in Art. 2 Abs. 3 der COVID-19-Verordnung Erwerbsausfall damit umschrieben wird, dass die Selbständigerwerbenden «auf- 38

---

36 Zu denken ist an den Sachverhalt, bei dem die erwerbstätige Person wegen Wegfall von Verkehrsverbindungen die Arbeitsstelle nicht (rechtzeitig) erreichen oder wegen Wegfall von Arbeitsmaterialien nicht erwerbstätig sein kann.

37 So Kreisschreiben KS CE, Rz 1035 f.

grund einer Massnahme» einen Erwerbsausfall erleiden. Kann sich auch ein selbständigerwerbender Zulieferer auf einen «Erwerbsausfall» berufen, wenn er den Geschäften keine Lieferungen mehr zu machen hat? Kann die Bergführerin einen Erwerbsausfall geltend machen, weil ihre Gäste im lokalen Sportgeschäft keine Skiausrüstung mehr mieten können? Es geht um eine natürliche Kausalität sowie um eine allfällige Begrenzung derselben durch die adäquate Kausalität. Es wird in der Kausalitätskette wohl neben der direkt betroffenen Person (im letztgenannten Beispiel die Inhaberin des Sportgeschäfts) auch die mittelbar betroffene Person der Bergführerin noch erfasst sein; denn der Bundesrat strebt mit seinen weitreichenden Massnahmen einen umfassenden Schutz der Erwerbstätigen an, ohne dabei strenge Kausalitätsprüfungen festzulegen.[38]

c) *Art. 2 Abs. 3bis COVID-19-Verordnung Erwerbsausfall: Ansprüche von Selbständigerwerbenden mit tieferem Einkommen*

39 Besonders geschützt sind Selbständigerwerbende mit einem tieferen (bisherigen) Einkommen. Solche Selbständigerwerbende haben Anspruch auf eine Entschädigung, wenn sie aufgrund der vom Bundesrat beschlossenen Massnahmen einen indirekten Erwerbsausfall erleiden, auch wenn ihr Betrieb nicht geschlossen werden musste. Es geht also um einen Erwerbsersatz für Selbständigerwerbende, die nicht direkt von Betriebsschliessungen oder vom Veranstaltungsverbot betroffen sind. Es kommt hinzu, dass bei dieser Personengruppe das für die Bemessung der Beiträge der AHV massgebendes Einkommen für das Jahr 2019 zwischen CHF 10 000 und CHF 90 000 liegen muss.[39]

40 Die Bestimmung dieses Einkommens verursacht offensichtlich Schwierigkeiten, wenn die Bemessungsfaktoren (noch) nicht bekannt sind. Es muss davon ausgegangen werden, dass im Rahmen der Verjährungsvorschriften auch nachträglich noch Ansprüche geltend gemacht werden können, wenn erst später feststeht, dass das Einkommen des Jahrs 2019 innerhalb der genannten Grenzen liegt. Es besteht damit eine zur Festlegung der Leistungshöhe parallele Schwierigkeit.[40]

41 Im Übrigen ist eine äusserst weitgefasste Kausalität festgelegt. Es reicht aus, dass die Kategorie von Erwerbstätigen «aufgrund» irgendeiner bundesrätlichen Massnahme zur Bekämpfung des Coronavirus einen Erwerbsausfall erleiden. Offensichtlich wird es schwer fallen, normale konjunkturelle Schwankungen (nach unten) von COVID-19-bedingten Schwankungen abzugrenzen.

38 Vgl. dazu auch Kreisschreibens KS CE, Rz 1039: «Zudem können auch Selbstständig erwerbende [sic] Anspruch erhalten, welche durch die Absage der Veranstaltungen Dienstleistungen und Aufträge für und an der Veranstaltung nicht haben erbringen können. Dazu gehören beispielsweise Lieferanten, Messebauer, Licht- und Tontechniker, Zeltbauer usw.»

39 «Für die Ermittlung der Einkommensgrenzen (CHF 10 000 und CHF 90 000) wird grundsätzlich auf das Erwerbseinkommen, welches als Grundlage für die Beitragsrechnungen 2019 (Akontorechnungen) herangezogen wurde, abgestellt. (Rz 1065–1068 sind sinngemäss anwendbar)»; so Kreisschreiben KS CE, Rz 1041.3.

40 Dazu Abschnitt VI.5.

5. Leistungsanspruch

Sind die Anspruchsvoraussetzungen erfüllt, ergeben sich Leistungsansprüche. Diese sind unterschiedlich umschrieben. Die folgende Tabelle zeigt die wesentlichen Elemente des Leistungsanspruchs. 42

Übersicht zu den Leistungsansprüchen

Anspruchsberechtigte	Leistungsanspruch	Rechtliche Grundlagen/ Bemerkungen/Beispiel
Unselbständig-erwerbende und Selbständigerwerbende in *Quarantäne*; Anspruch nach Art. 2 Abs. 1 bis Abs. 2 COVID-19-Verordnung Erwerbsausfall	1. Anspruch ab 4. Tag nachdem die Voraussetzungen nach Artikel 2 erfüllt sind. 2. Anspruch endet, wenn die Massnahmen gem. Art. 7, 35 und 40 EpG aufgehoben werden. 3. Für Personen in Quarantäne werden pro Quarantänefall höchstens 10 Taggelder ausgerichtet. 4. Das Taggeld beträgt 80 Prozent des durchschnittlichen Erwerbseinkommens, das vor Beginn des Anspruchs auf die Entschädigung erzielt wurde. Die Entschädigung beträgt höchstens 196 Franken pro Tag.	Art. 3, Art. 4 COVID-19-Verordnung Erwerbsausfall Auffallend ist die Beschränkung auf maximal 10 Taggelder. Was eine «Quarantäne» ist, wird in der Verordnung nicht konkretisiert. Massgebend wird sein, dass besonders gefährdete Personen zu Hause bleiben und Menschenansammlungen meiden sollen (Art. 10b Abs. 1 COVID-19-Verordnung 2). *Beispiel*: X, als Wanderleiterin erwerbstätig, muss sich wegen einer besonderen Gefährdung zu Hause aufhalten und kann die angestammte Tätigkeit nicht ausüben. Sie kann (höchstens) 10 Taggelder beanspruchen, welche das zuvor durchschnittlich erzielte Einkommen zu 80% abdecken.
Unselbständig-erwerbende und Selbständigerwerbende mit *Betreuungsaufgaben*; Anspruch nach Art. 2 Abs. 1 und Abs. 2 COVID-19-Verordnung Erwerbsausfall	1. Anspruch ab Erfüllung der Voraussetzungen 2. Anspruch endet, wenn die Massnahmen gem. Art. 7, 35 und 40 EpG aufgehoben werden. 3. Selbstständigerwerbenden werden höchstens 30 Taggelder ausgerichtet. 4. Das Taggeld beträgt 80 Prozent des durchschnittlichen Erwerbseinkommens, das vor Beginn des Anspruchs auf die Entschädigung erzielt wurde. Die Entschädigung beträgt höchstens 196 Franken pro Tag.	Art. 3, Art. 4 COVID-19-Verordnung Erwerbsausfall Selbständigerwerbende haben einen weniger weitgehenden Anspruch als Unselbständigerwerbende. Offen ist, was eine Betreuungsaufgabe beinhaltet und inwieweit diese Aufgabe effektiv übernommen werden muss. Übernimmt z.B. ein erwerbstätiger Vater, welcher seiner 11-jährigen Tochter täglich drei Mahlzeiten zubereitet, eine Betreuungsaufgabe, welche ihm die Erwerbstätigkeit verunmöglicht? *Beispiel*: X, Verwaltungsjurist, übernimmt Betreuungsaufgaben für die beiden Kinder im Alter von 3 und

Anspruchsberechtigte	Leistungsanspruch	Rechtliche Grundlagen/ Bemerkungen/Beispiel
		6 Jahren. Die beiden Kinder wären durch den 69-jährigen Grossvater betreut worden, welcher indessen als besonders gefährdete Person die Betreuung nicht übernehmen kann. Während höchstens 30 Tagen kann X Taggelder beanspruchen, welche das zuvor erzielte Einkommen zu 80% abdecken.
Selbständigerwerbende nach Art. 2 Abs. 3 COVID-19-Verordnung Erwerbsausfall	1. Anspruch ab Erfüllung der Voraussetzungen 2. Anspruch endet am 16.5.2020, sofern gem. dem vom Bundesrat beschlossenen Plan zur Lockerung der Massnahmen zum Schutz der Bevölkerung ihnen die Wiederaufnahme ihrer Tätigkeit bewilligt worden ist. 3. Das Taggeld beträgt 80 Prozent des durchschnittlichen Erwerbseinkommens, das vor Beginn des Anspruchs auf die Entschädigung erzielt wurde. Die Entschädigung beträgt höchstens 196 Franken pro Tag.	Art. 3, Art. 4 COVID-19-Verordnung Erwerbsausfall *Beispiel*: X, Bergführerin, kann die geplante Skitour auf den Bunderspitz/BE nicht durchführen, weil für die Gäste im Sportgeschäft keine Skier zur Verfügung gestellt werden können. Der entstandene Erwerbsausfall wird zu 80% ersetzt.
Selbständigerwerbende nach Art. 2 Abs. 3bis COVID-19-Verordnung Erwerbsausfall	1. Anspruch ab Erfüllung der Voraussetzungen 2. Anspruch endet am 16.5.2020. 3. Das Taggeld beträgt 80 Prozent des durchschnittlichen Erwerbseinkommens, das vor Beginn des Anspruchs auf die Entschädigung erzielt wurde. Die Entschädigung beträgt höchstens 196 Franken pro Tag.[41]	Art. 3, Art. 4 COVID-19-Verordnung Erwerbsausfall Zentral wird hier die Klärung der Frage sein, welche Selbständigerwerbenden mit tieferem Einkommen einen massgebenden «Erwerbsausfall» erleiden.[42] *Beispiel*: X, Grafiker, hat sich ausgerichtet auf die Gestaltung von Konzertprogrammen und dazugehörigem Werbematerial. Die Aufträge fallen weg, weil die Konzerte nicht durchgeführt werden können.

41 Die Begrenzung auf CHF 196 bleibt auch für die Kategorie von Selbständigewerbenden mit tieferen Einkommen massgebend. Bei hier maximal massgebenden Einkommen von CHF 90 000 ergibt sich – bei einer Abdeckung zu 80% – ein Taggeld von CHF 197, sodass die Begrenzung nicht zusätzlich abzusenken ist.

42 Dazu Abschnitt VI.4.c.

Anspruchsberechtigte	Leistungsanspruch	Rechtliche Grundlagen/ Bemerkungen/Beispiel
		Im Jahr 2019 hatte X ein AHV-massgebendes Einkommen von CHF 36 000 erzielt, sodass er einen Anspruch erheben kann. Wenn die Aufträge auch nach dem 16.5.2020 ausbleiben, kann kein weiterer Erwerbsausfall geltend gemacht werden.

Für die Bemessung des Anspruchs ist auf das durchschnittliche Einkommen abzustellen. Massgebend ist das Erwerbseinkommen, das vor Beginn des Anspruchs auf die Entschädigung erzielt wurde. Für die Ermittlung dieses Einkommens ist Art. 11 Abs. 1 EOG sinngemäss anwendbar.[43] Das Kreisschreiben KS CE legt dabei fest, dass eine nachträgliche Anpassung des Erwerbseinkommens infolge der definitiven Steuermeldung keine Änderung in der Entschädigung bewirkt; dasselbe gilt für Änderungen der AHV-Beitragszahlungen für das Jahr 2019, welche nach dem 17.3.2020 erfolgten.[44] Ob die letztgenannte Regelung des Kreisschreibens KS CE mit dem übergeordneten Recht in Übereinstimmung steht, ist zweifelhaft. Denn nach Art. 5 Abs. 2 COVID-19-Verordnung Erwerbsausfall ist Art. 11 Abs. 1 EOG sinngemäss anwendbar. In der EO wird auf dasjenige Einkommen abgestellt, von dem die Beiträge nach dem AHVG erhoben werden.[45] Dies wird durch Art. 7 Abs. 1 EOV für Selbstständigerwerbende so konkretisiert, dass die EO-Entschädigung auf Grund des auf den Tag umgerechneten Erwerbseinkommens berechnet wird, «das für den letzten vor dem Einrücken verfügten AHV-Beitrag massgebend war». In der Folge wird ergänzend festgehalten, dass die Neuberechnung der Entschädigung verlangt werden kann, wenn «für das Jahr der Dienstleistung später ein anderer AHV-Beitrag verfügt» wird. Wegen der sinngemässen Anwendung der EO-Regelung auf die COVID-19-Erwerbsausfallentschädigung ist diese nachträgliche Anpassungsmöglichkeit ebenfalls zu berücksichtigen. Allfällige Gesichtspunkte der vereinfachten Verwaltungsdurchführung können nicht so berücksichtigt werden, dass Änderungen nach dem 17.3.2020 nicht mehr ins Gewicht fallen. 43

6. Leistungskoordination

a) Allgemeine Einordnung

Offensichtlich ist denkbar, dass neben die COVID-19-Erwerbsausfallentschädigung weitere Ansprüche treten können. Damit muss eine allfällige Leistungskoordination geregelt werden. Die Erwerbsausfallentschädigung ist nach Art. 2 Abs. 4 der COVID-19-Verord- 44

43 So Art. 5 Abs. 1 und Abs. 2 COVID-19-Verordnung Erwerbsausfall.

44 Vgl. Kreisschreiben KS CE, Rz 1068.

45 Art. 11 Abs. 1 EOG verwendet nicht die Vergangenheitsform («wurden»), sondern betont die prinzipielle AHV-Beitragspflicht.

nung Erwerbsausfall «subsidiär zu sämtlichen Leistungen von Sozialversicherungen und Versicherungen nach dem Versicherungsvertragsgesetz vom 2. April 1908 sowie zu Lohnfortzahlungen von Arbeitgebern.» Damit legt die Verordnung eine *Prioritätenordnung* fest und bezieht sich dabei auf alle Koordinationsebenen, d.h. auf die intra-, die intersystemische und die extrasystemische Koordinationsebene. Die Regelung ist nicht leicht zu konkretisieren.[46] Es ist indessen in prinzipieller Hinsicht von einer Massgeblichkeit des Kongruenzprinzips auszugehen. Dabei fällt ins Gewicht, dass das sozialversicherungsrechtliche Koordinationsrecht an sich vom Kongruenzprinzip bestimmt wird, und zwar sowohl auf der inter- wie auch der extrasystemischen Ebene.[47]

b) *Intrasystemische Koordination (d.h. innerhalb von COVID-19-Erwerbsausfallentschädigungen)*

45 Ausgangspunkt für die Beantwortung einer allfälligen intrasystemischen Leistungskoordination bildet die Regelung von Art. 2 Abs. 8 COVID-19-Verordnung Erwerbsausfall. Danach wird nur ein Taggeld ausgerichtet, wenn die anspruchsberechtigte Person aufgrund verschiedener Massnahmen des EpG Anspruch auf die Entschädigung hat. Diese Regelung legt eine absolute Prioritätenordnung beim Zusammenfallen verschiedener Erwerbsausfallentschädigungen fest. Allerdings fehlt es an der für eine Prioritätenordnung typischen Festlegung einer Leistungsreihenfolge und auch an einer Regelung, wonach bei mehreren (gegebenenfalls unterschiedlich hohen) Leistungsansprüchen der jeweils höhere Anspruch massgebend ist.

46 Im Kreisschreiben KS CE wird die intrasystemische Koordination wie folgt geordnet:

> «Der Anspruch auf die Entschädigung ist subsidiär zu sämtlichen Leistungen von Sozialversicherungen (insbesondere auch Kurzarbeitsentschädigung) und Versicherungen nach VVG wie z.B. einer privaten Krankentaggeldversicherung. Pro Person und Bezugstag wird nur aufgrund einer Anspruchsgrundlage (Ausfall der Fremdbetreuung, Quarantäne, Veranstaltungsverbot, Betriebsschliessung oder Härtefallregelung) eine Entschädigung entrichtet. Bei einem Ausfall der Fremdbetreuung erhalten die Eltern für den gleichen Tag nur ein Taggeld, da die Betreuung aufgeteilt werden kann. Hat ein Elternteil, der vom Ausfall der Fremdbetreuung betroffen ist, bereits Anspruch auf eine Entschädigung aufgrund einer anderen Anspruchsgrundlage (Quarantäne, Betriebsschliessung, Veranstaltungsverbot oder Härtefallregelung), so erhält der andere Elternteil keine Entschädigung für den Ausfall der Fremdbetreuung, sofern dadurch die Kinderbetreuung gewährleistet werden kann. Entschädigungen infolge Betriebsschliessungen, Veranstaltungsverbot, Härtefallregelung oder Quarantäne, können aber von jedem Elternteil für den gleichen Tag bezogen werden.»[48]

47 Die eingeschränkte Bedeutung der Fremdbetreuung als Leistungsvoraussetzung lässt sich daran erkennen, dass bei zwei betreuenden Elternteilen nur einer die Ausfallent-

---

46 Vgl. dazu auch Kreisschreiben KS CE, Rz 1042: «Der Anspruch auf die Entschädigung ist subsidiär zu sämtlichen Leistungen von Sozialversicherungen (insbesondere auch Kurzarbeitsentschädigung) und Versicherungen nach VVG wie z.B. einer privaten Krankentaggeldversicherung.».

47 Dazu eingehender KIESER, ATSG-Kommentar, Art. 63 N 52 ff.; zur Massgeblichkeit des Kongruenzprinzips beim Regressrecht vgl. Art. 74 ATSG.

48 Kreisschreiben KS CE, Rz 1042 bis 1047.

schädigung beanspruchen kann. Dies wird in der Verordnung ausdrücklich festgehalten[49] und lässt zudem die in der Verordnung angelegte Subsidiarität der entsprechenden Ausfallentschädigung erkennen.[50] Wie es sich verhält, wenn der eine Elternteil eine Lohnfortzahlung beansprucht und der andere (beispielsweise selbständigerwerbende) Elternteil einen Erwerbsausfall beansprucht, ist offen. Weil mit der Lohnfortzahlung bei Arbeitsverhinderung die Betreuung übernommen werden kann, ist wohl von einem Wegfall des Anspruchs auf die Erwerbsausfallentschädigung auszugehen.

c) *Intersystemische Koordination (d.h. mit anderen Sozialversicherungsleistungen)*

Nach Art. 2 Abs. 4 COVID-19-Verordnung Erwerbsausfall ist die COVID-19-Entschädigung subsidiär zu sämtlichen Leistungen der Sozialversicherungen. Dabei ist insbesondere unklar, ob bei der interessierenden Koordinationsregel das Kongruenzprinzip zu beachten ist oder nicht. Soll die Witwe, welche eine Witwenrente bezieht, keine Erwerbsausfallentschädigung erhalten? Kann die teilinvalide Person, welche eine Teilinvalidenrente erhält, den Anspruch bezogen auf eine bisher ausgeübte Erwerbstätigkeit nicht beanspruchen? Gemeint ist wohl, dass nur beim Zusammenfallen von Leistungsansprüchen, die je auf den Ersatz von wegfallendem Erwerbseinkommen gerichtet sind, die «andere» Leistung vorgeht. Die sozialversicherungsrechtliche Witwenrente entschädigt beispielsweise nicht den eigenen Erwerbsausfall, sondern das wegfallende Einkommen der verstorbenen Person, sodass die COVID-19-Erwerbsausfallentschädigung trotzdem zu gewähren ist. Insoweit ist der Nachrang der Erwerbsausfallentschädigung nur mit Blick auf kongruente Sozialversicherungsleistungen massgebend. 48

d) *Extrasystemische Koordination*

aa) Koordination mit Privatversicherungsleistungen

Art. 2 Abs. 4 der COVID-19-Verordnung Erwerbsausfall hält fest, dass die Entschädigung subsidiär zu sämtlichen Leistungen von Versicherungen nach dem Versicherungsvertragsgesetz vom 2. April 1908 ist. Eine Subsidiarität der sozialversicherungsrechtlichen Leistung im extrasystemischen Bereich (z.B. gegenüber Privatversicherungen, arbeitsvertraglichen Ansprüchen etc.) ist an sich nicht typisch,[51] soll nun aber offenbar bezogen auf die COVID-19-Erwerbsausfallentschädigungen gelten. Bei einer VVG-Taggeldversicherung, welche wegen Arbeitsverhinderung Leistungen erbringt, ist das wegfallende Einkommen bereits «ersetzt», sodass nicht hinzutretend eine COVID-19-Erwerbsausfallentschädigung beansprucht werden kann. Es liegt allerdings nahe, die 49

49 Vgl. Art. 2 Abs. 6 COVID-19-Verordnung Erwerbsausfall: «Es können beide Elternteile aufgrund des Ausfalls der Fremdbetreuung anspruchsberechtigt sein. Pro Erwerbstag kann jedoch nur ein Taggeld beansprucht werden.»

50 Dazu Art. 2 Abs. 2 COVID-19-Verordnung Erwerbsausfallentschädigung (keine Entschädigung während Schulferien).

51 Dazu KIESER, ATSG-Kommentar, Art. 63 N 8 ff.

aus einer Summenversicherung gewährte Leistung koordinationsrechtlich nicht einzuschliessen und damit die COVID-19-Entschädigung jedenfalls zu gewähren.

bb) Koordination mit arbeitsvertraglichen Ansprüchen

50 Nach Art. 2 Abs. 4 COVID-19-Verordnung Erwerbsausfall ist die Entschädigung subsidiär zu Lohnfortzahlungen von Arbeitgebenden. Auch dieser Vorrang der extrasystemischen Leistung ist koordinationsrechtlich für das Sozialversicherungsrecht atypisch. Massgebend wird damit die arbeitsvertragliche Frage sein, inwieweit eine Lohnfortzahlungspflicht nach Art. 324a OR greift, was sich danach beantwortet, ob eine massgebende Arbeitsverhinderung besteht. Soweit eine Lohnfortzahlung erfolgt, entfällt der Anspruch auf die Erwerbsausfallentschädigung. Unklar ist in diesem Zusammenhang die Regelung, ob der Anspruch auch durch den Arbeitgeber geltend gemacht werden kann, wenn der Arbeitgeber Lohnfortzahlung leistet.[52]

e) Überentschädigungsgrenze

51 Mit der absoluten Subsidiaritätsregelung gemäss Art. 2 Abs. 4 der *COVID-19-Verordnung Erwerbsausfall* entstehen keine Überentschädigungsfragen, was allerdings unbillig sein kann.[53]

7. Weitere Fragen (Übersicht)

52 Der Anspruch auf die Erwerbsausfallentschädigung ist nicht an ein bestimmtes Minimal- oder Maximalalter gebunden; so können beispielsweise auch erwerbstätige Personen nach Erreichen der ordentlichen Altersgrenze Anspruch haben.[54] Der Anspruch endet vorzeitig bei Auflösung des Arbeitsverhältnisses oder bei Aufgabe der selbständigen Erwerbstätigkeit.[55] Der Anspruch infolge Abfederung von Härtefällen bei Selbstständigerwerbenden ist auf die Dauer von zwei Monaten nach Inkrafttreten der Verordnungsbestimmungen beschränkt; er endete somit spätestens am 16.5.2020.[56] Für Personen, die Anspruch auf eine Entschädigung infolge Ausfalls der Fremdbetreuung haben, werden pro fünf bezogene Taggelder zwei zusätzliche Taggelder ausgerichtet.[57]

52 Dazu Kreisschreiben KS CE, Rz 1006. Es ist wohl gemeint, dass die Arbeitgeberin eine Vorschussleistung nach Art. 19 Abs. 2 ATSG leistet.

53 Beispiel: Es besteht eine Taggeldversicherung, welche – als Schadenversicherung ausgestaltet – pro Tag aufgrund der vereinbarten Deckungshöhe eine Leistung von CHF 50 gewährt; das wegfallende Einkommen beläuft sich indessen auf CHF 100 pro Tag. Wegen der absoluten Subsidiarität kann bei dieser Ausgangslage keine COVID-19-Entschädigung beansprucht werden.

54 Dazu Kreisschreiben KS CE, Rz 1020.

55 Dazu Kreisschreiben KS CE, Rz 1052.

56 So Kreisschreiben KS CE, Rz 1052.1. Diese Regelung kann nicht so verstanden werden, dass der Anspruch in der Folge nicht mehr geltend gemacht werden kann. Es wird damit nicht das Erlöschen der Anspruchsgeltendmachung umschrieben, sondern einzig der Zeitraum des Leistungsanspruchs.

57 Dazu Kreisschreiben KS CE, Rz 1055 (später aufgehoben): «Für Personen, die Anspruch auf eine Entschädigung infolge Ausfalls der Fremdbetreuung haben, werden pro fünf bezogene Taggelder zwei zu-

Die Entschädigung beträgt 80% des durchschnittlichen Erwerbseinkommens, welches die jeweilige anspruchsberechtigte Person unmittelbar vor dem Unterbruch der Erwerbstätigkeit erzielt hat.[58] Die Verrechnung des Anspruchs ist eingeschränkt.[59]

VII. Entschädigungen der Arbeitslosenversicherung

1. Einordnung

Die Arbeitslosenversicherung ist ein Sozialversicherungszweig mit einem breit gefächer- 53
ten Leistungsangebot. Versichert sind die Risiken der Arbeitslosigkeit, der Kurzarbeit, des schlechten Wetters sowie der Insolvenz von Arbeitgeberin und Arbeitgeber. Die Arbeitslosenentschädigung versichert *nur den Risikoeintritt bei (bisher) Unselbständigerwerbenden*. Bei den Massnahmen zur Sicherung der Erwerbstätigkeit im Zusammenhang mit COVID-19 liegt der Beizug der Instrumente dieses Sozialversicherungszweigs offensichtlich nahe.

Der Bundesrat stützt sich in seinen Regelungen auf das bestehende Instrumentarium 54
ab und passt einzelne Leistungen bezogen auf die zu erfüllenden Voraussetzungen den Besonderheiten der aktuellen Situation an. Dabei handelt es sich um an sich wenig zentrale Veränderungen, die indessen erhebliche Tragweite haben. Die Änderungen beschränken sich weitgehend auf den Bereich der *Kurzarbeit*. Allerdings hat der Bundesrat generell festgelegt, dass *alle anspruchsberechtigten Personen* gemäss AVIG *zusätzlich höchstens 120 Taggelder* erhalten; der aktuelle Höchstanspruch wird dadurch nicht belastet; die Rahmenfrist für den Leistungsbezug wird bei Bedarf um zwei Jahre verlängert.[60]

Als rechtliche Grundlage steht die Verordnung über Massnahmen im Bereich 55
der Arbeitslosenversicherung im Zusammenhang mit dem Coronavirus (COVID-19) *(COVID-19-Verordnung Arbeitslosenversicherung)* im Vordergrund. Die Verordnung trat rückwirkend auf den 17.3.2020 in Kraft und gilt mit Ausnahme von Art. 8[61] für die Dauer von sechs Monaten ab Inkrafttreten.[62] Ergänzend ist auf die Verordnung über

---

sätzliche Taggelder ausgerichtet». Diese Vollzugsregelung ging offensichtlich zurück auf Art. 4 Abs. 2 COVID-19-Verordnung Erwerbsausfall; hier wird das Folgende bestimmt: «Pro fünf Taggelder werden zusätzlich zwei Taggelder ausgerichtet.» Diese Regelung scheint zu weit gefasst zu sein; sie kann sich von ihrer Zielsetzung her nur auf Taggelder beziehen, welche pro Woche (maximal) fünfmal gewährt werden; dies verhält sich nicht bei allen Erwerbsausfallentschädigungen so, sondern kann nur bei Taggeldern wegen Ausfalls der Fremdbetreuung der Kinder Bedeutung erhalten. Die betreffende Randziffer ist in der Folge gestrichen worden.

58 Dazu Kreisschreiben KS CE, Rz 1058.

59 Dazu Kreisschreiben KS CE, Rz 1078: «Die in Rz 7018–7022 WEO aufgeführten Bestimmungen zur Verrechnung sind hier nicht anwendbar.»

60 Dazu Art. 8a COVID-19-Verordnung Arbeitslosenversicherung. Art. 8d und Art. 8e COVID-19-Verordnung Arbeitslosenversicherung enthalten sodann Vereinfachungen bei der Erfüllung der Kontrollpflichten.

61 Art. 8 hat folgenden Wortlaut: «Für das Jahr 2020 wird die Beteiligung des Bundes um 6 Milliarden Franken erhöht.»

62 So Art. 9 COVID-19-Verordnung Arbeitslosenversicherung.

Massnahmen im Zusammenhang mit dem Coronavirus (COVID-19) zur Kurzarbeitsentschädigung und zur Abrechnung der Sozialversicherungsbeiträge hinzuweisen; mit dieser Verordnung wurden die Art. 46 Abs. 4 und Abs. 5 (betreffend Berücksichtigung von bisher geleisteten Mehrstunden) sowie Art. 50 Abs. 2 AVIV (Berücksichtigung von Karenztagen) aufgehoben; auch diese Verordnung gilt für sechs Monate.[63]

Nachfolgend wird eine Kategorisierung der vorgesehenen Massnahmen vorgenommen.

2. Ausdehnung des Anspruchs auf Kurzarbeitsentschädigung

56 Der Anspruch auf Kurzarbeitsentschädigung wird auf zwei Kategorien von Versicherten ausgedehnt, nämlich auf

- mitarbeitende Ehegatten oder (mitarbeitende) eingetragene Partnerinnen oder Partner der Arbeitgeberin bzw. des Arbeitgebers;[64]
- Personen, die in ihrer Eigenschaft als Gesellschafter, als finanziell am Betrieb Beteiligte oder als Mitglieder eines obersten betrieblichen Entscheidungsgremiums die Entscheidungen des Arbeitgebers bestimmen oder massgeblich beeinflussen können, sowie ihre mitarbeitenden Ehegatten oder eingetragenen Partnerinnen oder Partner.[65]

57 Dies stellt eine *prinzipiell gewichtige* und zugleich *praxisrelevante* Änderung dar. Nach bisheriger Regelung waren die vorgenannten Personen nämlich – mit Blick auf die generelle Vermeidung des Rechtsmissbrauchs – von der Anspruchsberechtigung ausgeschlossen. Die entsprechende Regelung war freilich seit je teilweise umstritten (und wurde in der Lehre weit überwiegend abgelehnt) und hat zu regelmässigen gerichtlichen Auseinandersetzungen geführt. Der bei der Kurzarbeitsentschädigung, bei der Schlechtwetterentschädigung sowie bei der Insolvenzentschädigung gesetzlich ausdrücklich festgehaltene Ausschluss bestimmter Personenkategorien[66] ist zudem (und insbesondere) von der Rechtsprechung *analog* auf Personen angewendet worden, die Arbeitslosenentschädigung verlangen.[67]

58 Für eine Frist von sechs Monaten ist nun der Anspruch auf Kurzarbeitsentschädigung auf die vorgenannten zwei Personenkategorien ausgedehnt worden, was offensichtlich einem Bedürfnis nach entsprechender Risikoabdeckung entspricht. Zu beachten ist dabei, dass die Grundvoraussetzung der bisherigen unselbständigen Tätigkeit auch von diesen zwei Personenkategorien erfüllt werden muss. Es geht also nicht darum, dass bisher selbständig tätige Personen Anspruch auf Kurzarbeitsentschädigung erheben können.[68]

---

63 Die Frist läuft ab 21.3.2020 (vgl. Ziff. II der Verordnung).

64 Dazu Art. 1 COVID-19-Verordnung Arbeitslosenversicherung.

65 Dazu Art. 2 COVID-19-Verordnung Arbeitslosenversicherung.

66 Vgl. Art. 31 Abs. 3 lit. c (Kurzarbeitsentschädigung), Art. 42 Abs. 3 (Schlechtwetterentschädigung), Art. 51 Abs. 2 AVIG (Insolvenzentschädigung).

67 Dazu BGE 145 V 200 E. 4.1. Darstellung der aktuellen Rechtsprechung bei Berger Götz, SZS 2020, 101 ff., mit Hinweisen auf die Lehre.

68 Dazu Art. 31 Abs. 1 lit. a AVIG.

Es wird sich die Frage stellen, ob die entsprechende Regelung dazu führt, dass (auch) der Anspruch auf die *Arbeitslosenentschädigung* selber für die beiden Personenkategorien besteht. Der bundesrätlichen Verordnung lässt sich dazu nichts entnehmen. Freilich wird schwierig zu begründen sein, weshalb der Anspruch auf Arbeitslosenentschädigung – bei vollständig fehlender ausdrücklicher gesetzlicher Regelung – weiterhin entfallen soll, wenn die bisher analog herangezogene Regelung von Art. 31 Abs. 3 AVIG (vorübergehend) nicht mehr besteht. Es drängt sich auf, diesbezüglich eine gerichtliche Klärung herbeizuführen, wenn nicht durch eine Ergänzung der bundesrätlichen Verordnung die Frage direkt geklärt wird. 59

Der Anspruch der vorgenannten beiden Personenkategorien ist freilich frankenmässig stark begrenzt. Die betreffenden Personen erhalten bei Kurzarbeit für eine Vollzeitstelle einen Pauschalbetrag von CHF 3320.[69] 60

3. Weitere Änderungen bei der Kurzarbeit

Die *COVID-19-Verordnung Arbeitslosenversicherung* nimmt bei der Kurzarbeitsentschädigung weitere Änderungen vor und erleichtert damit den Bezug dieser Leistung. Von den verschiedenen Elementen seien die folgenden Punkte herausgehoben: 61

- Wegfall der Karenztage;[70]
- Berücksichtigung des Arbeitsausfalls, auch soweit er Personen betrifft, die in einem Arbeitsverhältnis auf bestimmte Dauer, einem Lehrverhältnis oder im Dienst einer Organisation für Temporärarbeit stehen;[71] nach wie vor nicht erfasst sind allerdings Personen in einem gekündigten Arbeitsverhältnis.[72]
- Um den Arbeitgebern zu ermöglichen, den Arbeitnehmerinnen und Arbeitnehmern die Löhne am ordentlichen Zahltagstermin auszurichten, können Arbeitgeber die Auszahlung von Kurzarbeitsentschädigung verlangen, ohne diese vorschiessen zu müssen.[73] Hier stellt sich die Frage, wie der Sachverhalt einzuordnen ist, wenn Arbeitgebende zunächst auf den Vorschuss an die Arbeitnehmenden verzichten und Kurzarbeitsentschädigung erhalten, indessen in der Folge die Kurzarbeitsentschädigung (beispielsweise wegen zwischenzeitlich eingetretenem Konkurs) nicht an die Arbeitnehmenden ausrichten. Zur Vorschusspflicht hat das Bundesgericht das Folgende ausgeführt:

«Mit der in Art. 37 AVIG zum Gesetz erhobenen Lösung hat der Gesetzgeber das Interesse der Arbeitnehmer an einer lückenlosen und zeitlich nicht verzögerten Ausrichtung der Kurzarbeitsentschädigung über dasjenige an der Verhinderung jeglicher Zweckentfremdung durch den Arbeitgeber gestellt. Diese gesetzgeberische Wertung spricht gegen die Annahme, dass es sich bei der Erfüllung der Vorschuss-

69 Art. 5 COVID-19-Verordnung Arbeitslosenversicherung.

70 Art. 3 COVID-19-Verordnung Arbeitslosenversicherung.

71 Art. 4 COVID-19-Verordnung Arbeitslosenversicherung.

72 Dazu Art. 31 Abs. 1 lit. c AVIG.

73 Art. 6 COVID-19-Verordnung Arbeitslosenversicherung. Zur prinzipiellen Regelung vgl. Art. 37 lit. a AVIG.

pflicht und den beiden andern Arbeitgeberpflichten gemäss Art. 37 AVIG um unabdingbare Voraussetzungen des Anspruchs auf Kurzarbeitsentschädigung handelt.»[74]

Daraus kann abgeleitet werden, dass im genannten Sachverhalt nicht ein unrechtmässiger Bezug der Kurzarbeitsentschädigung durch Arbeitgebende erblickt werden kann und dass insoweit eine Rückerstattung nach Art. 25 ATSG ausser Betracht fällt.

VIII. Hinweise auf weitere sozialversicherungsrechtliche Auswirkungen der COVID-19-Erlasse

62 Im Übrigen bleibt der Hinweis darauf, dass die COVID-19-Entwicklungen auch *ausserhalb* der nun geregelten Fragen *grosse Auswirkungen auf die Sozialversicherungen* haben. Dazu wird abschliessend auf einige Punkte hingewiesen:

- Unmittelbare Auswirkungen auf alle Sozialversicherungszweige durch die *massiven wirtschaftlichen Entwicklungen* (z.B. Beitragsleistungen);
- *Zeitliches Verschieben* von medizinischen Abklärungen, z.B. Begutachtungen;[75]
- *Wegfall von Arbeitsversuchen* mit Blick auf die Klärung von Leistungsansprüchen;[76]
- Schwierigkeit der versicherungsmässigen Unterstellung und Abdeckung von Personen, die – beispielsweise im Spitalbereich – *kurzfristig tätig* sind;[77]
- Veränderungen bei der zumutbaren *Umsetzung einer Restarbeitsfähigkeit*;[78]
- Klärung der *Leistungspflicht der Krankenversicherung*;[79]
- Klärung der Frage nach dem *Vorliegen einer Berufskrankheit* bei Infektion mit dem Corona-Virus.[80]

74 BGE 119 V 364 E. 4b.

75 Wenn bei einer laufenden Invalidenrente im Rahmen einer Revisionsprüfung ein medizinisches Gutachten notwendig ist, werden sich in der aktuellen Situation die Abklärungen um mehrere Monate verschieben, was die weitere Ausrichtung der zu überprüfenden Rente mit sich bringt.

76 Solche Arbeitsversuche haben für die zutreffende Festlegung einer allfälligen Restarbeitsfähigkeit in der Praxis ein erhebliches Gewicht.

77 Wenn eine Pflegefachfrau beispielsweise anstelle von Kurzarbeit im bisherigen Betrieb sich kurzfristig für eine Tätigkeit im Spitalbereich zur Verfügung stellt, ist ihre versicherungsrechtliche Absicherung schlecht. Es wäre zukünftig zu klären, ob bei solchen Einsätzen eine besondere und hinreichende Versicherungsabdeckung (etwa bei der Militärversicherung) notwendig wäre.

78 Hier geht es einerseits um den Bereich der Ergänzungsleistungen (dazu Art. 14a, Art. 14b ELV) und anderseits um die berufliche Vorsorge (dazu Art. 24 Abs. 2 Schlusssatz BVV 2).

79 Voraussehbar werden die Vergütungen zulasten der Krankenversicherer zunehmen. Zu klären ist ferner, ob die Krankenversicherer bestimmte Präventionsmassnahmen zu vergüten haben (dazu Art. 26 KVG, Art. 12 KLV).

80 Dazu Anhang 1 der UVV; danach sind Infektionskrankheiten bei «Arbeiten in Spitälern, Laboratorien, Versuchsanstalten und dergleichen» Berufskrankheiten, welche zu Leistungen durch die Unfallversicherung Anlass geben.

IX. Zusammenfassung und Ausblick

Der Bundesrat hat mit dem hier vorgestellten COVID-19-Regelungssystem Änderungen vorgenommen, welche *insgesamt sehr weit reichen und zentrale Bedeutung* haben. Er stützt sich vollumfänglich auf das bestehende Sozialversicherungssystem, was zeigt, dass dieses System – gegebenenfalls nach Anpassungen in Einzelpunkten – in der Lage ist, auch äusserst schwierige wirtschaftliche Situationen zu erfassen. Es ist dem Bundesrat und der vorbereitenden Bundesverwaltung *gelungen*, im verzweigten Sozialversicherungssystem an jenen Punkten anzusetzen, welche mit Blick auf die aktuelle, äusserst schwierige Lage geändert werden müssen. Dabei bestand die besondere Herausforderung darin, zwischen den vielfältigen Massnahmen ein Gleichgewicht zu finden und ein insgesamt kohärentes System zu entwickeln. Auch das ist dem Bundesrat gelungen. Insbesondere hat er erreicht, dass im Sozialversicherungssystem Leistungen vorgesehen sind, welche sofort greifen (v.a. im Bereich der Kurzarbeit), und hat damit die Priorität denjenigen Elementen gegeben, welche zeitlich besonders drängend sind. 63

Wie bei der Rechtsetzung oder beim Erlass von Weisungsbestimmungen gelegentlich zu beobachten ist, bringt die Regelung von Berechnungsfragen hohe Schwierigkeiten mit sich. Bei der Rechtsanwendung treten Sachverhalte auf, bei denen «nicht an alles gedacht» wurde.[81] Bei den COVID-19-Verordnungen zeigten sich bei der Anwendung rasch erhebliche Probleme bei der Festlegung des für die Anspruchsberechtigung massgebenden «Einkommens 2019», und dasselbe galt für die Bestimmung des Rahmeneinkommens für Selbständigerwerbende mit tieferem Einkommen (Einkommen zwischen CHF 10 000 und CHF 90 000), bei dem ebenfalls auf das Einkommen des Jahrs 2019 abzustellen ist. Die Schwierigkeit besteht darin, dass dieses Einkommen oft noch nicht zuverlässig bestimmt werden kann. Hier wäre wohl eine schematische Lösung einfacher gewesen, welche auf das durchschnittliche Einkommen der letzten drei rechtskräftig festgelegten Jahre abgestellt hätte; diese Einkommen wären bis zum «Basisjahr» 2019 mit der durchschnittlichen Entwicklung des Lohneinkommens anzupassen gewesen. Damit wäre eine raschere definitive Festlegung des Anspruchs ermöglicht worden. Allerdings wäre eine solche Lösung mit einer erheblichen Schematisierung verbunden gewesen; angesichts des Bedürfnisses, die Leistungen rasch definitiv festzulegen, wäre eine solche Schematisierung wohl hinzunehmen gewesen. 64

Zweifellos werden sich bei der Rechtsanwendung *rechtliche Fragen* ergeben, die durch die COVID-19-Verordnungen nicht beantwortet werden. Diesbezüglich wäre von Bedeutung, auf die Materialien zugreifen zu können, welche bei der Ausarbeitung der Verordnungen benutzt wurden; hilfreich werden zudem Erläuterungen und (weitere) Kreisschreiben sein. 65

81 So EVGE 1950 126.

§ 24 Wettbewerbsrecht und öffentliches Beschaffungsrecht in Zeiten der COVID-19-Pandemie

Martin Rauber

Inhaltsverzeichnis

Literaturverzeichnis

Amstutz Marc/Reinert Mani, Basler Kommentar: Kartellgesetz, Basel 2010 (zit. BSK KG-Bearbeiter/in); Arrowsmith Sue, Government Procurement in the WTO, The Hague/London/New York 2003; Baker & McKenzie, Handkommentar zum Kartellgesetz, Bern 2007 (zit. SHK KG-Bearbeiter); Beyeler Martin, Öffentliche Beschaffung, Vergaberecht und Schadenersatz, Ein Beitrag zur Dogmatik der Marktteilnahme des Gemeinwesens, Diss. Fribourg 2004 (zit. Öffentliche Beschaffung); ders., Der Geltungsanspruch des Vergaberechts, Probleme und Lösungsansätze im Anwendungsbereich und im Verhältnis zum Vertragsrecht, Zürich 2012 (zit. Geltungsanspruch); Birkhäuser Nicolas/Stanchieri Alessandro, Das Urteil des Bundesgerichts in Sachen Gaba, Fragwürdige Auslegung von Artikel 5 Kartellgesetz durch das Schweizerische Bundesgericht: Grundsätzliche Erheblichkeit von Preis-, Mengen- und Gebietsabreden, Jusletter 11.9.2017; Diggelmann Oliver/Enz Marc, Vorbefassung im Submissionsrecht: Was verlangt der Gleichbehandlungsgrundsatz?, ZBl 11/2007, S. 544 ff.; Dubey Jacques/Beyeler Martin, Procédure d'adjudiation/Vergabeverfahren – Le choix de la procédure/Wahl des Verfahrens, BR 2010, S. 215 ff.; Fetz Marco, Öffentliches Beschaffungsrecht des Bundes, in: Cottier Thomas/Oesch Matthias (Hrsg.), Schweizerisches Bundesverwaltungsrecht (SBVR), Band XI: Allgemeines Aussenwirtschafts- und Binnenmarktrecht, 2. Aufl., Basel 2007, S. 461 ff.; Galli Peter/Moser André/Lang Elisabeth/Steiner Marc, Praxis des öffentlichen Beschaffungsrechts, Eine systematische Darstellung der Rechtsprechung des Bundes und der Kantone, 3. Aufl., Zürich 2013; Graber Cardinaux Andrea, Neueste Entwicklungen im Vertriebskartellrecht, Jusletter 15.10.2018 (zit. Vertriebskartellrecht); dies., Die aktualisierte Vertikalbekanntmachung 2010 und ihre Erläuterungen im Lichte des «Gaba»-Urteils des Bundesgerichts, sic! 10/2017, S. 579 ff. (zit. Vertikalbekanntmachung); Hilty Reto/Arpagaus Reto, Basler Kommentar: Bundesgesetz gegen den unlauteren Wettbewerb (UWG), Basel 2013 (zit. BSK UWG-Bearbeiter/in); Hirsbrunner Simon, Staatliche Unterstützung und Wettbewerbsrecht in Pandemie-Zeiten, ZSR Sondernummer 2020: Pandemie und Recht, S. 93 ff.; Jäger Christoph, Die Vorbefassung des Anbieters im öffentlichen Beschaffungsrecht, Diss. Bern 2009; Krauskopf Patrick L./Kaufmann Oliver, Das System der Rechtfertigungsgründe im Kartellrecht: Einwendungen bei Wettbewerbsabreden, sic! 2/2013, S. 67 ff.; Lutz Daniela, Ausstand und Vorbefassung – Grundlagen/Rechtsprechung/Probleme in der Praxis/Wie weiter?, Baurecht Sonderheft 2004, S. 45 ff.; Martenet Vincent/Bovet Christian/Tercier Pierre, Commentaire Romand Droit de la concurrence, Loi sur les cartels, Loi sur la surveillance des prix, Loi sur le marché intérieur, Loi sur les entraves techniques au commerce, 2. Aufl., Basel 2012 (zit. CR Concurrence-Bearbeiter/in); Meyer Christoph, Freihändige Vergabe als Ausnahme von der Ausschreibungspflicht im öffentlichen Beschaffungsrecht, AJP 1995, S. 716 ff.; Niggli Marcel Alexander et al., Basler Kommentar: Bundesgerichtsgesetz, 3. Aufl., Basel 2018 (zit. BSK BGG-Bearbeiter/in); Oesch Matthias/Weber Rolf H./Zäch Roger, Wettbewerbsrecht II: Kommentar, Zürich 2011 (zit. Bearbeiter/in, OFK-Wettbewerbsrecht II); Rauber Martin, Verteidigungsrechte von Unternehmen im kartellrechtlichen Verwaltungsverfahren, insbesondere unter Berücksichtigung des «legal privilege», Diss. Zürich 2010; Rechsteiner Peter, Die Ausschreibungspflicht: Grundsatz mit vielen Ausnahmen, Baurecht Sonderheft 2004, S. 36 ff.; Schneider Heusi Claudia, Die Umsetzung des internationalen Rechts im Bereich des öffentlichen Beschaffungswesens in der Schweiz und speziell im Kanton Zürich, Zürich/Basel/Genf 2003; Stöckli Hubert, Der subjektive Geltungsbereich des Vergaberechts, in: Zufferey Jean-Baptiste/Stöckli Hubert (Hrsg.), Aktuelles Vergaberecht 2008, Zürich 2008, S. 41 ff.; Tschudin Michael, Bau-Kartellrecht: wie die Dinge stehen, in: Institut für Schweizerisches und internationales Baurecht, Schweizerische Baurechtstagung, Freiburg 2019, S. 213 ff.; Waldmann Bernhard/Weissenberger Philippe, Praxiskommentar Verwaltungsverfahrensgesetz (VwVG), 2. Aufl., Zürich 2016 (zit. Praxiskommentar VwVG-Bearbeiter/in); Wolf Robert, Freihändige Beschaffung – Handlungsfreiheiten und ihrer Grenzen, in: Zufferey Jean-Baptiste/Stöckli Hubert (Hrsg.), Aktuelles Vergaberecht 2010, Zürich 2010, S. 127 ff.; Zäch Roger et al., KG, Kommentar zum Bundesgesetz über Kartelle und andere Wettbewerbsbeschränkungen, Zürich/St. Gallen 2018 (zit. Dike-Kommentar KG-Bearbeiter/in); Zäch Roger, Schweizerisches Kartellrecht, 2. Aufl., Bern 2005; Zirlick Beat/Lüthi Bendicht/Stüssi Frank, Die Revision des Kartellgesetzes – ein Zwischenbericht, ZSR 132 (2013) I, S. 27 ff.

Materialienverzeichnis

Botschaft zu einem Bundesgesetz über Kartelle und andere Wettbewerbsbeschränkungen (Kartellgesetz, KG) vom 23.11.1994, BBl 1995 I 468 (zit. Botschaft KG 1994); Botschaft zu den für die Ratifizierung der GATT/WTO-Übereinkommen (Uruguay-Runde) notwendigen Rechtsanpassungen (GATT-Botschaft 2) vom 19.9.1994, BBl 1994 IV 950 (zit. Botschaft BöB); Botschaft zur Totalrevision des Bundesgesetzes über das öffentliche Beschaffungswesen vom 15.2.2017, BBl 2017, S. 1851 ff. (zit. Botschaft revBöB); Bundesgesetz über die gesetzlichen Grundlagen für Verordnungen des Bundesrates zur Bewältigung der Covid-19-Epidemie (Covid-19-Gesetz), Entwurf vom 19.6.2020, ‹https://www.newsd.admin.ch/newsd/message/attachments/61823.pdf› (25.6.2020; zit. Entwurf Covid-19-Gesetz); Bundesgesetz über die gesetzlichen Grundlagen für Verordnungen des Bundesrates zur Bewältigung der Covid-19-Epidemie (Covid-19-Gesetz), Erläuternder Bericht vom 19.6.2020, ‹https://www.newsd.admin.ch/newsd/message/attachments/61823.pdf› (25.6.2020; zit. Covid-19-Gesetz, Erläuternder Bericht); Erläuterungen zur Verordnung 2 vom 13.3.2020 über Massnahmen zur Bekämpfung des Coronavirus (COVID-19-Verordnung 2), Version vom 12.6.2020 ‹https://www.bag.admin.ch/bag/de/home/krankheiten/ausbrueche-epidemien-pandemien/aktuelle-ausbrueche-epidemien/novel-cov/massnahmen-des-bundes.html#-1631444171› (25.6.2020; zit. Erläuterungen COVID-19 VO 2).

I. Vorwort

Auch in aussergewöhnlichen Zeiten wie der COVID-19-Pandemie wird der Wettbewerb 1
durch die Rechtsordnung geschützt. Dieser Beitrag untersucht zwei Aspekte des Wettbewerbs im Folgenden genauer. Zum einen sind die Anforderungen zu beleuchten, wel-

che von den Unternehmen aus wettbewerbsrechtlicher Sicht zu beachten sind. Zum anderen ist zu untersuchen, welche Auswirkungen die COVID-19-Pandemie auf die Vergabe öffentlicher Aufträge hat.

II. Kartellrechtliche Aspekte der COVID-19-Pandemie

1. Einleitung

2 Auch in Zeiten der COVID-19-Pandemie sind die Wettbewerbsbehörden verpflichtet, die Einhaltung des Wettbewerbsrechts zu überwachen. So sollen mithilfe des Kartellgesetzes volkswirtschaftlich oder sozial schädliche Auswirkungen von Kartellen und anderen Wettbewerbsbeschränkungen verhindert und damit der Wettbewerb im Interesse einer freiheitlichen und marktwirtschaftlichen Ordnung gefördert werden.[1]

3 Gleichzeitig soll das UWG den lauteren und unverfälschten Wettbewerb im Interesse aller Beteiligten gewährleisten.[2] Unternehmen handeln beispielsweise unlauter, wenn sie Arbeitsbedingungen nicht einhalten. Zu denken ist in der aktuellen COVID-19-Pandemie insbesondere an die Abstandsregeln, die Hygienevorschriften oder generell die von der jeweiligen Branche erarbeiteten Schutzkonzepte.[3] Auch täuschende Angaben, beispielsweise über die Schutzwirkung eigener Produkte gegen COVID-19, können lauterkeitsrechtliche Tatbestände erfüllen.[4] Weiter könnten Unternehmen versucht sein, die COVID-19-Pandemie zu nutzen, um missbräuchliche allgemeine Geschäftsbedingungen zum Nachteil von Konsumenten einzuführen.[5]

4 Schliesslich können exzessive Preise für Produkte und Dienstleistungen mit einer im Zuge der COVID-19-Pandemie erhöhten Nachfrage eine Untersuchung durch den Preisüberwacher bewirken.[6]

5 Die nachfolgenden Ausführungen beschränken sich indessen auf das Kartellgesetz.

2. Unterschiedliche Reaktionen der Wettbewerbsbehörden auf die COVID-19-Pandemie

a) Veröffentlichungen der europäischen Wettbewerbsbehörden

6 Die EU-Kommission für Wettbewerbsrecht veröffentlichte am 8.4.2020 eine Mitteilung, in welcher sie die Beurteilungskriterien für befristete, zur Behebung oder Vermeidung von Engpässen bei der Versorgung der Bevölkerung erforderliche Kooperationsvereinbarungen bekannt gab.[7]

1 Art. 1 KG.
2 Art. 1 UWG.
3 Art. 7 UWG; s. hierzu auch BSK UWG-Wickihalder, Art. 7 N 3.
4 So beispielsweise Art. 2 UWG oder Art. 3 Abs. 1 lit. b, e oder i UWG.
5 Art. 8 UWG.
6 Siehe insbesondere Art. 4 Abs. 1 und 2 PüG.
7 Mitteilung der Kommission: Befristeter Rahmen für die Prüfung kartellrechtlicher Fragen der Zusammenarbeit von Unternehmen in durch den derzeitigen COVID-19-Ausbruch verursachten Notsituationen (ABl. 2020/C 116 I/02 vom 8.4.2020, 7 ff.); s. hierzu Hirsbrunner, S. 94 f.

Daneben hielt das Netzwerk der europäischen Wettbewerbsbehörden (ECN) in einer am 23.3.2020 veröffentlichten gemeinsamen Erklärung fest, dass es die ausserordentlichen Umstände im Zusammenhang mit dem Ausbruch der COVID-19-Pandemie notwendig machen könnten, dass Unternehmen zusammenarbeiten, um die Versorgung und gerechte Verteilung knapper Produkte an alle Konsumenten sicherzustellen. Entsprechend erklärte das ECN, nicht aktiv gegen notwendige und vorübergehende Massnahmen bzw. Absprachen zur Vermeidung eines Versorgungsengpasses einzuschreiten.[8] 7

Sodann wurden in verschiedenen Jurisdiktionen Massnahmen beschlossen, um solche Kooperationen zu ermöglichen oder zumindest zu erleichtern. 8

So lockerte beispielsweise die Regierung Grossbritanniens vorübergehend Teile ihres Wettbewerbsrechts als Teil eines Massnahmenpakets, welches die Supermärkte in die Lage versetzen soll, zur Ernährung des Landes zusammenzuarbeiten. Diese Lockerungen ermöglichen es den Einzelhändlern, Daten über Lagerbestände miteinander zu teilen, bei der Offenhaltung von Geschäften zusammenzuarbeiten oder Vertriebslager und Lieferwagen gemeinsam zu nutzen. Zudem haben die Einzelhändler die Möglichkeit, ihr Personal zusammenzulegen, um die Nachfrage zu befriedigen.[9] 9

b) *Situation in der Schweiz*

In der Schweiz sind derzeit keine solche Erleichterungen in Kraft. Im Gegenteil: Die Wettbewerbskommission (Weko) stellte in einer Medienmitteilung vom 26.3.2020[10] klar, dass sie das Ausnützen der COVID-19-Krise für Wettbewerbsbeschränkungen nicht tolerieren und, sofern nötig, zum Schutz des Wettbewerbs eingreifen werde. Die mit der Pandemie verbundenen Herausforderungen würden grundsätzlich keinen Anlass oder eine Rechtfertigung für Kartellrechtsverstösse bilden. 10

Die Weko anerkennt zwar, dass die aktuelle Krise zu einem gesteigerten Kooperationsbedarf unter den Unternehmen führen könne. Trotzdem hätten die Unternehmen das Kartellrecht zu beachten. Eine Ausnahme von der Anwendbarkeit des Kartellrechts sieht die Weko einzig für den Fall vor, dass die Regierung oder Behörden wettbewerbsbeschränkende Massnahmen zur Bekämpfung der COVID-19-Krise anordnen. 11

8 Antitrust: Joint statement by the European Competition Network (ECN) on application of competition law during the Corona crises vom 23.3.2020, ‹https://ec.europa.eu/competition/ecn/202003_joint-statement_ecn_corona-crisis.pdf› (25.6.2020).

9 Siehe Competition and Markets Authority, CMA approach to business cooperation in response to COVID-19, ‹https://assets.publishing.service.gov.uk/government/uploads/system/uploads/attachment_data/file/875468/COVID-19_guidance_-.pdf› (25.6.2020); s. sodann die Übersicht in IBA Antitrust Committee, The reactions of competition authorities to the COVID-19 pandemic, ‹https://www.ibanet.org/Document/Default.aspx?DocumentUid=0045B051-0887-4124-BEE5-7E0D25675C1B› (25.6.2020).

10 Medienmitteilung der Weko vom 26.3.2020, ‹https://www.weko.admin.ch/weko/de/home/aktuell/medieninformationen/nsb-news.msg-id-78586.html› (25.6.2020).

3. Kartellrechtliche Fallstricke bei Abreden während der COVID-19-Pandemie

12 Damit eine Vereinbarung in den Fokus des Kartellrechts gelangen kann, muss (i) eine Wettbewerbsabrede vorliegen, die (ii) den Wettbewerb beseitigt oder erheblich beeinträchtigt, und (iii) nicht durch Gründe der wirtschaftlichen Effizienz gerechtfertigt ist. Nach einem Überblick über diese Voraussetzungen,[11] wird auf harte Kartellabreden, Vereinbarungen über den Austausch von Informationen sowie Kooperationsabreden näher eingegangen.[12]

a) *Was ist eine Wettbewerbsabrede?*

13 Damit eine Vereinbarung zwischen mehreren Unternehmen gleicher oder verschiedener Marktstufen in den Fokus des Kartellgesetzes und damit der Wettbewerbsbehörden gerät, muss eine Wettbewerbsabrede, mithin eine rechtlich erzwingbare oder nicht erzwingbare Vereinbarung oder aufeinander abgestimmte Verhaltensweise vorliegen, welche eine Wettbewerbsbeschränkung bezweckt oder bewirkt.[13]

14 Eine Wettbewerbsabrede im Sinne des Kartellgesetzes setzt weder eine ausdrückliche noch eine verbindliche Abrede zwischen mehreren, miteinander im Wettbewerb stehenden Unternehmen voraus. Vielmehr kann bereits eine implizite (stillschweigende) Abstimmung des Geschäftsverhaltens genügen, um in den Fokus der Wettbewerbsbehörden zu geraten.[14]

b) *Beseitigung oder erhebliche Beschränkung des Wettbewerbs*

15 Eine Abrede im vorgenannten Sinn ist unzulässig, wenn durch diese der Wettbewerb entweder beseitigt oder erheblich beeinträchtigt wird.[15] Eine solche nachteilige Wirkung auf den Wettbewerb wird bejaht, wenn die Abrede potenziell mindestens einen Wettbewerbsparameter wie beispielsweise Preis, Menge, Qualität oder Innovation negativ beeinträchtigt.[16]

16 Damit eine Wettbewerbsabrede vorliegt, reicht es aus, dass die Abrede kausal eine wettbewerbsbeschränkende Wirkung bezweckt oder zumindest bewirkt.[17] Eine Abrede bewirkt bereits dann eine solche Wirkung, wenn ihr Inhalt objektiv geeignet ist, eine Wettbewerbsbeschränkung herbeizuführen. Die Wettbewerbsbehörden müssen daher

---

11 Siehe Rz 13–22.

12 Siehe Rz 23–48.

13 Art. 4 Abs. 1 KG. Nicht erfasst wird somit das erlaubte natürliche Parallelverhalten, weil es dabei an einem bewussten und gewollten Zusammenwirken unter Unternehmen fehlt, s. hierzu BGE 129 II 18, 26 f., E. 6.3; Dike-Kommentar KG-Bangerter/Zirlick, Art. 4 Abs. 1 N 41 und N 61 ff. m.w.H.

14 BSK KG-Nydegger/Nadig, Art. 4 Abs. 1 N 35; BVGer v. 17.12.2015, B-5685/2012, E. 4.1, bestätigt in BGE 144 II 246 E. 6.4.1.

15 Art. 5 Abs. 1 KG.

16 BSK KG-Nydegger/Nadig, Art. 4 Abs. 1 N 63 ff.; BVGer v. 24.11.2016, B-3618/2013, E. 301; s. sodann spezifisch für Abreden bezüglich Informationsaustausch: Dike-Kommentar KG-Bangerter/Zirlick, Art. 4 Abs. 1 N 157.

17 BSK KG-Nydegger/Nadig, Art. 4 Abs. 1 N 67 f.

kein Unrechtsbewusstsein oder einen Willen der beteiligten Unternehmen, eine kartellrechtswidrige Abrede einzugehen, nachweisen.[18]

Seit dem Gaba-Entscheid des Bundesgerichts[19] ist bei sog. harten Kartellabreden, mithin bei horizontalen Abreden zwischen Wettbewerbern betreffend die direkte oder indirekte Festsetzung von Preisen, die Einschränkung von Produktions-, Bezugs- oder Liefermengen oder die Aufteilung von Märkten nach Gebieten oder Geschäftspartnern und bei vertikalen Abreden zwischen Unternehmen verschiedener Marktstufen über Mindest- oder Festpreise sowie bei Abreden in Vertriebsverträgen über die Zuweisung von Gebieten[20], eine erhöhte Vorsicht geboten. Solche Abreden beseitigen vermutungsweise den wirksamen Wettbewerb und können direkt sanktioniert werden.[21] Bei Vorliegen einer solchen Abrede muss die Weko grundsätzlich keine Auswirkungen der Abrede auf den Markt, mithin keine tatsächliche (erhebliche) Beeinträchtigung des Wettbewerbs nachweisen. Vielmehr genügt es, dass solche Abreden den Wettbewerb potenziell beeinträchtigen könnten.[22] Es wird hier auch von einer durch die Rechtsprechung eingeführten *per se* Erheblichkeit gesprochen.[23] Mit anderen Worten verstossen derartige harte Abreden gegen das Kartellgesetz, unabhängig von den Marktanteilen der involvierten Unternehmen und unabhängig von den Auswirkungen auf den relevanten Markt.[24] Ebenso wenig ist gemäss Bundesgericht relevant, inwiefern die entsprechende Abrede tatsächlich umgesetzt wird.[25] Kann die Weko das Vorliegen einer solchen Abrede nachweisen, können die beteiligten Unternehmen einer Sanktion nur entgehen, wenn sich die strittige Abrede durch hinreichende Gründe der wirtschaftlichen Effizienz rechtfertigen lässt.[26] 17

c) *Rechtfertigung aus Gründen der wirtschaftlichen Effizienz*

Einzelne Wettbewerbsabreden, einzelne Arten von Wettbewerbsabreden oder besondere Kooperationsformen in einzelnen Wirtschaftszweigen können unter bestimmten Voraussetzungen gerechtfertigt sein.[27] Eine so gerechtfertigte Abrede ist damit von allem An- 18

18 BSK KG-Nydegger/Nadig, Art. 4 Abs. 1 N 71; Dike-Kommentar KG-Bangerter/Zirlick, Art. 4 Abs. 1 N 138 sowie spezifisch für Abreden bezüglich Informationsaustausch N 155.

19 BGE 143 II 297.

20 Art. 5 Abs. 3 und 4 KG; s. zum Begriff der harten Kartellabreden hierzu noch hinten, Rz 23 ff.

21 Art. 49a Abs. 1 KG; BGE 143 II 297, 342 ff. E. 9.4.6. Demgegenüber haben Unternehmen bei sog. weichen Wettbewerbsabreden eine Sanktion erst im Wiederholungsfall zu befürchten, s. Art. 50 KG.

22 BGE 143 II 297, 323, E. 5.4.2 und 325, E. 5.6.

23 S. Birkhäuser/Stanchieri, Rz 13 mit zahlreichen weiteren Hinweisen in FN 32; s. auch die Hinweise in Dike-Kommentar KG-Zirlick/Bangerter, Art. 5 N 185 und N 193.

24 BGE 143 II 297, 315, E. 5.2.1, 318, E. 5.2.5, 323, E. 5.4.2 und 325, E. 5.6.

25 BGE 143 II 297, 315, E. 5.2.1, 318, E. 5.2.5 und 323, E. 5.4.2.

26 So auch ausdrücklich das Bundesgericht im Gaba-Entscheid, s. BGE 143 II 297, 319, E. 5.3.1.

27 Krauskopf/Kaufmann, sic! 2/2013, S. 67 ff., führen aus, dass neben der Rechtfertigung aus Gründen der wirtschaftlichen Effizienz (volkswirtschaftliche Rechtfertigungsgründe) auch weitere, wie die betriebswirtschaftliche, politische, strafrechtliche (Notwehr, Notstand, höhere Gewalt) sowie übergesetzliche Rechtfertigungsgründe bestehen.

fang an zulässig, und zwar sowohl in verwaltungs- als auch in zivilrechtlicher Hinsicht.[28] Eine Wettbewerbsabrede ist im Einzelfall[29] gerechtfertigt, wenn folgende drei Voraussetzungen kumulativ erfüllt sind:

19 – **Vorliegen eines wirtschaftlichen Effizienzgrundes**: Erstens muss einer der im Kartellgesetz abschliessend[30] genannten wirtschaftlichen[31] Effizienzgründe – die Senkung von Herstellungs- oder Vertriebskosten, die Verbesserung der Produkte oder der Produktionsverfahren, die Förderung der Forschung oder der Verbreitung von technischem oder beruflichem Wissen oder der rationelleren Nutzung von Ressourcen – vorliegen.[32]

20 – **Notwendigkeit**: Zweitens muss die Abrede zur Verwirklichung von mindestens einem der vorgenannten Effizienzgründe notwendig sein.[33] Dies bedeutet dreierlei. So muss die Abrede zunächst *geeignet* sein, um den entsprechenden Effizienzgrund zu erreichen. Diese Anforderung ist insbesondere dann nicht erfüllt, wenn das Effizienzziel auch ohne die Wettbewerbsabrede herbeigeführt werden kann.[34] Weiter wird die Abrede nur akzeptiert, wenn zur Zielerreichung *kein milderes Mittel* zur Verfügung steht, welches den Wettbewerb weniger intensiv beeinträchtigen würde.[35] Schliesslich darf die Abrede den Wettbewerb im Verhältnis zum angestrebten Effizienzziel nicht überproportional beeinträchtigen *(Verhältnismässigkeit i.e.S.)*. Bei dieser Prüfung werden die aufgrund der Abrede erzielten Gewinne gegenüber deren wettbewerbsbeschränkenden Auswirkungen abgewogen.[36]

21 – **Keine Beseitigung wirksamen Wettbewerbs**: Schliesslich darf die Wettbewerbsabrede es den beteiligten Unternehmen nicht ermöglichen, den wirksamen Wettbewerb zu beseitigen, ansonsten eine Rechtfertigung ausgeschlossen ist.[37] Dies ist beispielsweise gegeben, wenn bestehende Konkurrenten aus dem Wettbewerb gedrängt werden, wenn verhindert wird, dass sich Konkurrenten gegenüber den Abredeparteien weiterhin als solche verhalten können oder wenn das Auftreten neuer Konkurrenten vereitelt wird.[38]

---

28 Siehe zur Rechtfertigung einzelner Arten von Wettbewerbsabreden sowie zur Rechtfertigung besonderer Kooperationsformen in einzelnen Wirtschaftszweigen Rz 49 ff.

29 Dike-Kommentar KG-Zirlick/Bangerter, Art. 5 N 330.

30 BGer v. 6.2.2007, 2A.430/2006, E. 12 und E. 13.2; BGE 129 II 18, 45, E. 10.3.

31 Nicht wirtschaftliche und insbesondere politische Gründe scheiden somit aus, s. SHK KG-Reinert, Art. 5 N 12 f.; Dike-Kommentar KG-Zirlick/Bangerter, Art. 5 N 261.

32 Art. 5 Abs. 2 lit. a KG.

33 BGE 129 II 18, 47, E. 10.4; Verfügung der Weko vom 11.7.2011, RPW 2011/3, S. 372 ff., Rz 162; Schlussbericht der Weko vom 14.4.2011, RPW 2011/2, S. 230 ff., Rz 140 f.

34 BSK KG-Krauskopf/Schaller, Art. 5 N 333 und N 336, insbesondere mit Verweis auf die Botschaft.

35 BSK KG-Krauskopf/Schaller, Art. 5 N 342 m.w.H.; CR Concurrence-Amstutz/Carron/Reinert, Art. 5 N 330 ff.; Verfügung der Weko vom 6.12.2004, RPW 2005/1, S. 114 ff., Rz 117 ff.

36 BSK KG-Krauskopf/Schaller, Art. 5 N 355, insbesondere mit Verweis auf die Botschaft; s.a. CR Concurrence-Amstutz/Carron/Reinert, Art. 5 N 334 f.

37 Art. 5 Abs. 2 lit. b KG.

38 BSK KG-Krauskopf/Schaller, Art. 5 N 359.

In der Schweiz besteht bislang nur ganz wenig Praxis zur Anwendung der Rechtfertigungsgründe in Einzelfällen, wobei eine Rechtfertigung in den allermeisten Fällen verneint wurde.[39] Mit Bezug auf Wettbewerbsabreden, welche in ausserordentlichen Zeiten wie der aktuellen COVID-19-Pandemie eingegangen werden, besteht bisher überhaupt keine Spruchpraxis. 22

d) *Was Unternehmen auch in Zeiten von COVID-19 besser sein lassen sollten*

Eine Faustregel besagt: «Mit Konkurrenten spricht man nicht über Preise, Mengen und Gebiete und in Vertriebsverträgen sieht man weder Mindest- und Festpreise noch Verbote von Passivverkäufen vor, ausser man hat einen guten Grund dafür.»[40] 23

Von solchen, sog. harten (horizontalen oder vertikalen) Abreden ist, spätestens seit der vorstehend dargestellten Verschärfung in der Rechtsprechung[41], Abstand zu nehmen, respektive ist bei solchen Abreden erhöhte Vorsicht walten zu lassen. Derartige Absprachen oder nur schon Verständigungen erscheinen gerade in Zeiten wie der COVID-19-Pandemie als interessant, wo mit Bezug auf einzelne Güter Knappheiten oder umgekehrt – aufgrund mangelnder Nachfrage – Überkapazitäten[42] auftreten könnten. Sie bergen aber massive kartellrechtliche (Sanktions-)Risiken.[43] 24

Ganz besonders trifft dies auf horizontale Abreden zu, also solche zwischen Unternehmen derselben Marktstufe, welche die direkte oder indirekte Festsetzung von Preisen, die Einschränkung von Produktions-, Bezugs- oder Liefermengen oder die Aufteilung von Märkten, sei dies nach Gebieten oder nach Kunden, zum Gegenstand haben.[44] In diesem Zusammenhang ist insbesondere auf die in der Lehre geführte Diskussion betreffend Strukturkrisenkartelle hinzuweisen.[45] 25

Mit Bezug auf vertikale Abreden zwischen Unternehmen verschiedener Marktstufen gelten Abreden über Preisbindungen (Mindest- oder Festpreise) sowie solche in Vertriebsverträgen über die Marktabschottung als problematisch.[46] 26

---

39 Siehe die Übersicht in BSK KG-Krauskopf/Schaller, Art. 5 N 306 ff.; Dike-Kommentar KG-Zirlick/Bangerter, Art. 5 N 287 ff., welche dies darauf zurückführen, dass unproblematische Fälle gar keine Untersuchung nach sich ziehen, sondern vielmehr bereits ausserhalb eines Verfahrens oder spätestens in einer allfälligen Vorabklärung eine fehlende Erheblichkeit der Abrede oder ein voraussichtlich bestehender Effizienzgrund festgestellt wird (N 254).

40 Zirlick/Lüthi/Stüssi, S. 37.

41 Siehe Rz 17.

42 Siehe hierzu Rz 25 und die Hinweise in FN 45 betreffend Strukturkrisenkartelle.

43 Art. 49a Abs. 1 KG.

44 Art. 5 Abs. 3 KG.

45 Siehe hierzu Dike-Kommentar KG-Zirlick/Bangerter, Art. 5 N 437 m.w.H.; BSK KG-Krauskopf/Schaller, Art. 5 N 354 m.w.H.

46 Art. 5 Abs. 4 KG; s. hierzu auch die Vertikalbekanntmachung der Weko vom 28.6.2010 (Stand 22.5.2017), ‹https://www.weko.admin.ch/weko/de/home/dokumentation/bekanntmachungen---erlaeuterungen.html› (25.6.2020), Ziff. 10.

27 Zwar ist es nicht ausgeschlossen, dass auch solche harte Wettbewerbsabreden im Einzelfall aus Gründen der wirtschaftlichen Effizienz gerechtfertigt sein können.[47] Allerdings dürfte es in vielen Fällen an der Notwendigkeit einer harten Abrede fehlen, um das Effizienzziel zu erreichen, weil mildere Mittel ausreichen.[48]

28 Sollte eine Vereinbarung potentiell als harte Wettbewerbsabrede qualifiziert werden, steht den beteiligten Unternehmen bei der (prospektiven) Beurteilung der Zulässigkeit und/oder der Voraussetzungen für eine Rechtfertigung aus Gründen der wirtschaftlichen Effizienz die Beratung[49] bei der Weko oder – solange die Wettbewerbsabrede keine Wirkung entfaltet – das sog. Widerspruchsverfahren[50] zur Verfügung.

29 Dabei ist allerdings zu beachten, dass das Ergebnis der Beratung ausschliesslich in Bezug auf den mitgeteilten Sachverhalt gilt und die Weko dadurch nicht gebunden wird.[51] Hinsichtlich des Widerspruchsverfahrens ist sodann die Frist von fünf Monaten zu berücksichtigen, innert welcher die Wettbewerbsbehörden der Meldung widersprechen müssen. Diese Frist kann gerade im Zusammenhang mit der Bewältigung der COVID-19-Pandemie, wo Unternehmen darauf angewiesen sein können, geplante (Kooperations-)Vereinbarungen möglichst unverzüglich umsetzen, hinderlich sein.[52]

e) *Was beim Informationsaustausch in COVID-19-Zeiten zu beachten ist*

30 Die Problematik bei der kartellrechtlichen Beurteilung des Informationsaustauschs zwischen Unternehmen besteht darin, dass dieser je nach Ausgestaltung den Wettbewerb fördern oder ihn beschränken kann.[53] So führt der Austausch von Informationen zu einer Markttransparenz, welche einerseits den Wettbewerb fördern kann, indem sich Wettbewerber rascher an die realen Marktverhältnisse anpassen können. Andererseits jedoch kann diese Markttransparenz das unerlaubte Zusammenwirken von Konkurrenten fördern.[54]

31 Grundsätzlich problematisch ist ein Informationsaustausch, wenn er Informationen betrifft, welche gemäss Weko «die strategische Ungewissheit auf dem Markt verringern».[55] Heikel ist deshalb vor allem der Austausch von Informationen, die üblicher-

---

47 Graber Cardinaux, Vertriebskartellrecht, Rz 19 m.w.H.; Dike-Kommentar KG-Zirlick/Bangerter, Art. 5 N 247 f.; s. zu den entsprechenden Voraussetzungen Rz 18 ff.

48 Siehe hierzu BSK KG-Krauskopf/Schaller, Art. 5 N 342 ff.; Graber Cardinaux, Vertikalbekanntmachung, S. 586.

49 Art. 23 Abs. 2 KG.

50 Art. 49a Abs. 3 lit. a KG.

51 BSK KG-Bangerter, Art. 23 N 49 m.w.H.

52 Diese Widerspruchsfrist von fünf Monaten wurde denn auch im Rahmen der ab Winter 2006/2007 durchgeführten Evaluation des Kartellgesetzes kritisiert, s. hierzu sowie zu weiteren Kritikpunkten Evaluationsgruppe Kartellgesetz, Synthesebericht der KG-Evaluation gemäss Art. 59a KG, Bern, 2008, Rz 134 ff.

53 Siehe Erwägungen der Weko zu einer sektoriellen Bekanntmachung für die Versicherungswirtschaft aufgrund der schweizerischen Marktgegebenheiten, RPW 2007/1, S. 137 ff., Rz 212.

54 Dike-Kommentar KG-Bangerter/Zirlick, Art. 4 Abs. 1 N 150.

55 Verfügung der Weko vom 31.10.2011, RPW 2011/4, S. 529 ff., Rz 391.

weise als Geschäftsgeheimnisse angesehen werden, also beispielsweise von Preisen, Kundenlisten, Mengen, Geschäftsstrategien etc.[56]

Der Austausch historischer oder aus allgemein zugänglichen Quellen zusammengetragener Informationen ist kartellrechtlich weniger problematisch, vorausgesetzt, die beteiligten Unternehmen können aus diesem Austausch keine Rückschlüsse auf die gegenwärtige oder künftige Geschäftsstrategie einzelner Wettbewerber ziehen.[57] Ob und inwieweit die Gefahr solcher Rückschlüsse besteht, ist auf der Grundlage des Einzelfalls zu beurteilen. 32

Auch der Austausch von Daten, die nur sehr schwer Rückschlüsse auf individuelle, unternehmensspezifische Daten zulassen (sog. aggregierte Daten), ist in der Regel eher als unproblematisch zu betrachten.[58] 33

Im Zusammenhang mit der Bewältigung der Auswirkungen der COVID-19-Pandemie könnte bei den Unternehmen vermehrt der Bedarf nach Informationsaustausch entstehen. So können Themen wie der Informationsaustausch über die Versorgungssicherung, über konkursgefährdete Lieferanten oder im Hinblick auf die Nutzung einer gemeinsamen Logistik aktuell werden. Sodann könnte ein solcher Austausch von gegebenenfalls auch wettbewerblich sensitiven Informationen im Zusammenhang mit einer weitergehenden Kooperationsvereinbarung notwendig sein. Dabei kann beispielsweise der Austausch von Lagerbeständen dazu dienen, die Versorgung in der Schweiz sicherzustellen. Ein solcher Informationsaustausch ist indessen auf diejenigen Produkte zu beschränken, bei welchen tatsächlich Engpässe bestehen. Ob und – gegebenenfalls – inwiefern es dazu notwendig ist, auch Informationen über die Produktionskapazitäten der Abredebeteiligten auszutauschen, muss in jedem Einzelfall sorgfältig geprüft werden. 34

Ein Informationsaustausch ist von vornherein unproblematisch, wenn er keine wettbewerbsbeseitigende oder erhebliche wettbewerbsbeschränkende Wirkung hat. Diesfalls fehlt es bereits am Vorliegen einer Wettbewerbsabrede. Bezweckt somit beispielsweise ein Austausch über Lagerbestände, dass knapp verfügbare Güter breiter verteilt werden und damit im Markt breiter verfügbar sind, liegt keine Beschränkung des Wettbewerbs vor. Im Gegenteil: Ein solcher Austausch kann den Wettbewerb sogar beleben. 35

Auch trotz erheblicher wettbewerbsbeseitigender oder erheblicher wettbewerbsbeschränkender Wirkung kann ein solcher Austausch sodann im Einzelfall zulässig sein, da auch solche Abreden aus Gründen der wirtschaftlichen Effizienz gerechtfertigt sein können.[59] So kann ein Informationsaustausch zu einer Verbreiterung des Angebots oder zur Verbesserung des Vertriebs von Produkten führen.[60] 36

56 Tschudin, Rz 34.

57 Dike-Kommentar KG-Bangerter/Zirlick, Art. 4 Abs. 1 N 161.

58 Dike-Kommentar KG-Bangerter/Zirlick, Art. 4 Abs. 1 N 159; Tschudin, Rz 52.

59 Siehe zu den entsprechenden Voraussetzungen Rz 18 ff.; s. zur Rechtfertigung einzelner Arten von Wettbewerbsabreden sowie zur Rechtfertigung besonderer Kooperationsformen in einzelnen Wirtschaftszweigen Rz 48 ff.

60 BSK KG-Krauskopf/Schaller, Art. 5 N 315; SHK KG-Reinert, Art. 5 N 16.

37 Auch hier sind indessen die vorgenannten Voraussetzungen strikt zu beachten. Dies bedeutet insbesondere, dass sich der Informationsaustausch darauf zu beschränken hat, was zur Erreichung des Effizienzziels notwendig ist. So ist ein Austausch über künftige Lager- und/oder Produktionskapazitäten zu unterlassen, wenn historische oder aktuelle Daten ausreichen. Auch eine gegenseitige Information über Preise und/oder deren Entwicklung bei fortlaufend kritischem Bestand erscheint kaum als notwendig, um die Verfügbarkeit knapper Güter sicherzustellen. Darüber hinaus ist darauf zu achten, den Informationsaustausch zeitlich auf das Notwendige zu beschränken.[61] Zudem ist auf die Dokumentation und laufendes Überprüfen zu achten.[62]

f) Kooperationen in Zeiten von COVID-19

38 Die Wettbewerbsbehörden begegnen, wohl von Natur aus, Kooperationen zwischen Wettbewerbern mit einem generellen Misstrauen. Entsprechend sind Unternehmen allgemein gut darin beraten, Vorsicht walten zu lassen, wenn sie mit anderen Wettbewerbern über eine Zusammenarbeit diskutieren bzw. eine solche eingehen.

39 Derzeit aktuell sind (temporäre) Forschungskooperationen zwecks Erforschung, gemeinsamer Entwicklung und Herstellung sowie der anschliessenden Versorgung der Bevölkerung mit neuen Impfstoffen und/oder Therapien gegen das Coronavirus.[63] Ein anderes Beispiel ist die von der Post zusammen mit dem Handel, der Logistik und den Sozialpartnern vereinbarte Kooperation, um die als Folge des massiv gestiegenen Onlinehandels resultierende Paketflut zu bewältigen und die Postversorgung der Schweiz aufrechtzuerhalten.[64]

40 Zahlreiche Kooperationen, welche unabhängig von der aktuellen COVID-19-Pandemie im heutigen Wirtschaftsumfeld vorkommen, beispielsweise die Bildung von Einkaufsgemeinschaften oder Vermarktungsgemeinschaften, sind aus wettbewerbsrechtlicher Sicht unbedenklich.

41 So qualifizieren Kooperationen von Unternehmen, die nicht miteinander im Wettbewerb stehen, sondern sich in ihren Tätigkeiten ergänzen, gar nicht als Wettbewerbsabrede.[65]

42 Reine Forschungskooperationen, mithin solche, die sich ausschliesslich auf die gemeinsame Forschung und in diesem Zusammenhang beispielsweise auf den Austausch von wissenschaftlichen Erkenntnissen beschränken und keine wettbewerbsbeschränken-

61 Siehe hierzu noch Rz 47.

62 Siehe hierzu noch Rz 48.

63 Siehe beispielsweise NZZ 20.3.2020, ‹https://www.nzz.ch/wirtschaft/die-pharmabranche-will-im-kampf-gegen-covid-19-moeglichst-geeint-auftreten-ld.1547440› (25.6.2020).

64 Siehe Medienmitteilung der Post vom 8.4.2020, ‹https://www.post.ch/de/ueber-uns/medien/medienmitteilungen/2020/post-handel-logistik-und-sozialpartner-halten-gemeinsam-paketversorgung-der-schweiz-aufrecht› (25.6.2020).

65 Siehe Rz 13 f.

den Klauseln enthalten, erfüllen ebenfalls nicht die Qualifikation als Wettbewerbsabrede und sind damit wettbewerbsrechtlich unbedenklich.[66]

Kooperationsvereinbarungen können indessen als Wettbewerbsabrede qualifiziert werden, wenn sie eine Wettbewerbsbeschränkung, beispielsweise eine Beschränkung des Forschungswettbewerbs, bewirken. Zu denken ist dabei insbesondere an Vereinbarungen über die gemeinsame Vermarktung oder Verwertung der Forschungsergebnisse, den Ausschluss paralleler Forschung, Immaterialgüterrechte, Nichtangriffsabreden, Know-how-Transfer, die Geheimhaltung etc.[67] Enthalten Kooperationsvereinbarungen Klauseln, welche die Vermutungstatbestände gemäss Art. 5 Abs. 3 oder Abs. 4 KG, nämlich harte horizontale oder vertikale Kartellabreden, erfüllen, drohen sodann Sanktionen.[68] 43

Eine an sich unzulässige Kooperationsabrede kann aus Gründen der wirtschaftlichen Effizienz gerechtfertigt sein, sei dies im Einzelfall gestützt auf Art. 5 Abs. 2 KG oder mittels Verordnungen oder allgemeinen Bekanntmachungen.[69] Im Fokus stehen dabei vor allem Kooperationen oder Vertragsklauseln, welche zwar als Abreden im wettbewerbsrechtlichen Sinn, nicht aber als harte Kartelle zu qualifizieren sind. Solche Abreden schränken zwar den Wettbewerb in einem bestimmten Umfang ein, dienen aber gleichzeitig auch einem ökonomisch sinnvollen Ziel.[70] Zudem soll es gemäss der Botschaft zum Kartellgesetz den Unternehmen auch möglich sein, allgemeine öffentliche Anliegen auf der Basis von Kooperationen zu verwirklichen.[71] 44

In Zeiten der COVID-19-Pandemie können namentlich Verträge betreffend Forschungs- und Entwicklungszusammenarbeit, Spezialisierungsvereinbarungen (beispielsweise bei der Produktion neuer Produkte oder bei der Produktion von Schutzausrüstungen, wo Skaleneffekte erzielt werden können, indem die Produktionsmenge erhöht wird) oder Vertriebsverträge gegebenenfalls in den Genuss der Rechtfertigung kommen. Gerade die Senkung von Herstellungs- oder Vertriebskosten oder die Förderung der Forschung können den gerechtfertigten Hintergrund für Kooperationen geben. Ebenso kann die aktuelle Pandemie zum Anlass genommen werden, über Einkaufs- oder Absatzkooperationen nachzudenken, da solche beispielsweise zu einer Senkung der Herstellungskosten führen können.[72] 45

So führen Forschungs- und Entwicklungsvereinbarungen häufig zu Kosteneinsparungen sowie zu einem gegenseitigen Austausch von Ideen und Erfahrungen. Dadurch können verbesserte oder – was im Zusammenhang mit der Bewältigung der COVID-19-Pan- 46

66 Dike-Kommentar KG-Graber Cardinaux/Maschemer, Art. 6 N 45 mit Hinweisen auf die Horizontalleitlinie der EU.

67 Dike-Kommentar KG-Graber Cardinaux/Maschemer, Art. 6 N 41.

68 Siehe hierzu Rz 15 ff. und Rz 23 ff.

69 Siehe zu diesen Verordnungen oder allgemeinen Bekanntmachungen Rz 49 ff.

70 Dike-Kommentar KG-Zirlick/Bangerter, Art. 5 N 252.

71 Botschaft KG 1994, S. 559; kritisch dazu Dike-Kommentar KG-Zirlick/Bangerter, Art. 5 N 306; Differenzierend SHK KG-Reinert, Art. 5 N 19.

72 BSK KG-Krauskopf/Schaller, Art. 5 N 307; s. zum Ganzen Dike-Kommentar KG-Zirlick/Bangerter, Art. 5 N 289 und N 560 ff.

demie umso wichtiger ist – neue Produkte oder Technologien rascher entwickelt werden, als dies ohne eine solche Kooperation der Fall wäre.[73] Auch die bracheninterne Verbreitung von Wissen aus der COVID-19-Forschung, beispielsweise hinsichtlich Nachweis, Behandlungsmöglichkeiten oder Impfstoffen, ist geeignet, den Ausnahmetatbestand der Verbreitung von technischem oder beruflichem Wissen zu erfüllen. Daneben kommt auch eine branchenexterne Wirkung in Betracht, beispielsweise wenn die Erkenntnisse aus Kooperationen im Bereich der COVID-19-Forschung dazu dienen können, die Behandlung von Patienten zu verbessern.[74]

47 Um der Voraussetzung der Notwendigkeit Rechnung zu tragen, ist sodann darauf zu achten, dass die Kooperation zeitlich und hinsichtlich ihres Umfangs auf das für die Erfüllung ihres Zwecks, mithin die Bewältigung der COVID-19-Pandemie, Notwendige begrenzt wird. Damit kann auch sichergestellt werden, dass kein wirksamer Wettbewerb ausgeschlossen wird.

48 Liegt potenziell eine Wettbewerbsabrede vor, empfiehlt es sich, die Kooperation und deren Regelungen klar zu dokumentieren und laufend zu überprüfen. Dies gilt insbesondere für den Effizienzgrund, welcher die Basis für das Eingehen der Kooperation bildet. Zwar sind die Wettbewerbsbehörden in einem Untersuchungsverfahren aufgrund der Untersuchungsmaxime verpflichtet, den relevanten Sachverhalt auch mit Bezug auf entlastende Elemente, wie solcher Effizienzgründe, abzuklären.[75] Selbstredend haben indessen auch die von einer Untersuchung betroffenen Unternehmen ein grosses Interesse daran, proaktiv Argumente und Beweise für das Vorliegen solcher Effizienzgründe vorzulegen.[76]

g) Weitere Möglichkeiten, Wettbewerbsabreden zuzulassen

49 Neben der vorstehend dargestellten Möglichkeit einer Rechtfertigung einer Wettbewerbsabrede im Einzelfall aus Gründen der wirtschaftlichen Effizienz ist zudem auf die Möglichkeit hinzuweisen, dass der Bundesrat oder die Weko in Verordnungen oder allgemeinen Bekanntmachungen einzelne Arten von Wettbewerbsabreden oder besondere Kooperationsformen in einzelnen Wirtschaftszweigen aus Gründen der wirtschaftlichen Effizienz als in der Regel gerechtfertigt statuieren können.[77] Damit zeigt der Ge-

73 BSK KG-Krauskopf/Schaller, Art. 5 N 324; s. auch die Leitlinien der EU-Kommission zur Anwendbarkeit von Artikel 101 des Vertrags über die Arbeitsweise der Europäischen Union auf Vereinbarungen über horizontale Zusammenarbeit vom 14.1.2011 (2011/C 11/01), ‹https://eur-lex.europa.eu/legal-content/DE/TXT/HTML/?uri=CELEX:52011XC0114(04)&from=DE› (25.6.2020), Rz 141.

74 BSK KG-Krauskopf/Schaller, Art. 5 N 322, insbesondere mit Verweis auf das Urteil des Bundesgerichts i.S. Buchpreisbindung, wo es die branchenexterne (mithin bei den Konsumenten) Verbreitung von Wissen als Ressource als möglichen Rechtfertigungsgrund erkannte, BGE 129 II 18, 46, E. 10.3.3.

75 Rauber, S. 147 f. und S. 151 f. m.w. H; SHK KG-Reinert, Art. 5 N 10.

76 BVGer v. 1.6.2010, B-420/2008, E. 9, wo im Zusammenhang mit der Widerlegung der Vermutung einer Wettbewerbsbeseitigung auf die Mitwirkungspflicht der Parteien (Art. 12 und 13 VwVG i.V.m. Art. 39 und 40 KG) hingewiesen wird; Dike-Kommentar KG-Zirlick/Bangerter, Art. 5 N 269.

77 Art. 6 Abs. 1 und 2 KG; s. hierzu beispielsweise Krauskopf/Kaufmann, sic! 2/2013, S. 76 f.

setzgeber auf, dass er Kooperation grundsätzlich – unter bestimmten Voraussetzungen – für wettbewerbsverträglich hält. Die Weko hat bislang fünf solche Bekanntmachungen veröffentlicht, welche sie allesamt auf Art. 6 Abs. 1 KG stützte.[78]

Der Erlass einer solchen Bekanntmachung wäre insbesondere bei Abreden über die Zusammenarbeit bei der Forschung und Entwicklung denkbar.[79] Bislang gibt es dazu allerdings keine spezifische Bekanntmachung der Weko und auch eine entsprechende Verordnung des Bundesrats existiert nicht; weder allgemein noch wurde eine solche im Zusammenhang mit der Bewältigung der COVID-19-Pandemie erlassen oder befindet sich eine solche soweit ersichtlich in Planung. 50

Im Gegenteil: Die Weko sah in ihrer bisherigen Praxis zu Forschungs- und Entwicklungsvereinbarungen die Voraussetzungen für eine Rechtfertigung nicht als erfüllt an.[80] Die Weko dürfte sich aufgrund derzeit noch mangelnder eigener Praxis somit hinsichtlich Forschungs- und Entwicklungskooperationen (weiterhin) an der europäischen Praxis orientieren.[81] 51

Zudem können als unzulässig erklärte Kooperationen, die aus nichtwirtschaftlichen Gründen eingegangen werden, gegebenenfalls auf Antrag der Beteiligten vom Bundesrat zugelassen werden. Dies setzt jedoch voraus, dass sie in Ausnahmefällen notwendig sind, um überwiegende öffentliche Interessen zu verwirklichen.[82] Gerade der Schutz der Gesundheit[83] oder die Sicherstellung der Versorgung[84] können in Zeiten der COVID-19-Pandemie eine solche ausnahmsweise Zulassung rechtfertigen, sollte dereinst in einem verwaltungs- oder zivilrechtlichen Verfahren die kartellrechtliche Zulässigkeit einer Kooperation in Frage gestellt werden.[85] 52

4. Missbräuchliche Verhaltensweisen während der COVID-19-Pandemie

Das Kartellgesetz verbietet es marktbeherrschenden Unternehmen unter Sanktionsfolge, durch den Missbrauch ihrer marktbeherrschenden Stellung andere Unternehmen in der Aufnahme oder Ausübung des Wettbewerbs zu behindern oder die Marktgegenseite zu benachteiligen.[86] 53

78 Siehe ‹https://www.weko.admin.ch/weko/de/home/dokumentation/bekanntmachungen---erlaeuterungen.html› (25.6.2020); s. hierzu Dike-Kommentar KG-Graber Cardinaux/Maschemer, Art. 6 N 347; BSK KG-Neff, Art. 6 N 46 ff.; BSK KG-Neff/Theuerkauf, Homologations-BM N 10.

79 Art. 6 Abs. 1 lit. a KG; S. hierzu Dike-Kommentar KG-Graber Cardinaux/Maschemer, Art. 6 N 36 ff.

80 Verfügung der Weko vom 16.12.2011, RPW 2012/2, S. 270 ff., Rz 1060; Verfügung der Weko vom 31.10.2011, RPW 2011/4, S. 529 ff., Rz 811 und Rz 817.

81 Siehe die Übersicht und Hinweise in Dike-Kommentar KG-Zirlick/Bangerter, Art. 5 N 278 f.

82 Art. 8 KG.

83 Dike-Kommentar KG-Moeckli/Dudar, Art. 8 N 41.

84 CR Concurrence-Bianchi della Porta, Art. 8 N 108; Dike-Kommentar KG-Moeckli/Dudar, Art. 8 N 41 m.w.H.

85 Siehe zu diesen formellen Anforderungen eines Vorentscheids Dike-Kommentar KG-Moeckli/Dudar, Art. 8 N 13 ff.; BSK KG-Meinhardt/Prümmer, Art. 8 N 11 ff.

86 Art. 7 und Art. 49a Abs. 1 KG.

54 Einzelne oder mehrere Unternehmen gelten als marktbeherrschend, sofern sie auf einem Markt als Anbieter oder Nachfrager in der Lage sind, sich von anderen Marktteilnehmern, mithin Mitbewerbern, Anbietern oder Nachfragern, in wesentlichem Umfang unabhängig verhalten zu können.[87]

55 Ob ein Unternehmen eine solche marktbeherrschende Stellung innehat, ist immer bezogen auf einen konkreten Einzelfall in einem zweistufigen Verfahren zu prüfen.[88] Zunächst ist der sog. relevante Markt, mithin der Markt für bestimmte Produkte oder Dienstleistungen in sachlicher, räumlicher und zeitlicher Hinsicht abzugrenzen.[89] Anschliessend wird die wirtschaftliche Stellung des Unternehmens in diesem abgegrenzten Markt analysiert, um beurteilen zu können, ob es sich im wesentlichen Umfang von anderen Marktteilnehmern unabhängig verhalten kann. Aus diesem Grund wird bei dieser Beurteilung regelmässig die Marktstellung des von der Untersuchung betroffenen Unternehmens mit derjenigen der anderen Unternehmen verglichen.[90] Als Faustregel ist ab Marktanteilen von 30% Vorsicht geboten und ab Marktanteilen von 50% drängen sich im betreffenden Unternehmen bewusste Vorkehrungen auf, die missbräuchliches Verhalten verhindern.[91]

56 Das Erlangen einer marktbeherrschenden Stellung ist *per se* unproblematisch. Unzulässig ist es indessen, wenn ein Unternehmen diese Stellung missbraucht. Dabei werden sowohl Behinderungs- als auch Ausbeutungspraktiken erfasst, soweit diese nicht sachlich gerechtfertigt sind.[92] Die Verhaltensweise muss, um den Tatbestand zu erfüllen, aktuelle oder potentielle Konkurrenten sowie auch andere Marktteilnehmer in der Aufnahme oder Ausübung des Wettbewerbs behindern. Erfasst wird aber auch ein Verhalten, durch welches Lieferanten oder Abnehmer benachteiligt werden, indem ihnen ausbeuterische Geschäftsbedingungen oder Preise aufgezwungen werden.[93]

57 Diese in Art. 7 Abs. 1 KG enthaltene Generalklausel wird durch einen Beispielkatalog[94] illustriert. Damit die in diesem Katalog aufgeführten Verhaltensweisen im Einzelfall missbräuchlich sind, müssen sie eine Behinderung bzw. Benachteiligung im vor-

87 Art. 4 Abs. 2 KG.

88 Siehe statt vieler BGE 133 II 104 E. 8; Zäch, Rz 529; Schlussbericht der Weko vom 12.2.2004, RPW 2004/2, S. 357 ff., Rz 23.

89 BSK KG-Reinert/Bloch, Art. 4 Abs. 2 N 257, erachten das zeitliche Kriterium einzig als einen zeitlichen Aspekt des sachlichen Marktabgrenzungskriteriums.

90 Siehe ausführlich zu den in der Rechtspraxis hierfür entwickelten Prüfschemen und -kriterien im konkreten Einzelfall Dike-Kommentar KG-Stäuble/Schraner, Art. 4 Abs. 2 N 218 ff.

91 Siehe hierzu auch die Übersichten in BSK KG-Reinert/Bloch, Art. 4 Abs. 2 N 277; Dike-Kommentar KG-Stäuble/Schraner, Art. 4 Abs. 2 N 226.

92 Botschaft KG 1994, S. 569; CR Concurrence-Clerc, Art. 7 Abs. 1 N 99; s. sodann statt vieler Verfügung der Weko vom 21.10.2013, RPW 2014/1, S. 215 ff., Rz 375 m.w.H. auf die Praxis der Weko; SHK KG-Reinert, Art. 7 N 5.

93 Statt vieler BGer v. 9.12.2009, 2C_985/2015, E. 4.1 m.w.H.; ausführlich dazu auch Dike-Kommentar KG-Stäuble/Schraner, Art. 7 N 45 ff; s.a. SHK KG-Reinert, Art. 7 N 5.

94 Art. 7 Abs. 2 KG.

genannten Sinn darstellen, für welche insbesondere keine sachliche Rechtfertigung besteht.[95]

Marktbeherrschende Unternehmen könnten versucht sein, während der COVID-19-Pandemie Verhaltensweisen an den Tag zu legen, welche die Generalklausel oder mehrere der in diesem Katalog genannten Verhaltensweisen erfüllen. So können unter anderem der Abbruch von Lieferbeziehungen[96] oder die selektive Belieferung einzelner Unternehmen[97] kartellrechtlich problematisch werden. 58

Sodann kann ein Missbrauch einer marktbeherrschenden Stellung vorliegen, wenn ein marktbeherrschendes Unternehmen für seine Produkte und Dienstleistungen, für welche in Zeiten der COVID-19-Pandemie eine entsprechend hohe Nachfrage – insbesondere bei gleichzeitiger Knappheit aufgrund von Importeinschränkungen – besteht, (massive) Preiserhöhungen oder unangemessene Gegenleistungen und/oder missbräuchliche Geschäftsbedingungen verlangt.[98] Schliesslich kann bei sog. Koppelungsgeschäften eine missbräuchliche Verhaltensweise vorliegen, mithin wenn das marktbeherrschende Unternehmen den Abschluss von Verträgen an die Bedingung koppelt, dass die Vertragspartner zusätzliche Leistungen annehmen oder erbringen müssen.[99] Die Marktgegenseite wird dabei dadurch benachteiligt oder behindert, dass es den Abschluss eines Geschäfts von Zugeständnissen abhängig macht, die keinen vernünftigen Bezug zum Grundgeschäft haben.[100] 59

Eine Verhaltensweise eines marktbeherrschenden Unternehmens im oben beschriebenen Sinn ist indessen zulässig, wenn sie sachlich gerechtfertigt ist. Als solche sog. *«legitimate business reasons»* kommen betriebswirtschaftliche (kaufmännische Grundsätze) aber auch volkswirtschaftliche Rechtfertigungsgründe (Effizienzgründe) in Betracht.[101] Gerade die Auswirkungen der COVID-19-Pandemie auf die Unternehmen können dazu führen, dass sich ein marktbeherrschendes Unternehmen auf solche sachlichen Gründe berufen kann, um ein Verhalten zu rechtfertigen, welches in normalen Zeiten heikel wäre. Zu denken ist dabei vor allem an Geschäftsbedingungen, welche in Zeiten von COVID-19 nicht unangemessen erscheinen, an die Verweigerung von Geschäftsbeziehungen mit Unternehmen, deren Zahlungsfähigkeit aufgrund der Auswirkungen der Pandemie fraglich scheint, oder eine selektive Auswahl der Geschäftspartner anhand der Notwendigkeit der Belieferung. 60

95 BGer v. 9.12.2019, 2C_985/2015, E. 4.2 m.w.H.; s. zudem die Hinweise in FN 92 vorstehend.

96 Art. 7 Abs. 2 lit. a KG («Verweigerung von Geschäftsbeziehungen [z.B. die Liefer- oder Bezugssperre]»).

97 Art. 7 Abs. 2 lit. b KG («die Diskriminierung von Handelspartnern»).

98 Art. 7 Abs. 2 lit. c KG («die Erzwingung unangemessener Preise oder sonstiger unangemessener Geschäftsbedingungen»).

99 Art. 7 Abs. 2 lit. f KG («Koppelungsgeschäfte»).

100 Dike-Kommentar KG-Stäuble/Schraner, Art. 7 N 489.

101 Siehe ausführlich hierzu BSK KG-Amstutz/Carron, Art. 7 N 63 ff.; Dike-Kommentar KG-Stäuble/Schraner, Art. 7 N 109 ff. und N 123 ff.; Krauskopf/Kaufmann, sic! 9/2013, S. 499 ff., 501 ff.; SHK KG-Reinert, Art. 7 N 7.

61 In jedem Fall muss ein marktbeherrschendes Unternehmen auch während der COVID-19-Pandemie darauf achten, seine Handelspartner nicht zu diskriminieren, mithin nicht ohne sachlichen Grund ungleich zu behandeln.[102]

62 Darüber hinaus ist zu beachten, dass sich im Zuge der COVID-19-Pandemie die Marktverhältnisse verändern können. So können Wettbewerber aus dem Markt ausscheiden, weil sie die Geschäftstätigkeit auf dem relevanten Markt aufgeben. Zudem sind Veränderungen aufgrund der unterschiedlichen staatlichen Beihilfen, insbesondere in den einzelnen Kantonen, möglich.[103] Dadurch können bestimmte Unternehmen, gegebenenfalls auch nur zeitlich begrenzt, erhebliche (zusätzliche) Marktmacht und damit eine marktbeherrschende Stellung erlangen. Missbraucht das Unternehmen diese Stellung, kann es in den Fokus der Weko gelangen. Dies hat für Unternehmen zur Folge, dass sie während der Krise zusätzlich ihre eigene Marktstellung beobachten, laufend beurteilen und entsprechend ihre Geschäftstätigkeiten überprüfen müssen.

5. Staatliche (Unter-)Stützung der Wirtschaft zur Abfederung der Auswirkungen der COVID-19-Pandemie

63 Die wettbewerbsrechtlichen Regeln betreffend staatliche Beihilfe sollen prüfen, ob der Staat durch seine Intervention bestimmte Unternehmen oder Wirtschaftsbereiche selektiv begünstigt, er sich auf eine ausreichende objektive Rechtfertigung berufen kann oder nicht, und sein Handeln erforderlich, zweckmässig und angemessen ist.[104]

64 Anders als das EU-Wettbewerbsrecht[105] enthält das Schweizer Wettbewerbsrecht keine vergleichbaren Regelungen und Zuständigkeiten der Weko im Zusammenhang mit staatlichen Beihilfen und deren Kontrolle. Entsprechend findet bei den zahlreichen staatlichen Massnahmen, welche der Bund, die Kantone und die Gemeinden seit dem Ausbruch der COVID-19-Pandemie beschlossen haben, keine wettbewerbsrechtliche Kontrolle statt. Dies betrifft insbesondere die Erleichterung der Voraussetzungen zur Gewährung von Krediten und Solidarbürgschaften, welche unter dem EU-Wettbewerbsrecht wohl als staatliche Beihilfe zu qualifizieren wären.[106] Insbesondere in der aktuellen Zeit ist eine solche fehlende wettbewerbsrechtliche Kontrolle bedenklich und bedauernswert, da die im Zusammenhang mit der COVID-19-Pandemie immer weitergehenden staatlichen Unterstützungsmassnahmen ohne weiteres wettbewerbsverzerrende Wirkungen haben können. Dies betrifft vor allem diejenigen Märkte, in welchen der Umfang der in den einzelnen Kantonen beschlossenen Massnahmen unterschiedlich ist.

---

102 Siehe hierzu ausführlich BSK KG-Amstutz/Carron, Art. 7 N 205 ff.

103 Siehe hierzu noch Rz 63 ff.

104 Hirsbrunner, S. 99.

105 Art. 107–109 AEUV; s. hierzu die Bekanntmachung der EU-Kommission zum Begriff der staatlichen Beihilfe im Sinne des Artikels 107 Absatz 1 des Vertrags über die Arbeitsweise der Europäischen Union vom 19.7.2016 (ABl 2016/C 262/01) sowie die Mitteilung der EU-Kommission: Befristeter Rahmen für staatliche Beihilfen zur Stützung der Wirtschaft angesichts des derzeitigen Ausbruchs von COVID-19 vom 20.3.2020 (ABl. 2020/C 91 I/01).

106 Hirsbrunner, S. 98 f.

Eine Ausnahme gilt in der Schweiz indessen für den Bereich des Luftverkehrs. Auf der Basis des bilateralen Luftverkehrsabkommens aus dem Jahr 1999[107] hat die Weko staatliche Beihilfen dazu zu überprüfen.[108] 65

Allerdings machte die Weko bereits in der Vergangenheit von diesen Kompetenzen wenig Gebrauch.[109] Dasselbe gilt sodann im Besonderen auch in der aktuellen COVID-19-Pandemie, wo die vom Bund beschlossene Stützung der Schweizer Luftfahrt[110] zumindest bislang noch keine Reaktion der Wettbewerbsbehörden nach sich gezogen hat.[111] 66

6. Zusammenfassung und Ausblick

Anders als namentlich die EU-Kommission und Wettbewerbsbehörden der EU-Mitgliedsländer sah die Weko (bislang) keine Veranlassung, Erleichterungen mit Bezug auf das Kartellgesetz und deren Anwendung zu kommunizieren. Es ist denn auch davon auszugehen, dass die Weko die Auswirkungen der COVID-19-Pandemie auf den Wettbewerb beobachten und kritisch würdigen wird, zumal der Weg zurück aus der Krise lang sein wird. Obwohl die Unternehmen derzeit vor vielen Herausforderungen stehen, stellt die aktuelle Pandemie somit keinen Freipass für wettbewerbswidriges Verhalten dar. 67

Das Kartellgesetz bietet allerdings hinreichende Flexibilität im Zusammenhang mit Kooperationen, welche insbesondere zur Bewältigung der COVID-19-Pandemie eingegangen wurden und werden. Zu denken ist dabei an eine einzelfallweise Rechtfertigung einer Wettbewerbsabrede aus Gründen der wirtschaftlichen Effizienz, aber auch an die Möglichkeit des Bundesrats und/oder der Weko, in Verordnungen oder allgemeinen Bekanntmachungen einzelne Arten von Wettbewerbsabreden oder besondere Kooperationsformen in einzelnen Wirtschaftszweigen als gerechtfertigt zu statuieren. Solche Kooperationen sind inhaltlich und zeitlich auf das Notwendige zu beschränken und der Grund für deren Eingehen ist zu dokumentieren und laufend zu überprüfen. Dieselben Grundsätze wie bei Kooperationen sind auch beim Informationsaustausch zu beachten. Insbesondere sind auch diese auf das zur Erreichung ihres Zwecks Notwendige zu beschränken. 68

---

107 Abkommen vom 21.6.1999 zwischen der Schweizerischen Eidgenossenschaft und der Europäischen Gemeinschaft über den Luftverkehr (SR 0748.127.192.68).

108 Art. 103 LFG.

109 Hirsbrunner, S. 100 f.

110 Siehe Medienmitteilung des Bundesrates vom 29.4.2020, ‹https://www.admin.ch/gov/de/start/dokumentation/medienmitteilungen.msg-id-78944.html› (25.6.2020); oder Tagesanzeiger vom 19.5.2020, ‹https://www.tagesanzeiger.ch/sr-technics-ist-fuer-die-swiss-irrelevant-751751335248› (25.6.2020).

111 Dies ganz im Gegensatz zum Rettungspaket, welches die deutsche Bundesregierung für die Lufthansa verabschiedet hat. Dieses rief unverzüglich eine harsche Reaktion der EU-Kommission hervor, s. NZZ 26.5.2020, ‹https://www.nzz.ch/wirtschaft/berlin-und-bruessel-gehen-bei-lufthansa-unterstuetzung-auf-kollisionskurs-ld.1558228?mktcid=nled&mktcval=105_2020-05-27&kid=nl105_2020-5-27&trco=› (25.6.2020).

69 Abstand zu halten ist von sogenannt harten horizontalen und vertikalen Abreden, da deren Rechtfertigung deutlich schwieriger zu begründen ist. Insbesondere Preis- und/oder Mengenabsprachen lassen sich nicht rechtfertigen, auch nicht durch die COVID-19-Pandemie, und geraten ohne weiteres in den Fokus der Weko.

70 Die COVID-19-Pandemie kann sodann Auswirkungen auf die Marktstruktur und damit auf die Marktanteile der einzelnen Unternehmen haben. Unternehmen, insbesondere solche, welche bereits heute zwar nicht als marktbeherrschend gelten, aber über höhere Marktanteile verfügen, sind gut darin beraten, die Entwicklung ihrer Marktstellung laufend zu beobachten und zu beurteilen. Dies vor allem auch vor dem Hintergrund der, insbesondere kantonal unterschiedlichen, staatlichen Unterstützungsmassnahmen, die in der Schweiz grundsätzlich – mit Ausnahme des Luftverkehrs – keiner wettbewerbsrechtlichen Kontrolle unterstehen. Damit einher geht eine laufende Prüfung der Geschäftstätigkeit. So sind Preiserhöhungen oder Abbrüche von Lieferbeziehungen kritisch zu hinterfragen und ist bei allfälligen Ungleichbehandlungen von Geschäftspartnern das Vorliegen von sachlichen Gründen zu überprüfen.

III. Auswirkungen der COVID-19-Pandemie auf öffentliche Beschaffungen

1. Grundlagen des öffentlichen Beschaffungsrecht

a) Zweck des öffentlichen Beschaffungsrecht

71 Der Bund sowie die Kantone und Gemeinden verkörpern ein immenses Wirtschaftspotential, indem sie für die Erfüllung der ihnen übertragenen öffentlichen Aufgaben auf eine Vielzahl von Gütern und Dienstleistungen angewiesen sind. Soweit die staatlichen Stellen diese Güter und Dienstleistungen nicht selber herstellen bzw. erbringen können oder wollen, müssen sie diese auf dem freien Markt beschaffen. Durch diese Beschaffungen, insbesondere auch aufgrund des Volumens, greifen die staatlichen Beschaffungsstellen in das Marktgeschehen ein.

72 Mit dem Ziel, wettbewerbsbeschränkende oder -verzerrende Massnahmen sowie protektionistische Praktiken im öffentlichen Beschaffungswesen abzubauen, unterzeichneten 23 Staaten, darunter auch die Schweiz, am 15.4.1994 das GATT/WTO-Übereinkommen (GPA 1994).

73 Für Beschaffungen auf Bundesebene werden die sich aus dem GPA 1994 ergebenden Anforderungen im BöB und in der dazugehörenden Verordnung VöB umgesetzt. Mit diesen rechtlichen Grundlagen soll der wirksame Wettbewerb unter den Anbietern gefördert und gestärkt werden.[112] Die Regeln des öffentlichen Beschaffungswesens sollen demnach jegliche unsachgemässe Beeinflussung des freien Wettbewerbs, insbesondere mittels Beschaffungen gestützt auf (wirtschafts-)politisch motivierte Überlegungen, verhindern.[113]

112 Siehe die entsprechenden Zweckbestimmungen in Art. 1 Abs. 1 lit. b BöB und Art. 1 Abs. 3 lit. a IVöB.
113 Beyeler, Öffentliche Beschaffung, Rz 218.

Der Schweizer Gesetzgeber kodifizierte dabei nicht nur die vom GPA 1994 vorgeschriebene Nichtdiskriminierung von ausländischen Anbietern gegenüber inländischen, sondern konkretisierte zusätzlich das Gebot der Gleichbehandlung der inländischen Anbieter untereinander für den Binnenmarkt Schweiz.[114] Mit Inkrafttreten des bilateralen Abkommens mit der EU[115] wurde per 1.6.2002 der Anwendungsbereich des BöB erweitert.[116] 74

Auch auf kantonaler sowie Bezirks- und kommunaler Ebene gelten das GPA 1994 sowie das vorgenannte bilaterale Abkommen mit der EU.[117] Die Umsetzung erfolgt durch das von sämtlichen Kantonen unterzeichnete Konkordat IVöB, welches in den einzelnen Kantonen mittels der jeweiligen kantonalen Beschaffungsgesetzgebungen umgesetzt wird.[118] In diesem Zusammenhang veröffentlichte das InöB am 2.5.2002 die Mustervorlage für Vergaberichtlinien zur Interkantonalen Vereinbarung über das öffentliche Beschaffungswesen.[119] 75

Der Vollständigkeit halber ist darauf hinzuweisen, dass die Vertragsstaaten des GPA 1994 am 30.3.2012 das Protokoll über die Änderung des GPA 1994 formell verabschiedet haben. Gestützt darauf durchlief die Schweiz das Gesetzgebungsverfahren zur Revision des BöB und der VöB, welche per 1.1.2021 in Kraft treten werden. Im Gleichschritt dazu wurde die IVöB revidiert, um eine möglichst weitgehende Harmonisierung mit der bundesrechtlichen Regelung zu erreichen. Es obliegt nun den einzelnen Kantonen, die revIVöB mittels kantonalem Beitrittsgesetz in Kraft zu setzen und so die Harmonisierung sicherzustellen. Obwohl bisher noch kein Kanton der revIVöB beigetreten ist, sind diesbezügliche Bestrebungen am Laufen und erste Beitritte frühestens Ende 2020 zu erwarten.[120] 76

b) *Zuschlagsverfügung als Ermächtigung zum Vertragsabschluss*

Damit es zur gewünschten Förderung des Wettbewerbs kommt, ist es einerseits notwendig, dass sich die Anbieter untereinander in einem funktionierenden Wettbewerb befinden. Dies wird durch die wettbewerbsrechtlichen Regeln, namentlich das UWG und das KG, sichergestellt.[121] Andererseits aber kann der Wettbewerb zwischen den Anbietern nur gefördert werden, wenn sich die Vergabestellen wettbewerbsneutral verhalten. 77

---

114 Botschaft BöB, S. 1175.

115 Abkommen zwischen der Schweizerischen Eidgenossenschaft und der Europäischen Gemeinschaft über bestimmte Aspekte des öffentlichen Beschaffungswesens vom 21.6.1999 (SR 0.172.052.68).

116 Siehe hierzu Stöckli, S. 41 ff.; Meyer, S. 716 f.

117 Anhang I Annex 2 des GPA 1994, sowie Art. 2(1) des bilateralen Abkommens (FN 115).

118 Siehe hierzu Galli/Moser/Lang/Steiner, Rz 17.

119 Mustervorlage der InöB für Vergaberichtlinien (VRöB) zur Interkantonalen Vereinbarung über das öffentliche Beschaffungswesen (IVöB) vom 25.11.1994/15.3.2001; ‹https://www.bkb.admin.ch/bkb/de/home/rechtsgrundlagen/kantonale-erlasse.html› (25.6.2020).

120 Bislang hat einzig der Kanton Bern das kantonale Beitrittsverfahren eingeleitet (Stand 8.5.2020), s. ‹https://www.bpuk.ch/bpuk/konkordate/ivoeb/ivoeb-2019› (25.6.2020).

121 Siehe Rz 2 ff.

78 Um dies sicherzustellen, sind die öffentlichen Vergabestellen in ihrer Freiheit zur Auswahl ihres Vertragspartners eingeschränkt, indem sie ein formelles Auswahlverfahren durchlaufen und mittels Zuschlagsverfügung beenden müssen, bevor sie den entsprechenden (in den häufigsten Fällen privatrechtlichen[122]) Vertrag abschliessen dürfen.[123]

79 Das öffentliche Beschaffungsrecht sieht einen *numerus clausus* von Verfahrensarten vor, nämlich das offene Verfahren, das selektive Verfahren, das Einladungsverfahren und das freihändige Verfahren.[124]

80 Die Vergabestelle ist allerdings in der Wahl der Verfahrensart nicht beziehungsweise nur eingeschränkt frei. Übersteigt der Wert des zu vergebenden Auftrags einen bestimmten Schwellenwert, muss die Vergabestelle unter bestimmten Verfahrensarten wählen. Der Vergabestelle steht es indessen frei, ein sog. höherstufiges Verfahren durchzuführen, als an sich im konkreten Fall erforderlich wäre.[125]

2. Freihändige Beschaffungsverfahren und deren Rechtsgrundlagen

81 Im Anwendungsbereich des freihändigen Verfahrens kann die Vergabestelle einen Auftrag direkt und ohne Ausschreibung einem Anbieter vergeben.[126] Die gesetzlichen Regelungen lassen solche freihändige Beschaffungen abschliessend in folgenden Situationen zu:

a) Unterschreitung von Schwellenwerten

82 Zunächst steht auf Bundesstufe den Vergabestellen das freihändige Verfahren dann zur Verfügung, wenn ein Auftrag für die Lieferung von Güter den Wert von CHF 50 000 oder ein Bau- oder Dienstleistungsauftrag den Wert von CHF 150 000 nicht erreicht.[127] Im Anwendungsbereich der IVöB betragen diese Schwellenwerte CHF 100 000 für Lieferungen, CHF 150 000 für Dienstleistungsaufträge oder Aufträge im Baunebengewerbe sowie CHF 300 000 für Aufträge im Bauhauptgewerbe.[128]

83 Gegen einen Zuschlagsentscheid, der nicht im Anwendungsbereich des BöB ergeht, steht kein Rechtsmittel zur Verfügung. Dies betrifft Vergabeentscheide unterhalb der massgebenden Schwellenwerte nach Art. 6 BöB sowie Vergaben nach Art. 36 VöB, mithin insbesondere freihändige Vergabeentscheide.[129]

---

122 Beyeler, Geltungsanspruch, Rz 642 ff.; Galli/Moser/Lang/Steiner, Rz 1088.

123 Beyeler, Geltungsanspruch, Rz 2424 ff; Beyeler, Öffentliche Beschaffung, Rz 253; BGE 134 II 297, 303, E. 4.1; 134 II 192, 196, E. 1.4; BVGer, Zwischenverfügung v. 30. 1. 2008, B-6136/2007, E. 6.1.1.

124 Art. VII GPA 1994; Art. 13–16 BöB; Art. 12–13 VöB; Art. 12 Abs. 1 lit. a–c IVöB; BRK 2004-017, E. 4a. Siehe hinsichtlich der Zulässigkeit des Einladungsverfahrens auf Bundesstufe Galli/Moser/Lang/Steiner, Rz 279; Trüeb, OFK-Wettbewerbsrecht II, BöB 13 N 12.

125 Galli/Moser/Lang/Steiner, Rz 283.

126 Art. XV GPA 1994; Art. 16 BöB; Art. 12 Abs. 1 lit. c IVöB.

127 Art. 36 Abs. 2 lit. b und c VöB.

128 Art. 12bis Abs. 2 IVöB; Anhang 2 zur IVöB.

129 Trüeb, OFK-Wettbewerbsrecht II, BöB 27 N 3, Art. 36 i.V.m. Art. 39 VöB. Dies im Gegensatz zur Regelung in den meisten Kantonen, s. hierzu Wolf, Rz 80 f.

b) *Ausnahmetatbestände*

Eine freihändige Vergabe ist auch in denjenigen Fällen möglich, in denen der Auftragswert die vorgenannten Schwellenwerte übersteigt, vorausgesetzt einer der in Art. 13 Abs. 1 VöB abschliessend genannten Tatbestände ist erfüllt.[130] Bei diesen Tatbeständen handelt es sich um Ausnahmen, weshalb diese gemäss einem Teil der Lehre sowie der Rechtsprechung restriktiv auszulegen sind.[131] 84

Einer dieser Ausnahmetatbestände, der ebenfalls im GPA 1994 geregelt ist[132], erlaubt es den Vergabestellen des Bundes, dringliche Beschaffungen im freihändigen Verfahren zu tätigen. Voraussetzung dafür ist, dass aufgrund unvorhersehbarer Ereignisse eine Beschaffung so dringlich wird, dass kein offenes oder selektives Verfahren durchgeführt werden kann.[133] 85

Auch den kantonalen Vergabestellen steht das freihändige Verfahren zur Verfügung. So enthält die Mustervorlage für Vergaberichtlinien zur IVöB ebenfalls einen Katalog von Tatbeständen, unter denen eine freihändige Beschaffung zulässig ist.[134] Die kantonalen Beschaffungserlasse enthalten weitgehend dieselben Tatbestände.[135] Auch gemäss diesen Rechtsquellen ist eine freihändige Vergabe zulässig, sofern eine Beschaffung aufgrund unvorhersehbarer Ereignisse so dringlich wird, dass kein offenes, selektives oder Einladungsverfahren durchgeführt werden kann.[136] 86

Gegen einen unter Anwendung dieser Ausnahmetatbestände ergangenen Zuschlagsentscheid kann Beschwerde ergriffen werden.[137] 87

c) *Legalausnahmen*

Bundes- und kantonale bzw. kommunale Vergabestellen brauchen schliesslich einen Auftrag – unabhängig von der Höhe des Auftragswerts – nicht nach den Bestimmungen des BöB bzw. der IVöB zu vergeben, wenn dies zum Schutz der Gesundheit und Leben von Menschen erforderlich ist.[138] Das Bundesrecht unterstellt diese Beschaffungen dem 88

130 BVGer, Zwischenentscheid v. 15.10.2009, B-5729/2009, E. 4.2; Wolf, Rz 15 m.w.H.; Botschaft BöB, 1189.

131 Siehe auch Arrowsmith, S. 289 mit Bezug auf die Ausnahmebestimmungen im GPA; Entscheid der BRK vom 3.11.2000 (BRK 2000-007), VPB 65.41, E. 4/a; s. statt vieler BVGer, Zwischenentscheid v. 21.4.2015, B-562/2015, E. 5.6.1 m.w.H.; Meyer, S. 717; Rechsteiner, S. 39; Schneider Heusi, S. 40; Trüeb, OFK-Wettbewerbsrecht II, BöB 13 N 8, merkt an, dass dies lediglich bei den speziell einschränkenden Formulierungen der Fall sei, wie beispielsweise bei dringlichen Beschaffungen, wohingegen die anderen Tatbestände nach den gewöhnlichen Regeln auszulegen seien.

132 Art. XV Ziff. 1 lit. c GPA.

133 Art. 13 Abs. 1 lit. d VöB.

134 § 9 Abs. 1 VRöB.

135 S. beispielsweise § 8 Abs. 3 SubmD/AG; § 10 SubmV/ZH; Art. 7 Abs. 3 ÖBV/BE; Art. 15 Abs. 3 RMP/GE.

136 § 9 Abs. 1 lit. d VRöB; § 8 Abs. 3 lit. f SubmD/AG; § 10 lit. d SubmV/ZH; Art. 7 Abs. 3 lit. d ÖBV/BE; Art. 15 Abs. 3 lit. d RMP/GE.

137 Art. 29 lit. a BöB; Art. 15 Abs. 1bis lit. e IVöB.

138 Art. 3 Abs. 2 lit. b BöB; Art. 36 Abs. 2 lit. a VöB; Art. 10 Abs. 2 lit. b IVöB; Fetz, Rz 77 und Rz 84.

freihändigen Verfahren, während im Anwendungsbereich der IVöB die Vereinbarung keine Anwendung findet.[139] Auch das GPA 1994 enthält eine in diese Richtung gehende Bestimmung. So hindert das Abkommen eine Vergabestelle nicht daran, Massnahmen unter anderem zum Schutz des Lebens und der Gesundheit von Menschen zu beschliessen oder durchzuführen, vorausgesetzt diese Massnahmen führen nicht zu einer willkürlichen oder ungerechtfertigten Diskriminierung zwischen Ländern oder zu einer versteckten Beschränkung des internationalen Handels.[140] Diese Bestimmung darf indessen nur sehr eingeschränkt, bei Vorliegen einer sachlichen Rechtfertigung und wenn der entsprechende Schutz mit keinen anderen Mittel erreicht werden kann, angewendet werden. Insbesondere darf sie nicht zwecks Umgehung der Anwendung des BöB angerufen werden.[141]

89 Gegen Zuschlagsentscheide, welche in Anwendung von Art. 3 Abs. 2 lit. b BöB ergehen, steht kein Rechtsmittel zur Verfügung, da auf solche Vergabeverfahren das BöB nicht anwendbar ist.[142]

3. Dringliche Beschaffungen im freihändigen Verfahren im Besonderen

90 Ein Auftrag darf wegen Dringlichkeit freihändig vergeben werden, wenn folgende drei Voraussetzungen erfüllt sind: Erstens muss das zu vergebende Geschäft dringlich sein, zweitens muss die Dringlichkeit durch ein für die Vergabebehörde unvorhersehbares Ereignis herbeigeführt worden sein und drittens muss zwischen dem fraglichen Ereignis und der Dringlichkeit ein Kausalzusammenhang bestehen.[143]

139 Wolf, Rz 5; Fetz, Rz 77 mit Bezug auf Bundesbeschaffungen.

140 Art. XXIII Abs. 2 GPA 1994; s. hierzu auch Arrowsmith, S. 290.

141 BVGer, Zwischenentscheid v. 21.5.2014, B-998/2014, E. 2.2.4.1 m.w.H.; BVGer, Zwischenentscheid v. 6.8.2009, B-4657/2009, E. 4.5; Botschaft BöB, S. 1180; Entscheid der BRK vom 19.7.1999 (BRK 1999-005), VPB 64.8, E. 2/a/aa; Fetz, Rz 81 sowie Rz 84, wonach eine qualifizierte Nähe zwischen der beschafften Leistung und dem Schutzziel gegeben sein muss, weshalb beispielsweise die Beschaffung von Gebäuden nicht allein deshalb unter die Legalausnahme subsumiert werden könne, weil die zu beschaffenden Gebäude dem Schutz von Menschenleben dienen würden; Dubey/Beyeler, S. 215, wo Beyeler festhält, dass bei dringlichen Verfahren einzig Art. XV Abs. 1 lit. c GPA 1994 und Art. 13 Abs. 1 lit. d VöB massgeblich seien. Für die Anwendung von Art. XXIII Abs. 2 GPA 1994 und entsprechend Art. 3 Abs. 2 BöB sowie Art. 10 Abs. 2 IVöB bestehe damit kein Raum.

142 Art. 36 Abs. 2 lit. a i.V.m. Art. 39 VöB; BVGer, Zwischenentscheid vom 21.5.2014, B-998/2014, E. 2.2, wobei die Frage, ob in einem konkreten Fall die Voraussetzungen für eine Ausnahme gestützt auf Art. XXIII Ziff. 2 GPA und Art. 3 Abs. 2 lit. a BöB vorliegen, grundsätzlich justiziabel sei (E. 2.2.4.1), so auch Entscheid der BRK vom 19.7.1999 (BRK 1999-005), VPB 64.8, E. 1/b/bb; s. hierzu auch Wolf, Rz 80; Fetz, Rz 77.

143 Galli/Moser/Lang/Steiner, Rz 364 m.w.H. auf das Urteil Verwaltungsgericht VD v. 24.1.2001, (GE 00/0136), RDAF 2002 I, 142 ff.; Meyer, S. 722; Urteil Kantonsgericht BL v. 1.6.2005, 810 04 210/SOA, E. 3/c.

a) *Zur Tatbestandsvoraussetzung der Dringlichkeit*

Mit Bezug auf die Dringlichkeit fällt zunächst auf, dass der Wortlaut von Art. 13 Abs. 1 lit. d VÖB weniger restriktiv zu sein scheint als die entsprechende Bestimmung im GPA 1994, gemäss welcher eine freihändige Vergabe nur zulässig ist, wenn sie «unbedingt erforderlich» ist und soweit «aus Gründen äusserster Dringlichkeit» kein offenes oder selektives Verfahren durchgeführt werden kann.[144] Es finden sich indessen keine Anzeichen dafür, dass der Schweizer Gesetzgeber eine weniger restriktive Anwendung dieses Ausnahmetatbestands im Sinne hatte.[145] 91

Eine Beschaffung ist als dringlich einzustufen, wenn bei deren Ausbleiben mit einiger Wahrscheinlichkeit erhebliche Nachteile drohen.[146] Reine, unvorhergesehene Schwierigkeiten bei der Erfüllung öffentlicher Aufgaben genügen den Anforderungen an den Aspekt der Dringlichkeit somit nicht. Vielmehr liegt eine dringliche Beschaffungssituation beispielsweise vor, wenn bei deren Ausbleiben Schäden für Menschen drohen.[147] 92

Dabei hat das Bundesgericht festgehalten, dass bei der Auslegung des Tatbestandselements der Dringlichkeit auch die Richtlinie 2004/18/EG[148] und die in diesem Zusammenhang ergangene Rechtsprechung der europäischen Gerichte herangezogen werden kann.[149] 93

Gemäss Rechtsprechung der BRK gilt sodann ein Auftrag als dringlich, wenn sich die Minimalfristen zur Einreichung von Angeboten als zu lang erweisen.[150] Die an sich übliche Minimalfrist zur Einreichung eines Angebots kann unter den Voraussetzungen des GPA 1994 bis auf zehn Tage herabgesetzt werden.[151] Kann folglich mit einer solchen Verkürzung der Angebotsfrist der Dringlichkeit der Beschaffung Rechnung getragen werden, verbleibt kein Raum für die Durchführung eines freihändigen Vergabeverfahrens.[152] 94

Das revidierte BöB sowie die revidierte IVöB übernehmen dieses Kriterium und sehen ausdrücklich vor, dass eine dringliche, freihändige Beschaffung aufgrund unvorher- 95

---

144 Art. XV Ziff. 1 lit. c GPA.

145 Meyer, S. 722; Wolf, Rz 27; so auch das Urteil Verwaltungsgericht BE, Verwaltungsrechtliche Abteilung, v. 6.12.2002, VGE 21546, in: BVR 2003 I 5223 ff., E. 3a; Urteil Kantonsgericht LU v. 12.2.2014, RPW 2014/1, S. 336 ff., E. 12.3.1.

146 Arrowsmith, S. 289.

147 Meyer, S. 722.

148 Richtlinie 2004/18/EG des europäischen Parlaments und des Rates vom 31.3.2004 über die Koordinierung der Verfahren zur Vergabe öffentlicher Bauaufträge, Lieferaufträge und Dienstleistungsaufträge (ABl. L 134 vom 30.4.2004, S. 114)

149 BGE 141 II 113, 134 f., E. 5.3.2.

150 Zwischenentscheid der BRK v. 16.11.2001, BRK 2001-014, in: VPB 2002 Nr. 37, S. 391 ff., E. 2/b; so auch BGE 141 II 113, 134 f., E. 5.3.2 m.V. auf Art. 31 Ziff. 1 lit. c der Richtlinie 2004/18/EG sowie m.H. auf die Rechtsprechung des EuGH.

151 Art. 19 Abs. 3 und Abs. 4 VöB i.V.m. Artikel XI Ziff. 3 GPA.

152 Meyer, S. 722; so auch die Botschaft zur Revision des BöB aufgrund des geänderten GPA 2012, s. Botschaft zur Totalrevision des Bundesgesetzes über das öffentliche Beschaffungswesen vom 15.2.2017, BBl 2017 1851 ff., 1927.

sehbarer Ereignisse nur möglich ist, wenn selbst mit verkürzten Fristen kein offenes oder selektives Verfahren und kein Einladungsverfahren durchgeführt werden kann.[153]

b) Zur Tatbestandsvoraussetzung der Unvorhersehbarkeit

96 Die Dringlichkeit der Beschaffung muss unvorhersehbar sein, damit eine freihändige Beschaffung zulässig ist. Ein Ereignis ist unvorhersehbar, wenn die Vergabestelle mit der nach den Umständen des Einzelfalls gebotenen Sorgfalt nicht mit dessen Eintritt rechnen musste.[154]

97 Im Zusammenhang mit diesem Tatbestandselement werden in der Lehre und Rechtsprechung unterschiedliche Ansichten vertreten.

98 Gemäss der einen Ansicht kann sich eine Vergabestelle nicht auf diesen Ausnahmetatbestand der unvorhersehbaren, dringlichen Beschaffung berufen, falls sie diese Dringlichkeit selbst, beispielsweise durch eine nicht umsichtige Planung, verursacht hat.[155] Auch die Botschaft zur Revision des BöB nimmt diesen Ansatz auf, indem sie festhält, dass dringliche, freihändige Beschaffungen nur bei unvorhersehbaren und nicht selbst verschuldeten Gründen möglich sind.[156]

99 Ein anderer Teil der Lehre und Rechtsprechung vertritt demgegenüber die Auffassung, dass die Forderung, die Vergabestelle dürfe die Dringlichkeit nicht selbst verursacht haben, zu absolut ist. Eine freihändige Beschaffung kann vielmehr in einer Situation notwendig sein, in welcher das öffentliche Interesse an der unverzüglichen Beschaffung derart gross ist, dass die Schuldfrage, mithin wer die Dringlichkeit verursacht hat, irrelevant ist. Dies zumindest dann, wenn die Dringlichkeit nicht in der Absicht herbeigeführt wurde, den Wettbewerb auszuschliessen.[157]

153 Art. 21 Abs. 2 lit. d revBöB; Art. 21 Abs. 2 lit. d revIVöB; s. auch Zufferey/Jacquier, Le gré à gré en raison de l'urgence: une question juridique de principe, à résoudre à l'aune du droit européen, BR 4/2015 220 ff., 222 m.H. auf den Entwurf des revBöB und den Entwurf der revIVöB.

154 Siehe beispielsweise das Urteil Kantonsgericht LU v. 12.2.2014, in: RPW 2014/1, S. 336 ff., E. 12.3.1; oder das Urteil Verwaltungsgericht BE, Verwaltungsrechtliche Abteilung, v. 6.12.2002, VGE 21546, in: BVR 2003 I 5223 ff., E. 3a.

155 Arrowsmith, S. 289 f; Galli/Moser/Lang/Steiner, Rz 365 ff., insbesondere mit weiteren Beispielen aus der kantonalen Rechtsprechung; so beispielsweise Verwaltungsgericht VD v. 24.1.2001, GE 00/0136) in: RDAF 2002 I 142 ff., 154; Urteil Kantonsgericht LU v. 12.2.2014, in: RPW 2014/1, S. 336 ff., E. 12.3.1; Urteil Kantonsgericht BL v. 1.6.2005, 810 04 210/SOA, E. 3b; Wolf, Rz 28.

156 Botschaft zur Revision des BöB aufgrund des geänderten GPA 2012, s. Botschaft zur Totalrevision des Bundesgesetzes über das öffentliche Beschaffungswesen vom 15.2.2017, BBl 2017 1851 ff., 1926 und 1927.

157 So beispielsweise das Urteil Verwaltungsgericht BE, Verwaltungsrechtliche Abteilung, v. 6.12.2002, VGE 21546, in: BVR 2003 I 5223 ff., E. 3b; Präsidialverfügung Verwaltungsgericht SG v 15.3.2017, B 2017/40, E. 2.3.3; Kantonsgericht BL v. 1.6.2005, 810 04 210/SOA, E. 3b; s.a. die Hinweise in Wolf, Rz 28 FN 45.

c) Zur Tatbestandsvoraussetzung des Kausalzusammenhangs

Die Ausnahmebestimmung kann nur solange angerufen werden, als zwischen dem unvorhersehbaren Ereignis und der Dringlichkeit ein Kausalzusammenhang besteht.[158] Aufgrund des Ausnahmecharakters dieses Tatbestands und der Pflicht, diesen restriktiv auszulegen und anzuwenden[159], rechtfertigt sich die Durchführung des freihändigen Verfahrens nur insoweit, als dies – insbesondere zeitlich – notwendig ist, um der Dringlichkeit zu begegnen.[160] So hielt die EU-Kommission beispielsweise in ihrem Leitfaden zur – zwischenzeitlich aufgehobenen – Richtlinie 92/50/EWG fest, dass die Ausnahmetatbestände lediglich für Dienstleistungen gelten, welche etwa den Zeitraum von einem Monat erfassen. Für Dienstleistungen, welche nach diesem Zeitraum zu erbringen sind, verbleibt den Vergabestellen hinreichend Zeit für eine ordentliche Ausschreibung.[161] 100

4. Freihändige Beschaffungen zur Bewältigung der COVID-19-Pandemie

a) Beschaffungen des Bundes gestützt auf die COVID-19-Verordnung 2

Am 16.3.2020 stufte der Bundesrat die Situation in der Schweiz als ausserordentliche Lage i.S.v. Art. 7 EpG ein[162] und erliess gestützt darauf die COVID-19-Verordnung 2. 101

In dieser ausserordentlichen Situation rund um die Eindämmung der COVID-19-Pandemie waren die Bundesbehörden darauf angewiesen, Schutzausrüstungen und Medizinprodukte in hinreichender Menge beschaffen zu können; und dies zumindest zu Beginn innert äusserst kurzer Zeit. Zu denken ist dabei an Produkte wie Atemschutzmasken, Desinfektionsmittel, aber auch Beatmungsgeräte oder Krankenhausbetten. Ebenfalls zu solchen Medizinprodukten gehören die In-vitro-Diagnostika («COVID-19-Tests»).[163] 102

Um diese dringend benötigten Produkte zu beschaffen, schuf der Bundesrat mit der Änderung der COVID-19-Verordnung 2 vom 4.4.2020 die Basis, wonach zur Unterstützung der Versorgung der Kantone und ihrer Gesundheitseinrichtungen von gemeinnützigen Organisationen wie beispielsweise dem Schweizerischen Roten Kreuz, und von Dritten wie beispielsweise Laboren oder Apotheken, wichtige medizinische Güter beschafft werden können, sofern über die normalen Beschaffungskanäle der Bedarf nicht mehr gedeckt werden kann.[164] Diese Produkte beschafft die Armeeapotheke im Auftrag 103

158 Verwaltungsgericht VD v. 24.1.2001, GE 00/0136, in: RDAF 2002 I 142 ff., 154.

159 Siehe hierzu Rz 84.

160 Verwaltungsgericht VD v. 24.1.2001, GE 00/0136, in: RDAF 2002 I 142 ff., 154; s.a. Galli/Moser/Lang/Steiner, Rz 364 m.w.H.; Meyer, S. 722; Rechsteiner, S. 40.

161 Siehe die Referenz in Meyer, FN 56. Die Richtlinie 92/50/EWG wurde später in die Richtlinie 2004/18/EG überführt, welche mit Erlass der heute geltenden Richtlinie 2014/24/EU aufgehoben wurde.

162 Medienmitteilung des Bundesrats vom 16.3.2020, ‹https://www.admin.ch/gov/de/start/dokumentation/medienmitteilungen.msg-id-78454.html› (25.6.2020).

163 Siehe Erläuterungen COVID-19 VO 2, S. 10.

164 Art. 4f Abs. 1 COVID-19-Verordnung 2.

des BAG.[165] Die Kompetenz der Armeeapotheke ergibt sich aus der Org-VöB, gemäss welcher für die dauernde Beschaffung von Gütern und Dienstleistungen unabhängig von den Schwellenwerten Sonderdelegationen vorgenommen werden können.[166]

104 Aus den Erläuterungen zur COVID-19-Verordnung 2 ist sodann ersichtlich, dass diese Beschaffungen im freihändigen Verfahren ergehen, mit der Begründung, die Beschaffung sei aufgrund unvorhersehbarer Ereignisse so dringlich, dass kein offenes oder selektives Verfahren durchgeführt werden könne.[167]

105 Trotz des Hinweises in den Erläuterungen ist davon auszugehen, dass die Beschaffungen des Bundes gestützt auf die COVID-19-Verordnung 2 nicht nach den Regeln des Beschaffungsrechts, mithin nicht in Anrufung des in Art. 13 Abs. 1 lit. d VöB geregelten Ausnahmetatbestands ergingen. Vielmehr erfolgten und erfolgen die Beschaffungen der Armeeapotheke in Anwendung der in Art. 3 Abs. 2 lit. b BöB geregelten Legalausnahme direkt auf der Grundlage des Epidemiegesetzes und der COVID-19-Verordnung 2.[168] Die Beschaffungen von Schutzausrüstungen und Medizinprodukten im Zusammenhang mit der Bewältigung der COVID-19-Pandemie dienen zweifellos dem Schutz von Gesundheit und Leben von Menschen. Sodann war die Anwendung dieser Bestimmung aufgrund der ausserordentlichen Umstände sachlich gerechtfertigt und verhältnismässig. Die beschafften Schutzausrüstungen und Medizinprodukte waren denn auch direkt und unmittelbar für den Gesundheitsschutz notwendig.

106 Das vorstehend Ausgeführte ergibt sich entsprechend auch aus dem Wortlaut von Art. 4f COVID-19-Verordnung 2, wo ausdrücklich festgehalten wird, dass die Beschaffungen der Armeeapotheke für den Fall erfolgen, dass der Bedarf nicht «über die normalen Beschaffungskanäle» gedeckt werden kann. Die COVID-19-Verordnung 2 verweist dabei nicht etwa auf die Bestimmungen zur freihändigen Vergabe im BöB und der VöB, sondern schafft vielmehr eine eigene Rechtsgrundlage für die Beschaffungen durch die Armeeapotheke. Entsprechend wird auf der speziell von der Armeeapotheke eingerichteten Beschaffungsplattform medtechsupply.ch[169] unter der Rubrik «Rechtsgrundlagen» auch nur auf die COVID-19-Verordnung 2 hingewiesen.

107 Bestätigt wird dies zusätzlich durch das vom Bundesrat im Zusammenhang mit der am 27.5.2020 verkündeten Beendigung der ausserordentlichen Lage publizierte Faktenblatt zur Überführung der relevanten Covid-Bestimmungen in ordentliches Recht.[170] Da

165 Art. 4f Abs. 3 lit. a COVID-19-Verordnung 2.

166 Art. 12 Abs. 1 lit. c Org-VöB.

167 Art. 13 Abs. 1 lit. d VöB; s. Erläuterungen COVID-19-Verordnung 2, S. 10.

168 So auch ausdrücklich Covid-19-Gesetz, Erläuternder Bericht, S. 4 f., wonach «die Massnahmen [...] zum Erhalt der medizinischen Kapazitäten [...] ausschliesslich gestützt auf Artikel 7 EpG erlassen» wurden.

169 Siehe hierzu Rz 125 ff.

170 Siehe Medienmitteilung vom 27.5.2020, ‹https://www.admin.ch/gov/de/start/dokumentation/medien mitteilungen.msg-id-79268.html› (25.6.2020).

die COVID-19-Verordnung 2 nur bis spätestens 13.9.2020 gilt[171], müssen diejenigen Massnahmen, welche sich nicht aus dem Epidemiegesetz ergeben, sondern gestützt auf die Kompetenzen des Bundesrats gemäss Art. 7 EpG erlassen wurden, in eine formellgesetzliche Grundlage überführt werden. Dies soll in Form eines dringlichen und befristeten COVID-19-Gesetzes geschehen. Zu diesen, vom Bundesrat in der COVID-19-Verordnung 2 getroffenen Massnahmen, welche in ein solches dringliches Bundesgesetz überführt werden müssen, um auch über den 13.9.2020 hinaus zu gelten, gehören auch die Bestimmungen über die Versorgung mit wichtigen medizinischen Gütern (Art. 4d–4o COVID-19-Verordnung 2) und damit die Beschaffung gemäss Art. 4f COVID-19-Verordnung 2.[172]

Am 19. Juni 2020 eröffnete der Bundesrat die Vernehmlassung zum Erlass eines 108 dringlichen und befristeten Covid-19-Bundesgesetzes. Die Botschaft zu diesem Bundesgesetz soll bereits am 12. August 2020 verabschiedet werden, weshalb die Vernehmlassungsfrist auf drei Wochen verkürzt wurde.[173] In diesem Bundesgesetz sollen unter anderem auch die gesetzlichen Grundlagen für die vorerwähnten Bestimmungen über die Versorgung mit wichtigen medizinischen Gütern (Art. 4d bis Art. 4o COVID-19-Verordnung 2) und damit die Beschaffung gemäss Art. 4f COVID-19-Verordnung 2 aufgenommen werden. Im Entwurf des Covid-19-Gesetzes wird dabei vorgesehen, dass der Bund wichtige Heilmittel und Schutzausrüstungen selber beschaffen kann, falls dies «über die normalen Beschaffungskanäle» nicht möglich ist.[174]

Selbst wenn entgegen der vorstehend vertretenen Ansicht die Voraussetzungen von 109 Art. 3 Abs. 2 BöB als nicht erfüllt betrachtet werden sollten, sind – wie nachfolgend dargelegt wird – die gestützt auf die COVID-19-Verordnung 2 bzw. das dereinst verabschiedete dringliche Covid-19-Bundesgesetz vorgenommenen Beschaffungen gestützt auf Art. 13 Abs. 1 lit. d VöB infolge Dringlichkeit gerechtfertigt.[175]

b) *Dringende Beschaffungen gestützt auf den Ausnahmetatbestand*

Neben den vorstehenden Beschaffungen des Bundes gestützt auf die COVID-19- 110 Verordnung 2 können Vergabestellen des Bundes und/oder der Kantone und Gemeinden generell in die Situation gelangen, zur Bewältigung der COVID-19-Pandemie drin-

171 Art. 12 Abs. 3 COVID-19 VO 2; s. hierzu auch Covid-19-Gesetz, Erläuternder Bericht, S. 4, insbesondere auch FN 4.

172 Siehe Faktenblatt «Überführung der Covid-19-Verordnung 2 in ordentliches Recht – Ausstieg aus der ausserordentlichen Lage» vom 27.5.2020, ‹https://www.newsd.admin.ch/newsd/message/attachments/61489.pdf› (25.6.2020), S. 2.

173 Siehe Medienmitteilung des Bundesrats vom 19.6.2020, ‹https://www.admin.ch/gov/de/start/dokumentation/medienmitteilungen.msg-id-79516.html› (25.6.2020).

174 Art. 2 Abs. 3 lit. a Entwurf Covid-19-Gesetz, sowie Covid-19-Gesetz, Erläuternder Bericht, S. 10 f. und S. 13

175 Im erläuternden Bericht zum Covid-19-Bundesgesetz wird denn auch erneut darauf hingewiesen, dass dringliche Beschaffungen der aufgrund des Ausführungsrechts bestimmten Bundesbehörde nach Art. 13 Abs. 1 lit. d VöB freihändig erfolgen.

gend Produkte oder Dienstleistungen beschaffen zu müssen. Darüber hinaus ist es denkbar, dass zur Bewältigung der Pandemie sogar Bauaufträge notwendig werden, beispielsweise zwecks Umbau von leerstehenden Gebäuden.[176]

111 Solche Vergaben sind geeignet, die Anforderungen an eine freihändige, dringliche Beschaffung i.S.v. Art. 13 Abs. 1 lit. d VöB bzw. § 9 Abs. 1 VRöB und die kantonalen Umsetzungserlasse zu erfüllen.

112 Die Beschaffungen von Produkten erfüllten zumindest in der Zeit, als das entsprechende Material noch nicht in hinreichender (Reserve-)Menge vorhanden war, die Anforderung der Dringlichkeit. Die Behörden in der Schweiz waren beim Ausbruch der COVID-19-Pandemie mit dem Umstand konfrontiert, dass sich das Coronavirus sehr schnell ausbreitete. Einher mit dieser Verbreitung ging eine rasch ansteigende Zahl von Infizierten, die in den Gesundheitseinrichtungen behandelt werden mussten. Zudem ist nach wie vor nur ein beschränktes Wissen über die Wirkungsweise des Virus vorhanden.

113 Diese Entwicklung führte innert kürzester Zeit zu einem massiv erhöhten Bedarf an Schutzausrüstungen, Medizinprodukten und -geräten. Gleichzeitig wurde die verfügbare Menge dieser Produkte immer knapper.[177] Die Behörden waren in dieser Situation darauf angewiesen, den Bestand und die Reserven von Schutzausrüstungen und Medizinprodukten innert möglichst kurzer Zeit sicherzustellen. Solange diese Situation vorlag, mithin keine hinreichende Menge an Schutzausrüstungen und Medizinprodukten verfügbar war, lag eine Dringlichkeit im vorgenannten Sinne vor, insbesondere weil der Knappheit selbst mit einer grösstmöglichen Reduktion der Fristen nicht begegnet werden konnte. In der Botschaft zur Revision des BöB aufgrund des revidierten GPA 2012 wird denn auch der Ausbruch einer Pandemie ausdrücklich als möglicher Grund für eine dringliche Beschaffung genannt.[178]

114 Bei diesen dringlichen Beschaffungen ist auch das Kriterium der Unvorhersehbarkeit als erfüllt zu betrachten. Wird der Ansicht gefolgt, wonach eine (allfällige) selbstverschuldete Verursachung der Dringlichkeit irrelevant ist[179], besteht für die Beschaffung der zur Bewältigung der COVID-19-Pandemie benötigten Güter und Dienstleistungen ohne weiteres ein hinreichend grosses öffentliches Interesse. Dies vor allem auch, weil mit den Beschaffungen nicht die Absicht bestand, den Wettbewerb auszuschliessen. Vielmehr ging es darum, die Verfügbarkeit der zur Bewältigung der COVID-19-Pandemie notwendigen Güter sicherzustellen.

176 Siehe beispielsweise entsprechende Überlegungen, welche im Kanton Aargau vorgenommen wurden, um den begrenzten Kapazitäten in den Kantonsspitälern begegnen zu können, in: Aargauer Zeitung 3.3.2020, ‹https://www.aargauerzeitung.ch/aargau/kanton-aargau/kaserne-statt-spital-leichtere-corona-virus-faelle-koennten-in-der-kaserne-aarau-isoliert-werden-136452506› (25.6.2020).

177 Siehe beispielsweise NZZ 10.3.2020, ‹https://www.nzz.ch/schweiz/der-bund-liefert-schutzmasken-aus-dem-pflichtlager-an-spitaeler-ld.1545365?reduced=true› (25.6.2020); oder BZ Thuner Tagblatt 5.4.2020, ‹https://www.thunertagblatt.ch/auf-den-intensivstationen-werden-die-medikamente-knapp-352278320561› (25.6. 2020).

178 Botschaft revBöB, S. 1927.

179 Siehe Rz 99.

Wird der gegenteiligen Ansicht gefolgt[180], ist zu prüfen, ob im Zusammenhang mit der COVID-19-Pandemie von einer (selbst-)verschuldeten Dringlichkeit gesprochen werden kann. Ein solcher Vorwurf könnte beispielsweise berechtigt sein, wenn der Vergabebehörde eine nicht umsichtige Planung vorgeworfen werden müsste, weil sie die Knappheit der zu beschaffenden Güter selber verursachte, indem entsprechende Bestimmungen betreffend Pflichtlager[181] nicht eingehalten wurden. 115

Allerdings ist vorliegend, mithin bei der Bewältigung der COVID-19-Pandemie, nicht erkennbar, dass die Knappheit bei den Schutzausrüstungen und Medizinprodukten aufgrund Nichteinhaltens von Pflichtlagerbestimmungen verursacht worden wäre. Im Bericht zur Vorratshaltung 2019 wird zwar festgehalten, dass die zu erwartende, massiv zunehmende Nachfrage nach spezifischen Produkten, insbesondere Desinfektionsmitteln, Schutzmasken oder Untersuchungshandschuhen, im Falle einer Pandemie nicht über die verfügbaren freien Lager abgedeckt werden könnte.[182] Einzig Spitälern, Alters- und Pflegeheimen wird empfohlen, die für eine Pandemiedauer von 12 Wochen ermittelte Bedarfszahl an Hygienemasken und Untersuchungshandschuhen an Lager zu halten.[183] 116

Die Ursache für diese Situation liegt indessen im Umstand, dass die hohen Bedarfszahlen dieser Medizinprodukte für den Fall einer Pandemie mit dem System der Pflichtlagerhaltung gar nicht abgedeckt werden können.[184] Ob unter diesen Umständen, von einer selbst verschuldeten Dringlichkeit im Sinne einer nicht umsichtigen Planung[185] auszugehen ist, erscheint nicht ohne weiteres evident. Im Hinblick auf eine allfällige zweite Welle der COVID-19-Pandemie sollten die Vergabestellen allerdings ihrer Lagerbestände an Schutzmaterial überprüfen. Der Kanton Tessin beispielsweise bereitet sich bereits auf eine neue Pandemie vor und erliess spezielle Richtlinien betreffend Vorräte von Schutzmaterial.[186] 117

Während in der ersten Zeit nach dem Ausbruch der Pandemie der für die Zulässigkeit einer dringlichen Beschaffung notwendige Kausalzusammenhang ohne weiteres zu bejahen ist, wird dies mit fortlaufender Dauer differenziert zu betrachten sein. Sobald der akute, unmittelbare Bedarf an Produkten und Dienstleistungen gedeckt ist, müssen 118

180 Siehe Rz 98.

181 Siehe hierzu das Bundesgesetz über die wirtschaftliche Landesversorgung vom 17.6.2016 (SR 531; LVG) sowie den dazugehörenden Verordnungen.

182 Bericht zur Vorratshaltung 2019 des Bundesamtes für wirtschaftliche Landesversorgung (BWL) vom 14.11.2019, ‹https://www.bwl.admin.ch/bwl/de/home/themen/pflichtlager.html› (25.6.2020), S. 38. Mit Bezug auf Hygienemasken und Untersuchungshandschuhen wurde die Pflicht zur Vorratshaltung denn auch aufgehoben, s. Bericht zur Vorratshaltung 2019, S. 39.

183 Influenza-Pandemieplan Schweiz des BAG, 5. Aufl. 2018, ‹https://www.bag.admin.ch/bag/de/home/krankheiten/ausbrueche-epidemien-pandemien/pandemievorbereitung/pandemieplan.html› (25.6.2020), S. 59 f.

184 Bericht zur Vorratshaltung 2019 des Bundesamtes für wirtschaftliche Landesversorgung (BWL) vom 14.11.2019, ‹https://www.bwl.admin.ch/bwl/de/home/themen/pflichtlager.html› (25.6.2020), S. 39.

185 Siehe Rz 98.

186 Siehe beispielsweise St. Galler Tagblatt 10.6.2020, ‹https://www.tagblatt.ch/news-service/inland-schweiz/tessiner-spitaeler-muessen-vorrat-an-schutzmasken-aufstocken-ld.1227481› (25.6.2020).

die Voraussetzungen für eine freihändige Vergabe bei jeder einzelnen Beschaffung, mithin in jedem Einzelfall, geprüft werden und erfüllt sein.

119 Generell dürfte, nachdem die Vergabestellen ausreichende (Reserve-)Kapazitäten beschafft haben, keine derartige Dringlichkeit mehr vorliegen, sodass – bei gegebenem Überschreiten der Schwellenwerte – dieser nicht mit verkürzten Fristen in einer ordentlichen oder selektiven Vergabe begegnet werden kann.

120 Auch die Vereinbarung von Optionen im Zusammenhang mit einer freihändigen Beschaffung aufgrund von Dringlichkeit für künftige Bestellungen dürfte unter vorstehend dargelegten Gesichtspunkten – namentlich des Kausalzusammenhangs – schwierig zu begründen und wenn, dann nur äusserst restriktiv möglich sein.

5. Worauf muss eine Vergabestelle bei der Durchführung eines freihändigen Beschaffungsverfahrens achten?

a) Von den Vergabestellen zu beachtende (Verfahrens-)Grundsätze

121 Bei der Beurteilung, ob die vorstehend dargestellten Voraussetzungen für eine freihändige Vergabe erfüllt sind, steht der Vergabestelle – wie bei vielen Aspekten des Beschaffungsrechts – ein erheblicher Ermessensspielraum zu. Dieser Ermessensspielraum darf indessen nicht dazu missbraucht werden, dass die Vergabestelle den Auftrag direkt an den von ihr bevorzugten Anbieter erteilt.[187] Ähnlich schreibt das GPA 1994 vor, dass das freihändige Vergabeverfahren nicht so angewendet werden darf, dass es ein Mittel zur Diskriminierung zwischen ausländischen Anbietern oder zum Schutz inländischer Produzenten und Anbieter darstellt.[188]

122 Hinsichtlich der Durchführung des freihändigen Vergabeverfahrens sind verschiedene Verfahrensvorschriften des öffentlichen Beschaffungsrechts nicht anwendbar.[189] Insbesondere ist die Vergabestelle nicht verpflichtet, die gesetzlichen Vorschriften betreffend Mindestfristen, (Eignungs- und Zuschlags-)Kriterien sowie einer strukturierten Bewertung einzuhalten. Die Vergabestelle ist nur, aber immerhin, verpflichtet, über jeden freihändig vergebenen Auftrag einen Bericht mit bestimmten Angaben zu erstellen.[190] Sodann muss sie die aus der Verfassung hergeleiteten Grundsätze rechtsstaatlichen Verwaltungshandelns wie das Verbot von Willkür und rechtsungleicher Behandlung, den Grundsatz von Treu und Glauben sowie das Gebot eines fairen Verfahrens beachten.[191]

---

187 Kantonsgericht BL v. 1.6.2005, 810 04 210/SOA, E. 3b; MEYER, S. 718 m.w.H. Das Verbot, inländische Anbieter zu diskriminieren, ergibt sich aus Art. 3 und Art. 5 Abs. 1 BGBM; s. hierzu auch WOLF, Rz 54 f. Die Äusserung von Bundesrat Guy Parmelin, die Spielräume sollten genutzt und bei öffentlichen Ausschreibungen soweit möglich Schweizer Firmen bevorzugt werden, s. NZZ am Sonntag 16.5.2020, ‹https://nzzas.nzz.ch/schweiz/guy-parmelin-will-schweizer-firmen-bevorzugen-ld.1556924?reduced=true› (25.6.2020), erscheint deshalb heikel.

188 Art. XV Ziff. 1 GPA 1994; s. hierzu auch MEYER, S. 719 und 726.

189 Art. XV Ziff. 1 GPA 1994; s. hierzu auch WOLF, Rz 52 f.

190 Art. 13 Abs. 2 VöB. Die kantonalen Beschaffungsgesetze enthalten eine ähnliche Pflicht, s. beispielsweise § 33a Abs. 1 SubmD/AG; § 10 SubmV/ZH; Art. 7 Abs. 4 ÖBV/BE.

191 Siehe beispielsweise Verwaltungsgericht ZH v. 20.5.2009, VB.2008.00555, E. 2.2; WOLF, Rz 55.

In einem freihändigen Verfahren ist es den Vergabestellen gestattet, Verhandlungen mit den Anbietern zu führen.[192] Zudem können sie verschiedene Konkurrenzofferten einholen und sich dann für ein Angebot entscheiden.[193] Dabei muss die Vergabestelle indessen transparent kommunizieren, dass sie trotz Einholung verschiedener Konkurrenzofferten ein freihändiges und nicht etwa ein Einladungsverfahren durchführt.[194] Sodann muss die Gleichbehandlung der Anbieter sichergestellt sein.[195] 123

Gemäss GPA 1994 darf die Vergabestelle das freihändiges Verfahren nicht mit der Absicht durchführen, den grösstmöglichen Wettbewerb zu verhindern.[196] Gestützt darauf wird in der Lehre zu Recht vertreten, dass die Vergabestelle in denjenigen freihändigen Verfahren, wo dies möglich ist, nicht nur Konkurrenzofferten einholen *kann*, sondern dies sogar eine *Pflicht* darstellt.[197] 124

b) *Zur Vorgehensweise der Armeeapotheke bei den Beschaffungen gestützt auf die COVID-19-Verordnung 2*

Im Zuge der Beschaffungen gestützt auf die COVID-19-Verordnung 2 hat die Armeeapotheke seit dem 1.5.2020 die Beschaffungsplattform *medtechsupply.ch* aufgeschaltet, um den Beschaffungsprozess von Grossmengen zu strukturieren[198]. 125

Über dieser Plattform publiziert die Armeeapotheke sämtliche Beschaffungslose und informiert registrierte Anbieter über die Möglichkeit, sich aufgrund der publizierten Beteiligungslose unter Einhaltung der angegebenen Fristen und Bedingungen an der jeweiligen Beschaffung zu beteiligen. Die Armeeapotheke prüft die eingehenden Angebote und vergibt die Beschaffungsaufträge freihändig.[199] 126

Sowohl mit dem ausdrücklichen Hinweis an die Anbieter, dass die Beschaffungslose freihändig vergeben werden, als auch mit der gewählten Bezeichnung «Marktanfragen» anstelle von «Ausschreibungen» zu publizieren, stellt die Armeeapotheke sodann unmissverständlich klar, dass sie zwar der vorgenannten Möglichkeit, Konkurrenzofferten einzuholen, folgt, sie indessen trotzdem kein formelles Einladungsverfahren durchführt. 127

---

192 Wolf, Rz 64.

193 Siehe hierzu Galli/Moser/Lang/Steiner, Rz 370 ff. m.w.H.; BGE 131 I 137, 144, E. 2.7; Verwaltungsgericht ZH v. 20.5.2009, VB.2008.00555, E. 1.2–1.5; Verwaltungsgericht SG v. 16.9.2010, B 2010/128, E. 2.

194 Siehe beispielsweise Verwaltungsgericht ZH v. 20.5.2009, VB.2008.00555, E. 1.4, wonach es auch denkbar sei, dass die Vergabestelle die angefragten Anbieter gar nicht über weitere Anfragen informiert.

195 Siehe hierzu Wolf, Rz 65.

196 Art. XV Ziff. 1 GPA 1994.

197 Galli/Moser/Lang/Steiner, Rz 381; Wolf, Rz 61 f.

198 Siehe Mitteilung auf der Internetseite von medtech.ch, ‹https://www.swiss-medtech.ch/› (25.6.2020).

199 Siehe die Publikation auf der Internetseite ‹https://medtechsupply.ch/›, Rubriken «Bestimmungen für Angebote» und «Verfahren» (25.6.2020).

6. Auswirkungen der COVID-19-Pandemie auf laufende Beschaffungsverfahren

128 Die Massnahmen und Empfehlungen des Bundesrates haben auch einen Einfluss auf laufende, nicht dringliche Beschaffungsverfahren.

129 Dies betrifft einerseits praktische Aspekte während eines Vergabeverfahrens. So müssen Sitzungen vermehrt mündlich im Rahmen von Telefon- und/oder Videokonferenzen durchgeführt werden.

130 Zu denken ist dabei insbesondere an Anbieterpräsentationen, welche in einem offenen oder selektiven Verfahren ein sachliches Zuschlagskriterium darstellen können.[200] Diese müssen so organisiert werden, dass sie in Übereinstimmung mit den Massnahmen und Empfehlungen des Bundesrates abgehalten werden können oder allenfalls mittels Telefon- und/oder Videokonferenzen durchgeführt werden.

131 Auch mündliche Debriefings, in welchen nach Publikation der Zuschlagsverfügung den nicht berücksichtigten Anbieter Auskünfte über die Vor- und Nachteile ihres, respektive des Angebots des Zuschlagsempfängers erteilt werden, können mit solchen Kommunikationsmitteln durchgeführt werden. Alternativ kann sich die Vergabestelle darauf beschränken, den nicht berücksichtigten Anbieter auf Gesuch hin die Rückmeldung schriftlich zu erteilen.[201]

132 Je nach Beschaffungsgegenstand offeriert die Vergabestelle in den Ausschreibungsunterlagen die Möglichkeit, während der Eingabefrist für das Angebot eine Objektbegehung durchzuführen. Solche Begehungen dienen den Anbietern häufig dazu, sich ein gutes Bild von der Situation vor Ort machen zu können, um gestützt auf diese Erkenntnisse die Qualität ihrer Angebote zu erhöhen.

133 Sollte die Durchführung der Begehung aufgrund der im Zusammenhang mit der Eindämmung der COVID-19-Pandemie verhängten Massnahmen und Empfehlungen nicht mehr oder nicht mehr sinnvoll durchgeführt werden können, kann die Vergabestelle auf diese verzichten. Eine solche Änderung der Ausschreibungsbedingungen ist grundsätzlich zulässig,[202] vorausgesetzt das Gleichbehandlungs- und Transparenzgebot werden eingehalten.[203]

134 Problematisch wird dieser Verzicht dann, wenn die Begehung ursprünglich dazu dienen sollte, den Wissensvorsprung eines mit der Ausschreibung vorbefassten Anbieters auszugleichen. Ein vorbefasster Anbieter ist grundsätzlich vom Verfahren auszuschliessen, wenn er an der Vorbereitung der Beschaffung beteiligt war, der ihm dadurch entstandene Wettbewerbsvorteil nicht mit geeigneten Mitteln ausgeglichen werden kann und dieser Ausschluss den wirksamen Wettbewerb unter den Anbietern nicht gefähr-

200 Siehe hierzu Galli/Moser/Lang/Steiner, Rz 737 f.

201 Siehe Art. 23 Abs. 2 BöB.

202 Zumal bei einem nachträglichen Verzicht auf die Begehung keine wesentliche Änderung des ausgeschriebenen Projekts erfolgen dürfte, bei welchem ein Abbruch des laufenden und Eröffnung eines neuen Vergabeverfahrens in Frage stünde, s. hierzu Art. 30 Abs. 3 VöB sowie Galli/Moser/Lang/Steiner, Rz 804 ff.

203 Siehe hierzu beispielsweise BVGer, Zwischenentscheid v. 6.2.2008, B-7252/2007, E. 3.1.1.

det.[204] Eine Begehung kann einen solchen durch die Vorbefassung entstandenen Wettbewerbsvorteil ausgleichen.

Entfällt diese, muss die Vergabestelle diesen Ausgleich auf anderem Weg, mithin mit anderen Massnahmen, sicherstellen, ansonsten sie den Anbieter ausschliessen muss.[205] Dies kann beispielsweise durch die Weitergabe aller wesentlichen Angaben über die Vorarbeiten des vorbefassten Anbieters oder durch eine Verlängerung der Eingabefristen für die Offerte erfolgen.[206] Denkbar sind sodann andere Massnahmen wie beispielsweise das Zurverfügungstellen einer detaillierten Fotodokumentation und/oder weiterer Unterlagen,[207] wie beispielsweise Grundriss-, Bau- oder sonstiger technischer Pläne, gestützt auf welche sich die Anbieter ebenfalls ein hinreichendes Bild über die Situation vor Ort machen können. 135

Zu beachten ist dabei, dass bei einem solchen Vorgehen der Vergabestelle die Anbieter sorgfältig prüfen müssen, ob sie eine formelle Rüge gegen diese Änderung des Vergabeverfahrens, mithin eine Änderung der von der Vergabestelle ursprünglich getroffenen Massnahmen zum Ausgleich des durch die Vorbefassung entstandenen Wettbewerbsvorteils einbringen müssen und/oder sollen. Unterlassen sie dies, laufen sie Gefahr, dass in einem allfälligen Rechtsmittelverfahren gegen die Zuschlagsverfügung diese Rüge als verwirkt gilt. Diese Gefahr besteht insbesondere in denjenigen Situationen, in welchen die Bedeutung und Tragweite der Änderung der Ausschreibungsunterlagen mit Bezug auf die Vorbefassung eines Anbieters ohne weiteres erkennbar ist.[208] 136

7. Rechtsmittelverfahren in öffentlichen Beschaffungen in Zeiten der COVID-19-Pandemie

Im Zusammenhang mit der COVID-19-Pandemie beschloss der Bundesrat, die über die Ostertage 2020 anstehenden Gerichtsferien in Zivil- und Verwaltungsverfahren bereits am 21.3.2020 beginnen zu lassen und nicht – wie ansonsten üblich[209] – sieben Tage vor Ostern.[210] 137

---

204 Siehe Art. 21a Abs. 1 VöB; Trüeb, OFK-Wettbewerbsrecht II, BöB 11 N 13; BVGer v. 31.8.2012, B-3013/2012, E. 3.3 f.

205 Siehe Rz 134.

206 So ausdrücklich Art. 21a Abs. 2 lit. a und c VöB; s. hierzu auch Lutz, S. 51; Jäger, S. 266 f.

207 So auch Diggelmann/Enz, S. 555; Jäger, S. 264 f.

208 Vgl. zur diesbezüglichen Diskussion beispielsweise BVGer, Zwischenentscheid v. 8.4.2014, B-364/2014, E. 4.4 und 4.8 m.w.H., insbesondere auch zur diesbezüglich unterschiedlichen Praxis des Bundesverwaltungsgerichts und des Bundesgerichts zu Beschaffungen auf kantonaler und kommunaler Ebene; BVGer, Zwischenentscheid v. 31.3.2011, B-1172/2011, E. 4.2.4; BGE 130 I 241, 246 f., E. 4.3; Verwaltungsgericht ZH v. 29.8.2012, VB.2012.00309, E. 3 m.w.H.; Verwaltungsgericht ZH v. 7.10.2009, VB.2009.00151, E. 3.1 m.w.H.; Verwaltungsgericht BE, Verwaltungsrechtliche Abteilung, v. 10.5.2005, VGE 21741, in: BVR 2005 561 ff., E. 4.1 f.; Galli/Moser/Lang/Steiner, Rz 1254 ff.; Lutz, S. 51.

209 Art. 145 Abs. 1 lit. a ZPO; Art. 22a Abs. 1 lit. a VwVG; Art. 46 Abs. 1 BGG.

210 Verordnung über den Stillstand der Fristen in Zivil- und Verwaltungsverfahren zur Aufrechterhaltung der Justiz im Zusammenhang mit dem Coronavirus (COVID-19) vom 20.3.2020 (SR 173.110.4).

138 Diese Verlängerung der Gerichtsferien galt indessen lediglich in denjenigen Verfahren, bei welchen nach dem anwendbaren Verfahrensrecht des Bundes oder des Kantons gesetzliche oder von den Behörden oder Gerichten angeordnete Fristen über die Ostertage stillstehen.[211]

a) *Auswirkungen der Verordnung auf Beschwerdeverfahren in Vergabeverfahren des Bundes*

139 Die angeordnete Verlängerung des Fristenstillstands hatte somit keinen Einfluss auf Vergabeverfahren des Bundes. Gemäss ausdrücklicher Regelung im BöB ist die im VwVG enthaltene Regelung betreffend Fristenstillstand für das Verfügungsverfahren nicht anwendbar.[212] Von der Vergabestelle festgelegte Fristen, beispielsweise um ein Angebot einzureichen oder einen Antrag auf Teilnahme in einem selektiven Vergabeverfahren zu stellen, wurden somit nicht verlängert.

140 In Vergabeverfahren des Bundes müssen Beschwerden gegen selbständig anfechtbare Verfügungen innert 20 Tagen seit Eröffnung eingereicht werden.[213] Mit Bezug auf das Rechtsmittelverfahren ist die im VwVG enthaltene Regelung betreffend Fristenstillstand anwendbar.[214] Grundsätzlich verlängerte sich somit für einen unterlegenen Anbieter die Frist zur Einreichung einer Beschwerde an das Bundesverwaltungsgericht aufgrund der Verlängerung der Gerichtsferien. Dabei ist in Erinnerung zu rufen, dass mit Bezug auf den in solchen Verfahren jeweils gestellten Antrag auf aufschiebende Wirkung die Ausnahmebestimmung von Art. 22a Abs. 2 VwVG nicht anwendbar ist.[215]

141 Die vorstehend dargestellte Verlängerung des Fristenstillstandes galt nicht nur bei einer nach Tagen bestimmten Frist, sondern auch für behördlich oder gerichtlich, mithin durch das Bundesverwaltungsgericht im Rechtsmittelverfahren, angeordnete Fristen mit einem bestimmten Enddatum zwischen dem Inkrafttreten der Verordnung und dem 19.4.2020.[216]

142 Aus dem Wortlaut der Bestimmung geht indessen nicht hervor, ob eine in diesem Zeitraum endende Frist am ersten Tag nach dem Fristenstillstand, mithin am 20.4.2020

211 Art. 1 Abs. 1 Verordnung über den Stillstand der Fristen in Zivil- und Verwaltungsverfahren zur Aufrechterhaltung der Justiz im Zusammenhang mit dem Coronavirus (COVID-19) vom 20.3.2020 (SR 173.110.4).

212 Art. 26 Abs. 2 BöB.

213 Art. 29 f. BöB.

214 Art. 26 Abs. 2 BöB *e contrario*, da diese Bestimmung ausdrücklich nur auf das Verfügungsverfahren nach dem 4. Abschnitt des BöB anwendbar ist, während das Rechtsmittelverfahren im 5. Abschnitt des BöB geregelt ist; s.a. Galli/Moser/Lang/Steiner, Rz 1272 m.w.H.

215 Galli/Moser/Lang/Steiner, Rz 1272, m.V. auf BVGer, Zwischenentscheid v. 3.12.2007, B-5865/2007, E. 1.5.1.2; bestätigt in BVGer v.26.5.2010, B-668/2010, E. 3.4; Praxiskommentar VwVG-Egli, Art. 22a N 17 m.w.H.; anders hingegen, in Fällen, in welchen eine Vorinstanz als selbständig anfechtbare Zwischenverfügung einen Entscheid zur aufschiebenden Wirkung trifft.

216 Art. 1 Abs. 3 Verordnung über den Stillstand der Fristen in Zivil- und Verwaltungsverfahren zur Aufrechterhaltung der Justiz im Zusammenhang mit dem Coronavirus (COVID-19) vom 20.3.2020 (SR 173.110.4).

endete oder ob die Frist ab dem 20.4.2020 um die Dauer, während der sie stillstand, verlängert wurde. Das Bundesverwaltungsgericht schuf diesbezüglich Klarheit, indem es in seiner Medienmitteilung vom 26.3.2020 festhielt, dass richterlich angesetzte Fristen, die vom Fristenstillstand gemäss der Verordnung des Bundesrates betroffen waren und ein bestimmtes Enddatum vor dem 19.4.2020 hatten, gesamthaft am 20.4.2020 endeten.[217]

Mit Bezug auf Verfahren vor dem Bundesgericht ergeben sich keine Besonderheiten 143
und keine Abweichungen gegenüber den vorstehenden Ausführungen. Auch in diesen Verfahren standen die Fristen während den Gerichtsferien still.[218] Keine Anwendung fand die Regelung betreffend Fristenstillstand auf Beschwerdeverfahren gegen die Abweisung der aufschiebenden Wirkung durch das Bundesverwaltungsgericht.[219]

Der Vollständigkeit halber ist darauf hinzuweisen, dass im revidierten BöB ausdrück- 144
lich geregelt sein wird, dass die Bestimmungen des VwVG und des BGG über den Fristenstillstand auf Vergabeverfahren allgemein, mithin unter Einschluss der Beschwerdeverfahren, nicht anwendbar sind.[220]

b) *Auswirkungen der Verordnung auf Beschwerdeverfahren in kantonalen und kommunalen Vergabeverfahren*

Kantonale und kommunale Vergabeverfahren und damit auch der Rechtsschutz in sol- 145
chen Verfahren richten sich nach der IVöB und der umsetzenden kantonalen Beschaffungsgesetzgebung.[221]

Mit Bezug auf die im Vergabeverfahren geltenden Fristen, beispielsweise um ein An- 146
gebot einzureichen oder einen Antrag auf Teilnahme in einem selektiven Vergabeverfahren zu stellen, sehen weder die IVöB noch die meisten kantonalen Beschaffungserlasse Fristenstillstände vor. Diese Fristen liefen somit trotz der vom Bundesrat angeordneten Verlängerung der Gerichtsferien unverändert weiter.

Hinsichtlich des Beschwerdeverfahrens hält die IVöB ausdrücklich fest, dass keine 147
Gerichtsferien gelten.[222] Die Verordnung des Bundesrates über den Stillstand von Fristen ist damit, anders als in Beschaffungsverfahren des Bundes,[223] auf kantonaler und kommunaler Ebene nicht anwendbar. Die ohnehin verkürzte Rechtsmittelfrist von zehn Tagen[224] sowie sämtliche vom kantonalen Verwaltungsgericht angesetzten Fristen liefen somit trotz der ausserordentlichen Umstände uneingeschränkt weiter.

217 Medienmitteilung des Bundesverwaltungsgerichts vom 26.3.2020, ‹https://www.bvger.ch/bvger/de/home/medien/medienmitteilungen-2020/coronagerichtsbetriebundfristen.html› (25.6.2020).

218 Art. 46 Abs. 1 BGG.

219 Art. 46 Abs. 2 BGG; Galli/Moser/Lang/Steiner, Rz 1280 m.w.H; BSK BGG-Amstutz/Arnold, Art. 46 N 11.

220 Art. 56 Abs. 2 revBöB; s.a. Botschaft revBöB, S. 1983.

221 Siehe Rz 75.

222 Art. 15 Abs. 2bis IVöB.

223 Siehe Rz 139 ff.

224 Art. 15 Abs. 2 IVöB.

8. Zusammenfassung und Ausblick

148 Die COVID-19-Pandemie gibt den Vergabestellen keinen Freipass für freihändige Beschaffungen. Allerdings konnten und können zur Bewältigung der COVID-19-Pandemie freihändige Beschaffungen auch bei Auftragswerten oberhalb der massgebenden Schwellenwerte durchgeführt werden, mithin bei Verfahren, bei welchen an sich das offene oder selektive Verfahren anwendbar wäre. Die Armeeapotheke beschafft nach der hier vertretenen Ansicht Schutzausrüstungen und Medizinprodukte auf der Basis der COVID-19-Verordnung 2 gestützt auf die in Art. 3 Abs. 2 lit. b BöB enthaltene Legalausnahme ausserhalb des Beschaffungsrechts. Daneben können Vergabestellen die zur Eindämmung und Bewältigung der COVID-19-Pandemie benötigten Güter und Dienstleistungen grundsätzlich in freihändigen, dringlichen Vergabeverfahren beschaffen, soweit dies – insbesondere zeitlich – notwendig ist, um der Dringlichkeit zu begegnen. Mit fortlaufender Zeit dürften die Voraussetzungen zur Durchführung freihändiger Vergaben indessen immer weniger erfüllt sein.

149 Mit Bezug auf laufende Beschaffungsverfahren ergeben sich aufgrund der COVID-19-Massnahmen und -Empfehlungen einzelne, praktische Herausforderungen, welche aber ohne weiteres zu meistern sind. Sollten vorgesehene Ausgleichsmassnahmen im Zusammenhang mit einem vorbefassten Anbieter nicht mehr durchgeführt werden können, müssen die Vergabestellen anderweitig dafür sorgen, dass der durch die Vorbefassung entstandene Wettbewerbsvorteil mit anderen, geeigneten Mitteln ausgeglichen wird.

150 Schliesslich wurde dargelegt, dass die im Zusammenhang mit der COVID-19-Pandemie beschlossene Verlängerung der Gerichtsferien in Zivil- und Verwaltungsverfahren über die Ostertage 2020 im Beschaffungsrecht in Beschwerdeverfahren vor dem Bundesverwaltungsgericht, nicht aber vor den kantonalen Verwaltungsgerichten von Bedeutung war.

§ 25 Weitere Bereiche des öffentlichen Rechts im Zusammenhang mit der COVID-19-Regulierung

Isabelle Häner/Livio Bundi/Corina Fuhrer/Ramona Keist/
Kathrin Lanz Kneissler/Fatou Lalla Sidibe/Patrice Martin Zumsteg

Inhaltsverzeichnis

Literaturverzeichnis

Zu I. Versammlungsfreiheit und persönliche Freiheit

BRUNNER FLORIAN/WILHELM MARTIN/UHLMANN FELIX, Das Coronavirus und die Grenzen des Notrechts, AJP 6/2020, S. 685 ff.; DUBEY JACQUES, Droits fondamentaux, Volume II, Basel 2018; GRABENWARTER CHRISTOPH/PABEL KATHARINA, Europäische Menschenrechtskonvention, 6. Aufl., München/Basel/Wien 2016; KIENER REGINA/KÄLIN WALTER/WYTTENBACH JUDITH, Grundrechte, 3. Aufl., Bern 2018; MOECKLI DANIEL, Grundrechte in Zeiten von Corona, ZBl 121/2020, S. 237 f. (zit. ZBl 121/2020); DERS., Sicherheitsverfassung, in: Diggelmann Oliver/Hertig Randall Maya/Schindler Benjamin (Hrsg.), Verfassungsrecht der Schweiz, Zürich/Basel/Genf 2020, Bd. 3, VIII.8 (zit. Sicherheitsverfassung); REINHARD HANS, Allgemeines Polizeirecht, Bern/Stuttgart/Wien 1993; SCHEFER MARKUS, Die Kerngehalte von Grundrechten, Bern 2001; TSCHANNEN PIERRE/ZIMMERLI ULRICH/MÜLLER MARKUS, Allgemeines Verwaltungsrecht, 4. Aufl., Bern 2014; VILLIGER MARK E., Handbuch der Europäischen Menschenrechtskonvention, 2. Aufl., Zürich 1999; ZÜND ANDREAS/ERRASS CHRISTOPH, Pandemie – Justiz – Menschenrechte, Sondernummer der ZSR 2020, S. 69 ff.; ZUMSTEG PATRICE MARTIN, Demonstrationen in der Stadt Zürich, Zürich/Basel/Genf 2020 (zit. Demonstrationen); ZUMSTEG PATRICE MARTIN, «Fridays for Future» und Menschenrechtsschutz, Sicherheit & Recht 1/2020, S. 4 ff. (zit. «Fridays for Future»).

Zu II. Bildungsrecht

BIAGGINI GIOVANNI, «Notrecht» in Zeiten des Coronavirus – Eine Kritik der jüngsten Praxis des Bundesrats zu Art. 185 Abs. 3 BV, ZBl 121/2020, S. 239 ff.; HÄNNI PETER, in: Waldmann Bernhard/Belser Eva Maria/Epiney Astrid (Hrsg.), Basler Kommentar zur Schweizerischen Bundesverfassung, Basel 2015 (BSK BV-HÄNNI); HERBERT PLOTKE, Schweizerisches Schulrecht, Bern 2003; KIENER REGINA/KÄLIN WALTER/WYTTENBACH JUDITH, Grundrechte, 3. Aufl., Bern 2018; MOECKLI DANIEL, Grundrechte in Zeiten von Corona, ZBl 121/2020, S. 237 f.; SAXER URS, in: Ehrenzeller Bernhard/Schindler Benjamin/Schweizer Rainer J./Vallender Klaus A. (Hrsg.), Die Schweizerische Bundesverfassung, St. Galler Kommentar, 3. Aufl., Zürich/St. Gallen 2014 (SGK BV-SAXER).

Zu III. Öffentliches Personalrecht

BÜRGI URS/BÜRGI-SCHNEIDER GUDRUN, Öffentliches Personalrecht des Bundes, in: Bürgi Urs/Bürgi-Schneider Gudrun (Hrsg.), Handbuch Öffentliches Personalrecht, Zürich/Basel/Genf 2017 (zit. Personalrecht Bund); BÜRGI URS/BÜRGI-SCHNEIDER GUDRUN, Öffentliches Personalrecht des Kantons Zürich, in: Bürgi Urs/Bürgi-Schneider Gudrun (Hrsg.), Handbuch Öffentliches Personalrecht, Zürich/Basel/Genf 2017 (zit. Personalrecht Kanton Zürich); GEISER THOMAS, Arbeitsrechtliche Regelungen im Zusammenhang mit dem Coronavirus, AJP 5/2020, S. 545 ff.; GEISER THOMAS/MÜLLER ROLAND/PÄRLI KURT, Klärung arbeitsrechtlicher Fragen im Zusammenhang mit dem Coronavirus, Jusletter vom 23.3.2020; HÄFELIN ULRICH/MÜLLER GEORG/UHLMANN FELIX, Allgemeines Verwaltungsrecht, 7. Aufl., Zürich/St. Gallen 2016; HÄNER ISABELLE, Grundrechte im öffentlichen Personalrecht, in: Helbling Peter/Poledna Tomas (Hrsg.), Personalrecht des öffentlichen Dienstes, Bern 1999; HELBLING PE-

TER, Kommentierung zu Art. 8, in: Portmann Wolfgang/Uhlmann Felix (Hrsg.), Handkommentar Bundespersonalgesetz, Bern 2013 (zit. SHK BPG-HELBLING); KOF Konjunkturforschungsstelle ETH Zürich, KOF Konjunkturprognose, Mai 2020, Medienmitteilung vom 15.5.2020, abrufbar unter ‹https://kof.ethz.ch/news-und-veranstaltungen/medien/medienmitteilungen/2020/05/kof-konjunkturprognose-mai-2020-covid-19-pandemie-loest-tiefe-rezession-in-der-schweiz-aus-steuerausfaelle-von-ueber-55-mrd-franken-in-diesem-jahr-zu-erwarten.html› (23.6.2020); LANGER LORENZ, Impfung und Impfzwang zwischen persönlicher Freiheit und Schutz der öffentlichen Gesundheit, ZSR 1/2017, S. 87 ff.; OBERHOLZER NIKLAUS, Kommentierung zu Art. 320 StGB, in: Niggli Marcel Alexander/Wiprächtiger Hans (Hrsg.), Basler Kommentar Strafrecht II, 4. Aufl., Basel 2019 (zit. BSK StGB-OBERHOLZER); RÜEFLI ANNA, Impfzwang in den Kantonen, Sicherheit & Recht 2/2012, S. 114 ff.; SCHWEIZER RAINER J., Kommentierung zu Art. 36 BV, in: Ehrenzeller Bernhard/Schindler Benjamin/Schweizer Rainer J./Vallender Klaus A. (Hrsg.), St. Galler Kommentar, Die schweizerische Bundesverfassung I, 3. Aufl., St. Gallen 2014 (zit. SGK BV I-SCHWEIZER); TSCHANNEN EMANUEL GEORG, Das Corona-Massnahmenpaket des Bundesrats, Eine Würdigung aus arbeitsrechtlicher Perspektive, Jusletter vom 14.4.2020; WÄLTY CARLA SOPHIA, Verbot zum Tragen von Kopftuch oder Piercing durch den Arbeitgeber, Zürich/St. Gallen 2018; WOHLWEND MARC, Gesundheitsschutz auf COVID-19-Stationen, Jusletter vom 4.5.2020; WOHLWEND MARC, Arbeitsleistung und Lohn zu Zeiten des Corona-Virus, Diskussionspapier 13.3.2020, abrufbar unter ‹https://www.zhaw.ch/storage/sml/institute-zentren/zsr/diskussionspapier_v1_arbeitsleistung_und_lohn_zu_zeiten_des_corona-virus_marc_wohlwend_2020_03_13.pdf› (23.6.2020) (zit. Diskussionspapier); PORTMANN WOLFGANG/RUDOLPH ROGER, Kommentierung zu Art. 335b OR, in: Honsell Heinrich/Vogt Peter Nedim/Wiegand Wolfgang (Hrsg.), Basler Kommentar Obligationenrecht I, 7. Aufl., Basel 2020 (zit. BSK OR I-PORTMANN/RUDOLPH).

Zu IV. Subventionen

BUNDI LIVIO, System und wirtschaftsverfassungsrechtliche Zulässigkeit von Subventionen in der Schweiz und in der EU, Zürich/Basel/Genf 2016; HÄFELIN ULRICH/MÜLLER GEORG/UHLMANN FELIX, Allgemeines Verwaltungsrecht, 7. Aufl., Zürich/St. Gallen 2016; KARLEN PETER, Schweizerisches Verwaltungsrecht, Zürich/Basel/Genf 2018; KLEIN FRANK, Die Rechtsfolgen des fehlerhaften verwaltungsrechtlichen Vertrags, Zürich/Basel/Genf 2003; KÖLZ ALFRED/HÄNER ISABELLE/BERTSCHI MARTIN, Verwaltungsverfahren und Verwaltungsrechtspflege des Bundes, 3. Aufl., Zürich/Basel/Genf 2013; LIENHARD ANDREAS/MÄCHLER AUGUST/ZIELNIEWICZ AGATA, Öffentliches Finanzrecht, Bern 2017; MÄCHLER AUGUST, Subventionen, in: Biaggini Giovanni/Häner Isabelle/Saxer Urs/Schott Markus (Hrsg.), Fachhandbuch Verwaltungsrecht, Zürich/Basel/Genf 2015, S. 859 ff. (zit. FHB Verwaltungsrecht); VOGEL STEFAN, Die «clausula rebus sic stantibus» als Mittel zur Anpassung und Aufhebung von verwaltungsrechtlichen Verträgen, ZBl 109/2008, S. 298 ff.; WIEDERKEHR RENÉ/RICHLI PAUL, Praxis des Allgemeinen Verwaltungsrechts, Band I, Bern 2012.

Zu V. Verfahrensfragen

BIAGGINI GIOVANNI, «Notrecht» in Zeiten des Coronavirus – Eine Kritik der jüngsten Praxis des Bundesrats zu Art. 185 Abs. 3 BV, ZBl 121/2020, S. 239 ff.; BRUNNER FLORIAN/WILHELM MARTIN/UHLMANN FELIX, Das Coronavirus und die Grenzen des Notrechts, AJP 6/2020, S. 685 ff.; EHRENZELLER BERNHARD/SCHINDLER BENJAMIN/SCHWEIZER REINER J./VALLENDER KLAUS A. (Hrsg.), St. Galler Kommentar Bundesverfassung, 3. Aufl., Zürich/St. Gallen 2014 (zit. AUTOR/IN, SGK BV); GRIFFEL ALAIN (Hrsg.) Kommentar VRG (ZH), 3. Aufl., Zürich/Basel/Genf 2014 (zit. AUTOR/IN, Kommentar VRG); HÄFELIN ULRICH/HALLER WALTER/KELLER HELEN/THURNHERR DANIELA, Schweizerisches Bundesstaatsrecht, 9. Aufl., Zürich/Basel/Genf 2016; HÄFELIN ULRICH/MÜLLER GEORG/UHLMANN FELIX, Allgemeines Verwaltungsrecht, 7. Aufl., Zürich/St. Gallen 2016; KIENER REGINA/RÜTSCHE BERNHARD/KUHN MATHIAS, Öffentliches Verfahrensrecht, 2. Aufl., Zürich/St. Gallen 2015;

Kley Andreas, «Ausserordentliche Situationen verlangen nach ausserordentlichen Lösungen.» – Ein staatsrechtliches Lehrstück zu Art. 7 EpG und Art. 185 Abs. 3 BV, ZBl 121/2020, S. 268 ff.; Kölz Alfred/Häner Isabelle/Bertschi Martin, Verwaltungsverfahren und Verwaltungsrechtspflege des Bundes, 3. Aufl., Zürich/Basel/Genf 2013; Lehner Caroline, Notverordnungsrecht, Bern 2016; Niggli Marcel Alexander/Übersax Peter/Wprächtiger Hans/Kneubühler Lorenz (Hrsg.), Basler Kommentar Bundesgerichtsgesetz, 3. Aufl., Basel 2018 (zit. BSK BGG-Autor/in); Rechsteiner David, Recht in besonderen und ausserordentlichen Lagen, Zürich/St. Gallen 2016; Stöckli Andreas, Regierung und Parlament in Pandemiezeiten, in: Pandemie und Recht: Beitrag des Rechts zur Bewältigung einer globalen Krise, Sonderheft ZSR 2020, S. 9 ff.; Trümpler Ralph, Notrecht, Zürich/Basel/Genf 2012; Waldmann Bernhard/Belser Eva Maria/Epiney Astrid (Hrsg.), Basler Kommentar Bundesverfassung, Basel 2015 (zit. BSK BV-Autor/in); Waldmann Bernhard/Weissenberger Philippe (Hrsg.), Praxiskommentar VwVG, 2. Aufl., Zürich/Basel/Genf 2016 (zit. Autor/in, in: Waldmann/Weissenberger, Praxiskommentar VwVG); Wyss Damian, Sicherheit und Notrecht, in: Jusletter 25.5.2020; Zünd Andreas/Errass Christoph, Pandemie – Justiz – Menschenrechte, in: Pandemie und Recht: Beitrag des Rechts zur Bewältigung einer globalen Krise, Sonderheft ZSR 2020, S. 69 ff.

Zu VI. Die präventive Phase bei der Pandemiebewältigung

Bundi Livio/Richli Paul, Landesversorgungsrecht, in: Paul Richli (Hrsg.), Wirtschaftsstrukturrecht, SBVR Bd. XIII, Basel 2018, 117 ff.; Kley Andreas, «Ausserordentliche Situationen verlangen nach ausserordentlichen Lösungen.» – Ein staatsrechtliches Lehrstück zu Art. 7 EpG und Art. 185 Abs. 3 BV, in: ZBl 121/2000 268 ff.; Poledna Thomas/Trümpler Ralph/Gregori Werder, Entschädigung von Gesundheitseinrichtungen zu Zeiten der Epidemie und Pandemie. Eine Skizze bestehender und möglicher Entschädigungsgrundlagen mit Blick auf die Corona-Pandemie, in: ZSR 139 (2020), 103 ff.; Zeltner Thomas, Zukünftiger Bedarf im Bereich Koordinierter Sanitätsdienst, Gutachten, Bern 2018; Zünd Andreas/Errass Christoph, Pandemie – Justiz – Menschenrechte, in: ZSR 139 (2020), 69 ff.

Materialienverzeichnis

Zu II. Bildungsrecht

Bundesamt für Gesundheit BAG, Erläuterungen zur Verordnung 2 vom 13.3.2020 über Massnahmen zur Bekämpfung des Coronavirus (COVID-19-Verordnung 2), Fassung vom 15.5.2020 (zit. Erläuterungen COVID-19-Verordnung 2); Staatssekretariat für Bildung, Forschung und Innovation SBFI, Erläuterungen zur Verordnung über die Durchführung der Qualifikationsverfahren der beruflichen Grundbildung 2020 im Zusammenhang mit dem Coronavirus (COVID-19-Verordnung Qualifikationsverfahren berufliche Grundbildung), Stand am 16.4.2020 (zit. Erläuterungen COVID-19-Verordnung Qualifikationsverfahren berufliche Grundbildung); Staatssekretariat für Bildung, Forschung und Innovation SBFI, Erläuterungen zur Verordnung über die Durchführung der kantonalen gymnasialen Maturitätsprüfungen 2020 angesichts der Pandemie des Coronavirus (COVID-19-Verordnung gymnasiale Maturitätsprüfungen), Stand am 29.4.2020 (zit. Erläuterungen COVID-19-Verordnung gymnasiale Maturitätsprüfungen); Staatssekretariat für Bildung, Forschung und Innovation SBFI, Erläuterungen zur Verordnung über die Durchführung der kantonalen Prüfungen 2020 der eidgenössischen Berufsmaturität und die Promotion angesichts der Pandemie des Coronavirus (COVID-19-Verordnung kantonale Berufsmaturitätsprüfungen), Stand am 11.5.2020 (zit. Erläuterungen COVID-19-Verordnung kantonale Berufsmaturitätsprüfungen).

Zu III. Öffentliches Personalrecht

Botschaft zu einer Änderung des Bundespersonalgesetzes vom 31. August 2011, BBl 2011 6703 ff.; Botschaft zur Revision des Bundesgesetzes über die Bekämpfung übertragbarer Krankheiten des Menschen vom 3.12.2010, BBl 2011 311 ff.; Bundesamt für Gesundheit BAG, Empfehlungen für Arbeitswelt und Schulen, abrufbar unter ‹https://www.bag.admin.ch/bag/de/home/krankheiten/ausbrueche-epidemien-pandemien/aktuelle-ausbrueche-epidemien/novel-cov/empfehlungen-fuer-die-arbeitswelt.html› (23.6.2020) (zit. BAG Empfehlungen für Arbeitswelt und Schulen); Bundesamt für Gesundheit BAG, Erläuterungen zur Verordnung 2 vom 13.3.2020 über Massnahmen zur Bekämpfung des Coronavirus (COVID-19-Verordnung 2), Fassung vom 28.5.2020 (zit. Erläuterungen COVID-19-Verordnung 2); Departement Finanzen und Ressourcen Kanton Bern, FAQ Coronavirus vom 6.5.2020 (zit. FAQ COVID Kanton Aargau); Dienststelle Personal Luzern, Merkblatt Homeoffice, Juni 2017, abrufbar unter ‹https://www.lukath.ch/wp-content/uploads/2017/09/15_Merkblatt_Home_Office.pdf› (23.6.2020) (zit. Merkblatt Homeoffice Kanton Luzern); Directive Technique LPers – SPEV, Télétravail (DT 48.8), vom 1.1.2011 (zit. Weisung Homeoffice Kanton Waadt); ETH Zürich, Regelmässiges Homeoffice für Mitarbeitende der ETH Zürich, Dezember 2018 (zit. ETH Zürich Merkblatt Homeoffice); Eidgenössisches Personalamt EPA, Häufigste personalrechtliche Fragen (FAQ) im Zusammenhang mit dem Coronavirus, vom 25.3.2020 (zit. EPA FAQ COVID); Eidgenössisches Personalamt EPA, Richtlinien Mobile Arbeitsformen in der Bundesverwaltung, vom 1.1.2020 (zit. EPA Richtlinien Mobile Arbeitsformen); Personalamt Kanton Bern, Merkblatt Coronavirus: Informationen zum kantonalen Personalrecht, vom 2.3.2020 (zit. Merkblatt COVID Kanton Bern); Personalamt Kanton Bern, Homeoffice in der Verwaltung des Kantons Bern, vom 1.1.2013 (zit. Weisung Homeoffice Kanton Bern); Personalamt Kanton St. Gallen, FAQ zum Personalrecht, abrufbar unter ‹https://www.sg.ch/bildung-sport/volksschule/aus-dem-amt/Corona/Personalrecht.html› (23.6.2020) (zit. FAQ COVID Kanton St. Gallen); Personalamt Kanton Zürich, FAQs Coronavirus und kantonales Personalrecht, Personalamt, Rechtsabteilung, vom 24.4.2020 (zit. FAQ COVID Kanton Zürich), Staatssekretariat für Wirtschaft SECO, Merkblatt für Arbeitgeber, Gesundheitsschutz am Arbeitsplatz – Coronavirus (COVID-19), vom 16.4.2020 (zit. SECO Merkblatt Gesundheitsschutz); Staatssekretariat für Wirtschaft SECO, Merkblatt Arbeiten zu Hause, Homeoffice, 2019 (zit. SECO Merkblatt Homeoffice); Staatssekretariat für Wirtschaft SECO, Weisung des SECO zur AVIG-Praxis Kurarbeitsentschädigung, Januar 2020 (zit. SECO Weisung AVIG).

Zu IV. Subventionen

Stadt Zürich, Stadtrat, STRB 0349/2020, Präsidialdepartement, Grundsätze für die Weiterausrichtung von Subventionen aufgrund des Verbots von Veranstaltungen und der Schliessung von öffentlich zugänglichen Einrichtungen für das Publikum in Folge der Corona-Pandemie, Beschluss vom 29.4.2020 (zit. Stadt Zürich, STRB 0349/2020).

Zu V. Verfahrensfragen

FAQ zur Verordnung über den Stillstand der Fristen in Zivil- und Verwaltungsverfahren zur Aufrechterhaltung der Justiz im Zusammenhang mit dem Corona-Virus (COVID-19) vom 2.4.2020 ‹https://www.bj.admin.ch/dam/data/bj/aktuell/news/2020/2020-03-20/faq-fristenstillstand-d.pdf› (23.6.2020); Medienmitteilung vom 20.3.2020 ‹https://www.bj.admin.ch/bj/de/home/aktuell/news/2020/ref_2020-03-20.html› (23.6.2020).

Zu VI. Die präventive Phase bei der Pandemiebewältigung

Bericht des Bundesrates über die Sicherheitspolitik der Schweiz vom 24.8.2016, BBl 2016 7763 ff. (zit. Bericht Sicherheitspolitik 2016); Bericht des BWL zur Vorratshaltung 2015 (zit. Bericht Vorratshaltung 2015); Bericht des BWL zur Vorratshaltung 2019 (zit. Bericht Vorratshaltung 2019); Botschaft zur Totalrevision des Landesversorgungsgesetzes vom 3.9.2014, BBl 2014 7119 ff. (zit. Botschaft Totalrevision

LVG); Erläuterungen des BAG zur Verordnung 2 vom 13.3.2020 über Massnahmen zur Bekämpfung des Coronavirus (COVID-19-Verordnung 2), Fassung vom 29.4.2020 (zit. Erläuterungen BAG); Influenza-Pandemieplan Schweiz, Strategien und Massnahmen zur Vorbereitung auf eine Influenza-Pandemie, BAG, 5. Aufl., 2018 (zit. Pandemieplan 2018).

Patrice Martin Zumsteg

I. Versammlungsfreiheit und persönliche Freiheit

1. Tangierte Grundrechte

Zur Bekämpfung der Coronavirus-Pandemie und deren Folgen für unsere Wirtschaft und Gesellschaft haben die Behörden eine fast nicht mehr zu überblickende Masse an neuen – raschen Revisionen unterworfenen und teilweise schon nicht mehr in Kraft stehenden – Regulierungen erlassen. Das «Herzstück» dieser Rechtsetzungstätigkeit ist die COVID-19-Verordnung 2,[1] weshalb im Folgenden auf diese fokussiert wird. Schon die darin enthaltenen Normen beeinträchtigen zahlreiche Grundrechte unterschiedlicher Grundrechtsträger, wie etwa aus Art. 4j COVID-19-Verordnung 2 erhellt, der vorsieht, dass das EDI wichtige medizinische Güter einziehen und umverteilen kann. 1

Vorliegend soll auf zwei Grundrechte fokussiert werden, die gegenwärtig – Ende Mai 2020 – besonders intensiv und auch in einer breiteren Öffentlichkeit diskutiert werden. Es sind dies die persönliche Freiheit, in ihrer Ausprägung als Bewegungsfreiheit, und die Versammlungsfreiheit. Eine ganze Reihe von grund- und menschenrechtlichen Garantien sichern diese Ansprüche ab. Die Bewegungsfreiheit ist primär in Art. 10 Abs. 2 BV verankert, vergleichbare Ansprüche vermitteln aber auch Art. 5 und 8 EMRK sowie Art. 9 UNO-Pakt II.[2] Die Versammlungsfreiheit ist primär in Art. 22 BV, Art. 11 EMRK und Art. 21 UNO-Pakt II verankert.[3] Daneben existieren weitere Rechtsgrundlagen wie etwa die Demonstrationsfreiheit in Art. 24 der Verfassung des Kantons Freiburg[4] oder die Versammlungsfreiheit i.S.v. Art. 15 des Übereinkommens über die Rechte des Kindes[5].[6] 2

Versammlungen können Zwecken dienen, die wiederum durch spezielle Grundrechte geschützt sind. So sind kulturelle Veranstaltungen durch die Kunstfreiheit (Art. 21 BV, Art. 10 EMRK sowie Art. 17 und Art. 19 Ziff. 2 UNO-Pakt II) geschützt.[7] Die Schliessung von Schulen gestützt auf Art. 5 COVID-19-Verordnung 2 wirkt sich 3

1 Den Begriff «Herzstück» verwenden BRUNNER/WILHELM/UHLMANN, AJP 2020, S. 686. Die COVID-19-Verordnung 2 wird hier in ihrer Version vom 14.5.2020 zitiert.
2 Vgl. KIENER/KÄLIN/WYTTENBACH, § 12 Rz 3.
3 Vgl. KIENER/KÄLIN/WYTTENBACH, § 22 Rz 3.
4 SR 131.219.
5 SR 0.107.
6 Zu Letzterem ZUMSTEG, «Fridays for Future», S. 4 ff.
7 Vgl. dazu § 8; und etwa OFK BV-BIAGGINI, Art. 21 N 1 ff.

auf den Anspruch auf ausreichenden Grundschulunterricht i.S.v. Art. 19 BV aus.[8] Zu denken ist aber auch daran, dass im Jahr 2020 keine Osterprozessionen und kein gemeinsames Fastenbrechen zum Ramadan (mit dem traditionellen Teilen von Essen) möglich waren. Dabei ist das Begehen von religiösen Feiertagen durch die Glaubens- und Gewissensfreiheit besonders geschützt (Art. 15 BV, Art. 9 EMRK sowie Art. 18 und Art. 27 UNO-Pakt II).[9] Diese grundrechtlichen Ansprüche werden im Folgenden allerdings nicht vertieft.

2. Schutzbereich der Grundrechte

4 Während Versammlungen einem weit verstandenen gegenseitig meinungsbildenden oder -äussernden Zweck dienen, wird die Bewegungsfreiheit durch das Bundesgericht in aller Kürze mit «la liberté d'aller et venir» umschrieben.[10] Nehmen Personen oder Personengruppen also öffentlichen Raum ein oder bewegen sich in diesem, können sie sich auf die Bewegungsfreiheit berufen. Kommt bei einer Gruppe, d.h. einer Ansammlung von mehr als zwei Personen, ein – auch relativ lose angestrebtes – Ziel der Zusammenkunft hinzu, handelt es sich grundrechtlich gesprochen um eine Versammlung.[11] Eine solche muss nicht im öffentlichen Raum stattfinden, sondern kann auch in privaten Räumen abgehalten werden.[12] Bei einer Demonstration hingegen ist der Zweck der Versammlung, die Äusserung eines ideellen Anliegens gegenüber der Öffentlichkeit, weshalb sie in aller Regel im öffentlichen Raum stattfinden wird.[13] Da begriffsnotwendig eine Meinungsäusserung hinzutritt, sind auch die Schutzbereiche der Art. 16 BV, Art. 10 EMRK und Art. 21 UNO-Pakt II eröffnet.[14]

5 Während sich auf die Bewegungsfreiheit nur natürliche Personen berufen können, schützt die Versammlungsfreiheit auch juristische Personen, etwa politische Parteien oder ad hoc gebildete Organisationskomitees, welche als Veranstalter einer Versammlung auftreten.[15]

3. Einschränkung der Bewegungsfreiheit und der Versammlungsfreiheit

6 Einschränkungen von Grundrechten sind unmittelbar durch Erlasse oder durch auf diesen basierenden Verfügungen und Realakte möglich. In Lehre und Rechtsprechung anerkannt sind aber auch mittelbare Einschränkungen, wie insbesondere die Abschreckungswirkung – das Phänomen, dass auch ohne eigentlichen Eingriff in die Grund-

8 Vgl. zur Bildung in diesem Kapitel Rz 27 ff. und etwa OFK BV-Biaggini, Art. 19 N 1 ff.

9 SGK BV-Schweizer, Vorbemerkungen zur Kulturverfassung passim und insb. N 4; Kiener/Kälin/Wyttenbach, § 29 Rz 1 ff.; je m.w.H.

10 Statt vieler BGE 127 I 164 E. 3b und BGE 90 I 29 E. 3.

11 Dubey, Rz 2206 ff. m.w.H.

12 BGE 117 Ia 472 E. 3c.

13 Zumsteg, Demonstrationen, Rz 36 ff. m.w.H.; vgl. auch Dubey, Rz 2217 ff.

14 Zumsteg, Demonstrationen, Rz 210 ff. m.w.H.

15 Dubey, Rz 1358 f. und 2208; Kiener/Kälin/Wyttenbach, § 12 Rz 5 und § 22 Rz 5.

rechte die Grundrechtsträger von deren Ausübung abgeschreckt werden, etwa weil dies mit hohen Kosten verbunden wäre.[16]

Die COVID-19-Verordnung 2 stipuliert unmittelbar anwendbare Normen, welche 7
direkt in die Bewegungsfreiheit eingreifen: Art. 3 enthält allgemeine Einschränkungen für den Grenzübertritt. Art. 3d COVID-19-Verordnung 2 untersagt im Besonderen den sogenannten Einkaufstourismus im Ausland, soweit es sich um ein Risikoland handelt. Da gemäss Anhang 1 COVID-19-Verordnung 2 alle Schengen-Staaten (ausser dem Fürstentum Liechtenstein) sowie alle übrigen Staaten, insofern der Flugverkehr betroffen ist, als Risikoländer und -regionen eingestuft werden, ist die Einschränkung in Art. 3d COVID-19-Verordnung 2 aber weitestgehend theoretisch.

Ebenso ist die Versammlungsfreiheit direkt tangiert: Art. 6 Abs. 1 COVID-19- 8
Verordnung 2 verbietet die Durchführung aller öffentlichen oder privaten Veranstaltungen, «einschliesslich Sportveranstaltungen und Vereinsaktivitäten». Ganz allgemein untersagt werden Menschenansammlungen von mehr als fünf Personen im öffentlichen Raum durch Art. 7c Abs. 1 COVID-19-Verordnung 2.

Die Verbote sind jeweils absolut formuliert, auch wenn etwa Art. 6 Abs. 3 COVID-19- 9
Verordnung 2 eine lange Reihe von Ausnahmen für verschiedene Einrichtungen und Veranstaltungen vorsieht, die öffnen können, wenn sie über ein Schutzkonzept verfügen. Gleichzeitig gilt aber immer noch Art. 10b Abs. 1 COVID-19-Verordnung 2, wonach besonders gefährdete Personen zu Hause bleiben und Menschenansammlungen meiden sollen. Diese Personengruppe kann also nicht von den (wieder) geöffneten Einrichtungen und einem Mehr an Bewegungsfreiheit profitieren, weil sie grundsätzlich immer noch in ihrem Zuhause verweilen soll.

Es kommt hinzu, dass die Verbote strafbewehrt sind (Art. 10 f Abs. 1 und 2 10
COVID-19-Verordnung 2): Für einen Verstoss gegen Art. 6 COVID-19-Verordnung 2 kann eine Freiheitsstrafe von bis zu drei Jahren oder eine Geldstrafe ausgesprochen werden. Mit Busse kann bestraft werden, wer gegen Art. 7c oder Art. 4 Abs. 4 COVID-19-Verordnung 2 verstösst. Einen Bussen-Rahmen gibt der Erlass nicht vor, sodass auf Art. 106 Abs. 1 StGB abzustellen ist, wonach der maximale Bussenbetrag CHF 10 000 beträgt. Damit sieht das durch den Bundesrat erlassene besondere Verwaltungsrecht sehr scharfe Sanktionen vor, weshalb zu überprüfen ist, ob diese als strafrechtlich im Sinne der EMRK einzuordnen sind. Hierzu wird auf die Engel-Kriterien abgestellt.[17] Die genannten Sanktionen sollen m.E. präventiv und repressiv wirken und richten sich an die Allgemeinheit. Zudem sind sie identisch mit den Straffolgen, welche das materielle Strafrecht vorsieht (Art. 34 ff. StGB). Schliesslich ist die am wenigsten schwer wiegende abstrakte Strafdrohung (Busse von CHF 10 000) aufgrund der Rechtsprechung des EGMR klarerweise als strafrechtlich einzuordnen.[18] Entsprechend ist Art. 6 EMRK für

16 Eine Erläuterung dieser Eingriffsformen gerade anhand der Versammlungsfreiheit gibt etwa BGE 143 I 147 E. 3.3.

17 EGMR v. 8.6.1976, *Engel u.a. v. Niederlande*, Nr. 5100/71, §§ 83 ff.

18 Zum Ganzen Grabenwarter/Pabel, § 24 Rz 19 ff. m.w.H. auf die reiche Rechtsprechung des EGMR.

das Verfahren ihrer Anordnung anwendbar.[19] Dies gilt nach hier vertretener Auffassung nicht, soweit Verstösse gegen Art. 4 Abs. 4 und Art. 7c COVID-19-Verordnung 2 nach Art. 10f *Abs. 3* COVID-19-Verordnung 2 mit einer Ordnungsbusse von CHF 100 geahndet werden.

11 Der Vollzug der COVID-19-Verordnung 2, soweit die Massnahmen betroffen sind, welche die Bewegungsfreiheit und die Versammlungsfreiheit einschränken, obliegt aufgrund von deren Polizeihoheit primär den Kantonen.[20] Die Kantone wiederum sind aufgrund ihrer Organisationsautonomie befugt, die Gemeinden als für die polizeilichen Aufgaben ganz oder teilweise zuständig zu erklären.[21] So hat im Kanton Zürich die Stadtpolizei Zürich eine sehr weitreichende Zuständigkeit.[22] Grundrechtseinschränkungen, die ihre Grundlage in der COVID-19-Verordnung 2 haben, können also auch durch Realakte von kommunalen und kantonalen Polizeiangehörigen erfolgen.[23] Dies hat bedeutende Folgen für den Rechtsschutz.[24]

12 Der Vollzug durch Realakte – etwa die Auflösung von Menschenansammlungen – und durch strafrechtliche Sanktionen hat m.E. eine grundrechtlich relevante Abschreckungswirkung auf die übrigen Grundrechtsträger.[25] Die über alles gesehen sehr weitgehende Befolgung der neuen Vorschriften durch den allergrössten Teil der Rechtsunterworfenen ist deshalb nach hier vertretener Auffassung nicht nur auf die Sorge um die eigene Gesundheit und diejenige der nächsten Angehörigen, sondern auch auf die Sanktionen für allfällige Verstösse gegen die fraglichen Normen zurückzuführen.

4. Rechtfertigung

13 Vorliegend kann nicht abstrakt für alle Fälle ermittelt werden, ob die vielfältigen Grundrechtseinschränkungen, welche hier umrissen wurden, im Einzelfall gerechtfertigt werden können oder nicht. Allerdings können einige allgemeine Überlegungen angestellt werden, welche dem Rechtsanwender im Einzelfall als Richtschnur dienen mögen.

14 Sowohl bei der Bewegungsfreiheit als auch bei der Versammlungsfreiheit handelt es sich um klassische Freiheitsrechte, welche nach der bekannten Prüfung, die Art. 36 BV vorgibt, auf ihre Verfassungskonformität überprüft werden. Für die Garantien des inter-

---

19 GRABENWARTER/PABEL, § 24 Rz 29 ff. m.w.H., stellen ausführlich dar, welche Garantien zu Gunsten des Einzelnen aufgrund dessen durch den Staat zu beachten sind.

20 Vgl. SGK BV-SCHWEIZER/MOHLER, Vorbemerkungen zur Sicherheitsverfassung N 7 ff. und N 24 ff.; MOECKLI, Sicherheitsverfassung, Rz 8 ff.; je m.w.H.

21 MOECKLI, Sicherheitsverfassung, Rz 24.

22 ZUMSTEG, Demonstrationen, Rz 365 ff.

23 Vgl. MOECKLI, Sicherheitsverfassung, Rz 50 f.

24 Vgl. zum Rechtsschutz in diesem Kapitel Rz 112 ff. und beispielhaft für die Sicherheitsbehörden der Stadt Zürich ZUMSTEG, Demonstrationen, Rz 555 ff.

25 Vgl. etwa NZZ v. 2.5.2020, S. 14, Videobotschaften, Böller und Proteste: «Den ganzen [1. Mai 2020] löst die Polizei immer wieder kleinere Demonstrationen auf, nimmt mehr als ein Dutzend Personen fest und spricht Wegweisungen aus»; zum Realakt TSCHANNEN/ZIMMERLI/MÜLLER, § 38 Rz 1 f.

nationalen Menschenrechtsschutzes gelten sehr ähnliche Schranken, weshalb die Darstellung im Folgenden zusammengefasst erfolgt.[26]

a) *Gesetzliche Grundlage*

Betreffend die COVID-19-Verordnung 2 ist in der Lehre umstritten, ob sie ihre Grundlage in Art. 185 Abs. 3 BV hat oder in Art. 7 EpG.[27] Die Unklarheit dürfte u.a. darauf zurückzuführen sein, dass das Bundesrecht den Begriff der Pandemie nicht enthält.[28] Ein Fehlen, das erstaunt, kann der Bundesgesetzgeber doch kaum für sich in Anspruch nehmen, die Bekämpfung einer Pandemie stelle sich ihm als Aufgabe neu und überraschend. Die grundsätzliche Vorhersehbarkeit der heute vorliegenden Krisensituation steht der Anwendbarkeit der eingangs erwähnten Polizeiklauseln nur nicht entgegen, weil gleichzeitig grundrechtliche Schutzpflichten des Staates bestehen.[29] Eine bisher allenfalls ungenügende Gesetzgebungstätigkeit darf sich nicht zu Lasten der Rechtsunterworfenen auswirken, wenn ihr Recht auf Leben und körperliche Integrität tangiert ist.[30] 15

Zur Unklarheit der Verankerung der Massnahmen im formellen Gesetz kommen die Anforderungen an den materiellen Gesetzesbegriff hinzu. Der EGMR fordert in ständiger Rechtsprechung, dass die Rechtssätze, auf welchen staatliches Handeln beruht, zugänglich und vorhersehbar sein müssen.[31] Diese Überprüfung kann m.E. eingängig als «Sunday-Times-Test» bezeichnet werden,[32] womit gleichzeitig das grundlegende Präjudiz genannt ist.[33] Wie eingangs erwähnt, sind die gesetzlichen Grundlagen der Massnahmen zur Bekämpfung der Coronavirus-Pandemie sehr raschen Revisionen unterworfen und stehen teilweise schon nicht mehr in Kraft. Sie werden überdies durch ergänzende Vorschriften, Erläuterungen und Richtlinien in den Kantonen – teilweise unterschiedlich – umgesetzt, wobei erst dieser Vollzug effektiv zum Grundrechtseingriff führt.[34] Es fehlt eine zentrale Übersicht, anhand derer für sämtliche Rechtsunterworfenen klar ist, 16

26 Kiener/Kälin/Wyttenbach, § 9 Rz 3 ff.; Grabenwarter/Pabel, § 18 Rz 7 ff.; je m.w.H.

27 Vgl. zum Notrecht und der Gesetzgebung § 19 Rz 4 ff.; Zünd/Errass, ZSR Sondernummer 2020, S. 87 ff.

28 Zünd/Errass, ZSR Sondernummer 2020, S. 71 m.w.H.

29 Kiener/Kälin/Wyttenbach, § 9 Rz 89 ff.; vgl. schon Reinhard, S. 165.

30 Moeckli, ZBl 121/2020, S. 237, wonach es sich beim vorliegend interessierenden Phänomen um ein «geradezu lehrbuchmässiges Beispiel einer Grundrechtskollision» handle, mit den Freiheitsrechten auf der einen und dem Schutz des Rechts auf Leben und physische Integrität auf der anderen Seite.

31 Grabenwarter/Pabel, § 18 Rz 9 ff. m.w.H.

32 Ausführlich Zumsteg, Demonstrationen, Rz 140 ff.

33 EGMR v. 26.4.1979, *The Sunday Times v. Vereinigtes Königreich (Nr. 1)*, Nr. 6538/74, § 49.

34 Vgl. etwa ‹https://gd.zh.ch/internet/gesundheitsdirektion/de/themen/coronavirus.html› (23.5.2020) → Für Alters- und Pflegeheime → Weisungen und Empfehlungen → Anordnungen und Empfehlungen gegenüber Heimen betreffend COVID-Patientinnen und Patienten. Diese lagen im Zeitpunkt des Zugriffs in ihrer fünften Aktualisierung vom 20.5.2020 vor und sahen etwa «Ausgang nur nach Rücksprache mit der Heimleitung» vor.

welche Regeln gelten.[35] Schon für den professionellen Rechtsanwender ist es teilweise herausfordernd, mit Gewissheit feststellen zu können, welche Bestimmungen zur Anwendung kommen. Vorhersehbarkeit im Sinne der Rechtsprechung des EGMR würde aber verlangen, dass jeder Einzelne die Bedingungen staatlichen Handelns und die Folgen der eigenen Tätigkeit abschätzen kann.[36] Hinzu kommt, dass vorliegend schwere Grundrechtseingriffe betroffen sind, welche zur Folge haben, dass das Kriterium der Vorhersehbarkeit strenger gehandhabt wird.[37] Nach hier vertretener Ansicht sind starke Zweifel angebracht, ob dieser Anforderung Genüge getan ist.

17 Insgesamt ergibt sich m.E., dass schon die gesetzliche Grundlage für die vielfältigen Grundrechtseingriffe nicht so eindeutig gegeben ist, wie ein erster Blick in die COVID-19-Verordnung 2 vielleicht implizieren würde.

b) Öffentliches Interesse

18 Unbestritten dürfte hingegen sein, dass mit der öffentlichen Gesundheit sowie der öffentlichen Sicherheit und Ordnung gewichtige öffentliche Interessen betroffen sind, welche das staatliche Handeln legitimieren.[38] Schon angesprochen wurde, dass darüber hinaus eine Konstellation vorliegt, in welcher der Staat verpflichtet ist, zum Schutz von Grundrechten Dritter tätig zu werden.[39]

c) Verhältnismässigkeit

19 Der Umstand, dass gewichtige Gründe für die Grundrechtseingriffe ins Feld geführt werden können, bedeutet aber keineswegs, dass jede staatliche Massnahme auch als verhältnismässig eingestuft werden kann. Vielmehr ist in jedem konkreten Einzelfall zu fragen, ob der Eingriff in die Grundrechte des Einzelnen zu Gunsten der öffentlichen Gesundheit sowie der öffentlichen Sicherheit und Ordnung geeignet, erforderlich und zumutbar war.[40]

20 Dabei ist m.E. insbesondere nicht von vornherein klar, ob nicht im Einzelfall ein milderes Mittel – in sachlicher, räumlicher, zeitlicher oder personeller Hinsicht – vorhanden gewesen wäre. Hier zeigt sich die Schwäche der absoluten Verbote, die von der COVID-19-Verordnung 2 vorgesehen werden und die keine Härtefallklausel oder etwas Ähnliches vorsehen. Es kommt hinzu, dass zur Festlegung, welche Personen als besonders gefährdet i.S.v. Art. 10b Abs. 2 COVID-19-Verordnung 2 gelten, eine neue und einheitlich für alle Geschlechter geltende Altersschranke erlassen wurde:[41] Ab 65 Jahren

35 Unterschiedliche private Initiativen versuchen, dem abzuhelfen: ‹https://www.legalis.ch/de/covid-19-updates/›; ‹https://www.republik.ch/2020/05/22/watchblog-wo-unsere-rechte-eingeschraenkt-werden› (22.6.2020).

36 Grabenwarter/Pabel, § 18 Rz 11; Villiger, Rz 547; je m.w.H.

37 Villiger, Rz 547 m.w.H.

38 Tschannen/Zimmerli/Müller, § 20 Rz 4 ff.

39 Vgl. insb. FN 30 und dazu Kiener/Kälin/Wyttenbach, § 9 Rz 114 ff.

40 Kiener/Kälin/Wyttenbach, § 9 Rz 119 ff.

41 Vgl. Rz 9.

und älter wird die besondere Gefährdung bejaht, was eine zusätzliche Einschränkung der Bewegungs- und Versammlungsfreiheit bedeutet (Art. 10b Abs. 1 COVID-19-Verordnung 2). Dabei ist das Alter eigentlich ein verpönter Anknüpfungspunkt für staatliche Massnahmen.[42] Eine Möglichkeit, das Gebot der Verhältnismässigkeit trotz der absolut formulierten Verbote zu berücksichtigen, präsentiert sich immerhin bei der Frage, ob durch die Strafbehörden im Einzelfall auch wirklich eine Ordnungsbusse auszusprechen ist. Richtigerweise muss hier das Opportunitätsprinzip gelten.[43]

Die Verhältnismässigkeit der Massnahmen kann im Einzelfall durch die Rechtspre- 21
chung überprüft werden und es würde überraschen, wenn nicht einer oder mehrere Fälle bis vor Bundesgericht gelangen würde. Diesbezüglich halten ZÜND/ERRASS allerdings schon heute zu Recht fest, dass die Behörden wie die Naturwissenschaft mit Blick auf das neue Virus vor dem Problem des Nichtwissens stehen. Das Handeln aufgrund der gerade aktuellen wissenschaftlichen Erkenntnisse stellt eine Momentaufnahme dar, was bei der Beurteilung zu berücksichtigen sein wird.[44]

d) Kerngehalt

«Der Kerngehalt der Grundrechte ist unantastbar» (Art. 36 Abs. 4 BV). In der Lehre wird 22
dafür gehalten, dass das Verbot der Schuldverhaft den Kerngehalt der Bewegungsfreiheit darstellt, was vorliegend nicht in Frage steht.[45] Bei der Versammlungsfreiheit wäre die vorgängige und systematische Inhaltskontrolle von ideellen Versammlungen kerngehaltswidrig.[46] Weitere Ansichten ergänzen m.E. zu Recht, dass auch ein absolutes Verbot von Demonstrationen nicht mit dem Kerngehalt der Versammlungsfreiheit vereinbar ist.[47]

Vorliegend ist das absolute Verbot zwar zeitlich beschränkt, weil auch die COVID-19- 23
Verordnung 2 nur befristet gilt.[48] Ob daraus schon geschlossen werden kann, der Kerngehalt der Versammlungsfreiheit sei nicht betroffen, ist nicht gewiss. Das absolute Verbot kann vor allem in sachlicher Hinsicht geradezu widersinnige Folgen haben: Eine Schlange von mehr als fünf Personen vor einem Lebensmittelgeschäft, welche jeweils die Abstandsvorschriften respektieren, aber sich gleichwohl mit dem Personenverkehr auf dem Bürgersteig kreuzen, gilt als zulässig. Unzulässig wäre es hingegen, wenn diese Menschen Schilder hochhielten, die ein Ende der Coronavirus-Massnahmen fordern.

Schliesslich ist zu bedenken, was die (zusätzlichen) Einschränkungen der Bewe- 24
gungsfreiheit für besonders vulnerable Gruppen, etwa die Insassen von Gefängnissen oder die Bewohnerinnen von Altersheimen, für Folgen haben können. Resultiert eine

42 Vgl. OFK BV-BIAGGINI, Art. 8 N 24 m.w.H.; MOECKLI, ZBl 121/2020, S. 238.

43 So nun offenbar auch das Bundesamt für Justiz, vgl. NZZ v. 16.5.2020, S. 15, Bussen für Paare «unzweckmässig»; zum Opportunitätsprinzip REINHARD, S. 170 ff.

44 ZÜND/ERRASS, ZSR Sondernummer 2020, S. 85 f. m.w.H.

45 SCHEFER, S. 438 ff.

46 SCHEFER, S. 462 ff.

47 KIENER/KÄLIN/WYTTENBACH, § 9 Rz 28; ZUMSTEG, Demonstrationen, Rz 263; je m.w.H.

48 Dies betonen BRUNNER/WILHELM/UHLMANN, AJP 2020, S. 693 f., stark.

gegenüber der restlichen Bevölkerung weitergehende Gefährdung der Gesundheit aufgrund einer staatlichen Untätigkeit kann unter Umständen auch ein Verstoss gegen das absolut geltende Verbot der grausamen, unmenschlichen oder erniedrigenden Behandlung vorliegen (Art. 10 Abs. 3 BV, Art. 3 EMRK und Art. 7 UNO-Pakt II).[49]

5. Schluss

25 Es ergibt sich, dass in die Bewegungsfreiheit und die Versammlungsfreiheit durch die Massnahmen zur Bekämpfung der Coronavirus-Pandemie in vielfältiger und teilweise neuer Art und Weise eingegriffen wird. Die Rechtfertigung auf Seiten des Staates ist nicht ohne weiteres gegeben, selbst wenn die angeordneten Massnahmen hohe Zustimmung geniessen und weitestgehend befolgt werden. Es ist vielmehr umgekehrt so, dass lediglich vorausgesetzt werden kann, dass der Staat zum Schutz sehr hochwertiger Rechtsgüter tätig wurde und wird. Ob dies immer auf einer hinreichenden gesetzlichen Grundlage und unter Wahrung der Verhältnismässigkeit geschieht oder dabei sogar in grundrechtliche Kerngehalte eingegriffen wird, kann erst die – gerichtliche – Prüfung im Einzelfall zeigen.

26 Nach Meinung des Autors stehen die dargestellten Grundrechte und ihre Einschränkung während der Bekämpfung der Coronavirus-Pandemie zu Recht im Zentrum des öffentlichen Interesses. Wir haben es lange als Selbstverständlichkeit betrachtet, uns frei zu bewegen und zu versammeln. Wir haben von unserer Freiheit Gebrauch gemacht, wie es die Präambel unserer Verfassung formuliert, und spüren jetzt empfindlich, was es heisst, wenn dies nicht oder nur eingeschränkt zulässig ist. In diesem Sinne ist es sehr zutreffend, was Moeckli letzthin ausführte: Am Anfang der Ausbreitung des neuartigen Virus stand ein autoritäres Regime, das bekannt dafür ist, Informationsfreiheit gering zu achten und Kritik zu unterdrücken. So wurden denn auch die Ärzte in Wuhan daran gehindert, die Öffentlichkeit frühzeitig über die Entwicklung zu informieren. Für unsere freiheitliche Ordnung ist es hingegen eine Chance, wenn uns allen bewusst wird, wie wichtig Bewegungs- und Versammlungsfreiheit sind.[50]

Corina Fuhrer

II. Bildungsrecht

1. Einleitung

27 Das Bildungsrecht wurde von den Massnahmen zur Bekämpfung des Coronavirus (COVID-19) geradezu durchdrungen, was sich in der Fülle der in diesem Bereich erlassenen Notverordnungen des Bundesrats wiederspiegelt. Nachdem Schulschliessungen in der Schweiz zu Beginn der Pandemie noch nicht in Betracht gezogen wurden, fiel mit

49 Grabenwarter/Pabel, § 20 Rz 68 f. m.w.H.

50 Moeckli, ZBl 121/2020, passim.

steigender Ausbreitung des Virus auch der Präsenzunterricht hierzulande den Sicherheitsvorkehrungen zum Opfer. So erliess der Bundesrat unter dem 3. Abschnitt (Massnahmen gegenüber der Bevölkerung, Organisationen und Institutionen) mit Art. 5 Abs. 1 COVID-19-Verordnung 2[51] die grundlegende Bestimmung für den *gesamten* Bildungsbereich, wonach Präsenzveranstaltungen in Schulen, Hochschulen und übrigen Ausbildungsstätten verboten wurden. In Kraft trat die Bestimmung – nach Erlass und entsprechender Kommunikation am Freitag, 13.3.2020 – am darauffolgenden Montag, 16.3.2020 (06.00 Uhr),[52] was so manche Schule (sowie die Erziehungsberechtigten) aufgrund der kurzen Reaktionszeit übers Wochenende vor grosse organisatorische Herausforderungen stellte. Die Verordnung vom 13.3.2020 sah zunächst eine (im Gegensatz zu den übrigen Bestimmungen der Verordnung verkürzte) Geltungsdauer von Art. 5 nur bis zum 4.4.2020 vor.[53] In der Folge verlängerte der Bundesrat die Geltungsdauer der Massnahmen nach Art. 5 zwei Mal bis zur Einführung der ersten Lockerungsschritte mit Wirkung auf den 11.5.2020.[54]

Die COVID-19-Verordnung 2 sieht vor, dass Prüfungen, für die bereits ein Termin 28
festgelegt wurde, unter Einhaltung geeigneter Schutzmassnahmen durchgeführt werden können.[55] Dreh- und Angelpunkt der auf politischer Ebene folgenden Lösungssuche war, wie die Abschlüsse und die Ausstellung von Zeugnissen auf allen Bildungsebenen weiterhin einheitlich und diskriminierungsfrei garantiert werden können, wobei eine gesamtschweizerische Lösung nicht in allen Bereichen erreicht werden konnte. In Anpassung der COVID-19-Verordnung 2 vom 13.3.2020 konkretisierte der Bundesrat mit Datum vom 16.3.2020, dass die Kantone ihre Zuständigkeit behalten, soweit die Verordnung nichts anderes bestimmt.[56] Aufgrund der kantonalen Schulhoheit kam es insbesondere bei der Art und Weise der Wiedereinführung des Präsenzunterrichts in der Grundschule sowie bei der gymnasialen Maturität zu kantonal unterschiedlichen Vorgehensweisen. Die nachfolgenden Ausführungen sollen die notrechtlichen Sonderregelungen in den verschiedenen Bildungsbereichen näher beleuchten und zudem als Gesamtüberblick über die erfolgten Massnahmen im Gefüge unseres Bildungssystems dienen.[57]

51 Verordnung über Massnahmen zur Bekämpfung des Coronavirus (COVID-19) vom 13.3.2020, AS 2020 773 (SR 818.101.24).

52 Art. 12 Abs. 2 COVID-19-Verordnung 2 (AS 2020 773).

53 Art. 12 Abs. 4 COVID-19-Verordnung 2 (AS 2020 773).

54 Vgl. Art. 12 Abs. 6 COVID-19-Verordnung 2, Änderung vom 16.3.2020 (AS 2020 783); Art. 12 Abs. 7 COVID-19-Verordnung 2, Änderung vom 8.4.2020 (AS 2020 1199).

55 Art. 5 Abs. 2 COVID-19-Verordnung 2 (AS 2020 773).

56 Art. 1a COVID-19-Verordnung 2, Änderung vom 16.3.2020, in Kraft getreten am 17.3.2020 (AS 2020 783).

57 Aus Platzgründen verzichtet wird auf eine Darstellung der abweichenden Regelungen der Höheren Berufsbildung, der Weiterbildung, der Anerkennung ausländischer Diplome und der Forschung.

2. Obligatorische Schule

a) *Verbot des Präsenzunterrichts*

29 Die obligatorische Schule liegt in der Zuständigkeit der Kantone (Art. 62 Abs. 1 BV). Davon umfasst werden die Vorschulstufe (Kindergarten), die Grund- oder Volksschule (Primarschule, Sekundarschule, Realschule, Progymnasium) sowie die Mittelschule (Fach- und Berufsmaturitätsschulen, Gymnasium).[58] Nach Art. 62 Abs. 2 BV haben die Kantone für einen ausreichenden Grundschulunterricht zu sorgen, was in Zusammenhang mit dem Anspruch auf ausreichenden und unentgeltlichen Grundschulunterricht nach Art. 19 BV zu lesen ist.[59] Aufgrund der COVID-Massnahmen konnte der Präsenzunterricht auf allen obligatorischen Schulstufen für insgesamt acht Wochen vom 16.3.2020 bis zum 8.5.2020 nicht mehr stattfinden.[60] Die Schulen waren gehalten, vom einen auf den anderen Tag auf Fernunterricht (sog. Distance Learning) umzustellen, was eine Einschränkung des Grundrechts auf ausreichenden Grundschulunterricht (Art. 19 BV) darstellte.[61] Aufgrund unterschiedlicher und teils inadäquater Lernumgebungen der Schülerinnen und Schüler zu Hause sowie der heterogenen Vermittlung der Lerninhalte muss zudem davon ausgegangen werden, dass der Fernunterricht mit unterschiedlich starken Benachteiligungen einzelner Schülerinnen und Schüler verbunden war.[62] Ein chancengleiches Lernen konnte während der Phase des Fernunterrichts durch die Lehrerschaft jedenfalls nicht mehr garantiert werden.

30 Die sich daraus ergebenden Konsequenzen wurden gesamtschweizerisch auf Ebene der Schweizerischen Konferenz der kantonalen Erziehungsdirektoren (EDK) diskutiert und koordiniert. In Bezug auf die obligatorische Schule beschloss die Plenarversammlung der EDK am 1.4.2020, dass das Schuljahr 2019/20 trotz des Verbots von Präsenzveranstaltungen in allen Kantonen als vollwertiges Schuljahr anerkannt wird und die diesjährigen Zeugnisse einen Vermerk enthalten, wonach der Präsenzunterricht während der Zeit der Coronapandemie ausgesetzt wurde.[63] Für die Promotionsbestimmungen sowie die Ausgestaltung der Zeugnisse waren durch die Kantone angepasste Bestimmungen zu erlas-

58 BSK BV-Hänni, Art. 62 N 13.

59 Kiener/Kälin/Wyttenbach, § 38 Rz 1.

60 Art. 5 Abs. 1 COVID-19-Verordnung 2. Nachdem Art. 5 Abs. 3 COVID-19-Verordnung 2 zunächst noch vorsah, dass die Kantone für die Grundschule Betreuungsangebote vorsehen *können*, verpflichtete der Bundesrat die Kantone mit Änderung vom 16.3.2020 (AS 2020 783), für die notwendigen Betreuungsangebote für Kinder zu sorgen, die nicht privat betreut werden können; vgl. dazu bspw. die Verordnung des Kantons Zürich über die Sicherstellung der Betreuung der Kinder im Vorschulbereich und an der Kindergarten- und Primarstufe der Volksschule während der Corona-Pandemie vom 18.3.2020 (LS 818.12).

61 Vgl. auch Biaggini, ZBl 121/2020, S. 253.

62 Vgl. Moeckli, ZBl 121/2020, S. 238, wonach gerade auch bei neutral formulierten Einschränkungen wie Schulschliessungen zu verhindern wäre, dass Angehörige von gegen Diskriminierung geschützten Gruppen, wie bspw. Kinder mit fremdsprachlichem Hintergrund, besonders stark benachteiligt werden.

63 Korrespondenzbeschluss der EDK-Plenarversammlung vom 1.4.2020: Gesamtschweizerische Fragestellungen im Bildungsbereich im Zusammenhang mit COVID 19, Ziff. 1a.

sen.[64] Beispielhaft angeführt werden soll hier etwa der in diesem Zusammenhang ergangene Beschluss des Bildungsrats des Kantons Zürich, wonach die Zeitspanne nach Wiederaufnahme des Präsenzunterrichts bis zum Ende des Schuljahrs zu kurz sei, um eine faire und chancengerechte Beurteilung zu gewährleisten. Deshalb werde auf die Beurteilung im Zeugnis Ende des Schuljahres verzichtet und anstelle von Noten in den Zeugnissen die Bemerkung «nicht benotet» eingefügt.[65] Der Kanton Bern wiederum entschied, dass Beurteilungen nach dem 16.3.2020 nur berücksichtigt werden, wenn sie unter anderem zu einer Verbesserung der Beurteilung der Schülerinnen und Schüler führen.[66]

b) *Wiedereinführung des Präsenzunterrichts*

Mittels Anpassung der COVID-19-Verordnung 2 am 29.4.2020 leitete der Bundesrat den «Transitionsschritt 2» ein, welcher Lockerungen in Bezug auf die Schulen umfasste. Mit Wirkung auf den 11.5.2020 erklärte er den Präsenzunterricht in obligatorischen Schulen wieder als zulässig, wobei die Kantone über die Durchführung des Präsenzunterrichts entschieden.[67] Ansammlungen von Schulkindern auf Pausenplätzen wurden vom Versammlungsverbot von mehr als fünf Personen im öffentlichen Raum ausgenommen.[68] Damit lag die Zuständigkeit für die Organisation der obligatorischen Schule gemäss der verfassungsmässigen Zuständigkeitsordnung wieder vollständig bei den Kantonen. Kantone, die sich dazu entschieden, den Unterricht vor Ort weiterhin auszusetzen, mussten sicherstellen, dass ein angemessenes Betreuungsangebot für Schülerinnen und Schüler zur Verfügung steht.[69] 31

Voraussetzung für die Zulässigkeit des Präsenzunterrichts war die Umsetzung eines Schutzkonzepts.[70] Mit welchen Massnahmen das Übertragungsrisiko für die Kinder und Jugendlichen sowie für die in der Schule tätigen Personen zu minimieren war, legte das BAG in Zusammenarbeit mit der EDK fest.[71] Die Erarbeitung und Umsetzung der entsprechenden Vorgaben im Rahmen von konkreten Schutzkonzepten in den Schulen und den dazugehörigen Betreuungsangeboten sowie deren Überwachung oblag wiederum den für den obligatorischen Schulunterricht verantwortlichen Kantonen. Diesen 32

64 Korrespondenzbeschluss der EDK-Plenarversammlung vom 1.4.2020: Gesamtschweizerische Fragestellungen im Bildungsbereich im Zusammenhang mit COVID 19, Ziff. 1d.

65 Beschluss des Bildungsrats des Kanton Zürich, BRB 8 Volksschule. Zeugnis Ende Schuljahr 2019/20, vom 20.4.2020.

66 Art. 5 Direktionsverordnung über Beurteilungen, Schullaufbahnentscheide und Aufnahmen in Schulen während der Coronavirus-Krise (BACDV) des Kantons Bern vom 30.4.2020 (BSG-Nr. 432.213.111).

67 Art. 5 Abs. 1 Satz 1 COVID-19-Verordnung 2, Änderung vom 29.4.2020 (AS 2020 1401).

68 Art. 7c Abs. 1 COVID-19-Verordnung 2, Änderung vom 29.4.2020 (AS 2020 1401).

69 Art. 5 Abs. 1 Satz 2 COVID-19-Verordnung 2, Änderung vom 29.4.2020 (AS 2020 1401).

70 Art. 5 Abs. 1 Satz 1 COVID-19-Verordnung 2, Änderung vom 29.4.2020 (AS 2020 1401).

71 Art. 5 Abs. 2 COVID-19-Verordnung 2, Änderung vom 29.4.2020 (AS 2020 1401); siehe Bundesamt für Gesundheit (BAG), COVID-19 Grundprinzipien Wiederaufnahme des Präsenzunterrichts an obligatorischen Schulen als Grundlage für die Ausarbeitung der Schutzkonzepte der Schulen unter Berücksichtigung der Betreuungseinrichtungen und Musikschulen, Stand 7.5.2020.

stand es frei, die zuständigen kommunalen Behörden damit zu beauftragen.[72] Unter Berücksichtigung der lokalen Gegebenheiten sollte den Schulen bei der Gestaltung des Unterrichts im Klassenzimmer eine gewisse Flexibilität eingeräumt werden. Während der Grossteil der Deutschschweizer Kantone direkt zum regulären Schulbetrieb gemäss Lehrplan zurückfand,[73] entschieden sich einige Kantone, wie etwa der Kanton Zürich, vorerst für den Halbklassenunterricht mit Sonderstundenplänen.[74] Sowohl der Entscheid der Zürcher Bildungsdirektion als auch das Vorgehen in anderen deutschsprachigen Kantonen, welche sich für die Rückkehr zum Ganzklassenunterricht aussprachen, stiessen auf Kritik.[75] Insgesamt unbefriedigend waren aber vor allem die kantonal voneinander abweichenden Sonderlösungen innerhalb der gleichen Sprachregion, welche sich nicht sachlich rechtfertigen lassen, sondern lediglich in der föderalen Regelungszuständigkeit begründet liegen.

33 Nie aufgehoben worden war hingegen die obligatorische Schulpflicht.[76] Ab der Wiederaufnahme des Präsenzunterrichts müssen schulpflichtige Kinder und Jugendliche daher am Unterricht vor Ort grundsätzlich wieder teilnehmen. Dies jedenfalls so lange sie nicht krank sind und nicht mit einer an COVID-19 erkrankten Person in einem Haushalt leben.[77] Zur Frage der Konsequenzen, wenn Erziehungsberechtigte ihre Kinder aus Angst vor einer Ansteckung nicht zur Schule schicken, hat sich weder der Bund noch die EDK geäussert. Gemäss geltendem Recht könnten die Erziehungsberechtigten dafür grundsätzlich gebüsst werden.[78] Faktisch werden die zuständigen Stellen hier zwischen gesundheitlichen Aspekten und dem verfassungsmässigen Recht auf Bildung im Einzelfall abwägen und das Gespräch mit den betroffenen Personen suchen müssen.[79]

3. Nachobligatorische Bildungseinrichtungen

34 Während der Unterricht vor Ort in obligatorischen Schulen (Primar- und Sekundarstufe I) ab dem 11.5.2020 wieder zulässig war, blieben Präsenzveranstaltungen in Schulen der Sekundarstufe II (Mittel- und Berufsschulen) und der Tertiärstufe (Hochschulen) wie

72 Art. 5 Abs. 2 und 4 COVID-19-Verordnung 2, Änderung vom 29.4.2020 (AS 2020 1401); Erläuterungen COVID-19-Verordnung 2, S. 19.

73 Vgl. u.a. die Weisung des Regierungsrats des Kantons Aargau vom 29.4.2020 zur Wiederaufnahme des ordentlichen Unterrichts an den Volksschulen ab dem 11.5.2020.

74 Gemäss RRB/ZH Nr. 441/2020 vom 30.4.2020 durften höchstens 15 Schüler/innen gleichzeitig im Präsenzunterricht anwesend sein.

75 Siehe Daniel Fritzsche, Mit Halbklassenunterricht aus der Corona-Pause: eine halbbatzige Lösung, die niemanden glücklich macht, NZZ vom 7.5.2020; Nils Pfändler et al., «Namaste Frau Gerber»: Wie die Kinder nach der Corona-Blockade wieder in die Schulen zurückkehren, NZZ vom 11.5.2020.

76 Vgl. dazu grundlegend Plotke, S. 163 ff.; BSK BV-Hänni, Art. 62 N 24 f.

77 Ziff. 3c COVID-19-Grundprinzipien für die Wiederaufnahme des Präsenzunterrichts an obligatorischen Schulen als Grundlage für die Ausarbeitung der Schutzkonzepte der Schulen unter Berücksichtigung der Betreuungseinrichtungen und Musikschulen, Stand 7.5.2020.

78 Vgl. z.B. § 57 i.V.m. § 76 Abs. 1 Volksschulgesetz (VSG) des Kantons Zürich vom 7.2.2005 (LS 412.100).

79 Vgl. etwa die Richtlinien des Kantons Schaffhausen für den Schulstart vom 11.5.2020, Rückkehr vom Fernlernen zum Präsenzlernen (COVID-19), Ziff. 3.2.

auch in übrigen Ausbildungsstätten (z.B. privaten Lehrinstituten) bis zum 6.6.2020 verboten.[80] Die Ausbildungsinstitutionen (und auch die Schulen) wurden allerdings nie geschlossen, sodass Mitarbeitende weiterhin ihrer Arbeit nachgehen und beispielsweise Lehrveranstaltungen via Internet aus einem Hörsaal übertragen werden konnten.[81] Vorbehalten blieben auch Präsenzveranstaltungen mit bis zu fünf Personen, wobei in entsprechendem Kleingruppenunterricht die Empfehlungen des BAG betreffend Hygiene und soziale Distanz eingehalten werden mussten.[82] Prüfungen durften ebenfalls durchgeführt werden, wenn die genannten BAG-Empfehlungen beachtet wurden.[83]

Auch die nachobligatorischen Bildungseinrichtungen hatten zur Durchführung von Präsenzveranstaltungen nach Aufhebung des Verbots auf der Grundlage der durch den Bund erarbeiteten Grundprinzipien eigene Schutzkonzepte vorzulegen, welche allerdings aufgrund des erhöhten Erkrankungsrisikos von Jugendlichen im Vergleich zu den Schutzkonzepten der obligatorischen Schulen strengeren Auflagen genügen müssen.[84] 35

a) *Gymnasiale Maturitätsprüfungen*

Für die gesamtschweizerische Anerkennung der gymnasialen Maturität sind Bund und Kantone gemeinsam zuständig.[85] Die EDK beschloss am 20.4.2020, dass auf mündliche Prüfungen verzichtet werden kann. Gleichzeitig beantragte sie dem Bundesrat, mittels Notverordnung zu regeln, dass die Kantone auch auf die Durchführung schriftlicher Maturitätsprüfungen verzichten können.[86] Obwohl von Seiten des Bundes eine schweizweit einheitliche Lösung bevorzugt worden wäre, entsprach der Bundesrat dem Antrag der EDK und erliess am 29.4.2020 die COVID-19-Verordnung gymnasiale Maturitätsprüfungen.[87] Die Verordnung trat am 30.4.2020 in Kraft und gilt bis zum 30.8.2020.[88] Demnach finden die Maturitätsprüfungen 2020 grundsätzlich gemäss den Bestimmun- 36

80 Art. 5a Abs. 1 und Art. 12 Abs. 9 COVID-19-Verordnung 2, Änderung vom 29.4.2020 (AS 2020 1401).

81 Erläuterungen COVID-19-Verordnung 2, S. 20.

82 Art. 5a Abs. 1 und 2 COVID-19-Verordnung 2, Änderung vom 29.4.2020 (AS 2020 1401); Erläuterungen COVID-19-Verordnung 2, S. 20.

83 Art. 5 Abs. 3 COVID-19-Verordnung 2, Änderung vom 29.4.2020 (AS 2020 1401).

84 Staatssekretariat für Bildung, Forschung und Innovation (SBFI) und Bundesamt für Gesundheit (BAG), COVID-19-Grundprinzipien für die Wiederaufnahme des Präsenzunterrichts an Bildungseinrichtungen der Sekundarstufe II, der Tertiärstufe und der Weiterbildung als Grundlage für die Ausarbeitung der Schutzkonzepte der Bildungseinrichtungen, Stand 13.5.2020.

85 Vgl. Verwaltungsvereinbarung zwischen dem Schweizerischen Bundesrat und der Schweizerischen Konferenz der kantonalen Erziehungsdirektoren (EDK) über die Anerkennung von Maturitätszeugnissen vom 16.1/15.2.1995 (SR-EDK 4.1.2) und Reglement der EDK über die Anerkennung von gymnasialen Maturitätsausweisen vom 16.1.1995 (MAR, SR-EDK 4.2.11).

86 Korrespondenzbeschluss der EDK-Plenarversammlung vom 20.4.2020: COVID-19, Ausweise der Sekundarstufe II Allgemeinbildung, Ziff. 1 und 2.

87 Verordnung über die Durchführung der kantonalen gymnasialen Maturitätsprüfungen 2020 angesichts der Pandemie des Coronavirus vom 29.4.2020 (SR 413.16).

88 Art. 4 Abs. 1 und 2 COVID-19-Verordnung gymnasiale Maturitätsprüfungen.

gen der Maturitäts-Anerkennungsverordnung (MAV)[89] und den entsprechenden kantonalen Regelungen statt.[90] Die Kantone können jedoch auf eigenen Beschluss die Maturitätsprüfungen 2020 teilweise in Abweichung von den Bestimmungen der MAV und stattdessen gemäss den Bestimmungen der COVID-19-Verordnung gymnasiale Maturitätsprüfungen durchführen.[91]

37 Für den Erlass der COVID-19-Verordnung gymnasiale Maturitätsprüfungen berief sich der Bundesrat auf Art. 185 Abs. 3 BV, wonach Verordnungen erlassen werden können, um eingetretenen oder unmittelbar drohenden schweren Störungen der öffentlichen Ordnung oder der inneren oder äusseren Sicherheit zu begegnen. Grundsätzlich vorausgesetzt ist, dass im betreffenden Bereich eine Bundeskompetenz besteht.[92] Trotz der gemeinsamen Zuständigkeit von Bund und Kantonen erachtete der Bundesrat basierend auf dem Antrag der EDK den Erlass der Notverordnung als zulässig. Die sachliche und zeitliche Dringlichkeit wurde damit begründet, dass für die gegen 20 000 unmittelbar vor dem Abschluss stehenden Maturandinnen und Maturanden der Zugang zu den Hochschulen sichergestellt werden müsse und es in der für eine übergeordnete Regelung zur Verfügung stehenden Zeit nicht mehr möglich sei, ein ordentliches oder dringliches Bundesgesetz zu erlassen. Der Erlass einer Notverordnung sei daher auch als verhältnismässig und im öffentlichen Interesse liegend zu qualifizieren.[93]

38 In Abweichung von Art. 14 Abs. 1 MAV konnten die Kantone daher bestimmen, dass keine Abschlussprüfungen stattfinden.[94] Für den Fall des kantonalen Verzichts auf Abschlussprüfungen regelt die Verordnung die von Art. 15 Abs. 1 und 2 MAV abweichende Festsetzung der Maturitätsnoten. In den Schulfächern erfolgen die Noten aufgrund der Leistungen im letzten Ausbildungsjahr, in dem ein Fach unterrichtet wird (sog. Erfahrungsnoten).[95] Für die Maturaarbeit wird der Arbeitsprozess, die schriftliche Arbeit und – sofern möglich – deren Präsentation bewertet.[96] Während die meisten Deutschschweizer Kantone an den schriftlichen Maturaprüfungen festhielten,[97] verzichteten etwa die Kantone Zürich, Bern, die beiden Basler Kantone oder Solothurn zusammen mit dem Tessin und der Romandie sowohl auf mündliche als auch schriftliche Prüfungen.[98]

89 Verordnung über die Anerkennung von gymnasialen Maturitätsausweisen (Maturitäts-Anerkennungsverordnung, MAV) vom 15.2.1995 (SR 413.11).

90 Art. 1 Abs. 2 COVID-19-Verordnung gymnasiale Maturitätsprüfungen.

91 Art. 1 Abs. 3 COVID-19-Verordnung gymnasiale Maturitätsprüfungen.

92 SGK BV-Saxer, Art. 185 N 71.

93 Erläuterungen COVID-19-Verordnung gymnasiale Maturitätsprüfungen, S. 1 f.

94 Art. 2 Abs. 1 COVID-19-Verordnung gymnasiale Maturitätsprüfungen.

95 Art. 2 Abs. 2 lit. a COVID-19-Verordnung gymnasiale Maturitätsprüfungen.

96 Art. 2 Abs. 2 lit. b COVID-19-Verordnung gymnasiale Maturitätsprüfungen.

97 Vgl. etwa § 4 Abs. 1 Verordnung über schulische Laufbahnentscheide und Prüfungsmodalitäten im Rahmen der ausserordentlichen Lage (COVID-19) (V Laufbahnentscheide COVID-19) des Kantons Aargau (SAR 401.117).

98 Vgl. u.a. Beschluss des Bildungsrats des Kanton Zürich, BRB 15 Reglemente über die Maturitätsprüfungen an den kantonalen Gymnasien und die Abschlussprüfungen an den kantonalen Fachmittelschulen während der Corona-Pandemie vom 18.5.2020; zum Ganzen Nils Pfändler, Kantönligeist statt Ge-

Den Schülerinnen und Schülern, die aufgrund des vom Kanton beschlossenen Verzichts auf Abschlussprüfungen die Maturitätsprüfung nicht bestehen, ist Gelegenheit zu geben, die Prüfungen gemäss Art. 14 Abs. 1 MAV und den entsprechenden kantonalen Regelungen zu absolvieren.[99] Diese Regelung ist angezeigt, zumal die Ermittlung und das Setzen von Erfahrungsnoten unter den pandemischen Bedingungen innerhalb und zwischen den Kantonen sehr heterogen erfolgt. Für Schülerinnen und Schüler, welche aufgrund der ermittelten Erfahrungsnoten die Maturität nicht bestehen würden, gilt der Prüfungsversuch in diesem Sinne als noch nicht abgeschlossen.[100] 39

b) *Zentrale schweizerische Maturitätsprüfung*

Die zentrale schweizerische Maturitätsprüfung wird im Auftrag von Bund und Kantonen durch die Schweizerische Maturitätskommission angeboten und vom Staatssekretariat für Bildung, Forschung und Innovation (SBFI) zentral in den drei Sprachregionen organisiert und zweimal jährlich durchgeführt.[101] Im Sommer 2020 sind in den drei Sprachregionen über 1000 Kandidatinnen und Kandidaten zur Prüfung angemeldet. Diese «freien» Prüfungskandidatinnen und -kandidaten verfügen anders als Maturandinnen und Maturanden an kantonalen Gymnasien nicht bereits über validierte Erfahrungsnoten. Weil das Zeugnis vollständig auf den Noten der Abschlussprüfungen basiert und folglich ohne die Durchführung der zentralen Prüfungen nicht ausgestellt werden kann, war hier die Ermöglichung der Prüfungsteilnahme im Hinblick auf die Chancengerechtigkeit zentral.[102] Der Bundesrat erliess dazu gestützt auf Art. 39 Abs. 2 des ETH-Gesetzes und Art. 60 des Medizinalberufegesetzes am 13.5.2020 die COVID-19-Verordnung schweizerische Maturitätsprüfung.[103] Die Verordnung trat am 14.5.2020 in Kraft und gilt bis zum 13.9.2020.[104] 40

Die schweizerische Maturitätsprüfung in der Sommersession 2020 findet demnach teilweise in Abweichung von den Bestimmungen der Verordnung über die schweizerische Maturitätsprüfung[105] und den Richtlinien der Schweizerischen Maturitätskommission[106] statt.[107] Eine Prüfung wird weiterhin in allen zwölf Prüfungsfächern ab- 41

schlossenheit: Das Coronavirus verwandelt die Schweizer Bildungslandschaft in einen Flickenteppich, NZZ 30.4.2020.

99 Art. 3 COVID-19-Verordnung gymnasiale Maturitätsprüfungen.

100 Erläuterungen COVID-19-Verordnung gymnasiale Maturitätsprüfungen, S. 3.

101 Vgl. ‹https://www.sbfi.admin.ch/sbfi/de/home/bildung/maturitaet/gymnasiale-maturitaet/schweizerische-maturitaetspruefung.html› (25.5.2020).

102 Vgl. Medienmitteilung des Bundesrats vom 13.5.202, Coronavirus: Angepasste Durchführung der zentralen schweizerischen Maturitätsprüfung.

103 Verordnung über die Durchführung der schweizerischen Maturitätsprüfung 2020 angesichts der Pandemie des Coronavirus vom 13.5.2020 (SR 413.17).

104 Art. 4 Abs. 1 und 2 COVID-19-Verordnung schweizerische Maturitätsprüfung.

105 Verordnung über die schweizerische Maturitätsprüfung vom 7.12.1998 (SR 413.12).

106 ‹www.sbfi.admin.ch› Bildung → Maturität → Gymnasiale Maturität → Schweizerische Maturitätsprüfung (25.5.2020).

107 Art. 1 Abs. 2 COVID-19-Verordnung schweizerische Maturitätsprüfung.

gelegt.[108] Wo bereits eine schriftliche Prüfung stattfindet, wird allerdings auf zusätzliche mündliche Prüfungen verzichtet. In Abweichung von Art. 18 Abs. 1 der Verordnung über die schweizerische Maturitätsprüfung finden daher in den Grundlagenfächern Erstsprache, zweite Landessprache, dritte Sprache und Mathematik sowie im Schwerpunktfach keine mündlichen Prüfungen statt. Ausgenommen sind das Fach Musik und das Prüfungsverfahren der zweisprachigen Maturität.[109] Auch die Maturaarbeit ist in Abweichung von Art. 20 Abs. 4 lit. d der Verordnung über die schweizerische Maturitätsprüfung nicht mündlich zu präsentieren.[110] Das Ergänzungsfach wird in Abweichung von Art. 18 Abs. 3 der Verordnung über die schweizerische Maturitätsprüfung schriftlich oder mündlich geprüft.[111] Kandidatinnen und Kandidaten, die nach Ablegen der Gesamtprüfung oder der zweiten Teilprüfung im Rahmen der Sommersession 2020 die Prüfung nicht bestehen, können innert 30 Tagen seit Zustellung des Prüfungsresultats beim SBFI beantragen, dass die in der Sommersession 2020 erzielten Noten annulliert werden.[112] Im Falle einer Annullation zählen sowohl das Ablegen der Gesamtprüfung als auch die zweite Teilprüfung nicht als Prüfungsversuch.[113]

c) *Berufliche Grundbildung*

42 Die Berufsbildung liegt in der Kompetenz des Bundes (Art. 63 Abs. 1 BV).[114] Weil sich weder die ordentliche Durchführung der Qualifikationsverfahren der beruflichen Grundbildung 2020 (QV 2020) noch deren Verschiebung angesichts der verordneten Schutzmassnahmen als faktisch möglich erwiesen, erliess der Bundesrat gestützt auf Art. 34 Abs. 1 des Berufsbildungsgesetzes (BBG) am 16.4.2020 die COVID-19-Verordnung Qualifikationsverfahren berufliche Grundbildung.[115] Auch hier stand die Ermöglichung des Erwerbs eines anerkannten eidgenössischen Fähigkeitszeugnisses bzw. Berufsattests trotz der Auswirkungen des Virus im Vordergrund. Im Kern legt die Verordnung fest, dass die QV 2020 in Abweichung von den Prüfungsbestimmungen der Verordnungen des SBFI über die beruflichen Grundbildungen (BiVo) und der Verordnung des SBFI über Mindestvorschriften für die Allgemeinbildung in der beruflichen Grundbildung[116] stattfinden. Die COVID-19-Verordnung Qualifikations-

108 Art. 14 Verordnung über die schweizerische Maturitätsprüfung.

109 Art. 2 Abs. 1 COVID-19-Verordnung schweizerische Maturitätsprüfung.

110 Art. 2 Abs. 3 COVID-19-Verordnung schweizerische Maturitätsprüfung.

111 Dieser Entscheid wird durch die Sessionspräsidentin oder den Sessionspräsidenten gefällt. Eine schriftliche Prüfung im Ergänzungsfach dauert 30 Minuten, Art. 2 Abs. 2 COVID-19-Verordnung schweizerische Maturitätsprüfung.

112 Art. 3 Abs. 1 COVID-19-Verordnung schweizerische Maturitätsprüfung.

113 Art. 3 Abs. 2 COVID-19-Verordnung schweizerische Maturitätsprüfung.

114 BSK BV-Hänni, Art. 63 N 7.

115 Verordnung über die Durchführung der Qualifikationsverfahren der beruflichen Grundbildung 2020 im Zusammenhang mit dem Coronavirus vom 16.4.2020 (SR 412.101.243); Erläuterungen COVID-19-Verordnung Qualifikationsverfahren berufliche Grundbildung, S. 1.

116 Verordnung des SBFI über Mindestvorschriften für die Allgemeinbildung in der beruflichen Grundbildung vom 27.4.2006 (SR 412.101.214).

verfahren berufliche Grundbildung trat am 17.4.2020 in Kraft und gilt bis zum 16.10.2020.[117]

Grundlage für die Durchführung der QV 2020 sind die von Bund, Kantonen und Organisationen der Arbeitswelt gemeinsam erlassenen Richtlinien,[118] wobei diese für die ganze Schweiz gelten.[119] Die Richtlinien sollen angesichts der Pandemie eine gleichwertige Überprüfung der praktischen, fachlichen und allgemeinbildenden Kompetenzen erlauben, wie sie unter dem geltenden Recht vorgesehen wäre.[120] Betroffen von der Notverordnung sind schweizweit rund 75 000 Jugendliche, welche im Sommer 2020 ihre berufliche Grundbildung abschliessen.[121] 43

In Abweichung von den geltenden Bestimmungen finden in den Qualifikationsbereichen Berufskenntnisse und Allgemeinbildung keine Abschlussprüfungen statt. Für die Berechnung der Note wird jeweils auf die Richtlinien verwiesen.[122] Die Richtlinien regeln weitere Abweichungen von den BiVo bezüglich Bestehensregeln, Berechnung der Gesamtnote, Einbezug der Erfahrungsnote sowie Spezialfälle wie Sonderformen praktischer Arbeiten und die Zulassung zu den Qualifikationsverfahren ausserhalb eines geregelten Bildungsganges.[123] Für die Durchführung des Qualifikationsbereichs praktische Arbeit bestehen drei Prüfungsvarianten. Die Prüfungsvarianten, das Verfahren zu ihrer Festlegung und die Berechnung der Note werden ebenfalls in den Richtlinien geregelt.[124] Demnach werden die Varianten innerhalb einer Branche, einer Fachrichtung oder einem Schwerpunkt gesamtschweizerisch gewählt und umgesetzt. Möglich sind individuelle praktische Prüfungen im Lehrbetrieb, eine zentral durchgeführte praktische Prüfung oder der Verzicht auf eine praktische Prüfung. Auf Antrag der zuständigen Akteure im jeweiligen Berufsfeld bedarf die gewählte Variante des abschliessenden Entscheids durch das SBFI.[125] 44

117 Art. 4 Abs. 1 und 2 COVID-19-Verordnung Qualifikationsverfahren berufliche Grundbildung.

118 Staatssekretariat für Bildung, Forschung und Innovation SBFI, Richtlinien Angepasste Qualifikationsverfahren für die berufliche Grundbildung infolge Coronavirus (COVID-19) im Jahr 2020 vom 16.4.2020; abrufbar unter ‹http://www.sbfi.admin.ch› Das SBFI → Rechtliche Grundlagen → Berufsbildung (25.5.2020).

119 Art. 2 Abs. 1 und 2 COVID-19-Verordnung Qualifikationsverfahren berufliche Grundbildung; die Richtlinien wurden am 9.4.2020 im Rahmen des ausserordentlichen Spitzentreffens von WBF, EDK, Schweizerischem Arbeitgeberverband, Schweizerischen Gewerbeverband, Travail.Suisse, Schweizerischem Gewerkschaftsbund und der Schweizerischen Berufsbildungsämter-Konferenz verabschiedet, vgl. Erläuterungen COVID-19-Verordnung Qualifikationsverfahren berufliche Grundbildung, S. 2.

120 Art. 2 Abs. 3 COVID-19-Verordnung Qualifikationsverfahren berufliche Grundbildung.

121 Medienmitteilung des Bundesrats vom 16.4.2020, Coronavirus: Schweizweit abgestimmte Lehrabschlussprüfungen.

122 Art. 3 Abs. 1 und 2 COVID-19-Verordnung Qualifikationsverfahren berufliche Grundbildung.

123 Art. 3 Abs. 4 COVID-19-Verordnung Qualifikationsverfahren berufliche Grundbildung.

124 Art. 3 Abs. 3 COVID-19-Verordnung Qualifikationsverfahren berufliche Grundbildung.

125 Staatssekretariat für Bildung, Forschung und Innovation SBFI, Richtlinien, Angepasste Qualifikationsverfahren für die berufliche Grundbildung infolge Coronavirus (COVID-19) im Jahr 2020 vom 16.4.2020, S. 2 ff.

d) *Eidgenössische Berufsmaturitätsprüfung*

45 Zur Regelung der Berufsmaturität ist der Bund alleine zuständig: Gemäss Art. 25 Abs. 5 BBG[126] regelt der Bundesrat die Berufsmaturität. Gestützt darauf erliess dieser am 29.4.2020 die COVID-19-Verordnung kantonale Berufsmaturitätsprüfungen.[127] Geregelt werden angesichts der Pandemie die Massnahmen zur Durchführung der kantonalen Prüfungen der eidgenössischen Berufsmaturität im Jahr 2020, die Notenberechnungen und die Promotion in den Berufsmaturitätsbildungsgängen (BM-Bildungsgänge).[128] Die COVID-19-Verordnung kantonale Berufsmaturitätsprüfungen trat am 30.4.2020 in Kraft und gilt bis zum 29.10.2020.[129]

46 Entsprechend finden die kantonalen Prüfungen 2020 teilweise in Abweichung von den Bestimmungen der Berufsmaturitätsverordnung (BMV)[130] und dem Rahmenlehrplan[131] des SBFI für die Berufsmaturität statt.[132] Wie schon für die Berufslehre gibt es auch für die Berufsmaturität in Abweichung von Art. 21 BMV schweizweit keine Abschlussprüfungen.[133] Das Verfahren wurde bewusst analog demjenigen der Qualifikationsverfahren in der beruflichen Grundbildung gewählt, um eine Gleichbehandlung der Lernenden mit und ohne Berufsmaturität zu gewährleisten.[134]

47 Die Noten in Fächern mit Abschlussprüfungen (Art. 21 Abs. 1 BMV) ergeben sich in Abweichung von Art. 24 Abs. 1 BMV aus der Erfahrungsnote.[135] Was unter dieser Verordnung unter einer Erfahrungsnote zu verstehen ist, definiert Art. 3 Abs. 2: Sie ist das Mittel aller Semesterzeugnisnoten im entsprechenden Fach oder im interdisziplinären Arbeiten.[136] Der Kanton entscheidet, ob und wie Noten aus Fernunterricht für die Berechnung der Semesterzeugnisnote im zweiten Semester 2019/20 beigezogen werden. Kann keine Note für das zweite Semester gesetzt werden oder ist die Note schlechter als die des ersten Semesters, so wird die Note des ersten Semesters für das zweite übernom-

126 Bundesgesetz über die Berufsbildung (Berufsbildungsgesetz, BBG) vom 13.12.2002 (SR 412.10).

127 Verordnung über die Durchführung der kantonalen Prüfungen 2020 der eidgenössischen Berufsmaturität und die Promotion angesichts der Pandemie des Coronavirus vom 29.4.2020 (SR 412.103.2); Erläuterungen COVID-19-Verordnung kantonale Berufsmaturitätsprüfungen, S. 1.

128 Art. 1 Abs. 1 COVID-19-Verordnung kantonale Berufsmaturitätsprüfungen.

129 Art. 11 Abs. 1 und 2 COVID-19-Verordnung kantonale Berufsmaturitätsprüfungen.

130 Verordnung über die eidgenössische Berufsmaturität (Berufsmaturitätsverordnung, BMV) vom 24.6.2009 (SR 412.103.1).

131 ‹www.sbfi.admin.ch› Bildung → Maturität → Berufsmaturität → Dokumentation (25.5.2020).

132 Art. 1 Abs. 2 COVID-19-Verordnung kantonale Berufsmaturitätsprüfungen.

133 Art. 2 COVID-19-Verordnung kantonale Berufsmaturitätsprüfungen.

134 Erläuterungen COVID-19-Verordnung kantonale Berufsmaturitätsprüfungen, S. 2.

135 Ausgenommen sind die Fächer mit bereits abgelegten vorgezogenen Abschlussprüfungen nach Art. 22 Abs. 2 und 3 BMV; für sie berechnet sich die Note je zur Hälfte aus der Note der vorgezogenen Prüfung und aus der Erfahrungsnote. Abgelegte Teilfachprüfungen werden zudem nicht berücksichtigt, wenn nicht das ganze Fach abgeschlossen ist; Art. 3 Abs. 1 COVID-19-Verordnung kantonale Berufsmaturitätsprüfungen.

136 Art. 3 Abs. 2 COVID-19-Verordnung kantonale Berufsmaturitätsprüfungen.

men.[137] Kann in einem Fach, das nur im zweiten Semester 2019/2020 unterrichtet wird, keine Note gesetzt werden, weil nicht mindestens zwei Noten vorhanden sind und deshalb keine Semester- bzw. Erfahrungsnote gegeben werden kann, so wird im Berufsmaturitätszeugnis «erfüllt» eingetragen.[138] Die nach der COVID-19-Verordnung erbrachten Leistungen und erteilten Noten behalten ihre Gültigkeit bis zum Abschluss der jeweiligen Berufsmaturität.[139] Die Berechnung der Noten im interdisziplinären Arbeiten wird in Art. 4 COVID-19-Verordnung kantonale Berufsmaturitätsprüfungen geregelt. Weiter finden sich Abweichungen vom geltenden Recht zu den Fremdsprachen und Sprachdiplomen (Art. 5), vorgezogenen Abschlussprüfungen für Bildungsgänge ohne Abschluss 2020 (Art. 6) sowie Repetierenden aus früheren Jahrgängen (Art. 7). Schülerinnen und Schülern, die aufgrund der ermittelten Erfahrungsnoten die Berufsmaturitätsprüfung nicht bestehen, ist Gelegenheit zu geben, die Prüfungen gemäss den ordentlichen Bestimmungen (Art. 19 ff. BMV) zu absolvieren.[140] Die Promotion findet in Abweichung vom geltenden Recht (Art. 17 Abs. 4 BMV) in jedem Fall, d.h. unabhängig von den erzielten Semesterzeugnisnoten, statt.[141]

4. Schluss

Insgesamt ergeben sich durch die bundesrätlichen Massnahmen also massive Abwei- 48
chungen von den normalerweise geltenden Voraussetzungen für den Erwerb eines Leistungsausweises. Die schriftlichen Abschlussprüfungen fallen vielerorts komplett aus (berufliche Grundbildung, Berufsmaturität, gymnasiale Maturität gemäss kantonaler Regelung) und werden nur im Ausnahmefall, wo bisher noch überhaupt keine Noten vorhanden sind (eidg. Maturität), zwingend durchgeführt. Im letzteren Fall wiederum kann die Annullation der Prüfung verlangt werden, sollte der Prüfungsversuch nicht gelingen. Dies wirft Fragen hinsichtlich der Validität der unter diesen erleichterten Bedingungen erlangten Abschlüsse auf. Zu Recht dürften sich gerade die leistungsbereiten Kandidatinnen und Kandidaten sorgen, ob ihnen daraus später allenfalls ein Nachteil erwachsen könnte. Gleichzeitig dürften sich schwächere Schülerinnen und Schülern auf (allenfalls laufbahnrelevante) Beeinträchtigungen aus der Phase des Fernunterrichts berufen. Je nach Einzelfall werden die Massnahmen als zu weitgehend bzw. nicht angemessen für den Erwerb eines vergleichbaren Leistungsausweises oder Zeugnisses erachtet werden, wobei dort, wo es sich nicht um eine gesamtschweizerische Regelung handelt, jeweils auch noch auf die abweichenden Handhabungen anderer Kantone verwiesen werden kann. Der in diesem Zusammenhang oft gefallene Ausdruck des «Flickentep-

137 Art. 3 Abs. 3 COVID-19-Verordnung kantonale Berufsmaturitätsprüfungen.

138 Art. 3 Abs. 4 COVID-19-Verordnung kantonale Berufsmaturitätsprüfungen.

139 Art. 10 COVID-19-Verordnung kantonale Berufsmaturitätsprüfungen.

140 Art. 8 Abs. 1 COVID-19-Verordnung kantonale Berufsmaturitätsprüfungen. Auch Repetierenden aus früheren Jahrgängen, die aufgrund der Abweichungen vom geltenden Recht (Erfahrungsnoten) die Berufsmaturitätsprüfung nicht bestehen, ist die Gelegenheit zu geben, die Prüfung gemäss Art. 26 BMV zu absolvieren (Art. 8 Abs. 2 COVID-19-Verordnung kantonale Berufsmaturitätsprüfungen).

141 Art. 9 Abs. 1 COVID-19-Verordnung kantonale Berufsmaturitätsprüfungen.

pichs» trifft daher nicht nur auf die föderal unterschiedlichen Lösungen zu, sondern steht gewissermassen symbolisch für das ganze Regelungsdickicht. Ob dadurch tatsächlich etwas «geflickt» werden konnte oder der Schaden erst angerichtet wurde, wird sich zeigen müssen.

Fatou Lalla Sidibe/Ramona Keist

III. Öffentliches Personalrecht

1. Auswirkungen der COVID-19-Verordnung 2 auf das öffentliche Personalrecht

49 Das Personalrecht des Bundes, der Kantone und der Gemeinden ist überwiegend öffentlich-rechtlich geregelt. Im Einzelnen wird auf Bestimmungen des privaten Arbeitsrechts verwiesen. Die COVID-19-Verordnung 2 unterscheidet in Bezug auf die für Arbeitsverhältnisse relevanten Massnahmen nicht zwischen privatem Arbeitsrecht und öffentlichem Personalrecht. Art. 1a COVID-19-Verordnung 2 sieht vor, dass die Kantone (und entsprechend auch die Gemeinden) ihre Zuständigkeiten behalten, soweit die Verordnung nichts anderes vorsieht. Dies betrifft namentlich das kantonale und kommunale Personalrecht. Zur Umsetzung der COVID-19-Verordnung 2 haben die meisten Kantone zu personalrechtlichen Massnahmen Merkblätter[142], FAQs[143], Regierungsratsbeschlüsse[144] und Vollzugsverordnungen[145] erlassen.

a) *Fürsorge- und Treuepflicht im öffentlichen Anstellungsverhältnis*

50 Aus der allgemeinen Fürsorgepflicht der öffentlich-rechtlichen Arbeitgebenden resultiert die Pflicht, die Persönlichkeit und insbesondere die Gesundheit der Arbeitnehmenden gebührend zu achten und zu schützen.[146] Dazu sind Arbeitgebende verpflichtet, alle Massnahmen zu treffen, die erfahrungsgemäss notwendig, technisch möglich und den Verhältnissen des Betriebes angemessen sind.[147] Aufgrund der COVID-19-Pandemie müssen Arbeitgebende ferner dafür sorgen, dass die durch den Bundesrat und das BAG auferlegten Vorschriften während der Arbeit konsequent eingehalten und umgesetzt werden.[148]

51 Gemäss der Treuepflicht müssen Angestellte, die berechtigten Interessen der Arbeitgebenden wahren.[149] Die Angestellten sind gehalten, Weisungen und dienstliche Anord-

---

142 Vgl. insbesondere Merkblatt COVID Kanton Bern.

143 Vgl. insbesondere FAQ COVID Kanton Zürich, FAQ COVID Kanton St. Gallen, FAQ COVID Kanton Aargau.

144 Vgl. insbesondere Beschlüsse des Regierungsrats Zürich RRB 415/2020 vom 22.4.2020 und RRB 300/2020 vom 25.3.2020; Beschlüsse des Regierungsrats Bern RRB 190/2020 vom 4.3.2020, RRB 265/2020 vom 13.3.2020, RRB 307/2020 vom 25.3.2020, RRB 436/2020 vom 29.4.2020.

145 Vgl. insbesondere CPersV/NW.

146 Art. 10a BPV; § 39 Abs. 1 PG/ZH.

147 Art. 6 Abs. 1 ArG i.V.m. Art. 3a lit. a ArG; § 39 Abs. 2 PG/ZH.

148 Vgl. SECO Merkblatt Gesundheitsschutz.

149 Vgl. Art. 20 Abs. 1 BPG; § 49 PG/ZH.

nungen von Vorgesetzten zu befolgen und die ihnen übertragenen Aufgaben sorgfältig auszuführen.[150] Im Vergleich zum privatrechtlichen Arbeitsverhältnis ist die Treuepflicht im öffentlichen Personalrecht besonders ausgeprägt.[151] Sie gilt nicht nur im Verhältnis zu Arbeitgebenden, sondern auch gegenüber dem Gemeinwesen schlechthin, weshalb die Angestellten die staatlichen Interessen, die staatliche Autorität und Integrität in guten Treuen zu wahren haben.[152]

Beiden Pflichten kommt gerade während der vorliegenden Pandemiesituation eine 52
wesentliche Bedeutung zu. Arbeitgebende haben einen erhöhten Aufwand zu betreiben, um die Gesundheit der Arbeitnehmenden gebührend zu schützen. Gleichzeitig erfordert die Aufrechterhaltung der öffentlichen Dienstleistungen insbesondere eine erhöhte Bereitschaft und Flexibilität der Arbeitnehmenden, damit sie ihre Tätigkeiten weiterhin erfüllen können.

b) *Sonderstatusverhältnis von öffentlich-rechtlichen Angestellten*

Im Gegensatz zu privatrechtlichen Arbeitsverhältnissen stehen öffentlich-rechtliche An- 53
gestellte zum Gemeinwesen als Arbeitgeberin in einem Sonderstatusverhältnis.[153] Aufgrund der besonders engen Beziehung zum Staat können sich besondere Dienstpflichten und Einschränkungen von Freiheitsrechten ergeben.[154] Die Freiheitsrechte der Angestellten sind erst dann tangiert, wenn ein staatlicher Eingriff die ausserdienstliche Verhaltensfreiheit oder die Persönlichkeit als Privatperson einschränkt.[155]

Aufgrund der vom Bundesrat erklärten ausserordentlichen Lage und verschärften 54
Massnahmen können auch öffentlich-rechtliche Angestellte weitergehenden Einschränkungen in ihren Grundrechten unterstellt werden, soweit diese namentlich zur Wahrung der Interessen der Staatssicherheit, auswärtiger Angelegenheiten oder der Sicherstellung der Landesversorgung mit lebenswichtigen Gütern und Dienstleistungen notwendig und verhältnismässig sind.[156]

Von Einschränkungen in Grundrechten betroffen sind insbesondere Angestellte von 55
Notfalldiensten wie etwa der Polizei, Feuerwehr, Sanität, den Anstalten des Justizvollzugs oder vergleichbaren Institution sowie von Gesundheitseinrichtungen mit einer Notaufnahme, Intensivstationen und Abteilungen mit COVID-19-Patienten. Entsprechend sieht Art. 10a Abs. 5[157] COVID-19-Verordnung 2 vor, dass in den Spitalabteilungen, die infolge der COVID-19-Erkrankungen eine massive Zunahme der Arbeit erfahren, die Geltung der Bestimmungen des Arbeitsgesetzes betreffend Arbeits- und Ruhezeiten

150 Bürgi/Bürgi-Schneider, Personalrecht Bund, S. 26 f.
151 Wälty, S. 50 f.
152 BBl 2011 6709; SHK BPG-Helbling, Art. 20 BPG N 7.
153 Häfelin/Müller/Uhlmann, Rz 2005.
154 Urteil des St. Galler Verwaltungsgerichts v. 19.10.2006, GVP 2006 Nr. 1, E. 2b; Häfelin/Müller/Uhlmann, Rz 2005; Häner, S. 402.
155 Häner, S. 396, 398; Urteil des St. Galler Verwaltungsgerichts v. 19.10.2006, GVP 2006 Nr. 1, E. 2b.
156 Art. 24 BPG.
157 Aufgehoben mit Wirkung seit dem 30.5.2020.

so lange sistiert wird, wie es die ausserordentliche Lage erfordert. Art. 10a Abs. 5 COVID-19-Verordnung 2 hält zwar fest, dass die zeitliche oder finanzielle Kompensation weiterhin zu gewähren ist und die Arbeitgebenden weiterhin für den Schutz der Gesundheit der Arbeitnehmenden verantwortlich sind und insbesondere dafür zu sorgen haben, dass diesen ausreichende Ruhezeiten gewährt werden, jedoch ist auch die Überschreitung der wöchentlichen Höchstarbeitszeit insgesamt mit gesundheitlichen Risiken verbunden.[158] Darüber hinaus werden die Angestellten in ihrem Berufsalltag einem erhöhten Ansteckungsrisiko ausgesetzt. Den Arbeitgebenden kommt somit eine gesteigerte Schutzpflicht zu. Es sind alle notwendigen und zumutbaren Massnahmen zu treffen, um ein Ansteckungsrisiko zu verhindern oder zumindest auf das Minimum zu beschränken sowie Überschreitungen der wöchentlichen Höchstarbeitszeit trotz der Sistierung der betreffenden Bestimmungen des Arbeitsgesetzes nur in Ausnahmefällen zuzulassen.

56 Der Zürcher Regierungsrat hat die Genehmigungspflicht zur Überschreitung der maximal zulässigen Überzeit von 20 Stunden pro Monat in Bezug auf alle öffentlich-rechtlichen Arbeitsverhältnisse vorübergehend aufgehoben.[159] Ferner können bei Dringlichkeit und überwiegenden betrieblichen Bedürfnissen bereits bewilligte Ferien widerrufen und Angestellte aus den Ferien zurückbeordert werden.[160]

c) *Impfobligatorium für bestimmte Berufsgruppen*

57 Der erfolgversprechendste Ausweg aus der COVID-19-Pandemie ist derzeit ein potentieller Impfstoff. Vor diesem Hintergrund stellt sich die Frage nach der Zulässigkeit eines Impfobligatoriums für gewisse Angestellte öffentlicher Betriebe. Im Kanton Zürich wird die Einführung eines allfälligen Impfzwanges mit Verweis auf Art. 22 EpG vorbehalten.[161] Danach müssen Mitarbeitende des Kantons Zürich, die sich trotz Impfobligatorium nicht impfen lassen, mit den entsprechenden personalrechtlichen Konsequenzen rechnen, da sie unter Umständen im bisherigen Betrieb nicht mehr eingesetzt werden können.[162] Es ist davon auszugehen, dass von einem Impfobligatorium insbesondere Angestellte von Gesundheitseinrichtungen, Polizei, Schulen, Kindergärten, öffentlichen Kinderbetreuungseinrichtungen sowie von Notfalldiensten besonders betroffen sein könnten.

58 Ein Impfobligatorium für öffentlich-rechtliche Angestellte stellt einen erheblichen Grundrechtseingriff dar, der vom Staat als öffentlich-rechtlichem Arbeitgeber grundsätzlich zu unterlassen ist.[163] Die Auferlegung einer Impfpflicht beeinträchtigt die An-

158 Wohlwend, Jusletter 4.5.2020, Rz 67.

159 Beschluss des Regierungsrats Zürich RRB Nr. 300/2020 vom 25.3.2020.

160 FAQ COVID Kanton Zürich Ziff. 20; Merkblatt COVID Kanton Bern Ziff. B.19; Beschluss des Regierungsrats Bern RRB 190/2020 vom 4.3.2020.

161 FAQ COVID Kanton Zürich Ziff. 18.

162 FAQ COVID Kanton Zürich Ziff. 18.

163 Art. 35 Abs. 2 BV.

gestellten vorab in ihrem Recht auf persönliche Freiheit und insbesondere in ihrer körperlichen Integrität und dem Recht auf individuelle Selbstbestimmung (Art. 10 Abs. 2 BV).[164] Zudem können auch religiöse oder weltanschauliche Überzeugungen verletzt und somit die Glaubens- und Gewissensfreiheit tangiert werden.[165] Soweit ein Impfobligatorium nur eine bestimmte Berufsgruppe betrifft, ist zudem auch die Wirtschaftsfreiheit beeinträchtigt, da ungeimpften Personen der Zugang zu einem bestimmten Berufssektor oder die Weiterführung der beruflichen Tätigkeit verunmöglicht würde.[166] Bei der Ausgestaltung eines Impfobligatoriums zu beachten ist ferner das Rechtsgleichheitsgebot sowie das Diskriminierungs- und Willkürverbot, da die Anordnung zu willkürlich anmutenden Differenzierungen führen könnte.[167]

Die genannten Grundrechte gelten jedoch nicht absolut. Eingriffe sind zulässig, 59
wenn sie auf einer gesetzlichen Grundlage beruhen, durch ein überwiegendes öffentliches Interesse gerechtfertigt und verhältnismässig sind (Art. 36 BV). Wie bereits erwähnt ist zu berücksichtigen, dass aus dem Sonderstatusverhältnis weitergehende dienstliche Pflichten und Einschränkungen in die Freiheitsrechte zur Gewährleistung der staatlichen Aufgabenerfüllung folgen können.[168]

Entsprechend sind die Anforderungen an die gesetzliche Grundlage bei freiwillig ein- 60
gegangenen Sonderstatusverhältnissen gelockert.[169] Art. 6 f. und Art. 22 EpG räumen dem Bund und den Kantonen die Kompetenz zur Anordnung eines Impfobligatoriums für bestimmte Personenkreise ein.[170] Diese Delegationsnormen bedürfen jedoch im Einzelfall einer näheren Konkretisierung durch Gesetz oder Verordnung. Bemerkenswert ist, dass das St. Galler Verwaltungsgericht sogar eine Weisung eines staatlichen Spitals gestützt auf dessen Weisungsrecht in Bezug auf die Arbeitssicherheit nach Art. 11 Abs. 1 VUV als genügende Rechtsgrundlage für eine Hepatitis-B-Impfpflicht beurteilt hat.[171] Die Regelung aller Einzelheiten des öffentlichen Dienstverhältnisses, namentlich einer Impfpflicht, auf Gesetzes- bzw. Verordnungsstufe erachtete das Gericht als nicht erforderlich, da die Grundrechtseinschränkung aus dem Sonderstatusverhältnis resultierte.[172]

---

164 In Bezug auf das damals noch ungeschriebene Grundrecht BGE 99 Ia 747 E. 2; Langer, ZSR 1/2017, S. 99; Rüefli, Sicherheit & Recht 2/2012, S. 116.

165 So z.B. für einzelne protestantische Gruppierungen mit dem Glauben, eine Impfung würde das von Gott vorbestimmte Leben manipulieren oder für Veganer, die eine Injektion tierischer Stoffe ablehnen, vgl. Langer, ZSR 1/2017, S. 101 f.; Rüefli, Sicherheit & Recht 2/2012, S. 116.

166 Vgl. Langer, ZSR 1/2017, S. 102; Art. 27 Abs. 2 BV.

167 Rüefli, Sicherheit & Recht 2/2012, S. 116.

168 Vgl. Rz 53 ff.; BGE 123 I 296 E. 3.

169 Vgl. BGE 139 I 280 E. 5.3.1; 135 I 79 E. 6.2; 123 I 296 E. 3; 119 Ia 178 E. 6b; SGK BV I-Schweizer, Art. 36 BV N 24; Häfelin/Müller/Uhlmann, Rz 2005.

170 Bereits die Botschaft zum EpG sah vor, dass sich ein Impfobligatorium etwa bei einer schweren, sich rasch verbreitenden und in vielen Fällen tödlich endenden Infektionskrankheit aufdrängen könne, vgl. BBl 2011 380.

171 Urteil des St. Galler Verwaltungsgericht vom 19.10.2006, GVP 2006 Nr. 1, E. 2c bb.

172 Urteil des St. Galler Verwaltungsgericht vom 19.10.2006, GVP 2006 Nr. 1, E. 2c bb.

61 Das öffentliche Interesse an einer COVID-19-Impfpflicht bei Angestellten, insbesondere dem Gesundheitspersonal, besteht zunächst im Gesundheitsschutz, konkret dem Schutz vor einer COVID-19-Ansteckung und den Folgen einer Erkrankung.[173] Zentral ist dabei nicht nur der Schutz der Angestellten selber, sondern ebenso der Schutz von besonders gefährdeten Personen. Überdies besteht ein öffentliches Interesse an der Aufrechterhaltung der staatlichen Aufgabenerfüllung.[174] Der Staat ist verpflichtet, seine Funktionsfähigkeit gerade in Krisensituationen sicherzustellen. Offensichtlich ist dieses Interesse beim Gesundheitspersonal, bei welchem der krankheitsbedingte Ausfall zu verhindern und damit die medizinische Versorgung zu gewährleisten ist.[175] Aber auch bei Angestellten der Polizei, Feuerwehr, Staatsanwaltschaften usw. und generell bei allen Personen, die systemrelevante staatliche Funktionen wahrnehmen, kommt eine Impfpflicht in Betracht. Überdies kann ein Impfobligatorium einen erheblichen volkswirtschaftlichen Nutzen haben,[176] auch wenn fiskalische Interessen für Grundrechtsbeeinträchtigungen nur beschränkt berücksichtigt werden dürfen.[177]

62 Schliesslich muss eine Impfpflicht für bestimmte öffentlich-rechtliche Angestellte geeignet, erforderlich und verhältnismässig sein.[178] In der Rechtsprechung wurde die Wirksamkeit und damit die Eignung von Impfungen gestützt auf medizinisches Expertenwissen bejaht.[179] In Bezug auf die Erforderlichkeit ist zu prüfen, ob das Ansteckungsrisiko mittels Schutzmasken und Einhaltung strikter Hygiene- und Distanzregelungen mindestens gleichermassen reduziert werden kann. Dies ist zwar im Einzelfall zu beurteilen, indes erachtet auch das BAG Impfungen grundsätzlich als wirksamstes Mittel gegen Infektionskrankheiten.[180] Zudem muss eine Impfpflicht im Einzelfall stets verhältnismässig sein, wobei namentlich der Schweregrad einer möglichen Erkrankung, das Risiko einer Weiterverbreitung der Krankheit, die Gefährdung besonders verletzbarer Personen, die epidemiologische Situation, die zu erwartende Wirksamkeit eines allfälligen Impfobligatoriums sowie die Eignung und Wirksamkeit anderer Eindämmungsmassnahmen zu berücksichtigen sind.[181] In sachlicher Hinsicht ist eine Impfpflicht auf Angestellte jener Bereiche zu beschränken, in welchen das Risiko einer Weiterverbrei-

173 Art. 1 EpG.

174 BGE 123 I 296 E. 3.

175 Vgl. insbesondere Art. 10a COVID-19-Verordnung 2.

176 Schätzungen der KOF Konjunkturforschungsstelle der ETH Zürich zufolge soll die COVID-19-Pandemie Steuerausfälle von über 5.5 Milliarden CHF im Jahre 2020, weitere 8 Milliarden CHF in 2021 und erneut 8 Milliarden CHF in 2022 verursachen, vgl. KOF, Medienmitteilung 15.5.2020.

177 BGE 138 I 378 E. 8.6.

178 Urteil des St. Galler Verwaltungsgericht vom 19.10.2006, GVP 2006 Nr. 1, E. 2c bb; Langer, ZSR 1/2017, S. 105 ff.

179 BGE 99 Ia 747 E. 3; vgl. Langer, ZSR 1/2017, S. 106.

180 Dahingehend erachtet auch das BAG Impfungen als wirksamstes Mittel gegen Infektionserkrankungen, vgl. ‹https://www.bag.admin.ch/bag/de/home/gesund-leben/gesundheitsfoerderung-und-praevention/impfungen-prophylaxe.html› (23.6.2020).

181 Art. 38 Abs. 1 EpV.

tung der Krankheit erhöht ist oder häufiger Kontakt zu besonders gefährdeten Personen besteht.[182]

Die Verweigerung einer für obligatorisch erklärten Impfung kann einen sachlich hinreichenden, wichtigen Grund für eine Kündigung darstellen, soweit die Weiterbeschäftigung der Angestellten dem öffentlichen Interesse widerspricht.[183] Der Begriff Impfzwang ist dabei insofern irreführend, als dass auch das EpG keine Grundlage für die Zwangsmedikation, d.h. einer Impfung mittels physischem Zwang, bildet (Art. 38 Abs. 3 EpV). Vielmehr steht es den Angestellten grundsätzlich frei, die Arbeitsstelle zu kündigen oder erst gar nicht anzutreten. Jedoch wirkt sich die Impfpflicht im Hinblick darauf, dass eine Ablehnung zur Unmöglichkeit der Berufsausübung führt, letztlich doch als Zwang aus.[184] 63

d) *Schutz von besonders gefährdeten Arbeitnehmenden und anderen Risikogruppen*

Die allgemeine Pflicht zum Schutz der Gesundheit[185] wird für besonders gefährdete Ar- 64
beitnehmende in Art. 10c COVID-19-Verordnung 2 ergänzt und konkretisiert. Die Bestimmung hat im Verlaufe der Pandemie eine Vielzahl von Anpassungen und Neuerungen erfahren. Aktuell gilt nun, dass Arbeitgebende von besonders gefährdeten Angestellten grundsätzlich die Möglichkeit von Homeoffice anzubieten haben.[186] Ist dies nicht möglich, so haben Arbeitgebende den betroffenen Angestellten in Abweichung vom Arbeitsvertrag bei gleicher Entlohnung eine gleichwertige Ersatzarbeit zuzuweisen, die von zu Hause aus erledigt werden kann.[187] Soweit hingegen die Präsenz besonders gefährdeter Arbeitnehmender vor Ort aus betrieblichen Gründen ganz oder teilweise unabdingbar ist, so dürfen diese in ihrer angestammten Tätigkeit vor Ort beschäftigt werden.[188] Dies jedoch nur unter der Bedingung, dass jeder enge Kontakt mit anderen Personen ausgeschlossen werden kann,[189] oder soweit angemessene Schutzmassnahmen nach dem STOP-Prinzip[190] ergriffen werden.[191] Subsidiär können Arbeitgebende den betroffenen Arbeitnehmenden eine gleichwertige Ersatzarbeit vor Ort zuweisen, sofern dabei die vorgenannten Bedingungen eingehalten werden können.[192]

Bei Unmöglichkeit aller zur Verfügung stehenden alternativen Beschäftigungsoptio- 65
nen sind Arbeitgebende auch ohne Arbeitsleistung zur Lohnfortzahlung verpflichtet.[193]

182 Art. 38 Abs. 2 EpV.
183 Urteil des St. Galler Verwaltungsgerichts vom 19.10.2006, GVP 2006 Nr. 1, E. 3a.
184 Vgl. kritisch dazu Häner, S. 400 ff.
185 Art. 6 ArG i.V.m. Art. 3a lit. a ArG.
186 Art. 10c Abs. 1 COVID-19-Verordnung 2.
187 Art. 10c Abs. 2 COVID-19-Verordnung 2.
188 Art. 10c Abs. 3 COVID-19-Verordnung 2.
189 Art. 10c Abs. 3 lit. a COVID-19-Verordnung 2.
190 Substitution, technische Massnahmen, organisatorische Massnahmen, persönliche Schutzausrüstung.
191 Art. 10c Abs. 3 lit. b COVID-19-Verordnung 2.
192 Art. 10c Abs. 4 COVID-19-Verordnung 2.
193 Art. 10c Abs. 7 COVID-19-Verordnung 2.

Der Kanton Zürich sieht für solche Situationen vor, dass Ausfälle in erster Linie durch den Abbau von Zeitguthaben auszugleichen sind, zunächst durch Überzeit, Mehrzeit sowie Ferienguthaben der Vorjahre bis und mit 2019.[194]

e) Weisungen zu Maskenpflicht, Temperaturkontrolle und sonstigen Schutzvorkehrungen

66 Aufgrund der Treuepflicht sind Arbeitnehmende grundsätzlich dazu verpflichtet, die Weisungen der Arbeitgebenden namentlich in Bezug auf den Gesundheitsschutz zu befolgen und die allgemein anerkannten Regeln zu berücksichtigen. Konkret müssen Mitarbeitende die persönlichen Schutzausrüstungen benützen und dürfen die Wirksamkeit der Schutzeinrichtungen nicht beeinträchtigen.[195] Die Arbeitgebenden sind für den Schutz ihrer Mitarbeitenden verantwortlich. Der vorliegend minimale Eingriff in die Freiheitsrechte des Einzelnen, der etwa aus einer Pflicht zur Temperaturkontrolle vor Arbeitsantritt, zum Tragen von Masken oder sonstiger Schutzausrüstung resultiert, lässt sich daher zum Schutz anderer Personen vor einer Ansteckung rechtfertigen.

f) Weisungen zu Homeoffice oder Zuteilung anderer Arbeit

67 Auch in COVID-19-Zeiten ist grundsätzlich – soweit unter Einhaltung der entsprechenden Schutzkonzepte möglich – die vereinbarte Arbeitsleistung am üblichen Arbeitsplatz zu erbringen.[196] Sofern erforderlich und zumutbar können Arbeitnehmende jedoch an andere Arbeitsorte oder in andere Funktionen bzw. Arbeitsbereiche versetzt werden.[197]

68 Der Begriff des Homeoffice findet sich nicht im Gesetz. Im allgemeinen Sprachgebrauch wird damit die Möglichkeit oder Anordnung verstanden, die Arbeitsleistung statt in den Räumlichkeiten der Dienststelle zuhause («Home») im eigenen Büro («Office») zu erbringen.[198] Gestützt auf die Treuepflicht der Arbeitnehmenden kann in aussergewöhnlichen Zeiten eine erhöhte Bereitschaft und Flexibilität verlangt werden. Arbeitnehmende müssen die Weisung zur Arbeit im Homeoffice oder an einem anderen Ort akzeptieren, wenn so sichergestellt werden kann, dass die Arbeitsleistung weiterhin erbracht werden kann und die Arbeit im Homeoffice im Einzelfall auch zumutbar und möglich ist. Dahingehend statuiert das Personalamt des Kantons Zürich, dass (auch) von gesunden Mitarbeitenden verlangt werden kann, dass diese von zu Hause aus arbeiten.[199]

69 Der Kanton Zürich verpflichtet seine Angestellten, bei Bedarf vorübergehend auch andere als die angestammten Aufgaben zu erfüllen.[200] Angesichts der ausserordentlichen

194 FAQ COVID Kanton Zürich Ziff. 3.

195 Art. 10 Abs. 1 ArGV 3 i.V.m. Art. 6 Abs. 4 ArG; vgl. auch Art. 11 VUV i.V.m. Art. 82 UVG.

196 Vgl. Beschluss des Regierungsrats Bern RRB 190/2020 vom 4.3.2020.

197 Art. 21 Abs. 1 lit. a und lit. c^{bis} BPG; Art. 25 Abs. 3bis lit. a i.V.m. 104a Abs. 1 BPV; vgl. auch § 28 PG/ZH; Bürgi/Bürgi-Schneider, Personalrecht Kanton Zürich, S. 585.

198 Tschannen, Jusletter 14.4.2020, Rz 20.

199 FAQ COVID Kanton Zürich Ziff. 17.

200 § 141 VVO/ZH; vgl. für den Kanton Bern Beschluss des Regierungsrats Bern RRB 307/2020 vom 25.3.2020, Ziff. 1, in Derogation von Art. 26 Abs. 2 PV/BE, wonach den Mitarbeitenden vorübergehend

Lage sind andere (wohl gleichwertige) Tätigkeiten grundsätzlich als zumutbar zu erachten. Nur aus zwingenden Gründen ist Unzumutbarkeit anzunehmen, insbesondere weil die Arbeit aus gesundheitlichen Gründen, wegen zu hoher Anforderungen, wegen Kinderbetreuungspflichten oder wegen Unerreichbarkeit des Arbeitsortes nicht erfüllt werden kann.[201] Dies gilt im Kanton Zürich, soweit den Angestellten aufgrund der ausserordentlichen Lage nicht genügend Arbeit zugewiesen werden kann und andererseits auch in Fällen, in denen an der Erfüllung anderer Tätigkeiten ein grösseres öffentliches Interesse besteht, beispielsweise bei Vertretung von Mitarbeitenden, die infolge Krankheit, besonderer Schutzbedürftigkeit oder Betreuungspflichten ausfallen. Richtigerweise als zumutbar erachtet wird im Kanton Zürich auch die Erledigung einfacher, administrativer Aufgaben durch leitende Angestellte.[202] Damit misst der Kanton Zürich der staatlichen Aufgabenerfüllung zu recht eine hohe Bedeutung zu.

Die Arbeitgebenden stellen den Angestellten die dienstlich benötigte Infrastruktur 70
auf eigene Kosten zur Verfügung.[203] Bei freiwillig gewähltem Homeoffice wird die Vergütung weiterer Aufwendungen für Telefon- und Datenleitungen sowie für die Benutzung oder Abnutzung privater Infrastruktur jedoch sowohl im Bundespersonalrecht als auch in einigen Kantonen explizit ausgeschlossen.[204] Diese Regelung behält der Kanton Zürich auch in Pandemiezeiten bei, wonach insbesondere kein Anteil an den Fixkosten für Internet oder Mietkosten zu vergüten ist.[205] In diesem Kontext hielt das Bundesgericht in einem im April 2019 ergangenen Urteil fest, dass dem privatrechtlichen Arbeitnehmer, dem kein geeigneter Arbeitsplatz zur Verfügung gestellt wird, eine Entschädigung in der Höhe von CHF 150.00 pro Monat für die als Büro und Archiv genutzte Räumlichkeit zusteht.[206] Dabei sei irrelevant, ob das Büro im Hinblick auf die Homeoffice-Arbeit gemietet worden sei.[207] Da die öffentlich-rechtlichen Angestellten vorliegend nur vorübergehend keinen Zugang zu ihrem Arbeitsplatz haben, ist eine Vergütungspflicht aus öffentlichen Staatsgeldern für Fixkosten unseres Erachtens abzulehnen. Erstattungspflichtig sind Arbeitgebende jedoch, soweit den Angestellten berufsnotwendige Spesen entstehen, weil sie pandemiebedingt zu Homeoffice verpflichtet wurden.[208]

---

ohne Einhaltung der Ankündigungsfrist von einem Monat andere oder zusätzliche Aufgaben eingeräumt werden dürfen.

201 FAQ COVID Kanton Zürich Ziff. 16.

202 FAQ COVID Kanton Zürich Ziff. 16.

203 Art. 69 Abs. 1 BPV i.V.m. Art. 18 Abs. 1 BPG; SECO Merkblatt Homeoffice, S. 13.

204 EPA Richtlinien Mobile Arbeitsformen, Ziff. 2.7.; Weisung Homeoffice Kanton Bern, Ziff. 6.2; FAQ COVID Kanton Zürich Ziff. 17; Weisung Homeoffice Kanton Waadt, Ziff. 9., S. 3; vgl. auch Art. 69 Abs. 2 BPV, wonach die Verwendung eigener Arbeitsgeräte und Materialien im Einvernehmen mit dem Arbeitgeber vergütet werden kann.

205 Beschluss des Regierungsrats Zürich RRB Nr. 300/2020 vom 25.3.2020; FAQ COVID Kanton Zürich Ziff. 17.

206 Urteil des BGer 4A_533/2018 vom 23.4.2019, E. 6.2 f.

207 Urteil des BGer 4A_533/2018 vom 23.4.2019, E. 6.2.

208 Vgl. Art. 72 Abs. 1 BPV i.V.m. Art. 18 Abs. 2 BPG; SECO Merkblatt Homeoffice, S. 13.

g) *Vereinbarkeit von Amtsgeheimnis und Homeoffice*

71 Öffentlich-rechtliche Arbeitnehmende sind verpflichtet, in Bezug auf die ihnen durch ihre amtliche Tätigkeit bekannten Informationen, soweit diese weder offenkundig noch allgemein zugänglich sind, das Amts- und Dienstgeheimnis zu wahren.[209] Eine Verletzung des Amtsgeheimnisses hat strafrechtliche[210] und disziplinarische[211] Konsequenzen. Diese Pflichten gelten grundsätzlich auch zu Krisenzeiten und für die Arbeit im Homeoffice. Entsprechend bleiben im Homeoffice tätige Arbeitnehmende für die Wahrung des Amtsgeheimnisses verantwortlich. Indes verbieten zum Teil bereits interne Weisungen die Mitnahme von Akten durch Angestellte.

72 Die Förderung der mobilen Arbeitsweise war bereits Gegenstand diverser Motionen[212] und wird vom Bundesrat grundsätzlich befürwortet.[213] Entsprechend haben der Bund,[214] zahlreiche Kantone[215] und öffentlich-rechtliche Anstalten[216] bereits vor COVID-19 Weisungen erlassen in Bezug auf die Wahrung des Amts- und Dienstgeheimnisses im Rahmen von Homeoffice. Damit geht eine Vielzahl an datenschutzrechtlichen und informationssicherheitstechnischen Fragen einher.[217] Arbeitnehmende, die ohnehin bereits teilweise zu Hause arbeiteten, waren auf Pandemiezeiten vorbereitet; für alle anderen – und das dürfte trotz der fortschrittlichen Zielsetzungen die Mehrzahl sein – stellt die Arbeit zu Hause aus dienst- und datenschutzrechtlicher Perspektive eine grosse Herausforderung dar.

h) *Recht auf flexible Arbeitszeiten*

73 Im Bundespersonalrecht ist vorgesehen, dass den Angestellten auch ausserhalb von Ausnahmezeiten und soweit betrieblich möglich, flexible Arbeitszeitmodelle anzubieten sind.[218] Ferner sind Arbeitgebende im Rahmen der Arbeitszeitgestaltung zur Rücksichtnahme auf familiäre Verpflichtungen gehalten.[219] Unter Berücksichtigung der Empfehlungen des BAG, wonach während der Pandemiesituation Arbeitszeiten so flexibel wie möglich zu gestalten sind, um Stosszeiten zu vermeiden, werden öffentlich-rechtliche Arbeitgebende zu hoher Flexibilität in Bezug auf die üblichen Arbeits- und Pausenrege-

209 Vgl. BSK StGB-Oberholzer, Art. 320 N 8.

210 Art. 320 StGB.

211 Vgl. für Bund Art. 22 BPG und Art. 94 BPV; vgl. für Zürich § 51 PG, für Bern Art. 58 PG/BE.

212 Motion 12.4120 Homeoffice. Der Bund muss mit gutem Beispiel vorangehen, Grosse Jürg, 12.12.2012; Motion 16.484 Burkhart Thierry, Mehr Gestaltungsfreiheit bei Arbeit im Homeoffice

213 Stellungnahme des BRa zur Motion 12.4120 Homeoffice. Der Bund muss mit gutem Beispiel vorangehen vom 13.2.2013.

214 EPA Richtlinie Mobile Arbeitsformen, Ziff, 2.8, S. 3.

215 Vgl. Weisung Homeoffice Kanton Bern, insb. Ziff. 7, S. 3; Merkblatt Homeoffice Kanton Bern.

216 ETH Zürich Weisung Homeoffice.

217 Vgl. Kapitel Datenschutzrecht und IT-Recht.

218 Vgl. Art. 17a BPG i.V.m. Art. 64a Abs. 1 BPV; vgl. auch § 5 Abs. 1 lit. g PG/ZH.

219 Vgl. Art. 4 Abs. 2 lit. i BPG i.V.m. Art. 12 BPV; § 5 Abs. 1 lit. f PG/ZH.

lung aufgefordert.[220] Begrüssenswert ist entsprechend der Beschluss des Zürcher Regierungsrates, wonach der Tagesrahmen auf die Zeit zwischen 5:00 und 23:00 Uhr ausgedehnt wird (unter Beibehaltung des Anspruchs der Mitarbeitenden auf einen Nachtzuschlag ab 20:00 Uhr).[221] So können nicht nur Stosszeiten im ÖV umgangen werden, sondern es bleibt auch mit Blick auf die (partielle) Schliessung von Schulen, Kindergärten und Kinderbetreuungseinrichtungen die Erbringung der Arbeitsleistung – zumindest teilweise – weiterhin möglich.

i) *Anspruch auf Lohnfortzahlung*

Bei Arbeitsverhinderung aufgrund einer Erkrankung an COVID-19 gilt die ordentliche 74
Lohnfortzahlungspflicht des Arbeitgebers im Krankheitsfalle.[222] Insoweit unstreitig anerkannt wird, dass bei einer Pandemie die Ansteckung grundsätzlich nicht als verschuldet erachtet werden kann.[223] In Anbetracht der behördlichen Empfehlungen, sich bereits bei Symptomen einer COVID-19-Erkrankungen in Selbstisolation zu begeben, besteht auch in Fällen, in denen ein Test nicht möglich ist, Anspruch auf Lohnzahlung nach den Bestimmungen zu krankheitsbedingten Ausfällen.[224] Dasselbe gilt auch für die Fälle von Selbstquarantäne, weil eine Person im gleichen Haushalt oder in einer intimen Beziehung akute Symptome aufweist.[225] Sofern die Arbeitnehmenden trotz Symptomen (beschränkt) arbeitsfähig sind, ist die Möglichkeit von Homeoffice zu prüfen und kann von Arbeitgebenden angeordnet werden.[226]

Aufgrund der Schliessung von Schulen, Kindergärten, Kinderkrippen und dem Weg- 75
fall der Betreuung durch Grosseltern waren viele Angestellte letztlich gezwungen zu Hause zu bleiben, um ihre (Klein-)Kinder zu betreuen. Sofern die Lohnfortzahlungspflicht in den einschlägigen Erlassen abschliessend geregelt ist, lässt die Regelung unseres Erachtens grundsätzlich keinen Raum für einen Lohnfortzahlungsanspruch betreuender Eltern bei Arbeitsverhinderung aufgrund von Betreuungspflichten, wie dies teilweise für privatrechtliche Arbeitsverhältnisse vertreten wird.[227] Entsprechend hat der Zürcher Regierungsrat reagiert und in zwei Beschlüssen eine Regelung getroffen, wonach in einer ersten Periode bis zum 31.3.2020 den Mitarbeitenden mit betreuungsbedürftigen Kindern, für die keine anderen Betreuungsmöglichkeiten organisiert werden konnten und deren Eltern deshalb keine oder nur eine eingeschränkte Arbeitsleistung erbringen kön-

220 Vgl. BAG Empfehlungen für Arbeitswelt und Schulen.

221 Beschluss des Regierungsrats Zürich RRB Nr. 300/2020 vom 25.3.2020; FAQ COVID Kanton Zürich Ziff. 15 sowie §§ 132 ff. VVO/ZH.

222 Art. 56 BPV i.V.m. Art. 29 Abs. 1 BPG; §§ 99 ff. VVO/ZH.

223 Wildhaber, ZSR Sondernummer 2020, S. 164; Geiser/Müller/Pärli, Jusletter 23.3.2020, Rz 34; Schwab, Jusletter 23.3.2020, Rz 23 ff.

224 Vgl. EPA FAQ COVID Ziff. 22; FAQ COVID Kanton Zürich Ziff. 2.

225 Vgl. FAQ COVID Kanton Zürich Ziff. 5.

226 Vgl. FAQ COVID Kanton Zürich Ziff. 2, 5, 17.

227 Geiser, AJP 5/2020, 4.3; Geiser/Müller/Pärli, Jusletter 23.3.2020, Rz 52.

nen, bezahlter Urlaub gewährt wird.[228] Seit dem 1.4.2020 ist der Ausfall zunächst durch Zeitguthaben aus Überzeit, Ferien aus den Vorjahren bis und mit 2019 und Mehrzeit zu kompensieren. Bei erkrankten Kindern hingegen sind die Arbeitnehmenden zu bezahltem Urlaub von bis zu drei Arbeitstagen (im Kanton Zürich bis zu maximal fünf Arbeitstagen) je Ereignis nach den üblichen Regeln berechtigt.[229]

76 Soweit Arbeitgebende alle zumutbaren Massnahmen zum Schutz der Gesundheit getroffen haben, steht den Arbeitnehmenden – unter Vorbehalt der vom BAG als besonders gefährdet eingestuften Personen – kein Leistungsverweigerungsrecht und demzufolge ohne Arbeitsleistung kein Anspruch auf Lohnfortzahlung zu. Dasselbe gilt, wenn solche Massnahmen in der Risikosphäre der Angestellten liegen, was namentlich für den Arbeitsweg gilt.[230] Das blosse Risiko einer Ansteckung bei der Arbeit oder auf dem Arbeitsweg im öffentlichen Verkehr genügt folglich nicht, um der Arbeit fernzubleiben. Verhältnismässig unter diesem Aspekt ist die Berner Regelung, wonach Homeoffice angeordnet werden kann, wenn der Arbeitsort oder der Weg dorthin eine Gefährdung für die Gesundheit darstellen.[231]

j) Anordnung von Ferien und Ausgleich von Mehrarbeit

77 Können Angestellte ihre Arbeitsleistung infolge Betriebsschliessung oder mangelnder Arbeitsauslastung nicht erbringen und ist auch die Übernahme anderer Arbeiten, etwa in einer anderen Verwaltungseinheit oder Direktion, nicht möglich, so stellt sich die Frage, inwiefern der Staat den Bezug von Ferien oder den Ausgleich von Mehrarbeit anordnen darf.

78 Wie im Privatrecht sind auch öffentlich-rechtliche Arbeitgebende grundsätzlich zur einseitigen Anordnung von Ferien berechtigt.[232] In Wahrnehmung der Fürsorgepflicht gegenüber den Angestellten sind jedoch deren Bedürfnisse zu berücksichtigen, weshalb sich eine Ankündigungsfrist von etwa drei Monaten etabliert hat.[233] Aufgrund der momentanen Notstandslage wird deshalb angesichts der Umstände auch eine zeitnahe Anordnung befürwortet, zumal auch den Arbeitnehmenden eine erhöhte Treuepflicht und Pflicht zur Rücksichtnahme trifft und der Erholungswert namentlich auch bei Ferien zu Hause auf dem Balkon gegeben ist.[234] Dahingehend hat der Zürcher Regierungsrat beschlossen, dass die zuständigen Verwaltungseinheiten gegenüber Angestellten, die ihre Ferien nicht bereits

---

228 Beschluss des Regierungsrats Zürich RRB Nr. 300/2020 vom 25.3.2020; vgl. auch für den Kanton Bern Beschluss des Regierungsrats Bern RRB 265/2020 vom 13.3.2020.

229 Art. 40 Abs. 3 lit. c VBPV; § 85 Abs. 3 lit. e VVO/ZH.

230 Vgl. EPA FAQ COVID Ziff. 10; vgl. für privatrechtliche Arbeitsverhältnisse Geiser/Müller/Pärli, Jusletter 23.3.2020, Rz 48.

231 Merkblatt COVID Kanton Bern Ziff. B.2.

232 Art. 67 Abs. 2 BPV i.V.m. Art. 17a BPG; § 81 Abs. 1 VVO/ZH; Art. 63 Abs. 3 PV/SG.

233 Vgl. für privatrechtliche Arbeitsverhältnisse Wohlwend, Diskussionspapier, S. 6; Geiser/Müller/Pärli, Jusletter 23.3.2020, Rz 65.

234 So für privatrechtliche Arbeitsverhältnisse Geiser/Müller/Pärli, Jusletter 23.3.2020, Rz 80; Wohlwend, Diskussionspapier, S. 12.

für das ganze Jahr geplant haben, mit einer Arbeitswoche Vorlaufzeit Ferien anordnen können. Dies gilt für Ferienguthaben der Jahre 2019 und älter vollumfänglich, in Bezug auf Ferienguthaben des Jahres 2020 hingegen nur anteilsmässig (pro rata) gemäss dem bereits entstandenen Guthaben.[235] Eine andere Lösungsstrategie verfolgt der Kanton Nidwalden, der unter Zustimmung der Direktion den coronabedingten Nachbezug von Ferien des Jahres 2019 bis Ende 2020 und jene des Jahres 2020 bis am 30.6.2021 erlaubt.[236]

Den Ausgleich von Mehrarbeit dürfen Arbeitgebende des Bundes auch ohne Zustimmung unter Berücksichtigung der Interessen der Angestellten anordnen.[237] Dies ist aufgrund der krisenbedingt erhöhten Treuepflicht zu begrüssen.[238] 79

k) *Anspruch auf Kurzarbeitsentschädigung*

Kontrovers diskutiert wird derzeit, ob auch öffentlich-rechtlichen Arbeitgebenden und staatsnahen Betrieben ein Anspruch auf Kurzarbeit zukommt.[239] Weder dem Arbeitslosenversicherungsgesetz noch der Botschaft lässt sich entnehmen, dass öffentlich-rechtliche Arbeitgebende von der Kurzarbeitsentschädigung ausgeschlossen sind. In Anbetracht der vielfältigen Aufgaben der öffentlichen Hand ist deshalb nach bundesgerichtlicher Rechtsprechung und Weisung des SECO Anspruch auf Kurzarbeitsentschädigung der öffentlich-rechtlichen Arbeitgebenden nicht per se zu verneinen, sondern eine Beurteilung im Einzelfall entsprechend der ratio legis des Gesetzes erforderlich.[240] Ziel der Kurzarbeit ist die weitest mögliche Aufrechterhaltung von Arbeitsverhältnissen, um zu verhindern, dass Arbeitnehmende infolge von vorübergehendem Arbeitsmangel entlassen werden und langfristig letztlich die Arbeitslosenversicherung und damit die öffentliche Hand belasten.[241] Entsprechend ist ein Anspruch öffentlich-rechtlicher Institutionen regelmässig zu verneinen, da diese gerade kein eigenes Betriebsrisiko tragen. Vielmehr müssen die ihnen von Gesetzes wegen obliegenden Aufgaben (Leistungsaufträge) unabhängig von der wirtschaftlichen Konjunkturlage erfüllt werden und finanzielle Engpässe, Mehraufwendungen oder Verluste können durch öffentliche Mittel (Steuereinnahmen) gedeckt werden.[242] Das Bundesgericht führt zuweilen an, dass in der Regel keine Gefahr eines Arbeitsplatzverlustes bestehe, da Arbeit- 80

235 Beschluss des Regierungsrats Zürich RRB 415/2020 vom 22.4.2020.

236 § 3 Abs. 1 und 2 CPersV/NW.

237 Art. 65 Abs. 4 BPV.

238 Vgl. bejahend für privatrechtliche Arbeitsverhältnisse Geiser/Müller/Pärli, Jusletter 23.3.2020, Rz 62.

239 Vgl. namentlich NZZ 14.4.2020, Staatsbetriebe sollen auf Kurzarbeit verzichten, abrufbar unter ‹https://www.nzz.ch/meinung/coronavirus-staatsbetriebe-sollen-auf-kurzarbeit-verzichten-ld.1551519› (23.6.2020); SRF vom 7.5.2020, Verwirrung um Kurzarbeit im öffentlichen Sektor hält an, abrufbar unter ‹https://www.srf.ch/news/schweiz/massnahme-in-corona-krise-verwirrung-um-kurzarbeit-im-oeffentlichen-sektor-haelt-an› (23.6.2020).

240 BGE 121 V 362 E. 3; SECO Weisung AVIG, D 36 f.

241 BBl 1980 531.

242 BGE 121 V 362 E. 3a.

nehmer in anderen Bereichen weiterbeschäftigt werden könnten und die Kündigungsmöglichkeiten aufgrund des Sonderstatusverhältnisses eingeschränkt sind.[243] Dies mag für die öffentliche Verwaltung zutreffen. Für andere öffentlich-rechtliche Arbeitgeber wie namentlich Spitäler, Schifffahrtsgesellschaften, Seilbahnunternehmen oder regionale Buslinien, die zwar im Auftrag des Staates öffentliche Aufträge wahrnehmen, deren Defizite jedoch nicht (vollständig) vom Gemeinwesen aufgefangen werden, gilt dies jedoch nur begrenzt. Zu befürworten ist diesbezüglich ein Recht auf Kurzarbeitsentschädigungen der genannten Betriebe, soweit jene Betriebsrisiken in entsprechendem Ausmass tragen und demzufolge durch die Gewährung von Kurzarbeitsentschädigungen Entlassungen vermieden werden können.

l) Auswirkungen von COVID-19 auf die Probezeit

81 Im Falle einer Verkürzung der Probezeit infolge Krankheit, Unfall oder Erfüllung einer nicht freiwillig übernommenen gesetzlichen Pflicht verlängert sich die Probezeit ohne Zutun der Parteien um die Dauer der entsprechenden Arbeitsverhinderung.[244] Die Gründe für eine Verlängerung sind abschliessend festgelegt, weshalb insbesondere Ferien und unbezahlter Urlaub die Probezeit nicht von Gesetzes wegen verlängern.[245] Erkrankt ein Arbeitnehmer an COVID-19, so verlängert sich die Probezeit um die Dauer des krankheitsbedingten Arbeitsausfalles, ohne dass hierfür eine Verfügung erforderlich wäre.[246] Weniger klar ist hingegen, ob die Zuweisung einer gleichwertigen Ersatzarbeit im Sinne von Art. 10c Abs. 2 oder Abs. 4 COVID-19-Verordnung 2 zu einer Verlängerung der Probezeit führen kann. Unseres Erachtens ist im Einzelfall zu prüfen, ob der Zweck der Probezeit – insbesondere das gegenseitige Kennenlernen und der Aufbau eines Vertrauensverhältnisses und die Überprüfung der Fähigkeiten des Arbeitnehmenden[247] – auch mit der Vornahme der gleichwertigen Ersatzarbeit erfüllt werden kann.

m) Kündigungsschutz

82 Öffentlich-rechtliche Angestellte geniessen einen vergleichsweise erhöhten Kündigungsschutz. Im Gegensatz zu dem im Privatrecht vorherrschenden Prinzip der Kündigungsfreiheit bedarf die ordentliche Kündigung eines öffentlich-rechtlichen Arbeitsverhältnisses stets eines sachlich hinreichenden Grundes.[248] Die einschlägigen Gesetze nennen regelmässig exemplarisch die Verletzung wichtiger gesetzlicher oder vertraglicher Pflichten und das Vorliegen schwerwiegender wirtschaftlicher oder betrieblicher Gründe, so-

243 BGE 121 V 362 E. 3a.

244 Vgl. BVGer v. 4.11.2007, A-4284/2007, E. 4.1. m.V. auf Art. 335b Abs. 3 OR; SHK BPG-Helbling, Art. 8 N 110.

245 SHK BPG-Helbling, Art. 8 N 108; Art. 6 Abs. 2 BPG i.V.m. BGE 136 III 562 E. 3 und BSK OR I-Portmann/Rudolph, Art. 335b N 8.

246 SHK BPG-Helbling, Art. 8 N 110.

247 BVGer v. 4.11.2007, A-4284/2007, E. 5.2.

248 Vgl. Art. 10 Abs. 3 BPG; § 18 PG/ZH; vgl. auch Art. 25 Abs. 2 PG/BE, wonach triftige Gründe vorliegen müssen.

fern Arbeitgebende den Angestellten keine zumutbare andere Arbeit anbieten können.[249] Die Kündigung des Arbeitsverhältnisses ist erst als letzte Massnahme in Betracht zu ziehen, weshalb zunächst regelmässig eine Mahnung auszusprechen ist.[250] Im Kanton Zürich ist im Rahmen von Kündigungen stets eine Mitarbeiterbeurteilung durchzuführen und eine Bewährungsfrist anzusetzen.[251]

Eine fristlose Kündigung ist ultima ratio und einzig bei Vorliegen eines besonders 83
schwerwiegenden Fehlverhaltens von Angestellten zulässig,[252] welches die Fortführung des Arbeitsverhältnisses nach Treu und Glauben unzumutbar macht.[253] Das beanstandete Verhalten muss objektiv geeignet sein, die Vertrauensgrundlage des Arbeitsverhältnisses zu zerstören oder zumindest tief greifend zu erschüttern und subjektiv tatsächlich zu einer entsprechenden Zerstörung oder Erschütterung des gegenseitigen Vertrauens geführt haben. Bei weniger schwerwiegenden Verfehlungen ist eine wiederholte Verletzung trotz Abmahnung erforderlich.[254]

Für privatrechtliche Arbeitsverhältnisse bejahen Geiser/Müller/Pärli das Vor- 84
liegen eines wichtigen, zur fristlosen Kündigung legitimierenden Grundes, wenn sich Angestellte nicht an die betrieblich angemessenen und behördlich verlangten Gesundheitsvorschriften und die dahingehenden Weisungen der Arbeitgebenden halten.[255] Unter Berücksichtigung der zu Pandemiezeiten erhöhten Schutzpflichten hinsichtlich der Gesundheit nicht nur der betreffenden Arbeitnehmenden, sondern auch der anderen Mitarbeitenden, erscheint dies, zumindest nach wiederholter Abmahnung, auch für öffentlich-rechtliche Arbeitsverhältnisse sachgerecht. Ob hingegen das Fernbleiben von der Arbeit aufgrund der Furcht vor einer Ansteckung in jedem Falle eine fristlose Kündigung rechtfertigt, wie dies im Kanton Zürich in Erwägung gezogen wird, ist fraglich und unseres Erachtens als unverhältnismässig und sachlich nicht gerechtfertigt anzusehen.[256] Zuzustimmen ist allerdings der Regelung, dass grundsätzlich personalrechtliche Konsequenzen folgen können.

2. Öffentliche Aufgabenerfüllung von Verwaltung und Justiz

Das Personalrecht orientiert sich namentlich am Leistungsauftrag, wie er in zahlreichen 85
Gesetzen insbesondere durch die Vorgabe von Fristen und Verfahren konkretisiert wird, sowie an den Bedürfnissen des Personals.[257] Entsprechend sehen sich Arbeitgebende bei

249 Vgl. Art. 10 Abs. 3 lit. a und e BPG; § 16 Abs. 1 lit a und b VVO/ZH i.V.m. § 18 Abs. 2 PG/ZH; Art. 25 Abs. 2 lit. a PG/BE.

250 BVGer v. 23.11.2015, A-4464/2015, E. 1.1.3; BBl 6715 2011; vgl. zu aBPG BGer v. 15.1.2014, 8C_500/2013, E. 7; vgl. § 19 PG/ZH.

251 § 19 Abs. 1 PG/ZH; § 18 Abs. 1 VVO/ZH.

252 Bürgi/Bürgi-Schneider, Personalrecht Bund, S. 64.

253 Bürgi/Bürgi-Schneider, Personalrecht Bund, S. 64 i.S.v. Art. 337 OR; vgl. BBl 2011 6417.

254 BVGer v. 14.7.2014, A-73/2014, E. 4.1.1; Bürgi/Bürgi-Schneider, Personalrecht Bund, S. 64 f.

255 So für privatrechtliche Arbeitsverhältnisse Geiser/Müller/Pärli, Jusletter 23.3.2020, Rz 66.

256 FAQ Kanton Zürich Ziff. 22.

257 Vgl. § 5 Abs. 1 lit. a PG/ZH.

der Ausgestaltung der Arbeitsverhältnisse einer Interessenabwägung zwischen einerseits dem staatlichen Leistungsauftrag und andererseits dem Schutz der Persönlichkeit und Gesundheit der Arbeitnehmenden und der Einhaltung der Arbeitssicherheit konfrontiert. Insbesondere in Pandemiesituationen können diese Interessen divergieren. Dabei ist eine Lösung anzustreben, welche beide Zielvorgaben bestmöglich umsetzt.

86 Infolge der COVID-Krise haben viele Zweige der Verwaltung und Justiz ihren Betrieb vor Ort eingestellt und Homeoffice angeordnet. Dies ist im Grundsatz und entsprechend den BAG-Empfehlungen zu begrüssen – jedoch nur insoweit, als die Arbeit zu Hause in der angestammten Tätigkeit ohne Einbussen möglich ist.[258] Äusserst fragwürdig ist es jedoch, wenn aufgrund des Verbots der Aktenmitnahme und der fehlenden sicheren Remote-IT-Infrastruktur die Arbeit zuhause bzw. die Erfüllung staatlicher Aufgaben komplett ausgesetzt wird und als Folge davon Staatsgehälter ohne Arbeitsleistung über mehrere Wochen hinweg weiter voll ausbezahlt werden. Zu beanstanden ist in diesem Zusammenhang auch der Hinweis des Eidgenössischen Personalamts (EPA), dass der Erholungszweck von Ferien in der momentanen Lage nicht für alle Angestellten gegeben sei, da Ferienreisen im In- und Ausland derzeit praktisch nicht mehr möglich sind.[259] Aus diesem Grund soll es den Angestellten der Bundesverwaltung nach Absprache mit ihren Vorgesetzten und unter Berücksichtigung der betrieblichen Bedürfnisse erlaubt sein, bereits genehmigte und geplante Ferien zu verschieben. Demnach ist mit erheblichen Verzögerungen bei der Aufgabenerfüllung der entsprechenden Dienststellen spätestens ab Sommer 2020 zu rechnen, da ein Grossteil der Bundesverwaltung dann wohl in den Ferien weilen wird. Ebenfalls zu hinterfragen sind auch die Konsequenzen der Empfehlung des EPA, dass Bundesangestellte, die ihre Kinder aufgrund einer fehlenden alternativen Betreuungsmöglichkeit selber betreuen müssen, die ganze tägliche Soll-Arbeitszeit erfassen dürfen, sofern die effektiv geleistete tägliche Arbeitszeit infolge der Kinderbetreuung tiefer als die tägliche Soll-Arbeitszeit ist.[260] Die Folge dieser Regelung ist, dass die Bundesbeamten nicht dazu verpflichtet werden, die nicht geleistete Soll-Arbeitszeit nachzuholen und, sofern darüber hinaus aber doch noch gearbeitet wird, daraus Mehrarbeit oder Überzeit resultiert, welche dann wiederum durch Freizeit von gleicher Dauer auszugleichen sind.[261] Entsprechende Lösungen sind in der Privatwirtschaft überwiegend undenkbar.

87 Die Funktionsfähigkeit der staatlichen Aufgabenerfüllung bildet eine Zielvorgabe des öffentlichen Personalwesens und ist von essentieller Bedeutung, gerade und insbesondere in Krisenzeiten. Dies hat der Bundesrat anerkannt, indem er mit Art. 6 Abs. 3 lit. g[262] COVID-19-Verordnung 2 ausdrücklich regulierte, dass die öffentliche Verwal-

258 Vgl. SECO Merkblatt Gesundheitsschutz.

259 EPA FAQ COVID Ziff. 13.

260 EPA FAQ COVID Ziff. 11.

261 Art. 17a BPG i.V.m. Art. 65 Abs. 4 BPV.

262 Vgl. Fassung mit Stand am 30.5.2020.

tung von den angeordneten Schliessungen nicht betroffen ist.[263] Indes fällt auf, dass dies an zahlreichen Stellen der Verwaltung und Justiz nicht umgesetzt wurde. Damit liegt ein Widerspruch zu Art. 6 Abs. 3 lit. g COVID-19-Verordnung 2 vor, der in systematischer und teleologischer Auslegung als Anordnung zu verstehen ist, ein Schutzkonzept zur Aufrechterhaltung des Betriebs zu erarbeiten und umzusetzen, dass die Gesundheit der Angestellten unter gleichzeitiger Aufrechterhaltung der Dienstleistungen des Verwaltungs- und Justizapparates gewährleistet. Dass die Erbringung der Arbeitsleistung vor Ort durchaus auch ohne gesundheitliche Risiken für die Angestellten organisiert werden kann, hat die unter finanziellem Druck stehende Privatwirtschaft in zahlreichen Beispielen demonstriert.

Diese notwendige Abwägung der massgebenden Interessen haben Verwaltungs- und 88
Justizbehörden grösstenteils vermissen lassen, soweit sie ohne wissenschaftlich-begründete Erforderlichkeit die Schliessung ihrer Betriebsstätten (oder eben «Homeoffice») anordneten und damit apodiktisch dem Gesundheitsschutz folgten. Damit wurden die staatlich und wirtschaftlich bedeutenden Pfeiler der Verwaltung und Justiz für eine geraume Zeit lahmgelegt. Exemplarisch angeführt sei der Verzicht der Stadt Zürich auf das Ausschreiben von Baugesuchen und die öffentliche Auflage, wodurch Bauwillige in ihren Projekten gestoppt wurden.[264]

Isabelle Häner

IV. Subventionen – Rechtsfragen bei der Erfüllung der subventionsrechtlichen Anforderungen unter dem COVID-19-Regime

1. Problemstellung

Infolge der Massnahmen gestützt auf die COVID-19-Verordnung 2 und insbesondere 89
aufgrund der Betriebsverbote gemäss Art. 6 COVID-19-Verordnung 2 war es auf der einen Seite vielen subventionierten Betrieben nicht mehr möglich, die in den Leistungsaufträgen vorgesehenen Leistungen zu erbringen. Auf der anderen Seite schienen auch zahlreiche subventionierte Institutionen in ihrer Existenz gefährdet. Zwar wurden per Verordnung in Bund und/oder Kantonen zusätzliche Gelder gesprochen. Zu erwähnen sind namentlich die Bereiche der Kultur und des Sports (COVID-19-Verordnung Kultur[265]

263 Vgl. Erläuterungen COVID-19-Verordnung 2, S. 25/43, worin als Beispiele die Gemeindeverwaltungen, Polizeiposten oder Amtsnotariate aufgezählt werden.

264 NZZ online, Zürich müht sich mit Baugesuchen ab, abrufbar unter ‹https://epaper.nzz.ch/index.cfm/epaper/1.0/share/facebook?defId=6&publicationDate=2020-04-30&newspaperName=Neue%20Z%C3%BCrcher%20Zeitung&pageNo=16&articleId=265727476&signature=BDE480605075535D2EF9FA88EC9E04CDE0BC8D5C› (23.6.2020).

265 Es werden Soforthilfen für Kulturunternehmen und für Kulturschaffende, Ausfallentschädigungen für Kulturschaffende und Unterstützungen von Kulturvereinen vorgesehen, Art. 3 COVID-19-Verordnung Kultur.

und COVID-19-Verordnung Sport[266]), die Kindertagesstätten[267], insbesondere auf kantonaler Ebene, oder der öffentliche Verkehr, der gänzlich eingestellt oder stark reduziert wurde. Sodann – wenn auch weniger ausgeprägt – entstanden z.B. bei subventionierten Bildungsinstituten Mehrausgaben, um den Unterricht zu gewährleisten. Ergänzend zu erwähnen sind schliesslich die Spitäler, deren Finanzierung allerdings auf verschiedenen Ebenen sichergestellt wird. Dies bildet Gegenstand von Diskussionen zwischen Bund, Kantonen und den Versicherern.

90 In diesem Beitrag soll vor allem darauf eingegangen werden, wie es sich mit der Erfüllung von Leistungsaufträgen verhält, wenn infolge der Anordnungen in der COVID-19-Verordnung 2, insbesondere gemäss Art. 6 COVID-19-Verordnung 2, die Leistungen nicht oder nicht vollständig erbracht werden konnten und damit auch die Anforderungen gemäss dem Subventionsverhältnis nicht mehr erfüllt werden können.

2. Staatsaufgaben und Subventionen

a) Arten von Subventionen

91 Subventionen werden dann ausgesprochen, wenn die Empfänger der Leistung keine marktgerechte Entschädigung hierfür bezahlen.[268] Es werden – recht einprägsam – verschiedene Arten von Subventionen unterschieden. Grundsätzlich sind die Einteilungen im Bund und in den Kantonen stets dieselben, indessen unterscheiden sich jeweils die Begriffe. In den nachfolgenden Ausführungen wird der Einfachheit halber von der Begriffsverwendung des SuG[269] ausgegangen. Art. 3 Abs. 1 SuG hält anschaulich fest, dass *Finanzhilfen* geldwerte Vorteile darstellen, die Empfängern ausserhalb der Bundesverwaltung gewährt werden, um die Erfüllung einer vom Empfänger gewählten Aufgabe zu fördern oder zu erhalten. Bei den Finanzhilfen geht es um eine Verhaltenssteuerung, damit die Empfängerin oder der Empfänger eine im öffentlichen Interesse liegende Tätigkeit aufnehmen kann.[270] Finanzhilfen können gemäss Art. 13 Abs. 5 SuG aufgrund der Prioritätenordnung verweigert werden, wenn nicht ausreichende Mittel zur Verfügung stehen. Weiter unterscheidet Art. 3 Abs. 2 SuG *Abgeltungen*, die als Entschädigung an die Empfängerinnen und Empfänger ausserhalb der Bundesverwaltung zur Milderung oder zum Ausgleich von finanziellen Lasten geleistet werden. Es geht somit um Beiträge,

266 Für Organisationen im Sportbereich werden Finanzhilfen vorgesehen, um drohende Zahlungsunfähigkeit zu verhindern (Art. 5 COVID-19-Verordnung Sport), sowie Darlehen (Art. 3 COVID-19-Verordnung Sport). Zudem soll auch die Sportförderverordnung geändert werden und sollen den Organisatoren von J+S Sonderbeiträge ausgerichtet und Darlehen zur Sicherstellung des Betriebs der Fussball- und Eishockeyligen bezahlt werden (Änderung der Verordnung über die Förderung von Sport und Bewegung, AS 2020 1883).

267 Vgl. Verordnung über die Ausfallentschädigung zugunsten von Kindertagesstätten und Tagesfamilienorganisationen zur Verminderung der wirtschaftlichen Auswirkungen der Corona-Pandemie vom 22.4.2020 und 8.5.2020.

268 Mächler, FHB Verwaltungsrecht, Rz 21.19.

269 Bundesgesetz über Finanzhilfen und Abgeltungen (Subventionsgesetz, SR 616.1).

270 Bundi, S. 11; Häfelin/Müller/Uhlmann, Rz 2513.

welche für die Erfüllung von öffentlichen Aufgaben vorgesehen sind, seien diese gesetzlich vorgeschrieben oder mittels Leistungsvereinbarung oder Konzession[271] übertragen worden.[272]

Abgeltungen wie auch Finanzhilfen können entweder als Ermessenssubvention oder 92
aber als Anspruchssubvention ausgestaltet sein.[273] Die Rechtsnatur ist aufgrund der gesetzlichen Grundlage der Subvention zu bestimmen.[274] Auch bei Ermessenssubventionen gilt, dass das Ermessen pflichtgemäss ausgeübt und die verfassungsmässigen Rechte und Grundsätze wie das Willkürverbot (Art. 9 BV), und das Gebot von Treu und Glauben (Art. 9 und Art. 5 Abs. 3 BV), das Rechtsgleichheitsgebot (Art. 8 BV) und die Wettbewerbsneutralität (Art. 27 BV) beachtet werden.[275] Diese Rechte und Grundsätze sind auch bei der Abwicklung des Subventionsverhältnisses bedeutsam.[276]

Bei den Staatsaufgaben können verschiedene Intensitäten der staatlichen Verant- 93
wortlichkeiten bestehen, was sich auch in der Unterscheidung zwischen Finanzhilfen und Abgeltungen niederschlägt. Zum einen kann der Staat die Erfüllung von Staatsaufgaben Dritten übertragen, behält dabei jedoch die Verantwortung, *dass* die Aufgabe erfüllt wird. In dieser Konstellation spricht man auch von der Gewährleistungsverantwortung.[277] In dieser Konstellation kommen jeweils die *Abgeltungen* zum Tragen.[278] Geht es demgegenüber einzig darum, ein Verhalten, das im öffentlichen Interesse liegt, zu fördern, geht es im Regelfall um Finanzhilfen. Die Förderung von Kultur und Sport fällt unter den Begriff der Finanzhilfen, sofern ein Gemeinwesen die Führung eines Kulturinstituts nicht als eine eigene öffentliche Aufgabe ansieht.[279]

b) Unmöglichkeit der Ausübung der Tätigkeit bzw. der Erfüllung der staatlichen Aufgabe

aa) Ausgangslage

Wie ausgeführt konnten durch die in der COVID-19-Verordnung 2 vom Bundesrat an- 94
geordneten Massnahmen die einzelnen, Dritten übertragenen Aufgaben bzw. die geförderten Aufgaben nicht mehr vollumfänglich oder gar nicht mehr erfüllt werden. Damit stellt sich weiter die Frage, wie das Subventionsrecht mit dieser Unmöglichkeit bei der

271 Häfelin/Müller/Uhlmann, Rz 2719: Es geht dabei um Konzessionen des öffentlichen Dienstes; vgl. zu den Begriffen auch Karlen, S. 408 f.

272 Bundi, S. 12; Häfelin/Müller/Uhlmann, Rz 2515; vgl. zu den Begriffen auch Lienhard/Mächler/Zielniewicz, S. 248.

273 Gegen die Verweigerung von Ermessenssubventionen kann keine Beschwerde an das Bundesgericht erhoben werden, Art. 83 lit. k BGG.

274 Mächler, FHB Verwaltungsrecht, Rz 21.24.

275 Häfelin/Müller/Uhlmann, Rz 2520.

276 Mächler, FHB Verwaltungsrecht, Rz 21.40.

277 Lienhard/Mächler/Zielniewicz, S. 244.

278 Dies gilt für den öffentlichen Verkehr, vgl. Art. 28 PBG; Kalren, S. 409.

279 Vgl. dazu etwa den aufschlussreichen Beschluss des Stadtrates der Stadt Zürich, STRB 0349/2020, Ziff. 3.2.1.; vgl. auch Art. 6 KFG; Art. 1 SpoFöG.

Leistungserbringung, die vorliegend einer höheren Gewalt gleichkommt,[280] umgeht bzw. wie es sich verhält, falls die Bemessung der Subvention von der tatsächlich erbrachten Leistung abhängt. Diese Fragen stellen sich einerseits, wenn es um Ex-ante-Subventionen, insbesondere bei Fördersubventionen, geht und andererseits auch dort, wo eine Pauschale zugesprochen wird.[281] Bei den leistungsabhängigen Subventionen kommen in erste Linie die Ex-post-Subventionen in Frage wie z.B. Defizitdeckungen.[282] Je nachdem, wie die Subvention ausgestaltet ist, trägt der Subventionsempfänger oder die Subventionsempfängerin ein grösseres eigenes Risiko, wenn der Betrieb eingestellt oder die Tätigkeit nicht ausgeübt werden kann und der Staat keine à-Konto-Zahlungen erbringt. In der Praxis sind bei leistungsabhängigen Subventionen à-Konto-Zahlungen allerdings häufig anzutreffen, gerade wenn es um die Erfüllung einer übertragenen, staatlichen Leistung geht, die Abgeltung jedoch leistungsabhängig ausgerichtet wird. Zu denken ist etwa an die im Bildungsbereich anzutreffende Subjektfinanzierung, die an die einzelne studierende Person z.B. an einer höheren Fachschule anknüpft.[283] Umgekehrt, wenn die Subvention ex ante, insbesondere pauschal zugesprochen wird, ist das finanzielle Risiko geringer.

bb) Gesetzliche Regelung der Unmöglichkeit?

95 Eine gesetzliche Regelung für den Fall, dass die geförderte Leistung nicht erbracht oder die Aufgabe aus objektiven Gründen nicht oder nur teilweise erfüllt werden kann, ist im Regelfall nicht gegeben. Dies gilt auch für das SuG.[284] Das Bundesverwaltungsgericht ordnet zwar den Fall der Unmöglichkeit Art. 28 SuG zu, den es analog auf die Abgeltungen anwendet.[285] Dort ist eine Rückerstattungspflicht der Subventionen statuiert für den Fall, dass der Empfänger oder die Empfängerin der Subvention trotz Mahnung nicht erfüllt und die Leistung nicht erbringt. Nach seinem Wortlaut und insbesondere gestützt darauf, dass die Rückerstattungspflicht erst dann entsteht, wenn eine Mahnung erfolgt ist, kann zumindest in Frage gestellt werden, ob diese Bestimmung auch auf eine objektive Unmöglichkeit ausgerichtet ist. Immerhin käme man bei einer analogen Anwendung von Art. 119 OR, welcher die objektive Unmöglichkeit erfasst, zu demselben Schluss, der die Forderung zum Erlöschen bringt und einen Anspruch auf Herausgabe aus ungerechtfertigter Bereicherung nach Art. 62 ff. OR begründet.[286] Art. 28 SuG

280 Zu dieser Einschätzung vgl. Stadt Zürich, STRB 0349/2020, Ziff. 3.2.2.

281 Vgl. zum Beispiel die Regelung in der ARPV (Verordnung über die Abgeltung des regionalen Personenverkehrs vom 11. November 2009, SR 745.16). Der Bund richtet die Höhe der Abgeltungen nach der Offerte der Transportunternehmen aus.

282 Zu dieser begrifflichen Unterscheidung und dem Anwendungsbereich vgl. Bundi, S. 49.

283 Im Regelfall ist die Art und Weise der Ausgestaltung der Subventionen auf tieferer Stufe geregelt, so z.B. im Kanton Zürich in der Verordnung über die Finanzierung von Leistungen der Berufsbildung (VFin BGG) vom 24.11.2010 (§ 5a VFin BBG).

284 Mächler, FHB Verwaltungsrecht, Rz 21.55.

285 BVGer v. 23.6.2009, Urteil C-6387/2007, E. 5; Mächler, FHB Verwaltungsrecht, Rz 21.57.

286 So Stadt Zürich, STRB 0349/2020, Ziff. 3.2.2.

kommt indessen dann nicht zur Anwendung, wenn gemäss dem der Subvention zu Grunde liegenden Rechtsverhältnis ein à-fonds-perdu-Beitrag ausgerichtet wird.[287]

Im Regelfall verhält es sich allerdings nicht so, dass infolge der COVID-19-Verordnung 2 die meistens über ein oder mehrere Jahre zu erbringenden Leistungen überhaupt nicht erfüllt werden können, sondern die gänzliche oder zumindest – wenn auch sehr weitreichende – teilweise Betriebseinstellung rund zwei bis drei Monate dauerte und der Betrieb nun mit den entsprechenden Schutzkonzepten wieder reduziert fortgeführt werden kann. Insofern ist es fraglich, ob überhaupt von einer Unmöglichkeit der Leistung ausgegangen werden kann oder nicht eher geänderte Umstände vorliegen. Für den Fall, dass die Leistung nur teilweise erbracht werden kann, sieht Art. 28 Abs. 2 SuG die Lösung vor, dass die Finanzhilfe bzw. Abgeltung[288] angemessen gekürzt wird und teilweise zurückzufordern ist. Gemäss Art. 28 Abs. 3 SuG kann sodann bei Härtefällen auf eine Rückforderung verzichtet werden. Nach der hier vertretenen Auffassung müsste zudem gestützt auf das Vertrauensprinzip gemäss Art. 9 BV dann auf eine Rückforderung verzichtet werden, wenn der Empfänger oder die Empfängerin in guten Treuen Aufwendungen betrieben hat, die nicht wieder rückgängig gemacht werden können.[289] 96

Diese gesetzliche Regelung – die im Übrigen kaum von derjenigen in den Kantonen abweicht[290] – zeigt, dass sie in erster Linie das finanzielle Risiko des Staates im Auge hat und es darum geht, dieses Risiko zu reduzieren, wenn die Subventionsempfängerinnen und -empfänger die Leistung nicht erbringen. Die Behörden sind grundsätzlich verpflichtet, die gesetzlichen Bestimmungen zur Rückforderung der Subventionen anzuwenden. Allerdings zeigen die gesetzlichen Bestimmungen auch, dass ein gewisser Ermessensspielraum bestehen bleibt, was sich ebenso aus Art. 28 Abs. 2 und 3 SuG ergibt.[291] 97

Nicht unmittelbar im Blickfeld steht jedenfalls, dass es dabei entweder – wie bei den Finanzhilfen – um eine Förderaufgabe geht, die als solche eine Staatsaufgabe darstellt, zumal sie regelmässig auf einer gesetzlichen Grundlage beruht (vgl. KFG, SpoFöG), oder aber es geht um die Erfüllung einer öffentlichen Aufgabe, für welche der Staat zumindest die Gewährleistungsverantwortung trägt (z.B. für die Personenbeförderung im öffentlichen Verkehr, Art. 87 BV; im Bildungsbereich, Art. 61a ff. BV). Mit der vollstän- 98

287 Bundi, S. 43, der die Förderbeiträge an die Stiftung Pro Helvetia gemäss Art. 50 KFG als Beiträge à fonds perdu qualifiziert.

288 Vgl. soeben Rz 95.

289 Sinngemäss zu Art. 30 Abs. 2 lit. a SuG; auch wenn die Voraussetzungen, dass eine betroffene Person sich auf den Vertrauensschutz berufen kann, sehr streng sind, dürften sie im Einzelfall erfüllt werden können, vgl. zu den Voraussetzungen Häfelin/Müller/Uhlmann, insb. Rz 628 ff. und 659.

290 Vgl. als Beispiel §§ 11 und 14 Staatsbeitragsgesetz des Kantons Zürich (LS 132.2).

291 Ebenso § 11 Abs. 2 Staatsbeitragsgesetz (vgl. FN 25), wo ein Auswahlermessen besteht, die Staatsbeiträge zu kürzen oder zu verweigern (betrifft Ex-ante-Subventionen), § 14 Abs. 3 lit. a Staatsbeitragsgesetz, wonach auf die Rückforderung verzichtet werden kann, wenn der Empfänger Massnahmen getroffen hat, die nur mit unzumutbaren finanziellen Einbussen rückgängig gemacht werden können.

digen oder teilweisen Einstellung der subventionierten Tätigkeiten sind bzw. war somit auch die Wahrnehmung der staatlichen Aufgabe nicht mehr oder nicht mehr vollständig gewährleistet. In Bezug auf die geförderten Tätigkeiten (Kultur, Sport) geht es zwar nicht um die Erfüllung einer Staatsaufgabe. Indessen besteht zumindest dann, wenn die Privaten in ihrer Tätigkeit infolge der Pandemie stark behindert werden, eine Gefahr, dass die Förderung des entsprechenden öffentlichen Interesses nicht mehr möglich ist, weil das entsprechende Angebot aus wirtschaftlichen Gründen eingestellt werden muss. Hinzu kommt, dass sowohl Abgeltungen wie Finanzhilfen stets so ausgestaltet sind, dass weitere Einnahmen erzielt werden müssen, sei dies durch Sponsoring (Kultur, Sport) oder durch Eintritte bzw. Billettverkauf beim öffentlichen Verkehr. Für Finanzhilfen sind Eigenleistungen zudem ausdrücklich vorgeschrieben (Art. 7 lit. c SuG). Dies kann bei Betriebseinstellung dazu führen, dass die Subventionsempfänger infolge der Massnahmen gemäss Art. 6 COVID-19-Verordnung 2 entweder ihre Kosten nicht mehr decken können oder aber, falls solche Drittmittel nicht oder nur in geringem Umfang erzielt werden, aus den Subventionen Überschüsse entstehen. Überschüsse sind, wenn sie nicht mehr zweckgebunden und zur Erfüllung des Leistungsauftrages eingesetzt werden können, gestützt auf die genannten gesetzlichen Bestimmungen grundsätzlich zurückzuerstatten.[292] Im Übrigen aber, wenn – wie dies gerade bei Ex-ante-Subventionen der Fall sein kann – die kalkulierten Einnahmen der Nutzer oder Besucher entfallen und bereits deshalb erhebliche Verluste entstehen, stellt sich die Frage, ob die gesetzlichen Rückforderungsansprüche des Staates tatsächlich zusätzlich geltend gemacht werden müssen. Wie erwähnt, lassen die genannten gesetzlichen Bestimmungen ausser Acht, dass mit der Durchsetzung der Rückforderungsansprüche auch eine Gefährdung der Erfüllung der Staatsaufgabe oder des zu fördernden öffentlichen Interesses einhergeht. Dass diese Bestimmungen nicht ohne weiteres auf den vorliegenden Fall, der die Leistungen infolge höherer Gewalt zumindest eine gewisse Zeit unmöglich werden liess, anwendbar ist, zeigen insbesondere die auf Bundesebene für den öffentlichen Verkehr vorgesehenen präzisierenden Ausführungsvorschriften auf Verordnungsstufe. So sieht z.B. Art. 22 ARPV vor, dass in den Angebotsvereinbarungen erstens Vorbehalte für eine Nachkalkulation angebracht werden können und zweitens auch Nachverhandlungen möglich sind, solange die Angebotsvereinbarung nicht in Kraft ist (Art. 22 ARPV). Anpassungen nach der Inkraftsetzung sind bei Zustimmung aller Besteller und in der Regel nur bei den von den Transportunternehmen nicht beeinflussbaren Umständen ebenfalls möglich (Art. 23 ARPV). Insoweit belässt die ARPV einen ausreichenden Spielraum, Anpassungen aufgrund finanzieller Engpässe bei den Transportunternehmen infolge der Pandemie-bedingten Betriebsbeschränkungen vorzunehmen, und geht nicht von einer Rückerstattung der Abgeltungen aus.

292 So grundlegend der Entscheid des Verwaltungsgerichts des Kantons Zürich in Bezug auf das kantonale Staatsbeitragsgesetz: v. 28.3.2018, VB 2017.000757, E. 3.4 f. und v. 17.4.2019, VB.2018.00743, E. 6.2; dazu auch Stadt Zürich, STRB 0349/2020, Ziff. 3.2.4.

Den individuellen Subventionsverhältnissen liegen zudem konkrete Rechtsakte zugrunde, die das Subventionsverhältnis erst begründen. Im Regelfall werden Subventionen mittels Verträge vereinbart, welche Leistungsvereinbarungen enthalten. Leistungsvereinbarungen werden namentlich dann abgeschlossen, wenn dem Staat ein erheblicher Ermessensspielraum bei der Regelung des Rechtsverhältnisses bleibt. Ist dieser Spielraum weniger gross, sind sie zu verfügen. Bei beiden Rechtsverhältnissen, ob diese nunmehr als Verfügung oder als Vertrag ausgestaltet sind, bestehen allgemeine Regeln, diese geänderten Umständen anzupassen. Bei den als öffentlich-rechtliche Verträge zu qualifizierende Leistungsvereinbarungen sind zunächst in analoger Anwendung die Regeln der clausula rebus sic stantibus als Grenze des Grundsatzes «pacta sunt servanda» unbestrittenermassen anzuwenden, zumal es sich ebenfalls um einen aus Art. 5 Abs. 3 und Art. 9 BV abgeleiteten Grundsatz handelt.[293] 99

Bei verfügten Subventionen sodann besteht bei wesentlichen Änderungen der tatsächlichen und rechtlichen Verhältnisse ein Anspruch auf Wiedererwägung, der sich aus dem Anspruch auf rechtliches Gehör ableitet.[294] 100

Aus den subventionsrechtlichen Bestimmungen ist nicht ersichtlich, dass diese allgemein geltenden Regeln hätten ausser Kraft gesetzt werden sollen. Da sich diese Ansprüche der Subventionsempfängerinnen und -empfänger auf Anpassung des Subventionsverhältnisses verfassungsrechtlich abstützen, sind die gesetzlichen Regelungen jedenfalls verfassungskonform auszulegen. 101

Anzufügen ist, dass bei einer objektiven Unmöglichkeit, wenn z.B. eine bestimmte Veranstaltung überhaupt nicht durchgeführt werden konnte, eine Vertragsanpassung im Regelfall entfällt und die Forderungen erlöschen. Das in diesem Fall entstehende Rückforderungsrecht des Staates wird jedoch durch den Grundsatz von Treu und Glauben (Art. 5 Abs. 3 und Art. 9 BV) eingeschränkt, wenn bestimmte Ausgaben bereits getätigt wurden.[295] Dies erfordert eine verfassungskonforme Auslegung von Art. 28 SuG. Bei den Ex-post-Subventionen, somit für Ausgaben, die gestützt auf einen Subventionsvertrag oder eine Subventionsverfügung getätigt wurden, müssten die Behörde die Leistung ebenfalls insofern erbringen, als der Subventionsempfänger diese in guten Treuen erbrachte. Bei vertraglich geregelten Subventionsverhältnissen kann die Empfängerin oder der Empfänger der Subvention sowohl Art. 5 Abs. 3 und Art. 9 BV unter Umständen auch Art. 119 Abs. 2 OR analog anrufen, wonach der durch die Unmöglichkeit befreite Schuldner – hier der Staat – für die bereits empfangene Gegenleistung haftet. 102

cc) Anpassung subventionsrechtlicher Verträge

Die Abgrenzung zwischen Vertragsanpassung und der Unmöglichkeit erweist sich gerade im vorliegenden Fall als eher schwierig, weil unter Umständen die im Leistungsauftrag vorgesehene Leistung noch erbracht werden kann, aber allenfalls in reduzierter Form. 103

293 Vgl. Vogel, ZBl 109/2008, S. 299; Klein, S. 205.
294 Vgl. dazu Kölz/Häner/Bertschi, Rz 735.
295 Vgl. dazu Rz 96.

Unter Umständen ist zudem der Leistungsbeschrieb nicht derart detailliert, dass einzelne Leistungen und Tätigkeiten genannt werden. Wohl muss hier somit auf den einzelnen Vertrag und die vereinbarten Leistungspflichten abgestellt werden. Allgemein kann gesagt werden, dass die Lösung bei Teilunmöglichkeit, die Restleistung durch den Subventionsempfänger noch erbringen zu lassen und auf der anderen Seite die Subvention zu kürzen, unter Umständen nicht zu einer sachgerechten Lösung führt und die weitere Erfüllung einer Staatsaufgabe gefährdet ist, weil die wirtschaftliche Tragbarkeit beim Subventionsempfänger nicht mehr gegeben ist. Dies kann insbesondere eintreten, wenn die subventionierte Tätigkeit zu einem erheblichen Teil durch Dritte finanziert wird (z.B. durch Einnahmen aus Billettverkauf). Dies wäre aber das Vorgehen, wenn man die obligationenrechtlichen Regelungen der Unmöglichkeit gemäss Art. 119 OG strikt auf die subventionsrechtlichen Verträge anwenden würde. Bei einer Teilunmöglichkeit wird zudem davon ausgegangen, dass die Bestimmungen von Art. 20 Abs. 2 OR analog anzuwenden sind, wonach der noch erfüllbare Teil des Vertrages mit einer reduzierten Pflicht der Gegenleistung bestehen bleibt. Eine Berufung auf die clausula rebus sic stantibus dürfte demgegenüber für die Subventionsempfänger um einiges vorteilhafter sein, weil in diesen Fällen der Vertrag insgesamt den neuen Verhältnissen angepasst werden kann, worauf denn auch ein Anspruch besteht. Für den Fall der Unmöglichkeit gehen die Praxis und in Anlehnung an diese auch die Lehre jedoch davon aus, dass eine Vertragsanpassung grundsätzlich entfällt.[296] Ob dies allerdings generell der Fall ist, erscheint eher fraglich. Aus dem zitierten Entscheid des Verwaltungsgerichts geht denn auch hervor, dass es darauf ankommt, ob die Rechtsfolgen, die durch die Unmöglichkeit eintreten und den Bestimmungen der ungerechtfertigten Bereicherung unterliegen, die Rechtsfolgen der clausula rebus sic stantibus aufzufangen vermögen. Dies ist indessen gerade in den vorliegenden Fällen nicht ohne weiteres der Fall. Wie das Verwaltungsgericht festhält, erfassen die Rechtsfolgen gemäss Obligationenrecht (Art. 119 OR) den Fall des Rechtsmissbrauches, der vor allem darin besteht, dass das Vertragsverhältnis eine schwere Äquivalenzstörung erleidet, somit das vertraglich angestrebte Gleichgewicht von Leistung und Gegenleistung im Fall der Unmöglichkeit stark gestört ist.[297] Im Subventionsverhältnis ist dies wohl der Fall, wenn die Tätigkeit infolge Unmöglichkeit eingestellt wird und an der Leistung der Subvention vollumfänglich festgehalten wird.

104 Fraglich ist, ob diese Sichtweise im öffentlichen Recht jedoch in allen Fällen und vor allem im vorliegenden Fall, in welchem gestützt auf die COVID-19-Verordnung 2 die Leistungen für eine gewisse Zeit nicht oder nur teilweise erbracht werden konnten, sachgerecht ist. Immerhin wird im öffentlichen Recht einzig verlangt, dass die von den Privaten zu erbringende Leistung in einem vernünftigen Verhältnis zur Gegenleistung des Staates steht und verhältnismässig ist,[298] was sich allgemein aus Art. 5 Abs. 2 BV (Ver-

296 Vgl. dazu Entscheid des Verwaltungsgerichts des Kantons Zürich v. 2.3.2000, VB.1999.00281, publiziert in ZBl 101/2000, S. 596 ff. E. 4; Vogel, ZBl 109/2008, S. 306; Klein, S. 208.

297 Vgl. zu diesem Prinzip Klein, S. 208.

298 Klein, S. 93.

hältnismässigkeit) ergibt. Sodann muss mit der staatlichen Leistung ein öffentliches Interesse verfolgt werden (ebenfalls Art. 5 Abs. 2 BV), das jedoch, falls auch die Erbringung der Leistung in reduzierter Form für die Subventionsempfängerinnen und -empfänger wirtschaftlich nicht tragbar ist, gefährdet sein kann. Insofern kann somit insbesondere auch dann, wenn eine Teilunmöglichkeit vorliegt, ein Anspruch auf Vertragsanpassung begründet sein und wäre es gegebenenfalls unverhältnismässig, die Rechtsfolgen nach Art. 119 OR eintreten zu lassen. Wesentlich ist aber, dass die Behörden bei den Vertragsanpassungen das Rechtsgleichheitsgebot beachten.[299]

Angesichts dessen, dass es die clausula rebus sic stantibus erlaubt, das gesamte Ver- 105
tragsverhältnis geänderten Umständen anzupassen, kann eine sinngemäss Anwendung derselben zu einer verhältnismässigen Lösung führen und kann eine Gefährdung der Erfüllung der öffentlichen Aufgabe zumindest reduziert oder sogar ganz vermieden werden. Mithin kann sich eine Vertragsanpassung aufgrund der Umstände einerseits gestützt auf das Verhältnismässigkeitsprinzip und andererseits aufgrund der Gewährleistungsverantwortung des Staates aufdrängen. Bei der Anwendung der clausula rebus sic statibus geht es darum, die Leistungen und Gegenleistungen, die grundsätzlich noch erfüllbar sind, so auszugleichen, dass ein Missverhältnis im Ergebnis vermieden wird, so etwa, wenn eine subventionierte Bildungseinrichtung infolge des Fernunterrichts oder der Notwendigkeit kleinere Klassen anzubieten, höhere Betriebskosten hat, als sie in den Leistungsvereinbarungen kalkuliert wurden.

Verträge können im Gegensatz zu Verfügungen von den Behörden nicht einseitig wi- 106
derrufen werden.[300] Die Anrufung der clausula rebus sic stantibus erfordert, dass sich die objektiven Umstände im Zeitraum zwischen der Inkraftsetzung des Vertrages und der vollständigen Vertragserfüllung geändert haben. Zudem muss die Änderung der Verhältnisse ausserhalb des Machtbereichs der Parteien liegen. In der Lehre wird zu Recht dafürgehalten, dass eine Änderung der rechtlichen Grundlagen im öffentlichen Recht ebenfalls ausreicht,[301] auch wenn die clausula rebus sic stantibus auf Änderungen in den tatsächlichen Verhältnissen zugeschnitten ist.[302] Vorliegend spielt diese Frage allerdings deshalb keine Rolle, weil der Erlass der COVID-19-Verordnung 2 nur mittelbar auf den Vertrag einwirkt und diesen nicht widerrechtlich werden, sondern einzig schwer erfüllbar werden lässt[303]. Sodann dürfen im öffentlichen Recht keine strengen Anforderungen an die Voraussetzung gestellt werden, dass sich die geänderten Umstände als dauerhaft erweisen müssen.[304] Auch wenn der Bundesrat die Einschränkungen schritt-

299 Demgemäss hat der Stadtrat von Zürich allgemeine Richtlinien beschlossen, wie bei Vertragsanpassungen vorzugehen ist.

300 Die Gerichtspraxis neigt allerdings dazu, bei einem einseitigen Vorgehen der Behörden in extensiver Auslegung des Subventionsgesetzes, von einer Verfügung auszugehen, vgl. als Beispiel BVGer, Urteil B-7516/2014 vom 10. März 2016, wo es um den Rücktritt von einem Subventionsvertrag ging.

301 Vogel, ZBl 109/2008, S. 306.

302 Vgl. dazu Wiederkehr/Richli, Rz 3012.

303 Vgl. dazu Häfelin/Müller/Uhlmann, Rz 1366.

304 Vogel, ZBl 109/2008, S. 307; Klein, S. 206 f.

weise lockert, ist ein Ende derselben nicht absehbar, jedenfalls solange die Abstandvorschriften eingehalten werden müssen und solange, als es keinen Impfstoff gibt. Dies wird sich auf die wirtschaftliche Situation der subventionierten Betriebe, die gerade für die Allgemeinheit zugänglich sind, jedenfalls langdauernd auswirken.

107 Ferner muss privatrechtlich ein derartiges Missverhältnis zwischen Leistung und Gegenleistung eingetreten sein, dass ein Festhalten am Vertrag nach Treu und Glauben unzumutbar erscheint. Diese im Privatrecht geltende Voraussetzung wird bei öffentlichrechtlichen Verträgen ebenfalls nicht strikt angewendet, weil der Staat die Verantwortung für die Erfüllung der staatlichen Aufgaben trägt und öffentliche Interessen zu berücksichtigen hat. Die Lehre hält deshalb dafür, dass die Frage, ob der Vertrag anzupassen ist, aufgrund einer Interessenabwägung zu entscheiden ist.[305] Dabei sind die in Frage stehenden öffentlichen Interessen ausschlaggebend, wozu nicht nur die mit der Subvention primär verfolgten öffentlichen Interessen bzw. die Erfüllung der abgegoltenen Staatsaufgabe zählen, sondern auch der wirtschaftliche Umgang mit den öffentlichen Mitteln. Darauf legt das Subventionsgesetz denn auch ein besonderes Augenmerk.[306] Dies bedeutet insbesondere, dass der angepasste Vertrag auch die Schadenminderungspflicht der Subventionsempfänger zu berücksichtigen hat.[307] Überschüsse, die nicht zweckgebunden verwendet werden, müssen zurückerstattet werden, was sinnvollerweise ebenfalls vertraglich zu vereinbaren ist. Auf der Seite der Subventionsempfänger sind einerseits die Verhältnismässigkeit und insbesondere die Zumutbarkeit der verlangten Leistung zu prüfen und andererseits der Schutz des berechtigten Vertrauens.

dd) Wiedererwägung und Widerruf verfügter Subventionen

108 Keine Abgrenzungsfragen zwischen Unmöglichkeit der Leistung und Anpassung an veränderte Verhältnisse ergeben sich, wenn die Subvention verfügt wurde. Grundsätzlich haben die Subventionsempfänger dann einen Anspruch, dass eine Verfügung in Wiedererwägung gezogen wird, wenn sich die rechtlichen oder tatsächlichen Umstände wesentlich geändert haben oder aber Revisionsgründe vorliegen.[308] Dass wesentlich geänderte Umstände vorliegen, dürfte aufgrund der Einschränkungen gestützt auf die COVID-19-Verordnung 2 der Fall sein. Materiell erfolgt die Anpassung ebenfalls aufgrund einer Interessenabwägung und es gelten die Regeln für den Widerruf einer Verfügung. Es ist das Interesse an der Anwendung des objektiven Rechts und das Vertrauensschutzinteresse zu berücksichtigen.[309] Im konkreten Fall kommt wiederum hinzu, dass die Voraussetzungen zur Ausrichtung der Leistung verhältnismässig sein müssen.

305 Klein, S. 210; Vogel, ZBl 109/2008, S. 307 f.

306 Vgl. Rz 94.

307 Der Stadtrat von Zürich setzt z.B. voraus, dass die Betriebe Kurzarbeitsentschädigungen verlangen, zumindest soweit ein eigenes Betriebsrisiko nachgewiesen sei. Zudem ist verlangt, dass der Lohn dann tatsächlich auch auf 80% des versicherten Lohnes gekürzt wird, vgl. Stadt Zürich, STRB 0349/2020, Ziff. 3.2.3.

308 Vgl. Kölz/Häner/Bertschi, Rz 735; BGE 136 II 177 E. 2.1 und 2.2.1.

309 Häfelin/Müller/Uhlmann, Rz 1227 zu den Voraussetzungen des Widerrufs einer Verfügung.

3. Folgerung

Die Ausführungen haben gezeigt, dass die zum Teil schwerwiegenden Auswirkungen der Betriebseinstellungen oder -beschränkungen nach Art. 6 COVID-19-Verordnung 2 auf die Subventionsverhältnisse ebenfalls grosse Wirkungen haben. Die gesetzlichen Grundlagen enthalten im Regelfall keine besondere Regelung, wenn eine Leistung infolge höherer Gewalt nicht mehr oder nicht mehr vollständig erbracht werden kann. Im Ergebnis muss zudem festgestellt werden, dass auch eine analoge Anwendung der vertragsrechtlichen Regelungen zur Unmöglichkeit gemäss Art. 119 OR oder der clausula rebus sic stantibus in den öffentlich-rechtlichen Subventionsverhältnisse unter Umständen keine sachgerechten Lösungen bieten kann. Wendet man diese Institute jedoch unter Berücksichtigung der verfassungsmässigen Prinzipien der Verhältnismässigkeit und von Treu und Glauben an, können sie eine taugliche Grundlage bilden, bestehende Verträge anzupassen. 109

Letztlich kommt es auf den Einzelfall an, welcher Art die Subvention sein soll und wie hoch die Subvention ausfallen soll. 110

Kaum eine Lösung – und zur Willkür tendierend – bieten die zahlreichen Subventionsverordnungen, die generell-abstrakt, ohne Einzelfallprüfung Subventionen aussprechen. Weil hier allenfalls noch nicht Subventionsberechtigte mitberücksichtigt werden oder solche, die sich nicht mit guten Gründen auf eine Vertrags- oder Verfügungsanpassung berufen können, scheint diese Lösung kaum dem wirtschaftliche Umgang mit den staatlichen Finanzmittel zu entsprechen. Zudem führt sie auch zu Rechtsungleichheiten. Jedenfalls können diese Verordnungen nicht die Einzelfallprüfung ersetzen. 111

Isabelle Häner/Kathrin Lanz Kneissler

V. Verfahrensfragen: Rechtsschutz gegen die COVID-19-Verordnungen

1. Die Massnahmen im Überblick

Der vorliegende Beitrag befasst sich mit dem Rechtsschutz gegen die zahlreichen Massnahmen, welche in den verschiedenen COVID-19-Verordnungen vorgesehen sind. Dabei steht das Thema im Vordergrund, wie diese verschiedenen Verordnungen einer akzessorischen Normenkontrolle zugeführt werden können. 112

Die Massnahmen, welche die COVID-19-Verordnungen vorsehen, sind sehr unterschiedlich. Zum Teil lassen sie Verfügungen zu, zum Teil gelten die erlassenen Verordnungsbestimmungen jedoch auch direkt und unmittelbar und werden durch Realakte direkt vollstreckt. 113

Weiter führt die COVID-19-Verordnung 2 zusätzlich zum geltenden Recht Bewilligungen ein, die von Bundesbehörden zu erteilen sind und dementsprechend auch in eine anfechtbare Verfügung zu kleiden sind (z.B. vom SECO in Bezug auf die Ausfuhr von Heilmitteln, Art. 4b COVID-19-Verordnung 2). Im Bereich der Heilmittel hat der Bundesrat 114 sodann dem EDI die Befugnis erteilt, zur Gewährleistung der Versorgung in den Kantonen oder in öffentlichen Gesundheitseinrichtungen wichtige medizinische Güter gegen eine Entschädigung zum Einkaufspreis einzuziehen (Art. 4j COVID-19-Verordnung 2), was ebenfalls zu verfügen sein wird. In die Kompetenz des Bundesrates – und damit unter Ausschluss jeglichen Rechtsschutzes (Art. 33 VGG, Art. 86 BGG) – fällt die Befugnis, Hersteller zur Herstellung wichtiger medizinischer Güter zu verpflichten (Art. 4k COVID-19-Verordnung 2). Spezifisch erwähnt werden ferner verschiedene auch in normalen Zeiten zuständige Behörden im Medizinalbereich, wie insbesondere Swissmedic im Zusammenhang mit erleichterten Zulassungsverfahren (Art. 4l COVID-19-Verordnung 2), in Bezug auf das Inverkehrbringen von Gesichtsmasken, die kein Konformitätsbewertungsverfahren durchlaufen haben (Art. 4n Abs. 4 COVID-19-Verordnung 2), oder in Bezug auf Schutzausrüstungen (Art. 40 Abs. 3 COVID-19-Verordnung 2). Zu erwähnen sind sodann die Kantone bzw. die zuständigen kantonalen Behörden, welche Anordnungen gegenüber Spitälern und Kliniken treffen können, um ausreichende Kapazitäten zur Verfügung zu stellen. Neben diesen, im Verfügungsverfahren zu erlassenden Massnahmen besteht in Bezug auf medizinische Güter eine Meldepflicht (Art. 4e und Art. 4m Abs. 2 COVID-19-Verordnung 2; Art. 10 COVID-19-Verordnung 2 für die Kantone betreffend Kapazitäten der Spitäler).

115 Im Bereich der obligatorischen Schulen und Betreuungsangebote sowie der Schulen der Sekundarstufen II und Tertiärstufen und anderer Ausbildungsstätten sind *die Kantone* zuständig, die Umsetzung der Schutzkonzepte zu überwachen (Art. 5 Abs. 4 COVID-19-Verordnung 2). Hier wird eine Verfügung zu erlassen sein, falls die Schutzkonzepte nicht genügen.

116 Für die in Art. 6 Abs. 3–3bis COVID-19-Verordnung 2 genannten Betriebe wie auch für Sportaktivitäten (Art. 6 Abs. 4 COVID-19-Verordnung 2) gilt, dass die Betreiber von Einrichtungen und die Organisatoren von Aktivitäten und Veranstaltungen ein Schutzkonzept gemäss Art. 6a COVID-19-Verordnung 2 erarbeiten. Das BAG hat in Zusammenarbeit mit dem SECO sowie – im Bereich des Sports – mit dem BASPO die gesundheits- und arbeitsrechtlichen Vorgaben erarbeitet. Auf der Webseite des SECO sind ebenso Musterkonzepte zu finden.[310] Der Bundesrat überlässt es aber im Übrigen der regulierten Selbstregulierung, dass Grobkonzepte durch die Branchenverbände erarbeitet und die Betreiber und Organisatoren ihre eigenen Schutzkonzepte entwickeln und umsetzen.[311] Diese Schutzkonzepte müssen grundsätzlich nicht bewilligt werden, wobei jedoch z.B. im Sport eine Plausibilisierungsprüfung vom BASPO vorgenommen wird, was einer Meldepflicht gleichkommt.[312] Die Kontrolle der Einhaltung derselben haben aber wiederum die Kantone zu übernehmen. Diese erhalten die Befugnis, gegebenenfalls Be-

310 ‹https://backtowork.easygov.swiss/wp-content/uploads/2020/05/DE_MusterSchutzkonzept_COVID-19_14052020.pdf› (23.6.2020).

311 Art. 6a Abs. 2 und 3 COVID-19-Verordnung 2.

312 Vgl. ‹https://www.swissolympic.ch/ueber-swiss-olympic/news-medien/Fokus-Coronavirus.html;jsessionid=E10997E7BBFCB007C5C00C5F8C26547D› (23.6.2020).

triebsschliessungen anzuordnen (Art. 6a Abs. 5 COVID-19-Verordnung 2). Sie können ihre Anordnungen, wenn z.B. ein Schutzkonzept ungenügend ist, auch vor Ort unmittelbar umsetzen (Art. 8 Abs. 3 COVID-19-Verordnung 2). Die Durchsetzung dieser Bestimmungen kann somit mittels Realakten erfolgen, womit sich der Rechtsschutz auf eine Überprüfung der Rechtmässigkeit ex post beschränkt.

Bei den Präventionsmassnahmen für Baustellen und Industrie auferlegt Art. 7d COVID-19-Verordnung 2 den Arbeitgebern des Bauhaupt- und -nebengewerbes ebenfalls direkte Pflichten. Werden diese Pflichten nicht erfüllt, ordnen die zuständigen kantonalen Behörden Betriebsschliessungen an. Auch hier kann die kantonale Behörde die Betriebsschliessung vor Ort mittels Realakt verlangen (Art. 8 Abs. 3 COVID-19-Verordnung 2). 117

In den Bereichen, in welchen insbesondere die persönliche Freiheit und die Versammlungsfreiheit betroffen sind, enthält die COVID-19-Verordnung 2 direkt anwendbare Verbote (Art. 3d in Bezug auf den Einkaufstourismus; Art. 4 Abs. 4 in Bezug auf den grenzüberschreitenden Personen- und Warenverkehr an bestimmten Grenzübergängen; Art. 6 Abs. 1 und 2 COVID-19-Verordnung 2 in Bezug auf Veranstaltungen und gewisse Betriebe; Art. 7c COVID-19-Verordnung 2 in Bezug auf Menschenansammlungen). Auch hier obliegt der Vollzug zum Teil den Kantonen (Art. 7c Abs. 3 COVID-19-Verordnung 2), wobei wiederum die allgemeine Aufsichtsbefugnis sowie die Befugnis des unmittelbaren Vollzugs mittels Realakt nach Art. 8 Abs. 3 COVID-19-Verordnung 2 zum Tragen kommt, zum Teil der eidgenössischen Zollverwaltung (Art. 10f Abs. 5 COVID-19-Verordnung 2), der für Ordnungsbussen zuständigen Behörden (Art. 10f Abs. 3 COVID-19-Verordnung 2; Art. 6 OBG) oder direkt der Strafverfolgungsbehörde (Art. 10f Abs. 1 und 2 COVID-19-Verordnung 2). 118

Die Kantone sind zudem gemäss Art. 10 COVID-19-Verordnung 2 zur Anordnung gegenüber Spitälern berechtigt, damit diese die notwendigen Kapazitäten zur Verfügung stellen und nicht dringende Untersuchungen und Behandlungen beschränken oder einstellen. 119

2. Normenkontrolle bundesrätlicher Verordnungen

a) Zur Verfassungs- und Gesetzmässigkeit der COVID-19-Verordnungen

Die COVID-19-Verordnungen wurden in vielfacher Hinsicht als gesetzes- und verfassungswidrig gebrandmarkt. Es sind jedenfalls zahlreiche Themenbereiche vorhanden, um die umfassende Regulierung im Zusammenhang mit der COVID-19-Pandemie in Frage zu stellen. Zusammenfassend ergeben sich auf einer übergeordneten Ebene insbesondere folgende Rechtsfragen: 120

– Bereits umstritten ist die Rechtsgrundlage der COVID-19-Verordnung 2 und der weiteren aufgrund der COVID-19-Pandemie erlassenen Verordnungen. Zum einen geht die Meinung dahin, dass es sich bei den COVID-19-Verordnungen allgemein um verfassungsunmittelbare, selbständige Verordnungen handelt, die sich auf Art. 185 Abs. 3 BV abstützen, selbst wenn sich der Bundesrat seit dem Erlass der COVID-19-

Verordnung 2 vom 13.3.020[313] im Ingress einzig auf Art. 7 EpG bezieht.[314] Zum andern sollen sich diese Verordnungen allein auf Art. 7 EpG abstützen, weil die weiteren sozial- und wohlfahrtspolitischen Massnahmen Art. 185 Abs. 3 BV überdehnen würden und nicht mehr mit einer dringenden Störung der öffentlichen Ordnung oder inneren Sicherheit begründet werden können. Art. 7 EpG ist denn auch offener – nach der hier vertretenen Auffassung aber bei weitem zu offen, um die Anforderungen an die gesetzliche Grundlage nach Art. 164 BV einzuhalten – formuliert.[315] Zu Recht nicht erwähnt wird Art. 40 EpG, weil sich diese Bestimmung direkt an die kantonalen Behörden richtet; die wesentlichen Massnahmen, deren Regelung typischerweise in die Kompetenz der Kantone fällt, sind in dieser Bestimmung enthalten.[316] Wenn zur COVID-19-Verordnung 2 flankierend weitgehende finanzielle Stützungsmassnahmen getroffen wurden und sich diese auf Art. 7 EpG abstützen sollen, ist diese Bestimmung aber weit mehr als bloss deklaratorischer Natur und bloss eine Wiederholung von Art. 185 Abs. 3 BV.[317] Allerdings stützt sich der Bundesrat gerade für die finanziellen Massnahmen wiederum auf Art. 185 Abs. 3 BV ab.[318]

- Soweit die Rechtsgrundlage Art. 185 Abs. 3 BV ist, wäre gemäss einem Teil der Lehre gesetzesderogierendes Verordnungsrecht allerdings nicht zulässig.[319] Weitgehend unbestritten ist es hingegen, dass es in der Schweiz kein extrakonstitutionelles Notrecht gibt, wobei auch hier differenziert wird und dies nach der einen Auffassung nur für die grundlegenden Normen der BV, die Grundrechte und die rechtsstaatlichen Garantien gelten soll.[320]
- Aus dem Wortlaut von Art. 7 EpG wird demgegenüber abgeleitet, dass auch gesetzesderogierendes Verordnungsrecht zulässig ist, obwohl dies – im Gegensatz zu Art. 34

313 Vgl. AS 2020 773; Zusammenstellung bei Biaggini, ZBl 121/2020, S. 244 auch zum Folgenden.

314 Brunner/Wilhelm/Uhlmann, AJP 2020, S. 694; COVID-19-Verordnung 2 vom 13.3.2020; andere Verordnungen stützen sich jedoch auch nach dem 13.3.2020 allein auf Art. 185 Abs. 3 BV ab, so z.B. die COVID-19-Verordnung Asyl vom 1.4.2020, AS 2020 1125; die COVID-19-Verordnung Miete und Pacht vom 27.3.2020, AS 2020 1099; die COVID-19-Verordnung Justiz und Verfahrensrecht vom 16.4.2020, SR 272.81, dazu auch sogleich.

315 Dazu Biaggini, ZBl 121/2020, S. 260 f., 264; Kley, ZBl 121/2020, S. 273.

316 Vgl. dazu auch Zünd/Errass, S. 85.

317 Biaggini, ZBl 121/2020, 264 f.; Kley, ZBl 121/2020, S. 273, wobei der Autor die weitergehende Bedeutung von Art. 7 EpG darin sieht, dass gestützt auf diese Bestimmung von Bundesgesetzen abgewichen werden kann.

318 Vgl. z.B. COVID-19-Verordnung Sport vom 20.3.2020, AS 2020 851; COVID-19-Solidarbürgschaftsverordnung, AS 2020 1077; COVID-19-Verordnung Erwerbsausfall vom 20.3.2020, AS 2020 871; COVID-19-Verordnung Kultur vom 20.3.2020, AS 2020 855; kritisch dazu Biaggini, ZBl 121/2020, S. 248.

319 Biaggini, ZBl 121/2020, S. 255 verneint die Zulässigkeit, dass die Verordnung ausdrücklich dem Gesetz widersprechen darf; bejahend hingegen Saxer, SGK BV, Art. 185 N 101 ff.; Brunner/Wilhelm/Uhlmann, AJP 2020, S. 697; Lehner, Notverordnungsrecht, S. 104; Trümpler, Notrecht, S. 190 ff. mit Hinweisen.

320 Saxer, SGK BV, Art. 185 N 97 ff., mit Hinweis auf Trümpler, Notrecht, N 315; vgl. auch Lehner, S. 108.

LVG beispielsweise – so aus dieser Norm nicht hervorgeht.[321] Soweit sich die flankierenden COVID-19-Verordnungen, die vor allem finanzielle Beitragsleistungen vorsehen, einzig auf Art. 7 EpG abstützen und dieser – u.E. zu weiten Auslegung – von Art. 7 EpG bei einer akzessorischen Prüfung der Verordnungen gefolgt wird,[322] wird sich die Überprüfung der Verordnung auf das Verhältnismässigkeitsprinzip beschränken müssen,[323] wohl regelmässig unter gleichzeitiger Berufung auf die Grundrechte.[324] Die COVID-19-Verordnung 2 tangiert denn auch zahlreiche der in Art. 7 ff. BV und in der EMRK aufgeführten Grundrechte.[325] Praktisch sämtliche Bestimmungen der COVID-19-Verordnung 2 weisen einen grundrechtlichen Bezug auf. Die Einschränkungen der Grundrechte sind zudem auch als schwer zu qualifizieren, da viele Tätigkeiten mit Art. 3 ff. COVID-19-Verordnung 2 vom 16.3.2020 absolut verboten und in der Folge, am 14.5.2020[326], nur unter wesentlichen Einschränkungen wieder zugelassen wurden.[327] Je nach Ausgangslage kann auch eine Verletzung der föderalistischen Kompetenzordnung gemäss Art. 3 BV gerügt werden,[328] des Rechtsgleichheitsgebots nach Art. 8 BV oder eine Verletzung des Rückwirkungsverbotes.[329] Das Rechtsgleichheitsgebot verlangt, dass sachliche und vernünftige Gründe in den zu regelnden Verhältnissen vorliegen müssen, um eine Ungleichbehandlung von vergleichbaren Sachverhalten oder eine Gleichbehandlung von unterschiedlichen Sachverhalten zu rechtfertigen.[330] Fällt eine der bundesrätlichen Regelungen zu engmaschig aus,

321 Vgl. dazu insbesondere Kley, ZBl 121/2020, S. 273.

322 Ebenso Stöckli, ZSR Sonderheft 2020, S. 19 f.

323 Vgl. dazu insbesondere Errass/Zünd, ZSR Sonderheft 2020, S. 84 ff.

324 Trümpler, Notrecht, S. 194 ff.; Zünd/Errass, ZSR Sonderheft 2020, S. 75 ff.

325 Vgl. allgemein Rechsteiner, Recht in besonderen Lagen, S. 345.

326 SR 818.1010.24 in der Fassung vom 14.5.2020

327 Angefangen von den Einreiseverboten gemäss Art. 3 ff. COVID-19-Verordnung 2 (Art. 14 BV, Art. 8 EMRK; Art. 8 BV und Art. 27 BV), über die Ausfuhrkontrolle nach Art. 4b Abs. 1 COVID-19-Verordnung 2 (Art. 27 BV), der Versorgung mit wichtigen medizinischen Gütern nach Art. 4f ff. COVID-19-Verordnung 2 (Art. 27 BV im Sinne der Wettbewerbsneutralität; Art. 26 BV betreffend die Einziehung: Art. 4f COVID-19-Verordnung 2), über die einschneidenden Massnahmen gegenüber der Bevölkerung in Art. 5 ff. COVID-19-Verordnung 2 (Art. 10 und 14 BV sowie Art. 8 EMRK, Art. 15 BV und Art. 9 EMRK [Glaubens- und Gewissensfreiheit], Art. 19 [Anspruch auf Grundschulunterricht] und Art. 20 BV [Lehrfreiheit], Art. 21 BV [Kunstfreiheit], Art. 22 BV und Art. 11 EMRK [Versammlungsfreiheit], Art. 23 [Vereinigungsfreiheit]; Art. 26 BV [Eigentumsgarantie] und Art. 27 BV [Wirtschaftsfreiheit] mit Art. 6 Art. 3 COVID-19-Verordnung 2). Tangiert wurde dabei auch die föderale Kompetenzordnung und damit Art. 3 BV.

328 Grundsätzlich wird es als zulässig angesehen, von der föderalen Kompetenzordnung abzuweichen, im einzelnen Trümpler, S. 189; gestützt auf Art. 77 EpG ist der Bund relativ frei, inwiefern er den Vollzug den Kantonen überlassen will, vgl. dazu Wyss, Jusletter 25.5.2020, Rz 4 ff., 6.

329 Biaggini, ZBl 121/2020, S. 249: Mit Änderung vom 27.3.2020 der COVID-19-Verordnung 2 legalisierte der Bundesrat die von der Tessiner-Regierung beschlossene Betriebs- und Baustellenschliessung und fügte Art. 7e ein (AS 2020 1101); die föderale Kompetenzordnung legt Art. 3 BV fest, indem der Bund für seine Massnahmen stets die Einräumung der Kompetenz in der Bundesverfassung benötigt.

330 Zur Formulierung des Bundesgerichts: BGE 145 II 206 E 2.4.2.

kann es durchaus eintreten, dass das Rechtsgleichheitsgebot – neben dem Verhältnismässigkeitsprinzip – gegen eine Verordnungsbestimmung mit Erfolg angerufen werden kann.

121 Zusammenfassend zeigt sich bereits aufgrund der Unsicherheiten, worauf sich die COVID-19-Verordnungen überhaupt abstützen, dass die Zuführung einer Verordnungsbestimmung zur konkreten Normenkontrolle recht anspruchsvoll sein kann.

b) Normenkontrolle

aa) Umfang

122 Die Überprüfung bundesrätlicher Verordnungen durch die Rechtsprechung hängt davon ab, welches die rechtliche Qualifikation der Verordnung ist. Im Zentrum steht dabei, inwiefern die Rechtspraxis Art. 190 BV zu beachten hat und eine Anwendungspflicht der Bundesgesetze besteht.[331] Stützt sich eine Verordnung unmittelbar auf ein Bundesgesetz ab, richtet sich die Befugnis zur Normenkontrolle an diesem Bundesgesetz aus. Es handelt sich dabei um *unselbständige Verordnungen*, welche auf einer Delegationsnorm in einem Bundesgesetz beruhen.[332] Für diesen Fall hat das Bundesgericht die folgende Formel entwickelt: Das Bundesgericht überprüft unselbständige Verordnungen des Bundesrates auf ihre Verfassungsmässigkeit hin, wenn die Verordnung nicht eine im Bundesgesetz angelegte Verfassungswidrigkeit übernimmt. Es erachtet jedoch den Ermessensspielraum, den der Gesetzgeber dem Bundesrat einräumt, für verbindlich und setzt sein Ermessen nicht anstelle desjenigen des Bundesrates. Es prüft, ob die Regelung in der Verordnung den Rahmen der im Gesetz enthaltenen delegierten Kompetenzen offensichtlich sprengt oder aus anderen Gründen gesetzes- oder verfassungswidrig ist. Die Verfassungswidrigkeit kann sich insbesondere aus einer Verletzung des Willkürverbotes und des Gebots von Treu und Glauben gemäss Art. 9 BV ergeben, aus einer Verletzung des Rechtsgleichheitsgebotes gemäss Art. 8 BV oder auch aus einer Verletzung des Verhältnismässigkeitsprinzips.[333] Ebenso kann die Verletzung weiterer Grundrechte gerügt werden, die wie erwähnt in vielfältiger Weise tangiert sind.[334] Als unselbständige Verordnungen sind die COVID-19-Verordnungen dann zu qualifizieren, wenn sie sich auf Art. 7 EpG abstützen, wie dies für die COVID-19-Verordnung 2 vom 13.3.2020 zutrifft. Bemerkenswert erscheint, dass aus Art. 7 EpG die Erlaubnis abgeleitet wird, von anderen Bundesgesetzen abzuweichen, mithin *contra legem* zu legiferieren, obwohl dies aus dem Wortlaut in keiner Weise hervorgeht.[335] Bei der COVID-19-Verordnung 2 vom 13.3.2020 fällt allerdings auf, dass – im Gegensatz zu den weiteren COVID-19-Verordnungen – keine Bestimmung derselben ausdrücklich eine Abweichung von einem Bun-

331 Hangartner/Looser, St. Galler Kommentar BV, Art. 190 N 9.

332 Häfelin/Haller/Keller/Thurnherr, Rz 2099.

333 Vgl. zur Formel des Bundesgerichts BGE 144 II 460 E. 3.2–3.3; 140 II 194 E. 5.8; Häfelin/Haller/Keller/Thurnherr, Rz 2099.

334 Vgl. FN 325.

335 Vgl. Rz 120.

desgesetz statuiert, mithin die Abgrenzung, ob es sich um eine Abweichung *(contra legem)* oder eine Weiterführung einer Gesetzesbestimmung *(praeter legem)* handelt, im Einzelfall zu bestimmen ist. Dies gilt namentlich für die Bestimmungen betreffend die Einreise in die Schweiz gemäss Art. 3 ff. COVID-19-Verordnung 2 und der Ausfuhrkontrolle nach Art. 4b COVID-19-Verordnung 2, die wohl auch eher in Weiterführung der Bundesgesetzgebung erlassen wurden und keine direkten Abweichungen statuieren.[336] Die akzessorische Überprüfung wird sich somit vor allem mit der Verfassungsmässigkeit der COVID-19-Verordnung 2 zu befassen haben.

Anerkannt ist, dass auch die Verordnungen des Bundesrates, die sich unmittelbar 123 auf Art. 185 Abs. 3 BV abstützen, bei der konkreten Anwendung einer akzessorischen Überprüfung unterzogen werden können. Bei den *selbständigen Verordnungen* wird die Prüfungsbefugnis des Bundesgerichts nicht eingeschränkt und besteht diese grundsätzlich sowohl hinsichtlich der Verfassungsmässigkeit, als auch in Bezug auf die Übereinstimmung mit den Bundesgesetzen. Die meisten der zusätzlich erlassenen Verordnungen stützten sich gemäss ihrem Ingress denn auch unmittelbar auf Art. 185 Abs. 3 BV, wohl weil sie den Rahmen von Art. 7 EpG nach Meinung des Bundesrates sprengen,[337] wobei diese Auffassung von der Lehre nicht geteilt und zu Recht davon ausgegangen wird, dass sich diese Verordnungen auch nicht auf Art. 185 Abs. 3 BV abstützen lassen.[338]

Allgemein prüft das Bundesgericht in Bezug auf die selbständigen Verordnungen, 124 ob sie sich an die in der Verfassung festgelegten Kompetenzen halten, insbesondere an den Gegenstand, Zweck und Umfang und ob die Grundrechtsgarantien eingehalten werden. Eine Abweichung von der Verfassung wäre nur zulässig, wenn die Verfassung selbst solches festhalten würde.[339] Das Bundesgericht respektiert somit die dem Bundesrat vom Verfassungsgeber eingeräumten Kompetenzen,[340] verlangt jedoch ebenso, dass die verfassungsrechtlichen Grenzen eingehalten werden. Ob in Anwendung von Art. 185 Abs. 3 BV ebenso eine Bindung an die Bundesgesetze besteht, ist wie vorne ausgeführt umstritten.[341] Zwar verlangt das Bundesgericht allgemein die Respektierung der

336 Vgl. zu dieser Frage Trümpler, Notrecht, Rz 320; die Abgrenzung kann sich jedoch schwierig gestalten: Es wird festgehalten, dass notrechtlich immer dann eine Legiferierung *praeter legem* vorliegt, wenn eine Norm an der ausserordentlichen Situation vorbeigeht und in der ausserordentlichen Situation keine bindende Kraft entfalten kann; vgl. auch Saxer, SGK BV, Art. 185 N 102 mit Hinweisen zur Diskussion über die Verordnungsgebung *praeter* und *contra legem*.

337 So COVID-19-Verordnungen, Justiz und Verfahrensrecht, Miete und Pacht, Asyl, Kultur, Erwerbsausfall, Stellenmeldepflicht, berufliche Vorsorge, Sport, Solidarbürgschaftsverordnung, Fristenstillstand bei eidgenössischen Volksbegehren, Stillstand der Fristen in Zivil- und Verwaltungsverfahren, Erwerbsausfall, Arbeitslosenversicherung, Stellenmeldepflicht, Insolvenzrecht, Entschädigung Angehörige der Armee etc., vgl. dazu auch Biaggini, ZBl 121/2020, S. 247 FN 65.

338 Vgl. Rz 120.

339 BGE 125 II 326 E. 3a.

340 Häfelin/Haller/Keller/Thurnherr, Rz 2098; vgl. auch BSK BV-Epiney, Art. 190 N 31; Zünd/Errass, ZSR Sonderheft 2020, S. 76.

341 Vgl. Rz 120.

Bundesgesetze bei der auf die Verfassung abgestützten Verordnungsgebung,[342] doch hat das Bundesgericht implizit auch schon einen Verstoss gegen Bundesgesetze (insbesondere das Amtsgeheimnis und die Amtshilfebestimmungen) gutgeheissen.[343] Nach der hier vertretenen Auffassung wäre ein klares Votum des Bundesgerichts zugunsten der Gewaltenteilung und somit zugunsten der Bindung an die Bundesgesetze bei Verordnungen, die sich auf Art. 185 Abs. 3 BV abstützen, wünschenswert.[344] Immerhin bestehen zahlreiche wohlfahrts- und sozialpolitisch motivierte COVID-19-Verordnungen, welche gemäss ihrem Wortlaut ausdrücklich von der Bundesgesetzgebung abweichen, ohne dass im Zeitpunkt des Erlasses dieser Verordnungen eine schwere Störung der öffentlichen Ordnung und der Sicherheit vorhanden gewesen wäre.[345] Aber auch die Verfassungsmässigkeit der Verordnungen ist nicht in allen Teilen gewahrt worden. Bereits in der Lehre aufgegriffen wurden die COVID-19-Verordnung über den Fristenstillstand bei eidgenössischen Volksbegehren,[346] die COVID-19-Solidarbürgschaftsverordnung, die COVID-19-Verordnung über den Stillstand der Fristen in Zivil- und Verwaltungsverfahren, welche insbesondere in föderalistischer Hinsicht problematisch ist,[347] und Art. 11 Abs. 3 COVID-19-Verordnung Kultur, welcher den Rechtsmittelweg generell ausschliesst und damit gegen Art. 29a BV verstösst.[348] Weiter erwähnt werden kann Art. 4k COVID-19-Verordnung 2, wo die Zuständigkeit des Bundesrates festgelegt wird, die Herstellung von Medikamenten anzuordnen, womit aufgrund von Art. 33 VGG und Art. 86 BGG (e contrario) eine gerichtliche Überprüfung ebenfalls ausgeschlossen und die Rechtsweggarantie gemäss Art. 29a BV ausgeschaltet wird. Auch in dieser Hinsicht wäre ein klares Votum des Bundesgerichts wünschenswert, dass Art. 185 Abs. 3 BV gerade kein extrakonstitutionelles Notrecht zulässt.

125 Nicht leicht einzuordnen sind diejenigen COVID-19-Verordnungen, welche sich sowohl auf Art. 185 Abs. 3 BV abstützten als auch auf ein Bundesgesetz. Diese wären folglich selbständig und unselbständig zugleich, wenn im betreffenden Bundesgesetz gleich-

342 Dies zeigt der erwähnte BGE 125 II 326 E. 3a.

343 Vgl. dazu Saxer, SGK BV, Art. 185 N 118 mit Bezugnahme auf BGE 137 II 431, in welchem es allerdings um eine individuell konkrete Massnahme ging und die Aktenlieferung der UBS an die USA in Frage stand.

344 Der Auffassung von Biaggini, ZBl 121/2020, S. 255, und Kley, ZBl 121/2020, S. 275, kann gefolgt werden.

345 COVID-19-Verordnung Arbeitslosenversicherung: Art. 8f «In Abweichung von (...); COVID-19-Verordnung Justiz und Verfahrensrecht: Art. 2 etc.; COVID-19-Verordnung Miete und Pacht, Art. 3; vgl. dazu Biaggini, ZBl 121/2020, S. 255; Brunner/Wilhelm/Uhlmann, AJP 2020, S. 696; vgl. zudem für den Kanton Zürich neuerdings Entscheid des Züricher Verwaltungsgerichts v. 28.5.2020, AN.2020.00004, wonach die Notverordnung über die Ausfallentschädigung zugunsten von Kindertagesstätten und Tagesfamilienorganisationen zur Verhinderung der wirtschaftliche Auswirkungen der Corona-Pandemie gestützt auf Art. 72 Abs. 1 der Verfassung des Kantons Zürich als unzulässig bezeichnet und in der abstrakten Normenkontrolle aufgehoben wurde.

346 Dazu im Einzelnen Giovanni Biaggini, ZBl 121/2020, S. 277 ff.

347 Vgl. dazu Rz 150 ff..

348 Vgl. dazu Brunner/Wilhelm/Uhlmann, AJP 2020, S. 696; Biaggini, ZBl 121/2020, S. 256.

zeitig eine Delegationsnorm enthalten ist. In diesem Fall ist, soweit sich der Gesetzgeber festgelegt hat, wiederum Art. 190 BV zu beachten. Zu erwähnen ist die COVID-19-Verordnung Kultur, die sich gemäss Ingress ebenso auf Art. 46 KFG abstützt. Art. 46 KFG enthält jedoch keine Delegationsnorm, sondern verweist einzig auf die Vollzugskompetenz des Bundesrates, indem dieser die Befugnis erhält, Ausführungsbestimmungen zum KFG zu erlassen. Die Qualifikation der COVID-19-Verordnung Kultur als Vollziehungsverordnung erscheint jedoch als sehr gewagt. Diese müsste wohl, wenn sie sich auf das KFG abstützt, als weit über das KFG hinausreichend qualifiziert werden, da die darin vorgesehenen Soforthilfen im Gesetz so nicht enthalten sind und Art. 6 Abs. 1 KFG stets auch ein gesamtschweizerisches Interesse am betreffenden Kulturangebot verlangt, damit der Bund Beiträge leisten kann. Das Bundesgericht wählt bei der Zulässigkeit der Prüfung von *Vollziehungsverordnungen* denn auch einen engen Ansatz. Die Vollziehungsverordnung muss sich auf eine Materie beziehen, die Gegenstand des zu vollziehenden Gesetzes bildet, darf aber das Gesetz weder aufheben noch ändern, muss der Zielsetzung des Gesetzes folgen und kann die gesetzliche Regelung, die in grundsätzlicher Weise bereits im Gesetz enthalten ist, aus- und weiterführen, darf aber dem Bürger keine neuen, im Gesetz nicht bereits enthaltenen Pflichten auferlegen.[349] Zu erwähnen ist sodann die COVID-19-Verordnung über den Fristenstillstand bei eidgenössischen Volksbegehren, die neben Art. 185 Abs. 3 BV auch Art. 91 Abs. 1 BPR erwähnt. Auch gemäss Art. 91 Abs. 1 BPR kann der Bundesrat nur Ausführungsbestimmungen erlassen. In dieser Verordnung werden aber direkt die politischen Rechte eingeschränkt, womit nicht nur die Verfassung, sondern auch der Rahmen einer Vollziehungsverordnung klar gesprengt wird. Die COVID-19-Verordnung Sport schliesslich ruft im Ingress zusätzlich allgemein das SpoFöG an, jedoch ohne Nennung einer konkreten Bestimmung.[350] Angesichts der sehr vagen gesetzlichen Grundlagen ist es zwar nachvollziehbar, wenn der Bundesrat ebenso Art. 185 Abs. 3 BV anruft. Allerdings bildet Art. 185 Abs. 3 BV kaum eine ausreichende Grundlage für die in dieser Verordnung vorgesehenen wohlfahrtspolitischen Massnahmen.[351]

Schliesslich ist auf diejenigen COVID-19-Verordnungen hinzuweisen, welche sich 126
direkt auf ein Bundesgesetz abstützen oder aber bestehendes Verordnungsrecht ändern. In dieser Hinsicht ergibt sich die Qualifikation der Verordnung aus den konkreten Gesetzesbestimmungen, welche im Ingress der jeweiligen Verordnung erwähnt werden. Es handelt sich dabei jeweils um Delegationsnormen, sodass hier unselbständige Verordnungen vorliegen, die im genannten Rahmen unter Beachtung von Art. 190 BV vom Bundesgericht geprüft werden.[352] So enthält Art. 31 Abs. 1 und 2 LVG eine Delegationsnorm, sodass sich die COVID-19-Verordnung über die Beschränkung der Abgabe von Arzneimitteln darauf abstützen kann. Die COVID-19-Verordnung Quali-

349 BGE 142 V 34 E. 5.1.

350 Biaggini, ZBl 121/2020, S. 248.

351 Vgl. aber Wyss, Jusletter vom 15. Mai 2020, Rz 17.

352 Vgl. vorne Rz 122.

fikationsverfahren berufliche Grundbildung stützt sich auf die Delegationsnorm von Art. 34 BBG. Die COVID-19-Verordnung gemäss Art. 62 SchKG sodann kann sich direkt auf eine Fristenstillstandsbestimmung im SchKG berufen, die den Fall der Epidemie regelt. Für einmal hat der Bundesgesetzgeber somit konkret diesen Fall im Sachgesetz aufgegriffen.

127 Verordnungsändernd ist zunächst die im Zusammenhang mit den COVID-19-Verordnungen erlassene Ergänzung der VIL, indem die Ausnahmen zu den Ruhezeiten für Versorgungs- und Repatriierungsflüge im Zusammenhang mit der COVID-19-Pandemie im Kapitel Lärmbekämpfung mit Art. 39d Abs. 2bis erweitert wurden.[353] Die VIL selbst stützt sich auf das LFG und konkret auf Art. 12 LFG ab, der ebenfalls eine Delegationsnorm enthält. Sodann wurde auch die LGV (Lebensmittel- und Gebrauchsgegenständeverordnung) geändert und wurden abweichende Angaben auf Lebensmitteln in Art. 12 Abs. 1bis und 1ter zugelassen.

128 Zu Recht wird bei der bundesrätlichen Verordnungsgebung eine Hektik festgestellt, die es ganz offensichtlich nicht zuliess, die verfassungsrechtliche und gesetzliche Abstützung der Massnahmen weiter zu hinterfragen. Dies hängt ebenso damit zusammen, dass der Bundesgesetzgeber mit dem Erlass von Art. 7 EpG bei weitem zu oberflächlich legiferiert hat und diese Bestimmung dem Verordnungsgeber keinerlei Leitlinien gibt. Dies wird zur Folge haben, dass es im Rahmen der konkreten Anwendungsfälle nunmehr der Gerichtspraxis überlassen wird, die verfassungs- und gesetzmässigen Grenzen aufzuzeigen. Angesichts des wenig einschätzbaren Risikos zu Beginn der Pandemie und angesichts der Tatsache, dass die rechtliche Überprüfung einzig auf die damals vorhandene Risikolage abstellen darf, ist dies kein leichtes Unterfangen.[354] Die Gefahr ist nicht von der Hand zu weisen, dass die Praxis die rechtliche Abstützung durch den Bundesrat dann als begründet ansieht, wenn sich die erlassene Massnahme im Ergebnis als verhältnismässig erweist, mithin eine ergebnisorientierte Sichtweise Platz greift.[355]

bb) Zuständigkeit

129 Grundsätzlich kommt die akzessorische Normenkotrolle bei jeder Rechtsanwendung zum Tragen und diese ist von sämtlichen rechtsanwendenden Behörden, von Verwaltungsbehörden wie von den Gerichten von Amtes wegen durchzuführen.[356] Innerhalb der Verwaltung, somit im Rahmen des Verfügungsverfahrens, bestehen jedoch Einschränkungen der Pflicht, das anwendbare Recht auf seine Gesetz- und Verfassungsmässigkeit hin zu überprüfen. Dabei beziehen sich die Einschränkungen der Prüfungs-

353 AS 2020 1331.

354 Vgl. zur Risikobeurteilung Zünd/Errass, ZSR Sonderheft 2020, S. 72.

355 So aber Wyss, Jusletter 25.5.2020, Rz 15 ff.; das Verwaltungsgericht des Kantons Zürich hat dem jedoch widerstanden, wobei die Notverordnungskompetenz des Züricher Regierungsrates enger ist, Art. 72 Abs. 1 KV ZH, Entscheid des Zürcher Verwaltungsgerichts v. 28.5.2020, AN. 2020.00004.

356 Häfelin/Haller/Keller/Thurnherr, Rz 1929b: In der Schweiz gilt das sogenannte diffuse System; vgl. auch Rz 2074.

befugnis von Verordnungen auf die in derselben Verwaltungshierarchie eingebundenen Verwaltungsbehörden. Danach darf eine der Regierung unterstellte Verwaltungsbehörde die Verordnung nicht vorfrageweise überprüfen, es sei denn, es liege eine offensichtliche Verfassungs- und Gesetzesverletzung vor.[357] Daran haben sich in jedem Fall die Bundesverwaltungsbehörden zu halten, z.B. das SECO, das Staatssekretariat für Migration (SEM) oder das EDI, wenn sie die bundesrätlichen Verordnungen anwenden.[358] Für Swissmedic als öffentlich-rechtliche Anstalt gilt diese Einschränkung hingegen nicht, da diese nicht in die Verwaltungshierarchie eingebunden ist.[359] Gleiches gilt für die kantonalen Behörden, wenn die Kantone als Vollzugsorgan der COVID-19-Verordnung 2 genannt werden.[360] Auch diese können die COVID-19-Verordnungen akzessorisch überprüfen.

3. Normenkontrolle in den konkreten Verfahren

a) *Allgemeine Bemerkungen*

Wie eingangs erwähnt, sind die verfahrensrechtlichen Konstellationen sehr unterschiedlich. In allen Fällen, in welchen vorweg eine Verfügung ergeht, kann die Normenkontrolle gestützt auf den Grundsatz der Rechtsanwendung von Amtes wegen, der in sämtlichen Verwaltungsverfahren und Verwaltungsprozessen gilt, ohne weiteres verlangt werden.[361] Die bundesrätlichen Verordnungen sind allerdings in der Verwaltungshierarchie der Bundesverwaltung im Sinn von Art. 1 Abs. 2 lit. a VwVG grundsätzlich verbindlich, es sei denn, eine Gesetzes- oder Verfassungsverletzung sei offensichtlich,[362] was bei den COVID-19-Verordnungen angesichts dessen, dass deren verfassungsrechtliche Abstützung äusserst umstritten ist, allerdings nicht leichthin angenommen werden kann.[363] Das Bundesverwaltungsgericht wie auch das Bundesgericht können diese Verordnungen indessen im erwähnten Umfang überprüfen.[364] 130

Bei den flankierenden sozial- und wohlfahrtspolitischen Verordnungen dürfte das Rechtsschutzinteresse der Begünstigten allerdings kaum so gelagert sein, dass diese Verordnungen im Rahmen ihrer konkreten Anwendung einer Normenkontrolle zugeführt und namentlich deren Rechtsgrundlagen in Frage gestellt werden. Vorstellbar wäre dies immerhin im Fall, wenn eine Leistung, z.B. eine Erwerbsausfallentschädigung, verwei- 131

357 Häfelin/Haller/Keller/Thurnherr, Rz 2083.

358 Vgl. Art. 4b COVID-19-Verordnung 2 (SECO); Art. 3 COVID-19-Verordnung 2 (Staatssekretariat für Migration); Art. 4j COVID-19-Verordnung 2 (EDI betreffend Einziehung von medizinischen Gütern).

359 Art. 68 HMG; z.B. Art. 4n COVID-19-Verordnung 2.

360 Art. 5 ff. COVID-19-Verordnung 2.

361 Es sind dies z.B. in Bezug auf die Einziehung von medizinischen Gütern, Art. 4j COVID-19-Verordnung 2; Entscheide von Swissmedic im erleichterten Zulassungsverfahren, Art. 41 COVID-19-Verordnung 2, vgl. vorne Rz 114.

362 Vgl. soeben Rz 129.

363 Vgl. Rz 120.

364 Dazu Rz 122 ff.

gert wurde (z.B. bei Nichterfüllen der Voraussetzung nach Art. 2 Abs. 3 COVID-Verordnung Erwerbsausfall) und im Rechtsmittelverfahren die Leistungsverweigerung mit der Begründung geschützt wird, dass sich die Verordnung ohnehin auf keine ausreichende gesetzliche oder verfassungsrechtliche Grundlage abstützen kann. Allerdings wurde in Art. 11 der COVID-19-Verordnung Kultur der Rechtsschutz in Missachtung der Rechtsweggarantie nach Art. 29a BV kurzerhand ausgeschlossen.[365] Denkbar wäre die Überprüfung der sozial- und wohlfahrtspolitisch motivierten Verordnungen zudem in konkreten Streitfällen zwischen Bund und Kantonen über die finanzielle Beteiligung des Bundes.[366]

132 Bei den direkt anwendbaren Bestimmungen – und diese sind in der Mehrzahl – stellt sich jedoch die Frage, inwiefern die Verordnungen der Normenkontrolle unterzogen werden können. Es handelt sich bei den direkt anwendbaren Bestimmungen wie eingangs ausgeführt um diejenigen, von denen die gesamte Bevölkerung oder zumindest ein grosser Teil derselben betroffen ist und die unmittelbar in das tägliche (Berufs-)Leben eingreifen. Wie erwähnt sichert der Bundesrat die Durchsetzung dieser Verordnungen mittels verwaltungsrechtlicher und strafrechtlicher Sanktionen. Die konkrete Normenkontrolle kann wohl im Rahmen der Anfechtung der verwaltungsrechtlichen oder strafrechtlichen Sanktion herbeigeführt werden.[367] Hier stellt sich jedoch die Frage, ob in der Tat zunächst das strafrechtliche Verfahren oder die verwaltungsrechtliche Sanktion provoziert werden muss, um die Rechtmässigkeit der eigenen Handlung – beispielsweise das Unterlassen des Schutzkonzeptes im eigenen Betrieb – zu rechtfertigen. Nachfolgend wird in erster Linie auf diese Fälle einzugehen sein. Im Mittelpunkt der Überlegung steht dabei die Frage, inwiefern ein ausreichendes Anfechtungsobjekt in der Form einer Verfügung erlangt werden kann, bevor die Verwaltungs- oder Strafbehörde sanktionierend eingreift.

b) Bildung: Streitpunkt z.B. Umfang des Unterrichts – Schutzkonzepte

133 Die Umsetzung der Bestimmungen gemäss Art. 5 f. COVID-19-Verordnung 2 kann auf kantonaler Stufe verschieden erfolgen. Dabei sind jeweils die Grundprinzipien des BAG (obligatorische Schule) und des SBFI (Sekundarstufe II) zu beachten.[368] Zur Umsetzung

365 Art. 11 COVID-Verordnung Kultur.

366 Diese ist zwar nicht an strenge Voraussetzungen gebunden, indessen verpflichtet der Bund durch verschiedene Verordnungen auch die Kantone, finanzielle Leistungen zu erbringen, so z.B. im Bereich der Kultur (COVID-Verordnung: Art. 9). Zum Klageverfahren vor Bundesgericht, vgl. Rz 145 ff.

367 BGE 122 V 258 E. 2: Akzessorische Prüfung der Verordnung über den Erwerb und das Tragen von Schusswaffen durch jugoslawische Staatsangehörige vom 18.12.1991 (SR 514.545), die das Bundesgericht als verfassungswidrig beurteilte.

368 Vgl. COVID-19 Grundprinzipien des BAG Wiederaufnahme des Präsenzunterrichts an obligatorischen Schulen als Grundlage für die Ausarbeitung der Schutzkonzepte der Schulen; COVID-19 Grundprinzipien des SBFI Wiederaufnahme des Präsenzunterrichts an Bildungseinrichtungen der Sekundarstufe II, der Tertiärstufe und der Weiterbildung als Grundlage für die Ausarbeitung der Schutzkonzepte der Bildungseinrichtung.

dieser Prinzipien erliess z.B. der Regierungsrat des Kantons Zürich Beschlüsse.[369] Die konkrete Schule oder Bildungseinrichtung wird in der Folge gestützt auf diese verwaltungsinternen Weisungen die Schutzkonzepte auszuarbeiten haben. Die Regierungsratsbeschlüsse selbst dürften von Seiten der Schülerinnen und Schüler bzw. Studierenden kaum angefochten werden können, weil sich diese in erster Linie an die Schulen und Bildungseinrichtungen selbst richten. Allgemein gilt bei der abstrakten Normenkontrolle von internen Weisungen, die sich zumindest mittelbar auf die Rechtsstellung der Einzelnen auswirken, dass diese nur dann direkt anfechtbar sind, wenn gestützt darauf keine Verfügung ergehen kann.[370] Im Regelfall können sich jedoch die Schülerinnen und Schüler an die Schulleitung und an die Schulpflege wenden und über die Schutzmassnahmen eine anfechtbare Verfügung über die konkreten, sie betreffenden Massnahmen verlangen, sodass insofern eine Überprüfung der regierungsrätlichen Anordnungen wie im Übrigen auch der Grundprinzipien des BAG oder des SBFI akzessorisch erfolgen kann. Im Kanton Zürich, welcher den Unterricht nach der ersten Lockerung per 11.5.2020 nur in Halbklassen durchführt,[371] stellt sich die Frage, ob der Grundschulunterricht im Sinn von Art. 19 BV ausreichend ist.[372] Sollte dies bestritten werden, ist in diesem Fall konkret ein höherer Präsenzunterricht zu verlangen und die negative Verfügung in der Folge anzufechten.

Anfechtbar wären die genannten Regierungsratsbeschlüsse hingegen durch die Ge- 134
meinden bzw. Schulgemeinden sowie die Bildungsinstitutionen selbst, weil diese verbindliche Anordnungen enthalten, wobei die Schutzkonzepte für die Sekundarschulstufe II etc. von der Bildungsdirektion des Kantons Zürich konkret geprüft werden (Amt für Jugend und Bildung[373]) und bei Ungenügen der Schutzkonzepte noch einmal eine Verfügung zu erlassen ist. Auf der Stufe der obligatorischen Grundschule sind im Kanton Zürich die Gemeinden für die Schutzkonzepte zuständig. Die Gemeinden hätten sich somit gegen den Halbklassenunterricht direkt zur Wehr setzen können.

c) *Veranstaltungen und Betriebe: Generelles Verbot – Ausnahmereglung mit Schutzkonzepten*

Beim generellen Verbot für Veranstaltungen und Betriebe, einschliesslich der Sportver- 135
anstaltungen und Vereinsaktivitäten gemäss Art. 6 Abs. 1 und 2 COVID-19-Verordnung 2, handelt es sich grundsätzlich um eine unmittelbar anwendbare Norm. Wird gegen diese verstossen, erfolgt eine strafrechtliche Verfolgung gemäss Art. 10f COVID-19-

369 RRB (ZH) 441.2020: Corona Pandemie, Wiederaufnahme Präsenzunterricht an obligatorischer Schule; RRB (ZH) 555: Corona Pandemie, Wiederaufnahme Präsenzunterricht in den Schulen der Sekundarstufe II etc.

370 Vgl. BGE 128 I 167 E. 4.3 bezüglich der Rechtsprechung des Bundesgerichts; Donatsch, Kommentar VRG, § 50 N 59.

371 Vgl. RRB (ZH) 441.2020, Dispositiv-Ziff. 2.

372 Vgl. zur Bildung vorne Rz 27 ff..

373 RRB (ZH) 555.

Verordnung 2 und ist somit für die Anwendung dieser Norm grundsätzlich auch die Strafbehörde zuständig. Allerdings sieht Art. 7 COVID-19-Verordnung 2 vor, dass von den kantonalen Behörden Ausnahmen von den Verboten nach Art. 5 und insbesondere Art. 6 COVID-19-Verordnung 2 bewilligt werden können. Dies bedeutet, dass in erster Linie die für die Ausnahmebewilligung nach Art. 7 COVID-19-Verordnung 2 zuständige kantonale Behörde anzurufen ist, wenn die direkte Anwendung des Verbots gemäss Art. 6 COVID-19-Verordnung 2 bestritten werden soll. Es bestehen gute Gründe, dass bei der zuständigen kantonalen Behörde ebenso zunächst die Statusfrage mittels Feststellungsverfügung geklärt werden kann, ob die angestrebte Aktivität, z.B. die Weiterführung eines Betriebs, überhaupt unter das Verbot gemäss Art. 6 Abs. 1 COVID-19-Verordnung fällt. Eventualiter, sollte die zuständige Behörde dies bejahen, wäre gestützt auf Art. 7 COVID-19-Verordnung eine Ausnahmebewilligung im Sinne einer Gestaltungsverfügung zu verlangen. Die Praxis lässt in solchen Fällen, in welchen es um die Frage des Geltungsbereichs eines verwaltungsrechtlichen Verbotes geht, Feststellungverfügungen regelmässig zu.[374] Voraussetzung ist freilich, dass ein ausreichendes Rechtsschutzinteresse vorliegt und die Voraussetzungen zum Erlass einer Feststellungsverfügung eingehalten werden. Namentlich muss ein dahingehendes Feststellungsinteresse dargetan werden, dass die Gesuchstellerin oder der Gesuchsteller Gefahr läuft, eine nachteilige Massnahme zu treffen bzw. eine vorteilhafte Massnahme zu unterlassen, indem sie sich z.B. bei Betriebsaufnahme einer möglichen Strafverfolgung aussetzen bzw. auf eine wirtschaftliche Tätigkeit verzichten.[375] Weniger eine Rolle spielen dürfte in diesem Fall, dass die Feststellungsverfügung im Verhältnis zur Gestaltungsverfügung subsidiär ist, weil das Verbot gemäss Art. 6 Abs. 1 COVID-19-Verordnung 2 unmittelbar anwendbar ist.

136 Bei Betrieben und Veranstaltungen, die vom absoluten Verbot gemäss Art. 6a Abs. 3 COVID-19-Verordnung 2 ausgenommen sind, sich jedoch nicht an die Vorgaben halten und das Schutzkonzept z.B. nicht oder ungenügend umsetzen, droht entweder die Betriebsschliessung nach Art. 6a Abs. 5 COVID-19-Verordnung 2 oder die kantonale Behörde setzt ihre Anordnungen gestützt auf Art. 8 Abs. 3 COVID-19-Verordnung unmittelbar vor Ort um und wird somit im Rahmen eines Realaktes tätig. Daneben besteht ebenfalls die Strafandrohung gemäss Art. 10 f. COVID-19-Verordnung 2.

137 Wie eingangs ausgeführt obliegt es den zuständigen Branchen-, Berufs oder Sportverbänden gestützt auf die Vorgaben des SECO, des BAG und des BASPO, Grobschutzkonzepte zu entwickeln (Art. 6a Abs. 3 COVID-19-Verordnung 2). Sind die Berufs-, Branchen und Sportverbände mit diesen Vorgaben nicht einverstanden, stellt sich die Frage, inwiefern diese gestützt auf Art. 25a VwVG eine Verfügung über einen Realakt verlangen können. Die Voraussetzungen zum Erlass einer Verfügung gemäss Art. 25a

374 Vgl. etwa BGE 137 II 222, wo es streitig war, ob die Lotterieautomaten als Glücksspiele gelten sollen und deshalb verboten sind, oder ob es sich um Lotteriespiele handelt, die erlaubt sind.

375 In den Kantonen sind die Anforderungen an den Erlass einer Feststellungsverfügung regelmässig gleich wie im Bund, vgl. zu Art. 25 VwVG: Kiener/Rütsche/Kuhn, Rz 394.

VwVG hat das Bundesgericht in einigen wegleitenden Entscheiden präzisiert. Darauf sei an dieser Stelle verwiesen.[376] Wesentlich für die vorliegend aufgeworfene Frage ist, dass über generell-abstrakte Vorgehensweisen ebenfalls eine Verfügung gemäss Art. 25a VwVG verlangt werden kann.[377] Die Vorgaben der genannten Bundesstellen (SECO, BAG und BASPO) sind wohl am ehesten als Richtlinien zu verstehen, zumal es soweit ersichtlich an einer in einem Bundesgesetz vorgesehenen Kompetenz des Bundesrates fehlt, diese Ämter zum Erlass von Verordnungen zu ermächtigen (vgl. Art. 48 Abs. 2 RVOG). Insoweit können die amtlichen Vorgaben zu den Grobkonzepten als Realakt qualifiziert werden und liegt insofern kein Rechtsakt vor.[378] Beim objekt- und subjektbezogenen Rechtsschutzinteresse, d.h. bezüglich der Betroffenheit von Rechten und Pflichten (objektbezogen) und des aktuellen und praktischen Rechtsschutzinteresses (subjektbezogen), stellt sich allerdings die Frage, ob hier eine ausreichende unmittelbare Betroffenheit vorliegt.[379] Treten die betreffenden Verbände in der Prozessstandschaft für ihre Mitglieder auf und machen vom egoistischen Verbandsbeschwerderecht Gebrauch, dürfte die unmittelbare Wirkung der amtlichen Vorgaben kaum gegeben sein, weil es zunächst die Verbände sind, welche die Grobkonzepte erarbeiten müssen. Die Verbände müssten folglich in eigenem Recht auftreten und die Verletzung der Vereinsfreiheit geltend machen.[380]

Auf der Stufe der Betriebe und Organisatoren von Aktivitäten und Veranstaltungen 138
bestehen die unmittelbaren Anordnungsbefugnisse der kantonalen Behörden, wenn diese Betriebsschliessungen anordnen (Art. 6a Abs. 5 COVID-19-Verordnung), was durchaus zunächst mittels Verfügung geschehen kann. Gestützt auf Art. 8 Abs. 3 COVID-19-Verordnung können Betriebsschliessungen wie auch anderweitige Anordnungen aber ebenso vor Ort umgesetzt werden.

Bei solchen Vollstreckungshandlungen liegen klassische Realakte vor,[381] die gestützt 139
auf den Anspruch auf Erlass einer Verfügung über einen Realakt zumindest nachträglich einer gerichtlichen Kontrolle unterzogen werden können. Die meisten Kantone haben in ihren Verfahrensrechten eine Art. 25a VwVG entsprechende Regelung aufgenommen, sodass die Unterlassung, Einstellung oder der Widerruf der behaupteten widerrechtlichen Handlung beantragt werden kann, die Beseitigung der Folgen und die nachträgliche Feststellung der Widerrechtlichkeit. Es gibt aber auch Kantone, in denen dies nicht

376 BGE 140 II 315 (Fall «ENSI»); 144 II 233 (Fall «Love-Life Kampagne»); BGer v. 5. 5. 2020, 1C_37/2019, zur Publikation vorgesehen (Fall «Klimaseniorinnen»).

377 BGE 144 II 233 E. 4.4.

378 Vgl. BGer v. 5. 5. 2020, 1C_37/2019, E. 4.2.

379 Das subjektbezogene Rechtsschutzinteresse richtet sich nach Art. 48 Abs. 1 VwVG; vgl. dazu BGE 135 I 43 E. 1.4; Kölz/Häner/Bertschi, Rz 946.

380 Vgl. zur Abgrenzung der egoistischen Verbandsbeschwerde zur Verbandsbeschwerde aus eigenem Recht: BGE 142 II 80 E. 1.4.2.

381 Vgl. dazu Häner, in: Waldmann/Weissenberger, Praxiskommentar VwVG, Art. 25a N 7.

der Fall ist, wie z.B. im Kanton Bern[382] oder im Kanton Graubünden. Im letzten ist das Klageverfahren einzuleiten.[383]

140 Geht es um weitreichende Massnahmen, wird es sich mit dem Gesuch um Erlass einer Verfügung über den Realakt aufdrängen, gleichzeitig vorsorgliche Massnahmen zu beantragen, die für die Dauer des Verfahrens die Aufrechterhaltung des Betriebs ermöglichen.

141 Anzufügen ist, dass sich die Kunden von Betrieben oder die Besucher von Veranstaltungen gegen mangelhafte Schutzkonzepte entweder aufsichtsrechtlich oder privatrechtlich zur Wehr setzen könnten.

142 Zu erwähnen in diesem Zusammenhang ist sodann die Regelung in Art. 7d COVID-19-Verordnung 2, wonach Präventionsmassnahmen auf Baustellen und in der Industrie vorgesehen sind. Die Schutzmassnahmen in diesen Betrieben sind von den Vollzugsbehörden des Arbeitsgesetzes (ArG) und der Unfallversicherung (UVG; SUVA) umzusetzen. Auch hier gilt zudem, dass die zuständige kantonale Behörde Betriebsschliessungen anordnen kann und die kantonale Vollzugsbehörde auch die umgehende Umsetzung der Anordnung gemäss Art. 8 Abs. 3 COVID-19-Verordnung 2 verlangen kann.

d) Zu weiteren direkt anwendbaren Verboten

143 In Bezug auf die weiter erwähnten direkt anwendbaren Verbote kommt es darauf an, ob allenfalls zumindest vorerst Vollstreckungshandlungen durch die Verwaltungsbehörden erfolgen, gegen welche Rechtsschutz auf dem verwaltungsrechtlichen Weg gesucht werden könnte. Dies ist jedoch nicht überall der Fall. Eine Verletzung des Verbots von Einkaufstourismus führt unmittelbar zu einer Ordnungsbusse durch die eidgenössische Zollverwaltung, die zudem umgehend zu entrichten ist (Art. 3b und Art. 10f Abs. 5 COVID-19-Verordnung 2). Im Bestreitungsfall wird die Sache an die zuständige Strafverfolgungsbehörde überwiesen. In den Erläuterungen zur COVID-19-Verordnung 2 wird zu dieser Bestimmung jedoch ausgeführt, dass sich das Verfahren nach dem OBG richtet. Die bedeutet, dass in diesem Fall ebenso Art. 6 OBG gilt. Die angeblich fehlbare Person kann sich eine Bedenkfrist von 30 Tagen einräumen lassen. Erst wenn sie die Busse nicht innert dieser Frist bezahlt, erfolgt die Überweisung an die Strafverfolgungsbehörde. Das gleiche Vorgehen ist in Art. 4 Abs. 4 COVID-19-Verordnung 2 vorgesehen.

144 Beim direkt anwendbaren Verbot von Menschenansammlungen nach Art. 7c COVID-19-Verordnung 2 werden in Abs. 3 direkt die Polizei und die weiteren durch die Kantone ermächtigten Vollzugsorgane betraut. Auch in diesem Fall kommt unmittelbar gestützt auf Art. 10f Abs. 3 COVID-19-Verordnung 2 die unmittelbare Erteilung

382 Vgl. dazu beispielhaft BGE 141 II 233 insb. E. 4.1 und 4.2, wo das Bundesgericht im Ergebnis auf die Rechtsfigur des objektiven Rechtsschutzinteresses zurückgriff und damit ein ausreichendes Anfechtungsobjekt bejahen konnte, obwohl eine interne Anweisung für den Abschuss der Graureiher im Kanton Bern in Frage stand.

383 Dazu eingehend Corsin Bisaz, ZBl 121/2020, S. 3 ff.

einer Ordnungsbusse in Betracht, wobei sich das Verfahren nach dem kantonalen Verfahrensrecht richtet. Aufgrund dieser verfahrensrechtlichen Ausgestaltung, dass die Rechtmässigkeit der Durchsetzung des Verbotes unmittelbar im Ordnungsbussenverfahren geprüft werden kann, dürfte gestützt auf die Subsidiarität der Verfügungen über die Realakte eine solche mangels Rechtsschutzinteresse kaum verlangt werden können,[384] jedenfalls wenn eine Vollzugshandlung mit der Anordnung der Ordnungsbusse einhergeht.

e) *Rechtsschutz der Kantone gegenüber dem Bund*

Mit der sogenannten ausserordentlichen Lage hat der Bund in erheblichem Umfang in die kantonalen Hoheiten, vor allem in Bezug auf das Gesundheitswesen (Art. 10b f. COVID-19-Verordnung 2), aber auch in Bezug auf die obligatorische Grundschule (Art. 5 COVID-19-Verordnung 2) und die Polizeihoheit (insbes. Art. 7c COVID-19-Verordnung 2) wie auch in die Gerichtsorganisation (COVID-Verordnung Justiz und Verfahrensrecht) eingegriffen. 145

Art. 120 Abs. 1 lit. a BGG sieht bei Kompetenzkonflikten zwischen Bund und Kantonen das Klageverfahren vor. Art. 120 Abs. 2 BGG erklärt die Klage aber als unzulässig, wenn ein anderes Bundesgesetz eine Behörde zum Erlass einer Verfügung über solche Streitigkeiten ermächtigt. Gegen eine solche Verfügung könnte letztinstanzlich das Bundesgericht angerufen werden. Die Tragweite von Art. 120 Abs. 2 BGG ist nicht ganz schlüssig, namentlich, wenn es um die Regelung eines Rechtsverhältnisses zwischen dem Gemeinwesen und einer Privatperson geht. Hier muss wohl das Anfechtungsstreitverfahren grundsätzlich Vorrang haben.[385] Im Übrigen aber ist die Subsidiarität des Klageverfahrens zu beachten, wenn der Bundesbehörde gegenüber den Kantonen eine Verfügungskompetenz eingeräumt wird. Ein solches direktes Verfügungsrecht ist zwar in der COVID-19-Verordnung 2 nicht ausdrücklich vorgesehen, lässt sich jedoch durchaus aus den einzelnen Zuständigkeiten der Bundesbehörden zur Anordnung von Massnahmen gegenüber den Kantonen ableiten,[386] z.B. in Bezug auf die Beschaffung wichtiger medizinischer Güter (Art. 4f Abs. 3 COVID-19-Verordnung 2) oder in Bezug auf die Zuteilung von wichtigen medizinischen Gütern (Art. 4g COVID-19-Verordnung 2). Ebenso dürfte der Bund eine Verfügung erlassen, wenn die Kostenerstattung für die Güterbeschaffung strittig ist (Art. 4i COVID-19-Verordnung 2). Im Übrigen aber, wenn der Bund der Meinung ist, die Massnahmen in der COVID-19-Verordnung 2 seien abschliessend und den Kantonen käme keine eigenständige Regelungskompetenz mehr zu, wäre wohl das Klageverfahren einzuleiten, wobei dies, angesichts der Regelungsmaterie der sogenannten ausserordentlichen Lage, in 146

384 BGer v. 5. 5. 2020, 1C_37/2019, E. 4.1.

385 Kölz/Häner/Bertschi, Rz 1814; eher für das Klageverfahren auch in diesen Fällen: BSK BV-Waldmann, Art. 120 N 67.

386 Vgl. BSK BV-Waldmann, Art. 120 N 20: es besteht die Tendenz, dem Verfügungsverfahren den Vorzug zu geben.

welcher dringliches Handeln geboten ist, wohl eher theoretisch ist. Art. 7e COVID-19-Verordnung 2 räumt den Kantonen nunmehr die Befugnis ein, weitergehende Regelungen zu treffen. Diese Bestimmung ist vor allem auf die besondere Lage im Kanton Tessin zugeschnitten.

4. Die vom ordentlichen Verfahrensrecht abweichenden Regelungen

a) Bei der Durchsetzung der COVID-19-Verordnungen

147 Die COVID-19-Verordnungen sehen vereinzelt Abweichungen von den ordentlichen Verfahrensrechten vor. Auf den im Hinblick auf Art. 29a BV problematischen vollständigen Ausschluss des Rechtsmittelweges in Art. 11 Abs. 3 COVID-19-Verordnung Kultur, in welcher es insbesondere um Förderbeiträge geht, wurde bereits hingewiesen.[387] Ebenso erwähnt wurde bereits die Bestimmung von Art. 4k Abs. 1 COVID-19-Verordnung 2, wonach der Bundesrat die Betriebe zur Herstellung von wichtigen medizinischen Gütern verpflichten kann, womit der Rechtsmittelweg aufgrund von Art. 33 VGG und Art. 86 BGG (e contrario) verschlossen bleibt.

148 In verschiedenen Bestimmungen wird sodann ausdrücklich die sofortige Vollstreckbarkeit von Anordnungen vorgesehen, so allgemein in Bezug auf die unmittelbar anwendbaren Verbote für Betriebe und Veranstaltungen (Art. 8 Abs. 3 COVID-19-Verordnung 2). Diese Bestimmung gilt auch für die genannten Betriebsschliessungen gemäss Art. 6a Abs. 5 COVID-19-Verordnung 2 und Art. 7d Abs. 3 COVID-19-Verordnung 2, wo ebenso die Baustellenschliessung vorgesehen ist. Diese Bestimmung setzt den präventiven Rechtsschutz ausser Kraft. Die gerichtliche Prüfung der Handlung ist bei diesen Realakten nur ex post möglich. Auch dies erscheint im Hinblick auf die Rechtsweggarantie gemäss Art. 29a BV fragwürdig. Weiter zu erwähnen ist sodann die sofortige Vollstreckung einer Einreiseverweigerung, gegen welche nach Art. 3 Abs. 3 COVID-19-Verordnung 2 beim SEM Einsprache erhoben werden kann. Einer dagegen erhobenen Beschwerde kommt aber keine aufschiebende Wirkung zu.

149 Schliesslich ist auf Art. 4c COVID-19-Verordnung 2 zu verweisen, wonach das Verfahren der Bewilligung zur Ausfuhr von Schutzausrüstungen und wichtigen medizinischen Gütern stark gestrafft wurde. Die Gesuchsteller sind zur Einreichung der Gesuche auf dem elektronischen Weg verpflichtet, das SECO hat innert fünf Arbeitstagen zu entscheiden und eröffnet den Entscheid ebenfalls in elektronischer Form. Vorher hat das SECO zudem weitere Behörden, so das BAG und das KSD, anzuhören.

b) Die Fristenregelung

150 Am 20.3.2020 hat der Bundesrat die Verordnung über den Stillstand der Fristen in Zivil- und Verwaltungsverfahren zur Aufrechterhaltung der Justiz im Zusammenhang mit dem Coronavirus (COVID-19) erlassen.[388] Mit dieser Verordnung hat der Bundes-

387 Vgl. Rz 124.

388 SR 173.110.4, nachfolgend «die Verordnung».

rat den Beginn des Fristenstillstands über Ostern auf den 21.3.2020 und damit um 15 Tage vorverlegt und verlängert. Der Stillstand galt sowohl für gesetzliche (bspw. Rechtsmittelfristen) als auch für behördlich oder gerichtlich angesetzte Fristen des Bundesrechts und des kantonalen Rechts, unabhängig davon, ob diese in Tagen, Wochen oder Monaten bestimmt sind oder auf ein bestimmtes Datum angesetzt worden waren. Der Stillstand galt allerdings nur für Fristen, für welche das anwendbare Verfahrensrecht überhaupt einen Fristenstillstand über Ostern kennt. Fristen für vorsorgliche Massnahmen oder Fristen nach dem Verwaltungsverfahrensgesetz der Kantone Aargau, Basel-Stadt, Bern, Genf oder Zürich, um nur einige Beispiele zu nennen, wurden daher von der Verordnung **nicht** erfasst. Für die letztgenannten hatte die Formulierung von Art. 1 Abs. 3 der Verordnung zu Unsicherheiten geführt, denen das Bundesamt für Justiz am 2.4.2020 mit Antworten zu FAQ begegnet ist.[389] Die Verordnung ist heute bereits Rechtsgeschichte, indem sie nur bis zum Ende des Fristenstillstands am 19.4.2020 galt.[390] Dennoch soll ihre rechtsstaatliche Einordnung hier kurz untersucht werden.

Die Verordnung stützte sich ausschliesslich auf Art. 185 Abs. 3 BV und nicht auf 151
Art. 7 EpG. Ob diese Verfassungsnorm allerdings die verordnete Verlängerung des Fristenstillstands rechtfertigen kann, ist fraglich. Sie erlaubt dem Bundesrat, u.a. Verfügungen zu erlassen, um eingetretenen oder unmittelbar drohenden *schweren Störungen* der öffentlichen Ordnung oder der inneren oder äusseren Sicherheit zu begegnen. Mit der Verordnung wollte es der Bundesrat den Gerichten, Behörden, Anwälten und Parteien ermöglichen, sich besser auf die Erschwerungen aufgrund des Coronavirus einzustellen.[391] Es ist nicht ersichtlich, welche unmittelbar drohende schwere Störung der öffentlichen Ordnung oder der Sicherheit gedroht hätte, wenn die Fristen 15 Tage später stillgestanden wären, zumal der Fristenstillstand ja nicht einmal für alle Fristen gelten konnte. Zudem dient der Fristenstillstand – jedenfalls im Bereich des öffentlichen Rechts, wo trotz Fristenstillstand Verhandlungen stattfinden können – v.a. den Parteien und den Anwälten und nicht den Behörden und Gerichten. Den ersteren hätten die Behörden und Gerichte bei den von ihnen gesetzten Fristen auch mit Fristverlängerungen entgegenkommen können, bei den gesetzlichen Fristen wären Fristwiederherstellungen möglich gewesen (vgl. dazu Rz 154). Die Verordnung muss aber auch vor dem politischen Hintergrund der damaligen Situation betrachtet werden. Der Bundesrat wollte vermutlich den Forderungen, den Justizbetrieb ganz einzustellen[392], etwas ent-

389 FAQ zur Verordnung über den Stillstand der Fristen in Zivil- und Verwaltungsverfahren zur Aufrechterhaltung der Justiz im Zusammenhang mit dem Corona-Virus (COVID-19) vom 2.4.2020 ‹https://www.bj.admin.ch/dam/data/bj/aktuell/news/2020/2020-03-20/faq-fristenstillstand-d.pdf› (23.6.2020).

390 Art. 2 Verordnung über den Stillstand der Fristen in Zivil- und Verwaltungsverfahren zur Aufrechterhaltung der Justiz im Zusammenhang mit dem Coronavirus (COVID-19).

391 Medienmitteilung vom 20.3.2020 ‹https://www.bj.admin.ch/bj/de/home/aktuell/news/2020/ref_2020-03-20.html› (23.6.2020).

392 So z.B. der Schweizerische Anwaltsverband in einem Schreiben vom 16.3.2020 an BR Keller-Sutter.

gegensetzen.[393] Auf weitere Massnahmen im Verwaltungsverfahren hat der Bundesrat verzichtet.[394]

152 Indem der Bundesrat in der Verordnung eine Regelung für den Stillstand von kantonalen Fristen getroffen hat, hat er in die verfassungsrechtlich garantierte Organisationsautonomie[395] der Kantone, zu welcher auch die Verfahrensautonomie gehört, eingegriffen. Eingriffe sind nach der bundesgerichtlichen Rechtsprechung zulässig, wenn sie für die Sicherstellung einer richtigen und rechtzeitigen Umsetzung des Bundesrechts durch die Kantone notwendig und verhältnismässig sind. Zu diesem Zweck kann der Bund detaillierte Regelungen, u.a. Verfahrensbestimmungen, erlassen.[396] Die Verlängerung des Fristenstillstands für kantonalrechtliche Fristen dient nicht der Durchsetzung des Bundesrechts. Unseres Erachtens kann Art. 185 Abs. 3 BV die Organisationsautonomie der Kantone nicht übersteuern, sodass die Verordnung, soweit damit der Fristenstillstand nach kantonalen Verwaltungsverfahrensrechten verlängert wurde, die Autonomie der Kantone verletzt hat.[397] Die bundesrätliche Regelung kann auch nicht mit der Einheit des Verfahrens[398] begründet werden, ansonsten die Kantone in ihren Verwaltungsverfahren einen Fristenstillstand vorsehen müssten.

153 Richtig ist der Bundesrat davon ausgegangen, dass die Kantone, deren Verwaltungsverfahrensgesetze keinen Fristenstillstand kennen, selber eine entsprechende Regelung treffen oder, wenn sie einen Fristenstillstand kennen, diesen bspw. über den 19.4.2020 hinaus (7 Tage nach Ostern) verlängern können.[399]

154 Während die vom Bundesrat verordnete Verlängerung des Fristenstillstands wie erwähnt in der Praxis nach dem 19.4.2020 kaum mehr Bedeutung haben dürfte, beschäftigen die Behörden und Gerichte *Fristwiederherstellungsgesuche* bei verpassten (gesetzlichen oder behördlich/gerichtlich angeordneten) Fristen möglicherweise noch eine gewisse Zeit. Die verwaltungsrechtlichen Verfahrensgesetze des Bundes[400] wie auch alle Kantone kennen in ihren Verwaltungsrechtspflegegesetzen eine entsprechende Bestim-

---

393 Vgl. BJ, Erläuterungen zur Verordnung über Massnahmen in der Justiz und im Verfahrensrecht im Zusammenhang mit dem Coronavirus vom 16.4.2020, Ziff. 1 ‹https://www.ejpd.admin.ch/dam/data/bj/aktuell/news/2020/2020-04-16/erlaeuterungen-covid19-justiz-d.pdf› (23.6.2020).

394 Vgl. aber zum Zivil- und Betreibungsverfahren die Verordnung über Massnahmen in der Justiz und im Verfahrensrecht im Zusammenhang mit dem Coronavirus (COVID-19-Verordnung Justiz und Verfahrensrecht) vom 16.4.2020 (SR 272.81).

395 Art. 47 Abs. 2 BV.

396 BGE 128 I 254 E. 3.8.2 und 3.8.3; BSK BV (2015)-Belser/Massüger, Art. 47 N 15; SGK BV (2014)-Egli, Art. 47 N 20 f.

397 Gleicher Meinung Biaggini, ZBl 121/2020, S. 256; so auch Brunner/Wilhelm/Uhlmann, AJP 2020, S. 695 f., nach welchen Massnahmen contra constitutionem aber u.U. zulässig sind; vgl. auch BSK BV-Künzli, Art. 185 N 40 sowie SGK BV, (2014), Saxer, Art. 185 N 11, nach welchen Autoren Art. 185 Abs. 3 BV keine Grundlage für extrakonstitutionelles Notrecht darstellt.

398 Art. 111 BGG.

399 FAQ zur Verordnung über den Stillstand der Fristen in Zivil- und Verwaltungsverfahren zur Aufrechterhaltung der Justiz im Zusammenhang mit dem Corona-Virus (COVID-19) vom 2.4.2020, lit. B Ziff. 2, 3 und 6.

400 Z.B. Art. 24 Abs. 1 VwVG, Art. 50 Abs. 1 BGG.

mung.[401] Die Voraussetzungen ähneln sich, sind aber nicht überall gleich streng. Während nach einigen Verfahrensrechten die Fristversäumnis unverschuldet sein muss[402], schadet bei anderen ein leichtes Verschulden nicht oder es müssen nur entschuldbare Gründe vorliegen.[403] Gemeinsam ist den Bestimmungen, dass das Fristwiederherstellungsgesuch innert einer bestimmten Frist nach Wegfall des Hindernisses gestellt und die versäumte Handlung nachgeholt werden muss. Die bundesgerichtliche Rechtsprechung zur (unverschuldeten) Fristwiederherstellung ist sehr streng. Dem Rechtssuchenden darf es insbesondere nicht mehr möglich gewesen sein, einen Dritten mit der fristgebundenen Handlung zu beauftragen; ein Rechtsanwalt muss seinen Kanzleibetrieb so organisieren, dass er in der Lage ist, die fristgerechte Wahrnehmung der prozessualen Rechte seines Klienten sicherzustellen.[404] Nur eine akute und schwere Erkrankung am Coronavirus könnte nach der bisherigen strengen Rechtsprechung überhaupt einen unverschuldeten oder nur leicht verschuldeten Grund für eine Fristversäumnis darstellen, bei Anwälten müsste er wohl in den meisten Fällen verneint werden, jedenfalls solange noch weitere Anwälte oder juristisch qualifizierte Mitarbeitende (z.B. Substituten) in der Kanzlei arbeiten. Eine grosszügigere Praxis während der ausserordentlichen epidemiologischen Lage ist denkbar – und wurde von einzelnen Behörden auch schon angekündigt[405] –, kann aber mit dem Grundsatz der Gleichbehandlung kollidieren, wenn die Behörden oder Gerichte keine einheitliche Praxis entwickeln.

5. Zusammenfassung und Fazit

Die sehr einschneidenden, zudem auf umstrittenen Rechtsgrundlagen beruhenden COVID-19-Verordnungen haben bislang kaum Gerichtsfälle provoziert. Dies ist erstaunlich, jedoch mit der besonderen risikobehafteten Situation für die gesamte Wohnbevölkerung, welche die Streitlust wohl eher eindämmte, erklärbar. Zudem sind die Massnahmen befristet und im Vergleich zu den Justizverfahren von sehr kurzer Dauer. 155

Die Unsicherheiten der rechtlichen Abstützung der COVID-19-Verordnungen schlagen unmittelbar auf die Rechtsschutzverfahren durch. Es wurde aufgezeigt, welche Unsicherheiten in der Folge für die akzessorische Normenkontrolle entstehen. Die angreifbare rechtliche Abstützung dieser Verordnungen kann mitunter auch dazu führen, dass sich die Gerichtspraxis nicht mehr mit den weiteren, ebenso wesentlichen Fragen der Zulässigkeit dieser zahlreichen Grundrechtseingriffe und der Verhältnismässigkeit der Massnahmen befasst. Solches wäre jedoch unabdingbar, weil einige dieser Massnah- 156

401 Der Kanton BS in Füllung einer Gesetzeslücke durch die Rechtsprechung (vgl. z.B. Urteil des Appellationsgerichtes des Kantons Basel-Stadt v. 2.5.2017, VD 2017.23, E. 2.2.2).

402 Bspw. Art. 50 Abs. 1 BGG, Art. 24 Abs. 1 VwVG, Art. 43 Abs. 2 VRPG/BE, Art. 29 Abs. 1 VerwVG/AI.

403 Bspw. Art. 6 Abs. 2 VRPG/AR, Art. 30 Abs. 1 und 30ter Abs. 1 Gesetz über die Verwaltungsrechtspflege/SG i.V.m. Art. 148 Abs. 1 ZPO, § 163 Abs. 1 JG/SZ.

404 Unter vielen Urteil BGer v. 11.10.2018, 2C_345/2018, E. 3.3; BGE 119 II 86 E. 2.

405 Z.B. von der Eidgenössischen Steuerverwaltung, Massnahmen aufgrund COVID-19, 25.3.2020 ‹https://www.estv.admin.ch/estv/de/home/covid19/news.html› (3.5.2020).

men nunmehr in die Bundesgesetze überführt werden sollen. Alsdann besteht jedoch das Anwendungsgebot gemäss Art. 190 BV.

157 Dass die COVID-19-Verordnungen den Rechtsschutz zum Teil gänzlich ausschalten oder aber erheblich einschränken, soweit sie direkt anwendbare Verbote statuieren und damit den Rechtsschutz nur noch im Nachhinein gegen Verfügungen über die bereits ergangenen Vollstreckungshandlungen, d.h. über die Realakte, zulassen, dürfte ebenfalls dazu beitragen, von einer Anfechtung abzusehen. Diese Einschränkungen des gerichtlichen Rechtsschutzes sind jedoch im Lichte der Rechtsweggarantie gemäss Art. 29a BV bedenklich.

158 Es wäre jedenfalls wünschenswert, wenn sich die Gerichtspraxis zu den vielen offenen Fragen, die sich hier stellen, äussern und sich so auch eine Gerichtspraxis, im besten Fall eine höchstrichterliche Praxis, entwickeln könnte.

Livio Bundi

VI. Die präventive Phase bei der Pandemiebewältigung

1. Einleitung

159 Mit der COVID-19-Pandemie hat sich ein Risiko verwirklicht, auf welches Bund und Kantone eigentlich hätten vorbereitet sein sollen. So sind übertragbare Krankheiten der Menschheit ständiger Begleiter und man dürfte sich in der Schweiz deren möglichen verheerenden Folgen insbesondere seit der Spanischen Grippe in den Jahren 1918/19 schmerzlich bewusst sein. Im Hinblick auf einen möglichen Risikoeintritt, wie ihn eine Influenza-Pandemie darstellt, erweisen sich präventive Massnahmen bzw. Vorbereitungsmassnahmen als von enormer Bedeutung, zumal damit insbesondere ungewollte Notlagen bzw. Engpässe in der Versorgung des Landes mit lebensnotwendigen Gütern und Dienstleistungen vermieden oder zumindest hinausgezögert werden können. Die Schweiz bereitet sich denn auch immerhin seit dem Jahr 1995 systematisch auf Influenza-Pandemien[406] vor.[407] Dennoch hat sich bereits früh im Laufe der COVID-19-Pandemie gezeigt, dass im Bereich von Heilmitteln die Vorbereitungsmassnahmen offensichtlich nicht überall die beabsichtigte Wirkung erzielt haben.[408]

160 Dieser Beitrag beleuchtet die präventive Phase bei der Regulierung des Risikos einer Influenza-Pandemie anhand des Beispiels der COVID-19-Pandemie und zeigt mögliche Verbesserungsmassnahmen auf.

406 Vgl. zum Begriff der Pandemie Zünd/Errass, S. 71.

407 Pandemieplan 2018, S. 7.

408 Vgl. dazu Rz 170 ff.

2. Die präventive Phase bei der Risikoregulierung

a) *Vorbereitung des Risikoeintritts*

Eine genaue Vorhersage, wann sich wo welches Risiko verwirklicht, ist unmöglich. Wohl gerade deshalb kennt die Schweiz diverse Instrumente zur gezielten Vorbereitung auf Influenza-Pandemien. Der erste schweizerische Influenza-Pandemieplan entstand unter Leitung der Eidgenössischen Kommission für Pandemievorbereitung und -bewältigung (EKP) im Jahr 2004, wurde in den folgenden Jahren aktualisiert und unter dem Eindruck der Pandemie H1N1 («Schweinegrippe-Virus») im Jahr 2009 vollständig revidiert. Gestützt auf die bisherigen Erfahrungen und Bezug nehmend unter anderem auf das Epidemiegesetz[409] wurde sodann im Jahr 2018 ein neuer Influenza-Pandemieplan erarbeitet. Darin wird einleitend festgehalten, dass eine gezielte Pandemie-Vorbereitung von immenser Bedeutung sei.[410] 161

Eine gezielte Vorbereitung auf ein Risiko bedingt zunächst das Erkennen dieses Risikos. Dazu ist ein funktionierendes Überwachungssystem unabdingbar.[411] Im Bereich der übertragbaren Krankheiten findet dieses seine massgebliche Grundlage in Art. 12 EpG, in welchem Meldepflichten gesundheitsrelevanter Daten festgelegt werden. Das Erkennen eines Risikos bildet zusammen mit dem Abschätzen und Überwachen des Risikos jedoch lediglich den ersten Schritt, welcher für die Regulierung eines Risikos wegleitend ist. Damit die Behörden zum Zeitpunkt der Risikoverwirklichung dann auch angemessen vorbereitet sind und potentielle Schäden möglichst verhindert bzw. minimiert werden, kommt der darauf folgenden Phase der Vorbereitung des Risikoeintritts eine besonders grosse Bedeutung zu.[412] Diese Phase wird vorliegend als «präventive Phase» bezeichnet. 162

Im Folgenden wird auf zwei für die Vorbereitung des Risikoeintritts einer Influenza-Pandemie wichtige Bundesgesetze eingegangen und werden die darin enthaltenen präventiven Instrumente und Massnahmen insbesondere im Hinblick auf die Sicherstellung der Versorgung mit lebenswichtigen Gütern skizziert. 163

b) *Vorbereitungsmassnahmen gemäss EpG*

Die Totalrevision des EpG war insbesondere geprägt von den Ereignissen im Zusammenhang mit der SARS-Krise und der pandemischen Grippe H1N1[413]. Diese haben dem Gesetzgeber vor Augen geführt, dass zur Verhütung und frühzeitigen Begrenzung von Gefährdungen und Beeinträchtigungen der öffentlichen Gesundheit Vorbereitungsmassnahmen unabdingbar sind.[414] Bund und Kantone werden deshalb in Art. 8 Abs. 1 164

409 EpG; SR 818.101.

410 Vgl. Pandemieplan 2018, S. 7.

411 Zur Definition der Überwachung im Bereich der öffentlichen Gesundheit vgl. Botschaft EpG, S. 369.

412 Vgl. zu den verschiedenen Phasen der Regulierung des Pandemierisikos Zünd/Errass, S. 72, m.H. auf die Botschaft EpG.

413 Vgl. auch Rz 161.

414 Botschaft EpG, S. 337.

EpG verpflichtet, Vorbereitungsmassnahmen zu treffen, um Gefährdungen und Beeinträchtigungen der öffentlichen Gesundheit zu verhüten und frühzeitig zu begrenzen.[415] Solche Vorbereitungen können verschiedene Massnahmen, wie etwa die Erarbeitung von Einsatz- und Notfallplänen, die medizinische Versorgung, den Mitteleinsatz und dessen Überwachung oder die Kommunikation und Information betreffen. Es handelt sich hierbei um eine Bestimmung programmatischer Natur, welche umsetzungsbedürftig ist.[416] Vorbereitungsmassnahmen dienen einerseits der Umsetzung des Vorsorgeprinzips, welches im Bereich der öffentlichen Gesundheit ein vorbeugendes Handeln statuiert, mit welchem – auch hinsichtlich Art, Ausmass oder Eintrittswahrscheinlichkeit unkonkrete Gefahren – für die menschliche Gesundheit vermieden werden sollen. Andererseits sollen Vorbereitungsmassnahmen auch verhindern, dass Gesundheitsbehörden bei einer Eskalation hin zu einer besonderen oder ausserordentlichen Lage im Sinne des EpG unter Druck Strategien erarbeiten und unerlässliche Sofortmassnahmen ergreifen müssen.[417]

165 Um sicherzustellen, dass kantonale Unterschiede bei den Vorbereitungsmassnahmen im Ereignisfall keinen negativen Einfluss auf den Bekämpfungserfolg haben, kann das BAG die Kantone anweisen, bestimmte Massnahmen zu treffen.[418] Im Hinblick auf einen möglichen Impfstoff gegen COVID-19 ist beispielsweise denkbar, dass die Kantone zu Massnahmen angewiesen werden, um dessen geordnete Verteilung sicherzustellen.[419]

166 Zum Bestandteil des Handlungsinstrumentariums in der präventiven Phase der Risikobewältigung einer Pandemie ist etwa der Influenza-Pandemieplan der Schweiz zu zählen, welcher als Führungsmittel innerhalb der Verwaltung von Bund und Kantonen Strategien und Massnahmen zur Vorbereitung auf eine Influenza-Pandemie festhält.[420] Zur gezielten Vorbereitung des schweizerischen Gesundheitssystems auf eine Pandemie gehört sodann insbesondere auch die genügende Versorgung der Bevölkerung mit Heilmitteln.[421] Hierzu wird der Bundesrat in Art. 44 Abs. 1 EpG verpflichtet und erhält gleichzeitig die Kompetenz, die Versorgung der Bevölkerung mit den wichtigsten zur Bekämpfung übertragbarer Krankheiten geeigneten Heilmitteln sicherzustellen, soweit er sie nicht durch Massnahmen nach dem Landesversorgungsgesetz[422] gewährleisten kann.

415 Vgl. auch Art. 2 EpV.

416 Botschaft EpG, S. 366.

417 Zünd/Errass, S. 73.

418 Vgl. Art. 8 Abs. 2 EpG; Botschaft EpG, S. 366 f.

419 Vgl. Art. 8 Abs. 2 lit. d EpG.

420 Indes beschränkt sich der Pandemie-Plan nicht nur auf die Thematik der Risikovorbereitung, sondern umfasst darüber hinaus auch die Thematik der Risikobewältigung. In diesem Zusammenhang ist sodann auch das Handbuch für die betriebliche Vorbereitung zu nennen, welches Massnahmen beschreibt, um im Pandemiefall die Mitarbeiterinnen und Mitarbeiter vor Ansteckungen zu schützen und den Betrieb von KMU aufrecht zu erhalten.

421 Vgl. zur Definition des Begriffs der Heilmittel (Arzneimittel und Medizinprodukte) Art. 4 Abs. 1 des Heilmittelgesetzes (HMG; SR 812.21).

422 LVG; SR 531.

Zu solchen Heilmitteln gehören etwa unverzichtbare Arzneimittel wie Impfstoffe und antivirale Medikamente sowie wichtige Medizinprodukte wie Schutzmasken, Injektions- bzw. Applikationsgeräte.[423] Der Hinweis auf die Massnahmen nach dem LVG bringt zum Ausdruck, dass primär die bestehenden Möglichkeiten nach LVG, wie beispielsweise die Verpflichtung zur Pflichtlagerhaltung, auszuschöpfen sind. Massnahmen im Sinne von Art. 44 EpG sollen erst dann möglich sein, wenn die Massnahmen nach LVG nicht zum Ziel führen. Ein solcher Fall ist etwa für ein Arzneimittel denkbar, welches in der Schweiz noch nicht in Verkehr gebracht wurde, oder falls die Freigabe eines Pflichtlagers oder anderen Vorrats zu viel Zeit in Anspruch nehmen würde.[424] Der Vorrang von Massnahmen nach LVG vor Massnahmen nach EpG ergibt unter dem Aspekt des Subsidiaritätsprinzips Sinn, zumal die wirtschaftliche Landesversorgung vornehmlich dem Milizgedanken unterliegt. Die Versorgungsaufgabe wird primär bei den Privaten belassen, was einem sinnvollen Einsatz von Ressourcen entspricht.[425]

c) *Vorbereitungsmassnahmen gemäss LVG*

Das Landesversorgungsrecht enthält Massnahmen zur Sicherstellung der Versorgung des Landes mit lebenswichtigen Gütern und Dienstleistungen in schweren Mangellagen, denen die Wirtschaft nicht selber zu begegnen vermag (vgl. Art. 1 LVG). Im Hinblick auf drohende Versorgungsstörungen kommt der wirtschaftlichen Landesversorgung namentlich die Aufgabe zu, sektorielle Versorgungsengpässe kurzer und mittlerer Dauer zu verhindern. Ziel ist es in erster Linie, den Markt mit lebenswichtigen Gütern (Energie, Ernährung und Heilmitteln)[426] durch Angebotslenkungsmassnahmen so lange wie möglich zu 100 Prozent zu versorgen.[427] Die Inlandproduktion wie auch der Import von lebenswichtigen Gütern des täglichen Lebens sollte folglich trotz Corona-Krise sichergestellt sein. Die Organisation der wirtschaftlichen Landesversorgung basiert dabei auf dem Milizsystem, was bedeutet, dass die Versorgungsaufgabe primär bei den Privaten belassen wird. Staatliche Massnahmen, welche mit schweren Beschränkungen namentlich der Wirtschaftsfreiheit, Eigentumsfreiheit und der persönlichen Freiheit einhergehen können, werden nur soweit als nötig ergriffen.[428] 167

Damit staatliche Eingriffe so lange wie möglich vermieden werden können, misst das Landesversorgungsrecht der Stärkung der Widerstandsfähigkeit (Resilienz) der Versorgungsinfrastrukturen grosse Bedeutung zu. Vorbereitungsmassnahmen bilden somit einen wichtigen Bestandteil des Landesversorgungsrechts. Auch bei Vorbereitungsmassnahmen ist das Gebot der Subsidiarität staatlichen Handelns[429] zu beachten, 168

423 Botschaft EpG, S. 396.
424 Botschaft EpG, S. 396.
425 Vgl. Bundi/Richli, Rz 340.
426 Vgl. zur Definition von lebenswichtigen Gütern und Dienstleistungen Art. 4 LVG.
427 Bericht Sicherheitspolitik, S. 7861; Bundi/Richli, Rz 264a.
428 Vgl. Bundi/Richli, Rz 263, 267 und 340.
429 Vgl. Art. 5a BV.

womit sie auf ein Minimum zu beschränken sowie gezielt und flexibel einsetzbar sein müssen.[430]

169 Zu den im Landesversorgungsrecht vorgesehenen Vorbereitungsmassnahmen gehören etwa Appelle oder Empfehlungen des Bundesrats zur Anlegung von Vorräten und damit zur Erhöhung der Versorgungssicherheit (vgl. Art. 57 Abs. 5 LVG). Der Gesetzgeber bestimmt sodann als eine der wichtigsten Säule der Landesversorgung, dass der Bundesrat bestimmte lebenswichtige Güter der Vorratshaltung unterstellen kann (vgl. Art. 7 Abs. 1 LVG).[431] Wer lebenswichtige Güter einführt, herstellt, verarbeitet oder zum ersten Mal in Verkehr bringt, ist zum Abschluss eines Pflichtlagervertrages verpflichtet (vgl. Art. 8 Abs. 1 LVG). Die an Lager gehaltenen Vorräte können im Falle eines Krisenereignisses, in welchem die Nachfrage nach lebenswichtigen Gütern über den Markt nicht mehr befriedigt werden kann, freigegeben werden.[432] So hat das WBF auf Antrag des BWL im März 2017 etwa die Freigabe von Antibiotika-Pflichtlagern angeordnet. Grund dafür war ein Produktionsunterbruch beim weltweit grössten Hersteller des Wirkstoffes Piperacillin/Tazobactam.[433] Bei der Freigabe von Pflichtlagern handelt es sich indes nicht mehr um eine Vorbereitungs-, sondern vielmehr um eine wirtschaftliche Interventionsmassnahme, welche im Fall einer unmittelbar drohenden oder bereits bestehenden schweren Mangellage ergriffen werden kann (vgl. Art. 31 Abs. 1 i.V.m. Art. 2 lit. b LVG). Auf dem Gebiet der Versorgung mit lebenswichtigen Gütern stehen dem Bundesrat als Interventionsmassnahmen Instrumente zur Erhöhung des Angebots und solche zur Lenkung der Nachfrage zur Verfügung, wobei zur Behebung einer Mangellage zunächst die angebotsseitigen Massnahmen zu ergreifen sind, wozu beispielsweise die genannten Pflichtlagerfreigaben zählen.[434]

3. Bewährung der Vorbereitungsmassnahmen anlässlich der COVID-19-Pandemie

170 Nachfolgend wird anhand zweier Beispiele aufgezeigt, dass die präventive Phase zur Bewältigung der COVID-19-Pandemie nicht durchwegs den von ihr erwarteten Beitrag leisten konnte. Während die Versorgungssituation im Bereich der Nahrungsmittel während der Corona-Krise nicht wirklich auf die Probe gestellt wurde, kam es im Bereich der Versorgung mit Heilmitteln und insbesondere im Bereich von Schutzmaterial für Gesundheitseinrichtungen zu problematischen Engpässen. Der Bund musste angesichts der unzureichenden Vorbereitungsmassnahmen mit wirtschaftlichen Interventionsmassnahmen reagieren.

430 Vgl. Botschaft Totalrevision LVG, S. 7134.

431 Vgl. dazu auch Bundi/Richli, Rz 271.

432 Art. 31 Abs. 2 LVG i.V.m. Art. 21 Abs. 1 VWLV. Vgl. Botschaft Totalrevision LVG, S. 7137.

433 Vgl. Medienmitteilung des BWL vom 20. März 2017; Verordnung des WBF über die Pflichtlagerfreigabe von Antibiotika (SR 531.211.31).

434 Botschaft Teilrevision LVG, S. 7150.

a) Kontingentierung von Arzneimitteln

Anlässlich der COVID-19-Pandemie wurde gestützt auf das LVG bei der Wirtschaft interveniert, dies obschon die Versorgung mit Arzneimitteln bis anhin grundsätzlich gewährleistet und Import und Produktion normal verliefen. Zwar sind lebenswichtige Medikamente der Pflichtlagerhaltung unterstellt und Vorräte im Umfang von drei bis vier Monaten Normalverbrauch an Antibiotika, Impfstoffen, starken Analgetika etc. somit sichergestellt. Einige Medikamente im Spitalbereich, namentlich rezeptpflichtige Medikamente sowie schmerz- bzw. fiebersenkende Produkte und Hustenmittel, wurden aufgrund von COVID-19 bzw. der damit einhergehenden Nachfragesteigerung jedoch knapp, da diese vermehrt gebraucht wurden. Gestützt auf Art. 31 Abs. 1 und 2 lit. a LVG hat der Bundesrat am 18.3.2020 daher die Verordnung über die Beschränkung der Abgabe von Arzneimitteln[435] erlassen. Diese Verordnung sollte im Zusammenhang mit der COVID-19-Pandemie die Massnahmen zur Sicherstellung der Versorgung der Bevölkerung mit spezifischen Arzneimitteln regeln, indem die Abgabemengen pro Verkauf bei diesen Arzneimitteln kontingentiert wurden (vgl. Art. 2 der Verordnung). 171

b) Beschaffung von Gesundheitsgütern, namentlich Atemschutzmasken

aa) Ungenügender Pflichtlagerbestand

Noch prekärer erwies sich die Versorgungslage hingegen bei den Atemschutzmasken. Hier konnte der Bund überdies nicht mit einer raschen Interventionsmassnahme wie bei den Arzneimitteln zur Problemlösung beitragen. Bereits im Bericht des BWL zur Vorratshaltung 2015 wurde die geltende, vom Bund vorgeschriebene Bedarfsdeckung an Atemschutzmasken FFP2 und FFP3[436] mit 745 000 Stück angegeben, wobei der reale Pflichtlagerbestand lediglich 166 800 Stück betrug.[437] Diese Situation verbesserte sich daraufhin nicht, stellte der Bund doch fest, dass insbesondere Teile der Wirkstoffproduktion und der Herstellung von medizinischen Einwegartikeln in den vergangenen Jahren in dem asiatischen Raum verlagert worden seien. Die Lagerhaltung finde oft – gerade auch bei Medizinprodukten – in internationalen Zentrallagern statt, aus welchen diverse Länder versorgt würden. Im Falle eines Grossereignisses, insbesondere im Zusammenhang mit dem Auftauchen eines neuen Krankheitserregers, könne ein sprunghaft ansteigender Bedarf jedoch aufgrund fehlender inländischer Produktion und geringer Lagerbestände nicht ausreichend befriedigt werden. Da die Masken vornehmlich im asiatischen Raum produziert würden, sei im Ereignisfall damit zu rechnen, dass kaum noch Masken importiert werden könnten. Für die Dauer einer Pandemiewelle von zwölf 172

435 SR 531.215.33.

436 FFP (filtering face piece)-Masken sind partikelfiltrierende Halbmasken mit oder ohne Ausatemventil. Die FFP-Masken sind in drei Schutzstufen eingeteilt, wobei FFP1-Filter mindestens 80%, FFP2-Filter 94% und FFP3-Filter 99% eines Prüfaerosols zurück halten müssen (vgl. Bericht Vorratshaltung 2015, S. 44).

437 Vgl. Bericht Vorratshaltung 2015, S. 34.

Wochen wurde im stationären Gesundheitswesen ein Bedarf von 745 000 Stück Atemschutzmasken für den Schutz des Personals mit Patientenkontakt geschätzt.[438]

173 Trotz dieser ohnehin zu tiefen Schätzung belief sich im Jahr 2018 der Pflichtlagerbestand an FFP2 und FFP3-Masken auf lediglich ca. 190 000 Stück. Für Hygienemasken war die Lagerpflicht gar abgeschafft worden. Weil Pläne für die Einführung eines grösseren Pflichtlagers aus finanziellen Gründen gescheitert sind, erliess der Bund im Pandemieplan 2018 aufgrund minimaler Bedarfszahlen Empfehlungen zur Bevorratung und stellte es in das Ermessen der Leistungserbringer wie Ärzte, Apotheken, Spitäler etc., ob und welcher Anteil der jeweils empfohlenen Lagermenge in Form von FFP2/3 Masken gehalten wird.[439] Die Empfehlungen wurden jedoch offensichtlich kaum befolgt, gab es doch bereits im Februar 2020 Gesuche von einzelnen Regionalspitälern, das Pflichtlager für Atemschutzmasken freizugeben.[440] Der Bundesrat beauftragte schliesslich die Armee, Atemschutzmasken zu beschaffen.[441]

bb) Beschaffung durch den Bund

174 Da die Vorbereitungsmassnahmen im Bereich von wichtigen medizinischen Gütern bei der COVID-19-Pandemie offensichtlich nicht optimal funktioniert haben, sah sich der Bund relativ rasch zu wirtschaftlichen Interventionsmassnahmen veranlasst. So hat der Bundesrat für wichtige und zur Verhütung und Bekämpfung des Coronavirus dringend benötigte Arzneimittel, Medizinprodukte und Schutzausrüstungen (wichtige medizinische Güter) in der Verordnung 2 über Massnahmen zur Bekämpfung des Coronavirus (COVID-19)[442] Regelungen zur Vermeidung bzw. zur Bekämpfung von Versorgungsengpässen getroffen (vgl. 4. Abschnitt: Versorgung mit wichtigen medizinischen Gütern).[443] Als Rechtsgrundlage für die COVID-19-Verordnung 2 wird in deren Ingress seit der Ausrufung der ausserordentlichen Lage durch den Bundesrat am 16.3.2020 für die hier interessierenden Massnahmen Art. 7 EpG genannt.[444] Die Kantone und die jeweiligen Gesundheitseinrichtungen bleiben damit zwar weiterhin verantwortlich für die Sicherstellung der eigenen Versorgung mit wichtigen medizinischen Gütern, dem Bund wird gestützt auf die Verordnung jedoch die Beschaffung wichtiger medizinischer Güter erlaubt, falls über die normalen Beschaffungskanäle der Bedarf nicht gedeckt werden kann.[445] Beschaffungen

438 Vgl. Bericht Vorratshaltung 2019, S. 38 und 46.

439 Vgl. Pandemieplan 2018, S. 59 f.; vgl. auch Tagesanzeiger 14.4.2020, «Wie es zum Masken-Debakel kam».

440 Vgl. «Rundschau»-Beitrag SRF vom 18.3.2020.

441 Vgl. Rz 174.

442 SR 818.101.24.

443 Eingefügt durch Ziff. I der Verordnung vom 3.4.2020 (Versorgung mit wichtigen medizinischen Gütern), in Kraft seit 4.4.2020 (AS 2020 1155).

444 Weshalb nicht auch Art 31 LVG bemüht wurde, ist nicht nachvollziehbar. Zur Tragweite von Art. 7 EpG vgl. die beiden unterschiedlichen Auffassungen von Kley, S. 273 f. und Poledna/Trümpler/Werder, S. 106.

445 Vgl. Art. 4f COVID-19-Verordnung 2; Erläuterungen BAG, S. 10.

können in diesem Zusammenhang gestützt auf Art. 13 Abs. 1 lit. d der Verordnung über das öffentliche Beschaffungswesen (VÖB, SR 172.056.11) freihändig erfolgen. Gestützt auf Art. 7 EpG und Art. 4f Abs. 3 lit. a COVID-Verordnung 2 hat der Bundesrat schliesslich die Armeeapotheke beauftragt, Atemschutzmasken, Beatmungsgeräte und weitere Medizinprodukte und Schutzausrüstungen zu beschaffen.[446]

4. Fazit

Aus den vorstehenden Ausführungen erhellt, dass die Bewältigung des Eintritts eines 175 Risikos, wie es die COVID-19-Pandemie darstellt, massgeblich von den getroffenen Vorbereitungen abhängt. Hinsichtlich der genügenden Versorgung mit wichtigen Gütern und Dienstleistungen räumen dem Bundesrat namentlich das EpG und das LVG geeignete Instrumentarien ein. Es zeigt sich vor allem, dass das Vorhandensein widerstandsfähiger Versorgungsinfrastrukturen, wie es im LVG propagiert wird, unabdingbar ist, um den mit einer Pandemie allenfalls einhergehenden Eintritt einer schweren Mangellage zu verhindern bzw. deren Eintrittszeitpunkt möglichst weit hinauszuschieben. Das dem Bund im Rahmen des LVG zur Verfügung stehende Instrumentarium ist in der präventiven Phase zur Bewältigung einer Pandemie von herausragender Bedeutung. Dies liegt nicht zuletzt daran, dass bei unzureichenden Vorbereitungsmassnahmen der Bund im Pandemiefall fallweise mit Interventionsmassnahmen im Sinne von Art. 31 LVG oder Art. 7 EpG reagieren muss, womit zum einen wertvolle Zeit verloren geht und unter Druck gehandelt werden muss, zum anderen damit aber auch vermeidbare Grundrechtseingriffe verbunden sind.

Die präventive Phase vermag ihren Nutzen bei der Pandemiebewältigung jedoch nur 176 zu entfalten, wenn das Risiko richtig eingeschätzt wird und die daraus abgeleiteten Vorbereitungsmassnahmen konsequent umgesetzt werden. Das Risiko von Influenza-Pandemien ist zwar seit längerem bekannt und bereits im Bericht des BWL zur Vorratshaltung 2015 wurde festgestellt, dass der Pflichtlagerbestand von Atemschutzmasken weit unter dem vom Bund vorgeschriebenen Bedarf lag und daher ausgebaut werden sollte. Obschon auch der vorgeschriebene Bedarf viel zu tief eingeschätzt worden ist, hätten die Pflichtlagerbestände jedoch zumindest diesen Bedarf abdecken müssen. Vor diesem Hintergrund ist es nicht verständlich, wenn der Bund Empfehlungen zur Bevorratung erlässt und es in das Ermessen der Leistungserbringer wie Ärzte, Apotheken, Spitäler etc. stellt, ob und welcher Anteil der jeweils empfohlenen Lagermenge in Form von FFP2/3 Masken gehalten wird. Zwar sind die besonders schützenden Masken des FFP2/3-Typs vor allem zum Schutz des Gesundheitspersonals von herausragender Bedeutung, doch ist es zu einfach, die Verantwortung für diesbezügliche Vorbereitungsmassnahmen auf Gesundheitseinrichtungen abzuschieben. Die Forderung nach grösseren Pflichtlagern beispielsweise für Schutzmaterial, wie sie etwa vom Präsidenten des

446 Vgl. in diesem Zusammenhang die Internetseite ‹www.medtechsupply.ch› (24.6.2020), über welche die Beschaffungen vorgenommen wurden und gegebenenfalls noch vorgenommen werden.

Berufsverbandes der Schweizer Ärztinnen und Ärzte FMH erging,[447] ist deshalb zu unterstützen. Ergänzend denkbar wäre sodann die Aufnahme entsprechender Pflichten in die Leistungsaufträge der Kantone an die Spitäler im Sinne einer ergänzenden Pflichtlagerhaltung.[448] Nur falls die Unternehmen sodann nicht oder nur beschränkt in der Lage sind, Vorräte an lebenswichtigen Gütern, wie es Atemschutzmasken sind, anzulegen, muss der Bund diese Aufgabe selber übernehmen (vgl. 15 LVG). Namentlich für den Fall eines sprunghaft ansteigenden Bedarfs an Heilmitteln wäre es sodann von Vorteil, dass deren Produktion künftig wieder vermehrt in der Schweiz und in Europa stattfände.[449] Nicht zuletzt ist sodann im Sinne der ständigen Aufgabe der wirtschaftlichen Landesversorgung[450] die Angemessenheit und Effizienz der Pflichtlagerhaltung zu überprüfen.

447 Vgl. «Wir brauchen grössere Pflichtlager», BLICK-Interview mit Jürg Schlup vom 25.5.2020.

448 Vgl. Art. 14 Abs. 1 LVG; Zeltner, S. 16. Zum Instrument der ergänzenden Pflichtlagerhaltung vgl. Bundi/Richli, Rz 286.

449 Immerhin scheint nun die Produktion von Atemschutzmasken für die Zukunft sichergestellt, hat doch der Bund zusammen mit dem Kanton Zürich zwei Produktionsmaschinen für FFP2-Masken beschafft (vgl. Medienmitteilung Kanton Zürich und VBS vom 22.4.2020, ‹https://www.zh.ch/internet/de/aktuell/news/medienmitteilungen/2020/produktionsmaschinen-fuer-ffp2-masken-in-der-schweiz-eingetroffen.html› (24.6.2020).

450 Vgl. dazu Botschaft Totalrevision LVG, S. 7126.

§ 26 COVID-19: Straf- und strafprozessrechtliche Implikationen

Eveline Roos/Thomas Fingerhuth

Inhaltsverzeichnis

Literaturverzeichnis

Birklbauer Alois, Kapitel 16: Strafrecht, in: Resch Reinhard (Hrsg.), Das Corona-Handbuch, Stand 15.4.2020; Bernard Fréderic, La loi sur les épidémies à l'épreuve du nouveau coronavirus, Jusletter vom 30.3.2020; Biaggini Giovanni, «Notrecht» in Zeiten des Coronavirus – Eine Kritik der jüngsten Praxis des Bundesrates zu Art. 185 Abs. 3 BV, ZBl 121/2020 S. 239; Binder Andreas/Hofstetter David/Biland Janina/Bollmann Claudia, Der Anwendungsbereich von Art. 6a COVID-19-Verordnung 2, Jusletter vom 6.4.2020, Rz 6; Burrichter Annika/Vischer Moritz, Der Vergehenstatbestand nach Art. 10f Abs. 1 der COVID-19-Verordnung 2, fp online first 2/2020, S. 1 ff.; GEISER THOMAS/MÜLLER ROLAND/PÄRLI KURT, Klärung arbeitsrechtlicher Fragen im Zusammenhang mit dem Coronavirus, Jusletter vom 23.3.2020, Rz 11; GERBER KASPAR, Wissenschaftliche Evidenz und Corona-Massnahmen des Bundes, Jusletter vom 14.4.2020, N 5; HUBER CHRISTIAN, Ausgewählte Fragen zur Strafbarkeit der HIV-Übertragung, ZStrR 115/1997, S. 116 f.; DERS., HIV-Infektion und AIDS-Erkrankung im Lichte des Art. 231 StGB sowie der Körperverletzungs- und Tötungsdelikte, SJZ 85/1989, S. 152 f.; KLEY ANDREAS, «Ausserordentliche Situationen verlangen nach ausserordentlichen Lösungen – Ein staatsrechtliches Lehrstück zu Art. 7 EpG und Art. 185 Abs. 3 BV, in: ZBl 121/2020 S. 268; KUNZ KARL-LUDWIG, Aids und Strafrecht, Die Strafbarkeit der HIV-Infektion nach schweizerischem Recht, ZStrR 107/1990 S. 49 ff.; MÄRKLI BENJAMIN/GUT MORITZ, Missbrauch von Krediten nach Covid-19-Solidarbürgschaftsverordnung, AJP 2020, 722; NIGGLI MARCEL ALEXANDER/WIPRÄCHTIGER HANS, Basler Kommentar Strafrecht, 4. Aufl., Basel 2019 (zit. BSK StGB-BEARBEITER/IN); NIGGLI MARCEL ALEXANDER, Bundesrat darf keine Strafen erlassen, NZZ vom 16.4.2020, S. 7; RECHSTEINER DAVID, Recht in besonderen und ausserordentlichen Lagen unter besonderer Berücksichtigung des Rechts bei Katastrophen, Diss. St. Gallen/Zürich 2016; Schweizerische Akademie der Medizinischen Wissenschaften (SAMW), in: COVID-19-Pandemie: Triage von intensivmedizinischen Behandlungen bei Ressourcenknappheit, 2. Version vom 24.3.2020; WOHLERS WOLFGANG/GODENZI GUNHILDE/SCHLEGEL STEPHAN, Schweizerisches Strafgesetzbuch, Handkommentar, 4. Aufl., Bern 2020 (zit. Handkommentar StGB).

I. Ausgangslage[1]

1 Im Dezember 2019 trat in Wuhan in der zentralchinesischen Provinz Hubei ein neuartiges Corona-Virus auf[2], das von den chinesischen Behörden am 7.1.2020 identifiziert und zunächst als 2019-nCoV bezeichnet wurde.[3] Nach aktueller Nomenklatur des International Committee on Taxonomy of Viruses (ICTV)[4] wird das Virus nun als SARS-CoV-2 bezeichnet. Die Erkrankung, die das Virus auslöst, erhielt von der World Health Organization (WHO) den Namen «**co**rona**vi**rus **d**isease 20**19**» (COVID-19).

2 Die Atemwegserkrankung entwickelte sich im Januar 2020 in der Volksrepublik China zur Epidemie[5] und breitete sich schliesslich weltweit zur COVID-19-Pandemie[6] aus.[7]

1 Rechtliche und tatsächliche Entwicklungen wurden bis zum 30.5.2020 berücksichtigt.

2 Erstaunlicherweise hat der amerikanische Fantasy-Autor DEAN R. KOONTZ bereits 1981 in seinem Roman «The Eyes of Darkness» über das fiktive Virus «Wuhan-400» geschrieben, das in einem Labor bei Wuhan gezüchtet und als «perfekte Waffe» bezeichnet wird; zitiert aus Zeit Geschichte, 3/2020, S. 17.

3 ‹http://www.euro.who.int/de/health-topics/health-emergencies/coronavirus-covid-19/novel-coronavirus-2019-ncov› (24.6.2020).

4 ‹https://talk.ictvonline.org› (24.6.2020).

5 Eine Epidemie, auch Seuche genannt, ist ein zeitlich und örtlich begrenztes vermehrtes Auftreten von Krankheitsfällen einheitlicher Ursache innerhalb einer menschlichen Population und entspricht damit einem großen Ausbruch einer Krankheit. Der Begriff ist nicht auf Infektionskrankheiten beschränkt.

6 Als «Pandemie» wird eine länder- und kontinenteübergreifende Ausbreitung einer Krankheit beim Menschen bezeichnet, im engeren Sinn die Ausbreitung einer Infektionskrankheit. Im Unterschied zur «Epidemie» ist eine Pandemie örtlich nicht beschränkt, es kann aber auch bei Pandemien Gebiete geben, die nicht von der Krankheit betroffen werden. Am 11.3.2020 erklärte der Generaldirektor der WHO den Ausbruch des Coronavirus offiziell zu einer Pandemie.

Angesichts der rasanten Ausbreitung des Virus auch in Europa und dort insbesondere in Norditalien, versetzte der Bundesrat die Schweiz am 24.2.2020 in «erhöhte Bereitschaft».[8] 3

Da sich das Corona-Virus weiter ausbreitete, stufte der Bundesrat die Situation in der Schweiz am 28.2.2020 als «besondere Lage» gemäss Art. 6 Abs. 2 lit. b Epidemiengesetz (EpG) ein[9] und setzte gleichentags die Verordnung über Massnahmen zur Bekämpfung des Corona-Virus (COVID-19)[10] in Kraft. 4

Am 13.3.2020, um 15.30 Uhr, hat der Bundesrat die Verordnung 2 über Massnahmen zur Bekämpfung des Corona-Virus (COVID-19)[11] in Kraft gesetzt. Die am 28.2.2020 in Kraft gesetzte Verordnung über Massnahmen zur Bekämpfung des Corona-Virus wurde wieder aufgehoben.[12] 5

Nachdem das Virus auch in der Schweiz angekommen war, erklärt der Bundesrat gestützt auf Art. 7 EpG am 16.3.2020 die «ausserordentliche Lage».[13] 6

Die nachstehenden Ausführungen beschäftigen sich mit der Frage, welche Auswirkungen diese Krise auf das Straf- und Strafprozessrecht hat(te). 7

II. Materielles Strafrecht

Mit dem Begriff des materiellen Strafrechts ist einerseits das im Strafgesetzbuch[14] verankerte Strafrecht des Bundes gemeint, andererseits bezieht sich dieser Begriff aber auch auf Strafbestimmungen in anderen Bestimmungen des Bundes auf Gesetzes- und Verordnungsebene.[15] 8

7 Laut WHO sind weltweit 4.170.424 Menschen an COVID-19 erkrankt, und 287.399 gestorben; Stand: 13.5.2020, 10:00 Uhr MEZ.

8 Medienmitteilung «Corona-Virus: Zusätzliche Massnahmen in der Schweiz» vom 24.2.2020, abrufbar unter: ‹https://www.admin.ch/gov/de/start/dokumentation/medienmitteilungen.msg-id-78205.html› (24.6.2020).

9 Medienmitteilung «Corona-Virus: Bundesrat verbietet grosse Veranstaltungen» vom 28.2.2020, abrufbar unter: ‹https://www.admin.ch/gov/de/start/dokumentation/medienmitteilungen/bundesrat.msg-id-78289.html› (24.6.2020).

10 COVID-19 Verordnung; SR 818.101.24; Stand: 14.5.2020.

11 COVID- 19 Verordnung 2; SR 818.101.24; Stand: 30.5.2020.

12 Vgl. dazu Art. 11 COVID-19-Verordnung 2.

13 Medienmitteilung «Corona-Virus: Bundesrat erklärt die ausserordentliche Lage und verschärft die Massnahmen» vom 16.3.2020, abrufbar unter: ‹https://www.bag.admin.ch/bag/de/home/das-bag/aktuell/medienmitteilungen.msg-id-78454.html› (24.6.2020).

14 StGB; SR 312.0.

15 Das sog. Nebenstrafrecht.

1. Strafgesetzbuch (StGB)

9 Wie in jeder Krise wird versucht, die Angst und Verunsicherung für kriminelle Zwecke auszunützen. So beobachten INTERPOL[16], EUROPOL[17], MELANI[18] und NEDIK[19] seit Wochen eine Zunahme krimineller Aktivitäten im Internet mit direktem Bezug zur Corona-Krise, wie zum Beispiel den Betrug mit Schutzmasken und Desinfektionsmitteln oder den Verkauf von gefälschten Medikamenten. MELANI und die Eidgenössische Steuerverwaltung warnten gerade vor Kurzem vor E-Mails mit Anhang über angebliche Steuerrückerstattungen. Das angehängte Dokument enthält eine Schadsoftware, die geöffnet vom Nutzer unbemerkt lokal gespeicherte Daten kopiert. Sodann konnten weitere Varianten kriminellen Verhaltens mit einem direkten Bezug zur Coronakrise beobachtet werden[20]:

- **Phishing-E-Mails**: Die Täter verschicken vor allem E-Mails, die angeblich von der World Health Organisation (WHO) oder dem Bundesamt für Gesundheit (BAG) stammen.
- **Voice Phishing**: Anrufe im Namen des Bundesamtes für Gesundheit (BAG), um an persönliche Informationen zu gelangen.
- **Corona-Virus Maps**: Interaktive Karten auf Webseiten, welche die Virusverbreitung aufzeigen, können von Cyberkriminellen manipuliert werden und einen Download mit Malware auslösen.
- **Betrügerische Spendenaufrufe**: Vermeintliche Wohltätigkeitsorganisationen rufen zu Spenden auf, um einen Impfstoff für COVID-19 zu entwickeln.
- **Fake-Shops für medizinische Produkte**: Online-Shops, auf denen medizinische Produkte (Atemschutzmasken usw.) angeboten werden, wobei die Waren trotz Bezahlung nicht geliefert werden.

16 Die Internationale kriminalpolizeiliche Organisation – Interpol, kurz IKPO, ICPO-Interpol, Interpol (von englisch **Inter**national Criminal **Pol**ice Organization), ist ein Verein zur Stärkung der Zusammenarbeit nationaler Polizeibehörden. Sie wurde 1923 als Internationale kriminalpolizeiliche Kommission in Wien gegründet und hat ihren Sitz in Lyon. Derzeit hat Interpol 194 Mitgliedstaaten.

17 Europol oder **Euro**päisches **Pol**izeiamt ist eine Polizeibehörde der Europäischen Union mit Sitz in Den Haag. Sie soll die Arbeit der nationalen Polizeibehörden Europas im Bereich der grenzüberschreitenden organisierten Kriminalität (OK) koordinieren und den Informationsaustausch zwischen den nationalen Polizeibehörden fördern.

18 Die **Mel**de- und **An**alysestelle **I**nformationssicherung (MELANI) ist vom Bundesrat mit dem Schutz der kritischen Infrastrukturen in der Schweiz beauftragt. Der Sinn und Zweck von MELANI ist sowohl die Früherkennung von Gefahren und deren Bewältigung sowie die Unterstützung der Betreiber von kritischen Infrastrukturen in der Krise. Die Website von MELANI richtet sich ebenfalls an private Computer- und Internetbenutzer sowie an kleinere und mittlere Unternehmen (KMU) der Schweiz.

19 Das Netzwerk der Polizeibehörden zur Ermittlungsunterstützung gegen die digitale Kriminalität (NEDIK) setzt sich aus polizeilichen Spezialisten zusammen, die zum Ziel haben, die polizeiliche Zusammenarbeit zwischen den Kantonen und dem Bund zu fördern sowie neue Arbeitsprodukte und effiziente Ermittlungsmethoden zu entwickeln.

20 Vgl. ‹https://www.melani.admin.ch/melani/de/home/themen/covid-19.html› (24.6.2020).

- **Money Mules**: Mit interessanten Angeboten versuchen Betrüger, im Namen einer angeblichen Firma unbescholtene Bürger als Finanzagenten (Moneymules) anzuwerben.
- **Fake-Sextortion**: Die Täterschaft gibt vor, zu wissen, dass das Opfer Pornofilme angeschaut haben soll. Per E-Mail wird den Opfern gedroht, bei Nichtzahlung die Familie des Geschädigten mit dem Corona-Virus zu infizieren.

Das aktuelle Strafgesetzbuch ist grundsätzlich gut gewappnet, sich diesen kriminellen Machenschaften zu stellen und sie zu verfolgen. Wie sich nachstehend allerdings zeigen wird, haben kleine Gesetzesänderungen auch dazu geführt, dass das Strafgesetzbuch im Kampf gegen die Krise punktuell auch stumpfer geworden ist, was insbesondere (oder ausgerechnet) für den Tatbestand der Verbreitung menschlicher Krankheiten im Sinne von Art. 231 StGB gilt. 10

Ansteckungen mit dem Corona-Virus fallen einerseits unter das geschützte Individualrechtsgut von Leib und Leben (Art. 111 ff. StGB), andererseits mit Blick auf das Universalrechtsgut «Öffentliche Gesundheit» unter die Gefährdungsdelikte (Art. 230bis ff. StGB), und dort insbesondere unter den Tatbestand der Verbreitung menschlicher Krankheiten (Art. 231 StGB). 11

Da im Falle einer Pandemie[21] die erforderlichen medizinischen Ressourcen nicht unbegrenzt zur Verfügung stehen können, wird auch kurz die Rolle des materiellen Strafrechts bei sogenannten «Triage-Entscheidungen» für die Aufnahme und den Verbleib auf den Intensiv- und Intermediärstationen[22] diskutiert.[23] 12

a) *Strafbare Handlungen gegen Leib und Leben*

aa) COVID-19 und Körperverletzung

Die Delikte gegen Leib und Leben nach Art. 111 ff. StGB erfassen einerseits den Schutz des Lebens (Art. 111 bis Art. 117 StGB). Geschützt ist jedes menschliche Leben, unabhängig von der Lebenserwartung[24] oder des Vorbestehens eines pathologischen Zustands.[25] Jegliche Relativierung ist deshalb grundsätzlich[26] unzulässig.[27] 13

21 Vgl. dazu FN 4.

22 Station zur Pflege nach einer Operation.

23 Vgl. dazu auch BIRKLBAUER, Kapitel 16: Strafrecht, Stand 15.4.2020.

24 Vgl. dazu aber die Schweizerische Akademie der Medizinischen Wissenschaften (SAMW), S. 5, wo als einziges Kriterium für eine Verweigerung der Aufnahme auf eine Intensivstation ein Alter von mehr als 85 Jahren angegeben wird.

25 BGE 125 IV 197; 107 IV 42.

26 Vgl. dazu nachstehend: Strafrechtliche Relevanz lebensbedrohender und lebensbeendender Triage-Entscheidungen.

27 BGer v. 22.5.2027, 6B_773/2016, E. 4.2; BSK StGB-SCHWARZENEGGER/STÖSSEL, Vor Art. 111 N 2; WOHLERS/GODENZI/SCHLEGEL, Handkommentar StGB, Art. 111 N 2.

14 Geschützt ist aber auch die körperliche und gesundheitliche Integrität (Art. 122 ff. StGB). Unter Strafe gestellt wird damit auch die Gesundheitsschädigung als «nicht unerhebliche» Beeinträchtigung des physischen und/oder psychischen Wohlbefindens.

15 Die Untergrenze der fehlenden «Unerheblichkeit» ist tief anzusetzen, kann doch zum Beispiel für eine einfache Körperverletzung im Sinne von Art. 123 StGB bereits eine einfache Schürfung ausreichen.[28] Eine Infektion mit COVID-19, auch wenn diese den Gesundheitszustand nur kurz beeinträchtigen sollte, überschreitet somit die Tatbestandsschwelle für eine Gesundheitsschädigung.[29]

16 Eine schwere Gesundheitsschädigung nach Art. 122 StGB liegt vor, wenn diese nicht nur vorübergehend besteht, sondern über einen gewissen Zeitraum andauert. Darüber hinaus fällt unter diese Qualifikation auch, wenn unter Berücksichtigung aller Umstände mit Blick auf die Wichtigkeit des betroffenen Organs, die Intensität und das Ausmass der Krankheitserscheinungen sowie die Heilungschancen von einer vergleichbar schweren Beeinträchtigung wie bei einer länger andauernden Beeinträchtigung auszugehen ist.

17 Dass es sich bei einer COVID-19-Infektion objektiv um eine Gesundheitsschädigung im Sinne von Art. 123 f. StGB handelt, ist selbst bei einem leichten Verlauf offensichtlich. Ob eine schwere Gesundheitsschädigung vorliegt, hängt meist vom konkreten Verlauf der Erkrankung ab. Da es dafür, wie bereits erwähnt, nicht unbedingt nur auf die Dauer der Erkrankung ankommt, sondern bereits die Risiken, die mit einer Erkrankung verbunden sind, zu berücksichtigen sind, könnte auch bei einem erheblichen, wenn auch nicht allzu langen Verlauf, eine an sich schwere Gesundheitsschädigung im Sinne von Art. 122 StGB vorliegen.

18 Verlangt wird allerdings, dass der Täter den Deliktserfolg durch ein rechtlich relevantes Verhalten kausal und objektiv zurechenbar herbeigeführt haben muss.[30] Diese Zurechenbarkeit kann aber zum Beispiel wegen Selbstgefährdung des Opfers ausgeschlossen sein.[31] Der willentliche Kontakt mit einer wissentlich mit dem Corona-Virus infizierten Person und die darauf erfolgte Ansteckung muss deshalb nicht strafbar sein.

19 Das ändert aber nichts daran, dass es darauf trotzdem zu einer Bestrafung mit Bezug auf den Tatbestand des Verbreitens menschlicher Krankheiten kommen kann.[32] Bei Delikten der Gemeingefährdung, die sich ausschliesslich gegen öffentliche Interessen richten, kann es auf die Haltung oder das Wissen des zunächst Betroffenen nicht ankommen.[33]

---

28 BSK StGB-Roth/Berkemeier, Art. 123 N 4.

29 BGE 125 IV 246; 116 IV 132.

30 Zum Nachweis eines solchen Verhaltens könnten dabei allenfalls die sogenannten «Contact-Tracing-Apps» eine nicht unwesentliche Rolle spielen, zumal bis heute nicht klar zu sein scheint, ob die damit gesammelten Daten tatsächlich vollständig anonymisiert werden, vgl. dazu nur: ‹https://www.techradar.com/news/apple-google-covid-19-coronavirus-partnership-ios-android› (24.6.2020).

31 BGE 134 IV 207 bei HIV-Infizierung.

32 Art. 231 StGB.

33 BGE 131 IV 1 E. 4 mit Hinweisen.

Entsprechendes muss gelten, wenn bei einem Kontakt keiner (mit Sicherheit) weiss, dass einer von ihnen mit dem Corona-Virus infiziert ist. Wer sich auf ungeschützte Kontakte einlässt, ohne dass er frühere Kontakte und damit die Möglichkeit einer Corona-Virus-Infektion der anderen Person ausschliessen kann, setzt sich selbst einer Gefährdung aus. Die Zurechnung des Verletzungserfolgs scheitert daher in der Regel an der eigenverantwortlichen Selbstgefährdung des Opfers, wenn sich das Risiko der Infektion mit dem Corona-Virus realisiert. Das gilt nach dem Gesagten jedoch nur, solange beide Personen das Risiko einer früheren Corona-Virus-Infektion und die Ansteckungsgefahr im gleichen Mass überblicken. Besteht auf Seiten des Opfers ein konkret entscheidrelevantes Wissensdefizit, ist die Selbstgefährdung nicht mehr von seinem Willen getragen und daher nicht frei verantwortlich. In diesem Fall ist die Risikoverwirklichung dem Mitwirkenden zuzurechnen.[34] 20

bb) Vorsätzliche und fahrlässige Verursachung

Das Strafrecht erfasst sowohl die vorsätzliche als auch die fahrlässige Zufügung einer Gesundheitsschädigung. 21

Fahrlässigkeit im Sinne von Art. 12 Abs. 3 StGB setzt die objektive Sorgfaltswidrigkeit eines Verhaltens voraus. Ein solches liegt infolge des damit verbundenen objektiv vorhandenen und vorhersehbaren Risikos vor, wenn entweder gegen eine positivierte Rechtsvorschrift (Gebot oder Verbot) oder eine berufsspezifische Sorgfaltsnorm (lege artis) verstossen wird. Fehlt es an solchen generellen Verhaltensanordnungen, wird subsidiär auf den einsichtigen und besonnenen Menschen aus dem Verkehrskreis des Täters abgestellt (objektiver Dritter), der sich in der konkreten Situation anders verhalten hätte. 22

Im Unterschied dazu bedeutet Vorsatz nach der Legaldefinition von Art. 12 Abs. 2 StGB, dass die Erfüllung eines strafrechtlichen Tatbestands ernstlich für möglich gehalten (Wissenskomponente) und mit der Erfüllung abgefunden wird (Willenskomponente). Ein Täter, der das mit seinem Verhalten einhergehende objektive Risiko erkennt und dessen Verwirklichung in Kauf nimmt, indem er bei lebensnaher Betrachtung sein Verhalten in Kenntnis dieses konkreten Risikos setzt, handelt somit (eventual-)vorsätzlich. 23

Da die Risiken, die mit einer COVID-19-Infektion einhergehen, spätestens seit Mitte März 2020 allgemein bekannt sind, besteht für Personen, die selbst infiziert sind, in den meisten Fällen eine Strafbarkeit wegen vorsätzlicher Körperverletzung gemäss Art. 122 f. StGB, wenn sie die Kontakte mit anderen Menschen nicht begrenzen und zum Beispiel gegen die Verhaltensregeln des BAG verstossen,[35] sofern sich die Kausalität der Ansteckung eines anderen nachweisen lässt[36]. Wenn ein Erkrankter im Einzelfall davon 24

34 BGE 134 IV 208 f. zur HIV-Infektion.

35 Vgl. dazu BAG «Coronavirus: So schützen wir uns», abrufbar unter: ‹https://www.bag.admin.ch/bag/de/home/krankheiten/ausbrueche-epidemien-pandemien/aktuelle-ausbrueche-epidemien/novel-cov/so-schuetzen-wir-uns.html› (24.6.2020).

36 Dies kann zum Beispiel durch das sogenannte «contact-tracing» (deutsch: Rückverfolgung von Infektionsketten) erfolgen (vgl. dazu auch FN 30). Damit bezeichnet man im Rahmen der Umgebungsunter-

ausgeht, durch sein Verhalten niemand anderen anzustecken, ist dies nur dann zu berücksichtigen, wenn er trotz Verstosses gegen die Verhaltensregeln des BAG alles unternommen hat, um das von ihm ausgehende Risiko zu minimieren, etwa durch Vermeidung des Zusammentreffens mit anderen Personen oder des Tragens einer Schutzmaske und allenfalls weiterer Massnahmen.

25 Sollte sich der Vorsatz nicht nachweisen lassen, kommt eine Strafbarkeit wegen fahrlässiger Körperverletzung (Art. 125 StGB) in Betracht, sofern auch hier ein Kausalzusammenhang im Hinblick auf die Ansteckung nachweisbar ist. Für das Mass der zu beachtenden Sorgfalt im Zusammenhang mit der Übertragungsgefahr des Corona-Virus ist – analog zur Rechtsprechung zum HI-Virus – von den entsprechen Verhaltensempfehlungen des Bundesamtes für Gesundheit auszugehen.[37] Wer selbst infiziert ist oder infiziert sein könnte und sich nicht an die Verhaltensregeln des BAG hält,[38] handelt deshalb objektiv sorgfaltswidrig[39] Eine Ansteckung liegt im Schutzbereich der verletzten Norm und auch eine Erfolgszurechnung wird infolge Adäquanzzusammenhanges regelmässig gegeben sein.

26 Das Problem des erlaubten Risikos stellt sich bei der Gefahr einer Corona-Virus-Übertragung namentlich insofern, als etliche Personen unerkannt Virusträger sind. In der Lehre zum HI-Virus ist umstritten, ob es diesen Personen erlaubt ist, unabgeschirmt gefährliche Kontakte einzugehen, obwohl sie womöglich mit ihrer Corona-Virus-Infektion rechnen müssen.[40] Soll der Rechtsprechung des Bundesgerichts zum HI-Virus auch hier analog gefolgt werden, kann die Gefahr der Übertragung auch des Corona-Virus nicht generell ein erlaubtes Risiko darstellen, das in jedem Fall hinzunehmen wäre. Der gegenteiligen Auffassung, die darauf abstellt, dass mangels Rechtspflicht und zuverlässiger faktischer Erkennbarkeit kein Sorgfaltsgebot existiere, sich vor infektionsgefährdeten Kontakten der eigenen Gesundheit zu vergewissern, kann nicht gefolgt werden. Zum einen vermag das Fehlen einer – ausdrücklichen – Rechtspflicht, sich zum Beispiel einem Corona-Virus-Test zu unterziehen, die Frage nicht zu beantworten, unter wel-

suchung das Nachverfolgen von Kontaktpersonen, sowie das aktive Ermitteln von Personen, die Kontakt zu einem Erkrankten (oder zu einem infektiösen Verdachtsfall) hatten und infiziert sein könnten. Durch diese epidemiologische Methode kann zum einen die infizierte Person medizinisch behandelt werden und zum anderen kann die Übertragung auf andere Menschen verhindert werden. «contact-tracing» ist eine effiziente und kostengünstige medizinisch-epidemiologische Massnahme, um gezielt Ansteckungsketten von infektiösen Erkrankungen aufzudecken. Um die Ausbreitung der COVID-19-Pandemie zu verlangsamen, wird eine freiwillige, via Bluetooth arbeitende «contact-tracing» App geprüft ‹https://de.wikipedia.org/wiki/Contact_Tracing› (24.6.2020). Vgl. dazu auch: BAG Mitteilung: Öffentlicher Sicherheitstest der SwissCovid-App, abrufbar unter: ‹https://www.bag.admin.ch/bag/de/home/das-bag/aktuell/news/news-28-05-2020.html› (24.6.2020).

37 Vgl. dazu BGE 134 IV 205.

38 Vgl. FN 32.

39 Vgl. bei HIV die Beachtung der «Safer-Sex-Regeln» des BAG.

40 Für erlaubtes Risiko: Kunz, ZStrR 107/1990, S. 49 ff.; **ablehnend**: Beglinger, Basler Kommentar, Strafgesetzbuch II, Basel 2003, Art. 231 StGB N. 33; Huber, ZStrR 115/1997, S. 116 f.; ferner ders., SJZ 85/1989, S. 152 f.

chen Umständen die Grenze des erlaubten Risikos überschritten wird. Zum anderen wird übersehen, dass sich die staatlichen Empfehlungen gerade an die nicht wissentlich Infizierten richten. Massgebend bleibt somit, ob der Risikostifter zur Zeit der Tat konkrete Anhaltspunkte für die eigene Corona-Virus-Infektion hat, was aufgrund der jeweiligen Umstände im Einzelfall zu beurteilen ist. Als Anhaltspunkt gilt grundsätzlich jeder erkannte bzw. bewusst erlebte Risikokontakt in der Vergangenheit. Bei Vorliegen solcher Verdachtsmomente ist der Risikostifter gehalten, auf ungeschützten Kontakt zu anderen Personen solange zu verzichten, wie er die eigene Corona-Virus-Infektion nicht mit hinreichender Sicherheit ausschliessen kann. Wer trotz Kenntnis der Möglichkeit seiner Corona-Virus-Infektion in Missachtung der entsprechenden Regeln des BAG weiterhin ungeschützt Kontakt hat, handelt pflichtwidrig und schafft eine objektiv erhöhte Gefahr für die Rechtsgüter anderer Personen, mit denen er Kontakt hat, womit er das erlaubte Risiko überschreitet.

Eine Strafbarkeit wegen fahrlässiger Körperverletzung könnte auch für Dritte be- 27
stehen, die ein sorgfaltswidriges Verhalten eines anderen fördern oder unterstützen. In diesem Kontext ist etwa an Vorgesetzte zu denken, die ihren Mitarbeitern entgegen den Empfehlungen des Bundesrates trotz vorhandener Möglichkeit kein Homeoffice erlauben oder eine Zusammenkunft mehrerer Mitarbeiter ohne besondere geschäftliche Notwendigkeit anordnen. Führt dieses Verhalten des Vorgesetzten, das infolge des Verstosses gegen die Empfehlungen des BAG als sozial inadäquat einzustufen ist, zur Infektion bei einem Mitarbeiter, steht bei einem nachweisbaren Kausalzusammenhang eine Strafbarkeit für den anordnenden Vorgesetzten im Raum. Die Argumentation des Haftungsausschlusses infolge Fehlverhaltens von Mitarbeitern, die sich einer derartigen Anordnung nicht widersetzt haben, greift hier mit Blick auf die Schutzfunktion des Vorgesetzten sowie die Drucksituation, der der Angewiesene ausgesetzt ist, im Regelfall nicht[41].

cc) COVID-19 und Tötungsdelikte

Führt die vorsätzliche oder fahrlässige herbeigeführte Ansteckung einer Person mit dem 28
Corona-Virus zum Tod, steht auch die Frage eines Tötungsdelikts im Raum. Im Unterschied zu den vorerwähnten Körperverletzungsdelikten kann hier nicht ohne weiteres auf die Rechtsprechung des Bundesgerichts zur Infizierung mit dem HI-Virus[42] verwiesen werden. Der im Falle einer HIV-Infektion zwar wahrscheinliche, aber erst nach ungewisser, in der Regel erst nach vielen Jahren eintretende Tod, ist dem Täter schon objektiv nicht zurechenbar. Hinzu kommt, dass in den vergangenen Jahren dank verbesserter Therapiemöglichkeiten (kombinierter Einsatz mehrerer Medikamente etc.) die Sterblichkeitsrate, bezogen auf einen bestimmten Zeitraum, erheblich gesunken beziehungsweise, mit anderen Worten, die Lebenserwartung eines HIV-Infizierten grösser geworden ist. Dies ist zumindest für die Frage der objektiven Zurechenbarkeit einer allfäl-

41 Vgl. dazu auch: Birklbauer, a.a.O.

42 BGE 125 IV 255.

ligen Todesfolge relevant. Der Verlauf der Krankheit und der allfällige Tod sind damit noch vermehrt ein schicksalhaftes Geschehen, das von zahlreichen Umständen abhängt.

29 Die Mortalitätsrate des Corona-Virus ist von Land zu Land sehr unterschiedlich. Mit Stand vom 29.5.2020 belief sich diese in Belgien auf 16.26%[43], wohingegen in der Schweiz eine solche von 6.23%[44] erreicht wurde. Nach den bisher vorliegenden Studien dauert es bei denen, die nach einer Corona-Infektion sterben, von den ersten Symptomen bis zum Tod durchschnittlich 17,33 Tage.[45]

30 Angesichts dieser Zahlen kann bei einer vorsätzlichen Infektion mit dem Corona-Virus und dem anschliessenden Tod der infizierten Person je nach Einzelfall der Vorwurf der (eventual-)vorsätzlichen Tötung durchaus diskutiert werden.[46]

b) Verbrechen und Vergehen gegen die öffentliche Gesundheit

31 Art. 231 StGB stellt unter Strafe, wer aus gemeiner Gesinnung eine gefährliche übertragbare menschliche Krankheit verbreitet.

32 Die Norm erfasst Verhaltensweisen, die durch unmittelbare Übertragung oder durch einen Zwischenträger auf andere Menschen[47] eine nicht mehr beherrschbare Gefahr für die Rechtsgüter Leib und Leben einer Vielzahl von Menschen begründen.[48]

33 Der Anwendungsbereich von Art. 231 StGB ist allerdings mit der Reform des Epidemiegesetzes mit Wirkung auf den 1.1.2016 erheblich eingeschränkt worden. So wurde die fahrlässige Begehung ersatzlos gestrichen und bei Vorsatz werden nur noch Fälle erfasst, in denen der Täter mit «gemeiner Gesinnung», d.h. aus Hass, Rachegefühlen oder aus sonstigen niederträchtigen Beweggründen[49] handelt. Dies bedeutet, dass die Verbreitung gefährlicher Krankheiten einzig bei gemeiner Gesinnung tatbestandsmässig ist und die Kombination von Vorsatz und gemeiner Gesinnung einen Vorsatz ersten Grades erfordert.

34 Im Unterschied zu Art. 1 EpG ist der Kreis der von Art. 231 StGB erfassten Krankheiten auch kleiner, da mit Art. 231 StGB zusätzlich verlangt wird, dass die übertragbare Krankheit «gefährlich» sein muss. Gefährlich ist eine Krankheit nur dann, wenn sie den Tod oder eine schwere Gesundheitsschädigung mit sich bringen kann, wobei die Wahrscheinlichkeit dieser Folge gross sein muss.[50]

---

43 ‹https://de.statista.com/statistik/daten/studie/1103785/umfrage/mortalitaetsrate-des-coronavirus-nach-laendern/› (24.6.2020).

44 ‹https://www.srf.ch/news/schweiz/coronavirus-so-entwickeln-sich-die-fallzahlen-in-der-schweiz› (24.6.2020).

45 ‹https://github.com/midas-network/COVID-19/tree/master/parameter_estimates/2019_novel_coronavirus› (24.6.2020).

46 Bei HIV-Fällen wird dieser Vorwurf nur bei sog. «Desperado-Fällen» bejaht, bei denen «der Täter in diabolischer Absicht andere mit sich ins Unglück reisst», BGE 125 IV 255; Wohlers/Godenzi/Schlegel, Handbuch StGB, Art. 231 N 5.

47 BGer v. 25.2.2015, 6B_1237/2015.

48 BGE 116 IV 128 = Pra 1991 Nr. 105; Wohlers/Godenzi/Schlegel, Handbuch StGB, Art. 231 N 1.

49 Wohlers/Godenzi/Schlegel, Handbuch StGB, Art. 231 N 6.

50 BSK StGB-Niggli/Mäder, Art. 231 N 32.

Ein Hinweis (aber nicht mehr) für die «Gefährlichkeit» einer Krankheit kann die Aufnahme derselben, bzw. dessen Erregers, in einen der Anhänge der Verordnung des EDI vom 1.12.2015 über die Meldung von Beobachtungen übertragbarer Krankheiten des Menschen sein, wie dies auch mit dem Corona-Virus geschehen ist.[51] Ein weiteres Kriterium für die Einschätzung der Krankheit als «gefährlich» kann die von EDI in den Anhängen festgesetzte Meldefrist an das BAG sein. Beim «Corona-Virus» ist diese Meldung an das BAG auf eine sehr kurze Frist von 2 Stunden angesetzt worden[52], innert welcher die Entdeckung der Krankheit dem BAG telefonisch mitgeteilt werden muss. Die Gefährlichkeit hängt auch vom medizinischen Stand der Behandlungsmöglichkeiten ab, der zu berücksichtigen ist. 35

Ob das Corona-Virus damit als gefährlich im Sinne von Art. 231 StGB zu qualifizieren ist, ist schwierig zu beurteilen, aber zum heutigen Zeitpunkt wohl zu bejahen, zumal die Mortalitätsrate hoch ist und es gegen den Virus auch immer noch keinen Impfstoff gibt. 36

c) *Strafrecht bei Triage-Entscheidungen für die Aufnahme und den Verbleib auf der Intensivstation und Intermediärstationen*[53]

Angesichts der verstörenden Bilder von überlasteten Krankenhäusern insbesondere in Italien, aber auch im Tessin, stellt sich die Frage, wie sogenannte «Triage-Entscheidungen» nach dem schweizerischen Strafrecht zu beurteilen sind. Dabei geht es um Entscheidungen darüber, wer eine bestimmte Gesundheitsversorgung (Intensivbett, Beatmungsgerät) erhält und wer nicht, obwohl er sie – gemessen an den etablierten medizinischen und ethischen Orientierungspunkten – bräuchte. Während eine unterlassene Maximaltherapie strafrechtlich unbedenklich ist, wenn die entsprechenden Ressourcen nicht (mehr) vorhanden sind, weil niemand zu einem Handeln verpflichtet werden kann, das er infolge äusserer Umstände nicht setzen kann, ist die Frage, ob jemandem zum Beispiel ein Beatmungsgerät weggenommen werden darf, weil es ein anderer Patient mit grösseren Überlebenschancen dringender braucht, ethisch und rechtlich höchst umstritten. 37

Die Schweizerische Akademie der Medizinischen Wissenschaften (SAMW) hat zusammen mit der Schweizerischen Gesellschaft für Intensivmedizin (SGI) unter dem Titel «COVID-19-Pandemie: Triage von intensivmedizinischen Behandlungen bei Ressourcenknappheit, 2. Version vom 24. März 2020», Richtlinien verfasst und Kriterien definiert, welche gesamtschweizerisch für den Entscheid über die Aufnahme und den Verbleib auf der Intensivstation Geltung beanspruchen sollen.[54] 38

51 Vgl. Anhang 1 (Meldung von klinischen Befunden) Ziff. 32a, Anhang 3 (Meldung von laboranalytischen Befunden) Ziff. 32a zur Verordnung des EDI über die Meldung von Beobachtungen übertragbarer Krankheiten des Menschen vom 1.12.2015; SR 818.101.126.

52 Das gilt z.B. auch für Ebola, Influenza A HxNy, Krim-Kongo- und Lassa-Fieber oder die Pest.

53 Vgl. dazu für Österreich: Birklbauer, a.a.O.

54 ‹https://www.samw.ch/de/Ethik/Themen-A-bis-Z/Intensivmedizin.html› (24.6.2020).

39 Unter dem Titel «Gerechtigkeit» wird in den vorerwähnten Richtlinien zwar vorerst darauf hingewiesen, dass die zur Verfügung stehenden Ressourcen ohne Diskriminierung zu verteilen seien, also ohne nicht gerechtfertigte Ungleichbehandlung nach Alter, Geschlecht, Wohnort, Nationalität, religiöser Zugehörigkeit, sozialer Stellung, Versicherungsstatus oder chronischer Behinderung.[55] Insbesondere das Alter wird dann aber trotzdem indirekt bei der kurzfristigen Prognose berücksichtig, da dieses Kriterium, so die Richtlinien, «ein Risikofaktor für die Sterblichkeit (sei) und daher berücksichtigt werden muss». Für den Fall, dass keine Intensivpflegebetten mehr verfügbar sind,[56] sehen die Richtlinien deshalb vor, dass Personen über 85 Jahre und Personen über 75 Jahre mit einer Zusatzerkrankung der Zugang zur Intensivbehandlung verweigert wird.

40 Für die Ärztin oder den Arzt, die oder der solche Entscheidungen in einer Katastrophensituation wie einer Pandemie dennoch vornehmen muss (auch der Abbruch einer bereits eingeleiteten Intensivtherapie ist eine solche Entscheidung), stellt sich die Frage, ob sie diese Entscheidung überstehen, ohne mit strafrechtlichen Konsequenzen rechnen zu müssen.[57]

41 Unproblematisch sind jene Fälle, in denen es bereits an der medizinischen Indikation für eine intensive Weiterbehandlung fehlt. Ist zum Beispiel eine palliativmedizinische Behandlung indiziert, sind Fälle unterlassener Maximaltherapie bei beschränkten Ressourcen im Rahmen der Therapieziel-Änderung lösbar und strafrechtlich unproblematisch. Bedenklich sind damit nur jene Fälle, in denen bei mehreren Personen eine Indikation für eine Behandlung vorliegt, die nicht alle erhalten können, und sich die Frage nach der höheren Überlebenswahrscheinlichkeit als möglicher Entscheidungsmassstab stellt. Konkret geht es um den Sachverhalt, dass einer mit dem Corona-Virus infizierten Person mit schweren Symptomen die notwendige Intensivbetreuung verweigert oder eine solche abgebrochen wird und diese Person infolge der verweigerten oder abgebrochenen Behandlung darauf stirbt.

42 Ein solches Verhalten ist einmal mit Bezug auf den Vorwurf der vorsätzlichen Tötung klarerweise tatbestandsmässig. Die Ärztin oder der Arzt weiss, dass sein Handeln bzw. sein Unterlassen den Tod einer Person zur Folge hat. In einem zweiten Schritt ist jedoch die Frage zu stellen, ob Gründe vorliegen, die das tatbestandsmässige Handeln der Ärztin oder des Arztes rechtfertigen könnten.

43 Nicht einschlägig ist dabei der rechtfertigende Notstand nach Art. 17 StGB, da es dort um die Wahrung höherwertiger Interessen geht. Vorliegend haben wir es aber mit der Wahrung gleichwertiger Interessen, d.h. Leben gegen Leben, zu tun. Diese Konstellation löst der entschuldbare Notstand gemäss Art. 18 StGB. Wenn es dem Täter nicht zugemutet werden kann, das gefährdete Rechtsgut preiszugeben, so soll er wenigstens

55 Vgl. S. 2 Ziff. 2. Absatz 3 der Richtlinien SAMW und SGI.

56 «Stufe B» gemäss S. 5 Ziff. 4.3. der Richtlinien SAMW und SGI.

57 Von den moralischen und ethischen Dilemmas soll hier gar nicht gesprochen werden.

entschuldigt sein und bleibt damit straffrei. War es ihm zuzumuten, das gefährdete Rechtsgut preiszugeben, liegt immer noch ein Strafmilderungsgrund[58] vor.

Andererseits lässt sich, worauf BIRKLBAUER zutreffend hinweist,[59] aber auch nur be- 44 dingt eine Verpflichtung für den behandelnden Arzt begründen, aktiv lebenswichtige Ressourcen einem Patienten mit schlechter Prognose wegzunehmen, um sie einem mit besserer Prognose zukommen zu lassen. Anders formuliert: Wenn der Arzt eine medizinisch indizierte Massnahme unterlässt, kann er für dieses Unterlassen ebenso durch Notstand entschuldigt sein (fehlende Zumutbarkeit). In die Zumutbarkeitsbewertung fliessen denn auch die Motive des Arztes, also zum Beispiel seine ethischen Überlegungen, ein. Insofern ist er zwar zum Handeln verpflichtet und kann daher den Tatbestand eines Tötungsdelikts verwirklichen, für das Unterlassen einer überlebenswichtigen Behandlung dadurch, dass er sich weigert, die Ressourcen einem anderen mit schlechterer Prognose aktiv wegzunehmen, ist er unter Umständen aber ebenso entschuldigt wie ein Arzt, der eine lebenswichtige Ressource einem Patienten mit besserer Prognose zukommen lässt und sie deswegen einem anderen aktiv wegnimmt. Den Massstab für die Entschuldbarkeit bilden auch hier die (ethischen) Motive des Arztes für seine Entscheidung.

2. Nebenstrafrecht

a) Allgemein

Während das Strafgesetzbuch, wie bereits vorstehend erwähnt wurde, die Corona-Krise 45 zumindest bis heute unbeschadet überstanden hat, ist im Nebenstrafrecht zunächst auf die hier nicht weiter zu kommentierenden Strafbestimmungen von Art. 82 f. EpG zu verweisen. Im Weiteren hat der Bundesrat auf Verordnungsstufe zwei neue Strafbestimmungen geschaffen, auf welche nachstehend kurz einzugehen ist.

Um die Ausbreitung des Coronavirus in der Schweiz einzudämmen und um die Be- 46 völkerung und die Gesundheitsversorgung zu schützen, hat der Bundesrat zuerst gestützt auf Art. 184 Abs. 3 und Art. 185 Abs. 3 BV am 13.3.2020 und dann am 16.3.2020 gestützt auf Art. 7 EpG[60] die COVID-19-Verordnung 2 in Kraft gesetzt. Zum Schutz der darin angeordneten Massnahmen und in Ergänzung zum bereits bestehenden materiellen Strafrecht wurde mit Art. 10f darin auch eine mit Freiheitsstrafe bewehrte Strafbestimmung erlassen. Diese Bestimmung lautet wie folgt[61]:

«[1] Sofern keine schwerere strafbare Handlung nach dem Strafgesetzbuch vorliegt, wird mit Freiheitsstrafe bis zu drei Jahren oder Geldstrafe bestraft, wer sich vorsätzlich Massnahmen nach Artikel 6 widersetzt.

[2] Mit Busse wird bestraft, wer:

a. gegen das Verbot von Menschenansammlungen im öffentlichen Raum nach Artikel 7c Absatz 1 verstösst;

---

58 Art. 48a StGB.

59 BIRKLBAUER,Kapitel 16: Strafrecht, Stand 10.4.2020.

60 Vgl. zu diesem Wechsel kritisch: BERNARD, Jusletter 30.3.2020, Rz 40 und 55.

61 Stand: 29.5.2020.

b. Schutzausrüstung oder wichtige medizinische Güter ausführt, ohne dass die nach Artikel 4b Absatz 1 erforderliche Bewilligung vorliegt;

c. gegen Einschränkungen des grenzüberschreitenden Personen- und Warenverkehrs an den Grenzübergängen nach Artikel 4 Absatz 4 verstösst;

d. gegen das Verbot von Einkaufstourismus nach Artikel 3d verstösst.

[3] Folgende Verstösse können im Verfahren nach dem Ordnungsbussengesetz vom 18. März 2016 mit einer Ordnungsbusse von 100 Franken geahndet werden:

a. Verstösse gegen das Verbot von Menschenansammlungen im öffentlichen Raum nach Artikel 7c Absatz 1;

b. Verstösse gegen Einschränkungen des grenzüberschreitenden Personen- und Warenverkehrs an den Grenzübergängen nach Artikel 4 Absatz 4;

c. Verstösse gegen das Verbot von Einkaufstourismus nach Artikel 3d.

[4] …

[5] Die EZV ist im Umfang ihrer Kontrollkompetenzen ermächtigt, bei Verstössen gegen die Artikel 3d und 4 Absatz 4 Ordnungsbussen zu erheben. Wird die Ordnungsbusse nicht sofort bezahlt, so überweist sie die Sache an die zuständige Strafverfolgungsbehörde.»

47 Zum anderen hat der Bundesrat direkt gestützt auf Art. 185 Abs. 3 BV am 25.3.2020 die Verordnung zur Gewährung von Krediten und Solidarbürgschaften in Folge des Coronavirus erlassen[62]. Auch diese Verordnung hat der Bundesrat mit einer eigenen Strafbestimmung zum Schutz vor missbräuchlichem Bezug eines Kredites geschützt.[63] Diese Bestimmung lautet wie folgt:

48 «Sofern keine schwerere strafbare Handlung nach dem Strafgesetzbuch vorliegt[64], wird mit Busse bis zu 100 000 Franken bestraft, wer vorsätzlich mit falschen Angaben einen Kredit nach dieser Verordnung erwirkt oder die Kreditmittel in Abweichung von Artikel 6 Absatz 3[65] verwendet.»

b) Legitimation des Bundesrates zum Erlass von Strafbestimmungen

49 Über die Frage, ob der Bundesrat berechtigt ist, die COVID-19-Verordnung 2 und die COVID-19-Solidarbürgschaftsverordnung auch mit Strafbestimmungen «zu bewaffnen», ist eine hitzige Debatte entbrannt.[66]

50 Beide vorerwähnten Verordnungen haben sich, wie bereits erwähnt, ursprünglich auf Art. 185 Abs. 3 BV gestützt. Während sich daran mit Bezug auf die COVID-19-Solidarbürgschaftsverordnung bis heute[67] nichts geändert hat, wurde die COVID-19-Verordnung 2 ohne weitere Begründung drei Tage nach deren Inkraftsetzung insoweit

62 COVID-19-Solidarbürgschaftsverordnung, SR 951.261.

63 Art. 23 COVID-19-Solidarbürgschaftsverordnung.

64 Vgl. dazu der Hinweis in Anhang 2 Ziff. 4 der COVID-19-Solidarbürgschaftsverordnung.

65 Der Verordnung zur Gewährung von Krediten und Solidarbürgschaften in Folge des Coronavirus.

66 Vgl. dazu nur (**ablehnend**): Niggli, Bundesrat darf keine Strafen erlassen, NZZ 16.4.2020, S. 7; die andauernde Diskussion auf ‹www.strafprozessrecht.ch/covid-19-strafrecht-2/› (24.6.2020); (bejahend): Burrichter/Vischer, fp online first 2/2020, S. 1 ff.

67 Stand: 29.5.2020.

abgeändert, als nicht mehr auf Art. 185 Abs. 3 BV, sondern auf Art. 7 EpG Bezug genommen wurde.

Die Hervorhebung dieser unterschiedlichen Ermächtigungsgrundlagen in beiden Verordnungen ist insoweit von Bedeutung, als Art. 7 EpG entgegen der Botschaft zum Epidemiegesetz[68] und entgegen einem Teil der Lehre[69] mit Bezug auf Art. 185 Abs. 3 BV offensichtlich nicht nur deklaratorische Bedeutung zukommt und nicht lediglich eine Wiederholung von Art. 185 Abs. 3 BV darstellt.[70] Art. 7 EpG konstituiert im Gegenteil eine weitreichende und über Art. 185 Abs. 3 BV hinausgehende Massnahmenkompetenz. So verschafft Art. 185 Abs. 3 BV dem Bundesrat kein gesetzesderogierendes Verordnungsrecht, währenddem Art. 7 EpG die Ermächtigung ausgesprochen hat, zur unmittelbaren Bekämpfung einer Epidemie (und, aber immerhin, nur dafür) die dafür notwendigen, d.h. auch gesetzesderogierenden Massnahmen, zu treffen.[71] 51

Ist dem Prinzip der Subsidiarität des verfassungsunmittelbaren «Notrechts» zu folgen, ist aus dem vorangehend Gesagten der Schluss zu ziehen, dass der Bundesrat im Falle einer Epidemie bzw. Pandemie nicht auf Art. 185 Abs. 3 BV zurückgreifen darf, wenn die im Gesetz verankerte epidemiologische Generalklausel in Art. 7 EpG als Rechtsgrundlage ausreicht.[72] 52

Damit ist aber einmal auch gesagt, dass es der COVID-19-Solidarbürgschaftsverordnung an einer gesetzlichen Grundlage fehlt, da der Verweis auf Art. 185 Abs. 3 BV sich als nicht zulässig erweist. Mit der fehlenden gesetzlichen Grundlage für den Erlass der COVID-19-Solidarbürgschaftsverordnung ist damit aber auch der darin enthaltene Strafbestimmung jede Grundlage entzogen, weshalb auch diese Bestimmung der Verordnung keine Rechtswirksamkeit entfalten kann. 53

Wie bereits erwähnt, wurde die COVID-19-Verordnung 2 ohne weitere Begründung drei Tage nach deren Inkraftsetzung insoweit abgeändert, als nicht mehr auf Art. 185 Abs. 3 BV, sondern auf Art. 7 EpG Bezug genommen wurde. 54

Konsequenterweise bedeutet dies, dass die COVID-19-Verordnung 2 in den ersten drei Tagen ihres Bestehens ebenfalls über keine gesetzliche Grundlage verfügte, weshalb Widerhandlungen gegen die dort enthaltene Strafbestimmung zwischen dem 13. und dem 16.3.2020 nicht verfolgt und geahndet werden können. 55

Ab dem 17.3.2020 hat sich die gesetzliche Grundlage der COVID-19-Verordnung 2 insoweit geändert, als der Bundesrat dafür nicht mehr Art. 185 Abs. 3 BV bemühte, sondern sich unter anderem auf Art. 7 EpG beruft. 56

68 BBl 2011 311 ff., 365.

69 Vgl. dazu Binder/Hofstetter/Biland/Bollmann, Jusletter 6.4.2020, Rz 6; Geiser/Müller/Pärli, Jusletter 23.3.2020, Rz 11; Gerber, Jusletter 14.4.2020, Rz 5; Burrichter/Vischer, fp online first 2/2020, S. 1 ff.

70 Überzeugend: Biaggini, ZBl 121/2020, S. 239, 264 f.; gl.M. Kley, ZBl 121/2020, S. 268, 273.

71 BGE 131 II 670 E. 3.1; Kley, ZBl 121/2020, S. 273; Rechsteiner, S. 343.

72 Biaggini, ZBl 121/2020, S. 240, 263.

57 Auch wenn die Strafbestimmung von Art. 10f der COVID-19-Verordnung 2 bzw. die Bestimmungen der Verordnung, auf die die Strafbestimmung verweist, aufgrund bereits verschiedentlich erfolgter «Transitionsschritte» mittlerweile mehrfach gelockert wurde, stellt sich auch hier die Frage der Legitimität auch dieser (Rest-)Bestimmung.

58 Dies ist aus den nachstehenden Gründen zu verneinen.

59 Es ist zunächst nicht ersichtlich, inwieweit neben den bereits bestehenden Strafbestimmungen in Art. 82 f. EpG weitergehende Strafbestimmungen notwendig sein sollten. Art. 82 EpG bestraft den unsorgfältigen Umgang mit dem Krankheitserreger als Vergehen und Art. 83 Abs. 1 lit. j EpG bestraft das Widersetzen gegen «Massnahmen gegenüber der Bevölkerung» als Übertretung.

60 Das Epidemiegesetz bezweckt, den Ausbruch und die Verbreitung von übertragbaren Krankheiten zu verhüten und zu bekämpfen.[73] Wie diesem Zweck mit der immer erst im Nachhinein einsetzenden Verfolgung und Bestrafung nachgekommen werden soll, ist nicht nachvollziehbar. Die mit der Strafbestimmung allenfalls verbundene generalpräventive Wirkung kann offensichtlich nicht genügen, um einen mit Freiheitsstrafe bewehrten Straftatbestand zu legitimieren.

61 Unter dem Gesichtspunkt des aus dem Legalitätsprinzip abgeleiteten Bestimmtheitsgebots (nulla poena sine lege certa) stellt sich die Frage, ob Art. 10f Abs. 1 COVID-19-Verordnung 2 und in diesem Zusammenhang Art. 6 derselben Verordnung genügend bestimmt formuliert sind. Bei Art. 6 COVID-19-Verordnung 2 handelt es sich im Grunde um eine «Massnahme» im Sinne von Art. 83 Abs. 1 lit. j EpG. Was unter einer «privaten Veranstaltung» im Sinne von Art. 6 Abs. 1 COVID-19-Verordnung 2 zu verstehen ist, wird nicht ausgeführt. Andere Bestimmungen sind derart offen formuliert, dass eine Bestrafung wohl an unüberbrückbaren Beweisproblemen scheitern muss: Die Frage, ob ein genügendes Schutzkonzept im Sinne von Art. 10f Abs. 1 unter Verweis auf Art. 6 i.V.m. Art. 6a COVID-19-Verordnung 2 vorliegt, ist wohl zuletzt nur über ein Gutachten zu beantworten und ist auch sonst zu unpräzise formuliert, als dass sie eine genügend bestimmte Gesetzesgrundlage für eine Verurteilung bilden könnte.[74]

62 Insgesamt und hier abschliessend, erweist sich auch die Strafbestimmung in der Verordnung 2 über Massnahmen zur Bekämpfung des Coronavirus als kein taugliches Mittel, um als Grundlage für ein Strafverfahren zu dienen.

c) *Zeitlicher Aspekt und Vollzug*

63 Verfassungsunmittelbare Verordnungen, die sich wie die COVID-19-Solidarbürgschaftsverordnung auf Art. 185 Abs. 3 BV stützen, treten ausser Kraft, wenn der Bundesrat der Bundesversammlung nicht innert sechs Monaten einen entsprechenden Entwurf für eine bundesgesetzliche Grundlage[75] bzw. eine Parlamentsverordnung[76]

73 Art. 2 Abs. 1 EpG.

74 BURRICHTER/VISCHER, fp online first 2/2020, S. 1 ff.

75 Art. 164 BV.

76 Art. 173 Abs. 1 lit. c BV.

unterbreitet[77].[78] Dementsprechend wird in Art. 25 Abs. 2 der COVID-19-Solidarbürgschaftsverordnung festgehalten, dass diese längstens für die Dauer von sechs Monaten ab Inkrafttreten[79] gilt.[80]

Im Unterschied dazu stützt sich die COVID-19-Verordnung 2 auf Art. 7 EpG, welches Gesetz weder eine Pflicht zur Befristung noch einen kanalisierenden und disziplinierenden Überführungsmechanismus nach dem Muster von Art. 7d RVOG vorsieht.[81] Das heisst allerdings nicht, dass der Bundesrat nicht befugt wäre, eine gestützt auf Art. 7 EpG erlassene Verordnung zu befristen, was er denn in der COVID-19-Verordnung 2 auch getan hat.[82] 64

Bei der COVID-19-Verordnung 2 wie auch bei der COVID-19-Solidarbürgschaftsverordnung handelt es sich, da zeitlich befristet, um sogenannte «Zeitgesetze», auf die nach der ständigen Rechtsprechung des Bundesgerichts Art. 2 Abs. 2 StGB nicht anwendbar sein soll[83]. 65

Immerhin ist hier auf Art. 388 Abs. 2 StGB hinzuweisen, wonach der Vollzug einer Strafe oder einer Massnahme, der eine Tat zugrunde liegt, die das neue Recht nicht mehr mit Strafe bedroht, nicht mehr stattfindet bzw. abzubrechen ist. Da davon auszugehen ist, dass die meisten Strafverfahren, die wegen eines Verstosses gegen die vorerwähnten Strafbestimmungen der genannten Verordnungen zum Zeitpunkt derer Aufhebung noch nicht abgeschlossen sein werden, ist zumindest der Vollzug einer allfälligen Strafe (oder Massnahme) nicht mehr möglich. 66

III. Strafprozessrecht

1. Einleitung

Wie in allen anderen Lebensbereichen sah sich auch der Justizbereich mit den Herausforderungen der COVID-19-Pandemie konfrontiert, ohne dabei den strafprozessualen Bereich und die Arbeit der Anwaltskanzleien, Gerichte, Strafverfolgungsbehörden etc. wie auch die Verfahrensabläufe unberührt zu lassen. Nach Ausrufung der ausserordentlichen Lage am 16.3.2020 herrschte anfänglich sowohl bei Anwälten, Parteien und Behörden eine grosse Rechtsunsicherheit und es stellte sich die Frage, was mit Bezug auf den Fristlauf sowie die Durchführbarkeit von Verhandlungen, Einvernahmen, Anhörun- 67

77 Art. 7d RVOG.

78 Was nicht bedeuten soll, dass solche notrechtlichen Verordnungen eine maximale Geltungsdauer von sechs Monaten hätten; vgl. dazu Biaggini, ZBl 121/2020, S. 240.

79 Am 26.3.2020.

80 Weshalb der Bundesrat dies getan hat, ist nicht ganz klar und steht auch in einem krassen Missverhältnis zum Zeithorizont des Regelungsinhaltes, z.B. der Dauer der Solidarbürgschaft bis zu 5 Jahren oder zur Aufgabe des EFD, die vorgegebenen Zinssätze an die Marktentwicklung anzupassen, dies erstmals per 31.3.2021 (!), vgl. dazu Biaggini, ZBl 121/2020, S. 250.

81 Biaggini, ZBl 121/2020, S. 265.

82 Vgl. Art. 12 Abs. 3 COVID-19-Verordnung 2.

83 BGE 123 IV 87 f.; 116 IV 260 ff.; 89 IV 116.

gen etc. gilt, namentlich ob das Coronavirus auch den Justizapparat und sämtliche Prozesse lahmlegen würde. Vielerorts kommunizierten die Gerichte immerhin umgehend einen Verhandlungsstopp und sagten bereits angesetzte Gerichtsverhandlungen ab. Mehrere Staatsanwaltschaften und Polizeikommandos verzichteten zudem umgehend und auf nicht absehbare Zeit auf die Durchführung von Einvernahmen. Nicht nur die jeweiligen Kantone, sondern auch jedes Gericht, jede Staatsanwaltschaft, gar jeder Verfahrensleiter selber hat die Situation solange unterschiedlich gehandhabt, bis der Bundesrat gewisse Vorschriften und Empfehlungen für den Justizbetrieb erliess, was erstmals am 20.3.2020 einerseits mit der Verordnung über den Stillstand von Fristen in Zivil- und Verwaltungsverfahren zur Aufrechterhaltung der Justiz im Zusammenhang mit dem Corona-Virus und der damit verbundenen Medienmitteilung[84], wonach die Kernfunktion der Justiz aufrechterhalten werden müsse, der Fall war. Zudem schaffte des Bundesrats am 16.4.2020 mit der Verordnung über die Massnahmen im Justiz- und im Verfahrensrecht im Zusammenhang mit dem Coronavirus (COVID-19-Verordnung Justiz und Verfahrensrecht) weitere prozessuale Klarheit, wie in Zeiten der gegenwärtigen Pandemie die Verfahren zwecks Aufrechterhaltung des Justizbetriebes auszugestalten sind.

2. Verordnung über den Stillstand der Fristen in Zivil- und Verwaltungsverfahren zur Aufrechterhaltung der Justiz im Zusammenhang mit dem Corona-Virus

a) Vorbemerkungen

68 Um Gerichten, Behörden, Anwälten und Parteien zu ermöglichen, sich besser auf die Erschwerungen ihrer Funktionen aufgrund des Coronavirus einzustellen, hat der Bundesrat am 20.3.2020 beschlossen, die über die Ostertage anstehenden Gerichtsferien in Zivil- und Verwaltungsverfahren bereits am 21.3.2020 beginnen zu lassen. Das gilt in allen Verfahren nach Bundesrecht oder nach kantonalem Recht. Ausgenommen sind jedoch Verfahren, in denen bereits heute keine Gerichtsferien vorgesehen sind, namentlich in dringenden Angelegenheiten sowie Strafverfahren. Die Notverordnung über den Fristenstillstand haben somit weitgehend – mit einer Ausnahme – keinen Einfluss auf den Fristenlauf in Strafverfahren. Einzig Beschwerden in Strafsachen an das Bundesgericht, für welche das Bundesgerichtsgesetz selber den Fristenstillstand vorsieht, wurden von der Notverordnung betroffen.

b) Fristenstillstand für Beschwerden in Strafsachen an das Bundesgericht

69 Gemäss Art. 46 Abs. 1 Bundesgerichtsgesetz (BGG) gilt in Verfahren vor dem Bundesgericht ein Stillstand über die Ostertage. Art. 46 Abs. 2 BGG sieht davon Ausnahmen vor, namentlich für Verfahren betreffend aufschiebende Wirkung und andere vorsorgliche Massnahmen sowie auf dem Gebiet der internationalen Rechtshilfe in Strafsachen.

84 Medienmitteilung des Bundesrats vom 20.3.2020, abrufbar unter: ‹https://www.bj.admin.ch/bj/de/home/aktuell/news/2020/ref_2020-03-20.html› (24.6.2020).

Gemäss Art. 1 Abs. 1 der Verordnung galt für die in Art. 46 Abs. 1 BGG genannten Fristen ab dem 21.3.2020 ein Stillstand. Diese Regelung gilt trotz der engeren Formulierung im Titel der Verordnung auch in Beschwerdeverfahren in Strafsachen. Die Ausnahmen von Art. 46 Abs. 2 BGG bleiben gemäss Art. 1 Abs. 2 der Verordnung vorbehalten.

3. COVID-19-Verordnung Justiz- und Verfahrensrecht

a) *Allgemein*

Das Eidgenössische Justiz- und Polizeidepartement (EJPD) hat sich mit den Auswirkungen der Corona-Krise auf die Justiz, namentlich für Gerichtsverhandlungen, Fristen und das Betreibungswesen befasst und die Ergreifung von Massnahmen geprüft. Am 16.4.2020 wurde die Verordnung über die Massnahmen in der Justiz und im Verfahrensrecht im Zusammenhang mit dem Coronavirus (COVID-19-Verordnung Justiz und Verfahrensrecht) erlassen[85]. Die Verordnung trat am 20.4.2020 um 00:00 Uhr in Kraft und gilt bis am 30.9.2020.[86] 70

Gemäss Erläuterungsbericht zur Verordnung sei eine funktionsfähige Justiz für den Rechtssaat unabdingbar und damit systemrelevant. Dies gelte umso mehr in einer Krise. Auch jetzt habe die Justiz den Auftrag und die Verantwortung, ihre Funktion soweit irgend möglich wahrzunehmen. Notrechtliche Massnahmen und Eingriffe müssten daher über die allgemeinen einschränkenden Voraussetzungen hinaus stets auf die Erhaltung der Funktionsfähigkeit der Justiz gerichtet sein. 71

Im Rahmen der Notverordnung wurden entsprechende Anpassungen am geltenden Recht getroffen. Als Grundsatz hält die Verordnung fest, dass für sämtliche Gerichte und anderen Behörden und damit in allen Zivil-, Straf- und Verwaltungsverfahren, das laufenden Verfahren nach Massgabe des anwendbaren Verfahrensrechts weitergeführt und daher insbesondere auch Verhandlungen und Einvernahmen durchgeführt werden sollen. 72

b) *Präventionsmassnahmen bei Verhandlungen und Einvernahmen.*

Zu einer funktionsfähigen Justiz gehöre gemäss Erläuterungen des Bundesamtes für Justiz, dass Verfahrenshandlungen und damit insbesondere behördliche und gerichtliche Verhandlungen und Einvernahmen durchgeführt würden. Dies habe weiterhin und grundsätzlich für sämtliche Verfahren zu gelten. 73

Mit Bezug auf alle Verfahrenshandlungen soll gemäss Art. 1 der Notverordnung gelten, dass die Empfehlungen des Bundesamtes für Gesundheit betreffend Hygiene und soziale Distanz einzuhalten sind. Entsprechend sind Gerichte und andere Behörden gehalten, Einvernahmen und Verhandlungen gemäss dem anwendbaren Verfahrensrecht durchzuführen. Seit dem 16.3.2020 teilweise beschlossene generelle oder weitgehende Verhandlungsstopps dürften nur eine vorübergehende Ausnahme sein. Soweit es um 74

85 SR 272.81.
86 Art. 10 COVID-19-Verordnung Justiz und Verfahrensrecht.

Verfahren nach kantonalem Recht geht, bleiben die Kantone für Regelungen über die Durchführung von Prozess- und Verfahrenshandlungen zuständig.

75 Art. 1 hält dazu präzisierend fest, dass bei der Durchführung von Verfahrenshandlungen mit Teilnahme von Parteien, Zeuginnen und Zeugen oder Dritten und damit insbesondere bei Verhandlungen und Einvernahmen die BAG-Empfehlungen einzuhalten sind. Die Regelung richtet sich nicht nur an die Gerichte und Behörden des Bundes und der Kantone, sondern auch an die Parteien und ihre Rechtsvertreter und die Anwaltschaft gleichermassen. Die BAG-Empfehlungen sind insbesondere bei der Organisation von Verhandlungen und Einvernehmen und der Auswahl der Räumlichkeiten zu beachten. Behördliche oder gerichtliche Einvernahmen oder Verhandlungen fallen weder unter das Veranstaltungs- noch das Versammlungsverbot gemäss COVID-19-Verordnung 2, jedoch ist die Anzahl der anwesenden Personen auf das Minimum zu reduzieren bzw. zu limitieren. Zudem sind die BAG-Empfehlungen auch im Verhältnis zwischen Parteien und ihren Rechtsvertretern bestmöglich einzuhalten.

c) *Verzicht auf besondere Massnahmen in Strafverfahren*

76 Anders als in zivil- und betreibungsrechtlichen Verfahren wurde auf die Ergreifung besonderer Massnahmen im Strafverfahrensrecht verzichtet. Grund hierfür ist, dass im Strafverfahren die Staatsanwaltschaft und die Gerichte bereits nach geltendem Recht Einvernahmen mittels Videokonferenz durchführen könnten (Art. 144 StPO). Die Strafprozessordnung enthält zwar keine Regelung, welche die Durchführung ganzer Verhandlungen via Videokonferenz vorsieht, angesichts sich stellender heikler Punkte wurde aber auf die notrechtliche Einführung einer solchen verzichtet. Zu denken ist in diesem Zusammenhang insbesondere an den Grundsatz der Publikumsöffentlichkeit sowie die Beeinträchtigung der Unschuldsvermutung durch unzulässige Veröffentlichung von Verfahrenshandlungen wie die Datensicherheit und Durchsetzung des Verbots von Bild- und Tonaufnahmen, aber auch praktische Schwierigkeiten wie das Ermöglichen von Massnahmen gegen renitente Verfahrensbeteiligte, oder die Sicherstellung der Übersetzung für mehrere Verfahrensbeteiligte unterschiedlicher Sprachen.

4. Konkrete Auswirkungen in der Praxis

77 Mangels rechtsverbindlicher Vorgaben des Bundesrates im Hinblick auf die Führung von Strafverfahren in Zeiten der Corona-Pandemie werden derzeit Strafuntersuchungen von Staatsanwaltschaften von Kanton zu Kanton sowie die Durchführung von Hauptverhandlungen von Gericht zu Gericht unterschiedlich gehandhabt.

78 Dies äussert sich u.a. darin, dass je nach Gericht (mangels genügend grosser Gerichtssäle) keine Zuschauer oder solche nur nach expliziter Voranmeldung zur Hauptverhandlung zugelassen sind, was eine massive Einschränkung des Öffentlichkeitsprinzips zur Folge hat und als problematisch zu betrachten ist.

79 Sodann führen Polizei und Staatsanwaltschaft je nach Kanton Einvernahmen mit Beschuldigten, Zeugen und Auskunftspersonen vorwiegend mittels Videoübertragung

durch, um eine persönliche Anwesenheit der Parteien zu verhindern und dennoch sicherzustellen, dass es zu keiner Beschneidung ihrer Teilnahmerechte kommt. Der damit verbundene organisatorische Mehraufwand hat zur Folge, dass Einvernahmen kaum noch kurzfristig durchgeführt werden können.

Erschwerend hat sich auf die Verteidigungsarbeit ausgewirkt, dass Anwälte ihre in- 80
haftierten Klienten nicht mehr persönlich in den Anstalten besuchen können und wenn doch, eine Besprechung mit dem Klienten nur hinter Glas möglich ist. Anstelle eines Besuches in den Besprechungsräumen der Haftanstalt haben einzelne Gefängnisse vor ihren Gebäuden gar Videocontainer aufstellen lassen, worin der Verteidiger sich per Videoübertragung mit seinem aus der Anstalt zugeschalteten Klienten unterhalten kann. Dies hat zu einer massiven Erschwerung der Kommunikation zwischen Anwalt und Klient geführt, zumal ein vertrauliches Gespräch unter vier Augen kaum und eine Übergabe von Dokumenten gar nicht möglich ist.

Insgesamt lässt sich zudem feststellen, dass der während der ersten Woche zeitweise 81
fast komplette Verhandlungs- und Einvernahmestopp, sowie die nur langsame und zögerliche Wiederaufnahme des Verhandlungsbetriebes seitens Gerichten und Staatsanwaltschaften zu spürbaren Verfahrensverzögerungen geführt hat.

§ 27 Auswirkungen der COVID-19-Pandemie auf den Freiheitsentzug in der Deutschschweiz

Benjamin F. Brägger*

Inhaltsverzeichnis

* Der Autor gibt in diesem Beitrag seine persönliche Meinung wieder. Er dankt Herrn Rechtsanwalt Alain Hofer, stellvertretender Generalsekretär der KKJPD, und Frau lic. phil. Tanja Zangger, stellvertretende Konkordatssekretärin des Strafvollzugskonkordats der Nordwest- und Innerschweizer Kantone, herzlich für die Durchsicht des Manuskripts sowie ihre konstruktiven Anmerkungen und Hinweise.

Literaturverzeichnis

Brägger Benjamin F. (Hrsg.), Das Schweizerische Vollzugslexikon, Von der vorläufigen Festnahme zur bedingten Entlassung, Basel 2014 (zitiert nach Autor und Stichwort); ders., in: Niggli Marcel Alexander/Wiprächtiger Hans (Hrsg.), Basler Kommentar Strafrecht, 4. Aufl., Basel 2019; Häsler Sansano Georg, in: NZZ vom 13. Mai 2020; Huwiler Simon/Weber Jonas, Corona-Pandemie: Dringliche strafprozessuale Fragen in Haftfällen, in: Jusletter vom 18.5.2020; Mäder Lukas, Die Schweiz hat nicht alle Lehren gezogen, NZZ vom 20.5.2020, S. 13; Scheffod Frank, Primat der Wissenschaft, Gastkommentar in der NZZ vom 18.5.2020; Zimmer Olivier, Die Bürger vertrauen der Regierung. Aber die Regierung vertraut den Bürgern kaum, NZZ vom 13.5.2020; Häsler Sansano Georg/Mädr Lukas, Die Schweiz muss nachbessern, NZZ vom 17.6.2020, S. 10.

Materialienverzeichnis

Verordnung 2 über Massnahmen zur Bekämpfung des Coronavirus (COVID-19) (COVID-19-Verordnung 2) vom 13. März 2020 (SR 818.101.24), in den fast wöchentlich ändernden Versionen, einschliesslich der Erläuterungen zur Verordnung 2 vom 13. März 2020 über Massnahmen zur Bekämpfung des Coronavirus (COVID-19-Verordnung 2);[1] COVID-19: Informationen und Empfehlungen des BAG für die Arbeitswelt;[2] *Statement of principles relating to the treatment of persons deprived of their liberty in the context of the coronavirus disease (COVID-19) pandemic, issued on 20 March 2020 by the European Committee for the Prevention of Torture and Inhuman or Degrading Treatment or Punishment (CPT);*[3] *Preparedness, prevention and control of COVID-19 in prisons and other places of detention (2020), Interim guidance WHO 15 March 2020*[4] (zusammenfassende, deutschsprachige Übersetzung: Vorausplanung, Prävention und Eindämmung von COVID-19 in Gefängnissen (WHO-Empfehlungen für COVID-19 in Gefängnissen[5]); COVID-19: Zusammenfassung der nationalen und internationalen Rechtsgrundlagen und Empfehlungen zum Umgang mit COVID 19 in Anstalten des Freiheitsentzugs – Orientierungshilfe an die für den Justizvollzug zuständigen Stellen vom 6. April 2020, Koordinationskonferenz Justizvollzug (KoKJ)[6].

1 ‹https://www.bag.admin.ch/bag/de/home/krankheiten/ausbrueche-epidemien-pandemien/aktuelle-ausbrueche-epidemien/novel-cov/massnahmen-des-bundes.html#1310036670› (12.5.2020).

2 ‹http://www.bag.admin.ch/bag/de/home/krankheiten/ausbrueche-epidemien-pandemien/aktuelle-ausbrueche-epidemien/novel-cov/empfehlungen-fuer-die-arbeitswelt.html› (12.5.2020).

3 ‹http://www.coe.int/en/web/portal/-/covid-19-anti-torture-committee-issues-statement-of-principles-relating-to-the-treatment-of-persons-deprived-of-their-liberty› (12.5.2020).

4 ‹http://www.euro.who.int/en/health-topics/health-determinants/prisons-and-health/publications/2020/preparedness,-prevention-and-control-of-covid-19-in-prisons-and-other-places-of-detention-2020› (12.5.2020).

5 Einsehbar unter: ‹https://www.kkjpd.ch/newsreader/umgang-mit-covid-19-in-anstalten-des-freiheitsentzugs.html› (12.5.2020).

6 ‹https://www.kkjpd.ch/files/Dokumente/News/2020/200406%20Zusammenfassung%20der%20KoKJ%20zum%20Umgang%20mit%20COVID-19%20in%20Anstalten%20des%20Freiheitsentzugs.pdf› (20.6.2020).

I. Föderale Zuständigkeitsordnung

Gemäss dem föderalen Staatsaufbau der Schweiz und der gültigen verfassungsrechtlichen Aufgabenteilung sind die Kantone für die Organisation der Gerichte, die Rechtsprechung in Strafsachen sowie den Straf- und Massnahmenvollzug zuständig, soweit das Gesetz nichts anderes vorsieht (Artikel 123 Absatz 2 und 3 der Bundesverfassung).[7] 1

Der Freiheitsentzug stellt eine von verschiedenen Aufgaben im Bereich der Justiz[8] dar und liegt dementsprechend prinzipiell in der Kompetenz der Kantone. Es handelt sich dabei um eine hoheitliche, staatliche Tätigkeit[9], die grundsätzlich nicht durch Private erledigt werden darf.[10] Die 26 Kantone[11] sind somit verantwortlich, die für die Umsetzung der Anordnungen und Urteile der Justizbehörden notwendige Haftinfrastruktur zu bauen und zu betreiben, d.h. Anstalten für die Untersuchungs- und Sicherheitshaft als eine freiheitsentziehende strafprozessuale Zwangsmassnahme[12], für den Straf- und Massnahmenvollzug zum Vollzug rechtskräftiger Strafurteile[13] sowie für die ausländerrechtliche Administrativhaft als eine freiheitsentziehende verwaltungsrechtliche Zwangsmassnahme[14]. Darüber hinaus sind sie verpflichtet, die für die Vollstreckung der Strafentscheide notwendige Behördenorganisation und die dazu erforderlichen rechtlichen Grundlagen zu schaffen. 2

Gestützt auf die oben erwähnte bundesrechtliche Verfassungsnorm ist der Bund jedoch befugt, Vorschriften zum Straf- und Massnahmenvollzug zu erlassen. Er kann den Kantonen Beiträge (d.h. Bundessubventionen) für die Errichtung von Anstalten, die Verbesserungen im Straf- und Massnahmenvollzug (sog. Modellversuche) sowie für Einrichtungen, die erzieherische Massnahmen an Kindern, Jugendlichen und jungen Erwachsenen vollziehen, gewähren.[15] Ferner beteiligt er sich an den Betriebskosten des Schweizerischen Kompetenzzentrums für Justizvollzug (SKJV)[16], die Nachfolgeorganisation des Schweizerischen Ausbildungszentrums für das Strafvollzugspersonal (SAZ). Das Kompetenzzentrum ist eine Stiftung der KKJPD, der drei Strafvollzugskonkordate[17] 3

7 BV (SR 101).

8 Gemeint ist die Rechtspflege im formellen und materiellen Sinne.

9 Vgl. dazu Brägger, Benjamin F.: Das Schweizerische Vollzugslexikon, Stichwort Unmittelbarer Zwang/Zwangsmittel, S. 461–463.

10 Art. 379 StGB (SR 311.0).

11 Vgl. dazu Art. 1 BV (SR 101).

12 Vgl. dazu Art. 220 und 234 f. StPO (SR 312.0).

13 Art. 377 StGB (SR 311.0).

14 Diese umfasst die sog. Vorbereitungshaft nach Art. 75 AIG, die Ausschaffungshaft nach Art. 76 AIG und die sog. Durchsetzungshaft nach Art. 78 AIG (SR 142.20).

15 Bundesgesetz vom 5.10.1984 über die Leistungen des Bundes für den Straf- und Massnahmenvollzug (SR 341) und die Verordnung vom 21.11.2007 über die Leistungen des Bundes für den Straf- und Massnahmenvollzug (SR 341.1).

16 ‹http://www.skjv.ch› (20.6.2020).

17 ‹http://www.konkordate.ch› (20.6.2020).

und des Bundes. Dessen Leistungsauftrag wird durch die Konferenz der kantonalen Justiz- und Polizeidirektorinnen und -direktoren (KKJPD) erlassen.[18]

4 Seit 2007 sind die wichtigsten Grundsätze des Straf- und Massnahmenvollzuges im Strafgesetzbuch aufgeführt.[19] Seit 2011 sind zudem die Anordnung und der Vollzug der freiheitsentziehenden strafprozessualen Zwangsmassnahmen abschliessend in der eidgenössischen Strafprozessordnung geregelt.[20] Die konkrete Ausgestaltung dieser Haft obliegt jedoch weiterhin den Kantonen.[21] Anzumerken bleibt, dass weder der Untersuchungs- noch der Sicherheitshaftvollzug noch die Ausschaffungshaft in den formellen Aufgabenbereichen der drei Strafvollzugskonkordate[22] geregelt sind.

5 Die Rahmenbedingungen der freiheitsentziehenden Zwangsmassnahmen der Ausländergesetzgebung sind im eidgenössischen Ausländer- und Integrationsgesetz[23], diejenigen der zivilrechtlichen fürsorgerischen Unterbringung im Schweizerischen Zivilgesetzbuch[24] festgehalten.

6 Der Bau und Betrieb von Einrichtungen, die erzieherische Massnahmen an Kindern, Jugendlichen und jungen Erwachsenen vollziehen, werden vom Bund subventioniert. Zudem beteiligt er sich mit 35% der anerkannten Kosten am Bau von Anstalten des Straf- und Massnahmenvollzuges für Erwachsene. Für die Untersuchungshaftanstalten sieht die Bundesgesetzgebung bisher keine Bausubventionen vor, obwohl diese Haftart seit 2011 abschliessend durch die eidgenössische Strafprozessordnung geregelt ist. Seit dem Jahr 2013 gewährt der Bund erneut Baubeiträge für Anstalten der Ausländerhaft. Diese können bis zu 100% der anerkannten Kosten betragen. Mittels der Bundessubventionen nimmt der Bund Einfluss auf die grund- und völkerrechtskonforme Ausgestaltung der materiellen Haftbedingungen im Straf- und Massnahmenvollzug sowie der Administrativhaft. Er kommt dadurch seiner völkerrechtlichen Verpflichtung zur innerstaatlichen Gewährleistung der staatsvertraglich eingegangen Grundrechtsverpflichtungen im Bereich des Freiheitsentzugs nach, indem er nur Neu- oder Umbauten subventioniert, die den internationalen Grundrechtsstandards entsprechen. Das Handbuch vom 26. September 2016 für Bauten des Straf- und Massnahmenvollzuges – Einrichtungen Erwachsene – gilt dabei als Richtschnur.[25]

---

18 ‹http://www.kkjpd.ch› (20.6.2020). Die KKJPD ist ein Verein nach schweizerischem Zivilgesetzbuch (Art. 60 ff. ZGB) mit Sitz in Bern.

19 Art. 74–96 und Art. 372–380a StGB (SR 311.0).

20 Art. 224 ff. StPO (SR 312.0).

21 Art. 235 Abs. 5 StPO (SR 312.0).

22 Zu den Aufgaben und zur Bedeutung der Strafvollzugskonkordate siehe unten N 9.

23 Art. 75 ff. AIG (SR 142.20).

24 Art. 426 ff. ZGB (SR 210).

25 Der Bund hat für die Planung, den Bau und den Betrieb von Bauten des Straf- und Massnahmenvollzuges Standards in einem Handbuch erlassen. Diese sind durch die Kantone einzuhalten, um in den Genuss von Bundesbaubeiträgen für Anstalten des Straf- und Massnahmenvollzuges für Erwachsene zu kommen, vgl. Handbuch vom 26. September 2016 für Bauten des Straf- und Massnahmenvollzuges – Einrichtungen Erwachsene, einsehbar unter: ‹http://www.bj.admin.ch/dam/data/bj/sicherheit/smv/baubeitraege/hb-erwachsene-d.pdf› (20.6.2020).

Gestützt auf die vom Bund eingegangenen völkerrechtlichen Verpflichtungen trägt er schliesslich auch die Kosten der Nationalen Kommission zur Verhütung von Folter (NKVF).[26] Deren Mitglieder werden durch den Bundesrat ernannt. 7

Die Betriebskosten der Anstalten des Freiheitsentzugs trägt der jeweilige Sitzkanton der Anstalten.[27] Die für einen Tag Freiheitsentzug von der einweisenden Behörde zu bezahlenden Vollzugskosten werden Kostgelder[28] genannt. Für die Untersuchungs- und Sicherheitshaft müssen diese von demjenigen Kanton getragen werden, in welchem das Strafverfahren eröffnet wurde. Die Kosten für den Straf- und Massnahmenvollzug sind von demjenigen Kanton zu bezahlen, der das zu vollstreckende Strafurteil erlassen hat. 8

Im Aufgabengebiet des Straf- und Massnahmenvollzugs an Erwachsenen haben sich die Kantone zu drei sogenannten Konkordaten zusammengeschlossen.[29] Diese koordinieren die Planung, den Bau und den Betrieb der konkordatlich anerkannten kantonalen Vollzugsanstalten (sog. Konkordatsanstalten), erlassen Minimalstandards und wirken zudem mit dem Erlass von Richtlinien auf die Harmonisierung der Gesetzgebung und der Vollzugspraxis in den Kantonen hin. 9

Die interkantonale Absprache und Koordination der Tätigkeiten der drei Konkordate wird auf fachlicher und operativer Stufe in der Koordinationskonferenz Justizvollzug (KoKJ) ermöglicht.[30] Die interkonkordatliche Koordination und Harmonisierung des Straf- und Massnahmenvollzugs an Erwachsenen, d.h. für alle 26 Kantone, erfolgt auf politischer und strategischer Stufe durch den Vorstand der Kantonalen Konferenz 10

26 ‹http://www.nkvf.admin.ch› (20.6.2020).

27 Art. 372 i.V.m. Art. 380 Abs. 1 StGB (SR 311.0).

28 Vgl. dazu ‹http://www.konkordate.ch/kostgeldlisten› (20.6.2020); vgl. auch Art. 380 StGB.

29 Die Strafvollzugskonkordate teilen die Schweiz in drei geographisch zusammenhängende Regionen. Das **Konkordat der ostschweizerischen Kantone** über den Vollzug von Strafen und Massnahmen vom 29.10.2004 (sog. Ostschweizerkonkordat) ersetzt dasjenige vom 31.3.1976 und umfasst dabei die Kantone Zürich, Glarus, Schaffhausen, die beiden Appenzell, St. Gallen, Graubünden und Thurgau. Das **Strafvollzugskonkordat der Nordwest- und Innerschweiz** vom 5.5.2006 (sog. Nordwest- und Innerschweizerkonkordat) löste dasjenige vom 4.3.1959 ab und trat auf den 1.1.2008 in Kraft. Es schliesst die Kantone Bern, Luzern, Uri, Schwyz, Obwalden, Nidwalden, Zug, Solothurn, Basel-Stadt, Basel-Landschaft und Aargau ein. Das *Concordat sur l'exécution des peines privatives de liberté et des mesures concernant les adultes et les jeunes adultes dans les cantons latins* vom 10.4.2006 (sog. ***Concordat latin sur la détention pénale des adultes***, auf deutsch: das sog. Konkordat der lateinischen Kantone), trat am 1.11.2007 in Kraft und ersetzt das Alte vom 22.10.1984 vollständig. Es umfasst die Kantone Freiburg, Waadt, Wallis, Neuenburg, Genf, Jura und Tessin. Alle drei Konkordate wurden wegen den umfassenden rechtlichen Änderungen, namentlich im Bereich des Sanktionensystems und des -vollzugs, welche die Revision des Allgemeinen Teils des Schweizerischen Strafgesetzbuchs im Jahre 2007 mit sich gebracht hat, grundsätzlich erneuert. Bisher umfasst ihr Aufgabengebiet nur den Straf- und Massnahmenvollzug an Erwachsenen. Mit anderen Worten: Die strafprozessualen Haftformen der Untersuchungs- und Sicherheitshaft werden aktuell interkantonal weder koordiniert noch harmonisiert.

30 Die Mitglieder Koordinationskonferenz Justizvollzug (KoKJ) sind einsehbar unter SSED 28.0, ‹http://www.konkordate.ch/konkordatliche-erlasse-ssed› (20.6.2020).

der Polizei- und Militärdirektorinnen und -direktoren (KKJPD) und der Plenarversammlung der KKJPD.[31]

11 Der Freiheitsentzug in der Schweiz stellt somit eine klassische Verbundaufgabe von Bund und Kantonen dar. Die einschlägigen rechtlichen Grundlagen sind aufgrund der gewählten und gelebten Organisationsform auf den verschiedensten Hierarchieebenen verteilt, ja geradezu verzettelt. Es finden sich Regelungen im Völkerrecht, in der Bundesverfassung und in der Bundesgesetzgebung auf Gesetzes- und Verordnungsstufe. Interkantonales Recht im Rahmen der Konkordatsverträge und deren Ausführungsbestimmungen verfeinern den rechtlichen Rahmen. Abschliessend sind jedoch alle 26 Kantone verpflichtet, die Rechte und Pflichten der Insassen und des Vollzugspersonals zu normieren wie auch die Organisation der Behörden und das Verfahren für die Vollstreckung der Strafurteile zu regeln.

II. Ausserordentliche Rechtsquellen während der COVID-19-Pandemie

12 Trotz der grundsätzlich kantonalen Zuständigkeiten im Bereich des Freiheitsentzugs in der Schweiz haben sich die kantonalen Ämter und Anstalten für den Justizvollzug, wie oben aufgezeigt wurde,[32] an den übergeordneten rechtlichen Vorgaben auszurichten. Dabei spielen sog. *soft-law*-Regelungen[33] im Bereich des Freiheitsentzugs immer eine grosse Bedeutung. Im Falle der COVID-19-Pandemie sind dies insbesondere die nachfolgend aufgeführten Erlasse und Empfehlungen:

- Verordnung 2 über Massnahmen zur Bekämpfung des Coronavirus (COVID-19) (COVID-19-Verordnung 2) vom 13. März 2020 (SR 818.101.24), in den fast wöchentlich ändernden Versionen, einschliesslich der Erläuterungen zur Verordnung 2 vom 13. März 2020 über Massnahmen zur Bekämpfung des Coronavirus (COVID-19-Verordnung 2),[34]
- COVID-19: Informationen und Empfehlungen des BAG für die Arbeitswelt;[35]
- Statement of principles relating to the treatment of persons deprived of their liberty in the context of the coronavirus disease (COVID-19) pandemic, issued on 20 March

31 ‹http://www.kkjpd.ch› (20.6.2020).

32 Vgl. dazu Rz 11.

33 Soft-law-Regelungen stellen eine wichtige Informationsquelle und Orientierungshilfe für die Fragen der Ausgestaltung der Haftbedingungen und der Behandlung der Gefangenen dar. Obwohl es sich dabei für die Schweiz nicht um formelle und damit auch zwingende Rechtsregelungen handelt, werden diese vom Schweizerischen Bundesgericht bei der Konkretisierung der Grundrechtsgewährleistungen der Bundesverfassung sowie der Europäischen Menschenrechtskonvention gleichwohl berücksichtigt (sog. soft law) (BGE 118 Ia 64 E. 2).

34 ‹https://www.bag.admin.ch/bag/de/home/krankheiten/ausbrueche-epidemien-pandemien/aktuelle-ausbrueche-epidemien/novel-cov/massnahmen-des-bundes.html#1310036670› (20.6.2020).

35 ‹http://www.bag.admin.ch/bag/de/home/krankheiten/ausbrueche-epidemien-pandemien/aktuelle-ausbrueche-epidemien/novel-cov/empfehlungen-fuer-die-arbeitswelt.html› (20.6.2020).

2020 by the European Committee for the Prevention of Torture and Inhuman or Degrading Treatment or Punishment (CPT);[36]
- Preparedness, prevention and control of COVID-19 in prisons and other places of detention (2020), Interim guidance WHO 15 March 2020[37] (zusammenfassende, deutschsprachige Übersetzung: Vorausplanung, Prävention und Eindämmung von COVID-19 in Gefängnissen (WHO-Empfehlungen für COVID-19 in Gefängnissen[38]);
- COVID-19: Zusammenfassung der nationalen und internationalen Rechtsgrundlagen und Empfehlungen zum Umgang mit COVID-19 in Anstalten des Freiheitsentzugs – Orientierungshilfe an die für den Justizvollzug zuständigen Stellen vom 6. April 2020, Koordinationskonferenz Justizvollzug (KoKJ)[39].

In Bezug auf die COVID-19-Verordnung 2 vom 13. März 2020 und die einschlägigen 13
Erläuterungen ist anzumerken, dass diese Dokumente fast im Wochenrhythmus revidiert und angepasst werden, was dazu führt, dass die Rechtsuchenden und auch die Vertreter der kantonalen Behörden kaum mehr den Überblick über die gültigen Versionen haben können.

Gestützt auf die oben aufgeführten Grundlagendokumente hat die Koordinations- 14
konferenz Justizvollzug (KoKJ) im Auftrag des Vorstandes der KKJPD am 6.4.2020 eine Orientierungshilfe für die für den Justizvollzug zuständigen Stellen zum Umgang mit COVID-19 erlassen,[40] die für die Dauer der besonderen oder ausserordentlichen Lage gem. Art. 6 und 7 EpG befristet wurde.[41] Die Orientierungshilfe ist im Anhang (s. Rz 36) dieses Beitrags abgedruckt.

Die Orientierungshilfe soll die durch die kantonalen Behörden zu ergreifenden 15
Massnahmen mit den übergeordneten nationalen und internationalen Erlassen und Empfehlungen in Einklang bringen und eine möglichst grosse Harmonisierung unter den Kantonen ermöglichen. So konnte beispielsweise in Zusammenarbeit mit dem Bundesamt für Gesundheit (BAG) geklärt werden, dass Anstalten des Freiheitsentzugs (Gefängnisse und Justizvollzugsanstalten) im epidemiologischen Sinne als Einrichtun-

36 ‹http://www.coe.int/en/web/portal/-/covid-19-anti-torture-committee-issues-statement-of-principles-relating-to-the-treatment-of-persons-deprived-of-their-liberty› (20.6.2020).

37 ‹http://www.euro.who.int/en/health-topics/health-determinants/prisons-and-health/publications/2020/preparedness,-prevention-and-control-of-covid-19-in-prisons-and-other-places-of-detention-2020› (20.6.2020).

38 Einsehbar unter: ‹https://www.kkjpd.ch/newsreader/umgang-mit-covid-19-in-anstalten-des-freiheitsentzugs.html› (20.6.2020).

39 ‹https://www.kkjpd.ch/files/Dokumente/News/2020/200406%20Zusammenfassung%20der%20KoKJ%20zum%20Umgang%20mit%20COVID-19%20in%20Anstalten%20des%20Freiheitsentzugs.pdf› (20.6.2020).

40 Einsehbar unter: ‹https://www.kkjpd.ch/newsreader/umgang-mit-covid-19-in-anstalten-des-freiheitsentzugs.html› (20.6.2020).

41 Ziff. 12 Orientierungshilfe.

gen der öffentlichen Verwaltung[42] gelten und deshalb auch während des Lockdowns weiterbetrieben, d.h. nicht geschlossen werden müssen wie andere öffentlich zugängliche Einrichtungen.[43] Auch wurden die von BAG erlassenen allgemeinen Verhaltens- und Hygieneregeln des Bundesamts für Gesundheit (BAG) gegen die Ausbreitung des Coronavirus[44] mit den Empfehlungen des Europarats und der *World Health Organization* (WHO)[45] zum Umgang mit Corona im Justizvollzug abgeglichen und aufeinander abgestimmt sowie, wo nötig, präzisiert. Schliesslich wurde den Kantonen im Einklang mit den allgemeinen Empfehlungen des Bundesrates geraten, den Zugang zu den Anstalten des Freiheitsentzugs zu begrenzen,[46] dies um eine virusbedingte Ansteckungsgefahr zu begrenzen.

16 Weiter gibt die Orientierungshilfe Anregungen zur Ausgestaltung der Besuche und Vollzugsöffnungen sowie zur Umsetzung der Hygienevorschriften und des Abstandsgebots während der Dauer der besonderen oder ausserordentlichen Lage gem. Art. 6 und 7 EpG. Hier gilt es anzumerken, dass die Weltgesundheitsorganisation[47] in ihren Empfehlungen für die Anstalten des Freiheitsentzugs einen Minimalabstand in den von 1 Meter vorgibt,[48] dies entgegen den vom BAG allgemein empfohlenen 2 Metern. In den Erläuterungen zu Art. 6 Abs. 4 der Verordnung 2 vom 13.3.2020 über Massnahmen zur Bekämpfung des Coronavirus (COVID-19-Verordnung 2), S. 22, weist der Bundesrat darauf hin, dass die Empfehlungen der WHO auch in der Schweiz zu berücksichtigen seien. Deshalb gilt in Anstalten des Freiheitsentzugs ein Mindestabstand von 1 Meter, wie dies in der Orientierungshilfe aufgeführt ist.

17 In Bezug auf die Einschränkungen der Besuche wurde den Anstalten nahegelegt, die telefonischen sozialen Kontakte nach aussen zu erleichtern.[49] Diese Empfehlung wurde durch grosszügigeren zeitlichen Zugang zu den Telefonapparaten, durch die Installation von sog. Video-Telefonie-Stationen oder gar durch die Gratisabgabe von Telefonwertkarten umgesetzt.

18 Zudem wurde klargestellt, dass die somatische und psychiatrische Gesundheitsversorgung der Eingewiesenen weiterhin zu gewährleisten ist. Die Orientierungshilfe empfiehlt, die ordentlichen Leistungen der Gesundheitsdienste und Anstaltsärzte soweit als möglich aufrecht zu erhalten, d.h., diese, wenn immer möglich, nicht auf unverschieb-

42 Vgl. dazu Art. 6 Abs. 3 lit. j COVID-19-Verordnung 2 und Erläuterungen zur Verordnung 2 vom 13. März 2020 über Massnahmen zur Bekämpfung des Coronavirus (COVID-19-Verordnung 2), Fassung vom 25. März 2020, Stand 28. März 2020, 0:00 Uhr, S. 10.

43 Ziff. 1.1 Orientierungshilfe.

44 ‹https://bag-coronavirus.ch/› (12.5.2020); Ziff. 1.2 Orientierungshilfe.

45 Vgl. dazu Rz 12.

46 Ziff. 1.3 Orientierungshilfe.

47 Auf englisch: *World Health Organization* (WHO).

48 ‹https://www.euro.who.int/en/health-topics/health-determinants/prisons-and-health/publications/2020/preparedness,-prevention-and-control-of-covid-19-in-prisons-and-other-places-of-detention-2020› (20.6.2020), Ziff. 12 S. 19; Ziff. 7.1 Orientierungshilfe.

49 Ziff. 5 f. Orientierungshilfe.

bare Leistungen zu begrenzen,[50] wie dies ausserhalb der Anstalten des Freiheitsentzugs angeordnet wurde. Solange es die Lage zulässt und die einschlägigen Hygienevorschriften eingehalten werden können, sollten die anstaltsinternen Angebote der Gesundheitsversorgung ohne Einschränkungen zur Verfügung gestellt werden.[51]

Ferner wurde festgehalten, dass der tägliche Spaziergang von mindestens einer Stunde an der frischen Luft weiter ermöglicht werden muss. Kann der Mindestabstand von 1 Meter unter den Insassen eingehalten werden, dürfen im Spazierhof mehr als 5 eingewiesene Personen gleichzeitig spazieren; dabei sollten jedoch Insassengruppierungen von mehr als 5 Personen untersagt werden.[52] Auch wurde festgehalten, dass der tägliche Spaziergang an der frischen Luft auch im Falle einer epidemiologisch begründeten Isolation der Insassen in einer Einzelzelle weiterhin gewährt werden muss.[53] 19

Abschliessend ist darauf hinzuweisen, dass die einzelnen Kantone die Beschränkungen der Rechte der Eingewiesenen mittels befristeter regierungsrätlicher Beschlüsse oder sog. Allgemeinverfügungen der Justizvollzugsverwaltungen geregelt haben. Kleinere Kantone haben auf die formelle Verabschiedung spezifischer Erlasse verzichtet und sich direkt auf die Orientierungshilfe der KKJPD oder aber auf die allgemeinen Empfehlungen des BAG und auf die Anordnung des jeweiligen kantonalen Führungsorgans oder Kantonsarztes abgestützt. 20

III. Auswirkungen der epidemiologischen Schutzmassnahmen

Die durch die einzelnen Kantone verfügten epidemiologischen Schutzmassnahmen führten zu teilweise starken Einschränkungen im Tagesablauf der eingewiesenen Personen und auch des Personals. So wurden, wie oben bereits erwähnt[54], die Kontakte der Insassen zur Aussenwelt, die Angebote in den Bereichen Arbeit, Therapie und Freizeitgestaltung stark eingeschränkt. Auch wurde versucht, die Personenströme, welche in die Anstalten eingelassen wurden, auf ein absolutes Minimum zu begrenzen. Die durch die Kantone und die einzelnen Anstalten sehr schnell getroffenen Massnahmen und deren rigorose Umsetzung wurden von Erfolg gekrönt. So konnte eine Verbreitung der Epidemie[55] in den Anstalten des Freiheitsentzugs verhindert werden. Per 8.6.2020 hatten sich nur 6 von total 6900 schweizweit inhaftierten Personen mit dem Virus angesteckt. Von knapp 4500 Mitarbeitenden in den 100 Anstalten des Freiheitsentzugs in 21

50 Art. 10*a* Abs. 2 der COVID-Verordnung 2 ist für die medizinischen Dienste im Justizvollzug nicht anwendbar.

51 Ziff. 5.1 und 5.2 Orientierungshilfe.

52 Ziff. 5.1 und 8.3 Orientierungshilfe.

53 Ziff. 9.2 Orientierungshilfe.

54 Vgl. Rz 16 f.

55 Die Begriffe «Pandemie» und «Epidemie» werden in diesem Beitrag synonym verwendet, dies insbesondere, weil die schweizerische Gesetzgebung von Epidemien, d.h. übertragbaren Krankheiten spricht. Unter einer Pandemie versteht man die länderübergreifende, globale Verbreitung einer Infektionskrankheit. Die Pandemie steht damit im Gegensatz zur örtlich beschränkten Epidemie, ‹https://flexikon.doccheck.com/de/Pandemie› (20.6.2020).

der Schweiz[56] steckten sich 40 mit dem Virus an, was weniger als 1% aller Mitarbeitenden entspricht. Corona-bedingte Todesfälle gab es weder auf Seiten der Eingewiesenen noch des Personals zu beklagen.

22 Obwohl die Freiheiten der Insassen in gewissen Anstalten sehr stark beschränkt wurden, kam es in der Schweiz, im Gegensatz zum Ausland, zu keinen Meutereien, Brandstiftungen, Geiselnahmen oder Ähnlichem. Die Lage in den Schweizer Anstalten des Freiheitsentzugs während der ausserordentlichen Lage darf nicht nur aus epidemiologischer Sicht als geordnet und entspannt bezeichnet werden, sondern auch in Bezug auf den allgemeinen Betrieb, die Ruhe und Ordnung sowie Sicherheit.[57] Dies hat mit den Eigenheiten des schweizerischen Justizvollzug zu tun. So gibt es, mit Ausnahme einiger weniger Anstalten in der Westschweiz, keine Überbelegung in den Gefängnissen. Diese verfügen mehrheitlich über eine zeitgemässe Infrastruktur sowie über genügend und gut ausgebildetes Personal. Dieses hat während der Corona-Krise pflichtbewusst und unter grossem persönlichen Einsatz seinen Dienst verrichtet und dafür gesorgt, dass sowohl die Gesundheit als auch die Sicherheit in den Anstalten jederzeit gewährleistet werden konnte.

23 Zudem sind die Anstalten eher klein, was die Bildung von sog. subkulturellen Gruppen und Insassen-Gangs verunmöglicht. Der Umgang zwischen Personal und Eingewiesenen ist professionell und respektvoll. Die Konzepte sind auf Rückfallvermeidung und Wiedereingliederung der Insassen ausgerichtet, was den Insassen Entlassungsperspektiven und somit auch Zukunftshorizonte aufzeigt. Dies wirkt deeskalierend und unterstützt das gem. Art. 75 Abs. 1 StGB gesetzlich verankerte Normalisierungsprinzip.[58] Die von den einzelnen Anstalten angeordneten und umgesetzten Schutzmassnahmen[59] wurden demzufolge von den Insassen grossmehrheitlich als sowohl situativ angemessen als auch erforderlich beurteilt und auch befolgt. Dies sicherlich auch wegen den von den Anstaltsleitungen verfügten Kompensationsmassnahmen.[60] Wie während der Corona-Epidemie augenfällig wurde, bewährt sich ein menschlicher Umgang und ein auf Wiedereingliederung ausgerichtetes Vollzugsregime auch in der Krise. Es gilt daher umso mehr diesen Schweizer Ansatz beizubehalten und weiterzuverfolgen.

56 ‹https://www.bfs.admin.ch/bfs/de/home/statistiken/kriminalitaet-strafrecht/justizvollzug/justizvollzugseinrichtungen.html#1775203334› (20.6.2020).

57 Eine Ausnahme bildete das Gefängnis Champ-Dollon in Genf, vgl. dazu ‹https://www.blick.ch/news/schweiz/westschweiz/gefaengnis-aufstand-in-genf-haeftlinge-verweigern-rueckkehr-in-zellen-id15829756.html› (20.6.2020).

58 Zum Normalisierungsprinzip vgl. BSK StGB-Brägger, Art. 75 N 5 f.

59 Alle kantonalen Ämter für Justizvollzug erarbeiteten im Vorfeld des Ausbruchs der Pandemie mit den jeweiligen Anstaltsverantwortlichen situative und sich auf die Vorgaben des BAG abstützende Schutzkonzepte, die jeweils an die ändernden Vorgaben angepasst wurden; vgl. dazu die Vorgaben des BAG in den Erläuterungen zur Verordnung 2 vom 13.3.2020 über Massnahmen zur Bekämpfung des Coronavirus (COVID-19-Verordnung 2), Fassung vom 8.5.2020, S. 30, einsehbar unter: ‹https://www.bag.admin.ch/bag/de/home/krankheiten/ausbrueche-epidemien-pandemien/aktuelle-ausbrueche-epidemien/novel-cov/massnahmen-des-bundes.html#1310036670› (20.6.2020).

60 Vgl. dazu Rz 17.

Vereinzelt wurde über gewisse epidemiologisch zu epidemiologischen Zwecken angeordnete Einschränkungen der Rechte der Insassen Kritik geäussert.[61] Dazu kann festgehalten werden, dass alle Menschen in der Schweiz gestützt auf die Anordnung der ausserordentlichen Lage durch den Bundesrat gem. Art. 7 EpG in ihren (Grund-)Rechten und ihrer Bewegungsfreiheit z.T. massiv eingeschränkt wurden und nicht nur inhaftierte Personen. Die Einschränkungen für die Insassen von Justizvollzugsanstalten können *grosso modo* mit denjenigen in Alters- und Pflegeheimen verglichen werden und dürfen mit Fug und Recht als situationsgerecht und angemessen beurteilt werden, was die Verhinderung von COVID-19-Ansteckungen in den Anstalten des Freiheitsentzugs eindrücklich belegt.[62] Im Gegensatz zu gewissen Alterspflegeinstitutionen kam es in den Schweizer Gefängnissen und Justizvollzugsanstalten zu keinen Todesfällen im Zusammenhang mit der viralen COVID-19-Erkrankung. Ob alle vom Bundesrat gestützt auf das Epidemiengesetz erlassenen notrechtlichen Einschränkungen der (Grund-)Rechte der Bürger und Bürgerinnen als geeignet, erforderlich und angemessen eingestuft werden, um die Pandemie zu bekämpfen, wird aktuell heftig diskutiert und wird abschliessend von den Gerichten zu beurteilen sein.[63] Dies gilt auch für die angeordneten Schutzmassnahmen in den Anstalten des Freiheitsentzugs. So entschied das Schweizerische Bundesgericht mit Urteil vom 26.5.2020, dass die Corona-Pandemie keinen Anlass für eine Haftentlassung aus der Untersuchungs- oder Sicherheitshaft bilde, wenn die internationalen und nationalen COVID-19-Empfehlungen in der Haftanstalt eingehalten würden (BGer v. 26.5.2020, 1B_220/2020, E. 5.3., in welchem sich das Bundesgericht u.a. auch auf die Orientierungshilfe der KKJPD vom 6.4.2020 abstützt, vgl. dazu hinten, Anhang unter Rz 36; vgl. dazu auch BGer v. 28.4.2020, 1B_160/2020, 2020 E. 3.4). 24

Die zuständigen kantonalen Vollzugsbehörden haben zu Beginn des Ausbruchs der Epidemie in der Schweiz die Aufgebote für Haftantritte aus der Freiheit teilweise und situationsbedingt sistiert. Dabei handelt es sich um Personen mit Strafen von geringem Ausmass, die kein Gefährdungspotential für die öffentliche Sicherheit aufweisen. So konnte das Ansteckungsrisiko durch Einschleppung von aussen stark minimiert werden. Zudem erlaubte diese Massnahme, in den Anstalten für die Umsetzung epidemiologisch indizierter Quarantäne- oder Isolationsmassnahmen Platz zu schaffen. Ferner konnten dadurch auch Doppelunterbringungen in einer Zelle vermieden werden, was wiederum die Ansteckungsgefahr verringert. Auch wurden zur Verhaftung ausgeschriebene Personen, die ihre Geldstrafe oder Busse nicht bezahlt haben oder dem Strafantrittsbefehl zur 25

61 Vgl. beispielsweise ‹rd.humanrights.ch/de/menschenrechte-schweiz/inneres/strafen/freiheitsentzug/coronavirus-gefangene-sicherheitsinteressen› (20.6.2020); Huwiler/Weber, Jusletter 18.5.2020.

62 Vgl. dazu auch Rz 20 f.

63 Vgl. dazu Scheffod, NZZ 18.5.2020, S. 7: «Die erste Reaktion des Bundesrats war, angesichts der unübersichtlichen Situation in Italien, sicher vernünftig, vorsichtig und angemessen. In der Schweiz und in weiten Teilen Europas war das exponentielle Wachstum der bestätigten Fallzahlen aber bereits Ende März offensichtlich gebrochen. Spätestens dann hätte man debattieren und prüfen müssen, ob die ergriffenen Massnahmen noch verhältnismässig sind oder es je waren. Wenn nicht, hätte man diese schnellstmöglich zurückfahren müssen, um weiteren Schaden von der Gesellschaft abzuwenden.».

Verbüssung einer kurzen unbedingten Freiheitsstrafe nicht Folge leisteten, bei Anhaltung durch die Polizei häufig nicht sofort inhaftiert, um das Ansteckungsrisiko in den Anstalten möglichst klein zu halten. Aus juristischer Sicht betrachtet, handelt es sich bei diesen Massnahmen um Sistierungen von Vollstreckungsanordnungen, die – sobald es die epidemiologische Lage erlaubt – wiederum aufgehoben werden. Mit anderen Worten ausgedrückt, verschiebt der Staat seinen Strafanspruch aus epidemiologischen Gründen zum Schutz der bereits Inhaftierten und des Personals auf später. So schützt der Staat seine Bürger vor Ansteckung ohne auf die Durchsetzung der Anordnungen der Strafjustiz zu verzichten. Seit Anfang Mai 2020 sind die Kantone schrittweise zum Normalbetrieb zurückgekehrt, d.h., Verurteilte, die in Freiheit leben, werden wiederum zum Strafantritt aufgeboten und zur Verhaftung ausgeschriebene Personen können nach deren Anhaltung durch die Polizei wiederum inhaftiert werden.

IV. Lockerungen der epidemiologischen Schutzmassnahmen

26 Die in den einzelnen Anstalten des Freiheitsentzugs angeordneten epidemiologischen Schutzmassnahmen erschweren den gesetzlichen Wiedereingliederungsauftrag[64] je nach angeordneter Schutzintensität zum Teil erheblich. Für eine gelingende Wiedereingliederung ist es unabdingbar, dass

– der Kontakt zu tragenden sozialen Beziehungen im Hinblick auf die Erhaltung oder den Aufbau eines sozialen Empfangsraums nach der Entlassung gefördert und erleichtert wird;
– der inhaftierten Person im Hinblick auf ihre Rückkehr in die Gesellschaft zunehmend mehr Freiheiten gewährt und Verantwortung übertragen wird, sodass sie sich auch ausserhalb der Vollzugseinrichtung bewähren kann.

27 Am 16.4.2020 stellte der Bundesrat seine Planungen für schrittweise Lockerungen der Massnahmen gemäss COVID-19-Verordnung 2 vor. Der Übergang von einer Phase in die nächste erfolgt nur, wenn es zu keinem deutlichen Anstieg von COVID-19 Fällen gekommen ist.

28 Abgestimmt auf diese Planung haben die beiden Deutschschweizer Strafvollzugskonkordate am 28.4.2020 eine Orientierungshilfe für die schrittweise Lockerung der Einschränkungen im Justizvollzug erlassen.[65] Im Spannungsfeld zwischen dem grösstmöglichen Schutz der inhaftierten Personen, des Vollzugspersonals und der jeweiligen

64 Gemäss Art. 75 Abs. 1 StGB hat der Strafvollzug das soziale Verhalten des Gefangenen zu fördern, insbesondere die Fähigkeit, straffrei zu leben. Der Strafvollzug hat den allgemeinen Lebensverhältnissen so weit als möglich zu entsprechen, die Betreuung des Gefangenen zu gewährleisten, schädlichen Folgen des Freiheitsentzugs entgegenzuwirken und dem Schutz der Allgemeinheit, des Vollzugspersonals und der Mitgefangenen angemessen Rechnung zu tragen; vgl. dazu BSK StGB-Brägger, Art. 75.

65 COVID-19: Orientierungshilfe des Ostschweizer und Nordwest- und Innerschweizer Strafvollzugskonkordats vom 28.4.2020 für die schrittweise Lockerung der Einschränkungen im Justizvollzug. Dieses Dokument wurde bisher nicht im Internet veröffentlicht.

Angehörigen sowie der wirksamen Umsetzung des Wiedereingliederungsauftrags sollen Lockerungen im Justizvollzug schrittweise, geordnet und koordiniert erfolgen.

Die 19 Deutschschweizer Kantone werden mittels der erwähnten Orientierungshilfe 29
eingeladen, ihre individuellen, auf die jeweilige konkrete Situation vor Ort abgestimmten Lockerungsmassnahmen gemäss den nachfolgend aufgeführten allgemeinen Grundsätzen zu planen und zu erlassen:

- Bei allen Massnahmen im Zusammenhang mit COVID-19 sollen das Verhältnismässigkeits- und das Äquivalenzprinzip[66] beachtet werden.
- Lockerungen der einschränkenden Massnahmen sollen
  - (i) schrittweise erfolgen und auf die allgemeinen Lockerungsentscheide des Bundesrates abgestimmt sein;
  - (ii) nur erfolgen, wenn die Empfehlungen des Bundesrates bzw. der WHO[67] in Bezug auf das physische Abstandsgebot und die Hygienevorschriften eingehalten werden können;
  - (iii) so geplant werden, dass im Fall von Infektionen Kontakte mit anderen Personen nachvollzogen werden können.
- Personenströme in die und aus den Vollzugseinrichtungen sollen weiter generell klein gehalten werden. Menschenansammlungen innerhalb der Vollzugseinrichtungen sollen weiter vermieden werden.
- Die Kantone sollten zudem im Zusammenhang mit den Lockerungen Konzepte erarbeiten, die aufzeigen, wie Risikogruppen bestmöglich geschützt werden können. Dabei soll die Selbstverantwortung der besonders vulnerablen eingewiesenen Personen gestärkt und versucht werden, mit ihnen gemeinsam Lösungswege zu definieren. Letztlich soll aufgrund der besonderen Fürsorgepflicht des Staates bei heiklen Abwägungen aber dem Schutz der Gesundheit Vorrang zukommen.
- Direkte Aussenkontakte (Besuche, Sachurlaube, Ausgänge, Beziehungsurlaube) sollen etappiert wieder aufgenommen werden. Priorität sollen Öffnungen haben, die aufgrund der Vollzugsdatenlage (Entlassungsvorbereitung) oder aus anderen Gründen zeitlich dringlich sind.
- Lockerungen von Massnahmen sollen so geplant werden, dass erneute Einschränkungen möglichst vermieden werden können. Falls es die Entwicklung der epidemio-

66 Gemäss diesem in Art. 10 ff. der REC(1998)7 normierten fundamentalen Grundsatz des Äquivalenzprinzips muss die Gesundheitsversorgung innerhalb des Freiheitsentzuges gleichwertig mit derjenigen ausserhalb der Anstalt sein. Dies bedeutet, dass die Inhaftierten Zugang zu mindestens gleichwertigen präventiven, diagnostischen, therapeutischen und pflegerischen Massnahmen und Einrichtungen haben müssen wie Patienten in Freiheit. Dies schliesst die Behandlung bei Zahnärzten, Psychiatern und anderen Spezialisten ein, falls dies aus medizinischer Sicht geboten ist. Zudem muss eine Überstellung in ein Spital erfolgen, wenn eine angemessene Behandlung in Haft nicht möglich ist, Brägger, in: Vollzugslexikon, Gefängnismedizin, S. 195.

67 Vgl. dazu Rz 12.

logischen Situation oder die Sicherheit und Ordnung in den Vollzugseinrichtungen aber erfordern, sollen Lockerungen rückgängig gemacht werden.

30 Gestützt auf die Lockerungsentscheide des Bundesrats und im Einklang mit der Orientierungshilfe für die schrittweise Lockerung im Justizvollzug haben die Deutschschweizer Kantone ab dem 28.4.2020 die bisherigen epidemiologisch begründeten Schutzmassnahmen situationsgerecht zu lockern begonnen. So wurden Besuche in den Anstalten des Freiheitsentzugs unter strengen Hygienevorschriften wiederum zugelassen, Einschränkungen in den Arbeitsbetrieben oder im Freizeit- und Sportbereich stufenweise aufgehoben wie in der zivilen Gesellschaft *extra muros* auch. Es stellte sich im Zeitraum vom 28.4. bis 15.5.2020 eine grosse Normalisierung in den Anstalten des Justizvollzugs ein. Beziehungsurlaube mit Übernachtung, die im offenen Vollzug ein wichtiger Bestandteil der Wiedereingliederungsbemühungen darstellen, sollen, insofern sich die epidemiologische Situation nicht verschlechtert, ab dem 8.6.2020 wiederum zugelassen werden. Mit diesem letzten Lockerungsschritt hielte dann nach knapp 3 Monaten Dauer der Einschränkungen der Normalbetrieb wieder Einzug in die Anstalten des Justizvollzugs. Die neuen Abstands- und Hygienevorschriften werden auch die Anstalten des Freiheitsentzugs noch lange begleiten.

V. Würdigung und Ausblick

31 Als äusserst positiv kann bewertet werden, dass

- die kantonalen Justizvollzugsämter in Zusammenarbeit mit den einzelnen Institutionen des Freiheitsentzugs genügend rasch effiziente Schutzmassnahmen ergriffen haben, um die Ausbreitung des COVID-19-Virus erfolgreich zu verhindern, und gleichzeitig auch jederzeit während der ausserordentlichen Lage die Ruhe und Ordnung sowie Sicherheit in den Anstalten gewährleisten konnten;
- der fachliche Austausch und eine informelle Koordination in Bezug auf die zu ergreifenden Schutzmassnahmen unter den für den Justizvollzug zuständigen Chefbeamten in beiden Deutschschweizer Strafvollzugskonkordaten gut funktioniert hat und als hilfreich empfunden wurde;
- innerhalb der Koordinationskonferenz Justizvollzug der KKJPD (KoKJ) ein regelmässiger Austausch zwischen den drei Strafvollzugskonkordaten und dem EJPD unter Leitung des stellvertretenden Generalsekretärs der KKJPD stattgefunden hat. Dies hat es ermöglicht, ein zweimal wöchentlich aktualisiertes nationales Lagebild des epidemiologischen Verlaufs der Ansteckungen in allen Anstalten der Schweiz zuhanden des Vorstandes der KKJPD zu erarbeiten und sehr schnell eine Orientierungshilfe zum Umgang mit COVID-19 in Anstalten des Freiheitsentzugs zu erlassen;
- Anfragen an Organe der Bundesbehörden durch die KoKJ koordiniert und fachlich geschärft wurden, bevor diese entweder auf dem Verwaltungsweg durch den Vertreter des BJ in der KoKJ oder aber auf politischer Ebene durch den Vorstand der KKJPD an die entsprechenden Bundesbehörden gerichtet wurden.

Trotz der historisch gewachsenen und sehr vielschichtigen und somit äusserst komplizierten Organisationsform des Freiheitsentzugs in der Schweiz wurde die Corona-Krise bisher gut bewältigt. Es hat sich gezeigt, dass die konkrete Krisenbewältigung durch die einzelnen Kantone sehr gut gemeistert wurde. Diese Erkenntnis deckt sich mit wissenschaftlichen Aussagen, die aufzeigen, dass föderalistische Staaten für Krisen und deren Bewältigung besser aufgestellt seien als Zentralstaaten.[68] Auch konnten die Kantone nach anfänglicher Zurückhaltung dazu bewogen werden, sich an der Datenlieferung zur Erstellung eines nationalen Lagebildes zu beteiligen, obwohl dessen Sinnhaftigkeit nicht von allen verstanden wurde. 32

Demgegenüber hat sich jedoch bestätigt, dass sich Organisationen in Krisen noch stärker als sonst auf sich selbst zurückbeziehen und eigenständig versuchen, die an sie gestellten Herausforderungen zu bewältigen. Es wird stark in Silos gedacht und gehandelt.[69] Dies führt dazu, dass übergeordnete Lagebilder und -beurteilungen nicht von allen Kantonen erwünscht sind oder als sinnvoll oder gar notwendig erachtet werden. Solche Grundlagendokumente und -analysen sind jedoch unverzichtbar, wenn sich eine Krise akzentuiert. Hätten beispielsweise die Ansteckungen in den Anstalten des Freiheitsentzugs nicht verhindert werden können, wäre ein Teil der Kantone nicht mehr in der Lage gewesen, die notwendige medizinische Betreuung der Inhaftierten unter gleichzeitiger Gewährleistung der Sicherheit zu garantieren. In einem solchen Falle ist eine übergeordnete, d.h. eine nationale Lagebeurteilung und Koordination der zu ergreifenden Massnahmen unerlässlich.[70] Diese komplexe und politisch anspruchsvolle Aufgabe kann für den Bereich des Freiheitsentzuges nur durch den Vorstand der KKJPD übernommen werden.[71] Wenn notwendig, sollte er den Kontakt zu den Bundesbehörden 33

68 Zimmer, NZZ 13.5.2020, S. 27.

69 Vgl. dazu Häsler Sansano, NZZ 13.5.2020, S. 13: Krisenbewältigung – «Übe, wie du kämpfst!» – Das Krisentraining der Schweiz ist gründlich, aber stark politisiert – ständige Streitpunkte sind Einfluss und Ressourcen.

70 Mäder, NZZ 20.5.2020, S. 13: Krisenbewältigung – Die Schweiz hat nicht alle Lehren gezogen – Trotz Erfahrungen mit Sars und Schweinegrippe war unser Land auf die Corona-Pandemie nur in Teilen genügend vorbereitet: «Die Bundesbehörden sollen Aufgaben übernehmen, wenn die Möglichkeiten der Kantone in Notsituationen ausgeschöpft sind oder eine schweizweite Regelung erforderlich sei ...». «Die Erfahrungen mit Sars 2003 hatten gezeigt: Wenn sich die internationale Lage schnell entwickelt und rasche Entscheide nötig werden, kommt das föderale System der Schweiz an seine Grenzen.»; vgl. dazu auch Häsler Sansano/Mäder, NZZ 17.6.2020, S. 10: Krisenbewältigung – Die Schweiz muss nachbessern: «Die föderale Struktur der Schweiz erzeugt Reibunsgsverluste, die sich auch in der Krisenbewältigung zeigen. Der Föderalismus führt zu Doppelspurigkeiten, Widersprüchen und Verzögerungen. Diese Erkenntnis ist nicht neu. Und doch zeigt die Erfahrung mit der Corona-Pandemie, dass es der Schweiz noch nicht gelungen ist, dieses Problem in den Griff zu bekommen ... Es fehlt eine eingespielte Krisenorganisation über alle föderalen Stufen hinweg und mit fachlich neutralem Blick ... Verknüpft mit dem Risikomanagement braucht es eine etablierte Krisenorganisation, die mit einfachen und klaren Strukturen funktioniert ... Verantwortung und Vernetzung müssen die Grundsätze einer künftigen Krisenorganisation sein.».

71 Die Konferenz der Kantonalen Justiz- und Polizeidirektorinnen und -direktoren (KKJPD) sorgt seit 115 Jahren auf politischer Ebene für die Koordination der Zusammenarbeit unter den Kantonen und

sicherstellen und die Anliegen der Kantone gebündelt und gewichtet einbringen. Eine solche Lösung hätte den Vorteil, dass die Stärken des Föderalismus beibehalten und diese lagebedingt und situativ ergänzt werden könnten. Übergeordnete Massnahmen dürften nur dann zum Tragen kommen, wenn auf Grund einer Lageentwicklung eine interkantonal und interkonkordatlich vernetzte sowie mit den Bundesbehörden abgestimmt Ressourcen- und Einsatzplanung notwendig ist, um Mangellagen zu überbrücken und Schaden abzuwenden. Hier liegt sicherlich noch ein Verbesserungspotential in Bezug auf Verständnis, Rolle und Aufgaben sowie Kompetenzen der einzelnen Akteure des Justizvollzugs im Krisenfall.

34 Schliesslich hat sich klar gezeigt, dass der Bereich des Justizvollzugs bisher nicht oder zu wenig in die kantonalen Krisenstäbe und/oder Führungsorgane eingebunden ist, geschweige denn auf Bundesebene vertreten wird. Dies hat u.a. dazu geführt, dass nie von der sog. Systemrelevanz des Justizvollzugs gesprochen wurde. Dies hatte wiederum zur Folge, dass weder das Justizvollzugpersonal noch die Insassen grossflächig getestet werden konnten, obwohl dies von den Kantonen und der KKJPD mehrfach vom Bund gefordert wurde. Diese Situation führte zu einer grossen Anzahl von Quarantänen beim Personal und Insassen. Zu gewissen Zeiten waren deshalb in einzelnen Anstalten des Freiheitsentzugs die Personalressourcen zu knapp, um einen geordneten Betrieb in Krisenzeiten gewährleisten zu können. Diese Unkenntnis über die Systemrelevanz manifestierte sich auch darin, dass die Schweizer Armee zu Beginn der ausserordentlichen Lage Aufseher der Anstalten des Justizvollzugs zum Aktivdienst aufgeboten haben, obwohl diese von Gesetzeswegen von der persönlichen Militärdienstleistung befreit sind.[72] Eine schriftliche Intervention des Präsidenten der KKJPD beim Chef der Armee brachte glücklicherweise rasch eine Klärung. Die aufgebotenen Aufseher wurden umgehend aus dem Aktivdienst entlassen. In diesem Zusammenhang gilt es weiter anzumerken, dass der Informationsaustausch und die Zusammenarbeit mit den Vertretern des Bundesamtes für Gesundheit suboptimal verliefen, was augenscheinlich auch von anderer Seite so empfunden wurde.[73] Auch hier müssen Verbesserungsmöglichkeiten diskutiert werden.

mit dem Bund in den Bereichen Polizei, Justiz, Strafvollzug und Migration. Der KKJPD gehören alle für die Bereiche Sicherheit, Polizei und Justiz zuständigen Regierungsrätinnen und Regierungsräte an. Sie bezweckt die ständige Verbesserung des kantonalen Verwaltungshandelns, indem sie die Vernetzung und Zusammenarbeit ihrer Mitglieder unter sich und mit anderen Akteuren des Sicherheits- und Justizbereichs fördert. Sie setzt sich für die Harmonisierung der operativen Zusammenarbeit unter den Kantonen ein, wo dies sinnvoll und möglich ist. Darüber hinaus bildet sie das Gefäss für den politischen und operativen Austausch unter ihren Mitgliedern. Die KKJPD erarbeitet gemeinsame Strategien und vertritt die politischen Interessen ihrer Mitglieder gegenüber dem Bund. Sie funktioniert gegenüber der Öffentlichkeit als Sprachrohr ihrer Mitglieder zu Polizei- und Justizfragen von gesamtschweizerischer Bedeutung. Die KKJPD ist als Verein organisiert und wird von den Kantonen finanziert ‹https://www.kkjpd.ch/home.html› (20.6.2020).

72 Art. 18 Abs. 1 lit. e des Bundesgesetzes vom 3. Februar 1995 über die Armee und die Militärverwaltung (Militärgesetz, MG) (SR 510.10).

73 Vgl. dazu Häsler Sansano, NZZ 13.5.2020, S. 13.

«Sowohl bei der Beurteilung der Risiken als auch in den konkreten Strukturen des 35
Krisenmanagements … geht es stets auch um Ressourcen und Definitionsmacht – also um Politik.»[74] Im Bereich des Justizvollzugs in der Schweiz hat sich in der Krise gezeigt, was vorher bereits bekannt war. Die aktuellen überkantonalen Strukturen sind historisch gewachsen, zu vielfältig und vielschichtig sowie zu wenig aufeinander abgestimmt. Es gibt in fast allen Aufgabenbereichen Doppel- ja sogar Mehrspurigkeiten. Die Aufgaben, Zuständigkeiten und Kompetenzen dieser unzähligen Gremien überschneiden sich zudem vielfach oder sind nicht wirklich geklärt. Die Frage der übergeordneten Koordination und Steuerung des Gesamtsystems Freiheitsentzug in der Schweiz gilt es politisch zu diskutieren. Einer Klärung bedarf es für Zeiten besonderer Lagen, wie z.B. die COVID-19-Epidemie eine darstellte, wie auch für die normale Lage, d.h. für Zeiten des Normalbetriebs. Dabei gilt es zu klären, in welchen Aufgabenbereichen und in welcher Tiefe übergeordnete Prinzipien und harmonisierte Kooperationen zum Tragen kommen und wo die einzelnen Kantone weiterhin autonom handeln sollen. Gerade der rasante Wandel im Bereich der Digitalisierung kann nur gemeinsam angegangen werden. Arbeiten die Kantone in Zukunft in ausgewählten Themen enger zusammen, kann die kantonale Zuständigkeit samt ihren Eigenständigkeiten im Bereich des Freiheitsentzugs weiterhin dort erhalten bleiben, wo dies einen fassbaren Mehrwert generiert. Dies bedeutet im Gegenzug, dass gewisse Aufgaben künftig noch stärker gemeinsam angegangen werden müssen, um dem berüchtigten kantonalen Flickenteppich dort entgegenzuwirken, wo dieser nicht mehr zeitgemäss oder gar hinderlich ist. Dabei gilt es, in einer ersten politischen Analysephase den Streit um Details, der vom Wesentlichen ablenken soll, gar nicht erst entstehen zu lassen. Dies im Sinne der Worte von Willy Brandt: «Gerade wer Bewahrenswertes erhalten will, muss verändern, was der Erneuerung bedarf.»

Anhang

COVID-19: Zusammenfassung der nationalen und internationalen Rechtsgrundlagen und Empfehlungen zum Umgang mit COVID 19 in Anstalten des Freiheitsentzugs (Stand: 6. April 2020) – Orientierungshilfe an die für den Justizvollzug zuständigen Stellen

Die vorliegende Zusammenfassung konkretisiert die nachfolgend aufgeführten recht- 36
lichen Grundlagen und Empfehlungen zum Umgang mit COVID-19 in Anstalten des Freiheitsentzugs:

– Verordnung 2 über Massnahmen zur Bekämpfung des Coronavirus (COVID-19) (COVID-19-Verordnung 2) vom 13. März 2020 (Stand am 28. März 2020) (SR 818.101.24)[75];

74 Häsler Sansano, NZZ 13.5.2020, S. 13.

75 ‹www.admin.ch/opc/de/classified-compilation/20200744/index.html.

– Erläuterungen zur Verordnung 2 vom 13. März 2020 über Massnahmen zur Bekämpfung des Coronavirus (COVID-19-Verordnung 2), Fassung vom 25. März 2020, Stand 28. März 2020, 0:00 Uhr[76];
– COVID-19: Informationen und Empfehlungen des BAG für die Arbeitswelt: Stand: 13.3.2020[77];
– *Statement of principles relating to the treatment of persons deprived of their liberty in the context of the coronavirus disease (COVID-19) pandemic, issued on 20 March 2020 by the European Committee for the Prevention of Torture and Inhuman or Degrading Treatment or Punishment (CPT)*[78];
– *Preparedness, prevention and control of COVID-19 in prisons and other places of detention (2020), Interim guidance WHO 15 March 2020* (zusammenfassende deutschsprachige Übersetzung im Anhang: Vorausplanung, Prävention und Eindämmung von COVID-19 in Gefängnissen (WHO-Empfehlungen für COVID-19 in Gefängnissen)[79].

1. Grundsatz

– Anstalten des Freiheitsentzugs (Gefängnisse und Justizvollzugsanstalten) werden weiterbetrieben. Sie gelten als Einrichtungen der öffentlichen Verwaltung[80].
– Die allgemeinen Verhaltens- und Hygieneregeln des Bundesamts für Gesundheit (BAG) gegen die Ausbreitung des Coronavirus gelten mit den in dieser Zusammenfassung aufgeführten Präzisierungen[81].
– Beschränkungen der Mobilität von Personen des Gefängnissystems (für eingewiesene Personen und Personal) sowie des Zugangs von Personal, das aktuell nicht unbedingt notwendig ist, und von Besuchern sind zulässig und werden empfohlen[82].

I. Beziehungen zur Aussenwelt

2. Besuche

– Den Kantonen wird empfohlen, Besuche vorläufig nur noch in Besuchsräumen mit Trennscheibe durchzuführen.

76 www.bag.admin.ch/bag/de/home/krankheiten/ausbrueche-epidemien-pandemien/aktuelle-ausbruche-epidemien/novel-cov/massnahmen-des-bundes.html.

77 www.bag.admin.ch/bag/de/home/krankheiten/ausbrueche-epidemien-pandemien/aktuelle-ausbruche-epidemien/novel-cov/empfehlungen-fuer-die-arbeitswelt.html.

78 www.coe.int/en/web/portal/-/covid-19-anti-torture-committee-issues-statement-of-principles-relating-to-the-treatment-of-persons-deprived-of-their-liberty.

79 www.euro.who.int/en/health-topics/health-determinants/prisons-and-health/publications/2020/preparedness,-prevention-and-control-of-covid-19-in-prisons-and-other-places-of-detention-2020.

80 Vgl. dazu Art. 6 Abs. 3 lit. j COVID-19-Verordnung 2 und Erläuterungen zur Verordnung 2 vom 13. März 2020 über Massnahmen zur Bekämpfung des Coronavirus (COVID-19-Verordnung 2), Fassung vom 25. März 2020, Stand 28. März 2020, 0:00 Uhr, S. 10.

81 https://bag-coronavirus.ch/.

82 WHO-Empfehlungen für COVID-19 in Gefängnissen, Ziff. 3 S. 2.

- Wo dies nicht möglich ist, sollen die Besuche bis auf weites sistiert werden. Ausnahmen für amtliche Besuche sowie Besuche von Ärztinnen, Ärzten und im Anwaltsregister registrierten Anwältinnen und Anwälten sind vorzusehen.
- Die Kantone können jederzeit restriktivere Bestimmungen erlassen, d.h. grundsätzlich alle Besuche sistieren. In diesem Falle sind die Anstalten angehalten, die telefonischen sozialen Kontakte nach aussen zu erleichtern. Amtliche Besuche sowie Besuche von Ärztinnen, Ärzten und der Kontakt mit im Anwaltsregister registrierten Anwältinnen und Anwälten sind in jedem Fall auf angemessene Weise zu ermöglichen.

3. Vollzugsöffnungen

- Es wird empfohlen, Ausgänge und Urlaube für Eingewiesene in konkordatlichen und kantonalen Vollzugseinrichtungen bis auf Weiteres zu sistieren.
- Zur Verrichtung unaufschiebbarer persönlicher, existenzerhaltender oder rechtlicher Angelegenheiten, für welche die Anwesenheit ausserhalb der Vollzugseinrichtung unerlässlich ist, können in wichtigen Ausnahmefällen Sachurlaube gewährt werden.

4. Vollzug von Halbgefangenschaft und Arbeitsexternat

- Eingewiesene in der besonderen Vollzugsform der Halbgefangenschaft und in der Progressionsstufe des Arbeitsexternats können, wenn sie von anderen Insassengruppen getrennt untergebracht sind, die Vollzugseinrichtung weiterhin zur Arbeit verlassen, sofern diese nicht in der Anstalt erledigt werden kann.
- Sollte der Bundesrat die Beschränkung der Bewegungsfreiheit auch auf die Arbeit ausdehnen oder verliert die eingewiesene Person ihre Arbeit, soll die Freiheitsstrafe im Normalvollzug weitergeführt werden. Vorbehalten bleibt eine Unterbrechung des Vollzugs, wenn dies aufgrund der aktuellen ausserordentlichen Lage geboten ist.
- Die Kantone können jederzeit restriktivere Bestimmungen für die Halbgefangenschaft und das Arbeitsexternat erlassen.

II. Somatische und psychiatrische Gesundheitsversorgung sowie der risikoorientierten forensische Therapien

5. Somatische und psychiatrische Gesundheitsversorgung

- Die somatische und psychiatrische Gesundheitsversorgung der Eingewiesenen ist weiterhin zu gewährleisten.
- Es wird empfohlen, die ordentlichen Leistungen der Gesundheitsdienste und Anstaltsärzte soweit als möglich aufrecht zu erhalten, d.h. wenn immer möglich nicht auf unverschiebbare Leistungen zu begrenzen[83]. Solange es die Lage zulässt und die einschlägigen Hygienevorschriften eingehalten werden können, wird empfohlen, das

83 Art. 10a Abs. 2 der COVID-Verordnung 2 ist für die medizinischen Dienste im Justizvollzug nicht anwendbar.

anstalts-interne Angebot der Gesundheitsversorgung ohne Einschränkungen zur Verfügung zu stellen.

– Die Anstalten und Kantone können jederzeit lagebedingte und verhältnismässige Einschränkungen anordnen.

6. Risikoorientierte forensische Therapien

– In der aktuellen Lage[84] wird zudem empfohlen, risikoorientierte forensische Therapien in Justizvollzugsanstalten weiter durchzuführen. Dabei sollen folgende Prioritäten berücksichtigt werden:
  a) Erste Priorität: Persönliches Gespräch zwischen Therapeut-in und eingewiesener Person in der Anstalt unter Einhaltung des empfohlenen Sicherheitsabstands und der einschlägigen Hygienevorschriften;
  b) Therapiesitzung in Besuchszimmer mit Trennscheibe;
  c) Therapiesitzung per Telefon oder Videokonferenz.
– Die Anstalten und Kantone können jederzeit lagebedingte und verhältnismässige Einschränkungen anordnen.

III. Umsetzung der Hygienevorschriften und des Abstandsgebots

7. Grundsatz

– Die Massnahmen und Empfehlungen des Bundes gelten grundsätzlich auch in Anstalten des Freiheitsentzugs. Sofern in den Vollzugseinrichtungen aufgrund der räumlichen Verhältnisse der vom BAG empfohlene Mindestabstand (soziale Distanz) von 2 Metern nicht eingehalten werden kann, soll nach den Vorgaben der WHO wenigstens 1 Meter Distanz eingehalten werden[85].
– Weil die Arbeitstätigkeiten in den Anstalten des Freiheitsentzugs nur am üblichen Arbeitsort, d.h. in der Anstalt erbracht werden können, haben die Vollzugseinrichtungen mit geeigneten organisatorischen und technischen Massnahmen die Einhaltung der Empfehlungen des Bundes sicherzustellen[86].
– Eingewiesene Personen und das Personal sollen, soweit möglich, gegenseitig und untereinander Distanz halten.
– Ausgenommen sind Situationen, wo unmittelbarer Zwang angewendet werden muss oder wo eingewiesene Personen medizinisch betreut und gepflegt werden.

84 Stand 1. April 2020.

85 Vgl. dazu Art. 10c Abs. 2 COVID-19-Verordnung 2, Stand: 28. März 2020.

86 www.euro.who.int/en/health-topics/health-determinants/prisons-and-health/publications/2020/preparedness,-prevention-and-control-of-covid-19-in-prisons-and-other-places-of-detention-2020, Ziff. 12 S. 19.

Für die eingewiesenen Personen

8. Social distancing[87]

- Eine Konzentration von eingewiesenen Personen soll, wenn immer möglich, vermieden werden.
- Dies kann mittels zeitversetzter Aktivitäten von Insassen ausserhalb der Zellen (z.B. im Arbeits- oder Freizeitbereich) erreicht werden. Das gemeinsame Essen der Insassen kann durch eine Zellenverpflegung ersetzt werden.
- Der tägliche Spaziergang von mindestens 1 Stunde an der frischen Luft soll weiter ermöglicht werden. Kann der Mindestabstand von 1 Meter unter den Insassen eingehalten werden, dürfen im Spazierhof mehr als 5 eingewiesene Personen gleichzeitig spazieren; dabei sollen jedoch Insassengruppierungen von mehr als 5 Personen untersagt werden. Die Nichteinhaltung dieser Vorgaben kann disziplinarisch geahndet werden.

9. Isolation eingewiesener Personen[88]

- Eingewiesene Personen sollen aufgefordert werden, Krankheitssymptome wie beispielsweise Husten (trockener Reizhusten), Halsschmerzen, Kurzatmigkeit und/oder Fieber, Fiebergefühl, Muskelschmerzen dem Personal mitzuteilen. Das Personal soll Verdachtsfälle unverzüglich der Anstaltsleitung melden.
- Im Falle von Alinea 1 oder wenn bei eingewiesenen Personen der Verdacht auf eine Infizierung mit COVID-19 besteht, sollen diese nach Möglichkeit in Einzelzellen isoliert werden. Die Teilhabe an Aktivitäten ausserhalb der Zelle ist während der Isolation nicht möglich; die ambulante Gesundheitsversorgung wird in der Zelle sichergestellt. Die betroffene Person kann einzeln spazieren oder gemeinsam mit anderen isolierten Personen, unter der Voraussetzung, dass die minimale Distanz eingehalten wird.
- Kann die betroffene eingewiesene Person nicht getestet werden, soll die Isolation aufgehoben werden, nachdem diese 48 Stunden lang keine Krankheitssymptome mehr hatte und wenn seit den ersten Symptomen mindestens 10 Tage verstrichen sind[89].

---

87 WHO-Empfehlungen für COVID-19 in Gefängnissen und Erläuterungen zur Verordnung 2 vom 13. März 2020, S. 11.

88 Die Bestimmung zur Isolation richten sich nach den Empfehlungen des BAG zur Selbst-Isolation, einsehbar unter: www.bag.admin.ch/bag/de/home/krankheiten/ausbrueche-epidemien-pandemien/aktuelle-ausbrueche-epidemien/novel-cov/selbst-isolierung-und-selbst-quarantaene.html#-399178357 (besucht am 30.3.2020).

89 Da es sich um eine reine sanitarische Massnahme handelt, welche die Empfehlungen des BAG zur Selbst-Isolation übernehmen, sind entgegen der Leitlinien der WHO und des Schreibens der NKVF vom 25.3.2020, S. 2 lit. b keine förmlichen Anordnungen mit Rechtsmittelbelehrungen notwendig. Wichtig ist, dass die betroffene Person in einer verständlichen Sprache über die Gründe und die voraussichtliche Dauer der Isolation informiert wird. Widersetzt sich die betroffene eingewiesene Person der Isolation, kann diese mittels unmittelbaren Zwangs durchgesetzt werden. In diesem Fall soll die Isolation schrift-

Für das Personal

10. Im Allgemeinen

- Können die Anstalten im konkreten Einzelfall die Hygiene- und Distanzvorgaben von 1 Meter Abstand gemäss Ziffer 7 Alinea 1 dieser Zusammenfassung nicht erfüllen, sollen besonders gefährdete Arbeitnehmende auf deren Wunsch von der Arbeitspflicht dispensiert werden, wenn diesen keine andere Arbeit zugewiesen werden kann.
- Als besonders gefährdet gelten:
  a) Personen ab 65 Jahren und
  b) Personen, die insbesondere folgende Erkrankungen aufweisen: Bluthochdruck, Diabetes, Herz-Kreislauf-Erkrankungen, chronische Atemwegserkrankungen, Erkrankungen und Therapien, die das Immunsystem schwächen sowie Krebs[90].

11. Social distancing

- Das Personal soll, falls betrieblich möglich, gegenseitig Abstand halten, dies beispielsweise durch Schaffung von räumlichen Anpassungen, Office-Splitting und Abstand von 1 Meter bei Arbeitsverrichtungen u.s.w.
- Der Richtwert, dass pro 10 m² nur eine Person in einem Raum anwesend sein darf, gilt nicht für Anstalten des Freiheitsentzugs[91]. Es gilt die örtlichen Gegebenheiten der jeweiligen Anstalt zu beachten und den Mindestabstand der sozialen Distanz von 1 Meter einzuhalten.
- Vorbehalten bleibt Ziffer 7 Alinea 3 dieser Zusammenfassung.

IV. Befristung

12. Befristung

- Die vorliegende Zusammenfassung der Empfehlungen ist für die Dauer der besonderen oder ausserordentlichen Lage gemäss Art. 6 und 7 des Epidemiegesetzes[92] befristet.

Erstellt von der Koordinationskonferenz Justizvollzug (KoKJ) anlässlich der Konferenz vom 6.4.2020 und vom Vorstand der KKJPD zur Kenntnis genommen.

---

lich verfügt werden. Dies gilt auch für den Fall, dass eine Isolation ausnahmsweise auf ärztliches Anraten länger als 15 Tage dauern soll.

90 Art. 10b Abs. 2 COVID-19-Verordnung 2.

91 Dieser Richtwert gilt für den Detailhandel, vgl. dazu S. 11 der Erläuterungen zur Verordnung 2 vom 13. März 2020.

92 Bundesgesetz vom 28. September 2012 über die Bekämpfung übertragbarer Krankheiten des Menschen (Epidemiengesetz, EpG) (SR 818.101).

Sachregister